ENCYCLOPÉDIE

MÉTHODIQUE,

OU

PAR ORDRE DE MATIERES,

PAR UNE SOCIÉTÉ DE GENS DE LETTRES,
DE SAVANS ET D'ARTISTES:

Précédée d'un Vocabulaire universel, servant de Table pour tout l'Ouvrage ; ornée des Portraits de MM. DIDEROT & D'ALEMBERT, premiers Éditeurs de l'Encyclopédie.

ENCYCLOPÉDIE

MÉTHODIQUE.

HISTOIRE.

TOME QUATRIEME.

A PARIS,

Chez PANCKOUCKE, Libraire, hôtel de Thou, rue des Poitevins

M. DCC. XC.

Avec Approbation et Privilége du Roi.

NAAMAN, (BEAU) (*Hiſt. ſacr.*) ſeigneur ſyrien, général de l'armée de Bénadad, homme riche & vaillant, & en grand crédit auprès de ſon maître. *Naaman* étoit tout couvert de lèpre; & n'ayant point trouvé de remède contre ſon mal, il ſuivit l'avis que lui donna une jeune fille juive qui étoit au ſervice de ſa femme, & il vint à Samarie trouver le prophète Eliſée. Quand il fut à la porte, le prophète, voulant éprouver la foi de ce ſeigneur, & lui montrer qu'un miniſtre de Dieu ne doit ſe laiſſer éblouir ni par l'éclat des richeſſes, ni par le faſte des grandeurs humaines, lui envoya dire par Giézi ſon ſerviteur, d'aller ſe laver ſept fois dans le Jourdain, & qu'il ſeroit guéri. *Naaman* mécontent de la réponſe du prophète, & de la manière peu civile dont il l'avoit reçu, s'en retournoit tout indigné; mais ſes ſerviteurs lui ayant repréſenté que le prophète exigeoit de lui une choſe très-aiſée, il les crut, alla ſe laver ſept fois dans le Jourdain, & en ſortit bien guéri. Alors il revint avec ſa ſuite vers l'homme de Dieu, pour lui témoigner ſa reconnoiſſance; & ſa guériſon paſſant juſqu'à l'ame, il rendit hommage au Dieu du prophète comme à celui qui devoit être adoré par tout le monde, & promit que dans la ſuite il ne ſacrifieroit qu'à lui ſeul; c'eſt pourquoi il conjura le prophète de lui permettre d'emporter la charge de deux mulets de la terre d'Iſraël, pour dreſſer un autel dans ſon pays ſur lequel il offriroit des holocauſtes au Seigneur. Eliſée, content de la bonne foi & de la diſpoſition du cœur de cet étranger, n'exigea rien de plus, & ne l'aſſujettit ni à la circonciſion ni aux obſervances légales. *Naaman* lui propoſa une queſtion, & lui demanda s'il lui étoit permis de continuer à accompagner ſon maître dans le temple de Remmon, & s'il offenſeroit le Seigneur en s'inclinant, lorſque le roi, appuyé ſur lui, s'inclineroit lui-même; Eliſée lui répondit : *allez en paix; & Naaman* ſe ſépara de lui. Cette réponſe d'Eliſée fait entendre que ce ſaint prophète penſoit que *Naaman* pouvoit, ſans crime & ſans ſcandale, continuer une action qui n'étoit qu'un ſervice purement civil, & qu'il rendoit par-tout ailleurs au roi; ainſi les aſſiſtans ne pouvoient regarder cette génuflexion comme un acte de religion, parce que le changement de *Naaman* ne pouvoit être ſecret en Syrie, mais ſeulement comme une fonction indiſpenſable de ſa charge, qui l'obligeoit de donner la main au roi dans toutes les cérémonies publiques. Cependant quelques interprètes, craignant avec raiſon l'abus que l'on pourroit faire de la réponſe d'Eliſée, pour autoriſer des actions ſemblables dans d'autres circonſtances où elles ſeroient criminelles, traduiſent cet endroit par le paſſé, & font demander pardon à *Naaman* d'avoir adoré dans le temple de Remmon, lorſque ſon maître s'appuyoit ſur lui. Cet étranger purifié de la lèpre par l'eau du Jourdain, eſt une excellente image du peuple gentil, appellé, par un choix tout gratuit de Dieu, à la foi & au baptême de Jéſus-Chriſt. Ce peuple puiſſant & riche avoit de grandes qualités naturelles, mais tout étoit gâté par la lèpre d'infidélité. Ce fut une pauvre femme du pays d'Iſraël, qui annonça à *Naaman* qu'il y avoit dans Iſraël un prophète à qui il falloit qu'il s'adreſſât pour être guéri, & la parole du ſalut fut portée aux Gentils par des Juifs aſſujettis à la domination romaine, & mépriſés de tous les autres peuples. Jéſus-Chriſt n'eſt point allé en perſonne les chercher, mais il les a fait inviter par ſes ſerviteurs de venir à lui: ils ſe ſont préſentés pour entrer dans la maiſon du prophète qui eſt l'Egliſe; mais ils n'y ont pas d'abord été introduits. On les a arrêtés à la porte comme catéchumènes; & là, on les a inſtruits de la néceſſité & des admirables effets du baptême. Les ſages de ce monde ne pouvoient ſe réſoudre à s'abaiſſer devant des hommes qui n'offroient rien à leurs yeux de ce que le ſiècle eſtime : ils traitoient de folies les merveilleux changemens que l'on attribuoit à l'application de foibles élémens, tels que l'eau commune; mais les perſonnes ſimples qui crurent les premières, engagèrent enfin les ſages du paganiſme à chercher leur guériſon dans les eaux ſalutaires du baptême, où ils prirent une nouvelle naiſſance, & ſe purifièrent d'une première ſouillure. (L'hiſtoire de la lèpre de *Naaman* & de ſa guériſon eſt rapportée au quatrième livre des Rois, chapitre V.) (*A. R.*)

NAAS, (*Hiſt. ſacr.*) roi des Ammonites vaincu par Saül. Son hiſtoire ſe trouve au premier livre des Rois, chapitre XI. (*A. R.*)

NAB

NABAB, ſ. m. (*Hiſt. mod.*) C'eſt le nom que l'on donne dans l'Indoſtan aux gouverneurs prépoſés à une ville ou à un diſtrict par le grand-mogol. Dans les premiers temps, ce prince a conféré le titre de *nabab* à des étrangers: c'eſt ainſi que M. Dupleix, gouverneur de la ville de Pondichéry pour la compagnie des Indes de France, a été nommé *nabab* ou gouverneur d'Arcate par le grand-mogol. Les gouverneurs du premier ordre se nomment *soubas* ; ils ont plusieurs *nababs* sous leurs ordres. (*A. R.*)

NABAL, Fou, (*Hist. sacr.*) (*voyez* ABIGAIL.) israélite de la tribu de Juda, fort riche, mais avare & brutal, qui demeuroit à Maon, & dont les troupeaux nombreux paissoient sur le Carmel. Un jour David, ayant appris qu'à l'occasion de la tondaille de ses brebis il faisoit une grande fête, il envoya dix de ses gens pour le saluer de sa part, & lui demander quelques vivres pour sa troupe. Cet homme insolent reçut avec une fierté brutale les députés de David, parla avec outrage de leur maître, & les renvoya avec mépris. David, instruit par le rapport de ses gens, entra en fureur ; & faisant prendre les armes à quatre-cents hommes de sa suite, il marcha vers la maison de *Nabal*, dans le dessein de l'exterminer lui & toute sa famille. Cependant Abigaïl, femme de *Nabal*, instruite par un serviteur, de la manière dont son mari avoit reçu les gens de David, & craignant le ressentiment de ce dernier, fit secrètement charger sur des ânes, des provisions de toute espèce, & courut au-devant de David : elle le rencontra dans une vallée, ne respirant que la vengeance ; mais sa beauté, sa sagesse & ses discours soumis désarmèrent la colère de ce prince, & elle obtint le pardon de son mari. *Nabal*, qui étoit ivre, n'apprit que le lendemain ce qui venoit de se passer ; & il fut tellement frappé du danger qu'il avoit couru, qu'il en mourut de frayeur dix jours après. *Nabal*, qui fait de vaines profusions en festins, & qui refuse avec dureté & insulte quelques secours à des malheureux, est l'image de tant de riches qui ne se refusent rien, & à qui rien ne coûte quand il s'agit de se satisfaire eux-mêmes, ou de se donner chez les autres une réputation de générosité ou de magnificence, tandis qu'ils ont la cruauté de refuser une aumône légère à leurs frères qui manquent de tout. (*A. R.*)

NABARZANES & BESSUS. (*Hist. anc.*) Rien de plus célèbre dans l'histoire d'Alexandre & de Darius, (*voyez* l'article ALEXANDRE) que la perfidie de Bessus & de *Nabarzanes* envers Darius, après qu'il eut perdu la bataille d'Arbelles. *Nabarzanes*, un des plus grands seigneurs de Perse, étoit général de la cavalerie de Darius ; Bessus étoit général des Bactriens qui servoient dans l'armée persane ; Alexandre vainqueur poursuivoit Darius ; ces deux traîtres lièrent & enchaînèrent leur roi, & le conduisirent vers la Bactriane dans un chariot couvert. Leur dessein étoit, s'ils étoient atteints par Alexandre, de traiter avec lui en lui livrant Darius ; &, s'ils pouvoient échapper à sa poursuite, de tuer Darius & de se faire rois. Lorsqu'ils virent approcher Alexandre, quoiqu'ils fussent supérieurs en forces, effrayés par leur crime & par sa gloire, ils ne songèrent qu'à la fuite ; ils

proposèrent à Darius de monter à cheval & de fuir avec eux ; sur son refus, ils le percèrent de traits, & le laissèrent expirant. Les premiers Macédoniens, envoyés à la poursuite des Perses, recueillirent ses derniers soupirs, mais il étoit mort lorsqu'Alexandre arriva ; *Nabarzanes* s'étoit enfui en Hircanie, Bessus dans la Bactriane ; celui-ci, trahi par Spitamènes son confident, comme il avoit trahi Darius, fut remis entre les mains d'Alexandre, qui le remit lui-même dans celles d'Oxatrès, frère de Darius, pour qu'il vengeât la mémoire de ce roi malheureux.

Bessus, après avoir eu le nez & les oreilles coupées, mourut dans les tourmens ; le supplice qu'il subit répond à ce que nous appellons *écarteler*.

Du perfide Bessus regarde le supplice ,

dit Axiane à Taxile dans la tragédie d'*Alexandre*. *Nabarzanes*, plus sage & plus heureux, avoit traité avec Alexandre, avoit reçu sa foi & s'étoit remis entre ses mains, il lui remit aussi l'eunuque Bagoas : il falloit qu'un eunuque fût alors une chose bien précieuse, ou que celui-ci eût un grand talent de plaire ; il gouverna presque Alexandre comme il avoit gouverné Darius. On cherche pourquoi tant d'états & de princes ont été gouvernés par tant d'eunuques ministres, on en trouve une raison dans les états, où la succession à la couronne n'est pas parfaitement réglée, c'est que la qualité d'eunuque a presque toujours & par-tout exclu du trône ; le préjugé que le trône ne pouvoit être rempli par un eunuque, parce que le vœu public attendoit de chaque souverain un héritier né de lui, étoit vraisemblablement le principe de la confiance des souverains dans cette espèce d'hommes, qui ne pouvoient être pour eux un objet de jalousie, ni dans leurs plaisirs ni dans leur ambition ; mais on peut dire de ces eunuques ministres, ce que Pline disoit à Trajan, des affranchis, qui avoient été si puissans sous les empereurs Claude & Néron : *scis præcipuum esse indicium non magni principis magnos libertos.*

Un affranchi puissant suppose un prince foible. Cependant Alexandre ne l'étoit pas.

NABIS, (*Hist. anc.*) tyran de Sparte, odieux aux citoyens par ses extorsions & ses violences, aux étrangers par ses infidélités. On raconte sur le premier article des traits qui paroissent fabuleux, quoique rapportés par Polybe. M. de Voltaire s'est beaucoup moqué de ce qu'il appelle la *poupée de Nabis* ; c'est-à-dire, de cette machine, qui représentoit Apéga, femme du tyran, & qui embrassant d'un air affectueux ceux qui refusoient de payer les contributions exigées par *Nabis*, leur enfonçoit dans le corps des pointes de fer aiguës cachées sous ses habits. M. de Voltaire reproche sur ce point trop de crédulité à M. Rollin ; & en effet, l'expression d'un doute à cet égard n'eût pas été une irrévérence envers les anciens. Quant aux infidélités politiques de *Nabis*, il les fignala furtout dans la guerre de Philippe, roi de Macédoine, contre les Romains ; il trahit tour-à-tour & les Romains & Philippe. Celui-ci avoit mis en dépôt entre fes mains la ville d'Argos, à condition que s'il étoit heureux dans cette guerre, *Nabis* la lui remettroit ; que dans le cas contraire *Nabis* garderoit cette ville pour l'empêcher de tomber au pouvoir des Romains. *Nabis* commença par y exercer les mêmes violences & les mêmes brigandages qu'à Sparte ; il fit enfuite alliance avec les Romains contre Philippe, mais, n'ayant pas été plus fidèle aux Romains, ceux-ci lui déclarèrent la guerre & l'affiégèrent dans Sparte. Il demanda la paix, l'obtint, la viola, & s'étant procuré quelque fuccès par artifice, fut obligé enfin de foufcrire à cette même paix, qu'on voulut bien encore lui accorder. L'illuftre Philopémen, général de la ligue achéenne, fit auffi la guerre à *Nabis* ; il fut battu fur mer ; mais il remporta fur terre, près de Sparte, une victoire complète fur le tyran. Les ennemis de celui-ci fe multiplioient ; la fourberie qu'il employoit contre eux fe tourna enfin contre lui, felon l'ufage : les Etoliens, auxquels il demandoit du fecours, & qu'il auroit auffi trahis à la première occafion, réfolurent de le prévenir ; ils envoyèrent le fecours demandé, mais dans l'intention de le faire fervir à furprendre Sparte. Alexamène, qui commandoit ce fecours, s'étudia fur-tout à gagner la confiance du tyran ; ils fortoient tous les jours enfemble avec leurs troupes pour les exercer fur les bords de l'Eurotas. Un jour il tire *Nabis* à l'écart, fait un figne à fes cavaliers qui s'approchent en diligence, alors il attaque *Nabis*, les cavaliers l'achèvent ; il court au palais du tyran pour s'en rendre maître ; le refte de l'entreprife ne réuffit pas & Alexamène y périt ; mais *Nabis* avoit péri le premier, laiffant un nom détefté. C'étoit vers l'an 191 avant J. C.

NABONASSAR. (*Chronologie.*) L'ère de *Nabonaffar* eft célèbre : nous ne favons prefque rien de l'hiftoire de ce prince, finon qu'il étoit roi de Babylone, & qu'on l'appelloit auffi Belefus, quoique, fuivant quelques auteurs, il foit le même que le Baladan dont il eft parlé dans Ifaïe, *xxxix*, & dans le quatrième livre des Rois, *xx*, 12. Quelques-uns même conjecturent qu'il étoit mède, & qu'il fut élevé fur le trône par les Babyloniens, après qu'ils eurent fecoué le joug des Mèdes.

Le commencement du règne de ce prince eft une époque fort importante dans la chronologie, par la raifon que c'étoit, felon Ptolémée, l'époque du commencement des obfervations aftronomiques des Chaldéens ; c'eft pour cela que Ptolémée & les autres aftronomes commencent à compter les années à l'ère de *Nabonaffar*.

Il réfulte des obfervations rapportées par Ptolémée, que la première année de cette ère eft environ la 747e année avant Jéfus-Chrift, & la 3967e de la période Julienne.

Les années de cette époque font des années égyptiennes de 365 jours chacune, commençant au 29 février & à midi, felon le calcul des aftronomes. (*G.*)

NABOPOLASSAR, (*Hift. anc.*) général des armées de Saracus, roi des Affyriens, fe révolta contre lui, & fit alliance avec Cyaxare, roi des Mèdes ; ayant réuni leurs forces, ils affiégèrent & prirent Ninive, tuèrent Saracus, & partagèrent fes dépouilles. Babylone & la Chaldée furent le partage de *Nabopolaffar* ; il y régna vingt & un ans. Le roi d'Egypte Néchao lui fit la guerre avec avantage ; plufieurs provinces fe détachèrent de l'obéiffance de *Nabopolaffar*, & il ne trouva d'autre moyen d'affermir la couronne fur fa tête, que d'y affocier Nabuchodonofor II, fon fils, dit le Grand. *Nabopolaffar* vivoit plus de fix fiècles avant Jéfus-Chrift. (*A. R.*)

NABOTH, *prophétie*, (*Hift. facr.*) de la ville de Jezraël, avoit une vigne près du palais d'Achab. Ce prince, voulant faire un jardin potager, preffa plufieurs fois *Naboth* de lui vendre fa vigne ou de la changer contre une meilleure ; mais *Naboth*, très-fidèle obfervateur de la loi, refufa de vendre l'héritage de fes pères. Achab en conçut tant de chagrin, qu'il fe mit au lit, & ne voulut prendre aucune nourriture. Jézabel, inftruite du fujet de fa triftiffe, le railla de fa foibleffe, & fe chargea de lui faire livrer la vigne qu'il défiroit. Auffi-tôt elle écrivit aux premiers de la ville où *Naboth* demeuroit, des lettres qu'elle cacheta avec le cachet du roi, par lefquelles elle leur ordonnoit de publier un jeûne, de faire affeoir *Naboth* entre les premiers du peuple, de gagner de faux témoins, qui dépofaffent qu'il avoit blafphémé contre Dieu, & maudit le roi, & de le condamner à mort. Les premiers de la ville exécutèrent cet ordre : deux faux témoins dépoférent contre *Naboth*, qui fut lapidé le même jour. Jézabel, en ayant appris la nouvelle, courut la porter au roi qui partit auffi-tôt pour prendre poffeffion de fa vigne ; mais le prophète Elie vint troubler fa joie, lui reprocha fon crime, & lui prédit que les chiens lècheroient fon fang au même lieu où il avoit répandu celui d'un innocent. Quoique le refus que fait *Naboth* de vendre fa vigne à Achab, paroiffe d'abord condamnable aux yeux de la chair, la foi en juge autrement. *Naboth*, en refufant de vendre à Achab l'héritage de fes pères, obéiffoit à la loi qui défendoit aux Ifraélites d'aliéner leurs terres à perpétuité. Tout héritage vendu retournoit l'année du jubilé à fon premier maître ou à fes héritiers. Or la prétention d'Achab étoit d'acquérir la vigne de *Naboth* fans efpérance de retrait, puifqu'il vouloit l'enfermer dans fon parc. La même loi ne permettoit de vendre fon bien, que lorfqu'on y étoit contraint par la pauvreté : & *Naboth*, qui étoit riche & des premiers de la ville, ne fe trouvoit point dans ce cas. Il aima donc mieux

4

s'expofer à la difgrace de fon prince, que de le fatisfaire en défobéiffant à Dieu. (La vigne de *Naboth* eft paffée en proverbe pour défigner le foible héritage d'un pauvre comparé aux vaftes domaines d'un riche oppreffeur. L'hiftoire de *Naboth* eft rapportée au troifième livre des Rois, chapitre 21.) (*A. R.*)

NABUCHODONOSOR, *pleurs de la généra- tion*, (ou SAOSDUCHIN) (*Hift. facr.*) roi d'Af- fyrie, fils d'Affaradon, commença à régner à Ninive, l'an du monde 3335. Ce prince, enflé de la victoire qu'il avoit remportée fur Arpha- xad ou Déjocès, roi des Medes, dans les plaines de Ragau, entreprit de réunir toute la terre à fon empire. Il envoya donc fommer les nations qui s'étendent jufqu'aux confins de l'Ethiopie, de le reconnoître pour roi ; mais ces peuples renvo- yèrent avec mépris fes ambaffadeurs, & firent peu de cas de fes menaces. *Nabuchodonofor*, outré de colère, jura de s'en venger ; & ayant levé une armée formidable, il en donna le commandement à Holopherne, avec ordre d'exterminer tous ceux qui avoient fait infulte à fes ambaffadeurs. Ce général, après avoir porté la défolation dans une grande étendue de pays, vint enfin échouer à Béthulie, où il trouva le terme de fes conquêtes & de fa vie. *Nabuchodonofor*, ayant appris le mau- vais fuccès de fes armes, en mourut de chagrin, après avoir régné près de vingt ans. *Judith*, 1, 2, & feq. (*A R.*)

NABUCHODONOSOR, autrement NABOPO- LASSAR, (*Hift. facr.*) père du grand *Nabucho- donofor*, fi fameux dans l'écriture, étoit babylo- nien, & commandoit les armées de Saracus, roi d'Affyrie. Il fe joignit à Aftyages pour renverfer cet empire : ils affiégèrent Saracus dans fa capi- tale ; & ayant pris cette ville, ils établirent fur les débris de l'empire d'Affyrie deux royaumes, celui des Mèdes qui appartint à Aftyages, & celui des Chaldéens, fur lequel fut établi *Nabopo- laffar*, l'an du monde 3378. (*voyez* ci-deffus l'ar- ticle NABOPOLASSAR.) (*A. R.*)

NABUCHODONOSOR, (*Hift. facr.*) fils de celui dont nous venons de parler, avoit été affocié à l'empire de Chaldée du vivant de fon père, qui l'avoit employé à diverfes expéditions. Ce jeune prince, après avoir châtié plufieurs gou- verneurs qui s'étoient révoltés, marcha contre Pharaon Néchao, roi d'Egypte ; & ayant ren- contré l'armée de fes ennemis près de l'Euphrate, il la vainquit & fondit fur le royaume de Juda, dont le roi étoit tributaire de Néchao. Il affiégea ce prince dans Jérufalem, prit la ville, fit le roi prifonnier, & vouloit d'abord le mener à Baby- lone chargé de chaînes ; mais ayant changé de fentiment, il lui rendit la couronne & la liberté, à condition qu'il lui demeureroit affujetti, & qu'il lui paieroit tribut. Il fe contenta d'enlever plu- fieurs jeunes enfans du fang royal, du nombre

defquels furent Daniel, Ananias, Mifaël & Azarias, qu'il fit conduire à Babylone pour être élevés dans fon palais : c'eft de cet événement, qui arriva l'an du monde 3398, que l'on com- mence à compter les foixante & dix années de la captivité de Babylone. Nabopolaffar étant mort, fon fils fe hâta de retourner à Babylone pour monter fur le trône de fon père ; dès qu'il y fut arrivé, il diftribua par colonies fes captifs, & mit dans le temple de Vénus les vafes facrés du temple de Jérufalem & les riches dépouilles qu'il avoit remportées fur fes ennemis. Ce prince, la deuxième année de fon règne, eut un fonge myf- térieux, dont il fut effrayé, mais qu'il oublia entièrement. Il confulta les fages de fon royaume pour favoir d'eux ce qu'il avoit vu en fonge ; mais aucun n'ayant pu le deviner, le roi, outré de colère, les condamna tous à la mort. Daniel, qui fe trouvoit enveloppé dans cet arrêt, comme étant du nombre des fages, alla trouver le roi, & le pria de lui accorder quelque délai pour chercher l'explication de ce qu'il defiroit. Il l'obtint ; & après qu'il eut imploré la miféricorde du Dieu du ciel, avec fes trois compagnons, le myftère lui fut découvert dans une vifion pendant la nuit ; alors il retourna vers le roi, & lui dit qu'il avoit vu en fonge une ftatue d'une hauteur énorme, dont la tête étoit d'or, la poitrine & les bras d'argent, le ventre & les cuiffes d'airain, & les jambes de fer : que pendant qu'il étoit attentif à cette vifion, une pierre fe détachant de la montagne avoit frappé la ftatue par les pieds & l'avoit réduite en poudre, & que cette pierre devenue une grande montagne avoit rempli toute la terre. *Voilà votre fonge, ô roi*, ajouta Daniel, & en voici l'interprétation : « vous êtes le » roi des rois, & le Dieu du ciel a foumis toutes » chofes à votre puiffance. C'eft donc vous qui » êtes la tête d'or. Après vous il s'élevera un autre » royaume qui fera d'argent, enfuite un troi- » fième qui fera d'airain, & auquel toute la terre » fera foumife. Le quatrième fera de fer, & » réduira tout en poudre. Ce fera alors que Dieu » fufcitera un royaume qui ne fera jamais détruit, » qui anéantira tous les autres, & qui fubfiftera » éternellement. *Dan.* 11, 57 & feq. »

Nabuchodonofor, ravi d'admiration, rendit gloire au vrai Dieu, & éleva Daniel aux plus grands honneurs. Ces quatre empires repréfentés par les quatre différens métaux de la ftatue, étoient ceux des Affyriens, des Perfes, des Grecs & des Ro- mains. Ces quatre empires fe fuccèdent ; les uns font envahis par les autres, & il fe forme ainfi un liaifon entr'eux, exprimée par l'unité de la ftatue où fe trouvent joints les quatre métaux. Le premier eft celui des Babyloniens, dont la grandeur & la magnificence étoient marquées par l'or, le plus précieux des métaux. Cyrus fonda le fecond empire, & la fageffe de fon gouverne- ment forma un fiècle d'argent ; cet empire s'agran- dit fous fes fucceffeurs, & finit à Darius-Codoman.

L'empire des Grecs, figuré par le ventre & les cuiffes d'airain, fut établi par Alexandre ; & les guerres fanglantes qui le caractérifent, ainfi que la dureté de la plupart des fucceffeurs du gouvernement de ce prince, répondent très-bien à l'airain. Les jambes de fer figuroient la monarchie des Romains, qui ne s'établit & ne fe foutint que par des guerres perpétuelles , & qui, par la force invincible de fes armes, fubjugua toutes les nations. La pierre détachée de la montagne, qui réduit tout en poudre, eft la figure de Jéfus-Chrift, qui defcend du ciel dans le fein d'une vierge pour former fon Eglife, mettre fous le joug les plus redoutables puiffances de l'univers, anéantir l'idolâtrie, & fubjuguer, par la croix, tous les royaumes du monde, pour n'en faire qu'un feul empire à qui l'éternité eft promife. Cependant Joakim, fe laffant de payer tribut aux Châldéens, fe fouleva contre eux. Nabuchodonofor, occupé à régler les affaires de fon empire, & ne pouvant marcher contre ce rebelle, y envoya une puiffante armée qui défola toute la Judée. Joakim lui-même fut pris dans Jérufalem, mis à mort & jeté à la voirie, fuivant la prédiction de Jérémie. Jéchonias, fon fils, qui lui fuccéda, s'étant auffi révolté contre le roi de Babylone, ce prince vint l'affiéger, le mena captif à Babylone, avec fa mère, fa femme, & dix mille hommes de Jérufalem : entre les prifonniers fe trouvèrent Mardochée & Ezéchiel. Nabuchodonofor enleva tous les tréfors du temple, brifa les vafes d'or que Salomon y avoit mis, & établit à la place de Jéchonias, l'oncle paternel de ce prince, auquel il donna le nom de Sédécias. Ce nouveau roi marcha fur les traces de fes prédéceffeurs, & fit une ligue avec les princes voifins contre celui à qui il étoit redevable de la couronne. Le roi de Babylone vint encore en Judée avec une armée formidable ; & après avoir réduit les principales places du pays, il fit le fiége de Jérufalem. Il fut contraint de le lever pour marcher contre Pharaon Ephra, roi d'Egypte, qui venoit au fecours de Sédécias ; mais ayant battu ce prince, & l'ayant forcé de rentrer en Egypte, il fut reprendre le fiége. Sédécias, voyant qu'il n'y avoit plus d'efpérance de défendre la ville, s'enfuit, fut pris en chemin & mené à Nabuchodonofor, qui étoit alors à Réblatha en Syrie. Ce prince, après lui avoir reproché fon infidélité & fon ingratitude, fit égorger fes enfans en fa préfence, lui fit crever les yeux, le chargea de chaînes & le fit mener à Babylone. L'armée des Châldéens entra dans Jérufalem, & y exerça des cruautés inouïes : on égorgea tout fans diftinction d'âge ni de fexe. Nabuzardan, chargé d'exécuter les ordres de fon maître, fit mettre le feu au temple du Seigneur, au palais du roi, aux maifons de la ville, & à toutes celles des grands ; après en avoir tiré tout ce qu'il y avoit de plus précieux, & les réduifit en cendres. Les murailles de la ville furent démolies ; on chargea de chaînes tout ce qui reftoit d'habitans, après avoir égorgé foixante des premiers du peuple aux yeux de Nabuchodonofor ; & Nabuzardan ne laiffa dans le pays de Juda que les plus pauvres, à qui il donna des vignes & des terres à cultiver. Ainfi périrent pour la première fois, fous la main de Nabuchodonofor, Jérufalem & fes princes. Jérémie ne ceffoit de leur dire que Dieu même les avoit livrés à ce roi, & qu'il n'y avoit de falut pour eux qu'à fubir le joug ; ils ne crurent point à fa parole. Pendant que ce prince les tenoit étroitement enfermés par les prodigieux travaux dont il avoit entouré leur ville, ils fe laiffoient enchanter par leurs faux prophètes. Le peuple, féduit par ces impofteurs, fouffrit les plus rudes extrémités, & fit tant par fon audace infenfée, que la ville fut renverfée, le temple brûlé, & tout perdu fans reffource. Le même prodige de féduction & de témérité & d'endurciffement fe remarqua à la dernière ruine de Jérufalem, par Tite, envoyé de Dieu, comme Nabuchodonofor, pour exercer fa vengeance fur ce peuple rebelle. Ils furent réduits aux mêmes extrémités, la même rébellion, la même famine, les mêmes voies du falut ouvertes, la même chûte ; & pour que tout fût femblable, le fecond temple fut brûlé fous Tite, le même mois, & le même jour que l'avoit été le premier fous Nabuchodonofor. Ce prince, de retour à Babylone, au lieu de faire hommage à Dieu des victoires qu'il avoit remportées par fon fecours, en fit honneur à fes idoles, & fit dreffer dans la plaine de Dura une ftatue d'or, haute de foixante coudées, en l'honneur d'une fauffe divinité que l'écriture ne nomme pas. La dédicace s'en fit avec pompe ; les grands de l'état & les gouverneurs des provinces furent appellés à la cérémonie, & tous eurent ordre, fous peine de mort, de fe profterner devant l'idole & de l'adorer. Les feuls compagnons de Daniel ayant refufé de le faire, le roi irrité les fit jeter dans une fournaife ardente, où ils furent miraculeufement préfervés des flammes par l'ange du Seigneur. Alors Nabuchodonofor, frappé de ce prodige, les fit retirer, & donna un édit, dans lequel il publia la grandeur du roi des Juifs, & défendit à qui que ce fût, fous peine de la vie, de blafphémer fon nom. Deux ans après la guerre des Juifs, Nabuchodonofor, qui avoit été le fléau de la juftice divine contre Jérufalem & la Judée, lui prêta fon miniftère pour punir les Tyriens, les Philiftins, les Moabites & plufieurs autres peuples voifins & ennemis des Juifs, qui éprouvèrent à leur tour la févérité des jugemens de Dieu. Il alla d'abord mettre le fiége devant Tyr, ville maritime, illuftre par fon commerce. Ce fiége dura treize ans ; & dans cet intervalle, l'armée du roi défola les pays dont nous venons de parler. Tyr enfin fut prife & faccagée. Dieu, pour dédommager ce prince des maux qu'il avoit foufferts à ce fiége, lui abandonna l'Egypte dont il fit la conquête, & d'où il remporta un butin immense. C'étoit pour cela qu'il l'y avoit appellé, comme il s'en explique lui-même dans Ezéchiel : *Fils de l'homme*, dit Dieu lui-même au prophète ; *Nabuchodonofor, roi de Babylone, m'a rendu avec fon armée un grand fervice au fiége de Tyr. Toutes les têtes de fes gens en ont perdu les cheveux, & toutes leurs épaules en font écorchées, & néanmoins ils n'ont reçu aucune récompenfe. C'eft pourquoi je vais donner à Nabuchodonofor le pays d'Egypte. Il en enlevera le peuple & les dépouilles ; il y fera un grand butin, & fon armée recevra ainfi fa récompenfe.* Ce prince, de retour de fon expédition, s'appliqua à embellir fa capitale & à y faire conftruire de fuperbes bâtimens. Il fit élever ces fameux jardins fufpendus fur des voûtes, que l'on a mis au rang des merveilles du monde. Il eut dans le même temps un fonge qui lui donna de grandes inquiétudes. Il crut voir un arbre qui touchoit le ciel de fa cime, qui couvroit la terre de fes branches, & à l'ombre duquel tous les animaux fe retiroient. Tout d'un coup un ange defcendit du ciel, fit couper & abattre l'arbre, & ordonna qu'il fût réduit pendant fept ans dans l'état des animaux, broutant l'herbe de la terre, & expofé à la rofée du ciel. Les fages de Babylone n'ayant pu donner au roi aucune explication de ce fonge ; Daniel lui dit qu'il fignifioit le changement qui devoit arriver en fa perfonne : *C'eft vous*, lui dit-il, *qui êtes défigné par ce grand arbre ; vous ferez abattu, réduit à l'état d'une bête & chaffé de la compagnie des hommes ; mais après avoir été fept ans en cet état, lorfque vous aurez reconnu que toute puiffance vient du ciel, vous redeviendrez homme.* La prédiction s'accomplit un an après. Ce prince, victorieux de toute l'Afie, fe promenant dans fon palais, livré aux mouvemens de vanité que lui infpiroient fes conquêtes & la magnificence de Babylone qu'il venoit de rendre une des plus fuperbes villes du monde, entendit une voix du ciel qui lui prononça fon arrêt. A l'heure même il perdit le fens ; on le chaffa de fon trône & de la fociété des hommes, & il fut réduit à la condition des bêtes. Après avoir paffé fept ans à vivre dans la campagne comme une bête farouche, il recouvra la raifon, & le premier ufage qu'il en fit, fut de bénir & de glorifier le Très-Haut qu'il avoit fi long-temps méconnu. Il reprit fa première dignité, & continua de régner avec le même éclat qu'auparavant. Alors il publia dans toute l'étendue de fa domination les merveilles étonnantes que Dieu venoit de faire en fa perfonne, & il en termina le récit par ces paroles : « Maintenant donc je loue le roi du ciel, & je » publie hautement fa grandeur & fa gloire, » parce que toutes fes œuvres font felon la » vérité, que fes voies font pleines de juftice, » & qu'il peut, quand il lui plaît, humilier les » fuperbes. » Ce prince mourut fur la fin de la

même année, après avoir régné quarante - trois ans depuis la mort de fon père Nabopolaffar, qui l'avoit affocié à l'empire deux ans auparavant. Il y a plufieurs fentimens fur la métamorphofe de *Nabuchodonofor*, dont le plus fuivi eft que ce prince s'imaginant fortement être devenu bête, broutoit l'herbe, fembloit frapper des cornes, laiffoit croître fes cheveux & fes ongles, & imitoit à l'extérieur toutes les actions d'une bête : ce changement, qui probablement n'avoit lieu que dans fon cerveau altéré, ou dans fon imagination échauffée, étoit un effet de la lycantropie, maladie dans laquelle l'homme fe perfuade qu'il eft changé en loup, en chien, ou en un autre animal. (*A. R.*)

N A C

NACHOR. (*Hift. facr.*) On en trouve deux dans l'écriture fainte ; *Nachor*, fils de Sarug & père de Tharé, & *Nachor*, fils de Tharé & père d'Abraham.

N A D

NADAB. (*Hift. facr.*) Il y en a deux auffi dans l'écriture fainte, *Nadab*, fils d'Aaron & frère d'Abiu, dévoré avec celui-ci par le feu célefte, (*Lévitiq. c. 10.*) & *Nadab*, roi d'Ifraël, fils & fucceffeur de Jéroboam, tué en trahifon avec toute fa race par Baafa, l'un de fes généraux. *Troifième livre des Rois, chap. 14, 15, 16.* (Il y a même encore un troifième *Nadab*, fils de Semei. *Paralip. liv. 1, c. 2, verf. 28.*)

NADAB, (*Hift. mod.*) nom du fouverain pontife ou grand-prêtre des Perfans, dont la dignité répond à celle du muphti en Turquie, avec cette différence unique, que le *nadab* peut fe dépouiller de fa dignité religieufe ou eccléfiaftique, & afpirer aux emplois civils ; ce qui n'eft pas permis au muphti. Le *nadab* prend place après l'athmatdulet, ou premier miniftre. Il a fous lui deux juges, appellés l'un *feeik*, l'autre *cafi*, qui connoiffent, décident de toutes les matières de religion, qui permettent les divorces, affiftent aux contrats & actes publics. Ils ont des fubftituts ou lieutenans dans toutes les villes du royaume. (+)

NADAL, (AUGUSTIN) (*Hift. litt. mod.*) de l'académie des belles-lettres, n'a point d'éloge (on ne fait pourquoi) dans le recueil de cette académie. Il y avoit été reçu élève en 1706, affocié en 1712, vétéran en 1714. On a de lui, dans le recueil de l'académie, une differtation fur l'ufage où étoient les foldats romains de dire des vers fatyriques contre les triomphateurs ; une hiftoire des Veftales, des differtations fur le luxe des dames romaines. L'abbé *Nadal* a travaillé pour le théâtre ; il prenoit ordinairement fes fujets dans l'écriture fainte, ou dans l'hiftoire des Juifs : *Saül, Hérode, Antiochus* ou *les Machabées, Mariamne.* Il fit auſſi une tragédie d'*Oſarphis*, cet Oſarphis étoit *Moïſe*, dont l'hiſtoire véritable étoit ornée de beaucoup d'incidens fabuleux ; le cardinal de Fleury, qu'il appelle une perſonne *éminemment* reſpectable, ne voulut pas permettre que cette pièce fût jouée ; elle eſt imprimée. L'abbé *Nadal* a donné auſſi à la comédie italienne une parodie de *Zaïre*, dont le titre ſeul eſt une injure : c'eſt *Arlequin au Parnaſſe* ou *la folie de Melpomène.* Il a eu le malheur d'écrire encore contre cette charmante pièce une lettre, où il dit qu'Oroſmane eſt un ſcélérat, & Néreſtan un perſonnage avili. Il avoit auſſi fort maltraité, dans des remarques particulières, la tragédie d'*Hérode & Mariamne* de M. de Voltaire. Ce grand poëte lui a payé toutes ſes dettes par une ſeule épigramme, dont il n'y a même que le tiers, pour l'abbé *Nadal*, qui a pour aſſociés deux autres détracteurs de M. de Voltaire ; encore, M. Titon du Tillet, auteur du *Parnaſſe françois*, entre-t-il en partage avec tous les trois. C'eſt à lui que l'épigramme eſt adreſſée :

> Dépêchez-vous, Monſieur Titon,
> Enrichiſſez votre Hélicon,
> Placez-y ſur un piédeſtal
> Saint-Didier, Danchet & *Nadal* ;
> Qu'on voie armés du même archet
> *Nadal*, Saint-Didier & Danchet,
> Et couverts du même laurier
> Danchet, *Nadal* & Saint-Didier.

L'abbé *Nadal* n'avoit pas aſſez de talent pour pouvoir rendre juſtice à M. de Voltaire ; il n'avoit pas non plus aſſez d'eſprit pour la rendre à M. de la Motte qu'il juge très-ſévèrement. Il y a quelques idées raiſonnables dans ſes obſervations ſur la tragédie ancienne & moderne ; mais c'eſt toujours la même injuſtice envers M. de Voltaire. L'abbé *Nadal* a auſſi des *penſées ſur l'éducation*, mais on a plus & mieux penſé depuis ſur ce ſujet. On a encore de lui quelques poéſies fugitives, où il y a peu de poéſie. Ce n'étoit en tout, ni un homme de génie, ni un homme de beaucoup d'eſprit, ni un homme d'un goût ſûr ; mais c'étoit un littérateur inſtruit & eſtimable. Il mourut en 1740 ou 1741, âgé de 82 ans ; il avoit été, en 1712, ſecrétaire d'ambaſſade ou de l'ambaſſadeur (le duc d'Aumont) auprès de la reine Anne en Angleterre.

NADASTI, (*Hiſt. de Hongrie.*) Deux gentils-hommes hongrois de ce nom figurent dans l'hiſtoire, Thomas & François. Thomas, comte de *Nadaſti*, ſujet fidèle de Ferdinand, roi de Hongrie & de l'empereur Charles-Quint ſon frère, défendit vaillamment, en 1531, la ville de Bude, contre l'empereur des Turcs, Soliman II ; ſa valeur fut trahie ; la garniſon ſéduite livra aux Turcs la ville & le château, & le livra lui-même à Soliman ; mais ce prince, qui avoit de la grandeur, punit les traîtres, en profitant de la trahiſon ; il

combla d'éloges, il honora *Nadaſti*, & le renvoya ſous une eſcorte ſûre au roi de Hongrie. Nadaſti continua de ſervir Charles & Ferdinand. Le fameux Ferdinand de Tolède, duc d'Albe, qui avoit ſervi ſous lui, ſe faiſoit honneur de ſe dire ſon diſciple, & *Nadaſti* prédit & annonça de bonne heure ce que ſeroit un jour le duc d'Albe.

François de *Nadaſti*, de la même famille, qui étoit une des plus anciennes & des plus conſidérables de la Hongrie, étoit préſident du conſeil ſouverain de Hongrie ; il n'eut pas la même fidélité que Thomas. Mécontent de n'avoir pu obtenir de l'empereur Léopold la dignité de palatin, il entra en 1665 dans la révolte des comtes de Serin & de Frangipani. (*Voyez* leurs articles ; & à l'article FRANGIPANI, à l'époque de leur ſupplice, liſez 1671 au lieu de 1771.) Non content d'être un rebelle, il fut un ſcélérat ; il ne mit point de bornes à ſon reſſentiment ni à ſa vengeance ; cette vengeance fut atroce ; il n'en vouloit pas moins qu'à la vie de l'empereur ; il mit, dit-on, le feu au palais impérial, dans l'eſpérance que ce prince, où ſeroit brûlé, ou pourroit aiſément être tué, dans la confuſion & le tumulte que produiroit l'incendie. Ce moyen n'ayant pas réuſſi, malgré l'embraſement du palais, qui s'exécuta le 23 février 1668, il tenta le poiſon ; il fit, dit-on, empoiſonner les puits, dont il crut que l'eau étoit employée dans les cuiſines de l'empereur ; & ce nouveau crime étant encore reſté ſans effet, il invita l'empereur, l'impératrice & toute la cour à venir prendre chez lui le divertiſſement de la pêche, le 5 avril 1668. L'empereur aimoit extrêmement la pâtiſſerie ; *Nadaſti* donna ordre qu'on ſervît devant lui une tourte de pigeonneaux qu'il fit empoiſonner par ſon cuiſinier. La comteſſe de *Nadaſti*, inſtruite du complot, le fit manquer ; elle ordonna au cuiſinier de faire promptement une tourte ſemblable à la tourte empoiſonnée, & ce fut celle-là qu'elle prit ſoin de faire ſervir. Enfin, un des complices ayant été arrêté, & ſes papiers ayant fait connoître la part que le comte de *Nadaſti* avoit à la conjuration, celui-ci aſſembla cinq cents hommes, avec leſquels il vouloit s'enfuir à Veniſe ; mais il fut prévenu & arrêté dans ſon château. Il avoua tout, & fut condamné à avoir le poing coupé & la tête tranchée. L'empereur lui remit une partie de la peine, il n'eut pas le poing coupé. Sa famille fut dégradée de nobleſſe ; ſes enfans quittèrent leur nom & leurs armes, & prirent le nom de Cruzemberg. Nadaſti fut décapité le 30 avril 1671, dans l'hôtel-de-ville de Vienne.

Dans la guerre de 1741, un général *Nadaſti* commandoit les armées de la reine de Hongrie. Ce fut lui qui, au mois de ſeptembre 1746, força la ville de Gênes de capituler, & le ſénat d'envoyer le doge avec ſix ſénateurs, implorer la clémence de la reine de Hongrie, comme la même ville de Gênes avoit imploré, en 1682, celle de Louis XIV.

NABER, f. m. (*Hift. mod.*) C'eft le nom d'un des principaux officiers de la cour du grand-mogol, qui commande à tous les eunuques du palais. Il eft chargé de maintenir l'ordre dans le maal ou ferrail, ce qui fuppofe une très-grande févérité. Il règle la dépenfe des fultanes & des princeffes ; il eft garde du tréfor & des joyaux, & grand-maître de la garde-robe du monarque ; enfin, c'eft lui qui fait toute la dépenfe de fa maifon. Cette place éminente eft toujours remplie par un eunuque, qui a communément un crédit fans borne. (*A. R.*)

N A E

NAEP, f. m. (*Hift. mod.*) *terme de relation ;* juge fubalterne établi par les cadis dans les villages de Turquie, ou par les mulas des grandes villes, pour être comme leurs lieutenans (*D. J.*)

N Æ V

NÆVIUS, (CNEÏUS) (*Hift. rom.*) poëte latin, auteur de comédies & d'autres poëmes, mort plus de deux fiècles avant l'ère chrétienne. Son principal ouvrage étoit *une hiftoire de la première guerre punique ;* il ne refte de lui que des fragmens dans le *corpus poëtarum* de Maittaire. Horace parle du refpect qu'on avoit de fon temps pour *Nævius,* parce qu'il étoit ancien ;

*Nævius in manibus non eft, & mentibus hæret
Pene recens, adeò fanctum eft vetus omne poëma.*

N A H

NAHER, f. m. (*Hift. mod.*) noble indien. Les habitans du Malabar fe divifent en caftes ou tribus, qu'on appelle des *nambouris,* des *bramines* & des *nahers.* Les nambouris font prêtres, les bramines philofophes, les *nahers* nobles. Ceux-ci portent feuls les armes ; le commerce leur eft interdit ; ils fe dégradent en le faifant. Dans ces trois caftes on peut s'approcher, fe parler, fe toucher fans fe laver ; mais on fe croit fouillé par l'attouchement le plus léger de quelqu'un qui n'en eft pas. (*A.R.*)

NAHUM, (*Hift. facr.*) le feptième des douze petits prophètes. Sa prophétie eft compofée de trois chapitres. Il paroît avoir prophétifé fous Ezéchias, lorfque Sennachérib portoit dans la Judée la défolation & l'effroi. Ses prédictions, dirigées uniquement contre les Affyriens, auxquels il dénonce une entière deftruction, femées, felon le goût oriental, de figures & d'emblêmes, fervoient à confoler les Juifs des maux qu'ils fouffroient, par la vue de ceux qui devoient fondre fur leurs ennemis. Elles furent accomplies dans le temps où Cyaxare & Nabucadnezar, (Nabuchodonofor) réuniffant leurs forces, firent tomber la fuperbe Ninive, & égalèrent enfin les vainqueurs aux vaincus.

NAIKS ou NAIGS, f. m. (*Hift. mod.*) C'eft le nom fous lequel on défigne, dans quelques parties de l'Indoftan, les nobles ou premiers officiers de l'état ; c'eft la même chofe que *naïres.* (*Voyez* cet article.)

NAILLAC, (PHILIBERT DE) (*Hift. mod.*) élu en 1383 grand-maître de l'ordre de Saint-Jean de Jérufalem, réfident pour lors à Rhodes. Il combattit en 1396, à la funefte journée de Nicopolis, à la tête de fes chevaliers qui furent taillés en pièces. Mort à Rhodes en 1421.

NAILOR, (JACQUES) (*Hift. d'Ang.*) fameux impofteur ou fanatique anglois, embraffa la fecte des *Quakers ;* il fit, en 1656, une entrée triomphante dans Briftol, pour imiter celle de J. C. dans Jérufalem. Un homme & une femme tenoient les rênes de fon cheval, & une foule de fes fectateurs & de fes difciples crioient : *faint, faint, faint, le feigneur dieu de fabaoth.* Les magiftrats lui firent faire une autre entrée dans la même ville de Briftol, mais dans un autre appareil, il étoit encore à cheval, mais le vifage tourné vers la queue, & cette dérifion ignominieufe, qui étoit peut-être la feule peine que méritât fa folie, avoit été précédée d'un traitement plus rude ; il avoit eu la langue percée d'un fer chaud, & le front marqué de la lettre *B*, c'eft-à-dire, *blafphémateur,* c'eft-à-dire fou, mais on ne devroit point faire de mal aux fous ; on ne doit tout au plus que les enfermer. On enferma celui-ci, & on le relâcha, car après tout fa folie n'étoit pas dangereufe. On le laiffa prêcher & être le dieu de fabaoth, tant qu'il voulut. Il mourut en 1660.

NAIN, (LOUIS-SÉBASTIEN LE NAIN DE TILLEMONT) (*Hift. litt. mod.*) favant vertueux & modefte, fils de M. le Nain, maître des requêtes, avoit été élevé à Port-Royal ; il paffa une partie de fa vie dans cette folitude de Port-Royal, & une autre dans l'agréable folitude de Tillemont, au-deffus de Vincennes, à laquelle il a donné de la célébrité. C'eft là qu'il a compofé ces favans ouvrages, qui ont toute l'autorité des fources même dans lefquelles il a puifé. Les plus confidérables font fes *mémoires pour fervir à l'hiftoire eccléfiaftique,* & fon *hiftoire des empereurs.* Il ne fortit jamais de fa retraite, que pour aller voir en Flandre M. Arnauld, & en Hollande un évêque perfécuté auffi pour le janfénifme. M. de Sacy l'engagea, en 1676, à recevoir l'ordre de prêtrife ; & M. de Buzanval, évêque de Beauvais, vouloit l'avoir pour fucceffeur ; mais il fe refufa conftamment aux vues de ce prélat. Cet homme, plein de douceur, eut une difpute littéraire contre le P. Lami, de l'oratoire, fur un point d'érudition eccléfiaftique ; c'étoit, difoit Nicole, un modèle de la manière dont les chrétiens devroient difputer entr'eux. Boffuet, qui mêloit aux vertus chrétiennes bien d'autres qualités, difoit au contraire à M. de

Tillemont,

Tillemont, fur ce fujet : *ne foyez pas toujours aux genoux de votre adverfaire, & relevez-vous quelquefois.* M. de Tillemont étoit né en 1637; il commença dès l'âge de 18 ans à recueillir des matériaux pour fon hiftoire eccléfiaftique ; il mourut en 1698, après quarante-deux ans & plus de folitude, de travail & de bonheur. L'abbé Tronchai, chanoine de Laval, a écrit fa vie.

Dom Pierre *le Nain*, fon frère, folitaire de la Trappe, a écrit la vie de l'abbé de Rancé, réformateur de cette abbaye, & l'hiftoire de l'ordre de Cîteaux. On a auffi de lui une traduction françoife de Saint Dorothée, père de l'Eglife grecque, & divers ouvrages de piété. Né en 1643, mort en 1713.

Cette famille des *le Nain*, récemment éteinte, avoit produit beaucoup de magiftrats diftingués par leur vertu & leur capacité, entr'autres un fous-doyen du parlement, père des précédens, mort en 1655 ; un maître des requêtes, fon fils, homme du plus grand mérite, mort en 1698 ; un doyen du parlement, fils de celui-ci, mort le 20 feptembre 1719 ; un avocat-général, fils de ce dernier, & mort avant lui, le 24 octobre 1709, dont M. le chancelier d'Agueffeau, alors fon confrère au parquet du parlement, a fait un fort éloquent & fort jufte éloge. « Au-deffus des plus grandes affaires par l'étendue de fon génie, & fe croyant prefque au-deffous des plus petites, par l'exactitude de fa religion ; efprit auffi lumineux que folide, les principes y naiffoient comme dans leur fource, & la même juftefffe qui les produifoit, les plaçoit fans effort dans leur ordre naturel ; fes paroles remplies, & comme pénétrées de la fubftance des chofes mêmes, fortoient moins de fa bouche que de la profondeur de fon jugement, & l'on eût dit, en l'écoutant, que c'étoit la raifon même qui parloit à la juftice...... Il devoit encore aujourd'hui faire entendre cette voix, dont la douce infinuation fembloit donner du poids à la juftice, & du crédit à la vertu. Que ne nous eft-il permis de le faire parler au lieu de nous ! Mais, puifque nous fommes privés de cette fatisfaction, que pouvons-nous faire de mieux que de nous parler de lui ? Son éloquence ne lui étoit pas néceffaire pour infpirer l'amour de la vertu ; il n'avoit, pour la rendre aimable, qu'à fe peindre dans fes difcours, & parler d'après lui-même. Né dans le fein de la juftice, digne fils d'un père, auffi heureux de lui avoir donné la vie, que malheureux de lui furvivre ; élevé fous les yeux d'un aïeul vénérable, objet de la tendreffe & de la complaifance de cet homme vrai, qui n'a point connu les foibleffes du fang, & qui, dans fes propres enfans, n'a jamais loué que la vérité ; il avoit fu allier heureufement à la vertu héréditaire de fa famille, des graces innocentes qui, fans lui rien faire perdre de fa droiture inflexible, répandoient fur elle ce charme fecret qui lui attire l'amour encore plus que l'admiration.

» Quelle facilité dans le commerce ! quel agrément dans les mœurs ! quelle douceur, ce n'eft pas affez dire, quel enchantement dans la fociété !...... Vrai, fimple, fans fafte, fans affectation, aucun fard ne corrompoit en lui la vérité de la nature. Exempt de toute ambition, il n'en avoit pas même pour les ouvrages de fon efprit ; le defir de bien faire n'a jamais été avili dans fon cœur par le defir de paroître avoir bien fait, & pour parvenir à la gloire, il ne lui en avoit pas même coûté de la fouhaiter. On eût dit que fon ame étoit le tranquille féjour de la paix. Nul homme n'a jamais mieux fu vivre avec foi-même : nul homme n'a jamais mieux fu vivre avec les autres. Content dans la folitude, content dans la fociété, par-tout il étoit à fa place ; & fachant toujours fe rendre heureux, il répandoit le même bonheur fur tous ceux qui l'environnoient.

» Le ciel n'a pas permis que nous ayons joui plus long-temps de ce bonheur : il a rompu les liens de cette union fi douce, fi intime, qui, dans les peines & les travaux attachés à notre miniftère, étoit notre force, notre fûreté, notre gloire, nos délices..... Nous n'aurons plus le plaifir de l'avoir pour collègue & pour coadjuteur de nos fonctions ; mais nous l'aurons toujours pour modèle : & fi nous ne pouvons plus vivre avec lui, nous tâcherons au moins de vivre comme lui. »

Le fils de l'avocat-général eft mort intendant de Languedoc, avec la réputation d'un homme d'efprit & d'un homme aimable ; fon fils eft mort très-jeune, intendant de Moulins ; & c'eft dans la perfonne du fils de ce dernier, mort plus jeune encore, que cette famille s'eft éteinte, il y a peu d'années. Les pères, & quelques collatéraux & contemporains de ces trois derniers perfonnages, dont la vie a été fi courte, avoient rempli la plus longue carrière ; tels étoient le doyen des maîtres des requêtes, mort à 85 ans ; le doyen du parlement, mort à 87 ans ; & un autre que nous avons vu mourir à près de cent ans, doyen des correcteurs des comptes & de toute la chambre des comptes, & peut-être de toute la magiftrature du royaume, & de celle du monde entier ; il avoit une figure plutôt antique que vieille, c'étoit un monument bien confervé ; il étoit refté poffeffeur pendant quelques années de la totalité de la première tontine (celle de 1689) qu'il avoit vu créer. Il avoit furvécu près de cinquante ans à un accident qui auroit pu lui coûter la vie. Ayant trouvé un foir le pont-tournant des Tuileries levé, il étoit tombé dans le foffé, & s'étoit caffé une jambe, qui fut mal remife, & dont il refta boiteux. Les Mafcrany, les Fortail, les d'Asfeld, les Tilly de Bláru, les Charpentier, les Chamberjot, (*voyez* l'article BARATIER) les Bragelonne, &c.

les familles les plus connues dans le parlement & ailleurs, soit dans la robe, soit dans l'épée, étoient alliées à la famille des *le Nain*.

NAINS, f. m. pl. (*Hift. mod.*) Ces fortes de pygmées dans la race humaine font recherchés pour les amusemens du grand-feigneur; ils tâchent de le divertir par leurs fingeries, & ce prince les honore fouvent de quelques coups de pieds. Lorfqu'il fe trouve un *nain* qui eft né fourd, & par conféquent muet, il eft regardé comme le phénix du palais; on l'admire plus qu'on ne feroit le plus bel homme du monde, fur-tout fi ce magot eft eunuque; cependant ces trois défauts qui devroient rendre un homme méprifable, forment, à ce que dit M. de Tournefort, la plus parfaite de toutes les créatures, aux yeux & au jugement des Turcs. (*D. J.*)

NAIRES, NAHERS ou NAYERS; (*Hift. mod.*) c'eft le nom que les Malabars donnent aux militaires de leur pays, qui forment une claffe ou tribu très-nombreufe, & qui, comme ailleurs, fe croit infiniment au-deffus du refte de la nation; c'eft dans cette tribu que les rois ou fouverains du Malabar choififfent leurs gardes-ducorps. Les Malabars portent l'orgueil de la naiffance à un point d'extravagance encore plus grand qu'en aucune contrée de l'Europe; ils ne veulent pas même fouffrir que leurs alimens foient préparés par des gens d'une tribu inférieure à la leur; ils ne fouffrent pas que ces derniers entrent dans leurs maifons; & quand par hafard cela eft arrivé, un bramine eft obligé de venir faire des prières pour purifier la maifon. Une femme ne peut point époufer un homme d'un rang inférieur au fien; cette méfalliance feroit punie par la mort des deux parties: or, fi la femme eft de la tribu des nambouris, c'eft-à-dire, du haut clergé ou de celle des bramines, le fouverain la fait vendre comme une efclave. Les faveurs d'une femme de qualité, accordées à un homme d'une tribu inférieure, nonfeulement coûtent la vie à ce dernier, lorfque l'intrigue vient à fe découvrir, mais encore les plus proches parens de la dame ont le droit pendant trois jours de maffacrer impunément tous les parens du coupable.

Malgré la fierté des *naïres*, ils fervent communément de guides aux étrangers & aux voyageurs, moyennant une rétribution très-légère. Ces *naïres* font, dit-on, fi fidèles qu'ils fe tuent, lorfque celui qu'ils conduifent vient à être tué fur la route. Les enfans des *naïres* portent un bâton qui indique leur naiffance; ils fervent auffi de guides & de fûreté aux étrangers, parce que les voleurs malabars ont pour principe de ne jamais faire de mal aux enfans. (*A. R.*)

N A K

NAKIB, f. m. (*Hift. mod.*) c'eft ainfi que les Turcs nomment un officier fort confidéré, dont

la fonction eft de porter l'étendard de Mahomet. Il n'eft point inférieur au muphti même; cette dignité eft toujours conférée par le fultan à un des émirs, defcendans de la fille de Mahomet; & fans fon confentement, le prince n'oferoit offenfer aucun des émirs, ni lui faire aucun mal; le fultan a foin de ne pas laiffer un perfonnage de cette importance, jouir long-temps d'une dignité fi incommode à fon defpotifme; il change fouvent de *nakib*, mais il ne lui en ôte que l'exercice; les émolumens lui reftent comme les fruits d'un caractère indélébile. (*Voyez* CANTEMIR, Hift. ottomane.) (*A. R.*)

N A M

NAMAZ, f. m. (*Hift. mod.*) C'eft ainfi que les Mahométans nomment les prières qu'ils font obligés par leurs loix de faire tous les jours, elles fe répètent cinq fois en vingt-quatre heures. Les Turcs font fi fcrupuleux, qu'ils croient que fi on manque à une de ces prières à l'heure marquée, il eft inutile de la réciter après. Les armées font leurs prières très-régulièrement; mais on peut y manquer fans pécher, lorfque la bataille eft commencée, parce qu'ils croient, que de tuer des chrétiens, eft une action plus méritoire encore que de prier. Tel eft l'aveuglement où porte l'efprit d'intolérance.

Le vendredi on fait fix prières, & on les appelle *falah namazi*. (*Voyez* CANTEMIR, Hift. ottom.) (*A. R.*)

NAMBOURIS; (*Hift. mod.*) c'eft ainfi qu'on nomme chez les Malabars le premier ordre du clergé, dans lequel il y a une hiérarchie. Les *nambouris* exercent dans quelques cantons l'autorité fouveraine & facerdotale à la fois: dans d'autres endroits, les fouverains féculiers ne laiffent pas d'être foumis à l'autorité fpirituelle des *nambouris*, & même des bramines, qui font des prêtres du fecond ordre. Les prêtres du troifième ordre fe nomment *buts*; ces derniers font regardés comme des forciers, & le peuple a pour eux une très-grande vénération. (*A. R.*)

N A N

NAN; (*Hift. mod.*) c'eft ainfi que les Lappons nomment des efpèces de mouches, communes dans leurs pays; ils ont dans l'idée que ces infectes font des efprits; ils les renferment dans des facs de cuir, & les portent avec eux, parce qu'ils efpèrent, par leur moyen, fe garantir des maladies. (*A. R.*)

NANCEL, (NICOLAS DE) (*Hift. litt. mod.*) ainfi nommé d'un village où il étoit né, entre Noyon & Soiffons, plutôt médecin habile qu'homme fenfé, grand partifan du fyftème chimérique, en vertu duquel on voudroit appliquer des règles de la poésie métrique des anciens à la versification françoise, écrivit contre Gallien, sur l'immortalité de l'ame, & sur ce qu'on appelle *le siège de l'ame* dans le corps humain. Son ouvrage le plus raisonnable, est peut-être la vie (en latin comme ses autres ouvrages) du célèbre Ramus, qui avoit été son maître. Mort en 1610.

NANGIS. (GUILLAUME DE) (*Hist. litt. mod.*) Cet auteur s'intitule : *Frater Guillelmus de Nangis, ecclesiæ sancti Dionisii in Franciâ indignus monachus.* Il pouvoit avoir vécu sous saint Louis, dont il a écrit la vie, ainsi que celle de Philippe-le-Hardi, son fils ; & il vivoit sûrement encore sous Philippe-le-Bel, puisque c'est à ce prince qu'il adresse ces deux ouvrages ; il vivoit même encore en 1300, puisque sa grande chronique comprend cette année. Cette chronique commence, selon l'usage des anciens chroniqueurs, à la création du monde ; mais elle n'est, jusqu'à l'an 1113, que celle de Sigebert de Gemblours, dont Guillaume de *Nangis* devient ensuite le continuateur après en avoir été le copiste. *Nangis* avoit aussi composé une chronique des rois de France, qu'il avoit même traduite de latin en françois ; mais elle n'a point été imprimée. Tous les auteurs qui ont travaillé successivement à la compilation, connue sous le nom des grandes chroniques de France, autrement de Saint-Denis, peuvent-être regardés comme des continuateurs de Guillaume de *Nangis* ; mais il n'y en a que deux qui aient pris formellement ce titre : le premier est inconnu, on ne sait pas même son nom ; on sait seulement qu'il étoit moine de Saint-Denis aussi bien que Guillaume de *Nangis*, car il l'appelle *venerabilis frater cœnobii nostri, commonachus Guillelmus de Nangiaco.* Il parle comme témoin oculaire des faits qu'il raconte ; sa continuation s'étend depuis l'an 1301 jusqu'à l'an 1348. Mais on voit, par quelques détails de cette même continuation, qu'elle n'est pas l'ouvrage d'un seul homme.

Le second continuateur avoué se fait un peu plus connoître ; il nous apprend qu'il étoit né au village de Venette près de Compiègne, & c'est par ce nom de Venette qu'on le désigne ; en 1315 il avoit sept ou huit ans : il s'intitule *frater*, & en croit, mais sans preuve certaine, qu'il étoit bénédictin, & qu'il demeuroit à l'abbaye de Saint-Germain-des-Prés. Sa continuation s'étend jusqu'à l'année 1368, & contient la fin du règne de Philippe de Valois, le règne entier du roi Jean, & une partie de celui de Charles-le-Sage. L'auteur y paroît un peu trop favorable au roi de Navarre Charles-le-Mauvais. La chronique des rois de France de Guillaume de *Nangis*, dont nous avons parlé, qu'il composa d'abord en latin, & qu'il traduisit ensuite en françois, remonte à l'an 845, & s'étend jusqu'à l'an 1380, quoique Guillaume de *Nangis* n'ait vécu, ou du moins écrit que jusqu'en 1300 ; aussi ce qu'on lit depuis cette époque, &

même depuis l'an 1286 jusqu'en 1380, n'est-il qu'une mauvaise & très-défectueuse copie de ces grandes chroniques de France, ou chroniques de Saint-Denis, qui ne sont elles-mêmes qu'une copie de la grande chronique de Guillaume de *Nangis* & de sa première continuation. On peut voir, dans les mémoires de littérature de l'académie des inscriptions & belles-lettres, tome 8, pages 560 & suivantes, un mémoire de M. de la Curne de Sainte-Palaye, sur la vie & les ouvrages de Guillaume de *Nangis* & de ses continuateurs.

On a des mémoires beaucoup plus modernes de Beauvais *Nangis*, homme vertueux, qui vivoit sous Henri III & sous Henri IV.

Sully, *Nangis*, Crillon, ces ennemis du crime,
Que la ligue déteste & que la ligue estime.

Ce *Nangis* se fit l'honneur de conseiller à Henri III d'oser faire juger le duc de Guise selon les loix, comme dans les commencemens de la ligue il avoit conseillé à Henri III de l'étouffer & de prévenir les desseins du duc de Guise. Il en étoit temps alors ; le duc de Guise avoit des projets vastes & des moyens bornés ; la ligue naissante n'avoit pas encore acquis ces forces redoutables sous lesquelles la fortune de Henri III pensa succomber. *Nangis* rapporte lui même dans ses mémoires, qu'ayant demandé un jour au duc de Guise ce qu'il prétendoit faire, si Henri III eût pris le parti sage de l'attaquer : « me retirer en » Allemagne, lui répondit le duc, en attendant une » occasion plus favorable. »

Il y a eu sous Louis XV, un maréchal de France du nom de *Nangis*, créé à la promotion du 11 février 1741.

NANI, (JEAN-BAPTISTE) (*Hist. litt. mod.*) procureur de Saint-Marc, ainsi que son père, formé par lui aux affaires, & employé comme lui aux ambassades, nommément en France, où il obtint du secours pour Candie. Il est sur-tout connu par son *histoire de Venise*, qui s'étend depuis 1613 jusqu'en 1671, & dont les Vénitiens furent contens, ce qui n'est pas une raison pour que les autres nations en soient contentes. L'abbé Tallemant en a traduit le premier volume *in-4°*, & un M. Maschari le second.

NANNI, (PIERRE) (NANNIUS) (*Hist. litt. mod.*) critique, grammairien, poète, né à Alcmaër en 1500. On a de lui des notes sur la plupart des auteurs classiques, & des traductions latines de Démosthène, d'Eschine, de Synésius, d'Apollonius, de Plutarque, de saint Basile, de saint Chrysostôme, d'Athénagore & de presque tous les ouvrages de saint Athanase ; une traduction des pseaumes en vers latins estimés, des *dialogues des héroïnes*, qui ont été traduits en françois, &c. Mort en 1557.

B 2

NANNI, (Jean) est aussi le nom d'Annius de Viterbe. (*Voyez* Annius.)

NANQUIER, (Simon dit le Coq) (*Hist. litt. mod.*) poëte latin du quinzième siécle, auteur de quelques épigrammes, d'un poëme : *De lubrico temporis curriculo, deque hominis miseriâ*, & d'un autre poëme en forme d'églogue sur la mort de Charles VIII, roi de France.

NANTERRE, (Matthieu de) (*Hist. de Fr.*) premier président au parlement de Paris, étoit d'une ancienne famille qui tiroit son nom du village de Nanterre près Paris. En 1465, Louis XI fit entre Matthieu de *Nanterre* & le président Dauvet un échange de places assez singulier. Dauvet étoit premier président du parlement de Toulouse, il le fit premier président du parlement de Paris, & il envoya Matthieu de *Nanterre* tenir sa place à Toulouse. Matthieu de *Nanterre* revint dans la suite à Paris, & n'y fut plus que second président. Il n'est pas aisé de rendre raison des dispositions de Louis XI. En général, il aimoit à placer & à déplacer arbitrairement & sans raison apparente, ce qui produisoit deux effets : l'un de soulever contre lui tous les officiers destitués ou déplacés, leurs parens & leurs amis ; l'autre d'alarmer & d'effaroucher la nation, aux vœux de laquelle il fut obligé d'accorder, en 1467, la fameuse loi de l'inamovibilité. Matthieu de *Nanterre* mourut en 1487.

NANTEUIL, (le comte de) (*Voyez* Schomberg.)

NANTEUIL, (Robert) (*Hist. mod.*) peintre, & sur-tout graveur célèbre. Nous laisserons les maîtres de l'art juger de ses talens, & nous ne l'envisagerons que par les côtés qui intéressent l'histoire. Il étoit de Reims ; il montra dans l'enfance, pour les arts qui l'ont illustré, des dispositions, qui, selon l'usage, furent contrariées par ses parens, auxquels ils ne parurent pas une route assez sûre vers la fortune. Ses parens se trompoient. *Nanteuil* fit fortune par son talent, & devint l'appui de sa famille. *Nanteuil*, plein de la dignité de son art, demanda en grace à Louis XIV, après l'avoir peint & gravé à la satisfaction de ce monarque & à celle de tout le monde, que l'art de la gravure ne fût jamais érigé en maîtrise pour qu'il ne cessât point d'être compté avec honneur parmi les arts libéraux ; sa demande lui fut accordée. Ce privilége est connu sous le nom d'*arrêt de saint Jean-de-Luz*.

Le portrait du premier président Pomponne de Bellièvre passe pour le chef-d'œuvre de *Nanteuil*; à propos du portrait de mademoiselle de Scudéry, fait aussi par *Nanteuil*, & flatté, de l'aveu même de mademoiselle de Scudéry, cette fille célèbre fit pour lui ces quatre vers :

> *Nanteuil*, en faisant mon image,
> A de son art divin signalé le pouvoir ;
> Je hais mes yeux dans le miroir,
> Je les aime dans son ouvrage.

Nanteuil a aussi gravé la fameuse Christine, reine de Suède & l'emphatique Scudéry, frère de l'auteur des vers précédens, mit les quatre vers suivans au bas du portrait de cette reine ;

> Christine peut donner des loix
> Aux cœurs des vainqueurs les plus braves ;
> Mais la terre a-t-elle des rois
> Qui soient dignes d'en être esclaves ?

Nanteuil grava presque tous les grands hommes du règne de Louis XIV, & ceux qui, sans être grands, étoient alors fameux. Dans le premier rang étoient certainement le grand Condé, Bossuet, Colbert, peut-être le cardinal Mazarin ; dans le second, Voiture, & même Chapelain.

Nanteuil mourut à Paris, le 18 décembre 1678, âgé de 48 ans. On est surpris qu'ayant si peu vécu, ayant d'ailleurs aimé les plaisirs au point de s'y livrer sans ménagement, il ait trouvé le temps de composer le grand nombre d'ouvrages qui nous restent de lui. On trouve au cabinet des estampes de la bibliothèque du roi, quatre volumes *in-folio* de ses œuvres.

On lit dans les mélanges d'histoire & de littérature, que le père d'Argone, bénédictin, demandant un jour à *Nanteuil* s'il pourroit peindre une personne absente sur la description qu'il lui en feroit : je la peindrai, répondit *Nanteuil*, pourvu que vous répondiez juste à toutes les questions que je vous ferai sur cette personne-là.

Nanteuil faisoit aussi des vers ; on a de lui quelques poésies françoises oubliées : voici des vers qu'il récita peu de temps avant sa mort à Louis XIV, en lui demandant un délai pour achever un nouveau portrait de ce monarque qu'il avoit entrepris

> Après les actions qui vous couvrent de gloire,
> Après tant de faits éclatans,
> Il me faudroit, grand roi, donner un peu de temps
> Pour rendre votre image égale à votre histoire.
> On verroit dans les traits de votre majesté
> Une grandeur parfaite unie à la bonté,
> Ce souris si charmant, cet air si magnanime,
> Ces mouvemens causés par un esprit sublime,
> Et tout ce qui compose & fait voir à la fois.
> Dans un homme un grand homme & le plus grand des rois,
> Mais pourquoi dans mes vers achever votre image ?
> Tant d'écrivains sur moi n'ont-ils pas l'avantage,
> Quand nul autre graveur par sa dextérité
> Ne peut vous consacrer à la postérité ?
> Je me puis bien vanter, brûlant d'un zèle extrême,
> Je fais mon art, & j'aime.
> Ainsi dans cet ouvrage on pourra voir un jour
> Ce que peuvent ensemble & l'adresse & l'amour.

Excufez ce tranfport , & pardonnez-moi , Sire ;
Ce qu'un fujet fidèle a bien ofé vous dire.

Nanteuil fe rend juftice ici comme poète & comme
graveur ; il pouvoit en effet fe borner à la gravure.

Quam fcit uterque , libens , cenfebo , exerceat artem.

NANTIGNI, (LOUIS CHASOT DE) (*Hift. litt.
mod.*) né en 1690, à Saulx-le-Duc en Bourgogne,
avoit fait une étude particulière des généalogies.
On a de lui des généalogies hiftoriques des rois,
des empereurs, & de toutes les maifons fouveraines ;
quatre volumes in-4o ; des tablettes géographiques,
des tablettes hiftoriques , généalogiques & chronologiques ; des tablettes de Thémis ; divers articles
généalogiques dans le dictionnaire de Moréri. Il
devint totalement aveugle en 1752, & mourut
en 1755.

NANTILDE, (*Hift. de Fr.*) femme de Dagobert I, mère de Clovis II, dont elle eut la tutèle,
& fous la minorité duquel elle gouverna très-
fagement. Morte vers le milieu du feptième fiècle.

NANTOUILLET. (*Voyez* MELUN.) Boileau,
dans la peinture du paffage du Rhin, fait mention
d'un chevalier de *Nantouillet*, qui fe diftingua dans
cette occafion :

Mais déjà devant eux une chaleur guerrière ,
Emporte loin du bord le bouillant Lefdiguière ,
Vivonne, *Nantouillet*, & Coiflin & Salard.

Le même chevalier de *Nantouillet* eut la cuiffe
percée à la bataille de Caffel en 1677, &, dit-on,
à côté de Monfieur, qui commandoit à cette
bataille.

N A R

NARCISSE, (*Hift. rom.*)

La cour de Claudius , en efclaves fertile

Avoit élevé à la fuprème puiffance trois affranchis,
Pallas, tréforier de Claude, *Narciffe*, fon fecrétaire ,
& Callifte chargé de recevoir les requêtes adreffées
à l'empereur ; ces trois hommes étoient, comme
tant de miniftres & de favoris,

Divifés d'intérêt & pour le crime unis.

Narciffe étoit le plus entreprenant & le plus audacieux, tous étoient très-avides ; & on difoit un
jour à l'empereur Claude, qui fe plaignoit de manquer d'argent, qu'il feroit bientôt riche, s'il pouvoit
obtenir de fes affranchis qu'ils voulussent bien
partager avec lui ce qu'ils lui avoient volé. Toute
la confiance de Claude & par conféquent tout le
pouvoir étoit partagé entre les femmes & fes
affranchis, & il fallut d'abord que ceux-ci fe
miffent fous la protection des femmes, & fervissent
leurs paffions & leurs crimes. Meffaline régnoit

alors , & tous les vices avec elle. Appius Silanus,
proconful d'Efpagne, avoit eu le bonheur de plaire
à l'empereur , qui lui avoit fait époufer Lépida,
mère de Meffaline, & qui avoit choifi fon fils
pour gendre ; mais ce même Appius Silanus avoit
eu le malheur de plaire auffi à Meffaline, & n'avoit
pas répondu à fa paffion ; il pouvoit l'accufer,
elle réfolut de le perdre. Pour obtenir de Claude
le facrifice de fon meilleur ami, il ne falloit que
lui repréfenter cet ami comme redoutable : Meffaline s'étant concertée avec *Narciffe*, qui affectoit
de veiller avec un foin particulier à la confervation de l'empereur, de la vie duquel il avoit en
effet befoin, *Narciffe* entre un matin dans la
chambre de fon maître qui étoit encore au lit,
& lui dit d'un air effrayé qu'il l'a vu en fonge
poignardé par Silanus. Meffaline admire le rapport
fingulier de ce fonge avec un fonge tout pareil
qui la tourmente toutes les nuits ; voilà Silanus
condamné :

Le ciel nous le fait voir un poignard à la main ;
Le ciel eft jufte & fage , & ne fait rien en vain.

Dans le moment arrive Silanus que Meffaline &
Narciffe avoient eu foin de faire mander de la
part de l'empereur, afin qu'il arrivât dans le moment
de la plus grande frayeur de ce prince : quoi !
s'écria Meffaline, vient il déjà confommer fon
parricide ? On le fait tuer à l'inftant.

Depuis ce temps , la puiffance de *Narciffe* n'eut
plus de bornes ; il accompagnoit l'empereur au fénat, s'y affeyoit à côté de lui, jugeoit avec lui les
fénateurs & les chevaliers romains, & les faifoit
appliquer à la torture, quoique Claude, au commencement de fon règne , eût promis avec ferment de leur épargner toujours cette indignité ;
mais Claude & fes fermens n'étoient rien. Au
milieu de tant de baffeffes, l'énergie romaine fe relevoit quelquefois. Un affranchi de Furius Camillus
Scribonianus, nommé Galéfus, ofa foutenir à *Narciffe* une fage & courageufe leçon. *Narciffe*, affis à
côté de Claude, interrogeoit Galéfus fur le complot
de fon maître qui s'étoit fait proclamer empereur :
qu'auriez-vous fait , lui difoit-il , fi votre patron
étoit réellement devenu empereur ? « Je me ferois
» tenu debout derrière lui, répondit Galéfus, &
» j'aurois gardé le filence. » Comparez ce mot de
Galéfus avec la lâcheté de Vitellius, qui avoit parmi
fes dieux domeftiques les images en or de *Narciffe*
& de Pallas.

Narciffe croyoit fon pouvoir refpecté par-tout ;
comme il l'étoit à la cour & au fénat : Claude
envoyant dans la Grande - Bretagne une armée
fous la conduite de Plautius, les foldats réfiftoient
à leur général, & refufoient de paffer, difoient-ils,
dans un autre monde ; *Narciffe* vint les haranguer
& monta fur le tribunal de Plautius ; les foldats,
indignés de l'infolence de cet efclave, crièrent
aux faturnales, pour lui reprocher les fers qu'il

avoit portés; mais cette tentative de *Narciſſe* produifit l'effet défiré; car, pour ne pas l'écouter, ils déclarèrent qu'ils étoient prêts à fuivre leur général.

Claude étoit fait pour être trompé; mais *Narciſſe* le trompoit avec une impudence trop criminelle. Les Bithyniens accufant à Rome l'intendant Junius Cilo, que *Narciſſe* protégeoit, & déclamant contre lui avec tant d'emportement, que la confufion des voix empêchoit l'empereur de les entendre, Claude demanda ce qu'ils difoient, *Narciſſe* prit fur lui de répondre qu'ils exaltoient Cilo jufqu'aux cieux, & qu'ils rendoient graces à l'empereur de le leur avoir donné. Eh bien ! dit l'empereur, puifqu'ils en font fi contens, qu'il refte encore deux ans chez eux.

Lorfque Meſſaline eut époufé Silius, les affranchis tremblèrent pour la vie de Claude & pour leur puiſſance. *Narciſſe* réfolut de perdre Meſſaline, & il y parvint; (*voyez* l'article MESSALINE) mais, s'étant déclaré contre le mariage de Claude avec Agrippine, fon crédit vint échouer contre la puiſſance de cette feconde femme; elle s'apperçut que *Narciſſe*, après avoir fait périr Meſſaline, paroiſſoit prendre fes enfans fous fa protection, & s'oppofoit au deſſein qu'elle avoit de faire paſſer l'empire à Néron; elle le rendit fufpect à Claude, & le fit éloigner: il alla en Campanie prendre les eaux pour la goutte; là finit fon pouvoir. Agrippine, délivrée d'un tel furveillant, fe défit de Claude, après lui avoir fait adopter Néron; &, devenue toute-puiſſante, elle obligea *Narciſſe* de fe donner la mort dans fa retraite. Ainfi *Narciſſe* ne commit point les crimes que Racine lui fait commettre dans *Britannicus*; mais on voit qu'il étoit très-capable de les commettre. Néron n'eut point de part à fa mort, & regretta en lui un confident qui eût été très-aſſorti à fes vices encore cachés, *cujus abditis adhuc vitiis. . . . . . mirè congruebat*. Agrippine étoit parvenue à rendre *Narciſſe* prefque intéreſſant: 1°. Il avoit raifon de vouloir que l'empire ne fût point enlevé à Britannicus par un étranger, & qu'un fils ne fût pas dépouillé de la fucceſſion de fon père. 2°. La prompte mort de Claude, arrivée auſſi-tôt que *Narciſſe* ceſſa d'être à portée de veiller fur fes jours, fit voir combien l'ambition même de *Narciſſe* & le defir de conferver fa faveur, avoient été utiles à l'empereur Claude. 3°. *Narciſſe*, avant de mourir, fit une action louable. Dépofitaire de papiers importans, qui auroient été dans la main d'Agrippine une fource inépuifable de reſſentimens & de vengeances contre les principaux citoyens, il eut grand foin de les brûler. Ce qui dépofe le plus hautement contre lui, c'eft fa prodigieufe fortune. Après avoir vécu avec tout le fafte des Lucullus & des Craſſus, il laiſſa quatre cents millions de fefterces (cinquante millions de nos livres.) Il méritoit fon fort; mais on a eu raifon de dire que, dans des occafions éclatantes, il avoit montré une capacité & une

fermeté au-deſſus de fa condition. Il mourut l'an 54 de Jéfus-Chrift.

Narciſſe eft auſſi le nom d'un jeune athlète qui avoit eu le plus grand crédit fous le règne de Commode, mais qui, étant enfuite entré dans la confpiration contre ce prince, l'étrangla en feignant de lutter contre lui par jeu: l'empereur Sévère, cinq ans après, vengea Commode, en expofant *Narciſſe* aux lions avec cet écriteau: *meurtrier de Commode*. (L'an 197 de Jéfus-Chrift.)

Saint *Narciſſe*, évêque de Jérufalem, vivoit dans le fecond & le troifième fiècles de l'Eglife. Son hiftoire eft très-remplie de prodiges & de merveil!es, ce qui prouve qu'on ne la fait pas. Ce fut lui qui conféra le facerdoce à Origène. On croit qu'il mourut vers l'an 216; on dit qu'il avoit centfeize ans, ce qui paroît faire partie des merveilles de fon hiftoire.

NARSÈS. Il y a deux perfonnages de ce nom, très-connus dans l'hiftoire, à des époques & dans des états différens.

1°. NARSÈS *ou* NARSI, roi de Perfe, fucceffeur de Varanès fon père; il monta fur le trône l'an 294, fit la guerre aux Romains, s'empara de la Méfopotamie & de l'Arménie, remporta même quelques avantages fur Galérius, que Dioclétien avoit envoyé pour le combattre, mais fut enfuite complètement battu par ce même Galérius.

Tout trembloit, quand de loin nous vîmes dans la plaine
Sur le camp de *Narsès* fondre l'aigle romaine:
C'étoit Galérius, & tu vis quel revers
Mit en ce jour la Perfe & fon roi dans nos fers.

(Brueys, tragédie de *Gabinie*.)

Narsès ne tomba point dans les fers des Romains; mais il fut mis en fuite, & demanda la paix en fuppliant. Quelques-uns jugeoient que le moment étoit arrivé de réduire la Perfe en province de l'empire romain; mais Dioclétien ne voulut pas, dit-on, prendre ce qu'il n'étoit pas en état de garder; ce prince avoit de la fageſſe dans le caractère & de la modération dans les defirs. Il favoit que Trajan s'étoit beaucoup occupé de ce projet, & n'y avoit pas réuſſi. Il voulut mettre à profit cet exemple. Il fe contenta de faire avec la Perfe une paix folide & avantageufe, qui dura quarante ans, phénomène rare dans l'hiftoire de la guerre & de la paix.

2°. L'eunuque *Narsès*, illuftre général de l'empire, fous les empereurs Juftinien & Juftin II. Uni avec les Lombards, il avoit écrafé Totila & les Goths; il devint fufpect pour avoir été trop utile: fes conquêtes & les richeſſes qu'elles lui avoient procurées, avoient excité l'envie; les Romains, qui le haïſſoient, le perdirent dans l'efprit de Juftin II, neveu & fucceſſeur de Juftinien, & furtout dans celui de l'impératrice Sophie. Juftin crut trop aisément qu'un mot suffiroit pour perdre un homme tel que *Narsès*; il le rappella & envoya Longin pour commander à sa place en Italie, sous le nouveau titre d'exarque. L'indiscrète & superbe Sophie, joignant l'insulte à l'injustice, écrivit à *Narsès* : hâtez votre retour, les femmes vous attendent dans le gynécée pour filer avec vous ; venez leur distribuer la laine, c'est l'emploi d'un eunuque. Le fier *Narsès* lui répond : je vais vous ourdir une trame que vous ne démêlerez de votre vie. Il se retire à Naples plein de fureur, & ne respirant que vengeance ; il appelle ces Lombards qui avoient déjà vaincu avec lui : Quittez, leur dit-il, vos pauvres campagnes de Pannonie ; venez partager avec moi les délices de cette fertile Italie. Une pareille proposition flattoit un peuple guerrier & un prince avide de conquêtes ; Alboin, alors roi des Lombards, la reçut avec transport. Telle est la tradition la plus générale sur l'introduction des Lombards en Italie. Anastase le bibliothécaire nous apprend que le ressentiment de *Narsès* dura peu, que le pape Jean III courut à Naples aussi-tôt que *Narsès* s'y fut retiré, qu'il écouta ses plaintes, qu'il le consola, qu'il le calma, & qu'à force d'instances il le fit ramener à Rome ; il paroît qu'il se chargea de le justifier auprès de l'empereur. *Narsès* étant rentré dans le devoir, & le pape répondant de lui à la cour impériale, on oublia un premier mouvement, pardonnable peut-être au mérite outragé ; on laissa *Narsès* vivre à Rome en particulier paisible. Il y mourut, & son corps porté à Constantinople, y fut enterré avec pompe.

Au reste, les savans distinguent trois *Narsès* contemporains, tous trois célèbres, tous trois persarméniens, tous trois attachés aux empereurs de Constantinople : l'eunuque, qui est le plus connu ; un autre *Narsès*, frère d'Aratius & d'Isaaces, dont parle Procope ; enfin un troisième, dont parle Théophylacte dans l'histoire de l'empereur Maurice, & dont Théophane parle beaucoup aussi sous Justin II, sous Tibère, sous Maurice, & enfin sous Phocas qui le fit brûler l'an 604.

On cherche quel est celui de ces trois *Narsès* dont a parlé le poëte Corippus, auteur contemporain, dans le poëme qu'il a composé à la louange de Justin II : ce ne peut être l'eunuque ; Corippus peint un jeune homme d'une beauté frappante, d'une parure recherchée & assortie à sa figure ; l'eunuque *Narsès* étoit alors dans l'extrême vieillesse : ce n'est pas non plus le second, il avoit été tué sous l'empire de Justinien dans la guerre des Perses. Reste que ce soit du troisième *Narsès* que Corippus ait parlé.

NAS

NASI, s. m. (*Hist. anc. & mod.*) c'est-à-dire, en hébreu, prince, qui se trouve souvent dans les livres des Juifs. On le donnoit autrefois au souverain juge & grand président de leur sanhédrin.

Les Juifs modernes ont encore retenu ce titre ; & leurs rabbins, qui s'imaginoient être les princes & les chefs de ce peuple dispersé, s'attribuent cette autorité comme une marque de leur prétendue autorité. (*G.*)

NASSANGI-BACHI, s. m. (*Hist. mod.*) officier en Turquie, dont la charge est de sceller tous les actes expédiés par le teskeregi-bachi ou premier secrétaire du grand-visir, & quelquefois les ordres du sultan.

Le nom de *nangi* se donne à tous les officiers du sceau, & celui de *nassangi-bachi* à leur chef. Il n'est pourtant pas proprement garde des sceaux de l'empire ottoman, puisque c'est le grand-visir qui est chargé, par le sultan même, du sceau impérial, & qui le porte ordinairement dans son sein. Le *nassangi-bachi* a seulement la fonction de sceller, sous les ordres du premier ministre, ses dépêches, les délibérations du divan, & les ordonnances ou katchérifs du grand-seigneur.

Si cet officier n'est que bacha à deux queues, ou simplement effendi, c'est-à-dire homme de loi, il n'entre point au divan ; il applique seulement son sceau sur de la cire-vierge contenue dans une petite demi-pomme d'or creuse, si l'ordre ou la dépêche s'adresse à des souverains, & sur le papier pour les autres. Il se tient tous les jours de divan dans une petite chambre qui n'en est pas éloignée, où il cachette les dépêches & les sacs d'aspres & de sultanins, qui doivent être portés au trésor. S'il est bacha à trois queues, il a entrée & séance au conseil parmi les visirs de banc.

Tous les ordres du grand-seigneur qui émanent de la chancellerie du grand-visir pour les provinces, de même que ceux qui sortent du bureau du defterdar, doivent être lus au *nassangi-bachi* par son secrétaire qu'on nomme *nassangi-kassédar-effendi*. Il en tire une copie qu'il remet dans une cassette. Les ordres qui ne s'étendent pas au-delà des murs de Constantinople, n'ont pas besoin, pour avoir force de loi, d'être scellés par cet officier, il suffit qu'ils soient signés du grand-visir.

Le *nassangi-bachi* doit toujours être auprès de la personne du prince, & ne peut en être éloigné, que son emploi ne soit donné à un autre. Lorsque le grand-visir marche à quelque expédition sans le sultan, le *nassangi-bachi* le fait accompagner par un *nassangi-effendi*, qui est comme son substitut. Enfin, aux ordres émanés immédiatement de sa hautesse, le *nassangi-bachi* applique lui-même le tura, ou l'empreinte du nom du monarque, non pas au bas de la feuille, comme cela se pratique chez les autres nations, mais au haut de la page avant la première ligne, comme les Romains en usoient dans leurs lettres. Ce tura est ordinairement un chiffre en lettres arabes, formé des lettres du nom du grand-seigneur. Guer. *Mœurs des Turcs*, tome II. (*G.*)

NASSAU, (*Hist. mod.*) Grande & puissante maison qui tire son nom de la ville & comté de

Naffau dans la Vétéravie, fur le bord de la Lohn: cette maifon a produit un empereur, (ADOLPHE) qui perdit la couronne & la vie l'an 1298, en combattant contre Albert d'Autriche I du nom; elle a donné un roi à l'Angleterre, (GUILLAUME III) plufieurs ftathouders à la Hollande, une foule de princes à l'Allemagne.

On voit les *Naffau* à la tête des armées impériales, dès le commencement du dixième fiècle, fous les empereurs Henri l'Oifeleur & Othon.

Walrame III & Robert fon fils, furent dés capitaines célèbres fous Conrad III & Frédéric Barberouffe, au douzième fiècle.

Un Walrame, frère de l'empereur Adolphe fut tué à la guerre un an après lui, en 1299; & Robert, fils d'Adolphe, fut fait prifonnier à la bataille où fon père fut tué. Il fiança la fille du roi de Bohême Wenceflas IV, & commanda fes armées.

Jean, comte de *Naffau*, mort en 1480, fut un des grands capitaines de fon temps, & Philippe fon fils, mort en 1490, fut général des armées de l'empereur Maximilien I.

Balthafar, comte de *Naffau*, commandeur de l'ordre teutonique, tué en 1568.

Dans la branche de *Naffau*-Sarbruck & Weilbourg, Craton tué à la guerre de la Hollande contre l'Efpagne, fous le prince d'Orange, en 1642.

Guftave-Adolphe, général-major des troupes de l'empire & maréchal de bataille, bleffé & fait prifonnier au combat de Kochbert, du 7 octobre 1677, & mort deux jours après, de fes bleffures, dans le camp des François où il avoit été mené prifonnier. Il eut un fils, Guftave-Adolphe, tué à la chaffe en 1683. L'aîné de fes fils, Louis Craton, entra au fervice de la France, fe trouva aux batailles de Fleurus & de Nerwinde, & mourut lieutenant-général le 13 février 1713.

Dans la branche dite d'Idftein, Guftave-Adolphe, tué au combat de Saint-Gothart en 1664.

Frédéric-Louis fon frère, tué d'un coup de canon à Dantzick, en 1656.

De la branche de Witgenftein, Frédéric-Guillaume, tué au fiége de Bade, le 13 août 1684.

De la branche de Dillembourg, Louis ou Ludovic, tué à la bataille, dite de Moukerkeide, près de Grave, le 14 avril 1574.

Adolphe fon frère, tué d'un coup d'arquebufe à un fiége qu'il faifoit dans la Frife, le 23 mai 1568.

Henri leur frère, tué auffi avec Louis fon aîné, à Moukerkeide.

Leur mère, Julienne de Stolberg, avoit vu jufqu'à cent-foixante enfans & petits-enfans iffus d'elle.

Un de fes fils, Jean-le-Vieux, eut vingt-cinq enfans, & en vit jufqu'à quatre-vingt-cinq iffus de lui.

Un des fils de Jean-le-Vieux, (Philippe, gouverneur de Nimègue), fut bleffé & pris dans une efcarmouche, en Zélande, & mourut de fes bleffures le premier feptembre 1595.

De la branche de Siégen, Adolphe, tué & percé de dix coups, en conduifant dans le Luxembourg un parti hollandois, en 1608.

Maurice, neveu d'Adolphe tué en 1638.

Guillaume-Othon & Chriftian, frères d'Adolphe, tués, le premier en 1641, le fecond en 1644.

D'une autre branche, fortie de celle de Dillembourg, & qui en a confervé le nom, Adolphe, tué à la bataille de Fleurus en 1690.

De la branche de Dieft, Erneft-Cafimir, tué à l'attaque de Ruremonde le 5 juin 1632.

Henri-Cafimir fon fils, commandeur de l'ordre teutonique, mort à vingt-neuf ans le 13 juin 1640, d'une bleffure reçue le 6 du même mois, en Flandre.

Guillaume-Frédéric, frère de Henri-Cafimir, mourut le 21 octobre 1664, d'une bleffure qu'il s'étoit faite en maniant une arme.

Jean-Guillaume Frifon, prince de *Naffau*-Dieft, fut noyé le 4 juillet 1711, au paffage du Moërdick.

Mais de toutes les branches de cette illuftre maifon de *Naffau*, qui a verfé tant de fang dans les combats, celle dont la gloire a été la plus éclatante, eft la branche d'Orange.

Le comte Henri de *Naffau*, de la branche de Dillembourg, vint en 1515 à Paris rendre hommage pour les comtés de Flandre, d'Artois & de Charolois, au nom de l'archiduc Charles fon maître, qui fut depuis l'empereur Charles-Quint, & traiter avec François I fur divers intérêts refpectifs. On prétend qu'un article fecret de ce traité, accordé de part & d'autre aux conjonctures, fans aucune intention réciproque de l'exécuter, fut que le comte de *Naffau* épouferoit Claude de Châlon, fœur de Philibert, prince d'Orange, qui étoit élevée auprès de la reine de France. Ce mariage, feul article du traité qui ait eu fon exécution, fit paffer la principauté d'Orange & tous les biens de la maifon de Châlon dans celle de *Naffau*, le prince Philibert étant mort en 1530 fans enfans; il feroit remarquable que l'archiduc eût pris affez d'intérêt au mariage du comte de *Naffau*, pour vouloir qu'on en fît un article fecret du traité, comme s'il eût été pouffé, par une efpèce de fatalité, à procurer l'élévation de cette maifon de *Naffau*, qui devoit un jour faire perdre à la fienne une partie des Pays-Bas.

Ce fut ce même comte de *Naffau*, qui, général des troupes de l'empereur Charles-Quint en 1521, prit Mouzon, & fit le fiége de Mézières que le chevalier Bayard lui fit lever.

René fon fils, premier prince d'Orange de la maifon de *Naffau*, eut l'épaule caffée d'un éclat de pierre au fiége de Saint-Dizier, & en mourut au bout d'un jour, le 18 juillet 1544, à vingt-fix ans.

Guillaume, fon frère, fut le premier qui introduifit dans fes terres la religion proteftante.

Guillaume, fils du précédent, fut le fondateur de la liberté des Pays-Bas. (*Voyez* l'article EGMONT, l'article ANJOU-ALENÇON, & l'article GÉRARD (BALTHASAR.)

Ce Guillaume, qui eft le neuvième du nom parmi les comtes de *Naſſau*, eft le premier parmi les ſtathouders de Hollande ; il fut élu en 1579. Mort le 10 juin 1584.

Maurice, ſon ſecond fils, fut le ſecond ſtathouder. Ce fut le plus grand général de ſon temps ; il diſoit lui-même, ſans parler de lui, que Spinola étoit le ſecond. Il avança, il affermit l'ouvrage commencé par ſon père ; il fit de la Hollande un état redoutable aux Eſpagnols : Turenne, ſon neveu, étoit ſon élève, & avoit fait ſous lui ſes premières armes. L'ambition de Maurice nuiſit à ſa gloire, & c'eſt une tache à la mémoire de ce grand homme, que la mort de *Barneveld* & l'empriſonnement de *Grotius*. (*Voyez* ces deux articles.) Il mourut le 23 avril 1627.

Henri-Frédéric de *Naſſau*, ſon frère, lui ſuccéda ; il augmenta la puiſſance de la république ; on l'appelloit *le père des ſoldats*, il ménageoit leur ſang, & ne les menoit qu'à des ſuccès certains, ménagés par ſa prudence. Ce fut de lui principalement que Turenne apprit à faire une guerre de combinaiſon, une guerre ſavante. Henri-Frédéric mourut le 14 mars 1647.

Henri-Frédéric & Maurice, avoient un frère aîné Philippe-Guillaume, qui, à la mort de Guillaume I ſon père, étoit entre les mains des Eſpagnols. Il fut toute ſa vie dans leurs intérêts, & fidèle à la religion catholique. Mort ſans poſtérité le 20 février 1618.

Henri-Frédéric eut pour ſucceſſeur Guillaume II ſon fils, quatrième ſtathouder ; dévoué à la France & au cardinal Mazarin, il ne reſpiroit que la guerre contre l'Eſpagne, & ne pardonna jamais à la province de Hollande & à la ville d'Amſterdam l'influence qu'elles avoient eue ſur les états pour les déterminer à la paix de Munſter. Les princes d'Orange, après avoir affranchi leur patrie, avoient toujours aſpiré à l'aſſervir ; ils avoient toujours menacé la liberté, qui avoit d'abord été leur ouvrage. Guillaume II, plus ambitieux que ſes prédeceſſeurs, relâchoit inſenſiblement, par ſa haine pour la Hollande, les nœuds qui uniſſoient cette province aux ſix autres : celles-ci étoient jalouſes de l'opulence de la Hollande, & du crédit que cette opulence lui donnoit dans les délibérations publiques. Le ſtatouder enflamma cette jalouſie, & chercha par toute ſorte de moyens, à faire partager ſa haine aux ſix autres provinces. Il ſe fit donner une commiſſion pour viſiter ſucceſſivement toutes les places de la Hollande, & ſolliciter dans chacune le déſaveu de quelques délibérations particulières de la province, oppoſées aux délibérations de la république entière. Cette commiſſion ne fut point reſpectée par la province de Hollande ; elle réclama ſes privilèges ; le ſtathouder allégua les loix générales de l'union. Les eſprits s'échauffèrent, on négocia cependant ; les états de Hollande envoyèrent des députés au ſtathouder, qui, ſaiſiſſant l'occaſion d'exercer à la fois un acte de vengeance

& de ſouveraineté, fit arrêter ſix de ces députés, & fit marcher ſecrétement des troupes pour ſurprendre Amſterdam. Les Amſterdamois furent avertis à temps, & dans le prem'er tranſport de leur colère, ils voulurent percer leurs digues & inonder leurs ennemis. Cette fureur ſe rallentit cependant, & fit place à la voie de la négociation, qui réuſſit. Tout s'appaiſa, tout rentra dans l'ordre ; mais de Witt, qui avoit été un des ſix députés arrêtés, de Witt, père des fameux de Witt Jean & Corneille, ſe mit contre la maiſon d'Orange, à la tête du parti républicain. A la mort de Guillaume II, arrivée le 9 novembre 1650, trois mois après l'aventure d'Amſterdam, les deux frères de Witt firent rendre *l'édit perpétuel*, qui ſupprima le ſtathoudérat ; mais dans la ſuite le parti d'Orange eut l'avantage, *l'édit perpétuel* fut révoqué, le ſtathoudérat rétabli en 1672, en faveur de Guillaume III. C'eſt ce fameux prince d'Orange, ce fameux roi d'Angleterre, Guillaume, ſouvent vaincu à la guerre, jamais défait, & toujours vainqueur dans les négociations. Le maréchal d'Eſtrades avoit prédit qu'on verroit revivre en lui Guillaume-le-Taciturne, Maurice & Frédéric-Henri ; le duc d'Yorck Jacques II, qui fut malgré lui ſon beau-père & qui, en 1688, fut détrôné par lui, en avoit jugé de même, & l'événement prouva qu'ils l'avoient bien connu.

Le prince d'Orange, élevé au ſtathoudérat, commença par détruire dans la république tout autre pouvoir que le ſien ; il ſouleva le peuple contre les de Witt qui furent maſſacrés. Jean de Witt, penſionnaire de Hollande, avoit pris ſoin de l'éducation de Guillaume III, comme Barneveld de celle de Maurice. Sur le prince d'Orange, devenu roi d'Angleterre, (*voyez* l'article GUILLAUME III, hiſtoire d'Angleterre.) Il mourut ſans enfans en 1702, & nomma pour ſon légataire le jeune prince de *Naſſau*-Dieſt, qui ſe noya en 1711, au paſſage du Moërdick. Ce prince & ſon fils poſthume Guillaume-Charles-Henri Friſon, ne furent ſtathouders que de quelques provinces, & non de la république entière ; mais en 1747, le ſtathoudérat général fut rétabli en faveur de ce dernier, & rendu héréditaire dans la maiſon d'Orange ; il a paſſé, après ſa mort, au prince Guillaume ſon fils (le 22 octobre 1751.)

Que deviendra la liberté de la Hollande ? M. de Voltaire, dans une apoſtrophe à la liberté s'exprime ainſi ſur ce ſujet :

> Aux marais du Batave on dit que tu chancelles ;
> Tu peux te raſſurer : la race des *Naſſaux*
> Qui dreſſa ſept autels à tes loix immortelles ,
> Maintiendra de ſes mains fidèles
>   Et tes honneurs & tes faiſceaux ,

Les bâtards de *Naſſau* n'ont point dégénéré de la valeur des princes légitimes. Maurice, ſecond ſtathouder, qui ne s'eſt point marié, n'en a pas

C

moins formé une race de héros. L'empereur Léopold leur a permis de porter le titre de comtes de *Naſſau*.

Guillaume, vice-Amiral de Hollande & d'Oueſt-Friſe, fils de Maurice, fut tué au ſiége de Grool en 1627.

Guillaume-Adrien, comte de *Naſſau*, fut plénipotentiaire pour la paix de Nimègue.

Henri ſon fils, capitaine des gardes du prince d'Orange, Guillaume III, depuis roi d'Angleterre, lui ſauva la vie à la bataille de Mons, dite de Saint-Denis.

Guillaume-Henri, ſeigneur de Blickembourg, fut tué d'un coup de canon à Liège en 1702.

Corneille, fils de Henri, fut bleſſé à la cuiſſe & à l'épaule au ſiége de Menin, le 11 août 1706; bleſſé encore à la bataille de Malplaquet, le 11 ſeptembre 1709; noyé à la déroute du camp près de Dénain, le 24 juillet 1712,

François, frère de Corneille, fut tué d'un coup de canon au combat d'Almenar en Catalogne, le 27 juillet 1710.

Frédéric fut tué, le 12 octobre 1672, en attaquant Woerden.

Henri, fils de Frédéric, fut tué au ſiége de Bonne en 1689.

Frédéric ou Guillaume, frère aîné de Henri, fut créé par le roi d'Angleterre, Guillaume III, comte de Rochefort & vicomte de Tumbridge, pair d'Angleterre, le 10 mai 1695.

Guillaume ſon fils, comte de Rochefort, fut tué, comme François, (*voyez* ci deſſus) au combat d'Almenar en Catalogne.

NASSIB, ſ. m. (*Hiſt. mod.*) nom que les Turcs donnent au deſtin qui ſe trouve, ſelon eux, dans un livre qui a été écrit au ciel, & qui contient la bonne ou mauvaiſe ſortune de tous les hommes, qu'ils ne peuvent éviter, quoi qu'ils faſſent, en quelque manière que ce ſoit. De cette créance naît en eux la perſuaſion d'une prédeſtination abſolue qui les porte à affronter les plus grands périls, parce qu'il n'en arrivera, diſent-ils, que ce que porte le *naſſib*; il faut pourtant obſerver que cette opinion n'eſt pas ſi générale parmi eux, qu'ils n'aient des ſectes qui reconnoiſſent l'exiſtence & le pouvoir du libre arbitre, mais le grand nombre tient pour le deſtin. Ricaut, de *l'emp. turc.* (*G*)

NAT

NATALIS COMES, (NOEL LE COMTE) (*Hiſt. litt. mod.*) ſavant vénitien du onzième ſiècle. Il a traduit Athénée de grec en latin. Il a compoſé trente livres de l'hiſtoire de ſon temps, dix de mythologie, un poème latin de la chaſſe, imprimé à Veniſe en 1551. Joſeph Scaliger l'appelloit *homo futiliſſimus*; mais les injures des ſavans ne ſignifient rien. On croit que Noël le Comte mourut en 1582.

NATHAN, *qui donne*, (*Hiſt. ſacr.*) prophète qui parut dans Iſraël du temps de David, qui déclara à ce prince qu'il ne bâtiroit point de temple au Seigneur, & que cet honneur étoit réſervé à ſon fils Salomon. Ce même prophète reçut ordre de Dieu d'aller trouver David après le meurtre d'Urie, pour lui reprocher ſon crime, & l'adultère qui y avoit donné lieu. *Nathan* lui rappella ſon crime ſous une image empruntée, en racontant à ce prince l'hiſtoire feinte d'un homme riche, qui ayant pluſieurs brebis avoit enlevé de force celle d'un homme pauvre qui n'en avoit qu'une. David ayant entendu le récit de *Nathan*, lui répondit: l'homme qui a fait cette action eſt digne de mort, il rendra la brebis au quadruple. *C'eſt vous-même, qui êtes cet homme*, repliqua *Nathan, vous avez ravi la femme d'Urie Héthéen, vous l'avez priſe pour vous, & vous lui-même fait périr par l'épée d'Ammon.* Le prophète ajouta enſuite les maux que Dieu alloit faire fondre ſur la maiſon de David en punition de ſon crime: il lui dit qu'il prendroit ſes femmes à ſes yeux, qu'il les donneroit à un autre qui dormiroit avec elles aux yeux du ſoleil & de tout Iſraël: c'eſt ce qu'exécuta Abſalon, fils de David, l'inſtrument dont Dieu ſe ſervit pour punir les péchés du père. *Nathan* contribua beaucoup à rendre inutile la brigue d'Adonias qui vouloit ſe faire déclarer roi, & à faire ſacrer Salomon. L'écriture ne nous apprend ni le temps ni la manière dont il mourut. On croit qu'il a eu part à l'hiſtoire des deux premiers livres des rois avec Gad & Samuel. On prétend même qu'il avoit écrit l'hiſtoire particulière de David & de Salomon. Il y a eu quelques autres perſonnes de ce nom, moins conſidérables.

Ce prophète offre aux miniſtres du Seigneur un modèle admirable de la manière dont ils doivent dire la vérité aux grands. C'eſt de la leur préſenter avec une ſainte liberté, laquelle n'exclut point les ſages ménagemens qui, ſans l'affoiblir, lui ôtent ce qu'elle auroit de dur pour des oreilles peu accoutumées à l'entendre. *Nathan*, pour ménager la délicateſſe du roi, évite de lui repréſenter directement ſa faute: il emprunte une image qui force David de prononcer lui-même ſon arrêt; mais à peine David s'eſt-il condamné, que le prophète, reprenant le ton & le langage d'un miniſtre du Seigneur, lui découvre l'énormité de ſes crimes, & lui annonce les châtimens que la juſtice divine lui prépare. (*A. R.*)

(*Nathan* eſt auſſi le nom d'un rabbin du quinzième ſiècle, connu par ſa *concordance hébraïque*, perfectionnée depuis par Buxtorf. (*Voyez* l'article BUXTORF.) C'eſt le premier des quatre *Buxtorf*, dont il y eſt parlé, qui a travaillé ſur la concordance hébraïque.)

NATHANAEL, (*Hiſt. ſacr.*) diſciple de Jéſus-

Chrisl, de la petite ville de Cana en Galilée ; présenté à Jésus-Chrisl par l'apôtre saint Philippe : tout ce qu'on en sait se trouve dans l'évangile de saint Jean , chap. premier, depuis le verset 45 , jusques & compris le verset 49 , & chap. 21 , verset 2 ; mais ceux qui veulent toujours en savoir plus que l'écriture sur les objets qu'on ne connoît que par l'écriture, ont prétendu , les uns que *Nathanaël* étoit le même que l'apôtre saint Barthélemi ; les autres, qu'il étoit l'époux aux noces de Cana. Il est impossible aux savans de se résoudre à ignorer ce qu'il est inutile qu'ils sachent & ce qu'ils ignoreront toujours.

NATION, s. f. (*Hist. mod.*) mot collectif dont on fait usage pour exprimer une quantité considérable de peuple, qui habite une certaine étendue de pays, renfermée dans des certaines limites, & qui obéit au même gouvernement.

Chaque *nation* a son caractère particulier : c'est une espèce de proverbe que de dire : léger comme un françois, jaloux comme un italien, grave comme un espagnol, fier comme un écossois, ivrogne comme un allemand, paresseux comme un irlandois, fourbe comme un grec, &c.

Le mot de *nation* est aussi en usage dans quelques universités pour distinguer les suppôts ou membres qui les composent, selon les divers pays d'où ils sont originaires.

La faculté de Paris est composée de quatre *nations* ; savoir, celle de France, celle de Picardie, celle de Normandie, celle d'Allemagne : chacune de ces *nations*, excepté celle de Normandie, est encore divisée en tribus, & chaque tribu a son doyen, son censeur, son procureur, son questeur & ses appariteurs ou massiers.

La *nation* d'Allemagne comprend toutes les *nations* étrangères, l'angloise, l'italienne, &c.

Les titres qu'elles prennent dans leurs assemblées, actes & affiches, &c. sont pour la *nation* de France, *honoranda Gallorum natio* ; pour celle de Picardie, *fidelissima Picardorum natio* ; on désigne celle de Normandie par *veneranda Normanorum natio*, & celle d'Allemagne, par *constantissima Germanorum natio*. Chacune a ses statuts particuliers pour régler les élections, les honoraires, les rangs, en un mot, tout ce qui concerne la police de leur corps. Ils sont homologués en parlement, & ont force de loi. (*A. R.*)

NATURALISATION, (*Hist. d'Anglet.*) acte du parlement qui donne à un étranger, après un certain séjour en Angleterre, les priviléges & les droits des naturels du pays.

Comme cet acte coûte une somme considérable que plusieurs étrangers ne seroient pas en état de payer, on agite depuis long-temps dans la Grande-Bretagne la question importante, s'il seroit avantageux ou désavantageux à la nation de passer un acte en parlement qui naturalisât généralement tous les étrangers, c'est-à-dire, qui exemptât des formalités & de la dépense d'un bill particulier, & de lettres-patentes de *naturalisation*, tout étranger qui viendroit s'établir dans le pays, & les protestans par préférence.

Les personnes qui sont pour la négative, craignent que cette *naturalisation* générale n'attire d'un côté, en Angleterre, un grand nombre d'étrangers qui, par leur commerce ou leur industrie, ôteroient les moyens de subsister aux propres citoyens ; & de l'autre côté, quantité de pauvres familles qui seroient à charge à l'état, au lieu de lui être utiles.

Les personnes qui tiennent pour l'affirmative (& ce sont les gens les plus éclairés de la nation) répondent, 1°. que de nouveaux sujets industrieux acquis à l'Angleterre, loin de lui être à charge, augmenteroient ses richesses, en lui apportant de nouvelles connoissances, de manufacture ou de commerce, & en ajoutant leur industrie à celle de la nation ; 2°. qu'il est vraisemblable que parmi les étrangers, ceux-là principalement viendroient profiter du bienfait de la loi, qui auroient déjà dans leur fortune ou dans leur industrie des moyens de subsister ; 3°. que quand même dix ou vingt mille autres étrangers pauvres, qu'on *naturaliseroit*, ne retireroient de leur travail que la dépense de leur consommation sans aucun profit, l'état en seroit toujours plus fort de douze ou vingt mille hommes ; 4°. que le produit des taxes sur la consommation en augmenteroit, en diminution des autres charges de l'état, qui n'augmenteroient aucunement par ces nouveaux habitans ; 5°. que l'Angleterre peut aisément nourrir une moitié en sus de sa population actuelle, si l'on en juge par les exportations de blé, & l'étendue de ses terres incultes ; que ce royaume est un des plus propres de l'Europe à une grande population par sa fertilité, & par la facilité des communications entre ses différentes provinces, au moyen des trajets de terre ou de mer assez courts qui les produisent ; 6°. que les avantages immenses de la population justifient la nécessité d'inviter les étrangers à venir l'augmenter.

Enfin, on cite aux Anglois jaloux, ou trop réservés sur la *naturalisation* des étrangers, ce beau passage de Tacite, *liv. XII*, de ses annales : « Nous repentons-nous d'aller en chercher les » familles des Balbes en Espagne, & d'autres non » moins illustres dans la gaule narbonnoise ? leur » postérité fleurit encore parmi nous, & ne nous » cède en rien dans leur amour pour la patrie. » Qu'est-ce qui a causé la ruine de Sparte & » d'Athènes, qui étoient si florissantes, que d'avoir » fermé l'entrée de leur république aux peuples » qu'ils avoient vaincus ? Romulus, notre fonda- » teur, fut bien plus sage, de faire de ses enne- » mis autant de citoyens dans un même jour. » Le chancelier Bacon ajoûteroit : « On ne doit pas

» tant exiger de nous, mais on peut nous dire :
» naturalifez vos amis, puifque les avantages en
» font palpables. » (D. J.)

NAV

NAVAGERO, (ANDRÉ) (*Hift. litt. mod.*)
(NAUGERIUS) noble Vénitien, envoyé fucceffivement en ambaffade par fa république auprès
de l'empereur Charles-Quint & auprès de François I ; mais il ne parvint point auprès de ce dernier, étant mort en chemin en 1529. Il fut chargé
d'écrire l'hiftoire de fa patrie depuis l'an 1486,
& il l'écrivit en effet, mais il la brûla dans fa
dernière maladie, en étant fans doute mécontent,
ce qui doit arriver affez naturellement à un bon
efprit qui a écrit l'hiftoire de Venife à Venife,
c'eft-à-dire, fous les yeux de l'inquifition politique, toujours alarmée de toute vérité. *Navagero*
aimoit par-deffus tout la retraite & l'étude. Ses
œuvres ont été recueillies à Padoue en 1718, fous
ce titre : *Andreæ Navagerii, patrici Veneti, oratoris
& poëtæ clariffimi*, *opera omnia*. On y trouve des
poéfies, des harangues, des lettres ; il paroît que
dans fes poéfies il s'étoit principalement propofé
pour modèle la douceur & la délicateffe de Catulle, & comme Martial lui paroiffoit dégénérer
du bon goût & de la fimplicité de Catulle, il
l'immoloit à fon modèle chéri ; il avoit pris la
coutume de jeter au feu tous les ans, à un certain
jour, qu'il regardoit comme confacré aux mufes,
un certain nombre d'exemplaires de Martial. C'eft
dans ce fens que feu M. Diderot, qui, fi fes
amis & fes juftes admirateurs permettent de le
dire, feint quelquefois de l'enthoufiafme, lorfqu'il
n'en a pas, a dit dans l'éloge de Lafontaine,
placé à la tête d'une jolie édition de fes contes :

« Une fois chaque année j'irai vifiter fa tombe,
» Ce jour-là je déchirerai une fable de Lamotte,
» un comte de Vergier, ou quelques-unes des meil-
» leures pages de Grécourt. »

Eh ! pourquoi déchirer ? eh ! pourquoi brûler ?
pourquoi ces holocauftes pédantefques, réels ou
métaphoriques ? mérite-t-on le feu parce qu'on eft
refté inférieur à celui qui a le mieux fait dans le
même genre ? C'eft peut-être à cette forte de froid
& fyftématique enthoufiafme qu'il faut imputer en
partie la perte de tant de bons ouvrages de l'antiquité, qui pouvoient être encore d'un grand
prix, quoiqu'inférieurs, à quelques égards, aux
chefs-d'œuvre qui nous font reftés. Dira-t-on, par
exemple, que nous ne perdrions rien fi tous les
exemplaires de Martial avoient été immolés à
Catulle ? N'immolons rien & jouiffons de tout.

NAVAILLES, (MONTAULT-BENAC DE) (*Hift.
de Fr.*) maifon confidérable du Bigorre. Jean de
Montault, feigneur de Benac, fervit utilement
les rois Jean & Charles V contre les Anglois.

Jean-Paul, baron de Benac, fut tué à la bataille
de faint Denis.

De quatre fils de Bernard, baron de Montault
& de Benac, un fut tué au fiége de Saint-Jean-
d'Angéli en 1612. Les autres moururent de maladie, fuite des fatigues de la guerre. Blaife au
fiége de la Rochelle, un feigneur de la Roque-
Navailles, dans l'île de Rhé, où il commandoit la
cavalerie ; un quatrième au fiége de Lamothe en
1634.

Philippe de Montault-Benac, leur frère aîné,
fénéchal de Bigorre, mort en 1654, fut créé duc
de *Navailles* & pair de France.

Mais le perfonnage le plus célèbre de cette
maifon eft le maréchal duc de *Navailles*, Philippe
de Montault-Benac, fils du précédent ; il étoit né
proteftant. A l'âge de quatorze ans, en 1635, il
avoit été reçu page chez le cardinal de Richelieu,
qui prit le foin de le convertir, lui & toute fa
famille : *Navailles* lui fut toujours fidèlement
attaché, ainfi qu'à fon fucceffeur le cardinal Mazarin. Il entra au fervice en 1638, commanda
l'armée d'Italie, en 1658, fous le duc de Modène,
& prit Mortare dans le Milanès, le 25 août.
L'année fuivante il commanda cette même armée
en chef. En 1662 il fut, ainfi que fa femme, la
victime de cette fameufe intrigue de Madame,
de la comteffe de Soiffons, du comte de Guiche
& du marquis de Vardes, où il s'agiffoit d'inftruire
la reine, Marie-Thérèfe, de l'attachement de
Louis XIV pour mademoifelle de la Vallière ;
Vardes eut la perfide adreffe de tourner les foupçons contre la ducheffe de *Navailles*, dame d'honneur de la reine, mais qui étoit abfolument
innocente du complot : la calomnie prévalut, elle
fut obligée de vendre fa charge à madame de
Montaufier ; le duc de *Navailles* fut forcé auffi de
vendre fa charge de capitaine-lieutenant des chevaux-légers au duc de Chaulnes, & fon gouvernement du Havre au duc de Saint-Aignan. Les
Navailles étoient, dit M. le préfident Hénault,
les plus honnêtes gens de la cour.

En 1669 le duc de *Navailles* commanda le fecours
que le roi envoyoit en Candie aux Vénitiens. Il
effuya encore une difgrace en cette occafion : les Vénitiens fe plaignirent de fa conduite, &, fur leurs
plaintes, il fut relégué pendant trois ans dans une de
fes terres. Il prétend, dans fes mémoires, qu'il fe
juftifia pleinement. Il eut divers commandemens,
en 1673 & 1674. Dans cette dernière année il
commença la conquête de la Franche-Comté par la
prife de Graï, & cette même année il commandoit l'aile gauche au combat de Senef. En 1675
il fut un des huit maréchaux de France créés après
la mort du vicomte de Turenne. En 1676 il alla
commander en Rouffillon. Le 4 juillet 1677, il
battit le comte de Monterey dans le Lampourdan.
Le 28 mai 1678, il prit Puycerda en Catalogne.
En 1683, il fut fait gouverneur de M. le duc de
Chartres, qui fut depuis régent du royaume. Il
mourut le 5 février 1684. Les injuftices qu'il avoit
éprouvées autrefois avoient été réparées en grande

partie; il avoit eu, outre le bâton de maréchal, qu'il avo t bien mérité par ses services, le gouvernement de la Rochelle & du pays d'Aunis. Quand au cordon-bleu, il l'avoit dès 1661, avant sa disgrace.

NAVARRE (*un des quatre vieux corps*) s'est signalé dans toutes les occasions. Henri IV lui donna le premier rang au siége de Paris en 1589; au siége de Chartres en 1591, le sort décida en faveur de Picardie, mais le roi voulut que *Navarre* eût rang ensuite. Sous Louis XIII, dans le temps des guerres civiles, en 1615, le maréchal de Bois-Dauphin, qui commandoit les troupes royales contre les rebelles, se servoit dans toutes les actions du régiment de *Navarre*, préférablement à celui de Picardie.

D'Aubigné, dans son *histoire*, remarque une chose singuliere du régiment de *Navarre*; c'est qu'au siége d'Amiens par Henri IV, Porto-Carrero, qui en étoit gouverneur, ne faisoit jamais de sortie, lorsque ce régiment étoit de jour à la tranchée, tant il étoit redouté. A la bataille de Fleurus, à la journée de Saint-Denis & à celle de Spierbac, ce même régiment se distingua par une valeur extraordinaire. Son drapeau a le fond feuille-morte, la croix blanche au milieu, & au centre de la croix les armes de *Navarre*. *Milice françoise* de Daniel, *abr. en deux vol.* 1773. (*C.*)

NAVARRE, (PIERRE) (*Hist. mod.*) Pierre *Navarre* ou de *Navarre* étoit un espagnol ou basque, soldat de fortune; le premier ingénieur de l'Europe, & un des premiers capitaines; son mérite l'avoit élevé au commandement en Espagne. A la bataille de Ravenne, en 1512, où il commandoit l'infanterie espagnole, il avoit long-temps disputé la victoire à Gaston de Foix, général de l'armée françoise; il en coûta la vie à Gaston & la liberté à *Navarre*. Le duc de Longueville ayant été pris, en 1513, à la bataille de Guinégaste par les Impériaux, alliés des Espagnols, Louis XII lui donna *Navarre*, afin que la rançon qu'il en tireroit l'aidât à payer la sienne; mais Cardonne, vice-roi de Naples, lâche guerrier, qui avoit fui des premiers à la bataille de Ravenne, osa imputer sa défaite à *Navarre*, objet de sa basse envie; le roi d'Espagne, Ferdinand le Catholique, par une économie déplacée, saisit ce prétexte de refuser la rançon de *Navarre*, qu'il savoit n'être pas en état de la payer. Louis XII & François I lui firent les offres les plus pressantes pour l'attirer à leur service; il en fit part à Ferdinand, son maître, qui ne daigna y faire aucune attention; enfin *Navarre* prit le parti de s'attacher à la France, en protestant contre son ingrate patrie, qui, pour prix de ses services, le condamnoit à une captivité éternelle. Lorsqu'en 1515, François I, à peine parvenu au trône, se disposoit à porter la guerre dans le Milanès; Pierre de *Navarre* parut

se plaire à se venger du roi d'Espagne & à le braver, en levant pour François I, sur les frontieres des deux royaumes, dix mille Gascons ou Basques ses compatriotes. C'est Pierre de *Navarre* qui inventa, ou du moins qui exerça le premier en Europe, avec un succès marqué, l'art des mines par la poudre, si redoutable dans les siéges; on ne connoissoit avant lui que les mines par excavation; c'est-à-dire, qu'on creusoit un terrein, qui restoit soutenu par des étançons, auxquels on mettoit le feu au moment où on vouloit faire jouer la mine; l'explosion de la poudre produisoit des effets bien plus subits & bien plus aisés à préparer. Au siége de Milan, dans cette même année 1515, Pierre de *Navarre* ne se proposoit pas moins que de faire sauter en l'air le château de Milan, par le moyen de ses mines; il pensa lui-même être la victime de son art terrible: une casemate du boulevard qu'il fit sauter, & dont il se trouvoit trop près, l'ensevelit sous ses ruines; on ne l'en tira qu'avec peine, presque écrasé, couvert de blessures; les travaux, que lui seul savoit diriger, en souffrirent quelque temps. Dès qu'il fut en état de les continuer, les assiégés s'alarmerent, la casemate renversée les menaçoit d'un péril plus grand. L'art des mines effrayoit d'autant plus, qu'il étoit plus nouveau, & que les secrets en étoient moins connus, le château de Milan pouvoit sauter en l'air avec le duc & tous les assiégés. Le duc, après vingt jours de siége, remit aux François les châteaux de Milan & de Crémone, les deux seules places qui lui restoient dans le Milanès; & ce fut principalement l'effet de la terreur qu'inspiroit Pierre de *Navarre*.

En 1522, lorsque Lautrec eut perdu le Milanès, Gênes, qui appartenoit alors à la France, se partageoit entr'elle & les Impériaux, les Adornes étoient pour Charles-Quint, les Frégoses pour François I; le parti des Adornes se fortifioit de jour en jour par les succès des Impériaux & des Espagnols en Italie. Octavien Frégose, qui commandoit dans Gênes pour François I, étoit malade & découragé; il réclamoit en vain les secours des François accablés. Pierre de *Navarre* eut ordre d'embarquer pour Gênes tout ce qu'il pourroit rassembler de soldats; il ne put se procurer que deux galeres montées de cent hommes chacune, avec lesquelles il entra dans le port de Gênes au moment où les promesses & les menaces du marquis de Pescaire, général des Espagnols, commençoient d'ébranler les habitans. *Navarre* empêcha qu'il ne fût introduit alors dans la place, mais il ne put empêcher qu'on ne capitulât. On étoit convenu d'une suspension d'armes pendant les conférences: les Génois, endormis sur la foi de cette trève, négligeoient la garde de leur ville; quelques soldats espagnols, en se promenant, sans dessein, autour de la place, apperçurent à la muraille une brèche qu'on avoit oublié de relever, ils s'en emparerent; toute l'infanterie espagnole les suit, on entre dans la ville,

Adorne eft proclamé doge; Frégofe, malade, eft pris dans fon lit; l'évêque de Salerne fon frère & quelques chefs du parti Frégofe, s'enfuient fur une barque à Marfeille. *Navarre* raffemble à la hâte tout ce qu'il peut trouver de foldats, il gagne la place d'armes, range en bataille fa petite troupe, fait la plus belle & la plus inutile réfiftance, on l'enveloppe, il eft pris.

En 1528, il étoit au fiége de Naples dans l'armée du maréchal de Lautrec. Ce général étant mort, moitié de la pefte, moitié de chagrin des défaftres de l'armée françoife, & du mauvais fuccès du fiége, le marquis de Saluces, qui lui fuccéda dans le commandement de l'armée, fut obligé d'ordonner la retraite, elle fe fit pendant la nuit, & d'abord en affez bon ordre; mais enfuite les ennemis en ayant été avertis, vinrent la troubler, ils défirent l'arrière-garde, &, pénétrant jufqu'au corps de bataille que commandoit Pierre de *Navarre*, ils firent celui-ci prifonnier; on le conduifit à Naples où il mourut peu de temps après. On a écrit qu'il fut étouffé entre deux matelats par ordre de l'empereur, en punition de ce qu'il s'étoit attaché au fervice de la France. Cependant lorfque le même Pierre de *Navarre* avoit été pris à Gênes par les mêmes Impériaux en 1522, il avoit été traité comme un prifonnier ordinaire; il avoit été délivré moyennant une rançon, & l'on n'avoit point exigé qu'il quitât le fervice de France. Quelle fureur foudaine auroit donc pu engager l'empereur à faire affaffiner lâchement un vieillard qui n'étoit plus à craindre, & qui ne l'avoit point offenfé perfonnellement? Car c'étoit comme nous l'avons dit, fous Ferdinand-le-Catholique, que Pierre de *Navarre* avoit quitté le fervice d'Efpagne pour celui de France, parce qu'après la bataille de Ravenne, où il avoit été pris par les François, la cour d'Efpagne avoit refufé de payer fa rançon. D'ailleurs ces défections étoient trop communes alors pour être punies, & fi l'on eût voulu les réprimer par la terreur, Pierre de *Navarre* eût été livré publiquement au fupplice, & non pas étouffé avec un fecret qui autorife à douter de ce fait étrange.

Ce fut un excellent capitaine que la France perdit; fa longue expérience, cet art des mines, dont il fit un ufage fi nouveau & fi brillant, tant de fiéges qu'il conduifit, tant de malheurs qu'il éprouva, fur-tout celui d'être pris jufqu'à trois fois, l'ont diftingué parmi les capitaines de fon temps. Confalve-Ferdinand de Cordoue, petit-fils du grand Confalve, moins célèbre, mais plus vertueux que fon aïeul, généreux ami des héros malheureux, quoiqu'ennemis de fon pays, rendit à la mémoire de Pierre de *Navarre*, les mêmes honneurs qu'il avoit rendus à celle de Lautrec: nouvelle raifon de douter que Pierre de *Navarre* foit mort victime de l'injufte vengeance de l'empereur; il fit enterrer Pierre de *Navarre*, ainfi que Lautrec dans l'églife de Sainte-Marie la neuve, & lui érigea

un tombeau avec une infcription, où il dit que la prérogative de la vertu eft de fe faire admirer même dans un ennemi. Voici cette Infcription: *Offibus & memoriæ Petri Navarri cantabri, folerti in expugnandis urbibus arte clariffimi, Confalvus Ferdinandus, Ludovici filius, magni Confalvi Sueffiæ principis nepos, ducem Gallorum partes fecutum pro fepulchri munere honeftavit. HOC IN SE HABET VIRTUS UT VEL IN HOSTE SIT ADMIRABILIS.* Paul Jove & Philippe Tomaffini ont écrit la vie de Pierre de *Navarre*.

NAVARRETTE, (FERDINAND) (*Hift. litt. mod.*) dominicain efpagnol, miffionnaire à la Chine, &, comme de raifon, ennemi des Jéfuites; Charles II. roi d'Efpagne, le fit archevêque de Saint-Domingue. On a de lui un *traité hiftorique, politique & moral de la monarchie de la Chine*, dont le premier volume *in folio* parut à Madrid en 1676, & le fecond fut fupprimé par l'inquifition, qui ne permet pas plus à fes miniftres qu'aux autres d'ofer penfer. Mort en 1689.

NAU

NAUCLERUS, (JEAN) (*Hift. litt. mod.*) NAUCLERUS, NAUCLERC, c'eft-à-dire, en grec, NAUTONNIER, & c'eft ce que fignifioit en allemand, le véritable nom de ce favant, qui étoit *Vergeau*. On a de lui une chronique latine depuis Adam jufqu'en l'an 1500, continuée par Bafelius jufqu'en 1514, & par Surius jufqu'en 1564. *Nauclerc* d'une famille noble de Souabe, profeffeur en droit dans l'univerfité de Tubinge, & prévôt de l'églife de cette ville; il vivoit encore en 1501.

NAUCRATE, (*Hift. anc.*) poëte grec, un de ceux qui furent employés par Artémife à faire l'éloge de Maufole; il vivoit trois fiècles & demi avant Jéfus-Chrift.

NAUDÉ, (GABRIEL) (*Hift. litt. mod.*) né à Paris en 1600, bibliothécaire, d'abord du cardinal Bagni, enfuite du cardinal Barberin, enfin du cardinal Mazarin, & médecin de Louis XIII. Il eut un procès criminel à foutenir au fujet de l'imitation de Jéfus-Chrift, qui ne recommande & n'infpire que la paix. Les bénédictins attribuoient ce livre à Jean Gerfen, abbé de Verceil, religieux de leur ordre, les génovéfains à Thomas à Kempis leur confrère. Les bénédictins fe fondoient fur l'autorité de quatre manufcrits qui étoient à Rome. *Naudé* étant alors dans cette ville, le cardinal de Richelieu le chargea d'examiner ces manufcrits. *Naudé* crut s'appercevoir que le nom de Gerfen, placé à la tête de quelques-uns de ces manufcrits, étoit d'une écriture plus récente que les manufcrits, il envoya fes obfervations aux favans meffieurs du Puy; ceux-ci les communiquèrent au père Fronteau, génovéfain, qui fe hâta de donner une édition de l'imitation, avec le nom de Thomas à Kempis, & les observations de *Naudé*. Les bénédictins mécontens accusèrent *Naudé* d'avoir falsifié les manuscrits, & de les avoir vendus aux chanoines réguliers, pour un prieuré simple de leur ordre. Sur cela grand procès criminel, grandes écritures de part & d'autre, jugement enfin qui supprime une partie de ces écritures, c'est-à-dire, qui invite à les rechercher, & qui défend de plus d'imprimer l'imitation sous le nom de Gersen, attendu qu'elle est d'à Kempis; ce qui rendit pour un temps le public plus favorable à la cause de Gersen, & des bénédictins : il étoit important que *Naudé*, auteur vivant, restât ou chargé ou absous de la falsification dont on l'accusoit : mais qu'importoit que le meilleur livre du monde fût d'un génovésain ou d'un bénédictin? Il paroît que sur ce point, on devoit mettre les parties hors de cour, abandonner cette question à la critique littéraire, & ne la point décider par l'autorité judiciaire, de peur qu'un jour la critique ne vînt à détruire l'autorité? En effet, depuis ce temps, on a encore beaucoup disputé sur cette inutile question. (*Voyez* l'article KEMPIS (THOMAS A). La reine Christine, invita *Naudé* à venir à sa cour; il y alla, mais il ne s'y fixa point, & il ne fut pas le seul savant qui ne put ou ne voulut pas s'y fixer, après l'avoir connue. En revenant de Suède, il mourut à Abbeville en 1653. Ses ouvrages les plus connus sont son *apologie pour les grands personnages faussement accusés de magie*; ses *considérations politiques sur les coups d'état*; le *jugement de tout ce qui a été imprimé contre le cardinal Mazarin*, ouvrage connu aussi sous le titre du *mascurat de Naudé*; la *Marfore, ou discours contre les libelles*; *addition à la vie de Louis XI*; *de antiquitate scholæ medicæ parisiensis*; *instruction à la France*, *sur la vérité de l'histoire des frères de la Rose-Croix*; des poëmes, des épîtres, &c.

On a d'un Philippe *Naudé*, protestant, né à Metz en 1654, mort à Berlin en 1729, & de son fils, diverses pièces dans les *miscellanea berolinensia*. On a aussi du père une géométrie.

NAY

NAYBES, (*Hist. mod.*) c'est ainsi que dans les îles Maldives on nomme des prêtres, sur qui le roi se repose de tous les soins de la royauté. Ainsi les *naybes* réunissent la puissance spirituelle & temporelle, & jugent souverainement de toutes les affaires, chacun dans son gouvernement. Ils ont sous eux des magistrats nommés *catibes*, qui rendent la justice en leur nom, & qui sont aussi tirés de l'ordre sacerdotal. Le chef des *naybes* se nomme *Pandiare*. Il est le souverain pontife & le premier magistrat de la nation : ceux qui composent son conseil se nomment *mocouris*; il est obligé de les consulter dans les affaires importantes. (*A. R.*)

NAYS, (*Hist. mod.*) c'est ainsi qu'on nomme dans le royaume de Siam, les chefs ou officiers qui commandent aux troupes. Il y en a sept espèces, distinguées par différentes dénominations, suivant le nombre des soldats qui sont sous leurs ordres. Le souverain ne leur donne point de solde, vu que tous les sujets sont ou soldats ou esclaves; il se contente de leur fournir des armes, des esclaves, des maisons, & quelquefois des terres, qui retournent au roi après la mort du *nays* à qui il les avoit données. Ces dignités ne sont point héréditaires, & les enfans d'un homme en place se trouvent souvent réduits aux fonctions les plus viles pour gagner leur subsistance. Les *nays* s'enrichissent par les extorsions qu'ils font souffrir au peuple, que le despote livre à leur avidité, sans que les opprimés aient de ressource contre leurs oppresseurs. (*A. R.*)

NAZ

NAZER, (*Hist. mod.*) c'est le nom d'un des grands officiers de la cour du roi de Perse, dont la dignité répond à celle du grand-maître de sa maison. (*A. R.*)

NÉA

NÉARQUE, (NÉARCHUS) (*Hist. anc.*) amiral d'Alexandre-le-Grand; ce prince l'envoya reconnoître la mer des Indes, depuis l'embouchure de l'Indus, jusqu'au fond du golphe persique. Tandis qu'il se rendoit par terre à Babylone, *Néarque*, parti fort tard, parce que les vents étoient contraires, & côtoyant toujours les bords, parvint au golphe de Perse, & arriva à l'île d'Harmusia aujourd'hui Ormus. Il y apprit qu'Alexandre n'en étoit qu'à cinq journées; il mit sa flotte en sûreté, & alla rendre compte à ce prince des découvertes déjà faites; le roi, qui n'avoit point de nouvelles de sa flotte, & qui en étoit fort inquiet, la crut perdue, lorsqu'il vit venir vers lui *Néarque*, accompagné seulement de quatre personnes; l'air fatigué & négligé que leur donnoit le voyage, confirmoit encore cette idée. Je vois bien, leur dit-il, que les vents ont dissipé ou détruit ma flotte, & je ne m'en félicite pas moins de vous voir échappés au naufrage. Votre flotte, dit *Néarque*, n'est ni dissipée ni détruite, & nous n'avons point fait naufrage, il acheva de le désabuser & de le remplir de joie, par le récit de son voyage. Alexandre, que ces découvertes flattoient plus encore, disoit-il, que la conquête de toute l'Asie, renvoya *Néarque* remonter l'Euphrate jusqu'à Babylone. Arrien a donné un journal de cette navigation sur les mémoires même de *Néarque*.

NÉB

NÉBRISSENSIS, (ANTOINE) (*Hist. litt. mod.*)

fe faifoit appeller *Œlius Antonius Nebriffenfis*, parce qu'il étoit de Lébrixa, bourg de l'Andaloufie, qu'on appelloit en latin *Nebriffa*. On le regarde comme le reftaurateur des lettres en Efpagne. Il enfeigna long-temps les langues, les belles-lettres & diverfes fciences, dans l'univerfité de Salamanque, & dans celle d'Alcala. Le cardinal Ximènès le fit travailler à fa polyglotte, & le fit nommer hiftoriographe du roi. *Nebriffenfis* publia en 1509, deux décades de l'hiftoire de Ferdinand & d'Ifabelle. On a de lui divers lexicons, dictionnaires & inftructions de tout genre, fur l'hébreu, le grec & le latin; des commentaires fur Virgile, Perfe, Juvénal, Pline, &c. ; une rhétorique tirée d'Ariftote, de Cicéron & de Quintilien.; des traités des poids, des mefures, des nombres, &c. des anciens; une cofmographie, diverfes pièces en vers. C'étoit un homme d'un grand favoir; fa femme, Elifabeth de Solis, étoit favante auffi, & ils eurent fix fils tous favans.

Nebriffenfis mourut à Alcala de Hénarès le 11 juillet 1522. Il étoit né en 1444.

N E C

NÉCHAO. (*Hift. d'Egyp.*) Il y a deux rois d'Egypte de ce nom; le premier commença fon règne, 691 ans avant la venue de J. C. & fut tué huit ans après, par Sabacon roi d'Ethiopie: il eut pour fucceffeur, Pfammétique fon fils, qui fut père de *Néchao* fecond; celui-ci, dont le règne commence à l'an 616 avant J. C., voulut joindre par un canal le Nil avec la mer Rouge, & abandonna fon entreprife fur ce qu'on lui repréfenta que c'étoit ouvrir aux étrangers une entrée de plus dans fon pays, raifon digne en effet du temps & du pays. On dit que d'habiles navigateurs de Phénicie, que ce prince prit à fon fervice, partis de la mer Rouge, avec ordre & dans l'intention de reconnoître les côtes d'Afrique, en firent le tour, & rentrèrent en Egypte par le détroit de Gibraltar, & par la Méditerranée, la troifième année de leur navigation, & fans le fecours de la bouffole, ayant doublé le cap de Bonne-Efpérance, vingt & un fiècles avant que le portugais Vafqués de Gama retrouvât, pour aller aux Indes, (en 1497) cette même route du cap de Bonne-Efpérance, par laquelle ces phéniciens étoient venus des Indes dans la mer Méditérannée. Le refte de l'hiftoire de *Néchao* rentre dans l'hiftoire facrée, & fe trouve dans la bible, au quatrième livre des Rois, chapitre 23, & au fecond livre des Paralipomènes, chapitres 35 & 36.

NÉCROLOGE, f. m. (*Hift. mod.*) livre mortuaire dans lequel on écrit les noms des morts. Le mot eft formé du grec νεκρος *mort*, & de λογος *difcours*. Les premiers chrétiens avoient dans chaque églife leur *nécrologe*, où ils marquoient foigneufement le jour de la mort de leurs évêques. Les moi-

nes en ont eu & en ont encore dans leurs monaftères. On a donné auffi le nom de *nécrologe* aux catalogues des faints, où le jour de leur mort & de leur mémoire eft marqué, & , à parler exactement, ce nom leur convient mieux que celui de *martyrologe* qu'on donne communément à ces fortes de recueils, puifque tous ceux dont il y eft fait mention ne font pas morts martyrs. Il paroit cependant que la dénomination de *martyrologe* a prévalu, parce que dans les premiers temps les Chrétiens n'infcrivoient fur ces regiftres que les noms de ceux qui étoient morts pour la foi, & que, dans la collection qui en a été faite depuis, on y a ajouté ceux des autres perfonnages qui s'étoient diftingués par la fainteté de leur vie. (*G.*)

NECTAIRE, (*Hift. Eccl.*) fucceffeur de faint Grégoire de Nazianze, dans le fiège de Conftantinople, où il fut élevé en 381, n'étant encore que cathéchumène : ce fut fous fon patriarchat que la dignité de pénitencier fut fupprimée dans l'églife de Conftantinople. *Nectaire* mourut en 397.

N É E

NÉE DE LA ROCHELLE, (JEAN-BAPTISTE) (*Hift. litt. mod.*) fubdélégué de l'intendant d'Orléans à Clamecy, auteur des romans du *maréchal de Boucicaut & de la ducheffe de Capoue*, & d'un commentaire fur la coutume d'Auxerre. Mort en 1772.

NÉEL, (LOUIS-BALTHASAR,) (*Hift. litt mod.*) auteur du *voyage de Paris à Saint-Cloud, par mer & par terre*; d'une hiftoire du maréchal de Saxe; d'une hiftoire de Louis, duc d'Orléans, fils du régent, &c. *Néel* mourut en 1754.

NEERCASSEL (JEAN DE) (*Hift. Eccl.*) né à Gorkum, dans les pays-bas hollandois, fut oratorien à Paris, puis archevêque d'Utrecht fous le titre d'évêque de Caftorie. C'eft cet évêque janféniste que M. de Tillemont (LE NAIN, *voyez* fon article) alla voir en Hollande, comme M. Arnauld en Flandre : fon *amor pænitens* fit du bruit ; le pape Alexandre VIII le condamna & en défendit la lecture. Les janféniftes difent que le pape innocent XI, à qui ce livre avoit été déféré n'avoit jamais voulu le condamner, & qu'il avoit dit : *il libro è buono, è l'autore è un fanto*; mais auffi le pape Innocent XI eft-il regardé comme ayant incliné vers le janfénifme. *Néercaffel* mourut en 1686, à foixante ans.

N E G

NEGORES, (*Hift. mod.*) c'eft le nom que l'on donne au Japon à un ordre de bonzes ou de moines militaires, inftitués comme les chevaliers de Malte, pour défendre la religion. Le P. Charlevoix nous apprend qu'il n'eft point de foldats plus aguerris & mieux difciplinés que les *négores*. Ils font vœu de continence, & l'entrée de leur couvent eft interdite aux femmes, (*A. R.*)

NEGUS

NEGUS, (*Hist. d'Etiop.*) c'est le nom que les Ethiopiens & les Abyssins donnent à leur souverain : ce mot signifie *roi* dans la langue de ces peuples. Ce prince prend lui-même le titre de *negusa nagast zaitiopia*, c'est-à-dire, *roi des rois d'Ethiopie*. Les Abyssins croient que les rois qui les gouvernent, descendent de la reine de Saba, qui, étant allée à Jérusalem pour admirer la sagesse de Salomon, eut, dit-on, de ce prince un fils appellé *Menilehech*, de qui sont venus les *negus*, ou rois d'Ethiopie, qui occupent aujourd'hui le trône. Ce prince fut, dit-on, élevé à la cour du roi Salomon son père, d'où il amena plusieurs docteurs juifs, qui apportèrent la loi de Moïse dans ses états : les rois d'Ethiopie ont depuis embrassé le christianisme. Les anciens rois d'Ethiopie fournissent un exemple frappant de l'abus du pouvoir sacerdotal; Diodore de Sicile nous apprend que les prêtres de Méroë, les plus révérés de toute l'Ethiopie, ordonnoient quelquefois à leurs rois de se tuer eux-mêmes, & que ces princes dociles ne manquoient point de se conformer à cet ordre qui leur étoit signifié de la part des dieux. Le même auteur dit que ce pouvoir exorbitant des prêtres dura jusqu'au règne d'Ergamènes, qui, étant un prince guerrier, marcha à la tête d'une armée, pour réduire les pontifes impérieux qui avoient fait la loi à ses prédécesseurs. (*A. R.*)

NEH

NÉHEMIE, (*Hist. sac.*) juif pieux & savant, échanson d'Artaxercès Longuemain. Le second livre d'Esdras porte le nom de *Néhémie*, & contient l'histoire de ce qu'il fit pour la reconstruction de Jérusalem, pour le rétablissement des sacrifices, pour l'observation du sabbat, la lecture & l'accomplissement des écritures, & la correction des abus & des désordres; le début de ce second livre d'Esdras, les nouvelles que *Néhémie* reçoit du malheureux état de Jérusalem, la profonde douleur dont il est pénétré, la prière qu'il adresse à Dieu, la grace qu'il demande à Artaxercès, qui s'apperçoit de sa douleur, forment un tableau plein d'un intérêt touchant.

NEI

NEIPERG, (*Hist. litt. mod.*) un des généraux de l'empereur Charles VI, qui le fit arrêter pour avoir conclu avec les Turcs la paix de 1739, soit d'après un plein pouvoir expédié en bonne forme, comme le prétendoit le comte de *Neiperg*, soit en excédant ses pouvoirs, comme l'objectoit l'empereur, & en accordant trop aux ennemis, entr'autres la restitution de Belgrade. Aussi-tôt après la mort de Charles VI, arrivée le 20 octobre 1740, *Neiperg* fut mis en liberté, ainsi que le comte de Wallis & le comte de Seckendorff, arrêtés aussi pour des torts de généraux, qui n'ont jamais été bien éclaircis. Le comte de *Neiperg* rentra entièrement en faveur,
Histoire. **Tome IV.**

fut honoré de toute la confiance & de toute la bienveillance de la reine de Hongrie, fille de Charles VI. Il eut en 1741 le commandement de l'armée destinée à arrêter les progrès du roi de Prusse en Silésie. Il perdit, le 10 avril, contre le roi de Prusse & le maréchal de Schwerin, la bataille de Molwitz, près de Neiss; mais la victoire fit plus d'honneur au roi de Prusse, que la défaite ne fit de tort au comte de *Neiperg*, qui, malgré cet échec, se soutint toute la campagne en Silésie. C'est au sujet de cette première victoire signalée du roi de Prusse, que M. de Voltaire s'écrioit, le 20 avril 1741, dix jours après la bataille :

Eh bien ! mauvais plaisans, critiques obstinés,
Prétendus beaux esprits, à médire acharnés,
Qui parlant sans penser, fiers avec ignorance,
Mettez légèrement les rois dans la balance;
Qui d'un ton décisif, aussi hardi que faux,
Assurez qu'un savant ne peut être un héros;
Ennemis de la gloire & de la poésie,
Grands critiques des rois, allez en Silésie :
Voyez cent bataillons près de Neiss écrasés.

Il est vrai que cet événement démentoit les détracteurs des lettres, & les ennemis du roi de Prusse; mais pour un philosophe humain, il n'y avoit pas de quoi triompher de ces cent bataillons écrasés. Le même Voltaire dit ailleurs au même roi :

J'aime peu les héros, ils font trop de fracas......
Je vous aime pourtant, malgré tout ce carnage......
Vous êtes un héros, mais vous êtes un sage :
Votre raison maudit les exploits inhumains......
Je vous pardonne tout, si vous en gémissez.

Ah ! c'est encore beaucoup trop d'indulgence.

NEK

NEKIR *ou* **NEKER**, s. m. (*Hist. mod.*) nom de l'un des anges inquisiteurs qui examinent le mort dans le sépulcre, selon la doctrine de l'alcoran.

Quelques-uns l'ont nommé *Gnanekir*, trompés par la particule arabe *gna*, qui signifie *et*, dans ce passage, *Munkir gna Nekir*, c'est-à-dire, *Munkir* & *Nekir*, qui sont les noms de ces deux prétendus anges.

Selon Mahomet, les ames & les corps sont dans le sépulcre jusqu'au jour du jugement, & d'abord après la sépulture, *Munkir* & *Nekir* se présentent aux morts, & leur font quatre demandes : » Quel est ton dieu, ton prophète, ta créance, » le lieu de ton adoration ? » Les musulmans ne manquent pas de répondre avec confiance : » » Mon dieu est celui qui t'a créé, aussi-bien que » moi; mon prophète est Mahomet; ma créance » est *islam*, c'est-à-dire, *la créance salutaire*; & » le lieu de ma dévotion est *Kaaba*, où le tem- » ple de la Mecque. » En conséquence ils re-

D

posent en paix dans leurs tombeaux ; & par une petite fenêtre qu'on y suppose pratiquée, ils voient ce qui se passe dans le ciel. Au contraire, ceux qui ne sont pas morts musulmans, frappés de la stature extraordinaire de l'ange, le prennent pour Dieu, veulent l'adorer, mais il les renfonce à coups de massue dans leur sépulcre, où ils demeurent sans être favorisés des visions accordées aux fidèles croyans. Ricaut, *de l'empire ottoman. (A. R.)*

NEM

NEMBROD, *rebelle*, (*Hist. sacrée*) fils de Chus, petit-fils de Cham, commença le premier à usurper la puissance souveraine sur les autres hommes. L'Ecriture dit de lui que c'étoit un puissant chasseur devant le seigneur ; (*Gen. X, 9*) c'est-à-dire, qu'il fut le plus hardi, le plus adroit, & le plus infatigable de tous les hommes dans ce dangereux exercice. Il s'exerça d'abord à la chasse des bêtes les plus farouches, avec une troupe de jeunes gens fort hardis, qu'il endurcit au travail, & qu'il accoutuma à manier les armes avec adresse. Cette troupe grossissant peu à peu, & pleine d'estime pour son courage, lui défera sans doute volontairement l'autorité, dans l'espérance que la crainte de ses armes la mettroit à l'abri de l'injustice & de la violence des autres hommes ; mais *Nembrod*, ayant une fois goûté la douceur du gouvernement, ne mit plus de bornes à son ambition ; & avec le secours de cette jeunesse qu'il avoit aguerrie, il employa, à asservir les hommes, les armes dont il ne s'étoit servi que pour détruire les bêtes. La tour de Babel, dont il avoit été sans doute un des entrepreneurs, lui servit de citadelle : il environna ce lieu de murailles, & en fit une ville appellée *Babylone*, qui fut le siège de son empire. Dans la suite, à mesure qu'il étendoit ses conquêtes, il bâtit d'autres villes, dont la plus considérable fut Ninive sur le Tigre. Il l'appella ainsi de son fils Ninus, qui succéda à sa puissance & à ses ambitieux desseins, selon le sentiment de ceux qui traduisent ainsi le passage de Moïse : *De terrâ illâ egressus est Assur. Gen. X, 11.* De ce lieu-là il sortit pour aller en Assyrie, où il bâtit Ninive, &c. D'autres prennent *Assur* pour un nom d'homme, qu'ils distinguent de *Nembrod*, & qu'ils prétendent avoir donné son nom à l'Assyrie. *Gen. 10, Par. I, Mich. V.*

NÉMÉSIEN. C'est le nom,

1°. D'un saint, confesseur ou martyr sous la persécution de l'empereur Valérien, l'an 257 de J. C. Saint Cyprien a beaucoup loué sa constance & ses vertus, ainsi que celles de ses collègues évêques, confesseurs & martyrs en Afrique.

2°. D'un poëte du même siècle, dont il nous reste deux fragmens d'un poëme intitulé : *Ixeutique*, ou la chasse à la glu, dans le recueil des *Poëta rei venaticæ*, & dans le recueil intitulé, *Poëta latini minores.*

3°. D'un autre poëte latin du même siècle, né à Carthage, nommé *Aurelius Olympius Nemesianus*, auteur d'églogues communément imprimées avec celles de Calpurnius ; nous avons des unes & des autres une traduction françoise qui a paru en 1744, dont l'abbé Desfontaines a dit beaucoup de bien, car elle étoit de son ami, M. Mairault, ennemi comme lui de tous les hommes à talent. On a encore des fragmens d'un poëme du même Némésien, intitulé, *Cynegytica, sive de venatione*, adressé aux empereurs Carin & Numérien : au lieu de poëmes sur la chasse, il faudroit adresser aux princes les remontrances de l'humanité contre la chasse. Ce *Némésien* vivoit vers l'an 281.

NÉMÉSIUS, (*Hist. eccl.*) philosophe chrétien, évêque d'Emèse dans la Phénicie, vivoit vers la fin du quatrième siècle, ou le commencement du cinquième : on a de lui un livre *de la nature de l'homme.* On lui attribue des découvertes sur la qualité & l'usage de la bile ; on dit même qu'il a connu la circulation du sang.

NEMOURS, (*Hist. de Fr.*) ville du Gatinois, située sur le Loing, à 18 lieues de Paris, & possédée en différens temps par différentes maisons. Elle appartenoit d'abord à une ancienne maison de *Nemours* de Guercheville dont étoit Gautier, sieur de *Nemours*, maréchal de France, qui vivoit encore en 1265 ; Philippe son frère, vendit *Nemours* au roi saint Louis ; & Jean, autre frère, vendit aussi en 1274, à Philippe-le-Hardi, les droits qu'il pouvoit avoir sur *Nemours.* Le 19 juin 1404, Charles VI érigea *Nemours* en duché pairie en faveur de Charles III, dit le noble, roi de Navarre, à l'occasion d'un échange de terres qu'il faisoit avec ce prince. Par la mort de Charles-le-Noble, arrivée en 1425, *Nemours* étant retourné à la couronne, Louis XI le céda en 1461, à Jacques d'Armagnac, qui prétendoit y avoir quelques droits. Il n'y avoit point encore eu jusques-là d'autres pairs de création que des princes du sang. Avoit-on alors de l'extraction illustre de la maison d'Armagnac (issue de la première race de nos rois) quelque notion particulière qui engageât à lui conférer un honneur encore réservé à la maison de France? ou regardoit-on la maison d'Armagnac comme une puissance étrangère, parce que ses domaines étoient à l'extrémité du royaume & sur la frontière ? mais il n'y avoit pas encore eu d'érection en pairie en faveur de maison de princes étrangers, autres que des princes du sang ; ou enfin n'étoit-ce qu'un effet singulier de la puissance & du crédit de cette maison, & de la politique de Louis XI. C'est ce même duc de *Nemours*, auquel le même Louis XI fit trancher la tête aux halles à Paris, le lundi 4 août 1477. Ce fut une des grandes violences & une des grandes iniquités de ce règne; Louis XI n'avoit pu pardonner au duc de *Nemours* la part que ce duc & le comte d'Armagnac, son cousin-germain, avoient eu autrefois à la formation de la ligue *du bien public*. Lorsque le sire de Beaujeu vint, par ordre de Louis XI, investir le duc de *Nemours* dans la ville de Carlat, qui passoit pour imprenable & où il y avoit des provisions pour deux ou trois ans, le duc ne voulant pas se défendre contre son roi, se remit entre les mains du sire de Beaujeu, sous la condition expresse de la vie sauve, condition dont Louis de Graville, seigneur de Montaigu, & Boffille de Juge, se rendirent garans personnellement. La duchesse de *Nemours*, fille du comte du Maine, & cousine-germaine de Louis XI, voyant qu'on venoit pour arrêter son mari, en étoit morte d'effroi & de douleur; circonstance bien propre à désarmer la haine, & que le duc de *Nemours* rappella au roi dans une lettre qu'il lui écrivit de sa prison pour lui demander grace. Le duc de *Nemours* conduit d'abord à Pierre-Encise, puis transféré à la Bastille, fut enfermé dans une cage de fer: on forma une commission pour le juger; Graville & Boffille de Juge furent de cette commission; le chancelier Pierre Doriole, qui la présidoit, ayant fait au roi quelques représentations en faveur du duc de *Nemours*, devint suspect à Louis XI, qui écrivit à un des commissaires qu'il falloit se défier de ce magistrat, & qui bientôt après le révoqua expressément, ainsi que quelques autres commissaires qui ne lui paroissoient pas assez mal disposés à l'égard du duc de *Nemours*. A la vérité Louis XI envoya dans la suite la connoissance de cette affaire au parlement de Paris, où le duc de *Nemours* avoit toujours demandé d'être jugé, attendu sa qualité de pair; mais ce fut sur cette procédure, commencée par les commissaires, qu'il fut jugé. Le parlement prit les ordres du roi avant de rendre l'arrêt; & le roi, pour s'assurer davantage que ses vues seroient remplies, transféra cette compagnie à Noyon, où il avoit projeté de se rendre en personne, tant il craignoit que l'arrêt ne fût pas assez sévère; n'ayant pas pu venir, il y envoya, pour le représenter, le sire de Beaujeu son gendre, qui avoit promis la vie sauve au duc de *Nemours*, & qui avoit fait garantir cette condition essentielle du traité par Louis de Graville & Boffille de Juge; ce fut le sire de Beaujeu qui recueillit les voix: le roi joignit au parlement les anciens commissaires qui avoient travaillé à l'instruction du procès, & beaucoup d'autres encore qu'il lui plut de commettre de nouveau: il voulut qu'ils eussent tous voix délibérative; il est vrai que Beaujeu, Graville & Boffille sentirent qu'il ne leur convenoit pas d'opiner, après tout ce qui s'étoit passé, mais ils avoient assisté à toute la procédure, & les choses étant disposées selon les vues du roi, on savoit bien que trois voix de moins ne changeroient rien au jugement. Il paroît même que ce fut de concert avec le roi, & pour ne pas révolter le public par une indécence trop forte & d'ailleurs inutile, qu'ils s'abstinrent d'opiner, puisque le roi,

loin de leur savoir mauvais gré de cette considération, partagea entre eux, par l'abus le plus condamnable, mais très-commun alors, la confiscation du duc de *Nemours*; lui qui poussa l'animosité dans cette affaire, jusqu'à priver de leurs offices trois conseillers, parce qu'ils avoient opiné favorablement pour le duc de *Nemours*; lui qui répondit très-aigrement aux remontrances que le parlement lui fit à ce sujet; lui qui, ne bornant point son ressentiment à la condamnation & à l'exécution du duc de *Nemours*, voulut, par un raffinement de cruauté, jusques-là sans exemple, que les enfans de cet infortuné fussent placés sous l'échafaud de leur père, pour être arrosés de son sang, quoique leur bas âge, quelque pût être le crime de leur père, les mît à l'abri de tout soupçon de complicité.

Au reste, ce partage même de la confiscation du duc de *Nemours* entre ses principaux juges, surtout entre ceux qui avoient usé d'artifice envers lui & qui l'avoient trompé par de fausses assurances de la vie sauve, pour parvenir à se rendre maîtres de sa personne, est une dernière iniquité, qui achève de rendre bien suspect l'injustice du jugement prononcé contre lui: la confiscation déjà odieuse en elle-même, le devient bien davantage, lorsqu'elle est le prix de la condescendance des juges pour les volontés d'un maître absolu, qui laisse éclater si hautement le désir de perdre un malheureux.

Aux états de Tours tenus sous Charles VIII, en 1484, un avocat se présenta pour plaider la cause des enfans du duc de *Nemours*, qui étoient hors d'état, par leur misère & leur mauvaise santé, de paroître dans l'assemblée. L'aîné étoit malade au lit; ses frères, qui ne se portoient guère mieux, étoient occupés à le servir. L'avocat représenta ces infortunés orphelins, arrosés du sang de leur père, pleurant la mort de leur mère, couverts d'opprobres, ayant à peine où reposer leur tête, ne vivant que d'aumônes, c'est cependant, dit-il, le pur sang de vos maîtres; leur mère étoit la cousine-germaine du roi. Le roi vous a chargés de lui dévoiler toutes les injustices qui déshonorent le gouvernement; ne lui laissez pas ignorer celle dont ils sont les victimes. Ils rentrèrent en grace; ils servirent l'état; le dernier des trois, le duc de *Nemours*, Louis, vice-roi de Naples, pour le roi Louis XII, fut tué le 28 avril 1503, à la bataille de Cérignoles où il commandoit l'armée françoise. En lui s'éteignit la branche de *Nemours*-Armagnac.

Louis XII donna le duché de *Nemours* à son neveu, Gaston de Foix, le héros de la France: *voyez* son article au mot *Foix*.

La duchesse d'Angoulême, Louise de Savoie, engagea François Ier son fils à donner, en 1515, le duché de *Nemours* à Julien de Médicis, frère du pape Léon X; Julien avoit épousé Philiberte de Savoie, sœur de la duchesse d'Angoulême & tante de François Ier; il mourut sans enfans, le 17 mars 1516.

Le même François Iᵉʳ, mariant en 1528 Philippe de Savoie son oncle, frère de Louise & de Philiberte de Savoie, avec Charlotte d'Orléans-Longueville, lui donna le duché de *Nemours*, qui est resté dans cette branche de la maison de Savoie, jusqu'à son extinction en 1659. Le duché de *Nemours* appartient aujourd'hui à la maison d'Orléans.

N E N

NEN. (*Hist. mod.*) C'est ainsi qu'on nomme dans le royaume de Siam, de jeunes enfans que leurs parens consacrent au service des talapoins ou prêtres, & qui demeurent auprès d'eux dans leur couvent, & vieillissent dans cet état. Ils ont des écoles où ils vont prendre les leçons des moines leurs maîtres; ils reçoivent les aumônes pour eux, parce qu'il ne leur est pas permis de toucher de l'argent. Enfin, les *nens* arrachent les mauvaises herbes du jardin du couvent, ce que les talapoins ne pourroient faire eux-mêmes sans pécher. (*A. R.*)

N E O

NEOMENIE. f. f. (*Chronol.*) C'est le jour de la nouvelle lune. Les *néoménies* sont d'un usage indispensable dans le calcul du calendrier des Juifs, qui leur donnent le nom de *tolad.*

N E P

NEPER, (JEAN) (*Hist. litt. mod.*) gentilhomme écossois, mathématicien habile, inventeur des logarithmes. On a de lui sur ce sujet, *Arithmetica logarithmica* & *logarithmorum descriptio.* Neper vivoit au commencement du dix-septième siècle.

NEPHTALI, (*Hist. sacr.*) sixième fils de Jacob, né de Bala, servante de Rachel, & chef de la tribu de son nom. Il en est parlé dans la Genèse, chapitres 30, 46.

Voici quel fut son partage dans la bénédiction de Jacob mourant : « *Nephtali* sera comme un » cerf qui s'échappe, & la grace sera répandue » sur ses paroles. » *Genèse*, chap. 49, v. 21.

NÉPOMUCENE, (SAINT JEAN) (*Hist. eccl.*) chanoine de Prague, confesseur & martyr, nommé *Népomucène*, parce qu'il étoit de Népomuck en Bohême. L'empereur Venceslas le fit, dit-on, jeter dans la Moldave, l'an 1383, parce qu'il refusoit de lui révéler la confession de l'impératrice Jeanne sa femme. Rome a béatifié saint Jean *Népomucène* en 1721. On a institué sous son nom une confrairie *pour demander le bon usage de la langue.*

NÉPOS, (CORNELIUS) (*Hist. litt. anc.*) historien latin du siècle d'Auguste, ami de Cicéron & d'Atticus; il ne nous reste de lui que ses vies des plus illustres capitaines grecs & romains. Il paroît qu'Æmilius Probus, qui vivoit du temps de Théodose, voulut s'attribuer cet ouvrage qu'il ne fit que publier. Nous en avons des traductions françoises du père Legras de l'oratoire, & de M. l'abbé Vallart.

Un autre *Népos* (FLAVIUS-JULIUS) avoit épousé une nièce de la femme de Léon I, empereur d'Orient, qui le nomma empereur d'Occident, en 474, à la place de *Glycère* (FLAVIUS GLYCERIUS); mais Oreste, père d'Augustule, obligea *Népos* de quitter Ravenne, dont il avoit fait le siége de son empire, & des émissaires de Glycère l'assassinèrent en 480 dans la Dalmatie, sa patrie, où il s'étoit retiré.

NÉPOTIEN, (FLAVIUS-POPILIUS-NEPOTIANUS) (*Hist. rom.*) neveu de Constantin par Eutropie sa sœur, prétendit à l'empire après la mort de l'empereur Constant son cousin; il se fit couronner à Rome le 3 juin 350; dans le même temps, Magnence (*voyez* cet article) usurpoit la puissance impériale dans les Gaules. Anicet, préfet du prétoire de Magnence, fit périr Népotien, sa mère & ses principaux partisans.

NÉPOTISME. f. m. (*Hist. mod.*) C'est ainsi que les Italiens appellent le crédit & le pouvoir que les papes accordent à leurs neveux & à leurs parens. Ils sont communément revêtus des emplois les plus importans de l'état ecclésiastique; & l'histoire fournit des exemples qui prouvent que souvent ils ont fait de l'abus le plus étrange de leur autorité, qu'ils employoient à s'enrichir par toutes sortes de voies, & à faire les extorsions les plus cruelles & les plus inouies sur les sujets du souverain pontife, qu'ils traitoient en ennemis. (*A. R.*)

N E R

NÉRI, (SAINT PHILIPPE DE) (*Hist. ecclés.*) fondateur de la congrégation des prêtres de l'oratoire en Italie. Il avoit fondé, en 1550, une confrairie pour le soulagement des pauvres étrangers, des pélerins, de ceux qui n'avoient point de retraite. Cette confrairie fut comme le berceau de la congrégation de l'oratoire, qui ne commença d'exister sous sa forme actuelle qu'en 1564. Le pape Grégoire XIII l'approuva l'an 1475. Les premiers coopérateurs de Philippe de *Néri*, furent Salviati, frère du cardinal, Tarugio, depuis cardinal, le fameux cardinal Baronius, en faveur duquel Philippe se démit du généralat. C'est cette même congrégation que le père de Bérulle, depuis cardinal, établit à Paris en 1612. Saint Philippe de *Néri*, né à Florence en 1515, mourut à Rome en 1595. Il fut canonisé en 1622, par le pape Grégoire XV. (*Voyez* l'article BERULLE.)

On a d'un Antoine de *Néri*, un traité *d'ell'arte verraria*, imprimé à Florence en 1612.

Un dominicain, nommé Thomas *Néri* ou de *Néri*, s'est fait remarquer par son zèle pour la défense du malheureux Savonarole, son confrère. (*Voyez* l'article SAVONAROLE.)

NÉRICAULT-DESTOUCHES, (PHILIPPE) (*Hift. litt. mod.*) né à Tours en 1680, mort le 4 juillet 1754, auteur comique diftingué, auteur du *philofophe marié*, qui contient l'hiftoire de fon mariage, & les portraits de fa femme & de fa belle-fœur; auteur du *Glorieux*, (*Voyez* fur cette pièce l'article FRESNE.) (ABRAHAM-ALEXIS QUI-NAULT DU) Ces deux pièces font fi fupérieures à toutes les autres de Deftouches, qu'il femble que tout foit dit pour fon hiftoire & pour fon éloge, quand elles font nommées.

Le public applaudit aux vers du Glorieux,

a dit M. de Voltaire; & dans un billet d'invitation à M. Deftouches, il lui dit encore:

> Auteur folide, ingénieux,
> Qui du théâtre êtes le maître,
> Vous qui fîtes *le Glorieux*,
> Il ne tiendroit qu'à vous de l'être :
> Je le ferai, j'en fuis tenté,
> Si mardi ma table s'honore
> D'un convive fi fouhaité ;
> Mais je fentirai plus encore
> De plaifir que de vanité.

Au-deffous de ces deux comédies, qui font les deux fondemens inébranlables de la gloire de M. Deftouches, il refte à l'auteur beaucoup d'autres pièces d'un grand mérite, dont quelques-unes, telles que le *diffipateur*, *la fauffe agnès*, *le tambour nocturne*, *le triple mariage*, *l'obftacle imprévu*, fe jouent très-fouvent à la comédie françoife; les autres, telles que *le curieux impertinent*, *l'ingrat*, *l'irréfolu*, *le médifant*, fe jouoient beaucoup autre-fois. Toutes fe lifent avec plaifir. Le vers qui termine la pièce de *l'irréfolu*,

> J'aurois mieux fait, je crois, d'époufer Célimène,

eft un trait de caractère qu'on a retenu & qu'on cite à tout propos. De toutes les comédies exiftantes, celle-ci eft peut-être la feule qui ait le mérite de finir ainfi par le trait de caractère le plus marqué.

Une tradition conftante, appuyée même fur des monumens anecdotes du temps, & jamais démenti par M. Deftouches, avoit perfuadé à tout le monde qu'il avoit été quelque temps comédien. M. d'Alembert l'avoit dit dans l'éloge de M. Deftouches, lu à l'académie le 25 août 1776. La famille a réclamé contre ce fait. Sur cette réclamation, M. d'Alembert a raffemblé dans le cinquième volume de l'hiftoire des membres de l'académie françoife, depuis la page 480 juf-qu'à la page 498, toutes les raifons de croire ce fait, & toutes les raifons d'en douter; & il réfulte de cet examen, qu'il eft difficile d'affigner le temps & le lieu où M. Deftouches auroit exercé la profeffion de comédien, quoique Romagnéfi & Lélio euffent dit dans un couplet fait contre lui :

> De ce fublime auteur
> Autrefois grand acteur,
> La mufe excelle ......
> Jadis à Chambéri
> Les Savoyards ont ri
> De fa loquelle,
> Le voyant empereur,
> Soldat, crifpin, docteur,
> Polichinelle.

Et quoique le poëte roi eût dit dans la fatyre du *coche*, que c'étoit en Suiffe qu'il avoit joué la comédie, & que dans un *brevet de calotte*, il l'eût appellé,

> Ce *Néricault* le dramatique,
> Qui fit fon cours de politique
> Dans le rôle de gouverneur,
> De confident, d'ambaffadeur,
> Qu'il jouoit à la comédie.

Il paroît plus certain qu'il fervit pendant quelques années, & qu'il s'étoit trouvé à la guerre dans des occafions périlleufes, quoiqu'il y ait auffi quelque difficulté à fixer l'époque de fes fervices militaires. Ce qui paroît conftant par fes écrits, c'eft qu'il étoit fort jeune encore, & n'avoit pas vingt ans, lorfque M. le marquis de Puifieux, ambaffadeur en Suiffe, l'ayant connu & goûté, fe l'attacha, le forma aux affaires, & le fit entrer dans la carrière des négociations. Il s'y diftingua auffi-bien qu'au théâtre. En 1717, M. le régent l'envoya en Angleterre avec l'abbé Dubois, & après le retour de l'abbé Dubois en France, il refta feul chargé à Londres des affaires de la cour. Il contribua même, dans une occafion fingulière, à l'étonnante fortune de l'abbé Dubois, auquel il devoit en partie fa place. Le régent étoit alors, pour ainfi dire, en communauté d'intérêts & de vues politiques avec le roi d'Angleterre. L'abbé Dubois, attentif & habile à tourner à fon profit particulier la faveur des conjonctures publiques, écrivit à M. Deftouches d'engager Georges I à demander pour lui au régent l'archevêché de Cambrai. *Comment voulez-vous*, répondit Georges, *qu'un prince proteftant fe mêle de faire un archevêque en France? Le régent en rira & n'en fera rien.* — Il en rira, fire, mais il le fera, répondit M. Deftouches; & en même temps il lui préfenta une lettre, toute dreffée & très-preffante, à figner; Georges figna, & Dubois fut archevêque de Cambrai.

Le fage Deftouches eut de bonne heure le goût de la retraite; il acheta la terre de Fortoifeau près de Melun, où il vécut heureux & tranquille. On voulut l'envoyer, en qualité de miniftre, à Pé-terfbourg, auprès du czar Pierre I; & quelqu'inté-reffant qu'il pût être pour un philofophe d'aller voir de près un empereur, créateur des arts utiles dans son pays, & réformateur de sa nation, il se montra plus philosophe encore en préférant à tout sa retraite, & en bornant son ambition à la gloire littéraire : il continua d'enrichir le théâtre de ses pièces. Il avoit été reçu à l'académie françoise le 25 août 1723. Il mourut le 4 juillet 1754. Il a donné au théâtre lyrique *les amours de Ragonde*. Quant à la comédie, M. d'Alembert regarde Destouches comme l'inventeur du mélange des scènes touchantes avec les scènes comiques dans une même pièce, & comme le précurseur de M. de la Chaussée à cet égard. Une différence essentielle entre ces deux auteurs, est que c'est le comique qui domine dans les pièces de Destouches, & le touchant dans celles de la Chaussée ; mais on trouve, dans des auteurs précédens, & même chez les anciens, quelques traces du moins de ce genre touchant, mêlé au genre comique dans une même pièce.

Il y a sur la comédie de *l'ambitieux* de Destouches une anecdote assez peu connue, & que l'auteur a peut-être ignorée lui-même. Cette pièce fut froidement accueillie. L'auteur, qui, d'après l'allégorie même dont la pièce étoit susceptible, s'en étoit promis un très-grand succès, ne put retenir les premiers mouvemens de sa colère ; il fit imprimer sa pièce, & y mit une de ces préfaces chagrines, dont l'effet le plus ordinaire est de faire rire aux dépens de l'auteur. Heureusement il avoit deux amis éclairés & zélés, qui ne dirent pas :

Cur ego amicum
Offendam in nugis ?

& qui conclurent comme Horace :

Hæ nugæ seria ducent
In mala, derisum semel exceptumque sinistrè.

Destouches leur avoit envoyé sa préface, & les avoit chargés de la faire imprimer. Ils se concertèrent ; & jugeant bien que leur ami n'étoit pas en état d'entendre leurs représentations, ils firent la préface qu'on voit aujourd'hui à la tête de cette pièce, & où il ne reste pas la moindre trace d'aigreur. Destouches, calmé par le temps & par la raison, crut avoir fait cette préface, où il retrouvoit toutes les raisons qu'il avoit dites, & dû dire en faveur de sa pièce ; tout au plus crut-il que ses amis ou le censeur avoient retranché quelques traits d'humeur, il ne les en remercia point, il ne se plaignit point à eux, il ne se plaignit point d'eux, il adopta la préface & n'en parla jamais.

NÉRONS, (*Hist. rom.*) le nom des *Nérons* fut long-temps cher à Rome. Elle conservoit avec respect le souvenir de ce fameux Claudius *Néron*, consul l'an de Rome 545, vainqueur d'Annibal & d'Asdrubal, qui, trompant la vigilance du pre-

mier, au point de lui persuader qu'il étoit toujours tranquille dans son camp aux environs de Capoue, & vis-à-vis d'Annibal, traversoit toute l'Italie avec des forces considérables, alloit à l'extrémité opposée de cette contrée, accabler Asdrubal, revenoit vainqueur dans son camp, faisoit jeter la tête d'Asdrubal dans le camp d'Annibal, & apprenoit, de cette manière terrible, à ce terrible Annibal, déjà deux fois vaincu par lui, qu'il venoit de lui enlever sa dernière espérance. Du temps d'Auguste, Horace disoit encore :

Quid debeas, ô Roma ! Neronibus
Testis metaurum flumen & Asdrubal
　Devictus, & pulcher fugatis
　　Ille dies Latio tenebris,
Qui primus almâ risit adoreâ,
Dirus per urbes afer ut Italas
　Ceu flamma per tædas, vel Eurus
　　Per siculas equitavit undas.
Post hoc secundis usque laboribus
Romana pubes crevit, & impie
　Vastata pænorum tumultu
　　Fana Deos habuere rectos.
Dixitque tandem perfidus Annibal...
Carthagini jam non ego nuntios
Mittam superbos : occidit, occidit
　Spes omnis & fortuna nostri
　　Nominis, Asdrubale interempto.

Drusus, & sur-tout Germanicus son fils, par ses talens, ses vertus & ses malheurs ; (*voyez* l'article GERMANICUS) ajoutèrent encore à l'intérêt & au respect qu'inspiroit le nom de *Néron*, car ils étoient de la famille des Tiberius *Néron* : la fameuse Livie, femme d'Auguste, & fille de Livius Drusus, avoit épousé, avant Auguste, Tiberius *Néron*, dont elle avoit eu l'empereur Tibère & Drusus, qu'Auguste leur beau-père éleva comme ses enfans :

Videre rhetis bella sub Alpibus
Drusum gerentem vindelici, & diù
　Latèque victrices catervæ,
　　Consiliis juvenis revictæ
Sensere quid mens ritè, quid indoles
Nutrita faustis sub penetralibus
　Posset, quid Augusti paternus
　　In pueros animus Nerones.

L'empereur Tibère, à la vérité, répandit des ombres funestes sur ce nom de *Néron* ; mais Germanicus son neveu, encore plus aimé que Tibère n'étoit haï, soutint la gloire de ce même nom.

Qu'il imite, s'il peut, Germanicus mon père,

dit Agrippine dans *Britannicus*.

La destinée déplorable des enfans de Germanicus, *Néron* & *Drusus*, tous deux trahis par leurs femmes, (*voyez* l'article JULIE & l'article LEPIDA EMILIA) tous deux immolés, par la perfidie de Séjan, aux sombres défiances de Tibère, continua de répandre sur ce nom l'intérêt attaché au malheur.

C'est par les crimes de l'empereur *Néron*, que ce nom, si intéressant autrefois, est devenu

> Aux plus cruels tyrans une cruelle injure.

Mais ce nom n'étoit pas le sien. Son véritable nom étoit *Domitius*; il étoit de la race des Domitius Ænobarbus; (*voyez* l'article DOMITIUS) il étoit *Néron* par Agrippine sa mère, fille de Germanicus, & de la première Agrippine. (*Voyez* l'article AGRIPPINE) Elle dit elle-même, dans *Britannicus*, en parlant de *Néron*:

> Il se déguise en vain, je lis sur son visage
> Des fiers Domitius l'humeur triste & sauvage;
> Il mêle avec l'orgueil, qu'il a pris dans leur sang,
> La fierté des *Nérons* qu'il puisa dans mon flanc.

Britannicus dit aussi à *Néron*:

> L'aspect de ces lieux où vous la retenez, (Junie)
> N'a rien dont mes regards doivent être étonnés........
> Ils ne nous ont pas vus l'un & l'autre élever,
> Moi, pour vous obéir, & vous, pour me braver;
> Et ne s'attendoient pas, lorsqu'ils nous virent naître,
> Qu'un jour Domitius me dût parler en maître.

Sur la monstrueuse histoire de ce *Domitius-Néron*, *voyez* les articles ANICET, AGRIPPINE, BRITANNICUS, BURRHUS, CORBULON, POPPÉE, SORANUS, SÉNÈQUE, THRASÉAS, &c. Indiquer ces articles, c'est donner la liste de ses principaux crimes. Renvoyer à *Vindex* & à *Galba*, c'est en indiquer le châtiment. On fait comment *la longue patience du genre humain se lassa enfin*, & avec quelle lâcheté mourut ce tyran qui s'étoit baigné dans le sang; comment enfin se vérifia de point en point, la prédiction que lui fait Agrippine dans *Britannicus*:

> Mais j'espère qu'enfin le ciel, las de tes crimes,
> Ajoutera ta perte à tant d'autres victimes;
> Qu'après t'être couvert de leur sang & du mien,
> Tu te verras forcé de répandre le tien.

La mort de *Néron* tombe à l'an 68 de l'ère chrétienne.

NERVA. (*Hist. rom.*) (*Voyez* COCCEIUS) 1°. Coccéius *Nerva*, aïeul de l'empereur *Nerva*, étoit un personnage consulaire, un jurisconsulte célèbre & un homme de bien, quoiqu'ami de Tibère. Il accompagna cet empereur dans sa retraite de Caprées, retraite trop voluptueuse &

trop criminelle, pour convenir à un homme de mœurs austères. Sa mort ne tarda pas à le justifier; elle prouva qu'il n'avoit suivi Tibère à Caprées, que pour remplir le devoir d'un ami & celui d'un citoyen, & que son motif avoit été celui qu'énonce Brutus, dans *la mort de César*:

> Ah! ne le quittons point dans ses cruels desseins;
> Et sauvons, s'il se peut, César & les Romains.

Quand il eut perdu l'espérance, il résolut de quitter la vie, Tibère en fut averti & alarmé; il courut chez *Nerva*, il le conjura de vivre, il réclama les droits de l'amitié: vous me perdez de réputation, lui dit-il; que pensera-t-on de moi, quand on verra mon ancien & meilleur ami se donner la mort sans aucun motif apparent de haïr la vie, & n'ayant à se plaindre ni de la nature, ni de la fortune? Ces instances de Tibère sembloient donner à *Nerva* de grands droits pour exiger à son tour que Tibère, par une conduite plus conforme à la justice & à l'humanité, lui rendît la vie désirable; mais ses réflexions étoient faites, & son parti pris de ne plus voir les malheurs de sa patrie; il s'enveloppa dans un profond silence, & se laissa mourir de faim. Tibère avoit perdu sa confiance.

2°. Coccéius *Nerva*, petit-fils du précédent, est l'empereur *Nerva*. Il avoit été deux fois consul, l'an 71 de Jésus-Christ, avec Véspasien, & l'an 90, avec Domitien. Il eut le bonheur de succéder à un tyran, & le mérite d'appeler Trajan pour lui succéder; son gouvernement, doux & modéré, prépara le règne heureux & bienfaisant de son successeur. Il eut bien des désordres à réparer, & il ne les répara pas tous, mais il commença l'ouvrage; il rappela les bannis, il punit les délateurs, il jura publiquement de ne faire mourir aucun sénateur, & il tint parole, même à l'égard de Calpurnius Crassus, qui avoit conspiré contre lui. On a dit de lui, comme de Titus, qu'ayant fait asseoir les conjurés à côté de lui à un spectacle, il leur avoit remis les épées des gladiateurs, qu'on lui présentoit selon l'usage, en leur disant d'exécuter leur complot, s'ils le vouloient, ou s'ils osoient: ceux qui ont quelque usage de l'histoire, savent combien les historiens sont sujets à reproduire les mêmes faits sous des noms différens, pour peu qu'il y ait quelque analogie entre les caractères. *Nerva* est assez voisin du temps de Titus, pour qu'il ait pu y avoir à cet égard confusion de personnes dans la mémoire des historiens. La violence des soldats du prétoire ne permit pas à *Nerva* de se livrer à toute sa bonté; ils regrettoient Domitien, car la tyrannie est toujours favorable à la licence; ils enfermèrent *Nerva* dans son palais, & lui demandèrent, à grands cris, la mort des meurtriers de Domitien: s'ils ne l'obtinrent pas, ils n'en égorgèrent pas moins leurs victimes, & ils forcèrent *Nerva* d'approuver publiquement leurs attentats.

Le grand défaut de *Nerva*, étoit la foiblesse de son âge, (car il passoit de beaucoup soixante ans) & peut-être aussi celle de son caractère. Il étoit au moins d'une extrême facilité. Il avoit un jour à sa table Junius Mauricus, qu'il avoit rappellé de l'exil où Domitien l'avoit envoyé sur d'injustes délations; mais il avoit aussi à cette même table Fabricius Véiento, personnage consulaire, mais personnage indigne de cet honneur, & qui avoit été un des plus coupables délateurs du règne de Domitien; on parla d'un autre délateur plus célèbre, Catullus Messalinus, qui ne vivoit plus; & *Nerva* s'applaudissant de ce que

Les déserts autrefois peuplés de sénateurs
N'étoient plus habités que par leurs délateurs,

dit avec satisfaction : *Que seroit maintenant ce Catulle, s'il vivoit encore?* Hélas! dit Mauricus, *il seroit peut-être fort tranquillement assis à table parmi nous.* Voyez à l'article d'ATTICUS, père d'Hérode. Atticus, comment *Nerva* en usa envers lui au sujet d'un trésor trouvé par cet Atticus.

Le règne de *Nerva*, encore plus court que celui de Titus, ne fut que de seize mois & quelques jours. Tacite appelle ce règne. *primus beatissimi sæculi ortus*, l'aurore du siècle le plus heureux : *Nerva Cæsar*, dit-il, *res olim dissociabiles miscuit, principatum ac libertatem.*

Il a su raffermir, par un accord heureux,
Des peuples & des rois les légitimes nœuds,
Et faire encor fleurir la liberté publique
Sous l'ombrage sacré du pouvoir monarchique.

Nerva, en adoptant Trajan, en le nommant César, en l'associant à l'empire, fit tout le contraire de ce qui avoit été imputé à Auguste, qui n'avoit, disoit-on, nommé Tibère pour son successeur, qu'afin que le parallèle lui fût favorable, & le fit regretter davantage. *Nerva*, dans le choix qu'il fit, ne songea qu'à se rendre inutile, & qu'à se faire oublier, si l'on pouvoit oublier un prince capable de consulter avec un soin si généreux les intérêts de la république, & un vieillard qui, dans l'impuissance de faire tout le bien dont il a l'idée & le desir, étaye sa foiblesse de toutes les ressources que la force de l'âge & du courage donne au plus vertueux des Romains. Cette adoption fut la dernière action de *Nerva*. Il eût été difficile de mieux finir. Il mourut au mois de janvier de l'an 98 de Jésus-Christ.

On a remarqué qu'il avoit été le premier empereur romain, qui ne fût pas d'origine romaine ou italienne. Il étoit né, à la vérité, à Narni dans l'Ombrie, mais sa famille étoit originaire de l'île de Crète. On voit plusieurs *Nerva*, ses ancêtres, dans la liste des consuls.

NESLE. (*Voyez* MAILLY.)

NESLE. (N.... de) (*Hist. litt. mod.*) auteur du poëme du *sansonnet*, (imitation du VERVERT) & des ouvrages en prose, intitulés : *l'Aristippe moderne; les préjugés du public; les préjugés des anciens & des nouveaux philosophes sur l'ame humaine; les préjugés du public sur l'honneur.*

NESMOND, (*Hist. de Fr.*) famille noble, originaire de l'Angoumois.

De cette famille étoit le président de *Nesmond*, chef du conseil du prince de Condé, & beau-frère du premier président Guillaume de Lamoignon. A la mort de Chrétien de Lamoignon, président à mortier, père du premier président, & beau-père du président de *Nesmond*, arrivée en 1636, le vœu de la famille avoit été de conserver à son fils la charge de président à mortier; & comme ce fils, n'ayant encore que dix-huit ans, n'étoit point en âge de l'exercer, on en demanda l'agrément pour M. de *Nesmond*, son beau-frère, qui, dans l'intention de la famille, devoit la remettre à Guillaume de Lamoignon, à une époque dont on convint, ou dont on crut convenir. Le temps arrivé, M. de *Nesmond* se crut en droit de garder la charge : ne nous pressons pas de le condamner; écoutons sur ce point Guillaume de Lamoignon lui-même, c'est-à-dire la partie intéressée.

« Je suis obligé, dit-il, de rendre témoignage, » non-seulement à l'amitié & à la liaison très-» étroite que j'ai avec M. le président de *Nes-» mond*, mais encore à la pure vérité, qui est que » je suis persuadé qu'il a été toujours dans la » bonne foi toute entière, & que notre différend » ne venoit que de l'interprétation différente de » nos écrits; car je crois, dans la connoissance » très-exacte que j'ai de lui & de toute la conduite » de sa vie, qu'il ne voudroit pas retenir un » royaume même, s'il se croyoit obligé par hon-» neur ou par conscience à le rendre. »

Quant à madame de *Nesmond*, (Anne de Lamoignon) voici le témoignage que lui rend le même Guillaume de Lamoignon.

« J'ai eu toute ma vie la plus haute estime pour » ma sœur de *Nesmond*, dans laquelle j'ai tou-» jours reconnu toutes les bonnes qualités qu'on » puisse souhaiter dans une femme accomplie, » sans que j'en aie remarqué une seule où l'on » puisse dire qu'il y ait des défauts; néanmoins, sa » conduite en cette affaire m'a paru encore plus » admirable que dans tout le reste de sa vie, ayant » toujours conservé toutes les mesures d'une excel-» lente femme & d'une très-bonne sœur, sans » nulle confusion de ces différens devoirs & de » ces diverses affections. »

C'est ainsi que cette respectable famille, au milieu des divisions que faisoit naître dans son sein un objet si important, savoit non-seulement conserver la décence, mais entretenir l'union & la

paix

paix. La discussion de ces grands intérêts n'étoit pour elle qu'une diversité d'opinions, qui partage sans désunir.

Cette affaire finit de la manière la plus heureuse. M. de Lamoignon, de simple maître de requêtes, fut fait premier président; le président de *Nesmond* garda sa charge, & en obtint la survivance pour son fils aîné, avec la promesse d'un évêché pour un autre de ses fils, qui étoit dans l'état ecclésiastique.

L'aîné, qui fut président à mortier après son père, étoit un véritable magistrat, rempli de l'esprit de son état, & presque uniquement occupé de ses devoirs. C'est de lui qu'une femme, qui l'auroit mieux aimé plus frivole, disoit en parodiant un vers d'opéra:

N'aimons jamais ou n'aimons guères.

L'ecclésiastique fut évêque de Montauban, puis archevêque d'Albi, & enfin archevêque de Toulouse; en cette dernière qualité, il fut souvent chargé de haranguer Louis XIV au nom de la province de Languedoc. Un jour en le haranguant, il manqua de mémoire; Louis XIV, toujours indulgent & obligeant, sur-tout quand la décence y étoit intéressée, lui dit avec bonté: *Je suis bien aise que vous me donniez le temps de goûter les belles choses que vous me dites.*

Cet archevêque se fit un nom dans le clergé par son éloquence, & ne se distingua pas moins par sa charité envers les pauvres, & par sa tolérance envers les protestans de son diocèse. Il fut reçu à l'académie françoise le 30 juin 1710, à la place de M. Fléchier, évêque de Nismes. Il cultivoit la poésie; il adressa ces vers à une jeune femme qui se livroit à une coquetterie dont sa jeunesse, dit M. d'Alembert, lui cachoit le danger:

> Iris, vous comprendrez un jour
> Le tort que vous vous faites;
> Le mépris suit de près l'amour
> Qu'inspirent les coquettes;
> Songez à vous faire estimer
> Plus qu'à vous rendre aimable;
> Le faux honneur de tout charmer
> Détruit le véritable.

Ce sermon, ajoute M. d'Alembert, en valoit bien un autre.

Mais il y a une chose singulière à remarquer au sujet de ce couplet, c'est que M. d'Alembert, qui l'attribue à M. de *Nesmond* dans le quatrième tome de l'histoire des membres de l'académie françoise, page 393, oublie que dans le troisième tome, page 350, il l'a attribué à M. de Fénélon, avec un très-léger changement d'expressions & de mesure. Voici celui de M. de Fénélon, qui, étant antérieur, est celui qui a été copié.

> Iris, vous connoîtrez un jour
> Quel est le danger où vous êtes;
> Le mépris suit de près l'amour
> Que savent donner les coquettes.
> Cherchez à vous faire estimer,
> Bien plus qu'à vous montrer aimable;
> Le faux honneur de tout charmer
> Détruit souvent le véritable.

Il y a de M. de Fénélon un second couplet. Le voici:

> Mille trompeurs, par leurs discours
> Remplis d'une perfide adresse,
> Chez vous s'efforcent tous les jours
> De prouver leur feinte tendresse.
> Fuyez leur charme séducteur,
> Tôt ou tard il devient funeste;
> L'oreille est le chemin du cœur,
> Et toujours le cœur l'est du reste.

M. de *Nesmond* mourut en 1627.

Il eut un autre frère, célèbre dans la marine françoise, & qui remporta, sur-tout en 1695, 1696 & 1697, plusieurs avantages signalés sur les flottes ennemies. Son nom figure avec éclat parmi ceux des Châteaux-Renaud, des Tourville, des d'Estrées, des Pointis, des Dugué-Trouin, &c.

NESTORIUS, (*Hist. ecclés.*) né à Germanicie dans la Syrie, d'abord moine près d'Antioche, évêque de Constantinople en 428, sous l'empire de Théodose le jeune, se signala par un zèle un peu outré contre l'hérésie, & de disputer contre les hérétiques, & de les suivre dans les subtilités de la dialectique, il devint hérétique lui-même. Selon lui, Marie étoit mère du Christ, c'est-à-dire de l'homme, mais elle n'étoit pas mère de Dieu. Le verbe s'étoit incarné, non pas en naissant d'une femme, mais en s'unissant à la chaire du Christ, qu'il avoit prise comme un temple pour y habiter; mais c'étoit l'homme, & non le Dieu qui étoit mort, & c'étoit le corps de l'homme que Dieu avoit ressuscité; enfin *Nestorius* séparoit trop les deux natures qu'Eutychès confondit dans la suite. C'étoit pour éviter les difficultés qui naissent de la mort d'un Dieu; mais cette union du verbe avec le Christ, de la divinité avec l'humanité, laissoit subsister un assez grand mystère, & ce n'étoit pas la peine d'innover. *Nestorius* trouva dans saint Cyrille, évêque d'Alexandrie, un redoutable adversaire, & il fut condamné, en 431, au concile d'Ephèse, troisième concile œcuménique. Il fut déposé, ce qui n'étoit peut-être pas nécessaire, & ce qui n'étoit certainement point, il fut relégué, en 432, dans la Thébaïde, où il mourut dans l'opprobre & dans la misère, pour s'être trompé sur la distinction des deux natures. Le père Doucin, jésuite, a écrit l'histoire du *Nestorianisme*, erreur qui, par elle-

E

même & par les erreurs contraires, ou seulement différentes qui en sont nées, occupa long-temps l'Eglise.

NET

NETOTILITZE, (*Hift. mod.*) espèce de danse que l'on exécutoit en présence du roi du Mexique, dans les cours de son palais. Cette danse s'exécutoit au son de deux espèces de tambours tout différens, ce qui produifoit une musique peu agréable pour les Espagnols qui en furent témoins. Les principaux seigneurs, parés de leurs plus beaux ornemens & de plumes de différentes couleurs, étoient les acteurs de cette comédie. Dans les grandes occasions, les danseurs étoient quelquefois au nombre de dix mille : la danse n'en étoit pas plus confuse pour cela; elle étoit accompagnée de chants que le peuple répétoit en chœur, & de mascarades. (*A. R.*)

NEU

NEUBRIDGE. (*Voyez* LITLE.)

NEUBURI, (*Hift. d'Anglet.*) bourg d'Angleterre, célèbre par deux batailles qui s'y donnèrent le 10 septembre 1643, & le 27 septembre 1644, entre les troupes de Charles I & les troupes parlementaires. Dans la première, l'avantage ou le désavantage fut à peu près égal de part & d'autre. Dans la seconde, les parlementaires furent vainqueurs.

NEUCHATEAU ou NEUF-CHATEAU, (BARTHELEMI DE) en italien, de NOOCASTRO ou de NEUCASTRO, (*Hift. litt. mod.*) savant jurisconsulte de Messine au treizième siècle, est auteur d'une histoire de Sicile, depuis la mort de l'empereur Frédéric II, en 1250, jusqu'à l'an 1293 inclusivement. Cet ouvrage, composé d'abord en vers, & mis ensuite en prose par l'auteur même, a été inféré de cette dernière manière, par Muratori, dans son recueil des écrivains de l'histoire d'Italie.

NEVERS. (*Hift. de Fr.*) César parle de cette ville dans ses commentaires, il l'appelle *Noviodunum in Æduis;* il en avoit fait une place d'armes, & il y avoit un magasin. D'autres auteurs latins lui ont donné des noms qui se rapprochent plus de celui de *Nevers,* tels que *Nivernæ, Nivernium, Nivernum, Nevernum; Nevers* a le titre de comté dès les premiers temps de notre histoire. Une Adélaïde, fille de Hugues Capet, épousa Renaud I, comte de *Nevers,* & une autre Adélaïde, fille du roi Robert, épousa un autre Renaud, aussi comte de *Nevers.* De cette première maison des comtes de *Nevers* étoient :

Guillaume IV, comte de *Nevers,* mort en 1168, dans la Palestine;

Renaud, comte de Tonnerre, son frère, mort en 1191, au siège d'Acre.

Après la mort de Guillaume V, leur neveu, arrivée en 1180, Agnès leur nièce, sœur de

Guillaume V, héritière des biens de sa maison, épousa Pierre II du nom, seigneur de Courtenay. Le comté de *Nevers* passa ensuite, de filles en filles, dans diverses maisons; dans celles de Donzi, de Châtillon, de Bourbon l'Archambaud; dans la première maison de Bourgogne, enfin dans la maison de Flandre, où il resta plus d'un siècle, & d'où il passa dans la seconde maison de Bourgogne, par le mariage de Marguerite, héritière de Flandre, avec Philippe, dit le Hardi, tige de cette seconde maison de Bourgogne.

Le cruel Jean de Bourgogne, son fils, l'assassin du duc d'Orléans, portoit du vivant de son père, le titre de comte de *Nevers;* mais le comté de *Nevers* fut le partage d'un de ses frères puînés, nommé Philippe comme leur père.

Ce fut en faveur de Jean de Bourgogne, son second fils, que le comté de *Nevers* fut, pour la première fois, érigé en duché par le roi Charles VII, en 1457; ce qui fut vérifié en 1459, & ce qui fut encore confirmé par le roi Louis XI, en 1464.

Ce fut Elisabeth, fille de Jean de Bourgogne, qui porta *Nevers* dans la maison de Clèves; mais la duché-pairie étoit éteinte avec la branche de Bourgogne, dont Elisabeth étoit héritière, & *Nevers* passoit dans la maison de Clèves, avec son premier titre de comté.

On étoit encore alors au troisième âge de la pairie, c'est-à-dire, à celui de la pairie de création, encore bornée aux princes du sang; on étendit la pairie aux princes étrangers; Engilbert, duc de Clèves, fils de Jean I, duc de Clèves & d'Elisabeth de Bourgogne, lequel épousa par contrat du 23 février 1489, Charlotte de Bourbon, fille de Jean de Bourbon comte de Vendôme, & d'Isabelle de Beauvau, & qui tenoit ainsi de tous côtés, par sa mère & par sa femme, à la maison de France, fut le premier prince étranger élevé au rang de pair de France; cette érection fut faite en 1505, sous le règne de Louis XII.

Mais, en devenant pairie, *Nevers* resta toujours comté, & ce ne fut qu'en 1538 que François l'érigea en duché-pairie en faveur de François de Clèves, premier du nom, & en considération de son mariage avec Marguerite de Bourbon, fille de Charles de Bourbon, duc de Vendôme & de Françoise d'Alençon; ce qui nous donne ici occasion d'observer que, quand on passa du troisième âge de la pairie au quatrième, c'est-à-dire, des érections de pairies en faveur des princes du sang aux érections de pairies en faveur des princes étrangers, ce furent les alliances avec la maison de France qui formèrent, pour ainsi dire, le passage insensible du troisième âge au quatrième, & des princes du sang de France aux princes étrangers. Nous avons déjà vu qu'Engilbert, premier comte-pair de *Nevers,* & François, premier duc & pair du même *Nevers,* de la maison de Clèves, avoient l'un & l'autre pour femmes des princesses du sang de France. Claude de Guise, qui fut le second prince étranger élevé aux honneurs de la pairie, (en 1527) avoit auffi époufé une princeffe du fang de France, Antoinette de Bourbon, fille de François, comte de Vendôme.

De la maifon de Clèves, le duché de *Nevers* paffa dans la maifon de Gonzague, (*voyez* les articles CLEVES & GONZAGUE) par le mariage d'Henriette de Clèves, ducheffe de *Nevers*, avec Louis de Gonzague. Ce fut des princes de la maifon de Gonzague, que le cardinal Mazarin acquit le duché de *Nevers*. Il obtint au mois d'octobre 1660, de nouvelles lettres d'érection en duché-pairie, & il laiffa ce duché à fon neveu Philippe Mancini Mazarini, frère de toutes ces belles & brillantes Mancini, (*voyez* l'article MANCINI,) & tige des ducs de *Nevers* & de Nivernois, dont le dernier, qui vit aujourd'hui pour le bien de l'état, & pour l'avantage des lettres, feroit defirer que fa race pût être immortelle, comme fa gloire le fera.

NEUF-CHATEL, (*Hift. mod.*) ville & comté fouverain de Suiffe, fur le lac du même nom, avoit fes comtes particuliers dès le commencement du neuvième fiècle ; il paffa fucceffivement dans différentes maifons, foit par des alliances, foit par des difpofitions teftamentaires, jufqu'à ce que Jeanne, de la maifon des marquis de Hochberg, le porta en dot à Louis d'Orléans, duc de Longueville, qu'elle époufa en 1504. François, leur fils, étant mort fans enfans en 1551, il y eut conteftation entre Léonor d'Orléans - Longueville, marquis de Rothelin, fon coufin & fon héritier, & Jacques de Savoie, duc de Nemours, qui defcendoit d'une fœur de Louis d'Orléans, duc de Longueville ; le comté de *Neuf-Châtel* demeura au marquis de Rothelin & à fa poftérité. Le duc de Longueville, Henri d'Orléans, petit-fils de Léonor & beau-frère du grand Condé & du premier prince de Conti, eut deux fils : Jean-Louis-Charles, qui fe fit prêtre en 1669, & mourut fou le 4 février 1694, en qui finit la maifon de Longueville ; & Charles-Paris, tué en 1672, au paffage du Rhin, à qui fon aîné avoit cédé, en 1668, le comté de *Neuf-Châtel*, à condition d'y rentrer, fi Charles-Paris mouroit fans enfans, ce qui arriva en 1672 ; alors la ducheffe de Nemours leur fœur, femme de Henri de Savoie, duc de Nemours, prétendant qu'un prêtre ne pouvoit fuccéder au comté de *Neuf-Châtel*, le réclama pour elle : les états décidèrent en faveur de Jean-Louis-Charles : mais à la mort de celui-ci, les mêmes états du pays prononcèrent en faveur de la ducheffe de Nemours, contre les prétentions du prince de Conti, François-Louis, inftitué héritier par l'abbé de Longueville. (Jean-Louis-Charles) La ducheffe de Nemours jouit paifiblement du comté de *Neuf-Châtel* jufqu'à fa mort arrivée le 16 juin 1707. Alors il fe préfenta une foule de concurrens françois ou étrangers. Les états adjugèrent leur fouveraineté à l'électeur de Brandebourg, par leur fentence du 3 novembre 1707 ; mais il n'en fut poffeffeur paifible, qu'après, qu'à la paix d'U-

trecht, conclue le 11 avril 1713, il eût été reconnu, par la France, roi de Pruffe & feigneur fouverain de la principauté de *Neuf-Châtel* & de Wallengen.

Il y avoit autrefois une maifon confidérable de *Neuf-Châtel* dans le comté de Bourgogne ; mais elle eft éteinte depuis le feizième fiècle.

NEUF-GERMAIN, (LOUIS DE) (*Hift. litt. mod.*) poète françois du temps de Louis XIII, dont les poéfies, imprimées en deux volumes in-4°, font ignorées de tout le monde : fon nom ne l'eftpas, parce que Voiture, qui ne le fera vraifemblablement pas, puifqu'il ne l'eft pas encore, s'eft moqué de lui, & parce que ce nom de *Neuf-Germain*, fe trouve accollé avec celui de la Serre dans les fatyres de Boileau ; mais ce nom eft tout ce qui eft refté de lui dans la mémoire des hommes ; il y eft refté comme obfcurément ridicule, & on ne fait pas même, que par une baffeffe de courtifan qui confent à fe charger d'un ridicule, pourvu qu'il en réfulte un amufement pour les grands, il fe qualifioit *poète hétéroclite de Monfieur, frere unique de fa Majefté.*

NEUFVILLE, (*Voyez* VILLEROI.)

NEUHOFF, (THÉODORE DE) (*Voyez* THÉODORE.)

NEVISAN, (JEAN) (*Hift. litt. mod.*) jurifconfulte italien, profeffeur de droit à Turin, auteur d'un livre intitulé : *Sylvæ nuptialis libri fex, in quibus materia matrimonii, dotium, filiationis, adulteri difcutitur.* Dans ce livre, à travers des difcuffions de jurifconfultes, fe trouvent raffemblées toutes les vieilles plaifanteries que les hommes ont faites de tous temps fur les femmes, & que les femmes ont toujours pu leur rendre avec ufure. On dit, que les femmes de Turin le chaffèrent à coups de pierre, & que, pour y rentrer, il fut obligé de leur faire amende honorable à genoux. Mort en 1540.

NEUMANN, (GASPARD) (*Hift. litt. mod.*) théologien allemand, pafteur, infpecteur des églifes & des écoles à Breflau, auteur d'une grammaire hébraïque fous ce titre : *clavis domûs heber*, & de deux autres ouvrages toujours relatifs à l'hébreu : *De punctis Hebræorum litterariis & genefis linguæ fanctæ.* Mort en 1715.

Un autre *Neumann*, théologien & homme de lettres, bibliothécaire de l'univerfité de Wittemberg, eft auteur de quelques ouvrages de controverfe. Mort en 1709.

NEURÉ, (MATHURIN DE) (*Hift. litt. mod.*) mathématicien du dix-feptième fiècle, ami de Gaffendi, qu'il défendit contre Morin. (*Voyez* l'article MORIN (JEAN-BAPTISTE), *Neuré* fut chargé de l'éducation des princes de la maifon de Longueville. On a de lui des vers latins.

NEUVILLE, (LEQUIEN DE LA) (*Voyez* QUIEN.)

NEUVILLE, (CHARLES & PIERRE-CLAUDE

FREY DE) (*Hift. litt. mod.*) deux frères, tous deux jésuites, tous deux prédicateurs.

Les sermons du père Charles Frey de *Neuville* jouissoient d'une grande célébrité long-temps avant l'impression; ils n'ont rien perdu à paroître au grand jour; le public les a fort accueillis, & ils s'en est fait plusieurs éditions en peu de temps. Cet orateur a une manière à lui, & ne ressemble à personne. Ses deux oraisons funèbres, l'une du cardinal de Fleury, l'autre du maréchal de Belle-Isle, n'ont pas moins réussi que ses sermons, sur-tout la première, dans laquelle, parmi des tableaux de la plus grande force, le tableau ingénieux & antithétique du jansénisme, n'a pas trop déplu aux jansénistes mêmes.

« Jours de présomption & d'indocilité, où, par » un raffinement de souplesse & de dissimulation » profonde, l'erreur vaste & hardie dans ses pro- » jets, timide & mesurée dans ses démarches, » condamne l'Eglise, & ne la quitte pas; reconnoît » l'autorité, & ne plie pas; dédaigne le joug de » la subordination, & ne le secoue pas; respecte » les pasteurs, & ne les suit pas; dénoue imper- » ceptiblement les liens de l'unité, & ne les rompt » pas; sans paix & sans guerre, sans révolte & » sans obéissance. »

On y remarque sur-tout un portrait de la cour, dont tous les traits sont sentis, qui est d'un courtisan profond, autant que d'un orateur éloquent, & qui finit par ce trait supérieur encore à tous les autres : « où les heureux n'ont point d'amis, puis- » qu'il n'en reste point aux malheureux. »

Le père de *Neuville* avoit un frère aîné, jésuite comme lui, moins célèbre que lui par le talent de la chaire, quoiqu'il l'eût exercé aussi avec suc- cès; ses confrères le jugèrent plus propre à d'autres emplois, & après l'avoir mis successivement à la tête des principales maisons de leur ordre, ils le firent deux fois provincial de la province de France. Après la dissolution de la société, il s'étoit retiré à Rennes, où il est mort au mois d'août 1773, dans sa quatre-vingt-unième année, au même âge que son frère qui avoit un an de moins que lui, & qui est mort le 13 juillet 1774, environ un an après lui.

Soit humilité chrétienne, soit modestie d'auteur qui ne croit point avoir rempli l'idée qu'il s'est faite de son art, le père de *Neuville*, l'aîné, avoit condamné ses sermons à l'oubli, & avoit résisté à un prélat qui vouloit se charger de les faire im- primer : M. Frey de *Neuville*, son neveu, avocat du roi au présidial de Rennes, a pensé différem- ment. En effet, les sermons de Pierre-Claude, qui sont au nombre de seize, huit dans chacun des volumes, dont l'édition est composée, ne paroissent pas indignes de ce nom de *Neuville* que l'éloquence de Charles a illustré.

NEWCASTLE (*Voyez* CAVENDISH.)

NEWTON. (ISAAC) (*Hift. litt. mod.*) On peut appliquer à *Newton*, dit M. de Fontenelle, ce que Lucain a dit du Nil : *qu'il n'a pas été permis aux hommes de voir le Nil foible & naissant.*

Nec licuit populis parvum, te nile, videre.....
. . . . Et gentes maluit ortus
Mirari quàm nosse tuos.

Newton n'étudia point Euclide, il lui parut trop clair; il le savoit presqu'avant que de l'avoir lu; il passa tout d'un coup à la géométrie de Descartes, aux optiques de Képler. Il y a des preuves que *Newton* avoit fait à vingt-quatre ans ses grandes découvertes en géométrie, & posé les fondemens de ses deux célèbres ouvrages, les *principes*, &c. qui ne parurent qu'en 1687, l'auteur ayant alors quarante-cinq ans; & l'*optique*, qui ne parut qu'en 1704, l'auteur ayant soixante-deux ans. On sait le grand procès qu'il y eut entre MM. Leibnitz & *Newton*, ou plutôt entre leurs nations, pour la découverte du calcul des infi- niment petits : la société royale de Londres, prise pour juge par Leibnitz lui-même, a jugé en fa- veur de *Newton*; celui-ci, dit M. de Fontenelle, est certainement inventeur, sa gloire est en sûreté; il ne s'agit que de savoir si M. Leibnitz a pris de lui cette idée qu'il a publiée le premier. On peut croire qu'ils l'ont inventée chacun de leur côté, & M. de Fontenelle paroît approuver qu'on appelle *Newton* le premier inventeur, & Leibnitz le second.

Un autre ouvrage de M. *Newton*, qui a fait révo- lution, est son système de chronologie.

M. *Newton* étoit né le jour de Noël (vieux style) 1642, à Volstrope dans la province de Lin- coln; cette terre de Volstrop étoit dans sa famille depuis près de deux cents ans. Les *Newton* étoient originaires de *Newton* dans la province de Lan- castre. Isaac *Newton* sortoit de la branche aînée de Jean *Newton*, chevalier baronnet. Malgré toute sa gloire, il vécut heureux & tranquille, honoré dans son pays, qui s'honoroit d'avoir produit un tel homme, & qui ne souffroit aucun parallèle entre lui & Descartes. Pour qu'il ne manquât rien à la douceur de sa vie, il fut riche : en 1696, le comte d'Halifax le fit créer garde des monnoies; trois ans après, il fut maître de la monnoie, emploi d'un revenu très considérable, & qu'il a possédé jusqu'à sa mort. Il fut plusieurs fois dé- puté au parlement, il le fut au parlement de 1688, & au parlement de 1701.

En 1703, il fut élu président de la société royale, & il l'a été pendant vingt-trois ans sans interrup- tion & jusqu'à sa mort. Exemple unique, dit M. de Fontenelle, & dont on n'a pas cru devoir craindre les conséquences.

La reine Anne le fit chevalier en 1705. Pour comble de bonheur, il jouit d'une santé parfaite jusqu'à l'âge de quatre-vingts ans. Il souffrit dans les derniers temps de sa vie, & souffrit beaucoup, car il avoit la pierre ; mais, accoutumé à la fageffe & à la modération, il ne donna pas un figne d'impatience, & les plus violentes douleurs ne lui arrachèrent jamais un cri. Il mourut le 20 mars (vieux ftyle) 1727, à quatre-vingt-cinq ans. On lui rendit les plus grands honneurs. Son corps fut expofé fur un lit de parade dans la chambre de Jérufalem ; c'eft un appartement de l'abbaye de Weftminfter, où étoit mort le roi Henri IV, premier roi de la maifon de Lancaftre, ce qui avoit fait fuppofer, après coup, une prophétie, fuivant laquelle il devoit, difoit-on, mourir dans Jérufalem, & qui s'accomplit par cette équivoque. C'eft, depuis ce temps, l'endroit où l'on porte au lieu de leur fépulture les perfonnes du plus haut rang, & quelquefois les têtes couronnées. Newton fut porté dans l'abbaye de Weftminfter, le poëte fut foutenu par fix pairs d'Angleterre dont le grand-chancelier étoit un. « Il faudroit prefque, dit M. de Fontenelle, » remonter chez les anciens Grecs, fi » l'on vouloit trouver des exemples d'une auffi » grande vénération pour le favoir. »

» Defcartes & Newton, ces deux grands hommes, dit M. de Fontenelle, » qui fe trouvent dans une » fi grande oppofition, ont eu de grands rapports. » Tous deux ont été des génies du premier ordre, » nés pour dominer fur les autres efprits, & » pour fonder des empires. Tous deux, géomètres » excellens, ont vu la néceffité de tranfporter la » géométrie dans la phyfique. Tous deux ont » fondé leur phyfique fur une géométrie qu'ils ne » tenoient prefque que de leurs propres lumières. » Mais l'un, prenant un vol hardi, a voulu fe » placer à la fource de tout, fe rendre maître des » premiers principes, par quelques idées claires » & fondamentales, pour n'avoir plus qu'à def- » cendre aux phénomènes de la nature, comme » à des conféquences néceffaires. L'autre, plus » timide ou plus modefte, a commencé fa marche » par s'appuyer fur les phénomènes pour remonter » aux principes inconnus, réfolu de les admettre » quels que les pût donner l'enchaînement des con- » féquences. L'un part de ce qu'il entend net- » tement pour trouver la caufe de ce qu'il voit. » L'autre part de ce qu'il voit pour en trouver la » caufe, foit claire, foit obfcure. Les principes » évidens de l'un ne le conduifent pas toujours » aux phénomènes tels qu'ils font. Les phéno- » mènes ne conduifent pas toujours l'autre à des » principes affez évidens. Les bornes qui, dans ces » deux routes contraires, ont pu arrêter deux » hommes de cette efpèce, ne font pas les bornes » de leur efprit, mais celles de l'efprit humain. »

Il étoit impoffible à un cartéfien de tenir la balance plus égale entre fon héros & le héros des Anglois, qui eft devenu, avec le temps, celui de tout le monde.

« On a lu avec avidité, dit M. de Voltaire, & » l'on a traduit en anglois l'éloge de M. Newton, » que M. de Fontenelle a prononcé dans l'aca-

» démie des fciences. On attendoit en Angleterre » fon jugement, comme une déclaration folem- » nelle de la fupériorité de la philofophie angloife ; » mais quand on a vu . . . . qu'il comparoît » Defcartes à Newton, toute la fociété royale » de Londres s'eft foulevée : loin d'acquiefcer au » jugement, on a fort critiqué le difcours. Plu- » fieurs même (& ceux-là ne font pas les plus » philofophes) ont été choqués de cette compa- » raifon, feulement parce que Defcartes étoit » françois. »

Les Anglois n'ont pas eu le même reproche à faire à M. de Voltaire ; le parallèle qu'il fait de Defcartes & de Newton eft entièrement à l'avantage du dernier ; Newton eft véritablement fon héros ; il a expofé & célébré fa doctrine & en profe & en vers, & dans des vers où le mérite de la plus grande difficulté vaincue eft encore le moindre mérite. Il pouffe enfin l'enthoufiafme de la poéfie & celui de l'admiration jufqu'à s'écrier :

> Confidens du très-haut, fubftances éternelles,
> Qui brûlez de fes feux, qui couvrez de vos ailes
> Le trône où votre maître eft affis parmi vous,
> Parlez ; du grand Newton, n'étiez-vous point jaloux ?

NGO

NGOMBOS, (*Hift. mod. Superftition.*) prêtres impofteurs des peuples idolâtres du royaume de Congo en Afrique. On nous le dépeint comme des fripons avides qui ont une infinité de moyens pour tirer des préfens des peuples fuperftitieux & crédules. Toutes les calamités publiques & particulières tournent à leur profit, parce qu'ils perfuadent aux peuples que ce font des effets de la colère des dieux, que l'on ne peut appaifer que par des facrifices, & fur-tout par des dons faits à leurs miniftres. Comme ils prétendent être forciers & devins, on s'adreffe à eux pour connoître l'avenir & les chofes cachées. Mais une fource intariffable de richeffes pour les *ngombos*, c'eft qu'ils perfuadent aux nègres qu'aucun d'eux ne meurt d'une mort naturelle, & qu'elle eft due à quelqu'empoifonnement ou maléfice dont ils veulent bien découvrir les auteurs, moyennant une rétribution ; & toujours ils font tomber la vengeance fur ceux qui leur ont déplu, quelqu'innocens qu'ils puiffent être. Sur la déclaration du prêtre, on faifit le prétendu coupable, à qui l'on fait boire un breuvage préparé par le *ngombo*, & dans lequel il a eu foin de mêler un poifon très-vif, qui empêche les innocens de pouvoir fe juftifier, en fe tirant de l'épreuve. Les *ngombos* ont au-deffous d'eux des prêtres ordinaires, appellés *gangas*, qui ne font que des fripons fubalternes. (*A. R.*)

NIC

NICAISE. (*Hift. eccléf.*) Il y a de ce nom deux

saints évêques & martyrs. Le plus connu est l'évêque de Reims au cinquième siècle, martyrisé par les Vandales ; l'autre l'étoit de Rouen, vers le milieu du troisième siècle.

Un abbé *Nicaise* (CLAUDE), frère du procureur-général de la chambre des comptes de Dijon, quitta un canonicat de la Sainte-Chapelle de Dijon pour aller vivre à Rome, parmi les monumens des arts. Il est moins connu par l'explication d'un ancien monument trouvé en Guyenne, & par un discours sur les sirènes, où il prétend que c'étoient des oiseaux & non pas des poissons, que par les correspondances qu'il entretenoit avec presque tous les savans de l'Europe ; ce qui a donné à La Monnoie l'idée de lui faire une épitaphe burlesque, qui contient l'énumération des principaux savans auxquels sa mort va faire perdre des lettres ; elle finit par ce vers :

> Mais nul n'y perd tant que la poste.

Mort en 1701.

NICANDRE, (NICANDER) (*Hist. litt. anc.*) grammairien, poète & médecin grec, dont il reste deux poëmes ; *theriaca* & *alexipharmaca*, dans le *corpus poëtarum græcorum*. On les trouve souvent cités avec éloge dans les anciens. *Nicandre* vivoit environ un siècle & demi avant Jésus-Christ.

NICANOR, (*Hist. de Syrie & Hist. sacr.*) général des armées du roi de Syrie, vaincu par Judas Machabée. Son histoire se trouve au premier livre des Machabées, chapitres 3 & 7, & au second livre, chap. 14 & 15.

Pour DÉMÉTRIUS NICANOR ou NICATOR, roi de Syrie, (*voyez* RODOGUNE) & pour SÉLEUCUS NICANOR, (*voyez* SÉLEUCUS.)

NICÉPHORE, (*Hist. des emp. d'Orient*) empereur d'Orient, & premier du nom, administra les finances sous les règnes précédens avec tant d'intégrité, que sa fortune n'excita point l'envie. Il fit paroître la même modération dans l'exercice de la dignité de chancelier ; de sorte que, quand il parvint à l'empire, les esprits prévenus se flattèrent de voir renaître les temps heureux de la république. Les peuples fatigués de vivre sous la domination d'Irène, le révérèrent comme le vengeur public. Ce fut pour servir le ressentiment de la nation opprimée, qu'il relégua Irène dans l'île de Mételin, Dès qu'il fut armé du pouvoir, il en abusa pour assouvir son avarice & ses cruautés qu'il avoit tenues cachées dans son cœur. Les bornes de l'empire furent réglées par un traité qu'il conclut avec Charlemagne. Les exacteurs du peuple furent recherchés & punis ; mais au lieu de restituer les biens à ceux qui en avoient été dépouillés, il les confisqua à son profit. Son fils Staurace fut déclaré auguste pour perpétuer le trône dans sa famille. Les révoltes éclatèrent dans toutes les provinces, qui ne pouvoient plus supporter le fardeau des impôts. *Nicéphore*, cruel par penchant & par politique, fit périr par le fer ou le poison les murmurateurs & les rebelles. Le sang qu'il versa devint la semence de nouvelles rebellions. Les légions d'Asie proclamèrent empereur Bardane, surnommé le *Turc*, qui avoit le commandement des armées de l'Orient. Cette rebellion fut bientôt appaisée. Constantinople, refusant de reconnoître le nouvel empereur, donna un exemple qui fut suivi par toutes les provinces. Bardane consentit, sous promesse qu'on n'attenteroit point à sa vie, de renoncer à l'empire, & il fut confiné dans un monastère, où, quelque temps après, on lui creva les yeux. Tous ses complices périrent dans les tourmens. Tandis que *Nicéphore* se baignoit dans le sang de ses sujets, les Sarrasins envahissoient la Cappadoce ; il marcha contre eux & fut vaincu. Ils auroient poussé plus loin leur conquête, s'il n'eût consenti à leur payer un tribut annuel de trente-trois mille pièces d'or. Il fallut multiplier les impôts pour remplir cet engagement. On en mit sur toutes les denrées. Chaque chef de famille fut taxé. Un moine se chargea de délivrer la nation d'un tyran sans frein dans ses cruautés ; mais il fut découvert & puni. Les Bulgares portèrent la désolation dans la Thrace. *Nicéphore* marcha contre eux ; il fut attaqué pendant la nuit par les barbares ; il périt avec toute son armée. Crum, roi des Bulgares, féroce dans la victoire, exerça sur son cadavre les plus affreuses indignités. Il fit couper son crâne qu'il enchâssa pour lui servir de coupe. Staurace, fils de *Nicéphore*, qu'il avoit associé à l'empire, fut blessé dans la mêlée ; il eut le bonheur de se sauver. Ses partisans le reconnurent empereur. Mais Michel Curopalate, qui avoit épousé sa sœur, le supplanta, & lui fit embrasser la vie monastique. *Nicéphore* fut tué l'an 811 de Jésus-Christ. (*T. N.*)

NICÉPHORE Phocas, second du nom, monta sur le trône d'Orient l'an 960 de Jésus-Christ. Il étoit d'une des plus anciennes familles de Constantinople. L'éclat de sa naissance & son courage éprouvé lui méritèrent l'affection des soldats. Théophane, veuve de Romain le jeune, lui donna l'empire & sa main ; il marcha contre les Sarrasins qui, maîtres de Candie, de la Cilicie & de Cypre, faisoient de fréquentes incursions dans la Sicile & la Calabre ; il fut heureux & triomphant dans tous les lieux où il combattit en personne. Les Sarrasins, défaits dans plusieurs combats, furent contraints d'abandonner la Cilicie & l'Asie mineure. Ce prince, grand à la tête d'une armée, ignoroit l'art de gouverner ; les provinces & la capitale, épuisées par la rigueur des impositions, murmurèrent de sa tyrannie ; il méprisa les plaintes des peuples qu'il crut devoir opprimer pour les rendre plus dociles. La famine désoloit les villes, tandis que l'abondance régnoit dans son camp. Il se forma une conspiration, & sa femme, qui ne pouvoit se familiarifer avec fa laideur & fes cruautés, fe mit à la tête des conjurés. Jean Zimifcès fe chargea de l'exécution ; il fut introduit, à la faveur des ténèbres, dans fa chambre, avec cinq autres conjurés qui lui plongèrent leur poignard dans le fein pendant qu'il dormoit. Il mourut en 969, dans la dixième année de fon règne.

NICÉPHORE III, furnommé le *Botoniate*, fe glorifioit d'être un rejeton de la famille des Fabiens, qui avoit donné des confuls & des dictateurs à la république romaine. Il comptoit parmi fes ancêtres l'empereur Phocas. Il fut proclamé empereur d'Orient le 10 octobre 1077, & couronné à Conftantinople le 5 avril 1078. *Nicéphore* Brienne refufa de le reconnoître ; mais il fut vaincu par Alexis Comnène, qui lui fit crever les yeux. Bafilas fe fit auffi proclamer empereur ; mais il fut défait dans un combat, & contraint de fe réfugier à Theffalonique, dont les habitans le livrèrent au vainqueur. Conftantin Ducas, qui avoit eu la modération de refufer l'empire que fon frère Michel vouloit lui céder, fe fit proclamer empereur par l'armée d'Orient dont il avoit le commandement. Ses troupes, qui venoient de le reconnoître, eurent la lâcheté de le livrer à *Nicéphore*, qui le relégua dans une île. Botoniate prépara fa ruine en proftituant fa confiance à deux efclavons qu'il fit fes premiers miniftres. Comme ils n'étoient point aimés des Comnène, qui craignoient de les voir parvenir à l'empire, ce fut pour les exclure qu'ils perfuadèrent à Botoniate de défigner fon parent, nommé *Sinadène*, pour fon fuccefteur. Sa femme fut la première à murmurer de ce choix qui excluoit du trône fon fils Conftantin Ducas qu'elle avoit eu de Michel. Les Comnène, également offenfés, aigrirent fon reffentiment. Dans le même temps, leur beau-frère Méliffène prit la pourpre en Afie. Alexis Comnène, qui étoit regardé comme le plus grand capitaine de l'empire, fut chargé de fe mettre à la tête de l'armée pour le faire rentrer dans le devoir ; mais il refufa un emploi où le moindre revers pouvoit rendre fa fidélité fufpecte. Botoniate, irrité de ce refus, réfolut de faire crever les yeux aux deux frères ; il les manda fon palais ; mais, au lieu d'obéir, ils fortirent fecrètement de Conftantinople, & fe retirèrent dans la Thrace, où ils furent bientôt fuivis de leurs partifans, qui délibérèrent auquel des deux frères ils défèreroient l'empire. Alexis, qui en étoit le plus digne, le refufoit par égard pour Ifaac qui étoit fon aîné. Celui-ci applanit toutes les difficultés en chauffant lui-même les brodequins de pourpre à fon frère, qui fur le champ fut proclamé empereur. Un corps de François, qui gardoit une des portes de Conftantinople, l'ouvrit au nouvel empereur, dont les troupes commirent les mêmes excès que dans une ville prife d'affaut. Botoniate n'eut d'autre moyen pour fauver fa vie que d'abdiquer. Il fe réfugia dans l'églife de Sainte-Sophie, d'où Alexis le fit enlever pour le reléguer dans un couvent

où il prit l'habit monaftique : il mourut peu de temps après. (*T. N.*)

NICÉPHORE GREGORAS, (*Hift. litt. mod.*) hiftorien grec, né vers la fin du treizième fiècle, vivoit fous l'empire des Andronics, de Jean Paléologue & de Cantacuzène. On a de lui une hiftoire qui s'étend depuis l'an 1204, époque de la formation de l'empire des Latins, jufqu'en 1351. Elle fait partie de la Byzantine imprimée au Louvre.

NICERON. (*Hift. litt. mod.*) C'eft le nom de deux favans religieux, l'un minime, (Jean-François) ami du P. Merfenne & de Defcartes. Il a traduit de l'italien d'Antonio-Maria Cofpi, le livre intitulé : *Interprétation des chiffres, ou règles pour bien entendre & expliquer folidement toutes fortes de chiffres fimples.* Sa *perfpective curieufe, où magie artificielle des effets merveilleux de l'optique,* eft imprimée avec la catoptrique du père Merfenne. On a de lui auffi le *thaumaturgus opticus.* Mort en 1646, à 33 ans.

L'autre, barnabite (Jean-Pierre), de la même famille, & plus connu encore, l'eft fur-tout par fes *mémoires pour fervir à l'hiftoire des hommes illuftres dans la république des lettres.* Il a traduit auffi divers ouvrages : les *réponfes de Woodward au docteur Camérarius, fur la géographie phyfique, ou hiftoire naturelle de la terre ;* l'ouvrage anglois intitulé : *La converfion de l'Angleterre au chriftianifme, comparée avec fa prétendue réformation.* Il a traduit encore de l'anglois de Jean Hanckock, *le grand fébrifuge, où l'on fait voir que l'eau commune eft le meilleur remède pour les fièvres, & vraifemblablement pour la pefte.* On a depuis réimprimé ce livre fous ce titre plus fimple : *traité de l'eau commune.*

On trouve l'éloge du père *Nicéron,* par l'abbé Goujet, dans le quarantième tome des mémoires pour fervir à l'hiftoire des hommes illuftres, &c. Le père *Nicéron* étoit mort à Paris en 1738, le 8 juillet.

NICET, (FLAVIUS NICETIUS). (*Hift. litt.*) orateur & jurifconfulte des Gaules, ami de Sidoine Apollinaire. Sa harangue à la cérémonie du confulat d'Aftère, à Lyon en 449, fut célèbre.

NICETAS eft le nom :

1°. D'un faint abbé de Céfarée en Bithynie, perfécuté fous l'empire de Léon l'Arménien pour la foi & le culte des images ; mort en 824.

2°. D'un hiftorien grec, (*Nicetas* Achominate, furnommé *Choniate,* parce qu'il étoit de Chone en Phrygie) mort en 1206, à Nicée, où il s'étoit retiré après la prife de Conftantinople par les Latins, en 1204. Son hiftoire, qui s'étend depuis 1118 jufqu'en 1205, & qui fait partie de la Byzantine, imprimée au Louvre, a été traduite en françois par le préfident Coufin : *Nicétas* a écrit auffi fur des matières de religion.

NICHANGI-BACHI, f. m. (*Hift. mod.*) nom que les Turcs donnent à un officier dont la fonction fion est d'imprimer le nom du grand-seigneur sur les lettres qu'il fait expédier. Ce sceau s'applique, non au bas de l'écriture, mais au-dessus de la première ligne. (*A. R.*)

NICIAS, (*Hist. anc.*) général athénien, long-temps le plus heureux capitaine de son pays dans la guerre de Péloponése, & qui, soit par un caractère naturellement pacifique, soit par la crainte que quelque revers ne vînt flétrir ses lauriers, étoit parvenu à faire conclure entre les Athéniens & les Lacédémoniens une paix ou une trève de cinquante ans. *Nicias* avoit alors pour rival de gloire & de puissance, dans la république d'Athènes, le célèbre Alcibiade. (*Voyez* son article.)

Alcibiade étoit en tout l'opposé de *Nicias;* celui-ci étoit à la tête du parti des vieillards qui n'aspiroient qu'à la paix ; Alcibiade étoit le chef du parti des jeunes gens qui ne respiroient que la guerre, & ce qu'ils appelloient la gloire. Alcibiade, piqué d'ailleurs de ce que les Lacédémoniens, dans leurs négociations avec Athènes, ne paroissoient faire aucun cas de lui, & ne s'adressoient qu'à *Nicias,* fit rompre le traité conclu par *Nicias,* & engagea les Athéniens dans la guerre de Sicile. Ce peuple, ébloui par les discours d'Alcibiade, regardoit la Sicile, non comme le but & l'objet de cette guerre, mais comme le commencement & le premier degré des exploits qu'il méditoit ; il comptoit faire de la Sicile une place d'armes & un arsenal, d'où il partiroit pour conquérir d'un côté l'Italie & le Péloponése; de l'autre, Carthage & l'Afrique, & pour se rendre maître de la mer jusqu'aux colonnes d'Hercule. *Nicias* s'étant inutilement opposé à ces vastes projets de conquête, espéra de n'être pas chargé de l'exécution; il le fut, & conjointement avec Alcibiade, dont on voulut que sa sagesse tempérât l'ardeur. On leur associa Lamachus dans le commandement. Peu de temps après, Alcibiade ayant été rappellé, s'étant sauvé, ayant été condamné par contumace, (*voyez* son article) & s'étant retiré à Sparte, presque toute l'autorité se trouva entre les mains de *Nicias;* bientôt même, elle s'y réunit toute entière par la mort de Lamachus, tué dans un combat livré sous les murs de Syracuse, dont *Nicias* avoit formé le siége. La rivalité de *Nicias* & d'Alcibiade subsista plus que jamais après leur séparation; car ce fut Alcibiade qui, armant les Lacédémoniens contre les Athéniens, détermina les premiers à secourir les Syracusains, & à faire même d'un autre côté une diversion en leur faveur dans l'Attique. Cependant Syracuse, réduite aux dernières extrémités, s'occupoit à régler les articles de la capitulation qu'elle vouloit proposer à *Nicias,* lorsqu'on vit arriver Gylippe à la tête des Lacédémoniens ; il envoya dire aux Athéniens qu'il leur donnoit cinq jours pour sortir de la Sicile. Cette proposition, à laquelle *Nicias* ne daigna faire aucune réponse, fit rire ses soldats qui demandèrent au héraut, avec mépris, *si la présence d'une*

cappe lacédémonienne avoit la vertu d'apporter quelque changement à l'état désespéré de la ville? elle eut en effet cette vertu; les travaux de Gylippe renversèrent ceux des assiégeans; on combattit, & Gylippe fut vainqueur. *Nicias,* fort embarrassé à son tour, écrivit à Athènes pour demander du secours & un successeur; on lui envoya du secours; mais on voulut qu'il conservât le commandement, & qu'il le partageât seulement avec deux autres généraux, Eurymédon & Démosthène, choisis pour remplacer Alcibiade & Lamachus; &, en attendant l'arrivée de ces deux nouveaux collègues, il eut ordre de se concerter avec deux de ses principaux officiers, Ménandre & Euthydème. Ce fut alors qu'on eut tout lieu de reconnoître l'inconvénient de cette multiplicité de chefs; Ménandre & Euthydème, dont l'autorité devoit cesser à l'arrivée des deux nouveaux généraux, voulurent prévenir cette arrivée, ils forcèrent *Nicias* à livrer un combat désavantageux où les Athéniens furent vaincus; à l'instant même on voit arriver la flotte de Démosthène & d'Eurymédon dans un appareil triomphant. Démosthène, accusant *Nicias* de lenteur & de foiblesse, croit pouvoir emporter la ville d'emblée; les principaux officiers se rangent à son avis; *Nicias* seul résiste : il est entraîné, on combat de nouveau, & les Athéniens sont défaits, d'abord sur terre, ensuite sur mer. Obligés de lever le siége, ils ne songent plus qu'à faire voile pour l'Attique, & bornent leur ambition à aller défendre Athènes, que les ennemis tenoient alors bloquée. La flotte lacédémonienne & syracusaine, maîtresse de la mer, leur ferme le passage; ils veulent au moins se retirer par terre chez les alliés que leurs premiers succès dans la Sicile leur avoient procurés, & à qui cette alliance commençoit à peser. Ils sont défaits de nouveau dans un combat de nuit; Démosthène s'étoit rendu à discrétion; *Nicias,* malade, abattu, découragé, combattoit encore; il fut obligé enfin de suivre l'exemple de Démosthène. Les Syracusains, irrités, ordonnèrent que ces deux généraux seroient battus de verges, & mis à mort, & les autres prisonniers, envoyés aux carrières. Un vieillard syracusain monte dans la tribune, aux harangues : « Citoyens, dit-il, j'ai » tout perdu; cette guerre m'a enlevé mes deux » fils, mes seuls héritiers de mon nom & de mes » biens; je jure aux Athéniens une haine immor- » telle, mon cœur ne peut plus goûter d'autres » douceurs que celles de la vengeance; mais que » les dieux me préservent d'être vengé par le » déshonneur de mon pays: soyons les ennemis » des Athéniens, & non pas leurs bourreaux. » Citoyens, révoquez cet infame décret, qui nous » flétriroit à jamais dans la postérité ; je vous le » demande par le sang de mes fils, répandu pour » vous, pour la gloire de leur nom, inséparable de » celle du nom syracusain; ne souillez pas ce » nom illustre & triomphant; ne déshonorez pas » votre victoire. » Le peuple fut étonné; il fut
         ému,

ému; mais il resta féroce & inflexible, le barbare décret eut son exécution; Gylippe réclama en vain les deux généraux qui étoient ses prisonniers; il demanda qu'ils fussent conduits à Lacédémone. Sa réclamation fut rejetée avec l'auteur; Démosthène & Nicias furent mis à mort, & les Athéniens, au lieu de venger leur mémoire & de consoler leur famille par des honneurs, ne voulurent point que leurs noms fussent inscrits parmi ceux des généraux morts pour la patrie, parce qu'ils n'étoient pas morts les armes à la main, & qu'ils s'étoient rendus aux ennemis.

NICOCLÈS. (Hist. anc.) L'histoire ancienne nous offre divers personnages célèbres de ce nom.

1°. NICOCLÈS, fils d'Evagoras, roi de Salamine dans l'île de Cypre, plus de trois siècles & demi avant J. C., petit prince, dont l'exemple peut bien être proposé aux plus grands princes. Voilà le compte qu'il rend lui-même, dans Isocrate, des principes de son administration & de sa conduite.

« Rappellez-vous dans quelles circonstances je montai sur le trône. Le trésor de l'état étoit épuisé.... tout demandoit les plus grands soins, beaucoup d'attention & de dépenses. Je n'ignorois pas que dans ces conjonctures.... on se voit souvent forcé d'agir contre son caractère. Aucune considération ne m'a fait abandonner mes principes; j'ai réglé tout avec l'intégrité la plus scrupuleuse, sans négliger ce qui pouvoit contribuer à la gloire & à la prospérité de mon royaume.

» Bien éloigné de cette ambition qui convoite les possessions d'autrui, & qui, pour entreprendre sur ses voisins, n'a besoin que de se croire des forces supérieures, on m'a vu résister aux exemples que j'avois sous les yeux, refuser même les pays qui m'étoient offerts....

» Sur l'article de la continence, j'ai encore plus à dire en ma faveur; je savois qu'il n'est rien de plus cher aux hommes, que leurs femmes & leurs enfans; que les injures faites aux objets de leur tendresse sont celles qu'ils pardonnent le moins; que de pareils outrages occasionnent les plus tristes catastrophes, & que plusieurs particuliers, des monarques même, en ont été les victimes. A cet égard, je n'ai eu rien à me reprocher; & du premier moment de mon règne, prenant un engagement légitime, je me suis interdit tout autre goût; non que je ne susse qu'on pardonne aisément ces foiblesses à un prince, pourvu que dans ses plaisirs il ménage l'honneur de ses sujets, mais j'ai voulu que ma conduite fût à l'abri du plus léger reproche.... Sachant que la foule des citoyens aime à prendre exemple sur ses maîtres, j'estimois aussi que les rois devoient être plus parfaits que de simples particuliers, en proportion de la supériorité de leur rang; & il me semble que ce seroit en eux le comble de l'injustice, de forcer leurs sujets à se tenir dans la règle, tandis qu'ils s'en affranchi-

roient eux-mêmes. D'ailleurs, voyant des ames assez communes qui triomphoient des autres passions, & de très-grands personnages qui s'étoient laissés vaincre par la volupté, je me suis fait une gloire de résister à ses attraits, & de m'élever par cet effort, non au-dessus du simple vulgaire, mais au-dessus de ces héros les plus recommandables par toute autre vertu. Pour moi, je ne connois rien de si criminel que ces princes qu'on voit, au mépris d'un lien formé pour la vie, changer d'objet tous les jours, &, par leur inconstance, affliger une compagne à laquelle ils ne voudroient rien pardonner. Ces princes, qui, fidèles à leurs autres engagemens, ne se font aucun scrupule de violer le plus sacré de tous, & le plus inviolable, ne sentent point qu'une pareille conduite leur prépare, jusques dans leur palais même, des dissentions & des troubles; mais un monarque sage, non content de maintenir la paix dans les états qu'il gouverne, doit s'étudier à la faire régner dans sa propre maison, & dans tous les lieux qu'il habite. »

2°. NICOCLÈS, roi de Paphos, un peu plus de trois siècles avant J. C., connu par sa fin tragique & celle de sa famille. Dans les guerres des successeurs d'Alexandre, placé entre Ptolémée & Antigone, il avoit fait alliance avec le dernier; le premier, pour l'en punir, chargea quelques officiers qu'il avoit dans l'île de Cypre de le faire mourir; Nicoclès les prévint, & se tua. Axithea sa femme, tua ses filles de sa propre main, & se tua elle-même après; & les sœurs de Nicoclès & leurs maris s'entre-tuèrent tous après avoir mis le feu aux quatre coins du palais.

3°. NICOCLÈS, tyran de Sicyone, chassé par Aratus, qui rendit la liberté à Sicyone, deux siècles & demi avant J. C.

NICOCRÉON. (Voyez ANAXARQUE.)

NICODEME, (Hist. sac.) disciple de J. C. On peut s'en tenir sur lui à ce qui en est dit dans l'évangile de saint Jean, chapitre 3, quoique la tradition y ait ajouté bien des choses. On a un faux évangile sous le nom de Nicodème.

NICOLAI, (OLLAUS) (Hist. de Norwège.) gentilhomme Norwègien, qui, l'an 1454, se forma un parti dans Berghes, arbora les armes du royaume, & se fit proclamer roi par une troupe de brigands comme lui. Ce tyran de la dernière classe se persuada que ce n'étoit qu'en persécutant les hommes qu'on obtenoit le droit de les gouverner. Il s'empara de toutes les marchandises qu'il put rencontrer, ou sur la terre, ou sur mer. C'étoit ainsi qu'il savoit répartir les impôts. Assiégé dans sa maison, il s'enfuit dans l'église de sainte Brigide, où l'évêque ayant voulu embrasser sa défense, le peuple furieux lança des torches allumées sur le temple, & tous deux expirèrent dans les flammes. Nous aurions laissé dans l'oubli le nom de cet homme peu connu, s'il n'étoit pas important d'apprendre à ceux qui sont nés avec un penchant funeste pour les factions, quel est le sort ordinaire de leurs semblables. (*M. DE SACY*.)

NICOLAI, (*Hist. de Fr.*) noble & ancienne famille, jouit d'une de ces illustrations qui distinguent le plus avantageusement, parce qu'elles sont uniques dans leur genre. Aymard-Charles-Marie *Nicolaï* est aujourd'hui le dixième premier président, de père en fils, qu'a produit cette famille successivement & sans interruption. Le premier *Nicolaï*, qui a été revêtu de cette charge en 1506 sous Louis XII, dans un temps très-voisin de celui où elle étoit remplie par les Beauvau, les Luxembourg, les Crouy, les Melun, les Couci, & même les Bourbons, princes du sang royal, avoit suivi Charles VIII à la conquête du royaume de Naples, & avoit été fait chancelier de ce royaume. Son père & son aïeul étoient déjà des personnages connus dans l'histoire. Deux *Nicolaï* frères, sont actuellement à la tête de deux compagnies souveraines des plus considérables. Aymard-Charles-François de *Nicolaï*, frère aîné du premier président de la chambre des comptes, est (en 1788) premier président du grand-conseil. Antoine-Chrétien de *Nicolaï*, leur oncle, fut mestre-de-camp d'un régiment de dragons, le 2 juillet 1731, après le premier président, son frère, qui avoit depuis plusieurs années ce régiment de dragons, & à qui la mort d'un frère du premier lit, reçu dans la charge de premier président de la chambre des comptes, fit quitter alors l'épée pour la robe. Antoine-Chrétien suivit le service, fut fait brigadier des armées du roi le 15 mars 1740, maréchal de camp le 2 mai 1744, lieutenant général le 10 mai 1748, maréchal de France le 24 mars 1775. Le premier président & le maréchal de France avoient un frère, l'évêque de Verdun, distingué dans le clergé par son zèle, & à la cour, par la tendre amitié dont l'honora feu monseigneur le dauphin, père du roi. Un des frères de MM de Nicolaï d'aujourd'hui, est évêque de Beziers.

Il y a divers *Nicolaï* étrangers à cette maison, & un peu connus dans les lettres.

1°. Nicolas de *Nicolaï*, gentilhomme dauphinois, voyageur, & auteur d'une relation de ses voyages sous ce titre : *discours & histoire véritables des navigations & voyages faits en Turquie*. Les figures dont cet ouvrage est orné sont gravées d'après le Titien. Mort en 1583.

2°. Philippe *Nicolaï*, luthérien hessois, vivant vers la fin du seizième siècle, auteur des satyres contre le pape, où il est dit que les deux antechrists sont le pape & Mahomet.

3°. Jean *Nicolaï*, dominicain, mort en 1673. On lui doit quelques écrits polémiques sur la grace, & une édition estimée de la somme de saint Thomas, &c.

NICOLAS, (*Hist. de Danemarck*) roi de Da-

nemarck, étoit fils de Suénon Estrith : Ubbon son frère ayant refusé la couronne, les Danois la placèrent sur la tête de *Nicolas* l'an 1106. Le luxe, toujours funeste dans un pays stérile & dans un état pauvre, minoit sourdement les forces du royaume ; *Nicolas*, par de sages loix & par l'exemple d'une vie frugale, rendit aux mœurs des Danois leur première simplicité ; il congédia sa garde, n'en voulant avoir d'autre que l'amour du peuple ; il renvoya dans les champs la plupart de ses domestiques & de ceux des seigneurs, afin que la terre ne demeurât point sans culture : tels furent les plus beaux traits de sa vie. Peu satisfait de la gloire attachée à un gouvernement paisible, il voulut être conquérant, fit la guerre aux Vandales, aux Slaves & aux Suédois ; tantôt vainqueur, tantôt vaincu, il montra pour la guerre des talens médiocres, & ce fut la fortune qui décida du succès de ses armes. Les habitans de Slewigh s'étoient révoltés ; il crut qu'il suffiroit de se présenter à eux pour les faire rentrer dans le devoir. En vain on lui représenta qu'il avoit tout à craindre d'une populace mutinée : « il seroit trop honteux, » dit-il, « de voir un roi fuir devant des cordonniers » & des corroyeurs. » Il entra dans Sléwigh suivi de quelques courtisans ; le peuple prit aussi-tôt les armes, on lui conseilla de chercher un asyle dans une église : « non, dit-il, je ne veux pas que » les autels soient souillés de mon sang ; je mourrai » dans le palais de mes pères. » Il y fut égorgé l'an 1135. (*M. DE SACY*.)

NICOLAS ; (*Hist. eccl.*) saint plus célèbre que connu. On le croyoit évêque de Myr ou Myre en Lycie, on croyoit qu'il avoit vécu au quatrième siècle & qu'il avoit assisté au concile de Nicée ; mais les véritables actes de ce saint, écrits par Artemas son frère aîné qui lui survécut, ont, dit-on, été découverts dans la bibliothèque du Vatican, par M. Falconi, archevêque de Sainte-Séverine, qui les a publiés à Naples en 1751. Selon ces actes, saint *Nicolas* ne fut pas évêque de Myr, mais de Pinara en Lycie. Il n'étoit pas né dans le temps du concile de Nicée ; il ne naquit que vers la fin du cinquième siècle, & mourut dans le sixième.

Il y a eu cinq papes du nom de *Nicolas*.

Sur le premier, nommé en 858, & mort en 867, voyez l'art. LOTHAIRE, roi de Lorraine, pour l'histoire des amours de Lothaire & de Valdrade ; condamnés par ce pape. L'empereur Louis II, frère aîné du jeune Lothaire, avoit eu, pendant qu'il étoit à Rome, de violentes contestations avec ce pontife ferme & fier, qui aimoit sur-tout à commander aux rois : le pape, qui eût voulu éloigner Louis, le faisoit insulter tous les jours solemnellement par des moines, auxquels il ordonnoit de faire des processions dans la ville & autour du palais de l'empereur, en chantant des pseaumes & des antiennes contre les mauvais princes. L'outrage fut si marqué, qu'il ne put être dissimulé,

On pria le pape d'arrêter ce déſordre ; le déſordre continua, des ſoldats de l'empereur le firent ceſſer en chargeant à coups de bâton une de ces proceſſions ; ce qui, au lieu d'irriter le pape, le rendit ſi docile, qu'il alla trouver l'empereur, lui fit des excuſes, & le pria d'oublier le paſſé.

NICOLAS II, nommé en 1058, mort en 1061. Dans un concile qu'il tint à Rome en 1059, il confirma, c'eſt-à-dire qu'il reconnut le droit qu'avoient les empereurs de confirmer l'élection des papes & d'inveſtir les évêques ; il condamna dans ce même concile le fameux Bérenger, qui jeta lui même ſes écrits dans un feu qu'il alluma de ſes propres mains. Nicolas inveſtit Robert Guiſcard, fils aîné de Tancrède, des terres que ce prince poſſédoit en Italie, & que le pape ne pouvoit lui ôter ; de-là le droit, quel qu'il ſoit, des papes ſur la mouvance des deux Siciles.

NICOLAS III, qui ſiégea de 1277 à 1280, étoit de la maiſon des Urſins. On l'appelloit, avant ſon exaltation, le cardinal compoſé ou recueilli, cardinalis compoſitus, parce qu'il ſe diſtinguoit par ſa prudence & ſa réſerve. Il fut ennemi de Charles d'Anjou, tige de la première maiſon d'Anjou, & Charles d'Anjou méritoit des ennemis.

NICOLAS IV étoit un cordelier qui, ayant été élu en 1288, prit ce nom de Nicolas en mémoire de Nicolas III qui l'avoit fait cardinal.

NICOLAS V, (THOMAS DE SARZANE) fut élu le 6 mars 1447. C'eſt ſous ſon pontificat que Mahomet II prit Conſtantinople en 1453. Nicolas en fut ſaiſi de douleur, il ne fit que languir depuis ce temps, & mourut le 24 mars 1454. Il aimoit & protégeoit les lettres & les arts, il embellit Rome, il fut libéral & magnifique, &, ce qui vaut mieux, il fut bienfaiſant.

NICOLAS DE DAMAS, (Hiſt. litt. anc.) ainſi nommé, parce qu'il étoit né dans cette ville, étoit hiſtorien, poëte, philoſophe, péripatéticien, très-ſavant ſur tout : il vivoit du temps d'Auguſte, mais il ne nous reſte que des fragmens de ſes ouvrages. Henri de Valois a fait imprimer en 1634, à Paris, en grec & en latin, les recueils que Conſtantin Porphyrogénète avoit faits de divers ouvrages de cet auteur. Ces recueils appartenoient au ſavant Peyreſc, qui les avoit fait acheter dans l'île de Chypre. Joſeph Scaliger en avoit publié deux autres fragmens à la fin de ſon traité de emendatione temporum.

NICOLAS de Clairvaux, (Hiſt. litt. mod.) diſciple & ſecrétaire de ſaint Bernard. On a de lui un recueil de lettres dans la bibliothèque des pères, il y en a auſſi quelques-unes dans le ſecond tome des miſcellanea de Baluze. Les ſavans diſent qu'il y a beaucoup d'eſprit dans ces lettres.

NICOLAS, (AUGUSTIN) (Hiſt. litt. mod.) maître des requêtes au parlement de Beſançon, mort en 1695, n'eſt plus guère connu que par le menagiana, & n'y eſt pas peint avantageuſement. Il faiſoit des vers en quatre langues : en latin, en françois, en eſpagnol, en italien ; il les vantoit beaucoup, &, par conſéquent on les a beaucoup décriés. Il fit une pièce italienne ſur un ſujet traité par Pétrarque, & fit imprimer les deux pièces à côté l'une de l'autre, pour que le lecteur jugeât entre lui & Pétrarque. On fit beaucoup d'épigrammes contre lui en diverſes langues ; on lui fit, entr'autres, cette épitaphe :

Ci gît Auguſtin Nicolas,
Auteur de la première claſſe,
Réformateur de Vaugelas,
Rival de Virgile & d'Horace.

Caſtillan plus que Garcilas,
Toſcan plus que n'étoit Bocace,
Digne favori de Pallas,
Et grand Dragoman du Parnaſſe.

Inſtruit des affaires d'état,
Au conſeil & dans le ſénat,
Il méritoit le rang ſuprême.
C'étoit un homme enfin....... holà
De qui ſavez-vous tout cela ?
De qui je le ſais ? de lui-même.

Deux autres épigrammes, l'une grecque, l'autre latine, calquées l'une ſur l'autre, diſent à peu près la même choſe, & ne parlent que de ſa vanité ; mais une épitaphe latine attaque ſa déliceaſſe en qualité de juge, & l'attaque un peu groſſièrement :

Nicoleos jacet hîc, qui linguas ut loqueretur
Quatuor, ut caperet mille manus habuit.

Il étoit, dit-on, fort avare, & il mourut l'année où on établit la capitation ; c'étoit, diſoit-on, de peur de la payer. Voici comment on alongea ce mot :

Pour éviter la capitation,
Don Auguſtin eut recours à la parque ;
Il crut par-là trouver l'exemption ;
Mais comme il fut prêt d'entrer dans la barque,
Voyant Caron qui, l'arrêtant au bord,
Lui demanda le tribut ordinaire :
Hélas ! dit-il, que le ſort m'eſt contraire !
Par tête on paye encore après la mort.

NICOLE, (PIERRE) (Hiſt. litt. mod.) un des plus célèbres écrivains de Port-Royal, ſi connu par ſes eſſais de morale, par ſon excellent traité des moyens de conſerver la paix dans la ſociété, dont M. de Voltaire a fait connoître le mérite aux gens du monde, & même à pluſieurs gens de lettres ; par le traité de la foi humaine, & le traité de la perpétuité de la foi, qu'il a compoſés en ſociété avec M. Arnauld ; par ſes préjugés légitimes contre les Calviniſtes ; par ſes lettres imaginaires & viſionnaires contre Defmarets de Saint-Sorlin, qui attirèrent à Port-Royal deux lettres non imaginaires ni vifionnaires du feul homme qui, pour la plaifanterie polémique, pût entrer en lice alors avec Pafcal, de Racine ; par la traduction latine des lettres provinciales fous le nom de Guillaume Vendrock ; par une multitude d'autres écrits polémiques contre les Calviniftes & contre les jéfuites. *Nicole* n'avoit d'efprit & de lumières que la plume à la main ; il avoit beaucoup de défavantage dans la converfation ; il difoit lui-même d'un autre folitaire de Port-Royal : (M. de Tréville qui parloit bien) *il me bat toujours dans la chambre ; mais je ne fuis pas au bas de l'efcalier qu'il me vient dans l'efprit de quoi le confondre.* Il reffembloit beaucoup, dans la fociété, à la Fontaine pour la timidité, la naïveté, l'infouciance, & auffi pour la diftraction, & pour une forte de difproportion bien marquée entre fa converfation & fes écrits, difproportion que les gens fans efprit croient appercevoir chez prefque tous les gens de lettres, (foit par l'idée fauffe qu'ils fe font de l'efprit, foit par le jugement non moins faux qu'ils portent fur le mérite de la converfation,) mais difproportion qui eft au contraire très-rare, & dont on expliqueroit prefque toujours les apparences par la timidité ou par le défaut d'ufage. On raconte que *Nicole* fut refufé à l'examen pour le fous-diaconat, parce qu'il fe troubla, trembla, & ne fut pas répondre aux queftions des examinateurs dont il eût pu être dès-lors le maître : on ajoute que les examinateurs furent un peu honteux ; quand ils furent quel candidat ils avoient refufé, car M. *Nicole* avoit déjà beaucoup de réputation ; ils offrirent de le recevoir avec acclamation pour réparer leur erreur ; mais M. *Nicole*, foit humilité chrétienne, foit fuperftition, foit quelque autre motif, voulut s'en tenir à ce premier jugement, & le regarder comme celui de Dieu même. On attribue à M. *Nicole* des traits de pufillanimité bien outrés ; on dit qu'il ofoit à peine paffer dans les rues, tant il étoit troublé par la crainte perpétuelle que quelque tuile ne lui tombât fur la tête. Il demeuroit au bout du fauxbourg Saint-Marcel, dit Saint-Marceau ; & quand on lui en demandoit la raifon, il répondoit que c'étoit pour échapper plus aifément aux ennemis qui, venant de la Flandre, dévoient naturellement entrer dans Paris par la porte Saint-Martin : cette défaite a bien l'air d'une plaifanterie qu'on aura prife pour une réponfe férieufe ; erreur qui n'eft nullement rare. *Nicole*, né en 1625, entré dans le monde vers 1645, mort en 1695, n'avoit vu que les profpérités des armes de la France, & n'avoit jamais été dans le cas de craindre l'arrivée des ennemis à Paris. Le trait fuivant annonce un degré de fimplicité bien étrange dans un homme éclairé. Une demoifelle le confultoit fur un cas de confcience relatif à des aveux, peut-être délicats, qu'elle lui avoit faits, par la confiance qu'infpiroit à cette demoifelle ou le caractère de *Nicole* ou fa

réputation. On annonce le père Fouquet de l'oratoire, un des fils du fameux miniftre & fur-intendant Fouquet ; à ce nom, *voici : mademoifelle*, s'écrie Nicole, *quelqu'un qui levera vos doutes* ; en même temps il raconte au père Fouquet tout ce qu'il y avoit de plus fecret dans l'hiftoire de cette demoifelle, dont la rougeur continuelle, pendant ce récit, témoignoit l'embarras. On fut cette indifcrétion, & on en fit reproche à M. *Nicole*, qui crut fort bien fe défendre en difant : *C'eft mon confeffeur, je ne lui cache rien.* Nicole, qui avoit tant difputé dans fa vie, la plume à la main, ne difputoit jamais dans la converfation, & même dans la difpute écrite il mettoit beaucoup de logique, & n'y mettoit point d'ardeur. *Je n'aime pas*, difoit-il, *les guerres civiles.* Son ami M. Arnauld les aimoit mieux. Tous deux aimoient beaucoup & gouvernoient un peu la duchesse de Longueville, qui n'avoit jamais haï la guerre civile, & qui, mondaine, avoit été à la tête de la fronde, & dévote, fe mit à la tête du janfénifme, ce qui avoit perfuadé à Louis XIV que les janféniftes n'étoient que des frondeurs mitigés. Après la mort de cette princeffe, arrivée en 1679. *J'ai perdu tout mon crédit*, difoit *Nicole ; j'ai même perdu mon abbaye*, car cette princeffe étoit la feule qui m'appellât M. l'abbé. En effet, il ne voulut avoir ni bénéfice ni titre dans l'Eglife, il la fervit pour rien, il ne vouloit qu'écrire ; ce partage fuffit à la félicité de quelques hommes, & ce ne font pas les moins eftimables. Il falloit bien qu'un homme de ce mérite & de ce janfénifme fût perfécuté, il le fut ; il ne manqua rien à fa gloire, ni au ridicule odieux des perfécuteurs. On crut ufer d'une grande indulgence envers un homme, dont toute la vie n'avoit été que paix & que vertu, fauf quelques guerres théologiques, en lui permettant de revenir d'abord à Chartres, fa patrie, enfuite à Paris même, dans fon fauxbourg Saint-Marceau, où une cour, toujours agitée d'intrigues & de paffions, fe plaignoit encore qu'il troubloit fa paix par des écrits ; c'eft une étrange & ftupide manie que celle qu'ont des hommes, dont le trouble & l'intrigue font l'élément, d'imaginer que la paix dont ils n'ont pas l'idée, foit troublée par les écrits d'un folitaire qu'ils ne connoiffent pas, qu'ils ne lifent pas, ou qu'ils n'entendent pas, s'ils le lifent. Eh ! laiffez écrire, & ceffez d'intriguer, il y aura peut-être alors de la paix.

On a un recueil de vers d'un Claude *Nicole*, préfident de l'élection de Chartres, mort en 1685, parent & compatriote du célèbre *Nicole*.

François *Nicole* de l'académie des fciences, mathématicien célèbre, auteur d'un *effai fur la théorie des roulettes*, qui le fit recevoir en 1707 dans cette compagnie, d'un *traité du calcul des différences finies*, d'un traité des lignes du troifième ordre, &c. étoit né à Paris, en 1683, & mourut en 1757.

NICOLLE DE LA CROIX. (*Voyez* CROIX ; *voyez* BALLERINI ; *voyez* BARBEAU DE LA BRUYÈRE.)

NICOLO DEL ALBATTE, (*Hift. mod.*) peintre italien, qui a beaucoup travaillé en France à Fontainebleau & à Paris, aux hôtels de Soubife & de Touloufe. Il étoit élève du primatice; l'examen & l'appréciation de fes ouvrages regardent le dictionnaire des arts. Nous ne parlons ici de lui que pour obferver qu'il eft l'auteur d'un *portrait emblématique de François I*, d'une idée & d'une exécution affez bizarre, que feu M. le comte de Caylus a donnée, en 1765, au cabinet des eftampes du roi. Le tableau a neuf pouces de haut fur fix pouces de large. François I y eft repréfenté debout; il tient d'une main l'épée de Mars, de l'autre, le caducée de Mercure, dont il a auffi les talonnières; il porte fur la poitrine l'égide de Pallas, fur les épaules, le carquois de l'Amour, au-deffous eft la trompe de Diane. Le peintre a voulu repréfenter fous ces cinq emblèmes les principaux caractères qui diftinguoient fon héros. Ronfard a rendu l'idée du peintre dans ces huit vers:

> François en guerre eft un Mars furieux,
> En paix Minerve & Diane à la chaffe,
> A bien parler Mercure copieux,
> A bien aimer vrai Amour plein de grace.
> O France heureufe! honore donc fa face
> De ton grand roi qui furpaffe nature;
> Car l'honorant tu fers en même place,
> Minerve, Mars, Diane, Amour, Mercure.

Ce tableau a été gravé par Chenu, dans la même grandeur que l'original.

NICOLO DEL ABBATTE, étoit né à Modène en 1512. Il vint en France à la fuite du primatice, en 1532.

NICOLOTTI & CASTELLANI. (*Hift. de Ven.*) Ce font deux partis oppofés parmi le peuple de Venife, qui tirent leurs noms de deux églifes de cette ville; ils forment deux efpèces de factions, qui en viennent quelquefois aux mains; mais le confeil des dix ne tolère ces deux partis, qu'autant qu'il n'y a point de fang répandu dans leur querelle. Cette république ariftocratique pourroit fans doute éteindre peu à peu l'animofité populaire des deux factions; mais elle aime mieux la laiffer fubfifter, dans la crainte que ces deux partis ne fe réuniffent pour tramer quelque complot contre le fénat, ou contre la nobleffe. (*D. J.*)

NICOMÈDE. (*Hift. anc.*) Trois rois de Bythinie portèrent ce nom. Le premier, à qui on le donna, eut un dangereux concurrent dans fon frère qui lui difputa le trône. *Nicomède* appella à fon fecours les Gaulois, qui le débarraffèrent d'un rival fi redoutable. Les détails de fon règne font tombés dans l'oubli. Ce fut lui qui bâtit la ville de Nicomédie. (*T-N.*)

NICOMÈDE, fecond du nom, étoit fils de Prufias: il fut auffi fon fucceffeur au trône de Bythinie, où il monta par un parricide. La cruauté de fon père, qui avoit voulu le faire affaffiner, adoucit l'horreur de cette action, & il n'en fut pas moins aimé & refpecté de fes fujets. Mithridate, après la mort d'un de fes fils, roi de Cappadoce, s'appropria fon royaume dont il dépouilla fon petit-fils. Prufias craignit qu'un voifin fi puiffant ne vint fondre fur fes états. Il fuppofa un enfant de huit ans qu'il envoya à Rome comme fils du dernier roi de Cappadoce, pour y revendiquer l'héritage de fes ancêtres. Le fénat, fans approfondir ce myftère, déclara les Cappadociens libres; mais ce peuple nourri & familiarifé avec l'efclavage, rejeta un don fi précieux, & eut la baffeffe de demander un roi de la main des Romains qui nommèrent Ariobarzane. *Nicomède*, quelque temps après, fut tué par fon fils Socrate, qui fembla regarder le parricide comme un titre pour régner. (*T-N.*)

NICOMÈDE, troifième du nom, & fils du précédent, fut proclamé roi de Bythinie, auffi-tôt après la mort de fon père Mithridate, qui, voulant affoiblir fes voifins par des divifions, lui fufcita un concurrent dans la perfonne de fon frère Socrate; dont il appuya les droits. *Nicomède*, précipité du trône, fe rendit à Rome pour implorer l'affiftance du fénat, qui, moins par l'amour de la juftice que par le defir d'abaiffer Mithridate, le rétablit dans fes états. Dès qu'il fut affuré de l'appui des Romains, il eut l'ambition de tirer vengeance du roi de Pont. Il fit plufieurs incurfions dans fes provinces, d'où il revint chargé d'un butin qui l'aida à payer les dettes qu'il avoit contractées à Rome pour acheter fon rétabliffement. Mithridate porta fes plaintes au fénat; mais n'ayant pu en obtenir fatisfaction, il fe la procura les armes à la main. Il entra dans la Bythinie dont il chaffa pour la feconde fois *Nicomède*. Sylla, vainqueur de Mithridate, l'obligea de fe réconcilier avec lui, & de lui rendre fes états. *Nicomède*, pour reconnoître les fervices du fénat, fit, en mourant, le peuple romain fon héritier. (*T-N.*)

NICOT, (JEAN) (*Hift. litt. mod.*) fils d'un notaire de Nîmes, fut ambaffadeur en Portugal, fous les règnes de Henri II & de François II. A fon retour il apporta en France la plante fi connue aujourd'hui fous le nom de tabac, & qui fe nomma d'abord de fon nom *Nicotiana* & *herbe à la reine*, parce que *Nicot* la préfenta en arrivant à Catherine de Médicis.

Nicot eft encore célèbre par un autre endroit; il eft l'auteur d'un dictionnaire imprimé après fa mort en 1606, fous ce titre: *tréfor de la langue françoife, tant ancienne que moderne*. Il avoit laiffé auffi en manufcrit un *traité de la marine*, où il avoit recueilli tous les termes de cet art. Mort à Paris en 1600.

N I D

NIDHARD. (*Voyez* NITHARD.)

NIEREMBERG, (JEAN-EUSÈBE DE) (*Hist. litt. mod.*) jésuite espagnol, auteur d'un *éloge des jésuites*, de divers livres mystiques, mais aussi d'une *historia naturæ*, & d'un livre intitulé, *curiosa y filosophia de las maravillas de naturaleza* ; quelques-uns de ses ouvrages ont été traduits en françois & même en arabe, mais c'est par des jésuites, & ce sont ses livres mystiques, Né à Madrid en 1590, & il y mourut en 1658.

NIEUHOFF, (JEAN DE) (*Hist. litt. mod.*) auteur hollandois du commencement du dix-septième siècle. La relation de son *ambassade de la part de la compagnie orientale des Provinces-Unies vers l'empereur de la Chine*, a été traduite en françois par Jean le Carpentier.

NIEUWENTYT, (BERNARD) (*Hist. litt. mod.*) savant hollandois, né dans la Nord-Hollande en 1654, bourg-mestre d'une petite ville, auteur d'un fameux ouvrage hollandois, traduit en françois par M. Noguès sous ce titre: *l'existence de Dieu démontrée par les merveilles de la nature*; une réfutation de Spinosa, & aussi de quelques traités sur le calcul différentiel & les infinis. Mort en 1718,

N I G

NIGER ; (C. PESCENNIUS JUSTUS) (*Hist. Rom.*) lorsque les soldats du prétoire eurent massacré le vertueux empereur Pertinax, (l'an de J. C. 193.)

Ils mirent les premiers à d'indignes enchères
L'inestimable prix des vertus de leurs pères.

Ces enchères pour l'empire furent publiées à haute voix dans le camp ; les ambitieux vinrent faire leurs offres ; Didius Julianus, homme consulaire, l'emporta ; (*voyez* DIDIUS) son enchère couvrit de 625 livres toutes les autres. Il vint au sénat dans un appareil menaçant, qui lui assuroit la confirmation de ce honteux marché ; mais le peuple, plus libre & plus sincère, manifestoit son indignation par des outrages & des cris de vengeance, sur-tout par un refus généreux des largesses que Didius lui promettoit pour le séduire. Une autorité si mal affermie étoit un frein trop foible pour arrêter ses concurrens. Pescennius Niger, gouverneur de Syrie, se fit proclamer à Antioche ; Sévère en Illyrie ; Albin dans la Grande-Bretagne. L'activité de Sévère détermina la fortune en sa faveur ; il vole à Rome, entre au sénat, fait rendre un arrêt de mort contre Didius, l'envoie exécuter par un tribun trompé, & désarme Albin par une association frauduleuse à l'empire, sûr de la foiblesse de ce rival, marche à la tête d'une puissante armée contre *Niger*, qui, par une négligence pleine de grandeur & de témérité, s'endormoit à l'ombre des lauriers qu'il avoit cueillis plus d'une fois dans la guerre : réveillé par le péril, & par

l'approche de l'infatigable Sévère, il veut armer l'Orient en sa faveur ; il ne trouve dans ses alliés inquiers que froideur, vaines promesses, ou refus colorés de mauvais prétextes. Il ne lui reste enfin de ressource que dans ses légions & dans son courage ; trois grandes batailles gagnées par les lieutenans de Sévère, le contraignent de chercher un asyle chez les Parthes. Il est encore prévenu par la diligence de ses ennemis ; des soldats envoyés à sa poursuite l'atteignent au passage de l'Euphrate, le tuent, & portent sa tête au vainqueur, dont les cruautés souillèrent la gloire, si elles assurèrent sa puissance. Sévère, ayant vaincu *Niger* & soumis l'Orient, ne se déguisa plus ; il rompit hautement avec Albin, il lui refusa le titre de César que sa politique lui avoit accordé dans un temps où Albin étoit à craindre : l'imprudent Albin avoir cru, sur la foi de ce vain nom, que, dans l'expédition de Syrie, Sévère travailloit pour la cause commune ; il fut bientôt désabusé. Sévère s'avançoit vers lui à grands pas, avec toutes les forces de l'Orient & de l'Italie. Albin voulut trop tard arrêter ce torrent dans sa course ; il osa même aller à sa rencontre ; la bataille se livre entre Lyon & Trévoux ; Albin est défait, & se tue. Le cruel Sévère, n'ayant plus de concurrent, se baigne à loisir dans le sang des amis d'Albin & de *Niger*. La mort de *Niger* est de l'an de J. C. 194 ; celle d'Albin, du 19 février 197.

Niger étoit un capitaine d'un mérite distingué, grand zélateur de la discipline militaire : Sévère lui-même le citoit pour modèle à cet égard, & l'appelloit un homme nécessaire à la république. Il vouloit faire trancher la tête à dix soldats, pour avoir mangé une poule volée par l'un d'eux, & il ne leur fit grace, sur les instances de toute l'armée, qu'à condition de rendre dix poules pour celle qui avoit été volée ; il interdit l'usage de toute argenterie dans le camp, & ne permit que la vaisselle de bois, disant qu'il ne falloit pas que les Barbares, s'ils venoient à s'emparer des bagages, pussent tirer vanité d'une argenterie conquise sur les Romains. Il ne souffroit point de boulanger dans l'armée ; il réduisoit au simple biscuit & soldats & officiers ; il avoit proscrit le vin & rétabli l'ancien usage du vinaigre, mêlé avec de l'eau. Des soldats, qui gardoient les frontières de l'Egypte, lui ayant demandé du vin: *du vin! s'écria-t-il, à la vue du Nil!* Ces soldats ayant été battus, & s'excusant sur l'épuisement de leurs forces : vos vainqueurs, leur dit-il, ne boivent que de l'eau. Il avoit en horreur la flatterie. Un orateur ayant voulu célébrer par un panégyrique la nomination de *Niger* à l'empire : « Célébrez, lui dit *Niger*, quelque » grand capitaine mort ; voilà ceux qu'il faut louer : » ne voyez-vous pas que c'est une dérision de louer » un homme vivant & puissant, parce que le motif de » la louange est toujours pour le moins suspect ? »

NIGIDIUS FIGULUS, (PUBLIUS) (*Hist. Rom.*) sénateur & préteur romain, qui avoit été fort utile à Cicéron pour diffiper la conjuration de Catilina, comme Cicéron le reconnoît lui-même, epift. ad familiar. lib 4 epift. 13 : *Per me quondam te focio defenfa respublica.....quibus nos olim adjutoribus illud incendium extinximus.* Aulugelle, Pline, Plutarque, Macrobe, &c. ont cité plufieurs de fes ouvrages; il n'en refte que des fragmens. On fait que c'étoit un très-favant homme, & on le comparoit, à cet égard, à Varron; mais il avoit le malheur d'être favant, fur-tout en aftrologie judiciaire. On dit que C. Octavius, père d'Octave ou Augufte, étant venu tard au fénat, & s'étant excufé fur les couches de fa femme, *Nigidius* lui dit prophétiquement: *votre femme vient de nous donner un maître.* Ce grand aftrologue, qui prévoyoit ou prédifoit de fi loin la grandeur future du petit Octave, auroit bien dû prévoir qu'auparavant Céfar triompheroit de Pompée; cependant il s'étoit attaché à Pompée, ce qui le fit exiler par Céfar. Lucain veut lui faire honneur d'avoir prévu ou prédit les maux qui alloient naître de la divifion de ces deux grands hommes. C'eft fur cet exil que Cicéron lui écrit une lettre de confolation qui les honore tous deux, & où *Nigidius* eft fort exalté: il l'appelle *uni omnium doctiffimo & fanctiffimo & maximâ quondam gratiâ & mihi certè amiciffimo.* Il lui dit en l'exhortant à la fermeté: *quid fit forti & fapienti homine dignum, quid gravitas, quid altitudo animi, quid acta tua vita, quid ftudia, quid artes, quibus à pueritiâ floruifti, à té flagitent, tu videbis.* Il lui fait cependant efpérer un prompt retour, & en cela fa prédiction fut fauffe; car *Nigidius* mourut dans fon exil, l'an 709 de la fondation de Rome. Saint Augustin dit que fon furnom de Figulus vient de ce qu'il répondoit aux objections contre l'aftrologie judiciaire par l'exemple de la roue du potier, d'où il fort des vafes de différente forme. En effet, on lui demandoit *pourquoi la fortune de deux enfans jumeaux n'étoit pas la même?*

Cur alter fratrum & ceffare & ludere & ungi
Præferat herodis palmetis pinguibus, alter
Dives & importunus, ad umbram lucis ab ortu,
Sylveftrem flammis & ferro mitiget agrum;
Scit genius, natale comes qui temperat aftrum,
Naturæ Deus humanæ, mortalis in unum
Quodque caput, vultu mutabilis, albus & ater.

Mais les favans rejettent cette opinion de faint Auguftin; ils obfervent que plufieurs perfonnages, célèbres à Rome, ont porté ce furnom de *Figulus*, & qu'il paroiffoit attaché particulièrement à la famille Marcia.

At figulus, cui cura Deos fecretaque cæli
Noffe fuit, quèm non ftellarum ægyptia Memphis
Æquaret vifu numerifque moventibus aftra;
Aut qui errat, ait, nullâ cum lege per ævum

Mundus, & incerto ci currunt fidera motu,
Aut fi fata movent, orbi generique paratur
Humano matura lues.

Mais voilà bien des alternatives & des incertitudes pour un prophète, & d'ailleurs il falloit prévoir le fuccès. Quoi qu'il en foit, Figulus fut exilé au grand regret des favans & des bons citoyens.

NIL

NIL, (*Hift. eccl.*) faint *Nil*, difciple de faint Jean-Chryfoftôme, étoit, ainfi que fon fils, un des folitaires du Mont-Sinaï, au cinquième fiècle. Des Sarrafins portèrent le ravage parmi les folitaires, féparèrent le père & le fils, qui furent réunis enfuite & tous deux ordonnés prêtres en même temps. Au fond, leur hiftoire eft peu connue; on a les œuvres de faint *Nil* en grec & en latin, en deux volumes *in-folio*. Ce font des œuvres de piété. On place fa mort vers l'an 450.

On a d'un *Nil*, archimandrite, c'eft à dire abbé d'un monaftère grec, à la fin du onzième fiècle, un traité des cinq patriarchats de Rome, d'Antioche, d'Alexandrie, de Jérufalem & de Conftantinople, compofé par ordre de Roger, roi de Sicile;

Et d'un autre *Nil*, archevêque de Theffalonique, au quatorzième fiècle, un écrit contre la primauté du pape, que Saumaife fit imprimer en 1645 chez Elzevir, avec un autre écrit fchifmatique de Barlaam. (*Voyez* l'art. BARLAAM.)

NIM

NIMETULAHIS ou NIMETULAHITES, f. m. pl. (*Hift. mod.*) forte de religieux turcs, ainfi nommés de *Nimetulahi*, leur premier chef ou fondateur. Ils s'affemblent la nuit tous les lundis pour célébrer par des cantiques l'unité de Dieu, & glorifier fon nom. Ceux qui veulent être reçus dans leur ordre paffent quarante jours de fuite renfermés dans une chambre, & réduits à trois ou quatre onces de nourriture par jour. Pendant cette retraite, ils s'imaginent voir Dieu face à face, & croient que toute la gloire du paradis leur eft révélée. Lorfque le temps de leur folitude eft expiré, les autres frères les mènent dans une prairie, où ils danfent autour d'eux, & les font auffi danfer. Si dans cet exercice le novice a quelque vifion, ce que le mouvement, joint à la foibleffe de cerveau caufée par le jeûne, ne manque jamais d'occafionner, il jette fon manteau en arrière & fe laiffe tomber la face contre terre, comme s'il étoit frappé de la foudre. Le fupérieur s'approche, fait quelque prière pour lui; & lorfque le fentiment lui eft revenu, il fe relève, les yeux rouges & égarés, avec la contenance d'un ivrogne ou d'un infenfé,

& communique fa vifion au fupérieur ou à quelqu'autre perfonnage verfé dans la théologie myftique ; après quoi, il eft cenfé du nombre des *ninetulahis*. Guer. *mœurs des Turcs*, tome I. (*A. R.*)

N I N

NINGAMECHA. (*Hift. mod.*) C'eft le titre que l'on donne au monopotama , à celui qui eft revêtu de la plus éminente dignité de l'état, qui répond à celle de grand-vifir chez les Turcs. Ce mot fignifie *gouverneur du royaume*. (*A. R.*)

NINIAS ou NINUS le jeune, fils de Ninus & de Sémiramis. (*Voyez* SEMIRAMIS.)

NINON. (*Voyez* LENCLOS.)

NINUS. (*Voyez* SEMIRAMIS.)

N I O

NIORD , (*Hift. de Suède*) porta d'abord la tiare , puis la couronne ; il avoit été grand-prêtre du temple d'Upfal ; il monta fur le trône de Suède, en fut chaffé par Hervitus, prince de Ruffie, alla chercher un afyle en Danemarck, & fut enfin rappellé par fes fujets. Il avoit été prêtre & roi pendant fa vie ; il fut aifé d'en faire un dieu après fa mort. Ce prince vivoit dans le premier fiècle de l'ère chrétienne. (*M. DE SACY.*)

N I P

NIPA ou ANNIPA. (*Hift. mod. Voyag.*) C'eft ainfi qu'on nomme au Pégu une liqueur fpiritueufe, affez femblable à du vin, que l'on obtient en faifant des incifions à certains arbres du pays. On dit que c'eft une boiffon très-agréable. Dans le royaume de Siam on fait une liqueur femblable, que l'on appelle auffi *nipa*, en diftillant l'eau ou liqueur qui fort des cocos. (*A. R.*)

NIPHUS, (AUGUSTIN.) (*Hift. litt. mod.*) favant Calabrois des quinzième & feizième fiècles, né vers l'an 1473, mort vers l'an 1550,plus connu par les privilèges finguliers que lui accorda le pape Léon X, que par fes écrits qu'on ne lit plus. Léon X le créa comte palatin, lui permit de joindre à fes armes celles de la maifon de Médicis, lui donna le pouvoir de créer des maîtres ès-arts, des bacheliers, des licenciés, des docteurs en théologie & en droit civil & canonique, de légitimer des bâtards, & d'anoblir trois perfonnes. Les lettres qui lui confèrent ces privilèges, font du 15 juin 1521. Niphus dans fa jeuneffe avoit fait un traité *de intellectu & dæmonibus*, pour lequel il fut perfécuté jufqu'à être fort en danger de la vie ; en conféquence cet ouvrage, fi parfaitement oublié depuis long-temps, eut alors plufieurs éditions en 1492, en 1503, en 1527. Fier de ces perfécutions &

de ces récompenfes, qui fuppofoient en effet beaucoup de célébrité, *Niphus* fe permettoit ces vanteries groffières auxquelles les favans les plus voifins du temps de la reftauration des lettres fe croyoient autorifés par l'exemple des anciens ; il difoit à l'empereur Charles Quint : *Je fuis l'empereur des lettres comme vous êtes l'empereur des foldats ;* il lui difoit : *les rois ne fauront gouverner, que quand ils fe ferviront de mes femblables.* On a de lui des commentaires latins fur Ariftote & Averroès; des traités *de amore, de pulchro ;* un traité de l'immortalité de l'ame, & d'autres traités, ou de morale, ou de politique, &c.

N I T

NITARD. (*Hift. de Fr.*) Nous avons une hiftoire des guerres du neuvième fiècle, entre les enfans de Louis-le-Débonnaire, par *Nitard*, abbé de Saint-Riquier, l'un des deux fils qu'Angilbert, dit Homère, avoit eus de Berthe, fille de Charlemagne. Mort vers l'an 853.

NITHARD, (JEAN-EVERARD) (*Hift. mod.*) jéfuite allemand, confeffeur de l'archiducheffe Marie-Anne-d'Autriche, feconde femme de Philippe IV, roi d'Efpagne, & mère de Charles II. C'étoit lui qui difoit à un miniftre d'Efpagne, mais non pas au duc de Lerme, (comme on le dit dans des ouvrages modernes) puifque ce duc de Lerme étoit miniftre de Philippe III mort en 1621, avant que le père *Nithard* vint en Efpagne : *C'eft vous qui me devez du refpect, j'ai tous les jours votre Dieu dans mes mains & votre reine à mes pieds.* Un parti à la tête duquel étoit don Juan d'Autriche, fils naturel de Philippe IV, caufa la difgrace de cet orgueilleux directeur. On l'envoya en ambaffade à Rome, ce fut là fa difgrace : la chûte d'un confeffeur n'eft jamais auffi terrible que celle d'un miniftre. Clément X le fit cardinal & archevêque d'Edeffe en 1672. Il mourut en 1681. Il a écrit fur l'immaculée conception.

NITOCRIS, (*Hift. anc.*) reine de Babylone, qui fit faire de beaux & grands ouvrages dans cette capitale & fur l'Euphrate. Elle avoit fait placer fon tombeau fur une des portes de la ville, avec une infcription qui avertiffoit fes fucceffeurs de ne toucher; que dans le cas d'une néceffité indifpenfable, au tréfor renfermé dans ce tombeau. Le tombeau refta fermé jufqu'au temps de Darius, fils d'Hyftafpes, qui, croyant être dans ce cas de néceffité urgente qu'indiquoit l'infcription, ouvrit le tombeau, & n'y trouva que cette autre infcription : *Si tu n'étois infatiable d'argent, & dévoré par une baffe avarice, tu n'aurois pas violé l'afyle des morts.*

N I V

NIVELLE. (*Voyez* MONTMORENCI.)

NIVELLE.

NIVELLE. *Voyez* CHAUSSÉE. (DE LA)

GABRIEL-NICOLAS-NIVELLE, (*Hift. litt. mod.*) prêtre janféniste, mort le 7 janvier 1761, a beaucoup écrit contre la conftitution. Il fut mis en 1750 à la baftille pour cette grande raifon; il laiffa un catalogue manufcrit de tous les ouvrages faits fur le janfénisme & la conftitution jufqu'en 1738. On le conferve à la bibliothèque du roi, & il a fervi à la confection du catalogue de cette bibliothèque dans cette partie.

N I Z

NIZOLIUS, (MARIUS) (*Hift. litt. mod.*) un des reftaurateurs des lettres au feizième fiècle. On a de lui : *De veris principiis, & verâ ratione philofophandi, contrà pfeudophilofophos, lib. 4. Thefaurus Ciceronianus, feu apparatus linguæ latinæ è fcriptis Tullii Ciceronis collectus. Obfervationes in Ciceronem.* C'eft un des écrivains à qui Cicéron a été le mieux connu. *Ille fe multùm profeciffe fciat, cui Cicero valdè placebit.*

N O A

NOAILLES, (*Hift. de Fr.*) maifon illuftre, & l'une des plus anciennes du Limofin, tire fon nom du château de *Noailles*, fitué entre Brive-la-Gaillarde & Turenne. Des titres confervés dans différentes abbayes nous montrent cette maifon déjà grande & puiffante, dès le commencement du onzième fiècle. Elle a produit des perfonnages de la plus grande diftinction, & dans l'état & dans l'églife.

1°. Hugues, feigneur de *Noailles*, chevalier, mourut dans la Terre-fainte, où il avoit fuivi le roi Saint-Louis.

2°. Hélie II, feigneur de *Noailles*, fervit utilement le roi Charles-Quint contre le prince de Galles, qui, pour l'en punir, ravagea fes terres du Limofin.

3°. Louis de *Noailles*, fut fait chevalier à la bataille d'Aignadel en 1505, fous Louis XII.

4°. Antoine, gouverneur du Bourdelois, amiral des mers de Guyenne, & même, par commiffion, amiral de France pendant la difgrace de l'amiral d'Annebaut, au commencement du règne de Henri II, fervit avec éclat fous François Ier, furtout à la bataille de Cérifoles.

5°. Henri, fils du précédent. C'eft pour lui qu'Henri IV érigea, en 1592, la terre d'Ayen en Comté; il le fit auffi, en 1604, chevalier du Saint-Efprit.

6°. Henri, comte d'Ayen, petit-fils du précédent, tué à la bataille de Rocroy en 1643, après s'être diftingué à celle d'Avein en 1635.

7°. Charles, frère de Henri, mort en 1632, de bleffures reçues au fiége de Maëftricht.

8°. Anne, frère des précédens, lieutenant-général

des armées du roi; c'eft pour lui que Louis XIV érigea, en 1663, le comté d'Ayen en duché-pairie.

9°. Annes-Jules, maréchal duc de *Noailles*; c'eft le premier de quatre maréchaux de France confécutifs, dont deux le font actuellement, & par une diftinction, dont il ne paroît pas qu'il y ait eu d'exemple depuis les maréchaux de Lautrec & de Foix fous François Ier, ces deux maréchaux de France font frères.

Il y a auffi deux compagnies des gardes-du-corps dans la maifon de *Noailles*.

Annes-Jules commanda en Rouffillon & en Catalogne dans la guerre de 1688, prit Campredon le 23 mai 1689, la Seu d'Urgel le 11 juillet 1691; fut fait maréchal de France à la promotion du 27 mars 1693; prit Rofes le 9 juin fuivant; gagna, le 27 mai 1694, la bataille du Ter; prit Palamos d'affaut le 7 juin; prit Gironne le 25 du même mois, & Oftalric le 20 juillet, enfin Caftel-Follit le 8 feptembre. Il mourut à Verfailles le 2 octobre 1708. Le père de la Rue a fait fon oraifon funèbre.

10°. Adrien-Maurice, maréchal-duc de *Noailles*, fils du précédent, fut général & homme d'état. Il feconda les fuccès de fon père dans le Rouffillon & dans la Catalogne. Il y commanda lui-même en 1707, prit Puicerda & foumit la Cerdagne; en 1709, il gagna deux combats; en 1710, il fauva le Languedoc, où les ennemis avoient fait une defcente; en 1711, il prit Gironne : « Il fallut, dit M. le préfident Hénault, » toute la conftance de » ce général pour en venir à bout; il avoit ouvert » la tranchée devant le fort Rouge dès le 27 dé-» cembre 1710; fon armée fut comme affiégée » par les débordemens, mais enfin il prit la ville » baffe d'affaut le 23 janvier 1711, & la ville » haute fe rendit par capitulation le 25. » La grandeffe en fut le prix. Il fut fait maréchal de France en 1734, miniftre d'état en 1743; il avoit été chef de divers confeils pendant la régence. On fait quelles combinaifons favantes, quels heureux préparatifs alloient mettre entre fes mains, en 1743, le roi d'Angleterre en perfonne, & le duc de Cumberland avec toute leur armée, fans l'imprudente impétuofité qui déconcerta des mefures fi fages & perdit tout à Ettinghen, comme autrefois à Crécy, à Poitiers, à Azincourt, à Pavie, &c.

Dii meliora piis erroremque hoftibus illum!

Le maréchal de *Noailles* étoit, en 1745, à la bataille de Fontenoy avec le maréchal de Saxe.

Noailles, pour fon roi plein d'un amour fidele,
Voit la France en fon maître, & ne regarde qu'elle.

Ses deux fils, aujourd'hui maréchaux de France, font auffi célèbres dans le poëme de Fontenoy. Le maréchal de Saxe, au milieu de fes victoires, appelloit toujours le maréchal de *Noailles* fon maître.

G

C'eſt ce maréchal de *Noailles*, Adrien-Maurice, qui avoit épouſé, en 1698, l'héritière d'Aubigné, nièce de madame de Maintenon. *Voyez* à l'article ARPAJON l'alliance qu'a faite ſon ſecond fils. L'aîné a épouſé Catherine-Françoiſe-Charlotte de Coſſé-Briſſa. Les enfans des deux maréchaux de France vivans ſoutiennent avec éclat la gloire de leur nom.

11°. Le cardinal de *Noailles*, archevêque de Paris, dont la mémoire eſt toujours ſi chérie & ſi révérée dans l'égliſe, & qui au mérite des vertus joignit l'intérêt de la perſécution ſoufferte avec conſtance, mais qui n'auroit jamais dû permettre la deſtruction de Port-Royal, étoit fils du premier duc de *Noailles* Anne, (article 8) & frère du premier maréchal Anne-Jules. (article 9) Il avoit été fait évêque de Cahors en 1679; de Châlons-ſur-Marne en 1680; archevêque de Paris en 1695; chef du conſeil de conſcience en 1715. Il mourut le 4 mai 1729.

12°. Gaſton-Jean-Baptiſte-Louis de *Noailles*, frère du cardinal, lui ſuccéda, en 1695, dans l'évêché de Châlons.

13°. Long-temps avant eux, François de *Noailles*, évêque de Dax, né le 2 juillet 1519, mort le 19 ſeptembre 1585, fils de leur quatrième aïeul, & ambaſſadeur du roi en Angleterre, à Rome, à Veniſe, à Conſtantinople, fut un des plus habiles négociateurs de ſon temps; nous avons la relation de ſon ambaſſade & de celle d'Antoine de *Noailles*, ſon frère, en Angleterre, ſous le règne de Henri II, avec la correſpondance & les pièces juſtificatives, rédigée par M. l'abbé de Vertot, & qui n'a paru qu'après la mort de celui-ci.

14°. Gilles de *Noailles*, frère d'Antoine & de François, fut auſſi évêque de Dax après celui-ci, & fut célèbre, comme ſes frères, par ſes ambaſſades & ſes négociations en Angleterre, en Écoſſe, en Pologne, à Conſtantinople. Mort en 1600.

N O B

NOBLE. (EUSTACHE LE) (*Hiſt. litt. mod.*) Cet homme déshonora les lettres & la magiſtrature; il étoit procureur-général du parlement de Metz. Convaincu de faux, il fut condamné par le châtelet à faire amende honorable & à être banni pour neuf ans, & la ſentence fut confirmée par un arrêt du 24 mars 1698. Le *Noble* paſſa une partie de ſa vie au châtelet & à la conciergerie; il fit connoiſſance dans cette dernière priſon avec une femme, nommée Gabrielle Perreau, connue ſous le nom de *la belle épicière*: elle étoit enfermée pour mauvaiſe conduite, à la requiſition de ſon mari. Le *Noble* vécut avec elle dans un commerce intime, d'où naquirent trois bâtards adultérins, dont le *Noble* fut chargé par un autre arrêt du mois de mai de la même année 1698. Malgré l'arrêt de banniſſement, il obtint la permiſſion de revenir à Paris. Il continua d'y vivre dans la crapule, & y

mourut, dans la miſère, en 1711. Croiroit-on qu'un pareil homme eût l'impudence de faire, pour être mis au bas de ſon portrait, quatre vers, où il ne parle que de la nobleſſe de ſa naiſſance, de ſon nom, de ſon eſprit, & même de ſa vertu? ou plutôt rien de plus croyable, c'eſt le déshonneur même qui donne cette impudence, & ce n'eſt qu'un vice de plus. Voici les quatre vers:

Nobilitas ſi clara dedit nomenque genuſque,
Clarior ingenio, nobiliorque micat:
Invida fortunæ ſic ſpernes tela malignæ:
Per ſcopulos virtus ſæpiùs aſtra petit.

Le *Noble* fut enterré par charité à Saint-Séverin; mais ſes imprimeurs avoient gagné plus de cent mille écus ſur ſes ouvrages, qui furent beaucoup lus dans leur naiſſance, & qu'on liſoit encore dans la province, il y a quarante ans. Quelques-uns même ont conſervé une ſorte de réputation qui ne va pourtant pas juſqu'à engager à les lire. Tels ſont les *contes* & *fables* de le *Noble*; un ouvrage d'un genre bien différent, intitulé: *Le bouclier de la France*, ou les ſentimens de Gerſon & des canoniſtes, touchant les différens des papes & des rois de France, ouvrage plus connu encore ſous le titre *d'eſprit de Gerſon*; *l'hiſtoire ſecrète de la conjuration des Pazzi contre les Médicis*, *l'école du monde*, ouvrage moral, car la théorie de la morale eſt à l'uſage même de ceux qui s'en éloignent le plus dans la pratique; la traduction des *voyages de Gemelli Carreri*, &c. Nous ne parlons pas d'une multitude d'autres ouvrages moins connus.

Un autre le *Noble*, (Pierre) ſubſtitut du procureur-général du parlement de Rouen, mort en 1720, a donné un *recueil de plaidoyers*.

N O D

NODOT. (*Hiſt. litt. mod.*) Cet homme n'eſt connu que par ce qu'il a prétendu avoir trouvé à Belgrade en 1688, & qu'il a publié à Paris en 1694 des *fragmens de Pétrone*, ſur l'authenticité deſquels les ſavans ſont partagés.

N O E

NOÉ, (*Hiſt. ſacr.*) fils de Lamech, & père de Sem, de Cham & de Japhet. Son hiſtoire & celle de l'arche qui conſerva le genre humain, ſont rapportées dans la Genèſe, chap. 5, 6, 7, 8, 9.

NOEL, (ÉTIENNE) (*Hiſt. litt. mod.*) jéſuite, ami de Deſcartes, & qui a écrit contre Paſcal en faveur du plein contre le vuide. On a de lui: *Aphoriſmi phyſici, ſeu phyſica peripatetica principia breviter & dilucidè propoſita*, & *ſol flamma, ſeu tractatus de ſole ut flamma eſt ejuſque pabulo*. Deſcartes, encore vivant, y eſt cité avec honneur, ce qui annonce dans l'auteur un eſprit d'équité alors peu commun. Mort vers l'an 1660.

NOEMA, (*Hift. facr.*) fille de Lamech & de Sella fa feconde femme. (Genèfe, chapitre 4.) Elle paffe pour avoir inventé l'art de filer & de faire de la toile ; mais quand l'écriture n'en dit rien, fur quoi eft fondée cette opinion ?

NOEMI. (*Hift. facr.*) Son hiftoire, celle d'Orpha & de Ruth, de Booz, font rapportées au livre de Ruth.

NOET, NOETIUS, (*Hift. ecclef.*) héréfiarque du troifième fiècle, maître de Sabellius, & inventeur de l'héréfie qui fut appellée *fabellianifme* du nom de celui-ci, & dont le propre étoit de fupprimer toute diftinction de perfonnes dans la trinité. Ses fectateurs s'appelloient d'abord Noétiens, mais Sabellius l'emporta dans la fuite pour le trifte honneur de donner fon nom à la fecte.

N O G

NOGARET. (*Hift. de Fr.*) *Voyez* VALETTE. (NOGARET DE LA)

NOGAROLA, (ISOTTA) (*Hift. litt. mod.*) fille favante de Vérone au quinzième fiècle. Le cardinal Beffarion fit le voyage de Rome exprès pour la voir. Elle examina qui d'Adam ou d'Eve avoit péché le plus grièvement en mangeant du fruit défendu, elle prit le parti d'Eve ; Louis Fofcaro celui d'Adam : c'eft ce qui s'appelloit alors cultiver les lettres, & il y avoit là de quoi partager le fiècle. Géneviève & Laure *Nogarola*, fœurs d'Ifotta, étoient auffi des femmes favantes, auffi bien qu'une Antonia & une Angélique de la même famille. En général, cette famille de Nogarole, ou *Nogarola*, a produit beaucoup de favans, hommes & femmes ; on vient de voir fes femmes. Le plus célèbre des hommes eft Louis *Nogarola*, favant médecin, & littérateur très-verfé dans la langue grecque. Mort en 1559 à Vérone, patrie de tous les Nogaroles.

N O I

NOIR, (JEAN LE) (*Hift. ecclef.*) théologal de Séez, connu par fon zèle contre ce qu'il appelloit l'héréfie de la domination épifcopale, zèle qui lui attira de fâcheufes affaires. Il accufa juridiquement d'héréfie l'évêque de Séez, & fit contre lui des *factums* qu'on jugea des libelles, & pour lefquels il fut condamné, le 24 avril, aux galères perpétuelles, & à faire amende honorable devant l'églife métropolitaine de Paris. On lui fit grace des galères, mais on le transféra de prifon en prifon, à Saint-Malo, à Breft, à Nantes enfin, où il mourut en 1692. Indépendamment de fes requêtes & *factums* contre la domination épifcopale, il fit un livre exprès, intitulé : *L'héréfie de la domination épifcopale que l'on établit en France ;* un autre intitulé : *L'évêque de cour ;* un troifième : *Proteftation contre les affemblées du clergé de 1681.* Il ne faut pas croire qu'il fût abfolument abandonné dans cette guerre contre les évêques, il avoit un grand parti, les janféniftes lui étoient favorables : plufieurs favans canoniftes le jugeoient injuftement condamné ; ceux même qui l'accufoient de trop d'emportement & de violence, admiroient en lui une grande connoiffance du droit ; on prit fa défenfe dans plufieurs écrits, & ce qui rendoit f a caufe plus favorable, c'eft qu'il fut jugé par des commiffaires. On a de lui beaucoup d'autres écrits polémiques & théologiques. On dit que fon ouvrage intitulé : *Les nouvelles lumières politiques, ou l'évangile nouveau du cardinal Palavicini, dans fon hiftoire du concile de Trente,* fit fupprimer une traduction françoife, qu'on préparoit alors de cette hiftoire de Palavicini.

N O L

NOLASQUE. (PIERRE) (*Hift. eccl.*) Saint Pierre *Nolafque*, gentilhomme languedocien, né au diocèfe de Saint-Papoul, vers l'an 1189, fut, avec Raymond de Pennafort, (dominicain, confeffeur de Jacques, roi d'Arragon, de Valence, de Murcie, &c. dit le victorieux) le fondateur de la confrairie de la miféricorde, connue aujourd'hui fous le nom de l'ordre de la Merci, pour la rédemption des captifs, c'eft-à-dire des chrétiens prifonniers chez les Mufulmans, & vraiment efclaves chez les Barbarefques. Cette fociété refpectable fut formée le 10 août 1223. Elle fut approuvée, en 1230, par Grégoire IX : Clément V, en 1308, y fit quelques légers changemens. Saint Pierre *Nolafque* mourut la nuit de noël 1256 ou 1258.

NOLDIUS, (CHRISTIAN) (*Hift. litt. mod.*) né en Scanie en 1626, recteur du collège de Landfcroon en 1650, miniftre & profeffeur de théologie à Copenhague en 1664, y mourut en 1683. On a de lui : *Concordantiæ particularum hebraochaldaicarum ; hiftoria idumea, feu de vitâ & geftis herodum diatribe ; facrarum hiftoriarum & antiquitatum fynopfis,* une édition de l'hiftorien Jofephe.

NOLIN, (*Hift. litt. mod.*) Denis & Jean-Baptifte ; le premier étoit un avocat au parlement de Paris, qui quitta le barreau pour fe livrer à l'érudition hébraïque : il a beaucoup écrit fur la bible, & fur les antiquités des Chaldéens & des Egyptiens. Mort en 1710. Le fecond a été un géographe célèbre. Mort le premier juillet 1762.

NOLLET, (JEAN-ANTOINE) (*Hift. litt. mod.*) de l'académie des fciences de Paris, de la fociété royale de Londres, de l'inftitut de Bologne, de l'académie de fciences d'Erfort, &c. profeffeur royal de phyfique expérimentale au collège de Navarre, favant utile aux progrès de la phyfique, fur-tout dans ce qui concerne l'électricité, a beaucoup écrit fur cette fcience, & on peut dire qu'il a régné long-temps fur elle, jufqu'à ce qu'à la fin des découvertes nouvelles que fes travaux

avoient peut-être préparées, & qu'il eut le malheur
de combattre, semblèrent lui enlever en quelque
sorte cet empire de l'électricité. On a de lui,
indépendamment de ses écrits sur les phénomènes
électriques, des *leçons de physique expérimentale*,
& un traité de l'*art des expériences*. Il étoit ecclésiastique, licencié en théologie, & s'étoit livré à
la scholastique. Il avoit aussi prêché; mais c'étoit
la physique qui l'appelloit, & qui devoit faire sa
réputation: c'est lui qui, par ses cours de physique,
a fait naître l'idée de tant de cours qui se font
aujourd'hui dans tous les genres. Il voyagea beaucoup relativement à la physique, & par-tout il
fut reçu comme le réprésentant & le député des
physiciens de l'Europe. Il avoit donné des leçons
de physique expérimentale à feu M. le dauphin,
père du roi régnant, qui l'honora toujours de ses
bontés. Un jour étant venu à Paris pour une cérémonie, il fit avertir l'abbé *Nollet* qu'il dînoit
aux tuileries; l'abbé *Nollet* s'y étant rendu pour
y faire sa cour, M. le dauphin lui dit: *Binet est
plus heureux que moi, il a été chez vous.* Ce prince,
désirant être utile à sa fortune, lui conseilla d'aller
présenter ses ouvrages à un homme en place,
auquel il croyoit, avec raison, tout le crédit qu'il
ne se flattoit pas d'avoir lui-même. L'abbé *Nollet*
alla chez cet homme pour obéir aux ordres du
prince; il trouva en lui un protecteur froid, qui,
ayant jeté un regard distrait sur ses ouvrages,
lui dit: *Je ne lis guère ces sortes de livres. Monsieur,* répondit l'abbé *Nollet, je vais les laisser dans
votre antichambre; il s'y trouvera peut-être des gens
d'esprit qui les liront.* L'abbé *Nollet* mourut à Paris,
le 25 avril 1770.

N O M

NOM, (*Hist. génér.*) appellation distinctive
d'une race, d'une famille, & des individus de
l'un & de l'autre sexe dans chaque famille.

On distingue en général deux sortes de *noms*
parmi nous, le *nom propre*, & le *nom de famille*.
Le *nom propre*, ou le *nom de baptême*, est celui
que l'on met devant le *surnom* ou le *nom de famille*: comme *Jean, Pierre, Louis*, pour les hommes: *Susanne, Thérèse, Elisabeth*, pour les femmes.

Le *nom de famille* est le *nom* qui appartient à
toute la race, à toute la famille, qui se continue
de père en fils, & passé à toutes les branches;
tel est le *nom* de *Bourbon*. Il répond au patro-
nymique des Grecs; par exemple, les descendans
d'Eaque se nommoient *Eacides*. Les Romains appelloient ces *noms* généraux, qui se donnent à toute
la race, *gentilitia*.

Nous n'avons que des connoissances incertaines sur l'origine des *noms* & des *surnoms*; &
l'ouvrage de M. Gilles-André de la Roque, imprimé
à Paris en 1681, in-12, n'a point débrouillé
ce chaos par des exemples précis tirés de l'histoire.
Son livre est d'ailleurs d'une sécheresse ennuyeuse,

Dans les titres, au-dessus de l'an 1000, on ne
trouve guère les personnes désignées autrement
que par leur *nom* propre ou de baptême; c'est
de là peut-être que les prélats ont retenu l'usage
de ne signer que leur nom propre avec celui de
leur évêché, parce que, durant les siècles précédens, on ne voyoit point d'autres souscriptions
dans les conciles. Le commun peuple d'Angleterre n'avoit point de *nom* de famille ou de *surnom*
avant le règne d'Edouard II de la race saxonne,
qui monta sur le trône en 975. Plusieurs familles
n'en ont point encore dans le Holstein & dans
quelques autres pays, où l'on n'est distingué que
par le *nom* de baptême & par celui de son père:
Jacques, fils de Jean; Pierre, fils de Paul.

On croit que les *surnoms* ou *noms* de famille ont
commencé de n'être en usage en France que vers
l'an 987, sur la fin de la lignée des Carlovin-
giens, où les nobles de France prirent des *surnoms*
de leurs principaux fiefs, ou bien imposèrent leurs
noms à leurs fiefs, & même avec un usage fort
confus. Les bourgeois & les serfs qui n'étoient
pas capables de fief, prirent leurs *surnoms* du
ministère auquel ils étoient employés, des lieux,
des métairies qu'ils habitoient, des métiers qu'ils
exerçoient, &c.

Matthieu, historiographe, prétend que les plus
grandes familles ont oublié leurs premiers *noms*
& *surnoms*, pour continuer de leur partage,
apanages & successions, c'est-à-dire, que leurs
noms n'ont pas été d'abord héréditaires. M. le
Laboureur, parlant du temps que les *noms* & les
armes commencèrent à être héréditaires, prétend
qu'il y a peu qui puissent prouver leur descendance au-delà de cinq cents ans, parce que
les *noms* & les armes étoient seulement attachés
aux fiefs qu'on habitoit. Ainsi, Robert de Beaumont, fils de Roger, sire de Beaumont, & d'Ade-
line de Meulan, prit le *nom* & les armes de Meulan,
& quitta le *surnom* de Beaumont. On remarque
même que les fils de France, en se mariant avec des
héritières qui avoient des terres d'un grand état,
en prenoient les *noms* & les armes, comme Pierre
de France, en épousant Isabelle de Courtenay.

Mézerai prétend que ce fut sur la fin du règne
de Philippe II, dit Auguste, que les familles commencèrent à avoir des *noms* fixes & héréditaires; & que les seigneurs & gentils-hommes les
prenoient le plus souvent des terres qu'ils possédoient. Quant à l'origine des *surnoms* de la roture,
le même historien la tire de la couleur, des qualités ou des défauts, de la profession, du métier,
de la province, du lieu de la naissance, & d'autres
causes semblables & arbitraires, impossibles à
découvrir.

On s'est encore servi de sobriquets pour faire
des distinctions dans les familles. Les souverains
mêmes n'en ont pas été exceptés, comme Pépin
dit le Bref, Charles-le-Simple, Hugues Capet,
& autres. Mais il faut remarquer que ces sobri-

quets fe prenoient indifféremment des qualités
bonnes ou mauvaifes de l'efprit & du corps.

Perfonne n'ignore que les papes changent de
nom lors de leur pontificat; mais ce changement
de *nom* paroît un peu plus ancien que l'élection de
Sergius IV, l'an 1009 : car Jean XV s'appelloit
Cicho avant fon élévation au pontificat; & Jean XVI,
fon fucceffeur, en l'an 995, fe nommoit *Fafanus*;
mais alors ce n'étoient pas les papes élus qui changeoient leur *nom* comme ils font aujourd'hui,
c'étoient leurs électeurs qui leur impofoient d'autres
noms.

Les grands d'Efpagne multiplient leurs *noms*, tant
par adoption, qu'en confidération de leurs alliances avec de riches héritières. Les François multiplient auffi leurs *noms*, mais par pure vanité, ou
bien ils les changent par le même principe. Certaines gens, dit la Bruyère, portent trois *noms*
de peur d'en manquer; d'autres ont un feul *nom*
diffyllabe qu'ils annobliffent par des particules,
dès que leur fortune devient meilleure. Celui-ci,
par la fuppreffion d'une fyllabe, fait de fon *nom*
obfcur un *nom* illuftre; celui-là, par le changement d'une lettre en une autre, fe traveftit, &
de Syrus devient Cyrus. Plufieurs fuppriment leurs
noms qu'ils pourroient conferver fans honte, pour
en adopter de plus beaux où ils n'ont qu'à perdre,
par la comparaifon que l'on fait toujours d'eux
qui les portent avec les grands hommes qui les
ont portés. Il s'en trouve enfin qui, nés à l'ombre
des clochers de Paris, veulent être flamands
ou italiens, comme fi la roture n'étoit pas de tout
pays; ils alongent leurs *noms* françois d'une ter-
minaifon étrangère, & croient que venir de bon
lieu c'eft venir de loin. (*D. J.*)

NON

NON-CONFORMISTES, f. m. (*Hift. mod.*)

nom d'une fecte, ou plutôt de plufieurs fectes en
Angleterre. Autrefois ce nom étoit reftreint aux
puritains ou calviniftes rigides; aujourd'hui il
s'étend à tous ceux qui ne font pas du fentiment
de l'églife anglicane dominante, excepté les catholiques romains.

On dit que ce mot a pris fon origine dans une
déclaration du roi Charles I, qui ordonna que
toutes les églifes d'Angleterre & d'Ecoffe obfer-
vaffent les mêmes cérémonies & la même difcipline; & c'eft l'acquiefcement ou l'oppofition à
cette ordonnance qui a fait donner aux uns le
nom de *conformiftes*, & aux autres celui de *non-
conformiftes*. (*A. R.*)

NONE, NONES, nonæ, (*Hift. ancienne*) une

des fept heures canoniales dans l'églife romaine.

Nones, ou la neuvième heure, eft la dernière
des petites heures que l'on dit avant vêpres, &
celle qui répond à trois heures après midi.

L'office fimple & l'office pour les morts finiffent à *nones*; laquelle heure, felon la remarque

du P. Rofweyd, étoit anciennement celle où fe
féparoit la fynaxe, c'eft-à-dire l'affemblée ordinaire des premiers chrétiens à l'églife.

L'heure de *nones* étoit auffi le temps où l'on
commençoit à manger les jours de jeûne, quoiqu'il y eût des fidèles qui ne mangeoient point
avant le foleil couché.

Pour conferver quelques traces de cette ancienne
coutume, on dit encore *nones* avant le dîner les
jours de jeûne & pendant le carême.

Bingham obferve que dans la primitive églife,
none étoit regardée comme la dernière des heures
ou prières du jour, & qu'elle avoit été inftituée
principalement pour honorer la mémoire de l'heure
à laquelle Jéfus-Chrift avoit expiré fur la croix.
C'eft auffi ce que dit la glofe : *Latus ejus nona
bipertit*. C'étoit chez les Juifs l'heure du facrifice
folemnel du foir, & on lit dans les Actes des
apôtres que faint Pierre & faint Jean fe rendoient au
temple à l'heure de *nones*, *ad horam orationis nonam*.
Les anciens ne difent rien de précis fur le nombre des pfeaumes & autres prières qu'on récitoit
à *nones*. Caffien femble feulement infinuer qu'on
n'y chantoit que trois pfeaumes. Aujourd'hui, dans
l'églife latine, l'office de *none* eft compofé du
Deus in adjutorium, d'une hymne, de trois pfeaumes fous une feule antienne, puis d'un capitule,
d'un répons bref & d'un verfet, & enfin d'une
oraifon propre au temps ou à la fête. Bingham,
Orig. eccléf. t. V, l. XIII, c. ix, §. 13. (*A. R.*)

NONIUS-MARCELLUS, (*Hift. litt. anc.*)

grammairien & philofophe péripatéticien, auteur
d'un traité, *De proprietate fermonum*, dont Jofias
Mercier a donné en 1615 une bonne édition avec
de favantes notes. On trouve dans *Nonius-Mar-
cellus* des fragmens d'anciens auteurs qu'on ne
trouve que là.

Nonius eft auffi le nom d'un fénateur romain,
qui aima mieux paffer fa vie dans l'exil, que de
vendre ou de donner à Marc-Antoine une opale
d'un grand prix, que ce triumvir vouloit avoir.

NONNIUS. (On connoît deux favans de ce nom.)
1°. Pierre, dont le nom en efpagnol eft
Nunnez, médecin & mathématicien portugais,
précepteur de l'infant don Henri, fils d'Emmanuel-
le-Grand, & qui fut dans la fuite le cardinal Henri,
roi de Portugal, après la mort de don Sébaftien
fon petit-neveu, tué, ou qui difparut du moins à
la bataille d'Alcazar, contre les maures, en 1578.
On a de ce *Nonnius* un traité, *De arte navigandi*;
un autre, *De crepufculis*; des œuvres mathématiques. Il mourut en 1577, & ne vit point fon
élève, le cardinal Henri, fur le trône.

2°. Louis, médecin d'Anvers au dix-feptième
fiècle, auteur d'un traité intitulé : *Diæteticon five de
re cibariâ*; d'un autre traité, *De pifcium efu*; d'une
defcription de l'Efpagne, intitulée : *Hifpania five
populorum, urbium accuratior defcriptio*, & d'autres
ouvrages favans & utiles.

NONNUS, (*Hist. litt. anc.*) poëte grec du cinquième siècle, étoit né en Egypte. On a de lui un poëme intitulé : *Dionysiaca*, &c.

N O O

NOODT, (GÉRARD) (*Hist. litt. mod.*) savant hollandois, professeur en droit dans plusieurs villes de Hollande, & dont Barbeyrac a traduit & commenté le traité sur le pouvoir des souverains & la liberté de conscience. Mort en 1725.

N O R

NORADIN, (*Hist. mod.*) soudan d'Alep au douzième siècle, devint, par sa valeur & ses conquêtes, un des plus puissans princes de l'Asie. Ce fut lui qui, par la reprise d'Edesse & par les avantages qu'il remporta sur les chrétiens, auxquels il paroissoit prêt d'enlever toutes leurs conquêtes, donna lieu à la seconde croisade, prêchée par saint Bernard, entreprise par Louis-le-Jeune, & dans laquelle *Noradin* se rendit très-redoutable aux croisés. M. de Voltaire l'a fait père de son Orosmane, nom d'invention comme son histoire :

C'est ici le palais qu'on bâti vos aïeux,
Du fils de *Noradin* c'est le séjour profane........

Je faisois tout pour *Dieu*, j'espérois de lui rendre
Une jeune beauté, qu'à l'âge le plus tendre
Le cruel *Noradin* fit esclave avec moi,
Lorsque les ennemis de notre auguste foi,
Baignant de notre sang la Syrie enivrée,
Surprirent Lusignan vaincu dans Césarée.

Le *cruel Noradin* n'étoit point *cruel* ; les chrétiens qu'il avoit battus, & qui avoient été très-cruels à l'Asie, pouvoient l'appeller ainsi ; mais ce n'étoit pas moins un prince plein d'humanité, qu'un général plein de valeur & de talens. Il mourut en 1174.

NORBERG ou NORDBERG, (*Hist. litt. mod.*) chapelain du fameux roi de Suède Charles XII. Il avoit suivi ce roi dans toutes ses campagnes, & avoit écrit son histoire, ou du moins il croyoit l'avoir écrite, parce qu'il en avoit entassé tous les actes, sans prendre la peine de les fondre dans son récit. On a voulu l'opposer à M. de Voltaire ; car l'envie a toujours quelque auteur, qu'on ne lit pas, à opposer aux auteurs qu'on lit.

NORBERT, (Saint) (*Hist. ecc.*) fondateur de l'ordre de Prémontré en 1120. Cet ordre fut confirmé en 1126, par le pape Honorius II. Saint *Norbert* fut fait archevêque de Magdebourg ; il étoit parent de l'empereur Henri V, & avoit vécu à sa cour qu'il avoit quittée pour se sanctifier dans la retraite. Saint *Norbert* mourut en 1134. Le pape Grégoire XIII le canonisa en 1584. Dom Hugo

a écrit son histoire & celle de l'ordre de Prémontré.

Le père *Norbert*, capucin, dont le vrai nom étoit, dit-on, Pierre Parisot, ce qui est fort indifférent, fut curé de Pondichery : il est principalement connu par la haine qu'il portoit aux jésuites, par ses contestations avec eux au sujet des rits malabars, par ses mémoires historiques sur les missions des Indes, &c. Les capucins passoient alors pour être fort attachés aux jésuites, qui avoient encore alors du crédit. L'abbé Desfontaines, en rendant compte des mémoires historiques de ce père *Norbert* sur les rits malabars, livre où les jésuites sont traités sans ménagement, s'exprimoit ainsi : Qu'un janséniste parle mal de la société des jésuites ; qu'il leur attribue même aujourd'hui des maximes d'une morale relâchée, & leur objecte maligne-ment qu'ils ne sont pas plus soumis, aux Indes, à la bulle de Benoît XIV, que les jansénistes, en France, à la bulle de Clément XI, on n'en est point étonné ; mais qu'un capucin se donne aussi cette liberté, & oublie jusqu'à ce point l'esprit de son ordre, dévoué de tout temps aux jésuites, & auquel les jésuites ne sont pas moins atta-chés, c'est ce qui paroit incroyable : la société pourroit dire au capucin : *tu quoque, Brute.* Nous lisons dans un livre moderne, que l'abbé Desfontaines avoit traduit malignement & injuste-ment ces mots connus, *tu quoque, Brute,* par ceux-ci : & *toi aussi, Brute* : nous ne trouvons rien de semblable dans l'abbé Desfontaines, qui d'ailleurs en cela auroit été plus grossier que malin. Au reste, on trouve toujours dans Corneille, & dans d'autres auteurs du même temps, soit en prose, soit en vers, ce mot de *Brute* au lieu de *Brutus,* comme celui de *Cassie* au lieu de *Cassius* ; & il faut convenir que celui de *Brute,* sur-tout, fait un fort mauvais effet en vers, & sur-tout dans des vers de tragédie.

Il est des assassins, mais il n'est plus de *Brute.*
Regarde le malheur de *Brute* & de *Cassie.*
Voulant nous affranchir *Brute* s'est abusé.
Je crois que *Brute* même à tel point qu'on le prise.
De la main de César *Brute* l'eût acceptée.

Le capucin *Norbert* rappelle le capucin Valérien, dont il est parlé dans les lettres provinciales, & qui employoit si discourtoisement à l'égard des jésuites, quand il n'étoit pas d'accord avec eux sur les faits, cette énergique formule : *mentiris im-pudentissimè.*

Le père *Norbert* étoit né à Bar-le-Duc en 1697. Depuis sa rupture avec les jésuites, il erra dans presque toutes les contrées de l'Europe, soit pour leur susciter par-tout des ennemis, soit pour échapper aux tracasseries qu'ils lui suscitoient dans son ordre. On dit que dans ses courses hors de France, ayant fait quelque séjour en Angleterre, il établit à trois milles de Londres deux manufactures de tapisseries ;

l'une d'après les gobelins, l'autre d'après celle de Chaillot. Le pape lui permit, en 1759, de porter l'habit séculier, & sa querelle avec les jésuites lui procura des amis & des secours: cet homme étoit sans doute inconstant. On peut se faire capucin une fois; mais quand on est sorti de cet état, si on y rentre, il faut que ce soit pour y mourir comme le frère Ange de Joyeuse. Le père *Norbert*, sécularisé, rentra chez les capucins à Commerci, en resortit encore, se mit à errer de nouveau, & mourut dans un village de Lorraine en 1770. Chevrier, c'est-à-dire, de tous les écrivains le moins digne de foi, a donné, en 1762, la vie du père *Norbert*.

NORDEN, (FRÉDÉRIC-LOUIS) (*Hist. litt. mod.*) voyageur célèbre, mort en 1742. Ses mémoires sont estimés. Ils sont très-instructifs sur ce qui concerne les antiquités de l'Egypte. On y voit les desseins des monumens qui subsistent dans la Thébaïde. Ces desseins ont été pris sur les lieux par l'auteur.

NORÈS, (JASON DE) (*Hist. litt. mod.*) né à Nicosie dans l'île de Chypre ou Cypre, dépouillé par les Turcs en 1570, se consola de la perte de ses biens par la culture des lettres; il écrivit contre le *pastor fido* du Guarini, qui lui répondit d'un ton qui n'a rien de la douceur du *pastor fido*. *Norès* a d'ailleurs beaucoup écrit sur la rhétorique, la poétique, & la politique même, d'après Aristote, Horace & Cicéron; car il étoit un peu de ces gens qui ne pensent & n'écrivent que d'après les autres. Mort en 1590. Il enseignoit la philosophie morale à Padoue, & étoit fort attaché aux Vénitiens, ses souverains, dont il donne le gouvernement pour le modèle d'une république parfaite, dans son *Traité de la république.*

NORTFOLCK, (*V.* HOVARD.) (*Hist. d'Ang.*) Il y a plusieurs ducs de *Nortfolck* de la maison Hovard, malheureux & célèbres dans l'histoire d'Angleterre. Catherine Hovard, cinquième femme de Henri VIII, étoit nièce d'un de ces ducs de *Nortfolck*. Henri VIII, après l'avoir beaucoup aimée, lui fit trancher la tête, & persécuta ses parens; il fit aussi trancher la tête au comte de Surrey, cousin de cette infortunée, & fils du duc de *Nortfolck*; il signa l'arrêt de mort du duc; mais la mort du tyran sauva la vie au duc de *Nortfolck*. Leur crime étoit d'avoir, conformément à un ancien usage autorisé par le héraut d'armes, porté les armes d'Angleterre mêlées avec les leurs, parce qu'ils avoient des alliances avec la maison royale. On voulut regarder cette petite vanité héraldique comme la marque d'une prétention secrète à la couronne. Le père & le fils avoient tous deux très-bien servi l'état; mais tous deux étoient attachés au saint-siége, & détestoient les violences de Henri VIII, dont ils rejetoient la suprématie.

Un autre Hovard, (Thomas) oncle de Cathe-

rine, emprisonné par Henri VIII, pour des raisons à peu près pareilles, fut trouvé mort dans sa prison le premier novembre 1537, non sans soupçon de poison.

Du temps de la reine Elisabeth, le duc de *Nortfolck*, de la même maison Hovard, fils du duc de Surrey, décapité, étoit le plus grand seigneur, l'homme le plus puissant, le plus populaire, le plus aimable de toute l'Angleterre; il avoit toujours montré beaucoup de zèle pour ce qu'on appelloit la succession d'Ecosse, c'est-à-dire, pour que la maison Stuart fût déclarée héritière du trône d'Angleterre: ce zèle fut encore échauffé par les malheurs de Marie. Chef de la commission angloise, chargée de juger, ou plûtot de ne juger pas la reine d'Ecosse, il fut à portée de connoître l'innocence de cette princesse; sa probité s'indigna des injustices qu'elle éprouvoit. La compassion lui suggéra, même à l'égard de sa souveraine, une infidélité, qu'un tel motif peut au moins excuser. Il ne laissa point ignorer à Marie, que l'intention d'Elisabeth étoit de ne rien prononcer sur son affaire, mais de la laisser dans l'état d'une accusation non jugée, & cependant de publier qu'elle avoit entre les mains la preuve de son crime, & que, par pitié, par égard pour une reine sa parente, elle avoit voulu lui épargner un arrêt flétrissant. *Nortfolck*, pour rétablir Marie sur son trône, tenta de la réconcilier avec son frère naturel & son persécuteur Murray; il crut avoir gagné la confiance de Murray, parce que Murray avoit surpris la sienne. Il ne lui cacha point qu'il avoit formé le dessein d'épouser la reine d'Ecosse, & de marier au prince Jacques, fils de Marie, sa fille unique. Murray applaudit à ce projet, & passa en Ecosse pour disposer, disoit-il, les états à l'adopter. Il envoya d'Ecosse un exprès annoncer au duc de *Nortfolck* & à Marie, que la proposition avoit été très-bien reçue en Ecosse, & que le mariage ne pouvoit manquer de produire le rétablissement de Marie; en même temps il révéloit à la reine d'Angleterre l'indiscrétion de *Nortfolck*, le projet du double mariage, & lui envoyoit les lettres du duc. *Nortfolck* fut arrêté, il avoua tout à Elisabeth avec la plus grande candeur; il l'assura qu'il s'étoit toujours proposé de demander pour ce mariage l'agrément de sa souveraine, quand la négociation auroit encore fait quelques progrès; il promit de n'y plus songer que de l'aveu d'Elisabeth, & il parut même rentrer en grace; mais les courtisans, qui envioient sa grandeur & sa fortune, & les ministres, qui redoutoient sa popularité, achevèrent l'ouvrage commencé par Murray. *Nortfolck* étoit tolérant; on l'accusa d'être *papiste*, parce que le *papisme* étoit alors le plus grand crime en Angleterre. Il se piquoit cependant d'être protestant; & quoiqu'il désirât le rétablissement de Marie, il craignoit qu'elle n'en eût l'obligation aux catholiques, qui auroient pu traverser son mariage à cause de sa religion.

On l'accusa d'être entré dans diverses conspirations réelles ou chimériques en faveur de Marie, il fut arrêté de nouveau ; il avoua, dit-on, qu'il avoit eu connoissance de quelques projets semblables, mais il soutint qu'il ne les avoit ni secondés, ni approuvés. On vouloit ôter cet appui à Marie, on affecta de regarder la conduite du duc de *Nortfolck* dans cette affaire, comme une récidive ; il fut condamné à perdre la tête, quoiqu'aucun des chefs de haute trahison, allégués contre lui dans son jugement, n'eût été prouvé. Toute l'Angleterre le pleura ; le comte de Shrewsbury, Talbot, fondoit en larmes en prononçant la sentence ; Elisabeth, qui, toujours inexorable, affectoit toujours de la clémence, fut quatre mois sans vouloir signer le warrant de mort, & se fit prier sous main, par le parlement, de consentir à l'exécution du duc ; elle parut céder malgré elle au vœu public, & elle reprocha dans la suite au lord Burleigh, Guillaume Cécil, de lui avoir arraché un consentement qui n'avoit été que trop volontaire. Le duc de *Nortfolck*, jugé le 12 janvier 1572, fut exécuté le 8 mai suivant.

Le comte d'Arondel, son fils, ne fut guère plus heureux ; il mourut en prison le 10 novembre 1595. Dans l'injuste procès qu'on fit à la reine d'Ecosse, Marie Stuard, sous prétexte de conspiration contre la reine Elisabeth, on lut une lettre, dans laquelle il étoit fait mention de ce comte d'Arondel & de ses frères ; à ce nom, qui rappelloit à Marie les malheurs du duc de *Nortfolck*, leur père, elle fondit en larmes, & s'écria : *Hélas ! combien cette noble maison des Hovards a souffert pour moi !* Les *Nortfolck*-Hovard se partagèrent entre la religion catholique & la religion protestante. Henri Hovard, duc de *Nortfolck*, arrière-petit-fils du comte d'Arondel, étoit catholique ; son fils, nommé Henri comme lui, étoit protestant. Le roi Jacques II, ayant voulu, dès le premier dimanche qui suivit son avènement, aller à la messe publiquement, & dans tout l'appareil de la royauté, le duc de *Nortfolck*, qui avoit perdu son père l'année précédente (1684), portoit en qualité de lord-maréchal l'épée d'état devant le roi ; il s'arrêta comme protestant à la porte de la chapelle : « Milord, lui dit le roi, votre père auroit été » plus loin. — Sire, répondit *Nortfolck*, le père » de V. M. n'auroit pas été si loin. »

De la branche des Hovard-Effingham, étoit ce fameux lord Effingham, (Charles) grand-amiral d'Angleterre, qui, secondé par le vice-amiral Drake, détruisit, dans plusieurs combats en 1588, la partie de la fameuse *flotte invincible* de Philippe II, qui n'avoit pas été dissipée par la tempête. Il fut fait comte de Nottingham en 1597. (*Voyez* à l'article ESSEX,) comment il fut cause de la perte de cet infortuné seigneur, son ennemi capital.

Guillaume Hovard, père de Charles, & tige de

la branche d'Effingham, étoit aussi grand-amiral d'Angleterre.

Edouard Hovard, frère de Guillaume, l'avoit aussi été ; il fut tué, en 1513, dans un combat naval contre les François.

Georges-Charles, un autre de leurs frères, fut tué en France dans un combat.

Le duc de *Nortfolck*, (Jean Hovard) leur aïeul, fut tué en Angleterre à la bataille de Boswort, le 22 août 1485. C'est cette bataille qui décida la querelle de Richard III & de Henri VII. Richard y périt.

Voyez à l'article du docteur Arnauld, comment Guillaume Hovard, fils du duc de *Nortfolck* Thomas IV, & tige de la branche des vicomtes de Stafford, eut la tête tranchée à soixante-dix ans, le 8 janvier 1681, sur la déposition de quelques faussaires dans l'affaire connue sous le nom de *conspiration papiste*, conspiration qui n'eut jamais lieu.

Les malheurs des Hovards égalent presque ceux des Stuarts.

NORICIENS, (*Hist. anc.*) peuple de l'ancienne Germanie, qui occupoit les bords du Danube, & faisoit partie des Vindéliciens. Leur pays comprenoit l'Autriche, la Styrie, la Carinthie, le Tyrol, la Bavière, & une partie de la Franconie ; les Romains nommoient cette partie *Noricum ripense*, la Pannonie & la Hongrie s'appelloient *Noricum mediterraneum*. (*A. R.*)

NORIS, (HENRI) (*Hist. eccl.*) cardinal janséniste, comme le prouvent & les reproches de ses ennemis, & les éloges de ses amis. Il est vrai qu'il est difficile de ne pas l'être ou le paroître quand on écrit l'histoire pélagienne ; mais aussi on n'écrit guère l'histoire pélagienne, que parce qu'on est janséniste. *Noris*, d'ailleurs, étoit de l'ordre de saint Augustin, & son livre étoit un hommage qu'il croyoit devoir à la doctrine de ce père sur la grace. Ce livre fut déféré à l'inquisition romaine, & non-seulement il n'y fut point condamné, mais même le pape Clément X, pour venger *Noris*, le nomma qualificateur du saint-office. Innocent XII le vengea bien mieux encore, en le faisant cardinal en 1695. C'est ainsi que les papes, quoiqu'en général contraires au jansénisme qu'ils croyoient leur être contraire, partageoient, selon les circonstances, leurs faveurs & leurs rigueurs entre les jansénistes & les molinistes. C'étoit leur indifférence qu'il falloit partager entre ces différentes sectes, & c'est ce que fit le pape Benoît XIV. Les jésuites & les molinistes s'étoient vengés à leur tour de la promotion de *Noris* au cardinalat. Ils avoient d'abord fait, sur cette promotion même, une épigramme, où ils disoient que, si *Noris* avoit mérité d'être cardinal, Jansénius avoit mérité d'être pape.

Romano si dignus erat Norisius ostro,
Debuit yprensi trina corona dari.

Ce

Ce ne fut pas tout. Le père Colonia ne manqua pas de mettre l'histoire pélagienne dans sa *bibliothèque janséniste*, & le grand inquisiteur d'Espagne, en 1747, mit à l'index ce livre que les inquisiteurs de Rome avoient respecté dans le siècle précédent. Le pape Benoît XIV écrivit à ce sujet au grand-inquisiteur d'Espagne, en 1748, une lettre pleine de modération & de sagesse, qui fit beaucoup de bruit dans le temps, dans laquelle il condamne cette censure, & déclare que, pourvu qu'on respecte ces deux articles de foi, d'un côté la toute-puissance de Dieu, de l'autre, la liberté de l'homme, toutes les diverses manières de concilier ces deux dogmes, sont abandonnées aux disputes de l'école; que comme théologien, il peut choisir entre ces diverses manières, & en préférer une aux autres; que comme souverain pontife, il n'en condamne aucune, & qu'il blâme ce zèle intolérant qui s'empresse toujours d'ériger en dogmes exclusifs des opinions indifférentes. Le grand-inquisiteur d'Espagne n'eut aucun égard à la lettre du pape; &, dans des temps que nous entendons regretter tous les jours, & qui peuvent mériter des regrets à d'autres égards, il n'en auroit pas fallu davantage pour faire un schisme. Le successeur de ce grand inquisiteur rebelle, entra dans les vues sages & pacifiques de Benoît XIV qui n'étoit plus, & annulla en 1758, par un décret solemnel, le décret de son prédécesseur contre le livre du cardinal *Noris*. Ce cardinal continua toujours d'avoir la confiance des papes; il fut fait, en 1700, bibliothécaire du Vatican. Il mourut en 1704; il étoit né à Vérone en 1631. Sa famille étoit originaire d'Irlande.

Ses œuvres ont été recueillies en cinq volumes in-fol. Elles ne roulent pas toutes sur la théologie; plusieurs appartiennent à l'érudition profane; le cardinal *Noris* étoit en effet un littérateur estimable & estimé, & Benoît XIV aimoit & respectoit sa mémoire.

NORIMON; (*Hist. mod.*) c'est le nom qu'on donne au Japon à une espèce de chaise à porteur, dont les habitans du pays se servent dans leurs voyages. C'est une caisse carrée, oblongue, assez grande pour qu'une personne puisse y être assise, & même couchée; elle est fermée par un treillis de cannes entrelacées, & quelquefois vernies. Il y a de chaque côté une petite porte brisée & communément une fenêtre par devant & par derrière. Cette chaise est portée sur des brancards par deux, quatre ou huit hommes, suivant la qualité des personnes. (*A. R.*)

NORMANDS, (*Hist. mod.*) peuples de la Scandinavie & des bords de la mer Baltique, qui ravagèrent la France & l'Angleterre pendant le neuvième siècle. On les appelloit *Normands*, hommes du Nord, sans distinction, comme nous disons encore, en général, les corsaires de Barbarie. Voici le récit de leurs incursions, d'après l'illustre

auteur moderne de l'histoire générale: il me procure sans cesse des tableaux intéressans pour embellir l'Encyclopédie.

Les *Normands*, trop nombreux pour leur pays, n'ayant à cultiver que des terres ingrates, manquant de manufactures, & privés des arts, ne cherchoient qu'à se répandre loin de leur patrie. Le brigandage & la piraterie leur étoient nécessaires, comme le carnage aux bêtes féroces. Dès le quatrième siècle, ils se mêlèrent aux flots des autres barbares qui portèrent la désolation jusqu'à Rome & en Afrique.

Charlemagne prévit avec douleur les descentes que ces peuples feroient un jour, & les ravages qu'ils exerceroient; il songea à les prévenir. Il fit construire des vaisseaux qui restoient toujours armés & équipés; il forma à Boulogne un des principaux établissemens de sa marine, & il y releva l'ancien phare qui avoit été détruit par le temps: mais il mourut, & laissa dans la personne de Louis-le-Débonnaire un successeur qui n'hérita pas de son génie: il s'occupa trop de la réforme de l'Eglise, peu du gouvernement de son état; s'attira la haine des ecclésiastiques, & perdit l'estime de ses sujets. A peine fut-il monté sur le trône en 814, que les *Normands* commencèrent leurs courses. Les forêts, dont leur pays étoit hérissé, leur fournissoient assez de bois pour construire leurs barques à deux voiles & à rames. Environ cent hommes tenoient dans ces bâtimens, avec leurs provisions de bière, de biscuit de mer, de fromage & de viande salée. Ils côtoyoient les terres, descendoient où ils ne trouvoient point de résistance, & retournoient chez eux avec leur butin, qu'ils partageoient ensuite selon les lois du brigandage, ainsi qu'il se pratique en Barbarie.

Dès l'an 843, ils entrèrent en France par l'embouchure de la rivière de Seine, & mirent la ville de Rouen au pillage. Une autre flotte entra par la Loire, & dévasta tout jusqu'en Touraine; ils emmenoient en esclavage les hommes, ils partageoient entr'eux les femmes & les filles, prenant jusqu'aux enfans pour les élever dans leur métier de pirates. Les bestiaux, les meubles, tout étoit emporté. Ils vendoient quelquefois sur une côte ce qu'ils avoient pillé sur l'autre. Leurs premiers gains excitèrent la cupidité de leurs compatriotes indigens. Les habitans des côtes germaniques & gauloises se joignirent à eux, ainsi que tant de renégats de Provence & de Sicile ont servi sur les vaisseaux d'Alger.

En 844, ils couvrirent la mer de navires; on les vit descendre presqu'à la fois en Angleterre, en France & en Espagne. Il falloit que le gouvernement des François & des Anglois fût moins bon que celui des Mahométans qui régnoient en Espagne; car il n'y eut nulle mesure prise par les François, ni par les Anglois, pour empêcher ces irruptions; mais en Espagne, les Arabes gar-

H

cèrent leurs côtes, & repoussèrent enfin les pirates.

En 845, les *Normands* pillèrent Hambourg, & pénétrèrent bien avant dans l'Allemagne. Ce n'étoit plus alors un ramas de corsaires sans ordre, c'étoit une flotte de 600 bateaux qui portoient une armée formidable. Un roi de Danemarck, nommé Eric, étoit à leur tête. Il gagna deux batailles avan que de se rembarquer. Ce roi des pirates, après être retourné chez lui avec les dépouilles allemandes, envoie en France un des chefs des corsaires, à qui les historiens donnent le nom de Regnier, Il remonte la Seine avec 120 voiles, pille Rouen une seconde fois, & vient jusqu'à Paris. Dans de pareilles invasions, quand la foiblesse du gouvernement n'a pourvu à rien, la terreur du peuple augmente le péril, & le plus grand nombre fuit devant le plus petit. Les Parisiens, qui se défendirent dans d'autres temps avec tant de courage, abandonnèrent alors leur ville, & les *Normands* n'y trouvèrent que des maisons de bois qu'ils brûlèrent. Le malheureux roi Charles-le-Chauve, retranché à Saint-Denis avec peu de troupes, au lieu de s'opposer à ces barbares, acheta de dix mille cinq cents marcs d'argent (qui reviendroient à 525000 livres de notre monnoie, à 50 livres le marc) la retraite qu'ils daignèrent faire. On lit avec pitié dans nos auteurs, que plusieurs de ces barbares furent punis de mort subite, pour avoir pillé l'église de Saint-Germain-des-Prés; ni les peuples, ni leurs saints ne se défendirent: mais les vaincus se donnent toujours la honteuse consolation de supposer des miracles opérés contre leurs vainqueurs. Mais il est vrai que les excès auxquels ils se livrèrent, leur causèrent la dyssenterie & d'autres maladies contagieuses.

Charles-le-Chauve, en achetant ainsi la paix, ne faisoit que donner à ces pirates de nouveaux moyens de faire la guerre, & s'ôter celui de la soutenir. Les *Normands* se servirent de cet argent pour aller assiéger Bordeaux, qu'ils pillèrent; pour comble d'humiliation & d'horreur, un descendant de Charlemagne, Pepin, roi d'Aquitaine, n'ayant pu leur résister, s'unit avec eux, & alors la France, vers l'an 858, fut entièrement ravagée. En un mot, les *Normands*, fortifiés de tout ce qui se joignit à eux, désolèrent l'Allemagne, la Flandre & l'Angleterre. Nous avons vu dans ces derniers temps des armées de cent mille hommes pouvoir à peine prendre deux villes après des victoires signalées, tant l'art de fortifier les places, & de préparer des ressources a été perfectionné! Mais alors des barbares combattant d'autres barbares désunis, ne trouvoient après le premier succès presque rien qui arrêtât leur course. Vaincus quelquefois, ils reparoissoient avec de nouvelles forces.

J'ai dit que les *Normands* désolèrent l'Angleterre. On prétend qu'en 852, il remontèrent la Tamise avec trois cents voiles. Les Anglois ne se défendirent guère mieux que les Francs. Ils payèrent, comme eux, leurs vainqueurs. Un roi, nommé Ethelbert, suivit le malheureux exemple de Charles-le-Chauve, il donna de l'argent; la même faute eut la même punition. Les pirates se servirent de cet argent pour mieux subjuguer le pays; ils conquirent la moitié de l'Angleterre. Il falloit que les Anglois, nés courageux, & défendus par leur situation, eussent dans leur gouvernement des vices bien essentiels, puisqu'ils furent toujours assujétis par des peuples qui ne devoient pas aborder impunément chez eux. Ce qu'on raconte des horribles dévastations qui désolèrent cette île, surpasse encore ce qu'on vient de voir en France. Il y a des temps où la terre entière n'est qu'un théâtre de carnage; & ces temps sont trop fréquens. Enfin, Alfred monta sur le trône en 872, battit les Danois, sut négocier comme combattre, & se fit reconnoître unanimement pour roi par les mêmes Danois qu'il avoit vaincus.

Godefroi, roi de Danemarck, à qui Charles-le-Gros céda enfin une partie de la Hollande en 882, pénétra de la Hollande en Flandre; les *Normands* passèrent de la Somme à la Loire sans résistance, & arrivèrent par eau & par terre devant Paris en 885.

Les Parisiens, qui pour lors s'attendoient à l'irruption des barbares, n'abandonnèrent point la ville comme autrefois. Le comte de Paris, Odon ou Eudes, que sa valeur éleva depuis sur le trône de France, mit dans la ville un ordre qui anima les courages, & qui leur tint lieu de tours & de remparts. Sigefroy, chef des *Normands*, pressa le siége avec une fureur opiniâtre, mais non destituée d'art. Les *Normands* se servirent du belier pour battre les murs; ils firent brèche, & donnèrent trois assauts. Les Parisiens les soutinrent avec un courage inébranlable. Ils avoient à leur tête non-seulement le comte Eudes, mais encore leur évêque Goslin, qui chaque jour, après avoir donné la bénédiction à son peuple, se mettoit sur la brèche, le casque en tête, un carquois sur le dos & une hache à la ceinture, & ayant planté la croix sur le rempart, combattoit à sa vue. Il paroît que cet évêque avoit dans la ville autant d'autorité, pour le moins, que le comte Eudes, puisque ce fut à lui que Sigefroy s'étoit d'abord adressé pour entrer par sa permission dans Paris. Ce prélat mourut de ses fatigues au milieu du siége, laissant une mémoire respectable & chère; car s'il arma des mains que la religion réservoit seulement au ministère de l'autel, il les arma pour cet autel même & pour ses citoyens, dans la cause la plus juste & pour la défense la plus nécessaire, qui est toujours au-dessus des loix. Ses confrères ne s'étoient armés que dans des guerres civiles, & contre des chrétiens. Peut-être, ajoute M. de Voltaire, si l'apothéose est dûe à quelques hommes, eût-il mieux valu mettre dans le ciel ce prélat qui combattit & mourut pour son pays, que tant d'hommes obscurs dont la vertu, s'ils en ont eu, a été pour le moins inutile au monde.

Les *Normands* tinrent la ville assiégée une année & demie ; les Parisiens éprouvèrent toutes les horreurs qu'entraînent dans un long siège la famine & la contagion qui en sont les suites, & ne furent point ébranlés. Au bout de ce temps, l'empereur Charles-le-Gros, roi de France, parut enfin à leur secours sur le Mont-de-Mars, qu'on appelle aujourd'hui *Montmartre* ; mais il n'osa point attaquer les *Normands* ; il ne vint que pour acheter une trève honteuse. Ces barbares quittèrent Paris pour aller assiéger Sens & piller la Bourgogne, tandis que Charles alla dans Mayence assembler ce parlement qui lui ôta un trône dont il étoit si peu digne.

Les *Normands*, dans leurs dévastations, ne forcèrent personne à renoncer au Christianisme. Ils étoient à peu près tels que les Francs, les Goths, les Alains, les Huns, les Hérules, qui, en cherchant au quatrième siècle de nouvelles terres, loin d'imposer une religion aux Romains, s'accommodoient aisément de la leur : ainsi les Turcs, en pillant l'empire des califes, se sont soumis à la religion mahométane.

Enfin, Rollon ou Raoul, le plus illustre de ces brigands du Nord, après avoir été chassé du Danemarck, ayant rassemblé en Scandinavie tous ceux qui voulurent s'attacher à sa fortune, tenta de nouvelles aventures, & fonda l'espérance de sa grandeur sur la foiblesse de l'Europe. Il aborda d'abord en Angleterre, où ses compatriotes étoient déjà établis ; mais, après deux victoires inutiles, il tourna du côté de la France, que d'autres *Normands* avoient ruinée, mais qu'ils ne savoient pas asservir.

Rollon fut le seul de ces barbares qui cessa d'en mériter le nom, en cherchant un établissement fixe. Maître de Rouen, au lieu de la détruire, il en fit relever les murailles & les tours. Rouen devint sa place d'armes ; de là il voloit tantôt en Angleterre, tantôt en France, faisant la guerre avec adresse & politique comme avec fureur. La France étoit expirante sous le règne de Charles-le-Simple, roi de nom, & dont la monarchie étoit encore plus démembrée par les ducs, par les comtes & par les barons, ses sujets, que par les *Normands*. Charles-le-Simple offrit, en 912, à Rollon sa fille & des provinces.

Rollon demanda d'abord la Normandie : & on fut trop heureux de la lui céder. Il demanda ensuite la Bretagne : on disputa ; mais il fallut la céder encore, avec des clauses que le plus fort explique toujours à son avantage. Ainsi la Bretagne, qui étoit tout-à-l'heure un royaume, devint un fief de Neustrie ; & la Neustrie, qu'on s'accoutuma bien-tôt à nommer *Normandie*, du nom de ses usurpateurs, fut un état séparé, dont les ducs rendoient un vain hommage à la couronne de France.

L'archevêque de Rouen n'eut pas de peine à persuader à Rollon de se faire chrétien ; ce prince embrassa volontiers une religion qui affermissoit sa puissance.

Les véritables conquérans sont ceux qui savent faire des loix. Leur puissance est stable ; les autres sont des torrens qui passent. Rollon paisible, fut le seul législateur de son temps dans le continent chrétien. On sait avec quelle inflexibilité il rendit la justice. Il abolit le vol chez les Danois, qui n'avoient jusqu'alors vécu que de rapine. Long-temps après lui & son nom prononcé étoit un ordre aux officiers de justice d'accourir pour réprimer la violence : & de là, dit-on, est venu cet usage de la clameur de *haro*, si connue en Normandie. Le sang des Danois & des Francs, mêlé ensemble, produisit ensuite ce pays, ces héros qu'on vit conquérir l'Angleterre, Naples & la Sicile.

Le lecteur curieux trouvera dans le recueil de l'académie des belles-lettres, *tome XV. & XVII. in-4°.* de plus grands détails sur les incursions des *Normands* en France, & ce qui est plus important, sur les causes de la facilité qu'ils rencontrèrent à la ravager. *(D. J.)*

NORMANT, (ALEXIS) (*Hist. mod.*) célèbre avocat au parlement de Paris : on a beaucoup vanté son éloquence au barreau, & ses succès dans le monde. On disoit de lui, *qu'il devinoit la loi, & qu'il devinoit juste* ; c'étoit lui accorder plus d'esprit & de sagacité que d'étude. A des talens brillans il joignoit des sentimens généreux : on raconte qu'ayant conseillé à une de ses clientes de placer une somme de vingt mille francs sur une personne qui devint insolvable dans la suite, il se crut obligé à restitution. Il mourut en 1745, à cinquante-huit ans. Il étoit fils d'un procureur au parlement de Paris.

NORTHUMBERLAND ; (*Hist. d'Angl.*) c'est le nom d'un des royaumes de l'Heptarchie, ainsi nommé, parce que ce pays est situé au nord de la rivière de Humber. Le *Northumberland* a depuis été un comté & un duché important par sa situation sur les frontières de l'Ecosse. Divers comtes & ducs de *Northumberland* jouent un grand rôle dans l'histoire. Un comte de *Northumberland*, de la maison de Piercy, avoit beaucoup contribué à renverser du trône Richard II, pour y faire monter le duc de Lancastre, Henri IV. Celui-ci, après la mort de Richard, tenoit dans une sorte de captivité à Vindsor le véritable héritier du trône, le chef de la maison de la Marche, Edmond de Mortemer, âgé alors de sept ans, & un frère puîné de ce jeune seigneur : Elisabeth de Mortemer, leur tante avoit épousé le comte de *Northumberland* qui par elle avoit des droits au trône, supérieurs

H 2

à ceux de Henri IV, puifqu'elle defcendoit, ainfi que fes neveux, du duc de Clarence, fecond fils d'Edouard III, & que les Lancaftres ne defcendoient que du troifième. Malgré cette fupériorité de droits, le comte de *Northumberland* avoit confenti à fervir Henri IV, & celui-ci l'avoit fait connétable d'Angleterre. En Ecoffe, la maifon de Douglas, en Angleterre, celle de Piercy, fembloient, par la fituation même de leurs domaines fur la frontière, chargées l'une contre l'autre de la défenfe de la patrie; auffi étoient-elles prefque toujours en guerre, foit pour la caufe commune, foit pour leurs querelles particulières. Le comte de *Northumberland* fondit fur le comte de Douglas, qui perdit un œil au combat d'Holmedon, & fut fait prifonnier ainfi que le comte de Fife, neveu du roi d'Ecoffe. Henri IV, voulant s'affurer de l'Ecoffe par de pareils otages, défendit au comte de *Northumberland* de traiter de leur rançon. Le fier *Northumberland* croyoit avoir peu de défenfes à recevoir du roi, & ne s'attendoit pas fur-tout à recevoir celle-là. Il refufa formellement de céder au roi fes prifonniers.

Vers le même temps Edouard Mortemer & le comte de la Marche, fon neveu, tombèrent entre les mains d'un defcendant des anciens princes de Galles, nommé Glendour ou Glendourdy; le comte de *Northumberland* voulut délivrer le comte de la Marche fon neveu; le roi, qui redoutoit les droits de ce dernier, voulut qu'il reftât prifonnier de Glendourdy, nouveau fujet de mécontentement pour le comte de *Northumberland* & pour tous les Piercy. Ils éclatèrent; la révolte fe déclara; *Northumberland* mit le comte de Douglas en liberté, fit alliance avec lui & avec Glendourdy, les Piercy redemandèrent le trône pour le comte de la Marche, par un manifefte auquel Henri n'avoit rien à répondre; il fallut combattre. Le comte de *Northumberland* étant tombé malade dans ces conjonctures, le jeune Piercy fon fils, furnommé *Hot-fpur*, chaud éperon, pour fon ardeur dans les combats, fe mit à la tête du parti du comte de la Marche contre Henri IV, lui livra, le 21 juillet 1403, la bataille de Shrewsbury; Piercy fut tué, Douglas fut pris, ainfi que le comte de Worcefter, oncle du jeune Piercy, & frère du comte de *Northumberland*; Worcefter fut dans la fuite envoyé au fupplice. Quant au comte de *Northumberland*, quand il vit fon fils tué, & fon frère prifonnier, il prit le parti de les défavouer; il prétendit ne s'être armé que pour offrir fa médiation; Henri feignit de le croire & lui fit grace, mais fans lui rendre ni fa faveur ni fa confiance. Le comte de *Northumberland*, de fon côté, n'attendoit qu'une occafion de reprendre les armes; il s'enfuit en Ecoffe; mais il ne put engager les Ecoffois à faire une incurfion en Angleterre, qu'après qu'ils eurent laiffé le temps à Henri IV & à fon fils d'accabler Glendourdy qui mourut peu de temps après. Le premier combat que *Northumberland*, à la tête des Ecoffois, livra fur les frontières d'Angleterre, lui coûta auffi la vie. (en 1407)

Sous le règne d'Elifabeth, un autre comte de *Northumberland* de la même maifon de Piercy, & un comte de Weftmoreland, entrèrent dans les intérêts de Marie Stuart, reine d'Ecoffe, & excitèrent quelques foulevemens parmi les catholiques dans le nord de l'Angleterre; ils furent défaits. *Northumberland* fe fauva en Ecoffe, où il tomba entre les mains du régent Murray, frère & ennemi mortel de Marie Stuart; Weftmoreland s'enfuit dans les Pays-Bas, puis en France où il mourut. Le comte de *Northumberland*, livré à Elifabeth par Murray, fut décapité en 1572.

Quant au duc de *Northumberland*, de la maifon Dudley, beau-père de Jeanne Gray (*voyez* l'article GRAY (JEANNE); nous ajouterons feulement ici, pour l'inftruction de fes pareils qui s'oublient dans la profpérité, que cet homme tout puiffant fous le petit roi Edouard VI, avoit fait trancher la tête au duc de Sommerfet-Seymour, oncle du roi, qu'il favoit être innocent; qu'ayant voulu mettre fur le trône, malgré elle, Jeanne Gray, fa belle-fille, qui y avoit en effet des droits, il eut à fon tour la tête tranchée fous le règne de Marie d'Angleterre, malgré toutes les baffeffes qu'il fit pour fauver fa vie, implorant lâchement la pitié des ennemis qu'il avoit accablés de mépris & d'outrages au temps de fa faveur: nous ajouterons encore que, dans le moment où on le menoit à la tour, une femme du peuple s'approcha de lui, & lui montrant un mouchoir fanglant: « vois-tu » ce fang, lui dit-elle, c'eft du fang innocent, c'eft » celui de Sommerfet qu'a verfé ta fureur; j'y » ai moi-même trempé ce mouchoir, & j'attendois » ce jour pour te le préfenter.

NOS

NOSTRADAMUS (MICHEL), *hift. mod.*) médecin de Montpellier; vivoit à Salon en Provence, & y mourut en 1566; il y a fon tombeau dans l'églife des cordeliers. Il étoit né en 1503, à Saint-Remy dans la même province. Il a plus de réputation comme prophète, que comme médecin; & il dut principalement cette réputation de prophète au foible de Henri II & de Catherine de Médicis pour les prédictions, & à leur fureur de croire. Ils le firent venir, & non-feulement ils le crurent, mais ils le comblèrent de bienfaits, & l'envoyèrent à Blois tirer l'horofcope des princes leurs fils, alors dans l'enfance. On ignore ce qu'il dit; mais il faut convenir qu'un pareil horofcope eût été difficile à déclarer, en fuppofant un homme réellement doué du talent de connoître l'avenir, & qu'un tel homme auroit pu dire, comme le grand-prêtre dans Œdipe:

Fatal préfent du ciel, fcience malheureufe,
Qu'aux mortels curieux vous êtes dangereufe!
Plût aux cruels deftins, qui pour moi font ouverts,
Que d'un voile éternel mes yeux fuffent couverts....
Ah! fi vous m'en croyez, ne m'interrogez pas.

Il auroit fallu dire à un père & à une mère, à un roi & à une reine que l'aîné de leurs fils mourroit à dix sept ans; qu'on le croiroit empoisonné, qu'on le diroit même empoisonné par sa mère; que le second mourroit à vingt-quatre ans, qu'on le croiroit aussi empoisonné, qu'on le diroit aussi empoisonné par sa mère, qu'il mourroit après s'être souillé du sang de ses sujets attirés par lui dans le piège, égorgés la nuit sous ses yeux par ses ordres, par ses mains mêmes ; qu'il mourroit marqué, en apparence, du sceau de la vengeance céleste.

> Dieu déployant sur lui sa justice sévère,
> Marqua ce roi mourant du sceau de sa colère... ...
> Son sang à gros bouillons de son corps élancé,
> Vengeoit le sang François par ses ordres versé.

Que le troisième mourroit assassiné à trente-huit ans, après avoir fait assassiner lui-même l'ennemi qui l'avoit chassé de sa capitale, & qui alloit le chasser du trône.

Que le quatrième mourroit à trente ans, de chagrin & de débauche, & qu'il mourroit banqueroutier.

Que de deux filles, l'une mourroit à vingt-trois ans, empoisonnée par un vieux mari jaloux.

L'autre, femme scandaleuse, & répudiée, reine détrônée, n'échapperoit au mépris comme Charles IX, son frère, à l'horreur, que par son goût pour les lettres.

Si *Nostradamus* a dit tout cela, il a été un grand prophète ; mais on n'a pas même osé dire qu'il l'ait dit ; & s'il l'avoit dit, il n'auroit pas été si bien récompensé.

Mais voici ce qu'on sait certainement qu'il a dit ; & voici à côté ce qui arriva.

Le célèbre philosophe Gassendi étant à Salon en 1638. Jean-Baptiste Suffren, juge de cette ville, lui communiqua l'horoscope d'Antoine Suffren son père tiré par *Nostradamus*, & même écrit de sa main.

Suffren portera une barbe fort longue & fort crêpée. Il la fit toujours raser.

Les dents mal propres & rongées par la rouille. Jamais homme n'eut les dents plus blanches, & il les conserva telles jusqu'à la mort.

Il sera fort courbé dans sa vieillesse. Jeune & vieux il fut toujours extrêmement droit.

Dans sa dix-neuvième année il recueillera une succession étrangère. Il ne recueillit jamais d'autre succession que celle de son père, & ce ne fut pas dans sa dix-neuvième année.

Ses frères lui dresseront des embûches. Il n'eut point de frères. *Il sera blessé dans sa trente-septième année par ses frères utérins.* Il n'eut ni frère utérins, ni frères consanguins, & sa mère n'eut qu'un seul mari.

Il se mariera hors de la Provence. Il se maria dans la ville de Salon même.

Dans sa vingt-cinquième année, il apprendra la théologie, les sciences naturelles ; il s'appliquera surtout à la philosophie occulte, à la Géométrie, à l'arithmétique, à la rhétorique. Il ne s'occupa jamais d'aucune de ces sciences, il se livra tout entier à l'étude de la jurisprudence, seule science que *Nostradamus* avoit paru exclure, au moins par son silence.

Dans sa vieillesse il aimera la musique, & jouera des instrumens. Jamais ni dans sa vieillesse, ni dans sa jeunesse il ne s'occupa de musique, jamais il ne joua d'aucun instrument.

Dans sa vieillesse encore, il aimera beaucoup la navigation. Jamais il ne fit aucun voyage sur mer.

Il mourra en 1618. Il mourut en 1597.

C'est Gassendi lui même qui rapporte ces faits dans le premier volume de sa physique.

En voilà plus qu'il n'en faut pour justifier ces vers en forme de calembourg que Jodelle fit sur *Nostradamus.*

> *Nostradamus, cùm falsa damus, nam fallere nostrum est ;*
> *Et cùm falsa damus, nil nisi Nostradamus.*

Nostradamus étoit d'une famille juive, ce qui ne contribua pas peu encore à accréditer ses prédictions. Il se prétendoit de la tribu d'Issachar ; & précisément il est dit dans le premier livre des Paralipomènes, chap. XII, vers 32. *De filiis quoque Issachar viri eruditi qui noverant singula tempora ad præcipiendum quid facere deberet Israël, principes ducenti : omnis autem reliqua tribus eorum consilium sequebatur :* ce qui signifie seulement que ces principaux chefs de la tribu d'Issachar connoissoient l'histoire de tous les temps passés ; mais *Nostradamus* étendoit ces mots, *singula tempora,* jusqu'à l'avenir, & il vouloit qu'on regardât ce passage des Paralipomènes comme prophétique à son égard. Tout cela étoit fait pour réussir alors, & peut-être encore aujourd'hui.

On a les *centuries de Nostradamus,* c'est-à-dire, le recueil de ses prédictions en autant de quatrains rimés, divisés en centuries.

La première édition est de Lyon, 1555 ; elle ne contient que sept centuries. En 1558, il publia les huitième, neuvième & dixième centuries, qu'il dédia au roi Henri II, & qui réussissoient d'autant mieux, qu'elles sont d'une obscurité impénétrable ; & qu'on y voyoit clairement toutes choses comme dans l'apocalypse. La réputation de ces centuries étoit, & a continué d'être telle, qu'aujourd'hui encore, à chaque événement, on publie ce qu'on appelle une centurie de *Nostradamus,* c'est-à-dire, une prédiction en quatrain, qu'on assure être dans *Nostradamus,* & que personne ne vérifie, de peur de ne l'y pas trouver.

NOSTRADAMUS avoit un frère, nommé Jean, procureur à Aix, auteur des *vies des anciens poëtes provençaux.*

Il laissa deux fils qui se sont aussi fait connoître : César, né en 1555, auteur d'une mauvaise histoire & chronique de Provence, & de mauvaises poésies. Mort en 1629.

Michel, dit le jeune ; il crut devoir à ce nom de Michel, joint à celui de *Noſtradamus*, prophétiſer auſſi bien que ſon père ; mais il fut moins heureux, parce que, pour mieux réuſſir, il voulut accomplir lui-même ſes prédictions. Au ſiége du Pouzin, en 1574, dans le cours de nos guerres de religion d'Eſpinay, ſaint Luc lui ayant demandé quelle ſeroit l'iſſue de ce ſiége, il répondit ſans balancer que la ville ſeroit brûlée quelques jours après : ſaint Luc apperçut *Noſtradamus*, qui croyant n'être pas vu, mettoit lui-même le feu à la ville. C'étoit tricher, & ſaint Luc n'entendit point raillerie. Plein d'une juſte indignation, il court au faux prophète, le renverſe lui fait paſſer ſon cheval ſur le corps, & le tue. Le fait étoit d'un exemple fâcheux pour les prédictions ; mais rien n'arrête le torrent de la crédulité. L'art divinatoire parut attaché à la ville de Salon & au nom de Michel qu'avoit porté le grand *Noſtradamus*. A la fin du dix-ſeptième ſiècle, & preſque à la fin du règne de Louis XIV, un maréchal ferrant, qui n'étoit point de la famille de *Noſtradamus*, mais qui s'appelloit François-Michel, & qui étoit de Salon, crut qu'à ces deux titres, il avoit droit auſſi bien de prophétiſer. Il alla trouver l'intendant de Provence, annonça qu'un ſpectre lui étoit apparu, & lui avoit ordonné d'aller révéler au roi des choſes importantes & ſecrètes. On le fit partir pour la cour au mois d'avril 1697 ; on lui paya ſon voyage. Perſonne ne ſait ce qu'il révéla ou ce qu'il ne révéla point, & il eſt reſté incertain s'il fut admis ou non à parler à Louis XIV ; mais il revint ayant obtenu l'exémption de tailles & de toute impoſition, du moins Larrey le rapporte ainſi au ſixième tome de l'hiſtoire de Louis XIV : il eſt très-poſſible, au reſte, que tout ceci ne ſoit qu'une fable fondée uniquement ſur une exemption de taille accordée à un homme, en faveur de ce qu'il étoit peut-être de la famille de *Noſtradamus*, quoiqu'il ne fût pas du nom même de *Noſtradamus* ; & cette grace prouveroit encore un reſte de reſpect pour la mémoire de ce *Noſtradamus*, dont le nom ne préſente plus aujourd'hui aux gens raiſonnables, que l'idée d'un charlataniſme ridicule.

NOSTRE ou NOTRE. (André le.) (*Hiſt. mod.*)

Je ne décide point entre Kent & le Nôtre.

Il y auroit trop de danger, il y en auroit beaucoup, du moins à prendre le parti de le *Nôtre* & de ſon genre régulier ; le genre irrégulier a prévalu, peut-être faudroit-il les conſerver tous deux ; mais ce n'eſt pas là notre affaire : contentons-nous de dire, pour l'hiſtoire, que le *Nôtre* a eu dans ſon temps, & avoit conſervé, même encore juſqu'à nos jours, la gloire d'un homme de génie, d'un créateur en matière de jardins ; que ſes plans ont une grandeur & une majeſté analo-

gues au ſiècle de Louis XIV, & peut être imparfaitement remplacée par tous les agrémens du genre moderne (qui ſont grands cependant, car il faut être juſte). Le premier ouvrage célèbre de le *Nôtre* eſt célèbre en effet dans l'hiſtoire ; c'eſt la décoration des jardins de Vaux-le-Vicomte, château du ſur-intendant Fouquet, qui fut depuis Vaux-le-Villars, & qui eſt actuellement *Praſlin*, maiſon toujours recommandable par ſes anciennes beautés, & par des maîtres illuſtres & puiſſans. Ce fut alors qu'on vit, pour la première fois, des portiques, des berceaux, des grottes, des treillages, des labyrinthes, employés à l'embelliſſement des jardins ; c'eſt le *Nôtre* qui a décoré ceux de Verſailles, leſquels exiſtoient avant lui ; c'eſt lui qui a fait ceux de Trianon, de Clagny, ceux ſur-tout de Chantilly, qu'on accuſoit encore, il n'y a pas vingt ans, d'irrégularité, & que les *irrégulariſtes* intoléráns oſent accuſer aujourd'hui d'un reſte de régularité, en ſentant malgré eux le charme poétique & romaneſque, la grandeur à la fois riante & majeſtueuſe de ces jardins, les plus beaux, au moins de la France. Ce mélange de régularité impoſante & d'irrégularité piquante, qui ne ſe trouve en même degré que dans ce beau lieu, eſt une choſe bien précieuſe à conſerver, & à laquelle on reviendra vraiſemblablement, quand le temps aura réglé & mitigé cet enthouſiaſme excluſif, par lequel nous ſommes condamnés à paſſer pour arriver au vrai & au raiſonnable en tout genre.

L'ame du grand Condé ſemble reſpirer dans ce beau lieu ; on dit en le voyant : *Voilà ce qu'a dû inſpirer au génie de le Nôtre le génie du grand Condé, le déſir de plaire à ce héros, & d'amuſer dans la retraite ſes nobles loiſirs.* On ſent la vérité de ce qu'a dit Boſſuet avec une ſimplicité ſi éloquente : « Toujours grand dans l'action & dans le » repos, Condé parut à Chantilly comme à la tête » des troupes. Qu'il embelît cette magnifique & » délicieuſe maiſon, ou bien qu'il munît un camp » au milieu du pays ennemi, & qu'il fortifiât une » place ; qu'il marchât avec une armée parmi les » périls, & qu'il conduiſît ſes amis dans ces ſuper- » bes allées au bruit de tant de jets d'eau, qui ne » ſe taiſoient ni jour ni nuit, c'étoit toujours le » même homme, & ſa gloire le ſuivoit par-tout. » Celui qui peut voir ces jardins avec indifférence, n'eſt digne d'aimer, & n'aime véritablement ni le genre régulier ni le genre irrégulier.

Les jardins de Saint-Cloud, de Meudon, de Sceaux, le parterre du Tibre & les canaux de Fontainebleau, la terraſſe de Saint-Germain, ſont encore les ouvrages de le *Nôtre*; & on a beau faire, on conſerve malgré ſoi du reſpect pour ces beaux lieux, conſacrés par l'admiration du ſiècle de Louis XIV. Nous ne parlons pas d'une multitude de jardins particuliers, deſſinés par le *Nôtre*; on ne voit guère de grands jardins dans le genre régulier à vingt lieues à la ronde

autour de Paris, dont les propriétaires ne s'enor-
gueilliffent encore de vous dire qu'ils ont été
plantés ou deffinés par le *Nôtre*. Cet homme rare
fut pour les jardins d'agrémens, ce que la Quintinie étoit, dans le même temps, pour les jardins
d'utilité, pour les jardins potagers.

Quant à la perfonne de le *Nôtre*, on en raconte des traits de franchife & de fimplicité qui
conviennent affez à un artifte fans ufage du monde,
mais qui ne font pourtant pas affez avérés. On
prétend qu'il dit un jour au pape Innocent XI,
en lui frappant fur l'épaule : « Mon révérend
» père, vous vous portez bien, & vous enterrerez
» tout le facré collège. » On prétend qu'il lui arrivoit fouvent d'embraffer, avec toute la familiarité
de l'enthoufiafme, Innocent XI & Louis XIV.
M. de Voltaire nie ces embraffades, affez peu vrai-
femblables en effet, & dit qu'il les a entendu
nier à Collineau, élève de le *Nôtre*. Les traits
fuivans ont plus de vraifemblance.

Le *Nôtre*, plein d'enthoufiafme pour Louis XIV,
embraffoit avec tranfport tous ceux qu'il entendoit
célébrer la gloire de ce roi, comme pour les en
remercier.

Il dit au pape Innocent XI : *J'ai vu les deux
plus grands hommes du monde, votre fainteté, &
le roi, mon maître.* Le pape lui répondit : *Il y a
grande différence ; le roi eft un grand prince toujours
victorieux ; je fuis un pauvre prêtre, ferviteur des fer-
viteurs de Dieu.* On voit par cette réponfe, que
le pape n'auroit pas été fâché d'être un grand
prince toujours victorieux.

C'étoit, dit-on, le *Nôtre* qui avoit produit le
célèbre Manfard auprès du roi (*Voyez* l'article
MANSARD), & qui l'avoit fait employer ; le roi,
qui fentoit le mérite de tous les deux, les combloit de diftinctions. *Il faut avouer*, lui dit le *Nôtre*,
avec cet enthoufiafme de reconnoiffance qui lui
étoit propre, *que votre majefté traite bien fon maçon
& fon jardinier !*

Un jour, dans les jardins de Marly, Louis XIV
ayant voulu qu'il montât comme lui dans une de
ces chaifes couvertes, traînées par des fuiffes, &
que les deux chaifes fuffent à côté l'une de l'autre,
pour qu'il fût à portée de parler à le *Nôtre* fur
les objets qu'il vouloit lui montrer, le *Nôtre* lui
dit : *Sire, en vérité, mon bon-homme de père ouvri-
roit de grands yeux s'il me voyoit dans un char
auprès du plus grand roi de la terre.* Ce bon-homme
de père avoit été comme lui intendant du jardin
des Tuileries.

En 1675, le roi donna la croix de Saint-Michel
& des lettres de nobleffe à le *Nôtre* ; il voulut
lui donner des armes : *J'ai les miennes*, répondit
le *Nôtre* ; *ce font trois limaçons couronnés d'une
pomme de chou.* Il ajouta : *& pourrois-je oublier ma
bêche ? c'eft à elle que je dois les bontés dont votre majefté m'honore.*

Le *Nôtre* étoit né en 1613 ; il mourut en 1700.
Sa vie a été écrite par fon neveu, nommé
Defgots.

N O T

NOTABLE, CONSIDÉRABLE, DE QUEL-
QUE CONSIDÉRATION. (*Hift. mod.*) En Angleterre, lorfque quelqu'un laiffe en mourant,
hors du diocèfe où il meurt, des biens meubles
ou immeubles, montant au moins à la valeur de
cinq livres, ce qui s'appelle un *bien notable*, ce
n'eft point à l'évêque dans le diocèfe duquel il
eft mort qu'appartient la vérification du teftament, attendu qu'il ne peut pas étendre fa jurifdiction hors des limites de fon diocèfe, mais à
l'archevêque de la province. (*A. R.*)

(On appelle parmi nous *affemblées de Notables*,
des affemblées compofées de citoyens choifis de
tous les ordres, & nommés par le roi pour délibérer fur divers objets relatifs au gouvernement.
On a fouvent, mais mal-à-propos, confondu
dans notre hiftoire ces affemblées avec celles des
états-généraux du royaume.)

N O V

NOVAT & NOVATIEN, (*Hift. eccl.*) chefs
de la fecte des *Novatiens*, au troifième fiècle de
l'Eglife.

NOUCHIRVAN ou NOUSCHIRVAN, (*Hift.
de Perfe*), roi de Perfe, fujet à la colère, &
dont les premiers mouvemens étoient cruels. Il
étoit le contraire de l'homme dont Horace a dit :

*Poffet qui ignofcere fervis,
Et figno læfo non infanire lagenæ.*

Mais la réflexion pouvoit le ramener à la juftice
& à la clémence.

Irafci celerem tamen ut placabilis effet.

Un de fes pages ayant eu le malheur de renverfer fur lui un peu de fauffe en le fervant à
table, *Nouchirvan* ordonne qu'on le faffe périr
fur le champ ; le page qui tenoit encore le plat,
le renverfe tout entier fur le prince. Dans les
cours de l'Europe on auroit pu, à toute force,
concevoir que c'étoit un trait de défefpoir, &
une petite vengeance que la foibleffe ofoit tirer
des grandes injuftices de la puiffance ; mais à la
cour des defpotes afiatiques, où on fe pique

*Du fcrupule infenfé
De bénir fon trépas quand ils l'ont prononcé,*

on étoit même trop éloigné d'une pareille
idée, pour s'indigner du manque de refpect ; on
ne fit que s'en étonner ftupidement comme d'une

action dont il étoit impossible de deviner le motif. Une telle singularité piqua la curiosité du prince, qui suspendit le supplice du page pour savoir de lui ce qu'il pouvoit avoir eu dans l'esprit, en faisant une chose si contraire à l'usage & à la raison. *Prince*, dit le page, *on n'eût jamais pour ta gloire une attention plus délicate ni plus généreuse : ce beau titre de juste qui te distingue entre tous les rois, tu allois le perdre en proportionnant si mal la peine à la faute, j'ai voulu te le conserver en proportionnant moi-même le crime à la peine.* On devine la morale de ce conte. Nouchirvan lui fit grace. Ce prince vivoit au sixième siècle.

NOUE, (FRANÇOIS DE LA) (*Hist. de Fr.*) gentil-homme breton, un des plus habiles capitaines des huguenots dans les guerres civiles de France, au seizième siècle. Ce fut lui qui surprit Orléans en 1567. Il commandoit l'arrière garde à la bataille de Jarnac en 1569. Il fut surnommé le *Sage*, parce qu'il l'étoit ; il fut aussi surnommé *Bras-de-fer*, & ce surnom ne lui avoit pas été donné par métaphore, comme il l'avoit été, dans des temps plus anciens, à certains héros moitié historiques, moitié romanesques, pour exprimer la vigueur de leur bras & la pesanteur de leurs coups ; il eût pu le mériter dans ce sens, mais la chose étoit réelle chez lui. A l'attaque de Fontenay en Poitou, en 1570, il avoit reçu au bras gauche un coup de feu qui lui avoit cassé l'os : la gangrène se mit à la plaie ; les chirurgiens lui déclarèrent que l'amputation devenoit nécessaire ; il avoit d'autant plus de peine à s'y résoudre, que, même après l'opération, la cure restoit encore incertaine. Jeanne d'Albret, reine de Navarre, mère de Henri IV, l'y détermina : « Vous vous devez, lui dit-elle, au salut de vos » frères, & c'est pour vous un devoir de tenter » tout ce qui peut vous conserver pour eux. » Elle lui tint elle-même le bras pendant l'amputation, & à force de soins elle parvint à lui rendre la santé ; pour comble de bonheur, un artiste habile lui fit un bras de fer, avec lequel il pouvoit tenir & gouverner la bride de son cheval, tandis que le bras droit lui restoit pour combattre.

Lorsque, dans la guerre qui suivit la Saint-Barthelemy, & qui en fut l'effet, le duc d'Anjou faisoit le siège de la Rochelle en 1573, Catherine de Médicis, par un rafinement qui étoit toujours dans son caractère, imagina de donner la *Noue* aux Rochellois pour le leur ôter plus sûrement. Libre de tout engagement, la *Noue* eût été se renfermer dans la Rochelle ; mais la cour savoit qu'il étoit esclave de sa parole, elle fit avec lui un traité bizarre ; elle l'envoya défendre la Rochelle contre l'armée royale, mais sous la condition qu'il feroit tout son possible pour engager les Rochellois à se rendre, & qu'il les abandonneroit s'il ne pouvoit y réussir. La cour avoit sans doute espéré que la *Noue* deviendroit suspect

aux protestans, & qu'il en seroit plus facilement attiré au parti catholique. Quoi qu'il en soit, la *Noue*, fidèle aux deux emplois dont il étoit chargé, épuisa toute sa capacité en faveur de la Rochelle, & toute son éloquence en faveur de la cour. Le ministre la Place, homme aussi emporté que la *Noue* étoit modéré, s'indignant de ces propositions de paix, accabla la *Noue* de reproches, d'injures, & s'oublia même jusqu'à lui donner un soufflet. La *Noue* toujours tranquille, le fait arrêter & le renvoie à sa femme, en lui écrivant : *prenez soin de la santé de votre mari, sa tête n'est pas en bon état.* Enfin, la *Noue* ayant mieux réussi à défendre les Rochellois qu'à les persuader, il les quitta conformément à son traité : les Rochellois, affligés de son départ sans en être abattus, persévérèrent dans leur résistance en suivant le plan de défense qu'il leur avoit tracé. Il se trouva, en dernière analyse, que le calcul rafiné de la cour n'étoit pas avantageux, & que la *Noue* avoit plus nui à ces vues subtiles par ses talens militaires & ses savantes dispositions, qu'il ne les avoit secondées par sa négociation. En 1578, servant, dans les Pays-Bas, les états-généraux contre l'Espagne, il fit prisonnier, à la prise de Ninove, le comte d'Egmont. Il fut fait prisonnier lui-même en 1580, & ne recouvra sa liberté qu'au bout de cinq ans : il en fit usage pour combattre la Ligue. Les Ligueurs ayant entrepris le siège de Senlis en 1589, la *Noue* essaya de faire entrer dans la place des munitions & des vivres, mais ni les marchands ne vouloient en fournir sans argent, ni les traitans avancer de l'argent ; la *Noue* engagea ses terres. Il fut tué au siège de Lamballe en 1591, toujours en servant Henri IV. Il étoit né en 1531. On a de lui des discours politiques & militaires plusieurs fois imprimés. Amirault, ministre protestant, a écrit sa vie.

Odet de la *Noue*, son fils, servit bien Henri IV, & fut cher à ce bon prince, qui lui dit un mot d'un grand & bon exemple, accompagné d'une action juste & louable. Des sergens avoient saisi les effets de la *Noue* ; celui-ci s'en plaignit au roi, alléguant qu'il s'agissoit d'engagemens pris par son père pour le service du roi (peut-être à ce siège de Senlis, dont nous avons parlé,) la *Noue* croyoit ses plaintes si justes qu'il ne balança pas à les faire en public. La *Noue*, lui dit le roi, aussi en public, *il faut payer ses dettes, je paie les miennes* ; il le prit ensuite en particulier, & lui donna ses pierreries pour les engager aux créanciers. Odet de la *Noue* mourut vers 1618. On a de lui des *poésies chrétiennes*.

La *Noue* est aussi le nom d'un fameux financier, pilorié & envoyé aux galères en 1705. Son faste avoit blessé les yeux du public ; un palais qu'il avoit bâti étoit devenu dans Paris un grand objet de curiosité. Quelqu'un qui vouloit tout voir, appercevant une porte qu'on n'ouvroit pas, demanda ce que c'étoit, on lui répondit que c'étoit un *escalier dérobé*; oui, reprit l'autre, *comme tout le reste.*

Jean-Sauvé de la *Noue*, acteur froid, mais intelligent; poète énergique, mais quelquefois boursoufflé. Sa tragédie de *Mahomet II* eut du succès & en méritoit; son *Retour de Mars* a aussi de la réputation; sa *Coquette corrigée* en a plus encore. On dit dans un bon dictionnaire moderne, dont il faut relever les fautes, précisément parce qu'il est bon, que cette pièce reçut quelques applaudissemens sur le théâtre italien où elle fut jouée, & qu'elle devroit paroître sur le premier théâtre de la nation, c'est-à-dire, à la comédie françoise. Celui qui a fait cet article n'a jamais vu jouer la *Coquette corrigée*; elle n'a jamais été jouée qu'à la comédie françoise; c'étoit la *Noue* lui-même qui jouoit le principal rôle dans la nouveauté: cette pièce vient d'être remise au même théâtre en 1786, & d'y réussir beaucoup mieux encore, parce que le rôle de la *Noue* a été joué par un acteur bien supérieur à la *Noue*, & que le rôle de la Coquette a aussi été joué supérieurement, dans ces deux parties, par une actrice charmante. Ce qui a pu causer l'erreur que nous relevons, c'est qu'une pièce à peu près du même titre, la *Coquette fixée*, a été jouée avec un succès assez éclatant à la comédie italienne, & que cette pièce est le chef-d'œuvre de son auteur, l'abbé de Voisenon, comme la *Coquette corrigée* paroît l'être de la *Noue*. Une autre faute, mais qui n'est peut-être que d'impression, dans le même article, c'est qu'on dit que la *Noue* débuta le 14 mai 1752, à Fontainebleau; c'est en 1742. Il étoit né à Meaux en 1701; il mourut le 15 Novembre 1761. On a de lui encore *Zélisca*, comédie-ballet, représentée à la cour le 3 mars 1746.

NOURRY, (Don Nicolas le) (*Hist. litt. mod.*) bénédictin de la congrégation de S. Maur, a donné, en société avec don Garet, l'édition de Cassiodore, avec don Jean du Chesne, don Julien Bellaise, puis avec don Jacques Friches, celle de S. Ambroise, seul, l'*Apparatus ad bibliothecam patrum*. Il dispute à Lactance, dans une dissertation particulière, le traité de *mortibus persecutorum*. Les savans n'ont point adopté son opinion. Né à Dieppe en 1647, mort à Paris en 1724.

NOY

NOYER, (ANNE-MARGUERITE PETIT, FEMME DE M. DU) (*Hist. litt. mod.*) femme qui n'appartient à l'histoire que parce qu'elle est l'auteur d'un livre intitulé: *Lettres historiques d'une dame de Paris à une dame de province.* Ces lettres ne sont pas sans quelque agrément; des provinciaux les lisent encore, & se croient très-bien instruits des anecdotes de Paris & de la cour, sous le règne de Louis XIV. Nous croyons ici qu'ils se trompent, & M. de Voltaire qui, dit-on, avoit été amoureux

d'une fille de madame du Noyer, assure qu'il ne faut point ajouter foi à ses récits. Son mari étoit un bon gentil-homme; elle étoit de la famille du P. Cotton: qu'importe? elle étoit née protestante, avoit abjuré, étoit retournée, dit-on, au protestantisme: qu'importe encore?

NOYERS, (DE) Miles. (*Hist. de Fr.*) maréchal de France sous Philippe-le-Bel & ses successeurs, fut aussi porte-oriflamme & grand-bouteiller; il portoit l'oriflamme à la bataille du Mont-Cassel, en 1328, sous Philippe de Valois; il avoit été un des exécuteurs du testament de Louis-Hutin, en 1316. Il mourut fort âgé, en 1350. Il étoit d'une bonne & ancienne famille de Bourgogne, dans laquelle ce nom de *milès*, en latin, soldat ou chevalier, étoit comme héréditaire; elle tiroit son nom de Noyers, de la ville de Noyers en Bourgogne.

NOYERS, (DES). *Voyez* SUBLET.

NUM

NUMA-POMPILLIUS. (*Hist. rom.*) Il vivoit sage & tranquille à la campagne, lorsque les Romains, après la mort de Romulus, vinrent lui offrir leur couronne: un refus modeste montra d'abord combien il étoit digne de cet honneur; il l'accepta enfin sur les remontrances de son père & de ses concitoyens. Le règne de Romulus avoit été un règne de guerre, c'est-à-dire, de brigandage: *Romani*, dit Eutrope, *consuetudine præliorum jam latrones ac semi-barbari putabantur*: celui de *Numa* fut le règne de la paix, des loix & des mœurs. *Numa* fut le fondateur de Rome pour la religion & la législation: il institua les pontifes; s'il n'institua point les vestales, il régla leurs fonctions; il établit aussi les féciaux ou hérauts d'armes, & d'autres hérauts pour les cérémonies de la religion; il bâtit des temples; il réforma & adoucit les mœurs des Romains; il leur inspira l'amour de la paix, de l'ordre, du travail, de la frugalité, de la pauvreté; il répandit les semences de ces grandes vertus qui distinguèrent Rome dans les temps heureux de la république; il distribua le peuple en différentes classes, selon les arts & métiers; il recommanda & encouragea l'agriculture; il réforma le calendrier, ou plutôt, il le forma; car, qu'étoit-ce qu'une année à laquelle il fallut d'abord ajouter deux mois entiers? il fallut ensuite réformer son calendrier; mais c'étoit beaucoup alors de savoir composer, comme il le fit, l'année de 365 jours, & mettre en usage pour le reste, des intercalations qui, au bout de vingt-quatre ans, ramenoient les années à un point juste.

S'il trompa les hommes en supposant des entretiens mystérieux avec la nymphe Egérie, il paroît du moins que ce fut toujours pour leur bien. *Bellum quidem nullum gessit*, dit Eutrope, qui annonce affez par ce *quidem*, qu'il croit que *Numa* peut avoir befoin d'apologie fur cet éloignement pour la guerre ; *fed non minùs civitati quàm Romulus profuit* : Eutrope croyoit dire beaucoup, & il ne difoit pas affez : *Numa* fut certainement plus utile à Rome que Romulus. Mais cet état de paix étoit, pour les Romains, un état forcé. *Numa* eut pour fucceffeur Tullus-Hoftilius ; *hic bella reparavit*. Virgile, qui n'a que trop.& trop.bien chanté la guerre, quoiqu'il l'ait appellée *fcelerata infania belli*, ne refufe pas non plus à *Numa* l'éloge d'avoir été le fondateur de la religion & des loix chez les Romains.

Quis procul ille autem ramis insignis, olivæ
Sacra ferens ? nofco crines incanaque menta
Regis romani, primus cui legibus urbem]
Fundabit, Curibus parvis & paupere terrâ
Miffus in imperium magnum.

Mais on fent qu'il voit avec plaifir la patrie arrachée à ce grand calme, & ramenée aux armes & aux triomphes par Tullus-Hoftilius.

Cùi deindè fubibit
Otia qui rumpet patriæ, refidefque movebit,
Tullus in arma viros, & jam defueta triumphis
Agmina.

Cicéron a mieux fenti tout le prix d'un roi tel que *Numa*. On avoit cru, fans fondement, que ce roi philofophe avoit été difciple de Pythagore ; mais Pythagore n'a paru dans l'Italie que plus de cent cinquante ans après *Numa*, qui n'a dû qu'à lui-même toutes fes idées religieufes, politiques & philofophiques, ce qui le rend encore plus admirable aux yeux de Cicéron :

Quò etiam major vir habendus eft Numa, cùm illam fapientiam conftituendæ civitatis duobus propè fæculis ante cognovit quàm eam Græci natam effe fenferunt.

Le règne de *Numa* fut de quarante-trois ans, & il étoit dans fa quarantième année lorfqu'il parvint à la couronne. Ses funérailles furent très-honorées, fur-tout par le deuil public ; il fut enterré au pied du Janicule ; fon corps fut mis dans un cercueil de pierre, & fes écrits qui rouloient, à ce qu'on croit, fur la religion, furent mis par fon ordre dans un autre cercueil auffi de pierre : il ne vouloit donc pas qu'on profitât de ces écrits. Plus de cinq cents trente ans après, en 573, en creufant dans la terre, on trouva ces deux cercueils de pierre ; celui qui avoit contenu le corps, étoit entièrement vide, le temps avoit tout confumé ; les écrits étoient fains & très bien conférvés, ce que Pline explique par l'ufage d'un certain fuc tiré du cèdre ou du citronnier, lequel a, felon lui, la vertu de préferver de la corruption, & c'eft, dit-on, de ce fuc qu'Horace veut parler, quand il dit :

Speremus carmina fingi
Poffe linenda cedro & levi feryanda cupreffu.

Sur le rapport que fit le préteur Pétilius de ce que contenoient ces livres, ils furent brûlés, comme pouvant nuire à la religion : *pleraque diffolvendarum religionum effe*, dit Tite-Live. M. Rollin conjecture que plufieurs fuperftitions établies après-coup chez les Romains, & qui régnoient alors à Rome, pouvoient fe trouver condamnées dans ces écrits de *Numa*.

NUMENIUS, (*Hift. anc.*) philofophe grec, natif d'Apamée en Syrie, qui vivoit au fecond fiècle de l'ère chrétienne, & dont il ne refte que des fragmens qu'on trouve dans Origène & dans Eufèbe : perfuadé que Platon avoit tiré de Moïfe, ce qu'il dit de Dieu & de la création, il difoit : *Qu'eft-ce que Platon, finon Moïfe parlant athénien ?*

NUMÉRIEN (MARCUS-AURELIUS NUMERIANUS.) (*Hift. rom*) (*voyez* les articles CARUS & fur-tout CARIN) ; (CARINUS)

Dion parle d'un autre *Numérien*, fimple grammairien, qui dans le temps où Albin & Sévère fe difputoient l'empire, prit le titre de fénateur, leva des troupes, battit Albin ; Sévère, qui ne le connoiffoit pas, le croyant véritablement un fénateur de fon parti, lui envoya des renforts avec des pouvoirs pour agir en fon nom ; il ufa bien des uns & des autres ; & auffi généreux que vaillant, ayant pris fur les ennemis foixante & dix millions de fefterces, (huit millions fept cents cinquante mille livres) il les envoya auffi-tôt à Sévère : la guerre finie, il fe retire, quitte ce titre de fénateur qu'il avoit ufurpé, ne demande aucune récompenfe, & paffe paifiblement fes jours à la campagne au fond d'une retraite, où il vivoit d'une modique penfion. Dion n'explique pas les motifs d'une conduite fi fingulière.

NUMITOR, (*Hift. rom.*) fils de Proca, roi des Albains, étoit appellé par le privilége de fa naiffance au trône de fon père. Son frère Amulius, trop fier pour obéir à un maître, ofa lui contefter fes droits. Tout annonçoit une guerre civile, lorfque *Numitor*, né avec des inclinations douces & pacifiques, immola fon ambition à la félicité de fon peuple ; &, content de quelques terres, il fe condamna lui-même à la vie privée. Sa politique, cruelle à force d'être prévoyante, força fa fille Rhea Sylvia de fe confacrer au miniftère de la déeffe Vefta, pour lui ôter les moyens de mettre au monde des enfans qui pourroient un jour revendiquer les droits de leur aïeul : cette prévoyance fut inutile. La jeune veftale étant allée puifer de l'eau dans un bocage pour les facrifices de la déeffe, fut abordée par un homme qui fe dit le dieu Mars, à qui ce bois eft confacré. Ce titre impofant triompha bientôt de la pudeur de la princeffe, & une prompte groffeffe révéla fa chûte, & fa foibleffe. *Numitor*, fans être coupable, fut jeté dans une prison avec sa femme & sa fille, qui mit au monde Romulus & Remus ; ceux-ci furent exposés à la fureur des bêtes féroces. Ces deux princes, préservés par une providence secrète, ne démentirent point la fierté de leur naissance. Leurs premières années furent employées à la garde des troupeaux : mais bientôt leur courage murmura de ramper dans un si vil emploi. Ils trouvèrent plus beau de l'exercer contre les bêtes farouches, & contre les brigands qui infestoient le pays. Une querelle survenue entre les pasteurs de *Numitor* & d'*Amulius*, servit à découvrir le secret de leur naissance. Les deux frères, dont le père nourricier étoit pasteur d'Amulius, se trouvèrent engagés à prendre sa défense contre *Numitor*. Rémus fut pris & conduit à son grand-père, qui, étonné de sa fierté & de certains traits de ressemblance, lui fit des questions qui le conduisirent à reconnoître qu'il étoit son petit-fils. Romulus, instruit de la détention de son frère, se mit à la tête d'une troupe d'aventuriers pour le dégager. Il apprit dans sa marche le secret de sa naissance ; il se rendit au palais de *Numitor*, qui se servit de leur courage pour rentrer dans la possession de ses prérogatives, sept cents cinquante-quatre ans avant J. C. (*T-N.*)

N U N

NUNEZ *ou* NONIUS, (FERDINAND) (*Hist. litt. mod.*) savant qui introduisit en Espagne l'étude de la langue grecque. Il étoit de la noble maison des Guzmans, & n'en professa pas moins les belles-lettres à Alcala & à Salamanque, grand empire remporté sur les préjugés, dans un pays accusé de tenir fortement aux anciens préjugés. Le roi Ferdinand-le-Catholique le mit à la tête de ses finances, mais il n'est connu que comme savant ; on fait cas de ses commentaires sur Pline, sur Sénèque, sur Pomponius Méla. On lui doit en partie la version latine des septante, imprimée dans la polyglotte de Ximenès. Il mourut en 1552. Il fit graver sur son tombeau cette phrase, demi-philosophique, demi-chrétienne, & qui peut aussi n'être ni l'une ni l'autre : *La mort est le plus grand bien de la vie.*

O   O

O, (FRANÇOIS D') (*Hist. de Fr.*) seigneur de Fresnes, de Maillebois, &c., étoit d'une famille illustre de Normandie, dont il a été le personnage le plus considérable. Il étoit sur-intendant des finances sous Henri III, c'est-à-dire, qu'il étoit l'instrument des profusions du prince & de la misère des peuples ; ce fut lui qui, à la mort d'Henri III, fut chargé de porter la parole devant Henri IV pour tous ceux des catholiques qui consentoient à le reconnoître, en y mettant la condition qu'il se feroit instruire dans la religion catholique, & qu'il finiroit par l'embrasser. François d'O fut un des chefs de ce qu'on appelloit le tiers-parti ou le parti des politiques, qui se piquoient d'être trop bons françois pour souffrir la domination espagnole, & trop bons catholiques pour se soumettre à un prince protestant ; en conséquence il se crut obligé de travailler & de faire travailler à la conversion du roi, tandis que d'un autre côté il travailloit à la subversion de l'état par le désordre & la confusion qu'il mettoit dans les finances. Il faisoit manquer, par le défaut d'argent, toutes les affaires, toutes les opérations militaires, tous les traités ; les Suisses, les Reîtres, toutes les troupes mercenaires se dispersoient faute de solde. Le roi, dans ses plus grands besoins, dit M. de Sully, « ne put pas » jouir du moins du privilège de partager ses » propres revenus avec le sur-intendant. D'O s'em-» barrassoit fort peu de lui faire manquer une » ville ou un gouvernement pour une somme » souvent très-légère, pendant qu'il ne vouloit » rien refuser à ses plaisirs....... Naturellement » porté à la dissipation, à la mollesse & à l'in-» dolence, il avoit encore été gâté par tous les » vices, dont on faisoit gloire à la cour d'Henri III, » le grand jeu, la débauche outrée, les dépenses » folles, le dérangement domestique & les pro-» digalités de toute espèce. Pour tout renfermer » en un mot, d'O avoit eu place dans le cata-» logue des Bellegarde, Villequier, Saint-Luc, » Maugiron, Saint-Mégrin, Livarrot, Joyeuse, » Epernon, la Valette, du Bouchage, Thermes..... » & le titre de mignon étoit toute la recom-» mandation qu'il avoit eue pour une charge, » que les princes les plus inappliqués exceptent » pour leurs propres intérêts, & de celles dont ils » récompensent cette sorte de serviteurs. »

Voici ce qu'on lit sur ce sur-intendant, à l'année 1594 du journal de l'Etoile.

« Il surpassa en excès & en prodigalité les rois » & les princes : car jusqu'à ses souper il se » faisoit servir des tourtes composées de musc & » d'ambre, qui revenoient à vingt-cinq écus.....	 » S'il faut, dit M. de Crillon, que chacun rendé » ses comptes là-haut, comme l'on dit, je crois » que le pauvre d'O se trouvera bien empêché » à fournir de bons acquits pour les siens..... On » disoit qu'il mourroit fort endetté, voire de » plus qu'il n'avoit vaillant, & qu'il y avoit » vingt-cinq ou trente sergens à sa maison quand » il mourut.

« Les trésoriers le regretèrent merveilleuse-» ment, & l'appelloient leur père, même on » disoit que trois d'entr'eux avoient donné cin-» quante écus chacun à Collot, pour lui donner » courage de le mieux panser. M. le Grand, » son bon ami, en étoit comme désespéré ; car » il lui bailloit tous les ans cent mille francs à » dépenser. Madame (sœur du roi) n'y eut point » de regret, parce qu'il la faisoit mourir de faim : » ceux de la religion aussi peu, car il ne leur » vouloit point de bien. Madame de Liancour » le pleura, parce qu'elle en faisoit ce qu'elle » vouloit, & si l'entretenoit aux bonnes graces du » roi..... M. le doyen Séguier, qui lui assista jus-» qu'à la fin, comme firent aussi MM. ses frères, » lui crioit, comme il se mouroit : *miserere mei*, » *Deus* ; l'une des dernières paroles qu'il dit, fut : » recommandez-moi au roi, il saura mieux » après ma mort de quoi je lui servois, qu'il n'a » su pendant ma vie. »

Il lui servoit à le ruiner, & c'est en effet ce qu'on a encore mieux su après sa mort, quand M. de Sully eut porté la lumière dans ce chaos de déprédations, qu'il sut dissiper à force d'économie.

Henri IV ne se vengeoit des brigandages du sur-intendant que par de douces plaisanteries que d'O pouvoit feindre de ne pas entendre.

Le Grain rapporte que ce bon roi jouant à la paume avec M. d'O, lui fit observer que le marqueur voloit leurs balles, & dit ensuite tout haut : *d'O, vous voyez bien que tout le monde nous dérobe.*

« Le bonheur du roi, dit M. de Sully, voulut » qu'une rétention d'urine le délivrât (au mois » d'octobre 1594) de ce mauvais serviteur. Ce » qu'il y eut de singulier dans cette mort, ajoute-» t-il, c'est que cet homme riche de tout l'argent » du royaume, dont il disposoit presque absolu-» ment, plus splendide dans ses équipages, ses » meubles & sa table, que le roi même, n'étoit pas » encore abandonné des médecins, que ses parens, » qu'il avoit toujours fort affectionnés, ses domes-» tiques, & quelques autres, à titre de créanciers,

» le dépouillèrent comme à l'envi & si parfaite-
» ment, que long-temps avant qu'il expirât, il
» n'y avoit que les murailles nues dans la chambre
» où il mourut, comme si la fortune avoit cru
» devoir finir avec lui, du moins par un acte de
» justice. »

On vit arriver à peu près la même chose à la
mort du connétable de Luynes. (*Voyez* l'article
ALBERT) (d') de Luynes.

Mézerai, en rapportant cette mort, dit dans
son style dur, mais énergique : « Au mois d'octo-
» bre ensuivant, François d'*O*, sur-intendant
» des finances, acheva de vivre dans son hôtel
» à Paris, ayant l'ame & le corps également gâtés
» de toutes sortes de vilenies. Le roi se consola
» aisément de sa perte, parce qu'il faisoit d'effroya-
» bles dissipations, & que néanmoins il vouloit
» le tenir comme en tutèle. »

Le sur-intendant d'*O* ne laissa point d'enfans
de Charlotte-Catherine de Villequier, sa femme.
Il avoit été maître de la garde-robe du roi
Henri III, premier gentilhomme de sa chambre,
chevalier des ordres, gouverneur de Paris & de
l'Isle-de-France.

O A T

OATES. (TITUS) (*Hist. d'Angl.*) (*Voyez*
l'article du docteur ARNAULD.)

O B E

OBED, (*Hist. sacr.*) fils de Booz & de Ruth,
père d'Isaï & aïeul de David ; Ruth, chap. 4,
vers. 17, 21, 22, saint Matthieu, chap. 1,
vers. 5.

OBED-EDOM. (*Hist. sacr.*) Ce fut dans sa
maison que David déposa l'arche d'alliance, lorsqu'il la fit transporter de Gabaa à Jérusalem ;
Rois, liv. 2, chap. 6.

O B I

OBIZZI. (LUCRÈCE DE GLI OROLOGGI,
femme d'Enée, marquis d') (*Hist. d'Italie.*) On
la croit la Lucrèce de l'histoire moderne, mais
elle ne put pas, comme Lucrèce, rendre compte
elle-même & demander vengeance de son outrage ;
elle fut trouvée poignardée dans son lit pendant
l'absence de son mari ; son fils âgé de cinq ans,
qui devoit être couché à côté d'elle, avoit été
transporté dans une chambre voisine. Un gentilhomme qui s'étoit montré fort amoureux d'elle,
& qu'on avoit vu entrer ce jour-là dans la maison,
fut accusé de s'être vangé ainsi de ses refus : il fut
arrêté, il nia constamment son crime ; on ne doutoit
pas qu'il ne fût coupable, mais les preuves juridiques
paroissant insuffisantes, on le retint quinze ans en
prison, & enfin on lui rendit la liberté ; mais peu
de mois après le jeune marquis d'*Obizzi*, qui avoit

alors vingt ans, se crut obligé de venger sa mère au
défaut de la justice, il tua d'un coup de pistolet celui
que la voix publique lui désignoit comme l'assassin
de la marquise. Tous ces évènemens se passoient à
Padoue dans le dix-septième siècle, Lucrèce avoit
été tuée vers l'an 1645. Son fils passa au service
de l'empereur Léopold qui le fit marquis du saint
empire, gouverneur de Vienne, conseiller d'état
& maréchal-général de camp. Il mourut, en 1710,
sous l'empereur Joseph, après cinquante années
de service, pendant lesquelles il acquit la plus
grande réputation de valeur & de probité.

O B R

OBRECHT, (ULRIC) (*Hist. litt. mod.*) professeur en droit à Strasbourg, ainsi que Georges
Obrecht, son père, lequel étoit mort luthérien
en 1612.

Ulric se fit catholique, & Louis XIV, devenu
maître de Strasbourg en 1681, le fit préteur royal
en 1685. « On disoit d'*Obrecht* qu'il parloit de
» tous les personnages de l'histoire, comme s'il
» eût été leur contemporain, de tous les pays,
» comme s'il y eût vécu, & des différentes loix,
» comme s'il les eût établies. » Bossuet l'appelloit
Epitome omnium scientiarum.

On a de lui un ouvrage en faveur des droits
de Philippe V à la couronne d'Espagne, sous ce
titre : *Excerpta historica de naturâ successionis in
monarchiâ Hispaniæ :* on a aussi le *Prodromus rerum
alsaticarum ;* un mémoire concernant la sûreté
publique de l'Empire ; une édition de Quintilien ;
une version de la vie de Pythagore par Jamblique. Mort en 1701.

OBREGON, (BERNARDIN) (*Hist. d'Espag.*)
instituteur des frères infirmiers, qui prennent soin
des malades dans les hôpitaux d'Espagne, & qu'on
appelle, de son nom, *les Obregons.* Né près de
Burgos en 1540, mort dans son hôpital général
de Madrid le 6 août 1599.

OBRINE, (*Hist. mod.*) chevalier de l'*Obrine*,
ordre militaire institué dans le huitième siècle par
Conrad, duc de Mazovie & de Cujavie, que quelques auteurs appellent aussi *duc de Poland.*

Il donna d'abord à cet ordre le nom de *chevaliers de Jésus-Christ.* Leur premier grand-maître
fut Bruno. Leur principale destination étoit de
défendre le pays des courses des Prussiens, qui
étoient pour lors idolâtres, & y commettoient de
grandes cruautés.

Le duc Conrad mit ces chevaliers en possessions
du fort de l'*Obrine,* d'où ils prirent leur nouveau
nom ; & ils convinrent ensemble que toutes les
terres qu'ils envahiroient sur les Prussiens seroient
également partagées entr'eux.

Mais les Prussiens ayant bloqué le fort de manière qu'aucun des chevaliers n'en pouvoit sortir,
l'ordre dont il s'agit devint inutile, & fut aussi-tôt

supprimé, & Conrad appella à son secours l'ordre teutonique. (*A. R.*)

OBS

OBSEQUENS, (JULIUS) (*Hift. litt.*) écrivain latin, qui vivoit, à ce qu'on croit, vers la fin du quatrième fiècle de l'ère chrétienne, & dont on ne fait rien, finon qu'il eft auteur d'un traité, *de prodigiis*, dont il ne refte qu'une partie, avec des additions ou fupplément de Conrad-Lycofthènes. Il n'y avoit ni traité ni fupplément à faire fur cette matière, tout eft dit en un mot, il n'y a point de prodiges, autres que ceux qui font atteftés par l'écriture & par la tradition; le grand prodige, fi l'on en veut abfolument, eft que les loix de la nature foient immuables; mais dans notre befoin de croire nous appellons prodige tout effet dont les caufes nous font inconnues, ou dont les apparences ne fe concilient pas dans notre efprit avec les loix que nous croyons connoître.

OCC

OCCAM. (*Voyez* OCKAM.)

OCCASARY; (*Hift. mod.*) c'eft le titre que l'on donne dans le royaume de Bénin, en Afrique, au général en chef des forces de l'état. Quoique dans ce pays l'on ignore l'art de la guerre, la difcipline des troupes eft extrêmement févère, & la moindre tranfgreffion eft punie de mort. (*A. R.*)

OCE

OCELLUS LUCANUS, (*Hift. litt. anc.*) ancien philofophe grec de l'école de Pythagore. Il fut nommé *Lucanus*, parce qu'il étoit de la Lucanie, contrée limitrophe de la Pouille; on fait qu'Horace, qui étoit de Venoufe, difoit de lui-même:

Lucanus an Appulus anceps,
Nam venufinus arat finem fub utrumque colonus.

Il defcendoit, dit-on, d'une ancienne famille de Troie, & on croit qu'il vivoit long-temps avant Platon. On n'a que des fragmens de fon *traité des rois & du royaume*; mais le livre *de l'univers* qu'on lui attribue, nous eft parvenu tout entier; il a été traduit par le marquis d'Argens, & depuis par l'abbé Batteux.

OCH

OCHIN. (BERNARDIN) (*Hift. eccléfiaft.*) (*Voyez* MARTYR (PIERRE.)

OCHOSIAS. (*Hift. facr.*) Il y a deux princes de ce nom, l'un roi d'Ifraël, fils d'Achab & de Jézabel, dont l'hiftoire fe trouve au troifième livre des Rois, chap. 22 & dernier, & au quatrième livre chap. premier.

L'autre, roi de Juda, fils de Joram & d'Athalie, & père de Joas, dont l'hiftoire fe trouve au quatrième livre des Rois, chap. 8 & 9, & au deuxième livre des Paralip. ch. 22.

C'eft de ce dernier qu'il eft fouvent parlé dans la tragédie d'*Athalie*.

Ainfi dans leurs excès vous n'imiteriez pas,
L'infidèle Joram, l'impie Ochofias ?......

Déplorable héritier de ces rois triomphans,
Ochofias reftoit feul avec fes enfans,
Par les mains de Jéhu je vis percer le père.

OCHUS. (*Voyez* ARTAXERCÈS & DARIUS.)

OCK

OCKAM, (GUILLAUME) (*Hift. litt. mod.*) difciple de Scot, dit le *docteur fingulier*, écrivit pour l'empereur Louis de Bavière contre le pape Jean XXII, qui le condamna & l'excommunia: « fi je puis compter fur votre épée, difoit le cordelier Ockam à Louis de Bavière, vous pouvez compter fur ma plume. » Il étoit dans fon temps le chef de la fecte des nominaux. Il a fait divers ouvrages de philofophie & de théologie. Mort en 1347.

OCT

OCTAVE. (*Voyez* AUGUSTE.)

OCTAVIE, (*Hift. rom.*) fœur d'Augufte, mais née d'une autre mère, fut mariée en premières noces avec Claudius Marcellus, dont elle eut un fils. L'intérêt de la politique lui fit contracter une feconde alliance avec Marc-Antoine. Cette union rétablit une heureufe intelligence entre les deux triumvirs, divifés par la rivalité du pouvoir. Octavie, qui uniffoit les charmes les plus touchans à tous les dons du génie, ne put fixer le cœur de fon volage époux; Marc-Antoine, infenfible à tant de perfections, l'abandonna pour Cléopatre, reine d'Egypte, qui, auffi artificieufe que belle, étoit plus ingénieufe que fa rivale dans la recherche honteufe des voluptés. Cette infidélité fut un affront dont Augufte fe fentit offenfé: Octavie, la feule à plaindre, fufpendit les effets de cette inimitié; & ne voyant dans un impudique qui la trahiffoit qu'un époux qu'elle devoit aimer, elle fe tranfporta à Athènes, dans l'efpoir de diffiper fes erreurs. Cette démarche ne produifit point l'effet qu'elle s'en étoit promis, elle n'effuya que des dédains dont Augufte, juftement irrité, tira vengeance à la journée d'Actium. La mort de Marc-Antoine fut moins un triomphe pour elle qu'une fource de régrets. Augufte, pour la confoler, lui rend tous les honneurs qui auroient pu flatter une femme ambitieufe. Tous les Romains, à l'exemple de leur maître, lui rendirent des hommages qu'elle feule favoit dédaigner.

Son fils Marcellus, qui étoit l'efpoir de l'empire, avoit époufé Julie, fille d'Augufte, & le titre de gendre du maître du monde lui en préfageoit le brillant héritage. Ce jeune prince, que la mort enleva à la fleur de fon âge, plongea *Octavie* dans une langueur qui termina fes jours. Sa mort fut un deuil public; fes gendres, accablés d'affliction, portèrent eux-mêmes fon cercueil, comme un témoignage de leur piété filiale. Augufte, fondant en larmes, prononça fon éloge funèbre. Les Romains, dont elle avoit fait les délices, ne fe bornèrent point à de ftériles regrets, leur amour fuperftitieux voulut lui rendre les honneurs divins; mais Augufte eut affez de modération pour mettre un frein à leur zèle. Elle avoit eu de Marc-Antoine deux filles, qui toutes deux portèrent le nom d'Antonia; la première fut mariée à Domitius Enobarbus, & la plus jeune à Drufus, frère de Tibère. (*T. N.*)

OCTAVIE, (*Hift. rom.*) fille de l'impudique Meffaline & de l'imbécille Claudius, fit oublier, par l'innocence de fes mœurs, la tache de fon origine. Placée au milieu d'une cour licencieufe, où fes yeux n'étoient frappés que du fpectacle de la débauche, elle fit revivre les vertus des premiers temps de la république : fa douceur, fa modeftie & fa bienfaifance, lui concilièrent tous les cœurs des Romains. A peine étoit-elle fortie de l'enfance, qu'on la fiança au jeune Silanus. Cette union qui leur promettoit une félicité réciproque, fut rompue par les intrigues de l'ambitieufe Agrippine, qui paya des délateurs pour accufer le jeune époux des délits les plus graves. Des juges corrompus le trouvèrent coupable, & après lui avoir fait fouffrir les tourmens les plus douloureux, on le condamna à fe faire ouvrir les veines. La politique barbare d'Agrippine étoit de faire époufer *Octavie* à fon fils Néron, pour rapprocher, par cette alliance, l'intervalle qui le féparoit du trône. Le ftupide Claudius, afservi lâchement aux volontés d'une femme impérieufe, ratifia ce mariage. Néron fut déclaré fon héritier à l'empire, au préjudice de Britannicus, frère d'*Octavie*. Ce nouvel époux, trop vicieux pour être capable d'aimer, n'eut aucun attachement pour une princeffe dont les mœurs pures & bienfaifantes étoient la cenfure de fes penchans dépravés. Dès qu'il fut parvenu à l'empire, il la répudia, fous prétexte de ftérilité. Ce ne fut pas le plus grand des outrages qu'il lui fit effuyer; Poppée, qui avoit ufurpé fa place dans la couche du tyran, porta la fureur jufqu'à l'accufer d'un commerce impudique avec un de fes efclaves. Tous les domeftiques de cette princeffe furent

mis à la queftion; quelques-uns fuccombant à la violence des tourmens, déclarèrent ce qu'ils ne favoient pas. La vertueufe *Octavie*, traitée en coupable, fut triftement reléguée dans la Campanie. Le peuple, indigné de cette oppreffion, fit éclater fes murmures qui annonçoient une révolte générale. Ce fut pour la prévenir que Néron la rappela de fon exil. Son retour à Rome alarma Poppée qui craignit la perte de fon crédit; cette femme artificieufe fe jeta aux pieds de Néron qui, par une lâche complaifance, prononça un fecond exil. *Octavie* fut exilée dans une île, où bientôt on lui fignifia l'ordre de fe faire ouvrir les veines. Elle n'avoit que vingt ans lorfqu'elle reçut l'arrêt de fa mort : les malheurs de fa vie lui en avoient infpiré le dégoût; elle envifagea fon dernier moment fans fe plaindre ni pâlir. Ses infames affaffins lui coupèrent la tête, qu'ils portèrent aux pieds de fon indigne rivale. (*T. N.*)

OCTAVIEN, (*Hift. ecclef.*) antipape, élu en 1159, après la mort d'Adrien IV; il prit le nom de Victor IV. Il réduifit Alexandre III, fon compétiteur, à chercher un afyle en France; il le fit dépofer, en 1160, par un concile qu'il affembla à Pavie; mais Alexandre III fut reconnu au concile de Touloufe, en 1161, pour le véritable pape. *Octavien* mourut à Lucques en 1164. Il étoit de la famille des comtes de Frefcati.

ODA

ODA, f. f. *terme de relation*, chambre, claffe des pages du grand-feigneur dans le ferrail : voici ce qu'en dit du Loir.

Les pages du grand-feigneur font divifés en cinq claffes, qui font autant de chambres appellées *oda*. La première plus baffe en dignité porte la qualité de *grande*, pour le nombre de ceux qui la compofent : ce font les plus jeunes à qui on enfeigne à lire & à écrire, à bien parler les langues, qui font la turque pour ce monde, l'arabe pour le paradis, & la perfanne pour l'enfer, à caufe, difent les Turcs, de l'héréfie de la nation qui la parle.

La feconde s'appelle *la petite oda*, où, depuis l'âge de 14 ou 15 ans, jufqu'à 20 ou environ, ils font exercés aux armes, à piquer des chevaux, à l'étude des fciences, dont les Turcs ont quelque teinture, comme eft l'arithmétique, la géométrie & l'aftrologie. Dans chacune de ces chambres il y a un page de la chambre privée, qui leur commande.

La troifième chambre nommée *kilan-oda*, comprend bien deux cents pages, qui outre leurs exercices ordinaires, font commandés par le kilerdgibachi, pour le fervice de la fommellerie & de la fruiterie.

La quatrième n'en a que vingt-quatre qui, fous le khazinéda-bachi, ont foin du tréfor qui eft dans l'appartement du grand-feigneur, où ils n'entrent jamais avec des habits qui aient des poches.

La cinquième chambre, appellée *kas-oda*, c'est-à-dire *claffe privée*, eft compofée de quarante pages qui fervent à la chambre du prince.

Toutes les nuits, un nombre fixe de pages de ces chambres font de garde, quand leur prince eft couché; ils font pofés en divers endroits, les uns plus près de lui que les autres, felon le degré de leur chambre, & ceux qui font de la chambre privée les commandent. Ils prennent garde auffi que la lumière, qu'ils tiennent toujours dans fa chambre, ne lui donne point dans les yeux; craignant qu'il ne s'éveille; & s'ils le voient travaillé de quelque fonge qui l'inquiète & qui le tourmente, ils en avertiffent l'aga pour qu'il le réveille. (*D. J.*)

ODABACHI ou **ODDOBASSI**, f. m. (*Hift. mod.*) eft un officier de l'armée des Turcs, qui répond à-peu-près à ce que nous appellons parmi nous un *fergent* ou un *caporal.*

Les fimples foldats & les janiffaires, appellés *oldachis*, lorfqu'ils ont fervi un certain nombre d'années, font avancés, & deviennent biquelars: de biquelars ils font faits *odabachis*, c'eft-à-dire, caporaux de compagnie, ou chefs de certaines divifions dont le nombre n'eft pas fixé, étant quelquefois de dix hommes, quelquefois de vingt.

Leur paie eft de fix doubles par mois, & ils portent pour marque diftinctive un grand feutre, large d'un pied, & encore plus long que large, qui pend par derrière, & orné par devant de deux grandes plumes d'autruches.

L'*odabachi* eft proprement un chef de chambrée des janiffaires, comme le porte fon nom, compofé de deux mots turcs; favoir, *oda*, chambre, & *bachi*, chef. Lorfque les janiffaires entrent pour la première fois dans cette chambre, l'*odabachi* les frappe fur le cou, & leur fait baiffer la tête pour preuve de l'obéiffance à laquelle ils font engagés. Ils ne peuvent s'abfenter fans fa permiffion, & lorfqu'ils négligent de la lui demander, il leur fait donner par le cuifinier de la chambrée, des coups de baguette fur les feffes & non fur les pieds, afin de ne pas les mettre hors d'état de marcher où le bien du fervice le requiert. S'ils commettent quelque crime grave, il les fait étrangler, mais fecrètement, & jeter leurs corps dans la mer. Que s'il eft forcé de rendre leur punition publique, il doit auparavant les dégrader de leur qualité de janiffaire, ce qui fe fait en mettant en pièces le collet de leur habit. Guer, *mœurs des Turcs, tome II.*

On donne encore en Turquie le nom d'*odabachi* au directeur de chaque chambrée des ichoglans ou pages du grand-feigneur. Il veille à leur conduite, à leurs exercices, & les fait châtier lorfqu'il leur échappe quelque faute. (*A. R.*)

ODAGLANDARI, f. m. (*Hift. mod.* terme de relation) On écrit auffi *odeglandari, odoglandari, oddoglandari.* Ce font les pages de la cinquième chambre ou *oda.* (*Voyez* ODA.)

Ces pages font au nombre de quarante qui fervent à la garde-robe du grand-feigneur. Ils ont dix afpres par jour, bouche à cour, & deux habits de velours, fatin ou damas, tous les ans. Vigenère, *illuftrat. fur chalcondyle, page 359.* (*D. J.*)

ODALIQUES ou **ODALISQUES**, f. f. (*Hift. mod.*) c'eft ainfi qu'on nomme en Turquie les fimples favorites du grand-feigneur, renfermées dans le ferrail pour fervir à fes plaifirs. Elles y font gardées par des eunuques, & occupent chacune un appartement où elles font fervies par des femmes. Les *odaliques* qui n'ont eu que des filles, ont la liberté de fortir & de fe marier à qui il leur plaît; mais celles qui ont donné des fils au grand-feigneur, & font arrivées par-là au titre d'*afekis*, font renvoyées dans le vieux ferrail quand le fultan fe dégoûte d'elles, & n'en fortent jamais à moins que leur fils ne monte fur le trône, & pour lors on les nomme *validé* ou *fultane-mère.* Ce mot *odalique* vient d'*oda*, qui en turc fignifie une *chambre*, parce que toutes ces femmes font logées féparément. C'eft entr'elles à qui emploiera le plus de manège pour plaire au fultan, & d'intrigues pour fupplanter fes rivales. (*A. R.*)

O D E

ODENAT. (*Hift. rom.*) Après la prife de Valérien, par Sapor, les Perfes fembloient devoir envahir toute l'Afie mineure; mais la valeur d'Odenat, roi de Palmyre, mari de la célèbre Zénobie, fidèle allié des Romains & de l'empereur Gallien, fils de Valérien, arracha aux Perfes vainqueurs toutes leurs conquêtes. Gallien voulut recevoir les honneurs du triomphe pour les victoires d'*Odenat*, ce qui fut d'autant plus ridicule, que d'un côté il n'y avoit eu aucune part, & que de l'autre, ces victoires même n'avoient pas procuré la liberté au malheureux Valérien, quoique ce fût l'objet principal de l'ambition d'*Odenat*, & qu'il eût tout tenté pour y parvenir. La reconnoiffance de Gallien alla jufqu'à élever Odenat à la dignité d'Augufte, & à lui donner le commandement général des troupes romaines dans l'Orient. *Odenat* avoit mérité ces honneurs, nonfeulement par les victoires qu'il avoit remportées fur les Perfes, mais encore par la deftruction de divers petits tyrans qui avoient effayé de s'élever fur les ruines de la puiffance de Gallien, & de profiter du malheur de Valérien. Il chaffa auffi de l'Afie les Scythes qui la ravageoient. Il périt, vers l'an de J. C. 267, par des embûches domeftiques, dont Zénobie, fa femme, paroît n'avoir pas été la caufe innocente. (*Voy.* l'art. ZÉNOBIE.)

Odenat

Odenat étoit originairement le chef d'une tribu de farrasins. Dès l'enfance il s'étoit accoutumé à braver les injures de l'air & l'intempérie des faisons, il s'étoit endurci à la fatigue, il s'étoit exercé à combattre les lions, les léopards, les ours. Il s'étoit procuré, par les exercices les plus durs, une force de corps qui secondoit merveilleusement son grand courage, & qui fut le principe de ses succès.

ODI

ODILON, (Saint) (*Hist. ecclés.*) cinquième abbé de Cluny, né en Auvergne l'an 962, mort à Souvigni en 1049, après avoir répandu son ordre en Italie, en Espagne, en Angleterre. Il est sur-tout célèbre comme instituteur de la *commémoration des morts*, pratique non moins tendre que sainte, non moins inspirée par la nature que par la piété. Elle passa des monastères de Cluny à d'autres églises, & fut ensuite adoptée par l'église universelle. Il y a quelques ouvrages de saint *Odilon* dans le recueil intitulé : *Bibliotheca Cluniacensis* : entr'autres, *la vie de saint Mayeul*, son prédécesseur dans l'abbaye de Cluny, & celle de l'impératrice sainte Adélaïde. Saint *Odilon* refusa, dit-on, l'archevêché de Lyon. Il étoit d'une naissance distinguée, fils de Bernard, dit le Grand, seigneur de Mercœur.

ODIN. (*Hist. du Nord.*) Les Romains en poursuivant Mithridate tant de fois vaincu & jamais dompté, avoient pénétré jusqu'au Tanaïs & aux Palus Méotides, qu'ils appelloient les bornes du monde ; les alliés de Mithridate, ou lassés, ou soumis, cherchèrent leur salut dans l'esclavage ou dans la fuite ; *Odin*, chef d'un peuple scythe, établi vraisemblablement entre le Pont-Euxin & la mer Caspienne, prit le parti plus noble d'aller chercher dans des pays plus septentrionaux, & inconnus aux Romains, la sûreté qu'il ne trouvoit plus dans sa patrie. Son véritable nom étoit Sigge, fils de Fridulphe ; il avoit pris celui d'*Odin*, qui étoit le Dieu suprême des Scythes, soit parce qu'il en étoit le souverain pontife, soit par quelque motif politique qu'on suppose & qu'on ne sait point. *Odin*, conquérant rapide, soumit d'abord en passant quelques peuples de Russie & la Saxe, c'est-à-dire, ces vastes contrées que possédoient autrefois les Saxons, du Rhin jusqu'à l'Elbe & même vers l'Oder, & dont presque aucune n'a retenu le nom de Saxe, excepté cette foible portion qui porte aujourd'hui le nom de basse-Saxe, & qui, par une autre singularité, de tous les pays qui portent aujourd'hui ce nom, est le seul qui ait appartenu aux Saxons. Il partagea ces domaines entre ses enfans, prit ensuite la route de la Scandinavie par le Holstein & le Jutland ou la Jutlande ; ces provinces épuisées d'habitans, ni résistèrent peu ; il parut, & conquit la Fionie ;

il y bâtit la ville d'Odensée, dont le nom perpétue le souvenir de son fondateur ; il étendit ses conquêtes dans tout le reste du Nord ; il soumit le Danemarck, la Suède & la Norwège. Les peuples éperdus croyoient voir en lui une divinité terrible, prête à les foudroyer à la moindre résistance ; il ne dédaignoit pas d'employer la fourberie pour fortifier le prestige, il étoit inspiré ; il avoit deux corbeaux privés, comme Mahomet avoit son pigeon, Sertorius sa biche, Numa sa nymphe Egérie. Ces deux corbeaux qu'il nommoit, l'un mémoire, l'autre intelligence, (ce qui donneroit plutôt l'idée d'une allégorie que d'un mensonge formel) faisoient tous les matins le tour du monde, & lui rapportoient à son dîner des nouvelles de tout ce qui se passoit ; par ce mélange de l'imposture & d'une éloquence impétueuse comme sa valeur, il persuadoit aux crédules Scandinaves tout ce qu'il vouloit : il avoit, disoit-il, par ses enchantemens, ranimé la tête d'un certain Mimer, qui avoit eu pendant sa vie une grande réputation de sagesse ; il consultoit cette tête, il la faisoit parler, les oracles qu'elle rendoit étoient aveuglément suivis. Cependant une maladie mortelle vint détruire cette illusion ; *Odin* sut encore en tirer parti pour sa gloire : sentant approcher sa mort, il voulut du moins la rendre éclatante. Il rassembla ses amis, les compagnons de ses victoires & de sa fortune ; en leur présence, il se fit neuf blessures en forme de cercle avec la pointe d'une lance, & diverses autres découpures sur la peau son épée ; il déclara ensuite, en mourant, qu'il alloit en Scythie prendre place avec les autres dieux à un festin éternel où il admettroit tous ceux qui seroient morts honorablement les armes à la main. Cette idée de la divinité des guerriers, morts les armes à la main, & de leur admission dans le palais & aux festins d'*Odin*, fit une grande fortune dans tout le Nord. Le chevalier Temple rapporte dans ses œuvres que le comte d'Oxentiern lui avoit dit à Nimègue qu'il étoit resté en Suède un monument de cette ancienne croyance, dans une place nommée *Odin-hall*, ou *la salle d'Odin*. C'est une grande baie, environnée de tous côtés de rochers escarpés, où ceux mêmes que la foiblesse de leur âge ou de leur tempérament empêchent d'aller chercher à la guerre une mort glorieuse, voulant du moins échapper à la honte de mourir misérablement dans leur lit, & donner en mourant une dernière marque de courage, se faisoient porter le plus près qu'il se pouvoit de la pointe de ces rochers, d'où ils se précipitoient eux-mêmes dans la mer, persuadés qu'*Odin*, touché de cet acte de fermeté, ne les puniroit pas d'avoir été privés du bonheur de mourir à la guerre, & voudroit bien les admettre dans son palais. Une des grandes voluptés dont on jouissoit dans ce paradis d'*Odin*, étoit de boire de la bière dans les crânes de ses ennemis vaincus. Un roi des Danois, Lothbrok ou Lodbrog, célèbre ce bonheur ineffable dans une espèce d'ode, dont l'enthousiasme ressemble assez au délire de l'ivresse.

> *Pugnavimus ensibus;*
> *Hoc ridere me facit semper,*
> *Quòd Othini scamma*
> *Parata scio in aulâ.*
> *Bibemus cerevisiam brevi*
> *Ex concavis crateribus craniorum.*

A cette idée un plus violent transport de joie le saisit; il se croit déjà arrivé à ce doux moment de la mort; il entend la voix d'*Odin* qui l'appelle, il voit les portes du palais s'ouvrir, des nymphes s'avancer pour le recevoir en lui présentant proprement, dans les crânes de ses ennemis, cette boisson délicieuse.

C'est dommage que cette boisson délicieuse ne soit que de la bière, & ne soit pas le sang même de ces ennemis. Il manquoit ce trait à la félicité suprême du paradis d'*Odin*: d'ailleurs *Odin* ravit tous les hommages réservés autrefois au dieu dont il avoit pris le nom; ce fut lui qu'on adora & que toutes les mythologies peignirent sous les traits d'un dieu terrible & sévère, père du carnage, dépopulateur, incendiaire, agile, bruyant, dispensateur du courage, de la victoire & de la mort. On imploroit son secours dans toutes les guerres; c'étoit à lui que les vœux des deux partis s'adressoient; on croyoit qu'il venoit souvent lui-même dans la mêlée, ranimer la fureur des combattans, frapper ceux qu'il destinoit à périr, & emporter leurs ames dans les demeures célestes, où il les admettoit au banquet éternel & délicieux qu'il leur avoit promis. De là, comme dit Lucain:

> *In ferrum mens prona viris,*
> *Animæque capaces*
> *Mortis, & ignavum redituræ parcere vitæ.*

La femme d'*Odin*, nommée Frigga ou Fréa, partageoit avec lui les honneurs divins: après avoir été dans l'origine la terre-mère & la mère des dieux, elle devint la déesse de l'amour & de la débauche, la Vénus du Nord; on la prenoit aussi quelquefois pour la Lune.

O D O

ODOACRE, (*Hist. rom.*) roi des Hérules, destructeur de l'empire d'Occident, & fondateur du royaume d'Italie ou des Hérules, qui ne dura que dix-sept ans, depuis l'an 476, jusqu'en 493, Théodoric, après l'avoir vaincu, lui promit la vie, & le massacra, en traître, dans un festin. *Odoacre* en avoit usé avec plus d'humanité à l'égard d'Augustule qu'il avoit détrôné. (*Voyez* l'article AUGUSTULE.)

ODON, (SAINT) (*Hist. Ecclés.*) second abbé de Cluny, en 927. On a de lui dans la collection intitulée: *Bibliotheca Cluniacensis*, (*voyez* l'article ODILON) (saint) des hymnes en l'honneur de saint Martin, trois livres du sacerdoce, la vie de saint Gérard, comte d'Aurillac, &c. & on trouve dans ce même recueil la vie de saint *Odon* lui-même, écrite par un de ses disciples, nommé Jean. Saint *Odon* mourut en 942.

Il y avoit dans le onzième siècle un autre *Odon* ou Endes, moins saint, mais non moins célèbre, frère utérin de Guillaume le conquérant, roi d'Angleterre & duc de Normandie, qui le fit évêque de Bayeux & comte de Kent, & qui lui confia l'administration de l'Angleterre pendant son absence. Il auroit pu lui confier aussi le commandement des armées, car, à la bataille d'Hastings, du 14 octobre 1066, qui décida de la conquête de l'Angleterre, *Odon* avoit rallié les Normands & contribué à la victoire. Ce prélat, enrichi par les bienfaits du roi son frère, voulut s'en servir pour acheter la tiare qu'un astrologue lui avoit promise; il commençoit à faire passer ses richesses en Italie, prêt à y passer lui-même; ce transport de l'argent de l'Angleterre à Rome déplut, avec raison, à Guillaume, qui voulut faire arrêter *Odon*; les immunités ecclésiastiques s'opposoient à ce projet; les officiers du roi désobéirent, non par esprit de révolte, mais par superstition: Guillaume alla lui-même arrêter son frère; *Odon* voulut parler de franchise & de privilèges: « Ce n'est » point l'évêque de Bayeux que j'arrête, lui dit » Guillaume, c'est le comte de Kent. » Le pape Grégoire VII, quoique les vues & les espérances d'*Odon* dussent peu le flatter, intercéda pour lui, menaça même, car c'étoit l'usage des papes alors, & c'étoit l'usage particulier de Grégoire: il n'obtint rien; *Odon* resta prisonnier en Normandie pendant tout le règne de Guillaume. Robert, fils aîné de Guillaume, & qui, quoique bon & vertueux, avoit été l'ennemi de son père, prit *Odon* pour son principal ministre & ne s'en trouva pas bien. Lorsqu'en 1096 Robert partit pour la première croisade, *Odon* l'y suivit, & mourut en chemin l'année suivante, à Palerme en Sicile.

ŒB A

ŒBARES, (*Hist. anc.*) étoit le nom de cet écuyer de Darius, qui procura la couronne à son maître en faisant hennir son cheval le premier.

> *Si credere dignum est.*

(*Voyez* l'article DARIUS.)

ŒC O

ŒCOLAMPADE. (JEAN) (*Hist. ecclés.*) Ce nom grec signifie *lumière domestique*; le véritable nom d'Œcolampade étoit *Hauſſchein*, qui a la même ſignification en allemand : ce ſectaire, miniſtre à Baſle, étoit le diſciple & le lieutenant de Zuingle, comme Mélanchton l'étoit de Luther ; chacun de ces lieutenans avoit plus de modération & de ſageſſe que ſon chef : leurs chefs avoient ſur eux l'aſcendant qui entraîne, & ils avoient ſur leurs chefs l'aſcendant qui règle & qui tempère. Œcolampade & Mélanchton étoient amis, ils auroient deſiré que leurs maîtres le fuſſent, mais l'autorité ne ſouffre guère de partage : Luther ne vouloit point d'égal ; Zuingle au moins ne vouloit pas de ſupérieur.

Œcolampade & Mélanchton eurent toujours au-deſſus de ces deux hommes le mérite de ſavoir ſe contenter du ſecond rang.

Œcolampade avoit été moine comme Luther, &, comme lui, il s'étoit marié depuis la réforme. « Tous ces grands mouvemens, diſoit Eraſme, » aboutiſſent à défroquer quelques moines & à » marier quelques prêtres. La réforme n'eſt qu'un » drame tragi-comique, dont l'expoſition eſt im-» poſante, le nœud ſanglant, & le dénouement » heureux. Tout finit par un mariage. »

Le premier décembre 1531, le diable, ſelon Luther, étrangla Œcolampade, ce qui ne ſignifioit rien autre choſe alors, ſinon qu'on étoit mort d'apoplexie ; ſelon d'autres, ce Mélanchton du parti ſacramentaire, mourut de douleur en voyant les triſtes fruits de la réforme.

ŒLI

ŒLIEN. (*Voyez* ELIEN.)

ŒNO

ŒNOMAUS, (*Hiſt. litt.*) philoſophe & orateur grec du ſecond ſiècle de l'égliſe ; Euſèbe, dans ſa *préparation évangélique*, nous à conſervé une partie conſidérable d'un traité d'Œnomaus, conte-nant le recueil des menſonges de l'oracle de Delphes.

OFA

OFAVAI ; (*Hiſt. mod. ſuperſtition*) c'eſt ainſi que l'on nomme au Japon une petite boîte longue d'un pied & d'environ deux pouces de largeur, remplie de bâtons fort menus, autour deſquels on entortille des papiers découpés : ce mot ſignifie *grande purification*, ou *rémiſſion totale des péchés*, parce que les canuſis, ou deſſervans des temples de la province d'Iſje, donnent ces ſortes de boîtes aux pélerins qui ſont venus faire leurs dévotions dans les temples de cette province, reſpectés par tous les Japonois qui profeſſent la religion du Sintos. Ces pélerins reçoivent cette boîte avec la plus profonde vénération ; & lorſqu'ils ſont de retour chez eux, ils la conſervent ſoigneuſe-ment dans une niche faite exprès, quoique leurs vertus ſoient limitées au terme d'une année, parce qu'il eſt de l'intérêt des canuſis que l'on recommence ſouvent des pélerinages, dont ils reconnoiſſent mieux que perſonne l'utilité. (*A. R.*)

OFF

OFFA, (*Hiſt. d'Angleterre.*) roi de Mercie au temps de l'Heptarchie, vers le milieu du hui-tième ſiècle, aſſaſſina Ethelbert, roi d'Eſtanglie, ſon gendre, prit ſon royaume, &, pour expia-tion, ſoumit ſes états *au denier de ſaint Pierre*, en conſervant ce qu'il avoit pris. Le *romeſcot*, ou denier de ſaint Pierre, n'étoit d'abord qu'une ſomme deſtinée à l'entretien d'un collège anglois fondé à Rome par *Offa* ; cette impoſition ſe leva enſuite ſur toute l'Angleterre. C'étoit un don d'un ſeul roi de l'Heptarchie, ce fut un tribut de la nation entière. Il fut aboli par Henri VIII, lorſque ce prince ſe ſépara de la communion ro-maine. *Offa* mourut l'an 796.

OFFICIER, ſ. m. (*Hiſt. mod.*) homme qui poſ-ſède un office, qui eſt revêtu d'une charge. (*Voyez* OFFICE dans le dictionnaire de juriſprudence.)

Les grands *officiers* de la couronne ou de l'état ſont en Angleterre le grand maître-d'hôtel, le chancelier, le grand tréſorier, le préſident du conſeil, le garde du ſceau privé, le grand cham-bellan, le grand connétable, le comte-maréchal & le grand amiral.

En France on a une notion très-vague de ce qu'on nomme les *grands officiers*, & d'ailleurs tout cela change perpétuellement. On s'imagine natu-rellement que ce ſont ceux à qui leurs charges donnent le titre de grand, comme grand écuyer, grand échanſon ; mais le connétable, les maré-chaux de France, le chancelier, ſont grands *officiers*, & n'ont point le titre de grand, & d'autres qui l'ont, ne ſont point réputés grands *officiers*. Les capitaines des gardes, les premiers gentilshômmes de la chambre, ſont devenus réellement de grands officiers, & ne ſont pas comptés pour tels par le père Anſelme. En un mot, rien n'eſt décidé ſur leur nombre, leur rang & leurs prérogatives.

Les grands *officiers* de la couronne n'étoient autrefois qu'*officiers* de la maiſon du roi. Ils étoient élus le plus ſouvent par ſcrutin ſous le règne de Charles V, & dans le bas âge de Char-les VI, par les princes & ſeigneurs, à la plura-lité des voix. Les pairs n'en vouloient point ſouffrir avant le règne de Louis VIII, qui régla qu'ils auroient ſéance parmi eux. Son arrêt, donné ſolen-nellement à Paris en 1224, dans ſa cour des pairs, porte, que ſuivant l'ancien uſage & les coutumes obſervées dès long-temps, les grands *officiers* de la couronne ; ſavoir, le chancelier, le bouteil-ler, le chambrier, &c. devoient ſe trouver aux

K 2

procès qui se feroient contre un pair de France, pour le juger conjointement avec les autres pairs du royaume ; en conséquence ils assistèrent tous au jugement d'un procès de la comtesse de Flandre.

Il paroit que sous Henri III, les grands *officiers* de la couronne étoient le connétable, le chancelier, le garde des sceaux, le grand-maître, le grand chambellan, l'amiral, les maréchaux de France & le grand écuyer. Ce prince ordonna en 1577, par des lettres-patentes vérifiées au parlement, que les susdits grands *officiers* ne pourroient être précédés par aucun des pairs nouveaux créés. (*D. J.*)

Les *officiers* de justice sont ceux auxquels on a confié l'administration de la justice dans les différentes cours ou tribunaux du royaume.

Les *officiers* royaux sont ceux qui administrent la justice au nom du roi, comme les juges, &c.

Les *officiers* subalternes sont ceux qui administrent la justice au nom de quelque seigneur sujet du roi : tels sont les juges qui exercent leurs fonctions sous le comte-maréchal, sous l'amiral, &c.

Les *officiers* de police sont ceux auxquels on a confié le gouvernement & la direction des affaires d'une communauté ou d'une ville : tels sont les maires, les shérifs, &c.

Les *officiers* de guerre sont ceux qui ont quelque commandement dans les armées du roi.

Ces *officiers* sont généraux ou subalternes.

Les *officiers* généraux sont ceux dont le commandement n'est point restreint à une seule troupe, compagnie ou régiment ; mais qui ont sous leurs ordres un corps de troupes composé de plusieurs régimens, tels sont les généraux, lieutenans-généraux, majors-généraux & brigadiers.

Les *officiers* de l'état-major sont ceux qui ont sous leurs ordres un régiment entier, comme les colonels, lieutenans-colonels & majors.

Les *officiers* subalternes sont les lieutenans, cornettes, enseignes, sergens & caporaux. (*Voyez* tous ces *officiers* sous leurs propres articles, CAPITAINE, COLONEL, &c. dans le dictionnaire de l'art militaire.

Les *officiers* à commission sont ceux qui ont commission du roi : tels sont tous les *officiers* militaires, depuis le général jusqu'au cornette inclusivement.

On les appelle *officiers* à commission, par opposition aux *officiers* à brevet ou à baguette, qui sont établis par brevet des colonels ou des capitaines : tels sont les quartier-maîtres, sergens, caporaux, & même les chirurgiens & les chapelains.

Les *officiers* de mer ou de marine sont ceux qui ont quelque commandement sur les vaisseaux de guerre.

Les *officiers* à pavillon sont les amiraux, vice-amiraux, contre-amiraux.

Les *officiers* de la maison du roi sont le grand-maître d'hôtel, le trésorier, le contrôleur, le trésorier de l'épargne, le maître, les clercs du tapis verd, &c., le grand chambellan, le vice-chambellan, les gentilshommes de la chambre privée & de la chambre du lit, les gentilshommes huissiers, les garçons de la chambre, les pages, le maître de la garde-robe, le maître des cérémonies, &c., le grand écuyer, le contrôleur de l'écurie, les sous-écuyers, les intendans, &c.

Les *officiers* à baguette sont ceux qui portent une baguette blanche en présence du roi, & devant lesquels un valet de pied nue tête, porte une baguette blanche quand ils sortent en public, & quand ils ne sont pas en présence du roi : tels sont le grand-maître d'hôtel, le grand-chambellan, le grand-trésorier, &c.

La baguette blanche est la marque d'une commission, & à la mort du roi ces *officiers* cassent leur baguette sur le cercueil où l'on doit mettre le corps du roi, pour marquer par cette cérémonie, qu'ils déchargent leurs *officiers* subalternes de leur subordination.

Dans toutes les autres cours & les autres gouvernemens de l'Europe & du monde, il y a également différentes sortes d'*officiers*, tant pour le civil & le militaire, que pour les maisons des princes.

Les *officiers* militaires en France, sont les maréchaux de France, lieutenans-généraux, maréchaux-de-camp, brigadiers, colonels, lieutenans-colonels, majors, capitaines, lieutenans, sous-lieutenans, enseignes ou cornettes, sergens, maréchaux-des-logis, & brigadiers dans la cavalerie, pour le service de terre ; & pour celui de mer, l'amiral, les vice-amiraux, le général des galères, les chefs d'escadres, capitaines, lieutenans, enseignes de vaisseaux, &c. (*Voyez* MARÉCHAL DE FRANCE, LIEUTENANT-GÉNÉRAL, &c. dans le dictionnaire de l'art militaire.)

Pour le civil, les *officiers* de justice sont le chancelier, le garde des sceaux, les conseillers d'état, maîtres des requêtes, présidens à mortier, conseillers au parlement, procureurs & avocats-généraux ; & dans les justices subalternes, les présidens & conseillers au présidial, les lieutenans-généraux de police, les lieutenans-civils & criminels, baillis, prévôts, avocats & procureurs du roi & leurs substituts, & autres dignités de robe, qu'on peut voir chacun à leur article particulier dans le dictionnaire de jurisprudence.

Les principaux *officiers* de la maison du roi sont le grand-maître, le grand-écuyer, le grand-veneur, le grand-échanson, le grand-aumônier, le grand-chambellan, les quatre gentilshommes de la chambre, les quatre capitaines des gardes, sans parler de plusieurs autres, & tous les divers *officiers* qui sont soumis à ces premiers, &c.

Les grands *offices* ou gardes militaires sont conférés par le bon plaisir du roi, & ne sont point héréditaires ; mais la plupart des offices de judicature, auſſi-bien que les charges chez le roi, paſſent de père en fils, pourvu que l'on ait payé les droits impoſés ſur quelques-unes pour les conſerver à ſa famille : on achète pourtant un régiment, une compagnie.

Les princes étrangers ont auſſi des *officiers* dans tous ces divers genres. (*A. R.*)

OFFICIERS-GÉNÉRAUX, (*Hiſt. mod.*) ou commandans des troupes, ceux qui ont autorité ſur les ſoldats. On peut en diſtinguer de deux ſortes, les *officiers généraux*, & les *officiers* ſubalternes.

Parmi tous les anciens peuples, la diſcipline militaire qui n'a pas été la partie la moins cultivée du gouvernement, exigeant de la ſubordination dans les troupes, les ſouverains ont été obligés de confier une partie de leur autorité à des hommes intelligens dans le métier de la guerre ; & ceux-ci pour mettre plus d'ordre dans les armées, ont diſtribué les troupes en différens corps, commandés par des chefs capables d'exécuter leurs ordres, & de les faire exécuter au reſte des ſoldats.

Nous ſavons en général, que les Egyptiens avoient de nombreuſes troupes ſur pied, qu'elles alloient ordinairement à quatre cents mille hommes, & que l'armée de Séſoſtris étoit de ſeize cents mille combattans. Nous voyons les rois d'Egypte à la tête de leurs armées ; mais autant il ſeroit abſurde de dire qu'un ſeul prince, un ſeul homme commandoit ſeul en détail à cette multitude, autant eſt-il raiſonnable de penſer qu'il avoit ſous lui des *officiers-généraux*, & ceux-ci des ſubalternes diſtribués avec plus ou moins d'autorité dans tous les corps.

La milice des Hébreux, dans les premiers temps, ne nous eſt guère moins inconnue. Cependant on peut inférer de l'ordre que les tribus gardoient dans leurs campemens, chacune ſous leur enſeigne particulière, qu'elles avoient auſſi leurs *officiers* ſubordonnés à un général en chef, tel que fut Joſué. Sous les rois des Juifs, nous voyons ces princes commander eux-mêmes leurs armées, ou en confier la conduite à des généraux en chef, tels qu'Abner ſous Saül, Joab ſous David ; & ce dernier avoit dans les troupes pluſieurs braves, connus ſous le nom de *force d'Iſraël*, hommes diſtingués par leurs exploits, & qui ſans doute commandoient des corps particuliers : tels qu'un Bananias, chef de la légion des Phélètes & des Cérèthes, & qui devint, ſous Salomon, général en chef. Il eſt donc plus que probable, que ſous les rois d'Iſraël, & ſous ceux de Juda, juſqu'à la captivité de Babylone, les troupes Iſraélites furent diviſées en petits corps, commandés par des *officiers*, quoique l'écriture ne nous ait pas conſervé le nom de leurs dignités, ni le détail de leurs fonctions. Sous les Machabées il eſt parlé clairement de tribuns, de pentacontarques & de centurions, que ces illuſtres guerriers établirent dans la milice juive ; il y a apparence que

les tribuns commandoient mille hommes, les pentacontarques cinq cents, & les centurions cent hommes.

Pour les temps héroïques de la Grèce, nous voyons toujours des rois & des princes à la tête des troupes. Jaſon eſt le premier des argonautes ; ſept chefs ſont ligués contre Thèbes pour venger Polynice ; & dans Homère, les Grecs, confédérés pour détruire Troie, ont tous leurs chefs par chaque nation ; mais Agamemnon eſt le généraliſſime, comme Hector l'eſt chez les Troyens, quoique différens princes commandent les Troyens mêmes, & d'autres leurs alliés, comme Rheſus les Thraces, Sarpedon les Lyciens, &c.

Mais l'hiſtoire en répandant plus de lumières ſur les temps poſtérieurs de la Grèce, nous a conſervé les titres & les fonctions de la plupart des *officiers*, tant des troupes de terre, que de celles de mer.

A Lacédémone les rois commandoient ordinairement les armées ; qu'ils euſſent ſous eux des chefs, cela n'eſt pas douteux, puiſque leurs troupes étoient diviſées par bataillons, & ceux-ci en trois ou quatre compagnies chacun. Mais les hiſtoriens n'en donnent point le détail. Comme ils étoient puiſſans ſur mer, ils avoient un amiral & des commandans ſur chaque vaiſſeau ; mais en quel nombre, avec quelle autorité, c'eſt encore ſur quoi nous manquons des détails néceſſaires. Il reſte donc à juger des autres états de la Grèce par les Athéniens, ſur le militaire deſquels on eſt mieux inſtruit.

A Athènes, la république étant partagée en dix tribus, chacune fourniſſoit ſon chef choiſi par le peuple, & cela chaque année. Mais ce qui n'eſt que trop ordinaire, la jalouſie ſe mettoit entre ces généraux, & les affaires n'en alloient pas mieux. Ainſi voit-on que dans les temps de criſe, les Athéniens furent attentifs à ne nommer qu'un général. Ainſi à la bataille de Marathon on déféra à Miltiade le commandement ſuprême ; depuis Conon, Alcibiade, Thraſybule, Phocion, &c. commandèrent en chef. Ordinairement le troiſième archonte, qu'on nommoit le *polemarque* ou l'*archiſtratègue*, étoit généraliſſime, & ſous lui ſervoient divers *officiers* diſtingués par leurs noms & par leurs fonctions. L'hipparque avoit le commandement de toute la cavalerie. On croit pourtant que comme elle étoit diviſée en deux corps, compoſés chacun des cavaliers des cinq tribus, elle avoit deux hipparques. Sous ces *officiers* étoient des philarques, ou commandans de la cavalerie de chaque tribu. L'infanterie de chaque tribu avoit à ſa tête un taxiarque, & chaque corps d'infanterie de mille hommes, un chiliarque ; chaque compagnie de cent hommes étoit partagée en quatre eſcouades, & avoit un capitaine ou centurion. Sur mer il y avoit un amiral, ou généraliſſime, appellé *ναυαρχος* ou *ſ. ματιγος*, & ſous lui les galères ou les vaiſſeaux étoient commandés par des triérarques, citoyens choifis d'entre les plus riches, qui étoient obligés d'armer des galères en guerre, & de les équiper à leurs dépens. Mais comme le nombre de ces citoyens riches, qui s'uniffoient pour armer une galère, ne fut pas toujours fixe, & que depuis deux il alla jufqu'à feize, il n'eft pas facile de décider, fi fur chaque galère il y avoit plufieurs triérarques, ou s'il n'y en avoit qu'un feul. Pour la manœuvre chaque bâtiment avoit un pilote, *κυβερνήτης*, qui commandoit aux matelots.

A Rome les armées furent d'abord commandées par les rois, & leur cavalerie par le préfet des célères, *præfectus celerum*. Sous la république, le dictateur, les confuls, les proconfuls, les préteurs & les propréteurs, avoient la première autorité fur les troupes qui recevoient enfuite immédiatement les ordres des *officiers* appellés *legati*, qui tenoient le premier rang après le général en chef, & fervoient fous lui, comme parmi nous les lieutenans-généraux fervent fous le maréchal de France, ou fous le plus ancien lieutenant-général. Mais le dictateur fe choififfoit un général de cavalerie, *magifter equitum*, qui paroit avoir eu, après le dictateur, autorité fur toute l'armée. Les confuls nommoient auffi quelquefois leurs lieutenans-généraux. Ils commandoient la légion, & avoient fous eux un préfet qui fervoit de juge pour le corps. Enfuite étoient les grands tribuns ou tribuns militaires, qui commandoient chacun deux cohortes, chaque cohorte avoit pour chef un petit tribun; chaque manipule ou compagnie, un capitaine de deux cents hommes, *ducentarius*; fous celui-ci deux centurions, puis deux fuccenturions ou options, que Polybe appelle *tergiducteurs*, parce qu'ils étoient poftés à la queue de la compagnie. Le centurion, qu'on appelloit *primipile*, étoit le premier de toute la légion, conduifoit l'aigle, l'avoit en garde, la défendoit dans le combat, & la donnoit au porte-enfeigne; mais celui-ci, ni tous les autres, nommés *vexillarii*, n'étoient que de fimples foldats, & n'avoient pas rang d'officier. Tous ces grades militaires furent confervés fous les empereurs, qui y ajoutèrent feulement le préfet du prétoire, commandant en chef la garde prétorienne; & en outre les confuls eurent des généraux qui commandoient fur les frontières pendant tout le cours d'une guerre, tels que Corbulon en Arménie, Vefpafien en Judée, &c. Dans la cavalerie, outre les généraux nommés *magifter equitum*, & *præfectus celerum*, il y avoit des décurions, nom qu'il ne faut pas prendre à la lettre, felon Elien, pour des capitaines de dix hommes, mais pour des chefs de divifion de cinquante, ou cent hommes. Les troupes des alliés, tant d'infanterie que cavalerie, étoient commandées par des préfets, dont Tite-Live fait fouvent mention fous le titre de *præfecti fociorum*. Dans la marine, outre le commandant général de la flotte, chaque vaiffeau avoit le fien

particulier, & dans une bataille, les différentes divifions ou efcadres avoient leurs chefs comme à celle d'Actium.

OFFICIER, *en terme militaire*, eft un homme de guerre employé à la conduite des troupes, pour les commander & pour y maintenir l'ordre & la règle.

Des officiers des troupes de France. Le plus haut titre d'*officier* des troupes de France étoit autrefois celui de *connétable*; à préfent c'eft celui de *maréchal de France*. La fonction principale des maréchaux de France, c'eft de commander les armées du roi.

Après les maréchaux de France font les *lieutenans-généraux* des armées du roi.

Enfuite les *maréchaux-de-camp*; les uns & les autres font appellés *officiers-généraux*, parce qu'ils ne font réputés *officiers* d'aucune troupe en particulier, & que dans leurs fonctions ils commandent indifféremment à toutes fortes de troupes.

Les maréchaux-de-camp, lorfque le roi les élève à ce grade, quittent le commandement des régimens qu'ils avoient, ou les charges qu'ils poffédoient, à moins que ce ne foit des régimens étrangers, ou des charges dans les corps deftinés à la garde du roi.

Après les maréchaux-de-camp, le premier grade dans les armées eft celui de *commandant de la cavalerie*. Cette forte de troupe fait corps dans une armée, c'eft-à-dire, que tout ce qu'il y a de cavalerie dans cette armée, eft uni enfemble fous les ordres d'un feul chef. Elle a trois chefs naturels, qui font le *colonel-général*, le *meftre-de-camp-général*, & le *commiffaire-général*: en l'abfence de ces trois *officiers*, c'eft le plus ancien brigadier de la cavalerie qui la commande.

Les dragons font auffi corps dans l'armée. Ils ont un *colonel-général* & un *meftre-de-camp-général*; & en l'abfence de ces deux *officiers*, le plus ancien brigadier des dragons les commande.

L'infanterie a eu autrefois un colonel-général. Cette charge qui avoit été abolie fous Louis XIV, fut rétablie pendant la minorité de Louis XV, mais elle a été depuis fupprimée en 1730 fur la démiffion volontaire de M. le duc d'Orléans, qui en étoit pourvu, & récréée en 1780 pour M. le prince de Condé. Aucun *officier* particulier n'a jamais fait la fonction de cette charge, & l'infanterie n'a point ainfi de commandant particulier dans une armée.

Les brigadiers de cavalerie, d'infanterie & de dragons ont rang après les officiers qu'on vient de nommer. Ils font attachés à la cavalerie, à l'infanterie & aux dragons. Ils confervent les emplois qu'ils avoient avant que d'être brigadiers, & ils en font les fonctions.

Après les brigadiers font les colonels ou meftres-de-camp dans la cavalerie. Le colonel-général retient pour lui feul le nom de *colonel*, & ceux qui commandent les régimens ont le titre de *meftre-de-camp*. Il en eft auffi de même dans les dragons,

L'ufage en étoit auffi établi dans l'infanterie, lorfqu'il y avoit un colonel-général, mais depuis la fuppreffion de cet *officier* en 1730, les commandans des régimens d'infanterie portent le nom de *colonel*. Cependant, par les ordonnances, les colonels ou meftres-de-camp font égaux en grade ; & dans l'ufage ordinaire, on fe fert affez indifféremment de l'un & de l'autre terme pour la cavalerie & pour les dragons.

Outre les commandemens des régimens, les capitaines des compagnies de la maifon du roi, ou de la gendarmerie, & quelques autres *officiers* de corps, ont rang de meftre-de-camp ; le roi donne auffi le brevet de meftre-de-camp à des *officiers* qu'il veut favorifer, & dont les emplois ne donnent pas ce rang. Les capitaines des gardes-françoifes & fuiffes ont auffi rang de colonel d'infanterie.

Après le colonel & meftre-de-camp eft le *lieutenant-colonel*, lequel doit aider le colonel dans toutes fes fonctions & le remplacer en fon abfence.

Après les lieutenans-colonels font les *commandans de bataillon*, dont le grade eft au-deffous de ces *officiers*, & au-deffus de celui de capitaine. Ils font à l'armée le même fervice que les lieutenans-colonels.

Les *capitaines* font ceux qui ont le commandement particulier d'une compagnie, & qui font chargés de l'entretenir.

Le roi donne quelquefois le grade de capitaine à des *officiers* qui n'ont point de compagnie.

Le *major* d'un régiment eft un *officier* qui eft chargé de tous les détails qui ont rapport au régiment en général & à fa police. Il a rang de capitaine, & n'a point de compagnie.

Il a fous lui un *aide-major* ; dans l'infanterie où les régimens font plus nombreux, il y a plufieurs *aides majors*. Le roi n'en entretient point dans les régimens ordinaires, & ceux qui en font les fonctions fe nomment communément *garçons-majors*.

Dans toutes les compagnies il y a un *lieutenant* pour aider le capitaine dans fes fonctions, & le remplacer en fon abfence.

Dans la cavalerie & dans les dragons, il y a au-deffous du lieutenant un autre *officier*, appellé *cornette*, parce qu'une de fes principales fonctions eft de porter l'étendart, que l'on appelloit autrefois *cornette*, cet *officier* n'eft pas toujours entretenu pendant la paix. Dans l'infanterie, à la place du cornette, il y a un fous-lieutenant ou enfeigne, qui n'eft pas non plus entretenu pendant la paix.

Les lieutenans, fous-lieutenans, cornettes ou enfeignes, font nommés *officiers fubalternes*. Ils ont néanmoins une lettre du roi pour être reçus *officiers*.

Après le cornette, dans la cavalerie & les dragons, eft le *maréchal-des-logis* ; il eft chargé des détails de la compagnie, il eft comme l'homme d'affaire du capitaine, il a fous lui un *brigadier* & un *fous-brigadier*. Ces deux derniers font compris dans le nombre des cavaliers ou dragons. Ils ont cependant quelque commandement fur les autres.

Dans l'infanterie, après le fous-lieutenant ou enfeigne, font les *fergens*, dont les fonctions font les mêmes que celles des maréchaux-de-logis de la cavalerie & des dragons. Ils ont fous eux des *caporaux* & *anfpeffades*, qui font du nombre des foldats, mais qui ont cependant quelque commandement fur les autres foldats.

Les maréchaux-des-logis & les fergens font nommés feulement, fuivant l'ufage, *bas-officiers*. Ils n'ont point de lettres du roi pour avoir leur emploi, ils ne le tiennent que de l'autorité du colonel & de leur capitaine.

Outre tous les *officiers* qu'on vient de détailler, le roi a des *infpecteurs généraux* de la cavalerie & de *l'infanterie*. Ils font pris parmi les *officiers généraux*, brigadiers, ou au moins colonels ; leurs fonctions confiftent à faire des recrues & à examiner fi les troupes font en bon état, fi les *officiers* font bien leur devoir, particulièrement pour ce qui concerne l'entretien des troupes.

Tous les *officiers* en général, font fubordonnés les uns aux autres, en forte que par-tout où il y a des troupes, le commandement fe réduit toujours à un feul à qui tous les autres obéiffent. Cette fubordination bien établie, & l'application de chacun à fe bien acquitter de fes fonctions, eft ce qui produit l'ordre, la règle & la difcipline dans les troupes.

L'*officier* de grade fupérieur commande toujours à celui qui eft de grade inférieur. Entre *officiers* du même grade, s'ils font *officiers généraux* de cavalerie ou de dragons, c'eft l'ancienneté dans le grade qui donne le commandement.

Dans la maifon du roi & dans la gendarmerie, c'eft l'*officier* de la plus ancienne compagnie qui commande ; & dans l'infanterie, c'eft l'*officier* du plus ancien régiment.

Parmi les *officiers* d'infanterie, d'une part, ceux de cavalerie & de dragons, d'autre part, à grade égal, c'eft l'*officier* d'infanterie qui commande dans les places de guerre & autres lieux fermés, & en campagne c'eft l'*officier* de cavalerie.

Quoique le roi foit le maître de donner les grades & les emplois comme il lui plaît, voici néanmoins l'ordre qu'il s'eft prefcrit ou qu'il fuit ordinairement.

Ordre dans lequel les officiers montent aux grades. Les maréchaux de France font choifis parmi les lieutenans-généraux, ceux-ci parmi les maréchaux-de-camp, lefquels font choifis parmi les brigadiers, & les brigadiers parmi les colonels, meftres-de-camp ou lieutenans-colonels.

Les colonels ou meftres-de-camp doivent avoir été au moins moufquetaires.

Le plus ancien capitaine d'un régiment est ordinairement choisi pour remplir la place de lieutenant-colonel lorsqu'elle vaque.

La place de major se donne à un capitaine, suivant les termes de l'ordonnance. Il n'est pas nécessaire de le choisir par rang d'ancienneté.

Les capitaines doivent avoir été mousquetaires, ou bien lieutenans, sous-lieutenans, enseignes, ou cornettes. Ceux-ci sont pris parmi les cadets, quand il y en a, ou bien parmi la jeunesse qui n'a pas encore servi.

Les maréchaux-des-logis & les sergens sont toujours tirés du nombre des cavaliers & soldats. Lorsqu'on est satisfait de leur service, on les fait *officiers*; on leur donne plus communément cette marque de distinction dans la cavalerie que dans l'infanterie.

Outre ces *officiers* qui commandent les troupes, il y en a de particuliers pour l'armée; tels sont le maréchal-général-des-logis de l'armée, le major-général, le maréchal-général-des-logis de la cavalerie, le major-général des dragons, les majors des brigades, le major de l'artillerie ou génie, intendant de l'armée; le général des vivres, le capitaine des guides, &c. (*Voyez* les *articles* qui concernent chacun de ces emplois, dans le dictionnaire de l'art militaire, & vous y trouverez aussi divers changemens que le temps a amenés, relativement à quelques-uns des objets énoncés d'une manière générale dans cet article resté de l'ancienne Encyclopédie.)

Tous les *officiers* doivent, en général, s'appliquer à bien remplir leur emploi; ce n'est qu'en passant par les différens grades, & en les remplissant avec distinction, qu'on peut acquérir la pratique de la guerre, & se rendre digne des charges supérieures. Ce n'est pas seulement des *officiers* généraux que dépendent les succès à la guerre; les *officiers* particuliers peuvent y contribuer beaucoup; ils peuvent même quelquefois suppléer les *officiers* généraux, comme ils le firent au combat d'Altenheim en 1675. (*Voyez* sur ce sujet les *Mémoires* de M. de Feuquière, *tome III, page* 240.)

Comme les *officiers* généraux doivent posséder parfaitement toutes les différentes parties de l'art militaire, & que les colonels peuvent en être regardés comme la pépinière, il seroit à-propos de les engager, par des travaux particuliers, à se mettre au fait de tout ce qui concerne le détail, non-seulement de la guerre en campagne, mais encore du génie & de l'artillerie.

Pour cet effet, ils pourroient être obligés de résider, en temps de paix, six mois à leur régiment; & pour rendre ce séjour utile à leur instruction, indépendamment de l'avantage d'être éloignés pendant ce temps des plaisirs & de la dissipation de Paris, il faudroit les charger de faire des mémoires raisonnés des différentes manœuvres qu'ils feroient exécuter à leur régiment. Un régiment de deux ou de quatre bataillons peut être

regardé comme une armée, en considérant chaque compagnie comme un bataillon; c'est pourquoi on peut lui faire exécuter toutes les manœuvres que l'armée peut faire en campagne.

On pourroit encore leur demander des observations sur le terrein des environs de la place, d'examiner les avantages & les inconvéniens d'une armée qui se trouveroit obligée de l'occuper & de s'y défendre; un projet d'attaque & de défense des lieux qu'occupe leur régiment; ce qu'il faudroit pour approvisionner ces lieux, tant de munitions de bouche que de guerre, pour y soutenir un siége, relativement à la garnison qu'ils croiroient nécessaire pour les défendre, &c.

A leur retour à la cour, ils communiqueroient les mémoires qu'ils auroient faits sur ces différens objets, à un comité particulier d'*officiers* généraux habiles & intelligens, nommés à cet effet par le ministre de la guerre. On examineroit leur travail, on le discuteroit avec eux, soit pour les applaudir, ou pour leur donner les avis dont ils pourroient avoir besoin pour le faire avec plus de soin dans la suite. Ils se trouveroient ainsi dans le cas de se former insensiblement dans toutes les connoissances nécessaires aux *officiers* généraux; la cour seroit par-là plus à portée de connoître le mérite des colonels; & en distribuant les emplois par préférence à ceux qui les mériteroient le mieux par leur travail & leur application, on ne peut guère douter qu'il n'en résultât un très-grand bien pour le service. On ne doit pas penser que notre jeune noblesse puisse regarder l'obligation de s'instruire comme un fardeau pesant & onéreux. Son zèle pour le service du roi est trop connu: elle applaudira sans doute à un projet qui ne tend qu'à lui procurer les moyens de parcourir la brillante carrière des armes avec encore plus de distinction, d'une manière digne d'elle & des emplois destinés à son état. (*Q*)

OFFICIERS GÉNÉRAUX DE JOUR, c'est le lieutenant-général & le maréchal-de-camp qui sont de service chaque jour. On a vu à l'article de ces *officiers*, qu'ils ont dans l'armée & dans les siéges alternativement un jour de service. Lorsque ce jour arrive, *ils sont officiers généraux de jour*.

Il y a aussi un brigadier, un mestre-de-camp, un colonel & un lieutenant-colonel, de service chaque jour; mais ces *officiers* qui sont subordonnés aux lieutenans-généraux & aux maréchaux-de-camp, sont appelés leur jour de service, *brigadier ou colonel, &c. de piquet*. Les fonctions de ces derniers *officiers* sont de veiller aux piquets, pour qu'ils soient toujours prêts à faire leur service. (*Voyez* PIQUET dans le dictionnaire de l'art militaire.) (*Q*)

OFFICIERS DE LA MARINE; ce sont les *officiers* qui commandent & servent sur les vaisseaux du roi & dans les ports, & composent le corps militaire.

On donne le nom d'*officiers de plume* aux intendans, commissaires

commissaires & écrivains employés pour le service de la marine.

Les *officiers mariniers*, sont des gens choisis, tant pour la conduite que pour la manœuvre & le radoub des vaisseaux : savoir, le maître, le bosseman, le maître charpentier, le voilier & quelques autres. Les *officiers mariniers* forment ordinairement la sixième partie des gens de l'équipage.

Les *officiers militaires*, sont les *officiers généraux*, les capitaines, les lieutenans & les enseignes.

Les *officiers généraux*, sont actuellement en France, deux vice-amiraux, six lieutenans-généraux, seize chefs d'escadre ; ensuite deux cens capitaines, trois cent dix lieutenans, neuf capitaines de brûlots, trois cent quatre-vingts enseignes, vingt-cinq lieutenans de frégates, & quatre capitaines de flûtes. Ce nombre peut varier par mort, retraites ou autrement. (*A. R.*)

(Sur tous ces objets & sur les changemens qu'ils ont pu recevoir par laps de temps, *voyez* le Dictionnaire de marine.)

OFFICIERS MUNICIPAUX, (*Hist. mod.*) sont ceux qu'on choisit pour défendre les intérêts d'une ville, ses droits & ses priviléges, & pour y maintenir l'ordre & la police ; comme les majors, shérifs, consuls, baillis, &c. (*Voyez* OFFICE ou CHARGE, dans le Dictionnaire de jurisprudence.)

En Espagne, les charges municipales s'achètent. En Angleterre, elles s'obtiennent par élection.

En France, les *officiers municipaux* sont communément les maires & les échevins, qui représentent les corps-de-ville. Souvent ils sont créés en titre d'office par des édits bursaux ; & souvent aussi ils sont électifs. Quelques villes considérables sont en possession de cette dernière prérogative, & leurs *officiers* ou magistrats *municipaux* prennent différens noms. Leur chef à Paris & à Lyon se nomme *prévôt des marchands*, & les autres, *échevins* ; en Languedoc, on les appelle *consuls*. La ville de Toulouse a ses *capitouls* ; & celle de Bordeaux, ses *jurats*.

OFFICIERS DE VILLE : on distingue à Paris deux sortes d'*officiers de ville*, les *grands* & les *petits*. Les grands *officiers*, sont le prévôt des marchands, les échevins, le procureur du roi, le greffier, les conseillers & le receveur. Les petits *officiers*, sont les mouleurs de bois & leurs aides, les déchargeurs, les mesureurs, les débacleurs & autres telles personnes établies sur les ports pour la police & le service du public.

OFFICIERS PASSEURS D'EAU, ce sont les maîtres bateliers de Paris, dont les fonctions consistent à passer d'un rivage de la Seine à l'autre les passagers qui se présentent, leurs hardes, marchandises, &c. Ils furent érigés en titre d'office sous Louis XIV, & sont au nombre de vingt, y compris les deux syndics.

OFFICIERS DE LA VÉNERIE, ceux qui sont à la tête des chasses de sa majesté. L'ordonnance du roi,

du 24 janvier 1695, a permis & permet aux capitaines des chasses desdites capitaineries royales de déposséder leurs lieutenans, sous-lieutenans & autres *officiers* & gardes desdites capitaineries lorsqu'ils le jugeront à propos, en les remboursant ou faisant rembourser des sommes qu'ils justifieront avoir payées ; & où il ne se trouveroit alors des sujets capables de servir, en état de rembourser lesdits *officiers* & gardes, permet sa majesté auxdits capitaines de les interdire pour raison des contraventions qu'ils pourroient avoir faites aux ordonnances & à leurs ordres, ou de commettre à leurs places, pendant tel temps qu'ils jugeront à propos, & qui ne pourra néanmoins excéder celui de trois mois, sans que lesdits *officiers* & gardes, ainsi interdits, puissent faire aucune fonction de leurs charges durant leur interdiction ; voulant seulement sa majesté qu'ils soient payés de leurs gages jusqu'à l'actuel remboursement du prix de leurs charges : & sera la présente ordonnance lue & publiée ès greffes d'icelles, à la diligence des procureurs de sa majesté.

Les *officiers* des eaux & forêts & chasses, doivent être reçus à la table de marbre où ressortit l'appel de leur jugement ; autrement toutes leurs sentences & actes de jurisdiction sont nuls, & ils ne peuvent pas recevoir de gardes capables de faire des rapports qui fassent foi, puisqu'eux-mêmes ne sont pas institués valablement. Au parlement de Paris on en excepte les anciennes pairies.

Les subalternes, c'est-à-dire, le greffier, les gardes, exempts de gardes & arpenteurs, peuvent être reçus en la maîtrise particulière ; mais ils doivent être tous âgés de vingt-cinq ans, pour que leurs actes & procès-verbaux fassent foi en justice.

Les *officiers* sont compris comme les autres dans les défenses de chasser. (*A. R.*)

O G

OG, (*Hist. sacr.*) roi de Basan, taillé en pièces par les Israélites avec ses enfans & tout son peuple, sans qu'il en restât un seul. Il en est parlé dans l'écriture, au livre des Nombres chap. 22, vers. 33, 34, 35 ; au Deutéronome, chap. 3, vers. 1 & suivans ; chap. 29, vers. 7 ; chap. 31, vers. 4 ; pseaume 135, vers. 20.

O G I

OGIER le Danois. On ne peut pas dire jusqu'à quel point le héros ou paladin, connu sous ce nom dans les anciens romans, appartient à l'histoire. Comme ces anciens romans, dont Charlemagne & ses paladins sont l'objet, ont été imprimés & corrigés, quelques-uns même composés sous le règne de François I, ils sont pleins d'allusions manifestes aux événemens de ce règne : par exemple,

Ogier le Danois, qui, après avoir rendu de grands services à Charlemagne, est forcé à la révolte par des mauvais traitemens & des injustices, & qui fait prisonnier, dans une bataille, Charlemagne, qui ne le fut jamais en réalité, mais qui l'est souvent en fiction dans ces romanciers, *Ogier* le Danois ressemble beaucoup, il faut l'avouer, au connétable de Bourbon, d'autant plus que les Danois étoient les ennemis de Charlemagne, comme les Autrichiens, chez qui Bourbon se retira & qu'il servit, étoient les ennemis de François I. Dans l'histoire, on ne sait pas bien précisément d'où venoit à *Ogier* ce surnom de Danois; s'il étoit ainsi nommé, parce qu'il étoit né en Danemarck, ou parce que sa valeur lui fit quelqu'établissement, & lui acquit quelque petit état dans les contrées du Nord aux dépens des Danois, ou si c'étoit un titre de gloire qui attestât ses victoires, & s'il fut nommé *le Danois*, comme Scipion étoit nommé l'*Africain*; Métellus, le *Numidique*, &c. Les romanciers même qui, à cet égard, tiendroient lieu d'historiens, varient sur ce point.

Ces mêmes romanciers parlent aussi de la retraite d'*Ogier* à la cour du roi des Lombards, & cette retraite paroît avoir quelque fondement dans l'histoire : divers auteurs croient trouver *Ogier* le Danois dans un seigneur austrasien, nommé Otger, Auchaire ou Autcaire, qui, lorsque Charlemagne, appellé par la nation, enleva aux enfans de Carloman, son frère, les états de leur père, suivit & joignit ces enfans déshérités à la cour de Didier, roi de Lombardie, leur fut toujours fidèle, & finit par se faire moine à Saint-Faron de Meaux.

Un autre *Ogier*, plus moderne & plus certain, nommé Charles, fils d'un procureur au parlement de Paris, né en 1595, mort en 1654, auroit pu aussi être nommé *le Danois*, comme auteur de l'ouvrage, intitulé : *Iter Danicum*, mais il eût fallu l'appeller aussi le Suédois & le Polonois, car le titre entier du livre est : *Iter Danicum, Suecicum, Polonicum.* Il avoit suivi le comte d'Avaux, ambassadeur de France, en Danemarck, en Suède & en Pologne.

François *Ogier*, son frère, qui avoit embrassé l'état ecclésiastique, suivit aussi le comte d'Avaux lorsque ce ministre alla, en 1648, signer la paix de Westphalie. L'abbé *Ogier* intervint dans la querelle de Balzac avec le père Goulu. (*Voyez* ces deux articles.) Il publia l'apologie de Balzac son ami; mais il se brouilla dans la suite avec lui, parce que Balzac convenoit franchement, ou se vantoit ridiculement d'être l'auteur principal de cette apologie, où il est extraordinairement loué : *Je suis le père de cet ouvrage*, disoit-il; *Ogier n'en est que le parrain. Il a fourni la soie & moi le canevas.* On a de l'abbé *Ogier* d'autres ouvrages, des sermons qui ne le placent pas au rang des orateurs, des poésies qui ne le placent pas au rang

des poëtes, une critique du père Garasse, qui peut encore ne le pas placer au rang des critiques. Mort en 1670.

OGILBI *ou* OGILVI, (OGILVIUS) (*Hist. litt. mod.*) écrivain écossois du dix-septième siècle, auteur de deux éditions très-ornées, l'une de Virgile, l'autre de la bible, sous ce titre : *Biblia regia anglica*, d'un *atlas* qui le fit nommer cosmographe du roi d'Angleterre.

O G N

OGNA SANCHA, (*Hist. d'Espagne*) comtesse de Castille, vivoit vers la fin du dixième siècle. Louis Turquet de Mayerne, père de Théodore Turquet, sieur de Mayerne, (*V.* MAYERNE) rapporte dans son histoire d'Espagne, comment cette femme donna lieu à un usage qui s'observe encore dans divers endroits de l'Espagne, celui de faire boire les femmes les premières. Veuve du comte de Castille, elle voulut épouser un prince maure qui lui avoit inspiré une passion violente; mais craignant les obstacles que Sanche Garcias, son fils, comte de Castille, pouvoit apporter à son mariage, elle voulut l'empoisonner. Garcias fut averti de ce dessein; & lorsqu'on vint lui présenter à table, en présence de sa mère, & par ses ordres, le vin empoisonné qu'elle lui avoit préparé, il la pria, comme par respect & par civilité, de boire la première. *Ogna*, jugeant que son crime étoit découvert, avala la coupe, & mourut. C'est absolument la catastrophe de *Rodogune*.

Seigneur, voyez ses yeux
Déjà tout égarés, troubles & furieux,
Cette affreuse sueur qui court sur son visage,
Cette gorge qui s'enfle. Ah ! bon Dieu, quelle rage !
Pour vous perdre après elle, elle a voulu périr.

On lit en effet dans l'histoire des guerres de Syrie d'Appian Alexandrin, d'où est tiré ce sujet de *Rodogune*, qu'Antiochus contraignit Cléopâtre sa mère, d'avaler le poison qu'elle lui avoit préparé.

O G Y

OGYAS, s. m. (*Hist. turque*) nom du précepteur des fils du grand-seigneur. Quoique les fils des sultans soient élevés dans la mollesse, au milieu des plaisirs & de l'oisiveté du serrail, on leur choisit pourtant des précepteurs, qu'on appelle *ogyas*, qui sont d'ordinaire les plus savans du pays. Ces précepteurs vivent dans la suite avec éclat, & reçoivent du sultan, autrefois leur disciple, des honneurs & des distinctions qu'il refuse au grand-visir, au caïmacan & aux cadilesquers. Un ambassadeur de France, qui avoit résidé fort long-temps à la Porte, M. de Brèves, remarque dans ses mémoires, que les Turcs ont souvent à la bouche ces paroles qu'ils attribuent à Soliman: « Dieu donne l'ame toute brute, mais le précepteur la polit & la perfectionne. » (*D. J.*)

OGYGÈS, (*Hist. anc.*) fils de la Terre, selon les uns; de Neptune, selon les autres; langage de Fable. On rapporte à cet *Ogygès* la fondation de plusieurs villes dans la Grèce; mais on ne sait rien de certain sur son histoire. Seulement son règne est célèbre, parce qu'il sert d'époque à ce fameux déluge local qui submergea toute l'Attique & toute l'Achaïe. On le place communément à l'an 1796, avant l'ère chrétienne, environ deux cents trente, quarante ou cinquante ans, avant le déluge de Deucalion. On peut voir à ce sujet dans le Recueil de l'académie des inscriptions & belles-lettres, tome 10, pages 357 & suivantes, les réflexions de M. Freret sur un ancien phénomène céleste, observé au temps d'*Ogygès*; & tome 23, pages 129 & suivantes, les observations du même M. Freret, sur les deux déluges ou inondations d'*Ogygès* & de Deucalion.

O J A

OJAK, (*Hist. mod.*) nom que les Turcs donnent aux régimens de leurs janissaires; ceux qui les commandent se nomment *ojak agalari*. (*A. R.*)

O I H

OIHENART, (ARNAULD) (*Hist. litt. mod.*) auteur de livre intitulé : *Notitia utriusque vasconiæ.* Il vivoit au dix-septième siècle.

O I S

OISEL, (JACQUES) (*Hist. litt. mod.*) professeur de droit public à Groningue, ami de Puffendorff, auteur d'un traité, intitulé : *Thesaurus selectorum numismatum antiquorum ære expressorum.* Mort en 1686; né à Dantzick en 1631, d'une famille originaire de France.

O K K

OKKISIK; (*Hist. mod. superstition*) c'est le nom sous lequel les Hurons sauvages de l'Amérique septentrionale désignent des génies ou des esprits, soit bienfaisans, soit malfaisans, qui sont attachés à chaque homme. On trouvera les idées que les sauvages en ont à *l'article* MANITOUS. (*A. R.*)

O K N

OKNIAS *ou* OKINIAS; (*Hist. mod.*) on dé-

signe sous ce nom les grands seigneurs ou principaux officiers de la cour du roi de Cambaye, dans les Indes orientales. Ce sont eux qui forment le conseil du monarque, & qui jugent les causes des sujets dont ils font rapport à sa majesté. La marque de leur dignité est une boîte d'or qui renferme le bétel que les Indiens mâchent perpétuellement; ils la portent dans leur main, ou bien ils la font porter par un esclave qui les précède. Les seigneurs d'un rang inférieur s'appellent *tonimas*; il ne leur est permis d'avoir qu'une boîte d'argent. Les *nampras* forment le troisième ordre de la noblesse. (*A. R.*)

O K O

OKOLSKI, (SIMON) (*Hist. litt. mod.*) jacobin polonois, du dix-septième siècle, auteur de l'*Orbis polonus.*

OKOZI, (STANISLAS) ORICHOVIUS, (*Hist. litt. mod.*) gentilhomme polonois, disciple de Luther & de Mélanchton, à Vittemberg, d'Egnace à Venise, fut nommé le *Démosthène polonois.* D'abord protestant, il se fit ensuite catholique, & disputa tour-à-tour contre les deux partis. On a, ou plutôt on eut de lui dans le temps divers écrits de controverse, & les annales en latin du règne de Sigismond-Auguste. Il vivoit au seizième siècle.

O L A

OLAUS, (*Hist. du Nord*) roi de Suède & de Danemarck, ne dut la première couronne qu'à la haine que les Suédois avoient conçue contre Amund, & la seconde qu'à ses armes. Il fut un des premiers prosélites que saint Anscaire, l'apôtre du Nord: fidèle à la religion qu'il venoit d'embrasser, il refusa d'offrir un sacrifice aux faux dieux, adorés dans le temple d'Upsal. Une famine affreuse, & tous les maux qui en sont la suite, causoient alors en Suède des ravages déplorables. Le peuple, égaré par le sentiment de sa misère, irrité du refus d'*Olaüs*, le traina à l'autel d'Upsal, & le sacrifia lui-même à ses dieux, vers l'an 853, pour rendre le sol moins stérile. (*M. DE SACY.*)

OLAUS SKOTKONUNG, (*Hist. de Suède*) fut un des premiers rois chrétiens de la Suède. Il étoit frère de Schentilmilde qui fut massacré pour avoir brisé les idoles; il lui succéda. Son zèle lui fit oublier le sort de son frère; il se fit baptiser, & se soumit, ainsi que ses sujets, à payer un tribut au saint-siége. Oluf, roi de Norwège, brigua son alliance, dont il espéroit se servir pour abattre la puissance danoise. Mais Suénon, roi de Danemarck, eut l'adresse de mettre *Olaüs* dans ses intérêts, & de le forcer à une rupture avec Oluf. On en vint à une bataille; *Olaüs* fut vainqueur : Oluf se noya de désespoir, & la Norwège conquise fut réunie à la Suède. Mais Oluf, fils du roi détrôné, s'empara du royaume de Gothland. *Olaüs* effrayé, ne voulut point compromettre contre lui la gloire de ses armes ; & prévoyant qu'un jour ce jeune prince remonteroit l'épée à la main sur le trône de Norwège, il aima mieux le lui rendre, & se l'attacher ainsi par les liens de la reconnoissance. Il defendit long-temps Oluf contre Canut, roi de Danemarck & d'Angleterre, & ne put prévenir ni sa chûte, ni sa mort. *Olaüs* voulut alors étouffer pour jamais les semences de divisions que le Gothland avoit fait naître : il déclara que le Gothland étoit désormais réuni à la Suède ; que ce n'étoit plus un royaume particulier, mais une simple province, & que ses successeurs n'ajouteroient point au titre de roi de Suède, celui de roi des Goths, de peur que ce royaume, devenant dans la famille royale un objet de partage, n'allumât de nouvelles guerres. Une disposition si sage ne fut pas assez long-temps suivie ; *Olaüs* mourut vers l'an 1030. (*M. DE SACY.*)

OLAUS THRUGGON, (*Hist. de Norwège*) roi de Norwège, régnoit vers l'an 980 : il prétendit à la main de Sigrite, reine de Suède & veuve d'Eric. Suénon le détourna de ce mariage, & lui proposa sa sœur. *Olaüs* donna dans le piège : il s'attira la haine des Suédois, & Suénon lui refusa sa sœur. *Olaüs* feignit de vouloir renouer avec Sigrite, & lui proposa une entrevue ; il avoit placé au rendez-vous quelques perfides comme lui qui devoient jeter la reine dans la mer ; mais les Suédois enlevèrent leur princesse des mains des assassins. *Olaüs* voulut se venger sur les Danois du peu de succès de son crime, mais il fut vaincu par Suénon dans le détroit du Sund ; & pour ne pas tomber entre les mains d'un ennemi aussi barbare que lui-même, il se précipita dans la mer. (*M. DE SACY.*)

OLAUS-LE-SAINT, roi de Norwège, monta sur le trône au commencement du onzième siècle. Canut II revenoit de la conquête de l'Angleterre ; il crut qu'une simple menace lui soumettroit la Norwège, & fit sommer *Olaüs* de lui rendre hommage, & de venir déposer sa couronne à ses pieds. La réponse de ce prince fut fière, mais modérée. Canut mit aussi-tôt en mer une flotte puissante ; mais il dut moins la conquête de la Norwège à l'effort de ses armes qu'aux circonstances. Tous les Norwégiens étoient indignés contre *Olaüs*. Ce prince avoit embrassé la religion chrétienne ; & s'il en eût suivi les maximes conformes au vœu de l'humanité, il seroit demeuré sur le trône ; mais il devint persécuteur, & fit mourir tous ceux qui, dupes de leur propre supercherie, se vantoient d'être magiciens. Les femmes de qualité sur-tout exerçoient cet art mensonger : la plupart expirèrent sous le fer des bourreaux, & leurs époux se vengèrent en ouvrant à Canut II

toutes les places de la Norwège. Ce prince céda aussi-tôt la couronne à Canut son fils. *Olaüs* s'enfuit en Suède, de-là en Russie ; revint en Suède, trouva dans le roi Amund un allié fidèle, rentra en Norwège à la tête d'une armée, & remonta sur le trône, l'an 1028. On ignore quel fut le genre & la cause de sa mort. L'église, cependant, lui adjugea la couronne du martyre, parce que la plus commune opinion étoit que les magiciens qu'il avoit persécutés le firent mourir par sortilège. (*M. DE SACY.*)

OLD

OLDAK-BACHAS, (*Hist. mod.*) grade militaire dans les troupes des Algériens. Les *oldak-bachas* sont au nombre de quatre cents ; ce sont des lieutenans d'infanterie, qui, pour marque de leur grade, portent une bande de cuir qui leur pend le long du dos. Ils passent, suivant leur rang & leur mérite, au grade de capitaine, ou de *boluk-bachas*, qui sont au nombre de huit cents. Parmi ceux-ci on choisit les membres du conseil, appellés *chia-bachas* ou *colonels*, qui sont au nombre de trente ; ces derniers, ainsi que toutes les troupes, sont soumis à l'aga, qui est le général en chef, & la personne la plus constituée en dignité après le dey ; mais il ne jouit de sa place que pendant deux mois, de peur qu'il n'acquière une trop grande autorité. Lorsque le temps est expiré, il est remplacé par le plus ancien des chia-bachas. Sur quoi il faut remarquer que le moindre passe-droit exciteroit une révolte parmi les troupes algériennes. Il y a encore d'autres emplois militaires dans ces troupes : les *vékilars* sont les pourvoyeurs de l'armée ; les *peys* sont les quatre plus anciens soldats qui sont les plus proches de la promotion ; les *soulaks* sont les huit plus anciens qui suivent ; ce sont ces derniers qui composent la garde du dey : ils sont distingués par leurs armes & par une plaque de cuivre qu'ils portent sur leurs bonnets. Les *kaïts* sont des soldats turcs, chargés de percevoir les revenus du dey. Les *sagiars* sont des soldats turcs qui portent une lance : il y en a toujours cent qui accompagnent l'armée, & à qui l'on confie la garde des eaux. (*A. R.*)

OLDECORN, (*Hist. d'Angl.*) jésuite flamand, pendu en Angleterre en 1606, avec le P. Garnet, son confrère, pour avoir secondé ou approuvé la conspiration des poudres. Le P. Jouvenci dit que ce furent deux martyrs, ainsi que notre P. Guignard.

OLDENBOURG, (HENRI) (*Hist. litt. mod.*) gentilhomme allemand, consul à Londres pour la ville de Brême, ami du fameux Robert Boyle, dont il traduisit en latin plusieurs ouvrages, & publié les quatre premiers volumes des *transactions philosophiques*. Il étoit secrétaire de la société royale de Londres. Mort en Angleterre en 1678.

OLDENBURGER, (PHILIPPE ANDRÉ) (*Hist. litt. mod.*) professeur de droit & d'histoire, à Genève, mort en 1678. Il prit différens noms dans ses divers ouvrages, dont les principaux sont: *Thesaurus rerum publicarum totius orbis; Tractatus de rebus publicis turbidis in tranquillum statum reducendis; Notitia imperii sive discursus ad instrumenta pacis Osnabrugo-monasteriensis.*

OLDHAM, (JEAN) (*Hist. litt. mod.*) poëte anglois, ami de Dryden, & célébré par lui comme le Marcellus du Parnasse anglois.

O miserande puer, si quò fata aspera rumpas,
Tu Marcellus eris.

Mort en 1683, à trente ans.

O L E

OLEARIUS, (*Hist. litt. mod.*) nom de divers savans d'Allemagne & des Pays-Bas.

1°. Adam, né en 1603, dans les Pays-Bas, bibliothécaire, antiquaire, & mathématicien du duc de Holstein. Il avoit été secrétaire d'ambassade en Russie & en Perse; il joignit à la connoissance des mathématiques celle des langues orientales, sur-tout du persan. On a de lui la *relation de son voyage*, traduite en françois par Wiquefort; une *chronique abrégée du Holstein. La vallée des roses de Perse*, recueil d'histoires, de bons mots, de maximes tirées des livres persans. Mort en 1671.

2°. Jean, l'un des premiers auteurs des journaux de Leipsick, sous le titre d'*Acta eruditorum.* Né à Hall, en 1639; mort à Leipsick, en 1713.

3°. Godefroi, né à Leipsick en 1672; mort en 1715. On lui doit une bonne édition de Philostrate, une traduction latine de l'*histoire de la philosophie* de Thomas Stanley, un abrégé de l'histoire romaine & de l'histoire d'Allemagne.

O L I

OLIER, (JEAN-JACQUES) (*Hist. eccl.*) curé de Saint-Sulpice, instituteur & premier supérieur de la communauté des prêtres, & du séminaire du même Saint-Sulpice à Paris, étoit fils d'un maître des requêtes; il étoit né en 1608. Le zèle & la charité l'unirent d'une amitié intime avec le héros de la charité, le bien-heureux Vincent de Paul, instituteur des lazaristes. *Olier* obtint, en 1645, des lettres-patentes pour la fondation de son séminaire; il fit commencer, en 1646, la construction de l'église de Saint-Sulpice, que nous avons vu achever sur un plan bien plus vaste par un de ses successeurs, dont le zèle mérite aussi beaucoup d'éloges. (*Voyez* l'article LANGUET.) Le projet que M. *Olier* avoit formé, de faire concourir à la fois l'honneur & la religion à l'abolition du duel, prouve que chez lui les principes de l'évangile étoient dirigés par les vues d'un homme d'état. Il engagea les plus grands seigneurs de sa paroisse à faire publiquement dans son église un jour de fête solemnelle, (le jour de la pentecôte) le serment de ne jamais donner ni accepter aucun appel, & de ne jamais servir de seconds dans aucun combat singulier. Ce serment fut signé de chacun d'eux. Peut-être ces renonciations volontaires, appuyées sur la foi du serment, étoient-elles le moyen le plus efficace de détruire un abus qui a résisté à tous les efforts de la législation & de l'autorité, par l'extrême difficulté que les loix trouveront toujours à flétrir la valeur, à vaincre la crainte du déshonneur & à contenir, par la terreur de la mort, ceux dont la faute consiste précisément à braver la mort. Quant à l'infamie du supplice, elle dépend de la nature du crime, & peut, dans certains cas, être transformée en gloire par l'opinion. Intéresser l'honneur véritable à extirper les préjugés d'un faux honneur, est peut-être ce qu'on a pu imaginer de mieux.

On prétend encore, qu'avant M. *Olier* la paroisse de Saint-Sulpice servoit de retraite à tous ceux qui vivoient dans le désordre; il eut la gloire d'en faire la paroisse la plus régulière de Paris, comme ce héros

Dont on voyoit dans les plaines d'Ivri
Les immortels aïeux suivre le grand Henri
Et qu'on a vu lui-même, (à *Fontenoi*) au milieu du carnage,
Renversé, relevé, se frayer un passage.

A su d'une troupe, autrefois gangrenée de tous les vices de Paris, & devenue la terreur du paisible citoyen au milieu de ses foyers, faire un corps de braves soldats, d'honnêtes citoyens, d'hommes bien élevés & pleins d'honneur, qui tous inspirent à leurs concitoyens autant de confiance & d'estime que plusieurs d'entr'eux avoient autrefois le malheur d'inspirer d'effroi dans Paris. Qu'il est beau d'opérer de pareilles réformes! Quel service rendu à la patrie & à l'humanité!

M. *Olier* se démit de sa cure en 1652, & se retira dans son séminaire, d'où il envoyoit de ses prêtres travailler à la conversion des sauvages en Amérique. Il mourut en 1657. Il avoit refusé l'évêché de Châlons-sur-Marne, que le cardinal de Richelieu lui avoit offert. On a de lui quelques ouvrages de spiritualité. Ce n'est pas sur ces opuscules que sa gloire est fondée. Le P. Giry a écrit sa vie, d'après les mémoires fournis par M. Leschassier, un des successeurs de M. *Olier*, dans la place de supérieur du séminaire de Saint-Sulpice.

OLIMPO, (BALTHASAR) (*Hist. litt. mod.*) poëte italien du seizième siècle. On a ses œuvres en deux volumes in-8°.

OLINA, (JEAN-PIERRE) (*Hist. litt. mod.*) naturaliste de Navarre, au seizième siècle. On a de lui sur divers oiseaux un traité curieux, intitulé: *Vccelliera.*

OLIVA, (JEAN) (*Hift. litt. mod.*) né en 1689, à Rovigo, dans les états de Venife, fut fecrétaire du conclave après la mort du pape Clément XI, en 1721. Le cardinal de Rohan, Armand-Gafton, qui le connut dans ce conclave, fe l'attacha, l'amena en France, & le fit fon bibliothécaire. L'abbé Oliva mourut à Paris le 19 mars 1757. Ses œuvres diverses ont été publiées en 1758.

OLIVARÈS. (GASPAR DE GUZMAN, comte d') (*Hift. d'Efpagne*) Le comte d'*Olivarès* étoit duc de Sanlucar; on le nommoit en conféquence le comte-duc. La maifon des Guzman dont il étoit, eft une des plus grandes & des plus confidérables de l'Efpagne. *Olivarès* étoit le Richelieu de l'Efpagne fous Philippe IV. Son miniftère, comme celui du cardinal de Richelieu, eut de l'éclat & de la force, il eut auffi de la durée; mais il arriva au comte d'*Olivarès* ce qui dut arriver cent fois au cardinal de Richelieu, d'être difgracié. Richelieu & *Olivarès* déployèrent l'un contre l'autre tous leurs talens; leurs maîtres étoient en guerre, mais la rivalité n'étoit point entre les fouverains ni entre les nations, elle étoit entre les miniftres; c'étoient Richelieu & *Olivarès* qui étoient rivaux, non Louis XIII & Philippe IV.

Balzac rapporte que le cardinal de Richelieu ayant écrit au comte d'*Olivarès* : *Votre très-humble & bien affectionné ferviteur*; le comte d'*Olivarès* ne lui pardonna jamais, & que ce mot *bien affectionné* coûta la vie à deux cents mille hommes. Voilà donc à quels grands intérêts les peuples font immolés.

Le comte d'*Olivarès* avoit fupplanté le duc d'Uzéda, & acquis toute la confiance de Philippe IV, en le fervant dans fes amours. Le cardinal de Richelieu fe chargeoit de donner à Louis XIII des maîtreffes & des favoris fous la feule condition qu'on le laiffât feul maître des affaires.

Les rois qui ne gouvernent pas rendent refponfables des événemens les miniftres qui gouvernent. Le cardinal de Richelieu ayant joué plus adroitement ou plus heureufement, mourut en place, peut-être parce qu'il fe mouroit depuis long-temps, & parce que fon maître fe mouroit auffi. La perte de la Catalogne & du Portugal renverfa le comte-duc d'*Olivarès*; il périt par la guerre, ayant voulu la guerre. On fait de quelle manière adroite il s'y prit pour apprendre à Philippe IV la révolution qui venoit de fe faire dans le Portugal, en faveur du duc de Bragance. Il félicita le roi fur l'acquifition que fa couronne venoit de faire des grands biens de la maifon de Bragance; le roi ayant demandé l'explication de ce difcours: « C'eft, répondit *Olivarès*, que cet étourdi de » duc de Bragance s'eft laiffé perfuader par une » poignée de rebelles, de fe faire couronner roi » de Portugal; & voilà, par fa rebellion, tous fes » biens confifqués de droit. » Le roi fentit l'importance de la nouvelle, & ne reçut point le compliment de fon miniftre. Il le laiffa quelque temps

en place, pour voir s'il pourroit réparer fes fautes ou fes malheurs; mais voyant que les événemens continuoient d'être contre lui, il prit enfin le parti de le renvoyer fix femaines après la mort du cardinal de Richelieu, au moment, dit M. le préfident Hénault, où *Olivarès*, délivré de fon plus redoutable rival, auroit pu rétablir les affaires. Il alloit être rappelé, ajoute le même préfident Hénault, « fi le duc n'eût pas précipité fes efpé- » rances; car, en voulant fe juftifier par un écrit » qu'il publia, il offenfa plufieurs perfonnes puif- » fantes, dont le reffentiment fut tel, que le roi » jugea à propos de l'éloigner encore davantage, » en le confinant à Toro, où il mourut de chagrin » en 1643. »

Il avoit été marié trois fois, & ne laiffa point d'enfans.

OLIVET, (JOSEPH THOULLIER D') (*Hift. litt. mod.*) naquit le 1er avril 1682. « Il étoit fort & ro- » bufte d'ame & de corps, » dit M. Batteux, (en recevant à l'académie M. l'abbé de Condillac, fucceffeur de M. l'abbé d'*Olivet*) & quand on eût » voulu, ajoute-t-il, lui donner une éducation » molle, il l'eût repouffée par fon caractère. » Il fut élevé par fon père, depuis confeiller au parlement de Franche-Comté. Il eut un oncle, jéfuite célèbre; il fut jéfuite lui-même jufqu'à trentetrois ans, il renvoya l'habit affez brufquement, après avoir follicité trop long-temps à fon gré la permiffion de le quitter.

Occupé de l'enfeignement public pendant cet intervalle, il fe donna cette feconde éducation, dont la première n'eft jamais qu'une ébauche. Il effaya fes talens dans divers genres; il fut poète, il fut prédicateur, il crut dans la fuite devoir laiffer la poéfie aux Defpréaux & aux Racines, la prédication aux Bourdaloues & aux Maffillons; il fe livra tout entier à ce genre mêlé de littérature & de philofophie, qui nourrit l'ame & qui l'exerce; il s'attacha particulièrement à Cicéron, parce qu'il ne trouvoit nulle part une fource fi vive, fi pure, fi abondante de morale & de goût.

Quelque temps avant fa fortie des jéfuites, on voulut lui confier l'éducation du prince des Afturies; il aima mieux venir à Paris vivre dans le fein des lettres; il fe fit en peu d'années une telle réputation, que, « lorfqu'il étoit occupé à rendre » les derniers foins à un père mourant, l'aca- » démie le choifit, abfent, par la feule confidé- » ration de fon mérite. Il n'eut befoin que d'un » ami pour répondre à l'académie de fon defir. »

L'étude de la langue françoife devint alors, dit M. l'abbé Batteux, fon amour de préférence, fa penfée habituelle; il fut toujours ennemi des innovations dans la langue, parce qu'il croyoit que la naiffance d'un mot étoit ordinairement la mort d'un autre. Il fit la guerre à tout ce qui lui paroiffoit affectation ou bel efprit; connu de Defpréaux, ami de l'abbé Fraguier, de Boivin, des Daciers, de tous ceux qui avoient épousé la querelle des anciens; il usoit de temps en temps de leurs armes contre MM. de la Motte & de Fontenelle . . . . . . Loin d'aiguiser aucune de ses pensées, il en eut brisé la pointe pour la rapprocher du simple bon sens.

M. l'abbé d'*Olivet* a continué l'histoire de l'académie françoise depuis 1652, jusqu'en 1700. Il a lutté contre Pelisson, en donnant à son ouvrage une forme plus difficile; & il n'a pas eu moins de succès. Son traité de la prosodie françoise, ses essais de grammaire ont été accueillis du public. On connoît la précision & la finesse de ses remarques sur Racine. « Quel travers absurde, dit M. l'abbé Batteux, « d'aller prendre ces remarques pour » un acte d'hostilité, & de vouloir venger Racine » d'un hommage qu'on lui rendoit ! »

Ce fut le hasard qui fit l'abbé d'*Olivet* traducteur. Il s'étoit chargé de revoir quelques traductions de M. de Maucroix; sa manière de les revoir, fut de les refaire d'un bout à l'autre, & il les donna cependant au public sous le nom de M. de Maucroix. Lorsque dans la suite, dit son panégyriste, il voulut revendiquer son propre bien, il eut à combattre, & fut obligé de produire ses titres.

Mais pourquoi avoit-il publié ces traductions sous le nom de Maucroix, ou pourquoi les réclama-t-il dans la suite ? Se proposoit-il de les laisser à Maucroix, si elles n'eussent pas réussi, & ne les réclama-t-il qu'à cause du succès ?

Sa traduction des entretiens de Cicéron sur la nature des dieux, & l'édition qu'il donna du fameux traité de M. Huet, *de la foiblesse de l'esprit humain*, lui attirèrent des démêlés fâcheux, & l'engagèrent à brûler une histoire de l'académie d'Athènes, qui auroit été le pendant de celle de l'académie françoise.

Ce fut la cour d'Angleterre qui proposa d'abord à l'abbé d'*Olivet* la magnifique édition qu'il a donnée de Cicéron. « Il montra les lettres à M. le » cardinal de Fleuri; & oubliant les riches pro» messes de l'étranger, il consacra à l'éducation » de monseigneur le dauphin le travail qu'il eût » offert au duc de Cumberland. Quand cet ouvrage » long & pénible fut achevé, on lui donna une » pension de 1500 livres sur la cassette. Il fut plus » flatté, ajoute M. l'abbé Batteux, de cette dis» tinction, que d'une récompense. »

Le pape Clément XI à Rome, Newton & Pope à Londres, le traitèrent avec une distinction qui supposoit une haute estime & une réputation peu commune. Il avoit l'accès le plus familier chez le cardinal de Fleuri. L'évêque de Mirepoix l'écoutoit avec confiance. Ces deux prélats furent plus d'une fois étonnés de son zèle pour les autres & de son indifférence pour lui-même. Une demande à faire lui eût plus coûté que ses désirs à modérer.

« Dès que M. l'abbé d'*Olivet* se sentit affoiblir, » il fit la revue de ses papiers, & supprima, dit

toujours M. Batteux, » tout ce qui pouvoit pa» roître inutile à un esprit, peut-être trop près » du terme pour apprécier ces objets. Cette ri» gueur nous a privés de quantité de détails sur » sa vie, & de plusieurs morceaux intéressans pour » les lettres. »

Ce fut à l'académie que M. l'abbé d'*Olivet* sentit les premières atteintes de la maladie qui l'a enlevé. « Il vit son danger, & en parla sans détour, comme » d'un événement qui ne l'auroit point regardé : » *ce soir, cette nuit, quand on voudra; j'ai tout prévu.* » Il conserva cette égalité d'ame jusqu'à la fin; » sans ennui dans la même situation pendant deux » mois; sans plainte dans ses douleurs; parlant » souvent de Dieu avec confiance, & des lettres » par distraction. Il mourut ainsi dans la sécurité » d'un homme qui a fait un usage légitime de » ses talens, & qui n'a rien à effacer dans ses » écrits. Il est mort le 9 octobre 1768, âgé de » 87 ans. »

Voilà ce que l'amitié a dit de M. l'abbé d'*Olivet* dans une occasion même où elle étoit obligée de louer. L'histoire réduite à toute sa sincérité, ou se permettant même, si l'on veut un peu de malice, l'a moins bien traité dans les éloges des académiciens de M. d'Alembert, dernière partie de l'histoire de l'académie, aussi piquante & aussi agréable que les deux premières, malgré leur ancienne réputation, sont sèches & froides. On y parle de son extérieur peu attirant, & presque fait pour repousser ceux qui n'y étoient pas aguerris. On lui attribue des principes de goût peu sûrs, d'ailleurs exclusifs & superstitieux; Cicéron seul étoit son oracle parmi les anciens, Despréaux seul parmi les modernes. « Il sembloit répéter » sans cesse à tout ce qui l'environnoit, l'espèce » de cri de guerre qu'il put retentir dans ses » harangues académiques : *Lisez Cicéron,* » *lisez Cicéron.* Il disoit de M. Thomas : *Il a trop* » *lu Tacite.* »

Dans le temps qu'il étoit encore jésuite, sous le nom du P. Thoullier, il eut le bonheur de rendre un service d'ami à Despréaux, qui dès-lors l'appelloit déjà *mon illustre père,* quoiqu'il n'ait pu avoir que vingt-neuf ans à la mort de Boileau. Le père le Tellier, qui n'aimoit pas ce poète à cause de ses liaisons avec Port-Royal, affectoit de le croire l'auteur d'une mauvaise satyre qui couroit alors contre les jésuites, parce que c'étoit un moyen de le perdre dans l'esprit de Louis XIV; le père Thoullier ne négligea rien pour persuader de l'innocence de Boileau, ce père le Tellier,

Qui lui-même craignoit de se voir détrompé.

La réponse du P. le-Tellier a des traits curieux : « Ces discours, tenus en particulier, dit-il, en parlant du désaveu de Boileau que le Père Thoullier lui attestoit, n'empêchent point que » le public ne continue à lui attribuer ces vers,

» & nos ennemis qui les répandent avec empresse-
» ment, lui en font honneur dans le monde. Ce
» n'est point nous, c'est le public & le roi qu'il
» a intérêt de détromper, & il sait bien les moyens
» de le faire quand il voudra, . . . s'il ne le faisoit
» pas, il donneroit lieu à ceux qui ne l'aimeroient
» point, de dire qu'il a bien voulu avoir auprès
» de nos ennemis le mérite d'avoir fait ces vers-là,
» sans avoir auprès de nous la témérité de les avoir
» faits. » *La témérité!* il pouvoit y avoir de l'injustice;
mais pourquoi y avoit-il de la *témérité* à attaquer
des moines? *C'est le roi qu'il a intérêt de détromper!*
eh! pourquoi falloit-il que cette querelle de moines
& de poètes allât jusqu'à Louis XIV, & devînt
une affaire d'état?

Cette lettre porte en tête cette formule dévote:
Paix en J. C. C'étoit le cas de dire:

La paix est dans ta bouche, & ton cœur en est loin.

On a dit dans une gazette étrangère, que l'apoplexie dont M. l'abbé d'*Olivet* étoit mort, avoit
été causée par une violente dispute qu'il avoit
eue avec deux de ses confrères sur le jugement
des prix. La vérité est que le prix étoit donné
plus de deux mois avant la maladie de M. l'abbé
d'*Olivet*, que ses deux confrères nommés par le
gazetier, avoient été sur le jugement des prix
du même avis que l'abbé d'*Olivet*, & qu'ils en
avoient été presque seuls. Aussi le gazetier lui-
même a-t-il depuis retracté sa fausse anecdote.

Enfin, pour montrer tout ce qui a pu être dit
de juste ou d'injuste sur le compte de l'abbé d'*Olivet*,
il ne reste plus qu'à rapporter l'épitaphe plaisamment maligne que Piron lui a faite, & où, comme
il arrive ordinairement dans ces sortes de satyres,
il ne s'est pas piqué d'une équité bien scrupuleuse.

Ci-gît maître Jobelin,
Suppôt du pays latin,
Juré piqueur de diphtongue;
Endoctriné de tout point,
Sur la virgule & le point,
La syllabe brève & longue;
Sur l'accent grave, l'aigu,
Le circonflexe tortu,
L'u voyelle & l'v consonne,
Ce genre qui le charma,
Et dans lequel il prima,
Fut sa passion mignonne,
Son huile il y consuma,
Dans ce cercle il s'enferma,
Et de son chant monotone
Tout le monde il assomma;
Du reste il n'aima personne,
Personne aussi ne l'aima.

OLIVÉTAN, (ROBERT) (*Hist. du calvinisme.*)
ami & parent de Calvin, est auteur de la première traduction françoise de la bible que les protestans adoptèrent; c'est la fameuse *version de*

Genève, que Bochard appelloit *l'aversion* des savans, imprimée d'abord à Neufchâtel, en 1535;
puis à Genève, en 1540. *Olivetan* mourut peu
de temps après la publication de cette bible.

OLIVIER DE MALMESBURY. (*Voyez* MAL-
MESBURY.)

OLIVIER, (*Hist. de Fr.*) nom d'une famille
françoise, qui s'est élevée par son mérite, & qui
a produit de grands magistrats, & des hommes
distingués dans plus d'un genre.

Le premier homme connu de cette famille,
étoit un procureur au parlement de Paris, qui
avoit amassé de grands biens.

Son fils, Jacques *Olivier* de Leuville, fut avocat-
général au parlement, ou avocat du roi, comme
on disoit alors, & finit par être premier-président
sous le règne de François Ier. Il mourut en 1519.
(Le P. Hénault en fait deux hommes différens.)

Jean, évêque d'Angers, frère du premier président, mourut en 1540. C'étoit un homme de mérite & un homme de lettres. On a de lui un
poème latin, intitulé: *Jani Olivarii Pandora.*

Mais l'homme le plus célèbre de cette famille,
& qui l'est même parmi les chanceliers de France,
est François *Olivier* de Leuville, fils du premier
président, & neveu de l'évêque d'Angers. Il étoit
président à mortier au parlement de Paris, lorsqu'a-
près la destitution ignominieuse du chancelier
Poyet, & comme pour-expier l'indignité de ce
choix, François Ier nomma chancelier *Olivier* de
Leuville. Sous le règne de Henri II, la duchesse
de Valentinois lui fit ôter les sceaux à cause des
entraves qu'il mettoit aux libéralités funestes du
roi envers sa maîtresse & ses favoris; ce fut le
cardinal Bertrandi (*voyez* son article) qui eut les
sceaux, d'abord par commission, ensuite il fut le
premier qui les eut en titre d'office, *Olivier* ayant
bien voulu s'en démettre, par complaisance pour
le roi, en même temps qu'il déclaroit fièrement
qu'ayant toujours rempli d'une manière irréprochable les fonctions attachées à la dignité de chancelier, & pouvant sommer & sommant réellement ceux qui cherchoient à le dépouiller, de
déclarer publiquement en quoi il avoit démérité,
il croyoit devoir aux loix sous la sauve-garde desquelles il possédoit cet office, de ne consentir jamais
que personne de son vivant osât en prendre le
titre, ni s'en arroger les prérogatives. Il alla vivre
dans la retraite, où il cultiva les lettres en paix.
L'Hôpital, son ami, & qui fut son successeur après
sa mort, ne manqua pas de le féliciter alors sur
l'honorable disgrace que sa vertu lui avoit attirée,
il lui adressa une épître où il lui peint cet empire
si noble que la vertu ne doit qu'à elle-même,
& qu'elle exerce sur ceux même qui l'oppriment.
Voici quelques vers de cette épître:

Ecce velut supero demissum fulmen Olympo,
Concussit totam geminatis ictibus ædem
Justitiæ; quâ tu ingenti cecidisse ruina

Creditus;

Creditus, erexit caput altius : ardua tanquam
Imposito attollit contrà se pondere palma.

Le chancelier *Olivier* lui répond :

« *Tuam illam epistolam legens , quàm ingenti*
» *voluptate sum perfusus haud facilè dixerim : cùm*
» *tu mihi meam felicitatem poneres ob oculos , qui*
» *à freto illo aulico , procellis, ventis, tempestatibus*
» *continuis inhorrescente, in hunc portum, in hanc*
» *tranquillitatem devenerim, à quâ vel Attalicis*
» *conditionibus nunquam dimovari sustineam.* »

Quand on rapproche cette lettre de la conduite
d'*Olivier*, quand on se rappelle que las de la liberté
qu'il vantoit par dépit, il consacra la fin de ses
jours à l'esclavage, on voit qu'il est plus aisé d'étaler
une maxime philosophique , & d'appliquer ingénieusement un trait d'Horace , que de se défendre
des caresses de la cour. En effet, sous François II , en 1559, il fut rappellé plutôt en haine
de la duchesse de Valentinois qui l'avoit renvoyé,
& pour accréditer le ministère nouveau des Guises,
que par aucun vrai desir de faire le bien. Pendant sa
retraite, on avoit publié les édits de Château-
Briant & d'Ecouen , portant peine de mort contre
les réformés ; *Olivier* ne cessa d'opposer à la persécution le peu de liberté qu'on lui laissoit, mais
on lui en laissoit peu. « Il s'apperçut bientôt, dit
» M. le président Hénault, « qu'on l'avoit rap-
» pellé à la servitude plutôt qu'à la libre fonction
» de la première charge de l'état, & que l'on
» vouloit se servir de sa réputation pour autoriser
» les injustices dont on le forceroit d'être le
» ministre. »

S'il étoit tolérant envers les protestans, il réservoit une juste sévérité à ceux qui , pour leurs
intérêts particuliers, trahissoient les intérêts de
l'état. Il étoit au conseil lorsque l'empereur Ferdinand I envoya demander la restitution de Metz,
Toul & Verdun, pris par Henri II en 1552, sur
Charles - Quint ; il sut que l'évêque de Trente,
ambassadeur de Ferdinand, avoit gagné plusieurs
membres du conseil ; il n'attendit pas qu'ils se
déclarassent, & pour leur en ôter les moyens,
il commença par dire hautement, en plein conseil,
qu'il ne concevoit pas comment l'empereur avoit
pu se flatter de quelque succès dans cette négociation, puisqu'aucun sujet du roi ne pouvoit la
favoriser sans se montrer traître & mériter d'avoir
la tête tranchée. Tout le monde fut ou parut de
son avis.

Mais il fut seul de son avis, lorsqu'après la
conjuration d'Amboise, triste effet & cause funeste de tant de cruautés exercées contre les
protestans, il osoit vanter encore le pouvoir de
la clémence & demandoit grace pour ceux qu'un
zèle aveugle de religion avoit entraînés ; il vouloit
du moins qu'on se bornât au châtiment des chefs
& des plus coupables ; mais lorsqu'il commençoit à faire quelqu'impression, un chef des conjurés, nommé Lamotte, fit une entreprise sur

Amboise, où la cour étoit alors ; la cruauté des
Guises sembla triompher de ce qu'il ne restoit
plus de prétexte à la clémence : le chancelier se
tut & reconnut, en gémissant, combien il est difficile de faire du bien aux hommes. La douleur le
consuma ; il mourut en 1560 à la vue de tant de
maux.

Il laissa, outre sa postérité légitime, qui ne s'est
éteinte qu'en 1671, un fils naturel, d'un mérite
distingué, nommé Séraphin *Olivier*, qui fut quarante ans auditeur de rote à Rome, & qui a laissé
un ouvrage en deux volumes in-folio, intitulé :
Decisiones rotæ romanæ. Les papes Grégoire XIII
& Sixte-Quint l'employèrent en différentes non-
ciatures. Il servit avec zèle Henri IV, auprès du
pape Clément VIII , dans l'affaire de l'absolution :
ce fut lui qui dit à ce pape, sur les nouvelles difficultés qu'il faisoit chaque jour au sujet de cette
absolution : *très-saint père , permettez-moi de vous*
dire que Clément VII perdit l'Angleterre pour avoir
voulu complaire à Charles - Quint , & que Clé-
ment VIII perdra la France s'il continue de cher-
cher à complaire à Philippe II. Le même Clément VIII le fit cardinal , en 1604, à la recommandation de Henri IV. Il eut aussi l'évêché de
Rennes après le cardinal d'Ossat. Il mourut en
1609.

Claude Matthieu *Olivier*, avocat au parlement
d'Aix, homme étranger à la famille du chancelier &
du premier président *Olivier*, est auteur d'une *his-*
toire de Philippe, roi de Macédoine & père d'Alexan-
dre-le-grand ; de mémoires sur les secours donnés aux
Romains par les Marseillois pendant la seconde guerre
punique, & pendant la guerre contre les Gaulois.
Né à Marseille en 1701 ; mort en 1736.

OLIVIER MAILLARD. (*Voyez* MAILLARD.)

O L O

OLONNE. (*Voyez* TREMOILLE.) (LA)

OLONNOIS, (JEAN-DAVID L') (*Hist. mod.*)
fameux aventurier françois du dix-septième siècle,
nommé l'*Olonnois*, parce qu'il étoit né près d'Olonne
en Poitou, s'étant joint aux boucaniers de l'île de
Saint-Domingue & à d'autres aventuriers dont il
devint le chef, fit beaucoup d'exploits & exerça
beaucoup de cruautés contre les Espagnols en Amérique , jusqu'à ce qu'à la fin il fut pris , haché,
rôti & mangé par les Sauvages.

OLUF ou OLEF, (*Hist. du Nord*) roi de
Norwège & de Gothland, étoit fils d'Oluf Trig-
geson, détrôné par Olaüs Skotkonung, roi de
Suède. Son fils trouva en Angleterre une flotte
& des bras prêts à le servir ; il voulut rentrer
dans son patrimoine. D'abord le passage du Sund
fut forcé, le Gothland fut conquis, *Oluf* eut
l'empire de la mer, & fut le maître & le fléau
du commerce. Olaüs prit le parti le plus sage, il

lui rendit la Norwège, lui accorda sa sœur en mariage, & d'un ennemi dangereux se fit un ami puissant & fidèle. Le nouveau roi voulut donner à ses états une religion nouvelle. Il fit prêcher l'évangile ; mais si ce prince avoit le zèle d'un missionnaire, il avoit aussi la rage d'un persécuteur : tous ceux qui refusèrent le baptème furent dépouillés de leurs biens. Le peuple indigné se souleva : Canut, roi d'Angleterre & de Danemarck, saisit cette circonstance. *Oluf* fut détrôné, il s'enfuit en Suède, passa en Russie ; revint à la tête d'une armée, & ne survécut pas à sa défaite. Sa mort arriva vers l'an 1028. (M. DE SACY.)

O L Y

OLYBRIUS, (*Hist. Rom.*)

Faisons l'*Olybrius*, l'occiseur d'innocens ;

dit Mascarille dans l'Etourdi. On ne voit pas trop dans la vie de cet empereur, ni dans son règne très-court, ce qui a pû donner lieu à ce proverbe. Tout ce qu'on sait de lui, c'est qu'il avoit épousé Placidie, fille de Valentinien III, qu'il succéda dans l'empire d'Occident à Anthémius, le 11 juillet 472, & qu'il mourut de maladie le 23 octobre de la même année.

OLYMPIAS, (*Hist. anc.*) fille de Neoptolème, & sœur d'Alexandre, roi des Molosses ou des Epirotes, femme de Philippe, roi de Macédoine & mère d'Alexandre-le-grand, n'en fut pas plus heureuse pour tenir de si près à de si grands hommes. Philippe ne put vivre avec elle, & la répudia ; ils s'accusoient de part & d'autre, & de jalousie & d'infidélité, & Philippe reprochoit à *Olympias* une humeur insupportable ; il épousa Cléopâtre, nièce d'Attalus, ce qui excita d'abord entre Attalus & Alexandre, ensuite entre ce même Alexandre & Philippe, qui prit le parti d'Attalus, des querelles sanglantes, où Philippe parut trop manquer de tendresse pour son fils, & Alexandre de respect pour son père ; Alexandre quitta la cour de Philippe, & mena sa mère en Epire, où il la laissa comme en dépôt jusqu'à ce qu'il montât sur le trône ; elle fut soupçonnée d'avoir eu part à la mort de Philippe, tué peu de temps après par Pausanias, & les honneurs qu'elle fit rendre à la mémoire du meurtrier semblèrent déposer contre elle. Elle espéra gouverner son fils, mais on ne gouvernoit point Alexandre ; elle refusa toujours de se prêter à la prétention ridicule qu'avoit Alexandre d'être fils de Jupiter, elle ne fit qu'en plaisanter : *pourquoi*, disoit-elle, *voulez-vous me brouiller avec Junon ?* Après la mort d'Alexandre, tout le monde voulut lui succéder. Antipater eut la régence, & *Olympias* se retira de nouveau en Epire ; Antipater en

mourant nomma Polysperchon pour le remplacer dans la régence ; celui-ci crut avoir besoin de s'appuyer de l'autorité d'*Olympias*, il la fit revenir d'Epire, offrit de partager la régence avec elle, & lui donna des conseils de modération & de paix qu'elle ne suivit pas, elle écrasa ses ennemis, & par-là elle s'en fit de nouveaux ; elle fit périr Aridée ou Philippe, frère naturel d'Alexandre ; elle envoya un poignard, une corde & de la ciguë à Eurydice, femme d'Aridée, ne lui laissant que le choix du genre de mort. Eurydice choisit la corde & s'étrangla, mais après avoir fait, contre sa cruelle ennemie, ces imprécations d'une mourante, que les anciens croyoient toujours exaucées par les dieux :

> *Diris agam vos, dira detestatio*
> *Nullâ expiatur victimâ.*

Une autre maxime du même poëte (Horace) s'applique bien naturellement à ces politiques si imprudemment cruels, qui, lorsque la fortune paroit les seconder, se permettent tout contre leurs ennemis :

> *Eheu !*
> *Quàm temerè in nosmet legem sancimus iniquam !*

Cassandre, fils d'Antipater, voulant se défaire d'*Olympias* pour régner seul, se servit contre elle de ses cruautés, & la fit accuser publiquement dans l'assemblée du peuple par les parens & les amis de ceux qu'elle avoit fait mourir ; elle fut condamnée, mais absente, & sans que personne se présentât pour prendre sa défense ; Cassandre alors lui fit offrir une galère pour la transporter à Athènes & la soustraire à l'exécution de son jugement ; elle comprit que les mesures seroient prises pour la faire périr en mer, elle répondit que rien ne pourroit la résoudre à la honte de la fuite, & elle demanda d'être entendue dans l'assemblée du peuple : c'est ce que Cassandre redoutoit le plus, il se hâta d'envoyer des soldats pour la tuer ; mais plusieurs de ces soldats avoient servi sous Philippe & sous Alexandre, ils respectèrent la veuve & la mère de ces héros. Cassandre envoya contre elle ces mêmes ennemis qui l'avoient accusée devant le peuple, & qui avoient tous quelque parent ou quelque ami à venger sur elle ; ceux-ci furent impitoyables & immolèrent *Olympias*, l'an 316 avant J. C.

OLYMPIODORE, (*Hist. litt.*) philosophe péripatéticien d'Alexandrie, sous l'empire de Théodose le jeune, au cinquième siècle, a commenté Aristote & Platon, & donné une vie de ce dernier.

O M A

OMAR, (*Hist. des Califes*) successeur d'Aboubekre, ou *Abu-Beker*, ou *Abu-Becre.* (*Voyez* cet article.) La tragédie de Mahomet, de M. de

Voltaire, quoique l'horrible attentat du quatrième acte & la catastrophe funeste du cinquième, n'appartiennent pas véritablement à l'histoire de Mahomet, a d'ailleurs de grands rapports avec l'histoire. Zopire est Abusofian, l'ennemi le plus constant de Mahomet. *Omar* est peint avec la plus grande verité ; c'étoit un fanatique, qui d'abord avoit voulu assassiner Mahomet, par zèle pour l'idolâtrie, & qui ensuite, changé par la lecture de quelques morceaux de l'alcoran, auroit voulu soumettre la terre entière à son nouveau maître, & lui sacrifier tous ses ennemis ; c'est lui qui, dans la pièce, conseille le meurtre de Zopire, & qu' indique les moyens de consommer ce crime ; dans l'Histoire, il demande à Mahomet la tête d'Abusofian ; enfin on retrouve par-tout, dans l'histoire comme dans la tragédie de M. de Voltaire,

> Ce farouche *Omar*,
> Qué l'erreur aujourd'hui conduit après son char,
> Qui combattit long-temps le tyran qu'il adore ;

Cet *Omar* à qui Zopire dit :

> Eh bien, après six ans tu revois ta patrie,
> Que ton bras défendit, que ton cœur a trahie ;
> Ces murs sont encor pleins de tes premiers exploits,
> Déserteur de nos dieux, déserteur de nos loix,
> Persécuteur nouveau de cette cité sainte,
> D'où vient que ton audace en profane l'enceinte ?......
> Toi-même alors, toi-même écoutant la raison,
> Tu voulus dans sa source arrêter le poison ;
> Je te vis plus heureux, & plus juste & plus brave,
> Attaquer le tyran dont je te vois l'esclave ;
> S'il est un vrai prophète, osas-tu le punir ?
> S'il est un imposteur, oses-tu le servir ?

Cet *Omar* enfin qui répond à Zopire :

> Je voulus le punir, quand mon peu de lumière
> Méconnut ce grand homme entré dans la carrière ;
> Mais enfin, quand j'ai vu que Mahomet est né
> Pour changer l'univers à ses pieds consterné ;
> Quand mes yeux éclairés du feu de son génie
> Le virent s'élever dans sa course infinie,
> Éloquent, intrépide, admirable en tout lieu,
> Agir, parler, punir ou pardonner en dieu,
> J'associai ma vie à ses travaux immenses ;
> Des trônes, des autels en sont les récompenses......
> Tu me vois après lui le premier de la terre :
> Le poste qui te reste est encore assez beau,
> Pour fléchir noblement sous ce maître nouveau.

Ce fut en effet le parti que prit Abusofian. « Il » étoit bien difficile, dit M. de Voltaire, qu'une » religion si simple & si sage, (en comparaison » de l'idolâtrie) enseignée par un homme tou- » jours victorieux, ne subjuguât pas une partie de » la terre. »

Omar fut tué l'an 23 de l'hégire, & 643 avant J. C., par un esclave Perse, nommé *Firoux*, & surnommé *Abouloulou*, *l'homme à la perle*.

Le huitième calife de la race des Ommiades, qui monta sur le trône, l'an 99 de l'hégire, l'an 717 avant J. C., & qui mourut deux ans après, se nommoit aussi *Omar*.

OMB

OMBIASSES, s. m. pl. (*Hist. mod. Culte*) ce sont des prêtres parmi les nègres, habitans de l'île de Madagascar, qui font en même temps le métier de médecins, de sorciers & d'astrologues. Ils vendent au peuple superstitieux des billets écrits en caractères arabes, qu'il regarde comme des préservatifs contre le tonnerre, la pluie, les vents, les blessures à la guerre, & même contre la mort. D'autres mettent ceux qui les portent à couvert des poisons, des animaux venimeux ; il y en a qui garantissent des maisons & des villes entières du feu & du pillage. On porte au cou ces sortes de billets cousus en sachets. Au moyen de ces talismans, les *Ombiasses* ont le secret de tirer un profit immense des peuples séduits, qui n'ont d'autre religion que ces superstitions ridicules. Lorsque quelqu'un tombe malade ou en démence, on envoie chercher un *Ombiasse*, qui est chargé d'aller au tombeau du père du malade qu'il ouvre ; il évoque son ombre, & la prie de rendre le jugement à son fils, après quoi le prêtre retourne vers le malade, lui met son bonnet sur la tête, lui promet un succès infaillible, & sans l'attendre, a soin de se faire payer de sa peine. Mais la plus affreuse superstition à laquelle ces imposteurs donnent les mains, c'est l'usage où sont les habitans de Madagascar de sacrifier le premier né de leurs bestiaux à Dieu & au diable à la fois ; sur quoi il est bon d'observer qu'ils nomment Satan le premier dans leurs prières, & disent, *dianbilis aminnam-habare*, ce qui signifie, *le seigneur diable & dieu*. (*A. R.*)

OME

OMER, (SAINT) *Sanctus Audomarus*. (*Hist. eccl.*) élevé au monastère de Luxeuil, il bâtit celui de Sithieu, aujourd'hui Saint-Bertin du nom du premier ou second abbé, son neveu. (*Voyez* BERTIN.) (Saint) Le roi Dagobert nomma, en 636, saint *Omer* évêque de Térouane, & ce fut alors qu'il fonda, dans son diocèse, cette nouvelle abbaye. Il mourut en 668.

OMETOCHTLI ; (*Hist. mod. Superstit.*) c'est le nom sous lequel les Mexicains désignoient le dieu du vin. (*A. R.*)

O - M I

O-MI-TO ; (*Hist. mod.*) c'est le nom que les

Chinois idolâtres , qui fuivent la fecte de *Fo* , donnent à une divinité pour laquelle ils ont la plus grande vénération. On croit que c'eſt le même dieu que les Japonois adorent ſous le nom d'*Amida*. Les Chinois croient qu'il ſuffit de l'invoquer pour obtenir le pardon des crimes les plus atroces. Ils joignent ſon nom avec celui de *Fo*, & en font un même mot *O-mi-to-fo*. Ce dieu prétendu , de l'aveu de ſes adorateurs, étoit un homme du royaume de Bengale, fameux par la fainteté de ſes mœurs. (*A. R.*)

O M M

OMMIADE, ſ. m. (*Hiſt. des Arabes*) nom des princes d'une dynaſtie arabe, qui depuis l'an 32 de l'hégire , ont poſſédé le kalifat pendant 91 ans, ſelon les uns , & davantage ſelon les autres. Quoi qu'il en ſoit, ils prirent ce nom d'*Ommiah* leur chef, dont ils deſcendoient. (*A. R.*)

O M P

OMPANORATES, ſ. m. (*Hiſt. mod.*) eſt un nom qu'on donne aux prêtres de l'île de Madagaſcar. Ils ſont les maîtres d'école du pays, où ils enſeignent l'arabe & l'art d'écrire. Ils ont différens livres, mais qui ne contiennent autre choſe que quelques chapitres de l'alcoran , & que quelques recettes de médecine.

Ils ſont diviſés en différentes claſſes, qui ont quelque rapport à nos dignités eccléſiaſtiques ; ſavoir : *ombiaſſes* , ſecrétaires ou médecins; *tibou*, ſous-diacre ; *mouladzi*, diacre ; *faquihi*, prêtre ; *catibou*, évêque ; *lamlamaha*, archevêque ; *ompitſiculi*, prophètes ou devins; *ſabaha*, calife ou chef de la religion.

Les *Ompanorates* font un grand trafic de talifmans & d'autres charmes, qu'ils appellent *hitidzi*, & qu'ils vendent aux grands du pays. Ils font auſſi de petites ſtatues ou images, appellées *auli*, qu'ils conſultent comme des oracles, & auxquelles ils attribuent différentes vertus, comme de rendre riches ceux qui les poſſèdent, de détruire leurs ennemis, &c. Ils ont des écoles publiques où ils enſeignent leurs ſuperſtitions & leurs ſortiléges.

Les ompitſiquili font profeſſion de géomancie, & font ſouvent conſultés ſur les maladies & ſur le ſuccès des affaires; ils réſolvent toutes les queſtions qu'on leur propoſe, par le moyen de quelques figures qu'il tracent ſur une petite table couverte de ſable, en obſervant l'heure, le ſigne, la planète, & les autres ſuperſtitions de cet art, c'eſt que les peuples appellent l'*oracle du ſquille*. Les grands ont employé les maléfices de ces impoſteurs contre les François, mais inutilement ; & quand on leur a demandé la raiſon de cette impuiſſance, ils ſe ſont contentés de répondre qu'ils n'avoient aucun pouvoir ſur les François

à cauſe de la différence de religion. C'eſt ainſi qu'ils abuſent des peuples crédules & ignorans. (*G.*)

OMPITSIQUILI , ſ. m. *terme de relation*, nom d'une partie des ombiaſſes ou prêtres de Madagaſcar ; ils ſe mêlent en particulier de géomancie , & en conſéquence on les conſulte dans les maladies & dans les affaires qu'on veut entreprendre. (*D. J.*)

O M R

OMRAHS ; (*Hiſt. mod.*) c'eſt ainſi que l'on nomme à la cour du grand-mogol les ſeigneurs ou officiers qui rempliſſent les premières places de l'état, & qui ſont chargés du commandement des armées. La voie des armes eſt la ſeule qui conduiſe aux grands emplois dans le gouvernement de l'Indoſtan ; quoique les grandes places de l'empire ne ſoient remplies que par des militaires, des preuves récentes conſtatent que les troupes du grand-mogol ne ſont rien moins qu'aguerries ; on peut en juger par la facilité avec laquelle Thamas Kouli-Kan a fait la conquête de cet empire en 1740.

La paie ordinaire d'un *Omrah* eſt de 50000 roupies, on le nomme *azari* ; mais il y en a dont les appointemens ſont beaucoup plus forts, & montent juſqu'à deux ou trois millions de roupies par an ; ils reçoivent outre cela beaucoup de préſens que ſont obligés de leur faire tous ceux qui ont quelque choſe à leur demander. Quelques-uns de ces *Omrahs* ont une ſuite & un cortège ſi nombreux, que ſouvent ils ſe rendent formidables à leur ſouverain. La paie des ſoldats dépend des *Omrahs* qui les ont levés, & qui ſouvent les fraudent de ce qui leur eſt dû. Les *Omrahs* les plus diſtingués de l'empire du mogol ſont le premier miniſtre appelé *hermado daulet*, les deux ſecrétaires d'état, les vice-rois de Kaboul, de Bengale & d'Ujen. Il y a encore un *Omrah*, dont la place eſt très-odieuſe, mais très-lucrative; ſa fonction eſt de faire entrer dans les coffres du grand-mogol les biens de ceux qui meurent à ſon ſervice.

O N A

ONAN, (*Hiſt. ſacr.*) fils de Juda & petit-fils de Jacob. Il en eſt parlé au chapitre 38 de la Genèſe.

O N E

ONÉGOUAS ; (*Hiſt. mod.*) c'eſt le titre qu'on donne à la cour du roi de Benin en Afrique, aux trois perſonnes les plus diſtinguées du royaume, & qui ſont toujours auprès de la perſonne du monarque. Ce mot ſignifie *grands ſeigneurs* ; c'eſt à eux que l'on s'adreſſe dans toutes les demandes, & ils ſont chargés des réponſes du souverain, en sorte qu'on peut dire que ce sont eux qui règnent réellement, d'autant plus qu'ils font presque les seuls qui approchent le roi ; lorsque ce prince sent sa fin approcher, il déclare en secret à l'un des *Onégouas*, celui de ses enfans qu'il veut avoir pour successeur, ce qui le rend, pour ainsi dire, maître absolu de la couronne. Les seigneurs d'un ordre inférieur sont nommés par les Portugais, *ares de roe*, ou *princes des rues* ; ils sont chargés des détails du gouvernement, & de l'inspection des artisans, des marchands, &c. C'est un collier de corail qui est la marque de leur dignité, & jamais ils ne peuvent le quitter sous peine de mort ; ils sont sujets à la même peine si on venoit à leur voler leur collier. (*A. R.*)

ONÉSICRITE, (*Hist. anc.*) philosophe fort considéré d'Alexandre, qu'il suivit dans toutes ses guerres, & dont il écrivit en partie l'histoire. Il avoit envoyé un de ses fils à Athènes ; ce fils ayant entendu les leçons de Diogène, se fixa dans cette ville pour les entendre toujours. Son frère aîné en fit autant ; bientôt après *Onésicrite* lui-même eut la curiosité d'entendre ce philosophe, qu'on ne pouvoit plus quitter quand on l'avoit entendu, & il devint son disciple. Lorsqu'Alexandre, après avoir vaincu Porus, pénétra dans les Indes, la réputation dont y jouissoient les Brachmanes, lui fit désirer d'avoir quelques-uns de ces philosophes dans sa cour & à sa suite ; ce fut le philosophe *Onésicrite* qu'il chargea de leur en faire la proposition & de négocier cette affaire ; il échoua en général dans ce projet, mais il engagea du moins Calanus à le suivre. C'est ce même Calanus qui donna depuis à toute l'armée d'Alexandre l'étrange spectacle d'une mort cruelle & volontaire, s'étant brûlé lui-même à leurs yeux sur un bûcher où il fit mettre le feu, sans qu'Alexandre, dit-on, pût l'en empêcher. On ne conçoit ni qu'il ne l'eût pas pu, ni qu'il l'eût voulu, ni qu'il ait pu ne le pas vouloir. Il est vrai qu'il n'auroit pas pu l'empêcher de se donner la mort en particulier dans sa maison. (*Voyez* l'article CALANUS.)

ONÉSIME. (*Hist. sacr.*) C'est lui qui est l'objet de l'épître de saint Paul à Philémon. *Onésime* avoit été esclave de ce dernier ; il paroit par l'épître même de saint Paul, que cet esclave avoit fait quelque tort à Philémon, ou qu'il lui redevoit quelque chose ; saint Paul le lui renvoie, & lui dit : *mettez tout cela sur mon compte, recevez-le comme moi-même, comme celui qui d'esclave est devenu l'un de nos frères bien-aimés*, car saint Paul l'avoit fait chrétien. On dit (mais ceci n'est plus dans l'épître de saint Paul) qu'il le fit évêque de Bérée, & qu'*Onésime* mourut martyr.

ONÉSIPHORE, (*Hist. eccl.*) disciple de saint Paul, souffrit le martyre pour la foi. Son supplice fut d'être traîné à la queue d'un cheval.

ONIAS. (*Hist. sacr.*) Il est parlé de deux souverains pontifes des Juifs, du nom d'*Onias*, dans les deux livres des Maccabées ; savoir : du premier, dans la lettre que Jonathas écrit aux Lacédémoniens, & où il rapporte une autre lettre écrite dans un autre temps, à ce sacrificateur *Onias*, par Arius, roi des Lacédémoniens, liv. 1, chap. 12.

Du second, liv. 2, chap. 3 & 4. C'est sous ce second *Onias* qu'arriva l'aventure d'Héliodore battu de verges par des anges. (*Voyez* HÉLIODORE.)

Il paroit que c'est encore de ce second *Onias* que parle Judas Maccabée, chapitre 15, & dernier de ce second livre, où il rapporte une vision dans laquelle *Onias* lui étoit apparu avec Jérémie, & où tous deux lui avoient promis la victoire. Il appelle *Onias cet homme vraiment bon & plein de douceur, si modeste dans son visage, si modéré & si réglé dans ses mœurs, si agréable dans ses discours, & qui s'étoit exercé dès son enfance en toutes sortes de vertus.*

Au reste, rien n'empêche que cet *Onias* dont parle Judas Maccabée, comme n'étant déjà plus, & celui dont parle aussi au passé, Jonathas, frère & successeur de Judas Maccabée, ne soit absolument le même pontife des Juifs. Il fut assassiné par Andronique, à la sollicitation de Menelaus, qui avoit usurpé la souveraine sacrificature. Macc. liv. 2, chap. 4, vers. 34.

(Sur d'autres *Onias*, grands-prêtres, *voyez* l'histor. Josephe, Moréri, & le nouv. Dict. hist.)

O N O

ONOMACRITE, (*Hist. litt. anc,*) poète grec, qui vivoit un peu plus de cinq siècles avant J. C., & qu'on croit l'auteur des poëmes attribués à Orphée, & des oracles de Musée. Il fut chassé d'Athènes par Hipparque, un des fils de Pisistrate.

ONONG. s. m. (*terme de calend.*) On écrit aussi *Onung, Onungi* & *Onurangi* ; nom du dixième mois de l'année des peuples de la Turcomanie & des Tartares qui habitent près de ce pays. Ce mois répond à notre mois de septembre, parce que ces peuples commencent leur année en décembre. (*A. R.*)

ONOSANDER, (*Hist. litt.*) philosophe platonicien dont il nous reste un traité *du devoir & des vertus d'un général d'armée*, publié en grec par Rigault en 1600, avec une traduction latine. Nous en avons deux traductions françoises, l'une de Blaise de Vigénère, publiée en 1605 ; l'autre de M. le baron de Zurlauben, qui fait partie de sa bibliothèque militaire, imprimée en 1760.

O N U

ONUPHRE PANVINI. (*Voyez* PANVINI.)

OZON, f. m. (*Gramm.*) terme de calend. nom d'un mois dont les Perfes fe fervent dans leurs calendriers aftronomiques. Il eft de trente jours. (*A. R.*)

OPH

OPHNI & Phinées, enfans du grand-prêtre *Héli*. (*Voyez* HÉLI.)

OPI

OPISTOGRAPHE, f. m. (*Hift. du bas Empire*) en grec ὀπισθογράφον, en latin *opiftographum*; c'étoit un gros livre dans lequel on écrivoit fur le champ les différentes chofes qui auroient befoin d'être revues & corrigées par la fuite. Ce mot eft compofé de ὄπισθεν, c'eft-à-dire, *fur le feuillet du revers*, & γράφω, *j'écris*, parce qu'on écrivoit fur le revers de chaque page ce qui avoit été omis de l'autre part. (*A. R.*)

OPITIUS, (MARTIN) (*Hift. litt. mod.*) poète allemand, natif de Breflau, mort en 1639; célèbre par fes poéfies latines, & beaucoup plus encore par fes poéfies allemandes.

OPO

OPORIN, (JEAN) (*Hift. litt. mod.*) imprimeur de Bâle, & l'un de ces favans imprimeurs qui contribuoient, & comme favans & comme imprimeurs, à la reftauration des lettres. On a de lui des fcholies fur Cicéron, & des notes fur Démofthène, &c. Mort en 1568.

OPP

OPPÈDE (JEAN MEYNIER, BARON D') (*Voyez* l'article MEYNIER.)

OPPIEN, (*Hift. litt. anc.*) poète grec, qui vivoit fous le règne de l'empereur Caracalla; nous avons de lui cinq livres du poëme de la pêche; & quatre du poëme de la chaffe. Caracalla, connoiffeur ou non en poéfie, lui fit, dit-on, dònner un écu d'or pour chacun des vers du *cynegeticon*, ou traité de la chaffe, ce qui fit appeller les vers d'*Oppien*, des vers dorés, par allufion aux vers dorés de Pythagore. *Oppien* étoit natif d'Anazarbe en Cilicie; il mourut à trente ans au commencement du troifième fiècle. Florent Chrétien Fermat avoit traduit en vers françois, & en profe, le poëme de la chaffe; nous en attendons une meilleure traduction. Les favans font partagés fur *Oppien*; les uns attribuent au même les deux poëmes de la pêche & de la chaffe; les autres croient ces deux ouvrages de deux auteurs différens.

OPPORTUNE, (SAINTE) (*Hift. eccl.*) abbeffe dans le diocèfe de Séez, dont Godegrand, fon frère, étoit évêque, Morte le 22 avril 770.

OPSOPÆUS. (*Hift. litt. mod.*) Deux allemands de ce nom ont été connus au feizième fiècle :

1°. Vincent, auteur d'un poëme bachique : *De arte bibendi*.

2°. Jean, d'abord correcteur d'imprimerie de Wechel; ce qui étoit alors une efpèce d'état dans les lettres, enfuite profeffeur en médecine à Heidelberg : mort en 1596. On lui doit le *Recueil des oracles des Sibylles*, & quelques traités fur fon art.

OPSTRAET, (JEAN) (*Hift. eccl.*) favant docteur janféniste, fort attaché à la doctrine de Janfénius, & à la perfonne du P. Quefnel, & à ce titre banni par lettre de cachet, en 1704, de tous les états de Philippe V, fuivant les defirs de Louis XIV, qui, dans les inftructions, d'ailleurs fenfées & utiles qu'il donnoit à fon petit-fils pour le gouvernement de l'Efpagne, ne manquoit pas de lui repréfenter les janféniftes, comme un grand & digne objet de haine & de terreur. *Opftraët* triompha en cette occafion de Louis XIV, de Philippe V, & de tous les perfécuteurs; car Louvain, & prefque tous les Pays-Bas, ayant paffé, en 1706 après la bataille de Ramilly, fous la domination de l'empereur, & étant refté par la paix à la maifon d'Autriche, *Opftraët* rentra dans Louvain, y fut principal de collége, (voir) & y mourut en 1720. Il étoit né à Béringhen, dans le pays de Liége, en 1651. On a de lui beaucoup d'ouvrages théologiques & polémiques, que les janféniftes même, s'il y en a encore, ne lifent plus guère.

OPT

OPTAT (de Milève.) (*Hift. eccl.*) Milève; dont *Optat* étoit évêque, eft une ville de Numidie en Afrique; ce prélat, dont faint Auguftin, faint Jérôme, faint Fulgence, parlent avec éloge, vivoit fous l'empire de Valentinien & de Valens, au quatrième fiècle. Nous avons de lui fept livres du fchifme des donatiftes contre l'évêque Parménien. L'édition de cet ouvrage, par le docteur Dupin, eft très-précieufe, tant à caufe du recueil qu'elle contient de tous les actes relatifs à l'hiftoire des donatiftes, qu'à caufe d'une favante préface fur la vie, les œuvres & les différentes éditions d'*Optat*.

ORA

ORANCAIES; (*Hift. mod.*) c'eft le titre que l'on donne à la cour du roi d'Achem, dans l'île de Sumatra, à des gouverneurs que ce prince charge des départemens des provinces. Leur conduite eft continuellement éclairée par ces fouverains defpotiques & foupçonneux, de peur qu'ils n'entreprennent quelque chofe contre leurs intérêts. Ces feigneurs tiennent à grand honneur d'être chargés du foin des coqs du monarque, qui, ainsi que ses sujets, s'amuse beaucoup des combats de ces sortes d'animaux. (*A. R.*)

ORANGE; (*Hist. de Fr.*) on croit, mais sans certitude, que la ville d'Orange fut bâtie par les Phocéens, fondateurs de Marseille. On y voit beaucoup de monumens des Romains, un cirque, des aqueducs, un arc de triomphe, élevé par Caïus Marius & Luctatius Catulus, en mémoire de la victoire qu'ils avoient remportée sur les Cimbres & les Teutons. Il y a eu quatre races de comtes ou princes d'Orange. On fait remonter la première jusqu'au commencement du huitième siècle. Cette principauté passa par une femme dans la maison de Baux, vers la fin du douzième siècle, & de celle de Baux dans celle de Châlons, vers la fin du quatorzième. De tous ces princes, le plus célèbre fut Philibert, dernier prince d'Orange, de la maison de Châlons. Ce seigneur, né françois, avoit d'abord offert ses services à François Ier; il parut dans un équipage brillant à la cérémonie du baptême du dauphin; mais on ne lui témoigna pas toute l'estime qu'il méritoit; il fut froidement accueilli, on lui ôta même l'appartement qu'on lui avoit donné d'abord à la cour; sa fierté ressentit vivement cet outrage, il partit mécontent, & s'alla jeter entre les bras de Charles-Quint.

Les François, pour punir Philibert de s'être attaché à une puissance ennemie, confisquèrent la principauté d'Orange, & les grands biens qu'il possédoit en Bourgogne. La haine du prince d'Orange pour les François, devint si violente, qu'il ne pouvoit la contenir; elle éclatoit en toute occasion, elle s'exhaloit en satyres & en injures, quand elle n'avoit pas la ressource des armes; il s'affligeoit hautement de leurs succès; il insultoit publiquement à leurs disgraces. Il avoit été pris par André Doria, dans une bataille sur la mer de Gênes, en 1524. On l'avoit enfermé au château de Lusignan en Poitou; là, son amusement étoit de charger les murailles de sa chambre, d'inscriptions injurieuses pour les François. Par le traité de Madrid, l'empereur lui fit promettre la restitution de ses biens; le traité de Madrid étant resté sans exécution, ses biens ne lui furent point restitués, mais il recouvra sa liberté, dont il fit aussi-tôt usage contre les François & contre leurs alliés. Ce fut lui qui, à la mort du connétable de Bourbon, se trouva chargé de l'exécution de son entreprise; ce fut lui qui fit le sac de Rome; ce fut lui qui assiégea le pape Clément VII dans le château Saint-Ange; il y reçut à la tête un coup d'arquebuse, dont il fut plusieurs jours dans un extrême danger.

A la paix de Cambrai, en 1529, l'empereur, pour faire voir qu'on ne perdoit rien à le servir, voulut que toutes les confiscations auxquelles la guerre avoit donné lieu, fussent rendues; cette clause resta encore sans exécution, à l'égard du

prince d'Orange, en faveur de qui elle avoit principalement été faite. L'empereur s'en plaignit, mais il ne fit que s'en plaindre. Le prince d'Orange continua de le servir, & fit pour lui le siège de Florence, où il fut tué, en 1530, en attaquant un convoi sur le chemin de Pise à Pistoya. Sa mort eut cela de commun avec celle du connétable de Bourbon, son maître & son ami, qu'elle n'empêcha pas ses troupes de vaincre.

Le prince d'Orange n'avoit que trente ans, lorsqu'il mourut, après avoir fait de si grandes choses, après avoir exécuté l'entreprise du connétable sur Rome, après avoir détruit les affaires de France dans le royaume de Naples, après avoir bien avancé la réduction de la Toscane, qui fut presque entièrement son ouvrage. Brantôme semble attribuer le redoublement de valeur que le prince d'Orange fit paroître, selon lui, dans cette guerre de Toscane, au desir qu'il avoit d'épouser Catherine de Médicis, que Brantôme appelle sa maitresse, & qu'il prétend que Clément VII avoit promise au prince d'Orange; elle avoit à peine onze ans quand il fut tué.

Les droits sur la principauté d'Orange passèrent, à la mort de Philibert, de la maison de Châlons, dans la maison de Nassau, par le mariage de la sœur de Philibert, avec le comte de Nassau; sur ce mariage, & sur les princes d'Orange, de la maison de Nassau, *voyez* l'article NASSAU.

ORATEUR. (*Hist. moderne*) Au parlement d'Angleterre, c'est, dans la chambre des communes, le président, le modérateur. Il est élu à la pluralité des voix; c'est lui qui expose les affaires; on porte devant lui une masse d'or couronnée. (*A. R.*)

ORB

ORBILIUS, (PUPILLUS) ancien grammairien, natif de Bénévent, qui, à l'âge de cinquante ans, alla enseigner à Rome, l'année où Cicéron fut consul; il faisoit voir à ses disciples les comédies de Livius Andronicus; c'est de lui que parle Horace, épît. 1, liv. 2:

Non equidem insector, delendaque carmina Livî
Esse reor, memini quæ plagosum mihi parvo
Orbilium dictare.

Cette épithète *plagosum* annonce qu'il étoit fort attaché à cet usage barbare & mal-honnête, dont il a donné l'exemple à nos pédans qui le suivent encore. Suétone parle aussi de ce vieux pédant, & rappelle l'épithète que lui donne Horace, & qu'il appuie d'un vers d'un autre poète, Domitius Marsus:

Si quos Orbilius ferulâ scutîcâque cecidit.

Il le représente comme également dur dans ses

écrits ou ſes diſcours contre ſes adverſaires, & dans les châtimens dont il uſoit envers ſes écoliers: *Fuit naturæ acerbæ, non modò in antiſophiſtas, quos omni ſermone laceravit, ſed etiam in diſcipulos.*

ORC

ORCAN ou ORKAN, (*Hiſt. des Turcs*) fils d'Ottoman, monta ſur le trône en 1326, & mourut en 1360. C'eſt lui qui, par la priſe de Gallipoli & de pluſieurs villes de l'empire grec, & par l'alliance qu'il fit avec l'empereur Jean Cantacuzène, dont il épouſa la fille Théodora, ouvrit l'Europe à ſes ſucceſſeurs. Il donna d'ailleurs à ces mêmes ſucceſſeurs l'exemple du fratricide & de beaucoup d'autres cruautés.

ORD

ORDA ; (*Hiſt. des Tartars*) on écrit *orde* ou *horde*, terme d'uſage chez les Tartares. Ce terme déſigne une tribu de leur nation, qui eſt aſſemblée pour aller contre les ennemis, ou pour d'autres raiſons particulières. Chaque tribu a ſon chef particulier, qu'on nomme *murſa*. (*D. J.*)

ORDERIC, (VITAL) (*Hiſt. litt. mod.*) d'une famille originaire d'Orléans, naquit en Angleterre en 1075, fut élevé en Normandie à l'abbaye d'Ouche, aujourd'hui Saint-Evroul, où il fut moine. Il mourut après l'an 1143. On a de lui une hiſtoire eccléſiaſtique, en treize livres, que Ducheſne a fait imprimer dans le recueil qui a pour titre : *Hiſtoriæ Normanorum ſcriptores.*

ORDOGNO I, roi d'Oviédo & de Léon. (*Hiſt. d'Eſpagne*) C'étoit dans le neuvième ſiècle un rang fort épineux que celui de la royauté en Eſpagne ; la haine mutuelle, implacable, mortelle, qui diviſoit les maures & les chrétiens, obligeoit les ſouverains d'avoir toujours les armes à la main ; ils étoient perpétuellement en guerre ; & à peine ils étoient élevés ſur le trône, qu'ils étoient condamnés à vivre habituellement dans les camps, ou à hasarder leur vie dans les combats. La couronne étoit pourtant alors l'objet le plus ſublime de l'ambition humaine ; & comme tous les grands pouvoient y prétendre, le ſceptre étoit auſſi une ſource intariſſable de factions, d'intrigues, de troubles & de crimes. Don Alphonſe, & enſuite don Ramire, père d'*Ordogno I*, avoient en quelque ſorte rendu le trône héréditaire dans leur famille, & l'avènement de ces deux ſouverains s'étoit paſſé ſans obſtacle, ſans contradiction ; mais comme, ſuivant l'ancien uſage, la couronne étoit élective, & ce n'étoit que par une ſorte de tolérance qu'elle avoit été héréditaire ; il s'étoit formé dans Oviédo & Léon, pour le rétabliſſement de l'élection, un parti puiſſant, & qui n'attendoit qu'une occaſion favorable pour placer quelqu'un de ce parti ſur le trône, & réta-

blir par-là l'uſage de tout temps obſervé. La mort de don Ramire ſembloit offrir cette occaſion ; mais *Ordogno*, ſon fils, étoit chéri du peuple ; & ſans aſſembler les grands, ſans attendre qu'ils le proclamaſſent, il exerça les fonctions de la royauté, comme s'il eût été ſolemnellement élu ; & il en impoſa ſi fort par ſa ſécurité, que les grands, ne pouvant mieux faire, parurent ſatisfaits de ſon avènement à la couronne. Quelques-uns d'entr'eux n'étoient pourtant rien moins que contens ; & n'oſant point s'oppoſer ouvertement à cette manière de prendre poſſeſſion du trône, ils engagèrent les Vaſcons à ſe ſoulever dans la province d'Alava : auſſi mauvais citoyens qu'ils étoient ſujets infidèles, ils engagèrent en même temps auſſi les maures à ſecourir & ſoutenir la rebellion des Vaſcons. *Ordogno I* n'attendit point que les maures euſſent joint les Vaſcons, & raſſemblant ſes troupes, il marcha contre ceux-ci, les ſurprit, les mit en déroute, alla enſuite à la rencontre de l'armée mahométane, la força dans ſon camp, en maſſacra une partie, & mit le reſte en fuite. Délivré par ces deux victoires de toute inquiétude, & n'ayant plus à craindre de nouveau ſoulèvement, il fomenta, en politique habile, les diſſentions qui diviſoient les maures. Le royaume de Cordoue étoit violemment agité par les factions : Muza, général très-célèbre, mais encore plus ambitieux, avoit formé le projet de ſe rendre indépendant ; dans cette vue, il avoit allumé le feu de la guerre civile ; & maître de Tolède, dont il s'étoit emparé, il menaçoit Mahomet, roi de Cordoue, de le renverſer du trône. *Ordogno*, perſuadé que le vrai moyen d'affoiblir les maures étoit d'entretenir les querelles qui les diviſoient, prit parti pour Muza, & lui envoya un ſecours très-conſidérable ; mais le roi de Cordoue battit complètement la troupe du roi de Léon ; & ſa victoire fut ſi éclatante, qu'il reſta huit mille chrétiens & douze mille tolédains ſur le champ de bataille. Ce revers ne découragea point *Ordogno I*, qui continua de ſecourir Muza, & qui, tandis qu'il occupoit chez eux les maures, fortifioit les villes de ſes états, & entouroit de fortes murailles Léon & Aſtorga. Son allié Muza réuſſit ; & malgré le roi de Cordoue, il ſe rendit indépendant & ſouverain ; Sarragoſſe devint la capitale de ſes états, & il fit fortifier Albayda, place qui, ſituée ſur les frontières de Léon, facilitoit aux maures leur entrée dans ce royaume. *Ordogno* ne crut pas devoir laiſſer ſubſiſter cette ville, & il ſe propoſa d'aller à force armée l'aſſiéger & la détruire. Il partit, ſuivi d'une nombreuſe armée, pour cette expédition ; mais Muza accourut avec toutes ſes troupes au ſecours d'Albayda. Les deux armées ne ſe furent pas plutôt rencontrées, qu'elles ſe livrèrent une bataille ſanglante, malheureuſe pour les maures, qui furent taillés en pièces, & Muza lui-même mortellement bleſſé, mourut à Sarragoſſe fort peu de jours après. Le roi de Léon

emporta

emporta d'affaut & démolit Albayda ; mais fes fuccès lui furent moins utiles qu'à Mahomet, roi de Cordoue, qui, par la mort de Muza, fit rentrer fous fa domination toutes les places qui s'étoient déclarées pour ce général rebelle. Auffi Mahomet, plus puiffant qu'il ne l'avoit été jufqu'alors, ne tarda point à déclarer la guerre à *Ordogno* qui, malgré les efforts de fes ennemis, eut fur eux de grands avantages ; il en eût eu de plus complets, fi au moment où il alloit profiter de fes fuccès, par une action décifive, les Normands qui parurent fur les côtes de fes états, ne l'avoient obligé d'envoyer une partie de fes troupes à don Pèdre, fon général, qui les défit, & les contraignit de fe retirer. Secourus par *Ordogno*, les habitans de Tolède fe révoltèrent une feconde fois contre Mahomet, & mirent Abenlope à leur tête. Pendant qu'il foulevoit les fujets du roi de Cordoue, *Ordogno* fit une invafion dans ce royaume, fe rendit maître de Salamanque & de Coria, mit le pays à contribution, & rentra dans fes états, couvert de gloire & chargé d'un immenfe butin. Son activité, fes conquêtes, la victoire qu'il fixoit fous fes étendards, le rendirent fi cher à fes fujets, qu'ils reçurent avec acclamation la propofition qu'il leur fit de reconnoître don Alphonfe, fon fils, pour fon fucceffeur. Don Alphonfe s'étoit diftingué dans les dernières guerres par fa valeur & le fuccès de fes opérations : bientôt il fe fignala encore davantage dans la nouvelle guerre que le roi de Cordoue fit à celui d'Oviédo ; ce jeune prince repouffa les Mahométans, & battit leur armée, qui avoit fait une irruption en Portugal. Mahomet tenta d'infefter les côtes de Galice, mais le roi de Léon fit équiper une puiffante flotte, qui prit ou difperfa tous les vaiffeaux mahométans ; en forte que les Maures, après les plus irréparables pertes, furent contraints de refpecter la puiffance & les poffeffions d'*Ordogno I*, qui régna encore quelque temps avec autant de fageffe que de gloire, & mourut univerfellement regretté, le 17 mai 866, après avoir tenu le fceptre pendant onze ans. (*L, C.*)

ORDOGNO II, roi d'*Oviédo* & de *Léon*. (*Hift. d'Efpagne*) C'eft dommage que la vie de ce prince ait été trop longue, pour fa gloire, de deux ou trois années ; il s'étoit montré généreux, bon, affable, ingénu, père, ami, bienfaiteur de fes fujets, grand général, illuftre conquérant ; il avoit mérité l'eftime, le refpect, la confiance de fes peuples ; il devint dur, injufte, fanguinaire, fur la fin de fon règne. Par quelques actions d'iniquité, de defpotifme, il ternit l'éclat de fa vie ; & par deux ou trois fautes répréhenfibles & très-inexcufables, il perdit ou du moins affoiblit confidérablement le grand nom qu'il s'étoit fait pendant plufieurs années. Fils d'Alphonfe III, furnommé le *Grand*, & de dona Ximène ou Chimène, de la maifon de Navarre, *Ordogno* parut de très-bonne

heure, par fes talens, fa bienfaifance & fa valeur, digne du fouverain illuftre qui lui avoit donné le jour ; la nation le préféroit à Garcie, fon frère aîné, qui avoit à la vérité de brillantes qualités, mais une ambition injufte, outrée, dévorante, & qui le porta jufques à confpirer contre Alphonfe, fon père, qu'il tenta de détrôner. Son complot ne réuffit point, Alphonfe le vainquit, & le fit renfermer dans une prifon, où vraifemblablement il eût paffé le refte de fa vie, fi fon frère *Ordogno*, plus touché de fon état qu'il n'eût dû l'être, & animé par la reine fa mère, n'eût fait de coupables efforts pour brifer les fers du captif. Alphonfe III craignant un foulèvement général, & voulant épargner à fes fils & à fes fujets la honte & l'atrocité du crime qu'ils fembloient difpofés à commettre, mit le prince rebelle en liberté, lui réfigna la couronne, & donna la Galice à don *Ordogno*. Garcie ne jouit pas longtemps du fruit de fes complots & de l'objet de fon ambition, il mourut après trois ans de règne ; & comme il ne laiffoit point d'enfans, les grands & les évêques proclamèrent fon frère *Ordogno II*, roi de Léon & d'Oviédo. Le miramolin de Cordoue, Abderame, ne fuppofant ni beaucoup de valeur, ni des talens bien fupérieurs au fucceffeur d'Alphonfe & de Garcie, crut que le temps étoit venu de laver, dans le fang des chrétiens, la honte des défaites multipliées des Maures fous les deux derniers fouverains. *Ordogno II* ne fongeoit de fon côté qu'à fignaler les commencemens de fon règne par quelque victoire éclatante fur les Mahométans. Le miramolin de Cordoue fe trompa dans fes efpérances, & le roi de Léon réuffit au gré de fes défirs ; il marcha contre les Maures, leur livra bataille, les mit en déroute, emporta Talavera d'affaut, paffa la garnifon au fil de l'épée, & rentra dans fes états triomphant & chargé de butin. Encouragé par l'éclat & l'utilité de ce fuccès, il fit de plus grands préparatifs, & dès la feconde campagne il pouffa fort loin fes conquêtes dans le royaume d'Abderame, qui ne pouvant s'oppofer feul à un tel ennemi, eut recours aux rois maures d'Afrique, & en reçut les plus puiffans fecours. Son armée étoit de quatre-vingts mille hommes : celle d'*Ordogno II* étoit de beaucoup moins nombreufe ; mais cette inégalité de forces ne l'empêcha point de livrer bataille ; & après un combat auffi long que meurtrier, les Maures furent entièrement défaits, & un très-grand nombre d'entr'eux furent maffacrés par le vainqueur, qui, rentré en triomphe dans Léon, fit bâtir, des dépouilles des infidèles, la cathédrale de cette ville, où il fixa fa cour. Les Mahométans accablés, demandèrent une trève de trois ans, qui leur fut accordée ; mais à peine ce terme fut expiré, que la guerre recommença avec plus de vivacité, de haine & de fureur que les chrétiens & les maures n'en avoient montré jufqu'alors ; la fortune parut abandonner *Ordogno II*. Dans une première action, Abderame, sans remporter une victoire complète, eut quelque avantage sur l'armée ennemie, & profitant, en général habile, de ce succès, il fondit sur la Navarre ; Ordogno l'y suivit avec toutes ses troupes ; & les deux armées s'étant rencontrées dans le val de Junquera, les chrétiens furent mis en déroute, & leur perte fut si considérable, que ce ne fut qu'avec bien de la peine que le roi d'Oviedo, suivi des débris de son armée, parvint à gagner les frontières de ses états. Les habitans des royaumes d'Oviedo & de Léon étoient consternés ; & si les Maures eussent profité de la terreur qu'avoit inspirée leur victoire, il est très-vraisemblable qu'ils se fussent aisément emparés d'une partie de ces contrées ; mais ils eurent l'imprudence d'aller fort inutilement faire une irruption en France, & ils donnèrent le temps au roi Ordogno II de réparer ses dernières pertes ; il leva une nouvelle armée, & à son tour alla faire une violente irruption sur les terres du miramolin de Cordoüe. Peu de temps après cette expédition, le roi d'Oviedo perdit la reine dona Elvire, son épouse ; & pour répondre aux vœux de ses peuples, qui desiroient qu'il se donnât des successeurs, quoiqu'il eût deux fils de dona Elvire, don Alphonse & don Ramire, il épousa dona Argonte, galicienne d'une très-ancienne maison. Ce mariage ne fut rien moins qu'heureux ; Argonte étoit jeune, belle & honnête, mais elle avoit des ennemis, & ceux-ci parvinrent à donner sur sa conduite d'injurieux soupçons au roi, qui, sans examiner la vérité ou la fausseté des dénonciations, répudia durement son épouse. Cette reine dédaignant de se justifier, & peu fâchée peut-être de se séparer d'Ordogno, qui depuis quelque temps, enivré des faveurs de la fortune, commençoit à abuser de son autorité, se retira dans un monastère, où elle passa le reste de ses jours, plus satisfaite dans sa retraite qu'elle ne l'avoit été sur le trône. On assure que le roi son époux connut ensuite la fausseté des délations qui l'avoient engagé à ce divorce, & qu'il se repentit d'avoir été si prompt à opprimer l'innocence ; il ne parût pourtant pas que cette aventure le corrigeât : au contraire, sur quelques soupçons qu'il eut de la fidélité des comtes de Castille, il leur envoya ordre de venir se justifier : quoique vassaux de la couronne de Léon, les comtes de Castille étoient indépendans à ces égards ; ils ne crurent pas devoir obéir aux ordres d'Ordogno, qui, à la tête d'une armée formidable, se rendit sur les frontières, & pour la seconde fois envoya ordre aux comtes de Castille de se rendre auprès de lui : la crainte de voir ravager leurs terres les rendit plus dociles ; mais ils ne se furent pas plûtôt présentés au roi d'Oviedo, qu'ils furent arrêtés, conduits, enchaînés à Léon, & jetés en prison, où quelques jours après l'inflexible monarque les fit étrangler. Quelques historiens disent que les comtes de Castille s'étant révoltés, méritoient d'être punis : cela peut être ; mais quelque criminelle qu'eût été leur révolte, c'étoit à Ordogno à les faire juger, & non de son autorité seule, & sans forme de procès, à les faire périr : une telle punition n'est pas un châtiment, c'est un assassinat. Aussi la mort violente des comtes de Castille, jointe à la répudiation fort injuste de la reine Argonte, mécontenta beaucoup la nation, à laquelle ce souverain commençoit à devenir odieux, lorsqu'à la sollicitation du roi de Navarre, qui vouloit recouvrer quelques places qui lui avoient été prises par les Maures, Ordogno conduisit une armée à ce prince, & eut sur les Mahométans les plus grands avantages. Cette expédition terminée, le roi de Léon épousa dona Sanche, fille de don Garcie, & petite-fille du roi de Navarre. Il revint avec sa jeune épouse dans ses états, où il mourut fort peu de temps après, moins regretté qu'il ne l'eût été, si le peuple avoit pu oublier la mort des comtes de Castille & l'outrage de la reine Argonte. Ordogno II avoit fait de très-grandes choses, quoiqu'il n'eût régné que neuf ans & quelques mois ; il eût mieux fait encore, s'il eût pu rester tel qu'il s'étoit montré dès le commencement de son règne, & s'il n'eût pas préféré l'abus de la puissance à la modération, la rigueur à la bienfaisance, la violence à l'équité. (L. C.)

ORDOGNO III, roi d'Oviedo & de Léon. (Hist. d'Espagne) Ce roi fut sage ; il fut prudent : il se rendit célèbre aussi par sa valeur & ses victoires. Les maures le redoutèrent, ses peuples le chérirent. Il n'eut qu'un défaut, celui d'être trop sensible aux mauvais procédés de ses proches, & cette sensibilité lui fit commettre une injustice qui dément un peu les éloges, d'ailleurs très-mérités, qu'on a donnés à sa conduite, à ses actions, à ses talens. Ces talens étoient connus, & Ordogno s'étoit si fort signalé durant le règne de Ramire, son père son prédécesseur, qu'à la mort de celui-ci la couronne lui fut unanimement déférée par tous les grands du royaume. Quelque temps avant la mort de son père, il avoit épousé dona Urraque, fille du comte Ferdinand Gonçalez, l'un des premiers seigneurs de l'état. Toutefois, quelque satisfaction que l'avénement d'Ordogno III au trône parût donner à la nation, le commencement de son règne ne fut pas aussi paisible qu'on l'avoit espéré. Don Sanche, son frère, demanda, comme héritier en partie du roi, don Ramire, quelques provinces ; le roi n'y voulut pas consentir, & fonda son refus sur ce qu'il ne dépendoit pas même des souverains de démembrer leurs royaumes. Sanche fit appuyer ses prétentions par le roi de Navarre, son oncle : il se fit dans le royaume beaucoup de partisans, & gagna même le comte Ferdinand Gonçalez, qui pressa vivement le roi, son gendre, de fatisfaire l'infant don Sanche. *Ordo-gno III* réfifta avec fermeté ; fes refus irritèrent tous ceux qui avoient embraffé la caufe de fon frère ; ils prirent les armes, & tentèrent d'avoir par la force les provinces que le roi n'avoit pas voulu céder par accommodement : ils ne réuffirent point. *Ordogno III* leur oppofa fon armée, & les menaça d'en ufer avec tant de rigueur, que les rebelles prirent le fage parti de fe foumettre, à l'exemple de don Sanche. Le roi d'Oviédo pardonna volontiers à fon frère ; mais il n'eut pas la même indulgence pour don Ferdinand Gonçalez, fon beau-père ; au contraire, indigné contre lui & aveuglé par fon reffentiment, il répudia la reine dona Urraque, qui, pourtant, n'avoit pris part en aucune manière à la rebellion : il la renvoya durement, & afin de rendre cet affront encore plus offenfant, il époufa dona Elvire, fille de l'un des plus riches & des premiers feigneurs de Galice. Cet acte de vengeance fut fans doute très-mortifiant pour don Ferdinand Gonçalez ; mais les fuites n'en furent pas heureufes pour *Ordogno* lui-même, car les pàrens de la nouvelle reine, énorgueillis de l'alliance que le fouverain venoit de former avec eux, traitèrent les autres feigneurs avec tant de hauteur, que ceux-ci, fatigués d'une telle infolence, & irrités de ne pouvoir en obtenir juftice, prirent les armes & levèrent l'étendard de la rebellion. *Ordogno III* tenta tous les moyens poffibles de ramener les révoltés à leur devoir ; fa douceur les excita au lieu de les calmer ; & il falloit enfin en venir contr'eux aux dernières extrémités. Le roi, fuivi de l'élite de fes troupes, marcha contre les mécontens ; mais, avant que de leur livrer bataille, le bon *Ordogno III* leur offrit encore leur pardon, & leur promit d'oublier le paffé s'ils vouloient fe foumettre. Ce trait de bienfaifance, & fur-tout la fupériorité de l'armée royale, adoucirent les rebelles, qui implorèrent la clémence de leur maître, fe rangèrent fous fes drapeaux, allèrent avec lui faire une irruption fur les terres des Maures, & s'emparèrent de Lisbonne, que le roi vainqueur fit démanteler, avant que de rentrer heureux & triomphant dans fes états. Mais, tandis qu'il faifoit avec tant de fuccès la guerre en Portugal, don Ferdinand Gonçalez, toujours irrité de l'outrage que fa fille avoit reçu, fe mit à la tête des troupes caftillanes, & fit une irruption dans le royaume de Cordoue. Cette invafion étoit encore plus avantageufe à *Ordogno*, ennemi irréconciliable du roi maure de Cordoue, qu'à Ferdinand lui-même : cependant, comme ce feigneur n'avoit pas été autorifé à lever des troupes, ni à faire des actes d'hoftilité fans le confentement de fon fouverain, celui-ci n'eut pas plutôt mis fin à fon expédition de Portugal, qu'il conduifit lui-même fon armée fur les frontières de Caftille, réfolu de punir le comte de cette invafion, qu'il traitoit de nouvelle révolte. Ferdinand

Gonçalez, effrayé de l'orage qui le menaçoit, alla fe jeter aux pieds d'*Ordogno III*, avoua fa faute, demanda grace, l'obtint, & avertit le roi des difpofitions du fouverain de Cordoue, qui fe préparoit à fondre fur la Caftille. *Ordogno* promit de fecourir les Caftillans, & bientôt après, envoya au comte des troupes, avec lefquelles il battit les Mahométans, & remporta fur le roi de Cordoue une victoire mémorable. Ce fut par fes fervices que le comte Ferdinand Gonçalez répara fes fautes paffées, & gagna la confiance d'*Ordogno III*, qui, allant de Léon à Zamora, fut attaqué en route d'une fi violente maladie, qu'il en mourut vers la fin du mois de juin, en 955, après un règne glorieux (au divorce de fon époufe près) de cinq ans & cinq mois. (*L. C.*)

ORDOGNO IV, roi d'Oviédo & de Léon, (*Hift. d'Efpagne*) Ce fouverain ne vécut pas comme il méritoit de vivre, mais il mourut comme il devoit mourir, de mifère & couvert d'opprobre. C'étoit, fans contredit, le plus méprifable des hommes, & il ne dut le trône qu'au caprice, & à l'ambition d'un feigneur factieux qui, peu content d'avoir bouleverfé l'état, voulut achever encore de l'opprimer, en plaçant la couronne fur la tête d'*Ordogno*, fils d'Alphonfe le moine, & qui n'avoit pour toutes qualités qu'une infolence révoltante, des mœurs très-corrompues & beaucoup de cruauté. A peine Ordogno III fut mort, que don Sanche, fon frère, fut proclamé roi par les grands du royaume : mais don Sanche n'avoit ni la capacité, ni la valeur active de fon prédéceffeur ; & le comte Ferdinand Gonçalez, qui avoit fufcité tant de troubles, toujours animé du défir de fe rendre indépendant, fit tant, par fes intrigues, fes cabales, fes dénonciations, qu'il aigrit les grands & le peuple contre don Sanche, qui, à la vérité, étoit, dans ces fâcheufes circonftances, fort au-deffous de fon rang. Les difcours du comte firent un tel effet, & le mécontentement général fut porté fi loin, que le foible Sanche, craignant les plus terribles événemens, prit la fuite, & alla fe réfugier à la cour du roi de Navarre, fon oncle. Le trône de Léon, vacant par cette fuite honteufe & précipitée, ce royaume tomba dans la confufion de l'anarchie, & le comte Ferdinand Gonçalez s'affranchit, comme il le defiroit, de l'hommage qu'il avoit été jufqu'alors obligé de rendre aux fouverains de Léon. Ses vues étoient remplies, mais fon ambition n'étoit pas fatisfaite ; &, peu content des défordres qu'il avoit occafionnés, il afpira à l'honneur de régner fur Léon, fous le nom de celui qu'il jugeroit à propos de mettre en la place de Sanche. Perfonne n'étoit plus capable de remplir le projet de Gonçalez que le pervers *Ordogno*, qui n'avoit ni principes, ni mœurs, ni connoiffances, ni talens, mais qui promit à fon bienfaiteur le dévouement le plus entier à toutes fes volontés ; & la première de ces volontés fut d'obliger *Ordogno* d'épouſer dona Urraque, femme répudiée d'Ordogno III, & qui, par ce moyen, fut pour la ſeconde fois élevée au trône de Léon. Quelques dommages que les grands euſſent ſoufferts pendant les troubles de l'anarchie, ils la préféroient encore aux maux bien plus conſidérables qu'ils craignoient d'éprouver ſous le règne de ce nouveau ſouverain, auſſi ne fût-ce que forcément qu'ils conſentirent à le reconnoître pour roi. Leurs craintes n'étoient que trop fondées, & le vicieux *Ordogno* ſe conduiſit avec ſi peu de décence, & commit tant d'injuſtices, de vexations, que les peuples lui donnèrent le ſurnom de *mauvais*. Cependant Sanche, en proie à une cruelle hydropiſie, & ne trouvant point de remèdes qui le ſoulageaſſent, alla, par les conſeils du roi de Navarre, ſon oncle, à la cour du roi de Cordoue, où on lui faiſoit eſpérer qu'il trouveroit d'excellens médecins. Le roi de Cordoue lui fit l'accueil le plus diſtingué; &, par l'habileté des ſes médecins maures, il guérit de ſon hydropiſie. Les grands de Léon, informés du ſéjour de Sanche à Cordoue, lui firent ſavoir qu'ils étoient excédés de la tyrannie d'*Ordogno*; & que s'il vouloit ſe montrer à la tête de quelques troupes, toutes les villes du royaume lui ouvriroient leurs portes; & en effet, Sanche, ſecondé par Abderame & le roi de Navarre, n'eut pas plutôt paru ſur les terres de Léon, qu'*Ordogno IV*, abandonné de tous, ſe crut trop heureux que l'on voulût bien lui laiſſer la liberté, dont il profita, pour s'enfuir dans les Aſturies. Gonçalez, pendant ſon abſence, voulut faire quelque réſiſtance, mais il fut battu & fait priſonnier. *Ordogno*, averti que les Aſturiens vouloient auſſi l'arrêter & le livrer à don Sanche, ſe ſauva; &, ſuivi de ſa femme, ſe retira à Burgos. Les habitans de cette ville reçurent avec reſpect dona Urraque, mais ils ne voulurent point donner aſyle à ſon époux, qui ne ſachant que devenir, accablé de terreur, alla ſe réfugier chez les Mahométans d'Arragon, où il vécut couvert d'opprobre, très-miſérable, & également mépriſé par les infidèles & par les chrétiens. (*L. C.*)

O R E

OREGIUS, (AUGUSTIN) (*Hiſt. litt. mod.*) théologien florentin; le cardinal Bellarmin l'appelloit ſon théologien, le pape Urbain VIII ſon docteur, en conſéquence ce pontife le fit cardinal en 1634, & lui donna l'archevêché de Bénévent, où il mourut en 1635. On a d'*Oregius* un traité intitulé: *Ariſtotelis vera de rationalis animæ immortalitate ſententia*, & d'autres traités théologiques de Dieu, des anges, de l'ouvrage des ſix jours.

ORELLANA. (FRANÇOIS) (*Hiſt. mod.*) C'eſt le nom du premier Européen qui a reconnu la rivière des Amazones; elle fut ainſi nommée,

parce qu'*Orellana* rencontra en effet en deſcendant ce fleuve, quelques femmes armées, dont un cacique indien l'avoit averti de ſe défier. Il s'étoit embarqué en 1539, près de Quito, ſur la rivière nommée Coca, & de rivière en rivière, il étoit arrivé au cap du Nord, ſur la côte de la Guyane ou Goyane, après une navigation de dix-huit cents lieues.

ORESME, (NICOLAS) précepteur de Charles V, qui le fit, en 1377, évêque de Liſieux. On a de Nicolas *Oreſme* divers ouvrages & quelques-unes de ces premières traductions que Charles V fit faire en France, par exemple, celle de la morale & de la politique d'Ariſtote; il traduiſit auſſi le traité de Plutarque, *des remèdes de l'une & de l'autre fortune*.

ORESTE. (*Voyez* ODOACRE.)

O R G

ORGEMONT, (PIERRE D') (*Hiſt. de Fr.*) reçu premier préſident au parlement de Paris le 12 novembre 1373, & fait chancelier huit jours après, le 20 du même mois; étoit fils d'un autre Pierre d'*Orgemont*, bourgeois de Lagny-ſur-Marne, dont il eſt fait mention dans le teſtament de Louis Hutin, de l'an 1316. Des actes anciens de la chambre des comptes, portent que Pierre d'*Orgemont* fut élu chancelier de France par ſcrutin, en préſence de Charles V, qui tenoit au louvre un grand-conſeil, compoſé de princes & barons, des ſeigneurs du parlement & autres, au nombre de cent-trente. Il remplit cette place avec diſtinction, & remit les ſceaux volontairement, à ce qu'il paroît, au mois d'octobre 1380; depuis ce temps il vécut en homme privé, tantôt dans ſa maiſon de Méry-ſur-Oiſe, tantôt à Chantilly, qu'il avoit acheté de Guy de Laval, & que Marguerite d'*Orgemont*, ſon arrière-petite-fille, porta dans la maiſon de Montmorenci, d'où elle a paſſé dans celle de Bourbon-Condé.

Un des fils du chancelier, nommé Pierre d'*Orgemont*, comme ſon père & ſon aïeul, fut évêque de Paris.

Un autre, nommé Nicolas, & ſurnommé le *Boiteux*, chanoine de Notre-Dame de Paris, & l'un des plus riches clercs de France, ſe rendit coupable de lèſe-majeſté, fut privé de ſes bénéfices & offices, condamné en quatre-vingts mille écus d'amende envers le roi, traîné dans un tombereau aux halles, pour aſſiſter au ſupplice de deux de ſes complices qui eurent la tête tranchée, puis enfermé pour toujours à Meung-ſur-Loire, où il mourut le 16 juillet 1416.

Pierre d'*Orgemont*, petit-fils du chancelier, ſujet plus fidèle que Nicolas, périt pour ſon pays à la bataille d'Azincourt en 1415.

Un autre d'*Orgemont* (Méry) fut fait priſonnier, & mourut de ſes bleſſures en 1551.

Là famille d'*Orgémont* s'éteignit, en 1639, par la mort de Guillemette d'*Orgémont*, qui n'eut point d'enfans de son mariage avec François des Ursins, marquis de Traynel.

ORI

ORIBASE DE PERGAME, (*Hist. anc.*) médecin de l'empereur Julien. Ses œuvres ont été imprimées à Bâle, en 1557, en trois volumes *in-folio*, & on a encore imprimé depuis, à part, son anatomie.

ORIENT, *empire d'* (*Hist.*) c'est ainsi qu'on appella l'empire romain, lorsque Constantin, par la vanité de faire une ville nouvelle, & de lui donner son nom, transporta le trône à Byzance. Alors on vit Rome presque entière passer en *Orient*; les grands y menèrent leurs esclaves, c'est-à-dire, presque tout le peuple, & l'Italie fut privée de ses habitans. Par cette division du sceptre les richesses allèrent à Constantinople, & l'empire d'occident se trouva ruiné. Toutes les nations barbares y firent des invasions consécutives; il alla de degré en degré, de la décadence à la chûte, jusqu'à ce qu'il s'affaissa tout-à-coup sous Arcadius & sous Honorius.

Justinien reconquit, à la vérité, l'Afrique & l'Italie par la valeur de Bélisaire; mais à peine furent-elles subjuguées, qu'il fallut les perdre. D'ailleurs Justinien désola ses sujets par des impôts excessifs, & finalement par un zèle aveugle sur les matières de religion. Animé de cette fureur, il dépeupla son pays, rendit incultes les provinces, & crut avoir augmenté le nombre des fidèles, lorsqu'il n'avoit fait que diminuer celui des hommes. Par la seule destruction des Samaritains, la Palestine devint déserte, & il affoiblit justement l'empire par zèle pour la religion, du côté par où quelques règnes après les Arabes pénétrèrent pour la détruire.

Bientôt toutes les voies furent bonnes pour monter sur le trône: un centenier, nommé *Phocas*, y fut élevé par le meurtre. On y alla par les présages, par les soldats, par le clergé, par le sénat, par les paysans, par le peuple de Constantinople, par celui des villes, des provinces, par le brigandage, par l'assassinat; en un mot, par toutes sortes de crimes.

Les malheurs de l'empire croissant de jour en jour, on fut naturellement porté à attribuer les mauvais succès de la guerre, & les traités honteux dans la paix, à la conduite de ceux qui gouvernoient. Les révolutions firent les révolutions; & l'effet devint lui-même la cause. Comme les Grecs avoient vu passer successivement tant de diverses familles sur le trône; ils n'étoient attachés à aucune; & la fortune ayant pris des empereurs dans toutes les conditions, il n'y avoit pas de naissance assez basse, ni de mérite si mince, qui pût ôter l'espérance.

Phocas, dans la confusion étant mal affermi, Héraclius vint d'Afrique, & le fit mourir; il trouva les provinces envahies, & les légions détruites.

A peine avoit-il donné quelque remède à ces maux, que les Arabes sortirent de leurs pays pour étendre la religion & l'empire que Mahomet avoit fondés d'une même main. Apôtres conquérans, comme avoit été leur chef, animés d'un zèle ambitieux pour leur nouvelle doctrine, endurcis aux fatigues de la guerre, sobres par habitude, par superstition & par politique, ils conduisoient sous l'étendard de leur prophète des troupes d'enthousiastes, avides de carnage & de butin, contre des peuples mal gouvernés, amollis par le luxe, livrés à tous les vices qu'entraîne l'opulence, & depuis long-temps épuisés par les guerres continuelles de leurs souverains. Aussi jamais progrès ne furent plus rapides que ceux des premiers successeurs de Mahomet.

Enfin, on vit s'élever, en 1300, une nouvelle tempête imprévue qui accabla la Grèce entière. Semblables à cette nuée que vit le prophète, qui, petite dans sa naissance, vint bientôt couvrir le ciel, les Turcs, méprisables en apparence dans leur origine, fondirent comme un tourbillon sur les états des empereurs grecs, passèrent le Bosphore, se rendirent maîtres de l'Asie, & poussèrent encore leurs conquêtes jusque dans les plus belles parties de l'Europe; mais il suffit de dire ici, que Mahomet II prit Constantinople en 1453, fit sa mosquée de l'église de Sainte-Sophie, & mit fin à l'empire d'*Orient*, qui avoit duré 1123 années. Telle est la révolution des états. (*D. J.*)

ORIFLAMME, s. f. (*Hist. de Fr.*) Nos anciens historiens font ce *mot* masculin, & écrivent tantôt *oriflamme*, tantôt *oriflambe*, tantôt *auriflamme*, tantôt *auriflambe* ou *oriflande*: étendard de l'abbaye de Saint-Denis; c'étoit une espèce de gonfanon ou de bannière, comme en avoient toutes les autres églises; cette bannière étoit faite d'un tissu de soie couleur de feu, qu'on nommoit *cendal* ou *saint vermeil*, qui avoit trois fanons, & étoit entourée de houppes de soie. L'oriflamme de Saint-Denis étoit attachée au bout d'une lance, d'un fust, d'un bâton, que Raoul de Presles nomme *glaive de l'oriflamme*.

Louis-le-gros, prince recommandable par la douceur de ses mœurs, & par les vertus qui font un bon prince, est le premier de nos rois qui ait été prendre l'*oriflamme* à Saint-Denis, en 1124, lorsqu'il marcha contre l'empereur Henri V. Depuis ce temps, ses successeurs allèrent prendre en grande cérémonie cette espèce de bannière à Saint-Denis, lorsqu'ils marchoient à quelque expédition de guerre; ils la recevoient des mains de l'abbé, &, après la victoire, l'*oriflamme* étoit rapportée dans l'église de Saint-Denis, & remise sur son autel. C'étoit un chevalier qui étoit chargé de porter l'*oriflamme* à la guerre ; & cet honneur appartint pendant long-temps au comte de Vexin, en sa qualité de premier vassal de Saint-Denis.

Il est assez vraisemblable qu'il y avoit deux *oriflammes*, dont l'une restoit toujours en dépôt à Saint-Denis, & lorsqu'il se présentoit une occasion de guerre, on en faisoit une seconde toute semblable ; on consacroit cette dernière, & on la levoit de dessus l'autel avec de grandes cérémonies. Si on la conservoit exempte d'accidens pendant le cours de la guerre, on la rapportoit dans l'église ; quand on la perdoit, on en faisoit une autre sur l'original, pour l'employer dans l'occasion.

Guillaume Martel, seigneur de Bacqueville, est le dernier chevalier qui fut chargé de la garde de l'*oriflamme*, le 28 mars 1414, dans la guerre contre les Anglois ; mais il fut tué l'année suivante à la bataille d'Azincourt, & c'est la dernière fois que l'*oriflamme* ait paru dans nos armées, suivant du Tillet, Sponde, dom Félibien, & le père Simplicien. Cependant, suivant une chronique manuscrite, Louis XI prit encore l'*oriflamme* en 1465 ; mais les historiens du temps n'en disent rien.

Les Bollandistes dérivent le mot *oriflamme* du celtique & du tudesque *flan*, *fan* ou *van*, qui signifie une *bannière*, un *étendard*, & d'où l'on a fait *flanon* ou *fanon*, qui veut dire la même chose ; la première syllabe *ori* vient du latin *aurum*, c'est donc à dire *étendard doré*, parce qu'il étoit enrichi d'or.

Le lecteur peut consulter Galant, *traité de l'oriflamme* ; Borel, du Tillet, & les *mémoires des inscriptions*. (*D. J.*)

ORIGÈNE, (*Hist. ecclés.*) un des pères grecs les plus célèbres, disciple de saint Clément d'Alexandrie ; on l'appelloit *Adamantius*, *de diamant*, ou, selon Photius, à cause de la force de ses raisonnemens, ou, selon saint Jérôme, parce qu'il avoit contre l'erreur la fermeté du diamant : le même saint Jérôme dit qu'*Origène* fut un grand homme dès son enfance. Léonide, père d'*Origène*, souffrit le martyre dans la persécution de l'empereur Sévère, au commencement du troisième siècle, & on eut beaucoup de peine à empêcher *Origène*, âgé alors de dix-sept ans, de s'offrir de lui-même à la persécution. Il n'avoit que dix-huit ans, lorsqu'il fut nommé catéchiste ou professeur des lettres saintes à Alexandrie ; il compta tant de martyrs parmi ses disciples, qu'on a dit qu'il sembloit tenir école de martyre plutôt que de théologie. Il enseignoit la théologie aux femmes aussi bien qu'aux hommes, & on sait quelle étrange & courageuse précaution il prit à cet égard contre la calomnie ; on l'en a loué, on l'en a blâmé ; on a aussi beaucoup disputé sur sa prétendue chûte & sur ses prétendues erreurs ; mais ses ouvrages sont

d'une grande autorité dans l'église. Les bénédictins en ont donné l'édition complète en quatre volumes *in-folio*.

Origène étoit né à Alexandrie, l'an 185 de l'ère chrétienne ; il mourut à Tyr l'an 252, 254 ou 256, car on balance entre ces trois époques.

Un prédicateur & un littérateur moderne, M. l'abbé Gros de Besplas, ne trouve pour parler d'*Origène* que des hyperboles, & il ne croit jamais en trouver d'assez fortes. C'est une pierre angulaire sur laquelle repose l'édifice de la religion, c'est comme une émanation de la divinité resserrée dans un corps mortel. « J'espère, dit-il, qu'on » me pardonnera cet enthousiasme pour le plus » grand homme, l'homme le plus accompli qu'ait » eu la religion & peut-être le monde. J'avoue » que je ne saurois tracer les moindres lignes de » son portrait, sans que mon ame en soit émue, » sans que le pinceau tombe plusieurs fois de mes » mains défaillantes, sans que j'éprouve un fré- » missement délicieux qui transporte mon cœur » hors de lui-même, & alors mes yeux, baignés » des larmes de l'attendrissement, ne me laissent » plus former que des traits confus d'un tableau » que je n'ai pas même la force d'achever. »

Il y a encore un autre *Origène*, philosophe platonicien, disciple & ami de Porphyre & d'Ammonius, & condisciple d'Hérennius & de Plotin. Il étoit à peu près contemporain du père de l'église ; & des auteurs même savans, tels que Baronius dans ses annales, & Holsténius dans son traité de la vie & des écrits de Porphyre, ont confondu ces deux *Origènes*, mais c'est une erreur aujourd'hui reconnue.

ORIGNI, (D') (PIERRE-ADAM) étoit de Reims ; il entra d'abord au service & fut blessé à l'attaque des lignes de Wissembourg. Le reste de sa vie fut d'un savant ; il écrivit beaucoup sur l'Egypte & sur la chronologie des Egyptiens. Mort le 29 septembre 1774.

ORIOL, (D') (PIERRE) ou AUREOLE ou DORIOLE cordelier, un des héros de la scolastique, au quatorzième siècle, natif de Verberie sur-Oyse, ardent défenseur de l'Immaculée Conception, fut nommé le *docteur insigne*, ou selon quelques-uns le *docteur éloquent* ; on a de lui, entr'autres ouvrages, un commentaire sur la Bible, que Mézeray dit être *très-succulent*. Sa réputation lui procura, en 1321, l'archevêché d'Aix. Il vivoit encore en 1345.

ORIOLE, (PIERRE D') (*Hist. de Fr.*) chancelier de France sous Louis XI, étoit fils d'un maire de la Rochelle, & avoit lui-même occupé cette place, dans laquelle il s'étoit assez distingué pour attirer les regards de la cour. Il avoit de la probité, des talens, des lumières ; il avoit d'abord été attaché au frère du roi, & l'avoit servi dans la guerre du bien public ; mais bientôt dégoûté des intrigues qui divifoient cette petite cour, il s'attacha au roi, qui le fit d'abord général des finances, & qui, à la mort du chancelier Juvénal des Urfins, arrivée en 1472, le nomma fon fucceffeur. L'hiftoire lui rend le témoignage que dans les fonctions de cette place, & dans les affaires importantes & délicates de toute efpèce dont il fut chargé pendant dix ou onze ans, il fut toujours occupé du bien public, & parut moins jaloux de l'amitié de fon maître que de fon eftime. Louis XI lui envoyoit fouvent fes ordres defpotiques, auxquels il réfiftoit avec autant de fermeté que de refpect. Ce tyran lui écrivoit un jour en ces termes : *« Chancelier, vous » avez refufé de fceller les lettres de mon maître-» d'hôtel Boutilas ; je fais bien à l'appétit de qui » vous le faites...... Dépêchez-le fur votre vie. »* En 1483, dans un moment où il n'avoit contre le chancelier aucun fujet de mécontentement même injufte, ce roi, qui aimoit à changer pour le plaifir de changer, & fans en rendre d'autre raifon, finon que *nature fe plaît en diverfité*, mande au chancelier d'Oriole, que fon âge ne lui laiffe plus l'activité néceffaire pour cette place, & qu'il s'acquittera bien mieux de celle de préfident de la chambre des comptes, à laquelle il le nomme, en même temps qu'il donne la chancellerie à Guillaume de Rochefort. Pierre d'Oriole mourut en 1485.

ORL

ORANDIN, (NICOLAS) jéfuite italien, auteur d'une hiftoire latine de la compagnie de Jéfus, né à Florence en 1556 ; mort à Rome en 1606.

ORLÉANS. (LA PUCELLE D') (*Voyez* ARC.) (JEANNE D')

ORLÉANS, (*Hift. de Fr.*) *Aureliæ, Aurelianum* ou *Genabum.* On eft partagé fur l'étymologie & la fignification de ce nom ; Sabellicus croit que ce nom vient de l'or que le commerce de cette ville lui rapporte. *Or-léans*, c'eft-à-dire, *il y a de l'or là dedans*. Othon de Frifinghen a cru que l'empereur Aurélien l'ayant augmenté, l'avoit appellé de fon nom *Aurelia* ; d'autres croient qu'*Or-léans* eft *ora Ligeriana*, rive de Loire. *Orléans* foutint à différentes époques quatre fièges particulièrement mémorables ; celui d'Attila, en 451, dont elle fut, dit-on, miraculeufement délivrée par les prières de faint Agnan, fon évêque. Celui des Anglois, en 1428, dont elle fut tout auffi miraculeufement délivrée par la pucelle d'*Orléans*. Celui des proteftans, en 1562; celui des catholiques, où le duc de Guife, François, fut tué par Poltrot de Méré en 1563. L'univerfité d'*Orléans* fut fondée par Philippe-le-bel. L'églife de Sainte-Croix eft cette cathédrale vantée par le pape Grégoire VII, par faint Bernard, par Pierre-le-vénérable ; ruinée par les

proteftans, elle fut rebâtie par les foins de Henri IV; elle eft aujourd'hui une des plus belles églifes de France.

Orléans a été un royaume dans le partage des quatre fils de Clovis & des quatre fils de Clotaire Ier. Clodomir, fecond fils de Clovis, & Gontran, fecond fils de Clotaire, furent rois d'*Orléans*.

Orléans a été l'apanage de plufieurs de nos princes.

Le premier qui fut duc d'*Orléans*, fut auffi le premier dauphin de la maifon de France ; c'eft Philippe, cinquième fils de Philippe de Valois. Il mourut fans enfans, en 1375 ; & ce duché, qui lui avoit été donné en apanage, & qu'il tenoit en pairie, fut réuni à la couronne. Il avoit époufé Blanche, fille unique de Charles-le-bel.

La première maifon d'*Orléans* defcendoit de Charles-le-fage par Louis Ier, duc d'*Orléans*, qui avoit époufé Valentine de Milan, fille de Jean Vifconti, feigneur de Milan.

La nuit du 23 au 24 novembre 1407, le duc d'*Orléans* fut affaffiné dans la rue Barbette, par ordre du cruel Jean de Bourgogne, fon coufin germain. Ce fut à la fois le crime de la jaloufie & de l'ambition. Le duc d'*Orléans*, galant & indifcret, comptoit publiquement la ducheffe de Bourgogne au nombre de fes conquêtes ; mais fur-tout il difputoit au duc de Bourgogne les rênes du gouvernement, pendant la démence de Charles VI ; ces deux princes abufoient, à l'envi, du pouvoir précaire & borné qu'ils s'arrachoient l'un à l'autre. Le peuple qu'ils opprimoient tour-à-tour prefque également, mettoit pourtant entr'eux une jufte différence : en effet le duc de Bourgogne étoit plein de vices & de fureurs ; le duc d'*Orléans* n'avoit que des paffions & des foibleffes.

Le duc d'*Orléans* laiffa trois fils : Charles, duc d'*Orléans*, père de Louis XII ; Philippe, comte de Vertus, qui ne laiffa point de poftérité légitime ; & Jean, comte d'Angoulême, aïeul de François Ier. Il eut auffi de Mariette d'Enghien, femme d'Aubert de Cany, gentilhomme de Picardie, le comte de Dunois, tige de la maifon de Longueville. (*Voyez* les articles DUNOIS, LONGUEVILLE & ROTHELIN.)

Charles, duc d'*Orléans*, vécut malheureux, & mourut de douleur. A peine forti de l'enfance, il fe trouva chargé du devoir pénible de venger fon père fur un criminel puiffant & armé de l'autorité. Il implora la juftice du roi ; la juftice tremblante fe taifoit devant l'affaffin ; Charles eut recours aux armes, il appella les Anglois ; mais bientôt il fentit qu'il eft toujours plus jufte de fervir l'état, même injufte, que de le troubler pour l'intérêt le plus facré ; il céda au temps, & tourna fa valeur contre ces mêmes Anglois qu'il avoit introduits en France ; il tomba dans 'eurs fers à la bataille d'Azincourt, & consuma ses plus belles années dans l'ennui de la captivité ; il n'en sortit qu'après vingt-cinq ans, par les soins généreux du fils du meurtrier de son père ; c'étoit Philippe-le-bon, duc de Bourgogne. Ce prince s'étoit trouvé dans les mêmes conjonctures que le duc d'Orléans ; il avoit eu comme lui un père à venger, c'étoit le duc de Bourgogne Jean, assassiné par la faction Orléanoise, sur le pont de Montereau, dans son entrevue avec le dauphin, (depuis Charles VII.) Il avoit, comme le duc d'Orléans, ouvert les portes du royaume aux Anglois, & comme lui s'en étoit repenti : rendu à la bonté naturelle de son cœur, il avoit, on peut le dire, pardonné en maître à son roi, en père à l'état, en héros au duc d'Orléans, dont il paya en partie la rançon. Alors toute discorde fut étouffée ; l'assassinat du duc de Bourgogne avoit expié l'assassinat du duc d'Orléans ; on détesta ces crimes, & on les oublia. Une paix sincère réunit les maisons d'Orléans & de Bourgogne ; le mariage de Charles avec Marie de Clèves, nièce de Philippe-le-bon, mit le sceau à la réconciliation.

Charles s'occupa toujours tendrement des intérêts de sa patrie ; il vit avec douleur la conduite altière & violente de Louis XI ramener, dès le commencement de son règne, les troubles que la prudence de Charles VII avoit pacifiés. Dans une assemblée des états, tenue à Tours, il parla contre ces nouveaux désordres avec la liberté que son rang, son expérience & ses vertus sembloient autoriser. Le roi, dont l'oreille superbe s'offensoit de la vérité, lui répondit avec une aigreur outrageante, qui précipita en deux jours ce prince sensible au tombeau.

Louis son fils, éprouvé comme lui par l'adversité, fut le roi Louis XII, & Orléans fut réuni à la couronne.

Deux fils de François Ier portèrent le titre de duc d'Orléans ; l'un fut Henri II, l'autre mourut sans enfans. Il mourut avant son père, d'une fièvre maligne contagieuse, à Forêt-Moutier, près d'Abbeville, en 1545, le 8 septembre, le 9, d'après une lettre écrite d'Amiens le 18, par le nonce du pape, & adressée aux présidens du concile de Trente. Ce prince suivoit le roi, son père, dans les courses qu'il n'avoit cessé de faire cette année, pour veiller à la sûreté des provinces menacées & insultées par les Anglois & les Allemands. Arrivé à Forêt-Moutier, il ne fut pas content de l'appartement qui avoit été marqué pour lui ; il en trouva un qu'on avoit laissé vuide & qui lui plut davantage. On l'avertit que deux ou trois personnes venoient d'y mourir d'une maladie épidémique, qui faisoit alors de grands ravages en Picardie : « Bon, bon, dit-il, « jamais fils de France n'est mort de la peste. » Il savoit mal l'histoire de sa maison ; le Comte d'Artois, fils de France, & saint Louis lui-même en étoient morts.

Le duc d'Orléans gagna la fièvre maligne dont il mourut. Le Féron raconte que le dauphin & le duc d'Orléans entrèrent dans une maison de paysan, quoiqu'on les eût avertis qu'elle étoit infectée de la peste ; que le duc d'Orléans plaisanta beaucoup de cette témérité, & se plut à y ajouter, qu'il remuoit & renversoit, avec son épée, les matelas d'un lit tout pénétré de ce venin, qu'il faisoit voler les plumes du lit sur son frère & sur lui-même, qu'enfin il ne sortit de cette fatale maison, que puni de ce badinage & frappé à mort.

La lettre du nonce, dont nous avons parlé, contient des particularités qui confirment le récit de Féron, en y ajoutant. Après toutes les bravades qu'on vient de rapporter, le duc d'Orléans se sent échauffé, il oublie que son frère aîné est mort pour avoir bu un verre d'eau ayant trop chaud ; il en boit & se couche, deux heures après le frisson & le mal de tête se font sentir : Ah ! dit le prince, c'est la peste, j'en mourrai ; il se confesse, les remèdes paroissent réussir, & le 9 on le crut hors de danger ; mais ce jour même le redoublement le saisit, il demande le viatique, il demande à voir le roi. François Ier l'ayant appris, accourt malgré le danger, malgré les remontrances de tout le monde. Dès que le jeune prince le vit entrer : Ah ! mon seigneur, s'écria-t-il, je me meurs, mais puisque je vois votre majesté, je meurs content ; il expire à l'instant aux yeux du roi, qui jette un grand cri & s'évanouit ; revenu à lui, son premier soin, au milieu de sa douleur, fut d'éloigner toute sa cour de ce lieu funeste, & de prendre les précautions les plus sages pour arrêter les progrès de la contagion.

On ne s'en tient jamais aux idées simples sur la mort des princes ; les uns ont voulu que le duc d'Orléans fût mort, comme mourut son père, d'un ulcère dans les parties secrètes ; les autres, qu'il ait été empoisonné, car il faut bien qu'en pareil cas le mot de poison soit au moins prononcé.

Le duc d'Orléans étoit gai, brillant, étourdi, aimable, plein de valeur comme l'étoient tous les princes & tous les gentishommes. Ce fut lui qui, pendant le passage de Charles-Quint en France, sautant agilement sur la croupe du cheval de l'empereur, & le tenant embrassé, s'écria : Votre majesté impériale est à présent mon prisonnier ; mot & action qui firent tressaillir l'empereur, menacé alors de se voir retenu en France jusqu'à ce qu'il eût donné l'investiture du Milanès au duc d'Orléans, comme il l'avoit plusieurs fois promis.

Marot a dit du duc d'Orléans :

Nature étant en esmoy de forger
Ou fille ou fils, conçut finalement,
Charles si beau, si beau pour abréger,
Qu'être fait fille il cuida proprement :
Mais s'il avoit à son commandement

Quelque fillette, autant comme lui belle,
Il y auroit à craindre grandement
Que trouvé feuft plus mâle que femelle.

Marot femble ici reprocher au duc d'*Orléans* un air & un caractère efféminés ; cependant ce prince efféminé poussoit le délire de l'étourderie & de la valeur jusqu'à battre le pavé les nuits, au péril de fa vie, avec de jeunes feigneurs que fon exemple & leur propre folie entraînoient ; ils attaquoient les gens armés qu'ils rencontroient, fur-tout les laquais, qui, par un abus du temps, portoient des armes, caufoient mille défordres à la fuite de la cour, s'emparoient des ponts & des grandes rues, & infultoient les paffans. Une nuit, la cour étant à Amboife, le duc d'*Orléans* voulut en aller difputer le pont à cette canaille infolente ; fa fuite étoit foible, les laquais nombreux ; un d'eux porte au prince un grand coup d'épée ; le jeune Caftelnau, le plus brave & le plus fou des gentilshommes de ce temps, voit partir le coup, s'élance entre le prince & le laquais, eft percé, tombe & meurt. Alors, pour faire ceffer ce jeu funefte, on nomme le prince, auffi-tôt les laquais effrayés prennent la fuite ; le duc d'*Orléans*, refté maitre du pont, pleure fon indigne victoire, & fait emporter le corps de fon ami mort pour lui.

Le lendemain le roi fut ce qui s'étoit paffé, la tendreffe ne lui faifoit point diffimuler de pareilles fautes, il traita le duc d'*Orléans* avec toute la rigueur d'un roi irrité : *Vous pouvez vous perdre*, lui-dit-il, *l'état fe paffera bien d'un fou, mais il a befoin du fang de la nobleffe, & ce fang n'eft pas fait pour couler au gré de vos caprices.*

Le caractère du duc d'*Orléans*, plus formé, plus développé que celui du dauphin François, fon frère, mort en 1536, fembloit devoir laiffer plus de regrets, & en infpira pourtant moins ; c'eft que le duc d'*Orléans* étoit déjà un chef de parti, & l'ame & l'objet des cabales de la cour ; or, les partis & les cabales ôtent d'un côté ce qu'ils procurent de l'autre, & empêchent la réunion des fuffrages ; d'ailleurs, la prédilection du roi pour ce jeune prince, étoit moins regardée comme l'effet de fon mérite que des inftigations de la ducheffe d'Etampes, qui fondoit fur lui des efpérances & des projets de retraite hors du royaume, après la mort de François Ier. (*Voyez* l'article ETAMPES.)

Charles IX & Henri III, avant leur avènement au trône, portoient le titre de duc d'*Orléans*. Le frère unique de Louis XIII (Jean-Baptifte Gafton) fut auffi duc d'*Orléans*, après avoir été duc d'Anjou. Il ne laiffa que des filles, ainfi il ne forma point de nouvelle maifon d'*Orléans*. Sur fon caractère timide & irréfolu, (*voyez* l'article CHEVREUSE ; *voyez* GASTON.)

La feconde maifon d'*Orléans*, dont le chef eft aujourd'hui premier prince du fang, tire fon ori-

gine de Philippe de France, frère unique de Louis XIV.

ORLÉANS ou D'ORLÉANS, (LOUIS) fameux ligueur, avocat-général du parlement de la ligue, qui appelloit le roi Henri IV : *fœtidum fatanæ ftercus*, & dont prefque tous les écrits, la plupart brûlés par la main du bourreau, portoient ce caractère de violence & de fanatifme. Ce Louis d'*Orléans* eft le premier auteur françois qui ait rapporté le fait de la monnoie d'or ou d'argent que Louis I, prince de Condé, fit, dit-on, frapper à fon coin & à fon effigie, & fur laquelle on lui donnoit le titre de roi de France. C'étoit dans deux libelles imprimés en 1586 & 1590, contre Henri IV & les princes du fang ; un écrivain & des écrits fi fufpects n'étoient pas faits pour accréditer un pareil bruit. Louis d'*Orléans* d'ailleurs varie beaucoup dans fon récit, & dit des chofes manifeftement abfurdes, comme lorfqu'il fuppofe que les Bourbons ont toujours prétendu que la couronne leur appartenoit du temps des Valois, & qu'il cite l'exemple du fameux connétable de Bourbon, tué devant Rome, qui, felon lui & felon lui feul, avoit difputé la couronne à François I. Le récit de Louis d'*Orléans* avoit donc laiffé le fait de la monnoie pour le moins très-incertain ; cependant ce fait a depuis été mieux éclairci, & l'exiftence de cette monnoie paroît prouvée ; mais il paroît auffi que cette monnoie étoit l'ouvrage des ennemis du prince de Condé, qui vouloient par-là le rendre odieux ; le nom feul de Catherine de Médicis & des Guifes rend cette conjecture très-vraifemblable, auffi eft-elle adoptée par prefque tous les auteurs proteftans, & par le plus grand nombre des auteurs catholiques les plus fenfés. L'abjuration de Henri IV n'adoucit point la violence de Louis d'*Orléans* ; fes déclamations n'en furent que plus fanglantes, ce qui prouve que c'étoit bien moins le zèle catholique qui l'animoit, que l'efprit féditieux ; il fallut l'exiler, mais fa fureur ne fervit qu'à faire éclater la clémence de Henri IV. Il le rappella d'exil ; on repréfenta au roi que cette bonté n'étoit pas fans imprudence, & on lui remit fous les yeux les fatyres de cet homme contre la reine de Navarre, fa mère, contre le prince de Condé, fon oncle, contre lui-même ; il en lut les endroits indiqués, & s'écria : *ô le méchant ! mais il n'eft plus à craindre, & d'ailleurs je l'ai rappellé, je dois refpecter la grace que je lui ai faite, quoiqu'il en foit indigne. De plus*, ajouta-t-il, *il eft bien auffi fou que méchant, & je lui dois peut-être plus de pitié que de colère.* D'*Orléans*, foit qu'il fût touché de la bonté de Henri IV, foit qu'il craignît la révocation de la grace, fe hâta de la célébrer par un *remerciement au roi*, imprimé en 1604, où il lui donne autant d'éloges qu'il lui avoit donné de malédictions. Il mourut fort âgé en 1629. Nous avons affez dit de quel genre font fes ouvrages.

Le père d'*Orléans*, (Pierre-Jofeph) jéfuite,

est l'auteur connu d'un ouvrage estimé à quelques égards (*les Révolutions d'Angleterre*); on trouve dans l'abbé de Voisenon l'anecdote suivante, qui semble d'abord ne pouvoir pas être vraie, au moins de la manière dont elle est contée : « Le père » d'*Orléans* présenta ces Révolutions au *régent*, » qui, frappé de la conformité du nom, crut *que* » *cela ne venoit pas en droiture*. Il questionna le » père, qui écarta ses soupçons, en assurant que » sa famille étoit d'une très-bonne noblesse d'*Or-* » *léans*. *N'en a-t-elle pas obligation à quelqu'un de* » *mes ancêtres*, reprit le prince ? *Monseigneur*, lui » repliqua modestement le père, *je sais que ma* » *famille existoit long-temps avant que le roi eût* » *donné l'apanage au premier des ducs d'Orléans*. » Le fond de ce fait peut être vrai, & la question du prince n'a rien que de très-vraisemblable ; mais il ne falloit pas l'appeller *régent*, car la régence n'a commencé qu'en 1715, & le père d'*Orléans* étoit mort dès le 31 mars 1698. De plus, le père de M. le régent étoit le premier duc d'*Orléans* de sa branche, & M. le régent ne pouvoit pas croire que son père, né le 21 septembre 1640, fût le père du premier d'*Orléans* né en 1641 ; d'ailleurs, il n'eût pas dit *un de mes ancêtres*, pour désigner son père ; mais pouvoit-il, avec quelque propriété d'expression, donner ce titre d'*ancêtres* à des princes dont les branches étoient éteintes, & dont il ne descendoit pas ? C'est une question que nous faisons ; & si on répond affirmative-ment, nous avouons qu'il n'y a pas beaucoup de difficulté à admettre l'anecdote très-vraisemblable de l'abbé de Voisenon ; car il a pu dire *le régent*, pour désigner le prince qui fut régent dans la suite ; & quant au mot d'*ancêtres*, pour désigner les anciens ducs d'*Orléans*, en supposant ce mot impropre, M. le régent peut ou l'avoir employé pour abréger, ou en avoir seulement dit l'équi-valent, comme par exemple : *n'en-a-t-elle pas l'obli-* *gation à quelqu'un de nos prédécesseurs ?* L'auteur qui rapporte un fait, ne garantit pas les mots.

On pourroit demander encore si le père d'*Orléans* entendoit que sa famille existoit avant Philippe, duc d'*Orléans*, cinquième fils, & si on ne compte que ceux qui vécurent, second fils du roi Philippe-de-Valois, & le premier de tous les princes de la race Capétienne, qui ait eu *Orléans* pour apanage ? Nous ne pouvons répondre à cette question. Nous savons seulement qu'il y a une noble & très-ancienne famille du nom d'*Orléans*, établie à *Orléans*, & dont étoit feu M. le marquis d'*Orléans*, beau-frère de feu M. de Foncemagne ; mais nous ignorons si le premier d'*Orléans* étoit de cette famille. Quoi qu'il en soit, c'est à titre d'écrivain qu'il est ici connu. Outre les *Révo-* *lutions d'Angleterre*, nous avons de lui les *Révo-* *lutions d'Espagne*, continuées par les pères Arthuis & Brumoi : l'histoire des deux conquérans tartares *Chunchi* & *Can-hi*, qui ont subjugué la Chine ; les *vies* du P. *Cotton*, du bienheureux *Louis de Gon-*

zague, & de quelques autres jésuites ; celle de M. *Constance*, premier ministre du roi de Siam ; des sermons en deux volumes.

On prétend que c'est une naïveté du père d'*Or-* *léans*, qui a donné à Jean-Baptiste Rousseau l'idée de son épigramme :

> Courage, dit le prêtre,
> Offrez à Dieu votre incrédulité.

On prétend qu'il fit à peu près la même réponse à la célèbre Ninon de l'Enclos qu'il avoit entrepris de convertir, & qui lui montroit beaucoup de doutes sur la religion.

Louis-François Gabriel d'*Orléans* de la Motte, évêque d'Amiens, né à Carpentras en 1683, nommé à l'évêché d'Amiens en 1733, mort le 10 juillet 1774, a laissé la réputation d'un homme très-vertueux & très-aimable, & qui l'a été constamment jusqu'à l'âge de quatre-vingt-onze ans ; mais il n'appartient à l'histoire que par un recueil de *Lettres spirituelles* imprimées en 1777, en un volume in-12.

ORM

ORMA , (LE MARQUIS FERRERI D') (*Hist. mod.*) d'une famille noble de Mondovi en Piémont, général des finances du roi de Sardaigne Victor-Amédée, & employé par ce prince en plusieurs négociations importantes avec beaucoup de succès, fut ministre des affaires étrangères sous le roi Charles Emmanuel, fils de Victor, qui le fit, en 1742, chancelier de robe & d'épée. Il étoit aussi de l'ordre de l'annonciade.

ORMESSON , (LE FÉVRE D') (*Hist. de Fr.*) famille distinguée dans la robe, & qui a produit des hommes de beaucoup de mérite & de vertu.

De cette famille étoient :

1°. Olivier le Fèvre, seigneur d'Ormesson, prési-dent de la chambre des comptes, intendant & contrôleur-général des finances ; mort le 26 mai 1600.

2°. André, son fils, doyen du conseil. Il porta la parole au nom du roi au renouvellement de l'alliance avec les Suisses, fait dans l'église de Paris, le 18 novembre 1663, le chancelier Seguier étant malade alors. Il mourut le 2 mars 1665 à 88 ans, ayant servi plus de soixante ans les rois Henri IV, Louis XIII, Louis XIV, dans leurs conseils.

3°. Nicolas, frère du précédent, aussi doyen du conseil, mort le premier novembre 1680, à plus de cent ans.

4°. Olivier, fils d'André, maître des requêtes, intendant d'Amiens, de Soissons, des armées. C'est celui qui fut un des deux rapporteurs du procès de M. Fouquet ; il joignoit à toute la délicateſſe de la probité tout le courage de la vertu.

Une particularité aſſez ſingulière du procès de M. Fouquet, eſt qu'il ſe méprit tellement ſur les diſpoſitions de ſes juges à ſon égard, que quand il fallut nommer les rapporteurs, madame Fouquet la mère pria M. le premier préſident de donner l'excluſion à ce même M. d'Ormeſſon, qui s'acquit tant d'honneur dans cette affaire par ſa courageuſe indulgence envers M. Fouquet; elle lui coûta la dignité de chancelier qui lui avoit été promiſe. Au lieu de cette grande place, il eut le reſpect du public, & l'eſtime du roi lui-même. Lorſque le petit-fils de M. d'Ormeſſon fût préſenté à ce prince : je l'exhorte, dit Louis XIV, *à être auſſi honnête homme que ſon grand-père*; c'eſt ainſi que la vertu obtient, tôt ou tard, l'hommage de ceux même à qui elle a d'abord déplu en contrariant leurs paſſions. Mort le 4 novembre 1686.

5°. André, fils du précédent, intendant de Lyon, mort avant ſon père en 1684; c'eſt pour ſon inſtruction que l'abbé Fleury compoſa l'*Hiſtoire du droit françois*, imprimée à la tête des Inſtitutions d'Argou.

6°. Claude-François de Paule, frère du précédent, grand-vicaire de Beauvais, où ſa mémoire eſt encore en bénédiction, & qu'il ne voulut jamais quitter pour aucun évêché. Mort le 3 février 1717.

7°. Henri-François de Paule, conſeiller d'état & au conſeil royal des finances, directeur du temporel de Saint-Cyr, place occupée depuis par ſon fils aîné, intendant des finances, & qui l'eſt aujourd'hui par ſon petit-fils, que nous avons vu intendant des finances & contrôleur-général. Henri-François de Paule mourut le 20 mars 1756.

Anne-Françoiſe, ſœur de Henri-François de Paule, fut la femme du chancelier d'Agueſſeau. (*Voyez* l'article D'AGUESSEAU, où elle n'eſt nommée qu'Anne.)

M. le premier préſident d'Ormeſſon eſt fils de Henri-François de Paule.

ORN

ORNANO. (*Hiſt. de Corſe* & *Hiſt. de Fr.*) Il y a deux maiſons de ce nom, toutes deux originaires de Corſe, & dont l'une deſcend de l'autre, mais par femmes ſeulement.

La première, très-illuſtre & très-ancienne, eſt deſcendue des anciens ſouverains de la Corſe. De cette maiſon étoit Vannina d'Ornano, qui épouſa le célèbre aventurier Sampiétro, & c'eſt d'eux que deſcend la maiſon d'Ornano, qui a produit deux maréchaux de France.

Peu de perſonnages méritent autant d'être remarqués que ce Sampiétro de Baſtelica, colonel-général des Corſes en France. Cet homme ſingulier, né en Corſe, élevé en Italie chez les Médicis, parut avec éclat en France. François I lui donna dans ſes armées des emplois diſtingués, où Sampiétro acquit la plus grande gloire. Cette gloire lui ſervit de titre au défaut de naiſſance, pour obtenir la main de Vannina d'Ornano. Jean-Marie Spinola, gouverneur de cette île pour les Génois, le ſoupçonnant de quelques intrigues contraires aux intérêts de Gênes, le fit mettre en priſon à Baſtia. Le roi Henri II le réclama : Sampiétro devenu libre, courut ſervir Henri II; & moitié reconnoiſſance pour ſon libérateur, moitié haine pour les Génois il engage le roi de France à s'emparer de la Corſe; de-là l'expédition de Paul de Termes en 1553. Elle réuſſit bien tant qu'elle fût ſecondée par Sampiétro; mais ce capitaine s'étant brouillé avec de Termes pour les intérêts de ſes concitoyens, & ayant été rappellé en France, Doria déconcerta aiſément toutes les meſures des François. Cependant Sampiétro avoit toujours un grand parti en Corſe; il demanda la vice-royauté à la cour de France, & ayant été refuſé, il parcourut preſque toutes les cours de l'Europe, offrant par-tout la conquête de la Corſe, à qui voudroit la tenter, & s'armer contre Gênes. Les Génois avoient confiſqué ſes biens. Pendant ſon abſence, de faux amis engagèrent Vannina, ſa femme, à déſavouer devant le ſénat de Gênes la rebellion de ſon mari, & à ſe ſéparer de lui pour conſerver à ſes enfans les biens de Sampiétro; mais ayant été arrêtée dans ſa route par un ami de Sampiétro, elle eſt conduite à Aix. Sampiétro étoit à Alger, lorſqu'il apprit la fuite de ſa femme; auſſi féroce que vaillant, il ſe livre aux tranſports de la plus ſombre fureur; il tue de ſa main Pierre-Jean Caluèſe, ſon domeſtique, parce que cet homme s'étoit permis ſur cet événement délicat des réflexions indiſcrètes; il part d'Alger, arrive à Marſeille, court à Aix, demande ſa femme : elle étoit ſous la garde du parlement, qui fit difficulté de la livrer à ſa fureur; mais la courageuſe Vannina déclare qu'elle veut retourner avec ſon mari; ils reviennent enſemble à Marſeille, où Vannina faiſoit ſa réſidence ordinaire. A la vue de cette maiſon encore démeublée, dont le déſordre rappelloit la fuite de Vannina, Sampiétro ne peut plus ſe contenir; il déclare à ſa femme avec un ſang-froid affreux, qu'un crime tel que le ſien ne peut être expié que par la mort, & il lui laiſſe trois jours pour s'y préparer; il revient enſuite accompagné des miniſtres de ſa vengeance, auxquels il ordonne d'étrangler Vannina. Que je meure du moins par vos mains, lui dit-elle. J'y conſens, & j'obéis, puiſque vous l'ordonnez, lui répond ce barbare accoutumé, au milieu de ſes plus terribles emportemens, à reſpecter ſa naiſſance, & à lui parler en inférieur, quoiqu'en maître; il ſe jette à ſes genoux, en l'appellant encore ſa dame & ſa ſouveraine, & en la priant de lui pardonner ſa mort; alors, ſans être touché de ſes larmes, il lui dénoue ſes jarretières, les lui paſſe autour du cou, & l'étrangle impitoyablement. Il fuit de Marſeille, vient à Paris, oſe paroître à la cour; il ne rencontre que des yeux effrayés & des cœurs révoltés. La reine Catherine de Médicis refuſe de le voir; les courtiſans lui ferment l'accès du trône; il découvre ſa poitrine; il montre les bleſſures qu'il avoit reçues au ſervice de la France. Qu'importe au roi & au royaume, dit-il, quelle ait été la conduite de Sampiétro avec ſa femme, pourvu qu'il ait bien ſervi l'état? Il impoſe aux courtiſans, & on n'oſe lui faire ſon procès; il repaſſe en Corſe, oppoſe les plus grands talens aux talens ſupérieurs de Doria; les Génois mettent ſa tête à prix, il tombe dans une embuſcade, où il périt par les mains des d'Ornano, frères & vengeurs naturels de Vannina; mais dont l'aîné eut la baſſeſſe d'aller demander au ſénat de Gênes la ſomme promiſe aux meurtriers de Sampiétro. Celui-ci fut tué en 1567.

Alphonſe d'Ornano, ſon fils, colonel-général des Corſes, élevé à la cour de Henri II comme enfant d'honneur des princes ſes fils, ſervit très-bien & très-fidellement Henri III & Henri IV. Il reconnut celui-ci des premiers, & uni avec Leſdiguières & le connétable de Montmorenci, il remit ſous l'obéiſſance de ce prince, Lyon, Grenoble & Valence. Il fut créé chevalier de l'ordre du Saint-Eſprit le 7 janvier 1595, maréchal de France le 6 ſeptembre de la même année, lieutenant-général au gouvernement de Guienne en 1599. Il mourut à Paris le 21 janvier 1610.

Jean-Baptiſte d'Ornano, ſon fils, fut comme lui colonel-général des Corſes & maréchal de France. Il étoit né en 1581; il fut fait gouverneur de Gaſton, duc d'Orléans, le premier octobre 1619, après la mort du comte du Lude. En 1624, la Vieuville, alors puiſſant, le fit mettre à la Baſtille; il put transférer à Caen; mais lui-même ayant été enfermé à Amboiſe, d'Ornano rentra en grace, revint auprès de Monſieur, qu'il gouverna, fut fait maréchal de France le 7 avril 1626. Mais ayant déplu au cardinal de Richelieu, ennemi plus redoutable que la Vieuville, parce qu'il avoit voulu rendre Gaſton, ſon élève, indépendant de ce premier miniſtre, en mariant Gaſton à une princeſſe étrangère, il fut remis à la Baſtille le 4 mai, & transféré à Vincennes, où il mourut le 4 octobre ſuivant, non ſans un violent ſoupçon de poiſon. M. Arnauld d'Andilly parle beaucoup de lui dans ſes mémoires.

Pluſieurs autres d'Ornano de la même famille furent attachés à divers titres au même Gaſton, duc d'Orléans.

ORNEMENT DES ARMES. (Hiſt. milit.) Les ornemens des armes ont été inventés pour donner aux armes de la beauté, du relief & de l'agrément, comme étoient autrefois les cimiers qu'on

ajoutoit aux heaumes, & qu'on mettoit ſur les caſques. Les lambrequins étoient encore un ornement de caſque.

Cet ornement a paſſé dans les armoiries, auſſi bien que le caſque. On mettoit quelquefois des pierres précieuſes au caſque; mais il étoit de la prudence de celui qui le portoit, de les ôter pour ſa ſûreté, quand il alloit au combat. Aux cimiers ſuccédèrent les panaches ou bouquets de plumes en touffe au haut du caſque. C'étoit un ornement de l'armure de tête des ſoldats romains. Les panaches furent auſſi mis ſur la tête des chevaux, au-deſſus du chamfrain. Un autre ornement des armes étoit la cotte d'armes. Dans la ſuite des temps, on ſe contenta d'orner la cuiraſſe d'une écharpe, qui tantôt fut portée en baudrier, tantôt en ceinturon. Ce qui diſtinguoit encore nos anciens chevaliers, étoient les éperons dorés. Les écuyers en portoient d'argent. Les armoiries du chevalier, ou de l'écuyer, étoient ſur ſon bouclier, ce qui faiſoit encore un ornement. Tout ce qu'on voit aujourd'hui d'ornement, c'eſt le plumet au chapeau des officiers, & des chevaux richement caparaçonnés, mais plus ou moins, ſuivant le rang & la dignité de ceux qui les montent. (D. J.)

ORO

OROBIO, (Iſaac) (Hiſt. litt. mod.) ſavant juif eſpagnol, long-temps tourmenté par l'inquiſition d'Eſpagne, & qui mourut en 1687, dans cette triſte indifférence ſur la religion, qui doit être le fruit le plus naturel des cruautés de l'inquiſition. Philippe de Limborch (voyez ſon article) eut avec lui ſur la religion une conférence qu'il a rendue fameuſe, ainſi que le juif Orobio, en publiant le réſultat de cette conférence, ſous ce titre: Amica collatio cum erudito judæo. On a d'Orobio un ouvrage intitulé: Certamen philoſophicum adverſus Spinoſam.

ORODES. (Hiſt. des Parth.) Rien de plus fréquent dans l'hiſtoire des Arſacides, que les rois détrônés & tués par leurs frères & par leurs enfans. Orodes qui régnoit ſur les Parthes, lorſque Craſſus vint les attaquer, l'an de Rome 698, avoit ainſi fait périr d'abord Phraate, ſon père, de concert avec Mithridate, ſon frère, & enſuite, même Mithridate, ſon frère & ſon complice. (Sur l'expédition de Craſſus contre les Parthes, voyez les articles Andromaque, Ateius, Craſſus, Surena.) La tête de Craſſus, tué par trahiſon après la bataille, en 699, fut apportée à Orodes, & ce qui ſe paſſa en cette occaſion, peut ſervir encore à faire connoître les mœurs des Parthes à cette époque; un acteur ſaiſit cette tête, & faiſant alluſion au rôle d'Agavé, portant la tête de Penthée, ſon fils, il prononça ces vers qu'Euripide met dans la bouche de cette mère furieuſe, & dont le ſens eſt: J'apporte de la montagne au palais, un gibier fraîchement tué, heureuse & magnifique chasse! application qui fit grand plaisir au roi & à toute l'assemblée. *Orodes* fit, dit-on, verser de l'or fondu dans la bouche de Crassus, pour insulter à l'insatiable avidité qu'il supposoit avoir été le principe de son expédition. Pacorus, fils d'*Orodes*, moins heureux contre les Romains, fut tué dans une bataille qu'il perdit contre Ventidius. La douleur qu'en ressentit *Orodes* est célèbre chez les historiens. Il avoit de différentes femmes, trente fils, qui tous aspiroient au trône; il choisit pour son successeur Phraates, l'aîné de tous & le plus méchant; celui-ci commença par faire périr son père, ensuite ses frères, & enfin même son fils qui lui faisoit ombrage, parce qu'il est dans l'ordre & dans la nature qu'un fils qui a tué son père craigne son fils à son tour. *Orodes* périt la 716ᵉ année de la fondation de Rome, la trente-sixième avant J. C.

ORONCE FINÉ. (*Voyez* FINÉ.)

OROSE, (PAUL) (*Hist. eccl.*) écrivain espagnol du cinquième siècle de l'église, prêtre de Tarragone, en Catalogne, qui eut des relations assez intimes avec saint Jérôme & saint Augustin. On a de lui une histoire en sept livres, depuis le commencement du monde jusqu'à l'an 416 de Jésus-Christ. Il a écrit aussi contre Pélage & à saint Augustin, au sujet des erreurs des priscillianistes & des origénistes.

ORR

ORRERY. (LES COMTES D') (*Voyez* l'article BOYLE.)

ORS

ORSATO. (*Hist. litt. mod.*) Il y avoit vers le milieu du dix-septième siècle, & vers la fin de ce même siècle, & le commencement de celui-ci, deux hommes de lettres célèbres de ce nom, Sertorio & Jean-Baptiste, tous deux de Padoue; le premier, poète & savant littérateur, de l'académie des *Ricovrati*, & de plusieurs autres académies d'Italie, né en 1617, mort en 1678. Il a beaucoup écrit, & en latin, & en italien. Ses principaux ouvrages latins, sont: *Monumenta Patavina. Commentarius de notis Romanorum. Deorum Dearumque nomina & attributa. Lucubrationes in quatuor libros meteorum Aristotelis. Orationes & carmina.* Ses principaux ouvrages italiens sont aussi des poésies lyriques, des comédies, &c. son histoire de Padoue, dédiée au sénat & au doge de Venise; l'ouvrage intitulé: *Marmi eruditi.*

L'autre, médecin & antiquaire, né en 1673, mort en 1720, a laissé quelques ouvrages savans: *De sternis veterum; de paterâ antiquorum; de lucernis antiquis.*

ORSI. (*Hist. litt. mod.*) Deux personnages ont fait connoître ce nom dans les lettres en Italie,

Jean-Joseph, & François-Joseph-Augustin. Le premier, fils de Mario *Orsi*, patrice de Bologne, naquit dans cette ville en 1652, & mourut en 1733. Il est sur-tout fameux par ses sonnets; il est connu aussi par quelques autres ouvrages; il prit la défense de quelques auteurs de son pays, nommément du Tasse contre la critique du père Bouhours.

Le second, est le cardinal *Orsi*, né en 1692, dans le duché de Toscane, fait cardinal par le pape Clément XIII, en 1759, mort en 1761, auteur d'une volumineuse histoire ecclésiastique, écrite en italien, qui ne va que jusqu'à l'an 600, & qui a vingt tomes in-4°. Il a écrit aussi sur l'infaillibilité du pape.

ORSINI. (*Voyez* FULVIUS.)

ORT

ORTA-JAMI; (*Hist. mod.*) c'est une mosquée ou un oratoire dans le quartier des janissaires à Constantinople, où ils vont faire leurs prières; c'est aussi dans cet endroit qu'ils complotent pour se révolter, & faire de ces séditions souvent si funestes aux sultans. (*Voyez* CANTEMIR, *Hist. ottomane.*) (*A. R.*)

ORTE, (LE VICOMTE D') (*Hist. de Fr.*) gouverneur de Bayonne dans le temps de la Saint-Barthelemi. On doit célébrer & bénir à jamais la désobéissance vertueuse qui distingua dans cette horrible occasion divers gouverneurs de provinces ou de villes, les Matignons, les Simianes, les Charny, les le Veneur, les Saint-Héran, les de Tende; le nom de l'évêque de Lizieux, Jean Hennuyer, sera toujours en vénération pour la charité courageuse qu'il déploya dans ce moment. (*Voyez* son article.) Mais ce qui distingue particulièrement le vicomte d'*Orte*, c'est ce billet digne d'un spartiate pour la vertu & l'énergie laconique, digne d'un chevalier françois, pour ce pur sentiment de l'honneur qui semble conservé dans ce billet, comme un feu sacré qu'une italienne éteignoit alors dans toute la France. Ce billet est par-tout, mais il faut encore qu'il se trouve ici.

Il est adressé à Charles IX, après la réception de ses ordres sanglans: « Sire, j'ai communiqué la » lettre de votre majesté à la garnison, & aux » habitans de cette ville. Je n'y ai trouvé que de » braves soldats, de bons citoyens, mais pas un » bourreau. »

ORTELIUS, (ABRAHAM) (*Hist. litt. mod.*) savant géographe flamand, né & mort à Anvers, 1527, 1598. On a de lui plusieurs ouvrages, tous latins, tous sur la géographie. On l'appelloit le *Ptolémée* de son temps.

ORTIZ. (*Hist. eccl. d'Esp.*) Alfonse & Blaise, tous deux chanoines de Tolède; le premier, mort vers 1530; l'autre, vivant vers le milieu du même siècle, sont connus en Espagne, l'un pour avoir rédigé par l'ordre du cardinal Ximenès l'office mosarabe, l'autre pour avoir donné en latin une description de la grande église de Tolède.

O R V

ORVILLE (D'). (*Hist. litt. mod.*) Jacques-Philippe & Pierre, hollandois, frères; l'un savant, mort en 1751; le second, poète, mort en 1739. On a ses poésies. On a du premier, quatorze volumes des *Observationes Miscellaneæ novæ*, ouvrage commencé par des savans anglois, & continué par Burman & d'*Orville*; des quatorze volumes, les dix premiers ont été publiés par Burman & d'*Orville*; les quatre derniers par d'*Orville* seul après la mort de Burman. (*Voyez* l'article BURMAN.) Parmi les morceaux qui dans ce recueil appartiennent à d'*Orville* seul, on distingue une dissertation sur l'antiquité de l'île de Délos, des remarques sur le roman grec de *Chariton* d'Aphrodise, &c.

O S É

OSÉE. (*Hist. sacr.*) On en remarque deux dans l'écriture. L'un est le premier des douze petits prophètes. Sa prophétie a quatorze chapitres.

L'autre est *Osée*, fils d'Ela, qui régna sur Israël, à Samarie, pendant neuf ans; son histoire est rapportée au quatrième livre des Rois, chapitres 17 & 18.

O S I

OSIANDER ou OSIANDRE. (*Hist. du luthéran.*) André *Osiandre*. Son nom de famille étoit *Hosen*; ce nom, qui en allemand signifie *haut-de-chausse*, lui déplut, il prit celui d'*Osiandre*, qui en grec signifie *saint-homme*. Ce n'étoit pas de modestie que se piquoient tous ces chefs de la réforme, excepté Mélanchton. *Osiandre* étoit un des plus célèbres d'entre eux; il fut vingt ans ministre à Nuremberg, de-là il alla gouverner l'église de Prusse, où il s'écarta un peu de la doctrine de Luther, son maître, sur l'eucharistie; il voulut pousser la consubstantiation que Luther avoit substituée à la transsubstantiation catholique, jusqu'à l'impanation & à l'invination; il voulut aussi faire quelques changemens aux principes de Luther sur la justification; mais il n'osa rien écrire pendant la vie de ce docteur, qui ne fut jamais contredit impunément par ses disciples. Luther aimoit *Osiandre*, ce ministre l'amusoit par sa gaieté, par ses bons mots, par des applications plus que profanes qu'il faisoit à table, des passages de l'écriture, manière ordinaire de montrer de l'esprit dans ces temps-là. Calvin le goûtoit moins; c'étoit, selon lui, un brutal & une bête farouche, incapable d'être apprivoisée. On le voit figurer dans toutes les conférences parmi les chefs de la réforme; il eut beaucoup d'autorité à Konisberg, sans pouvoir former une secte à part, quoiqu'il parût rechercher cet

honneur, & qu'il troublât la Prusse par des subtilités qui disparurent avec lui. Jean Funccius, son gendre, la troubla par des cabales; il eut la tête tranchée à Konisberg, le 28 octobre 1566. *Osiandre* étoit mort en 1552. Il étoit né en Bavière en 1498. On a de lui quelques écrits théologiques & polémiques.

Son fils, Luc *Osiandre*, & son petit-fils André, furent aussi ministres, savans & auteurs d'ouvrages théologiques qu'on ne lit pas plus que ceux du grand *Osiandre*. Le petit-fils étoit ministre à Wittemberg; il mourut en 1617.

Il y a encore un Jean-Adam *Osiandre*, parent ou non des précédens, théologien de Tubinge, mort en 1697, dont on a plusieurs ouvrages, tant de théologie que d'érudition: entr'autres, *De asilis hebræorum, gentilium & christianorum; De jubilæo eorumdem*, &c.

OSIUS. (*Hist. eccl.*) Rien de plus célèbre dans l'histoire ecclésiastique, que la chûte de ce grand *Osius*, évêque de Cordoue, qu'on appelloit *le père des conciles*, parce qu'il en avoit tant vus & tant présidés, de cet homme que la persécution de Maximien-Hercule avoit trouvé inébranlable; cet homme le plus ancien, le plus courageux des confesseurs de J. C., le plus ardent zélateur de la divinité & de la consubstantialité du verbe contre l'arianisme, le plus ferme défenseur de la doctrine & de la vertu de saint Athanase. Il tomba, il souscrivit la formule arienne de Sirmich, & on cite sans cesse son exemple à tous ceux qui se confient trop dans leurs forces & dans leur vertu. Lorsque l'empereur Arien Constance entreprit de l'entraîner ou de le séduire: « J'ai résisté à votre » terrible aïeul, lui dit-il, j'ai présidé depuis au » concile de Nicée, convoqué à ma prière par » votre père, j'en ai dressé le symbole; pensez- » vous triompher d'un évêque blanchi dans la » défense de la foi & dans l'amour de la vérité? » Il résista aux prières, aux menaces, aux coups, à un an d'exil; il avoit cent ans passés, il succomba un moment, un seul moment au poids des tourmens & de l'âge; mais revenu en Espagne, il protesta au lit de la mort contre la violence qui lui avoit été faite, il demanda pardon de sa foiblesse, & ses derniers mots furent une condamnation de l'arianisme. Il mourut l'an 358, à cent-deux ans.

Un autre *Osius* ou *Osio*, beaucoup plus moderne, né à Milan en 1587, mort en 1631, à Padoue, où il professoit la rhétorique, a donné un recueil des écrivains de l'histoire de Padoue, & quelques autres ouvrages savans, tels que *Romano græcia; Tractatus de sepulchris & epitaphiis ethnicorum & christianorum*. On a aussi quelques traités savans de Théodat *Osius*, son frère.

OSMA. (PIERRE) (*Hist. d'Esp.*) Lorsqu'après la bataille de Pavie, l'empereur Charles-Quint fit

examiner dans fon confeil quel ufage il devoit faire de fa victoire, & quelle conduite il devoit tenir à l'égard de fon prifonnier, l'évêque d'*Ofma*, jacobin, fon confeffeur, fe fit l'honneur d'ouvrir l'avis de renvoyer François Ier fans rançon, & de faire avec lui une paix folide, fondée fur la généroſité & fur la reconnoiffance : confeil excellent, fi les hommes favoient s'élever jufqu'à une politique fi fublime, & cependant fi fimple. La politique s'en moqua, le duc d'Albe rejeta cet avis comme dévot & chimérique, & entraîna tout le confeil. Dans le même temps, voici ce qu'écrivoit Erafme fur le même fujet, Erafme, l'homme le plus éclairé de ce fiècle : « Si j'étois l'empereur, » je dirois au roi de France : mon frère, quelque » mauvais génie nous a fait entrer en guerre ; la » fortune vous a fait mon prifonnier, ce qui vous » eſt arrivé pouvoit m'arriver ; vos malheurs me » font fentir les malheurs attachés à la condition » humaine ; nous n'avons que trop fait la guerre ; » difputons d'une autre manière : je vous rends » la liberté, accordez-moi votre amitié ; oublions » le paffé, je ne vous demande point de rançon, » vivons en bons voifins, & n'ayons d'autre ambition que celle de nous diftinguer par la bonne » foi & par les bienfaits. Celui de nous deux qui » remportera la victoire, jouira du plus beau de » tous les triomphes. Ma clémence me fera plus » d'honneur que fi j'avois conquis la France, & » votre reconnoiffance vous fera plus glorieufe » que fi vous m'aviez chaffé de l'Italie. Ô qu'une » fi belle action illuftreroit l'empereur ! ô quelle » nation ne fe foumettroit volontiers à un tel » prince ! »
Les miniftres de Charles-Quint répondirent dédaigneufement que c'étoit-là l'idée d'un bel efprit, fort belle en morale, & fur le papier, mais qui ne valoit rien en politique. Deux fiècles de guerre, fuite de la rigueur du traité de Madrid, & de l'inexécution néceffaire de ce traité fi dur, ont prouvé que c'étoit l'avis du confeffeur & du bel efprit qu'il auroit fallu fuivre.

OSMAN ou **OTHMAN.** (*Hift. des Turcs*) C'eft le nom de deux empereurs des Turcs. Le premier régna depuis 1618, jufqu'en 1722. Mécontent des janiffaires, on crut qu'il vouloit les caffer & leur fubftituer une milice arabe ; ce bruit le fit dépofer. On remit à fa place Muftapha, fon oncle, qu'on avoit dépofé quatre ans auparavant en fa faveur. Muftapha, de peur d'une autre révolution femblable, fit étrangler fon neveu.

Ofman II régna en 1754, après Mahomet V, fon frère, & mourut le 29 novembre 1757. Son règne n'a de remarquable que le renouvellement qu'il fit des défenfes de boire du vin, défenfes qui étoient originairement utiles en Arabie, climat où l'ivrognerie produifoit des effets funeftes, mais qui n'eft plus qu'une fuperftition, depuis que les Turcs ont étendu leur empire fur tant de contrées de l'Afie, de l'Afrique & de l'Europe, & fur-tout, depuis que tous ces bons vins grecs croiffent dans l'étendue, & prefque au centre de leur domination.

OSMAN ou **OTHMAN**, eft auffi le nom du troifième calife des mufulmans, fucceffeur d'Omar. Il monta fur le trône, l'an 644 de J. C., & fut tué dans une fédition, l'an 656. Ce fut lui qui publia le véritable texte de l'alcoran, d'après l'original dépofé par Abubeker, chez Ayfhéa, l'une des veuves de Mahomet, & qui en fupprima plufieurs copies défectueufes.

OSMOND, (Saint) (*Hift. eccl.*) gentilhomme normand, qui fuivit le duc Guillaume à la conquête de l'Angleterre, & fut évêque de Salisbury, & chancelier du royaume ; il corrigea la liturgie de fon diocèfe, & ainfi corrigée, elle devint la liturgie générale du royaume. Saint Ofmond mourut en 1099, & fut canonifé trois fiècles & demi après, vers le milieu du quinzième fiècle, par le pape Calixte III.

OSO

OSORIO, (Jérôme) (*Hift. litt. mod.*) portugais, évêque des Algarves, mort en 1580. On l'appelloit le *Cicéron du Portugal*. Ses œuvres ont été recueillies en quatre volumes in-folio ; elles contiennent des traités moraux & chrétiens, *De nobilitate civili*, *de nobilitate chriftianâ, de gloriâ, de juftitiâ cæleſti, de fapientiâ, de regis inſtitutione, &c.* Son ouvrage hiftorique, *de rebus Emmanuelis, Lufitaniæ regis, virtute & aufpicio geftis*, libri 12, a été traduit en françois peu de temps après la mort de l'auteur, fous le titre d'*Hiftoire de Portugal*, par Simon Goulard. La vie de Jérôme *Oforio* a été écrite par un autre Jérôme *Oforio*, fon neveu, chanoine d'Evora.

OSS

OSSA-POLLA-MAUPS ; (*Hift. mod. Culte*) c'eft le nom fous lequel les habitans de l'île de Ceylan défignent l'*Etre fuprême*, c'eft-à-dire *le Dieu qui a créé le ciel & la terre* ; mais ils ne font pas difficulté de lui affocier d'autres dieux qu'ils lui croient fubordonnés, & qui font les miniftres de fes volontés ; le principal d'entr'eux eft *buddon*, qui eft le même que le buddfo des Japonois, ou le fohi des Chinois ; fon emploi eft de fauver les hommes, & de les introduire après leur mort dans le féjour de la félicité. (*A. R.*)

OSSAT. (Arnaud d') Le cardinal d'*Offat*,

Fut un de ces mortels favorifés des cieux,
Qui font tout par eux-même & rien par leurs aïeux.

Il naquit le 23 août 1536, dans un village ou petit bourg du diocèfe d'Auch, fes parens étoient d'une condition obscure, & d'une extrême pauvreté. Un gentilhomme de ses voisins du nom de Marca, le retira chez lui, & le fit étudier; d'Ossat employa les connoissances qu'il lui devoit pour l'éducation des neveux de ce gentilhomme; il paroit qu'il fut aussi précepteur du fils d'un marchand de Lectoure, nommé Jean Perez. Il suivit à Bourges les leçons de Cujas, & s'attacha au barreau à Paris; il avoit fait sa philosophie sous Ramus, il le défendit contre Charpentier, qui lui répondit par des injures.

Le fameux Paul de Foix, conseiller d'état, & archevêque de Toulouse, aimoit à rassembler chez lui les gens de lettres & les esprits éclairés; il connut d'Ossat, le distingua, lui donna un asyle dans sa maison; & cette amitié de Paul de Foix, pour d'Ossat, a été la première source de la fortune de celui-ci. De Foix fit avoir à son ami, en 1559, une charge de conseiller au présidial de Melun, que d'Ossat possédoit encore en 1588. Envoyé en Italie pour remercier le pape & les autres princes qui avoient félicité Charles IX sur l'élection de son frère à la couronne de Pologne, M. de Foix fut accompagné dans ce voyage de M. d'Ossat & de M. de Thou, qui fut depuis ce célèbre historien; il se forma entre ces deux hommes, si dignes l'un de l'autre, une amitié qui n'a fini qu'avec leur vie, & qui augmenta encore celle qu'ils avoient l'un & l'autre pour Paul de Foix.

Cet illustre prélat (de Foix) mourut à Rome vers la fin de mars 1584. D'Ossat avoit été son secrétaire d'ambassade; cette place lui avoit donné des occasions de faire connoître ses talens à Villeroy, secrétaire d'état. La recommandation de ce ministre, & le mérite personnel de d'Ossat le placèrent auprès du cardinal d'Est, protecteur des affaires de France à Rome. Ce fut là que d'Ossat acquit cette connoissance profonde des intérêts de toutes les puissances & de la politique de toutes les cours; il fut même chargé, en son nom, des affaires de France dans cette cour. Henri III & Catherine de Médicis lui témoignèrent la confiance la plus flatteuse. Le cardinal de Joyeuse ayant succédé au cardinal d'Est, dans le titre de protecteur des affaires de France à Rome, on donna pour guide à sa jeunesse l'expérience déjà consommée de d'Ossat. Bientôt la plus intime amitié unit ces deux hommes estimables, malgré toutes les différences d'âge & de rang. Il étoit donné à d'Ossat d'inspirer l'estime & la confiance; une sagesse aimable & une modération supérieure présidoient à toutes ses démarches, à tous ses discours, à toutes ses pensées. Ceux qui eurent avec lui des liaisons particulières semblèrent jaloux de signaler envers lui leur amitié. Le cardinal d'Est lui laissa par son testament une somme de 12000 liv. Le cardinal de Joyeuse lui conféra le prieuré de Saint-Martin du vieux Bellesme, qui étoit à sa nomination. Ce fut en 1588; on ignore en quel temps d'Ossat étoit entré dans l'état ecclésiastique.

Villeroy étant tombé dans la disgrace, Henri III offrit sa place à d'Ossat, qui la refusa; il avoit déjà depuis long-temps l'estime de ce ministre, il acquit par ce refus des droits éternels à son amitié; & Villeroy ayant été rétabli dans ses emplois par Henri IV, n'en fut que plus empressé à charger d'Ossat des négociations les plus importantes.

La plus importante de toutes étoit celle de l'absolution de Henri IV. Ce prince avoit été absous en France par les évêques françois, & c'étoit une difficulté de plus dans son affaire; Rome contestoit aux évêques ce droit d'absoudre un prince hérétique, & il importoit à Henri IV de se réconcilier avec Rome. Le cardinal de Gondi & le marquis de Pisani, qu'il envoya d'abord au pape, même avant son abjuration, ne purent obtenir d'être admis. Clément VIII, porté sur le saint-siége par la faction d'Espagne, & dévoué à la ligue, donna ordre à ces ambassadeurs de sortir des terres de l'église: mais d'Ossat étoit toujours à Rome; il négocioit & balançoit, par ses sages représentations, les intrigues ardentes & continuelles du roi d'Espagne, du duc de Savoie, de tous les ligueurs; il souffroit les refus, il attendoit les temps favorables, & il sut les faire naître, il plaisoit, il réussit; mais quand l'affaire eût été mille fois nouée, rompue & renouée, quand il eût amené Clément VIII de sa première répugnance pour Henri IV, au desir sincère de se réconcilier avec lui, & à la crainte de l'aliéner; tout ce qu'il fallut encore employer de machines politiques, pour déterminer Clément VIII à conclure enfin ce qu'il avoit bien résolu de faire, ne peut être compris que par ceux qu'une longue habitude a initiés à tous les mystères de la politique italienne.

Henri IV avoit envoyé la Clielle, son maître-d'hôtel ordinaire, faire part à Clément VIII de son abjuration; la Clielle ne put obtenir qu'une audience secrète, & il ne l'obtint qu'avec peine. Le pape affecta de le recevoir très-mal, mais il l'avoit fait avertir sous main de ne pas s'effrayer de cet accueil.

Henri envoya ensuite le duc de Nevers; le pape lui fit savoir qu'il le recevroit comme duc de Nevers, non comme ambassadeur de Henri IV. Le duc reçut cet avis en chemin, & n'en continua pas moins sa route. Le pape consentit à le voir, mais il exigea que le duc eût très-peu de suite, ne vît aucun des cardinaux, & ne restât que dix jours à Rome. Le roi avoit chargé d'Ossat, ou pour nous servir des termes même du roi, il l'avoit prié de guider le duc de Nevers; il paroit que le duc se jugeant capable de se conduire par ses propres lumières, crut pouvoir se passer des avis de d'Ossat; que par une petitesse de grand seigneur, il négligea un homme trop inférieur à lui du côté du rang & de la naissance: la négociation du duc de Nevers ne réussit pas; d'Ossat seul amena le temps de la réconciliation & de la paix; & lorsqu'il eût une fois persuadé Clément VIII de la sin-

cérité

cérité de la conversion de Henri IV ; ce prince lui associa l'évêque d'Evreux du Perron, pour la cérémonie de l'absolution. (Sur cette cérémonie, voyez l'article CLÉMENT VIII.)

D'*Ossat* avoit été chargé ou le fut dans la suite de beaucoup d'autres affaires, soit à Rome, soit dans les autres cours d'Italie.

A la mort de Henri III, la cour de Rome irritée de l'assassinat du duc de Guise, & plus encore de celui du cardinal, refusa au roi la cérémonie usitée des obsèques à Rome; c'étoit une insulte à la mémoire de ce prince. Louise de Lorraine, sa veuve, employa en vain le zèle & les talens de d'*Ossat* pour obtenir que des papes, alors tous ligueurs, honorassent la mémoire d'un roi mort sous les coups de la ligue.

La prestation d'obédience de Henri IV, après son absolution, fut encore une affaire digne d'occuper l'esprit conciliant de d'*Ossat* ; l'article de la Navarre étoit une source de difficultés dans cette affaire, à cause des prétentions rivales de l'Espagne, & à cause des progrès de la réforme dans le Béarn; toutes ces difficultés furent levées par la dextérité de d'*Ossat*.

Il ne réussit pas moins pleinement dans la négociation dont il fut chargé auprès du grand-duc de Toscane pour la restitution des îles d'If & de Pomègues, dont ce prince s'étoit emparé, & pour les arrangemens relatifs aux sommes que Henri IV lui devoit. Elles furent acquittées par le mariage de Henri avec Marie de Médicis.

D'*Ossat* eut aussi beaucoup de part à l'affaire de la restitution du marquisat de Saluces ; il éclaira de près la conduite de l'adroit Emmanuel, & donna plusieurs fois à Henri IV des avis utiles sur les démarches & les projets de ce dangereux ennemi.

Les affaires des jésuites occupèrent beaucoup d'*Ossat* à Rome; Sully le jugea partisan de ces religieux. Sa conduite & ses lettres ne le montrent qu'impartial & modéré. Sully haïssoit dans d'*Ossat* l'ami & la créature de Villeroy; l'inflexible austérité de Sully répugnoit aussi à la douce dextérité de d'*Ossat*; & peut-être ces deux hommes étoient-ils condamnés par la différence de leurs caractères à être injustes à l'égard l'un de l'autre; d'*Ossat* peut avoir eu des torts à l'égard de Sully; mais il faut convenir aussi que Sully, à travers ses grandes vertus & ses rares talens, n'étoit incapable ni de hauteur, ni de prévention. Il y avoit certainement une petitesse coupable à retarder le paiement des pensions de d'*Ossat*, tandis qu'il servoit bien l'état, & que la médiocrité de sa fortune, effet de son désintéressement, lui rendoit ces pensions nécessaires. Béthune, frère de Sully, ambassadeur à Rome, dans le temps de la mort de d'*Ossat*, & qui annonça cette mort à Villeroy, ne partageoit point l'injustice de Sully à l'égard du cardinal; il marque à Villeroy qu'*il ne tient pas aisé à sa majesté de réparer cette perte, d'autant que ce cardinal avoit joint ensemble en sa personne toutes*

les parties qui sont séparément dans plusieurs autres, & tient que l'on reconnoîtra encore plus par sa privation, le défaut qu'il fera au service du roi, que l'on ne s'appercevoit de l'utilité qu'y apportoit sa présence. J'avois reconnu, ajoute-t-il, *tant de franchise & d'intégrité dans son ame, que, depuis que je suis ici, je lui avois toujours ouvert mon cœur.*

Le désintéressement distingua toujours d'*Ossat* aussi bien que Sully. Jamais il ne réclama le legs que lui avoit fait le cardinal d'Est, son ami, & il avoit refusé un diamant que ce cardinal avoit voulu lui remettre en mourant, comme pour lui assurer le paiement de ce legs; ce ne fut que treize ans après la mort du cardinal d'Est que ses héritiers, de leur propre mouvement, acquittèrent ce legs par respect pour la mémoire du cardinal, & par estime pour d'*Ossat*.

D'*Ossat* & Séraphin, auditeur de Rote, (voyez l'article CLÉMENT VIII) furent nommés en même temps, le premier, par le roi; le second, par le pape, à l'abbaye de Saint-Nicolas-des-Prés de Verdun. Le pape prétendoit avoir le droit de nomination dans les trois Evêchés, & l'on étoit alors dans des conjonctures où il devenoit dangereux pour le roi de contester quelque chose au pape. D'*Ossat* conserva au roi son droit de nomination, mais en même temps il le pria de nommer Séraphin, qui l'avoit bien servi aussi dans l'affaire de l'absolution, & il obtint qu'il n'y eût de sacrifié que ses propres intérêts.

Dans cette affaire il avoit tout fait, l'évêque d'Evreux n'étoit arrivé que pour la cérémonie; d'*Ossat* ne demanda de graces que pour l'évêque d'Evreux. Ce fut contre son espérance qu'il fut nommé par le roi à l'évêché de Bayeux, qu'il résigna, & au cardinalat qui lui valut dans la suite l'emploi de protecteur des affaires de France à Rome; le pape le nomma aussi à une abbaye qui avoit vaqué *in curiâ*. Le cardinal d'*Ossat* mourut le 13 mars 1604; il fut enterré à Rome dans l'église de Saint-Louis; Pierre Bossu & René Courtin, ses secrétaires, qu'il avoit fait ses héritiers, lui érigèrent un tombeau. En 1755, on fit des réparations à cette église, & les tombeaux furent transportés dans le cloître. M. le chevalier Básquiat de la Houze, employé en diverses négociations, tant à la cour de Naples qu'à celle de Rome, compatriote & admirateur du cardinal d'*Ossat*, fit replacer, en 1763, son tombeau dans l'église de Saint-Louis, y ajouta des ornemens & l'inscription suivante, qui dit tout ce que nous venons de dire :

Arnaldo Ossato S. R. E. presbytero cardinali
Ob insignia in suos reges universamq. christianam rempublicam
merita
Ingenti apud omnes famâ administro
Dudùm jam à Petro Bossu & Renato Courtin,
Utroque à secretis

P.

An. 1604. vix ab obitu ipsius excitatum ;
Sed ævitate novâque templi molisione disjectum
Comes Mathæus de Basquiat de la Houze, & de Bonnegarde,
Eques hierosolimitanus
Pridem ad utriusque Siciliæ regem
Mox ad PP. Clementem XIII. Ludovici XV. orator.
Ad perennandam conterranei sui memoriam,
Et ad Gallici nominis splendorem
Restituit :
Titulumque cum imagine, opere musivo,
Ære suo poni fecit
Anno 1763.

On connoît les lettres du Cardinal d'*Ossat*, c'est le bréviaire des hommes d'état. Il avoit composé en italien, en 1590, un *Discours sur les effets de la ligue en France ;* les ressorts de la politique des Guises y sont très bien développés, Henri III y est souvent justifié d'imputations qu'on lui a trop légèrement faites sur la foi des Guises, qui mettoient dans leurs calomnies la plus profonde & la plus adroite perfidie ; ce sont eux seuls que d'*Ossat* accuse de beaucoup de fautes commises par Henri III : c'étoit n eux qui les lui faisoient commettre pour pouvoir le décrier & le perdre dans l'esprit de ses peuples. Le duc de Guise empêchoit qu'on ne diminuât ces impôts & qu'on ne réformât les abus, & ses émissaires publioient qu'il avoit inutilement employé tous les moyens possibles auprès du roi pour l'engager à soulager le peuple.

En 1583, le roi envoya dans toutes les provinces du royaume des commissaires tirés tant du conseil d'état que du parlement & de la chambre des comptes, il les chargea d'écouter les plaintes de ses sujets & d'étudier les moyens de soulager le peuple. Sur le rapport de ses commissaires, le roi rendit une ordonnance pour le rétablissement de la discipline militaire, & pour la diminution de la taille. Au mois de novembre 1584, il supprima jusqu'à soixante & douze espèces d'impôts extraordinaires, il déclara coupables de lèse-majesté tous les fabricateurs d'édits onéreux. Le duc de Guise craignit que les prétextes dont il vouloit colorer sa révolte, ne vinssent à lui manquer s'il laissoit au roi le temps de regagner les cœurs de ses sujets, il précipita l'exécution de son dessein, & avança le temps des barricades.

Le grand objet de la ligue étoit d'ôter la couronne à la maison régnante & de la porter sur la tête des Guises ; de-là ce livre généalogique, où la maison de Lorraine se prétendoit issue, de mâle en mâle, de Charles de Lorraine, exclus du trône par Hugues Capet ; de-là ces mémoires, où le cardinal de Lorraine oncle du duc de Guise, cherchoit à établir les prétendus droits de sa maison à la couronne de France. « On disoit, dans ces » mémoires, que Pépin & Charlemagne avoient » reçu la bénédiction de l'église pour eux & pour » toute leur postérité ; que Hugues Capet au con-

» traire n'avoit point reçu une pareille bénédiction ; » qu'en conséquence, parmi les descendans de » Charlemagne, quoique dépouillés de leurs droits, » on voyoit encore aujourd'hui de beaux & grands » hommes, forts & vigoureux de corps & d'esprit, bons catholiques, gens de bien, prudens, » braves & heureux dans tout ce qu'ils entre- » prenoient, & particulièrement dans la branche des » Guises, où l'on remarque évidemment plus que » dans toute autre branche de la maison de Lor- » raine, les fruits de cette sainte bénédiction. » Ceux au contraire qui descendent de l'usurpa- » teur, sont petits, laids, foibles, sots, héré- » tiques, superstitieux, sans capacité, lents & » malheureux. »

Voilà des raisons bien dignes du siècle où on les faisoit valoir, & de la cause pour laquelle on les employoit.

On a donné en 1771, une histoire du cardinal d'*Ossat* en deux volumes in-8°.

OSSIAN, (*Hist. litt. mod.*) fils de Fingal, barde ou druide écossois, au troisième siècle, fut poëte & guerrier. *Ossian* Fingal, son père, & Comhal, père de Fingal, sont célébrés dans les histoires d'Ecosse & d'Irlande, comme des guerriers illustres. *Ossian* est plus illustre encore comme poëte, il étoit aveugle comme Homère & comme Milton, & comme ce dernier, il a déploré poétiquement ce malheur. Des chroniques d'Irlande & des histoires d'Angleterre avoient parlé des poésies d'*Ossian*. Ces poésies & celles de quelques autres bardes s'étoient conservées pendant quatorze cens ans, par une tradition purement orale, dans les montagnes de l'Ecosse ; M. Macpherson les recueillit dans un voyage qu'il fit au nord de cette contrée & dans les îles voisines, & les a fait imprimer avec une version angloise, sur laquelle M. le Tourneur en a donné une traduction françoise. C'est ce qu'on appelle les Poésies Erses.

Ossian vivoit encore du temps de saint Patrice ; il ne voulut jamais être baptisé, aimant mieux, disoit-il, aller en enfer avec ses frères, ses compagnons & les braves guerriers que son père avoit commandés, que d'aller en paradis avec des étrangers & des inconnus.

OSSONE, (DON PIERRE GIRON DUC D' (*Hist. d'Esp.*). d'une maison illustre d'Espagne, petit-fils d'un vice-roi de Naples, fut vice-roi de Naples lui-même, après l'avoir été de Sicile. Il étoit à Naples en 1618, dans le temps de la fameuse conjuration de Venise, & il y eut beaucoup de part, si pourtant cette conjuration fut réelle, car M. Grosley est parvenu à répandre quelques doutes sur ce fait. En Sicile, il se rendit redoutable aux Turcs ; à Naples, aux Vénitiens ; il rendit la marine d'Espagne florissante, & sut partager avec Venise l'empire de la mer Adriatique. En Espagne il s'étoit déjà distingué par le zèle vraiment politique, avec lequel il s'étoit opposé à l'expulsion des Maures : le zèle, non moins éclairé, avec lequel il refusa d'établir à Naples des officiers de l'inquisition, fut une des causes de sa disgrace. Il s'étoit attaché à la fortune du duc de Lerme, & avoit marié son fils à la fille du duc d'Uzéda ou d'Ucéda, fils du duc de Lerme & favori de Philippe III ; on lui reprocha dans ses divers gouvernemens de l'orgueil, du faste, du despotisme, de la cruauté même. Les Napolitains remplirent, dit-on, plus de sept rames de papier de leurs diverses accusations contre lui ; quand il faut tant écrire pour prouver qu'un homme est coupable, c'est un préjugé de plus pour son innocence. Les réponses du duc annonçoient la fierté d'une ame espagnole & la sécurité d'un homme innocent ; mais le règne & le ministère ayant changé, & le gouvernement ne lui étant pas favorable, il resta renfermé pendant trois ans, & mourut dans sa prison en 1624. Grégorio Leti a écrit sa vie.

OSSUN. (D') (*Hist. de Fr.*) D'*Ossun*, le brave d'*Ossun* qui avoit acquis ce titre & une gloire immortelle, dans les guerres d'Italie, sous Henri II, éprouva dans la bataille de Dreux, (20 décembre 1562) que la valeur est journalière. Entrainé par l'exemple, il prit la fuite. Il s'en punit bien cruellement ; se jugeant indigne de vivre après une telle tache imprimée sur sa gloire, il refusa toute nourriture, & se laissa mourir de faim.

O S T

OSTERVALD, (JEAN-FRÉDÉRIC) (*Hist. litt. mod.*) pasteur de Neuchatel, nommé en 1699, fut lié d'une étroite amitié avec Jean-Alphonse Turretin de Genève, & Samuel Werenfels de Basle, & l'union de ces trois théologiens fut nommée le *Triumvirat des théologiens de Suisse* ; les autres triumvirats, connus dans l'histoire, avoient été formés par l'ambition & la politique, ils avoient été dissous par l'ambition & la politique ; celui-ci étoit fondé sur la vertu, la science & l'amitié, il dura jusqu'à la mort. *Ostervald* étoit né en 1663. Il mourut en 1747. On a de lui plusieurs ouvrages estimés ainsi que sa personne ; une édition de la bible françoise de Genève, avec des réflexions ; un abrégé de l'histoire sainte ; un traité des sources de la corruption en morale ; un traité de l'impureté ; un catéchisme & des sermons.

Rodolphe *Ostervald*, son fils, pasteur de l'église françoise à Basle, est auteur d'un traité estimé dans sa communion, intitulé : *Les devoirs des communians.*

OSTRACISME, s. m. (*Polit. d'Athènes*) loi par laquelle le peuple athénien condamnoit, sans flétrissure ni déshonneur, à dix ans d'exil, les citoyens dont il craignoit la trop grande puissance, & qu'il soupçonnoit de vouloir aspirer à la tyrannie.

Cette loi fut appellée *ostracisme*, du mot grec ὄστρακον, qui signifie proprement une *écaille*, ou une *coquille ;* mais qui dans cette occasion est pris pour le bulletin, s'il m'est permis de me servir de ce terme, sur lequel les Athéniens écrivoient le nom du citoyen qu'ils vouloient bannir. Peut-être que ὄστρακον désignoit un morceau de terre cuite faite en forme d'écaille ou de coquille, du moins les Latins ont traduit le mot grec par *testula.*

Le ban de l'*ostracisme* n'avoit d'usage que dans les occasions où la liberté étoit en danger ; s'il arrivoit, par exemple, que la jalousie ou l'ambition mît la discorde parmi les chefs de la république, & qu'il se formât différens partis qui fissent craindre quelque révolution dans l'état, le peuple alors s'assembloit, & délibéroit sur les moyens qu'il y avoit à prendre pour prévenir les suites d'une division qui pouvoit devenir funeste à la liberté. L'*ostracisme* étoit le remède ordinaire auquel on avoit recours dans ces sortes d'occasions ; les délibérations du peuple se terminoient le plus souvent par un décret, qui indiquoit à certain jour, une assemblée particulière pour procéder au ban de l'*ostracisme.* Alors ceux qui étoient menacés du bannissement, ne négligeoient rien de ce qui pouvoit leur concilier la faveur du peuple, & le persuader de l'injustice qu'il y auroit à les bannir.

Quelque temps avant l'assemblée, on formoit au milieu de la place publique, un enclos de planches, dans lequel on pratiquoit dix portes, c'est-à-dire, autant de portes qu'il y avoit de tribus dans la république ; & lorsque le jour marqué étoit venu, les citoyens de chaque tribu entroient par leur porte particulière, & jetoient au milieu de cet enclos, la petite coquille de terre sur laquelle étoit écrit le nom du citoyen qu'ils vouloient bannir. Les archontes & le sénat présidoient à cette assemblée, & comptoient les bulletins. Celui qui étoit condamné par six mille de ses concitoyens, étoit obligé de sortir de la ville dans l'espace de dix jours ; car il falloit au moins six mille voix contre un Athénien pour qu'il fût banni par l'*ostracisme.*

Quoique nous n'ayons point de lumières sur l'époque précise de l'institution de l'*ostracisme*, il est vraisemblable qu'il s'établit après la tyrannie des pisistratides, temps où le peuple athénien ayant eu le bonheur de secouer le joug de la tyrannie, commençoit à goûter les douceurs de la liberté. Extrèmement jaloux de cette liberté, c'est alors, sans doute, qu'il dut redoubler son attention pour prévenir & éloigner tout ce qui pourroit y donner la moindre atteinte. Quoique Pisistrate eût gouverné la république avec beaucoup de douceur & d'équité, cependant la seule idée d'un maître causoit une telle horreur à ce peuple , qu'il crut ne pouvoir prendre d'assez fortes précautions pour ne plus retomber sous un joug qui lui paroissoit insupportable. Attaché par goût à la démocratie, il jugea que l'unique moyen d'affermir & de conserver cette espèce de gouvernement, étoit de maintenir tous les citoyens dans une parfaite égalité ; & c'est sur cette égalité qu'il fondoit le bonheur de l'état.

Ce fut sur de tels motifs que les Athéniens établirent l'ostracisme, au rapport d'Androtion cité par Harpocration : « Hipparchus, dit-il, étoit » parent du tyran Pisistrate, & il fut le premier » que l'on condamna au ban de l'ostracisme ; cette » loi venoit d'être établie, à cause du soupçon » & de la crainte qu'on avoit, qu'il ne se trouvât » des gens qui voulussent imiter Pisistrate ; qui » ayant été à la tête des affaires de la républi- » que, & général d'armée, s'étoit fait tyran de » la patrie. »

Les Athéniens prévirent sans doute les inconvéniens de cette loi ; mais ils aimèrent mieux, comme l'a remarqué Cornélius Népos, s'exposer à punir des innocens , que de vivre dans des alarmes continuelles ; cependant, comme ils sentirent que l'injustice auroit été trop criante, s'ils avoient condamné le mérite aux mêmes peines dont on avoit coutume de punir le crime, ils adoucirent autant qu'ils purent la rigueur de l'ostracisme ; ils en retranchèrent ce que le bannissement ordinaire avoit d'odieux & de déshonorant par lui-même. On ne confisquoit pas les biens de ceux qui étoient mis au banc de l'ostracisme ; ils en jouissoient dans le lieu où ils étoient relégués ; on ne les éloignoit que pour un temps limité ; au lieu que le bannissement ordinaire étoit toujours suivi de la confiscation des biens des exilés, & qu'on leur ôtoit toute espérance de retour.

Malgré les adoucissemens que les Athéniens apportèrent à la rigueur de leur loi, il est aisé de voir, que si d'un côté elle étoit favorable à la liberté, de l'autre elle étoit odieuse, en ce qu'elle condamnoit des citoyens, sans entendre leur défense, & qu'elle abandonnoit le sort des grands hommes à la délation artificieuse, & au caprice d'un peuple inconstant & capricieux. Il est vrai que cette loi auroit été avantageuse à l'état, si le même peuple qui l'avoit établie, eût toujours eu assez de discernement & d'équité, pour n'en faire usage que dans les occasions où la liberté auroit été réellement en danger ; mais l'histoire de la république d'Athènes ne justifia que par trop d'exemples l'abus que le peuple fit de l'ostracisme.

Cet abus ne fut jamais plus marqué que dans le bannissement d'Aristide. On en peut juger par l'aventure qui lui arriva dans l'assemblée du peuple ; le jour même de son bannissement. Un citoyen qui ne savoit pas écrire, s'adressa à lui comme au premier venu , pour le prier d'écrire le nom d'Aristide. Aristide étonné, lui demanda quel mal cet homme lui avoit fait, pour le bannir. Il ne m'a point fait de mal, répondit-il ; je ne le connois même pas, mais je suis las de l'entendre par-tout nommer le juste. Aristide écrivit son nom sans lui répondre.

Ce sage fut banni par les intrigues de Thémistocle qui , débarrassé de ce vertueux rival, demeura maître du gouvernement de la république, avec plus d'autorité qu'auparavant ; mais il ne jouit pas long-temps de l'avantage qu'il avoit remporté sur son émule ; il devint à son tour l'objet de l'envie publique , & malgré ses victoires & les grands services qu'il avoit rendus à l'état, il fut condamné au ban de l'ostracisme.

Il est certain que la liberté n'avoit pas de plus dangereux écueil à craindre, que la réunion de l'autorité dans la main d'un seul homme ; & c'est cependant ce que produisit l'ostracisme, en augmentant le crédit & la puissance d'un citoyen, par l'éloignement de ses concurrens. Périclès en sut tirer avantage contre Cimon & Thucydide, les deux seuls rivaux de gloire qui lui restoient à éloigner, pour tenir le timon de l'état.

Sentant qu'il ne pouvoit élever sa puissance que sur les débris de celle de Cimon qui étoit en crédit auprès des grands , il excita l'envie du peuple contre ce rival , & le fit bannir par la loi de l'ostracisme, comme ennemi de la démocratie, & fauteur de Lacédémone. Enfin Thucydide forma un puissant parti pour l'opposer à celui de Périclès ; tous ses efforts hâtèrent sa propre ruine. Le peuple tint l'assemblée de l'ostracisme, pour reléguer l'un de ces deux chefs. Thucydide fut banni, & laissa Périclès , tyran désarmé , comme un ancien écrivain l'appelle , en possession de gouverner la république avec une autorité absolue, qu'il conserva jusqu'à la fin de sa vie. Il trouva le moyen, par son habileté, de subjuguer ce peuple envieux & jaloux, ennemi plus redoutable à celui qui le gouvernoit, que les Perses & les Lacédémoniens.

Il faut pourtant convenir, que ce même peuple, très-éclairé sur les inconvéniens de l'ostracisme, sentit plus d'une fois le tort que son abus avoit fait à la république ; le rappel d'Aristide & de Cimon, avant que le terme des dix ans fût expiré, en est une preuve éclatante. Mais quelques raisons que les Athéniens eussent de rejeter une loi, qui avoit causé plusieurs fois un grand préjudice à l'état, ce ne furent pas ces motifs qui les déterminèrent à l'abolir ; ce fut une raison opposée, & qui est vraiment singulière : nous en devons la connoissance à Plutarque.

Il s'étoit élevé , dit cet auteur , un grand différend entre Alcibiade & Nicias ; leur mésintelligence croissoit de jour en jour , & le peuple eut recours à l'ostracisme : il n'étoit pas douteux que le sort ne dût tomber sur l'un ou l'autre de ces chefs. On détestoit les mœurs dissolues d'Alcibiade,

& l'on craignoit sa hardiesse ; on envioit à Nicias les grandes richesses qu'il possédoit, & on n'aimoit point son humeur austère. Les jeunes gens qui desiroient la guerre, vouloient faire tomber le sort de l'*ostracisme* sur Nicias ; les vieillards qui aimoient la paix, sollicitoient contre Alcibiade. Le peuple étant ainsi partagé, Hyperbolus, homme bas & méprisable, mais ambitieux & entreprenant, crut que cette division étoit pour lui une occasion favorable de parvenir aux premiers honneurs. Cet homme avoit acquis parmi le peuple une espèce d'autorité ; mais il ne la devoit qu'à son impudence. Il n'avoit pas lieu de croire que l'*ostracisme* pût le regarder ; il sentoit bien que la bassesse de son extraction le rendoit indigne de cet honneur ; mais il espéroit que si Alcibiade ou Nicias étoient bannis, il pourroit devenir le concurrent de celui qui resteroit en place. Flatté de cette espérance, il témoignoit publiquement la joie qu'il avoit de les voir en discorde, & il animoit le peuple contr'eux. Les partisans d'Alcibiade & de Nicias ayant remarqué l'insolence & la lâcheté de cet homme, se donnèrent le mot secrètement, se réunirent, & firent en sorte que le sort de l'*ostracisme* tomba sur Hyperbolus.

Le peuple ne fit d'abord que rire de cet événement ; mais il en eut bientôt après tant de honte & de dépit, qu'il abolit la loi de l'*ostracisme*, la regardant comme déshonorée par la condamnation d'un homme si méprisable. Par l'abolition de cette loi, les Athéniens voulurent marquer le repentir qu'ils avoient d'avoir confondu un vil délateur, & de condition servile, avec les Aristide, les Cimon & les Thucydide : ce qui a fait dire à Platon le comique, parlant d'Hyperbolus, que ce méchant avoit bien mérité d'être puni à cause de ses mauvaises mœurs, mais que le genre du supplice étoit trop honorable pour lui, & trop au-dessus de sa basse extraction, & que l'*ostracisme* n'avoit point été établi pour les gens de sa sorte.

Finissons par quelques courtes réflexions : je remarque d'abord que l'*ostracisme* ne fut point particulier à Athènes, mais que toutes les villes, où le gouvernement étoit démocratique, l'adoptèrent ; c'est Aristote qui le dit ; on sait qu'à l'imitation des Athéniens, la ville de Syracuse établit le pétalisme.

Le bill appellé d'*atteinder* en Angleterre, se rapporte beaucoup à l'*ostracisme* ; il viole la liberté contre un seul, pour la garder à tous. L'*ostracisme* conservoit la liberté ; mais il eût été à souhaiter qu'elle se fût maintenue par quelque autre moyen. Quoi qu'il en soit, si les Athéniens ont mal pourvu au soutien de leur liberté, cela ne peut préjudicier aux droits des autres nations du monde. Le pis qu'on puisse dire, c'est que par leur loi de l'*ostracisme*, ils n'ont fait de mal qu'à eux-mêmes, en se privant pour un temps

des bénéfices qu'ils pouvoient se promettre des vertus éclatantes des personnes qu'ils condamnoient, pour dix ans à cette espèce d'exil. (*Le chevalier* DE JAUCOURT.)

OSTROGOTHS, (*Hist. anc.*) nation qui faisoit partie de celle des Goths ; elle descendoit des Scandinaves, & habitoit la partie orientale de la Suède bornée par la mer Baltique, qui s'appelle encore aujourd'hui *Ostrogothie* ou *Gothie* orientale. Ce peuple partit de là pour aller faire des conquêtes & s'établit d'abord en Poméranie ; de-là les *Ostrogoths* allèrent vers l'Orient & se rendirent maîtres d'une partie de la Sarmatie ou Scythie, & du pays qui est entre le Danube & le Borysthène, connu aujourd'hui sous le nom de *Podolie*, où ils furent vaincus par les Huns, qui les forcèrent de quitter leurs pays & d'aller chercher des établissemens en Thrace. De-là ils firent des incursions fréquentes sur les terres de l'empire romain. Enfin, l'an 488 de Jésus-Christ, ils marchèrent sous la conduite de leur roi Théodoric ; & après avoir défait Odoacre qui avoit pris le titre de roi d'Italie, ils s'emparèrent de ce pays, dont Théodoric fut reconnu souverain par les empereurs de Constantinople. Ce conquérant adopta les lois romaines, & gouverna ses conquêtes avec beaucoup de sagesse & de gloire. La puissance des *Ostrogoths* se maintint en Italie jusqu'à l'an 553, où Totila, leur dernier roi, fut tué dans une bataille qui décida du sort de son royaume, lequel fut de nouveau réuni à l'empire romain par le fameux Narsès, sous le règne de l'empereur Justinien. (*A. R.*)

OSY

OSYMANDIAS, (*Hist. d'Egypte*) roi d'Egypte. Diodore de Sicile, liv. I, donne une haute idée de sa magnificence & du progrès que les arts avoient déja faits de son temps en Egypte. Des édifices magnifiques construits par ce prince, étoient ornés de sculptures & de peintures, qui représentoient ses expéditions militaires & les principaux événemens de son règne.

Nous apprenons du même Diodore, qu'*Osymandias* tiroit chaque année des mines d'Egypte une somme de seize millions.

Ce prince avoit aussi une riche bibliothèque, la plus ancienne dont il soit parlé dans l'histoire ; & le titre très-philosophique qu'on avoit donné à ce monument, prouve qu'on avoit connu le principal fruit qu'on devoit attendre de la lecture ; ce titre étoit : *Le trésor des remèdes de l'ame.* C'est l'idée qu'Horace n'a fait que développer dans les vers suivans :

Fervet avaritiâ miseroque cupidine pectus ?
Sunt verba & voces, quibus hunc lenire dolorem
Possis, & morbi magnam deponere partem.

Laudis amore tumes? funt certa piacula quæ te
Ter puro lecto poterunt recreare libello.
Invidus, iracundus, iners, vinofus, amator,
Nemo adeò ferus eft, ut non mitefcere poffit,
Si modò culturæ patientem commodet aurem.

Cette bibliothèque étoit ornée des ftatues de tous les dieux d'Egypte. Le tombeau d'*Ofyman-dias*, très-magnifique auffi, étoit environné d'un cercle d'or, d'une coudée de largeur, & de trois cents foixante & cinq coudées de circuit; le lever & le coucher du foleil, de la lune & des autres conftellations y étoient marqués. Ce cercle fut enlevé par Cambyfe, lorfqu'il fit la conquête de l'Egypte. La ftatue d'*Ofymandias* portoit cette infcription: *Je fuis Ofymandias, ROI DES ROIS: celui qui voudra me difputer ce titre, qu'il me furpaffe dans quelqu'un de mes ouvrages.* Il y a beaucoup de difficulté à fixer le temps du règne de ce prince.

OTA

OTACILIA, (MARCIA OTACILIA SEVERA) (*Hift. Rom.*) femme de l'empereur Philippe, étoit chrétienne, & rendit fon mari favorable aux chrétiens; Philippe, parvenu au trône par le meurtre de l'empereur Gordien, ayant été tué à fon tour, *Otacilia* crut fauver fon fils en lui donnant pour afyle le camp des prétoriens, il fut poignardé dans les bras de fa mère; *Otacilia* paffa le refte de fa trifte vie dans la retraite & dans la douleur.

OTANES (*Hift. anc.*) eft le nom du feigneur perfan qui, par le moyen de Phédime, fa fille, découvrit l'impofture de Smerdis le mage, & qui forma en conféquence la confpiration fous laquelle le mage fuccomba.

OTF

OTFRIDE, (*Hift. litt. mod.*) bénédictin de l'abbaye de Weiffembourg, difciple de Raban Maur, a retouché & perfectionné une grammaire que Charlemagne avoit compofée pour la langue tudefque, c'eft-à-dire, pour l'allemand. Ce religieux vivoit vers le milieu du neuvième fiècle; on a de lui encore d'autres ouvrages, des fermons, des poéfies, des lettres.

OTH

OTHON. (*Hift. Romaine*) Quoiqu'iffu d'une ancienne famille d'Etrurie, *Othon* n'avoit aucun titre pour parvenir à l'empire du monde. Son aïeul fut le premier qui entra dans le fénat. Son père, Lucius-Othon, avoit une reffemblance fi parfaite avec Tibère, qu'on le foupçonna d'être fon fils. Les bienfaits & les diftinctions dont il fut comblé par Livie, fortifièrent ce foupçon. Le jeune *Othon* s'abandonna à la licence de fes penchans voluptueux. Ce fut par fes débauches & par

le crédit des courtifanes, qu'il s'infinua dans la cour de Néron, qui le fit dépofitaire de fes plus intimes fecrets. Leur amitié fut altérée par Poppée-Sabina, qui paffa des bras du favori dans le lit de l'empereur. Cette infidélité mit de la froideur entre les deux rivaux; & ce fut pour fe débarraffer d'un témoin importun, que Néron l'envoya en Portugal avec le titre de quefteur. Il fe gouverna dans fa charge avec la gravité & l'intelligence d'un homme confommé dans les affaires. Cet exil, quoiqu'honorable, ne calma point fon reffentiment: fon amour offenfé le rendit l'ennemi fecret de Néron; &, dès que Galba eut levé l'étendard de la révolte, il fe montra fon plus zélé partifan, dans l'efpoir de le détruire. Quoiqu'il fût accablé de dettes, il n'en fut pas moins prodigue, pour fe concilier l'affection de la milice. Ses profufions ne lui laiffèrent que l'alternative, où de s'approprier les tréfors de l'empire, ou d'être la victime de fes créanciers. Pifon, adopté par Galba, aigrit fon ambition au lieu de l'éteindre. Ses largeffes l'avoient affuré des prétoriens; il fut conduit à leur camp par une poignée de foldats, où, après avoir été proclamé empereur, il envoya des fatellites qui mirent à mort Galba & Pifon. Il fe rendit enfuite au fénat, à qui il promit de ne rien faire fans fon confentement. La canaille de Rome, qui confervoit un grand refpect pour la mémoire de Néron dont il avoit été l'ami, fouhaita qu'il en portât le nom, & il eut la complaifance de le prendre dans toutes les lettres qu'il écrivit aux gouverneurs des provinces. Tandis que tout étoit calme dans Rome, il fe formoit en Allemagne un orage prêt à fondre fur l'Italie. Vitellius, fous prétexte de venger la mort de Galba, fut proclamé empereur par les légions d'Allemagne. Il paffa les Alpes avec une armée, réfolu de foutenir fon élection. La cavalerie qui étoit campée fur les bords du Pô, lui prêta ferment de fidélité, & les plus fortes villes lui ouvrirent leurs portes. *Othon*, abruti dans les voluptés, fe réveilla de fon fommeil, & fe prépara à une vigoureufe défenfe. Il entama des négociations avec Vitellius; ils fe firent réciproquement des offres & des promeffes pour fe défifter de l'empire; mais à la fin ils en vinrent aux injures, & il fallut que le fort des combats décidât de celui de l'empire. *Othon* fit purifier la ville par des facrifices, & les armées fe mirent en mouvement. Avant de partir, il recommanda la république au fénat, & fit de magnifiques largeffes au peuple. Ses lieutenans eurent quelques avantages auprès de Crémone, où les Vitelliens prirent la fuite pour l'attirer dans une embufcade qu'il fut éviter. Cette action ne fut point décifive; il en fallut venir à une bataille générale dans les plaines de Bédriac: les Vitelliens remportèrent une victoire complète; & ce ne furent que les approches de la nuit qui préfervèrent leurs ennemis d'une entière deftruction. *Othon*, avant le combat, avoit abandonné son armée par le conseil des flatteurs, qui ne vouloient pas exposer sa personne sacrée. Il en attendoit sans crainte le succès, lorsqu'il apprit sa défaite. Son armée fugitive se rassembla autour de sa personne, lui jurant de rétablir sa fortune & de réparer sa honte. Les plus éloignés lui tendoient les bras, les autres embrassoient ses genoux, en lui promettant de mourir pour sa défense. Lui seul conservoit sa tranquillité, & persistoit dans la résolution de mourir, pour éteindre dans son sang le feu des guerres civiles. Rien ne put le faire changer de dessein. Il conjura ses braves défenseurs d'aller se rendre aux victorieux ; il leur fournit des chariots & des navires, brûla toutes les lettres qui témoignoient trop d'inclination pour lui, ou trop d'aversion pour son rival. Il distribua son argent à ses domestiques ; il fit ensuite retirer tout le monde, & reposa quelque temps. A son réveil il demanda un verre d'eau fraîche & deux poignards qu'il mit sous son chevet, après les avoir essayés. On prétend qu'il dormit tranquillement pendant toute la nuit, & que ce ne fut que le matin qu'il s'enfonça le poignard dans le sein. Ses domestiques accourent au bruit, & le trouvèrent mort d'un seul coup. On se hâta de faire ses funérailles comme il l'avoit commandé, de peur qu'on ne lui coupât la tête pour en faire un trophée après sa mort. Les officiers des cohortes prétoriennes portèrent son corps au bûcher en pleurant. Les soldats s'approchoient pour baiser sa plaie ; quelques-uns se tuèrent près de son bûcher, non pas par crainte, ni comme coupables, mais par l'émulation de sa gloire. Cet enthousiasme fanatique de l'amitié éclata dans tous les lieux où il commandoit. On lui éleva un sépulcre sans pompe & sans ornemens. Telle fut la fin d'*Othon*, âgé de trente-sept ans, dont il avoit passé la plus grande partie dans les délices. Ceux qui l'avoient le plus détesté pendant sa vie, l'admirèrent après sa mort. On ne pouvoit comprendre comment un homme noyé dans les voluptés, avoit eu le courage de renoncer à la vie pour garantir la patrie des ravages des guerres civiles. Il étoit d'une taille au-dessous de la médiocre ; sa démarche étoit chancelante : il n'avoit presque point de cheveux ; mais il cachoit ce défaut par une perruque faite avec tant d'art, qu'on ne pouvoit la distinguer de sa chevelure naturelle. Il étoit d'une propreté si recherchée, qu'on le croyoit incapable de grandes choses. (*T. N.*)

OTHON. (ou comme l'auteur l'écrit par-tout.)

OTON Ier, surnommé *le grand*, (*Hist. d'Allem.*) duc de Saxe, troisième roi ou empereur de Germanie, depuis Conrad Ier, neuvième empereur d'Occident depuis Charlemagne. L'histoire nous a conservé peu de détails sur les premières années d'*Oton*. Sa conduite sur le trône, la tendresse éclairée de Henri son père, nous font présumer

que son enfance fut heureusement cultivée. Les prélats & les grands de Germanie avoient promis à Henri, alors dans son lit de mort, de reconnoître *Oton* pour son successeur : ils se montrèrent fidèles à leur parole, & résistèrent aux sollicitations de la reine Matilde qui, sous le singulier prétexte que sa naissance avoit précédé l'avénement de son père au trône, prétendoit que la couronne étoit due à Henri le querelleur, son frère, né depuis. Le couronnement d'*Oton* se fit à Aix-la-Chapelle, ville ancienne & capitale de la monarchie, sous les empereurs françois. Les archevêques de Mayence, de Cologne & de Trèves se disputèrent l'honneur de la cérémonie. L'archevêque de Mayence obtint cette glorieuse préférence, moins par rapport aux droits de son église, qu'à son mérite & à la sainteté de ses mœurs. Ce prélat tenant *Oton* par la main, & s'adressant au peuple assemblé dans l'église cathédrale : « Je » vous présente *Oton*, dit-il, Dieu l'a choisi pour » régner sur vous suivant le desir de son père » Henri, votre seigneur & votre roi : si ce choix » vous plaît, levez les mains au ciel. » Le peuple ayant témoigné sa joie par des acclamations redoublées, Hiddebert, tel étoit le nom du prélat, le conduisit vers l'autel où étoient les vêtemens, & les ornemens des rois. Il lui ceignit l'épée, lui recommandant de ne s'en servir que pour le bonheur de l'église & de l'empire, & pour entretenir l'un & l'autre dans une profonde paix. « Ces » marques d'autorité, ajouta-t-il, en lui donnant le sceptre & la main de justice, » vous conviennent & vous obligent à maintenir vos sujets » dans le devoir, à réprimer & à punir, mais » avec des sentimens d'humanité, les vices & les » désordres, à vous rendre le protecteur de l'é- » glise & de ses ministres, & à témoigner à tous » vos sujets une tendresse & une bonté pater- » nelles. Songez enfin à vous rendre digne des » récompenses éternelles. » Le jeune monarque après les cérémonies de son sacre, qui n'étoient pas de vaines cérémonies, fut conduit dans un palais qu'avoit fait construire Charlemagne, & que les descendans de ce grand homme avoient négligé d'entretenir. On y avoit préparé un festin ; les prélats mangèrent avec le prince qui fut servi par les ducs. On voit par cette distinction de quelle vénération jouissoient déjà les évêques. *Oton*, pendant la cérémonie de son sacre, prit au lieu du titre de roi, celui d'empereur qu'il conserva toujours depuis. Louis d'Outremer pouvoit le lui contester comme descendant par mâles en ligne directe & légitime de Charlemagne qui l'avoit reçu avec l'agrément de presque toutes les nations de l'Occident : mais ce prince en butte à ses grands vassaux, comme ses infortunés prédécesseurs, étoit dans l'impuissance de justifier ses droits. *Oton* avoit dans sa famille les plus grands modèles. Il voyoit dans *Oton*, son aïeul paternel, un sage qui avoit refusé le trône sur lequel il étoit affis, & dans Henri, fon père, un légiflateur & un conquérant qui l'avoit affermi par de fages inftitutions, en même temps qu'il l'avoit illuftré par des victoires : mais la gloire de ces princes étoit éclipfée par celle de Witikind, que Mathilde, mère d'*Oton*, comptoit parmi fes ancêtres. C'étoit ce fameux Witikind qui, fans autre fecours que les troupes de la Saxe fa patrie, & celui de quelques hordes normandes, foutint près de trente ans la guerre contre Charlemagne qui le combattoit avec toutes les forces de fon vafte empire. Cependant *Oton* n'avoit pas befoin d'être encouragé par ces grands modèles : il avoit dans fon propre cœur le germe des plus fublimes vertus, & la nature l'avoit comblé de tous fes dons que l'âge ne fit que développer. La première année de fon règne ne fut agitée par aucune tempête, & tous les ordres de l'état eurent à fe louer de fa clémence & de fa juftice. La feconde fut troublée par la guerre de Bohême, excitée par l'ambition de Boleflas qui avoit fait périr Venceflas fon frère, & s'étoit emparé du duché que lui avoit donné Henri. *Oton* ne voulant pas laiffer fans vengeance un crime de cette nature, cita le coupable à fon tribunal ; mais Boleflas chercha l'impunité dans la révolte, & réuffit en partie. Après plufieurs combats, dont les fuccès furent variés, *Oton*, vainqueur en perfonne, força le rebelle à s'en remettre à fa difcrétion. Ce prince, humain dans la victoire, fongea moins à fatisfaire fes vengeances, qu'à affurer le privilége de fa couronne, & à prévenir les défordres. En pardonnant à Boleflas, il eut foin de refferer des chaînes des Bohémiens. Il exigea un tribut annuel ; il foumit le gouvernement de leur province à celui de la Bavière. Cette guerre dura quatorze ans, mais il s'en fallut bien qu'elle occupât toutes les armes d'*Oton*. Ce prince, fur ces entrefaites, remporta une victoire fignalée fur les Hongrois qui, conduits par un chef intrépide, avoient pénétré jufqu'à Helberftad, retint dans le devoir les Lorrains que Gifalbert, leur duc, prétendoit faire paffer au fervice de Louis d'Outremer, pacifia la Suabe, la Lavière révoltées, entretint en France des divifions plus ou moins grandes, fuivant que les intérêts de fa politique l'exigeoient, & vengea fur les Danois le maffacre qu'avoient fait ces peuples d'une garnifon qu'il entretenoit dans le duché de Sleswick, pour conferver les conquêtes de Henri, fon père, au-delà de l'Eider. *Oton* n'avoit point encore terminé ces guerres, qu'une nouvelle carrière s'offrit à fa gloire. Depuis la mort de l'empereur, Lothaire Ier, l'Italie étoit en proie à des feux qu'entretenoit l'ambitieufe politique des papes. Louis II, Charles-le-chauve, Charles-le-gros, & Arnoul, avoient été continuellement aux prifes avec les pontifes pour conferver quelque autorité dans Rome. Gui, Lambert, Louis-l'aveugle, Berenger Ier, fon cruel & perfide vainqueur, & Rodolphe Ier, qui s'en étoient arrogé

la couronne, n'avoient régné qu'au milieu des plus affreux orages. Ces tyrans fans pouvoir avoient déchiré tour-à-tour cet état, où ils n'avoient point eu affez de capacité pour fe faire obéir. Lothaire II, fils de Hugues, qui s'en faifoit appeler roi, mourut vers l'an 950. Adélaïde, fa veuve, accufe Berenger II, de l'avoir fait empoifonner ; & pour fe venger des perfécutions que lui attirent ces bruits, c'eft le roi de Germanie qu'elle implore. *Oton* avoit précédemment promis des fecours à Berenger II ; mais tel on plaint dans l'infortune, que l'on abhorre au faîte de la grandeur. Le trône d'Italie excitant fon ambition, il ne pouvoit y avoir d'alliance entre lui & Berenger II, le feul qui fût en état de le lui difputer. Il paffe les Alpes, & chaffant devant lui les troupes que fon concurrent lui oppofe, s'empare de Pavie où il époufe Adélaïde. C'étoit une princeffe d'une beauté parfaite, & des auteurs ont prétendu que Hugues, fon beau-père, n'ayant pu vaincre la paffion qu'il reffentit pour cette princeffe, lui arracha une fleur qu'il eût dû laiffer cueillir à fon fils. *Oton* regardoit fes victoires comme imparfaites, tant qu'il ne commandoit point dans Rome. Il écrivit au pape Agapet II, pour l'inviter à l'y recevoir ; le pontife feignit d'y confentir, & lui en fit défendre les approches par le patrice Albéric. *Oton* fut obligé, pour cette fois, de fe contenter du titre de roi des Lombards. Il eût fait repentir le pontife de fes artifices, fans des brouilleries que Berenger II fut exciter dans la famille royale. Ludolfe (Lutolfe, Ludulfe, Lindolfe ou Lufdolfe) qui voyoit avec inquiétude fon mariage avec Adélaïde, prenoit des mefures pour ufurper le trône dont il craignoit d'être exclus, fi cette princeffe donnoit un fils au monarque.

Oton, nommé par fon propre fils, rentre dans fes états de Saxe ; il y trouve Berenger II, qui, fous prétexte d'exciter fa pitié, venoit fomenter des troubles dont fa politique avoit déjà répandu les premières femences, lorfqu'il étoit en Italie. Le monarque rejette fes excufes & fes offres ; mais enfin défarmé par les prières de Conrad, fon gendre, & déterminé par des circonftances particulières, il lui donna l'inveftiture du royaume d'Italie, en lui remettant aux mains un fceptre d'or. « Mais fongez, lui dit-il, à m'obéir comme » le font mes autres vaffaux : gardez-vous d'être » l'oppreffeur des fujets que je vous confie ; enfin, » foyez-en le roi, & non pas le tyran. » Mais en lui donnant ce royaume, *Oton* eut la précaution fage d'en retenir plufieurs villes importantes, comme Aquilée & Vérone, afin de pouvoir aller le punir s'il ofoit afpirer à l'indépendance. Telle eft l'origine de la fuzeraineté des rois & empereurs d'Allemagne fur le royaume d'Italie ; fuzeraineté qui pouvoit leur être conteftée tant qu'il reftoit un rejeton de la famille des Pepin. Cette conduite attefte la politique

d'Oton

d'*Oton*. Ce prince, dans l'impuissance alors de conserver l'Italie, ne pouvoit agir plus sagement qu'en confiant le gouvernement de cette contrée à des rois qui devenoient ses feudataires.

Dès que Berenger eut pris congé de la cour, on y vit éclater l'incendie que sa main y avoit préparé. Lutolfe, soutenu de Conrad, son beau-frère, leva l'étendard de la révolte; mais les orages que le perfide roi d'Italie rassembloit sur la tête d'*Oton*, devoient bientôt retomber sur la sienne propre. Lutolfe, après deux ans d'une guerre malheureuse, tombe aux genoux de son père, qui lui pardonne, & l'envoie en Italie, où Berenger II & Adalbert, son fils, mettoient tout en feu. Ce prince, digne fils d'un père tel qu'*Oton*, gagne autant de victoires qu'il livre de combats; & sa magnanimité égalant sa valeur, il rend la liberté au père & au fils, après les avoir faits prisonniers l'un & l'autre, & se contente de les mettre dans l'impuissance d'exciter de nouveaux troubles. La mort qui moissonna ce prince au milieu de ses triomphes, permit à Berenger II d'élargir ses liens, & força *Oton* de passer en Italie. Il venoit de pacifier l'Allemagne par une victoire éclatante qu'il remporta sur les Hongrois près d'Ausbourg. Tous les esprits étoient aigris contre Berenger : le pape & les prélats d'Italie faisoient chaque jour de nouvelles plaintes contre lui; le monarque le sacrifia à la vengeance publique, & reprit la couronne qu'il lui avoit confiée. Les portes de Rome, qui lui avoient été fermées dans le premier voyage, lui furent ouvertes dans celui-ci. Le fils d'Albéric, Octavien Sporco, occupoit le siége apostolique sous le nom de *Jean XII*; ce pontife lui prépara une réception magnique, lui donna la couronne impériale, & lui prêta serment de fidélité, ainsi que tous les Romains. Tant qu'*Oton* demeura dans Rome, il y reçut tous les honneurs dont avoient joui les empereurs Romains & François; mais ce fut en vain que pour récompenser le zèle que Jean XII faisoit paroître, il ratifia les donations que ses prédécesseurs avoient faites au saint siége; les Romains avoient formé depuis long-temps le chimérique projet de rétablir l'ancien gouvernement républicain, & ils avoient appellé *Oton*, moins pour lui obéir que pour opprimer Berenger II. Jean XII étoit dans l'âge de l'ambition, & plus propre à commander des armées qu'à édifier à l'autel; il eût été bien plus flatté d'unir la pourpre Romaine à la tiare, & de tenir le premier rang dans une république que son imagination embrâsée lui représentoit déjà dans sa première splendeur, que de ramper sous un empereur de Germanie, qui le comptoit toujours au nombre de ses sujets. *Oton* n'eut pas plutôt mis le pied hors de Rome, que l'on vit éclater ses projets; le pontife soutint de tout son pouvoir Adalbert, fils de Berenger, & l'invita à se rendre auprès de lui, le flattant des plus magnifiques espérances. *Oton* étoit alors dans

Pavie, demeure des rois Lombards, & prenoit des mesures pour aller faire le siége de Monte-Feltro. Ces brigues ne lui causèrent d'abord aucune inquiétude; & lorsque ses commissaires lui firent le tableau de la vie scandaleuse de Jean XII, « ce pape, dit ce jeune monarque, est un enfant, » une douce réprimande suffira pour le ramener » de ses égaremens, & le tirer de l'abîme » où il se précipite. » Cependant lorsqu'il eut appris qu'Adalbert étoit dans Rome, & que des lettres interceptées l'eurent informé que le pape négocioit avec les Hongrois & la cour de Constantinople, il se déchargea sur ses lieutenans, du siége de Monte-Feltro, marcha vers Rome avec l'élite de ses troupes : ses portes lui furent fermées, & Jean parut avec Adalbert à la tête des rebelles, l'épée à la main, & couvert du casque & de la cuirasse. *Oton* n'eut qu'à se présenter pour les mettre en fuite; les Romains assemblés renouvellèrent leur serment de fidélité, & s'engagèrent à n'élire & à ne consacrer aucun pape sans le consentement de l'empereur & du roi son fils. *Oton* reçut alors les plaintes contre Jean : il y avoit peu d'excès dont ce jeune pontife ne se fût rendu coupable; mais comme il ne vouloit point être l'unique juge dans une affaire de cette importance, il convoqua un concile où il présida. Le pontife déposé pour des crimes trop visibles, fut remplacé par Léon VIII, qui, du consentement du clergé & du peuple Romain, fit ce fameux décret par lequel « le seigneur *Oton* Ier, roi des » Allemands, & tous ses successeurs au royaume » d'Italie, auront la faculté à perpétuité de se » choisir un successeur, de nommer le pape, » (*summa sedis apostolicæ pontificem ordinandi*) » & par conséquent les archevêques & les évê- » ques, lesquels recevront de ces princes l'inves- » titure. Aucun, continue ce décret, quelque » dignité qu'il ait dans l'état ou dans l'église, » n'aura le droit d'élire le pape ou tout autre » évêque, sans le consentement de l'empereur : » ce qui se fera cependant sans qu'il en coûte » aucune somme, & pourvu que l'empereur soit en » même temps patrice & roi d'Italie. Les évê- » ques élus par le clergé & par le peuple ne » seront point consacrés que l'empereur n'ait con- » firmé leur élection, & ne leur ait donné l'in- » vestiture, à l'exception de ceux dont l'empereur » a cédé l'investiture au pape & aux archevê- » ques. » C'est ainsi que Léon VIII détruisit les projets de rétablir la république, & perdit en un instant tout le fruit des travaux de ses prédécesseurs pendant un siècle & demi pour se rendre indépendans. C'étoit à ce desir que les papes avoient sacrifié le bonheur de l'Italie : desir qui leur avoit tant de fois fait entreprendre, & souvent avec succès, de dépouiller les empereurs François des priviléges que Léon avoue appartenir à tous les empereurs : mais, dit un moderne, si ce pape fit une faute, il eut des successeurs qui surent la réparer.

Cependant Octavien Sporco étoit bien éloigné de ratifier sa sentence de déposition : incapable de fléchir, il excommunie l'empereur & le pape. Secondé par les intrigues de ses concubines, il rentra dans Rome, d'où venoit de sortir *Oton* pour aller au siége de Camerino, la seule ville d'Italie qui tînt pour Adalbert. Les trésors du saint siége, dont il s'étoit saisi avant sa disgrace, lui servirent à former une nouvelle faction. Un synode de prêtres Italiens lui rend sa dignité & son pouvoir : alors, portant l'audace à son comble, il assemble un nouveau synode, composé de tous ses partisans, charge l'empereur & le pape de tous ses anathêmes, & fait décider la supériorité de son siége sur tous les trônes du monde. La résistance de quelques prélats excitant son ressentiment, il se déchaîne contre eux avec la plus aveugle fureur ; un cardinal fut mutilé par ses ordres, & Otger, évêque de Spire, publiquement fustigé. Son courage, ses malheurs & les trésors qu'il prodigue, lui gagnent les cœurs, & réveillent dans les Romains l'ancien amour de la liberté, & la haine contre une domination étrangère. Léon VIII ne trouvant plus de sûreté dans Rome, va chercher un asyle dans le camp d'*Oton*, qui lui-même se voit assailli par une populace en fureur. L'empereur n'avoit que ses gardes & quelques cohortes ; il avoit envoyé son armée dans l'Ombrie, de crainte qu'elle ne fût à charge aux Romains ; mais son expérience & le courage déterminé de ses gardes, le firent triompher de la multitude. Rome eût été saccagée, si le monarque, désarmé par Léon, n'eût calmé le juste ressentiment de ses troupes. L'auteur de ces troubles mourut sur ces entrefaites, assassiné par un mari qui le surprit dans sa couche : ce fut une fin digne de la vie de ce pontife. Son sang ne put éteindre l'esprit de révolte qu'il avoit inspiré aux Romains : fermes dans la résolution de ne souffrir aucun maître étranger, ils ceignent de la thiare le front de Benoît V ; & au mépris de leurs sermens, ils traitent d'anti-pape Léon, qu'eux-mêmes avoient élu. *Oton* étoit retourné au siége de Camerino, lorsqu'on l'informa de cette nouvelle infidélité : il revient encore contre les rebelles ; mais toujours modéré, il entre dans leur ville, moins en ennemi qu'en pacificateur. Il ordonne le supplice des plus coupables, & fait déposer dans un concile Benoît V, qui se reconnoît parjure envers Léon VIII, auquel lui-même avoit donné son suffrage. Cet intrus fut relégué à Hambourg, où il finit ses jours en exil. Berenger II & sa femme eurent la même destinée ; l'empereur les envoya l'un & l'autre à Bamberg, où ils reçurent les traitemens les plus favorables. Ils eussent été parfaitement heureux, s'ils avoient pu l'être après avoir possédé un royaume.

Cependant la modération d'*Oton* ne put lui concilier l'amour des factieux Romains. Ce prince ne fut pas plutôt rentré dans ses états de Germanie, où l'appelloient de nouvelles victoires sur les Sclaves, que les rives du Tibre retentirent du cri de la liberté : la garnison allemande est obligée de fuir ; Jean XIII, successeur de Léon VIII, veut en vain s'opposer à leurs projets insensés ; il est forcé de sortir de Rome, & de se réfugier à Capoue. Le gouvernement républicain fut rétabli, mais il avoit une trop foible base. En vain un nouveau pape prête aux rebelles le secours de ses anathêmes ; *Oton* vole à Rome, malgré son âge & ses infirmités : il exile les consuls en Germanie, & fait pendre les tribuns du peuple au nombre de douze, & fustiger publiquement le préfet de Rome, qui fut promené sur un âne la tête tournée vers la queue : tel fut le sort de ces nouveaux républicains.

La Pouille & la Calabre réunies à la Germanie, furent le dernier événement mémorable de ce règne glorieux ; l'empereur les conquit sur les Grecs pour venger le massacre de ses ambassadeurs, ordonné par Nicéphore, lorsqu'ils alloient sur la foi des traités chercher Théophanie, fille de Romain le jeune, promise à *Oton* son fils. Jean Zimiscès, successeur de Nicéphore, à qui sa perfidie venoit de coûter le trône & la vie, lui confirma la possession de ces deux provinces avec tous ses droits sur la Sicile, dont les Sarrasins étoient alors les maîtres. Il est probable qu'il eût fait valoir ses prétentions sur cette île riche & commerçante, si ses affaires ne l'eussent rappellé en Germanie, où il mourut, après avoir fait plusieurs sages réglemens, l'an 973. Il étoit dans la cinquante-huitième année de son âge, la trente-septième de son règne, comme roi ou empereur de Germanie, la onzième depuis son couronnement à Rome. Son corps fut porté dans l'église cathédrale de Magdebourg, où il fut inhumé près d'Edith, sa première femme : prince admirable, & digne d'être proposé pour modèle à tous les rois. Il fut grand sans faste & sans orgueil ; sévère sans être cruel ; sa bravoure ne dégénéra jamais en témérité : toujours calme, toujours maître de lui-même, son front étoit aussi serein lorsqu'il régloit les opérations d'une campagne, ou qu'il se disposoit à livrer une bataille, que quand il signoit quelque édit favorable à ses peuples. *Oton* fit ses guerres en héros, & jamais en barbare : des écrivains l'ont comparé à Charlemagne ; celui-ci le surpassa peut-être en talens, mais ne l'égala point en vertus. La politique régla toutes les actions de Charles ; *Oton* se livra quelquefois au penchant d'un cœur généreux, naturellement libéral, mais modéré dans ses dons ; il récompensa tous les services rendus à la patrie, sans épuiser ses finances. Les richesses des provinces conquises furent versées dans le trésor public. Quant aux dépouilles de l'ennemi, dont le tiers appartenoit au prince, il les abandonna tout entières à ses armées. Comme Alexandre, il ne se réserva que la gloire de vaincre.

Sous son règne, le culte public reprit sa première splendeur ; & jamais les dangers de la guerre, ni les affaires du gouvernement, ne le détournèrent de ses devoirs de religion. Sa piété fut aussi sincère qu'éclairée, l'archevêché de Magdebourg, les évêchés de Brandebourg, de Mersbourg, de Zellz, de Havelberg, de Misni, de Slesvick, de Ripen, d'Aarhus, d'Attinbourg & de Naumbourg, en sont les principaux monumens ; enfin, il mérita que l'on dît de lui que la religion avoit perdu ce qu'elle avoit de plus illustre, & l'Allemagne un véritable roi.

Edwitz ou Edith, sa première femme, fille d'Edouard, dit l'*ancien*, roi d'Angleterre, donna le jour à Ludolfe, dont on a fait mention dans cet article, & à Huitgarde de Saxe, mariée à Conrad le Sage, duc de Lorraine & de Franconie ; Adélaïde, fille de Raoul, roi des deux Bourgognes, & veuve de Lothaire, le fit père d'Oton II, d'Henri & de Brunon, morts en bas âge ; d'Adélaïde & de Matilde, toutes deux abbesses, la première d'Essen en Westphalie, & l'autre de Quedlimbourg. Une noble Esclavonne lui donna un fils naturel, nommé *Guillaume*, qui remplit le siège archiépiscopal de Mayence, & fut gouverneur de la Thuringe.

C'est au règne de ce prince que les Allemands doivent rapporter l'origine de leur droit public, qu'ils font remonter jusqu'aux empereurs François ; mais comment pouvoient-ils réclamer les loix d'un trône dont ils s'étoient détachés ? *Oton* rétablit les comtes Palatins : ce sont des juges supérieurs qui rendent la justice au nom du prince. Le dessein d'*Oton*, en établissant cette charge, n'étoit pas de la rendre héréditaire : il auroit manqué son but, qui étoit d'abaisser les grands vassaux déjà trop puissans. La maison de Franconie qu'il en avoit pourvue s'en étant rendue indigne, il la confia à celle de Bavière. *Oton* eût bien voulu abolir les fiefs & rétablir les gouvernemens ; mais ce fut assez de pouvoir en disposer dans le cas de félonie. Ce fut encore pour diminuer l'autorité des grands que ce prince augmenta les priviléges du clergé ; il lui confia des duchés & des comtés pour les gouverner comme les princes séculiers ; mais pour les tenir dans sa dépendance, il créa des avoués, dont l'avis rendoit nul celui des évêques. On eût attendu d'*Oton* qu'il eût aboli le jugement par le duel, qu'il eut l'indiscrétion de confirmer. On vit sous son règne un exemple de la cynéphorie ; cet usage bizarre condamnoit les coupables de certains crimes parmi la haute noblesse, à porter un chien galeux sur leurs épaules ; les bourgeois portoient une selle, les paysans une charrue. (*M-Y.*)

OTON II, surnommé *le Roux*, (*Hist. d'Allemag.*) duc de Saxe, quatrième roi ou empereur de Germanie depuis Conrad Ier, dixième empereur d'Occident depuis Charlemagne. Ce prince naquit l'an 955 d'Oton le grand & d'Adélaïde de Bourgogne. Son père l'avoit associé au trône, & l'avoit fait couronner empereur lors de son dernier voyage en Italie : mais cette association avoit besoin d'être confirmée ; la cérémonie s'en fit dans l'église de Magdebourg (973) avec la pompe ordinaire au sacre des rois. Les commencemens de son règne furent troublés par l'ambition de son cousin-germain Henri le jeune, duc de Bavière, fils de Henri le Querelleur, & par quelques prélats qui trouvoient leur intérêt à brouiller. Des écrivains ont imputé cette guerre à l'impératrice Adélaïde que l'empereur avoit exilée en Bourgogne, après lui avoir ôté la régence dont elle s'étoit saisie. Le courage & l'activité d'*Oton* l'ayant rendu maître de la destinée des rebelles, il les fit juger dans une diète. Henri fut déclaré déchu de son duché de Bavière, & les évêques ses complices furent punis par l'exil. *Oton*, fils de Ludolfe, frère aîné d'*Oton II*, abandonna son duché de Suabe pour celui de Bavière, qui pour lors étoit regardé comme le premier de l'empire. Ce duc étant mort en 982, Henri fut rétabli, mais à cette condition pénible qu'il ne sortiroit jamais de Maftricht. Henri s'étoit montré redoutable ; l'évêque de Frisongen, l'un de ses complices, l'avoit couronné & sacré empereur, & tel avoit été le signal de sa révolte.

Cette guerre civile fut suivie de plusieurs victoires remportées par l'empereur sur les Sclaves tributaires & sur les Bohèmes ; ces peuples n'avoient pu voir les divisions des Germains sans être tentés d'en profiter. *Oton*, après avoir pacifié la Bohème, y établit l'évêché de Prague, qu'il soumit à la métropole de Mayence : c'étoit une voie douce d'augmenter les dépendances de cette province. L'empereur fit encore sentir la force de ses armes aux Danois, qui, pendant la guerre civile, avoient envahi le duché de Slesvick, conquis sur eux par Henri Ier. Ces peuples, pour fermer aux Allemands l'entrée de leur pays, avoient construit sur Daine ce fameux retranchement dont les débris subsistent sous le nom de *Daninverk*. Les Danois avoient commencé à se retrancher dans le neuvième siècle ; auparavant ils ne connoissoient d'autres remparts que leur valeur & la terreur de leur nom. L'empereur leur reprit Slesvick, & les força à lui payer tribut.

Oton, après avoir rendu à l'Allemagne ses anciennes limites du côté du nord, & fait respecter son autorité dans toutes les provinces de Germanie, tourna ses regards vers la Lorraine, que menaçoit Lothaire, roi de France, son cousin-germain par sa mère. L'autorité royale reprenoit quelque vigueur en France, & Lothaire profitoit de ces momens si rares, depuis un siècle & demi, pour attaquer à la fois la haute & basse Lorraine, que les rois de Germanie avoient enlevée à sa maison. Ses premiers efforts furent couronnés par le plus heureux succès ; mais en rendant justice à son courage, on doit blâmer ses procédés : il parcourut à la vérité toute la Lorraine, & s'y fit rendre hommage par plusieurs seigneurs ; mais il sembloit moins un vainqueur qu'un brigand : en effet, il n'y eut aucune déclaration de guerre. *Oton* lui reprochant sa conduite, lui fit dire qu'il étoit incapable de dérober des victoires, & qu'il iroit l'attaquer le premier octobre, (978) & tint parole. On le vit au jour marqué attaquer Paris avec soixante-dix mille hommes, il brûla les fauxbourgs, & ne se retira qu'après avoir changé en déserts les campagnes fertiles de la Seine. Cependant avant d'entreprendre cette expédition, il avoit fait un grand trait de politique, en donnant en fief la basse Lorraine à Charles, frère de Lothaire. Les environs de Laon, de Reims & de Paris furent ravagés, à l'exception des églises, qui même ressentirent les bienfaits du vainqueur : c'étoit un puissant moyen d'augmenter les troubles, & de se concilier l'amour du clergé tout-puissant alors. Cependant Lothaire le poursuivit dans sa retraite, & lui fit éprouver quelque échec au passage de la rivière d'Aine ; mais cet avantage ne l'empêcha pas de faire les premières démarches pour la paix. Il se rendit auprès d'*Oton*, accompagné de son fils, & lui fit les plus magnifiques présens. *Oton* consentit à mettre bas les armes, mais à condition que Lothaire renonceroit à toutes ses prétentions sur le royaume de Lorraine. Le continuateur de Flodoart prétend au contraire que ce fut l'empereur qui reconnut la tenir à foi & hommage du roi de France. L'état florissant où étoit alors l'Allemagne, l'autorité d'*Oton* & sa fierté, ne nous permettent guère d'être de ce sentiment. L'amitié de ce prince étoit nécessaire à Lothaire dans un temps où Hugues prenoit des mesures pour lui ravir le trône. Charles de France reçut une nouvelle investiture de la basse Lorraine ; & l'empereur, pour récompenser sa fidélité dans la derniere guerre, y ajouta les villes de Metz, de Toul, de Verdun & de Nanci, avec le territoire. Cette fidélité servit de prétexte à Hugues pour ôter le trône à la race de ce prince.

Cependant *Oton* pouvoit desirer la fin de cette guerre : les esprits étoient toujours échauffés à Rome par l'espoir de rétablir la république, & de lui rendre son ancienne splendeur. Les exemples terribles que l'empereur défunt avoit fait des rebelles, ne suffisant pas pour les guérir de leur chimère, un sénateur, nommé *Crescence*, fait étrangler le pape Benoît VI, pour le punir de son attachement aux intérêts d'*Oton II*, & met sur le saint siège un nommé *Francon* qui, pour grossir l'orage, se rend à Constantinople & détermine l'empereur d'Orient à se déclarer contre les Germains. Francon négocioit sous le nom de *Boniface VII*, que lui avoient donné ses partisans. Ce prétendu pape ne trouvant pas le secours de la Grèce suffisant, fait entrer dans sa

ligne les Sarrasins d'Afrique, aimant mieux, dit un moderne, rendre Rome mahométane qu'allemande.

Oton II fut bientôt informé des intrigues du faux pontife : il se rend à Rome, elle étoit alors divisée en mille factions, il confirme l'élection de Benoît VII, & invite à un festin les principaux de Rome : tous s'y rendirent, amis & ennemis. Il dresse une liste des derniers, & la donne à un capitaine de ses gardes. Les troupes s'emparent des avenues du palais, & plusieurs cohortes entourèrent la salle du festin. Le capitaine des gardes entre au milieu du repas, arrête les proscrits & leur fait trancher la tête. Cette exécution sanglante a trouvé peu d'approbateurs. Elle est digne de la censure la plus amère, mais elle paroît avoir été imaginée pour excuser les fréquentes perfidies des Romains. Le silence de tous les auteurs contemporains nous invite à le penser. Godefroi de Viterbe est le seul qui la rapporte après deux siècles écoulés.

Cependant les Grecs & les Sarrasins ravageoient de concert la Pouille & la Calabre : *Oton*, après plusieurs victoires qui le font nommer *la Mort des Sarrasins*, est vaincu par la perfidie des Romains & des Bénéventins qui servoient dans son armée. Ses meilleurs officiers, & un grand nombre d'abbés & d'évêques périrent dans la mêlée ; & lui-même ayant quitté les marques de sa dignité, regarda comme un bonheur d'être tombé dans les mains des pirates, qui lui rendirent la liberté moyennant une rançon que paya l'impératrice. *Oton* se préparoit à venger cet affront lorsque la mort le prévint le 7 décembre 983. Il étoit dans sa trentième année ; il en régna dix ans & sept mois, depuis la mort de son père. Les auteurs varient sur le genre de sa mort ; les uns l'attribuent à une flèche empoisonnée qu'il reçut dans la bataille perdue contre les Grecs, d'autres au chagrin que lui causa Théophanie, son épouse, qui, dit-on, témoigna de la joie au bruit de sa disgrace : ce sentiment manque de vraisemblance. L'impératrice, naturellement ambitieuse, avoit oublié la Grèce, sa patrie, en montant sur le trône de Germanie, & avoit été la première à exciter l'empereur à conserver ses droits sur la Pouille & la Calabre. D'ailleurs il est reconnu que ce fut cette princesse qui fournit les sommes que les pirates exigèrent pour prix de sa liberté.

Oton eut de l'impératrice Théophanie un fils qui lui succéda sous le nom d'*Oton III*, & trois princesses ; la première, appellée *Sophie*, fut abbesse de Gaudesheim ; Adélaïde, la seconde, le fut de Quedlimbourg ; la troisième, nommée *Judith*, eut peu de goût pour la vie religieuse. Elle avoit été élevée dans un monastère, d'où elle se fit enlever par un seigneur de Bohême, dont elle devint l'épouse. Des écrivains lui donnent une quatrième fille, qui, suivant eux, fut mère de sept fils, tous marquis en Italie. Il est incertain si ce fut sous le règne de ce prince, ou sous celui de fon père que furent découvertes les mines d'argent près Goflard, dans la Baffe-Saxe.

Plufieurs diplômes expofés fous le règne d'*Oton II*, & l'érection de l'églife de Grado en métropole fur cet empereur, atteftent la dépendance de Venife à l'égard des empereurs d'Occident. (*M-Y.*)

OTON III, dit *l'Enfant* & *la Merveille du monde*, (*Hift. d'Allemagne.*) duc de Saxe, cinquième roi ou empereur de Germanie depuis Conrad Ier, dixième empereur d'Occident depuis Charlemagne, naquit l'an 980 d'*Oton II* & de Théophanie. Il étoit dans fa quatrième année lorfque fon père, pour perpétuer le trône dans fa famille, le fit élire empereur dans une diète à Vérone. Le jeune prince étoit à Aix-la-Chapelle pour faire ratifier fon élection, lorfqu'on y apprit la nouvelle de la mort d'*Oton II*. Les conjonctures étoient embarraffantes ; les états qui vouloient conferver le droit de difpofer du trône, comptoient avec peine quatre empereurs dans une même famille en quatre générations confécutives. *Oton* étoit perdu fans la fermeté d'Adélaïde, fon aïeule, & de l'impératrice Théophanie, dont la tendreffe fut oppofer une barrière puiffante à l'ambition de Henri de Bavière. Ce duc étoit forti de Maftricht après la mort d'*Oton II*, & s'étoit rendu maître de la perfonne du jeune prince, fous prétexte que les loix lui en déféroient la tutelle. Son projet étoit de s'emparer une feconde fois de la couronne : il fe fit même proclamer roi à Quedlimbourg, où il fe trouva une multitude de feigneurs. Mais les deux princeffes liguées lui reprirent auffi-tôt le fceptre qu'il venoit d'ufurper. Théophanie, après s'être fait rendre fon fils, ordonna les cérémonies de fon facre qui fe célébrèrent à Weinfeftar; le jeune prince, la couronne fur la tête, fut fervi à table par les grands officiers de l'empire. Henri de Bavière, après avoir obtenu une grace qu'il demanda en fuppliant, fit les fonctions de maître-d'hôtel ; le comte Palatin, de grand-échanfon ; le duc de Saxe, de grand-écuyer; le duc de Franconie, de grand-chambellan ; les ducs de Pologne & de Bohême affiftoient au repas comme grands-vaffaux, & non comme membres de l'empire. Théophanie fut déclarée régente, Willigis, archevêque de Mayence & archichancelier de l'empire, lui fut donné pour collègue. Le règne d'*Oton* offre peu d'événemens mémorables en Germanie. Les Sclaves firent des courfes qui furent réprimées par les lieutenans du monarque. Cependant Boleflas, duc de Bohême, fe diftinguoit par des victoires fignalées fur les Polonois & fur les Ruffes. *Oton* craignant que le fuccès de ce duc ne le portaffent à fecouer le joug de l'empire, fit un voyage dans fon gouvernement, fous prétexte de vifiter le tombeau d'Adalbert, évêque de Prague, fameux miffionnaire, & l'un des principaux apôtres de la Pologne,

mis à mort par les Pruffiens idolâtres. *Oton* fut reçu par Boleflas avec la plus grande magnificence ; & pour n'être point vaincu en générofité, il le déclara roi de Pologne, le fit facrer en fa préfence par l'archevêque de Gnefne, & lui pofa lui-même la couronne fur la tête l'an 1000. Mais toujours jaloux des droits de fon trône, en le décorant de ce titre, il ne l'exempta pas du tribut & de l'hommage qu'il avoit exigés de Miceflas, fon père. Boleflas fupporta difficilement ce joug qui n'étoit pas moins odieux à fa nation : mais tant que vécut *Oton*, il lui fut impoffible de le fecouer fous un prince auffi formidable.

L'Italie étoit toujours dans l'agitation où nous l'avons repréfentée fous les règnes précédens. L'empereur y avoit envoyé fes lieutenans, & y étoit allé lui-même pour y maintenir fon autorité toujours attaquée par les Romains, entêtés de la chimère de leur ancienne liberté. Rome s'opiniâtroit à avoir des confuls. Crefcence, fils d'un factieux de ce nom, avoit pris ce titre fi grand, avant la révolution qui mit les Céfars fur le premier trône du monde. Glorieux de fa dignité, Crefcence s'étoit érigé en fouverain, ou plutôt en tyran. Deux papes, Jean XV & Grégoire V, tous deux attachés à la domination allemande, avoient fucceffivement éprouvé fes perfécutions. Grégoire retiré dans Pavie, fe vengeoit par des anathèmes que bravoit le rebelle. *Oton III* paffa en Italie, & lui prêta des foudres plus réelles. Crefcence fait prifonnier au fiège du château Saint-Ange, où il s'étoit réfugié comme dans une place inexpugnable, fut décapité avec douze de fes complices. Jean Philagate qui, foutenu par la faction de Crefcence, avoit ufurpé le faint-Siège, voulut en vain fe fouftraire par la fuite au jufte reffentiment de ce prince, fut arrêté, fous des habits déguifés, par des Romains, fes ennemis, qui lui coupèrent le nez & la langue, & lui crevèrent les yeux avant de recevoir les ordres de l'empereur. La mort de Grégoire V, arrivée l'année fuivante (999), caufa une vive douleur à *Oton III* ; mais la fidélité de Silveftre II, qu'il fit élire avec la même facilité qu'il eût fait un évêque en Germanie, calma fon chagrin. L'autorité impériale n'avoit jamais été plus abfolue en Italie. Un prince de Capoue fut dépouillé de fon territoire, & envoyé en exil. Ce fut après cet acte de févérité qu'*Oton* fit ce voyage en Allemagne, pendant lequel il érigea la Pologne en royaume, mouvant de fa couronne. La rivalité des Romains & des habitans de Tivoli le rappella bientôt en Italie. Ceux-ci offenfés de ce qu'il embraffoit de préférence le parti des Romains, levèrent l'étendard de la révolte. *Oton* les eût févèrement punis, fans l'interceffion du pape & de plufieurs prélats. Les rebelles, avant d'obtenir leur pardon, fe préfentèrent devant la tente du monarque, n'ayant pour tout vêtement que des haut-de-chauffes, & portant des épées nues dans la main droite, & des fouets dans la gauche. Ils lui firent le difcours le plus foumis, s'offrant à périr, ou à fe laiffer frapper de verges, & à démolir leur ville, s'il l'exigeoit. C'étoit alors l'ufage parmi les nobles que, lorfqu'ils fe foumettoient, ils fe préfentoient devant le fouverain, l'épée nue pendue au cou, fe déclarant dignes de perdre la tête. Les roturiers fe préfentoient la corde au cou, pour marque qu'ils méritoient d'être pendus : mais cet ufage, quoique général, étoit fufceptible de quelque différence. Si l'empereur eût voulu répondre à la haine des Romains contre les habitans de Tivoli, il les auroit tous fait paffer au fil de l'épée, mais il n'écouta que fon penchant à pardonner. La grace qu'il accorda aux rebelles, excita même une fédition dans Rome. *Oton III* mourut peu de temps après cette expédition, au château de Paterne, l'an 1002. On ignore le genre de fa mort. Quelques écrivains accufent la veuve de Crefcence de l'avoir fait empoifonner, pour fe venger de ce qu'il lui refufoit le titre de *reine*, lorfqu'il la tenoit pour concubine. *Oton* mourut jeune, mais il vécut affez, & peut-être un peu trop pour fa gloire. La piété de ce prince dégénéroit en une dévotion outrée, & contraire aux intérêts de fon trône. On rapporte plufieurs traits de fa plus dignes d'un anachorète fuperftitieux que d'un grand empereur. Dans plufieurs diplômes expédiés au château de Paterne, en 1001, il ne prend que le titre de *ferviteur des apôtres*, facrifiant ainfi à une humilité exceffive les bienféances indifpenfables du rang de fouverain. Dans la fuite, la cour de Rome fut fe prévaloir de l'indifcrétion du jeune prince. Elle prétendit que ce titre de *ferviteur des apôtres* étoit un aveu formel que la dignité impériale ne donnoit aux rois de Germanie d'autre qualité que celle de *défenfeur*, ou d'*avoué* de la cour de Rome : prétention coupable, qui changea fouvent la capitale du monde chrétien en une fcène de carnage, & fouilla le faint Siège du fang des empereurs & des pontifes.

Oton III n'eut point d'enfant de fon commerce avec la femme de Crefcence qu'il avoit prife pour concubine, après le fupplice de ce factieux. Des auteurs lui donnent une femme, fuivant eux, il fit brûler vive pour avoir fait périr dans les fupplices un jeune homme, après avoir inutilement tenté de le faire fuccomber à fa paffion : mais cette hiftoire eft apocrife, & rejettée comme une fable par les meilleurs critiques. L'hiftoire de ces temps eft chargée d'un faux merveilleux, qui fert à faire connoître la groffièreté des peuples d'alors. On voit un évêque affiégé dans une île par une armée de fouris. Un autre prélat plus heureux, communique aux eaux de l'Aîne la folidité de la terre pour faciliter la retraite d'Oton II, pourfuivi par Lothaire. Tels font les contes ridicules qui défigurent l'hiftoire de cet âge. On eft étonné de voir que des auteurs

graves les ont adoptés. Le corps d'*Oton* fut d'abord enterré à Rome, & enfuite transféré à Aix la-Chapelle. (*M-Y.*)

OTON IV, *dit le Superbe* & *le père de la juftice*, (*Hift. d'Allemagne.*) duc de Brunswick & de Lunebourg, fils de Matilde d'Angleterre & de Henri-le-Lion feizième roi ou empereur de Germanie, depuis Conrad Ier, vingt-deuxième empereur d'Occident, depuis Charlemagne, fuccède à Philippe par droit d'élection, eft dépofé en 1214, meurt en 1218.

Oton, après la mort de Frédéric-Barberouffe, avoit fait fes efforts pour monter fur le trône, aidé de la faveur d'Innocent III, qui lui prêta le fecours de fes anathèmes : il mit à deux doigts de fa perte Philippe fon concurrent ; les immenfes richeffes de celui-ci & le grand nombre de fes vaffaux n'auroient pu le foutenir fans l'alliance de Philippe-Augufte, roi de France, qui haïffoit autant la famille d'*Oton* que Philippe le craignoit. *Oton* après avoir foutenu, pendant plufieurs années, une guerre opiniâtre, dans laquelle il déploya toutes les reffources d'un grand général, fe retira à la cour de Richard, roi d'Angleterre, fon oncle maternel, d'où, fuivant les meilleurs critiques, il ne reparut qu'après la mort de Philippe, fon vainqueur. Les états étoient partagés en plufieurs factions ; ce fut pour les réunir tous à fon parti qu'il époufa Béatrice, fille de fon prédéceffeur, & qu'il mit au ban impérial Oton de Wetelsbak, meurtrier de ce prince. Il fit auffi-tôt fes difpofitions pour entrer en Italie. Arrivé à Boulogne, il tint une affemblée compofée des feigneurs du pays, & envoya des députés au pape, pour traiter des conditions de fon couronnement : c'étoit une pure cérémonie, mais qui étoit devenue un droit très-précieux dans la perfonne des papes. Ils étoient parvenus à mettre en queftion, fi en conférant la couronne il ne conféroit pas auffi l'empire, & ils fe fervoient de ce doute pour arracher des privilèges au nouvel empereur. *Oton* promit d'accorder à Innocent III, tout ce que le pontife pouvoit defirer. Il le fit affurer qu'il lui rendroit la même obéiffance que fes prédéceffeurs avoient rendue aux fiens ; au fond, c'étoit ne rien promettre, puifque fes prédéceffeurs n'avoient jamais obéi aux papes ; mais ce qui n'étoit pas équivoque, il lui confirmoit la poffeffion de Viterbe, d'Orviette & de Péroufe ; il lui abandonnoit en outre les biens de la comteffe Matilde, qui fembloient avoir été légués, au faint Siège, pour être une pomme de difcorde entre le facerdoce & l'empire. Il lui donnoit encore la fupériorité territoriale, c'eft-à-dire, le domaine fuprême fur Naples & Sicile ; ces promeffes furent fcellées en bulle d'or. L'empereur & le pape fembloient devoir vivre dans la plus parfaite intelligence ; mais *Oton* n'eut pas plutôt reçu la couronne impériale des mains du pontife qu'il fongea à révoquer ſes ſermens, fondé ſur ce qu'il n'é.oit pas maître d'aliéner les droits de l'empire, dont il n'étoit que le défenſeur & l'uſufruitier; c'étoit une indiſcrétion dans ce prince; le pape ne devoit pas, à la vérité, ſe prévaloir de la cérémonie du couronnement pour le dépouiller, mais pour faire valoir cet argument, il falloit être le plus fort, & *Oton* ne l'étoit pas. D'ailleurs, ſes droits à l'empire étoient équivoques, Frédéric II, alors roi de Sicile, avoit été reconnu roi des Romains du vivant de Henri VI, ſon père, prédéceſſeur de Philippe. La politique qui avoit écarté ce jeune prince du trône impérial, l'en rapprocha. Innocent III lui applanit tous les obſtacles qu'il lui avoit oppoſés lui-même. Frédéric profitant habilement des conjonctures, ſe rend en Alſace, où vinrent le joindre les anciens amis de ſon père, & ceux qui avoient quelque intérêt de déſirer une révolution. L'Allemagne & l'Italie ſe partagent, mais celle-ci s'attache preſque toute entière au parti de Frédéric II. Philippe-Auguſte, toujours ennemi d'*Oton*, que ſoutenoit Jean, roi d'Angleterre, ſe déclara pour le roi de Sicile. C'eſt ainſi que l'ambition d'un pape mettoit la plus belle moitié de l'Europe en feu. Les deux partis ſe ſignaloient par de continuels ravages; les ſeigneurs, les abbés, les évêques pilloient & étoient pillés tour-à-tour. *Oton*, pour faire ceſſer ces déſordres, réſolut de confier ſa couronne au deſtin d'une bataille. On prétend que malgré la diviſion des états, il avoit une armée de cent cinquante mille hommes; mais ce nombre eſt certainement exagéré, ſans doute pour faire plus d'honneur à Philippe-Auguſte, auquel on ne donne que le tiers de cette armée & qui remporta la victoire. Ce fut près de Bovines, petit village entre Lille & Tournai, que ſe donna cette bataille, l'une des plus célèbres dont les annales du monde faſſent mention. La cavalerie françoiſe, ſupérieure par le nombre & par l'excellence des armes, décida la victoire. L'armée Teutone, dit un moderne, très-forte en infanterie, avoit bien moins de chevaliers que celle du roi; c'eſt, continuet-il, à cette différence que l'on doit principalement attribuer le gain de cette bataille. Ces eſcadrons de chevaux caparaçonnés d'acier, ſuivant l'uſage d'alors, portant des hommes impénétrables aux coups, armés de longues lances, devoient mettre en déſordre les milices Allemandes, preſque nues & déſarmées, en comparaiſon de ces citadelles mouvantes. L'empereur & le roi de France firent des prodiges de valeur; tous deux manquèrent de périr. Philippe-Auguſte ayant été démonté, fut long-temps foulé aux pieds des chevaux, & il ſeroit inconteſtablement reſté ſur la place ſans l'excellence de ſon armure, & ſans Valois de Montigny, qui portoit l'oriflame & qui la baiſſa en ſigne du danger que couroit ce prince. Le roi de France, à peine échappé à ce péril, fait entourer l'empereur d'un gros de Fran-

çois, Henri, comte de Bar, jeune homme renommé dans notre hiſtoire, par ſa beauté, ſa ſageſſe & ſa valeur, le ſaiſit par le hauſſe-col, & le ſomme de ſe rendre; mais la force extraordinaire d'*Oton*, & la vigueur de ſon cheval, qui fut encore excité par la douleur d'un coup de ſabre, le ſauveur du danger. Il prit la fuite & ſe retira vers Gand, d'où il paſſa dans ſon duché de Brunſwik. La perte de cette bataille entraîna celle de ſa couronne; il ne fit aucun effort pour la conſerver plus long-temps. Philippe-Auguſte envoya à Fréderic l'aigle impérial, comme une marque glorieuſe de ſa victoire. *Oton* ne fut cependant pas dépoſé, mais il fut oublié. Ce prince tomba dans une dévotion outrée, & l'on prétend qu'il avoit choiſi pour genre d'humiliation, de ſe faire fouler aux pieds de ſes valets; on ignore quel crime pouvoit le déterminer à cette ſingulière pénitence; au reſte, ces pieux excès étoient ordinaires dans ces ſiècles. On voit un comte d'Anjou, Foulques de Néra, entreprendre le voyage de Jéruſalem, ſans autre deſſein que de s'y faire fuſtiger publiquement par ſes domeſtiques. Le regne d'*Oton IV* eſt la véritable époque de la grandeur temporelle des papes. Rome fut entièrement ſouſtraite à la puiſſance des empereurs. Innocent III dépoſa les Allemands qui occupoient des poſtes importants, & les fit remplacer par des nationaux. L'hiſtoire vante la taille majeſtueuſe d'*Oton*, ſa force extraordinaire, ſon amour pour la juſtice & ſa valeur; mais elle blâme ſon peu de politique & ſon orgueil; il n'y point d'enfans de Béatrice, fille de l'empereur Philippe, ni de Marie, fille de Henri VI, ſes deux femmes. Il mourut en 1218, le 27 avril, & fut inhumé dans l'égliſe de Brunſwik. (*M.-Y.*)

O T H

OTHONIEL, (*hiſt. ſacr.*) ſon hiſtoire eſt rapportée au livre des juges, chapitres 2 & 3.

O T O

OTOURAK, *terme de relation*, c'eſt le nom que l'on donne dans les troupes Ottomanes aux ſoldats que l'on paie ſans qu'ils aillent ſervir en campagne: l'aga des janiſſaires a ſous lui pluſieurs milliers de janiſſaires à morte-payes, qu'ils appellent *otourak*, c'eſt-à-dire, gens de repos. *Du Loir.* (*D. J.*)

O T T

OTTER (JEAN) (*hiſt. litt. mod.*) de l'académie des inſcriptions & belles-lettres, étoit Suédois, né à Chriſtienſtadt dans la Scanie, le 23 octobre 1707. Il abjura le lutheraniſme à Stockolm même, & M. le comte de Céreſte-Brancas, alors ambaſſadeur de France en Suéde, le fit paſſer en France.

On n'eut jamais pour l'étude des langues plus de goût & de facilité que M. *Otter*. Il parloit avec pureté non feulement fa langue & la nôtre ; mais encore le danois, l'allemand, l'anglois, l'efpagnol, l'italien : il apprit avec la même ardeur & la même facilité les langues Orientales, lorfqu'en 1734. M. de Maurepas l'envoya dans l'Orient chercher les moyens de rétablir le commerce des François dans la Perfe. Il fit quelque féjour à Conftantinople ; & il en partit déjà favant dans la langue Turque & initié dans la langue Arabe. Il arriva en 1737 à Hifpaham après une marche d'environ huit mois à travers de vaftes pays, où l'on trouve aujourd'hui moins de hameaux qu'on n'y comptoit autrefois de villes floriffantes. Thamas-Kouli-Kan, qui regnoit alors en Perfe, n'avoit été le libérateur de fa patrie que pour en devenir le fléau. Le caractère du fouverain & l'état du royaume, firent renoncer au projet de rétablir le commerce françois dans ce pays ; mais Achmed pacha qui quoique fujet du grand-feigneur, gouvernoit la province de Bagdad avec l'autorité d'un fouverain, fut plus docile aux propofitions de M. *Otter* pour l'accroiffement du commerce des François à Bafra ou Baffora. M. *Otter* refta près de quatre ans dans cette ville d'abord fans caractère, enfuite avec le titre de conful, il s'y fortifia dans la connoiffance des diverfes langues de l'Orient, fur tout du Turc & de l'Arabe. Il entreprit une traduction Turque du nouveau Teftament à l'ufage des chrétiens de cette contrée. L'ouvrage étoit prefque fini, lorfque le 6 mai 1743 il reçut ordre de retourner en France, où il fut fait interprète pour les langues Orientales ; en 1746 il fut nommé profeffeur-royal en langue Arabe, en 1748 il fut reçu à l'académie dès Belles-lettres, le 19 mars. Il mourut le 26 feptembre, de la même année.

Il a publié une relation de fon voyage & de fon féjour dans le Levant, elle eft un peu féche, mais fidèle, & diftinguée par là, de la foule des *voyages*. Il avoit entrepris plufieurs grands ouvrages à la fois, entre autres la traduction d'une hiftoire générale de Suède, écrite en Suédois, qui devoit avoir plufieurs volumes *in-folio*. La mort a interrompu tous fes travaux.

OTTO ou OTHON, GUÉRICK ou GUÉRICKE. (*voyez* GUÉRICKE.)

OTTOCARE, (*hift. mod.*) roi de Bohême au treizieme fiècle, acquit par divers moyens en Allemagne, une puiffance qui commençoit à devenir formidable à l'empire. Il poffédoit la plûpart des biens héreditaires de la maifon d'Autriche, l'Autriche, la Bohême, la Stirie, la Carinthie, la Carniole, &c. Il attaquoit fes voifins pour s'aggrandir encore, il portoit la guerre dans la Pruffe, dans la Hongrie, &c. Rodolphe, comte de Hasbourg, élu empereur en 1273, le fomma de rendre hommage pour les fiefs qui dé-

pendoient de l'empire, *Ottocare* refufa cet hommage. Cité à la diète de l'empire pour rendre compte des motifs de ce refus, & pour rendre raifon de fes immenfes acquifitions, dont les titres ne paroiffoient pas tous légitimes, il refufa de comparoître, l'empire lui déclara la guerre, l'empereur marcha vers l'Autriche, *Ottocare* négocia, demanda & obtint la paix ; mais à des conditions qui rabattoient de fa fierté & qui réduifoient fes conquêtes ; il céda l'Autriche, il rendit à genoux l'hommage qu'il devoit pour la Bohême & pour les autres terres relevantes de l'empire, il s'en repentit, rompit la paix, réprit l'Autriche, & alla fe faire tuer l'an 1278, à la bataille de Marckfeld près de Vienne.

OTTOMAN, (*hift. des Turcs*) premier empereur des turcs, dont le nom eft refté à la maifon impériale de Turquie, & à l'empire même.

> Songe que du récit, Ofmin, que tu vas faire
> Dépendent les deftins de l'empire *Ottoman*......
>   Le cruel Amurat,.......
> N'ofoit facrifier ce frère à fa vengeance
> Ni du fang *Ottoman* profcrire l'efpérance......
> De l'honneur *Ottoman* fes fucceffeurs jaloux
> Ont daigné rarement prendre le nom d'époux......
> Nul n'éleva fi haut la grandeur *Ottomane*......
> Rhodes, des *Ottomans*, ce redoutable écueil......
> Le fang des *Ottomans* dont vous faites le refte......
>   Le fang des *Ottomans*
> Ne doit point en efclave obéir aux fermens......
> Par ces grands *Ottomans* dont je fuis defcendue.

Ottoman méritoit cet honneur, il étoit bon ; à l'avénement de chaque empereur, on ne manque pas de lui fouhaiter la bonté d'*Ottoman*. La nature du gouvernement s'oppofe fouvent à l'exécution de ce vœu. *Ottoman* étoit un des émirs ou généraux d'Alaëdin, dernier fultan d'Iconie, mort fans poftérité, & dont les états, comme ceux d'Alexandre furent partagés entre fes généraux. *Ottoman* prit le titre de fultan en 1299 ou 1300. Prufe fut la capitale de fon empire, il commença cette fuite de conquêtes fur les Grecs, qui n'a fini que par la deftruction totale de l'empire grec. Il mourut en 1326.

OTTONA, (*Hift. mod.*) les Japonois donnent ce nom à un magiftrat chargé de l'infpection de chaque rue dans les villes. Ce font des efpèces de commiffaires qui veillent à la police de leur diftrict ; ils ont foin que l'on y faffe exactement la garde pendant la nuit, & que les ordres des gouverneurs foient exécutés. L'*ottona* eft élu par les notables de chaque rue, & approuvé par le gouverneur ; il a fous lui des lieutenans qui l'affiftent dans fes fonctions, ainfi qu'un greffier. (*A. R.*)

préfentant

OTWAY, (THOMAS) (*Hist. litt. mod.*) célèbre poëte tragique anglois, mort à trente-quatre ans, en 1685. On a recueilli ses œuvres à Londres, en 1736, en deux volumes *in-12*. Ses pièces les plus célèbres sont, *Don Carlos*, & sur-tout *Venise sauvée*, que M. de la Place a su faire applaudir sur notre théâtre, & qui finit chez lui par ce vers si plein, que dit Jaffier à son ami, en lui présentant un poignard & s'en frappant le premier :

Embrassons-nous.... meurs libre, & sois vengé d'un traître.

Otway, non moins terrible quelquefois que Skakespear, l'a trop imité dans le mélange des genres & des styles. M. de Voltaire lui a justement reproché d'avoir gâté par-là sa *Venise sauvée*. « Dans cette » pièce, dit-il, l'auteur introduit le sénateur An- » tonio & la courtisanne Naki au milieu des hor- » reurs de la conspiration du marquis de Bedmar. » L'amoureux vieillard fait auprès de sa courtisanne » toutes les singeries d'un vieux débauché im- » puissant & hors de sens. Il contrefait le taureau » & le chien ; il mord les jambes de sa maîtresse, » qui lui donne des coups de pied & des coups de » fouet. Dans cette même pièce le son d'une » cloche se fait entendre, & cette terrible extra- » vagance, qui ne seroit que risible sur le théâtre » de Paris, réussit à jeter l'effroi dans l'ame des » spectateurs anglois. » Cette cloche est pour avertir de mener les conjurés au supplice ; on l'entend aussi en pareil cas dans *Barneveld* ou *le marchand de Londres* de Lillo, & on conçoit qu'elle peut produire un grand effet quand le spectateur s'intéresse beaucoup aux personnages qui vont périr. Nous ne voyons pas bien pourquoi ce son de cloche seroit plus risible que le coup de canon dans *Adélaïde du Guesclin*, & les trois coups de marteau dans *le Philosophe sans le savoir* : ce n'est dans toutes ces pièces qu'un signal convenu qui annonce le malheur qu'on redoute. Peut-être cependant M. de Voltaire avoit-il raison pour ce qui concernoit le théâtre de Paris dans le temps où il écrivoit ceci ; mais soit qu'une plus grande habitude du théâtre anglois (qu'il nous a fait connoître le premier) nous ait familiarisés avec ces sortes de coups de théâtre, soit que par leur propre nature ils doivent produire de l'effet dans tous les pays & sur toutes les ames, soit qu'ils dépendent de l'art avec lequel ils sont préparés, amenés & placés, il est certain que personne n'est tenté de rire à aucun des coups de théâtre que viennent d'être cités. Il y a encore un son de cloche bien tragique, bien terrible, & qui produit un grand effet, du moins à la lecture, dans une pièce qui ne paroît point avoir été destinée au théâtre, c'est celui qui annonce l'agonie du frère Euthyme, c'est-à-dire, d'Adélaïde dans *le comte de Comminges* :

Tantùm de medio sumptis accedit honoris ?

OUBLIETTE, s. f. (*Hist. mod.*) lieu ou cachot dans certaines prisons de France, où l'on renfermoit autrefois ceux qui étoient condamnés à une prison perpétuelle. On l'appelloit ainsi, parce que ceux qui y étoient renfermés, étant retranchés de la société, en étoient ou devoient être entièrement *oubliés.* Bonfons, dans ses *antiquités de Paris*, parlant d'Hugues Aubriot, prévôt de cette ville, qui fut condamné à cette peine, dit « qu'il fut » prêché & mitré publiquement au parvis Notre- » Dame, & qu'après cela il fut condamné à être » en l'*oubliette*, au pain & à l'eau. » (*A. R.*)

OUD

OUDARD DE BUSSY, (*Hist. de Fr.*) lorsqu'en 1477, Louis XI dépouilloit si violemment l'héritière de Bourgogne, qu'il eût dû faire épouser à son fils, la ville d'Arras qu'il assiégeoit, commençant après la plus vigoureuse défense à désespérer de son salut, envoya au roi, qui étoit pour-lors à Hesdin, une députation pour le prier de trouver bon qu'on avertit Marie de Bourgogne de l'état de la place & de l'impossibilité de la défendre plus long-temps. Le roi leur répondit : *Vous êtes prudens & sages, faites comme vous l'entendrez.* Les députés s'en alloient contens ; mais sur la route on les arrête, on les ramène à Hesdin, on fait trancher la tête à douze d'entr'eux, dont le chef étoit *Oudard de Bussy*, qui ayant été conseiller au parlement, fournit au roi le prétexte de le traiter lui & ses compagnons comme des traîtres. Il sembloit que le roi eût juré de faire abhorrer le nom françois dans ces provinces, qu'il vouloit conquérir ; de quel œil pouvoit-on voir cette violation scandaleuse du droit des gens, cet abus cruel d'une confiance inspirée par une basse équivoque ?

Si l'on en croit le récit de l'annaliste Gilles, secrétaire de Louis XII, le roi étoit encore bien plus coupable. *Oudard* n'avoit jamais été son sujet. Louis XI, pour l'attirer à son service, lui avoit offert une charge de conseiller au parlement, & une charge de maître des comptes. *Oudard*, inviolablement attaché à Marie, avoit rejeté ces offres ; & c'étoit ce refus si estimable que Louis XI punissoit en lui. Au reste Gilles, qui rapporte ces faits, taxe *Oudard* d'opiniâtreté, & ne paroît point sentir ce que le procédé de Louis XI avoit d'odieux.

Ce prince, pour faire voir que c'étoit le conseiller au parlement & le sujet infidèle qu'il punissoit dans *Oudard de Bussy*, lui fit mettre sur la tête un chaperon d'écarlate, & voulut que couverte de cet ornement ignominieux, elle restât exposée pour servir d'exemple.

Voici comment Louis XI rapporte lui-même cette histoire & s'applaudit de cette atrocité, dans une lettre du 26 avril 1477, adressée à monsieur de Bressure, son conseiller & son chambellan, sénéchal de Poitou, lieutenant-général dans les

R

provinces de Poitou, Saintonge, & pays d'Aunis.

Après s'être applaudi d'un avantage remporté sur les garnisons des villes voisines, qui s'étoient rassemblées pour venir secourir Arras, & avoir remarqué que de six cents prisonniers faits en cette occasion, les uns avoient été pendus, les autres avoient eu la tête coupée, il ajoute :

« Ceux dudit Arras restoient assemblés bien » vingt-deux ou vingt-trois pour aller en ambas-» sade devers mademoiselle de Bourgogne ; ils ont » été pris, & les instructions qu'ils portoient, & » ont eu les têtes tranchées, *car ils m'avoient fait* » *une fois le serment*. Il y en avoit un entre les » autres, maître *Oudard de Buffy*, à qui j'avois » donné une seigneurie en parlement, & afin » qu'on connût bien sa tête, je l'ai fait atourner » d'un beau chaperon fourré, & est sur le mar-» ché de Hesdin, là où il préside. »

Quand *Oudard* auroit mérité son sort, cette manière légère & badine de parler de l'insulte qu'il lui faisoit après sa mort, seroit toujours une grande indécence dans un roi, qui doit punir à regret quand la justice l'exige, mais qui ne doit jamais se permettre d'insulter.

Mais quel serment avoient pu lui prêter les habitans d'Arras sujets de Marie de Bourgogne ? c'est ce qui auroit besoin d'un peu plus d'explication pour être cru, & ce qui est fort suspect sous la plume de Louis XI ; & les garnisons des villes voisines, Lille, Douay, Orchies, Valenciennes, toutes villes sujettes de Marie de Bourgogne, avoient-elles aussi prêté serment à Louis XI, pour lui donner le droit si cher à son cœur, de faire pendre ou décapiter six cents prisonniers ?

Cette lettre est rapportée par Brantôme, qui descendoit par femmes de ce Bressure à qui elle est adressée, & qui l'avoit trouvée avec plusieurs autres lettres du même roi, dans ses titres de famille.

Brantôme, approbateur & admirateur universel du machiavellisme, qui trouve toujours tant d'esprit dans la fourberie, & tant de force & de grandeur dans la violence, s'exprime sur cette action d'une manière équivoque, qui du moins ne laisse pas connoître s'il l'approuve où s'il la blâme, on entrevoit seulement qu'il trouve l'atrocité du chaperon assez plaisante ; voici ses termes:

« Quelle plaisanterie, notez, de faire ainsi en-» capuchonner ce pauvre diable d'un chaperon » fourré à la mode d'un président qui préside ! »

OUDIN. (*Hist. litt. mod.*) Plusieurs savans ont fait connoître ce nom :

1°. César *Oudin*, élevé à la cour du roi de Navarre (Henri IV); nommé par lui, en 1697, interprète des langues étrangères, auteur de grammaires & de dictionnaires pour les langues italienne & espagnole, mort en 1625.

2°. Antoine, fils de César, & son successeur dans sa place d'interprète des langues étrangères, fut choisi pour enseigner l'italien à Louis XIV. Il est auteur *du Trésor des deux langues espagnole & françoise*, & de quelques autres livres concernant ces deux langues & la langue italienne ; mort en 1653.

3°. Casimir *Oudin*, d'abord prémontré, ensuite protestant & sous-bibliothécaire de l'université de Leyde, où il s'étoit retiré en 1690, & où il mourut en 1717. Il étoit né à Mézières sur la Meuse, en 1638, & étoit entré chez les prémontrés en 1656. Il étoit à l'abbaye de Bucilly en Champagne, lorsque Louis XIV y passa, le premier mars 1680. Le roi étant entré dans la salle de cette abbaye, au milieu d'un temps sombre & couvert, le soleil parut tout-à-coup, & ses premiers rayons tombèrent sur un portrait du roi qui étoit dans cette salle, ce qui donna lieu à *Oudin* de faire deux vers latins, où il représente l'ancien soleil adorant le nouveau, & le premier jour de mars contemplant le Mars des François :

Solem vere novum nunc sol antiquus adorat
Et Martem primum Martia prima dies :

Vers qui sont à peu près dans le goût de celui de Virgile :

Divisum imperium cum Jove Cesar habet.

Casimir *Oudin* s'appliqua principalement à l'étude de l'histoire ecclésiastique ; on a de lui un supplément des auteurs ecclésiastiques omis par Bellarmin, & quelques autres ouvrages du même genre.

4°. François *Oudin*, jésuite, savant & excellent littérateur. Il est du petit nombre de ceux qui les jansénistes mêmes ont pardonné d'être jésuites. On a de lui des poésies latines estimées. Il se glorifioit d'être disciple de Santeuil. Il avoit entrepris une traduction de l'Iliade en vers latins. En voici le début :

Iliacas dic, Musa, acies, iramque ferocis
Æacidæ, sævos Danais funesta labores
Et luctus quæ mille tulit, multasque sub orcum
Ingentes heroum animas demisit acerbo
Antè diem, Letho, crudeli & sorte peremptas
Dardaniâ prædam canibus projecit arenâ
Alitibusque : sæva Jovis sic fata ferebant ;
Præcipiti postquàm incessit discordia motu,
Et regem magno Atriden distraxit Achillem.
Quis Deus hunc illis injecit mente furorem ?
Mutuæque infestis jactantes jurgia verbis.
Impuli hostili pariter contendere rixâ ?
Magnanimi Jovis & Latonæ filius. Atram
Ille luem diro per achaïca castra tumultu
Spaiserat , & fato populos sternebat iniquo

Ces vers ne sont pas sans beauté, mais ils n'ont pas la verve d'Homère, ni celle de Santeuil.

On en trouvera davantage dans ces vers d'un disciple du père *Oudin*, M. Bauyn, depuis évêque d'Uzès ; ils sont tirés d'un poëme sur la paix, composé, en 1714, par ce M. Bauyn, alors écolier de rhétorique ; il nous semble qu'il y peint en maître les héros du siècle précédent.

Præcipiti Condæus equo sublimis in hostes
Fulminat & longo fidens Turennius usu :
Sævi terror adhuc, tu Luxemburge, Britanni,
Proruis infensas acies. Quot prælia miscet
Vindocinus, victo tot collocat hoste trophæa.
Egregioque novum capiti decus aggerat ; illis
Proximus, haud famâ ille minor, bellique secundus
Laudibus, hostilis fati mora gallicus Hector
Cernitur & multo rutilat spectandus honore.
Cui mixtas heredis intexit laurus olivas,
Æternum famæ monumentum. Hos inter, aperto
Qualis ubi cælo radiat sol altus & astra
Luce minora premit, Lodoix sic arduus extat.

Le second volume des mémoires historiques & philologiques de M. Michault, est un monument d'estime & de reconnoissance que M. Michault élève à la mémoire du père *Oudin*, son ami, l'ami de tous les gens de lettres, digne par ses travaux & par ses mœurs de leur être proposé pour modèle. Le père *Oudin* avoit rendu le même hommage à la mémoire de M. le président Bouhier, ce magistrat illustre, dont les talens, les lumières & les vertus méritoient en effet un ami, un panégyriste tel que le père *Oudin*. Ces nobles témoignages d'estime & de tendresse portés au-delà du tombeau, s'ils étoient moins rares parmi les savans, seroient toute la gloire de la littérature.

Le père *Oudin* étoit plus connu encore par son érudition, tant sacrée que profane, qu'il ne l'étoit par sa littérature agréable. Il a beaucoup travaillé sur l'écriture sainte. On a de lui une histoire dogmatique des conciles en latin, des étymologies celtiques, des vies de plusieurs savans, insérées dans les mémoires du père Nicéron. Il a continué la bibliothèque des écrivains jésuites, commencée par Ribadeneira, & déjà continuée avant lui par quelques autres jésuites.

Il étoit né, en 1673, à Vignory en Champagne, & étoit entré chez les jésuites en 1691. Il s'étoit fixé à Dijon, ville si célèbre par les gens de lettres qu'elle a ou produits ou nourris. Il y est mort en 1752.

OUDINET, (MARC-ANTOINE) (*Hist. litt. mod.*) de l'académie des inscriptions & belles-lettres, naquit à Reims, en 1643. Il fut avocat, puis professeur en droit dans l'université de Reims ; il finit par être commis à la garde des médailles du cabinet du Roi, après M. Rainssant, qui se noya le 7 juin 1689, dans la pièce des Suisses à Versailles. Ce M. Rainssant & M. *Oudinet* étoient parens, & la vocation pour les médailles,

dit M. de Boze, leur étoit venue en même temps & par le même hasard.

« Un fermier de M. *Oudinet* le père trouva en » labourant la terre, une grande urne pleine de » médailles de bronze. Ce fut une merveilleuse » occupation pour ces deux jeunes gens : c'étoit » à qui en déchiffreroit mieux les légendes, à » qui en expliqueroit le mieux les types : tout » leur étoit nouveau, & tout par conséquent » piquoit leur curiosité. »

M. *Oudinet* entra dans l'académie en 1701. On n'a de lui pour tous ouvrages que trois dissertations dans le recueil de l'académie ; mais il a été très-utile au cabinet des médailles. Mort le 22 Janvier 1712.

OUE

OUEN, (SAINT) AUDOENUS, (*Hist. eccl.*) évêque de Rouen, étoit référendaire de Dagobert Ier. Judicaël, roi, ou duc, ou comte des Bretons, étant venu à Saint Denis, faire des soumissions à Dagobert & reconnoître sa souveraineté, Dagobert voulut le retenir à dîner ; Judicaël le refusa, & son excuse, qui fut reçue & même approuvée, fut qu'il étoit engagé chez le référendaire *Ouen*, & que c'étoit pour un saint qu'il manquoit à un roi.

C'est avec peine qu'on voit *saint Ouen* au nombre des persécuteurs de saint Leger & des amis d'Ebroin (*voyez ces deux articles.*) Il mourut à Clichy près Paris, le 14 août 683. On a de lui une vie de saint Eloy, qui a été traduite en françois.

OVI

OVIDE, (PUBLIUS OVIDIUS NASO,) (*Hist. litt. anc.*) un de ces hommes rares à qui dans tous les temps & dans tous les pays, les gens de peu d'esprit reprochent d'en avoir trop. Il n'y a point de genre de beautés dont on ne trouve de grands & de fréquens exemples dans ses œuvres. Quoi de plus riche & de plus varié que les métamorphoses ; de plus savant & de plus agréablement orné de récits & d'épisodes, que le poëme des fastes ; de plus galant, de plus ingénieux que les livres érotiques ? Par-tout où le genre se refuse à ces grandes & magnifiques beautés, qui étonnent & qui entraînent, & qu'on regarde plus particulièrement comme les fruits de ce qu'on appelle proprement le génie, on est toujours consolé, amusé, piqué, réveillé, soutenu, par ce qu'on appelle esprit : on pourroit dire d'*Ovide* dans ces endroits : *il est vrai qu'il n'est que charmant ;* comme M. Dacier disoit des endroits d'Homère qu'il avoit peine à défendre : *il est vrai qu'ici Homère n'est que sublime.* Quintilien a dit qu'*Ovide* est quelquefois *nimium amator ingenii sui ;* cela est vrai, mais il inspire ce sentiment à tous ses lecteurs. Quel homme de goût, s'il veut parler de bonne foi, n'éprouve pas un peu d'ennui à la lecture de ces descriptions toujours uniformes de batailles, dont les six derniers livres de l'Enéide sont trop remplis; & quel est l'ouvrage d'*Ovide*, qui inspira jamais l'ennui?

Ovide étoit un chevalier romain, né à Sulmone, ville de l'Abruze, l'an 43 avant J. C., & qui mourut exilé à Tomes sur le pont Euxin, ou la mer Noire, l'an 17 de Jésus-Christ. Il nous a lui-même appris combien il étoit heureusement né pour la poésie, & avec quelle facilité dès son enfance les vers naissoient sous sa plume, malgré son père, car ce n'est pas d'aujourd'hui que les parens combattent dans leurs enfans ce goût pour la poésie, qui, dans de certains temps & sous de certains princes, n'a pourtant pas procuré moins de fortune, ni moins de considération que tout autre talent & tout autre état, & qui dans tous les temps a procuré plus de réputation & plus de gloire.

On a beaucoup cherché, on cherche encore tous les jours la cause de la disgrace d'*Ovide* ; on ne la saura pas, il faut prendre son parti là-dessus. Voici tout ce qu'il a plu à *Ovide* de nous en apprendre ou de nous en cacher :

Cur aliquid vidi ? cur noxia lumina feci ?
Cur imprudenti cognita culpa mihi est ?
Inscius Acteon vidit fine veste Dianam :
Præda fuit canibus non minùs ille fuis.

C'est sur ce fondement qu'on a bâti mille fables conjecturales. L'idée à laquelle on paroit s'être le plus généralement arrêté, est qu'*Ovide* avoit eu le malheur de surprendre Auguste en inceste avec Julie sa fille. Cette idée ne paroit pas réfléchie. Dans les mœurs de la tyrannie & de l'esclavage, qui étoient devenues celles des Romains, le despote qui veut que son crime soit ignoré n'en exile pas le témoin, qui, du fond de son exil, peut l'apprendre à tout le monde, il fait ce que dit Mahomet :

Qu'il tremble, il est chargé du secret de son maître ;
Je sais comme on écarte un témoin dangereux.

Et ce que dit Poliphonte :

        Ma juste défiance
A pris soin d'effacer dans son sang dangereux,
De ce secret d'état les vestiges honteux.

Et comment *Ovide*, courtisan souple & plein d'esprit, auroit-il eu la mal-adroite imprudence, de rappeler au tyran qu'il vouloit fléchir, le malheur qu'il avoit eu d'être témoin de son crime ? comment auroit-il osé présenter des idées que la connoissance des passions & des intrigues de la cour d'Auguste rendoit bien plus faciles alors à saisir & à pénétrer ? d'ailleurs il dit dans un autre endroit :

Ingenio perii Naso poeta meo.

Nous voilà rejetés bien loin de la première idée. Ce n'est plus pour avoir vu ce qu'il ne devoit pas voir qu'*Ovide* est exilé, c'est pour la licence de ses écrits. Quoi qu'il en soit, *Ovide* passa tout le reste de sa vie à flatter ses deux tyrans, Auguste & Tibère, & à leur demander grace, ils furent inexorables, & *Ovide* mourut de chagrin & d'ennui dans son exil. On lui a reproché cette foiblesse, & sur-tout ses adulations & ses déprécations perpétuelles à Auguste. Il lui consacra même après sa mort une espèce de temple, où il alloit tous les matins lui offrir de l'encens, sur quoi on a dit qu'*Ovide* rendoit à Auguste des honneurs divins, pour inspirer à Tibère des sentimens humains. M. Gresset a dit :

   Je cesse d'estimer Ovide,
   Quand il vient sur de tristes tons
   Me chanter, pleureur insipide,
   De longües lamentations.

M. Gresset, qui a su vivre si heureux & si obscur à Amiens, après avoir vécu à Paris dans un monde qui a pu lui inspirer le *méchant*, & lui en fournir le modèle, M. Gresset étoit peut-être le sage le moins propre à se bien mettre à la place d'un génie brillant & frivole, accoûtumé aux délices, aux intrigues, aux agitations, aux succès, dans une ville telle que Rome, dans une cour, telle que la cour d'Auguste, & qui se trouve seul dans une espèce de désert, parmi des gens qui lui paroissent des barbares, & dont il n'entend, pour ainsi dire, ni la langue, ni les intérêts, ni les passions. L'élégie dans laquelle il raconte son départ de Rome, & sa séparation d'avec sa famille :

Cùm subit illius tristissima noctis imago
Quæ mihi supremum tempus in urbe fuit,
Cùm repeto noctem quâ tot mihi cara reliqui, &c.

Est un des ouvrages les plus touchans de ce poète, à la vérité peu touchant ; on en a une traduction en vers par M. de Pompignan, assez belle, mais bien moins touchante que l'original. Beaucoup de membres célèbres de l'académie françoise, & de l'académie des inscriptions & belles-lettres, & d'autres littérateurs connus, ont traduit, soit en prose, soit en vers, différens ouvrages d'*Ovide*. Duryer & l'abbé Banier ont traduit en prose les Métamorphoses ; Thomas Corneille les a traduites en vers, ce qui n'empêche pas que la traduction qu'en fait actuellement, aussi en vers, M. de Saint-Ange, ne soit encore nécessaire, & la traduction en prose de Duryer ne devoit pas moins faire desirer celle que M. de Fontanelle a donnée depuis, aussi en prose ; le P. Kervillars, jésuite, a traduit en prose les *Tristes* & les *Fastes* ; Meziriac a traduit en vers quelques

Héroïdes. Martignac a tout traduit, & c'est comme s'il n'avoit rien fait, (*voyez son article.*) La tragédie de *Médée* d'Ovide, qui ne nous est point parvenue, paroît avoir eu les suffrages de l'antiquité.

OVIEDO. (*Hist. mod.*) Deux Espagnols de ce nom se firent connoître dans le seizième siècle par leurs relations avec l'Amérique, alors nouvellement découverte.

L'un (JEAN-GONSALVE D'OVIEDO) est le premier, selon Fallope, qui employa le bois de gayac dans le traitement des maladies vénériennes. Il fut attaqué de ce mal à Naples, dans le temps où l'on commençoit à le connoître en Europe. Il jugea que, puisque c'étoit en Amérique une maladie du pays, le remède de cette maladie devoit aussi être en Amérique. Pour s'en assurer, il se transporta dans cette contrée, où on lui indiqua le bois de gayac. Il en vit les heureux effets ; il les éprouva sur lui-même ; il rapporta en Espagne ce remède, qui fit sa fortune.

L'autre, (GONZALES-FERNAND D'OVIEDO) intendant-général du commerce dans le Nouveau-Monde, sous le règne de Charles-Quint, est auteur d'une *Histoire générale des Indes occidentales*, en espagnol, qui a été traduite en italien & en françois.

OVISSA ; (*Hist. mod. Culte.*) c'est le nom sous lequel les habitans du royaume de Bénin en Afrique désignent l'*Etre suprême*. Ils ont, suivant le rapport des voyageurs, des idées assez justes de la divinité, qu'ils regardent comme un être tout-puissant, qui fait tout, qui, quoique invisible, est présent partout, qui est le créateur & le conservateur de l'univers. Ils ne le représentent point sous une forme corporelle ; mais comme ils disent que Dieu est infiniment bon, ils se croient dispensés de lui rendre leurs hommages, qu'ils réservent pour les mauvais esprits ou démons qui sont les auteurs de tous les maux, & à qui ils font des sacrifices pour les empêcher de leur nuire. Ces idolâtres sont d'ailleurs fort superstitieux : ils croient aux esprits & aux apparitions, & sont persuadés que les ombres de leurs ancêtres sont occupées à parcourir l'univers, & viennent les avertir en songe des dangers qui les menacent : ils ne manquent point à suivre les inspirations qu'ils sont reçues, & en conséquence ils offrent des sacrifices à leurs fétiches ou démons. Les habitans de Bénin placent dans la mer leur séjour à venir de bonheur ou de misère. Ils croient que l'ombre d'un homme est un corps existant réellement, qui rendra un jour témoignage de leurs bonnes & de leurs mauvaises actions : ils nomment *passador* cet être chimérique, qu'ils tâchent de se rendre favorable par des sacrifices, persuadés que son témoignage peut décider de leur bonheur ou de leur malheur éternel. Les prêtres de Bénin prétendent découvrir l'avenir, ce qu'ils font au moyen d'un pot percé par le fond en trois endroits, dont ils tirent un son qu'ils font passer pour des oracles, & qu'ils expliquent comme ils veulent ; mais ces prêtres sont punis de mort lorsqu'ils se mêlent de rendre des oracles qui concernent l'état ou le gouvernement. De plus, il est défendu, sous des peines très-grièves, aux prêtres des provinces, d'entrer dans la capitale. Malgré ces rigueurs contre les ministres des autels, le gouvernement a, dans de certaines occasions, des complaisances, pour eux qui sont très-choquantes pour l'humanité : c'est un usage établi à Bénin de sacrifier aux idoles les criminels que l'on réserve dans cette vue, il faut toujours qu'ils soient au nombre de vingt-cinq : lorsque ce nombre n'est point complet, les officiers du roi ont ordre de se répandre dans l'obscurité de la nuit, & de saisir indistinctement tous ceux qu'ils rencontrent, mais il ne faut point qu'ils soient éclairés par le moindre rayon de lumière ; les victimes qui ont été saisies sont remises entre les mains des prêtres, qui sont maîtres de leur sort : les riches sont libres de se racheter, ainsi que leurs esclaves, tandis que les pauvres sont impitoyablement sacrifiés. (*A. R.*)

O U L

OULANS, s. m. plur. (*Milice polon.*) nom d'une troupe de cavalerie légère, composée de Polonois & de Tartares, montés sur des chevaux de ces deux nations ; ils font un service pareil à celui des hussards, qu'ils surpassent en bonté, soit par l'armure, soit par la vitesse de leurs chevaux, qui, quoiqu'à peu près de la même taille, leur sont supérieurs en légèreté, & beaucoup plus durs à la fatigue. (*A. R.*)

O U R

OURAN ou URAN SOANGUR, (*Hist. mod.*) est le nom d'une certaine secte de magiciens de l'île Grombocannose dans les Indes orientales.

Ce nom renferme les mots d'*homme* & de *diable* : ces magiciens ayant la réputation de se rendre invisibles quand il leur plaît, & de se transporter où ils veulent pour faire du mal : aussi le peuple les craint fort, & les hait mortellement ; & quand il peut en attraper quelqu'un, il le tue sans miséricorde.

Dans l'histoire de Portugal *in-folio*, imprimée en 1581, il est parlé d'un roi de l'île Grombocannose, qui fit présent à un officier portugais, nommé *Brittio*, de douze de ces *Ourans* : cet officier s'en servit dans ses courses chez les peuples de Tidor, où il fit périr beaucoup de monde par leur moyen, &c.

Pour s'assurer si en effet ces magiciens avoient tout le pouvoir qu'on leur attribuoit, il fit attacher un d'entr'eux par le cou avec une corde, de manière qu'il ne pouvoit se débarrasser par aucun moyen naturel ; on assure que le lendemain matin cet homme sut trouvé libre & dégagé.

Cependant Brittio ne voulant pas que le roi de Tidor pût lui reprocher qu'il se servoit de diables pour lui faire la guerre, renvoya, dit-on, tous ces magiciens dans leur pays. (*A. R.*)

O U V

OUVILLE, (ANTOINE LE METEL , SIEUR D') (*Hist. litt. mod.*) étoit frère de l'abbé de Bois-Robert. On a de lui quelques comédies oubliées ; il en donna une première qui réussit, puis une seconde qui tomba : *le parterre*, disoit-il, au sujet de cette dernière, *n'a plus le sens commun.* — *Je m'en étois aperçu dès la première*, lui dit l'abbé de Bois-Robert, son frère, qui cependant ne faisoit pas mieux.

O W E

OWEN, (JEAN) *Audoënus*, (*Hist. litt. mod.*) poëte latin moderne, né dans le comté de Caernarvon en Angleterre, mort à Londres en 1622, est auteur d'épigrammes imprimées chez Elzevir, & dont il a dit lui-même, qu'il y auroit de la sotise à y louer tout, & de l'envie à y blâmer tout.

Qui legis ista , tuam reprehendo , si mea laudas
Omnia , stultitiam , si nihil , invidiam.

O X E

OXENSTIERN , (*Hist. de Suède.*) C'est le nom d'une famille de Suède, qui a produit plusieurs personnages considérables.

Deux grands chanceliers de Suède, Benoît & Axel, dont le plus célèbre est Axel, qui fut premier ministre sous Gustave-Adolphe, & l'un des tuteurs de la reine Christine sa fille, pendant sa minorité ; il conserva jusqu'à la mort l'autorité principale. Il étoit savant en politique & en littérature.

Jean Oxenstiern, son fils, fut plénipotentiaire pour la Suède à la paix de Munster, & se distingua parmi les négociateurs de ce grand ouvrage.

Le livre connu sous le titre *de pensées du comte Oxenstiern*, est d'un petit-neveu du chancelier Axel.

Il y a eu aussi postérieurement un grand-maréchal de Suède, (*Gabriel Oxenstiern*) qui étoit de la même maison.

O Y A

OYAS, (*Hist. mod.*) c'est le titre que l'on donne à la cour du roi de Siam, aux ministres & à ceux qui possèdent les postes les plus éminens de

l'état. Pour les distinguer des autres, le monarque leur donne une boîte d'or artistement travaillée, dans laquelle ils ont des feuilles de bétel qu'ils mâchent de même que les autres Indiens. C'est le plus ou le moins de travail qui se trouve sur cette boîte qui annonce le rang des *oyas* ; ils ont au-dessous d'eux les *ok-pras*, parmi lesquels on choisit les ambassadeurs ; leurs boîtes sont moins travaillées que celles des *Oyas*. Les *ok-louans* forment un troisième ordre de noblesse, leur boîte est d'argent façonné : enfin les *ok-munes* & les *ok-konnes* sont des officiers subalternes, dont les boîtes sont d'or ou d'argent, sans nulle façon. (*A. R.*)

O Z A

OZA, *ou* OSA, (*Hist. sacr.*) frappé de Dieu pour avoir mis la main à l'arche ; ce fait est rapporté au second livre des Rois, chapitre 6, & au premier livre des Paralipomènes, chap. 13.

OZANAM, (JACQUES) (*Hist. litt. mod.*) de l'académie des sciences, né en 1640, dans la principauté de Dombes, & que mademoiselle de Montpensier appelloit *l'honneur de sa Dombe*, étoit d'une famille d'origine juive, comme le marque assez le nom, qui, dit M. de Fontenelle, a tout-à-fait l'air hébreu ; il étoit cadet, & quoique sa famille fût riche, il vécut pauvre, parce que tous les biens appartenoient à l'aîné. Les mathématiques, auxquelles il sacrifia toutes les espérances de fortune, furent sa ressource unique ; il fut obligé de les enseigner pour vivre, les ayant apprises sans maître ; il les enseignoit d'abord à Lyon. Des étrangers auxquels il prêta généreusement de l'argent sans billets pour venir à Paris, y parlèrent de lui, de sa capacité, de son procédé à leur égard. M. d'Aguesseau, père du chancelier, en fut touché ; il leur proposa de faire venir à Paris M. *Ozanam*, & l'aida de tout son pouvoir à s'y faire connoître ; les talens de M. *Ozanam* firent le reste. Il avoit eu dès l'enfance un goût naturel & de prédilection pour l'astronomie. M. de Fontenelle nous le représente à dix ou douze ans, passant de belles nuits dans le jardin de son père, couché sur le dos, pour contempler la beauté d'un ciel bien étoilé, spectacle, ajoûte-t-il, auquel en effet il est étonnant que la force même de l'habitude puisse nous rendre si peu sensibles. A quinze ans, M. *Oza-nam* avoit composé un ouvrage de mathématiques. On connoît ses *récréations mathématiques*. On a de lui d'ailleurs un dictionnaire de mathématiques, un cours de mathématiques, un traité d'algèbre, des sections coniques. De son temps on confondoit encore un peu l'astronomie avec l'astrologie. Un comte de l'Empire le pria de dresser le thème de sa nativité, quoique M. *Ozanam* l'avertit de ne pas croire à ces chimères ; en même temps le comte faisoit tirer son horoscope par un médecin très-entêté de cet art. M. *Ozanam*, sans suivre aucune des prétendues règles de l'astrologie, se contenta de prédire au comte tout ce qu'il pût imaginer d'heureux : le médecin suivit scrupuleusement toutes les règles ; vingt ans après, le seigneur allemand apprit à M. *Ozanam* que toutes ses prédictions étoient arrivées, & pas une de celles du médecin. « Cette nouvelle lui fit un » plaisir tout différent de celui qu'on prétendoit » lui faire. On vouloit l'applaudir sur son grand » savoir en astrologie, & on le confirmoit seule- » ment dans la pensée qu'il n'y a point d'astro- » logie. »

M. *Ozanam* étoit pieux, & ne se permettoit point, dit encore M. de Fontenelle, d'en savoir plus que le peuple en matière de religion. Il disoit en propres termes, *qu'il appartient aux docteurs de Sorbonne de disputer, au pape de prononcer, & au mathématicien d'aller en paradis en ligne perpendiculaire.*

Il fut heureux dans le mariage, il avoit choisi sa compagne & ne l'avoit pas marchandée ; il en eut jusqu'à douze enfans ; mais la plupart mouroient, & il les regrettoit comme s'il eût été riche, ou plutôt comme ne l'étant point, dit encore le même M. de Fontenelle.

Sans être malade, il eut un tel pressentiment de sa mort, que des étrangers ayant voulu le prendre pour maître de mathématiques, il les refusa, dit toujours le même auteur, sur ce qu'il alloit mourir. Il mourut presque subitement, le 3 avril 1717.

OZI

OZIAS, (*Hist. sacr.*) est le même personnage qu'Azarias. *Voyez* AZARIAS.)

PAAL-GOWAM, f. m. (*Hift.*) douzième mois de l'année des Indiens. *Voyez l'Inde de Dapper & la defcription de la côte de Malabar de Bone*. (*A. R.*)

PAB

PABONS, f. m. (*Hift.*) C'eft en Perfe le baifer des pieds, cérémonie dont on fait remonter l'inftitution jufqu'à Caioumarrath, le premier roi de la Perfe. C'eft la marque du refpect des feigneurs envers le fouverain, & c'eft auffi la marque de foi & hommage à l'égard des feigneurs. (*A. R.*)

PAC

PACATIEN, (*Hift. rom.*) Titus-Julius-Marinus-Pacatianus, concurrent de Dèce à l'empire, & tué en 249 par les foldats de cet empereur, n'eft connu que par des médailles qu'on a de lui.

PACAUD, (PIERRE) (*Hift. litt. mod.*) prêtre de l'oratoire, prédicateur connu, mort en 1760. On a fes fermons en 3 volumes *in-12.*

PACHA D'EGYPTE, (*Hift. mod.*) autrement *bacha d'Egypte.* La partie de ce pays foumife au grand-feigneur, & gouvernée par un *pacha* qui a cependant très-peu de pouvoir réel, mais qui femble principalement y être envoyé pour que les ordres du divan, des béys & des ogiacs militaires, foient exécutés par leurs propres officiers. S'il afferme les terres du grand-feigneur, les taxes impofées fur les terres, lors de la mort du fermier, lui appartiennent. Originairement toutes les terres de l'Egypte appartenoient au grand-feigneur, & la Porte les regarde encore comme étant de fon domaine; mais le pouvoir du grand-feigneur étant préfentement perdu dans ce pays, les terres reviennent au plus proche héritier, qui en reçoit cependant l'inveftiture du *pacha*, lequel eft très-aife d'en traiter avec lui à bon marché. Sa charge demande d'être fort attentif à faire avorter tous les deffeins qui peuvent devenir préjudiciables à la porte ottomane : auffi eft-il fouvent défagréable au pays, & dépofé en conféquence; mais il ne s'en embarraffe guère, parce que fa perfonne eft facrée, & que la perte de fon pofte lui en procure toujours un autre fort confidérable. Pocock, *defcription de l'Egypte.* (*D. J.*)

PACHACAMAC, f. m. (*Hift. mod.*) nom que les idolâtres du Pérou donnoient au fouverain être qu'ils adoroient avec le foleil & d'autres fauffes divinités. Le principal temple de *Pachacamac* étoit fitué dans une vallée à quatre lieues de Lima, & avoit été fondé par les incas ou empereurs du Pérou. Ils offroient à cette divinité ce qu'ils avoient de plus précieux, & avoient pour fon idole une fi grande vénération, qu'ils n'ofoient la regarder. Auffi les rois & les prêtres même entroient-ils à reculons dans fon temple, & en fortoient fans fe retourner. Les Péruviens avoient mis dans ce temple plufieurs idoles qui, dit-on, rendoient des oracles aux prêtres qui les confultoient. Jovet, *hiftoire des religions*. Ferdinand Pizaro tira de grandes richeffes du temple de *Pachacamac* : les ruines qui en fubfiftent encore donnent une grande idée de fa magnificence. (*A. R.*)

PACHÉCO. (*Hift. d'Efpagne.*) c'eft le nom d'une grande & ancienne maifon d'Efpagne, dont étoient :

1°. Don Jean, marquis de Villéna, grand-maître de l'ordre de faint Jacques, miniftre & favori du roi Henri IV, dit *l'impuiffant.* On lui reproche de grandes infidélités. Il étoit penfionnaire fecret de Louis XI, qu'il fervit en différentes affaires au préjudice de fon maître. S'étant brouillé avec Henri, il le dépofa folemnellement, & fit proclamer roi le prince Alphonfe, frère de Henri; puis s'étant réconcilié avec le même Henri, il empoifonna, dit-on, le prince Alphonfe. Il engagea pour lors Henri à déclarer héritière du trône la princeffe Ifabelle, fa fœur, que *Pachéco* vouloit marier au roi de Portugal, dont il étoit peut-être auffi penfionnaire; mais Ifabelle ayant époufé Ferdinand, prince héréditaire d'Arragon, *Pachéco* détruifit fon propre ouvrage, & obligea Henri IV d'appeller à fa fucceffion la princeffe Jeanne, qu'il avoit déshéritée en faveur d'Ifabelle. Jeanne paffoit pour fille de Henri IV, & l'étoit de la reine, fa femme, & de Bertrand de la Cueva, fuivant l'opinion publique. Cependant *Pachéco* fe fortifioit d'argent, d'amis & de places dans le royaume, & cherchoit à fe rendre indépendant. Il mourut au milieu de toutes ces intrigues, en 1473.

2°. Deux cardinaux de *Pachéco* ; Pierre *Pachéco* de Montalvan, cardinal en 1546, mort à Rome le 4 février 1560. On parla de le faire pape à la mort de Paul IV.

Et François *Pachéco* de Ceralbo, fait cardinal en 1561. Mort à Burgos le 23 août 1579.

3°. Un autre *Pachéco*, (Alvarez) colonel efpagnol, parent du duc d'Albe, fut envoyé par lui, en 1672, au milieu des troubles des Pays-Bas, à

Fleffingue,

Fleffingue, pour y commander & y faire conftruire une citadelle ; mais il trouva en arrivant
que les habitans avoient chaffé la garnifon &
s'étoient rendus les maîtres dans la place. Il tomba
entre leurs mains. Un citoyen, nommé Treflon,
qui commandoit dans la place, avoit eu un frère
que le duc d'Albe avoit fait mourir ; Treflon, par
repréfailles, fit pendre Pachéco, qui demandoit
pour toute grace, en faveur de fa naiffance,
d'avoir au moins la tête tranchée, & qui ne put
rien obtenir. On croit qu'il étoit de la maifon de
Pachéco. (A. R.)

4°. Don François Pachéco d'Acuna, &c. duc
d'Efcalone, marquis de Villéna, deux fois grand
d'Efpagne, vice-roi de Naples pour le roi Philippe V, étoit certainement de cette maifon.

PACHON, (Chronolog.) nom que les Egyptiens donnent au neuvième mois de l'année. Il
commence le 26 avril du calendrier Julien, & le
7 mai du Grégorien. (D. J.)

PACHTLI, f. m. (Hift. mod.) le onzième &
douzième des dix-huit mois de vingt jours qui
compofent l'année des Mexicains. Ils nomment
encore le onzième Hélcoti, & le douzième Hitei-
pachtli. (A. R.)

PACHYMÈRE, (GEORGE) (Hift. litt. mod.)
hiftorien grec, qui vivoit du temps de Michel
Paléologue, & qui mourut vers l'an 1310. Son
hiftoire d'Orient, qui commence à l'an 1308, fait
partie de la Byzantine ; elle y remplit un vuide
depuis le temps où finiffent Nicétas & Acropolite,
jufqu'au temps où commence Cantacuzène. Le
père Pouffines, jéfuite, a traduit cette hiftoire en
latin, & le préfident Coufin en françois. Pachymère a écrit encore fur les ouvrages de faint Denys
l'aréopagite, & fur la proceffion du Saint-Efprit.

PACIFICATEUR, (Hift. mod.) s'entend ordinairement dans le même fens que médiateur, c'eft-à-dire,
fignifie quelqu'un qui s'entremet pour réconcilier
enfemble des princes & des états divifés.

Wicquefort cependant met de la différence entre
médiateur & pacificateur. La paix ayant été conclue entre l'Angleterre & la France en 1621, les
actes furent remis de part & d'autre dans les mains
de quelques ambaffadeurs qui avoient été employés
comme pacificateurs, non comme médiateurs, &
ils furent chargés de garder ces actes jufqu'à l'é-
change des ratifications. De même l'archevêque
de Pife, ambaffadeur du grand duc de Tofcane à
Madrid, ne fut jamais regardé comme médiateur
dans les conférences de la France avec l'Efpagne,
quoique les ambaffadeurs françois lui euffent permis d'y affifter, & de fe porter pour pacificateur
des différens qui étoient entre les deux nations. Le
grand duc n'avoit point offert fa médiation, & la
France d'ailleurs n'auroit pas voulu l'accepter, Wicquefort, p. 2, §. 11.

Hiftoire, Tome IV.

PACIFICATION, f. f. (Hift. mod.) l'action
de remettre ou de rétablir la paix & la tranquillité
dans un état.

Dans notre hiftoire, on entend par édits de
pacification plufieurs ordonnances des rois de France, rendues pour pacifier les troubles de religion
qui s'élevèrent dans le royaume pendant le feizième fiècle.

François I & Henri II avoient rendu des édits
très-févéres contre ceux qui feroient profeffion
des nouvelles opinions de Luther & de Calvin.
Charles IX, en 1561, fuivit à cet égard les traces
de fes prédéceffeurs ; mais les hommes fouffriront
toujours impatiemment qu'on les gêne fur un
objet, dont ils croyent ne devoir compte qu'à
Dieu ; auffi le prince fut-il obligé, au mois de
janvier 1562, de révoquer fon premier édit par
un nouveau qui accordoit aux prétendus réformés
le libre exercice de leur religion, excepté dans
les villes & bourgs du royaume. En 1563, il
donna à Amboife un fecond édit de pacification
qui accordoit aux gentilshommes & hauts-jufti-
ciers, la permiffion de faire faire le prêche dans
leurs maifons pour leur famille & leurs fujets
feulement. On étendit même ce privilège aux
villes, mais avec des reftrictions qui le rendirent
peu favorable aux calviniftes, au lieu qu'on les
obliga à reftituer aux catholiques les églifes qu'ils
avoient ufurpées. L'édit de Lonjumeau fuivit en
1568 ; mais les deux partis qui cherchoient à s'y
tromper mutuellement, étant peu temps après
rentrés en guerre, Charles IX, par un édit donné
à Saint-Maur au mois de Septembre 1568, révoqua tous les précédens édits de pacification. Cependant la paix ayant été faite le 8 août 1570,
dès le 10 du même mois, ce prince rendit un
nouvel édit, qui, aux privilèges accordés par les
précédens, ajouta celui d'avoir quatre places de
fûreté ; favoir, la Rochelle, Montauban, Coig-
nac & la Charité, pour leur fervir de retraite
pendant deux ans.

Le maffacre de la faint Barthelemi & un édit qui
le fuivit de près, annula toutes ces conditions ;
mais Henri III, en 1576, donna un nouvel édit
de pacification, plus favorable aux calviniftes qu'aucun des précédens ; la ligue qui commença alors,
le fit révoquer aux états de Blois fur la fin de la
même année ; mais le roi fe vit obligé de faire en
leur faveur l'édit de Poitiers du 8 feptembre 1577,
par lequel en rétabliffant à certains égards, &
en reftreignant à d'autres les privilèges accordés
par les précédens édits pour le libre exercice de
leur religion, il leur accorda de plus d'avoir des
chambres mi-parties, & huit places de fûreté
pour fix ans ; favoir, Montpellier, Aigues-mortes,
Nyons, Seyne, la Grand'Tour, & Serres en
Dauphiné ; Périgueux, la Réole, & le mas de
Verdun en Guienne. Mais en 1585 & 1588, la
ligue obtint de ce prince la révocation totale de
ces édits.

S

Enfin Henri IV, en 1591, caſſa les derniers édits d'Henri III, & en 1598 donna à Nantes ce fameux édit de *pacification* qui, entr'autres choſes, permettoit aux prétendus réformés l'exercice public de leur religion dans tous les lieux où il avoit été fait publiquement pendant les années 1596 & 1597, & leur en accordoit l'exercice particulier à deux lieues des principales villes, pour chaque bailliage où on n'en pouvoit établir l'exercice public ſans trouble. Louis XIII le confirma à Nîmes en 1010, & Louis XIV en 1652, pendant les troubles de la minorité ; mais il le révoqua en 1656, & le ſupprima en 1685.

Les proteſtans ſe ſont plaints avec amertume de la révocation de l'édit de Nantes, & leurs plaintes ont été fortifiées de celles de tous les gens de bien catholiques, qui tolèrent d'autant plus volontiers l'attachement d'un proteſtant à ſes opinions, qu'ils auroient plus de peine à ſupporter qu'on les troublât dans la profeſſion des leurs ; de celles de tous les philoſophes, qui ſavent combien notre façon de penſer religieuſe dépend peu de nous, & qui prêchent ſans ceſſe aux ſouverains la tolérance générale, & aux peuples l'amour & la concorde ; de celles de tous les bons politiques qui ſavent les pertes immenſes que l'état a faites par cet édit de révocation, qui exila du royaume une infinité de familles, & envoya nos ouvriers & nos manufactures chez l'étranger.

Il eſt certain qu'on viola, à l'égard des proteſtans, la foi des traités & des édits donnés & confirmés par tant de rois ; & c'eſt ce que Bayle démontre, ſans réplique, dans ſes *lettres critiques* ſur l'hiſtoire du calviniſme. Sans entrer ici dans la queſtion, ſi le prince a droit ou non de ne point tolérer les ſectes oppoſées à la religion dominante dans ſon état, je dis que celui qui penſeroit aujourd'hui qu'un prince doit ramener par la force tous ſes ſujets à la même croyance, paſſeroit pour un homme de ſang ; que graces à une infinité de ſages écrivains, on a compris que rien n'eſt plus contraire à la ſaine religion, à la juſtice, à la bonne politique & à l'intérêt public, que la tyrannie ſur les ames.

On ne peut nier que l'état ne ſoit dans un danger éminent lorſqu'il eſt diviſé par deux cultes oppoſés, & qu'il eſt difficile d'établir une paix ſolide entre ces deux cultes ; mais eſt-ce une raiſon pour exterminer les adhérens à l'un des deux ? n'en ſeroit-ce pas plutôt une, au contraire, pour affoiblir l'eſprit de fanatiſme, en favoriſant tous les cultes indiſtinctement ; moyen qui appelleroit en même temps dans l'état une infinité d'étrangers, qui mettroit ſans ceſſe un homme à portée d'en voir un autre ſéparé de lui par la manière de penſer ſur la religion, pratiquant cependant les mêmes vertus, traiter avec la même bonne foi, exercer les mêmes actes de charité, d'humanité & de bienfaiſance ; qui rapprocheroit les ſujets

les uns des autres ; qui leur inſpireroit le reſpect pour la loi civile qui les protégeroit tous également, & qui donneroit à la morale, que la nature a gravée dans tous les cœurs, la préférence qu'elle mérite.

Si les premiers chrétiens mouroient en béniſſant les empereurs payens, & ne leur arrachoient pas par la force des armes des édits favorables à la religion, ils ne s'en plaignoient pas moins amèrement de la liberté qu'on leur ôtoit, de ſervir leur Dieu ſelon la lumière de leur conſcience.

En Angleterre, par édit de *pacification* on entend ceux que fit le roi Charles I pour mettre fin aux troubles civils entre l'Angleterre & l'Ecoſſe en 1638.

On appelle auſſi *pacification* en Hongrie des conditions propoſées par les états du royaume, & acceptées par l'archiduc Léopold en 1655 ; mais ce prince devenu empereur, ne ſe piqua pas de les obſerver exactement, ce qui cauſa de nouveaux troubles dans ce royaume pendant tout ſon règne.

PACIFICUS MAXIMUS, (*Hiſt. litt. mod.*) natif d'Aſcoli, poëte latin moderne. Ses poéſies ont été imprimées en 1489, quatre ans avant le voyage de Chriſtophe Colomb en Amérique ; & on croit y trouver la maladie vénérienne exactement décrite, ce qui ſeroit contraire à l'opinion de M. Aſtruc, qui croit que cette maladie n'a été connue en Europe que depuis 1594.

Ce poëte, né en 1400, a vécu un ſiècle.

PACOME, (SAINT) (*Hiſt. eccléſ.*) né dans la haute Thébaïde, il la peupla de monaſtères auxquels il donna une règle très-connue, ſous le nom de ſaint *Pacôme*. Sa ſœur donna la même règle à un monaſtère de filles qu'elle fonda de l'autre côté du Nil. Les parens de ſaint *Pacôme* étoient idolâtres, il fut le premier chrétien de ſa race, il avoit commencé par porter les armes. La vie de ſaint *Pacôme*, écrite d'abord en grec par un ancien auteur, fut traduite en latin par Denys-le-Petit, & en françois par M. Arnauld d'Andilly, qui l'a placée dans ſes vies des Pères du déſert. Saint *Pacôme* étoit mort l'an 348.

PACORUS, (*Hiſt. anc.*) nom de pluſieurs rois des Parthes, entr'autres du fils d'Orodes, du neveu de Mithridate, qui triompha de Craſſus, l'an 53 avant Jéſus-Chriſt. Craſſus fut vengé par Ventidius, & Pacorus périt dans une bataille qu'il perdit contre ce général romain, l'an 39 avant Jéſus-Chriſt. C'eſt à cet événement que ſe rapporte ce vers connu d'Ovide :

Parthe, dabis pænas ; Craſſi gaudete ſepulti.

Horace appelle les Parthes : *Pacori manus.*

Jam bis Monaſes & Pacori manus,
Non auſpicatos contudit impetus

Nostros , & adjeciſſe prædam
Torquibus exiguis renidet.

PACTA-CONVENTA, (*Hiſt. mod. politiq.*)
c'eſt ainſi que l'on nomme en Pologne les conditions
que la nation polonoiſe impoſe aux rois qu'elle s'eſt
choiſis dans la diète d'élection. Le prince élu eſt
obligé de jurer l'obſervation des *pacta-conventa,*
qui renferment ſes obligations envers ſon peuple,
& ſur-tout le maintien des privilèges des nobles &
des grands officiers de la république, dont ils ſont
très-jaloux. Au premier coup-d'œil on croiroit
d'après cela que la Pologne jouit de la plus parfaite liberté; mais cette liberté n'exiſte que pour
les nobles & les ſeigneurs, qui lient les mains à
leur monarque afin de pouvoir exercer impunément
ſur leurs vaſſaux la tyrannie la plus cruelle, tandis
qu'ils jouiſſent eux-mêmes d'une indépendance &
d'une anarchie preſque toujours funeſtes au repos de
l'état; en un mot, par les *pacta-conventa* les ſeigneurs polonois s'aſſurent que le roi ne les trou-
blera jamais dans l'exercice des droits, ſouvent barbares, du gouvernement féodal, qui ſubſiſte aujourd'hui chez eux avec les mêmes inconvéniens
que dans une grande partie de l'Europe, avant que
les peuples indignés euſſent recouvré leur liberté,
ou avant que les rois, devenus plus puiſſans, euſſent
opprimé les nobles ainſi que leurs vaſſaux.

Lorſqu'une diète polonoiſe eſt aſſemblée, on
commence toujours par faire lecture des *pacta-conventa,* & chaque membre de l'aſſemblée eſt en droit
d'en demander l'obſervation, & de faire remarquer
les infractions que le roi peut y avoir faites. (*A, R.*)

PACTE, ſ. m. *pactum,* ſignifie en général un
accord , une convention.

Ulpien, dans la loi I. § *ff. de pactis,* fait venir
ce mot de *pactio,* dont on prétend que le mot *pax*
a auſſi pris ſon origine; & en effet dans nos anciennes ordonnances le terme de *paix* ſignifie quelquefois *convention.*

Chez les romains on diſtinguoit les contrats &
obligations, des ſimples *pactes* ou *pactes nuds,* appellés auſſi *pactum ſolum.*

Le *pacte* nud étoit ainſi appellé *quaſi nudatum ab
omni effectu civili ;* c'étoit une ſimple convention
naturelle, une convention ſans titre, une ſimple
promeſſe, qui n'étant fondée que ſur la bonne foi
& le conſentement de ceux qui contractoient, ne
produiſoit qu'une obligation naturelle qui n'entraînoit avec elle aucuns effets civils. *Voyez* la loi 23.
Cod. de pign. & hyp. & la loi 15. *cod. de tranſact.*

Le droit de propriété ne pouvoit être tranſmis
par un ſimple *pacte* : ces ſortes de conventions ne
produiſoient point d'action, mais ſeulement une
exception.

Parmi nous on confond le terme de *pacte,* & accord & convention. Tout *pacte* eſt obligation, pourvu
qu'il ſoit conforme aux règles. Le terme de *pacte* eſt

néanmoins encore uſité pour déſigner certaines conventions.

Pacte appellé *in diem addictio,* étoit chez les Romains une convention qui étoit quelquefois ajoutée
à un contrat de vente, par laquelle les contractans
convenoient que ſi dans un certain tems quelqu'un
offroit un plus grand prix de la choſe vendue, on
rendroit dans un certain tems la condition de celui
qui vendoit meilleure par quelque moyen que ce
fût ; le vendeur pouvoit retirer la choſe vendue des
mains de l'acheteur. *Voyez le tit. 2 du liv. XVIII. du
Digeſte.*

Le *pacte* n'eſt point admis parmi nous pour les
ventes volontaires, mais on peut le rapporter
aux adjudications par decret qui ſe font ſauf quin-
zaine, pendant laquelle chacun eſt admis à enchérir
ſur l'adjudicataire.

Pacte de famille, eſt un accord fait entre les perſonnes d'une même famille, & quelquefois entre
pluſieurs familles, pour régler entre les contractans
& leurs deſcendans, l'ordre de ſuccéder autrement
qu'il n'eſt réglé par la loi.

L'uſage des *pactes de famille* paroît être venu
d'Allemagne, où il commença à s'introduire dans
le xiij. ſiecle, en même tems que le droit romain.

Les anciennes loix des Allemands ne permettoient
pas que les filles concouruſſent avec les mâles dans
les ſucceſſions allodiales.

Lorſque le droit romain commença d'être obſervé
en Allemagne, ce qui arriva dans le xiij. ſiecle, la
nobleſſe allemande jalouſe de ſes anciens uſages &
de la ſplendeur de ſon nom, craignit que l'uſage du
droit romain ne fît paſſer aux filles une partie des
allodes : ce fut ce qui donna la naiſſance aux *pactes*
de famille.

Ces *pactes* ne ſont en effet autre choſe que des
proteſtations domeſtiques, par leſquelles les grandes maiſons ſe ſont engagées de ſuivre dans l'ordre
des ſucceſſions allodiales l'ancien droit de l'empire,
qui affecte aux mâles tous les allodes, c'eſt-à-dire
tous les biens patrimoniaux à l'excluſion des filles.

Il eſt d'uſage de fixer dans ces *pactes* la quotité
des dots qui doivent être données aux filles ; &
pour une plus grande précaution, la famille convient
de faire en toute occaſion renoncer les filles à
toutes ſucceſſions en faveur des mâles : ces ſortes de
pactes ſont très-communs dans les grandes maiſons
d'Allemagne.

En France au contraire ils ſont peu uſités ; nous
n'en connoiſſons guère d'autre exemple parmi nous
que celui des différentes familles qui ſont propriétaires des états de boucherie de l'apport Paris, &
des maiſons de la rue de Gêvres, entre leſquels,
par un ancien *pacte de famille,* les mâles ſont ſeuls
habiles à ſuccéder à ces biens, à l'excluſion des
filles ; il y a même droit d'accroiſſement à défaut
de mâles d'une famille, au profit des mâles des autres
familles.

Ces ſortes de *pactes* ne peuvent produire parmi

nous aucun effet, à moins qu'ils ne foient autorifés par lettres-patentes. *Voyez* Berengarius, Ferrandus, Francifc. Marc. & Charondas *en fes réponfes.*

Pacte de la loi commiffoire, eft une convention qui fe fait entre le vendeur & l'acheteur, que fi le prix de la chofe vendue n'eft pas payé dans un certain tems, la vente fera nulle s'il plait au vendeur.

Ce *pacte* appellé *loi,* parce que les *pactes* font les loix des contrats, & *commiffoire,* parce que la chofe vendue, *venditori committitur,* c'eft-à-dire que dans ce cas elle lui eft rendue comme fi la vente n'avoit point été faite.

L'effet de ce *pacte* n'eft pas de rendre la vente conditionnelle, mais il opère la réfolution au cas que la condition prévue arrive, favoir le défaut de payement du prix dans le tems convenu.

Il n'eft pas befoin pour cela que le vendeur ait averti l'acheteur de payer, parce que, *dies interpellat pro homine.*

Ce *pacte* étant en faveur du vendeur, il eft à fon choix de fe fervir de la faculté qu'il lui donne, ou de pourfuivre l'acheteur pour l'exécution de la vente; mais quand une fois le vendeur a opté l'un ou l'autre des deux partis, il ne peut plus varier.

Le vendeur d'un héritage qui demande la réfolution de la vente en vertu d'un tel *pacte,* peut faire condamner l'acheteur à la reftitution des fruits, à moins que l'acheteur n'ait payé des arrhes, ou une partie du prix, auquel cas les jouiffances fe compenfent jufqu'à due concurrence.

On ne peut pas demander la réfolution de la vente faute de payement, lorfque l'acheteur a fait au vendeur, dans le tems convenu, des offres réelles du prix, ou qu'il a configné, ou qu'il n'a pas tenu à lui de payer à caufe de quelque faifie ou empêchement procédant du fait du vendeur.

Quoiqu'on n'ait pas appofé dans la vente le *pacte de la loi commiffoire,* le vendeur ne laiffe pas d'avoir la faculté de pourfuivre l'acheteur pour réfilier la vente faute de payement du prix convenu.

En fait de prêt fur gage, on ne peut pas oppofer le *pacte de la loi commiffoire,* c'eft-à-dire ftipuler que fi le débiteur ne fatisfait pas dans le tems convenu, la chofe engagée fera acquife au créancier; un tel *pacte* feroit ufuraire, & comme tel il étoit reprouvé par les loix romaines, *lib. ult. cod. de* pact. pign. à moins que le créancier n'achetât la chofe fon jufte prix, *l. XVI. § ult. ff. de* pign. & hyp. *Voyez* Henrys, *tom. I. liv. IV. ch. vj.* quest. *xlj.* & *xlij.* (*A*).

PACTE DE QUOTÀ *litis,* eft une convention par laquelle le créancier d'une fomme difficile à recouvrer, en promet une portion, comme le tiers ou le quart, à quelqu'un qui fe charge de lui procurer fon payement.

Cette convention eft valable, quand elle eft faite en faveur de quelqu'un qui ne fait que l'office d'ami & qui veut bien avancer fon argent pour la pourfuite d'un procès.

Mais elle eft vicieufe & illicite, quand elle eft faite au profit du juge, ou de l'avocat ou procureur du créancier, ou de quelque folliciteur de procès, parce que l'on craint que de telles perfonnes n'abufent du befoin que l'on peut avoir de leur miniftère pour fe faire ainfi abandonner une certaine portion de la créance. *Voyez* Papon, *l. XII. tit. 2. n°. 1.* Louet & fon commentateur, *let. L. f. 2.* & Mornac fur la loi *6. § maurus ff. mandati,* & fur la loi *fumptus ff. de* pactis, & la loi *fi qui advocatorum, cod. de poftulando..* (*A*)

PACTE DE SUCCÉDER, eft la même chofe que *pacte de famille. Voyez ci-devant* PACTE DE FAMILLE.

PACUVIUS, (MARCUS) (*Hift. litt. rom.*) neveu d'Ennius, poëte tragique. Horace dit qu'il avoit la réputation d'un favant vieillard:

Ambigitur quoties uter utrò fit prior, aufert
Pacuvius docti famam fenis, Accius alti.

(*Voyez* l'article ACCIUS) Cicéron parle avec admiration, dans fon traité de l'amitié, de l'effet que faifoit au théâtre le combat de générofité & d'amitié entre Orefte & Pylade qui veulent mourir l'un pour l'autre: *Qui clamores totâ caveâ nuper hofpitis & amici mei M.ᶦ Pacuvii in novâ fabulâ, cùm ignorante rege, uter eorum effet Oreftes, Pilades Oreftem fe effe diceret, ut pro illo necaretur; Oreftes autem, itâ ut erat, Oreftem fe effe perfeveraret.*

Quintilien, dans un parallèle de Pacuvius & d'Accius, dit, comme l'avoit dit Horace, que Pacuvius paffe pour plus favant, & Accius pour avoir plus d'énergie:

Tragœdiæ fcriptores Accius atque Pacuvius, clariffimi gravitate fententiarum, verborum pondere & autoritate perfonarum. Cæterùm nitor, & fumma in excolendis operibus manus ..... videri poteft ..... ipfis defuiffe ..... virium Accio plus tribuitur; Pacuvium videri doctiorem volunt.

Pacuvius étoit né à Brindes, il mourut à Tarente, âgé de plus de quatre-vingt-dix ans, l'an 154 avant Jéfus-Chrift. On a de lui quelques fragmens dans le *Corpus poëtarum latinorum* de Maittaire.

PAD

PADISCHAH, f. m. (*Hift. mod.*) en langue turque veut dire *empereur* ou *grand roi.* C'eft le titre que le grand feigneur donne au roi de France feul, à l'exclufion de tous les autres princes de l'Europe, & même de l'empereur d'Allemagne. La raifon qu'on en apporte, c'eft qu'il regarde le roi de France comme fon parent, & le nomme en conféquence *padifchah,* titre qu'il prend lui-même dans les actes qu'il foufcrit. Les turcs fondent cette parenté fur ce qu'une princeffe du fang de France qui alloit à Jérufalem, fut prife par des corfaires, préfentée à Soliman, devint fultane favorite, & obtint du fultan qu'il qualifieroit le roi de *padifchah*, & donneroit à fes ambaffadeurs le pas fur tous les miniftres étrangers.

Le prince Démétrius Cantimir qui rapporte cette hiftoire, ne balance pas à la traiter de fable; & en effet il ne s'en trouve aucune trace ni dans les hiftoriens, ni dans les généalogiftes. Vican obferve que ce titre, qu'il écrit *podeshair*, fut obtenu par furprife par les François; mais il s'eft fondé fur la tradition populaire dont nous venons de parler. Il fuffit de penfer que le grand feigneur accorde ce titre au roi en confidération de fa puiffance, du rang qu'il tient dans le monde, & de la bonne intelligence qui regne entre la cour de France & la porte Ottomane.

Ultima vicinus Phœbo tenet arva Padæus. (*A. R.*)

PAE

PAEZ, *ou* PAS, *ou* PACÉ, PACÆUS, (RICHARD) (*Hift. d'Anglet.*) étoit réputé, du temps de Henri VIII, le plus grand négociateur de l'Angleterre. A la mort du pape Léon X, le cardinal Volfey qui afpiroit à la papauté, le tira de l'ambaffade de Venife, où il ne fervoit que le roi fon maître, pour l'envoyer à Rome fervir les projets ambitieux de ce cardinal, auquel il importoit beaucoup plus alors de plaire qu'au roi même; mais la fauffeté habile de la faction impériale qui vouloit faire pape Adrien Florent, précepteur de Charles-Quint, trompa la pénétration de Richard. Ce miniftre retourna à Venife, où il fut plus heureux; il détermina les Vénitiens à renoncer à l'alliance de la France, & à prendre parti pour l'empereur Charles-Quint & pour Henri VIII, qui dans ce moment étoit ennemi de la France. Mais foit que Volfey fût mécontent de ce que Richard Pacé n'avoit pas auffi bien réuffi dans les affaires du cardinal que dans celles du roi, foit qu'il fût jaloux & inquiet du crédit que les fervices de Richard pouvoient lui procurer, il s'attacha fortement à le perdre, & il y parvint. *Pacé* foutint mal fa difgrace, il en perdit l'efprit, & en mourut de douleur en 1532. Il étoit ami d'Erafme & des favans de fon temps. On a de lui des lettres & divers ouvrages, tels qu'un traité, *De fruêtu fcientiarum*; un autre, *De lapfu hebraïcorum interpretum*, &c.

PAG

PAGAN, (BLAISE-FRANÇOIS, COMTE DE) (*Hift. de Fr.*) né en 1604, près de Marfeille, entra dans le fervice à douze ans, & fignala dèslors fa valeur & fon adreffe dans toutes les occafions. A l'expédition des barricades de Suze, en 1629, il étoit à la tête de ce qu'on appelloit les enfans perdus; il fe fit un chemin particulier pour arriver le premier à l'attaque: *voici*, cria t-il à fes compagnons, *le chemin de la gloire*; ils le fuivirent, & ils forcèrent les barricades. Louis XIII, témoin de cette action héroïque, en fut fi frappé, qu'il ne fe laffoit point de la raconter; il fit le comte de *Pagan* maréchal de camp; & l'envoya en 1642 en Portugal faire la guerre aux Efpagnols. Le comte de *Pagan* avoit perdu l'œil gauche d'un coup de moufquet au fiége de Montauban, & une maladie lui fit perdre l'autre œil dans l'expédition du Portugal; il n'avoit encore que trentehuit ans; & malgré cette horrible privation, fa carrière ne finit point à cette époque. Il avoit toujours aimé & cultivé les mathématiques, & il étoit, avant M. de Vauban, le plus grand ingénieur qu'eût eu la France. Privé du plaifir de combattre & de s'expofer pour la patrie, il fe livra tout entier au plaifir de l'inftruire. Il écrivit fur les fortifications, & fon ouvrage fut long-temps le meilleur fur cette matière. M. de Vauban montra le premier le vice de quelques uns de fes principes, & ceux même de M. de Vauban ne font pas aujourd'hui à l'abri de toute attaque. On a de plus du même M. de *Pagan* des *théorèmes géométriques*; des *tables aftronomiques*; une *théorie des planètes*; une *relation hiftorique de la rivière des Amazones*: mort à Paris en 1651. M. le comte de *Pagan* avoit le foible de donner dans l'aftrologie judiciaire; c'étoit la maladie du temps.

PAGARANS, (*Hift. mod.*) c'eft ainfi que l'on nomme dans l'île de Sumatra des princes particuliers, qui font ou alliés ou tributaires du roi d'Achem, le plus puiffant des fouverains de l'île. (*A. R.*)

PAGAYE, f. f. il faut faire fentir le fecond *a* après le *g*; c'eft une efpèce de rame dont fe fervent les fauvages caraïbes pour conduire leurs canots & leurs pirogues. Cette rame, qui n'a guère que cinq pieds de long en tout, eft faite en forme de grande pelle, étroite & échancrée par le bas, ayant un manche long de trois pieds, terminé par une petite traverfe fervant de poignée, à-peu-près comme on en voit aux cannes en béquilles. Les *pagayés* caraïbes font conftruites de bois dur, très-proprement travaillé & bien poli. Celles dont les nègres canotiers & les pêcheurs font ufage, n'ont ni la légereté ni l'élégance des précédentes, mais elles fervent également, foit pour ramer, foit pour gouverner les petits canots. On donne encore le nom de *pagayes* à de grands couteaux de bois, efpèces de fpatules de trois pieds de longueur, fervant au travail du fucre. (*M. LE ROMAIN.*)

PAGE, f. m. (*Hift. mod.*) c'eft un enfant d'honneur qu'on met auprès du prince & des grands feigneurs, pour les fervir, avec leurs livrées, & en même tems y recevoir une honnête éducation, & y apprendre leurs exercices,

On voit par les mémoires de Philippe de Comines, que les *pages* qui servoient les princes & les seigneurs de son tems, étoient nobles enfans, qui par-tout suivoient leurs maîtres pour apprendre la vertu & les armes. Le chevalier d'Accily, qui ne vivoit pas de ce tems-là, a dit au contraire :

S'il est beau le fils de Climène,
Quoiqu'elle ait un homme assez laid,
Cela n'a rien qui me surprenne,
Son *page* est un garçon bien fait.

Loiseau remarque, dans son traité de ordres, qu'anciennement les jeunes gentilshommes étoient *pages* des seigneurs, & les jeunes demoiselles étoient filles-de-chambre des dames ; car, comme nous enseigne fort bien Ragueau, les *pages* sont *pædagogia*, sive *pædagogiani pueri*.

On distinguoit alors deux sortes de *pages*, savoir les *pages* d'honneur, & les communs. Les *pages* d'honneur n'étoient que chez les princes & les souverains, & étoient ordinairement fils de barons ou chevaliers, desquels la fonction est, pour ainsi dire, décrite par Quinte-curce, *l. VIII. hæc cohors veluti seminarium ducum præfectorum est* ; en effet, quand ils étoient hors de *page*, ils devenoient bacheliers ou damoiseaux. Bachelier signifie *prétendant à chevalerie* : damoiseau est le diminutif de *dant*, qui signifie *seigneur*, jusqu'à ce qu'étant devenus chefs de maison, ils soient qualifiés *seigneurs* tout-à-fait. Les *pages* communs sont issus de simple noblesse, & servent les chevaliers ou seigneurs ; car un simple gentilhomme ne doit point avoir *pages*, mais seulement laquais qui sont roturiers.

Lancelot dérive le mot *page* du grec παῖς, qui veut dire *un enfant*. Ménage & Caseneuve le tirent de *pædagogium*. Cujas & Jacques Godefroi témoignent que les enfans d'honneur étoient nommés chez les Européens *pædagogiani pueri*. Dans la suite on appella *pages & enfans de cuisine*, les petits officiers servant à la cuisine du roi. Le président Fauchet dit, que jusqu'au règne des rois Charles VI & Charles VII on nommoit *pages* de simples valets-de-pied ; & que de son tems les Tuilliers appelloient *pages* certains valets qui portoient sur des palettes les tuiles vertes pour les faire sécher : il ajoute, que c'étoit seulement depuis quelque tems qu'on avoit distingué les *pages* nobles des *pages* vilains servant-à-pied, qui ont été nommés *naquets* ou *laquais*.

Il est vrai que les *pages* du temps de l'ancienne chevalerie, se nommoient autrement *varlets* ou *damoiseaux*, & qu'ils remplissoient alors l'emploi de domestiques auprès de la personne de leurs maîtres ou de leurs maîtresses ; ils les accompagnoient à la chasse, dans leurs voyages, dans leurs visites ou promenades, faisoient leurs messages, & même les servoient à table ; le célèbre chevalier Bayard avoit

versé à boire & fait les autres fonctions de *page* auprès de l'évêque de Grenoble.

C'étoit ordinairement les dames qui se chargeoient de leur apprendre leur catéchisme & la galanterie, l'amour de Dieu & des dames ; car l'un ne pouvoit aller sans l'autre, & l'amant qui entendoit *à loyaument servir une dame*, étoit sauvé, suivant la doctrine de la *dame des belles cousines*.

On prenoit grand soin de les instruire aux exercices des écuyers & chevaliers, qui étoient les grades auxquels ils devoient aspirer. Ils ne quittoient point l'état de *page* sans passer par une cérémonie religieuse. Le gentilhomme mis *hors de page* étoit présenté à l'autel par son père & sa mère, qui chacun un cierge à la main alloient à l'offrande : le prêtre célébrant prenoit de dessus l'autel une épée & une ceinture qu'il attachoit au côté du jeune gentilhomme, après les avoir bénis. *Voyez l'histoire de la chevalerie*, par M. de Saint-Palaye. (*D. J.*)

PAGI. (*Hist. litt. mod.*) Trois cordeliers provençaux ont fait connoître ce nom. Le premier (*Antoine Pagi*) est l'auteur de la fameuse critique des annales de Baronius, critique qu'on ne sépare point de ces annales, & qui en relève infiniment le prix. L'abbé de Longuerue l'avoit beaucoup aidé dans cet important ouvrage. On a encore du P. *Pagi, Dissertatio hypatica, seu de consulibus Cæsareis*, ouvrage qui éclaircit la chronologie assez embrouillée des consulats. Le P. *Pagi*, né à Rognes en Provence en 1624, mourut à Aix en 1695.

Le second, (*François Pagi*) neveu du précédent, l'aida aussi dans la critique des annales de Baronius. On a de lui une histoire des papes en latin, très-ultramontaine, dont le dernier volume a été publié par le troisième Père *Pagi*, neveu de François, nommé Antoine comme son grand-oncle ; François, né à Lambesc, en 1654, mourut en 1721.

Un autre neveu du P. François *Pagi*, après avoir été jésuite, fut prévôt de Cavaillon ; il est connu sous le nom de l'abbé *Pagi*. On a de lui une histoire de Cyrus le jeune, & une histoire des révolutions des Pays-Bas. Il étoit né au Martigue en Provence.

PAGNE, *terme de relation*, c'est un morceau de toile de coton dont les peuples de la côte de Guinée s'enveloppent le corps depuis les aisselles jusqu'aux genoux, & quelquefois jusqu'au milieu des jambes, & dont les Caraïbes, à leur imitation, se servent aujourd'hui. Le *pagne* fait ordinairement deux tours, & sert également aux hommes & aux femmes ; c'est un habillement de cérémonie ; car les peuples de Guinée vont ordinairement tout nuds, & les Caraïbes n'ont que leur camusa. (*D. J.*)

PAGOMEN, s. m. (*Calendrie*) les Egyptiens & les Ethiopiens donnent ce nom au résidu de cinq jours de leur année, ou de six, si l'année est bissextile; ils ajoutent ces jours à leur dernier mois, parce qu'ils ne comptent que quatre jours pour chacun.

PAI

PAINE, f. m. (*Hist. mod.*) sixième mois des Coptes, qui répond à notre mois de juin; ils l'appellent aussi *bauna*, & les Abyssins *peuni* & *penni*. (*A. R.*)

PAIRS, (*Hist. d'Anglet.*) le mot *pairs*, veut dire *citoyens du même ordre*. On doit remarquer qu'en Angleterre, il n'y a que deux ordres de sujets, savoir, les *pairs* du royaume & les communes. Les ducs, les marquis, les comtes, les vicomtes, les barons, les deux archevêques, les évêques, sont *pairs* du royaume, & *pairs* entr'eux, de telle sorte, que le dernier des barons ne laisse pas d'être *pair* du premier duc. Tout le reste du peuple est rangé dans la classe des communes. Ainsi à cet égard, le moindre artisan est *pair* de tout gentilhomme qui est au dessous du rang de baron. Quand donc on dit que chacun est jugé par les *pairs*, cela signifie que les *pairs* du royaume sont jugés par ceux de leur ordre, c'est-à-dire par les autres seigneurs qui sont, comme eux, *pairs* du royaume. Tout de même un homme du peuple est jugé par des gens de l'ordre des communes, qui sont ses *pairs* à cet égard, quelque distance qu'il y ait entr'eux par rapport aux biens, ou à la naissance.

Il y a pourtant cette différence entre les *pairs* du royaume & les gens des communes; c'est que tout *pair* du royaume a droit de donner sa voix au jugement d'un autre *pair*; au lieu que les gens des communes ne sont jugés que par douze personnes de leur ordre. Au reste, ce jugement ne regarde que le fait: ces douze personnes, après avoir été témoins de l'examen public que le juge a fait des preuves produites pour & contre l'accusé, prononcent seulement qu'il est coupable ou innocent du crime dont on l'accuse: après quoi le juge le condamne ou l'absout, selon les loix. Telle est la prérogative des citoyens anglois depuis le tems du roi Alfred. Peut-être même que ce prince ne fit que renouveler & rectifier une coutume établie parmi les Saxons depuis un tems immémorial.

Le chevalier Temple prétend qu'il y a suffisamment de traces de cette coutume depuis les constitutions mêmes d'Odin, le premier conducteur des goths asiatiques ou getes en europe, & fondateur de ce grand royaume qui fait le tour de la mer baltique, d'où tous les gouvernemens gothiques de nos parties de l'europe, qui sont entre le nord & l'ouest, ont été tirés. C'est la raison pourquoi cet usage est aussi ancien en Suede,

qu'aucune tradition que l'on y ait, & il subsiste encore dans quelques provinces. Les Normands introduisirent les termes de *juré* & de *verdict*, de même que plusieurs autres termes judiciaires; mais les jugemens de douze hommes sont mentionnés expressément dans les loix d'Alfred & d'Ethelred.

Comme le premier n'ignoroit pas que l'esprit de domination, dont l'oppression est une suite naturelle, s'empare aisément de ceux qui sont en autorité, il chercha les moyens de prévenir cet inconvénient. Pour cet effet, il ordonne que dans tous les procès criminels, on prendroit douze personnes d'un même ordre, pour décider de la certitude du fait, & que les juges ne prononceroient leur sentence que sur la décision de ces douze.

Ce droit des sujets anglois, dont ils jouissent encore aujourd'hui, est sans doute un des plus beaux & des plus estimables qu'une nation puisse avoir. Un anglois accusé de quelque crime, ne peut être jugé que par ses *pairs*, c'est-à-dire par des personnes de son rang. Par cet auguste privilége, il se met hors de danger d'être opprimé, quelque grand que soit le crédit de ses ennemis. Ces douze hommes ou *pairs*, choisis avec l'approbation de l'accusé entre un grand nombre d'autres, sont appellés du nom collectif de *jury*. (*D. J.*)

PAIX RELIGIEUSE, (*Hist. mod. politique*) *pax religiosa*; c'est ainsi qu'on nomme en Allemagne une convention ou traité conclu en 1555, entre l'empereur Charles-Quint & les princes & états Protestans, par lequel l'exercice de la religion luthérienne ou confession d'Ausbourg étoit permis dans tout l'empire. Les princes protestans demeuroient en possession des biens ecclésiastiques dont ils s'étoient emparés, sans cependant pouvoir s'en approprier de nouveaux; tous les protestans étoient soustraits à la jurisdiction du pape. Cet acte est encore regardé comme faisant une des loix fondamentales de l'empire d'Allemagne. En 1629 l'empereur Ferdinand II, poussé par un zéle aveugle, ou peut-être par l'envie d'exercer un pouvoir absolu dans l'empire, sans avoir égard à la *paix religieuse*, publia un édit, par lequel il ordonnoit aux protestans de l'empire, de restituer aux ecclésiastiques catholiques les biens qui leur avoient été enlevés durant les troubles précédens. Les princes protestans, comme il étoit facile de le prévoir, ne voulurent point se soumettre à une loi qui leur paroissoit si dure, ce qui donna lieu à une guerre civile qui désola toute l'Allemagne pendant 30 ans, & qui ne fut terminée que par la paix de Westphalie en 1648. (*A. R.*)

PAJ

PAJON, (CLAUDE) (*Hist. du calvinisme*) né

à Romorentin en 1616, miniſtre à Orléans, grand ennemi de Jurieu, n'eſt connu que par des écrits polémiques; mais il paſſe pour un des meilleurs écrivains qu'aient eu les proteſtans. Il mourut immédiatement avant la révocation de l'édit de Nantes.

PAJOT, (LOUIS-LÉON) (Hiſt. litt. mod.) comte d'Onſembray, directeur-général des poſtes, né à Paris en 1678, mort en 1753, avoit formé un cabinet de phyſique & de mécanique, le plus curieux qu'on connût de ſon temps, & qui lui attira la viſite du Czar Pierre-le-grand, de l'Empereur, du prince Charles de Lorraine, &c. Il étoit de l'académie des ſciences, & il y a de lui divers mémoires dans le recueil de cette académie. Les principaux ſont : un mémoire ſur un inſtrument pour meſurer les liquides ; un ſur l'anémomètre ou meſure-vent ; un ſur une machine pour battre la meſure des différens airs de muſique d'une manière fixe. Il a été le bienfaiteur de l'académie & du public, par le legs qu'il a fait à la première, de ſes cabinets, ſous des conditions qui les rendent utiles au ſecond. Il a mérité d'être compté parmi ces hommes :

Inventas aut qui vitam excoluere per artes,
Quique ſui memores alios fecere merendo.

P A L

PALAFOX, (DON JEAN DE) (Hiſt. d'Eſp.) Eſpagnol, évêque d'abord d'Angélopolis en Amérique, puis d'Oſma en Eſpagne, eſt célèbre, principalement par ſes conteſtations avec les jéſuites, dont M. Arnauld a écrit l'hiſtoire, qui ſe trouve dans le quatrième volume de la Morale pratique des jéſuites. Don Jean de Palafox, né en 1600, au royaume d'Arragon, eſt mort en 1659, en odeur de ſainteté ; on a propoſé de le canoniſer, mais ce projet n'a pas été ſuivi. On a de lui pluſieurs ouvrages myſtiques. Amelot de la Houſſaye a traduit ſes homélies. Il y a auſſi de don Jean de Palafox quelques morceaux hiſtoriques ; une hiſtoire du ſiège de Fontarabie en 1638 ; une hiſtoire de la conquête de la Chine, par les Tartares ; celle-ci a été traduite en françois. M. l'abbé Dinouart a donné en 1767, une vie de ce prélat, cher aux janſéniſtes, comme ennemi des jéſuites.

PALAIS, comte du, (Hiſt. de France) charge éminente ſous la ſeconde race des rois de France : ſous la première race, le comte du palais étoit fort inférieur au maire, quoiqu'il fût cependant le juge de tous les officiers de la maiſon du roi, & qu'il confondît dans ſa perſonne tous les autres offices que l'on a vû depuis, tels que le bouteiller, le chambrier, &c. Cette charge s'éleva ſous la deuxième race, tandis que celle de maire fut anéantie ; & ſous les rois de la troiſième, celle de ſénéchal anéantit celle de comte du palais, dont l'idée nous eſt reſtée dans le grand-

prévôt de l'hôtel. Le connétable, qui ne marchoit qu'après le comte du palais ſous la deuxième race, devint le premier homme de l'état ſous la troiſième, & la charge de ſénéchal finit en 1191. P. Henaut. (D. J.)

PALAIS, (Hiſt. mod.) eſt une maiſon dans laquelle un roi ou autre prince ſouverain fait ſa demeure ordinaire.

Le palais qui eſt à Paris dans la cité, & dans lequel le parlement & pluſieurs autres cours & tribunaux tiennent leurs ſéances, eſt ainſi appellé, parce que c'étoit la demeure de pluſieurs de nos rois juſqu'au tems de Louis Hutin, qui l'abandonna entièrement pour y rendre la juſtice.

A l'imitation de ce palais de Paris, on a auſſi dans pluſieurs grandes villes donné le titre de palais à l'édifice dans lequel ſe rend la principale juſtice royale, parce que ces ſortes d'édifices où l'on rend la juſtice au nom du roi ſont cenſés ſa demeure.

Les maiſons des cardinaux ſont auſſi qualifiées de palais, témoin le palais cardinal à Paris, appellé vulgairement le palais royal.

Les maiſons des archevêques & évêques n'étoient autrefois qualifiées que d'hôtel, auſſi-bien que la demeure du roi ; préſentement on dit palais archiépiſcopal, palais épiſcopal.

Du reſte aucune perſonne, quelque qualifiée qu'elle ſoit, ne peut faire mettre ſur la porte de ſa maiſon le titre de palais, mais ſeulement celui d'hôtel. (A)

PALANQUINS ou PALANKINS ou PALEKIS, (Hiſt. mod.) eſpèce de voiture portée par des hommes, fort en uſage dans les différentes parties de l'Indoſtan. Le palankin eſt une eſpèce de brancard terminé des deux côtés par une petite baluſtrade de cinq à ſix pouces de hauteur. Il y a un doſſier ſemblable à celui du berceau d'un enfant. Au lieu d'être porté par deux brancards comme nos litières, ou chaiſes-à-porteurs, le palankin eſt ſuſpendu par des cordes à un long morceau de bois de bambou, qui a cinq à ſix pouces de diamètre, & qui eſt courbé par le milieu, & porté ſur les épaules de deux ou d'un plus grand nombre d'hommes. Ces voitures portatives ſont plus ou moins ornées, ſuivant la qualité & les facultés des perſonnes à qui elles appartiennent. Lorſque le tems eſt mauvais, le palankin ſe recouvre de toile cirée. Ceux que l'on porte ſont couchés ſur des couſſins & ſur des tapis plus ou moins riches. Quand c'eſt une femme, elle eſt cachée par des rideaux de toile, ou de quelque étoffe de ſoie. Ces voitures ſont fort chères ; le bâron de bambou auquel le palankin eſt attaché, coûte quelquefois juſqu'à 5 ou 600 liv. mais les porteurs ſe contentent du prix médiocre de 10 à 12 francs par mois. Les meilleurs palankins ſe font à Tatta, dans la province d'Azmir, dépendant du grand-mogol. (A. R.)

PALAPRAT, (JEAN) (*Hift. litt. mod.*) né à Touloufe, en 1650; il fut fait capitoul en 1675. Il alla par pure curiofité voir Paris, Rome & Chriftine; mais cette reine voulut inutilement fe l'attacher. Il s'attacha cependant à un prince, ce fut au grand-prieur de Vendôme; il fe permettoit avec lui des faillies ingénieufes qui amufoient ce prince, & des vérités hardies qui ne l'offenfoient pas; *c'étoient*, difoit-il, *fes gages*; c'étoit peut-être encore là une vérité. *Palaprat* étoit en fociété d'amitié, d'efprit & de talent avec Brueys, & on ne fait pas bien ce qui appartient exclufive-ment à l'un ou à l'autre dans les pièces qu'ils ont faites en commun; mais enfin, ils ont fait enfem-ble *le Muet & le Grondeur*. *Palaprat* mourut à Paris en 1721, le 23 octobre; (. Brueys) (David-Auguftin) n'étoit pas feulement auteur dramatique dans tous les genres, il étoit auffi grand controverfifte; né à Aix en 1640, d'un père proteftant, il avoit d'abord écrit contre l'*ex-pofition de la doctrine de l'églife*, &c. de M. Boffuet; converti enfuite par Boffuet, il ne ceffa d'écrire contre les proteftans, tout en travaillant pour le théâtre. Il mourut à Montpellier le 25 novembre 1723. Il defcendoit d'un Pierre Brueys, annobli par LOUIS XI, le 3 feptembre 1481.

PALATI, (JEAN) (*Hift. litt. mod.*) médio-cre hiftorien, né dans les états de Venife, mort vers 1680, auteur de divers morceaux hiftori-ques, écrits en latin, fur l'empire d'Occident & l'état de Venife: *Monarchia Occidentalis*; *Aquila Franca*; *Aquila Sueva*; *Fafti Ducales Venetorum*.

PALATIN, ELECTEUR, PALATINAT, f. m. (*Hift. mod.*) on appelle en Allemagne *électeur palatin*, ou *comte palatin du Rhin*, un prince feu-dataire de l'empire, dont le domaine s'appelle *pala-tinat*. Ce prince jouit de très-grandes prérogatives, dont la plus éminente eft celle de faire les fonctions de vicaire de l'empire pendant la vacance du trône impérial dans la contrée du Rhin, de la Souabe & de la Franconie. Ce droit lui a été quelque-fois difputé par l'électeur de Baviere; mais enfin l'*électeur palatin* d'aujourd'hui a confenti à le partager avec lui. Dans la bulle d'or l'*électeur palatin* eft appellé *le juge de l'empereur*. Il porte auffi le titre de grand-tréforier de l'empire, il a le droit d'annoblir, & il jouit d'un droit fingu-lier, appellé *wildfangia*. *Voyez cet article*.

Les comtes *palatins* étoient autrefois des officiers attachés aux palais des empereurs; ils avoient un chef à qui ils étoient fubordonnés; & les em-pereurs lui avoient accordé de très-grandes pré-rogatives, afin de rendre fa dignité plus émi-nente. On comptoit plufieurs *comtes palatins*; il y avoit celui du Rhin, celui de Baviere, celui de Franconie, celui de Saxe & celui de Souabe. Aujourd'hui le titre de *comte palatin*, en alle-mand *pfalzgraff*, ne fe prend que par les princes

de Sultzbach, de Deux-Ponts, & de Birckenfeld, qui font de trois différentes branches d'une mê-me maifon. C'eft un prince de la première de ces branches, qui eft actuellement *électeur pala-tin*. (—)

PALATIN DE HONGRIE, (*Hift. mod.*) c'eft le titre qu'on donne en Hongrie à un feigneur qui poffède la plus éminente dignité de l'état. Les états du pays élifent le *palatin*; c'eft lui qui a droit de les convoquer; il eft le tuteur des mi-neurs; il commande les troupes en tems de guerre. En un mot, il eft l'adminiftrateur du royaume. Cette dignité n'eft point héréditaire, & elle fe perd par mort.

En pologne les gouverneurs des provinces nommés par le roi, prennent auffi le titre de *pa-latin*. (—)

PALEARIUS, (AONIUS) (*Hift. litt. mod.*) favant Italien du feizième fiècle, auteur d'un poë-me de l'immortalité de l'ame, & de quelques autres ouvrages en latin, fut brûlé à Rome en 1570, par l'inquifition, pour avoir dit que l'in-quifition eft un poignard porté à la gorge des gens de lettres: *inquifitionem ficam effe diftrictam in jugula litteratorum*.

Je fais qu'on n'aime pas de telles vérités.

Palearius inclinoit vers les opinions des ré-formés.

PALÉMON, (Q. RHEMMIUS) (*Hift. litt. des Rom.*) grammairien célèbre, qui enfeignoit à Rome fous Tibère, Caligula & Claude, & dont on a des fragmens dans le recueil intitulé: *Poëtæ latini minores*. On a auffi de lui un traité, *De pon-deribus & menfuris*.

PALÉOLOGUE; (*Hift. du Bas-Empire*) c'eft le nom d'une maifon impériale de Conftantinople, qui poffèda l'empire grec, depuis la ceffation de ce qu'on appelle l'empire des Latins, juf-qu'à la chûte de ce même empire grec, & à la prife de Conftantinople par Mahomet II, c'eft-à-dire depuis 1260, que *Michel Paléologue* fut cou-ronné, jufqu'au 29 mai 1453, que Conftantinople fut prife, & *Conftantin Paléologue*, dernier empe-reur grec, entièrement dépouillé. Il laiffa pour héritier de fes droits fur cet empire fon neveu *André Paléologue*, defpote de la Morée. Celui-ci cé-da, le 6 feptembre 1494, tous fes droits fur l'empire de Conftantinople au roi de France Charles VIII, & à fes fucceffeurs. Cette donation fut faite à Rome, en préfence du cardinal de Gurce ou de Gurck, qui l'accepta pour le roi de France, fans en avoir aucun pouvoir de lui. C'étoit fans doute un moyen qu'on employoit à Rome pour enga-ger Charles VIII dans une guerre contre les Turcs. Il faut, dit M. le préfident Hénault, que Charles VIII n'ait pas fait grand cas de cette cef-

T

fion, puifqu'il ne paroît aucune trace de fon acceptation, & que fix ans après, *Paléologue* fit la même ceffion à Ferdinand & Ifabelle.

L'acte de ceffion, de l'exiftence duquel on avoit douté, a été retrouvé à Rome par feu M. le duc de Saint-Aignan, pendant fon ambaffade. On peut le voir tout entier dans un mémoire de M. de Foncemagne, inféré dans le recueil de l'académie des infcriptions & belles-lettres, tome 17, in-4°, pages 539 & fuivantes. Il paroît que Charles VIII n'avoit d'abord que trop d'ardeur pour ces conquêtes vaftes & lointaines, & que cette ardeur fut encore augmentée par la rapidité avec laquelle il perça d'abord l'Italie, mais qu'elle fut bien refroidie enfuite par le mauvais fuccès dont cette expédition d'Italie fut fuivie. D'ailleurs, il vécut trop peu pour reprendre ces projets de conquête.

André Paléologue de fon côté fe rendit méprifable par un mariage infame avec une courtifanne grecque, & fes droits qu'il vendoit à tous ceux qui daignoient les acheter, parurent perdre de leur prix.

PALEOTA, (GABRIEL) (*Hift. litt. mod.*) favant cardinal, ami de faint Charles Borromée, mourut à Rome en 1597, à 73 ans. On a de lui un traité, *de bono Senectutis*; c'eft l'objet du traité de Cicéron, *de Senectute*. Tous ces beaux traités-là ne perfuadent pas que la vieilleffe foit un bien; fon bonheur confifte à n'avoir plus de paffions, & ce bonheur tient au malheur de l'extinction des fens; mais c'eft toujours bien fait de donner des confolations à la vieilleffe, elle en a befoin.

On a encore du cardinal *Paleota* un traité, *De nothis fpuriifque filiis*, (des bâtards.)

PALEPHATE, (*Hift. litt. anc.*) ancien philofophe grec, dont on a un traité des chofes incroyables, édition d'Elzevir. On ignore en quel temps vivoit cet auteur.

PALFIN, (JEAN) (*Hift. litt. mod.*) Flamand, lecteur en chirurgie à Gand, auteur d'une oftéologie & d'une anatomie du corps humain, ouvrages eftimés. Mort à Gand fa patrie, en 1730.

PALICE. (LA) *Voyez* CHABANNES.

PALINGENE, (MARCEL) (*Hift. litt. mod.*) (*Palingenius*) n'eft guère connu que par fon poëme, intitulé: *Zodiacus vitæ*; mais ce poëme eft très-connu par les traits de fatyre qu'il contient contre le pape & l'églife romaine. Il eft dédié à Hercule II, duc de Ferrare, mari de la princeffe Renée de France, grande protectrice des huguenots. L'ouvrage eft *à l'index* au nombre des livres hérétiques de la première claffe. On dit que l'inquifition voulut bien attendre que *Palingenius*, ou Pierre-Ange Manzoli, (c'eft fon vrai nom) fût mort pour le faire brûler. C'eft le poëte latin le plus célèbre du feizième fiècle. On a de fon poëme

une mauvaife traduction françoife, publiée en 1731, par un fieur de la Monnerie.

PALISSY, (BERNARD DE) (*Hift. litt. mod.*) né à Agen, faïancier ou potier de terre à Saintes, avoit reçu de la nature les difpofitions les plus heureufes pour la chymie: *il étoit*, dit M. de Fontenelle, *auffi grand phyficien que la nature feule puiffe en former*. La force de fon génie lui avoit fait faifir plufieurs de ces idées mères que d'autres grands phyficiens ont fu faire valoir depuis, & dont ils ne lui ont point fait honneur. Quant à fon fiècle, il n'en favoit pas affez pour l'entendre & pour lui rendre juftice. On avoit recueilli fes ouvrages fous un titre qui annonçoit qu'on n'avoit guère de lui d'autre idée que celle d'un foufleur & d'un charlatan; ce titre étoit: *moyen de devenir riche*; enfin il étoit prefque généralement inconnu, lorfqu'on réimprimé fes œuvres en 1777, avec des notes de M. Faujas de Saint-Fonds. L'éditeur a fait fur fa perfonne & fes ouvrages des recherches qui ont entièrement réhabilité fa mémoire. Quant au temps où il a vécu, on fait feulement qu'il étoit vivant en 1584, & qu'il avoit alors foixante ans; il étoit proteftant; & Henri III qui l'aimoit, lui dit un jour: fi vous ne changez de religion, je ferai contraint de vous abandonner à vos ennemis. « J'ai grande pitié, répondit *Paliffy*, » d'un roi qui dit *je ferai contraint*; mais je veux » que ce grand roi fache qu'avec toute fa puiffance » & celle de tout fon peuple, il ne fauroit, lui, con» traindre un potier à fléchir les genoux devant » des idoles. » *Paliffy* étoit né pauvre, & il en faifoit gloire: « *Je n'ai point eu d'autre bien*, difoit-il, » *que le ciel & la terre*. »

PALLADE; (*Hift. eccléf.*) c'eft le nom de deux évêques de l'églife d'Orient, au commencement du cinquième fiècle, tous deux amis de faint Jean Chryfoftôme, & dont l'un a écrit fa vie: l'autre, qui avoit été folitaire de Nitrie, a écrit l'*Hiftoire des folitaires*, qu'on appelle auffi *Hiftoire Laufiaque*, parce qu'elle fut dédiée à Laufus, gouverneur de Cappadoce.

PALLADIO, (ANDRÉ) (*Hift. litt. mod.*) célèbre architecte italien du feizième fiècle. Ce fut un poëte, le prélat Jean-Georges Triffino, qui de fculpteur le fit architecte, en lui expliquant Vitruve, & en le menant avec lui à Rome pour étudier les monumens antiques. Son traité d'architecture & fon livre pofthume des antiquités de Rome, font connoître jufqu'où il a pouffé la théorie de fon art. Plufieurs magnifiques édifices, furtout le fameux théâtre de Vicence fa patrie, montrent combien il a excellé dans la pratique de ce même art; né en 1508, mort en 1580. Son traité d'architecture a été traduit en françois par Rolland Friard, & a paru en 1726.

PALLADIUS, (RUTILIUS TAURUS ÆMILIANUS) (*Hift. litt. rom.*) auteur d'un traité, de

Re ruſticâ, dont M. Saboureux de la Bonnetrie à donné en 1775 une traduction françoiſe, qui fait le tome cinquième de l'économie rurale, en ſix volumes in-8°. On a des vers du même *Palladius* dans le *corpus poëtarum* de Maittaire. On ignore en quel temps il vivoit.

PALLAS, (*Hiſt. rom.*) affranchi tout-puiſſant ſous Claude, diſgracié ſous Néron ; *voyez* l'article de *Felix* ſon frère. On peut écrire l'hiſtoire entière de ce *Pallas*, avec les ſeuls vers qui le concernent dans la tragédie de *Britannicus*.

AGRIPPINE à *Britannicus.*

Je ne m'explique point. Si vous voulez m'entendre,
Suivez-moi chez *Pallas*, où je vais vous attendre......

BRITANNICUS à *Narciſſe.*

De Néron je vais trouver la mère,
Chez *Pallas*, comme toi, l'affranchi de mon père.....;

NÉRON.

Pallas de ſes conſeils empoiſonne ma mère ;
Il ſéduit chaque jour Britannicus mon frère,
Ils l'écoutent tout ſeul ; & qui ſuivroit leurs pas,
Les trouveroit peut-être aſſemblés chez *Pallas*,
C'en eſt trop : de tous deux il faut que je l'écarte.
Pour la dernière fois, qu'il s'éloigne, qu'il parte
Je le veux, je l'ordonne, & que la fin du jour
Ne le retrouve pas dans Rome ou dans ma cour.
Allez, cet ordre importe au ſalut de l'empire.....

NARCISSE à *Néron.*

Vos ennemis déchus de leur vaine eſpérance,
Sont allés chez *Pallas* pleurer leur impuiſſance......
...... Seigneur, vous ne la craignez pas, (Agrippine)
Vous venez de bannir le ſuperbe *Pallas*,
Pallas, dont vous ſavez qu'elle ſoutient l'audace.....;

BURRHUS à *Néron.*

Pallas obéira, ſeigneur.

NÉRON.

Et de quel œil
Ma mère a-t-elle vu confondre ſon orgueil ?

BURRHUS.

Ne doutez point, ſeigneur, que ce coup ne la frappe,
Qu'en reproches bientôt ſa douleur ne s'échappe......

AGRIPPINE à *Burrhus.*

On exile *Pallas*, dont le crime peut-être
Eſt d'avoir à l'empire élevé votre maître.
Vous le ſavez trop bien. Jamais ſans ſes avis,
Claude qu'il gouvernoit n'eût adopté mon fils.....;

BURRHUS.

N'imputez qu'à *Pallas* un exil néceſſaire,
Son orgueil dès long-temps exigeoit ce ſalaire;
Et l'empereur ne fait qu'accomplir à regret
Ce que toute la cour demandoit en ſecret......

AGRIPPINE.

Pallas n'emporte pas tout l'appui d'Agrippine......

AGRIPPINE à *Néron.*

Je ſouhaitai ſon lit, (de Claude) dans la ſeule penſée
De vous laiſſer au trône, où je ſerois placée.
Je fléchis mon orgueil, j'allai prier *Pallas*....
Le ſénat fut ſéduit. Une loi moins ſévère
Mit Claude dans mon lit & Rome à mes genoux......
Ce n'étoit rien encore. Euſſiez-vous pu prétendre
Qu'un jour Claude à ſon fils dût préférer ſon gendre ?
Dè ce même *Pallas* j'implorai le ſecours ;
Claude vous adopta, vaincu par ſes diſcours....
Je vois *Pallas* banni......

NÉRON.

Avec Britannicus contre moi réunie,
Vous le fortifiez du parti de Junie,
Et la main de *Pallas* trame tous ces complots.....;

Néron ne ſe contenta point d'exiler *Pallas*, il le fit mourir dans la ſuite pour confiſquer tous ſes biens. *Pallas* eut un tombeau ſuperbe ſur le chemin de Tibur, avec une inſcription faſtueuſe ordonnée par le ſénat.

PALLAVICINI, (*Hiſt. d'Italie*) noble & ancienne maiſon d'Italie, dont les diverſes branches dues à Rome, à Gênes, dans la Lombardie, paſſent pour avoir une origine commune, quoiqu'il y ait quelque doute à cet égard. Cette maiſon a produit un grand nombre de cardinaux, ſurtout dans la branche établie à Rome. La branche de Gênes a donné un doge à la république; c'eſt Auguſtin *Pallavicini*, élu en 1637, mort en 1649.

La branche de Lombardie a joué un rôle dans les guerres d'Italie, ſous Charles-Quint & François I. En 1521, lorſque le maréchal de Foix commandoit dans le Milanès, en l'abſence du maréchal de Lautrec ſon frère, quelques bannis du Milanès s'étant attroupés à Buſſeto, petite place appartenante à Chriſtophe *Pallavicini*, le maréchal de Foix lui dépêcha un Cremonois, nommé Cardin, pour l'avertir que c'étoit manquer eſſentiellement au roi de France, alors duc de Milan, que d'accorder une retraite à ſes ſujets rebelles. Les bannis perſuadèrent à *Pallavicini* que cet homme étoit venu pour le ſurprendre : *Pallavicini*, ſur ce ſoupçon, le fit arrêter & mettre à la queſtion; la violence des tourmens lui arracha un aveu faux ou ſincère du projet dont on l'accuſoit; ſur cet aveu, *Pallavicini*, comme

T 2

s'il eût craint de ne point assez braver le maréchal de Foix, voulut que Cardin fût condamné sur le champ à la mort. Ses juges plus prudens ou plus équitables, refusèrent leur ministère à cette violence. *Pallavicini* le jugea lui-même, le condamna à être pendu, & le fit exécuter. Il fallut fuir après ce coup hardi, Busseto n'étoit point une place qui pût dérober les rebelles à la vengeance du maréchal de Foix. *Pallavicini* eut le malheur de tomber entre les mains des François dès les premières hostilités. Le maréchal de Lautrec, revenu à Milan, commença par donner à cette ville le douloureux spectacle de voir traîner à l'échafaud & décapiter un vieillard de soixante & quinze ans, d'une naissance illustre, allié aux plus grandes maisons d'Italie, particulièrement à celle de Médicis dont étoit Léon X, qui occupoit le saint-siège; c'étoit Christophe *Pallavicini*; il avoit cru punir un complot formé contre lui, & n'avoit été cruel que par crédulité. Mais ce qui mit le comble à l'indignation publique, ce fut le motif odieux de cette sévérité de Lautrec, sur lequel il ne fut plus possible de se méprendre, lorsqu'on vit la riche confiscation de *Pallavicini* donnée par le maréchal de Lautrec au maréchal de Foix son frère. Tous les François modérés & bien intentionnés vouloient qu'on se contentât d'envoyer *Pallavicini* en France, pour y servir d'otage ; la plupart des sénateurs de Milan refusèrent de signer sa sentence, comme les juges de Busseto avoient refusé de signer celle de Cardin.

Le maréchal de Foix eut encore la confiscation d'un autre *Pallavicini*, qu'il avoit fait écarteler pour une entreprise formée sur la ville de Côme vers le même temps, & qui échoua. C'étoit Mainfroi *Pallavicini*, parent de Christophe. Son expédition, où il tomba entre les mains du maréchal de Foix, & son supplice ordonné par ce maréchal, sont aussi de l'année 1521. Ce supplice précéda de quelque temps celui de Christophe.

Plusieurs *Pallavicini*, qui étoient ou n'étoient pas de cette maison, se sont fait un nom dans les lettres :

1°. Ferrante *Pallavicini*, chanoine régulier de saint Augustin; il étoit né à Plaisance; ainsi les Farnèze étoient ses souverains. Odoard Farnèze, duc de Parme & de Plaisance, étoit en guerre avec le pape Urbain VIII, de la maison Barberin; Ferrante ne pouvant en qualité de religieux le servir par les armes, voulut le servir par la plume, & ce qu'il écrivit parut porter coup au pape & à toute la maison Barberin. Son nom fut en exécration à la cour de Rome, on y mit sa tête à prix; cependant Ferrante vivoit tranquille à Venise. Un traître, un faux ami, lui conseilla de venir en France où il lui faisoit espérer les plus grands avantages ; il lui persuada de s'établir à Orange, où il seroit plus en sûreté sous la protection des princes de Nassau, protestans, que dans l'Italie & dans un état catholique, il le fit passer dans un bourg du comtat. Ferrante voyant les armes du

pape sur la porte de ce bourg, s'écria : *je suis perdu*. En effet, il fut arrêté dans le moment par des gens apostés, qui le conduisirent à Avignon, où il eut la tête tranchée en 1644. On nomme le traître, c'étoit le fils de de Bresche, libraire de Paris; il fut lui-même tué quelques années après, par un ami de *Pallavicini*, qui ne put le voir jouir en paix du fruit de son crime, car de Bresche avoit touché la somme promise à celui qui livreroit *Pallavicini*. Celui-ci étoit auteur de plusieurs ouvrages dont voici les titres : la *Taliclea* ; la *Susanna* ; il *Giuseppe* ; il *Sansonne* ; l'*Ambasciatore invidiato* ; ce dernier ouvrage parut sous le nom d'*Alcinio Lupa*, qui est l'anagramme de *Pallavicini* ou *Pallavicino* ; la *Pudicitia scherita* ; il *Divercio celeste*.

2°. Sforza *Pallavicini*, jésuite, puis cardinal, né à Rome le 20 novembre 1607, reçu chez les jésuites le 28 juin 1638, nommé cardinal en 1657, mort le 5 juin 1667, est fort connu par son histoire du concile de Trente, qu'il composa exprès pour combattre celle de Fra-Paolo, & contre laquelle un M. l'abbé le Noir, théologal de Séez, publia en 1676 un écrit intitulé: *le nouvel évangile du cardinal Pallavicini*.

PALLI ou **BALLI**, (*Hist. mod.*) c'est le nom que les Siamois donnent à une langue savante, dans laquelle sont écrits les livres de leur théologie, & qui n'est connue que des talapoins ou prêtres siamois. C'est Sommona-Kodom leur législateur, qui passe pour être l'auteur du principal de ces livres ; il est rempli des extravagances les plus grossières & des contes les plus ridicules.

PALLIOT, (PIERRE) (*Hist. litt. mod.*) généalogiste des duché & comté de Bourgogne, auteur de deux ouvrages recherchés sur les généalogies & le blason, l'un intitulé: *Le parlement de Bourgogne, ses origines, qualités, blason ;* l'autre : *Science des armoiries de Gussiot*, *augmenté de plus de six mille écussons.* Il étoit imprimeur-libraire à Dijon; il composa & imprima ces ouvrages, & grava les innombrables planches dont ils sont remplis. Né en 1608, mort en 1698.

PALLUAU. (*Voyez* CLEREMBAULT.)

PALMER, s. m. (*Hist. mod.*) nom anglois qui dans les anciens écrivains en cette langue signifie un *pélerin*, & quelquefois un *croisé*, par rapport aux bâtons ou branches de palmier qu'ils portoient après leur retour de la Terre sainte en signe de dévotion.

Il y a à Paris dans l'église des grands cordeliers une confrairie de Jérusalem, dont on nomme les confrères *palmiers*, parce que dans les processions ils portent une palme à la main. (*A. R.*)

PAM

PAMPHI, s. m. (*Hist. mod.*) nom du second

mois de l'année des Egyptiens; il se nomme aussi *phaopsi, paothi, pampsi & parphi*; il répond à notre mois d'octobre.

PAMPHILE, (SAINT) (*Hist. eccl.*) prêtre de Césarée en Palestine, souffrit le martyre dans la persécution de Maximin, vers l'an 308. Eusèbe de Césarée lui-donne de grands éloges. Saint Pamphile avoit transcrit de sa main les œuvres d'Origène; saint Jérôme, qui posséda depuis ce manuscrit, dit qu'il le préféroit à tous les trésors.

Un autre *Pamphile*, peintre macédonien, qui vivoit sous le règne de Philippe, père d'Alexandre, fut le maître d'Apelle, le fondateur de l'école de peinture à Sicyone, & le premier peintre qui appliqua les mathématiques à la peinture.

PAN

PANAGIOTI, (*Hist. litt. mod.*) premier interprète du grand-seigneur, défendit la foi de l'église grecque contre le patriarche Cyrille Lucar. (*Voyez* l'article *Cyrille Lucar.*) Il écrivit en grec vulgaire, & fit imprimer en Hollande un livre intitulé : *Confession orthodoxe de l'église catholique & apostolique d'Orient*; confession adoptée en effet en 1658, par toutes les églises d'Orient, dans un concile de Constantinople. *Panagioti* avoit du crédit à la Porte, & s'en servit en faveur des Grecs ses compatriotes. C'étoit un homme estimé. Il étoit de l'île de Chio; or, selon un proverbe grec, il n'est pas plus difficile de trouver un cheval verd qu'un homme sage de l'île de Chio; en conséquence, on appelloit Panagioti *le cheval verd.* Mort en 1673.

PANARD. (CHARLES-FRANÇOIS) (*Hist. litt. mod.*) On le regarde comme le créateur du vaudeville moral; on l'a nommé le La Fontaine du vaudeville, & on ne pouvoit rien dire de mieux pour le caractériser; il avoit en effet dans le vaudeville cette simplicité piquante & originale, cette grace naturelle, cette perfection que la Fontaine a dans ses bonnes fables : personne ne tournoit mieux un couplet, personne n'a jamais su tirer parti plus heureusement de la mesure, de la rime, du rapport des sons, de tout le méchanisme du vaudeville. Il n'y a personne qui, ayant de l'oreille & du goût, ne sente dans les couplets suivans toute la perfection dont le genre est susceptible :

> Dans ma jeunesse,
> Les papas, les mamans,
> Sévères, vigilans,
> En dépit des amans,
> De leurs tendrons charmans,
> Conservoient la sagesse.

> Aujourd'hui ce n'est plus cela,
> L'amant est habile,

> La fille docile,
> La mère facile,
> Le père imbécille,
> Et l'honneur va cahin caha.

AUTRE COUPLET.

> Sans dépenser, c'est en vain qu'on espère
> De s'avancer au pays de Cythère;
> Mari jaloux,
> Femme en courroux,
> Ferment sur vous
> Grille & verrous,
> Le chien vous poursuit comme loups;
> Le temps n'y peut rien faire;
> Mais si Plutus entre dans le mystère,
> Grille & ressort
> S'ouvrent d'abord,
> Le mari fort,
> Le chien s'endort,
> Femme & soubrette sont d'accord
> Un jour finit l'affaire.

Ces recherches d'harmonie qu'on prendroit pour des négligences, qui semblent, pour ainsi dire, tomber de la plume, & qui en rapprochant les sons analogues, doublent l'effet & le sentiment de la rime :

> Mais qu'en sort-il souvent ?
> Du vent.
> Même il m'est arrivé quelquefois de manger,
> Le berger.

Ces beautés si bien senties dans la Fontaine, *Panard* en fait dans le couplet l'usage le plus heureux; c'est chez lui une espèce d'écho plein de sens :

> Mettez-vous bien cela
> Là,
> Jeunes fillettes,
> Songez que tout amant
> Ment
> Dans ses fleurettes,

Une autre raison de comparer *Panard* à la Fontaine, c'est que jamais deux hommes n'ont été plus semblables & dans leurs mœurs & dans leur extérieur. Quant aux mœurs, même insouciance, même oubli des soins de la vie, même confiance dans des amis chargés de leur existence; tous deux eussent dit également, j'y allois. Quant à l'extérieur, *Panard* avoit, comme la Fontaine, cette simplicité, mêlée de distractions, cet air stupide, ces manières négligées jusqu'au désagrément, & qui sembloient déposer contre son esprit & contre son éducation.

On a observé qu'avec du talent pour l'épigramme, *Panard* n'avoit attaqué personne, qu'il chanfonnoit le vice & non le vicieux. Il mourut à Paris, le 13 juin 1765, à foixante & quatorze ans. On avoit imprimé fes ouvrages en quatre volumes *in-12*, en 1763, fous ce titre : *Théâtre & œuvres diverfes de M. Panard.* Cet auteur étoit fans lettres, ainfi que Bourfault, & n'en étoit que plus original.

PANCERNES, (*Hift. militaire de Pologne*) gendarmerie de Pologne. La Pologne eft aujourd'hui le feul pays où l'on voie une cavalerie toute compofée de gentilshommes, dont le grand duché de Lithuanie fournit un quart ; & cette cavalerie fait la principale force de l'état ; car à peine l'infanterie eft-elle comptée. Elle fe divife en houffards & en *pancernes* : les uns & les autres compris fous le nom commun de *towarisz,* c'eft-à-dire, *camarades.* C'eft ainfi que les généraux & le roi lui-même les traitent. Un mot produit fouvent de grands effets.

Les houffards font formés de l'élite de la nobleffe qui doit paffer par ce fervice pour monter aux charges & aux dignités. Les *pancernes*, compofés auffi de la nobleffe, ne différent des houffards que par la chemife de maille en place de cuiraffe ; & on ne les examine pas auffi rigoureufement fur leur généalogie. Ce ne font point des régimens, mais des compagnies de deux cents maîtres appartenantes aux grands de l'état, fans excepter les évêques qui, ne faifant pas le fervice par eux-mêmes, donnent de fortes penfions à leurs lieutenans. *L'abbé Coyer.* (*D. J.*)

PANCIROLE, (GUI) (*Hift. litt. mod.*) grand jurifconfulte & profeffeur de droit célèbre à Padoue & à Turin au feizième fiècle. Né à Padoue en 1523. Mort à Padoue en 1599. Son traité, *De rebus inventis & perditis* (*des inventions perdues*) avoit été compofé en italien ; Henri Salmuth le traduifit en latin, fous ce titre, & le fit imprimer en 1599. Pierre de la Noue en fit imprimer, en 1617, une traduction françoife faite fur le latin. On a encore de *Pancirole* d'autres favans ouvrages : *Commentarius in notitiam utriufque imperii, & de magiftratibus ; De numifmatibus antiquis ; De juris antiquitate ; De claris juris interpretibus.*

PANCKOUCKE, (ANDRÉ-JOSEPH) d'une ancienne famille de la bourgeoifie, libraire à Lille en Flandre, y eft mort le 17 juillet 1753, âgé de 54 ans. Il avoit fait d'excellentes études au collège de Sainte-Barbe à Paris. Sa mémoire étoit prodigieufe, & fes connoiffances très-étendues. Les principes de janfénifme qu'il avoit puifés dans fa jeuneffe, ayant fait foupçonner au curé de fa paroiffe qu'il étoit de cette fecte, il voulut, à l'article de la mort, lui faire figner le formulaire ; le malade s'y refufa, & le curé n'ayant pas voulu lui adminiftrer les facremens, ne voulut pas l'enterrer. Il fallut des ordres de l'adminiftration, de l'évêque de Tournai, du prince de Soubife, gou-

verneur de la ville, pour vaincre la réfiftance du curé. Cet événement fit beaucoup de bruit dans toute la ville, & toutes les gazettes du temps en ont fait mention. André *Panckoucke* a laiffé quatre enfans, deux garçons & deux filles. La cadette a époufé M. Suard, de l'académie françoife, & l'aîné de fes fils (CHARLES PANCKOUCKE) eft l'entrepreneur de cette édition de l'Encyclopédie méthodique. Voici la note des principaux ouvrages de M. *Panckoucke* le père : *Elémens d'aftronomie,* in-8° ; *Géographie à l'ufage des négocians,* in-8°. *Effais fur les philofophes,* in-12 ; *la Bataille de Fontenoy, poëme héroïque ; Manuel philofophique,* ou *Précis univerfel des fciences,* 2 vol. in-12 ; *Amufemens mathématiques,* in-12 ; *Dictionnaire des proverbes françois,* in-12 ; *les Etudes convenables aux demoifelles,* 2 vol. in-12, dont on a fait plufieurs éditions ; *l'Art de défopiler la rate,* 2 vol. in-12 ; *Abrégé chronologique de l'hiftoire des comtes de Flandre,* in-8°. (*A. F.*)

PANETIER, GRAND, f. m. (*Hift. de France*) le *grand panetier* de France, étoit autrefois un officier de la maifon du roi qui recevoit les maîtres boulangers, avoit fur eux droit de vifite & de confifcation, avec une jurifdiction dans l'enclos du palais, nommé *la paneterie,* laquelle étoit exercée par un lieutenant-général. Les boulangers de Paris lui devoient un certain droit qu'on nommoit *bon denier* & le *pot de romarin.*

Cet office du *grand panetier* étoit poffédé par un homme du premier rang ; il jouiffoit de prérogatives qui le relevoient au-deffus de fes fonctions ; on voit dans les preuves de l'hiftoire de Montmorency, qu'en 1333, Burchard de Montmorency étoit *panetarius Franciæ,* & qu'en cette qualité il eut un grand procès avec le prévôt des marchands & les échevins de la ville de Paris, qui foutenant les intérêts des boulangers de cette ville & des fauxbourgs, ne pouvoient fouffrir qu'il exerçât la jurifdiction du *panetier,* ni l'infpection qu'il prétendoit avoir fur eux ; mais il fut maintenu dans tous fes droits.

Du Tillet fait mention, dans fes recherches, du *grand panetier* de France, & des feigneurs qui ont poffédé cet office ; & après avoir rapporté l'arrêt rendu en 1333, il ajoute qu'il y en a eu plufieurs autres, entr'autres un provifionnel du 2 mai 1406, par lequel il fut permis au *grand panetier* d'avoir fa petite juftice, &c. à condition de porter au châtelet les contraventions qu'il découvriroit dans les vifites, pour punir les coupables : cette charge fut fupprimée par Charles VII, ainfi que celle du grand bouteillier. (*D. J.*)

PANETIERE, fubft. f. fac de berger, efpèce de grande poche ou de fac de cuir, dans lequel les bergers mettent leur pain. *Panetière* eft le mot noble employé par les auteurs dans les églogues & les bergeries ; car les bergers des environs de Paris appellent ce fac *gibecière.* (*A. R.*)

PANÉTIUS ou PANŒTIUS, (*Hift. anc.*) un des plus célèbres philofophes de la fecte ftoïcienne, étoit de l'île de Rhodes; fes ancêtres avoient commandé les armées des Rhodiens; il vivoit environ un fiècle & demi avant Jéfus-Chrift. Il eut pour maître Antipater de Tarfe. Il alla vifiter & fréquenter l'école fameufe des ftoïciens à Athènes. Les Athéniens lui offrirent le droit de bourgeoifie; il les remercia, en difant qu'un homme modefte devoit fe contenter d'une feule patrie. Zénon, fondateur du portique, c'eft-à-dire, de la fecte des ftoïciens, avoit refufé le même honneur, dans la crainte de déplaire à fes concitoyens.

Panétius vint à Rome. La jeune nobleffe romaine courut à fes leçons. On raconte qu'un jeune Romain lui demandant, ou férieufement, ou avec dérifion, s'il étoit permis au fage d'être amoureux, il répondit : *A l'égard du fage, c'eft une grande queftion, il nous faut du temps pour l'examiner; mais pour vous & pour moi, qui fommes fi éloignés de la fageffe, nous n'avons rien de mieux à faire que de nous défendre de l'amour, autant qu'il nous fera poffible;* il compta parmi fes difciples les Scipions & Lœlius; il accompagna Scipion dans fes diverfes expéditions, & fut le feul dont ce même Scipion voulut être accompagné, lorfque le fénat le nomma fon ambaffadeur auprès des peuples & des rois de l'Orient, alliés de la république. *P. Africani Hiftoriæ loquuntur, in legatione illâ unâ obiit, Panætium unum omninò comitem fuiffe. Cic. acad. quæft. lib. 4.* Panétius eut auprès de Scipion un crédit qui ne fut point inutile aux Rhodiens fes compatriotes.

Panétius avoit voulu être utile au monde, en publiant fon traité des devoirs de l'homme, dont Cicéron a fait ufage dans fon livre que nous appellons *des offices,* ce qui fignifie *des devoirs.* Le cas que Cicéron faifoit de cet ouvrage de *Panétius,* eft bien propre à nous le faire regretter, ainfi que beaucoup d'autres compofés par le même *Panétius:*

Nobiles
Libros Paneti:

Dit Horace.

On peut voir l'énumération de ces divers ouvrages dans un mémoire de M. l'abbé Sevin, fur la vie & fur les ouvrages de *Panétius,* inféré au dixième tome du recueil de l'académie des infcriptions & belles-lettres. On vante beaucoup le talent qu'il avoit de joindre dans fes ouvrages, comme le fit depuis Cicéron, l'agrément à l'utilité; la beauté, l'éloquence du ftyle à la folidité du raifonnement, & on oppofe fon exemple à celui de ces premiers écrivains du Portique, Cléanthe & Chryfippe, très-accufés de féchereffe & de dureté dans leurs écrits & dans leurs mœurs. *Quam illorum triftitiam atque afperitatem. fugiens Panætius, nec acerbitatem fententiarum nec differendi fpinas pro-*

bavit: fuitque in altero genere mitior, in altero illuftrior. Cic. de finib. lib. 4, nᵒˢ 78, 79.

On ne fait pas exactement le temps de la mort de *Panétius;* on fait qu'il a furvécu trente ans à la publication de fon traité des devoirs de l'homme, & que par conféquent il a joui de fa gloire.

PANJANGAM, (*Hift. mod.*) almanach des bramines, où font marqués les jours heureux & malheureux, & dont les Indiens fe fervent pour régler leur conduite. Lorfqu'ils font fur le point d'entreprendre quelque affaire importante, ils confultent leur *panjangam;* &, fi le jour où ils fe trouvent eft marqué comme malheureux, ils fe garderont bien de faire aucune démarche; ce qui leur fait fouvent perdre les meilleures occafions. La fuperftition fur cet article eft pouffée fi loin, qu'il y a des jours qui font marqués, dans le *panjangam,* heureux ou malheureux feulement pendant quelques heures. Il y a même un *panjangam* particulier, pour marquer quelles font les heures du jour ou de la nuit qui font heureufes ou malheureufes. (+)

PANIER, (*Hift. mod.*) bureau de la chancellerie d'Angleterre, qui répond au *fifc* des romains.

Clerc du panier, qu'on appelle auffi quelquefois *garde du panier,* eft un officier de la chancellerie qui reçoit tous les deniers que l'on paye au roi pour les fceaux des chartres, lettres-patentes, commiffions & écrits ou ordres. Il accompagne le garde des fceaux dans les temps que fe font les paiemens, & il a la garde de toutes les expéditions fcellées, qu'il reçoit aujourd'hui dans un fac, mais qui fe mettoient autrefois dans un *panier,* d'où vient l'étymologie de cette charge. Il y a auffi un contrôleur du *panier.* (*A. R.*)

PANIGAROLA, (FRANÇOIS) (*Hift. litt. mod.*) évêque d'Afti en Piémont, diftingué par fon talent pour la prédication & par un traité de l'éloquence de la chaire, intitulé : *il prédicatore.* Le pape Grégoire XIV l'envoya en France l'an 1590, avec le cardinal Gaëtan & le jéfuite (depuis cardinal) Bellarmin, pour foutenir le parti de la ligue contre Henri IV. *Panigarola,* né à Milan en 1548, mourut à Afti en 1594.

PANNON, (JANUS PANNONIUS) Hongrois, poëte latin moderne, évêque de cinq-églifes dans la baffe Hongrie; mort en 1490. On a de lui des élégies & des épigrammes dans les *deliciæ poëtarum Hungarorum.* Ces poëfies avoient auffi été imprimées à part, à Venife, en 1553.

PANOPION, (*Hift. rom.*). Ce n'eft pas le nom de *Panopion* qui devroit être connu, il n'a rien fait qui le recommande à la poftérité; mais il avoit un efclave, dont le nom ignoré devroit être à jamais célèbre. *Panopion* étoit profcrit; cet efclave voit des foldats arriver pour tuer fon maître, il change d'habit avec lui, le fait fortir par une porte de derriére, court fe jeter dans le lit de *Panopion*, & fe laiffe tuer à fa place.

PANORMIE, f. f. (*Hift. mod.*) recueil de toutes les loix, de παν tout, & de νομος loi. C'eft le titre d'un décret attribué à Yves de Chartres, mais qui n'eft pas de lui. Sigebert prétend que Hugues de Châlons en eft auteur. (*A, R.*)

PANORMITA, (LE PANORMITAIN, autrement ANTOINE DE PALERME) (*Hift. litt. mod.*) favant du quinziéme fiècle, & qui en avoit bien le-ton & les mœurs, comme on le voit par les querelles qu'il eut avec Laurent Valle, (*Laurentius Valla*) fe nommoit le *Panormitain*, parce qu'il étoit né à Palerme, *Panormi*. Le roi de Naples, Alfonfe d'Arragon, l'envoya, en 1451, demander aux Vénitiens l'os du bras de Tite-Live, qu'il obtint. Il eût mieux valu en obtenir ces lacunes, qu'on s'eft quelquefois flatté de recouvrer, mais qui font peut-être perdues pour toujours. On dit qu'Antoine le *Panormitain*, qui étoit d'une famille riche & diftinguée, vendit une de fes terres pour acheter un exemplaire manufcrit du même Tite-Live, copié par le Pogge. Il mournt à Naples en 1471, à foixante & dix-huit ans. On a de lui des épîtres, des harangues, des épigrammes, des fatyres, fur-tout contre Laurent Valle, & un recueil d'apophtegmes du roi Alphonfe fon maitre. Il avoit auffi des connoiffances en jurifprudence.

PANQUECALUZI, f. m. (*Hift. mod.*) quatorziéme des dix-huit mois chacun de vingt jours, qui compofent l'année des méxiquains. (*A. R.*)

PANTALÉON, (SAINT) (*Hift. ecclef.*) martyr de Nicomédie; on place fon martyre vers l'an 305, fous la perfécution de Galérius.

PANTHÉE. (*Voyez* ABRADATE.)

PANTINS, (*Hift. mod.*) petites figures peintes fur du carton, qui par le moyen de petits fils que l'on tire, font toutes fortes de petites contorfions propres à amufer des enfans. La pofterité aura peine à croire qu'en france, des perfonnes d'un âge mûr aient pu, dans un accès de vertige affez long, s'occuper de ces jouets ridicules, & les rechercher avec un empreffement, que dans d'autres pays l'on pardonneroit à peine à l'âge le plus tendre. (*A. R.*)

PANTOUFLIER, f. m. nom que l'on donne en amérique au marteau. (*A. R.*)

PANT-SÉE, (*Hift. des fupplices*) nom de l'inftrument dont on punit les coupables à la Chine. C'eft une groffe canne de bambou, bois dur & maffif, fendue à demi, plate, & de quelques pieds de longueur. Elle a par le bas la largeur de la main, & eft par le haut polie & déliée.

Lorfque le mandarin tient fon audience, il eft affis gravement devant une table, fur laquelle eft un étui rempli de petits bâtons longs d'un demi-pied, & larges de deux doigts. Plufieurs huiffiers armés de *pant-fée* l'environnent. Au figne qu'il donne en tirant & jettant ces bâtons, on faifit le coupable, on l'étend ventre contre terre, on lui abaiffe le haut-de-chauffe jufqu'aux talons; & autant de petits bâtons que le mandarin tire de fon étui, & qu'il jette par terre, autant d'huiffiers fe fuccedent, qui appliquent les uns après les autres chacun cinq coups de *pant-fée* fur la chair nue du coupable. On change l'exécuteur de cinq coups en cinq coups, ou plutôt deux exécuteurs frappent alternativement chacun cinq coups, afin qu'ils foient plus pefans & que le châtiment foit plus rude. Il faut néanmoins remarquer que quatre coups font réputés cinq; & c'eft ce qu'on appelle la *grace de l'empereur*, qui comme pere, par compaffion pour fon peuple, diminue toujours quelque chofe de la peine.

Ce n'eft pas feulement en fiégeant au tribunal qu'un mandarin a le droit de faire donner la baftonnade, il a le même privilège en quelque endroit qu'il fe trouve, même hors de fon diftrict; c'eft pourquoi quand il fort, il eft toujours accompagné d'officiers de juftice qui portent le *pant-fée*. Il fuffit à un homme du petit peuple qui eft à cheval, de n'avoir pas mis pied à terre, ou d'avoir traverfé la rue en préfence d'un mandarin, pour recevoir quatre coups de bâton par fon ordre. L'exécution eft fi prompte, qu'elle eft fouvent faite avant que ceux qui font préfens s'en foient apperçus. Les maîtres ufent du même châtiment envers leurs difciples, les peres envers leurs enfans, & les feigneurs envers leurs domefliques; avec cette différence, que le *pant-fée* dont ils fe fervent, eft moins long & moins large, que celui des huiffiers d'un mandarin. (*D. J.*)

PANVINI, (ONUPHRE) (*Hift. litt. mod.*) religieux auguftin célèbre, né à Vérone, mort à Palerme en 1568, à trente-neuf ans, après avoir fait preuve de la plus vafte érudition. Paul Manuce l'appelle, *helluonem antiquarum hiftoriarum, devorator d'antiquités*. Sa devife étoit un bœuf placé entre un autel & une charrue, avec ces mots: *in utrumque paratus*; elle fignifioit qu'il étoit toujours également prêt à fe dévouer aux plus pénibles travaux de la littérature, & à s'immoler aux devoirs de l'état religieux. Ses ouvrages les plus connus font fes Vies des papes, fes Faftes, fa République romaine; mais il y a encore de lui une foule de productions favantes: *De antiquis romanorum nominibus; De principibus romanis; De triumpho & ludis Circenfibus; De primatu Petri; De ritu fepeliendi mortuos apud veteres chriftianos & de cœ-*

meteriis,

*meteriis eorumdem ; De antiquo ritu bapti<zandi cate-
chumenos ; Topographia Romæ ; Chronicon ecclesias-
ticum.*

PAO

PAOLI, (*Hist. de Corse*) Pascal *Paoli*, fils puîné
d'Hyacinte *Paoli* & de Denise N. . . . . naquit
le 26 avril 1725, au village de la Stretta, paroisse
de Merosoglia, pieve de Rostino & jurisdiction de
Bastia. Quoiqu'Hyacinte ne fût pas de la classe des
nobles, il fut choisi pour être un des douze représentans de la nation auprès du gouverneur
génois ; c'est par lui que la famille *Paoli* commença d'être connue, & qu'elle cessa d'être con-
fondue avec celles de tous les paysans de l'île ;
mais cette obscurité même ajoute à la gloire d'Hyacinte & de Pascal *Paoli*, qui ont su donner une
illustration réelle à leur nom, & l'ont rendu aussi
honorable à porter que ceux des plus distingués
de leur pays.

Hyacinte devenu l'un des chefs des mécontens,
fut emprisonné, puis relâché par les Génois ; nommé général des Corses, & vaincu par M. de Maillebois, il fut forcé de se retirer à Naples avec son
fils Pascal. Sa majesté sicilienne ayant formé un
régiment corse des bannis de cette île qui se refu-
gioient dans ses états, en donna la lieutenance
colonelle au père de Pascal, qui ne négligea rien
pour donner une bonne éducation à son fils. Hyacinte eut le bonheur de le voir répondre à ses espérances, & annoncer de bonne heure les talens
qu'il devoit développer un jour. Pascal fut nommé
porte-enseigne au service du roi de Naples, &
exerça cet emploi honorable, mais trop inférieur
à ses talens, jusqu'en 1754, qu'il revint en Corse,
il étoit alors âgé de près de trente ans, & n'a-
voit pas, comme on voit, fait une grande fortune.
Les intrigues de son frère Clément, & l'ambition
le ramenérent dans son pays, & le porte-enseigne
y devint tout d'un coup général.

La nature & l'art sembloient avoir travaillé de
concert à le rendre digne de commander à une
nation valeureuse, mais qu'un caractère violent
& indompté rend très-difficile à plier au joug salutaire des loix. *Paoli* étoit d'une taille moyenne,
son regard étoit sévère, sa voix agréable, son ton
grave, son allure majestueuse ; très-aimable avec
ses partisans, il étoit haineux, mais non cruel envers ses ennemis. (Le pardon des injures n'est pas
d'ailleurs une vertu de son pays.) D'un accès
très-facile, & d'une politesse extrême avec ceux
même dont il avoit eu lieu de se plaindre, faible
& sans ressources dans les grands dangers ; mais
sachant préparer les événemens, plein de cette
finesse qui semble naturelle aux italiens, politique
habile & profond, naturellement laborieux, actif
& vigilant, rempli de sens froid & de sagacité,
lisant avec promptitude dans les yeux d'un homme
tout son caractère, doué d'une grace, d'une faci-

lité singulière à s'exprimer, d'une éloquence qui
séduisoit, d'une mémoire prodigieuse, d'une souplesse d'intrigues non moins surprenante, & d'une
discrétion impénétrable. Voilà les qualités qu'il
réunissoit.

Paoli semble avoir eu peu de goût pour les
femmes ; s'il en eût marqué, il auroit alarmé la
jalousie des Corses, multiplié ses ennemis & les
facilités de conspirer contre lui : si l'on ne veut
pas croire, comme on l'a prétendu, que sa sagesse
n'étoit qu'une vertu de tempérament ; on peut
penser qu'elle étoit l'effet de sa politique ; il savoit,
outre l'italien sa langue naturelle, le françois qu'il
aimoit & parloit bien, il entendoit l'anglois & le
latin : il aimoit à s'entretenir avec les jeunes gens,
& ses conversations avec eux étoient celles d'un
instituteur qui prêche avec grace la vertu, le courage, l'amour des hommes & de sa patrie, & qui
fait aimer ses leçons : avec ses amis, ses discours
les plus ordinaires rouloient sur la politique, la
littérature, la religion, & à ce sujet il ne leur faisoit pas mystère de ses opinions hétérodoxes, ni
de son adhésion à ces sentimens que l'église a
proscrits, & qui sont si universellement répandus
& adoptés depuis un demi siècle. Il dictoit lui-
même toutes ses lettres, & quoiqu'il écrivît avec
autant de facilité que d'élégance, ce n'étoit pas
un de ses moindres travaux.

Paoli vivoit avec un certain luxe, son palais
à Corté étoit élégamment meublé, & sa table bien
servie, la liberté s'y plaisoit au milieu d'un grand
nombre de convives ; vers la fin du jour il sortoit, & se promenoit à pied, escorté de sa garde &
accompagné de quelques amis ; son embonpoint
ne lui permettoit guère l'exercice du cheval, &
il n'étoit pas à beaucoup près aussi bon écuyer qu'il
avoit, dit-on, été autrefois à Naples dangereux
spadassin.

Quand celui dont nous venons d'esquisser le
portrait & de décrire les mœurs, fut parvenu au
généralat des Corses, il prit une route tout-à-fait
opposée à celle qu'avoient suivie les généraux
Corses ses prédécesseurs ; il ne crut pas, comme eux,
que les Corses dussent continuer la guerre contre
les génois, afin de les contraindre à leur accorder
un réglement d'administration, & à établir une
forme de gouvernement qui convînt aux insulaires : *Paoli* portant ses vues plus haut que Ciac-
caldi, Giafferri & Gafforio, prétendit à gouverner seul, il persuada en conséquence à la nation
qu'elle étoit capable de se gouverner librement &
sans dépendre de Gènes ; les exemples des républiques subsistantes, & de celles dont on ne connoît plus que l'histoire, ne lui manquèrent pas, &
les Corses convaincus qu'ils pouvoient faire pour
eux & contre Gènes, ce que la Hollande avoit exécuté pour elle & contre les Espagnols, résolurent
de ne jamais traiter avec la république qu'elle n'eût
reconnu leur indépendance & leur légitime souveraineté. Animés par leur général, & remplis

d'un courage égal à son ambition, ils se crurent autant de héros, & ne doutèrent plus qu'ils ne puffent aisément chaffer les génois de leur île. C'est un grand talent que celui de favoir perfuader; & à un peuple qu'il vaut quelque chofe: *Paoli* l'avoit ce talent, & s'en fervit, parce qu'il n'ignoroit pas combien la préfomption qu'on vaincra, donne d'audace & facilite la victoire. Toutes fes vues eurent pour objet d'éloigner des Corfes l'idée de fe foumettre à une puiffance étrangère quelconque, & de fe les affujétir doucement. Ils fembloient aux yeux des fpéculateurs éloignés & mal inftruits, un peuple de héros armé pour défendre la liberté qu'il idolâtre; mais, vus de près, le tableau changeoit, ce n'étoit plus qu'une multitude trompée, qui ne combattoit que pour changer de maître; le nouveau qu'elle s'étoit donné, étoit un enchanteur dont tout le fecret confiftoit à lui faire croire que fes ordres particuliers n'étoient que l'expreffion de la volonté générale, & il dominoit cette nation, comme la maréchale d'Ancre dominoit la reine régente Marie de Médicis, par le pouvoir qu'ont les ames fortes fur les efprits foibles. Général d'une nation toute guerrière, on n'a jamais vu *Paoli* donner à la tête de fes patriotes, il faut que le charme de fes talens eût bien fafciné la vue des Corfes, pour que le défaut de courage dont on pouvoit le foupçonner, ou l'excès de prudence qu'on lui pouvoit reprocher, ne l'aie pas perdu dans leur efprit; s'il n'eft pas effentiellement du devoir d'un roi de fe montrer à la tête de fes armées, on peut croire que c'eft pour un chef de parti une obligation indifpenfable. Que réfulta-t-il de cette difpofition de l'ame de *Paoli?* qu'il fut forcé d'employer fouvent des gens atroces, des fcélérats fanguinaires, mais intrépides, qui le fervoient bien, & dont il n'ofoit punir les excès quand ils l'avoient mérité. Né enfin pour briller plus dans le cabinet que dans les camps, fa gloire femble appartenir davantage à fon efprit qu'à fon cœur.

La paix étoit donc le temps où il devoit fe montrer dans fon plus beau jour. Auffi lorfque les François, en venant garder les places Génoifes en 1764, les donnèrent à l'île, en profita-t-il pour créer des établiffemens utiles, pour augmenter le bonheur des Corfes, donner une forme fixe à leur gouvernement & confolider fa propre puiffance. On vit s'élever par fes foins une univerfité dans un pays où toute fcience étoit inconnue; une marine fut créée, le commerce encouragé & protégé; un Juif demande d'être naturalifé; malgré la fuperftition corfe & l'intolérance romaine, il lui fut permis de jouir de tous les droits de citoyen. Les loix, le gouvernement, la police, l'introduction des arts, l'encouragement de l'agriculture, la civilifation enfin furent les objets dont il s'occupa pendant les loifirs de la paix. Cette nation rendue barbare par quarante années de guerres inteftines, & par l'horrible mifère dans

laquelle l'avoient plongée, comme de concert, fa pareffe naturelle & l'extrême avarice des Génois, parut s'étonner elle-même de la tranquillité & du bonheur dont elle jouit durant quelques années. Cependant tout étoit l'ouvrage d'un feul homme, il travailloit pour lui, dira-t-on: eh! qu'importe, s'il n'en faifoit pas moins le bien de fa patrie?

Sous le prétexte fpécieux de remédier aux défordres qui régnoient chez un peuple fans frein, *Paoli* fe fit accorder le pouvoir le plus étendu; il devint dans le fait prefque defpote, malgré la confulte qui ne confervoit à la nation que l'apparence trompeufe de la liberté. On s'accoutume fi aifément à commander, il eft fi doux de fe faire obéir, & tout pouvoir tend fi naturellement à s'accroître, qu'il eft pour le moins douteux que le général des Corfes leur eût remis la puiffance qu'il avoit eu l'adreffe d'acquérir. Au refte l'état d'anarchie où vivoit ce peuple, le forçoit d'en accorder une prefque illimitée à fon chef, & obligeoit celui-ci à ne s'en défaifir que graduellement, & peu-à-peu; mais fi fa conduite eût été d'accord avec fes principes, on en peut conjecturer que difficilement il auroit renoncé à tant d'autorité. L'amour propre, l'ambition &, fi l'on veut, l'amour de fon pays & de fa liberté, ou plutôt le réfultat du mêlange de tous ces fentimens, le précipitèrent dans la guerre qu'il foutint contre la France, & fans entrer dans les motifs qui l'ont déterminé à l'entreprendre, il eft toujours très-glorieux pour *Paoli*, fimple particulier, d'avoir forcé la première puiffance de l'europe de s'armer contre lui. Il s'eft plaint que durant cette guerre tout le monde l'avoit trompé ou abandonné; au lieu de s'en plaindre il falloit le prévoir; quoi qu'il en foit, ce reproche qu'il faifoit aux Corfes n'eft pas fans fondement. Le trône qu'il avoit fait élever dans fon palais, & fur lequel il s'étoit affis, avoit deffillé les yeux d'un grand nombre; fon argent même lui enlevoit fes partifans. Ceux qu'il foudoyoit en ayant amaffé une certaine quantité, lui manquèrent quand ils le virent hors d'état de les punir de leur infidélité. *Paoli* auroit mérité la reconnoiffance éternelle de fa patrie, fi, préférant fes avantages aux fiens propres, & le plaifir de la voir heureufe à la gloire d'y dominer, il eût fait l'honorable capitulation qu'il étoit en droit de demander pour elle après avoir enlevé Borgo aux François, en 1768; mais ou cette conquête même l'enivra en lui perfuadant qu'il leur pouvoit réfifter, ou la crainte d'être puni comme un traître s'il traitoit avec les ennemis des Corfes, par les enthoufiaftes dont il avoit lui-même exalté l'imagination, l'empêchèrent d'exécuter ce projet & peut-être même d'y fonger.

Paoli déconcerté par tous les événemens de la campagne de 1769, après avoir vu devenir inutiles les belles difpofitions de défenfe qu'il avoit faites à l'ouverture de cette campagne, fembla ne plus fonger qu'à fa retraite. Il alloit de pofte en poste, y donnoit ses ordres & gagnoit toujours les derrieres; il s'est enfin, je ne dirai pas retiré, mais enfui jusqu'à Porto-Vecchio, où il s'embarqua suivi de 150 Corses, le 13 juin 1769, sur un bâtiment anglois qui l'y attendoit pour le conduire d'abord à Livourne & ensuite à Londres, où il a fixé sa demeure & où il vit encore. Les François pouvoient le prendre à Porto-Vecchio, ils ne l'ont pas voulu par une politique qu'on a peine à concevoir.

Ceux qui croyent decouvrir le caractère des hommes dans leurs moindres actions, ont remarqué que *Paoli*, pour caresser le peuple & s'attacher la multitude, proposa un jour de mettre tous les biens de l'île en commun, ou au moins d'en faire entre tous les Corses un partage égal. Ce projet étoit absurde, & mis en exécution, il ne pourroit que faire croupir une nation dans la barbarie & la pauvreté; mais quoiqu'absurde, la proposition faisoit son effet, elle plaisoit au peuple, & lui rendoit *Paoli* plus cher, c'est tout ce qu'il en attendoit, il n'ignoroit pas qu'elle n'étoit ni avantageuse, ni faite pour être acceptée.

On se souvient encore que dans un de ses voyages au-delà des monts, en partant de Santa-Maria d'Ornans, les gens de ce lieu le voyant monter à cheval, crierent *viva il ré*, vive le roi. *Paoli* ne les loua ni les blâma. Quelques-uns de ses courtisans, moins tolérans que lui, reprirent fort aigrement les crieurs, qui firent sûrement plus leur cour à leur général, que les censeurs de son cortège.

Les admirateurs outrés de *Paoli* prétendent qu'il ne manque à sa gloire que d'être mort les armes à la main; qu'ils daignent suivre sa conduite, ils verront qu'il n'a pas voulu laisser de doute sur ses sentimens. Il s'est préféré à sa patrie, rien n'est plus clair; & ceux qui savent combien il existe malheureusement peu de héros, & qui connoissent le cœur humain, trouveront la conduite de *Paoli* très-naturelle & très-conséquente. Pourquoi se seroit-il sacrifié à sa patrie, quand la moitié de ses compatriotes le trahissoit, & le livroit à ses ennemis? à cru qu'il valoit mieux jouir à Londres des fruits des soins qu'il avoit pris de la Corse, de la fortune qu'il avoit su s'y ménager, & attendre en paix les événemens, que de se soustraire à la faculté d'en profiter. Sa gloire éternelle sera d'avoir délivré la Corse du joug odieux des Génois, & de l'avoir mieux gouvernée qu'aucun des chefs qui l'avoient précédé. (*M. DE POMMEREUL.*)

PAOLO, (FRA) (*Voyez* FRA-PAOLO.)

PAOLUCCIO (PAUL-LUC ANAFESTE;) (*Hist. de Venise*) premier doge ou duc de Venise, élu en 697, mort en 717. Cette république avoit d'abord été gouvernée pendant deux cents ans par des tribuns annuels & électifs. Paoluccio fut le premier doge, & il eut aussi pour successeurs deux doges;

le gouvernement de la république fut ensuite donné à des généraux d'armée, dont le pouvoir ne duroit qu'un an, comme autrefois celui des consuls à Rome; mais six ans après on reprit l'usage des doges, qui subsiste encore.

PAOPHI, (*chronol. égypt.*) c'est le second mois de l'année égyptienne. Il commence le 28 septembre de la période julienne. (*D. J.*)

PAOUAOUCI, (*Hist. mod. superstition*) c'est le nom que les habitans sauvages de la Virginie donnent à leurs enchantemens ou conjurations, au moyen desquels quelques européens même ont été assez simples pour croire que leurs devins pouvoient faire paroître des nuages & faire tomber de la pluie. (*A. R.*)

PAP

PAPE, (GUI) (*voyez* GUI-PAPE.)

PAPEBROCH, (DANIEL) (*Hist. litt. mod.*) Jésuite d'Anvers, célèbre bollandiste, associé aux travaux des pères Bollandus & Henschenius sur les actes des saints. Il eut une grande querelle avec les Carmes, dont il n'avoit fixé l'origine qu'au douzième siècle, & auxquels il n'avoit donné que Berthold pour premier général. Les Carmes réclamèrent Elie pour fondateur, & le Mont-Carmel pour berceau de leur ordre; & pour preuve ils se nomment Carmes & portent encore le manteau d'Elie. L'inquisition d'espagne ne manqua pas d'anathématiser par un décret solemnel de l'année 1695, les volumes de *Papebroch* où se trouvoit ce blasphême contre les carmes. Cependant le P. *Papebroch*, dont la contribution personnelle dans les actes des Saints, n'est que de quarante-sept volumes *in-folio*, répondit succinctement aux Carmes par une brochure de quatre volumes in-4°. après quoi le pape défendit d'écrire, soit pour, soit contre la descendance d'Elie & d'Elisée. Effectivement on pouvoit en avoir assez sur ce sujet. Les frères de la Charité eurent aussi quelque velléité de ne s'en pas tenir à leur saint Jean-de-Dieu, mais de descendre directement d'Abraham, & d'avoir autrefois exercé leurs fonctions dans la vallée de Mambré; mais un ridicule ne put pas prendre sur un ordre si respectable & si utile, voué au soulagement des maux de l'humanité; les carmes restèrent chargés du Mont-Carmel, & du manteau d'Elie à eux transmis par Elisée. (*Voyez* à l'article LANGUET) la plaisanterie que leur fit le curé de saint Sulpice sur la différence de l'ancien & du nouveau Testament. Il faut pourtant convenir que les gens instruits de cet ordre, abandonnent cette origine du Mont-Carmel, & que le père Elisée, par exemple, cet esprit si sage, cet orateur si éloquent, ce religieux si décent, ne se croyoit pas disciple du prophète Elisée. Le P. *Papebroch* jouit d'une assez grande réputation parmi les compilateurs des antiquités ecclésiastiques, & les tracasseries mêmes qu'il essuya, attestent l'exactitude de sa critique. Né en 1628, mort en 1714.

PAPHNUCE, (SAINT) (*Hist. eccl.*) D'abord solitaire & disciple de saint Antoine, ensuite évêque de la Haute-Thébaïde, est au rang, sinon des martirs, au moins des confesseurs qui ont le plus souffert pour la foi. Il eut le jarret coupé, l'œil droit arraché; il fut condamné à travailler aux mines. C'étoit sous la persécution de Galérius & de Maximin. Saint *Paphnuce* porta au concile de Nicée

> De ses fers glorieux les vénérables marques;
> Constantin révéra le martir de la croix,

Ce premier Empereur chrétien baisoit tous les jours avec un saint respect la place où avoit été l'œil que *Paphnuce* avoit perdu pour la foi. Des auteurs ecclésiastiques disent que dans ce concile il s'opposa au célibat des prêtres; Baronius & d'autres le nient, les savans sont partagés sur ce fait. Saint *Paphnuce* défendit avec zèle au concile de Tyr la cause de saint Athanase son ami.

PAPIAS, (*Hist. ecclés.*) Evêque d'Hiéraple en Phrygie, disciple de saint Jean l'Evangéliste, ainsi que saint Polycarpe, est l'auteur de l'erreur des Millenaires.

On a d'un autre *Papias*, grammairien, qui vivoit vers le milieu du onzième siècle, un vocabulaire latin.

PAPILLON, (*Hist. litt. mod.*) Divers personnages ont rendu ce nom recommandable dans les lettres. Tous étoient de Dijon, & de la même famille.

1°. Almach ou Almaque Papillon, poëte François, ami de Marot, & comme lui, valet de chambre de François I. Il avoit été page de Marguerite de Valois, sœur de ce prince. Il fut fait prisonnier avec le roi, à la bataille de Pavie. Mort à Dijon en 1559, né aussi à Dijon en 1487.

2°. Thomas Papillon, neveu du précédent, né aussi à Dijon, (en 1514,) avocat & jurisconsulte célèbre, dont on a des livres de jurisprudence estimés, *de jure accrescendi, de directis hæredum substitutionibus;* des commentaires sur une partie du Digeste; mort en 1596.

3°. Philibert Papillon, né encore à Dijon le premier mai 1666, étoit fils de Philippe Papillon, avocat distingué. Il fut reçu docteur de Sorbonne en 1694. Il est connu sous le nom de l'abbé *Papillon.* Il s'attacha particulièrement à faire des recherches sur l'histoire littéraire de sa province: il est l'auteur de la bibliothèque des auteurs de Bourgogne, en deux volumes *in-folio,* imprimés après sa mort en 1742 & 1745, par les soins de M. *Papillon* de Flavignerot, son neveu, maître des comptes de Dijon. M. l'abbé *Papillon* étoit mort dès le 23 février 1738.

Trois autres personnages du nom de *Papillon,* père, fils & petit-fils, sur-tout les deux derniers, ont été célèbres dans l'art de graver en bois. Le second des trois, nommé Jean, né à Saint-Quentin en 1661, mort en 1744, est celui dont nous avons tant de vignettes, culs de lampe & autres ornemens de livres si bien exécutés. Son fils mort en 1776, a donné l'histoire de la gravure en bois.

PAPIN. (*Hist. litt. mod.*) C'est encore le nom d'une famille qui a produit quelques personnages connus dans les lettres.

1°. Isaac *Papin,* né à Blois en 1657, neveu & disciple du ministre Pajon, protestant tolérant & modéré, fut forcé par les raisons victorieuses de Bossuet, & par la déraison persécutrice de Jurieu, d'abjurer enfin une religion qui décrioit la persécution & qui l'exerçoit. *Papin* mourut à Paris en 1709. Le père Pajon de l'oratoire, son cousin germain, publia en 1723, le recueil des ouvrages composés en faveur de la religion par Isaac *Papin.*

2°. Nicolas *Papin,* oncle d'Isaac, calviniste & médecin habile, est auteur de quelques ouvrages de médecine & d'un traité sur la salure, le flux & reflux de la mer, les sources des fleuves & des fontaines.

3°. Denys *Papin,* fils de Nicolas & cousin-germain d'Isaac, calviniste & médecin comme son père, est l'auteur de ce qu'on appelle *la machine de Papin,* dont l'objet est d'amollir les os pour en faire du bouillon; elle a mérité d'être perfectionnée depuis.

PAPINIEN. (*Hist. Rom.*) Jurisconsulte célèbre du troisième siècle, vivoit sous l'empereur Septime Sévère, & ses fils Caracalla & Geta. Il est plus connu par quelques loix de lui qui existent dans le digeste, & par les éloges des jurisconsultes, que par ses ouvrages qui sont perdus pour la plûpart. Lorsque Caracalla eut massacré Geta son frère dans les bras de leur mère, (*voyez* l'article GETA) il crut ce que croyent assez facilement les tyrans, que la fonction des hommes de génie est de leur fournir des couleurs pour pallier ou excuser leurs crimes; il engagea *Papinien* à lui faire un discours pour justifier dans le sénat le meurtre de Geta, comme Sénèque en avoit fait un à Néron pour justifier le meurtre de sa mère. Le vertueux *Papinien* répondit avec indignation : « Le fratricide » n'est pas aussi aisé à justifier qu'à commettre; » d'ailleurs c'est égorger deux fois votre malheu- » reux frère que de le calomnier encore après sa » mort. Caracalla fut, dit-on, tellement irrité de cette réponse qu'il fit trancher la tête à *Papinien,* (l'an 212 de J. C.) On voit que Zosime a eu raison de dire que *Papinien* aimoit la justice autant qu'il la connoissoit. Les empereurs dans leurs édits, les jurisconsultes dans leurs écrits appellent *Papinien* le génie éminent. Cujas dit que c'est le plus habile jurisconsulte qui ait jamais été & qui sera jamais. D'après ces éloges, on se représente *Papinien* comme un vieillard blanchi dans l'étude des loix & dans la science du droit. Il vécut à peine trente-six ans.

PAPIRE-MASSON, (JEAN) (*Hist. litt. mod.*) fut d'abord jésuite, & ensuite substitut de M. le procureur-général. Ce fut un savant. On a de lui *annalium libri* 4. *Notitia episcoporum Galliæ;* une vie latine de Calvin que quelques-uns attribuent à Jacques Gillot ; une histoire des Papes, sous ce titre *de episcopis urbis*, & quelques autres ouvrages, entre autres des *éloges latins d'hommes illustres;* recueillis par l'inconnu Balesdens, de l'académie Françoise. L'abbé Baudrand a donné une édition d'un livre géographique de Papiré Masson, intitulé : *descriptio fluminum Galliæ.* Né en 1544, à saint Germain-Laval en Forez. Mort en 1611 à Paris.

PAPIRIUS, (*Hist. Rom.*) Un *Papirius* qui vivoit du temps de Tarquin l'ancien, fut le premier qui rassembla les loix que les rois de Rome avoient publiées. Cette collection fut appellée de son nom *droit Papirien.*

Cette famille des *Papirius* étoit illustre à Rome parmi les familles patriciennes ; un des hommes les plus célèbres qu'elle ait produit est *Papirius Cursor* qui fut dictateur vers l'an 320 avant J. C. il vainquit les Sabins, triompha des Samnites, prit Lucerie.

De la même famille encore étoit le jeune *Papirius*, surnommé *Prœtextatus*, parce qu'il portoit encore la robe prétexte, lorsqu'il fit l'action qui l'a rendu célèbre. Les sénateurs étoient alors dans l'usage de mener avec eux au sénat leurs enfans, avant même qu'ils eussent atteint l'âge de puberté, pour les former de bonne heure aux affaires & au secret qu'elles exigent ; car une des conditions de l'admission de ces enfans aux délibérations du sénat, étoit qu'ils garderoient ce secret aussi religieusement que leurs pères ; le jeune *Papirius* ayant été ainsi mené par son père au sénat, sa mère, qui eût dû lui donner le précepte & l'exemple de la discrétion, voulut par une curiosité peu digne d'une Romaine, savoir ce qui s'étoit passé au sénat ; elle pressa son fils de le lui révéler. Le jeune homme, après avoir long-temps résisté à ses instances, cédant enfin à sa mère, lui avoua, sur l'assurance du secret le plus inviolable, qu'on avoit agité la question suivante : *lequel seroit le plus avantageux à la république de donner deux femmes à un mari ou deux maris à une femme?* il ajouta qu'on n'avoit rien décidé & que la délibération étoit remise au lendemain. Le lendemain les dames Romaines se présentent en foule au sénat, demandant avec des cris & des larmes qu'il ne fût rien innové, ou qu'on donnât plutôt deux maris à une femme que deux femmes à un mari. Les sénateurs ne pouvoient rien comprendre à cet attrou-

pement de femmes, & encore moins à l'objet de leurs sollicitations ; le jeune *Papirius* les mit au fait, en s'applaudissant d'avoir celé le véritable objet des délibérations qui n'auroit pas été tenu plus secret ; la mère du jeune *Papirius* fut justement punie par un assez grand ridicule, & de sa curiosité & de son indiscrétion ; mais *Papirius* n'eût-il pas mieux fait d'épargner ce ridicule à sa mère, en ne lui faisant point de mensonge, & en se retranchant dans son devoir & dans la religion du serment pour résister à la curiosité immorale de cette femme ? Cet événement fit abolir l'usage d'introduire les enfans au sénat ; on n'y admit que le jeune *Papirius* qui, par ce trait de prudence & de fidélité, s'étoit montré digne d'un tel privilége. Auguste rétablit dans la suite l'ancien usage pour tous les fils des sénateurs.

PAPISME, PAPISTE, s. m. (*Gram. & Hist. mod.*) nom injurieux que les protestans d'allemagne & d'angleterre donnent au catholicisme & aux catholiques romains, parce qu'ils reconnoissent le pape comme chef de l'église. (*A. R.*)

PAPON, (JEAN) (*Hist. litt. mod.*) Lieutenant-général de Montbrison en Forès, & maître des requêtes de la reine Catherine de Médicis ; on a de lui des commentaires sur la coutume du Bourbonnois, un recueil d'arrêts notables & quelques autres ouvrages. Né à Montbrison en 1505, mort au même lieu en 1590.

PAPPUS, (*Hist. litt. anc. & mod.*) C'est le nom d'un mathématicien d'Alexandrie, qui, sous le regne de Théodose le grand, se fit un nom par ses *collections Mathématiques.*

Et d'un théologien protestant, ministre & professeur à Strasbourg, né à Lindau en 1549, mort en 1610, dont on a un abrégé de l'histoire ecclésiastique en latin, & quelques livres de controverse.

P A R

PARABOSCO, (JÉROME) (*Hist. litt. mod.*) poète Italien du seizième siècle, auteur de comédies d'un caractère original & de nouvelles, dans le goût de Bocace & de Bandello, &c. Il étoit de Plaisance.

PARABRAMA, s. m. (*Hist.*) le premier des dieux de l'inde. Une fois il eut envie de se montrer à la terre, & il se fit homme. Le premier effet de cette envie fut de lui faire concevoir un fils qui lui sortit de la bouche, & qui s'appella *Misao.* Il ne s'en tint pas là ; il lui en sortit un second de l'estomac qui s'appella *wilme*, & un troisième du ventre qui fut nommé *brama.* Avant que de disparoître, il fit un état à chacun de ses enfans. Il voulut que l'aîné occupât le premier ciel & dominât sur les élémens & sur les mixtes. Il plaça le second sous son frère, & le constitua juge des hommes, père des pauvres, & protecteur des malheureux. Il conféra au troisième l'empire du troisième ciel, & la furintendance de tout ce qui appartient aux facrifices & aux cérémonies religieuses. Les indiens repréfentent cette trinité de leur contrée par une idole à trois têtes fur un même corps; d'où quelques auteurs concluent qu'ils ont entendu parler de nos dogmes; mais ils ont tort, cette théologie ridicule eſt fort antérieure à la nôtre. *(A. R.)*

PARACELSE, (AURELE - PHILIPPE - THÉOPHRASTE BOMBAST DE HOHENHEIM) *(Hiſt. mod.)* *Paracelfe* étoit fuiſſe, né dans le canton de Zürich en 1493. Il avoit voyagé, il avoit vu les médecins de prefque toute l'europe & avoit conféré avec eux. Il fe donnoit pour le réformateur de la médecine, & il voulut en arracher le fceptre à Hippocrate & à Galien; il décria leurs principes & leur méthode; on lui reproche des erreurs, des folies, de l'obfcurité, un orgueil cynique, fur-tout une charlatanerie fans bornes; mais ce fut lui qui appliqua la chymie à la médecine, on lui doit la connoiſſance de l'opium & du mercure, & de la manière de les employer. *Paracelfe* eſt fur-tout le héros de ceux qui croyent à la pierre philofophale, & qui font, dit-on, en plus grand nombre que jamais. Ceux-là lui attribuent hautement l'avantage de l'avoir poſſédée, & ils ont fur cela fa propre autorité. Dieu lui avoit, difoit-il, révélé le fecret de faire de l'or & de prolonger la vie. Il fe vantoit de pouvoir, foit par ce fecret de la pierre philofophale, foit par la vertu de fes remèdes, conferver la vie aux hommes pendant plufieurs fiècles, & il ne vécut pas un demi-fiècle. Il mourut à quarante-huit ans en 1541, à Saltzbourg. Ses œuvres recueillies en trois volumes *in-folio*, roulent fur la médecine & la philofophie. Ceux qui le jugent le plus favorablement, lui appliquent la maxime : *nullum magnum ingenium fine mixturâ dementiæ* : point de grand génie fans un mélange de folie. Mais ce font les gens médiocres qui ont fait cette maxime.

PARACHRONISME, f. m. (*chronolog.*) c'eſt une erreur que l'on commet dans la chronologie, ou la fuppuration des tems, en plaçant un événement plus tard qu'il ne doit être placé. Le *parachronifme* eſt oppofé à l'*anachronifme*, qui place l'événement plus tôt qu'il n'eſt arrivé. *(D. J.)*

PARADIN, (GUILLAUME) (*Hiſt. litt. mod.*) écrivain du feizième fiècle, plus fécond qu'utile, eſt l'auteur d'une hiſtoire de fon temps, depuis le couronnement de François Ier, jufqu'à l'année 1550; d'annales de Bourgogne, d'une chronique de Savoye, de mémoires pour fervir à l'hiſtoire de Lyon, &c. Il étoit doyen de Beaujeu, & vivoit encore en 1581.
Il avoit un frère (Claude, chanoine de Beau-

jeu,) dont on a des *alliances généalogiques de France* & *des devifes héroïques*. Il vivoit en 1569.

PARADIS, (PAUL) (*Hiſt. litt. mod.*) Le premier profeſſeur hébreu, nommé au collège royal par François Ier, fut Paul Paradis, furnommé le Canoffe, vénitien de naiſſance, originairement juif de religion; il avoit abjuré fincèrement, dit-on, & n'avoit conſervé de fon judaïfme qu'une parfaite connoiſſance de la langue hébraïque. On aſſure qu'il avoit un grand talent pour enfeigner, talent rare & qui ne fuit pas toujours le degré de connoiſſances. Marguerite reine de Navarre, qui vouloit favoir de tout & même de l'hébreu, prit de fes leçons; il paroît que ce fut elle qui le fit connoître au roi fon frère. On a de Paul Paradis un dialogue latin fur la manière de lire l'hébreu. Les interlocuteurs font deux de fes difciples, & apparemment des meilleurs, c'eſt Martial Govéan & Matthieu Budée, fils du favant Guillaume Budée. Jean Dufrefne, autre difciple de *Paul Paradis*, & qui fut l'éditeur de cet ouvrage, annonce encore dans fon avertiſſement d'autres ouvrages de fon maitre.

Paul Paradis faifoit des vers latins; il y en a de lui pour la reine de Navarre, à la tête de fon dialogue. Leger du Chefne en fit fur la mort de ce profeſſeur, arrivée vers 1555. Les voici :

> *Infignis Paradife Paule, fplendor*
> *Mufarum Charitumque, qui periſti*
> *Totâ flente Lutetiâ, aſt Olympo*
> *Applaudente, ubi nunc fedes quietus,*
> *Defcende hùc iterum; tui precantur :*
> *Nam, poſtquam invida fata te tulerunt,*
> *Nemo fubſtitui tibi meretur.*
> *Hâc ergò ratione nunc neceſſe eſt,*
> *Ut fis fuppofititius tibi ipfi.*

Le fens général de ces vers, qui n'ont rien de piquant, eſt : « defcends du ciel, reviens parmi » nous, tu ne peux être dignement remplacé que » par toi-même. »

PARAMO, (LOUIS DE) (*Hiſt. litt. mod.*) Inquiſiteur eſpagnol, hiſtorien & apologiſte ou plutôt panégyriſte de l'inquifition, comme l'annonce le titre de fon ouvrage : *de origine & progreſſu officii fanctæ inquifitionis, ejufque utilitate & dignitate*. Ce livre confolant, qui contient la nombreufe lifte de toutes les victimes du faint office, fut publié à Madrid en 1598, à la grande édification des fidèles.

PARAOUSTIS, (*Hiſt. mod.*) c'eſt le nom que les habitans de la Floride donnent aux chefs qui les commandent, & qui marchent toujours à leur tête. Ils font les feuls de la nation à qui la polygamie foit permife. Ils ont une très-grande autorité fur les peuples qui leur font foumis, qu'ils traitent en efclaves, & dont la fucceſſion leur appartient; on leur rend de grands honneurs, même après leur mort ; ou brûle leur habitation & tout ce qui leur appartenoit, & les femmes, après les avoir pleurés, se coupent les cheveux pour les semer sur leurs tombeaux. Ces peuples ne connoissent d'autre divinité que le soleil, à qui ils immolent des victimes humaines qu'ils mangent ensuite.

PARCIEUX, (ANTOINE DE) (*Hist. litt. mod.*) Un de ces hommes autrefois rares, mais que l'établissement de l'académie des sciences & l'esprit du siècle rendent de jour en jour plus communs, qui appliquent immédiatement & sensiblement au bien public, les connoissances les plus abstraites, & qui ont dissipé pour jamais les doutes que l'ignorance affectoit de répandre sur l'utilité de la science. On connoît son *Essai sur les probabilités de la durée de la vie humaine*, probabilités que la politique, dans ses opérations, a souvent besoin d'évaluer. On connoît sur-tout son *mémoire sur la possibilité d'amener à Paris les eaux de la rivière d'Yvette*. Il a écrit aussi sur la trigonométrie & a perfectionné l'art de faire des cadrans. Il étoit des académies des sciences de France, de Suède, de Prusse. Il étoit né en 1703, dans le diocèse d'Uzès. Il mourut à Paris en 1769.

PARDAILLAN ou GONDRIN,) (*Hist. de Fr.*) ancienne maison Françoise, tire le nom de *Pardaillan*, d'une ville de l'Armagnac qui a le titre de première baronie ; & le nom de Gondrin d'une ville située à quatre lieues de Condom. Cette maison est connue dès l'onzième siècle. Au treizième, Bernard seigneur de *Pardaillan* & de *Gondrin*, suivit saint Louis en Afrique au siége de Tunis. Il somma ses armes, d'une tête de maure, parce qu'il tua, dit-on, un maure redoutable dans l'armée ennemie.

Au quatorzième siècle, *Odet de Pardaillan*, quatrième du nom, seigneur de Gondrin, fut fait prisonnier dans un combat en 1361.

Au quinzième, Pons ou Poncet de *Pardaillan*, fut tué en 1451 dans un combat contre les Anglois près de Bordeaux ; un titre de sa maison porte ces termes honorables : *certando pro republicâ obdormivit in prælio.*

Au seizième, *Arnauld de Pardaillan*, chevalier de l'ordre du Roi, un des grands capitaines de son temps, commanda un secours de quatre mille gascons & de mille chevaux que Louis XII envoya, en 1514, à Jean d'Albret roi de Navarre, contre les Espagnols en 1518 ; il fut envoyé avec Gaston de Brezé, prince de Fouquar mont, au secours de Christiern, roi de Danemarck, contre les Suédois ; ils gagnèrent d'abord une bataille dans la Gothie. Jamais les troupes Françoises n'avoient pénétré si avant dans le nord, jamais elles n'avoient combattu dans des climats si froids. Il y eut un second combat sur un lac glacé, où les François abandonnés par les Danois leurs alliés, aveuglés par la neige, & ne sachant pas se tenir sur la glace, furent taillés en pièces, sans presque pouvoir se défendre ; parmi ceux qui échappèrent au carnage, les uns s'égarèrent dans ce pays inconnu, & s'avançant vers le nord, périrent de froid & de faim, ou furent dévorés par les ours blancs ; les autres demandèrent des vaisseaux à Christiern pour retourner dans leur patrie, & ce monstre eut la barbare ingratitude de leur en refuser ; il fallut qu'ils s'en procurassent eux-mêmes ; il en revint à peine trois cens en france, tous sans armes, sans bagage, presque nuds & périssans de misère.

Antoine de Pardaillan, fils d'Arnaud, &, comme lui, chevalier de l'ordre du Roi, fut pris à la bataille de Pavie. Il épousa, en 1521, une héritière de la maison d'Espagne Montespan, que les uns croient être une branche de la maison d'Arragon, les autres de la maison de Castille : delà le nom de Montespan porté dans la maison de Pardaillan-Gondrin. Il est parlé avec éloge d'Antoine de *Pardaillan* dans les mémoires de Montluc.

Hector de Pardaillan, fils d'Antoine, chevalier de l'ordre du Roi, porta les armes sous cinq rois, Henri II, ses trois fils & Henri IV. Il fit la guerre aux huguenots dans plusieurs provinces, il fut blessé au visage dans une affaire très-vive, où il défit les huguenots commandés par le comte de Curson, qui fut tué dans le combat, ainsi que deux de ses frères. Henri III le fit chevalier du saint Esprit en 1585. Il épousa, en 1561, l'héritière d'Antin, d'où le nom d'Antin porté par les *Pardaillan*.

Antoine-Arnauld, fils d'Hector, chevalier des ordres du Roi, & capitaine des gardes-du-corps, battit avec le maréchal de Biron, les Espagnols commandés par le marquis de Varambon, gouverneur de l'Artois. Ce fut pour lui que Louis XIII érigea en marquisat Montespan & Antin, en 1612 & en 1615.

Roger-Hector, son fils, eut trois fils, l'un tué à sa seconde campagne, l'autre mort à la guerre fort jeune, le troisième tué en duel, & un autre fils qui fut le marquis de Montespan, mari de la fameuse marquise de Montespan, Françoise-Athenais de Rochechouart.

Leur fils fut le duc d'Antin, pair de France, chevalier des ordres, sur-intendant des bâtimens, protecteur magnifique des arts, courtisan ingénieux, qui fut maître de l'esprit & de la grandeur jusques dans la flatterie.

Dans la branche de la Mothe-Gondrin, Pons seigneur de la Mothe-Gondrin, distingué, comme tous ceux de sa maison, par son zèle contre les huguenots, fut tué dans un combat contre la Renaudie vers le temps de la conjuration d'Amboise.

Cette maison a produit aussi quelques prélats distingués, nommément Louis-Henri de *Pardaillan*, fils d'Antoine-Arnauld, archevêque de Sens, qui a laissé une mémoire chère sur-tout aux jansénistes pour avoir tenu les jésuites sous l'interdiction pendant vingt-cinq ans, & pour avoir adopté la distinction du fait & du droit au sujet des cinq propositions. Mort le 10 septembre 1674.

Et Pierre de *Pardaillan* de Gondrin, évêque duc de Langres, nommé à cet évêché en 1724.

PARDIES, (IGNACE-GASTON) Jésuite, géometre célèbre dans son temps. On a de lui une multitude d'ouvrages ; les plus connus sont ses *Elémens de géométrie*, dont on a fait deux traductions latines pour la hollande & pour l'allemagne ; son *Discours de la connoissance des bêtes*, où il n'ose pas se montrer tout-à-fait cartésien, parce qu'il étoit jésuite, comme cinquante ans après il n'eût pas osé ne pas l'être par la même raison ; sa *Description & explication de deux machines propres à faire des cadrans avec une grande facilité ; sa Dissertation sur la nature & le mouvement des comètes* ; sa *statique*. Il y a de lui encore plusieurs autres ouvrages sur les mathématiques, tant en latin qu'en françois. C'étoit un savant laborieux, & ce n'en étoit pas moins un religieux plein de zèle : il mourut à trente-sept ans, victime de ce zèle, ayant confessé & prêché à Bicêtre pendant les fêtes de Pâques de l'année 1673, il y gagna une maladie contagieuse qui l'emporta. Il étoit né à Pau en 1636.

PARÉ, (AMBROISE) (*Hist. de Fr.*) Chirurgien du roi Henri II, & de ses fils. On l'appelloit *le chirurgien des rois, & le roi des chirurgiens*. Il pensoit que Charles IX étoit mort d'avoir trop chassé & trop donné du cor : il eut de son temps cette immense réputation que donne un art, naissant à celui qui l'exerce le premier avec éclat ; il dut sa principale gloire à la guérison d'une énorme plaie qu'avoit reçue en 1545, au siège de Boulogne, le comte d'Aumale qui fut dans la suite le fameux François, duc de Guise. Il avoit eu une lance brisée dans la tête entre le nez & l'œil ; le fer tout entier, la douille, deux doigts du bois y restèrent enfermés & presque sans prise pour les tirer : on s'attendoit à le voir tomber sans mouvement & sans connoissance, on le vit avec étonnement continuer de combattre ; il perça le bataillon dont il étoit environné, & se retira dans sa tente, où il se mit tranquillement entre les mains des chirurgiens ; ceux-ci ne doutèrent point qu'il n'expirât dans l'opération violente qu'on alloit faire pour arracher ce tronçon enfoncé dans la tête ; *Ambroise Paré*, dont le nom auroit mérité d'être immortel, quand il n'eût fait que cette opération admirable pour le temps, fut le seul qui osa ne pas désespérer entièrement ; son adresse & la fermeté du comte d'Aumale également étonnans, firent réussir l'opération. Le comte ne poussa pas un cri, ne fit pas un mouvement ; *il sembla*, dit du Bellai, *qu'on lui eût tiré un cheveu* ; on le porta en litière à Péquigny, où pendant quatre jours encore on craignit pour sa vie ; au cinquième enfin on apperçut des symptômes favorables. La guérison fut entière, sans retour, sans suite fâcheuse ; il ne resta au comte d'Aumale qu'une cicatrice également glorieuse pour lui & pour *Ambroise Paré*. Du Bellai, en considérant toutes les circonstances de cette cure, ne peut croire qu'elle appartienne à l'ordre commun ; « Quant à moi, » dit-il, je pense assurément que Dieu lui sauva » la vie, non pas les médicamens des hommes, » & qu'il le préserva, afin que par ci-après le » roi en tirât plus grand service. »

C'est donner une haute idée de ces *médicamens* auxquels il déclare ne pas croire ; mais les anatomistes savent aujourd'hui que cette blessure, placée où *Ambroise Paré* dit dans ses œuvres qu'elle l'étoit, pouvoit n'être pas aussi dangereuse, & que l'extraction du corps étranger pouvoit n'être pas aussi douloureuse qu'on le croyoit alors, & qu'il le croyoit lui-même.

Ambroise Paré étoit huguenot ; mais Charles IX, qui avoit besoin de lui, ne voulant pas qu'il pérît à la saint Barthélemi, l'enferma dans sa chambre pendant le massacre ; disant *qu'il n'étoit pas raisonnable qu'un qui pouvoit servir à tout un petit monde fût ainsi massacré*. Il continua de se distinguer par plusieurs belles opérations, & par d'excellens traités de chirurgie qui parurent en françois en 1561, & que Jacques Guillemeau traduisit en latin. *Ambroise Paré* mourut en 1592, ayant exercé son art avec gloire sous six rois : François Ier, Henri II, François II, Charles IX, Henri III & Henri IV. Il étoit de Laval au Maine.

PARÉAS, PERRÉAS ou PARIAS. (*Hist. mod.*) on désigne sous ce nom, parmi les habitans idolâtres de l'Indostan, une classe d'hommes séparée de toutes les autres, qui est l'objet de leur horreur & de leur mépris. Il ne leur est point permis de vivre avec les autres ; ils habitent à l'extrémité des villes ou à la campagne, où ils ont des puits pour leur usage, où les autres Indiens ne voudroient jamais aller puiser de l'eau. Les *Paréas* ne peuvent pas même passer dans les villes par les rues où demeurent les Bramines. Il leur est défendu d'entrer dans les temples ou pagodes, qu'ils souilleroient de leur présence. Ils gagnent leur vie à ensemencer les terres des autres, à bâtir pour eux des maisons de terre, & en se livrant aux travaux les plus vils. Ils se nourrissent des vaches, des chevaux & des autres animaux qui sont morts naturellement, ce qui est la principale source de l'aversion que l'on a pour eux. Quelque abjects que soient les *Paréas*, ils prétendent la supériorité sur d'autres hommes que l'on nomme *Scriperes*, avec qui ils ne veulent point manger, & qui sont obligés de se lever devant eux lorsqu'ils passent, sous peine d'être maltraités. Ces derniers sont appellés *Halalchours* à Surate, nom si odieux que l'on ne peut faire une plus grande insulte à un Banian que de le lui donner. Ce mot signifie un *glouton*, ou un homme qui mange tout ce qu'il trouve. (*A. R.*)

PARENNIN

PARENNIN ou PARRENNIN, (Dominique) (*Hist. litt. mod.*) Jésuite, envoyé à la Chine en 1698, célèbre par les services qu'il y a rendus & les honneurs qu'il y a reçus. L'empereur Camhi le goûta, & il lui fit aimer les sciences; il traduisit pour lui en langue tartare ce qu'il y avoit de plus nouveau & de plus important dans les mémoires de l'académie des sciences & dans les ouvrages des physiciens & des mathématiciens les plus habiles. L'europe de son côté lui doit les cartes & la connoissance de l'empire de la Chine. Il eut l'honneur d'être médiateur dans les contestations survenues entre les cours de Pekin & de Moscou, sur les limites des deux empires. On connoit sa correspondance avec M. de Mairan, imprimée en 1759. Le P. *Parennin* mourut à la Chine, le 27 septembre 1741. L'empereur fit les frais de ses funérailles & les mandarins y assistèrent.

PARENT, (Antoine) (*Hist. litt. mod.*) de l'académie des sciences, naquit à Paris le 16 septembre 1666, & mourut de la petite vérole le 29 septembre 1719. Sa vie n'a pas d'événemens; elle est renfermée toute entière dans ses écrits & dans les séances de l'académie; on lui a reproché d'être obscur dans ses écrits, & contradicteur pour le moins incommode dans l'académie. La recherche de la vérité, dit M. de Fontenelle, demande dans l'académie la liberté de la contradiction; mais toute société demande, dans la contradiction, de certains égards, & il ne se souvenoit pas que l'académie est une société. On ne laissoit pas de bien sentir son mérite au travers de ses manières; mais il falloit quelque petit effort d'équité qu'il vaut toujours mieux épargner aux hommes.

Indépendamment des mémoires qu'on a de lui dans le recueil de l'académie des sciences, il donna en 1705 une espèce de journal, intitulé: *Recherches de Mathématiques ou de Physique*, & il a d'ailleurs rempli le journal des savans, le journal de Trévoux, le mercure, de dissertations de toute espèce, & sur toutes sortes de sujets. Il en donne la liste, à la fin de son *arithmétique théori-pratique*, publiée en 1714. Il a, de plus, laissé des manuscrits qui roulent, pour la plupart, sur des sujets de dévotion.

PAREUS (*Hist. litt. mod.*) Trois savans, père, fils & petit-fils, ont fait connoître ce nom dans les lettres.

1°. David Pareus, professeur de théologie dans l'université d'Heidelberg, après avoir été en apprentissage chez un Cordonnier, écrivit contre Bellarmin, & fit sur l'épître de saint Paul aux Romains, un commentaire qui fut brûlé, en Angleterre, par la main du bourreau, comme contenant des maximes contraires aux droits des souverains. Né à Franckenstein, dans la Silésie, en 1548; mort en 1622.

2°. Jean Philippe, fils du précédent, prit pour

objets de ses études, d'un côté l'écriture sainte, de l'autre, les comédies de Plaute. On a de lui outre des commentaires sur l'écriture, une édition de Plaute, *Lexicon Plautinum; analecta. Plautina.* Il eut avec Gruter, au sujet du même Plaute, une querelle d'anciens savans, c'est-à-dire, de crocheteurs. Né en 1576, mort vers l'an 1650.

3°. Daniel, fils du précédent, auteur de divers abrégés historiques: *Historia palatina; Medulla historiæ ecclesiasticæ; Medulla historiæ universalis*, & de quelques ouvrages de littérature, mourut vers l'an 1645, assassiné par des voleurs de grand chemin.

PARFAIT, (François et Claude, Frères) (*Hist. litt. mod.*) auteur de *l'Histoire générale du théâtre François, depuis son origine; du Dictionnaire des théâtres*, & de quelques autres ouvrages toujours relatifs à l'histoire des divers théâtres, même à l'histoire du théâtre de la Foire; morts, savoir, François en 1753, à 55 ans, & Claude en 1777.

PARIS, (Matthieu) (*Hist. litt. mod.*) Bénédictin Anglois du monastère de Saint-Alban, fort savant, dit-on, pour son temps, (le treizième siècle,) mais connu principalement & presque uniquement par une *Histoire universelle*, qui s'étend jusqu'à sa mort arrivée en 1259.

Un abbé, François *Paris*, prêtre habitué de paroisse à Paris après avoir été domestique, est auteur de divers ouvrages de piété. Il eut contre un autre ecclésiastique (l'abbé Bocquillot) une dispute, dans laquelle il s'agissoit de savoir si les auteurs d'ouvrages sur la théologie & la morale peuvent légitimement en tirer quelque profit. Boileau a dit en parlant des livres en général:

Je sais qu'un noble esprit peut sans honte & sans crime
Tirer de son travail un tribut légitime.

Cette maxime peut-elle s'appliquer aux auteurs de livres de morale & de piété? L'abbé *Paris* soutenoit l'affirmative, l'abbé Bocquillot la négative. L'abbé *Paris* mourut en 1718.

Un autre François *Paris*, beaucoup plus connu, est le diacre *Paris*, homme très-obscur pendant sa vie, trop célèbre après sa mort, par les miracles & les convulsions, qui engagèrent le gouvernement à ordonner la clôture du cimetière de Saint-Médard, le 27 janvier 1732. Sur quoi un Janséniste fit ces deux vers:

De par le roi, défense à Dieu
D'opérer miracle en ce lieu.

On connoit d'autres plaisanteries, faites en sens contraire sur ces prétendus miracles, si célébrés & si prouvés dans le livre de M. de Mongeron, conseiller au parlement.

X

Un décroteur à la royale ,
Du talon gauche eftropié ,
Obtint par grace fpéciale
D'être boiteux de l'autre pied.

M. de Voltaire n'a pas dédaigné de s'égayer fur les miracles & les convulfions.

Où vas-tu loin de moi , fanatique indocile ?
Pourquoi ce teint jauni , ces regards effarés ,
Ces élans convulfifs & ces pas égarés ?
Contre un fiècle indévot plein d'une fainte rage........
Sur leurs tréteaux montés , ils rendent des oracles ,
Prédifent le paffé , font cent autres miracles.
L'aveugle y vient pour voir , & des deux yeux privé ,
Retourne aux Quinze-Vingt marmotant fon ave.
Le boiteux faute & tombe , & fa fainte famille
Le ramène en chantant porté fur fa Béquille.
Le fourd au front ftupide , écoute & n'entend rien :
D'aife alors tout pâmés de pauvres gens de bien ,
Qu'un fot voifin bénit , & qu'un fourbe feconde ,
Aux filles du quartier prêchent la fin du monde.
Je fais que ce myftère a de nobles appas ,
Les faints ont des plaifirs que je ne connois pas.
Les miracles font bons , mais foulager fon frère ,
Mais tirer fon ami du fein de la mifère ,
Mais à fes ennemis pardonner leurs vertus ,
C'eft un plus grand miracle , & qui ne fe fait plus.

Quant aux miracles des convulfions , on a fu le faire de tout temps. On trouve à la fuite des œuvres d'Agobard , archevêque de Lyon , une lettre fort curieufe d'Amulon ou Amolon , fon fucceffeur , mort en 854 ; elle contient le détail d'une avanture toute femblable à celle de Saint-Médard. Des moines errans & fort fufpects , dépoférent dans l'églife de Saint-Bénigne de Dijon , des reliques qu'ils avoient , difoient-ils , apportées de Rome , & qui étoient d'un faint dont ils avoient oublié le nom. L'évêque de Langres , nommé Théotbolde , du diocèfe duquel Dijon dépendoit alors , refufa de recevoir ces reliques fur cette allégation vague & fufpecte. Les reliques ne manquèrent pas de faire des miracles , & ces miracles furent des convulfions dont étoient faifis ceux qui venoient pour révérer ces reliques. L'oppofition de l'évêque fit bientôt de cette dévotion une fureur & de ces convulfions une épidémie. Cette folie paffa du peuple aux grands , fouvent peuple fur ces matières. Les femmes s'empreffèrent de donner de la vogue au parti. Théotbolde confulte l'archevêque de Lyon dont il étoit fuffragant. « Profcrivez , lui dit l'archevêque de Lyon , » ces fictions infernales , ces hideufes merveilles , » qui ne peuvent être que des preftiges ou des » impoftures. Vit-on jamais aux tombeaux des » martirs ces funeftes prodiges , qui , loin de » guérir les malades , font fouffrir les corps & » troublent les efprits ? La lettre d'Amulon étoit

accompagnée d'une lettre écrite anciennement par fon prédéceffeur Agobard , fur des preftiges à peu près femblables employés de fon temps dans la ville d'Uzès. Il n'y a guères de folies modernes , dont on ne trouve le modèle dans les temps anciens , ni de folies anciennes qu'on ne répète avec fuccès dans les temps modernes. En effet il n'y a aucun genre de fanatifme & de barbarie dont on ne retrouve des traces dans ce dix-huitième fiècle fi fier de fes lumières , & les peuples ont toujours befoin d'être avertis de veiller fur eux.

L'abbé *Paris* étoit appellant , ce fut là fon feul titre pour faire des miracles. Les miracles d'un parti perfécuté font les feuls qui réuffiffent , parce que ce font les feuls qui ayent un objet intéreffant , celui de confoler & d'encourager. On a dit dans plufieurs vies de M. *Paris* , qu'il n'approchoit pas des facremens , & on a voulu lui en faire honneur , parce que , dit-on , c'étoit par humilité ; il n'y a humilité qui tienne , il ne faut point paffer les bornes , défobéir à l'églife ne fauroit être un acte de piété :

Infani fapiens nomen ferat , æquus iniqui ,
Ultrà quàm fatis eft virtutem fi petat ipfam.

Il faifoit des bas au métier pour les pauvres & c'eft un acte de bienfaifance & de charité , fous une forme qui tient bien plus de l'humilité chrétienne & qui reffemble aux mœurs des premiers chrétiens. L'abbé *Paris* avoit écrit fur quelques épitres de Saint-Paul , mais les janféniftes mêmes ne s'en fouviennent plus ; il étoit fils d'un confeiller au parlement. Il mourut à trente-fept ans , en 1727.

PARIS, COMTÉ DE (*Hift. de France*) c'étoit le plus éminente dignité du royaume avant Hugues Capet. En 888 , Eudes , comte de Paris , fut proclamé roi , & couronné par l'archevêque de Sens , au préjudice de Charles-le-Simple. Il mourut à la Fère en 898 , âgé de quarante ans , & eft enterré à Saint-Denis.

PARIS, POLICE DE (*Hift. de France*) elle a été établie fous faint Louis vers l'an 1260 , par Etienne Boileau , prévôt de cette ville , magiftrat digne des plus grands éloges ; il s'appliqua d'abord à punir les crimes : les prévôts fermiers avoient tout vendu , jufqu'à la liberté du commerce , & les impôts fur les denrées étoient exceffifs : il remédia à l'un & à l'autre ; il rangea tous les marchands & artifans en différens corps de communauté , fous le titre de confrairies ; il dreffa les premiers ftatuts , & forma plufieurs réglemens ; ce qui fut avec tant de juftice & une fi fage prévoyance , que ces mêmes ftatuts n'ont prefque été que copiés ou imités dans tout ce qui a été fait depuis pour la difcipline des mêmes communautés , ou pour l'établiffement des nouvelles qui fe font formées dans la fuite des temps. La famille d'Etienne Boileau, dont le véritable nom eft *Boylefve*, a continué de fe diftinguer depuis dans la province d'Anjou, où elle fubfifte encore aujourd'hui. Hénault, *Hift. de France.* (*A. R.*)

PARISATIS ou PARYSATIS, (*Hift. anc.*) Sœur de Xercès, femme de Darius Ochus, mère d'Artaxerxes-Mnémon & de Cyrus le jeune, (voyez à l'article Artaxerxes-Mnémon, par quelles cruautés elle vengea la mort de Cyrus le jeune, elle n'eft prefque connue que par-là dans l'hiftoire.)

PARISIÈRE, (JEAN-CÉSAR-ROUSSEAU DE LA) (*Hift. litt. mod.*) Evêque de Nîmes. On a de lui un recueil de harangues, fermons; mandemens, &c. Et il en avoit beaucoup brûlé. On lui attribue une *fable allégorique, fur le bonheur & l'imagination* qu'on trouve dans le recueil des œuvres de mademoifelle Bernard. Les proteftans de fon diocèfe eurent à fe louer de fa modération, les janféniftes le haïrent. Il étoit né en 1667, à Poitiers; il mourut à Nîmes en 1736.

PARKER, (MATTHIEU) (*Hift. d'Anglet.*) nommé archevêque de Cantorberi, en 1559 : des catholiques ont prétendu qu'il avoit été ordonné dans un cabaret, de bons critiques affurent que c'eft une fable. M. de Voltaire dit, que les Wighs fe foucient très-peu de l'évêque Parker ait été confacré dans un cabaret ou dans une églife. (Voyez l'article *Courayer*) (le). On a de Parker un traité *de antiquitate Britannicæ ecclefiæ.* Il étoit né à Norwich en 1504. Il mourut en 1575. Jean Stype a publié fa vie en 1711, en un volume *in-fol.*

On a divers ouvrages de théologie & de difcipline eccléfiaftique d'un autre *Parker,* (Samuel) archevêque de Cantorbéri en 1686, mort en 1687. Né à Northampton en 1640.

PARKINSON, (Jean) (*Hift. littéraire mod.* Botanifte anglois du dernier fiecle, auteur d'un *Theatrum Botanicum five herbarium ampliffimum, anglicè defcriptum,* & d'un autre ouvrage de Botanique intitulé : *Collection de fleurs.*

PARME, (*Hift. d'Italie.*) Les ducs de Parme de la maifon Farnèfe, defcendent du pape Paul III. *Voyez* Paul III, & fur la mort du duc de Parme fon fils, *voyez* l'article LAMBERT, (l'abbé) ; cette maifon Farnèfe étoit ancienne en Italie.

Deux Ranuces Farnèfe, père & fils, chefs des troupes de l'églife, acquirent beaucoup de gloire au treizième fiecle, le fils fut tué dans un combat en 1288.

Ranuce IV, auffi général des troupes de l'églife en 1432, reçut du pape Eugène IV la rofe d'or dont les papes né gratifient que de grands princes ou de grands capitaines. Berthold Farnèfe fut fait prifonnier par les turcs en 1560 ; un de fes fils,

Fabio, chevalier de malthe, fut tué en Hollande au fiège d'Utrecht.

Dans la branche des ducs de Parme, un des fils du premier de ces ducs, Horace, duc de Caftro, fut tué au fiège de Hefdin le 18 juillet 1553. Il avoit époufé Diane, fille naturelle de Henri II, roi de France.

Alexandre, troifième duc de Parme, petit-fils du premier duc, eft ce fameux Alexandre, duc de Parme, digne ennemi de notre Henri IV, qui fit lever à ce grand roi les fièges de Paris & de Rouen, devant qui Henri IV fit la retraite d'Aumale, & qui fit devant Henri IV la retraite plus belle encore de Caudebec ; il mourut en 1592, des fuites d'une bleffure qu'il avoit reçue au bras dans un combat près de cette même ville de Caudebec. On prétend que fa bleffure avoit été envenimée par du poifon, & on accufe les efpagnols qu'il avoit fi bien fervis de le lui avoir donné ; c'étoit, dit-on, l'effet de quelque jaloufie politique. Il n'eft peut-être pas inutile pour la connoiffance des mœurs de ce temps-là, d'obferver que ce grand général voulut mourir en habit de capucin, & ordonna de graver fur fon tombeau dans l'églife des capucins de Plaifance l'épitaphe fuivante :

Hic jacet frater Alexander Farnefius capucinus.

Il s'étoit trouvé à l'âge de dix-huit ans à la fameufe bataille de Lépante où il avoit combattu vaillamment fous don Jean d'Autriche. Il fit auffi la guerre en Flandre avec gloire & avec fuccès.

Ranuce, fon fils aîné & fon fucceffeur dans le duché, penfa dans fa jeuneffe avoir la tête tranchée à Rome fous le pontificat de Sixte-Quint. Ce pape venoit de renouveler la défenfe de porter des armes cachées ; il fut averti que le jeune prince avoit fur lui des piftolets, il le fit arrêter dans une des falles du palais Pontifical, au moment où il alloit à l'audience : le cardinal Farnèfe fon grand-oncle follicita vainement fa liberté, le pape envoya fur les dix heures des ordres fecrets au gouverneur du château où il étoit enfermé, de le faire exécuter ; à onze heures il parut fe laiffer fléchir & donna ordre de remettre le prince au cardinal ; celui-ci qui avoit ignoré le premier ordre, fut fort étonné de trouver fon neveu entre les mains d'un confeffeur, il lui fit prendre la pofte fur le champ dans la crainte d'un troifième ordre.

Elifabeth Farnèfe, feconde femme de Philippe V, héritière de fa maifon, porta les duchés de Parme & de Plaifance dans la maifon de Bourbon, qui les poffède actuellement.

PARLEMENT d'Angleterre, (*Hift. d'Angl.*) Le *parlement* eft l'affemblée & la réunion des trois états du royaume ; favoir des feigneurs fpirituels, des feigneurs temporels, & des communes, qui ont reçu ordre du roi de s'affembler, pour délibérer fur matières relatives au bien public, & particulièrement pour établir ou révoquer des loix. C'eſt ordinairement à Weſtminſter que s'aſſemble le *parlement* de la Grande-Bretagne; l'auteur de la Henriade en parle en ces termes:

Aux murs de Weſtminſter on voit paroître enſemble
Trois pouvoirs étonnés du nœud qui les raſſemble,
Les députés du peuple & les grands, & le roi,
Diviſés d'intérêt, réunis par la loi;
Tous trois membres ſacrés de ce corps invincible,
Dangereux à lui-même, à ſes voiſins terrible:
Heureux lorſque le peuple inſtruit dans ſon devoir,
Reſpecte autant qu'il doit le ſouverain pouvoir!
Plus heureux, lorſqu'un roi doux, juſte & politique,
Reſpecte autant qu'il doit la liberté publique!

Qu'il me ſoit permis de m'étendre ſur ce puiſſant corps légiſlatif, puiſque c'eſt un ſénat ſouverain, le plus auguſte de l'Europe, & dans le pays du monde où l'on a le mieux ſu ſe prévaloir de la religion, du commerce, & de la liberté.

Les deux chambres du *parlement* compoſent le grand conſeil de la nation & du monarque. Juſqu'au tems de la conquête, ce grand conſeil compoſé des grands du royaume ſeulement, étoit nommé *magnatum conventus & prælatorum procerumque conventus*. Spelman nous apprend auſſi qu'on en appelloit les membres, *magnates regni, nobiles regni, proceres & fideles regni, diſcretia totius regni, generale conſilium regni*. Les Saxons l'appelloient dans leur langue *wittenagemot*, c'eſt-à-dire aſſemblée des ſages.

Après la conquête, vers le commencement du règne d'Edouard I, ou, ſelon d'autres, dans le tems d'Henri I, il fut nommé *parlement*, peut-être du mot françois *parler*; mais on n'eſt point d'accord ni ſur le pouvoir & l'autorité des anciens *parlemens* de la grande Bretagne, ni ſur les perſonnes qui le compoſoient; & vraiſemblablement on ne le ſera jamais ſur l'origine de la chambre des communes, tant les ſavans du premier ordre ſont eux-mêmes partagés à cet égard.

Les uns prétendent que le *parlement* ne fut compoſé que des barons ou des grands de la nation, juſqu'à ce que ſous le règne d'Henri III, les communes furent auſſi appellées pour avoir ſéance au *parlement*. Cambden, Prynn, Dugdale, Heylin, Bradyd, Filmer, & autres ſont de cet avis. Une de leurs principales raiſons eſt que le premier ordre ou lettre circulaire pour convoquer l'aſſemblée en *parlement* de tous les chevaliers citoyens & bourgeois, n'eſt pas plus ancienne que la 49e année du règne d'Henri III, c'eſt-à-dire l'an 1217; ils ajoutent, pour appuyer leur ſentiment, que la chambre des communes fut établie ſous le règne de ce prince ſeulement après qu'il eut vaincu les barons, parce qu'il n'eſt guère croyable qu'auparavant les barons euſſent ſouffert aucun pouvoir qui fût oppoſé au leur.

Cependant le célèbre Raleigh, dans ſes prérogatives des *parlemens*, ſoutient que les communes y furent appellées la 17e année d'Henri I. D'un autre côté, le Ch. Edouard Coke, Duderidge & autres ſavans ſe ſont efforcés de prouver par pluſieurs faits d'un grand poids, que les communes ont toujours eu part dans la légiſlation, & ſéance dans les grandes aſſemblées de la nation, quoique ſur un pied différent d'aujourd'hui; car à préſent elles ſont une chambre diſtinguée, & qui eſt compoſée de chevaliers, de citoyens & de bourgeois. Une choſe certaine, c'eſt que ſous le règne d'Edouard I il y a eu une chambre des ſeigneurs; une chambre des communes, laquelle dernière chambre étoit compoſée de chevaliers, de citoyens & de bourgeois.

Le *parlement* eſt indiqué par une ſommation du roi, & quand la pairie parlementaire fut établie, tous les pairs étoient ſommés chacun en particulier, ce qui a fait dire au Ch. Coke que tout lord ſpirituel & temporel, d'âge requis, doit avoir un ordre d'ajournement, *ex debito inſtituto*. On trouvera la forme de ces ſommations dans les *Cotton's records*, iij. 4.

Anciennement la tenure d'un fief formoit le droit de ſéance, & tous ceux qui poſſédoient des tenures *per baroniam*, étoient ſommés d'aſſiſter au *parlement*; de-là vint que la tenure en la ſéance au *parlement* formoit le baron; mais cette tenure n'étoit pas ſuffiſante pour les autres degrés de qualité au-deſſus de celle de baron. Il y avoit pour eux d'autres cérémonies requiſes, à moins qu'on n'en fût diſpenſé par lettres patentes dûement enregiſtrées.

La première ſommation d'un pair au *parlement* diffère des ſommations ſuivantes, en ce que dans la première ſommation le pair eſt ſeulement nommé par ſon nom de baptême & de famille; ne devant poſſéder le nom & le titre de ſa dignité qu'après avoir ſiégé, & pour-lors ſeulement le nom de ſa dignité devient partie de ſon nom propre.

L'ordre de ſommation doit émaner de la chancellerie; il porte que le roi, *de aviſamento conſilii*, ayant réſolu d'avoir un *parlement*, deſire *quod interſitis eum*; &c. Chaque lord du *parlement* doit avoir une ſommation particulière, & chaque ſommation doit lui être adreſſée au-moins 40 jours avant que le *parlement* commence.

Quant à la manière de ſommer les juges, les barons de l'échiquier; ceux du conſeil du roi, les maîtres en chancellerie qui n'ont point de ſuffrage, & en quoi ces ſommations différent de celles d'un lord membre du *parlement*, voyez le *Reg.* 261. *F. N. B.* 229. 4. *Inſt.* 4.

Tout ordre de fommation doit être adreffé au fhériff de chaque comté d'Angleterre & de la principauté de Galles pour le choix & l'élection des chevaliers, citoyens & bourgeois, qui font dans l'étendue de leur département refpectif; de même l'ordre de fommation s'adreffe au lord gouverneur des cinq ports pour les élections des barons de fon diftrict. La forme de ces fommations doit être toujours la même fans aucun changement quelconque, à moins qu'il n'en foit ordonné autrement par acte du parlement.

Le roi convoque, proroge & caffe le parlement. Ce corps augufte eft dans l'ufage de commencer fes féances avec la préfence du roi ou fa repréfentation. La repréfentation du roi fe fait de deux manières, ou 1°. par le lord gardien d'Angleterre, the guardian of England, quand le roi eft hors du royaume; ou 2°. par commiffion du grand fceau d'Angleterre à un certain nombre de pairs du royaume qui repréfentent la perfonne du roi, lorfqu'il eft dans le royaume, mais qu'il ne peut affifter au parlement à caufe de quelque maladie.

Dans le commencement, on convoquoit de nouveaux parlemens tous les ans; par degrés leur terme devint plus long. Sous Charles II, ils étoient tenus pendant long-tems avec de grandes interruptions, mais l'une & l'autre de ces coutumes fut trouvée de fi dangereufe conféquence, que du règne du roi Guillaume il fut paffé un acte, par lequel le terme de tous les parlemens feroit reftraint à trois feffions ou trois années, & pour cette raifon cet acte fut nommé acte triennal. Depuis, par d'autres confidérations, à la 3ᵉ année de Georges I, la durée des parlemens a été de nouveau prorogée jufqu'à fept ans. Les parlemens font convoqués par des ordres par écrit ou lettres du roi adreffées à chaque feigneur, avec commandement de comparoître, & par d'autres ordres adreffés aux fhérifs de chaque province, pour fommer le peuple d'élire deux chevaliers par chaque comté, & un ou deux membres pour chaque bourg, &c.

Anciennement tout le peuple avoit voix dans les élections, jufqu'à ce qu'il fut arrêté par Henri VI qu'il n'y auroit que les propriétaires de francfiefs réfidens dans la province, & ceux qui ont au moins 40 fchellings de revenu annuel, qui feroient admis à voter; perfonne ne peut être élu qu'il ne foit âgé de 21 ans.

Tout lord fpirituel & temporel, chevalier, citoyen & bourgeois, membre du parlement, doit s'y rendre fur l'ordre de fommation, à moins qu'il ne produife des excufes raifonnables de fon abfence: fans cela il eft condamné à une mende pécuniaire; favoir un feigneur par la chambre des pairs, & un membre des communes par la chambre baffe. Mais en même tems, afin que les membres viennent au parlement en plus grand

nombre, il y a un privilége pour eux & leurs domeftiques, qui les met à couvert de toutes condamnations, faifies, prifes de corps, &c. pour dettes, délits, &c. pendant le tems de leur voyage, de leur féjour & de leur retour: ce privilége n'a d'exception que les condamnations pour trahifons, félonie & rupture de paix.

Quoique les droits & qualifications pour les élections foient généralement établis par divers actes du parlement, il faut néanmoins remarquer que ces droits & qualifications des membres du parlement pour les cités, villes & bourgs font fondées de tems immémorial fur leurs chartres & leurs coutumes. Hobart, 120. 126. 141.

Le roi défigne le lieu où le parlement doit fe tenir; j'ai nommé ci-deffus Weftminfter, parce que depuis long-tems le parlement s'y eft toujours affemblé. Dans ce palais, les feigneurs & les communes ont chacun un appartement féparé. Dans la chambre des pairs, les princes du fang font placés fur des fiéges particuliers, les grands officiers de l'état, les ducs, les marquis, les comtes, les évêques fur des bancs, & les vicomtes & les barons fur d'autres bancs en travers de la falle, chacun fuivant l'ordre de leur création & leur rang.

Les communes font pêle-mêle; l'orateur feul a un fiege diftingué au plus haut bout; le fecrétaire & fon affiftant font placés proche de lui à une table. Avant que d'entamer aucune matière, tous les membres de la chambre des communes prêtent les fermens, & foufcrivent leur opinion contre la tranffubftantiation, &c. Les feigneurs ne prêtent point de fermens, mais ils font obligés de foufcrire comme les membres de la chambre baffe. Tout membre de cette dernière chambre qui vote après que l'orateur a été nommé, & fans avoir auparavant prêté les fermens requis, eft déclaré incapable de tout office, & amendé à 500 livres fterlings par le ftatut 30. carol. II. c. j. Il eft vrai feulement que la forme du ferment de fuprématie a été changée par le ftat. 4. an. c. v.

La chambre des pairs eft la cour fouveraine de juftice du royaume, & juge en dernier reffort: la chambre baffe fait les grandes enquêtes, mais elle n'eft point cour de juftice.

Comme l'objet le plus important dans les affaires du parlement concerne la manière dont les bills ou projets d'actes font propofés & débattus, nous nous y arrêterons quelques momens.

L'ancienne manière de procéder dans les bills étoit différente de celle qu'on fuit aujourd'hui: alors le bil étoit formé en manière de demande qu'on couchoit fur le regiftre des feigneurs avec le confentement du roi; enfuite à la clôture du parlement, l'acte étoit rédigé en forme de ftatut, & porté fur le regiftre nommé regiftre des ftatuts. Cet ufage fubfifta jufqu'au regne d'Henri VI, où fur les plaintes qu'on fit que les ſtatuts n'étoient point fidélement couchés comme ils avoient été prononcés, on ordonna qu'à l'avenir les bills, *continentes formam actûs parliamenti*, ſeroient dépoſés dans la chambre du *parlement*. Aujourd'hui donc, dès qu'un membre deſire d'avoir un bill ſur quelque objet, & que ſa propoſition eſt agréée par la majorité des voix, il reçoit ordre de le préparer & de l'extraire ; on fixe un tems pour le lire : la lecture faite par le ſecrétaire, le préſident demande s'il ſera lu la ſeconde fois ou non ; après la ſeconde lecture, on agite la queſtion, ſi on verra ledit bill en comité ou non : ce comité eſt compoſé de la chambre entière ou d'un comité privé, formé d'un certain nombre de commiſſaires.

Le comité étant ordonné, on nomme un préſident qui lit le bill article par article, & y fait des corrections ſuivant l'opinion du plus grand nombre ; après que le bill a été ainſi balloté, le préſident fait ſon rapport à la barre de la chambre, fit toutes les additions, & corrections, & le laiſſe ſur la table. Alors il demande ſi le bill ſera lu une ſeconde fois ; quand la chambre y conſent, il demande ſi ledit bill ſera groſſoyé, écrit ſur le parchemin, & lu une troiſième fois. Enfin il demande ſi le bill paſſera. Quand la majorité des ſuffrages eſt pour l'affirmative, le ſecrétaire écrit deſſus *ſoit baillé aux ſeigneurs*, ou ſi c'eſt dans la chambre des pairs, *ſoit baillé aux communes* ; mais ſi le bill eſt rejetté, il ne peut plus être propoſé dans le cours de la même ſeſſion.

Quand un bill paſſe à une chambre, & que l'autre s'y oppoſe, alors on demande une conférence dans la chambre-peinte, où chaque chambre députe un certain nombre de membres, & là l'affaire eſt diſcutée, les ſeigneurs aſſis & couverts, & les communes debout & tête nue ; ſi le bill eſt rejetté, l'affaire eſt nulle ; s'il eſt admis, alors le bill, ainſi que les autres bills qui ont paſſé dans les deux chambres, eſt mis aux piés du roi dans la chambre des pairs : le roi vient revêtu de ſon manteau royal & la couronne ſur la tête ; alors le ſecrétaire du *parlement* lit en ſa préſence le titre de chaque bill, & à meſure qu'il lit, le ſecrétaire de la couronne prononce le conſentement ou le refus du roi.

Si c'eſt un bill public, le conſentement du roi eſt exprimé en ces termes, *le roi le veut* ; ſi c'eſt un bill particulier, *ſoit fait comme il eſt deſiré* ; ſi le roi refuſe le bill, la réponſe eſt, *le roi s'aviſera* : ſi c'eſt un bill de ſubſides, le ſecrétaire répond, *le roi remercie ſes loyaux ſujets, accepte leur bénévolence, & auſſi le veut*.

Le bill pour le pardon général accordé par le roi n'eſt lu qu'une fois.

Il faut encore remarquer que pour la paſſation d'un bill, le conſentement des chevaliers, citoyens & bourgeois doit être fait en perſonne, au lieu que les ſeigneurs peuvent voter par procureur ; la raiſon de cette différence eſt que les barons ſont cenſés ſiéger en *parlement* de droit en qualité de pairs de la cour du roi, *pares curtis* ; comme il leur étoit permis de ſervir dans les guerres par procureur, de même ils ont droit d'établir leur procureur en *parlement* ; mais les chevaliers venant ſeulement en *parlement*, comme repréſentant les *barons minors* ; & les citoyens & bourgeois, comme repréſentant les gens de leur cité & bourg, ils ne pouvoient pas conſtituer des procureurs, parce qu'ils n'y ſont euxmêmes que comme procureurs, & repréſentans d'autrui.

Quarante membres ſuffiſent pour former un comité. Ces membres de quarante & de huit devroient, pour le bien public, être au moins portés au quadruple chacun, dans un corps compoſé de plus de 500 députés ; il conviendroit de ne permettre qu'à peu de gens de s'abſenter, même dans les débats de particuliers, parce qu'alors les brigues ſeroient moins faciles, & la diſcuſſion de toutes affaires ſeroit plus mûrement peſée.

Un membre des communes en parlant eſt debout, découvert, & adreſſe ſon diſcours à l'orateur ſeul. Si un autre membre répond à ſon diſcours, le premier n'eſt point admis à repliquer le même jour, à moins que cela ne le regarde perſonnellement. La même perſonne ne peut parler qu'une fois le même jour ſur le même bill.

Dans la chambre des pairs les membres donnent leurs ſuffrages, en commençant par le baron le plus jeune & le moins qualifié, & en continuant ainſi par ordre juſqu'au plus élevé ; chacun répond à ſon rang, ou pour approuver ou pour déſapprouver.

Dans la chambre des communes, on donne les ſuffrages par oui & non ; & quand on doute quel eſt le plus grand nombre, la chambre ſe partage : s'il s'agit de faire recevoir quelque choſe dans la chambre, ceux qui ſont pour l'affirmative ſortent ; ſi c'eſt quelque choſe que la chambre ait déjà vu, ceux qui ſont pour la négative, ſortent.

Dans toute diviſion le préſident nomme quatre orateurs, deux de chaque opinion. Dans un comité de la chambre entière elle ſe partage en changeant de côté, ceux qui conſentent, prenant le côté droit de la chaire, & ceux qui refuſent, prenant le côté gauche, & alors il n'y a que deux orateurs.

Le nombre des membres dans la chambre des pairs n'eſt pas déterminé, parce qu'il augmente ſelon le bon plaiſir de S. M. Les membres de la chambre des communes, quand elle eſt complette, ſont au nombre de 553 ; ſavoir, 92 chevaliers ou gouverneurs de provinces ; 52 députés pour les 25 villes, Londres en ayant quatre ; 16 pour les cinq ports ; 2 pour chaque univerſité; 332 pour 180 bourgs; enfin 12 pour la principauté de Galles, & 45 pour l'Ecosse.

Enfin les deux chambres doivent être prorogées ensemble, ou dissoutes ensemble; car une chambre ne peut pas subsister sans l'autre.

A ces détails, dont les étrangers n'ont peut-être pas une entière connoissance, il est difficile de ne pas ajouter quelques réflexions.

La chambre des pairs & celle des communes font les arbitres de la nation, & le roi est le surarbitre. Cette balance manquoit aux Romains; les grands & le peuple étoient toujours en division, sans qu'il y eût une puissance mitoyenne pour les accorder. Le gouvernement d'Angleterre est plus sage, parce qu'il y a un corps qui l'examine continuellement, & qui s'examine continuellement lui - même; telles sont ses erreurs qu'elles ne sont jamais longues, & que par l'esprit d'attention qu'elles donnent à la nation, elles sont souvent utiles. Un état libre, c'est-à-dire, toujours agité, ne sauroit se maintenir, s'il n'est par ses propres loix, capable de correction; & tel est l'avantage du corps législatif qui s'assemble de tems en tems pour établir ou révoquer des loix.

Les rois d'Angleterre peuvent convoquer un *parlement*, s'il en est besoin, dans un tems auquel la loi ne les oblige pas de le faire. Ils sont, pour ainsi dire, en sentinelle; ils doivent observer avec beaucoup de vigilance les mouvemens de l'ennemi, & avertir de ses approches; mais si la sentinelle s'endort, qu'elle néglige son devoir, ou qu'elle tâche malicieusement de trahir la ville, ceux qui sont intéressés à sa conservation, ne sont-ils pas en droit de se servir de tout autre moyen pour découvrir le danger qui les menace, & pour s'en préserver?

Il est certain que c'étoit aux consuls, ou aux autres principaux magistrats de Rome, d'assembler & de congédier le sénat; mais lorsqu'Annibal étoit aux portes de la ville, ou que les Romains se trouvoient dans quelqu'autre danger pressant, qui ne les menaçoit pas moins que d'une entière destruction, si ces magistrats eussent été ivres, insensés, ou qu'ils eussent été gagnés par l'ennemi, il n'y a point de personne raisonnable qui puisse imaginer qu'on eût dû alors s'arrêter aux formalités ordinaires.

Dans cette occasion chaque particulier est magistrat; & celui qui s'apperçoit le premier du danger, & qui sait le moyen de le prévenir, est en droit de convoquer l'assemblée du sénat ou du peuple. Le peuple seroit toujours disposé à suivre cet homme, & le suivroit infailliblement, de même que les Romains suivirent Brutus & Valerius contre Tarquin, ou Horatius & Valerius contre les décemvirs; & quiconque agiroit autrement, seroit sans contredit aussi fou que les courtisans de Philippe III & de Philippe IV rois d'Espagne. Le premier ayant un

jour le frisson de la fièvre, on apporta dans sa chambre un brasier qu'on mit si proche de lui, qu'il en fut cruellement brûlé; un des grands s'écria, le roi se brûle; un autre grand répondit; c'est très-vrai; mais comme la personne chargée d'ôter le brasier étoit absente, avant qu'elle sût arrivée, les jambes du roi se trouvèrent dans un pitoyable état. Philippe IV ayant été surpris à la chasse d'une tempête mêlée de grêle & de pluie, fut attaqué d'un gros rhume & d'une fièvre très-dangereuse, parce qu'aucun des courtisans de sa suite n'avoit osé prendre la liberté de lui prêter son manteau pour le garantir pendant l'orage.

C'est encore en vain que les *parlemens* s'assemblent, s'il ne leur est pas permis de continuer leurs séances, jusqu'à ce qu'ils aient achevé les affaires pour lesquelles ils se sont assemblés, & il seroit ridicule de leur donner pouvoir de s'assembler, s'il ne leur est pas permis de demeurer assemblés jusqu'à l'expédition des affaires. La seule raison pour laquelle les *parlemens* s'assemblent, c'est pour travailler à l'avancement du bien public; & c'est en vertu de la loi qu'ils s'assemblent pour cette fin. On ne doit donc pas les dissoudre avant qu'ils aient terminé les objets pour lesquels ils se sont assemblés.

L'histoire des rois d'Angleterre, & sur-tout de ceux qui dans le dernier siècle travailloient sans cesse à s'emparer du pouvoir despotique, justifie bien les réflexions de Sydnei; en effet, c'est principalement en refusant d'avoir des *parlemens*, ou en dissolvant ceux qui étoient assemblés, que ces princes tâchoient d'établir leur puissance; mais ces moyens, qu'ils mirent en usage, leur furent plus nuisibles qu'avantageux. Charles I en 1682, cassa le troisième *parlement* qu'il avoit convoqué, parce qu'il ne vouloit pas se soumettre à ses volontés; ce qui fit voir, dit Clarendon, la force des *parlemens*; puisque l'autorité souveraine se porte à la dure idée d'en abolir l'usage, ne pouvant en borner la puissance. C'est donc au *parlement* qu'il appartient de réprimer les attentats de la politique sur la liberté, & de ménager l'autorité du prince en la modérant.

» Il est vrai, dit M. de Voltaire, dans ses *mé-
» langes de littérature & de philosophie*, que c'est
» dans des mers de sang que les Anglois ont
» noyé l'idole du pouvoir despotique; mais ils
» ne croyent point avoir acheté trop cher leurs loix
» & leurs privilèges. Les autres nations n'ont pas
» versé moins de sang qu'eux; mais ce sang
» qu'elles ont répandu pour la cause de leur
» liberté, n'a fait que cimenter leur servitude;
» une ville prend les armes pour défendre ses
» droits, soit en Barbarie, soit en Turquie,
» aussi-tôt des soldats mercénaires la subjuguent,
» des bourreaux la punissent, & le reste du pays
» baise ses chaînes. Les François pensent que le
» gouvernement d'Angleterre est plus orageux

» que la mer qui l'environne, & cela est vrai;
» mais c'est quand le roi commence la tempête,
» c'est quand il veut se rendre maître du vais-
» seau dont il n'est que le premier pilote. Les
» guerres civiles de France ont été plus longues,
» plus cruelles, plus fécondes en crimes que
» celles d'Angleterre, mais de toutes ces guerres
» civiles, aucune n'a eu une liberté sage pour
» objet. (*Le chevalier* DE JAUCOURT.)

PARMENIDE D'ELÉE, (*Hist. ancienne.*) philosophe ancien, disciple de Xénophane, étoit de la
secte désignée par le nom d'Eléatique, secte dont
le doute formoit le principe favori, & qui étoit
à-peu-près la même que le Pyrronisme.

PARMÉNION, (*Hist. de la Grece.*) après avoir
servi avec gloire dans les armées de Philippe de
Macédoine, fut le principal instrument des victoires
d'Alexandre, qui, dans son expédition contre
la Perse, le mit à la tête de sa cavalerie, où il
développa un génie véritablement fait pour la
guerre. Le plus beau de ses éloges, est de dire
qu'il vainquit souvent sans Alexandre, & qu'A-
lexandre ne vainquit jamais sans lui. Il se saisit
du pas de Syrie, & se rendit maître de la petite
ville d'Issus. Après la prise de Damas, Alexandre,
qui connoissoit son désintéressement & sa fidélité,
lui confia la garde des prisonniers & des trésors
enlevés à Darius, qui montoient à la somme de
plus de quatre cents millions. Tandis qu'Alexandre étoit occupé au siège de Tyr, Darius lui
fit offrir dix mille talens pour la rançon des
princesses captives, & sa fille Statira en mariage,
avec tout le pays qu'il avoit conquis jusqu'à l'Euphrate. L'affaire fut mise en délibération; & Parménion dit que s'il étoit Alexandre, il accepteroit
une offre aussi avantageuse; & moi aussi, dit
Alexandre, si j'étois Parménion. Philotas, fils
de ce grand capitaine, & le digne émule de sa
gloire, commandoit un corps de cavalerie sous
ses ordres. Son mérite personnel & la faveur de
son maître lui avoient fait beaucoup d'ennemis.
Il fut accusé, par les envieux de sa gloire, d'avoir
conspiré contre le roi: on le mena chargé de
chaines à la tente d'Alexandre, qui lui dit: je
vous donne pour juges des Macédoniens. C'étoit
le livrer à ses ennemis, qui, depuis long-tems,
travailloient à le supplanter dans sa faveur. Il ne
lui fut pas difficile de se justifier, puisqu'on n'allégua aucune preuve contre lui; mais, comme ses
juges étoient intéressés à le trouver coupable,
ils s'en tinrent à des allégations vagues, & il fut
condamné à être lapidé: son père fut enveloppé
dans sa condamnation. Ce vieillard, rassuré par
son innocence, ne prit aucune précaution pour
se dérober aux fers de ses assassins, qui lui en-
foncèrent le poignard dans le sein. Les vieux
soldats, accoutumés à vaincre sous lui, firent
éclater leurs regrets. L'armée fut sur le point de
passer du murmure à la révolte. Alexandre donna

des marques de repentir qui calmèrent les esprits.
(*T-N.*)

PARMENTIER, (JEAN) (*Hist. mod.*) marchand de la ville de Dieppe, voyageur & poëte,
inconnu comme poëte, assez célèbre comme voyageur; il est le premier pilote qui ait conduit des
vaisseaux au Brésil; il fit des découvertes dans les
Indes, & mourut en 1530 dans l'île de Sumatra;
il étoit né en 1494.

PARNELL, (THOMAS) (*Hist. litt. mod.*)
Poëte anglois du dix-huitième siècle, ami de
Pope, de Swift, de Gay, de Bolingbroke, &c. On
remarque que Swift l'ayant mené à l'audience du
comte d'Oxford, ministre, dont il vouloit que
son ami fût connu, ne présenta point le poëte au
ministre, mais alla prendre celui-ci par la main,
& le mena chercher & distinguer *Parnell* parmi
la foule de ceux qui s'empressoient de faire leur
cour, comme si le ministre avoit eu plus d'intérêt
de connoître *Parnell* que *Parnell* d'en être connu.
Parnell est auteur du conte de *l'Hermite* dont
nous avons deux imitations. dans deux romances
de MM. Feutry & Berquin.

PARPAILLOTS, s. m. pl. (*Hist. mod.*) nom
qu'on a donné autrefois en France aux prétendus
réformés, qu'on y appelle aussi *huguenots* ou *calvinistes*. Si l'on en croit l'auteur d'une lettre imprimée en 1681, à la fin d'un écrit intitulé *la
politique du clergé de France*, l'origine de ce nom
vient de ce que François Fabrice Serbellon, parent du pape, fit décapiter à Avignon, en 1562,
Jean Perrin, seigneur de *Parpaille*, président à
Orange, & l'un de principaux chefs des calvinistes des ces cantons-là. Cette dénomination fut
renouvellée pendant le siege de Montauban sous
Louis XIII, & le même peuple s'en sert encore
pour désigner les sectateurs de Calvin.

PARR, (CATHERINE) (*Hist. d'Anglet.*) Lorsque
Henri VIII eut fait trancher la tête pour infidélité à Catherine Howard, sa cinquième femme,
il fit une loi, où entr'autres dispositions également
ridicules & sanguinaires, il prononçoit la peine
de mort contre toute fille, qui, en épousant le
roi, le tromperoit sur sa virginité. La tyrannie,
sur ce dernier article, devenoit si excessive, qu'elle
fit rire au lieu de faire trembler; le peuple dit
que le roi ne vouloit plus épouser que des veuves.
Ce fut effectivement une veuve qu'il épousa en
sixièmes noces; Catherine *Parr* étoit veuve du
Lord Latimer.

Elle inclinoit, dit-on; vers le Luthéranisme;
mais Henri VIII ne vouloit ni qu'on fût catholique, parce qu'il étoit brouillé par le pape, ni
qu'on fût Luthérien, parce qu'il avoit écrit contre
Luther & Luther contre lui; il eût été plus sûr
d'attaquer Henri VIII dans son autorité que dans
sa théologie. Il pensa en coûter la vie à Catherine
pour s'être prêtée par complaisance à disputer

contre

contre lui fur des queſtions théologiques, & pour avoir eu fur lui cet avantage qu'une femme d'eſ-prit a aiſément fur un théologien. La froideur du roi & quelques avis qu'elle reçut lui firent connoître fon danger ; elle ne trouva d'autre moyen de s'y fouſtraire que d'aller conſulter férieuſement le roi, toujours fur des queſtions théologiques, & de lui témoigner le plus grand reſpect pour fes lumières. Henri étoit trop ſenſiblement bleſſé pour fe rendre d'abord : « C'eſt vous, Cathe-» rine, dit-il avec aigreur, qu'il faut conſulter ; » vous êtes un docteur fait pour inſtruire, non une » femme faite pour être inſtruite. » Catherine, joignant avec art les careſſes aux ſoumiſſions, parvint enfin à perſuader Henri, qu'elle l'avoit toujours regardé comme un oracle, & qu'elle ne lui avoit propoſé des doutes que pour être inſtruite : « S'il eſt ainſi, lui dit Henri, en lui donnant » un nom de tendreſſe, & l'embraſſant avec la » joie naïve de l'orgueil ſatisfait, nous ſerons » toujours amis. » Pendant qu'ils étoient enſem-ble, le chancelier Wrioteſley, auquel Henri, dans ſa colère, l'avoit déjà ſacrifiée, vint avec des gardes pour la conduire à la tour ; le roi alla au devant de lui pour lui couper la parole, & dérober à Catherine la connoiſſance de ce qui avoit été projetté contre elle : Catherine entendit ſeulement que le roi s'emportoit contre le chancelier, qu'il le traitoit de ſcélérat, de fou & de ſot. Elle voulut appaiſer le roi, qui la regardant avec attendriſſement, lui dit : Pauvre femme, tu ne ſais pas en faveur de qui tu parles ! on peut croire que Catherine ne diſputa plus fur la théologie.

Elle eut le bonheur d'être veuve de Henri ; c'étoit le ſeul moyen, pour une femme de Henri VIII, d'avoir la vie aſſurée. Catherine, au bout de trente-quatre jours de viduité, épouſa en troiſièmes noces Thomas Seymour, amiral d'Angle-terre, oncle d'Edouard VI, à qui le duc de Som-merſet, fon frère, protecteur du royaume ſous Edouard, fit trancher la tête aſſez injuſtement. Catherine ne vit point cette violence, elle mourut le 7 ſeptembre 547. On a dit que l'amiral étoit amoureux de la princeſſe Eliſabeth, & que dans l'eſpérance de l'épouſer, il avoit avancé les jours de Catherine Parr ; ce n'eſt qu'un ſoupçon fort téméraire peut-être, & nullement une aſſertion.

PARRHASIUS, (Hiſt. anc.) peintre célèbre de l'antiquité, natif d'Epheſe, fils & diſciple d'Evenor, fut auſſi diſciple de Socrate, qui étant fils d'un ſculpteur, & ayant été ſculpteur lui-même, avoit d'ailleurs approfondi par la force de ſon génie les principes de tous les arts. Parrhaſius excelloit, dit-on, à exprimer les paſſions. Dans la comparaiſon de ce peintre avec Zeuxis, fon rival, on trouvoit que Parrhaſius l'emportoit pour le deſſein & Zeuxis pour le coloris. On ſait que Parrhaſius, par fon tableau du r'deau, trompa

Zeuxis lui-même, qui par ſon tableau des raiſins n'avoit trompé que des oiſeaux, & qui par cette raiſon s'avoila vaincu. Mais Parrhaſius fut vaincu à ſon tour par Timante dans la ville de Samos. Le ſujet du tableau & du prix étoit l'indignation d'Ajax, lorſque les armes d'Achille ſont données à Ulyſſe. Parrhaſius ne ſe rendit point à la déciſion des juges. « C'eſt le ſort d'Ajax, dit-il, de voir » paſſer aux mains d'un rival indigne le prix qu'il » a ſeul mérité. Voyez mon Ajax, ajoutoit-il, vous » lirez fur ſon viſage le profond reſſentiment de cette » double injuſtice. » On a reproché à Parrhaſius, ainſi qu'à Zeuxis un orgueil inſupportable. Où ſont les grands artiſtes ſans orgueil ? Parrhaſius vivoit environ quatre ſiècles & demi avant Jéſus-Chriſt.

PARRAINS. (Hiſt. mod.) On donnoit le nom de parrains aux ſeconds qui aſſiſtoient aux tour-nois, ou qui accompagnoient les chevaliers aux combats ſinguliers.

Il ſe pratiquoit encore un uſage ſemblable dans les carrouſels où il y avoit deux parrains, & quelquefois davantage dans chaque cadrille.

Les parrains des duels étoient comme les avo-cats choiſis par les parties pour repréſenter aux juges les raiſons du combat.

Dans l'inquiſition de Goa on nomme parrains des gens riches & conſidérables, dont chacun eſt obligé d'accompagner un des criminels à la proceſſion qui précède l'autodafé. (A. R.)

PARSIS, (Hiſt. moderne.) nom que l'on donne dans l'Indoſtan aux adorateurs du feu, ou ſecta-teurs de la religion fondée en Perſe par Zerduſt ou Zoroaſtre. Les Parſis qui ſe trouvent aujour-d'hui dans l'Inde, font venus de Perſe, comme leur nom l'indique ; leurs ancêtres ſe ſont réfu-giés dans ce pays pour ſe ſouſtraire aux perſé-cutions des Mahométans arabes & tartares qui avoient fait la conquête de leur patrie. Ils ſont vêtus comme les autres indiens, à l'exception de leur barbe qu'ils laiſſent croître ; ils ſe livrent ordinairement à l'agriculture & à la culture de la vigne & des arbres. Ils ne communiquent point avec ceux d'une autre religion, de peur de ſe ſouiller ; il leur eſt permis de manger des animaux, mais ils s'abſtiennent de faire uſage de la viande de porc & de celle de vache, de peur d'offenſer les Mahométans & les Banians. Ils ont une grande vénération pour le coq ; leurs prê-tres, qu'ils nomment darous, ſont chargés du ſoin d'entretenir le feu ſacré que leurs ancêtres ont autrefois apporté de Perſe ; ce ſeroit un crime irrémiſſible que de le laiſſer éteindre. Ce ne ſe-roit pas un péché moins grand que de répandre de l'eau ou de cracher ſur le feu ordinaire qui ſert dans le ménage. Il eſt pareillement un ob-jet de vénération pour les Parſis ; & il y auroit de l'impiété à l'entretenir, avec quelque chose d'impur. Leur respect pour le feu va jusqu'au point de ne pas vouloir l'éteindre avec de l'eau, quand même leur maison seroit en danger d'en être consumée: par la même raison ils ne consentiroient jamais à éteindre une chandelle. En un mot, il ne leur est jamais permis de rien faire pour éteindre le feu; il faut qu'il s'éteigne de lui-même. Les *Parsis* regardent le mariage comme un état qui conduit au bonheur éternel; ils ont en horreur le célibat; au point que, si le fils ou la fille d'un homme riche viennent à mourir avant que d'avoir été mariés, le pere cherche des gens, qui pour de l'argent consentent à épouser la personne qui est morte. La cérémonie du mariage des *Parsis* consiste à faire venir deux *darous* ou prêtres, dont l'un place un doigt sur le front de la fille, tandis que l'autre place le sien sur le front de l'époux. Chacun de ces prêtres demande à l'une des parties, si elle consent à épouser l'autre; après quoi ils répandent du riz sur la tête des nouveaux mariés; ce qui est un emblème de la fécondité qu'ils leur souhaitent. Les *Parsis* n'enterrent point leurs morts; ils les exposent à l'air dans une enceinte environnée d'un mur où ils restent pour servir de proie aux vautours. Le terrein de cette enceinte va en pente de la circonférence au centre: c'est là que l'on expose les morts, qui dans un climat si chaud, répandent une odeur très-incommode pour les vivans. Quelques jours après qu'un corps a été exposé dans cet endroit, les amis & les parens du défunt vont se rendre au lieu de la sépulture; ils examinent ses yeux; si les vautours ont commencé par lui arracher l'œil droit, on ne doute pas que la mort ne jouisse de la béatitude; si au contraire l'œil gauche a été emporté le premier, on conclut que le mort est malheureux dans l'autre vie. C'est aux environs de Surate que demeurent la plûpart des *Parsis* de l'Indostan.

PARTHENAY, (CATHERINE DE) (*voyez* ROHAN.)

On a d'Emmanuel de *Parthenay*, aumônier de la duchesse de Berry, fille de M. le duc d'Orléans, régent, une traduction latine publiée en 1718, du discours de M. Bossuet sur l'histoire universelle, sous ce titre: *Commentarii universam complectentes historiam, ab orbe condito ad Carolum magnum: quibus acceduit series religionis & imperiorum vices.*

PARTHENIENS. (*Hist. anc.*) Dans le cours de la première guerre entre les Messéniens & les Lacédémoniens, qui commença l'an 743 avant J.C., les Lacédémoniens s'engagèrent par serment à ne point retourner à Sparte qu'ils n'eussent dépouillé les Messéniens de toutes leurs villes & de toutes leurs terres; mais la guerre, dont les événemens ne se réglent pas ainsi sur les projets & sur les

vœux de ceux qui la font, ayant tiré en longueur, ils craignirent que l'effet de leurs vœux indiscrets ne fût de faire périr leurs familles & de laisser Sparte destituée de citoyens. Ils prirent le parti d'y envoyer ceux des soldats qui n'étoient arrivés à l'armée que depuis le serment dont ils se repentoient, & qui par conséquent n'avoient pas prêté ce serment. Ils leur abandonnèrent leurs femmes, leurs filles; les enfans qui nâquirent de ces conjonctions illégitimes, furent appellés *Partheniens*, nom qui désignoit le vice de leur naissance; ne pouvant dans la suite supporter cet opprobre, ils se bannirent de Sparte, & sous la conduite de Phalante, ils allèrent s'établir en Italie à Tarente après en avoir chassé les anciens habitans, ce qui fait dire à Horace, od. 6. liv. 2.

> *Dulce pellitis ovibus Galesi*
> *Flumen, & regnata petam Laconi*
> *Rura Phalanto.*

& dans l'ode de Regulus.

> *Tendens Venafranos in agros,*
> *Aut Lacedemonium Tarentum.*

PARTHÉNIUS (*Hist. anc.*) est le nom d'un Poëte grec contemporain de Cicéron, & maître de Virgile pour la poésie grecque, que cet illustre disciple ne paroit pas avoir beaucoup cultivée. *Parthénius* avoit été fait prisonnier dans la guerre contre Mithridate.

PARTHÉNIUS est aussi le nom d'un ministre de Théodebert, fils de Thierry, & petit-fils de Clovis, ministre funeste d'un prince qui fut nommé *utile*. Les peuples se vengèrent de Parthénius, ils l'assommèrent à coups de pierre, après l'avoir rassasié d'outrages. » C'étoit, dit Mézerai, un homme horriblement gourmand, comme le sont presque tous les gens de cette sorte, qui prenoit de l'aloès pour digérer les viandes dont il se gorgeoit, & qui lâchoit son ventre encore plus vilainement qu'il ne le remplissoit. » Il vivoit vers le milieu du sixième siècle.

PARUTA (*Hist. litt. mod.*) Paul & Philippe, tous deux connus dans les lettres; Paul, noble Vénitien, historiographe de la république, gouverneur de Bresse, procurateur de saint-Marc, auteur d'une histoire de Venise depuis 1513 jusqu'en 1551, de notes sur Tacite & de discours politiques. Mort en 1598. Philippe, connu par sa Collection des médailles de Sicile imprimée à Palerme en 1612, & plusieurs fois réimprimée depuis. Havercamp la traduisit en latin, & cette traduction fait partie des antiquités d'Italie de Grævius & Burmann.

PARTI (*Hist. mod.*) est une faction, intérêt ou puissance, que l'on considère comme opposée à une autre.

Les François & les Espagnols ont été long-tems de *partis* opposés.

L'Angleterre depuis plus d'un siècle est divisée en deux *partis*. *Wig*, *Tory*.

L'Italie a été déchirée pendant plusieurs siècles par les *partis* des Guelphes & des Gibelins. (*A. R.*)

P A S

PAS (DE) FEUQUIERES (*Hist. de Fr.*) C'est le nom d'une des plus anciennes maisons de la province d'Artois.

De cette maison qui a produit plusieurs hommes célèbres, étoit Manassès de *Pas*, marquis de Feuquières. Toute sa race étoit éteinte; son père, qui étoit chambellan de Henri IV, avoit été tué à la bataille d'Ivry; ses oncles paternels avoient aussi perdu la vie pour ce prince, lorsque Manassès naquit à Saumur en 1590 pour servir ce même roi & son fils. En effet il entra au service à treize ans en 1603, & parvint de grade en grade à celui de lieutenant-général & au commandement des armées. Il fut pris au siège de la Rochelle, & pendant sa prison qui dura neuf mois, parce que les Rochelois sentirent qu'ils ne pouvoient avoir un meilleur ôtage de la sûreté de leurs compatriotes tombés au pouvoir du roi & du cardinal de Richelieu, il ne fut point inutile à sa patrie, il contribua beaucoup à la reddition de la place. Envoyé ambassadeur extraordinaire en Allemagne après la mort de Gustave Adolphe, il retint dans l'alliance de la France les Suédois, & y attira plusieurs princes de l'empire. On a ses *négociations* d'Allemagne, pendant les années 1633 & 1634, publiées à Paris en 1653, trois volumes *in* 12. En 1635, il commanda contre les autrichiens, l'armée françoise avec le duc de Saxe-Veimar qu'il avoit attaché aux intérêts de la France. En 1639, il fit le siège de Thionville : Picolomini vint au secours avec une armée supérieure; le combat s'engagea, Feuquières y reçut quantité de blessures, & perdit tant de sang qu'il tomba sans connoissance entre les mains des ennemis. Le roi ne crut pas l'acheter trop cher, en donnant pour sa rançon le général Ekenfort, deux colonels & dix-huit mille écus. On pouvoit le tirer des mains des ennemis, mais ses blessures lui restoient.

Haeret lateri lethalis arundo.

Il mourut à Thionville le 14 mars 1640.

Son fils aîné (*Isaac de Pas*) vice-roi de l'Amérique, gouverneur de Verdun, dix ans ambassadeur en Suède, mort ambassadeur extraordinaire en Espagne en 1688, servit utilement la France & dans ses ambassades & dans les armées.

Mais le plus célèbre des de *Pas* Feuquières, est Antoine, fils aîné d'Isaac. C'est celui de qui nous avons ces excellens mémoires, si propres à former un général, à lui enseigner les moyens d'éviter toutes les fautes qu'ont faites ou que n'ont point faites

les généraux français du règne de Louis XIV; car on sait qu'il faut lire ces mémoires avec précaution; qu'ils pourroient inspirer des préventions injustes contre de très-habiles généraux; que M. de Feuquières, ou jaloux de leurs succès, & de les voir honorés de la dignité de maréchal de France (qu'il croyoit avoir mieux mérité, qu'il avoit méritée de l'aveu de tout le monde, & qu'il n'avoit pas obtenue), ou naturellement porté à la censure, se plaignoit de tout le monde, & que tout le monde se plaignoit de lui. (*Voyez* l'article CATINAT.) On disoit de Feuquières, qu'il *étoit le plus brave homme de l'europe, parce qu'il dormoit au milieu de cent mille ennemis*. Il étoit en effet & très-brave & très-habile; ce fut en 1688 qu'il commença de se signaler. Il servoit alors en Allemagne. Parti d'Hailbron avec mille chevaux, il fit dans un vaste pays les courses les plus brillantes & les plus heureuses, battit plusieurs partis considérables, passa des rivières, évita des embuscades, leva des contributions & revint triomphant au bout de trente-cinq jours, presque tous marqués par quelque avantage. *Vous avez beaucoup risqué*, lui disoit-on, *moins que vous ne le croyez*, répondoit-il; *plus j'entreprenois, plus je trompois & effrayois les ennemis; ils me croyoient beaucoup plus fort que je n'étois, & cette erreur faisoit ma force*. C'étoit déjà la manière de voir d'un général. Il fut fait maréchal-de-camp en 1689; il se distingua en 1690, à la bataille de Stafarde & à la prise de Suze. Nommé lieutenant-général en 1693, il servit en cette qualité avec la plus grande distinction, & Louis XIV déféra trop aux plaintes de ses nombreux ennemis, en ne l'élevant point à la dignité de maréchal-de-France. Feuquières mourut en 1711 à soixante-trois ans.

PASCAL (BLAISE) (*Hist. litt. mod.*) De toutes les réputations auxquelles le jansénisme a eu part, il n'y en a pas qui ait obtenu aussi pleinement la sanction publique que celle de Blaise *Pascal*. Cet avantage unique d'avoir deviné ce que la langue devoit & alloit devenir, & d'avoir écrit en 1656, comme les meilleurs auteurs n'écrivirent que cent ans après, distinguera toujours *Pascal*, même parmi les gens de génie. « Les meilleures comédies de Molière, dit M. de Voltaire, » n'ont pas plus de sel que les premières provinciales, Bossuet n'a rien de plus éloquent que les dernières. Quel éloge! Bossuet, à qui on demandoit lequel des ouvrages Français il aimeroit le mieux avoir fait, répondit, *les provinciales*. Quel suffrage! On sait combien Boileau faisoit profession d'admirer les provinciales; madame de Sévigné raconte vivement & plaisamment, à son ordinaire, la querelle que Boileau eut avec un jésuite chez M. le président de Lamoignon au sujet de *Pascal*. « Un jour on parla des ouvrages des anciens » & des modernes. Despréaux soutint les anciens, » à la réserve d'un seul moderne, qui surpassoit

» à son goût, & les vieux & les nouveaux. Un
» jésuite qui accompagnoit le père Bourdaloue, &
» qui faisoit l'entendu, lui demanda quel étoit
» donc ce livre si distingué dans son esprit ? Il
» ne voulut pas le nommer. Corbinelli lui dit :
» Monsieur, je vous conjure de me le dire, afin que
» je le lise toute la nuit. Despréaux lui répondit
» en riant : Ah ! monsieur, vous l'avez lu plus
» d'une fois, j'en suis assuré. Le jésuite répond,
» & presse Despréaux de nommer cet auteur si
» merveilleux avec un air dédaigneux, un risu
» amaro. Despréaux lui dit : mon père, ne me pressez
» point. Le père continue : enfin Despréaux le prend
» par le bras, & le serrant bien fort, lui dit : Mon
» père, vous le voulez ? Eh bien ! C'est Pascal, mor-
» bleu ; Pascal, dit le père tout étonné, Pascal est
» beau autant que le faux le peut être. Le faux,
» dit Despréaux, le faux ; sachez qu'il est aussi
» vrai qu'il est inimitable, on vient de le traduire en
» trois langues ».

Mon père, disoit le même Despréaux au père
Bouhours, lisons les lettres provinciales, & croyez-
moi, ne lisons point d'autre livre.

Un autre jésuite plaisantoit sur les occupations
de Port-royal, où on avoit érigé en maxime &
réduit en pratique le travail des mains, à l'imitation des premiers fidèles, doctrine que J. J.
Rousseau a renouvellée depuis avec son éloquence ordinaire. Pascal, disoit ce jésuite, fait des sa-
bots, c'est-là son emploi à Port-royal. Boileau, à qui
s'adressoit ce propos, y fit une réponse d'une gros-
sièreté burlesque, mais assortie à la plaisanterie du
jésuite : Je ne sais pas, dit-il, si Pascal fait des sa-
bots, mais il vous a porté une furieuse botte. En
effet, ils ne s'en sont pas relevés, ils ont pu armer
l'autorité & employer l'intrigue ; ils ont pu soulever la puissance ecclésiastique & la puissance civile, faire condamner les provinciales par le pape, par le conseil du roi, par des parlemens, par
des évêques, mais enfin les jésuites sont détruits,
les provinciales restent, & elles ont contribué
à la destruction des jésuites. Racine observoit que
les provinciales étoient une véritable comédie, dont
les personnages étoient pris dans les couvens &
dans la Sorbonne, au lieu de l'être dans le monde.
Il a raison ; mais ces personnages de couvens &
de Sorbonne ayant beaucoup perdu de leur importance & de leur intérêt, entraineront peut-
être à la longue dans leur chûte, les provinciales mêmes. On dira : que m'importe le ridicule
d'un jacobin, d'un cordelier ou d'un jésuite ? on
regrettera qu'un si grand talent pour donner des
ridicules ineffaçables & pour préparer des révolutions, se soit exercé sur le pouvoir prochain, la grace suffisante & les rêveries des Casuistes. Observons que Pascal a fait à l'égard des
Casuistes ce que Boileau fit dans la suite à l'égard
des mauvais poëtes. Tous les noms employés, soit
dans les provinciales, soit dans les satires, sont
à jamais flétris & couverts d'opprobre.

Les pensées de Pascal sur la religion ont été
attaquées & même avec avantage, mais ce ne
sont que les matériaux d'un livre qui n'a pas été
fait ; & pour pouvoir juger de ces matériaux, il
faudroit les voir employés, restreints, modifiés
comme ils l'auroient sans doute été.

Pascal a encore une autre réputation qui ne
le cède guères à celle que les provinciales lui ont
faite, c'est celle de grand physicien & de grand
géomètre ; c'est par-là que Pascal s'annonça d'a-
bord comme un phénomène. Les sciences allant
toujours en s'augmentant & en se perfectionnant, les
grands physiciens & les grands géomètres d'aujour-
d'hui l'emportent de beaucoup sans doute sur Pascal & sur Descartes, mais ceux-ci n'en ont pas moins
mérité d'être l'admiration de leur siècle. Pascal,
sans études & par sa seule pénétration, devina de
la géométrie jusqu'à la trente-deuxième proposition d'Euclide ; il avoit publié, à seize ans, un
traité des sections coniques, qui étonna Descartes
au point qu'il ne voulut pas croire que ce fût
l'ouvrage du jeune Pascal ; il prétendit que Pascal
le père, qui avoit aussi des connoissances en mathématiques, faisoit honneur de cet ouvrage à
son fils. On connoît les expériences de Pascal sur
le vuide & la pésanteur de l'air, & tous ces
problèmes curieux & difficiles proposés ou résolus
par lui. On a de lui un traité de l'équilibre des
liqueurs.

La même délicatesse d'organes à laquelle il
devoit tant de pénétration, tant d'esprit, des progrès si rapides dans les sciences, fut aussi la cause
de la foiblesse de sa santé & de la courte durée
de sa vie. Il mourut jeune & passa par tous les
symptômes les plus fâcheux de la vieillesse, l'af-
foiblissement & l'égarement de l'esprit. On sait
que dans ses dernières années il voyoit toujours
un abyme du côté gauche, & qu'il faisoit mettre
une chaise ou un fauteuil pour se rassurer.

Un accident qui lui étoit arrivé, en 1654, pouvoit avoir contribué à cet effet bizarre. Il se promenoit au pont de Neuilly dans un carrosse à
quatre chevaux ; les deux premiers prirent le
mords aux dents dans un endroit où il n'y avoit
point de garde-fou, & se jettèrent dans la rivière.
Heureusement ils cassèrent leurs traits par la
violence de la secousse, & le carrosse resta sur
le bord du pont. Pascal s'évanouit & eut de la
peine à revenir à lui ; delà vraisemblablement
cette idée d'un abyme, fruit de la commotion
terrible que sa frêle machine éprouva dans cette
occasion.

Il paroît qu'il avoit toujours été très-dévot &
très-scrupuleux, & il avoit une imagination aisée
à enflammer. Madame Périer, sa sœur, qui a
écrit sa vie comme on a écrit celle de tant de
saints, rapporte qu'il condamnoit presque tous
les propos les plus innocens de la société ; il
trouvoit mauvais, par exemple, qu'on dit histo-
riquement qu'on avoit rencontré une belle femme.

Vous ne favez pas, difoit-il, quelle impreffion ce difcours peut faire fur un jeune homme, fur un domestique qui l'entend, & vous êtes coupable de cette impreffion. Une telle idée eft d'un homme bien fufceptible. Dans fes dernières années, les cérémonies de la religion qu'il avoit toujours aimées, devinrent pour lui un befoin de tous les jours & de tous les momens ; il alloit à tous les faluts, il révéroit toutes les reliques de toutes les églifes ; il portoit fur lui un almanach fpirituel pour être inftruit des dévotions particulières de chaque jour. On a dit, à ce fujet, *que la religion, comme l'amour, rendoit les grands efprits capables des petites chofes, & les petits efprits capables des plus grandes.*

Blaife *Pafcal* étoit né à Clermont en Auvergne en 1623. Son père étoit préfident de la cour des aides de cette ville, & fut intendant de Rouen en 1640.

Blaife *Pafcal* mourut à Paris, en 1662, à trente-neuf ans. Une fi courte vie ajoute encore au refpect & à l'intérêt que *Pafcal* infpire, & au mérite de tant de talens, de connoiffances & de lumières fi précoces, fi-tôt développées & fi tôt perdues.

C'eft fur mademoifelle Perrier, fa nièce, que s'opéra le prétendu miracle de la fainte épine à Port-Royal, & le fouvenir de *Pafcal* n'a pas peu fervi pour accréditer ce miracle.

M. de la Harpe a fait les vers fuivans pour le portrait de *Pafcal :*

Par là nature inftruit, prodige de l'enfance,
Son efprit créateur devina la fcience
Des calculs & des mouvemens ;
De l'homme & de Dieu même interrogea l'effence,
Connut l'art des bons mots & l'art de l'éloquence.
Admirez & pleurez..... il mourut à trente ans.

PASCAL ou PASCHAL, (*Hift. eccléf.*) Deux papes & deux antipapes ont porté ce nom.

Quant aux papes, le premier fuccéda en 817, à Etienne IV ou V. Les papes alors étoient obligés de prendre la confirmation des empereurs pour leur élection, mais ils fe difpenfoient le plus qu'ils pouvoient de cette obligation. C'étoit Louis le Débonnaire qui étoit alors empereur: *Pafchal* eut grand foin de ne pas demander fon agrément, & de lui en envoyer enfuite faire de froides excufes, qui furent froidement reçues en France. L'empereur envoya cependant fon acte de confirmation, de peur qu'on ne s'en paffât ; & n'ofant s'en prendre au pape de cet attentat contre fa fouveraineté, il s'en prit aux Romains, & leur fit de fortes réprimandes d'avoir inftallé le pape fans fon agrément, & de grandes défenfes d'en ufer ainfi à l'avenir.

Charlemagne avoit été le maître dans Rome, Louis le Débonnaire & Lothaire fon fils aîné, qu'il avoit affociés à l'Empire, y avoient à peine un parti, & leurs partifans étoient bien loin

d'avoir la faveur populaire ; deux des plus zélés d'entre eux furent décapités dans le palais même des papes, & prefque fous fes yeux, fans qu'on leur reprochât autre chofe que leur attachement à la France. Charlemagne & Louis XIV euffent fait ériger dans Rome une pyramide pour monument de la vengeance qu'ils auroient prife d'un pareil attentat. Louis & Lothaire obtinrent à peine de légères excufes, & un vain ferment du pape de n'avoir eu aucune part à la mort de ces deux hommes, mais avec un refus perfévérant de livrer les meurtriers, parce qu'ils étoient fes domeftiques, ce qui s'appelloit *être de la famille de Saint-Pierre*, & ce qui rendoit la perfonne des meurtriers facrée. Fuffent-ils véritablement parens de Saint-Pierre, étoit-ce un privilège pour commettre impunément des crimes? *Pafchal* I mourut en 824, peu de temps après cette avanture.

Le fecond fuccéda en 1099, à Urbain II. Il eft célèbre principalement par la querelle qu'il eut pour les inveftitures avec les empereurs Henri IV & Henri V. Ce dernier le fit prifonnier, & le retint à fa fuite jufqu'à ce que *Pafchal* II lui eût accordé le droit d'inveftiture qu'il réclamoit. Le pape en fut défavoué par les cardinaux & par des conciles. Cette querelle des inveftitures empoifonna fa vie ; c'étoit alors la grande affaire qui troubloit le monde. Il s'agiffoit de favoir fi les princes temporels, nommément l'empereur, pouvoient inveftir les évêques par la croffe & par l'anneau, & fi ce n'étoit pas mettre la main à l'encenfoir & s'arroger une efpèce de confécration. *Pafchal* II mourut le 22 janvier 1118. Il avoit eu à combattre l'antipape Guibert. Quant aux deux antipapes du nom de *Pafchal*, l'un fut concurrent de Sergius I, mort en 701, l'autre d'Alexandre III, mort en 1181.

Charles *Pafcal*, confeiller-d'état, avocat-général au parlement de Rouen, ambaffadeur en Pologne en 1576, en Angleterre en 1589, chez les Grifons en 1604, a écrit la vie du célèbre Pibrac, fon ami. Il a donné, fous le titre de *Legatio rhætica*, la relation de fon ambaffade chez les Grifons ; il a tracé dans un livre intitulé: *Legatus*, les devoirs du négociateur, tels qu'il les connoiffoit & qu'il les rempliffoit. Il y a encore de lui d'autres ouvrages. Né à Coni en Piémont en 1547. Mort à fa terre de Quent près d'Abbeville en 1725.

PASCHMAKLYK, (*Hift. mod.*) Ce nom qui eft turc, fignifie *fandale* ; c'eft ainfi qu'on nomme le revenu affigné à la fultane Validé, ou fultane mère de l'empereur regnant. Il eft ordinairement de mille bourfes, ou de quinze cents mille livres, argent de France.

PASCHASE RATBERT, moine, puis abbé de Corbie au neuvième fiècle. On difputa beaucoup dans ce fiècle fur la préfence réelle. Les écrits polémiques de *Pafchafe Ratbert* & de Ratramne à ce ſujet avoient été fameux, & le ſont devenus encore plus par les diſputes du ſeizième & du dix-ſeptième ſiécles. Ces deux moines de Corbie avoient le mérite que le temps comportoit. Ils ſont auteurs de beaucoup d'autres ouvrages théologiques & hiſtoriques. *Paſchaſe* a écrit la vie de Vala & d'Adélard, ſes prédéceſſeurs dans la dignité d'abbé de Corbie, princes du ſang de Charlemagne; ils étoient fils du comte Bernard, lequel étoit fils naturel de Charles Martel. Chaſſés de la cour par Louis le Débonnaire au commencement de ſon regne, ils finirent par le gouverner & avec lui le royaume. *Paſchaſe Ratbert* traite Adélard de *Saint*; cet Adélard adminiſtra les finances du Royaume & ne les adminiſtra pas ſaintement; il joignit à tous les fléaux politiques qui affligèrent le regne de Louis le Débonnaire, ce grand fléau de la diſſipation des finances, qui les contient tous, & qui oblige de recourir dans les déſaſtres publics à ces moyens violens que Tacite n'a pas balancé à nommer des crimes: *ſi ambitione æra-rium exhauſerimus, per ſcelera ſupplendum erit.* Tacit. annal. lib. 2, cap. 38.

On trouve dans la collection de dom Martène l'édition la plus exacte du traité de *Paſchaſe Ratbert de corpore Chriſti*, & dans le tome 12 du ſpici-lége de dom Luc d'Achery, ſon traité *de partu Virginis*.

PASQUIER, (ETIENNE) (*Hiſt. litt. mod.*) Ce magiſtrat ſavant & célèbre, fut d'abord avocat au parlement; il y fut reçu en 1528, & ſe fit ſur-tout connoître par ſon plaidoyer pour l'univerſité contre les Jéſuites, qui lui attira la haine de la ſociété & les injures du P. Garaſſe. Il con-cluoit dans ſon plaidoyer que la ſociété des Jé-ſuites, au lieu d'être aggrégée au corps de l'Uni-verſité, devoit être *entièrement chaſſée & extermi-née de France*. Il lui faiſoit dès-lors tous les re-proches que les Janſéniſtes lui ont faits dans la ſuite. Il gagna pour lors une partie de ſon pro-cès; les Jéſuites ne furent point aggrégés à l'uni-verſité, & un ſiécle & demi après ſa mort, il a gagné la totalité de ce même procès. Tout le reſſentiment des Jéſuites ne put empêcher Henri III de récompenſer ſes talens & ſes ſer-vices par le don d'une charge d'avocat-général de la chambre des comptes. On connoit ſes *recherches de la France*, c'eſt ſon meilleur ouvrage, c'eſt même le ſeul par lequel il ſoit connu aujourd'hui; les Janſéniſtes mêmes ont oublié ſa ſatire intitulée: *Le Catéchiſme des Jéſuites*. Son *exhortation aux princes pour obvier aux ſéditions qui ſemblent nous menacer pour le fait de la religion*; ouvrage dont l'objet eſt de prouver l'avantage & la néceſſité de l'exercice libre des deux religions, catholique & proteſtante, a été inſérée à la fin du premier volume des *Mémoires de Condé*.

On a de *Paſquier* des vers latins, épigram-mes, portraits, &c. dont on a fait quelque cas;

on a auſſi de lui des poéſies françoiſes, entié-rement oubliées, mais qui firent beaucoup de bruit dans leur temps. La *puce* & la *main* furent de grands événemens, & appartiennent encore à l'hiſtoire littéraire du ſeizième ſiécle.

Paſquier ayant apperçu une puce ſur le ſein de mademoiſelle des Roches, (*voyez* l'article ROCHES (des) fit des vers ſur la puce & ſur le ſein; ce fut un ſignal donné à tous les poëtes, ils firent tous des vers ſur la puce, ſur le ſein, & ſur les vers que *Paſquier* avoit faits à cette occaſion; & comme c'étoit à Poitiers pendant la tenue des grands-jours que cette fureur épidémique de vers ſur un ſi petit ſujet tournoit toutes les têtes, on fit de tous ces vers un recueil intitulé: *La puce des grands-jours de Poitiers*.

Pendant les mêmes grands-jours de Poitiers, *Paſquier* ſe fit peindre: le peintre, ſoit à deſſein, ſoit par hazard, ne lui fit point de mains. Nou-veau débordement de vers à la louange de *Paſ-quier* ſur ce qu'il n'avoit point de mains, & cet autre recueil s'appela la *main de Paſquier*. On voit encore à la tête de ſes *recherches* ſon por-trait ſans mains, avec ces deux vers latins:

Nulla hic Paſchaſio manus eſt, lex Cincia quippè
Cauſidicos nullas ſanxit habere manus.

Long-temps après l'établiſſement de la vénalité des charges de magiſtrature, & du temps où *Paſ-quier* écrivoit, on avoit conſervé l'uſage de faire prêter ſerment aux récipiendaires de n'avoir rien payé pour leurs offices, ce qui fait dire à *Paſ-quier: De cette belle ancienneté ne nous reſte que le parjure dont nous ſaluons quelquefois la com-pagnie, avant que d'entrer en l'exercice de nos états.* C'eſt (dit-il dans une épigramme qu'il compoſa ſur cette contradiction) c'eſt l'expreſſion des re-» grets de la Magiſtrature, & du deſir qu'elle » conſerve de voir renaître l'ancienne gratuité » des offices:

Connivet tacitis oculis ampliſſimus ordo
Quòd ſibi reſtitui tempora priſca velit.

» Mais, ajoûte-t-il, voyez ce qu'on doit attendre » d'un juge, dont la première démarche eſt de » ſe parjurer.

Aſpice quid ſperes à judice, limine in ipſo
Quem non ulla Dei vox metuenda ſerit.

Tout cela eſt trop fort, il n'y a point de par-jure, où l'on ne veut tromper perſonne; mais l'uſage de ce ſerment étoit abſurde & l'on a bien fait de le ſupprimer. *Paſquier* vit cette ſuppreſſion qui fut l'ouvrage du procureur général la Gueſle. Sébaſtien Chauvelin eſt le premier qui ait été diſpenſé de ce ſerment à ſa réception dans une charge de conſeiller au parlement le 7 février 1597.

C'est à l'occasion de la vénalité des charges, qu'en 1522 François I, selon *Pasquier*, *mit fus le tréforier des parties casuelles, inconnu à tous ses prédécesseurs*.

Etienne *Pasquier* mourut en 1715, à quatre-vingt-sept ans; il laissa trois fils; on a du second (Nicolas) un volume de lettres pleines de particularités historiques; Théodore, l'aîné, fut, comme son père, avocat-général de la chambre des comptes; Nicolas étoit maître des requêtes; Gui, le troisième, fut auditeur des comptes.

PASENDA, (*Hist. mod.*) c'est le nom que l'on donne parmi les Indiens à une secte de bramines ou de prêtres qui fait profession d'incrédulité. Ce sectaires regardent le *vedam*, le *shafter* & le *pouran*, c'est-à-dire les livres qui contiennent la foi indienne, comme de pures rêveries; ils nient l'immortalité de l'ame & la vie future; ils se livrent, dit-on, à toutes sortes d'excès; commettent sans scrupule les incestes & les impuretés les plus abominables, & se mettent au-dessus de l'opinion des hommes: ce sont-là les couleurs sous lesquelles les ennemis des *pasendas* les représentent. De leur côté, ils traitent d'hypocrites les partisans des sectes les plus austères, & prétendent qu'ils ne cherchent qu'à se faire applaudir & considérer par leur conduite sévère; cependant ils sont obligés de cacher leurs sentimens, de peur d'exciter le zèle fougueux des bramines leurs adversaires, qui en plusieurs occasions ont fait faire main-basse sur les sectaires dont nous parlons. (*A. R.*)

PASQUIN, s. m. (*Hist. mod.*) est une statue mutilée qu'on voit à Rome dans une encoignure du palais des Ursins; elle tire son nom d'un savetier de cette ville, fameux par ses railleries & ses lardons, dont la boutique étoit le receptacle d'un grand nombre de fainéans qui se divertissoient à railler les passans.

Après la mort de Pasquin, en creusant devant sa boutique, on trouva une statue d'un ancien gladiateur bien taillée, mais mutilée de la moitié de ses membres: ou l'exposa à la même place où on l'avoit trouvée, au coin de la boutique de *Pasquin*, & d'un commun consentement on lui donna le nom du mort.

Depuis ce tems-là on attribue à la statue toutes les satyres & les brocards; on les lui met dans la bouche, ou on les affiche sur lui, comme si tout cela venoit de *Pasquin* ressuscité. *Pasquin* s'adresse ordinairement à Marforio, autre statue dans Rome, ou Marforio à *Pasquin*, à qui on fait faire la réplique.

Les réponses sont ordinairement courtes, piquantes & malignes: quand on attaque Marforio, *Pasquin* vient à son secours; & quand on l'attaque, Marforio le défend à son tour, c'est-à-dire que les satyriques font parler ces statues comme il leur plaît.

Cette licence qui dégénère quelquefois en libelles diffamatoires, n'épargne personne, pas même les papes, & cependant elle est tolérée. On dit qu'Adrien VI indigné de se voir souvent en butte aux satyres de *Pasquin*, résolut de faire enlever la statue pour la précipiter dans le Tibre ou la réduire en cendres, mais qu'un de ses courtisans lui remontra ingénieusement que si on noyoit *Pasquin*, il ne deviendroit pas muet pour cela, mais qu'il se seroit entendre plus hautement que les grenouilles du fond de leurs marais; & que si on le brûloit, les Poëtes, nation naturellement mordante, s'assembleroient tous les ans au lieu de son supplice, pour y célébrer ses obsèques, en déchirant la mémoire de celui qui l'auroit condamné. Le pape goûta cet avis, & la statue ne fut point détruite. Le même motif peut la conserver long-tems. (*A. R.*)

PASQUINADES, s. f. (*Hist. mod.*) C'est ainsi que l'on nomme à Rome les épigrammes, les bons mots & les satyres que l'on fait, soit contre les personnes en place, soit contre les particuliers qui donnent prise par quelque vice ou par quelques ridicules. Le nom de *pasquinade* vient de ce qu'on attache communément des papiers satyriques à côté d'une vieille statue brisée que les Romains ont appellée *Pasquin*, dans la bouche de qui les auteurs mettent les sarcasmes qu'ils veulent lancer à ceux qui leur déplaisent. Les souverains pontifes eux-mêmes on été très-souvent les objets des bons mots de *Pasquin*. Quelquefois on lui donne un interlocuteur, c'est une autre statue que le peuple appelle *Marforio*, & qui est placée vis-à-vis de celle de Pasquin. (*A. R.*)

PASSAGE, (*Hist. mod.*) dans l'ordre de Malte, est le droit de réception que payent les membres qui y entrent, & qui n'est pas le même pour tous. Le *passage* d'un chevalier est de 250 écus d'or pour le tréfor de l'ordre, & de douze écus blancs pour le droit de la langue; soit qu'il soit reçu chevalier d'âge ou page du grand-maître. Le *passage* d'un chevalier reçu de minorité, est de mille écus d'or pour le tréfor, & de cinquante écus d'or pour la langue. Celui des servans d'armes est de deux cents écus d'or pour la langue, & le *passage* des diaco est de cent écus d'or, avec douze écus blancs pour le droit de la langue. Autrefois on rendoit ces sommes aux présentés, quand leurs preuves n'étoient pas admises à Malte; mais l'usage aujourd'hui est qu'elles demeurent acquises au tréfor, dès qu'elles sont une fois consignées. (*A. R.*)

PASSEPORT, (*Hist. mod.*) c'est une permission ou des lettres d'un prince ou d'un gouverneur, qui accordent un sauf-conduit ou la liberté de passer, d'entrer & sortir de leur territoire librement & sans être inquiété.

Le *paſſeport* proprement dit, ne ſe donne qu'aux amis ; on donne des ſauf-conduits aux ennemis.

Paſquier prétend que *paſſeport* a été introduit au lieu de *paſſepartout*. Balzac rapporte un *paſſeport* bien honorable qu'un empereur accorda à un philoſophe ; il eſt conçu en ces termes : « S'il y a » quelqu'un ſur terre ou ſur mer, aſſez hardi pour » inquiéter Potamon, qu'il examine s'il eſt aſſez ». fort pour faire la guerre à Céſar ».

Paſſeport ſignifie auſſi la permiſſion accordée par le prince de faire amener ou transporter des marchandiſes, des meubles, &c. ſans payer les droits d'entrée ou de ſortie.

Les marchands ſe procurent quelquefois de pareils *paſſeports* pour certaines ſortes de marchandiſes ; & on les accorde toujours aux ambaſſadeurs & aux miniſtres pour leurs bagages, équipages, &c.

Paſſeport eſt auſſi ſouvent employé pour une permiſſion qu'on obtient de faire amener ou emporter des marchandiſes réputées comme contrebande, & déclarées telles ſur les tarifs, &c. comme l'or, l'argent, les pierres précieuſes, les munitions de guerre, les chevaux, les blés, le bois, &c. après avoir payé les droits. (*A. R.*)

PASSER (LE) *terme de relation*, c'eſt-à-dire, marché ou bazar. Le *paſſer* de Bender-Abazzi, ville de Perſe d'un grand négoce, eſt une grande place toute voûtée avec des boutiques autour, & une allée ou corridor au milieu pour la commodité du commerce. C'eſt là que l'on étale les marchandiſes les plus précieuſes, & que les Banians, les plus habiles négocians de l'Aſie, tiennent leur banque, & font leur négoce. (*A. R.*)

PASSERAT, (JEAN) (*Hiſt. litt. mod.*) poëte latin moderne, poëte François, ancien ſucceſſeur de Ramus dans la chaire d'éloquence au collège royal. C'eſt lui qui a fait la plus grande partie des vers de la *ſatyre menippée* ; parmi ſes autres poëſies françoiſes, on diſtingue & on eſtime ſa *métamorphoſe d'un homme en oiſeau*. On a de lui d'ailleurs une traduction de la bibliothèque d'Apollodore ; des commentaires ſur Catulle, Tibulle & Properce ; un traité *de cognatione litterarum*, &c. Paſſerat étoit né à Troyes en Champagne en 1534, & il eſt au nombre des hommes les plus illuſtres de cette ville ; il avoit perdu un œil d'un coup de balle dans un jeu de paume. Il eut dans M. de Mêmes, (Henri) chancelier du royaume de Navarre, & depuis chancelier de la reine Louiſe de Lorraine, veuve de Henri III, un ami utile dont il ne ceſſa de célébrer les bienfaits & l'amitié. Il mourut en 1602.

PASSERI, (JEAN-BAPTISTE) (*Hiſt. litt. mod.*) peintre, poëte & hiſtorien, a écrit *les vies des peintres, ſculpteurs & architectes* qui travaillèrent à Rome depuis 1641 juſqu'en 1673. Mort à Rome en 1679.

PASSIONEI, (DOMINIQUE) (*Hiſt. mod.*) né à Foſſombrone dans le duché d'Urbin en 1681, d'une famille diſtinguée, vint en France en 1706 apporter la barette au nonce Gualterio ſon parent. Il s'y fit remarquer par ſon goût pour les lettres ; il viſita ſur-tout les bibliothèques, & il commençoit dès-lors à s'en former une qui devint dans la ſuite très-riche & qui fut très-bien compoſée ; il fréquenta les ſavans en tout genre & devint leur ami. Don Mabillon & Don Montfaucon furent ceux avec leſquels il ſe lia le plus intimement. Il fut chargé par le ſaint ſiége de diverſes négociations délicates & ſecrètes en Hollande, en France, au congrès de Bâle en 1714, à Soleure en 1715. Il avoit été fait, en 1713, Camerier-ſecret & prélat domeſtique ; il fut fait en 1719, ſecrétaire de la Propagande. Il fut depuis archevêque d'Epheſe, nonce en Suiſſe, puis à Vienne. Ce fut dans cette dernière nonciature qu'il connut le prince Eugène, dont il fit dans la ſuite l'oraiſon funèbre, qui a été traduite en françois par madame du Boccage. En 1738, il fut fait ſecrétaire des brefs & cardinal. Ce fut le pape Benoît XIV qui le nomma en 1755 bibliothécaire du Vatican, & ce fut un choix digne de ſa ſageſſe & de ſa juſtice. Ce pontife ſavoit tirer-parti des vaſtes connoiſſances & des bonnes qualités du cardinal *Paſſionei*, & s'amuſer de ſes défauts ; car *Paſſionei* en avoit quelques-uns aſſez marqués ; il étoit emporté, impatient, homme d'humeur, homme de parti, d'une ardeur & d'un deſpotiſme dans la diſpute, qui obligeoient toujours le pape de lui céder ; il étoit janſéniſte très-déclaré, très-zélé, & c'étoit ſur-tout ce janſéniſme que le pape s'amuſoit, n'y étant pas lui-même trop contraire. On raconte qu'un jour il lui envoya un certain nombre de livres à examiner, & qu'il mêla parmi ces livres, comme par haſard, un Buzembaüm. Le pape avoit vue de ſon appartement ſur celui du cardinal, & il obſervoit ce qui alloit arriver ; il voit le cardinal ouvrir ſes croiſées avec colère & jetter le Buzembaüm par la fenêtre ; le pape alors paroît à la ſienne, & donne en riant ſa bénédiction au cardinal. Ce badinage aimable ceſſa ſous le pape Clément XIII, (Rezzonico) : celui-ci n'entendoit point raillerie ſur le janſéniſme ; il força le cardinal Paſſionei de ſigner, en qualité de ſecrétaire des brefs, le bref de condamnation qu'il avoit donné contre le livre de *l'expoſition de la doctrine chrétienne* par M. Meſengui : le cardinal avoit long-temps refuſé ſa ſignature, & on croit que la violence qu'il ſe fit pour la donner, ne contribua pas peu à accélérer l'attaque d'apoplexie dont il mourut le 5 juillet 1761. On dit qu'il avoit proſcrit de ſa bibliothèque tous les ouvrages des jéſuites ; il n'aimoit pas beaucoup plus les autres religieux, à l'exception des bénédictins. C'étoient les ſeuls qu'il eût accueillis en France. Franc & colère comme il l'étoit, il ne pouvoit cacher ni ses affections ni ses aversions & il les montroit quelquefois d'une manière indécente. Il n'aimoit pas le cardinal Valenti, secrétaire d'état, il ne l'appelloit que *le Bacha*. On dit qu'un jour, en lui donnant la paix à baiser, il lui dit assez haut *Salamalec*, au lieu de *pax tecum*. Il a écrit en savant sur quelques endroits de la bible & ce qu'il a écrit annonce de la connoissance des langues orientales ; il a revu avec Fontanini le *Liber diurnus Romanorum pontificum* ; mais son ouvrage le plus considérable est celui qui a pour titre *Acta legationis Helveticæ* ; c'est une relation de sa nonciature en suisse, il y rend compte des affaires qu'il avoit eues à traiter dans ce pays là. L'abbé Goujet a donné un abrégé de la vie de ce cardinal. Il avoit été reçu en qualité d'associé étranger à l'académie des inscriptions & belles-lettres en 1755.

M. Benoît Passionei, neveu du cardinal, a publié à Lucques en 1765 un volume in-folio italien, qui contient toutes les inscriptions grecques & latines que son oncle avoit pris plaisir à rassembler. Le cardinal avoit aussi dans sa collection beaucoup de bas-reliefs, d'urnes, &c. elle a été dissipée après sa mort. On devroit toujours rassembler & ne disperser jamais.

PASTRUMA, (*terme de relation*) les voyageurs au Levant nous disent que le *pastruma* est de la chair de bœuf cuite, desséchée & mise en poudre, que les soldats turcs portent à l'armée, pour la dissoudre avec de l'eau, & en faire une espèce de potage. (*D. J.*)

P A T

PATALAM ou PADALAS, (*Hist. mod.*) c'est ainsi que les Banians ou Idolâtres de l'Indoustan nomment des abîmes souterreins ou des lieux de tourmens qui, suivant leur religion, sont destinés à recevoir les criminels sur qui Dieu exercera sa vengeance. Ils les nomment aussi *padala-logum* ou *enfer* ; c'est *Emen* ou le dieu de la mort qui y préside ; sa cour est composée de démons appellés *Rashejas* ; c'est-là que les ames des damnés seront tourmentées. Suivant la mythologie de ces peuples, il y a sept royaumes dans le *patalam* ; les hommes qui seront condamnés à ce séjour affreux, ne recevront d'autre lumière que celle que leur fourniront des serpens qui porteront des pierres étincelantes sur leurs têtes. Cependant les Indiens ne croyent point que les tourmens des damnés seront éternels ; le *patalam* n'est fait, selon eux, que pour servir de purgatoire aux ames criminelles, qui rentreront ensuite dans le sein de la divinité, d'où elles sont émanées. (*A. R.*)

PATAMAR, (*Hist. mod.*) c'est le nom qu'on donne dans l'Indoustan ou dans les états du grand-Mogol, à des messagers qui vont d'une ville à l'autre. (*A. R.*)

PATANES ou PATANS, (*Hist. mod.*) c'est ainsi que l'on nomme les restes de l'ancienne nation sur qui les Mogols ou Tartares monguls ont fait la conquête de l'Indoustan. Quelques auteurs croyent que leur nom leur vient de *Patna*, province du royaume de Bengale au-delà du Gange ; mais d'autres imaginent avec plus de vraisemblance que ce sont des restes des Arabes, Turcs & Persans mahométans, qui vers l'an 1000 de l'ère chrétienne, firent la conquête de quelques provinces de l'Empire sous la conduite de Mahmoud le Gaznévide. Les *Patanes* habitent les provinces septentrionales de l'empire Mogol ; ils sont courageux & remuans, & ont eu part à la révolution causée dans l'Indoustan par le fameux Thamas-Kouli-Kan, usurpateur du trône de Perse. (*A. R.*)

PATERCULUS, (*Voyez* VELLEIUS.)

PATIN, (*Hist. de Laponie*) les Lapons suédois se servent pour courir sur la neige de *patins* de bois de sapin fort épais, longs d'environ deux aunes, & larges d'un demi-pié. Ces *patins* sont relevés en pointe sur le devant, & percés dans le milieu pour y passer un cuir qui tient le pié ferme & immobile. Ils courent sur la neige avec tant de vitesse, qu'ils attrapent les animaux les plus légers à la course. Ils portent un bâton ferré, pointu d'un bout, & arrondi de l'autre. Ce bâton leur sert à se mettre en mouvement, à se diriger, se soutenir, s'arrêter ; & aussi à percer les animaux qu'ils poursuivent. Ils descendent avec ces *patins* les fonds précipités, & montent les montagnes escarpées. Les *patins* dont se servent les Samoïedes sont bien plus courts, & n'ont que deux piés de longueur. Chez les uns & les autres les femmes s'en servent comme les hommes. Ce que nous nommons *patins* des Lapons, s'appelle *raquette* au Canada. (*D. J.*)

PATIN (GUI & CHARLES) (*Hist. litt. mod.*) père & fils. Gui *Patin* est beaucoup moins connu par son *médecin* & son *apothicaire charitables*, & par ses notes sur le traité de la peste de Nicolas Allain que par ses lettres ; elles ont réussi, comme malignes & satyriques, mais il y a peu d'instruction à en tirer, tout y est trop inexact & trop hazardé. *Patin* étoit un homme d'humeur & un homme à préventions, grand ennemi des usages de son temps & des découvertes nouvelles. Il combattit l'antimoine de tout son pouvoir, il tenoit registre des ravages qu'il attribuoit à ce remède & il nommoit ce registre *le martyrologe de l'antimoine*. Il fut inconsolable d'avoir vu admettre le vin émétique au rang des remèdes purgatifs par une délibération de la faculté du 29 mars 1666. Par une suite du même esprit, il affectoit de rester à une énorme distance de son siècle pour son habillement. On trouvoit qu'il ressembloit par la figure à Cicéron & par l'esprit à Rabelais ; il ressembloit plus à celui-ci par la causticité que par la gaîté. Il mourut en 1672 ; il étoit né en 1601 entre Rouen & Beauvais. Il avoit de la littérature.

Il eut deux fils ; Robert, médecin habile, mort avant lui en 1671 ; & Charles qui lui survécut. Celui-ci né à Paris en 1633, mourut à Padoue en 1693, après avoir parcouru presque toute l'Europe. Il occupoit dans cette ville une chaire de chirurgie. Il avoit beaucoup écrit dans plus d'un genre & dans plus d'une langue. Outre ses divers traités de médecine, *de febribus ; de scorbuto, de optimâ medicorum sectâ*, il a écrit en latin, en italien, en françois sur les médailles & les monumens antiques ; il a donné des relations de ses voyages.

Charles eut deux filles, Charlotte & Gabrielle, savantes comme leur père & leur ayeul, & qui étoient ainsi que leur mère, de l'académie des *Ricovrati* de Padoue. On a de toutes les deux des harangues & des dissertations latines sur des sujets savans. On a de la mère un recueil de réflexions morales & chrétiennes, imprimé en 1680.

PATISSON. (*Hist. litt. mod.*) nom célèbre dans l'imprimerie, dans un temps où les imprimeurs étoient tous des gens de lettres & des savans.

Mamert *Patisson*, mort l'an 1600, étoit savant dans les langues grecque & latine.

Philippe son fils, suivit la profession du père & s'étoit prendre l'engagement de ne pas lui céder en connoissances, La Croix du Maine en parle dans sa bibliotheque françoise.

PATKUL (Jean Reginald de) (*Hist. du nord.*) gentilhomme Livonien, fameux sur-tout par son supplice qui paroît être une tâche à la gloire de Charles XII, roi de Suède ; les droits de diverses puissances du nord sur la Livonie & les droits de la Livonie à la liberté, ou du moins son droit de se choisir des maitres, étoient alors des objets de contestation sur lesquels chacun se partageoit à son gré ou au gré des circonstances. Charles XI & Charles XII, grands partisans de l'autorité militaire & absolue, avoient anéanti les privilèges de la Livonie. *Patkul*, livonien zélé, avoit espéré de les faire rétablir, en essayant à la mort de Charles XI, de livrer la Livonie au Czar Pierre I, ou au roi de Pologne Auguste, électeur de Saxe. L'inflexible Charles XII ne lui pardonna jamais cette démarche, qu'il affectoit de regarder comme la trahison d'un sujet. *Patkul*, attaché au service du roi de Pologne, & revêtu auprès de lui du caractère de résident de Moscovie en Saxe, crut pouvoir braver la haine de Charles XII ; mais cet indomptable lion savoit atteindre par-tout ses ennemis ; il contraignit à force de succès le roi Auguste à lui livrer *Patkul* qu'il fit rouer & écarteler en 1707. M. de Voltaire décrit ce supplice avec tant d'énergie, il inspire tant de pitié

pour *Patkul*, il rend sa mort si intéressante par des rapprochemens & des contrastes, par la comparaison des douceurs que lui promettoient l'amour, le mariage & la fortune, dans le temps où il subit son supplice, que le lecteur en ce moment hait de tout son cœur Charles XII, & que le héros disparoît entièrement pour ne laisser voir que le tyran. Auguste détrôné par Charles XII, étant remonté sur son trône, rassembla en 1713 les os du malheureux *Patkul* qui étoient restés exposés sur des poteaux comme ceux d'un malfaiteur. » On les lui apporta, dit M. de Voltaire, à Var- » sovie dans une cassette, en présence de Buzeval, » envoyé de France. Le roi de Pologne montrant » la cassette à ce ministre : *voilà*, lui dit-il simple- » ment, les membres de *Patkul*, sans rien ajouter » pour blâmer ou pour plaindre sa mémoire, & » sans que personne de ceux qui étoient présens, » osât parler sur un sujet si délicat & si triste.

PATRICE. (*Hist. litt. mod.*) plusieurs personnages de ce nom appartiennent à l'histoire.

1°. Saint *Patrice*, évêque & apôtre d'Irlande, fondateur de l'église d'Armagh, métropolitaine de ce royaume, mort vers l'an 460. On montre en Irlande la caverne qu'on nomme le purgatoire ou le trou de saint *Patrice*. On conte que saint *Patrice* obtint que Dieu y donnât aux Irlandois une idée des tourmens de l'enfer ; ce qui peut nous donner une idée des moyens qu'il employoit pour leur conversion. On attribue à saint *Patrice* des ouvrages qui ont paru à Londres en 1656.

2°. Pierre *Patrice*, ambassadeur de l'empereur Justinien en 534 auprès d'Amalasonte, Reine des Goths, & en 550 auprès de Chosroès, roi de Perse ; puis maitre du palais de Justinien qui prix de ses services, a laissé une *histoire des Ambassadeurs* dont nous avons des fragmens dans l'histoire Byzantine avec de savantes notes de Chanteclair, qui a traduit de grec en latin l'ouvrage de *Patrice* & avec d'autres notes de Henri de Valois. *Patrice* étoit né à Thessalonique.

3°. André *Patrice*, premier évêque de Wenden dans la Livonie, mort en 1583, a laissé des harangues latines & des commentaires sur deux oraisons de Cicéron.

4°. François *Patrice*, *Patrizi*, *Patrizio*, en latin *Patricius*, évêque de Gaëte dans la terre de Labour, mort en 1494, a laissé des dialogues en Italien sur la manière d'écrire & d'étudier l'histoire, des traités latins *de regno & regis institutione ; de institutione reipublicae* ; ils ont été traduits en françois ; *poemata de antiquitate sinarum*.

5°. Un autre François *Patrice*, *Patrizi* ou *Patrizio*, né à Cherso en Istrie, mort à Rome en 1597, a donné une édition des livres attribués à Mercure trismégiste, une poétique italienne ; un ouvrage intitulé, *Paralleli Militari*, c'est un parallèle de l'art militaire ancien & du moderne. Joseph Scaliger

& d'autres favans parlent de cet ouvrage avec éloge.

PATRIX, (PIERRE) (*Hift. litt. mod.*) Sa pièce qui commence par ces vers:

Je fongeois cette nuit que, de mal confumé,
Côte à côte d'un pauvre on m'avoit inhumé, &c.

& qui a été traduite en vers latins, eft une des premières que tout le monde fait dès l'enfance; & en effet elle contient une leçon affez forte & affez naïve fur la frivolité des diftinctions & fur la fottife de l'orgueil. Les autres ouvrages du même Auteur font bien moins connus. Les poéfies licentieufes qu'il avoit faites dans fa jeuneffe, annonçoient peut-être du talent; mais devenu dévot, il les fupprima, & il ne refte guères de lui que quelques livres de dévotion qui ne pouvoient pas être les meilleures productions d'un efprit principalement recommandable par une fingularité piquante & plaifante. Cet efprit ne l'abandonna pas même au bord du tombeau. Il eut à quatre-vingts ans une grande maladie, il paroiffoit en revenir, il fe portoit mieux, fes amis l'exhortoient à faire des efforts & à fe lever; *je trouve, Meffieurs,* leur dit-il, *que ce n'eft pas trop la peine de me r'habiller.* C'étoit la peine cependant, car il avoit encore quelques années à vivre; il ne mourut qu'à quatre-vingt-huit ans en 1672. Il fut attaché au duc d'Orléans (*Gafton*) & après fa mort, à fa veuve, Marguerite de Lorraine. Il étoit de Caën & la Cour fe moquoit de fon accent Normand, mais elle étoit amufée & inftruite par fa converfation.

PATRONA KALIL, (*Hift. des Turcs.*) Albanois de Nation, Janiffaire de la garde du Grand-Seigneur. Dans une guerre entre les Perfes & les Turcs, les premiers ufant d'une de ces monftrueufes violences que le pur efprit de guerre fait regarder comme un des droits de la guerre, firent couper le nez à trois cents Janiffaires que le fort des armes avoit fait tomber entre leurs mains, & ils les renvoyèrent en cet état par mer en Turquie. Ibrahim Bacha voulant épargner à la ville de Conftantinople l'horreur de ce fpectacle, imagina un expédient qui dut paroître une chofe toute fimple dans un état defpotique; ce fut de combler ou plûtôt de finir la mifère de ces infortunés, en les faifant tous noyer; cet expédient ne plut pas à *Patrona-Kalil*; ce n'étoit pas un homme vertueux, car on comptoit parmi fes exploits quelques affaffinats; mais il avoit de l'énergie & de la fenfibilité: il souleva les Janiffaires, déjà indignés de la cruauté que le gouvernement avoit exercée contre leurs compagnons à l'envi des ennemis: il excita la fameufe révolte de 1730, où il fit entrer toute la ville de Conftantinople. Il envoya un détachement demander au Grand-Seigneur qu'il leur livrât le Grand-Vifir, le Gouverneur de Conftantinople & l'Aga des Janiffaires. Le Grand-Seigneur ayant confulté le Divan, adopta encore un expédient familier au defpotifme, celui de faire étrangler ces trois perfonnages & d'envoyer leurs corps aux rebelles, fans confidérer que les rebelles auroient peut-être traités avec plus d'indulgence; *Patrona-Kalil* ne fut pas content, il vouloit qu'on lui accordât ce qu'il demandoit, & non pas qu'on allât trop au delà par humeur, ni qu'on prétendit calmer par un acte de defpotifme une fédition excitée par un acte de defpotifme; il jugea le Sultan auffi coupable que fes miniftres: en conféquence le Sultan fut dépofé; on mit fur le trône Mahmoud, fon neveu, dont le père avoit auffi été dépofé vingt-cinq ans auparavant. Mahmoud qui devoit le trône à *Patrona-Kalil*, en parut quelque temps reconnoiffant, mais bientôt il trouva cet homme trop puiffant, & peut-être *Patrona-Kalil* voulut-il l'être trop; il le flatta, lui prodigua les graces, les honneurs, les marques de confiance, & l'ayant appellé un jour dans la falle d'audience comme pour lui confier quelque projet, il le fit maffacrer par des gens armés qu'il y avoit fait tenir tout prêts, comme notre Henri III avoit fait affaffiner le duc de Guife par les quarante-cinq.

PATRU, (OLIVIER) (*Hift. litt. mod.*) Avocat célèbre, homme de lettres plus célèbre encore, du moins de fon temps. Boileau, dans fa fatire première fe plaint de ce pays barbare,

Où *Patru* gagne moins qu'Huot & le Mazier.

Dans fa fatire neuvième, il dit par contre-vérité pour fe moquer de Pelletier;

Pelletier écrit mieux qu'Ablancourt ni *Patru*.

On ne citeroit plus aujourd'hui aucun de ces deux écrivains pour modèle.

Epître 5.

J'eftime autant *Patru*, même dans l'indigence,
Qu'un commis engraiffé des malheurs de la France.

Ces deux beaux vers, pour l'obferver en paffant, peuvent avoir beaucoup contribué à faire faire ces quatre autres beaux vers de *Nanine*;

J'eftime plus un vertueux foldat,
Qui de fon fang fert le prince & l'état,
Qu'un important que fa lâche induftrie
Engraiffe en paix du fang de la patrie.

Patru paffoit pour le meilleur grammairien & pour le critique le plus févère à la fois & le plus judicieux de fon fiècle. C'eft de lui, à ce qu'on prétend, que Boileau fait un portrait encore plus beau, dans fon *art Poétique*, que celui qu'Horace dans le fien avoit fait de Quintilius

Quintilio fi quid recitares , corrige , fodes ;
Hoc aïebat & hoc ; melius te poffe negares ,
Bis terque expertum fruftrà , delere jubebat ,
Et malè formatos incudi reddere verfus ;
Si defendere delictum quàm vertere malles ,
Nullum ultrà verbum aut operam infumebat inanem ,
Quin fine rivali teque & tua folus amares.

Faites choix d'un cenfeur folide & falutaire ,
Que la raifon conduife & le favoir éclaire ,
Et dont le crayon sûr d'abord aille chercher
L'endroit que l'on fent foible & qu'on fe veut cacher.
Lui feul éclaircira vos doutes ridicules ;
De votre efprit tremblant lèvera les fcrupules.
C'eft lui qui vous dira , par quel transport heureux ,
Quelquefois dans fa courfe un efprit vigoureux ,
Trop refferré par l'art, fort des règles prefcrites ,
Et de l'art même apprend à franchir leurs limites.

Certainement ces deux vers

     Et dont le crayon sûr d'abord aille chercher
     L'endroit que l'on fent foible & qu'on fe veut cacher.

font d'une touche bien plus vigoureufe, & indiquent bien mieux le foible le plus ordinaire des Auteurs, que ces mots un peu vagues :

        Corrige , fodes ,
    Hoc aïebat & hoc.

Et les quatre derniers vers de Boileau donnent des lumières & du goût de *Patru*, une idée bien plus élevée qu'Horace n'en donne du goût de Quintilius.
Boileau oppofe au goût sûr du profateur P le mauvais goût dont il accufe Corneille :

    Tel excelle à rimer qui juge fottement :
    Tel s'eft fait par fes vers diftinguer dans la ville ,
    Qui jamais de Lucain n'a diftingué Virgile.

Corneille faifoit plus , il diftinguoit Lucain de Virgile , & c'étoit pour donner la préférence à Lucain ; il la lui donnoit au moins quant à l'imitation, car il n'a rien pris à Virgile , & il a beaucoup imité Lucain, mais il n'en a guères imité que des beautés.

Quant à ce que dit La Bruyère, que Corneille ne jugeoit de la bonté de fes pièces que par l'argent qui lui en revenoit , nous pourrions le croire, fi Corneille n'avoit pas fait imprimer les jugemens qu'il portoit fur chacune de fes pièces, jugemens qui ne font pas fans préjugés & fans erreurs, mais qui portent fur des fondemens plus folides que le produit de la repréfentation.

Au refte, quoi qu'il en foit du goût de Corneille, Boileau, en confultant *Patru* fur tous fes ouvrages, rendoit au goût de celui-ci le plus flatteur de tous les hommages, & montroit bien qu'il cherchoit plutôt des critiques falutaires que

des éloges funeftes. La févérité de *Patru* étoit connue. Boileau lui-même difoit à Racine , quand celui-ci faifoit des objections qui lui paroiffoient trop rigoureufes : *ne fis Patru mihi* , n'ayez point pour moi la févérité de *Patru* , au lieu du proverbe : *ne fis patruus mihi* , n'ayez pas pour moi la févérité d'un oncle , ce qui fembleroit cependant indiquer que ce grand fatyrique , cet arbitre du goût , ce juge fuprême des talens , avoit auffi des endroits foibles , qu'il vouloit cacher aux autres & fe cacher à lui-même.

Patru étoit dans le préjugé qu'un vers aléxandrin dans la profe eft une faute. On fait aujourd'hui qu'un vers n'eft rien , parce que la verfification ne confifte pas chez nous dans la feule mefure , mais dans le concours de la mefure & de la rime. On fait de plus que dans la profe harmonieufe des bons écrivains , il fe gliffe toujours un peu plus ou un peu moins de ces lignes qui ont la mefure du vers héxamètre , & cela en proportion du fentiment de l'harmonie & de la bonté du ftyle ; & on fait de plus que ces lignes ainfi mefurées font tellement inévitables qu'elles fe rencontrent même , quoique plus rarement , dans les ouvrages les moins bien écrits & les plus dépourvus d'harmonie.

Patru , en conféquence du préjugé de fon temps, vouloir que Defpréaux rompît la mefure dans ces paroles du *Traité du fublime*, parce qu'elles forment un vers : *elle gèle , elle brûle , elle eft folle , elle eft fage*. Et il défioit de trouver un feul vers dans fes plaidoyers imprimés : en voici un , dit Boileau, dans le feul titre d'un de ces difcours: *Onzième plaidoyer pour un jeune allemand*.

Patru nâquit à Paris en 1604. Il étoit fils d'un procureur au parlement. Sans négliger la profeffion d'avocat, où il fe rendit célèbre, il ne la fuivit pas avec affez d'ardeur pour la rendre utile à fa fortune, le goût des lettres l'emporta dans une autre carrière , & partagé entre ces deux états, fes fuccès dans l'un & dans l'autre fe fentirent de ce partage. *Patru* correct & froid, dit M. de la Cretelle, retrancha les défauts qui défiguroient l'éloquence judiciaire, mais il n'en connut ni le caractère, ni les reffources, ni les effets. Il tomba dans la pauvreté & fut obligé de vendre fa bibliothèque. Boileau, dans cette occafion, eut à fon égard un procédé fort noble; il acheta cette bibliothèque au prix que *Patru* la voulut vendre, & il mit enfuite à ce marché une condition, ce fut que *Patru* en conferveroit la poffeffion, & que l'acquéreur n'en auroit que la furvivance. On ajoute qu'il gâta cette belle action par une épigramme qu'il fit contre *Patru*, de la reconnoiffance duquel il n'étoit pas content. (*voyez* l'article BOILEAU.)

Patru avoit été reçu à l'académie françoife en 1640, cinq ans après l'inftitution de ce corps. L'ufage des difcours de réception n'étoit point établi alors. On faifoit , en venant prendre féance un remerciement verbal qui n'étoit pas censé préparé. Celui de *Patru* qui peut-être parut l'être, eut tant de succès, qu'il donna lieu d'établir l'usage des remerciemens publics. A la mort de Conrart, un Grand-Seigneur riche & ignorant, demanda la place qu'il laissoit vacante ; *Patru* détourna ses confrères de ce mauvais choix : « Un » ancien grec, leur dit-il du ton d'Esope, avoit » une lyre admirable dont une corde se rompit. » Au lieu d'en remettre une de boyau, il en » voulut une d'argent, & la lyre n'eut plus » d'harmonie.

On prétend que Bossuet alla voir *Patru* dans sa dernière maladie, & lui dit : *On vous a regardé jusqu'ici, Monsieur, comme un esprit fort; songez à détromper le public par des discours sincères & religieux. N'est-il pas plus à propos que je me taise,* répondit Patru; *on ne parle dans ses derniers momens que par foiblesse ou par vanité.* Il mourut en 1681. On a observé avec raison que quelques vers de Boileau font plus aujourd'hui pour la renommée de *Patru* que ses propres ouvrages.

PATU, (CLAUDE - PIERRE.) (*Hist. litt. mod.*) Jeune avocat, homme de lettres, qui vraisemblablement eût joué un rôle dans la littérature, s'il eût vécu. A vingt-cinq ans, en 1754, il donna la comédie des *Adieux du goût* qui réussit, & dont, par une singularité assez remarquable, tout est de lui, excepté les vers alexandrins qui sont de M. Portelance. On dit que M. *Patu* avoit peine à s'astreindre au travail particulier qu'exigent les grands vers; d'autres, au contraire, en faisant des vers libres, retombent plus qu'ils ne veulent dans le vers alexandrin, comme si leur oreille ne pouvoit se contenter que de cette mesure. M. *Patu* alla en Angleterre, & donna en 1756, une traduction de quelques comédies angloises. Il alla en Italie & fut de l'académie des Arcades. En revenant en France, il mourut pulmonique à Saint-Jean de Maurienne le 20 août 1757, à vingt-huit ans. Il savoit plusieurs langues & donnoit en tout d'assez grandes espérances.

PAV

PAVIE. (RAIMOND DE) baron de FOURQUEVAUX, (*Hist. de Fr.*) étoit d'une branche de l'ancienne famille des Beccari de *Pavie*, laquelle s'étoit retirée en France pour se dérober aux troubles de l'Italie pendant les longues & sanglantes guerres des Guelphes & des Gibelins. Le baron de Fourquevaux dont il s'agit ici, fit ses premières armes au malheureux siége de Naple, en 1528, où mourut Lautrec; il fut blessé & fait prisonnier à la bataille de Marciano en Toscane, où Strozzi fut défait par le marquis de Mariguan en 1554; il y commandoit un corps considérable d'infanterie, tant Grisonne qu'Italienne ; il resta treize mois, non seulement prisonnier, mais gardé dans un

fort. On ignora long-temps son existence, on le croyoit mort, & sa première femme en mourut de douleur.

A son retour en France, il fut fait gouverneur de Narbonne, où il imagina, dit-on, un moyen singulier de chasser de la ville, sans violence apparente, quelques habitans mal intentionnés ; il fit publier que deux chevaliers Espagnols devoient se battre en champ clos hors de la ville ; il fit tout préparer pour le combat & toute la ville ne manqua pas d'accourir à ce spectacle; il fit alors fermer les portes, & ne laissa rentrer que les sujets fidèles au roi. Il contribua en 1562 à la délivrance de Toulouse dont les Huguenots étoient près de se rendre maîtres. On a de lui quelques ouvrages sur la guerre. Il mourut à Narbonne en 1574. Il étoit chevalier de l'Ordre du Roi. Nous ignorons si Emeric ou Aimery de *Pavie* étoit de cette famille : cet Aimery de *Pavie* étoit un capitaine Lombard, qui avoit été gouverneur d'Edouard III, Roi d'Angleterre. Ce prince ayant pris Calais, en avoit donné le gouvernement à Aimery & étoit retourné en Angleterre. Le seigneur de Charny, qui commandoit les troupes Françoises près de Saint-Omer, entreprit de corrompre Aimery & de rendre Calais à la France ; le marché fut conclu moyennant vingt mille écus. Edouard averti de cette intrigue, non par Aimery, mais par le secrétaire de ce gouverneur, laisse Aimery dans sa place, & lui ordonne de suivre cette négociation. Le 31 décembre 1348, à minuit, Charny se présente, selon les conventions, à une des portes de la ville avec une troupe choisie ; Aimery répond que tout est prêt, & demande si l'argent l'est aussi; on compte l'argent, & Charny entre dans la place : aussi-tôt il est enveloppé & chargé par des forces supérieures, il combat avec le courage du désespoir. Un chevalier de sa suite, nommé Eustache de Ribaumont, qui se distinguoit dans ce combat par une valeur extraordinaire, se battit long-temps corps à corps avec un anglois qu'il fit chanceler deux fois, mais qui enfin le renversa lui-même & le fit prisonnier, aussi bien que Charny, & quelques autres officiers françois; on les conduit dans la salle du château, où ils sont traités avec la plus grande distinction. Un chevalier s'approche de Ribaumont: » Reconnoissez, lui dit-il, un soldat qui a » pensé deux foi succomber sous vos coups, & » qui ne doit qu'à bonheur la gloire d'avoir » triomphé d'un guerrier tel que vous. Vous êtes » libre, il ne vous demande que votre estime » & votre amitié; il vous prie d'agréer un de » ces légers présens que des chevaliers reçoivent » sans déshonneur les uns des autres. En même temps il détacha de sa tête un chapelet de perles & l'attacha sur celle de Ribaumont. C'étoit Edouard lui-même, qui avoit passé la mer avec le prince de Galles & Mauny, pour se trouver à ce combat, & pour veiller sur la conduite du gouverneur de Calais dans une occasion si critique; personne hors de la ville n'avoit sû son arrivée. Il se contenta de faire à Charny une légère réprimande, ou plûtôt une plaisanterie. » Messire Geoffroy, lui dit-il, vous voulez avoir » les places à trop bon marché. Vingt mille » écus pour Calais. C'est trop peu; en cons- » cience il m'a coûté plus cher ». Édouard eut d'ailleurs pour Charny toute sorte d'égards.

François, fils de Raymond, surintendant de la maison de Henri IV alors roi de Navarre, & chevalier d'honneur de la reine Marguérite, a écrit les vies de plusieurs grands capitaines françois, parmi lesquels il a donné place à Raimond son père. Il avoit eu un frère aîné, Claude, tué à la guerre dans une extrême jeunesse. C'est pour Jean Baptiste, fils de François, que la baronie de Fourquevaux fut érigée en marquisat en 1686. Les lettres d'érection spécifient tous les services de ses ancêtres à commencer par Lancelot de Pavie, trisayeul de Raimond.

Paul Gabriel, marquis de Fourquevaux mourut à Strasbourg des blessures qu'il avoit reçues à la bataille d'Hochstet.

PAVILLON (NICOLAS ET ETIENNE) (Hist. ecclés. & hist. litt.)

1°. Le premier, fils d'un autre Etienne Pavillon, correcteur des comptes, & petit-fils d'un autre Nicolas Pavillon, avocat au parlement de Paris, est ce célèbre évêque d'Alet, si recommandable par ses vertus, sur-tout par une fermeté que toute la puissance de Louis XIV ne put ébranler ni dans l'affaire du Formulaire ni dans celle de la Régale. (Voyez à l'article BOSSUET, le mot courageux que ce prélat dit à Louis XIV, au sujet de l'évêque d'Alet & de l'évêque de Pamiers Caulet; voyez aussi l'article CAULET). Pavillon avoit été formé au ministère ecclésiastique par Vincent de Paule, cet homme dont tous les talens avoient pour principe & pour objet la charité, & un tel disciple honoroit un tel maître. Il mourut dans la disgrace en 1677, à quatre-vingts ans passés. Malheureuses querelles dont l'effet est la disgrace de la vertu! il étoit né en 1597. Son épitaphe l'appelle un homme humble au milieu des vertus & des éloges. Le Rituel à l'usage du diocése d'Alet, qui a paru pendant son épiscopat, a été attribué au docteur Arnauld, c'est dire assez que c'est un ouvrage estimé: Il a cependant été condamné par le pape le moins contraire aux Jansénistes (Clément IX,) en 1668, ce qui n'empêcha pas l'évêque d'Alet de le faire observer constamment dans son diocèse. On a de lui aussi des ordonnances & des statuts synodaux. Il a paru en 1733, des mémoires pour servir à la vie de Nicolas Pavillon, évêque d'Alet.

2°. Le second, Etienne, étoit neveu de l'évêque

d'Alet; c'est lui que M. de Voltaire appelle dans le Temple du Goût:

Le doux, mais foible Pavillon.

Il avoit été avocat-général au parlement de Metz.

Il étoit de l'académie des belles-lettres, quoiqu'il ne soit connu que par des poésies légères & par des ouvrages de prose qui sont aussi chose légère, mais cette académie n'a jamais dédaigné aucun genre de littérature, ce seroit une injustice trop indigne d'elle. L'académie françoise lui trouva aussi assez de talens & de goût pour l'admettre dans son sein; il avoit en effet de la facilité, de la grace, de la délicatesse, du naturel; mais l'une & l'autre académie auroit pû le trouver trop peu laborieux. Il paroît qu'il étoit de ces gens à qui les succès de la conversation suffisent, & font négliger ces succès plus durables que procurent les ouvrages; en effet ces succès de la conversation coûtent moins à ceux qui peuvent les obtenir, & on en jouit plus sensiblement. Il mourut à Paris le 10 janvier 1705; il étoit né en 1632, il avoit été reçu à l'académie françoise en 1691, à la place de Benserade; ses poésies ont été recueillies en 1715 & 1720. On y distingue entre autres pièces, une espèce d'éloge ou d'apologie de l'inconstance, qui finit par ces vers:

L'honneur de passer pour constant
Ne vaut pas la peine de l'être.

Et où l'on trouve d'autres vers agréables & ingénieux, tels que ceux-ci:

Ulysse, qui pour sa sagesse,
Fut si célèbre dans la Grèce,
Quoiqu'amoureux & bien traité,
Refusa, malgré sa tendresse,
D'accepter l'immortalité,
A la charge d'aimer toujours une déesse.

Il console un homme qui avoit éprouvé une inconstance, en lui disant en substance: votre maîtresse n'a rien fait que de fort naturel & de fort légitime:

Vous avez cessé de lui plaire,
Elle a cessé de vous aimer.......
Son inconstance, en vous quittant,
Ne fait que prévenir la vôtre.

PAVIN. (Voyez SAINT PAVIN.)

PAU

PAUL. Il y a d'abord deux saints de ce nom, connus de tout le monde.

1°. L'apôtre des Gentils, dont toute l'histoire se trouve dans les actes des apôtres & dans ses épîtres.

2°. Saint *Paul*, premier hermite, mort en 341, à cent quatorze ans, dans les déserts de la Thebaïde, où la perſécution de l'empereur Déce & l'indignité d'un beau-frère de *Paul* qui avoit voulu le dénoncer pour avoir ſa confiſcation, l'avoient forcé de ſe retirer. Une caverne, habitée avant lui par des faux-monnoyeurs, fut ſa demeure, des dattes ſa nourriture, des feuilles de palmier ſes vêtemens, mais il vivoit à l'abri des perſécuteurs, il vivoit loin des hommes, qu'il vaut mieux ſervir ſans doute, mais qu'il eſt plus ſûr d'éviter. Dénué de tout, mais délivré de tout, il trouva dans une vie libre & tranquille, dans le ſilence des paſſions, dans la ſuppreſſion des beſoins, dans la méditation, dans la prière, une douceur qu'il n'avoit oſé ſe promettre. Saint Antoine qui d'un autre côté de la même contrée avoit embraſſé le même genre de vie & qui croyoit être le premier, en parcourant ces déſerts où il ſe croyoit ſeul égaré, parvint à la caverne de *Paul*, lia connoiſſance & amitié avec lui & lui promit de revenir le voir. Quand il revint, il trouva ſaint *Paul* immobile, dans l'attitude d'un homme abſorbé dans la méditation ou livré tout entier à l'oraiſon, il le touche, il l'embraſſe, ſaint *Paul* n'étoit plus. M. Rollin cite deux vers d'un de ſes écoliers, qui traitant ce ſujet & peignant le moment où ſaint Antoine embraſſe ſaint *Paul*, s'écrie :

Quid facis, Antoni ? jam friget Paulus, & altas,
Immixtus ſuperis, nec jam tuus, attigit arces.

heureuſe imitation de ces deux vers de Virgile :

Jamque vale, ferar ingenti circumdata noſte,
Invalidaſque tibi tendens, heu ! non tua, palmas.

On juge bien que les légendaires n'ont pu s'empêcher de joindre bien du merveilleux à l'hiſtoire deja ſuffiſamment merveilleuſe de ſaint *Paul*; ils font venir un corbeau pour lui apporter ſon pain tous les jours, ce qui n'eſt pas fort difficile à inventer après l'hiſtoire d'Elie. Ils font venir des lions pour creuſer avec leurs ongles la foſſe où ſaint Antoine l'enterra : heureuſement des critiques très-orthodoxes nous autoriſent à ne point croire ces merveilles.

Il y a eu cinq papes du nom de *Paul*.

PAUL I, frère & ſucceſſeur d'Etienne II ou III connoiſſant le goût de Pepin le Bref, roi de France, pour tout ce qui concernoit le culte & la Liturgie, goût qu'on appelloit alors *amour des lettres*, lui envoya des chantres de l'égliſe romaine pour inſtruire ceux du palais. Il lui envoya auſſi quelques livres recherchés alors, & une horloge d'invention nouvelle, que les hiſtoriens appellent *horloge-nocturne*. Juſques-là on ne connoiſſoit point de manière de meſurer le temps, qui ne dépendît du ſoleil; on n'avoit point d'au-tres horloges que les cadrans ſolaires. Tout ce qu'on ſait de cette nouvelle horloge, c'eſt qu'elle marquoit les heures la nuit comme le jour. La deſcription qu'on nous en a laiſſée ne nous apprend point d'ailleurs ſi c'étoit une horloge de ſable, ou d'eau, ou à roues. *Paul I*, élu en 757, mourut en 767.

PAUL II (Pierre Barbo) noble vénitien, étoit neveu d'Eugène IV, & ſuccéda en 1464, à Pie II. Il étoit beau, le ſavoit bien, & voulut à ſon exaltation prendre le nom de Formoſe, dans le même ſens où on diſoit de l'archevêque de Paris, de Harlay de Chanvallon :

Formoſi pecoris cuſtos formoſior ipſe.

Mais il n'y a qu'un pape notoirement laid qui puiſſe ſans ridicule prendre ce nom de Formoſe. Barbo le ſentit, & prit celui de *Paul II*. Ce pontife avoit une grande facilité à pleurer. Pie II, ſon prédéceſſeur, l'appelloit : *Notre-Dâme de Pitié*. Ce fut lui qui donna aux cardinaux la robe de pourpre & le bonnet de ſoie rouge; ce fut lui auſſi qui, par une bulle du 19 avril 1470, ordonna que le Jubilé reviendroit tous les vingt-cinq ans. Il publia des croiſades contre les Turcs & contre Podiebrad roi de Bohême hérétique. Il haïſſoit les gens de lettres. Platina qu'il avoit mis deux fois en priſon & qu'il avoit dépouillé de ſes biens, ne l'a pas flatté dans ſon hiſtoire. Il vécut dans la molleſſe & mourut d'indigeſtion en 1471. Le cardinal Quirini a donné ſa vie en 1740.

PAUL III (Alexandre Farnèſe) Romain: cet avantage d'être né romain, le titre de doyen du ſacré collège, & ſon âge (il avoit ſoixante-ſept ans) concoururent à le faire élire après la mort de Clément VII, en 1534. Le peuple de Rome gémiſſoit ſur-tout de ne voir depuis long-temps ſur le ſaint ſiège que des pontifes étrangers à Rome. Si à chaque élection, il ne crioit pas autour du conclave, *Romano lo volemo*, comme à l'élection d'Urbain VI, en 1378, il n'en deſiroit pas moins vivement un Romain pour pape. *Paul III* eut toujours devant les yeux l'exemple de Clément VII, priſonnier de Charles-Quint. Il tâcha de tenir la balance auſſi égale qu'il lui fut poſſible entre ce redoutable conquérant, ce preneur de princes, & ſon rival François I. C'eſt ſous ſon pontificat, en 1536, que Charles-Quint donna dans Rome en plein conſiſtoire cette ſcène ſcandaleuſe, où il déclama ſi indécemment contre François I, & ce fut par le conſeil de ce Pape, qu'il donna des copies ſi adoucies & ſi affoiblies de ce même diſcours, qui avoit autant choqué ceux qui l'avoient entendu, & qui parut preſque modéré à ceux qui le lurent. Ce fut aux ſoins de ce même pape *Paul III*, qu'on dut l'entrevue d'Aigues-Mortes

& la trève de Nice conclue entre Charles-Quint & François I, le 18 juin 1538. Il falloit qu'en cette occasion le pape eût bien exactement observé la neutralité, car de part & d'autre on le soupçonna de partialité. Au reste, il ne faut pas croire que son zèle pour la conciliation des deux rivaux fût purement paternel, purement pontifical, & sans aucune vûe d'intérêt politique. Léon X ni Clement VII, n'avoient pas eu plus à cœur l'aggrandissement de la maison de Médicis, que *Paul III*, celui de la maison Farnèse. Pour le procurer, il avoit besoin à la fois & de Charles-Quint & de François I. Il avoit donné à Pierre-Louis Farnèse, son fils, d'abord le duché de Camerin, qu'il avoit ôté à Guidobalde, duc d'Urbin, fils de François-Marie de la Rovère, ensuite le duché de Parme & de Plaisance dont il avoit disposé comme d'un fief de l'Eglise. Ce Pierre-Louis Farnèse, tige des ducs de Parme, du nom de Farnèse, Ranuce Farnèse, & Constance Farnèse leur sœur, mariée à Etienne Colonne prince de Palestrine, étoient tous enfans naturels du pape *Paul III*, qui les avoit eus avant d'être cardinal. Pierre-Louis Farnèse avoit un fils, nommé Octave, & une fille nommée Victoire. Le pape vouloit marier le fils à Marguerite d'Autriche, fille naturelle de l'empereur, veuve du duc de Florence, Alexandre de Médicis; il vouloit marier la fille avec Antoine de Bourbon qui par son mariage avec Jeanne d'Albret, devint roi de Navarre & fut père de notre roi Henri IV. En effet ces deux mariages d'Octave & de Victoire Farnèse furent arrêtés aux conférences de Nice, mais le second ne se fit pas. (Le premier se fit.) *Paul III*, mourut en 1549.

(Sur les FARNESES, voyez l'article PARME.)

PAUL IV (Jean Pierre Caraffe) successeur de Marcel II, en 1555, étoit, comme *Paul III*, doyen du sacré collége & avoit quatre-vingt ans, lorsqu'il monta sur la chaire de S. Pierre. Il voulut prendre avec les souverains de son temps le ton des Grégoire VII & des Boniface VIII : ces souverains étoient, Charles-Quint, l'empereur Ferdinand son frère, Elisabeth, reine d'Angleterre; ce ton ne lui réussit pas dans l'Europe, & la construction d'une nouvelle prison de l'inquisition ne réussit pas mieux dans Rome; à sa mort arrivée le 18 août 1559, elle fut abbatue, les prisonniers délivrés, la maison de l'inquisiteur brûlée. La statue même du pape fut brisée & jettée dans le Tibre. Ce fut lui qui, avant d'être pape, institua les Théatins avec S. Gaétan; il les appella *Théatins*, parce qu'il étoit archevêque de Théate. On a de lui quelques écrits, un entre autres *de emendandâ ecclesiâ*. La première réforme à faire dans l'église étoit de quitter ce ton de souverain des souverains, condamnable quand il étoit à craindre, ridicule quand il étoit bravé; cette réforme est faite; mais celle de l'inquisition ne l'est

pas; l'inquisition est, dit-on, bien adoucie; ce n'est pas assez.

PAUL V. (Camille Borghèse) romain, successeur de Léon XI, en 1605. Il prit une fois ce ton de maître absolu des empires de la terre, qui avoit si bien & si mal réussi aux papes selon les temps & les personnes, mais il ne s'attaqua point aux grands souverains, il crut qu'il lui seroit plus aisé de faire un exemple sur une république & sur une république d'Italie. Ce fut contre Venise qu'il étala tout l'orgueil des prétentions pontificales; les sages Vénitiens y opposèrent leur prudente & invariable fermeté: les souverains ne prirent point le change; ils reconnurent & par l'objet de la contestation & par ses effets, que la cause des Vénitiens étoit la cause de tous les souverains & de tous les états, & qu'il s'agissoit de leurs intérêts & de leurs droits les plus sacrés, tels que celui d'être maîtres chez eux, de n'y recevoir d'autres religieux que ceux qu'ils voudroient, de faire le procès aux ecclésiastiques coupables. *Paul V*, irrité de la résistance des Vénitiens, avoit mis l'état de Venise en interdit; ce fut la pierre de touche pour reconnoître, parmi les moines sur-tout, les bons & les mauvais citoyens. Les Capucins, les Théatins & les Jésuites furent les seuls qui observèrent l'interdit: le sénat les fit tous embarquer pour Rome puisqu'ils étoient sujets de Rome & non de Venise; les Jésuites furent bannis à perpétuité, & ne purent être rétablis même après la paix. Les papes n'étoient pas encore réduits alors au pouvoir des clefs, ils s'arrogeoient celui des armes; *Paul* leva des troupes contre les Vénitiens; ce fut alors que les souverains se déclarèrent. Henri IV voulut avoir l'honneur de l'accommodement; & il termina en effet le différent en 1607, par l'entremise du cardinal de Joyeuse. Les honneurs de la guerre restèrent aux Vénitiens; ils firent au pape des soumissions de simple déférence; ils le remercièrent de leur avoir rendu ses bonnes graces & son amitié, mais ils ne voulurent point entendre parler de l'absolution que le pape leur offroit, & ils ne reprirent point les Jésuites; mais Louis XIV en 1657 obtint leur rétablissement. (*Voyez* sur cette affaire de l'interdit de Vénise l'article FRA-PAOLO.) D'après la distinction faite par un pape, des papes princes & des papes prêtres, *Paul V* s'étoit un peu trop embarqué en prince dans cette affaire, & il en sortit en prêtre, en obtenant le rappel de quelques moines, les Jésuites exceptés. Ce fut d'ailleurs un pape très-prêtre, car il disoit la messe tous les jours, & il se donnoit les plus grands soins pour la conversion des idolâtres & des infidèles; il reçut dans ce genre des ambassades qui le flattèrent beaucoup, de l'empereur du Japon, du roi de Congo & de quelques autres souverains d'Asie & d'Afrique auxquels il envoya des missionnaires. Il eut le

bon

bon esprit de n'être Théologien qu'avec circonspection & impartialité; il termina les congrégations de *Auxiliis* en ne décidant rien & en exhortant les deux partis à la modération; exhortation toujours nécessaire & toujours inutile. Il ne prononça rien non plus sur la question de l'immaculée conception, & défendit seulement d'enseigner publiquement la négative. Il confirma quelques instituts religieux; & il eut ce bonheur que la plûpart furent des instituts utiles, tels que celui de l'Oratoire en France & celui des religieux de la Charité. Du reste il s'appliqua particulièrement à embellir Rome; il acheva le palais de Monte-Cavallo; il construisit & rétablit plusieurs fontaines & aqueducs, & ces travaux, les uns magnifiques, les autres utiles, joints à quelque amour pour les lettres, ont, sinon effacé, du moins affoibli la tache que l'Interdit de Venise avoit répandue sur son pontificat. Il mourut en 1621.

PAUL DE SAMOSATE, (*Hist. eccléf.*) patriarche d'Antioche, hérésiarque du troisième siécle, étoit de la ville de Samosate sur l'Euphrate. Le desir de conquérir à la religion chrétienne la célèbre Zénobie, reine d'Orient, le mena plus loin qu'il n'auroit voulu. Cette reine donnoit la préférence à la religion Juive, & nos mystères lui faisoient de la peine; *Paul* de Samosate se mit à les lui expliquer avec trop de condescendance pour les répugnances qu'elle lui montroit; & comme il y a toujours de l'inconvénient à expliquer ce qui est essentiellement inexplicable, de complaisance en complaisance, il alla jusqu'à nier la Divinité de Jésus-Christ, & dans un concile tenu chez lui-même, c'est-à-dire, à Antioche, l'an 270, il fut déposé & excommunié. Ses disciples furent nommés *Paulianistes* : mais cette secte s'éteignit bien tôt, ou du moins sous ce nom; car sous le nom d'Arianisme, elle agita l'église pendant plusieurs siécles.

Il y a quelques autres personnages de ce même nom de *Paul*, qui appartiennent encore, soit à l'histoire ecclésiastique, soit à l'histoire littéraire. Tels sont:

Paul de *Tyr*, rhéteur célèbre sous l'empire d'Adrien, auteur de quelques écrits en Grec sur la rhétorique.

Paul le *Silentiaire*, auteur Grec du sixième siécle, dont *l'histoire en vers de l'eglise de Sainte Sophie*, fait partie de la Byzantine; elle a été traduite & commentée par du Cange.

Paul Eginète, médecin Grec du septième siécle, né dans l'isle d'Egine, & nommé par cette raison Eginète, auteur d'un abrégé des œuvres de Galien & d'un traité *de re medicâ*.

Paul, Diacre de Merida dans l'Estramadure, aussi du septième siécle, auteur d'une *histoire des pères d'Espagne*.

Paul, Diacre d'Aquilée, nommé vulgairement

Histoire. Tome IV.

Paul Diacre, & dont le véritable nom étoit *Paul* Warnefride, auteur de l'histoire des Lombards, étoit secrétaire de Didier dernier roi des Lombards; il tomba entre les mains de Charlemagne, qui eut pour lui tous les égards qu'il se piquoit d'avoir pour les savans. L'attachement que *Paul* Diacre conservoit pour son maître, l'ayant fait soupçonner d'avoir eu part à des projets formés par le duc de Frioul & par le duc de Bénevent, en faveur d'Adalgise fils de Didier, il fut exilé sur le bord de la mer Adriatique; il se sauva du lieu de son exil auprès du duc de Bénevent, beau-frère d'Adalgise, & mourut moine au Mont-Cassin. On lui attribue l'hymne de Saint Jean : *Ut queant laxis resonare fibris*; & c'est par *Paul* Diacre que Charlemagne fit réformer l'office divin. Avant lui, on chantoit aux nocturnes des leçons peu convenables, sans nom d'auteur, pleines de solécismes & de barbarismes : Charlemagne chargea *Paul* Diacre, de choisir dans les ouvrages des Saints Pères des morceaux dignes d'être récités par les fidèles dans les temples chrétiens. *Voyez* à l'article COMINES, un parallèle entre *Paul* Diacre, & Philippe de Comines.

On dit que Charlemagne ayant voulu s'éclaircir avec *Paul* Diacre, sur l'affection que celui-ci paroissoit conserver pour Didier & sa famille, *Paul* Diacre eut la fermeté de lui répondre : *Mes devoirs ne dépendent pas des événemens. Didier est toujours mon maître, & je dois lui rester fidèle.* On ajoûte que Charlemagne irrité, ordonna dans son premier mouvement qu'on lui coupât les deux mains. Voilà le conquérant. Voici le prince, ami des lettres. A peine cet ordre étoit-il donné qu'il étoit révoqué; Charlemagne, prompt à se rétracter, s'écria : *Eh! où trouverions-nous un aussi habile historien, si on coupoit la main qui a écrit de si beaux ouvrages?* : car alors ces ouvrages étoient beaux.

PAUL LUCAS, (*voyez* LUCAS.)

PAUL de CASTRO, (*voyez* CASTRO.)

PAUL EMILE. (*Voyez* l'article EMILES. EMILIENS.)

PAUL, (Saint Vincent de) *voyez* VINCENT.

PAUL Jove, (*voyez* JOVE.)

PAUL, (Marc) *Hist. litt. mod.*) c'est le voyageur Marc *Paul* ou Marco Paulo, Vénitien, doublement menteur & comme voyageur & comme écrivain du treizième siécle. Il avoit pénétré jusqu'à la Chine; on a de lui une relation de ses voyages sous ce titre : *de regionibus Orientalibus libri tres.* Il étoit né en 1255. Il écrivoit en 1295.

PAULA (*Hist. Rom.*) (JULIA CORNELIA) fille de Julius Paulus, Préfet du Prétoire, eut le malheur d'épouser Héliogabale; elle étoit aussi sage & aussi vertueuse que cet empereur étoit fou & pervers ; il s'enflamma pour elle, il s'en dégoûta promptement, il la dépouilla du titre d'Auguste & des honneurs d'impératrice, il la chassa de son palais, sans avoir rien à lui reprocher ; elle en sortit sans joie & sans regret, avec la tranquillité du sage berger de La Fontaine.

Sortant de ces riches palais
Comme l'on sortiroit d'un songe.

Ces exemples de modération & de résignation sont assez rares pour mériter d'être remarqués.

PAULE (SAINTE) (*Hist. ecclés.*) Dame romaine, amie de Saint Jérôme ; elle descendoit par sa mère, des Scipions & des Gracques ; elle avoit passé ses belles années dans les délices d'une vie mondaine ; elle en passa le reste dans la pénitence, & renfermée dans un monastère à Bethléem sous la direction de Saint-Jérôme. Il jugea cependant qu'elle poussoit trop loin les austérités. Après une grande maladie qu'elle avoit eue, les médecins la pressèrent, dans les premiers momens de sa convalescence, de faire usage d'un peu de vin. *Sainte Paule* se refusoit à ce régime, le regardant comme une délicatesse qu'elle ne devoit pas se permettre. Saint Epiphane étoit alors à Bethléem, il étoit fort âgé ; Saint Jérôme crut qu'il n'en seroit que plus propre à persuader *Sainte Paule*, & il le pria de l'engager à suivre le conseil des médecins ; quand Saint Epiphane eut parlé, Saint Jérôme lui demanda quel avoit été le succès de cette petite négociation ? *Le succès*, dit Saint Epiphane, *a été qu'elle a presque persuadé à un homme de mon âge de s'abstenir de vin.* Elle mourut le 26 janvier 405. Elle étoit née en 347. Saint Jérôme a écrit sa vie.

PAULE (SAINT FRANÇOIS DE) (*Hist. ecclés.*) ou l'hermite de Calabre, fondateur de l'ordre des Minimes. Il étoit né à *Paule* en Calabre l'an 1416, delà son nom de *Paule*. Sa règle fut approuvée par Alexandre VI, & confirmée par Jules II. Louis XI, malade aussi pusillanime, aussi superstitieux, que tyran injuste & cruel, l'appella en France pour être guéri par ses prières, imaginant qu'un Saint devoit avoir entre ses mains la vie & la mort ; il alla au devant de lui, se jetta tout tremblant à ses pieds & lui demanda la santé. L'humble François de *Paule* le reprit de cette idolâtrie, l'avertit de s'adresser au maître des destinées, de lui demander avant tout des vertus & de mériter ses graces par une conduite toute différente de celle qu'il avoit tenue jusqu'alors. Les courtisans de Louis XI n'appelloient François de *Paule* que le *Bon-homme* ; delà le nom de *Bons-hommes* donné aux Minimes de Chaillot. François de *Paule* mourut dans la maison des Minimes du Plessis du Parc en 1507 ; il fut canonisé par Léon X en 1519.

PAULET (*Hist. ecclés.*). Franciscain, auteur de la Réforme, connu sous le nom de *l'Observance*, & d'où les Cordeliers ont pris le nom d'*Observantins*. Il étoit fils d'un gentilhomme suédois, s'étoit fait Cordelier en 1323, mourut en 1390.

PAULET (GUILLAUME) *Hist. d'Anglet.*) Marquis de Winchester, grand-trésorier d'Angleterre, conserva sa faveur pendant quatre regnes, sous deux rois & sous deux reines, dans les temps les plus difficiles & à travers les révolutions les plus contradictoires ; ces quatre regnes étoient ceux de Henri VIII, d'Edouard VI, de Marie & d'Elisabeth. Par une suite du même bonheur ou par l'effet du même caractère, il vécut jusqu'à quatre-vingt-dix-sept ans, & vit jusqu'à trois cents enfans nés de lui. On lui demandoit comment il avoit fait pour fixer sa fortune à la cour ? *C'est*, dit-il, *que la nature m'a fait de bois de saule, & non de bois de chêne.* Très-humble serviteur des événemens, disoit un autre Anglois : *Toujours ami & même un peu parent de l'homme en faveur*, a dit un François. Alcibiade étoit populaire dans Athènes, magnifique en Perse, frugal à Sparte, buveur en Thrace ; cette souplesse qui fit les succès du marquis de Winchester, n'avoit pas fait le bonheur d'Alcibiade, banni par ses concitoyens, tué par les étrangers chez lesquels il s'étoit réfugié. Il n'y a point de règle certaine pour plaire, encore moins pour plaire constamment ; il n'y en a point pour attirer, & encore moins pour fixer les faveurs, soit de la cour, soit de la fortune.

Et par où l'un périt, un autre est conservé.

PAULI (GRÉGOIRE) (*Hist. mod.*) Un des Apôtres du Socinianisme au seizième siècle sous Lélio Socin. Il représentoit l'église romaine sous l'emblème d'un temple ; Luther en abbatoit le toît, Calvin en démolissoit les murailles, Socin & *Pauli* en sappoient les fondemens ; c'est ce qu'expriment ces deux vers gravés sur le tombeau de Fauste Socin, neveu de Lélio Socin, & qui étendit beaucoup le Socinianisme. (*Voyez* l'article SOCIN :)

Tota licet Babylon destruxit tecta Lutherus,
Muros Calvinus, sed fundamenta Socinus.

Ces docteurs Sociniens ayant été chassés de l'Italie, se réfugièrent en Pologne. *Pauli* étoit ministre à Cracovie dans les années 1560 & 1566.

PAULIN (SAINT) (*Hist. ecclés.*) Il y a trois Saints de ce nom. Le plus célèbre est l'évêque de Nole aux quatrième & cinquième siècles. Il naquit à Bordeaux vers l'an 353 & fut disciple d'Ausone. Il avoit épousé une Espagnole, nommée Thérasie, d'une naissance illustre & d'une fortune considérable. C'est du sein de ces honneurs & de ces richesses qu'ils formèrent le projet d'une vie sainte & mortifiée, & qu'ils se consacrèrent à la retraite & à la continence. Ils se cachèrent d'abord en Espagne, ensuite en Italie; mais dans toute l'histoire des premiers siècles de l'église, ce soin de se cacher conduisoit presque toujours à l'épiscopat. Il fut fait évêque de Nole & occupa ce siège jusqu'à sa mort arrivée en 431. Ce fut vers le commencement de son épiscopat que les Goths prirent la ville de Nole, & par leurs ravages fournirent une ample matière à sa charité. On lui attribue l'invention des cloches, mais des savans les croient plus anciennes. On ne croit pas non plus un fait qui se trouve pourtant dans les dialogues de Saint Grégoire, c'est que *Saint Paulin* se fit recevoir esclave en Afrique à la place d'un jeune homme pris par les Vandales, & qu'il vouloit rendre à sa mère. Cet événement ne s'accorde pas avec les époques connues de la vie de *Saint Paulin*. Dom Gervaise a écrit sa vie. Les ouvrages de *Saint Paulin* sont connus & estimés. Saint Augustin, dit-on, ne se lassoit point de lire ses lettres; elles ont été traduites en François; son histoire du martyre de *Saint Geniès* est très-connue. *Saint Paulin* est au nombre des pères de l'église.

Un autre *Saint Paulin*, évêque de Tréves, mourut en 359, exilé en Phrygie pour la cause de Saint Athanase.

Saint Paulin, patriarche d'Aquilée sous le regne de Charlemagne, n'est guères moins célèbre que l'évêque de Nole. C'étoit un des savans prélats de son temps, c'est-à-dire que c'étoit un littérateur théologien, comme tous les savans de ce siècle. Charlemagne charmé de sa littérature, le fit élever au patriarchat d'Aquilée vers l'an 777. *Paulin* se distingua en 794, au concile de Francfort sur le Mein contre Elipand de Tolède & Félix d'Urgel; il écrivit contre eux & dédia son ouvrage à Charlemagne, qui avoit pris la peine de disputer aussi contre eux en personne, & verbalement & par écrit, & qui mandoit aux espagnols qu'en souffrant parmi eux cette hérésie (dans laquelle il s'agissoit de savoir si le Christ considéré comme homme étoit réellement fils de Dieu ou seulement son fils adoptif,) ils s'étoient rendus indignes du secours qu'il avoit eu intention de leur fournir contre les sarrasins.

Saint Paulin mourut en 804; il étoit Autrichien. Un prêtre de l'oratoire en Italie, nommé Madrésius, a donné en 1737 une ample édition de ses œuvres.

PAULIN, (*Hist. du Théat. Fr.*) acteur de la comédie françoise, jouoit assez bien dans la comédie les rôles de paysan, & assez mal dans la tragédie les tyrans. Il étoit extrêmement taciturne. Les acteurs s'étoient donné des uns aux autres, d'après leur caractère connu, des surnoms tirés des titres de diverses comédies; le sien étoit: *Le geolier de soi-même.*

PAULINE, (*Hist. rom.*) plusieurs dames romaines de ce nom sont connues dans l'histoire.

1°. *Pauline*, dame romaine, d'une naissance illustre, d'une beauté distinguée, d'une vertu rare, mais sans doute un peu superstitieuse, avoit épousé Saturnin, gouverneur de Syrie sous l'empire de Tibère. Elle eut le malheur d'inspirer une violente passion à un jeune homme, nommé Mundus, qui n'éprouva de sa part que des refus. Il usa de stratagème, gagna par argent un des prêtres d'Isis, qui assura *Pauline* que le Dieu Anubis vouloit l'entretenir en particulier. Mundus fut le Dieu Anubis; mais ne pouvant se contenir dans son bonheur ni laisser dans l'erreur celle qu'il aimoit, il lui avoua l'artifice que son amour lui avoit inspiré; *Pauline* révéla tout à son mari, qui s'en plaignit à Tibère; celui-ci fit punir de mort le prêtre prévaricateur & tous ceux qui avoient secondé cette imposture; il fit renverser le temple d'Isis & jetter sa statue dans le Tibre. Mundus ne fut qu'exilé.

2°. *Pompeïa Paulina*, femme de Sénèque le philosophe, voulut mourir avec lui, lorsque Néron eut condamné son mari; elle se fit ouvrir les veines; Néron qui n'avoit pas voulu qu'elle fût enveloppée dans la disgrace de son mari, la fit secourir à temps, & elle vécut encore un certain nombre d'années, mais elle porta toujours sur son visage une pâleur intéressante qui rendoit témoignage à sa vertu & à sa tendresse conjugale. Son action & la mort de son mari sont de l'an 65 de l'Ère chrétienne. *Voyez* l'article SENEQUE.

3°. *Pauline* est aussi le nom d'une très-belle femme qui avoit épousé le barbare empereur Maximin I, & dont la douceur & la bonté étoient le seul frein qu'on pût quelquefois opposer avec succès aux fureurs de ce prince.

4°. Lollia Paulina. (*Voyez* LOLLIUS & LOLLIA.)

PAUSANIAS. (*Hist. anc.*) Plusieurs personnages de ce nom jouent un rôle dans l'histoire ancienne.

A Sparte deux rois de ce nom furent célèbres, sur-tout le premier, mais il a laissé une renommée mêlée de gloire & d'infamie. Il n'étoit pas proprement roi, mais il exerçoit les fonctions de la royauté, comme le plus proche parent & le tuteur de Plistarque, fils de Leonide, encore enfant. Il commandoit à toute la Grèce, comme général des Lacédémoniens qui avoient alors le commandement. Il eut la gloire de gagner avec Aristide contre les généraux de Xercès la bataille de Platée, livrée l'an 479 avant J. C., le jour qui répond au 19 de notre mois de septembre. Cet homme que l'orgueil & l'ambition rendirent dans la suite traître à la patrie, avoit naturellement de la grandeur dans l'ame. Les Perses avoient attaché à une potence, le corps de Leonidas tué aux Thermopyles; un citoyen d'Egine proposoit à Pausanias d'user de représailles sur le corps de Mardonius, général des Perses, tué à la bataille de Platée ; Paufanias refufa d'étendre ainfi fa vengeance fur les morts : *Laiffons*, dit-il, *cet indigne ufage aux barbares ; eft-ce à nous à les prendre pour modèles dans de telles atrocités ? Les manes des héros tués aux Thermopyles, font affez vengés par la mort de tant de Perfes immolés à Platée.* Le camp de Mardonius fut pillé par les Grecs, ils y trouvèrent d'immenfes richeffes, & ces richeffes commencèrent à corrompre la Grèce, comme les richeffes des Grecs corrompirent dans la fuite l'Italie. Paufanias, après la bataille, fit dreffer deux tables, l'une couverte de tous les mets qu'on fervoit journellement à la table de Mardonius, l'autre fimple & frugale à la manière des Spartiates, & à la vûe de ces deux tables, *Comment*, dit-il, *Mardonius accoutumé à de femblables repas ; a-t-il pu avoir l'imprudence d'attaquer des hommes qui favent, comme nous, fe paffer de tout ?* mot d'un grand fens. Mais Paufanias par fon orgueil commença dès-lors à déplaire à fa nation. En envoyant un trépied d'or à Delphes en mémoire de la victoire de Platée, il s'attribua dans l'infcription tout l'honneur de cette victoire. Les Lacédémoniens, pour le punir, firent effacer fon nom de l'infcription, & mirent à la place les noms des villes qui avoient contribué à la victoire. Depuis ce temps, la vertu de Paufanias dégénéra de jour en jour. En voyant près une Perfes, leur fafte & leur luxe le féduifirent, il fe dégoûta de cette vie pauvre & frugale de Sparte dont il avoit lui-même fait l'éloge, & fur-tout de ces loix rigoureufes & inflexibles qui exerçoient leur empire fur les rois comme fur les moindres citoyens. La flotte des Grecs, commandée, pour les Lacédémoniens, par *Paufanias*, pour les Athéniens, par Ariftide & par Cimon, fils de Miltiade, ayant furpris Byzance, (l'an 476 avant J. C.) *Paufanias* fit courir le bruit que des prifonniers confidérables qu'on avoit faits dans cette ville, s'étoient échappés pendant la nuit. La vérité étoit, que trahiffant dès-lors fa patrie, il les avoit lui-même renvoyés à Xercès avec une lettre, dans laquelle il lui offroit de lui livrer la ville de Sparte, & toute la Grèce, fi Xercès confentoit à lui donner fa fille en mariage. Xercès lui donna toutes les efpérances capables de l'engager, & comme l'argent eft le plus puiffant moyen de corruption, il lui envoya des fommes confidérables pour gagner ceux des Grecs qui pourroient entrer dans fes vues. Artabaze, qu'il fit gouverneur général des côtes maritimes de l'Afie mineure, fut chargé de cette négociation.

Paufanias ne daigna pas mettre la moindre prudence dans l'exécution de fes deffeins perfides ; il prit l'habillement, les manières, les mœurs, la fomptuofité, l'arrogance, le defpotifme des Perfes ; il traitoit les alliés avec une hauteur infupportable, ne parloit aux officiers qu'avec em-

portement & avec menaces ; fon joug devint odieux, il fut fecoué. Sa conduite impérieufe & choquante, mife en parallèle avec la vertu douce d'Ariftide, & l'aimable pipularité de Cimon, fit paffer le commandement de la Grèce aux Athéniens. Les Lacédémoniens eux-mêmes renoncèrent de bon cœur à la fupériorité qu'ils avoient eue jufqu'alors fur les autres peuples de la Grèce, jugeant qu'en cette occafion c'étoit l'avantage général ; ils rappellèrent *Paufanias* à Lacédémone pour rendre compte de fa conduite : on ne put le convaincre alors de fes intelligences avec Xercès ; mais moins averti que trompé par ce premier fuccès, il retourna fans miffion & de fon autorité particulière à Byzance, pour continuer fes pratiques fecrètes avec Artabaze. Il apprit qu'un de fes efclaves, nommé l'Argilien, qu'il avoit chargé d'un meffage pour ce Satrape, s'étoit retiré à Tenare dans le temple de Neptune, comme dans un afyle ; il y courut pour favoir la raifon de cette retraite. L'Argilien qui ne voyoit revenir aucun des autres efclaves employés avant lui à de pareils meffages, étoit entré en foupçon fur leur fort & fur celui qui l'attendoit peut-être ; il avoit ouvert la lettre dont il étoit chargé, il y avoit vu qu'en effet *Paufanias* recommandoit au Satrape de traiter ce courier comme les autres qu'il n'avoit pas laiffé furvivre à leur meffage. L'Argilien avoit porté la lettre aux Ephores, & c'étoit de concert avec eux qu'il s'étoit réfugié dans le temple de Neptune pour y attirer *Paufanias* ; ce moyen ayant réuffi, l'Argilien avoua tout à *Paufanias*, excepté qu'il l'eût dénoncé aux Ephores ; il lui laiffa croire que la crainte, d'abord de fes deffeins, enfuite de fon reffentiment, étoit le feul motif qui lui avoit fait chercher cet afyle : des Ephores & d'autres Spartiates cachés dans de petites loges pratiquées fecrètement pour cet ufage, entendoient tout cet entretien ; *Paufanias*, de fon côté, avoua tout ce qu'il ne pouvoit nier ; il fit des excufes pour le paffé à l'Argilien, & fur-tout de grandes promeffes pour l'avenir, il crut l'avoir gagné, ils fe féparèrent. *Paufanias* étant rentré dans la ville, rencontra les Ephores qui fe mirent en devoir de l'arrêter ; il lut fa perte écrite dans leurs yeux, parvint à leur échapper, & fe retira dans le temple de Pallas, furnommée Chalciæcos. On crut ne pas violer cet afyle en l'y enfermant ; on en mura la porte, &, fa propre mère, dit-on, y porta la première pierre. Telles étoient les Lacédémoniennes, citoyennes d'abord, mères enfuite. On découvrit auffi le toit du temple, pour que le coupable reftât expofé à toutes les injures de l'air. On le laiffa périr de faim & de mifère. Ses premières années promettoient un héros, les dernières furent d'un traître. On put lui dire :

Ah ! de vos premiers ans l'heureufe expérience,
Vous fait-elle, feigneur, haïr votre innocence ?

L'oracle de Delphes déclara que Pallas étoit irritée de la violation de son temple, & qu'on ne pouvoit l'appaiser qu'en érigeant deux statues à *Pausanias* ; ce qui fut exécuté. Tout cela, en style d'histoire ancienne, signifie que le vainqueur de Platée avoit à Lacédèmone un grand parti auquel il fallut donner cette satisfaction. *Pausanias* mourut l'an 475 avant J. C.

2°. Il y a quelque rapport entre la destinée du second *Pausanias* & celle du premier. Le second régnoit du temps de Darius Nothus & d'Artaxerxe Mnémon ; il fut le successeur de Plistonax & régna quatorze ans. Il commandoit avec Agis, son collègue dans la royauté, au siège d'Athènes dans la guerre du Péloponèse, l'an 404 avant J. C. Touché de l'état malheureux où les discordes civiles sous les trente tyrans, joint s aux guerres étrangères, avoient réduit cette ville autrefois si florissante, il eut la générosité d'en favoriser secrètement les habitans, & de leur procurer la paix, qui fut bientôt suivie de la liberté par la ruine des trente tyrans. L'an 304 avant Jésus-Christ, dans un temps où la plupart des villes de la Grèce se liguoient contre les Lacédémoniens, ceux-ci entrèrent en campagne avec deux armées, l'une commandée par Lysandre, l'autre par *Pausanias*. Le premier demanda du secours au second, pour assiéger Haliarte, & lui donna rendez-vous à jour nommé, sous les murs de cette ville. La lettre est interceptée, Lysandre attend vainement, & forcé de livrer une bataille sans le secours dont il avoit besoin, il y périt. *Pausanias* apprend, après coup, cette triste nouvelle, il accourt, mais sur l'inspection de l'état des choses, il ne juge pas à propos de renouveller le combat. A son retour à Sparte, il est cité pour rendre compte de sa conduite, il refusa de comparoître & fut condamné à mort, il s'enfuit & passa le reste de ses jours à Tégée, sous la protection de Minerve. C'est lui qui disoit qu'à Sparte les loix commandoient aux hommes & non les hommes aux loix.

Il y a aussi en Macédoine deux *Pausanias* connus.

1°. Un prince de la famille royale qui voulut disputer le trône à Perdiccas & à Philippe son frère, père d'Alexandre-le-Grand, il fut chassé par Iphicrate. (*Voyez* IPHICRATE.)

2°. *Pausanias* est le nom de ce jeune seigneur Macédonien, qui ayant reçu, dans une partie de débauche, une insulte sanglante d'Attalus, oncle de Cléopatre, seconde femme de Philippe, & n'ayant pu en obtenir vengeance, s'en prit au roi qui lui refusoit justice, & l'assassina au milieu de la solemnité des fêtes par lesquelles il célébroit les noces de sa fille. Il fut pris & mis en pièces sur-le-champ. Cet événement arriva l'an 335 avant J. C.

PAUSANIAS, (*Hist. litt. anc.*) historien & orateur Grec, si connu par son voyage historique de la Grèce en dix livres, traduit en François par l'abbé Gédoyn, étoit établi à Rome sous l'empire de Marc-Aurèle.

PAY

PA-YA ; (*Hist. mod.*) titre que le roi de Siam confère aux principaux seigneurs de sa cour, & qui répond à celui de prince en Europe. Le roi ne donne ce titre qu'à ceux qu'il veut favoriser, car souvent les princes de son sang ne l'ont point.

PAYS, (RENÉ LE) (*Hist. litt. mod.*) né à Nantes en 1636. Mort en 1690. Directeur-général des gabelles en Provence & en Dauphiné, auteur d'un recueil de prose & de vers, sous ce titre, qui en fit d'abord la fortune : *Amitiés, amours & amourettes* ; auteur encore d'un autre recueil de vers & d'un roman ou histoire galante, intitulé : *Zélotide*, n'est plus connu aujourd'hui que par ce vers de contre-vérité que Boileau met dans la bouche du campagnard ridicule de la satire du festin :

Le Pays, sans mentir, est un bouffon plaisant.

PAZ

PAZZI ; (*Hist. mod.*) famille distinguée de Florence, rivale de celle de Médicis. Rien de plus connu dans l'histoire de Florence que la conjuration des *Pazzi* contre les *Médicis*, exécutée, le 26 avril 1478, dans l'église de Sainte-Réparate, où on célébroit une fête solemnelle. Les chefs de la conjuration étoient Jacques *Pazzi*, banquier Florentin, & divers autres personnages de la même famille ; l'archevêque de Pise, François Salviati, le cardinal Riario, neveu du Pape Sixte IV, qui promettoit de faire consacrer cette entreprise par l'autorité pontificale, quand elle auroit réussi. L'objet de cette conjuration étoit de faire périr Laurent & Julien de *Médicis*, petits-fils de l'illustre Côme, honoré dans son temps du titre de *Père de la Patrie* ; ces deux frères gouvernoient leur république non en citoyens, mais en maîtres, leur autorité excessive faisoit ombrage, non-seulement à leurs concitoyens, mais à quelques princes voisins, & sur-tout au pape. C'étoit pendant la messe, au moment de l'élévation de l'hostie, lorsque le peuple, prosterné & attentif aux saints mystères, seroit le moins en état de s'opposer aux conjurés, que ceux-ci dévoient s'élancer sur les *Médicis* ; en effet, Julien fut tué dans un des *Pazzi* & par quelques autres. Laurent, légèrement blessé, eut le temps de se sauver dans la sacristie, où il fut secouru ; le peuple se souleva, également indigné de l'attentat & du choix du lieu & du moment, choix qui joignoit l'impiété du sacrilège à l'indignité de l'assassinat ; l'archevêque de Pise & Jacques *Pazzi* furent arrêtés &

pendus aux fenêtres du palais des Médicis, la pourpre romaine fauva Riario qu'on fe contenta de renvoyer à Rome. Bernard Bandini, l'un des meurtriers, s'étoit retiré chez les Turcs, il fut livré depuis à Laurent de Médicis par le fultan Bajazet. La maifon des *Pazzi* fe réconcilia dans la fuite avec celle des Médicis, & s'unit à elle par des alliances.

Côme *Pazzi*, archévêque de Florence, nommé en 1508, étoit neveu du fameux pape Léon X, de la maifon de Médicis, qui alloit le nommer au cardinalat, lorfque Côme mourut. C'étoit un homme de lettres, il traduifit de grec en latin Maxime de Tyr.

On a d'Alexandre *Pazzi*, fon frère, quelques tragédies & une traduction de la poétique d'Arif- tote. Paul-Jove lui a donné place dans fes éloges.

Le Noble a écrit une hiftoire fecrète de la con- juration des *Pazzi*, hiftoire peu fidèle & mêlée de fables.

P É A

PEARSON, (*Hift. d'Angl.*) Jean & Richard, anglois, frères, ont donné enfemble à Londres en 1660, l'édition des *grands critiques* en dix volumes *in-folio*. Jean fe diftingua fur-tout par fon atta- chement à la caufe de Charles I & de Charles II. Ce dernier le fit en 1672, évêque de Chefter. On a de ce prélat beaucoup d'ouvrages d'érudi- tion eccléfiaftique, tels que *Vindiciæ epiftolarum fancti Ignatii*, où il établit l'authenticité des épîtres de faint Ignace, martyr, conteftée par quelques favans calviniftes; des annales de la vie & des ouvrages de faint Cyprien. On a auffi de lui des prolégomènes fur Hiéroclès à la tête des œuvres de ce philofophe. Jean mourut en 1686. Richard étoit mort en 1670.

P E C

PÉCHANTRÉ, (Nicolas DE) (*Hift. litt. mod.*) Auteur de quelques tragédies, telles que *Géta*, la mort de Néron, le *facrifice d'Abraham*, *Jofeph reconnu par fes frères*. On raconte de lui la même hiftoire qu'on raconte auffi de quelques autres avec un fimple changement de circonf- tances, qu'un papier où il avoit tracé en abrégé le plan d'une de fes pièces, & où fe trouvoient ces mots: *ici le roi ou le tyran fera tué*, ayant été égaré par lui & trouvé par d'autres, lui fit des affaires, à la police du moins jufqu'à l'ex- plication. Né à Touloufe en 1638, mort à Paris en 1708.

PECHECAL, (*terme de relation*,) nom que les Indiens donnent aux inondations qui arrivent chez eux dans un certain tems de l'année. Ce font des débordemens caufés par les grandes pluies, & par la fonte des neiges qui font fur les montagnes. Le plat pays en eft couvert, & les rivières en

font enflées, comme le Nil, lorfqu'il fe déborde en Egypte. Cette inondation arrive tous les ans aux Indes pendant les mois de juillet, août, fep- tembre & octobre. (*D. J.*)

PECHTEMAL, f. m. (*terme de relation*) c'eft un tablier rayé de blanc & de bleu, dont les turcs fe couvrent dans le bain, & qu'ils mettent autour du corps, après avoir ôté leurs habits.

PECQUET, (*Hift. litt. mod.*) plufieurs per- fonnages de ce nom fe font diftingués dans les fciences & dans les lettres.

1°. Jean *Pecquet*, médecin, célèbre par la dé- couverte d'une veine lactée qui porte le chyle au cœur, & qui de fon nom s'appelle *le réfervoir de Pecquet*. Riolan a écrit contre lui un livre intitulé: *adverfùs Pecquetum & Pecquetianos*, ce qui prouve que *Pecquet* a fait fecte. Né à Dieppe, mort à Paris en 1674. Il mérite encore d'être célèbre, par fon attachement courageux & conf- tant au malheureux fur-intendant *Fouquet* dans fa difgrace; il ne put fe confoler du malheur de ce miniftre, & il répétoit fans ceffe haute- ment que *Pecquet* avoit toujours rimé & rimeroit toujours à *Fouquet*.

2°. Antoine *Pecquet*, grand-maître des eaux & forêts de Rouen, & intendant de l'école militaire en furvivance, connu par des traductions du *Paftor-Fido* de Guarini, de l'*Aminte* du Taffe, de l'*Arcadie* de Sannazar, par l'*analyfe de l'efprit des loix & l'efprit des maximes politiques*; par un *parallèle du cœur, de l'efprit & du bon fens*, fur-tout par les *loix forefières de France*, ouvrage utile. Né en 1704, mort en 1762. Il eft encore plus connu peut-être par un difcours fort eftimé fur l'art de négocier, dédié au roi & qui a paru en 1737.

P E D

PEDARÈTE, (*Hift. anc.*) c'eft ce lacédémo- nien, qui n'ayant pas eu l'honneur d'être mis au nombre des trois cents citoyers, qui avoient un rang diftingué dans la ville, remercia les dieux de ce que Sparte avoit trouvé trois cents hommes plus dignes que lui de cet honneur. On fuppofe que c'étoit chez lui un fentiment vrai & un difcours fincère; mais ce même difcours, dans un fens ironique, eft devenu la devife, la con- folation & la vengeance de tous les concurrens malheureux qui s'eftiment plus que leurs vain- queurs, & qui croyent avoir éprouvé une in- juftice.

PÉDIANUS. (*voyez* ASCONIUS.)

PEDRE, (DON) pour tous ces *Pedre* d'Ef- pagne & de Portugal, (*voyez* PIERRE.)

P E G

PEGUILLON, (*voyez* BEAUCAIRE.

PEIRESC, (NICOLAS-CLAUDE-FABRI, seigneur DE) conseiller au parlement d'Aix, savant illustre & l'ami de tous les savans; en France, des de Thou, des Casaubon, des Pithou, des Sainte-Marthe : à Venise, de Fra-Paolo : à Leyde, de Joseph Scaliger : à la Haye, de Grotius : en Angleterre, de tous les savans de Londres & d'Oxford, utile à tous, célèbré par tous & dans toutes les langues, objet d'un recueil d'éloges imprimé sous le titre de *Panglossia*, honoré d'une oraison funèbre, à Paris, dans une assemblée solemnelle des savans les plus distingués par leur rang & par leurs connoissances ; ayant mérité enfin d'avoir pour historien l'illustre Gassendi. Cet homme, nécessaire aux lettres, a laissé des manuscrits, mais on n'a d'imprimé de lui qu'une dissertation, à la vérité savante & curieuse, sur un trépied ancien ; cette dissertation se trouve au tome dixième des *mémoires de littérature* du P. Desmolets. *Peiresc* étoit né au château de Beaugencier, en Provence, l'an 1580. Il mourut à Aix en 1637 ; il étoit d'une très-ancienne famille, (les Fabri) originaire d'Italie, établie en Provence depuis le treizième siècle.

PÉL

PÉLAGE, (*Hist. ecclés.*) c'est d'abord le nom de deux papes & d'un hérésiarque fameux.

Le pape *Pélage I*, succéda en 555 au pape Vigile. L'année suivante, Totila, roi des Goths, s'empara de Rome ; *Pélage* consola les vaincus & adoucit les vainqueurs. Il condamna les *trois chapitres*. C'étoit alors la grande affaire théologique. Ces trois chapitres étoient des écrits de Théodore, évêque de Mopsueste, de Théodoret, évêque de Cyr, & d'Ibas, évêque d'Edesse, écrits qu'on jugea infectés de Nestorianisme.

Pélage mourut en 560. On a de lui des épitres.

PÉLAGE II succéda en 578, à Benoît I ; l'affaire des *trois chapitres* qui n'étoit pas encore terminée, l'occupa aussi. Il eut des contestations pour le droit de son église avec le patriarche de Constantinople, qui prenoit le titre d'évêque œcuménique. Il mourut en 590, de la peste, qui faisoit alors de grands ravages ; c'est cette peste dont on mouroit souvent en éternuant & en bâillant, actions qui étoient apparemment des simptômes particuliers du mal, & c'est de-là, qu'on vient l'ancien usage de dire à ceux qui éternuent : *Dieu vous assiste*, ou *Dieu vous bénisse*, usage qui se réduit aujourd'hui à les saluer, & l'usage aujourd'hui aboli de faire le signe de la croix sur la bouche lorsqu'on bâille. On a aussi de *Pélage II*, quelques épitres.

L'hérésiarque *Pélage*, moine anglois, né au quatrième siècle, & qui occupoit tous les esprits dans le commencement du cinquième, accordoit trop à la liberté humaine & trop peu à la grace divine. Saint Germain, évêque d'Auxerre, &

saint Loup, évêque de Troyes, allèrent en Angleterre vers l'an 429, pour le combattre. *Pélage* & *Célestius*, son plus ardent & son plus habile disciple, répandirent les erreurs du Pélagianisme dans les trois parties du monde. Ils furent condamnés dans plusieurs conciles particuliers, nommément dans deux conciles tenus à Carthage en 415 & en 417. Le pape Innocent I les anathématisa ; le pape Zozime, son successeur, leur fut d'abord favorable & reconnut ensuite qu'il avoit été surpris. Les Pélagiens furent de nouveau condamnés au concile général tenu aussi à Carthage, dont l'ouverture se fit le 1er. mai 418, & où brilla le grand docteur de la grace, saint Augustin. Dés le 30 avril, veille de l'ouverture du concile, l'empereur Honorius chassa de Rome les Pélagiens ; il semble qu'il auroit dû au moins attendre la décision du concile ; & même après cette décision, il falloit encore examiner s'il étoit expédient de chasser ceux à qui cette décision avoit été contraire. Il faut condamner les hérétiques sans doute, quand leurs erreurs peuvent séduire ; c'est-à-dire, qu'il faut déclarer que leurs opinions ne sont pas la foi de l'église ; mais en condamnant & en plaignant l'hérétique, il faut conserver l'homme & le citoyen & savoir le rendre utile : mais voilà ce qu'on ne fait que depuis fort peu de temps. *Pélage* disparut & fut tellement ignoré qu'on ne sait même ni dans quel lieu, ni dans quel temps il mourut. Son erreur disparut avec lui, parce qu'on cessa de s'en occuper. On a des fragmens de ses ouvrages parmi les œuvres de saint Augustin. L'histoire du pélagianisme du cardinal Noris, est l'ouvrage le plus instructif sur cette matière. (*Voyez* l'article NORIS.)

PÉLAGE, roi de Léon, (*Histoire d'Espagne.*) L'Espagne entière étoit soumise aux Maures, & ces fiers conquérans ne croyoient pas qu'il y eût encore des chrétiens à combattre ; cependant quelques Espagnols, tristes & déplorables restes de l'empire des Goths, ayant eu le bonheur d'échapper au glaive des Mahométans, s'étoient réfugiés avec le valeureux *Pélage*, parent du dernier roi Rodrigue, & issu, comme lui, de Récarède, dans les montagnes des Asturies, où l'aridité du sol, les sinuosités des vallées & les routes difficiles, souvent impraticables, des rochers, les mettoient à l'abri de la poursuite & de la fureur des vainqueurs. Le nombre de ces fugitifs, anciens possesseurs de l'Espagne, n'étoit que d'environ cinquante mille ; & ce nombre étoit encore trop considérable relativement au produit de leurs possessions actuelles, qui ne s'étendoient que sur quelques rochers incultes ou dans quelques vallées presque tout aussi arides que la cime de ces rochers. D'ailleurs, sans alliés, sans provisions, sans argent, sans ressources, ils étoient consternés, abattus, par la terreur que léur donnoit le souvenir de leurs concitoyens massacrés ou captifs. D'abord ils ne songèrent qu'à pourvoir à leur sûreté & à la conservation de leur liberté; ils s'occupèrent ensuite de la manière dont ils pourroient subsister & se perpétuer dans ce pays, qui ne pouvoit avoir pour eux d'autre agrément, que celui de leur servir d'asyle. La forme démocratique peut convenir à une société d'hommes heureux & établis dans de riches contrées; mais il faut nécessairement un chef à une troupe d'hommes vaincus, proscrits, fugitifs, accablés par les rigueurs du sort, & poursuivis par des triomphateurs cruels & implacables. Aussi les Goths réfugiés dans les Asturies eurent à peine garanti leur retraite, autant qu'ils l'avoient pu, de toute invasion, qu'ils s'occupèrent des moyens de rétablir du moins le simulacre de leur ancienne monarchie: ils avoient suivi dans ces montagnes don *Pélage*, que sa naissance illustre, sa valeur plus illustre encore, ses rares qualités & ses éminentes vertus avoient rendu si recommandable sous le malheureux règne de Rodrigue son parent. Ce fut sur lui que les Goths jetèrent les yeux; ils s'assemblèrent & l'élurent pour leur souverain, vers la fin de septembre 718, suivant les plus exacts historiens. Il né manquoit au nouveau roi que des sujets qui pussent le seconder, & un royaume capable de lui offrir quelques ressources; mais dénué de tout, *Pélage* suppléa par son activité, sa vigilance, ses talens, aux secours les plus indispensables qui lui manquoient; &, malgré la contrainte de sa situation, il releva, même avec quelque éclat, l'ancienne constitution, & posa les fondemens d'un nouvel état qui devoit devenir dans la suite l'une des plus vastes, des plus riches & des plus respectables monarchies de l'Europe. Alahor, lieutenant du calife en Espagne, méprisoit trop cette troupe de Goths, pour prévoir que dans le triste état où ils étoient réduits, ils penseroient à se donner un roi; Alahor étoit alors dans les Gaules, & sa surprise fut extrême lorsqu'il reçut la nouvelle de cette élection; mais ne croyant point encore ces foibles restes des anciens Espagnols assez formidables pour qu'il fût nécessaire de faire, pour les exterminer, des préparatifs bien considérables, il crut qu'il suffiroit d'ordonner à quelqu'un de ses principaux officiers de punir l'audace de ces esclaves échappés à ses fers. Alchaman, chargé de la poursuite & du châtiment des Goths, s'avança vers les montagnes des Asturies, plus en maître qui va punir, qu'en général qui marche à une expédition: il s'engagea inconsidérément dans les rochers peuplés & défendus par les chrétiens. *Pélage* profita, en capitaine habile, de l'imprudence d'Alchaman; il posta la plus grande partie de ses sujets (ils étoient tous soldats) sur la cime des rochers, avec ordre de s'y tenir tranquilles jusqu'à ce qu'il fût attaqué lui-même dans le poste qu'il alloit prendre

avec les siens au bas de ces mêmes rochers, dans la caverne de Sainte-Marie de Cavadonga. Le général Maure, précédé de l'évêque Oppas, scélérat qui, traître à la patrie & à la religion, avoit vendu don Rodrigue, son maître, ses concitoyens & l'Espagne entière aux infidèles; le général Maure & Oppas cherchent soigneusement, de sinuosité en sinuosité, la retraite des Goths, ils marchèrent d'abord avec beaucoup de précaution; mais ne voyant ni soldats ennemis, ni habitans dans ces déserts, ils hâtèrent leur marche, & arrivèrent enfin près du lieu où ils apprirent qu'étoit *Pélage* avec une petite troupe: Alchaman, pour épargner le sang de ses soldats, envoya l'évêque Oppas à *Pélage* pour lui conseiller de se rendre, de livrer tous les fugitifs & de s'en remettre à la discrétion & à la récompense que lui donneroit Alahor. Indigné des propositions du scélérat Oppas, *Pélage* rejetta ses offres avec mépris, lui ordonna de sortir de sa présence, & d'aller rapporter à ses maîtres que lui & ses sujets combattroient pour la liberté & la religion jusqu'au dernier moment de leur existence. Alchaman qui ne s'étoit point attendu à cette généreuse réponse, furieux de la résistance qu'on osoit lui opposer, marcha contre *Pélage*, & commença l'attaque avec la plus violente impétuosité; mais resserrés entre les rochers, les Maures s'embarrassoient plus les uns les autres qu'ils n'incommodoient les Goths: ceux-ci, mieux exercés à combattre sur un pareil terrein, soutinrent le choc avec fermeté; & aggresseurs à leur tour, mirent les Mahométans en désordre. *Pélage*, sans leur donner le tems de se reconnoître, s'élança, à la tête des siens, du fond de sa caverne sur les Maures, qui, effrayés par la vigueur de cette nouvelle attaque, plièrent & commencèrent à se disperser. Alors ceux d'entre les Goths qui, placés sur la cime des rochers, n'avoient pas encore pris part au combat, firent rouler sur les infidèles des masses énormes de pierres, sous lesquelles ils restèrent ensevelis. Dès ce moment, la déroute des ennemis fut générale, complette, & l'on assure qu'en très-peu de tems les Maures perdirent dans cette action cent vingt-quatre mille hommes. Alchaman fut du nombre des morts, & l'évêque Oppas fait prisonnier, périt dans les supplices. Quelques historiens contemporains, aimant mieux rapporter au ciel & au dérangement des loix de la nature, qu'à la valeur de leurs concitoyens, cette mémorable victoire, ont prétendu que par un miracle très-étonnant en effet, les traits lancés par les Maures retournoient sur eux mêmes, & les tuoient. Ce prodige seroit assurément fort extraordinaire; mais il n'y eut de prodigieux dans cette bataille que la valeur & l'héroïsme de *Pélage* & de son armée: car du reste, le champ de bataille étoit très-défavorable aux infidèles qui ne pouvoient ni y combattre, ni presque se mouvoir; ce qu'il y eut

de

le prodigieux encore, fut la conduite de *Pélage* qui, rempli d'une noble confiance, inspira fon audace à ces mêmes Goths qui, vaincus tant de fois par les Mahométans, triomphèrent pourtant fous les ordres de leur fouverain intrépide, avec tant d'éclat, d'une armée puiffante, victorieufe & formidable. Le peu de Mahométans que la fuite avoit dérobés à la colère des vainqueurs, gagnèrent précipitamment les rives de la Deva, où ils commencèrent à fe croire en fûreté, lorfque, par un accident fortuit, & plus miraculeux pour les hiftoriens du huitième fiècle, que les caufes de la défaite des Maures, une partie de la montagne qui dominoit cette rive de la Deva, fe détachant tout-à-coup, écrafa & enfevelit tous ceux d'entre les Maures envoyés par Alahor à cette malheureufe expédition, & qui n'étoient pas morts foit dans le feu du combat, foit dans la retraite des fuyards. La victoire de *Pélage* répandit la confternation parmi les infidèles qui, redoutant à leur tour les armes des chrétiens, s'éloignèrent des rochers des Afturies qui leur étoient devenus fi funeftes. Manuza renfermé dans Gijon avec une nombreufe garnifon mahométane, effrayé du voifinage des vainqueurs, fe hâta de fortir de la place où il commandoit, & fuivi de tous fes foldats, il tâchoit de gagner un lieu plus fûr, lorfque *Pélage* averti de fa retraite, marcha à lui, le rencontra, fondit, à la tête des fiens, fur fa troupe, la tailla en pièces, & par ce fuccès acheva de nettoyer les Afturies des Maures, qui dès-lors n'osèrent plus en approcher, du moins pendant la vie de ce redoutable guerrier. Leur crainte & leur éloignement ayant rendu le calme aux Goths, *Pélage* confacra ce tems de tranquillité à l'exécution des projets vraiment utiles qu'il avoit formés ; il fit conftruire plufieurs villes, en rétablit quelques-unes ruinées par les Mahométans, fonda & répara plufieurs églifes ; mais ne voulut ni entourer aucune ville de murailles, ni permettre la conftruction d'aucune fortereffe, afin d'entretenir la valeur naturelle de fes fujets, qu'il croyoit que pouvoir s'amollir & fe relâcher par la fécurité que leur procureroient des remparts & des forts. Ce n'eft cependant point au génie feul de *Pélage* qu'il faut attribuer le bonheur de fon règne & la tranquillité que fes fujets goûtèrent. Les Afturies jouirent de la paix, parce que les Mahométans n'avoient que des dangers à courir dans ce pays rude & prefque inacceffible à de nombreufes armées ; parce que la conquête de ce pays ne leur offroit en dédommagement des foins, des dépenfes & du fang qu'elle leur coûteroit, que quelques arides rochers, quelques hameaux, quelques villages, où ils ne pouvoient efpérer de faire aucun butin. D'ailleurs, la conquête des Gaules tentoit plus l'avidité de cette nation ; outre ces caufes, les foulevemens prefque perpétuels & les guerres civiles qui divifoient entr'eux les

Mahométans, contribuoient autant & plus encore que la valeur de *Pélage*, à maintenir & prolonger la paix dans les Afturies. Aimé de fes fujets qu'il rendoit auffi heureux qu'ils pouvoient l'être dans leur fituation, *Pélage* fongea auffi, même par attachement pour fon peuple, à affermir l'autorité royale, & à rendre la couronne héréditaire dans fa famille, feul moyen de prévenir le défordre & les troubles qui trop fouvent agitent les royaumes électifs. Il avoit deux enfans de la reine Gaudiofe fon époufe, Favila & Ormifinde ; il s'affocia, du confentement & de la nobleffe, le prince Favila, & il donna en mariage la princeffe Ormifinde à don Alphonfe, que bien des hiftoriens ont regardé comme le fils de Pierre, duc de Cantabrie, de la maifon royale de Recarede : mais Alphonfe avoit des titres encore plus refpectables ; il avoit rendu à l'état les fervices les plus fignalés, foit par fa valeur dans les combats, foit par fes lumières dans le confeil, & ces fervices lui méritèrent bien plus que le hafard de la naiffance, l'honneur de devenir l'époux d'Ormifinde. *Pélage* continua encore de gouverner avec autant de fageffe que de fuccès ; & accablé d'années, il mourut le 18 feptembre 737, après un regne illuftre & glorieux de dix-neuf années. Ses fujets le regrettèrent, & le règne du foible Favila leur fit bientôt fentir encore plus amèrement combien étoit irréparable la perte que la nation avoit faite de ce reftaurateur célèbre de la monarchie des Goths. (*L. C.*)

PÉLAGIE, (*Hift. ecclef.*) c'eft le nom de deux faintes, toutes deux d'Antioche ; l'une vierge & martyre du quatrième fiècle, qui, condamnée à la proftitution par les perfécuteurs payens, y échappa en fe précipitant du toit de fa maifon. L'autre, pénitente fameufe du cinquième fiècle, après avoir été la principale & la plus célèbre actrice d'Antioche, difparut & ne fut reconnue qu'après fa mort dans la perfonne d'un vertueux folitaire qu'on avoit vu long-temps mener la vie la plus mortifiée fur la montagne des Oliviers près de Jérufalem.

PÉLERIN, f. m. (*Hift. mod.*) perfonne qui voyage ou qui parcourt les pays étrangers pour vifiter les faints lieux, & pour faire fes dévotions aux reliques des faints.

Ce mot eft formé du flamand *pelegrin*, ou de l'italien *pelegrino*, qui fignifie la même chofe, & tous ces *mots* viennent originairement du latin *peregrinus*, étranger ou voyageur.

On avoit autrefois un goût exceffif pour les pélerinages, fur-tout vers le temps des Croifades.

Plufieurs des principaux ordres de chevalerie étoient établis en faveur des *pélerins* qui alloient à la Terre - fainte , pour fe mettre à couvert des violences & des infultes des Sarafins & des Arabes , &c. Tels étoient l'ordre des chevaliers du Temple , ou des Templiers, des Hofpitaliers, des chevaliers de Malte, &c.

PÉLERINAGE, (*Hift. mod.*) voyage de dévotion mal entendue ; les idées des hommes ont bien changé fur le mérite des *pelerinages*. Nos rois & nos princes n'entreprennent plus des voyages d'outre - mer , après avoir chargé la figure de la croix fur leurs épaules , & reçu de quelque prélat l'efcarcelle & le bâton de pelerin. On eft revenu de cet emprefement d'aller vifiter des lieux lointains , pour y obtenir du ciel des fecours qu'on peut bien mieux trouver chez foi par de bonnes œuvres & une dévotion éclairée. En un mot, les courfes de cette efpèce ne font plus faites que pour des coureurs de profeffion , des gueux qui par fuperftition, par oifiveté ou par libertinage, vont fe rendre à Notre-Dame de Lorette, ou à St Jacques de Compoftelle en Gallice, en demandant l'aumône fur la route. (*D. J.*)

PÉLERINAGE DE LA MECQUE, (*Religion mahom.*) tout le monde fait que les Mahométans, en général, fe croient obligés par leur loi, de faire une fois en leur vie, le *pelerinage de la Mecque* ; ce n'eft même qu'une ancienne dévotion qui fe pratiquoit avant Mahomet. Il eft certain que le lieu (le Kabaa de la Mecque) a été vifité comme un temple facré , par tous les peuples de cette prefqu'île arabique, de tems immémorial , c'eftà-dire avant Mahammed, de même qu'après lui. Ils y venoient de toutes les parties de l'Arabie pour y faire leurs dévotions. Le Kabaa étoit plein d'idoles du foleil, de la lune & des autres planètes. Les pierres mêmes de l'édifice étoient des objets d'idolâtrie ; chaque tribu des Arabes en avoit tiré une qu'ils portoient par-tout où ils s'étendoient , & qu'ils élevoient en quelque lieu , fe tournant vers elle en faifant leurs prières, ou la mettant à l'endroit éminent d'un tabernacle qu'ils dreffoient d'après la figure du Kabaa.

Il y a beaucoup d'apparence que Mahammed, voyant le zèle univerfel qu'on avoit pour ce temple, prit le parti de confacrer le lieu, en changeant les rites du *pelerinage*, de même que le but & l'objet ; il ne fe contenta pas de confirmer la tradition reçue que le Kabaa étoit l'oratoire d'Abraham , fondé par la direction de Dieu ; il confirma de plus le *pelerinage* & la proceffion autour de la chapelle , & il enchérit même fur tout ce qu'on en croyoit déja, en difant que Dieu n'exauce les prières de perfonne en aucun endroit de l'univers, que quand elles font faites le vifage tourné vers cet oratoire.

Les Mahométans font néanmoins aujourd'hui

partagés fur fa néceffité abfolue : les Turcs, les petits Tartares & autres, prétendent que le précepte oblige tous ceux qui peuvent fe foutenir avec un bâton , & qui ont feulement une écuelle de bois vaillant, pendue à la ceinture ; on va même chez le Chafai (une des quatre grandes fectes du mufulmanifme), jufqu'à enfeigner que chacun eft obligé de faire le *pelerinage*, n'eût-il pas un fou vaillant : les Perfans au contraire, foutiennent qu'il ne faut pas prendre le précepte à la lettre, mais avec modification, & que les Immans, qui font les premiers fucceffeurs de Mahammed, ont déclaré que l'obligation du *pelerinage* n'eft que pour ceux qui font en parfaite fanté, qui ont affez de bien pour payer leurs dettes, pour affurer la dot de leurs femmes, pour donner à leurs familles la fubfiftance d'une année, pour laiffer de quoi fe mettre en métier ou en négoce au retour, & pour emporter en même temps cinq cents écus en deniers pour les frais du voyage ; qu'enfin , fi l'on n'a pas ces moyens-là, on n'eft pas obligé au *pelerinage* ; que de plus, fi on les a , & qu'on n'ait pas la fanté requife, il faut faire le *pelerinage* par procuration. *Il eft avec le ciel des accommodemens......* (*D. J.*)

PELETIER , (LE) (*Hift. de Fr.*) M. Boivin le cadet a écrit en latin très-élégant, la vie du miniftre Claude le *Peletier*, fon bienfaiteur & fon ami. Il a fait auffi fon épitaphe, que nous rapporterons comme un modèle dans ce genre.

Claude le *Peletier*, préfident du parlement de Paris, miniftre d'état & contrôleur-général des finances, naquit en 1631. Sa famille, originaire d'Anjou, y paroît avec éclat dès le quinzième fiècle. Plufieurs branches de cette famille fe font étendues dans le Maine, dans la Normandie, &c. La nobleffe de leurs poffeffions & de leurs alliances attefte l'ancienneté de leur origine. Le favant du Chefne, dont l'autorité eft fi grande en ces matières, nous apprend qu'un le *Peletier*, feigneur de Martinville en Normandie, époufa, il y a plus de deux cents ans, Marguerite de Montmorenci.

François le *Peletier*, mort doyen du parlement, où il avoit été reçu en 1572, eft le premier de fon nom qui foit entré dans cette compagnie.

Louis le *Peletier*, confeiller d'état en 1625, eft la tige commune des diverfes branches de fon nom, que nous voyons aujourd'hui remplir les premières places de la magiftrature. Il époufa la petite-fille de ce Pierre Pithou, le feul jurifconfulte, à qui l'eftime publique ait déféré le titre de légiflateur. « En effet, fon traité des » libertés de l'églife Gallicane, quoiqu'il foit » plutôt la production du favoir & de la raifon » que de l'autorité, a force de loi dans les » tribunaux. »

Du mariage de Louis le *Peletier* avec la petite

fille de Pierre Pithou, fortirent trois fils. Claude le *Peletier*, c'eſt le miniſtre, objet principal de cet article; Jérôme, mort conſeiller d'État en 1696, & Michel, c'eſt M. le *Peletier* de Souzy, dont il ſera queſtion auſſi dans la ſuite.

Claude eut dix enfans de ſon mariage avec Marguerite Fleuriau d'Armenonville, tante du garde des ſceaux de ce nom, & veuve de M. de Fourcy. Louis le *Peletier*, ſon troiſième fils, premier préſident en 1707 ou 1708, & qui ſe démit en 1712, eſt le ſeul de ſes fils qui ait laiſſé poſtérité. Il a formé deux branches par deux différens mariages.

De ſon premier mariage avec Marie-Joſeph de Koskaër de Roſanbo, il a eu Louis le *Peletier*, auſſi premier préſident depuis 1736 juſqu'en 1743, & à qui les ſceaux furent offerts, non pas, comme l'a dit un auteur moderne, à la mort du chancelier d'Agueſſeau, qui avoit abdiqué deux mois avant ſa mort, & qui avoit été remplacé dans la dignité de chancelier par M. de Lamoignon de Blancmeſnil, & dans celle de garde des ſceaux par M. de Machault, mais à la retraite de ce dernier en 1757.

Ce ſecond premier préſident le *Peletier* dont nous parlons, de ſon mariage avec Marie-Thérèſe Hennequin d'Ecquevilly, a eu pour fils M. le préſident de Roſanbo, (Louis le *Peletier*), mort avant le premier préſident ſon père, & qui, de ſon mariage avec la fille de Charles de Meſgigny, comte d'Aunay, lieutenant-général des armées du roi, gendre de M. le maréchal de Vauban, a laiſſé deux fils; ſavoir, Louis le *Peletier*, marquis de Roſanbo, l'aîné du nom, cinquième préſident-à-mortier de ſa branche & de père en fils, & Charles Louis David le *Peletier*, comte d'Aunay.

Les curieux (& qui ne le devient pas au ſeul nom du maréchal de Vauban?) ſeront bien aiſes d'apprendre que les manuſcrits de ce grand homme ſont conſervés dans la bibliothèque de M. le préſident de Roſanbo; ce ſont ces manuſcrits que M. de Vauban appelloit *ſes oiſivetés*, & dont M. de Fontenelle a dit: « S'il étoit poſſible que les idées » de M. de Vauban s'exécutaſſent, *ſes oiſivetés* » ſeroient plus utiles encore que tous ſes tra- » vaux. »

M. le préſident de Roſanbo a épouſé Antoinette-Marguerite-Thérèſe de Lamoignon, fille de M. de Maleſherbes, & petite-fille de M. le chancelier de Lamoignon.

M. d'Aunay, d'abord chevalier de malte, & enſuite cornette de la première compagnie des mouſquetaires, a épouſé mademoiſelle de Puyſégur, petite-fille du maréchal de France de ce nom.

Nous avons annoncé que le premier préſident le *Peletier* (Louis), troiſième fils de Claude,

avoit été marié deux fois. De ſon ſecond mariage avec mademoiſelle de Mairat de Verville, ſont nés deux fils: Jacques le *Peletier*, marquis de Montmélian & de Morteſontaine, préſident d'une chambre du parlement, mort conſeiller d'honneur; ſon fils, M. de Morteſontaine a été intendant de Soiſſons, & prévôt des marchands.

Le ſecond fils, non pas de Jacques, comme le dit encore un auteur moderne, mais de Louis, & de ſon ſecond mariage, eſt Charles-Étienne le *Peletier* de Beaupré, conſeiller d'État, ci-devant intendant de Champagne, mort il y a peu d'années.

Voilà ce qui compoſe la ſeconde branche des le *Peletier*, deſcendue de Claude, ainſi que la première.

La troiſième deſcend de M. le *Peletier* de Souzy, mort doyen du conſeil, dernier fils du premier Louis le *Peletier*, & frère puîné du miniſtre.

Il fut père de Michel Robert le *Peletier* des Forts, qui fut auſſi miniſtre & contrôleur-général. De ſon mariage avec Madeleine de Lamoignon, petite-fille du premier préſident de ce nom, il eut Louis Claude le *Peletier*, mort à vingt-ſix ans, maître des requêtes; qui, de ſon mariage avec Marguerite-Charlotte d'Aligre, iſſue de deux chanceliers de France, a eu Michel-Étienne le *Peletier*, comte de Saint-Fargeau, mort depuis peu d'années, préſident du parlement, après avoir rempli avec la plus grande diſtinction les places d'avocat du roi au châtelet, puis d'avocat-général au parlement. L'aîné de ſes fils, après s'être diſtingué à ſon exemple dans les places d'avocat du roi au châtelet, puis d'avocat-général au parlement, eſt aujourd'hui préſident à Mortier.

Nous n'avons voulu ici que marquer l'état actuel de cette famille illuſtre, dans la deſcendance maſculine; ſi nous la ſuivions juſques dans les maiſons où elle eſt entrée par les femmes, aux alliances des Lamoignons, des d'Aligres, des Meſgrignis, des d'Ecquevillis, des Puyſégurs, de tant de maiſons décorées du bâton de maréchal de France, ou de la dignité de chancelier, nous aurions à joindre encore les alliances des Fénelons, des d'Argouges, des Chimai enfin, & des Montmorenci-Luxembourg, noms après leſquels il n'en eſt plus qu'on doive citer.

Laiſſons les noms, & occupons-nous des actions, ce ſont elles qui font les noms célèbres.

Plutôt ce qu'ils ont fait que ce qu'ils ont été,

eſt la deviſe naturelle de tous les hommes qui ont eu du mérite. De grandes vertus dont la mémoire s'eſt conſervée, des ſervices publics dont les monumens exiſtent, voilà les plus beaux titres de M. le *Peletier* le miniſtre, voilà ce qui rendra son nom à jamais recommandable & intéressant. Ses vertus s'annoncèrent dès l'enfance, & furent cultivées avec soin par un sage instituteur, dont M. Boivin nous a conservé le nom; il l'appelle *Philippus Dormeius, amæni ingenii vir & moris antiqui*. N'oublions pas la tendre & vertueuse reconnoissance de M. le *Peletier* pour ce maître respectable; il ne voulut jamais en être séparé, il l'aima vivant, il le pleura mort, & ordonna que les cendres du maître & du disciple sussent réunies dans un même tombeau à sa terre de Villeneuve. Substituons des noms anciens à des noms françois. Marc-Aurèle pleuroit le maître qui avoit élevé son enfance; des courtisans blâmoient sa douleur, qu'ils taxoient de foiblesse : « Laissez-le pleurer, dit Antonin, » souffrez qu'il soit homme, cette sensibilité est » le gage du bonheur de l'empire, je l'aurois » adopté sur la foi de ces pleurs que vous con-» damnez. »

La jeunesse est confiante & présomptueuse; M. le *Peletier* annonça au contraire, dès ses plus tendres années, cette modestie, cette défiance de lui-même qui le distingua dans tout le cours de sa vie. M. Boivin en cite un trait qui n'étoit pas indigne d'être observé. Le jeune le *Peletier* faisoit sa rhétorique au collège de Grassins, la distribution des prix alloit se faire. Persuadé qu'il ne pouvoit y avoir aucune part, il résolut de ne point assister à cette cérémonie, il pria instamment son père de n'y point aller, de s'épargner le désagrément de ne pas même l'entendre nommer; le père le promet. Le jour arrive. Le jeune le *Peletier*, forcé par ses maîtres de se trouver à la distribution, croit assister comme étranger à ce spectacle. Dans ce moment décisif, si bien décrit par Virgile, où l'amour de la gloire fait tressaillir de crainte & d'espérance tous ces jeunes cœurs :

Exultantiaque hourit
Corda pavor pulsans laudumque arrecta cupido ;

Il apperçoit son père dans l'assemblée, il frémit. M. Boivin s'est plû à répandre sur cette scène, de la chaleur & de l'intérêt :

Plenâ jam spectatoribus erant & cavea & orchestra; plena adolescentibus anabathra; inter quos ipse etiam Peleterius, coactus à magistris interesse spectaculo: cùm ecce de improviso hujus quoque pater ingreditur, & sedem capit in conspectu theatri positam. Tùm verò consternatus viso patre filius pallere, erubescere, tacitè irasci, lacrymas vix continere. Interim... unus consurgit, qui victores advocet; isque CLAU-DIUM PELETERIUM magnâ voce omnium primum appellat ; neque hoc semel, sed iterum & tertiò; ita ut unus tria præmia, tres laureas acceperit, gratulantibus quotquot aderant viris primariis, in quibus Seguierius, Galliarum cancellarius.

Mais hâtons-nous de voir M. le *Peletier* entrer dans le monde & dans la magistrature, devenir

l'ami de ce Jérôme Bignon, le *Caton* & le *Varron* de son siècle, de ce juste & intrépide Matthieu Molé, premier président & garde des sceaux, du chancelier le Tellier, du chancelier Boucherat, de ce vertueux d'Ormesson, de ce Guillaume de Lamoignon, qui est parmi les premiers présidens ce que l'Hôpital & d'Aguesseau sont parmi les chanceliers. M. le *Peletier* tenoit par les liens du sang ou par des alliances à la plupart de ces illustres personnages. Le nouvel auteur de la vie du P. Pithou (M. Grosley) observe que, « par » diverses alliances, sur-tout par celle de M. le » *Peletier*, le nom de Pithou est devenu comme » un centre qui réunit aujourd'hui les chefs de » la magistrature. » Il nomme les Lamoignon, les Maupeou, les Molé, les d'Aligre, les Joly de Fleury, les Briçonnet, les Turgot, les d'Argouges, &c. Ces familles patriciennes de la magistrature, dont plusieurs (& c'est leur moindre avantage) pourroient se glorifier d'une origine militaire & d'un partage actuel entre les armes & les loix ; ces respectables races, où la vertu, la science & l'amour du bien public sont héréditaires, & qui semblent conserver parmi nous le dépôt des mœurs, ne sont pas celles qui doivent être les moins chères à la nation & en particulier aux gens de lettres.

M. le *Peletier* & ses amis aimoient à s'assembler chez les Dupuy, gardes de la bibliothèque du roi, savans si semblables aux Pithous, & dont la maison étoit une école de doctrine & de sagesse. Gaston, duc d'Orléans, & le grand Condé, ne dédaignoient pas de se ranger parmi leurs disciples. Gaston, témoin des talens & des vertus de M. le *Peletier*, crut ne pouvoir confier à un plus sage administrateur la fortune des trois filles qu'il avoit eues de son second mariage: il le nomma leur tuteur. Ce choix fut généralement approuvé & pleinement justifié.

Dans le même temps M. le *Peletier* servoit de père à une fille unique que sa femme avoit eue de son premier mariage; il augmentoit le patrimoine de cette enfant par toutes les ressources du zèle, de l'intelligence & de l'économie; il la maria dans la suite à M. le marquis de Châteauneuf, aïeul de feu M. le duc de la Vrillière.

M. le *Peletier* sembloit s'essayer, par cette administration domestique, à l'administration des affaires publiques. Après avoir été successivement conseiller au châtelet, (école utile aux magistrats) conseiller, puis président au parlement, il fut fait prévôt des marchands. On peut comparer sa prévôté avec celle de M. Turgot, petit-fils de M. le *Peletier* de Souzy son frère, & père de ce ministre, dont la mémoire sera toujours sacrée aux gens de bien & aux bons citoyens. Nous nous contenterons de rappeller ici les principaux embellissemens, les établissemens les plus utiles dont Paris est redevable à M. le *Peletier* & à M. Turgot. C'est à M. le *Peletier* qu'on doit ce quai qui porte encore son nom , & qui conduit du pont Notre-Dame à l'hôtel-de-ville. M. le *Peletier*, fidèle à son caractère modeste, vouloit faire appeler ce monument *le Quai Neuf*; mais la reconnoissance publique l'a consacré sous le nom de M. le *Peletier*. Les portes Saint-Bernard, Saint-Antoine, Saint-Martin & Saint Denis; la machine du pont Notre-Dame pour la distribution des eaux dans divers quartiers de Paris; tous les ports élargis, nettoyés, gardés, devenus plus commodes & plus sûrs; le boulevard planté depuis la porte Saint-Antoine jusqu'à la porte Saint-Honoré; voilà les principaux monumens de la prévôté de M. le *Peletier*. Le canal pour l'écoulement des eaux & des immondices qu'elles entraînent, la fontaine de Grenelle, monument qu'on eût admiré dans Athènes, dit M. de Bougainville, sont l'ouvrage de M. Turgot, & nous lui devons encore une foule de projets & de plans pour l'embellissement & l'amélioration de Paris. M. le *Peletier* fut huit ans prévôt des marchands; il n'y avoit point encore d'exemple qu'on eût exercé la prévôté pendant plus de six ans. M. Turgot l'exerça pendant onze ans.

Le rétablissement de la discipline & des études dans les écoles de droit, est encore un bienfait de M. le *Peletier*, devenu alors conseiller d'état & le coopérateur le plus utile du chancelier le Tellier. Il avoit eu part aussi à l'ordonnance de 1667.

Enfin, en 1683, il fut choisi pour succéder à Colbert dans le ministère des finances. L'abbé de Choisy rapporte que le roi ayant consulté le chancelier le Tellier sur ce choix, ce ministre répondit : « Sire, votre majesté ne doit pas me » croire, le père de M. le Tellier a été mon » tuteur, & j'ai toujours regardé ses enfans » comme les miens. N'importe, dit le roi, dites- » moi ce que vous en pensez. — Sire, j'obéis: » M. le *Peletier* est homme de bien & d'honneur, » fort appliqué; mais je ne le crois pas propre » aux finances, il n'est pas assez dur. Comment! » reprit le roi, je ne veux pas qu'on soit dur à » mon peuple; puisqu'il est fidèle & appliqué, » je le fais contrôleur-général. » Des traditions particulières ajoutent que Louis XIV paroissoit balancer entre M. le *Peletier* & deux autres, dont le fameux Gourville (*voyez* l'article GOURVILLE) étoit un; que M. le Tellier parut applaudir au choix qu'on feroit de Gourville, en disant : *c'est le moyen de le détacher des intérêts de M. le Prince*, mot qui fit exclure Gourville; qu'il écarta de même l'autre par un éloge perfide, & ne parut exclure que M. le *Peletier*, par le motif qu'énonce l'abbé de Choisy, & qui le fit préférer, comme M. le Tellier l'avoit prévu.

Ce choix eut l'approbation du public, & le roi ne cessa jamais de s'en louer. L'abbé de Choisy, malgré le ton léger & frivole dont il parle de M. le *Peletier*, ne peut s'empêcher de rendre justice à sa modestie, à sa bonté, à sa probité, à ses vertus. « Il avoit peine à promettre, dit- » il, mais l'on pouvoit se fier à lui quand une » fois il avoit promis... Étant homme de bien » & fort scrupuleux, il avoit... peur de se tromper » & de faire tort à quelqu'un. »

Il n'est pas question ici de comparer M. le *Peletier* avec son prédécesseur. Sully & Colbert, ministres sévères, étoient venus dans des temps où on avoit besoin d'eux; dans des temps où le désordre des finances & l'excès des déprédations exigeoient des réformes rigoureuses & un caractère inflexible pour les fuir; il falloit alors remonter la machine du gouvernement, il falloit des ministres restaurateurs.

Mais quand l'ordre est solidement rétabli, qu'y a-t-il de mieux à faire que de le maintenir? Loin cette ambition si petite & si déplacée, de renverser l'ouvrage de ses prédécesseurs, de faire des changemens pour le plaisir d'en faire, pour occuper de soi, pour exercer son autorité, comme les enfans essaient & exercent leurs organes, sans autre motif & sans autre objet que de les exercer? Pourquoi accuser par des changemens l'administration précédente, quand ces changemens ne sont pas nécessaires? M. le *Peletier* respecta la gloire de Colbert, il respecta le nom du roi, qui ne doit pas être légèrement employé à consacrer des opérations contradictoires. Il jugea celles de M. Colbert, les approuva & les maintint; supérieur en ce point à son siècle, qui ne savoit pas rendre justice à ce grand ministre. Il fit le plus grand bien possible, celui de conserver le bien qui étoit fait. La guerre se ralluma en 1688. Il vit venir l'orage, sa bienfaisance s'en alarma; il vit qu'il faudroit faire du mal, & il n'en savoit pas faire. Il se retira (en 1689). Malheur à qui pourroit ne pas sentir le prix & d'une telle administration & d'une telle retraite!

Votre père ne m'a jamais trompé, disoit, plus de vingt ans après, Louis XIV au premier président le *Peletier*, fils de Claude. Ce n'est pas peut-être un médiocre éloge pour un ministre; & lorsqu'un grand roi se souvient si long-temps après de le donner, il nous montre combien il a trouvé cette sincérité rare & nécessaire.

M. le *Peletier* ne vouloit pas même pouvoir le tromper; jamais il ne régloit rien d'important dans son travail particulier avec le roi; toute opération considérable étoit soumise à l'examen du conseil. » Sire, disoit-il, comment saurez-vous que je » vous dis la vérité, s'il n'y a personne qui puisse » me contredire? »

M. Turpin raconte le fait que voici : » un grand » avec lequel il vivoit dans une familiarité sans » réserve, sollicita une gratification ; comme il » n'avoit d'autre titre que sa naissance & l'amitié » du ministre, il essuya un refus. Son amour pro- » pre offensé s'exhala en reproches: eh ! quoi ,

» dit-il, si une personne comme moi ne peut rien
» obtenir de vous, qui pourra prétendre à votre
» faveur ? Les pauvres, répondit l'Aristide fran-
» çois ».

Nous ignorons si M. Turpin a eu sur ce fait
d'autres mémoires que ceux que fournit M. Boivin;
mais cet auteur ne parle point d'un grand, & de
la manière dont il s'exprime, on pourroit croire
que c'étoit lui-même qui étoit cet ami. Aussi ne
s'agit-il ni de gratification demandée & refusée, ni
d'amour propre offensé, ni de reproches, ni
d'*homme comme moi*; seulement cet ami demande
au ministre s'il lui permettroit de lui recommander
quelques personnes, & quelles sortes de personnes il lui permettroit de recommander. La réponse
fut la même: *les pauvres seuls: solos pauperes.*

M. *le Peletier* ne se borna point à conserver
l'administration de Colbert, il la perfectionna,
il diminua les tailles, il éclaira de plus près
la perception des impôts; il adoucit la misère
du peuple : ce fut Colbert bienfaisant. M. le
Peletier de Souzy, son frère, partageoit ses travaux,
en qualité d'intendant des finances, place alors
unique. Digne coopérateur d'un tel ministre, il
reste aussi de lui des monumens utiles; chargé de la
direction générale des fortifications & des places
de terre & de mer, qui, après la mort de M. Louvois, fut détachée en sa faveur, du ministère de
la guerre avec la prérogative du travail avec le roi,
ce fut lui qui fit construire le pont-royal.

M. *le Peletier*, en quittant le ministère put
dire à Louis XIV : *Sire, je me retire du contrôle
général, riche de huit mille livres de rente, c'est ce que
j'ai reçu de mon père.* Les biens de MM. *le Peletier*
sont le fruit de leurs mariages avec de riches héritières. Le roi lui donna la surintendance des
postes, à laquelle étoient attachés des émolumens
considérables; M. *le Peletier* voulut en faire les
fonctions gratuitement, & le produit en fut versé
dans le trésor public.

Le roi lui avoit promis une charge de président à Mortier, & c'étoit le seul objet des vœux
de M. *le Peletier*; une de ces charges vint à vaquer,
le roi la lui offrit, M. *le Peletier* la demanda &
l'obtint pour le fils de celui dont la retraite faisoit
vaquer cette place, & non pour *le fils du défunt,*
comme le dit M. Turpin, qui n'a pas suivi assez
exactement M. Boivin dans cet endroit ni dans
quelques autres. M. *le Peletier* eut quelques années
après la charge du président le Coigneux.

Il resta encore plusieurs années dans le conseil,
après avoir quitté le contrôle général; mais en
1697, il quitta entièrement la cour & tous ses
emplois, sans pouvoir être retenu par la promesse
même de la dignité de chancelier.

Il ne conserva que son crédit auprès du Roi &
sa faveur dans le public, qui le suivirent jusqu'au
tombeau: *utrique (& patriæ & principi) ad exitum
percarus,* dit M. Boivin.

Observons un dernier trait qui achève de faire
connoître le caractère de M. *le Peletier.* Né dans
la magistrature, comme la plupart des ministres
de Louis XIV, il auroit pu, comme eux, établir
sa famille à la cour; il voulut la fixer dans la
magistrature, & il est le seul qui ait donné cet
exemple. Cette conduite tenoit en lui à deux principes : sa modestie qui l'éloignoit de toute ambition; son respect & son attachement pour l'état
de ses pères, pour un état qui, par la nature
même & la continuité des devoirs qu'il impose,
semble exiger plus d'application & de vertu. Ces
sentimens, selon ses vœux, se sont perpétués dans
sa famille.

Les lettres que M. *le Peletier* avoit toujours
aimées, les vertus qu'il avoit toujours pratiquées,
embellirent sa retraite & suffirent au bonheur de
ses dernières années. Ami des savans, savant lui-
même, nourri des anciens, juste appréciateur des
modernes, il avoit vécu dans l'intimité des Corneille, des Racine, des Boileau, des Santeuil,
des Tourreil, des Pompone, des Bossuet, des
Fénelon, des Rollin. On a de lui deux morceaux
écrits en latin & adressés à ce dernier. L'un est la
description de Villeneuve, l'autre celle de Fleury,
qui appartient à M. d'Argouges. On trouve dans
ces deux ouvrages, outre le mérite d'une excellente latinité, cet amour profond de la retraite
& de la campagne, qui a distingué dans tous les
temps les ames douces & sensibles, & les véritables amis des lettres.

Scriptorum chorus omnis amat nemus, & fugit urbes.

Une troisième pièce latine de M. *le Peletier*, est
adressée à ses enfans, auxquels il envoie le *comes
theologus* de Pierre Pithou. Elle finit par cette
phrase, également pieuse & bien tournée:

*Illud verò mentibus vestris infixum altiùs volo;
omnia flagitiorum & calamitatum genera, aut ex
contemptâ, aut ex mentitâ pietate inter homines
nasci.*

Les mouvemens que M. *le Peletier* se donna
pour découvrir & publier les ouvrages de P. Pithou, le soin qu'il prit de faire écrire la vie de
ce jurisconsulte par M. Boivin le cadet, ses bienfaits envers ces deux frères Boivin & d'autres
savans, sont autant de monumens de son amour
pour les lettres.

C'étoit encore un trait de conformité, c'étoit
un lien de plus entre lui & M. de Souzy son
frère, véritable savant, par qui de véritables
savans avouent avoir été instruits, homme
de goût d'ailleurs & d'un esprit éclairé, que Tourreil appelloit *homo limatissimi judicii,* expression
empruntée de Cicéron; il lui appliquoit aussi ce
que Velleïus Paterculus avoit dit du second Scipion l'Africain.

Neque enim quiſquam hoc Scipione elegantiùs intervalla
negotiorum otio diſpunxit.

Semblable en tout à ſon frère, il quitta comme lui, mais beaucoup plus tard, la cour & les affaires. On peut voir ſon éloge dans le ſeptième volume des mémoires de l'académie des inſcriptions & belles-lettres, dont il étoit un des honoraires, & dont il n'avoit point négligé les travaux. Il avoit fait de ſavantes recherches ſur la ville des Curioſolites, ancien peuple de l'Armorique, dont il eſt parlé dans quelques endroits des commentaires de Céſar.

Voici l'épitaphe de M. le *Peletier* le miniſtre, que nous avons promiſe & qui nous paroît un excellent abrégé de ſa vie :

Hic jacet
CLAVDIVS LE PELETIER
Regni adminiſter.

Vir clarus geſtis honoribus,
Clarior ſpretis ac reli.is.
In quartâ Inquiſition. Claſſe
Senator primùm, deindè Præſes,
Complures annos jut ſanctè dixit.

Præfectus Urbi,
Præclaris Operib. Lutetiam auxit
Et ornavit.

Factus indè Conſiſtorian. Comes,
Ad reſtituenda Juriſpr. ſtudia
Operam & authorit. feliciter contulit.
Mox ad Ærarii regniq. adminiſtration.
Vocatus,
Et titulo Præſidis inſul. auctus,
Inter ſummas dignitates
Veterem modeſtiam ;
Inter lucri contagia
Nobilem pecuniæ abſtinentiam
Retinuit.

Adhuc integer animo florenſque gratiâ,
Sed meliora meditans,
Ærarii curam libentiùs abjecit
Quàm ſuſceperat.

Tandem Aulâ ſponte & cupidè ceſſit,
Ut Deo ac ſibi liberiùs vacaret.
Otium dulce nec inglorium
Inter ſelectos amicos,
In ſacrar. Litterar. meditatione
Ac pietatis officiis
Conſumpſit.
Patria tamen & Principis ſemper
Memor,
Utrique ad exitum percarus,
Viribus paulatim deficientibus,

Octogenario major obiit en. 1711.
Menſ. Auguſt. die 10.

Lud. le Peletier, S. Pr.
Cæterique ſuperſtites liberi
Optimo Parenti
Mærentes ac memores
Poſuere.

PELHESTRE, (PIERRE) (*Hiſt. litt. mod.*) ſavant précoce, moins connu par une ſeconde édition du traité de la lecture des pères, & par ſes notes ſur ce livre que par une réponſe qu'il fit dans ſa jeuneſſe à l'archevêque de Paris Péréfixe. *Pelheſtre* avoit dix-huit ans, & on parloit beaucoup de ſes lectures & de ſes connoiſſances en hiſtoire eccléſiaſtique, ſupérieures à ſon âge. L'archevêque lui demanda s'il ſe croyoit aſſez inſtruit pour pouvoir lire ſans danger les livres hérétiques. *Monſeigneur*, répondit le jeune homme, *votre queſtion m'embarraſſe ; ſi je dis que je ſuis aſſez inſtruit, vous me taxerez d'orgueil ; ſi j'avoue mon ignorance, vous me défendrez ces lectures.* Sur cette ſeule réponſe, l'archevêque eut le bon eſprit de lui tout permettre. Il s'agiſſoit apparemment de permiſſions ou de défenſes relatives à la conſcience. S'il eût été queſtion de police, ç'auroit été pouſſer juſqu'à l'inquiſition la ſollicitude paſtorale. Mort en 1710.

PÉLICIER OU PÉLISSIER, (GUILLAUME) (*Hiſt. litt. mod.*) ſe diſtingua par ſon érudition ſous le règne de François I ; évêque de Maguelone après ſon oncle, nommé auſſi Guillaume Péliſſier, il fit transférer le ſiége épiſcopal à Montpellier ; il étoit abbé de Lérins. François I l'employa en 1529 aux négociations de la paix de Cambray, ſous la ducheſſe d'Angoulême ; il l'envoya en 1540 à Veniſe, d'où *Péliſſier* rapporta beaucoup de manuſcrits Grecs, Hébreux & Syriaques, qui ornent aujourd'hui la bibliothèque du roi. Il travailla ſur Pline & ſur d'autres auteurs anciens. On a recueilli comme des objets de curioſité, des lettres qu'il écrivoit de Veniſe. Mort à Montpellier en 1568.

PELISSON-FONTANIER, (PAUL) (*Hiſt. litt. mod.*) né à Beziers en 1624, d'une famille de robe, originaire de Caſtres, fut élevé dans la religion proteſtante. Il ſavoit très-bien le latin & le grec, & pluſieurs langues modernes. Il avoit compoſé à dix-neuf ans, une paraphraſe du premier livre des Inſtitutes de Juſtinien, qui parut imprimée deux ans après, en 1645, (l'auteur ayant alors vingt & un ans,) & qui fut regardé comme l'ouvrage d'un juriſconſulte profond. Il ſuivit d'abord le barreau à Caſtres, & il y brilla ; mais la petite vérole le défigura ſi étrangement qu'elle le fit renoncer à paroître en public ; il devint le modèle de la difformité.

L'or, même à *Pélisson*, donne un air de beauté,

a dit Boileau. C'est du même *Pélisson* que mademoiselle de Scudéry qui n'étoit pas jolie, a dit qu'il abusoit de la permission qu'ont les hommes d'être laids, phrase qu'on a depuis appliquée à tout. Cette difformité ne l'empêcha pas cependant d'occuper des places assez importantes. Il fut secrétaire du Roi & s'attacha aux affaires du sceau, dont il acquit une connoissance particuliere. Il fut premier commis de M. Fouquet, & on sait avec quel généreux courage il défendit ce malheureux ministre qui pouvoit être coupable, mais sur lequel à force d'acharnement on étoit parvenu à répandre tout l'intérêt de l'innocence persécutée. *Pélisson* resta quatre ans enfermé à la bastille pour cette affaire, & sa vie fut en danger. On a rapporté sur la maniere dont il vivoit dans sa prison, différentes particularités assez merveilleuses, arrivées ou à lui ou à d'autres prisonniers, & qui prouvent de quelles ressources est capable un esprit toujours fortement occupé d'un même objet. Il avoit apprivoisé une araignée. Privé d'encre & de papier (car il faut bien ôter à un innocent opprimé tout moyen de se défendre & de se consoler;) il écrivoit sur des marges de livres avec le plomb de ses vitres, ou selon quelques-uns, avec une espèce d'encre qu'il fit en délayant de la croûte de pain brûlé dans quelques gouttes de vin. On mit auprès de lui un espion qui sous un air bête cachoit toute la friponnerie de ce vil métier. Il feignit d'en être la dupe, & fit habilement servir cet homme à ses desseins. Ce fut pendant cette détention qu'il composa pour la défense de M. Fouquet trois mémoires que l'auteur du siècle de Louis XIV compare à ses belles oraisons de Cicéron, où les affaires d'état mêlées avec les affaires judiciaires, sont traitées avec toute la solidité de la logique & tout l'éclat de l'éloquence. C'est ici la plus belle partie de la vie de *Pélisson*; *Pélisson* défenseur de Fouquet, est un des hommes les plus respectables & les plus dignes d'admiration; & Tannegui le Fevre parut s'associer à sa gloire, en dédiant à *Pélisson* son *Lucrèce & le traité de la superstition* de Plutarque, noble hommage rendu à la vertu dans les fers. *Pélisson* dans le loisir que lui laissa sa prison, lut beaucoup de livres de controverse, & cet examen ne tourna pas au profit de la religion de ses peres, qui étoit le calvinisme; il abjura en 1670, entra dans l'état ecclésiastique, obtint plusieurs bons bénéfices & les économats de Cluni en 1674, de Saint-Germain-des-Prés en 1675, de S. Denis en 1679. Les protestans eurent à lui reprocher une conversion trop utile pour lui, & un zèle pour leur conversion trop peu délicat sur les moyens; il fit acheter au roi à prix d'argent beaucoup d'abjurations qui ne peuvent qu'être hypocrites & infideles, quand elles sont vendues. Les protestans triomphèrent de ce que ce zélé

catholique qui avoit tant écrit & tant agi contre eux, emporté par une maladie très-prompte, mourut sans sacremens: ils auroient bien voulu persuader qu'il s'en étoit privé volontairement, & pour obéir à sa conscience, qui dans ces derniers momens le rappelloit à sa première religion. Mais il paroît constant que le 2 février 1693, jour de la Purification, il voulut absolument aller à l'église malgré son médecin qui le trouvoit trop foible pour sortir. *C'est le jour de ma conversion,* dit *Pélisson, je me suis fait une loi d'en célébrer l'anniversaire, je ne veux pas y manquer.* Il alla en effet à l'église & y communia; le 6 le roi sachant qu'il étoit mal, lui envoya M. Bossuet, M. de Fénélon & le père de la Chaise; d'après leur avis, il parut se disposer pour le lendemain à une confession générale; le lendemain il étoit mort à sept heures du matin: le roi l'avoit attaché à sa personne d'une manière particulière; il suivit ce prince dans ses campagnes; & chargé d'écrire son histoire, il écrivit du moins son panégyrique; mais *Pélisson*, qui étoit maître des requêtes, ayant fait perdre un procès à madame de Montespan, celle-ci fit nommer historiographes Racine & Boileau à la place de *Pélisson*. Voilà par quels motifs se font le plus souvent à la cour les choix les plus justes, & c'est ainsi que Crébillon, négligé si long-temps, vit honorer les derniers jours de sa vieillesse, non par une juste admiration pour ses talens, mais par l'injuste envie de mortifier un homme bien supérieur à lui. Louis XIV ne sacrifia pas cependant son flatteur à sa maîtresse; il lui ordonna de continuer son travail de son côté, & ne lui retira aucun de ses bienfaits. *Pélisson* n'étoit point de l'académie Françoise lorsqu'il composa l'histoire de cette compagnie. Il en fut pour cette histoire, & il en fut sans qu'il y eut de place vacante. C'est le prix que l'académie crut devoir à son historien; il fut d'abord surnuméraire avec droit d'assister aux assemblées & droit d'y opiner, & la première place qui vint à vaquer se trouva remplie par lui, & ne fut point donnée. Outre cette histoire, le plus connu de ses ouvrages, & plus connu même que son Panégyrique de Louis XIV, quoique traduit en Latin, en Espagnol, en Portugais, en Italien, en Anglais & même en Arabe par un patriarche du mont-Liban, on a de lui un abrégé de la vie d'Anne d'Autriche; une histoire de la conquête de la Franche-Comté, imprimée dans le tome 7 des mémoires du P. Desmolets, des lettres historiques formant une espèce de journal des voyages & des campemens de Louis XIV, depuis 1670 jusqu'en 1688; un recueil de pièces galantes, mêlées avec celles de madame la comtesse de la Suze; des poësies chrétiennes & morales, & quelques écrits de controverse. *Pélisson* étoit assez dans l'usage de célébrer l'anniversaire des époques principales de sa vie; nous avons vu qu'il communioit tous les ans le jour de son abjuration;

il délivroit auſſi tous les ans un priſonnier le jour de ſa ſortie de la baſtille.

PELLEGRIN, (Simon-Joseph) (*Hiſt. litt. mod.*) Le nom de l'abbé *Pellegrin* eſt placé entre le ridicule & l'eſtime. S'il a fait ces *cantiques ſpirituels* qui le ſont ſi peu, & dont M. de Voltaire a dit :

> Gaîment de *Pellegrin* détonne un vieux cantique.

S'il a mis l'hiſtoire de l'ancien & du nouveau teſtament, les Pſeaumes de David, l'Imitation de J. C. ſur des airs d'opéra & de vaudevilles, s'il a fait un commerce également vil & ridicule de vers de toute meſure & de toute eſpèce, & à tout prix, comme M. de la Rimaillie dans *la nouveauté* ; ſi

> Le matin catholique & le ſoir idolâtre,
> Il dîna de l'autel & ſoupa du théâtre ;

D'un autre côté, il eſt l'auteur de l'opéra de *Jephté*, & de la comédie *du nouveau Monde*. Il avoit de la peine à parler, il étoit d'ailleurs ſimple dans ſes diſcours & négligé dans ſon extérieur, à un dégré qui fait toujours un peu mépriſer, quoiqu'injuſtement.

> *Minùs aptus acutis*
> *Naribus horum hominum, rideri poſſit, eò quòd*
> *Ruſticiùs tonſo toga defluit, & malè laxus*
> *In pede calceus hæret ; at eſt bonus ut melior vir*
> *Non alius quiſquam.*

Il eſt vrai qu'on ne peut pas ajouter :

> *At ingenium ingens*
> *Inculto latet hoc ſub corpore.*

Mais l'auteur du quatrain ſuivant lui a rendu pleine & entière juſtice :

> Poëte, prêtre, & provençal,
> Avec une plume féconde,
> N'avoir rien fait ni dit de mal,
> Tel fut l'auteur du *Nouveau Monde.*

Il fut pendant quelque temps le poëte favori de la cour, parce qu'il avoit remporté en 1704 le prix de l'Académie Françoiſe par une épître au roi *ſur les glorieux ſuccès de ſes armes* ; il commençoit cependant à être temps de ne plus parler au roi de gloire des armes & de ſuccès ; mais l'époque de nos revers ne commençant qu'à cette année, cet art de vaincre & de chanter nos conquêtes & de flatter le conquérant ſembloit encore nous appartenir. En même-temps que l'abbé *Pellegrin* envoyoit cette épître au concours, il combattoit contre lui-même par une ode ſur le même ſujet, qui balança les ſuffrages de l'académie, & dont on ſut qu'il étoit l'auteur. On ne pouvoit

guère ſe montrer dans un concours avec plus d'éclat & de ſuccès.

> *Ne quiſquam Ajacem poſſit ſuperare niſi Ajax.*

Cette petite aventure le fit connoître à la cour, & lui procura la protection de madame de Maintenon, qui ne lui fut pas abſolument ſtérile, puiſqu'il obtint un bref de tranſlation dans l'ordre de Cluni, étant religieux Servite, & dans le cas d'être réclamé par ſes confrères qu'il avoit quittés pour ſe faire aumônier de vaiſſeau. On raconte qu'une femme de ſes amies, choquée de ſa malpropreté, & jugeant qu'il manquoit de linge, lui en envoya un trouſſeau par ſa femme-de-chambre : que l'abbé ayant ouvert le paquet & y trouvant des chauſſons, choſe dont il ignoroit l'uſage & qu'il prit pour des eſpèces de gants ou de mitaines qui ne convenoient point à un homme, les offrit à la femme-de-chambre pour qu'elle eût ſa part du préſent qu'elle lui avoit apporté. L'abbé *Pellegrin* étoit de Marſeille, il mourut en 1745, à quatre vingt-deux ans. Indépendamment de ceux de ſes ouvrages dont nous avons parlé, & de beaucoup d'autres productions dramatiques dont il n'y a rien à dire, il avoit traduit en vers françois les cinq livres d'odes d'Horace, & avoit mis le texte à côté de cette verſion qui n'eſt plus connue aujourd'hui que par cette épigramme de la Monnoie :

> On devroit, ſoit dit entre nous,
> A deux divinités offrir tes deux Horaces,
> Le latin à Vénus, la déeſſe des Grâces,
> Et le françois à ſon époux.

PELLERIN, (Joseph) (*Hiſt. litt. mod.*) ancien premier commis de la marine, célèbre par ſon grand âge de quatre-vingt-dix-neuf ans, par ſon cabinet de médailles le plus riche qu'aucun particulier ait poſſédé, & dont le roi a fait l'acquiſition en 1776 ; & par ſes recueils & traités de médailles, collection précieuſe en neuf volumes in-4°. Mort le 30 août 1782.

PELLETIER. Il y a pluſieurs perſonnes connues de ce nom. 1°. Julien, curé de S. Jacques de la Boucherie, un des prédicateurs fanatiques de la ligue. Il étoit du conſeil des ſeize, & eut part à la mort du préſident Briſſon, en 1595 ; il fut condamné à la roue pour ce crime, & alla chercher un aſyle en pays étranger. 2°. Il avoit un frère médecin, nommé Jacques, dont on a des ouvrages en proſe & en vers qu'on ne lit plus, entr'autres un traité *de la quadrature du cercle.*

3°. Un autre *Pelletier*, Jean, né à Rouen en 1633, étoit très-ſavant dans les langues. Il a travaillé ſur l'écriture ſainte & ſur des matières eccléſiaſtiques ; il y a de lui des diſſertations dans le journal de Trévoux; il a traduit en françois la vie de Sixte-Quint par Grégorio Léti.

4°. Dom Ambroise *Pelletier*, bénédictin de la congrégation de saint Vannes & curé de Sénones, disciple de Dom Calmet, est auteur du Nobiliaire ou Armorial de Lorraine. Né en 1703. Mort en 1758.

5°. Mais le plus connu de tous les *Pelletier*, grace aux vers de Boileau, est le poëte Pierre *Pelletier* ou du *Pelletier*. Il prit pour un éloge ce vers satyrique de Boileau.

J'envie en écrivant le sort de *Pelletier*.

La satyre à Molière où se trouve ce vers n'é-toit pas imprimée, elle parut dans un recueil où il y avoit des vers de *Pelletier*. Boileau s'étant plaint au libraire de ce qu'il avoit publié cette pièce sans son aveu, l'excuse du libraire fut que *Pelletier* la lui avoit donnée à imprimer, *comme ouvrage fait à sa louange*. Un esprit si bien fait pouvoit encore prendre en bonne part ces autres vers :

Et j'ai tout *Pelletier*
Roulé dans mon office en cornets de papier.

Car c'est un personnage ridicule qui parle. Mais comment expliquer favorablement ce vers:

Parmi les *Pelletiers* on compte des Corneilles.

Et ceux-ci :

Le reste aussi peu lu que ceux de *Pelletier* ;
N'a fait de chez Sercy qu'un saut chez l'épicier.

Et cette contre-vérité si annoncée :

Pelletier écrit mieux qu'Ablancourt ni Patru.

Pelletier faisoit tous les jours un sonnet. Mort en 1680.

PELLEVÉ, (NICOLAS DE) (*Hist. de Fr.*) Le cardinal de *Pellevé*, prélat très-ligueur, & à ce titre couvert de ridicule dans la *satyre Ménippée*, où on exagère certainement son ignorance & sa sottise. Il avoit été attaché au cardinal Charles de Lorraine, qui lui avoit procuré en 1553, l'évêché d'A-miens; il eut depuis l'archevêché de Sens, & même dans la suite encore l'archevêché de Reims après la mort du troisième cardinal de Lorraine ou de Guise. François, tué à Blois en 1588. Il avoit été envoyé en 1559 pour convertir l'Ecosse & ne l'avoit pas convertie; il avoit été envoyé aussi avec le cardinal de Lorraine son protecteur, au concile de Trente pour y défendre les libertés de l'église Gallicane, & ne les avoit pas défendues, car il convoitoit le chapeau de Cardinal que cette pré-varication lui valut en 1570. Il fut un des plus vio-ens ennemis de Henri III & de Henri IV. Il fut un de ces malheureux pour qui la réduction de Paris & du royaume sous l'obéissance de Henri IV fut

une calamité; on dit même qu'il en mourut de chagrin en 1594. Un jour, en opinant dans le conseil contre ce tiers parti, nommé les Politi-ques, qui s'étoit formé sur la fin du règne de Charles IX, il dit qu'il falloit chasser les plus gros, pendre & noyer les moyens, & pardon-ner au petit peuple. Si les deux premières parties de cet avis étoient d'un zélé catholique, elles n'étoient pas d'un homme d'état.

PELLICAN, (CONRAD) (*Hist. de la réformat.*) cordelier, puis protestant & marié. Ses œuvres ont été imprimées en 7 volumes in-folio ; elles roulent sur la théologie & la controverse. Il eut des démêlés assez vifs avec Erasme. Il étoit né en Alsace en 1478, s'étoit fait cordelier en 1494, avoit été fait gardien du couvent de Bâle en 1522; avoit quitté son cloître en 1526, après trente-deux ans de profession. Il mourut en 1556.

PELLOUTIER, (SIMON) (*Hist. litt. mod.*) Ministre protestant de l'église françoise à Berlin, membre distingué de l'académie de cette ville, est connu par son *histoire des Celtes*, qui lui donne un rang honorable parmi les savans, comme ses mœurs parmi les gens de bien. Né à Leipsick en 1694, d'une famille originaire de Lyon. Mort en 1757.

PELOPIDAS, (*voyez* EPAMINONDAS.)

PÉLOPIDES, (LES), s. m. (*Hist. grecque.*) c'est le nom que les Grecs donnèrent à la malheureuse famille de Pélops. *Sæva Pelopis domus*, (Horace.) On sait les tragiques scènes que cette famille a fournies sans cesse au théâtre: la guerre de Thè-bes, les noms de Tantale, de Thyeste, d'Atrée, d'Agamemnon, d'Egiste, de Clytemnestre & d'O-reste, retracent à l'esprit les plus sanglantes ca-tastrophes. (*D. J.*)

PENA, (JEAN) (*Hist. litt. mod.*) né à Mous-tiers, dans le diocèse de Riez en Provence, profes-seur de mathématiques au collège royal. Ramus lui enseigna les belles-lettres, & il lui enseigna les mathématiques. On a de lui une traduction latine de la Catoptrique d'Euclide, & une édition en grec & en latin des Sphériques de Théodose. Mort en 1560.

PEN

PENDANT, s. m. (*Hist. anc. & mod.*) an-neau d'oreille ; c'est un ornement de quelque matière précieuse que portent les femmes. On le suspend à l'oreille par un trou pratiqué à cet effet. Les *pendans d'oreilles* sont fort souvent en-richis de diamans, de perles & autres pierres précieuses.

Il y a long-tems que les *pendans d'oreille* ont été du goût de l'un & de l'autre sexe. Les Grecs

& les Romains se servoient des perles & des pierres les plus précieuses pour parer leurs oreilles, avec cette différence remarquée par Isidore, *liv. XVIII de ses origines, ch. xxxj*, que les jeunes filles avoient un *pendant* à chaque oreille, & les jeunes garçons n'en avoient qu'à une seulement.

Les grecs nommoient les *pendans d'oreille*, χεμματήρας les Latins, *inaures* ou *stalagmia*. Une servante demande à Menechme, *act. III. sc. iij.* de lui donner de quoi acheter des boucles & des *pendans d'oreille*:

Amabo, Menæchme sibi, inaureis da mihi.
Faciundas pondo duum nummum stalagmia.

Juvenal nous apprend aussi dans sa *Satyre VI.* que les Romains nommoient encore *elenchi*, les *pendans d'oreille*:

Nil non permittit mulier sibi, turpe putat nihil
Cùm virides gemmas collo circumdedit, & cùm
Auribus extensis magnos commisit elenchos.

Les Grecs avoient plusieurs noms différens pour exprimer les *pendans d'oreille*. Hesychius & Julius Pollux en ont remarqué quelques-uns. Quant à la forme, à la matière, au poids & à l'ouvrage, il n'y a point eu de règle certaine, chacun a suivi son génie, ses forces & sa vanité; & le luxe n'a pas été moins dans cette espèce d'ornement que dans tout ce que l'ambition & la volupté ont pu inventer pour satisfaire l'orgueil des hommes. Nous apprenons même de quelques inscriptions rapportées par Gruter, qu'il y avoit des femmes & des filles qui n'avoient d'autre emploi que d'orner les oreilles des femmes, comme nous avons des coëffeuses.

Les *pendans d'oreille* étoient du nombre des choses dont les mères ornoient leurs filles, pour paroître devant celui qui devoit être leur mari. Ce soin est dépeint par Claudien sous un des consulats d'Honorius:

At velut officiis trepidantibus ora puellæ,
Spe propiore thori mater solertior ornat
Adveniente proco, vestesque & singula comit
Sæpe manu, viridique angustat jaspide pectus;
Substringitque comam gemmis, & colla monili
Circuit, & baccis onerat candentibus aures.

Sénèque n'avoit donc pas grand tort de dire qu'il connoissoit des femmes qui portoient deux & trois patrimoines au bout de chaque oreille: *Video uniones, dit-il, non singulos singulis auribus comparatos, jam enim exercitatæ aures oneri ferendo sunt; junguntur inter se, & insuper alii binis superponuntur: non satis mulieribus insania viros subjecerat, nisi bina & terna patrimonia auribus singulis ependissent.*

On sait, par le témoignage de Pline, qu'Antonia, femme de Drusus, ne se contentoit pas de porter elle-même des *pendans d'oreille* magnifiques, mais qu'elle en mit de semblables à une lamproie dont elle faisoit ses délices.

Les *pendans* des femmes européennes ne sont rien en comparaison de ceux que portent les Indiens, tant hommes que femmes, qui ont la mode de s'allonger les oreilles, & d'en augmenter le trou en y mettant des *pendans* grands comme des saucières, & garnis de pierreries.

Pyrard dit que la reine de Calicut & les autres dames de sa cour ont des oreilles qui, par le moyen de ces ornemens, leur descendent jusqu'aux mamelles, & même plus bas; le préjugé du pays est que les plus longues sont d'une grande beauté. Elles y font des trous assez larges pour y passer le poing. Il n'est pas permis aux moncois, qui sont les gens du peuple, de les avoir aussi longues que les naires, qui sont les nobles. Celles des premiers ne doivent pas passer la longueur de trois doigts. Aux Indes occidentales, Christophe Colomb nomma une certaine côte *Orega*, à cause qu'il y trouva des peuples qui faisoient dans leurs oreilles des trous assez grands pour y passer un œuf.

Ils se font aussi percer les narines & les lèvres pour y suspendre des *pendans*; ce qui est pratiqué par les Mexiquains & par d'autres nations. (*A. R.*)

PENDER, s. m. (*Hist. mod.*) docteur parmi les Gentils Indiens; mais ce terme est sur-tout affecté à ceux des Brachmanes. (*A. R.*)

PÉNESTES, s. m. pl. (*Hist. grecq.*) ce qu'étoient les ilotes à Lacédémone, les *Pénestes* l'étoient en Thessalie; on les traitoit avec la même dureté & barbarie; ce qui fut aussi cause qu'ils se révoltèrent très-souvent. L'humanité des Athéniens eut sa récompense, leurs esclaves les servirent toujours fort utilement en plus d'une rencontre, comme à la bataille de Marathon, dans la guerre d'Egine & au combat d'Argineuse. (*D. J.*)

PENN, (GUILLAUME) (*Hist. d'Angl.*) fils unique du chevalier Penn, vice-amiral d'Angleterre, fut le fondateur & le législateur des Quakres en Amérique, où le gouvernement Anglois qui lui devoit des sommes considérables, lui donna en 1680 pour s'acquitter, la propriété d'une province qui de son nom fut appellée Pensylvanie, & où il bâtit Philadelphie. Les Quakres persécutés en Angleterre pour leur religion, se réfugièrent dans la Pensylvanie, où toutes les religions étoient admises & où celle des Quakres étoit la dominante. Il vendit en 1712 la Pensylvanie à l'Angleterre, moyennant deux cent quatre-vingt mille livres sterling. Il mourut en Angleterre en 1718. Il étoit né en 1644. Sur ce qui concerne Guillaume Penn & les Quakres, il faut lire les quatre lettres où M. de Voltaire rend compte de ce qui concerne cette secte.

Cc 2

PÉNITENS INDIENS, (*Hist. mod. superst.*) rien n'est plus étonnant que ce que les voyageurs nous rapportent des austérités & des rigueurs que quelques bramines ou prêtres de l'Indostan exercent sur eux-mêmes. Les vies des premiers solitaires & anachorètes de l'églse chrétienne ne nous offrent rien de si frappant que les pénitences que s'imposent ces fanatiques idolâtres, que l'on nomme *joguis* ou *jaguis*. Ils forment plusieurs sectes qui différent les unes des autres, non par la doctrine, mais pour le genre de vie qu'elles embrassent, dans la vue de plaire à la divinité.

Les *vanapraflas* vivent avec leurs femmes & leurs enfans dans les déserts & les forêts ; ils ne se nourriffent que des plantes & des fruits que la terre donne fans qu'il soit besoin de la cultiver. Quelques-uns d'entr'eux pouffent le scrupule jusqu'à ne point arracher des racines de la terre, de peur de déloger quelque ame qui pourroit y être passée.

Les *fanjaffi* ou *fanias* renoncent à tous les plaisirs du monde. Ils s'interdisent le mariage, ne prennent de la nourriture qu'une fois le jour ; ils ne se servent que de vaiffeaux de terre. Ils sont obligés de ne vivre que d'aumônes, sans cependant qu'il leur soit permis de toucher de l'argent. Ces *pénitens* n'ont point de demeure fixe, ils ne peuvent demeurer plus d'une nuit dans un même endroit. Ils portent un habit rouge & un bâton. Ils ont fix ennemis à combattre ; la concupiscence, la colère, l'avarice, l'orgueil, l'amour du monde, & le désir de la vengeance, pour s'élever à la contemplation des chofes divines. Les *fanjaffi* font de la tribu des bramines. Ceux de la tribu des kutterys ou nobles, se nomment *perma amfa* ; ceux de la tribu des soudras ou du petit peuple, se nomment *joguis* ; ces derniers sont moins réglés.

Les *avadoutas* font encore plus austères que les *fanjaffi*. Ils quittent tout, femmes, enfans & leurs biens. Ils vont tout nuds, cependant quelques-uns couvrent leur nudité avec une pièce d'étoffe. Ils se frottent le corps avec de la fiente de vache. Pour demander à manger, ils ne font que tendre la main, fans proférer une parole ; d'autres attendent qu'on vienne leur apporter des alimens pour se nourrir. Ces *pénitens* pratiquent quelquefois des macérations incroyables, comme de garder pendant long-temps la même pofture. Les uns tiendront plusieurs jours les deux bras élevés ; les autres se font fuspendre par les pieds au-deffus d'un feu qui rend une fumée épaiffe ; d'autres se tiennent immobiles, & font comme en extase, sans paroître s'appercevoir de ce qui se paffe autour d'eux : en un mot il n'y a fortes d'austérités & de rigueurs que ces *pénitens* n'exercent sur eux. Ils n'en ont d'autre récompense que la vénération qu'ont pour eux les Indiens idolâtres ; les femmes pouffent la leur jusqu'à leur baiser dévotement les parties que la pudeur ne permet point de nommer. (*A. R.*)

PENSIONNAIRE, f. m. (*Hist. mod.*) se dit d'une perfonne qui a une penfion, un appointement, ou une fomme annuelle, payable fa vie durant, à titre de reconnoiffance, mise sur l'état d'un prince ou d'une compagnie, fur les biens d'un particulier ou autres femblables, &c.

Dans l'églife romaine, il est fort ordinaire de mettre des penfions sur des bénéfices : on les accordoit autrefois avec la plus grande facilité, fous prétexte d'infirmités, de pauvreté, &c. Mais depuis le douzième fiècle, ces prétextes avoient été portés fi loin, que les titulaires des bénéfices étoient un peu plus que des fermiers. Cela détermina les puiffances fpirituelles à fixer les caufes & le nombre des penfions. Il n'y a préfentement que le pape qui puiffe créer des penfions ; elles ne doivent jamais excéder le tiers du revenu, étant arrêté qu'il doit toujours en refter les deux tiers au titulaire.

La penfion une fois établie, fubfifte pendant toute la vie du *penfionnaire*, quoique le bénéfice paffe à un autre : faute de payer la penfion pendant plufieurs années, le réfignant peut demander à rentrer dans le bénéfice. La penfion se perd par les mêmes voies que le bénéfice ; par le mariage, par l'irrégularité, par le crime ; mais elle peut être rachetée par une fomme d'argent, pouvu qu'elle ne ferve pas de titre clérical au *penfionnaire*, & qu'elle ait été créée de bonne foi fans aucune paction fimoniaque. Fleury, *Inflitut. au droit eccléfiaftique, tome I.*

Penfionnaire, est auffi un nom que l'on donne au premier miniftre des états de la province de Hollande.

Le *penfionnaire* est préfident dans les affemblées des états de cette province ; il propose les matières fur lefquelles on doit délibérer ; il recueille les voix, forme & prononce les réfolutions ou décifions des états, ouvre les lettres, confère avec les miniftres étrangers, &c.

Il est chargé d'avoir l'infpection des finances, de maintenir ou de défendre les droits de la province, de foutenir l'autorité des états, & d'avoir l'œil à l'obfervation des lois, &c. pour le bien ou la profpérité de l'état. Il affifte à l'affemblée des confeillers députés de la province, qui repréfente la fouveraineté en l'abfence des états ; & il est un député perpétuel des états-généraux des Provinces-unies. Sa commiffion n'est que pour cinq ans ; après quoi, on délibère s'il fera renouvellé ou non. Il n'y a point d'exemple, à la vérité, qu'il ait été révoqué ; la mort est la feule caufe qui met un terme aux fonctions importantes de ce miniftre : on l'appelloit autrefois *avocat de la province.* Le titre de *penfionnaire* ne lui fut donné que du temps que Barnevelt fut élevé à cette charge. Grotius l'appelle en latin *adfeffor juris-peritus* ; Merula, *advocatus généralis* ; Mathæns, profeffeur à Leyde, *confiliarius*

Penſionnarius, qui eſt la qualité que les états lui donnent dans les actes publics.

Penſionnaire, ſe dit auſſi du premier miniſtre de la régence de chaque ville dans la province de Hollande.

Sa charge conſiſte à donner ſon avis ſur les matières qui ont raport au gouvernement, ſoit de la ville en particulier, ou de l'état en général; & dans les aſſemblées des états des provinces, il parle en faveur de ſa ville en particulier.

Néanmoins la fonction de ces *penſionnaires* n'eſt pas égale par-tout. Dans quelques villes ils donnent ſeulement leur avis, & ils ne ſe trouvent jamais aux aſſemblées des magiſtrats, à moins qu'ils n'y ſoient expreſſément appellés; dans d'autres, ils s'y trouvent toujours; & dans d'autres, ils ſont même des propoſitions de la part des bourguemeſtres, & tirent leurs concluſions. On les appelle *penſionnaires*, à cauſe qu'ils reçoivent des appointemens ou une penſion.

Gentilshommes penſionnaires, c'eſt une compagnie de gentilshommes, dont la charge conſiſte à garder le roi dans ſa propre maiſon, c'eſt dans cette vue qu'ils ſont expectans dans la chambre de préſence.

Henri VII eſt le premier qui les ait mis ſur pied, ils ſont quarante: chacun d'eux eſt obligé d'entretenir trois chevaux qui portent en croupe, & un valet qui doit être armé; de ſorte, qu'à proprement parler, ils compoſent un corps-degardé; c'eſt pourquoi ils doivent paſſer en revue devant leurs propres officiers; mais le roi les diſpenſe ordinairement de ce devoir auquel ils ſont obligés par ſerment. Leurs officiers ſont un capitaine, un lieutenant, un enſeigne & un clerc de contrôle; leurs armes ordinaires ſont la hache d'armes dorée, avec laquelle ils accompagnent le roi, quand il va à la chapelle royale, ou lorſqu'il en revient. Ils le reçoivent dans la chambre de préſence, ou quand il ſort de ſon appartement privé, de même que dans toutes les grandes ſolemnités. Leur penſion eſt de cent livres ſterling par an. (*A. R.*)

PENTHIEVRE, (*Hiſt. de Bretagne*) Artus II, duc de Bretagne, avoit eu d'un premier mariage trois fils: Jean III qui lui ſuccéda; Guy, comte de Penthièvre, qui fut père de Jeanne la boiteuſe; & Pierre, qui mourut ſans enfans. D'un ſecond mariage, Artus eut Jean, comte de Montfort. Jean III, l'aîné du premier lit, ayant perdu ſes deux frères Guy & Pierre, & n'ayant point d'enfans, avoit toujours regardé Jeanne la boiteuſe ſa nièce, fille du comte de Penthièvre, comme ſon héritière; il l'avoit mariée à Charles, comte de Blois, de la maiſon de Chârillon, neveu de Philippe de Valois. A la mort de Jean III, le comte de Montfort avoit réclamé le duché en vertu de la maſculinité; il s'étoit emparé des tréſors & des places; Charles de Blois avoit demandé

juſtice à Philippe de Valois ſon oncle; Montfort avoit traité avec Edouard II, roi d'Angleterre, rival de Philippe de Valois; cité enſuite à la cour des pairs de France, il avoit oſé y paroître; mais bientôt la crainte d'être arrêté l'avoit déterminé à s'enfuir. L'arrêt rendu à Conflans le 7 ſeptembre 1341, avoit jugé en faveur du comte de Blois, comme on devoit s'y attendre. Philippe lui fournit des troupes pour faire valoir ſes droits, & Montfort demanda du ſecours au roi d'Angleterre. Cette rivalité des maiſons de Montfort & de Penthièvre occupe tout le règne de Philippe de Valois, tout le règne du roi Jean, une partie de celui de Charles V. Jean de Montfort tomba entre les mains des François, le comte de Blois entre les mains des Anglois; Jeanne de Penthièvre femme de ce dernier, & Jeanne de Flandre, comteſſe de Monfort, ſa rivale, ſoutinrent avec éclat & avec grandeur la querelle de la Bretagne. La comteſſe de Montfort, ſoldat & capitaine, guidoit ſon fils au milieu des périls, enflammoit ſes guerriers tantôt par des coups hardis, tantôt par des opérations ſavantes, par des retraites ſupérieures à des victoires.

A tant de valeur, la comteſſe de Blois oppoſoit l'orgueil de ſon ſang, la certitude de ſes droits & l'inflexibilité de ſon caractère. Dans ſa foibleſſe altière & opiniâtre, elle avoit juré de ne conſentir à aucun partage du duché; elle déſavoua tous les traités, tous les ſacrifices que l'amour de la paix eût pu arracher à ſon mari: ſeule armée de l'autorité, elle ne lui laiſſoit que le rang de ſon premier ſujet, & que l'honneur de mourir pour elle. Il eut cet honneur funeſte.

Les inſtances de la nobleſſe de Bretagne, les bons offices de Charles V & du prince Noir avoient fait enfin conſentir les concurrens au partage de la Bretagne. Tous deux conſervoient le titre de duc avec les mêmes prérogatives. Rennes & Nantes étoient les capitales des deux duchés; la paix étoit conclue, les ôtages donnés de part & d'autre. Le comte de Blois envoie à ſa femme le traité pour lui demander ſon aveu; elle répond avec aigreur *que ſon mari fait bon marché de ce qui n'eſt pas à lui, qu'une cauſe pour laquelle tant de braves gens ont péri, mérite d'être ſoutenue juſqu'au bout.* C'eſt préciſément parce que cette cauſe avoit coûté tant de ſang, qu'il falloit ceſſer d'en répandre. Le comte de Blois fut touché juſqu'au fond du cœur des larmes d'orgueil ou de fureur que ſa femme verſées & dont on lui rendit un compte trop fidèle; il adoroit cette femme altière, il vint la conſoler, la raſſurer, prendre ſes ordres, & jurer de mourir ou de vaincre pour elle. La comteſſe en l'embraſſant à ſon départ, lui recommanda encore de ne conſentir à aucun partage: ce fut leur dernier adieu! Il fallut que le ſort des armes vuidât la querelle dans les champs d'Aurai, le jour de Saint-Michel, l'an 1364. Le comte de Blois y fut tué ; son dernier mot fut : *j'ai guerroyé long-temps contre mon escient* ; c'est-à-dire, contre ma conscience. Montfort (Jean V, fils de Jeanne de Flandre, vit le cadavre de son rival & lui donna des larmes. *Ah ! mon cousin, s'écria-t-il, par votre opiniâtreté vous avez été cause de beaucoup de maux en Bretagne, Dieu vous le pardonne ! Je regrette bien que vous êtes venu à cette male fin.* Charles V voulut qu'on s'en tînt à cet arrêt du sort ; il ordonna à l'inflexible Penthièvre de pleurer en paix son mari, ses fautes, ses disgraces ; de se contenter de quelques foibles dédommagemens & du vain titre de duchesse de Bretagne, dont la réalité passoit à la maison rivale par le traité de Guerrande conclu en 1365. Ce traité lui réserva seulement ses droits, dans le cas où la maison de Montfort viendroit à s'éteindre, clause qui réunit un moment les maisons de Montfort & de Blois contre Charles V, lorsque ce roi si sage fit la faute de vouloir confisquer la Bretagne sur Jean V, pour le punir de ses liaisons avec l'Angleterre ; la maison de Blois-Penthièvre réclama ses droits, qui n'avoient été que suspendus en faveur de la maison de Montfort & pour le bien de la paix, ils furent expressément réservés par l'arrêt de confiscation, & la confiscation, par l'événement, n'eut point lieu.

Jean, fils de Charles de Blois, étoit resté en ôtage chez les Anglois ; le connétable Clisson le délivra & lui donna Marguerite sa fille ; celle-ci eut encore plus de zèle pour la cause de la maison de Blois que Jeanne de Penthièvre elle-même. (*Voyez* l'article *Clisson.*)

Le duc de Bourgogne, Jean le cruel, maria Isabelle sa fille avec Olivier de Blois, fils de Marguerite de Clisson, & de l'héritier de Blois-Penthièvre, & il se déclara hautement protecteur des droits de cette maison ; il disoit *que le duché de Bretagne appartenoit de bon droit à son gendre, & que, venant le temps qu'il attendoit, il l'y rétabliroit de droit & de force.* Ce temps n'arriva point.

Le duc de Bretagne combloit de bontés les Penthièvres, il les admettoit à sa familiarité, il les honoroit de sa confiance, il leur prodiguoit les distinctions & les graces ; Marguerite de Clisson n'en étoit point touchée, elle ne voyoit que les droits de Penthièvre sacrifiés, & qu'un usurpateur assis au trône qu'elle & ses enfans auroient dû occuper. Par son conseil, les Penthièvres invitent le duc à une fête dans leur château de Chantoceaux ; le duc, toujours sans défiance, s'y laisse conduire par Olivier, l'aîné des Penthièvres. Il est arrêté, lié, conduit de forteresse en forteresse ; le comte de Penthièvre & Marguerite venoient insulter à sa douleur & redoubler sa crainte : Marguerite lui citoit le verset du *Magnificat : deposuit potentes de sede* ; le comte de Penthièvre le menaçoit de le faire couper par

morceaux. Cependant la noblesse de Bretagne se soulève, on assiége Marguerite dans Chantoceaux où elle étoit alors séparée de ses fils. Sa tête alloit répondre de celle du duc, & à son tour la barbare trembla pour sa vie ; elle envoyoit courriers sur courriers à ses fils, pour les prier de remettre le duc en liberté, s'ils vouloient la revoir ; ils obéirent ; on permit à la comtesse de se retirer, le duc entra dans Chantoceaux qu'il rasa. On fit le procès aux Penthièvres, ils furent déclarés infâmes & condamnés à mort ; leurs biens confisqués ; ils traînèrent, loin de leur patrie, une vie malheureuse, après avoir comblé leur honte, en essayant encore, sans succès, la ressource de l'assassinat. On dut plaindre Guillaume, l'un des trois frères Penthièvres, qui, sans avoir eu part à leur attentat, fut enveloppé dans leur disgrace, passa vingt-sept ans en prison, & perdit la vue à force de pleurer sur le déshonneur & sur le désastre de sa maison.

PÉP

PEPIN LANDEIN ou *le Vieux*, (*Hist. de France.*) maire du palais d'Austrasie.

PEPIN D'HÉRISTAL, prince ou duc d'Austrasie.

PEPIN LE BREF, roi de France, premier roi de la seconde race, & le XXIIe depuis la fondation de la monarchie.

Ces trois princes se sont rendus fameux ; mais celui dont la vie jette un plus grand éclat & mérite plus d'être développée, est sans contredit le troisième, que sa petite taille fit surnommer *le Bref* & que la force de son génie eût dû faire surnommer *le Grand.* Ce fut un tyran bien habile ; il précipita du trône, des rois dont l'origine se perdoit dans l'antiquité la plus reculée, & que les François avoient révérée d'abord comme céleste. Ce n'est pas le seul trait qui atteste ses talens : on doit sur-tout l'admirer, parce que n'ayant eu qu'une puissance usurpée, il parvint à faire perdre l'idée de son usurpation, & à ne laisser voir que le titre de roi, contre lequel la postérité n'a point réclamé. Les exploits des premiers Mérovingiens, le nombre & l'éclat de leurs victoires, l'étendue de leurs conquêtes, l'amour & le respect des François pour les descendans du célèbre, du grand Clovis, ne furent pas capables d'arrêter l'usurpateur. Mais avant que d'entrer dans les détails de sa vie, & de scruter les desseins de sa politique, on ne sauroit se dispenser de faire connoître quels furent ses aïeux. Les historiens s'accordent à dire que Charles Martel, son père, étoit arrière-petit-fils de *Pepin le Vieux* & d'Arnoul ; le premier fut maire du palais sous Dagobert I, & le second fut gouverneur de la personne de ce prince. Si nous en croyons les écrivains du tems, *Pepin & Arnoul* possédèrent dans le plus éminent degré tous les talens que leurs places exigeoient ; ils exaltent sur-tout leur fidélité. La conduite de Dagobert I, tant qu'il fut sous leur tutelle, & en quelque sorte sous leur empire, jette quelques nuages sur ce tableau. Les commencemens du règne de ce prince offrent peu d'actions louables ; on en découvre au contraire plusieurs qui sont dignes de la plus sévère censure : on doit blâmer sur-tout sa conduite envers Clotaire II, son père, qui lui donna le royaume d'Austrasie ; il n'en eut pas plutôt reçu le sceptre qu'il le menaça d'une guerre par rapport à quelques comtés que Clotaire s'étoit réservés. Dagobert étoit dans un âge trop tendre, il étoit trop despotiquement gouverné, pour que l'on puisse s'en prendre directement à lui, c'est donc à *Pepin* qu'il faut s'en prendre. Ce ministre doit encore être regardé comme l'un des principaux auteurs de la division qui s'introduisit dans la monarchie. La France, depuis Clovis, n'avoit formé qu'un seul empire, qui se partageoit en plusieurs royaumes, lorsque le roi laissoit plusieurs enfans : ainsi on la vit divisée en quatre parties sous les fils de Clovis, & sous ceux de Clotaire I ; mais lorsqu'un royaume venoit à vaquer, il étoit partagé, il se confondoit dans les trois autres. Sous la vie de *Pepin*, il n'en fut pas de même. Clotaire II, après la défaite & la mort des rois de Bourgogne & d'Austrasie, ses cousins, dont il fut le vainqueur & l'exterminateur, voulut en vain réunir ces deux royaumes ; les maires qui, par cette réunion, devoient être supprimés, s'y opposèrent, ils empêchèrent même qu'on n'en séparât quelque partie ; ils se comportèrent moins en lieutenans du monarque, qu'en régens du royaume. Clotaire ne se décida à mettre Dagobert sur le trône d'Austrasie, que parce que son autorité y étoit presqu'entièrement méconnue. Il seroit cependant injuste d'accuser *Pepin* de cette révolution, il ne fit que la soutenir ; Radon, son prédécesseur, l'avoit commencée : mais il étoit d'autant plus blâmable dans la guerre qu'il suscita à Clotaire, qu'il étoit redevable de son élévation à ce prince : c'étoit Clotaire qui l'avoit fait maire du palais. Il paroît que Dagobert lui-même redouta l'ambition de ce ministre, aussi-tôt que son âge lui permit de l'apprécier ; on ne voit pas qu'il l'ait employé dans les négociations importantes ; il le destitua même de la mairie d'Austrasie, lorsqu'il confia les rênes de cet état à Sigebert II, son fils : il le mortifia au point de lui donner un successeur, lui vivant. Tous les historiens rendent hommage au génie supérieur de *Pepin*, & leur témoignage uniforme en ce point accuse sa fidélité. Si Dagobert l'eût cru incapable d'abuser des droits de sa charge, ne l'auroit-il pas mis auprès de la personne de son fils ? De quelle utilité n'étoient pas les conseils d'un ministre qui avoit déjà l'expérience de deux règnes ? *Pepin*, écarté de la mairie, chercha tous les moyens d'y rentrer ; il entretint

des intelligences dans l'Austrasie, s'y fit des créatures ; il s'attacha sur-tout Cunibert, évêque de Pologne, prélat qui pouvoit donner à son parti la plus haute considération. On sait quel étoit alors l'ascendant des évêques sur l'esprit des peuples. La conduite de *Pepin*, après la mort de Dagobert, montre bien qu'il avoit regardé comme un exil son séjour à la cour de ce prince ; il quitta la Neustrie, où il ne pouvoit plus figurer qu'en subalterne. La mairie de ce royaume & le gouvernement de la personne de Clovis II, fils puîné de Dagobert, avoient été conférés à Ega ; nouvelle preuve qu'on le regardoit comme un esprit dangereux qu'il falloit éloigner des affaires. Son entrée en Austrasie avoit tout l'éclat & toute la pompe d'un triomphe ; il étoit accompagné d'une multitude de seigneurs, ses amis, que Dagobert avoit retenus auprès de sa personne par les mêmes motifs d'inquiétude que l'ambition de Dagobert avoit fait naître. Cunibert, cet évêque qu'il s'étoit attaché, brigua pour lui le suffrage des grands qui n'avoient point entièrement perdu le souvenir des caresses que sa main politique leur avoit anciennement prodiguées : en peu de temps il se trouva armé de toute l'autorité ; Adalgise lui céda sa place. Ce mot *céda* dont nous usons d'après la plupart des historiens, nous paroît peu convenable au sujet ; quelqu'orageux que soit le ministère, on ne le quitte point sans regret : il a des attraits qui nous y attachent malgré nous ; l'ambitieux lutte pour le conserver par rapport à lui-même, le sage pour assurer les destinées des peuples & en mériter le suffrage. *Pepin*, placé pour la seconde fois à la tête du royaume d'Austrasie, se lia avec Ega, son collègue en Neustrie ; au moins leur plan semble trop conforme pour n'avoir point été concerté : ils ne voyoient personne au-dessus d'eux ; ils étoient les tuteurs, ils étoient les maîtres de deux rois enfans ; Sigebert II avoit à peine huit ans, Clovis II n'en avoit pas cinq accomplis ; ils n'omirent rien pour s'attirer toute la considération ; ils ouvrirent les trésors publics, ils les versèrent avec profusion ; & sous prétexte de réparer les usurpations, les violences, les oppressions véritables ou supposées du dernier règne, ils parvinrent à rendre odieuse la mémoire de Dagobert : ce n'est pas qu'on les blâme d'avoir fait ces restitutions, c'est dans les rois un devoir indispensable & sacré d'être justes, & si Dagobert s'étoit écarté de ce principe, il étoit de la gloire de ses successeurs de réparer le mal que l'abus de ces principes pouvoit avoir occasionné ; on ne blâme que la conduite trop flatteuse de ses ministres. *Pepin* & Ega firent clairement connoître qu'ils avoient moins en vue les prospérités de l'état que leur bien particulier. En flétrissant la mémoire du feu roi, ils attachoient sur le trône la haine qu'ils excitoient contre lui, & l'on ne peut douter que ce n'ait été une des causes de la chûte de la première race. On respecta encore la personne du roi, mais moins par amour que par une ancienne habitude. On commença à haïr la royauté ; on aima la mairie, on la regarda comme un frein qui devoit arrêter la marche des rois, & l'on se plut à la voir armée du souverain pouvoir. *Pepin* mourut dans la troisième année de son nouveau ministère, adoré des grands qu'il avoit su flatter, & du peuple, envers qui il s'étoit montré juste. Grimoalde, son fils, héritier de ses sentimens, adopta le même plan, & le déploya avec trop de vivacité. Une loi d'état avouée par une sage politique, ne permettoit pas à un fils de posséder les grandes charges, lorsque son père les avoit possédées. Oton, jeune seigneur Austrasien, briguoit la mairie, & invoquoit cette loi pour éloigner Grimoalde, qui, voyant que ce jeune seigneur alloit lui être préféré, termina la dispute, & le fit assassiner. Ce fut par ce crime que cet ambitieux s'approcha de Sigebert ; il changea bientôt les sentimens de ce jeune monarque, dont le règne avoit été marqué par d'heureux présages ; au lieu de développer en lui les talens d'un roi, il le plongea dans l'excès de la dévotion : c'étoit alors la fureur des fondations religieuses ; Sigebert ne put échapper à la contagion ; Grimoalde eut soin de lui fournir l'argent que ces sortes de dépenses exigent. Ce ministre se rendoit très-cher à certaines personnes qui aimoient moins le monarque que la main qui le dirigeoit. Sigebert regardoit comme un homme très-précieux, un ministre qui ruinoit son trésor aux dépens du public. On prétend que Sigebert, pénétré de reconnoissance, adopta pour héritier, par son testament, Childebert, fils du ministre qui lui fournissoit les moyens de faire tant de bonnes œuvres. Ce fut sur ce testament, faux ou véritable, qu'après la mort de Sigebert II, Grimoalde s'appuya pour mettre la couronne sur la tête de Childebert, son fils ; il fit disparoître presqu'aussi-tôt Dagobert II, & le relégua en Ecosse. Ce nouveau crime étoit nécessaire, le testament ne pouvant avoir son effet qu'au défaut de postérité masculine. Plusieurs choses favorisoient cette révolution ; les Austrasiens ne voyoient plus parmi eux de roi de l'ancienne race, ils ne vouloient plus souffrir que le royaume fût réuni à celui de Neustrie ; soit par un motif de gloire nationale, soit que par cette réunion on supprimât les grandes charges que les seigneurs étoient bien aise de conserver ; elle ne s'accomplit cependant pas. Childebert fut détrôné, & Grimoalde fut obligé de paroître en criminel devant Clovis II, qui le punit de son attentat. Développons, s'il est possible, la cause de la catastrophe de ces usurpateurs ; disons comment il succomba dans une entreprise qui réussit à *Pepin le Bref*, arrière-petit-fils de sa sœur Begga : nous en appercevrons plusieurs ; d'abord on doit présumer que les cris d'Imnichilde contre lui ne

furent point impuissans : une reine n'est jamais sans courtisans ou sans amis : heureuses celles qui savent préférer le petit nombre de ceux-ci à la tourbe des autres ! Il est bien difficile d'abuser une mère, rarement on trompe sa vigilance, sa sollicitude ; on ne voit pas qu'Imnichilde ait été dupe de l'éclipse de Dagobert ; il est certain que l'on savoit en Neustrie que ce prince existoit en Ecosse ; le testament de Sigebert II passoit même pour une fable : le couronnement de Childebert ne pouvoit donc être regardé que comme une usurpation, & les François se croyoient toujours liés par leur serment à l'ancienne race ; ils ne croyoient pas qu'il leur fût permis, dans aucun cas, de renoncer à l'obéissance envers leur roi. On verra par la conduite de *Pepin*, que ce préjugé, ou plutôt cette utile vérité, fut un des principaux obstacles que rencontra son ambition ; il lui fallut, pour le vaincre, faire parler le ministre d'un dieu. A ces causes, dont quelques-unes se sont présentées à certains écrivains, j'en vais ajouter une qui me paroît plus puissante ; elle est échappée à tous les historiens, même à tous les critiques. M. l'abbé de Mabli, ce savant si plein de notre histoire, ne l'a point apperçue, ou il a négligé de nous en faire part. Si Childebert eût été maintenu sur le trône, la charge de maire auroit été infailliblement supprimée ; alors les grands qui commençoient à la regarder comme un bouclier contre les entreprises des rois, se trouvoient sans défenseurs & sans appui ; ils alloient trembler sous un prince qui alloit réunir la royauté & la mairie, qu'ils étoient parvenus à faire regarder comme deux dignités rivales, l'autorité de l'une balançant celle de l'autre. Il n'étoit nullement à présumer que Childebert eût laissé subsister une charge qui lui avoit servi de degré pour monter sur le trône de ses maîtres, & les en précipiter. Les grands ne devoient pas être tranquilles sur l'ambition de Grimoalde : c'étoit par un crime qu'il avoit acquis la mairie ; c'étoit par un autre crime qu'il avoit placé la couronne sur la tête de son fils. L'histoire ne nous a point dévoilé ses autres excès ; mais il faut croire que ceux que nous venons d'exposer ne furent pas les seuls. L'auteur des *Observations sur l'histoire*, écrivain inappréciable, mais dont j'ose ici combattre le sentiment, semble louer la modération d'Erchinoalde ou Archambaut, maire du palais de Neustrie, qui, suivant lui, eut la générosité de punir l'usurpateur, quoiqu'il fût de l'intérêt de son ambition de le favoriser, & que son succès en Austrasie fût devenu un titre pour lui en Neustrie. On voit que cet auteur, dont je sens d'ailleurs tout le mérite, regarde le supplice de Grimoalde comme l'ouvrage d'Archambaut, son collègue ; & l'histoire atteste que ce fut celui des grands du royaume d'Austrasie. S'il y contribua, ce ne fut pas volontairement, mais seulement parce qu'il eût été

dangereux

dangereux de ne pas se déclarer dans une conjoncture aussi importante : il ne faut pas croire qu'il fût libre d'ambition : plus sage que son collègue, il attendoit le succès pour se décider. Ses vues intéressées ne tardèrent point à se manifester : en effet, au lieu d'ordonner le retour de Dagobert, il le tint toujours dans son exil, & se réserva la mairie d'Austrasie, qu'il eût fallu rétablir si ce prince eût remonté sur le trône : on ne m'objectera pas qu'il fut retenu par Clovis. Ce monarque, toujours occupé de sa dévotion, avoit bien peu d'influence dans l'état ; rarement il sortoit de son oratoire, où il ne s'occupoit que du soin de décorer quelque relique. Mais ce qui achève de dévoiler ce maire, c'est le mariage qu'il fit contracter à Clovis ; il lui fit épouser Batilde, une esclave par qui il s'étoit fait servir à table : voilà quelle fut la femme que ce traître ne craignit pas de faire épouser à son roi. Ne connoissoit-il pas mieux les convenances ? & croira-t-on qu'il agissoit sans intérêt ? Quelle reconnoissance ne devoit-il pas se promettre de la part d'une princesse dont il étoit le créateur ? Dagobert II fut cependant rappellé, non par l'inspiration du maire, mais par Childeric II, qui lui rendit la couronne d'Austrasie La mairie de ce royaume fut rétablie, & c'est ce qui prouve ou que les rois étoient sans autorité, ou qu'ils étoient absolument dépourvus de politique. Cette charge sortit un instant de la famille de *Pepin*. Mais avant de quitter l'article de Grimoalde, observons un trait qui atteste son génie ; ce fut cette attention de donner à son fils un nom que plusieurs rois avoient porté ; ainsi si la famille de l'usurpateur étoit nouvelle, son nom ne l'étoit pas. Un nommé *Vulfoade* fut fait maire du palais de Dagobert, mais après sa mort, elle passa à Ansegisile, mari de Begga, sœur de Grimoalde : ce nouveau maire eut un règne bien court, il périt assassiné par un ennemi domestique qu'il avoit fait élever avec un soin domestique. *Pepin*, son fils, que l'on distingue par le surnom d'*Héristal*, vengea sa mort : il tua l'assassin au milieu d'une foule de complices. Cette intrépidité lui captivant l'esprit des seigneurs, on lui confia à lui & à Martin son cousin, le gouvernement d'Austrasie, qu'ils possédèrent l'un & l'autre conjointement, non-seulement avec le titre de maire, mais encore avec celui de prince ou de duc. Les seigneurs leur refusèrent le titre de roi, sans doute pour conserver le droit de recourir à celui de Neustrie, s'il leur prenoit envie de leur imposer des devoirs qu'ils ne jugeoient point à propos de remplir. C'est ainsi que les seigneurs tenoient dans une espèce de dépendance, les deux princes qu'ils avoient jugé à propos de se donner. *Pepin* & son collègue adoptèrent le plan que *Pepin le vieux* leur avoit tracé : c'étoit de captiver l'esprit des peuples en affectant l'extérieur des vertus, & en déployant tout le faste des talens. Leurs

prédécesseurs étoient parvenus à avilir la personne des rois qui ne sortoient plus de l'enceinte de leur palais, & à faire redouter la royauté ; ils semèrent de nouveaux germes de discorde entre les Neustriens & les Austrasiens, dont ils craignoient toujours la réunion ; ils avoient bien prévu qu'on leur contesteroit à la cour de Thierri la qualité de princes : ils décrièrent les mœurs d'Ebroin, son maire, qui travailloit à raffermir la puissance des rois, & qui par conséquent ne devoit point être aimé. Ils accordèrent aux Austrasiens une liberté voisine de la licence, & qui ne pouvoit manquer d'être enviée de la part des Neustriens. Les seigneurs quittoient à l'envi la cour de Thierri, où régnoit une éternelle discorde. *Pepin* & Martin se croyant supérieurs en force, déployèrent l'étendard de la guerre, & menacèrent la Neustrie ; ils se promettoient l'entière conquête d'un royaume qui renfermoit dans son sein le germe d'une chûte prochaine. Cette première guerre ne leur réussit cependant pas ; le génie & la valeur d'Ebroin, maire du palais de Thierri, firent échouer leurs brigues, ou du moins retardèrent le fruit que les Austrasiens s'en étoient promis. *Pepin* voyoit ses espérances presque détruites ; il avoit perdu une grande bataille, & son collègue, assiégé dans Laon, avoit été obligé de se rendre à Ebroin, qui le punit comme séditieux. Thierri, vainqueur, faisoit des préparatifs pour entrer en Austrasie. Désespérant de l'arrêter les armes à la main, il fit assassiner Ebroin par un seigneur nommé *Hermenfroi*. L'histoire ne l'accuse pas directement d'avoir ordonné ce meurtre, mais est certain qu'il favorable accueil qu'il fit à Hermenfroi, qui fut comblé de ses bienfaits. Délivré de ce rival, auquel il attribuoit le succès de la bataille qu'il avoit perdue, *Pepin* employa les négociations dont le feu des guerres avoit retardé l'activité : un traité de paix qu'il conclut avec Varaton ranima son espoir. Les ôtages qu'il consentit de donner sont une preuve que l'état de ses affaires n'étoit pas avantageux ; & la paix qu'on lui accordoit dans un temps où les Allemands & tous les peuples d'au-delà du Rhin se révoltoient contre la domination Austrasienne, & où la perte d'une bataille renvoit sa ruine inévitable, démontre l'intelligence des seigneurs de Neustrie & de Varaton lui-même avec cet ambitieux. Les factions continuoient à la cour de Thierri, & la déchiroient avec fureur. Varaton tint une conduite opposée à celle d'Ebroin ; il vouloit se faire aimer, il ne put réussir à l'être. Son ministère pacifique ne put écarter qui s'attachoit au trône & à tout ce qui l'approchoit ; sa modération ne servit qu'à accélérer la chûte de ses maîtres. Sa mort ouvrit la porte à de nouvelles brigues ; sa veuve appuyoit de son crédit Bertier, son gendre. *Pepin* qui avoit intérêt de l'éloigner, après n'avoir su le gagner, appuya ses concurrens & s'appliqua à le rendre odieux & méprifable. Les hiftoriens nous ont repréfenté ce maire fous les plus odieufes couleurs ; à les entendre, c'étoit un homme d'un extérieur ignoble, un général fans expérience, un foldat fans courage, un miniftre fans ame, fans efprit & fans talens. L'auteur des obfervations fur l'hiftoire de France, n'a point craint d'appuyer plufieurs de ces réflexions fur ce tableau : mais il eft clair qu'il n'a point été guidé par cette critique judicieufe qui relève le mérite de fes ouvrages ; ne s'eft-il pas apperçu qu'il avoit été fait par des mains infidelles, par des écrivains vendus aux *Pepin* ? Si l'on en croit les hiftoriens du temps, fi l'on en croit, dis-je, ces flatteurs, tous les miniftres qui s'oppoférent aux entreprifes des *Pepin*, ne s'attachèrent qu'à faire le malheur des peuples, & furent moins femblables à des hommes qu'à des monftres, tandis que les *Pepin* furent des héros, des faints : mais l'hiftoire détruit la flatterie des panégyriftes ; elle attefte que ces prétendus monftres verférent leur fang pour raffermir la puiffance des rois que ces prétendus faints précipitèrent du trône ; les fujets de Thierri qui voyoient que le duc d'Auftrafie récompenfoit avec magnificence tous ceux qui paffoient à fa cœur, exigeoient des facrifices continuels de la part du monarque dont le refus le plus légitime ne manquoit pas d'être traité d'affreufe tyrannie. Ils s'évadoient fur le plus léger prétexte. *Pepin* dut être embarraffé du nombre prodigieux de mécontens qui fe rendoient chaque jour autour de lui : il eût fallu des tréfors inépuifables pour affouvir la cupidité de ces transfuges : lorfqu'il crut qu'il étoit temps de porter les tempêtes en Neuftrie, il envoya des députés à Thierri, le fommer de rappeller tous les mécontens, & de les fatisfaire ; & fur fon refus, il lui déclara qu'il marchoit contre lui pour l'y y contraindre : il étoit en état de juftifier fes menaces ; non feulement fes troupes étoient groffies d'une infinité de transfuges, il y avoit encore une infinité de traîtres qui n'étoient reftés dans le camp de Thierri que pour y porter le ravage avec plus de fuccès : ces perfides avoient donné des otages à *Pepin*. Il n'eft donc pas étonnant que la victoire fe foit rangée de fon côté. Le maire du palais (Berthier) fut tué par des confpirateurs quelques jours après la perte d'une bataille fanglante qui fe donna près de Leucofao : Thierri qui y avoit affifté prit la fuite & ne s'arrêta que quand il fut dans Paris. *Pepin* généreux parce qu'il gagnoit à l'être, abandonna à fon armée les dépouilles des vaincus, & fembla ne fe réferver que la gloire du fuccès : tous les prifonniers faits à la journée de Leucofao, furent remis en liberté fur leur parole. Cette modération affectée lui concilia tous les cœurs, & la Neuftrie ne lui offrit qu'une conquête aifée. Paris fut forcé de le recevoir ; il y parut dans l'appareil d'un triomphateur. Il s'affura de la perfonne de Thierri, & le fit obferver, fans cependant lui faire aucune violence. Tous ceux des Neuftriens qui s'étoient réfugiés à fa cour, furent rétablis dans leurs biens & leurs dignités ; les priviléges qu'ils avoient ambitionnés leur furent accordés : mais il fe montra très-foigneux fur-tout de ménager les gens d'églife. *Pepin* affectoit de ne rien entreprendre fans avoir auparavant pris le confeil des grands qui, en revanche, lui accordèrent tout, excepté le titre de roi : M. de Mably croit que ce fut par un effet de fa modération qu'il négligea de le prendre ; mais les François n'étoient pas encore difpofés à le donner. Charles-Martel n'avoit pas moins de dextérité, & qui avoit bien plus de talent & de génie, le quéra inutilement ; & quoi qu'en dife l'excellent auteur que j'ai déja plufieurs fois cité, le titre de Maire de Neuftrie que prit *Pepin* après fa victoire, ne fut point de fon choix, il fut obligé de s'en contenter. « *Pepin*, c'eft ainfi que s'exprime M. de Mably, qui s'étoit fait une ha- » bitude de fa modération, ne fentit peut-être que » le moment qu'il en recueilloit le fruit, » tout ce qu'il pouvoit fe promettre de fa » victoire, de l'attachement des Auftrafiens, » de la reconnoiffance inconfidérée des Fran- » çois de Neuftrie & de Bourgogne : peut-être » auffi jugea-t-il qu'il étoit égal pour les inté- » rêts que Thierri fût roi ou moine ; l'ambition » éclairée fe contente de l'autorité & néglige » des titres qui la rendent prefque toujours » odieufe ou fufpecte. *Pepin* laiffa à Thierri fon » nom, fes palais & fon oifiveté, & ne prit » pour lui que la mairie des royaumes » qu'il avoit délivrés de leur tyran ». L'idée que préfente ce tableau eft contraire à celui que nous offre l'hiftoire. M. de Mably femble vouloir contefter à *Pepin* la gloire d'avoir fu préparer les événemens, & peu s'en faut qu'il n'attribue au hafard la conduite de cet homme étonnant. Si *Pepin* ne condamna pas Thierri à languir dans l'obfcurité d'un cloître, c'eft qu'il y voyoit encore trop de danger, c'eft qu'il étoit retenu par l'exemple encore récent de Grimoalde, & non parce qu'il regardoit la couronne avec indifférence. Un miniftre qui s'étoit fait déférer le titre de prince, & qui ne paroiffoit jamais en public qu'avec le fafte de la royauté, ne fera jamais placé au rang des efprits modérés. Thierri ne doit pas être confondu parmi les princes oififs, tel que nous le repréfente l'auteur accrédité que j'ofe combattre : ce monarque parut toujours à la tête de fes armées. M. de Mably applaudit encore à la mort de Bertier qu'il appelle un tyran ; mais étoit-ce un crime dans ce miniftre de vouloir ramener les grands fous le joug d'une autorité légitime, qu'ils avoient prefqu'entièrement fecouée ? *Pepin*, après avoir confié la garde de Thierri à un nommé Notberg qui lui étoit vendu, partit pour fa principauté : fa cour marquoit bien que toute l'autorité étoit entre fes mains. Une expédition

qu'il fit au-delà du Rhin, d'où il revint victorieux, servit encore à affermir sa puissance &
fixa tous les yeux sur lui. Ce fut pour tranquil-
lifer les grands, qu'il remit en vigueur les affemblées générales dont on avoit presque perdu la
mémoire : les grands qui voyoient dans ces affemblées, ne devoient pas craindre l'abus d'autorité, ils durent regarder la mairie avec indifférence, elle ne devoit pas leur être bien chère,
puisqu'elle leur devenoit superflue. *Pepin* se garda
cependant bien de rendre ces affemblées trop fréquentes : il voulut les faire defirer ; la première
qu'il ordonna se tint fous Clovis III, fantôme
de royauté qu'il n'avoit pu se difpenfer de montrer aux peuples. Une obfervation importante,
c'eft que *Pepin* n'y parut pas ; il étoit probablement retenu par la crainte de fe comprometre ;
il n'eût pu y occuper que la feconde place, & il
vouloit infenfiblement ériger en doute fi la première ne lui étoit pas due ? le rôle fervile qu'il
fit jouer à Thierri, ainfi qu'à Clovis II, à Childebert & à Dagobert III, fai préfumer qu'il feroit parvenu à le faire croire. Les grands officiers
de la couronne devenoient officiers du prince
d'Auftrafie & du maire de Neuftrie. *Pepin* avoit
un référendaire, & de ces fortes d'intendans appellés *domeftiques*, par rapport aux maifons dont
on leur confioit le foin. On ne peut cependant
s'empêcher de faire une réflexion fur la briéveté
du règne de Thierri & de fes fucceffeurs ; depuis
la cataftrophe de ce prince, arrivée en 689, jufqu'au couronnement de *Pepin-le-Bref*, il ne s'eft
écoulé que 73 ans, & pendant cet intervalle,
on voit fix rois : *Pepin d'Hériftal* en vit difpa-
roître trois dans l'efpace de vingt-deux ans. Thierri
mourut dans la vigueur de l'âge, un an après fa
défaite ; Clovis II, au fortir de l'enfance ; Childebert III ne parvint point à l'âge viril : les hiftoriens, dont j'ai fait entrevoir quelle pouvoit
être la trempe, ne s'expliquent point fur le genre
de leur mort ; ils difent bien que *Pepin* les fit
foigneufement obferver, & ne peuvent le juftifier
d'avoir trempé dans plufieurs affaffinats : le miniftère, nous dirions mieux le règne de *Pepin*,
n'offre plus rien à nos obfervations, finon qu'il
voulut rendre fa principauté héréditaire dans fa
famille, & perpétuer les fers dont fes ancêtres, &
lui-même avoient chargé les maifons de Neuftrie. Il
deftina la principauté d'Auftrafie à Drogon fon
aîné, & la mairie de Neuftrie & de Bourgogne à
Grimalde fon cadet ; mais ce qui montre que fa
puiffance étoit fans bornes, c'eft que Grimoalde
étant mort, il fit paffer la mairie, qui jufqu'alors
n'avoit été confiée qu'à des maifons mûrs, à
Théodoalde, jeune enfant, qui avoit à peine fix
ans ; ainfi Dagobert, âgé de douze ans, eut un
miniftre plus enfant que lui, & qui devoit le
gouverner fous la tutelle de Plectrude, veuve de
Pepin. Que peut-on imaginer de plus humiliant,
de plus dégradant pour la royauté ? cet acte de

defpotifme fut le dernier de fa vie ; il mourut
en 714 le 16 décembre. Son furnom d'Hériftal
lui fut donné d'un château où il fit fon principal
féjour : outre Drogon & Grimoalde qu'il avoit
eus de Plectrude, & dont la mort avoit précédé
la fienne, il laiffoit plufieurs fils naturels, Charles, fils d'Alpaide, & Childebran, dont on ne
fait quelle fut la mère : la veuve Plectrude,
placée à la tête de la régence, n'omit rien pour
juftifier le choix de fon mari ; elle fit renfermer
dans les prifons de Cologne, Charles-Martel,
dont le génie lui faifoit ombrage : elle prit alors
les rênes du royaume d'Auftrafie, au nom de fon
arrière-fils Arnoul, fils de Drogon, & envoya
Théodoalde à la tête d'une armée fe faifir de la
mairie de Neuftrie & de Bourgogne : les feigneurs,
attachés à la perfonne de Dagobert, crurent que
c'étoit l'inftant favorable de lui rendre une partie
de l'autorité : ils lui infpirèrent des fentimens
dignes de fa naiffance & de fon rang, & le déterminèrent à marche contre Théodoalde &
contre Plectrude. Une victoire lui ouvrit les portes
de l'Auftrafie, mais Charles-Martel ayant rompu
les liens où le retenoit fa marâtre, les lui ferma
prefqu'auffi-tôt. L'Auftrafie qui fupportoit impatiemment le joug d'une femme, proclama Charles-Martel, dont les exploits étonnans effacèrent
tous ceux de fa race. « C'étoit un homme, dit
» M. de Mably, qui avoit toutes les qualités de
» l'efprit dans le dégré le plus éminent ; fon am-
» bition audacieufe, bruyante & fans bornes, ne
» craignoit aucun péril : auffi dur, auffi inflexi-
» ble envers fes ennemis, que généreux & pro-
» digue pour fes amis, il força tout le monde à
» rechercher fa protection : après avoir dépouillé
» fa belle-mère & fes frères, il regarda la mairie
» que Dagobert avoit conférée à Ramfroi comme
» une portion de fon héritage ; il lui fit la guerre,
» le défit, & comme fon père, il réunit au titre
» de prince ou de duc d'Auftrafie celui de maire
» de Neuftrie & de Bourgogne. *Pepin* avoit été
» un tyran adroit & rufé, Charles-Martel ne
» voulut mériter que l'amitié de fes foldats, &
» fe fit craindre de tout le refte : il traita les
» François avec une extrême dureté ; il fit plus,
» il les méprifa : ne trouvant par-tout que des
» loix oubliées ou violées, il mit à leur place fa
» volonté. Sûr d'être le maitre qu'il au-
» roit une armée affectionnée à fon fervice, il
» l'enrichit fans fcrupule des dépouilles du clergé,
» qui poffédoit la plus grande partie des richef-
» fes de l'état, & qui fut alors traité comme les
» Gaulois l'avoient été dans le temps de la con-
» quête. Charles-Martel, continue M. de Mably,
» qui nous paroit avoir parfaitement vu cet hom-
» me célèbre, n'ignoroit pas que les Mérovin-
» giens avoient d'abord dû leur fortune & enfuite
» leur décadence à leurs bénéfices ; il en créa de
» nouveaux pour fe rendre auffi puiffant qu'eux,
» mais il leur donna une forme toute nouvelle,

D d 2

» pour empêcher qu'ils ne canfaffent la ruine de
» fes fucceffeurs ; les dons que les fils de Clovis
» avoient faits de quelques portions de leurs do-
» maines, n'étoient que de purs dons, qui n'im-
» pofoient aucuns devoirs particuliers & ne con-
» féroient aucune qualité diftinctive : ceux qui les
» recevoient n'étant obligés qu'à une reconnoif-
» fance générale & indéterminée, pouvoient
» aifément n'en avoir aucune, tandis que les
» bienfaiteurs en exigeoient une trop grande, &
» delà devoient naître des plaintes, des reproches,
» des haines, des injuftices & des révolutions. Les
» bénéfices de Charles Martel furent au contraire
» ce que l'on appella depuis des *fiefs*, c'eft à-dire,
» dés dons faits à la charge de rendre au bienfaiteur
» conjointement ou féparément des fervices mili-
» taires & domeftiques : par cette politique
» adroite, le maire s'acquit un empire plus ferme
» fur fes bénéficiers, & leurs devoirs défignés
» les attachèrent plus particulièrement au *maître* :
» cette dernière expreffion paroît peut-être trop
» dure, c'eft cependant l'expreffion propre, puif-
» que ces nouveaux officiers furent appellés du
» nom de *vaffaux*, qui fignifioit alors, & qui
» fignifia encore pendant long-temps, des offi-
» ciers domeftiques. Toujours victorieux, tou-
» jours fûr de la fidélité de fon armée, il regarda
» les capitaines qui le fuivoient comme le corps
» entier de la nation. Il méprifa trop les rois
» Dagobert, Chilpéric & Thierri de Chelles, pour
» leur envier leur titre. » Cette dernière phrafe
nous paroît plus faftueufe que vraie : Charles pouvoit méprifer la perfonne des rois qu'il avoit dégradés, mais non pas leur titre ; s'il ne le demanda pas, c'eft qu'il prévoyoit encore des
obftacles, & qu'il avoit trop d'élévation dans
l'ame pour s'expofer à la honte d'un refus. M. de
Mably ne me paroît point avoir faifi cette furprife
où la mort de Thierri jetta les François ; ce dut
être un fpectacle bien fingulier, bien étonnant
de voir tout un peuple trembler devant fon
maître, l'admirer & lui refufer cependant le titre
de roi, que l'on n'ofoit rendre aux princes du
fang royal. Charles - Martel gouverna avec ce
defpotifme jufqu'à fa mort, qui arriva en 741 :
il termina fa vie par une difpofition qui montre
jufqu'où il avoit élevé fa puiffance ; il difpofa de
la France comme d'un ancien patrimoine, il
donna l'Auftrafie à Carloman, fon fils ainé, &
Pepin-le-Bref, dont nous allons maintenant nous
occuper, eut la Neuftrie & la Bourgogne ; Grifon,
fon fils naturel, obtint quelques comtés qui ne
devoient pas fuffire à fon ambition. Ce partage
fut confirmé par les capitaines de fes bandes &
les officiers de fon palais ; on ne parla non plus
de la race royale que fi elle eût été entièrement
éteinte.

Pepin, à la mort de Charles, fe trouvoit dans
ne pofition fort critique, fort embarraffante ;

redouté des grands & du clergé, qui avoient à
fe plaindre des dédains avec lefquels on le avoit
traités, & haï du peuple qui étoit toujours attaché à la perfonne de fes rois, il n'avoit pour lui
que les gens de guerre : il fut affez fage pour
comprendre que fa puiffance ne feroit jamais bien
affermie, tant qu'elle ne feroit appuyée que fur la
terreur. Il fongea donc à regagner les efprits que
la fierté de fon père avoit aliénés, & cacha fous
une feinte modération toute fon ambition qui fe
préparoit. Quelques gens d'églife fur-tout fe répandoient en murmures contre le gouvernement
de Charles, & faifoient courir les bruits les plus
injurieux à fa mémoire ; ils profitoient de l'ignorance où les guerres avoient plongé les François, & leur faifoient adopter les fables les plus
groffières : ils publioient que Charles étoit damné,
pour engager fes fucceffeurs à reftituer les biens
dont ils avoient été dépouillés. *Pepin*, au lieu de
les punir, feignit d'ajouter foi à leurs contes, trop
ridicules pour croire qu'il en ait été la dupe : il
les plaignit, il les abufa par de vaines promeffes,
& bientôt il en fit les principaux inftrumens de
fes profpérités. L'indocilité des peuples de la
France qui menaçoient de fecouer le joug, lui
fervit de prétexte pour éluder leurs importunités,
& pour conferver aux militaires les bénéfices
dont ils étoient en poffeffion, & dont il n'auroit
pu les priver fans danger. *Pepin* ne put cependant fe difpenfer de faire un roi ; il y fut fur-
tout déterminé par les continuelles révoltes des
tributaires, qui fe prétendoient dégagés de leurs
fermens, fi la race des Mérovingiens venoit à
s'éteindre, ou fi on lui raviffoit le fceptre. Il
étoit moins défavantageux pour lui de fouffrir
pour quelques inftans un fantôme de royauté fur
le trône, que d'être obligé de refferrer fa domination : il confentit donc au couronnement de
Childéric III. Si Carloman, fon frère, ne reconnut pas ce monarque, ce n'eft pas qu'il fût
plus hardi que *Pepin*, ainfi que le fuppofe M.
l'abbé de Mably, mais c'eft que l'Auftrafie étoit
accoutumée à fe paffer de roi, & qu'il n'en étoit
pas de même de la Neuftrie. *Pepin* ne tarda pas à
s'appercevoir combien la pofition de fon frère étoit
plus avantageufe que la fienne ; il fentoit tous les
avantages de la principauté, il mit tout en œuvre
pour l'engager à la lui céder : le génie de Carloman
qui étoit plus propre à porter les détails
d'une adminiftration fubalterne qu'à régler les deftinées d'un grand peuple, lui permettoit de tout
efpérer : il s'étoit apperçu de l'impreffion qu'avoit
faite fur l'efprit de ce prince le bruit de la damnation de leur père. Il augmenta les terreurs dont
il étoit frappé, & les fortifia tant par lui-même
que par des prélats qu'il eut foin de mettre à fes
côtés, dans la pieufe réfolution d'entrer dans un
monaftère & d'y expier les égaremens de Charles-
Martel. *Pepin* cacha au fond de fon cœur la joie
que lui caufoit cette retraite ; il reçut les adieux

de son frère, non sans un grand attendrissement, & s'empara de ses états avec la plus grande célérité : il s'apprêtoit de donner au monde un spectacle bien différent : il ménagea Drogon, fils de Carloman, auquel il ne fit aucune part des états que son père avoit possédés, & songea à achever ce grand ouvrage que ses aïeux avoient commencé. Non moins habile dans les combats, aussi courageux que Charles, aussi ambitieux, mais moins fier, il étoit difficile de l'empêcher d'arriver au trône où les peuples n'avoient pu voir jusqu'alors que les descendans de Mérouée. Les guerres que lui suscita Grifon, son frère, ne servirent qu'à augmenter la haute idée que l'on avoit conçue de ses talens. Grifon étoit fils de Charles, & ne pouvoit l'oublier : il avoit déjà fait connoître ses sentimens dans plusieurs guerres qui avoient donné beaucoup de peine à ses frères. Sa fierté qui ne lui permettoit pas de fléchir, son esprit remuant, inquiet, avoient engagé Pepin à le reléguer dans la forteresse de Neufchâtel ; mais depuis il l'avoit rappellé à sa cour, il lui avoit donné plusieurs comtés, & l'on peut dire que si ce jeune prince eût su se contenter du second rang, rien n'auroit manqué à son bonheur. La retraite de Carloman lui parut une occasion favorable de recommencer ses intrigues : il se plaint de ce qu'au lieu d'une principauté, on ne lui donne que des terres qui le font dépendre d'un maître. Il déclame contre Pepin qu'il peint sous les plus odieuses couleurs, & lorsque ses déclamations lui ont attaché un parti, il passe dans la Germanie, où il exhorte les peuples à seconder son ressentiment : les Saxons furent les premiers à adopter ses projets de vengeance. Pepin ne tarda point à entrer en Saxe, il porta le fer & le feu dans cette province qu'il soumit à de nouveaux tributs. Grifon forcé de fuir, se retira dans la Bavière & s'empara du duché. Odillon, beau-frère de Pepin, qui en étoit duc, venoit de mourir, & Taffillon, son fils, qui n'avoit que six ans, n'étoit point en état de défendre son pays. Carloman, touché des désordres qu'occasionnoit la rivalité de ses frères, écrivit au pape Zacharie ; il le conjuroit de faire son possible pour rétablir la paix entr'eux. Zacharie, flatté d'une démarche qui tendoit à donner une nouvelle considération à son siége, envoya des ambassadeurs à Pepin, qui parlèrent avec un zèle vraiment apostolique. Les ambassadeurs reçurent un favorable accueil, mais Pepin ne jugea pas à propos d'interrompre ses desseins : dès que la saison lui permit d'entrer en campagne, il se rendit dans la Bavière qu'il parcourut moins en ennemi qu'en triomphateur ; il poursuivit les partisans de Grifon jusqu'à l'Enn, où il les força de lui rendre hommage & de reconnoître pour duc Taffillon, son neveu ; les principaux furent forcés de le suivre à Metz, moins pour orner son triomphe que pour donner aux peuples un exemple de sa modération. Pepin, devenu l'arbitre de la destinée de ses ennemis, ne se servit de ses victoires que pour les accabler du poids de sa grandeur ; il leur pardonna à tous, donna à Grifon la ville du Mans avec douze comtés considérables ; le peuple ébloui de sa gloire se répandoit en éloges : ce fut alors qu'il laissa entrevoir le desir qu'il avoit de prendre la couronne. Les grands qui l'avoient suivi dans ses différentes expéditions & qui tous avoient admiré sa valeur, lui laissoient entrevoir des dispositions favorables, ainsi que les prélats qu'il avoit comblés de caresses, & qui pour la plupart lui étoient redevables de leurs dignités. Ces deux ordres, admis aux délibérations publiques, ne craignoient plus l'abus d'autorité, & peu leur importoit que Pepin régnât sous le titre de duc, de maire, de prince ou de roi : ils n'étoient plus retenus que par un scrupule de conscience. Les François étoient persuadés qu'il n'appartient qu'à Dieu de détrôner les rois, & craignoient d'attirer ses vengeances sur eux, s'ils renonçoient à la foi qu'ils avoient jurée à Childéric. Pepin feignit d'applaudir à ce scrupule ; mais comme il savoit qu'il n'est que trop facile d'abuser des esprits déjà séduits par leurs penchans, il proposa de consulter Zacharie, pour qui il avoit témoigné les plus grands égards, & sûr leur consentement, il envoya des ambassadeurs à Rome, demander si les François pouvoient dégrader leur souverain légitime, & renoncer à son obéissance.

Burchard, évêque de Versbourg, & Fulrade, tous deux chefs de cette mémorable ambassade, proposèrent la question d'une manière propre à faire connoître quelle réponse ils sollicitoient. Après avoir fait un éloge pompeux des belles qualités de Pepin, & une satyre amère de la famille royale, ils demandèrent lequel on devoit décorer du diadême, ou de celui, qui, sans crédit, paré d'un vain titre, vivoit tranquille auprès de ses foyers, sans s'occuper des intérêts de la nation ; ou de celui qui, sans cesse les armes à la main, veilloit pour la défendre ou pour étendre sa gloire : l'intérêt qui avoit fait proposer ce prétendu problème dicta la réponse. Il y avoit long-temps que les papes aspiroient au bonheur de se faire un état indépendant des débris de celui de Constantinople ; l'espoir de régner un jour dans la capitale du monde inspira l'oracle. Zacharie répondit que celui-là devoit être roi qui avoit en main la puissance. Tel fut le suprême décret qui précipita Childéric III du trône de ses pères & qui éteignit en lui l'illustre race de Mérouée : elle comptoit trois cents cinq ans de règne. Pepin n'avoit pas reçu la parole du pontife, qu'il avoit ordonné les cérémonies de son inauguration ; & comme il craignoit que le peuple par son inconstance ordinaire, n'entreprît de le faire descendre du trône où il s'apprêtoit à monter, il voulut rendre sa personne plus respectable, en imprimant fur fa couronne les caractères augustes de la religion. Ce fut par un effet de fa politique qu'il se fit sacrer. Cette cérémonie inconnue jusqu'alors dans l'inauguration des rois, étoit empruntée des Juifs. Bertrade, femme de *Pepin* fut couronnée pendant la même cérémonie. Le commencement du règne de *Pepin* fut fignalé par des victoires remportées fur les Saxons révoltés. Ces peuples, toujours malheureux dans leurs guerres contre les Auftrasiens, ne pouvoient fe résoudre à leur payer les tributs auxquels on les avoit foumis : leur indocilité leur caufa de nouveaux ravages : toutes leurs provinces furent pillées : réduits à demander la paix, ils ne l'obtinrent qu'en aggravant le fardeau dont ils prétendoient fe débarraffer. Ils ajoutèrent trois cents chevaux à un tribut de cinq cents bœufs auquel ils étoient déjà affujettis ; & ce qui augmentoit la honte de cette fervitude, ils devoient les amener eux-mêmes & les préfenter dans l'affemblée du champ de Mars, Cependant Zacharie ne put recueillir le fruit de l'oracle qu'il avoit rendu. Il s'étoit flatté qu'on lui donneroit l'Exarcat & la Pentapole que les Lombards venoient de conquérir fur les Grecs ; il mourut fur ces entrefaites. Etienne II, fon fuccesseur, brûla comme lui du desir de régner fur ces riches provinces. Non moins politique que Zacharie, Etienne commença par s'affurer de la protection de *Pepin*, qui feul étoit en état de le mettre en poffeffion du pays dont il ambitionnoit fa domination. Il envoya des députés à la cour du monarque qui l'affura de fa protection & de fon amitié. Le pontife fe rendit enfuite à la cour d'Aftolphe, roi des Lombards : alors paroiffant animé d'un zèle légitime pour fon fouverain, il lui fit les inftances les plus vives, afin de l'engager à faire la paix avec l'empereur de Conftantinople & à lui reftituer les terres qu'il avoit conquifes. Aftolphe devina aifément le motif du voyage d'Etienne, il avoit connu les intrigues de fon prédéceffeur ; il fentoit bien, par la nature de fes demandes, qu'il n'afpiroit qu'à lui fufciter un ennemi. Il n'omit rien pour l'engager à changer de réfolution ; il s'offrit même de lui rendre plufieurs places dont il avoit fait récemment la conquête ; mais le pontife étoit affuré de la protection de *Pepin*, il fut inflexible. Il paffa les Alpes & vint à Pontis, dans le Partois, où la cour alla le recevoir. *Pepin* lui témoigna les plus grands égards, & le pape, en reconnoiffance, n'oublia rien pour confacrer l'ufurpation de ce prince. Il lui donna l'abfolution du parjure dont il s'étoit fouillé en dépofant Childerie, auquel, en fa qualité de maire du palais de Neuftrie, il avoit fait ferment d'obéiffance. *Pepin*, plein de reconnoiffance pour tant de fervices, ne demandoit qu'à paffer les Alpes ; mais comme il ne pouvoit, ou plutôt comme il ne vouloit rien entreprendre fans l'agrément des feigneurs qu'il eût été très-dangereux de méconn-

tenter, il convoqua une affemblée à Querci fur l'Oife, dont la conclufion fut très-contraire aux efpérances d'Etienne. Les feigneurs repréfentèrent à *Pepin* qu'il ne devoit point quitter fes états pour aller, fans profit & fans intérêt, verfer le fang de fes peuples, fans d'autre motif que de ruiner un roi fon allié, & qui n'avoit rien fait dont les François puffent s'offenfer ; ils déclarèrent qu'il falloit attendre qu'Etienne eût des motifs de plaintes plus légitimes, avant d'entreprendre la guerre contre les Lombards. Cet avis ayant prévalu, on envoya des ambaffadeurs à deffein de prévenir tout prétexte de guerre ; mais *Pepin* avoit choisi ces ambaffadeurs ; ils rendirent la guerre indifpenfable : ils exigèrent d'Aftolphe, qu'il leur remît l'Exarcat & la Pentapole fur lefquelles ils n'avoient aucune apparence de droit. Ces provinces dépendoient de l'empire Grec : ce n'étoit pas à *Pepin*, mais à l'empereur, à les réclamer & à fe plaindre. Aftolphe confentoit cependant à faire le facrifice d'une partie de fes droits, & propofoit de renoncer à la fouveraineté de Rome qui dépendoit de Ravenne, capitale de l'Exarcat, & à remettre plufieurs places qu'il avoit conquifes récemment dans la Romagne.

Tant de modération de la part du prince Lombard ne fut pas capable de rétablir le calme ; on lui envoya de nouveaux ambaffadeurs qui lui expofèrent de la part d'Etienne, les motifs fur lefquels il appuyoit fa réclamation ; mais tandis que l'on amufoit les Lombards par ces ambaffadeurs, *Pepin* difpofoit, en faveur du faint fiège, des terres de leurs conquêtes. La guerre fut réfolue dans l'affemblée du champ de Mars ; on avoit eu le temps de pratiquer les feigneurs & de leur infpirer des fentimens conformes à ceux du pontife. *Pepin*, avant de paffer en Italie, prit toutes les mefures qui devoient affurer le fuccès de fes deffeins. Le rendez-vous général de l'armée fut marqué au Val de-Maurienne. A voir fes immenfes préparatifs, il étoit facile de connoître de quel côté fe rangeroit la victoire : il avoit fous fes enfeignes toutes les nations qu'enferment l'Iffel, l'Elbe, la mer d'Allemagne, l'Océan, les Pyrénées, la Méditerranée & les Alpes ; il lui étoit aifé d'opprimer un prince qui n'occupoit qu'une partie de l'Italie. Dès que le roi des Lombards eut reçu des nouvelles de l'approche des François, il s'avança pour leur fermer le paffage des Alpes. *Pepin* s'étant rendu maître du Pas de Suze, lui envoya des ambaffadeurs pour l'engager, par un dernier effort, à faire l'entier facrifice de fes droits : il lui offroit deux mille fous d'or de dédommagement ; cette propofition étoit peu capable de féduire un conquérant plus ambitieux de gloire que de richeffes : Aftolphe lui fit un généreux refus & refta fur la défenfive, fans le braver & fans le craindre. Mais la fortune qui jamais n'avoit trahi le monarque François, le fervir encore dans cette occafion. Aftolphe fut forcé d'abord de faire une retraite ; il revint fur fes pas, mais c'étoit en vain qu'il vouloit rappeller la victoire ; il fut réduit à fuir, & la perte qu'il éprouva dans la première bataille ne lui permit pas de reparoître en campagne.

Pepin, devenu maître des paffages, répand la terreur & l'éffroi dans toute la Lombardie, il met tout en cendres fur fa route & arrive devant Pavie dont il fait le fiége. Aftolphe craignant de tomber entre fes mains, confentit aux conditions que l'on daigna lui prefcrire ; il donna quarante otages & renonça à fes conquêtes par un ferment folemnel. La paix fembloit être rétablie & ne l'étoit pas. Aftolphe ne pouvoit fe réfoudre aux pénibles conditions que l'on venoit de lui prefcrire ; il profita de l'abfence de *Pepin* & alla affiéger le pontife dans Rome ; cependant avant de livrer les premiers affauts, il effaya de gagner les habitans ; il leur envoya un hérault leur promettre toutes les bontés qu'ils pouvoient attendre d'un fouverain généreux, s'ils vouloient le recevoir & lui livrer Etienne ; mais les Romains qui fe flattoient de voir un jour dans l'élévation de leur pontife une image de leur ancienne fplendeur, rejettèrent fa propofition ; ils lui répondirent qu'ils préféroient la guerre à fes promeffes, & fe préparèrent à foutenir l'affaut. *Pepin* fut bientôt inftruit de ces nouvelles. Etienne lui écrivit les lettres les plus preffantes, afin de l'engager à repaffer les Alpes ; il faifoit les plaintes les plus amères de ce qu'il étoit retourné dans fes états, avant que d'avoir forcé Aftolphe d'exécuter les loix qu'il lui avoit impofées. *Pepin* affembla auffitôt les feigneurs & leur communiqua fa réfolution ; le plus grand nombre le preffa de l'exécuter ; il fit auffi-tôt fes préparatifs & prit la route de la Lombardie. Il avoit mis le pied dans ce royaume, avant qu'Aftolphe qui étoit devant Rome eût pu ramener fon armée, pour couvrir fon pays. Ce prince n'eut d'autre reffource que d'aller s'enfermer dans Pavie fa capitale ; ce fut de là qu'il envoya demander grace à *Pepin*, s'offrant à lui livrer toutes les places qui faifoient le fujet de cette guerre : on prétend qu'il jura de fe foumettre aux loix de *Pepin* & de regarder fon royaume comme fief de fon empire.

Pepin fatisfait des foumiffions d'Aftolphe, lui laiffa la vie & la couronne ; mais les fermens qu'il avoit déjà profanés ne lui paroiffant point un gage affuré de fa foi, il ne repaffa dans fes états qu'après avoir vu le traité exécuté, au moins quant à fes parties les plus importantes ; le pape reçut auffi-tôt les clefs de plufieurs places ; & pour en perpétuer la mémoire, il fit graver fur une table, cette infcription dont on voit encore des traces : *Ce prince pieux a montré aux autres princes le chemin d'enrichir l'églife, en lui donnant l'Exarcat de Ravenne.* Cette libéralité de *Pepin* étoit au moins indifcrète ; mais fi la politique le

blâme d'avoir enrichi un chef déjà trop redoutable par fon empire abfolu fur les confciences, elle le loue de l'autre de s'être réfervé la fouveraineté des terres de fa conquête ; ce prince n'en donna que le domaine utile à Etienne, & s'y comporta au furplus comme dans les autres provinces de fa domination ; il donna le gouvernement de Ravenne à l'archevêque & aux tribuns, pour lui en rendre compte à lui-même. Après avoir donné des marques de fon autorité dans toutes les autres villes, *Pepin* reprit la route de fes états & emporta le tiers des tréfors qui étoient dans Pavie, pour fe dédommager des frais de la guerre.

Les Lombards, honteux de cet humiliant traité, foupiroient après l'éloignement de leur vainqueur : il leur reftoit quelques places qu'ils s'étoient obligés de rendre par le traité. Aftolphe en éluda la reftitution fous différens prétextes ; il les retenoit avec d'autant plus de confiance, qu'il ne croyoit pas cette infraction fuffifante pour occafionner une rupture avec *Pepin* ; & pour déterminer ce prince à paffer une troifième fois en Italie ; il efpéroit d'ailleurs qu'Etienne fe contenteroit du facrifice qu'il avoit été obligé de lui faire. Mais fa mort, qu'un accident occafionna, fit tout-à-coup changer la face des affaires. Didier, auparavant fon connétable & alors fon concurrent, mit le comble à la joie du pontife ; ce nouveau monarque, qui fentoit le prix de l'amitié de la cour de Rome, & plus encore de celle de France, au commencement d'un règne, promit de fe refferrer dans les bornes les plus étroites de la Lombardie. *Pepin* reçut, fur ces entrefaites, des ambaffadeurs de la part de l'empereur d'Orient. Les hiftoriens qui font mention de cette ambaffade, ne difent pas quel en étoit le motif ; mais on préfume que c'étoit pour réclamer l'Exarcat & la Pentapole, dont on venoit de le dépouiller contre tout droit & fans aucun prétexte, puifqu'il n'avoit fait aucune démarche dont *Pepin* eût à fe plaindre ; peut-être auffi étoit-ce pour implorer le fecours de ce monarque contre les Bulgares qui défoloient la Thrace & menaçoient Conftantinople. Les ambaffadeurs firent à *Pepin* de très-riches préfens ; entr'autres curiofités, ils lui donnèrent un orgue qui étoit d'autant plus précieux, que c'étoit le premier que l'on eût vu en Occident. Le monarque François étoit alors au plus haut degré de gloire où un prince pût afpirer : maître de prefque toutes les Gaules & de la plus belle partie de la Germanie, il avoit vaincu les Lombards & affuré la couronne de ces peuples fur la tête de Didier : l'afcendant de fa fortune & leurs précédentes défaites ne purent en impofer aux Saxons ; ces peuples indomptables le forcèrent de faire des préparatifs de guerre : mais leur indocilité ne fervit qu'à les expofer à de nouveaux malheurs : *Pepin* rafa leurs principales fortereffes, les battit en plufieurs rencontres ; & après en avoir fait un affreux carnage, près d'un lieu appellé *Sittin*, il les força de recevoir la paix & de continuer les tributs auxquels ils étoient affujettis.

Les Saxons auroient été punis avec plus de févérité, fi le vainqueur n'eût été rappellé par les troubles de l'Italie. Didier avoit repris les projets d'Aftolphe ; & quoiqu'il s'y fût engagé par ferment, il refufoit de rendre plufieurs places compr fes dans le traité de Pavie ; il avoit même commis plufieurs hoftilités contre le pape. Après avoir exercé le ravage dans la Pentapole, il avoit chaffé le duc de Bénévent, & mis le duc de Spolette dans les fers, pour les punir l'un & l'autre de leur attachement aux Romains. Paul I, frère d'Etienne II, lui avoit fuccédé. Ce nouveau pontife ne montroit pas moins de zèle pour les intérêts du faint Siége : fes clameurs ne manquère t pas d'intéreffer *Pepin*. Didier ayant tout à redouter de la part de ce monarque, fe rendit à Rome, où il s'entretint avec Paul fur les moyens de rétablir le calme. Le pape le conjura, par tout ce qu'il y avoit de plus faint, de faire juftice au faint Siége, & de lui rendre les places qu'il s'efforçoit de retenir contre la foi des traités : il le pria de fe reffouvenir de la parole qu'il avoit donnée à *Pepin*, difant que cette parole devoit être regardée comme donnée à faint Pierre lui-mème. Didier y confentit ; mais à cette condition que *Pepin* lui rendroit les ôtages qu'Aftolphe lui avoit livrés. Le pontife, inftruit dans l'art de tromper, feignit d'être fatisfait de cette réponfe, & congédia Didier, après lui avoir donné des marques de réunion qu'il croyoit fincères. Mais ce prince fut à peine forti de fa préfence, que Paul écrivit à *Pepin* pour lui recommander de retenir les ôtages, & pour le folliciter d'envoyer une armée en Italie. Mais, comme il craignoit d'éprouver les vengeances de Didier, fi ce roi parvenoit à découvrir fa perfidie, en interceptant fes lettres, il en donna d'autres à fes ambaffadeurs, chargés de les remettre, par lefquelles il *prioit fon protecteur de donner la paix aux Lombards,* l'affurant qu'aucun peuple fur la terre n'étoit plus digne de fon amitié. Didier ne s'apperçut de l'artifice du pontife, que quand les ambaffadeurs François lui apportèrent de nouvelles menaces. Il fentit alors qu'il falloit obéir ou fe réfoudre à voir fondre fur la Lombardie ces tempêtes qu'Aftolphe n'avoit pu conjurer. Il rendit une partie des villes, & s'obligea, par de nouveaux fermens, à rendre les autres dans un délai fixé : mais, comme il ne pouvoit fupporter plus long-temps les hauteurs de *Pepin*, il fongea à augmenter fes forces par des alliances. Il entretint des correfpondances fecrètes avec l'empereur de Conftantinople, & s'attacha le duc de Bavière, en lui donnant une de fes filles en mariage. Il fit ceffer les hoftilités des Lombards, & fe rendit à Rome ; il permit au pape d'envoyer des commiffaires pour prendre connoiffance de toutes les places qu'il réclamoit, & pour fonger au moyen de les reprendre fans exciter le murmure de ceux auxquels il en avoit confié le gouvernement : mais, pour lui prouver que fes intentions étoient pures, il lui remit à l'inftant tout ce qu'il lui avoit pris dans les duchés de Spolette & de Bénévent : il écrivit encore aux habitans de Naples & de Gayete, de laiffer au pape la jouiffance de tout ce qu'il réclamoit dans leur territoire. *Pepin* étoit alors occupé contre les Aquitains, auxquels il faifoit une guerre opiniâtre : il avoit remporté plufieurs victoires fur ces rebelles, fans avoir pu les réduire. Didier voyoit, avec une joie fecrète, que ces peuples oppofoient une puiffance redoutable à fon ennemi ; il fongea à multiplier les embarras de *Pepin*, fans cependant l'attaquer ouvertement. Taffillon, duc de Bavière, follicité par Luitperge, fils du prince Lombard, rentra dans fes états ; &, fous prétexte d'une maladie, ce duc refufa de continuer la guerre d'Aquitaine où il s'étoit fignalé. Mais le génie de *Pepin* rompit toutes fes mefures, & le rendit encore une fois maître de la deftinée de fes ennemis. Gaifre, duc d'Aquitaine, fut trahi & tué par fes propres foldats, après avoir erré en fugitif dans une province où il avoit commandé en roi. Taffillon, craignant que fon oncle ne le punît de fa défection, fut obligé d'implorer la médiation du pape, qui, flatté de fe voir l'arbitre de fon fort, obtint fa grace. Le roi des Lombards, fe voyant privé de cet allié, n'ofa plus fe flatter de pouvoir tirer vengeance des humiliations qu'il avoit reçues. *Pepin*, au comble de la gloire, eur encore celle de fe voir rechercher par Conftantin Copronime qui, du fond de l'Orient, lui envoya des marques de fon eftime, & des ambaffadeurs chargés de lui demander Gifelle, fa fille, qu'il vouloit faire époufer à fon fils, préfomptif héritier de l'empir-. Mais *Pepin*, foit qu'il fût peu flatté de l'honneur de cette alliance, foit, comme il eft plus probable, qu'il craignît d'indifpofer la cour de Rome, refufa d'y confentir : il leur répondit qu'il ne pouvoit donner fa fille à un prince hérétique, parce qu'ayant pris le faint Siége fous fa protection, il avoit fait ferment d'être l'ennemi de fes ennemis.

Si l'on réfléchit fur la conduite de ce monarque, & fur le refus qu'il fit effuyer à l'empereur de Conftantinople, on pourra croire que fon ambition ne fe bornoit pas au triple diadème qu'il avoit pofé fur fa tête. Les intérêts de la religion ne le touchoient point affez pour lui faire négliger les moyens de s'agrandir. La raifon dont il venoit d'appuyer fon refus, n'étoit qu'un prétexte : il étoit en alliance déclarée avec le calife des Sarrazins ; & la croyance de ce chef des Mahométans n'étoit pas affurément auffi orthodoxe que celle de l'empereur de Conftantinople. Tout nous porte à penfer qu'il avoit envie de porter

le

théâtre de la guerre en Thrace, & d'étendre ses conquêtes jusqu'aux rivages du Pont-Euxin. Ses complaisances pour le saint Siège étoient moins un effet de son zèle que de sa politique. Les troubles qui divisoient les esprits dans la capitale de l'Orient, étoient très-propres à lui en applanir la route. A la faveur de ces troubles, il auroit conquis le trône des Grecs avec plus de facilité qu'il n'étoit monté sur celui de ses maîtres.

Tels étoient sans doute les projets de *Pepin*; au moins ils sont conformes à son ambition, lorsqu'une maladie le conduisit au tombeau; & ce fut dans ce triste moment qu'il déploya toute la grandeur de son ame. Sa famille l'approche, & témoigne déjà par sa douleur de quels regrets elle va honorer sa mémoire: lui seul retient ses larmes; & s'il songe à la mort, ce n'est que pour lui dérober quelques instans, afin d'assurer la tranquillité de ses peuples. Après avoir placé des gouverneurs & des juges dans toutes les villes rebelles de l'Aquitaine, il partage ses états entre ses fils; & comme il connoissoit à Charles, l'aîné de ces princes, de plus grands talens qu'à Carloman, son frère, il lui donne l'Austrasie, où il étoit plus à portée de connoître ce qui se passoit au-delà des Alpes. Il joint à cet état l'Aquitaine, où il avoit encore apperçu quelques semences de révolte. Carloman eut la Bourgogne & la France, c'est-à-dire, la Neustrie. *Pepin*, après avoir ainsi réglé le destin de ses peuples & de ses enfans, régla les cérémonies de ses funérailles: il prescrivit jusqu'à la manière dont il vouloit que son corps reposât dans le tombeau. Il demanda à être inhumé dans l'attitude d'un pénitent, les mains jointes, la face contre terre: tels furent les derniers instans de *Pepin*. Heureux à combattre, il fut habile à gouverner. Il n'eut qu'un reproche à se faire, celui d'avoir violé ses sermens envers son souverain. Au reste, son élévation ne fut préparée ni par des proscriptions, ni par des assassinats: fier & populaire tour-à-tour, il ne déploya que l'appareil des vengeances, & n'en fit jamais ressentir les effets: les grands, trop foibles pour oser être rebelles, furent des sujets obéissans; & l'indocilité des princes tributaires, réprimée par ses armes, eût fait, s'il eût vécu plus long-temps, succéder les jours calmes à des jours orageux. La France, forcée de plier sous le joug, respecta, dans cet usurpateur, un roi citoyen qui, en rendant ses sujets heureux, justifia ses titres pour commander.

La noblesse, appellée au gouvernement, eut tout l'éclat du pouvoir sans en avoir la réalité; & lorsque ses privilèges étoient les plus multipliés, elle étoit réduite à la plus entière dépendance: cette dépendance n'avoit cependant rien de servile. *Pepin* avoit l'art d'enchaîner les cœurs, & l'art plus grand encore de le cacher. Le génie de ce prince présidoit seul aux délibérations publiques; & lorsqu'il paroissoit se dépouiller de sa

puissance, il en étendoit les limites. Les papes furent comblés de biens & d'honneurs; mais il les leur vendit, en rejettant sur eux la honte du parjure dont il s'étoit souillé. Enfin ce prince qui, dans un corps petit, renfermoit l'ame d'un héros, tiendroit un rang plus honorable dans nos annales, s'il n'y remplissoit le vuide qui se trouve entre Charles-Martel & Charlemagne, qui, tous deux, ont éclipsé sa splendeur. Sa mort arriva le 24 septembre 768, dans la cinquante-cinquième année de son âge, la vingt-sixième depuis la mort de Charles-Martel, & la dix-septième de son règne comme roi de France. Ce fut *Pepin* qui établit ces intendans appellés *missi*, qui furent d'une si grande utilité sous la seconde race, & dont les principales fonctions étoient de punir les juges qui, par leur lenteur, pouvoient opérer la ruine des familles qui leur demandoient justice. (*M-Y.*)

PER

PERAU, (GABRIEL-LOUIS-CALABRE) (*Hist. litt. mod.*) l'abbé *Perau* a continué, d'une manière médiocre, le médiocre ouvrage des *hommes illustres de la France* d'Auvigny. Il a donné aussi une édition de Bossuet, effacée depuis par celle des bénédictins de Saint-Maur; une description des Invalides; une vie de Jérôme Bignon. Mort le 31 mars 1767.

PERCUNUS, (*Idolâtrie*) si l'on en croit Hartsnock, *dissert. X, de cultu deorum Pruss.* c'est le nom d'un faux dieu des anciens Prussiens. Ces peuples, dit-il, entretenoient un feu perpétuel à l'honneur de ce dieu; & le prêtre qui en étoit chargé, étoit puni de mort, s'il le laissoit éteindre par sa faute. Les Prussiens croyoient que quand il tonnoit, le dieu *Percunus* parloit à leur grand-prêtre, qu'ils nommoient *krive*. Alors ils se prosternoient par terre pour adorer cette divinité, & la prier d'épargner leurs campagnes. Ce qu'il y a de vrai, c'est que nous n'avons aucune connoissance de la religion des Borrussiens, ou anciens Prussiens, si tant est qu'ils eussent une religion; nous ne sommes pas plus éclairés sur leurs mœurs & leurs usages. On raconte, comme une merveille, que sous l'empire de Néron, un chevalier romain eût passé de Hongrie dans ce pays-là pour y acheter de l'ambre. Ainsi tout ce que Hartsnock dit de ces peuples & de leurs dieux, doit être mis au nombre des fables de son imagination. (*D. J.*)

PERDICCAS, (*Hist. ancienne.*) lieutenant d'Alexan ~~~ fut associé à la gloire de ses conquêtes. Adroit courtisan & brave guerrier, ce fut par son courage & sa dextérité qu'il s'insinua dans l'esprit de son maître, qui épancha tous ses secrets dans son sein. Le héros enlevé par une mort prématurée, ne laissa point d'enfans pour lui succéder;

ses lieutenans, compagnons de ses victoires, crurent avoir des droits pour réclamer son héritage. *Perdiccas*, auquel il avoit remis son anneau royal, s'en faisoit un titre pour être son successeur; & se flattant de régner sous le titre de régent, il fit assembler les chefs de l'armée, & leur représenta que Roxane étant enceinte, il falloit confier la régence à quelqu'un capable d'en soutenir le poids. Néarque éleva la voix, & dit: « Il n'y a que le » sang d'Alexandre qui soit digne de nous donner » un maître; songeons qu'il a laissé un fils de » Barcine, c'est lui qui doit être son successeur ». Cet avis étoit trop contraire aux intérêts de chaque particulier pour être suivi; tous les chefs frappant de leur javelot leur bouclier, s'écrièrent que les fils de Barcine & de Roxane n'avoient aucun droit de commander à des Macédoniens, que c'étoit des demi-esclaves dont le nom seroit un opprobre en Europe. Les partisans de *Perdiccas* soutinrent qu'il avoit été désigné par Alexandre, & il alloit être proclamé roi, si Méléagre, chef de la phalange macédonienne, n'eût excité une sédition pour s'opposer à son élévation. On étoit prêt d'en venir aux mains, lorsqu'un particulier obscur proposa de reconnoître Aridée, frère d'Alexandre, & comme lui, fils de Philippe. Cette proposition fut reçue avec un applaudissement général. Olympias craignant que ce prince, fruit d'un amour adultère, ne fût un obstacle à la grandeur future de son fils, lui avoit fait prendre un breuvage qui avoit altéré sa raison, & ce fut son imbécillité qui prépara son élévation. Tous les grands se flattant de régner sous son nom, lui donnèrent leur voix. L'empire fut partagé entre les généraux sous le titre de gouverneurs. *Perdiccas* chargé de la tutelle du prince majeur, fut véritablement roi; il crut ne pouvoir mieux s'applanir le chemin au trône qu'en épousant Cléopatre, sœur d'Alexandre. Fier de cette alliance, il ne vit plus dans les autres gouverneurs que les exécuteurs de ses volontés; mais ne voulant pas vivre dans sa dépendance, ils se liguèrent tous contre lui. Il usa de la plus grande célérité pour dissiper cet orage; il marcha contre Ptolomée, se faisant accompagner d'Aridée & du jeune prince dont Roxane venoit d'accoucher. Il se servit de ce fantôme pour faire croire qu'il n'étoit armé que pour défendre deux princes trahis par des gouverneurs ambitieux. Dès qu'il se fut approché de Péluse, il se vit abandonné des vieux soldats, qui servoient à regret contre Ptolomée. Il y eut plusieurs escarmouches où le roi d'Egypte eut toujours l'avantage; les Macédoniens imputèrent leurs désastres à l'imprudence de leur chef. La phalange, plus irritée & plus indocile, éclata en menaces: cent des principaux officiers qui avoient Python à leur tête, passèrent dans le camp de Ptolomée. Après cette défection, *Perdiccas* resté sans défenseurs, fut assassiné dans sa tente par ses propres soldats. (*T-N.*)

PERDOTTE, s. m. (*Idolâtrie*) nom propre d'un faux-dieu des anciens habitans de Prusse; c'étoit leur Neptune, ou leur dieu de la mer; d'où vient qu'il étoit honoré singulièrement par les matelots & les pêcheurs. Ils lui offroient des poissons en sacrifice; ensuite leurs prêtres tiroient les auspices, examinant les vents, & leur prédisoient le jour & le lieu où ils pourroient faire une heureuse pêche. Hartsnock, *Dissert. X, de cultu deorum Prussiorum*, a forgé tous ces contes, semblables à ceux qu'il a imaginés sur le dieu Perunnus. (*D. J.*)

PÉRÉDÉE. (*Voyez* ROSEMONDE.)

PÉRÉFIXE, (HARDOUIN DE BEAUMONT DE) (*Hist. mod.*) évêque de Rhodez, puis archevêque de Paris; il étoit d'une ancienne famille du Poitou, mais son père étoit maître-d'hôtel du cardinal de Richelieu: ce ministre prit soin de son éducation & de sa fortune, mais *Péréfixe* manqua vraisemblablement ou d'ambition, ou d'adresse, ou de bonheur, puisqu'ayant été précepteur de Louis XIV, il ne fut ni ministre ni cardinal; nous devons croire qu'il avoit peu d'ambition, ou du moins peu de cupidité, puisqu'il quitta l'évêché de Rhodez pour raison d'incompatibilité avec les devoirs de sa place auprès du roi. Il eut l'archevêché de Paris en 1664, long-temps après l'éducation du roi achevée. L'empire que les Jésuites prirent sur lui, & le rôle qu'ils lui firent jouer dans les affaires du jansénisme, ont un peu dégradé son épiscopat. Il exigea la signature du formulaire, il imagina la distinction de la foi divine & de la foi humaine; & l'application qu'il fit de cette doctrine, aux questions des temps, déplut assez généralement; il persécuta les religieuses de Port-Royal pour leur refus de signer le formulaire, & obligé de rendre témoignage à leur vertu, il s'écrioit avec colère: *elles ont la pureté des anges & l'obstination des démons!* il pouvoit n'avoir pas tout-à-fait tort, mais étoit-il bien nécessaire que ces filles attestassent par un écrit que cinq propositions se trouvoient dans un livre latin qu'elles étoient censées ne pas pouvoir lire? On a de ce prélat un livre latin: *Institutio principis*, qui prouve que, chargé de l'éducation d'un grand roi, il ne négligeoit pas la théorie d'un art si important. Il composa aussi, pour l'instruction de son auguste élève, son *histoire du roi Henri IV*. Il ne pouvoit lui proposer un meilleur exemple domestique. Cette histoire est plutôt un éloge historique & un recueil de traits vertueux, qu'une histoire proprement dite, mais elle n'en remplit que mieux l'objet de l'auteur. On a quelquefois accusé très-injustement, sans doute, les ecclésiastiques, même les plus justes, d'éviter de s'expliquer sur la Saint-Barthélemi & de la condamner; on en trouve dans cette histoire la détestation la plus fortement & la plus nettement prononcée, sans équivoque, sans restriction, sans adoucissement. M. de *Péri-*

fxe avoit été reçu à l'académie françoise en 1654. Il mourut en 1670.

PÉRÉGRIN, (*Hiſt. anc.*) fameux philoſophe, qui vivoit du temps de l'empereur Marc-Antonin, & qui mourut moins en philoſophe qu'en fou, ivre & dupe d'une fauſſe gloire ; on lui donnoit le ſurnom de *Protée*, ſoit parce qu'il étoit fort changeant, ſoit parce que par ſa ſubtilité il échappoit aux argumens de ſes adverſaires, comme Protée aux efforts de ceux qui vouloient le ſaiſir :

> *Fiet enim ſubitò ſus horridus atraque tigris,*
> *Squamoſuſve draco , aut ſulvâ cervice leæna ,*
> *Aut acrem flammæ ſonitum dabit , atque ità vinclis*
> *Excidet, aut in aquas tenues dilapſus abibit.*

Il fut changeant comme Protée en matière de religion ; car de philoſophe cynique, il ſe fit chrétien , puis il retourna au paganiſme ; enfin, après avoir épuiſé tous les moyens qui pouvoient être à ſon uſage pour attirer ſur lui les regards de la multitude, il en imagina un dernier qui ne pouvoit manquer ſon effet. Il publia, dans toute la Grèce, qu'il ſe brûleroit en préſence de toute la Grèce, au milieu de la ſolemnité des jeux Olympiques , & il ſe brûla en effet en préſence de toute la Grèce. Lucien a rapporté cet événement dont il fut témoin ; le peuple, comme de raiſon, vit une foule de miracles s'opérer à la mort de *Pérégrin* ; Lucien, un des incrédules du paganiſme, parle avec mépris des miracles, & avec peu d'eſtime de l'action de *Pérégrin*. Nous nous étonnerons toujours qu'on laiſſe conſommer de pareilles folies en public. Il eſt très-vraiſemblable que leurs auteurs deſirent qu'on les en empêche , & qu'ils l'eſpèrent.

PÉREIRA-GOMEZ, (GEORGE) (*Hiſt. litt. mod.*) médecin eſpagnol. Les envieux de la gloire de Deſcartes ont attaqué ſes opinions de deux manières contradictoires : 1°. comme des paradoxes ; 2°. comme des plagiats. Tantôt elles étoient ſans appui , ſans autorité, ſans modèles dans l'antiquité ; tantôt elles étoient priſes des anciens , & on lui refuſoit l'honneur de l'invention. Son inſoutenable ſyſtème des bêtes-machines , dont il ne faut vraiſemblablement faire honneur à perſonne , avoit, diſoit-on, été ſoutenu en 1554 par ce *Péreira-Gomez*, dont on a d'ailleurs divers ouvrages aſſez obſcurs ſur la médecine, un, entr'autres , où il combat la doctrine de Galien ſur les fièvres. Quant à ſa conformité de doctrine avec Deſcartes ſur l'ame des bêtes, il y a grande apparence que Deſcartes qui penſoit beaucoup & qui liſoit peu, n'avoit pas lu *Péreira-Gomez*.

PÉREZ, nom connu dans l'hiſtoire & la littérature d'Eſpagne.

1°. Antoine *Pérez*, ſecrétaire d'état ſous Philippe II, fut diſgracié, non pour avoir déplu à une maîtreſſe régnante , mais pour lui avoir plu ; il ſe retira en France, où il vécut des bienfaits de Henri IV ; il mourut en 1611. On a de lui des lettres où il dit les raiſons de ſa diſgrace.

2°. Bernard *Pérez* de Vargas, eſt auteur d'un traité très-rare : *De re metallicâ*, &c. en eſpagnol, publié à Madrid en 1559.

3°. Dom Antoine *Pérez*, bénédictin eſpagnol, qui vivoit au commencement du dix-ſeptième ſiècle, eſt auteur d'un ouvrage auſſi fort rare, qui a pour titre : *Pentateuchon fidei*.

4°. Un troiſième Antoine *Pérez*, archevêque de Tarragone, mort à Madrid en 1637, eſt auteur d'un ouvrage de juriſprudence, imprimé chez les Elzévirs en trois volumes *in-4°.*, ſous ce titre : *Annotationes in Codicem & Digeſtum*. On a encore de lui d'autres traités & des ſermons.

5°. Joſeph *Pérez*, bénédictin eſpagnol, a écrit contre le Bollandiſte Papebroch ſur divers points d'érudition eccléſiaſtique. Mort vers la fin du dix-ſeptième ſiècle.

PERFETTI, (BERNARDIN) (*Hiſt. litt. mod.*) poëte italien, déclaré poëte Laureat en 1725, & couronné au Capitole comme l'avoit été Pétrarque, & comme le Taſſe alloit l'être lorſqu'il mourut. *Perfetti* étoit de Sienne.

PERGUBRIOS, ſ. m. (*Idolâtrie*) nom propre d'un faux-dieu des anciens Lithuaniens & Pruſſiens, ſelon Hartſnock, dans ſa deuxième diſſertation *de feſtis vet. Pruſſiorum*. Cet auteur fertile en fictions, dit que ce dieu préſidoit aux fruits de la terre ; que ſes anciens peuples célébroient ſa fête le 22 mars , en paſſant la journée en réjouiſſances, en feſtins, & particulièrement à boire une grande quantité de bière. (*D. J.*)

PÉRI, (DOMINIQUE) (*Hiſt. litt. mod.*) berger de Toſcane, devenu poëte en liſant l'Arioſte. On a de lui un poëme, intitulé : *Fiezole deſtrutta*.. Florence 1619.

PÉRI, ſ. m. (*Terme de roman aſiatique*) Les *péris* ſont dans les romans des Perſans, ce que ſont dans les nôtres les fées ; les pays qu'ils habitent le *Genniſtan*, comme la Féerie eſt le pays où nos fées réſident. Ce n'eſt pas tout, ils ont des *péris* femelles, qui ſont les plus belles & les meilleures créatures du monde ; mais leurs *péris* mâles (qu'ils nomment *dives* & les Arabes *gium*) ſont des eſprits également laids & méchans, des génies odieux qui ne ſe plaiſent qu'au mal & à la guerre. *Voyez*, ſi vous ne m'en croyez pas , la *bibliothèque orientale* de d'Herbelot. (*L. J.*)

PÉRIANDRE. (*Hiſt. anc.*) Il eſt mis au nombre des ſept ſages, quoiqu'il fût tyran à Corinthe. Plutarque rapporte que lorſqu'il s'en fut rendu maître, il conſulta Thraſybule, tyran de Milet, ſur la conduite la plus propre à maintenir, à affermir fon autorité. Thrafibule, pour toute réponfe, mena fon courier dans un champ de bled, où il abattit avec fa canne tous les épis plus élevés que les autres. On conte à-peu-près la même chofe des Tarquins, père & fils, excepté qu'il s'agiffoit de pavots au lieu d'épis. *Périandre* & le jeune Tarquin faifirent tous deux le fens de l'énigme, mais le fecond goûta l'avis, & le premier en eut horreur. Au refte nous devons avertir ceux qui n'admettent rien que de pur & de parfaitement vrai en hiftoire, que ces fortes de faits allégoriques & paraboliques, attribués, non-feulement à divers perfonnages, mais encore à différentes nations, manquent au moins de certitude.

C'eft *Périandre* qui donna le banquet des fept fages, décrit par Plutarque. On raconte encore ici un fait à-peu-près de même nature que Planudes a depuis rapporté fous le nom d'Éfope & du philofophe Xanthus, fon maître. Tandis que les fages étoient à table à difcuter les matières les plus importantes, contre l'avis d'Horace:

Difcite non inter lances menfafque nitentes,
Cùm ftupet infanis acies fulgoribus, & cùm
Acclinis falfis animus mel ora recufat;
Verum hic impranfi mecum difquirite.

il arriva un courier de la part d'Amafis, roi d'Egypte; il étoit chargé d'une lettre pour Bias, un des fept fages, avec lequel Amafis entretenoit une correfpondance fuivie. Il le confultoit fur la réponfe qu'il devoit faire au roi d'Ethiopie, qui lui propofoit de lui donner un certain nombre de villes de fes états, à condition qu'il boiroit toutes les eaux de la mer, finon le roi d'Egypte lui donneroit un pareil nombre de villes. Les rois de ce temps-là, dit-on, s'amufoient à fe propofer de ces fortes d'énigmes pour s'embarraffer les uns les autres, & elles avoient influence fur la politique, puifqu'il s'agiffoit de gagner ou de perdre des villes. Bias lui répondit fur-le-champ d'accepter l'offre, à condition que le roi d'Ethiopie arrêteroit tous les fleuves qui fe jettent dans la mer, car il ne s'agiffoit que de boire la mer & non les fleuves. C'eft auffi l'expédient par lequel Éfope tire d'affaire Xanthus qui, étant yvre, avoit promis de boire ainfi toutes les eaux de la mer, & que fes difciples fommoient de fa parole, dans un temps où il étoit de fang froid. Si les rois & les philofophes s'amufoient à de pareilles inepties, les rois ou les philofophes n'étoient guères fages. Les queftions qu'on agitoit au banquet des fept fages étoient d'une toute autre importance, mais elles donnoient lieu à une grande diverfité d'avis. On demandoit quel étoit le gouvernement populaire le plus parfait? C'eft celui, dit Solon, où l'injure faite à un particulier intéreffe tous les citoyens. Bias, où la loi tient lieu de maître. Thalès, où les habitans ne font ni trop riches ni trop pauvres.

Anacharfis, où la vertu eft en honneur & le vice abhorré. Pittacus, où les dignités ne font jamais accordées qu'aux gens de bien. Cléobule, où les citoyens craignent plus le blâme que la loi. Chilon, où l'on écoute les lois & non les orateurs. De tous ces avis, ainfi recueillis, *Périandre* conclut que le gouvernement populaire le plus parfait feroit celui qui s'approcheroit le plus de l'ariftocratie. Les fept fages de Grèce vivoient environ cinq fiècles & demi ou fix fiècles avant J. C. Ils étoient prefque tous poëtes.

PÉRICLÈS. (*Hift. anc.*) Ce grand homme a-t-il été ou plus utile ou plus funefte à fa patrie? c'eft un problème qui n'a pu être réfolu & qui tient à la grande queftion du luxe. Ce qu'il y a de certain, c'eft que peu de citoyens l'ont auffi bien fervie & l'ont autant illuftrée. Grand dans la guerre, grand dans la paix, général, homme d'état, orateur éloquent, & le plus éloquent de tous, plein de talens & de vertus, rémunérateur magnifique & éclairé des arts, jaloux de procurer à fa patrie toutes les fortes de gloire, fomptueux dans les dépenfes publiques, modefte dans fa maifon:

Privatus illi cenfus erat brevis,
Commune magnum.

Les hommes fe trouvent fouvent engagés par les conjonctures dans des partis oppofés à leur caractère & à leur inclination. Cimon, fils de Miltiade, premier rival de puiffance & de gloire de *Périclès*, étoit naturellement le plus populaire des hommes, il étoit dans le parti de la nobleffe. *Périclès* qui eût été, par inclination, le plus zélé partifan de l'ariftocratie & même de la monarchie, fe jetta dans le parti populaire & excella dans l'art de perfuader & d'entraîner le peuple dont il méprifoit les fuffrages en les obtenant.

Flatter l'hydre du peuple, au frein l'accoutumer,
Et pouffer l'art enfin jufqu'à m'en faire aimer,

auroit pu être la devife de *Périclès*. Il avoit cultivé cet art avec foin dès fa plus tendre jeuneffe. Elevé par Anaxagore ou Anaxagoras, (*Voyez* l'article de ce philofophe) qui lui donna beaucoup de lumières, & le prémunit de bonne heure contre tous les préjugés nuifibles; il mit, felon l'expreffion de Plutarque, l'étude de la philofophie à la teinture de la rhétorique; en lui la plus brillante imagination fecondoit la plus puiffante logique. Tantôt il foudroyoit, il tonnoit, il mettoit toute la Grèce en feu: *fulgurare, tonare, permifcere Græciam dictus eft,* (Cicér.) tantôt la déeffe de la perfuafion, avec toutes fes graces, réfidoit fur fes levres; on ne pouvoit fe défendre de la folidité de fes raifonnemens, ni de la douceur de fes paroles, dans le temps même qu'il combattoit avec le plus de fermeté le goût & les defirs des Athéniens ; il avoit l'art de rendre populaire la févérité même avec laquelle il parloit contre les flatteurs du peuple ; fes difcours faifoient une impreffion profonde & laiffoient dans les ames un long fouvenir ; *cùm contra voluntatem Athenienfium loqueretur pro falute patriæ, feveriùs tamen idipfum, quod ille contra populares homines diceret populare omnibus & jucundum videretur : cujus in labris veteres comici.... leporem habitaffe dixerunt ; tantamque vim in eo fuiffe, ut in eorum mentibus qui audiffent, quafi aculeos quofdam relinqueret*, dit le même Cicéron, lib. 3, de orat. n° 138.

Il ne parla jamais en public fans avoir demandé aux dieux de ne pas permettre qu'il lui échappât une feule parole, ou étrangère à fa caufe, ou défagréable au peuple : *fonge bien, Périclès, fe difoit-il à lui-même, que tu vas parler à des hommes libres, à des Grecs, à des Athéniens.*

Il avoit, fur-tout, ce grand talent de faire illufion ; on demandoit à un Thucydide, fon adverfaire & fon rival, différent de Thucydide l'hiftorien, qui de lui ou de *Périclès* avoit le plus d'avantage à la lutte ; *c'eft moi certainement*, répondit Thucydide, *mais que me fert cet avantage ? quand je l'ai terraffé, il fe relève par la parole, il perfuade à ceux qui l'ont vu à terre que c'eft lui qui m'a renverfé, & peu s'en faut qu'il ne me le perfuade à moi-même.*

il avoit quelque droit, par fa naiffance, à la confiance du peuple. Xantippe, fon père, avoit battu à Mycale les lieutenans du roi de Perfe ; il étoit petit-neveu, par Agarifte, fa mère, de Clifthène, qui avoit chaffé les Pififtratides & rétabli dans Athènes le gouvernement populaire ; mais les vieillards qui avoient vu Pififtrate, trouvoient qu'il lui reffembloit fingulièrement par les traits du vifage & par la douceur de la voix ; il lui reffembloit auffi par le caractère. Il étoit, comme lui, doux & modéré, mais comme lui il vouloit être le maître. Il étoit d'ailleurs riche, d'une naiffance illuftre, & avoit beaucoup d'amis puiffans. Tous ces avantages pouvoient mener aux honneurs de l'oftracifme ; il parut d'abord éviter de fe mêler des affaires publiques, il laiffa mourir ceux qui pouvoient encore lui objecter fa reffemblance avec Pififtrate ; il alla chercher à la guerre & dans les dangers une gloire moins fufpecte à la république, & moins fujette à l'envie.

Mais quand il vit Arifide mort, Thémiftocle banni, Cimon retenu hors de la Grèce par des guerres étrangères, il fentit que c'étoit à lui à remplacer ces grands hommes dans Athènes ; & voulant dominer par le peuple, puifque Cimon dominoit par les nobles, il humilia & abbaiffa l'aréopage dont il n'étoit pas, affoiblit l'ariftocratie, fit divers changemens, tous favorables au gouvernement populaire, contribua beaucoup, & par lui-même & par les orateurs dont il difpofoit, à faire bannir Cimon ; mais ce fut lui auffi qui, au bout de cinq ans, propofa & dreffa lui-même

le décret du rappel de ce même Cimon ; tant les querelles & les animofités, dit Plutarque, étoient alors modérées & prêtes à céder au temps, aux befoins de la patrie, à l'utilité publique ! (*Voyez* l'article CIMON) Cimon étant mort l'an 449 avant Jéfus-Chrift, *Périclès* devint un homme néceffaire, & au commandement des armées, & au gouvernement de la république : il règna par le peuple, car c'eft régner que de difpofer de tout : il connut bien l'efprit de ce peuple, & flattant fes goûts, il ne lui laiffa manquer, ni de fpectacles, ni de fêtes de tout genre ; & recherchant tout ce qui avoit de l'éclat, d'un côté, il fonda des colonies & en deçà & au-delà des mers ; de l'autre, il orna la ville de bâtimens magnifiques & de chefs-d'œuvre de tous les arts. Ses ennemis voulurent lui faire refufer l'argent néceffaire pour toutes ces magnificences ; il offrit de prendre fur lui tous les frais, pourvu que les infcriptions lui en fiffent honneur ; à ce mot le peuple d'Athènes qui fe piquoit auffi de grandeur d'ame, & qui ne fouffroit pas qu'on l'effaçât en générofité, s'écria que le tréfor public étoit ouvert à *Périclès*. On voulut lui oppofer ce Thucydide dont nous avons parlé, & qui étoit beau-frère de Cimon ; il fit bannir Thucydide. Il eut feul toute l'autorité, & la conferva pendant quarante ans entiers, au milieu de ce pouvoir fuprême, quoiqu'il furpaffât en grandeur & en richeffes beaucoup de rois & de tyrans, quoiqu'il eût manié long-temps arbitrairement les finances, non-feulement d'Athènes, mais de toute la Grèce ; il n'augmenta pas d'une feule dragme le bien que fon père lui avoit laiffé, & ce qui mérite en même temps beaucoup d'éloges, il ne négligea pas un moment le foin de ce patrimoine. Au milieu des arts corrupteurs dont il étoit entouré, qu'il aimoit & qu'il encourageoit, il fut toujours inacceffible à la corruption. Il fit à la fois un homme brillant & vertueux, aimable & fage, qualités dont la réunion paroît prefque aujourd'hui une chimère. Il fit refpecter par-tout la puiffance Athénienne, lui affura l'empire de la Grèce & celui de la mer. Ce fut fous lui, dir-on, & par l'effet des encouragemens qu'il donnoit aux arts, que l'ingénieur Artémon inventa les béliers, les tortues & d'autres machines de guerre qui furent employées, pour la première fois, au fiège de la capitale de l'île de Samos, l'an 440 avant Jéfus-Chrift. On prétendoit qu'il n'avoit entrepris cette guerre de Samos, en faveur de la ville de Milet, que pour plaire à la fameufe courtifane Afpafie, qui étoit de cette ville de Milet. Ce n'étoit peut-être qu'une des nombreufes calomnies de fes ennemis.

Après la réduction de Samos, il fit de magnifiques obsèques aux Athéniens morts dans cette guerre, & prononça leur éloge funèbre fur leur tombeau, ufage qu'il introduifit & qui s'eft confervé.

Plus il acquéroit de gloire, plus il irritoit l'envie ;

n'ofant d'abord l'attaquer dans fa perfonne, qui étoit abfolument irréprochable, on l'attaqua dans les perfonnes qu'il aimoit, dans Anaxagoras, fon maître, (*voyez* l'article ANAXAGORAS.) dans Afpafie, fa maîtreffe, (*voyez* l'art. ASPASIE.) dans Phidias, fon protégé, (*voyez* l'art. PHIDIAS.) Enfin, on arriva par degrés jufqu'à lui. On l'accufa d'avoir diffipé ou mal employé les deniers dont il avoit en l'adminiftration, & on lui en demanda compte. Cette adminiftration avoit été non-feulement pure, mais noble & défintéreffée; il favoit qu'on n'en doutoit pas, & c'eft ce qui caufoit fon inquiétude; il craignoit que la même perverfité qui avoit fuggéré l'accufation, n'influât fur le jugement. Alcibiade étant venu pour le voir, on lui dit que *Périclès* n'étoit pas vifible, parce qu'il étoit trop occupé, qu'il fongeoit férieufement à rendre fes comptes. Il devroit bien plutôt fonger à ne les pas rendre, répondit Alcibiade. Ce fut en effet le parti qu'il prit; pour fe rendre le peuple favorable, il feconda le penchant qu'Athènes paroiffoit avoir pour la guerre du Péloponnèfe, & il ne fut plus parlé de fes comptes. Plutarque ne veut pas qu'on croye qu'un homme de probité, tel que *Périclès*, ait allumé la guerre du Péloponnèfe par des vues intéreffées; il s'élève contre cette manie d'aller chercher dans le cœur des grands hommes des intentions fecretes qu'ils n'ont peut-être jamais eues. Il aime mieux croire que *Périclès* fe détermina & détermina le peuple à la guerre du Péloponnèfe par des raifons d'état & d'utilité publique; mais on ne fait guères ce qu'on fait quand on s'engage dans une guerre. Quiconque l'entreprend, quand il lui refte feulement un moyen poffible de l'éviter, à coup fûr, n'eft point un homme d'état. La première année de la guerre du Péloponnèfe, qui tombe à l'an 431 avant Jéfus-Chrift, Archidamus, roi de Sparte, étant entré dans l'Attique, *Périclès* déclara aux Athéniens que fi Archidamus, en ravageant leurs terres, épargnoit les fiennes, foit à caufe du droit d'hofpitalité qui étoit entr'eux, foit pour faire foupçonner entr'eux de l'intelligence, il donnoit dès ce jour-là fes terres & fes maifons à la ville d'Athènes. Il fauva cette ville par là prudente fermeté avec laquelle il y refta enfermé, méprifant les bravades des Lacédémoniens, réfiftant aux inftances de fes amis, aux reproches & aux menaces de fes envieux, fe laiffant accufer de foibleffe & de lâcheté, parce qu'il n'alloit pas étourdiment confier la deftinée de l'état à une bataille contre des forces très-fupérieures, qu'il vint à bout de confumer par fa patience & fon habileté. Ce fut alors, dit Plutarque, qu'on vit à quel point *Périclès* étoit le maître des autres, parce qu'il étoit maître de lui-même. Il fembla qu'il tint dans fes mains les clefs des portes, & qu'il eût appofé fur les armes des citoyens un fceau facré & inviolable, qui leur en interdifoit l'ufage. Sa grande maxime,

fa grande pratique à la guerre étoit de ménager les foldats; je voudrois, difoit-il, *les rendre immortels. Les arbres coupés reviennent, quoique lentement. Les hommes morts font perdus pour toujours.* Il ne faifoit nul cas des victoires dues à la témérité & dont le fuccès n'avoit pas été préparé & affuré par la prudence. Auffi fe vantoit-il qu'il n'y avoit pas un feul citoyen auquel il eût fait prendre le deuil.

Après avoir chaffé les Lacédémoniens de l'Attique, à fon retour il porta le ravage dans le Péloponnèfe. A l'inftant de l'embarquement, il y eut une éclipfe totale de foleil, & les ténèbres couvrirent la terre. La fuperftition & l'ignorance des caufes naturelles répandirent l'effroi dans toute la flotte; mais *Périclès* avoit été inftruit par Anaxagore, il jetta fon manteau fur les yeux du pilote qu'il voyoit troublé, & incertain de ce qu'il devoit faire, il lui demanda s'il le voyoit? Le manteau m'en empêche, dit le pilote. *Périclès* lui fit comprendre que la lune, interpofée entre le foleil & la terre, étoit le manteau qui lui déroboit en ce moment la vue du foleil. Au retour de cette campagne, la cérémonie des funérailles & de l'éloge public des citoyens morts à la guerre recommença, & elle continua pendant toute la guerre du Péloponnèfe.

> *Intereà focios inhumataque corpora terræ*
> *Mandemus, qui folus honos Acheronte fub imo eft.*
> *Ite, ait, egregias animas quæ fanguine nobis*
> *Hanc patriam peperére fuo, decorate fupremis*
> *Muneribus, mœftamque Evandri primus ad urbem*
> *Mittatur Pallas, quem non virtutis egentem*
> *Abftulit atra dies & funere merfit acerbo.*

La feconde année de la guerre du Péloponnèfe, l'Attique fut ravagée par cette pefte trop fameufe, que Thucydide a décrite en hiftorien, Hippocrate en médecin, & Lucrèce en poëte. Les Athéniens, rendus injuftes par le malheur, s'en prirent à *Périclès*, qui les avoit, difoient-ils, engagés dans une guerre qui avoit amené la pefte; ils le dépoférent & le condamnèrent à une amende. Il perdit par la pefte fon fils aîné, fa fœur, tous fes parens, tous fes amis; enfin, Paralus, le dernier de fes fils légitimes. Il avoit mis mal-à-propos fa gloire à ne pas verfer une larme au milieu de tant de pertes qui l'accabloient; mais quand il voulut, felon l'ufage, pofer la couronne de fleurs fur la tête de fon dernier fils mort, fes fanglots le trahirent, & un torrent de larmes le foulagea; il apprit qu'on n'eft pas père impunément.

PERIERS ou PERRIERS, (BONAVENTURE DES) (*Hift. litt. mod.*) valet-de-chambre de la reine de Navarre, Marguerite de Valois, fœur de François I. Ses contes foutiennent feuls fa réputation; car fes poéfies, même fa traduction de l'Andrienne, font oubliées, & l'on cherche en vain dans fon *Cymbalum mundi*, l'impiété qui le fit profcrire, & le charme qui le faifoit lire. On y trouve, pour tout charme, des fictions incohérentes & incompréhenfibles. auxquelles l'allégorie donnoit peut-être quelque prix, & des plaifanteries fur les chercheurs de la pierre philofophale ; mais toute plaifanterie contre les préjugés, paffoit alors pour impiété. Les contes du même auteur ont un mérite indépendant de toute allégorie ; mais les contes imprimés fous fon nom ne font pas tous de lui, car il y en a quelquesuns où il eft parlé de François I & même de Henri II, comme ne vivant plus, & des *Perriers* étoit mort avant l'année 1544, du vivant de François I ; il fe tua lui-même d'un coup d'épée dans un accès de folie. Ceux de ces contes, qui ne font pas de lui, font attribués à Jacques Pelletier, qui donnant, en 1558, une édition des contes de des *Perriers*, a pu en inférer quelquesuns de lui ; on croit auffi qu'il y en a plufieurs de Nicolas Denifot, peintre & poëte célèbre de ce même fiècle. Le modèle de la jolie fable de la Laitière & du Pot-au Lait, dans la Fontaine, fe trouve, & même avec la plupart des agrémens de la copie, dans la quatorzième nouvelle de Bonaventure des *Perriers*. Le conte des Lunettes du même poëte, eft tiré auffi de la nouvelle foixante-quatrième de des *Perriers*.

PÉRIGORD. (*Voyez* TALEYRAND.)

PERINGS-KIOLD, (JEAN)(*Hift. litt. mod.*) favant Suédois, antiquaire du roi de Suède, auteur d'une *Hiftoire des rois du Nord*, & d'une *des rois particuliers de Norwège*, & de *Tables hiftoriques & chronologiques, depuis Adam jufqu'à Jéfus-Chrift*, en Suédois. Né dans la Sudermanie en 1654. Mort en 1720.

PÉRIZONIUS, (JACQUES) (*Hift. litt. mod.*) favant, laborieux, très-connu par fes *Animadverfiones hiftoricæ*, & par fes *Origines Babylonicæ & Ægyptiacæ*, où il réfute le chevalier Marsham. Il eft auteur encore de differtations fur divers points de l'hiftoire Romaine, & de plufieurs autres ouvrages moins importans ou moins connus. Il étoit né à Dam en 1651, avoit été difciple de Cuper & de Grœvius ; il mourut en 1715, à Leyde, où il étoit profeffeur d'hiftoire, d'éloquence & de la langue Grecque.

PERKIN, dit WARBECK ou WAERBEECK, (*Hift. d'Angl.*) impofteur ou réputé tel, qui difputa la couronne à Henri VII, prétendant être le duc d'Yorck, fecond fils d'Edouard IV, & qu'on croyoit avoir été immolé avec Edouard V fon frère, par le cruel ufurpateur Richard III. *Perkin* étoit réputé fils d'un Juif, nommé Osbeck. Edouard IV avoit eu des liaifons avec fa mère & avoit été parrein de *Perkin* : ce fut, dit-on, la reffemblance de ce jeune homme avec

Edouard, qui le fit juger propre à repréfenter le duc d'Yorck. La ducheffe douairière de Bourgogne, fœur d'Edouard IV, retirée dans les Pays-Bas, prit la peine d'inftruire elle-même *Perkin* en fecret ; elle le fit enfuite voyager, dirigeant toujours fa marche, & quand elle jugea la conjonéture favorable, elle fit paroître en Irlande, pays dévoué à la maifon d'Yorck, ou plutôt ennemi de quiconque régnoit en Angleterre. Cette princeffe étoit fi paffionnée pour le fang d'Yorck, dont elle fortoit, & fi implacable ennemie du nom de Lancaftre, qu'elle haïffoit jufqu'à la reine d'Angleterre, Elifabeth d'Yorck, fa nièce, pour avoir époufé un Lancaftre dans la perfonne du roi Henri VII ; on appelloit la ducheffe de Bourgogne la Junon perfécutrice de ce prince. Dans le defir général qu'elle avoit de lui nuire, elle avoit déjà favorifé un autre impofteur, Lambert Simnel, fils d'un menuifier ou d'un boulanger ; Henri VII l'ayant vaincu & fait prifonnier, fe contenta de le faire fervir dans fa cuifine comme marmiton.

Charles VIII, roi de France, alors mécontent de Henri VII, s'empreffa d'envoyer des ambaffadeurs à *Perkin* pour l'inviter de fe rendre à fa cour ; il s'y rendit & y reçut tous les honneurs dus au titre qu'il prenoit. La paix d'Etaples obligea bientôt Charles VIII de l'abandonner ; mais toutes les follicitations de Henri ne purent engager Charles à le lui livrer. *Perkin* fe retira en Flandre, auprès de la ducheffe douairjère de Bourgogne, qui feignit de ne l'avoir jamais connu, affecta des doutes, parut examiner avec d'autant plus de fcrupule, qu'elle fentoit qu'on pouvoit lui reprocher d'avoir un peu légèrement reconnu Lambert Simnel pour être le même duc d'Yorck ; elle ne fe rendit enfin, difoit-elle, qu'à la démonftration & à l'évidence ; alors elle reconnut *Perkin* pour fon neveu, pour le fils & l'héritier d'Edouard IV. L'archiduc Philippe-le-Beau, fouverain des Pays-Bas, follicité auffi par Henri VII de lui livrer *Perkin*, parut d'intelligence avec la ducheffe de Bourgogne pour foutenir cet avanturier ; mais le prince qui appuya le plus ouvertement les projets de *Perkin*, fut le roi d'Ecoffe, Jacques IV ; il le prit fous fa protection & le mena lui-même en Angleterre à la tête d'une armée ; il ravagea le Northumberland : *Perkin*, foit horreur naturelle pour la deftruction, foit fenfibilité affectée pour gagner le cœur des Anglois, parut s'attendrir fur le fort des malheureux, qu'on pilloit & qu'on égorgeoit ; il conjura, les larmes aux yeux, fon protecteur d'épargner fes fujets. Cette humanité parut déplacée : « Vos fujets, lui répondit le roi d'Ecoffe avec » un fouris railleur, rien n'eft encore à vous ; » vous êtes trop tendre & trop généreux pour » ce qui ne vous appartient pas. » L'année fuivante, le roi d'Ecoffe fit fa paix avec l'Angleterre & abandonna *Perkin* que Henri VII vouloit qu'il lui livrât. *Perkin* demanda à être conduit en

Irlande, & le roi d'Ecosse le remit en effet entre les mains des Irlandois ; *Perkin*, avec leur secours, fit une descente en Angleterre. Un tailleur, nommé Skelton, un notaire, nommé Astley, & quelques banqueroutiers formoient son conseil, trois mille Anglois se joignirent à lui, il voulut forcer Exeter, il fut repoussé avec perte, & après avoir erré d'asyle en asyle, sans pouvoir en trouver de sûrs dans ce pays ennemi, il fut pris ; on le mit à la tour de Londres, après l'avoir promené à cheval dans toutes les rues, pour lui faire essuyer les insultes du peuple. Le roi eut la curiosité de le voir d'une fenêtre, mais *Perkin* ne put obtenir d'être admis en sa présence. On lui promit la vie sauve, à condition d'avouer l'imposture ; il en fit sa déclaration qui fut publiée. Dans la suite, ayant fait quelques tentatives pour s'échapper de sa prison, & ayant entamé quelques nouvelles intrigues, il fut pendu. L'opinion la plus établie est que *Perkin* étoit un imposteur, mais l'opinion contraire ne manque ni de défenseurs ni de raisons plausibles.

PERMEZ, s. f. (*terme de relation*) petite nacelle en usage à Constantinople. Elles sont faites à-peu-près comme les gondoles de Venise, mais plus légères. Les unes sont menées par un homme qui vogue en arrière avec deux rames ; les autres par deux, trois ou quatre bateliers, selon la grandeur du bateau, & la quantité des personnes qui sont dedans. La légèreté de ces petits *permez* suffit pour faire juger du calme du port de Constantinople, & même de celui du Bosphore. *Duloir.* (*A. R.*)

PEROTTO, (NICOLAS) (*Hist. litt. mod.*) savant Vénitien du quinzième siècle, comblé des faveurs des papes, gouverneur de Pérouse, puis de l'Ombrie, puis archevêque de Manfredonia. Il a traduit du Grec en Latin les cinq premiers livres du grec de Polybe, le Manuel d'Épictète, le Commentaire de Simplicius sur la physique d'Aristote. On a de lui des poésies Italiennes ; des Commentaires sur Stace & sur Martial ; un traité *de generibus Metrorum* ; un autre *de Horatii Flacci, ac Severini Boëtii metris* ; *Rudimenta grammatices*. On conjecture qu'étant conclaviste du cardinal Bessarion, au conclave tenu après la mort du pape Paul II, & ce cardinal ayant réuni les suffrages pour la papauté, *Perotto* l'empêcha d'être pape, n'ayant jamais voulu introduire dans sa cellule les cardinaux qui venoient lui annoncer son élection & l'adorer, sous prétexte que le cardinal Bessarion ne vouloit pas être interrompu lorsqu'il étudioit. Le cardinal Bessarion apprenant l'étourderie ou la sottise de son conclaviste, se contenta de lui faire ce doux reproche : *Vous m'avez fait perdre la tiare, & vous avez perdu le chapeau.* Cette histoire se trouve par-tout ; & n'en est peut-être pas plus vraie. Nicolas *Perotto* étoit né à Saffo-Ferrato, dans l'état de Venise ;

il fut fait archevêque en 1458, & mourut en 1480, dans une maison de plaisance voisine du lieu de sa naissance. Il travailla comme tant d'autres, & avec aussi peu de fruit, à la réunion de l'église Grecque avec l'église Latine.

PÉROUSE, (LAC DE) (*Hist. mod.*) lac très-poissonneux d'Italie, à 7 milles de la ville de même nom, du côté du couchant. Il est presque rond, & a environ six milles de diamètre en tout temps. On y voit trois îles, dont deux ont chacune un bourg. (*A. R.*)

PERPÉTUE ET FÉLICITÉ, (*Hist. ecclésiast.*) saintes & martyres mentionnées dans le canon de la messe. On croit qu'elles ont souffert la mort à Carthage au commencement du troisième siècle. Dom Ruinart a donné les actes de leur martyre.

PERRAULT. (*Hist. litt. mod.*) Ce nom, tant décrié par la satyre, n'est pas resté sans gloire, & en a moins obtenu encore qu'il n'en a mérité. Les *Perrault* étoient quatre frères, tous quatre hommes de mérite, élevés avec soin par un père, homme de mérite lui-même, avocat au parlement, & à qui les lettres n'étoient point étrangères.

Nous avons peu de chose à dire de deux de ces frères, Pierre & Nicolas. Pierre étoit receveur-général des finances & cultivoit les lettres. On a de lui un traité de l'origine des Fontaines, & une traduction françoise de la *Sacchia rapita* du Tassoni.

On a de Nicolas, docteur de Sorbonne, janséniste, & attaché à Port-Royal, un livre intitulé : *Théologie morale des Jésuites*, qui n'en est pas, comme on peut croire, l'exposition la plus favorable.

Les deux frères les plus connus & les plus célèbres sont Claude & Charles. Claude, né à Paris en 1613, se partagea entre Galien & Vitruve, entre la médecine & l'architecture ; quoi qu'en dise une épigramme satyrique de Boileau, il ne fut pas ignorant médecin, & il fut habile architecte ; il traduisit Vitruve ; l'Observatoire & l'arc de triomphe du fauxbourg Saint-Antoine furent élevés sur ses desseins, mais sur-tout il donna le dessin de cette belle façade du Louvre, qui n'a rien de supérieur, dit M. d'Alembert, « dans les chefs-d'œuvre de l'Italie ancienne & » moderne, & que l'envie a tâché d'enlever à » son auteur, mais qui lui est restée malgré » l'envie. »

Claude *Perrault* eut beaucoup de part à l'établissement de l'académie des sciences, qui d'abord eut la même forme que l'académie françoise, &, qui, dit le même M. d'Alembert, auroit dû conserver cette forme, la seule convenable à une société littéraire. Claude fut un des premiers & des plus dignes membres de cette académie naissante. Outre sa traduction de Vitruve, un abrégé du même Vitruve, un traité intitulé : *Ordonnances*

des

des cinq espèces de colonnes selon la méthode des anciens; on a un recueil de plusieurs machines de son invention; on a de lui encore des essais de physique, des mémoires pour servir à l'histoire naturelle des animaux. C'est lui que Boileau a placé dans le quatrième livre de son art poétique:

Dans Florence jadis vivoit un médecin,

Savant hableur, dit-on, & célèbre assassin, &c.

Nous en sommes fâchés pour Boileau, mais aucun trait de ce tableau ne rappelle de près ni de loin l'homme qu'il a voulu peindre, & toute cette allégorie n'est fondée que sur ce que Perrault, médecin de profession, se livroit par goût à l'architecture; & toute cette haine vient de ce que Perrault n'aimoit pas les satyres & n'en estimoit pas l'auteur. Claude Perrault mourut en 1688.

Charles Perrault, le plus jeune de ses frères, fut encore plus particulièrement l'ennemi de Boileau & l'objet de ses satyres. Indépendamment de la vivacité que parut mettre dans cette haine la fameuse querelle des anciens & des modernes, Boileau étoit, dit-on, secrètement piqué de ce que dans le poëme de Perrault, sur le siècle de Louis le grand, poëme où on citoit jusqu'aux Godeaux & aux Tristans, il n'étoit pas dit un seul mot de lui, parce que la satyre ne plaisoit pas plus à Charles Perrault qu'à son frère; Boileau ne parloit pas de ce silence, mais il se plaignoit hautement de celui qu'on observoit dans ce même poëme sur son ami Racine, tandis que Corneille y étoit exalté; on pouvoit dire à Boileau:

Je vois votre chagrin, & que par modestie,

Vous ne vous mettez point, monsieur, de la partie.

C'est contre Charles Perrault que sont lancés une multitude de traits épars dans les réflexions sur Longin, dans l'ode sur la prise de Namur, dans une foule d'épigrammes; ce n'est point par là qu'il faut juger de Perrault, c'est par tous les avantages qu'il a procurés aux lettres. Tout ce que Louis XIV & Colbert ont fait pour les encourager, les illustrer & les récompenser, ils l'ont fait à l'instigation de Perrault; celui-ci inspiroit Colbert, auquel il étoit attaché, & Colbert inspiroit Louis XIV. Perrault fut le premier secrétaire de ce qu'on appelloit alors la petite académie, & qui est devenue depuis cette savante académie des inscriptions & belles-lettres, l'académie de l'histoire. Ce fut lui qui fit engager Louis XIV par Colbert, à se rendre le seul protecteur de l'académie Françoise, & à ne plus abandonner à un sujet, cet honneur trop grand pour tout autre que pour le Roi; ce fut aussi à lui que l'académie fut principalement redevable du logement qu'elle obtint dans le Louvre, & ce fut lui qui fit la devise de la médaille frappée à cette occasion; cette devise étoit: *Apollo Palatinus*, allusion ingénieuse au temple d'Apollon, bâti dans l'enceinte du palais

d'Auguste. Il paroît que Charles Perrault avoit un talent & un bonheur particulier pour ces devises; on lui en demanda une pour M. le Dauphin qui, à quatre ans, montroit, dit-on, un goût marqué pour la guerre, parce que tous les enfans ont du goût pour tout ce qui fait du bruit. Voici la devise de Perrault qui fut préférée à toutes les autres. Le corps est un éclat de tonnerre qui sort de la nue, avec ce mot: *Et ipso terret in ortu*, (il est redoutable, même en naissant. Cette devise fut mise sur les enseignes du régiment de M. le Dauphin, & sur les casaques de ses gardes; nous en aurions mieux aimé une qui eût inspiré pour ce jeune prince, l'amour au lieu de la crainte; c'est la réflexion de M. d'Alembert. Il paroît que cette idée du goût naturel du Dauphin pour la guerre, n'a pas peu contribué à le faire charger en 1688 du siège de Philisbourg; ce qui a fait dire à Racine:

Tu lui donnes un fils, prompt à le seconder,

Qui sait combattre......

Un fils, comme lui, suivi de la victoire....

L'éternel désespoir de tous ses ennemis......

Quand son roi lui dit: pars; il s'élance avec joie,

Du tonnerre vengeur s'en va tout embraser,

Et fidèle, à ses pieds revient le déposer.

On finit par reconnoître que le Dauphin n'avoit de goût que pour la chasse & pour le repos.

Charles Perrault concourut avec Claude à procurer l'établissement de l'académie des sciences; il eut part & au projet & à la distribution des pensions & gratifications accordées par le roi aux hommes célèbres dans les lettres, soit en France, soit dans les pays étrangers. Devenu contrôleur des bâtimens sous Colbert, qui en étoit surintendant, il fit instituer les académies de Peinture, de sculpture & d'architecture. Le même talent qu'avoient les ministres de Louis XIV, & nommément Colbert, pour persuader à ce prince que toutes leurs idées venoient de lui, Perrault l'avoit, pour persuader à Colbert lui-même qu'il étoit l'auteur de toutes les siennes.

Et de cette fausse monnoie

Que le courtisan donne au roi,

Et que le prince lui renvoie,

Chacun vit, ne songeant qu'à soi.

Perrault ne songeoit qu'à la gloire du Roi & qu'au bien des lettres; il aimoit la France & son siècle, & vouloit les honorer; il ne concevoit pas la querelle d'allemand que les savans lui faisoient sur la prééminence des anciens, attendu qu'ils devoient prendre moins d'intérêt à l'antiquité qu'à leur siècle. Il prioit un jour M. de Fontenelle de lui expliquer la colère dont l'honoroit Dacier, contre lequel il n'avoit jamais rien écrit. *Comment voulez-vous*, lui dit Fontenelle, *que M. Dacier vous pardonne? En attaquant les anciens, vous dé-*

F f

criez une monnoie dont il a son coffre plein, & qui fait toute sa richesse. A travers toutes ces clameurs Perrault continuoit de servir ceux même des gens de lettres qui l'outrageoient.

« Si on réunit sous un même point de vue, » dit M. d'Alembert, tant de services rendus » par Charles & Claude Perrault aux Lettres, aux » sciences, aux arts.... on conclura peut-être que » cette famille de simples citoyens, tant vexée par » des satyres, n'a guères moins fait pour la gloire » de son roi que si elle eût été décorée des places » les plus éminentes. »

Quelques mortifications que Charles Perrault essuya de la part de Colbert, le forcèrent à la retraite; il s'enferma dans une maison du faux-bourg Saint-Jacques, où l'éducation de ses enfans fut sa principale affaire, comme son éducation & celle de ses frères avoit été la principale affaire de leur père. Colbert le regretta, & voulut le ravoir, il n'étoit plus temps; quand Perrault eut goûté des douceurs de la vie privée, il ne fut plus possible de le ramener au tumulte, aux agitations, aux dangers d'une vie publique & dépendante. Après la mort de Colbert, Louvois le raya de la petite académie des médailles, uniquement parce qu'il avoit été attaché à Colbert; Perrault s'en consola par le plaisir de vivre libre, & de cultiver en paix les lettres. On a de lui plusieurs ouvrages qui ne sont pas sans mérite. Le public croit sur la foi de Boileau & sur celle du titre que le conte de Peau-d'Ane ne mérite pas d'être lu, & il ne le lit point, le public est trompé; il seroit fort étonné d'y trouver beaucoup de traits dignes de la Fontaine; nous en dirons presque autant de Grisélidis. M. d'Alembert a tiré de quelques autres de ses ouvrages, des vers qui méritent les éloges qu'il leur donne. On connoît son histoire des hommes illustres du siècle de Louis XIV, d'où les Jésuites firent ôter Arnauld & Paschal; ce qui donna lieu à la première application heureuse de ce passage de Tacite, tant de fois appliqué depuis : Praefulgebant Cassius atque Brutus, eo ipso quòd effigies eorum non visebantur. Ils furent rétablis après la mort de Louis XIV.

Charles Perrault mourut le 16 mai 1703. Soixante ans après sa mort, on a publié ses mémoires écrits par lui-même; ils sont très-curieux : on y trouve sur-tout, l'histoire de la rivalité du cavalier Bernin avec les deux Perrault, Claude & Charles (Voyez l'article BERNIN.)

C'est le fils de Charles Perrault qui est auteur de ces contes de Fées en prose, qui sont entre les mains de tous les enfans, & dont quelques-uns, tels que la Barbe bleue & le petit Poucet, sont d'un si grand intérêt. Il se nommoit Perrault d'Armancourt.

PERRENOT DE GRANVELLE (NICOLAS & ANTOINE) (Hist. d'Espagne) 1°. Nicolas Perrenot, seigneur de Granvelle, étoit chancelier de l'em-

pereur Charles-Quint. Il mourut en 1550, & Charles-Quint écrivoit à Philippe II, son fils : Nous avons perdu vous & moi un bon lit de repos.

2°. Antoine, cardinal de Granvelle, étoit fils de Nicolas, & eut aussi la dignité de chancelier qu'avoit eue son père; il eut de plus l'archevêché de Malines, celui de Besançon, sa patrie, & l'évêché d'Arras. Il savoit, dit-on, parfaitement cinq langues, & dictoit à cinq secrétaires à la fois dans des langues différentes. On l'accusa de despotisme & de cruauté; il brûloit les protestans, & ses rigueurs commencèrent la révolte des Pays-Bas. Il mourut à Madrid le 22 septembre 1586. Il étoit né en 1517. Dom Prosper l'évêque, bénédictin de la congrégation de saint Vannes, a publié, en 1753, à Paris, la vie de ce ministre en 2 volumes in-12. Peu de ministres méritent cet honneur, & un ministre cruel ne le méritoit guères.

PERRIER, (DU) (Hist. litt. mod.) On connoît dans les lettres deux hommes de ce nom.

François du Perrier, ami de Malherbe, & à qui ce grand poëte adresse, sur la mort de sa fille, ces stances si connues :

> Ta douleur, du Perrier, sera donc éternelle? &c.

imitées en quelques endroits de l'ode d'Horace à Valgius sur un même sujet :

> Tu semper urges flebilibus modis
> Mysten ademptum; nec tibi vespero
> Surgente decedunt amores,
> Nec rapidum fugiente solem.

C'est dans cette ode de Malherbe que sont les strophes citées dans toutes les rhétoriques sur la mort & sur la soumission à la providence, & ces strophes sont encore imitées d'Horace :

> Pallida mors aequo pulsat pede pauperum tabernas
> Regumque turres.

Charles du Perrier, neveu de François, a mis en vers français plusieurs ouvrages de Santeuil, dont il étoit ami & jaloux; il eut aussi deux pièces de vers français couronnées à l'académie en 1681 & 1682; mais c'est comme poëte latin qu'il est le plus connu, c'est comme poëte latin que Ménage l'appelloit (& n'auroit pourtant pas dû l'appeller) le prince des poëtes lyriques; c'est comme poëte latin que le même Ménage, chargé de prononcer entre lui & Santeuil, osa le préférer à Santeuil, jugement qui pourroit bien ressembler un peu à celui de Midas; car Santeuil est de tous les poëtes latins modernes, celui dont on fait le plus de vers, & on n'en fait point de du Perrier ni de Ménage. Du Perrier étoit, comme tant de poëtes,

> De ses vers fatiguans lecteur infatigable.

C'est sur lui, selon quelques-uns, que Boileau fit ces vers de l'art poétique :

Gardez-vous d'imiter ce rimeur furieux,
Qui de ses vains écrits lecteur harmonieux,
Aborde en récitant quiconque le salue,
Et poursuit de ses vers les passans dans la rue.

Ses vains écrits, c'est le mot : en effet, que sont-ils devenus ? *évanuerunt*. Du *Perrier* disoit un jour devant d'Herbelot : *il n'y a que des foux qui puissent ne pas estimer mes vers* : d'Herbelot répondit : *stultorum infinitus est numerus* : le nombre des foux est infini, passage de Salomon très-connu. Charles du *Perrier* mourut en 1692, & étoit né à Aix ; Charles du *Perrier*, son père, étoit gentilhomme de Charles de Lorraine, duc de Guise, gouverneur de Provence.

PERRIN, (PIERRE) (*Hist. litt. mod.*) introducteur des ambassadeurs auprès de Gaston, duc d'Orléans. On a de lui des opéra & d'autres poésies sans poésie, même une traduction de l'Enéide en vers, où l'on pourroit apprendre à mépriser l'Enéide ; mais il est parmi nous l'inventeur de l'opéra ; il en obtint, en 1669, le privilége qu'il céda, en 1672, à Lully. Il mourut en 1680.

Eh ! qu'importe à nos vers, que Perrin les admire ?

a dit Boileau :

Faut-il d'un froid rimeur dépeindre la manie ?
Je rencontre à la fois Perrin & Pelletier.........
Perrin a de ses vers obtenu le pardon.........
A Pinchêne, à Linière, à Perrin comparé ! &c.

On a des sermons du père *Perrin* jésuite, (Charles-Joseph) né à Paris en 1690, mort à Liège, en 1767, après la dissolution de la société.

PERRON. (JACQUES DAVY DU) (*Hist. de Fr.*) Le cardinal du *Perron* a été si exalté & si déclaré par l'esprit de parti, que tout est problème sur ce qui le concerne, & le problème commence à sa naissance. Les uns le font naître à Saint Lô en Normandie, les autres en Suisse, dans le canton de Berne ; les uns d'une race noble, les autres d'une famille obscure. Il naquit le 25 novembre 1556. Julien Davy, son père, étoit protestant, il paroît même qu'il étoit ministre ; les persécutions lui firent plusieurs fois quitter la France ; ce sont ces différentes migrations qui ont pu répandre quelques doutes sur le lieu de la naissance du cardinal.

Le jeune du *Perron* demeuroit en Normandie avec sa famille, lorsque le comte de Matignon, qui fut peu de temps après maréchal de France, commandoit dans cette province. Un gentilhomme de la maison de Savari-Lancosme inspira au comte le desir de connoître du *Perron*, qu'il lui annonça comme un prodige. Du *Perron* avoit alors dix-sept ans ; Matignon l'ayant goûté, le mena, trois ans après, aux états de Blois. Du *Perron* fut présenté à Henri III ; bientôt il obtint l'amitié du fameux Desportes, abbé de Tiron, & de l'abbé

de Bellozane, Touchard ; plus heureux encore, il plut au duc de Joyeuse, & Desportes l'ayant engagé à se faire catholique, Henri III le choisit pour son lecteur, & lui donna une pension de douze cents écus. Bientôt il le mit de ses parties de dévotion, ce qui étoit alors la marque de la faveur. Le roi, Desportes & du *Perron* s'exerçoient à prêcher, & du *Perron*, encore laïc, se distinguoit par ses sermons. Il prononça, le 24 février 1586, dans la chapelle du collège de Boncourt, une espèce d'oraison funèbre du fameux Ronsard : on y apprend que Ronsard avoit écrit contre les protestans avec assez de succès, pour que le pape Pie V crût devoir lui adresser un bref de remerciment. (du *Perron* dans la suite en obtint des papes de son temps.) Ronsard étoit sourd : « Bienheureux sourd, s'écrie du *Perron*, qui a » donné des oreilles aux François pour entendre » les oracles & les mystères de la poésie ! Bien- » heureux sourd, qui a tiré notre langue hors » d'enfance, qui lui a formé la parole, qui lui a » appris à se faire entendre parmi les nations » étrangères ! » Telle étoit l'éloquence du temps.

Du *Perron* étant entré dans l'état ecclésiastique, fut chargé de l'oraison funèbre de Marie Stuart ; ne pouvant sans doute se livrer en chaire à toute son indignation contre Elisabeth, il s'en dédommagea par une satire en vers d'une énergie un peu grossière. On en peut juger par ce morceau :

Ce vieux monstre conçu d'inceste & d'adultère,
Qui, sa dent acharnée au meurtre va fouillant,
Et le sacré respect des sceptres dépouillant,
Vomit contre les cieux son fiel & sa colère ;
L'impie Elisabeth, Furie inexorable,
Consacre aux ans futurs ce sanglant monument ;
Et du chef d'une reine occie innocemment
Dresse à sa cruauté ce trophée exécrable.

Du *Perron* fit aussi sur la mort du duc de Joyeuse, tué à Coutras, une espèce de complainte qui a pour titre : *l'ombre de M. l'amiral de Joyeuse*. On y trouve ces vers :

Je leur dirai comment vivant je fus aimé
D'un roi si généreux, si grand, si renommé,
Qui se voit adoré de la terre & de l'onde,
Et qui sert de lumière aux autres rois du monde ;
Prince égal à lui seul dont le los mérité,
A pour lieu l'univers, pour temps l'éternité.

Ce dernier vers est pour le moins d'une très-grande prétention. Le même du *Perron* a fait l'épitaphe de Catherine de Médicis, qu'il appelle :

De nos ans l'ornement, des futurs la merveille,
Tout l'honneur de notre âge & tout ce que l'histoire
Des vieux siècles passés consacre à la mémoire,
De grand, de généreux, de louable & de beau.

Quand on voit de pareils éloges prostitués à

des princes tels que Catherine de Médicis & Henri III, on craint que les rois toujours également flattés, quelle que soit leur conduite, ne daignent pas faire d'efforts pour mériter des éloges vrais ; toutes les flatteries sont donc autant d'attentats contre l'humanité, & d'obstacles qu'on apporte au bonheur public.

Du *Perron* traduisit, tant en prose qu'en vers, divers ouvrages de Cicéron, d'Ovide, de Virgile ; l'abbé de Marolles prétend qu'un flatteur, sans doute, ayant dit à du *Perron* qu'il égaloit Virgile, même du côté du style & du coloris, du *Perron* trouva l'éloge très-mince, & déclara qu'il se sentoit fort supérieur à Virgile.

On sait ce qui est rapporté dans le journal de Henri III, & dans la confession de Sancy, que du *Perron*, après avoir prouvé devant Henri III, l'existence de Dieu, offrit de prouver le contraire, & que Henri III indigné le chassa de sa présence.

On a prétendu depuis que cette offre d'argumenter contre l'existence de Dieu, ne prouve aucune impiété dans du *Perron* ; qu'elle tient seulement au mauvais usage établi alors de disputer pour & contre publiquement, & même dans les églises, sur les objets les plus importans & les plus respectables de la religion. Ce qu'il y a de certain, c'est que la prétendue disgrace de du *Perron* n'eut point lieu, & qu'il ne perdit jamais sa faveur auprès de Henri III. Il en eut une plus grande encore auprès de Henri IV. Il lui rendit d'abord un service essentiel, en l'aidant à dissiper les projets du tiers-parti, & en engageant le second cardinal de Bourbon, qu'il gouvernoit, à se soumettre au roi. Claude de Saintes, évêque d'Evreux, ligueur inflexible, auteur d'écrits faits pour justifier le meurtre de Henri III, ayant été déclaré criminel de lèze-majesté, & condamné à une prison perpétuelle, Henri IV donna son évêché à du *Perron*. Le nouvel évêque eut beaucoup de part à la conversion de son bienfaiteur.

La Sorbonne écrivit à Rome & contre l'absolution donnée au roi, à Saint-Denis, par quelques évêques, & contre du *Perron* qui la lui avoit procurée ; les termes de cette lettre annoncent d'étranges dispositions dans les esprits des docteurs. « *Perronius Ebroïcensi episcopatu ab hæretico donatus, ministri filius, Calvinismum hactenùs professus, Henrici III cognominatus philosophus & consiliorum particeps, qui novam meditatur theologiam, ob homicidium irregularis, & Sancti Dionysianæ absolutionis architectus.* »

Ils soutenoient que le pape seul pouvoit avoir le droit d'absoudre le roi, & que même il ne pouvoit le récatholiser.

Du *Perron* aimoit les conférences & les disputes, où ses talens le faisoient paroître avec éclat ; en abjurant le calvinisme, il s'étoit enflammé du zèle le plus ardent pour la propagation de la foi catholique ; il ne refusa jamais d'entrer en lice avec les ministres, & souvent il en chercha les occasions ; il se distingua beaucoup à la conférence de Mantes en 1593. Il fut envoyé à Rome pour négocier la réconciliation du roi avec le saint-siége ; il y travailla de concert avec d'Ossat, & ils eurent la satisfaction d'y réussir. L'absolution donnée par le pape Clément VIII, est du 17 septembre 1595. « Les conditions sacramentales sont que le roi dira tous les jours le chapelet de Notre-Dame, tous les mercredis les litanies, & tous les samedis le rosaire en l'honneur de la Vierge, qu'il prendra pour son avocate dans le ciel ; qu'il observera les jeûnes prescrits par l'église ; qu'il se confessera au moins quatre fois par an, & communiera publiquement ; qu'il entendra la messe tous les jours, & une grand'messe les jours de dimanches & de fêtes. »

Sur d'autres conditions d'une autre nature, (*voyez* l'article CLÉMENT VIII.)

Lorsque du *Perron*, à son retour de Rome, parut devant le roi à Amiens, le 5 juillet 1596, il en reçut l'accueil le plus favorable ; le roi l'embrassa cinq ou six fois, & déclara qu'il étoit très-satisfait de sa conduite ; il lui donna même une pension sur des bénéfices ; avant de l'envoyer à Rome, il l'avoit fait conseiller d'état & premier aumônier.

L'évêque d'Evreux reprit les fonctions de l'épiscopat & les travaux de l'apostolat. Ses conférences, ses sermons, ses écrits, toujours très-déchirés par les protestans, produisirent plusieurs conversions éclatantes, entr'autres celle de la propre mère de l'évêque d'Evreux, celle du célèbre Victor-Palma Cayet, celle de Henri Sponde, depuis évêque de Pamiers, sur-tout celle de Sancy. Le dépit que causa cette dernière conversion à tout le parti protestant, donna naissance à la fameuse satyre, connue sous le nom de *Confession de Sancy*. Du *Perron* entreprit aussi la conversion du duc de Sully, mais sans succès : Sully se contenta d'être le plus raisonnable & le plus modéré des protestans.

On sait quel avantage l'évêque d'Evreux eut sur du Plessis-Mornay, dans la conférence de Fontainebleau. Le parti protestant en rougit pour son défenseur. Le roi en fut frappé, & dit à Sully : « Eh bien ! que vous semble de votre Pape ? Sire, lui répondit Sully, « il me semble qu'il est plus pape que vous ne pensez, puisque dans ce moment il donne le bonnet rouge à M. d'Evreux. »

Il y eut aussi une conférence entre l'évêque d'Evreux & d'Aubigné ; si l'on en croit d'Aubigné, la victoire lui resta.

L'évêque d'Evreux fit de vains efforts pour ramener à l'église la duchesse de Bar, sœur de Henri IV.

Ce que Sully avoit prédit arriva ; tant de conversions on opérées ou du moins tentées, tant de conférences, de disputes, d'occasions d'éclat, d'écrits, d'excès même où le portoit son zèle pour le catholicisme, la profession publique qu'il faisoit des opinions ultramontaines, la défense qu'il prit hautement de la bulle *In cœnâ Domini*, dans un rituel, lui procurèrent, en 1604, le chapeau de cardinal.

Du *Perron* retourna la même année à Rome, où il fut chargé des affaires de France, il assista aux séances de la fameuse congrégation *de Auxiliis*; il s'y montra favorable aux Jésuites, quoiqu'un peu contraire à leur doctrine sur la grace; il assista, dans un très-court espace de temps, à deux conclaves, l'un pour l'élection du cardinal Alexandre de Médicis, qui prit le nom de Léon XI, & mourut au bout de vingt-cinq jours; l'autre pour l'exaltation du cardinal Camille Borghèse, qui prit le nom de Paul V. C'est ce pape si connu par l'importante affaire de l'interdit de Venise. Le cardinal du *Perron*, qui, ayant été dans le conclave à la tête de la faction Françoise, avoit eu grande part à l'élection de ce pape, travailla encore utilement à la réconciliation de la république de Venise avec le saint siége.

En 1606, le roi donna au cardinal du *Perron*, l'archevêché de Sens & la place de grand-aumônier, l'une & l'autre dignité vacantes par la mort de ce Renaud de Beaune qui, étant archevêque de Bourges, avoit reçu à Saint-Denis l'abjuration du roi, & lui avoit donné l'absolution; le roi fit aussi du *Perron* commandeur de l'ordre du Saint-Esprit. La dignité de grand-aumônier, par une prérogative qui alors y étoit attachée, donnoit au cardinal du *Perron* une espèce de sur-intendance sur les lettres; elle le plaçoit à la tête de la bibliothèque du roi & du collège royal. Du *Perron* acquit encore de la gloire dans ce département, il employa son crédit auprès de Henri IV & de Louis XIII à faire remplir une partie des vues qu'avoit eues François Ier pour l'établissement de son collège royal. Du *Perron*, dit l'abbé de Longuerue, s'étoit fait comme le colonel-général de la littérature; tous ceux qui se destinoient aux lettres, se faisoient présenter à lui, & la première question qu'il leur faisoit, étoit toujours: *Avez-vous lu l'auteur?* cet auteur tout court, c'étoit Rabelais; il avoit aussi la plus grande estime pour Montagne: ses essais, disoit-il, sont le bréviaire des honnêtes gens.

Le séjour du cardinal du *Perron* à Rome n'avoit fait qu'augmenter son attachement aux opinions ultramontaines. Ce travers indigne d'un français & si contraire à nos maximes, a suffi pour obscurcir sa réputation, fondée d'ailleurs sur des talens brillans & même sur quelques vertus. Sans cet article qui souleva tous les français contre sa mémoire, les calomnies des protestans seroient tombées d'elles-mêmes, ou elles auroient donné un nouveau lustre à sa gloire; mais on ne lui pardonne pas d'avoir reçu, en 1607, la dédicace d'une thèse

de George Criton, professeur royal, où se trouve cette proposition si justement flétrie par le parlement: que le pape est supérieur aux conciles; on ne lui pardonne pas la protection qu'il accorda hautement, dans le conseil du roi, au livre du cardinal Bellarmin sur le pouvoir du pape, livre condamné par le parlement sous les qualifications les plus fortes; on ne lui pardonne pas ses emportemens injustes contre Richer, ses démarches violentes pour faire condamner le fameux livre de ce docteur: *De ecclesiastică & politică potestate*; on ne lui pardonne pas sur-tout sa conduite aux états de 1614, ni les mouvemens qu'il se donna pour faire rejetter le formulaire proposé par le tiers-état au sujet du régicide. On ne conçoit pas comment un décret si sage a pu rencontrer un seul contradicteur; ce n'est pas sans scandale qu'on voit le cardinal du *Perron* soutenir que l'église gallicane & même l'église universelle a toujours enseigné que les princes, ennemis de la religion catholique, pouvoient être déposés, & leurs sujets déliés du serment de fidélité.

Le cardinal du *Perron* mourut le 5 septembre 1618. On peut voir dans sa vie, publiée par M. de Burigny en 1768, la liste & l'analyse de ses ouvrages, tant littéraires que théologiques.

Tout ce qu'on pouvoit espérer ou craindre d'un homme tel que le cardinal du *Perron*, est compris dans ce mot du pape Clément VI. « Prions Dieu » qu'il inspire le cardinal du *Perron*, car il nous » persuadera tout ce qu'il voudra. »

Louis-Adrien du *Perron* de Castera, écrivain du siècle présent, avoit de l'esprit & du ridicule. Il a traduit la *Lusiade* du Camoens, & il a sur ce poëme des idées allégoriques fort étranges. Il justifie le mélange continuel des fables du paganisme avec les vérités de la religion chrétienne, en disant que Vénus représente la religion, Mars J. C., Cupidon le Saint-Esprit, Bacchus le démon, que Mercure est l'emblème des Anges, les Néréides des Vertus, &c. « A la bonne heure, ce que je sais et » M. de Voltaire, je ne m'y oppose pas; mais » j'avoue que je ne m'en serois pas aperçu. »

M. du *Perron* de Castera a traduit aussi le *Newtonianisme des dames* de M. Algarotti. Il a fait de son chef une histoire du Mont-Vésuve, quelques ouvrages dans le genre des romans & des *entretiens littéraires & galans*, livre en partie polémique contre l'abbé Desfontaines qui s'étoit moqué de lui à l'occasion d'autres ouvrages, & qui s'en moqua encore à l'occasion de celui-ci; on trouve dans cet ouvrage, où il y a beaucoup de variété, une espèce d'idylle anacréontique, ou dans le goût de Bion ou de Moschus, fort négligée cependant quant à l'expression, mais dont l'idée est jolie, & dont l'expression même, toute défectueuse qu'elle est d'ailleurs, a quelquefois le mérite de la naïveté.

Dans cet âge innocent où je me mefurais
Avec les moutons de mon père,
Cloris m'étoit déjà fi chère,
Que j'aurois tout quitté pour fes divins attraits ;
Un jour que nous étions affis fur la fougère,
Je lui dis que je l'adorois,
Ma bouche ignoroit ce langage,
Mais mon cœur me l'apprit, mon cœur le prononça,
Cloris en riant m'embraffa :
Petit badin, tu n'es pas fage,
Me dit cette belle à fon tour,
Peux-tu connoître encor les effets de l'amour?
Enfin me voilà grand, & ma première flamme
Trouble plus que jamais le repos de mon ame ;
Cloris aime à mes yeux un rival fortuné,
Elle ne fonge point au tourment qui me p.effe,
Et moi je me fouviens fans ceffe
Du baifer qu'elle m'a donné.

On a fait de cette fable paftorale une chanson très-connue, où l'expreffion eft plus foignée, mais quelquefois auffi plus tournée :

Que ne fuis je encore un enfant!
Je n'avois moutons ni houlette,
Je n'allois au bois feulement
Que pour cueillir la violette.

Je vis Cloris, bientôt j'aimai,
Ah ! que mon ame en fut ravie!
Le premier vœu que je formai
Fut de l'aimer toute ma vie.

Apprenez-moi, lui dis-je un jour,
Un fecret que mon cœur ignore
N'eft-ce pas ce qu'on nomme amour
Qu'un feu qui brûle & qui dévore ?

Bel enfant, me répond Cloris
Me baifant aveo un air tendre,
Sans le favoir tu m'as appris
Ce que de moi tu veux apprendre.

En grandiffant je perds fon cœur,
Elle l'a repris l'infidèle !
Mais fon baifer & mon ardeur
Me refteront en dépit d'elle.

M. du *Perron* de Caftera mourut, réfidant de France en Pologne, le 28 août 1752, à quarante-cinq ans.

PERROT, (NICOLAS, fieur d'Ablancourt) (*Hift. litt. mod.*) traducteur célèbre dans fon temps; on appelloit quelques-unes de fes traductions, *les belles infidèles*, elles ne font plus guères qu'infidèles. Il a traduit Thucydide, Xénophon, Arrien, Tacite, Céfar, Minutius Félix, Frontin, quelques oraifons de Cicéron, l'hiftoire d'Afrique de Marmol. Il avoit beaucoup d'efprit & de feu ; il avoit, difoit-il lui-même, quelque

fimple profateur, le feu de trois poëtes, & comme il étoit d'ailleurs fort inftruit, fa converfation étoit du plus grand intérêt ; Péliffon dit qu'on auroit defiré qu'un greffier y fût toujours préfent pour écrire tout ce qu'il difoit. On a dit qu'on ne favoit qui des morts ou des vivans perdoient le plus à fa mort. Il s'étoit confacré à la traduction, parce que, difoit-il, les livres nouveaux n'ont rien de nouveau & ne font que répéter les anciens, ce qui eft affez vrai dans plus d'un genre.

Ils nous ont dérobés, dérobons nos neveux.

Patru, Conrart & Chapelain étoient fes amis; Patru a écrit fa vie. Colbert l'avoit choifi pour écrire l'hiftoire de Louis XIV, & il lui avoit fait donner une penfion de mille écus ; mais n'ayant pas caché à Louis XIV que d'Ablancourt étoit proteftant : *Je ne veux pas*, répondit Louis XIV, *d'un hiftorien qui foit d'une autre religion que moi.* On a dit, & on a mieux dit, qu'il faudroit qu'un hiftorien ne fût d'aucune religion ni d'aucun pays, c'eft-à-dire, qu'on ne s'apperçût jamais de fa patrie ni de fa religion. D'Ablancourt gagna beaucoup à ce refus ; il conferva la penfion, & il fut difpenfé d'écrire, au lieu d'une hiftoire, un panégyrique payé. Il étoit non feulement proteftant, mais relaps ; il avoit abjuré, à dix huit ans, le calvinifme, à la follicitation de Cyprien *Perrot*, fon oncle, confeiller de grand'chambre, qui le deftinoit à l'état eccléfiaftique, & n'ayant point goûté cet état, il retourna au calvinifme. Il étoit né en 1606, à Châlons-fur-Marne, d'une famille connue dans la robe. Paul *Perrot* de la Salle, fon père, étoit homme de lettres & avoit eu quelque part à la fatyre Ménippée. D'Ablancourt fut reçu à l'académie françoife en 1537. Il mourut en 1664, retiré dans fa terre d'Ablancourt.

PERRY, (JEAN) (*Hift. litt. mod.*) hiftorien anglois du dernier fiècle, mort au commencement de celui-ci ; il avoit été envoyé en Mofcovie & il a écrit fur cet empire ; fon ouvrage, qui contient des particularités fur le règne du czar Pierre, a été traduit en françois fous ce titre : *Etat préfent de la grande Ruffie.*

PERSANNES, DYNASTIES, (*Hift. de Perfe*) les auteurs perfans comptent quatre dynafties ou races des rois de Perfes : 1°. la race des Pifchdadiens ; 2°. celle des Kianas ; 3°. celle des Efchganiens ; 4°. celle des Schekkans.

Les Pifchdadiens ont pris leurs noms de *Pifch*, qui en perfan fignifie *premier*, & de *dad* qui fignifie *juftice*, comme fi les rois de cette race avoient été les plus anciens adminiftrateurs de la juftice. Le premier des trente-fix rois de cette famille, eft nommé par les hiftoriens perfans *Caïoumarath* ; il civilifa, difent-ils, les peuples, & leur fit quitter une vie fauvage, pour bâtir des maifons & pour cultiver la terre.

La famille des *Kianans* donna neuf rois à la Perse, dont le dernier est nommé par les mêmes historiens *Alskander*; c'est Alexandre le Grand, à ce qu'ils prétendent.

La race des *Etchganiens* eut vingt-cinq rois, dont les auteurs persans nomment le premier *Schabus*, qui est le Sapor des Romains.

La race de *Sch kkans* a produit trente-un rois, dont le dernier s'étant fait abhorrer de ses sujets par son gouvernement tyrannique, fournit aux Arabes & aux Mahométans le moyen de soumettre la Perse à leur domination.

PERSE, (*Aulus Persius Flaccus*, (*Hist. littér. de Rome*) né sous Tibère, & mort à vingt-huit ans, sous Néron, s'attacha dès l'âge de seize ans au Stoïcien *Cornutus*; c'est à l'école de ce philosophe & sur-tout dans son commerce intime que ce jeune chevalier Romain, puisa cet amour de la secte Stoïque qui se manifeste dans ses ouvrages. Il consacra dès-lors le reste de ses jours, trop promptement terminés, au culte des Muses & de la philosophie qui furent ses premières & ses dernières affections. Nul écrivain n'a laissé la mémoire d'une vie plus innocente & plus pure que la sienne; il s'attira chez *Cornutus* l'estime & la bienveillance de tous les hommes célèbres qui le voyoient. Lucain fut son ami; il connut Sénèque & ne l'aima point; le vertueux *Pœtus Thraseas* qui avoit épousé *Arrie* sa parente, lui donna des marques d'une tendresse particulière. Il fut chaste, quoiqu'il soit échappé des vers obscènes. Fils respectueux & frère sensible, il partagea ses biens avec sa mère & ses sœurs; ami non moins reconnoissant, il légua une somme d'argent & sa bibliothèque à *Cornutus*, qui n'accepta que les livres. *Perse* vécut plus avec les livres qu'avec les hommes.

Quant à ses écrits, Quintilien & Martial les ont vantés, & Boileau a dit: (est-ce éloge ? est-ce blâme ?)

Perse en ses vers obscurs, mais serrés & pressans,
Affecta d'enfermer moins de mots que de sens !

Casaubon a fait sur PERSE un ouvrage d'une érudition immense qui, s'il ne prouve pas le mérite de *Perse*, prouve celui de Casaubon, & qui a fait dire qu'au *Perse* de Casaubon, *la sausse vaut mieux que le poisson*; mais Scaliger, Heinsius, le P. Rapin, le P. Vavasseur, Bayle, & sur-tout M. du Saulx en ont pensé peu favorablement. Il suffit de lire *Perse* pour se convaincre de son obscurité, & pour dire avec un de ses détracteurs: *puisqu'il n'a pas voulu être entendu, moi je ne veux pas l'entendre*. L'obscurité générale des Poëtes anciens tient à des allusions, à des énigmes du temps, dont le mot aisé à trouver alors, nous échappe aujourd'hui. L'obscurité de *Perse* n'est pas tant dans les choses que dans le style même; elle consiste principalement dans l'accumulation satiguante de métaphores disparates, ce qui rend son style dur & forcé.

Outre le malheur d'être aussi obscur qu'il a voulu l'être, *Perse* a encore celui de n'être pas aussi plaisant qu'il a cru l'être, & Casaubon lui-même en convient; au reste, quand tout le mal est dit sur *Perse*, on peut encore dire avec Quintilien *qu'il a mérité beaucoup de vraie gloire*; il en est dû beaucoup sans doute à des vers tels que ceux-ci :

Magne pater divûm, sævos punire tyrannos
Haud aliâ ratione velis... ...
Virtutem videant intabescantque relictâ.

Perse avoit été très-bien attaqué par M. du Saulx, traducteur heureux de Juvénal; il a été depuis très-bien défendu par M. Sélis, traducteur non moins heureux de *Perse* lui-même. C'étoit à M. Sélis qu'il appartenoit de le défendre après l'avoir fait goûter dans sa traduction; d'ailleurs il le juge avec impartialité, il le loue en convenant de ses défauts, il s'exprime ainsi :

« Ellipses fréquentes, allusions recherchées,
» métaphores extraordinaires, apostrophes mul-
» tipliées, voilà les défauts de *Perse* qu'on a
» nommé pour son obscurité le *Lycophron Latin.*
» Voici ce qui le rachète : ses satyres respirent
» la probité; sa morale est sévère.... sa critique
» juste & sensée, son style imposant; moins éner-
» gique que Juvénal, il a plus de sensibilité;
» (l'énergie cependant prouve la sensibilité) moins
» enjoué qu'Horace, il est peut-être plus éloquent.
» Enfin le temps où il osoit plaider la cause de
» la vertu, lui donne un nouveau droit à l'estime
» des lecteurs; c'étoit sous Néron.

Dans les vers du Prologue de *Perse*, qui sont tous de six pieds, le cinquième pied doit être un iambe, & le sixième un spondée. Cependant on lit ainsi dans presque toutes les éditions le dernier vers de ce prologue :

Cantare credas Pegaseïum melos.

Or, la première syllabe de *melos* est breve, & c'est un spondée qu'il faut; quelques commentateurs vouloient qu'on dit *mellos*, en doublant la lettre *l*, comme Virgile & d'autres ont dit *relliquias*. Ange-Politien avoit lu dans un ancien commentaire, *nectar*, au lieu de *melos*, mais M. Sélis trouve le *Pegaseïum nectar*, une métaphore bien forcée. Turnèbe a proposé de lire :

Cantare Pegaseïum melos credas

& M. Sélis adopte cette leçon.

Il ne croit point sur la foi d'un vieux scholiaste de *Perse*, que les quatre vers :

Torva Mimalloneïs, &c.

fussent de Néron. Il observe que Cornutus, ami de *Perse*, lui fit changer ce vers :

Auriculas afini Mida rex habet

& l'obligea de fe renfermer dans cette généralité ;

Auriculas afini quis non habet ?

dans la crainte que Néron ne s'appliquât cette allégorie ; précaution fage, mais qui feroit devenue inutile, fi *Perfe* avoit laiffé fubfifter d'ailleurs une critique directe de vers connus pour être de Néron. « Le moyen, dit M. de Sélis, d'ima-
» giner qu'un prince qui ne vouloit pas que l'on
» eût plus d'efprit que lui, qui défendit à Lucain
» de faire des vers & le permit à Labéon, qui bannit
» Cornutus, pour avoir hafardé fur fes poéfies
» une critique affez innocente, eût fouffert tran-
» quillement une fatyre directe ? Si l'on répond que
» ces vers faits par *Perfe* lui-même, ne font qu'une
» imitation, une parodie de la manière dont Néron
» verfifioit ; nous repliquerons que c'étoit toujours
» offenfer Néron, que ce détour ne pouvoit échap-
» per à perfonne, & que la demi-prudence de
» *Perfe* ne l'eût pas fauvé. Il faut donc donner
» ces quatre vers à un autre que Néron. Il faut
» donc fe réfoudre à faire perdre au fatyrique
» l'honneur d'une audace courageufe, & à cette
» fatyre ce qui la rendoit la plus piquante ; » nous craignons que M. Sélis n'ait raifon.

PERSES, *empire des*, (*Hift. anc. & mod.*) l'an-
cien empire des *Perfes* étoit beaucoup plus étendu que ce que nous appellons aujourd'hui la *Perfe*, car leurs rois ont quelquefois foumis prefque toute l'Afie à fa domination. Xerxès fubjugua même toute l'Egypte, vint dans la Grece, & s'empara d'Athènes ; ce qui montre qu'ils ont porté leurs armes victorieufes jufques dans l'Afrique, & dans l'Europe.

Perfépolis, Suze & Ecbatane, étoient les trois villes où les rois de *Perfe* faifoient alternativement leur réfidence ordinaire. En été ils habitoient Ecbatane, aujourd'hui Tabris ou Tauris, que la montagne couvre vers le fud-oueft contre les grandes chaleurs. L'hiver ils féjournoient à Suze dans le Suziftan, pays délicieux, où la montagne met les habitans à couvert du nord. Au printems & en automne, ils fe rendoient à Perfépolis ou à Babylone. Cyrus qui eft regardé comme le fondateur de la monarchie des *Perfes*, fit néanmoins de Perfépolis, la capitale de fon empire, au rapport de Strabon, *livre XV.*

Cette grande & belle monarchie dura deux cent fix ans fous douze rois, dont Cyrus fut le premier, & Darius le dernier. Cyrus régna neuf ans depuis la prife de Babylone, c'eft-à-dire, depuis l'an du monde 3466, jufqu'en 3475, avant J. C. 525. Darius, dit Codomanus, fut vaincu par Alexandre le Grand en 3674, après fix ans de règne ; & de la ruine de la monarchie des *Perfes*, on vit naître la troifième monarchie du

monde, qui fut celle de Macédoine dans la perfonne d'Alexandre.

La *Perfe*, ayant obéi quelques temps aux Macédoniens & enfuite aux Parthes, un fimple foldat perfan, qui prit le nom d'*Artaxare*, leur enleva ce royaume vers l'an 225 de J. C. & rétablit l'*empire des Perfes*, dont l'étendue ne différoit guère alors de ce qu'il eft aujourd'hui.

Noufchirwan ou Khofroës le grand, qui monta fur le trône l'an 551 de l'Ere chrétienne, eft un des plus grands rois de l'hiftoire. Il étendit fon empire dans une partie de l'Arabie Pétrée, & de celle qu'on nommoit *heureufe*. Il reprit d'abord ce que les princes voifins avoient enlevé aux rois fes prédéceffeurs, enfuite il foumit les Arabes, les Tartares jufqu'aux frontières de la Chine ; les Indiens voifins du Gange & les empereurs grecs, furent contraints de lui payer un tribut confidérable.

Il gouverna fes peuples avec beaucoup de fageffe : zélé pour l'ancienne religion de la *Perfe*, ne refufant jamais fa protection à ceux qui étoient opprimés, puniffant le crime avec févérité, & récompenfant la vertu avec une libéralité vraiment royale ; toujours attentif à faire fleurir l'agriculture & le commerce, favorifant le progrès des fciences & des arts, & ne conférant les charges de judicature qu'à des perfonnes d'une probité reconnue, il fe fit aimer de tous fes fujets qui le regardoient comme un père. Il eut un fils nommé *Hormizdas*, à qui il fit époufer la fille de l'empereur des Tartares, & qui l'accompagna dans fon expédition contre les Grecs.

Noufchirwan, alors âgé de plus de 80 ans, voulut encore commander fes armées en perfonne ; il conquit la province de Mélitène, mais bientôt après, la perte d'une bataille où fon armée fut taillée en pièces, le mit dans la trifte néceffité de fuir pour la première fois devant l'ennemi, & de repaffer l'Euphrate à la nage fur un éléphant. Cette difgrace précipita fes jours ; il profita des derniers momens de fa vie pour dicter fon teftament, & ce teftament, le voici tel que M. l'abbé Fourmont l'a tiré d'un manufcrit turc.

« Moi, Noufchirwan, qui poffède les royaumes
» de *Perfe* & des Indes, j'adreffe mes dernières
» paroles à Hormizdas, mon fils aîné, afin qu'elles
» foient pour lui une lumière dans les ténèbres,
» un chemin droit dans les deferts, une étoile
» fur la mer de ce monde.
» Lorfqu'il aura fermé mes yeux, qui déjà
» ne peuvent plus foutenir la lumière du foleil,
» qu'il monte fur mon trône, & que de-là il
» jette fur mes fujets une fplendeur égale à celle
» de cet aftre. Il doit fe reffouvenir que ce n'eft
» pas pour eux-mêmes que les rois font revêtus
» du pouvoir fouverain, & qu'ils ne font à l'égard
» du refte des hommes, que comme le ciel eft
» à l'égard de la terre. La terre produira-t-elle
» des fruits fi le ciel ne l'arrofe ?

» Mon

» Mon fils, répandez vos bienfaits d'abord fur
» vos proches, enfuite fur les moindres de vos
» fujets. Si j'ofois, je me propoferois à vous pour
» exemple, mais vous en avez de plus grands.
» Voyez ce foleil, il part d'un bout du monde
» pour aller à l'autre ; il fe cache & fe remontre
» enfuite, & s'il change de route tous les jours,
» ce n'eft que pour faire du bien à tous. Ne vous
» montrez donc dans une province que pour lui
» faire fentir ses graces, & lorfque vous la quit-
» terez, que ce ne foit que pour faire éprouver
» à une autre les mêmes biens.

» Il eft des gens qu'il faut punir, le foleil
» s'éclipfe : il en eft d'autres qu'il faut récompen-
» fer, & il fe remontre plus beau qu'il n'étoit
» auparavant : il eft toujours dans le ciel, foute-
» nez la majefté royale : il marche toujours,
» foyez fans ceffe occupé du foin du gouverne-
» ment. Mon fils, préfentez-vous à la
» porte du ciel pour en implorer le fecours dans
» vos befoins, mais purifiez votre ame aupara-
» vant. Les chiens entrent-ils dans le temple ? Si
» vous obfervez exactement cette règle, le ciel
» vous exaucera ; vos ennemis vous craindront ;
» vos amis ne vous abandonneront jamais ; vous
» ferez le bonheur de vos fujets ; ils feront votre
» félicité.

» Faites juftice, réprimez les infolens, foula-
» gez le pauvre, aimez vos enf ns, protégez les
» fciences, fuivez le confeil des perfonnes ex-
» périmentées, éloignez de vous les jeunes gens,
» & que tout votre plaifir foit de faire du bien.
» Je vous laiffe un grand royaume, vous le con-
» ferverez fi vous fuivez mes confeils ; vous le
» perdrez fi vous en fuivez d'autres ».

Noufchirwan mourut l'an 578, & Hormizdas
qui lui fuccéda, ne fuivit p int fes confeils. Après
bien des concuffions, il fut jugé indigne de fa
place, & dépofé juridiquement par le confentement unanime de toute la nation affemblée. Son
fils mis fur le trône à fa place, le fit poignarder
dans fa prison : ce fils lui-même fut contraint de
fortir de fon royaume, qui devint la proie d'un
fujet de Waranes, homme de grand mérite, mais
qui fut enfin obligé de fe réfugier chez les Tartares, qui l'emprifonnèrent.

Sur la fin du règne de Noufchirwan, naquit
Mahomet à la Mecque, dans l'Arabie Pétrée en
570. Bientôt profitant des guerres civiles des Perfans, il étendit chez eux fa puiffance & fa domination. Omar fon fucceffeur, pouffa encore plus
loin fes conquêtes. Jédafgird, que nous appellons
Hormizdas IV, perdit contre fes lieutenans à
quelques lieues de Madaïn (l'anciénne Créfiphon
des Grecs) la bataille & la vie. Les Perfans pafferent fous la domination d'Omar plus facilement
qu'ils n'avoient fubi le joug d'Alexandre.

Cette fervitude fous les Arabes dura jufqu'en
1258, que la Perfe commença à renaître fous fes
propres rois. Haalou recouvra ce royaume par

le fuccès de fes armes, mais au bout d'un fiecle,
Tamerlan, kan des Tartares, fe rendit maître de
la Perfe l'an 1369, fubjugua les Parthes, & fit
prifonnier Bajazet I en 1402. Ses fils partagèrent
entr'eux fes conquêtes, & cette branche régna
jufqu'à ce qu'une autre dynaftie de la faction du
mouton blanc s'empara de la Perfe en 1479.

Uffum Caffan, chef de cette faction, étant
monté fur le trône, une partie de la Perfe flattée
d'oppofer un culte nouveau à celui des Turcs,
de mettre Ali au-deffus d'Omar, & de pouvoir
aller en pélerinage ailleurs qu'à la Mecque, embraffa avidement ce dogme que propofa un perfan
nommé Xeque-Aidar, & qui n'eft connu de nous
que fous le nom de Sophi, c'eft-à-dire, fage. Les
femences de cette opinion étoi nt jettées depuis
long-temps, mais Sophi donna la forme à ce
fchifme politique & religieux, qui paroit aujour-
d'hui néceffaire entre deux grands empires voifins,
jaloux l'un de l'autre. Ni les Turcs, ni les Perfans
n'avoient aucune raifon de reconnoître Omar &
Ali pour fucceffeurs légitimes de Mahomet. Les
droits de ces Arabes qu'ils avoient chaffés, devoient peu leur importer. Mais il importoit aux
Perfans que le fiège de leur religion ne fut pas
chez les Turcs ; cependant Uffum Caffan trouva
bien des contradicteurs, & entr'au res Ruflan qui
fit affaffiner Sophi en 1499. Il en réfulta d'étranges
révolutions que je vais tranfcrire de l'hiftoire de
M. de Voltaire, qui en a fait le tableau curieux.

Ifmaël, fils de Xeque-Aidar, fut affez courageux & affez puiffant pour foutenir la doct ine
de fon père les armes à la main ; fes difciples
devinrent des foldats. Il convertit & conquit l'Arménie, fubjugua la Perfe, combattit le ful an des
Turcs Sélim I avec avantage, & laiffa en 1524
à fon fils Tahamas, la Perfe puiffante & paifible. Ce même Tahamas repouffa Soliman, après
avoir été fur le point de perdre fa couronne. Il
laiffa l'empire en 1576 à Ifmaël II fon fils, qui
eut pour fucceffeur en 1585 Scha-Abas, qu'on
a nommé le grand.

Ce grand homme étoit cependant cruel ; mais
il y a des exemples que des hommes féroces
ont aimé l'ordre & le bien public. Scha-Abas
pour établir fa puiffance, commença par détruire
une milice telle à-peu-près que celle des janiffaires en Turquie ou des ftrelits en Ruffie ; il conf-
truifit des édifices publics ; il rebâtit des villes ; il
fit d'utiles fondations ; il reprit fur les Turcs tout
ce que Soliman & Sélim avoient conquis fur la
Perfe. Il chaffa d'Ormus en 1622 par le fecours
des Anglois, les Portugais qui s'étoient emparés
de ce port en 1507. Il mourut en 1629.

La Perfe devint fous fon règne extrêmement
floriffante, & beaucoup plus civilifée que la
Turquie ; les arts y étoient plus en honneur,
les mœurs plus douces, la police générale bien
mieux obfervée. Il eft vrai que les Tartares fub-
jugèrent deux fois la Perfe après le règne des

Kalifes Arabes, mais ils n'y abolirent point les arts; & quand la famille de Sophi régna, elle y apporta les mœurs douces de l'Arménie, où cette famille avoit habité long-temps. Les ouvrages de la main passoient pour être mieux travaillés, plus finis en *Perse* qu'en Turquie, & les sciences y avoient de tous autres encouragemens.

La langue persane, plus douce & plus harmonieuse que la turque, a été féconde en poésies agréables. Les anciens grecs qui ont été les premiers précepteurs de l'Europe, sont encore ceux des Persans. Ainsi leur philosophie étoit au seizième & au dix-septième siècles, à-peu-près au même état que la nôtre. Ils tenoient l'astrologie de leur propre pays, & s'y attachoient plus qu'aucun peuple de la terre. Ils étoient comme plusieurs de nos nations, pleins d'esprit & d'erreurs.

La cour de *Perse* étaloit plus de magnificence que la Porte ottomane. On croit lire une relation du temps de Xerxès, quand on voit dans nos voyageurs ces chevaux couverts de riches brocards, leurs harnois brillans d'or & de pierreries, & ces quatre mille vases d'or, dont parle Chardin, lesquels servoient pour la table du roi de *Perse*. Les choses communes & sur-tout les comestibles, étoient à trois fois meilleur marché à Ispahan & à Constantinople que parmi nous. Ce prix est la démonstration de l'abondance.

Scha-Sophi, fils du grand Scha-Abas, mais plus cruel, moins guerrier, moins politique, & d'ailleurs abruti par la débauche, eut un règne malheureux. Le Grand-Mogol Scha-Géan enleva Candahar à la *Perse*, & le sultan Amurath IV prit d'assaut Bagdat en 1638.

Depuis ce temps, vous voyez la monarchie persane décliner sensiblement, jusqu'à ce qu'enfin la mollesse de la dynastie des *Sophi* a causé sa ruine entière. Les eunuques gouvernoient le serrail & l'empire sous Muza-Sophi & sous Hussein, le dernier de cette race. C'est le comble de l'avilissement dans la nature humaine, & l'opprobre de l'orient, de dépouiller les hommes de leur virilité, & c'est le dernier attentat du despotisme, de confier le gouvernement à ces malheureux.

La foiblesse de Scha-Hussein qui monta sur le trône en 1694, faisoit tellement languir l'empire, & la confusion le troubloit si violemment par les factions des eunuques noirs & des eunuques blancs, que si Myrr-Weis & ses Aguans n'avoient pas détruit cette dynastie, elle l'eût été par elle-même. C'est le sort de la *Perse* que toutes ses dynasties commencent par la force, & finissent par la foiblesse. Presque toutes les familles ont eu le sort de Serdan-Pull, que nous nommons *Sardanapale*.

Ces Aguans qui ont bouleversé la *Perse* au commencement du siècle où nous sommes, étoient une ancienne colonie des Tartares, habitant les montagnes du Candahar, entre l'Inde & la *Perse*. Presque toutes les révolutions qui ont changé le sort de ce pays-là, sont arrivées par des Tartares. Les Persans avoient reconquis Candahar sur le Mogol, vers l'an 1650, sous Scha-Abas II, & ce fut pour leur malheur. Le ministre de Scha-Hussein, petit-fils de Scha-Abas II, traita mal les Aguans. Myrr-Weis qui n'étoit qu'un particulier, mais un particulier courageux & entreprenant, se mit à leur tête.

C'est une de ces révolutions où le caractère des peuples qui la firent, eut plus de part que le caractère de leurs chefs: car Myrr-Weis ayant été assassiné & remplacé par un autre barbare nommé *Maghmud*, son propre neveu, qui n'étoit âgé que de dix-huit ans, il n'y avoit pas d'apparence que ce jeune homme pût faire beaucoup par lui-même, & qu'il conduisît ses troupes indisciplinées de montagnards féroces, comme nos généraux conduisent des armées réglées. Le gouvernement de Hussein étoit méprisé, & la province de Candahar ayant commencé les troubles, les provinces du Caucase du côté de la Géorgie, se révoltèrent aussi. Enfin, Maghmud assiégea Ispahan en 1722; Scha-Hussein lui remit cette capitale, abdiqua le royaume à ses pieds, & le reconnut pour son maître, trop heureux que Maghmud daignât épouser sa fille. Ce Maghmud crut ne pouvoir s'affermir qu'en faisant égorger les familles des principaux citoyens de cette capitale.

La religion eut encore part à ces désolations: les Aguans tenoient pour Omar comme les Persans pour Ali; & Maghmud, chef des Aguans, mêloit les plus lâches superstitions aux plus détestables cruautés. Il mourut en démence en 1725, après avoir désolé la *Perse*.

Un nouvel usurpateur de la nation des Aguans lui succéda. Il s'appelloit *Asraff*, ou *Archruf*, ou *Echeref*, car on lui donne tous ces noms. La désolation de la *Perse* redoubloit de tous côtés. Les Turcs l'inondoient du côté de la Géorgie, l'ancienne Colchide. Les Russes fondoient sur ses provinces du nord à l'occident de la mer Caspienne, vers les portes de Derbent dans le Shirvan, qui étoit autrefois l'Ibérie & l'Albanie.

Un des fils de Scha-Husseim, nommé Thamas, échappé au massacre de la famille impériale, avoit encore des sujets fidèles qui se rassemblèrent autour de sa personne vers Tauris. Les guerres civiles & les temps de malheur produisent tous les jours des hommes extraordinaires, qui eussent été ignorés dans des temps paisibles. Le fils du gouverneur d'un petit fort du Khorasan devint le protecteur du prince Thamas & le soutien du trône, dont il fut ensuite l'usurpateur. Cet homme qui s'est placé au rang des plus grands conquérans, s'appelloit *Nadir* (*Chah*).

Nadir ne pouvant avoir le gouvernement de son père, se mit à la tête d'une troupe de soldats,

& se donna avec sa troupe au prince Thamas. A force d'ambition, de courage & d'activité, il fut à la tête d'une armée. Il se fit appeler alors *Thamas Kouli-Kan*, le Kan esclave de Thamas. Mais l'esclave étoit le maître sous un prince aussi foible & aussi efféminé que son père Husseim. Il reprit Ispahan & toute la *Perse*, poursuivit le nouveau roi Asraf jusqu'à Candahar, le vainquit, le fit prisonnier en 1629, & lui fit couper la tête après lui avoir arraché les yeux.

Kouli-Kan ayant ainsi rétabli le prince Thamas sur le trône de ses ayeux, & l'ayant mis en état d'être ingrat, voulut l'empêcher de l'être. Il l'enferma dans la capitale du Khorasan, & agissant toujours au nom de ce prince prisonnier, il alla faire la guerre au Turc, sachant bien qu'il ne pouvoit affermir sa puissance que par la même voie qu'il l'avoit acquise. Il battit les Turcs à Érivan en 1736, reprit tout ce pays, & assura ses conquêtes en faisant la paix avec les Russes. Ce fut alors qu'il se fit déclarer roi de *Perse*, sous le nom de *Scha-Nadir*. Il n'oublia pas l'ancienne coutume de crever les yeux à ceux qui peuvent avoir droit au trône. Les mêmes armées qui avoient servi à désoler la *Perse*, servirent aussi à la rendre redoutable à ses voisins. Kouli-Kan mit les Turcs plusieurs fois en fuite. Il fit enfin avec eux une paix honorable, par laquelle ils rendirent tout ce qu'ils avoient jamais pris aux Persans, excepté Bagdat & son territoire.

Kouli-Kan, chargé de crimes & de gloire, alla conquérir l'Inde, par l'envie d'arracher au Mogol, tous ces trésors que les Mogols avoient pris aux Indiens. Il avoit des intelligences à la cour du grand-Mogol, & entr'autres deux des principaux seigneurs de l'empire, le premier visir & le généralissime des troupes. Cette expédition lui réussit au-delà de ses espérances; il se rendit maître de l'empire & de la personne même de l'empereur en 1739.

Le grand-Mogol Mahamad sembloit n'être venu à la tête de son armée, que pour étaler sa vaine grandeur, & pour la soumettre à des brigands aguerris. Il s'humilia devant Thamas Kouli-Kan qui lui parla en maître, & le traita en sujet. Le vainqueur entra dans Delhi, ville qu'on nous représente plus grande & plus peuplée que Paris ou Londres. Il traînoit à sa suite ce riche & misérable empereur. Il l'enferma d'abord dans une tour, & se fit proclamer lui-même roi des Indes.

Quelques officiers mogols essayèrent de profiter d'une nuit où les Persans s'étoient livrés à la débauche, pour prendre les armes contre leurs vainqueurs. Thamas Kouli-Kan livra la ville au pillage; presque tout fut mis à feu & à sang. Il emporta autant de trésors de Delhi, que les Espagnols en prirent à la conquête du Mexique. On compte que cette somme monta pour sa part à quatre-vingt-sept millions & demi

sterling, & qu'il y en eut sept millions & demi pour son armée. Ces richesses amassées par un brigandage de quatre siècles, ont été apportées en *Perse* par un autre brigandage, & n'ont pas empêché les Persans d'être long-temps les plus malheureux peuples de la terre. Elles sont dispersées ou ensevelies pendant les guerres civiles, jusqu'au temps où quelque tyran les rassemblera.

Kouli-Kan en partant des Indes pour retourner en *Perse*, laissa le nom d'empereur à ce Mahamad qu'il avoit détrôné; mais il laissa le gouvernement à un vice-roi qui avoit élevé le grand-Mogol, & qui s'étoit rendu indépendant de lui. Il détacha trois royaumes de ce vaste empire, Cachemire, Caboul & Multan, pour les incorporer à la *Perse*, & imposa à l'Indoustan un tribut de quelques millions. L'Indoustan fut alors gouverné par le vice-roi, & par un conseil que Thamas Kouli-Kan avoit établi. Le petit-fils d'Aurang-Zeb garda le titre de roi des rois, & ne fut plus qu'un fantôme.

Thamas Kouli-Kan arrivé chez lui, donna la régence de la *Perse* à son second fils Nesralla Mirza, recruta son armée, & marcha contre les tartares Usbegs, pour les châtier des désordres qu'ils avoient commis dans le Khorasan, pendant qu'il étoit occupé dans l'Inde. Il traversa des déserts presque impraticables, & l'on crut qu'il y périroit infailliblement; mais il revint quelques mois après, amenant quantité d'Usbegs qui avoient pris parti dans son armée, & il soumit dans son passage plusieurs peuples inconnus, même aux Persans.

Cependant l'année suivante, qui étoit en 1742, les Arabes se soulevèrent de toutes parts, & défirent totalement ses troupes. Obligé de faire la guerre par mer & par terre, ne voulant pas toucher aux trésors immenses qu'il avoit apportés de l'Inde, il mit sur toute la *Perse* un nouvel impôt de sept cent mille tomans (quatorze millions d'écus.) En même temps il fit publier, qu'ayant reconnu la religion des Sunnis pour la seule véritable, il l'avoit embrassée, & qu'il désiroit que ses sujets suivissent son exemple. Il se prépara à attaquer les Turcs, & mit en marche une partie de ses troupes pour se rendissent à Mosul, tandis que lui-même marcheroit à Vau, dans le dessein d'attaquer les Turcs par deux différens côtés, & de pousser ses conquêtes jusqu'à Constantinople; mais le succès ne répondit point à ses espérances.

A peine s'étoit-il mis en marche, que les peuples de diverses provinces persanes se révoltèrent, ce qui l'obligea de retourner sur ses pas pour étouffer la rébellion. Mais le mécontentement étoit général; le feu de la révolte gagnoit par-tout. A mesure que Nadir (ou si vous voulez Thamas Kouli-Kan) l'éteignoit d'un côté, il s'allumoit d'un autre. Ne pouvant courir dans toutes les provinces révoltées, il fit la paix avec les Turcs en 1746.

Enfin s'étant rendu de plus en plus odieux aux Persans par ses cruautés envers ceux dont la fidélité lui étoit suspecte, il se forma contre lui une conspiration si générale, qu'ayant été obligé de se sauver d'Ispahan, & ayant cru être plus en sûreté dans son armée, ses propres troupes se souleverent, & le massacrerent dans son camp. Il fut assassiné par Ali-Kouli-Kan, son propre neveu, comme l'avoit été Myrr-Weis, le premier auteur de la révolution. Ainsi a péri cet homme extraordinaire à l'âge d'environ 59 ans, après avoir occupé le trône de *Perse* pendant 12 ans.

Par la mort de cet usurpateur, les provinces enlevées au grand-mogol lui sont retournées; mais une nouvelle révolution a bouleversé l'Indoustan; les princes tributaires, les vice-rois ont secoué le joug; les peuples de l'intérieur ont détrôné le souverain; & l'Inde est encore devenue ainsi que la *Perse*, le théâtre de nouvelles guerres civiles. Enfin tant de dévastations consécutives ont détruit dans la *Perse* le commerce & les arts, en détruisant une partie du peuple.

Plusieurs écrivains nous ont donné l'histoire des dernieres révolutions de *Perse*. Le P. du Cerceau l'a faite, & son ouvrage a été imprimé à Paris en 1742. Nous avons vu l'année suivante l'histoire de Thamas Kouli-Kan; mais il faut lire le voyage en Turquie & en Perse par M. Otter & M. Fraser, *the histori of Nadir-Shah*. Ces deux derniers ont été eux-mêmes dans le pays, ont connu le Shah-Nadir, & ont conversé pour s'instruire avec des personnes qui lui étoient attachées; ils n'ont point estropié les noms persans, parce qu'ils entendoient la langue; & quoiqu'ils ne soient pas d'accord en tout, ils ne different pas néanmoins dans les principaux faits. Il paroit par leurs relations, que l'auteur de l'histoire de Thamas Kouli-Kan, a composé un roman de la naissance de Nadir, en le faisant fils d'un pâtre ou d'un marchand de troupeaux, dont il vola une partie à son père, les vendit, & s'associa à une troupe de brigands pour piller les pelerins de Mached.

Nadir (Shah) naquit dans le Khorasan. Son pere étoit un des principaux entre les Aschars, tribu Turcomane, & gouverneur du fort de Kiélat, dont le gouvernement avoit été héréditaire dans sa famille depuis long-temps. Nadir étant encore mineur quand son père mourut, son oncle prit possession du gouvernement, & le garda. Nadir obtint du Begler-Beg une compagnie de cavalerie, & s'étant distingué en diverses occasions contre les Eusbegs qu'il eut le bonheur de battre, le Begler-Beg l'éleva au grade de min-bacchi, ou commandant de mille hommes. Tel fut le commencement de sa fortune. Ensuite il fut envoyé contre les Turcs, les vainquit, fut élevé au grade de lieutenant-général; & au commencement de

l'année 1729, il parvint au généralat. Alors Shah Thamas prit tant de confiance en lui, qu'il lui abandonna entièrement le gouvernement de ses affaires militaires.

M. Fraser qui a demeuré plusieurs années en *Perse*, & qui a été souvent dans la compagnie du Shah Nadir, nous a tracé son portrait en 1743; & il paroit qu'il admiroit beaucoup cet homme extraordinaire.

« Le Shah Nadir, dit-il, est âgé d'environ 55 ans. Il a plus de six piés de haut, & est bien proportionné, d'un tempérament très-robuste, sanguin, avec quelque disposition à l'embonpoint, s'il ne le prévenoit pas par les fatigues. Il a de beaux yeux noirs, bien fendus, & des sourcils de même couleur. Sa voix est extrêmement haute & forte. Il boit du vin sans excès, mais il est très-adonné aux femmes dont il change souvent, sans cependant négliger ses affaires. Il va rarement chez elles avant onze heures ou minuit, & il se leve à cinq heures du matin. Il n'aime point la bonne chère; sa nourriture consiste sur-tout en pillau, & autres mets simples; & lorsque les affaires le demandent, il perd ses repas, & se contente de quelques-pois secs qu'il porte toujours dans ses poches, & d'un verre d'eau. Quand il est en son particulier, qui que ce soit ne peut lui envoyer de lettres, de messages, ni obtenir audience ».

» Il entretient par-tout des espions. Il a de plus établi dans chaque ville un ministre nommé *hum calam*, qui est chargé de veiller sur la conduite du gouverneur, de tenir registre de ses actions, & de lui en envoyer le journal par une voie particulière. Très-rigide sur la discipline militaire, il punit de mort les grandes fautes, & fait couper les oreilles à ceux qui commettent les plus légères. Pendant qu'il est en marche, il mange, boit & dort comme un simple soldat, & accoutume ses officiers à la même rigueur. Il est si fort endurci à la fatigue, qu'on l'a vu souvent dans un temps de gelée passer la nuit couché à terre, en plein air, enveloppé de son manteau, & n'ayant qu'une selle pour chevet. Au soleil couchant, il se retire dans un appartement particulier, où débarrassé de toute affaire, il soupe avec trois ou quatre de ses favoris, & s'entretient familièrement avec eux ».

» Quelque temps après qu'il se fut saisi de Shah Thamas, des gens attachés à la famille royale firent agir la mère de Nadir, qui vint prier son fils de rétablir ce prince, sur les assurances qu'elle lui donna que pour reconnoitre cet important service, Shah Thamas le feroit son généralissime à vie. Il lui demanda si elle le croyoit sérieusement? Elle ayant répondu qu'oui: Si j'étois une vieille femme, répliqua-t-il, peut-être que je le croirois aussi, mais je vous prie de ne vous plus mêler d'affaires d'état. Il a épousé

» la sœur cadette du Shah Huffein, dont on dit » qu'il a une fille. Il a d'ailleurs de ses concu- » bines plusieurs enfans, & deux fils d'une femme » qu'il avoit épousée dans le temps de son obs- » curité. Quoique d'ordinaire il charge lui-même » à la tête de ses troupes, il n'a jamais reçu la » plus petite égratignure; cependant il a eu plu- » sieurs chevaux tués sous lui, & son armure » souvent effleurée par des balles ».

M. Fraser ajoute qu'il a entendu dire & qu'il a vu lui-même plusieurs autres choses remarqua- bles de ce prince, & propres à convaincre toute la terre qu'il y a peu de siècles qui aient produit un homme aussi étonnant : cela se peut; mais à juger de cet homme singulier selon les idées de la droite raison, je ne vois en lui qu'un scélérat d'une ambition sans bornes, qui ne connoissoit ni humanité, ni fidélité, ni justice, toutes les fois qu'il ne pouvoit la satisfaire. Il n'a fait usage de sa bravoure, de son habileté & de sa conduite, que de concert avec ses vues ambitieuses. Il n'a respecté aucun des devoirs les plus sacrés pour s'élever à quelques points de grandeur, & ce point étoit toujours au-dessous de ses désirs. Enfin, il a ravagé le monde, désolé l'Inde & la *Perse* par les plus horribles brigandages; & ne mettant aucun frein à sa brutalité, il s'est livré à tous les mouvemens furieux de sa colère & de sa vengeance, dans le cas même où sa modération ne pouvoit lui porter aucun préjudice.

J'ai tracé l'histoire moderne des *Perses*; leur histoire ancienne est intimement liée avec celle des Medes, des Assyriens, des Egyptiens, des Babiloniens, des Juifs, des Parthes, des Car- thaginois, des Scythes, des Grecs & des Ro- mains. Cyrus, le fondateur de l'*empire des Perses*, n'eut point d'égal dans son temps en sagesse, en valeur & en vertu. Hérodote & Xénophon ont écrit sa vie; & quoiqu'il semble que ce der- nier ait moins voulu faire l'histoire de ce prince, que donner sous son nom l'idée d'un héros par- fait, le fond de son ouvrage est historique, & mérite plus de croyance que celui d'Hérodote. (*Le chevalier* DE JAUCOURT).

PERSÉE. (*Hist. anc. Hist. de Macédoine.*) fils de Philippe, roi de Madédoine, avoit un frère que le droit d'aînesse appelloit au trône avant lui. Ce prince nommé *Démétrius*, s'étoit couvert de gloire par le succès de ses négociations & de ses ex- ploits militaires. Ce fut en considération de son mérite que le sénat Romain accorda des condi- tions avantageuses à Philippe, qui, humilié d'être redevable à son fils de cette faveur, ne vit en lui qu'un ami des Romains. *Persée*, ingénieux à aigrir sa haine, le détermina par de fausses ac- cusations à condamner à la mort un fils à qui l'on ne pouvoit reprocher que ses vertus. *Persée* recueillit le fruit de ce parricide : devenu l'héri- tier présomptif de l'empire, il se comporta comme

s'il en eût été le maître. Ce caractère impérieux le rendit suspect à son père qui bientôt reconnut que séduit par ses calomnies, il avoit fait mourir un fils innocent, pour avoir un héritier coupable. Le monarque, déchiré de remords, eût puni l'au- teur de son parricide, si la mort causée par ses chagrins n'eût prévenu sa vengeance.

Persée devenu possesseur de l'empire, trouva dans les trésors de son père les moyens de faire la guerre avec gloire. Ennemi irréconciliable des Romains, il leur suscita par-tout des ennemis, & prodigue à dessein, il acheta par-tout des alliés. Le nom des Macédoniens beaucoup plus respecté dans la guerre que celui des Carthaginois, étoit encore dans ce temps, redoutable aux Ro- mains. L'importance de cette guerre le détermina à augmenter leurs légions & à demander du ren- fort aux Numides & à leurs autres alliés. *Persée*, à la tête d'une armée de Macédoniens, accou- tumé aux fatigues de la guerre, se croyoit in- vincible, & promettoit à ses sujets de faire renaître le règne triomphant d'Alexandre. Le prélude de cette guerre lui fut glorieux; une victoire remportée sur le consul Sulpicius lui fit présager de plus brillans succès : mais voyant que les Romains étoient plus redoutables après leur défaite qu'il ne l'étoit après sa victoire, il adopta un système pacifique qui fut rejetté avec mépris. Le consul vaincu lui fit des propositions aussi dures que s'il avoit été vainqueur. *Persée* trop fier pour y souscrire, fit des préparatifs qui inquiétè- rent les Romains. Paul Emile, chargé de cette guerre, la termina par une victoire remportée près de Pydne : il fit un carnage affreux des Ma- cédoniens; vingt mille restèrent sur la place, & onze mille furent massacrés dans la fuite. Polybe & Florus prétendent que *Persée*, sans attendre l'événement du combat, laissa le com- mandement à ses lieutenans, & qu'il se réfugia à Pydne, sous prétexte de sacrifier à Hercule. Dès qu'il eut appris la déroute de son armée, il alla chercher un asyle dans le temple de Castor & Pollux, adorés chez les Samothraces. La sain- teté du lieu ne put le mettre à la crainte qu'on at- tentât à sa vie; il en sortit à la faveur des ténèbres, pour s'embarquer dans une chaloupe qu'un Can- diot avoit fait équiper pour le recevoir. Ce ser- viteur infidèle mit à la voile sans attendre son maître, dont il emporta toutes les richesses. *Persée* sans ressource rentra dans le temple qui lui étoit pour asyle : accablé de son désespoir, il y atten- doit tranquillement la mort, lorsqu'il apprit que le gouverneur de ses enfans les avoit livrés aux Romains. L'incertitude de leur destinée réveilla en lui l'amour de la vie, & voulant partager leur infortune, il se rendit à Cnéius Octavius qui le remit au pouvoir de Paul Emilie. Ce consul, après l'avoir fait servir à son triomphe, le fit jetter dans une prison, où il mourut par le refus cons- tant de prendre des alimens. D'autres assurent qu'il fut indignement traité par les gardes de sa prison, qui l'éveilloient toutes les fois qu'il étoit provoqué par le sommeil. La Macédoine, après avoir été la dominatrice des nations, ne fut plus qu'une province Romaine. Cette monarchie subsista penpendant neuf cent vingt-trois ans, depuis Caranus jusqu'à *Persée* qui en fut le dernier roi. (*T-N.*)

PERTINAX (ELIUS ou HELVIUS), (*Hist. Rom.*) né dans un village de la Ligurie, succéda à l'empereur Commode en 193. Son père qui n'étoit qu'un affranchi, lui donna une belle éducation. L'ambition de Letus l'éleva au trône, moins par sentiment d'amitié & d'estime, que pour s'y frayer le chemin. *Pertinax* étoit vieux & d'une vertu trop rigide pour plaire long-temps à une milice effrénée qui faisoit & détruisoit ses maîtres. Ce fut par ce motif que Letus employa son crédit pour préparer son élévation. *Pertinax* refusa constamment cet honneur. Il fallut que les légions employassent les menaces, & le sénat les prières pour vaincre sa résistance. L'opiniâtreté de son refus lui fit donner le nom de *Pertinax*. Sa jeunesse avoit été consacrée à enseigner les belles-lettres dans le lieu de sa naissance : il passa de l'obscurité de l'école dans le tumulte du camp. Sa valeur & sa prudence lui méritèrent les premiers grades que sa modération sembloit dédaigner. On vit alors un sage présider au destin de l'empire : les délateurs furent bannis : les bouffons de Commode qui avoient scandalisé Rome par leurs obscénités, furent vendus à l'encan : sa table étoit si mal servie, qu'on craignoit d'y être admis : toutes les dépenses superflues furent retranchées. On crut voir revivre Trajan & les deux Antonins qu'il s'étoit proposé pour modèles. Il étoit si modeste, qu'il défendit de mettre son nom à l'entrée du domaine impérial, disant que ces lieux ne lui appartenoient pas, mais à l'empire. Tous les gens de bien se félicitoient de son gouvernement. Il n'y eut que les prétoriens qui parurent mécontens. Cette soldatesque effrénée insultoit impunément les premiers citoyens, il établit une discipline sévère pour la contenir. Cette réforme devint funeste à son auteur. Les prétoriens se révoltèrent, il osa se présenter à ces furieux qui, au lieu d'être sensibles à ses remontrances, le percèrent de plusieurs coups de poignard. Celui qui le frappa le premier, lui dit : voilà ce que les prétoriens t'envoient. Sa mort fut l'ouvrage de Letus qui l'avoit élevé à l'empire, mais ce meurtrier ambitieux n'en retira aucun fruit. Le pouvoir souverain fut déféré à Julien qu'on soupçonne d'avoir trempé dans la conjuration, ou du moins de l'avoir sue. La tête de *Pertinax* fut apportée du camp dans Rome, pour insulter aux habitans dont il avoit mérité l'amour ; tous s'écrièrent : tant que *Pertinax* a régné, nous avons vécu dans la sécurité, la foiblesse n'a point eu

à redouter l'oppression du plus fort. Pleurons ce père de la patrie, ce père du sénat & de tous les gens de bien. Il étoit âgé de 71 ans : il ne régna que trois mois. Il eut beaucoup de chagrins domestiques à essuyer. Sa femme Flavie, à qui le sénat avoit déféré le titre d'Auguste, brûla d'un amour adultère pour un musicien. Sans pudeur dans sa passion, elle ne prit pas même le soin de la voiler. *Pertinax*, n'ayant pu réprimer ce scandale, s'en vengea dans les bras d'une courtisanne, célèbre par ses prostitutions. Les feux dont il brûla pour elle, imprimèrent une tache à sa mémoire. (*T-N.*)

PERTUIS DE LA RIVIÈRE, (PIERRE DE) (*Hist. litt. mod.*) Gentilhomme & militaire, mort en 1668, au nombre des solitaires de Port-Royal. Il a traduit quelques ouvrages de Sainte-Thérèse.

PÉRUSSEAU, (SILVAIN) (*Hist. litt. mod.*) C'est le père *Pérusseau*, Jésuite, prédicateur & confesseur de Louis XV. Ses sermons, panégyriques, &c. sont imprimés. Mort en 1751.

PES

PESANT, (PIERRE LE) (*Hist. litt. mod.*) Sieur de Bois-Guillebert, nom sous lequel il est le plus connu, a traduit Herodien & Dion Cassius ; on a de lui une *vie de Marie Stuart* ; on connoît son *état de la France*. Il étoit lieutenant - général au bailliage de Rouen. Mort en 1714.

PESCAIRE, (FERDINAND-FRANÇOIS D'AVALOS, marquis de) (*Hist. d'Esp.*) Un des plus illustres généraux de Charles - Quint dans les guerres d'Italie, s'étoit distingué à vingt-trois ans à la bataille de Ravenne, en 1512, & y avoit été fait prisonnier ; il partagea depuis avec Prosper Colonne, l'honneur de la victoire de la Bicoque en 1522 ; il eut seul l'honneur d'avoir défait le chevalier Bayard à la Camisade de Rebec en 1523 ; mais son chef-d'œuvre fut la bataille de Pavie en 1525 ; elle suffit pour l'immortaliser, puisqu'au jugement même du roi vaincu, le principal honneur de cette fameuse journée est dû à *Pescaire*. Ce général aimoit l'éclat de la gloire & le fracas des batailles, mais il ne sacrifioit rien d'essentiel à ce goût dominant. Dans les rencontres, dans les siéges, dans les courses de partis, il étonnoit par une activité incroyable qui le rendoit présent par-tout, qui surprenoit presque toujours l'ennemi le plus vigilant, qui ne lui permettoit pas de se reconnoître pendant la chaleur de l'action.

L'entrevue de *Pescaire* avec François I, après la bataille de Pavie, a paru digne de remarque. Ce général, à peine guéri des blessures qu'il avoit reçues dans la bataille, s'empressa d'aller faire sa cour à ce roi chevalier, & au lieu que les autres officiers impériaux étaloient depuis la bataille une magnificence injurieuse aux François & due en partie à leurs dépouilles, *Pescaire* affecta de ne paroître devant le roi qu'avec un simple habit de drap noir, comme s'il eut voulu marquer par cette apparence de deuil, la part qu'il prenoit au malheur d'un si grand prince. Son compliment, assorti à cet extérieur & aux conjonctures, fut simple & respectueux; *Pescaire* avoit été le témoin de la valeur du roi, elle avoit fait naître en lui une tendre admiration, le roi l'embrassa plusieurs fois, le fit asseoir à côté de lui, le combla d'éloges, lui attribua, comme nous l'avons dit, tout l'honneur de la victoire, causa familièrement avec lui sur les circonstances de cette affaire, comme un grand homme s'entretient de son art avec un grand homme qu'il estime, & dont il n'est point jaloux. *Pescaire* termina la conversation par ces paroles:

« Je crois connoître la modération de l'empe- » reur; je suis sûr qu'il usera généreusement de » la victoire. Si pourtant il pouvoit oublier ce » qu'il doit à votre rang, à votre gloire, à vos » malheurs, je ne cesserois de le lui rappeller, » & je perdrois le peu de crédit que mes services » peuvent m'avoir acquis, ou vous seriez con- tent de sa conduite.

Le roi embrassa de nouveau *Pescaire*, & lui jura une amitié éternelle.

Lorsque le comte de Lannoi eut rendu à Charles-Quint le service de transporter le roi prisonnier à Madrid, en trompant Bourbon & *Pescaire*, qui s'étoient accoutumés à regarder le roi, moins comme le prisonnier de Charles - Quint que comme le leur, *Pescaire* furieux écrivit à l'empereur contre Lannoi, une lettre pleine d'emportement & de menaces, où il accumuloit les reproches de lâcheté, d'incapacité, de bassesse, de fourberie, reproches qu'il offroit de soutenir l'épée à la main; depuis ce temps il se plaignoit & s'irritoit de tout; ses murmures éclatèrent avec tant de violence & d'amertume, que les puissances d'Italie, qui, allarmées de la puissance de l'empereur, se liguoient alors contre lui avec la France & l'Angleterre, commencèrent à y faire une attention sérieuse, & à croire qu'elles pouvoient fonder sur le mécontentement de ce général les plus grandes espérances.

Jérôme Moron, chancelier de François Sforce, duc de Milan, (*Voyez* l'article MORON.) & qui avoit entraîné son maître dans la ligue, se chargea d'y attirer aussi *Pescaire*. *Pescaire*, pour prix de sa perfidie, devoit avoir le royaume de Naples, dont le pape lui auroit donné l'investiture. *Pescaire* parut approuver le projet, seulement il montroit des scrupules, il demandoit la permission de consulter sérieusement les plus fameux jurisconsultes de Rome & de Milan, pour savoir s'il pouvoit en conscience trahir son maître, égorger ses soldats, & lui enlever un royaume. Les plus fameux jurisconsultes de Rome & de Milan répondirent &

prouvèrent qu'il le pouvoit, qu'il le devoit même, parce que c'étoit pour obéir au pape, suzerain de Naples.

Les avis sont partagés sur la conduite que tint *Pescaire* dans cette affaire. Les uns disent que toujours fidèle sujet il ne feignit d'écouter les propositions de la ligue, qu'afin d'être mieux instruit de toutes les circonstances du projet, & de les révéler à son maître avec plus de connoissance; il est sûr du moins que *Pescaire* se justifia ainsi auprès de l'empereur, mais il n'est pas sûr qu'il lui ait dit la vérité; le plus grand nombre des auteurs soutient qu'il fut ébloui par l'offre d'une couronne, qu'il entra sincèrement dans les vues de la ligue, mais qu'ensuite doutant du succès, sachant qu'Antoine de Lève, (*Voyez* l'article LÈVE (de) & d'autres, avoient découvert le complot, & en avoient averti l'empereur, il crut devoir se faire un mérite de sa faute, en l'avouant & en déguisant son motif comme on vient de le dire.

Cette idée du double artifice de *Pescaire*, qui trahit d'abord l'empereur, & ensuite les alliés, semble établie aujourd'hui, & il faut convenir que le ressentiment dont *Pescaire* étoit alors animé, l'ambition dont il fut toujours dévoré, la duplicité de caractère qu'on lui a universellement reprochée, favorisent cette idée.

L'empereur parut croire *Pescaire* & lui savoir gré des intelligences perfides qu'il avoit entretenues avec la ligue; il lui ordonna de les continuer, afin de pénétrer de plus en plus au fond de ce mystère, & lui donna le commandement général de ses troupes en Italie; l'ambition de *Pescaire* ne fit peut-être alors que changer d'objet. En trahissant l'empereur, il eût pu se faire roi de Naples; en trahissant les alliés, il parut vouloir mériter l'investiture du Milanès. Il falloit en dépouiller Sforce, & c'est à quoi *Pescaire* travailla; la félonie de Sforce qui avoit traité avec les ennemis de l'empereur, fournit le prétexte; *Pescaire* retenu à Novare par une maladie, fait prier Moron de s'y rendre, pour mettre avec lui la dernière main au traité contre l'empereur. A cette proposition, Moron hésite, balance, craint de se perdre, s'il y va, craint d'aliéner *Pescaire*, s'il n'y va pas; son courage & son zèle pour les intérêts de son maître, l'emportent, il se rend à Novare. « Cette réso- » lution, dit Guichardin, me surprit d'autant plus » que Moron m'avoit assuré plusieurs fois, lorsque » nous faisions la guerre sous le Pontificat de » Léon X, que le marquis de *Pescaire* étoit l'homme » le plus méchant & le plus perfide qu'il connût » en Italie ».

Moron arrive à Novare; *Pescaire* le reçoit avec toutes les marques de la confiance & de l'amitié: Moron développe tous les ressorts de la ligue; *Pescaire* se prête à tout, on convient de massacrer tous les Espagnols fidèles à l'empereur, nommément Antoine de Lève qui, par la défection de *Pescaire*, alloit devenir leur chef. Cette conversation étoit entendue d'Antoine de Lève que le marquis de *Pescaire* avoit fait cacher derrière une tapisserie ; Moron, en sortant de la chambre de *Pescaire*, est arrêté & conduit au château de Pavie. *Pescaire*, de son complice, devenu son juge, alla l'interroger lui-même sur toutes les circonstances du complot ; Moron est forcé de tout avouer à un homme qui savoit tout de sa propre bouche, il chargea le duc de Milan de complicité, c'étoit cet aveu dont on avoit besoin. Aussi-tôt qu'on l'eut arraché, *Pescaire* parut aux portes de Milan, prêt à y forcer le duc, & le pressant avec toute la violence que lui inspiroient son ambition & le desir d'expier une perfidie dangereuse par une perfidie utile ; en vain Sforce demandoit justice à l'Empereur, secours & vengeance à ses alliés, tout l'abandonna, un événement imprévu le sauva, *Pescaire* mourut à trente-six ans, en 1525.

Ce jeune héros venoit de ternir sa réputation par l'affaire de Novare, & par la conduite au-moins équivoque, qu'il avoit tenue à l'égard de la ligue. Tant d'artifice étoit trop au-dessous d'un si grand homme ; on voyoit trop le principe intéressé de cette bassesse politique. Dans les autres occasions, *Pescaire* avoit toujours déployé une ame fière, faite pour le commandement, peu capable d'obéissance. Ami sincère du mérite, pourvu que la concurrence ne l'en rendît point jaloux, il l'honora dans Bayard, il l'admira dans François I, il le persécura dans Prosper Colonne, il l'insulta dans le connétable de Bourbon. Ses talens militaires, opposés en tout à ceux de Prosper-Colonne, mais éminens dans leur genre, s'étoient déja mûris par une étude assidue & par une prompte expérience. Haï des Italiens ses compatriotes (car la maison d'Avalos étoit originaire de Catalogne, mais les ancêtres de *Pescaire* s'étoient établis dans le royaume de Naples, sous Alphonse le Magnanime, au commencement du quinzième siècle) il étoit chéri des Espagnols. L'infanterie Espagnole, dont il étoit le capitaine-général, avoit pour lui une affection sans bornes.

Il laissa pour héritier de ses biens & de ses talens, Alphonse d'Avalos, marquis du Guast, son cousin, (*Voyez* GUAST) (du) auquel il recommanda en mourant ses soldats Espagnols, & Victoire Colonne, sa femme, (*Voyez* COLONNE) qu'il avoit tant aimée, à laquelle il avoit été si cher, & à laquelle il avoit dédié un livre de tendresse, pendant sa prison, après la bataille de Ravenne. Il semble que son attachement pour cette femme, auroit dû lui inspirer plus d'égards pour Prosper Colonne, dont elle étoit la nièce à la mode de Bretagne. L'empereur parut moins redoutable à toute l'europe, lorsqu'il eut perdu *Pescaire*.

PESER *les malades*, c'étoit anciennement en Angleterre une coutume de guérir les enfans malades, en les pesant au tombeau de quelque saint, en mettant, pour les contrebalancer, dans l'autre côté de la balance, de l'argent, du pain de froment ou quelqu'autre chose que les parens avoient la volonté de donner à Dieu, à ses saints ou à l'église.

Mais c'étoit toujours une somme d'argent qui devoit faire partie du contrepoids ; on venoit à bout de les guérir par ce moyen, *ad sepulchrum sancti nummo se ponderabat.*

Supposé que cette coutume fût reçue en Angleterre, elle approche de celle que la pieuse crédulité des fidèles a introduite dans différentes provinces de France, de vouer leurs enfans malades aux saints sur les tombeaux, ou sur leurs autels, de les y faire asseoir, de leur faire boire de l'eau des fontaines qui coulent près de leurs reliques ou des églises qui leur sont dédiées. (*A. R.*)

PESSELIER, (CHARLES ETIENNE) (*Hist. litt. mod.*) bel-esprit & citoyen estimable, auteur de trois comédies, de *la mascarade du Parnasse*, de *l'Ecole du temps*, d'*Esope au Parnasse*, & de quelques autres ouvrages qui annoncent plus d'esprit & de facilité que de véritable talent. Il y a dans ses comédies des morceaux agréables ; on a encore de M. *Pesselier* des fables & des lettres sur l'éducation, &c. Il avoit un emploi dans les fermes, & il a écrit sur les finances ; il étoit de plusieurs académies, tant nationales qu'étrangères. Né à Paris en 1711, mort en 1763.

PESTE, s. f. (*Hist. anc. & mod.*)

Voilà ce mal qui répand la terreur,
Mal que le ciel en sa fureur
Inventa pour punir les crimes de la terre.

Je ne peindrai pas les rigueurs de ces climats, où cette cruelle fille de la déesse Némésis descend sur les villes infortunées. Cette grande destructrice est née des bois empoisonnés de l'Ethiopie, des matières impures du grand Caire, & des champs empuantis par des armées de sauterelles, entassées & putréfiées en nombre innombrable. Les animaux échappent à sa terrible rage, tandis que l'homme seul lui sert de proie. Elle attire un nuage de mort sur sa coupable demeure, que des vents tempérés & bienfaisans ont abandonnée. Tout alors n'est que désastre. La sagesse majestueuse détourne son œil vigilant ; l'épée & la balance tombent des mains de la justice sans fonctions ; le commerce ne porte plus ses secours utiles ; l'herbe croît dans les rues dépeuplées ; les demeures des hommes se changent en des lieux pires que les déserts sauvages ; personne ne se montre, si ce n'est quelque malheureux frappé de phrénésie qui brise ses liens & qui s'échappe de la maison fatale, séjour funeste de l'horreur. La porte qui n'est pas encore infectée, n'ose tourner sur ses gonds, elle craint la société ; les

les amis, les parens, les enfans mêmes de la maison. L'amour éteint par le malheur, oublie le tendre lien & le doux engagement du cœur sensible; le firmament & l'air qui animent tout, sont infectés des traits de la mort; chacun en est frappé à son tour, sans recevoir ni soins ni derniers adieux, & sans que personne ordonne son triste cercueil: ainsi le noir désespoir étend son aile funèbre sur les villes terrassées, tandis que pour achever la scène de désolation, les gardes inexorables dispersés tout autour, refusent toute retraite, & donnent une mort plus douce au malheureux qui la fuit.

Les annales de l'histoire font mention de deux pestes à jamais mémorables, & qui ravagèrent le monde; l'une 431 ans avant Jésus-Christ, & l'autre dans le quatorzième siècle de l'ère chrétienne. Thucydide, Diodore de Sicile & Plutarque, vous instruiront fort au long de la première qui parcourut une vaste étendue de pays, & dépeupla la Grece sur son passage, sous le règne d'Artaxerxès Longue-main; cette peste commença en Ethiopie, d'où elle descendit en Lybie, en Egypte, en Judée, en Phénicie, en Syrie, dans tout l'empire de Perse, & fondit ensuite dans l'Attique, & particulièrement sur Athènes. Thucydide qui en fut attaqué lui-même, en a décrit expressément les circonstances & les symptômes, afin, dit-il, qu'une relation exacte de cette affreuse maladie puisse servir d'instruction à la postérité, si un pareil malheur arrivoit une seconde fois.

« Premièrement, dit cet historien (liv. II de la guerre du Péloponèse), cette année fut exempte de toute autre maladie, & lorsqu'il en arrivoit quelqu'une, elle dégénéroit en celle-ci; à ceux qui se portoient bien, elle prenoit subitement par un grand mal de tête, avec des yeux rouges & enflammés, la langue & le gosier sanglans, une haleine infecte, une respiration difficile, suivie d'éternuemens & d'une voix rauque. De-là descendant dans la poitrine, elle excitoit une toux violente: quand elle attaquoit l'estomac, elle le faisoit soulever, & causoit des vomissemens de toute sorte de bile avec beaucoup de fatigue. La plupart des malades avoient un paroxysme suivi de convulsions qui s'appaisoient aux uns pendant la maladie, aux autres long-temps après. Le corps rougeâtre & livide étoit couvert de pustules, & ne paroissoit pas fort chaud au toucher, mais brûloit tellement au dedans, qu'on ne pouvoit souffrir aucune couverture, si bien qu'il falloit demeurer nud. On prenoit un plaisir infini à se plonger dans l'eau froide, & plusieurs qu'on n'avoit pas eu soin de garder, se précipitèrent dans des puits, pressés d'une soif qu'on ne pouvoit éteindre, soit qu'on bût peu ou beaucoup.

» Ces symptômes étoient suivis de veilles & d'agitations continuelles, sans que le corps

Histoire. Tome IV.

s'affoiblît, tant que la maladie étoit dans sa force; la plupart mouroient au septième & au neuvième jour de l'ardeur qui les brûloit, sans que leurs forces fussent beaucoup diminuées. Si l'on passoit ce terme, la maladie descendoit dans le bas-ventre, & ulcérant les intestins, causoit une diarrhée immodérée qui faisoit mourir les malades d'épuisement; car la maladie attaquoit successivement toutes les parties du corps, commençant par la tête, & se portant, si on échappoit aux extrémités. Le mal se jettoit tantôt sur les bourses, tantôt sur les doigts des pieds & des mains; plusieurs n'en guérirent qu'en perdant l'usage de ces parties, & quelques-uns même celui de la vue: quelquefois revenant en santé, on perdoit la mémoire jusqu'à se méconnoître soi-même & ses amis.

» La maladie donc, ajoute-t-il peu après, laissant à part beaucoup d'accidens extraordinaires, différens dans les différens sujets; étoit en général accompagnée des symptômes dont nous venons de faire l'histoire. Quelques-uns périrent faute de secours, & d'autres quoiqu'on en eût beaucoup de soin; on ne trouva point de remède qui pût les soulager, car ce qui faisoit du bien aux uns nuisoit aux autres; enfin la contagion gagnoit ceux qui assistoient les malades, & c'est ce qui produisit le plus grand désastre ».

Hippocrate qui s'y dévoua noblement, a laissé de son côté une courte description de cette peste en médecin, & Lucrèce en grand poëte. Artaxerxès avoit invité Hippocrate de venir dans ses états, traiter ceux qui étoient attaqués de cette cruelle maladie. Ce prince y joignit les offres les plus avantageuses, ne mettant du côté de l'intérêt aucune borne à ses récompenses, & du côté de l'honneur promettant de l'égaler à ce qu'il y avoit de personnes le plus considérables à sa cour; mais tout l'éclat de l'or & des dignités ne fit pas la moindre impression sur l'ame d'Hippocrate. Sa réponse fut qu'il étoit sans besoins & sans désirs, qu'il devoit ses soins à ses concitoyens, & qu'il ne devoit rien aux barbares, ennemis déclarés des Grecs.

En effet, dès qu'il fut mandé à Athènes, il s'y rendit, & ne sortit point de la ville que la peste ne fût cessée. Il se consacra tout entier au service des malades, & pour se multiplier en quelque sorte, il envoya plusieurs de ses élèves dans tout le pays, après les avoir instruits de la manière dont ils devoient traiter les pestiférés. Un zèle si généreux pénétra les Athéniens de la reconnoissance la plus vive. Ils ordonnèrent par un décret public, qu'Hippocrate seroit initié aux grands mystères, de la même manière que l'avoit été Hercule, le fils de Jupiter; qu'on lui donneroit une couronne d'or de la valeur de mille statères, & que le décret qui la lui ac-

H h

cordoit, seroit lu à haute voix par un héraut dans les jeux publics, à la grande fête des Panathénées ; qu'il auroit en outre le droit de bourgeoisie, & seroit nourri dans le Prytanée pendant toute sa vie, s'il le vouloit, aux dépens de l'état ; enfin que les enfans de ceux de Cos, dont la ville avoit porté un si grand homme, pourroient être nourris & élevés à Athènes comme s'ils y étoient nés.

Il ne manqua à la gloire d'Hippocrate que d'avoir eu la satisfaction de compter Périclès parmi les malades auxquels il sauva la vie. Ce grand capitaine, le premier homme de l'état, dont la sagesse & l'habileté avoient soutenu le poids des affaires de la république pendant quarante ans, après avoir perdu tous ses parens de la peste, en mourut lui-même entre les bras d'Hippocrate, & malgré tous les secours de son art.

Mais quelque cruelle qu'ait été la peste dont nous venons de parler, elle le fut encore moins par sa violence & par son étendue, que celle qui ravagea le monde vers l'an 1346 de J. C. La description qu'en font les historiens contemporains, au défaut d'observateurs médecins qui nous manquent ici, ne se peut lire sans frémir. La contagion fut générale dans toute notre hémisphère. Elle commença au royaume de Cathay, partie septentrionale de la Chine, par une vapeur de feu, dit-on, horriblement puante, qui infecta l'air, & consuma avec une promptitude incroyable deux-cents lieues de pays ; elle parcourut le reste de l'Asie, passa en Grece, de-là en Afrique, & finalement en Europe, qu'elle saccagea jusqu'à l'extrémité du nord. Ici elle emporta la vingtième, là elle détruisit la cinquième partie des habitans ; ailleurs ce sur la huitième partie, comme en France ; ailleurs même comme en Angleterre, le tiers ou le quart des habitans ; j'en parle ainsi d'après le témoignage des écrivains des deux nations.

La derniere peste qu'on ait vue en Europe, est celle de Marseille en 1720 & 1721. Elle enleva dans cette seule ville environ cinquante mille personnes ; la mémoire en est encore récente.

Toutes nos connoissances sur cette horrible maladie se bornent à savoir qu'elle se répand par contagion ; qu'elle est la plus aigue des maladies inflammatoires ; qu'elle est accompagnée de symptomes très-différens & très-variés ; qu'elle se termine par des tumeurs vers les parties glanduleuses qui dégénèrent en abscès ; que cette crise est d'autant plus salutaire qu'elle est prompte ; que ce mal à les temps de décroissement & de diminution, & qu'alors les secours de l'art sont d'une grande utilité ; que la contagion s'adoucit & se détruit par de grands froids ; qu'en conséquence elle est plus rare & fait moins de ravages dans les pays septentrionaux que dans les pays méridionaux ; qu'elle marche quelquefois seule, mais qu'elle a plus communément pour compagnes deux autres fléaux non moins redoutables,

le guerre & la famine, & dans ce cas si elle n'attaque pas les hommes, les bestiaux en sont la victime : voilà les faits dont l'histoire ne fournit que trop de tristes monumens.

Il semble que le meilleur moyen de se garantir de la peste, seroit de fuir de bonne heure les lieux où elle règne. Si cela n'est pas possible, il faut tâcher de se séquestrer dans un domicile convenable bien aéré, y éviter, autant qu'on peut, toute communication au dehors ; vivre sans frayeur, user d'acides, en particulier de citrons, se gargariser de vinaigre, s'en laver le corps, les hardes, &c. purifier l'air des appartemens par la vapeur du bois & des baies de genièvre, user d'alimens opposés à la pourriture, & pour boisson, de vins blancs acidules par préférence aux autres.

Ce ne sont pas les livres qui manquent sur la peste ; le nombre en est si considérable, que la collection des auteurs qui en ont fait des traités exprès, formeroit une petite bibliothèque. La seule peste de Marseille a produit plus de deux cent volumes qui sont déjà tombés dans l'oubli ; en un mot de tant d'ouvrages sur cette horrible maladie, à peine en peut-on compter une douzaine qui méritent d'être recherchés.

Celui de Mindererus, de pestilentiâ, Aug. Vindel. 1608 in-8°. n'est pas méprisable. Il faut lui joindre Méad. (Richard) a short discourse concerning pestilential contagion, Lond. 1720. in-8°. Hodge, de peste. Muratori (Ludov. Anton.) del governo medico e politico delle peste, in Brescia 1721, in-8°. & le traité suivant qui est fort rare. Vander Mye, de morbis & symptomatibus popularibus Bredanis, tempore obsidionis hujus urbis grassantibus Antverp. 1627, in-4°. mais j'oubliois que je ne me suis proposé dans cet article que de traiter de la peste en historien ; voyez PESTE, Médec. (Le chevalier DE JAUCOURT.)

PET

PETAU, (Denys) (Hist. litt. mod.) Petavius, c'est le fameux P. Petau, Jésuite, si connu par ses travaux sur la chronologie ; de doctrinâ temporum ; uranologia ; Rationarium temporum ; sur la théologie, dogmata theologica, ouvrage très-orthodoxe, que les Protestans même ont fait imprimer pour leur usage ; on croit que si le P. Petau n'eût pas été Jésuite, il auroit été Augustinien, c'est-à-dire Janséniste ; on dit qu'ayant exposé & expliqué la doctrine de Saint-Augustin, d'une manière dont les Jansénistes tiroient quelque avantage, il fut forcé par ses confrères à chanter la palinodie le plus décemment qu'il lui fut possible, & que quelques-uns de ses amis lui reprochant cette variation, il leur répondit en confidence je suis trop vieux pour déménager, tant il étoit nécessaire d'opter entre les Jésuites & la vérité. Il y a encore du P. Petau un savant ouvrage *de ecclesiasticâ Hierarchiâ* ; enfin ce savant chronologiste, ce théologien profond étoit. encore ce que n'a été aucun autre chronologiste, aucun autre théologien, un bon poëte, mais c'étoit sans déroger à la science, c'étoit poëte grec qu'il étoit, & quelquefois par accommodement poëte latin ; les savans font cas de sa traduction des pseaumes en vers grecs ; on ne leur reproche que d'être hexamètres & pentamètres, forme moins propre que celle des vers lyriques au genre particulier de la poésie des pseaumes ; mais ces vers qui auroient été pour tout autre un grand & difficile travail, n'étoient qu'un délassement pour le P. *Pétau* ; il n'y consacroit que le temps de sa récréation, de ses promenades, ou de ses allées & venues sur l'escalier & dans les dortoirs de son couvent, en se rendant au chœur ou au réfectoire. On lui doit encore de savantes éditions de *Synesius*, de *Thémistius*, de *Nicephore* ; de *S. Epiphane*, de l'empereur *Julien*, &c. M. Moreau de Mautour, de l'académie des belles-lettres, & l'abbé du Pinont traduit son *Rationarium temporum*. Lorsqu'il voulut écrire sur la chronologie, il crut avoir besoin d'apprendre l'astronomie, parce qu'il y étoit un peu moins versé que dans toutes les autres sciences ; il fit venir un maître : quand celui-ci vit quel disciple il s'étoit chargé d'instruire, il crut qu'on avoit voulu lui tendre un piége en le commettant avec un homme plus instruit que lui, & il ne voulut point revenir. On peut voir dans le trente-septième volume des mémoires du P. Niceron, l'éloge que le P. *Oudin*, Jésuite, a fait du P. *Pétau*. Le P. *Pétau* ne haïssoit pas les combats littéraires ; il écrivit sur la chronologie, principalement dans l'intention de relever les erreurs qu'il croyoit trouver dans Scaliger ; il fit plusieurs écrits plus que polémiques, plus même que satyriques, contre Saumaise, qui les lui rendit bien. Le P. *Pétau* étoit né à Orléans en 1583 ; il étoit entré chez les Jésuites en 1605. Il mourut au collège de Clermont en 1652.

Nous ignorons s'il étoit parent d'un autre savant du même nom, Paul *Pétau*, reçu conseiller au parlement de Paris en 1588, mort en 1614. Il s'occupoit beaucoup d'antiquités ; on a de lui un ouvrage intitulé : *Antiquariæ supellectilis portiuncula* ; on mit ces vers autour de son portrait :

Tot nova cum quærant, non nisi prisca peto.

PETERS, (*Hist. d'Anglet.*) Le P. *Péters*, Jésuite, confesseur du roi d'Angleterre Jacques II, contribua beaucoup par ses conseils violens & par son zèle indiscret à faire chasser ce prince du trône.

PETERSBOROUGH ou PETERBOROUGH, (CHARLES MORDAUNT, comte de) (*Hist. d'Ang.*) d'une famille illustre d'Angleterre, chevalier de l'ordre de la Jarretière, homme de guerre, homme d'état. Il commanda en 1705 en Espagne, les troupes

que la reine. Anne envoyoit au secours de l'archiduc Charles ; il prit Barcelone, défendue par une garnison presque nombreuse que non armée ; l'année suivante, il fit lever le siège de cette même place au maréchal de Tessé. S'étant brouillé avec les autres généraux des alliés, il fut rappellé sur les plaintes de l'archiduc lui-même ; il fut depuis envoyé en ambassade dans un grand nombre de cours ; c'est de lui que M. de Voltaire dit qu'il étoit si connu dans toutes les cours de l'europe, & qu'il se vantoit d'être l'homme de l'univers, qui avoit vu le plus de postillons & le plus de rois. Il étoit en 1711 à l'Assemblée de Francfort, où l'empereur Charles VI fut élu. Il mourut à Lisbonne le 5 novembre 1736.

» Il avoit un cousin germain, Philippe Mordaunt,
» jeune homme de vingt-sept-ans, dit M. de Vol-
» taire, beau, bien fait, riche, né d'un sang illustre,
» pouvant prétendre à tout, & ce qui vaut encore
» mieux, passionnément aimé de sa maîtresse. Il
» prit à ce Mordaunt un dégoût de la vie : il paya
» ses dettes, écrivit à ses amis pour leur dire
» adieu, & même fit des vers, dont voici les
» derniers traduits en François :

L'opium peut aider le sage,
Mais, selon mon opinion,
Il lui faut au lieu d'*opion*
Un pistolet & du courage.

» Il se conduisit selon ses principes, & se dépêcha
» d'un coup de pistolet, sans en avoir donné
» d'autre raison, sinon que son ame étoit lasse
» de son corps, & que quand on est mécontent
» de sa maison, il faut en sortir. Il sembloit qu'il
» eût voulu mourir, parce qu'il étoit dégoûté de
» son bonheur.

PETIS & PETIT, nom que divers personnages ont rendu célèbre.

PETIS DE LA CROIX, (*Voyez* CROIX) (DE LA).

PETIT, (FRANÇOIS) médecin célèbre, né à Paris en 1664, reçu à l'académie des sciences en 1722, inventeur d'un Ophtalmomètre, c'est-à-dire d'un instrument destiné à mesurer toutes les parties de l'œil ; il s'étoit principalement attaché à la connoissance des yeux. On n'a de lui que des brochures, elles roulent presque toutes sur ce même sujet ; mort en 1741. Son vrai nom étoit *Pourfour*, mais il est plus connu sous le nom de *Petit*.

PETIT, (JEAN.) (*Hist. de Fr.*) Le Cordelier Jean *Petit*. (*Voyez* l'article GERSON) apologiste infâme de l'assassinat commis dans la personne du duc d'Orléans, frère de Charles VI, par le duc de Bourgogne Jean, son cousin germain, Jean *Petit* déclara qu'il s'étoit chargé de la défense du duc de Bourgogne, y étant obligé par serment depuis trois ans, & parce qu'étant petitement bénéficié, le prince lui avoit donné bonne & grosse pension, dont il avoit trouvé des dépens & trouveroit encore, s'il lui plaisoit de sa grace. « Raison certes » très-digne d'un cafard, dit Pasquier. Il prouva la nécessité, la légitimité du meurtre dans de certains cas ; il la prouva par l'histoire, par l'écriture sainte, & par douze raisons en l'honneur des douze apôtres. Il conclut que le roi devoit avoir le duc de Bourgogne & son fait pour agréables, & avec ce, le devoit guerdonner & rémunérer en trois choses, en amour, en honneurs & en richesses, à l'exemple des rémunérations qui furent faites à monseigneur Saint-Michel l'Archange, pour avoir tué le diable, & au vaillant homme Phinées, qui tua Zambri. Ce fut le 8 mars 1408, que cette indigne cause fut si indignement plaidée. Jean Petit mourut en 1411 à Hesdin, dans les états de son protecteur & de son protégé.

PETIT, (SAMUEL) (*Hist. litt. mod.*) savant Protestant, professeur en théologie à Genève, connu principalement par ses *Variæ Lectiones* & ses *Leges Atticæ* ; on a aussi de lui *Eclogæ chronologicæ* & *miscellanea* ; né à Nimes en 1794, fils d'un ministre, il fut fait ministre lui-même à dix-sept ans. Mort en 1643.

PETIT, (PIERRE) (*Hist. litt. mod.*) mathématicien & physicien, ami de Descartes, & le premier qui ait fait en France les expériences sur le vuide, après la découverte de Toricelli. Il devint géographe du roi & intendant des fortifications de France. Il a écrit sur le vuide, sur les éclipses, sur les comètes, sur la nature du chaud & du froid, sur le compas de proportion, sur la pesanteur & la grandeur des métaux, sur l'artillerie ; on a aussi de lui un traité des remedes qu'on peut apporter aux inondations de la rivière de Seine dans Paris, & un traité de la jonction de l'océan & de la méditerranée, par les rivières d'Aude & de la Garonne. Né en 1598 à Montluçon ; mort en 1677 à Ligny-sur-Marne.

PETIT, (PIERRE) (*Hist. litt. mod.*) médecin & poëte, sur-tout poëte latin ; il est un des sept poëtes qui formoient ce qu'on appella *la Pléiade latine de Paris* ; il eût mieux valu être de la Pléiade Françoise ; il est bon de n'être pas toujours de son siècle, mais il faut être de son pays, il faut écrire dans sa langue & y écrire bien, on a plus de juges, & cependant on est mieux jugé. On distingue, ou plutôt on distinguoit parmi les poésies latines de *Petit*, le poëme de Codrus & la *Cynomagie ou le mariage du philosophe Cratès avec Hipparchie*, (*Voyez* l'article CRATÈS.) On ne distingue point ses poésies françoises, elles sont toutes mauvaises ; comme médecin il a traité du mouvement des animaux, des larmes, de la lu-

mière ; il est auteur de l'*Homeri Nepentes*, seu de *Helenæ medicamento luctum animique omnem ægritudinem abolente*, & d'un commentaire sur les trois premiers livres d'Arétée de Cappadoce, médecin grec du premier ou du second siècle, dont Boërhave a donné une édition grecque & latine avec de savantes notes ; comme littérateur & savant, on a de *Petit* un traité des Amazones, un traité de la Sybille, &c. mort en 1687, à Paris sa patrie ; il étoit de l'académie de Padoue.

PETIT, (JEAN-LOUIS) (*Hist. litt. mod.*) chirurgien célèbre, élève en anatomie, de M. Littre, dont M. de Fontenelle a fait l'éloge ; en chirurgie, de messieurs Castel & Maréchal. Sa réputation s'étendit dans les pays étrangers ; il fut appelé en 1726 par le roi de Pologne Auguste I; en 1734 par dom Ferdinand, prince des Asturies, depuis roi d'Espagne ; il vit ces princes & il les guérit, mais sans vouloir se fixer chez eux malgré toutes leurs instances. Il étoit honoré dans sa patrie, il avoit été reçu à l'académie des sciences en 1715. Il fut directeur de l'académie de chirurgie. On a de lui une chirurgie publiée en 1774, par M. Lesne, 3 vol. in-8°, un traité fort estimé sur les maladies des os ; des consultations sur les maladies vénériennes, des dissertations insérées dans les mémoires de l'académie des sciences & de l'académie de chirurgie. Il étoit né à Paris en 1674 ; il mourut aussi à Paris en 1750. Il avoit inventé des instrumens pour la perfection de la chirurgie ; il étoit si passionné pour la gloire de cet art qu'on lui rend le témoignage qu'une bévue en chirurgie l'irritoit plus qu'une insulte personnelle.

PETIT DIDIER (DOM MATTHIEU) (*Hist. litt. mod.*) Bénédictin de la congrégation de Saint-Vannes, abbé de Senones, comme le fut depuis le savant dom Calmet, mourut dans cette abbaye en 1728. Il fut fait évêque de Macra le pape Benoît XIII qui l'aimoit, voulut le sacrer lui-même, & lui fit présent d'une mitre précieuse ; pour lui en témoigner sa reconnoissance, dom *Petit Didier* fit un traité de *l'infaillibilité du pape*, dont tous ses confrères ne l'auroient pas avoué ; il avoit cependant fait l'apologie de Paschal & des lettres provinciales, ce qui peut prouver qu'il haïssoit plus les Jésuites, qu'il n'aimoit les libertés & la doctrine de l'église gallicane ; il écrivit aussi contre la bibliothèque ecclésiastique de l'abbé Dupin. Il étoit né à Saint-Nicolas en Lorraine, en 1659, fut abbé de Senones en 1715, évêque de Macra en 1726.

PETIT-PIED, (NICOLAS) (*Hist. litt. mod.*) oncle & neveu, tous deux du même nom de baptême comme de famille, tous deux docteurs de la maison & société de Sorbonne, tous deux célèbres, le neveu plus que l'oncle, mais le neveu par les querelles de jansénisme, principe de célébrité toujours un peu suspect ; l'oncle par un livre plus utile, du moins plus d'usage : *Traité du droit & des prérogatives des ecclésiastiques dans l'administration de la justice séculière.*

M. *Petit-Pied* l'oncle, avoit été curé de Saint-Martial à Paris, cure réunie depuis à celle de Saint-Pierre-des-Arcis ; il étoit chanoine & sous-chantre de l'église de Paris à sa mort arrivée en 1705. En même temps qu'il étoit ecclésiastique, il étoit conseiller au châtelet, & devint l'ancien en 1678. Il prétendit, à ce titre, présider en l'absence des lieutenans ; on prétendit que les clercs n'avoient pas le droit de décaniser ni de présider, & un arrêt définitif du 17 mars, 1782, décida en faveur des conseillers-clercs. Ce fut à cette occasion que M. *Petit-Pied* composa son ouvrage. Il fut jugé de même pour le conseil du roi entre un archevêque de Reims, conseiller d'état d'église, & l'ancien des conseillers d'état laïcs, qu'un conseiller d'état ecclésiastique pouvoit être doyen du conseil. En effet, on ne voit pas pourquoi l'état qui semble supposer le plus d'instruction, priveroit des prérogatives qu'on n'accorde à l'âge ou au long exercice des mêmes fonctions que parce-qu'ils sont naturellement supposer plus d'instruction.

M. *Petit-Pied* le neveu, signa en 1703, avec trente-neuf autres docteurs ; ce qu'on appella pour lors le *fameux cas de conscience*, & qu'on appelle encore quelquefois de même aujourd'hui, quoiqu'on ne sache plus trop de quoi il s'agissoit ; (on sait seulement qu'il étoit question de jansénisme & de formulaire) & qu'il soit très-inutile de le savoir ; mais ce qu'il est toujours utile de se rappeller pour ne plus retomber dans ce ridicule, c'est que pour le crime énorme d'avoir examiné ce *fameux* cas de conscience ignoré, il fut privé d'une chaire qu'il occupoit en Sorbonne. La peine eût été trop légère, on l'exila dans la ville de Beaune, séjour auquel il préféra une expatriation entière avec un ami ; cet ami étoit le P. Quesnel, il le suivit en Hollande. Un bien que, parmi tant de maux, produit l'esprit de parti dans les sectes persécutées, est de rendre l'amitié plus vive, plus tendre & plus courageuse, & de la consacrer par la religion & par la communauté des souffrances. M. *Petit-Pied* ne revint qu'en 1718, croyant & devant croire les temps de la persécution cessés, mais la persécution est de tous les temps ; la Sorbonne qui avoit autrefois exclu M. *Petit-Pied*, toujours pour le fameux cas, peine insultante quand elle est méritée, le rétablit en 1719 dans tous les honneurs du doctorat ; mais l'abbé Dubois qui avoit d'autres intérêts, fit casser au nom du roi par M. le régent, tout ce que la Sorbonne venoit de faire en faveur de M. *Petit-Pied*. M. le régent avoit plus de lumières qu'il n'en falloit pour ne pas faire aux jansénistes l'injuste honneur de les persécuter, mais l'abbé Dubois vouloit être cardinal. Heureusement l'évêque de Bayeux, de la maison de Lorraine,

étoit janséniste, il donna sa confiance à M. *Petit-Pied* ; mais ce prélat mourut en 1728, & M. *Petit-Pied* retourna en Hollande. Il revint en 1734, & mourut à Paris en 1747, ayant fait une multitude d'ouvrages polémiques, qu'il seroit hors de propos de faire connoître ici, puisqu'on ne les lit plus & qu'on auroit tort de les lire ; observons seulement que si M. *Petit-Pied*, un des meilleurs écrivains du Jansénisme, n'a pas été assez éclairé pour choisir des sujets plus utiles, il l'a été assez pour condamner la folie des convulsions ; il a écrit aussi sur l'usure, matière qui a besoin encore d'être éclaircie, & qui offre d'un côté des préjugés à combattre, de l'autre, de grands abus à prévenir. M. *Petit-Pied* étoit né à Paris en 1665.

PÉTRARQUE, (FRANÇOIS) (*Hist. litt. mod.*) si célèbre par son amour pour Laure & par ses *Canzoni* qui ont tant contribué à former la langue italienne, naquit le 20 juillet 1304, dans Arezzo, ville de Toscane ; sa famille étoit originaire de Florence ; son père, son ayeul, son bisayeul y étoient notaires. Ce dernier étoit mort âgé de 104 ans, en prononçant les paroles du Psalmiste : *in pace in idipsum dormiam & requiescam.* Au milieu des troubles qu'excitoient à Florence les factions des blancs & des noirs, le père de *Pétrarque* qui étoit de la faction des blancs, fut chassé de Florence le 4 avril 1302, ainsi que le fameux Dante Alighiéri. *Pétrarque* n'avoit que sept mois, lorsqu'il pensa être noyé dans l'Arno ; le cheval de l'homme qui le portoit s'étant abattu sur le bord de cette rivière ; il avoit sept ou huit ans, lorsqu'il pensa être noyé avec toute sa famille sur la côte de Marseille ; où elle fit naufrage en passant d'Italie dans le Comtat d'Avignon en 1312 ou 1313. Il fit ses études à Carpentras, sous un excellent maître, Toscan comme lui, Nicolas de Prato, qui l'aima comme son fils, qui ne parlot qu'avec attendrissement de son disciple chéri, & avec lequel dans la suite *Pétrarque* partagea sa fortune. *Pétrarque* sortant à peine de l'enfance, fut mené à la fontaine de Vaucluse ; il en sentit vivement les charmes, & sembla s'y attacher par un pressentiment secret. « Si jamais je suis le maître de mon sort, dit-il, » je préférerai cette retraite aux plus belles villes » de l'univers ». On l'envoya étudier en droit à Montpellier, puis à Bologne ; mais un attrait invincible l'entraîna vers les lettres. Bientôt l'amitié, mais sur-tout l'amour fixèrent sa destinée. Il étoit devenu libre ; à dix-neuf ou vingt ans il avoit perdu sa mère ; à environ vingt-&-un ans, son père. Son ami, le plus cher & le plus tendre, fut un seigneur de la maison Colonne, dont il avoit fait la connoissance à Bologne, & qui fut dans la suite évêque de Lombez. Sa maîtresse fut la fameuse Laure, dont il ne dit nulle part dans ses œuvres le nom de famille, mais qu'on croit avoir été de la maison de Sade. Ce fut le 6 avril 1327, qu'il la vit pour la première fois à la campagne, & qu'il conçut pour elle une de ces passions soudaines dont on ne voit guères d'exemples que dans les romans; il lui dut ses vertus & sa gloire; elle ne cessa de l'inspirer & de l'exciter aux grandes choses. Cette passion fut la grande affaire de sa vie; il l'aima trente ans; dont dix furent donnés aux regrets & au culte de sa mémoire, car elle n'étoit plus. Ses Canzoni ne respirent que Laure; tous ses ouvrages, tant italiens que latins, ne parlent que d'elle; il reconnoît lui devoir tout & n'être rien que par elle. *Unum hoc non sileo, quòd me quantulumcumque conspicis, per illam esse, nec unquam ad hoc si quid est nominis aut gloriæ, suisse venturum, nisi virtutum tenuissimam sementem, quam pectore in hoc natura locaverat, nobilissimis his affectibus coluisset. Illa juvenilem animum ab omni turpitudine revocavit, uncoque, ut aiunt, retraxit atque alta compulit spectare.* Il rend aussi hautement témoignage aux vertus de Laure; parlons plus clairement, à sa vertu & au respect qu'il eut toujours pour elle; ainsi ce fut la passion la plus pure, & voilà pourquoi elle fut si durable. Quoique dans le fond de son cœur elle partageât sa passion, *Pétrarque* se plaint de ce qu'elle s'armoit souvent contre lui d'un œil trop fier, d'un front trop redoutable; il lui reproche à cet égard un peu d'ingratitude; un peu de hauteur & d'inégalité. *Cogita quot blanditias in votum effuderis! quot lamenta, quot lacrymas! cogita illius inter hæc altum sæpe ingratumque supercilium, & si quid humanius, quàm id breve, auráque mobilius.* Peut-être la vertu de Laure avoit-elle besoin de toutes ces ressources, pour se défendre contre une passion si constante & si flatteuse à tous égards. Mais on voit que madame Deshoulières en dit trop, lorsque dans la description de la Fontaine de Vaucluse, elle s'exprime ainsi:

> Je ne vous ferai voir dans ces aimables lieux
> 　　Que Laure tendrement aimée,
> 　　Et *Pétrarque* victorieux......
> Le temps qui détruit tout, respecte leurs *plaisirs*:

Lorsqu'elle dit que *Pétrarque*

> 　　Exprima si bien son ardeur,
> 　　Que Laure malgré sa rigueur,
> 　　L'écouta, plaignit sa langueur,
> 　　Et fit peut-être plus encore.

Quand elle parle

> De cet antre où l'amour tant de fois fut *vainqueur*;

& qui élève dans l'ame un trouble dangereux & alarmant pour la pudeur, comme si elle parloit de la grotte où Enée fut vainqueur de Didon.

Laure demeuroit près des rives de la Sorgue & de la Fontaine de Vaucluse; *Pétrarque* habitoit Avignon, & partageoit toute sa vie entre elle & des études qui étoient un moyen de plus de lui plaire. Un historien de Provence, Nostradamus, a cru que Laure avoit dû, comme Héloïse, briller par les talens de l'esprit qui distinguoient son amant, & qu'ayant inspiré un poëte, elle avoit dû être poëte elle-même; en conséquence, il lui donne une place distinguée parmi les poëtes qui ont écrit en langue provençale; mais comment son amant nous auroit-il laissé ignorer cette heureuse conformité qui se seroit trouvée entre lui & celle qu'il aimoit? *Pétrarque* voyagea, parce que c'étoit encore un moyen d'acquérir des connoissances & de fortifier ses talens; il vit Rome, il vit Paris & les Pays-Bas & une partie de l'Allemagne. L'évêque de Lombez, Colonne, qui n'avoit pas dédaigné d'être le confident de son amour pour Laure, ayant peine à concilier cette longue absence avec tant d'amour, lui en fait la guerre, & jouant sur les mots de *Laura* & *Laurea*, lui dit que ce n'est pas de Laure qu'il est amoureux, mais du laurier poëtique. *Pétrarque* répond très-sérieusement à cette plaisanterie; il atteste l'évêque lui-même & la connoissance personnelle qu'il a de la sincérité, de la violence de sa passion & de ce qu'elle lui a fait souffrir d'inquiétudes & de tourmens. Dans la suite, comme pour se dédommager de cette longue absence, il fixa son séjour, non plus dans Avignon, mais à Vaucluse même; il y transporta ses livres, & ce fut dans cette retraite, où il passa dix années à différentes fois, qu'il composa la plupart de ses ouvrages. Cependant sa réputation augmentoit tous les jours, & du fond de cette retraite amoureuse & littéraire, il commençoit à remplir l'univers du bruit de son nom. Il reçut en un même jour des lettres du sénat de Rome & du chancelier de l'université de Paris, Robert de Bardis, Florentin, qui l'invitoient à venir recevoir la couronne poëtique, l'un à Rome, l'autre à Paris. Il consulta ses amis sur le choix, mais pourquoi falloit-il faire un choix entre ces deux couronnes? Ne pouvoit-on les recevoir toutes les deux? Il semble même que l'une de ces deux couronnes déjà reçue, étoit un titre de plus pour obtenir l'autre. Quoi qu'il en soit, l'avis de ses amis, conforme à son inclination, le détermina pour Rome; il partit & passa d'abord à Naples, pour faire hommage de sa gloire au roi Robert, qu'il regardoit comme son souverain, en qualité de comte de Provence, & qui avoit des bontés pour lui; ce prince passoit d'ailleurs pour le souverain le plus sage & le plus éclairé; *Pétrarque* voulut subir à sa cour une espèce d'examen, pour qu'il fût en quelque sorte constaté juridiquement s'il étoit digne ou non de la couronne qu'on lui offroit, & pour avoir à tout événement l'aveu de son souverain. Robert, charmé de tout ce qu'il lui connoissoit, & de tout ce qu'il vit alors en lui, & de lumières & de talens, lui offrit de prévenir Rome & de le couronner dans sa cour, *Pétrarque* qui avoit sans doute pris ses engagemens avec Rome, pria Robert d'agréer ses excuses, & Robert à son tour lui fit les siennes, sur ce que son grand âge ne lui permettoit pas de se transporter à Rome pour y faire lui-même la cérémonie en l'absence des papes, dont le siège étoit transféré alors à Avignon; il envoya du moins un de ses gentils-hommes pour le représenter, & fit expédier à *Pétrarque* les certificats les plus honorables. Ils furent présentés solemnellement au sénat de Rome, & le sénat y eut égard en déclarant expressément dans son diplôme, que le couronnement se faisoit tant au nom du roi de Naples qu'au nom du sénat & du peuple Romain. Le jour de la cérémonie avoit été fixé au dimanche de Pâques 8 avril 1741. Ce jour le sénat s'assembla au Capitole, où le peuple averti par le bruit de trompettes, se rendit en foule. *Pétrarque* en habit de triomphateur, habit que le roi de Naples lui avoit donné pour cette cérémonie, demanda la couronne poétique, par une courte harangue, dont Virgile lui avoit fourni le texte. Orso, comte d'Anguillara, sénateur de Rome, parla ensuite au nom du sénat, & en finissant son discours, mit sur la tête de *Pétrarque* une couronne de laurier au bruit des applaudissemens, des battemens de mains & des transports de joie universels. Etienne Colonne, chef de cette illustre maison Colonne, à laquelle *Pétrarque* avoit toujours été attaché, prit ensuite la parole, & fit l'éloge du poëte couronné. *Pétrarque* descendit du Capitole avec une nombreuse suite, & se rendit dans l'église de Saint-Pierre, où après avoir rendu graces à Dieu, il déposa sa couronne & la plaça parmi les dons appendus dans ce temple. Les lettres-patentes ou diplome de son couronnement, déclarent que François *Pétrarque* a mérité le titre de grand poète & de grand historien; en conséquence elles l'autorisent à porter dans tous les actes publics où il assistera, la couronne de laurier, de hêtre ou de myrthe à son choix & l'habit poétique; enfin *Pétrarque* y est déclaré citoyen Romain.

Ces particularités & beaucoup d'autres sont tirées des lettres mêmes de *Pétrarque*.

Les seigneurs de Coreggio lui donnèrent l'archidiaconé de la cathédrale de Parme; les Carrares un canonicat de Padoue; alors partagé entre la France & l'Italie, tantôt l'amour & le souvenir de ses belles années le rappelloient vers Vaucluse; tantôt le devoir & la reconnoissance le ramenoient en Italie, & comme il falloit toujours que par-tout il vécût à la campagne, comme c'est là le véritable séjour d'un homme de lettres, d'un philosophe & d'un écrivain:

Scriptorum chorus omnis amat nemus & fugit urbes.

il prit aux environs de Parme une maison de campagne sur les bords de la Lenza; il y étoit lorsqu'il eut un rêve que le Baron de la Bastie, qui a écrit sa vie avec beaucoup de détail & assez

de critique, rapporte en ces termes, d'après *Pétrarque* lui-même:

« Il crut voir l'évêque de Lombez, seul, traversant un ruisseau qui arrosoit son jardin (à lui *Pétrarque*:) il s'avança avec empressement pour demander à l'évêque d'où il venoit & pourquoi il marchoit ainsi sans suite & avec tant de hâte. Vous souvenez-vous, lui répondit l'évêque en souriant, de l'été que vous passâtes avec moi au-delà de la Garonne? Le climat vous parut insupportable: j'en suis ennuyé à mon tour, & je vais à Rome pour n'en plus revenir. L'évêque avançoit toujours en disant ces mots: & il étoit presqu'à l'extrémité du jardin, lorsque *Pétrarque* se mit en devoir de le retenir, & le conjura de vouloir bien souffrir qu'il eût du moins l'honneur de l'accompagner; mais le prélat le repoussant doucement avec la main, & changeant de visage & de ton; il n'est pas nécessaire, dit-il, que vous veniez avec moi à présent. A ces mots *Pétrarque* le regarde, & lui trouve le visage si pâle & si défait, qu'il ne peut douter qu'il ne soit mort. Le saisissement lui fait jetter un cri qui l'éveille; frappé de ce rêve, il en marque aussitôt l'heure & le jour, il le raconte à ceux de ses amis qui viennent le voir, & l'écrit aux autres. Enfin, au bout de vingt-cinq jours, des lettres venues de France, lui annoncent la mort de l'évêque de Lombez, arrivée le même jour où ce Prélat lui avoit apparu en songe ».

Il faut observer qu'avant ce rêve, *Pétrarque* avoit reçu la nouvelle que l'évêque de Lombez étoit dangereusement malade; le rêve, d'après cela, prouve son inquiétude & sa tendresse pour son ami & fait son éloge. Il ne reste plus de merveilleux que la mort de l'évêque de Lombez, arrivée précisément le même jour que le rêve: la chose est possible, mais elle tient du merveilleux, & ce qui n'en tient point du tout, c'est qu'un auteur du quatorzième siècle n'ait pu résister à la tentation d'ajouter à la vérité cette petite circonstance merveilleuse. Le fait est que les nouvelles qui provoquèrent le rêve préparoient à la mort de l'évêque de Lombez, & que les premières nouvelles arrivées depuis ce même rêve suivirent celles de cette mort; d'après cela il étoit bien difficile de se refuser la petite merveille du concours de la mort avec le rêve, & aujourd'hui même ce ne seroit qu'à force de philosophie qu'on se la refuseroit.

Le reste de la vie de *Pétrarque* est l'histoire de ses liaisons avec les papes, les rois & les personnages les plus célèbres de son temps, soit dans la politique, soit dans les lettres, des honneurs, des hommages de tout genre qu'il reçut. Tantôt c'est un souverain qui le consulte sur des affaires délicates, ou qui l'emploie dans des affaires difficiles, & qui reçoit ses avis avec déférence; tantôt c'est un vieillard aveugle qui court après lui à Naples, à Rome, dans la Lombardie, à travers les neiges de l'Apennin, à travers mille dangers que les troubles continuels de l'Italie faisoient naître sous ses pas, & qui est disposé à mourir content, puisqu'il a eu le bonheur de parler à *Pétrarque*, & de l'entendre : tantôt c'est le célèbre Rienzi qui lui fait part de ses projets pour le rétablissement de la république romaine & du tribunat, & qui parvient à l'y intéresser, parce que tout ce qui avoit l'air grand & noble, flattoit son imagination, & prenoit un grand empire sur son ame ; tantôt ce font des souverains qui se le disputent, qui veulent se l'attacher, mais dont il ne veut jamais recevoir de bienfaits qui puissent engager sa liberté ; tantôt c'est un poëte Ferrarois, Antoine de Beccari, qui sur un faux bruit de sa mort, lui compose en vers Italiens une *pompe funèbre* allégorique de fort mauvais goût, mais qui, au jugement de M. le baron de la Bastie, pourroit avoir fourni à Sarrazin, l'idée de sa pompe funèbre de Voiture ; tantôt ce sont les Florentins qui, ayant racheté des deniers publics, les biens de sa famille confisqués dans le temps de l'expulsion & du bannissement de son père, les lui restituent solemnellement, & lui redonnent tous les droits de citoyen par un décret honorable que Bocace fut chargé de lui porter de la part de la république ; sur quoi M. de Voltaire fait cette réflexion : « La Grèce dans ses plus beaux jours » ne montra jamais plus de goût & plus d'estime » pour les talens. C'étoit, observe-t-il encore, un hommage que l'étonnement de son siècle rendoit à son génie alors unique.

Pétrarque étoit déjà vieux & infirme, lorsque François de Carrare, l'un de ses bienfaiteurs, s'étant brouillé avec la république de Venise, & ayant été abandonné de ses alliés, eut recours à son éloquence & à sa reconnoissance, pour obtenir du sénat de Venise une paix qui lui étoit devenue nécessaire, & qu'on n'étoit pas disposé à lui accorder. *Pétrarque* part, arrive à Venise le 27 septembre 1373, & le surlendemain il eut son audience publique. La majesté du sénat assemblé lui parut si imposante, que tout accoutumé qu'il étoit à ces actions publiques, & quoiqu'aimé du doge & de la plûpart des sénateurs, il se troubla & qu'il fallut remettre l'audience au lendemain. Sans doute, la crainte de ne pas réussir dans une négociation où il s'agissoit de la destinée d'un bienfaiteur & d'un ami, entra pour beaucoup dans les idées qui le troublèrent. Le lendemain devenu plus intéressant encore par l'accident de la veille, & plus éloquent par le desir de le réparer, il excita une admiration générale, & obtint tout ce qu'il demandoit. Son discours, qui n'est point parvenu jusqu'à nous, fut, selon l'expression de M. le baron de la Bastie, le chant du cigne. Il ne fit plus que languir, & mourut à Arqua dans le Padouan, le 18 juillet 1374, entre les bras d'un ami, nommé François de Seico. Le jour de sa mort, dit le même baron de

la Bastie, ne fut pas moins glorieux pour lui, que le jour de son couronnement, par la consternation générale & l'empressement à lui rendre les derniers devoirs. Son testament qui a été imprimé parmi ses œuvres, ne contient rien de bien remarquable, excepté peut-être le legs fait au célèbre Jean Bocace de cinquante florins d'or de Florence, pour acheter une robe-de-chambre qui le garantisse du froid, lorsque pendant l'hiver il sera occupé à étudier, & que les excuses pleines de tendresse qu'il lui fait sur la modicité d'un tel legs.

Laure étoit morte le 6 avril 1348, le même jour où vingt-un ans auparavant, *Pétrarque* en étoit devenu amoureux, si ce petit rapport n'a pas été recherché, comme il arrive souvent, aux dépens de l'exactitude & de la vérité.

On a prétendu en 1533, sous François I, avoir découvert dans l'église de Sainte-Croix d'Avignon le tombeau de la belle Laure, & François I lui fit, dit-on, à cette occasion l'épitaphe suivante :

> En petit lieu comprins vous pouvez voir,
> Ce qui comprend beaucoup par renommée ;
> Plume, labeur, la langue & le savoir,
> Furent vaincus de l'amant par l'aimée.
> O gentille ame, étant tant estimée,
> Qui te pourra louer qu'en se taisant ?
> Car la parole est toujours réprimée
> Quand le sujet surmonte le disant.

Le troisième & le quatrième vers font voir que l'auteur qui peut-être n'avoit de Laure qu'une idée imparfaite, la confondoit avec Héloïse, qui eut véritablement par ses écrits, cette supériorité sur Abailard son amant. Marot félicite Laure d'avoir été chantée par François I.

> O Laure, Laure ! il t'a été besoing
> D'aimer l'honneur & d'être vertueuse ;
> Car François roi sans cela n'eut pris soing
> De t'honorer de tombe sompteuse,
> Ne d'employer sa dextre valeureuse
> A par escrit ta louange coucher :
> Mais il l'a fait pour autant qu'amoureuse
> Tu as été de ce qu'il tient plus cher.

Il faut avouer que les vers Italiens de *Pétrarque* à la gloire de Laure valent mieux que ces vers françois. Au reste, M. le baron de la Bastie croit que François I manquoit son but dans les honneurs qu'il rendoit aux restes prétendus de Laure ; il paroît détruire facilement les foibles raisons, les foibles apparences sur lesquelles on appuyoit la prétendue découverte de son tombeau. *Pétrarque* qui ne dit rien de précis sur le lieu où reposoient les cendres de Laure, en dit assez pour repousser l'idée qu'elles fussent dans une ville.

Pétrarque n'avoit pas été si fidèle à cette sage & sévère

sévère maîtresse, qu'il n'eût eu à Milan, d'une maîtresse plus facile, une fille qu'il nomma *Françoise*, à laquelle il donna une excellente éducation, & qu'il maria dans la suite à un jeune Milanois, nommé François de Brossano. De ce mariage naquit un fils qui mourut âgé de deux ans, avant *Pétrarque* son aïeul, & dont *Pétrarque* fit l'épitaphe en douze vers latins. Ce fut François de Brossano, son gendre, que *Pétrarque* institua son légataire universel.

Pétrarque avoit beaucoup de piété, quoique ses écrits soient pleins de déclamations très-vives contre le clergé, le sacré collège & la cour de Rome ou d'Avignon.

Ses ouvrages latins, tant en prose qu'en vers, sur lesquels il fondoit l'espoir d'une réputation immortelle, & qui eurent de son temps le plus grand succès, sont aujourd'hui oubliés; ses chansons Italiennes, qu'il regardoit comme des bagatelles & comme de simples délassemens de ses travaux, vivront éternellement. On connoît la traduction ou imitation que M. de Voltaire a donnée d'une de ses chansons, dont Laure est l'objet:

Claire fontaine, onde aimable, onde pure,
Où la beauté qui consume mon cœur,
Seule beauté qui soit dans la nature,
Des feux du jour évitoit la chaleur;
    Arbre heureux, dont le feuillage
    Agité par les zéphirs,
     La couvrit de son ombrage,
     Qui rappelle mes soupirs,
     En rappellant son image;
Ornemens de ces bords & filles du matin;
Vous dont je suis jaloux, vous moins brillantes qu'elle,
Fleurs qu'elle embellissoit quand vous touchiez son sein;
Rossignols, dont la voix est moins douce & moins belle,
Air devenu plus pur, adorable séjour,
     Immortalisé par ses charmes,
Lieux dangereux & chers, où de ses tendres armes,
L'amour a blessé tous mes sens,
Ecoutez mes derniers accens,
Recevez mes dernières larmes!

A force de goût, *Pétrarque* étoit parvenu à changer d'avis sur ses ouvrages, & dans sa vieillesse il écrivoit à son ami Boccace, que si c'étoit à recommencer, il n'écriroit plus qu'en langue vulgaire; c'est en effet la seule langue dans laquelle on pense & on sente véritablement.

Toute l'Italie s'accorde aujourd'hui à regarder *Pétrarque* comme le prince de la poésie lyrique, & comme le père de la langue Italienne. (*Voyez* la vie de *Pétrarque*, par M. le baron de la Bastie, *Mém. de littérature*, tome XV, pages 746 & suiv. & tome XVII, depuis la page 390 jusqu'à la page 490.

PÉTRONE (*Hist. Rom.*) PETRONIUS ARBITER) est l'objet d'une question qui partage les savans. *Histoire, Tome IV.*

Le *Pétrone* auteur de cette espèce de satyre Ménippée, (*Voyez* MÉNIPPE) ou satyre mêlée de prose & de vers, de style sérieux & de style enjoué, dont il ne nous reste que des fragmens, est-il le même que Petronius Turpilianus, proconsul de Bithynie, & ensuite consul, principal ministre des voluptés de Néron, & dont Tacite fait le portrait au seizième livre, chapitre 18 de ses annales? M. de Voltaire décide que non; le modeste Rollin ne décide rien.

Selon Sidoine Apollinaire, *Petrone* étoit Provençal, né aux environs de Marseille; il paroit qu'il vivoit sous les empereurs Claude & Néron. Les fragmens que nous avons de son roman satyrique & allégorique, ou peut-être de divers livres satyriques (satyricon) ne sont que des extraits faits par quelque particulier inconnu; c'est un choix des morceaux, qui apparemment lui avoient plu davantage dans les écrits de *Pétrone*. Tout le monde convient que ces fragmens offrent beaucoup d'obscénités; ce qui persuade à M. de Voltaire qu'ils sont l'ouvrage de quelque libertin obscur, qui a fait un tableau de fantaisie d'après quelques spectacles de débauche dont il avoit pu être témoin dans la mauvaise compagnie, qu'il est ridicule de les attribuer à un homme de cour, à un homme de goût, *eruditi luxûs*, arbitre des plaisirs, de la grace & de la délicatesse, au consul *Pétrone*, & d'y voir le tableau allégorique des voluptés de la cour d'un puissant empereur.

Ceux qui croient au contraire que l'auteur des satyres est le même que le consul, & qu'il s'agit en effet de la cour de Néron, trouvent dans ces fragmens à travers tant d'obscénités, beaucoup de goût, de finesse, de délicatesse, de talent pour peindre, nuancer & varier les différens caractères. Ils appellent *Pétrone*, *auctor purissimæ impuritatis*; il ne faut pas, disent-ils, que les titres de consul, de proconsul & d'empereur Romain nous en imposent; cet empereur étoit Néron, ce proconsul, ce consul étoit *Pétrone*, qui n'avoit trouvé grace devant Néron que par ses vices, qui n'étoit parvenu aux grandeurs que par la bassesse; *ut alios industria, ità hunc ignavia & famam protulerat.... revolutus ad vitia, seu vitiorum imitationem, inter paucos familiarium Neroni adsumptus est elegantiæ arbiter*. Initié à ces honteux mystères de la familiarité & des voluptés de Néron, il pouvoit y voir d'étranges spectacles de débauches. Pour qui *Petrone* étoit-il un objet d'envie? Pour Tigellin,

Honteux d'être vaincu dans sa propre science.

Undè invidia Tigellini, quasi adversùs æmulum & scientiâ voluptatum potiorem. D'ailleurs que prouvent les obscénités contre l'identité de l'auteur & de l'homme de cour? Ovide & Horace vivoient à la cour d'Auguste, & ils sont pleins d'obscénités.

Au refle, quoiqu'on trouve dans *Pétrone* un goût exquis & un talent diftingué pour la fatyre, on trouve auffi des défauts dans fon ftyle, mais ce font les défauts de recherches, des défauts d'*eruditi luxûs*, & qui caractérifent l'*arbiter elegantiarum*; il dégénère de cette fimplicité naturelle & majeftueufe du fiècle d'Augufte, ce n'eft déjà plus qu'une fimplicité apparente, effet de l'art, *fpecies fimplicitatis*; ce que Tacite dit de fa converfation & de fes difcours, ainfi que de fes actions, pourroit être employé pour peindre parmi nous le ftyle de Fontenelle, fi foigné avec l'apparence de la négligence & d'une fimplicité familière : *dicta factaque ejus, quantò folutiora, & quamdam fui negligentiam præferentia, tantò gratiùs in fpeciem fimplicitatis accipiebantur.*

En fuppofant donc que le fatyrique foit le même que le conful, il faut pour completter fon hiftoire, obferver ce voluptueux qui donnoit le jour au fommeil, & la nuit aux plaifirs, & quelquefois cependant aux affaires, lorfqu'il fut proconful de Bithynie, & enfuite conful, fe montra digne de ces emplois. *Illi dies per fomnum, nox officiis & oblectamentis vitæ transfigebantur...... proconful tamen Bithyniæ, & mox conful, vigentem fe ac parem negotiis oftendit.* Ce même voluptueux fe donna la mort pour tromper l'avidité de l'empereur, qui ne l'aimant plus & défirant fa confifcation, lui avoit fufcité ou laiffé fufciter une accufation calomnieufe pour le perdre.

PETTINA, (*Hift. mod.*) c'eft le nom que l'on donne en Ruffie à un impôt extraordinaire, par lequel dans des néceffités preffantes, les fujets de cet état defpotique font forcés à payer le cinquième de leurs biens.

PETTIUS.

(Horace adreffe à Pettius fa onzième Epode :)

   Petti, nihil me, ficut anteà, juvat
      Scribere verficulos
      Amore perculfum gravi.

On ne fait quel eft ce *Pettius.*

PETTY, (GUILLAUME) (*Hift. litt. mod.*) médecin de Charles fecond, roi d'Angleterre, qui le fit chevalier en 1661. Il eft auteur d'un *traité des taxes & des contributions*, d'un ouvrage intitulé : *Jus antiquum Communium Angliæ affertivum*, traduit en François fous ce titre : *La défenfe des droits des Communes d'Angleterre*; enfin d'un ouvrage rare, intitulé : *Britannia languens*. Mort à Londres en 1687.

P E U

PEUCER, (GASPAR) (*Hift. du Calvinifme.*) gendre de Melanchton, médecin & mathéma-

ticien à Wittemberg; il répandit de plus en plus la doctrine de fon beau-père, dont il fit imprimer les œuvres à Wittemberg en cinq volumes *in-folio*. Enfermé pendant dix ans pour fes opinions & parce qu'il étoit gendre de Mélanchton, & n'ayant dans fa prifon ni encre ni papier, il fit une efpèce d'encre avec des croutes de pain brûlées, détremp·ées dans du vin; invention qu'on attribue auffi à Péliffon, foit qu'il la connût d'après *Peucer*, foit qu'il l'ait auffi imaginée. Les marges des vieux livres fans conféquence qu'on vouloit bien lui prêter pour le défennuyer, lui fervirent de papier pour fixer les idées qu'il vouloit ne pas perdre.

Comme médecin, on a de lui en latin un *traité des fièvres*, une *méthode pour guérir les maladies internes*, des *vies des médecins illuftres.* Il a écrit auffi fur l'aftronomie. On a de lui un ouvrage contenant les noms des monnoies, des poids & des mefures.

Son traité *de præcipuis divinationum generibus*, a été traduit en François par Simon Goulard, en 1584.

Peucer étoit né à Bautzen dans la Luface en 1525. Il mourut en 1602.

PEUTINGER, (CONRAD) (*Hift. litt. mod.*) favant Allemand, principalement connu par la table qui porte fon nom, parce que c'eft lui qui l'a publiée. Cette carte avoit été dreffée fous l'empire de Théodofe le Grand; on y avoit marqué toutes les routes que tenoient les armées Romaines dans la plus grande partie de l'empire; elle avoit été trouvée dans un monaftère d'Allemagne, par Conrad Celtes, de qui *Peutinger* l'avoit reçue. François Chriftophe de Scheib en donna en 1753 à Vienne, une magnifique édition *in-folio*, avec des differtations & des notes. *Peutinger* étoit fecrétaire du fénat d'Ausbourg, & confeiller de l'Empereur Maximilien I. Il fut fouvent employé dans les diètes de l'empire & dans les différentes cours de l'Europe. C'eft à lui qu'Ausbourg, fa patrie, fut redevable du privilège de battre monnoie. On a de ce favant plufieurs autres ouvrages qui l'ont fait moins connoître que la table publiée par fes foins; les favans connoiffent fes *fermones convivales*; fon traité *de inclinatione Romani imperii & gentium commigrationibus*; ceux qui ont pour titre : *De rebus Gothorum & Romanæ vetuftatis fragmenta in Auguftâ Vindelicorum.* Né en 1465. Mort en 1547.

P E Y

PEYQ, f. f. (*Hift. mod.*) valet-de-pied du grand feigneur. Ils portent à leur tête un bonnet d'argent doré, avec une plume grife ou blanche qui pend par derrière.

PEYRAT, (GUILLAUME DU) (*Hift. litt. mod.*)

tréforier de la fainte Chapelle à Paris, mort en 1645, auteur d'une hiftoire de la chapelle de nos rois, & de mauvais vers.

PEYRE, (JACQUES D'AUZOLLES, fieur de la) (*Hift. litt. mod.*) gentilhomme Auvergnac, fecrétaire de ce duc de Montpenfier, dont la fille fut la première femme de Gafton d'Orléans. La *Peyre* n'eft d'ailleurs connu que par fes bizarreries & par les injures que le P. Petau a daigné lui dire; ce favant jéfuite s'occupoit férieufement & folidement de la chronologie; la *Peyre*, en l'honneur duquel des ignorans firent frapper une médaille où il étoit qualifié *prince des chronologiftes*, ne difoit que des folies en chronologie comme en toute autre chofe; il vouloit que l'on ne donnât à l'année que 364 jours, afin qu'elle commençât toujours par un famedi; il ignoroit que l'année dépendoit du cours des aftres; en littérature, il étoit grand partifan d'Annius de Viterbe & de fes impoftures; on n'en parle ici que pour avertir les amateurs de fe défier des charlatans littéraires.

PEYRÈRE, (ISAAC, & ABRAHAM la) (*Hift. litt. mod.*) deux frères diverfement célèbres, l'un par une opinion extravagante, l'autre par un livre utile. Le fou, comme de raifon, eft de beaucoup le plus célèbre. Le livre utile qui a fait connoître Abraham, eft un recueil des décifions du parlement de Bordeaux. La folie d'Ifaac de la Peyrère fut de renouveller en France, au milieu du dix-feptième fiècle, l'erreur des Préadamites, il l'abjura, il la reprit; le P. Sirmond rapporte que la *Peyrère*, preffé à l'article de la mort de rétracter nettement le Préadamifme, fit une de ces réponfes de prophète & d'infpiré, qui en impofent toujours aux fots; il répondit: *hi quæcumque ignorant blafphemant*; cependant il reçut les facremens de l'églife, & il étoit retiré depuis long-temps au féminaire des Vertus, où il mourut en 1676, ayant, à ce qu'il paroît, abjuré plus fincèrement le calvinifme dans lequel il étoit né, mais qui n'étoit pour lui qu'une erreur héréditaire, que le Préadamifme dont il étoit le créateur ou du moins le reftaurateur. Il cherchoit à intéreffer les juifs à fon opinion favorite, il les flattoit & fit un traité exprès *du rappel des juifs*. Ces bizarreries infipides font d'autant plus étonnantes, que la *Peyrère* étoit un homme d'efprit, jugé tel par le grand Condé auquel il étoit attaché. Il eft auteur de quelques bons ouvrages, tels qu'une relation du Groenland & une relation de l'Iflande; ce fut lui qui répondit à quelqu'un, qui, après avoir lu ces relations, lui demandoit pourquoi il y avoit tant de forciers dans le nord: « c'eft que leurs biens font confifqués en partie au » profit de leurs juges ». Nous avons eu long-temps en France, principalement fous les mauvais rois, nommément fous Louis XI, cette abominable méthode de promettre & de donner part aux juges dans la confifcation de ceux dont on vouloit affurer la perte. On fit à Ifaac la *Peyrère* cette épitaphe :

La Peyrère ici gît, ce bon Ifraëlite,
Huguenot, catholique, enfin Préadamite:
Quatre religions lui plurent à la fois,
Et fon indifférence étoit fi peu commune,
Qu'après quatre-vingt ans qu'il eut à faire un choix,
Le bon homme partit & n'en choifit pas une.

Où eft le temps où cette indifférence étoit fi peu commune ?

PEYRONIE, (FRANÇOIS DE LA) (*Hift. de Fr.*) premier chirurgien de Louis XV, fit fonder en 1731, l'académie royale de chirurgie de Paris, & à fa mort partagea fes biens entre la communauté des chirurgiens de Paris & celle de Montpellier; il fit conftruire dans cette dernière ville un amphithéâtre de chirurgie; il avoit, dit-on, formé le projet de fe retirer à fa terre de Marigny, d'y bâtir un hôpital, & de s'y confacrer au fervice des pauvres malades: c'eft ce qui a été fi généreufement exécuté depuis par M. de la Garaye, gentilhomme Breton. M. de la Peyronie eft mort à Verfailles en 1747.

PEYSSONNEL, (CHARLES) (*Hift. litt. mod.*) académicien libre regnicole, de l'académie des infcriptions & belles-lettres, naquit à Marfeille, le 17 décembre 1700, d'une famille noble. Son père, nommé Charles comme lui, exerçoit avec fuccès la médecine à Marfeille. Il mourut victime de fon zèle & de fon courage dans le temps de cette fatale pefte, dont on ne perdra pas fitôt le fouvenir.

Nofti & nimiùm meminiffe neceffe eft

« C'eft, dit à ce fujet l'hiftorien de l'académie des belles-lettres, » c'eft une ingratitude de l'hif- » toire, qui confacre avec tant d'appareil les actions » guerrières, de dérober à la poftérité les noms » de ces citoyens intrépides, qui dans ces af- » freufes calamités où la frayeur étouffe la charité » même, fe plongeant au milieu des vapeurs » peftilentielles, placés entre les morts & les » vivans, prodiguent leur propre vie pour fauver » celle de leurs compatriotes dans le fein même » de la mort, & bravent avec courage des traits » plus meurtriers & plus inévitables que le fer » ennemi. Qu'ils vivent dans les monumens de » l'hiftoire ces conquérans injuftes, qui font eux- » mêmes des redoutables fléaux de l'humanité; » que leurs faits y foient écrits en caractères de » fang : mais que les noms des bienfaiteurs du » genre-humain foient gravés dans le cœur de » tous les hommes; que leurs enfans retrouvent

» des pères dans les familles que les pères ont
» conſervées; que la reconnoiſſance publique s'ef-
» force de les conſoler; rendons-leur les mêmes
» honneurs que les Athéniens rendoient aux enfans
» des guerriers morts au ſervice de la patrie.
» M. Peyſſonnel n'auroit pas eu beſoin d'autres titres
» de nobleſſe ».

Charles *Peyſſonnel* le fils, fut reçu avocat le
21 juin 1723, & exerça dans ſa patrie cette noble
profeſſion avec beaucoup de ſuccès. Il fut, avec
ſon frère aîné, un des principaux promoteurs de
l'établiſſement de l'académie de Marſeille, en 1727.

En 1735, M. le marquis de Villeneuve, ambaſſadeur à Conſtantinople, le demanda & l'obtint pour
ſecrétaire d'ambaſſade. Il travailla ſous M. de
Villeneuve à la fameuſe paix de Belgrade, conclue
en 1739. Quatre ſouverains lui donnèrent de
glorieux témoignages de la ſatisfaction qu'ils
avoient de ſes ſoins & de ſes travaux dans cette
occaſion. Le roi l'honora d'une penſion, le pape
du titre de comte, l'Empire & la Porte d'une
gratification.

M. *Peyſſonnel* parcourut l'Aſie mineure en obſer-
vateur & en antiquaire; il retira des entrailles
de la terre pluſieurs médailles en or des rois
du Boſphore, ſur leſquelles il compoſa une ſavante
diſſertation; il enrichit de pluſieurs médailles
rares & curieuſes le cabinet de M. Pellerin,
collection qui ne cédoit en Europe qu'à celle du
roi, pour le nombre, le prix, la rareté des pièces
de tout métal & de toute grandeur; M. de Maurepas fit venir du levant en 1749, des marbres
précieux tirés des ruines de Calcédoine, de
Cume, d'Eolie & de Cyzique, achetés par M.
Peyſſonnel. Le déſordre, l'état de maigreur, de
fatigue, d'épuiſement dans lequel il revint à
Conſtantinople, les périls de toute eſpèce qu'il
avoit courus, & dont il ſe trouvoit ſi bien dédommagé par des tréſors qui n'étoient des tréſors
que pour lui & pour ſes ſemblables, donnèrent
l'idée d'une petite comédie ſous le titre de l'antiquaire François: les jeunes gens du palais de
France à Conſtantinople, s'amuſoient pendant
l'hiver, faute de ſpectacles publics, à jouer eux-
mêmes la comédie; ils communiquèrent celle-ci
à M. *Peyſſonnel*, non ſans quelque inquiétude
qu'il trouvât mauvais qu'on prît la liberté de
plaiſanter ainſi ſur ſes occupations favorites: ils
furent également ſurpris & charmés du bon &
aimable caractère qu'ils trouvèrent en lui, de
la grace avec laquelle il ſe prêta dès le premier
mot à la plaiſanterie; il trouva la pièce charmante, demanda, comme de droit, le rôle d'Antiquaire qu'on n'auroit oſé lui offrir, le joua huit
jours après avec les mêmes habits qu'il avoit
rapportés de ſon voyage, & qui, par leur déſordre,
devenoient des habits de coſtume; & pour completter le divertiſſement, il ajouta au vaudeville
de la fin un couplet auquel perſonne ne pouvoit
s'attendre, & que voici:

Vous voyez l'acteur principal
De la nouvelle comédie:
Vous riez de l'original,
Croyant rire de la copie.

En 1747, il fut nommé au conſulat de Smyrne;
après la mort de M. Déſalleurs, il fut chargé des
affaires de France à la Porte, juſqu'à l'arrivée
de M. de Vergennes.

En 1748, il eut à l'académie des inſcriptions &
belles-lettres le titre d'aſſocié correſpondant,
changé en 1750, en celui d'académicien libre
regnicole. Ce fut pour ſatisfaire la curioſité de
l'académie, qu'il recherche dans l'Aſie mineure
les traces de l'ancienne géographie. On connoiſſoit
aſſez bien la côte de l'Archipel depuis les Dardanelles juſqu'à l'embouchure du Méandre; mais
depuis ce fleuve, elle étoit preſque inconnue
juſqu'au golphe de Satalie; l'intérieur des terres
qui répondent aux pays nommés autrefois Carie,
Lycie, Piſidie & Pamphilie, étoit entièrement
ignoré; il fit tout obſerver par les navigateurs
& les voyageurs les plus habiles, & enſuite il
voulut tout obſerver lui-même & par mer &
par terre.

Il eut en 1753, une attaque d'apopléxie dont
il ne ſe releva jamais; il ſe ſurvécut à lui-même
pendant plus de trois ans, & mourut d'une autre
attaque à Smyrne, le 16 mai 1757.

Il a laiſſé des fils dignes de lui, un entr'autres
qui s'eſt diſtingué dans la même carrière des
conſulats dans les échelles du levant, & de qui
nous avons pluſieurs ouvrages utiles, relatifs au
commerce & à la politique.

PEZ

PEZRON, (PAUL) (*Hiſt. litt. mod.*) Le P.
Pezron, bernardin, s'eſt fait un nom dans la
chronologie & dans l'érudition ſacrée; on tient
compte de ſon ſyſtème chronologique, ſi on ne
l'adopte pas, & on juge qu'il mérite au moins
d'être réfuté; ſes ouvrages ſont: l'antiquité des
temps rétablie, & la défenſe de ce livre contre
les pères Martianay & le Quien. Le P. *Pezron*
eſt, de tous ceux qui appuyent leur chronologie
ſur l'écriture ſainte, celui qui donne au monde
le plus d'ancienneté. Son *hiſtoire évangélique*, confirmée par la Judaïque & la Romaine, eſt un de
ces ouvrages où l'érudition eſt utilement employée
à ſervir la cauſe du chriſtianiſme. Le traité de
l'antiquité de la nation & de la langue des Celtes,
autrement appellés Gaulois, &c. eſt plein de ſavantes
recherches. Le P. Pezron étoit né à Hennebon en
Bretagne, en 1639; il s'étoit fait Bernardin en
1661; il avoit été reçu docteur de Sorbonne en
1682; avoit été nommé abbé de la Charmoie
en 1697, s'étoit démis de cette abbaye en 1703,
mourut en 1706.

PFAUNER, (TOBIE) (*Hift. litt. mod.*) favant allemand, étoit fecrétaire des archives du duc de Saxe-Gotha, & on l'appelloit *les archives vivantes de la maifon de Saxe.* On a de lui en latin une *hiftoire de la paix de Weftphalie, une hiftoire des affemblées de 1652, 1653 & 1654; un traité des princes d'Allemagne,* & quelques ouvrages théologiques; né à Ausbourg en 1641; mort à Gotha en 1717.

P F E.

PFEFFERCORN (JEAN) *Hift. litt. mod.*) Juif rénégat, qui propofoit à l'empereur Maximilien de brûler tous les livres des Rabbins; le favant Reuchlin, dit *Capnion,* nom qui en grec fignifie *fumée,* comme *Reuch* le fignifie en allemand,) fut d'un avis contraire, il propofa de ne brûler de livres que le moins qu'on pourroit; peu s'en fallut qu'on ne le brûlât lui-même comme fufpect d'un penchant fecret au Judaïfme; cependant l'empereur, qui avoit goûté la propofition de *Pfeffercorn,* & qui en conféquence avoit ordonné par un édit folemnel que tous les livres hébreux fuffent apportés à l'hôtel-de-ville, & qu'on brûlât du moins tous ceux qui contiendroient quelques blafphèmes, l'empereur fut touché des raifons de Reuchlin, & l'édit ne fut point exécuté. On a l'ouvrage fanatique de *Pfeffercorn* contre les écrits des Juifs, & un fur la célébration de la Pâque chez les Juifs. Il vivoit encore en 1517.

PFIFFER, (AUGUSTE) (*Hift. litt. mod.*) favant allemand, moins connu par fa *Panfophie Mofaïque,* & par fes autres ouvrages critiques fur les Juifs, que remarquable par la fingularité de fa deftinée. À l'âge de cinq ans, il tomba du haut d'une maifon, parut s'être fracaffé la tête, & refta pour mort: on l'enfevelit, fa fœur qui lui rendoit ce trifte office, en coufant le drap mortuaire autour du corps, le piqua au doigt, & s'apperçut qu'il avoit retiré ce doigt, elle le fecourut & le rendit à la vie. Il vécut cinquante-huit ans, & devint très-favant dans les langues orientales qu'il enfeigna publiquement à Wittemberg, à Leipfick, enfin à Lubeck, où il mourut en 1698, étant né à Lawembourg en 1640.

P F I

PFIFFER, (LOUIS) (*Hift. mod.*) Dans le cours des guerres civiles en France, fous le regne de Charles IX, en 1567; la cour étant à Monceaux, le prince de Condé, chef des Huguenots, y vint pour traiter avec le roi, les armes à la main. La cour, pour plus de fûreté, s'étant retirée à Meaux, le prince l'y fuivit dans l'intention d'enlever le roi fur la route. Le roi dut fon falut dans cette occafion à la fière contenance des fuiffes qui lui fervoient d'efcorte; le prince de Condé tenta plufieurs fois de les charger; cha-

que fois ces hommes vaillans & fidéles, faifant au roi un rempart de leurs corps & de leurs piques, montrèrent une réfolution inébranlable de mourir pour le défendre: on craignit leur défefpoir, & ils ne furent point attaqués; c'étoit le colonel *Pfiffer* qui les commandoit. En 1562, il s'étoit fignalé à la bataille de Dreux, cette retraite de Meaux acheva de l'illuftrer, & il acquit une fi grande faveur auprès de Charles IX, & une fi grande autorité fur les Suiffes attachés au fervice de ce prince, qu'on le nommoit le roi *des Suiffes;* il contribua beaucoup à faire triompher les catholiques à la bataille de Moncontour en 1569. Il étoit né à Lucerne en 1530, d'une famille féconde en grands capitaines. Il mourut en 1594, auffi à Lucerne, étant advoyer de ce canton.

P F L

PFLUG, ou PHLUG, (JULES) (*Hift. du Luthéran.*) *Phlugius,* évêque de Naümbourg, eft célèbre dans l'hiftoire du Luthéranifme, par la part qu'il eut à ce réglement provifionnel de doctrine, du 15 mai 1548, que Charles-Quint voulut faire recevoir dans tout l'empire, jufqu'à la décifion du concile qui s'affembloit à Trente. Ce réglement connu fous le nom d'*interim,* fut conclu entre *Phlug,* évêque de Naümbourg; Helding, évêque titulaire de Sidon pour les Catholiques, & Iflebius, c'eft-à-dire Jean Agricola, pour les Proteftans. Mort en 1594.

P H A

PHACÉE, PHACEIA, (*Hift. fac.*) ce font deux noms différens, & non pas deux manières différentes d'écrire un même nom; l'un, (*Phaceïa,* fils de Manahem), étoit roi d'Ifraël; l'autre, (*Phacée,* fils de Romélie), étoit le général de fon armée, qui confpira contre lui, le tua dans fon palais, & fe fit proclamer roi à fa place. Il fut traité de même par Ofée, un de fes fujets, au bout de vingt ans de règne, depuis l'an 759 avant J. C. jufqu'à l'an 739. L'hiftoire de *Phacée* & de *Phaceïa* fe trouve au livre quatrième des rois, chapitre 15. Il eft auffi parlé de *Phacée,* fils de Romélie, au fecond livre des Paralipomènes, chapitre 28. verf. 6.

PHAINUS, (*Hift. anc.*) ancien aftronome grec, maître du célèbre Meton, eft regardé comme le premier qui ait connu & fixé le temps du folftice.

PHALARIS, (*Hift. anc.*) fon hiftoire eft de l'hiftoire ancienne, & fi ancienne, qu'elle pourroit bien tenir un peu de la fable. Ce n'eft pas qu'il n'y ait eu certainement un *Phalaris,* tyran d'Agrigente, qui s'empara de cette ville l'an 571 avant J. C. Ce *Phalaris* étoit fans doute très-cruel, fois que l'histoire du Taureau d'airain, inventé par Pérille, & où il fit brûler Pérille même, soit vraie, ou qu'elle ait été inventée pour donner une idée exagérée de la cruauté de ce tyran. Cette histoire ou cette fable a eu beaucoup de succès, & le Taureau de *Phalaris* où l'inventeur Pérille fut enfermé, a passé en proverbe & en moralité contre les inventeurs de supplices, & les hommes lâches & vils qui fournissent des armes à la férocité des tyrans. Ovide, après avoir rapporté ce fait de *Phalaris* & de Pérille, & celui d'un autre tyran qui punit de même un homme qui conseilloit une cruauté, en exerçant sur lui sa propre cruauté; Ovide ajoute:

Justus uterque fuit; neque enim lex æquior ulla est
Quàm necis artifices arte perire suâ.

C'est aussi à *Phalaris* & à Pérille qu'Horace fait allusion dans ces vers:

Invidiâ Siculi non invenêre tyranni
Majus tormentum.

Les Agrigentins s'étant révoltés contre *Phalaris*, l'enfermèrent, dit-on, lui-même dans son taureau brûlant, (l'an 561 avant J. C.) ce qui complette la moralité.

PHALÈRE (de) PHALÉREUS. (voyez DÉMETRIUS.)

PHAON (*Hist. anc.*) de Mytilène dans l'isle de Lesbos; c'est le nom de l'amant de Sapho, pour qui elle se précipita, dit-on, du haut du rocher de Leucade dans la mer; mais l'histoire de ces deux personnages est extrêmement mêlée de fable.

PHARAMOND. (Voyez FARAMOND.)

PHARAON, (*Hist. sacr.*) nom générique des anciens rois d'Egypte. On en distingue plusieurs dans l'écriture sainte: 1°. celui qui voulut enlever à Abraham Sara sa femme, qui se disoit sa sœur; *Genèse*, chap. 12.

2°. Celui dont Joseph devint le premier ministre; *Genèse*, chap. 39, 40, 41, 45, 46, 47.

3°. Celui qui réduit les hébreux en esclavage, & qui veut faire périr tous leurs enfans mâles; *Exode*, chap. 1 & 2.

4°. Celui qui refuse à Moïse de laisser sortir les hébreux de l'Egypte, qui est puni de ce refus par les dix plaies de l'Egypte, & qui finit par être submergé dans la mer rouge, en poursuivant les hébreux: *Exode*, chap. 3 & suivans jusqu'au quinzième.

PHARÈS & ZARA, frères jumeaux, (*Hist. sacr.*) fils du patriarche Juda & de Thamar. *Genèse*, chap. 38, vers. 27, 28, 29, 30.

PHARNACE, (*Hist. anc.*) fils de Mithridate, roi de Pont, ce fameux ennemi des romains, fit

révolter l'armée contre son père, qui se tua de désespoir l'an 64 avant J. C.

Fiez-vous aux Romains du soin de son supplice,

dit Mithridate mourant dans la tragédie qui porte son nom. En effet *Pharnace*, aussi ami des Romains que son père en avoit été ennemi, n'ayant point voulu prendre de parti entre César & Pompée, parce que ç'auroit été se déclarer contre des Romains; César qui vouloit qu'il se déclarât, le traita en ennemi, le combattit & le vainquit. *Pharnace* fut tué dans le combat; ce fut à l'occasion de cette expédition si prompte que César écrivit les trois fameux mots passés en proverbe: *veni, vidi, vici*, je suis venu, j'ai vu, j'ai vaincu.

PHE

PHÉDON, (*Hist. anc.*) philosophe grec, que Platon a immortalisé, en donnant son nom à un de ses dialogues: enlevé par des Corsaires, il avoit été vendu à des marchands d'esclaves; Socrate l'avoit racheté & il étoit resté attaché à Socrate, il reçut les derniers soupirs de ce philosophe: après la mort duquel il se retira dans sa patrie, c'étoit Elée; il y devint le chef de la secte Eléaque.

PHÈDRE, PHŒDRUS (*Hist. rom.*) affranchi d'Auguste, auteur si connu des fables, premier livre qu'on mette entre les mains des enfans au collège; il étoit né dans la Thrace; il écrivoit sous l'empire de Tibère; il fut persécuté par Séjan, dont il parle avec mépris dans le prologue du troisième livre:

Quòd si accusator alius Sejane foret,
Si testis alius, judex alius denique;
Dignum faterer esse me tantis malis;
Nec his dolorem delinirem remediis.

Ces fables nous furent long-temps inconnues; ce fut François Pithou, né en 1544, mort en 1621, qui en trouva le manuscrit dans la bibliothèque de saint-Remi de Reims, & qui le publia conjointement avec Pierre Pithou son frère.

PHELYPEAUX, (*Hist. de Fr.*) famille célèbre sur-tout par la multitude des ministres qu'elle a produits depuis Henri IV jusqu'à nos jours. Elle paroit être originaire de Blois; on la fait remonter jusqu'au treizième siècle; elle a produit aussi des militaires qui ont versé leur sang pour la patrie; tels sont:

Dans la branche d'Herbaut, Antoine-François, intendant général de la marine, & Henri son frère; ce dernier tué au combat naval de Malaga, le 24 août 1704; l'autre mort à Malaga même, le 10 octobre suivant, de la blessure qu'il avoit reçue dans ce combat sur le vaisseau amiral.

Dans la branche des marquis de la Vrillière : Augustin, chevalier de Malte & capitaine de galère, mort sur son bord, près de Vigo en Espagne, en 1673.

Et Raimond, son frère, comte de Saint-Florentin, mort à Mons, le 9 août 1692, des blessures qu'il avoit reçues au combat de Steinkerque.

Dans la branche des seigneurs du Verger : Raimond-Balthasar, seigneur du Verger, lieutenant-général des armées du roi, conseiller d'état d'épée, employé en différentes ambassades ; mort en 1713, vice-roi du Canada.

Quant aux ministres, en voici la filiation : ils descendent tous de Louis *Phelypeaux*, seigneur de la Vrillière, conseiller au présidial de Blois. Louis eut entr'autres enfans, deux fils ; Raimond, seigneur d'Herbaut, & Paul, tige de la branche des comtes de Pont - Chartrain ; ce dernier fut le premier secrétaire d'état de sa famille ; il fut nommé le 21 avril 1610, à la place de Forget de Fresne. A sa mort, arrivée le 21 octobre 1621, Louis *Phelypeaux* son fils, âgé seulement de huit ans, eut sa charge de secrétaire d'état, à condition qu'elle seroit exercée par Raimond, seigneur d'Herbaut, son oncle, en faveur duquel il s'en démit dans la suite. Raimond l'exerça donc jusqu'à sa mort arrivée le 2 mai 1629 ; elle passa même à son second fils, Louis *Phelypeaux*, seigneur de la Vrillière & de Châteauneuf, tige des Marquis de la Vrillière, qui mourut le 5 mai 1681.

Son fils aîné Louis avoit été reçu en survivance de sa charge de secrétaire d'état en 1648, & il en donna sa démission en 1669.

Alors cette même survivance fut donnée à Balthasar, son frère, marquis de Châteauneuf, qui entra en exercice en 1676, & mourut le 27 avril 1700.

Son fils, Louis *Phelypeaux*, marquis de la Vrillière, fut fait secrétaire d'état après lui. C'est le père de M. le comte de Saint-Florentin, duc de la Vrillière, & de madame la comtesse de Maurepas, aujourd'hui vivante (en 1788.)

M. le comte de Saint-Florentin, (Louis *Phelypeaux*) né le 18 août 1705, eut la survivance du marquis de la Vrillière, son père, & en prêta serment le 18 février 1723, âgé seulement de dix-huit ans ; après avoir été cinquante-deux ans ministre, il s'est retiré en 1775. Duc de la Vrillière, il est mort il y a quelques années.

Reprenons actuellement la branche de Paul, chef de la branche des comtes de Pontchartrain, & qui fut le premier secrétaire d'état de sa famille.

Nous avons dit que Louis *Phelypeaux*, son fils, s'étoit démis de cette charge en faveur de Raimond son oncle, seigneur d'Herbaut, de qui, descendent tous les secrétaires d'état qui viennent d'être énoncés.

Louis fut le père d'un autre Louis, qui fut ce célèbre chancelier de Pontchartrain, premier président du parlement de Bretagne en 1677, intendant des finances en 1687, contrôleur général en 1689, ministre & secrétaire d'état le 6 novembre 1690, chancelier de France le 5 septembre 1699. Il se démit de cette dernière charge le 2 juillet 1714, & passa le reste de sa vie dans la retraite à l'institution de l'Oratoire. Louis XV, par respect pour sa vertu, alla le voir, & lorsque le Czar Pierre I vint en France, le régent le lui indiqua comme un objet digne de sa curiosité & comme un monument encore subsistant des vertus antiques. Il mourut le 22 décembre 1727.

Son fils fut le comte de Pontchartrain, (Jérôme *Phelypeaux*) né en 1644, reçu secrétaire d'état en survivance de son père, le 19 décembre 1693. Il fut père de M. le comte de Maurepas, (Jean-Fréderic *Phelypeaux*) né le 9 juillet 1701, & qui sur la démission du comte de Pontchartrain, fut reçu secrétaire d'état, & prêta serment en cette qualité le 13 novembre 1715, n'ayant encore que quatorze ans. Il entra en exercice au commencement de 1718, n'ayant que seize ans révolus. Il tomba dans la disgrace en 1749, & y resta pendant tout le regne de Louis XV. Au commencement du regne de Louis XVI, le 20 mai 1774, il rentra dans le conseil avec toute l'autorité d'un premier ministre, fut créé chef du conseil des finances le 16 mai 1776. Il mourut en place & en faveur, le 21 novembre 1781. Il étoit honoraire des deux académies des belles-lettres & des sciences.

Ainsi la famille des *Phelypeaux* nous offre un chancelier garde-des-sceaux, & onze, tant secrétaires d'état que ministres.

Elle nous offre de plus une foule d'intendans & de conseillers d'état, & plusieurs prélats distingués, entre autres, deux archevêques de Bourges, dont le dernier, mort depuis peu d'années, a laissé aux pauvres de son diocèse les regrets les plus sincères.

PHELYPEAUX ou PHELIPEAUX, (JEAN) qui ne paroît pas avoir été de la même famille, étoit un ecclésiastique attaché au grand Bossuet, qui le donna pour précepteur à son neveu, depuis évêque de Troyes. On a de lui un journal de la dispute relative au livre des *Maximes des Saints*, sous ce titre : *Relation de l'origine, du progrès & de la condamnation du Quiétisme répandu en France*. On peut croire qu'il s'y montre plus favorable à M. Bossuet qu'à M. de Fénélon. Cet ouvrage n'a été imprimé qu'en 1732, long-temps après la mort de l'auteur, arrivée en 1708.

PHÉRÉCRATE, (*Hist. anc.*) On trouve dans le tome XV de l'académie des belles-lettres un mémoire de M. Burette, sur la musique des Grecs, on à l'occasion d'un fragment de *Phérécrate* sur la musique, fragment conservé par Plutarque ;

M. Burette fait des recherches fur la vie & les ouvrages de *Phérécrate*. Il étoit d'Athènes, contemporain de Platon, & Ariftophane. Suidas dit qu'il fit quelques campagnes fous Alexandre, mais c'eft comme poëte comique qu'il eft connu. Hertelius dans fa Bibliothèque des anciens comiques grecs, dont il nous refte quelques fragmens, dit que *Phérécrate* remporta le prix en ce genre. Il a mérité un éloge qui le diftingue, & qui le diftingue fur-tout d'Ariftophane, c'eft que, quoiqu'il travailloit dans le temps & dans le goût de la vieille comédie, qui mettoit fur le théâtre des perfonnages vivans, qui les nommoit ou les faifoit connoître par des mafques reffemblans, & les couvroit de ridicule, ou les perçoit de tous les traits de la fatyre, & quelquefois de la calomnie, il fe fit une loi de n'injurier & de ne diffamer perfonne;

Sublato jure nocendi.

Ainfi c'eft à lui qu'on peut appliquer cet éloge de la vieille comédie :

Succeffit vetus his comœdia, non fine multâ Laude.

Et l'on ne peut point ajouter :

Sed in vitium libertas incidit, & vim Dignam lege regi.

Il excelloit, dit-on, dans cette raillerie fine & délicate qu'on appelloit *fel attique, urbanité attique, atticifme*; on a nommé *Phérécrate l'attique par excellence*. M. Burette nous donne, d'après Meurfius & Fabricius, les titres de vingt-une comédies de ce poëte; Athénée nous a confervé des fragmens de prefque toutes ces pieces.

Phérécrate fut auteur d'une forte de vers, appellé de fon nom *Phérécratien*; c'eft pourtant moins un vers particulier que la derniere moitié d'un vers hexametre, qu'on affujettiroit à mettre un fpondée avant le dactyle comme après; en un mot, c'eft un dactyle entre deux fpondées. Horace dans fon ode :

O navis, referent in mare te novi Fluctus, &c.

met un vers *Phérécratien* au troifième vers, au lieu d'un troifième vers Afclépiade :

Portum; nonne vides ut Vix durare carinæ Quamvis Pontica Pinus Fidit tu nifi ventis Interfufa nitentes.

PHÉRÉCYDE, (*Hift. anc.*) philofophe ancien, difciple de Pittacus & maître de Pythagore, étoit de l'île de Scyros, & vivoit vers l'an 560 avant J. C. On fait remonter jufqu'à lui l'opinion que

les animaux font de pures machines (voir l'art PEREIRA-GOMEZ); il paffe pour le premier qui ait écrit fur les chofes naturelles & fur l'effence des dieux. Son hiftoire eft peu connue; on varie fur le genre de fa mort : les uns difent qu'il mourut tranquillement dans un âge très-avancé, entre les bras de Pythagore fon difciple, qui lui fournit les fecours & les remèdes néceffaires; les autres, qu'il mourut manquant dé tout & dévoré par la vermine; d'autres enfin, qu'en allant à Delphes, il fe précipita du haut du Mont Corycius; c'eft un des premiers auteurs parmi les Grecs qui ait écrit en profe.

Un autre *Phérécyde*, furnommé l'Athénien, qui vivoit vers l'an 456 avant J. C. avoit compofé l'hiftoire de l'Attique, mais cet ouvrage a péri.

PHI

PHIDIAS, (*Hift. anc.*) (*Voir la differtation de l'abbé Gédoyn fur Phidias dans les mém. de l'académie des belles-lettres, tome 9, pag. 189 & fuiv.*,) fculpteur célèbre de l'antiquité, vivoit dans la quatre-vingt-troifième Olympiade, environ quatre fiecles & demi avant J. C. Il avoit l'efprit orné de toutes les connoiffances utiles à fon art. Il connoiffoit fur-tout très-bien l'optique, & cette fcience lui procura une victoire très-flatteufe, non-feulement fur un rival qui lui fut oppofé, mais encore fur les juges qui le lui avoient d'abord préféré. Ce rival étoit Alcamène : tous deux furent chargés de faire une ftatue de Minerve, pour être placée fur une colonne fort élevée; on devoit choifir pour cela celle qui feroit jugée la plus belle. Celle d'Alcamène parut parfaite & réunit les fuffrages; celle de Phidias n'offroit au premier coup-d'œil rien que de rude & de groffier. On fut étonné qu'un artifte de cette réputation fe fût oublié au point de mettre au concours cette lourde ébauche. *Placez-les*, dit-il, *à l'endroit où elles doivent être*. On les y plaça l'une après l'autre. Les traits finis & délicats de la ftatue d'Alcamène perdirent toute expreffion; l'on n'y voyoit plus rien; les grands & gros traits de celle de *Phidias* acquéroient par l'éloignement & l'élévation, de la nobleffe & de la majefté. Alcamène confus fe promit bien d'apprendre les règles de l'optique, & les juges firent réparation à Phidias.

Ce fut *Phidias* qui, dans fon art, donna l premier aux Grecs le goût de la belle nature; il avoit auffi la connoiffance des autres arts, & Périclès qui ornoit Athènes de tant de beaux édifices, le fit directeur des bâtimens de la république.

Après le fameux combat de Marathon, où les Perfes furent vaincus par Miltiade, on trouva dans le camp des Perfes un bloc de marbre que ces peuples, ne doutant point de la victoire, avoient apporté pour ériger un trophée; *Phidias* en fit une Némefis, dont la fonction eft de punir l'orgueil

&c

l'infolence, il fit placer en divers lieux beaucoup de ftatues de Minerve & de Jupiter ; on trouvoit qu'il excelloit fur-tout à repréfenter les dieux. Il avoit fait pour le fameux temple de Minerve à Athènes, une ftatue de cette déeffe, haute de trente-neuf piéds. Cicéron, Pline, Plutarque, Paufanias, &c. en ont parlé comme d'un des plus beaux ouvrages qu'on eût jamais vus. Il avoit gravé fur la partie convexe du bouclier de Minerve, un combat des Athéniens contre les Amazones ; fur la partie concave, le combat des géans contre les dieux ; fur la chauffure de la déeffe, le combat des Centaures & des Lapithes ; fur le piédeftal, la naiffance de Pandore.

Les envieux de Périclès & de *Phidias* n'ofant pas encore attaquer le premier, attaquèrent du moins le fecond. Ménon, un de fes élèves, l'accufa d'avoir détourné à fon profit, une partie des quarante-quatre talens d'or qu'il avoit dû employer à la ftatue de Minerve ; il ne favoit pas que *Phidias*, averti par Périclès de ce que l'envie & la calomnie pouvoient attenter contre le mérite & le fuccès, avoit pris la précaution d'appliquer cet or à fa ftatue, de manière qu'on pouvoit l'en détacher & le pefer ; ce qui fut fait, & on retrouva les quarante-quatre talens. Mais indigné d'avoir vu fon innocence expofée à de telles attaques, il s'exila d'Athènes & fe retira en Elide. Les Athéniens s'en confoloient en fongeant qu'ils poffédoient fa Minerve qui étoit regardée comme fon chef-d'œuvre ; il voulut fe venger d'eux noblement, en donnant aux Eléens un ouvrage plus parfait encore, & il fit fon Jupiter Olympien, qui fut mis au rang des fept merveilles du monde, & qu'on n'avoit pas même la préfomption de vouloir imiter ; *præter Jovem Olympium, quem nemo æmulatur,* dit Pline. Quintilien dit que la majefté de l'ouvrage égaloit celle du Dieu, & ajoutoit à la religion des peuples : *Ejus pulchritudo adjeciffe aliquid etiam receptæ religioni videtur, adeò majeftas operis Deim æquavit !* On demandoit fi le Dieu étoit defcendu du ciel en terre pour fe faire voir à *Phidias*, ou fi *Phidias* avoit été tranfporté au ciel pour contempler le Dieu. *Phidias* en faifoit honneur à Homère, & il citoit de ce poëte des vers qui l'avoient, difoit-il, infpiré. Paufanias qui avoit vu cette ftatue de Jupiter Olympien & qui l'avoit examinée avec un foin particulier, en a laiffé une fort belle defcription, que l'abbé Gédoyn a inférée dans fa differtation. Ce fut par cette ftatue de Jupiter olympien, que Phidias termina fes travaux, qu'on dit avoir été innombrables. Les Eléens créèrent, en faveur de fes defcendans, une charge dont toute la fonction étoit de nettoyer cette ftatue, & de la purger de tout ce qui pourroit en ternir la beauté. On conferva long-temps l'attelier de *Phidias*. & les voyageurs l'alloient voir par curiofité, pour rendre hommage à une réputation que deux

mille ans n'ont pu ravir à ce grand artifte.

PHILADELPHE, (*Hift. anc.*) nom tiré du grec φιλος amateur, & d'αδελφος, frere. Il fut donné comme une marque de diftinction par les anciens à quelques princes qui avoient marqué beaucoup d'attachement pour leurs frères. Le plus connu eft Ptolomée *Philadelphe*, roi d'Egypte, dont la mémoire ne périra jamais, tant que dureront les lettres qu'il honora toujours d'une protection éclatante, foit en formant la magnifique bibliothèque d'Alexandrie, compofée de 400000, & felon d'autres, de 700000 volumes, fous la direction de Démétrius de Phalère, foit en faifant traduire en grec les livres fain s, cette traduction qu'on appelle communément la *verfion des feptante,* parce que ce prince y employa foixante-dix favans.

Le P. Chamillard avoit une médaille d'une reine de Comagène, avec le titre de *Philadelphe,* fans aucun autre nom, & M. Vaillant dit que Philippe, roi de Syrie, avoit pris le même titre. (*A. R.*)

PHILELPHE, (FRANÇOIS) (*Hift. litt. mod.*) Savant du quinzième fiècle, hautain, bizarre & querelleur, gendre du favant grec Emmanuel Chryfeloras ; il apprit de Théodora fa femme, la douceur & les fineffes de la langue grecque ; il enfeigna dans plufieurs villes de l'Italie ; c'eft lui qu'on accufe, peut-être à tort, de nous avoir privés du traité de Cicéron fur la gloire ; on a fes œuvres *in-fol.* en profe & en vers, & un recueil de fes lettres auffi *in-fol.* Les plus connus & les plus cités de fes ouvrages font les traités *de morali difciplinâ ; de exilio ; de jocis & feriis ; fes deux livres *conviviorum.*

On a auffi des poéfies de fon fils Marius *Philelphe.*

PHILÉMON (*Hift. anc.*) Poëte comique grec, rival de Ménandre, quelquefois préféré à Ménandre par le mauvais goût de fon fiècle, car tous les fiècles ont manqué de goût dans l'appréciation, foit abfolue, foit comparative des contemporains ; il n'y a de jugemens juftes que ceux qui font confacrés par le temps ; il n'y a que la poftérité qui juge bien, parce que tous les acceffoires étrangers au mérite de l'ouvrage, & qui fi fouvent déterminent les fuffrages des contemporains, n'exiftent plus pour elle. Nous pouvons regarder comme le jugement de la poftérité fur *Philémon,* celui que Quintilien en a porté fi long-temps après. Il juge que s'il étoit injufte de préférer ou d'égaler *Philémon* à Ménandre, il étoit très-jufte de le mettre au fecond rang, comme l'y mettoit l'opinion publique. *Philémon, ut pravis fui temporis judiciis Menandro fæpe prælatus eft, ità confenfu omnium meruit credi fecundus.*

Plaute a imité de *Philémon* la comédie du *Marchand.* C'eft ce *Philémon* qui mourut, dit-on, de rire en voyant fon âne manger des figues ; ce qui n'eft pourtant guères plus plaifant que de lui voir manger des chardons; mais *Philémon* avoit alors quatre-vingt-dix-sept ans. *Philémon* le jeune, son fils, avoit aussi composé beaucoup de comédies; il nous en reste des fragmens que Grotius a recueillis. Ce dernier *Philémon* vivoit plus de deux siècles avant J. C.

Philémon est aussi le nom d'un citoyen riche de la ville de Colosses, converti à la foi par un disciple de Saint Paul, & à qui Saint Paul adresse une de ses épîtres.

PHILENES, (*Hist. anc.*) Rien de plus célèbre que les autels des *Philènes*, ara *Philenorum*; mais la célébrité des faits n'est souvent qu'un préjugé légitime de leur fausseté, car ce sont les circonstances merveilleuses & extraordinaires qui contribuent le plus à la célébrité des faits. Quoi qu'il en soit, Salluste & Valère Maxime rapportent que Carthage & Cyrène étant en contestation au sujet de leurs limites, on convint de les fixer au point où deux jeunes gens, partis en même temps de chacune des deux villes, se rencontreroient; mais première difficulté: chacune des deux villes avoit-elle, dans la ville rivale, des commissaires pour s'assurer respectivement du moment précis du départ, ou avoit-on enfin des moyens quelconques de s'assurer que les deux départs seroient simultanés? Dans ce cas, il n'a pu y avoir de contestation; quant à l'inégalité de diligence dans la marche, on avoit dû la prévoir, & elle n'a pas dû non plus faire naître de dispute; mais on sent combien un pareil moyen de fixer des limites étoit grossier & défectueux. Les Carthaginois, c'étoient deux frères, nommés *Philènes*, firent plus de diligence: les Cyrénéens prétendirent qu'il y avoit eu de la mauvaise foi, & que les *Philènes* étoient partis avant l'heure marquée: contestation impossible, encore un coup, si on avoit des moyens de s'assurer du moment du départ; mais contestation à laquelle on devoit nécessairement s'attendre, si ces moyens manquoient. Mais voici à quoi on ne devoit pas s'attendre; c'est que les Cyrénéens consentirent de s'en tenir à l'accord, moyennant une condition, qui est que les *Philènes* consentiroient de leur côté à être enterrés vivans à l'endroit où la rencontre s'étoit faite. De quel droit impose-t-on après-coup une pareille condition? De quel droit deux particuliers l'imposent-ils? On ne nous dit point d'ailleurs si, en imposant, ils offroient de la remplir eux-mêmes à l'endroit où ils desiroient que les bornes du territoire de leur ville fussent fixées. Les *Philènes* s'étant dévoués à cette mort horrible, car la condition fut acceptée & remplie, les Carthaginois leur rendirent les honneurs divins, élevèrent deux autels au lieu où les *Philènes* avoient été enterrés, c'est ce qu'on appelle *les autels de Philènes*; & ce lieu servit de borne à l'empire des Carthaginois du côté de Cyrène, tandis qu'il s'étendoit de l'autre côté jusqu'aux colonnes d'Her-

cule. Nous croyons reconnoître, dans cette belle histoire des *Philènes*, tous les caractères de la fable, ou du moins d'une histoire altérée. Cependant tous les historiens, tant anciens que modernes, la rapportent sans y trouver de difficulté; tout ce qu'on peut en dire, c'est qu'il faut qu'il y ait eu quelque événement glorieux aux *Philènes*, qui ait donné lieu à cette dénomination d'autels des *Philènes*.

PHILETAS, (*Hist. litt. anc.*) de l'île de Cos, grammairien & p.-ête grec; ses poésies ne nous sont point parvenues, mais Ovide & Properce les ont vantées; on regardoit communément Callimaque, dit Quintilien, comme le premier des poëtes dans l'élégie amoureuse quoiqu'Horace ait placé Mimnermus au-dessus de lui. (*Voyez* les articles *Callimaque* & *Mimnermus*). Et on donnoit le second rang à *Philétas*. Ptolémée Soter donna ce dernier pour précepteur à son fils Ptolémée Philadelphe.

PHILIPPE I, (*Hist. anc. Hist. de Macéd.*) troisième fils d'Amyntas roi de Macédoine, & son successeur au trône, naquit l'an du monde 3621. Son père, pour gage de l'observation des traités, le remit aux Thébains, qui confièrent son éducation au sage Epaminondas. Le jeune Macédonien formé par les leçons d'un si grand maître, en eut tous les talens sans en avoir les vertus. Lorsqu'il parvint à l'empire, il eut honte de ne commander qu'à des barbares: il entreprit d'en faire des hommes, en leur donnant des loix & des mœurs. Les moyens dont il se servit pour monter sur le trône, manifestèrent qu'il en étoit digne. Appellé de Thèbes pour prendre la tutelle de son neveu, il profita de son enfance pour préparer sa grandeur. Les Macédoniens, environnés d'ennemis, avoient jusqu'alors combattu sans courage & sans gloire; & s'ils n'avoient point encore été subjugués, c'est que leurs voisins avoient dédaigné d'en faire leur conquête. *Philippe* affectant une confiance que peut-être il n'avoit pas, releva leurs courages abattus. Le soldat, fier de marcher sous un disciple d'Epaminondas, se soumit, sans murmurer, à une discipline sévère. Ses manières affables & prévenantes adoucirent la rigueur du commandement: les Macédoniens, heureux & triomphans, le placèrent sur le trône, que son ambition dévoroit en secret, & dont il affectoit de redouter les écueils.

Le choix de la nation fut justifié par les plus brillans succès; *Philippe*, âgé de 24 ans, développa tous les talens qui sont le fruit de l'expérience. Tous ses concurrens au trône furent subjugués par ses bienfaits: il n'y eut ni de murmurateurs ni de rebelles; ses victoires imposèrent silence aux rivaux de sa grandeur, & firent oublier par quels dégrés il étoit parvenu à l'empire. Sobre & tempérant, il introduisit la frugalité dans le camp; sa cour simple & même austère, n'offroit point cet éclat imposteur dont les rois indignes de l'être masquent leur petitesse. La sévérité de la discipline militaire n'eut rien de pénible, parce qu'il en donna lui-même l'exemple. Ses soldats, honorés du titre de ses compagnons, se précipitoient dans tous les périls pour mériter les distinctions dont il récompensoit la valeur. Ce fut lui qui créa cette fameuse phalange qui présentoit à l'ennemi un rempart impénétrable; ce bataillon formoit un carré long de 400 hommes de front sur 16 de profondeur; il étoit si serré dans sa marche, que le choc de l'ennemi ne pouvoit l'ébranler ni résister au sien. Chaque soldat étoit armé d'une pique longue de vingt-&-un pieds: ce fut cette phalange redoutable qui éleva les Macédoniens à un si haut dégré de splendeur.

Une armée aussi bien disciplinée lui inspira la passion des conquêtes; il contint la Grèce en répandant le bruit artificieux que le monarque Persan méditoit d'y faire une invasion: ce fut ainsi qu'en réalisant des dangers imaginaires, il se rendit l'arbitre des rivaux de sa puissance. Les Illyriens étoient maîtres de plusieurs places dans la Macédoine, il les en chassa; & pour mieux les affoiblir, il porta le feu de la guerre dans leur pays. Après leur avoir livré plusieurs combats toujours suivis de la victoire, il s'empara d'Amphipolis, colonie des Athéniens, que cette hostilité rendit ses ennemis. Philippe, sans leur déclarer la guerre, leur enleva Potidée. Son insidieuse éloquence leur persuada qu'en perdant ces places ils ne perdoient rien de leur puissance. La plus utile de ses conquêtes fut celle de Cnidé, à qui il donna son nom, & qui devint dans la suite célebre par la mort de Brutus & Cassius. Cette acquisition, sans être glorieuse à ses armes, servit de dégré à sa puissance; il fit ouvrir près de cette ville une mine d'or d'où il tira par an trois millions. Cette source de richesse le mit en état d'acheter des espions & des traîtres qu'il entretint dans toutes les villes allarmées de son ambition. Il avoit coutume de dire qu'il n'y avoit de villes imprenables que celles où un mulet chargé d'or ne pouvoit entrer; en effet, ce fut avec ce métal plutôt qu'avec ses armes qu'il subjugua la Grèce.

Il est un héroïsme domestique que le sage seul peut apprécier: l'ambitieux Philippe, du tumulte du camp veilloit aux devoirs d'un pere de famille. Sa femme Olympias ayant mis au monde Alexandre, il n'en eut pas plutôt appris la nouvelle qu'il écrivit à Aristote, pour le prier de se charger un jour de son éducation. "Je vous apprends, lui dit-il, qu'il m'est » né un fils: je rends grace aux dieux moins pour » me l'avoir donné que pour m'avoir fait ce pré- » sent de votre vivant: je me flatte que vos soins » en feront un prince digne de ses hautes destinées".

La guerre sacrée qui embrasa la Grèce y donna le spectacle de toutes les atrocités qu'enfante le zèle religieux; Philippe, tranquille spectateur de cette scène horrible, laissa aux dieux le soin de venger leur injure. Sa politique ténébreuse attisoit en secret le feu qui dévoroit les différentes contrées de la

Grèce. Tandis que ses voisins s'affoiblissoient par leurs défaites & même par leurs victoires, il affermissoit sa puissance dans la Thrace; il établissoit ses droits sur tout ce qui paroissoit lui convenir. Ce fut au siège de Methone qu'un nommé Aster, extrêmement adroit à tirer de l'arc, vint s'offrir à lui: Philippe, plein de mépris pour un si foible talent, lui dit qu'il le prendroit à son service lorsqu'il feroit la guerre aux hirondelles. Aster, irrité de ce dédain, se jetta dans la ville assiégée, d'où il tira contre le monarque une flèche où étoit écrit, à l'œil droit de Philippe, dont l'œil en effet fut crevé. Philippe renvoya la flèche dans la ville avec cette inscription: Aster sera pendu aussi-tôt que la ville sera prise. Cette menace fut bientôt suivie de l'exécution. Ce prince, si au-dessus du reste des hommes, se rapprochoit d'eux par quelques foiblesses; depuis qu'il avoit perdu un œil, il ne pouvoit entendre prononcer le nom de cyclope sans se sentir humilié.

Philippe, appellé par ses voisins pour être l'arbitre de leurs querelles, en profitoit pour les asservir. Les habitans de Phères implorèrent son secours contre Lycophron, beau-frere du cruel Alexandre, dont il imitoit la tyrannie. Le monarque Macédonien flatté du titre de protecteur d'un peuple opprimé, remporta deux victoires sur le frere du tyran. Comme ces peuples s'étoient déclarés contre les violateurs du temple d'Apollon, Philippe, qui les protégeoit, fut regardé comme le vengeur de la religion. Les Grecs, acharnés à se détruire, se préparèrent eux-mêmes des fers. Philippe, instruit de leur foiblesse, conçut le dessein de les subjuguer: un seul homme réprimoit les vœux de son ambition, c'étoit l'orateur Démosthène, dont l'éloquence lui paroissoit plus redoutable que toutes les flottes & les armées de la Grèce. Ce fut lui qui détermina les Athéniens à disputer le passage des Thermopyles à cet ambitieux, qui vouloit s'en emparer, pour s'ouvrir l'entrée de la Grèce; mais ne quittant que pour un moment les jeux & les spectacles, ils se plongèrent bientôt dans leur premier sommeil. Tandis qu'ils perdoient le tems en délibérations stériles, Philippe inondoit la Thrace, & se rendoit maître d'Olinthe, colonie Athénienne, qui fut contrainte d'abandonner ses foyers pour errer sans patrie. Les traîtres qui lui livrèrent la ville ne reçurent pour salaire que les railleries des Macédoniens; ils s'en plaignirent à Philippe: ce prince, railleur lui-même, leur répondit: «Les Macédoniens sont » si grossiers, qu'ils appellent tout par leur nom ». Cette conquête fut célébrée par des jeux & des spectacles.

Les Thébains, après avoir essuyé différentes défaites, crurent se relever par l'appui de Philippe: rechercher un allié si puissant, c'étoit solliciter des fers. Leur haine contre les Phocéens égara leur politique; Philippe, sous le titre de libérateur, se vit l'arbitre de toute la Grèce, dont les Thébains venoient de lui ouvrir les portes. Ce fut sous le spécieux prétexte de protéger ses nouveaux alliés qu'il rentra dans la Phocide, & que maître des Thermopyles, il répandit la terreur dans toute la Grèce. Les Phocéens, trop foibles pour opposer une digue à ce débordement, s'abandonnèrent à sa discrétion : leurs villes furent démolies ; on leur imposa un tribut si rigoureux, qu'ils aimèrent mieux s'exiler eux-mêmes que d'être réduits à vivre malheureux pour enrichir leurs oppresseurs. *Philippe*, sans foi dans les traités, sans frein dans son ambition, sans modération dans le traitement des vaincus, eut encore le secret d'être regardé, par le vulgaire, comme le vengeur des autels & de la religion. Les Amphictions, dont il avoit acheté les suffrages, applaudirent à tous ses décrets, & même ils lui donnèrent séance dans leur assemblée. Sa sombre politique craignoit de réveiller l'amour de la liberté dans le cœur des Grecs ; & au lieu de les subjuguer, il les façonna à l'obéissance par de sages délais ; il parut respecter la liberté publique en tournant ses armes contre les barbares. Après s'être assuré de la Thessalie, il transporta le théâtre de la guerre dans la Thrace, d'où Athènes tiroit ses subsistances, & qui, privée de cette ressource, tomboit dans le dépérissement, sans qu'il lui fournît de justes motifs de se plaindre.

Son ambition, allumée par des succès, lui fit tenter une expédition dans la Quersonnèse, presqu'île fertile en toutes les productions nécessaires à la vie. Cette région alors presqu'inconnue, avoit passé de la domination des Spartiates sous celle des Macédoniens : c'étoit le théâtre des révolutions ; Athènes y avoit encore quelques colonies ; mais les habitans, impatiens d'un joug étranger, avoient remis sur le trône les descendans de leurs anciens rois. Les Athéniens, qui regardoient cette région comme une partie de leur domaine, murmurèrent de l'irruption des Macédoniens : leurs orateurs tonnèrent dans la tribune ; *Philippe* les laissa dire, & ils lui laissèrent tout exécuter.

Les Messéniens, les Argiens & les Thébains, fatigués d'essuyer l'orgueil farouche des Spartiates, lui portèrent leurs plaintes, qui lui fournirent un prétexte de tourner ses armes contre la Laconie. Cette entreprise fut autorisée par un décret des Amphictions, dont les intentions pures étoient de tirer Argos & Messène de l'oppression de Lacédémone. Au bruit de cette irruption, l'alarme se répandit dans la Grèce, dont les forces réunies le déterminèrent à suspendre l'exécution de son entreprise ; mais toujours ennemi du repos, il alla fondre sur l'Eubée ; & à la faveur des intelligences qu'il avoit su se ménager, il prit quelques places où il établit des gouverneurs pour commander sous son nom. Les Athéniens lui opposèrent Phocion, philosophe guerrier, dont on admiroit autant l'intégrité que l'éloquence. Sa sagesse & son courage ramenèrent la victoire sous les drapeaux des Athéniens, qui conservèrent l'Eubée, dont les lieutenans de *Philippe* furent chassés. Ce prince, pour se venger de cette disgrace, porta ses conquêtes dans la Thrace,

dont le salut intéressoit les Athéniens ; il se présenta devant les murs de Perinthe, ville de Propontide, à la tête d'une armée de trente mille hommes accoutumés à vaincre sous lui : la place eût été forcée de se rendre, si elle n'eût été secourue par les Bisantins.

Philippe, sensible à cet affront, tourna ses armes contre Bizance ; & ce fut à ce siège que son fils Alexandre fit son apprentissage. La Grèce alors sortit de son sommeil, & la Perse vit avec inquiétude les entreprises d'un prince si ambitieux. Phocion fut envoyé avec une armée au secours de Bizance ; la sagesse de ce général déconcerta tous les projets de l'ennemi commun, qui fut contraint de lever le siège, & d'abandonner l'Hellespont. *Philippe* fécond en ressources, se relevoit promptement de ses pertes ; son or qu'il prodiguoit, servoit à corrompre ceux dont il ne pouvoit triompher par ses armes ou son éloquence. Tandis que ses ministres amusoient les Athéniens par des négociations artificieuses, il fit une irruption dans la Scythie, d'où il revint chargé d'un riche butin ; au retour de cette expédition, il fut attaqué dans sa marche par les Triballes, peuples de Mœsie, qui vivant de leurs brigandages, tentèrent de lui enlever ses richesses ; il fut forcé de leur livrer un combat, où couvert de blessures, il se vit sur le point d'être fait prisonnier. Son fils Alexandre voyant le péril, perce les bataillons les plus épais, & parvient à le délivrer des mains des barbares ; cette victoire, en le rendant plus puissant, ne fit que lui susciter de nouveaux ennemis. Les divisions des Grecs l'en rendirent l'arbitre ; il sut engager les Amphictions à le déclarer général dans la guerre que les Grecs déclarèrent aux Locriens, accusés d'avoir envahi quelques terres appartenantes au temple de Delphes. Tous les peuples séduits par la superstition, s'engagèrent par piété dans cette guerre sacrée : *Philippe* à la tête de ceux qu'il ambitionnoit d'avoir pour sujets, entra dans la Phocide, où il s'empara d'Elatée ; les Athéniens s'apperçurent trop tard que cette conquête le rendoit maître des passages de l'Attique. L'orateur Démosthène fut envoyé à Thèbes où les Grecs étoient assemblés ; il déploya toute son éloquence pour leur représenter que la liberté étoit prête d'expirer ; en vain on lui opposa les réponses des oracles que l'or de *Philippe* avoit corrompus ; il répondit que la Pythie philippisoit. Les Grecs entraînés par l'impétuosité de son éloquence, se déterminèrent à la guerre ; leurs forces réunies étoient à peu-près égales à celles de leur ennemi ; mais elles leur étoient bien inférieures en expérience & en discipline. Les deux armées rivales en vinrent aux mains près de Chéronée dans la Béotie ; l'habileté de *Philippe* & le courage du jeune Alexandre, qui commandoit l'aîle gauche, décidèrent de la victoire. Ce succès transporta de joie le monarque vainqueur qui, après des sacrifices offerts aux dieux, récompensa avec magnificence les soldats & les officiers qui s'étoient distingués ; plusieurs jours se passèrent en festins, où il se livra à l'intempérance. Ce fut dans un de ces excès qu'il se transporta sur le champ de bataille, où chantant & dansant comme un bouffon, il outragea les morts. L'Athénien Demade, qui étoit son prisonnier, eut le courage de lui représenter qu'étant Agamemnon, il se déshonoroit en jouant le rôle de Thersite. *Philippe*, revenu de son ivresse, en répara l'erreur par la liberté qu'il rendit aux Athéniens, & par le pardon qu'il accorda aux Thébains dont il avoit juré la perte.

La bataille de Chéronée décida du fort de la Grèce; les Spartiates avilis n'étoient plus que l'ombre de ce qu'ils avoient été autrefois. Les Athéniens sans émulation préféroient les jeux aux affaires: ces deux peuples qui tour à tour avoient été les dominateurs de la Grèce, furent obligés de reconnoître un étranger pour chef de l'expédition qu'on méditoit contre les Perses. *Philippe* satisfait de ce titre qui lui donnoit la réalité du pouvoir, n'ambitionna pas celui de roi qui eût réveillé dans les esprits le sentiment de la liberté dont il ne restoit que le fantôme. Tandis qu'il triomphoit au-dehors, sa vie étoit empoisonnée de chagrins domestiques; l'humeur impérieuse & chagrine de sa femme Olympias le contraignit de la répudier, pour épouser Cléopâtre, fille d'un de ses principaux officiers; la solemnité de la noce fut troublée par l'indiscrétion d'Attale, père de la nouvelle reine, qui dans l'ivresse du festin invita les convives à prier les dieux d'accorder à *Philippe* un légitime successeur; Alexandre, indigné de cette audace, s'élança sur lui, en disant: malheureux, me prends-tu pour un bâtard? & dans ce moment il lui jette sa coupe à la tête. *Philippe* courroucé s'élance sur son fils l'épée à la main; & comme il étoit boiteux, il fit une chûte qui le préserva de l'horreur d'un parricide. Alexandre qui sans doute avoit participé à l'ivresse, insulta à la chûte de son pere: Quoi, lui dit-il, vous prétendez aller en Perse, & vous n'avez pas la force de vous transporter d'une table à une autre? Il se retira en Epire avec sa mère, d'où il fut biéntôt rappellé.

Philippe, roi de la Grèce, sans en avoir le nom fastueux, célébra les noces de sa fille avec une magnificence asiatique; tous les Grecs, distingués par leur naissance ou leurs dignités, furent invités à cette fête. Ces républicains, autrefois si fiers & devenus les complices de leur dégradation, lui firent présent de couronnes d'or au nom de leurs villes: Athènes donna l'exemple de cet hommage servile. Dans le tems qu'il jouissoit de toute sa grandeur, Pausanias, jeune Macédonien, perce la foule, & lui plonge son poignard dans le sein: cet assassin avoit inutilement demandé à *Philippe* justice d'un outrage sanglant, & ce refus en fit un régicide. La nouvelle de cette mort laissa respirer la Grèce, qui se flatta de rentrer dans sa première indépendance. Les peuples couronnés de guirlandes chantoient des cantiques d'allégresse au lieu d'hymnes funéraires; cette indécence qui étoit le témoignage de la foiblesse de ses ennemis, étoit le plus grand honneur qu'on pût rendre à sa cendre.

Ce prince fut un assemblage de vices & de vertus: ambitieux sans frein & sans délicatesse dans les moyens, il poussoit la prudence jusqu'à l'artifice & la perfidie, semant par-tout les troubles pour avoir la gloire de les pacifier. Ses plaisirs étoient des débauches; il prostituoit sa confiance & ses graces aux complices de ses excès: contempteur des dieux & de leur culte, il affectoit de respecter leurs ministres pour en faire les agens de ses desseins. Son éloquence éblouissante fit croire aux peuples qu'il vouloit asservir, qu'il ne combattoit que pour leurs intérêts & leur liberté. Il ne dut ses prospérités, ni aux négociations de ses ministres, ni à la capacité de ses généraux: il voyoit tout par ses yeux; & comme il étoit son propre conseil, il exécutoit tout par lui-même. Libéral jusqu'à la prodigalité, il se débarrassoit du poids des richesses en les versant sur ceux qui pouvoient lui être utiles. Egalement chéri & respecté du soldat, il se rendoit populaire & savoit prévenir l'abus de la familiarité. Un de ses officiers étoit chargé de lui répéter tous les matins ces mots: *Philippe, souvenez-vous que vous êtes mortel.* Perfide envers ses ennemis, il se piquoit d'équité envers ses sujets: un jour qu'il sortoit de table, où il avoit bu avec excès, une femme qui vint lui demander justice, n'en put obtenir une décision favorable: J'en appelle, dit-il au roi, de *Philippe* ivre à *Philippe* à jeun; le monarque, au lieu de la punir, rectifia son jugement. Une autre femme à qui il dit qu'il n'avoit pas le tems de lui rendre justice, lui répliqua: si vous n'avez pas le tems de protéger vos sujets, cessez d'être roi. Démocharès, athénien, lui ayant été député, le monarque lui dit: faites-moi connoître le service que je puis rendre aux Athéniens; l'orateur impudent lui répliqua: c'est de t'aller pendre. *Philippe* armé du pouvoir, le renvoya sans le punir, & le chargea de dire à ses maîtres que ceux qui savent entendre & pardonner de semblables outrages, sont plus estimables que ceux qui les prononcent. Instruit des calomnies dont les orateurs d'Athènes tâchoient de flétrir ses actions, il leur fit dire qu'il seroit si circonspect dans ses actions & dans ses paroles, qu'il les convaincroit de mensonge & d'imposture aux yeux de toute la Grèce. Ce fut le mérite d'Alexandre qui mit le comble à la gloire de *Philippe*; le fils jetta un plus grand éclat, mais le pere, en applanissant les obstacles qui s'opposoient aux succès de son fils, montra plus de solidité; l'un, comme dit Cicéron, fut un plus grand conquérant, mais l'autre fut un plus grand homme: ce prince fut assassiné à l'âge de quarante-sept ans, après en avoir régné vingt-quatre. (*T.-N.*)

PHILIPPE II, roi de Macédoine, après la mort de son père Antigone, monta sur le trône de Macédoine 220 ans avant Jésus-Christ. L'aurore de son regne fut brillante: la Macédoine déchue de son ancien éclat reprit sa première splendeur. La guerre des

Achéens lui fournit l'occasion de développer ses talens pour la guerre ; ces peuples implorèrent son secours contre les Etoliens. *Philippe* flatté du titre de protecteur d'un peuple opprimé, entra dans l'Etolie, à la tête de quinze mille hommes, qui le rendirent maître de plusieurs places importantes : il réussit dans toutes ses entreprises, tant qu'il écouta les conseils d'Aratus, général des Achéens, habile général, & plus habile encore dans l'art de gouverner. *Philippe* avoit laissé prendre un grand ascendant sur son esprit à Apelle, qui après avoir été son tuteur, étoit devenu son favori ; cet Apelle, obscurci par le mérite d'Aratus, qui partageoit la confiance de son maître, traversa tous leurs projets, persuadé qu'en les faisant échouer, il supplanteroit le rival de sa faveur. Le jeune monarque, avec une flotte puissante, descendit dans l'île de Céphalonie, où il forma le siége de Palée, qu'il eut la honte de lever, par la faute des Léontins, dévoués au traître Apelle ; après cet échec il marcha contre Therme, ville où toutes les richesses de l'Etolie étoient accumulées. Les Macédoniens, vainqueurs sacrilèges, brûlèrent le temple, brisèrent les statues, & se retirèrent chargés des dépouilles des dieux & des hommes ; ils saccagèrent dans leur marche la Laconie ; & de retour à Corinthe, *Philippe* découvrit la trahison d'Apelle, qui fut condamné à la mort avec son fils.

Philippe enivré de ses prospérités, s'abandonna à la bassesse des penchans qui jusqu'alors étoit restée cachée dans son cœur : insolent & cruel dans la victoire, sans pudeur dans la débauche, il devint l'exécration des peuples dont il avoit été l'idole ; son humeur aigrie par les revers, le rendit sévère jusqu'à la férocité. Après sa défaite à la journée d'Apollonie, il se vengea sur ses alliés de la honte d'avoir été battu par les Romains. Aratus lui représentant l'horreur de ses excès, lui parut un censeur importun ; il eut la cruauté de le faire empoisonner, oubliant qu'il étoit redevable de ses prospérités aux talens de ce grand homme.

Quoique privé de son secours, il enleva aux Etoliens la ville d'Issus, devant laquelle les plus grands capitaines avoient échoué : cette conquête fut suivie de deux grandes victoires remportées sur les Etoliens. Tant de succès lui faisoient espérer l'empire de la Grèce, lorsque Ptolomée, roi d'Egypte, les Rhodiens & les Athéniens ligués le forcèrent de souscrire à la paix, qui fut rompue aussi-tôt que jurée. Les Romains commandés par Sulpitius, lui livrèrent un combat, où la victoire fut vivement disputée : le téméraire *Philippe* se précipita au milieu de l'infanterie romaine ; cette espèce de désespoir occasionna un grand carnage pour le délivrer. *Philippe*, après avoir ravagé les terres des Rhodiens, fondit sur les provinces d'Attale, allié des Romains. Quelques échecs essuyés le rendirent plus barbare ; il sem-

bloit ne faire la guerre que pour changer en déserts les contrées les plus florissantes : s'étant rendu maître de Cios, en Bithynie, il fit périr au milieu des supplices les principaux habitans : ceux qui n'expirèrent point par le fer & le feu, furent réservés pour l'esclavage. Après avoir assouvi sa vengeance brutale, il fit mettre le siège devant Abydos, ville située sur l'Hellespont, dans l'endroit que nous appellons le détroit des Dardanelles. Les habitans voyant qu'il exigeoit d'eux de se rendre à discrétion, résolurent de périr les armes à la main ; il fut arrêté qu'aussi-tôt que les assiégeans seroient maîtres des remparts, cinquante des principaux citoyens égorgeroient les femmes, les enfans & les vieillards dans le temple de Diane, après qu'on auroit jetté dans la mer les effets & les métaux qui pouvoient flatter la cupidité de l'ennemi. Cette délibération scellée par des sermens, eut une prompte exécution : les Macédoniens étant entrés dans la ville, virent avec horreur des furieux égorger leurs femmes & leurs enfans pour les soustraire à l'esclavage : tous dans chaque famille firent l'office de bourreaux.

L'humeur inquiète & guerrière de *Philippe* le rendoit incapable de repos ; il fond le fer & la flamme à la main sur l'Attique : les Athéniens demandent du secours aux Romains, qui envoyèrent Valerius-Levinus avec une flotte sur les côtes de la Macédoine. *Philippe*, sans être étonné du nom de ses nouveaux ennemis, se présente devant Athènes : son arrivée est signalée par une victoire. Les Athéniens forcés de rentrer dans leur ville, y défièrent impunément leur vainqueur. Les Etoliens & les Thébains rassurés par la présence des Romains, se déclarèrent pour eux : Quintius-Flaminius, secondé de leur alliance, engagea un combat près de Cynoscéphale dans la Thessalie ; l'inégalité du terrein rendit inutile la phalange Macédonienne. *Philippe* vaincu se vit dans la nécessité de souscrire à toutes les conditions que le vainqueur daigna lui imposer ; & il ne fut plus qu'un fantôme de roi, qui ne parut sensible qu'au souvenir de son ancienne grandeur.

Des chagrins domestiques semèrent une nouvelle amertume sur ses jours ; le mérite de son fils Démétrius excita sa jalousie : son frère Persée, pour rapprocher l'intervalle qui le séparoit du trône, l'accusa de former des complots pour hâter le moment de régner. Le soupçonneux *Philippe* le fit empoisonner ; mais ce parricide rendit son cœur la proie des remords : sa vie ne fut plus qu'un supplice, & il eût exhérédé Persée pour le punir de sa délation, si la mort n'eût prévenu sa juste vengeance : il mourut 178 ans avant notre ère. (*T—N.*)

PHILIPPE (MARC-JULE), (*Hist. Romaine*) passa des plus bas emplois à la première dignité du monde ; né en Arabie de parens obscurs, il fut l'artifan de fa fortune, & il auroit paru digne de l'empire romain, s'il ne l'avoit point acheté par le meurtre de fon bienfaiteur. Gordien, qui l'avoit fait capitaine de fes gardes, & le dépofitaire de fes fecrets, alluma dans fon cœur une ambition dont il fut la victime, & à force de lui parler des douceurs de commander, il aiguifa le poignard qui lui perça le fein. *Philippe*, par fes largeffes, corrompit les légions dont les fuffrages l'élevèrent à l'empire. L'impatience de fe montrer aux romains pour faire confirmer fon élection par le fénat, lui fit trahir les intérêts de l'état par la ceffion de la Méfopotamie aux Perfes. Dès qu'il fut arrivé dans la capitale du monde, il captiva le cœur du peuple par fa popularité & fes largeffes. Le tréfor public fut ouvert pour faire des établiffemens utiles, & fur-tout pour la conftruction d'un canal qui fournit de l'eau à un quartier de Rome qui en manquoit. Il favoit qu'il ne falloit aux romains que du pain & des fpectacles ; ce fut pour leur complaire qu'il célébra les jeux féculaires avec une magnificence qui éclipfa tout ce qu'on avoit vu jufqu'alors. Deux mille gladiateurs combattirent jufqu'à la mort. Chaque pays fournit des bêtes féroces dans le cirque. Le théâtre de Pompée offrit des fcènes variées pendant trois jours & trois nuits. Ce fut en careffant le goût du peuple qu'il fe maintint fur un trône fouillé du fang de fon bienfaiteur : mais cette complaifance ne put le dérober à la fureur des foldats qui le maffacrèrent près de Vérone, après qu'il eût été défait par Dece qui s'étoit fait proclamer empereur par l'armée de Pannonie. Il étoit alors âgé de quarante-cinq ans, & il en avoit regné cinq & demi. (*T--N.*)

PHILIPPE I, (*Hift. de France*) étoit né en 1052. Il parvint à la couronne de France en 1090. Pendant la minorité du roi, la régence fut confiée à Baudouin fon oncle, comte de Flandre. Après la mort de Baudouin, *Philippe*, âgé de quinze ans, gouverna par lui-même. La fougue, naturelle à fon âge, lui mit les armes à la main ; mais il fut vaincu par Robert, fils puîné de Baudouin, qui avoit ufurpé le patrimoine de fes neveux. En 1091, *Philippe* répudia la reine Berthe, fit enlever Bertrade de Montfort, femme du comte d'Anjou, & l'époufa publiquement. Rome lança fes foudres ; *Philippe* paroît les braver : Rome l'excommunie de nouveau. Incapable de contenir par lui-même le peuple que les prélats excitoient à la révolte, il affocie à fon trône Louis-le-Gros fon fils, l'amour de la nation. La préfence du jeune prince fait rentrer les factieux dans le devoir. *Philippe* reçoit enfin fon abfolution, promet de renvoyer Bertrade, & continue de vivre avec elle. Il ne paroît pas que la cour de Rome ait jamais approuvé fon mariage. Mais le comte d'Anjou, plus intéreffé que le pape à cette affaire, fembla y confentir. *Philippe* mourut à Melun, le 29 juillet 1108. C'étoit un prince livré à fes plai-

firs, efclave de fes paffions, incapable de céder à fes remords & de les étouffer. (*M. de Sacy.*)

PHILIPPE II, *furnommé* AUGUSTE, roi de France, n'avoit que quinze ans lorfqu'il parvint à la couronne en 1180. Né avec des paffions vives, des talens précoces, un defir infatiable de gloire, fon caractère indocile lui fit rejetter les confeils de fa mère, qui vouloit rompre le mariage projetté avec la fille de Baudouin, comte de Flandre. La reine, plus injufte que fon fils, arma contre lui le roi d'Angleterre. *Philippe* battit les Anglois, époufa fa maîtreffe, & força fa mère au filence : plufieurs vaffaux fe révoltèrent, il les vainquit & leur pardonna ; mais bientôt les villes du Vexin, qui devoient retourner à la couronne après la mort de Marguerite, fœur de *Philippe*, époufe de Henri II, roi d'Angleterre, rallumèrent la difcorde entre les deux rois en 1186. Richard, fils de Henri, fe jetta dans le parti de *Philippe*. La guerre fe réveilla encore entre *Philippe* & Richard, fucceffeur de Henri. La cour de Rome, qui avoit befoin des deux rois pour combattre les Infidèles, réuffit enfin à rapprocher leurs intérêts. La paix fut à peine fignée, qu'ils allèrent porter la guerre en Afie : Acre fut pris ; mais les querelles fans ceffe renaiffantes de Richard & de *Philippe* fufpendirent plus d'une fois les opérations des Chrétiens. Le roi revint en France en 1192, & s'empara de la plus belle portion de la Normandie. Richard échappé des fers où l'empereur le retenoit, tourna fes armes contre la France. Un traité ne produifit qu'un calme momentané : on fe remet en campagne ; *Philippe* enveloppé par les Anglois, fe fait jour l'épée à la main, court à Gifors, le pont fe rompt fous lui, il tombe dans la rivière, & fon cheval lui fauve la vie. Richard meurt ; Jean-Sans-Terre fe jetter dans un cachot Artus fon neveu, qui avoit des droits fur la couronne : le jeune prince périt ; Jean, qui s'étoit emparé du royaume d'Angleterre, eft cité à la cour des pairs de France : il ne comparoît point ; fes biens font confifqués, la Normandie eft réunie à la couronne ; le Maine eft conquis, la Touraine fe foumet, & les habitans du Poitou, impatiens de fecouer le joug Anglois, reçoivent *Philippe* avec des acclamations de joie : ce fut l'an 1202 que ces provinces changèrent de maitre.

Philippe fut affez fage pour ne pas s'engager dans la quatrième croifade, qui fut publiée en 1204 ; mais il fut affez imprudent pour autorifer celle qui fe préparoit contre les Albigeois. Ce fut dans cette guerre que les Chrétiens montrèrent qu'ils font plus acharnés contre eux-mêmes que contre leurs ennemis ; jamais les Sarrafins n'effuyèrent autant de maux que les malheureux hérétiques du Languedoc.

Cependant les Anglois font, en 1213, une irruption dans la Flandre ; *Philippe* y court, & brûle leur flotte. L'empereur Othon IV fe ligue avec l'Angleterre, & paroît à la tête d'une armée de deux cents mille hommes ; on en vient aux mains près de Bouvines. On prétend qu'avant le combat *Philippe* dit aux soldats : « François, voilà » ma couronne ; s'il en est un parmi vous plus » digne que moi de la porter, qu'il se montre, » je la lui mets sur la tête ; mais si vous me » croyez digne de vous commander, songez qu'il » y va aujourd'hui du salut & de l'honneur de » la France. » *Philippe* fit éclater tout le génie d'un général, tout le courage d'un soldat : renversé sous les pieds des chevaux, il se releva plus terrible, & gagna la bataille.

Jean venoit d'être détrôné en Angleterre ; Louis, fils de *Philippe*, y fut appelé ; mais cette révolution passagère ne lui offrit la couronne que pour la lui ravir aussi-tôt.

La cour de Rome pria *Philippe* d'ajouter à ses domaines tout ce qu'on avoit conquis sur Raimond, comte de Toulouse, & sur les Albigeois ; le roi méprisa les dons des papes comme il avoit méprisé leurs foudres. Ce prince mourut le 15 juillet 1223, âgé de 59 ans. Si l'on n'envisage en lui que les qualités guerrières, c'est un des plus grands hommes qui aient gouverné la France ; il conquit la Normandie, l'Anjou, le Maine, la Touraine, le Poitou, l'Auvergne, le Vermandois, l'Artois, &c.. Infatigable dans les travaux de la guerre, sans luxe dans ses camps, sans mollesse dans sa tente, sage & calme avant le combat, terrible dans la mêlée, doux après la victoire, il avoit toutes les qualités que l'on appelle héroïques. Il avoit coutume de dire qu'il ne tenoit sa couronne que de Dieu & de son épée. Ce fut d'après ce principe qu'il lutta contre l'ambition de la cour de Rome avec une sagesse que l'on traitoit alors d'audace & même d'impiété ; mais on lui reprochera toujours une croisade inutile, les Juifs injustement chassés & dépouillés, ses éternels démêlés avec l'Angleterre, où l'on apperçoit autant de jalousie contre Henri & Richard, que de zèle pour la défense & la splendeur de l'état. (*M. de Sacy.*)

PHILIPPE III, surnommé *le Hardi*, naquit en 1245, épousa Isabelle d'Aragon en 1262, & suivit Saint Louis, son père, dans sa dernière croisade en Afrique. Ce prince étant mort en 1270 sous les murs de Tunis, *Philippe III* fut proclamé par toute l'armée : c'étoit moins un camp qu'un hôpital ou plutôt un cimetière ; la peste avoit enlevé des milliers de soldats, le reste languissoit. Les Sarrasins étoient devenus agresseurs ; leur multitude sembloit devoir accabler les François. *Philippe* mérita le surnom de *Hardi* par l'audace avec laquelle il les repoussa ; il conclut avec eux une trève de dix ans, & revint en France, où il fut sacré en 1271 ; il y trouva quelques révoltes que l'absence du maître avoit favorisées, & les calma sans violence. La guerre qu'il déclara à Alphonse, roi de Castille, parce que

ce prince avoit dépouillé de leurs droits les enfans de Blanche, sœur de *Philippe*, ne fut pas plus funeste ; elle fut bientôt terminée. *Philippe* eut la foiblesse de se laisser gouverner par la Brosse, son favori ; mais il eut le courage de le faire pendre, lorsque ce vil calomniateur accusa Marie de Brabant, seconde femme du roi, d'avoir empoisonné Louis, l'un de ses enfans du premier lit. Ce prince mourut en 1285, dans la quarantième année de son âge. La gloire de son règne fut entièrement effacée par celui qui l'avoit précédé ; il eût paru grand peut-être, s'il n'avoit remplacé un prince foible ou méchant : mais c'étoit beaucoup, en succédant à Louis IX, de ne pas se montrer indigne d'un tel père. Ce fut sous son règne que Pierre, roi d'Aragon, fit égorger tous les François qui étoient en Sicile, époque qui n'est que trop connue sous le nom de *vêpres Siciliennes*. (*M. de Sacy.*)

PHILIPPE IV, surnommé *le Bel*, fils & successeur de Philippe III ; il parvint à la couronne en 1285 ; il possédoit déjà celle de Navarre ; Jeanne, son épouse, la lui avoit apportée pour dot. Charles de Valois, roi de Sicile, étoit dans les fers ; Jacques, frère d'Alphonse, roi d'Aragon, l'y retenoit. *Philippe* obtint sa liberté ; mais à peine échappé de sa prison, Charles alla mettre l'Italie en feu, & reprit ses prétentions auxquelles il avoit renoncé.

Cependant une insulte faite par les Anglois à quelques vaisseaux Normands, excite une querelle sérieuse ; l'Angleterre & l'Empire se liguent contre la France : Edouard est cité à la cour des pairs, comme vassal de la couronne : il ne comparoît point ; on le déclare convaincu de félonie, & son duché de Guyenne est confisqué. *Philippe* y envoie des princes de son sang à la tête d'une armée ; pour lui, il pénètre dans la Flandre, & se saisit de la personne du comte Guy, fanatique partisan du roi d'Angleterre. Edouard demanda la paix ; on négocia ; le pape Boniface VIII voulut dans cette querelle jouer le rôle d'arbitre des rois, sa bulle fut déchirée en France ; *Philippe* fut excommunié mais il brava les foudres de Rome, & fut en lancer de plus réelles. De plus grands intérêts assoupirent ce différend pour quelque temps ; la guerre continuoit entre l'Angleterre & la France ; on se menaçoit en Champagne, on se battoit en Guyenne ; une trève suspendit les hostilités, & l'on convint, en 1297, que Marguerite, sœur de *Philippe*, épouseroit Edouard I, qu'Isabelle de France s'uniroit à Edouard, héritier présomptif de la couronne d'Angleterre, & que cette princesse lui apporteroit pour dot la Guyenne, dont son époux devoit rendre hommage au roi de France.

Philippe avoit défendu aux seigneurs de prendre les armes contre eux-mêmes tant qu'il les auroit à la main contre l'Angleterre. Puisqu'il avoit assez d'autorité pour assoupir ces guerres privées pen-

dant

dant quelques années, que ne les éteignoit-il pour toujours ? Ces petits combats minoient lentement l'édifice de l'état : ce n'étoient que des escarmouches ; mais elles étoient si fréquentes, qu'en livrant une bataille chaque année, on auroit perdu moins de sang, & causé moins de ravages.

Cependant, en Flandre toutes les garnisons françoises sont massacrées. L'an 1202, un tisserand à la tête d'un ramas de paysans, taille en pièces une armée de cinquante mille françois qui dédaignoient de se tenir en garde contre cette troupe indisciplinée. D'un autre côté, Boniface VIII ne pardonnoit pas à *Philippe* de n'avoir pas voulu partager avec lui les décimes levées sur le clergé de France ; il l'excommunia, & jetta sur le royaume un interdit général. *Philippe* envoya Nogaret en Italie ; fidèle ministre de la vengeance de son maître, cet officier se saisit de la personne du pontife : la mort de Boniface qui arriva peu de temps après, prévint les suites de cette affaire.

Il restoit encore à *Philippe* un affront à venger, c'étoit la défaite de Courtrai. Il entra en Flandre à la tête d'une armée, & présenta la bataille aux Flamands près de Mons-en-Puelle. Ce prince fit des prodiges de bravoure, & demeura maître du champ de bataille, le 18 août 1304. A son retour, il attaqua des ennemis plus difficiles à vaincre que les Flamands, c'étoient les préjugés de son siècle : il tenta d'abolir cet usage atroce de prendre la bravoure ou l'adresse pour juge de toutes les contestations ; mais malgré cette sage ordonnance, le duel se renouvella encore.

L'ordre des Templiers étoit parvenu à un dégré de puissance qui excitoit la jalousie de tous les corps de l'état. Il seroit difficile de prononcer d'une manière décisive sur les motifs qui déterminèrent *Philippe*, en 1312, à anéantir cet ordre. Des accusations ridicules furent le prétexte de cette persécution, peu s'en faut, aussi affreuse que le fut depuis le massacre de la saint Barthélemi. On reproche encore à *Philippe* d'avoir altéré la monnoie ; on l'appelloit à Rome *faux monnoyeur*. Ces fautes ne sont point assez réparées par les loix qu'il établit contre le luxe, & par les titres de noblesse qu'il accorda aux françois qui avoient bien servi l'état. Il mourut le 20 novembre 1314. Ce prince avoit de grandes qualités ; mais il étoit facile à séduire, opiniâtre dans son erreur, implacable dans ses vengeances, & il fit tant de mal qu'on ose à peine le louer du bien qu'il a fait. (*M. de Sacy.*)

PHILIPPE V, surnommé *le Long*, étoit frère de Louis X, & lui succéda l'an 1316. Un parti considérable voulut, au mépris de la loi salique, placer sur le trône Jeanne, fille de Louis : mais *Philippe* triompha de cette faction : il avoit épousé Jeanne, fille & héritière d'Othon, comte de Bourgogne, & de Mahaud, comtesse d'Artois. Robert d'Artois prétendoit encore à ce comté ;

il fut déclaré déchu de ses prétentions, & prit en vain les armes pour les soutenir ; les Flamands ne tardèrent pas à lever l'étendard de la révolte qu'ils avoient tant de fois arboré ; la paix fut l'ouvrage de la cour de Rome ; elle fut conclue le 2 juin 1320. Cette guerre, qui avoit duré seize années, avoit fait couler beaucoup de sang, sans rendre ni les Flamands plus libres, ni les rois de France plus puissans. Un des projets de *Philippe-le-Long*, étoit d'établir dans toute l'étendue du royaume, une même monnoie, un même poids, une même mesure. Peut-être le succès de cette opération lui auroit-il fait sentir aussi la nécessité de donner un même code à toutes nos provinces. Mais la mort le prévint avant qu'il eût même achevé la première entreprise. Elle l'enleva le 3 janvier 1322, à l'âge de 28 ans. Ce prince donnoit les plus belles espérances. Sa modération est d'autant plus sublime, qu'il étoit né vif & impétueux. Les courtisans l'excitoient un jour à châtier l'archevêque de Paris, prélat inquiet, ennemi secret de son maître. « Il est beau, répondit *Philippe*, » de pouvoir se venger & de » ne le pas faire. » (*M. de Sacy.*)

PHILIPPE VI, (DE VALOIS) roi de France. Charles-le-Bel étoit mort sans enfans mâles en 1328. *Philippe-de-Valois* étoit fils de Charles, frère de *Philippe-le-Bel* ; Edouard III, roi d'Angleterre, étoit, par sa mère Isabelle, petit-fils du même *Philippe-le-Bel*. Si les femmes avoient pu succéder à la couronne de France, elle lui auroit appartenu.

(Pourquoi lui auroit-elle appartenu plutôt qu'aux enfans mâles des filles des trois derniers rois, plutôt qu'à Charles d'Evreux, petit-fils, par sa mère, de Louis Hutin, plutôt qu'à Philippe de Bourgogne & à Louis de Flandre, petits-fils, par leurs mères, de Philippe-le-Long ?)

Mais la loi étoit positive ; *Philippe-de-Valois* étoit l'héritier du trône. Edouard crut que quelques victoires lui tiendroient lieu des droits qu'il n'avoit pas, il prit les armes & vint disputer la couronne à *Philippe*. Celui-ci se montra digne de régner, par un acte d'équité bien rare. Il rendit à Jeanne, fille de Louis-le-Hutin, le royaume de Navarre, dont, sous le nom de tuteurs, Philippe IV & Charles IV s'étoient emparés. Au lieu de rassembler ses forces contre l'Angleterre qui exerçoit déjà les siennes, *Philippe*, moins attentif à ses intérêts qu'à ceux de ses vassaux, alla soumettre les Flamands qui s'étoient révoltés contre Louis leur comte. Il s'avança jusqu'à Mont-castel, les rebelles vinrent fondre sur son camp, & y portèrent le désordre. La bravoure du roi rétablit le combat, l'issue en fut glorieuse pour les François, le champ de bataille leur demeura, & toute la Flandre se soumit ; mais il falloit réserver tant de bravoure & de bonheur pour la journée de Créci. « Mon cousin, dit *Philippe* au comte, » si vous aviez gouverné plus

L l.

» lâgement, je n'aurois pas été forcé de répandre
» tant de fang pour rétablir votre autorité :. fon-
» gez à l'avenir que fi le devoir du fujet eft la
» foumiffion ; celui du fouverain eft la juftice ».
Philippe avoit achevé d'épuifer, dans cette guerre,
fes finances & fes forces ; Edouard augmentoit
les fiennes par tous les fecours que lui envoyoient
l'empereur, le comte de Hainaut & d'autres princes. La guerre fut bientôt allumée. Edouard paffa
la mer & ravagea la Flandre. Cependant, en
1329, il avoit rendu au roi un hommage-lige,
comme duc d'Aquitaine. Mais les rois ne craignoient pas de laiffer entrevoir des contradictions
dans leur conduite. Ce qu'il y a d'inconcevable,
c'eft que dans la trifte fituation où la France &
le roi fe trouvoient, Philippe fongeoit à aller
attaquer les Sarrafins, au lieu de fe défendre
contre les Anglois. Heureufement cette croifade,
projettée par Philippe & par le pape, ne trouva
d'autres partifans qu'eux-mêmes.

Tandis que le roi méditoit des conquêtes en
Afie, Edouard en faifoit en Flandre ; mais les
troubles d'Ecoffe le forcèrent à repaffer en Angleterre. A la faveur de la difcorde qui régnoit
entre la cour de Paris & celle de Londres, Jean
IV, comte de Montfort, avoit ufurpé le duché
de Bretagne fur Jeanne, époufe de Charles, comte
de Blois, & nièce de Jean III.

(Ufurpé, c'eft une grande queftion.)

Jean IV avoit rendu hommage de ce duché à
Edouard ; il fallut porter la guerre en Bretagne ;
Philippe la fit avec fuccès. Mais les victoires
qu'il remportoit fur fes fujets, étoient autant de
pertes réelles ; Montfort fut pris & mourut dans
les fers. Philippe, l'an 1343, conclut avec Edouard
une trève dont ce prince profita pour faire des
préparatifs de guerre. On reprit les armes en
1346. On en vint aux mains près de Créci ; les
Anglois fe fervirent avec avantage de leur artillerie, invention nouvelle dont les François ne
faifoient point encore ufage ; ceux-ci furent entièrement défaits : Edouard affiégea Calais, on
connoît la généreufe réfiftance des habitans ; l'emportement d'Edouard, le dévouement héroïque
d'Euftache & de fes compagnons ; enfin la prife
de la ville. Toute la France fut indignée de ce
que Philippe n'avoit point fecouru ces braves
affiégés ; pour prix de leur fidélité, il leur donna
tous les offices qui viendroient à vaquer, foit à
fa nomination, foit à celle de leurs enfans, jufqu'à
ce qu'ils fuffent dédommagés de leurs pertes.

Pour comble de malheurs, une pefte affreufe
ravagea l'Europe. On crut appaifer le ciel par
des macérations. Tandis que l'épidémie détruifoit
l'efpèce humaine, la fecte des Flagellans la déshonoroit. Avec quelques coups de difcipline on
croyoit guérir des maux incurables, & effacer les
plus grands crimes. Ces pénitens devenus voleurs, furent un fléau plus terrible que la pefte
qui les avoit fait naître. Il fallut toute l'autorité

des pontifes & des rois pour réprimer leurs excès
Si les armes de Philippe étoient malheureufes
au nord de la France, fa politique étoit heureufe
au midi. Humbert II, prince de la maifon de
la Tour-du-Pin, lui céda le Dauphiné en 1349. Il
acquit encore le comté de Montpellier, domaine
du roi de Majorque, & jouit peu de ces paifibles
conquêtes. Il mourut le 22 août 1350. On l'avoit
furnommé le fortuné après la bataille de Mont-
caffel ; mais il fut dans la fuite le plus malheureux
des princes, & le peuple reconnut qu'il s'étoit
trop hâté de lui donner un furnom. Philippe avoit
la bravoure d'un foldat, les vertus d'un citoyen ;
mais il n'avoit pas les talens d'un roi. Inexorable
pour les financiers, lorfque leurs concuffions écla-
toient au grand jour, il oublioit qu'il vaut mieux
prévenir le crime que de le punir ; téméraire à
la guerre, mal-adroit dans la plupart de fes négociations, il croyoit que toutes les grandes qualités d'un prince peuvent être fuppléées par la
bravoure & la probité. S'il eût été fecondé par
la nation dans fon projet de croifade, il eût
amené avec lui en Afie toutes les forces de
l'état, c'en étoit fait, la France étoit perdue, &
nous étions Anglois. (M. DE SACY.)

PHILIPPE I, (Hift. d'Efpagne.) furnommé le
Beau ou le Bel, à caufe des graces de fa figure,
étoit fils de l'empereur Maximilien I & de Marie
de Bourgogne. Il monta fur le trône d'Efpagne
en 1504, par fon mariage avec Jeanne, furnommée la Folle, reine d'Efpagne, feconde fille &
principale héritière de Ferdinand V, roi d'Aragon,
& d'Ifabelle, reine de Caftille. Il ne régna que
deux ans, étant mort à Burgos en 1506. (A. R.)

PHILIPPE II, fils de Charles-Quint & d'Ifabelle de Portugal, fuccéda à fon père en 1556,
après l'abdication de celui-ci. Jamais règne ne fut
plus fécond en événemens ; jamais prince ne
forma tant & de fi vaftes projets ; & quoiqu'il
ne manquât ni de génie, ni de reffources pour
les faire réuffir, l'événement juftifia prefque toujours cette maxime, qu'une ambition démefurée
eft la ruine des états. Ce prince commença par
faire la guerre à la France ; mais il ne fut pas
profiter des victoires de Saint-Quentin & de Gravelines. La paix glorieufe de Cateau-Cambrefis,
chef-d'œuvre de fa politique, l'aveugla fur des
intérêts plus réels. Il alluma les bûchers de l'Inquifition, & prit un plaifir barbare à voir brûler
fes malheureux fujets. Il conquit le Portugal ;
mais cette conquête ne le dédommageoit pas de
la perte d'une partie des Pays-Bas. Il fe déclara
le protecteur de la ligue ; &, en voulant démembrer la France par les factions que fon argent y
fomentoit, il laiffa entamer fon patrimoine, &
couper des fources d'où cet argent couloit dans
fes coffres. Il porta fes vues ambitieufes fur la
couronne d'Angleterre, entreprife malheureufe
qui coûta à l'Efpagne quarante millions de du-

câts, vingt-cinq mille hommes & cent vaiſſeaux : c'étoit acheter bien cher la honte de ne pas réuſſir. Enfin il affoiblit ſes forces en Eſpagne pour s'en-richir en Amérique ; & malgré les tréſors im-menſes qu'il tira du nouveau monde, il ne laiſſa à ſon ſucceſſeur que cent quarante millions de ducats de dettes. Il mourut le 13 ſeptembre 1598 ; après quarante-quatre ans & huit mois de règne, dans la ſoixante-quatorzième année de ſon âge. (*A. R.*)

PHILIPPE III, fils du précédent & d'Anne d'Autriche, fut obligé de reconnoître l'indépen-dance des Provinces-Unies, de rétablir la maiſon de Naſſau dans la poſſeſſion de tous ſes biens, & de laiſſer aux Hollandois la liberté du commerce dans les grandes Indes. Aveuglé par la confiance entière qu'il eut pour des miniſtres avares & deſpotiques, il chaſſa les Maures d'Eſpagne, & avec eux l'induſtrie & les arts. Il eſt vrai qu'il accorda enſuite les honneurs de la nobleſſe & l'exemption d'aller à la guerre, à tous les Eſpa-gnols qui s'adonneroient à la culture de la terre ; mais quel bien pouvoit produire une telle pré-rogative, ſur une nation qui ſe faiſoit gloire de ſa pareſſe & du funeſte métier des armes ? Ce prince mourut en 1621, âgé de quarante-trois ans. (*A. R.*)

PHILIPPE IV, fils de Philippe III & de Mar-guerite d'Autriche, ſuccéda à ſon pére. Il fit la guerre aux Hollandois, d'abord avec avantage, puis avec perte. Il voulut s'en venger ſur la France : ſes armes eurent le même ſort ; & il vit des provinces entières paſſer ſous la domination de ſon ennemi. Le Portugal ſecoua auſſi le joug de l'Eſpagne, & reconnut pour roi le duc de Bragance : ce qui lui reſtoit du Bréſil lui échappa de même. Peu ſenſible à tant de pertes, il s'en conſoloit dans le ſein des plaiſirs. Ainſi vécut dans une molleſſe honteuſe *Philippe IV*, ni aimé, ni craint, ni reſpecté de ſes ſujets. Ils parurent avoir pour lui l'indifférence qu'il eut pour eux. Il mou-rut en 1675, âgé de ſoixante-dix ans. (*A. R.*)

PHILIPPE V, duc d'Anjou, ſecond fils de Louis, dauphin de France, & de Marie-Anne de Ba-vière, né à Verſailles en 1683, fut appellé au trône d'Eſpagne par le teſtament de Charles II ; mais il eut bien de la peine à s'y affermir. Il oppoſa à tous les obſtacles une conſtance inébran-lable, qui à la fin en triompha. Après la paix d'Utrecht, *Philippe* eut la conſolation de voir la couronne d'Eſpagne aſſurée pour jamais à ſa poſ-térité dans la ligne maſculine. En 1720, ce mo-narque ſe dégoûta du rang ſuprême qui lui avoit tant coûté. Il abdiqua en faveur de Louis ſon fils. Celui-ci ne régna que quelques mois. Sa mort précoce rappella *Philippe* ſur un trône qu'il n'eût jamais dû quitter : alors il ſe montra vraiment digne de régner. Il réforma la juſtice, mit les oix en vigueur, fit fleurir le commerce, anima

l'induſtrie ; appella les arts, établit des manu-factures, rétablit la marine & la diſcipline mili-taire, encouragea les ſciences, fut aimé de ſes ſujets, & s'acquit des droits aux hommages de la poſtérité. *Philippe V* mourut en 1746, âgé de ſoixante-quatre ans, dont il en avoit regné qua-rante-cinq. (*A. R.*)

PHILIPPE de Suabe, (*Hiſtoire d'Allemagne.*) XVᵉ roi ou empereur de Germanie depuis Con-rad I, XXᵉ empereur d'Occident depuis Charle-magne, né en 1180 de Frédéric Barberouſſe & de Béatrix de Bourgogne, duc de Toſcane en 1195, de Suabe en 1196, élu empereur en 1197, mort en 1228, le 22 juin.

Si l'on en excepte l'érection de la Bohême en royaume, le regne de *Philippe* n'eſt marqué par aucun événement mémorable. Né avec tous les talens du conquérant & de l'homme d'état, ce prince parut inſenſible à ſa gloire, & ne ſongea qu'à rendre le calme à l'empire. Nommé tuteur de Frédéric II & régent du royaume pendant ſa minorité, il fut obligé de prendre la couronne pour lui-même, parce que les états & le pape ne voulant pas reconnoître le jeune Frédéric, il étoit à craindre que le ſceptre n'eût paſſât dans une famille ennemie de la ſienne. Il eut d'abord à eſſuyer toutes les contradictions de la cour de Rome, qui haïſſoit les Suabes, moins par rapport aux cruau-tés exercées par Henri VI, qu'à leur puiſſance & à leur fierté, qui ne leur avoit jamais permis de reconnoître un maître dans un pontife. Innocent III, ſi fameux par l'érection du ſanglant tribunal de l'inquiſition, occupoit alors le ſiege apoſto-lique ; il expliqua lui-même ſes motifs : ſi Frédéric, diſoit-il, déja roi de Sicile, étoit encore empe-reur, il ſeroit à craindre que ſon royaume étant uni à l'empire, il ne refuſât un jour d'en faire hommage à l'égliſe. Ce pape s'étoit propoſé d'af-foiblir la maiſon de Suabe : ſes ſucceſſeurs firent plus, ils l'anéantirent. Pour réuſſir dans ſon pro-jet, Innocent III fit une ligue avec pluſieurs princes d'Allemagne en faveur d'Oton de Brunſ-wik, reſte d'une famille illuſtre & puiſſante, mais ruinée par les derniers empereurs. Le pape déſi-roit, avec une ardeur ſi vive, d'opérer une révo-lution, qu'il écrivit au roi de France (Philippe-Auguſte) qu'il falloit que *Philippe* perdît l'empire ou qu'il perdît le pontificat. Quelques princes d'Allemagne avoient vendu la couronne à un troiſieme concurrent qui, ne la pouvant conſer-ver, fut obligé de la revendre à *Philippe* qui, après avoir défait Oton IV dans pluſieurs combats, convoqua une aſſemblée générale : il fit un diſ-cours aux états pour leur inſpirer des ſentimens pacifiques ; il dépoſa les marques de ſa dignité, s'offrant généreuſement à deſcendre du trône, s'ils connoiſſoient quelqu'un qui fût plus digne d'y monter. Cette magnanimité lui concilia tous les cœurs, & tous les ſuffrages ſe réunirent pour l'engager à conferver une couronne dont il étoit vraiment digne. On prétend qu'il confentit qu'Oton régnât après lui : mais eft-il croyable que ce prince eût voulu écarter Frédéric II, fon neveu, d'un trône où ce jeune prince avoit déja été appelé par les vœux de la nation ? *Philippe* mit tous fes foins à fe réconcilier avec Innocent III. Ce pape étoit bien capable d'exciter fes inquiétudes : c'étoit l'ame de Grégoire VII, qu'il furpaffoit encore par la force de fon génie. C'eft ce pape que l'on vit dans les croifades abandonner avec adreffe le foin ftérile de délivrer la terre-fainte pour fe faifir de Conftantinople, conquête bien plus importante pour fon fiège. L'accommodement fe fit, à condition que l'empereur donneroit fa fille en mariage à Richard, neveu du pontife, avec tous fes droits fur la Tofcane, la Marche-d'Ancone & le duché de Spolette. Les uns prétendent qu'Oton fut compris dans le traité; d'autres qu'il fut oublié. *Philippe* ne put recueillir le fruit de cette paix qui étoit fon ouvrage; il fut affaffiné par Oton de Witelsbak, qui le furprit au lit comme on venoit de le faigner, & lui coupa la gorge d'un coup de fabre. La haine de cet affaffin étoit excitée par le refus qu'avoit fait l'empereur de lui donner une des princeffes fes filles, parce qu'il s'étoit déja fouillé d'un parricide. *Philippe* avoit le vifage beau, les cheveux blonds, le corps foible & un peu maigre; fa taille étoit médiocre. Les avantages de fon efprit étoient bien au-deffus de ceux de fon corps. Il étoit doux, humain, libéral; il favoit pardonner à propos : il avoit une éloquence naturelle & peu ordinaire dans un prince. Inftruit par la nature & par l'art à diffimuler, il ne fe fit jamais une funefte étude de tromper ou de trahir. L'hiftoire ne lui reproche aucun crime politique. Sa valeur qui lui affura le trône, avoit facilité les fuccès de Henri VI, fon frère & fon prédéceffeur. Son corps fut enterré dans l'églife de Bamberg, d'où fon neveu Frédéric le fit tranfporter dans celle de Spire. Il eut, de fon mariage avec Irène, fœur d'Alexis, empereur de Conftantinople, quatre filles, Cunegonde, femme de Wenceflas, roi de Bohême; Marie, femme de Henri, duc de Brabant; Éthife ou Elife, femme de Ferdinand III, roi de Caftille; & Béatrice, femme d'Oton IV. On prétend que fa mort caufa celle de l'impératrice, qui ne put vaincre fa douleur. (*M—Y.*)

PHILIPPE (le marquis DE SAINT) dom Vincent (*Baccalar-y-Sanna*) (*Hift. d'Efp.*) né dans l'ifle de Sardaigne, d'une ancienne famille originaire d'Efpagne, fervit, avec un zèle égal, le dernier roi d'Efpagne de la maifon d'Autriche (CHARLES II) & le premier de la maifon de France (PHILIPPE V). Ce fut *Philippe V* qui, pour récompenfer fes fervices, le fit marquis de *Saint-Philippe*. On a de lui des mémoires pour fervir à l'hiftoire de *Philippe V*, depuis 1699 jufqu'en 1725, 4 vol.

in-12. Ces mémoires ont été traduits en françois. L'hiftoire de la guerre de la fucceffion d'Efpagne y eft très-détaillée. On a auffi de lui une favante hiftoire de la monarchie des hébreux, pareillement traduite en françois. Mort à Madrid en 1726.

PHILPPES, *bataille de* (*Hift. rom.*) Cette bataille fe donna l'an 712 de Rome fur la fin de l'automne. Brutus & Caffius, les derniers romains, y périrent, & leurs troupes furent entièrement défaites par celles d'Octavien. Cette ville de Philippes étoit dans la Phthiotide, petite province de Theffalie; & c'eft une chofe affez remarquable, que la bataille de Pharfale & celle de Philippes qui porta le dernier coup à la liberté des Romains, fe foient données dans le même pays & dans les mêmes plaines. (*A. R*)

PHILIPPE ou PHILIPPIQUE BARDANE, (*Hift. du bas-Empire.*) ainfi nommé par les hiftoriens, mais qui porte fur les médailles le nom de *Philippique*, Arménien, d'une naiffance illuftre, fit tuer en trahifon l'empereur Juftinien I, & fe fit proclamer à fa place en 711. Il fut dépofé & eut les yeux crevés en 713.

PHILIPPIN, bâtard de Savoie, voyez CRÉQUY.

PHILIPS, (*Hift. litt. mod.*) nom illuftre par la poéfie en Angleterre.

1°. Catherine *Philips*, dame angloife, célèbre par fes poéfies, a traduit en anglois le *Pompée* de Corneille, qui a beaucoup réuffi dans fa traduction.

2°. Jean *Philips*, poëte anglois, auteur du poëme *de la bataille d'Hochftet*, & de deux autres poëmes, traduits en françois, ainfi que le premier, par M. l'abbé Yart, de l'académie de Rouen. Jean *Philips* mourut en 1708, à trente-deux ans. Simon Harcourt, étant chancelier d'Angleterre, lui fit ériger à Weftminfter, un maufolée auprès de celui du célèbre Chaucer. (Voyez l'article CHAUCER.)

PHILISTE, (*Hift. litt. anc.*) célèbre hiftorien grec, vivoit du temps des deux Denis, tyrans de Syracufe, quatre fiècles ou environ avant Jéfus-Chrift. (Voyez l'article *Denis* ou *Denys.*) Il avoit fait l'hiftoire de Denys le tyran en fix livres, celle de Sicile en onze, celle d'Egypte en douze; aucun de fes ouvrages ne nous eft parvenu : Cicéron en fait un affez grand éloge; il l'appelle *ficulus ille creber, acutus, brevis,* c'eft, felon lui, un petit Thucydide, *penè pufillus Thucydides.* Il paroît encore, par un autre témoignage plus pofitif de Cicéron, que *Philifte* avoit pris Thucydide pour fon modèle. Ce *Philifte* étoit d'ailleurs homme de guerre & homme d'état, c'étoit un des plus riches & des meilleurs citoyens de Syracufe. Nous avons dit à l'article *Denys*, que ce fut en fe montrant d'abord zélé citoyen que Denys parvint à la tyrannie; Agrigente ayant été prife par les Carthaginois, Syracufe accufa la négligence de fes magiftrats; Denys déclama contre eux & fut condamné à une amende; mais il n'avoit pas de quoi la payer ; *Philiste* la paya pour lui, loua son zèle pour la patrie, & l'anima par toute sorte de motifs, à continuer ses libres & audacieuses harangues ; ils s'attachèrent l'un à l'autre, & *Philiste* fut un des plus utiles instrumens de la grandeur de Denys, qui le fit gouverneur de Syracuse quand il s'en fut fait le tyran ; *Philiste* lui devint suspect dans la suite, il l'exila, & ce fut pendant cet exil que *Philiste*, retiré en Italie, dans la ville d'Adria, y composa ses histoires, ou soit justice & générosité, soit desir & espérance d'être rappellé, il loua Denys comme il auroit pu faire dans le temps de sa faveur. Il fut rappellé en effet, mais ce ne fut que sous Denys le jeune, & ce fut par une intrigue de courtisans, qui vouloient l'opposer à Dion & à Platon ; il servit Denys le jeune, comme il avoit servi le père ; il fit plus, il mourut pour lui. Dans le temps de la révolution que Dion fit à Syracuse, (voir les articles *Denys* & *Dion*) il commanda contre Dion la flotte de Denys, ou plutôt quelques galères qu'il avoit amenées à son secours ; il fut battu ; pris, égorgé ou livré au supplice.

PHILOMÈLE (*Hist. anc.*) Les Phocéens ayant été déclarés sacriléges & condamnés à une amende par le tribunal des Amphictions, pour avoir labouré les terres consacrées à Apollon ; ce qui, dans les idées superstitieuses du temps & du pays, étoit les profaner ; *Philomèle*, un des principaux citoyens parmi les Phocéens, les révolta contre ce décret, alluma ce qu'on appelle *la guerre sacrée*, première guerre de religion connue, & fut nommé général des Phocéens ; il prit & pilla le temple de Delphes, se fit rendre tous les oracles qu'il voulut & qui l'autorisoient à faire tout ce qu'il voudroit ; il eut d'abord quelques avantages qui l'enhardirent ; mais enfin il fut battu, car il faut bien l'être quand on fait quelque temps la guerre ; & se trouvant poussé sur une hauteur d'où il n'y avoit point d'issue, après s'être long-temps défendu avec courage, il prit sans désespoir & avec réflexion le parti de se précipiter, la tête en bas, du haut d'un rocher, pour échapper aux tourmens que les ennemis lui préparoient s'il fût tombé vivant entre leurs mains. Car comme cette guerre étoit *sacrée* & que les Phocéens étoient déclarés *sacriléges & excommuniés*, tous ceux d'entr'eux qui étoient faits prisonniers, étoient impitoyablement mis à mort ; & comme les cruautés se rendent très-facilement, tous ceux des ennemis qui tomboient entre les mains des Phocéens & qu'ils avoient aussi excommuniés de leur côté, étoient traités avec la même rigueur. Cet événement arriva environ trois siècles & demi avant J. C.

PHILON, (*Hist. anc.*) c'est le nom de divers personnages connus.

1°. *Philon*, juif d'Alexandrie, d'une famille sacerdotale, chef de la députation que les Juifs d'Alexandrie envoyèrent à l'empereur Caïus Caligula, pour se plaindre des Grecs de la même ville, a laissé une relation intéressante de cette négociation ; il a laissé aussi une peinture non moins intéressante des maux que les Juifs souffrirent sous ce même empereur. On a ses œuvres recueillies en deux volumes *in-folio*. On a traduit en françois son traité *de l'Athéisme & de la superstition*. Dom Montfaucon a traduit aussi son *traité de la vie contemplative* ; il étoit éloquent ; on l'a surnommé *le Platon Juif*.

2°. *Philon* de Byblos, ainsi nommé du lieu de sa naissance ; c'est lui qui a traduit en grec l'histoire Phénicienne de Sanchoniaton, dont il nous reste des fragmens. Il vivoit dans le premier siècle.

3°. *Philon* de Bysance, ainsi nommé aussi du lieu de sa naissance, vivoit trois siècles avant J. C. Il est auteur d'un traité sur les machines de guerre imprimé au Louvre dans le recueil qui a pour titre : *Mathematici veteres*. On lui attribue, mais sans certitude, le traité *de Septem orbis spectaculis*, publié par Allatius.

PHILONIDE, (*Hist. anc.*) Coureur d'Alexandre le grand, fit, dit-on, en un jour douze cents stades, c'est-à-dire, soixante lieues de Sicyone à Élis. M. Rollin, en parlant de la course à pied parmi les exercices des Grecs, rapporte d'après Hérodote & Pline, beaucoup d'autres exemples d'une pareille vitesse.

PHILOPATOR. (*Voyez* PTOLOMÉE.)

PHILOPEMEN, (*Hist. anc. Hist. de la Grèce.*) né à Mégapolis, ville d'Arcadie, mérita par ses vertus d'être appellé le dernier des Grecs : le camp fut pour ainsi dire son berceau ; mais quoique ses penchans fussent tournés vers la guerre, il prit les leçons d'Arcésilas, qui avoit ouvert une école pour former de véritables citoyens : sa philosophie n'avoit point pour but d'étaler des préceptes fastueux, ni d'exciter une curiosité stérile ; il apprenoit à servir la patrie dans les différens emplois du gouvernement. Épaminondas fut le modèle qu'il choisit, & il allia comme lui les devoirs de la philosophie aux exercices de la guerre : les momens qui ne lui étoient pas consacrés au service de la république, étoient employés à la chasse, à l'agriculture, & à d'autres exercices propres à endurcir le corps & à former un véritable homme de guerre : on le voyoit conduire sa charrue, & faire lui-même ce qu'il pouvoit commander aux autres ; toujours occupé dans son loisir, il se délassoit de ses travaux par la lecture d'Homère ou de la vie d'Alexandre, où il puisoit de grandes leçons d'héroïsme.

Ce fut contre Cléomène, roi de Sparte, qu'il fit son apprentissage de guerre ; ses manœuvres savantes & son courage tranquille décidèrent de la victoire à la journée de Selasie. La trève rendant ses talens inutiles, il se transporta dans la-Crète pour se perfectionner dans l'art militaire ; à son retour dans sa patrie, il fut nommé général de la cavalerie ; ce nouveau grade le mit dans l'exercice de ses talens. La discipline militaire fut mise en vigueur, tous les citoyens devinrent soldats ; les infracteurs furent punis avec sévérité, & l'observation des devoirs fut récompensée par les mêmes distinctions dont on honore la valeur. Le changement qu'il fit dans l'armure du soldat, le nouvel ordre de bataille qu'il établit, les rangs devenus plus serrés & plus difficiles à rompre, assurèrent la supériorité aux Athéniens sur tous les peuples de la Grèce. Général & législateur, il fit des loix somptuaires pour réprimer le luxe qui amollissoit les courages : sa simplicité & son désintéressement donnèrent de la force à ses loix ; & il établit dans la société civile une discipline aussi austère que celle du camp ; mais il laissa subsister dans l'armée un certain luxe militaire qui lui parut nécessaire ; il voulut que tous les équipages fussent riches & magnifiques : chacun se livra à l'ambition d'avoir les plus beaux chevaux & les plus belles armes : il crut, comme César & Plutarque, que cette pompe militaire étoit propre à élever le courage du soldat, & à lui donner une plus haute idée de lui-même ; on conserve avec soin ce qu'on chérit. Il fut le seul qui ne participa point à ce luxe ; toujours simple & négligé, il dédaigna les ornemens qui pouvoient déguiser l'irrégularité de ses traits ; sa physionomie étoit basse & ignoble : la nature avoit tout épuisé pour former son ame : il en fit l'expérience un jour qu'il fut invité à un festin, chez un de ses amis, dont la femme jugeant à sa figure qu'il ne pouvoit être que d'une vile condition, lui dit : Garçon, soyez bon à quelque chose, aidez-moi à faire la cuisine ; le philosophe guerrier, sans se sentir humilié, se mit à fendre du bois : son ami étant survenu, s'écria avec étonnement : Seigneur Philopemen, que faites-vous-là ? je paie, repondit-il, l'intérêt de ma mauvaise mine.

Les Achéens l'ayant élu pour leur général, il se montra bientôt digne d'occuper ce premier grade de la milice, par la défaite des Lacédémoniens dans les plaines de Mantinée. Les fuyards qui avoient cru trouver un asyle dans Tégée, furent ou massacrés, ou faits esclaves, lorsque cette ville eut été prise d'assaut. Le tyran Machanidas fut tué dans la chaleur du combat : cette victoire rendit la supériorité aux Achéens qui, pour immortaliser leur reconnoissance, érigèrent une statue de bronze à leur général, qui reçut encore un hommage plus flatteur dans la célébration des jeux Néméens : il parut sur le théâtre accompagné de la jeunesse belliqueuse qui composoit sa phalange, dans le temps que le musicien Pilade chantoit ces vers : C'est moi qui

couronne vos têtes des fleurons de la liberté. Tous les spectateurs fixèrent leurs regards sur Philopemen ; & un grand battement de mains fut le témoignage non suspect de l'amour public pour ce héros.

Nabis, successeur de Machanidas, le surpassoit encore en cruauté ; fléau de l'humanité, il en étoit devenu l'exécration. Les Achéens, pour délivrer la Grèce de ce monstre, lui déclarèrent la guerre, & Philopemen fut nommé général ; la valeur trahit sa prudence dans une bataille navale ; mais prompt à réparer ses pertes, il se présenta devant Sparte, & remporta une grande victoire sur le tyran, qui fut contraint de se tenir enfermé dans la ville. Le désordre où l'avoient jetté les différentes factions, donna à Philopemen la facilité d'y entrer avec un corps de troupes ; aussitôt il convoque l'assemblée, & persuade les Spartiates qu'il est de leur intérêt d'embrasser la querelle des Achéens : cette action qui le convroit de gloire, servit encore à faire éclater son désintéressement ; les Spartiates lui firent présent de vingt talens qu'il eut la générosité de refuser.

Cette alliance fut bientôt rompue par les intrigues de la faction turbulente de Nabis. Les Achéens offensés de cette perfidie, se préparèrent à la guerre ; Philopemen à la tête d'une armée se présenta devant Sparte, étonnée de sa célérité ; il exigea qu'on lui livrât les artisans des troubles : étant ensuite entré dans la ville, il en fit sortir les soldats étrangers qui en troubloient la tranquillité. Les murs furent démolis, & les loix de Lycurgue furent pour jamais abrogées.

Ce fut dans ce tems-là que les Messéniens se détachèrent de la ligue des Achéens : Philopemen se mit à la tête d'une armée pour les punir de cette infidélité ; il étoit alors âgé de soixante ans, & il avoit encore tout le feu de la jeunesse : le combat s'engagea sous les murs de Messène, l'action fut vivement disputée : Philopemen s'y surpassa lui-même ; il auroit fixé la fortune du combat, s'il ne fut tombé de cheval couvert de blessures. Les Messéniens le chargèrent de fers, & le jettèrent dans un sombre cachot. Quelques jours après ils le condamnèrent à terminer sa vie par le poison ; il se soumit sans murmurer à son arrêt, il prit la coupe empoisonnée avec la même tranquillité qu'il auroit bu une liqueur délicieuse, & il mourut quelques momens après.

Les Achéens ne laissèrent point cette atrocité impunie, ils entrèrent dans la Messénie, déterminés à en faire le tombeau de ses habitans. Tous les auteurs de la mort du héros expirèrent dans les supplices auprès de son tombeau : on lui fit des obsèques magnifiques ; ses cendres furent transportées à Mégapolis où il avoit pris naissance. La pompe funéraire ressembloit à la marche d'un triomphateur ; toute l'armée suivoit le convoi, & les habitans des villes & des villages s'empressoient sur le passage pour y jetter des fleurs.

L'année de sa mort fut encore remarquable par la mort de Scipion & d'Annibal. (*T—N.*)

PHILOSTORGE, (*Hift. litt. & ecclés. anc.*) Hiftorien eccléfiaftique Arien ; on a de lui *un Abrégé de l'Hiftoire Eccléfiaftique* , où faint Athanafe & les Orthodoxes font maltraités. Henri de Valois & Godefroy en ont donné des éditions, & celle de ce dernier contient de favantes differtations de l'éditeur. On attribue auffi à *Philoftorge* un livre contre Porphyre. *Philoftorge* vivoit vers l'an 588.

PHILOSTRATE, (*Hift. litt. anc.*) fophifte & rhéteur, enfeigna d'abord à Athènes, puis il vint à Rome fous l'empire de Septime Sévère ; il eft célèbre par fa vie d'Apollonius de Thyane, dont on parle fi diverfement, mais qu'on lit. Ses quatre livres de *tableaux* ont été traduits en françois. On a plufieurs éditions *in-fol.* des *Œuvres de Philoftrate*.

Un neveu de *Philoftrate*, du même nom, & qui vivoit du temps de Macrin & d'Heliogabale, a écrit les *Vies des Sophiftes*.

PHILOTAS, (voyez PARMÉNION.)

PHILOXÈNE, (voyez DENYS.)

PHINÉES, (*Hift. facr.*) fils d'Eléazar & petit-fils d'Aaron, qui tua le juif Zambri & la madianite Cozbi. Son hiftoire eft rapportée, au livre des nombres, chap. 25, & il eft encore parlé de *Phinées*, chap. 31 du même livre. Voyez d'ailleurs l'article *Zambri*. (Voyez auffi l'article : PETIT (Jean.)

P H L

PHLÉGON, (*Hift. litt. anc.*) furnommé Trallien, parce qu'il étoit de Tralles en Lydie, affranchi d'Adrien, vécut jufqu'au temps d'Antonin Pie. On n'a qu'un fragment de son *Hiftoire des Olympiades*, qui étoit divifée en feize livres ; on prétend que dans le 13e. & le 14e., il paroit des ténèbres miraculeufes qui se répandirent sur la terre à la mort de J. C. On a encore de lui un traité *des chofes merveilleufes*, & un *fur ceux qui ont long-temps vécu*.

P H O

PHOCAS, (*Hift. du bas-Empire.*) Soldat féditieux, empereur barbare, né en Cappadoce d'une famille obfcure, d'abord écuyer de Prifque, général de l'empereur Maurice, il parvint au grade de Centurion, & c'étoit beaucoup pour lui,

Un chetif centenier des troupes de Myfie.
Qu'un gros de mutinés élut par fantaifie,

dit Pulchérie dans *Héraclius*. Ces révolutions n'étoient que trop ordinaires dans l'empire depuis

long-tems ; des armées mutinées étoient en poffeffion de porter un foldat fur le trône ; ce qui diftingue *Phocas* de la foule des tyrans, c'eft la barbarie infolente & abominable dont il ufa envers Maurice, fon empereur, & envers toute la famille de ce malheureux prince. Maurice avoit été un grand capitaine avant de régner, il fut un médiocre empereur fur le trône, il fut un héros à fa mort, il n'avoit fu, ni fe faire obéir, ni fe faire aimer ; il y avoit eu plufieurs fois contre lui des foulèvemens à Conftantinople, & des féditions à l'armée ; celles-ci avoient été prefque toujours excitées ou entretenues par *Phocas*, il en recueillit le fruit ; les foldats l'élèvent fur un bouclier, le proclament général, il les mene à Conftantinople. Maurice abandonné tombe entre fes mains avec fes cinq fils Tibère, Pierre, Paul, Juftin & Juftinien. Ce malheureux père avant de mourir par la main du bourreau, leur vit trancher la tête à tous, & tout couvert de leur fang, & frémiffant à chaque coup de hâche, il s'écrioit, dans fa réfignation chrétienne & fublime : *Vous êtes jufte, Seigneur, & vos jugemens font équitables.* Il tendit enfuite la tête aux *bourreaux*, & reçut le coup mortel avec intrépidité, le 27 novembre 602. Leurs têtes plantées fur des pieux furent expofées aux infultes des foldats & aux regards du peuple. Baronius rapporte que la nourrice du dernier des fils de Maurice, encore au berceau, ayant livré fon propre fils pour fauver le jeune prince, Maurice avertit les bourreaux de cet échange, difant qu'*il fe rendroit complice d'homicide, s'il acceptoit ce facrifice & laiffoit périr un enfant étranger pour fouftraire le fien à l'exécution de l'arrêt prononcé par la providence contre fa famille :* c'eft fur ce fait que Corneille a conftruit toute la machine de fa pièce ; c'eft cette nourrice qui eft devenue fa Léontine. Au refte, il avertit lui-même qu'il n'y a de conforme à l'hiftoire dans fa tragédie, que l'ordre de la fucceffion des empereurs Tibère, Maurice, Phocas & Héraclius. Il reftoit encore un fils de Maurice, & c'étoit l'aîné, Théodofe ; il s'étoit retiré dans une églife, où il efpéroit être en fûreté fous la garde de Dieu, il fut arraché de l'autel & traîné au fupplice. L'impératrice Conftantine fa mère & fes trois filles, eurent auffi la tête tranchée en 607 à Calcédoine. *Phocas* s'abreuva de fang, fon règne fut une fuite de maffacres & de cruautés ; des conjurations naiffoient de toutes parts, elles étoient étouffées dans le fang & renaiffoient fans ceffe. Tout ce que Burrhus prédit à Néron, arriva pour lors à *Phocas*.

Il vous faudra, feigneur, courir de crime en crime,
Soutenir vos rigueurs par d'autres cruautés,
Et laver dans le fang vos bras enfanglantés.
Britannicus mourant excitera le zèle
De fes amis tout prêts à prendre fa querelle.
Ces vengeurs trouveront de nouveaux défenfeurs,
Qui même après leur mort auront des fucceffeurs.

Vous allumez un feu qui ne pourra s'éteindre;
Craint de tout l'univers, il vous faudra tout craindre;
Toujours punir, toujours trembler dans vos projets,
Et pour vos ennemis compter tous vos sujets.

Tout le monde se souleva contre *Phocas*, jusqu'à Crispe, son gendre. On appella du fond de l'Afrique Héraclius pour le détrôner. Cet Héraclius n'étoit pas fils de Maurice, comme Corneille l'a supposé; il étoit fils d'un exarque d'Afrique, grand-général sous l'empire de Maurice, il arrive; une bataille navale, où Crispe se rangea de son côté, le rend maitre de Constantinople; un sénateur, dont *Phocas* avoit déshonoré la femme, se saisit du tyran; dépouillé de la pourpre, couvert d'une méchante casaque noire, on le conduit au rivage, les mains liées derrière le dos. On le donne en spectacle dans une barque à tous les vaisseaux rangés dans le port: il est ensuite présenté à Héraclius: » *Malheureux*, lui dit le vain-
» queur avec un mépris mêlé d'indignation, *c'est*
» *donc ainsi que tu as gouverné l'empire? gouverne-le*
» *mieux*, répondit Phocas «; Héraclius le renverse, le foule aux pieds, lui fait trancher la tête, après l'avoir fait mutiler horriblement. Ce monstre mourut le 5 octobre 610, ayant régné sept ans dix mois & neuf jours. Voici le portrait qu'en fait l'auteur de l'histoire du Bas-Empire: » sans hon-
» neur, sans courage, sans étude du métier de
» la guerre, dont il ne connoissoit que le désor-
» dre & la licence, adonné au vin, aux femmes,
» brutal, impitoyable, il n'eût pas été digne de
» commander à des Barbares, son extérieur ré-
» pondoit à cet affreux caractère. *Une laideur dis-*
» *forme*, un regard sombre & farouche, des che-
» veux roux, des sourcils épais & réunis, une
» cicatrice qu'il portoit au visage, & qui se noir-
» cissoit dans sa colère, tout annonçoit une ame
» féroce & sanguinaire. Léontie sa femme, étoit
» digne de lui; sans éducation comme sans vertu,
» faite pour un soldat, non pour un empereur,
» il la fit, selon l'usage, couronner impératrice
» & proclamer *auguste*. «

PHOCION, (*Hist. anc.*) grand capitaine athénien, personnage illustre & vertueux, dont la destinée accusé hautement l'ingratitude des républiques, & fait détester l'esprit d'ostracisme. Il parut dans les derniers temps de la république d'Athènes, & sa vertu y fut presque aussi déplacée que celle des Catons le fut dans Rome. Il avoit étudié dans l'académie sous Platon & ensuite sous Xénocrate. Né vertueux, ses mœurs formées à cette école acquirent un degré d'austérité, qui n'avoit pourtant rien de farouche & qui s'allioit avec la plus grande douceur; mais son extérieur étoit imposant, sévère & calme; jamais on ne le vit, ni rire, ni pleurer, ni aller aux bains publics. En campagne, à l'armée, il marchoit toujours comme Socrate, nuds pieds

& sans manteau, à moins qu'il ne fît un froid excessif, & c'étoit une espèce de proverbe usité parmi les soldats, de dire, lorsqu'ils le voyoient chauffé & couvert de son manteau: *Phocion vêtu, signe de grand hiver.*

Son éloquence étoit assortie à ce caractère; pleine & concise, disant beaucoup, laissant beaucoup à entendre, d'une logique redoutable à toute l'éloquence de Démosthène, qui disoit, en le voyant paroître pour haranguer: *Ah! voilà la hâche de tous mes discours*. Phocion trouvoit toujours qu'on parloit trop & qu'on ne disoit pas assez, & il n'étoit pas sur ce point plus indulgent pour lui-même que pour les autres. Un jour paroissant rêveur dans une assemblée où il se préparoit à parler, *je songe*, dit-il à ceux qui lui demandoient le sujet de sa rêverie, *si je ne puis rien retrancher de ce que j'ai à dire.*

De son temps, un même homme ne suffisoit plus aux divers emplois de la paix & de la guerre; l'un se bornoit aux fonctions civiles, l'autre aux exercices des armes: pour lui, à l'imitation de Solon, d'Aristide, de Périclès, il joignit à la science politique les talens militaires. Nul capitaine ne fit un aussi grand nombre de campagnes. Il fut chargé quarante-cinq fois du commandement, sans jamais l'avoir sollicité; ce fut toujours en son absence qu'on le choisit pour le mettre à la tête des armées, & toujours on s'en trouva bien. Philippe, roi de Macédoine, père d'Alexandre, qui avoit pris parti dans la *guerre sacrée* pour trouver l'occasion d'asservir la Grèce, avoit déjà pris plusieurs places importantes dans l'isle d'Eubée. Plutarque d'Erétrie appelloit à son secours les Athéniens, mais le traître d'accord avec Philippe, ne cherchoit qu'à les attirer dans le piège & qu'à les lui livrer. *Phocion* qui commandoit ce secours d'Athéniens, démêle les artifices de Plutarque, les prévient, le bat & le chasse d'Erétrie, il fait ensuite lever les sièges de Périnthe & de Bysance à Philippe lui-même. Philippe tâcha de le gagner; des députés de la grèce vinrent lui offrir des sommes d'argent considérables en le pressant de les accepter, si non pour lui, du moins pour ses enfans,

Subruit amulos.

Reges muneribus,

dit Horace en parlant de Philippe; mais les rois mêmes étoient plus aisés à subjuguer par les présens que Phocion: *Si mes enfans me ressemblent*, répondit-il, *le champ qui m'a nourri les nourrira; ils trouveront comme moi la gloire au sein de la médiocrité; s'ils dégénèrent de la vertu de leurs pères, je ne veux point leur laisser des richesses pour entretenir leur luxe.*

Alexandre voulut aussi le tenter & lui fit offrir une somme de cent mille écus. Pourquoi, dit *Phocion*, Alexandre me choisit-il parmi tous les Athéniens pour me faire une telle offre? — c'est un

gage

gage de son estime, lui répondit-on, c'est parce qu'il vous juge avec raison le plus vertueux des Athéniens. — Qu'il me laisse donc être vertueux & mériter son estime. Alexandre lui écrivit qu'il ne mettoit point au nombre de ses amis ceux qui ne vouloient rien recevoir de lui. Eh bien, dit-il, je veux recevoir quelque chose d'Alexandre, & il lui demanda la liberté de quatre prisonniers enfermés dans la citadelle de Sardes; il l'obtint sur le champ. Aux premières nouvelles de la mort d'Alexandre, qui, sous le titre de général & de vengeur de la Grèce, en avoit été l'oppresseur, ainsi que Philippe son père, Athènes se livroit aux transports d'une joie immodérée & peu décente; elle ne parloit que de liberté, elle ne respiroit que la guerre contre la Macédoine, & ces éclats tumultueux ne laissoient aucun lieu à la réflexion & au conseil. *Phocion* toujours sage & modéré, voyant que si la nouvelle venoit à se trouver fausse, il ne resteroit à ses concitoyens que la honte & le danger de s'être déclarés si légèrement, leur dit: « *Si Alexandre est mort aujourd'hui,* » *il le sera encore demain & encore après demain, &* » *nous aurons tout le temps de délibérer plus mûre-* » *ment & plus tranquillement sur le parti qu'il faut* » *prendre.* « Léosthène, qui le premier avoit répandu cette nouvelle, soutint qu'on ne devoit plus rien attendre, & proposa la guerre avec beaucoup de faste & d'audace: « Jeune-homme, lui dit *Phocion*, vos discours ressemblent aux cyprès; ils » sont grands & hauts, mais ils ne portent point » de fruit. » Il n'y a point de citoyen plus respectable que celui qui, habile & heureux à la guerre, aime à recommander la paix; tel étoit *Phocion.* « Eh! quand donc, lui dit l'orateur Hypéride, conseillerez-vous la guerre aux » Athéniens, si ce n'est dans ce moment? ce » sera, lui répondit *Phocion*, quand je verrai les » jeunes gens prendre une ferme résolution de » garder une exacte discipline, les riches contri- » buer selon leur pouvoir aux frais de la guerre, » & ceux qui manient les deniers publics, s'abs- » tenir de les voler; il pouvoit ajouter: & même » encore alors je conseillerois la paix, à moins » qu'elle ne fût incompatible avec la liberté; mais » la liberté est toujours bien plus menacée par » la guerre que par la paix. »

La guerre fut résolue, malgré les remontrances de *Phocion*, & elle fut en effet funeste à la liberté d'Athènes; mais elle parut commencer assez heureusement. Ce Léosthène, qui avoit tant recommandé la guerre, y reçut des blessures dont il mourut peu de temps après, mais il y acquit quelque gloire, que les partisans de la guerre exagéroient beaucoup. Les ennemis de *Phocion* croyant le mortifier, lui demandoient *s'il ne voudroit pas avoir fait toutes les belles choses qu'avoit faites Léosthène? Oui*, répondit Phocion, *je voudrois les avoir faites, mais je ne voudrois pas avoir conseillé la guerre.* On eut encore quelques petits

succès; *Phocion* s'en affligea, en voyant qu'ils ne faisoient que creuser plus profondément l'abîme où on alloit se précipiter. *Quand cesserons-nous donc de vaincre*, disoit-il?

La fortune changea, il fallut demander la paix, & on ne put l'obtenir qu'à des conditions dures; ce fut *Phocion* qu'on chargea de la négocier, & telle qu'elle fut, on s'estima trop heureux de l'avoir obtenue. Antipater, successeur d'Alexandre, & aussi rempli de respect pour *Phocion*, lui accorda pour ses compatriotes toutes les graces qu'il crut pouvoir concilier avec la politique. Ce fut encore un ami que *Phocion* perdit en perdant Antipater. Polysperchon, qu'Antipater en mourant nomma régent du royaume & gouverneur de la Macédoine, voulut se rendre maître d'Athènes; il comprit que ce seroit une chose impossible tant que cette ville auroit un citoyen tel que *Phocion*; il résolut de le perdre; *Phocion* y avoit établi l'oligarchie sous Antipater.

Polysperchon, pour paroître populaire, y rétablit la démocratie, admit aux charges tous les citoyens indifféremment, rappella dans la ville tous les bannis, & dans les assemblées tumultueuses il parvint à faire ôter à *Phocion* toute autorité dans le gouvernement; puis, comme le peuple ne sait pas s'arrêter, bientôt il accusa *Phocion* de trahison; celui-ci qui n'avoit, ni pénétré les noirs projets de Polysperchon, ni apperçu ses intrigues souterraines, crut pouvoir trouver un asyle auprès de lui, comme il en eût trouvé en pareil cas auprès d'Alexandre & d'Antipater; Polysperchon le renvoya au jugement du peuple, c'est-à-dire, de gens que Polysperchon avoit rendus ennemis de *Phocion.* Dans l'assemblée qui fut convoquée pour juger ce dernier, on admit tous les étrangers, tous les esclaves, tous les bannis, tous les gens notés d'infamie. *Phocion* & ceux qu'on voulut regarder comme ses complices, comparurent devant ses juges, comme le prévôt devant un tribunal de voleurs; à ce spectacle, les gens de bien baissèrent la vue, se couvrirent la tête & versèrent un torrent de larmes. Quelqu'un osa demander qu'on fît sortir de l'assemblée les esclaves & les étrangers; la populace s'écria qu'il falloit lapider ces partisans de l'oligarchie, ces ennemis du peuple. *Phocion* voulut parler pour se défendre, il fut toujours interrompu & sa voix toujours étouffée. C'étoit une coutume établie dans Athènes, que l'accusé déclarât avant le jugement, quelle peine il croyoit avoir méritée. *Phocion* demanda la mort pour lui, & la grace & la liberté de ceux qu'on lui avoit associés dans l'accusation: tous furent condamnés à perdre la vie, & on les conduisit au cachot. *Phocion*, au milieu de ses parens & de ses amis consternés, gardoit un visage serein & un esprit ferme; un homme du peuple accourut au devant de lui & lui cracha au visage. *Phocion* se tournant tranquillement du côté des magistrats, se contenta de dire avec douceur:

Quelqu'un ne veut-il point empêcher cet homme de commettre des actions si indignes? Un de ses amis lui demanda s'il n'avoit rien à mander à son fils? *oui sans doute*, dit-il, *c'est de ne se souvenir jamais de l'injustice des Athéniens.* Après ce dernier mot, il avala la cigue, & mourut. C'étoit le jour d'une procession publique; & elle passoit devant la prison; les uns en passant, arrachèrent leurs couronnes & les jettèrent par terre; les autres fondirent en larmes à la vue de la prison; tous les gens de bien n'appelloient *Phocion* que *l'homme de bien.* Ses ennemis firent ordonner par le peuple que son corps seroit porté hors du territoire de l'Attique, & qu'aucun Athénien ne fourniroit de feu pour son bucher. Une femme du pays de Mégare lui rendit ces derniers honneurs, lui éleva un cénotaphe, recueillit ses os avec grand soin, les porta la nuit dans sa maison, les enterra sous son foyer, en prononçant ces paroles religieuses: *Cher & sacré foyer, je mets en dépôt dans ton sein ces précieux restes d'un homme de bien; conserve-les pour les rendre un jour au tombeau de ses ancêtres quand les Athéniens seront devenus sages.*

Ce fut une prophétie: les Athéniens devinrent sages, ils se repentirent d'avoir opprimé un sage; ses os furent enterrés avec honneur aux dépens du public; les Athéniens érigèrent à *Phocion* une statue de bronze, & ses accusateurs subirent la peine qu'ils méritoient. « Mais les juges, s'écrie à ce propos un historien très-sensé, les juges » punirent dans les autres leur propre crime & » s'en crurent quittes pour une statue de bronze. »
On place la mort de *Phocion* vers l'an 318 avant J. C. Il avoit plus de quatre-vingt ans, lorsque le fanatisme d'une haine aveugle hâta sa mort.
PHOTIUS, (*Hist. du Bas-Empire*,) auteur du grand schisme d'Orient, prélat fort décrié, savant fort respecté; « c'étoit, dit M. l'abbé Fleury, le » plus grand esprit & le plus savant homme de » son siècle, mais c'étoit un parfait hypocrite, » agissant en scélérat, & parlant en saint ». Il étoit d'une des plus illustres & des plus riches maisons de Constantinople, petit-neveu du patriarche Taraise; le Patrice Sergius son frère, avoit épousé une des sœurs de l'empereur. *Photius* étoit dans les lettres un homme universel; sa *bibliothèque* où on trouve des extraits de deux cents quatre-vingt auteurs, aujourd'hui perdus pour la plupart, est un des plus précieux monumens littéraires de l'antiquité; ses lettres sont pleines d'érudition & d'éloquence. Son *Nomocanon*, recueil qui comprend tous les canons reçus dans l'église depuis les apôtres, jusqu'à ceux du septième concile œcuménique, & les loix des empereurs sur les matières ecclésiastiques, est encore un ouvrage très-utile dans son genre. *Photius* étoit en tout un homme extraordinaire; il étoit propre à tout & fut toujours employé avec succès. Laïc, il fut grand-écuyer, capitaine des gardes, ambassadeur en Perse, premier secrétaire d'état de l'empire Grec;

brillant & supérieur dans chacun de ces emplois; ayant embrassé l'état ecclésiastique, il devint le plus grand théologien de l'empire & le plus intriguant des prêtres; il fit déposer le patriarche de Constantinople, Ignace, pour avoir sa place; il employa tour-à-tour l'hypocrisie, l'adresse, la violence. Ignace & *Photius* se firent long-temps une guerre d'intrigue, ils triomphèrent & succombèrent tour-à-tour, auprès de divers papes, de divers empereurs & dans divers conciles. Le pape Nicolas I l'excommunia, il excommunia le pape Nicolas; le conciliabule de Constantinople en 861 se déclara pour lui; un autre concile de Constantinople, & c'est le huitième concile œcuménique, le déposa en 869. L'empereur Michel, beau-frère de son frère, lui fut toujours favorable; l'empereur Basile, le Macédonien, le chassa du siège patriarchal; mais gagné par ses flatteries & ses artifices, il le rétablit en 877, & le patriarche Ignace étant mort, le pape Jean VIII admit *Photius* à sa communion, & envoya des légats à un nouveau concile de Constantinople, où *Photius* fut solemnellement reconnu pour légitime patriarche; les papes Martin I, Adrien III, Etienne VI, se déclarèrent absolument contre lui, & le schisme fut consommé, diverses causes y contribuèrent. La cause théologique apparente fut la procession du Saint-Esprit; elle excitoit depuis long-temps des disputes. Le saint-Esprit procédoit-il du père seulement, ou du père & du fils à la fois, ou du père par le fils? l'église seule pouvoit le savoir, & les simples lumières de la raison ne fournissoient rien sur ce point à opposer à son autorité; mais l'église grecque & l'église latine différoient sur ce même point, & de doctrine & d'usage. Dès le regne de Pepin-le-Bref, il s'étoit tenu à Gentilly, près Paris, un concile, dans lequel on agita cette question: l'empereur Constantin Copronyme envoya des ambassadeurs à ce concile; ils eurent de grandes contestations avec les légats du pape sur cet article: mais ils se plaignirent principalement de l'usage qui s'étoit introduit dans l'église de France, d'ajouter le mot *filioque* au symbole.

Cette addition du mot *filioque* fut encore agitée, sous Charlemagne, dans le concile d'Aix-la-Chapelle, tenu en 809. Charlemagne, l'oracle des théologiens, par sa doctrine autant que par sa puissance, ne se jugea pas en état de décider la question; il eut recours à la source la plus naturelle de lumières en pareille matière; il fit partir pour Rome Bernard, évêque de Vormes, & Adélard, abbé de Corbie, prince du sang-royal; ils eurent, avec le pape Léon III, une longue conférence, où la matière fut épuisée. Le pape déclaroit qu'en son particulier il étoit persuadé que le Saint-Esprit procédoit du Fils comme du Père; que par conséquent il approuvoit ce qu'exprime l'addition *filioque*; que cependant, il n'étoit pas d'avis qu'on fît cette addition, parce qu'elle pouvoit fournir aux

Grecs, déjà mal difpofés, le prétexte d'alléguer une innovation, & de fe féparer de l'églife; on penfa en France que s'ils étoient difpofés à faifir un fi foible prétexte, ils n'en manqueroient jamais, & que le mal étoit déjà fait, que par conféquent la condefcendance feroit en pure perte, que cependant le retranchement de cette addition donneroit lieu de croire qu'elle contenoit une doctrine erronnée.

Le Pape infifta, & dit qu'il ne propofoit point de faire retrancher avec éclat, cette addition, de tous les miffels; mais il demanda fi on ne pourroit pas du moins ceffer de l'employer dans la chapelle du Roi, fous prétexte de fe conformer à la pratique de l'Eglife Romaine. Nous ignorons ce que la Cour de France penfa de cet expédient, mais l'addition *Filioque* eft reftée; Rome même l'a depuis adoptée au onzième fiècle, & le concile de Florence, tenu en 1055, l'a confacrée. Il eft vrai qu'alors le fchifme d'Orient étoit formé; mais les raifons politiques influèrent plus que les raifons théologiques dans la formation de ce fchifme. Le patriarche de Conftantinople étoit moins jaloux d'ôter un dégré à la proceffion du Saint Efprit que d'en ajouter plufieurs à la dignité, à l'autorité de fon fiège: les patriarches précédens avoient déjà plufieurs fois tenté d'obtenir la préféance fur le fiège de Rome; cette conteftation avoit été décidée contre eux dans un concile tenu à Conftantinople même, fous l'empire de Théodofe; mais les prétentions & les tentatives renaiffoient de temps en temps avec plus ou moins de fuccès, fuivant les circonftances. Photius, pour réuffir plus fûrement, borna fes fiennes; il fentit bien qu'il ne pourroit obtenir la préféance, il ne rechercha que l'indépendance & il l'obtint, il fe fépara de la communion de Rome, & ne fut ni le fupérieur ni l'inférieur des Papes, il fut leur rival.

> Par là, je me rendis terrible à mon rival;
> Je ceignis la tiare, & marchai fon égal.

Il fut le pape des Grecs & de l'Orient; mais, fi fon fiège devint indépendant de Rome, fa deftinée n'étoit pas indépendante des empereurs d'Orient. Les pontifes romains firent entendre leurs plaintes; l'empereur Léon, le philofophe, ayant fuccédé, en 886, à Bafile I, les fit examiner; elles furent trouvées juftes, & *Photius*, enlevé de fon fiège, fut enfermé pour le refte de fes jours dans un couvent en Arménie, où il mourut en 891. Sa mort fufpendit le fchifme & ne l'éteignit pas.

P H R

PHRAHATE, (*Hift. anc. Hift. des Parthes.*) petit-fils d'Arface, fondateur des Parthes, ne fit que paroître fur un trône dont il eût augmenté la fplendeur, s'il eût eu un règne plus long; également propre à la guerre & aux affaires, il fubjugua les Mardes, peuples belliqueux, & jufqu'alors indomptés. Il avoit plufieurs fils auxquels il

étoit libre de tranfmettre fon héritage; mais, attentif au bonheur de fon peuple, il leur préféra fon frère Mithridate, dans qui il avoit reconnu tous les talens & toutes les vertus qui font les grands rois. Ce prince voulart être bienfaifant, même après fa mort, crut devoir plus à fa patrie qu'à fes enfans. Il oublia qu'il étoit père, & fe fouvint qu'il étoit roi, en défignant Mithridate pour fon fucceffeur.

PHRAHATE II, après la mort de fon père Mithridate, qu'il ne faut pas confondre avec le fameux roi de Pont, fut élevé fur le trône des Parthes. Dès qu'il fut revêtu du pouvoir fuprême, il tourna fes armes contre la Syrie, pour tirer vengeance d'Antiochus qui avoit tenté de lui ravir, ainfi qu'à fon père, l'empire des Parthes. Son début fut brillant, il auroit pouffé plus loin fes conquêtes, fi les Scythes qu'il avoit appellés à fon fecours, ne fe fuffent point déclarés fes ennemis. Cette révolution déconcerta fes projets. Il fongea moins à faire des conquêtes qu'à défendre fes états. Il corfia le gouvernement de fon royaume à un nommé *Hymer*, miniftre fanguinaire qui fit détefter fon adminiftration, & rendit odieux le monarque qui l'avoit choifi. *Phrahate*, uniquement occupé de la guerre, marcha contre les barbares, à qui il livra une bataille où l'attaque fut auffi vive que la réfiftance fut opiniâtre. Un corps de dix mille Grecs, en qui il avoit mis fa confiance, fut l'auteur de fa défaite. Ces Grecs faits prifonniers dans la guerre contre Antiochus, avoient été indignement traités pendant leur captivité; dès qu'ils virent que la victoire étoit longtemps indécife, ils paffèrent dans le camp des Scythes, & décidèrent du fuccès de cette journée. *Phrahate*, accablé par le nombre, perdit la vie après avoir été témoin du carnage de fon armée.

PHRAHATE III, fils d'Orode, roi des Parthes, avoit été défigné fon fucceffeur à l'empire; ce prince, impatient de régner, trouva que fon père vivoit trop long-temps. Aveuglé par fon ambition, il fouilla le premier jour de fon règne par un parricide, & par le meurtre de vingt-neuf de fes frères, qu'il crut devoir facrifier à fon ambition, pour n'avoir plus de concurrent à l'empire. Tant d'atrocités le rendirent l'exécration de fes fujets, qu'il fut contenir dans l'obéiffance par le fpectacle des fupplices. Il avoit un fils dont les vertus lui devinrent fufpectes, parce qu'il le voyoit auffi chéri des Parthes qu'il en étoit abhorré. Il ne vit plus en lui qu'un criminel qui ne cherchoit à fe concilier les cœurs que pour lui enlever fa couronne. Ce fut pour diffiper fes foupçons, qu'il le fit égorger fous fes yeux. Marc-Antoine inftruit de la haine qu'infpiroient fes crimes, crut qu'il lui feroit facile d'en triompher. Il lui déclara la guerre fous prétexte de le punir d'avoir donné du fecours à fes ennemis. Il pénétra dans fes provinces, où il trouva l'écueil de fa gloire militaire;

Après avoir eu quelques succès, il essuya plusieurs défaites, & se trouvant dans un pays éloigné où il ne pouvoit réparer ses pertes, il fut dans la nécessité de faire une honteuse retraite. *Phrahate* dans l'ivresse de ses prospérités, s'abandonna sans frein à ses penchans sanguinaires. Les Parthes fatigués de ses excès se révoltèrent, & placèrent sur son trône Tiridate, qui fit pendant quelque temps les délices de la nation. Le Monarque dégradé, devint aussi humble & aussi rampant dans la disgrace; qu'il avoit été insolent & cruel dans la prospérité. Il affecta d'être humain & populaire pour exciter la compassion; mais le souvenir de ses forfaits n'inspira que le mépris & la haine. Les Scythes qui lui donnèrent un asyle, le rétablirent à main armée dans ses états. Tiridate se réfugia auprès d'Auguste, emmenant avec lui le plus jeune des enfans de son compétiteur. *Phrahate* informé de son évasion & du lieu de sa retraite, envoya des ambassadeurs à Auguste, sous prétexte qu'il étoit un sujet rebelle. Auguste, en refusant de le livrer aux ambassadeurs, promit de ne fournir aucun secours pour le rétablir; mais pour tempérer la rigueur de son refus, il renvoya le fils de *Phrahate* sans rançon; & en même temps il assigna à Tiridate les fonds nécessaires pour vivre au milieu de Rome, avec la magnificence d'un roi asiatique. Lorsque la guerre d'Espagne eut été terminée, Auguste se rendit en Syrie pour y régler les affaires des provinces de l'Orient. *Phrahate* allarmé de son voisinage, craignit que ce ne fût un prétexte pour envahir ses états. Ce fut pour détourner l'orage qu'il rassembla les prisonniers Romains qui, depuis les défaites de Crassus & d'Antoine, erroient malheureux dans ses provinces. Tous furent renvoyés sans rançon. Il joignit à ce présent les aigles enlevées à ces deux généraux; & pour gage de sa fidélité, il donna à Auguste ses fils & ses petits-fils en ôtage. Le reste de son regne fut paisible. Il n'eut d'autres ennemis que ses sujets qui gémirent en silence sur ses cruautés, tandis qu'il vivoit abruti dans la mollesse & la volupté. Il mourut deux ans avant notre ère. (*T—N*).

PHRYNÉ, (*Hist. anc.*) nom célèbre parmi les anciennes courtisannes Grecques. Elle avoit autant d'esprit que de beauté, elle avoit même de l'élévation dans l'ame. Deux traits vont prouver tout ce que nous disons ici.

Le fameux sculpteur Praxitèle étoit amoureux d'elle, & lui avoit promis de lui faire présent de celui de tous ses ouvrages qu'il estimoit le plus, comme à celle qu'il aimoit uniquement; mais il sembloit avoir peine à se déterminer sur la préférence. *Phryné* résolut, ou de lui arracher son secret, ou peut-être de le lui révéler à lui-même. Un jour qu'il étoit avec elle, un domestique accourt tout hors d'haleine : « le feu, lui dit-il, est à votre

atelier, & a déjà gâté plusieurs de vos ouvrages, » Qui sont ceux que vous voulez qu'on sauve par » préférence? « Ah! s'écria Praxitèle tout effrayé & courant lui-même pour les sauver, mon satyre » & mon cupidon; je suis perdu si le feu les a endommagés. » « Rassurez-vous, lui dit *Phryné* en le retenant, rien n'est gâté, il n'y a point de feu, » mais je sais ce que je voulois savoir »; elle demanda le cupidon, elle le plaça, dans la suite, à Thespies, sa patrie, ville de Béotie, où on alla long-temps le voir comme une des merveilles de l'art. Praxitèle fit aussi la statue de *Phryné*, qui fut placée depuis à Delphes, entre celle d'Archidamus, roi de Sparte, & celle de Philippe, roi de Macédoine.

On sait que *Phryné* offrit de faire rebâtir à ses dépens la ville de Thèbes, pourvu qu'on y mît cette inscription : *Alexandre a détruit Thèbes, & Phryné l'a rétablie.* Cette inscription paroît offrir deux idées: l'une noble & utile, est que même une courtisanne a pu faire autant de bien qu'un conquérant avoit fait de mal; l'autre d'une fâcheuse conséquence pour les mœurs, est que ses prostitutions ont pû lui fournir de quoi rebâtir une ville célèbre.

Il y a eu d'autres courtisannes du nom de *Phryné*; une entre autres, dont Quintilien rapporte, qu'accusée d'impiété & prête d'être condamnée, elle obtint son absolution en découvrant son sein aux juges. Voilà une grande éloquence de la beauté, ou voilà des juges bien susceptibles.

Praxitèle & *Phryné* vivoient vers le temps de la 104e olympiade.

PHRYNIQUE (*Phrynicus*) (*Hist. anc.*) est le nom

1°. D'un poëte tragique, disciple de Thespis, & qui introduisit le premier des femmes sur la scène; il vivoit plus de cinq siécles avant J. C.

2°. D'un poëte comique, moins connu encore, qui vivoit plus de quatre siécles avant J. C.

3°. D'un général Athénien, ennemi d'Alcibiade, & qui lui fut sacrifié; il vivoit aussi plus de quatre siécles avant J. C.

4°. D'un orateur Grec, natif de Bithynie, qui vivoit sous l'empereur Commode, au second siécle de l'ère chrétienne. On a de lui un traité *des Dictions Attiques* & un *Apparat sophistique*.

PHRYNIS, (*Hist. anc.*) musicien de Mitylène, dans l'île de Lesbos, disciple, pour l'instrument nommé cithare, d'Aristoclite; qui étoit de Terpandre. Il fut, dit-on, le premier qui remporta le le prix de cet instrument aux jeux des Panathénées, célèbres à Athènes, la quatrième année de la 80e olympiade. Il ajouta deux nouvelles cordes aux sept qui composoient avant lui la cithare; mais s'étant présenté pour disputer un prix à Sparte, l'Ephore Ecieprepès coupa les deux cordes, parce qu'elles donnoient trop de mollesse aux airs qu'exécutoit ce musicien. Aristophane lui reproche cette mollesse dans la comédie des *Nuées*.

P I A

PIACHES, f. m. (*Hiſt. mod. culte*) nom ſous lequel les Indiens de la côte de Cumana en Amérique déſignoient leurs prêtres. Ils étoient non-ſeulement les miniſtres de la religion, mais encore ils exerçoient la médecine, & ils aidoient les Caciques de leurs conſeils dans toutes leurs entrepriſes. Pour être admis dans l'ordre des *piaches*, il falloit paſſer par une eſpèce de noviciat, qui conſiſtoit à errer pendant deux ans dans les forêts, où ils perſuadoient au peuple qu'ils recevoient des inſtructions de certains eſprits qui prenoient une forme humaine pour leur enſeigner leurs devoirs & les dogmes de leur religion. Leurs principales divinités étoient le ſoleil & la lune qu'ils aſſuroient être le mari & la femme. Ils regardoient les éclairs & le tonnerre comme les ſignes ſenſibles de la colère du ſoleil. Pendant les éclipſes, on ſe privoit de toute nourriture; les femmes ſe tiroient du ſang & s'égratignoient les bras, parce qu'elles croyoient que la lune étoit en querelle avec ſon mari. Les prêtres montroient au peuple une croix, ſemblable à celle de S. André, que l'on regardoit comme un préſervatif contre les fantômes. La médecine qu'exerçoient les *Piaches*, conſiſtoit à donner aux malades quelques herbes & racines, à les frotter avec le ſang & la graiſſe des animaux, & pour les douleurs, ils ſcarifioient la partie affligée, & la ſuçoient long-temps pour en tirer les humeurs. Ces prêtres ſe mêloient auſſi de prédire, & il s'eſt trouvé des Eſpagnols aſſez ignorans pour ajouter foi à leurs prédictions. Les *Piaches*, ainſi que bien d'autres prêtres, ſavoient mettre à profit les erreurs des peuples, & ſe faiſoient payer chèrement leurs ſervices. Ils tenoient le premier rang dans les feſtins où ils s'enivroient ſans difficulté. Ils n'avoient aucune idée d'une vie à venir. On brûloit les corps des grands un an après leur mort, & les échos paſſoient pour les réponſes des ombres. (*A. R.*)

PIAIE, f. m. (*Hiſt. mod.*) c'eſt le nom que les ſauvages qui habitent l'île de Cayenne donnent à un mauvais génie qu'ils regardent comme l'auteur de tous les maux. Ces mêmes ſauvages donnent encore le nom de *Piaies* ou de *Piayaies* à leurs prêtres, qui ſont en même temps leurs ſorciers & leurs médecins. Avant que d'être aggrégés à ce corps, celui qui s'y deſtine paſſe par des épreuves ſi rudes, que peu de gens pourroient devenir médecins à ce prix. Lorſque le récipiendaire a reçu pendant dix années les inſtructions d'un ancien *Piaie*, dont il eſt en même temps le valet, on lui fait obſerver un jeûne ſi rigoureux, qu'il en eſt totalement exténué; alors les anciens *Piaies* s'aſſemblent dans une cabane, & apprennent au novice le principal myſtère de leur art, qui conſiſte à évoquer les puiſſances de l'enfer; après quoi on le fait danſer juſqu'à ce qu'il perde connoiſſance; on le fait revenir en

lui mettant des colliers & des ceintures remplis de fourmis noires, qui le piquent très-vivement; après cela, pour l'accoutumer aux remèdes, on lui fait avaler un grand verre de jus de tabac, ce qui lui cauſe des évacuations très-violentes, qui durent quelquefois pendant pluſieurs jours. Lorſque toutes ces cérémonies cruelles & ridicules ſont finies, le récipiendaire eſt déclaré *Piaie*, & on lui confie le pouvoir de guérir toutes les maladies, cependant il n'eſt en droit d'exercer qu'après avoir paſſé encore trois ans d'abſtinence. Leur méthode curative conſiſte en grande partie dans l'évocation des eſprits infernaux; cependant on aſſure qu'ils ſont uſage de quelques plantes très-efficaces contre les plaies les plus envenimées, à l'aide deſquelles ils opèrent quelquefois des cures merveilleuſes. (*A. R.*)

PIARA, f. f. *terme de relation*, nom que donnent les Eſpagnols dans l'Amérique méridionale à une troupe de dix mules conduite par deux hommes. Au Pérou, on diviſe les troupeaux ou requats des mules, en pluſieurs *Piaras*; & comme il y a quelquefois des journées de hautes & rudes montagnes à traverſer, les mules de rechange montent ordinairement au double des *piaras*. (*A. R.*)

PIASECKI (PAUL) PIASECIUS (*Hiſt. litt. mod.*) Evêque de Primiſli en Pologne, auteur d'une hiſtoire de ce qui s'eſt paſſé en Pologne, depuis Etienne Battori juſqu'à l'année 1646.

PIASTE *ou* PIAST, f. m. (*Hiſt. mod.*) en Pologne, eſt le nom que les peuples de ce royaume donnent aux candidats qu'on propoſe pour remplir le trône, lorſqu'ils ſont originaires ou naturels du pays. On tient communément que ce nom vient d'un paiſan de Cruſvics, appellé *Piaſte*, à qui les Polonois déférerent la couronne après la mort de Popiel en 830, & qui rendit heureux les peuples ſoumis à ſon gouvernement. Le trône de Pologne reſta dans ſa famille pendant plus de 400 ans. (*A. R.*)

P I B

PIBRAC (GUI DU FAUR, ſeigneur de) *Hiſt. de F.* grand magiſtrat, auquel on a de grandes fautes à reprocher; né, en 1528, à Toulouſe, d'une famille illuſtre; après des études & des voyages qui lui avoient également profité, il ſe fit connoître principalement aux états d'Orléans, en 1560, où il étoit député de la ville de Toulouſe, dont il étoit jugemage; il dreſſa & préſenta au Roi le cahier des doléances, & l'opinion qu'il donna de lui, dans cette occaſion, le fit choiſir pour être un des ambaſſadeurs de France au concile de Trente; il s'y diſtingua par la manière dont il y défendit les intérêts qui lui étoient confiés & les libertés de l'égliſe Gallicane. Le chancelier de l'Hôpital lui fit donner, en 1565, une charge d'avocat-général au parlement de Paris. En 1570, il fut fait conseiller d'état; particulièrement attaché à Catherine de Médicis, malgré la différence de leurs caractères, il suivit en Pologne son fils chéri, le duc d'Anjou, depuis Henri III; resté à Cracovie, après l'évasion de ce prince, il parut d'abord avoir quelque chose à craindre du ressentiment des Polonois; il fut chargé ensuite d'une négociation inutile, pour conserver à Henri III, devenu roi de France, la couronne de Pologne; les Polonois vouloient un roi pour eux & résidant chez eux. Revenu en France, il eût l'adresse & le bonheur de ménager un traité de paix entre les catholiques & les protestans. Henri III lui donna une charge de président à mortier au parlement de Paris. Il fut chancelier de la reine de Navarre & du duc d'Alençon.

Nous avons annoncé de sa part de grandes fautes, les voici; il étoit confident de Catherine de Médicis, & malgré un caractère doux & ami de la paix, il se permit de publier une apologie de la Saint-Barthélemy. On conçoit qu'elle dût être l'influence de Catherine de Médicis pour le déterminer à une pareille action, mais enfin elle l'y détermina; c'est aux hommes modérés & indulgens à juger jusqu'à quel point cette influence peut l'excuser.

Autre faute assez grave encore. Il étoit chancelier de la reine de Navarre, femme d'Henri IV. Cette princesse, qui n'avoit pas de plus grande affaire que d'inspirer de l'amour & d'en sentir, trouva plaisant de rendre amoureux son chancelier, un magistrat vénérable par ses vertus & la gravité de son caractère, elle y réussit, elle le rendit favorable au parti huguenot, auquel elle devint favorable elle-même, sous prétexte de servir son mari, mais véritablement en haine du roi, Henri III, son frère, qui la haïssoit & la persécutoit jusqu'à donner avis de ses infidélités à Henri IV, lequel se contentoit de l'avertir elle-même, d'être un peu plus circonspecte. Pibrac mourut en 1584; il a laissé plusieurs ouvrages, dont le plus connu est le livre des quatrains. Rien de plus vanté pendant long-temps que les quatrains de Pibrac.

Lisez-moi comme il faut, au lieu de ces sornettes, (les romans.)
Les quatrains de Pibrac & les doctes tablettes
Du conseiller Mathieu; l'ouvrage est de valeur,
Et plein de beaux dictons à réciter par cœur.

Quoique ce soit un personnage ridicule, le bourgeois Gorgibus, qui parle ainsi, & que son éloge répandue quelque ridicule sur ce qu'il loue, il n'en est pas moins vrai que les quatrains de Pibrac eurent dans le temps une telle réputation, qu'ils furent traduits en grec par Florent Chrétien & par Pierre du Moulin; qu'ils furent aussi traduits en latin, en turc, en arabe, en persan; aujourd'hui même encore on en fait par cœur quelques-unes, & on les estime pour leur grand sens & pour un certain goût d'antiquité qu'on y

trouve; car Pibrac s'étoit formé sur les anciens qu'il avoit bien étudiés.

PIC

PIC (JEAN) (Hist. litt. mod.) Prince de la Mirandole & de Concordia en Italie, né en 1463 d'une maison illustre & souveraine, mort à Florence en 1494, à 32 ans, le jour même où Charles VIII fit son entrée dans cette ville. C'est ce prodige de l'Italie, ce phénix d'érudition précoce, qui savoit, dit-on, vingt-deux langues à 18 ans; comment sait-on vingt-deux langues, & comment les sait-on à 18 ans? Scaliger l'appelloit monstrum sine vitio, & on lui appliquoit ce mot de Claudien.

Primordia tanta
Vix pauci meruere senes.

On connoit sa fameuse thèse de omni scibili. Malheureusement la magie & la cabale faisoient partie de cet omne scibile. Cette grande science en magie & en cabale est au-dessous de l'ignorance de ce docteur, qui en déclamant contre la thèse de Pic de la Mirandole, disoit que Cabale étoit un vilain hérétique, qui avoit médit de J. C., & dont les sectateurs s'appelloient Cabalistes. La thèse de Pic de la Mirandole avoit fait trop de bruit pour ne pas exciter l'envie & la persécution. On l'accusa, comme de raison, d'hérésie; le pape Innocent VIII condamna treize propositions de cette thèse. On a de Pic de la Mirandole des œuvres morales & chrétiennes; il n'y a de littéraire dans ses ouvrages que trois livres sur le banquet de Platon; il a écrit contre l'astrologie judiciaire, telle qu'on la pratiquoit de son temps; car il croyoit qu'on avoit abandonné la méthode ancienne, véritable & infaillible, de lire les destinées humaines dans les astres; il croyoit à la vertu des paroles par la grande raison que Dieu s'est servi de la parole pour arranger le monde.

Jean-François Pic, prince de la Mirandole, son neveu, fut un mauvais prince; il altéra la monnoie, & pour appaiser les murmures de la multitude, il sacrifia par un machiavélisme assez ordinaire aux princes foibles & méchans, le directeur de la monnoie, qui n'avoit rien fait que par ses ordres; il fut chassé deux fois de ses états, & finit par être assassiné avec Albert, son fils, en 1533, par Galéoti, son neveu. Il fut aussi homme de lettres; on a de lui des poésies latines, des lettres; la vie de Sardanapale, la vie & l'apologie de Savonarole.

PICARD, PICART, LE PICART. Quelques personnages de ce nom se sont fait connoître à différens titres:

1°. Un Picard, fanatique des Pays-Bas, renouvella au quinzième siècle je ne sais quelles vieilles erreurs, & eut des sectateurs nommés de son nom les Picards.

2°. Jean *Picard*, de l'académie des sciences, où il étoit entré dès le temps de la fondation. En 1666, le roi l'envoya en Danemarck faire des observations au château d'Uranibourg, que le célèbre Ticho Brahé avoit bâti pour cet usage. On a les fruits de ce voyage dans un ouvrage de *Picard*, intitulé : *Voyage d'Uranibourg*, où *observations astronomiques faites en Danemarck* ; il en rapporta les manuscrits originaux des observations de Ticho Brahé, augmentées d'un livre ; il a donné aussi un recueil d'observations astronomiques faites en divers endroits du royaume. Il observa le premier, le phosphore mercuriel ; il mesura le premier les degrés du méridien terrestre, & traça la méridienne de France avec M. Cassini, son ami & son émule. La mort de M. *Picard* arrivée en 1683, laissa cette entreprise imparfaite. On a de lui, outre les ouvrages que nous venons d'annoncer, un traité de nivellement, publié & augmenté par M. de la Hire ; une pratique de grands cadrans par le calcul ; un traité *de mensuris*, un autre *de mensurâ liquidorum & aridorum*. Un autre intitulé : *experimenta circà aquas effluentes*. Des fragments de dioptrique ; un abrégé de la mesure de la terre. La connoissance des temps pour les années 1679 & suivantes, jusqu'en 1683 inclusivement. Ses ouvrages se trouvent dans les tomes 6 & 7 du recueil de l'académie des sciences. Jean *Picard* étoit prêtre & prieur de Rillé, en Anjou.

3°. Benoît *Picard*, capucin, auteur d'une *histoire de la maison de Lorraine*, d'une *histoire ecclésiastique de Toul*, & d'un *Pouillé de Toul* ; mort en 1720.

4°. Michel *Picart*, savant allemand, ami de Casaubon, auteur d'une traduction latine d'Oppien & de commentaires sur quelques ouvrages d'Aristote ; mort en 1620.

5°. François le *Picart*, docteur de Sorbonne, doyen de S. Germain l'Auxerrois, mort en 1556. Le père Hilarion de Coste a écrit sa vie, qui ne méritoit nullement d'être écrite, ou qui ne méritoit de l'être que par le minime Hilarion de Coste.

PICCOLOMINI ou PICOLOMINI, (*Hist. mod.*) C'est le nom d'un pape & d'un général, tous deux célèbres. Le pape est Pie II, (voyez *Pie II*) ; nous ajouterons ici à ce qui en est dit à son article, qu'il fut le protecteur d'un homme de lettres, nommé Jacques Ammanati, qui, pour lui marquer son dévouement & sa reconnoissance, prit le nom de Picolomini. Il est connu aussi sous le nom de cardinal de Pavie, ayant été fait cardinal par ce même Pie II en 1461. Il lui devoit encore les évêchés de Massa & de Frescati : mort en 1479. On a de lui des lettres & une histoire de son temps.

Le général se nommoit Octave *Picolomini* d'Aragon : il étoit duc d'Amalfi, prince de l'Empire, chevalier de la toison d'or, général des armées des empereurs Ferdinand II & Ferdinand III. Il se signala en 1634 à la bataille de Nortlingue,

où il perdit un de ses neveux, Silvio *Picolomini* ; en 1633, le 15 juillet, il fit lever le siege de Saint-Omer au maréchal de Châtillon ; en 1639, il gagna la bataille de Thionville contre le marquis de Feuquières ; en 1651, il perdit la bataille de Wolfembutel, sans rien perdre de sa gloire. Il mourut vers l'an 1657, il étoit né en 1599.

Il y a aussi du nom de *Picolomini* & d'une illustre & ancienne maison de Sienne, quelques gens de lettres connus, tels que, 1°. Alexandre *Picolomini*, archevêque de Patras, coadjuteur de Sienne, sa patrie, auteur de pièces de théâtre, principal fondement de sa réputation, du traité de la sphère, d'une théorie des planètes, de quelques ouvrages de morale, &c. Il a aussi traduit la rhétorique & la poëtique d'Aristote. Mort à Sienne en 1578.

2°. François *Picolomini* de la même maison, auteur de commentaires sur Aristote, & d'un traité intitulé : *Universa Philosophia de moribus* ; mort aussi à Sienne en 1604, à quatre-vingt-quatre ans. La ville lui rendit l'hommage de prendre le deuil à sa mort.

Pour éclaircir ce qui concerne la maison *Picolomini*, il faut observer que cette maison, originaire de Rome, & qui s'établit dans le huitième siècle à Sienne, où elle a eu part au gouvernement de la république, paroit avoir fini dans la personne du pape Pie II (*Æneas Sylvius*), mort le 16 août 1464 : du moins la branche ou tout au moins la génération finissoit à lui ; mais il avoit deux sœurs, Laudomie & Catherine *Picolomini*.

Laudomie épousa Nanne Todeschini que le pape Pie II adopta dans la famille des *Picolomini*. Un des fils de Laudomie *Picolomini* & de Nanne Todeschini, nommé François Todeschini-*Picolomini*, né le 9 mai 1449, fut archevêque de Sienne, sa patrie, puis cardinal, & enfin pape, sous le nom de Pie III ; il ne le fut qu'un moment, & mourut l'année même de son exaltation en 1503. Il est placé dans la liste des papes, entre Alexandre VI & Jules II.

Antoine Todeschini-*Picolomini*, frère de Pie III, fut fait duc d'Amalfi par Ferdinand I du nom, roi de Naples, dont il avoit épousé la fille naturelle, Marie d'Arragon. En faveur de ce mariage, le roi Ferdinand accorda à son gendre, à tous ses descendans, & généralement à toute la maison de *Picolomini*, le droit de porter le nom & les armes d'Arragon. Les branches de cette maison se multiplièrent & toutes portèrent ce nom d'Arragon, joint à celui de *Picolomini*. D'une de ces branches étoit François *Picolomini* d'Arragon, tué au siège de Bade, le 13 juillet 1686.

La seconde sœur du pape Pie II, Catherine *Picolomini*, épousa Barthélemi Guglielmi dont elle eut une fille unique, Antoinette, qui épousa Barthélemi Pieri, seigneur de Stixiano ; celui-ci fut aussi adopté dans la maison des *Picolomini* d'Asragon, dont il prit le nom & les armes, & c'est de lui que descendoit le fameux général Octave Picolomini, dont nous avons parlé.

PICHON. (Le P. Pichon, jésuite) (Hist. litt. mod.) Les jésuites avoient entrepris de refaire tous les bons livres de Port - Royal & de les faire oublier ; mais il leur étoit plus aisé d'armer le pouvoir de Louis XIV contre leurs ennemis, que de disposer le public favorablement pour eux. Le jansénisme fut, même dans les plus beaux jours de la gloire de Louis XIV, un des articles sur lesquels l'idolâtrie de la nation pour son roi, sembla connoître quelques bornes. Les livres de dévotion des jésuites, sur-tout ceux qui portoient le même titre que des livres connus de Port-Royal, tombèrent dans un décri universel, & c'étoit un proverbe reçu, que tout livre de dévotion d'un jésuite, ruinoit infailliblement un libraire. Sous Louis XV, le P. Pichon, mal corrigé par l'exemple de ses confrères, voulut refaire une *fréquente communion* pour l'opposer à celle de Port-Royal, & comme les jansénistes, dans la crainte des communions indignes & par respect pour ce sacrement, ne permettoient pas d'approcher trop souvent de la sainte table, le P. Pichon recommanda de s'en approcher tous les jours, & représenta cette fréquence excessive comme le seul moyen de triompher des péchés d'habitude, & de s'affermir dans la voie du salut. Les jansénistes jugèrent que ce système tendoit à une profanation perpétuelle du sacrement. Le clergé de France se partagea, le plus grand nombre des évêques, sans doute par prudence, & pour ne point attiser le feu, garda le plus profond silence. Plusieurs d'entre eux condamnèrent le livre du P. Pichon ; quelques - uns même le défendirent, ou du moins l'excusèrent. De ce nombre fut l'archevêque de Sens, Languet de Gergy ; il observa que c'étoit mal consulter les intérêts de la religion, que de sévir avec cette rigueur contre ses défenseurs les plus zélés, que c'étoit l'esprit du jansénisme qui inspiroit cette rigueur ; que s'il arrivoit aux défenseurs de la foi de s'égarer à force de zèle, il falloit les ramener par la douceur & par les ménagemens, non les irriter, ou les décourager par les anathèmes, qui devoient être réservés pour les impies ou les hérétiques ; il résulta de toutes ces contradictions, que le livre & le système du P. Pichon furent proscrits dans l'opinion publique, & ce n'est plus que dans quelques paroisses de village, dirigées par des prêtres anciennement jésuites, ou formés par eux, qu'on tâche encore de mettre en pratique le système du P. Pichon, mais sans prononcer son nom, qui est trop décrié.

PICHON, (Hist. litt. mod.) poëte François, né à Dijon, assassiné en 1631 à la fleur de son âge. On a de lui une traduction en vers françois de *la Filis de Scire*. Le cardinal de Richelieu faisoit grand cas de cette traduction, ce qui ne prouve pas qu'elle fût bonne. On a de lui quelques pièces de théâtre, l'*Infidèle confidente*, pièce jouée avec succès par les comédiens de l'hôtel de Bourgogne ; les folies de Cardenio, les avantures de Rosiléon. Il a donné aussi l'*Aminte* en vers françois.

PID

PIDOU, (FRANÇOIS) (Hist. litt. mod.) plus connu peut-être sous le nom du chevalier de saint Olon, envoyé extraordinaire à Gênes & à Madrid, ambassadeur extraordinaire à Maroc, né en Touraine en 1640, mort à Paris en 1710. On a de lui *l'état présent de l'empire de Maroc, & les événemens les plus considérables du regne de Louis le Grand.*

PIE

PIE. (Hist. eccl.) On compte six papes de ce nom. Les plus célèbres sont, *Pie II, Pie IV, & Pie V*. Le sixième est celui qui siége aujourd'hui. *Pie II* est ce fameux Æneas Sylvius Picolomini, si connu par ses écrits & par les variations de sa conduite & de ses sentimens ; il avoit été secrétaire du concile de Bâle, il en avoir défendu hautement l'autorité ; la cour de Rome le regardoit comme son plus redoutable adversaire ; n'osant le combattre, elle essaya de le gagner, & elle y réussit ; tout parti étoit indifférent à cet ambitieux ; comblé des bienfaits des papes, & voyant la route de la *fortune* plus applanie de ce côté là, il trahit la cause qu'il avoit soutenue avec tant de gloire ; il écrivit contre le concile ; le zèle qu'il fit éclater pour les intérêts de Rome l'éleva au pontificat ; alors il jura la ruine de cette fameuse pragmatique, à l'établissement & à la publication de laquelle il avoit tant contribué ; il employa pour la faire révoquer en France, Balue & Joffredy, (voyez ces deux articles) il crut en être quitte pour dire qu'il se repentoit comme saint Pierre, qu'il expioit comme saint Paul le tort d'avoir persécuté par ignorance l'église de Dieu, qu'il se rétractoit comme saint Augustin, & qu'il abjuroit les erreurs de sa jeunesse ; qu'on devoit plutôt en croire un vieillard qu'un jeune homme, un souverain pontife qu'un particulier. C'étoit beaucoup compter sur la simplicité des fidèles, que d'espérer qu'ils en croiroient plutôt un vieux pape combattant pour l'autorité des papes, qu'un Théologien dans toute la force de l'âge & des lumières, dans toute l'impartialité du désintéressement, défendant la cause de l'église universelle. Ce fut d'ailleurs un homme de lettres, très-distingué pour le temps, qu'Æneas Sylvius ; l'empereur Frédéric III, dont il avoit été secrétaire, & dont il fut vice-chancelier, lui déféra la couronne poétique, & lui trouvant du talent pour les affaires, l'envoya en ambassade à Rome, à Milan, à Naples, en Bohème & ailleurs.

Ce

Ce pape fut l'Ovide de Rome moderne. On a de lui un *traité de l'amour*, un des *remèdes contre l'amour*, & une *histoire de deux amans*. On a de lui aussi une *histoire des Bohémiens*, depuis leur origine jusqu'à l'an 1458; une histoire de Frédéric III; une *historia rerum ubicumque gestarum*; des mémoires sur le concile de Bâle, depuis la suspension d'Eugène jusqu'à l'élection de Félix. Des mémoires de sa vie, publiés par Jean Gobelin-Personne, son secrétaire, & beaucoup de poëmes & de traités sur diverses matières. Il étoit né en 1405 dans le Siennois, avoit été fait pape en 1458. Sa bulle de rétractation de ce qu'il avoit écrit au concile de Bâle, lorsqu'il en étoit secrétaire, est de 1463; Il mourut le 16 août 1464.

PIE IV, (Jean Ange, cardinal de Médicis ou Médecin), étoit frère du fameux marquis de Marignan; (voyez Marignan) il fit étrangler dans la prison du château Saint-Ange, pour conjuration vraie ou prétendue, le cardinal Caraffe, neveu de Paul IV, son prédécesseur, & fit trancher la tête au prince de Palliano, frère de ce cardinal; il se forma contre lui d'autres conspirations qu'il crut de même étouffer par la rigueur des supplices. Il rétablit le concile de Trente qui étoit resté suspendu. Né à Milan en 1499, cardinal en 1549, pape en 1559, mort en 1565. Saint Charles Borromée étoit son neveu.

PIE V (Michel Ghisleri), né en 1504, fut fait cardinal en 1557; créé en même temps inquisiteur général de la foi dans le Milanés & la Lombardie, il exerça si rigoureusement les fonctions de ce rigoureux ministère, que les Romains témoignèrent beaucoup de mécontentement, lorsqu'ils le virent en 1566 élevé au Pontificat. Il tint à sujet un fort bon propos: *j'espère*, dit-il, *qu'ils seront aussi fâchés à ma mort qu'ils le sont à mon élection*. Sa conduite ne justifia point cet augure. Il continua de faire brûler beaucoup d'hérétiques; il donna cette fameuse bulle *in cænâ Domini*, que toutes les puissances rejettèrent, parce qu'elle blessoit toutes les puissances, & qu'elle asservissoit tout à l'église même à la tiare. Il se dédommagea de ce refus, en ordonnant qu'elle seroit publiée à Rome tous les ans le *jeudi saint*; cérémonie qui n'a été abrogée que dans ces derniers temps par le pape Clément XIV. Sa bulle contre Élisabeth, reine d'Angleterre, choque aussi tous les égards dus aux têtes couronnées; il contribua beaucoup à faire entrer les Vénitiens & le roi d'Espagne, Philippe II, dans une ligue contre les Turcs: l'étendart des deux clefs fut solemnellement déployé contre le croissant, & le pape n'épargna ni dépenses, ni mouvemens, ni fatigues pour procurer la victoire de Lépante. Il mourut 6 mois après, en 1572, de la pierre; il répétoit souvent au milieu des souffrances cette phrase chrétienne: *Seigneur, augmentez mes douleurs & ma patience*. S'il ne fut pas regretté comme il avoit espéré, ce fut peut-être moins pour le mal qu'il fit incontestablement que pour un bien dont son siècle n'étoit pas trop digne, & que toutes les cours souffrent impatiemment; ce bien fut qu'il réprima le luxe des ecclésiastiques, le faste des cardinaux & les déréglemens des Romains; qu'il fit exécuter ponctuellement les décrets de réformation faits par le concile de Trente; qu'il chassa de Rome les filles publiques, & permit de poursuivre pour dettes les cardinaux, ne croyant pas que l'infidélité dans les engagemens & l'infamie de la banqueroute dussent être les privilèges des princes de l'église. Sixte-Quint prenoit Pie V pour son modèle; Clément X le canonisa; ce fut Pie V qui condamna Baïus. Le Sultan Selim prouva que Pie V avoit été pour lui un ennemi redoutable, en ordonnant indécemment des réjouissances publiques pour la mort de ce pontife. Les divers intérêts de religion & de politique ne doivent jamais nuire au respect réciproque que les princes se doivent, & il est aussi lâche qu'inhumain de se réjouir de la mort, même d'un ennemi.

PIENNES, (*Hist. de Fr.*) De *Piennes* est le nom d'une grande & ancienne maison qui avoit son hôtel à Paris près des grands augustins.

Charles VIII avoit acquis cet hôtel de *Piennes*, & François I en fit don au chancelier Duprat.

De cette maison de *Piennes* étoit un sage & expérimenté capitaine, qui avoit assisté à beaucoup de grandes batailles. Il avoit suivi Charles VIII dans l'expédition du royaume de Naples, & l'y avoit très-bien servi; il avoit vu cette célèbre bataille de Fornoue, où il falloit vaincre seulement pour obtenir de sortir de l'Italie, & de n'y pas rester renfermé. Il étoit aussi sous Louis XII à la bataille de Guinegaste ou des éperons, du 18 août 1513; il en blâma les dispositions, & donna des avis qu'on ne voulut point écouter; *ce que sçut bien reprocher le roi à tous, pourquoy ils ne l'avoient creu*, car il en avoit bien vu d'autres, dit Brantome.

De *Piennes* étoit gouverneur de Picardie; il eut pour successeur dans cette place un prince du sang, (Charles de Bourbon-Vendôme, aïeul de Henri IV.)

Les de *Piennes* étoient une branche de la maison de Hallwin, qui tire son nom d'une ville de Flandre, située entre Comines & Menin, & qui étoit déjà considérable au douzième siècle.

Trois frères de cette maison furent tués; savoir:

Antoine, seigneur de la Capelle, à la bataille de Nancy en 1477, à la suite du duc de Bourgogne, Charles-le-Téméraire;

François, l'année précédente, à la bataille de Morat;

Jacques, bailli de Bruges, à la bataille de Guinegaste en 1479.

Dans la branche de *Piennes*, Louis de Hallwin, seigneur de *Piennes*, est le premier de cette famille qui se soit établi en France. Jusque-là, ils avoient été attachés aux ducs de Bourgogne, & avant eux aux comtes de Flandre. Louis de Hallwin ayant été fait prisonnier de guerre par Louis XI, le prince, dont le grand talent étoit de séduire les sujets des princes ses rivaux, attira celui-ci à son service, & le fit son chambellan; Louis suivit Charles VIII en Italie, & fut un des six braves, dont ce prince voulut être environné ; la bataille de Fornoue en 1495. C'est celui dont nous avons parlé plus haut d'après Brantome.

Antoine de Hallwin, seigneur de *Piennes*, son petit-fils, grand louvetier de France, fut blessé à l'assaut de Bailleul-le-Mont en 1523; il fut fait prisonnier par les Impériaux en 1538, en voulant ravitailler Térouenne. Il fut de ceux qui s'enfermèrent dans Metz en 1552 avec le duc de Guise, & qui obligèrent l'empereur Charles-Quint d'en lever le siége au commencement de 1553. Cette même année 1553, il fut tué à l'assaut de Térouenne.

Ce fut à Jeanne sa fille, & fille d'honneur de la reine Catherine de Médicis, que François de Montmorenci, fils aîné du connétable Anne, fit une promesse de mariage sans le consentement de son père; on prétend même qu'il l'avoit épousée. Le connétable avoit d'autres vues pour l'établissement de son fils & l'accroissement de sa faveur; il vouloit lui faire épouser Diane d'Angoulême, fille naturelle de Henri II, & veuve d'Horace Farnèse. Le roi & le connétable sollicitèrent le pape Paul IV de relever le duc de Montmorenci de sa promesse; & ce duc, dégoûté apparemment alors de mademoiselle de *Piennes*, ou plus sensible à l'ambition qu'à l'amour, alla lui-même à Rome solliciter cette dispense; mais le pape sollicité d'un autre côté par le duc de Guise, qui voyoit d'un œil jaloux le nouveau crédit que la maison de Montmorenci alloit acquérir par ce mariage, se rendoit fort difficile; il avoit même d'autres vues: Diane d'Angoulême étoit veuve d'un prince italien, petit-fils d'un pape; il vouloit la remarier à un prince italien, neveu d'un pape; ce pape étoit lui-même, & ce neveu étoit un des Caraffes, fils de son frère, soit qu'on démêlât ou non ses motifs, on prit le parti de se passer d'une dispense qu'il faisoit trop attendre, & c'est ce qui donna lieu à l'édit de 1556 contre les mariages clandestins; mais cette loi nouvelle ne pouvoit annuller un engagement antérieur; on prit le parti injuste de donner à la loi un effet rétroactif, sous le prétexte que l'autorité paternelle, établie par la nature & qui est de tous les temps, étoit blessée par ces sortes d'engagemens. Mademoiselle de *Piennes* épousa depuis Florimond Robertet, seigneur d'Alluye & de Fresne, secrétaire d'état.

C'est pour Charles, son frère, seigneur de *Piennes*, que Hallwin fut érigé en duché-pairie en 1578;

Charles fut fait aussi chevalier de l'ordre du Saint-Esprit, dès la création de cet ordre. Il avoit rendu de grands services aux rois Charles IX & Henri III; mais auparavant, & au commencement des guerres de religion, il avoit embrassé le parti des protestans, & servi sous le prince de Condé, & M. de Thou dit que ce fut par l'ordre & à l'instigation de Catherine de Médicis, qui avoit des intelligences dans les deux partis. Ce de *Piennes* fut gouverneur de Picardie comme son bis-ayeul.

Antoine de Hallwin, son fils, marquis de *Piennes* & de Maignelais, fut tué à Blois le 4 mai 1581, par un domestique du baron de Livarot qu'il avoit tué en duel, & qui voulut venger son maître.

Florimond, frère d'Antoine & gouverneur de la Fere, y fut tué en 1592.

Robert, un autre de leurs frères, fut tué à la bataille de Coutras en 1587.

Deux autres de leurs frères, Léonor & Charles, furent tués, lorsque les Espagnols prirent Dourlens en 1595.

Anne de Hallwin, fille de Florimond, épousa 1°. Henri, comte de Candale, qu'elle fit duc & pair de Hallwin en 1611, en vertu de nouvelles lettres d'érection. Ce mariage fut déclaré nul, & Anne épousa, 2°. Charles de Schomberg qu'elle fit aussi duc & pair de Hallwin, en vertu de nouvelles lettres d'érection de 1620. Il y eut contestation entre M. de Candale & M. de Schomberg pour la pairie : il fut décidé qu'ils seroient tous deux pairs, & que, quand l'un auroit pris sa place au parlement, l'autre se retireroit.

PIERIUS VALERIANUS. (*Hist. litt. mod.*) Son nom étoit Jean-Pierre Bolzani; il étoit de l'ancienne famille des Bolzani, & n'en fut pas moins domestique dans sa première jeunesse, ce qui l'engagea dans la suite à composer son traité *de infelicitate litteratorum*, & quelques autres ouvrages relatifs au même sujet. Il prit le nom de *Pierius*, pour attester son attachement aux muses *Pierides*, & celui de *Valerianus*, on ne sait pas pourquoi. Il eût pourtant été un exemple du bonheur que les lettres pouvoient procurer, si l'amour même des lettres ne lui eût fait préférer le loisir avec une fortune médiocre aux fardeaux honorables & lucratifs qu'on voulut lui imposer. Il refusa l'évêché d'Avignon & quelques autres; il fut l'ami du célèbre cardinal Bembe; il eût pour disciple le cardinal Hippolyte de Médicis, auquel il dédia le livre intitulé : *pro sacerdotum barbâ apologia*; son traité des hiéroglyphes est encore un ouvrage assez célèbre. Mort à Padoue en 1558.

PIERRE. Ce nom a été illustré par une foule de personnages, apôtres, pères de l'église, docteurs, souverains, hommes de lettres; nous parlerons en particulier des principaux :

1°. *Saint-Pierre*, prince des apôtres. C'eſt dans tout le nouveau teſtament, dans les quatre évangiles, dans les actes des apôtres, dans les deux épîtres qui portent le nom de *Saint-Pierre*, dans la tradition & dans l'hiſtoire du premier ſiècle de l'égliſe, qu'il faut chercher l'hiſtoire de ce premier vicaire de Jéſus-Chriſt.

2°. *Saint-Pierre*, martyr, évêque d'Alexandrie au commencement du quatorzième ſiècle. On place ſon martyre en l'an 311, ſous Dioclétien & Maximien; Théodoret nous a conſervé dans ſon hiſtoire quelques lettres de lui.

3°. *Saint-Pierre Chryſologue*, élu archevêque de Ravennes vers l'an 433, mort, à ce qu'on croit, en 458. On a ſes ouvrages *in-fol.*, on y cherche l'éloquence qui a pu lui faire donner ce ſurnom de *Chryſologue*.

4°. *Pierre Damien*, né à Ravenne au commencement du onzième ſiècle, fait cardinal & évêque d'Oſtie en 1057, mort à Faenza le 23 février 1073. Ses ouvrages ont quelque utilité pour la connoiſſance de l'hiſtoire eccléſiaſtique du ſiècle où il vivoit.

5°. *Pierre Ignée*, de la maiſon Aldobrandin, d'abord moine, puis cardinal & évêque d'Albano. Il n'étoit que moine, lorſqu'en 1063, il obtint le nom d'*Ignée*, pour avoir ſubi impunément aux yeux du clergé & du peuple de Florence l'épreuve du feu, *ignis*.

6°. *Pierre l'Hermite.* L'éblouiſſante idée d'arracher les lieux ſaints aux infidèles, & les chrétiens d'Aſie à l'oppreſſion, les exhortations de ce *Pierre* l'hermite, homme éloquent & ſenſible, qui peignoit vivement les maux de ſes frères, dont il avoit été vivement frappé; les inſtances des papes, les intrigues des moines, l'attrait de la nouveauté, l'ardeur de la chevalerie, la ſuperſtition des rois & des peuples, l'empreſſement qu'avoient tant de brigands dévots d'aller chercher hors de l'Europe la fortune, l'abſolution & l'impunité; peut-être auſſi les invitations de quelques peuples opprimés par les Turcs, & l'eſpérance d'étendre le commerce de l'Europe, produiſirent cette fermentation univerſelle qui enleva tant de prélats à leurs ſièges, tant de ſouverains à leurs états, tant de citoyens à leur patrie. L'uſage, devenu commun depuis long-temps parmi les pénitens & les dévots, rois ou peuple, de faire le voyage de Jéruſalem, devoit, par le concours des conjonctures, amener les eſprits à cette réſolution. Puiſqu'il falloit aller à Jéruſalem, il falloit rendre ce pélerinage libre & ſûr; il l'avoit été du temps des Sarraſins, il avoit ceſſé de l'être ſous les Turcs ou Turcomans, qui, en 1065, s'étoient emparés de Jéruſalem. Ce peuple encore féroce n'avoit guère pris du mahométiſme que la haine du nom chrétien; les voyages des Occidentaux à la Terre-Sainte ne ſervoient plus qu'à rendre ceux-ci les témoins de la profanation des lieux ſaints & de la miſère des chrétiens d'Aſie;

de-là ce zèle de *Pierre* l'hermite; de-là l'enthouſiaſme épidémique. *Pierre* l'hermite étoit un gentilhomme d'Amiens qui s'étoit fait hermite & pélerin; il avoit fait un voyage à la Terre Sainte en 1093. Ce fut au concile de Clermont en 1095, qu'il fit réſoudre la première croiſade; ſa longue barbe, ſon habit groſſier, ſon bourdon de pélerin, ajoutoient à l'effet de ſon éloquence. Godefroy de Bouillon lui confia le commandement d'un détachement conſidérable de l'armée croiſée; il ne ſe montra pas toujours auſſi habile à la tête des troupes, qu'il avoit été entraînant dans le concile; cependant il montra beaucoup de valeur & de conduite au ſiège de Jéruſalem en 1099.

7°. *Pierre de Cluni*, ou *Pierre le vénérable*, de la maiſon des comtes de Montboiſſier, tendre & noble conſolateur d'Abailard, que tout le monde opprimoit alors. (Voyez l'article *Abailard*.) Il écrivit contre les erreurs de Pierre Bruys & de ſon ſectateur Henri; il juſtifia ſon ordre de quelques reproches que lui faiſoit S. Bernard. On a de lui des lettres & quelques autres ouvrages; en liſant les écrits de ce temps-là, on admire S. Bernard, on plaint & on condamne quelquefois Abailard, c'eſt *Pierre* le vénérable qu'on aime. Il mourut dans ſon abbaye, le 24 décembre 1156.

8°. *Pierre Lombard.* (Voyez LOMBARD.)

9°. *Pierre Comeſtor* ou le *Mangeur*, doyen de l'égliſe de Troyes, compila l'hiſtoire eccléſiaſtique, & en fut nommé le *maître*, comme Pierre Lombard des *ſentences*. Il mourut en 1198 à Saint-Victor, où il étoit chanoine régulier. Son épitaphe, digne du goût du temps, commence ainſi:

Petrus eram, quem petra tegit, dictuſque comeſtor
Nunc comedor, &c.

10°. *Pierre de Blois*, ainſi nommé parce qu'il étoit né dans cette ville; précepteur, puis ſecrétaire de Guillaume II, roi de Sicile, appellé en Angleterre par le roi Henri II, y mourut en 1200. On a de lui des lettres, des ſermons &c. où il s'élève avec tant de force contre les déréglemens du clergé, que les proteſtans l'ont ſouvent cité dans leurs déclamations contre l'égliſe romaine.

11°. *Saint-Pierre Nolaſque*, fondateur de l'ordre de la Merci pour la rédemption des captifs. Il étoit né vers l'an 1189; ſa fondation eſt du 12 août 1223; il y aſſocia ſaint Raymond de Pegnafort; elle fut approuvée en 1230 par le pape Grégoire IX. *Saint-Pierre* Nolaſque mourut la nuit de noël 1256 ou 1258.

12°. *Pierre*, moine de Vaux ou des Vaux de Cernay, au treizième ſiècle, a écrit l'hiſtoire de la guerre des Albigeois, dont il avoit été le témoin oculaire. Cette hiſtoire a été imprimée à Troyes en 1615; elle a même été traduite du latin en françois.

13°. *Pierre Martyr.* (Voyez MARTYR.)

14°. *Pierre de Navarre.* (Voyez NAVARRE.)

15°. *Pierre.* (Corneille de la) *Cornelius à lapide*, jesuite flamand, né dans le pays de Liége, mort à Rome en 1637, auteur de dix volumes *in-fol.* de commentaires fur l'écriture fainte.

16°. *Pierre de Saint-Louis* (le père), auteur du poëme de la *Magdeleine*, chef-d'œuvre de ridicule qui parut en 1668, au temps où écrivoient les Nicole, les Pafcal, les Boffuet, les Boileau, les Racine. La même année voyoit éclore *Andromaque* & la *Magdeleine*; c'étoient préciſément les deux extrémités du bon & du mauvais goût; en pourroit faire un pareil ouvrage par plaiſanterie, par gageure, pour montrer l'abus de l'eſprit & la ſottiſe des pointes, & ce ſeroit déjà un grand tour de force; mais ce qui eſt beaucoup plus plaiſant, c'eſt qu'il ait été fait le plus ſérieuſement du monde pour montrer de l'eſprit & du talent, & qu'il ait été loué le plus ſérieuſement du monde & le plus ridiculement par les confrères & les amis de l'auteur. Nous n'en citerons que deux morceaux, pour faire connoître ce que peuvent l'eſprit & la ſottiſe réunis, & nous avertiſſons que tout eſt abſolument du même ton, qu'il n'y a pas le moindre relâche; jamais un vers ſans eſprit, jamais d'eſprit ſans ridicule.

Magdeleine, par la ſeule contemplation de ſon crucifix, apprend toutes les ſciences, & premièrement la grammaire; elle frémit de voir que, par un *cas* du tout déraiſonnable, l'amour du ſauveur lui ait rendu la mort *indéclinable*, qu'à force d'être *actif*, il ſe ſoit fait lui-même *paſſif*.

Tandis qu'elle s'occupe à punir le forfait,
De ſon *temps prétérit* qui ne fut qu'*imparfait*,
Temps de qui le *futur* réparera les pertes....
Et le *préſent* eſt tel, que c'eſt l'*indicatif*
D'un amour qui s'en va juſqu'à l'*infinitif*....
Mais c'eſt dans un degré toujours *ſuperlatif*,
Et tournant contre ſoi toujours l'*accuſatf*;
Direz-vous pas après qu'ici notre écolière
Faiſant de la façon, eſt vraiment ſingulière
D'avoir quitté le monde & ſa *pluralité*?

De la grammaire, elle paſſe à la verſification; elle examine la *quantité* de ſes péchés; elle les trouve *ſans meſure, ſans rime, ſans raiſon, ſans nombre & ſans règle.*

L'autre morceau eſt ce qu'on appelle un *écho*, & dont on trouve beaucoup d'exemples dans nos anciennes poéſies:

Que fuyent les oiſeaux volans dans ces bocages? -- *Capes*.
Mais que fuyois-je moi de Dieu, quand je l'avois? -- *La voix*.
Que dit-elle à mon cœur au bord de ce vieux antre? -- *Entre*.
Quels furent donc mes yeux à ceux des regardans? -- *Ardens*.
Comment pour ces malheurs doit paroître Marie? -- *Marrie*.
De qui ſuivoit les pas autrefois Madeleine? -- *D'Héleine*.
Que me fera l'époux dans ſa cour ſouveraine? -- *Reine*.

Et que donne le monde aux ſiens le plus ſouvent? -- *Vent*.
Que dois-je vaincre ici ſans jamais relâcher? -- *La chair*.
Qui fut cauſe des maux qui me ſont ſurvenus? -- *Venus*.
Que faut-il dire après d'une telle infidelle? -- *Fi d'elle*.
Qui me cachoit le ciel, ſans que mon œil le viſſe? -- *Le vice*.
Pourrai-je quelque jour aller tout droit à Dieu? -- *Adieu*.

L'auteur, le révérend père *Pierre de Saint-Louis*, religieux carme de la province de Provence, nous apprend qu'il n'a pas toujours été carme ni dévot, qu'il a eu des maîtreſſes & en aſſez grand nombre; *Lucrece*, qui joui ſi bien des yeux & du luth; *Valberinte*, autrefois le ſujet de ſes vers & de ſes peines; *Line*, a la treſſe d'or, Laure, la chère ſœur de ſon cher *Alidor*. Il convient d'avoir fait pour ces belles quantité d'ouvrages ſatyriques, impurs, impertinens, volages, dont il ſe repent & qu'il déſavoue. Cette confeſſion, moitié humble, moitié gaſconne, parut ſans doute alors fort édifiante.

17°. *Pierre de Bruys.* (Voyez BRUYS).

18°. *Pierre de Corbière.* (Voyez CORBIERE).

19°. *Pierre de Lune.* (Voyez BENOIT XI.I).

20°. *Pierre de Luxembourg.* (Voyez LUXEMBOURG).

21°. *Pierre.* (Euſtache de ſaint & l'abbé de ſaint): (Voyez SAINT-PIERRE).

22°. *Pierre-le-Cruel*, roi de Caſtille. (*Hiſt d'Eſ.*). Sur la conduite de ce roi, ou plutôt de cet ennemi de l'humanité, à l'égard de Blanche de Bourbon, ſa femme, de Henri de Tranſtamare, ſon frère, du prince Noir, ſon bienfaiteur, voyez les articles BOURBON (LOUIS II) HENRI II, *roi de Léon & de Caſtille.* GUESCLIN (du).

Nous allons donner ici la liſte de ſes autres crimes.

Dom Pédre ou *Pierre*, dit le cruel, fils unique d'Alphonſe XI, Roi de Caſtille, & de Marie de Portugal, fille d'alphonſe IV, roi de Portugal, n'avoit pas encore ſeize ans lorſqu'il monta ſur le trône de Caſtille en 1350; ſes frères bâtards étoient fils d'Éléonore de Guſman. Cette maîtreſſe d'Alphonſe XI, à la mort du roi ſon amant, auroit pu ſe mettre en ſûreté dans la forte place de Medina Sidonia qui lui appartenoit; elle aima mieux montrer ſa ſoumiſſion en venant à la cour: elle fut arrêtée à Séville, & bientôt après étranglée dans le palais, ſous les yeux de la reine-mere & du roi; ce premier crime ſi vil & ſi atroce, prémices du regne de dom Pédre, doit cependant moins être imputé à ce prince, qu'à Marie de Portugal ſa mère, dont l'orgueil né pouvoit pardonner à une rivale de lui avoir enlevé avec le cœur de ſon mari, le crédit & la puiſſance dont elle étoit peut-être encore plus jalouſe. Il en coûta cher, dans la ſuite, à Marie de Portugal, pour avoir ainſi accoutumé ſon fils à répandre le ſang.

Dom Pedre, jeune encore, tomba ſi dangereuſement malade, qu'on déſeſpera de ſa vie; il altoit mourir fans enfans, on fongea au choix d'un fucceffeur, les grands fe partagèrent entre trois princes : 1° Jean de Lacerda Lara, dont les droits précédoient même ceux de dom Pedre ; 2° l'Infant d'Arragon Ferdinand, un des plus proches héritiers de Pedre ; 3° dom Ferdinand Emmanuel de Caftille, prince du fang fort éloigné.

Dom Pedre revenu à la vie, ne pardonna jamais, ni aux grands d'avoir fongé à fon fucceffeur, ni à ces trois princes d'avoir été nommés dans cette occafion. Lara & Ferdinand Emmanuel moururent fubitement, auffi-tôt après le rétabliffement de dom Pedre ; tous les hiftoriens imputent à dom Pedre ces deux morts fi promptes, & il n'a pas voulu lui-même qu'on pût ne le pas foupçonner ; l'acharnement avec lequel on le vit à la mort de Jean de Lara, pourfuivre fon fils âgé de deux ans, prouva bien qu'il étoit l'auteur de la mort du père. Dom Pedre employa dans cette conjoncture, la violence & l'artifice pour fe faifir de cet enfant ; il ne lui échappa qu'avec peine, par les foins de Mincia, fa gouvernante, qui s'enfuit avec lui dans la Bifcaye ; elle ne le fauva pas pour long-temps ; il mourut au bout de quelques jours, toujours pourfuivi par dom Pedre, qui fit arrêter Jeanne & Ifabelle de Lara fes fœurs, & s'empara de tous les domaines de cette maifon.

Garcilaffo de la Véga, un des plus grands feigneurs & des plus grands capitaines du Royaume, fils d'un premier miniftre d'Alphonfe XI, maffacré dans une fédition pour avoir fervi fon maître avec zèle, eft mandé au palais par dom Pédre ; la reine-mère qui commençoit à fe repentir d'avoir donné à fon fils l'exemple de la cruauté, fait avertir Garcilaffo de ne point venir. N'ayant rien à fe reprocher, il croit n'avoir rien à craindre, il eft affaffiné dans l'appartement du roi. Son crime étoit d'avoir eu des liaifons d'amitié avec Jean de Lara & d'avoir été de ceux qui vouloient, au défaut de dom Pedre, rappeler les Lacerda au trône.

On fe révolta ; la guerre civile s'alluma ; dom Pedre affiège les rebelles dans Aguilar, force la place, y fait prifonnier Alphonfe Coronel, beau-père de Jean de Lacerda Lara, & lui fait trancher la tête.

Alphonfe d'Albuquerque, gouverneur de dom Pedre, avoit trop flatté fes vices naiffans, il en fut puni ; voulant, dit-on, adoucir par l'amour l'ame atroce de dom Pedre, il favorifa la paffion de ce prince pour Marie de Padille, qui fut fous le regne de Pierre le cruel, ce qu'Éléonore de Guzman avoit été fous le regne d'Alphonfe XI, & qui caufa bien plus de troubles, parce qu'avec un caractère plus pervers elle gouverna un caractère plus féroce. Padille étoit attachée à Ifabelle, femme de Hineftrofa ; il engagea Hineftrofa, oncle de Padille, à la livrer lui-même au jeune roi ; ce fut le commencement de la fortune d'Hineftrofa, qui bientôt éclipfa celle d'Albuquerque. Padille, d'abord protégée par Albuquerque, fut bientôt en état de le protéger lui-même, & alors elle ne le

voulut plus. Jaloufe de régner feule, elle s'empreffa de renverfer le crédit de la reine-mère, & celui d'Albuquerque. Ce miniftre fe voyant négligé, devint bientôt un mécontent ; dès-lors fufpect, puis odieux, lorfqu'il effaya de ramener dom Pedre à une époufe digne de fa rendreffe, Blanche de Bourbon (voyez Bourbon, Louis II.), l'une des plus belles princeffes de fon temps, & dont la beauté étoit le moindre charme ; il penfa mourir de la main de ce prince furieux. Il alla chercher un afyle en Portugal. Dom Jean Nunnez de Prado, fon ami, grand-maître de l'ordre de Calatrava, fe réfugia en Arragon ; le roi l'invite à revenir, & lui donne fa parole royale qu'il ne lui fera fait aucun mal ; il arrive, on l'arrête, il eft affaffiné en prifon, parce que Padille vouloit procurer à dom Diègue de Padilla, fon frère, la grande maîtrife de Calatrava.

Dom Pedre, après avoir vainement follicité le roi de Portugal, de lui livrer d'Albuquerque, ordonne à celui-ci de venir rendre compte de l'adminiftration des finances dont il avoit été chargé ; mais Albuquerque le connoiffoit, & il avoit d'ailleurs devant les yeux le fort de Prado fon ami. Les biens d'Albuquerque font confifqués, & fes emplois partagés entre Hineftrofa, oncle de la favorite, & un juif qu'elle protégeoit.

La grande maîtrife de S. Jacques, étoit poffédée par dom Frédéric, propre frère de dom Pedre & frère jumeau de Tranftamare. Padille la voulut pour un autre de fes frères, dom Garcie de Padilla de Villagera ; on fuppofa des crimes d'état à dom Frédéric, il fut dépofé, & Villagera élu en fa place.

Albuquerque fit une ligue avec les Lacerda, les princes bâtards, les princes d'Arragon, la plupart des grands de Caftille ; la reine d'Arragon, tante de dom Pedre, la reine-mère elle-même fe mirent à leur tête.

Albuquerque mourut très promptement, perfuadé qu'il étoit empoifonné, & que le coup venoit du roi ; il s'accufa en mourant, de la lâche condefcendance qu'il avoit eue de lui faire livrer Padille ; il exhorta les confédérés à l'union & à la perfévérance ; il ordonna que fon corps fut embaumé, qu'on le portât toujours à la fuite de l'armée, & prit fes amis de ne pas fouffrir qu'il fût enterré jufqu'à ce que la ligue eût forcé dom Pedre à renvoyer Padille, fes parens & fes créatures.

Dom Pedre parut oublier un moment Padille ; il s'enflamma pour Jeanne de Caftro ; ne pouvant la féduire, il prit le parti de la tromper ; ce fut fa main qu'il lui offrit, en l'affurant que fon mariage avec Blanche de Bourbon étoit nul : deux lâches prélats, dom Sanche, évêque d'Avila, & dom Juan, évêque de Salamanque, cafsèrent en effet le mariage de Dom Pedre qui époufa Jeanne de Caftro, & la quitta auffi-tôt qu'il eût fatisfait fa paffion. Dom Ferdinand de Caftro, pour venger fa fœur, entra dans la ligue, & y fit entrer fes amis.

Pierre se voyant abandonné même de ses soldats, voulut bien paroître entrer en négociation avec sa mère, sa femme, sa tante, ses frères, ses cousins, son peuple. Il accorda tout, Padille fut éloignée ; son oncle Hineftrosa & son protégé, le juif Samuel Levi furent emprisonnés, les parens & les amis de la favorite dépouillés ; tous les emplois occupés par les princes & par leurs partisans ; mais il jura dans son cœur la mort de tous ceux qui lui avoient fait connoître la contrainte. Il s'échappe, il se retrouve à la tête d'une armée, & le poison le sert encore au défaut du fer. En passant par Medina del campo, il fait périr dom Pédre Ruiz de Villegas, gouverneur de Castille, dom Sanche Ruiz de Rochas & tous ceux qui lui étoient suspects. Il surprend Tolède, fait mourir plusieurs gentilshommes, fait pendre vingt-deux hommes du peuple pris au hasard. Parmi ces malheureux, étoit un vieillard octogénaire ; son fils, âgé de dix-huit ans, offrit sa vie pour lui ; dom Pédre accepte froidement l'échange, & fait exécuter le fils au lieu du père. Les Padille, les Hineftrosa, les Samuel-Levi reprennent leur première place auprès du trône ; les chefs de la ligue sont dissipés, les intérêts changent, la guerre s'allume entre l'Arragon & la Castille ; dom Frédéric, ce grand-maître de Saint-Jacques, déjà dépouillé par dom Pedre, en faveur des Padilles, croyant avoir fait sa paix & être rentré en grace, ayant d'ailleurs la parole du roi pour la sûreté de sa personne, mettoit son honneur à servir son pays & son injuste frère contre l'Arragon ; il vient rendre compte à dom Pedre d'un avantage qu'il venoit d'avoir sur les troupes arragonnoises ; il comptoit sur des témoignages de satisfaction & de reconnoissance de la part du roi son frère ; dom Pedre le fait poignarder, sous ses yeux, dans le palais, & vient dîner tranquillement dans la salle où le corps tout sanglant de son frère étoit encore étendu par terre. Il égorge aussi deux autres de ses frères bâtards, dom Juan & dom Pedre, âgés, l'un de dix-huit ans, l'autre de quatorze, dont la jeunesse garantissoit l'innocence, & qu'il tenoit d'ailleurs en prison depuis leur enfance. Un autre de ses frères (dom Tello), auroit eu le même sort, mais il s'enfuit en Arragon.

La Biscaye appartenoit à la branche de Lacerda-Lara ; nous avons dit qu'à la mort de Jean de Lara & de son fils, dom Pedre avoit fait enfermer Jeanne & Isabelle de Lara, héritières de cette maison, pour s'emparer de leurs biens. Dans la suite, voulant s'attacher dom Tello son frère, & l'infant d'Arragon, dom Juan son cousin, ou ne voulant que leur tendre un piège, il avoit marié Jeanne avec le premier, & Isabelle avec le second, Jeanne de Lara, l'aînée, avoit porté en dot la Biscaye à dom Tello ; dom Pedre, furieux que ce prince lui eût échappé, confisqua la Biscaye, & la promit à dom Juan, mari d'Isabelle, dont les droits suivoient immédiatement

ceux de Jeanne. Dom Juan se trouvant à la suite de dom Pédre à Bilbao, où le nom de Lara étoit toujours cher, crut l'occasion favorable pour rappeller au roi sa promesse, & lui demander l'investiture de la Biscaye. Les habitans de Bilbao, rassemblés dans la place publique, sous les fenêtres du palais, faisoient des vœux pour dom Juan, & attendoient impatiemment le succès de sa demande ; le roi répondit par un refus formel, & dom Juan ayant eu l'imprudence d'insister, en alléguant les promesses du roi & le vœu du peuple, dom Pedre le fit massacrer à l'instant par ses gardes, ou, selon quelques auteurs, il le poignarda de sa propre main ; il fit ensuite jetter son corps par les fenêtres qui donnoient sur la place, en criant aux habitans : *Tenez, voilà votre roi, c'est ainsi que je vous le rends.* Il fit arrêter de nouveau Jeanne & Isabelle de Lara, qu'il fit depuis mourir dans leur prison. Il fit depuis déclarer ennemis de l'état ses frères & ses cousins qui lui étoient échappés ; il mit leurs têtes à prix.

Il n'eut pas honte de faire emprisonner la reine d'Arragon, sa tante ; il n'eut pas honte de la faire étrangler dans sa prison.

Il étoit arrivé par degrés jusqu'à sa mère ; cette princesse, forcée de céder à l'ascendant de dom Pèdre & de se remettre entre ses mains, demande pour unique grace à son fils unique, qu'on épargne le sang de ses amis, ou qu'on lui épargne du moins le spectacle de leur mort. Dom Pedre les fait tous égorger, & tous aux yeux de la reine qui fut couverte de leur sang ; elle s'évanouit, on crut que le désespoir alloit trancher sa vie ; dom Pedre le crut aussi, & n'en fut point ému ; il crut faire assez d'en épargner les restes, & de ne pas plonger lui même un poignard dans le sein maternel ; mais il ne put souffrir qu'elle respirât plus long-temps dans les lieux qu'il habitoit ; il la chassa de son royaume, & la renvoya en Portugal.

Il n'avoit pas plus d'égards pour Padille, sa maîtresse, lorsqu'elle osoit lui parler en faveur de quelque proscrit. Villegas, condamné à périr, osa bien attendre le roi dans la chambre même de Padille, & prenant entre ses bras une des filles de cette femme & du roi, il demanda grace au nom de Padille & de cet enfant, persuadé qu'un homme protégé ainsi d'un côté par l'amour, de l'autre par la tendresse paternelle, n'avoit rien à craindre, Pierre saisit un poignard, s'élance sur Villegas & le frappe à coups redoublés, au hasard de percer sa maîtresse & sa fille, qui furent couvertes du sang de ce malheureux qu'elles virent expirer.

Le grand-maître de Calatrava, Padilla, frère de la favorite, ayant à dîner chez lui dom Osorio, son ami, devenu tout-à-coup suspect au tyran, voit entrer deux gardes de dom Pedre, qui, par ordre de ce prince, poignardent Osorio à la table de Padilla, à ses yeux, & laissent encore celui-ci chargé du soupçon d'avoir trahi son ami, & d'avoir amené au tyran sa victime.

Alphonse Coronel, à qui dom Pedre avoit fait trancher la tête, après l'avoir fait prisonnier dans Aguilar, avoit laissé deux filles, Marie, l'aînée, qui avoit épousé Jean de Lacerda-Lara, & Alphonsine, femme de dom Alvar Perez de Gusman. Dom Pedre s'enflamma pour ces deux sœurs à la fois, comme pour outrager encore doublement leur père après lui avoir donné la mort ; il trouva une résistance à laquelle il devoit s'attendre, mais à laquelle il ne pouvoit s'accoutumer ; il alloit en venir aux dernières violences ; ses menaces, ses fureurs forcèrent Lacerda & Gusman à prendre les armes, & à se joindre aux nombreux ennemis de dom Pedre. Lacerda eut le malheur d'être pris les armes à la main. Marie Coronel fut obligée de demander à son tyran la grace de son mari ; elle éprouva refus pour refus ; on dit même que, voulant par un rafinement de vengeance & de cruauté rendre ce refus plus affreux, dom Pedre feignit de céder aux larmes de celle qu'il aimoit, & d'envoyer la grace de Lacerda, mais que ce ne fut qu'après s'être assuré qu'elle arriveroit trop tard. Il n'en devint que plus pressant auprès de Marie Coronel ; elle s'étoit enfermée dans un couvent, pour se dérober aux persécutions d'un tel amant ; il va pour forcer cet asile ; Marie Coronel n'ayant plus de ressources que dans son courage, avoit pris le parti de sauver son honneur aux dépens de sa beauté ; elle s'étoit déchiré le visage, & parut toute couverte de ces glorieuses plaies, aux yeux de son amant épouvanté, pour qui elle ne fut plus, comme elle le désiroit, qu'un objet de dégoût & d'horreur. Alphonsine, plus docile, ou peut-être seulement plus adroite, eut un moment de crédit assez fort, pour faire arrêter Hinestrosa, oncle de Padille, & alarmer celle-ci ; mais dom Pedre fut bientôt dégoûté d'Alphonsine, & ce prompt dégoût parut encore déposer contre la fille d'Alphonse & la sœur de Marie Coronel.

Un prêtre, à la vérité fanatique, ayant cru avoir reçu de Saint-Dominique la mission de prédire à dom Pedre qu'il seroit tué par Henri de Transtamare (car tout le monde prévoyoit que l'un de ces frères mourroit de la main de l'autre), *Pierre* lui dit avec un rire amer : *il convient que vous alliez sans délai rendre compte à Saint-Dominique de la mission dont il vous a chargé*, & il le fit brûler vif en sa présence. Tout autre que dom Pedre se seroit contenté de le faire enfermer tout au plus.

Une femme de qualité, Urraque Ozorio, respectable par ses vertus, avoir un fils dans le parti de Transtamare ; pour ce seul prétendu crime, peut-être involontaire, dom Pedre n'eut pas honte de la faire brûler vive, horreur qui parut encore

plus abominable par le contraste du courage & de la piété d'une simple domestique de cette femme, qui, sous prétexte de veiller sur les derniers momens de sa maitresse, pour empêcher que la violence des douleurs ne lui arrachât des mouvemens contraires à la décence, & indignes, selon elle, d'Urraque Osorio, entra dans le bucher, s'y tint constamment, & périt dans les flammes avec sa maitresse ; cette fille se nommoit Isabelle d'Avalos.

Samuel Lévi, ce juif qui avoit long-temps partagé avec Hinestrosa la faveur de son maitre & la puissance du ministère, fut soupçonné d'avoir amassé de grandes richesses ; sur ce soupçon, le roi, non moins avare que cruel, fit saisir tous ses biens, & lui fit donner la question pour savoir où il avoit caché son argent ; le malheureux mourut dans les tortures.

Dom Pedre avoit employé dans plusieurs affaires de confiance dom Guttière Fernandès de Tolède ; il sut que cet homme, rempli d'humanité, plaignoit le sort des victimes qu'il voyoit immoler tous les jours ; dès-lors sa mort fut résolue ; mais il falloit le tirer d'un lieu où il commandoit : on l'invite à une revue de troupes qui se faisoit sur la frontière ; il est arrêté au milieu de cette revue, & on lui montre des lettres du roi qui demandoient sa tête. Tout ce que Guttière put obtenir, c'est qu'avant de mourir, il lui sût permis d'écrire à dom Pedre ; sa lettre, qu'on remit au roi avec sa tête, contenoit de justes reproches & d'importantes leçons. Dom Pedre, à la lecture de cette lettre, fut si transporté de fureur, qu'il eût voulu tenir Guttière en vie pour lui faire souffrir mille morts, & qu'il ne pouvoit se consoler de voir cette tête inanimée, braver sa colère impuissante.

Un autre Guttière, dit Zévallos, eut aussi la tête tranchée, soit parce qu'il étoit parent de celui-ci, soit parce qu'il fut soupçonné d'avoir favorisé l'évasion de quelques victimes.

Dom Garcilasso Carillo, à qui le roi avoit enlevé de force Marie Gonzales d'Hinestrosa, sa femme, s'étoit retiré auprès de Transtamare qui l'avoit fait son écuyer ; il entreprit de retirer la comtesse de Transtamare des mains de dom Pedre, où elle étoit alors, & qui égorgeoit les femmes aussi bien que les hommes. Il vient s'exposer à toute la fureur de dom Pedre ; il vient lui offrir ses services contre Transtamare, dont il se plaignoit amèrement. Le soupçonneux dom Pedre fut aisément aveuglé par la haine. Carillo demanda & obtint la permission de voir la comtesse de Transtamare, pour épier, disoit-il, ses secrets, & les révéler à dom Pedre ; il profita de cette facilité pour préparer l'évasion de la comtesse ; il accompagna sa fuite, & la remit entre les mains de son mari ; on peut juger de la fureur & de la confusion de dom Pedre à cette nouvelle. Garcilaſſo Carillo avoit un frère, Gomès Carillo, reſté fidèle au roi; dom Pedre réſolut de le traiter en traître, parce qu'il jugeoit que ſon frère l'avoit été. Gomès ſe voyant ſuſpect, crut devoir ſe juſtifier auprès du roi; dom Pedre convint d'avoir pris quelque ombrage, mais, content de la juſtification de Gomès, il parut lui rendre ſa confiance; il lui donna le gouvernement d'Algézire & l'envoya en prendre poſſeſſion; lorſque Gomès fut dans la barque qui devoit le tranſporter, on lui trancha la tête, qui fut à l'inſtant envoyée au roi.

Les corps n'étoient pas plus ménagés que les particuliers, le clergé ne l'étoit pas plus que les autres corps. L'archevêque de Tolède, Albornos, prélat, qui joignoit aux vertus d'un évêque les talens d'un guerrier, effrayé des violences de dom Pedre, quitta ſon ſiége & l'Eſpagne, & alla en Italie ſervir le pape; laiſſant dom Pedre ſe venger de ſon improbation par de nouvelles violences.

L'évêque de Siguença, le prélat le plus ſavant & le plus exemplaire du royaume, empriſonné pour avoir plaint le ſort de Blanche de Bourbon; l'archevêque de Tolède Vaſco, l'un des ſucceſſeurs d'Albornos, arraché de l'autel où il entendoit la meſſe, & chaſſé à l'inſtant du royaume, pour avoir donné des larmes à la mort de l'infortuné Guttière de Tolède, ſon frère, que toute l'Eſpagne regrettoit; les évêques de Lago & de Calahorra, chaſſés pareillement de leurs égliſes; Maldonado, grand archidiacre de Burgos, poignardé pour avoir reçu des lettres du comte de Tranſtamare; l'archevêque de Brague, empriſonné pour ſon attachement au même prince; l'archevêque & le doyen de Compoſtelle, maſſacrés pour la même cauſe, & dans un temps où dom Pedre détrôné, fugitif, avoit intérêt de ménager tout le monde, montrent aſſez qu'il ne ſavoit rien ménager.

Si nous voulons voir quel il étoit à l'égard des puiſſances voiſines & indépendantes, nous retrouverons le même deſpotiſme, la même férocité, la même violence. L'idée que les autres ſouverains puiſſent être ſes égaux, entre avec peine dans ſon ame, & il la repouſſe ſans ceſſe.

Le roi d'Arragon, Pierre, dit le Cérémonieux étant en guerre avec les Génois, Pérellos, ſon amiral, enlève deux galeres génoiſes dans le port de Sainte-Marie, à la vue du roi de Caſtille. Ce Prince ne prenoit aucun intérêt aux génois, mais il regardoit ce coup de main comme une inſulte; il pouvoit avoir droit d'en demander une réparation, & le roi d'Arragon l'offroit; la réparation que dom Pedre exigea, fut la tête de Pérellos. Sur le refus du roi d'Arragon, il lui fit la guerre; mais c'étoit peu de combattre le roi d'Arragon, de couronne à couronne, il prétendoit le détrôner, le prendre & le faire périr ſur un échaffaut, à la place de Pérellos. Il commença par faire arrêter tous les marchands Aragonois & Catalans qui ſe trouvoient dans ſes états. Mercero, général des

Arragonois, ayant été pris dans un combat naval, eut la tête tranchée à Séville; tous les priſonniers périrent dans les ſupplices; dom Pédre aſſiégeant en perſonne le château d'Orihuéla, propoſe au gouverneur Jean Martinez d'Eſlaba, une conférence, pendant laquelle il le fait tuer à coups de flèche. Le roi d'Arragon, outré de reſſentiment, propoſa un duel à dom Pédre, qui répondit qu'il ſauroit bien le faire périr d'une mort moins honorable. Le roi d'Arragon appelle à ſon ſecours Mahomet Barberouſſe, roi de Grenade, qui, par une diverſion heureuſe force dom Pédre à faire la paix avec le roi d'Arragon. Au milieu de la ſécurité que produit cette paix, dom Pédre tombe avec toutes ſes forces ſur les états de Barberouſſe, qui réclame à ſon tour l'aſſiſtance du roi d'Arragon: celui-ci reſpirant à peine d'une guerre ſi cruelle, n'oſoit plus ſe commettre avec dom Pédre; le roi de Grenade, abandonné ainſi de ſon allié, crut qu'une généreuſe confiance pourroit déſarmer ſon ennemi; il vint ſur la foi d'un ſauf-conduit, avec une foible eſcorte, le trouver à Séville, & traiter avec lui au milieu de ſa cour; dom Pédre parut d'abord ſentir ce que le procédé de ce prince avoit de franc & de noble; il l'accueillit, il lui donna des fêtes: mais dans la ſolemnité d'un feſtin, le roi de Grenade eſt arrêté avec trente-ſept des principaux ſeigneurs de ſa ſuite; on les promène ignominieuſement ſur des ânes, dans les rues de Séville, précédés d'un héraut qui annonçoit au peuple que le roi avoit condamné à la mort ces infidèles. Il fit plus, il voulut, dit-on, en être lui-même le bourreau avec ſes courtiſans; il fit ramener devant lui le roi de Grenade, & lui portant de ſa main un coup de lance: » infame, lui dit-il, » voilà le prix de la paix que tu m'as forcé de » faire avec l'Arragonois». « L'univers peut juger » qui de nous deux eſt l'infame, répondit le roi de » Grenade, en mourant; je cherche un aſyle chez » toi, tu me l'avois offert, & je meurs de ta main ». Les ſeigneurs Grenadins de la ſuite de Barberouſſe furent à l'inſtant mis en pièces par les courtiſans de dom Pédre qu'animoit l'exemple de leur roi, ou qui plutôt n'oſoient pas ne pas ſuivre ſon exemple. Quelques auteurs diſent cependant que les ſeigneurs Maures périrent par la main d'un bourreau, ce qui paroît plus vraiſemblable. L'avarice diſpute à la cruauté la honte de cette abominable exécution; les tréſors que le roi de Grenade avoit eu l'imprudence d'apporter avec lui, avoient tenté la cupidité de dom Pedre.

Le roi d'Arragon ayant repris les armes, cette nouvelle guerre finit par un nouveau traité, dans lequel Pierre le cruel exigea pour préliminaire, que le roi d'Arragon fit périr le comte de Tranſtamare & les autres freres bâtards de Pierre, qui, voyant la guerre allumée entre les deux rois, n'avoient pas manqué d'aller offrir leurs ſervices au roi d'Arragon; il exigea de plus que le roi d'Arragon fit périr auſſi ſon propre frère, l'Infant d'Arragon Ferdinand,

dinand; ainsi non content d'être fratricide, il vouloit que le roi d'Arragon le fût aussi; la paix étoit à ce prix. L'animosité de *Pierre* le cruel contre l'infant d'Arragon, venoit de ce que ce prince étoit son plus proche héritier, & avoit été un des trois princes sur lesquels les grands avoient jetté les yeux, lorsque la maladie de dom Pedre dans sa jeunesse, avoit fait craindre qu'il ne mourût sans enfans.

Pierre le cruel avoit couronné tous ses crimes par l'assassinat de Blanche de Bourbon, sa vertueuse femme. Il s'étoit long-temps refusé à cet attentat, non par humanité ni par justice, mais par politique & & parce qu'il prévoyoit la vengeance; il avoit cédé aux instances, aux importunités de Padille, & cette coupable Padille, qui avoit tant sollicité la mort de sa rivale, n'en jouit point, étant morte peu de mois après elle. Dom Pedre, à la mort de Padille, déclara qu'elle avoit seule été sa femme légitime, qu'il l'avoit épousée avant Blanche de Bourbon; l'objet de cette déclaration étoit d'assurer le trône aux enfans qu'il avoit eus de cette femme, il en avoit entr'autres un fils qu'il vit mourir, & sa douleur fut si vive qu'on crut qu'elle l'entraîneroit au tombeau. C'eût été un jeu bizarre de la nature, si *Pierre-le-Cruel* étoit mort de sensibilité; mais enfin la nature & l'amour se firent sentir à lui, au moins une fois: c'est un honneur qu'il ne faut point lui dérober.

C'étoit par un crime contre la nature que devoit périr le monstre qui avoit tant outragé la nature. Fratricide, il devoit périr par un fratricide; c'étoit de la France que devoit partir la foudre, dont *Pierre-le-Cruel* alloit être écrasé. Blanche de Bourbon y trouva des vengeurs. Sur la mort de *Pierre-le-Cruel*, arrivée en 1368, voyez les articles *Guesclin* (du) & sur-tout *Henri* (de Transtamare), roi de Castille. Il n'avoit que trente-quatre à trente-cinq ans lorsqu'il mourut.

Tel est l'homme que M. de Voltaire a entrepris de justifier, c'est le plus hardi de ses paradoxes historiques; mais il a fallu renverser tous les fondemens de l'histoire, & peupler l'Espagne & la France de brigands, de rebelles, de traîtres, de scélérats, pour absoudre un seul homme, flétri par ce surnom de *Cruel*, qu'on est même obligé de convenir qu'il a mérité au moins par l'atrocité de ses vengeances.

Nous voyons dans Ferréras que *Pierre-le-Cruel* avoit déjà trouvé des défenseurs dans des temps fort anciens; il désigne & réfute en plusieurs endroits de son histoire d'Espagne quelques-uns de ces anciens apologistes; il parle de deux descendans de *Pierre-le-Cruel*, dom François & dom Diegue de Castille, qui, dans des écrits apologétiques en faveur de ce prince, citent son histoire écrite par dom Jean de Castro, évêque de Jaen, & d'autres ouvrages favorables à Pierre, mais tous inconnus. Pierre Lopez d'Ayala, dont nous avons une histoire très-détaillée, du même

prince, mais écrite dans un esprit tout différent, a été accusé de partialité contre dom Pedre. En effet, il avoit été proscrit par ce prince, & ayant échappé à sa colère par un bonheur bien rare, il avoit depuis été grand-chancelier de Castille sous les successeurs de Transtamare; cependant l'histoire d'Ayala est parvenue jusqu'à nous, & celle de Jean de Castro, est tellement oubliée, que Ferréras n'ose décider qu'elle existe dans quelque coin de bibliothèque. La raison de cette différence est aisée à deviner; c'est que le récit d'Ayala s'est trouvé seul conforme aux monumens de l'histoire, à la notoriété publique, à la tradition constante, qui perpétuoit d'âge en âge le souvenir des cruautés de dom Pedre par l'horreur qu'elles avoient inspirée & le ravage qu'elles avoient fait, enfin à l'histoire de toutes les nations, tant espagnoles qu'étrangères, sur lesquelles les actions de dom Pédro avoient eu de l'influence, & qui en avoient en sur lui. La mémoire de dom Pedre s'étoit conservée comme celle des fléaux célèbres; il étoit impossible que ses apologies se soutinssent. Ayala fut suivi par la foule des historiens de tous les temps, de toutes les nations & de toutes les langues. Enfin le témoignage de l'histoire contre *Pierre-le-Cruel*, étoit si constant & si uniforme, qu'il falloit peut-être pour oser l'infirmer, toute l'autorité que donnoit la gloire, & tous les avantages que donnoit la philosophie à l'illustre auteur de l'essai sur l'histoire générale.

On a voulu dire que Transtamare & ses successeurs avoient peut-être fait périr tous les ouvrages où dom Pedre étoit peint avantageusement, & qui auroient pu désabuser la postérité sur son compte; mais outre qu'en général, ce projet de tarir ou d'infecter les sources de l'histoire est impraticable, & que, comme dit Tacite en parlant des écrits de Crémutius Cordus, il n'y a que des insensés qui croient pouvoir étouffer ainsi pour les siècles futurs la voix libre de la vérité; l'état où étoit alors l'Espagne rendoit un tel projet encore plus impraticable.

Elle étoit divisée en cinq petits royaumes à peu près égaux, dont les souverains étoient liés par une multitude de nœuds, source de droits, de prétentions & de discordes. L'héritier présomptif d'une couronne l'étoit aussi d'une autre, & appartenoit ainsi à plusieurs états à la fois par des titres également sacrés. Ces petits états se pénétroient intimement dans tous leurs points; rien de ce qui intéressoit l'un ne pouvoit être étranger aux autres; ainsi l'histoire de l'un étoit nécessairement, & sur tous les objets, l'histoire de tous les autres. Qu'auroit donc pu gagner l'autorité à supprimer ou à corrompre en Castille des monumens historiques, qui se seroient reproduits dans l'histoire de tous les autres états voisins? L'Espagne étoit alors ce que la France avoit été du temps des partages de la première race. Les quatre rois chrétiens de l'Espagne (car le cinquième, celui de Grenade, étoit

Maure,) étoient exactement ce qu'avoient été les quatre fils de Clovis & les quatre fils de Clotaire, dont l'histoire est absolument inséparable.

Dom Pedre qui avoit des démêlés avec tout le monde, en eut avec les papes, & quoiqu'il fût difficile d'avoir tort à l'égard de dom Pedre, les papes avoient pris depuis long-temps avec les souverains un ton qui donnoit aux premiers un tort réel dans la forme, lors même qu'ils pouvoient avoir raison au fond. Il étoit impossible que les Rois se soumissent à leurs formules de commandement & d'autorité. D'ailleurs les papes siégeoient alors dans Avignon, & étoient, par conséquent, dans la dépendance des françois. Il fut aisé de les faire agir en faveur de Transtamare, allié de la France, contre dom Pedre. Celui-ci, selon l'expression de Froissart, *estoit de merveilleuses opinions plein & estoit très-rudement rebelle à tous commandemens & ordonnances de l'église. Le Pape Urbain V le cite à son tribunal, lui mandant & commandant qu'il vensist tantôt & sans délai en propre personne en cour de Rome.... Ce roi, dom Piètre, comme orgueilleux & présomptueux, n'y daigna venir; (eut-il si grand tort, & nos rois y alloient-ils davantage, quand ils y étoient mandés?) Mais encores villenia grandement les messagers du saint père, dont il cheut moult fort en l'indignation de l'église.*

Sur son refus de comparoître devant le pape, *il avoit été en plein consistoire en Avignon & en la chambre du pape, excommunié publiquement & déclairé & réputé pour B..... & incrédule.*

Il ne seroit pas impossible que cette citation à Rome ou à Avignon, & cette excommunication publique eussent procuré à dom Pedre le peu d'apologistes qu'il a eus; mais il a fallu céder à la force de la vérité & à l'autorité de l'histoire. *On craignoit*, dit Froissart, *qu'il ne violât les églises; car il leur tollut leurs rentes & leurs revenus, & tenoit les prélats de sainte église en prison.*

On sait aujourd'hui qu'il est des cas où l'on peut très-légitimement saisir les revenus ecclésiastiqu s, & arrêter même des prélats, mais étoit-on dans ces cas-là? Le lecteur peut en juger d'après les faits que nous avons rapportés.

Ce prince impudique, violent & sacrilége, qui outrageoit, qui égorgeoit des femmes & des prêtres, qui bravoit le pape & l'excommunication, qui s'allioit avec les juifs & les mahométans, chose qui paroissoit alors sans excuse, quoiqu'elle ne fut pas sans exemple; ce prince étoit cependant dévot, il ne manquoit point d'ordonner des prières publiques pour le succès de ses guerres injustes & de ses exécutions barbares. Ayant pensé périr dans un naufrage, il fit en actions de graces d'avoir pu échapper à ce danger, un pèlerinage, nuds pieds, en chemise & la corde au col; il ordonna par son testament, qu'on l'enterrât en habit de cordelier, selon la dévotion du temps & du pays; il étoit même quelquefois superstitieux jusqu'à la pusillanimité;

il refusa un jour de prendre une ville, parce qu'au moment où il alloit s'en emparer, il apperçut un enfant tout en larmes, qui déploroit la mort d'un oncle qu'il avoit perdu la veille dans un combat, & que cette rencontre lui parut d'un mauvais augure.

Il avoit, dit-on, quelque amour pour la justice, mais c'étoit pour cette justice inflexible, inexorable, qui ne sait que punir; & la cruauté n'est-elle pas essentiellement injuste?

Cet ennemi des hommes avoit quelques qualités brillantes, beaucoup d'esprit & de valeur; il prévoyoit les desseins de ses ennemis avec une pénétration si prompte & si sûre, il les déconcertoit avec une activité si rapide, que presque rien ne pouvoit lui résister; il y avoit en lui une fierté qui le préservoit des vices bas & vils de Charles-le-Mauvais, roi de Navarre, son contemporain & son allié. Pierre avoit aussi des avantages extérieurs, une figure noble & imposante, que la colère rendoit terrible, que la sérénité rendoit brillante; l'air de la supériorité, le ton & l'instinct du commandement. « Quand il étoit dans un lieu, dit Mariana, on n'avoit pas besoin de demander où étoit le roi. On a vu des rois, malgré leur toute-puissance, être timides avec leurs sujets par le sentiment de leur foiblesse personnelle. Dom Pedre ne voyoit jamais que des inférieurs à tous égards; la même distance que son rang mettoit entre lui & ses sujets, il croyoit que la nature l'avoit mise entre eux & lui sur tous les points; un sourire amer, un coup d'œil dédaigneux, une ironie sanglante, annonçoient son profond mépris pour tout ce qu'il ne daignoit pas craindre & haïr. Il eut toutes les fureurs de l'amour, & n'en eut la tendresse que pour Padille; encore son attachement pour elle ne prit-il un caractère tendre que dans les regrets que la mort de cette femme lui inspira, & dans les honneurs qu'il rendit à sa mémoire.

Le peuple qui aime à rejetter les crimes de ses maîtres sur leurs courtisans & leurs maîtresses, se réjuissoit de la mort de Padille, espérant désormais respirer sous un joug plus doux; il reconnut que cette femme avoit, rarement à la vérité; mais enfin quelquefois servi de frein aux violences de son amant. Dom Pedre, livré à lui-même, fut encore plus cruel & plus sanguinaire.

Dom Pedre eut plusieurs enfans de diverses autres femmes; despotique en amour comme en politique, il ne souffroit aucune résistance, & vouloit qu'on obéît à ses feux impérieux comme à ses ordres sanguinaires. Il étoit toujours dangereux de lui montrer ou d'annoncer devant lui de belles femmes, & il se fit autant d'ennemis par ses amours que par ses cruautés.

23°. PIERRE I ou dom PEDRE, roi de Portugal. (Voyez INÈS DE CASTRO.)

24°. PIERRE ALÉXIOWITZ I, surnommé le Grand (Hist. de Russie.) La Russie n'étoit rien avant lui; elle eſt aujourd'hui l'une des plus formidables puiſſances & de l'Europe & de l'Aſie. C'eſt l'ou-vrage d'un grand homme & de deux femmes; car, depuis le czar *Pierre*, il n'y a que des femmes qui aient véritablement régné en Ruſſie, & qui aient ſuivi l'ouvrage commencé par *Pierre*. Ce-lui-ci étoit fils d'Alexis Michaëlovitz & d'une de ſes ſujettes, fille du Boyard Nariskin; il naquit le 30 mai——10 juin 1672. (On ſait que le calen-drier ruſſe retarde de douze jours ſur le calendrier grégorien.) Fœdor & Jean ou Ivan ſes frères & la princeſſe Sophie ſa ſœur ainſi que cinq autres ſœurs, étoient d'un premier lit; *Pierre* & la prin-ceſſe Nathalie étoient les ſeuls enfans du ſecond. Alexis étant mort au commencement de l'an 1677, Fœdor lui ſuccéda, & mourut en 1682; jugeant que le prince Jean, ſon frère, étoit incapable de régner, il nomma héritier du trône de toutes les Ruſſies *Pierre*, alors âgé de dix ans. Sophie les jugeant tous deux incapables de régner, l'un par la foibleſſe de ſon tempérament & de ſon eſprit, l'autre par celle de ſon âge, voulut régner ſous le nom de ſes frères, comme Pulchérie avoit régné au nom de Théodoſe II; mais il falloit pour cela que ce fût Jean qui eût le titre de czar; elle jugea que les Nariskins, frères de la czarine, mère de *Pierre* I, voudroient auſſi régner ſous le nom de leur neveu; elle ſouleva contre eux la milice ſéditieuſe des Strélitz qui étoient les pré-toriens de la Ruſſie; les Nariskins ſont cruellement aſſaſſinés, ainſi que tous ceux qui étoient odieux ou ſuſpects à Sophie. Jean fut czar, Sophie ré-gna, & chercha les moyens d'ôter la vie à *Pierre*; elle aſſocia au gouvernement de l'état le prince Baſile Galitzin. M. de Voltaire, d'après la Neu-ville, envoyé de Pologne en Ruſſie, fait de Galitzin un fort beau portrait; « c'étoit, diſoit-il, » un homme ſupérieur en tout genre, à tout ce » ce qui étoit alors dans cette cour orageuſe; » poli, magnifique, n'ayant que de grands deſ-» ſeins, plus inſtruit qu'aucun Ruſſe, parce qu'il » avoit reçu une éducation meilleure, poſſédant » même la langue latine, preſque totalement » ignorée en Ruſſie; homme d'un eſprit actif, » laborieux, d'un génie au-deſſus de ſon ſiècle, » & capable de changer la Ruſſie, s'il en avoit » eu le temps le pouvoir, comme il en avoit » la volonté ». Mais cet honneur étoit réſervé à *Pierre* I. Ce prince, âgé de dix-ſept ans, tou-jours menacé par Sophie, ſe ſauve dans l'aſile d'un couvent, convoque les Boyards de ſon parti, car il avoit ſu s'en faire un, il ſe plaint d'un attentat médité contre ſa perſonne & contre celle de ſa mère; il perſuade, il entraîne; les compli-ces ſont punis; le prince Galitzin eſt relégué ſur le chemin d'Archangel; Sophie eſt enfermée dans un couvent, & c'étoit aſſez la punir. *Pierre* règne.

« *Pierre* le Grand, dit M. de Voltaire, avoit » une taille haute, dégagée, bien formée, le » viſage noble, des yeux animés, un tempéra-» ment robuſte, propre à tous les exercices & » à tous les travaux; ſon eſprit étoit juſte, ce » qui eſt le fond de tous les vrais talens, & cette » juſteſſe étoit mêlée d'une inquiétude, qui le » portoit à tout entreprendre & à tout faire. Il » s'en falloit beaucoup que ſon éducation eût » été digne de ſon génie: l'intérêt de la princeſſe » Sophie, avoit été ſur-tout de le laiſſer dans » l'ignorance...... On ne s'attendoit pas qu'un » prince qui étoit ſaiſi d'un effroi machinal, qui » alloit juſqu'à la ſueur froide, & à des con-» vulſions, quand il falloit paſſer un ruiſſeau, » deviendroit un jour le meilleur homme de » mer dans le Septentrion.

On peut juger par-là, non-ſeulement de ce qu'il ſut acquérir, mais encore de l'empire qu'il ſut prendre ſur lui-même, pour triompher d'une de ces répugnances qu'on croit toujours ſi aiſé-ment invincibles, & qui le ſont quelquefois.

Le premier pas pour ſortir de l'ignorance, eſt de ſavoir qu'on eſt ignorant & d'en rougir; mais il n'y a que les génies créateurs, tels que Charlemagne & *Pierre* Ier., qui ſoient capables de ſentir ce qui manque à leur pays, à leur ſiècle, & à eux-mêmes. *Pierre* commence par apprendre de lui-même & preſque ſans maitres, l'allemand & le hollandois. Ce n'étoit pas par cette petite vanité ſi commune de ſavoir deux langues étran-gères; *Pierre*, dans tout ce qu'il faiſoit, avoit un objet & un grand objet; c'étoient les Allemands qui exerçoient à Moſcou une partie des arts qu'il vouloit faire naître dans ſon empire, & c'étoit d'eux qu'il falloit apprendre ces arts néceſſaires; c'étoit des Hollandois qu'il falloit apprendre la marine qui lui paroiſſoit le plus néceſſaire de tous les arts.

Des eſſais de marine & des évolutions navales ſur un lac furent les jeux de ſon enfance.

Interdum nugaris rure paterno,
Partitur lintres exercitus, Adia, pugna
Te duce per pueros hoſtili more refertur.
Adverſarius eſt frater, lacus Adria, donec
Alterutrum velox victoria fronde coronet.

Cet amuſement devint bientôt l'affaire la plus ſérieuſe, & de progrès en progrès, on vit en 1694 le czar s'embarquer ſur la mer glaciale, qu'aucun ſouverain n'avoit ſeulement vue avant lui.

Pierre réuſſiſſoit à tout, parce que, même dès ſa jeuneſſe, il ſavoit préparer tout avec prudence; il vouloit caſſer cette milice des Strélitz, qui avoit aſſaſſiné ſes oncles, & l'avoit mis lui-même en danger; il forma, comme par amuſement & par jeu, de nouvelles troupes, où il donna lui-même l'exemple de paſſer par tous les grades de la mi-lice, & qu'il s'attacha ſur-tout à bien diſcipliner. Ces troupes formées par lui, lui étoient entière-ment dévouées; ce fut par elles qu'il ſut avec le temps se faire craindre & obéir des Strélitz, ce fut par elles qu'il les remplaça.

Le czar Jean vivoit encore, & étoit censé régner avec son frère qui régnoit seul, lorsqu'en 1689, le bruit du fameux congrès & du fameux traité entre la Russie & la Chine pour la fixation de leurs limites respectives, vint étonner la France & l'Europe. Ces limites étoient entièrement inconnues; on ne pouvoit concevoir ce que deux empires, dont l'un étoit situé à l'extrémité orientale de l'Asie, l'autre occupoit le nord de l'Europe, pouvoient avoir à démêler ensemble; on fut fort surpris d'apprendre qu'ils étoient en guerre, & qu'ils alloient faire la paix; qu'à force d'étendue, ils étoient limitrophes au cent-trentième degré de longitude & au cinquante-deuxième de latitude, vers le cours du fleuve d'Amur ou d'Amour qui, après avoir coulé l'espace de cinq cents lieues dans la Sibérie & dans la Tartarie chinoise, va se perdre dans la mer du Kamshatka. Les Chinois & les Russes n'avoient d'ailleurs aucune langue commune dans laquelle ils pussent traiter ensemble au milieu de ces déserts. Deux jésuites, l'un Portugais, nommé Pereira, l'autre Français, le père Gerbillon, partis de Pékin à la suite des ambassadeurs chinois, furent les véritables médiateurs avec un Allemand de l'ambassade russe; leur langue commune fut le latin. Ils réglèrent les limites, objet de la contestation, & firent un traité de paix & de commerce, devenu célèbre, & par la puissance des deux empires, & par la gloire des deux empereurs Camhi & Pierre I. Dans cette ambassade, ce fut la nation réputée barbare, la nation russe, qui étonna l'autre par sa magnificence.

Il ne fut pas si aisé d'avoir la paix avec les Turcs & les Tartares. Pierre, dont toutes les idées étoient vastes, pouvoit traiter aisément avec des puissances méditerranées; le petit intérêt d'avancer ou de reculer de quelques lieues ses frontières n'étoit rien pour lui; mais, dès qu'il s'agissoit de la mer, ses vues s'étendoient & son ambition avec elles; les deux grands objets de son règne furent la mer baltique & la mer noire, dont il voulut procurer à la Russie ou le commerce ou même l'empire. Il commença par la mer noire & les palus Méotides, & entreprit la conquête d'Asoph, qui, placée à l'embouchure du Don ou Tanaïs, donne entrée dans cette mer, nommée aujourd'hui de son nom, mer d'Asoph ou de Zabache, autrefois Palus Méotides, d'où l'on entre dans la mer noire par le détroit de Caffa. Ses préparatifs, faits sourdement & en silence, étoient achevés à la fin de 1694; au commencement de l'été de 1695, le maréchal Shéremeto, sous lequel le czar servoit en qualité de volontaire, marche vers Azoph & la forme le siége; les Russes n'avoient point encore fait de siége régulier, ils furent obligés de lever celui-ci, & Pierre s'y étoit attendu; mais la constance dans toute

entreprise formoit son caractère. Une armée plus considérable revient devant Asoph au printemps de 1696, & la place se rend le 28 juillet. Le czar revint triompher à Moscou, usage romain qu'il renouvella dans toute sa pompe, & qui rend l'honneur de la victoire plus sensible & plus flatteur par l'éclat du spectacle.

Dès qu'il fut maître d'Asoph, il voulut l'être du détroit de Caffa; il voulut chasser pour jamais de la Crimée les Tartares & les Turcs; il projetta d'établir un commerce libre avec la Perse par la Géorgie.

Il commença par faire creuser à Asoph un port capable de contenir les plus gros vaisseaux & par environner cette place de forts qui en rendissent l'accès impossible.

En 1697, il commença ces fameux voyages, dont l'objet général étoit d'apprendre à regner, & l'objet particulier de s'instruire par lui-même des arts dont il avoit senti la nécessité, principalement de la construction des vaisseaux & de la navigation. A Amsterdam, il se logea dans les chantiers de l'amirauté, alla se mêler parmi les ouvriers du village de Sardam où se construisoient les vaisseaux, s'habilloit, se nourrissoit comme eux, travailloit avec eux dans les forges, dans les corderies, dans les moulins; il se fit inscrire parmi les charpentiers, sous le nom de Pierre Michaëloff; on l'appelloit communément maître Pierre (Peterbas;) de Sardam il revenoit à Amsterdam, travailler chez le célèbre anatomiste Ruysch, & il devint assez bon chirurgien, pour pouvoir être utile à ses sujets dans cet art; il apprenoit la physique chez le bourguemestre Vitsen. Il eut le plaisir d'achever de ses mains un vaisseau de soixante pièces de canon qu'il fit partir pour Archangel, n'ayant point encore alors d'autre port sur l'océan.

Au mois de Janvier 1698, il partit pour l'angleterre, il y vécut comme à Amsterdam & à Sardam; il y apprit véritablement l'art de la construction, dont il n'avoit appris en Hollande que la routine; les vaisseaux en Angleterre se construisoient suivant des proportions mathématiques. Il y construisit aussi un vaisseau qui se trouva l'un des meilleurs voiliers de la mer; l'art de l'Horlogerie à Londres attira particuliérement son attention. L'ingénieur Perri, qui le suivit de Londres en russie, dit que depuis la fonderie des canons, jusqu'à la filerie des cordes, il n'y eut aucun métier auquel il ne travaillât; en même temps il observoit & calculoit les éclipses avec Ferguson; il retourna vers la fin de mai, en hollande, sur un magnifique vaisseau nommé le Royal Transport, dont le roi Guillaume lui fit présent.

De nouveaux troubles que sa présence dissipa bientôt, le ramenèrent à Moscou, au mois de septembre de la même année 1698. Son séjour y fut marqué par toutes ces réformes utiles contre lesquelles le préjugé seul réclamoit, mais qui étoient applaudies par la partie la plus saine de la nation,

& sur lesquelles se fonde principalement la gloire du czar.

Il lui restoit encore à s'instruire plus particulièrement d'un grand art, celui de la guerre ; ce fut Charles XII qui fut son maître dans ce genre ; à force de battre les moscovites, Charles XII leur apprit enfin à battre les suédois, & à le battre lui-même. Cette grande guerre du nord s'alluma en 1700. La Livonie, l'Estonie, l'Ingrie, la Carélie, toutes ces provinces situées sur le golphe de Finlande, partie de la mer Baltique, étoient depuis long-temps un objet de contestation & de jalousie, entre la Pologne, la Suède & la Russie ; la Suède en étoit alors en possession, & le czar *Pierre*, dont toutes les vues étoient tournées vers l'aggrandissement par mer, & vers l'extension du commerce, désiroit sur-tout des ports sur la mer Baltique, pour avoir à sa disposition les mers de l'Océan comme celles de la Méditerranée ; & pour procurer à son pays tous les commerces possibles, il projettoit encore de joindre la mer noire avec la mer Caspienne, en profitant d'un point où le Don ou Tanaïs, qui tombe dans la mer d'Asoph, se rapproche considérablement du Wolga qui tombe dans la mer Caspienne un peu au dessous d'Astracan. Les provinces du Golphe de Finlande furent le vrai sujet de la guerre entre Charles XII & *Pierre* II. Celui-ci entra dans l'Ingrie, & assiégea Narva ; Charles XII, vainqueur rapide du roi de Dannemarck & du roi de Pologne, arrive au milieu des glaces, au mois de novembre, & avec moins de neuf mille hommes, dissipe & détruit la grande armée des Russes que les uns font monter à quatre-vingt-mille hommes, d'autres à soixante, & que les mémoires les plus modérés portent au moins à quarante mille ; cette grande victoire avoit été précédée de beaucoup d'autres moindres, où les russes toujours en beaucoup plus grand nombre, avoient toujours été vaincus par les suédois. Un autre que *Pierre* eût pu se rebuter, *Pierre* étoit inébranlable ; il court à Moscou, pour faire fondre du canon, il prend pour cela les cloches des églises & des monastères, ayant perdu tout le sien devant Narva ; il va se concerter avec tous ses alliés, & les remplir de son courage ; il fait construire des galères sur le lac Peïpus, il arme en guerre des barques, sur le lac Ladoga ; pendant ce temps il suit tous ses autres projets, & de réforme dans ses états, & d'aggrandissement au dehors. « Les princes, dit M. de Voltaire, qui ont » employé le loisir de la paix à construire des » ouvrages publics se sont fait un nom ; mais » que *Pierre*, après l'infortune de Narva, s'oc- » cupât à joindre par des canaux la mer baltique, » la mer caspienne & le Pont-Euxin, il y a là » plus de gloire véritable que dans le gain d'une » bataille ».

Charles qui s'étoit acharné avec le plus d'ardeur à la poursuite & à la ruine d'Auguste, roi de Pologne, électeur de Saxe, dévastoit alors la Pologne, & *Pierre* faisoit venir de Pologne &

de Saxe à Moscou des bergers & des brebis pour avoir des laines & des draps ; il établissoit des manufactures de linge, des papeteries ; appelloit dans ses états des ouvriers en fer, en laiton, des armuriers, des fondeurs, faisoit fouiller les mines de la Sibérie, défendoit son pays, & l'enrichissoit.

Il y eut en 1701 quelques petits combats entre les Russes & les Suédois, & ceux-ci ne furent pas toujours supérieurs ; les Russes s'aguerrissoient, se disciplinoient, & un an après la bataille de Narva, le 11 janvier & le 19 juillet 1702, ils furent en état de vaincre Slippembac, un des meilleurs généraux de Charles XII. Ce conquérant s'avançoit toujours de plus en plus dans la Pologne, mais les Russes s'avançoient dans l'Ingrie & dans la Livonie, & les desseins du czar s'exécutoient ; aussi le maréchal Shéreméto entra-t-il en triomphe dans Moscou, & des étendarts & des drapeaux enlevés aux Suédois, & des prisonniers faits sur eux, décorèrent ce triomphe.

La ville de Pétersbourg fut fondée le 27 mai 1703, jour de la pentecôte ; l'île de Cronslot, qui est devant la ville, devint en 1704, une forteresse imprenable. L'année 1703 fut aussi l'époque de l'établissement d'une imprimerie en caractères russes & latins, d'un hôpital où l'on faisoit travailler les vieillards & les enfans, & où tout ce qui étoit renfermé devenoit utile ; Fergusson établit en même temps des écoles de géométrie, d'astronomie, & de navigation. Le czar, pendant qu'il fondoit une capitale, fortifioit presqu'à la fois Novogorod, Pleskow, Kiovie, Smolensko, Asoph, Archangel. Derpt, située sur les confins de la Livonie & de l'Estonie, se rend à lui le 23 juillet 1704. Il assiège Narva, emporte l'épée à la main trois bastions, nommés *la Victoire*, *l'Honneur & la Gloire* ; il prend enfin cette ville, & devient le maître de toute l'Ingrie. Il falloit que la capitale du souverain des mers, du conquérant de la Baltique & des mers de la Méditerranée, fût placée sur cette Baltique qu'il avoit conquise, & qu'elle commandât en quelque sorte à deux mers, le golphe de Finlande & le lac Ladoga ; telle étoit la situation de Pétersbourg, qui devint bientôt le siége de son empire, le centre de son commerce & une des villes les plus florissantes de l'univers. Les ennemis de *Pierre* rioient d'abord de le voir s'obstiner à bâtir dans un marais inabordable aux vaisseaux.

Rident vicini glebas & saxa moventem.

« Pétersbourg, dit l'illustre historien de Char- » les XII, est situé dans une île marécageuse, » autour de laquelle la Néva se divise en plu- » sieurs bras avant de tomber dans le golphe » de Finlande ; *Pierre* lui-même traça le plan de » la ville, de la forteresse, du port, des quais » qui l'embellissent & des forts qui en défendent » l'entrée. Cette île inculte & déserte, qui n'é-

» toit qu'un amas de boue pendant le court été
» de ces climats, & dans l'hiver, qu'un étang glacé,
» où l'on ne pouvoit aborder par terre qu'à tra-
» vers des forêts fans route & des marais pro-
» fonds, & qui n'avoit été jufqu'alors que le re-
» paire des loups & des ours, fut remplie en
» 1703 de plus de trois cents mille hommes que
» le czar avoit raffemblés de fes états. Les payfans
» du royaume d'Aftracan, & ceux qui habitent
» les frontières de la Chine furent tranfportés à
» Pétersbourg. Il fallut percer des forêts, faire des
» chemins, fécher des marais, élever des digues,
» avant de jetter les fondemens de la ville. La nature
» fut forcée par-tout; le czar s'obftina à peupler
» un pays qui fembloit n'être pas deftiné pour des
» hommes; ni les inondations qui ruinèrent fes ou-
» vrages, ni la ftérilité du terrain, ni l'ignorance
» des ouvriers, ni la mortalité même, qui fit
» périr deux cents mille hommes dans ces com-
» mencemens, ne lui firent point changer de
» réfolution. La ville fut fondée parmi les obf-
» tacles que la nature, le génie des peuples &
» une guerre malheureufe y apportoient. Péters-
» bourg étoit déjà une ville en 1705, & fon
» port étoit rempli de vaiffeaux ».

Le fénat de Mofcou fut tranfporté à Péterfbourg
en 1712, ce qui acheva de faire de cette dernière ville la capitale de l'empire ruffe.

En 1705, une flotte fuédoife s'avança pour
détruire Pétersbourg & Cronflot; les troupes qui
la montoient tentèrent deux fois de faire une defcente, & furent deux fois repouffées; mais, en
Courlande, le général Lévenhaupt gagna, le 28
juillet, la bataille de Gémavers, ce qui n'empêcha pas le czar de prendre Mittau, par un effet
de ce talent admirable qu'il avoit de réparer toujours fes pertes, & de tirer parti de fes défaites
mêmes.

On vit en cette occafion un bel exemple de
cette difcipline à laquelle le czar avoit fu accoutumer fes troupes. Les foldats ruffes, commandés
pour garder dans le château de Mittau les caveaux
où étoient enterrés les ducs de Courlande, s'apperçurent que les corps avoient été tirés de leurs
tombeaux & dépouillés de leurs ornemens, ils
refufèrent de prendre poffeffion des lieux, &
exigèrent qu'un colonel fuédois vînt en reconnoître
l'état, & déclarât par un certificat formel, que
les fuédois étoient les auteurs de ce défordre,
tant les ruffes attachoient déjà de honte au
pillage !

Le 19 octobre 1706, les Ruffes gagnèrent contre
les fuédois, pour la première fois, une bataille
rangée en Pologne; & cependant Charles XII
faifoit & défaifoit des rois, & s'illuftroit par des
victoires qu'il flétriffoit par le fupplice injufte &
cruel de Patkul. Le 6 juin 1708, il chaffe le czar
Pierre, de Grodno en Lithuanie; le 25 juillet
fuivant, il remporte fur les ruffes la victoire d'Ho-
lozin près du Borifthène.

Le Borifthène paffé, Charles s'enfonce dans
l'Ukraine; ce fut le terme de fes fuccès, &
la fortune ne fit plus depuis que trahir fa valeur.
A la bataille dite de Lefnau, entre le Borifthène
& la Soffa, Levenhaupt fut battu au mois
d'octobre 1708, & ce fut la première fois que
le czar en perfonne, défit en bataille rangée
ceux qu'il appelloit avec raifon fes maîtres dans
l'art de la guerre. Ce fuccès n'étoit que l'avant-
coureur de celui qu'il devoit remporter en
perfonne, fur Charles XII en perfonne, le 27
juin 1709, à Pultava. Charles é oit porté fur un
brancard, parce qu'il avoit eu les os du pied fra-
caffés d'un coup de carabine; un coup de canon
tua un de fes porteurs, & mit le brancard en
pièces. *Pierre* reçut plufieurs coups dans fes habits
& dans fon chapeau. » Si Charles, dit M. de
Voltaire, eût perdu la vie dans une bataille,
» ce n'etoit après tout qu'un héros de moins;
» fi le czar eût péri, des travaux immenfes, utiles
» à tout le genre humain, étoient enfevelis avec
» lui ». Charles ne périt pas, mais s'enfuit en
Turquie. On dit que le czar lui écrivit pour le
détourner de cette réfolution défefpérée, & pour
le prier de fe remettre plutôt entre fes mains,
que dans celles de l'ennemi naturel de tous les
princes chrétiens, lui promettant la paix à des
conditions raifonnables; mais que celui qui porta
la lettre ne put faire affez de diligence, & trouvant que Charles étoit déjà en Turquie, il rapporta la lettre à fon maître.

Charles n'avoit tiré d'autre fruit de fes victoires
que beaucoup de bruit qui vint aboutir à cinq années de féjour & de captivité en Turquie; le czar
fut profiter du triomphe de Pultava; la guerre continuoit toujours avec la Suède, tout l'afcendant
avant Pultava étoit du côté de cette puiffance,
il fut conftamment du côté de la Ruffie depuis
cette époque. *Pierre* conquit en tout ou en partie, la Livonie, la Carélie, la Finlande; il fut
puiffance dominante fur les golphes de Finlande & même de Bothnie & fur la mer Baltique.

Il fut moins heureux du côté d'Afoph & de
la mer noire. Le fultan Achmet III lui déclara
la guerre en 1710, & il ne paroît pas que ce
fût pour les intérêts de Charles XII. La campagne du Pruth, en 1711, penfa être auffi funefte au czar que celle de Pultava l'avoit été à
fon rival; le czar, avec une armée réduite à
vingt-deux mille hommes, étoit enfermé par une
armée de deux cents cinquante mille; les Turcs
d'un côté, les Tartares de l'autre, l'environne-
rent de manière qu'il ne reftoit pas même de lieu à
la fuite; l'eau & les vivres lui étoient coupés,
il n'avoit plus que la reffource défefpérée d'une
bataille avec cette énorme inégalité de forces,
& avec l'alternative ou de vaincre, ou de périr,
ou d'être efclave en Turquie. Le czar retiré
dans fa tente, accablé de douleur, agité de convulfions auxquelles il étoit fujet & que le cha-

grin redoubloit, ne vouloit aucun témoin de l'état violent où il se trouvoit, & avoit défendu de laisser entrer personne dans sa tente. Une femme y entra malgré la défense, & ce fut pour le sauver : cette femme étoit l'impératrice Catherine, femme également étonnante & par son caractère & par sa fortune ; elle avoit été prise en 1702 par les Russes, dans une petite ville nommée Marienbourg, sur les confins de la Livonie & de l'Ingrie ; elle étoit élevée chez le ministre luthérien du lieu, nommé Gluk ; sa mère étoit une paysanne, elle ne connut jamais son père. Elle avoit été mariée, cette même année 1702, à un dragon suédois, qui, le lendemain de ses nôces, disparut dans une affaire, & dont elle n'eut plus jamais aucune nouvelle. Elle servit chez le général russe qui l'avoit prise dans Marienbourg, puis chez le maréchal Shéréméto, puis enfin chez le prince Menzikoff, dont les avantures n'étoient guères moins singulières que les siennes. (Voyez l'article *Menzikoff* ou *Menzikow*). Ce fut chez le prince Menzikoff que le czar la vit, il l'aima, elle lui devint nécessaire, non seulement par ses charmes, mais parce qu'il reconnut que c'étoit la personne la plus propre à le seconder dans l'exécution de ses vastes desseins, & à les suivre après lui ; il l'épousa secretement en 1707, & déclara publiquement son mariage le 17 mars 1711. Le jour même qu'il partit pour cette malheureuse campagne du Pruth, elle l'y suivit, en partagea les fatigues & les dangers, & sa présence dans de pareilles conjonctures étoit une des causes qui ajoutoient aux réflexions chagrines du czar, lorsqu'elle entra dans sa tente. Elle ne lui cacha point qu'elle voyoit comme lui tout le danger de sa situation ; elle lui proposa d'entrer en négociation avec le visir Méhémet-Baltagi, qui commandoit l'armée des turcs ; elle fut le négociateur, & lui procura la paix à des conditions plus supportables qu'il ne devoit s'y attendre. Il le reconnoît lui-même dans une déclaration donnée en 1723, lorsqu'il fit couronner cette même impératrice. « Elle » nous a été, dit-il, d'un très-grand secours dans » tous les dangers, & particulièrement à l'affaire » du Pruth, où notre armée étoit réduite à vingt-deux mille hommes ». Mais enfin il fallut rendre Asoph, en détruire le port, renoncer à la mer noire & à la Méditerranée. Le czar s'en consola, en suivant avec plus d'ardeur tous ses autres projets. Il y eut un autre prince à qui ce traité déplut bien davantage encore dans un sens tout contraire ; ce fut Charles XII ; il ne pouvoit concevoir que le visir eût laissé ainsi échapper de ses mains le czar qu'il pouvoit mener captif à Constantinople ; il accabla ce visir de reproches, auxquels celui-ci ne répondit que par des mots piquans : *Si j'avois pris le czar*, dit-il froidement qui auroit gouverné son empire ? *Il ne faut pas que* tous les rois sortent de chez eux. Pour toute réponse, Charles XII lui déchira sa robe avec ses éperons.

M. de Voltaire observe qu'à Pultava, un patissier (le prince Menzikoff) avoit fait mettre les armes bas à toute l'armée de Charles XII, & qu'à l'affaire du Pruth, un fendeur de bois (car le visir l'avoit été) avoit décidé du sort du czar.

On ignoroit toujours la véritable origine de Catherine, & il n'étoit pas fort nécessaire de la savoir. M. de Voltaire a tiré d'un manuscrit des anecdotes curieuses à ce sujet.

Un envoyé du roi Auguste à la cour du czar, vit en passant par la Courlande, une espèce de mendiant qu'on rebutoit, & qui, pour se faire valoir, donnoit à entendre, d'un air mystérieux, qu'il n'étoit pas impossible qu'il trouvât de puissantes protections à la cour du czar. Cet envoyé l'ayant considéré attentivement, lui trouva de la ressemblance avec l'impératrice ; il en écrivit à Pétersbourg ; le czar fit faire des recherches en Courlande, on découvrit qu'il s'appelloit Charles Scavronsky, & étoit fils d'un gentil-homme de Lithuanie ; il avoit été séparé dès sa plus tendre enfance d'une sœur, dont il ne savoit rien, sinon qu'elle avoit été prise par les Russes dans Marienbourg en 1702, & il la croyoit encore chez le prince Menzikoff, où il présumoit qu'elle avoit fait quelque fortune.

On envoya Scavronski, sous bonne garde, à Pétersbourg, en le chargeant, pour la forme, d'un prétendu crime dont il n'eut pas de peine à se justifier, & on le traita fort bien sur la route. Le czar l'interrogea, & trouva ses réponses conformes à ce que Catherine lui avoit toujours dit de sa naissance & de ses malheurs. Le lendemain étant à dîner avec l'impératrice, il fait venir cet homme, toujours avec ses habits de paysan, & les présentant l'un à l'autre : *Cet homme est ton* frère, dit-il à Catherine, & s'adressant à Scavronski : *Allons, Charles*, dit-il, *baise la main de* ton impératrice, & embrasse ta sœur.

Le manuscrit porte que l'impératrice tomba en défaillance, soit du saisissement joint au plaisir inattendu de retrouver un frère, soit peut-être de la crainte que le czar qui n'étoit pas sans bizarrerie & sans inégalité dans l'humeur, ne se fît un plaisir de l'humilier par cette vive image de son premier état ; le czar la rassura en ces mots : *Il n'y a là rien que de simple ; ce gentilhomme est* mon beau-frère ; s'il a du mérite, nous en ferons quelque chose ; s'il n'en a point, nous n'en ferons rien. Il fut créé comte, épousa une fille de qualité, eut deux filles mariées aux plus grands seigneurs de Russie ; & avoit dit plus vrai qu'il ne pensoit lorsqu'il s'étoit vanté en Courlande de n'être pas sans protection à la cour de Russie ; il ne comptoit alors que sur le crédit indirect de Menzikoff, & non sur le pouvoir direct de Catherine.

Le plus grand mérite qu'on pût avoir aux yeux du czar étoit d'approuver ses projets, & d'en desirer l'exécution ; c'est par là principalement que

Catherine lui avoit plu; le plus grand crime étoit de les combattre; il paroît que ce fut celui de sa première femme, Eudoxie Lapuchin, qu'il avoit épousée en 1689, & répudiée en 1696; ce fut aussi celui de son malheureux fils Alexis. (Voyez l'article *Aléxis Pétrowitz.*) Par l'examen que fait M. de Voltaire de sa conduite & des pièces de son procès, il ne paroît pas que ce jeune prince eût mérité la mort; il paroit au aussi qu'on abusa contre lui du secret de la confession & des expressions d'un repentir dévot & d'une humilité chrétienne; au reste, si l'on s'en tient au récit de M. de Voltaire, le czar n'aura souillé ni ses mains du sang de son fils, ni sa bouche par l'ordre de sa mort, & lorsque Catherine, par humanité ou par politique, intercédant pour son beau-fils, suivant le témoignage que le czar lui en rendit publiquement, disoit au czar, comme Phédre à Thésée,

> Epargnez votre sang, j'ose vous en prier;
> Sauvez-moi de l'horreur de l'entendre crier.

Le czar pouvoit répondre comme Thésée:

> Non, Madame, en mon sang ma main n'a point trempé,
> Mais l'ingrat toutefois ne m'est point échappé.

Le Czarowitz fut condamné par un jugement solemnel, & la lecture de son arrêt, auquel on dit cependant qu'il s'attendoit, fut le coup qui le tua; il l'entendit avec des convulsions qui se tournèrent en apopléxie: le père & le fils eurent une entrevue dans laquelle on dit (& il est vraisemblable) qu'ils s'attendrirent: le prince reçut l'extrême onction, & mourut en présence de toute la cour, le 5 juillet 1718.

D'autres récits sont moins favorables & au czar, & à Catherine. Suivant ces récits, le czar fut véritablement le bourreau de son fils, & ce crime fut accordé aux intérêts & aux intrigues d'une marâtre.

> Des droits de ses enfans une mère jalouse
> Pardonne rarement au fils d'une autre épouse.

Il est certain du moins que si Catherine vouloit qu'on laissât la vie au czarowitz, elle vouloit aussi qu'on le fît moine, & que la succession passât à l'aîné des fils qu'elle avoit eu de Pierre. Ce vœu fut trompé, tous ses fils moururent dans l'enfance. «Pierre, en faisant imprimer & traduire le » procès, dit M. de Voltaire, se soumit lui-même » au jugement de tous les peuples de la terre.» Et tous les peuples de la terre l'ont condamné.

Il n'y a de satisfaisant dans cette affaire que le sentiment du clergé, donné par écrit avec trop de circonspection sans doute, mais donné à un maître despotique, à un père dénaturé, qui avoit déjà condamné son fils dans son cœur.

«Si sa majesté, dit le clergé, veut punir celui » qui est tombé, selon ses actions, & suivant la » mesure de ses crimes, il a devant lui des » exemples de l'ancien testament; s'il veut faire » miséricorde, il a l'exemple de Jésus-Christ même, » qui reçoit le fils égaré revenant à repentance; » qui laisse libre la femme surprise en adul- » tère, laquelle a mérité la lapidation, selon la » loi; qui préfère la miséricorde au sacrifice; il » a l'exemple de David, qui veut épargner Ab- » salon, son fils & son persécuteur, car il dit à » ses capitaines qui vouloient l'aller combattre, » *épargnez mon fils Absalon.* Le père le voulut « épargner lui-même, mais la justice divine ne » l'épargna point.

» Le cœur du czar est entre les mains de Dieu; » qu'il choisisse le parti auquel la main de Dieu » le tournera ».

On voit du moins à travers toutes ces réserves, que le vœu du clergé étoit pour la clémence.

On sait que le baron de Goërtz, qui gouvernoit Charles XII depuis le retour de ce prince dans ses états, & le cardinal Albéroni qui gouvernoit l'Espagne, voulurent changer entièrement le système de l'Europe, réconcilier le czar avec Charles XII, la Russie avec la Suède, & comme il falloit toujours à Charles XII quelque roi à détrôner, on lui donnoit à détrôner Georges I, roi d'Angleterre, en faveur de la maison Stuart. Charles XII donna dans tous ces projets; Pierre se contenta de les examiner. Un congrès fut ouvert dans l'île d'Aland; cependant la guerre continuoit toujours entre les Suédois & les Russes, lorsque Charles XII fut tué d'un coup de canon devant Fréderickshall, le 11 décembre 1718. La guerre continua cependant encore, mais sans cette activité qu'y avoit mise autrefois la rivalité personnelle de Charles & de *Pierre;* elle ne finit que par la paix de Neustad, signée le 10 septembre 1721, près de trois ans après la mort de Charles XII. Ce fut alors que les titres de *grand* & de *père de la patrie* furent solemnellement déférés au czar par le sénat de Pétersbourg & la nation russe. Celui de *grand* lui a été confirmé par les nations étrangères.

En 1716 & 1717, le czar avoit repris le cours de ses voyages de curiosité, interrompu par les affaires qui occasionnoient d'autres voyages. Il n'y avoit presque pas d'année qu'il ne parcourût les diverses parties de son vaste empire, avec cette célérité, cette activité, qui avoit étonné autrefois dans Charlemagne. Il parcouroit de même les différentes cours pour traiter en personne avec ses alliés: en 1716, il courut à Copenhague, en Prusse, en Allemagne, en Hollande; il revit Amsterdam & sa chaumière de Sardam, qu'il trouva changée en une maison commode & agréable, nommée la *maison du prince.*

Il lui restoit à voir la France, dont une opposition d'intérêts & de principes l'avoit tenu éloigné pendant la vie de Louis XIV; il y vint fous la régence en 1717.

« Le czar, dit M. de Fontenelle, fut fort touché de la perfonne du roi Louis XV, encore » enfant. On le vit qui traverfoit avec lui les » appartemens du louvre, le conduifant par la » main, & le prenant prefque entre fes bras, » pour le garantir de la foule, auffi occupé de » ce foin & d'une manière auffi tendre que fon » propre gouverneur ».

Des gens qui aiment à entendre finefle à tout, n'ont pas manqué de raffiner fur ces marques d'intérêt, données par un grand homme à un enfant; ils ont prétendu que le maréchal de Villeroi avoit voulu faire prendre au roi de France la main & le pas, & que l'empereur de Ruffie qui s'en apperçut, fe fervit de ce ftratagème pour déranger le cérémonial par un air d'affection & de fenfibilité; M. de Voltaire rejette cette idée, M. de Fontenelle n'en parle pas, & il paroit qu'il étoit bien moins occupé des chicanes de l'étiquette, que du foin d'honorer un grand homme, & de mettre dans tous les détails de l'accueil, cette grace & cette urbanité ingénieufe qui diftinguoient alors la nation françoife. Quand Pierre le Grand alla dîner chez le duc d'Antin à Petit-bourg, la première chofe qu'il vit dans le falon, chez cet enchanteur, connu par tant de merveilles du même genre, ce fut fon portrait en grand avec le même habit qu'il portoit. Quand il alla voir la monnoie des médailles, on en frappa plufieurs devant lui, il en tomba une à fes pieds, on la lui laiffa ramaffer. Il s'y vit gravé parfaitement, il y lut fon nom: Pierre le Grand. Le revers étoit une renommée, & la légende fi ingénieufement appliquée à fes voyages, étoit ce mot de Virgile: vires acquirit eundo.

On fait que quand il alla en Sorbonne voir le tombeau du cardinal de Richelieu, il embraffa fa ftatue avec tranfport, & s'écria: Grand homme, je t'aurois donné la moitié de mes états pour apprendre de toi à gouverner l'autre! C'étoit l'éloge d'un defpote dans la bouche d'un defpote: mais du moins le czar n'employoit fon autorité defpotique qu'à faire le bien de fa nation; en peut-on dire autant de Richelieu? Les docteurs de Sorbonne profitèrent de l'occafion pour propofer de nouveau, la réunion fi fouvent & fi vainement tentée, de l'églife grecque & de l'églife latine. Le czar parut affez froid fur ce projet; il le fut beaucoup moins fur l'honneur d'être affocié à l'académie des fciences. Il y vint le 19 juin 1717, & l'académie, dit M. de Fontenelle, fe para de ce qu'elle avoit de plus nouveau & de plus curieux en fait d'expériences & de machines. Dès qu'il fut retourné dans fes états, il fit écrire par fon premier médecin à M. l'abbé Bignon, qu'il defiroit d'être membre de cette compagnie, & quand elle lui eût rendu graces, il lui en écrivit lui-même une lettre, qu'on n'ofe, dit encore M. de Fontenelle, appeler une lettre de remerciment, quoiqu'elle

vint d'un fouverain qui s'étoit accoutumé depuis long-temps à être homme. C'eft principalement comme académicien que M. de Fontenelle l'envifage dans fon éloge, mais comme académicien, roi & empereur, qui a établi les fciences & les arts dans les vaftes états de fa domination.

Obligé de choifir parmi les nombreux établiffemens dont la Mofcovie lui eft redevable, il donne des principaux une lifte fuccincte, que nous abrégerons encore.

Une infanterie de cent mille hommes, auffi belle & auffi aggerrie qu'il y en ait en Europe.

Une marine de quarante vaiffeaux de ligne & de deux cents galères.

Des fortifications à toutes les places qui en méritent par leur importance ou par leur fituation.

Une excellente police dans les grandes villes, auffi dangereufes auparavant pendant la nuit que les bois les plus écartés.

Une académie de marine & de navigation.

Des collèges à Mofcou, à Péterfbourg & à Kiof, pour les langues, les belles-lettres & les mathématiques. Des écoles dans les villages pour apprendre à lire & à écrire.

Un collège de médecine & une apothicairerie publique à Mofcou; avant lui, il n'y avoit eu ni médecin, ni apothicaire dans tout l'empire.

Des leçons publiques d'anatomie, fcience dont avant lui le nom même n'étoit pas connu en Ruffie; il acheta le cabinet de M. Ruyfch, fameux par tant de diffections fi fines.

Un obfervatoire où, indépendamment de ce qui concerne l'aftronomie, on renferme toutes les curiofités d'hiftoire naturelle.

Un jardin des plantes, fait pour étendre le règne de la botanique, en joignant aux végétaux alors connus en Europe, les végétaux encore inconnus du nord de l'Europe & ceux des diverfes contrées de l'Afie.

Des imprimeries, dont il a changé les anciens caractères trop barbares, & défigurés par des abréviations fréquentes.

Des interprètes pour toutes les langues de l'Europe, & de plus pour les langues latine, grecque, turque, calmouque, mongule & chinoife.

Une bibliothèque royale, formée de trois grandes bibliothèques, achetées en Angleterre, en Allemagne & dans le Holftein.

Voilà ce qu'a fait le roi académicien, & ce qu'il a fait malgré des obftacles où la fuperftition étoit parvenue à intéreffer la religion, où l'ignorance paffe auffi en dogme & en loi; la loi ou l'ufage défendoit la fortie du royaume, & n'étoit pas favorable à l'admiffion des étrangers; l'introduction du tabac dans la Ruffie fut une affaire de religion, car les Turcs fumoient, & tout ce que faifoient les Turcs devoit néceffairement être contraire à la religion. « Les chan» gemens les plus indifférens & les plus légers, » tels que celui des anciens habits ou le retran-

» chement des longues barbes, trouvoient une op-
» position opiniâtre, & suffisoient quelquefois pour
» causer des séditions. »

En partant pour ses voyages, le czar envoya
aussi les principaux seigneurs moscovites voyager
en différens pays de l'Europe. Quelques-uns
obéirent de mauvaise grace à un ordre si nouveau, & il y en eut un qui demeura quatre ans
enfermé chez lui à Venise, pour en sortir, dit
M. de Fontenelle, avec la satisfaction de n'avoir
rien vu ni rien appris; mais le czar avoit précisément cette fermeté constante & inébranlable,
faite pour triompher des obstacles que les préjugés
apportent au bien.

S'il peut être permis de conquérir, c'est au souverain qui veut faire le bonheur du monde. Dans
les troubles où la Perse fut en proie, vers le même
temps où la Russie devenoit florissante, il y avoit
eu quelques facteurs russes égorgés en Perse; le
czar en avoit inutilement demandé satisfaction,
au milieu de la confusion qui régnoit dans le
pays; il résolut de profiter de cette confusion, en
se faisant justice lui-même; il descendit par le
Volga dans la mer caspienne, assiégea & prit
Derbent sur cette mer en 1722. L'année suivante,
il prit Bachu, encore sur la partie occidentale de
cette mer, & il finit sa carrière militaire par
ajouter trois provinces à son empire du côté de la
Perse, comme il en avoit ajouté trois autres vers
les frontières de la Suède.

Le czar *Pierre I*, mourut à cinquante-deux
ans, le 28 janvier 1725, d'une rétention d'urine,
causée par un abscès dans le col de la vessie; il
mourut entre les bras de l'impératrice Catherine,
& comme elle lui succéda, comme il y avoit eu
entre eux quelques légers nuages au sujet d'une
dame d'atours de Catherine, laquelle étoit tombée
dans la disgrace du czar, & que Catherine reprit
un peu promptement après la mort de son mari;
comme enfin il faut toujours que l'accusation de
poison soit hasardée à la mort d'un prince & d'un
grand prince, quand cette mort est prématurée,
Catherine a eu le malheur d'être soupçonnée d'a-
voir avancé les jours de son mari, qui lui inspiroit, dit-on, plus de crainte par sa colère, que
de reconnoissance par ses bienfaits. M. de Voltaire
réfute cette accusation par des raisons dignes d'être
pesées.

Il est trop vrai au reste que le grand caractère
du czar n'étoit pas sans tache, qu'il avoit ce défaut si grand dans un législateur & dans un roi,
d'être sujet à la colère; ce défaut dans un roi,
dit M. de Voltaire, n'est pas de ceux qu'on répare en les avouant, mais enfin il en convenoit.
Il se livroit trop aisément aussi aux excès du vin;
ce fut dans un transport de colère, né de ces
excès, qu'il tira l'épée contre son favori, le Fort,
ce Génevois, premier auteur des réformes de la
Russie (Voyez son article au mot *Fort*) (*le*); il
en fut honteux, il en demanda pardon à le Fort:

j'ai réformé ma nation, dit-il, *& je n'ai pu me
réformer moi-même.*

Dans sa contestation avec Catherine au sujet de
sa dame d'atours, il entra dans une violente colère,
cassa une glace de Venise, & dit à sa femme:
« Tu vois qu'il ne faut qu'un coup de ma main
« pour faire rentrer cette glace dans la poussière
» dont elle est sortie ». La menace ne pouvoit
être plus précise. Catherine le regardant avec une
douleur touchante: « eh bien! lui dit-elle, vous
» avez cassé ce qui faisoit l'ornement de votre
» palais, trouvez-vous qu'il en soit devenu plus
» beau »? Ces seuls mots appaisèrent l'empereur,
car il paroît qu'il étoit, comme Horace le dit de
lui-même,

Irasci celerem, tamen ut placabilis essem.

On a cru qu'il avoit nommé, par son testament,
Catherine, héritière de l'empire; c'est une erreur
que M. de Voltaire détruit: la vérité est qu'il n'a-
voit point fait de testament ou qu'il n'en a point
paru; ce fut le prince Menzikoff, qui par des
arrangemens concertés avec Catherine, la fit reconnoître pour souveraine, à la mort du czar, assurant
que telle avoit été l'intention de *Pierre*, en la faisant couronner solemnellement peu de temps avant
sa mort. Le czar dans sa maladie souffroit des douleurs trop violentes pour être en état de faire même
un testament; il essaya une fois d'écrire dans un
moment d'intervalle, mais il ne put tracer que des
caractères informes, où on ne put lire que ces mots
en russe, *rendez tout à....* Dans l'impuissance d'a-
chever, il cria qu'on fît venir la princesse Anne
Petrowna, sa fille aînée, duchesse de Holstein, à
laquelle il vouloit dicter quelque chose; mais lorsqu'elle parut devant son lit, il avoit déjà perdu la
parole, & il tomba dans une agonie qui dura seize
heures.

Pierre II, petit-fils de *Pierre I*, & fils de l'infortuné Aléxis & de la princesse de Brunswick-
Volfembutel, sœur de l'impératrice d'Allemagne,
femme de Charles VI, naquit en 1715. Il avoit dix
ans à la mort de ce *Pierre I*; il en avoit douze,
quand il succéda en 1727, à l'impératrice Catherine, veuve de *Pierre I* & belle-mère d'Aléxis; ce
fut elle qui le rapprocha du trône & le déclara
grand duc, comme pour expier la rigueur de
Pierre I envers Aléxis père de *Pierre II*, & comme
pour rendre au petit-fils de *Pierre I*, la couronne
dont elle avoit été redevable aux bontés de l'ayeul.
Il mourut en 1730 de la petite vérole dans sa quinzième année, sans avoir été marié. Menzikoff &
les Dolgoroukis avoient tour-à-tour regné sous son
nom. Le plus grand événement de son regne pendant les trois années qu'il avoit été sur le trône, fut
la disgrace de Menzikoff. (Voyez l'article *Menzikoff*).

Pierre III, aussi empereur de russie. Il suffit de jetter les yeux sur les révolutions arrivées dans l'ordre
successif en russie, depuis la mort du czar *Pierre I*,
pour juger que ce grand réformateur, parmi tant

d'innovations utiles, auroit bien dû s'attacher à fixer invariablement l'ordre de la succession dans son pays, en adoptant notre loi salique, la plus sage des loix sur cet article. A *Pierre* I avoit succédé, selon ses vœux peut-être, Catherine sa femme, quoique étrangere à la maison regnante. Elle avoit fait rentrer la couronne dans cette maison & avoit eu pour successeur *Pierre* II, petit-fils de *Pierre* I & fils d'Aléxis.

Mais à la mort de *Pierre* II, que devoit-il arriver ? les czars Jean & *Pierre* avoient regné ensemble ; le czar Jean, l'aîné des deux frères, avoit laissé des filles ; le czar *Pierre* en laissa. Etoient-ce les filles de Jean ou celles de *Pierre* qui devoient succéder au petit-fils de *Pierre* I ? La question fut décidée par le fait en faveur des filles de Jean.

Il en avoit laissé deux : l'aînée avoit épousé le duc de Mecklembourg, la cadette le duc de Courlande ; ce fut celle-ci, nommée Anne Iwanowna, qu'on alla chercher à Mittaw, pour la mettre sur le trône de Russie ; elle mourut le 28 Octobre 1740. (Voyez l'article *Anne Iwanowna*),

Du mariage de sa sœur aînée avec le duc de Mecklembourg, étoit née la princesse Anne, que l'impératrice sa tante avoit mariée au prince de Brunswick Antoine Ulric ; de ce mariage, étoit né le 24 Août 1740, le prince Iwan ; ce fut cet enfant âgé de deux mois, qui fut nommé duc de Russie & successeur : le duc de Courlande Biron s'étoit fait donner la régence, mais il fut renversé, & la princesse Anne se déclara grande duchesse de Russie, & régente pendant la minorité de son fils ; elle fut renversée à son tour, la nuit du 5 au 6 Décembre 1741, par Elisabeth Petrowna, seconde fille du czar *Pierre* I ; celle-ci n'eut pas d'enfans ; mais sa sœur aînée Anne Petrowna, avoit épousé le duc de Holstein, & de ce mariage étoit né Charles-Pierre Ulric, duc de Holstein, qui descendu à la fois & de *Pierre* I & d'une sœur de Charles XII, étoit naturellement destiné à réunir ces deux empires rivaux de Russie & de Suède, qui sous ces deux héros ennemis s'étoient fait une guerre si longue & si acharnée. Il étoit petit-fils d'Hedwige, sœur de Charles XII, & il avoit même été nommé roi par les états de Suède ; mais la différence de religion, considération qui auroit dû être absolument étrangère aux droits de ce prince, parut un obstacle insurmontable à la réunion des deux trônes. Elisabeth avoit fait venir en russie, ce prince son neveu. Il fit abjuration de la religion protestante dans la cathédrale de Moscou, embrassa la religion grecque, & fut déclaré grand duc de Russie ; il refusa la couronne de Suède, & s'en tint à celle de Russie. Il épousa en 1745, la princesse d'Anhalt-Zerbst ; c'est Catherine II qui, étrangère à la maison des czars comme Catherine I, regne comme elle avec gloire sur la Russie, ayant succédé comme elle à son mari.

Ce mari, ce duc de Holstein, Charles Pierre Ulric, est le *Pierre* III, sujet de cet article ; déclaré grand duc de Russie par Elisabeth Petrowna sa tante, le 18 Novembre 1742, il avoit été proclamé empereur de Russie après la mort de cette princesse, le 5 Janvier 1762. Il fut détrône le 6 Juillet de la même année & mourut sept jours après.

Quant au prince Iwan de Brunswick, après une captivité de plus de seize ans, il fut tué le 16 Juillet 1664. (Corrigez à ce sujet ce qu'on lit dans le premier volume, première partie, page 341, colonne premiere de ce dictionnaire historique de l'encyclopédie, qu'il fut tué la nuit du 4 au 5 Juin 1762).

PIÉS, *le baisement des*, (*Hist. mod.*) marque extérieure de déférence qu'on rend au seul pontife de Rome ; les panchemens de tête & de corps, les prosternemens, les génuflexions, enfin tous les témoignages frivoles de respect devinrent si communs en Europe dans les vij & viij siecles, qu'ils ne furent plus regardés que comme le sont aujourd'hui nos révérences ; alors les pontifes de Rome s'attribuèrent la nouvelle marque de respect qui leur est restée, celle *du baisement des piés.* Il est vrai que Charles, fils de Pepin, embrassa les *piés* du pape Etienne à S. Maurice en Valais ; mais ce même pape Etienne venant en France, s'étoit prosterné de son côté aux *piés* de Pepin, père de Charles. On croit généralement que le pape Adrien I qui prétendoit être au rang des princes, quoiqu'il reconnût toujours l'empereur grec pour son souverain, établit le premier sur la fin du huitième siècle, que tout le monde lui *baisât les piés* en paroissant devant lui. Le clergé y acquiesça sans peine, par retour sur lui-même ; enfin les potentats & les rois se soumirent depuis, comme les autres, à cette étiquette, qui rendoit la religion romaine plus vénérable aux peuples. (*D. J.*)

PIG

PIGANIOL DE LA FORCE (JEAN AYMAR de) (*Hist. litt. mod.*) né en Auvergne d'une famille noble, mort à Paris en 1753, âgé de quatre-vingts ans ; auteur d'une *description historique & géographique de la France*, d'une *description de Paris*, d'une *description du château & parc de Versailles*, *de Marly*, &c. d'un *voyage de la France*, &c.

PIGEON. (*Hist. des inventions.*) Dans l'orient, sur-tout en Syrie, en Arabie & en Egypte, on dresse des *pigeons* à porter des billets sous leurs ailes, & à rapporter la réponse à ceux qui les ont envoyés. Le mogol fait nourrir des *pigeons* qui servent à porter les lettres dans les occasions où l'on a besoin d'une extrême diligence. Le consul d'Alexandrette s'en sert pour envoyer promptement des nouvelles à Alep. Les caravanes qui voyagent en Arabie font savoir leur marche aux souverains arabes, avec qui elles sont alliées, par le même moyen. Ces oiseaux volent avec une rapidité extraordinaire, & reviennent avec une nouvelle diligence, pour se rendre dans le lieu où ils ont été nourris, & où ils ont leurs nids.

On voit quelquefois de ces *pigeons* couchés fur le fable & le bec ouvert, attendant la rofée pour fe rafraîchir & reprendre haleine. Au rapport de Pline, on s'étoit déjà fervi de *pigeons* pour faire paffer des lettres dans Modène, affiégée par Marc-Antoine. On en renouvella l'ufage en Hollande, en 1574, au fiége de Harlem, & au fiége de Leyde en 1575 ; le prince d'Orange, après la levée du fiége de cette dernière place, voulut que ces *pigeons* fuffent nourris aux dépens du public , dans une volière faite exprès , & que lorfqu'ils feroient morts, on les embaumât pour être gardés à l'hôtel-de-ville, en figne de reconnoiffance perpétuelle. (*D. J.*)

PIGRAY (PIERRE) *Hift. litt. mod.*) chirurgien célèbre fous les règnes de Henri IV & de Louis XIII, difciple, ami & rival du célèbre Ambroife Paré. On a de lui un *abrégé de chirurgie*, que l'on a joint aux œuvres de Paré, ouvrage long-temps eftimé & qui l'eft peut-être encore. *Pigray* mourut en 1613.

P I K.

PIKARSKI (MICHEL de) *Hift. de Pologne.*) feigneur polonois fort riche, étoit réputé au moins imbécille, lorfque, le 15 novembre 1620, foit folie, foit méchanceté, il s'avifa d'affaffiner le roi de Pologne, Sigifmond III, qu'il renverfa par terre de deux coups de haches d'armes, lorfqu'il fe rendoit à l'églife pour tenir une diète ; heureufement il ne put parvenir à le tuer, & ce fut le feul regret qu'il témoigna. Ce qu'on pouvoit avoir remarqué de folie ou d'imbécilité dans cet homme, & avant fon crime, & dans le cours du procès, ne lui fit épargner aucune des fouffrances dont on furcharge le fupplice des parricides , pour infpirer la plus grande horreur poffible pour le crime qui apporte le plus de trouble dans la fociété.

P I L.

PILATE (PONCE) *Poncius Pilatus*) *Hift. facr. & hift rom.*) On fait qu'il condamna Jéfus-Chrift par foibleffe, & en fe lavant les mains du fang de ce jufte. Sur les plaintes des peuples dont il avoit été gouverneur pour le peuple romain, Tibère l'exila près de Vienne en Dauphiné ; là, foit impuiffance de fupporter l'exil, foit crainte d'un châtiment plus fort , il fe délivra de la vie.

PILAU, f. m. *terme de relation* ; forte de préparation de riz, fort en ufage chez les Turcs.

Ce peuple fobre, uniforme dans toutes les actions de fa vie, fe contente de peu, & ne détruit point fa fanté par trop de bonne chère. Le riz eft le fondement de toute la cuifine des Turcs ; ils l'apprêtent de trois différentes manières. Ce qu'ils appellent *pilau*, eft un riz fec, moëlleux, qui fe fond dans la bouche, & qui eft plus agréable que les poules & les queues de mouton avec quoi il a bouilli. On le laiffe cuire à petit feu,

avec peu de bouillon, fans le remuer ni le découvrir, car en le remuant & en l'expofant à l'air, il fe mettroit en bouillie.

La feconde manière d'apprêter le riz s'appelle *lappa* ; il eft cuit & nourri dans le bouillon, à la même confiftance que parmi nous, & on le mange avec une cuillier, au lieu que les Turcs font fauter dans leur bouche avec le pouce le *pilau* par petits pelotons, & que le creux de la main leur tient lieu d'affiette.

La troifième eft le *tchorba* ; c'eft une efpèce de crême de riz, qu'ils avalent comme un bouillon. Il femble que ce foit la préparation du riz dont les anciens nourriffoient les malades ; *fume hoc ptifanarium orizæ*, dit Horace. (*D. J.*)

PILES (ROGER de), peintre célèbre. (*Hift. litt. mod.*) Nous le confidérerons ici comme un homme de lettres, ayant écrit fur fon art ; on a de lui les vies des peintres & une differtation fur les ouvrages des plus célèbres d'entre eux ; *un abrégé d'anatomie, accommodé aux arts de peinture & de fculpture*; des élémens de peinture-pratique, un cours de peinture par principes , & d'autres ouvrages toujours relatifs à la peinture ; il a traduit le poëme latin de la peinture d'Alphonfe du Frefnoy, & fa traduction eft accompagnée de remarques utiles. Il fut à Venife, à Lisbonne, en Suiffe, à Madrid, fecrétaire d'ambaffade de M. Amelot, qui avoit été fon élève, & avec lequel il avoit déjà voyagé en Italie, uniquement par amour des arts, avant qu'ils fuffent employés l'un & l'autre à fervir l'état. M. de Louvois fachant que de *Piles* étoit propre à plus d'une chofe, & jugeant que fon goût pour les arts pouvoit être un voile pour déguifer une commiffion fecrette, l'envoya en Hollande pendant le cours de la guerre de 1688, comme un amateur de tableaux, chargé d'en acheter. Ceux à qui fa commiffion déplaifoit, le firent arrêter & traiter en prifonnier d'état ; un prifonnier qui fait s'occuper & à qui on n'a point la barbarie de lui interdire les moyens, eft moins malheureux qu'un autre ; de *Piles* fit en prifon quelques-uns de fes ouvrages. Il mourut en 1709.

PILPAY ou BIDPAY (*Hift. indienne*). Bramine indien, gymnofophifte, philofophe, tout ce qu'on voudra, car fa perfonne eft affez peu connue, & quelques-uns même difent que ce nom de *Pilpay* ou *Bidpay*, défigne un livre & non pas un homme ; ceux qui croyent le connoître davantage, difent qu'il étoit gouverneur d'une partie de l'Indoftan, & confeiller d'un puiffant prince indien qu'ils nomment d'Abfchelim. M. le comte de Caylus, dans un mémoire fur les fabliaux, inféré dans le vingtième volume du recueil de l'académie des belles-lettres, dit que *Pilpay*, indien, pouvoir être du même temps qu'Efope. Quoi qu'il en foit, on a fous ce nom de *Pilpay* des fables compofées, dit-on, pour l'inftruction de ce prince d'Abfchelim, & qui, écrites en indien, ont été traduites dans presque toutes les langues connues ; elles l'ont été en français par Antoine Galland, (voir l'article *Galland*, n°. 3) & elles sont imprimées avec les fables de Lockman, quel que soit aussi ce Lockman (voyez son article), traduites par le même M. Galland.

P I M.

PIMENT, f. m. (*Hist. des mod.*) sorte de liqueur dont on faisoit autrefois usage en France, ainsi que du clairet & de l'hypocras. Les statuts de Clugni nous apprennent ce que c'étoit que le *piment. Statutum est ut ab omnis mellis, ac specierum* (épices) *cum vino confectione, quod vulgari nomine* pigmentum *vocatur, fratres abstineant.* C'étoit donc un breuvage composé de vin, de miel & d'épices. Dans les festins de la chevalerie, les écuyers servoient les épices, les dragées, le clairet, l'hypocras, le vin cuit, le *piment*, & les autres boissons qui terminoient toujours les festins, & que l'on prenoit encore en se mettant au lit, ce que l'on appelloit le *vin du coucher.* (*D. J.*)

PIMENTADE, f. f. *terme de relation*, nom d'une sauce dont les insulaires se servent pour toutes sortes de mets. Elles tirent ce nom du piment des îles, parce qu'il en fait la principale partie. On l'écrase dans le suc de manioc qu'on fait bouillir, ou dans de la saumure avec de petits citrons verds. La *pimentade* ne sert pas seulement pour aiguiser les sauces, on l'emploie aussi à laver les nègres que l'on a écorchés à coups de fouet. C'est un double mal qu'on leur cause, dans l'idée d'empêcher la gangrene des plaies qu'on leur a faites par une première inhumanité. (*A. R.*)

PIMPOU, f. m. (*Hist. mod.*) tribunal de la Chine où les affaires qui concernent les troupes sont portées. (*A. R.*)

P I N.

PIN (du). Voyez DUPIN.

PINART. (*Hist. mod.*) est le nom d'un ministre de Henri IV (Claude *Pinart* mort en 1605) & d'un savant (Michel *Pinart*) qui étoit de l'académie des inscriptions & belles-lettres. Il étoit né à Sens, au mois de juillet 1659 ; formé par le père Thomassin, il fit de l'hébreu, & par conséquent de l'écriture sainte, sa principale & même son unique étude. « Le goût de l'hébreu, dit l'historien de l'académie des belles-lettres, étoit alors » bien plus à la mode qu'il ne l'est aujourd'hui, » & comme il n'y avoit presqu'à Paris que M. *Pi-* » *nart* qui en pût donner commodément des le- » çons particulières, il eut pendant quelque temps » beaucoup de pratique ; on lui vit même des » écolières d'un rang distingué..... Il étoit très-in- » truit, dit encore le même auteur, de toutes ces » minuties si chères aux rabbins, & nullement gâté » par l'esprit contagieux du rabbinage ; il y a de

» lui quelques mémoires par extrait dans le recueil » de l'académie ». Il n'y a d'ailleurs rien de lui d'imprimé qu'un article inséré dans le supplément du journal des savans de l'année 1707, à l'occasion d'une nouvelle bible hébraïque.

PINCEAU indien. (*invent. chinoise.*) Les pinceaux indiens ne sont autre chose qu'un petit morceau de bois de bambou, aiguisé & fendu par le bout à un travers de doigt de la pointe. On y attache un petit morceau d'étoffe imbibé dans la couleur qu'on veut peindre sur de la toile, & qu'on presse avec les doigts pour l'exprimer. Celui dont on se sert pour peindre la cire est de fer, de la longueur de trois travers de doigt ou un peu plus. Il est mince dans le haut, & par cet endroit il s'insère dans un petit bâton qui lui sert de manche ; il est fendu par le bout, & forme un cercle au milieu, autour duquel on attache un peloton de cheveux de la grosseur d'une muscade ; ces cheveux s'imbibent de la cire chaude qui coule peu-à-peu par l'extrémité de cette espèce de *pinceau.* (*A. R.*)

PINCHESNE (ETIENNE-MARTIN sieur de) *Hist. litt. mod.*) neveu de Voiture.

> L'un *Pinchesne in-quarto* Dodillon étourdi
> A long-temps le teint blême & le cœur affadi,

a dit Boileau dans la description du combat des chanoines ; n'étendant pas jusqu'au neveu le respect qu'il sembloit avoir conservé pour l'oncle.

Les œuvres de *Pinchesne* étoient des poésies fades ;

> Boyer est à *Pinchesne* égal pour le lecteur ;

dit encore Boileau dans l'art poétique, chant quatrième.

> Vous passez en audace & Perse, & Juvenal ;
> Mais, sur le ton flatteur, *Pinchesne* est votre égal.
>   Épître 2.

PINDARE. (*Hist. litt. anc.*)

> Ce Grec vanté,
> Dont l'impitoyable Aléxandre,
> Au milieu de Thèbes en cendre,
> Respecta la Postérité.

Sa réputation & ses succès dans le genre lyrique ont fixé l'idée de ce genre, & ont fait, comme il arrive toujours, du caractère principal de son talent, le caractère essentiel de l'ode. L'enthousiasme est la principale qualité qu'on exige dans une ode, parce que c'est la principale qualité du génie de Pindare ; delà vient qu'on préfère certaines odes de Rousseau qu'on croit préférer certaines odes de Rousseau foibles de pensées, mais d'une expression énergique, & où il y a d'ailleurs de l'harmonie, du mouvement & des écarts dithyrambiques, à des odes très-philosophiques de M. de Voltaire, mais dont la marche imposante est régulière & mesurée, telle que l'ode à la reine de Hongrie & l'ode sur la mort de l'empereur Charles VI son père.

On sait quel éloge Horace a fait de *Pindare*. Quintilien le met à la tête de tous les poëtes lyriques grecs. Horace, quoiqu'il regarde comme une témérité d'oser l'imiter, l'a pris pour son modèle; on a eu tort de dire qu'Horace ne le louoit que par le caractère de sublimité; c'est sans doute celui sur lequel il insiste davantage, parce que c'est véritablement celui qui frappe le plus dans *Pindare*; mais il lui accorde aussi cette éloquence pénétrante, ce caractère de douleur tendre & noble qui constitue l'élégie; c'est sûrement ce qu'il a voulu peindre dans cette strophe:

> Flebili sponsæ juvenemve raptum
> Plorat, & vires, animumque, moresque
> Aureos deducit in astra, nigroque
> Invidet orco.

En conséquence, Horace a mis beaucoup de variété dans le genre lyrique; il y a bien loin de l'ode.

> *Qualem ministrum fulminis alitem, &c.*

A l'ode

> *Donec gratus eram tibi, &c.*

L'ode où il retrace toutes les douceurs de la vie champêtre:

> *Beatus ille qui procul negotiis, &c.*

Celle où il représente les conjurations magiques des Canidies & des Sagana:

> *At ô Deorum quidquid in cælo regit, &c.*

Tant d'autres au contraire où il célèbre les charmes des Cynares & des Glycères paroissent à peine des ouvrages du même genre. Rousseau est bien moins varié; on trouve cependant à côté de *l'ode à la fortune*, *l'ode à une veuve*, qui est d'un ton & d'un caractère bien différens.

Corinne, Corynne ou Corynna, rivale de *Pindare*, & qui, soit raison, soit injustice, de la part des juges, remporta jusqu'à cinq fois contre lui le prix de l'ode; Corynne, qui étoit surnommée *la muse lyrique* (voyez son article) reprochoit à *Pindare* un défaut dont nous ne sommes pas trop à portée de juger, & qui est bien loin de nous frapper dans ses ouvrages, celui d'y répandre trop de fleurs. L'abbé Fraguier, dans un mémoire inséré au second volume du recueil de l'académie des belles-lettres, pages 33 & suivantes, a tracé le caractère de la poésie de *Pindare*, tel qu'il l'a conçu.

L'abbé Massieu a traduit en françois une par-tie des odes de ce poëte. M. de Chabanon s'est distingué aussi par la traduction qu'il en a donnée. M. de Vauvilliers l'a fait applaudir parmi nous; en traduisant avec élégance & avec harmonie quelques-unes de ses odes. *Pindare* vivoit environ cinq cents ans avant Jésus-Christ.

PINEAU (du). On connoit de ce nom un chirurgien (Severin du *Pineau*), de qui on a un discours sur l'extraction de la pierre dans la vessie, & un traité *de virginitatis notis*. Mort en 1619.

Et un jurisconsulte (Gabriel du *Pineau*), maire d'Angers, maître des requêtes de Marie de Médicis, mort en 1644; on a de lui des notes latines sur le droit canon, opposées à celles de Dumoulin. Il a écrit aussi tant sur le droit français en général, que sur la coutume d'Anjou en particulier. Ménage fit sur la mort de du *Pineau* ces deux vers latins, qui ne sont ni bons ni mauvais:

> *Pinellus periit, Themidis pius ille sacerdos,*
> *In proprio judex limine perpetuus.*

PINEDA (JEAN) *Hist. litt. mod.*) jésuite espagnol; entré dans la société en 1572, mort en 1637. On a de lui, outre des commentaires sur divers livres de la bible, une histoire universelle de l'église & une histoire de Ferdinand III, l'une & l'autre en espagnol.

PINET (ANTOINE du) *Hist. litt. mod.*) seigneur de Noroy, Franc-Comtois, protestant zélé du seizième siècle, auteur du livre intitulé: *La conformité des églises réformées de France & de l'église primitive*; on a de lui des notes ajoutées à la traduction française de *la taxe de la chancellerie de Rome*; dans un genre plus littéraire, on a de lui une traduction de l'histoire naturelle de Pline, qu'on lisoit autrefois & dont on estimoit les notes; du *Pinet* a aussi donné les plans des principales forteresses du monde.

PINGOLAN ou PUYGUILLON (*Hist. litt. mod.*) poëte provençal, mort vers l'an 1260, qui, à quelques égards, a servi de modèle à Pétrarque. On a de lui un poëme intitulé: *Las angueyssas d'amour.*

PING-PU (*Hist. mod.*) C'est ainsi que les Chinois nomment un tribunal ou conseil qui est chargé du département de la guerre, & qui a soin de tous les détails militaires; c'est lui qui donne les commissions pour les officiers de terre & de mer; il ordonne les levées des troupes, les approvisionnemens des armées; il a soin de l'entretien des places fortes & des garnisons, de la discipline militaire, & de l'exercice des soldats. Il y a quatre autres tribunaux militaires subordonnés à celui dont nous parlons; ils sont présidés par des infpecteurs nommés par l'empereur à qui ils rendent compte de tout ce qui fe paffe, & ils veillent fur la conduite des membres des différens tribunaux, ce qui les tient en refpect. (*A. R.*)

PINON, (JACQUES) *Hift. litt. mod.*) confeiller au parlement de Paris, poëte latin moderne, auteur d'un poëme, *De anno romano*, dédié à Louis XIII, & de quelques autres poéfies. Mort doyen du parlement, en 1641.

PINS (JEAN de), *Hift. litt. mod.*) confeiller-clerc au parlement de Touloufe, puis évêque de Rieux en 1523, ambaffadeur à Venife & à Rome; né d'une famille qui avoit donné aux treizième & quatorzième fiècles deux grands maîtres à l'ordre de Malthe, mourut à Touloufe fa patrie en 1537. On a de lui en latin les vies de Saint-Roch, de Sainte-Catherine de Sienne & de Philippe Beroalde, un traité *de vitâ aulicâ*, un autre *de claris fœminis*; Erafme a dit de lui : *poteft inter Tullianæ dictionis competitores numerari Joannes Pinus*. Grand témoignage ! On a imprimé en 1748 à Avignon les lettres de Jean de Pins à François I & à Louife de Savoie, régente pendant l'abfence de fon fils.

PINSONNAT (JACQUES) *Hift. litt. mod.*) de Châlons fur Seine, profeffeur d'hébreu au collége-royal, eft auteur d'une grammaire hébraïque & d'autres ouvrages. Mort en 1723.

PINSSON (FRANÇOIS) *Hift. litt. mod.*) favant jurifconfulte, fur-tout en matière bénéficiale; fon traité des bénéfices, fon traité des régales, fes commentaires fur la pragmatique-fanction de Saint-Louis & fur celle de Charles VII, font confultés & cités dans les tribunaux. Il étoit de Bourges, fils d'un profeffeur en droit; il mourut à Paris, en 1691, à quatre-vingts ans.

PINTOR (PIERRE), *Hift. litt. mod.*) efpagnol, médecin du pape Alexandre VI, eft auteur d'un traité *de peftilentiâ*, & d'un autre *de morbo fœdo & occulto, his temporibus affligenti, &c.* Ce dernier ouvrage paroît n'avoir pas été connu de M. Aftruc, qui a fait tant de recherches fur les maladies vénériennes. *Pintor* fixe à l'année 1494 l'origine de ces maladies en Europe. Né en 1420, mort en 1503.

P I O

PIO (ALBERT) *Hift. litt. mod.*) prince de Carpi dans le Modénois, eft célèbre par fon amour pour les lettres, & célèbre auffi par fes violentes difputes contre Erafme, dont un ami des lettres auroit dû naturellement être l'ami. Il mourut à Paris au mois de janvier 1531, & fut enterré aux Cordeliers de cette ville, où fes héritiers lui firent dreffer une ftatue en bronze. Ses ouvrages ont été recueillis à Paris en 1591.

P I R

PIRON (ALEXIS), (*Hift. litt. mod.*) un des plus beaux efprits qui aient illuftré la ville de Dijon, fi féconde en beaux efprits & en hommes de lettres de toutes les claffes. La feule comédie de la *Métromanie* lui affure le rang le plus diftingué parmi nos poëtes comiques. Quel parti *Piron* tire dans cette pièce de la fingulière avanture de Desforges-Maillard-l. (voyez l'article *Desforges-Maillard*) comme il rend fon métromane, fon M. de l'Empirée ridicule à-la-fois & refpectable ! combien il le rend fupérieur à fon rival, qui eft bien de fon côté ce qu'il doit être ! combien de vraie philofophie dans cette conception ! que d'efprit, de talens, de grace, d'éloquence dans les détails de l'exécution ! quel naturel, quelle vérité parfaite dans le dialogue ! comme chaque perfonnage dit ce qu'il doit dire, & du ton dont il doit le dire ! En comparant cette pièce avec les autres ouvrages dramatiques de *Piron*, & le ftyle facile, élégant, ferme, plein, animé dont elle eft écrite, avec le ftyle dur, incorrect ou languiffant de fes autres pièces, fur-tout de fes tragédies, il femble qu'il ait eu pour faire la *Métromanie* une infpiration particulière; il n'y a aucun rapport, aucune proportion de talent entre cet ouvrage & les autres; ce ne font plus des ouvrages de la même main, & cette difproportion entière ne fe rencontre chez aucun autre écrivain. On ne peut prefque pas défigner Racine, Voltaire, Molière, &c. par un de leurs ouvrages, fans commettre une efpèce d'injuftice envers leurs autres ouvrages; car l'auteur de *Phèdre* l'eft auffi d'*Athalie*, d'*Iphigénie*, &c.; l'auteur de *Zaire* l'eft auffi d'*Alzire*, de Mahomet, de *Mérope*, d'*Œdipe*, &c.; l'auteur du *Mifantrope* l'eft auffi du *Tartuffe*, &c. &c. *Piron* eft l'auteur de la *Métromanie*, & n'eft que cela, & c'eft être beaucoup; ce n'eft pas qu'il n'y ait du mérite dans fes autres pièces, de l'agrément dans fes *Fils ingrats* & dans fes *Courfes de Tempé*; *Guftave* a de l'effet au théatre, quand cette tragédie eft mieux jouée qu'elle n'eft faite, & fur-tout qu'elle n'eft écrite; il y a des mots fiers & hardis dans *Callifthène*, mais ils font mal-adroitement préparés & entaffés.

Le refte ne vaut pas l'honneur d'être nommé. Dans tous ces autres ouvrages, on ne reconnoît plus l'auteur de la *Métromanie*, & on retrouve à peine,

Diffecti membra poetæ.

Piron a auffi quelques épigrammes bien faites, dont la meilleure eft celle qui fert d'épitaphe à l'abbé d'Olivet; mais il n'eft point claffique dans ce genre comme Rousseau. Sa prose dans ses préfaces n'est souvent que trop épigrammatique; mais, quand il appelle Fréron *madame la comtesse de Feuilles-Mortes*, parce qu'il avoit d'abord donné ses feuilles sous le titre de *Lettres de madame la comtesse*, il faut avouer que ce ton des parades manque un peu trop de délicatesse. La conversation de *Piron* avoit encore plus de réputation que ses écrits; il y semoit à pleines mains l'enjouement & l'épigramme, il avoit la gaîté, la malice & l'innocence d'un enfant; on a retenu de lui une foule de mots piquans & heureux, on lui en attribue aussi quelques-uns qu'on a tort de vanter; sa conversation toute étincelante d'esprit, & qui par-là pouvoit alarmer, rassuroit par la simplicité, & animoit par la gaîté. Le jour de la première représentation & & de la chûte d'une de ses pièces à la comédie italienne, il soupoit avec plusieurs acteurs de ce théâtre, & soit que sentant sa force, il ne fût point abattu par un revers, soit qu'il cherchât à s'étourdir sur son chagrin, il fut si riche & si fécond, dit tant de mots heureux, fit tant de plaisir à tous ceux qui l'entendoient, qu'un de ces acteurs, dans un transport de joie & d'enthousiasme, l'embrassa en lui disant : *Eh! mon ami! que ne réserves-tu un peu de ton esprit pour tes pièces!* Piron étoit né en 1689, il mourut en 1773.

P I S

PISAN (*Hist. litt. mod.*) Christine de *Pisan* fut un des auteurs les plus distingués du règne de Charles le sage. Elle étoit fille de Thomas de *Pisan*, astronome & astrologue de Charles (car c'étoit alors la même chose). Christine de *Pisan* assure que son père mourut à l'heure qu'il l'avoit prédit, fait qui seroit possible en toute rigueur, mais qui très-vraisemblablement & presque certainement n'est pas vrai. Les pensions énormes dont jouissoit Thomas de *Pisan* prouvent toute la foiblesse de Charles V sur l'article des prédictions.

Mais Christine de *Pisan* a montré ce prince sous un jour plus avantageux lorsqu'elle nous atteste qu'il *avoit été instruit en lettres moult suffisamment*, & elle nous a conservé de lui, au sujet des lettres & de ceux qui les cultivent, un mot devenu célèbre: *Les clercs ou a sapience l'on ne peut trop honorer; & tant que sapience sera honorée dans ce royaume, il continuera à prospérité; mais quand déboutée sera, il déchérra.* Voilà ce qu'il étoit beau de sentir & d'exprimer ainsi alors. M. Boivin, le cadet, a écrit la vie de Christine de *Pisan* & de Thomas de *Pisan*, son père. Celui-ci, qui étoit de Bologne en Italie, avoit un ami qui étoit de la ville de Forli, & qui s'étant établi à Venise, y attira Thomas & en fit son gendre. De ce mariage naquit Christine. Thomas se fit bientôt connoître avantageusement sur sa réputation de savoir. Le roi de France, Charles-le-sage, & le roi de Hongrie, Louis,

dit le grand, l'appelèrent dans leurs états; il donna la préférence à Charles & à la France. Il s'y établit avec sa famille vers l'an 1368. A quinze ans, Christine épousa Etienne du Castel, jeune homme de Picardie, qui avoit de la naissance, de la probité & du savoir. Il fut notaire & secrétaire du roi. Voici comment Christine parle elle-même de son mariage, dans son style quelquefois difficile à entendre, d'ailleurs naïf & piquant. « A venir au » point de mes fortunes, le temps vint que je » approchoie l'aage auquel on seult les filles assener » de maris, tout fusse-je ancore assez jeunette, » nonobstant que par chevaliers autres nobles & » riches clercs, fusse de plusieurs demandée (& » cette vérité ne soit de nul réputée ventance; » car l'auctorité de l'onneur & grant amour que » le roy à mon père démonstroit, estoit de ce » cause, non mie ma valeur) comme mondit père » réputast cellui plus valable, qui le plus science » avec bonnes mœurs avoit; ainsi un jone escolier » gradué bien né & de nobles parents de Picardie, » de qui les vertus passoient la richece, à cellui » que il réputa comme propre fils je fus donnée. » En ce cas ne me plains je de fortune. Car à droit » eslire en toutes convenables graces, si comme » autres fois ai dit, à mon gré mieux ne voulsisse. » Cellui, pour sa souffisance, tost après nostre » susdit bon prince, qui l'ot agréable, luy donna » l'office, comme il fut vaquant, de notaire & son » sécrétaire à bourses & à gages & retint de sa » cour très amé serviteur. »

Charles mourut; les appointemens considérables qu'il donnoit à son astronome, furent en partie supprimés, en partie mal payés; ces appointemens étoient de cent francs par mois, somme énorme pour le temps, sans compter de fortes & nombreuses gratifications. Moitié chagrin, moitié maladie, Thomas de *Pisan* mourut peu de temps après le roi son bien-faiteur. Voici l'éloge que Christine fait de son père.

« Durant son sain entendement jusques à la fin, » recognoissant son créateur, comme vray catho- » lique trépassa mon dit père, droit à l'eure que » devant avoit prénostiqué. Duquel entre les clercs » demoura renommé, que en son temps durant, » ne plus de cent ans devant, n'avoit vescu homme » de si hault entendement ès sciences mathématiques » en jugements d'astrologie. Avec ce entre les » princes, & ceux qui le fréquentoient, la vraye » réputation de sa prodomie, ses bienfaits, loyauté, » vérité & autres vertus, & nul reproches, faisoit » plaindre sa mort & regretter sa vie, en laquelle » nulle répréhension n'affert, se trop grant libéra- » lité de non refuser riens qu'il eust aux povres, en » tant qu'il avoit femmes & enfans, ne lui donne, » & que je ne le die par faveur; de ceste vé- » rité sont ancores aujourd'huy mains de ses cog- » noiscens, princes & autres certains, comme » d'expérience, si fut un tel homme à bon droit » des siens plaint & plouré ».

Christine

Christine eut bientôt auffi à pleurer fon mari, emporté en 1389, à l'âge de trente-quatre ans, par une maladie contagieufe; elle en avoit vingt-cinq, elle refta pauvre & chargée de trois enfans.

« Or me convint mettre main à œuvre, ce » que moi nourrie en délices & mignotemens, » n'avoïe appris, & être conduifareffe de la nef » demourée en la mer ouragueufe fans patron, » c'eft-à-favoir, le défolé mainage hors de fon » lieu & pays. A donc meffourdirent angoiffes » de toutes parts, & comme ce foient les més » des veulfves, plais & procès m'avironnèrent de » tous lés, & ceux qui me devoient m'affaillirent » afin que ne m'avançaffe de leur rien demander ».

Elle ne trouva de confolation que dans les livres que fon père & fon mari lui avoient laiffés.

« Ne me pris pas comme préfomptueufe aux » parfondeffes des fciences obfcures.... Ains comme » l'enfant, que au premier on met a l'a, b, c, » d, me pris aux hiftoires anciennes du commen-» cement du monde. Les hiftoires des Ebrieux, » des Affiriens & des principes des Signouries, » procédant de l'une & de l'autre, deffendant » aux Romains des Français, des Bretons & autres » plufieurs hiftoriographes; après ans déductions » des fciences, felon ce que en l'efpace du » temps que j'eftudiai en pos comprendre, puis » me pris ans livres des poètes ». C'étoit là que fon goût la portoit.

« A donc fus-je aife quand j'os trové le ftile » à moi naturel, me délitant en leurs foubtiles » couvertures & belles matières, mutiées fous » fictions délitables & morales, & le bel ftyle de » leurs mètres & profe déduite par belle & po-» lie rhétorique ».

Elle fit, felon l'ufage du temps, beaucoup de balades, lais, virelais, rondeaux, &c.

« Ne m'avoit encores tant grevée fortune, que » ne fuffe accompagnée des mufettes des poètes.... » Icelles me faifoient rimer complaintes plourables, » regraitant mon ami mort & le bon temps paffé, » fi comme il appert au commencement de mes » premiers dictiez, ou principe des cent balades, » & mefmeiment pour paffer temps, & pour » aucune gayeté attraire à mon cuer douloureux, » faire dis amoureux & gays d'autruy fentement » comme je dis en un mien virelay ».

Comme elle parloit beaucoup d'amours & d'amans, on crut que c'étoient fes fentimens qu'elle exprimoit & on la calomnia.

« Ne fut-il pas dit de moy par toute la ville » que je amoie par amours. Je te jure m'ame, » que icellui ne me cognoiffoit, ne ne favoit que » je eftoie, ne fu onques hommes, ne créature » née, qui me veift en public, ne en privé, en » lieu où il fuft..... & de ce me foit dieu tef-» moing que je dis voir.... dont comme celle » qui ignofcent me fentoie, aucune fois quand » on me le difoit, m'en troubloie, & aucune fois » m'en foufrioie, difant : Dieux & icelluy &

Hiftoire. Tome IV.

» moy favons bien qu'il n'en eft riens ».

Chriftine eut des amis illuftres & des protecteurs puiffans. Le comte de Salisbery, ambaffadeur du roi d'Angleterre, Richard II, en France, *gracieux chevalier*, dit Chriftine, *aimant dictiez & lui-même gracieux dicteur*, lui témoigna de l'eftime & de l'intérêt, & emmena en Angleterre le fils aîné de Chriftine, âgé de treize ans, pour le faire élever avec fon fils.

L'ufurpateur Henri IV (de Lancaftre) fit trancher la tête au comte de Salisbery *pour fa grant loyauté vers fon droit feigneur*, dit Chriftine; mais lui-même ayant lu les *dictiez* & les autres ouvrages de Chriftine, voulut l'attirer en Angleterre; quoique les particuliers ne foient pas juges des droits des princes, il paroit qu'elle fentit de la répugnance à recevoir les bienfaits d'un ufurpateur & du meurtrier du comte de Salisbery.

» A donc très-joyeufement prift mon enfant » vers luy, & tint chièrement & en très-bon eftat. » Et de fait par deux de fes hairaulx, notables » hommes venus pardeçà, Lencaftre & Faucon, » rois d'armes, me manda moult à certes, priant » & promettant du bien largement, que par delà » je allaffe. Et comme de ce je ne fuffe en rien » temptée, confidérant les chofes comme elles » étoient, diffimulai tant que mon fils peuffe avoir, » difant grant mercis, & que bien à fon com-» mandement eftoie; & à brief parler, tant fis à » grant pêine, & de mes livres me coufta, que » congié ot mon dit fils dé me venir querir par » deçà pour mener là, qui ancore ne vois. Et » ainfi refufay le choite de icelle fortune pour » moi & pour luy; pour ce que je ne puis croire » que fin de defloyal viengne à bon terme. Or » fut joyeufe de voir cil que je amoie....... » & trois ans fans luy os efté ».

Le duc de Milan, Jean Galeas Vifconti voulut auffi attirer Chriftine dans fes états, & lui fit des offres très-avantageufes; elle refta en France au milieu des orages & des calamités; elle s'attacha principalement au duc de Bourgogne Philippe-le-Hardi, & ce fut lui qui la chargea d'écrire la vie du roi Charles-le-Sage, fon frère, que nous avons. » Ce prince mourut en 1404, laquelle mort fut le » renouvellement des navreures de mes adver-» fités, & femblablement grief parte à ceftuy » royaume, fi comme on dit livre qu'il me com-» manda, non ancore lors achevé, je recorde en » piteux regrais «.

La mort de ce prince & la charge qu'elle avoit d'une mère âgée, d'un fils fans état, & de plu-fieurs pauvres parentes, la firent tomber elle-même dans la pauvreté, mais elle s'étudioit à la cacher. » Si te promets que à mes femblans & » abis peu apparoit entre gens le faiffel de mes » ennuys : ainfi foubs mantel fourré de gris & » foubs furcot d'écarlate, non pas fouvent renou-» vellé, mais bien gardé avoie expreffes fois de » grans friçons, & en beau lit & bien ordené

» males nuis; mais le repas estoit sobre, comme
» il affière à femme vefve, & toutefois vivre
» convient. ».

La manière dont elle peint sa honte & sa douleur, lorsqu'elle étoit obligée d'emprunter, a de
l'intérêt, & montre une belle ame.

« Mais quand il convenoit que je feisse aucun
» emprunt, ou que soit pour eschever plus grant
» inconvénient, beau sire, Dieux ! comment hon-
» teusement à face rougie tant fust la personne
» de mon amistié, le requeroïe, & ancore aujour-
» d'hui ne suis garie de cette maladie, dont tant
» ne me greveroit, comme il me semble..... Un
» accès de fièvre ».

C'étoit en 1405 qu'elle se plaignoit ainsi de sa
fortune; elle avoit alors environ quarante ans;
le reste de son histoire est peu connu. On voit par
des titres de la chambre des comptes, qu'il lui fut
accordé par lettres du 13 mai 1411, en considération des services de son père, une somme de
deux cents livres; & c'étoit quelque chose alors
que cette somme.

Ses enfans lui donnèrent de la satisfaction. Il lui
resta un fils & une fille religieuse. Voici le portrait
qu'elle en fait.

» Un fils, aussy bel & gracieux, & bien mori-
» ginez & tel que de sa jonèce qui ne passe vingt
» ans, du temps qu'il a estudié en nos premières
» sciences & grammaire, on ne trouveroit en ré-
» thorique & poëtique langage, naturellement à
» luy propice, gaires plus aperte & plus soubtil
» qu'il est, avec le bel entendement & bonne
» judicative que il a.

» Une fille donnée à Dieu & à son service rendue
» par une inspiration divine, de sa pure volonté,
» oultre mon gré, en l'église & noble religion des
» dames à Poissy, où elle en fleur de jonèce &
» très-grand beauté, se porte tant notablement en
» vie contemplative & dévotion, que la joye de
» la relacion de sa belle vie souventefois me rend
» grand reconfort.

Il faut compter aussi parmi les adoucissemens de
la situation de Christine un avantage dont elle rend
graces à Dieu, & dont elle paroit sentir tout le
prix, c'est celui d'avoir corps sans nulle difformité
& assez plaisant, & non malade, mais bien com-
plexionné.

On trouve son portrait à la tête de son livre
intitulé de la cité des dames, dans divers manuscrits, & la plus parfaite de toutes ces miniatures,
selon M. Boivin, est celle qui se trouve dans le
manuscrit 7395 de la bibliothèque du roi, & dont
il donne une description détaillée.

On ignore le temps de la mort de Christine de
Pisan.

Outre ses poésies, il reste d'elle plusieurs ouvrages en prose, dont M. Boivin donne la liste,
& c'est des principaux de ces ouvrages, tels que
l'histoire du roi Charles-le-Sage; la vision de Christine;

la cité des dames, &c. que sont tirées les particularités qu'on vient de voir.

PISANI, (VICTOR) (Hist. de Venise.) général Vé-
nirien, célèbre dans les guerres des Vénitiens contre
les Gènois au 14e. siècle. Il tomba dans la disgrace,
soit qu'il l'eût méritée ou non, on lui fit son procès, il fut condamné à avoir la tête tranchée. La
peine fut commuée en une prison de cinq ans. Ce
terme n'étoit pas encore révolu, lorsque sa prison
s'étant rallumée entre Gènes & Venise, les matelots
& les soldats Vénitiens refusèrent de monter sur
les galères, si on ne leur rendoit le général sous
lequel ils étoient accoutumés à vaincre. Les nobles
furent obligés d'aller eux-mêmes ouvrir les portes
de sa prison, & il fut porté en triomphe au palais
aux acclamations du peuple. Ceci peut n'appartenir
qu'aux vicissitudes ordinaires de la fortune; voici ce
qui appartient à Pisani en propre: il ne se vengea
point, il ne se plaignit point, il approuva le jugement rendu contre lui, puisqu'il avoit été prononcé dans des vues d'utilité publique; il reprit le
commandement sans faste, servit la république
avec le même zèle & le même succès qu'auparavant. Il mourut au milieu de ses victoires en 1380.

PISCHINAMAAS, s. m. terme de relation, ministre de la religion mahométane en Perse, qui a
soin de faire la prière dans les mosquées. On choisit
ordinairement pour cette fonction des seüd=Emirs,
c'est-à-dire, des descendans de Mahomet du côté
paternel & maternel, ou des Chérifs, qui n'en
descendent que par un côté. (A. R.)

PISCHKIESCH, (Hist. mod.) c'est ainsi que les
Turcs nomment la taxe ou le présent que chaque
prince établi par la Porte-ottomane, paye au grand-
seigneur & à ses ministres (A. R.)

PISISTRATE. (Hist. de la Grèce.) descendant
de Codrus, se mit à la tête de la faction opposée
à celle de Mégaclès qui dominoit dans Athènes.
Les témoignages qu'il avoit donnés de sa valeur à
la conquête de l'île de Salamine, l'avoient rendu
cher à sa nation dont il ambitionna de devenir le
tyran. Respecté par le privilège de sa naissance,
autant que par ses manières affables & populaires, il se servit de son éloquence naturelle
pour éblouir les Athéniens sur leurs véritables intérêts. Il descendit au plus bas artifice pour préparer sa
puissance. Solon fut le seul qui pénétra ses desseins
ambitieux. Pisistrate s'étant fait lui-même une blessure, se fit porter tout sanglant dans un char sur
la place publique, où il exposa au peuple assemblé que c'étoit en défendant ses intérêts qu'il avoit
couru le danger de perdre la vie. Les Athéniens
attendris sur son sort l'autorisèrent à prendre cinquante gardes pour veiller sur ses jours; & ce fut
avec ces satellites mercenaires qu'il devint le premier tyran de sa patrie : mais il ne jouit pas d'a-

bord paifiblement de fon ufurpation; une faction puiffante l'obligea de quitter Athènes où fes partifans préparèrent fon retour. Ils apoftèrent une femme qui avoit la figure & tous les attributs de Minerve. Elle parut montée fur un char magnifique au milieu d'Athènes, & annonçant que Minerve alloit ramener *Pififtrate* triomphant. Le peuple fuperftitieux, crut que c'étoit un avertiffement de la divinité, & le tyran fut rétabli fans obftacles. Quelque tems après ce peuple inconftant l'obligea de fe retirer dans l'île d'Eubée avec fa famille, & après onze ans d'exil, il rentra dans Athènes en vainqueur irrité. Ce fut dans le fang de fes ennemis qu'il cimenta fa puiffance. Après qu'il eut immolé tous les rivaux de fon pouvoir, il fit oublier fes cruautés par la douceur de fon gouvernement. Il donna l'exemple de l'obéiffance aux loix; & moins roi que premier citoyen, il effaça par fon équité la honte de fon ufurpation. La facilité avec laquelle il s'énonçoit, lui fervit à faire oublier aux Athéniens la perte de leur liberté. Quand il n'eut plus d'ennemis, ni de rivaux, il goûta les douceurs de la familiarité, & fe montra fi populaire, que Solon avoit coutume de dire qu'il eût été le meilleur citoyen d'Athènes, s'il n'en avoit pas été le tyran. Dans un feftin qu'il donnoit aux Athéniens, un des convives dans l'ivreffe, lança contre lui d'amères invectives; au lieu de s'en venger, il répondit froidement: un homme ivre ne doit pas plus exciter ma colère, que fi quelque aveugle m'eût heurté. Les foldats, avant lui, n'avoient d'autre falaire que leur butin; il ordonna qu'ils feroient entretenus & nourris aux dépens du tréfor public. Il fupprima le fpectacle des mendians par une jufte répartition des biens. Chaque citoyen eut un fonds de terre dans les campagnes de l'Attique. Il valoit mieux, difoit-il, enrichir l'état que d'accumuler les richeffes dans une feule ville pour entretenir le fafte. Ce fut lui qui infpira aux Athéniens le goût des lettres, en les gratifiant des ouvrages d'Homère, qui jufqu'à-lors avoient été épars & fans ordre dans la Grèce. Il fonda une académie qu'il enrichit d'une bibliothèque. Enfin, après avoir joui pendant 33 ans d'une fouveraineté ufurpée, il tranfmit fa puiffance à fes enfans. (*T-N*)

PISON. (*Hift. rom.*) L'hiftoire romaine offre une foule de perfonnages de ce nom, les uns fameux, les autres diffamés.

1°. Lucius Calpurnius *Pifon*, qui eut l'honorable furnom de *frugi*, homme de bien; il eft l'auteur de la fameufe loi calpurnia contre les concuffions, *de pecuniis repetundis*, qu'il propofa étant cenfeur l'an de Rome 603. Conful, l'an de Rome 619, il rétablit la difcipline par des ordonnances juftes & févères; il eut des avantages fignalés dans la guerre des efclaves en Sicile, & fon fils s'étant montré avec gloire dans une occafion importante, le conful, dans la diftribution des ré-

compenfes, lui affigna une couronne d'or du poids de trois livres. Comme fon général, dit-il, je lui en accorde, dès-à-préfent, l'honneur; comme fon père, je lui en affurerai la valeur par mon teftament; car, ajouta-t-il, il ne conviendroit pas qu'un magiftrat fît faire à la république les frais d'un préfent qui doit entrer dans fa maifon. L'an 629 de Rome, Caïus Gracchus ayant, par un excès de popularité, fait ordonner une diftribution de bled, à laquelle les gens de bien s'oppofèrent, parce qu'ils la croyoient contraire au bien public, comme épuifant le tréfor & portant les pauvres à la fainéantife en les difpenfant du travail, *Pifon* s'étoit fort diftingué parmi les oppofans, & Caïus ne fut pas peu étonné de le voir fe préfenter pour avoir part à la diftribution; il lui témoigna fa furprife fur cette contradiction fur fa conduite. *Il n'y a point de contradiction*, lui dit Pifon, *votre loi eft toujours mauvaife; je ferois fort mécontent que vous en fiffiez une pour diftribuer mon bien aux citoyens; mais fi vous la faifiez, je viendrois au moins en demander ma part.*

2°. Un autre Lucius Calpurnius *Pifon* fut conful l'an de Rome 640. Nous ignorons fi ce fut celui-ci ou le précédent qui périt l'an 645, dans un combat perdu contre les Tigurins (les habitans de Zürich) qui vouloient paffer en Italie pour fe joindre aux Cimbres.

3°. Lucius *Pifon*, fils du premier *Pifon*, & digne de fon père par fa fainte & religieufe probité; étant en Efpagne où il avoit l'autorité de préteur, il arriva qu'en s'exerçant à faire des armes, un anneau d'or qu'il portoit au doigt, fe rompit. Il ne voulut pas que perfonne pût même foupçonner que l'anneau qu'il fe propofoit d'y fubftituer fût un préfent qu'il eût reçu dans fa province; il fit venir un orfèvre dans la place publique de Cordoue, il lui donna, & lui pefa en préfence de tout le monde, l'or dont il vouloit que l'orfèvre lui fît un nouvel anneau, & lui ordonna de le faire fur le lieu même, auffi en préfence de tout le monde. De quoi s'agiffoit-il cependant? d'une demi-once d'or. N'importe, il voulut que toute l'Efpagne fût d'où lui venoit cette demi-once d'or. *Ille in auri femunciâ totam Hifpaniam fcire voluit undè prætori annulus fieret*, dit Cicéron en parlant contre un homme qui n'avoit pas eu de tels fcrupules dans fa province, contre Verrès.

4°. Caïus Calpurnius *Pifon*, conful l'an de Rome 685, étoit un homme d'un caractère ferme; il propofa & fit paffer une loi contre la brigue, malgré de grandes oppofitions; la république lui eut l'obligation d'échapper à l'opprobre d'avoir pour conful un certain Palicatus, fujet infame, mais très-appuyé. Il s'oppofa fortement à la propofition que faifoit Gabinius, de confier pour trois ans à Pompée le commandement général des mers, & il ofa dire à Pompée lui-même, que puifqu'il vouloit marcher fur les pas de Romulus, il devoit s'attendre à finir comme lui, & cette commiffion

Q q 2

ayant été malgré lui donnée à Pompée ; il en traversa tant qu'il put l'exécution, en quoi son zéle
de citoyen l'emportoit jusqu'à manquer au devoir
de citoyen, qui est d'obéir à la république. On en
jugea ainsi, & on ne parloit pas de moins que de
le priver du consulat pour son opiniâtreté ; mais
Pompée étoit trop sage pour consentir que les
choses fussent poussées en sa faveur jusqu'à cette
extrémité, il n'en avoit pas besoin.

5°. L'an de Rome 687, Cneius *Pison* fut assassiné en Espagne ; il avoit conspiré avec Catilina
& avoir pour le moins cabalé avec César.

6°. M. Papius *Pison*, ami de Clodius, d'ailleurs
mauvais lieutenant & créature de Pompée, fut fait
consul par leur crédit pour l'an de Rome 691. Cicéron dit que c'étoit un petit & un mauvais esprit qui
vouloit être plaisant, & qui n'étoit que ridicule,
dont il n'y avoit ni bien à espérer, parce qu'il
étoit pervers, ni mal à craindre parce qu'il étoit
poltron ; *parvo animo & pravo.... facie magis quàm
facetiis ridiculus, nihil agens cum populo, sejunctus ab
optimatibus, à quo nihil speres boni reipublicæ, quià
non vult, nihil metuas mali, quià non audet.*

7°. Un gendre de Cicéron du nom de *Pison*,
jeune homme d'un mérite rare, digne héritier du
nom de *frugi*, mourut pendant l'exil de son beau-
père à la juste cause duquel il fut tendrement &
inviolablement attaché.

8°. Lucius Calpurnius *Pison*, consul l'an de Rome
694 avec Gabinius, & indigne comme lui de cet
honneur, y fut porté par le crédit des triumvirs,
César, Pompée & Crassus ; César étoit son gendre ;
ce fut sous ce consulat que Cicéron fut exilé ; c'est
contre ce *Pison* que nous avons d'éloquentes déclamations de cet orateur.

L'an 696, *Pison* fut rappellé de son gouvernement
de Macédoine, où il signaloit également sa cruauté
envers les alliés, & sa lâcheté à l'égard des ennemis. Il fut censeur l'an 702 toujours par le crédit
de César.

En 708, il montra de la fermeté à la mort de
César, qui l'avoit nommé son exécuteur testamen-
taire ; & par cette fermeté même il fit ordonner
que le testament de ce dictateur seroit exécuté,
& les funérailles célébrées avec les plus grands
honneurs. Il fut, l'année suivante de la députation,
très-inutile que le sénat envoyât contre l'avis de
Cicéron à Antoine, pour l'engager à quitter les
armes.

9°. L'an 729 de Rome, Auguste se donna pour
collègue dans le consulat Cneïus-Calpurnius *Pison*,
l'un des plus zélés défenseurs du parti républicain,
pour lequel il avoit combattu en Afrique contre
César sous Scipion & Caton après la bataille de
Pharsale, & lui ensuite s'étoit attaché à Brutus
& à Cassius ; revenu à Rome, il s'abstint par fierté
républicaine de briguer les charges, il fallut qu'Auguste lui fit les avances, & le priât d'accepter le
consulat.

10°. Lucius *Pison*, fils du beau-père de César,

triompha des Thraces l'an 744 de Rome ; Tibère
le fit préfet de la ville en même temps qu'il fit
Pomponius Flaccus gouverneur de Syrie. C'étoient
ses compagnons de débauche, & comme on avoit
alors perdu toute pudeur, cette société de débauche
est le titre qu'il fait valoir en eux dans les provisions qu'il leur donne, il les appelle *ses amis
agréables, & ses amis de toutes les heures.* Tacite
lui rend un témoignage plus noble, en disant que
jamais il n'ouvrit de lui-même dans le sénat un
avis bas & servile, & que quand il s'y voyoit
contraint, il savoit user de sages tempéramens :
*nullius servilis sententiæ sponte auctor, & quoties
necessitas ingrueret, sapiénter moderans.*

Sénèque lui en rend un d'une autre nature, &
qui rentre dans les idées de Tibère ; c'est de ce
Pison, qu'il dit qu'il ne s'enivra qu'une seule fois
dans sa vie, parce qu'il ne cessa pas d'être ivre,
ebrius, ex quo semel factus est, fuit. Il dormoit tous
les jours jusqu'à midi, cependant il remplit, dit-on,
à la satisfaction des citoyens, cette charge de
préfet de la ville, qui paroît sur-tout demander
de la vigilance. Il mourut à quatre-vingts ans,
l'an de Rome 783. M. Dacier croit que c'est à ce
Pison & à ses enfans qu'Horace adresse son art
poétique.

11°. Cneïus *Pison* ; celui-ci est celui qu'on croit
avoir été avec Plancine sa femme, l'empoisonneur
de Germanicus, & qu'on trouva pendant le cours
de l'accusation intentée contre lui à ce sujet, mort
l'an de Rome 771, dans sa chambre, ayant la
gorge coupée & une épée à côté de lui sur le
plancher. Il écrivit en mourant à Tibère en faveur
de ses deux fils Cneïus & Marcus, qui, soit qu'il
fût coupable ou non, n'avoient pu, par les conjonctures, avoir la moindre part aux crimes qui
lui étoient imputés.

12°. Lucius *Pison* qui défendit la cause odieuse
de Cneïus, qui d'ailleurs se distingua dans le sénat
par des déclamations libres contre des délateurs,
en présence de Tibère qui les encourageoit, qui
osa citer en jugement Urgulanie, favorite de Livie.
Cette insolente favorite ne daigna pas comparoître ;
il fallut lui envoyer un préteur pour recevoir sa
déclaration. Livie cria qu'on lui manquoit de respect en poursuivant Urgulanie, mais *Pison* tint
ferme, & Livie fut obligée de payer pour elle
la somme pour laquelle elle étoit assignée. Tibère
qui se piquoit de maintenir les loix, dissimula ;
mais dans la suite il fit intenter contre *Pison* une
accusation injuste. *Pison* mourut dans le cours du
procès, l'an de Rome 775.

13°. Lucius *Pison*, gouverneur d'une province
d'Espagne, fut assassiné par un paysan, dont il
opprimoit la nation, l'an de Rome 776.

14°. Caïus *Pison* épousa, l'an 789 de Rome,
Livia Crestilla, qui lui fut enlevée le jour même
de ses nôces, par l'empereur Caligula. Celui-ci
fit afficher un placard, dans lequel il publia qu'il
s'étoit marié comme Romulus & comme Auguste ;

peu de jours 'après il répudia Oreftilla, & la reléga ainfi que fon mari, fous prétexte qu'ils étoient retournés l'un à l'autre.

15°. Caïus *Pifon*, qui confpira contre Néron, & voyant la confpiration découverte, attendit tranquillement la mort, fans rien tenter quoiqu'on l'y excitât. Il laiffa un teftament rempli des plus honteufes adulations pour Néron, effet de fon amour pour Arria Galla, fa femme, qui s'en étoit rendue très-indigne par fa conduite. Sur cette conjuration de *Pifon*, voyez les articles *Epicaris, Lucain, Séneque*, principaux complices de *Pifon* dans cette conjuration, dont un des objets étoit de le mettre fur le trône.

16°. Licinianus *Pifon*, exilé par Néron pour fa vertu & enfuite pour fon malheur, adopté par Galba ; tout le monde connoît cette magnifique harangue que Galba lui adreffe dans Tacite en l'adoptant : *fi te privatus, lege curiatâ apud pontifices, ut moris eft, adoptarem, &c.* Il fut entraîné dans la ruine de Galba, & maffacré avec lui, l'an 820 de Rome, de J. C. 69.

Un médecin hollandois, nommé Guillaume *Pifon*, a donné en latin une hiftoire naturelle du Bréfil, imprimée à Leyde fa patrie, en 1648.

PISSELEU. (ANNE de) Voyez [Eftampe.

PISTORIUS, (JEAN) (Hift. litt. mod.) confeiller d'Erneft Frédéric, margrave de Bade-Dourlach, a beaucoup écrit contre les Luthériens, dont il avoit d'abord embraffé & enfuite abjuré la doctrine. On a de lui différens recueils : *Artis Cabaliftica fcriptores. Scriptores rerum Polonicarum ; Scriptores de rebus Germanicis.* Il vivoit au fixième fiècle.]

PITARD, (JEAN) (Hift. de Fr.) premier chirurgien de Saint-Louis, de Philippe-le-hardy, de Philippe-le-bel, fonda le collège ou la communauté des chirurgiens de Paris, & en dreffa les ftatuts dès l'an 1260. Mort vers l'an 1311.

PITAVAL, (voyez GAYOT).

PITHÉAS. (voyez PYTHÉAS).

PITHOU, (PIERRE & FRANÇOIS) (Hift. litt. mod.) deux frères à jamais célèbres dans les lettres, font l'honneur de la ville de Troyes en Champagne, leur patrie. Pierre *Pithou*, né en 1539, eut pour maîtres Turnèbe en littérature & Cujas en jurifprudence, qui n'eurent à fe glorifier autant d'aucun autre de leurs difciples.

Nec Romula quondàm
Ullo fe tantum tellus jactabit alumno.

Pithou d'abord calvinifte penfa être enveloppé dans le maffacre de la Saint-Barthélemi ; s'étant fait depuis catholique & même un peu ligueur, il ne

put pas fi bien prendre l'efprit de la ligue, qu'il ne confervât l'efprit françois & un zèle vraiment patriotique pour Henri IV, auquel il rendit l'important fervice de travailler à réduire Paris fous fon obéiffance, & le fervice non moins important de couvrir la ligue de ridicule par la fatire Ménippée à laquelle il eut beaucoup de part. Il avoit écrit auffi fous le règne de Henri III, pour la défenfe du roi & du royaume, contre un bref du pape Grégoire XIII. Il eut la fatisfaction de voir les fuccès de Henri IV, & mourut le premier novembre 1596, à pareil jour qu'il étoit né en 1539. Il mourut à Nogent-fur-Seine. Il avoit été procureur-général d'une chambre de juftice établie en Guyenne en 1581. M. Grofley a écrit fa vie. C'eft fur-tout par fon traité des libertés de l'églife Gallicane, que Pierre *Pithou* eft immortel ; c'eft le feul ouvrage, avec les arrêts de M. le premier préfident de Lamoignon, qui, fans être forti de la main d'un légiflateur, ait, par la feule autorité de la raifon, force de loi dans les tribunaux.

Le commentaire de Pierre *Pithou* fur la coutume de Troyes eft encore un ouvrage fort eftimé. On a de plus du même *Pithou* des éditions de plufieurs monumens anciens, dont la plûpart regardent l'hiftoire de France ; on lui doit auffi les novelles de Juftinien. Il a d'ailleurs laiffé des notes fort inftructives fur divers auteurs, tant eccléfiaftiques que profanes, & plufieurs autres ouvrages ou fur la littérature ou fur la jurifprudence & civile & canonique. On l'appelloit *le Varron de la France*.

François *Pithou*, fon digne frère, né en 1544 auffi à Troyes, fut procureur-général de la chambre de juftice établie fous Henri IV, contre les financiers ; il étoit, comme fon frère, jurifconfulte & littérateur ; ce fut lui qui découvrit le manufcrit des fables de Phèdre & qui le publia conjointement avec fon frère. C'eft lui auffi à qui on doit l'édition de la loi falique avec des notes. On a encore de François *Pithou* la conférence des loix romaines avec celles de Moïfe ; le traité de la grandeur & des droits du roi & du royaume, & beaucoup d'autres ouvrages. Mort en 1621.

PITISCUS, (SAMUEL) (Hift. litt. mod.) favant hollandois, né à Zutphen en 1637. Mort à Utrecht en 1717, connu par fon *Lexicon antiquitatum Romanarum.* On lui doit une édition des *antiquités Romaines* de Rofin & celles de beaucoup d'auteurs latins.

On a d'un autre *Pitifcus* (Barthélemi) un livre peu commun, intitulé : *Thefaurus mathematicus.* Mort en 1613.

PITS (JEAN) PITSÆUS (Hift. litt. mod.) neveu du fameux docteur Sanderus, (Nicolas) d'abord proteftant, fe fit catholique, & le cardinal de Lorraine lui donna un canonicat de Verdun. Il mourut doyen de fon chapitre en 1616. On a de lui un livre des *illuftres écrivains d'Angleterre.*

PITT, (GUILLAUME) (*Hist. d'Anglet.*) comte de Chatam, principal ministre d'Angleterre sous les rois George II & George III. La guerre de 1757 le mit en grande faveur auprès de ses rois & de sa nation; il fut créé pair du royaume en 1766. Il mourut le 11 mai 1778, dans sa terre de Hayes. Son dernier mot, qu'il adressoit à un grand d'Angleterre, qui étoit auprès de lui, fut: *Ah! mon ami, sauvez ma patrie!* L'Angleterre s'étoit engagée dans cette guerre contre ses colonies d'Amérique, qui ne fut jamais du goût du lord Chatam; il fut enterré aux frais de la nation dans l'église de Westminster. Il n'est pas encore temps, sur-tout pour un écrivain français, de juger un ministre anglois, qui fut notre ennemi, & dont le fils encore vivant, encore jeune, (né en 1756.) déjà illustre, remplit aussi avec gloire le ministère anglois, en 1787.

PITTACUS, (*Hist. anc.*) l'un des sept sages de la Grèce, étoit de Mitylène dans l'île de Lesbos; il contribua beaucoup avec le poëte Alcée & ses frères, à délivrer cette île du joug d'un tyran qui s'en étoit rendu maître.

Il en fut le maître à son tour, mais ce fut par le choix de ses concitoyens; il avoit eu le commandement de l'armée des Lesbiens dans une guerre contre Athènes. Pour épargner de part & d'autre le sang des hommes, il offrit de se battre en duel contre Phrynon, général ennemi, à condition que la querelle des deux nations seroit vidée par ce combat; la proposition fut acceptée, *Pittacus* vainquit & tua Phrynon. Les Mithyléniens, d'un commun accord, déférèrent par reconnoissance à *Pittacus* la souveraineté de leur ville. Il l'accepta pour rendre ses concitoyens heureux, & pour donner ce rare exemple d'un gouvernement juste & sage; il a de plus donné dans un de ses apophtegmes une marque infaillible pour reconnoître un bon gouvernement; c'est, disoit-il, quand les sujets, au lieu de craindre le prince, ne craignent que pour lui. Une autre de ses maximes étoit de ne jamais médire ni d'un ami, parce qu'il est notre ami, ni d'un ennemi, parce qu'il est notre ennemi.

Quand il crut au bout de dix ans avoir assuré le bonheur public, il abdiqua la souveraineté, & voulut jouir de nouveau de la douceur de vivre parmi ses égaux. Alcée qui avoit été son ami, mais qui étoit l'ennemi déclaré des tyrans, n'avoit pas voulu distinguer des tyrans ordinaires un homme que ses concitoyens avoient prié de les gouverner; il ne l'avoit pas épargné dans ses vers satyriques; il ne fit par-là que procurer au généreux *Pittacus* le plaisir de lui pardonner & la gloire de le vaincre à force de bienfaits. *Pittacus* mourut vers l'an 474 avant J. C.

PIZARRO (FRANÇOIS) *Hist. mod.*) Voyez les articles ALMAGRO, ATABALIPA, CORTEZ, aventurier célèbre par la découverte & la conquête du

Pérou, par sa valeur & ses cruautés. Dans son enfance, il gardoit les pourceaux chez son père en Espagne; un de ces animaux s'étoit égaré, l'enfant n'osa plus retourner à la maison paternelle, & s'enfuit par la même raison qui fait que dans Virgile le berger Ménalque, défiant Dametas au prix du chant, n'ose proposer pour prix aucune pièce de son troupeau:

De grege non ausim quidquam deponere tecum
Est mihi namque domi pater, est injusta noverca;
Bisque die numerant ambo pecus.

Le petit *Pizarro* s'embarqua pour les Indes occidentales. Ce fut en 1525 qu'il découvrit le Pérou; il employa la ruse & la force pour le conquérir; il profita des divisions des deux Incas, des deux frères, Huascar & Atabalipa, qui se disputoient le trône; il parut prendre le parti de l'un contre l'autre pour les perdre tous deux, c'est la politique des conquérans; le fanatisme, la perfidie & la disproportion énorme que l'usage des armes à feu d'un côté, & la terreur qu'elles inspiroient de l'autre, mettoient entre les Européens & les Américains, achevèrent l'ouvrage de cette conquête. Les Espagnols n'eurent pas honte de condamner Atabalipa à être brûlé, après l'avoir pris par trahison; toute la grace qu'ils lui firent, fut de l'étrangler quand il eut commencé à sentir les flammes. Ce crime est imputé, par les uns, à *Pizarro*, par les autres à son ami & son compagnon Diego Almagro, qui s'étant ensuite brouillé avec lui, fut pris, & eut la tête tranchée en 1541. Le fils Almagro, assassina *Pizarro* pour venger son père, & il eut lui-même la tête tranchée en 1542, par l'ordre de Vaca de Castro, viceroi du Pérou.

A l'article Almagro, le père & le fils ont été confondus, parce qu'ils se nommoient l'un & l'autre Diego; en conséquence, on y dit qu'Almagro assassina *Pizarro* ou Pizarre, sans observer que cet Almagro étoit le fils, de sorte que dans cet article ALMAGRO, *Pizarro* paroît être mort avant lui. Il faut réformer cette erreur d'après ce qui est dit ici.

PLACCIUS (VINCENT) *Hist. litt. mod.*), savant allemand du dix-septième siècle, professeur d'éloquence à Hambourg, sa patrie, auteur d'un *dictionnaire des auteurs anonymes & pseudonymes* publié par Fabricius (voir l'article DECKER, où il est parlé de l'abbé de Bonardi), d'un traité *de jurisconsulto perito*, d'un autre *de arte excerpendi*, d'un recueil intitulé: *carmina juvenilia*. Mort en 1699.

PLACE (PIERRE DE LA) *Hist. litt. mod.*), avocat, puis conseiller, & enfin premier-président de la cour des aides en 1553, tué en 1572 dans le massacre de la saint Barthélemi. On a de lui des *commentaires de l'état de la religion & république, depuis 1556 jusqu'en 1561,* ouvrage précieux pour l'histoire de ces temps. On a encore de lui quelques livres de piété. Un auteur, nommé Farnace, a écrit fa vie.

PLACENTINUS (PIERRE) *Hift. litt. mod.*), c'est celui qui, fous le nom de Publius Porcius, est l'auteur du fameux poëme de 360 vers, intitulé : *Pugna porcorum*, & dont tous les mots commencent par un P, comme, au neuvième fiècle, Hucbaud, moine bénédictin, avoit fait en l'honneur de Charles-le-Chauve un poëme de trois cents vers hexamètres, à la louange des chauves; poëme dont tous les mots commençoient par la lettre C; niaiseries difficiles, *difficiles nugas*. *Placentinus* étoit allemand, & vivoit dans le feizième fiècle.

PLACET, f. m. (*Hift.*) ces fortes de requêtes, de fupplications faites par écrit que l'on préfente au roi, aux grands feigneurs & aux juges, font appellés *placets*, parce qu'ils commencent toujours par : *plaife à votre majefté*, *plaife*, &c. les latins les nommoient *elogia*.

Comme je ne connois point dans toute l'histoire de *placet* plus fimple, plus noble, &, felon toutes les apparences, plus jufte que celui d'Anne de Boulen à Henri VIII fon époux, & qu'on conferve encore écrit de la propre main de cette reine dans la bibliothèque Cotton, je crois devoir le rapporter ici.

Il est prefque inutile de rappeller aux lecteurs le jugement de cette princefse par des commiffaires, fa fin tragique fur un échaffaut, & ce que l'histoire manifefte, qu'on lui fit plutôt fon procès par les ordres exprès du roi, alors amoureux de Jeanne Seymour, que pour aucun crime qu'elle eût commis. Aufsi fon *placet* refpire l'innocence, la grandeur d'ame & les juftes plaintes d'une amante méprifée; Shakefpear n'auroit pu lui prêter un ftyle fi conforme à fon caractère & à fon état. Sa douleur éloquente & profonde est pleine de traits plus pathétiques que ceux dont la plus belle imagination pourroit fe parer. Voici donc de quelle manière s'exprimoit cette mère infortunée de la célèbre Elifabeth :

» Sire, le mécontentement de votre grandeur » & mon emprifonnement me paroiffent des chofes » fi étranges, que je ne fai ni ce que je dois croire, » ni fur quoi je dois m'excufer. Vous m'avez en- » voyé par un homme que vous favez être » mon ennemi déclaré depuis long-temps, que » pour obtenir votre faveur je dois reconnoître » une certaine vérité. Il n'eut pas plutôt fait fon » meffage que je m'apperçus de votre deffein; » mais fi, comme vous le dites, l'aveu d'une » vérité peut me procurer ma délivrance, j'obéirai » à vos ordres de tout mon cœur & avec une » entière foumiffion.

» Que votre grandeur ne s'imagine pas que votre » pauvre femme puiffe jamais être amenée à re-

» connoître une faute dont la feule penfée ne lui » est pas venue dans l'efprit : jamais prince n'a » eu une femme plus fidelle à tous fes devoirs, » & plus remplie d'une tendreffe fincère, que celle » que vous avez trouvée en la perfonne d'Anne » de Boulen, qui auroit pu fe contenter de ce » nom & de fon état, s'il avoit plû à Dieu & à » votre grandeur de l'y laiffer. Mais au milieu de » mon élévation & de la royauté où vous m'a- » vez admife, je ne me fuis jamais oubliée au » point de ne pas craindre quelque revers pareil » à celui qui m'arrive aujourd'hui. Comme cette » élévation n'avoit pas un fondement plus folide » que le goût paffager que vous avez eu pour » moi, je ne doutois pas que la moindre altéra- » tion dans les traits qui l'ont fait naître ne fût » capable de vous faire tourner vers quelque » autre objet.

» Vous m'avez tirée d'un rang inférieur pour » m'élever à la royauté & à l'augufte rang de » votre compagne. Cette grandeur étoit fort au- » deffus de mon peu de mérite, ainfi que de mes » defirs. Cependant fi vous m'avez crue digne de cet » honneur, ne fouffrez pas, grand prince, qu'une » inconftance injufte, ou que les mauvais confeils » de mes ennemis, me privent de votre faveur » royale. Ne permettez pas qu'une tache aufsi » noire & aufsi indigne que celle de vous avoir » été infidelle, terniffe la réputation de votre » femme & celle de la jeune princeffe votre fille.

» Ordonnez donc, ô mon roi, que l'on inf- » truife mon procès; mais que l'on y obferve les » loix de la juftice, & ne permettez pas que » mes ennemis jurés foient mes accufateurs & » mes juges. Ordonnez même que mon procès » me foit fait en public; ma fidélité ne craint » point d'être flétrie par la honte; vous verrez » mon innocence juftifiée, vos foupçons levés, » votre efprit fatisfait, & la calomnie réduite au » filence, ou mon crime paroîtra aux yeux de » tout le monde. Ainfi, quoiqu'il plaife à Dieu » ou à vous d'ordonner de moi, votre grandeur » peut fe garantir de la cenfure publique, & mon » crime étant prouvé en juftice, vous ferez en » liberté devant Dieu & devant les hommes, » non-feulement de me punir comme une époufe » infidelle, mais encore de fuivre l'inclination que » vous avez fixée fur cette perfonne qui est la » caufe du malheureux état où je me vois réduite, » & que j'aurois pu vous nommer il y a long- » tems, puifque votre grandeur n'ignore pas juf- » qu'où alloient mes foupçons à cet égard.

» Enfin fi vous avez réfolu de me perdre, & que » ma mort fondée fur une infame calomnie vous » doive mettre en poffefsion du bonheur que vous » fouhaitez, je prie Dieu qu'il veuille vous pardon- » ner ce grand crime, aufsi-bien qu'à mes ennemis » qui en font les inftrumens; & qu'afsis au der- » nier jour fur fon trône devant lequel vous & » moi comparoîtrons bientôt, & où mon inno-

» cence, quoi qu'on puiſſe dire, ſera ouvertement
» reconnue ; je le prie, dis-je, qu'alors il ne
» vous faſſe pas rendre un compte rigoureux du
» traitement cruel & indigne que vous m'aurez
» fait.

» La dernière & la ſeule choſe que je vous de-
» mande, eſt que je ſois ſeule à porter tout le
» poids de votre indignation, & que ces pauvres
» & innocens gentilshommes qui, m'a-t-on dit,
» ſont retenus à cauſe de moi dans une étroite
» priſon, n'en reçoivent aucun mal. Si jamais
» j'ai trouvé grace devant vous, ſi jamais le nom
» d'*Anne de Boulen* a été agréable à vos oreilles,
» ne me refuſez pas cette demande, & je ne vous
» importunerai plus ſur quoi que ce ſoit ; au con-
» traire j'adreſſerai toujours mes ardentes prières
» à Dieu, afin qu'il lui plaiſe vous maintenir
» en ſa bonne garde, & vous diriger en toutes
» vos actions. De ma triſte priſon à la Tour, le
» 6 de mai. Votre très-fidelle & très-obéiſſante
» femme, ANNE DE BOULEN ». (*D. J.*)

PLACETTE (JEAN de la), (*Hiſt. litt. mod.*)
fils d'un miniſtre proteſtant Français, & lui-même
miniſtre en France avant la révocation de l'édit
de Nantes, étoit regardé comme le Nicole des
proteſtans, parce que, comme M. Nicole, il a
beaucoup écrit ſur la morale. On a de lui en
effet *de nouveaux eſſais de morale, des réflexions
chrétiennes ſur divers ſujets de morale, la morale
chrétienne abrégée*, &c. & d'autres traités toujours
relatifs à la morale ; on a de lui auſſi pluſieurs
écrits de controverſe en faveur de ſa ſecte. Né
à Pontac en Béarn en 1639, mort à Utrecht en 1718.

PLACIDE (*Hiſt. litt. mod.*) Le père *Placide*,
auguſtin déchauſſé de la place des Victoires à Paris,
géographe, élève du géographe Pierre Duval, a
laiſſé pluſieurs cartes, dont la plus eſtimée eſt celle
qui repréſente le cours du Po. Mort à Paris en
1734, après ſoixante-huit ans de profeſſion.

PLACIDIE, (*Galla Placidia*) *Hiſt. rom.*) fille
de Théodoſe le-Grand & ſœur de cet Arcadius
& de cet Honorius, connus ſeulement par leur
foibleſſe, eut les lumières & le courage qui manquoient à ſes frères. Lorſqu'Alaric s'empara de
Rome en 409, il mit cette princeſſe dans les fers ;
mais faite pour régner & ſur les Romains, &
ſur les barbares, elle inſpira de l'amour à Ataulphe,
beau-frère d'Alaric ; Ataulphe l'épouſa & elle le
gouverna. Après la mort d'Ataulphe, tué à Barcelone par un de ſes domeſtiques en 414, elle retourna auprès d'Honorius ſon frère, avec lequel
elle vivoit avant l'irruption d'Alaric. Honorius lui
fit épouſer en 1417 Conſtance de Nyſſe, général
des armées romaines, qui fut aſſocié à l'empire,
c'étoit la faire impératrice ; elle perdit encore ce
ſecond mari en 421, & conſacra tous ſes ſoins
à l'éducation du fils qu'elle avoit eu de lui, &

qui fut dans la ſuite l'empereur Valentinien III ;
Placidie mourut à Ravenne en 450, s'étant ſignalée
par une grande fermeté dans le malheur & de
grandes vertus dans la proſpérité. On a une
médaille dans laquelle cette princeſſe eſt repréſentée, portant ſur le bras droit le nom de
J. C. avec une couronne qui lui eſt apportée du
ciel, ce qui annonce aſſez que la foi & la piété
étoient au nombre de ſes vertus.

PLACITA (*hiſtoire de France.*) eſpèce de parlement ambulatoire que tenoient les premiers rois
de la monarchie françaiſe ; c'eſt de-là qu'eſt venu
le mot de *plaid*. (*D J.*)

PLANCHE (LE FEVRE de la) *Hiſt. litt. mod.*)
avocat du roi à la chambre du domaine, mort
en 1738, auteur du traité du domaine, publié
après ſa mort en 1765 par M. Lorri, qui l'a
enrichi de notes.

PLANCHER (dom URBAIN) *Hiſt. litt. mod.*)
ſavant bénédictin de la congrégation de Saint-
Maur, auteur de *l'hiſtoire du duché de Bourgogne*,
mort au monaſtère de Saint-Bénigne de Dijon en
1750, à quatre-vingt-trois ans.

PLANCUS, (*Hiſt. rom.*) *Lucius Munatius*) conſul l'an de Rome 710 avec le triumvir Lépide,
tandis qu'un frère de Lépide & un frère de *Plancus*
étoient proſcrits ; au milieu des horreurs de ces
proſcriptions, ils demandèrent & obtinrent le
triomphe, pour quelques petits ſuccès qu'ils prétendoient avoir eu dans les Gaules, & les ſoldats
crioient derrière eux : *de Germanis, non de Gallis
duo triumphant conſules*, jouant ſur l'équivoque
du mot *Germains*. *Plancus* étoit attaché à Antoine,
& on lui attribue la mort du jeune Pompée (Sextus). Il quitta dans la ſuite Antoine pour Octave.
Si l'on en croit Plutarque, cette défection n'eut
rien de condamnable ; *Plancus*, ſelon lui, avoit toujours fortement exhorté Antoine à s'éloigner de
Cléopâtre, & n'ayant rien pu gagner ſur ce général, la crainte du reſſentiment de cette reine
le força lui-même d'abandonner Antoine, qui
n'eût pas manqué de le ſacrifier ; mais Velleius
Paterculus qui avoit été à portée de connoître
Plancus, dit que cet homme avoit toujours été
le plus vil flatteur & le plus lâche eſclave de
Cléopâtre ; qu'auprès d'elle & d'Antoine, les plus
honteux miniſtères ne l'avoient jamais rebuté, qu'il
avoit oublié la décence juſqu'à ſe traveſtir dans
une fête en dieu marin, peint en verd de mer,
& nud, ayant la tête ceinte de roſeaux, une
queue de poiſſon & danſant ſur les genoux ; que
ce ne fut par aucun motif honnête qu'il quitta
Antoine, mais parce que ce général lui avoit reproché publiquement à table ſes concuſſions &
ſes rapines, & lui avoit fait craindre d'en être
puni. Cet hiſtorien ajoute que *Plancus*, ſuivant la
méthode

méthode des traîtres & des transfuges, invecti-
vant fortement dans le sénat contre le parti qu'il
avoit quitté, nommément contre Antoine, qu'il
chargeoit d'une multitude de crimes, un ancien
préteur, nommé Copinius, lui tint un propos
plein de sens & fait pour le confondre. « Cet
» Antoine, dit-il, en a donc bien fait la veille
» du jour que vous l'avez abandonné, *multa,*
» *mehercules, fecit Antonius pridiè quàm tu illum*
» *relinqueres* ». Aussi lâche adulateur d'Octave
qu'il l'avoit été d'Antoine, ce fut *Plancus* qui
proposa dans le sénat de lui déférer le nom &
le titre d'Auguste; *Plancus* poussoit l'adulation
jusqu'à l'impudence, & avoit réduit cette impudence en principe : « Gardez-vous, disoit-il,
» de mettre de la finesse & de l'art dans la flatterie,
» craignez d'en perdre le mérite si elle n'est pas
» apperçue ; jamais le flatteur n'a mieux réussi
» que lorsqu'il est pris sur le fait, lorsqu'il essuye
» des reproches, lorsqu'il est forcé de rougir ;
» *non esse occultè nec ex dissimulato blandiendum*
» *perit, inquit, procari, si latet ; plurimùm adulator*
» *cùm deprehensus est proficit, plus etiam si objur-*
» *gatus est, si erubuit.* Sen. Nat. Quæst. liv. 4,
» chap. 2 ». *Plancus* fut fait censeur, l'an de J. C.
22, & déshonora la censure par ses mœurs.
C'est ce *Plancus* que Lyon reconnoît pour son
fondateur, c'est à lui qu'Horace adresse la septième
ode du livre premier.

Laudabunt alii claram Rhoden aut Mithylenen &c....
*   Sic tu sapiens finire memento*
* Tristitiam vitæque labores,*
Molli, Plance, mero, seu te fulgentia signis
* Castra tenent, seu densa tenebit*
Tiburis umbra tui.

Plancus son fils, personnage consulaire, fut mis
à la tête d'une députation que le sénat envoyoit
à Germanicus qui faisoit alors la guerre en Germanie, l'an 14 de J. C. Il s'agissoit de complimens
que le sénat faisoit à ce prince sur la mort d'Auguste. C'étoit dans le temps de ces mouvemens
& de ces séditions de l'armée de Germanicus,
que Tacite décrit avec tant d'éloquence, & que
Germanicus eut tant de peine à calmer, mais
qu'il calma enfin à force de douceur & de fermeté. A l'arrivée de cette députation, les mutins
qui se sentoient très coupables, se persuadent
que *Plancus* est porteur, & bientôt après ils le
disent auteur d'un arrêt du sénat qui ordonne de
les punir rigoureusement; la sédition recommence,
les mutins se jettent sur les députés, ceux-ci
prennent la fuite, à la réserve de *Plancus*, que
son rang & sa dignité forcent de rester en place;
& qui ne trouva d'asile contre leur fureur que
l'aigle & les drapeaux de la première légion,
sous lesquels il se mit à couvert; peu s'en fallut
encore que, par un crime, rare même entre

ennemis, un homme public, revêtu d'un caractère sacré, ne perdît la vie par les mains de ses
concitoyens, & ne souillât de son sang les autels
domestiques. *Rarum etiam inter hostes, legatus populi*
romani Romanis in castris sanguine suo altaria deûm
communiculavisset. Germanicus arrive, prend *Plancus*
sous sa garde, déplore éloquemment les droits
de la légation violés. cette fureur contre un homme qui n'avoit rien fait pour se l'attirer & qui
ne savoit pas même en arrivant dans le camp
ce qui s'y étoit passé, la honte dont tant de soldats romains venoient de se couvrir, & voyant
par ce discours plutôt suspendus que calmés, les
transports de l'assemblée, *attonitâ magis, quàm*
quietâ concione, il renvoya les députés du sénat
avec une escorte de cavalerie étrangère.

Plancus Bursa étoit le nom d'un tribun du
peuple, ami de Clodius, ennemi de Cicéron &
protégé par Pompée, mais qui, malgré cette protection, fut condamné par le sénat, à la grande
satisfaction de Cicéron, l'an de Rome 700.

PLANTAGENETE, (*Hist. anc.*) est un sur-
nom qui a été donné à plusieurs anciens rois
d'Angleterre.

Ce mot a fort embarrassé les critiques & les
antiquaires, qui n'ont jamais pu en trouver l'origine & l'étymologie. Tout le monde convient
qu'il fut donné d'abord à la maison d'Anjou, que le
premier roi d'Angleterre qui le porta fut Henri II, &
qu'il passa de ce roi à sa postérité jusqu'à Henri VII,
pendant l'espace de plus de quatre cents ans ; mais
on n'est point d'accord sur celui qui a le premier
porté ce nom. Plusieurs auteurs anglois croyent
que Henri II l'hérita de son père Geoffroy V,
comte d'Anjou, fils de Foulques V, roi de Jérusalem, qui mourut en 1144; ces auteurs prétendent que Geoffroy est le premier à qui on a
donné ce nom, & que Henri II, sorti de Geoffroy par Maud, fille unique de Henri I, est le second qui l'ait porté.

Cependant Ménage soutient que Geoffroy n'a
jamais eu le nom de *Plantagenete*; & en effet,
Jean de Bourdigné, l'ancien annaliste d'Anjou,
ne l'appelle jamais ainsi; Ménage ajoute que le
premier qui a donné ce nom, est Geoffroy,
troisième fils de Geoffroy V; néanmoins ce nom
doit être plus ancien qu'aucun de ces princes, si
ce que dit Skinner de son origine & de son étymologie, est vrai. Cet auteur raconte que la maison
d'Anjou reçut ce nom d'un de ces princes, qui
ayant tué son frère, pour s'emparer de ses états,
s'en repentit, & fit un voyage à la Terre-Sainte
pour expier son crime; que là il se donnoit la
discipline toutes les nuits, avec une verge faite
de la plante appelée *genêt*; ce qui le fit appeler
Plantagenete.

Il est certain que notre Geoffroy fit le voyage
de Jérusalem, mais il n'avoit point alors tué son
frère : de plus, il ne fit point ce voyage par pé-

nitence, mais feulement pour aller au fecours de fon frère Amaury : quel peut donc être ce prince de la maifon d'Anjou ? Seroit-ce Foulques IV ? Il eft vrai que ce prince détrôna Geoffroy, fon frère aîné, & le mit en prifon, mais il ne le fit pas mourir : de plus, comme le rapporte Bourdigné, Geoffroy fut tiré de prifon par Geoffroy V, fon fils, dont nous avons déja parlé.

Il eft vrai que ce Foulques fit le voyage de Jérufalem, en partie dans des vues de pénitence ; mais Bourdigné affure que ce fut par la crainte des jugemens de Dieu & de la damnation é ernelle, pour la quantité de fang chré ien qu'il avoit répandu dans ces batailles. Cet hiftorien ajoute que Foulques fit un fecond voyage à Jérufalem, mais qu'il y retourna pour remercier Dieu de fes graces : de plus, ce Foulques ne fut jamais appellé *Plantagenete* ; ainfi le récit de Skinner paroit être une fable.

Il y a encore une autre opinion, qui, quoique commune, n'eft guère mieux fondée : on croit ordinairement que tous les princes de la maifon d'Anjou, depuis Geoffroy V, ont eu le nom de *Plantagenete*, au lieu que ce nom n'a été porté que par très-peu de ces princes, qu'il fervoit à diftinguer des autres. Bourdigné ne le donne jamais qu'au troifième fils de Geoffroy V, & le diftingue par ce furnom des autres princes de la même famille ; cependant il eft certain que ce nom fut auffi donné à Henri II, roi d'Angleterre, fon frère aîné. (A. R.)

PLANTAVIT, DE LA PAUSE (JEAN) *Hift. litt. mod.*), d'abord calvinifte & miniftre à Beziers, enfuite catholique & évêque de Lodève, mort en 1651, étoit favant dans les langues orientales : on a de lui un dictionnaire hebreu & une chronologie latine des évêques de Lodève ; il étoit entré dans la révolte du maréchal de Montmorenci en 1632.

PLANUDES, (MAXIME) *Hift. litt. mod.*), moine de Conftantinople, auteur d'une vie d'Efope très-connue, mais qui ne mérite & n'obtient aucune confiance, a auffi donné une édition de l'Anthologie ; il vivoit vers l'an 1327.

PLANTIN, (CHRISTOPHE) *Hift. litt. mod.*), favant & imprimeur célèbre du feizième fiècle, qui fe fit par fon art une grande réputation, une grande bibliothèque & une grande fortune. On prétend qu'il employoit des caractères d'argent. C'étoit à Anvers qu'il exerçoit fon art ; fes preffes étoient l'objet d'une curiofité générale, & le bâtiment qui les renfermoit étoit un des principaux ornemens de la ville. Né à Montlouis près de Tours en 1514, mort en 1589.

PLASTRON d'une tortue, *terme de relation*, on appelle de ce nom toute l'écaille du ventre de cet animal, fur lequel on laiffe trois ou quatre

doigts de chair avec toute la graiffe qui s'y rencontre. Le *plaftron* fe met tout entier dans le four, & fe fert de même tout entier fur la table. *Labat.* (D. J.)

PLATIERE (IMBERT de la) *Hift. de Fr.*), c'eft le maréchal de Bourdillon ; il s'étoit diftingué en 1544, à la bataille de Cerifoles, où il faifoit fes premières armes, à la bataille de S. Quentin en 1557 ; il fauva une partie de l'armée ; il fe diftingua encore au fiége du Havre de grace en 1563. Il fut fait maréchal de France en 1564. Il mourut à Fontainebleau en 1567. Il fut employé toute fa vie avec fuccès dans les plus importantes affaires du royaume. Il étoit d'une ancienne maifon du Nivernois.

PLATINE (BARTHELEMI SACCHI) *Hift. litt. mod.*) dit *Platine*, du lieu de fa naiffance, qui étoit un village, nommé en latin *Platina*, entre Crémone & Mantoue ; il avoit d'abord porté les armes, mais les fciences le réclamoient & l'occupèrent bientôt tout entier. Le cardinal Beffarion, protecteur de tous les gens de lettres, fut particulièrement le fien ; parmi diverfes graces qu'il lui fit accorder par le pape Pie II, il lui obtint l'agrément d'une charge qu'on appelloit alors abbréviateur apoftolique. Paul II, fucceffeur de Pie II, caffa tous les abbréviateurs apoftoliques, fans même leur tenir compte de la finance qu'ils avoient payée pour leur charge. *Platine* écrivit à ce pontife une lettre dans laquelle il lui repréfenta, du ton d'un créancier fruftré, que J.C. n'avoit point donné à fes vicaires le privilège de faire banqueroute, qu'il n'y avoit là ni infaillibilité, ni impeccabilité, qu'un banqueroutier ordinaire peut n'être qu'un fripon, qu'un banqueroutier puiffant eft, de plus, un tyran. *Platine*, pour toute réponfe, fut mis en prifon & chargé de fers ; en pareil cas, il faut de la protection pour voir finir ou fufpendre l'injuftice ; heureufement *Platine* eut celle du cardinal de Gonzague ; il fut élargi, on lui donna Rome pour prifon, & le pape, à qui des créanciers qui ofoient demander leur dû étoient fufpects, le fit obferver dans l'intention de le trouver coupable. Sur quelques plaintes qui échappèrent fans doute à *Platine*, au fouvenir de tant d'injuftices, le pape l'accufa d'avoir confpiré contre lui, & fur ce prétexte, deftitué de tout fondement, il n'eut pas honte de le faire appliquer à la queftion ; *Platine* ayant eu la force de réfifter aux tortures, échappa au dernier fupplice ; mais on ne fe preffa point de le relâcher, parce qu'il ne falloit pas paroître avoir traité fi cruellement un homme de mérite fur des foupçons mal fondés ; telle eft la profonde logique des tyrans, qui fe réduit à dire qu'il faut continuer de faire du mal à un homme de mérite innocent, parce qu'on lui en a déja fait. *Platine* fut donc retenu en prifon pendant un an, comme fi on eût voulu fe donner le temps d'acquérir des preuves contre lui ; enfin le pape lui-même ne pouvant s'empêcher de reconnoître l'innocence de *Platine*, dont nul autre que lui n'avoit jamais douté, promit de le dédommager, & n'en fit rien ; il est vrai qu'il mourut peu de temps après, il est vrai encore que le cardinal Quirini a écrit la vie de Paul II, pour le défendre contre les imputations de *Platine*, (voyez l'art. *Paul III*). Sixte IV, successeur de Paul II, acquitta sa promesse, il combla *Platine* de faveurs & le fit bibliothécaire du Vatican ; ce fut lui qui fit entreprendre à *Platine* l'histoire des Papes par laquelle il est si connu. On a encore du même écrivain un panégyrique du cardinal Bessarion son protecteur, une histoire de Mantoue & de la famille des Gonzagues, *un traité sur la manière de conserver la santé, & de la science de la cuisine*, (la science de la cuisine n'est pas un de ces moyens-là) & beaucoup d'autres traités de morale, de politique, &c. *Platine* étoit né en 1421. Il mourut content & heureux après tant de traverses, entouré des arts, des livres & des savans, en 1481.

PLATON, (*Hist. litt. Grecq.*) naquit l'an 428 avant J. C. Il se nommoit d'abord Aristocles, & c'étoit le nom de son ayeul ; *Platon* est un surnom, une espèce de sobriquet qui lui fut donné parce qu'il avoit les épaules larges & quarrées ; on le surnomma aussi l'*Abeille Attique*, à cause de la douceur de son éloquence ; ce qui fit inventer après coup cette fable, qu'un jour qu'il dormoit sous un myrthe, étant encore au maillot, un essaim d'abeilles se posa sur ses lèvres. C'est apparemment à cette fiction qu'Horace fait allusion, lorsqu'il invente pour lui-même une fiction à peu près pareille :

Me fabulosæ vulture in Appulo
Altricis extra limen Apuliæ,
Ludo fatigatumque somno,
Fronde novâ puerum palumbes
Texere, mirum quod foret omnibus
Quicumque celsæ nidum Acherontiæ,
Saltusque Bantinos, & arvum
Pingue tenent humilis Ferenti.
Ut tuto ab atris corpore viperis
Dormirem & ursis, ut premerer sacrâ
Lauroque collataque myrtho
Non sine Dîs animosus infans.

Platon avoit commencé par faire des tragédies, il les brûla lorsqu'à vingt ans il eut entendu Socrate, soit qu'il jugeât alors devoir tout sacrifier à la philosophie, soit que prenant seulement alors l'idée de la véritable éloquence, il apperçût mieux le défaut de ses jeunes productions.

Pendant la jeunesse de *Platon*, les trente tyrans, établis par Lysandre, général des Lacédémoniens, asservissoient Athènes, *Platon* étoit déjà par ses talens assez célèbre pour que ces trente tyrans

s'empressassent de l'attirer à leur parti & lui fissent part du gouvernement. Il accepta leurs offres dans l'espérance d'adoucir la tyrannie, mais bientôt voyant que le mal étoit sans remède & qu'il falloit être le complice ou la victime des tyrans, il s'éloigna.

Après l'expulsion des tyrans, les affaires n'en allant pas mieux, l'état recevant tous les jours de nouvelles plaies, & *Platon* ayant vu Socrate, son maître & le plus vertueux des hommes, immolé à la rage de ses ennemis, il prit le parti de se retirer d'abord à Mégare ; ensuite s'éloignant davantage, il alla jusqu'à Cyrène, pour se perfectionner dans les mathématiques sous Théodore, le plus grand mathématicien de son temps ; il visita l'Egypte, apprit des prêtres Egyptiens leurs plus importantes traditions ; il alla en Italie, parcourut la grande Grèce, y vit cet Archytas de Tarente, qu'Horace appelle

Maris & terræ numeroque carentis arenæ
Mensorem:

& les autres Pythagoriciens. Il passa ensuite en Sicile, vit l'*Etna* & les tyrans dont les passions sont plus ardentes & plus funestes que les feux de ce volcan ; il eut le malheur d'en inspirer une très-bizarre au jeune Denys, tyran de Syracuse. (*Voyez les articles Denys le jeune, & Dion*). De retour dans son pays, il acquit la maison & les jardins d'un héros Athénien, nommé Académus ; il y fonda une école de philosophie, si célèbre sous le nom d'Académie,

Atque inter sylvas Academi quærere verum.

Tous les ouvrages de *Platon* sont en forme de dialogues, & ces dialogues sont presque tous également recommandables par la force du raisonnement & par le charme de l'éloquence. Nous avons aussi de *Platon* douze lettres ou épîtres. Quintilien dit que *Platon* lui paroit parler le langage, non des hommes, mais des Dieux, *ut mihi non hominis ingenio, sed quodam delphico videatur oraculo instinctus*. Il fait très-bien sentir aussi l'art qui règne dans les questions & dans les réponses, & l'enchaînement ingénieux des propositions qui suivent nécessairement les unes des autres, & forcent les contradicteurs à l'aveu formel des vérités qu'ils ont combattues d'abord avec une apparence de succès. *Adeo scitæ sunt interrogationes, ut cùm plerisque bene respondeatur, res tandem ad id quod vult efficere, perveniat.* Platon mourut à quatre-vingt-un ans, l'an 348 avant J. C. Speusippe, son neveu, Xencrate, Aristote, Démosthènes, Dion, sont au nombre de ses disciples.

C'est principalement par *Platon* que nous connoissons la doctrine de Socrate, dont il ne nous reste point d'écrits. Pythagore, Socrate & *Platon*, sont les trois plus grands noms que nous offre l'histoire de la philosophie ancienne. Le plus ex-

cessif éloge que pût donner le plus grand enthou-
siaste à l'objet de son admiration, étoit de dire :

Qualia vincant.
Pithagoran , *Anytique reum , doctumque Platona.*

PLAUTE , (MARCUS - ACTIUS PLAUTUS)
(*Hist. litt. rom.*), c'est ce poëte fameux dont nous
avons les comédies. Varron a dit que si les muses
vouloient parler latin , elles emprunteroient son
style. Horace au contraire s'est moqué de la patience
ou de la sottise de ceux qui avoient pu goûter ses
vers & ses plaisanteries :

At nostri proavi Plautinos & numeros , &
Laudavere sales , nimium patienter utrosque.
Ne dicam stultè mirati, si modo ego & vos
Scimus inurbanum lepida seponere dicto ,
Legitimumque sonum digitis callemus & ore.

Molière semble avoir décidé la question en faveur de *Plaute*, en l'imitant si heureusement dans
Amphitrion, & Regnard dans *les Ménechmes*. Parmi
les nombreuses éditions de *Plaute*, nous distinguerons celle de Barbou, donnée par M. Capperonnier ; & parmi ses traductions, celle de madame Dacier & celle de M. l'abbé le Mounier.
Plaute étoit né à Sarsine , ville de l'Ombrie. Il
mourut l'an 184 avant l'ère chrétienne.

PLAUTIEN , (FULVIUS PLAUTIANUS) (*Hist.*
rom.) ministre insolent & coupable, pour qui
l'exemple de Séjan avoit été perdu & dont
l'exemple l'a été pour ceux des ambitieux qui sont
venus après lui. Né dans l'obscurité, il étoit, par
la faveur de l'empereur Sévère, devenu préfet de
Rome, consul, & sur-tout plus riche & plus
puissant que lui. On ne pouvoit l'aborder sans une
permission expresse. Quand il passoit dans les rues,
ses esclaves & ses flatteurs avertissoient les citoyens de ne pas se trouver sur son passage ; &
de se détourner en baissant les yeux avec respect. Les Romains étoient plus vils alors que les
favoris n'étoient insolens. On érigea un nombre
infini de statues à *Plautien*. Il fit épouser sa fille
Fulvie Plautille à Caracalla , fils de Sévère ; & il
lui donna une dot dont l'immensité seule suffisoit
pour le condamner ; ce fut alors au-dessus de
tous les orages ; ce fut au contraire ce qui le perdit. Caracalla étoit un monstre qui le valoit bien ;
il n'aima ni sa femme ni son beau-père, ils virent
le sort qui les attendoit quand Caracalla seroit le
maître ; *Plautien* voulut le prévenir, il conspira
contre Sévère & contre Caracalla ; le complot fut
découvert, *Plautien* mis à mort, sa fille & Plautius
son frère, relégués dans l'île de Lipari, ils y
languirent dans la misère pendant sept ans, au
bout desquels le féroce Caracalla, auquel il falloit
du sang, les fit poignarder en 211, & avec eux

une fille en bas âge que Plautille avoit eue vraisemblablement d'un autre que lui.

PLE

PLÉLO. (*Hist. de Fr.*) La famille des Bréhan-
Plélo est très-ancienne & très-distinguée dans la
Bretagne. En 1225, un seigneur breton, nommé
Renaud de Bréhan, avoit épousé la fille de Léo-
lin, prince de Galles ; les Gallois avoient encore
alors des princes particuliers, qui, défendant la
liberté de leur pays contre l'Angleterre, étoient
les alliés naturels de la France. Renaud de Bréhan
vint à Paris pour quelque négociation secrète contre
l'Angleterre ; c'étoit au commencement du règne
de saint Louis. La France étoit en paix ou en
trève avec l'Angleterre, & Paris étoit plein d'Anglois. Cinq de ces Anglois , peut-être instruits de
la négociation de Bréhan, entrèrent dans son jardin
la nuit du vendredi au samedi saint de l'an 1228,
& l'insultèrent dans sa maison. Bréhan n'avoit
avec lui qu'un chapelain & un domestique. Il se défendit ; trois de ces Anglois furent tués, les deux
autres s'enfuirent : le chapelain mourut le lendemain
des blessures qu'il avoit reçues dans cette occasion.
Bréhan, pour récompenser le domestique qui lui
restoit, & qui l'avoit vaillamment défendu, acheta
la maison & le jardin qu'il occupoit & les lui donna.
Ce domestique se nommoit Galleran. Le nom de
Champ aux Bretons que ce combat fit donner au
jardin, devint le nom de la rue. C'est la rue Sainte
Croix de la Bretonnerie, nom où l'on reconnoît
encore l'ancienne dénomination, & qui rappelle
la mémoire de cet événement.

L'ancienneté de la maison de Bréhan-*Plélo* remonte beaucoup plus haut. Vers l'an 1080, on
voit, 1°. un *Bréhan-le-vieux* qualifié dans des actes
Brientensium summus dominus & eorum primogenitus.
Ce nom de Bréhan vient de la terre & seigneurie
de Bréhan-Loudéac , possédée aujourd'hui par la
maison de Rohan. Dans tout l'onzième & le douzième siècles, on ne voit que chartes de donations
faites à différentes églises par les seigneurs de
Bréhan, dont chacun est qualifié *miles*.

2°. Etienne de Bréhan, chevalier, mourut à
la dernière croisade de St. Louis.

3°. Jean, son fils, se croisa aussi.

4°. Guillaume de Bréhan, surnommé de Montcontour, fils aîné de Jean, fut commandant d'une
compagnie de cent vingt lances, & mourut à la
guerre en 1360.

5°. Pierre de Bréhan, un de ses fils, servit
dans les guerres de Bretagne, entre Jean de Montfort & Charles de Blois ; il est qualifié dans un
acte de 1392, *Petrus de Bréhan domicellus nobilis, &*
ex nobili prosapiâ etiam baronum extitit procreatus.

6°. Jean de Bréhan, un de leurs descendans,
surnommé le capitaine Bonnet, fut compagnon
du chevalier Bayard, avec lequel il se distingua

dans les guerres du temps. Il fut dangereusement blessé à la bataille de Ravenne en 1512.

7°. Jean, son fils, fut tué dans les guerres d'Italie.

8°. Claude, un autre des fils de Pierre, fut blessé à Brignoles, & mourut de ses blessures en 1547.

9°. Mathurin de Bréhan, frère aîné des deux précédens, servit toute sa vie dans les guerres d'Italie & de Piémont, & mourut en 1538 à trente-deux ans, des blessures reçues dans une rencontre en Piémont.

10°. Jean de Bréhan, son petit-fils, fut doyen du parlement de Bretagne & conseiller d'état.

11°. Un de ses fils, Jean-Gilles de Bréhan, page du roi, puis officier aux gardes, fut tué au siège de Lille en 1667.

12°. Claude-Agasif-Hyacinthe de Bréhan, neveu du précédent, est celui que nous avons vu doyen du grand-conseil.

13°. Le petit-neveu de celui-ci, Louis-Robert Hippolite, comte de Plélo, est cet ambassadeur de France en Danemarck, à jamais célèbre par sa mort glorieuse & funeste, arrivée devant Dantzick en 1734, à ce siège mémorable où Stanislas, roi de Pologne, prêt à tomber entre les mains des Saxons & des Russes, qui avoient mis sa tête à prix, leur échappa, déguisé en paysan, à travers mille dangers, dont il nous a laissé une relation intéressante. Voici ce que M. de Voltaire dit du comte de Plélo.

« Stanislas étoit assiégé dans la ville de Dantzick par une armée de trente mille Russes.... Il eût fallu que la France eût envoyé par mer une nombreuse armée; mais l'Angleterre n'auroit pas vu ces préparatifs... sans se déclarer. Le cardinal de Fleury qui ménageoit l'Angleterre, ne voulut ni avoir la honte d'abandonner entièrement le roi Stanislas, ni hasarder de grandes forces pour le secourir. Il fit partir une escadre avec quinze cents hommes, commandée par un brigadier. Cet officier ne crut pas que la commission fût sérieuse; il jugea, quand il fut près de Dantzick, qu'il sacrifieroit sans fruit ses soldats, & il alla relâcher en Danemarck. Le comte de Plélo, ambassadeur de France auprès du roi de Danemarck, vit avec indignation cette retraite qui lui paroissoit humiliante. C'étoit un jeune homme qui joignoit à l'étude des belles-lettres & de la philosophie, des sentimens héroïques, dignes d'une meilleure fortune. Il résolut de soutenir Dantzick contre une armée avec cette petite troupe, ou d'y périr. Il écrivit, avant de s'embarquer, une lettre à l'un des secrétaires d'état, laquelle finissoit par ces mots: je suis sûr que je n'en reviendrai pas; je vous recommande ma femme & mes enfans. Il arriva à la rade de Dantzick, débarqua & attaqua l'armée russe; il y périt percé de coups, comme il l'avoit prévu; sa lettre arriva avec la nouvelle de sa mort ». Il laissa deux filles, dont l'une est morte à neuf ans en 1743, à Port-Royal; elle étoit née à Copenhague en cette même année 1734 où périt son père; l'autre épousé, le 4 février 1740, le feu duc d'Aiguillon, & est la mère du duc d'Aiguillon actuel.

Il reste un frère du comte de Plélo, le comte de Bréhan, mestre de camp de dragons, chevalier de Saint-Louis, honoraire-amateur de l'académie royale de peinture & de sculpture.

PLÉNIERE. COUR PLÉNIERE. (Hist. de Fr.) On trouve dans le quarante-unième tome du recueil de l'académie des inscriptions & belles-lettres, un mémoire de M. Gauthier de Sibert, lu à l'académie le 9 mai 1775, & qui a pour titre: Recherches historiques sur le nom de Cour plénière, & sur les différentes acceptations données à cette dénomination. Le résultat de ce mémoire est que le nom de Cour plénière étoit absolument inconnu sous la première & la seconde races, qu'on ne le trouve avant le onzième siècle dans aucun titre, ni dans aucune chronique; que quand les auteurs modernes ont parlé des cours plénières de Pépin-le-Bref, de Charlemagne & de leurs successeurs, aux fêtes de noël, de pâques, ils auroient dû avertir qu'ils parloient par anticipation; que, faute d'en avoir averti, ils ont jetté de la confusion dans les idées; que les historiens contemporains, sans jamais employer le mot de Cour plénière, disent seulement que le roi célébra ou solemnisa la fête de noël, de pâques, &c. qu'au onzième siècle on donnoit ce nom de Cour plénière non pas à des assemblées d'appareil & de réjouissance, mais au droit qu'avoient certains seigneurs de connoître, dans leurs seigneuries de toutes les affaires civiles, criminelles & féodales, & qu'on donnoit aussi ce même nom aux séances qu'ils tenoient pour exercer cette autorité; enfin qu'il est certain que le roi suzerain de tous les suzerains de son royaume, avoit sa Cour plénière, qui étoit tout ensemble tribunal & conseil d'état; que par conséquent on peut, par allusion à nos anciens usages, & sans craindre de confondre les idées, appliquer la dénomination de Cour plénière à toute assemblée, soit judiciaire, soit politique, convoquée par le souverain pour y présider en personne, & pour exercer par lui-même, avec les membres de l'assemblée, sa puissance suprême.

Il paroît que le savant Ducange & M. Gibert pensent au contraire qu'on doit entendre par Cour plénière, ces assemblées brillantes dans lesquelles les rois se signaloient par leur magnificence, par des festins; par des libéralités, & que c'est improprement qu'on en feroit l'application aux assemblées qui se tenoient pour les affaires politiques & judiciaires ».

PLÉNIPOTENTIAIRE, s. m. (Hist. mod.) celui qui a une commission ou un plein-pouvoir d'agir. Ce mot eſt compoſé de *plenus*, plein, & *potentia*, pouvoir, puiſſance.

On le dit particulièrement des ambaſſadeurs que les rois envoyent pour traiter de paix, de mariages ou autres affaires importantes.

La première choſe qu'on examine dans les conférences de paix, c'eſt le pouvoir des pléni-potentiaires. (*A. R.*)

PLESSIS-MORNAY (Voyez MORNAY.)

PLESSIS-PRASLIN (Voyez CHOISEUIL.)

PLESSIS-RICHELIEU (Voyez RICHELIEU.)

PLESSIS (CLAUDE du) *Hiſt. litt. mod.*) avocat au parlement de Paris; on a ſes œuvres en deux volumes *in-fol.* ſavoir, ſon traité ſur la coutume de Paris, ſes conſultations, &c., avec des notes de Claude Berroyer & d'Euſèbe de Laurière. Mort en 1681.

Dom Touſſaint-Chrétien du *Pleſſis*, bénédictin, après avoir été oratorien, mort à Saint-Denis en 1764, eſt auteur d'une *Hiſtoire de la ville & des ſeigneurs de Coucy*, d'une *Deſcription de la ville d'Orléans*, d'une de la *Haute-Normandie*, d'une *Hiſtoire de Jacques II*, &c.; il ſe fit beaucoup d'ennemis pour avoir dit dans ſon hiſtoire de l'égliſe de Meaux, un de ſes plus importans ouvrages, que l'art de fabriquer des titres étoit un vice preſque univerſel vers le onzième ſiècle.

PLEUREUSES. (*Hiſt. des Grecs modernes.*) Les Grecs modernes, ſuivant l'ancienne coutume, ont, à la ſuite des enterremens, des femmes à gage, dont la principale fonction eſt de heurler, de *pleurer* & de ſe frapper la poitrine, tandis que quelques autres chantent des élégies à la louange du mort ou de la morte; ces ſortes de chanſons ſervant pour les deux ſexes & pour toutes ſortes de morts, de quelque âge & qualité qu'ils ſoient.

Pendant cette eſpèce de charivari, d'autres perſonnes apoſtrophoient de temps en temps le défunt ou la défunte, en lui diſant : « te voilà » bien-heureuſe, tu peux préſentement te marier » avec un tel »; & ce tel étoit un ancien ami que la chronique ſcandaleuſe a mis ſur le compte de la morte. Au bout de ces propos, ou autres ſemblables, les *Pleureuſes* recommencent leurs cris & leurs larmes.

Enfin, dès qu'une perſonne eſt morte, les parens, les amis, les *Pleureuſes*, font leurs complaintes autour du corps que l'on porte à l'égliſe, le plus ſouvent ſans attendre qu'il ſoit froid; cependant on l'inhume, après avoir récité quelques oraiſons accompagnées de gémiſſemens feints ou véritables. (*D. J.*)

PLINE. (*Hiſt. Rom.*) Deux grands écrivains, oncle & neveu, ont illuſtré ce nom.

1°. *Caius Plinius ſecundus*, dit l'ancien ou le naturaliſte, auteur de ce grand & magnifique ouvrage de l'hiſtoire naturelle, ſurpaſſé en exactitude, égalé en éloquence, ou plutôt ſurpaſſé dans tous les points par un grand & magnifique ouvrage de nos jours ſur le même ſujet, comme ſi la nature imprimoit ſa grandeur & ſon énergie à tous les ouvrages qui la prennent pour objet. *Opus diffuſum, eruditum, nec minùs varium quàm ipſa natura*, dit *Pline* le jeune, en parlant de l'ouvrage de ſon oncle.

Pline l'ancien étoit de Vérone; il vivoit ſous l'empire de Veſpaſien & de Titus qui l'employèrent en diverſes affaires; il dédia ſon hiſtoire naturelle à Titus, preſque aſſocié alors à l'empire. « Votre élévation, lui dit-il, n'a cauſé en vous » d'autre changement que d'égaler chez vous le » pouvoir à la volonté de faire le bien. *Nec* » *quidquam in te mutavit fortunæ amplitudo, niſi* » *ut prodeſſe tantumdem poſſes & velles* ». Ce langage, que la flatterie eſt toujours ſi diſpoſée à tenir à tous les princes, qu'on eſt heureux, quand le prince à qui on l'adreſſe eſt Titus!

Quels hommes étoient ces Romains! Cet ouvrage pour lequel la plus longue vie paroît trop courte, & qui, outre les obſervations particulières de Pline, avoit exigé la lecture de près de deux mille volumes; cet ouvrage auquel il en avoit joint un grand nombre d'autres, avoit été compoſé à ſes heures perdues, c'eſt-à-dire aux heures que les autres hommes donnent au ſommeil, *ſucciſivis temporibus iſta curamus, id eſt nocturnis*, dit *Pline* lui-même. Ses jours étoient employés aux affaires publiques, car il fut toujours chargé d'emplois importans; il avoit porté les armes avec diſtinction; il étoit du collège des augures, il fut chargé de l'adminiſtration de l'Eſpagne. *Pline* le jeune nous apprend que ſon oncle menoit la vie la plus ſimple, qu'il étoit ſur-tout très-ménager du temps.

Le ſage eſt ménager du temps & des parolés,

dit la Fontaine. *Pline* ne perdoit jamais un moment; pendant ſes repas, il ſe faiſoit lire; dans ſes voyages, il avoit toujours à ſes côtés ſon livre, ſes tablettes, ſon copiſte; il ne liſoit rien dont il ne fît des extraits; il dormoit peu pour prolonger ſa vie, diſoit-il, car le ſommeil nous en dérobe une partie, on ne vit qu'en veillant; *pluribus horis vivimus, profectò enim vita vigilia eſt.*

Pline mourut à 56 ans, en véritable naturaliſte, en obſervant de trop près un des plus terribles phénomènes de la nature; le Véſuve fut pour lui ce qu'avoit été l'Etna pour Empédocle. Il étoit à Miſène où il commandoit la flotte dans le temps de la fameuſe éruption du Véſuve arrivée ſous Titus. Il s'en approcha le plus qu'il put, faisant ses observations & les dictant à ses secrétaires, jusqu'à ce qu'il fût étouffé par la cendre & la fumée. *Pline* le jeune ne voit dans cette mort que l'intrépidité, que la grandeur d'ame de son oncle. M. Rollin y trouve de la témérité, il observe que *Pline*, pour une curiosité qui lui étoit personnelle, exposoit non-seulement sa vie, mais celle de ceux qui l'accompagnoient ; ce jugement est sévère, mais il peut être juste.

2°. *Pline* le jeune nâquit à Côme en Italie ; il étoit neveu par sa mère de *Pline* le naturaliste qui l'adopta. Il eut pour tuteur Virginius Rufus dont Tacite a prononcé l'oraison funèbre, pour maîtres Quintilien & le stoïcien Rusticus Arulenus que Domitien fit périr en haine de sa vertu ; pour amis ces mêmes maîtres & Tacite, Suétone, Martial, Silius Italicus, tous les gens de lettres, tous les hommes de bien de son tems. Il servit pendant quelques années en Syrie à la tête d'une légion ; il acquit au barreau une grande réputation & d'éloquence & de courage. A la mort de Domitien, il voulut faire punir les délateurs & venger la mort du vertueux Helvidius Priscus sur le sénateur Publicius Certus, homme puissant, désigné consul pour l'année suivante ; il l'accusa, un consulaire des amis de *Pline*, effrayé pour lui des dangers où il s'exposoit, l'avertit tout bas qu'il avoit manqué de prudence : vous vous rendrez, lui dit-il, redoutable aux empereurs à venir : *tant mieux*, répondit *Pline*, *si c'est aux mauvais empereurs*. L'affaire de Publicius Certus ne fut point jugée ; mais ce délateur ne fut pas consul. *Pline* l'ancien avoit été le panégyriste de Titus, *Pline* le jeune le fut de Trajan, heureux l'un & l'autre dans le choix des princes qu'ils ont célébrés. On connoît les lettres de *Pline* le jeune, elles fournissent d'excellens mémoires sur sa vie : il désiroit ardemment que cette vie fût écrite par son ami Tacite, & il n'y avoit qu'un homme vertueux qui pût ne pas craindre & même desirer un tel historien. On connoît sur-tout la lettre de *Pline* à Trajan au sujet des chrétiens & la réponse de Trajan. Pourquoi faut-il que Trajan ait persécuté & que *Pline* ait été ministre de la persécution ? Les talens de *Pline* l'élevèrent successivement aux plus grands emplois ; il fut préteur, même sous Domitien, il fut consul sous Trajan, il avoit été préfet du trésor public, il gouverna comme proconsul le Pont & la Bithynie.

La vertu qui parut le distinguer sur-tout parmi tant d'autres vertus, fut la liberalité ; il donna beaucoup à sa nourrice, à ses maîtres, à ceux de ses amis, que leur mauvaise fortune autorisoit à recevoir. Calvinus devoit à *Pline* des sommes considérables ; Calvina sa fille alloit renoncer à sa succession ; *ne répudiez point*, lui écrivit *Pline*. *l'hérédité paternelle, ne faites pas cet affront à la mémoire d'un père*, & il lui envoya une quittance générale.

Des marchands ayant acheté ses vendanges & n'y ayant pas gagné, il leur fit des remises ; je

ne trouve pas moins glorieux, dit-il à ce sujet, de rendre justice dans la maison, que dans les tribunaux, dans les petites affaires, que dans les grandes, dans ses affaires, que dans celles d'autrui. *Mihi egregium imprimis videtur, ut foris ita domi ; ut in magnis ita in parvis, ut in alienis ita in suis, exgitare justitiam*. Il donna trois cents mille sesterces à Romanus, pour qu'il eût le revenu nécessaire pour entrer dans l'ordre équestre.

Corellius Rufus avoit été son ami & avoit été digne de l'être ; Corellia sa sœur avoit acheté de *Pline* des terres pour le prix de sept cents mille sesterces ; elle apprit que ces terres en valoient neuf cents mille, elle fit à *Pline* les plus fortes instances de recevoir le surplus, & ne put jamais l'obtenir.

Lorsque Domitien chassa de Rome les philosophes, *Pline* paya les dettes du philosophe Artémidore son ami, au hasard d'attirer sur lui la foudre qui venoit de frapper tous ceux de ses amis qui avoient osé montrer des vertus sous Domitien.

Il fonda des maîtres & une bibliothèque dans la ville de Côme sa patrie.

Il n'étoit cependant point riche ; mais ce qui me manque de revenu, dit-il, je le retrouve dans la frugalité. Voilà la source de mes richesses & de mes liberalités, qui sont mes vraies richesses. *quod cessat ex reditu, frugalitate suppletur ; ex quâ, velut è fonte, liberalitas nostra decurrit*. On ne sait ni le tems ni les particularités de la mort de cet homme doux, aimable, vertueux, bienfaisant, plein d'esprit. Il fut marié deux fois, & fut aussi bon mari que bon citoyen, il ne laissa point d'enfans.

PLO

PLOMBEUR, s. m. (*Chancellerie rom.*) on appelloit autrefois *plombeurs*, ceux qui mettoient les plombs ou les bulles de plomb aux diplômes des papes, c'est-à-dire, qui mettoient les sceaux ; ces sceaux étoient de quatre sortes, d'or, d'argent, de cire, & de plomb. Les papes ne mettoient le sceau à la bulle de plomb, qu'aux actes & aux diplômes de conséquence. D'abord ils avoient, dit-on, deux religieux de Citeaux, qui étoient chargés d'imprimer l'effigie sur ces plombs, & qu'on appelloit à cause de cela les *frères du plomb* ; ensuite on en chargea des ecclésiastiques séculiers qui furent appellés *plombeurs*. (*D. J.*)

PLONGER, (*Hist. mod.*) l'action de *plonger* quelqu'un dans l'eau en punition de quelque faute.

Selle à plonger, dans les anciennes coutumes d'Angleterre. (*A. R.*)

PLOT (ROBERT) *Hist. litt. mod.*) professeur de chymie dans l'université d'Oxford, auteur d'une

Histoire naturelle du comté d'Oxford & d'une du *comté d'Hartford.* Mort en 1696.

PLOTIN (*Hist. anc.*) Philosophe platonicien, né au commencement du troisième siècle à Licopolis en Egypte, fut disciple d'Ammonius qui tenoit son école à Alexandrie, & maître de Porphyre (voir les articles *Ammonius* & *Porphyre*). Il avoit d'abord essayé de plusieurs maîtres qui ne l'avoient pas satisfait, aussi-tôt qu'il eut entendu Ammonius, *c'est celui-là même que je cherchois*, dit-il : il voulut aller s'instruire chez les philosophes persans & indiens. Il suivit l'empereur Gordien qui alloit faire la guerre aux Perses ; mais Gordien ayant été assassiné par Philippe, sur les frontières mêmes de la Perse, *Plotin* courut risque de la vie ; il vint à Rome l'an 245, sous le règne de Philippe ; il y ouvrit une école de philosophie. On prétend qu'il fit goûter à l'empereur Gallien & à l'impératrice Salonine le projet de bâtir ou de rebâtir une ville en Campanie, qu'ils lui auroient cédée pour y réaliser l'idée de la république de Platon. Cette ville eût été habitée par une colonie de philosophes. On peut regretter qu'un pareil projet soit resté sans exécution. Il ne pourroit en résulter aucun mal, & il seroit curieux de voir quel bien on en pourroit retirer. Si cette petite société donnoit l'exemple de plus de bonheur & de vertu que les autres, pourquoi négligeroit-on de la prendre pour modèle ? il paroît au reste que *Plotin* faisoit quelque abus de la métaphysique, & que d'assez grandes singularités déshonoroient sa philosophie. Avant même d'être philosophe, il avoit été un enfant fort singulier. A l'âge de huit ans & au delà, fréquentant depuis long-tems les écoles, il alloit encore trouver sa nourrice & lui demander à téter, on eut beaucoup de peine à lui en faire perdre l'usage. Devenu un philosophe, il s'occupa tellement des esprits, que les corps ne furent plus pour lui qu'un objet de mépris ; il étoit honteux de ce que son ame étoit logée dans un corps. Il ne voulut jamais dire ni le jour ni le lieu de sa naissance, parce que c'étoit désigner le moment & l'endroit précis où son ame immortelle avoit été emprisonnée dans un corps de chair ; il ne voulut jamais se laisser peindre parce que c'étoit multiplier & transmettre l'image d'un corps. Il refusa toujours de faire usage des remèdes dont il avoit le plus de besoin, parce que c'étoit prendre pour le corps des soins qu'il ne méritoit pas ; tourmenté de douleurs de colique, il ne consentit jamais à se procurer le soulagement d'un lavement, & cela en partie par mépris pour le corps, en partie par respect pour la dignité de philosophe à laquelle il auroit cru déroger. *Plotin* mourut l'an 270 de Jesus-Christ, Porphyre son disciple a écrit sa vie, a recueilli & arrangé ses ouvrages, dont la plupart avoient été composés pour l'instruction même de Porphyre. Ce Porphyre a été un des plus grands adversaires du christia-

nisme ; on a cru que *Plotin* y avoit été plus favorable que contraire. Les ouvrages de *Plotin* forment cinquante-quatre traités, divisés en six *Ennéades*, imprimées à Bâle en 1580, *in-folio* en grec avec la version latine, par Marsile Ficin. Il paroît que *Plotin* a voulu, comme Socrate, avoir un esprit familier, du moins il en est accusé ; on lui dressa des autels comme à un Dieu.

PLOTINE (*Hist. rom.*) *Plotina Pompeia*, femme de Trajan & digne d'un tel mari par ses vertus ; elle contribua beaucoup par ses conseils, au bonheur du peuple & au soulagement des provinces. Sa douceur, sa modestie égaloient sa bienfaisance ; elle porta même le soin de rendre Rome heureuse au delà du tems de son empire, ce fut dans cette vûe qu'elle fit adopter Adrien. Elle accompagnoit Trajan, lorsque cet empereur mourut à Sélinonte l'an 117 de Jesus-Christ ; elle rapporta ses cendres à Rome. On ignore le tems de sa mort : la douleur qu'en ressentit Adrien est restée célèbre. Sa reconnoissance pour cette princesse à laquelle il devoit l'empire, prouva d'avance qu'elle ne s'étoit pas trompée dans son choix ; il la mit au rang des déesses, il composa des hymnes à sa louange, & révéra toujours tendrement sa mémoire.

PLOTIUS, (LUCIUS) *Hist. Rom.*) le premier qui ouvrit dans Rome une école de rhétorique en latin. Il avoit composé un traité *du geste de l'orateur*, aujourd'hui perdu. Ce rhéteur, dont Cicéron parle avec éloge, vivoit environ cent ans avant J. C.

PLU

PLUCHE, (ANTOINE) *Hist. litt. mod.*) il est connu principalement par son *spectacle de la nature* & par son *histoire du ciel*. Son *spectacle de la nature* fut tout à été regardé long-temps comme un excellent livre d'éducation sur la physique & l'histoire naturelle ; on affecte aujourd'hui de le décrier beaucoup : il est vrai que les interlocuteurs qui paroissent dans cet ouvrage, n'ont tous qu'un même ton, le ton de collège, & que madame la comtesse n'est qu'une caillette bourgeoise ; il est vrai que le temps a amené des notions nouvelles, mais M. *Pluche* avoit fort bien recueilli & fort nettement exposé celles qu'on avoit de son temps, & il les avoit puisées dans les mémoires de l'académie des sciences & dans les meilleures sources. M. Rollin aimoit & estimoit M. *Pluche*, & avoit contribué à sa réputation, le jansénisme n'y avoit pas nui non plus. On a de M. *Pluche* quelques autres ouvrages moins célèbres, tels que sa *méchanique des langues*, ouvrage qu'il avoit d'abord composé en latin sous ce titre : *de linguarum artificio*, & qu'il a lui-même traduit en français : une *concorde de la géographie des différens âges*. Il a écrit auffi fur la bible. Né à Reims en 1688, mort en 1761 à la Varenne-Saint-Maur, où il s'étoit retiré en 1749, étant devenu fourd.

PLUIE PRODIGIEUSE. (*Hiftoire*) Nous nommons avec les anciens, *pluies* prodigieufes, *prodigia*, toutes celles qui font extraordinaires, & qu'ils attribuoient à des caufes furnaturelles, parce qu'ils n'en appercevoient point les caufes phyfiques. Leurs hiftoriens parlent de plufieurs fortes de *pluies prodigieufes*, comme de *pluie* de pierres, de cendres, de terre, de fer, de briques, de chair, de fang & autres femblables.

La plus ancienne *pluie de pierres* dont il foit fait mention dans l'hiftoire romaine, eft celle qui arriva fous le règne de Tullus Hoftilius, après la ruine d'Albe. *Nuntiatum regi, patribusque eft*, dit Tite-Live, livre I, chap. xxxj, *in monte Albano lapidibus pluiffe ; quod cùm credi vix poffet, miffis ad id videndum prodigium in confpectu, haud aliter quam cùm grandinem venti glomeratam in terras agunt, crebri cecidere cœlo lapides*. Et quelques lignes plus bas il ajoute : *manfit folemne ut quandocumque idem prodigium nuntiaretur, feriæ per novem dies agerentur*. Les circonftances rapportées par Tite-Live femblent affurer la vérité de ce fait d'une manière inconteftable ; & il s'eft répété tant de fois aux environs du même mont Albanus, qu'il n'eft guère poffible de le révoquer en doute : il n'eft pas même bien difficile d'en déterminer la caufe phyfique, puifque l'on peut fuppofer avec beaucoup de vraifemblance, qu'il y a eu dans les premiers temps un volcan fur le mont Albanus, & cette conjecture eft affez fortement appuyée pour la faire tourner en certitude. On fait que c'eft un effet ordinaire aux volcans de jetter des pierres & de la cendre dans l'air, qui retombant enfuite fur la terre, peuvent être pris par le peuple groffier, pour une *pluie prodigieufe*. Quoique le mont Alban ne jettât ordinairement ni flammes ni fumée, le foyer de ce volcan fubfiftoit toujours, & la fermentation des matières fulphureufes & métalliques qui y étoient contenues, avoit affez de force pour jetter en l'air des pierres, de la terre & divers autres corps qui retomboient du ciel dans les campagnes voifines.

Le Véfuve & les autres volcans qui en font proches, caufoient un effet tout femblable dans l'Italie inférieure ; mais comme leur embrafement étoit continuel, & ces évacuations affez fréquentes, les peuples qui s'étoient accoutumés à ce fpectacle, n'étoient plus effrayés que des évaporations qui vomiffoient ces matières en plus grande quantité, ou qui les pouffoient à une plus grande diftance.

C'eft à cette dernière caufe, c'eft-à-dire aux embrafemens & aux évacuations du Véfuve, que l'on doit rapporter ces *pluies* de terre dont il eft fouvent fait mention dans Tite-Live, & dans la

Hiftoire. Tom. IV.

compilation de Julius Obfequens. *Caio Martio III & Tito Manlio Torq. coff.*, dit il, *lapidibus pluit, & nox vifa eft interdiu in urbe Româ*. Cette *pluie* de pierres étoit donc accompagnée d'un nuage de cendres affez épais pour cacher la lumière aux habitans de la ville de Rome.

Dans les embrafemens confidérables du Véfuve & du mont Etna, les cendres & les pierres calcinées font portées à une diftance très-confidérable. Dion Caffius rapporte que lors du fameux embrafement du Véfuve, arrivé fous l'empereur Vefpafien, le vent porta les cendres & la fumée que vomiffoit cette montagne, non-feulement jufqu'à Rome, mais même jufqu'en Egypte.

La chronique du comte Marcellin obferve à l'année 472, c'eft-à-dire, fous le confulat de Marcien & de Feftus, que cette même montagne s'étant embrafée, les cendres qui en fortirent fe répandirent par toute l'Europe, & causèrent un fi grand effroi à Conftantinople, que l'on célébroit tous les ans la mémoire de cet événement, par une fête établie le viij des ides de novembre.

Dans l'embrafement du mont Etna, arrivé en 1537, & décrit dans la Sicile de Fazelli, & dans le dialogue latin du cardinal Bembo, la cendre fut portée à plus de 200 lieues de la Sicile.

L'hiftoire romaine n'eft pas la feule qui nous fourniffe des exemples de pierres tombées du ciel ; on en trouve de femblables dans l'hiftoire grecque, & même dans les écrits des philofophes les plus exacts. Perfonne n'ignore que la feconde année de la lxxviij olympiade, il tomba du ciel en plein jour, une pierre auprès du fleuve Egos dans la Thrace. Pline affure que l'on montroit encore de fon temps cette pierre, & qu'elle étoit *magnitudine vehis, colore adufto*. Cet événement devint fi fameux dans la Grèce, que l'auteur de la chronique athénienne, publiée par Selden avec les marbres du comte d'Arondel, en a fait mention fur l'article 58, à l'année 1113 de l'ère attique ou de Cécrops.

Cette pierre qui tomba dans la Thrace, étoit apparemment pouffée par le volcan qui en fit tomber trois autres dans le même pays plufieurs fiècles après, c'eft-à-dire, l'an de J. C. 452, l'année même de la ruine d'Aquilée par Attila. *Hoc tempore*, dit la chronique du comte Marcellin, *tres magni lapides è cœlo in Thraciâ cecidere*.

On pourroit peut-être attribuer à la même caufe la chûte de cette pierre qui tomba du ciel au mois de janvier 1706, auprès de Lariffe en Macédoine ; elle pefoit environ 72 livres, dit Paul Lucas qui étoit alors à Lariffe. Elle fentoit le foufre, & avoit affez l'air de machefer : on l'avoit vue venir du côté du nord avec un grand fifflement, & elle fembloit être au milieu d'un petit nuage qui fe fendit avec un très-grand bruit lorfqu'elle tomba.

Le fameux Gaffendi dont l'exactitude eft auffi reconnue que le-favoir, rapporte que le 27 novembre 1627, le ciel étant très-serein, il vit tomber vers les 10 heures du matin, sur le mont Vaisien, entre les villes de Guillaumes & de Peine en Provence, une pierre enflammée qui paroissoit avoir 4 pieds de diamètre ; elle étoit entourée d'un cercle lumineux de diverses couleurs, à-peu-près comme l'arc-en-ciel : sa chûte accompagnée d'un bruit semblable à celui de plusieurs canons que l'on tireroit à la fois. Cette pierre pesoit 59 livres ; elle étoit de couleur obscure & métallique, d'une extrême dureté. La pesanteur étoit à celle du marbre ordinaire, comme 14 à 11. Si l'on examine ces différens exemples, on conviendra qu'il n'y a rien que de naturel dans ces *pluies de pierres* rapportées dans les anciens.

La *pluie* de fer qui tomba dans la Lucanie, l'année qui précéda la mort & la défaite de Crassus, fut regardée comme un prodige dans cette province ; & peut-être aux environs du Vésuve n'y eût-on fait aucune attention, ces peuples étant accoutumés dans ces cantons à voir souvent tomber des marcassites calcinées, semblables à ce que l'on nomme *machefer* ; car le fer qui tomba en Lucanie étoit de cette espèce : *spongiarum ferè similis*, dit Pline.

Quelquefois un ouragan a poussé des corps pesans du haut d'une montagne dans la plaine. Telle étoit cette *pluie de tuiles* ou de briques cuites, qui tomba l'année de la mort de T. Annius Milo, *lateribus coctis pluisse*.

A l'égard de cette *pluie* de chair dont Pline parle au même endroit, & qu'il dit être tombée plusieurs fois, il n'est pas facile de déterminer la nature des corps que l'on prit pour de la chair, n'ayant aucune relation circonstanciée : on peut cependant assurer que ces corps n'étoient pas de la chair, puisque ce qui resta exposé à l'air ne se corrompit pas, comme Pline l'observe au même lieu.

Quant aux *pluies* de sang, on est aujourd'hui bien convaincu qu'il n'y a jamais eu de *pluie* de sang, & que ce phémomène ne vient d'ordinaire que d'une grande quantité de certaines espèces de papillons qui ont répandu des gouttes d'un suc rouge sur les endroits où ils ont passé, ou que ce sont seulement de petits pucerons aquatiques qui se multiplient pendant l'été dans les canaux & fossés bourbeux, en si grande quantité qu'ils rendent la surface de l'eau toute rouge. On a bien raison de penser qu'il n'en a pas fallu davantage pour donner lieu au vulgaire ignorant de croire qu'il a plu du sang ; & pour en tirer toutes sortes de présages sinistres. Mais ces généralités quoique très-vraies, ne suffisent pas aux naturalistes ; ils ont examiné tous ces faits attentivement, & ont communiqué au public le détail de leurs découvertes, dont voici le résultat.

Il est très-ordinaire aux mouches, & à toutes sortes de papillons, tant diurnes que nocturnes, qu'après s'être dégagés de leurs enveloppes de nymphes & de chrysalides, & que leurs ailes se sont déployées & affermies, au moment qu'ils se disposent à voler pour la première fois, ils jettent par la partie postérieure quantité d'humeurs surabondantes, dont la secrétion s'est faite lorsqu'ils étoient encore en nymphes & en chrysalides. Ces humeurs ne ressemblent en rien aux excrémens de ces insectes ; elles sont de différentes couleurs, & il y en a très-souvent de rouges parmi les papillons diurnes : telles sont, par exemple, celles de la petite chenille épineuse qui vit en société sur l'ortie.

Les chenilles de ces papillons & d'autres, quand elles doivent subir leurs changemens, s'écartent de la plante qu'elles habitent, & se suspendent volontiers aux murailles lorsqu'il y en a dans le voisinage. C'est ce qui a fait qu'on a trouvé contre les murailles ces taches rouges qu'on a prises autrefois pour des gouttes *de pluie* de sang.

M. de Peiresc est, si je ne me trompe, le premier qui s'est donné la peine d'examiner ce phénomène ; & au mois de juillet de l'an 1608, on assura qu'il étoit tombé une *pluie de sang*. Ce récit le frappa & l'engagea à ne rien négliger pour l'éclaircissement d'une chose aussi singulière. Il se fit montrer ces grosses gouttes de sang à la muraille du cimetière de la grande église d'Aix, & à celle des maisons de bourgeois & des paysans de tout le district, à un mille à la ronde. Il les considéra attentivement ; & après un mûr examen, il conclut que toutes les folies qu'on débitoit de cette *pluie de sang*, n'étoient qu'une fable. Cependant il n'en avoit point encore découvert la cause ; un hasard la lui fit trouver. Il avoit renfermé dans une boîte une belle & grande chrysalide. Un jour il entendit qu'elle rendoit un son ; il ouvrit la boîte, & il en sortit incontinent un beau papillon qui s'envola, laissant au fond de la boîte une assez grosse goutte rouge.

Il avoit paru dans le commencement du mois de juillet une grande quantité de ces papillons. D'où M. de Peiresc concluoit que ces taches rouges qui paroissoient sur les murailles, n'étoient autre chose que les excrémens de ces insectes. Il fut confirmé dans sa conjecture en examinant les trous dans lesquels ces sortes d'insectes se cachent ordinairement. D'ailleurs il remarqua que les murailles des maisons du milieu de la ville où les papillons ne volent point, n'avoient aucune de ces taches : on n'en voyoit que sur celles qui touchoient à la campagne, jusqu'où ces insectes pouvoient s'être avancés. Enfin, il n'en remarqua point sur le sommet des maisons, mais seulement depuis les étages du milieu en bas ; ce qui est la hauteur à laquelle ces papillons s'élèvent ordinairement. D'autres curieux ont fait depuis les mêmes observations, entr'autres Beckman dans une dissertation *de prodig. sang.*

Pour ce qui est des pucerons aquatiques qui multiplient dans l'été en si grande quantité, qu'ils rougiſſent la ſurface de l'eau, nous renvoyons le lecteur aux ouvrages de Swammerdam qui eſt entré dans tous les détails de ce phénomène, & qui a obſervé ces gouttes rouges dans la plûpart des inſectes, quand ils ſe changent en nymphes. (D. J.)

PLUMIER, (CHARLES) *Hiſt. litt. mod.*) minime, ſavant en mathématiques, en phyſique, en botanique, en hiſtoire naturelle; Louis XIV l'envoya trois fois en Amérique pour y chercher des plantes médicinales, & M. Fagon l'avoit engagé à y faire un quatrième voyage pour découvrir, s'il étoit poſſible, pourquoi le quinquina, tel qu'on l'apportoit dès-lors en Europe, & tel qu'on l'y apporte encore aujourd'hui, avoit moins de vertu que celui qu'on y apportoit dans les commencemens; *Plumier* partit quoiqu'âgé de ſoixante ans, mais il mourut en route, & encore en Europe, au port de Sainte-Marie, près de Cadix, en 1706. Il étoit né à Marſeille en 1646. On a de lui une *deſcription des plantes de l'Amérique;* un traité *des fougères de l'Amérique; l'art de tourner; deux diſſertations ſur la cochenille,* dans le journal des ſavans 1694, & dans le journal de Trévoux 1703, &c.

PLUTARQUE (*Hiſt. litt. anc.*) Naquit à Chéronée, ville de Béotie, ſous l'empire de Claude, l'an de Jéſus-Chriſt 48. Il eſt un de ceux qui démentent la mauvaiſe réputation de ce pays:

Bœotum in craſſo jurares aere natum.

On ignore le nom de ſon père. *Plutarque* en fait l'éloge, il fait auſſi celui de Lamprias ſon ayeul, homme éloquent & d'une imagination brillante, mais qui ſur-tout à table avec ſes amis devenoit ſupérieur à lui-même; il diſoit que la chaleur du vin faiſoit ſur ſon eſprit le même effet que le feu ſur l'encens, dont il fait évaporer ce qu'il a de plus fin & de plus exquis.

Plutarque étoit fort jeune encore, lorſque ſon mérite le fit députer avec un autre citoyen, vers le proconſul de la Province pour une affaire importante: ſon collègue reſta en chemin, & *Plutarque* remplit ſeul la commiſſion; c'étoit une belle occaſion de s'attribuer tout l'honneur du ſuccès; mais avant qu'il rendît compte de ſon voyage au public, ſon père le prit en particulier: « gardez- » vous bien, lui dit-il, de dire, *je ſuis allé, j'ai* » *parlé, j'ai fait;* dites toujours: *nous;* aſſociez à tout » votre collègue, apprenez à prévenir l'envie». *Plutarque* vint à Rome vers la fin de l'empire de Veſpaſien, & après y être reſté le tems néceſſaire pour s'inſtruire à fond de la partie de l'Hiſtoire Romaine qu'il vouloit écrire, il retourna dans ſa patrie ſous le règne de Domitien à quarante-quatre ou quarante-cinq ans, & s'y fixa; on s'étonnoit qu'un homme, que ſes talens ſembloient deſtiner à

remplir un grand théâtre, ſe bornât au ſéjour d'une ſi petite ville; *c'eſt ma patrie,* dit-il, *& c'eſt pour l'empêcher de devenir plus petite encore, que je m'y ſuis fixé.* Il fut archonte, c'eſt-à-dire, premier magiſtrat de Cheronée, & vécut très-heureux dans ſa patrie & dans ſa famille. Timoxène ſa femme, étoit un modèle de ſageſſe, de modeſtie & de vertu. Il en eut quatre garçons & une fille; il perdit deux de ſes fils, & ſa fille mourut à l'âge de deux ans. Nous avons la lettre de conſolation qu'il écrivit à ſa femme ſur la mort de cette petite fille; il en fait l'éloge en véritable père; avec toute la tendreſſe & les illuſions de la paternité; il loue en elle un caractère plein de bonté & d'ingénuité, ſans aucun levain de colère ni d'aigreur, une douceur admirable, une amabilité rare; « elle vouloit, dit-il, que ſa nour- » rice donnât la mammelle non-ſeulement aux » enfans qu'elle aimoit, mais encore aux jouets » dont elle s'amuſoit. Elle appelloit ainſi, par un » ſentiment d'humanité, à ſa table particulière, » toutes les choſes qui lui donnoient du plaiſir, » & vouloit leur faire part de ce qu'elle avoit de » meilleur. »

Ici on ſe rappelle le mot d'Agéſilas à un de ſes amis, qui le ſurprit allant à cheval ſur un bâton avec ſes enfans: *attendez pour me condamner, que vous ſoyez devenu père,* & ce ſouvenir répand un grand intérêt ſur ce que l'obſervation de *Plutarque* paroit d'abord offrir de puéril.

Plutarque avoit tenu école de philoſophie à Rome, & il raconte lui-même dans ſon traité de la curioſité, qu'un jour qu'il parloit en public, Arulenus Ruſticus que Domitien fit mourir depuis par l'envie qu'il portoit à ſa gloire, étant au nombre de ſes auditeurs, un officier de l'empereur Veſpaſien, apporta une lettre de ce prince à cet Arulenus; qu'alors lui *Plutarque* s'arrêta pour donner le temps à Arulenus de lire ſa lettre; mais que celui-ci n'en voulut rien faire, & n'ouvrit ſa lettre qu'après que le diſcours fut fait & l'aſſemblée congédiée. On ignore en quel tems mourut *Plutarque;* il eut un neveu nommé Sextus, philoſophe d'une grande réputation, qui enſeigna les lettres grecques à l'empereur Marc-Aurèle & qui lui donna encore de plus utiles leçons. Sextus, dit Marc Aurèle lui-même dans ſes réflexions, m'a enſeigné « par ſon exemple à être doux, à gou- » verner ma maiſon en bon père de famille, à » avoir une gravité ſimple ſans affectation, à » tâcher de deviner & de prévenir les ſouhaits » & les beſoins de mes amis, à ſouffrir » les ignorans & les préſomptueux qui parlent » ſans penſer à ce qu'ils diſent, & à me mettre » à la portée de tout le monde ».

Les œuvres de *Plutarque* ſe diviſent en deux claſſes, les vies des hommes illuſtres, & les traités de morale.

Nous n'avons pas toutes les vies d'hommes illuſtres, compoſées par *Plutarque;* il nous en

manque au moins seize, entre autres celle d'Epaminondas, Béotien comme lui, & comme lui,
dans un autre genre, la gloire de sa patrie ; celle
des deux Scipions, surnommés Africains ; il nous
manque aussi les parallèles de Thémistocle &
de Camille, de Pyrrhus & de Marius, de Phocion & de Caton, de César & d'Alexandre.

Un homme de goût disoit que si de tous les
livres de l'antiquité il n'en pouvoit sauver qu'un
à son choix, il choisiroit les vies de *Plutarque*.
Racine & M. Rollin vantent beaucoup le vieux
gaulois de la traduction d'Amyot ; il a en effet
ses graces & son énergie particulière ; je crois
cependant qu'on a besoin de lire *Plutarque* dans
une langue plus formée, plus grave, plus remplie
de dignité, que ne l'étoit le français du temps
d'Amyot. Le caractère dominant & presque unique
du vieux français étoit la naïveté ; c'étoit la langue
propre du genre naïf, & la Fontaine, le plus
naïf de nos écrivains modernes, l'emploie avec
goût & avec succès lorsqu'il veut être, pour ainsi
dire, plus naïf encore. Cette même langue convenoit fort aux mémoires historiques, où l'auteur
raconte ce qu'il a vu & ce qu'il a senti, & où
la naïveté est un charme qui attache le lecteur.
Ce seroit en conséquence une fort sotte entreprise que celle de mettre en langage moderne
les mémoires de Philippe de Comines, de Vieille-
ville, de Fleuranges, &c. & c'en fut une assez
sotte que d'y mettre la vieille & naïve histoire du chevalier Bayard. On auroit pu se
dispenser aussi d'y mettre les mémoires des du
Bellay, & plusieurs personnes n'ont pas approuvé dans le temps, qu'on y ait mis même les
mémoires de Sully, malgré le mérite de l'exécution qui enfin a fait prévaloir les nouveaux mémoires ; car, quoi qu'on en dise encore, on ne
lit plus que ceux-ci ; mais enfin plus un livre
est essentiellement naïf, plus il gagne à être écrit
en vieux français, langue qui double ce mérite
de naïveté. *Plutarque* ne manque certainement
pas de naïveté, mais c'est de cette naïveté qui
présente vivement les objets & qui les met sous
les yeux, qui peint les hommes au naturel, qui
montre moins le héros que l'homme, non de
celle qui porte au rire & qui tient je ne sais quoi
du badinage ; or, tel est le caractère de la naïveté
d'Amyot & de son langage. Si *Plutarque* est naïf,
ce n'est pas aux dépens de la gravité, de la dignité, qui conviennent à un historien, & voilà
les caractères que la langue d'Amyot ne peut pas
rendre. Nous n'avons besoin que de l'exemple
d'Amyot lui-même, pour distinguer parfaitement
ce qui convient à cette langue & ce qui n'y
convient pas. La traduction ou roman de *Daphnis
& Chloé*, ouvrage essentiellement naïf, a un charme
inexprimable ; Amyot est aussi original que l'original même, & fait autant d'effet ; quand il traduit *Plutarque*, sa langue perd de son prix, elle
est trop mesquine, trop badine, pour peindre des

héros, même dans ce qu'ils ont de plus simple
& de plus familier ; elle remplace toujours la
dignité par la naïveté, elle a souvent l'air d'une
parodie ; on sent bien qu'il faut une autre langue
pour peindre Caton, Brutus, Cicéron, Alcibiade,
ces fiers Romains, ces Grecs éloquens, ces hommes
supérieurs aux autres hommes.

Amyot n'a point traduit les traités de morale ;
M. l'abbé Ricard les traduit dans ce moment avec
succès. On trouve un rapport sensible entre ces
discours moraux de *Plutarque* & les différentes
moralités répandues dans les poésies d'Horace,
soit que ce rapport ait été recherché ou qu'il soit
l'effet du hasard ; il semble qu'Horace ait indiqué
à *Plutarque* la plupart de ses sujets.

*Si la vertu est le fruit de l'enseignement ; c'est
aussi une des questions philosophiques qu'Horace
se propose :*

Virtutem doctrina paret naturane donet.

De la vertu morale. Des moyens de réprimer la colère.

Ira, furor brevis est . . . .
 Qui non moderabitur iræ
Infectum volet esse dolor quod suaserit.

*De la tranquillité de l'ame ; c'est encore une des
questions qu'Horace se propose :*

Quid pure tranquillet ?

De l'amour fraternel.

Vivet extento Proculeius ævo
Notus in fratres animi paterni.

De l'amour des pères & des mères pour leurs enfans.

At pater ut nati, sic nos debemus amici
Si quod sit vitium non fastidire . Strabonem
Appellat pœtum pater, &c.

*Quelles maladies sont plus dangereuses, de celles de
l'ame ou de celles du corps ?*

Dic me
Vivere nec recte, nec suaviter . . . . :
. . . . Quia mente minus validus quam corpore toto
Nil audire velim, nil discere quod levet ægrum,
Fidis offendar medicis, irascar amicis,
Cur me funesto properent arcere veterno.

De la démangeaison de parler. De la curiosité.

Percontatorem fugito, nam garrulus idem est,
Nec retinent patulæ commissa fideliter aures,
Et semel emissum volat irrevocabile verbum.
Arcanum neque tu scrutaberis illius unquam
Commissumque teges & vino tortus & irâ.

Mais ce rapport est sur-tout sensible dans le traité de l'amour des richesses ; on y retrouve, pour ainsi dire, Horace à chaque pas ; il est vrai que l'avarice est de tous les vices & de tous les ridicules celui qu'Horace laisse le moins en paix.

On trouve dans le recueil de l'académie des inscriptions & belles-lettres, des remarques critiques de M. l'abbé Sallier, de M. Secousse, de M. de la Curne de Sainte-Palaye, de M. de Mandajors, de M. Burette & de quelques autres sur *Plutarque*.

PLUVINEL, (ANTOINE) *Hist. de Fr.*) gentilhomme Dauphinois, le premier qui ait ouvert en France des académies ou écoles de manège, & avant lequel on étoit obligé d'aller apprendre cet art en Italie ; il suivit de France en Pologne & de Pologne en France, le duc d'Anjou qui fut le roi Henri III. Il eut la direction de la grande écurie de Henri IV. Et comme ses talens n'étoient pas bornés à ceux d'un écuyer, le même Henri IV le fit sous-gouverneur du dauphin, depuis Louis XIII, & l'envoya en ambassade en Hollande. On a de lui *l'art de monter à cheval*, ouvrage dans lequel le graveur Crispin de Pas a, dit on, rendu très-ressemblantes les figures des seigneurs de la cour qui montoient à cheval dans le manège de *Pluvinel*. Celui-ci mourut à Paris en 1620.

P O C

POCOK, (EDOUARD) *Hist. litt. mod.*) savant Anglois né à Oxford en 1604, très-habile dans les langues orientales, voyagea beaucoup dans le levant & rapporta plusieurs manuscrits orientaux : professeur en hébreu & chanoine de l'église de Christ à Oxford, il perdit ces emplois pour son attachement à la cause de Charles I. Il y fut rétabli à la restauration de Charles II. On a de lui *specimen Historiæ Arabum*, un recueil de lettres ; la traduction des *annales, d'Eutichius, Patriarche d'Alexandrie*, & de *l'histoire orientale d'Abulpharage* ; il a beaucoup travaillé aussi sur l'écriture sainte. Mort à Oxford en 1691.

P O D

PODESTAT, s. m. (*Hist. mod.*) magistrat, officier de justice & de police dans une ville libre.

Ce mot est italien, *podesta*, & se dit spécialement des magistrats de Gênes & de Venise, dont la fonction est d'administrer la justice.

Cette charge répond à celle de préteur à Rome : il y a appel de leurs sentences aux auditeurs nouveaux, ou à la garantie civile nouvelle. (*A. R.*)

P O E

POELE, (*Droits honorifiques*) dais qu'on présente aux rois, aux princes, & aux gouverneurs des provinces, lorsqu'ils font leur entrée dans une ville, ou dans d'autres cérémonies. (*D. J.*)

POETUS, (voyez ARRIE.)

P O G

POGGIO BRACCIOLINI (JEAN-FRANÇOIS) *Hist. litt. mod.*) On l'appelle communément *le Pogge*, écrivain satyrique dans ses histoires, & obscène dans ses contes, qui a dans ces deux genres une assez grande réputation. Erasme disoit que sans ses obscénités il ne mériteroit pas d'être lu, & que par ses obscénités il méritoit de n'être pas lu. Il avoit cependant le titre d'écrivain apostolique, il étoit secrétaire des papes & le fut depuis Boniface IX, jusqu'à Calixte III. Il l'étoit en même tems de la république de Florence. Envoyé à Constance pendant la tenue du concile, mais pour des objets étrangers au concile & purement littéraires, il y vit brûler Jérôme de Prague, & révolté d'une telle cruauté, il écrivit pour la défense de cet infortuné ; il passa les derniers tems de sa vie dans la retraite, il s'en étoit ménagé une fort agréable auprès de Florence, il y mourut en 1459 ; il étoit né en 1380, à Terranova dans le territoire de Florence. On fera de son *Histoire de Florence*, (depuis l'an 1350 jusqu'à l'an 1455) de ses contes, de sa traduction latine des cinq premiers livres de Diodore de Sicile, &c. tel cas que l'on voudra ; mais la littérature lui a des obligations qu'elle ne peut jamais oublier ; c'est lui qui a découvert & qui nous a fait connoître quantité de livres anciens ; nous lui devons Lucrèce, Manilus, Silius Italicus, Quintilien, Ammien Marcellin, un morceau de Cicéron, *de finibus* & *de legibus*, une partie de l'*Asconius Pedianus*, les douze premiers livres de Valerius Flaccus, &c. l'abbé Oliva semble avoir fait pour le Pogge ce que celui-ci avoit fait pour ces anciens auteurs ; il a fait imprimer pour la première fois à Paris en 1723, le traité du Pogge *de varietate fortunæ*.

Le Pogge laissa deux fils, tous deux hommes de lettres. L'aîné, (Jacques *Poggio*), auteur d'une traduction italienne de *l'Histoire de Florence* de son père, des vies de quelques empereurs romains, de la vie de *Philippe Scholarius*, d'un commentaire sur le *triomphe de la renommée*, poëme de Pétrarque, fut pendu en 1478, pour être entré dans la conjuration des Pazzi.

On a du cadet (Jean-François *Poggio*), chanoine de Florence & secrétaire de Léon X, mort en 1522, un traité du pouvoir du pape & de celui du concile, où il accorde beaucoup à la puissance pontificale.

P O I

POIGNARD, s. m. (*Hist. mod.*) dague ou petite arme pointue que l'on porte à la main, à la ceinture, ou qu'on cache dans la poche.

Ce mot vient de *poignée*. Le *poignard* étoit autrefois fort en ufage, mais aujourd'hui il n'y a que des affaffins qui s'en fervent.

Les duéliftes fe battoient ci-devant à l'épée & au *poignard*; les Efpagnols s'y battent encore. Le maniement de l'épée & du *poignard* fait encore une partie de l'exercice que l'on apprend des maîtres en fait d'armes.

Les Turcs, & fur-tout les Janiffaires, portent à la ceinture un *poignard*. (*A. R.*)

POINTIS (LOUIS DE) *Hift. de Fr.*) chef d'efcadre célèbre par l'expédition de Carthagène où il eut un plein fuccès en 1697, & dont il a donné lui-même la relation. L'amiral Leack lui fit lever en 1704, le fiège de Gibraltar. Mort en 1707.

POIS, (LE) *Hift. litt.*) Antoine, Nicolas & Charles, les deux premiers frères, le troifième, fils du fecond, neveu du premier, tous trois médecins; les deux derniers qu'on appelloit *Pifones*, & dont on pouvoit dire:

Pâter & juvenis patre dignus.

partagèrent entre eux les divers objets de la médecine, & compofèrent différens traités qui formoient comme un corps de médecine complet, dont l'illuftre Boerhave ne dédaigna pas d'être l'éditeur. Antoine le *Pois* étoit principalement Antiquaire, & on a de lui un *Difcours fur les médailles & gravures antiques*, ouvrage recherché. Antoine le *Pois* étoit médecin du duc de Lorraine, Charles III, & fon frère, du duc Henri II. Antoine mourut à Nancy fa patrie en 1578, fon frère & fon neveu lui furvécurent.

POISSON d'avril, (*Hift. mod.*) On rapporte trois origines différentes de ce jeu populaire, ufité tant à Paris que dans la province, le premier jour de ce mois. Les uns l'attribuent aux fréquentes pêches que l'on fait d'ordinaire en avril. Ils prétendent que comme affez fouvent il arrive, qu'en croyant pêcher du *poiffon*, on ne prend rien du tout, c'eft de-là qu'eft née la coutume d'attraper les gens fimples & crédules, ou ceux qui ne font pas fur leurs gardes.

D'autres croient qu'on difoit autrefois *paffion d'avril*, & que le mot de *poiffon* a été fubftitué par corruption. Ils conjecturent que c'étoit une mauvaife allufion à la paffion de J. C., & que, comme le fauveur fut indignement promené, non cependant par dérifion de tribunal en tribunal, de-là provient le ridicule ufage de fe renvoyer, d'un endroit à l'autre, ceux dont on veut s'amufer. On donne enfin au *poiffon d'avril* une origine plus récente. Un auteur prétend qu'un prince Lorrain que Louis XIII, pour quelque mécontentement, faifoit garder à vue dans le château de Nancy, trouva le moyen de tromper fes gardes,

& fe fauva le premier jour d'avril, en traverfant la Meufe à la nage; ce qui fit dire aux Lorrains *que c'étoit un poiffon qu'on avoit donné à garder aux François.*

POISSON, (*Hift. litt. mod.*) C'eft le nom d'une famille vouée au théatre, & qui a fervi doublement la comédie par fes talens: 1°. en compofant dans ce genre des pièces plaifantes; 2°. en jouant très-plaifamment & ces mêmes pièces & celles des autres.

Le premier eft Raimond *Poiffon*; fils d'un mathématicien célèbre. Louis XIV l'ayant vu jouer la comédie en province, le fit venir à Paris & le choifit pour un de fes comédiens ordinaires; il a laiffé la réputation d'un grand acteur, quoique ce ne fût pas l'avis de Boileau (voyez à l'article Boileau-Defpreaux, le propos que ce grand fatyrique tint à Louis XIV, en préfence de madame de Maintenon au fujet de *Poiffon* qui venoit de mourir en 1690). C'eft de ce premier *Poiffon*, qu'eft la comédie fi connue du *baron de la Craffe*. Il y en a encore de lui beaucoup d'autres, moins connues, entre autres, la *Hollande malade*, monument de l'ancienne ivreffe nationale, & une de ces bravades que les nations, auffi bien que les particuliers, fe permettent contre leurs ennemis dans les momens de profpérité, & dont elles ont été fi fouvent punies: on fait avec quel éclat la Hollande fe releva de fa maladie dans la guerre de la fucceffion, & combien elle devint à fon tour infolente envers la France aux conférences du Moërdick, de Voërden, de Boëdgrave, de la Haye & de Gertruydenberg.

On dit que le rôle de Crifpin eft de l'invention de Raimond *Poiffon*, qu'il avoit imaginé de le jouer avec des bottines, ufage qui a été adopté & confacré par fes fucceffeurs. Mais il y auroit bien des queftions à faire fur cet article. Qu'eft-ce qu'un Crifpin? qu'eft-ce qui diftingue effentiellement cette efpèce de valet de tout autre valet? Eft-ce un domeftique efpagnol? la forme de l'habillement, plus que le nom, pourroit le faire penfer? Eft-ce une repréfentation fidèle des valets, tels qu'ils étoient dans un temps où les loix ne leur avoient point interdit l'ufage de l'épée & des armes, & dans un temps où la néceffité de marcher beaucoup pour le fervice de leurs maîtres dans une ville auffi mal-propre & auffi boueufe que Paris, avoit fait imaginer très-raifonnablement pour eux l'ufage des bottines, ufage qui s'eft même confervé pour quelques domeftiques, tels que les cochers?

Le fils aîné de Raimond *Poiffon* prit le parti des armes, fervit comme volontaire, fe diftingua fous les yeux du roi au fiège de Cambray, en 1677, & y fut tué. Paul *Poiffon*, frère de celui-ci & fecond fils de Raimond, fut porte-manteau de Monfieur, frère de Louis XIV, mais entraîné par les mêmes inclinations & les mêmes talens que son père, il monta sur le théâtre, il en descendit, il y remonta plusieurs fois, & se retira enfin à St. Germain-en-Laye, où il mourut en 1735.

Philippe *Poisson*, fils aîné de Paul *Poisson*, joua aussi pendant cinq ou six ans la comédie avec beaucoup de succès, & il a, comme son grand-père Raimond, un théâtre en deux volumes in-12. *L'impromptu de campagne* & *le procureur-arbitre*, qu'on joue si souvent à la comédie françoise, sont de lui, ainsi que le *Réveil d'Epiménide*, pièce qui est encore assez connue. Philippe *Poisson* mourut à Paris en 1743, le 6 août.

Philippe *Poisson* eut un frère cadet, François-Arnould *Poisson* de Roinville, qui fut aussi comédien françois ; il débuta le jeudi 21 mai 1722, par le rôle de Sosie dans *Amphitryon*, fut reçu le lundi 5 mars 1725. Il étoit encore au théâtre en 1756. Il jouoit, comme son père & son ayeul, les rôles de Crispin.

Les *Poisson* descendoient d'une du Croisy, comédienne de la troupe de Molière & du théâtre de Guénégaud, & femme de Paul *Poisson*.

POISSON étoit le nom du fameux financier *Bourvalais*. (Voyez BOURVALAIS.)

C'étoit aussi le nom d'un fameux Cordelier, *définiteur-général de tout l'ordre de St. François, puis provincial & premier-père de la grande province de France*, puisqu'enfin tous ces grands titres sont à l'usage des Cordeliers, & puisque les royaumes ne sont pour eux que des provinces. Le P. *Poisson* a eu de la réputation comme prédicateur ; il prêcha l'avent à la cour en 1710 ; on a de lui un panégyrique de St. François d'Assise ; l'oraison funèbre du Dauphin, mort en 1711, & celle du maréchal de Boufflers, mort la même année. Il montroit une grande connoissance de l'écriture sainte, & passoit pour en avoir une très-grande du droit canon. Quoi qu'il en soit, il faisoit quelquefois de ses plus respectables connoissances un emploi ridicule & burlesque. Il y a de lui une fameuse lettre pastorale qu'il adresse comme provincial aux convents de sa province de l'un & de l'autre sexe. On croit entendre un souverain adresser ses ordres à ses coopérateurs dans l'administration ; il parle des petites cabales obscures de quelques moines dans l'élection d'un provincial, comme de ces grands intérêts qui ébranlent le monde & qui renversent les trônes. « Vous vous » en souvenez, dit-il, dans le chapitre de Beau- » vais, le jour n'étoit point assez pur, *il s'élevoit* » *du côté de la mer, du cœur de quelques vocaux* » *superbes & orageux, de petits nuages qui ne pa-* » *roissoient*, je l'avoue, *que de la grandeur du pied* » *d'un homme*. (3ᵉ liv. des rois, chap. 18, vers. 44) » Mais vous savez comme moi *qu'on est dans les* » *périls entre les faux frères*. Le ciel pouvoit être » tout d'un coup couvert de ténèbres : les nuées » même parurent quelque tems amoncelées ; *le vent* » *se faisoit sentir & annonçoit une grande pluie.....*

» Il est vrai que l'union regna en souveraine dans » notre chapitre de Laon : là le concert de toutes » les voix fut merveilleux, & la seule qui, par » une aigre dissonance, n'entra point dans l'ac- » cord ravissant de 52 suffrages, n'empêcha point » & ne pouvoit empêcher qu'une élection si ca- » nonique & si pleine ne me plaçât à votre tête ».

Le pseaume *super flumina Babylonis*, vient au secours du père *Poisson* pour exprimer le bonheur qu'il a eu d'entrer dans l'ordre de St. François. » Chère province, s'écrie-t-il, qui m'avez donné » la naissance dans l'ordre Séraphique, princesse » & reine des provinces, *si je vous oublie, que ma* » *main droite me soit cachée & inconnue pour toujours,* » *que ma langue s'attache à mon palais, si je ne* » *me souviens pas de vous dans tous mes vœux ; si* » *vos intérêts & ceux de ce couvent respectable qui* » *a cultivé ma jeunesse dans son sein, au milieu de* » *cette ville royale, ne sont pas les grands objets de* » *mon cœur !...* une occupation incompatible avec » le gouvernement de notre province, me pos- » sédoit alors tout entier : permettez que j'en » abandonne le souvenir, il nourriroit trop déli- » cieusement chez moi la vanité humaine ».

Cette occupation est qu'il prêchoit alors avec un succès, dont, comme Massillon le disoit de lui-même en pareil cas, il paroit que le diable lui avoit parlé avec assez d'éloquence.

Au chapitre de Mantes tout étoit changé. « J'y » voyois, selon les expressions d'Isaie, de nou- » veaux cieux & une terre nouvelle. Nouveau » ciel sans le moindre nuage : tous les astres qui » y étoient attachés, concourrurent à former le » plus beau jour. Pouvois-je méconnoître la voix » de Dieu dans celle de 55 électeurs, qui com- » posoient tout le nombre des organes de l'esprit » saint ? Terre nouvelle..... le cri de votre » amitié, répété pour la troisième fois, entra » jusqu'au fond de mon ame, & l'emporta sur » mon penchant pour la retraite. C'est ainsi que » j'ai présenté mes épaules sous le fardeau dont » je suis chargé, & que vous m'avez arraché du » commerce de ces illustres morts qui vivent dans » nos bibliothèques, où je rentrerai jusqu'au tom- » beau, après les années de mon ministère.

Le P. *Poisson* dit formellement que dans son élection le Saint-Esprit est descendu sur les pères cordeliers, *sous la figure de langues de feu*.

Il expose quelle a été sa conduite à l'égard des religieuses de son ordre & soumises à son auto-rité. « Quelquefois, dit-il, j'ai payé à leur vertu » le tribut de louanges qu'elle mérite. Je les ai » encouragées à la vue de l'époux *qui les réveille*, » *qui les ressuscite sans cesse sous le pommier* (Can- » tiq. des cantiq. chap. 8, vers. 5.) D'autres fois » pour leur inspirer une vigilance & une crainte » salutaires, je leur ai montré autant de vierges » folles que de vierges sages, autant de lampes » vides que de lampes pleines, dans la parabole » de l'évangile. Je leur ai dit, à la vue même

» de l'arbre de vie ; il y a encore des serpens
» dans le paradis de la terre ; c'est là qu'Eve votre
» mere s'est corrompue ; c'est là que celle qui vous
» a donné la vie, a perdu son innocence. Et si j'ai
» permis à quelques-unes d'aller se laver dans
» la piscine de Siloë, ou de se faire transporter
» dans les galeries de la piscine de Bethsaïde, autour de laquelle les malades attendent le mou-
» vement des eaux salutaires, je leur ai crié de
» toutes mes forces : n'allez pas revenir noires,
» vous qui êtes belles comme les tentes de Cédar :
» craignez le grand jour, tremblez que le soleil
» ne vous rende brunes, & ne vous ôte toute votre
» couleur.

Il menace de sa visite les mauvais religieux
qui n'ont point l'esprit de leur état, & on dit qu'il
n'avoit pas trop l'esprit du sien.

» Je visiterai dans mon indignation ces hommes
» sans ferveur, ces hommes de chair & de sang,
» dégoûtés de leur profession, qui paroissent n'ê-
» tre tous entiers qu'une vile boue... Vous sied-
» il bien de vouloir porter les mouvemens de
» vos passions vers celui que le ciel a mis sur
» vos têtes, afin que vous attendiez ses comman-
» demens ? Est-ce vous que Dieu a établis sur
» les besoins de la province ? Ce troupeau appar-
» tient-il à Mélibée ?

Cujum pecus? an Melibœi?

Ce passage de Virgile, fait ici une étrange
figure parmi tant d'applications assez étranges aussi
de l'écriture sainte.

» Gardez-vous, poursuit l'orateur, d'abuser de
» ma douceur ; n'armez point un homme pacifique :
» j'ajouterois alors aux paroles d'Isaïe celles de
» l'évangile, je ne suis point venu apporter la paix,
» mais l'épée, & la punition suivroit de près
» votre irrégularité, vos écarts, vos désobéis-
» sances..... Si je ne veux pas me faire crain-
» dre par une dureté odieuse, je serai attentif à
» ne pas me faire aimer par un relâchement mé-
» prisable ; &, à l'exemple de Jonathas, je ti-
» rerai du moins vers vous les flèches d'un aver-
» tissement amer, quand je pourrai me dispenser
» de tirer des flèches qui vous blessent.

On voit qu'à travers le ridicule des applications,
& la folie des disconvenances, cet homme ne
manquoit ni d'éloquence ni de mouvement, &
qu'en général sa diction est belle.

Le P. Poisson éprouva des disgraces dans son
ordre, & mourut exilé à Tanley en 1744. Il
étoit né à Saint-Lô, en Normandie. Son nom
de baptême étoit Pierre.

POITIERS ou POICTIERS, (*Hist. de Fr.*) c'est
le nom d'une ancienne & illustre maison françoise, dont la tradition est qu'elle est la même
que l'ancienne maison d'Aquitaine & qu'elle descend de Guillaume IX, duc d'Aquitaine, qui

mourut le 9 avril 1137, dans un pélérinage à
Saint-Jacques en Galice ; c'est sur ce fondement
que la maison de *Poitiers* porte pour timbre de
ses armoiries un saint Guillaume, en habit d'hermite, un chapelet à la main. Il paroît cependant
certain que ce dernier duc d'Aquitaine n'eut pour
héritière que la célèbre Eléonore d'Aquitaine sa
fille, femme de Louis le jeune, roi de France,
puis de Henri II, roi d'Angleterre. (Voyez l'article *Aquitaine*.) Quoi qu'il en soit de cette origine,
celle de la maison de *Poitiers* est de la plus haute
antiquité ; elle a possédé en souveraineté les comtés de Diois & de Valentinois, dont Louis II,
dernier des mâles de la branche aînée de la maison de *Poitiers*, fit donation en 1404 à Charles VI,
roi de France.

Un autre Louis, cousin-germain de Louis II,
fut la tige des comtes de Saint-Vallier, branche
qui s'éteignit vers le milieu du seizième siècle
dans la personne de Jean de *Poitiers*, seigneur de
Saint-Vallier, chevalier de l'ordre du roi, capitaine de cent hommes d'armes, père de la célèbre Diane de *Poitiers*. Il fut impliqué dans l'affaire du connétable de Bourbon ; il avoit eu le
plus de part à la confiance de ce prince ; il étoit
son parent & son ami, d'ailleurs il étoit mécontent du gouvernement. Il raconte dans son in-
terrogatoire, qu'étant allé voir le connétable à
Montbrison, ce prince, en s'enfermant avec lui
dans son cabinet, lui donna quelques bagues ;
puis réclamant tous les droits de l'amitié, comme
prêt à verser un grand secret dans son sein, il
lui présenta un reliquaire où il y avoit du bois
de la vraie croix ; « mon cousin, lui dit-il, mon
» cœur ne peut avoir de secrets pour toi ; jure
» moi sur cette croix de ne jamais révéler ce
» que tu vas apprendre ». Son cœur se décharge
alors, il éclate en plaintes contre le roi, en reproches contre sa mère ; » monsieur, lui dit Saint-
Vallier, que ne parlez-vous au roi ? » Le roi,
répliqua le connétable, n'entend plus rien lors-
» qu'il s'agit de sa mère, mais mon destin m'offre
» d'autres ressources, & tous les princes ne sont
» pas aussi aveugles que lui ». Il confie alors à
Saint-Vallier les intelligences qu'il entretenoit avec
l'empereur, & les propositions que lui faisoit ce
prince. « Mais, monsieur, lui dit Saint-Vallier,
» comptez-vous sur toutes ces magnifiques pro-
» messes ? Beaurein, chambellan de l'empereur,
» doit venir ce soir chez moi, répliqua le connétable, tu l'entendras, tu jugeras toi-même du prix
» que l'empereur attache à mon alliance, tu ver-
» ras que ton ami n'est pas encore le rebut du
» monde entier. Le comte de Saint-Vallier fut présent en effet à
l'entrevue du connétable avec le comte de Beau-
rein, & resta ensuite seul avec le connétable, il lui fit un discours pathétique pour le
ramener au devoir & à la vertu ; il le conjura au
nom de l'amitié, au nom de la patrie, au nom
d'un

d'un frère mort à ses côtés en combattant pour cette même patrie à la bataille de Marignan; au nom de sa gloire enfin, de ne point flétrir ses lauriers, de ne point chercher une coupable re-nommée dans la révolte & l'infidélité. « Ah! s'écria douloureusement Bourbon, que veux-tu donc que je devienne? ils m'ont tout pris; je n'ai plus rien, je ne suis plus rien; ils veu-lent que j'expire dans l'opprobre & dans la misère ». Alors il répandit un torrent de larmes dans le sein de son ami; Saint-Vallier pleuroit aussi entre ses bras, & l'attendrissement animant son éloquence, il parut ébranler Bourbon, il se flatta de l'avoir entraîné. « Mon cousin, lui dit Bour-bon, avec un transport qui paroissoit sincère, n'en parlons plus, je renonce à mon projet; jure-moi de nouveau de n'en jamais parler à personne, & reçois le serment que je te fais de n'y plus songer.

Le lendemain, Saint-Vallier prenant congé du connétable, lui dit : « Monsieur, je vous quitte, content de vous & de moi, rassuré sur votre sort & sur celui de la France. Oui, cousin, lui répondit le connétable, tiens ta parole, & compte sur la mienne ».

Environ un mois après, le connétable lui en-voya réitérer les mêmes assurances & les mêmes exhortations. Saint-Vallier le crut véritablement changé, & ne fut désabusé que par sa fuite. Telle fut du moins la déposition de Saint-Vallier; il ne consentit à la faire qu'après s'être assuré que tout le secret de la conspiration étoit découvert; jusque-là il avoit toujours nié d'en avoir la moindre connoissance; il persista dans sa dépo-sition jusqu'à l'échafaut; mais il n'est nullement sûr qu'elle ait été sincère dans tous les points; par exemple, Hector d'Angerai, seigneur de Saint-Bonnet, attaché au service du connétable, avoit été chargé d'aller négocier en Espagne le mariage de ce prince avec la reine de Portugal, sœur de l'empereur; il étoit parti pour l'Espagne avec le comte de Beaurein. Dans la route, Beaurein avoit appris à Saint-Bonnet qu'il s'agissoit d'une conspiration contre la France; à cette nouvelle, Saint-Bonnet avoit quitté Beaurein, étoit revenu sur ses pas, & s'étoit retiré du service du conné-table; ce fut le motif des lettres de rémission qui furent accordées à Saint-Bonnet. Saint-Vallier, pendant tout le cours du procès & jusqu'à sa confrontation avec Saint-Bonnet, avoit toujours déclaré n'avoir aucune connoissance de la négo-ciation pour le mariage, ni de la commission donnée à cet égard à Saint-Bonnet; il alla même jusqu'à remettre entre les mains des juges un cartel de défi à tous ceux qui oseroient lui sou-tenir qu'il eût en connoissance de ces faits & de tous les autres projets imputés au connétable. Or Saint-Bonnet ayant été confronté à Saint-Vallier, lui soutint qu'il (Saint-Vallier) étoit présent, lorsque le connétable avoit ordonné à lui Saint-

Bonnet, de partir pour l'Espagne avec le comte de Beaurein. On voit souvent dans les interro-gatoires de Saint-Vallier, que, pressé par les questions de ses juges & par les difficultés qu'ils lui proposoient, il prenoit le parti de ne plus répondre, & de dire qu'il révéleroit tout au roi & à la duchesse d'Angoulême; d'après cela, quelle foi doit-on ajouter à sa dernière déposition, dans laquelle il peut si bien n'avoir avoué que ce qu'il ne pouvoit plus nier, & avoir tourné tout le reste à son avantage? Pourquoi, d'ailleurs, les juges qui se montrèrent plus indulgens que Fran-çois Ier ne l'auroit voulu envers tous les autres complices, auroient-ils été plus rigoureux pour le seul Saint-Vallier, si les charges du procès ne les y eussent forcés?

A toutes les instances qu'on lui fit pour lui arracher d'autres aveux, il répondit qu'il permet-toit à son confesseur de révéler sa confession, si l'on croyoit qu'elle contînt quelque chose de plus que sa déposition & que ses réponses aux interroga-toires; il soutint toujours & avant & après l'ar-rêt, qu'il n'avoit mérité ni la mort ni aucune autre peine; qu'il n'avoit rien à se reprocher, qu'il n'avoit jamais rien fait que de bon & d'honnête; il vanta ses services: j'ai toujours servi le roi à mes dépens, dit-il. Il se plaignit de l'abandon où on le laissoit. Mes amis, dit-il, me manquent bien au besoin. Les interrogations qu'on lui faisoit sur de prétendus attentats contre la personne du roi & des princes ses fils, le mettoient sur-tout en fureur & lui arrachoient les sermens les plus terribles; il s'agitoit, il se tourmentoit; sa santé s'altéra sensiblement. L'arrêt, qui le déclarant criminel de lèze-majesté, le dégradoit de tous honneurs & le condamnoit à perdre la tête, est du 16 janvier 1524. Il portoit qu'avant d'être conduit à la Grève, S. Vallier seroit mis à la question. Sa maladie obligea d'en différer l'exé-cution; le roi parut mécontent de ce délai, & le 15 février suivant, le chancelier vint de sa part au parlement presser l'exécution de l'arrêt. Le 17 on fit venir le médecin du parlement, qui déclara que le malade ne soutiendroit point la question; le chancelier Duprat vouloit qu'on la lui donnât, dût-il y périr; le parlement plus humain fut d'un autre avis; S. Vallier ne fut que présenté à la question & ne la subit pas; on lui en étala l'effrayant appareil pour le faire parler; il protesta qu'il n'avoit rien à dire. Il se soumit à tous ces tourmens avec beaucoup de résignation, mais il parut très-sensible à la cérémonie humi-liante par laquelle on lui arrachoit le cordon de S. Michel; Le roi, s'écria-t-il, n'est pas en droit de me l'ôter sans le consentement de tous les cheva-liers assemblés, & je n'ai pas mérité d'en être dépouillé. Il n'avoit point son collier; le roi, dit-il, sait que je l'ai perdu à son service. On lui en présenta un pour faire la cérémonie de le lui arracher; il re-fusa jusqu'à deux fois de le prendre. Le président

l'avertit qu'il falloit obéir au roi. *J'obéis donc*, dit S. Vallier, il se tut, & se laissa attacher & détacher le collier. Il demanda la permission de faire quelques legs à ses domestiques sous le bon plaisir du roi, elle lui fut accordée. On le conduisit à la Grève, tout malade qu'il étoit toujours : il monta sur l'échafaut, & dans l'instant où il se baissoit pour recevoir le coup de hache, sa grace arriva, mais quelle grace ! Les lettres portent qu'il sera enfermé pour toute sa vie entre quatre murailles, où il ne recevra le jour & la nourriture que par une petite fenêtre. On le laissa quelques jours à la conciergerie, on le transféra ensuite dans une autre prison.

Les auteurs de l'histoire généalogique assurent qu'il s'échappa, qu'il se retira en Allemagne avec la permission du roi ; ils prouvent par diverses pièces qu'il vivoit en 1528, 1531, 1532 ; ils disent qu'il fit son testament dans son château de Pisançon le 26 août 1539. Ils ne marquent point l'année de sa mort. Le traité de Madrid prouve certainement qu'il étoit encore prisonnier au mois de janvier 1526 ; car ce traité porte qu'il sera promptement délivré ; le roi déclare par des lettres du mois de juillet de la même année 1526, que Saint-Vallier est sorti de prison, qu'il est absent du royaume, qu'il peut y revenir quand il voudra & que ses biens lui seront rendus.

La maladie de Saint-Vallier & l'espèce de grace qui lui fut accordée ont donné lieu à beaucoup de fables. On a dit qu'en entendant la lecture de son arrêt, il fut saisi d'une frayeur si violente, que ses cheveux blanchirent en une nuit, & que ses gardes ne le reconnoissoient pas le lendemain ; il avoit alors environ 48 ans.

M. de Thou dit que, lorsqu'on le menoit au supplice, la frayeur lui donna une fièvre, qui depuis est passée en proverbe, sous le nom de *fièvre de Saint-Vallier*.

Il est vrai que la *fièvre de Saint-Vallier* est passée en proverbe, mais les actes du procès & le rapport de Braillon, médecin du parlement, prouvent que c'étoit une fièvre invétérée, qui même avoit fait retarder long-temps son supplice, & qui lui avoit épargné les tourmens de la question.

Pasquier dit que l'horreur de la mort qu'il avoit vue de si près, lui donna une fièvre que la nouvelle de sa grace ne put guérir, & dont il mourut peu de temps après. Ce fait est contredit par tous les actes qu'on vient de citer.

On conçoit aisément que la fièvre de Saint-Vallier n'ait pas été guérie par la nouvelle d'une grace qui ne faisoit que prolonger son malheur. On veut cependant que la célèbre Diane de Poitiers, sa fille, ait acheté cette grace au prix de son honneur & même de sa virginité ; & elle fit, dit-on, le sacrifice à François Ier pour sauver son père ; mais ce n'est vraisemblablement encore qu'une fable, c'en est certainement

quant à la virginité, puisque Diane de Poitiers étoit mariée depuis près de dix ans.

Voici les motifs de cette grace, tels qu'ils sont exprimés dans les lettres de rémission :

« Comme puis naguères, notre cher & féal » cousin, conseiller & chambellan, le comte de » Maulevrier Brézé, grand sénéchal de Norman- » die, & les paiens & amis charnels de Jean de » Poitiers, sieur de Saint-Vallier, nous ayent » en très-grande humilité supplié & requis avoir » pitié & compassion dudit de Poitiers..... Nous » ayant considération auxdits services, & princi- » palement à celui que ledit grand sénéchal nous » a fait en découvrant les machinations & cons- » pirations, &c. »

Le grand sénéchal de Normandie étoit le mari de Diane de Poitiers ; il avoit donné les premiers avis de la conspiration, il étoit assez naturel qu'on lui accordât la grace de son beau-père ; quelques historiens ont mieux aimé imaginer que Diane de Poitiers, qui fut depuis maîtresse de Henri II, avoit commencé par être maîtresse de François I, père de Henri II. Les auteurs protestans ont sur-tout accrédité ce bruit, pour charger du crime d'inceste la duchesse de Valentinois (Diane), qui persécutoit leur secte.

Le Laboureur, qui croit cette imputation calomnieuse, raconte pourtant que, lorsque Henri II se fut attaché à Diane, on jetta dans sa chambre la malédiction prononcée contre Ruben dans la génèse :

« Ruben, mon fils aîné, vous étiez toute ma » force, & vous êtes devenu la principale cause » de ma douleur..... Mais vous vous êtes répandu » comme l'eau. Puissiez-vous ne point croître, » parce que vous avez monté sur le lit de votre » père & que vous avez souillé sa couche ». (Gen. chap. 49, vers. 3 & 4.)

Sous le règne de François I, Diane devint la maîtresse de Henri alors dauphin, & elle divisa la cour. Le dauphin commençoit à s'élever, à devenir en quelque sorte le rival du roi, qui lui opposoit le duc d'Orléans, son second fils ; il avoit à part ses amis, ses favoris & presque son parti ; c'étoit l'ouvrage de Diane, dont le crédit naissant ne tarda pas à faire ombrage à l'autorité toujours croissante de la duchesse d'Etampes, maîtresse de François I. Diane avoit alors plus de quarante ans, & le dauphin étoit plus jeune qu'elle de dix-huit ans ; la duchesse d'Etampes pour le faire rougir de sa passion, exagéroit cette disproportion d'âge, & disoit qu'elle étoit née le jour où Diane de Poitiers s'étoit mariée. Elle se donnoit un double avantage par ce discours, celui de se rajeunir & celui de vieillir son ennemie.

Son bien premièrement, & puis le mal d'autrui.

Dans la vérité, il n'y avoit guères que huit ans de différence entre elles. Il paroît que Diane de Poitiers étoit née en 1500; elle avoit été mariée en 1514. Anne de Piſſeleu, depuis ducheſſe d'Eſtampes, étoit née vers l'an 1508. Diane de Poitiers devint veuve en 1531 de Louis de Brézé, comte de Maulevrier.

Elle fut toute-puiſſante en France ſous le règne de Henri II. Catherine de Médicis, depuis ſi terrible & ſi odieuſe, alors complaiſante & ſoumiſe, reſpectoit, flattoit même les goûts de ſon mari, & pour obtenir l'ombre d'un crédit inutile, rampoit ſous une rivale qu'elle déteſtoit. Diane de Poitiers régnoit ſeule, on appercevoit à peine Catherine.

La ducheſſe d'Etampes ayant perdu à la fois tous ſes appuis, François I & le duc d'Orléans, reſtoit en proie aux rigueurs & aux violences de ſa rivale triomphante; on pouvoit lui faire ſon procès ſur des intelligences qu'elle avoit eues avec l'empereur, pour procurer le Milanès au duc d'Orléans, & ſe ménager à elle-même une retraite ſûre hors du royaume; on eût pu la dépouiller de ſes biens, mais la ducheſſe de Valentinois, d'ailleurs altière, injuſte & abuſant en toutes manières de ſa faveur, ne fut point aſſez aveuglée par une haine que la chûte de ſa rivale affoibliſſoit déjà, pour oſer donner un tel exemple qu'on eût pu ſuivre un jour contre elle; mais cette politique modérée ne lui ſervit de rien, parce que quand la mort ſoudaine de Henri II vint la plonger à ſon tour dans la diſgrace, ce n'étoit point une maîtreſſe qui régnoit, c'étoit une reine, c'étoit Catherine de Médicis. Cette princeſſe haïſſoit également les Montmorencis & les Guiſes qui l'avoient également négligée pour la ducheſſe de Valentinois, avec laquelle ils avoient même les uns & les autres contracté des alliances. Le duc d'Aumale avoit épouſé Louiſe de Brézé, fille de la ducheſſe de Valentinois. Henri de Montmorenci, ſecond fils du connétable, & dans la ſuite connétable lui-même, avoit épouſé Antoinette de la Marck, petite-fille de Diane; les Guiſes ſacrifièrent Diane ſans ménagement, & aidèrent à la dépouiller en faveur de Catherine; on lui ôta ſa maiſon de Chenonceaux, qui fut donnée à la reine-mère. Anne de Montmorenci, plus fidèle à l'amitié, plus délicat ſur l'honneur, plus lié par ſes engagemens que les Guiſes, reſtoit attaché à Diane dans la diſgrace, parce qu'il l'avoit été pendant la faveur de cette femme. Elle ſe retira en 1559 dans ſa belle maiſon d'Anet.

Les chiffres de Diane y ſont encor tracés.

Elle y mourut en 1566. « Je la vis, dit Brantôme, ſix mois avant ſa mort, ſi belle encore que je ne ſache cœur de rocher qui ne s'en fût ému, quoique quelque temps auparavant elle ſe fût rompu une jambe ſur le pavé d'Orléans, allant & ſe tenant à cheval auſſi dextrement & diſpoſtement comme elle avoit jamais fait; mais

» le cheval tomba & gliſſa ſous elle. Il auroit » ſemblé que telle rupture & les maux qu'elle » endura auroient dû changer ſa belle face; point » du tout, ſa beauté, ſa grace & ſa belle appa-
» rence étoient toutes pareilles qu'elles avoient » toujours été. C'eſt dommage que la terre couvre » un ſi beau corps; elle étoit fort débonnaire, » charitable & aumônière. Il faut que le peuple » de France prie Dieu qu'il ne vienne jamais » favorite de roi plus mauvaiſe que celle-là ni » plus malfaiſante ».

Brantôme a donné tant de louanges à Catherine de Médicis; il dit toujours tant de bien des perſonnes mêmes dont il veut dire du mal, qu'on ne peut pas trop ſavoir quelle eſt ici la valeur de ſon témoignage en faveur de Diane. Pluſieurs ont parlé comme lui de la beauté de Diane, conſervée juſque dans la vieilleſſe; fort peu ont parlé de ſa bonté.

Il y eut des médailles frappées en ſon honneur, une entr'autres où elle eſt repréſentée foulant aux pieds l'amour, avec ces mots: *j'ai vaincu le vainqueur de tous; omnium victorem vici;* mais n'étoit-ce pas plutôt en ne foulant point aux pieds l'amour, ou en ne paroiſſant point l'y fouler qu'elle avoit vaincu le vainqueur de tous? ce n'eſt pas qu'on n'ait voulu prétendre qu'elle avoit d'autant plus ſûrement enchaîné ce vainqueur, qu'elle n'en avoit jamais été vaincue & ne lui avoit jamais été ſoumiſe. Il eſt certain du moins qu'elle n'en a eu d'enfans.

Les grands biens de la maiſon de Rye qui paſſèrent en 1657 dans la maiſon de Poitiers, en relevèrent encore l'éclat.

Ferdinand-Joſeph, comte de Poitiers, dernier mâle de cette maiſon, n'a laiſſé qu'une fille, madame la ducheſſe de Randan, femme de Gui Michel de Durfort de Lorges, duc de Randan, mort maréchal de France il y a quelques années.

POL

POL. (le connétable DE ST.) voyez *Luxembourg.*)

Le nom de S. *Pol* a auſſi été porté avec éclat par un prince de la maiſon de Bourbon. François de Bourbon, comte de S. *Pol*, frere du duc de Vendôme Charles, & grand oncle de Henri IV, étoit fils de François, duc de Bourbon, fils de Jean, duc de Bourbon, & d'Iſabelle de Beauvau. François I l'aimoit tendrement, & l'admettoit à tous ſes plaiſirs: le comte de S. *Pol* étoit plus ſoldat que général; il eût brigué avec plus d'empreſſement l'honneur d'un coup de main, d'une commiſſion périlleuſe, que le commandement le plus glorieux. Il aimoit le péril pour le péril même, & le regardoit preſque comme le ſeul moyen d'acquérir de la gloire.

Il ſe diſtingua parmi les plus braves à la bataille de Marignan. Voici le témoignage que lui rend un des guerriers qui s'étoit le plus diſtingué

Tt2

dans cette bataille, (François I lui-même) ainsi qu'au connétable de Bourbon, qu'il aimoit alors parce que sa mère l'aimoit : « Je vous veux en- » core assurer que mon frère le connétable & » M. de *Saint-Pol* ont aussi bien rompu bois, » que gentilshommes de la compagnie, quels qu'ils » soient, & de ce j'en parle comme celui qui l'a » vu, car ils ne s'épargnoient non plus que san- » gliers échauffés ». Ce sont les propres termes de François I, dans la lettre qu'il écrivit à la duchesse d'Angoulême, sa mere, après la bataille de Marignan, & qui contient la relation de cette bataille.

On montre encore actuellement à Romoren- tin, capitale de la Sologne, une vieille maison, qu'on dit être celle qu'y occupoit le comte de S. *Pol*, & d'où partit le tison fatal qui, le jour des Rois 1521, pensa priver François I de la vie. Dans cette expédition entreprise par jeu & par fo- lie, le roi assiégeoit le comte de S. *Pol* dans cette même maison, que le comte défendoit avec des pelottes de neige, des œufs & des pommes cuites.

Cette même année le comte de S. *Pol* étoit de l'expédition plus sérieuse & plus utile où les François surprirent Hesdin en Artois, il secourut Mézières; l'année suivante, joint au comte de Guise (Claude), il prit & brûla Bapaume, battit les Impériaux à l'Ecluse & les Anglois au bourg de Pas.

A la retraite de Romagnano en 1524, le comte de S. *Pol* fut chargé, avec Bayard & Vande- nesse, par l'amiral Bonnivet, alors hors de com- bat, de sauver l'armée. Vandenesse & Bayard ayant été tués, le comte de S. *Pol*, digne d'être associé à la commission glorieuse sous laquelle ils avoient succombé, continua de couvrir la re- traite avec autant de valeur que de prudence, & ménageant le peu de soldats qui lui restoient, il se retira toujours combattant.

A la bataille de Pavie en 1525, le comte de S. *Pol*, baigné dans son sang & privé de senti- ment, avoit été laissé sur le champ de bataille parmi les morts; l'avarice d'un soldat Espagnol lui sauva la vie; ce soldat ayant essayé de lui ôter une riche bague qu'il avoit au doigt & n'ayant pu en venir à bout, voulut lui couper le doigt, la douleur le ranima, il poussa un cri aigu, revint à lui, & se nomma; il avertit le soldat de garder le secret, parce que si les généraux de l'empereur apprenoient qu'il eût un prince de la maison de France en son pouvoir, ils pourroient bien le lui enlever pour profiter eux-mêmes de la ran- çon; il lui promit une récompense proportionnée au service; le soldat conduisit le comte de S. *Pol* à Pavie, où il fut guéri de ses blessures; dès qu'il put monter à cheval, il revint en France avec le soldat, auquel il donna la somme promise.

En 1528 & 1529, le comte de S. *Pol* fut chargé du commandement dans la Lombardie & dans la Ligurie; on commença par lui fournir une ar-

mée plus foible de moitié qu'il ne le falloit & qu'on ne l'avoit promise; les Vénitiens, sur le secours desquels il comptoit, le secondèrent mal, il fit des pertes, il éprouva des échecs, mais jamais son courage ne fut abbattu; vaincu enfin par de Lève à Landriano, entraîné dans la fuite des siens, il se trouve arrêté par un large fossé, il pousse son cheval pour le franchir, le cheval se cabre, résiste, s'élance & tombe enfoncé dans la fange; S. *Pol* est fait prisonnier, son armée est entièrement dissipée. Ce fut le dernier acte d'hos- tilité de cette guerre; la paix de Cambray lui procura bientôt la liberté, mais il n'eut plus de commandement dans les guerres suivantes. Il mourut en 1545.

POLAILLON, (*Hist de Fr.*) Marie Lumague, veuve de François *Polaillon*, résident de France à Raguse, peut être regardée comme la fonda- trice des *nouvelles converties*, établissement né de celui qu'elle avoit formé d'abord sous le nom de *Filles de la providence*. Morte en 1657.

POLÉMON, (*Hist. anc.*) jeune Athénien fort décrié pour ses dérèglemens dont il faisoit gloire, sortant d'une partie de débauche, passe devant l'é- cole de Xénocrate, en trouve la porte ouverte, y entre, plein de vin, parfumé d'essence, por- tant une couronne sur la tête, il prend place parmi les auditeurs, moins pour écouter que pour braver & insulter. L'assemblée frémissoit d'indignation; Xénocrate calme & serein, chan- geant seulement de sujet, se met à exalter les avantages de la tempérance & de la sobriété, à montrer toute la difformité, toute la honte at- tachées aux vices contraires; ce discours fut pour *Polémon* ce qu'est pour Renaud dans le Tasse le miroir magique où il se voit revêtu des honteux ornemens de la mollesse; *Polémon* ouvre les yeux, rougit, sa couronne tombe de sa tête, il renonce au vin pour jamais; le voilà devenu sectateur de la sagesse & disciple de Xénocrate, auquel il devoit sa vertu & le retour de sa raison. Jamais conversion ne fut plus prompte, plus sincère ni plus constante. Il fut dans la suite le successeur de Xénocrate dans son école. C'est à ce grand chan- gement qu'Horace fait allusion dans la satire 3°. du livre 2:

Si puerilius his, ratio esse evincet, amare;
Nec quidquam differre, utrumne in pulvere trimus,
Quale prius ludas opus, an meretricis amore
Sollicitus plores : quæro, faciasne quod olim
Mutatus *Polemo*, ponas insignia morbi
Fasciolas, cubital, focalia. Potus ut ille
Dicitur ex collo furtim carpsisse coronas,
Postquam est impransi correptus voce magistri?

Polémon vivoit environ trois siècles avant Jésus-Christ.

POLÉMON, eſt auſſi le nom de deux rois de Pont, pere & fils, dont l'un dut ce royaume de Pont au triumvir Marc-Antoine, duquel il fut l'ami conſtant; l'autre embraſſa le judaïſme, pour épouſer la reine Bérénice que Titus avoit aimée; mais Bérénice l'ayant quitté, il quitta auſſi le judaïſme, céda aux Romains le royaume de Pont, qui porta long-temps depuis le nom de province *Polémoniaque*, parce qu'elle avoit été poſſédée par les *Polémons*.

On a des harangues d'un orateur *Polémon*, qui vivoit du temps de Trajan, environ un ſiècle après J. C.

POLENI. (le marquis GIOVANI) (*Hiſt. litt. mod.*) profeſſeur d'aſtronomie & de mathématiques à Padoue, où il étoit né en 1683, & où il mourut en 1761, fut reçu en 1739, à l'académie des ſciences de Paris, où il avoit remporté trois prix. Il étoit auſſi de l'académie de Berlin, de celle des Ricovrati de Padoue, de la ſociété royale de Londres, de l'inſtitut de Bologne. Il excelloit dans l'architecture hydraulique, & fut chargé par la république de Veniſe de l'inſpection & du ſoin de ſes eaux. Il fut conſulté auſſi par le pape Benoit XIV, ſur les réparations à faire à la baſilique de Saint Pierre; M. le marquis *Poléni* joignoit à la connoiſſance des mathématiques celle des antiquités. On a de lui des ſupplémens aux recueils de Grœvius & de Gronovius, ces ſupplémens rempliſſent cinq volumes *in-folio*. Les vertus du marquis *Poléni* égaloient ſes connoiſſances. Il fut l'ami de tous les ſavans & de tous les philoſophes illuſtres de ſon ſiècle.

POLI, (MARTIN) *Hiſt. litt. mod.*) aſſocié étranger de l'académie des ſciences, né à Luques le 21 janvier 1662, chymiſte habile, vint en France en 1702, offrit à Louis XIV un ſecret important, relatif à la guerre; le roi ne voûlut point s'en ſervir, & préféra, dit M. de Fontenelle, l'intérêt du genre humain au ſien; il s'aſſura ſeulement que l'invention ſeroit ſupprimée, & mit à ce prix les bienfaits qu'il répandit ſur l'inventeur. On peut avoir regret que la poudre à canon n'ait pas été préſentée à un prince de ce caractère. C'eſt la réflexion de M. de Fontenelle. M. *Poli* retourna en Italie en 1704, publia en 1706, à Rome, un grand ouvrage, intitulé : *il trionfo de gli Accidi*; fut nommé en 1708, premier ingénieur des troupes du pape, fit exploiter avec ſuccès en 1712, des mines de cuivre & de vitriol dans les terres du prince Cibo, duc de Maſſa; revint en France en 1713, & prit ſéance à l'académie; reçut en 1714, de nouvelles graces du roi, d'après leſquelles il prit le parti de s'établir à Paris; il fit venir d'Italie, ſa femme & ſes enfans, qui ayant vendu tous leurs effets avec précipitation & avec perte, n'arrivèrent à Paris que pour voir expirer le 29 juillet

1714, celui ſur lequel ils avoient fondé l'eſpérance d'un meilleur ſort dans ce pays.

POLIDORE, (voyez POLYDORE).

POLIGNAC (*Hiſt. de Fr.*) C'eſt le nom d'une des plus anciennes maiſons de l'Auvergne, & elle tire ce nom de l'ancien château de *Polignac*, ſitué dans le Velai, ſur les confins de l'Auvergne, ſur une vaſte roche autrefois conſacrée à Apollon, & où ce Dieu avoit un temple dont on dit qu'il ſubſiſte encore des reſtes; delà le nom d'*Apollinaris* d'où s'eſt formé, dit-on, par ſucceſſion de temps & par corruption, celui de *Polignac*, qui n'eſt au fond que le même nom avec une terminaiſon moderne & locale.

Sidoine Apollinaire parle du château de *Polignac* comme de ſa maiſon paternelle; ſon biſayeul paternel, de ce même nom d'*Apollinaire*, étoit d'une ancienne famille patricienne, qui avoit donné des ſénateurs à la ville de Rome; il étoit préfet du prétoire des Gaules; ſon fils eut la même dignité & fut le premier de ſa race qui embraſſa le chriſtianiſme. Le fils de celui-ci eut encore le même emploi ſous les empereurs Honorius & Valentinien; il fut le père de Sidoine Apollinaire; celui-ci épouſa la fille de l'empereur Avitus; après la mort de ſa femme, il fut élu évêque de Clermont en Auvergne, l'an 472; il laiſſa de ſon mariage un fils nommé auſſi Apollinaire, qui commanda les armées d'Alaric, rival de Clovis. L'évêque de Clermont fit élire Apollinaire ſon frère, vicomte du Velai, & c'eſt de lui que deſcendent les Apollinaires ou *Polignac*, vicomtes du Velai. Si par haſard il ſe mêle un peu de ſable à ce recit, ſouvenons-nous que les fables mêmes prouvent dans ce genre, elles prouvent au moins un dégré d'antiquité où la fable ſe mêle toujours à l'hiſtoire, parce qu'il eſt antérieur aux titres & aux actes. Ces vicomtes de Velai, ont eu long-temps toutes les prérogatives de la ſouveraineté, celle ſur-tout de faire battre monnoie à leur coin; il y a encore dans le Velai de ces pièces de monnoie qu'on appelle *viſcontines*, c'eſt-à-dire monnoies du vicomte. On appelloit dans les temps les plus reculés, ces vicomtes de Velai, ſeigneurs des montagnes, *reguli monitum*. François I. fut reçu en 1533, au château de *Polignac* avec une magnificence qui lui donna une haute idée de la grandeur & de la puiſſance des ſeigneurs de cette maiſon; ils prenoient aſſez ordinairement pour nom de baptême le nom de Sidoine Apollinaire.

L'homme le plus célèbre que cette maiſon ait produit dans les derniers temps, a été le cardinal Melchior de *Polignac*:

Le cardinal, oracle de la France......

... Ce Neſtor qui du Pinde eſt l'appui,

Qui des ſavans a paſſé l'eſpérance

Qui les foutient , qui les anime tous ;
Qui les éclaire & qui regne fur nous
Par les attraits de fa douce éloquence ;
Ce cardinal qui , fur un nouveau ton ,
En vers latins fait parler la fageffe ,
Réuniffant Virgile avec Platon ,
Vengeur du ciel & vainqueur de Lucrèce.

C'eft ainfi que M. de Voltaire, *dans le temple du goût*, parloit du cardinal de *Polignac*, en ne l'envifageant même que du côté du goût & des talens littéraires. Ce cardinal n'eft pas moins diftingué par fes talens politiques & par les négotiations importantes dont il fut chargé.

Il naquit au Puy en Velay, le 11 octobre 1661, de Louis-Armand vicomte de *Polignac*, & de Jaqueline du Roure, fa troifième femme. Il brilla dans fes études , & annonça dès-lors ce qu'il devoit être un jour ; il achevoit fa théologie en Sorbonne, lorfqu'en 1689, le cardinal de Bouillon le preffa inftamment de venir avec lui à Rome au conclave où Aléxandre VIII, fucceffeur d'Innocent XI, fut élu ; on le fit dès-lors entrer dans les négociations qui regardoient les quatre fameux articles du clergé, de 1682.

Le nouveau pape gouta infiniment le caractère de fon efprit ; il lui dit un jour dans une de leurs conférences : *je ne fais comment vous faites ; vous paroiffez toujours être de mon avis, & c'eft toujours moi qui finis par être du vôtre.* L'accommodement fe fit , & l'abbé de *Polignac* repaffa en France, pour en rendre compte au roi. Louis XIV, après lui avoir accordé une longue audience, dit : *je viens d'entretenir un homme & un jeune homme qui m'a toujours contredit, & qui m'a toujours plu.* Cet art de contredire fans bleffer, néceffaire avec les rois, & qui feroit fi utile avec tous les hommes, eft de tous les talens le plus rare.

En 1691, il rentra, toujours avec le cardinal de Bouillon, au conclave, & alors fut élu Innocent XII. Revenu à Paris, l'abbé de *Polignac* s'enferma loin de la cour, au féminaire des Bons-Enfans, pour fe livrer fans diftraction à l'étude ; mais l'effai qu'on avoit fait de fes talens pour la négociation, le fit bientôt tirer de fa retraite ; on l'envoya ambaffadeur extraordinaire en Pologne. Dans le transport , le bâtiment qui portoit fes équipages, fa vaiffelle, fes meubles, échoua fur les côtes de Pruffe, & tout fut pillé. Il courut lui-même quelques dangers ; cependant il arriva heureufement , bientôt il obtint l'eftime & la confiance du grand Sobieski. A la mort de ce prince, il négocia pour faire élire en fa place le prince de Conti ; la cour veut qu'on réuffiffe ; l'abbé de *Polignac* n'ayant pas réuffi, on crut qu'il n'avoit pas pris d'affez juftes mefures , & on envoya pour le remplacer l'abbé de Chateauneuf ; l'abbé de *Polignac* rentra dans fa retraite & dans l'étude. Le nom de bon-Port que portoit l'abbaye qu'il poffédoit & où il fe retira , fembloit conforme à

fa fituation & à fes befoins. Le roi ne l'y laiffa pas long-temps , il fut rappellé à la cour en 1702 ; il y reparut , dit un de fes hiftoriens ou panégyriftes , avec cet éclat « que la faveur elle-même » ne donne , que lorfqu'elle fuccède à la difgrace , » & qu'elle femble vouloir l'expier. Il eut deux » nouvelles abbayes , la nomination d'Angleterre » au cardinalat , & ayant été envoyé à Rome en « qualité d'auditeur de Rote , il fut affocié au car- » dinal de la Trémoille dans la direction des affai- » res de France à la cour pontificale. »

En 1710 , il fut envoyé avec le maréchal d'Huxelles à l'affligeant congrès de Gertruydemberg pour travailler au difficile ouvrage de la paix ; il ouvrit les conférences avec zèle & les rompit avec nobleffe ; *Meffieurs*, difoit-il aux plénipotentiaires hollandois, en voyant leur infolence dans ce congrès, *vous parlez bien comme des gens qui ne font pas accoutumés à vaincre.* Parler avec cette dignité, c'étoit tout ce qu'il pouvoit faire alors. Il fit bientôt davantage au congrès d'Utrecht. Là , cette Hollande auparavant fi fière & fi inflexible, fe voyant deftituée de l'appui de l'Angleterre, & fentant fa foibleffe, s'humilia enfin autant qu'elle avoit voulu humilier la France, & l'abbé de *Polignac* écrivoit : « Nous prenons la figure » que les Hollandois avoient à Gertruydemberg , » & ils prennent la nôtre. C'eft une revanche » complette. » Les hollandois s'appercevant qu'on avoit des fecrets pour eux , voulurent menacer les miniftres françois, de les faire fortir de leur pays : *non, meffieurs*, répondit l'abbé de *Polignac*, *nous ne fortirons pas d'ici ; nous traiterons chez vous , nous traiterons de vous, & nous traiterons fans vous.* Il eut le bonheur de confommer le précieux ouvrage de la paix ; mais nommé au cardinalat fur la préfentation du roi d'Angleterre Jacques III, il ne crut pas devoir mettre fa fignature à un traité qui détruifoit les efpérances d'un prince fon bienfaiteur.

A la mort de Louis XIV, le cardinal de *Polignac* fut éloigné des affaires ; il étoit dans des intérêts contraires à ceux de M. le régent. Ses liaifons avec le duc & la ducheffe du Maine, le firent exiler en 1718 à fon abbaye d'Anchin, d'où il ne revint qu'en 1721. A la mort du pape Innocent XIII, il alla au conclave où Benoît XIII fut élu ; il fut fait miniftre de France à Rome, & en remplit pendant huit années entières les fonctions à la fatisfaction des deux cours ; les papes Benoît XIII, & Clément XII, fon fucceffeur, lui témoignoient la plus parfaite confiance, & l'employoient dans les principales congrégations ; le roi le nomma , pendant fon abfence , à l'archevêché d'Auch, & le fit commandeur de fes ordres : les honneurs littéraires s'accumulèrent auffi fur fa tête, & il ne les méritoit pas moins que les honneurs politiques. Il remplaça Boffuet dans l'académie françoife, en 1704 ; il fut auffi honoraire des deux académies, des belles-lettres (1717) & des fciences ; (1715) ; il favoit bien le grec, la langue de Cicéron lui étoit auffi familière que la fienne, & cependant il étoit éloquent dans la fienne ; fon difcours de réception à l'académie françoife avoit été admiré, ainfi que des difcours latins qu'il avoit prononcés à Rome. On en avoit fur-tout remarqué un qu'il avoit fait en prenant poffeffion de fa place d'auditeur de Rote, peu de temps après un tremblement de terre, qui avoit fait ouvrir le dôme de faint Pierre & jetté Rome dans la confternation. Il peignit ce terrible événement & le courage que le pape Clément XI avoit montré dans cette occafion, d'une manière, qui laiffa dans tous les efprits l'impreffion la plus vive & la plus profonde.

Mais le plus beau de tous fes titres littéraires eft fon fameux poëme de l'anti-Lucrèce. On le lit à la fois avec fatisfaction & avec plaifir comme un bel ouvrage, & de raifonnement & de poéfie. On en a retenu plufieurs traits, tels que celui-ci, qui demande grace ingénieufement pour l'auftérité du fujet.

Pieridum fi forte lepos auftera canentes
Deficit, eloquio victi, re vincimus ipfâ.

Et celui où il décrit une montre à répétition :

Digitoque interrogat horam.

Le poëte compare l'homme voluptueux, toujours inquiet au fein des plaifirs, avec un malade qui fe retourne dans fon lit, cherchant le repos fans pouvoir le trouver :

Quæfivit ftrato requiem, ingemuitque negatâ.

On ne pouvoit plus heureufement employer en le dénaturant, ce vers de Virgile fur Didon expirante :

Quæfivit cœlo lucem, ingemuitque repertâ.

Voici à quelle occafion ce poëme fut, dit-on, entrepris. L'abbé de Polignac avoit connu Bayle en Hollande ; il avoit eu alors avec lui divers entretiens fur les matières dont Bayle paroiffoit occupé dans fes difputes contre Jaquelot & Jurieu. L'abbé de Polignac defira de favoir à quelle fecte de la religion proteftante Bayle donnoit la préférence, & s'il en étoit quelqu'une à laquelle il fût particulièrement attaché ; Bayle fe contenta d'abord de répondre d'une manière générale, qu'il étoit bon proteftant ; mais preffé autant que la politeffe, & fur-tout la politeffe de l'abbé de Polignac le permettoit, de détailler un peu davantage cette déclaration ; qui, monfieur, dit-il avec quelque impatience, je fuis bon proteftant, & dans toute la force du mot ; car au fond de mon ame je protefte contre tout ce qui fe dit & tout ce qui fe fait.

L'Abbé de Polignac remarqua que dans tout cet entretien, Bayle faifoit un grand ufage de Lucrèce, qu'il en faifoit à tout moment des citations & des applications à l'appui de fes idées ; il fe mit à relire Lucrèce, & cette lecture lui

fit naître l'envie de le réfuter. Il perdit beaucoup de temps & de vers, dit M. de Voltaire, à combattre la déclinaifon des atômes & toute la mauvaife phyfique de Lucrèce. C'eft employer de l'artillerie pour détruire une chaumière.

M. le duc de Bourgogne & M. le duc du Maine avoient traduit en partie l'anti-Lucrèce ; M. de Bougainville le traduifit en entier & mit à la tête une belle & favante préface ; ce fut fon premier titre littéraire.

L'auteur de l'anti-Lucrèce ne devoit pas aimer l'irréligion. Un étranger attaché au fervice de l'Angleterre, & qui vivoit à Rome fous la protection de la France, fe permit un jour à la table du cardinal de Polignac des propos peu mefurés fur la religion & fur la perfonne du roi Jaques, pour qui le cardinal fe piquoit de reconnoiffance ; Monfieur, lui dit le cardinal avec une douceur févère, j'ai ordre de protéger votre perfonne, mais non pas vos difcours.

Orateur françois, orateur latin, poëte latin diftingué, phyficien, mathématicien, il fut encore un antiquaire confommé.

A des fuites nombreufes de médailles de toutes les grandeurs & de tous les métaux, il avoit ajouté une fuperbe collection de ftatues, buftes, bas-reliefs, monumens antiques de tout genre, pour la plupart fruit de fes découvertes. Etant à Rome, il fut qu'un particulier faifant bâtir une ferme à Frefcati & Grotta-Ferrata, s'étoit trouvé arrêté en creufant les fondations, par des reftes d'anciens murs fort épais & qu'il étoit prefque impoffible de détruire. Le cardinal, d'après les circonftances, conjectura en examinant l'emplacement, que c'étoit celui de la maifon de Marius : il fit fouiller, & fa conjecture fut juftifiée par un fragment d'infcription concernant le cinquième confulat de Marius ; on continua la fouille, & à l'ouverture du plus gros mur fe préfenta un magnifique falon, orné entr'autres de dix ftatues de grandeur naturelle, du plus beau marbre & du plus beau travail, qui formoient enfemble cette célèbre hiftoire d'Achille, reconnu par Ulyffe à la cour de Lycomède.

Præfcia venturi genitrix Nereia leti
Diffimulat cultu natum, deceperat omnes,
. . . . Sumptæ fallacia veftis.
Arma ego femineis, animum motura virilem
Mercibus inferui ; neque adhuc projecerat heros
Virgineos habitus, cùm parmam haftamque tenenti
Nate Deâ, dixi, tibi fe peritura refervant
Pergama, quid dubitas ingentem evertere Trojam ?
Injecique manum fortemque ad fortia mifi.

Métamor. lib. 13.

Ce fut auffi fous les yeux du cardinal de Polignac, que fe fit la découverte du palais des Céfars, dans les jardins de la Vigne-Farnèfe fur le mont Palatin. Il excita & aida M. Bianchini à en donner la defcription. Le duc de Parme, qui avoit ordonné les travaux, fit préfent au cardinal de *Polignac* d'un bas-relief de quatorze figúres repréfentant une fête d'Ariane & de Bacchus : il étoit enchaffé dans la plus haute marche de l'eftrade, fur laquelle fe plaçoient les empereurs dans leurs audiences publiques. Il eut encore les plus belles urnes du caveau de Livie découvertes en 1730. Il n'auroit fouhaité, difoit-il, d'être le maitre de Rome, que pour détourner pendant quinze jours le cours du Tibre depuis Pontemòle jufqu'au Mont-Teftacio, & en retirer les ftatues, les trophées & autres monumens qu'on y avoit jettés dans les tems de troubles & de guerres civiles, & dans ceux des incurfions des barbares. D'après cette idée, il avoit fait niveler le terrein des environs, & pris tous les renfeignemens relatifs à l'exécution de ce projet. Il auroit auffi voulu faire creufer les ruines du temple de la paix, brulé l'an de Jéfus-Chrift 191, fous l'empire de Commode; il efpéroit d'y retrouver le chandelier, la mer d'airain, & tous ces vafes précieux que Titus y avoit dépofés, après avoir triomphé de la Judée.

Le cardinal de *Polignac* mourut le 20 novembre 1741, agé de quatre-vingts ans, un mois & neuf jours.

Un de fes panégyriftes lui rend le témoignage qu'il fembloit n'être fait que pour aimer & pour être aimé. Sa feule vue terminoit les procès & les querelles, adouciffoit les efprits & les difpofoit à la paix.

POLIN ou PAULIN, (le capitaine) voyez GARDE (la).

POLINIERE (PIERRE) *Hift. litt. mod.*) phyficien célèbre par fes expériences & qui fut choifi le premier pour en faire dans les collèges. Il fut, avant M. l'abbé Nollet, l'homme réputé le plus habile dans ce genre, & celui qui favoit le mieux mettre fes leçons & fes expériences à la portée de fes écoliers; on a de lui des *élémens de mathématiques*, & un traité de phyfique expérimentale fous ce titre : *expériences de phyfique*. Né en 1671, près de Vire ; mort dans le même lieu en 1734.

POLITI (ALEXANDRE) *Hift. litt. mod.*) florentin, clerc régulier des écoles pieufes, eft connu par une édition du commentaire d'Euftathe fur Homère, avec une traduction latine & des notes. On a de lui auffi un ouvrage de jurifprudence : *de patriâ in condendis teftamentis poteftate* ; il a corrigé & commenté le Martyrologe romain.

POLITIEN (ANGE) *Hift. litt. mod.*) Laurent & Julien de Médicis, furent fes protecteurs, & Jean de Médicis, depuis pape, fous le nom de Léon X, fut fon élève ; Pic de la Mirandole fut

fon ami, Merula fut fon ennemi, mais *Politien* étoit l'aggreffeur. En général fa vie fut un peu troublée par les querelles litréraires, ce qui n'arrive qu'à ceux qui le veulent bien ; par cette raifon, il faut un peu fe défier des diverfes imputations qui lui ont été faites par fes ennemis ; il a été accufé d'impiété : on lui a imputé d'avoir dit qu'il avoit lu, comme un autre, l'écriture fainte & qu'il s'étoit toujours repenti d'avoir fi mal employé fon temps. On a imputé fa mort à un défefpoir amoureux, on a fait encore d'autres contes fur cet événement arrivé en 1494, & que fes amis au contraire ont attribué au chagrin d'avoir vû les Medicis fes bienfaiteurs, prêts à être chaffés de Florence. On a de lui l'hiftoire en latin de la conjuration des Pazzi ; une traduction latine d'Hérodien, un livre d'épigrammes grecques très-eftimées, des poëmes bucoliques ; deux livres d'épitres latines ; des traductions latines de plufieurs poëtes & hiftorien grecs ; divers traités de philofophie, &c.

POLITIQUES, f. m. pl. (*Hift. mod.*) nom d'un parti qui fe forma en France pendant la ligue en 1574. C'étoient des catholiques mécontens, qui fans toucher à la religion, proteftoient qu'ils ne prenoient les armes que pour le bien public, pour le foulagement du peuple, & pour réformer les défordres qui s'étoient gliffés dans l'état par la trop grande puiffance de ceux qui abufoient de l'autorité royale ; on les nomma auffi *royaliftes*, quoique dans le fond ils ne fuffent pas trop foumis au fouverain. Ils fe joignirent aux Huguenots, fous la conduite de Henri de Montmorenci, maréchal de Damville & gouverneur de Languedoc, qui, pour fe maintenir dans fa place, avoit formé ce parti, & y avoit attiré le vicomte de Turenne fon neveu, qui fut depuis duc de Bouillon. (A. R.)

POLLIO (voyez TREBELLIUS.)

POLLION (*Hift. rom.*) C. ASINIUS POLLIO) homme confulaire, poëte & orateur célèbre; auteur de tragédies fort eftimées de fon temps & d'une hiftoire des guerres civiles de Rome. Horace parle des tragédies, fat. 10. liv. 1.

> *Pollio regum*
> *Facta canit pede ter percuffo.*

Et dans la 1ere. Ode du livre 2.

> *Paulum feveræ mufa tragædiæ*
> *Defit theatris..... grande munus*
> *Cecropio repetes cothurno.*

Cette ode lui eft adreffée, & elle eft confacrée toute entière à fa gloire ; elle roule principalement fur fon hiftoire des guerres civiles :

Motum

Motum ex Metello confule civicum,
              & arma
Nondum expiatis uncta cruoribus
Tractas.

C'est de cette histoire que Suétone a tiré ce mot de César, à la vue des corps des romains étendus sur le champ de bataille de Pharsale : *hoc volue-runt, tantis rebus gestis, C. Cæsar condemnatus essem, nisi ab exercitu auxilium petiissem.* Ils l'ont voulu : après tant de grandes actions, César étoit condamné s'il n'eût demandé du secours à son armée. Peu d'hommes sont aussi vantés & par Horace & par Virgile, & comme poëte & comme homme d'état, que *Pollion.* C'étoit l'espérance & l'appui des affligés & des op-primés :

> Insigne mæstis præsidium reis,

Il étoit l'oracle du sénat :

> Et consulenti, *Pollio,* curiæ.

Il avoit commandé des armées, il avoit triomphé des Dalmates & mérité le consulat.

> Cui laurus æternos honores
> Dalmatico peperit triumpho:

Il étoit le protecteur des lettres qu'il cultivoit lui-même avec tant de succès :

> *Pollio* amat nostram, quamvis est rustica, musam.....
> *Pollio* & ipse facit nova carmina
> Qui te, *Pollio,* amat, veniat quò te quoque gaudet.

> (*Virgile egl.* 3.)

Le 4eme. églogue de Virgile, *Sicelides musæ,* &c. porte le titre de *Pollion,* & ses louanges y sont célé-brées.

> Si canimus sylvas, sylvæ sint consule dignæ.

Il n'est nullement sûr que cet enfant merveilleux dont Virgile chante si pompeusement les grandes des-tinées futures, soit Caius Asinius Gallus Saloninus, fils de *Pollion,* & M. de la Nauze dans le volume 31 des mémoires de littérature, fait voir que Virgile avoit en vue l'enfant dont Scribonie, 3eme. femme d'Octavien Auguste, étoit grosse l'an de Rome 714 : la naissance de cet enfant dementit toutes les prédictions de Virgile.

> La signora mit au monde une fille,

Et cette fille fut la fameuse Julie ; mais c'est du consulat de *Pollion,* l'an 714 de Rome, que Virgile fait commencer l'heureuse réforme de l'univers.

> Teque adeò decus hoc ævi, te consule, inibit
> *Pollio,* & incipient magni procedere menses ;
> Te duce, si qua manent sceleris vestigia nostri,
> Irrita perpetuâ solvent formidine terras.

Pollion est le premier qui ait ouvert à Rome une bibliothèque publique, en quoi, dit Pline, il a fait, des productions de l'esprit humain, le trésor public de l'état, *ingenia hominum rempublicam fecit.* Il avoit été ami de César & d'Antoine, il le fut d'Auguste dans la suite ; celui-ci voulut l'attirer à son parti contre Antoine ; *Pollion* s'en défen-dit, alléguant les services qu'il avoit rendus à Antoine & ceux qu'il en avoit reçus ; il demanda de rester neutre & d'être la proie du vainqueur.

Auguste ayant fait contre lui, par plaisanterie, de ces vers qu'on appelloit Fescennins :

> Fescennina per hunc invecta licentia morem
> Versibus alternis opprobria rustica fudit.

On attendoit la réponse de *Pollion* : je me gar-derai bien, dit-il, *d'écrire* contre quelqu'un qui peut *proscrire : non est facile in eum scribere qui potest proscribere.* *Pollion* avoit écrit contre Ci-céron & contre Salluste, ce fut lui qui repro-cha le premier à Tite-Livre ce qu'on appelle la *Patavinité* (voyez à l'article : *Tite-Live,* ce que c'est que cette *patavinité.*

POLLUX (JULIUS) *Hist. litt. anc.*) L'*Onomas-ticon* ou dictionnaire grec de *Julius Pollux* est connu. C'étoit un grammairien égyptien, pro-fesseur de réthorique à Athènes, vers l'an 180 de Jésus-Christ.

POLOGNE, (*histoire & gouvernement de*) (*Hist. & droit politique*) un tableau général de l'histoire & gouvernement de la *Pologne,* ne peut qu'être utile ; mais quand il est aussi bien dessiné que l'a fait M. l'abbé Coyer à la tête de sa vie de Sobieski, il plaît encore, il instruit, il intéresse, il offre des réflexions en foule au philosophe & au politique ; on en jugera par l'esquisse que j'en vais crayonner. Qu'on ne la regarde pas cette esquisse comme une superfluité, puisque ce royaume est beaucoup moins connu que les Pays-Bas, l'Allemagne, la Suede & le Danemarck.

D'ailleurs, l'histoire des royaumes héréditaires & absolus, ne produit pas ordinairement le grand intérêt que nous cherchons dans les états libres. La monotonie d'obéissance passive, salutaire si le monarque est bon, ruineuse s'il est méchant, ne met guere sur le théâtre de l'histoire, que des acteurs qui n'agissent qu'au gré d'un premier acteur ; & quand ce premier acteur est sans crainte, il n'a pas le pouvoir lui-même de nous intéresser vivement.

Il n'en est pas ainsi d'un pays dont le roi est électif, où ses vertus le portent sur le trône, ou c'est la force qui l'y place. S'il s'élève par ses vertus, le spectacle est touchant ; si c'est par la force, il attire encore les regards en triomphant des obstacles ; & lorsqu'il est au faîte de la puis-sance, il a un besoin continuel de conseil & d'ac-tion pour s'y maintenir. Le roi, la loi & la nation

V v

trois forces qui péfent fans ceffe l'une fur l'autre, équilibre difficile. La nation fous le bouclier de la loi, penfe, parle, agit avec cette liberté qui convient à des hommes. Le roi, en fuivant ou en violant la loi, eft approuvé ou contredit, obéi ou défobéi, paifible ou agité.

Les Polonois, avant le fixième fiècle, lorfqu'ils étoient encore Sarmates, n'avoient point de rois. Ils vivoient libres dans les montagnes & les forêts, fans autres maifons que des chariots, toujours méditant quelque nouvelle invafion : mauvaifes troupes pour fe battre à pied, excellentes à cheval. Il eft affez étonnant qu'un peuple barbare, fans chef & fans loix, ait étendu fon empire depuis le Tanaïs jufqu'à la Viftule, & du Pont-Euxin à la mer Baltique, limites prodigieufement diftantes, qu'ils reculèrent encore en occupant la Bohème, la Moravie, la Siléfie, la Luface, la Mifnie, le Mecklenbourg, la Pomératie & les Marches Brandebourgeoifes. Les Romains qui foumettoient tout, n'allèrent point affronter les Sarmates.

Ce paradoxe hiftorique montre ce que peuvent la force du corps, une vie dure, l'amour naturel de la liberté, & un inftinct fauvage qui fert de loix & de rois. Les nations policées appelloient les Sarmates des *brigands*, fans faire attention qu'elles avoient commencé elles-mêmes par le brigandage.

Il s'en faut beaucoup que les Polonois, qui prirent ce nom au milieu du fixième fiècle, aient confervé tout l'héritage de leurs pères. Il y a long-tems qu'ils ont perdu la Siléfie, la Luface, une grande partie de la Poméranie, la Bohème, & tout ce qu'ils poffédoient dans la Germanie. D'autres fiècles ont encore amené de nouvelles pertes; la Livonie, la Podolie, la Volhinie, & les vaftes campagnes de l'Ukraine ont paffé à d'autres puiffances; c'eft ainfi que tant de grands empires fe font brifés fous leur propre poids.

Vers l'an 550, Leck s'avifa de civilifer les Sarmates; Sarmate lui-même, il coupa des arbres, & s'en fit une maifon. D'autres cabanes s'élevèrent autour du modèle. La nation, jufqu'alors errante, fe fixa, & Gnefne, la première ville de *Pologne*, prit la place d'une forêt. Les Sarmates apparemment connoiffoient mal les aigles; ils en trouvèrent, dit-on, plufieurs nids en abattant des arbres; c'eft de là que l'aigle a paffé dans les enfeignes polonoifes. Ces fiers oifeaux font leurs aires fur les plus hauts rochers, & Gnefne eft dans une plaine. Leck attira les regards de fes égaux fur lui, & déployant des talens pour commander autant que pour agir, il devint leur maître, fous le nom de *duc*, pouvant prendre également celui de *roi*.

Depuis ce chef de la nation jufqu'à nos jours, la Pologne a eu d'autres ducs, des vaivodes, aujourd'hui palatins, des rois, des reines, des régentes & des interregnes. Les interregnes ont été prefqu'autant d'anarchies; les régentes fe font fait haïr; les reines en petit nombre n'ont pas eu le tems de fe montrer; les vaivodes ne furent que des oppreffeurs. Parmi les ducs & les rois, quelques-uns ont été de grands princes; les autres ne furent que guerriers ou tyrans. Tel fera toujours à-peu-près le fort de tous les peuples du monde, parce que ce font des hommes & non les loix qui gouvernent!

Dans cette longue fuite de fiècles, la Pologne compte quatre claffes de fouverains; Leck, Piaft, Jagellon, voilà les chefs des trois premières races. La quatrième, qui commence à Henri de Valois, forme une claffe à part, parce que la couronne y a paffé d'une maifon à une autre, fans fe fixer dans aucune.

La fucceffion dans les quatre claffes montre des fingularités, dont quelques-unes méritent d'être connues.

L'an 750, les Polonois n'avoient pas encore examiné fi une femme pouvoit commander à des hommes; il y avoit long-tems que l'Orient avoit décidé que la femme eft née pour obéir. Venda regna pourtant & glorieufement; la loi ou l'ufage falique de la France fut enfuite adopté par la *Pologne*; car les deux reines qu'on y a vues depuis Venda, favoir, Hedwige en 1382 & Anne Jagellon en 1575, ne montèrent fur le trône, qu'en acceptant les époux qu'on leur défigna pour les foutenir dans un pofte fi élevé. Anne Jagellon avoit foixante ans, lorfqu'elle fut élue; Etienne Battori, qui l'époufa pour règner, penfa qu'une reine étoit toujours jeune.

Des fiècles antérieurs avoient ouvert d'autres chemins à la fouveraineté. En 804, les Polonois furent embarraffés pour le choix d'un maître; ils propofèrent leur couronne à la courfe: pratique autrefois connue dans la Grèce, & qui ne leur parut pas plus fingulière, que de la donner à la naiffance. Un jeune homme nourri dans l'obfcurité la gagna, & il prit le nom de *Lefko II*. Les chroniques du tems nous apprennent qu'il conferva fous la pourpre la modeftie & la douceur de fa première fortune; fier feulement & plein d'audace lorfqu'il avoit les armes à la main.

Prefque tous les Polonois foutiennent que leur royaume fut toujours électif; cette queftion les intéreffe peu, puifqu'ils jouiffent. Si on vouloit la décider par une fuite de faits pendant fix ou fept fiècles, on la décideroit contr'eux, en montrant que la couronne dans les deux premières claffes, a paffé conftamment des pères aux enfans; excepté dans les cas d'une entière extinction de la maifon régnante. Si les Polonois alors avoient pu choifir leurs princes, ils auroient pris parmi leurs palatins des fages tout décidés.

Les eût-on vus aller chercher un moine dans le fond d'un cloître, pour le porter fur le trône, uniquement parce qu'il étoit du fang de Piaft? Ce fut Cafimir I, fils d'un père détefté, Miéciflaw II,

& d'une mère encore plus exécrable. Veuve & régente, elle avoit fui avec son fils ; on le chercha cinq ans après pour le couronner ; la France l'avoit reçu. Les ambassadeurs polonois le trouvèrent sous le froc dans l'abbaye de Clugny, où il étoit profès & diacre. Cette vue les tint d'abord en suspens, ils craignirent que son ame ne fût flétrie sous la cendre & le cilice ; mais faisant réflexion qu'il étoit du sang royal, & qu'un roi quelconque étoit préférable à l'interrègne qui les désoloit, ils remplirent leur ambassade. Un obstacle arrêtoit ; Casimir étoit lié par des vœux & par les ordres sacrés ; le pape Clément II trancha le nœud, & le cénobite fut roi. Ce n'est qu'à la fin de la seconde classe, que le droit héréditaire périt pour faire place à l'élection.

Le gouvernement a eu aussi ses révolutions, il fut d'abord absolu entre les mains de Leck, peut-être trop ; la nation sentit ses forces, & secoua le joug d'un seul ; elle partagea l'autorité entre des vaivodes ou généraux d'armée, dans le dessein de l'affoiblir. Ces vaivodes assis sur les débris du trône, les rassemblèrent pour en former douze, qui venant à se heurter les uns les autres, ébranlèrent l'état jusque dans ses fondemens. Ce ne fut plus que révoltes, factions, oppression, violence. L'état, dans ces terribles secousses, regretta le gouvernement d'un seul, sans trop penser à ce qu'il en avoit souffert ; mais les plus sensés cherchèrent un homme qui sût règner sur un peuple libre, en écartant la licence. Cet homme se trouva dans la personne de Cracus, qui donna son nom à la ville de Cracovie, en la fondant au commencement du septième siècle.

L'extinction de sa postérité dès la première génération, remit le sceptre entre les mains de la nation, qui ne sachant à qui le confier, recourut aux vaivodes qu'elle avoit proscrits. Ceux-ci comblèrent les désordres des premiers, & cette aristocratie mal constituée ne montra que du trouble & de la foiblesse.

Au milieu de cette confusion, un homme sans nom & sans crédit, pensoit à sauver sa patrie ; il attira les Hongrois dans un défilé où ils périrent presque tous. Przémislas (c'est ainsi qu'on le nommoit) devint en un jour l'idole du peuple, & ce peuple sauvage qui ne connoissoit encore d'autres titres à la couronne que les vertus, le plaça sur la tête de son libérateur, qui la soutint avec autant de bonheur que de gloire, sous le nom de *Lesko I* dans le huitième siècle.

Ce rétablissement du pouvoir absolu ne dura pas long-temps, sans éprouver une nouvelle secousse. Popiel II, le quatrième duc depuis Przémislas, mérita par ses crimes d'être le dernier de sa race ; l'anarchie succéda, & les concurrens au trône s'assemblèrent à Krusvic, bourgade dans la Cujavie. Un habitant du lieu les reçut dans une maison rustique, leur servit un repas frugal, leur montra un jugement sain, un cœur droit & compatissant, des lumières au-dessus de sa condition, une ame ferme, un amour de la patrie, que ces furieux ne connoissoient pas. Des ambitieux qui désespèrent de commander, aiment mieux se soumettre à un tiers qui n'a rien disputé, que d'obéir à un rival. Ils se déterminèrent pour la vertu, & par-là ils réparèrent en quelque sorte tous les maux qu'ils avoient faits pour parvenir au trône ; Piast régna donc au neuvième siècle.

Les princes de sa maison, en se succédant les uns aux autres, affermissoient leur autorité ; elle parut même devenir plus absolue entre les mains de Boleslas I dans le dixième siècle. Jusqu'à lui les souverains de *Pologne* n'avoient eu que le titre de duc ; deux puissances se disputoient alors le pouvoir de faire des rois, l'empereur & le pape ; à examiner l'indépendance des nations les unes des autres, ce n'est qu'à elles-mêmes à titrer leurs chefs. Le pape échoua dans sa prétention ; ce fut l'empereur Othon III qui, touché des vertus de Boleslas, le revêtit de la royauté, en traversant la *Pologne*.

On n'auroit jamais cru qu'avec cet instrument du pouvoir arbitraire (un diplome de royauté, donné par un étranger), le premier roi de *Pologne* eût jeté les premières semences du gouvernement républicain. Cependant ce héros, après avoir eu l'honneur de se signaler par des conquêtes, & la gloire bien plus grande d'en gémir, semblable à Servius Tullius, eut le courage de borner lui-même son pouvoir, en établissant un conseil de douze sénateurs, qui pût l'empêcher d'être injuste.

La nation qui avoit toujours obéi en regardant du côté de la liberté, en apperçut avec plaisir la première image ; ce conseil pouvoit devenir un sénat. Nous avons vu que dès les commencemens elle avoit quitté le gouvernement d'un seul pour se confier à douze vaivodes. Cette idée passagère de république ne l'avoit jamais abandonnée, & quoique ses princes, après son retour à sa première constitution, se succédassent les uns aux autres par le droit du sang, elle restoit toujours persuadée qu'il étoit des cas où elle pouvoit reprendre sa couronne. Elle essaya son pouvoir sur Miécislaw III, prince cruel, fourbe, avare, inventeur de nouveaux impôts ; elle le déposa. Ces dépositions se renouvellèrent plus d'une fois ; Uladislas Laskonogi, Uladislas Loketek, se virent forcés à descendre du trône, & Casimir IV auroit eu le même sort, s'il n'eût fléchi sous les remontrances de ses sujets. Poussés à bout par la tyrannie de Boleslas II dans le treizième siècle, ils s'en délivrèrent en le chassant.

Une nation qui est parvenue à déposer ses rois, n'a plus qu'à choisir les pierres pour élever l'édifice de sa liberté, & le temps amène tout. Casimir-le-Grand, au quatorzième siècle, pressé de finir une longue guerre, fit un traité de paix, dont ses ennemis exigèrent la ratification par tous les ordres du royaume. Les ordres convoqués réfusèrent de ratifier, & ils sentirent dès ce moment qu'il n'étoit pas impossible d'établir une république en conservant un roi.

Les fondemens en furent jettés avant la mort même de Casimir; il n'avoit point de fils pour lui succéder; il proposa son neveu Louis, roi de Hongrie. Les Polonois y consentirent, mais à des conditions qui mettoient des entraves au pouvoir absolu; ils avoient tenté plus d'une fois de le diminuer par des révoltes; ici c'est avec des traités. Le nouveau maître les déchargeoit presque de toute contribution; il y avoit un usage établi de défrayer la cour dans ses voyages; il y renonçoit. Il s'engageoit pareillement à rembourser à ses sujets les dépenses qu'il seroit contraint de faire, & les dommages même qu'ils auroient à souffrir dans les guerres qu'il entreprendroit contre les puissances voisines; rien ne coûte pour arriver au trône.

Louis y parvint, & les sujets obtinrent encore que les charges & les emplois publics seroient déformais donnés à vie aux citoyens, à l'exclusion de tout étranger, & que la garde des forts & des châteaux ne seroit plus confiée à des seigneurs supérieurs au reste de la noblesse, par une naissance qui leur donnoit trop de crédit. Louis, possesseur de deux royaumes, préféroit le séjour de la Hongrie, où il commandoit en maître, à celui de la *Pologne*, où l'on travailloit à faire des loix. Il envoya le duc d'Oppelien pour y gouverner en son nom; la nation en fut extrêmement choquée, & le roi fut obligé de lui substituer trois seigneurs polonois agréables au peuple. Louis mourut sans être regretté.

Ce n'étoit pas assez à l'esprit républicain d'avoir mitigé la royauté; il frappa un autre grand coup, en abolissant la succession, & la couronne fut déférée à la fille cadette de Louis, à condition qu'elle n'accepteroit un époux que de la main de l'état. Parmi les concurrens qui se présentèrent, Jagellon fit briller la couronne de Lithuanie, qu'il promit d'incorporer à celle de *Pologne*. C'étoit beaucoup; mais ce n'étoit rien, s'il n'avoit souscrit à la forme républicaine. C'est à ce prix qu'il épousa Hedwige, & qu'il fut roi.

Il y eut donc une république composée de trois ordres; le roi, le sénat, l'ordre équestre, qui comprend tout le reste de la noblesse, & qui donna bientôt des tribuns sous la dénomination de nonces. Ces nonces représentent tout l'ordre équestre dans les assemblées générales de la nation qu'on nomme *diètes*, & dont ils arrêtent l'activité, quand ils veulent, par le droit de *veto*. La république romaine n'avoit point de roi; mais dans ses trois ordres, elle comptoit les plébéiens, qui partageoient la souveraineté avec le sénat & l'ordre équestre, & jamais peuple ne fut ni plus vertueux, ni plus grand. La *Pologne*, différente dans ses principes, n'a compté son peuple qu'avec le bétail de ses terres. Le sénat qui tient la balance entre le roi

& la liberté, voit sans émotion la servitude de cinq millions d'hommes, autrefois plus heureux lorsqu'ils étoient Sarmates.

La république polonoise étant encore dans son enfance, Jagellon parut oublier à quel prix il régnoit. Un acte émané du trône se trouva contraire à ce qu'il avoit juré; les nouveaux républicains sous ses yeux mêmes, mirent l'acte en pièces avec leurs sabres.

Les rois qui, avant la révolution, décidoient de la guerre ou de la paix, faisoient les loix, changeoient les coutumes, abrogeoient les constitutions, établissoient des impôts, disposoient du trésor public, virent passer tous ces ressorts de puissance dans les mains de la noblesse, & ils s'accoutumèrent à être contredits; mais ce fut sous Sigismond Auguste, au seizième siècle, que la fierté républicaine se monta sur le plus haut ton.

Ce prince étant mort sans enfans en 1573, on pensa encore à élever de nouveaux remparts à la liberté. On examina les loix anciennes; les unes furent restraintes, les autres plus étendues, quelques-unes abolies, & après bien des discussions, on fit un décret qui portoit que les rois nommés par la nation, ne tenteroient aucune voie pour se donner un successeur, & que conséquemment ils ne prendroient jamais la qualité d'héritiers du royaume; qu'il y auroit toujours auprès de leur personne seize sénateurs pour leur servir de conseil, & que sans leur avis, ils ne pourroient ni recevoir des ministres étrangers, ni en envoyer chez d'autres princes; qu'ils ne leveroient point de nouvelles troupes, & qu'ils n'ordonneroient point à la noblesse de monter à cheval sans l'aveu de tous les ordres de la république; qu'ils n'admettroient aucun étranger au conseil de la nation, & qu'ils ne leur conféreroient ni charges, ni dignités, ni starosties, & qu'enfin ils ne pourroient point se marier, s'ils n'en avoient auparavant obtenu la permission du sénat & de l'ordre équestre.

Tout l'interrègne se passa à se prémunir contre ce qu'on appelloit *les attentats du trône*. Henri de Valois fut révolté à son arrivée de ce langage républicain qui dominoit dans toutes les assemblées de l'état. La religion protestante étoit entrée dans le royaume sous Sigismond I, & ses progrès augmentoient à proportion des violences qu'on exerçoit contr'elle. Lorsque Henri arriva à Cracovie, on y savoit que Charles IX, son frère, venoit d'assasiner une partie de ses sujets pour en convertir une autre. On craignoit qu'un prince élevé dans une cour fanatique & violente, n'en apportât l'esprit; on voulut l'obliger à jurer une capitulation qu'il avoit déjà jurée en France en présence des ambassadeurs de la république, & sur-tout l'article de la tolérance, qu'il n'avoit juré que d'une façon vague & équivoque. Sans l'éloquent Pibrac, on ne sait s'il eût été couronné, mais quelques mois après, le castellan de Sendomir Ossolenski fut chargé, lui sixième, de déclarer à Henri sa pro-

chaîne dépofition, s'il ne remplissoit plus exactement les devoirs du trône. Sa fuite précipitée termina les plaintes de la nation, & fon règne.

C'eft par tous ces coups de force, frappés en
différens temps, que la *Pologne* s'eft confervé des
rois fans les craindre. Un roi de *Pologne* à fon
facre même, & en jurant les *pacta conventa*, difpenfe les fujets du ferment d'obéiffance, en cas
qu'il viole les loix de la république.

La puiffance législative réfide effentiellement
dans la diète qui fe tient dans l'ancien château de
Varfovie, & que le roi doit convoquer tous les
deux ans. S'il y manquoit, la république a le pouvoir de s'affembler d'elle-même; les diétines de
chaque palatinat précédent toujours la diète. On
y prépare les matières qui doivent fe traiter dans
l'affemblée générale, & on y choifit les repré-
fentans de l'ordre équeftre, c'eft ce qui forme
la chambre des nonces. Ces nonces ou ces tribuns font fi facrés, que fous le règne d'Augufte II,
un colonel faxon en ayant bleffé un légèrement
pour venger une infulte qu'il en avoit reçue, fut
condamné à mort & exécuté, malgré toute la
protection du roi; on lui fit feulement grace du
bourreau; il paffa par les armes.

Pour connoître le fénat qui eft l'ame de la diète,
il faut jetter les yeux fur les évêques, les palatins, & les caftellans. Ces deux dernières dignités ne font pas auffi connues que l'épiscopat : un
palatin eft le chef de la nobleffe dans fon palatinat.
Il préfide à fes affemblées; il la mène au champ
électoral pour faire fes rois, & à la guerre lorfqu'on affemble la pofpolite ou l'arrière-ban. Il a auffi
le droit de fixer le prix des denrées, & de régler les
poids & mefures; c'eft un gouvernement de province. Un caftellan jouit des mêmes prérogatives
dans fon diftrict, qui fait toujours partie d'un
palatinat, & il repréfente le palatin dans fon abfence. Les caftellans autrefois étoient gouverneurs
des châteaux-forts & des villes royales. Ces
gouvernemens ont paffé aux ftaroftes qui exercent
auffi la juftice par eux-mêmes, ou par ceux qu'ils
commettent. Une bonne inftitution, c'eft un regiftre dont ils font dépofitaires : tous les biens du
diftrict libres ou engagés, y font confignés : quiconque veut acquérir, achete en toute fûreté.

On ne voit qu'un ftarofte dans le fénat, celui
de Samogitie; mais on y compte deux archevêques, quinze évêques, trente-trois palatins, &
quatre-vingt-cinq caftellans; en tout cent trente-
fix fénateurs.

Les miniftres ont place au fénat fans être fénateurs; ils font au nombre de dix, en fe répétant dans l'union des deux états.

Le grand maréchal de la couronne.
Le grand maréchal de Lithuanie.
Le grand chancelier de la couronne.
Le grand chancelier de Lithuanie.
Le vice-chancelier de la couronne.
Le vice-chancelier de Lithuanie.

Le grand tréforier de la couronne.
Le grand tréforier de Lithuanie.
Le maréchal de la cour de Pologne.
Le maréchal de la cour de Lithuanie.

Le grand maréchal eft le troifième perfonnage
de la *Pologne*. Il ne voit que le primat & le roi
au-deffus de lui. Maître du palais, c'eft de lui que
les ambaffadeurs prennent jour pour les audiences.
Son pouvoir eft prefque illimité à la cour, & à
trois lieues de circonférence. Il y veille à la fûreté du
roi & au maintien de l'ordre. Il y connoit de tous
les crimes, & il juge fans appel. La nation feule
peut réformer fes jugemens. C'eft lui encore qui
convoque le fénat, & qui réprime ceux qui voudroient le troubler. Il a toujours des troupes à
fes ordres.

Le maréchal de la cour n'a aucun exercice de
jurifdiction que dans l'abfence du grand maréchal.

Le grand chancelier tient les grands fceaux; le
vice-chancelier les petits. L'un des deux eft évêque pour connoître des affaires eccléfiaftiques. L'un
ou l'autre doit répondre au nom du roi en polonois ou en latin, felon l'occafion. C'eft une
chofe fingulière que la langue des romains qui
ne pénétrèrent jamais en *Pologne*, fe parle aujour-
d'hui communément dans cet état. Tout y parle
latin jufqu'aux domeftiques.

Le grand tréforier eft dépofitaire des finances
de la république. Cet argent, que les romains
appelloient le tréfor du peuple, *ærarium populi*,
la *Pologne* fe garde bien de le laiffer à la direction des rois. C'eft la nation affemblée, ou du
moins un fénatus-confulte qui décide de l'emploi;
& le grand tréforier ne doit compte qu'à la nation.

Tous ces miniftres ne reffemblent point à ceux
des autres cours. Le roi les crée; mais la république feule peut les détruire. Cependant, comme
ils tiennent au trône, la fource des graces, &
qu'ils font hommes, la république n'a pas voulu
leur accorder voix délibérative dans le fénat.

On donne aux fénateurs le titre d'*excellence*,
& ils prétendent à celui de *monfeigneur*, que
les valets, les ferfs, & la pauvre nobleffe leur
prodiguent.

Le chef du fénat eft l'archevêque de Gnefne,
qu'on nomme plus communément le *primat*, &
dont nous ferons un article à part : c'eft affez de
dire en paffant qu'il eft auffi chef de l'églife,
dignité éminente qui donne à ce miniftre de l'humble chriftianifme tout le fafte du trône, & quelquefois toute fa puiffance.

Le fénat hors de la diète, remue les refforts
du gouvernement fous les yeux du roi : mais le
roi ne peut violenter les fuffrages. La liberté fe
montre jufque dans les formes extérieures. Les
fénateurs ont le fauteuil, & on les voit fe couvrir dès que le roi fe couvre. Cependant le fénat
hors de la diète, ne décide que provifionnellement,

Dans la diète, il devient législateur conjointement avec le roi & la chambre des nonces.

Cette chambre reſſembleroit à celle des communes en Angleterre, ſi, au lieu de ne repréſenter que la nobleſſe, elle repréſentoit le peuple. On voit à ſa tête un officier d'un grand poids, mais dont l'office n'eſt que paſſager. Il a ordinairement beaucoup d'influence dans les avis de la chambre. C'eſt lui qui les porte au ſénat, & qui rapporte ceux des ſénateurs. On le nomme *maréchal de la diète*, ou *maréchal des nonces*. Il eſt à Varſovie ce qu'étoit le tribun du peuple à Rome ; & comme le patricien à Rome ne pouvoit pas être tribun, celui qui eſt le tribun des tribuns doit être pris dans l'ordre équeſtre, & non dans le ſénat.

Lorſque la diète eſt aſſemblée, tout eſt ouvert, parce que c'eſt le bien public dont on y traite. Ceux qui n'y portent que de la curioſité ſont frappés de la grandeur du ſpectacle. Le roi ſur un trône élevé, dont les marches ſont décorées des grands officiers de la cour ; le primat diſputant preſque toujours de ſplendeur avec le roi ; les ſénateurs formant deux lignes auguſtes ; les miniſtres en face du roi, les nonces en plus grand nombre que les ſénateurs, répandus autour d'eux, & ſe tenant debout : les ambaſſadeurs & le nonce du pape y ont auſſi des places marquées, ſauf à la diète à les faire retirer, lorſqu'elle le juge à propos.

Le premier acte de la diète, c'eſt toujours la lecture des *pacta conventa* qui renferment les obligations que le roi a contractées avec ſon peuple ; & s'il y a manqué, chaque membre de l'aſſemblée a droit d'en demander l'obſervation.

Les autres ſéances pendant ſix ſemaines, durée ordinaire de la diète, amènent tous les intérêts de la nation ; la nomination aux dignités vacantes, la diſpoſition des biens royaux en faveur des militaires qui ont ſervi avec diſtinction, les comptes du grand tréſorier, la diminution ou l'augmentation des impôts ſelon la conjoncture, les négociations dont les ambaſſadeurs de la république ont été chargés, & la manière dont ils s'en ſont acquittés, les alliances à rompre ou à former, la paix ou la guerre, l'abrogation ou la ſanction d'une loi, l'affermiſſement de la liberté, enfin tout l'ordre public.

Les cinq derniers jours qu'on appelle *les grands jours*, ſont deſtinés à réunir les ſuffrages. Une déciſion pour avoir force de loi, doit être approuvée par les trois ordres d'un conſentement unanime. L'oppoſition d'un ſeul nonce arrête tout.

Ce privilège des nonces eſt une preuve frappante des révolutions de l'eſprit humain. Il n'exiſtoit pas en 1652, lorſque *Sicinski*, nonce d'Upita, en fit le premier uſage. Chargé de malédictions, il échappa avec peine aux coups de ſabre ; & ce même privilège contre lequel tout le monde s'éleva pour lors, eſt aujourd'hui ce qu'il y a de plus ſacré dans la république. Un moyen ſûr

d'être mis en pièces, ſeroit d'en propoſer l'abolition.

On eſt obligé de convenir que, s'il produit quelquefois le bien, il fait encore plus de mal. Un nonce peut non-ſeulement anéantir une bonne déciſion, mais s'il s'en prend à toutes, il n'a qu'à proteſter & diſparoître : la diète eſt rompue. Il arrive même qu'on n'attend pas qu'elle ſoit formée pour penſer à la diſſoudre. Le prétexte le plus frivole devient un inſtrument tranchant. En 1752 les nonces du palatinat de Kiovie avoient dans leurs inſtructions d'exiger du roi, avant tout, l'extirpation des francs-maçons, ſociété qui n'effraie que les imbécilles & qui ne faiſoit aucune ſenſation en *Pologne*.

Le remède aux diètes rompues, c'eſt une confédération dans laquelle on décide à la pluralité des voix, ſans avoir égard aux proteſtations des nonces ; & ſouvent une confédération s'élève contre l'autre. C'eſt enſuite aux diètes générales à confirmer ou à caſſer les actes de ces confédérations. Tout cela produit de grandes convulſions dans l'état, ſur-tout ſi les armées viennent à s'en mêler.

Les affaires des particuliers ſont mieux jugées. C'eſt toujours la pluralité qui décide, mais point de juges permanens. La nobleſſe en crée chaque année pour former deux tribunaux ſouverains, l'un à Petrikow pour la grande *Pologne*, l'autre à Lublin pour la petite. Le grand duché de Lithuanie a auſſi ſon tribunal. La juſtice s'y rend ſommairement comme en Aſie. Point de procureurs ni de procédures, quelques avocats ſeulement qu'on appelle *juriſtes*, ou bien on plaide ſa cauſe ſoi-même. Une meilleure diſpoſition encore, c'eſt que la juſtice ſe rendant gratuitement, le pauvre peut l'obtenir. Ces tribunaux ſont vraiment ſouverains ; car le roi ne peut ni les prévenir par évocation, ni caſſer leurs arrêts.

Puiſque j'en ſuis ſur la matière dont la juſtice s'exerce en *Pologne*, j'ajouterai qu'elle ſe rend ſelon les ſtatuts du royaume, que Sigiſmond Auguſte fit rédiger en un corps en 1520 ; c'eſt ce qu'on appelle *droit Polonois*. Et quand il arrive certains cas qui n'y ſont pas compris, on ſe ſert du droit ſaxon. Les jugemens ſe rendent dans trois tribunaux ſupérieurs, à pluralité des voix, & on peut en appeler au roi. Ces tribunaux jugent toutes les affaires civiles de la nobleſſe. Pour les criminelles, un gentilhomme ne peut être empriſonné, ni jugé que par le roi & le ſénat.

Il n'y a point de confiſcation, & la proſcription n'a lieu que pour les crimes capitaux au premier chef, qui ſont les meurtres, les aſſaſſinats, & la conjuration contre l'état. Si le criminel n'eſt point arrêté priſonnier dans l'action, il n'eſt pas besoin d'envoyer des soldats pour l'aller investir; on le cite pour subir le jugement du roi & du sénat. S'il ne comparoît pas, on le déclare infame & convaincu; par-là il est proscrit, & tout le monde peut le tuer en le rencontrant. Chaque starostie a sa jurisdiction dans l'étendue de son territoire. On appelle des magistrats des villes au chancelier, & la diete décide quand l'affaire est importante.

Les crimes de lèze-majesté ou d'état sont jugés en diete. La maxime que l'église abhorre le sang, ne regarde point les évêques polonois. Une bulle de Clément VIII leur permet de conseiller la guerre, d'opiner à la mort, & d'en signer les décrets.

Une chose encore qu'on ne voit guère ailleurs, c'est que les mêmes hommes qui délibèrent au sénat, qui sont les loix en diete, qui jugent dans les tribunaux, marchent à l'ennemi. On apperçoit par-là qu'en Pologne la robe n'est point séparée de l'épée.

La noblesse ayant saisi les rênes du gouvernement, les honneurs & tous les avantages de l'état, a pensé que c'étoit à elle seule à le défendre, en laissant aux terres tout le reste de la nation. C'est aujourd'hui le seul pays où l'on voie une cavalerie toute composée de gentilshommes, dont le grand duché de Lithuanie fournit un quart, & la Pologne le reste.

L'armée qui en résulte, ou plutôt ces deux armées polonoise & lithuanienne, ont chacune leur grand général indépendant l'un de l'autre. Nous avons dit que la charge de grand maréchal, après la primatie, est la première en dignité: le grand général est supérieur en pouvoir. Il ne connoît presque d'autres bornes que celles qu'il se prescrit lui-même. A l'ouverture de la campagne, le roi tient conseil avec les sénateurs & les chefs de l'armée sur les opérations à faire; & dès ce moment le grand général exécute arbitrairement. Il assemble les troupes, il règle les marches, il décide des batailles, il distribue les récompenses & les punitions, il élève, il casse, il fait couper des têtes, le tout sans rendre compte qu'à la république dans la diete. Les anciens connétables de France qui ont porté ombrage au trône, n'étoient pas si absolus. Cette grande autorité n'est suspendue que dans le cas où le roi commande en personne.

Les deux armées ont aussi respectivement un général de campagne, qui se nomme petit général. Celui-ci n'a d'autorité que celle que le grand général veut lui laisser, & il la remplit en son absence. Un autre personnage, c'est le stragénix qui commande l'avant-garde.

La Pologne entretient encore un troisième corps d'armée, infanterie & dragons. L'emploi n'en est pas ancien. C'est ce qu'on appelle l'armée étrangère, presqu'entièrement composée d'Allemands. Lorsque tout est complet, ce qui arrive rarement, la garde ordinaire de la Pologne est de quarante-huit mille hommes.

Une quatrième armée, la plus nombreuse & la plus inutile, c'est la pospolite ou l'arrière-ban. On verroit dans un besoin plus de cent mille gentilshommes monter à cheval, pour ne connoître que la discipline qui leur conviendroit; pour se révolter, si on vouloit les retenir au-delà de quinze jours dans le lieu de l'assemblée sans les faire marcher, & pour refuser le service, s'il falloit passer les frontières.

Qoique les Polonois ressemblent moins aux Sarmates leurs ancêtres, que les Tartares aux leurs, ils en conservent pourtant quelques traits. Ils sont francs & fiers. La fierté est assez naturelle à un gentilhomme qui élit son roi, & qui peut être roi lui-même. Ils sont emportés. Leurs représentans, dans les assemblées de la nation, décident souvent les affaires le sabre à la main. Ils font apprendre la langue latine à leurs enfans, & la plupart des nobles, outre la langue esclavonne, qui leur est naturelle, parlent allemand, françois & italien. La langue polonoise est une dialecte de l'esclavonne; mais elle est mêlée de plusieurs mots allemands.

Ils ont oublié la simplicité & la frugalité des Sarmates leurs ancêtres. Jusqu'à la fin du regne de Sobieski, quelques chaises de bois, une peau d'ours, une paire de pistolets, deux planches couvertes d'un matelas, meubloient un noble d'une fortune honnête. Aujourd'hui les vêtemens des gentilshommes sont riches; ils portent pour la plupart des bottines couleur de soufre, qui ont le talon ferré, un bonnet fourré & des vestes doublées de zibeline, qui leur vont jusqu'à mi-jambe; c'est ainsi qu'ils paroissent dans les dietes ou dans les fêtes de cérémonies. D'autres pieces de luxe se sont introduits en Pologne sous Auguste II, & les modes françoises déjà reçues en Allemagne, se sont mêlées à la magnificence orientale, qui montre plus de richesse que de goût. Leur faste est monté si haut, qu'une femme de qualité ne sort guère qu'en carosse à six chevaux. Quand un grand seigneur voyage d'une province à une autre, c'est avec deux cents chevaux & autant d'hommes. Point d'hôtelleries; il porte tout avec lui, mais il déloge les plébéiens qui ne regardent cette haute noblesse que comme un fléau; elle est de bonne heure endurcie au froid & à la fatigue, parce que tous les gentilshommes se lavent le visage & le cou avec de l'eau froide, quelque temps qu'il fasse. Ils baignent aussi les enfans dans l'eau froide, de très-bonne heure, ce qui endurcit leurs corps à l'âpreté des hivers dès la plus tendre jeunesse.

Un usage excellent des seigneurs, c'est qu'ils passent la plus grande partie de l'année dans leurs terres. Ils se rendent par-là plus indépendans de la cour, qui n'oublie rien pour les corrompre; & ils vivifient les campagnes par la dépense qu'ils y font.

Ces campagnes seroient peuplées & florissantes, si elles étoient cultivées par un peuple libre. Les serfs de *Pologne* sont attachés à la glèbe ; tandis qu'en Asie même on n'a point d'autres esclaves que ceux qu'on achète, ou qu'on a pris à la guerre : ce sont des étrangers. La *Pologne* frappe ses propres enfans. Chaque seigneur est obligé de loger son serf. C'est dans une très-pauvre cabane, où des enfans nuds sous la rigueur d'un climat glacé, pêle-mêle avec le bétail, semblent reprocher à la nature de ne les avoir pas habillés de même. L'esclave qui leur a donné le jour verroit tranquillement brûler sa chaumière, parce que rien n'est à lui. Il ne sauroit dire mon champ, mes enfans, ma femme ; tout appartient au seigneur, qui peut vendre également le laboureur & le bœuf. Il est rare de vendre des femmes, parce que ce sont elles qui multiplient le troupeau ; population misérable : le froid en tue une grande partie.

En vain le pape Alexandre III proscrivit dans un concile la servitude au 12ᵉ siècle ; la *Pologne*, s'est endurcie à cet égard plus que le reste du christianisme : malheur au serf si un seigneur ivre s'emporte contre lui. On diroit que ce que la nature a refusé à de certains peuples, c'est précisément ce qu'ils aiment avec le plus de fureur. L'excès du vin & des liqueurs fortes font de grands ravages dans la république. Les casuistes passent légèrement sur l'ivrognerie, comme une suite du climat ; & d'ailleurs les affaires publiques ne s'arrangent que le verre à la main.

Les femmes disputent aux hommes les jeux d'exercice, la chasse, & les plaisirs de la table. Moins délicates & plus hardies que les beautés du midi, on les voit faire sur la neige cent lieues en traîneau, sans craindre ni les mauvais gîtes, ni les difficultés des chemins.

Les voyageurs éprouvent en *Pologne* que les bonnes mœurs valent mieux que les bonnes loix. La quantité des forêts, l'éloignement des habitations, la coutume de voyager de nuit comme de jour, l'indifférence des starostes pour la sûreté des routes, tout favorise le vol, l'assassinat ; dix ans en montrent à peine un exemple.

La *Pologne* avoit déjà cette partie des bonnes mœurs avant de recevoir le christianisme. Elle fut idolâtre plus long-temps que le reste de l'Europe ; elle avoit adopté les Dieux grecs qu'elle défigura, parce qu'ignorant les lettres, & ne se doutant pas de l'existence d'Homere ni d'Hesiode, elle n'avoit jamais ouvert les archives de l'idolâtrie, elle marchoit au crépuscule d'une tradition confuse.

Vers le milieu du dixième siècle, le duc Miécislaw, premier du nom, cédant aux sollicitations de la belle Dambrowka sa femme, née chrétienne, embrassa la foi, & entreprit de la répandre. Dieu se sert de tout, adorable en tout. Ce sont des femmes sur le trône, qui en engageant leurs maris à se faire baptiser, ont converti la moitié

de l'Europe ; Giselle, la Hongrie ; le sœur d'un empereur grec, la Russie ; la fille de Childebert, l'Angleterre ; Clotilde, la France.

Cependant si le christianisme, en s'établissant, avoit été par-tout aussi violent qu'en *Pologne*, il manqueroit de deux caractères de vérité qui le faisoient triompher dans les trois premiers siècles, la douceur & la persuasion. L'évêque de Mersebourg, qui vivoit au tems de Miécislaw, nous apprend qu'on arrachoit les dents à ceux qui avoient mangé de la viande en carême ; qu'on suspendoit un adultère ou un fornicateur à un clou par l'instrument de son crime, & qu'on mettoit un rasoir auprès de lui, avec la liberté de s'en servir pour se dégager ou de mourir dans cette torture. On voyoit d'un autre côté des pères tuer leurs enfans imparfaits, & des enfans dénaturés assommer leurs pères décrépits ; coutume barbare des anciens Sarmates, que les Polonois n'ont quittée qu'au treizième siècle. Le terrible chrétien Miécislaw avoit répudié sept femmes payennes pour s'unir à Dambrowka, & lorsqu'il l'eut perdue, il finit, si l'on en croit Baronius & Dithmar, par épouser une religieuse, qui n'oublia rien pour étendre la foi.

Son fils & son successeur, Boleslas I, étouffa sans violence les restes de l'idolâtrie. Humain, accessible, familier, il traita ses sujets comme des malades. Les armes qu'il employa contre leurs préjugés, furent la raison & la mansuétude ; le père leur avoit ordonné d'être chrétiens, le fils le leur persuada.

Cet esprit de paix & de douceur dans les rois, passa à la nation. Elle prit fort peu de part à toutes les guerres de religion qui désolèrent l'Europe aux 16ᵉ & 17ᵉ siècles. Elle n'a eu dans son sein ni conspiration des poudres, ni saint-Barthélemi, ni sénat égorgé, ni rois assassinés, ni des frères armés contre des frères ; & c'est le pays où l'on a brûlé moins de monde pour s'être trompé dans le dogme. La *Pologne* cependant a été barbare plus long-tems que l'Espagne, la France, l'Angleterre, & l'Allemagne ; ce qui prouve qu'une demi-science est plus orageuse que la grossière ignorance ; & lorsque la *Pologne* a commencé à discourir, un de ses rois, Sigismond I, prononça la peine de mort contre la religion protestante.

Un paradoxe bien étrange, c'est que tandis qu'il poursuivoit avec le fer, des hommes qui contestoient la présence de Jesus-Christ sur les autels, il laissoit en paix les Juifs qui en nioient la divinité. Le sang couloit, & devoit couler encore plus ; mais la république statua que désormais les rois, en montant sur le trône, jureroient la tolérance de toutes les religions.

On voit effectivement en *Pologne* des calvinistes, des luthériens, des grecs schismatiques, des mahométans & des Juifs. Ceux-ci jouissent depuis long-tems des privilèges que Casimir-le-grand leur accorda en faveur de sa concubine, la juive Esther.

Plus

plus riches par le trafic que les naturels du pays, ils multiplient davantage. Cracovie seule en compte plus de vingt mille, qu'on trouve dans tous les besoins de l'état ; & la *Pologne* qui tolère près de trois cents synagogues, s'appelle encore aujourd'hui le *paradis des Juifs* : c'est-là qu'ils semblent revenus au règne d'Assuérus, sous la protection de Mardochée.

Il n'est peut-être aucun pays où les rites de la religion romaine soient observés plus strictement. Les Polonois, dès les premiers tems, ne trouvèrent point ces rites assez austères, & commencèrent le carême à la septuagésime ; ce fut le pape Innocent IV qui abrogea cette surérogation rigoureuse, en récompense des contributions qu'ils lui avoient fournies pour faire la guerre à un empereur chrétien, Ferdinand II. A l'abstinence ordinaire du vendredi & du samedi, ils ont ajouté celle du mercredi.

Les confrairies sanglantes de Flagellans sont aussi communes dans cette partie du nord que vers le midi ; c'est peut-être de-là que le roi de France, Henri III, en rapporta le goût.

Aucune histoire, dans la même étendue de siècles, ne cite autant de miracles. On voit à cinq milles de Cracovie les salines de Bochnia ; c'est sainte Cunégonde, femme de Boleslas le chaste, disent toutes les chroniques, qui les a transportées de Hongrie en *Pologne*. Comme l'étude de la nature y est moins avancée que dans tout le reste du nord, le merveilleux, qui fut toujours la raison du peuple, y conserve encore plus d'empire qu'ailleurs.

Leur respect pour les papes s'est fait remarquer dans tous les tems. Lorsque Clément II releva de ses vœux le moine Casimir, & se porter du cloître sur le trône en 1041, il imposa aux Polonois des conditions singulières, qui furent observées très-religieusement. Il les obligea à porter désormais les cheveux en forme de couronne monacale, à payer par tête tous les ans à perpétuité, une somme d'argent pour l'entretien d'une lampe très-chère dans la basilique de saint Pierre ; & il voulut qu'aux grandes fêtes, durant le temps du sacrifice, tous les nobles eussent au cou une étole de lin pareille à celle des prêtres : la première condition se remplit encore aujourd'hui.

Ce dévouement outré pour les décrets de Rome, se déborda jusqu'à engloutir la royauté. Boleslas I avoit reçu le titre de *roi* de l'empereur Othon, l'an 1001. Rome s'en souvint lorsque Boleslas II versa le sang de l'évêque Stanislas. Dans ce tems-là Hildebrand, qui avoit passé de la boutique d'un charron sur la chaire de saint Pierre, sous le nom de Grégoire VII, se rendit redoutable à tous les souverains. Il venoit d'excommunier l'empereur Henri IV, & ne il avoit été précepteur. Il lança ses foudres sur Boleslas, excommunication, dégradation, interdit sur tout le royaume, dispense du serment de fidélité, & défense aux évêques

Histoire. Tome IV.

de *Pologne* de couronner jamais aucun roi sans le consentement exprès du saint siége. On ne sait ce qui étonne le plus, la défense du pontife, ou l'obéissance aveugle des Polonois. Pas un évêque n'osa sacrer le successeur, & cette crainte superstitieuse dura pendant deux siècles, dans les sujets comme dans les princes, jusqu'à Przémislas, qui assembla une diète généra'e à Gnesne, s'y fit sacrer, & reprit le titre de *roi*, sans prendre les auspices de Rome.

Aujourd'hui les papes ne tenteroient pas ce qu'ils ont exécuté alors ; mais il est encore vrai que leur puissance est plus respectée en *Pologne* que dans la plupart des états catholiques. Une nation qui a pris sur elle de faire ses rois, n'a pas osé les proclamer sans la permission du pape. C'est une bulle de Sixte V qui a donné ce pouvoir au primat. On voit constamment à Varsovie un nonce apostolique avec une étendue de puissance qu'on ne souffre point ailleurs. Il n'en a pourtant pas assez pour soutenir l'indissolubilité du mariage. Il n'est pas rare en *Pologne* d'entendre dire à des maris, ma femme qui n'est plus ma femme. Les évêques témoins & juges de ces divorces, s'en consolent avec leurs revenus. Les simples prêtres paroissent très-respectueux pour les saints canons, & ils ont plusieurs bénéfices à charge d'ames.

La *Pologne*, telle qu'elle est aujourd'hui dans le moral & dans le physique, présente des contrastes bien frappans ; la dignité royale avec le nom de république ; des loix avec l'anarchie féodale ; des traits informes de la république romaine avec la barbarie gothique ; l'abondance & la pauvreté.

La nature a mis dans cet état tout ce qu'il faut pour vivre, grains, miel, cire, poisson, gibier ; & tout ce qu'il faut pour l'enrichir, blés, pâturages, bestiaux, laines, cuirs, salines, métaux, minéraux ; cependant l'Europe n'a point de peuple plus pauvre ; la plus grande source de l'argent qui roule en *Pologne*, c'est la terre de la royauté.

La terre & l'eau, tout y appelle un grand commerce, & le commerce ne s'y montre pas. Tant de rivières & de beaux fleuves, la Duna, le Bog, le Niester, la Vistule, le Niemen, le Borysthène, ne servent qu'à figurer dans les cartes géographiques. On a remarqué depuis long-temps qu'il seroit aisé de joindre par des canaux l'océan septentrional & la mer noire, pour embrasser le commerce de l'orient & de l'occident ; mais loin de construire des vaisseaux marchands, la *Pologne* qui a été insultée plusieurs fois par des flottes, n'a pas même pensé à une petite marine guerrière.

Cet état, plus grand que la France, ne compte que cinq millions d'habitans, & laisse la quatrième partie de ses terres en friche ; terres excellentes, perte d'autant plus déplorable.

Cet état, large de deux cents de nos lieues, & long de quatre cents, auroit besoin d'armées

X x

nombreuses pour garder ses vastes frontières; il peut, à peine soudoyer quarante mille hommes. Un roi qui l'a gouverné quelque temps, & qui nous montre dans une province de France ce qu'il auroit pu exécuter dans un royaume; ce prince fait pour écrire & pour agir, nous dit qu'il y a des villes en Europe dont le trésor est plus opulent que celui de la *Pologne*, & il nous fait entendre que deux ou trois commerçans d'Amsterdam, de Londres, de Hambourg, négocient pour des sommes plus considérables pour leur compte, que n'en rapporte tout le domaine de la république.

Le luxe, cette pauvreté artificielle, est entré dans les maisons de *Pologne*, & les villes sont dégoutantes par des boues affreuses; Varsovie n'est pavée que depuis peu d'années.

Le comble de l'esclavage & l'excès de la liberté semblent disputer à qui détruira la *Pologne*; la noblesse peut tout ce qu'elle veut. Le corps de la nation est dans la servitude. Un noble Polonois, quelque crime qu'il ait commis, ne peut être arrêté qu'après avoir été condamné dans l'assemblée des ordres: c'est lui ouvrir toutes les portes pour se sauver. Il y a une loi plus affreuse que l'homicide même qu'elle veut réprimer. Ce noble qui a tué un de ses serfs met quinze livres sur la fosse, & si le paysan appartient à un autre noble, la loi de l'honneur oblige seulement à en rendre un; c'est un bœuf pour un bœuf. Tous les hommes sont nés égaux, c'est une vérité qu'on n'arrachera jamais du cœur humain, & si l'inégalité des conditions est devenue nécessaire, il faut du moins l'adoucir par la liberté naturelle & par l'égalité des loix.

Le *liberum veto* donne plus de force à un seul noble qu'à la république; il enchaine par un mot les volontés unanimes de la nation, & s'il part de l'endroit où se tient la diète, il faut qu'elle se sépare. C'étoit le droit des tribuns romains; mais Rome n'en avoit qu'un petit nombre, & ce furent des magistrats pour protéger le peuple. Dans une diète polonoise, on voit trois ou quatre cents tribuns qui l'oppriment.

La république a pris, autant qu'elle a pu, toutes les précautions pour conserver l'égalité dans la noblesse, & c'est pour cela qu'elle ne tient pas compte des décorations du saint empire qui sème l'Europe de princes. Il n'y a de princes reconnus pour tels par les lettres d'union de la Lithuanie, que les Czartoriski, les Sangusko, & les Wieowowiecki, & encore le titre d'*altesse* ne les tire pas de l'égalité; les charges seules peuvent donner des préséances. Le moindre castellan précède le prince sans charge, pour apprendre à respecter la république plus que les titres & la naissance; malgré tout cela, rien de si rampant que la petite noblesse devant la grande.

Puisque le royaume est électif, il semble que le peuple, qui est la partie la plus nombreuse & la plus nécessaire, devroit avoir part à l'élection;

pas la moindre. Il prend le roi que la noblesse lui donne, trop heureux s'il ne portoit pas des fers dans le sein de la liberté. Tout ce qui n'est pas noble vit sans considération dans les villes, ou esclave dans les campagnes, & l'on sait que tout est perdu dans un état, lorsque le plébéien ne peut s'élever que par un bouleversement général. Aussi la *Pologne* n'a-t-elle qu'un petit nombre d'ouvriers & de marchands, encore sont-ils Allemands, Juifs, ou Français.

Dans ses guerres, elle a recours à des ingénieurs étrangers. Elle n'a point d'école de peinture, point de théâtre; l'architecture y est dans l'enfance; l'histoire y est traitée sans goût; les mathématiques peu cultivées; la saine philosophie presque ignorée; nul monument, nulle grande ville.

Tandis qu'une trentaine de palatins, une centaine de castellans & starostes, les évêques & les grands officiers de la couronne jouent les satrapes asiatiques, cent mille petits nobles cherchent le nécessaire comme ils peuvent. L'histoire est obligée d'insister sur la noblesse polonoise, puisque le peuple n'est pas compté. Le droit d'élire ses rois est celui qui flatte le plus, & qui la sert le moins. Elle vend ordinairement sa couronne au candidat qui a le plus d'argent; elle crie dans le champ électoral qu'elle veut des princes qui gouvernent avec sagesse; & depuis le règne de Casimir-le-Grand, elle a cherché en Hongrie, en Transilvanie, en France & en Allemagne, des étrangers qui n'ont aucune connoissance de ses mœurs, de ses préjugés, de sa langue, de ses intérêts, de ses loix, de ses usages.

Qui verroit un roi de *Pologne* dans la pompe de la majesté royale, le croiroit le monarque le plus riche & le plus absolu; ni l'un ni l'autre. La république ne lui donne que six cents mille écus pour l'entretien de sa maison, & dans toute contestation, les Polonois jugent toujours que le roi a tort. Comme c'est lui qui préside aux conseils & qui publie les décrets, ils l'appellent *la bouche* & non *l'âme* de la république. Ils le gardent à vue dans l'administration; quatre sénateurs doivent l'observer par-tout, sous peine d'une amende pécuniaire. Son chancelier lui refuse le sceau pour les choses qu'il ne croit pas justes. Son grand chambellan a droit de le fouiller; aussi ne donne-t-il cette charge qu'à un favori.

Ce roi, tel qu'il est, joue pourtant un beau rôle s'il sait se contenter de faire du bien, sans tenter de nuire. Il dispose non seulement, comme les autres souverains, de toutes les grandes charges du royaume & de la cour, des évêchés & des abbayes, qui sont presque toutes en commende, car la république n'a pas voulu que des moines qui ont renoncé aux richesses & à l'état de citoyen, possédassent au-delà du nécessaire; il a encore un autre trésor qui ne s'épuise pas. Un tiers de ce grand royaume est en biens royaux, tenures, advocaties, starosties, depuis sept mille livres de revenu jufqu'à cent mille ; ces biens royaux, le roi ne pouvant fe les approprier, eft obligé de les diftribuer, & ils ne paffent point du pere au fils aux dépens du mérite. Cette importante loi eft une de celles qui contribuent le plus au foutien de la république. Si cette république n'eft pas encore détruite, elle ne le doit qu'à fes loix; c'eft une belle chofe que les loix ! Un état qui en a & qui ne les enfreint p int, peut bien éprouver des fecouffes, mais c'eft la terre qui tremble entre les chaînes de rochers qui l'empêchent de fe diffoudre.

Réfumons à préfent les traits frappans du tableau de la *Pologne*, que nous avons deffiné dans tout le cours de cet article.

Cette monarchie a commencé l'an 550, dans la perfonne de Leck, qui en fut le premier duc. Au neuvieme fiecle, l'anarchie qui déchiroit l'état, finit par couronner un fimple particulier, qui n'avoit pour recommandation qu'une raifon droite & des vertus. C'eft Piaft qui donna une nouvelle race de fouverains qui tinrent long-temps le fceptre. Quelques-uns abuferent de l'autorité, ils furent dépofés. On vit alors la nation, qui avoit toujours obéi, s'avancer par degrés vers la liberté, mettre habilement les révolutions à profit, & fe montrer prête à favorifer le prétendant qui relâcheroit davantage les chaînes. Ainfi parvenue peu à peu à donner une forme républicaine à l'adminiftration, elle la cimenta, lorfque fur la fin du quatorzieme fiecle, fes nobles firent acheter à Jagellon, duc de Lithuanie, l'éclat de la couronne par le facrifice de fa puiffance.

Le chriftianifme ne monta fur le trône de *Pologne* que dans le dixieme fiecle, & il y monta avec cruauté. Cette augufte religion y a repris finalement l'efprit de douceur qui la caractérife; elle tolere dans l'état des fectes que mal à propos elle avoit bannies de fon fein; mais en même temps la *Pologne* eft reftée fuperftitieufement foumife aux décrets du pontife de Rome, dont le nonce à Varfovie a un pouvoir très-étendu. Un archevêque, celui de Gnefne, eft le chef du fénat comme de l'églife; les autres prélats polonois, munis comme lui du privilege d'un pape, ont par ce privilege le droit de teindre leurs mains pacifiques du fang de leurs enfans, en les condamnant à la mo t. Il n'y a dans toute la *Pologne* que trois ou quatre villes qui puiffent pofféder des terres, & quoiqu'on foit accoutumé à voir dans l'hiftoire de ce pays le malheureux fort des payfans, on frémit toujours en contemplant cette dégradation de l'humanité, qui n'a pas encore cédé au chriftianifme mal épuré de ce royaume.

La puiffance fouveraine réfide dans la nobleffe; elle e repréfentée par fes nonces ou députés dans les dietes générales. Les loix fe p rtent dans fes affemblées, & obligent le roi même.

D ns l'intervalle de ces parlemens de la nation, le f nat veille à l'exécution des loix. Dix miniftres du roi, qui font les premiers officiers de la couronne, ont place dans ce confeil, mais n'y ont point de voix. Les rois de *Pologne* en nommant à toutes les charges, peuvent faire beaucoup de bien, &, pour ainfi dire, point de mal.

Le gouvernement eft en même temps monarchique & ariftocratique. Le roi, le fénat & la nobleffe forment le corps de la république. Les évêques, qui font au nombre de quinze fous deux archevêques, tiennent le fecond rang, & ont la préféance au fénat.

On voit dans ce royaume des grands partageant la puiffance du monarque, & vendant leurs fuffrages pour fon élection & pour foutenir leur pompe faftueufe. On ne voit en même temps point d'argent dans le tréfor public pour foudoyer les armées, peu d'artillerie, peu ou point de moyens pour entretenir les fubfides; une foible infanterie, prefqu'aucun commerce; on y voit en un mot une image blafarde des mœurs & du gouvernement des Goths.

En vain la *Pologne* fe vante d'une nobleffe belliqueufe, qui peut monter à cheval au nombre de cent mille hommes; on a vu dix mille Ruffes, après l'élection du roi Staniflas, difperfer toute la nobleffe polonoife, affemblée en faveur de ce prince, & lui donner un autre roi. On a vu dans d'autres occafions cette armée nombreufe monter à cheval, s'affembler, fe révolter, fe donner quelques coups de fabre, & fe féparer tout de fuite.

L'indépendance de chaque gentilhomme eft l'objet des loix de ce pays, & ce qui en réfulte par leur *liberum veto*, eft l'oppreffion de tous.

Enfin ce royaume du nord de l'Europe ufe fi mal de fa liberté & du droit qu'il a d'élire fes rois, qu'il femble vouloir confoler par-là les peuples fes voifins, qui ont perdu l'un & l'autre de ces avantages.

Pour achever complettement le tableau de la *Pologne*, il ne nous refte qu'à crayonner les principaux d'entr'eux qui l'ont gouvernée depuis le fixieme fiecle jufqu'à ce jour. Dans ce long efpace de temps, elle compte des chefs intelligens, actifs & laborieux, pl s qu'aucun autre état, & ce n'eft pas le hafard qui lui a donné cet avantage; c'eft la nature de fa conftitu ion. Dès le q atorzieme fiecle elle a fait fes rois; ce ne font pas des enfans qui naiffent avec la couronne avant que d'avoir des vertus, & qui, dans la maturité de l'âge, peuvent encore fommeiller fur le trône. Un roi de *Pologne* doit payer de fa perfonne dans le fé at, dans les dietes & à la tête des armes. Si l'on n'admire que les vertus guerrieres, la *Polo* e peut fe vanter d'avoir eu de grands princes; mais fi l'on ne veut compter que ceux qui ont voulu la rendre plus heureufe qu'elle ne l'eft, il y a beaucoup à rabattre.

Leck la tira des forêts & de la vie errante, pour la fixer & la civilifer. L'hiftoire ne nous a pas confervé fon caractere, mais on fait en général que les fondateurs des empires ont tous eu de la tête & de l'exécution.

Cracus, dans le 12ᵉ fiècle, leur donna les premières idées de la juſtice, en établiſſant des tribunaux pour décider des différends des particuliers. L'ordre régna où la licence diminuoit. Cracovie idolâtre honora long-tems ſon tombeau : c'étoit ſon *palladium*.

Au 9ᵉ ſiècle, Piaſt enſeigna la vertu en la montrant dans lui-même : ce qu'il ne pouvoit obtenir par la force du commandement, il le perſuadoit par la raiſon & par l'exemple. Son règne s'écoula dans la paix, & des barbares commencèrent à devenir citoyens.

Dans le 10ᵉ ſiècle, Boleſlas Chrobri, plein d'entrailles, les accoutuma à regarder leur ſouverain comme leur père, & l'obéiſſance ne leur coûta rien.

Caſimir I fit entrevoir les ſciences & les lettres dans cette terre ſauvage, où elles n'étoient jamais entrées. La culture groſſière qu'on leur donna attendoit des ſiècles plus favorables pour produire des fruits : ces fruits ſont encore bien âpres ; mais le tems qui mûrit tout, achevera peut-être un jour en *Pologne* ce qu'il a perfectionné en d'autres climats.

Dans le ſiècle ſuivant, Caſimir II qui ne fut nommé *le juſte* qu'après l'avoir mérité, commença à protéger les gens de la campagne contre la tyrannie de la nobleſſe.

Au 14ᵉ ſiècle, Caſimir III ou Caſimir le grand, qu'on appelloit auſſi le *roi des payſans*, voulut les mettre en liberté ; & n'ayant pu y réuſſir, il demandoit à ces bonnes gens lorſqu'ils venoient ſe plaindre, s'il n'y avoit chez eux ni pierres ni bâtons pour ſe défendre. Caſimir eut les plus grands ſuccès dans toutes les autres parties du gouvernement. Sous ſon règne, des villes nouvelles parurent, & ſervirent de modèle pour rebâtir les anciennes. C'eſt à lui que la *Pologne* doit le nouveau corps de loix qui la règle encore à préſent. Il fut le dernier des Piaſt, race qui a régné 528 ans.

Jagellon fit tout ce qu'il voulut avec une nation d'autant plus difficile à gouverner, que ſa liberté naiſſante étoit toujours en garde contre les entrepriſes de la royauté. Il eſt étonnant que le trône toujours électif dans ſa race, n'en ſoit pas ſorti pendant près de 400 ans ; tandis qu'ailleurs des couronnes héréditaires paſſoient à des familles étrangères. Cela montre combien les événemens trompent la ſageſſe humaine.

Le fils de Jagellon, Uladiſlas VI, n'avoit que 10 ans lorſqu'on l'éleva au trône, choſe bien ſingulière dans une nation qui pouvoit donner ſa couronne à un héros tout formé ; c'eſt qu'on en appercevoit déjà l'ame à travers les nuages de l'enfance. La république nomma autant de régens qu'il y avoit de provinces, & des Burrhus ſe chargèrent d'inſtruire l'homme de la nation. Il prit les

rênes de l'état à 18 ans ; & en deux ans de règne il égala les grands rois. Il triompha des forces de la maiſon d'Autriche ; il ſe fit couronner roi de Hongrie ; il fut le premier roi de *Pologne* qui oſa lutter contre la fortune de l'empire Ottoman. Cette hardieſſe lui fut fatale ; il périt à la bataille de Varne, à peine avoit-il 20 ans ; & la *Pologne* regrettant également l'avenir & le paſſé, ne verſa jamais de pleurs plus amers.

Elle n'eſſuya bien ſes larmes que dans le 16ᵉ ſiècle, ſous le règne de Sigiſmond I. Ce prince eut un bonheur rare dans la diète d'élection ; il fut nommé roi par acclamation, ſans diviſion des ſuffrages. Une autre faveur de la fortune lui arriva, parce que les grands hommes ſavent la fixer. Il abattit la puiſſance d'un ordre religieux qui déſoloit la *Pologne* depuis trois ſiècles ; je parle des chevaliers teutoniques. Sigiſmond étoit doué d'une force extraordinaire, qui le faiſoit paſſer pour l'Hercule de ſon tems ; il briſoit les métaux les plus durs, & il avoit l'ame auſſi forte que le corps. Il a vécu 82 ans, preſque toujours victorieux, reſpecté & ménagé par tous les ſouverains, par Soliman même, qui ne ménageoit rien. Il a peut-être été ſupérieur à François I, en ce que plus jaloux du bonheur de ſes peuples que de ſa gloire, il s'appliqua conſtamment à rendre la nation plus équitable que ſes loix, les mœurs plus ſociables, les villes plus floriſſantes, les campagnes plus cultivées, les arts & les ſciences plus honorés, la religion même plus épurée.

Perſonne ne lui reſſembla plus parmi ſes ſucceſſeurs, qu'Etienne Battori, prince de Tranſilvanie, à qui la *Pologne* donna ſa couronne, après la fuite d'Henri de Valois. Il ſe fit une loi de ne diſtribuer les honneurs & les emplois qu'au mérite ; il réforma les abus qui s'étoient accumulés dans l'adminiſtration de la juſtice ; il entretint le calme au dedans & au dehors. Il régna dix ans : c'étoit aſſez pour ſa gloire, pas aſſez pour la république.

Sigiſmond III prince de Suède lui ſuccéda ſans le remplacer ; il n'eut ni les mêmes qualités ni le même bonheur ; il perdit un royaume héréditaire pour gagner une couronne élective ; il laiſſa enlever à la *Pologne*, par Guſtave Adolphe, l'une de ſes plus belles provinces, la Livonie. Il avoit deux défauts qui cauſent ordinairement de grands malheurs ; il étoit borné & obſtiné.

Caſimir V (Jean) fut le dernier de la race des Jagellons. Rien de plus varié que la fortune de ce prince. Né fils de roi, il ne put réſiſter à l'envie d'être religieux, eſpèce de maladie qui attaque la jeuneſſe, dit l'abbé de Saint-Pierre, & qu'il appelle la *petite vérole de l'eſprit*. Le pape l'en guérit en le faiſant cardinal. Les cardinaux le changèrent en roi, &, après avoir gouverné un royaume il vint en France pour gouverner des moines. Les deux abbayes que Louis XIV lui donna, celle de St. Germain-des-Prés & celle de

S. Martin de Nevers, devinrent pour lui une subsistance nécessaire, car la *Pologne* lui refusoit la pension dont elle étoit convenue ; & pendant ce tems-là il y avoit en France des murmures contre un étranger qui venoit ôter le pain aux enfans de la maison. Il voyoit souvent Marie Mignot cette blanchisseuse que le caprice de la fortune avoit d'abord placée dans le lit d'un conseiller du parlement de Grenoble, & ensuite dans celui du maréchal de l'Hôpital. Cette femme singulière, deux fois veuve, soutenoit à Gourville qu'elle avoit épousé secrètement le roi Casimir. Elle étoit avec lui à Nevers lorsqu'il y tomba malade & qu'il y finit ses jours en 1672.

Michel Wiecnoviecki fut élu roi de *Pologne* en 1669, après l'abdication de Casimir. Jamais roi n'eut plus besoin d'être gouverné ; & en pareil cas ce ne sont pas toujours les plus éclairés & les mieux intentionnés qui gouvernent. Au bout de quelques années il se forma une ligue pour le détrôner. Les Polonois ont pour maxime que tout peuple qui peut faire un roi, peut le défaire. Ainsi ce qu'on appelleroit ailleurs *conjuration*, ils le nomment *l'exercice d'un droit national*. Cependant les seigneurs ligués ne poussèrent pas plus loin leur projet, par la crainte de l'empereur, & en considération de la misérable santé du roi, qui finit ses jours l'année suivante sans postérité, à l'âge de 35 ans, après quatre ans de troubles & d'agitations. Si le sceptre peut rendre un mortel heureux, c'est seulement celui qui le sait porter. L'incapacité du roi Michel fit son malheur & celui de l'état ; ses yeux se fermèrent en 1673, la veille de la victoire de Choczim.

Jean Sobiéski, qui remporta cette victoire, fut nommé roi de *Pologne* l'année suivante, & se montra un des grands guerriers du dernier siècle. (*Voyez son article.*) Il mourut à Varsovie dans la 66e année de son âge.

Frédéric-Auguste I, électeur de Saxe, devint roi de *Pologne* au moyen de son abjuration du luthéranisme, & de l'argent qu'il répandit. Il se ligua en 1700 avec le roi de Danemarck & le czar contre Charles XII. Il se proposoit par cette ligue d'assujettir la *Pologne*, en se rendant plus puissant par la conquête de la Livonie ; mais les Polonois le déposèrent en 1704, & élurent en sa place Stanislas Lesczinski, palatin de Posnanie, âgé de 26 ans. Les Saxons ayant été battus par ce prince & par le roi de Suède, Auguste se vit obligé de signer un traité de renonciation à la couronne polonoise. La perte de la bataille de Pultowa en 1709, fut le terme des prospérités de Charles XII, ce revers entraîna la chûte de son parti. Auguste rentra dans la *Pologne*, & le czar victorieux l'y suivit pour l'y maintenir. Le roi Stanislas ne pouvant résister à tant de forces réunies, se rendit à Bender auprès du roi de Suède.

Les événemens de la vie du roi Stanislas sont bien remarquables. Son père Raphaël Lesczinski avoit été grand général de la *Pologne*, & ne craignit jamais de déplaire à la cour pour servir la république. Grand par lui-même, plus grand encore dans son fils, dont Louis XV est devenu le gendre ; les Polonois, témoins de sa valeur & charmés de la sagesse & de la douceur de son gouvernement pendant le court espace qu'avoit duré son règne, l'élurent une seconde fois après la mort d'Auguste, (en 1733). Cette élection n'eut pas lieu, par l'opposition de Charles VI que soutenoient ses armes, & par celles de la Russie. Le fils de l'électeur de Saxe qui avoit épousé une nièce de l'empereur, l'emporta de force sur son concurrent ; mais Stanislas conservant toujours, de l'aveu de l'Europe, le titre de *roi*, dont il étoit si digne, fut fait duc de Lorraine, & vint rendre heureux de nouveaux sujets qui se souviendront long-temps de lui.

L'histoire juge les princes sur le bien qu'ils font. Si jamais la *Pologne* a quelque grand roi sur le trône pour la rétablir, ce sera celui-là seul, comme dit M. l'abbé Coyer, « qui regardant autour de » lui une terre féconde, de beaux fleuves, la mer » Baltique & la mer Noire, donnera des vaisseaux, » des manufactures, du commerce, des finances » & des hommes à ce royaume ; celui qui abo- » lira la puissance tribunitienne, le *liberum veto*, » pour gouverner la nation par la pluralité des » suffrages ; celui qui apprendra aux nobles que » les serfs qui les nourrissent, issus des Sarmates » leurs ancêtres communs, sont des hommes, » & qui, à l'exemple d'un roi de France, plus » grand que Clovis & Charlemagne, bannira la » servitude, cette peste civile, qui tue l'émula- » tion, l'industrie, les arts, les sciences, l'hon- » neur & la prospérité ; c'est alors que chaque » Polonois pourra dire :

» Namque erit ille mihi semper deus.

(*Le chevalier de* JAUCOURT.)

POLOGNE, *sacre des rois de*, (*Hist. des cérémonies de Pologne.*) La *Pologne*, pour le choix de la scène du couronnement, fait comme la France. Au lieu de sacrer ses rois dans la capitale, elle les mène à grands frais dans une ville moins commode, & moins belle, à Cracovie, parce que Ladislas Lokctek, au quatrième siècle, s'y fit couronner. Ceux qui aiment les grands spectacles, sans penser à ce qu'ils coûtent aux peuples, seroient frappés de celui-ci. On y voit la magnificence asiatique se mêler au goût de l'Europe. Des esclaves éthiopiens, des orientaux en vêtemens de couleur du ciel, de jeunes Polonois en robes de pourpre, une armée qui ne veut que briller ; les voitures, les hommes & les chevaux disputant de richesses, l'or effacé par les pierreries ; c'est au milieu de ce cortége que le roi élu paroît sur un cheval magnifiquement harnaché.

La *Pologne*, dans l'inauguration de ses rois, leur présente le trône & le tombeau. On commence par les funérailles du dernier roi, dont le corps reste en dépôt jusqu'à ce jour ; mais comme cette pompe funèbre ressemble en beaucoup de choses à celle des autres rois, je n'en citerai qu'une singularité. Aussi-tôt que le corps est posé sur le catafalque dans la cathédrale, un hérault à cheval, armé de pied en cap, entre par la grande porte, court à toute bride, & rompt un sceptre contre le catafalque. Cinq autres courant de même, brisent l'un la couronne, l'autre le globe, le quatrième un cimeterre, le cinquième un javelot, le sixième une lance, le tout au bruit du canon, des trompettes & des timbales.

Les reines de *Pologne* ont un intérêt particulier au couronnement. Sans cette solemnité, la république, dans leur viduité, ne leur doit point d'apanage, (cet apanage ou douaire est de deux mille ducats, assignés sur les salines & sur les starosties de Spiz & de Grodeck), & même elle cesse de les traiter de reines. Il s'est pourtant trouvé deux reines qui ont sacrifié tous ces avantages à leur religion, l'épouse d'Alexandre au seizième siècle, & celle d'Auguste II au dix-septième siècle. La première professoit la religion grecque, la seconde le lutheranisme qu'Auguste venoit d'abjurer ; ni l'une, ni l'autre ne furent couronnées.

La pompe finit par un usage assez singulier ; un évêque de Cracovie, assassiné par son roi dans le onzième siècle, étant à son tribunal, c'est-à-dire, dans la chapelle où son sang fut versé, cite le nouveau roi comme s'il étoit coupable de ce forfait. Le roi s'y rend à pied, & répond comme ses prédécesseurs, « que ce crime est atroce, qu'il » en est innocent, qu'il le déteste, & en demande » pardon, en implorant la protection du saint » martyr sur lui & sur le royaume ». Il seroit à souhaiter que dans tous les états, on conservât ainsi les monumens des crimes des rois ; la flatterie ne leur trouve que des vertus.

Ensuite le roi, suivi du sénat & des grands officiers tous à cheval, se rend à la place publique. Là, sur un théâtre élevé, couvert des plus riches tapis de l'Orient, il reçoit le serment de fidélité des magistrats de Cracovie, dont il annoblit quelques uns. C'est la seule occasion où un roi de *Pologne* puisse faire des nobles ; la noblesse ne doit se donner que dans une diète après dix ans au moins de service militaire. *Histoire de Sobieski*, par M. l'abbé Coyer. (*D. J.*)

POLTROT DE MÉRÉ, (JEAN, *Hist. de Fr.*) gentilhomme d'Angoumois, protestant fanatique, assassina au siége d'Orléans, en 1563, le grand duc

de Guise François. Il fut traité en criminel de lèze majesté, il fut écartelé, il varia beaucoup, & dans le cours du procès, & à la question, & à la mort ; il chargea plusieurs fois, & déclara autant de fois innocents Coligny, Soubise & Théodore de Bèze, mais sur-tout Coligny ; il en dit assez pour que les Guises & les catholiques aient cru Coligny coupable, pour que les protestans l'aient jugé innocent, mais il n'a pas résolu le problème aux yeux de la postérité. Il paroît que le soupçon de complicité contre l'amiral de Coligny fut principalement fondé sur deux faits : l'un, que Poltrot ayant été adressé à l'amiral de Coligny par Soubise, avec une lettre de ce dernier, l'amiral, après avoir lu la lettre, dit à *Poltrot*, on me mande que vous avez le désir de bien servir la religion, servez-la donc bien : mot, dans lequel on voulut trouver du mystère, & qu'on crut concerté entre l'amiral & Soubise, pour que l'amiral pût nier qu'il eût su le projet de *Poltrot*.

L'autre fait est que l'amiral, pour se laver de ce soupçon, disoit publiquement : » je n'ai aucune part » à la mort du duc de Guise, mais je ne puis que me » réjouir de la mort d'un si dangereux ennemi de » notre religion ; mot qui étonna dans la bouche » d'un homme si prudent ; mot, cependant, dont la » franchise semble prouver l'innocence de l'amiral.

Dans un écrit du temps, adressé par un huguenot au cardinal de Lorraine, & daté du 2 avril 1564, on trouve ces condamnables paroles : » *Méré*, notre libérateur, nous a laissé un exemple » beau & divin pour l'ensuyvre. Je sais bien qu'il ne » fault pas estre si cruel que vous, mais je nie que » ce soit cruauté de faire justice d'un tyran qui n'eût » onc ni pitié ni humanité. » On compara aussi *Poltrot* de *Méré* à David, qui tua le philistin Goliath.

POLUS ou POOL, où *de la* POOL (*Hist. d'Anglet.*) maison illustre d'Angleterre. Michel de la *Poole*, fils d'un riche négociant, qui avoit plus d'une fois aidé l'état des grands biens que le commerce lui avoit procurés, étoit chancelier d'Angleterre, sous Richard II, dans le temps de trouble, & où tout se ressentoit de l'esprit de parti. La chambre des communes porta une accusation contre le chancelier à la cour des pairs ... La *Poole*, sacrifié par le foible Richard, fut privé de son office sur des prétextes qui depuis ont paru assez frivoles. Dans la suite sur une autre accusation non moins frivole, il fut condamné à mort, mais ce jugement fut rendu par contumace.

Cette maison devint plus considérable encore par le mariage d'un la *Poole*, avec Elisabeth d'Yorck, sœur du roi Edouard IV, du duc de Clarence, & du roi Richard III ; de ce mariage naquirent le comte de Lincoln, tué en 1487, à la bataille de Stoke, près de Newarck, p. rdue par les Yorckistes, contre le roi Henri VII, leur ennemi implacable ; le comte ou duc de Suffolck qui étant tombé entre les mains de Henri VII, fut mis à la tour de Londres, où il paſſa le reſte de ſes jours ; Henri VIII lui fit trancher la tête ; enfin un autre comte ou duc de Suffolck, Richard de la Poole, qui épouſa la comteſſe de Salisbury, fille du duc de Clarence, & qui doublement Yorck, & par ſa mère & par ſa femme, échappa au carnage des princes de cette maiſon, en ſe réfugiant en France, d'où on l'obligeoit de ſortir, dans tous les traités de paix qui ſe faiſoient entre la France & l'Angleterre ; il ſe retiroit alors en Allemagne, & revenoit ſervir la France auſſi-tôt qu'elle rentroit en guerre avec l'Angleterre. Les ſeigneurs de la Poole n'avoient cependant point de droit alors ouvert à la couronne d'Angleterre ; car ſi Henri VIII, qui réuniſſoit en lui les deux Roſes, régnoit à titre de Lancaſtre ; ce titre leur étoit contraire, & s'il regnoit à titre d'Yorck, du chef de ſa mère, elle étoit fille d'Edouard IV, & la maiſon de la Poole ne deſcendoit que d'une ſœur d'Edouard. Le duc de Suffolck fut tué à la bataille de Pavie, en 1525. Henri VIII, en haine de ce duc de Suffolck, avoit transporté ce titre de Suffolck à Charles Brandon, ſon favori, qui épouſa depuis la princeſſe Marie, ſa ſœur, veuve de Louis XII. La maiſon de la Poole étoit toujours ſuſpecte au tyran Henri VIII ; il avoit cependant montré quelque inclination pour le jeune Reginald ou Renaud de la Poole qui fut dans la ſuite ce fameux cardinal Polus, l'ami des Bembes & des Sadolets, élevé à la pourpre par ſon mérite & par les ſacrifices qu'il fit à la Religion, élevé même à la tiare qu'il refuſa, ſi du moins on peut regarder comme un refus la conduite qu'il tint en cette occaſion : les cardinaux étant allés, ſelon l'uſage, l'adorer dans ſa chambre après l'élection (c'étoit pendant la nuit) il les pria de remettre cette cérémonie au lendemain, de peur qu'elle ne fût priſe pour une œuvre de ténèbres ; propos qui leur parut ſi biſarre, qu'ils crurent que Polus avoit l'eſprit égaré : ils élurent en ſa place le cardinal del Monté Jules III.

Polus étoit fils de Richard, duc de Suffolck, ce fidèle allié de la France, tué à Pavie, qui avoit fortifié ſes droits éventuels au trône d'Angleterre, par ſon mariage avec Marguerite d'Yorck, comteſſe de Salisbury, fille de ce duc de Clarence qu'Edouard IV, ſon frère, avoit fait noyer. Cette princeſſe avoit trouvé grace devant Henri VIII, & Catherine d'Arragon, qui l'avoient placée auprès de Marie, leur fille, en qualité de dame d'honneur. Dans le ſchiſme d'Angleterre, Marguerite fut fidelle à ſa religion & à Catherine. Marie trouva en elle de la conſolation, & les catholiques de l'appui. Henri, qui avoit donné à Polus, fils de Marguerite, le doyenné d'Exeter, crut pouvoir l'attirer à ſon parti dans l'affaire du divorce, & dans celle de la ſuprématie. Polus, pour toute réponſe, fit imprimer ſon traité de unione ecclesiaſtica ; il étoit alors en Italie ; Henri le pria de revenir en Angleterre pour lui expliquer quelques paſſages de ſon livre ; Polus qui ſavoit

que ſon livre n'étoit que trop clair, ſe garda bien de revenir. Henri s'en prit à toute la famille de Polus ; il fit trancher la tête au frère aîné de Polus, & à Marguerite, leur mère, ſous prétexte de complots formés pour marier le jeune Polus avec la princeſſe Marie, & faire remonter avec eux l'orthodoxie ſur le trône ; Marguerite étoit âgée de ſoixante-dix ans. Le ſupplice de cette femme reſpectable, dernier rejetton direct des Plantagenets, fut un ſpectacle horrible par toutes les circonſtances. » Elle refuſa, dit M. Hume, de » poſer ſon cou ſur le billot, & de ſe ſoumettre en » aucune manière à une ſentence rendue ſans au- » cune formalité ; elle dit à l'exécuteur que s'il » vouloit avoir ſa tête, il n'avoit qu'à la ſaiſir com- » me il pourroit, & la ſecouant alors d'un air im- » poſant, elle ſe mit à courir autour de l'échafaut. » L'exécuteur la pourſuivit la hache levée, en lui » portant pluſieurs coups perdus avant de pouvoir » la frapper du coup mortel. «

Cette réſiſtance inutile, & cette courſe ſur l'échafaut manquent de dignité, mais le principe en eſt bon, c'eſt celui de déſobéir autant qu'il eſt en ſoi à une ſentence injuſte.

Henri crut reconnoître le ſtyle de Polus dans une bulle d'excommunication lancée contre lui par le Pape Paul III ; il y étoit comparé à Balthaſar, à Néron, à Domitien, à Dioclétien, & ſur-tout à Julien, (ces deux dernières comparaiſons lui faiſoient trop d'honneur) ; Henri en fut tellement irrité, qu'il mit, dit-on, à prix la tête de Polus, qui pardonna généreuſement à quelques aſſaſſins que ce prix avoit tentés.

Le pape n'oſant nommer Polus à la légation d'Angleterre, lui donna celle des Pays-Bas ; mais Henri VIII, qui vit le deſſein du pape & de Polus, obtint de la reine de Hongrie, gouvernante des Pays-bas, qu'elle refuſât à Polus la permiſſion d'exercer une légation qui étoit bien moins pour les Pays-Bas que contre l'Angleterre.

La haine entre Henri & Polus n'eut d'autres bornes que celles de la vie de Henri VIII. Polus vit périr Henri & ſon fils Edouard VI ; il vit monter ſur le trône la reine Marie, cette reine le demanda pour légat en Angleterre. (Voyez l'article. Gardiner) Marie, en appellant le cardinal Polus auprès d'elle, croyoit y attirer un catholique perſécuteur ; elle aimoit en lui la haine que Henri VIII lui avoit portée, & le zèle vindicatif qu'elle lui ſuppoſoit ; elle le goûta moins de près ; Polus étoit tolérant. Digne ami de Sadolet, (voyez cet article) il penſoit comme lui, que c'eſt l'orgueil qui hait & qui perſécute, que la religion aime & conſole ; il parut comme un Dieu ſauveur parmi les bourreaux & les victimes ; il ne parla que de paix, il réconcilia l'égliſe anglicane avec le Saint-Siège ; revêtu du pouvoir pontifical, il n'en fit uſage que pour pardonner ; il donna l'abſolution au parlement ; tout l'ouvrage de Henri VIII & d'Edouard VI fut renverſé, & l'auroit peut-être été pour toujours, fi Marie, par des rigueurs imprudentes, n'eût arrêté les effets de la douceur de *Polus*.

Marie eut un grand fcrupule; elle avoit poffédé des biens enlévés aux eccléfiaftiques, la reftitution réparoit tout. Auffi ce n'étoit pas fur l'injuftice de fa poffeffion que Marie avoit des remords; mais le pape avoit lancé une bulle d'excommunication contre les poffeffeurs de ces biens, Marie avoit été dans le cas, & l'excommunication n'avoit point été levée, *Polus* la leva. Mais quand on lui parloit de brûler les non-conformiftes, il parloit de réformer les mœurs du clergé. « Commençons, difoit-il, par tenter cette » voie & vous verrez que l'autre deviendra inu» tile. » Marie les crut toutes deux néceffaires, elle confia au cardinal *Polus* le foin de réformer le clergé; à Gardiner celui d'extirper l'héréfie, & il n'y eut d'héréfie extirpée que par *Polus*. On écouta le miniftre d'un Dieu clément, on détefta l'agent d'une reine barbare. Jamais le facré collège n'eut deux membres plus refpectables que Sadolet & *Polus*. Lumières fupérieures & grands talens pour le temps, piété fincère, charité fervente, fi l'on demande pourquoi Rome ne les a pas mis au rang des faints, un proteftant répondra: *c'eft qu'il furent tolerans*; mais que peut répondre un Catholique?

Le primat Crammer ayant été brûlé comme hérétique, fon archevêché de Cantorbéri fut donné au cardinal *Polus*, comme Gardiner l'avoit prévû & l'avoit craint, mais du moins *Polus* n'eut jamais à fe reprocher d'avoir approuvé les cruautés auxquelles il devoit cet archevêché. Il fut auffi préfident du confeil royal. Il mourut le 25 novembre 1558, de faififfement & de douleur, en apprenant la mort de la reine Marie & en prévoyant la chûte prochaine de la religion catholique en Angleterre. Depuis ce moment il embraffoit fans ceffe fon crucifix, en s'écriant: *Sauvez-nous, feigneur, nous périffons, fauveur du monde, fauvez votre église*. Beccatelli, archevêque de Ragufe, a écrit fa vie en italien & elle a été traduite en latin par André Dudith, tous deux avoient été fes fecrétaires.

POLYANDRIE, f. f. (*Hift. morale & politique*) Ce mot indique l'état d'une femme qui a plufieurs maris.

L'histoire, tant ancienne que moderne, nous fournit des exemples de peuples chez qui il étoit permis aux femmes de prendre plufieurs époux. Quelques auteurs qui ont écrit fur le droit naturel, ont cru que la *polyandrie* n'avoit rien de contraire aux loix de la nature; mais pour peu que l'on y faffe attention, on s'appercevra aifément que rien n'eft plus oppofé aux vues du mariage. En effet, pour la propagation de l'efpèce, une femme n'a befoin que d'un mari, puifque communément elle ne met au monde qu'un enfant

à la fois; d'ailleurs la multiplicité des maris doit anéantir ou diminuer leur amour pour les enfans, dont les pères feront toujours incertains. Concluons de-là que la *polyandrie* eft une coutume encore plus impardonnable que la polygamie; qu'elle ne peut avoir d'autre motif qu'une lubricité très-indécente de la part des femmes, à laquelle les légiflateurs n'ont point dû avoir égard; que rien n'eft plus propre à rompre ou du moins à relâcher les liens qui doivent unir les époux; enfin que cette coutume eft propre à détruire l'amour mutuel des parens & des enfans.

Chez les Malabares, les femmes font autorifées par les loix à prendre autant de maris qu'il leur plait, fans que l'on puiffe les en empêcher. Cependant quelques voyageurs prétendent que le nombre de maris qu'une femme peut prendre, eft fixé à douze; ils conviennent entr'eux du temps pendant lequel chacun vivra avec l'époufe commune. On affure que ces arrangemens ne donnent lieu à aucune méfintelligence entre les époux, d'ailleurs dans ce pays les mariages ne font point des engagemens éternels, ils ne durent qu'autant qu'il plait aux parties contractantes. Ces mariages ne font pas fort ruineux, le mari en eft quitte pour donner une pièce de toile de coton à celle qu'il veut époufer; de fon côté, elle a rempli fes devoirs en préparant les alimens de fon mari, & en tenant fes habits propres & fes armes biennettes. Lorfqu'elle devient groffe, elle déclare de qui eft l'enfant, c'eft le père qu'elle a nommé qui en demeure chargé. D'après des coutumes fi étranges & fi oppofées aux nôtres, on voit qu'il a fallu des loix pour affurer l'état des enfans; ils fuivent toujours la condition de la mère qui eft certaine. Les neveux par les femmes font appellés aux fucceffions comme étant les plus proches parens, & ceux dont la naiffance eft la moins douteufe. (*A. R.*)

POLYBE (*Hift. litt. anc.*) Hiftorien, homme de guerre & homme d'état. Son hiftoire univerfelle étoit en quarante livres; il ne nous en refte en entier que les cinq premiers; nous avons des fragmens affez confidérables des douze livres fuivans; nous avons auffi dans le recueil de Henri de Valois, ce que Conftantin Porphyrogénère avoit fait extraire de l'hiftoire de *Polybe*, concernant les ambaffades & les exemples des vertus & des vices. C'eft par *Polybe* qu'on connoît le mieux la manière de faire la guerre en ufage chez les anciens. Il faut joindre au texte l'excellent commentaire du chevalier Folard (voyez l'article *Folard*,) *Polybe* étoit par lui-même & indépendamment de fon ouvrage, un perfonnage fort intéreffant. L'illuftre Philopœmen avoit été fon maître dans l'art de la guerre. Lycortas, père de *Polybe*, avoit été comme Philopœmen, un des chefs & des défenfeurs les plus zélés de la ligue des Achéens. *Polybe*, jeune encore, mais déjà célèbre

célèbre par sa valeur, fut du nombre des mille Achéens; que les romains transportèrent à Rome pour les punir du zèle qu'ils avoient montré pour la défense de la liberté, car il n'appartenoit qu'aux romains d'être libres. Sa réputation de valeur & d'esprit l'avoit annoncé avantageusement à Rome. Les jeunes romains les plus distingués par la naissance, par les talens, par les vertus, se piquèrent d'être ses amis. De ce nombre, furent le second Scipion l'africain & Fabius, tous deux fils de Paul Emile. Polyte suivit Scipion dans les expéditions de Carthage la neuve & de Numance. Cette amitié dont les principaux citoyens de Rome l'honorèrent, lui fournit des moyens de rendre des services importans à la Grèce sa patrie, alors réduite en province romaine; il sut lui procurer au défaut de la liberté une servitude douce & paisible. Polybe étoit né à Mégalopolis, ville du Péloponnèse dans l'Arcadie. La mort de Scipion son ami lui ayant rendu le séjour de Rome insupportable, il fit ce que fait en pareil cas toute ame honnête & sensible, il retourna dans sa patrie; elle n'avoit pas oublié ses bien faits; il y jouit de la tendresse & de la reconnoissance de ses concitoyens. Il mourut à quatre-vingt-deux ans, d'une blessure qu'il se fit en tombant de cheval. C'étoit la cent vingt-unième année avant Jésus-Christ. Brutus croyoit pouvoir apprendre dans Polybe l'art de la guerre; il l'étudioit au milieu de ses campagnes les plus laborieuses, & en fit un abrégé pour son usage dans le temps où il faisoit la guerre à Marc-Antoine & à Auguste.

POLYCARPE (SAINT) *Hist. ecclés.*) évêque de Smyrne, disciple de saint Jean l'évangéliste, & dont les deux premiers évêques de Lyon, saint Photin & saint Irénée, furent les disciples. Il fit vers l'an 160 un voyage à Rome pour conférer avec le pape Anicet sur le jour de la célébration de la pâque, question qui fut dans la suite le sujet d'une grande contestation. On loue beaucoup dans l'histoire ecclésiastique son zèle contre les hérésiarques Marcion & Cérinthe. L'histoire de son martyre (qui paroit être de l'an 169 ou environ) est rapportée dans une lettre de l'église de Smyrne aux églises de Pont. Il reste de saint *Polycarpe* une épitre adressée aux Philippiens.

POLYCLETE (*Hist. anc.*) fameux sculpteur de Sicyone, ville du Péloponnèse; il vivoit environ 230 ans avant Jésus-Christ; Miron fut un de ses disciples. Phidias étoit le premier qui eût mis la sculpture en honneur; c'est *Polyclète* qui l'a portée chez les anciens au dernier dégré de la perfection. Une de ses statues représentant un jeune homme couronné, fut vendue cent talens. Dans sa statue d'un Doryphore ou garde du roi de Perse, qui passe pour son chef-d'œuvre, il rencontra si heureusement toutes les proportions

du corps humain, qu'elle fut appellée la *règle*, & que les sculpteurs venoient l'étudier comme un modèle parfait.

Ælien rapporte que *Polyclète*, travaillant un jour à une statue par ordre du peuple, se fit une loi d'écouter tous les avis & de faire toutes les corrections qu'on lui indiquoit; en même-temps il fit sur le même sujet une autre statue, où il ne suivit que son génie & les règles de l'art. Quand elles furent toutes deux exposées en public, tout le monde condamna la première & admira la seconde; *la première,* leur dit-il, *messieurs, est votre ouvrage, la seconde est le mien.* Après la mort de *Polyclète,* & long-temps après celle de Phidias, il y eut une espèce de concours pour les statues qui dévoient être placées dans le temple de Diane d'Ephèse où l'on ne vouloit rien mettre que de parfait; on prit pour juges les meilleurs sculpteurs du temps sans les exclure du concours; chacun d'eux nomma au premier rang ses propres ouvrages, au second ceux de *Polyclète,* au troisième ceux de Phidias.

POLYCRATE ou POLICRATE, (*Hist. anc.*) tyran de Samos, est un exemple mémorable des caprices de la fortune, qui, après l'avoir comblé de ses faveurs, lui fit éprouver le plus cruel revers. Le crédit dont il jouissoit dans sa patrie, lui servit à s'en rendre le tyran; & pour régner sans rivaux, il sacrifia son frère à son ambition. Quoique sa domination ne s'étendît que dans son île, il couvrit la mer de ses vaisseaux, & fit trembler les plus formidables puissances de l'Europe & de l'Asie. Il se rendit aussi terrible à ses sujets qu'à ses ennemis. Les Samiens, accablés de son joug, implorèrent la protection des Lacédémoniens, défenseurs de la liberté publique. Sparte, ennemie de la tyrannie, mit une flotte en mer, & forma le siège de Samos; mais cette entreprise, soutenue avec courage, fut terminée avec honte. Les Spartiates, après plusieurs assauts inutiles, furent obligés de se rembarquer. Amasis, roi d'Egypte & ami de *Polycrate,* craignit que tant de prospérités, sans mélange de disgraces, ne fussent le présage de quelque grande infortune, & lui conseilla de se préparer quelque malheur pour faire l'essai de sa constance. *Polycrate* profita de cet avis; il jetta dans la mer une bague de grand prix, qu'il retrouva, quelques jours après, dans le corps d'un poisson qu'on servit sur sa table: mais la fortune lui prépara un malheur plus grand qu'il ne put éviter. Le gouverneur de Sardes, sous prétexte de l'associer à la révolte qu'il méditoit contre Cambyse, l'éblouit par la promesse de lui confier tous ses trésors. Le tyran, séduit par son avidité, se rendit auprès du satrape, qui ne l'eut pas plutôt en sa puissance, qu'il le fit mettre en croix. (*T. N.*)

POLYDAMAS (*Hist. anc.*) fameux athlète

Y y

de l'antiquité. Pausanias rapporte qu'un jour cet homme, seul & sans armes, tua sur le mont Olympe un lion des plus furieux. Ayant une autre fois saisi un taureau par l'un des pieds de derrière, le taureau ne put échapper qu'en laissant la corne de son pied dans la main de l'athlète. Lorsqu'il retenoit un chariot par derrière, les chevaux les plus robustes animés par le cocher, ne pouvoient le faire avancer. Darius Nothus, roi de Perse, l'ayant voulu voir sur le bruit de cette force prodigieuse, lui mit en tête trois soldats de sa garde, de ceux que les Perses appelloient *immortels*, & qui étoient distingués entre tous les guerriers par la valeur & par la force; il se battit contre tous les trois à la fois, & les tua.

POLYDORE VIRGILE (*Hist. litt. mod.*) étoit un Italien, natif d'Urbin; il passa en Angleterre sous le règne de Henri VIII, pour recevoir au nom du pape *le denier de saint Pierre*, car l'Angleterre payoit encore au saint siège le tribut de l'esclavage, du temps de Henri VIII, & ce prince ne s'en affranchit que par le schisme. Henri VIII goûta *Polydore* Virgile, le fixa en Angleterre, lui procura l'archidiaconé de Wels. Ce fut là qu'il écrivit son histoire d'Angleterre, dédiée à Henri VIII, & qui va jusqu'à la fin du règne de Henri VII. On a de lui quelques autres ouvrages moins connus; un traité des prodiges, un traité *de inventoribus rerum*; un recueil d'adages ou de proverbes; des corrections sur Gildas. On a fait sur *Polydore* Virgile ce distique latin :

Virgilii duo sunt, alter Maro, tu, Polydore :
Alter; tu mendax, ille poëta fuit.

Mort en 1555.

POLYEN, POLYÆNUS, (*Hist. litt. anc.*) auteur connu par son *recueil de stratagêmes de guerre*, qu'il dédia aux empereurs Antonin & Verus, & que dom Lobineau, bénédictin, a traduit en françois sous ce titre : *Les ruses de guerre de Polyen.* *Polyen* étoit de Macédoine.

POLYEUCTE, (*Hist. ecclef.*) martyr de Mélitène en Arménie au troisième siècle; on ne connoît que son nom qui sera célèbre à jamais par la tragédie de Corneille. Les actes de son martyre sont supposés; c'est, dit Corneille, un martyr dont on a plutôt appris le nom à la comédie qu'à l'église; il rapporte cependant ce qu'en a écrit, au 9 janvier, Surius, ou plutôt Mosander qui l'a augmenté dans les dernières éditions, & ce qu'il rapporte est conforme à ce qu'on voit dans la pièce sur *Polyeucte* & sur *Néarque*; les embellissemens dramatiques portent sur les autres personnages.

POLYGNOTE. (*Hist. anc.*) peintre grec de l'île de Thase dans la mer Egée, vivoit vers l'an 220

avant Jésus-Christ. Il fut principalement estimé pour la grace & l'expression qu'il sut donner à ses figures; il s'exerça aussi quelque temps dans la sculpture, mais il en revint au pinceau. Son chef-d'œuvre est la représentation des principaux événemens de la guerre de Troye dans ce portique d'Athènes qu'on appelloit le *Pécile ;* il refusa d'en recevoir aucun paiement, générosité qui mérita que le conseil des amphyctions le remerciât solemnellement & par un décret formel au nom de tous les états de la Grèce, & ordonnât que dans toutes les villes où il passeroit, il seroit logé & défrayé aux dépens du public; on lui décerna d'ailleurs un logement public dans Athènes. *Polygnote* fit aussi le tableau de la bataille de Marathon, qui fut pareillement placé dans le *Pécile.*

P O M

POMET, (PIERRE) *Hist. litt. mod.*) marchand droguiste, homme distingué dans sa profession, auteur d'une *histoire générale des drogues*, imprimée en 1694, *in-fol.* avec figures, & que Joseph *Pomet*, son fils, a fait réimprimer en 1735, en deux volumes *in-4°.* Pierre *Pomet*, né en 1658, mourut en 1699.

POMEY, (FRANÇOIS) *Hist. litt. mod.*) jésuite, connu par un dictionnaire françois-latin, qui n'est plus guères d'usage ; par une espèce de vieille rhétorique latine que le père Jouvency a rajeunie sous le titre de *novus rhetoricæ candidatus.* On a encore de lui un *traité des particules* en françois; un traité des funérailles des anciens en latin, sous le titre de *libitina ;* des *colloques scholastiques & moraux ;* une mythologie latine, sous ce titre : *Panthæum mysticum, seu fabulosa Deorum historia ;* un abrégé du dictionnaire de Robert-Etienne, intitulé : *flos latinitatis, &c.* Mort en 1673.

POMMERAYE, (dom JEAN-FRANÇOIS) *Hist. mod.*) bénédictin de la congrégation de Saint-Maur, étoit de Rouen & a beaucoup écrit sur Rouen. Il a fait l'histoire de cette cathédrale, de ses archevêques, de ses conciles & synodes, de ses abbayes de Saint-Ouen, de Saint-Amand & de Sainte-Catherine, &c. Né en 1617, mort en 1687.

POMPADOUR, (*Hist. de Fr.*) noble & ancienne maison du Limousin; elle portoit au commencement, ou comme nom de famille, ou comme nom de baptême, ou comme une espèce de surnom, celui de *Hélie ;* les femmes de cette maison ont souvent porté celui de *soube* au ou *souveraine. Souveraine Hélie, souveraine de Pompadour.*

De cette maison, aujourd'hui éteinte, étoit Geoffroi de *Pompadour*, évêque de Périgueux, & ensuite du Puy, grand aumônier de France, qui fut premier président de la chambre des comptes de Paris. On crut qu'il étoit dans les intérêts du duc d'Orléans (Louis XII) contre la dame de Beau-jeu, sous le règne de Charles VII. Il fut arrêté sous ce prétexte vrai ou faux, sa disgrace ne fut pas longue, & il fut transféré du siége de Périgueux à celui du Puy sous ce même règne ; il mourut sous celui de Louis XII en 1514.

Antoine, son frère puîné, mourut évêque de Condom, le 11 octobre 1496.

Jean II, leur frère aîné, étoit chambellan de Louis XI.

Antoine, son fils, étoit maître d'hôtel de Charles VIII, & fut chambellan de Louis XII.

Geoffroi V, petit-fils d'Antoine, fut fait gou-verneur du Limousin, & avoit bien mérité cet honneur par les services qu'il avoit rendus aux rois Henri II, François II & Charles IX.

Jean, son fils, fut tué au siége de Mucidan en 1569, dans les guerres de religion.

Dans la branche des marquis de Laurière, un *Pompadour*, marquis du Bourdé, fut tué au siége de Thionville en 1639.

Une femme d'un grand crédit, qu'on trouve célébrée dans quelques endroits des poésies de M. de Voltaire, sous ce nom de *Pompadour* ;

> Il se plut à paîtrir d'incarnat & d'albâtre
> Les charmes arrondis du teint de Pompadour,
> Tandis qu'il vous étend un noir luisant d'ébène
> Sur le nez applati d'une face africaine,
> Qui ressemble à la nuit comme l'autre au beau jour ;

n'avoit rien de commun, comme on sait, avec la maison de *Pompadour*, & n'avoit pris ce nom-là qu'après l'extinction de cette maison ; madame de *Pompadour* est morte en 1764. Son empire avoit commencé en 1745.

POMPÉE dit LE GRAND. (*Hist. rom.*) Voyez l'article TRIUMVIRAT.

POMPÉE (CNEIUS & SEXTUS) *Hist. rom.*) Voyez l'article *Triumvirat* sur une partie de ce qui concerne *Sextus*.

Quant à Cneius son frère aîné, fils aîné du grand *Pompée*, son père l'envoya pendant le cours de la guerre civile, rassembler les forces de l'Orient pour la cause du sénat & de la liberté. Quand il arriva en Egypte, Cléopâtre qui disputoit l'autorité à Ptolémée son frère, s'empressa de plaire à ce jeune romain & de s'en faire un protec-teur ; elle avoit dix-sept ans alors & savoit plaire même sans en avoir le projet. Le jeune *Pom-pée* est compté au nombre de ses amans, & tous ses amans furent heureux, mais celui-ci ne fut point fixé par son bonheur & leur commer-ce dura peu.

Après la bataille de Pharsale, les principaux chefs du parti vaincu, Cicéron, Caton, Labié-nus, Cneius *Pompée* se trouvant rassemblés dans l'île de Corcyre, délibéroient sur ce qui res-

toit à faire ; Labiénus vouloit renouveller la guer-re, Caton mettre ses soldats en sûreté & s'exi-ler le plus loin qu'il pourroit des tyrans & de la tyrannie. Cicéron disoit que ce n'étoit pas as-sez de quitter les armes, qu'il falloit les jetter. *Suasor fui armorum non deponendorum, sed abjicien-dorum.* Cet avis mit le jeune *Pompée* dans une telle fureur qu'il tira l'épée contre Cicéron en l'appellant déserteur & traître, & qu'il l'auroit tué si Caton ne l'eût retenu.

Après la mort du grand *Pompée*, Cneius passa d'Afrique en Espagne où il s'élevoit des mou-vemens dont il crut pouvoir profiter ; il réussit d'abord en l'absence de César, mais celui-ci chan-gea tout-à-coup la fortune par son inconcevable célérité ; il fait lever à Cneius *Pompée* le siége d'Ulia, il assiège Sextus dans Cordoue, il assiège & prend Atégua, il livre enfin contre Cneius *Pompée* la bataille de Munda. Le mot donné par César à ses soldats fut, à son ordi-naire le nom de *Vénus* ; celui de Cneius fut plus intéressant, c'étoit *la piété* ; il vouloit venger son père. Il mit du moins le vainqueur en danger ; César vit ses soldats lâcher pied, & fut au mo-ment d'en être abandonné, mais il avoit des ressources qui n'étoient que pour lui : eh ! quoi ! s'écria-t-il, *vous livrez à des enfans un général blan-chi sous les lauriers*. A ce cri la pudeur les re-tient, leur courage se ranime, le danger de César les transforme en héros, le sort change, la victoire se déclare pour César, elle est com-plette & décisive. Le malheureux Cneius *Pom-pée*, blessé à l'épaule & à la jambe, & s'étant démis le talon, ne pouvant ni monter à cheval ni souffrir même la litière, se cacha au fond d'un antre écarté ; on découvrit sa retraite, il y fut tué, sa tête portée à César, le 12 avril de l'an de Rome 707.

Sextus, frère de Cneius, après la bataille de Pharsale, avoit accompagné son père dans sa fuite ; il l'avoit vu assassiner & n'avoit pu le se-courir, il avoit été obligé de s'enfuir avec Cor-nélie, en Afrique, d'où il avoit passé en Espa-gne ; il étoit à Cordoue dans le temps de la bataille de Munda, il se sauva dans les monta-gnes de la Celtibérie où il vécut long-temps du mé-tier de brigand ; il y rassembla les débris de l'armée républicaine échappés à la bataille de Munda, & sortant peu à peu de ces montagnes, il se soutint avec avantage contre les lieutenans de César. Après la mort de ce dictateur, un arrêt du sénat le rétablit dans ses biens & dans ses droits. L'année suivante, Octavien, depuis nommé Auguste, le fit comprendre dans la condamna-tion prononcée contre les meurtriers de César, quoique du fond des montagnes de la Celtibérie où il étoit alors caché, il ne pût avoir pris aucune part à la conjuration, & que vraisemblable-ment il ne l'eût apprise qu'après l'événement.

mais l'héritier de César vouloit éteindre jusqu'au nom de *Pompée*. L'injustice & la violence ne font souvent que rendre redoutables ceux qui en font l'objet ; Sextus réduit à se défendre, se montra digne fils de *Pompée*, digne vengeur de ses droits, & utile défenseur des restes de la liberté opprimée. Il offrit un asyle à tous les proscrits : si les triumvirs promettoient une somme pour chaque tête proscrite qui leur seroit apportée, Sextus promettoit le double de cette somme à ceux qui sauveroient un proscrit, & il parvenoit à faire afficher ses offres dans Rome & dans toutes les grandes villes d'Italie. En quelqu'état qu'on arrivât auprès de lui, on y trouvoit la fin de ses misères, des habits, de l'argent, des secours de toute espèce, de l'emploi sur-tout dans la flotte & dans son armée. Maître de la Sicile, il couroit, il infestoit toutes les mers qui baignent l'Italie, il interceptoit des convois, il coupoit toute communication entre l'Italie d'une part, la Macédoine & la Grèce de l'autre. Ses brigantins, ses barques, ses vaisseaux de guerre distribués le long des côtes, avertissoient par des signaux les malheureux proscrits qui se cachoient, & recevoient tous ceux qui pouvoient aborder ; il remporta des avantages assez signalés sur les triumvirs, que Brutus & Cassius occupoient d'ailleurs de leur côté. Mais après la bataille de Philippes, & la mort de ces deux derniers des romains, resté seul ennemi des triumvirs, il ne se rendit pas encore ; par une conduite adroite il se fit considérer d'Antoine & craindre d'Octavien ; il profita, pour s'agrandir, des divisions qui s'élevoient déjà quelquefois entre ces deux chefs ; à la Sicile il joignit la Sardaigne, & par ses flottes qui croisoient toujours dans ces mers, il répandit la famine dans Rome & dans l'Italie ; maître de la mer, il se faisoit appeler *fils de Neptune*. Velleius Paterculus vante sa bravoure, son activité, son ardeur, son imagination vive & prompte, sa fidélité à ses engagemens, en quoi il le distingue de son père ; mais il le peint comme un esprit grossier & dont la barbarie se faisoit sentir dans son langage ; il ajoute que ses domestiques le gouvernoient, qu'il étoit l'affranchi de ses affranchis & l'esclave de ses esclaves ; qu'il portoit envie aux grands, & qu'il obéissoit aux derniers des hommes. *Studiis rudis, sermone barbarus, impetu strenuus, manu promptus, cogitatione celer, fide patri dissimillimus, libertorum suorum libertus servorumque servus, speciosis invidens ut pareret humillimis.*

On cite pour exemple de sa facilité à se laisser conduire par des sujets indignes, la confiance aveugle qu'il eut dans ce Ménas, affranchi de son père, qui ne cessa de le trahir & de passer de son parti dans celui d'Octave, & de celui d'Octavien dans le sien. C'est ce Ménas contre lequel est faite la quatrième ode du cinquième livre d'Horace.

Lupis & agnis quanta sortitò obtigit Tecum mihi discordia est.

Et qu'Horace appelle dans cette ode :

*Ibericis peruste funibus latus
Et crura durâ compede.....
Sectus flagellis hic triumviralibus
Præconis ad fastidium.....*

Octavien, Octave ou Auguste, pour prix de ses trahisons, le fit tribun militaire, c'est à quoi Horace fait allusion dans ces vers :

*Quid attinet tot ora navium gravi
Rostrata duci pondere
Contrà latrones atque servilem manum
Hoc hoc tribuno militum ?*

C'est ce même Ménas qui, lorsque Sextus eut enfin consenti à traiter avec les triumvirs, l'an de Rome 713, & à partager en quelque sorte l'empire avec eux, osa donner à Sextus un conseil également hardi & perfide. Sextus donnoit sur son bord une fête aux triumvirs : Voulez-vous, lui dit Ménas à l'oreille, que je vous rende seul le maître du monde ! —— Comment, serois-tu ? — je couperois les cordages des ancres, & ces deux hommes (Octave & Antoine) seroient en votre pouvoir. —— Il falloit le faire, dit Sextus ; sans me le dire & sans me rendre ton complice ; mais puisque tu m'as consulté, je ne sais pas manquer à ma parole, & je te défends de rien tenter. Il est singulier que Sextus n'eût pas cru manquer à sa parole & se rendre complice de Ménas, en profitant de la perfidie parce qu'il n'en auroit pas été prévenu, comme si du moment qu'il l'auroit sûe, il n'auroit pas été obligé de la réparer.

Voyez à l'article *Triumvirat* le mot que Sextus dit à Antoine au sujet de cette fête donnée sur son bord ; voyez-y aussi comment la guerre s'étant rallumée entre Sextus & Octave, les lieutenans d'Octave parvinrent à chasser Sextus de l'île de Sicile. Il s'enfuit alors en Asie & reprit son ancien métier de pirate & d'avanturier ; il essaya de partager avec Antoine l'empire de l'Asie, il forma des projets au-dessus de ses forces, y succomba, fut abandonné de ses soldats & de ses matelots, finit par tomber entre les mains des lieutenans d'Antoine, & fut tué à Milet par l'ordre de ce triumvir, l'an de Rome 717. *Dùm inter ducem & supplicem tumultuatur*, dit Velleius Paterculus, *& nunc dignitatem retinet, nunc vitam precatur*, à M. Titio jussu M. Antonii jugulatus est.

Ce Titius, de retour à Rome, ayant donné dans le théâtre même de *Pompée*, des jeux publics en réjouissance de la mort de Sextus, dernier fils de *Pompée*, fut chargé d'imprécations par le peuple, & obligé de fortir ignominieusement d'un spectacle dont il faisoit lui-même les frais; tant le nom de *Pompée* étoit encore en honneur à Rome!

POMPEIA, (*Hist. rom.*) petite-fille de Quintus Pompeius Rufus & de Sylla, qui furent consuls ensemble, l'an de Rome 664, & fille du jeune Quintus Pompeius, fils du premier, gendre du second, tué cette même année, sous le consulat de son père & de son beau-père, dans la sédition excitée par le tribun Sulpitius en faveur de Marius, fut la première femme de César; elle fut soupçonnée d'une intrigue amoureuse avec Clodius, ce coupable ennemi de Cicéron, (voyez l'article *Clodius*); mais Aurélia, mère de César, femme d'une vertu sévère, veilloit sur la conduite de sa belle-fille, & sa vigilance mettoit beaucoup de gêne dans un tel commerce. Les mystères de la bonne déesse qui se célébroient l'an de Rome 690, dans la maison de César, parurent à Clodius une occasion favorable de s'introduire auprès de *Pompeia*, & on croit que cette femme étoit complice de son projet; il n'en étoit guères cependant de plus hardi, ni de plus dangereux. Il y alloit de la vie à profaner ces mystères par l'admission d'un homme dans la société des femmes, qui seules avoient droit de les célébrer. La maison étoit abandonnée à celles-ci; tous les hommes, & le maître même de la maison étoient obligés d'en sortir. La masculinité étoit un titre d'exclusion pour les animaux mêmes, & on couvroit jusqu'aux peintures qui représentoient des animaux mâles. Ces fêtes entraînoient d'ailleurs beaucoup de mouvement & de liberté; elles se célébroient par des danses; les musiciennes, & les instrumens de musique y abondoient; elles présentoient l'image du plaisir autant & plus que d'une cérémonie sacrée; & comme tout ce qui renferme du secret & du mystère donne lieu aux soupçons, & quelquefois à la calomnie, on prétendit que dans les ténèbres, & à la faveur de quelque déguisement, il y étoit souvent arrivé du désordre. Clodius étoit dans tout l'éclat de la plus brillante jeunesse, & cette ame violente & perfide qui causa depuis tant de troubles, se cachoit alors sous les apparences de la candeur & de la pudeur virginale; il se déguisa en fille, & entra dans l'assemblée à titre de musicienne, étant introduit par une esclave de *Pompeia* qui étoit du secret. Cette esclave l'ayant quitté un moment pour aller avertir sa maîtresse, Clodius resta embarrassé de sa contenance, évitant les regards, n'osant cependant changer de place, courir & danser comme les autres, de peur que l'esclave n'eût de la peine à le retrouver; craignant sur-tout les endroits trop éclairés, & s'en éloignant avec quelque affectation; une esclave d'Aurélia remarqua son air emprunté, en conçut quelque soupçon, l'aborda, lui fit des questions. Clodius oublia de déguiser sa voix; elle parut avoir quelque chose de viril; l'es-

clave surprise & effrayée, courut avertir Aurélia, & dans son effroi elle crioit tout haut qu'un homme s'étoit introduit dans la maison, & que les mystères étoient profanés. Aussi-tôt Aurélia fait cesser les mystères, couvrir les statues & les images des Dieux, fermer toutes les portes, allumer des flambeaux, chercher par-tout. Pendant tout ce mouvement, Clodius étoit forti de l'assemblée, mais il n'avoit pu fortir de la maison, il fut trouvé dans la chambre de l'esclave de *Pompeia* qui l'avoit introduit, on se contenta de le chasser, mais cette avanture fut bientôt publique dans toute la ville; il y eut un cri universel d'indignation contre l'impudence & l'impiété de Clodius; les vestales expièrent son crime par un sacrifice solemnel, César répudia sa femme, l'affaire de Clodius fut portée devant le sénat; le collège des Pontifes consulté sur l'action de Clodius, prononça que c'étoit un sacrilège & une impiété. En conséquence on instruisit son procès, tout autre y auroit péri, Clodius fut s'en tirer à forces d'intrigues, & en intimidant les juges par cette foule de meurtriers & d'assassins qu'il avoit toujours à ses ordres. Aurélia & Julia, sa fille, sœur de César, déposèrent de ce qu'elles avoient vu; César cité aussi en témoignage dit qu'il ne savoit rien, & que les maris étoient toujours les moins instruits en pareil cas; on lui demanda pourquoi donc il avoit répudié *Pompeia*? ce fut alors que ce César, le mari de toutes les femmes, & la femme de tous les maris, répondit comme auroient pu faire Fabius, Curius ou Caton, qu'il ne *falloit pas que la femme de César fût même soupçonnée.*

POMPONACE. (PIERRE) *Hist. litt. mod.*) Ses ouvrages, recueillis sous ce titre : *Petri Pomponatii opera omnia philosophica*, ont fait du bruit dans le temps & l'ont fait accuser d'irréligion; ce temps étoit le seizième siècle. Son livre de *l'immortalité de l'ame*, où il soutient que l'on ne peut la prouver que par l'écriture sainte & l'autorité de l'église, fut vivement attaqué; Théophile Raynaud dit qu'il fut brûlé à Venise, & désavoué par l'auteur. Son livre des enchantemens fut mis à *l'index*, parce qu'il ôte à la magie son pouvoir; mais il ne faut pas lui en savoir gré, car ce n'est que pour le transférer aux astres. *Pomponace* étoit né à Mantoue en 1462; il étoit remarquable par la petitesse de sa taille; il mourut en 1525. L'épitaphe qu'il s'étoit faite, quoiqu'elle ne contienne rien d'irréligieux, fortifia par un ton de doute & d'insouciance, l'idée d'irréligion que ses autres écrits avoient donnée. Voici cette épitaphe : *Hic sepultus jaceo; quare? nescio, nec si scis, aut nescis curo. Si vales, bene est; vivens valui. Fortasse nunc valeo; si aut non, dicere nequeo.*

POMPONE. (Voyez ARNAULD.)

POMPONIUS ATTICUS. (Voyez ATTICUS.)

POMPONIUS MELA . (*Hift. litt. anc.*) géographe ancien ; dont le traité célèbre *de fitu orbis* , a été commenté par Voffius, Gronovius, & beaucoup d'autres favans. Il vivoit dans le premier fiècle de l'églife ; il étoit efpagnol , né à Mellaria dans le royaume de Grenade.

POMPONIUS SECUNDUS, (*Hift. rom.*) poëte tragique , dont les pièces vantées par Pline & par Quintilien , font perdues. Il fut conful l'an 40 de Jéfus-Chrift.

POMPONIUS LÆTUS (JULIUS) favant Calabrois du quinzième fiécle , né en 1425 à Amendolara dans la haute-Calabre , célèbre par fon irréligion & fa bizarrerie ; il difoit que la religion chrétienne n'étoit faite que pour des barbares. Pour lui , l'ancienne Rome étoit l'objet de fon culte ; il célébroit la fête de la fondation de Rome , il avoit dreffé des autels à Romulus. Il ne donnoit à fes difciples que des noms romains ; on voit qu'il en prit un pour lui-même , & peut-être plufieurs , car il eft quelquefois auffi appelé *Julius Pomponius Sabinus & Pomponius fortunatus.* Il vint de bonne heure à Rome , & fes talens y réuffirent ; mais ayant été compris dans la perfécution que le pape Paul II fit fouffrir à Platine (voyez cet article) & à quelques autres favans, que ce pontife accufoit fauffement d'avoir confpiré contre lui , il fut obligé de fe retirer à Venife , & ne revint à Rome qu'après la mort de Paul II. Mais il avoit befoin de Rome. Il étoit bâtard de l'illuftre maifon de Saint-Severin , & une de fes fingularités fut encore de n'en parler jamais , & de le laiffer ignorer autant qu'il étoit en lui ; fes parens lui avoient donné une excellente éducation , préfent ineftimable dont il ne parut pas affez reconnoiffant. Ces mêmes parens l'ayant follicité de venir demeurer dans la maifon paternelle, il les refufa par cette réponfe laconique, jufqu'à l'ingratitude, & jufqu'à l'infulte. *Pomponius Lætus , cognatis & propinquis fuis falutem. Quod petitis fieri non poteft. Valete.* Il aima mieux mourir à l'hôpital , où il mourut en effet en 1495, mais où il mourut du moins chrétiennement , ayant reconnu fes erreurs , & abjuré hautement fon irréligion.

On peut croire qu'un Italien fi romain d'inclination , ne fe permettoit d'écrire qu'en latin ; tous fes ouvrages en effet font dans cette langue. Il a écrit *de Romanæ urbis vetuftate* , & ce fujet devoit lui être principalement agréable ; il a écrit auffi fur les magiftrats romains , les facerdoces , les loix de ce peuple-roi. On a encore de lui un abrégé de la vie des Céfars , depuis la mort des Gordiens ; une vie de Stace & de fon père ; un traité de la grammaire ; des éditions de Salufte , de Pline le jeune , de quelques ouvrages de Cicéron ; des commentaires fur Virgile , Columelle , Quintilien &c. un livre fur Mahomet , *de exortu Mahu-*

medis. Sabellicus un des difciples de *Pomponius Lætus* , a écrit fa vie.

PON

PONCE PILATE (voyez PILATE).

PONCE DE LA FUENTE(CONSTANTIN)*Hift. d'efp. Pontius Fontius* , chanoine de Séville & prédicateur de l'empereur Charles-Quint. Ce prince étant fur le trône, avoit fait brûler des luthériens en Allemagne & dans les Pays-Bas, parce que c'étoit l'ufage alors , mais on prétend que dans fa retraite des Hieronymites, ayant le temps d'examiner avec plus de foin les opinions religieufes, il avoit fini par incliner vers les opinions nouvelles ; en conféquence Philippe II , ce zélé catholique , fâché de ne pouvoir honnêtement faire brûler fon père , ni vivant ni mort , s'en dédommagea en tâchant de faire brûler ceux qu'il foupçonnoit , ou qu'il vouloit faire foupçonner d'avoir perverti fon père par leur mauvaife doctrine. Conftantin *Ponce* fut du nombre ; il fut arrêté par ordre du faint-office ; mais il ne laiffa pas à l'inquifition le plaifir de le brûler vif, il mourut en prifon en 1559 ; on prétend qu'il s'étoit défait pour échapper à l'horreur du fupplice. on brûla du moins fon effigie ; enfin il faut rendre juftice à Philippe II ; il fit ce qu'il put , & il ne tint pas à lui que la mémoire de fon père, & du plus grand prince de fa maifon, ne fût flétrie.

Il y a deux efpagnols du nom de *Ponce de Léon* , l'un de Grenade, l'autre de Séville, l'un nommé Bafile, l'autre Gonfalve Marin. Le premier religieux de l'ordre des hermites de faint-Auguftin , profeffeur en théologie & en droit canon à Alcala , a écrit en canonifte fur les facremens de confirmation & fur-tout de mariage ; le fecond a traduit en latin les *œuvres de Théophane* , archevêque de Nicée , & le *phyfiologue* de faint Epiphane. Le premier eft mort en 1629 à Salamanque , le fecond étoit fon contemporain.

PONCHER (*Hift. de France.*) Etienne *Poncher* , chanoine de faint-Gatien de Tours , confeiller clerc au parlement de Paris , & préfident aux enquêtes avant d'être fait évêque de Paris en 1503. Il eut feul le courage de combattre la colère aveugle de Louis XII contre les Vénitiens , de s'oppofer à la ligue de Cambrai en 1709. Louis XII ne lui donna pas moins les fceaux en 1512. Il les remit en 1515 au chancelier Duprat. Les talens de *Poncher* l'avoient élevé à ces grandes dignités ; Erafme lui rend le témoignage qu'il fembloit infpiré par le ciel pour le renouvellement des lettres & de la piété ; François I. en jugea de même , il lui donna l'archevêché de Sens , & le chargea d'attirer en France des favans étrangers. *Poncher* procura pour quelque temps à Paris les leçons de Jufti niani, évêque de Nebbio; à qui le grec, l'hébreu, l'arabe étoient familiers. *Poncher* avoit été employé en différentes ambassades; en Espagne en 1517, en Angleterre en 1518. Il mourut le 24 février 1524.

François *Poncher*, évêque de Paris, indigne successeur du sage Etienne *Poncher*, avoit mérité que le roi nommât des juges pour informer de ses manœuvres & de ses violences. Simoniaque scandaleux, il avoit employé jusqu'à des falsifications de titres pour se procurer l'abbaye de Fleury ou saint-Benoît-sur-Loire, qu'il n'eut point, parce que Duprat étoit son concurrent: les juges qu'on lui donna d'abord, étoient tirés du grand-conseil. Par l'instruction de son procès, on découvrit que non content d'être faussaire & simoniaque, il s'étoit encore rendu criminel d'état; que par ses intrigues en Espagne, il avoit cherché à prolonger la prison du roi; que par ses cabales en France, il avoit tâché de faire ôter la régence à la duchesse d'Angoulême; il avoit si bien caché ces trames odieuses qu'elles ne furent découvertes qu'en 1529. *Poncher* fut enfermé à Vincennes; François I. alors fit solliciter à Rome par l'évêque d'Auxerre, Dinteville, son ambassadeur, un bref qui nomma des juges pour le délit commun, & il nomma pour le cas privilégié, trois conseillers au parlement de Toulouse. Les papes dans ces sortes d'affaires ne cherchent qu'à temporiser & à éluder. François I. pour obtenir justice de Clément VII sur le compte de l'évêque de Paris, fut obligé de prendre un ton très-ferme, mais peut-être auroit-il fallu commencer par ne point employer dans cette négociation un ambassadeur évêque. « Vous savez, écrivoit le roi à l'évêque d'Auxerre, qu'il y a long-» temps que l'évêque de Paris est prisonnier, » durant lequel temps j'ai fait faire son procès, » quant au cas privilégié, qui est prêt à juger: » & pour cet effect depuis un an en ça, j'ai con-» tinuellement fait poursuivre envers nostre dit » saint père un bref pur & simple, en sorte » que je m'en puysse aider, & ne sçay que » penser, ne à quoy il tient que l'affaire me » soit dilayée; l'on a de coustume de ne refuser aux » autres princes, semblables choses quand ils les » demandent & voudrois bien qu'on ne me re-» putât d'autre condition qu'eux, attendu mes-» mement que l'on trouvera peu de princes qui » eussent prins le mesfaict d'icelui évêque de » Paris si patiemment que moi. Le mémoire vous » a été pièça envoyé de la forme que je de-» mande ledit bref, & à quels juges je voudrois » qu'il fust adressé. Par quoy vous remontrerez à » nostre dit sainct père de ma part, que si sa » sainteté me refuse ou diffère de concéder ledit » bref, eu égard à la matière dont est question, » semblablement au mauvais exemple & consé-» quence qui en procéderoit si punition n'étoit » faicte, aussi à la longue détention d'icelui évê-

» que qui est malade, & que je me suis mis à » mon devoir un an durant pour recouvrer ice-» lui brief; si j'en fais faire la justice autrement, » & par bonne raison appelle le métropolitain, » & les autres suffragans, sa dicte sainteté ne » devra trouver cela aucunement estrange, car » j'en debvray demeurer excusé envers dieu & » le monde, pour autant que c'est l'un des cas » pour lesquels on peut transgresser le droit ca-» non ». Cette lettre est du 23 avril 1531, datée de Coûtances.

Le bref arriva, mais il n'étoit pas tout-à-fait tel qu'on le vouloit; on avoit demandé pour juges le cardinal de Grammont, le président Dorigny & le président de la Barde; le bref nommoit l'évêque de Macon, au lieu du président Dorigny; ce changement n'arrêta point, mais il y en avoit d'autres plus importans. On demandoit que la présence d'un des trois juges fût suffisante pour l'instruction, & qu'ils ne fussent obligés de se trouver tous les trois qu'au jugement définitif. Le bref ordonnoit que le cardinal de Grammont fût présent à toute l'instruction, & ce cardinal étoit précisément celui des trois juges que d'autres affaires occupoient le plus souvent hors de Paris; peut-être eût-on dû prendre un parti moyen & exiger toujours la présence de deux juges, afin que chacun d'eux eût toujours un surveillant & un contradicteur. Par le même bref le pape se réservoit le jugement définitif, clause intolérable, sur laquelle le chancelier Duprat, d'ailleurs ennemi de *Poncher*, & qui avoit été son rival d'ambition, prit feu quoiqu'archevêque & cardinal, & écrivit ainsi à l'évêque d'Auxerre, le 28 octobre de la même année 1531 «. Ils ont été autrefois octroyé com-» missions contre évêques pour faire leur procès » & les juger en définitif, l'on ne peut penser » par deçà pourquoi l'on garde ceste reigle sur » nous & non sur les autres, & si l'on trouve » ici qui disent n'estre besoin d'avoir bref du » pape, attendu ce dont est question, & qu'il est » besoin d'exemple, & celui-ci est le troisième » qui a grandement délinqué contre le roi, en » sorte que si le premier eust esté bien puni, » les autres y eussent prins exemple, & attendu » les difficultés qu'on faict au dict sieur, & le » mal qu'en peut advenir, il vaudroit mieux que » ledict sieur roi feist sans autre commission, » comme fist l'empereur en Espagne contre un » certain évesque, & M. de Savoye contre les » deux principaux chanoines de l'église de Ge-» nesve »,

Au milieu de tous ces débats, l'évêque de Paris mourut à Vincennes le premier septembre 1532.

On dit que M. *Poncher*, mort doyen des maîtres des requêtes en 1770, a été le dernier rejetton de cette famille.

PONCY de NEUVILLE, (JEAN-BAPTISTE) *Hiſt. litt. mod.*) d'abord jéſuite, enſuite connu comme homme de lettres, ſous le nom de l'abbé de *Poncy* ; il prêcha & rima ; il remporta ſept fois le prix de l'académie des jeux floraux ; il prononça devant les académies des belles-lettres & des ſciences un panégyrique de Saint-Louis, qui eut de la réputation dans ſon temps. Mort à trente-neuf ans en 1737.

PONGOS, ſ. m. (*Hiſt. mod.*) c'eſt ainſi que l'on nomme des eſpèces de trompettes, faites avec des dents d'éléphant creuſées, qui ſont en uſage à la cour des rois de Congo, de Loango, & d'autres états d'Afrique. On dit que ces trompettes ont un ſon qui n'eſt rien moins qu'agréable.

Quelques voyageurs donnent auſſi le nom de *Pongos* à une eſpèce de dais, ou plutôt de paraſol que l'on met au-deſſus du trône des rois du même pays ; cependant d'autres leur donnent le nom de *pos* & de *mani*. (*A. R.*)

PONS, (JEAN-FRANCOIS de) *Hiſt. litt. mod.*) c'eſt celui qu'on appelloit *le boſſu de M. de la Motte*, parce qu'il étoit boſſu, qu'il étoit ami de M. de la Motte, & qu'il écrivit en ſa faveur contre madame Dacier, du ton dont elle avoit écrit elle-même contre M. de la Motte. Ses œuvres ont été imprimées en 1738, après ſa mort. On y trouve entre autres ouvrages un *nouveau ſyſtême d'éducation* & des diſſertations ſur les langues. Né à Marly en 1683 ; mort à Chaumont en 1732. Il étoit d'une famille noble, établie en Champagne.

PONT. (*frères du*) *Hiſt. de France.*) Sur le déclin de la deuxième race, & au commencement de la troiſième, lorſque l'état tomba dans une eſpèce d'anarchie, & que les grands ſeigneurs s'érigèrent en ſouverains, il n'y avoit plus de ſûreté pour les voyageurs, ſur-tout au paſſage des rivières ; non-ſeulement ce furent des exactions violentes, mais des brigandages ; pour arrêter le déſordre, des perſonnes pieuſes s'aſſocièrent, formèrent des confraternités qui devinrent un ordre religieux, ſous le nom des *frères du Pont*. La fin de leur inſtitut étoit de donner main-forte aux voyageurs, de bâtir des ponts, ou d'établir des bacs pour leur commodité, & de les recevoir dans des hôpitaux, ſur le bord des rivières.

Leur premier établiſſement fut en un endroit des plus dangereux, nommé *Maupas*, ſur la Durance, dans l'évêché de Cavaillon ; l'évêque les favoriſa, & dans la ſuite ce ne fut plus *Maupas*, mais *Bonpas*.

De là ſortit ſaint Benezet, qui commença avec ſes frères le pont d'Avignon de dix-huit arches, & long de 1340 pas, en 1176, & achevé en 1188. Sur la troiſième pile fut élevée une chapelle de ſaint Nicolas, où fut mis après ſa mort Benezet en 1184, transféré depuis dans l'égliſe des Céleſtins en 1674. Quelques arches de ce pont furent démolies par l'anti-pape Benoît XIII en 1383. Trois autres tombèrent en 1602 ; les glaçons en 1670 en emportèrent d'autres ; la troiſième pile du côté d'Avignon s'eſt toujours ſoutenue.

Les *frères du Pont* en entreprirent un autre à Saint-Saturnin du Port, maintenant *Pont du Saint-Eſprit*, & s'y établirent comme à Bonpas & à Avignon, en 1265 ; cet ordre n'a pas été de durée ; dès l'an 1277, la maiſon de Bonpas, qui vouloit s'unir aux templiers, fut donnée aux hoſpitaliers de Saint-Jean de Jéruſalem. L'hôpital du pont d'Avignon fut uni en 1321 par Jean XXII à l'égliſe collégiale de Saint-Agricole de la même ville ; ceux du pont du Saint-Eſprit entrèrent dans la cléricature, & furent ſéculariſés en 1512. Ils ont néanmoins retenu l'habit blanc, afin de conſerver au moins la couleur de leur premier inſtitut. *Extrait de l'hiſt. de S. Benezet, par Magné Agricole, à Aix 1712 ; voy. journ. de Trev. Févr. 1712, p. 312.* (*C.*)

PONT de VESLE, (ANTOINE de FERRIOL, comte de (*Hiſt. litt. mod.*) gouverneur de la ville de *Pont-de-Veſle* en Breſſe, intendant général des claſſes de la marine, ancien lecteur du roi, fils d'un préſident à mortier au parlement de Metz, & d'une ſœur du cardinal de Tencin, neveu de M. de Ferriol, ambaſſadeur à Conſtantinople, frère de M. d'Argental, homme aimable, aimé & recherché dans la ſociété, eſt auteur de pluſieurs comédies connues & goûtées, telles que le *Complaiſant* ; le *Fat puni* ; le *Somnanbule*. Né en 1697, mort en 1774.

PONTANUS ou DU PONT (*Hiſt. litt. mod.*) Pluſieurs ſavans ont porté ce nom :

1°. Trois juriſconſultes italiens, du même pays ; (Cerreto dans l'Ombrie) du même temps & probablement de la même famille : Louis, mort en 1439 à Bâle, pendant la tenue du concile, à trente ans, paſſoit pour un prodige de mémoire. Octavius, employé par Pie II en 1459, à régler des droits conteſtés entre Ferdinand, roi de Naples, & Pandolphe Malateſta, ſeigneur de Rimini, mourut cette même année & dans ce même voyage ; il venoit d'être nommé au cardinalat.

Joannes Jovianus, né en 1426 & mort au commencement du ſeizième ſiècle, fut précepteur, puis ſecrétaire & conſeiller d'état d'Alphonſe, roi d'Arragon. On a de lui *l'hiſtoire des guerres de Ferdinand I. & de Jean d'Anjou*. On a auſſi de lui des vers latins. Il ſe fit une épitaphe, où il dit : *Sum Joannes Jovianus Pontanus quem amaverunt bonæ muſæ, ſuſpexerunt viri probi, honeſtaverunt reges, domini* ; comme Enée dit :

Sum pius Æneas..... famâ ſuper æthera notus.

Car l'erreur de tous ces ſavans du quinzième & du ſeizième ſiècles étoit qu'ils devoient ſe vanter,

parce

parce que les anciens se vantoient, & ils dédaignoient d'avoir le moindre égard aux mœurs plus modestes que le temps, differentes causes, & surtout le christianisme avoient introduites parmi nous. Aussi c'étoit à un orgueil cynique qu'on reconnoissoit un savant, car le reste de la nation obéissoit aux mœurs reçues; on reconnoissoit encore un savant aux injures qu'il vomissoit contre ses adversaires toujours par respect pour l'antiquité, & parce que les héros d'Homère & quelquefois les bergers de Théocrite & de Virgile se disent d'assez grosses injures. Quelques savans sont encore entraînés de nos jours par ce double exemple & des anciens & de leurs imitateurs.

2°. Pierre *Pontanus*, dit *l'aveugle*, grammairien de Bruges vers le commencement du seizième siècle, perdit en effet la vue à trois ans, & n'en enseigna pas moins les belles-lettres à Paris, & n'en composa pas moins une rhétorique & un traité de l'art de faire des vers où il combat Despautère sur quelques points. Heureux ceux que les lettres peuvent consoler d'un malheur, tel que la perte de la vue !

3°. Jacques *Pontanus*, jésuite, né en Bohème, mort à Ausbourg en 1626, est auteur d'institutions poétiques, de commentaires sur Ovide, de traductions de divers auteurs grecs, même de quelques vers.

4°. Mais le plus célèbre & le plus fécond de tous les savans, du nom de *Pontanus*, est Jean-Isaac *Pontanus*, historiographe du roi de Danemarck & de la province de Gueldres, mort à Harderwick en 1640. On a de lui : *Itinerarium Galliæ Narbonensis. Rerum danicarum historia. Historia Geldrica. De Rheni diversis & accolis populis adversus Philippum-Cluverium. Origines Francicæ. Historia Ultica.* La vie de Frédéric II, roi de Danemarck & de Norvège, publiée près d'un siècle après la mort de l'auteur en 1737, &c. *Pontanus* faisoit aussi des vers, & ces vers n'étoient pas bons. Il avoit proposé aux savans cette énigme :

Dic mihi quid majus fiat quo pluria demas.
Dites-moi ce qui devient plus grand en proportion de ce que vous en ôtez.

Le mot de l'énigme est un trou.

Au bas de ce vers hexamètre, Scriverius mit ce vers pentamètre :

Pontano demas carmina, major erit.
Ôtez à Pontanus ses vers, il en sera plus grand.

Scriverius fit, dit-on, cette réponse sur le champ, & en effet, c'est un de ces traits qu'on trouve & qu'on ne cherche pas.

PONTAS, (JEAN) *Hist. litt. mod.*) Pénitencier de l'église de Paris, qui travailla sous messieurs

de Péréfixe, de Harlay & de Noailles. On connoit son dictionnaire des cas de conscience, plus consulté autrefois qu'aujourd'hui. On a de lui aussi quelques autres livres de piété moins célèbres. Né au diocèse d'Avranches en 1638, mort en 1728.

PONT-CHARTRAIN, (voyez PHELYPEAUX.)

PONT-CHASTEAU, (*Hist. mod.*) Ce nom nous fournit une occasion de nous accuser de nous-mêmes d'un défaut de mémoire, d'où il résulte un double emploi. En faisant l'article *Coislin* dans le second volume, nous ne nous sommes pas souvenus qu'il étoit fait dans le premier volume à l'article *Cambout*; ainsi la liste des personnages de cette maison, principalement distingués par le service militaire, se trouve répétée d'un article à l'autre avec très-peu de changemens; cependant ni à l'article *Cambout*, ni à l'article *Coislin*, nous n'avons parlé du *Pont-Chasteau* de Port-Royal, qui étoit de cette maison. Il se nommoit Sébastien-Joseph du Cambout de *Pont-Chasteau*; il étoit né en 1634; parent du cardinal de Richelieu, il eut dès sa tendre jeunesse trois abbayes, & les faveurs du siècle ne pouvoient lui manquer; mais M. Singlin, directeur des religieuses de Port-Royal, voulut le conquérir à la religion & à Port-Royal. Il n'excita en lui d'abord qu'une vertu passagère, son heure n'étoit pas encore venue. Il rentra dans le siècle, voyagea dans diverses contrées de l'Europe, se livrant aux vues d'ambition que son nom, ses talens & le crédit de sa maison pouvoient naturellement lui inspirer; mais les instructions de M. Singlin germèrent dans son ame, sur-tout quand il eut perdu les principaux instrumens de sa fortune, le cardinal de Richelieu & le cardinal de Lyon, son frère; il disoit dans la suite que *Dieu avoit tué ces deux hommes pour le sauver*. Il démit de ses bénéfices, il disposa de son patrimoine, il ne se réserva que six cents livres de rente viagère sur l'hôtel-de-ville; il entra ou plutôt il rentra dans la solitude de Port-Royal où, selon la loi du travail manuel, imposée à ces pieux solitaires, (voyez l'article *Pascal* & l'article *Lancelot* (dom Claude), il se chargea en 1668 de l'office de jardinier; il avoit les connoissances propres à cet emploi, car on a de lui *la manière de cultiver les arbres fruitiers*, livre qu'il avoit publié dès 1652, sous le nom de le Gendre. En 1679, obligé de sortir de Port-Royal, il alla défendre à Rome ses amis de Port-Royal qu'on attaquoit en France; caché à Rome sous un nom emprunté, il ne put échapper à l'œil des jésuites, toujours ouvert sur toutes les démarches du parti janséniste. La France demanda qu'il fût renvoyé; il revint s'y cacher d'abbaye en abbaye, toujours fidèle à Port-Royal qu'il ne pouvoit plus habiter.

Cor nunquam avulsum nec amatis sedibus absens.

Il mourut à Paris en 1690. Il est l'auteur des

deux premiers volumes de *la morale-pratique des jéfuites*, dont le docteur Arnauld a compofé les fix autres. On dit que M. de *Pont-Chafteau* fit , & même à pied, le voyage d'Efpagne, tout exprès pour y acheter le *teatro jéfuitico*. M. de Pont-Chafteau écrivit en 1666 une lettre à M. de Péréfixe, archevêque de Paris, en faveur de M. de Saci, qui avoit été mis à la baftille; il n'eut pas de peine à lui prouver combien cette perfécution, exercée fur un homme paifible & vertueux, étoit abfurde & cruelle; mais on croyoit faire beaucoup pour M. de *Pont-Chafteau*, en faveur de fa famille, de ne le pas traiter avec la même rigueur.

PONTIS. (Louis de) *Hift. mod.*) On connoît les mémoires de *Pontis* en deux volumes *in-12*. On convient généralement qu'ils ne font pas de celui dont ils portent le nom. Le P. d'Avrigny & M. de Voltaire ont penfé que *Pontis* même n'avoit pas exifté; d'autres réclament contre cette opinion; ils obfervent que la famille de *Pontis* étoit très-connue en Provence, que la perfonne de *Pontis* l'étoit fort dans la folitude de Port-Royal des champs, & que fa mémoire s'y étoit long-temps confervée; qu'après cinquante ans de fer-vice fous trois rois, Henri IV, Louis XIII & Louis XIV, & dix-fept bleffures reçues, défef-pérant de fon avancement, parce que le cardinal de Richelieu & les miniftres fuivans lui furent contraires, il ne voulut plus fervir que celui qui ne laiffe pas fans récompenfe un verre d'eau donné pour l'amour de lui; il fe retira pour lors à Port-Royal où il mourut en 1670. Il étoit né en Pro-vence en 1583, d'un père diftingué comme lui par fa valeur. Ses mémoires, dont le véritable auteur eft M. du Foffé, un des folitaires de Port-Royal, ont été formés de tout ce qu'on a pu re-cueillir à Port-Royal des converfations de M. de *Pontis*.

PONTUS. (Voyez GARDIE la.)

P O O

POOLE, (Voyez POLUS) *Hift. litt. mod.*) Le favant Mathieu *Poole* né à Yorck ou à Londres en 1624, eft principalement connu par fon ou-vrage intitulé: *fynopfis criticorum*. Il mourut à Amfterdam en 1679.

P O P

POPE (ALEXANDRE) (*Hift. litt* \o m feul dit tout, & c'eft le cas de dire:

Quis genus Æneadum , quis Trojæ nefciat urbem ?
Virtutefque virófque & tanti incendia belli ?
Non obtufa adeò geftamus pectora Pœni,
Nec tam averfus equos Tyriâ fol jungit ab urbe.

Quel poëte a jamais été plus riche & plus fé-fond? quel autre a donné à fa langue plus d'har-monie & de majefté?

Qui ne connoît pas *la forêt de Windfor* , *la naif-fance du Meffie , la boucle de cheveux enlevée , l'épître d'Héloïfe à Abailard* , dont celle de M. Co-lardeau , toute intéreffante qu'elle eft, n'eft qu'une foible copie , où les plus grandes beautés de l'ori-ginal, nommément l'apparition de la Religieufe, morte d'amour, ne fe retrouvent pas ; *l'effai fur l'homme* dont nous avons tant de traductions fran-çaifes , en profe & en vers ; *l'effai fur la critique*, dont nous avons aufli des traductions en profe & en vers : fur-tout cette admirable traduction de l'Iliade, qui a fait ce qu'on n'a pu faire dans aucune autre langue, qui a donné une véritable idée de la poéfie d'Homère? L'Angleterre fit pour cet ouvrage une foufcription qui valut , dit-on, cent mille écus à l'auteur. Qui ne connoît même cette *Dunciade*, monument de colère & de ven-geance contre les envieux de *Pope*, qui, au lieu de s'enorgueillir d'un tel compatriote, ne cher-choient qu'à l'infulter & à l'avilir? *Pope* qui s'é-toit permis cette fatyre dans la violence d'un jufte reffentiment, fe reffouvint du refpect qu'il devoit à fon génie quand les autres affectoient de l'oublier ; il voulut détruire *la Dunciade*, il la jetta au feu ; mais le docteur Swift qui étoit préfent, & qui aimoit la fatyre, déroba celle-ci aux flam-mes ; il fit plus, il rendit à *Pope* le mauvais of-fice de la publier : alors la rage de fes ennemis ne connut plus de bornes ; il y eut contre *Pope* un déchaînement univerfel , & un débordement de fatyres , où on l'appelloit *puant , laid , boffu, ignorant , fou , monftre au phyfique & au moral, homi-cide , empoifonneur*, &c.

> *Illum & parentis crediderim fui*
> *Fregiffe cervicem & penetralia*
> *Sparfiffe nocturno cruore*
> *Hofpitis , ille venena colchica*
> *Et quidquid ufquàm concipitur nefas*
> *Tractavit.*

De tous ces libelles , celui auquel *Pope* paroît avoir été le plus fenfible, eft celui qui a pour titre: *Relation véritable & remarquable de l'horrible & bar-bare flagellation qui vient d'être commife fur le corps de Me. Alexandre Pope , poëte , pendant qu'il fe promenoit innocemment à Hamwalks , fur le bord de la Tamife*, méditant des vers pour le bien public. Cette flagellation a été faite par deux hommes mal inten-tionnés , en dépit & vengeance de quelques chanfons fans malice que ledit poëte avoit faites contr'eux. On faifoit intervenir dans cette fcène de la manière la plus indécente une jeune anglaife dont M. *Pope* étoit amoureux , qui les rendoit ridicules l'un par l'autre. M. *Pope* eut la foibleffe d'attefter publi-quement qu'il n'étoit pas forti de chez lui le jour où l'on prétendoit que cet événement , qui après tout n'auroit été qu'un affaffinat, étoit arrivé. Il eut la foibleffe de donner beaucoup d'éclat à cet écrit par fa fenfibilité ; mais n'infiftons pas fur les foibleffes d'un grand homme, fongeons à tant de chef-d'œuvres, & refpectons fa mémoire.

Il étoit né à Londres en 1688, de parens nobles & catholiques romains. Racine, le fils, dans fon *poëme de la religion*, attaqua *Pope*, qui, dans fon *effai fur l'homme*, lui parut irréligieux, & que d'ailleurs il croyoit Proteftant :

Sans doute qu'à ces mots, des bords de la Tamife,
Quelque abftrait raifonneur, qui ne fe plaint de rien,
Dans fon flegme anglican, répondra : *Tout eft bien.*

M. de Ramfay écrivit à M. Racine pour juftifier *Pope*, & celui-ci écrivit auffi à M. Racine pour fe plaindre & pour fe juftifier, ce qui étoit témoigner à M. Racine beaucoup d'eftime & ce défir d'obtenir fon fuffrage. Ainfi cette hoftilité finit par des complimens, & quand Racine fut que *Pope* étoit catholique, il n'ofa plus le croire irréligieux. *Pope* mourut en 1744.

POPELINIERE (LANCELOT VOESIN, feigneur de la) (*Hift. litt. modern.*) gentilhomme gafcon, d'abord calvinifte, mort catholique en 1608. On connoît fon hiftoire de France depuis 1550 jufqu'en 1577, fon *hiftoire des hiftoires*, & fes *trois mondes* font moins connus.

POPILIUS (*Hift. rom.*) Caius *Popilius* Lenas eft cet ambaffadeur romain, qui, chargé de défendre de la part du fénat à Antiochus, roi de Syrie, d'envahir l'Egypte, traça fur le fable un cercle dans lequel il enferma Antiochus, exigeant qu'il prît fon parti, & rendît fa réponfe avant de fortir de ce cercle. Cette fierté preffante défarma la Syrie & fauva l'Egypte : *eodem momento*, dit Valère Maxime, *Syriæ regnum terruit, Egypti texit.* Mais de quel droit Rome parloit-elle aux rois avec cet empire, & comment les rois ne fe réunifloient-ils pas contre elle ? L'an 170 avant J. C., le même *Popilius* fut chargé d'aller faire publier dans toutes les villes du Péloponnèfe un décret du fénat, pour arrêter les vexations des officiers romains, & retenir ces villes dans l'alliance de la république.

POPPÉE, (*Hift. rom.*) c'eft le nom de plufieurs femmes romaines, dont la plus célèbre ou la plus fameufe (FAMOSIOR) eft *Poppæa* Sabina, fille de Titus Ollius, qui avoit été quefteur ; elle portoit par préférence le nom de fon aïeul maternel Poppœus Sabinus, qui avoit répandu plus d'éclat fur fa famille par les honneurs du confulat, & par ceux du triomphe. Elle répandit fur cette même famille un éclat moins eftimable, mais non moins flatteur peut-être pour une femme de fon caractère, je veux dire celui qui naît de la beauté, des graces de l'efprit, de l'art de plaire, du talent de féduire.

On a dit que de tous les moyens de charmer il ne lui avoit manqué que la pudeur. La coquetterie en elle égaloit les agrémens & les augmentoit : elle avoit été mariée d'abord à un chevalier romain, nommé Rufus-Crifpinus ; elle en eut un fils. Othon, qui fut depuis empereur, & qui étoit dès-lors prefque auffi puiffant, puifqu'il étoit favori de Néron, la vit, l'aima, l'enleva, l'époufa du vivant de fon premier mari, & ne pouvant goûter en filence le bonheur de poff-der la plus belle femme de Rome, il en parla tant à Néron qu'il alluma en lui un défir curieux de la voir & de la connoître. Il eft très-vraifemblable que cette imprudence n'en étoit pas tout-à-fait une, & qu'un courtifan fi adroit en avoit prévu les fuites. Néron la vit en effet, & en devint amoureux ; elle réfifta autant qu'il le fallut pour donner à une conquête déjà fi précieufe par elle-même le plus grand prix poffible. L'empereur pouvoit compter fur la complaifance d'Othon, il trouva cependant plus sûr de l'éloigner de Rome, fous un prétexte honorable ; il lui donna le gouvernement de la Lufitanie. Il oublia bientôt pour *Poppée* la comédienne Acté qui paroît avoir été l'objet de fes premières amours ; mais s'il s'étoit flatté que le rang de fa maîtreffe pût fuffire à l'ambition de *Poppée*, il s'étoit fort trompé, il pouvoit dire :

Je connus mal cette ame inflexible & profonde,
Rien ne put la toucher que l'empire du monde.

Ce ne fut point Acté qu'elle regarda comme fa rivale, ce fut Octavie ; ce fut au rang d'Octavie qu'elle voulut monter : elle parvint à la faire répudier malgré Agrippine, Burrhus & Sénèque, & à remplir fa place ; elle la fit enfuite exiler, & bientôt après elle obtint fa mort fur une fauffe accufation d'adultère. L'impudique *Poppée* accufant d'adultère la vertueufe Octavie, ne pouvoit faire illufion à perfonne, & n'obtint fa mort que de la cruauté de Néron, & non pas de fa crédulité ; elle obtint auffi celle d'Agrippine, contre laquelle elle ne ceffoit d'animer Néron, jugeant qu'il falloit néceffairement, ou perdre une femblable ennemie, ou lui être immolée ; elle donnoit beaucoup de ridicule aux déférences de Néron pour fon gouverneur & pour fon précepteur, elle le repréfentoit comme un écolier, & un enfant fur le trône. Toutes ces perfides adreffes de Narciffe dans *Britannicus*, font la fidelle image de celles qu'employoit *Poppée* pour détruire tout autre afcendant que le fien.

Et l'hymen de Junie en eft-il le lien ;
Seigneur, lui faites-vous encore ce facrifice ? . . . .
Agripine, feigneur, fe l'étoit bien promis.
Elle a repris fur vous fon fouverain empire. . . . . .
Elle s'en eft vantée affez publiquement. . . .
Qu'elle n'avoit qu'à vous voir un moment ;

Qu'à tout ce grand éclat, à ce courroux funeste,
On verroit succéder un silence modeste ;
Que vous-même à la paix souscririez le premier ;
Heureux que sa bonté daignât tout oublier....
Et prenez-vous, seigneur, leurs caprices pour guides ?
Et serez-vous le seul que vous n'oseriez croire ?
Burrhus ne pense pas, seigneur, tout ce qu'il dit ;
Son adroite vertu ménage son crédit.
Ou plutôt ils n'ont tous qu'une même pensée....
Néron, s'ils en sont crus, n'est point né pour l'empire,
Il ne dit, il ne fait que ce qu'on lui prescrit ;
Burrhus conduit son cœur, Sénèque son esprit... &c.

Le tour de *Poppée* vint enfin ; Néron, dans sa fureur brutale, la tua d'un coup de pied, parce qu'elle le railloit sur sa prétendue adresse à conduire un char.

Pour vertu singulière,
(Il excelle à conduire un char dans la carrière.

Elle étoit grosse alors, elle reçut le coup dans le ventre, & le coup fut mortel ; son corps fut embaumé & porté dans le tombeau des Céfars. Pline dit que Néron fit brûler à ses funérailles plus de parfums que l'Arabie heureuse n'en produit en un an. La plus grande affaire de *Poppée* étoit le soin de sa beauté. Dion rapporte que cinq cents ânesses lui fournissoient tous les jours un bain de lait : elle mourut l'an 66 de J. C.

Une autre *Poppée*, femme d'un Scipion, fut accusée par Messaline qui vouloit la perdre, d'un adultère avec Valérius Asiaticus, que la même Messaline vouloit perdre aussi ; l'un & l'autre se donna la mort, (l'an 44) de l'ère chrétienne. L'empereur Claude, ou n'en sachant rien, ou l'ayant oublié, demanda quelques jours après à Scipion qui étoit à sa table, pourquoi il n'avoit pas amené sa femme.

POQUELIN, (Voyez MOLIÈRE.)

POQUET, (Voyez LIVONIÈRE.)

PORA, (*Hist. mod. mythol.*) ce mot signifie *Dieu* dans la langue des habitans du royaume d'Arrakan, aux Indes orientales. On donne ce nom à une montagne, située dans le voisinage de la ville de Ramu, au sommet de laquelle est une idole, sous la figure d'un homme assis, les jambes croisées, pour qui les Indiens ont la plus grande vénération. (*A. R.*)

PORCELAINE *tour de* (*Invent. Chinois.*) Cette fameuse tour de *porcelaine* est dans une plaine près de Nanking, capitale de ce royaume. C'est une tour octogone à neuf étages voûtés, de 90 coudées de hauteur, revêtue de *porcelaine* par dehors, & incrustée de marbre par dedans. A cha-

que étage est une galerie ou cloison de barreaux ; & aux côtés des fenêtres sont de petits trous quarrés & treillissés de fer-blanc.

Toutes les galeries sont couvertes de toits verds qui poussent en dehors des soliveaux dorés ; ces soliveaux soutiennent de petites cloches de cuivre, qui étant agitées par le vent, rendent un son fort agréable. La pointe de cette tour, qu'on ne sauroit toucher qu'en dehors, est couronnée d'une pomme de pin qu'on dit être d'or massif ; & tout cela est travaillé avec tant d'art, qu'on ne peut distinguer ni les soudures, ni les liaisons des pièces de *porcelaine*, & que l'émail & le plomb dont elle est couverte à différens endroits, glacés de verd, de rouge, & de jaune, la fait paroître toute couverte d'or, d'émeraudes, & de rubis.

Fischer a représenté cette tour dans son essai d'architecture historique.

Les Tartares forcèrent les Chinois de la bâtir il y a près de 700 ans, pour servir de trophée à la conquête qu'ils firent de ce royaume, qu'ils ont reconquis au commencement du siècle dernier. *Daviler.* (*D. J.*)

PORCELETS. (GUILLAUME des) (*Hist. mod.*) Disons pour l'instruction des nations qui croient, mais qui ne croient point encore assez que le mal se rend au centuple, & qui ne croient point du tout que le bien se rend aussi, disons que Guillaume des *Porcelets* qui avoit suivi Charles d'Anjou dans l'expédition & la conquête de Naples, fut le seul seigneur français épargné à cause de sa bienfaisance & sa vertu dans l'horrible massacre des vêpres Siciliennes, en 1583, à Palerme. Sur l'origine fabuleuse de ce nom des *Porcelets* (voir le dictionnaire de Blazon, à l'article *Porc.*)

PORC-EPIC (*l'ordre du*) ou du camail, fut institué par Louis, duc d'Orléans, deuxième fils de Charles V, l'an 1394 ; on prétend qu'il l'institua pour montrer à Jean, duc de Bourgogne, qu'il étoit en état de se défendre contre ses ennemis.

Cet ordre étoit composé de vingt-quatre chevaliers, non compris le prince, grand-maître ; avant que d'être reçu, il falloit faire preuve de quatre degrés de noblesse.

Le collier étoit une chaîne d'or, d'où pendoit sur l'estomac un *porc-épic* de même métal.

Les chevaliers étoient vêtus d'un manteau de velours violet, avec un chaperon & un mantelet d'hermine ; ils avoient pour devise ces mots, *cominus & eminus*.

On donne à cet ordre le nom de *camail*, parce que le duc d'Orléans, en recevant un chevalier, lui faisoit don d'une bague d'or, garnie d'un camaïeu, sur lequel étoit gravé un *porc-épic*.

Louis XII, surnommé *le père du peuple* fit une promotion de chevaliers du *porc-épic*, à son avenement à la couronne, en 1498, & y nomma plufieurs feigneurs de fa cour.

Cet ordre fut aboli fous le règne de ce prince, qui mourut le premier janvier 1515.

G. D. L. T.

PORCELLUS ou PORCELLIUS. (PIERRE) *Hiſt. litt. mod.*) Cet écrivain napolitain, qui fe qualifie fécrétaire du roi de Naples, tiroit, à ce qu'on croit, ce nom de *Porcellus*, de la première occupation de fon enfance, qui étoit de garder les pourceaux. On a de lui un ouvrage intitulé : *Commentaire du comte Jacques Piccinino, appellé Scipion Emilien*, publié en 1731 par Muratori dans le vingtième tome de fes voyages d'Italie. C'eſt l'éloge plus que l'hiſtoire des hauts faits de ce capitaine Jacques Piccinino qui, en 1452, fervoit les Vénitiens dans une guerre contre les Milanois, *Porcellus* étoit avec lui dans l'armée des Vénitiens, non comme guerrier, mais comme témoin des faits dont il devoit être l'hiſtorien.

PORCHERES D'ARBAUD (FRANÇOIS DE) (*Hiſt. litt. mod.*) poëte françois qu'on ne lit plus. Il étoit élève de Malherbe qu'on lira toujours, & qui lui légua la moitié de fa bibliothèque ; il entra dans l'académie françoife au temps de fon inſtitution, & on a de lui une ode au cardinal de Richelieu pour le remercier de la place qu'il lui avoit donnée dans l'académie ; il falloit pour la gloire de l'académie qu'on n'eût plus qu'elle à remercier des places qu'on obtient chez elle. On attribue à *Porchères d'Arbaud* un ſonnet *fur les yeux de la belle Gabrielle d'Eſtrées*, imprimé dans un recueil de 1607 intitulé : *Le parnaſſe des excellens poëtes de ce temps* ; ainſi *Porchères* étoit un des excellens poëtes du temps. Ce ſonnet lui valut, dit-on, une penſion de 1400 l., penſion très-forte pour le temps, & qui prouve bien plus l'amour du roi pour les yeux de la belle Gabrielle que pour la poéſie. *Porchères* étoit de Saint Maximin en Provence. Il mourut en 1640, en Bourgogne où il s'étoit marié.

PORCHERON, (Dom DAVID-PLACIDE) *Hiſt. litt. mod.*) bénédictin & bibliothécaire de l'abbaye de Saint-Germain-des-Prés à Paris, y mourut en 1694 à quarante-deux ans, étant né en 1652. Il étoit de Château-Roux en Berry. On a de lui une édition des *maximes pour l'éducation d'un jeune feigneur*, auxquelles il ajouta une traduction des *inſtructions de l'empereur Baſile le macédonien pour Léon fon fils*, & *la vie de ces deux princes* ; une édition de la *géographie de l'anonyme de Ravenne* avec des notes ; il a eu part à l'édition de Saint-Hilaire & de quelques autres pères.

PORCIE, (*Hiſt. Rom.*) fille de Caton d'Utique & femme de Brutus, chef de la conjuration contre Céfar, fut digne d'un tel père & d'un tel mari. Elle s'appercevoit que Brutus méditoit quelque grand deſſein dont il étoit & profondément occupé, & vivement agité. » Brutus, lui dit-elle, la fille » de Caton vous a-t-elle été donnée pour être » feulement la compagne de votre lit, &, ne lui » devez-vous pas la confidence de vos deſſeins ? » Me croyez-vous donc ou aſſez aveugle pour » ne pas voir que vous avez des fecrets que vous » me cachez, ou aſſez lâche pour les trahir, ou » aſſez foible pour les révéler ? Regardez, je fais » fouffrir ». Elle lui montre qu'elle s'eſt fait à la cuiſſe une profonde bleſſure avec un fer tranchant ; elle lui déclare qu'elle ne s'eſt permis de lui demander fon fecret qu'après s'être exercée ainſi à triompher de la douleur, & s'être aſſurée qu'aucun tourment ne lui arracheroit aucun aveu. Brutus, faiſi d'admiration, lui avoua & lui confia tout, en demandant feulement aux Diéux de fe montrer en cette occaſion & en toute autre, le digne époux de *Porcie*, le digne gendre de Caton. Lorſqu'après la mort de Céfar, Brutus partit pour la Grèce avec les autres conjurés, *Porcie* l'accompagna juſqu'à Vélie, ville maritime de la Lucanie, où il devoit s'embarquer. Ce fut-là qu'ils fe féparèrent pour ne fe plus revoir. Leurs adieux furent triſtes & tendres ; *Porcie* vouloit renfermer fa douleur & fur-tout fes craintes ; toute fa fermeté l'abandonna tout-à-coup à la vue d'un tableau qui repréſentoit les adieux d'Hector & d'Andromaque, peints d'après Homère. Ses larmes la trahirent, & on l'en vit pluſieurs fois répandre dans cette journée. Acilius, ami de Brutus, entrant dans la fituation, récita les vers d'Homère qui expriment ces adieux. Brutus touché, attendri, rendit aux vertus de *Porcie* le plus éclatant témoignage. Ce n'eſt point aſſez la louer, dit-il, que de la comparer à Andromaque ; fi celle-ci a fon amour conjugal & fa fidélité, *Porcie* l'emporte de beaucoup fur elle pour le courage & la magnanimité.

Dion, Valère Maxime, Nicolas de Damas rapportent qu'après la bataille de Philippes & la mort de Brutus, *Porcie*, réfolue de ne lui pas furvivre, & fe voyant gardée à vue par fes parens & fes amis qui avoient éloigné d'elle toute forte d'armes, avala des charbons ardens, & s'étouffa ; ce fait eſt même confacré par des vers connus :

Porcia magnanimi proles generoſa Catonis....
Dixit, & ardentes avido bibit ore favillas, &c.

Mais il y a quelques doutes fur cette hiſtoire & quelques raifons de croire que *Porcie* è oit morte avant Brutus. Il y a une lettre de Cicéron à Brutus, qui paroît être une lettre de confolation fur cette perte. *Porcie* avoit été mariée en premières nôces à Bibulus.

Porcie avoit eu pour tante une autre *Porcie*, ſœur de Caton d'Utique, & dont Cicéron parle avec éloge.

PORCIUS, ou PORTIUS. Maison PORCIA, ou PORTIA. (Voyez CATON.)

PORÉE, ou PORRÉE, (GILBERT de la) *Hift. eccléfiaſt.*) Les avantages & les inconvéniens des lettres & de la philofophie au douzième fiècle s'offrent fenfiblement dans l'affaire de *Gilbert de la Porée*, évêque de Poitiers, qui avoit profeffé pendant trente ans avec honneur la philofophie & la théologie. La dialectique, mal appliquée à la théologie & aux myftères de notre religion, avoit déjà produit beaucoup d'erreurs ; elle avoit donné lieu à des propofitions hardies d'Abélard, condamnées au concile de Soiffons en 1521, & au concile de Sens en 1140, à la follicitation de faint Bernard ; le même abus de la mauvaife philofophie du temps entraîna *Gilbert de la Porée* dans de femblables écarts ; faint Bernard, toujours ennemi des errans, & quelquefois des errans, le fit condamner au concile de Reims en 1148. Une prompte foumiffion, pareille à celle que nos pères ont admirée dans le digne rival de Boffuet, a non feulement garanti l'évêque de Poitiers de la tache de l'héréfie, mais l'a couvert d'une gloire que fes écrits ne lui auroient jamais procurée. Mort en 1154.

PORÉE (CHARLES) *Hift. litt. mod.*) Jéfuite célèbre par fon efprit & par fes vertus, le plus habile profeffeur de rhétorique du collège de Louis-le-Grand, & que l'Univerfité envoit fort aux Jéfuites. M. de Voltaire avoit été fon élève, & le père *Porée* en entendant parler de fes fuccès, & en l'entendant accufer d'irréligion, difoit quelquefois : *c'eſt ma gloire & ma honte;* c'étoit lui qui parloit dans la première partie de ce jugement, dans la feconde c'étoit fon rôle ; mais il aimoit trop les talens & il en étoit trop bon juge, pour n'être pas flatté d'avoir cultivé ceux d'un tel élève.

Latona tacitum pertentant gaudia pectus.

Ses harangues, quoiqu'en latin, difoient quelque chofe, & parloient à l'efprit ; auffi fcandalifoient-elles un peu les pédans & les janféniftes, qui d'ailleurs avoient bien réfolu d'être fcandalifés des ouvrages d'un jéfuite ; la récréation des bons écoliers de fainte Barbe & des autres communautés janféniftes ou feulement univerfitaires, étoit de s'affembler pour critiquer les harangues du père *Porée* à mefure qu'elles paroiffoient, on lui reprochoit d'avoir un peu le ftyle de Pline & de Sénèque ; le reproche étoit honnête ; n'a pas qui veut le ftyle de Pline & de Sénèque ; tous nos infignifians latiniftes modernes, ne feroient pas mal d'en prendre un peu, & de mettre à leur exemple, beaucoup de fens dans leurs longues phrafes cicéroniennes qui en font fi dépourvues. Le père *Porée* avoit fait des tragédies (latines) où il y a de la fenfibilité ; parce que l'au-

teur en avoit, & des comédies auffi latines, telles qu'en peut faire un homme d'efprit, qui uniquement & continuellement occupé des fonctions de fon état, vivoit dans Paris, comme au fond d'un défert, & n'y étoit pas plus près du monde que s'il eût vécu au fond des Alpes, dans la grande Chartreufe. Le père Griffet a été l'éditeur de fes tragédies & de fes comédies : l'infcription mife au bas du portrait du père *Porée* eſt jufte & n'a point d'exagération : *pietate an ingenio, poëſi an eloquentiâ, modeſtiâ major an famâ.*

M. de Voltaire adreffa au père *Porée* fa tragédie *d'Œdipe* ; & tous ceux qui avoient étudié fous le père *Porée*, confervoient pour lui une vénération tendre & reconnoiffante, & lui faifoient hommage des talens mêmes qui avoient le moins de rapport avec fa profeffion. Le fameux Tribou, autrefois fon élève, étant enrôlé à l'opéra, ne crut pas que l'exercice d'un grand talent dût être un titre de réprobation aux yeux d'un Jéfuite même, ami de tous les talens ; il vint voir le père *Porée* & lui avoua le parti qu'il avoit pris ; le père gémit fur cette deftinée de fon élève, de fon enfant, & l'exhorta du moins à la vertu qui peut être de tous les états : puis, entraîné par fon goût pour les arts, il voulut juger par lui-même de ce que ce jeune homme devoit attendre du malheureux parti qu'il avoit embraffé. Tribou chanta fort tendrement un air fort tendre, le charme du talent produifit tout fon effet fur le bon & fenfible vieillard, deux ruiffeaux de larmes couloient de fes yeux, il embraffa Tribou en s'écriant avec un fentiment mêlé de tendreffe, de joie & de douleur: oh! *malheureux! vous ne fortirez jamais de là.*

On peut croire que cet excellent homme ne prit jamais aucune part aux intrigues, aux cabales dont fa *fociété* étoit alors ou l'auteur ou l'objet.

Le père *Porée* étoit né en 1675, à Vendes près de Caen ; il étoit entré chez les Jéfuites en 1692 ; il avoit été nommé en 1708 profeffeur de rhétorique au collège de Louis-le-Grand, & il mourut dans cet emploi en 1741.

Il avoit un frère (Charles-Gabriel *Porée*) né à Caen en 1685 ; qui étoit auffi dans l'état eccléfiaftique, mais qui refta dans le monde ; il fut chanoine & curé. Il étoit entré dans la congrégation de l'oratoire, tandis que fon frère étoit Jéfuite ; celui-ci l'en fit fortir, mais il n'y a rien à dire, ce fut pour le placer auprès de M. de Fénélon, il fut fon bibliothécaire. C'étoit être dans fon élément ; l'abbé *Porée* aimoit d'autant plus les livres qu'il ne les avoit pas toujours aimés. C'eſt une particularité remarquable de fon éducation. Des maîtres qui n'avoient ni l'efprit ni la fenfibilité douce du père *Porée* fon frère, l'ayant dégoûté de l'étude, il vécut jufqu'à l'âge de vingt-cinq ans fans ouvrir un livre. A cet âge, il fe caffa la jambe, & pendant la longue inaction où cet accident le condamna, il eut recours aux livres comme à un moindre ennui. Il vit avec étonnement qu'il avoit fallu tout le talent de ses maîtres pour rendre odieuse une occupation si agréable & si utile, & son goût pour les livres devint une passion ; il répara très-avantageusement le temps perdu, fut très-savant ; l'académie de Caen le posséda pendant trente ans, & le regarda toujours comme un de ses principaux ornemens. On a de lui beaucoup de dissertations lues dans cette académie & imprimées dans ses mémoires ; il fit pendant deux ou trois ans les nouvelles littéraires de Caen, recueil de pièces en prose & en vers des académiciens de cette ville, dans lequel il y en a quelques - unes de lui. Il a écrit aussi sur les sépultures dans les églises, & a donné *l'histoire du Mandarinat de ce fou d'abbé de Saint-Martin*, dont l'extravagance avoit, dit-on, donné à Molière l'idée de faire recevoir M. Jourdain Mamamouchi. L'abbé *Porée* mourut le 17 juin 1770.

PORLIER (Pierre) *Hist. mod.*) seigneur de Goupilières en Normandie, & maître des comptes à Paris, voyant les Turcs armer en 1714 & 1715, contre Malte, parce qu'ils étoient instruits que l'île manquoit de poudre pour se défendre, vendit sa vaisselle d'argent & d'autres effets, acheta de la poudre & la fit passer à Malte. Le grand-maître Pérellos de Rocafull, lui envoya la croix de l'ordre. C'est sur cet armement des Turcs que Rousseau fit son ode aux princes chrétiens :

> Ce n'est donc point assez que ce peuple perfide,
> De la sainte cité profanateur stupide,
>   Ait dans tout l'Orient porté ses étendards ;
> Et paisible tyran de la Grèce abattue,
>   Partage à notre vue
> La plus belle moitié du trône des Césars.

PORPHIRE (*Hist. anc.*) philosophe platonicien, disciple de Longin pour l'éloquence & de Plotin pour la philosophie, fut le plus redoutable ennemi des chrétiens, & c'est contre lui que les pères de l'église ont le plus réuni leurs efforts. Nous n'avons pas l'ouvrage où il attaquoit la religion, nous n'en pouvons juger que par les réponses qu'on y a faites. Théodose le Grand fit brûler cet ouvrage en 388. Avant l'invention de l'imprimerie, c'étoit faire quelque chose, soit en bien, soit en mal, que de brûler des livres ; c'étoit quelquefois anéantir l'ouvrage, c'étoit au moins le rendre rare, non-seulement en diminuant le nombre des manuscrits toujours peu nombreux du même ouvrage, mais sur-tout en avertissant les possesseurs de ces manuscrits de les resserrer, & cependant on sait ce que Tacite a dit au sujet des annales de Crémutius Cordus, sur ce projet d'éteindre la mémoire des faits & des livres.

Porphyre étoit né à Tyr, l'an 233 de Jésus-Christ. Il mourut sous l'empire de Dioclétien : on connoît son fameux traité de l'abstinence des viandes ; il a été traduit en français par feu M. de Burigny de l'académie des belles lettres.

PORPHIRE est aussi le nom d'un poëte latin, qui vivoit sous l'empire de Constantin, dit le Grand, & qui fut rappellé de l'exil pour un panégyrique de ce prince, tout plein d'acrostiches au commencement, & au milieu, de vers, de chiffres entrelacés, de figures de mathématiques & de toutes ces difficultés factices & puériles, toujours bien plus aisées à vaincre que la seule difficulté de bien faire.

PORPHYROGENETE, s. m. (*Hist. de l'emp. d'Orient.*) c'est-à-dire, né dans le palais de Porphyre qui étoit l'appartement où acouchoient les impératrices. Quand l'empire romain fut réduit à l'empire grec, la succession des empereurs fut tellement interrompue, que ce titre de *Porphyrogénète* devint un titre distinctif, que peu de princes de diverses familles purent porter. Aussi n'oublia-t-on point de le mettre dans l'occasion sur les médailles ; *voyez* PORPHYROGÉNÈTE , *Art. nusmimat.* (D. J.)

PORSENNA (*Hist. rom.*) voyez les articles CLÉLIE, HORATIUS COCLÈS, MUTIUS SCÆVOLA, TARQUIN).

Lars *Porsenna*, roi de Clusium en Etrurie, étoit un des plus puissans rois de l'Italie, du temps de Tarquin le superbe. Lorsque Tarquin eut été chassé, l'an de Rome 244, & qu'il eut perdu, l'an 245, la bataille où Arons son fils & Brutus se tuèrent l'un l'autre, ce fut à Clusium qu'il se retira implorant la protection de *Porsenna* ; celui-ci voulant venger ce qu'il regardoit comme la querelle commune des rois, & s'armer en quelque sorte pour un concitoyen, car Tarquin tiroit son origine d'Etrurie (ou de la Toscane) vint, l'an 246, mettre le siège devant Rome, & prit d'assaut le Janicule ; il eût pris la ville même sans la belle action d'Horatius Coclès qui donna le temps de couper le pont par où le Janicule étoit joint à la ville : cet Horatius Coclès descendoit de Marcus Horatius, si célèbre par la défaite des trois Curiaces sous Tullus Hostilius. Il fallut que ce projet & cette espérance d'emporter Rome d'assaut, se réduisissent à en former régulièrement le siège, qui même fut bientôt converti en blocus. Ce fut alors que l'entreprise hardie de Caïus Mutius Scévola, en remplissant *Porsenna* d'admiration, le força de faire la paix avec les romains. Clélie donnée en ôtage de cette paix, traversa le Tibre à la nage sous les traits des Etrusques & des soldats de Tarquin, & rentra comme en triomphe dans Rome ; mais elle fut renvoyée au roi d'Etrurie avec ses compagnons : Tarquin qui en fut averti, se dispofoit à les enlever fur la route, lorfqu'il vit paroître Arons, fils de *Porfenna*, qui venoit à leur rencontre & qui les efcorta jufqu'au camp des Etrufques. Il faut rendre juftice à *Porfenna*, il parut toujours dans toute cette guerre le plus fincère admirateur de la vertu des romains. Ses motifs pour faire la guerre avoient été purs & nobles, fes motifs pour faire la paix furent vertueux. Des facrifices généreux de fa part donnèrent à cette paix toute la folidité que la politique vulgaire oublie fi fouvent de donner à fes traités, ou plutôt qu'elle fe fouvient toujours trop bien de ne leur pas donner. Il rendit aux romains, & fans rançon, tous les prifonniers, & ils étoient en grand nombre; il leur fit préfent de toutes les richeffes qui fe trouvoient dans fon camp, il voulut que fes troupes y laiffaffent tout leur bagage, & il leur en donna l'exemple. Rome n'avoit en lui qu'un voifin, elle eut un ami, & telle fut l'iffue de cette guerre.

Délivré des foins qu'elle entraînoit, il n'étoit pas encore en paix avec tous fes voifins; d'autres intérêts lui mettoient les armes à la main contre les habitans d'Aricie; il envoya fon fils Arons faire le fiége de cette ville; ce fiége entraîna une bataille où ce jeune prince fut tué, fa mort caufa la défaite & la déroute des Etrufques. Plufieurs d'entr'eux cherchèrent un afyle fur les terres des romains: on vit alors un grand exemple de ce que les petits politiques machiaveliftes ont tant de peine à comprendre, c'eft que fi le mal fe rend toujours & même avec ufure, le bien fe rend auffi quelquefois. Les romains recueillirent avec empreffement les Etrufques dans leur défaftre; ils prirent foin des bleffés, fournirent des chevaux à ceux qui n'étoient que démontés, des chariots à ceux qui n'étoient pas en état de fupporter le cheval, ils les tranfportèrent à Rome, les logèrent dans leurs maifons, les pourvurent de vivres, de médicamens, de fecours de toute efpèce. Se voyant traités ainfi en amis, en hôtes, en concitoyens, plufieurs d'entr'eux ne voulurent plus d'autre patrie que Rome; le fénat leur affigna un terrain entre le mont Palatin & le mont Capitolin, ils y bâtirent, s'y logèrent, & cet efpace s'appella la rue des Etrufques. *Porfenna*, touché d'un procédé fi fraternel, montra encore par un nouvel exemple, que le bien fe rend en politique, & que la véritable politique feroit de faire du bien; il remit volontairement, & uniquement par reconnoiffance, les Romains en poffeffion de certaines terres, fituées au-delà du Tibre, & qui lui avoient été cédées par fon traité de paix avec les Romains.

Attentif à toutes les convenances, & jaloux de remplir tous les devoirs de juftice & d'honneur, il avoit renoncé à faire la guerre aux Romains pour l'intérêt des Tarquins; mais il n'avoit pas renoncé à folliciter & à négocier en faveur de ceux-ci; il ne leur avoit point retiré fa protec-

tion, & il ne put leur refufer une dernière démarche. L'an de Rome 247, il envoya des ambaffadeurs à Rome plaider encore une fois dans la caufe des criminels Tarquins, la caufe intéreffante des rois. Le fénat répondit en fubftance ce que Brutus dans la tragédie qui porte fon nom, répond en fi beaux vers à l'ambaffadeur tofcan:

> Arons, il n'eft plus temps; chaque état a fes loix
> Qu'il tient de fa nature ou qu'il change à fon choix;
> Efclaves de leurs rois & même de leurs prêtres,
> Les Tofcans femblent nés pour fervir fous des maîtres;
> Et de leur joug antique adorateurs heureux,
> Voudroient que l'univers fût efcla e comme eux;
> La Grèce entière eft libre, & la molle Ionie
> Sous un joug odieux languit affujettie;
> Rome eut fes fouverains, mais jamais abfolus;
> Son premier citoyen fut le grand Romulus,
> Nous partageons le poids de fa grandeur fuprème;
> Numa qui fit nos loix, y fut foumis lui-même.

Il ajouta que la haine des rois étoit devenue l'efprit romain; il conjura *Porfenna*, au nom de l'étroite & fincère union qui étoit entre lui & les Romains, & que tant de fervices mutuels avoient cimentée, de ne pas troubler cette union fi chère par une demande qui les mettroit dans la trifte alternative ou de renoncer à leur liberté, ou de refufer quelque chofe à un prince auquel, & par inclination, & par reconnoiffance, ils voudroient pouvoir tout accorder. *Porfenna* ne leur en parla plus, & Tarquin fe retira pour lors à Tufculum chez Mamilius Octavius, fon gendre. Sur fes autres retraites, voyez fon article.

PORTA, (JEAN-BAPTISTE) *Hift. litt. mod.*) gentilhomme napolitain, auteur de tragédies & de comédies qui eurent quelque fuccès, mais furtout grand écrivain fur la magie & les fciences occultes, la divination, &c. C'eft à lui qu'on doit l'invention de la chambre obfcure, perfectionnée depuis par S'gravefande. Il avoit auffi conçu le projet d'une *Encyclopédie*, & c'eft déjà un mérite de concevoir un pareil projet. Mort en 1515.

PORTAGE, (*terme des îles d'Amérique*) c'eft un trajet que les coureurs de bois, & ceux des habitans de la nouvelle France à qui on accorde la traite avec les fauvages, qu'ils font ordinairement avec des canots ou petits bateaux fur les rivières & étangs, aux bords defquels fe trouvent les habitations de ces fauvages, font obligés de faire à pied, lorfqu'ils trouvent des fauts & des endroits difficiles dans leur chemin; pendant cette courfe, ils doivent porter fur leurs dos leurs canots, hardes, marchandifes & provifions. (*D. J.*)

PORTE, (la) *Hift. des Turcs.*) c'eft le nom qu'on donne à l'empire des Turcs. Leurs conquêtes
ont

ont affoibli cet empire, parce qu'ils n'ont pas fu les mettre à profit par de fages réglemens; détruifant pour conferver, ils n'ont acquis que du terrein. Leur religion ennemie des arts, du commerce & de l'induftrie, qui fait fleurir un état, a laiffé regner des vainqueurs dans des provinces dévaftées, & fur les débris des puiffances qu'ils ont ruinées; enfin le defpotifme a produit dans la monarchie ottomane tous les maux dont il eft le germe.

On a remarqué que tout gouvernement defpotique devient militaire, dans ce fens que les foldats s'emparent de toute l'autorité. Le prince qui veut ufer d'un pouvoir arbitraire en gouvernant des hommes, ne peut avoir que de vils efclaves pour fujets, & comme il n'y a aucune loi qui retienne fa puiffance dans de certaines bornes, il n'y en a auffi aucune qui la protège, & qui foit le fondement de fa grandeur. Se fervant de la milice pour tout opprimer, il eft néceffaire que cette milice connoiffe enfin ce qu'elle peut, & l'opprime à fon tour, parce que fes forces ne peuvent être contrebalancées par des citoyens qui ne prennent aucun intérêt à la police de l'état, & qui cependant dans le cas de la révolte des gens de guerre, font la feule reffource du prince.

Soliman I connoiffant tous les dangers auxquels fes fucceffeurs feroient expofés, fit une loi pour défendre que les princes de fa maifon paruffent à la tête des armées, & euffent des gouvernemens de provinces. Il crut affermir les fultans fur le trône, en enfeveliffant dans l'obfcurité tout ce qui pouvoit leur faire quelque ombrage. Par cette politique il crut ôter aux janiffaires le prétexte de leurs féditions, mais il ne fit qu'avilir fes fucceffeurs. Corrompus par l'éducation du ferrail, ils portèrent en imbécilles l'épée des héros qui avoient fondé & étendu l'empire. Les révolutions devinrent encore plus fréquentes; les fultans incapables de régner, furent le jouet de l'indocilité & de l'avarice des janiffaires; ceux auxquels la nature donna quelques talens, furent dépofés par les intrigues de leurs propres miniftres, qui ne vouloient point d'un maître qui bornât leur pouvoir.

Malgré les vaftes états que poffède le grand feigneur, il n'entre prefque pour rien dans le fyftême politique de l'Europe. Les Turcs font, pour ainfi dire, inconnus dans la chrétienté, ou bien on ne les y connoît que par une tradition ancienne & fauffe, qui ne leur eft point avantageufe. Si la Porte entretenoit des ambaffadeurs ordinaires dans toutes les cours; que, fe mêlant des affaires, elle offrît fa médiation & la fît refpecter; que fes fujets voyageaffent chez les étrangers, & qu'ils entretinffent un commerce réglé, il eft certain qu'elle forceroit peu-à-peu les princes chrétiens à s'accoutumer à fon alliance.

Mais il n'eft pas vraifemblable que la Porte change de politique; elle penfera toujours que fon gouvernement doit avoir pour bafe l'ignorance & la mifère des fujets.

L'Europe n'a pas lieu de craindre beaucoup les forces de la Porte. L'empereur, la Pologne, la Ruffie & la république de Venife forment une harrière que les Turcs ne peuvent forcer. On ne fauroit même douter que ces quatre puiffances ne fuffent en état de repouffer le grand feigneur en Afie, s'il étoit de l'intérêt des autres princes chrétiens de leur laiffer exécuter une pareille entreprife, ou fi elles pouvoient elles-mêmes réunir leurs forces pour un femblable deffein. Ainfi la Porte confervera l'empire qu'elle a acquis en Europe, parce que d'ailleurs fa ruine agrandiroit trop quelques puiffances, fur-tout la Ruffie, & qu'il importe à tous les peuples qui font le commerce du levant, que la Grèce & les autres provinces de la domination ottomane foient entre les mains d'une nation oifive, pareffeufe, & qui ignore l'art de tirer parti des avantages que lui préfente fa fituation. (D. J.)

PORTE, (CHARLES DE LA) *Hift. de France*) duc de la Meilleraye, maréchal de France. Si l'on en croit les mémoires de Choify, qu'on peut abfolument fe difpenfer de croire, l'origine de la famille de la Porte étoit fort récente. Selon cet auteur, le maréchal d'Ancre fe fouvint, dans fa gloire, de Barbin, procureur du roi de Melun, qui l'avoit autrefois fervi dans fes amours avec Eléonore Galigaï, devenue depuis la maréchale d'Ancre. Il le fit contrôleur-général; Barbin fe fouvint à fon tour de fon ami Bouthillier, avocat, qui lui donnoit autrefois une chambre à Paris, quand il y avoit affaire; delà les Bouthilliers, furintendant des finances & fecrétaire d'état. Bouthillier avoit été clerc du vieil avocat la Porte qui l'avoit fort bien traité; l'avocat la Porte étoit fils d'un apothicaire de la ville de Parthenai en Poitou, à qui le peuple avoit donné le nom de la Porte, à caufe que fa boutique étoit fur la porte de la ville. Le fils devint un des plus fameux avocats de fon temps. Il avoit fait gagner une caufe importante à l'ordre de Malthe, qui, par reconnoiffance, reçut un de fes fils chevalier, fans exiger de preuves. Ce fut le grand prieur de France, Amador de la Porte, bailli de la Morée, ambaffadeur de l'ordre de Malthe en France, gouverneur de la ville & château d'Angers en 1619, du Havre-de-Grace en 1626, lieutenant-de-roi d'Oléron & du pays d'Aunis en 1633; mort le 31 octobre 1634.

Son frère aîné, Charles de la Porte, acquit la terre de la Meilleraye dont il prit le nom, & fut père du maréchal de la Meilleraye; celui-ci s'étoit diftingué à l'attaque du pas de Suze du 6 mars 1629, où étoit le roi Louis XIII en perfonne; au combat du pont de Carignan en 1630, au fiége de la Mothe en Lorraine en 1634, à la bataille d'Avein le 20 mai 1635, au siége de Louvain de la même année, au siége de Dole en 1636, à la prise de Hesdin en 1639, & le roi lui donna le bâton de maréchal de France sur la brèche de cette place, le 30 juin. Il passoit pour l'homme de son temps qui entendoit le mieux l'art de conduire les siéges; la même année 1639, il battit, le 4 août, le comte de Fuentes; en 1640, il commandoit avec les maréchaux de Châtillon & de Chaunes l'armée qui fit le siége d'Arras, & il contribua beaucoup à la prise de cette place. Le jeune duc d'Enghien, qui fut depuis le grand Condé, étoit à ce siége. En 1641, le maréchal de la Meilleraye prit Aire, la Bassée & Bapaume en Flandre & en Artois; en 1642, il prit Collioures, Perpignan, & Salces dans le Roussillon; en 1644, commandant sous le duc d'Orléans, il prit Gravelines, & après une contestation fort vive avec le maréchal de Gassion (voyez l'article LAMBERT), il entra dans cette place à la tête du régiment des gardes, dont il étoit colonel. En 1646, il commanda l'armée d'Italie, & prit Piombino & Portolongone: malgré tous ces succès, il n'est pas mis au nombre des grands généraux de ce temps-là; peut-être sa faveur auprès du cardinal de Richelieu, qui lui fut si utile d'ailleurs, a-t-elle nui à sa réputation même militaire; il eut en 1632 le gouvernement du château de Nantes, il eut depuis celui de Brest, & fut lieutenant-général de la haute & basse Bretagne; en 1633, il fut fait chevalier des ordres du roi; en 1634, grand-maître de l'artillerie. Il mourut à l'Arsenal à Paris, le 8 février 1664.

Ce fut son fils, Armand-Charles de la Porte, qui épousa la belle & célèbre Hortense, principale héritière du cardinal Mazarin, & qui fut la tige des ducs de Mazarin. (Voyez MAZARIN.)

PORTE-COFFRE, (Chancellerie de France.) officier de la grande chancellerie. La fonction d'un porte-coffre consiste à aller prendre l'ordre du garde-des-sceaux toutes les semaines, pour le jour qu'il lui plaît de donner le sceau, d'en avertir le grand audiencier, le contrôleur-général, les secrétaires du roi, & autres officiers nécessaires au sceau. Le porte-coffre a aussi le soin de faire préparer dans la salle la table sur laquelle on scelle, & le coffre où on met les lettres après qu'elles sont scellées. (A. R.)

PORTE-CROIX, s. m. (Hist. mod.) cruciferes, ou religieux de sainte Croix, ordre de religieux qui fut établi vers l'an 1160, sous le pontificat d'Alexandre III. On prétend ridiculement que le pape Cletus avoit donné commencement à cet institut, & que Cyriaque le rétablit à Jérusalem, après que sainte Hélène, mère de Constantin, y eut trouvé la vraie croix du fils de Dieu. Le pape Alexandre III lui donna des règles & des constitutions, & Clément IV ordonna que le premier monastère, chef de l'ordre, seroit à Boulogne, à santa Maria di Morello; mais comme cet institut déchut beaucoup dans les quatorzième & seizième siècles, on en donna les monastères en commande, & le cardinal Bellarion eut le prieuré de celui de Venise. Le pape Pie V rétablit vers l'an 1561 l'ordre des porte-croix, qui fut enfin aboli par le pape Alexandre VII en 1656. On donna les biens des monastères qui étoient dans l'état de Venise à la république, pour pouvoir soutenir la guerre qu'elle avoit contre les Turcs. Ce changement regardoit la congrégation des porte-croix d'Italie; il y en a une dans les pays-bas qui comprend les monastères de France; les religieux sont vêtus de blanc, & portent un scapulaire noir avec une croix blanche & rouge par-dessus. Le général demeure à Huy, & des monastères à Liége, à Maestricht, à Namur, à Boisleduc, à Bruges, à Tournay, &c. celui de Sainte-Croix de la Bretonnerie de Paris en dépend aussi. Il y a en Portugal des porte-croix qui ont un riche monastère à Evora. Cet ordre a fleuri autrefois en Syrie. Maurolicus, mare ocean. Baronius, le Mire, &c. (A. R.)

PORT-ÉTOILES & PERROQUETS, (Hist. mod.) nom de deux factions qui se formèrent à Bâle vers l'an 1250, que la noblesse fut divisée en deux partis qui se firent long-temps la guerre. Les perroquets furent ainsi appellés, parce que dans leurs enseignes ils portoient un perroquet de sinople, ou vend dans un champ d'argent, & l'on donna à leurs adversaires le nom de port-étoiles, parce que leurs étendards étoient chargés d'une étoile d'argent en champ de pourpre. (A. R.)

PORTE-MANTEAU, s. m. (Hist. mod.) se dit d'un officier de la maison du roi de France. Il y en a douze. Leur charge consiste à garder le chapeau du roi, ses gants, sa canne, son épée, &c. à les recevoir de sa main, & à les lui apporter quand il en a besoin. Le porte-manteau suit le roi à la chasse, avec une valise ou porte-manteau garni de mouchoirs, chemises, & autre linge de corps, afin que S. M. puisse changer en cas de besoin.

Le dauphin a aussi son porte-manteau. Les cardinaux à Rome ont des officiers ecclésiastiques qu'on nomme caudataires, parce qu'ils portent la queue traînante de leur robe; & en France, des valets-de-chambre, chargés du même office, qui ont quelque rapport avec le porte-manteau. (A. R.)

PORTES. (des) Voyez DESPORTES.

PORT-GREVE. f. m. (Hift. mod.) C'étoit autrefois le principal magiftrat d'un port de mer ou d'une ville maritime. Ce mot vient du faxon *port*, un *port* ou une autre *ville*, & *geref*, un gouverneur; les Anglois l'écrivent quelquefois *port-reve*.

Cambden obferve que le premier magiftrat de Londres, s'appelloit autrefois *port-greve*; Richard I. établit deux baillifs en fa place; & bientôt après le roi Jean donna aux citoyens un maire pour leur magiftrat annuel.

La charte de Guillaume le conquérant à la ville de Londres s'exprime ainfi : « Guillaume roi, » falut à Guillaume évêque, à Godefroi *port-greve*, » & à tous les bourgeois de la ville Londres, » françois & anglois : Je vous déclare que ma » volonté eft que vous viviez tous fous la même » loi, felon laquelle vous étiez gouvernés du rems » du roi Edouard; que ma volonté eft auffi que » tout enfant foit l'héritier de fon père, & que » je ne fouffrirai pas que l'on vous faffe aucun » tort; que Dieu vous ait en fa fainte garde ». *(A. R.)*

PORTLAND, (GUILLAUME BENTING, comte de) (Hift. d'Ang.) favori de Guillaume III, roi d'Angleterre, conferva toujours la faveur de fon maître malgré la jaloufie des grands & quelques orages que les communes excitèrent contre lui.

Au moment où on étoit prêt à figner les traités de Rifwick, le maréchal de Boufflers pour la France, & le comte de *Portland* pour l'Angleterre, avoient eu, à la tête des deux armées, une conférence, dans laquelle le comte de *Portland* avoit demandé que Jacques II fortît de France; après la paix, *Portland* ayant été nommé ambaffadeur en France, parut fort furpris de trouver encore le roi Jacques à St. Germain; il réclama la promeffe qu'il difoit avoir reçue du maréchal de Boufflers fur ce fujet, il vouloit même que le facrifice, qu'il exigeoit relativement à Jacques, s'étendît jufqu'au duc de Berwick, fon fils naturel, à plus forte raifon jufqu'au prince de Galles (depuis Jacques III). Guillaume n'approuva point cet excès de zèle : il fentit qu'il ne lui convenoit ni de craindre le roi Jacques ni de perfécuter fon beau-père, qui n'étoit plus à craindre; il jugea qu'arracher ces infortunés de leur afyle, ce feroit, en voulant avilir gratuitement Louis XIV aux yeux des nations, s'avilir lui-même; il défavoua *Portland*, auquel il fut peut-être gré d'ailleurs du zèle qu'il n'approuvoit pas, & il le chargea de fuivre la négociation des actes de partage de la fucceffion d'Espagne, à laquelle il étoit aifé de prévoir que la mort de Charles II alloit bien-tôt donner ouverture.

Le comte de *Portland* mourut en 1710, âgé de foixante-deux ans.

PORUS, (Hift. anc.) roi des Indes, étendoit fa domination fur tout le pays fitué entre les fleuves Hydafpe & Acefine. Alexandre, vainqueur de Darius, pénétra jufqu'aux extrémités de l'Inde, dont les rois s'empreffèrent d'aller lui rendre hommage. *Porus* fut le feul qui ne s'en laiffa point impofer par l'éclat de fa renommée. Le héros Macédonien, furpris de fa confiance préfomptueufe, l'envoya fommer de venir le recevoir fur la frontière, & de lui payer tribut. *Porus* répondit à fes députés : Dites à votre maître que pour lui faire une réception plus honorable, j'irai à fa rencontre à la tête de mon armée. Alexandre, flatté de trouver un ennemi digne de lui, fit fes préparatifs pour traverfer l'Hydafpe, dont la rive oppofée étoit défendue par trente mille hommes de pied, cinq mille chevaux, & quatre-vingt-cinq éléphans d'une monftrueufe grandeur. Ce fpectacle d'armes, d'hommes & d'animaux devenoit encore plus terrible par la préfence de *Porus*, dont la taille étoit de fept pieds & demi, & qui monté fur le plus grand de fes éléphans, paroiffoit couvert d'or & d'argent, ainfi que tout ce qui l'environnoit. Ces obftacles furent furmontés à la faveur d'une nuit obfcure, qui facilita le paffage des Macédoniens. Plufieurs jours s'écoulèrent en efcarmouches, où les deux partis effayèrent leur courage. Un des fils de *Porus* y perdit la vie. Ce fut pour venger fa mort, que le monarque Indien fe détermina à livrer bataille. Il y donna les plus grands témoignages de courage & de capacité. La férocité des Indiens fuccomba fous la valeur, & fe précipitant dans leur fuite; ils abandonnèrent leur roi, qui n'eut pas la lâcheté de fuivre leur exemple. Il fut contraint de fe rendre à la difcrétion du vainqueur, en accufant la fortune qui avoit trahi fon courage. Alexandre, frappé de fa taille gigantefque, & plus encore de fa contenance fière & affurée, lui parla en vainqueur & lui demanda, comment voulez-vous que je vous traite ? En roi, lui répondit le monarque captif. Alexandre repliqua : ne demandez-vous rien davantage ? non, dit *Porus*, tout eft compris dans ce mot. Alexandre étonné de fa grandeur d'ame, lui rendit fes états, & y ajouta plufieurs autres provinces. *Porus* reconnoiffant lui jura une fidélité inviolable. *(T—N.)*

POS

POSIDONIUS (Hift. anc.) philofophe Stoïcien, natif d'Apamée, en Syrie, enfeigna la philofophie à Rhodes, avec beaucoup de réputation. Il vivoit du temps de Pompée & de Mithridate.

C'étoit lui qui tourmenté de la goute, s'écrioit, dans la plus grande violence de fes douleurs, *goute, tu as beau faire, je n'avouerai jamais que tu fois un mal.*

POSPOLITE, f. m. (*Hift. mod.*) c'eft ainfi que l'on nomme en Pologne un ordre par lequel dans les befoins preffans de l'état, tous les fujets, tant nobles que roturiers, qui font en état de porter les armes, font obligés de fe rendre en un lieu marqué, & de fervir la république à leurs dépens pendant l'efpace de fix femaines. Quelquefois les eccléfiaftiques eux-mêmes ne font point exempts de la néceffité d'obéir à cette convocation. (*A .R.*)

POSSEVIN, (ANTOINE) (*Hift. mod.*) jéfuite Italien, employé en différentes négociations, en Suède, en Pologne, en Mofcovie, en Allemagne, & qui travailla même à la réconciliation de Henri IV avec le Saint-Siège. Le P. Dorigny, jéfuite, a écrit fa vie. Le P. *Poffevin* étoit d'ailleurs homme de lettres ; nous avons de lui une *bibliothèque choifie,* qui, felon l'ufage, n'eft pas affez choifie ; un livre intitulé : *apparatus facer* ; un autre intitulé : *Mofcovia,* defcription fort détaillée de ce pays. Le P. *Poffevin* étoit né à Mantoue, il étoit entré chez les jéfuites en 1549. Il mourut à Ferrare, le 26 février 1611.

POSSIDIUS, (*Hift. ecclef.*) évêque de Calame, en Afrique, a écrit la vie de St. Auguftin, fon maitre & fon ami, avec lequel il avoit vécu près de quarante ans, & dont il avoit recueilli les derniers foupirs, en 430.

POSSIDONIUS, (*Hift. anc.*) favant aftronome & habile géographe, entreprit de mefurer la circonférence de la terre par des obfervations céleftes, faites en divers lieux fous un même méridien, afin de réduire en degrés les diftances que les Romains n'avoient jufqu'alors mefurées que par ftades & par milles. Il vivoit du temps de Pompée, qui entretenoit correfpondance avec lui.

POSTE. f. f. (*Hift. anc. & mod.*) Les *poftes* font des relais de chevaux établis de diftance en diftance, à l'ufage des couriers chargés de porter les miffives, tant du fouverain que des particuliers ; ces relais fervent auffi à tous les voyageurs qui veulent en ufer, en payant toutefois le prix réglé par le gouvernement.

La néceffité de correfpondre les uns avec les autres, & particulièrement avec les nations étrangères, a fait inventer les *poftes.* Si l'on en croit plufieurs hiftoriens, les hirondelles, les pigeons & les chiens ont été les meffagers de quelques nations, avant que l'on eût trouvé des moyens plus fûrs pour aller promptement d'un lieu dans un autre.

Hérodote nous apprend que les courfes publiques, que nous appelons *poftes,* furent inventées par les Perfes ; il dit que de la mer Grecque qui

eft la mer Egée & la Propontide, jufqu'à la ville de Suze, capitale du royaume des Perfes, il y avoit cent onze gites ou manfions de diftance. Il appelle ces manfions *bafilicos ftathmos, id eft, manfiones regias, five diverforia pulcherrima* : il y avoit une journée de chemin de l'un à l'autre gite ou manfion.

Xénophon nous enfeigne que ce fut Cyrus même qui, pour en rendre l'ufage facile, établit des ftations ou lieux de retraite fur les grands chemins, fomptueufement bâties, affez vaftes pour contenir un nombre d'hommes & de chevaux, pour faire en peu de tems beaucoup de chemin ; & ordonna aux porteurs de fes ordres qu'à leur arrivée à l'une des *poftes* ou ftations, ils euffent à déclarer le fujet de leur courfe à ceux qui y étoient prépofés, afin que des uns aux autres les nouvelles parvinffent jufqu'au roi. Ce fut dans l'expédition de Cyrus contre les Scythes que ce prince établit les *poftes* de fon royaume, environ 500 ans avant la naiffance de Jéfus Chrift.

On prenoit auffi quelquefois les chevaux & les navires par force. Comme les chevaux deftinés aux courfes publiques étoient ordinairement pouffés à grands coups d'éperons, & forcés de courir malgré qu'ils en euffent, on donna le nom de cette fervitude forcée aux chevaux de *pofte* & aux poftillons, lorfque les *poftes* s'établirent chez les Romains. Les Perfes appelloient *angaries* toutes les actions que l'on faifoit par contrainte & avec peine. Les Latins adoptèrent ce terme *angaria,* pour fignifier une *charge perfonnelle,* une *corvée* & un *cheval de pofte.* Les Romains appelloient la pofte *curfus publicus* ou *curfus clavicularis.*

Il n'eft pas facile de fixer l'époque, ni de citer les perfonnes qui inftituèrent l'ufage des *poftes* chez les Romains. Selon quelques-uns, lors de l'état populaire, il y avoit des *poftes* fur les grands chemins que l'on appelloit *ftationes,* & les porteurs de paquets en pofte *ftatores* ; dès-lors ceux qui couroient étoient obligés d'avoir leurs lettres de *poftes,* que l'on appelloit *diplomata, five evectiones,* qui leur fervoient de paffe-port pour aller avec les chevaux publics. On trouve dans quelques paffages de Cicéron, qu'il donne le nom de *ftator* à ceux qui portoient des paquets en diligence : mais les favans qui font oppofés au fentiment qui fixe dès-lors l'inftitution des *poftes* romaines, remarquent que Cicéron n'a entendu parler que des meffagers qu'il avoit envoyés, parce qu'il a dit *ftatores meos,* & non pas *ftatores reipublicæ,* ce qui femble prouver que les couriers, dont parle Cicéron, étoient fes gens gagés par lui, & que ce n'étoient point des hommes au fervice de la république.

Il eft à préfumer que comme *Augufte* fut le principal auteur des grands chemins des provinces, c'eft auffi lui qui a donné commencement aux *poftes* romaines, & qui les a affermies. Suétone, en parlant de ce prince, dit que pour faire recevoir plus promptement des nouvelles des différens endroits de son empire, il fit établir des logemens sur les grands chemins, où l'on trouvoit de jeunes hommes destinés aux postes qui n'étoient pas éloignés les uns des autres. Ces jeunes gens couroient à pié avec les paquets de l'empereur qu'ils portoient de l'une des stations à la poste prochaine, où ils en trouvoient d'autres tous prêts à courir, & de mains en mains les paquets arrivoient à leurs adresses.

Peu de tems après, le même Auguste établit des chevaux & des chariots, pour faciliter les expéditions. Ses successeurs continuèrent le même établissement. Chaque particulier contribuoit aux frais des réparations des grands chemins & de l'entretien des postes, sans qu'aucun s'en pût dispenser, non pas même les vétérans; les seuls officiers de la chambre du prince, appellés *prœpositi sacri cubiculi*, en furent exemptés.

Au reste, on ne pouvoit prendre des chevaux dans les postes publiques sans avoir une permission authentique, que l'on appella d'abord *diploma*, & dans la suite *littera-evectionum*, qui signifie la même chose que nos billets de postes, que l'on est obligé de prendre des commandans dans les grandes villes & dans les places de guerre pour avoir des chevaux; cet usage s'observoit si exactement, qu'au rapport de Capitolin, Pertinax allant en Syrie pour exercer la charge de préfet de cohorte, & ayant négligé de prendre des billets de poste, il fut arrêté & condamné par le président de la province à faire le chemin à pié, depuis Antioche jusqu'au lieu où il devoit exercer sa charge.

Les empereurs, dit Procope, avoient établi des postes sur les grands chemins, afin d'être servis plus promptement, & d'être avertis à tems de tout ce qui se passoit dans l'empire. Il n'y avoit pas moins de cinq postes par journée, & quelquefois huit. On entretenoit quarante chevaux dans chaque poste, & autant de postillons & de palfreniers qu'il étoit nécessaire. Justinien cassa les postes en plusieurs endroits, & sur-tout celles par où l'on alloit de Chalcédoine à Diacibiza, qui est l'ancienne ville de Lybissa, fameuse par le tombeau d'Annibal, & située dans le golfe de Nicomédie. Le même auteur, pour donner plus de ridicule à Justinien, avance qu'il établit la poste aux ânes en plusieurs endroits du Levant. C'en est assez sur les postes anciennes.

Quant aux postes modernes, je ne m'arrêterai qu'à celles de France, & je remarquerai d'abord qu'elles étoient bien peu de chose avant le règne de Louis XI. L'an 807 de Jésus-Christ. Charlemagne ayant réduit sous son empire l'Italie, l'Allemagne & partie des Espagnes, établit trois postes publiques pour aller & venir dans ces trois provinces. Les frais étoient aux dépens des peuples. Julianus Tabœtius, jurisconsulte, en parle ainsi:

Carolus magnus populorum expensis, tres viatorias stationes in Galliâ constituit, anno Christi octingentesimo septimo, primam propter Italiam à se devictam, alteram propter Germaniam sub jugum missam; tertiam propter Hispanias. Mais il y a toute apparence que les postes furent abandonnées sous le règne de Lothaire, Louis, & Charles le Chauve, fils de Louis le Débonnaire & petit-fils de Charlemagne, parce que de leur tems les terres dudit Charlemagne furent divisées en trois, & l'Italie & l'Allemagne séparées de la France.

C'est de Louis XI que vient proprement l'établissement des postes en France, & non tel qu'il est aujourd'hui en Europe. Il ne fit que rétablir les *veredarii* de Charlemagne & de l'ancien empire romain. Il fixa en divers endroits des stations, des gîtes où les chevaux de poste étoient entretenus. Deux cents trente couriers à ses gages portoient ses ordres incessamment. Les particuliers pouvoient courir avec les chevaux destinés à ces couriers, en payant dix sols par cheval pour chaque traite de quatre lieues. Les lettres étoient rendues de ville en ville par les couriers du roi. Cette police ne fut long-tems connue qu'en France. Philippe de Comines, qui a écrit l'histoire de Louis XI, dit qu'auparavant il n'y avoit jamais eu de postes dans son royaume. Du Tillet, *in chronico reg. Franc.* en parle de même, & fixe l'institution des postes à l'an de Jésus-Christ 1477: il écrit que *stathmi & diversoria cursoria equis à rege Ludovico XI, primum in Galliis constituta,* ce qui s'entend des postes de France seulement; car quant à celles instituées par Charlemagne, ce fut en qualité d'empereur qu'il les établit pour l'Occident, & non pour la France.

Pour ce qui est du nom de poste que l'on donne aux couriers publics, Dutillet assûre que Louis XI voulut qu'on les appellât ainsi, comme pour dire disposés à bien courir, *stationarios cursores idiomate gallico postas, quasi benè dispositos ad cursum appellari voluit à grœcis ἀγγαροι cursores regii.* Le nom de poste pourroit aussi venir, à *positione, sive dispositione equorum cursui publico deputatorum.*

L'histoire de Chalcondyle nous apprend que la poste chez les Turcs consiste à expédier des hommes dressés à la course qu'ils envoyent à pié, lesquels ont le privilège de faire descendre de cheval ceux qu'ils trouvent sur la route, & personne n'oseroit désobéir, s'agissant des affaires du grand-seigneur. Etant ainsi montés sur des chevaux de hasard, ils les poussent à toute bride jusqu'à ce qu'ils en rencontrent d'autres; ils font à ceux-ci pareil commandement, & leur laissent leurs chevaux fatigués; c'est de cette manière que montés aux dépens d'autrui, ils arrivent au lieu de leur destination; mais cet usage ne se pratique plus, le grand-seigneur a ses chevaux & ses couriers.

Les postes sont établies au Japon & à la Chine.

Quand les Espagnols découvrirent le Pérou,

en 1527, ils trouvèrent un grand chemin de 500 lieues de Cusco jusqu'à Quito, avec des relais d'hommes fixés de lieue en lieue, pour porter les ordres de l'Inca dans tout son empire. (*D. J.*)

Postes *de la Chine*. (*Hist. de la Chine*) Les postes sont réglées dans tout l'empire de la Chine, l'empereur seul en fait la dépense, & il entretient pour cela une infinité de chevaux. Les couriers partent de Péking pour les capitales des provinces. Le viceroi qui reçoit les dépêches de la cour, les communique incontinent par d'autres couriers aux villes du premier ordre; celles-ci les envoyent aux villes du second ordre qui sont de leur dépendance; & de celles du second ordre aux villes du troisième; ainsi toutes les provinces & toutes les villes ont communication les unes avec les autres. Quoique ces postes ne soient pas établies pour les particuliers, on ne laisse pas de s'en servir en donnant quelque chose au maître du bureau, & tous les missionnaires en usent avec autant de sûreté, & avec beaucoup moins de dépense qu'ils ne font en Europe.

Comme il est d'une extrême importance que les couriers arrivent à tems, les mandarins ont soin de tenir tous les chemins en état; & l'empereur, pour les y obliger plus efficacement, fait quelquefois courir le bruit qu'il doit lui-même visiter certaines provinces. Alors leurs gouvernemens n'épargnent rien pour en réparer les chemins; parce, qu'il y va ordinairement de leur fortune, & quelquefois de leur vie, s'ils se négligeoient sur ce point. Mais quelque soin que les Chinois se donnent pour diminuer la peine des voyageurs, on y souffre néanmoins presque toujours une incommodité très-considérable, à laquelle ils ne peuvent remédier.

Les terres qui sont très-légères & toujours battues par une infinité de gens qui vont & viennent à pié & à cheval, sur des chameaux dans des litières & sur des chariots, deviennent en été un amas prodigieux de poussière très-fine, qui étant élevée par les passans & poussée par le vent, seroit quelquefois capable d'aveugler, si on ne prenoit des masques ou des voiles. Ce sont des nuages épais, au travers desquels il faut continuellement marcher, & qu'on respire au lieu d'air pendant des journées entières. Quand la chaleur est grande & le vent contraire, il n'y a que les gens du pays qui puissent y résister. (*D. J.*)

Postes *du Japon.* (*Hist. du Japon*) Pour la commodité des voyageurs, il y a dans tous les principaux villages & hameaux du Japon une *poste*, qui appartient au seigneur du lieu, où l'on peut trouver en tous tems, à de certains prix réglés, un nombre suffisant de chevaux, de porteurs, de valets, & en un mot, de tout ce dont on peut avoir besoin pour poursuivre son voyage en diligence. L'on y change aussi de chevaux & de valets,

quand ils se trouvent harassés du chemin, ou qu'on ne les a pas loués pour aller plus loin. Les voyageurs de tout rang & de toute condition se rendent à ces *postes*, appellées par les Japonois *sinku*, à cause de la commodité qu'ils ont d'y trouver prêt tout ce dont ils peuvent avoir besoin. Elles sont à la distance les unes des autres d'un mille & demi, & au-dessus, jusqu'à quatre milles. Ces maisons ne sont pas proprement bâties pour loger du monde, mais simplement pour établir les chevaux; & pour empêcher qu'en les changeant ils n'embarrassent les rues, il y a une cour spacieuse pour chacune. Le prix de tout ce qu'on peut louer à ces *postes* est réglé par tout l'empire, non-seulement suivant la distance des lieux, mais encore suivant que les chemins sont bons ou mauvais, que les vivres ou le fourage sont plus ou moins chers, & autres choses semblables.

A toutes les *postes* il y a jour & nuit des messagers établis pour porter les lettres, les édits, les déclarations, &c. de l'empereur & des princes de l'empire, qu'ils prennent au moment qu'on les a délivrées, & qu'ils portent en diligence à la *poste* prochaine. Ces lettres, &c. sont renfermées dans une petite boîte vernie de noir, sur laquelle il y a les armes de l'empereur, & le messager la porte sur ses épaules attachée à un petit bâton. Il y a toujours deux de ces messagers qui courent ensemble, afin qu'au cas qu'il arrivât quelque accident à celui qui porte la boîte, l'autre pût prendre sa place & remettre le paquet au prochain *sinku*. Tous les voyageurs de quelque rang qu'ils soient, même les princes de l'empire & leur suite, doivent sortir du chemin & laisser un passage libre à ces messagers, qui prennent soin de les en avertir à une distance convenable, par le moyen d'une petite cloche qu'ils sonnent & qu'ils portent pour cet effet toujours avec eux. (*D. J.*)

POSTEL, (GUILLAUME) (*Hist. litt. mod.*) enseigna au collège royal les mathématiques & les langues orientales. Il y a en lui deux hommes à distinguer, le savant & l'homme bizarre. Le savant fit l'admiration des savans mêmes; jamais on n'a tant vanté dans aucun homme de lettres l'universalité des connoissances. Maurice Bressieu, un de ses collègues, disoit: « Mithridate ne savoit pas plus » de langues; théologie, philosophie, mathémati- » ques, &c. il fait tout. » D'autres célèbrent sa facilité à communiquer ses lumières & à partager sa fortune.

François I, qui lui donna deux chaires à la fois au collège royal, l'avoit chargé d'aller chercher des manuscrits dans le Levant; il en rapporta plusieurs, il voyagea autant qu'il étudia, il écrivit beaucoup. On peut voir la liste de ses ouvrages dans M. de Sallengre, dans le P. Niceron, dans Chauffepié.

Voici l'homme singulier. Nous joindrons la singularité des aventures à celle du caractère, ces deux fingularités pouvant être réciproquement la cause l'une de l'autre.

Poftel, né en 1510, dans le diocéfe d'Avranches, perdit à huit ans fon père & fa mère, morts tous deux d'une maladie peftilentielle. A quatorze ans, on le voit maître d'école au village de Say près de Pontoife. Il vient à Paris, il s'affocie, pour diminuer la dépenfe en la partageant, avec des inconnus qui le volent; il fe retire à l'hôpital, la mifère & la maladie l'y retiennent deux ans. Il en fort enfin & quitte Paris à caufe d'une cherté extraordinaire; il va paffer le tems de la moiffon dans les plaines de la Beauce, où il gagne fa vie à glaner. Il revient à Paris, fe met au fervice de quelques régens dans un collége; bientôt il devient le maître de fes maîtres, & acquiert la réputation d'un favant univerfel. Il voyage, il étend fes connoiffances, il obtient les places dûes à fon mérite; mais fon favoir l'égare, il fe plonge dans les rêveries des Rabbins, il devient lui-même Rabbin & rêveur; il a des vifions: l'ange Raziel lui révèle les fecrets du ciel; *Poftel* veut ramener tous les peuples à la religion chrétienne; il fait imprimer un livre de *la concorde du monde*; ce projet l'occupa tout le refte de fa vie; il va trouver François I, il lui promet la monarchie univerfelle, mais il y met une condition, c'eft que le roi commencera par réformer *fa cour, fa maifon, l'églife & les univerfités toutes déréglées, mais fur-tout la juftice*. Le roi promit tout, du moins *Poftel* l'affûré, & en effet tous ces objets pouvoient avoir befoin de réforme.

Pour réunir l'univers dans la foi chrétienne, il falloit être dans la capitale du monde chrétien. *Poftel* court à Rome & s'y fait jéfuite; mais toujours plein de grandes vues, il prétendoit bien moins s'affujettir au nouvel inftitut des jéfuites que les attirer eux-mêmes à fon inftitution de la concorde. Saint Ignace condamna fes chimères & les fouffrit. Laynez ne voulut pas les fouffrir & chaffa *Poftel*. ☙

Celui-ci prétend que les jéfuites étoient trop efpagnols, pour lui pardonner la promeffe qu'il faifoit à François I de la monarchie univerfelle, & trop italiens, pour lui paffer la fupériorité qu'il accordoit au concile fur le pape; fans ces deux 'articles', *il auroit voulu toujours vivre avec eux, à caufe que leur manière de procéder eft la plus parfaite après les apôtres*, qui cinq fut au monde.

Poftel fe retire à Venife; *là, une petite vieille femmelette, de l'âge de cinquante ans*, vient le trouver & le prie de la prendre fous fa direction, mais ce fut elle qui le prit fous la fienne; elle pouffa bien plus loin que lui le fiftême de la concorde; elle illumina tant fon directeur, que celui-ci écrivit fous la dictée du faint efprit le livre: *de vinculo mundi*, le livre *de la mère Jeanne, ou des très-merveilleufes victoires des femmes*, & le livre *della vergine veneta* ou *le prime nuove de l'altro mundo*. Les femmes devoient obtenir *la victoire*

& règne du monde univerfel; la raifon, qui eft la partie inférieure de la nature humaine, alloit s'élever avec elles, le renouvellement commençoit en 1547, par le triomphe de la raifon *de la mère Jeanne*, qui alloit faire vaincre & régner les femmes. La *mère Jeanne* étoit fa vieille, & lui il étoit fon premier né, *Cain, Jean Cain*, & quelquefois par humilité, *Cain, Coré & Judas le traître*. Tout cela prouve que la *raifon* étoit devenue en effet *une partie bien inférieure* chez Guillaume *Poftel*. Il revint à Paris, & fe retira au monaftère de Saint-Martin des Champs, ou, felon d'autres, on l'y enferma. Il y mourut le 6 feptembre 1581, exemple mémorable de la grandeur & de la petiteffe de l'efprit humain.

POSTUME, (MARCUS CASSIUS) (*Hift. Rom.*) fut le premier des trente tyrans qui fe rendirent indépendans dans les provinces particulières de l'empire dont ils avoient le gouvernement. La réputation de fes talens & de fes vertus lui mérita la faveur de Valérien, qui lui confia l'éducation de fon petit-fils Salonine. Le jeune prince, pour fe former dans le grand art de gouverner, fut envoyé dans les Gaules avec *Poftume*, qui fut chargé de l'inftruire de la fcience de la guerre & de la politique. Il s'acquitta de ce devoir avec une exactitude qui lui mérita tous les fuffrages. Sa modeftie mit un nouveau prix à fes talens. Il attribuoit au jeune prince toute la gloire des fuccès, & jamais les Gaules ne furent plus à couvert des incurfions de l'étranger. L'habitude de commander le rendit fenfible aux promeffes de l'ambition. On le foupçonna d'avoir fait affaffiner Salonine par la foldatefque, dont il avoit excité le mécontentement. Cet injufte foupçon n'affecta que les envieux de fa gloire, & fut démenti par la pureté de fes mœurs, & par la modération qu'il conferva dans fa plus grande profpérité. Il eft plus vraifemblable que les légions des Gaules, mécontentes de Valérien & de Galien fon fils, punirent Salonine d'être formé de leur fang. Ce jeune prince prépara lui-même fa ruine, après fes victoires fur les Allemands. Ses foldats étoient revenus chargés de butin; il eut l'imprudence de vouloir fe l'approprier, & préféra les confeils de fes flatteurs, à ceux de *Poftume*, qui fit des efforts inutiles pour réprimer cette avarice. Les légions, indignées de ce qu'on enlevoit des dépouilles achetées au prix de leur fang, le maffacrèrent, & proclamèrent *Poftume* empereur, en 261. Ce choix fut applaudi de tous les peuples de la Gaule. La tranquillité & l'abondance femblèrent renaître dans les provinces; la difcipline reprit une nouvelle vigueur dans les armées. Les Germains, accoutumés à faire des incurfions dans les Gaules, furent refferrés dans leurs anciennes poffeffions; & chaque fois qu'ils renouvellèrent leurs hoftilités, ils en furent punis par de fanglantes défaites. Galien, qui lui imputoit en public le meurtre de son fils ; quoiqu'en fecret il l'en crût innocent , arma toutes les forces de l'empire pour le précipiter du trône ; mais *Poftume*, fecondé des Gaulois , dont il faifoit la félicité, gagna autant de victoires qu'il livra de combats. Les foldats, qui avoient été les artifans de fa fortune, crurent qu'à la faveur de ce bienfait ils pouvoient tout enfreindre avec impunité. *Poftume* réprima leur licence. Il s'éleva beaucoup de mécontens. Lolius, qui tenoit le fecond rang dans les Gaules, aigrit encore leur reffentiment : il excita une fédition, & ce prince bienfaifant fut affaffiné par les foldats qui, fept ans auparavant, l'avoient proclamé empereur. Son fils, *Poftume* le jeune, qu'il avoit créé César & Augufte, fut maffacré avec lui. Ce jeune prince avoit fait de fi grands progrès dans l'éloquence, que plufieurs de fes harangues furent confondues avec celles de Quintilien. La critique la plus exacte n'a pu les diftinguer. (*T. N.*)

POSTPOLITE, f. f. (*Hift. de Pologne.*) en polonois *rech pofpolita*, qui revient à-peu-près au mot latin *refpublica*, la république. Ce mot défigne toute la nobleffe polonoife fans exception, marchant à cheval, parce que c'eft elle qui compofe proprement la république ; chaque particulier de ce corps ayant le même droit, la même liberté de voix, la même autorité de fuffrage, enforte qu'un feul noble & le dernier du royaume peuvent empêcher une conclufion de diète, un décret le plus important, par fon *liberum veto.* Ce grand corps de nobleffe, ou la *poftpolite* ne s'affemble à cheval, & n'eft convoquée que pour l'élection des rois, ou pour un preffant befoin de la république. (*D. J.*)

· P O T

POTAMON, (*Hift. anc.*) philofophe d'Alexandrie, contemporain d'Augufte, fut le chef de la fecte qu'on appella éclectique ou des éclectiques, parce qu'elle empruntoit à toutes les autres fectes ce qu'elle y trouvoit de plus raifonnable. Ses ouvrages ne nous font point parvenus.

Il y avoit du temps de Tibère, un orateur du même nom , fils d'un philofophe nommé Lesbonax. Ce *Potamon* étoit chéri de Tibère, comme on peut en juger par cette efpèce de paffe-port qu'il lui donna : *Potamonem Lesbonacis filium fi quis offendere eique incommodare aufus fuerit, confideret fecum an bellum gerere mecum valeat.* Il avoit publié un éloge de Tibère, une hiftoire d'Alexandre-le-Grand, un panégyrique de Brutus.

POTAMON, (*Hift. eccléfiaft.*) c'eft le nom d'un évêque d'Héraclée en Egypte, qui fouffrit perfécution pour la foi fous l'empereur Maximin Daïa. Il fut mis en prifon, il y perdit un œil; il combattit avec faint Athanafe contre les Ariens dans divers conciles. Lorfque le prélat Arien,

Grégoire de Cappadoce, s'empara du fiége d'Alexandrie en vertu d'un concile Arien, *Potamon* reçut dans cette nouvelle perfécution de fi indignes traitemens, qu'il en mourut l'an 342.

POTHIER, (ROBERT-JOSEPH) *Hift. litt. mod.*) confeiller au préfidial d'Orléans & profeffeur en droit dans l'univerfité de cette ville. M. *Pothier* eft aux Barthole, aux Cujas, aux Dumoulins, aux plus grands jurifconfultes, ce que Boffuet eft aux pères de l'églife. De fon vivant même, M. *Pothier* avoit acquis cette autorité que donne le temps, & chaque jour ajoute à fa renommée; il eft la gloire d'Orléans & de notre jurifprudence françoife ; citer M. *Pothier*, c'eft citer la loi. M. le chancelier Dagueffeau, qui fe connoiffoit mieux qu'un autre en jurifprudence & en jurifconfultes, avoit diftingué de bonne heure M. *Pothier*, & avoit prévenu de loin fur fon compte l'opinion publique. M. *Pothier* étoit né en 1699 à Orléans ; il y mourut en 1772. Ses œuvres ont été recueillies en 1774, en quatre volumes in-4°. Ses *Pandectæ juftinianæ*, & fon *traité des fiefs* ne font point entrés dans cette collection, & font reftés imprimés à part.

POTHIN ou **PHOTIN**, (SAINT) *Hift. eccléf.*) premier évêque de Lyon, difciple de faint Polycarpe (voyez cet article) , envoyé par lui dans les Gaules, avoit vu ou pu voir faint Jean l'évangélifte, à la mort duquel il avoit quinze ans ; il fouffrit le martyre à Lyon l'an 177 de J. C. fous l'empire de Marc-Aurèle. On eft fâché de voir une perfécution fous l'empire de Marc-Aurèle. Saint *Pothin*, fi l'on veut, ne fouffrit pas précifément le martyre, mais il mourut en prifon des mauvais traitemens qu'il avoit reçus deux jours auparavant. Il eut pour fucceffeur dans l'évêché de Lyon faint Irenée.

POTIER, (*Hift. de France.*) ancienne & noble famille qui a produit trois fecrétaires d'état, & qui a formé deux branches, l'une de ducs & pairs, l'autre de préfidens à mortier ; on fait remonter l'origine de cette famille jufqu'au règne de Charles VI.

Nicolas *Potier*, feigneur de Blancmefnil, fut reçu général de la chambre des monnoies, le 23 décembre 1475.

Nicolas *Potier*, fecond du nom, fon fils, feigneur de Blancmefnil, eut la même charge, & fut deux fois prévôt des marchands.

Jacques *Potier*, feigneur de Blancmefnil, fils de Nicolas II, fut reçu confeiller au parlement en 1524. C'eft le premier de cette famille qui foit entré dans le parlement. Il eft loué dans la république de Bodin, pour une action bien louable & bien heureufe, pour avoir fait revenir le parlement d'une erreur qui alloit faire périr une femme innocente contre laquelle l'arrêt de mort

étoit

étoit déjà porté. Il eſt loué auſſi dans une lettre du chancelier de l'Hôpital à la reine de Navarre, Marguerite, ſœur de François I.

Jacques *Potier* eut deux fils:

L'aîné, nommé Nicolas III, ſeigneur de Blancmeſnil, fut le premier préſident a mortier de ſa famille. Il fut nommé à cette charge en 1578; c'eſt ce préſident *Potier* qui joue un ſi beau rôle dans la Henriade; ce qu'on lui fait dire & faire dans ce poëme eſt une fiction, mais une fiction fondée ſur ſon caractère & ſes ſentimens. Il ſouffrit en effet perſécution de la part des ligueurs pour ſon attachement à ſes rois; il fut retenu priſonnier au Louvre par les rebelles. Auſſi-tôt qu'il fut libre, il ſe retira auprès de Henri IV qui le nomma pour préſider la partie du parlement, établie à Châlons. Marie de Médicis, pendant ſa régence, le fit ſon chancelier; il mourut le 1 juin 1635 à quatre vingt-quatorze ans, ayant vu ſept rois de France, depuis François I juſqu'à Louis XIII.

Le ſecond des fils de Jacques *Potier*, nommé Louis, forma la branche des ducs de Gêvre & de Treſmes, la ſeule qui ſubſiſte encore en 1788.

Un des fils puînés de Nicolas III, nommé André, forma la branche de Novion; un autre de ſes fils puînés, Auguſtin, fut cet évêque de Beauvais, grand-aumônier de la reine Anne d'Autriche, qui ſembla d'abord prêt à jouir du crédit dominant, à la mort de Louis XIII, mais dont le crédit fut bientôt éclipſé par celui du cardinal Mazarin.

La branche de Novion a fourni deux premiers préſidens au parlement de Paris, ſavoir:

1°. Nicolas *Potier*, ſeigneur de Novion, qui ſuccéda en 1677 au premier préſident de Lamoignon, & mourut en 1693, s'étant démis en 1689, & ayant eu pour ſucceſſeur M. de Harlay; il avoit été reçu à l'académie françoiſe en 1681.

2°. André *Potier*, troiſième du nom, devenu premier préſident en 1723, & qui donna ſa démiſſion en 1724. Cette branche eſt aujourd'hui éteinte, & ne ſubſiſte plus que dans madame la première préſidente de la chambre des comptes (Nicolaï) & dans madame de Braſſac.

Louis *Potier*, ſeigneur de Geſvres, qui, comme nous l'avons dit, forma la branche de ce nom, fut le premier ſecrétaire d'état de ſa famille; il obtint la ſurvivance de ſa charge pour ſon fils puîné, Antoine *Potier*, ſeigneur de Sceaux, qui mourut le 13 ſeptembre 1621, au ſiège de Montauban; Louis étant alors rentré dans ſa charge, s'en démit au mois d'octobre 1622, & alors elle paſſa à ſon neveu Nicolas *Potier*, quatrième du nom, ſeigneur d'Ocquerre & de Blancmeſnil, frère aîné d'André, tige de la branche de Novion, & de l'évêque de Beauvais. Ce fut Magdeleine, fille de Nicolas IV, qui épouſa le premier préſident de Lamoignon, & ce fut elle qui par des ſucceſſions échues depuis, porta dans cette maiſon la terre de Blancmeſnil.

Le fils aîné de ce Louis, premier ſecrétaire d'état, nommé René *Potier*, fut capitaine des gardes du corps. C'eſt en ſa faveur que la terre de Treſmes en Valois, érigée en comté en 1608, fut en duché-pairie en 1648, ſous le nom de Geſvres, ce qui ne fut vérifié au parlement que le 15 décembre 1663. Il mourut le 1 février 1670 à 91 ans.

Son fils aîné, Louis *Potier*, marquis de Geſvres, fut accablé au ſiège de Thionville ſous les ruines d'une mine, le 6 août 1643, ayant reçu auparavant quarante-&-une bleſſures, & ayant mérité à trente-trois ans le brevet de maréchal de France.

François, ſon frère, fut tué au ſiège de Lérida, le 27 mai 1646.

Léon *Potier*, duc de Gèvres, leur frère, fut capitaine des gardes, premier gentilhomme de la chambre du roi, gouverneur de Paris, mort le 9 décembre 1604, à 84 ans.

Le cardinal de Gèvres, archevêque de Bourges, nommé Léon, étoit ſon fils.

Louis, frère du cardinal, marquis de Gandelus, fut tué au ſiège d'Uberkeck en 1589.

François, chevalier de Malthe, autre frère, fut tué par les Turcs au ſiège de Coron dans la Morée en 1685.

POTIER le juriſconſulte (voyez POTHIER.)

POTITIENS & PINARIENS. ſ. m. (*Hiſt. anc.*) noms de deux familles de Rome qui étoient employées dans les ſacrifices, & dont les chefs Potitius & Pinarius avoient été choiſis par Evandre, roi d'Italie, pour être les miniſtres des ſacrifices qu'il offrit à Hercule. On dit qu'au commencement les *Potitiens* ſeuls avoient droit de boire des liqueurs qu'on préſentoit aux dieux, & qu'en conſéquence leur nom venoit du grec ποτίζω, qui ſignifie *boire*. Ils mangeoient auſſi ſeuls des victimes immolées auxquelles les *Pinariens* n'avoient point de part: ce qui fait qu'on tire le nom de ceux-ci de πεινάω *avoir faim*, *ne point manger*. Ces familles devinrent ſi puiſſantes, qu'elles mépriſèrent ces offices, & les abandonnèrent à des eſclaves.

POTHON (voyez SAINTRAILLES).

POTRIMPOS. (*Idolat. du Nord*) nom d'une idole des anciens Pruſſiens qu'ils adoroient ſous des chênes, comme le percunos & le picolos, & auxquels ils offroient des ſacrifices de leurs ennemis. *Mém. de l'acad. de Berlin*, tom. II. p. 458. (A. R.).

POTT, (JEAN-HENRI) *Hiſt. litt. mod.*) célèbre chymiſte allemand de ce ſiècle. On a de lui des ouvrages eſtimés: *de ſulphuribus metallorum. Obſervationes circâ ſal.*

Bbb

POTTER , (CHRISTOPHE) (*Hist. litt. mod.*) chapelain de Charles I, roi d'Angleterre, souffrit pour sa cause. On a de lui des traités théologiques sur la *prédestination* & la *grace*. Il a traduit de l'italien en anglois, & publié en Angleterre l'histoire du différend du pape Paul V avec les Vénitiens.

Un autre *Potter* (François) mort aveugle en 1678, étoit de la société royale de Londres.

Un autre *Potter* encore (Jean), théologien anglois, est auteur de l'*archeologia græca*, imprimée dans Gronovius & séparément, & de remarques sur S. Clément d'Alexandrie & sur Lycophron.

P O U

POUCHARD (JULIEN) *Hist. litt. mod.*) de l'académie des inscriptions & belles-lettres, professeur en langue grecque, au collège royal, & l'un des auteurs du Journal des savans, étoit né en 1656 près de Domfront en basse-Normandie. Ayant peu de fortune, il se consacra d'abord à l'éducation de quelques jeunes gens; il éleva le marquis de Coëtquen qui mourut à la fleur de son âge; il éleva ensuite le jeune Saint-Ange, fils de ce Louis-Urbain Lefevre, seigneur de Caumartin, conseiller d'état & intendant des finances, dont Boileau a dit:

Chacun de l'équité ne fait pas son flambeau;
Tout n'est pas Caumartin , &c.

Et neveu de l'abbé de Caumartin de l'académie française, depuis évêque de Blois. M. de Saint-Ange mourut plus jeune encore que le marquis de Coëtquen, le 18 août 1699, dans sa dix-neuvième année. MM. de Caumartin n'en furent pas moins les bienfaiteurs de M. Pouchard.

Celui-ci entra, en 1701, dans l'académie des belles-lettres. Il se rendit redoutable par sa critique dans le Journal des savans. Mort en 1705.

POUGET (FRANÇOIS-AMÉ) (*Hist. litt. mod.*) Prêtre de l'oratoire, né à Montpellier en 1666, étant vicaire de la paroisse de Saint-Roch à Paris en 1692, eut part à ce qu'on appella la conversion de la Fontaine, dont il donna une relation qui fut publiée par le P. Desmolets, confrère & ami du P. Pouget; mais c'est par le *catéchisme de Montpellier* que le P. *Pouget* est le plus connu. L'évêque de Montpellier, Colbert, l'avoit mis à la tête de son séminaire, & il ne pouvoit y mettre un théologien plus instruit. Ce catéchisme de Montpellier est fort vanté par les Jansénistes, & leurs adversaires même le respectent. M. de Charancy, successeur de M. Colbert, & qui ne pensoit pas comme lui, a fait à ce catéchisme des changemens qui n'en relèvent pas le prix dans l'opinion publique. Ce catéchisme est bien moins un catéchisme qu'un bon ouvrage de théologie; & pour en faire un grand ouvrage théo-

logique en deux volumes *in - folio*, il n'a fallu en le traduisant en latin, que citer en entier les passages dont il est le résultat, & qui n'étoient qu'indiqués dans l'original français ; c'est ce qu'avoit entrepris & commencé le P. *Pouget* lui-même, & ce qui a été achevé par le P. Desmolets, & publié en 1725, deux ans après la mort du P. *Pouget*, arrivée en 1723, dans la maison de S. Magloire à Paris. L'édition du catéchisme de Montpellier la plus recherchée, est celle de Paris 1702, en un seul volume *in-4°.* ou en 5 volumes *in-12*. Le P. *Pouget* est encore l'auteur ou du moins l'éditeur & le reviseur d'une *instruction chrétienne sur les devoirs des chevaliers de Malthe*. Il a eu part au bréviaire de Narbonne.

POUILLY. (Voyez LEVESQUE.)

POULAIN, (*Hist. mod.*) épithète grossière qu'on donna vers le milieu du treizième siècle aux chrétiens métifs, qui s'étoient cantonnés sur les côtes de Syrie, & qui n'étoient plus la race de ces premiers Francs établis dans Antioche & dans Tyr. C'étoit une génération mêlée de Syriens, d'Arméniens & d'Européens, soumis pour la plupart au soudan d'Egypte. Ceux qui se retirèrent à Prolémais sur la fin du même siècle, furent exterminés ou réduits en esclavage. (*D. J.*).

POULAINE, s. f. (*Hist. des modes.*) Les *poulaines* étoient de longues pointes de *certains souliers*, qui furent défendues du temps du roi Charles VI.

Parmi les arrêts d'amour composés par Martial d'Auvergne, on trouve celui-ci : « Il y ha
» six ou huit varletz cordoanniers qui se sont
» plaint en la court de céans, de ce qu'il fault
» maintenant mettre aux pointes des souliers.
» qu'on faict, trop de bourre; disans qu'ilz sont
» trop grevés, & qu'ilz ne pourroyent fournir les
» compaignons, ny continuer cette charge, s'ilz
» n'en avoient plus grands gaiges qu'ils n'avoyent
» accoustumé, attendu que le cuyr est cher, &
» que lesdites *poulaines* sont plus fortes à faire
» qu'ilz ne souloient.

» Si ha la court faict faire information & rapport du profit & dommage qu'ilz en ont &
» pourroyent avoir; & tout veu & considéré ce
» qu'il falloit considérer, la court dist que lesdictz
» cordoanniers feront lesdictes *Poulaines* grosses
» & menues, à l'appétit des compaignons, &
» suivant ledict service d'amours, sur peine d'a-
» mende arbitraire ».

Rabelais, *liv. II*, *chap. I*, fait aussi mention des souliers à *poulaine*. Mézerai, dans la *vie de Charles VI*, raconte que sous le règne de ce roi, les gens de qualité avoient mis en usage une certaine sorte de chaussure, qui par-devant avoit de longs becs recourbés en-haut (ils les nommoient des *poulaines*), & par-derrière comme des éperons qui fortoient du talon. Le roi, par fes édits, bannit cette ridicule mode ; mais elle revint, & dura jufque bien avant dans le quinzième fiècle. Borel, dans fon *tréfor*, &c. prétend que les fouliers à *poulaine* étoient faits à la polonoife ; car, dit-il, *polaîne*, c'eft la Pologne. (*D. J.*)

POULETS, *four à*, (*invent. égypt.*) C'eft en Égypte un bâtiment conftruit dans un lieu enfoncé en terre, & en forme de dortoir ; l'allée qui eft au milieu a quatre ou cinq chambres à fes côtés de part & d'autre.

La porte de l'allée eft fort baffe & fort étroite ; elle eft bouchée avec de l'étoupe, pour conferver une chaleur continuelle dans toute l'étendue du four.

La largeur des chambres eft de quatre ou cinq pieds, & la longueur en a trois fois autant.

Les chambres ont double étage ; celui d'en bas eft à rez de chauffée ; celui d'en haut a fon plancher inférieur, & ce plancher a une ouverture ronde au milieu ; le plancher fupérieur eft voûté en dôme & pareillement ouvert.

Au lieu de porte, chaque étage a une petite fenêtre d'un pied & demi en rond.

L'étage inférieur eft rempli de quatre ou cinq mille œufs & même plus, car plus il y en a, & mieux l'entrepreneur y trouve fon compte. D'ailleurs, cette multitude d'œufs contribue à entretenir la chaleur, qui fe communique à tous les œufs accumulés les uns fur les autres.

L'étage fupérieur eft pour le feu. Il y eft allumé durant 8 jours, mais non pas de fuite, car la chaleur en feroit exceffive & nuifible. On l'allume feulement une heure le matin & autant le foir ; c'eft ce qu'on appelle le *dîner* & le *fouper des poulets*. Ce feu fe fait avec de la bouze de vache ou avec de la fiente d'autres animaux, féchée & mêlée avec de la paille ; on en exclud le bois & le charbon qui feroient un feu trop violent.

La fumée fort par l'ouverture de l'étage fupérieur ; mais il faut remarquer que pendant que cet étage fupérieur demeure ouvert, on ferme exactement avec de l'étoupe la petite fenêtre de l'étage inférieur, & le trou rond du dôme, afin que la chaleur fe communique par l'ouverture du plancher dans cet étage d'en bas où font les œufs.

Le huitième jour paffé, la fcène change. On fupprime le feu ; l'étage où il étoit fe trouvant vuide, eft rempli d'une partie des œufs qu'on tire d'en bas, pour les mettre au large & les diftribuer également dans les deux étages ; les portes ou petites fenêtres de ces deux étages qui avoient été ouvertes, fe ferment, & on ouvre à demi le trou du dôme pour donner de l'air.

Cet état des œufs fans feu eft aidé feulement d'une chaleur douce & concentrée durant treize jours, car ces treize jours, joints aux huit premiers, font vingt-un jours. C'eft environ au dixhuitième qu'un efprit vivifique commence à remuer le blanc d'œuf, & fon germe déjà formé ; on le voit à travers la coque s'agiter & fe nourrir du janne qu'il fuce par le nombril.

Deux jours après, c'eft-à-dire, le vingtième, le pouffin applique fon bec à la coque & la fend ; l'ouvrier avec fon ongle élargit tant foit peu la brèche, pour aider les foibles efforts du pouffin.

Le vingt-unième après midi, ou le vingt-deuxième au matin, toutes les coques fe rompent ; une armée de petites volatiles s'élance & fe dégage chacune de fa prifon ; le fpectacle en eft raviffant. Les chambres du four paroiffoient hier couvertes de coquilles inanimées, & on les voit remplies de prefque autant d'oifeaux vivans ; je dis *prefque*, car le nombre des coques excède le nombre des pouffins. Le directeur du four ne répond que des deux tiers des œufs ; ainfi l'entrepreneur remettant, par exemple, fix mille œufs entre les mains de l'ouvrier, n'exige de lui que quatre mille pouffins à la fin de l'opération ; le refte eft abandonné au hafard, & il en périt près d'un quart.

Mais comme il arrive prefque toujours que les œufs réuffiffent au-delà des deux tiers, tout le profit n'eft pas uniquement pour l'ouvrier, l'entrepreneur y a fa bonne part. L'ouvrier eft obligé de vendre à celui-ci pour fix médins chaque centaine de pouffins éclos au-delà des deux tiers, & il faut obferver que l'entrepreneur vendra les cent pouffins tout au moins quatre médins.

Ce qui doit paroître furprenant, c'eft que dans ce grand nombre d'hommes qui habitent l'Egypte, où il y a trois à quatre cens *fours à poulets*, il n'y ait que les feuls habitans du village de Bermé, fitué dans le Delta, qui ayent l'induftrie héréditaire de diriger ces fours ; le refte des Egyptiens l'ignore entièrement ; fi on en veut favoir la raifon, la voici :

On ne travaille à l'opération des fours que durant les fix mois d'automne & d'hiver, les autres faifons du printemps & de l'été étant trop chaudes & contraires à ce travail. Lorfque l'automne approche, on voit trois ou quatre cens Berméens quitter les lieux où ils fe font établis, & fe mettre en chemin pour aller prendre la direction des *fours à poulets*, conftruits en différens bourgs de ce royaume. Ils y font néceffairement employés, parce qu'ils font les feuls qui aient l'intelligence de cet art, foit qu'ils aient l'induftrie de le tenir fecret, foit que nul autre Egyptien ne veuille fe donner la peine de l'apprendre & de l'exercer.

Les directeurs des *fours à poulets* font nourris par l'entrepreneur ; ils ont pour gage quarante ou cinquante écus ; ils font obligés de faire le choix des œufs qu'on leur met entre les mains pour ne conferver que ceux qu'ils croyent pouvoir réuffir ; ils s'engagent de plus à veiller jour & nuit pour remuer continuellement les œufs, & entretenir le degré de chaleur convenable à cette opération ; car le trop de froid ou de chaud, pour petit qu'il foit, la fait manquer.

Malgré toute la vigilance & l'induftrie du directeur, il ne fe peut faire que dans ce grand nombre d'œufs entaffés les uns fur les autres dans le fourneau, il n'y en ait plufieurs qui ne viennent pas à bien ; mais l'habile directeur fait profiter de fa perte, car alors il ramaffe les jaunes d'œufs inutiles, & en nourrit plufieurs centaines de *poulets* qu'il élève & qu'il engraiffe dans un lieu féparé & fait exprès. Sont-ils devenus gros & forts, il les vend & en partage fidèlement le profit avec l'entrepreneur.

Chaque four a vingt ou vingt-cinq villages qui lui font attachés à lui en particulier. Les habitans de chaque village font obligés, par ordre du bâcha & du tribunal fupérieur de la juftice, de porter tous les œufs au four qui leur eft affigné, & il leur eft défendu de les porter ailleurs ou de les vendre à qui que ce foit, finon au feigneur du lieu ou aux habitans des villages qui font du même diftrict ; par ce moyen, il eft facile de comprendre que les fours ne peuvent manquer d'ouvrage. On trouvera dans la manière de faire éclorre les oifeaux domeftiques, par M. de Réaumur, les planches des *fours à poulets* d'Egypte, & un détail des plus complets fur cette matière.

Les feigneurs retirent tous les ans des fours dont ils font feigneurs, dix ou douze mille pouffins pour les élever fans qu'il leur en coûte rien. Ils les diftribuent chez tous les habitans de leur feigneurie, à condition de moitié de profit de part & d'autre, c'eft-à-dire, que le villageois qui a reçu quatre cents pouffins de fon feigneur, eft obligé de lui en rendre deux cents, ou en nature, ou en argent.

Tel eft en Egypte l'art des Berméens pour faire éclorre des *poulets* fans faire couver les œufs par des poules ; ils favent conftruire de longs & fpacieux fours, fort différens par leurs formes de ceux que nous employons à divers ufages. Ces fours deftinés à recevoir une très-grande quantité d'œufs : par le moyen d'un feu doux & bien ménagé, ils font prendre à ceux qui y ont été arrangés une chaleur égale à celle que les poules donnent aux œufs fur lefquels elles reftent pofées avec tant de conftance. Après y avoir été tenus chauds pendant le même nombre de jours que les autres doivent paffer fous la poule, arrive celui où plufieurs milliers de *poulets* brifent leur coque & s'en débarraffent.

Cette manière qu'ont les Egyptiens de multiplier à leur gré les oifeaux domeftiques dont on fait une fi grande confommation, eft de la plus grande antiquité, quoiqu'elle n'ait été imitée dans aucun autre pays. Diodore de Sicile & quelques autres anciens nous ont dit, mais fe font contentés de nous dire, que les Egyptiens faifoient depuis long-temps éclorre des *poulets* dans les

fours. Pline avoit probablement ces fours d'Egypte en vue lorfqu'il a écrit : *fed inventum ut ova in calido loco impofita paleis, igne modico foverentur, homine verfante pariter die ac nocte, & ftatuto die illinc erumpere fœtus.*

Les voyageurs modernes, Monconys & Thevenot, fi on peut encore les mettre dans le rang des modernes, le P. Sicard, M. Granger & Paul Lucas, nous ont donné, à ce qu'il paroît, des inftructions affez amples fur cette matière. Il eft vrai que le P. Sicard nous avertit lui-même que la manière de faire éclorre les *poulets* en Egypte, n'eft connue que par les habitans du village appellé *Bermé*; ils l'apprennent à leurs enfans, & le cachent aux étrangers.

Cet art pourtant que les Berméens fe réfervent, n'a que deux parties, dont l'une a pour objet la conftruction des fours ; celui de l'autre eft de faire en forte que les œufs y foient couvés comme ils le feroient fous une poule. Ce n'eft pas dans ce qui regarde la première partie qu'on a mis du myftère ; l'extérieur des fours eft celui d'un bâtiment expofé aux yeux des paffans, & on n'interdit aux étrangers ni la vue, ni l'examen de leur intérieur, on leur permet d'entrer dedans. La fcience qu'ont les Berméens, & qu'ils ne veulent pas communiquer, ne peut donc être que celle de faire que les œufs foient couvés comme ils le doivent être, pour que les *poulets* fe développent dans leur intérieur, & parviennent à éclorre ; le point effentiel pour y réuffir, eft de les tenir dans le degré de chaleur convenable, de favoir régler le feu qui échauffe fes fours.

Pour enlever cette fcience aux Berméens, on n'auroit peut-être qu'à le vouloir ; leur longue expérience ne fauroit être un guide auffi fûr pour conduire à entretenir un degré de chaleur conftant dans un lieu clos, que le thermomètre, inftrument dont l'ufage leur eft inconnu. Avec le thermomètre il eft aifé de favoir quel eft le degré de chaleur qui opère le développement & l'accroiffement du germe dans chacun des œufs fur lefquels une poule refte pofée, il ne faut qu'en tenir la boule placée au milieu des œufs qu'elle couve. Or ce degré de chaleur eft environ le trente-deuxième du thermomètre de M. de Réaumur. C'eft donc une chaleur conftante de trente-deux degrés ou environ, qu'il faudroit entretenir dans le lieu où l'on voudroit que des œufs fuffent couvés d'une manière propre à en faire naître des *poulets*.

Ce degré de chaleur, propre à faire éclorre des *poulets*, eft à-peu-près celui de la peau de la poule, & pour plus, celui de la peau des oifeaux domeftiques de toutes les efpèces connues. Dans nos baffes-cours on donne à couver à une poule des œufs de dinde, des œufs de cane, on donne à la cane des œufs de poule. Les petits ne naiffent ni plus tôt, ni plus tard fous la femelle d'une efpèce différente de celle de la femelle qui a pondu les œufs, qu'ils ne feroient nés fous cette dernière.

Il eft encore à remarquer que ce degré de chaleur eft à-peu-près celui de la peau des quadrupèdes & de la peau de l'homme. Auffi Livie, felon le rapport de Pline, réuffit à faire éclorre un *poulet* dans fon fein, ayant eu la patience d'y tenir un œuf pendant autant de jours qu'il eût dû refter fous une poule.

Il eft non feulement indifférent au développement du germe renfermé dans l'œuf, de quelle efpèce, de quel genre & de quelle claffe foit l'être animé qui lui communique un degré de chaleur de trente-deux degrés ou à-peu-près; il eft même indifférent à ce germe de recevoir ce degré de chaleur d'un être inanimé, de le devoir à une matière qui brûle, ou à une matière qui fermente, fon développement & fon accroiffement feront toujours opérés avec le même fuccès par ce degré de chaleur, quelle que foit la caufe qui le produife, pourvu que cette caufe n'agiffe pas autrement fur l'œuf, que par la chaleur convenable. Les anciens Egyptiens ont donc raifonné fur un bon principe de phyfique, quand ils ont penfé qu'on pouvoit fubftituer la chaleur d'un four, femblable à celle de la poule, pour couver des œufs; les expériences qui en ont été faites chez eux fans interruption depuis un temps immémorial, ont confirmé la vérité de leur principe.

Il eft vrai que les voyageurs modernes ne s'accordent pas dans les récits qui regardent la conftruction des *fours à poulets*, nommés *mamals* par les Egyptiens, non plus que fur d'autres détails qui concernent le couvement des œufs. Cependant ils font affez d'accord dans l'effentiel pour guider un homme intelligent. Avec les deffeins de Monconys & du P. Sicard, on pourroit faire bâtir aifément des fours dans le goût de ceux d'Egypte, & les employer au même ufage. Il ne feroit pas non plus impoffible d'avoir un de ces Berméens dont l'exercice de l'art de couver les œufs eft la principale occupation. Thevenot nous apprend que le grand-duc pour fatisfaire une curiofité louable qui a été l'apanage des Médicis, fit venir d'Egypte un de ces hommes habiles dans l'art de faire naître des *poulets*, & qu'il en fit éclorre à Florence auffi bien qu'ils éclofent en Egypte.

Le P. Sicard donne quatre à cinq chambres à chaque rang du rez-de-chauffée d'un mamal d'Egypte. M. Granger en met fept, Monconys dix ou douze, & Thevenot les borne à trois. Apparemment qu'il y a en Egypte des mamals de différentes grandeurs; auffi le P. Sicart dit qu'on fait couver dans ces fours quarante mille œufs à la fois, & Monconys dit quatre-vingt-mille, différence qui eft dans le même rapport que celle des capacités des mamals dont ils parlent.

Au rapport de M. Granger, c'eft fur des nattes que les œufs font pofés dans chaque chambre du

rez-de-chauffée; Thevenot les y fait placer fur un lit de bourre ou d'étoupe, ce qui eft affez indifférent; c'eft-là qu'ils doivent prendre une douce chaleur, dans laquelle ils demandent à être entretenus pendant un certain nombre de jours.

Les *poulets* n'éclofent des œufs couvés par des poules, que vers le vingt-unième jour; ils n'éclofent pas plus tôt dans les fours d'Egypte; mais ce qu'on n'auroit pas imaginé, c'eft que plufieurs jours avant celui où ils doivent naître, il feroit inutile & même dangereux d'allumer du feu dans le four. Après un certain nombre de jours, toute fa maffe a acquis un degré de chaleur qu'on y peut conferver pendant plufieurs autres jours au moyen de quelques légères précautions, malgré les impreffions de l'air extérieur, fans aucune diminution fenfible, ou fans une diminution dont les *poulets* puiffent fouffrir.

Ce terme, au bout duquel on ceffe de faire du feu dans les fours, eft encore un des articles fur lequel les voyageurs qui en ont parlé ne font pas d'accord. Je ne fais fi la différence de température d'air dans différens mois eft fuffifante pour les concilier, ou fi l'on ne doit pas croire plutôt que, n'ayant pu fuivre l'opération pendant toute fa durée, ils ont été obligés de s'en rapporter aux inftructions qu'on leur a données, qui n'ont pas toujours été bien fidèles. Le P. Sicard & M. Granger nous affurent que ce n'eft que pendant les huit premiers jours qu'on allume du feu dans le four; Monconys veut qu'on y en faffe pendant dix jours confécutifs: Thevenot dit auffi qu'on chauffe le four pendant 10 jours; mais faute d'avoir été bien informé, ou pour avoir mal entendu ce qu'on lui a raconté de la manière dont on conduit les fours, il ajoute que ce n'eft qu'après qu'ils ont été chauffés pendant ces dix jours qu'on y met les œufs, & que les *poulets* en éclofent au bout de douze jours. Cette dernière affertion apprend qu'il a confondu un déplacement d'une partie des œufs dont nous allons parler, avec leur première entrée dans le four.

Tous ces auteurs conviennent au moins que les œufs font fort bien couvés pendant plufieurs jours dans le four, quoiqu'on n'y faffe plus de feu. Lorfque le jour où l'on ceffe d'y en allumer eft arrivé, on fait paffer une partie des œufs de chaque chambre inférieure dans celle qui eft au-deffus. Les œufs étoient trop entaffés dans la première, on fonge à les étaler davantage; c'eft bien affez pour le *poulet* lorfqu'il eft prêt à naître, d'avoir à brifer fa coque & d'en fortir, fans le mettre dans la néceffité d'avoir à foulever le poids d'un grand nombre d'œufs; il périroit après avoir fait des efforts inutiles pour y parvenir. Le récit de M. Granger diffère encore de celui des autres fur l'article du déplacement d'une partie des œufs, en ce qu'il ne fait tranfporter une partie de ceux de l'étage inférieur au fupérieur, que fix jours après que le feu a été totalement éteint, c'eft-à-dire, que le quatorzième jour,

Lorfqu'une partie des œufs de chaque chambre inférieure a été portée dans la chambre fupérieure, on bouche avec des tampons d'étoupes toutes les portes des chambres & celle de la galerie; mais on ne bouche qu'à demi, au rapport du P. Sicard, les ouvertures des voûtes des chambres; on y veut ménager une circulation d'air. Cette précaution fuffit pour conferver au four pendant plufieurs jours la chaleur qu'on lui a fait acquérir, il ne faut qu'ôter à fon inférieur une trop libre communication avec l'air extérieur. En tout pays un four dont la maffe feroit auffi confidérable, & qui auroit été auffi bien-clos, ne fe refroidiroit que lentement; mais le refroidiffement doit être d'autant plus lent, que la température de l'air extérieur eft moins différente de celle de l'air de l'intérieur du four, & la différence entre la température de l'un & celle de l'autre, n'eft pas grande en Egypte.

Enfin les difficultés qui confiftent à bâtir des fours femblables à ceux d'Egypte, & d'en régler la chaleur, ne font pas impoffibles à vaincre. Mais la première dépenfe de la conftruction de tels fours, le manque d'hommes capables de les conduire, la peine qu'on auroit à en former qui le fuffent, la difficulté de raffembler une fuffifante quantité d'œufs qui ne fuffent pas trop vieux, la difficulté encore plus-grande d'élever dans nos pays tempérés tant de poulets nés dans un même jour, & qui ont befoin de mères pour les défendre contre la pluie, & fur-tout contre le froid, qui, dans nos climats, fe fait fentir pendant les nuits & même pendant les jours d'été, font des obftacles invincibles qui nous empêcheront toujours de prendre la méthode des fours d'Egypte pour y faire éclorre des poulets. (Le chevalier de JAUCOURT.)

POULIAS. f. m. (Hiſt. mod.) C'eft ainfi que fur la côte de Malabar on nomme une tribu ou claffe d'hommes qui vivent du travail de leurs mains, parmi lefquels font tous les artifans. Jamais il ne leur eft permis de fortir de leur état, ni de porter les armes, même dans la plus grande extrémité. Ces hommes utiles, par une barbarie incroyable, font méprifés par ceux des tribus ou claffes fupérieures, qu'il ne leur eft point permis d'entrer dans les maifons, ni de converfer avec eux. Une maifon dans laquelle un poulia feroit venu, eft regardée comme fouillée. Cependant les poulias font moins détefés que les poulichis, que les Malabares regardent comme les derniers des hommes. Lorfqu'un poulia ou artifan rencontre fur le chemin un naïre ou noble, il eft obligé de fe ranger de côté, fans quoi il court rifque d'être maltraité ou même tué impunément. Ces infortunés font fi méprifés, que les bramines ou prêtres n'acceptent point leurs offrandes, à moins qu'elles ne foient en or ou en argent. Lorfqu'ils font des préfens à leur prince, ils font

obligés de les mettre à terre, après quoi ils fe retirent de vingt pas, alors un naïre ou garde du prince va les ramaffer. Cela n'empêche point le fouverain & les nobles de leur faire éprouver toutes fortes d'extorfions pour leur tirer de l'argent, & l'on ne fe fait aucun fcrupule de les mettre à mort fur le moindre foupçon. On dit que l'origine du mépris & de l'horreur que les Malabares ont pour la tribu des poulias, vient de ce que ces malheureux mangent des charognes, & de la viande des vaches & des bœufs qui font morts naturellement. On les accufe auffi de voler les tombeaux des Malabares, où l'on eft dans l'ufage d'enterrer une partie de leurs richeffes. (A. R.)

POULICHIS ou PULCHIS, f. m. (Hiſt. mod.) c'eft une claffe d'hommes qui chez les Malabares eft regardée comme indigne de participer aux avantages de l'humanité. Il ne leur eft point permis de bâtir des maifons fur la terre ni dans les champs; les forêts font leur unique habitation, & ils forment fur les branches des arbres des efpèces de niches dans lefquelles ils demeurent comme des oifeaux. Lorfqu'ils rencontrent quelqu'un, ils fe mettent à hurler comme des chiens, & ils fe fauvent de peur d'offenfer ceux d'une tribu fupérieure, & fur-tout les naïres ou foldats qui ne manqueroient pas de les tuer pour ofer refpirer le même air qu'eux. Les poulichis n'ont point le droit de labourer, de femer ou de planter ailleurs que dans des endroits écartés & fauvages. Ils font obligés de voler pendant la nuit de quoi enfemencer leurs terres, & on les tue fans miféricorde lorfqu'on les attrape fur le fait. Lorfqu'ils ont befoin de nourriture, ils fe mettent à hurler comme des bêtes féroces aux environs de leur bois, jufqu'à ce que quelques Indiens charitables viennent leur donner un peu de riz, de cocos ou des fruits, qu'ils placent à vingt pas du malheureux qui veulent fecourir; il attend qu'ils foient partis pour s'en faifir, & il fe fauve enfuite dans les bois. Ces hommes infortunés n'ont d'autre culte que celui qui leur vient en fantaifie; un arbre ou quelques branches arrangées leur fervent de temple; ils adorent pendant la journée un ferpent, un chien, ou le premier animal qui fe préfente à eux le matin. Cependant on dit qu'ils n'admettent qu'un dieu fuprême, & ils croyent la métempfycofe ou la tranfmigration des ames.

POULLE (l'abbé) Hiſt. litt. mod.) célèbre prédicateur de nos jours, mort depuis quelques années. Ses fermons ont été livrés à l'impreffion en 1778, & réimprimés en 1781, par les foins de M. l'abbé Poulle, fon neveu, prévôt d'Orange, vicaire-général de Saint-Malo. Je les ai, dit-il, comme arrachés à fon fecret. Il les a gardés pendant quarante ans dans fa mémoire, fans les avoir jamais confiés au papier. Il en récitoit fouvent des morceaux à ſes amis & même dans des cercles aſſez nombreux. C'étoient comme autant d'auditoires privés, qui lui rappelloient ces grands & nombreux auditoires qu'il avoit enchantés autrefois par une déclamation dont le charme étoit égal au mérite de ſa compoſition. Il eſt au rang des plus grands maîtres dans l'éloquence de la chaire. C'eſt avec les Boſſuet, les Bourdaloue & les Maſſillon, qu'il faut le comparer : il a les grands effets de Boſſuet, le charme continu, la ſenſibilité touchante de Maſſillon, quelquefois la logique de Bourdaloue ; il a ſur-tout ce qui diſtingue les vrais orateurs & les grands écrivains en tout genre ; il a une manière à lui qui nous paroît conſiſter principalement dans une force rapide & entraînante, & ce qui met le comble à ſa gloire, c'eſt que, comme de bons juges l'ont obſervé, il n'eſt jamais plus éloquent que lorſqu'il prête ſa voix à l'infortune & qu'il ſollicite la bienfaiſance. En effet ceux de ſes ſermons qu'on doit lire avec le plus de plaiſir & de fruit, ſont ſes exhortations ſur l'aumône & en faveur des enfans-trouvés.

En parlant de l'entaſſement des malades dans un même lit : » préparez-vous, s'écrie l'orateur, au plus terrible des ſpectacles ; avancez & voyez » le ſupplice affreux, inventé par la cruauté des » tyrans, d'attacher inſéparablement les vivans » aux morts, la néceſſité le renouvelle ici conſ- » tamment ſous les enſeignes de la miſéricorde ; » dans le même lit funèbre & au-deſſus, gît un tas » de malades, de mourans, de cadavres pêle- » mêle confondus ».

» Que les réjouiſſances & les fêtes ceſſent par- » mi les hommes, s'ils ſont encore ſuſceptibles » de quelque impreſſion de ſenſibilité ! malheur ! » malheur ! que cette parole formidable retentiſſe » par-tout aux oreilles des riches, & les pourſuive » ſans ceſſe ! Malheur ! malheur ! que la nature » conſternée s'abyme dans le deuil, & qu'elle » ne ſe relève que lorſque la charité plus géné- » reuſe & parfaitement ſecourable, aura réparé cet » outrage fait à l'humanité ».

Voilà le ton que le génie de l'éloquence & de la charité a dû prendre ſur un pareil ſujet. Combien les traits du tableau ſuivant ſont plus touchans & plus doux ?

» Il faudroit étaler ici cette foule prodi- » gieuſe de nourriſſons de la patrie ; ils n'ont » pas de meilleurs interceſſeurs que leur pré- » ſence & leur nombre : pourquoi les cacher ? » C'eſt le jour de leur moiſſon ; c'eſt la fête de » leur adoption : où ſont-ils ? appréhenderoit-on » de les introduire dans ce temple ? Jéſus-Chriſt » les aime ; il vous exhorte de ne pas les empê- » cher d'aller juſqu'à lui ; il vous les propoſe » comme des modèles que vous devez imiter. » Que craindrez-vous vous-mêmes de ces enfans » timides ? Leur miſère n'a rien qui puiſſe offenſer » votre délicateſſe. Ils ne vous importuneront pas » de leurs gémiſſemens, ni de leurs plaintes ;

» ils ne ſavent pas qu'ils ſont pauvres. Puiſſent-ils » ne le ſavoir jamais ! Ils ne vous reprocheront » ni la dureté de votre cœur, ni vos prodigalités » inſenſées, ni vos ſuperfluités ruineuſes. Ils » ignorent les droits qu'ils ont ſur vous, & tout » ce que leur coûtent vos paſſions & votre luxe. » Vous les verrez ſe jouer dans le ſein de la » providence, incapables également de recon- » noiſſance & d'ingratitude ; toujours contens dès » que les premiers beſoins de la nature ſont ſatis- » faits, leurs deſirs ne s'étendent pas plus loin. » Préſentez-leur l'or & l'argent que vous leur deſ- » tinez, ils les ſaiſiront d'abord avec empreſſement » comme un objet d'amuſement & de curioſité ; » ils s'en dégoûteront bientôt, & vous les laiſſe- » ront reprendre avec indifférence. Les prémices » intéreſſantes de la vie, la foibleſſe & les graces » de leur âge, leur ingénuité, leur candeur, » leur innocence, leur inſenſibilité même à leur » propre infortune, vous attendriroient juſqu'aux » larmes ».

Ceux qui ſavent comment le génie aide le génie, & comment les beautés naiſſent de loin de beautés ſouvent étrangères, croiront aiſément que dans certains endroits de cette tirade, l'orateur s'eſt ſouvenu de ces vers d'Andromaque.

> Un enfant malheureux qui ne ſait pas encor
> Que Pyrrhus eſt ſon maître, & qu'il eſt fils d'Hector !..
> T'a-t-il de tous les ſiens reproché le trépas ?
> S'eſt-il plaint à tes yeux des maux qu'il ne ſent pas ?

On peut faire à ce ſujet une obſervation peut-être aſſez importante. Les écoliers imitent, lorſqu'ils ont les mêmes choſes à dire ; les grands maîtres imitent lorſqu'ils ont à dire des choſes différentes, & par-là ils deviennent créateurs en imitant. Si Virgile dit :

> Enſemque recludit
> Dardanium, non hos quæſitum munus in uſus.

Racine dit :

> J'ai reconnu le fer, inſtrument de ſa rage,
> Ce fer dont je l'armai pour un plus noble uſage.

C'eſt abſolument la même choſe, & c'eſt une choſe abſolument différente.

Revenons à M. l'abbé Poullé : » vous les verrez ſe jouer dans le ſein de la providence ». Quel tableau charmant ! en le traçant, M. l'abbé Poullé peut encore s'être ſouvenu de ces deux vers de S. Prudence dans l'hymne pour la fête des Saints-Innocens :

> Aram ſub ipſam ſimplices
> Palmâ & coronis luditis.

Et Boſſuet peut bien s'en être ſouvenu auſſi, lorſqu'il a dit de la princeſſe Bénédicte de Gonzague :

» On la fit abbesse, sans que dans un âge si
» tendre elle sût ce qu'elle faisoit, & la marque
» d'une si grave dignité fut comme un jouet entre
» ses mains ».

POUPART (FRANÇOIS) (*Hist. litt. mod.*) de
l'académie des sciences, natif du Mans, vint à
Paris, où se trouvant sans fortune, il se chargea
de l'éducation d'un enfant pour subsister ; mais cet
emploi lui enlevant tout son tems, il aima mieux,
dit M. de Fontenelle, étudier que subsister, il
étudia la médecine, la chirurgie, la botanique,
la chimie : mais sa prédilection fut toujours pour
les insectes & les coquillages ; il a donné dans le
recueil de l'académie des sciences un mémoire sur
les insectes hermaphrodites, l'histoire du *formica-
leo*, celle du *formica pulex*, des observations sur
les moules, & quelques autres moindres ouvrages
à peu près du même genre. On le croit aussi
auteur d'une compilation qui a pour titre : *la
Chirurgie complette*. Mort en 1709.

POUPÉE, (*Hist. anc & mod.*) Ce jouet des
enfans étoit fort connu des romains ; leurs *poupées*
étoient faites d'ivoire, de plâtre ou de cire, d'où
vient le nom de *Plaguncula* que leur donne Cicéron
dans ses lettres à Attius. Les jeunes filles nubiles,
dit Perse, alloient porter aux autels de Vénus les
poupées qui leur avoient servi d'amusement dans
le bas âge ; *Veneri donatæ à virgine puppæ*. Peut-être
vouloient-elles faire entendre par cette offrande
à la déesse des amours, de leur accorder de jolis
enfans dont ces *poupées* étoient l'image ; ou plutôt
encore cette consécration de leurs *poupées* indiquoit
qu'elles quittoient ces marques de l'enfance, pour
se dévouer aux occupations sérieuses du ménage.
C'est ainsi que les garçons, lorsqu'ils entroient
dans les fonctions publiques de la société, dépo-
soient la robe de l'enfance, & prenoient celle de
l'adolescence. Aussi les Romains donnoient le nom
de *puppa* & *pupula* aux jeunes filles, comme nous
l'apprend Martial dans ce vers satyrique :

Puppam se dicit Gallia cùm sit anus.

De plus, ils ensevelissoient leurs enfans morts,
avec leurs *poupées* & leurs grelots ; les chrétiens
les imitèrent, & de-là vient qu'on a trouvé dans
des tombeaux des martyrs près Rome, de ces
sortes de petites figures de bois & d'ivoire parmi
des reliques & des ossemens d'enfans baptisés.
L'usage des *poupées* a passé jusqu'à nous ; & c'est
si bien notre triomphe, que je ne crois pas que
les Romains eussent de plus belles *poupées* que
celles dont nos Bimblotiers trafiquent. Ce sont des
figures d'enfans si proprement habillées & coiffées
qu'on les envoye dans les pays étrangers pour y
répandre nos modes. S. Jérôme conseilloit de
donner aux enfans pour récompense, outre les
douceurs qui pouvoient flatter leur goût, des

brillans & des *poupées*. Ce moyen n'est certainement pas le meilleur à pratiquer dans la bonne
éducation ; mais nous l'avons préféré à tous les
sages conseils de Locke. Cependant un philosophe
pourroit tirer parti des *poupées*, toutes muettes
qu'elles sont : veut-il apprendre ce qui se passe
dans une maison, connoître le ton d'une famille,
la fierté des parens, & la sottise d'une gouvernante il lui suffira d'entendre un enfant raisonner
avec sa *Poupée*. (D. J.)

POURCHOT, (EDME) *Hist. litt. mod.*) professeur de philosophie au collège des Grassins, puis
au collège Mazarin, sept fois recteur, & quarante
ans syndic de l'université ; ami de Racine, de
Boileau, de dom Mabillon, & de dom Montfaucon,
du docteur Dupin, de Baillet, de Santeuil, de
Boluer, enfin de Fénélon, fut dans son tems un
novateur en philosophie, & n'est plus qu'au rang
des vieux philosophes aujourd'hui abandonnés ;
cependant ses *institutiones philosophicæ* soulevèrent
contre lui tout le péripatétisme, & ce fut en
partie à son secours que vint Boileau par l'arrêt
burlesque qui arrêta ou empêcha l'insurrection de
l'université ; dans cet arrêt les *Pourchotistes* ou
Purchotistes, sont mis avec les *Gassendistes*, les
Cartésiens, & les *Malebranchistes*, au rang de ces
Quidams sans aveu que l'inconnue, nommée la
raison, commence à introduire dans les écoles ;
Pourchot avoit cependant ménagé les Péripaté-
ticiens & les Scholastiques, au point d'avoir fait
de toutes les questions qu'on étoit dans l'usage
d'agiter dans les écoles, une collection séparée
du corps de ses *institutions*, sous ce titre : *series
disputationum scholasticarum*. C'étoit payer tribut
aux erreurs établies ; mais il s'en dédommageoit
avec ses amis, en appellant cette *série* son *fottisier*.
On a de lui des mémoires sur différens droits de
l'université qu'il défendoit en toute occasion avec
beaucoup de zèle. Les quatre vers suivans d'un
de ses élèves constatent & consacrent la révolution
qu'il avoit faite dans la philosophie de l'école.

Ille est Purchotius, quo se schola principe jactat,
Spretis certa sequi dogmata Quisquiliis.
Relligionis amans idem sophiæque magister
Egregius, mores format & ingenium.

Grace aux révolutions du tems & à l'accroissement des lumières, ses dogmes ne sont plus aussi
aujourd'hui que des *Quisquiliæ. Pourchot*, né au
village de Poilly près d'Auxerre, en 1651, mourut
à Paris en 1734.

POURPRÉTURE, ou FORPRISE & FORPRI-
SON, (*Hist. mod.*) du latin *Purprestura*, terme fort-
usité dans beaucoup d'actes & d'ouvrages du moyen
âge, comme on le voit dans un roman manuscrit
de Vacce :

Donc ont pourpris meullent, & toute la contrée.

Purprestura

Purpreſtura ou *propreſtura*, pourprêture ou pourpriſure, ſe dit quand quelqu'un s'empare injuſtement de quelque choſe qui appartient au roi, comme dans ſes domaines ou ailleurs, & généralement on appelle ainſi tout ce qui ſe fait au détriment du tenement royal. On peut commettre cette injuſtice contre ſon ſeigneur ou contre ſon voiſin, & dans pluſieurs de ces occaſions on trouve le même mot employé dans la même ſignification dans Mathieu Paris, dans Briſſon, Jacques de Vitry, & pluſieurs autres.

Il ſemble auſſi que *pourpriſure*, dans d'autres auteurs, ſignifie les *appartenances*, les *terres circonvoiſines* d'un lieu, d'une maiſon, la *banlieue* d'une ville, comme dans le roman d'Athis manuſcrit :

> Hors la ville à telle pourpriſure
> Trois grands lieues la place endure.

Dans le chartulaire de l'hôtel-dieu de Pontoiſe on trouve ces mots, *cum poupriſurâ eidem domui adjacente*, & dans une charte du monaſtère de Lagni de l'an 1195, *conceſſi in eleemoſinam abbati & conventui ſancti Petri Latigniacenſis... Locum capellæ cum purpuriferâ adjacente*. On peut voir dans le gloſſaire de Ducange, dans l'hiſtoire de Paris des PP. D. Felibien & Lobineau, & dans celle de Bretagne, de ce dernier, les autres ſignifications de ce terme. (A. R.)

POURVOYEUR, ſ. m. (*Hiſt. mod.*) un officier d'une grande maiſon, qui a ſoin de la pourvoir de blé & d'autres vivres qu'il achète.

Le nom de *pourvoyeur du roi* étoit autrefois un terme ſi odieux en Angleterre, qu'il fut changé en celui d'*acheteur*, par le *ſtat.* 36. *edw.* 3. L'office même de *pourvoyeur* fut très-limité par le *ſtat.* 12. *cor.* 2. (A. R.)

POUST ou **PUST**, ſ. m. (*Hiſt. mod.*) c'eſt ainſi que l'on nomme à la cour du grand-mogol un breuvage, qui n'eſt autre choſe que du jus de pavot, exprimé & infuſé pendant une nuit dans de l'eau. C'eſt ce breuvage que les ſouverains ou plutôt les tyrans de ce pays, font prendre à leurs frères & aux princes de leur ſang, lorſqu'ils ne veulent point les faire mourir. C'eſt la première choſe qu'on leur apporte le matin, & on leur refuſe toute autre nourriture juſqu'à ce qu'ils en aient avalé une doſe conſidérable. Cette potion les maigrit inſenſiblement, elle leur cauſe un maraſme qui finit par les faire mourir, après les avoir rendus ſtupides, & les avoir mis dans une eſpèce de léthargie. (A. R.)

POUTI-SAT ou **PUTSA**, ſ. m. (*Hiſt. mod.*) c'eſt le nom ſous lequel les Siamois & quelques autres habitans des Indes orientales déſignent le Dieu plus connu ſous le nom *ſommona-kodom*. On

croit que c'eſt le même Dieu que les Chinois nomment *foë*, & les Japonois *ſiaka* ou *xaca*; d'autres Indiens le nomment *budda* ou *boutta*. Ce *mot* ſignifie le ſeigneur, *pouti*. (A. R.)

P O Y

POYET, (GUILLAUME) *Hiſt. de Fr.*) étoit fils d'un avocat d'Angers, & lui-même il fut à Paris un avocat célèbre. L'honneur, que lui procura ſon éloquence, de plaider la trop fameuſe cauſe de la ducheſſe d'Angoulême contre le connétable de Bourbon, fut la ſource de ſa fortune. Il fut ſucceſſivement avocat général, préſident à mortier & chancelier. Le talent qu'il avoit, & qu'avoit eu Duprat, de trouver des reſſources pour remplir les coffres du roi dans les tems difficiles, l'avoit mis dans la plus haute faveur. Il s'étoit vu au moment d'être premier ou principal miniſtre à la diſgrace du connétable de Montmorenci & de l'amiral de Brion-Chabot; mais la ducheſſe d'Etampes ne lui avoit point pardonné l'acharnement vil & coupable avec lequel il avoit perſécuté l'innocence de Chabot; le roi lui-même en avoit été indigné. Si *Poyet* avoit mérité une diſgrace, c'étoit par ſa conduite inique à l'égard de Chabot, mais c'eſt ſouvent par des motifs injuſtes qu'on fait des actions juſtes; il avoit été impunément prévaricateur & oppreſſeur des foibles, ce fut ſon attachement aux règles qui le perdit.

Les femmes ne ceſſoient de cabaler & de ſolliciter à la cour, oubliant, ſelon l'uſage, tout ce qu'on leur accordoit, & ne ſe ſouvenant que de ce qu'on leur refuſoit. La reine de Navarre demandoit au chancelier la grace d'un de ſes domeſtiques coupable d'un rapt; la ducheſſe d'Etampes vouloit qu'il ſcellât des lettres d'évocation dans un procès qu'avoit Jean de Bari la Renaudie, gentilhomme Périgordin, un de ſes protégés, contre le fameux du Tillet, greffier civil du parlement. Le chancelier avoit refuſé de les ſceller, ne les croyant pas juſtes. La ducheſſe avoit renvoyé la Renaudie lui ordonner de la part du roi & de la ſienne, de les ſceller. La Renaudie ne prit que trop bien le ton de ſa commiſſion impériale; le chancelier fut indigné, il perſiſta dans ſon refus, & raya lui-même les clauſes qui lui déplaiſoient dans ces lettres; il lui échappa même dans une occaſion quelques réflexions libres & vraies ſur l'excès & l'abus du pouvoir des femmes à la cour; la reine de Navarre, préſente à ce diſcours, prit pour elle ce trait de ſatyre, & ne laiſſa pas ignorer à la ducheſſe d'Etampes la part qu'elle y avoit. Dès lors la perte de *Poyet* fut réſolue, il fut arrêté le 2 août 1542, à Bourges ſelonDucheſne, à Argilly ſelon le Laboureur, & transféré à la Baſtille, puis à la conciergerie. On dit que François I félicitant le véridique du Chatel ou Caſtellan, (voyez ſon article) ſur la diſgrace d'un homme qui s'étoit toujours montré ſon ennemi, parce qu'il l'étoit de la vérité; du

           C c c

Chatel lui répondit : sire , cet avantage ne m'empêche pas d'obferver que *Poyet* reftoit libre au tems de fes grandes prévarications , & qu'on arrête avec fcandale le chancelier de France , lorfqu'il n'a pas tort , ou qu'il n'a qu'un tort léger. Il eft vrai, dit François I ; mais ce léger tort eft la goutte d'eau qui renverfe le verre , & méchant homme eft le fruit qui tombe de lui-même quand il eft mûr. Le génie de *Poyet* l'abandonna dans fa difgrace, il refta écrafé fous fa chûte : il s'humilia jufqu'à s'avilir , il implora la protection de tout ce qui étoit puiffant à la cour , même celle de ce *Chabot* qu'il avoit fi indignement traité. Nul ne le fervit , nul ne le plaignit ; fon procès fut inftruit au parlement de Paris , auquel on affocia des juges de divers parlemens. On accufa *Poyet* de beaucoup de malverfations ; les témoins fe préfentoient en foule : le roi même dépofa contre lui. Le chancelier *Poyet* avoit fait plufieurs loix fages pour l'inftruction des procès ; une entre autres qui ordonne qu'en matiere criminelle, les accufés fourniront leurs reproches contre les témoins, avant de favoir la dépofition de ces témoins : lorfque dans fon procès on le fomma de fatisfaire à cette loi, il la trouva bien févère. Ah ! dit-il, *quand je la fis, je ne penfois pas me trouver jamais où je fuis*. Peut-être en effet cette loi eft-elle trop févère. On me demande fi j'ai des reproches à fournir contre un tel témoin. Je réponds que non, dans l'efpérance que fa dépofition me fera favorable ; on me la lit, elle m'eft contraire, & alors je fournis des reproches contre ce témoin. Ces reproches font-ils injuftes ? Il faut les rejetter ; mais s'ils font juftes, pourquoi ne pas les admettre ? C'eft, dira-t-on, la peine d'avoir voulu profiter de la dépofition d'un malhonnête homme, & d'avoir menti à la juftice. Mais, 1°. l'envie de profiter de la dépofition qui peut m'être favorable, & la crainte de l'infirmer ne méritent aucune peine ; 2°. nulle puiffance ne peut changer la nature des chofes, ni donner à la dépofition d'un témoin juftement *reproché*, quoiqu'après coup, la même valeur qu'a celle d'un témoin irréprochable.

On retint d'abord *Poyet* près de trois ans en prifon ; il ne fut jugé que le 24 avril 1545 ; il entendit debout & nue tête , l'arrêt qui le déclaroit incapable de pofféder aucun office qui le condamnoit à une amende de cent mille livres, & à une prifon de cinq ans. Le procès porte qu'après avoir entendu la lecture de cet arrêt, il fit une profonde révérence , & prononça cette baffe amende honorable à laquelle il n'étoit pourtant pas condamné : *je remercie Dieu de fa bonté & le roi de la fienne. Dieu lui doint tenir toujours fes affaires en bonne profpérité, & à moi grace de faire des prieres à Dieu qui lui foient agréables.* Le roi étoit fi animé contre lui par la douleur de la perte de *Chabot*, mort dans l'intervalle de la détention de *Poyet* à fa condamnation, qu'il reprocha au parlement d'avoir ménagé le chancelier, & d'avoir eu trop

peu d'égard à la dépofition d'un roi. Le malheureux *Poyet* fut enfermé à la baftille, d'où il ne fortit qu'après avoir payé l'amende, mais cependant longtems avant les cinq ans. Ruiné & flétri, il voulut pour éviter la mifère, retourner à fa première profeffion d'avocat ; les avocats le rejettèrent, c'eft du moins une tradition affez conftante au palais, & elle eft trop conforme aux maximes de ce corps pour n'être pas vraie. Duchefne dit qu'il *confultoit en fa maifon comme avocat* ; ce qui, comme on fait, eft compatible avec le défaveu des avocats. L'abbé de Longuerue dit, je ne fais fur quel fondement, *qu'il ne rougiffoit pas d'aller avocaffer*, ce font fes termes, *au pilier des confultations*. Il traîna une vieilleffe déplorable dans l'opprobre & dans la pauvreté, oublié ou méprifé de la cour & du peuple, devenu le rebut de tous les états, trouvant tous les cœurs impitoyables, comme il l'avoit été lui-même quelquefois.

Les auteurs de l'hiftoire généalogique, difent qu'il étoit prêtre & abbé de Berdoue ; ainfi fa pauvreté pouvoit ne paroître dure, que par comparaifon avec fa fortune paffée. Il mourut à Paris au mois d'avril 1548 , & fût enterré aux Auguftins.

POYET (FRANÇOIS) , eft auffi le nom d'un Dominicain , prieur du couvent d'Angoulême , martyrifé par les proteftans , lorfque l'amiral de Coligny eut pris cette ville , dans les guerres civiles du feizième fiècle.

P R A

PRADAM , (*Gram. Hift. mod.*) premier miniftre du Pandaraftar , ou prince qui a fur fes terres les églifes de Coutans & de Corals. (*A. R.*)

PRADON , (NICOLAS) *Hift. lit. mod.*) malheureux poëte tragique , qui n'eft plus connu que par ce vers de Boileau :

Et la fcène françaife eft en proye à Pradon.

& par les autres traits que Boileau et Rouffeau ont lancés contre lui, mais qui dans fon temps balança Racine, & le furpaffa même au jugement de ceux qui difpofoient alors des fuccès et des réputations , car on en difpofe du moins pour un temps : ceux qui ofoient le méfeftimer , et qui paffoient alors pour hardis , difoient ironiquement qu'il étoit du même pays (*Rouen*) et du même métier que Corneille ; mais il ne réuffiffoit que quand il étoit porté par un parti ; et on conte que s'étant caché dans le parterre , à la première repréfentation d'une de fes pièces , il la vit fiffler et perdit contenance ; un de fes amis qui l'accompagnoit , l'avertit qu'il alloit fe découvrir ; *Pradon* profita de l'avis , & fiffla comme les autres : il fe trouva par hafard auprès de lui un jeune moufquetaire, à qui ces fifflemens déplurent, & qui lui apprit que la pièce étoit du célébre M. *Pradon*, que par conféquent elle étoit bonne, & qu'il avoit tort de la fiffler; il n'y a *Pradon* qui tienne, répondit *Pradon*, la pièce me paroît mauvaife & je la fiffle. La querelle s'échauffe entr'eux; le moufquetaire prend le chapeau & la perruque de *Pradon*, & les jette fur le théâtre, en l'accablant d'ailleurs d'injures & de coups. Ainfi *Pradon* qui n'avoit fifflé que parce qu'on le fiffloit, fut battu par fon zélé défenfeur, pour s'être fifflé lui-même, &, pour comble de malheur, cette querelle ayant attiré fur lui tous les regards, il fut reconnu. On raconte au contraire de la Fontaine, qu'étant à la repréfentation d'une de fes pièces, il oublia qu'elle étoit de lui, & la trouvant ennuyeufe, il fortit en difant: *je meurs d'ennui, & je ne conçois pas la patience du public.*

On dit que *Pradon* étoit d'une ignorance extrême, & que quelqu'un lui reprochant d'avoir placé en Afie des villes connues pour appartenir à l'Europe, il répondit: *excufez-moi, je ne fais pas bien la chronologie,*

Et la métonymie,
Grands mots que *Pradon* croit des termes de chimie,

a dit Boileau. *Pradon* mourut à Paris, en 1698, un an avant Racine, mais long-temps après que Racine découragé par l'injuftice du public & par les dégoûts qu'il avoit effuyés à l'occafion de fa *Phèdre*, eut en effet laiffé la fcène françoife en proie à *Pradon*.

Je ne puis te punir d'une plus rude peine
Que de t'abandonner pour jamais à *Pradon*.

PRADOVENTURA (ANTOINE) *Hift. lit. mod.*) Mathurin efpagnol, le Bourdaloue & le Maffillon de l'Efpagne, & qu'on regarde comme un des écrivains qui ont le plus contribué à la perfection de la langue efpagnole. Il étoit poëte auffi bien que prédicateur; on a de lui, outre fes fermons, un poëme de Saint Raphaël. Né en 1701, mort à Cordoue en 1753.

PRÆCIPÉ, (*Droit d'Anglet.*) Le *writ*, ou ordre appellé *præcipe*, parce qu'il commence par ces mots, *præcipe quod reddat*, a divers ufages dans le droit anglois; mais en général il fignifie un ordre du roi ou de quelque cour de juftice, de mettre en poffeffion celui qui, après la plainte, vient de prouver qu'il a été injuftement dépouillé. (*D. J.*)

PRÆMUNIRE, STATUT DE, (*Hift. d'Anglet.*) ftatut du parlement de la grande Bretagne, par lequel quiconque portoit à des cours eccléfiaftiques des caufes dont la connoiffance appartenoit aux tribunaux royaux, étoit puni & mis en

prifon; mais il faut entrer dans des détails fur ce fujet.

D'abord il faut favoir qu'on entend par ce terme *præmunire*, ou le ftatut même, ou la peine ordonnée par le ftatut. Les parlemens, avant la féparation de la cour de Rome avec l'Angleterre, avoient ordonné des peines contre les provifeurs, c'eft-à-dire contre ceux qui pourfuivoient des provifions ou des expectatives à la cour de Rome, pour les bénéfices vacans, ou qui viendroient à vaquer.

Les mêmes peines étoient ordonnées contre ceux qui portoient à la cour eccléfiaftique des affaires qui étoient du reffort des juges royaux. Lorfque quelqu'un fe rendoit coupable de cette forte de délit, on lui adreffoit un *wrie* ou ordre, qui commençoit par ces mots *præmunire facias*, par lequel il lui étoit ordonné de comparoître devant la cour royale.

C'eft de-là que le ftatut, auffi-bien que la peine ordonnée par le ftatut, prirent le nom de *præmunire*, en y faifant entrer plufieurs autres chofes qui ont du rapport à celles qui ont été la première caufe du ftatut. Ainfi tous les actes de *præmunire*, ne font que des extenfions de ceux qui furent faits fur ce fujet fous les regnes d'Edouard III & Richard II. En général, le *præmunire* regardoit principalement les offenfes commifes par rapport à quelque matière de religion, où la jurifdiction civile eft intéreffée. On croit avec affez de vraifemblance, que le mot de *præmunire*, s'eft gliffé dans le latin barbare des loix, au lieu de *præmonere*. Quoi qu'il en foit, c'eft la chofe, & non pas le mot, qui mérite nos réfléxions.

Dans le tems qu'une fuperftition prefque générale aveugloit l'Europe, Rome avoit ufurpé les droits du fouverain en Angleterre, comme dans tous les états où le Chriftianifme s'étoit établi. Cette ufurpation s'étoit foutenue par les intrigues du clergé, qu'elle faifoit jouir de beaucoup de privilèges, & d'une indépendance entière des loix & du magiftrat. Les plaintes que formoit quelquefois la nation contre des défordres qui empêchoient le gouvernement de fe former, étoient rarement écoutées.

Edouard III & Richard fecond, furent les feuls rois qui y euffent fait une attention férieufe. Le dernier avoit décidé avec fon parlement, que le pape ne pourroit plus conférer aux étrangers des bénéfices vacans, comme il étoit en poffeffion de le faire; que les naturels du pays qui y feroient nommés, ne tireroient plus de lui leurs provifions; & que toutes les caufes eccléfiaftiques feroient jugées à l'avenir dans le royaume.

Quoique cette loi célèbre fous le nom de *præmunire*, qui en étoit le premier mot, obligeât fous peine de confifcation de biens & de prifon, elle fut rarement obfervée. Une ancienne poffeffion & des intérêts particuliers, la fermeté des miniftres de la religion, & la foibleffe de plufieurs princes peu politiques, l'ufage des pays voifins, & les guerres civiles & étrangères, tout avoit contribué à faire tomber dans l'oubli un réglement auffi néceffaire. Henri le fit revivre, & il fut autorifé par les feigneurs & par les communes, à pourfuivre ceux qui l'avoient violé; le clergé entier fe trouva coupable, & finalement il ouvrit les yeux.

L'appel comme d'abus, objet intéreffant pour les François, & qui s'introduifit peu-à-peu fous le regne de Philippe de Valois, par les foins de l'avocat général, Pierre Cugnieres, (car il faut conferver fon nom dans l'hiftoire) cet appel, dis-je, interjetté aux parlemens du royaume, des entreprifes des tribunaux eccléfiaftiques ou de la cour de Rome, contre les droits du roi & du royaume, n'eft en réalité qu'un léger palliatif, qu'une foible imitation de la fameufe loi *præmunire*. Les Anglois, dans tout ce qui regarde les libertés de l'état, ont montré plus d'une fois l'exemple aux autres peuples, ne laiffant dormir leurs libertés que pendant quelque tems, & les faifant enfuite revivre avec plus d'éclat que jamais. (*Le Chevalier DE JAUCOURT.*)

PRAGUE (JÉROME DE) voyez WICLEF.)

PRAGUERIE, f. f. (*Hift. mod.*) nom qu'on donna en 1440, à un parti de factieux qui fe révoltèrent contre Charles VII, roi de France, excités par le feigneur de la Trimouille, qui aigrit contre le roi quelques princes du fang, & même le dauphin : on donna à leurs partifans le nom de *praguons*. Mais le roi informé à tems de leur menée, les attaqua, les vainquit, & les fit arrêter pour la plupart : ainfi fut diffipée la *praguerie*. Mezerai, *Hift. de Fr.* (*A. R.*)

PRAKLANG ou BARKALONG, (*Hift. mod.*) c'eft ainfi que l'on nomme dans le royaume de Siam, un miniftre qui eft chargé de l'infpection du commerce, tant intérieur qu'extérieur, & qui a le département des affaires étrangères, qui dans ce pays font prefque toutes relatives au commerce. Il eft auffi chargé de la perception des revenus de l'état. (*A. R.*)

PRANGUR, f. m. (*Hift. mod.*) franc européen. C'eft ainfi que les Indiens nous appellent. S'il arrive à un brame de vivre avec un *prangur*, il eft fouillé. Pour le purifier on lui coupe la ligne, ou le cordon de nobleffe; on le fait jeûner trois jours; on le frotte à plufieurs reprifes avec de la fiente de vache; on le lave jufqu'à cent neuf fois; on lui redonne une nouvelle ligne, & l'on finit la cérémonie par un repas. (*A. R.*)

PRASLIN, (voyez CHOISEUIL.)

PRASSAT, f. m. (*Hift. mod.*) c'eft ainfi que l'on nomme le palais du roi de Siam. Jamais les fujets de ce monarque defpotique n'entrent dans ce lieu redoutable ou n'en fortent fans fe proferner jufqu'à terre. La partie intérieure du palais où le roi a fes appartemens & fes jardins, s'appelle *vang*. On n'y eft admis qu'après beaucoup de formalités, dont la première eft d'examiner fi l'haleine de ceux qui veulent entrer ne fent point l'arak, ou l'eau-de-vie de riz; on ôte enfuite les armes aux perfonnes qui doivent être admifes, parce que la tyrannie eft toujours foupçonneufe. (*A. R.*)

PRAT (DU) voyez DUPRAT.)

PRATINAS, (*Hift. lit. anc.*) poëte tragique grec, qui vivoit environ cinq fiécles avant J. C. & qui étoit comtemporain & rival d'Efchyle. On n'a de lui que des fragmens dans le *corpus poëtarum græcorum*. Il fut, dit-on, le premier auteur de ces efpèces de farces, connues fous le nom de *Satyres*, *Satyri* & non pas *Satyræ*. Ainfi ce pourroit être de lui que parle Horace dans ces vers de l'art poëtique :

Carmine qui tragico vilem certavit ob hircum
Mox etiam agreftes fatyros nudavit, & afper
Incolumi gravitate jocum tentavit, eò quod
Illecebris erat & gratâ novitate morandus
Spectator, fundufque facris, & potus, & exlex.

C'eft du moins bien certainement de ce genre introduit par *Pratinas*, qu'Horace parle dans tout cet endroit :

Verùm ità rifores, ità commendare dicaces
Conveniet fatyros, ità vertere feria ludo ...
Effutire leves indigna tragædia verfus,
Ut feftis matrona moveri juffa diebus,
Intererit fatyris paulùm pudibunda protervis,
Non ego inornata & dominantia nomina folùm
Verbaque, Pifones, fatyrorum-fcriptor amabo, &c.

L'accident arrivé à la repréfentation d'une des pièces de *Pratinas*, où les échaffauts qui portoient les fpectateurs, fe rompirent, détermina les Athéniens à conftruire un théâtre dans les formes. *Pratinas* étoit de Phlionte, ville du Péloponèfe, voifine de Sicyone.

PRAXAGORAS, (*Hift. litt.*) hiftorien grec, qui vivoit vers l'an 345 de Jefus-Chrift, & qui, à dixneuf ans avoit publié l'hiftoire des rois d'Athènes, & à vingt-deux, la vie de Conftantin, dit le Grand. Il avoit auffi écrit celle d'Alexandre le Grand. Il étoit d'Athènes.

PRAXILLE, (*Hist. litt. anc.*) dame de Sicyone, qui vivoit près de cinq siécles avant Jesus-Christ, est au nombre des neuf poëtes lyriques, dont les poésies ont été recueillies à Hambourg en 1734. On dit qu'elle inventa une espéce de vers, qui de son nom fut appellée *poésie praxiléenne*.

PRAXITÈLE, (Voyez PHRYNÉ).

PRÉ, (DU) voyez DUPRE).

A l'article de M. *Dupré* de Saint-Maur, nous avons omis quelques autres *Dupré*, qui, dans d'autres dictionnaires, sont renvoyés à l'article *Pré*; & qui peuvent par conséquent trouver leur place ici : ils appartiennent tous à l'histoire littéraire.

1°. Claude *Dupré*, sieur de Vau-Plaisant, auteur de deux ouvrages latins; *Compendium veræ originis & genealogiæ Franco-Gallorum*, & *Pratum Claudii Prati*. Dans ce dernier, il dit des choses sérieuses & sensées qu'on n'attendroit pas trop de ce titre burlesque, sur l'utilité de la philosophie dans l'étude de la Jurisprudence, sur la nécessité d'écrire en françois sur les sciences & sur la philosophie. Il étoit né à Lyon, vers l'an 1543. Son dernier ouvrage a paru en 1614. Il étoit conseiller au présidial de Lyon. Sa famille connue & distinguée dans cette ville, a produit quelques autres gens de lettres, dont on a peu de choses à dire.

2°. Marie *Dupré*, surnommée la Cartésienne, à cause de son zèle pour la philosophie de Descartes, étoit niéce de Desmarets de S. Sorlin, qui prit soin de l'élever. Elle savoit le latin, chose plus rare alors qu'aujourd'hui, & le grec, chose encore plus rare dans tous les temps; elle savoit aussi l'italien, & faisoit des vers françois. Les *réponses d'Iris à Climène*, c'est-à-dire, à Mlle. Delavigne, qui se trouvent dans le recueil des vers choisis, publié par le P. Bouhours, sont de Marie *Dupré*.

3°. Louis *Dupré* d'Aunay, commissaire des guerres, directeur général des vivres, chevalier de l'ordre de Christ, mort en 1758, est auteur des ouvrages suivans : *Lettre sur la génération des animaux. Traité des subsistances militaires. Réception du docteur Hecquet aux enfers. Réflexions sur la transfusion du sang. Aventures du faux chevalier de Warwic.*

PRÉCEPTION. (*Hist. de France*) Les *préceptions* étoient des ordres, des lettres que le roi envoyoit aux juges, pour faire, ou souffrir certaines choses contre la loi. Ces *préceptions* étoient à-peu-près comme les rescrits des empereurs romains; soit que les rois francs eussent pris d'eux cet usage, soit qu'ils l'eussent tiré du fond même de leur naturel.

On voit dans Grégoire de Tours, que les rois francs commettoient des meurtres de sang froid, & faisoient mourir des accusés qui n'avoient pas seulement été entendus; ils donnoient des *préceptions* pour faire des mariages illicites; ils en donnoient pour transporter des successions; ils en donnoient pour ôter le droit des parens; ils en donnoient pour épouser les religieuses. Ils ne faisoient point, à la vérité, des loix de leur seul mouvement; mais ils suspendoient la pratique de celles qui étoient faites.

L'édit de Clotaire II qui régna seul en 613, & fit fleurir la justice, fut un édit heureux qui redressa tous les griefs. Personne ne put plus être condamné sans être entendu : les parens dûrent toujours succéder, selon l'ordre établi par la loi; toutes *préceptions* pour épouser des filles, des veuves ou des religieuses, furent nulles; & on punit sévèrement ceux qui les obtinrent, & en firent usage.

Nous saurions peut-être plus exactement ce qu'il statuoit sur ces *préceptions*, si l'article 13 de ce décret & les deux suivans, n'avoient péri par le tems. Nous n'avons que les premiers mots du 13. art. qui ordonne que les *préceptions* seront observées, ce qui ne peut pas s'entendre de celles qu'il venoit d'abolir par la même loi. Nous avons une autre constitution du même prince, qui se rapporte à son édit, & corrige de même de point en point tous les abus des *préceptions*. *Esprit des lois*. (D. J.)

PRÉEMPTION, s. f. (*Hist. med.*) mot formé du latin *præ*, devant, & *emptio*, achat; le droit d'acheter le premier. Dans presque tous les royaumes le roi a droit de *préemption*. Il y a quelques viandes, poissons ou denrées que les marchands sont obligés de réserver pour la table du souverain, ou du moins qu'ils ne doivent vendre aux particuliers qu'après que les pourvoyeurs du roi en ont pris leur provision pour la cour. Cette coutume s'étend beaucoup plus loin en Perse. (A. R.)

PRÉGADI, (*Hist. de Venise*) nom du sénat de Venise, dans lequel réside toute l'autorité de la république. On y prend les résolutions de la paix ou de la guerre, des ligues ou des alliances : on y élit les capitaines généraux, les provéditeurs des armées, & tous les officiers qui ont un commandement considérable dans les troupes : on y nomme les ambassadeurs; on y règle les impositions; on y choisit tous ceux qui composent le collège; on y examine les résolutions que les *sages* prennent dans les consultations du collège, sur lesquelles le sénat se détermine à la pluralité des voix. En un mot, le *prégadi* est l'ame de l'état, & par conséquent le principe de toutes les actions de la république.

L'origine du nom de *prégadi* vient de ce qu'autrefois le sénat ne s'assemblant que dans les occasions extraordinaires, on alloit prier les principaux citoyens de s'y trouver, lorsque quelque affaire importante méritoit qu'on prît leur avis : aujourd'hui le fénat s'affemble les mercredis & les famedis ; mais le *fage* de femaine peut faire tenir extraordinairement le *prégadi*, lorfque les affaires qu'on y doit porter, demandent une prompte délibération.

Le *prégadi* fut compofé de foixante fénateurs dans la première inftitution ; c'eft ce qu'on appelle le *prégadi ordinaire.* Mais comme on étoit obligé d'en joindre fouvent plufieurs autres dans les affaires importantes, on en créa encore foixante ; ce qu'on appelle la *giunte.* Ces cent vingt places font remplies par des nobles d'un âge avancé, & de la première nobleffe. Tous les membres du collége, ceux du confeil des *dix*, les *quarante juges* de la *quarantie* criminelle, & les procurateurs de faint Marc entrent auffi au *prégadi* ; de forte que l'affemblée du fénat eft d'environ deux cents quatre-vingt nobles, dont une partie a voix délibérative, & le refte n'y eft que pour écouter & pour fe former aux affaires. Le doge, les confeillers de la feigneurie & les *fages grands*, font les feuls dont les avis peuvent être balotés, pour éviter la confufion qui naîtroit de la diverfité des fentimens dans une fi grande affemblée, où les avis ne peuvent paffer, qu'ils n'ayent la moitié des voix. Cependant ceux qui n'ont pas le droit de fuffrage, peuvent haranguer pour approuver ou pour contredire les opinions que l'on propofe ; mais leurs harangues ne changent guère les réfolutions du fénat.

Il réfulte de ce détail que le *prégadi* repréfente une parfaite ariftocratie, avec un pouvoir abfolu dans les plus importantes affaires de l'état ; de forte que le même corps de magiftrature a, comme exécuteur des lois, toute la puiffance qu'il s'eft donnée comme légiflateur. Il peut ravager l'état par fes volontés générales ; & comme il a encore la puiffance de juger, il peut détruire chaque citoyen par fes volontés particulières. En un mot, toute la puiffance y eft une ; & quoiqu'il n'y ait point de pompe extérieure qui découvre un prince defpotique, on le fent à chaque inftant. On dira peut-être que les tribunaux de Venife fe tempèrent les uns les autres ; que le grand confeil a la légiflation ; le *prégadi*, l'exécution ; les *quaranties*, le pouvoir de juger : mais je réponds avec l'auteur de l'*Efprit des lois*, que ces tribunaux différens font formés par des magiftrats du même corps ; ce qui conféquemment ne fait guère qu'une même puiffance. (*Le Chevalier DE JAUCOURT.*)

PRÉLIMINAIRES, f. m. pl. (*Hift. mod. polit.*) Lorfque des puiffances font en guerre, & penfent à terminer leur querelle par un traité de paix, on nomme *préliminaires* les articles principaux, dont ces puiffances font convenues entr'elles ; ces articles font fignés par les miniftres des puiffances belligérantes, & ils précèdent ordinairement

un congrès où les ambaffadeurs s'affemblent pour applanir les difficultés de détail qui peuvent encore s'oppofer à la conclufion de la paix. La fignature des *préliminaires* eft ordinairement fuivie d'une fufpenfion d'armes ou d'une trêve. (*A.-R.*)

PREMIER, *primus* ; (*Hift. mod.*) fe dit de ce qui n'eft précédé d'aucun autre en ordre, en dignité ou en degré parmi différentes chofes de la même efpèce, ou d'une efpèce femblable.

Ainfi l'on dit *premier* miniftre, *premier* mobile, le *premier* maréchal de France, le *premier* capitaine d'un régiment.

Premier fe dit auffi de celui qui précède d'autres êtres de la même efpèce, mais qui n'ont pas exifté en même tems. Ainfi nous difons que Jules-Céfar fut le *premier* des empereurs romains. Guillaume le conquérant le *premier* des rois normands.

Premier fe dit auffi quelquefois par ordre de priorité feulement, fans marquer de prééminence ; on dit en ce fens que l'électeur de Mayence eft le *premier* des électeurs, qui font au refte fort indépendans de lui. C'eft ce qu'on appelle *premier* entre égaux, *primus inter pares.* (*A. R.*)

PREMIER, (*Hift. mod.*) c'eft ainfi que l'on nomme dans l'univerfité de Louvain, un jeune homme qui, après avoir étudié la logique dans un des collèges, foutient un examen devant plufieurs docteurs de cette univerfité, & réfout un certain nombre de queftions relatives à la dialectique, qui lui font propofées. Celui qui fe trouve en état de réfoudre le plus de ces queftions, obtient le titre de *primus* ou de *premier* ; cet acte fe paffe avec beaucoup de folemnité ; toutes les villes des Pays-Bas, qui envoyent leur jeuneffe étudier à Louvain, tiennent à grand honneur, lorfque c'eft un de leurs citoyens qui a été déclaré *premier* ; communément à fon retour dans fa patrie, on lui fait une réception auffi pompeufe que pourroit être celle d'un ambaffadeur ; toute la ville célèbre cet événement fortuné. Ceux qui fe deftinent à l'état eccléfiaftique, font ordinairement très-affurés d'obtenir des bénéfices, des dignités, & même des évêchés par la fuite lorfqu'ils ont été *premiers* de Louvain. On fent que rien n'eft plus propre à encourager la jeuneffe que ces fortes de diftinctions ; il feroit à fouhaiter qu'elles euffent lieu dans tous les pays où les fciences font cultivées ; feulement on pourroit tourner l'efprit des jeunes gens vers des objets plus utiles & plus intéreffans que ne font des problêmes de dialectique. (*A. R.*)

PRÉMONTVAL, (PIERRE LE GUAY DE) *Hift. litt. mod.*) de l'académie des fciences de Berlin, né en 1716, à Charenton, où fes ennemis, & il en eut beaucoup, difoient qu'il auroit dû mourir. Il ne put pas vivre en France ; il eut bien de la peine à vivre en Allemagne. Il eut quelques succès, mais moins que de querelles. En tout il a laissé la réputation d'un homme difficile à vivre. On a de lui les livres suivans : *la monogamie ou l'unité dans le mariage ; le Diogène de d'Alembert. Préservatifs contre la corruption de la langue françoise en Allemagne*. Mort en 1767.

PRÉROGATIVE ROYALE. (*Droit politiq. d'Angl.*) On nomme ainsi dans le gouvernement d'Angleterre un pouvoir arbitraire accordé au prince, pour faire du bien, & non du mal ; ou pour le dire en moins de mots, c'est le pouvoir de procurer le bien public sans réglemens & sans lois.

Ce pouvoir est établi fort judicieusement ; car puisque dans le gouvernement de la Grande-Bretagne le pouvoir législatif n'est pas toujours sur pié, & même l'assemblée de ce pouvoir est d'ordinaire trop nombreuse & trop lente à dépêcher les affaires qui demandent une prompte exécution, & qu'il est impossible de prévenir tout & pourvoir par les lois à tous les accidens & à toutes les nécessités qui peuvent concerner le bien public : c'est par toutes ces raisons qu'on a donné une grande liberté au pouvoir exécutif, & qu'on a laissé à sa discrétion bien des choses dont les lois ne disent rien.

Tandis que ce pouvoir est employé pour l'avantage de l'état, & conformément aux fins du gouvernement, c'est une *prérogative* incontestable, & on n'y peut trouver à redire. Aussi le peuple n'est point scrupuleux sur l'étendue de la *prérogative*, pendant que ceux qui l'ont ne s'en servent pas contre le bien public ; mais s'il vient à s'élever quelque débat entre le pouvoir exécutif & le peuple, au sujet d'une chose traitée de *prérogative*, on peut décider la question en considérant si l'exercice de cette *prérogative* tendra à l'avantage ou au désavantage de la nation.

Il est aisé de concevoir que dans l'enfance des gouvernemens, les états différoient peu des familles par rapport au nombre des membres ; ils ne différoient guère non plus à l'égard du nombre des lois. Les gouverneurs de ces états, ainsi que les pères de ces familles, veillant pour le bien de ceux dont la conduite leur avoit été commise, le droit de gouverner étoit alors leur *prérogative*. Comme il n'y avoit que peu de lois établies, la plupart des choses étoient laissées à la prudence & aux soins des conducteurs ; mais quand l'erreur ou la flatterie est venue à prévaloir dans l'esprit foible des princes, & à les porter à se servir de leur puissance pour leurs seuls intérêts, le peuple a été obligé de déterminer par des lois la *prérogative*, de la régler dans ces points qu'il trouvoit lui être désavantageux, & de faire des restrictions pour ces cas que leurs ancêtres avoient laissés dans une extrême étendue de liberté à la sagesse de ces princes, qui faisoient un bon usage de leur pouvoir indéfini.

Il est impossible que personne dans toute société ait jamais eu le droit de causer du préjudice au peuple, & de le rendre malheureux ; quoiqu'il ait été possible & fort raisonnable que ce peuple n'ait point limité la *prérogative* de ces rois ou de ces conducteurs, qui ne passoient point les bornes que le bien public leur prescrivoit. (*D. J.*)

PRÉSENT MORTUAIRE, *dans l'ancien droit anglois*, étoit un *présent* qu'on faisoit au prêtre lors de la mort de quelqu'un : c'étoit ordinairement le meilleur cheval de son écurie, ou la meilleure vache de son étable ; ou au défaut de bestiaux, tout autre effet. Ce *présent mortuaire* s'appelloit en quelques coutumes *corse-présent* comme qui diroit *corps-présent*, parce que lorsque le prêtre levoit le corps, on lui délivroit ce *présent*. (*A. R.*)

PRÉSÉANCE DES SOUVERAINS. (*Cérémonial*) Il n'est pas possible de régler dans l'indépendance de l'état de nature, la *préséance* des princes & des peuples en corps : dans l'état civil la chose n'est guère plus aisée. L'antiquité de l'état, ou de la famille régnante, l'étendue & l'opulence des pays qui sont sous leur domination, leurs forces, leur puissance, leur souveraineté absolue, leurs titres magnifiques, &c., rien de tout cela ne fonde un droit parfait à la *préséance* ; il faut qu'on l'ait acquis par quelque traité, ou du moins par la concession tacite des princes ou des peuples avec lesquels on a à négocier.

On s'avisa dans le seizième siècle, de régler à Rome le rang des rois ; le roi de France eut le pas après l'empereur ; la Castille, l'Arragon, le Portugal, la Sicile, devoient alterner avec l'Angleterre. On décida que l'Ecosse, la Hongrie, la Navarre, Chypre, la Bohême & la Pologne ; viendroient ensuite. Le Danemarck & la Suède furent mis au dernier rang ; mais cet arrangement prétendu des *préséances*, n'aboutit qu'à causer de nouveaux démêlés entre les souverains. Les princes d'Italie se soulevèrent à l'occasion du titre de grand-duc de Toscane, que le pape Pie V avoit donné à Cosme I, & dans la suite le duc de Ferrare lui disputa son rang. L'Espagne en fit de même à l'égard de la France ; en un mot, presque tous les rois ont voulu être égaux, tandis qu'aucun n'a jamais contesté le pas aux empereurs ; ils l'ont conservé en perdant leur puissance. (*D. J.*)

PRÉSÉANCE, *rang* ou *place d'honneur* dûe à des personnes qualifiées, soit pour la séance, soit pour la marche.

La *préséance* est de droit ou d'honneur, & de simple politesse.

Celle-ci est celle qui est dûe à l'âge, au mérite, & c'est la civilité qui la règle, & non pas la loi.

Celle de droit est celle qui est dûe à certaines personnes à la rigueur, qui peuvent, si on la leur refuse, intenter action en justice pour se la faire céder.

Dans l'assemblée des états du royaume, les députés ecclésiastiques formoient le premier ordre; les nobles le second, & le tiers-état ou les bourgeois notable, le troisième. Le rang est observé de même dans les provinces qui se sont conservées dans le droit d'assembler des états.

A la cour de France, immédiatement après le roi, sont les princes du sang; après eux marchent les ducs & pairs, & ainsi des autres seigneurs, à raison de leur dignité.

Les papes prétendent la *préséance* sur tous les monarques de la terre; & en effet, ses légats précèdent tous les ambassadeurs des têtes couronnées.

La *préséance* se règle entre les dames par la qualité de leurs maris. (A. R.)

PRÉSIDENT, (*Hist. mod.*) est un chef qui est à la tête d'une assemblée ou d'une compagnie, ou par le choix des membres qui la composent, ou en vertu de sa charge.

C'est dans le dernier sens qu'il faut entendre le terme de *Président* dans les cours de judicature où ils sont tous en charge; si ce n'est à présent au grand conseil, où la présidence roule par trimestres entre des maîtres des requêtes, qui ne font la fonction de *Président* que par commission. (A. R.)

PRESLE ou PRESLES, (RAOUL de) *Hist. litt. mod.*) avocat du roi au parlement de Paris, puis maître des requêtes de l'hôtel du Roi Charles V; historien & poëte de ce roi, homme savant & même éclairé pour le quatorzième siècle, traduisit en françois, par ordre de Charles V, le livre *de la cité de Dieu* de Saint-Augustin, qui faisoit les délices de ce roi comme il avoit fait celles de Charlemagne. C'est à lui qu'on attribue *le songe du Vergier*, où les bornes des deux puissances spirituelle & temporelle sont déja bien marquées; il est vrai qu'on l'attribue aussi à plusieurs autres, & que les deux plus fortes raisons de croire cet ouvrage de Raoul de *Presle*, sont que cet auteur a véritablement composé un traité des puissances ecclésiastique & séculière, qui est un abrégé du *songe du Vergier*, & qu'étant avocat du roi dans un temps où les débats entre la puissance ecclésiastique & la puissance séculière avoient donné lieu d'agiter toutes ces matières, c'étoit à lui plus qu'à personne, comme successeur de Pierre de Cuignières, à être le défenseur de l'autorité royale, ce qui paroît être l'objet de l'auteur du *songe du Vergier*. Ces deux ouvrages sont comme le fondement de nos libertés de l'église gallicane. Raoul de *Presle* mourut en 1382. Sa traduction *de la cité de Dieu* fut imprimée à Abbeville en 1486 en deux volumes *in-folio*, & à Paris, en 1531; Raoul de *Presle* étoit, dit-on, fils naturel du fondateur du collège de *Presle* à Paris.

PRESTE-JEAN, & par corruption PRÊTRE-JEAN. (*Hist. mod.*) On appelle ainsi l'empereur des Abyssins, parce qu'autrefois les princes de ce pays étoient effectivement prêtres, & que le mot *jean* en leur langue veut dire *roi*.

Ce sont les François qui les premiers les ont fait connoître en Europe sous ce nom, à cause qu'ils ont les premiers trafiqué avec leurs sujets. Son empire étoit autrefois de grande étendue, maintenant il est limité à six royaumes, chacun de la grandeur du Portugal.

Ce nom de *Prêtre-jean* est tout-à-fait inconnu en Ethiopie, & il vient de ce que ceux d'une province où ce prince réside souvent, quand ils veulent lui demander quelque chose, crient *jean coi*, c'est-à-dire, *mon roi*. Son véritable titre est celui de *grand-negus*.

Il y a un *Prêtre-jean* d'Asie, dont parle Marc Paolo, vénitien, en ses voyages. Il commande dans la province de Cangingue, entre la Chine & les royaumes de Sifan & de Thibet; c'est un royaume dont les Chinois font grand cas, pour être bien policé, & rempli de belles villes bien fortifiées, quoiqu'ils méprisent fort tous les royaumes étrangers.

Quelques-uns ont dit qu'il étoit ainsi nommé d'un prêtre Nestorien, dont parle Albericus, & qui monta sur le trône vers l'an 1145. D'autres disent, que c'est à cause qu'il porte une croix pour symbole de sa religion.

Scaliger prétend que le nom de *Prêtre-jean* vient des mots persans *preste-cham*, qui signifient *roi apostolique* ou *roi chrétien*. D'autres le dérivent de *prester*, esclave, & du même mot *cham*, auquel cas *prête-jean* signifie *roi des esclaves*: enfin, quelques-uns veulent qu'il soit formé du persan *preschtch-gehan*, qui signifie *l'ange du monde*, & remarquent que les empereurs du Mogol ont pris souvent le titre de *schah-gehan*, c'est-à-dire, *le roi du monde*; mais il n'est pas étonnant qu'on ait formé tant d'opinions différentes sur le nom d'un monarque qui n'a jamais existé, du moins sous ce titre, dans son propre pays, parce qu'on étoit alors fort peu dans le goût des voyages, & que les chrétiens occidentaux n'osoient se risquer dans la haute Asie dans un temps où les Asiatiques maltraitoient tous les Européens, à cause de la différence des religions; mais depuis que les voyageurs ont pénétré dans les contrées les plus reculées de l'Asie & de l'Afrique, il n'est rien resté du *Prête-jean* qu'un nom sans réalité, & beaucoup de traditions fabuleuses qu'en avoient publiées les anciens auteurs; sur des relations qu'ils adoptoient avidement & sans examen. Les Portugais eux-mêmes qui ont parcouru toute l'Ethiopie, n'ayant rien découvert sur ce prince des Abyssins, sinon qu'il étoit chrétien jacobite, & nulle trace du nom de *Prêtre-jean*, si ce n'est que les Ethiopiens nommoient leur empereur *belulgian*, c'est-à-dire, en leur langue *précieux & puissant*. (A. R.)

PRESTEL,

PRESTEL, (JEAN) *Hiſt. litt. mod.*) oratorien, fils d'un huiſſier de Châlons-ſur-Saône, entra d'abord au ſervice du P. Malebranche, dont il fut enſuite le diſciple & le confrère. Il put dire comme Horace :

Dignum præſtabo me etiam pro laude merentis.

Inſtruit dans les mathématiques par le P. Malebranche, il devint grand mathématicien, & fit honneur à un tel maître. Ses *élémens de mathématiques* ſont connus ; on y trouve un grand nombre de problèmes curieux. C'eſt lui qui a trouvé par l'art des combinaiſons que ce vers latin

Tot tibi ſunt dotes, virgo, quot ſidera cælo ;

peut être arrangé de 3376 manières différentes ſans ceſſer d'être un vers. Ces propoſitions étonnent l'imagination. Mort en 1690.

PRESTRE, (CLAUDE le) *Hiſt. litt. mod.*) conſeiller au parlement de Paris ſur la fin du ſeizième ſiècle, auteur d'un recueil de *Queſtions de droit*, fort eſtimé, & d'un *Traité des mariages clandeſtins*, avec les arrêtés de la cinquième chambre des enquêtes.

PRESTRE (SEBASTIEN le) *Voyez* VAUBAN.

PRET. (*Hiſtoire de la maiſon du roi*) On appelle *prêt* chez le roi l'eſſai que le gentilhomme ſervant qui eſt de jour pour le *prêt*, fait faire au chef de gobelet du pain, du ſel, des ſerviettes, de la cuilliere, de la fourchette, du couteau & des cure-dents qui doivent ſervir à ſa majeſté, ce qu'il fait avec un petit morceau de pain dont il touche toutes ces choſes, & le donne enſuite à manger au chef du gobelet ; cela s'appelle le *prêt*. La table ſur laquelle on fait ſon eſſai ſe nomme la *table du prêt*, & eſt gardée par le gentilhomme ſervant. (*D. J.*)

PRETEXTAT, (SAINT) *Hiſt. de Fr.*) voyez l'art. *Frédégonde.*) Nous avons, dit dans cet article de *Frédégonde*, comment cette reine ſanguinaire fit aſſaſſiner *Prétextat*, évêque de Rouen, au pied des autels ; elle l'avoit long-temps perſécuté auparavant. Il paroît que ce prélat, mis au rang des ſaints, ſans doute à cauſe de ſon martyre, fit une grande faute lorſque Mérouée, fils de Chilpéric & de la reine Audouere, ſa première femme, ayant été envoyé par ſon père pour faire la guerre à Brunehaut & à ſes partiſans, il maria ce jeune prince avec Brunehaut, ſa tante, mariage qui paroît avoir été concerté entre Audouere, toujours vivante, mais depuis long-temps répudiée, Mérouée, *Prétextat* & Brunehaut. Vers le même-temps, un ſeigneur auſtraſien, du parti de Brunehaut, s'étoit emparé de Soiſſons, où il avoit été lui-même ſurpris, défait &

tué. Frédégonde, liant habilement cet incident avec celui du mariage de Mérouée, fit enviſager le tout à Chilpéric comme l'effet d'une conjuration dont elle accuſoit Mérouée & Brunehaut d'être l'ame, & *Prétextat* d'être un des principaux inſtrumens. Chilpéric, l'exécuteur le plus ſoumis de toutes les volontés de Frédégonde, ſa femme, fit arrêter ſon fils, le força de ſe faire ordonner prêtre, & l'enferma dans un monaſtère ; Mérouée s'échappa, mais il finit par être aſſaſſiné ou réduit à ſe tue lui-même.

Frédégonde fit faire le procès à *Prétextat* dans un concile qui ſe tenoit à Paris. Chilpéric s'étoit rendu l'accuſateur de cet évêque. Outre le mariage de Mérouée avec Brunehaut dont il étoit difficile de le diſculper, il lui reprochoit encore la conjuration chimérique dont j'ai parlé ; il ſoutenoit que *Prétextat* avoit fait des largeſſes au peuple pour le ſoulever. Frédégonde produiſit ſur cette conjuration de faux témoins que *Prétextat* confondit ; mais les prélats de l'aſſemblée, ſéduits, intimidés par Frédégonde, n'oſoient ni condamner, ni abſoudre *Prétextat*. Grégoire de Tours fut le ſeul qui ſe déclara hautement en ſa faveur ; on l'écouta en tremblant & ſans lui répondre, & les prélats courtiſans allèrent le dénoncer à Chilpéric. Frédégonde voulut acheter le ſuffrage de l'évêque de Tours ; il fut incorruptible, ce qui lui attira diverſes perſécutions ; enfin des émiſſaires de Frédégonde, inſinuèrent à *Prétextat* que le roi vouloit ſeulement éviter la honte du perſonnage de calomniateur, & ſe ménager en public la gloire d'un acte de clémence ; qu'il falloit donc que *Prétextat* s'avouât coupable de tous les crimes que le roi lui imputoit, & qu'il lui en demandât pardon ; qu'à ce prix, il devoit être ſûr non-ſeulement de ſa grace, mais encore de toute la faveur du roi. *Prétextat* eut la foibleſſe de les croire ; & au milieu de l'aſſemblée des évêques, ſe jettant aux genoux du roi, il avoua qu'il avoit attenté à ſa vie, & corrompu la fidélité de ſes ſujets. Sur cet aveu, Chilpéric au lieu de prononcer ſa grace, demanda juſtice aux évêques. Il n'étoit pas poſſible d'abſoudre un accuſé convaincu par ſa propre bouche. *Prétextat* fut relégué dans une iſle du Cotentin, & Melance ſon ennemi, vendu aux fureurs de Frédégonde, fut mis à ſa place ſur le ſiège de Rouen. *Prétextat* ayant été rétabli dans la ſuite, Frédégonde le fit aſſaſſiner, comme nous l'avons dit.

PRETI (JÉROME) *Hiſt. litt. mod.*) un des poëtes Italiens les plus eſtimés. On vante ſur-tout ſon *Idylle* de *Salmacis*. Mort en 1626.

PRÉVOT DE L'HOTEL. (*Hiſt. mod.*) Selon l'opinion de Dutillet, qui étoit l'opinion commune du temps de Brantome, le *prévôt de l'hôtel* eſt le même officier qui s'appella long-temps le *roi des Ribauds*, & qui prit le nom de *prévôt de l'hôtel*, fous le règne de Charles VI.

Ce fentiment ne peut fe foutenir ; Pafquier a prouvé que l'office du roi des Ribauds fe bornoit à avoir foin de faire fortir des lieux que le roi habitoit, les perfonnes qui n'y devoient pas refter ; d'ailleurs cet officier n'eut jamais de jurifdiction proprement dite. Le *prévôt de l'hôtel* au contraire en eut toujours une, & le nom feul de *prévôt l'hôtel* l'indique. Boutillier nous apprend que le roi des Ribauds fervoit à l'exécution des fentences du *prévôt* des maréchaux de France, lorfque le *prévôt* fut chargé de la police des maifons où réfidoit le roi avant la création du *prévôt de l'hôtel*, qui le remplaça dans fes fonctions, comme on le verra bientôt ; c'eft donc avilir injuftement le *prévôt de l'hôtel* que de le confondre avec l'ancien officier, nommé le *Roi des Ribauds*.

Fauchet au contraire relève trop l'office du *prévôt de l'hôtel*, lorfqu'il veut qu'il foit le même office que celui de l'ancien comte du palais qui, fous la feconde race de nos rois, jugeoit les différends des perfonnes de la fuite de la cour ; le comte du palais fut remplacé par le grand-maître de l'hôtel du roi, auquel le *prévôt de l'hôtel* fut toujours très-fubordonné, & l'office même n'eft, pour ainfi dire, qu'un débris de celle du comte du palais, que les rois de la troifième race n'eurent garde de faire revivre.

Loifeau a dit que le *prévôt de l'hôtel* étoit anciennement le juge établi par le grand-maître, pour faire fa première charge du comte du palais qui fignifie le premier juge de la maifon du roi ; cela n'eft pas exact, le grand-maître de l'hôtel du roi connoiffoit d'abord avec les maîtres de l'hôtel du roi, des actions civiles & criminelles qui fe paffoient dans les maifons royales ; ce tribunal des maîtres d'hôtel, dont le grand maître étoit le chef, dura fort long-temps, & ne fut fupprimé que par l'édit de décembre 1555, qui renvoie aux maîtres des requêtes de l'hôtel, les caufes des officiers de la maifon du roi & actions perfonnelles, & en défendant feulement ; cet édit n'eut fon exécution que plus de foixante ans après, en vertu de la déclaration du 19 feptembre 1406. Depuis cette dernière époque, il n'y eut plus de juge dans la maifon du roi, que les maîtres des requêtes de l'hôtel pour les actions civiles, purement perfonnelles & en défendant.

Ces juges ne fuivoient pas le roi hors des lieux de fa réfidence. Charles VI, fur la fin de fon regne, attacha à la fuite de la cour le *prévôt des maréchaux de France*, qui étoit alors unique, pour y exercer les mêmes fonctions qu'à la fuite des armées ; mais c'étoit feulement dans les marches & chevauchées, ou dans les campagnes, quand le roi voyageoit ou étoit à l'armée.

Enfin Charles VII ne voulant pas détourner de leur fervice ordinaire les *prévôts* des maréchaux, établit un *prévôt* exprès, fous le *prévôt de l'hôtel* ;

nous voyons, dès 1455, que le *prévôt de l'hôtel*, Jean de la Gardette, arrêta l'argentier du roi à Lyon, le roi y étant. En 1458, le *prévôt de l'hôtel* affifta au procès de M. d'Alençon. En 1572, le roi réunit au titre de *prévôt de l'hôtel* celui de grand *prévôt* de France, titre que portoit le *prévôt* qui fervoit auprès du connétable.

Lamare & Miraumont font entendre que cette réunion n'eut lieu qu'en 1578, en faveur de François Dupleffis Richelieu, qui fut pourvu, le dernier février de cette année, de l'office de *prévôt de l'hôtel* ; mais M. de Thou affure que ce fut en 1570, en faveur de Nicolas de Bauffremont, baron de Senecey. L'office de grand *prévôt de l'hôtel* devint beaucoup plus confidérable ; mais il demeura toujours fubordonné au grand-maître, relativement à la police de la maifon du roi, ce qui depuis fut confirmé par le règlement du 15 feptembre 1574, fur la demande du grand-maître, le duc de Guife.

Les *prévôts* de la connétablie réclamèrent en divers tems le titre de grand *prévôt* de France qu'ils avoient porté ; mais leur réclamation fut fans fuccès.

Le *prévôt de l'hôtel* prêta ferment entre les mains du chancelier, ainfi qu'on le voit à la fin des lettres de provifion de *prévôt de l'hôtel*, du 29 feptembre 1482, rapportées par Miraumont.

Cet auteur, qui étoit lieutenant-civil & criminel en la *prévôté de l'hôtel*, a fait un ouvrage intitulé le *prévôt de l'hôtel & grand prévôt de France*, publié à Paris en 1615, in-8°, dans lequel on trouvera non feulement beaucoup de détails hiftoriques fur les droits & prérogatives de cet office, mais auffi un grand nombre d'édits, réglemens, & arrêts à ce fujet. On a depuis publié, en 1649, in-4°, un autre *Recueil* d'arrêts & réglemens fur la jurifdiction de la *prévôté* de l'hôtel du roi, pour fervir de fuite ou de feconde partie à l'ouvrage de Miraumont.

On peut voir dans ces écrits les variations & accroiffemens que cet office éprouva depuis fon établiffement ; je n'en ferai point l'extrait, je remarquerai feulement, relativement à fa jurifdiction, 1°. que jufqu'en 1511, on voit par divers arrêts que les appellations fe relevoient au parlement le plus prochain des lieux où la cour féjournoit ; elles furent attribuées au grand confeil, par édit du mois d'octobre 1529, à la réferve cependant des procès criminels, que le *prévôt de l'hôtel* jugea toujours fouverainement & fans appel ; 2°. quant au territoire de la jurifdiction, la *prévôté de l'hôtel* s'étend au-dedans de dix lieues, à l'endroit de la perfonne du roi & de fa cour.

Lamare avertit que les réglemens les plus importans fur l'établiffement de la *prévôté de l'hôtel*, & qui font comme le fondement de la jurifdiction & des prérogatives de ce tribunal, font ceux de juin 1522, août 1536, 29 janvier & 24 mars 1559, 29 décembre 1570, 28 janvier 1572, &

ʒı octobre 1576; mais on en trouvera bien d'autres dans Miraumont & dans celui qui sert de suite, dont j'ai parlé ci-dessus, & auxquels je conseille de recourir.

Grands prévôts de l'hôtel du roi & grande prévôté de France.

Capitaines de la compagnie des gardes de la *prévôté* de l'hôtel du roi.

Ce sont les plus anciens juges ordinaires du royaume, établis sous Philippe III en 1271, jusqu'à Charles VI, qui leur donna le titre de *prévôt* de l'hôtel du roi en 1422.

Philippe III.	Tevenot, premier juge royal, en 1271.
Philippe IV.	Crasse Yre. Viot Moinet.
Louis X.	Jean Guérin.
Philippe V.	Gilles Mathery.
Charles IV.	Perrot Devé.
Philippe VI.	Guillaume Lhermite.
Jean.	Arnaud Godefroy. Henri Favôte. Jean Paillant. Jean Vernage.
Charles V.	Michel Liécourt. Guillaume Desmarets.
Charles VI.	Pierre Pelleret, premier *prévôt* de l'hôtel du roi, sous Charles VI, en .... 1422.
Charles VII.	Tristan Lhermite, en ...... 1435. Jean de la Gardette, sieur de Fontenelle, en .... 1455.
Louis XI.	Guinot de Louzieres ...... 1475. Yves d'Illiers .... 1478. Durand Fradet .... 1479. Guillaume Gua .... 1481. Guillaume Bullion ...... 1482. Jean Delaporte .... 1482.
Charles VIII.	Ancelot de Vesures ...... 1483. Antoine la Tour de Clervaux. 1494.
Louis XII.	Jean de Fontanet, seigneur d'Aulsac .... 1502.
François Ier.	Jean de la Roche-Aimond .. 1517. Michel de Luppe, sieur d'Ianville .... 1522. Guido de Geuffrey, sieur de Boufieres .... 1523. Marc le Grois, vicomte de la Motte .... 1536. Etienne des Riaux ...... 1537. Claude Centon, sieur des Brosses, & François Pataut, exercèrent cette charge en titre séparément, sous François premier, en 1545.

Prévôts de l'hôtel & grands prévôts de France.

Henri II.	Nicolas Hardy, sieur de la Trousse .... 1558. Jean-Innocent de Montern .. 1570. Nicolas de Beaufremont, bailli de Senecey, sous Charles IX. 1572.

.. *Prévôts de l'hôtel & grands prévôts de France.*

Henri III.	François Duplessis, seigneur de Richelieu, & le premier grand *prévôt* de France .... 1578.
Henri III.	Le seigneur de Fontenay ... 1590.
Henri IV.	Le seigneur de Bellengreville. 1604.
Louis XIII.	François de Raymond, sieur de Modène .... 1621. Georges de Mouchi, sieur d'Hoquincourt .... 1630. Charles, son fils, marquis d'Hoquincourt .... 1642.
Louis XIV.	Jean de Bouchet, marquis de Sourches .... 1643. Louis-François de Bouchet. 1661.
Louis XV.	Louis, comte de Montsoreau. 1719. Louis de Bouchet, marquis de Sourches .... 1747.

Cet article est tiré du livre fait par le sieur Lemeail de la Jaisse de saint-Lazare, & ancien officier de S. A. R. feue Madame; en 1733.

PRÉVOT, (PIERRE-ROBERT le) *Hist. litt. mod.*) chanoine de l'église de Chartres, prédicateur dont les oraisons funèbres ont été imprimées en 1765. Le précis de la vie de l'auteur, placé à la tête de ce recueil n'est guères qu'une liste des sermons & des autres discours sacrés qu'il a prononcés. Les éloges qu'on y prodigue selon l'usage à l'auteur, son panégyrique prononcé dans l'église de Chartres par M. l'abbé Cheret; tout cela, même en y joignant le suffrage de M. Fléchier, ne suffira pas pour placer M. l'abbé le *Prévot* au rang de nos illustres orateurs, si ses oraisons funèbres ne lui assurent ce rang par elles-mêmes; elles sont au nombre de quatre, dont les sujets sont le cardinal de Furstemberg, M. Godet des Marais, évêque de Chartres, le duc de Berry, petit-fils de Louis XIV, enfin Louis XIV lui-même.

On trouve dans la dernière sur-tout quelques hardiesses heureuses & convenables à la sainte sévérité du ministere évangélique; mais en général l'éloquence de M. l'abbé le *Prévot* est d'une touche foible, il n'a point de caractère décidé, il ressemble un peu à tout; on conçoit qu'il ait eu quelque réputation, & l'on conçoit encore mieux que cette réputation ne lui ait pas survécu: si quelque chose pouvoit le distinguer comme trait caractéristique, ce seroit une simplicité quelquefois familière, qui est un défaut dans le genre oratoire.

Le feul morceau de génie peut-être qui fe trouve dans tout le recueil, eſt dans l'oraiſon funèbre de M. le duc de Berry.

» Connoiſſez où fe termine la gloire........ Ce » temple fuperbe n'eſt, pour ainfi dire, pavé que » de fes débris : on ne marche ici (à S. Denis) » que fur des fceptres briſés ; fur des couronnes flé-» tries, fur des dieux de la terre humiliés, obfcurcis, » dénués de tout ; & fans autre relief devant Dieu » & devant les hommes, que celui des bonnes » œuvres ».

Ce morceau eſt vraiment du ton de Boſſuet ; en voici un qui s'approche plus du ton de Fléchier ; c'eſt dans l'oraiſon funèbre de M. Godet des Marais. L'orateur loue la politeſſe de ce prélat.

» Mais à ce nom de *politeſſe*, que concevez-vous ? » Elevez vos efprits, & ne vous figurez pas un de » ces hommes dont tout le feu eſt dans la fuper-» ficie, & tout le mérite dans un extérieur con-» certé, qui difent *paix* où il n'y a point de paix ; » qui n'aimant perſonne, fe font un art de traiter » en amis les inconnus, les ennemis mêmes, & » d'en impofer aux uns & aux autres par de vaines » confidences & de ſtériles promeſſes ; qui mettent » leur gloire à s'offrir, & leur adreſſe à fe refufer ; » qui efclaves des occaſions & des lieux, ref-» pectent fans eſtimer, applaudiſſent fans approu-» ver, embraſſent fans chérir, & qui, pour ufer » du langage évangélique, purifiant le dehors de » la coupe, tandis que le dedans eſt plein de fraude & » de tromperie, vous honorent des lèvres, quoique » leur cœur foit loin de vous, & font, à parler » juſte, les hypocrites de la ſociété humaine ».

L'abbé le *Prévôt* étoit né à Rouen, le 18 avril 1675 ; il prêcha devant le roi & devant les aca-démies avec fuccès ; il fut fait chanoine de Chartres le 18 janvier 1718. Il mourut le 9 octobre 1735 à Paris, où il venoit pour prêcher l'avent prochain.

On a de Claude-Joſeph *Prévôt*, avocat au par-lement, homme biſarre & d'un favoir confus, mais étendu, mort en 1753 à quatre-vingt-un ans, les livres fuivans : *Réglement des fcellés & inventaires ; la manière de pourfuivre les crimes*, ou *Loix criminelles ; Principes de jurifprudence fur les vifites & rapports des médecins, chirurgiens, accou-cheurs & fages-femmes.*

Mais le plus connu des écrivains de ce nom de *Prévôt*, eſt Antoine-François *Prévôt* d'Exiles, c'eſt-à-dire, l'abbé *Prévôt*, né à Heſdin en Artois en 1697, d'abord jéfuite, enſuite militaire, puis jéfuite encore, puis encore militaire, puis béné-dictin, puis abbé bel efprit, quelquefois fugitif & errant, tantôt en Hollande, tantôt en Angle-terre, enfin fixé en France par les bontés d'un grand prince, qui le fit fon aumônier & fon fe-crétaire. En lui donnant le premier de ces deux titres, le prince lui dit : *il y a une petite diffi-culté, c'eſt que je ne vas pas fouvent à la meſſe ; raſſurez-vous, Monſeigneur*, répondit l'abbé *Prévôt*,

je ne la dis pas fouvent. Jamais auteur n'a tant écrit que l'abbé *Prévôt* ; jamais auteur fécond n'a été autant lu que lui. Qui ne connoît les mé-moires d'un homme de qualité, retiré du monde ; Cleveland ; le Doyen de Killerine ; fur-tout l'hiſ-toire du chevalier des Grieux & de Manon Leſ-caut ? Ces ouvrages, quoiqu'ils ayent aſſez fou-vent le défaut d'être baſſement écrits & qu'ils annoncent dans beaucoup d'endroits un homme qui connoît peu le monde, font encore lus, même par les gens de goût, parce qu'ils ont un caractère décidé, caractère qu'on n'a pas mal exprimé, en difant que l'abbé *Prévôt* étoit le Crébillon du roman ; fa phyſionomie avoit auſſi un caractère, où on lifoit une partie de l'humeur fombre & chagrine qui a dû infpirer ces romans tragiques. Des avantures perſonnelles s'y repro-duifent fouvent, & c'eſt une grande fource d'intérêt :

Si vis me flere, dolendum eſt
Primum ipſi tibi, tunc tua me infortunia lædent.

Pour me tirer des pleurs, il faut que vous pleuriez.

Enfin les romans de l'abbé *Prévôt* ne peuvent être indifférens à quiconque a de l'imagination & de la fenſibilité. L'abbé *Prévôt* avoit voyagé, il avoit beaucoup lu les voyageurs, il connoiſſoit & il aimoit la géographie ; fes romans même font rem-plis de détails géographiques ; on y trouve auſſi des alluſions aux affaires du janſéniſme qui avoient été quelque chofe pour lui dans les différens ordres monaſtiques auxquels il avoit appartenu ; on aſſure que quelques portraits, répandus çà & là dans ces mêmes romans, font ceux des princi-paux religieux avec lefquels il avoit vécu, & qu'on les reconnoiſſoit dans le temps.

C'eſt lui qui nous a le premier fait connoître par fes traductions ces beaux romans de Richard-fon, *Clariſſe*, *Grandiſſon*, en quoi il a rendu un grand ſervice à la littérature en général ; mais il a fait grand tort aux romans françois, même aux ſiens, quoique, déjà nourri de la lit-térature britannique, il leur eût donné une teinte angloiſe.

Il ne s'eſt borné au roman ni dans fes com-poſitions, ni dans fes traductions ; il eſt un des premiers écrivains françois qui nous ait familia-rifés avec la littérature angloiſe dans plus d'un genre ; il a traduit des tragédies de cette nation, & fur-tout des hiſtoires ; c'eſt par lui que nous avons connu en France l'hiſtoire des Stuarts de M. Hume ; c'eſt lui qui nous a donné la vie de Cicéron d'après M. Midleton ; mais on ne peut pas fe fier aux ouvrages hiſtoriques qu'il nous a donnés de fon chef ; le caractère du romancier perce à travers les fonctions de l'hiſtorien, les faits principaux font vrais, les détails font arran-gés ; ainſi on fauroit mal l'hiſtoire de Guillaume-le-conquérant & celle de Marguerite d'Anjou, &

de la fameuse querelle des deux Rofes, & de la guerre d'Irlande fous Jacques II, fi on ne les favoit que par l'abbé *Prévôt*. Son *pour & contre* étoit un journal littéraire, beaucoup plus équitable que celui de l'abbé Desfontaines qui l'éclipfoit alors, & il contenoit des morceaux de littérature étrangère que lui feul étoit en état de donner dans ce temps. L'abbé *Prévôt* étoit impartial dans les difcuffions littéraires & le titre de fon journal étoit rempli. Senfible à la critique pour fon propre compte, il l'exerçoit avec modération à l'égard des autres, & la repouffoit avec nobleffe, & fans s'avilir. Lorfque, dans le cours de quelques démêlés littéraires avec l'abbé Desfontaines, cet homme lui écrivit avec l'impudence cynique qu'il mêloit, pour la honte des lettres, à quelques connoiffances : *Alger mourroit de faim, s'il étoit en paix avec tous fes ennemis* ; l'abbé *Prévôt* fe contenta de faire imprimer ce billet, pour apprendre au public que cet homme s'avouoit *corfaire littéraire*. Ce fut M. le chancelier d'Aguesseau qui fit choix en 1745 de M. l'abbé *Prévôt* pour l'entreprife de l'hiftoire générale des voyages ; cet ouvrage eut un fuccès mérité. Les gens du monde qui avoient beaucoup lu fes romans, n'y avoient vu que des avantures ; M. d'Aguesseau, qui les avoit à peine parcourus, y avoit vu & avoit très-bien vu que l'auteur étoit l'homme capable de faire une bonne hiftoire des voyages.

L'abbé *Prévôt*, fur la fin de fa vie, s'étoit retiré à Saint-Firmin, à la tête du canal de Chantilly, dans une maifon très-agréable par elle-même & plus encore par fes entours ; il y vivoit tranquille au fein des lettres & de l'amitié, écrivant toujours par goût & par habitude, & jouiffant de lui-même, lorfqu'à la fin de l'année 1763, il fut trouvé mort d'apopléxie ou d'indigeftion fur le chemin de Saint-Firmin à Saint-Nicolas d'Acy près Senlis, maifon de bénédictins, où il étoit allé dîner.

PREUX, (LES NEUF) *Hift. mod.*) Il y a quelques années que l'académie de Befançon propofa pour le fujet d'un de fes prix, l'*hiftoire des neuf Preux*. Perfonne n'entreprit de traiter cette matière, & il eût été difficile de le faire. Tout ce qui eft écrit fur ce point d'hiftoire, fe réduit à nous apprendre que le nom de *Preux* caractérifa de tout temps l'excellence d'un chévalier ; qu'il eft queftion par-tout des *neuf Preux* que l'on prétend qui accompagnèrent Charlemagne dans fes expéditions; que dans l'inventaire des tapis de Charles V, il eft parlé du grand tapis où l'on voyoit les *neuf Preux* ; que dans les cérémonies on les repréfentoit comme on y repréfente aujourd'hui les anciens pairs ; que l'on avoit auffi imaginé *neuf Preues* ou *Preufes*, pour réunir toujours dans la chevalerie, l'honneur des deux fexes ; que le roi d'Angleterre Henri VI, à fon entrée dans Paris, étoit précédé de fes *neuf Preux* & de fes *neuf Preufes* ; que le roi Jean, dans les ftatuts de l'ordre de l'étoile, veut que le jour de la fête de l'ordre, il y ait une table d'honneur où feront affis les neuf plus braves chevaliers, & qu'on les défigne chaque année. Le même prince avoit neuf chevaliers qui combattoient près de lui.

Charles VIII nomma le même nombre de guerriers à Fornoue, les habilla, les arma comme lui, & par cette précaution, déconcerta un complot formé dans l'armée ennemie pour le tuer. La bravoure de Henri IV faifant craindre pour fes jours, les chefs de fon armée nommèrent auffi plufieurs officiers diftingués pour combattre près de fa perfonne.

On fait encore que les *Preux* avoient un habillement particulier dans les cérémonies ; que le duc de Lorraine allant jetter l'eau bénite fur le corps du duc Charles de Bourgogne, s'habilla en *Preux* & s'ajufta une barbe d'or qui lui defcendoit jufqu'à la ceinture. Enfin il eft parlé par-tout d'une *hiftoire des neuf Preux* qui n'exifte plus, ou qui a échappé aux recherches des favans dans les manufcrits de l'Europe. Ces chevaliers formoient-ils un ordre établi par quelque prince ? Etoit-ce des braves affociés entr'eux, ou diftingués par quelques exploits célèbres dont on avoit voulu perpétuer la mémoire ? Etoit-ce des guerriers choifis pour environner les rois dans les batailles ? Toutes ces conjectures font également incertaines.

Ce qui prouve leur ancienneté, c'eft le filence de tous nos hiftoriens fur leur origine ; leurs noms même étoient inconnus, & ne fe trouvent écrits dans aucun des monumens où il eft le plus parlé de chevalerie.

Après beaucoup de recherches infructueufes, M. le comte de Rouffillon les a découverts dans un livre oublié du P. Anfelme, intitulé *le palais d'honneur*. Il les a donnés depuis peu dans une differtation fur la chevalerie, lue à l'académie de Befançon, ouvrage qui fait également l'éloge de fon érudition & de fon cœur.

Les *neuf Preux*, felon le P. Anfelme, s'appelloient Jofué, Gédéon, Samfon, David, Judas Machabée, Alexandre, Jules - Céfar, Charlemagne & Godefroi de Bouillon. Le P. Anfelme ne dit point d'où il a tiré ces noms ; on peut s'en rapporter à fon exactitude & à fes vaftes connoiffances. En travaillant fur la maifon de France, il a dépouillé tant de manufcrits, qu'il a pu aifément découvrir des chofes ignorées & négligées avant lui; mais ces noms des *neuf Preux* laiffent de grandes difficultés.

Si ces chevaliers ont accompagné Charlemagne, pourquoi ce prince, & Godefroi de Bouillon font-ils comptés parmi eux ? S'ils n'ont été connus qu'après les premières croifades, comment leur hiftoire eft-elle reftée dans une obfcurité fi profonde ? Si leur date eft plus ancienne, il faudra supposer qu'on ait changé deux noms pour y substituer ceux de Charlemagne & de Godefroi de Bouillon.

Quel que soit le motif ou l'évènement qui a pu occasionner leur origine, il ne faut point s'étonner qu'on ait donné aux sept premiers des noms étrangers: c'étoit assez l'usage autrefois d'emprunter chez les anciens. Charlemagne avoit formé une société de savans qui nous en fournit des exemples. Il s'appelloit *David*, Alcuin se nommoit *Flaccus*.

Je ne dois pas oublier de dire un mot de l'étymologie du nom de *Preux*. L'opinion qui le tire de *Procus*, est trop ridicule pour mériter d'être combattue, quoique Ducange & Ménage la rapportent. *Procus & procacitas* ne signifient point le genre de galanterie dont se piquoient les chevaliers. J'aimerois autant l'idée de Jean Molinet, Franc-Comtois, qui composa un ouvrage intitulé, les *neuf Preux de gourmandise*, & qui imprima cette plaisanterie en 1537, avec quelques autres pièces.

Les *Preux* de libertinage (c'est l'idée que présente *Procus*) ne seroient pas une chose plus grave, & Duguesclin n'auroit pas eu lieu d'être fort flatté du titre de dixième *Preux*.

Les deux savans que je viens de citer, adoptent l'opinion qui tire *Preux* de *probus*: on la suit communément; & M. le comte de Roussillon l'appuie d'une preuve qui fait penser que du tems de Charles VI on étoit de cet avis. Il rapporte que l'évêque d'Auxerre faisant l'oraison funèbre de Duguesclin, le qualifia de *Preux chevalier*: qualité, ajouta l'orateur, qu'on ne peut mériter que par la *valeur* & la *probité*.

Il n'est pas douteux que le titre de *Preux* supposoit ces deux choses; on le voit par les noms des neuf héros que le père Anselme nous a donnés, & qui désignoient des personnages distingués par la bravoure & par la noblesse des sentimens. Cela est encore prouvé par la législation de la chevalerie; mais je ne vois pas comment *probus* signifie *brave*. Ducange qui a senti la difficulté, s'efforce de prouver que du mauvais latin *probitas* a signifié quelquefois la *valeur*. M. l'abbé Bullet m'a paru ne point goûter cette étymologie, & ce célèbre académicien remarquant que *Preux* & *prouesses* viennent du vieux verbe *prouer*, veut que ce mot soit celtique. Si l'on s'obstine à vouloir que *Preux* soit tiré du latin; pourquoi ne pas le faire dériver de *probatus?* Ce mot lève toute difficulté, il renferme les idées de bravoure, de probité, de droiture, dans la latinité de tous les âges. (M. l'abbé TALBERT, chanoine de Besançon, dans son *Précis de la chevalerie*, qui est à la tête de son *éloge historique du chevalier Bayard*.) (A. R.)

PREXASPE, (*Hist. anc.*) lâche courtisan, confident & complice des cruautés de Cambyse, roi de Perse, fils de Cyrus, qui tantôt exécutoit ses cruautés & tantôt y applaudissoit, lors même qu'elles lui étoient funestes; ce fut de lui que Cambyse se servit pour faire périr Smerdis son frère. Un jour Cambyse le força d'être sincère & de lui dire ce qu'on disoit de lui. *Préxaspe* se laissa prendre à ce piège, & parmi beaucoup de louanges qui touchèrent peu l'orgueilleux Cambyse, il avoua qu'on accusoit le prince d'un peu de penchant à l'ivrognerie; j'aime à boire, dit le prince, mais je n'en ai ni la tête moins libre, ni la main moins sûre, & vous allez en juger. Il commence par boire plus qu'à l'ordinaire; il fait ensuite placer le fils de *Préxaspe* au bout de la salle, droit & tenant la main gauche sur la tête, puis prenant son arc & le bandant, il déclare qu'il tire au cœur de l'enfant; après avoir tiré, il lui fait ouvrir le côté, & montrant à *Préxaspe* le cœur de son fils, percé par la flèche; eh bien! lui dit-il, *ai-je la main sûre?* Tout le monde sait la réponse de *Préxaspe*, par la raison que personne n'auroit pu la deviner: *Apollon lui-même n'auroit pas tiré plus juste.* C'est absolument le contraire de l'histoire de Guillaume Tell & du tyran Grisler, & Sénèque a eu raison de dire que ce trait a été encore plus *scélérat*ment loué que lancé, *sceleratiùs telum illud laudatum est quàm missum.*

Ce malheureux *Préxaspe* n'étoit pas cependant sans quelque énergie. On avoit mis sur le trône un faux Smerdis qui étoit un des mages, & dont les mages favorisoient l'usurpation; Cambyse, qui s'étoit assuré de la mort du vrai Smerdis son frère, étoit mort, & il n'y avoit plus d'autre témoin de la mort de Smerdis que *Préxaspe*. Les mages lui proposèrent, pour détourner ou dissiper tous les soupçons, de déclarer devant le peuple assemblé que, chargé par Cambyse de tuer Smerdis, il lui a sauvé la vie, & que le prince qui occupoit alors le trône étoit véritablement Smerdis, fils de Cyrus. On assemble le peuple, *Préxaspe* parle du haut d'une tour, &, révélant la vérité, déclare qu'il a tué de sa main le véritable Smerdis, en demande pardon aux dieux & aux hommes, fait connoître l'usurpateur; pour être Smerdis le mage, & se précipitant du haut de la tour la tête en bas, se punit de ses crimes & de ses lâchetés.

PREYSIUS, (CHRISTOPHE) *Hist. litt. mod.*) savant protestant hongrois du seizième siècle, auteur d'une vie de Cicéron & d'un traité *de imitatione ciceroniano*, dont Mélanchthon & Peucer faisoient cas, ainsi que de l'auteur.

PRIDEAUX (HUMPHREY) *Hist. litt. mod.*) doyen de Norwich, savant Anglois, si connu par son *Histoire des Juifs*, qui eut en Angleterre huit éditions en quatre ans, & qui a été traduite en françois. On a encore de *Prideaux* une vie de Mahomet, & l'ouvrage suivant commencé par Selden, mais dont la partie la plus considérable est de *Prideaux: Marmora Oxoniensia ex Arunde-*

lianis, Seldenianis, aliisque conflata, cum Græcorum versione latina & lacunis suppietis ac figuris æneis, ex recensione & cum commentariis Humphreydi. Prideaux, *nec non Joannis Seldeni & Thomæ Lydiati annotationibus; accessit Sertorii Ursati de notis Romanorum commentarius, in-fol.* Oxford, 1676. Prideaux étoit né dans le comté de Cornouailles eu 1648, avoit eu le doyenné de Norwich en 1704, y mourut en 1724.

PRIEUR DE SORBONNE, (*Hist. mod.*) c'est un bachelier en licence que la maison & société de Sorbonne choisit tous les ans parmi ceux de son corps pour y présider pendant ce tems. Tous les soirs on lui porte les clés de la maison; il préside aux assemblées tant des bacheliers que des docteurs qui y font leur résidence. Il ouvre le cours des thèses appellées *sorboniques*, par un discours latin qu'il prononce dans la grande salle de Sorbonne en présence d'une assemblée, où les prélats qui se trouvent alors à Paris assistent. Il ouvre aussi chaque sorbonique par un petit discours & quelques vers à la louange du bachelier qui répond; & dans les repas particuliers de la maison de Sorbonne donnés par ceux qui soutiennent des thèses ou prennent le bonnet, il doit aussi présenter des vers. Le *prieur de Sorbonne* ne préside pas dans les assemblées, processions, &c. sur toute la licence; mais le plus ancien, ou le doyen des bacheliers le lui dispute. Cette contestation qui a produit de tems en tems divers mémoires, & qui a été portée au parlement, n'est pas encore décidée. La place de *prieur de Sorbonne* est honorable, dispendieuse, & demande des talens dans ceux qui la remplissent. (*A. R.*)

PRIEUR, (GRAND), (*Hist. mod.*) chevalier de Malthe, distingué par une dignité de l'ordre qu'on nomme *grand-prieuré*. Dans chaque langue il y a plusieurs *grands-prieurés*; par exemple, dans celle de France on en compte trois, savoir, le *grand-prieur de France*, celui d'Aquitaine & celui de Champagne. Dans la langue de Provence on compte ceux de S. Gilles & de Toulouse, & dans celle d'Auvergne le grand prieuré d'Auvergne. Il y a également plusieurs *grands-prieurs* dans les langues d'Italie, d'Espagne & d'Allemagne, &c. Les *grands-prieurs*, en vertu d'un droit attaché à leur dignité, conférent tous les cinq ans une commanderie qu'on appelle *commanderie de grace*; il n'importe si elle est du nombre de celles qui sont affectées aux chevaliers, ou de celles qui appartiennent aux servans d'armes, il peut en gratifier qui il lui plait. Il préside aussi aux assemblées provinciales de son grand-prieuré. La première origine de ces *grands-prieurs* paroît être la même que celle des prieurs chez les moines. Les chevaliers de S. Jean de Jérusalem étoient religieux, menoient la vie commune comme ils la mènent encore à Malte; ceux qui étoient ainsi réunis en

certain nombre avoient un chef qu'on a nommé *grand-prieur*, du latin *prior*, le premier, parce qu'en effet il est le premier de ces sortes de divisions, quoiqu'il ne soit pas le chef de toute la langue; on nomme celui-ci *pilier*. (*A. R.*)

PRIEUR, *PRIORIUS*, (PHILIPPE LE) *Hist. litt. mod.*) professeur habile dans l'université de Paris, auteur de notes sur Tertullien & sur saint Cyprien, d'une édition d'Optat de Milève, d'un traité des formules des lettres ecclésiastiques, d'une réfutation du livre des Préadamites de la Peyrère. Mort en 1680.

PRIEZAC, (DANIEL DE) *Hist. litt. mod.*) jurisconsulte de Bordeaux, puis conseiller d'état, fut de l'académie françaiscse du temps des protecteurs particuliers en 1639. Il répondit au *Mars gallicus* du fameux Jansénius, (espèce de satyre contre le cardinal de Richelieu, faite à l'occasion de l'alliance que la France venoit de conclure contre l'Espagne & la maison d'Autriche avec les puissances protestantes) par l'ouvrage intitulé: *vindiciæ gallicæ*, que Baudoin traduisit en françois. On a de lui encore quelques autres opuscules en latin, en françois, en prose, en vers, le tout aujourd'hui oublié. Mort en 1662.

On a de Salomon de *Priezac*, son fils, une *Dissertation sur le Nil* & une *Histoire des éléphants*.

PRIMAT DE POLOGNE, (*Hist. du gouv. de Pol.*) Le *primat de Pologne* est le chef du sénat, & c'est à l'archevêque de Gnesne qu'appartient cet honneur.

Cette dignité de *primat* fut autrefois accompagnée du pouvoir & de ses abus dans toute l'europe. Ce fut un *primat* de Suède, l'archevêque d'Upsal, qui fit massacrer dans un repas tout le Sénat de Stockholm, sous prétexte qu'il étoit excommunié par le pape; & la Suède ne voulut plus ni de *primat*, ni de pape. Ce fut un *primat* d'Angleterre, l'archevêque Crammer, qui en cassant le mariage de Henri VIII avec Catherine d'Arragon, rompit, de concert avec son maître, tous les liens entre Rome & les Anglois. Le czar Pierre ne trouva point de plus grands obstacles aux grandes choses qu'il méditoit, que dans la dignité de patriarche ou de *primat*. Elle s'abolit en France: comme elle s'est divisée sur plusieurs têtes qui se la disputent, elle ne peut pas tout ce qu'elle pouvoit. En Pologne elle existe dans toute sa force.

Le *primat* est légat né du saint siege, & censeur des rois; roi lui-même en quelque sorte dans les interregnes, pendant lesquels il prend le nom d'*inter-roi*. Aussi les honneurs qu'il reçoit répondent-ils à l'éminence de sa place. Lorsqu'il va chez le roi, il y est conduit en cérémonie; & le roi s'avance pour le recevoir. Il a, comme le roi, un maréchal, un chancelier, une nombreuse garde à cheval avec un timbalier & des trompettes qui jouent lorsqu'il eft à table, & qui fonnent la diane & la retraite. On le traite d'*alteffe* & de *prince*; & parmi les grandes prérogatives de fa place, la plus utile à l'état, c'eft la cenfure dont il ufe toujours avec applaudiffement. Le roi gouverne-t-il mal, le *primat* eft en droit de lui faire en particulier des repréfentations convenables; le roi s'obftine-t-il, c'eft en plein fénat, ou dans la diète qu'il s'arme des lois pour le ramener; & on arrête le mal. Mais à fuppofer qu'un roi eût été plus fort que la loi, chofe très-difficile en Pologne, le fil de l'oppreffion fe romproit à fa mort, fans paffer dans les mains du fucceffeur. L'interrègne tranche. *L'abbé Coyer.* (*D. J.*)

PRIOLO, PRIOLI ou PRIULI, (*Hift. mod.*) famille illuftre qui a donné des doges à la république de Venife.

De cette famille étoit Benjamin *Priolo*, né à Saint-Jean d'Angely en 1602; favant, élève des favans. Heinfius & Voffius, qui vint à Paris pour voir & confulter Grotius, qui s'attacha au fameux duc de Rohan, le fervit de fa plume, & de fon épée, & après la mort de ce général, fut employé par la cour de France dans plufieurs négociations importantes. On a de lui une *Hiftoire de France* en latin, depuis la mort de Louis XIII jufqu'en 1664. C'eft principalement le tableau des troubles de la fronde & du miniftère du cardinal Mazarin. On a cité de lui le mot fuivant: *L'homme ne poffède que trois chofes, l'ame toujours expofée aux pièges des théologiens, le corps à ceux des médecins, les biens à ceux des avocats & des procureurs.* Il mourut en 1667 à Lyon, en allant à Venife, traiter d'une affaire fecrète.

PRIOR (MATTHIEU) *Hift. d'Anglet.* né à Londres, en 1664, d'un père menuifier, élevé par un oncle cabaretier, fut dans la fuite l'illuftre *Prior: Tu Marcellus eris.* Le comte de Dorfet le fit inftruire & le produifit depuis à la cour; il fut l'ami de Collège &, pour toute la vie, du comte de Halifax. En 1690, il entra dans la carrière des négociations à la fuite du comte de Berkley, plénipotentiaire à la Haye, dont il étoit le fecrétaire de confiance. Il eut le même emploi auprès des plénipotentiaires anglois aux conférences de Rifvvick en 1697. Lorfque le comte de Portland vint en France l'année fuivante, négocier le traité de partage de la monarchie d'Efpagne, qui pouvoit prévenir la guerre de la fucceffion, il étoit accompagné de *Prior.* Ce fut dans ce voyage en France, qu'un courtifan françois montrant à *Prior* les victoires de Louis XIV, peintes par le Brun à Verfailles, & lui demandant ou par bravade, ou peut-être fort fimplement, fi l'on voyoit ainfi les actions du roi Guillaume peintes dans fon palais, *Prior* lui répondit; *non*

Monfieur, les monumens des actions de notre roi fe voient par-tout ailleurs que chez lui.

Prior revint en France, en 1711, traiter de la paix, & peu de tems après, M. Ménager pour la France & *Prior* pour l'Angleterre fuivirent cette négociation. Tous deux agiffant de bonne foi, tous deux étant amis de la paix, & fe voyant élevés par leur mérite perfonnel à ce noble emploi de pacificateurs de l'Europe, ils eurent bientôt avancé ce difficile ouvrage, & ils fe piquèrent de le confommer. Il ne fut plus parlé de ces odieux préliminaires de 1709, dont la bafe étoit l'idée barbare d'obliger un père à faire la guerre à fon fils. Des préliminaires plus humains & plus juftes furent fignés à Londres au mois d'octobre 1711, & ils amenèrent la paix d'Utrecht, conclue en 1713 & qui décida des plus grands intérêts.

Tout le monde fait la réponfe que fit Louis XIV, l'année fuivante, aux plaintes de l'ambaffadeur d'Angleterre, fur les travaux du port de Mardik, qu'on regardoit comme un moyen d'éluder les difpofitions de la paix d'Utrecht fur la démolition de Dunkerque: *Monfieur l'ambaffadeur, j'ai toujours été le maître chez moi, quelquefois chez les autres; ne m'en faites pas fouvenir.* M. de Voltaire nie que cette réponfe ait été faite, & fa raifon eft que Louis XIV n'étoit plus alors dans le cas de prendre ce ton; mais prouver qu'on n'a pas dû dire ou faire une chofe, n'eft pas prouver qu'on ne l'ait pas faite ou dite, & on détruiroit par ce raifonnement-là toute l'hiftoire qui n'eft qu'un tiffu de fautes. D'autres ont écrit que ce n'eft point à milord Stairs, comme on l'a toujours dit, que Louis XIV fit cette réponfe; mais à M. *Prior* qui étoit venu apporter un mémoire, au fujet de ces travaux de Dunkerque; nous les croyons dans l'erreur, & notre raifon pour le croire, eft, que des gens qui étoient dès-lors dans le monde, & même dans de grandes charges, & qui depuis ont rempli les plus grandes dignités de l'état, nous ont affuré que milord Stairs difoit à tout le monde & avoit dit devant eux, qu'il avoit été *atterré* par l'air de grandeur & de majefté qu'avoit en cette occafion *le vieux Roi.* C'étoient fes termes. Tout cela n'empêcha pas qu'on ne finît par fe rendre à la raifon, & par fufpendre les travaux de Mardik.

Les fervices qu'avoit rendus M. *Prior* par fes négociations, n'empêchèrent pas non plus qu'il n'éprouvât une perfécution au fujet de fes négociations mêmes. On lui intenta un procès criminel à la pourfuite du chevalier Walpole; il fe juftifia aifément, fut mis en liberté, & fe livra tout entier aux lettres qu'il avoit toujours aimées & cultivées avec le plus grand fuccès. Il étoit au rang des meilleurs poëtes de l'Angleterre. M. l'abbé Yart a traduit fes odes en françois. M. *Prior* mourut en 1721, & fut enterré avec pompe à l'abbaye l'abbaye de Westminster, où on lui a érigé un monument.

PRISCIEN (PRISCIANUS) *Hist. litt.*) grammairien de Césarée au sixieme siecle, dont il reste quelques ouvrages, imprimés à Venise par Alde Manuce en 1476, & à Paris, en 1517, par ce Jodocus Badius Ascensius, imprimeur & savant célebre, qu'Erasme préféroit comme savant à Budée même.

PRISCUS (*Hist. rom.*) C'est le nom 1°. d'un fameux ingénieur qui vivoit au second siecle de l'ere chrétienne, sous l'empire de Septime Sévere, & qui fut seul épargné dans sa personne, dans sa liberté, dans ses biens, à la prise de Bysance par cet empereur, l'an 196 de J. C. comme les descendans de Pindare l'avoient été par Alexandre à la prise de Thebes.

2°. D'un frere de l'empereur Philippe, qui voulut lui succéder l'an 249, & qui succomba, comme Philippe son frere, sous l'ascendant de l'empereur Déce.

PRISON (*Hist. mod.*) On appelle ainsi le lieu destiné à enfermer les coupables, ou prévenus de quelque crime.

Ces lieux ont probablement toujours été en usage depuis l'origine des villes, pour maintenir le bon ordre, & renfermer ceux qui l'avoient troublé. On n'en trouve point de traces dans l'Ecriture avant l'endroit de la Genese où il est dit que Joseph fut mis en *prison*, quoiqu'innocent du crime dont l'avoit accusé la femme de Putiphar. Mais il en est fréquemment parlé dans les autres livres de la Bible, & dans les écrits des Grecs & des Romains. Il paroît par les uns & les autres que les *prisons* étoient composées de pieces ou d'appartemens plus ou moins affreux, les prisonniers n'étant quelquefois gardés que dans un simple vestibule, où ils avoient la liberté de voir leurs parens, leurs amis, comme il paroît par l'histoire de Socrate. Quelquefois, & selon la qualité des crimes, ils étoient renfermés dans des souterrains obscurs & dans des basses fosses, humides & infectes, témoin celle où l'on fit descendre Jugurtha, au rapport de Salluste. La plupart des exécutions se faisoient dans la *prison*, sur-tout pour ceux qui étoient condamnés à être étranglés, ou à boire la cigue.

Eutrope attribue l'établissement des *prisons* à Rome, à Tarquin le superbe; tous les auteurs le rapportent à Ancus Martius, & disent que Tullus y ajouta un cachot qu'on appella long-temps *Tullianum*. Au reste Juvénal témoigne qu'il n'y eut sous les rois & les tribuns, qu'une *prison* à Rome. Sous Tibere on en construisit une nouvelle, qu'on nomma la *prison de Mamertin*. Les Actes des apôtres, ceux des martyrs, & toute l'histoire ecclésiastique des premiers siecles, font

foi qu'il n'y avoit presque point de ville dans l'empire qui n'eût dans son enceinte une *prison*; & les jurisconsultes en parlent souvent dans leurs interprétations des lois. On croit pourtant que par *mala mansio*, qui se trouve dans Ulpien, on ne doit pas entendre la *prison*, mais la préparation à la question, ou quelqu'autre supplice de ce genre, usité pour tirer des accusés l'aveu de leur crime, ou de leurs complices.

Les lieux connus sous le nom de *lautumiæ*, & de *lapidicinæ*, que quelques-uns ont pris pour les mines auxquelles on condamnoit certains criminels, n'étoient rien moins que des mines, mais de véritables *prisons*, ou souterrains creusés dans le roc, ou dans de vastes carrieres dont on bouchoit exactement toutes les issues. On met pourtant cette différence entre ces deux especes de *prisons*, que ceux qui étoient renfermés dans les premieres n'étoient point attachés, & pouvoient y aller & venir; au lieu que dans les autres on étoit enchaîné & chargé de fers.

On trouve dans les lois romaines différens officiers commis soit à la garde, soit à l'inspection des *prisons* & des prisonniers. Ceux qu'on appelloit *commentarii* avoient soin de tenir registre des dépenses faites pour la *prison* dont on leur commettoit le soin; de l'âge, du nombre de leurs prisonniers, de la qualité du crime dont ils étoient accusés, du rang qu'ils tenoient dans la *prison*. Il y avoit des *prisons* qu'on appelloit *libres*, parce que les prisonniers n'étoient point enfermés, mais seulement commis à la garde d'un magistrat, d'un sénateur, &c. ou arrêtés dans une maison particuliere, ou laissés à leur propre garde dans leur maison, avec défense d'en sortir. Quoique par les lois de Trajan & des Antonins, les *prisons* domestiques; ou ce que nous appellons chartres privées, fussent défendues, il étoit cependant permis en certains cas, à un pere de tenir en *prison* chez lui un fils incorrigible, à un mari d'infliger la même peine à sa femme; à plus forte raison en maître avoit-il ce droit sur ses esclaves; le lieu où l'on mettoit ceux-ci s'appelloit *ergastulum*.

L'usage d'emprisonner les ecclésiastiques coupables, est beaucoup plus récent que tout ce qu'on vient de dire, & quand on a commencé à exercer contr'eux cette sévérité, ç'a moins été pour les punir que pour leur donner des moyens de faire pénitence. On appelloit les lieux où on les renfermoit à cette intention, *decanina*, qu'on a mal à-propos confondu avec *diaconum*. Voyez DIACONIE. ils sont aussi de beaucoup antérieurs au temps du pape Eugene II, auquel le jurisconsulte Duaren en attribue l'invention. Long-temps avant ce pontife, on usoit de rigueur contre ceux du clergé qui avoient violé les canons dans des points essentiels; mais après tout, cette rigueur étoit tempérée de charité; ce n'étoit ni la mort, ni le sang du coupable qu'on exigeoit, mais sa conversion & son retour à la vertu.

C'est ce qui fait que dans l'antiquité on a blâmé les *prisons* des monastères, parce qu'il arrivoit qu'on y portoit souvent les châtimens au-delà des justes bornes d'une sévérité prudente. La règle de saint Benoît ne parle point de *prison*, elle excommunie seulement les religieux incorrigibles ou scandaleux, c'est-à-dire, qu'elle veut qu'ils demeurent séparés du reste de la communauté, mais non pas si absolument privés de tout commerce, que les plus anciens & les plus sages ne doivent les visiter pour les exhorter à rentrer dans leur devoir, & enfin que s'il n'y a point d'espérance d'amendement, on les chasse hors du monastère. Mais on ne garda pas par-tout cette modération; des abbés non contens de renfermer leurs religieux dans d'affreuses *prisons*, les faisoient mutiler, ou leur faisoient crever les yeux. Charlemagne par ses capitulaires, & le concile de Francfort en 785, condamnèrent cet excès par rapport à l'abbaye de Fulde. C'est ce qui fit qu'en 817, tous les abbés de l'ordre, assemblés à Aix-la-Chapelle, statuèrent que dorénavant dans chaque monastère, il y auroit un logis séparé pour les coupables, consistant en une chambre à feu & une antichambre pour le travail, ce qui prouve que c'étoit moins une *prison* qu'une retraite. Le concile de Verneuil, en 844, ordonna la *prison* pour les moines incorrigibles & fugitifs. On imagina une espèce de *prison* affreuse, où l'on ne voyoit point le jour, & comme ceux qu'on y renfermoit devoient ordinairement y finir leur vie, on l'appella pour ce sujet, *vade in pace*. Pierre le vénérable dit que Matthieu, prieur de Saint-Martin-des-Champs à Paris, fit construire un souterrain en forme de sépulcre, où il renferma de la sorte un religieux incorrigible; son exemple trouva des imitateurs. Ceux qu'on mettoit dans ces sortes de *prisons* étoient au pain & à l'eau, privés de tout commerce avec leurs confrères & de toute consolation humaine, ensorte qu'ils mouroient presque tous dans la rage & le désespoir. Le roi Jean à qui on en porta des plaintes, ordonna que les supérieurs visiteroient ces prisonniers deux fois par mois, & donneroient outre cela permission à deux religieux, à leur choix, de les aller voir, & fit expédier à cet effet des lettres-patentes, dont il commit l'exécution au sénéchal de Toulouse & aux autres sénéchaux de Languedoc où il étoit alors. Les mineurs & les frères prêcheurs murmurèrent, réclamèrent l'autorité du pape; mais le roi ne leur ayant laissé que l'alternative d'obéir ou de sortir du royaume, ils affectèrent le parti de la soumission; ce qui n'empêche pas que dans certains ordres il n'y ait toujours eu des *prisons* monastiques très-rigoureuses, qui ont conservé le nom de *vade in pace*.

Comme les évêques ont une jurisdiction con-

tentieuse & une cour de justice qu'on nomme *officialité*, ils ont aussi des *prisons* de l'officialité pour renfermer les ecclésiastiques coupables, ou prévenus de crimes. Parmi les *prisons* séculières on peut en distinguer plusieurs sortes. Celles qui sont destinées à renfermer les gens arrêtés pour dettes, comme le Fort-l'Evêque à Paris; celles où l'on tient les malfaiteurs atteints de crimes de vol & d'assassinat, telles que la Conciergerie, la Tournelle, le grand & le petit Châtelet à Paris, Newgate à Londres, &c. les *prisons* d'état, comme la Bastille, Vincennes, Pierre-Encise, le château des sept Tours à Constantinople, la Tour de Londres; les *prisons* perpétuelles, comme les îles de Sainte-Marguerite, & enfin les maisons de force, comme Bicêtre, Charenton, Saint-Lazare; ces dernières ont pour chefs des directeurs ou supérieurs. Les *prisons* pour les criminels d'état ont des gouverneurs, & les premières ont des concierges ou geoliers, aussi les appelle-t-on plusieurs endroits, la *geole* & la *conciergerie*. Dans presque toutes les *prisons*, il y a une espèce de cour ou esplanade, qu'on nomme *préau* ou *préhau*, dans laquelle on laisse les prisonniers prendre l'air sous la conduite de leurs geoliers, guicheriers & autres gardes. (A. R.)

PRISTAF, s. m. (*Hist. mod.*) nom que les Moscovites donnent à un officier de la cour du czar, chargé de la part du prince de recevoir sur la frontière les ambassadeurs & ministres étrangers, de les défrayer & de leur procurer des voitures à eux & à leur suite; c'est ce que nous appellons un *maréchal-de-logis de la cour*. (A. R.)

PRITZ (JEAN-GEORGE) *Pritius* & *Prizius*) (*Hist. litt. mod.*) un des auteurs des journaux de Leipsick, depuis 1687 jusqu'en 1698. On a de lui des sermons, une morale, des travaux sur l'écriture sainte & d'autres livres de piété; on lui doit une bonne édition des œuvres de saint Macaire, une édition des lettres de Milion, des traductions, des compilations, &c. Né à Leipsick en 1662, mort à Francfort sur le Mein en 1732.

PROBUS (M. AURELIUS VALERIUS) *Hist. rom.* empereur Romain, étoit de Sirmich en Pannonie, d'une famille peu connue. Il avoit passé sa première jeunesse à cultiver des jardins, soit que ces jardins fussent à lui, soit que l'état de sa fortune l'obligeât de prendre soin de ceux d'autrui. Il embrassa ensuite la profession des armes, s'y distingua, parvint au tribunat. Il servit alors avec plus d'éclat encore sous les règnes de Valérien, de Gallien, de Claude, d'Aurélien. Ses couronnes civiques, colliers, bracelets, lances & autres ornemens militaires, prix de la valeur & de la victoire attestoient ses heureux & nombreux services. Aurélien vouloit le nommer son successeur à l'empire; il le fut un an après de l'empereur Tacite en 276. Ce surnom de *Probus* qu'on savoit être l'expression la plus fidèle de son caractère, contribua beaucoup a son élection & la fit universellement approuver ; il eut cependant pour concurrent le frère de l'empereur Tacite, Florien, qui porta deux mois ce titre d'empereur, & qui voyant l'infériorité de son parti, finit par se faire ouvrir les veines ; il eut encore trois autres concurrens dans le cours de son regne qui dura six ans.

1°. Saturnin, qui fut proclamé malgré lui, vers l'an 280, par les Égyptiens, & qui après avoir assez sincèrement refusé, parut se prêter par crainte ou par ambition aux vœux des rebelles ; il fut vaincu, puis assiégé & tué dans le château d'Apamée, au grand mécontentement de *Probus* qui déclara qu'il lui auroit pardonné.

2°. Bonose proclamé par les légions de la Gaule, dont il avoit le commandement. Son plus grand talent étoit de boire beaucoup sans s'enivrer. Ses affaires prenant un mauvais tour, il se livra au désespoir, & se pendit. *Probus* disoit de lui qu'il étoit né pour boire & non pour vivre, & il lui fit cette épitaphe : *ici pend une bouteille & non un homme.*

3°. Proculus, proclamé par les légions de la Germanie, comme Bonose, par celles de la Gaule. Proculus se piquoit d'être en galanterie, ce que Bonose étoit en ivrognerie. Il écrivoit un jour que de cent filles Sarmates qu'il avoit prises à la guerre, dix avoient perdu par lui leur virginité en une seule nuit, & que toutes l'auroient perdue dans quinze jours. Il étoit François d'origine. Les Germains le livrèrent eux-mêmes pour obtenir le pardon de leur révolte.

Probus eut à combattre pendant son règne plusieurs peuples barbares qui s'étoient répandus dans les Gaules, nommément les François auxquels il tua sur les bords du Rhin, en 277, jusqu'à quatre cent mille hommes dans divers combats, les Bourguignons, les Vandales, &c. Il en délivra entièrement les Gaules & une partie de la Germanie, & les repoussa jusqu'au delà du Necker & de l'Elbe, après leur avoir repris soixante & dix grandes villes, dont ils s'étoient emparés. Quelques peuplades des barbares auxquelles il avoit donné la Thrace à repeupler, s'étant révoltées, il les battit en 280. Il fit aussi la guerre aux Perses & à Vararane, leur roi, avec assez de succès.

La France, l'Espagne, la Hongrie, lui doivent leurs plus fameux vignobles ; dans l'intervalle des guerres, il en faisoit planter à ses soldats ; il exhortoit & encourageoit sur-tout les habitans des diverses contrées à multiplier ces plantations.

Des soldats qu'il employoit aux environs de Sirmich, sa patrie, à dessécher des marais, se révoltèrent contre lui & le tuèrent en 282, l'accusant d'avoir dit qu'il espéroit que l'empire pourroit bien-tôt se passer de soldats ; cependant un général qui employoit ses soldats, non-seulement comme

guerriers, mais encore comme ouvriers, étoit plus éloigné de s'en passer qu'un autre, mais c'étoit sans doute de ce second emploi que venoit leur mécontentement & c'étoit à ce second emploi que *Probus* désiroit de les réduire.

Aucun de ses prédécesseurs n'avoit dans un temps si court rien fait de si grand ni de si utile à l'empire. Egal en gloire à Aurélien, il le surpassoit en vertus. L'empereur Julien lui reproche seulement un peu de sévérité. L'armée même qui s'étoit révoltée contre lui, honorant sa mémoire, lui érigea un monument avec cette épitaphe : » *Cy gît l'empereur Probus, homme vraiment digne de ce nom : aussi vaillant que vertueux, il fut vainqueur également & de toutes les nations barbares & de tous les usurpateurs.* Carus, préfet du prétoire, qui fut élu empereur à sa place, fut soupçonné d'avoir été le principal auteur de la révolte des troupes, & de la mort de ce grand prince, sous lequel l'empire avoit repris sa gloire & sa puissance.

PROCESSION, (*Hist. du Pagan. & du Christian.*) C'est dans le christianisme une cérémonie ecclésiastique qui consiste en une marche que fait le clergé suivi du peuple, en chantant des hymnes, des pseaumes & des prières.

L'origine des *processions* remonte aux commencemens du paganisme. On représentoit dans leurs *processions* le premier état de la nature. On y portoit publiquement une espèce de cassette qui contenoit différentes choses pour servir de symboles. On portoit, par exemple, des semences de plantes pour signe de la fécondité perdue. On portoit encore dans les mêmes principes un enfant emmaillotté, un serpent ; &c. ces sortes de fêtes s'appelloient *orgies*.

Virgile fait mention dans ses Géorgiques de la *procession* usitée toutes les années en l'honneur de Cérès ; Ovide ajoute que ceux qui y assistoient étoient vêtus de blanc, & portoient des flambeaux allumés. Il est encore certain que les payens faisoient des *processions* autour des champs ensemencés, & qu'ils les arrosoient avec de l'eau lustrale. Les bergers de Virgile en sont tous glorieux, & disent en chorus :

Et cùm solemnia vota
Reddemus nymphis, & cùm lustrabimus agros.

A Lacédémone, dans un jour consacré à Diane, on faisoit une *procession* solemnelle. Une dame des plus considérables de la ville portoit la statue de la déesse. Elle étoit suivie de plusieurs jeunes gens d'élite qui se frappoient à grands coups. Si leur ardeur se ralentissoit, la statue, légère de sa nature, devenoit si pesante que celle qui la portoit, accablée sous le poids, ne pouvoit plus avancer. Aussi les amis & les parens de cette jeunesse les accompagnoient pour animer leur courage.

Dès le temps de saint Ambroise, ces pratiques

du paganifme commencèrent à paffer dans la religion chrétienne. Elles s'y font fingulièrement multipliées, & dans plufieurs lieux avec des cérémonies fuperftitieufes, qui en défigurent étrangement l'innocence. Les Hébreux ne paroiffent pas avoir connu les *proceffions*; car on ne peut guère qualifier de ce nom, le tour que l'on fit des murs de Jéricho, ni la tranflation de l'arche enlevée du temple des Philiftins, & ramenée à Jérufalem. (*D. J.*)

PROCESSIONS *du Japon*, (*Hift. du Japon*). Les *proceffions* du clergé de Nagafaki, en l'honneur de la fainte idole, patrone de la ville, fe font, au rapport de kæmpfer, avec la pompe & l'ordre fuivans. Premièrement, deux chevaux de main demi-morts de faim, chacun auffi maigre & décharné que celui que le patriarche de Mofcow monte le jour de Pâques fleurie, lorfqu'il va à la cathédrale; 2°. plufieurs enfeignes eccléfiaftiques & marques d'honneur, pareilles à celles qui étoient en ufage parmi leurs ancêtres, & que l'on voit de même aujourd'hui à la cour eccléfiaftique de Miaco: ce font, par exemple, une lance courte, large & toute dorée; une paire de fouliers remarquables par leur grandeur & la groffièreté de l'ouvrage, un grand pennache de papier blanc attaché au bout du bâton court, c'eft le bâton de commandement eccléfiaftique; 3°. des tablettes creufes pour y placer les mikofi: on les tient renverfées afin que le peuple y jette fes aumônes; on loue pour la même raifon deux porte-faix qui portent un grand tronc pour les aumônes; 4°. les mikofi mêmes, qui font des niches octogones, prefque trop grandes pour être portées par un feul homme: elles font verniffées, & décorées avec art de corniches dorées, de miroirs de métal fort polis, & ont, entre autres ornemens, une grue dorée au fommet; 5°. deux petites chaifes de bois, ou palankins, femblables à celles dont on fe fert à la cour de l'empereur eccléfiaftique; 6°. deux chevaux de main, avec tout leur harnois, appartenans aux fupérieurs du temple, & autant haridelles que ceux qui font à la tête de la *proceffion*; 7°. le corps du clergé marchant à pied en bon ordre, & avec une grande modeftie; 8°. les habitans & le commun peuple de Nagafaki, dans la confufion ordinaire, font à la queue de la *proceffion*. (*D. J.*)

PROCHITA (JEAN DE) *Hift. mod.*) tiroit fon nom de l'isle de Prochita dans le royaume de Naples, dont il étoit feigneur. Il avoit été attaché à Mainfroi & puiffant fous lui; en conféquence il fut dépouillé de fes charges & de fes biens par Charles d'Anjou, vainqueur de Mainfroi. Il voulut fe venger en faifant révolter la Sicile contre Charles d'Anjou, & en la remettant fous la puiffance de Pierre, roi d'Aragon, petit-fils & héritier de Mainfroi. Il fe déguifa, dit-on, en cordelier & parcourut tous les cantons de l'isle, en

fondant les difpofitions des habitans & préparant les efprits aux révolutions qu'il méditoit; il alla auffi négocier fur le même fujet avec les puiffances étrangères, à Conftantinople avec Michel Paléologue, à Rome avec le pape Nicolas III. Beaucoup d'auteurs concluent de toutes ces démarches de *Prochita*, que les vêpres Siciliennes en furent le fruit, & qu'elles furent concertées entre *Prochita* & les principaux d'entre les Siciliens & les princes ennemis & rivaux de Charles d'Anjou; les intrigues de *Prochita* préparèrent & facilitèrent fans doute cette fanglante expédition en irritant la haine des Siciliens pour les François; mais M. de Burigny a prouvé dans fon hiftoire de Sicile, titre 2, partie 2, liv. VIII, n°. 4, que ce maffacre ne fut point prémédité.

PROCLUS. Trebellius Pollion cite un livre, aujourd'hui perdu, d'Eutychius *Proclus*, grammairien célèbre du fecond fiécle, & précepteur de Marc Aurèle qui le fit proconful. Ce livre inftruifoit de ce qu'il y avoit de plus curieux dans les pays étrangers.

On a des homélies, des épitres, &c. de faint *Proclus*, patriarche de Conftantinople, élève de faint Jean-Chrifoftôme; mort l'an 447.

PROCLUS DIADOCUS, philofophe platonicien; connu par fon zèle pour le paganifme, a écrit contre la religion chrétienne. Il refte de lui des commentaires fur quelques livres de Platon, des hymnes & d'autres ouvrages en grec. On conte que dans le temps que Vitalien affiégeoit Conftantinople, *Proclus* brûla fes vaiffeaux avec des miroirs ardens, comme Archimède ceux des romains devant Syracufe. *Proclus* étoit de Lycie; il vivoit environ cinq fiécles avant J. C.

PROCOPE eft le nom: 1°. d'un ambitieux qui, après avoir bien fervi fous les empereurs Julien & Jovien, fe révolta fous Valens, & pendant que cet empereur étoit occupé en Syrie, fe rendit à Conftantinople, & s'y fit proclamer le 28 feptembre 365. Il fut défait & amené à Valens qui lui fit trancher la tête en 366.

2°. Du fameux hiftorien grec *Procope*, de Céfarée, fecrétaire de Bélifaire, honoré par Juftinien du titre d'*illuftre* & de la dignité de préfet de Conftantinople. Si, comme on l'a toujours cru, il eft l'auteur de *l'hiftoire fecrette* auffi bien que de fa grande hiftoire, il a porté en différens temps des jugemens bien divers fur Juftinien; ou il avoit été bien flatteur dans fa grande hiftoire, ou il eft bien fatyrique dans l'hiftoire fecrette, & peut-être en effet a-t-il été l'un & l'autre: peut-être, la première ayant été faite pour être vue, l'auteur y a-t-il mis à deffein les flatteries qui pouvoient fervir de paffeport à cet ouvrage; peut-être la feconde étant deftinée à démentir les flatteries de la première, l'auteur y-t-il un peu paffé la mefure. Le P. Maltret, jéfuite, a qui dirigea l'édition de *Procope*, donnée au Louvre en 1662 & 1663, en deux volumes *in-folio*, a retranché plusieurs traits affreux de l'*histoire secrette*, concernant l'impératrice Theodora, femme de Justinien; mais la M nnoye nous les a conservés dans le premier volume de l'édition qu'il a donnée du *Ménagiana*.

M. Marmontel tranche la difficulté de concilier ces deux histoires, en ne pensant pas que l'histoire secrette soit de *Procope*. Ses raisons méritent d'être pesées. M. l'évêque de la Ravalière avoit aussi été de cet avis, voyez le 21e. volume du recueil de l'académie des inscriptions & belles-lettres, page 73 & suiv. de l'histoire.

Le président Cousin a traduit en françois la grande histoire de *Procope*, contenant les guerres des Romains contre les Perses, les Vandales, les Ostrogoths; nous en avons aussi diverses traductions latines.

On trouve dans l'édition du Louvre un *traité des édifices* par le même *Procope*. Cet écrivain mourut vers la fin du règne de Justinien. (V. sur *Procope* les mém. de l'acad. des belles-lettres.)

3°. On a de *Procope* de Gaza, rhéteur & sophiste grec, qui vivoit vers l'an 560, des commentaires sur divers livres de la bible.

4°. *Procope* le grand & *Procope* le petit, furent deux chefs des Hussites, dont le premier succéda en 1224 au fameux Zisca. (voyez cet article.) Ses succès, ses conquêtes, ses ravages obligèrent Sigismond à traiter avec lui. *Procope* invita par une lettre circulaire les princes chrétiens à envoyer au concile de Basle, leurs évêques & leurs docteurs disputer contre les docteurs hussites; il vint lui-même au concile, ayant pris sans doute toutes les précautions nécessaires contre ce même Sigismond qui avoit violé la foi donnée à Jean Hus, & qui ne croyoit pas qu'on dût tenir la parole donnée aux hérétiques, il y vint avec ses docteurs; mais bien-tôt mécontent du concile, il en sortit, reprit les armes, continua ses ravages. Il mourut en 1434, des blessures qu'il avoit reçues dans un combat où *Procope* le petit qui étoit comme son lieutenant, fut aussi tué.

5°. *Procope - Couteaux* (*Michel*) médecin & bel esprit de Paris, célèbre par sa difformité, célèbre aussi par son esprit qui la faisoit oublier. Médecin, on a de lui l'*analyse du système de la trituration de M. Hecquet & l'art de faire des garçons*. Bel esprit, il a rempli de vers différens recueils; il a eu part, dit-on, à la comédie des *Fées de Romagnesi*, à *la gageure* de la Grange qui n'est pas la Grange-Chancel, mais un la Grange de Montpellier, mort à la charité à Paris en 1767.

Procope étoit né à Paris en 1684. Mort à Chaillot en 1753.

PROCULEIUS (*Hist. rom.*) chevalier romain, chéri d'Auguste & digne de l'être. C'est de lui qu'Horace a dit:

Vivet extento Proculeius ævo
Notus in fratres animi paterni,
Illum aget dextrâ metuente solvi
Fama superstes.

Il avoit partagé l'héritage de ses pères avec ses deux frères Muréna & Scipion; ceux-ci furent dépouillés de leurs parts dans les guerres civiles; *Proculeïus* fit avec eux un partage nouveau du lot qui lui étoit échu dans le premier partage.

PROCULUS, (Titus Œlius) *Hist. rom.*) un de ces innombrables *tyrans*, ainsi nommés, parce qu'ils n'ont pas réussi dans le projet de se faire empereurs, projet qui a réussi à beaucoup d'autres dont les titres n'étoient pas meilleurs; celui-ci se déclara en 280, il fut rival de Probus, il lui fut livré & périt du dernier supplice à Cologne. Il étoit d'Albenga sur la côte de Gênes, & s'étoit enrichi par la piraterie.

PROCURATEUR DE S. MARC, (*Hist. de Venise*). La dignité du *procurateur de S. Marc*, celle de grand chancelier, & celle de doge, sont les seules qui se donnent à vie. Un noble vénitien ne peut prétendre à l'honneur de la veste au défaut d'argent, que par ses services à la république, ou dans les ambassades, ou dans le commandement des armées de mer, ou dans un long exercice des premières charges de l'état.

Cette dignité donne entrée au sénat, & le pas au dessus de toute la noblesse vénitienne, parce que les *procurateurs* sont censés les premiers sénateurs, & en cette qualité, ils sont exempts de toutes les charges publiques couteuses; excepté des ambassades extraordinaires, & autres commissions importantes.

Cette charge subsistoit déja il y a près de 700 ans. Il y avoit alors un *procurateur de S. Marc*, qui prenoit soin du bâtiment de cette église, en administroit le revenu & en étoit comme le grand marguillier. La république créa un second *procurateur de S. Marc* un siècle après, & comme dans la suite du tems les biens de cette église s'accrurent beaucoup, on fit trois *procurateurs*, à chacun desquels on donna deux collègues, de sorte qu'il y a plus de deux siècles, que le nombre fut fixé à neuf, divisé en trois procuraties, ou chambres, dont les membres sont les tuteurs des orphelins, & les protecteurs des veuves.

Le rang que cette dignité donne dans la république a toujours été si recherché de la noblesse vénitienne, que dans le besoin, le sénat s'en fait une puissante ressource, en vendant la veste de *procurateur*, ensorte que pendant la guerre de Candie, on en comptoit 35 de vivans.

Mais ceux qui remplissent les neuf places des anciens *procurateurs*, & qu'on appelle *procurateurs par mérite*, sont distingués des autres qui ont acheté cette dignité. Ils jouissent néanmoins tous des mêmes privilèges, finon que lorfqu'un *procurateur* par mérite meurt, le grand confeil en élit un autre, avant que le défunt foit en terre, & qu'on remplace rarement ceux qui le font par argent, afin de les réduire avec le tems au nombre de leur fixation.

Les nobles qui ont accepté la robe de *procurateur*, l'ont payée 30 mille ducats ; mais ceux qui après avoir accepté la 'nobleffe, veulent encore monter à ce degré d'honneur, payent deux fois davantage.

Tous les *procurateurs* portent la vefte ducale, c'eft-à-dire, à grandes manches jufqu'à terre ; & fuivant le rang de leur ancienneté, ils ont leur demeure dans les procuraties neuves. Mais comme la bibliothèque de S. Marc, dont ils font maîtres, la chambre des archives de la république, dont ils font les gardiens, & celle où ils tiennent ordinairement leurs confeils trois fois la femaine, occupent une partie de ce bâtiment, il n'y refte de logement que pour fix *procurateurs*, & la république donne aux autres une médiocre penfion, jufqu'à ce qu'ils entrent dans les procuraties : ils ont l'adminiftration de l'églife de S. Marc, celle du bien des orphelins, & de ceux qui meurent *ab inteftat*, & fans laiffer d'enfans. (*D. J.*)

PRODICUS (*Hift. anc.*) un des plus célèbres fophiftes de la Grèce, contemporain de Démocrite & de Gorgias, difciple de Protagoras, eut pour difciples Euripide, Socrate, Théramène, Ifocrate, &c. Il étoit de l'ifle de Céos, une des Cyclades. Etant à Athènes avec le caractère d'ambaffadeur des habitans de cette ifle, l'amour de l'argent, qui paroît avoir été extrême en lui, le força d'y tenir école ; il alloit auffi de ville en ville étaler fon éloquence, & toujours pour de l'argent. On parle d'une déclamation à cinquante dragmes, ainfi nommée, parce que chaque auditeur étoit obligé de payer cette fomme pour être admis. Ce fophifte avoit, dit-on, des difcours à tout prix, depuis cinquante dragmes jufqu'à deux oboles.

Les Athéniens le firent mourir, ou comme corrompant la jeuneffe, ou comme profeffant l'irréligion ; car ils fe piquoient d'être vengeurs des Dieux. *Prodicus* vovoit environ 225 ans avant J. C.

Prodicus eft auffi le nom du chef des hérétiques, nommés *Adamites*, au fecond fiècle de l'églife.

PRONAPIDE, (*Hift. anc.*) Selon Diodore de Sicile, ce fut un ancien poëte *grec*, maître d'Homère. Il étoit d'Athènes. On lui attribue un poëme qui avoit pour titre *le premier monde*. Il fut, dit-on, auffi le premier grec qui écrivit de gauche à droite à notre manière. Avant lui les grecs écrivoient de droite à gauche felon l'ufage des Orientaux.

PRONOMUS (*Hift. anc.*) Thébain, eft un de ceux auxquels on attribue l'invention des flutes fur lefquelles on pouvoit jouer toute forte d'airs & fur tous les tons. Les autres auxquels la même invention eft auffi attribuée par différens auteurs, font Diodore de Thèbes & Antigénides.

PROPAGATION DE L'EVANGILE, *fociété pour la*, (*Hift. d'Anglet.*) fociété établie dans la grande Bretagne pour la *propagation* de la religion chrétienne dans la nouvelle Angleterre, & les pays voifins.

Nous avons dans notre royaume plufieurs établiffemens de cette nature, des miffionnaires en titre, & d'autres qui font la même fonction, par un beau & louable zèle d'étendre une religion hors du fein de laquelle ils font perfuadés qu'il n'y a point de falut. Mais un point important que ces dignes imitateurs des apôtres devroient bien concevoir, c'eft que leur profeffion fuppofe dans les peuples qu'ils vont prêcher, un efprit de tolérance qui leur permette d'annoncer des dogmes contraires au culte national, fans qu'on fe croye en droit de les regarder comme perturbateurs de la tranquillité publique, & autorifé à les punir de mort ou de prifon. Sans quoi ils feroient forcés de convenir de la folie de leur état, & de la fageffe de leurs perfécuteurs. Pourquoi donc ont-ils fi rarement eux-mêmes une vertu dont ils ont fi grand befoin dans les autres ? (*A. R.*)

PROPERCE (SEXTUS AURELIUS PROPERTIUS) célèbre poëte érotique latin, fils d'un chevalier Romain. Augufte qui avoit fait périr le père pour avoir fuivi le parti d'Antoine, protégea le fils & fit bien ; ce fut *Properce* qui eut tort de fe laiffer protéger par le meurtrier de fon père, s'il fut libre d'échapper à cette protection. Les quatre livres d'élégies de *Properce*, font trop connus pour que nous arrêtions d'en parler. Il y célèbre fous le nom de *Cynthie* une femme qu'il aimoit, & ce nom de *Cynthie* eft refté illuftre par lui, comme celui de Lesbie par Catulle, & celui de Corinne par Ovide. M. l'abbé de Long-champs nous a donné, en 1772, une traduction françoife de *Properce*, qui n'eft pas fans mérite, & qui ne doit pourtant décourager perfonne.

Properce mourut dix-neuf ans avant l'ère chrétienne. Il étoit né à Moravia, ville de l'Ombrie, aujourd'hui Bevagna dans le duché de Spolète.

PROSCRIPTION. f. f.) *Hift. rom.*) publication faite par le gouvernement ou par un chef de parti, par laquelle on décerne une peine contre ceux qui y font défignés. Il y en avoit de deux fortes chez les Romains ; l'une interdifoit au *profcrit* le feu & l'eau jufqu'à une certaine diftance de Rome, plus ou moins éloignée, felon la févérité du décret, avec défenfe à qui que ce fût de lui donner retraite dans l'étendue de la diftance marquée. On affichoit ce décret, afin que personne ne l'ignorât : le mot d'exil n'y étoit pas même exprimé fous la république ; mais il n'en étoit pas moins réel , par la néceffité où l'on étoit de fe tranfporter hors les limites de ces interdictions.

L'autre *profcription* étoit celle des têtes, ainfi nommée, parce qu'elle ordonnoit de tuer la perfonne *profcrite*, par-tout où on la trouveroit. Il y avoit toujours une récompenfe attachée à l'exécution de cette *profcription*. On affichoit auffi ce décret, qui étoit écrit fur des tables pour être lu dans les places publiques ; & l'on trouvoit au bas les noms de ceux qui étoient condamnés à mourir, avec le prix décerné pour la tête de chaque profcrit.

Marius & Cinna avoient maffacré leurs ennemis de fang-froid, mais ils ne l'avoient point fait par *profcription*. Sylla fut le premier auteur & inventeur de cette horrible voie de *profcription*, qu'il exerça avec la plus indigne barbarie, & la plus grande étendue. Il fit afficher dans la place publique les noms de quarante fénateurs, & de feize cents chevaliers qu'il profcrivoit. Deux jours après, il profcrivit encore quarante autres fénateurs, & un nombre infini des plus riches citoyens de Rome. Il déclara infâmes & déchus du droit de bourgeoifie les fils & les petits-fils des profcrits. Il ordonna que ceux qui auroient fauvé un profcrit, ou qui l'auroient retiré dans leur maifon, feroient profcrits en fa place. Il mit à prix la tête des profcrits, & fixa chaque meurtre à deux talens. Les efclaves qui avoient affaffiné leurs maîtres, recevoient cette récompenfe de leur trahifon ; l'on vit des enfans dénaturés, les mains encore fanglantes, la demander pour la mort de leurs propres pères qu'ils avoient maffacrés.

Lucius Catilina, qui pour s'emparer du bien de fon frère, l'avoit fait mourir depuis longtems, pria Sylla, auquel il étoit attaché, de mettre ce frère au nombre des *profcrits*, afin de couvrir par cette voie l'énormité de fon crime. Sylla lui ayant accordé fa demande, Catilina, pour lui en marquer fa reconnoiffance, alla tuer au même moment Marcus Marius, & lui en apporta la tête.

Le même Sylla, dans fa *profcription*, permit à fes créatures & à fes officiers de fe venger impunément de leurs ennemis particuliers. Les grands biens devinrent le plus grand crime. Quintus Aurelius, citoyen paifible, qui avoit toujours vécu dans une heureufe obfcurité, fans être connu ni de Marius, ni de Sylla, appercevant fon nom dans les tables fatales, s'écria avec douleur : *malheureux que je fuis, c'eft ma belle maifon d'Albe qui me fait mourir* ; & à deux pas de-là, il fut affaffiné par un meurtrier.

Dans cette défolation générale, il n'y eut que C. Metellus, qui fut affez hardi pour ofer demander à Sylla, en plein fénat, quel terme il

mettroit à la mifère de fes concitoyens : nous ne te demandons pas, lui dit-il, que tu pardonnes à ceux que tu as réfolu de faire mourir ; mais délivres-nous d'une incertitude pire que la mort, & du moins apprens-nous ceux que tu veux fauver. Sylla, fans paroître s'offenfer de ce difcours, lui répondit froidement, qu'il ne s'étoit pas encore déterminé. Enfin, comme dit Sallufte, *neque priùs jugulandi fuit finis quàm Sylla omnes fuos divitiis explevit.*

Les triumvirs Lépide, Octave & Antoine renouvellèrent les *profcriptions*. Comme ils avoient befoin de fommes immenfes pour foutenir la guerre, & que d'ailleurs ils laiffoient à Rome & dans le fénat des républicains toujours zélés pour la liberté, ils réfolurent, avant que de quitter l'Italie, d'immoler à leur fûreté & de profcrire les plus riches citoyens. Ils en dreffèrent un rôle. Chaque triumvir y comprit fes ennemis particuliers, & même les ennemis de fes créatures. Ils pouffèrent l'inhumanité jufqu'à s'abandonner l'un à l'autre leurs propres parens, & même les plus proches. Lépidus facrifia fon frère Paulus à l'un de fes collègues ; Antoine, de fon côté, abandonna au jeune Octave le propre frère de fa mère ; & celui-ci confentit qu'Antoine fît mourir Cicéron, quoique ce grand homme l'eût foutenu de fon crédit contre Antoine même. La tête du fauveur de l'état fut mife à prix pour la fomme de huit mille livres fterling. Il mourut la victime de fon mérite & de fes talens.

*Largus & exundans letho dedit ingenii fons ;
Ingenio manus eft & cervix cæfa. Juvenal.*

Enfin on vit dans ce rôle funefte Thoranius, tuteur du jeune Octave, celui-là même qui l'avoit élevé avec tant de foin ; Plotius défigné conful, frère de Plancus, un des lieutenans d'Antoine, & Quintus, fon collègue au confulat, eurent le même fort, quoique ce dernier fût beau-père d'Afinius Pollio, partifan zélé du triumvirat.

En un mot, les droits les plus facrés de la nature furent violés. Trois cents fénateurs, & plus de deux mille chevaliers furent enveloppés dans cette affreufe profcription. Toutes ces horreurs, inconnues dans les fiècles les plus barbares, & aux nations les plus féroces, fe font paffées dans des tems éclairés, & par l'ordre des hommes les plus polis de leur tems. Elles ont été les fruits fanglans de ces défordres civils, & de ces vapeurs inteftines qui étouffent les cris de l'humanité. (*D. J.*)

PROSPER (SAINT) *Hift. eccléf.*) difciple de faint Auguftin, fut le poëte de la grace comme fon maître en étoit l'apôtre. Tout le monde connoit son *poëme contre les ingrats*, c'est-à-dire, contre les ennemis de la grace. M. Racine s'en tient toujours le plus près qu'il peut dans son poëme de la grace. M. le Maître de Sacy a donné une traduction en vers françois du poëme de saint *Prosper*. Ce docteur a beaucoup écrit, d'ailleurs, sur la grace & le libre arbitre contre les semi-Pelagiens ; mais comme théologien, nous le renvoyons au savant théologien, chargé de cette importante partie. Saint *Prosper* est connu sous le nom de *Tiro Prosper* ; on lui donne souvent le surnom d'*Aquitanius*, parce qu'il étoit du pays d'Aquitaine. Il y étoit né au commencement du cinquième siécle. Il eut avec saint Augustin, son maître, outre la conformité de zèle & de doctrine, une conformité d'un autre genre, celle d'une jeunesse orageuse & livrée aux plaisirs. Ses travaux lui méritèrent dans la suite l'estime & la confiance du pape Célestin & du pape saint Léon. On a de lui, entre autres œuvres, des épigrammes contre les ennemis & les envieux de la gloire de saint Augustin. Il vivoit encore en 463 ; mais on ignore l'année de sa mort, & s'il étoit évêque, prêtre ou laïque. On le croit l'auteur d'une chronique qui porte son nom, & qui est un des plus anciens monumens de notre histoire moderne ; elle finit à l'an 455.

Dans le même siécle vivoit un autre *Prosper*, dit l'*Afriçain*, écrivain ecclésiastique, dont on a quelques ouvrages.

Et un autre *Prosper*, évêque d'Orléans, mort vers l'an 463.

PROSPER ALPINI (voyez ALPINI.)

PROSPER MARCHAND (voyez MARCHAND.)

PROTAGORAS (*Hist. anc.*) Sophiste célèbre, maître de Prodicus, étoit d'Abdère en Thrace. Il amassa beaucoup d'argent dans sa profession, & en général tous ces sophistes en étoient fort avides. Aulugelle rapporte un procès singulier, que ce maître eut avec Evalthe, un de ses disciples. *Protagoras* s'étoit chargé d'en faire un avocat habile. La moitié du prix convenu fut payée sur le champ ; le payement de l'autre moitié devoit se faire après qu'Evalthe auroit gagné sa première cause ; comme il ne se pressoit pas de la plaider, *Protagoras* le fait assigner, & croyoit lui opposer un argument invincible. Si la sentence m'est favorable, dit-il, vous serez condamné à me payer ; si elle m'est contraire, vous gagnez votre première cause, & alors, aux termes de notre convention, vous êtes obligé de me payer. Evalthe lui rétorquoit l'argument. Si ce jugement m'est favorable, dit-il, on jugera que je ne vous dois rien ; s'il m'est contraire, je perds ma cause, & alors la convention me libère. Les juges trouvèrent la question si embarrassante qu'ils la laissèrent indécise. C'étoit beaucoup dé-

férer à une subtilité. Qui ne voit qu'Evalthe ne devoit pas rester le maître de rendre sa promesse illusoire, qu'il devoit se mettre en état de plaider sa première cause & de la gagner ou d'en gagner une suivante, & que tel étoit l'esprit de la convention ?

Protagoras ayant commencé un de ses livres par ces mots : *je ne saurois dire s'il y a des dieux ni ce que c'est*, les Athéniens le chassèrent de leur ville & de leur territoire, & firent bruler publiquement ses ouvrages. Il vivoit plus de quatre siécles avant Jésus-Christ.

PROTECTEUR, (*Hist. d'Angleterre.*) C'est le titre qu'Olivier Cromwel s'appropria, & qui lui fut solemnellement accordé par l'Angleterre, l'Ecosse & l'Irlande. Pendant que Charles II fugitif en France avec son frère & sa mère, y traînoit ses malheurs & ses espérances, Cromwel fut inauguré dans le poste de *protecteur*, le 26 Juin 1657, à Westminster-hall, par le parlement pour lors assemblé, & l'orateur des communes, le chevalier Thomas Winddrington, en fit la cérémonie.

Un simple citoyen, dit M. de Voltaire, usurpateur du trône, & digne de régner, prit le nom de *protecteur*, & non celui de roi, parce que les Anglois savoient jusqu'où les droits de leurs rois devoient s'étendre, & ne connoissoient pas quelles étoient les bornes de l'autorité d'un *protecteur*. Il affermit son pouvoir en sachant le réprimer à propos : il n'entreprit point sur les privilèges dont le peuple étoit jaloux ; il ne logea jamais des gens de guerre dans la cité de Londres ; il ne mit aucun impôt dont on pût murmurer ; il n'offensa point les yeux par trop de faste ; il ne se permit aucun plaisir ; il n'accumula point de trésors ; il eut soin que la justice fût observée avec cette impartialité impitoyable qui ne distingue point les grands des petits.

Jamais le commerce ne fut si libre, ni si florissant ; jamais l'Angleterre n'avoit été si riche. Ses flottes victorieuses faisoient respecter son nom dans toutes les mers ; tandis que Mazarin uniquement occupé de dominer & de s'enrichir, laissoit languir dans la France la justice, le commerce, la marine, & même les finances. Maître de la France, comme Cromwel de l'Angleterre, après une guerre civile, il eût pu faire pour le pays qu'il gouvernoit, ce que Cromwel avoit fait pour le sien ; mais il étoit étranger, & l'ame de Mazarin n'avoit pas la grandeur de celle de Cromwel.

Toutes les nations de l'Europe qui avoient négligé l'alliance de l'Angleterre sous Jacques I & sous Charles, la briguèrent sous le *protecteur*. La reine Christine elle-même, quoiqu'elle eût détesté le meurtre de Charles I, entra dans l'alliance d'un tyran qu'elle estimoit.

Le ministre espagnol lui offrit de l'aider à prendre

Calais

Calais ; Mazarin lui proposa d'affiéger Dunkerque , & de lui remettre cette ville. Le *protecteur* ayant à choifir entre les clés de la France & celles de la Flandre , fe détermina pour la France , mais fans faire de traité particulier , & fans partager des conquêtes par avance. -

Il vouloit illuftrer fon ufurpation par de plus grandes entreprifes. Son deffein étoit d'enlever l'Amérique aux Efpagnols ; mais ils furent avertis à tems. Les amiraux de Cromwel leur prirent du-moins la Jamaïque ; province que les Anglois poffèdent encore , & qui affure leur commerce dans le nouveau monde. Ce ne fut qu'après fon expédition de la Jamaïque que Cromwel figna fon traité avec le roi de France , mais fans faire encore mention de Dunkerque. Le *protecteur* traita d'égal à égal ; il força le roi à lui donner le titre de frère dans fes lettres. Son fecrétaire figna avant le plénipotentiaire de France dans la minute du traité qui refta en Angleterre ; mais il traita véritablement en fupérieur en obligeant le roi de France de faire fortir de fes états Charles II & le duc d'Yorck , petits-fils de Henri IV , à qui la France devoit un afyle.

Quelque tems après le fiège de Dunkerque , le *protecteur* mourut avec courage à l'âge de 55 ans , au milieu des projets qu'il faifoit pour l'affermiffement de fa puiffance , & pour la gloire de fa nation. Il avoit humilié la Hollande , impofé les conditions d'un traité au Portugal , vaincu l'Efpagne , & forcé la France à briguer fon alliance. Il fut enterré en monarque légitime , & laiffa la réputation du plus habile des fourbes , du plus intrépide des capitaines , d'un ufurpateur fanguinaire , & d'un fouverain qui avoit fu régner. Il eft à remarquer qu'on porta le deuil de Cromwel à la cour de France , & que mademoifelle fut la feule qui ne rendit point cet honneur à la mémoire du meurtrier du roi fon parent.

Richard Cromwel fuccéda paifiblement & fans contradiction au protectorat de fon père , comme un prince de Galles auroit fuccédé à un roi d'Angleterre. Richard fit voir que du caractère d'un feul homme dépend fouvent la deftinée d'un état. Il avoit un génie bien contraire à celui d'Olivier Cromwel , toute la douceur des vertus civiles , & rien de cette intrépidité féroce qui facrifie tout à fes intérêts.

Il eût confervé l'héritage acquis par les travaux de fon père , s'il eût voulu faire tuer trois ou quatre principaux officiers de l'armée , qui s'oppofoient à fon élévation. Il aima mieux fe démettre du gouvernement que de régner par des affaffinats ; il vécut particulier & même ignoré jufqu'à l'âge de quatre-vingt-dix ans , dans le pays dont il avoit été quelques jours le fouverain.

Après fa démiffion du protectorat , il voyagea en France ; on fait qu'à Montpellier , le prince de Conti , frère du grand Condé , en lui parlant fans le connoître , lui dit un jour : « Olivier

» Cromwel étoit un grand homme ; mais fon fils » Richard eft un miférable de n'avoir pas fu » jouir du fruit des crimes de fon père ». Cependant ce Richard vécut heureux , & fon père n'avoit jamais connu le bonheur. *Effai fur l'hiftoire univerf.* tom. V. p. 72-81. (*D. J.*)

PROTOGENE , (*Hift. anc.*) peintre célèbre qu'Apelle regardoit prefque comme fon maitre ; ces deux peintres ne fe connoiffoient encore que de réputation ; Apelle vint à Rhodes exprès pour voir *Protogène* & fes ouvrages ; il ne trouva point *Protogène* chez lui ; une vieille femme gardoit fon attelier , & fur le chevalet étoit un tableau où il n'y avoit rien de peint. Sous prétexte d'écrire fon nom , il traça un deffin fur le tableau ; *Protogène* , à fon retour , ayant jetté les yeux fur ce deffin , s'écria : *c'eft Apelle ; il n'y a que lui au monde qui puiffe deffiner avec cette fineffe & cette légèreté.* Il fit à fon tour fur le même tableau un deffin plus correct encore & plus délicat , & dit à cette femme : *s'il revient , dites-lui que voilà ma réponfe.* Apelle revint , fe jugea vaincu , & animé d'une vive émulation , il fit un troifième deffin , qui furpaffoit les deux autres. Quand *Protogène* l'eut vu , *je fuis vaincu* , dit-il , *courons embraffer mon vainqueur* ; il vole au port , s'informe d'Apelle , le trouve , & fe lie avec lui d'une amitié qui ne fe démentit jamais.

Qu'il eft doux , qu'il eft beau de fe dire à foi-même !
Je n'ai point d'ennemis , j'ai des rivaux que j'aime ;
Je prends part à leur gloire , à leurs maux , à leurs biens ;
Les arts nous ont unis , leurs beaux jours font les miens :
C'eft ainfi que la terre avec plaifir raffemble
Ces chênes , ces fapins qui s'élèvent enfemble ;
Un fuc toujours égal eft préparé pour eux ,
Leur pied touche aux enfers , leur cime eft dans les cieux ;
Leur tronc inébranlable & leur pompeufe tête
Réfifte , en fe touchant , aux coups de la tempête ;
Ils vivent l'un par l'autre , ils triomphent du temps.

Ce monument du combat de *Protogène* & d'Apelle , confervé à la poftérité , fit long-temps l'admiration des connoiffeurs & des maîtres de l'art ; il fut confumé dans un embrafement du palais d'Augufte. Ce fut Apelle qui fit connoître aux Rhodiens tout le mérite des tableaux de *Protogène* , en offrant de les prendre tous à un prix beaucoup plus fort que celui que *Protogène* en avoit tiré jufqu'alors. On avoit d'abord tellement méconnu fon talent , qu'on ne l'employoit qu'à donner la couleur aux navires , & qu'il vécut long-temps dans la pauvreté. Il parvint dans la fuite au comble de la gloire ; parmi fes chefs-d'œuvre , on comptoit fon fatyre appuyé fur une colonne , au haut de laquelle étoit perchée une perdrix. Cette perdrix étoit fi parfaite , que des perdrix privées jettoient des cris à fa vue , la

F f f

croyant vivante, & que cet épisode attiroit, même de la part des hommes, plus d'attention que le sujet principal du tableau; il sentit que c'étoit un défaut, & il eut le courage d'effacer la perdrix. Un de ses portraits fameux étoit encore celui de la mère d'Aristote, son ami. Aristote vouloit faire de lui un peintre d'histoire, & lui proposoit les batailles d'Aléxandre. Protogène ne fut & ne voulut être que peintre de portraits; il fit celui d'Aléxandre, mais sans batailles.

Son portrait le plus renommé est celui du chasseur *Ialysus*, fils ou petit-fils du soleil, & fondateur de Rhodes; c'est-là qu'étoit ce chien dont il ne put jamais faire l'écume à son gré, car il étoit difficilement content de ses ouvrages, & auquel il donna par hasard le degré de perfection qu'il cherchoit, en jettant avec dépit son éponge sur l'endroit qu'il désespéroit de finir. Ce tableau fut dans la suite porté à Rome, & mis dans le temple de la paix, où il étoit encore du temps de Pline, qui en parle. Il périt aussi dans la suite par un incendie. Pline prétend que ce tableau sauva la ville de Rhodes, l'an 304 avant Jésus-Christ, parce qu'étant dans un endroit par lequel seul Démétrius Poliorcétes, qui l'assiégeoit, pouvoit la prendre; ce prince aima mieux renoncer à la victoire que d'exposer un si beau monument à périr. Ce qui est certain, c'est que *Protogène*, dont l'attélier étoit hors de la ville & dans les fauxbourgs, n'interrompit pas un moment son travail pendant le siège, & qu'il fit son tableau du satyre, au milieu du bruit des armes & environné des soldats macédoniens à qui les fauxbourgs avoient été abandonnés; ce qui fit dire *qu'il avoit peint sous l'épée*. Démétrius lui-même lui témoigna combien il étoit surpris de sa tranquillité & de sa confiance; *je savois*, lui répondit *Protogène, que vous aviez déclaré la guerre aux Rhodiens, mais non pas aux arts;* en effet Démétrius les prit sous sa protection, & disposa une garde autour de l'attélier de cet artiste, pour qu'il pût travailler en-paix & en sûreté.

Apelle ne faisoit qu'un reproche à *Protogène*, & ce reproche étoit une grande leçon pour les artistes, c'est qu'il ne savoit pas quitter le pinceau, & qu'il vouloit toujours perfectionner; *quòd manum ille de tabulâ nesciret tollere.* Il faut en tout, dit Cicéron, savoir jusqu'où l'on doit & l'on peut aller: *in omnibus rebus videndum est quatenùs..... in quo Apelles pictores quoque eos peccare dicebat qui non sentirent quid esset satis.* Orat. N. 73. *memorabili præcepto,* dit Pline, *nocere sæpè nimiam diligentiam.*

PROVÉDITEUR, s. m. (*Hist. de Venise*) magistrat de la république de Venise. Il y a deux sortes de *provéditeurs* dans cette république; le *provéditeur* du commun, & le *provéditeur* général de mer. Le *provéditeur du commun* est un magistrat assez semblable dans ses fonctions à l'é-

dile des Romains. Le *provéditeur de mer* est un officier dont l'autorité s'étend sur la flotte lorsque le général est absent. Il manie particulièrement l'argent, & paie les soldats & les matelots, dont il rend compte à son retour au sénat. Sa charge ne dure que deux ans, & sa puissance est partagée de telle sorte avec le capitaine général de la marine, que le *provéditeur* a l'autorité sans la force, & le général a la force sans l'autorité. (*D. J.*)

PROVISEUR, s. m. (*Hist. litt.*) qui pourvoit, qui a soin, du verbe *providere,* pourvoir, prendre soin.

Le titre de *proviseur* est en usage dans l'université de Paris, dans certaines sociétés ou collèges; il signifie le *chef,* comme dans la maison de Sorbonne. M. l'archevêque de Paris en est actuellement *proviseur.* Le premier supérieur du collège d'Harcourt a aussi le titre de *proviseur.* Au contraire, dans d'autres maisons ou collèges, *proviseur* n'est que ce qu'on nomme ailleurs *procureur,* un officier comptable, qui touche les revenus & gère les affaires temporelles de la société. Tel est celui qu'on appelle *proviseur* dans la maison de Navarre.

Le *proviseur* de Sorbonne a une grande part à toutes les affaires qui concernent cette maison; mais il ne nomme pas aux places vacantes de professeur, bibliothécaire, &c. elles sont données par les membres mêmes de la maison par voie d'élection, & à la pluralité des voix. Celui d'Harcourt nomme aux places de professeur de son collège, comme tous les autres principaux.

On donne encore dans les actes publics le nom de *proviseur* aux marguilliers des églises; ainsi l'on dit N. marguillier & *proviseur* de telle église ou paroisse. Cette dénomination vient de la même racine que la précédente; *provisor quia providet bonis & prædiis ecclesiæ.*

Les théologiens donnent aussi à Dieu le titre de *proviseur général,* à raison de sa providence, & du soin qu'il prend de l'univers. (*A. R.*)

PRU

PRUDENCE, (AURELIUS PRUDENTIUS CLEMENS) *Hist. litt.*) poëte chrétien du quatrième siècle, connu principalement par l'hymne des Saints-Innocens:

Salvete flores martyrum, &c.

Où est cette jolie image:

Aram sub ipsam simplices
Palmâ & coronis luditis.

On sait peu de choses de sa vie; il fut magistrat & homme de guerre, & remplit un emploi honorable à la cour d'Honorius. Il y a deux bonnes éditions de ses poésies; l'une d'Elzevir, avec les notes de Nicolas Heinsius, Amsterdam 1667, in-12; l'autre *ad usum Delphini*, par les soins du P. Chamillard, jésuite; Paris, 1687, in-4°.

Prudence. étoit né à Sarragosse en Espagne, l'an 348.

Il y eut dans le neuvième siècle un autre *Prudence*, dit le Jeune, autrement nommé Galindon, évêque de Troyes, mort en 861, grand défenseur de la doctrine de Saint-Augustin sur la grace & la prédestination.

PRUNELÉ, (*Hist. de France.*) famille noble & ancienne de Beauce, qui remonte par titres jusqu'à Philippe Auguste, & où on trouve des chevaliers dès le commencement du treizième siècle.

De cette famille étoit Guillaume *Prunelé*, cinquième du nom, tué à la bataille d'Azincourt, le 25 octobre 1415.

Jacques de *Prunelé*, second du nom, de la branche de Saint-Germain, tué en duel sous le règne de Louis XIII.

Antoine-Agnès de *Prunelé*, qui s'embarqua vers l'an 1684, sans que depuis on ait entendu parler de lui, ni du vaisseau qui le portoit.

Jules-César de *Prunelé*, blessé d'un coup de fusil à la bataille de Malplaquet, le 11 septembre 1709.

François de *Prunelé*, de la branche de Guillerval, blessé d'un coup de lance à la bataille de Cérisoles, le 14 avril 1544, tué par les ligueurs en 1587.

Antoine de *Prunelé*, de la branche de Tignonville, mort en 1659, d'une blessure reçue dans un combat singulier près de Furnes en Flandre.

Charles de *Prunelé*, tué en Catalogne au mois de juin 1676.

Jacques-Philippe de *Prunelé* se distingua à la bataille de Fleurus, le 1 juillet 1690, au siège de Namur en 1692, au combat de Steinkerque, au bombardement de Charleroi, & dans d'autres occasions.

Armand de *Prunelé*, fils du précédent, montant la garde à Valenciennes, tomba dans un regard ouvert de l'aqueduc de l'Escaut, & s'y noya malheureusement à vingt & un ans, le 24 septembre 1719.

PRUSIAS, (*Hist. ancienne.*) roi de Bithynie, surnommé le *Chasseur*, fut sollicité par Antiochus d'embrasser sa cause contre les Romains; mais ébloui par les promesses de Scipion, & retenu peut-être par ses menaces, il observa une espèce de neutralité, & resta spectateur de la querelle; mais quelque temps après, Annibal, poursuivi par la haine des Romains, alla chercher un asile dans sa cour. Ce fameux général, pour l'associer à sa vengeance, l'engagea dans une guerre contre Eumène, roi de Pergame, ami déclaré des Romains. Le sénat se crut offensé dans la personne de son allié. Quintus Flaminius fut député pour se plaindre à *Prusias* de l'asile qu'il donnoit à ce perturbateur des nations. Le monarque, intimidé par ses menaces, promit de livrer cet illustre fugitif pour ne pas irriter ces tyrans des rois. Annibal, instruit de sa complaisance perfide, en prévint l'effet par le poison. Il mourut en vomissant les plus horribles imprécations contre *Prusias*, & en invoquant les dieux protecteurs & vengeurs des droits sacrés de l'hospitalité. Cette perfidie désarma la colère des Romains. Persée, quelque temps après, recherche son alliance; mais *Prusias*, craignant de le rendre trop puissant, ne voulut point entrer dans cette guerre, & promit seulement d'employer sa médiation pour la prévenir. En effet, il envoya à Rome des ambassadeurs qui entamèrent des négociations infructueuses. Tandis que les Romains étoient occupés contre Persée, *Prusias* tourna ses armes contre Attale, successeur d'Eumène au trône de Pergame. Il se rendit maître de la capitale, où abusant des droits de la victoire, il profana les temples & renferma les statues des dieux. Le sénat, instruit de ces excès, étoit dans l'impuissance alors de l'en punir; il lui envoya des ambassadeurs qui lui défendirent de continuer ses hostilités; & quoique vainqueur, il fut contraint de souscrire à un humiliant traité. Il députa son fils Nicomède à Rome pour en adoucir la rigueur; il lui associa Menas, qu'il chargea d'assassiner ce jeune prince, pour favoriser les enfans nés du second lit; mais Menas au lieu d'exécuter cet ordre barbare, en avertit Nicomède qui retourna promptement en Bithynie, où il leva l'étendart de la révolte. *Prusias* détesté de ses sujets, en fut abandonné; il se réfugia dans un temple où il fut massacré par un soldat. (*T. N.*)

P R Y

PRYNN ou PRYNE, (GUILLAUME) *Hist. litt. mod.*) jurisconsulte anglois, grand puritain, fit contre les épiscopaux un écrit intitulé : *du violement du sabbat & de l'état des évêques*, pour lequel il fut condamné en 1647 à avoir les oreilles coupées. L'abus, beaucoup plus funeste qu'on ne croit, d'infliger pour des opinions & pour des livres les mêmes peines que pour des crimes infamans, confond toutes les idées, nuit à la morale, en mettant un fanatique vertueux au même rang qu'un vil malfaiteur, & à l'économie politique, en ôtant aux supplices le pouvoir de punir & de diffamer. *Prynn*, d'après le traitement qu'il avoit essuyé, devint l'idole des puritains, & fut révéré comme un martyr de la bonne cause. On le fit entrer dans la chambre des communes au parlement assemblé contre le roi Charles I; mais cet homme avoit apparemment plus de vertu que son parti même ne l'avoit pensé; après avoir montré d'abord contre le roi une partie de l'animosité sur laquelle on avoit compté, il ne tarda pas à voir que la nation alloit trop loin, ou plutôt qu'on alloit trop loin sous son nom; que la cause du puritanisme étoit mauvaise & devenoit de jour en jour plus odieuse; il s'en expliqua ouvertement, & le parti puritain le mit en prison comme déserteur de la bonne cause & apostat; il écrivit de sa prison, pour détourner le parlement du projet de faire le procès au roi. On ne sait pas le reste de son histoire, il vit la restauration; il mourut en 1669. On a de lui en anglois la vie des rois Jean sans terre, Henri III & Edouard I, & l'histoire de Guillaume Laud, archevêque de Cantorbéri. On a aussi de lui: *antiquæ constitutiones regni anglici sub Joanne, Henrico III & Eduardo I, circà jurisdictionem ecclesiasticam*, & d'autres ouvrages de théologie & de controverse.

Prynn étoit, selon M. de Voltaire, un homme » scrupuleux à outrance, qui se seroit cru damné » s'il avoit porté un manteau court au lieu d'une » soutane, & qui auroit voulu que la moitié des » hommes eût massacré l'autre pour la gloire de » Dieu & de la *propagandâ fide* ».

P R Z

PRZEMISLAS I, (*Hist. de Pologne.*) duc de Pologne. En 751, les hongrois vinrent fondre sur la Pologne. Leur fureur ne respecta rien, les polonois alloient racheter leur vie en recevant des fers, lorsqu'un homme du peuple osa venger sa patrie & détruire ses conquérans. On prétend qu'il disposa des branches d'arbres, de manière qu'elles ressembloient à une armée, que l'ennemi attiré par cette ruse s'engagea dans une forêt, où il fut taillé en pièces; la reconnoissance publique plaça *Przemislas* sur le trône; son règne fut glorieux & paisible. Il mourut vers l'an 803. (*M. DE SACY*).

PRZEMISLAS II, roi de Pologne. Après la mort de Lezko II, la couronne ducale devint l'objet des desirs ambitieux d'une foule de prétendans; après cinq années de guerres civiles, *Przemislas* l'emporta, prit le titre de roi, malgré la cour de Rome, qui regardant tous les souverains comme ses créatures, prétendoit fixer les bornes de leur pouvoir, & leur donner ou leur vendre le nom sous lequel ils devoient régner. Ce prince digne d'une plus longue vie, fut couronné l'an 1295, & massacré l'an 1296, par les marquis de Brandebourg, Othon, Jean & Othon le Long; ils avoient été les jouets de la politique de ce prince, & n'osant le combattre, ils l'assassinèrent. Ce fut à Rogozno que se commit cet attentat. (*M. DE SACY.*)

PSALMANASAR, (GEORGES) *Hist. litt. mod.*) auteur du fameux roman intitulé : *Relation de l'île Formose*, ainsi que de la plus grande partie de l'histoire ancienne dans la grande *histoire universelle* des savans d'Angleterre, fut un aventurier, qui passa presque toute sa vie à faire le métier d'imposteur public, & qui, en mourant à Londres en 1763, laissa une histoire de sa vie qu'il ordonna de publier, & où il dévoiloit lui-même toutes ses impostures.

PSAMMÉNIT ou **PSAMMÉNITE**, (*Hist. anc.*) roi d'Egypte. C'est sous son règne, cinq cent vingt-cinq ans avant Jésus-Christ, que Cambyse, roi de Perse, fils de Cyrus, soumit l'Egypte; il traita le roi avec douceur, & lui assigna un entretien honorable; mais dans la suite ayant appris ou ayant cru que ce prince prenoit des mesures secrettes pour remonter sur le trône, il le fit mourir. *Psamménit* n'avoit régné que six mois.

PSAMMIS, (*Hist. anc.*) roi d'Egypte, vivoit six cens ans avant Jésus-Christ; son règne fut de six ans, il fit une expédition en Ethiopie. C'est sous son règne que les habitans de l'Elide ayant institué les jeux olympiques, & croyant cette institution à l'abri de toute critique, voulurent avoir l'avis, c'est-à-dire, l'approbation des Egyptiens, qui passoient pour le peuple le plus sage de l'univers. Ceux-ci demandèrent d'abord si on admettoit indifféremment les citoyens & les étrangers. Sans doute, répondirent les Eléens d'un ton triomphant, & comptant plus que jamais sur des louanges; tant pis, répliquèrent les Egyptiens, il falloit opter. Vous flattez-vous que les juges du prix tiennent la balance bien égale entre des concitoyens & des étrangers?

PSAMMITIQUE, (*Hist. anc.*) roi d'Egypte. Plus de six siècles & demi avant Jésus-Christ, douze des principaux seigneurs égyptiens s'étoient accordés pour gouverner chacun un district, au nom de l'Egypte, & pour bâtir à frais communs le fameux labyrinthe qui étoit un amas de douze grands palais. *Psammitique* devint suspect aux onze autres par des raisons que l'histoire ancienne, c'est-à-dire, la fable explique par des oracles; ils le reléguèrent dans les cantons marécageux de l'Egypte.

Des soldats Cariens & Ioniens ayant été jettés par la tempête sur les côtes de l'Egypte qui avoit été fermée jusqu'alors aux étrangers, *Psammitique* se mit à leur tête, défit les onze rois, & resta maître de l'Egypte vers l'an 670 avant Jésus-Christ. Ce fut à cette occasion & par ce moyen que les Egyptiens entrèrent en commerce avec les Grecs, & c'est depuis ce temps, selon Hérodote, que l'histoire d'Egypte commence d'avoir quelque certitude.

Psammitique eut de longues guerres à soutenir contre les Assyriens auxquels il disputoit la Palestine; le seul siège d'Azot l'arrêta pendant vingt-neuf ans ; c'est le plus long fiége dont il foit parlé dans l'hiftoire ancienne, & peut-être dans l'hiftoire en général. Le même prince arrêta par des préfens & des négociations le torrent des Scythes, prêt à inonder l'Egypte.

Les critiques ne font pas grand cas de l'hiftoire des deux enfans qui , ayant été nourris par des chèvres, & n'ayant jamais entendu parler aucune langue, prononçoient diftinctement le feul mot *Beccos*, qui chez les Phrygiens fignifie du pain ; ce qui perfuada que la langue phrygienne étoit la langue primitive & la plus ancienne de toutes ; honneur que l'opinion, du moins en Egypte, décernoit auparavant à la langue égyptienne : mais cette hiftoire vraie ou fauffe, eft rapportée au regne de *Pfammitique*. Ce fut lui, dit-on, qui eut la curiofité de faire cette expérience.

PSAPHON (*Hift. anc.*) Lybien, qui voulant fe faire paffer pour un dieu parmi les habitans de la Lybie, s'imagina de dreffer des oifeaux à prononcer, pour avoir à manger , trois mots grecs qui fignifioient : *Pfaphon eft un grand Dieu*. Il les lâcha enfuite fur les montagnes, où ces oifeaux privés s'attendant toujours qu'on alloit leur donner à manger, crioient fans ceffe : *Pfaphon eft un grand Dieu*. Les Lybiens les crurent & rendirent les honneurs divins à *Pfaphon*. *Les oifeaux de Pfaphon* font pour ainfi dire paffés en proverbe.

P S E

PSEAUME ou PSAUME (NICOLAS) *Hift. litt. mod.*) évêque de Verdun, fe diftingua au concile de Trente par fon éloquence. C'étoit lui, au rapport de quèlques auteurs, qui parloit dans le concile contre les abus de la cour de Rome, lorfqu'un évêque italien (Sébaftien Vance, évêque d'Orviette) traitant de chanfon ce difcours qui lui déplaifoit, donna lieu à une réplique heureufe de Pierre Danés. Voyez l'article *Danés*.

On a de Nicolas *Pfeaume* un journal du concile de Trente, que le P. Hugo, prémontré, a publié dans fon recueil intitulé : *Sacræ antiquitatis monumenta hiftorico - dogmatica*. On a de lui encore un *préfervatif contre le changement de religion*. Mort à Verdun en 1575.

P T O

PTOLÉMÉE ou PTOLOMÉE (*Hift. anc.*) nom de tous les rois d'Egypte, fucceffeurs d'Aléxandre.

1°. *Ptolémée*, fils de Lagus , dit Ptolémée *Soter*, foldat fous Aléxandre avant d'être roi, prit d'emblée plufieurs petites villes dans les Indes, l'an 327 avant J. C. L'année fuivante, affiégeant une des places du roi Samus, l'un des monarques de l'Inde, il fut bleffé dangéreufement; on craignit même que la bleffure ne fût mortelle, parce que les indiens étoient dans l'ufage d'empoifonner leurs

armes. Il étoit parent, mais fur-tout il étoit aimé d'Aléxandre. Quelques-uns ont prétendu qu'il lui appartenoit de fort près & qu'il étoit fils naturel de Philippe. Aléxandre montra beaucoup d'inquiétude fur fon fort, & le fit tranfporter auprès de lui pour l'avoir toujours fous les yeux & fuivre tous les progrès de fa guérifon. Les hiftoriens ont mis du merveilleux dans cette cure. Aléxandre avoit vû en fonge un dragon qui lui indiquoit une herbe, feul remède efficace contre le mal de fon ami; Aléxandre la fit chercher & l'appliqua lui-même fur la bleffure. *Ptolémée* fut guéri en peu de jours. On conçoit que le dragon fut un homme du pays , un médecin peut-être, qui connoiffoit cette herbe & qui l'indiqua. Mais cette fable même honore Aléxandre, en montrant quel intérêt il prenoit à fon ami ; & la joie univerfelle de l'armée à la guérifon de *Ptolémée*, honore ce capitaine, dont en effet l'hiftoire parle avec les plus grands éloges.

Après la mort d'Aléxandre, arrivée l'an 325 avant J. C. , l'Egypte avec la partie de l'Arabie qui l'avoifine, la Lybie & la Cyrenaïque, furent le partage de *Ptolémée*, & là commence l'empire des Lagides en Egypte.

D'après des prédictions qui attefteroient, s'il en étoit befoin, quel empire exerçoit fur l'imagination des hommes, le nom de cet Aléxandre, devant qui la terre étoit reftée en filence, le lieu qui renfermoit fes cendres devoit devenir le plus floriffant de toute la terre. *Ptolémée* l'emporta pour Aléxandrie, & elle y avoit des droits ; *Ptolémée* y bâtit un temple & un tombeau magnifiques. Un auteur du quinzième fiécle, attefte que ce tombeau fubfiftoit encore de fon temps, & que les mahométans le révéroient comme le tombeau, non-feulement d'un grand roi, mais d'un grand prophète.

Ptolémée eut la prudence de prendre peu de part aux divifions de tous ces capitaines qui démembroient alors le vafte empire d'Aléxandre ; il s'attacha principalement à étendre & à fortifier fon partage. Il y joignit d'abord la Syrie, la Phénicie, la Judée ; il prit Jérufalem l'an 319 avant J. C. Il s'empara de l'ifle de Cypre, il la reperdit, il la reprit. Il eut, comme il arrive ordinairement à la guerre, des revers & des fuccès ; mais vainqueur ou vaincu, fes procédés furent toujours nobles & généreux, toujours dignes de l'intérêt qu'il avoit infpiré dans l'Inde à toute l'armée d'Aléxandre.

Les Rhodiens que *Ptolémée* avoit efficacement fecourus pendant ce long & mémorable fiége que Démetrius, fils d'Antigone, mit devant Rhodes, l'an 304 avant J. C. fignalèrent leur reconnoiffance d'une manière éclatante ; ils confacrèrent à *Ptolémée* un bocage, renfermé dans un bâtiment quarré de quatre cents toifes, qui offroit aux yeux un fuperbe portique, auquel on donna le nom de *Ptoléméon* & où l'on rendoit à *Ptolémée* des honneurs divins. Ce fut auffi pour perpétuer la mémoire de leur délivrance dans cette guerre, qu'ils donnèrent au même *Ptolémée* le furnom de *Soter*, ou fauveur, qui le diftingue parmi les autres *Ptolémées*.

Il mourut l'an 283 avant J.C. à quatre-vingt-quatre ans, après quarante ans de règne, à compter depuis la mort d'Aléxandre, ou après vingt ans seulement, à compter de sa proclamation solennelle; car il avoit été vingt ans un grand & puissant prince, sans avoir pris ce titre de roi. Il fut, dit un sage écrivain, le plus habile & le plus honnête homme de sa race. Sous lui, l'Egypte fut le plus heureux & le plus florissant des royaumes formés des débris du vaste empire d'Aléxandre. Ptolémée conserva sur le trône l'amour de la simplicité, le faste royal ne fut jamais à son usage. Accessible à ses sujets jusqu'à la familiarité la plus aimable, il alloit souvent manger chez eux; quand il donnoit lui-même à manger, comme il avoit fort peu de vaisselle, il en empruntoit à ses sujets les plus opulens: c'est aux sujets à être riches, disoit-il, c'est aux rois à faire qu'ils le soient.

Ptolémée-Soter aimoit les belles-lettres & les avoit cultivées; il avoit composé une vie d'Aléxandre, fort estimée des anciens, mais qui ne nous est point parvenue; il est le fondateur du Musœum & de la bibliothèque d'Alexandrie qui fut si considérablement augmentée par ses successeurs.

Ptolémée-Soter laissoit des enfans de plusieurs femmes; il avoit épousé Eurydice, fille d'Antipater, comme lui, lieutenant d'Aléxandre. Bérénice qui accompagnoit Eurydice en Egypte, charma Ptolémée qui l'épousa & qui fit un grand usage de l'esprit & des lumières de cette femme supérieure dans le gouvernement de ses états; elle prit sur lui le plus grand ascendant. Ptolémée avoit eu d'Eurydice un fils nommé comme lui Ptolémée, & surnommé Ceraunus, le foudre. Il étoit l'aîné de tous les enfans de Ptolémée-Soter; mais comme il ne lui succéda point en Egypte, nous n'en parlerons point en cet endroit, pour ne pas interrompre la dynastie des rois d'Egypte, connus sous le nom de Ptolémées & de Lagides. Voyez son article au N°. 13 des Ptolémées.

Au fils d'Eurydice, Ptolémée-Soter préféra un fils de Bérénice. Ce fut:

2°. Ptolémée, dit Philadelphe, c'est-à-dire amateur de ses frères, beau nom, s'il n'eût pas été donné par antiphrase, & s'il ne perpétuoit pas le souvenir de sa cruauté envers ses frères qu'il fit mourir sous le prétexte vrai ou faux qu'il lui avoient dressé des embûches.

Bérénice pour assurer le trône de l'Egypte à son fils, avoit engagé Ptolémée-Soter à le faire couronner de son vivant, l'an 285 avant J.C. Soter avoit alors quatre-vingt-deux ans, & il vécut encore deux ans après cette cérémonie.

Démétrius de Phalère, ce célèbre orateur athénien, qui retiré alors dans Aléxandrie, avoit l'intendance de la bibliothèque fondée par Ptolémée-

Soter, crut devoir lui représenter le danger de se dépouiller ainsi de l'autorité. A mon âge, répondit Soter, on n'a plus d'autorité, on n'est plus roi, & il ne peut rester que le mérite d'en faire un. Démétrius de Phalère observa du moins que le choix devoit tomber sur l'aîné des fils, sur le fils d'Eurydice, Ptolémée-Ceraunus. Ici Soter n'avoit point de réplique; il sentit que Démétrius avoit raison, mais il obéit à Bérénice.

Athénée s'est plu à décrire la pompe du couronnement de Ptolémée-Philadelphe. C'est un mélange assez scandaleux de faste & de dissolution. Ptolémée-Soter s'écarta bien en cette occasion de la simplicité qu'il avoit toujours aimée.

Ptolémée-Philadelphe fut le conseil que Démétrius de Phalère avoit donné à son père; il dissimula son ressentiment tant que Soter vécut, mais après sa mort & quand il se vit seul maître, il fit arrêter Démétrius & le fit garder étroitement dans un fort écarté. Démétrius y mourut, comme depuis Cléopatre, piqué par un aspic.

La fameuse tour de l'isle de Pharos près d'Aléxandrie, à sept cent toises du continent, & qui dans la suite y fut jointe par une chaussée, fut achevée la première année du règne de Ptolémée-Philadelphe. Plusieurs auteurs l'ont mise au nombre des sept merveilles du monde; le nom de Phare ou Fare a été donné depuis à tous les fanaux allumés pendant la nuit, comme celui de l'isle de Pharos, pour guider les vaisseaux & les garantir du naufrage.

Ptolémée-Philadelphe avoit hérité du goût de son père pour les lettres; il porta la bibliothèque d'Aléxandrie jusqu'à cent mille volumes, elle fut portée depuis jusqu'à sept cent mille. C'est à l'amour de Ptolémée-Philadelphe pour les lettres & pour les livres qu'on attribue la fameuse version grecque de la bible, connue sous le nom de version des Septante, parce qu'elle est l'ouvrage de soixante & dix ou plutôt de soixante & douze interprètes, six de chaque tribu, & qu'elle fut, dit-on, achevée en soixante & douze jours, ce qui n'est pas tout-à-fait si certain; car on s'est plu à charger de circonstances merveilleuses l'histoire de cette fameuse version; on a voulu que les interprètes participassent à l'inspiration qui avoit dicté l'original; ce qui est certain & ce que personne ne conteste, c'est que du temps des Ptolémées, il s'est fait en Egypte une traduction grecque des livres sacrés, que cette traduction subsiste & est encore en usage dans les églises d'orient; que c'est la traduction canonique dont l'église des premiers siècles s'est servie.

Après que les romains eurent forcé Pyrrhus à quitter l'Italie à la suite d'une guerre de six ans, leur réputation répandue chez les nations étrangères, donna plus d'étendue & de nouveaux objets à leur politique. Ptolémée-Philadelphe envoya, l'an 274 avant J.C., des ambassadeurs demander leur amitié; & l'on put dire alors à Rome:

Accoutumons les rois la fierté despotique
A traiter en égale avec la république,
Attendant que du ciel remplissant les décrets,
Quelque jour avec elle ils traitent en sujets.

Les romains flattés de s'être vus recherchés par un si grand roi, envoyèrent aussi l'année suivante une ambassade en Egypte. Ces premiers ambassadeurs furent, Quintus Fabius Gurges, Cneus Fabius Pictor, Numérius son frère, & Quintus Ogulnius. Le désintéressement qui a tant distingué les romains dans les beaux jours de la république, étoit alors dans tout son éclat & toute sa pureté; c'étoit le temps des Fabricius. *Ptolémée* ayant fait présent d'une couronne d'or à chacun des ambassadeurs romains, ceux-ci les reçurent pour ne le pas désobliger, mais ils allèrent à l'instant en couronner les statues du roi, dont les places publiques étoient ornées. A leur départ, le même roi leur ayant fait encore de nouveaux présens, ils les reçurent encore & les portèrent à Rome; mais avant d'aller au sénat rendre compte de leur ambassade, ils les déposèrent dans le trésor public, jugeant, dit Valère Maxime, qu'on ne devoit tirer des fonctions publiques d'autre avantage que l'honneur de les avoir bien remplies; *de publico scilicet ministerio nihil cuiquam præter laudem benè administrati officii accedere debere judicantes.* Le sénat & le peuple voulurent qu'ils reçussent la valeur des présens qu'ils avoient remis dans le trésor.

(Voyez à l'article *Sotade*, la vengeance cruelle que tira *Ptolémée*-Philadelphe de ce poëte satyrique.)

Ptolémée-Philadelphe avoit un frère utérin nommé Magas, fils de Bérénice & d'un Macédonien, nommé Philippe, qu'elle avoit eu pour mari avant *Ptolémée* Soter. Celui-ci à la prière de Bérénice, avoit donné à Magas le gouvernement de la Cyrénaïque & de la Lybie; Magas, appuyé de l'alliance d'Antiochus, roi de Syrie, nommé aussi *Soter*, dont il avoit épousé la fille, nommée Apamé, se fit déclarer roi des provinces dont il n'avoit que le gouvernement, se souleva contre *Ptolémée*-Philadelphe son frère, & non content de se rendre indépendant de lui, chercha encore à le détrôner. Antiochus Soter, beau-père de Magas, entra dans ce complot, qui n'eut point de succès, & qui finit par un accommodement entre Philadelphe & Magas. Philadelphe aimoit peu la guerre & la faisoit peu, du moins par lui-même; il aimoit le commerce, les arts, les lettres, tout ce qui rend un état florissant; c'étoit un prince magnifique, mais de cette magnificence utile qui enrichit plus un royaume par le commerce qu'elle ne l'appauvrit par la dépense. Il avoit attiré dans Alexandrie ce vaste commerce qui avoit fait autrefois la grandeur & la puissance de Tyr, qui unissoit l'orient & l'occident, & faisoit la communication des diverses parties du monde. Le grand problème à résoudre pour donner à ce commerce toute l'activité dont il étoit susceptible, étoit de joindre l'océan & la méditerranée sans être obligé de passer le détroit de Gibraltar, & de faire le tour de l'Afrique pour naviger dans les mers de la Perse & de l'Inde, & trafiquer avec les provinces méridionales & maritimes de ces empires. Tyr n'avoit point cet avantage; les Tyriens ne pouvoient aller par mer dans leurs propres eaux que jusqu'à Rhinocorura, port de la méditerranée entre l'Egypte & la Palestine, assez près de quelques bouches du Nil. Pour passer de-là dans l'océan, il falloit faire par terre, à travers des déserts & des montagnes, le trajet depuis Rhinocorura jusqu'à Elath, port de l'océan sur la côte orientale de la mer rouge.

L'Egypte n'avoit pas non plus l'avantage de joindre les deux mers sans trajet de terre, mais elle avoit pour cela des facilités dont Tyr étoit privée. Les marchandises de l'Arabie, de l'Inde, de la Perse, de l'Ethiopie, venoient aborder au port de Myos-Hormos sur la côte occidentale de la mer rouge; de-là il falloit d'abord qu'elles allassent par terre jusqu'à Coptos ou Coptus dans le voisinage du Nil, qu'elles descendoient jusqu'à la ville d'Aléxandrie, magnifique entrepôt qui les fournissoit à tout l'occident, dont il renvoyoit en échange toutes les marchandises à l'orient. Le passage de Myos-Hormos à Coptos avoit à-peu-près tous les inconvéniens de celui d'Elath à Rhinocorura; mais un canal que *Ptolémée*-Philadelphe fit tirer du Nil à la mer rouge, fit disparoître les premiers, & forma la jonction que l'on cherchoit. En même temps deux flottes formidables, composées d'un assez grand nombre de vaisseaux, dont on a beaucoup vanté la grandeur extraordinaire, sans parler de la multitude des moindres navires, occupoient, l'une, la mer rouge, l'autre la méditerranée, & protégeoient des deux côtés le commerce, tandis qu'elles tenoient en respect d'un côté toutes les provinces maritimes de l'Asie mineure jusqu'à la mer Egée & aux Cyclades, de l'autre les provinces qui bordent la mer rouge, le golphe persique, &c.

Diverses guerres entre l'Egypte & la Syrie, entre les généraux de *Ptolémée*-Philadelphe & Antiochus, surnommé le Dieu, finirent, l'an 249 avant Jésus-Christ, par un mariage entre ce même Antiochus & Bérénice, fille de Philadelphe, & sa fille chérie; il voulut la remettre lui-même entre les mains d'Antiochus; ils s'embarquèrent au port de Péluse, & vinrent à Séleucie près de l'embouchure de l'Oronte, où Antiochus vint les recevoir. Philadelphe donna ordre qu'on portât régulièrement à sa fille de l'eau du Nil qu'il croyoit meilleure pour sa santé, tant à cause de la salubrité qu'on leur attribue, qu'à cause de l'habitude qu'elle en avoit.

Pendant son séjour en Syrie, *Ptolémée*-Philadelphe trouva dans le temple de Diane une statue de cette déesse, qui lui plut beaucoup. Nous avons déjà parlé de fon goût pour les arts; il demanda cette statue à Antiochus, & l'emporta en Egypte. Arfinoé, fa fœur & fa femme, car il l'avoit époufée, & il l'aima toujours avec la plus vive tendreffe, tomba malade peu de temps après fon retour; & parmi les vifions dont fa maladie même pouvoit être la caufe, elle vit en fonge Diane qui lui apparoiffoit en colère, & lui déclaroit que fa maladie provenoit de la vengeance de cette déeffe, irritée de ce que Ptolémée-Philadelphe l'avoit enlevée de ce temple fyrien qu'elle aimoit-à habiter. Sur cet avertiffement, la ftatue fut renvoyée en Syrie avec de riches préfens & de nombreux facrifices. L'implacable déeffe ne s'appaifa point, Arfinoé mourut; Ptolémée-Philadelphe en fut d'autant plus inconfolable, qu'il crut avoir été caufe de fa perte; il en mourut lui-même de douleur peu de temps après elle, l'an 247 avant Jéfus-Chrift, dans la foixante-troifième année de fa vie & la trente-huitième de fon regne. Il étoit d'un tempérament dont la délicateffe naturelle avoit été fort augmentée par la molleffe qu'entretenoit en lui le goût des arts. Il avoit époufé deux Arfinoé, la première étoit fille de Lyfimaque; il en eut deux fils, outre Bérénice, femme d'Antiochus le Dieu; mais ce fut la feconde Arfinoé, ce fut fa fœur qu'il aima le mieux, quoiqu'elle fût plus âgée que lui, & que, quand il l'avoit époufée, elle fût hors d'âge d'avoir des enfans; il donna non d'Arfinoé à plufieurs villes qu'il fit bâtir, & après l'avoir perdue, il ne trouva jamais de foulagement à fa douleur, que dans le plaifir d'imaginer quelque honneur nouveau & extraordinaire qu'il pût rendre à la mémoire de cette femme adorée.

On eut à reprocher à ce prince la mort de deux de fes frères & celle de Démétrius de Phalère; ce font certainement de grandes taches dans fa vie; mais il rendit fes peuples heureux, & fon royaume floriffant; il y attira de toutes parts des étrangers, qui venoient y chercher le bonheur & qui l'y trouvant toujours, fe fixoient dans fes états; fon règne eft un des plus beaux dont la mémoire fe foit confervée chez aucun peuple; fa cour fut une des plus brillantes par la réunion des arts & des talens; il établit des académies, des écoles de toute efpèce, dont la réputation s'eft confervée long tems; Lycophron, Callimaque, Théocrite faifoient retentir fon palais de leurs favans accords, des accens de leur poéfie harmonieufe; les Idylles de Théocrite offrent fouvent l'éloge de ce prince. Ce commerce d'Egypte établi par Ptolémée-Philadelphe, n'a fait que s'accroître par la fucceffion des fiècles, & devenir de plus en plus utile à toutes les nations; ainfi ce prince doit être regardé comme le bienfaiteur, non feulement de fon royaume & de fes contemporains, mais encore du genre humain & de la poftérité; il confacra tous les vrais principes du commerce, liberté, fûreté,

commodité pour toutes les nations également.

3°. Des deux fils que Ptolémée-Philadelphe avoit eus d'Eurydice, ce fut l'aîné, nommé Ptolémée-Evergète, qui lui fuccéda; le fecond porta le nom de Lyfimaque, qui étoit celui de fon ayeul maternel; il fe révolta contre fon frère qui le fit mourir.

Ptolémée eut bientôt à venger fur la Syrie Bérénice fa fœur. Lorfqu'Antiochus le Dieu l'avoit époufée, il avoit répudié Laodice, qui étoit à la fois fa femme & fa fœur confanguine. Leurs enfans avoient été déshérités en faveur de ceux qui naîtroient de Bérénice. Cet accord tenoit apparemment à la crainte qu'infpiroit à Antiochus, la puiffance de Ptolémée-Philadelphe. A la nouvelle de la mort de ce prince, Antiochus répudia Bérénice à fon tour, reprit Laodice & fes enfans. Laodice qui avoit éprouvé fon inconftance, ne voulut plus en courir les rifques; elle le fit empoifonner, fit paroître à fa place dans le lit du roi, un homme à elle, nommé Artémon, qui reffembloit beaucoup au roi, & qui parut dicter fes dernières volontés aux grands & au peuple; on peut croire qu'elles furent toutes en faveur de Laodice & de fes enfans; la mort du roi fut enfuite déclarée, & Séleucus, fils d'Antiochus & de Laodice, monta fur le trône; Laodice pourfuit & afliège Bérénice & un fils qu'elle avoit eu d'Antiochus. Ptolémée-Evergète averti du danger de fa fœur, accourut avec une armée formidable; toute fa diligence ne put le faire arriver affez tôt, Bérénice & fon fils étoient tombés entre les mains de Laodice qui les avoit fait égorger.

Evergète les vengea du moins, n'ayant pû les fauver; il fit périr Laodice, il dépouilla fon fils Séleucus de la Syrie & de fes autres états, pourfuivit fes conquêtes jufqu'à l'Euphrate & au Tigre, & revint en Egypte avec un butin immenfe. Lorfqu'autrefois Cambyfe, roi de Perfe, fils de Cyrus, avoit conquis l'Égypte, il en avoit emporté les dieux en Perfe comme un trophée de fa victoire. Ptolémée les remporta en Egypte; il rapporta de cette expédition jufqu'à deux mille cinq cents ftatues, tant de ces dieux d'Egypte que d'autres dieux, rois ou héros. La joie des Egyptiens, en revoyant les objets de leur culte, fut telle, que dans leurs tranfports ils donnèrent à ce troifième Ptolémée le furnom qui lui eft refté d'Evergète, c'eft-à-dire, bienfaiteur.

La femme de Ptolémée-Evergète, fe nommoit Bérénice, comme fa fœur; elle aimoit tendrement fon mari. Quand elle le vit partir pour cette expédition de Syrie & de Perfe, une crainte fuperftitieufe des dangers où il alloit être expofé, lui arracha le vœu de confacrer aux dieux fa belle chevelure à laquelle elle étoit fort attachée, fi ces dieux permettoient qu'il revînt victorieux & fans éprouver de malheur. Quand elle le vit de retour avec tant de fuccès & de gloire, elle exécuta fon vœu, fe fit couper les cheveux, &

& voulut en faire l'offrande aux dieux dans le temple même que *Ptolémée*-Philadelphe avoit fait élever à sa chère Arsinoé sur le promontoire Zéphyrion dans l'isle de Cypre, sous le nom de Vénus Zéphyrienne. Ces cheveux s'étant perdus dans la suite, Conon de Samos, mathématicien célèbre qui se trouvoit alors à Aléxandrie, annonça qu'ils avoient été transportés dans le ciel, & montrant près de la queue du lion, sept étoiles qui jusqu'alors n'avoient fait partie d'aucune constellation, il déclara que c'étoit la chevelure de Bérénice; Callimaque chanta cette chevelure ainsi changée en astres, dans un petit Poëme que Catulle a traduit en latin, & le nom de chevelure de Bérénice est resté à la constellation désignée sous ce nom par les astronomes, flatteurs d'Evergète.

4°. *Ptolémée-Philopator*, fils d'Evergète, lui succèda. Ces surnoms de *Philopator*, *Philometor*, *Philadelphe* étoient presque toujours donnés par antiphrase, & ce quatrième *Ptolémée* d'Egypte eut celui de *Philopator*, parce qu'il fut soupçonné d'avoir empoisonné son père; il méritoit à ce titre les trois surnoms que nous venons de rappeller, car il est encore plus certain qu'il fit périr Bérénice sa mère, & Magas, son frère unique. Il fit mourir aussi Arsincë, sa sœur & sa femme. Il se livra entièrement à la dissolution & à la débauche; des femmes le gouvernèrent & le gouvernèrent mal; de deux ministres qui furent tout-puissans sous son règne, autant que ses maîtresses le permirent. l'un nommé Sosibe, avoit vieilli dans le ministère pendant trois règnes consécutifs, & joignoit des talens à sa longue expérience; mais il avoit dans le caractère cette souplesse, cette flexibilité perfide & funeste qui se prête à tous les desirs des favoris & des maîtresses, & qui met les crimes au nombre des moyens de fixer la faveur; l'autre nommé Tlépolème, n'avoit que des vices sans talens.

Cléomène, roi de Sparte, ayant perdu son royaume, n'étoit plus qu'un illustre fugitif retiré en Egypte avec sa femme & ses enfans sous la protection de *Ptolémée*-Philopator. Ce prince l'admettoit quelquefois à ses conseils les plus secrets, & il auroit dû l'y admettre toujours. Cléomène l'arrêta sur plusieurs crimes, & par ses conseils, sauva quelque tems la vie à Magas, frère de *Ptolémée*; mais cette cour lui étoit odieuse par cette disposition continuelle au crime, autant qu'elle étoit méprisable à ses yeux par ses vices honteux. D'un autre côté, ses conseils vertueux commençoient à déplaire: Sosibe, qui ne s'en permettoit point de pareils, en étoit surtout choqué à cause du contraste. Cléomène jugeant que les conjonctures le rappeloient dans sa patrie, demanda une flotte, des troupes & des provisions qu'on avoit promises en Egypte de lui fournir; on les lui refusa, on lui refusa même la permission de sortir d'Egypte sans ces secours;

Histoire Tome IV.

puis de soupçons en soupçons, & d'intrigues en intrigues, on en vint jusqu'à l'arrêter & le retenir en prison; il s'en échappa par le secours de ses amis; ils voulurent exciter une révolution, mais n'ayant pû y réussir, ils s'entrégorgèrent tous jusqu'au dernier, pour éviter la honte du supplice. *Ptolémée* fit mettre en croix le corps de Cléomène après sa mort, & fit mourir sa veuve, ses enfans & toutes les femmes qui l'accompagnoient. Telles étoient les mœurs de la cour de *Ptolémée - Philopator*, cruautés, perfidies & débauches: (voyez l'article *Cléomène II.*)

La guerre étoit presque continuelle entre les rois d'Egypte & de Syrie. Les objets de leur rivalité étoient principalement la Célé-Syrie & la Palestine. Antiochus, dit le grand, roi de Syrie, ayant fait une irruption dans la Célé-Syrie, avoit été vigoureusement repoussé par un Etolien nommé Théodote, qui commandoit dans cette province pour le roi d'Egypte. Une cour cruelle & débauchée est communément absurde: Théodote pour tout prix de ses services, fut rappellé à Aléxandrie, pour rendre compte de sa conduite; il en rendit si bon compte, qu'il fut renvoye dans son gouvernement: mais il en étoit parti innocent, il y retourna coupable. Indigné de n'avoir reçu que des outrages, quand on lui devoit des récompenses, il ne voulut plus obéir à ces maîtres ingrats, il s'empara de Tyr & de Ptolémaïde & y reçut les troupes de ce même Antiochus qu'il avoit précédemment chassé de la Célé-Syrie, & devint un de ses généraux contre Philopator & les Egyptiens. Dans le cours de cette guerre, connoissant par expérience la négligence de ceux-ci, il trouva le moyen de pénétrer à la faveur des ténèbres dans leur camp & jusques dans la tente du roi, qui heureusement pour lui n'y étoit pas dans ce moment; Théodote tua le médecin du roi, blessa deux autres personnes & se sauva pendant qu'on donnoit l'allarme & qu'on en ignoroit encore le sujet. *Ptolémée* gagna la bataille de Raphia & se hâta de faire la paix pour se replonger dans la mollesse. Ce fut alors que, ses maîtresses disposant de tout & donnant seules les charges, les commandemens, les gouvernemens, personne, dit Justin, n'avoit moins de crédit dans le royaume que le roi lui-même, *nec quisquam in regno suo minùs quàm ipse rex poterat.* Ce fut alors qu'Arsinoë, femme & sœur de Philopator, se rendant importune par ses plaintes & ses remontrances, Sosibe chargea un assassin nommé Philammon & en défaire le roi & lui. Ce fut le dernier crime que les Egyptiens permirent à ce ministre de commettre; il s'éleva contre lui un cri d'indignation qui obligea de le renvoyer, & Tlépolème qui avoit montré de la valeur & même de la conduite à l'armée, fut mis à sa place, où il ne montra bien-tôt que de l'incapacité. *Ptolémée - Philopator* mourut à trente-six ou trente-sept ans, consumé par les voluptés , ayant régné dix-sept ans. Sa mort tombe à l'an 204 avant Jésus-Christ.

5°. Il eut fucceffeur *Ptolémée-Epiphane*, fon fils, qui n'avoit alors que cinq ans. Philopator avoit rendu les derniers foupirs entre les bras d'Agathoclée fa maitreffe, d'Agathocle frère de cette femme , & de leurs créatures; ils cachèrent cette mort pendant plufieurs jours, pour avoir le temps de piller le palais & dé s'affurer la régence; mais Tlepolème les embarraffoit, ils réfolurent de le perdre. Ils publient enfin la mort du roi. On affemble un grand confeil des principaux habitans d'Aléxandrie. Agathocle & Agathoclée s'y rendent. Le premier tenant dans fes bras le jeune prince & fondant en larmes, réclame pour cet enfant orphelin la protection & la fidélité des Aléxandrins, contre un ufurpateur qui veut envahir fa couronne , & cet ufurpateur étoit Tlépolème. Agathoclée avoit fes témoins tout prêts; mais le peuple même, toujours fi facile à émouvoir par des accufations & des déclamations, ne fut pas la dupe d'un fi groffier artifice; dès-lors il en fut indigné, il fe jetta fur Agathocle, fur fa fœur, fur leur mère, leurs parens, leurs amis; il les mit en pièces, & felon l'ufage d'une multitude effrenée, il outragea leurs cadavres en mille manières.

Philammon, l'affaffin d'Arfinoé, fut affommé à coups de pierres & de bâton par les femmes attachées à cette reine; la garde de la perfonne du jeune roi fut confiée à Sofibe, fils de celui qui avoit été fi long-temps miniftre & qui avoit commis tant de crimes dans le miniftère.

La querelle entre l'Egypte & la Syrie au fujet de la Célé-Syrie & de la Paleftine, n'étoit jamais qu'affoupie par les traités; Antiochus, roi de Syrie, & Philippe, roi de Macédoine, fidèles au machiavelifme vulgaire, qui veut qu'on opprime fon voifin pendant qu'il eft foible, & qu'on ne laiffe pas le temps au lionceau de devenir lion, fe liguèrent pour dépouiller le jeune roi d'Egypte, & felon l'ufage auffi ridicule que pervers des conquérans, ils firent entr'eux un partage anticipé des états qu'ils alloient lui enlever; Antiochus commença par lui enlever en effet les deux grands objets de la rivalité de l'Egypte & de la Syrie, la Célé-Syrie & la Paleftine; mais les Egyptiens fe mirent eux & leur roi fous la protection des romains qui leur fit bientôt recouvrer ces deux provinces; Antiochus les reprit, & appellé par fon ambition à de nouvelles conquêtes ,

Nos alias hinc ad lacrymas eadem horrida belli.
Fata vocant.

Il fit une trêve avec les Egyptiens, offrit à *Ptolémée-Epiphane* Cléopatra fa fille, & pour gagner du temps, demanda expreffément que le mariage fût différé jufqu'à ce que ces deux enfans fuffent en âge de

le confommer; alors & le jour même des nôces & pour la dot de fa fille, il devoit remettre à l'Egypte les deux provinces qu'il lui avoit enlevées. On connoît la valeur de ces fortes de promeffes dans la politique machiavellifte; tout état qu'on ne rend point actuellement eft un état qu'on veut garder. Antiochus vouloit garder ceux-ci; car, fur un faux bruit qui courut de la mort de *Ptolémée*, il fe mit en marche pour aller envahir l'Egypte même; ce bruit avoit pour fondement une confpiration réelle formée contre la vie de *Ptolémée*, par Scopas, général des troupes Etoliennes & étrangères, qui faifoient la principale force de l'Egypte; fûr de leur appui, Scopas afpiroit au trône, & on croit qu'il y feroit parvenu, fi par quelques délais qu'il apporta lui-même à l'exécution de fon entreprife, il n'eût laiffé le temps à un miniftre habile & vigilant que les Romains avoient donné à *Ptolémée*, de faire arrêter le coupable, de le convaincre & de le faire punir. Les Etoliens furent caffés & renvoyés dans leur pays. Ce fage miniftre, qui dans cette occafion & dans beaucoup d'autres, fut fi utile à fon maître, étoit un Acarnanien de nation, nommé Ariftomène; tant que *Ptolémée*-Epiphane ou le laiffa gouverner, ou fuivit fes confeils, l'adminiftration fut fage & le royaume heureux; mais quand l'âge des paffions vint lui fournir des motifs d'indocilité; quand les objets & les miniftres de fes plaifirs prirent foin de lui rappeller qu'il étoit maître, afin d'être maîtres fous lui, il n'y eut plus qu'une lutte inégale entre leurs vices & la vertu d'Ariftomène; les confeils de celui-ci, en devenant des remontrances, parvinrent aifément à déplaire. *Ptolémée* qui ne vouloit plus que fe livrer entièrement, comme fon père, aux voluptés, trouva ce cenfeur incommode & paffant par degrés jufqu'à l'excès de l'ingratitude, on croit qu'il fe défit d'Ariftomène par un breuvage empoifonné; alors entraîné par toutes fes paffions, il eut tous fes fujets pour ennemis, il fe forma des cabales, il s'éleva des féditions; *Ptolémée* eut encore le bonheur de tomber entre les mains d'un habile miniftre, nommé Polycrate, homme de guerre & homme d'état, qui avoit aidé fon père à gagner la bataille de Raphia, & qui rendit le fils vainqueur des rebelles; il fit ceffer les troubles & donna la paix à l'Egypte; mais ce ne fut que pour un temps; *Ptolémée*-Epiphane fit plus de fautes & commit plus de crimes que Polycrate n'en put réparer. Il forma auffi de trop grandes entreprifes, il voulut porter la guerre dans les états du roi de Syrie, contre lequel c'étoit affez de fe défendre. Il traça un plan fi vafte & fi magnifique de fes projets, qu'un de fes principaux officiers fe hafarda de lui demander où il comptoit prendre l'argent néceffaire pour l'exécution; il répondit myftérieufement que fes amis lui en fourniroient; on prétend que ce mot lui coûta la vie. Les courtifans s'attendant à des emprunts forcés qui les ruineroient, fe hatèrent de prévenir ces extorfions en le traitant comme il avoit lui-même traité Ariſtomène. Il mourut l'an 180 de Jéſus-Chriſt à vingt-neuf ans, dont il avoit régné vingt-quatre.

6°. *Ptolémée-Philométor*, ſon fils, lui ſuccéda dès l'âge de ſix ans, ſous la tutelle de Cléopatre ſa mère, fille d'Antiochus le grand, roi de Syrie, & ſœur d'Antiochus Epiphane. Le ſurnom de *Philométor* ne lui fut point donné par antiphraſe; il aima & reſpecta ſa mère; il eut des mœurs douces & aimables, & on verra par ſa conduite que les ſentimens de la nature conſervèrent ſur lui tout leur empire.

Ni Antiochus le grand, ni Antiochus Epiphane, n'avoient rempli les engagemens relatifs à la reſtitution de la Célé-Syrie & de la Paleſtine; ainſi *Ptolémée*-Philométor fut contraint d'entrer en guerre contre ſon oncle, qui même le prévint & entra en Egypte: les deux armées en vinrent aux mains entre le mont Caſius & Péluſe; Antiochus remporta la victoire; l'année ſuivante, il fit en Egypte une ſeconde irruption non moins heureuſe, où il gagna encore une ſeconde bataille; prit Péluſe, puis Memphis, & preſque tout le pays à la réſerve d'Alexandrie. Il ſéduiſit les cœurs des Egyptiens par des actes de clémence; Philométor lui même, ou fut pris, ou ſe remit volontairement entre les mains de ſon oncle, qui lui laiſſant au moins les apparences de la liberté, montroit un grand zèle pour ſes intérêts, & vouloit, diſoit-il, lui ſervir de tuteur; mais à meſure que ſa puiſſance s'affermiſſoit dans l'Egypte, il levoit par degrés le maſque, permettoit à ſes troupes le pillage & le brigandage, & partageoit avec elles les dépouilles des malheureux Egyptiens.

Philométor élevé dans la molleſſe par un eunuque, ſon gouverneur & ſon premier miniſtre, qui s'attachoit, ſelon l'uſage des inſtituteurs devenus miniſtres, à prolonger l'enfance du roi ſon élève, avoit foiblement défendu ſes états & n'avoit pas montré la valeur qu'exigeoient les conjonctures. Il ſembloit même alors ſubir ſans peine le joug que ſon oncle lui impoſoit, & il le laiſſoit diſpoſer de tout dans l'Egypte; les Alexandrins ne purent ſoutenir cet aviliſſement de leur roi, & puiſqu'il s'étoit laiſſé détrôner, ils le regardèrent en effet comme détrôné, ils donnèrent ſa couronne à ſon frère puiné, qui prit le titre de *Ptolémée-Evergète II*; ce nom d'*Evergète*, bienfaiſant, fut bien-tôt changé en celui de *Cacoergète, malfaiſant*; mais le ſurnom qui lui reſta fut celui de *Phyſcon*, qui exprimoit baſſement l'embonpoint d'un gourmand. La nation lui nomma ſes miniſtres & les chargea de rétablir les affaires. A cette nouvelle, Antiochus reprenant tout ſon faux zèle pour les intérêts de Philométor & tout ſon perſonnage de tuteur, fit une troiſième irruption dans l'Egypte, ſous prétexte de remettre ſur le trône le roi dépoſé; il battit les Alexandrins dans un combat naval près de Péluſe, & alla former le ſiége d'Alexandrie. On ſe mit à négocier, mais ce fut, de la part d'Antio-

chus, ſans interrompre le ſiége. *Ptolémée*-Evergète & Cléopatre ſa ſœur, qui ſe trouvoient enfermés dans la place, eurent recours à la ſeule vraiment grande & puiſſante reſſource, à la protection des Romains; ce fut alors que C. Popilius Lenas, chef de l'ambaſſade romaine, envoyé pour protéger Evergète ou Phyſcon, enferma Antiochus dans un cercle, & lui commanda de choiſir à l'inſtant la paix ou la guerre; Antiochus ainſi preſſé, choiſit la paix & la rendit à l'Egypte. Il avoit déjà remis Philométor en poſſeſſion d'une partie de cette contrée, mais il avoit conſervé Péluſe, comme une clef pour y rentrer quand il lui plairoit. Philométor ouvrit les yeux ſur les motifs de cette conduite, il vit que ſon oncle ne vouloit que le mettre aux mains avec Phyſcon ſon frère, pour profiter de leurs diviſions; il fit parler d'accommodement à Phyſcon, ils traitèrent en effet par l'entremiſe de Cléopatre leur ſœur, &, dépoſant toute rivalité, ils convinrent de régner conjointement avec l'union, non de deux princes, mais de deux frères.

Si le roi de Syrie n'avoit voulu, comme il le diſoit, que rétablir Philométor, il ne pouvoit qu'applaudir à la réconciliation des deux frères, qui laiſſoit Philométor ſur le trône où qui l'y remettoit; il arriva cependant, comme les frères l'avoient prévu, qu'à cette nouvelle il arma de nouveau contre l'Egypte pour les punir de cette réconciliation même, & qu'il ſe déclara ſans détour ennemi de l'un & l'autre de ces deux princes. Il demanda qu'on lui cédât à perpétuité l'iſle de Cypre & la ville de Péluſe, avec un grand arrondiſſement. Sur le refus qu'il étoit bien ſûr d'éprouver en faiſant une pareille demande, il perça toute l'Egypte & fit ce ſiége d'Alexandrie que l'ambaſſade romaine & la fierté de Popilius le forcèrent d'abandonner.

La bonne intelligence ne régna pas long-temps entre les deux frères; Phyſcon parvint à chaſſer Philométor; celui-ci n'eut plus d'autre reſſource que d'aller à Rome implorer la protection toute puiſſante du ſénat; il traverſa l'Italie, de Brunduſe ou Brindes à Rome, à pied, ſans ſuite & preſque ſans habits, dans l'état d'un homme dénué de tout. Démétrius, un des princes de la maiſon des rois de Syrie, qui étoit alors en ôtage à Rome, & qui fut dans la ſuite roi de Syrie, apprenant l'arrivée & les infortunes du roi d'Egypte, alla au-devant de lui à neuf ou dix lieues de Rome, & voulut le mettre en état de paroître en roi devant le ſénat; Philométor lui témoigna toute la reconnoiſſance que ſon procédé méritoit; mais il parut mettre quelque politique à donner au ſénat, par ſon extérieur même, une grande idée de l'abaiſſement où il étoit réduit, & du beſoin qu'il avoit de la protection des Romains. Il chercha en tout l'obſcurité, ſe logea dans une petite maiſon chez un peintre d'Alexandrie. Quand le ſénat fut inſtruit du lieu de ſa demeure, il lui en fit préparer une autre plus digne de lui, où il fut introduit par plufieurs fénateurs, & quand on eut entendu fes plaintes & appris fon détrônement, on envoya des ambaſſadeurs pour conclure un acommodement folide entre lui & fon frère. On partagea entre eux le royaume d'Egypte; Philométor eut l'Egypte proprement dite & l'île de Cypre; Phyſcon, la Lybie & la Cyrénaïque.

On ne partage point la grandeur fouveraine.

La divifion fe mit encore entre les deux frères. Phyſcon ne fut pas content de fon lot, il voulut avoir l'île de Cypre; cette cauſe fut plaidée à Rome. Philométor fit connoître toutes les obligations que l'ingrat Phyſcon lui avoit, & qu'il oublioit; Phyſcon ayant, par fes injuſtices & fes violences, foulevé contre lui fes peuples, qui ne vouloient pas moins que lui ôter la couronne & même la vie, Philométor par fa médiation avoit ramené ces mêmes peuples à l'obéiſſance. Le fénat fentit que la juſtice & la foi des traités étoient pour Philométor; mais imbu de la maxime machiavelliſte: *divide & impera, diviſez pour régner,* il s'attacha principalement à entretenir la diſcorde entre les deux frères; il vint au fecours de celui qui lui parut le plus foible, & il donna l'île de Cypre à Phyſcon, qui d'ailleurs étoit venu en perſonne à Rome, au lieu que, cette fois, Philométor s'étoit contenté d'y envoyer des ambaſſadeurs. Phyſcon, dans fon féjour à Rome, vit la fameuſe Cornélie, mère des Gracques, & la demanda en mariage; elle préféra, pour une fille de Scipion l'africain, l'état de veuve de Tibérius-Gracchus, conful & cenfeur, à celui de reine de Lybie. Philométor, mécontent du nouveau décret du fénat, refufa de l'exécuter; en même temps les Cyrénéens, qui n'aimoient pas Phyſcon, lui fermèrent l'entrée de leur pays, & le vainquirent en bataille rangée; Phyſcon imputant fes revers à fon frère, fit porter fes plaintes à Rome contre lui, & le fénat déclara folemnellement qu'il n'y avoit plus d'alliance ni d'amitié entre les Romains & Philométor. Phyſcon fe rétablit pour un temps dans la Cyrénaïque, mais fa mauvaiſe conduite excita bien-tôt de nouveaux foulevemens, dans l'un defquels il fut bleſſé & laiſſé pour mort; auſſi-tôt qu'il fut guéri, il entreprit de nouveau le voyage de Rome, où, par des plaintes amères, il anima le reſſentiment du fénat contre fon frère; le fénat envoya des commiſſaires avec des troupes pour mettre Phyſcon en poſſeſſion de l'île de Cypre; Philométor vint à fa rencontre, le battit, l'aſſiégea enfuite dans une place de l'île, le fit prifonnier, & bien plus jaloux encore de le vaincre par fes bienfaits que par fes armes, il lui pardonna tout, le remit en poſſeſſion de la Lybie & de la Cyrénaïque, y ajouta même quelque dédommagement pour l'île de Cypre qu'il retenoit. Cet acte de clémence & de généroſité défarma Phyſcon, & termina pour jamais la guerre entre les

deux frères. Les Romains, de leur côté, eurent honte de fe déclarer contre un prince auſſi vertueux que Philométor.

Cléopatre, fille de Philométor, eſt la fameuſe Cléopatre de *Rodogune.* Son père l'avoit d'abord donnée en mariage à un impoſteur nommé Aléxandre Bala, qui, en fe faiſant paſſer pour fils d'Antiochus Epiphane, étoit parvenu, à la faveur des conjonctures & avec l'appui de plufieurs rois voifins, à monter & à s'affermir fur le trône de Syrie; dans la fuite, Ptolémée-Philométor ayant eu des raifons d'être mécontent de Bala, lui ôta fa fille, & la fit épouſer à Démétrius, concurrent de Bala au trône de Syrie. Les habitans d'Antioche fe donnèrent à Philométor, & voulurent le prendre pour leur roi; mais ce prince toujours modéré leur déclara qu'il fe contentoit de fes états, & leur recommanda Démétrius, fon nouveau gendre, qui étoit véritablement l'héritier légitime, & qui, par le crédit de Philométor, obtint leurs fuffrages. Aléxandre Bala n'étoit pas éloigné; il accourut, mit tout à feu & à fang aux environs d'Antioche; on en vint aux mains, Bala fut défait & prit la fuite; il fut livré aux vainqueurs, on lui trancha la tête, elle fut apportée à Philométor qui parut trop jouir de cet indigne ſpectacle & de ce triſte triomphe. Il n'en jouit pas long-temps; bleſſé lui-même dans la bataille, il mourut au bout de peu de jours, des bleſſures qu'il y avoit reçues. Sa mort tombe à l'année 145 avant J. C.

7°. *Ptolémée-Evergète fecond,* dit Phyſcon, frère de *Ptolémée-Philométor,* de crime en crime fut fon fucceſſeur. *Ptolémée-Philométor* avoit épouſé Cléopatre, fa propre fœur, & il en avoit un fils qu'il laiſſa en bas âge; Cléopatre voulut lui procurer la couronne & s'aſſurer la régence; les Egyptiens fe partagèrent entre cet enfant & Phyſcon. Il fe fit un accord entre celui-ci & Cléopatre; elle confentit d'épouſer Phyſcon, qui devoit conferver la couronne pendant fa vie & la tranfmettre au fils de Cléopatre & de Philométor; mais Phyſcon, le jour même de fes nôces, tua l'enfant entre les bras de Cléopatre fa mère. Le reſte du règne de Phyſcon ne fut plus qu'un tiſſu de crimes & d'extravagances monſtrueuſes; fes cruautés firent d'Aléxandrie un défert, & il ne fut plus poſſible de la repeupler qu'à force d'immunités & de privilèges. Ce monſtre portoit l'ame la plus vile & la plus cruelle dans le corps le plus honteuſement difforme. Son ventre étoit d'une fi énorme groſſeur, qu'il n'y avoit point d'homme qui pût l'embraſſer; jamais il n'alloit à pied, par l'impoſſibilité de porter le poids énorme de fon corps; il fit cependant des efforts pour recevoir & accompagner trois illuſtres ambaſſadeurs que les Romains, fuivant leur politique, envoyèrent en Egypte, en Syrie, dans l'Afie mineure & dans la Grèce, pour prendre connoiſſance de l'état des affaires de ces différens pays, & y conformer leurs difpofitions. Par-tout où les Romains paroiſſoient, les plus grands rois n'étoient plus que leurs sujets, & ces trois ambassadeurs sembloient faits pour donner des loix à l'univers ; c'étoient le second Scipion l'Africain dont on comptoit, dit Valère Maxime, non les esclaves, mais les victoires, *non mancipia, sed victoriæ numerabantur*; Sp. Mummius & L. Metellus. Physcon se piqua d'étaler aux yeux de ces hommes grands & modestes, un luxe & une magnificence qui le rendoient encore plus ridicule par le contraste de leur simplicité. Sa table étoit couverte des mets les plus recherchés, les Romains ne touchoient qu'à ce qu'il y avoit de plus simple & de plus commun. Physcon n'alloit jamais nulle part que porté sur le char le plus commode & du mouvement le plus doux ; les Romains, pour tout voir dans le plus grand détail, n'alloient qu'à pied, & Physcon n'osant pas aller autrement, s'épuisoit en efforts pénibles pour les suivre de loin ; Scipion dit tout bas au philosophe Panætius son ami, qui l'avoit accompagné dans ce voyage : *les Aléxandrins nous auront du moins l'obligation d'avoir vu marcher leur immobile souverain.* Le résultat de cette entrevue fut que les ambassadeurs inspirèrent aux Egyptiens un grand respect pour le nom romain, & conçurent un profond mépris pour le roi d'Egypte; encore s'il n'eût été que méprisable, mais il n'y avoit point de crime dont il ne se souillât. Il se dégouta de Cléopatre sa femme & sa sœur; il devint amoureux d'une fille qu'elle avoit eue de Philométor & qui se nommoit aussi Cléopatre; il chassa la mère, déshonora, puis épousa la fille.

Ses crimes passent toutes les bornes de la vraisemblance. Se sentant aussi haï des nouveaux habitans, dont il avoit peuplé Aléxandrie, qu'il l'avoit été des anciens, il n'imagina d'autre remède à ce mal, que de faire investir par des troupes étrangères le lieu où les jeunes gens de la ville s'assembloient pour leurs exercices & de les faire tous passer au fil de l'épée ; le peuple en fureur courut au palais pour y mettre le feu & brûler le barbare; il en étoit déjà sorti, & s'étoit enfui dans l'île de Cypre avec Cléopatre sa nouvelle femme, & Memphitis fils qu'il avoit eu de la première. Les Aléxandrins mirent le gouvernement entre les mains de cette première Cléopatre, parce que Physcon l'avoit répudiée, ils renversèrent & brisèrent les statues de Physcon. Les plus affreux tyrans auroient peine à imaginer l'espèce de vengeance qu'il osa tirer de Cléopatre. Il fit égorger devant lui Memphytis, son propre fils, jeune prince de grande espérance.

Nempe tuo, furiose.

Il fit couper son corps en morceaux, les mit dans une caisse avec la tête entière qu'il vouloit qu'on reconnût; il choisit le jour où on célébroit avec beaucoup de solemnité la naissance de Cléopatre, & voulut que cette mère malheureuse reçût la caisse fatale & la tête & les membres de son fils au milieu de la joie de cette fête; on ne connoît point d'autre exemple d'un pareil rafinement, d'une pareille recherche de barbarie. Cléopatre à son tour exerça une vengeance, mais bien plus naturelle, & que ce crime rendoit nécessaire; ce fut de placer le crime même & cet abominable présent sous les yeux du peuple; alors l'horreur fut au comble, on jura d'exterminer le tyran ou du moins de l'exclure à jamais du trône, & Marsyas, général des troupes de la reine, marcha contre Physcon; il eut le malheur d'être vaincu, pris & conduit à Physcon; il s'attendoit à périr dans les tourmens; Physcon lui fit grace, il étoit las des cruautés, elles ne lui avoient produit que des malheurs, il voulut essayer de la clémence, il voulut bien tard regagner les cœurs des Aléxandrins. Cléopatre, après la défaite de Marsyas, étoit allée en Syrie demander du secours; Physcon rentra dans Aléxandrie & remonta sur le trône. Il occupa chez eux les Syriens pour les empêcher de se mêler des affaires de l'Egypte, & ce monstre mourut tranquille dans son lit au milieu de sa capitale, l'an 117 avant J. C. ayant régné 29 ans, depuis la mort de son frère Philométor.

8°. *Ptolémée, dit Lathyre.* Physcon avoit laissé trois fils : *Ptolémée* Apion qu'il avoit eu d'une concubine; & deux fils réputés légitimes qu'il avoit eus de la seconde Cléopatre sa nièce; l'aîné s'appelloit *Lathyre,* sobriquet qui répond à celui de *Ciceron*; le cadet, Aléxandre Apion, eut la Cyrénaïque en vertu du testament de Physcon son père, & il la laissa lui-même par testament aux Romains; Physcon avoit laissé l'Egypte à la seconde Cléopatre sa femme, & lui avoit abandonné le choix de celui de ses deux fils qu'elle voudroit faire régner avec elle. L'histoire de cette Cléopatre d'Egypte est presque, à tous égards, la même que celle de la fameuse Cléopatre de Syrie, ennemie & rivale de Rodogune. Elle n'aimoit aucun de ses deux fils, mais elle haïssoit mortellement l'aîné; elle choisit Aléxandre 1°. parce qu'il étoit plus jeune; 2°. parce qu'elle le croyoit plus facile à gouverner; elle avoit persécuté Lathyre dès le vivant de Physcon, & l'avoit fait reléguer dans l'île de Cypre; mais le peuple d'Alexandrie prit sous sa protection ce prince opprimé, il ne souffrit pas qu'on lui fît perdre son droit d'aînesse; la reine fut obligée de le faire revenir de son éxil, & de l'associer à la couronne; elle n'en fut que plus injuste à son égard, & prit plaisir à exercer toute sorte de tyrannie sur ce roi qu'on l'avoit forcé de nommer; il aimoit tendrement Cléopatre, sa sœur & sa femme suivant l'usage d'Egypte, elle le força de la répudier, parce qu'il l'aimoit, & d'épouser Sélène, sa sœur cadette, parce qu'il ne

l'aimoit pas ; elle s'attacha sur-tout à semer la division entre les deux frères, & donna dans cette
vue le royaume de Cypre au cadet ; ensuite s'appercevant que Lathyre cherchoit à s'affranchir de
ses liens, qu'il ne la consulteroit pas sur tout &
ne suivoit pas en tout ses conseils ou plutôt ses
ordres, elle imagina pour le perdre un stratagème
odieux ; elle fit faire des blessures à quelques-
uns des eunuques qu'on savoit être les plus dévoués à cette princesse, elle les produisit en
cet état dans une assemblée du peuple, elle demanda justice d'un fils dénaturé qui avoit voulu tuer sa mère, & qui avoit traité ainsi ceux
qui avoient fait leur devoir en la défendant. Le
peuple qu'il est toujours si aisé de tromper &
d'enflammer, & pour qui toute accusation est
une preuve, se souleva contre Lathyre & vouloit le mettre en pièces ; il s'échappa, mais Cléopatre resta la maîtresse & fit ce qu'elle avoit d'a-
bord résolu de faire, elle mit Aléxandre sur le
trône d'Egypte, & obligea Lathyre de se contenter de celui de Cypre. Il alla faire la guerre
dans la Palestine & dans la Phénicie. Il faut, en
rapportant le trait suivant, se hâter de dire que
c'est Joseph qui le rapporte d'après Strabon, &
qu'il n'en est pas plus vraisemblable. Ces auteurs disent donc qu'après une grande victoire
qu'il venoit de remporter, prenant des quartiers
dans des villages voisins, qu'il trouva remplis
de femmes & d'enfans, les hommes ayant pris la
fuite, il fit tout égorger, il fit hacher tous ces
corps par morceaux & les fit cuire dans des chau-
dières comme pour en faire souper son armée.
Son but dans cette barbarie, étoit, dit-on, de
faire répandre le bruit & d'établir la croyance
que ses troupes se nourrissoient de chair humaine, il espéroit par-là jetter la terreur dans
tout le pays ; mais une telle terreur est très-
dangereuse à inspirer, car la fureur & l'horreur
en sont inséparables & doivent naturellement
disposer les hommes à la réunion contre de tels
ennemis du genre humain ; un peuple d'Antro-
pophages parmi des nations qui ne le seroient
pas, seroit bientôt détruit. Physcon avoit mieux
raisonné, lorsque de la violence & de la barbarie il avoit voulu en revenir à la clémence.

Cependant Cléopatre s'allarma d'apprendre que
son fils savoit vaincre ; elle craignit qu'il n'acquît
assez de force & de puissance pour venir la troubler dans la possession de l'Egypte, elle se hâta
de le prévenir & d'envoyer contre lui une armée, qui lui fit lever le siége de Ptolémaïde où
elle le trouva occupé ; il crut alors que les forces de l'Egypte étant transportées dans la Phénicie, il trouveroit l'Egypte dégarnie de troupes, & que c'étoit le moment de l'attaquer. Il
se trompa, la prudence de Cléopatre avoit pourvu à tout ; il fut repoussé de l'Egypte & chassé
de la Palestine.

Ptolémée-Aléxandre, son frère cadet, ne partageoit point la haine de Cléopatre pour Lathyre ;
les vues ambitieuses de sa mère ne lui échappoient pas, il vit clairement qu'elle n'aimoit aucun de ses fils, qu'elle n'aimoit que l'empire,
que les crimes ne coûtoient rien à son ambition ;
il ne voulut point paroître les partager, & il ne
se crut pas lui-même en sûreté auprès d'elle, il
s'exila volontairement, abandonna la couronne
pour conserver la vie, & se cacha dans la retraite pour n'être ni ministre ni victime des cruautés politiques. Ce fut un nouvel embarras pour
Cléopatre ; le peuple ne voulut pas souffrir qu'elle
regnât seule ; on employa les plus vives sollicitations auprès du prince, qui ne se détermina
qu'avec beaucoup de peine à revenir, heureux
s'il ne fût jamais revenu. Jusque-là, tout l'intérêt
étoit en sa faveur ; mais voyant sa vie sans cesse
menacée par une mère dont l'ambition ne pouvoit souffrir aucun partage d'autorité, il prit
le parti de la prévenir & la fit périr elle-même.
Ce crime qui égaloit seul tous ceux de sa mère,
ne lui réussit point ; les Aléxandrins ne voulurent point d'un roi parricide, ils rappellèrent Lathyre. Aléxandre fit quelques vains efforts pour
se maintenir, puis pour se rétablir, il périt bientôt dans une de ses expéditions ; Lathyre resta
en possession du trône, & le reste de son règne
ne fut plus troublé que par une rebellion particulière qui entraîna la ruine de la ville de Thé-
bes en Egypte, qu'il ne vint à bout de réduire qu'a-
près un siége de trois ans. Il mourut peu de
temps après, l'an 81 avant Jésus Christ. Son règne avoit été en tout de trente-six ans, dont il
avoit régné onze en Egypte conjointement avec
sa mère, dix-huit en Cypre, sept seul en Egypte
après la mort de Cléopatre & l'expulsion d'A-
léxandre.

9°. *Ptolémée IX.* C'est cet Aléxandre, qui est
compté au nombre des rois d'Egypte, parce
qu'en effet il y avoit regné avec sa mère. Son
article a été fait dans ce dictionnaire par M. Turpin, sous le nom d'*Aléxandre*. (Voyez *Aléxandre. Hist. d'Egypte.*)

10°. *Ptolémée.* X. C'est un autre Aléxandre,
fils du précédent. Son article a pareillement été fait
sous ce nom par M. Turpin (voyez l'art. *Aléxandre II, Hist. d'Egypte.*) Et corrigez ce qui est
dit dans cet article, que Lathyre avoit légué en
mourant le royaume d'Egypte aux Romains ;
c'est Aléxandre II, ou Ptolémée X qui fit cette
disposition.

11°. *Ptolémée-Aulètes, Aulète,* bâtard de
Lathyre, fut nommé *Aulète,* c'est-à-dire *joueur
de flûte,* parce qu'il se piquoit d'en jouer si bien
qu'il voulut en disputer le prix dans les jeux publics. Les Egyptiens le mirent sur le trône à la
place d'Aléxandre II qu'ils avoient chassé. Mais
Aléxandre étant mort après avoir institué le peuple Romain son héritier, on ne pouvoit plus être

roi d'Egypte sans la permission des Romains, & sans avoir obtenu le titre de leur allié. César alors consul, & s'appuyant du crédit de Pompée, qui lui étoit nécéssaire pour avoir le consentement du peuple, vendit chèrement à *Ptolémée* ce titre d'allié du peuple romain. Il lui en coûta tant pour César que pour Pompée six mille talens, qu'on évalueroit aujourd'hui à près de vingt-sept millions. A ce prix, il fut déclaré ami & allié du peuple romain, il fut roi d'Egypte.

Mais pour fournir cette somme, il fallut qu'il accablât ses sujets d'impôts ; ceux-ci se révolte-rent, *Ptolémée* fut obligé de s'enfuir. On mit sur le trône Bérénice, l'aînée de ses filles. *Ptolé-mée* dans sa fuite, ayant abordé dans l'île de Rhodes, apprit que Caton venoit d'y arriver en allant réduire l'île de Cypre (voyez plus bas l'article du premier *Ptolémée* de Cypre). Aulète fit avertir Caton qu'il étoit à Rhodes & qu'il dé-siroit de l'entretenir sur diverses affaires ; il ne doutoit pas que sur cet avis Caton ne se rendît d'abord chez lui. Caton (c'est celui d'Utique) plein à la fois de la fierté romaine & de la fierté stoïque, répondit que si Aulète avoit à l'entre-tenir, il pouvoit le venir trouver ; il y vint ; Caton le reçut comme un simple particulier, lui dit seulement de s'asseoir, l'écouta, & quand il eut dit qu'il alloit à Rome implorer le secours du sénat contre ses sujets rebelles, qu'allez-vous « faire, lui dit Caton ? dévorer mille indignités, » ramper servilement aux portes des grands de » Rome qui ne les ouvriront qu'à prix d'argent, » & dont toutes les richesses de votre Egypte ne » pourroient assouvir l'avidité ; retournez dans » vos états, faites la paix avec vos sujets, ce » sont les premiers amis qu'il faut savoir ac-» quérir & conserver ». Ce conseil de Caton ébranla Aulète : mais on ne lui permit pas de le suivre ; il vint à Rome, où il fut obligé de solliciter de porte en porte chaque magistrat, cha-que sénateur. César sur lequel il fondoit princi-palement ses espérances, n'étoit pas à Rome, il faisoit la guerre dans les Gaules ; Pompée le re-çut, le logea chez lui, n'oublia rien pour le ser-vir ; par ses soins, le consul Lentulus fut chargé de rétablir *Ptolémée-Aulète* sur le trône.

Cependant les Egyptiens envoyèrent à Rome une ambassade solemnelle pour justifier leur ré-volte ; *Ptolémée* trouva le moyen de faire périr presque tous ces ambassadeurs par le fer ou par le poison ; il en devint plus odieux, il s'éleva contre lui dans Rome de violens orages, on fa-briqua un oracle de Sibylle qui défendoit de fournir des troupes au roi d'Egypte, & on pro-fita contre lui de toute la superstition du peuple romain ; tant les hommes ont besoin de passer par l'erreur pour arriver à la justice & à la vé-rité. Il étoit juste peut-être de ne pas prendre la défense d'un roi qui avoit opprimé son peuple, corrompu des sénateurs, acheté des suffrages, à

prix d'argent, égorgé, empoisonné des ambas-sadeurs ; mais pour accomplir cette justice, il fal-loit du mensonge, de l'erreur, un oracle de Sibylle.

Oui, je connois ton peuple, il a besoin d'erreur.

Il fallut transiger avec l'oracle & chercher des biais ; Cicéron proposa celui de conquérir & de-pacifier l'Egypte, & d'y envoyer ensuite *Ptolé-mée-Aulète* sans lui fournir de troupes, ce qui étoit la seule chose défendue par l'oracle. Len-tulus n'osa exécuter ce projet ; Gabinius plus hardi s'engagea dans cette expédition, où il fut bien secondé par Marc-Antoine, qui fut depuis ce célèbre triumvir.

Bérénice que les Egyptiens avoient nommée leur reine, avoit épousé d'abord Seleucus, dernier prince de la race des Séleucides ; il devint odieux aux Egyptiens & à sa femme, qui le fit étrangler ; elle épousa ensuite Archelaüs, grand-prêtre de Comane dans le Pont, fils d'Archelaüs un des généraux du fameux Mithridate. Cet Archelaüs régnoit avec Bérénice, lorsque les Romains vinrent faire la conquête de l'Egypte, il fut tué en combattant vail-lamment contre eux ; l'Egypte fut soumise, & obligée de recevoir Aulète. Celui-ci fit mourir Bérénice sa fille, pour avoir régné pendant son exil ; Gabinius lui laissa quelques troupes romai-nes pour sa garde ; Aulète pour pouvoir fournir à Gabinius la somme dont ils étoient convenus pour son rétablissement, fit périr tous les gens riches du parti qui lui avoit été contraire, ayant besoin de leurs confiscations, ce fut une source intarissable d'extorsions & de violences ; les Egyp-tiens souffrirent tout ; mais un soldat romain ayant tué par mégarde un chat, rien ne put em-pêcher le peuple de mettre ce soldat en pièces, sur le champ, car ce chat étoit un des dieux du pays. Ce trait peut servir à faire connoître les Egyptiens de ce tems-là, il en est de même du trait suivant : Archelaüs s'étant mis en marche pour aller combattre les Romains, quand il fal-lut asseoir le camp, & faire des retranchemens, ces peuples accoutumés à la molesse & à l'oisi-veté, s'écrièrent qu'ils étoient venus pour com-battre, non pour remuer des terres, & que s'il s'agissoit de travaux, on n'avoit qu'à y employer des mercenaires, aux dépens du public.

Ptolémée-Aulète, obligé de fuir précipitamment de l'Egypte dans le tems de la révolution qui l'avoit renversé du trône, n'avoit pas pû en em-porter assez d'argent pour suffire aux profusions qu'exigeoit l'avarice de Rome ; il fut obligé d'emprunter à Rome même, & ce fut un che-valier romain, nommé C. Rabirius Posthumus, ami de César, qui, sous une espèce de garantie de Pompée, prêta ou fit prêter à *Ptolémée-Aulète* les sommes dont il avoit besoin. Quand *Ptolé-mée* fut rétabli sur son trône, Rabirius l'alla trou-ver pour être payé ; Aulète, en lui faisant sen-

tir que c'étoit úne chofe difficile & prefque impoffible, lui propofa de fe charger du foin de fes
finances, ce qui lui procureroit le moyen de fe
rembourfer peu à peu par fes mains: Rabirius
prit ce parti dans la crainte de tout perdre ;
Ptolémée faifit un prétexte pour le faire arrêter,
& Rabirius fut trop heureux de fe fauver de prifon & de quitter l'Égypte, plus páuvre qu'il n'y
étoit venu. A fon retour, il fut accufé à Rome
d'avoir fourni à *Ptolémée* des moyens de corruption, ce qui n'étoit pas fans quelque fondement;
d'avoir avili la qualité de chevalier romain par
l'emploi qu'il avoit accepté en Egypte ; enfin d'a-
voir partagé avec Gabinius l'argent fourni par
Ptolémée pour fon rétabliffement. Le difcours que
Cicéron fit pour défendre Rabirius, diffame à
jamais *Ptolémée - Aulète*. Le rétabliffement de ce
prince fur le trône, eft à-peu-près de l'an 56
avant Jéfus-Chrift. On ne fait plus rien de fon
hiftoire. Il mourut environ quatre ans après être
rentré dans fes états.

128. *Ptolémée XII* ; fils de *Ptolémée*-Aulète, fut le
dérnier *Ptolémée* qui régna dans Aléxandrie; c'eft
celui qui fit périr Pompée & qui voulut faire périr Céfar, les deux bienfaiteurs de fon père; c'eft
celui-que Corneille a peint avec beaucoup de vérité
dans la tragédie de *Pompée*.

Toutes fes actions ont fenti la baffeffe,
J'en ai rougi moi-même, & me fuis plaint à moi
De voir là *Ptolémée*, & n'y voir point de roi.

Ptolémée-Aulète avoit laiffé deux fils & deux filles;
par fon teftament, il donnoit la couronne à l'aîné
des fils, c'eft notre *Ptolémée XII*, & à l'aînée des filles,
c'eft cette fameufe Cléopatre, dont la deftinée fut
de fubjuguer les maîtres du monde, qui en fubjugua deux, qui efpéra & tenta de fubjuguer le troifième, & qui fe fit piquer par un afpic pour n'être
pas menée en triomphe à Rome.

Aufa & jacentem vifere regiam
Vultu fereno fortis, & afperas
Tractare ferpentes ut atrum
Corpore combiberet venenum.
Deliberatâ morte ferocior,
Sævis Liburnis fcilicet invidens
Privata deduci fuperbo
Non humilis mulier triumpho.

Voyez l'article CLÉOPATRE.

Ptolémée-Aulète avoit ordonné que, felon l'u-
fage de fon pays & de fa maifon, *Ptolémée* épouferoit Cléopatre & qu'ils gouverneroient conjointement ; & comme ils étoient tous deux fort jeunes,
Cléopatre n'ayant que dix-fept ans & *Ptolémée* treize,

leur père les mit fous la tutelle du fénat romain ;
& ce fut Pompée qui fut nommé tuteur du jeune
roi par l'ordre duquel il fut affaffiné.

L'eunuque Pothin ou Photin, que Cléopatre dans
Pompée traite avec tant de hauteur & de mépris, fut
l'inftituteur & le miniftre de *Ptolémée* & fon tuteur en
Egypte ; Achillas étoit fon général d'armée & fut
un des affaffins de Pompée, avec Septime, *Septimius*,
officier Romain au fervice du roi d'Egypte, à qui
Céfar fait un fi jufte & fi févère accueil.

Allez, Septime, allez vers votre maître,
Céfar ne peut fouffrir la préfence d'un traître,
D'un Romain lâche affez pour fervir fous un roi,
Après avoir fervi fous Pompée & fous moi.

Un autre miniftre qu'on ne pouvoit pas faire
paroître dans la tragédie, parce qu'il n'eût été qu'une
répétition de Photin, Théodote, précepteur du
jeune roi, fut celui dont les finiftres confeils contribuèrent le plus à la mort de Pompée. On n'a
pas pu y faire entrer non plus Ganymède, autre
eunuque du palais, chargé de l'éducation d'Arfi-
noë, fœur cadette de Cléopatre, qui, plus méchant
& plus vicieux que tous les autres, enleva la jeune
princeffe confiée à fes foins & la fit proclamer reine,
pour l'oppofer à Cléopatre & à Céfar; qui voulant
fupplanter Achillas, le fit périr fur une fauffe accufation & fe mit en fa place; qui en gâtant toute l'eau
douce du quartier de Céfar dans Aléxandrie, fut
près de le faire périr avec fa foible armée. Céfar
avoit trop compté fur fa fortune, en abordant fur
le rivage de l'Egypte avec peu de foldats ; auffi ne
fe vit il jamais expofé à tant de dangers fans ceffe
renaiffans, que pendant fon féjour en Egypte ; ce
fut-là fur-tout qu'il eut befoin & qu'il fut fe fervir
des reffources inépuifables de fon génie. Ce qui
lui donna fur-tout beaucoup d'avantage dans les
occafions même les plus périlleufes, ce fut d'avoir
Ptolémée en fa puiffance. Les Egyptiens ne pouvant venir à bout d'accabler la petite troupe de Céfar, & fachant qu'il faifoit venir du renfort de
tous côtés, parurent defirer la paix ; ils fe bornèrent à demander la liberté de leur roi, affurant
Céfar que par cette feule grace il verroit tout pacifié.
Céfar, fans les croire & fans les craindre, voulut
les mettre entièrement dans leur tort & leur accorda
leur demande. Ici le jeune *Ptolémée* manifeftant
tous les vices de fon caractère, & de fon éducation, & pouffant la diffimulation jufqu'à un degré
qui la rendoit trop groffière; pourquoi, dit-il à Céfar
les larmes aux yeux, pourquoi nous féparer ? pourquoi me priver de votre préfence ? elle m'eft plus
chère que l'avantage fi defiré de régner ; je me for-
mois auprès de vous & pour la guerre & pour
l'empire; attendez que vous ayez achevé votre ouvrage. Céfar, fans être touché de cette fauffe tendreffe,

tint

fint parole aux Aléxandrins : le premier ufage que *Ptolémée* fit de la liberté, fut de ranimer la guerre avec plus de violence que jamais. Ce ne fut pour Céfar & pour les Romains qu'une fource de nouvelles victoires; *Ptolémée*. battu de tous côtés & fur terre & fur mer, fe noya dans le Nil en voulant fe fauver en bateau. Céfar donna la couronne d'Egypte à Cléopatre, à qui fon frère avoit voulu enlever la part qu'elle y avoit par le teftament d'Aulète; & pour paroître fe conformer à l'efprit de ce teftament, il lui affocia le dernier de fes frères; mais c'étoit la nommer feule reine, car cet autre frère n'avoit qu'onze ans, & jaloufe en effet de règner feule, quand ce frère eut quinze ans, elle l'empoifonna. *Ptolémée XII* périt l'an 47 avant J. C. & le XIII, fi l'on veut le compter, l'an 43. Celui-ci avoit auffi été nommé roi de Cypre par Céfar, avec Arfinoé fa jeune fœur. Ce fut fous *Ptolémée XII* & dans le cours des guerres de Céfar en Egypte qu'un incendie confuma la bibliothèque d'Aléxandrie, compofée alors de quatre cents mille volumes.

13°. Nous avons renvoyé ici l'article de *Ptolémée Céraunus* ou *le foudre*, fils ainé de *Ptolémée-Soter* & d'*Eurydice* fa première femme. Lorfque *Bérénice*, feconde femme du même *Ptolémée-Soter* l'eût engagé à faire couronner *Ptolémée-Philadelphe*, au préjudice de *Bérénice*, au préjudice de Céraunus, celui-ci fe retira mécontent à la cour de Lyfimaque, roi de Thrace, & d'une partie de l'Afie. Agathocle, fils de Lyfimaque, étoit beau-frère de Céraunus, ayant époufé Lyfandra, fille, comme lui, de *Ptolémée-Soter* & d'*Eurydice*. Après avoir conclu ce mariage, Lyfimaque avoit auffi époufé une fœur de Céraunus & de Lyfandra, mais d'une autre mère qui étoit cette Bérénice, mère de Philadelphe, & il avoit eu plufieurs enfans de cette feconde femme, nommée Arfinoé. Les intérêts divers des deux fœurs Lyfandra & Arfinoé & de leurs enfans, rempliffoient d'intrigues & de cabales la cour du vieux Lyfimaque, l'arrivée de Céraunus fortifioit le parti de Lyfandra, mais la jeune femme d'un vieux roi eft toujours la plus puiffante, les jaloufies politiques dont Arfinoé remplit l'efprit de Lyfimaque, le portèrent à faire périr Agathocle fon fils en prifon. Lyfandra s'enfuit alors avec fes enfans, & Céraunus fon frère & Aléxandre, autre fils de Lyfimaque, qui craignoient pour lui le même fort; ils fe réfugièrent à la cour de Seleucus *Nicator*, roi de Syrie, qui n'étant jamais las de vaincre, fut aifément déterminé par eux à entrer en guerre avec Lyfimaque. Cette guerre fut heureufe pour Séleucus, Lyfimaque tué dans une bataille livrée en Phrygie, le laiffa maître de prefque tous fes états; Séleucus comblé de joie & de gloire, fe difpofoit à en prendre poffeffion, lorfqu'il fut affaffiné par Céraunus lui-même, qui paroiffant alors le vengeur de Lyfimaque, eut un parti dans les états de ce prince; il feint alors d'être amoureux d'Arfinoé fa fœur, & il la demande en mariage, felon l'ufage des Egyptiens. Il la trompe par les fermens les plus folemnels, il arrache, il force fon confentement, les nôces fe célèbrent avec de grandes marques de joie & de tendreffe. Arfinoé invite fon nouvel époux à venir faire fon entrée dans Caffandrie fa ville principale; elle prend les devans & lui prépare une fête magnifique; temples, places publiques, maifons particulières, par fes foins tout eft orné, les autels dreffés, les victimes préparées; elle ordonne à fes fils Lyfimaque & Philippe, enfans d'une rare beauté, d'un air déjà majeftueux, d'aller au devant de Céraunus avec des couronnes fur la tête. Céraunus les prend dans fes bras, les tient étroitement ferrés, & ces enfans femblent avoir retrouvé leur père. Céraunus entre avec eux dans la ville. Soudain la fcène change, il s'empare de la citadelle, & ordonne d'égorger les deux princes; ces enfans effrayés fe réfugient entre les bras de leur mère qui les couvre de fon corps & fe jette au devant des meurtriers; percés de coups, ces enfans exhalent leurs innocentes ames dans le fein de leur mère défefpérée; on l'entraîne elle-même, les habits déchirés, les cheveux épars; elle eft réléguée en Samothrace; malheureufe, mais juftement punie d'avoir fait immoler l'innocent Agathocle par un père aveugle & trompé. Si cette hiftoire des fucceffeurs d'Alexandre offre beaucoup de crimes, elle en montre prefque toujours le châtiment; ce n'eft pas que la providence qui gouverne l'univers, fe foit fait une loi de punir dès ce monde tous les crimes, mais il eft dans la nature des chofes que les crimes ne puiffent guères être commis, fans être ou connus ou du moins foupçonnés, & il eft également dans la nature des chofes que, dans ces deux cas, ils foient fouvent punis. Ceux de Céraunus le furent auffi; les Gaulois ayant chez eux trop d'habitans, envoyèrent de nombreufes colonies chercher fortune dans la Pannonie, dans la Thrace, dans l'Illyrie, dans la Macédoine. Céraunus alla au-devant de ces étrangers avec un petit nombre de foldats mal difciplinés, comme s'il étoit, dit Juftin, auffi facile de bien faire la guerre que de commettre des crimes, *quafi bella non difficilius quàm fcelera patrarentur*. Les Gaulois lui offrirent la paix s'il vouloit l'acheter. Sa réponfe fut qu'il confentiroit à la leur accorder s'ils lui livroient leurs armes, & s'ils lui donnoient leurs principaux chefs pour ôtages. Cette fierté fit rire les Gaulois; on en vint aux armes, Céraunus fut défait & tué l'an 279 avant J. C.

Ce nom de *Ptolomée* ou *Ptolémée*, qui étoit le nom générique des rois d'Egypte Lagides, c'eft-à-dire, defcendus de Lagus & de *Ptolémée-Soter*, fon fils, fut auffi celui de deux rois de Cypre, de la même race des Lagides, l'un frère de *Ptolémée-Aulète*, & l'autre fon fils.

Le premier étoit d'une avarice fordide, & ce fut ce qui le perdit. Clodius qui commandoit une flotte romaine du côté de la Cilicie, fut pris par des pirates; il envoya prier le roi de Cypre, de lui fournir de quoi payer sa rançon. *Ptolémée* envoya une somme si ridiculement modique, (deux talens) que comparée à l'objet dont il s'agissoit, elle devenoit une insulte pour Clodius, & un refus de le servir; Clodius étoit vindicatif & méchant, (voyez son article). Ayant été créé tribun du peuple, il eut en main de quoi se venger de *Ptolémée.* Le royaume de Cypre faisoit depuis long-temps partie du royaume d'Egypte, & Aléxandre II ou *Ptolémée X,* roi d'Egypte, avoit institué le peuple romain son héritier; le sénat n'avoit point encore pris de parti définitif au sujet de ce testament, il avoit paru craindre que dans les conjonctures où on se trouvoit, tant de provinces acquises par des dispositions testamentaires, n'accusassent de trop d'avidité la politique romaine, & n'indisposassent les esprits. Clodius, pour se venger, passa par dessus cette considération; il réclama en faveur du peuple romain, la disposition d'Aléxandre II; il soutint que le royaume de Cypre faisant partie du royaume d'Egypte, le possesseur actuel n'y avoit nul droit, & il obtint en conséquence un ordre du peuple, pour saisir le royaume de Cypre, & déposer *Ptolémée.* Pour l'exécution d'un jugement si injuste, il fit nommer le plus juste des romains, Caton; c'étoit, d'un côté, consacrer sa vengeance en la faisant exercer sous un nom respecté; c'étoit de l'autre, sous un prétexte honorable, puisqu'il s'agissoit d'une commission utile au peuple romain, éloigner Caton, dont la présence eût apporté un puissant obstacle aux desseins ambitieux que ce tribun méditoit pour l'avenir. Flatté ou non de cette commission, Caton parut vouloir s'en acquiter avec ménagement & avec douceur. Arrivé à Rhodes, il fit dire à *Ptolémée* de se retirer paisiblement, lui promettant qu'à ce prix il lui procureroit la souveraine sacrificature du temple de Vénus à Paphos, place dont les revenus suffiroient pour le faire subsister honorablement. *Ptolémée,* sans aucun moyen de résister aux romains, eut cependant le courage de rejetter cette proposition, & de vouloir mourir en roi. Toujours occupé de ses richesses, il vouloit d'abord qu'elles périssent avec lui. Il en fit charger un vaisseau où il devoit s'embarquer lui-même, & qu'il devoit faire percer pour être enseveli dans la mer; il changea d'avis ensuite, il remit ses trésors à leurs magasins, & prit le parti de s'empoisonner. Sur cela, Valère Maxime l'appelle vil esclave de l'or : *pecuniæ miserabile mancipium*; & M. Rollin dit qu'il faisoit bien voir par-là qu'il aimoit plus les richesses qu'il ne s'aimoit lui-même. Ces reproches me paroissent bien déplacés; quand un homme renonce à la vie, quel reproche d'avarice peut-on lui faire, parce qu'il n'emporte pas avec lui ses richesses? c'étoit au contraire lorsqu'il vouloit

périr avec elles, qu'il s'y montroit attaché pour ainsi dire au delà même du trépas; & c'est sans doute pour éviter ce reproche que par réflexion il changea de parti, sans abandonner le projet de mourir. Velléïus Paterculus dit que *Ptolémée* par le déréglement de ses mœurs, meritoit l'affront & le tort qu'on lui faisoit en le dépouillant de son royaume : *omnibus morum vitiis eam contumeliam meritum;* comme si, dit M. Rollin, les vices d'un homme étoient un titre légitime pour s'emparer de ses biens! Cicéron, sans parler de son avarice ni de ses vices, s'indigne en homme de bien, de l'injustice cruelle qui lui fut faite en cette occasion; il en fait un juste sujet de reproche contre Clodius, & il fait sentir avec ménagement qu'il fut fâcheux pour un homme tel que Caton, de se voir chargé d'une pareille commission. Caton transporta les trésors de *Ptolémée* en Italie; & par-là, il est au nombre des corrupteurs de Rome. A peine dans les plus éclatans triomphes avoit-on vu porter tant d'or & tant d'argent. Il avoit fait vendre à l'encan les meubles & les effets précieux du roi de Cypre, & ne s'étoit réservé qu'un portrait de Zénon, fondateur de la secte des Stoïciens qu'il avoit embrassée, mais il n'y avoit rien de stoïque dans cette triste expédition. La date de ces événemens est l'an 58 avant J. C.

Le second *Ptolémée,* roi de Cypre, est le même que le frère puiné de *Ptolémée* XII, roi d'Egypte, dont il est parlé à la fin de cet article de *Ptolémée* XII, & qui fut empoisonné à quinze ans, par la célèbre Cléopatre sa sœur. César l'avoit fait roi de Cypre avec la jeune Arsinoé sa sœur, comme *Ptolémée* XII étoit roi d'Egypte, avec Cléopatre sa sœur aînée.

On trouve dans l'histoire ancienne divers autres *Ptolémées.*

En Macédoine, un *Ptolémée,* fils d'Amyntas II, qui dispute la couronne à Perdiccas, & contre lequel Pélopidas prononce en faveur de Perdiccas.

En Syrie, un autre *Ptolémée,* fils de Seleucus, tué à la bataille d'Ipsus, l'an 301 avant J. C.

Un *Ptolémée* Macron, gouverneur de l'isle de Cypre, dont il est beaucoup parlé dans les livres des Macchabées, & dont la foi chancelante se donne tantôt aux rois d'Egypte, tantôt aux rois de Syrie. Tombé dans la disgrace & dans la pauvreté, il s'empoisonna.

Un *Ptolémée,* fils de Pyrrhus, roi d'Epire, fut tué dans un combat contre les Lacédémoniens, l'an 271 avant J. C.

Un autre *Ptolémée,* un des principaux officiers du dernier Philippe, roi de Macédoine, père de Persée, trempa dans une conspiration contre Philippe, qui le fit mourir.

Un autre *Ptolémée* encore, étoit le second de deux fils d'Antoine & de Cléopatre. Antoine en les proclamant rois des rois, leur assigna en effet une multitude de royaumes ; à l'aîné, Aléxandre, ceux d'Arménie, des Mèdes & des Parthes ; à *Ptolémée*, le cadet, ceux de Syrie, de Phénicie & de Cilicie.

PTOLOMÉE (CLAUDE) *Hist. litt.*) mathématicien Egyptien, si célèbre par son système du monde, abandonné aujourd'hui pour celui de Copernic ; mais qu'on suit toujours dans la sphère armillaire ; par la commodité qu'il fournit d'expliquer le mouvement des astres, conformément aux apparences. Il n'est pas moins célèbre encore par son *Almageste*, ou *Compositio magna*, par sa géographie & par plusieurs autres savants ouvrages dont on a le recueil *in-folio*. Les Grecs l'appeloient *très-sage* & même *divin*. Il vivoit sous l'empire d'Adrien, d'Antonin Pie & de Marc-Aurèle.

P U

PU, (*Hist. mod.*) c'est ainsi que les Chinois nomment une mesure de 2400 pas géométriques, dont ils se servent pour compter les distances. (*A. R.*)

P U B

PUBLIUS SYRUS (*Hist. litt. anc.*) nommé *Syrus*, parce qu'il étoit de Syrie, d'où il fut amené esclave. Il eut le bonheur de tomber entre les mains d'un maître qui fut pour lui un père, qui prit le plus grand soin de son éducation, & qui l'affranchit fort jeune, pour laisser aux talens qu'il avoit cultivés en lui la liberté de prendre tout leur essor. *Syrus* se distingua dans la poésie mimique, il y effaça Laberius même, chevalier romain, qui avoit acquis une grande réputation dans ce genre.

Nam sic

Et Laberi mimos ut pulchra poëmata mirer.

On sait que ce nom de Mimes se donnoit chez les Romains & à un genre de comédies ou de farces, où les acteurs jouoient sans chaussure, & que par cette raison l'on appelloit aussi *Comédie déchaussée, planipes*, & aux acteurs de ces pièces, qui étoient ordinairement les auteurs mêmes.

On a de *Publius Syrus*, un recueil de sentences en vers iambes libres, ou, si l'on veut, en prose, rangées selon l'ordre alphabétique ; on les trouve à la suite des fables de Phèdre, dans plusieurs éditions ; on les a jointes dans d'autres avec des sentences de Sénèque. Ces sentences de *Publius Syrus* sont pour la plupart d'un très-grand sens & trouvent à tout moment leur application ; elles méritent fort d'être retenues & pratiquées. La Bruyère paroît y avoir puisé quelques maximes. Accarias de Seryonne a donné une traduction françoise des sentences de *Publius Syrus.*

P U C

PUCELLE, (RENÉ) *Hist. mod.*) conseiller-clerc au parlement de Paris, abbé de saint-Léonard de Corbigny. Ce magistrat mort depuis près d'un

demi-siècle, a conservé jusqu'à nos jours, plus de réputation que n'en conservent ordinairement ceux qui ne laissent après eux aucun monument public de leurs talens & de leur génie ; les témoins de leur gloire les suivent de bien près au tombeau, le temps détruit de jour en jour leur mémoire. C'est pour retenir encore quelque temps, s'il est possible, cette mémoire fugitive & prête à échapper, que nous plaçons ici l'article d'un bon citoyen, d'un magistrat éclairé, d'un homme vertueux, d'un ami de l'humanité, dont les services n'ont point laissé de trace & dont la gloire n'a été confiée qu'à la tradition. Un grand zèle pour nos libertés, pour nos plus pures maximes, pour tous les intérêts de la nation, le distingua toujours dans le parlement, & il faut dire à la louange des jansénistes que ce zèle seul a suffi pour le faire regarder comme le chef de ce parti. Il se déclara hautement en 1713 contre l'histoire des jésuites du P. Jouvency, où tous les intérêts & les devoirs les plus sacrés de la société générale sont sacrifiés à l'intérêt de la société particulière des jésuites. Quand la constitution *Unigenitus* parut en 1714, sans examiner quels dogmes théologiques ce décret pouvoit établir ou proscrire, il vit seulement que c'étoit l'ouvrage d'un moine intrigant & violent, qui vouloit insulter & même perdre un saint cardinal, son supérieur ; il prévit les refus de sacrement & de sépulture ecclésiastique, les lettres de cachet, toutes les persécutions spirituelles & temporelles que le faux zèle & les passions alloient introduire à la faveur de cette bulle & en la prenant pour prétexte ; il s'y opposa constamment jusqu'à mériter d'être relégué dans son abbaye de Corbigny, où il se consola, en faisant du bien, de n'être plus à portée d'empêcher le mal. Le cardinal de Fleuri qui goutoit son esprit, qui respectoit sa réputation, voulut le fonder sur l'article de l'ambition ; il lui écrivit pour lui faire entendre que ses lumières pouvoient être très-utiles au gouvernement, & qu'il lui seroit bien doux d'y avoir recours ; il ne lui demandoit qu'une grace, c'étoit de vouloir bien n'être plus janséniste ; M. l'abbé *Pucelle* l'assure dans sa réponse qu'il n'est d'aucun parti ; tous ceux qui en disent autant (car rien n'est plus aisé à dire) se vantent souvent beaucoup ; tous ceux qui l'ont connu savent qu'il ne se vantoit pas ; en même temps il fait sentir au cardinal, qu'un premier ministre, qui, sur la foi d'un jésuite ou d'un sulpicien, prostituoit si facilement les lettres de cachet, étoit bien plus près d'être un homme de parti sans s'en douter, que celui qui, en tout état de cause, prenoit toujours la défense de l'opprimé contre l'oppresseur.

M. l'abbé *Pucelle* étoit fils de Claude *Pucelle*, avocat au parlement, & de Françoise de Catinat, sœur de ce grand maréchal de Catinat (voir son article) Un neveu de M. de Catinat devoit porter les armes ; M. *Pucelle* fit quelques campagnes en qualité de volontaire, sous les yeux de son oncle ; mais il crut être plus utile à la société dans une charge de conseiller au parlement, & ce motif digne d'un hòmme de bien le détermina. Né en 1655, il mourut en 1745, ayant confervé jufqu'à quatre-vingt-dix ans, une vieilleffe faine, entière, vigoureufe, & non moins aimable qu'augufte & vénérable. Il fut toute fa vie (& c'eft encore un de fes mérites) auffi aimable dans le monde, qu'il étoit brillant & folide dans le premier corps de magiftrature du royaume, dans un corps où les plus grands intérêts font tous les jours difcutés. Il vécut beaucoup pour l'amitié, peu d'hommes ont fenti plus vivement & goûté plus purement ce bonheur, le plus grand de tous, le bonheur d'aimer & d'être aimé. Il verfa fes derniers fentimens dans l'ame d'un jeune homme, à la famille duquel il avoit toujours été tendrement attaché ; d'un jeune homme devenu l'un des meilleurs & des plus illuftres perfonnages de ce fiècle, & dont il fembla preffentir la gloire, fupérieure encore à la fienne, & fondée fur des titres bien plus durables.

M. de Voltaire a rendu un grand hommage à la vertu de l'abbé *Pucelle*, en difant que fi l'homme n'eft pas libre,

Pucelle eft fans vertus, Desfontaines fans vices.

PUCELLE D'ORLÉANS. (Voyez ARC) (JEANNE D')

P U F

PUFFENDORF, (SAMUEL DE) *Hift. litt. mod.*) écrivain politique d'une grande réputation. Plufieurs fouverains fe difputèrent l'avantage de le poffeder ; l'électeur palatin, Charles-Louis, fonda en fa faveur une chaire de droit naturel dans l'univerfité d'Heidelberg ; Charles XI, roi de Suède, lui donna une place de profeffeur en droit naturel à Lunden, le fit fon hiftoriographe & l'un de fes confeillers ; & lui conféra le titre de baron, qu'il a toujours pris depuis, & qu'on lui donne toujours. L'électeur de Brandebourg, Frédéric I, qui fut en 1700 le premier roi de Pruffe, le fit auffi fon confeiller d'état, & le chargea d'écrire l'hiftoire de l'électeur Guillaume-le-Grand fon père. Tout le monde connoît fon *traité du droit naturel & des gens*, traduit par Barbeyrac, & l'abrégé qu'il a donné de ce traité, fous le titre de *Devoirs de l'homme & du citoyen*, abrégé traduit auffi par Barbeyrac. Il y a rectifié, il y a étendu les principes de Grotius ; au refte, cet ouvrage ne fut pas fans critiques, ni les critiques fans réponfes. On a formé de tout ce qui a été écrit de part & d'autre à ce fujet, un recueil fous le titre d'*Eris Scandica, querelle de Scandinavie*, ce qui reffemble un peu à querelle d'allemand. On connoît beaucoup encore de Puffendorff, l'*introduction à l'hiftoire des principaux états de l'Europe*, traduite par M. de Grace ; & fes *élémens de la jurifprudence univerfelle*, premier fondement de fa réputation ; il a écrit auffi l'*hiftoire de Suède*, de-

puis l'expédition de *Guftave-Adolphe en Allemagne en 1628, jufqu'à l'abdication de Chriftine en 1654*; l'*hiftoire de Charles - Guftave*; l'*hiftoire de Frédéric-Guillaume le Grand, électeur de Brandebourg*. Il y a de lui encore beaucoup d'autres ouvrages ; c'eft un des écrivains les plus féconds & les plus volumineux. Il mourut à Berlin en 1694 ; il étoit né en 1631 dans un petit village de Mifnie, où fon père étoit miniftre luthérien.

P U G

PUGET, (DU) *Hift. de Fr.*) famille noble & ancienne de Provence, qui a fourni une multitude de chevaliers à l'ordre de Saint-Jean de Jérufalem, tant à Rhodes qu'à Malthe.

De cette famille étoient Boniface *du Puget*, qui commandoit la galère capitale du pape à la bataille de Lépante en 1571.

Lévis *du Puget*, mort au fiége de Malthe en 1565.

Pierre *du Puget*, qui époufa en 1668 Anne-Nicole Godefroy, jeune femme pleine de vertu & de courage, qui mourut à vingt-cinq ans des fuites de l'opération céfarienne, à laquelle elle fe dévoua pour que fon enfant eût vie & reçût le baptême. On peut croire qu'une telle femme laiffa de grands regrets à fon mari. Elle eft enterrée à Saint-Rieul de Senlis, où fur fon épitaphe & en profe latine & en vers latins, où on a tant voulu exagérer la douleur du mari, où l'on joue tant fur les mots de vie & de mort, & de mort & d'amour, qu'un homme bien pénétré de douleur ne pouvoit guère reconnoître l'état de fon ame à tout ce badinage de l'efprit. La vraie douleur eft forcée d'être fimple.

Mors & amor tanto potuerunt funere jungi....
Hic fera mors, hic fidus amor junxêre fagittas....

Il eft bien queftion là des flèches de l'amour & de la mort !

Nec perit, ô miferum ! qui tanto vulnere mortis
Non moritur, renuitque mori cùm vita negatur.

Non, ce n'eft pas ainfi que parle la nature.

Le vœu de la mère fut du moins exaucé ; Pierre-Alexandre *du Puget*, fon fils, vécut âge d'homme.

P U I

PUISIEUX ou PUYSIEUX, (*Hift. de Fr.*) famille illuftre dans la magiftrature, dans les armes, dans le miniftère, dont étoit le chancelier de Silleri, chancelier de France fous Henri IV & fous Louis XIII ; le marquis de *Puifieux* fon fils, miniftre quelque temps puiffant fous Louis XIII, & un autre marquis de *Puifieux*, Louis-Philogène

Brulart, ministre des affaires étrangères sous Louis XV, retiré en 1756.

PUISSANCES, (HAUTES Hist. mod.) titre qui commença à être donné aux états des provinces-unies des Pays-bas vers l'an 1644, pendant les conférences de la paix de Munster. Depuis que leur souveraineté a été établie & reconnue par l'Espagne, par le traité conclu en cette ville en 1648, les rois d'Angleterre & du Nord ont donné aux états-généraux le titre de *hautes puissances*; les électeurs & princes de l'empire les ont qualifiés de même, mais l'empereur & le roi d'Espagne se sont abstenus de leur accorder ce titre, excepté depuis que la branche d'Autriche étant éteinte en Espagne, celle qui subsistoit en Allemagne n'a pas crû devoir ménager les honneurs à une république dont l'alliance étoit nécessaire. Les rois de France en traitant avec les Hollandois, les ont autrefois qualifiés de *leurs états-généraux*, & leur donnent maintenant le titre de *seigneurs états-généraux*; mais l'Espagne qui ne les traite d'ailleurs que de *seigneuries*, leur a toujours constamment refusé le titre de *hautes-puissances*, apparemment pour ne pas paroître abandonner les anciens droits qu'elle prétend avoir sur eux. (A. R.)

P U L

PUL, s. m. (*terme de relation*) Les Persans nomment ainsi en général toutes sortes d'espèces de cuivre qui se fabriquent dans leurs monnoies, & qui ont cours dans leur empire. En particulier ils appellent *kabeski* & *demi-kabeski* deux petites monnoies de ce métal, dont l'une vaut environ dix deniers de France, & l'autre la moitié. Ces espèces ont d'un côté la devise ou hiéroglyphe de la Perse moderne, qui est un lion avec un soleil levant, & de l'autre l'année & le lieu de leur fabrication. (D. J.)

PULCHERIE, (SAINTE) Hist. du bas Empire.) fille de l'empereur Arcadius & sœur de Théodose le jeune, fut créée *Auguste* l'an 414, & partagea la puissance impériale avec son frère. Après la mort de ce frère, arrivée en 450, elle fit élire Marcien & l'épousa, pour avoir non un mari, mais un conseil & un appui. C'est le sujet de la *Pulchérie* de Corneille :

Jettoit au feu sa *Pulchérie.*

Mais dans cette *Pulchérie*, digne d'être jettée au feu, ce rôle de Marcien a pourtant quelque mérite. Ce fut *Pulchérie* qui fit assembler en 451, le concile de Chalcédoine; elle mourut en 454.

PULCI, (LOUIS) Hist. litt. mod.) poëte Florentin du quinzième siècle, & chanoine de Florence, principalement connu par son poëme de *Morgante maggiore*, dont un des mérites est d'avoir précédé le poëme de l'Arioste, après lequel il eût eu moins de réputation & de succès. Louis *Pulci* est regardé comme l'inventeur de ce qu'on appelle le style Bernesque ou Berniesque, du nom de Berni, autre chanoine de Florence, qui est venu après lui, mais qui a, dit-on, perfectionné ce genre. (Voyez l'article BERNIA ou BERNI.) Louis *Pulci* étoit né en 1432. On ignore la date de sa mort. Il eut deux frères, Luc & Bernard, distingués aussi, mais moins que lui, par le talent de la poésie. On cite sur-tout de Luc le poëme intitulé : *Il Ciriffo Calvaneo*, & celui qui a pour titre: *Il Driadeo.* On a de Bernard, un poëme sur la passion de Jésus-Christ, & une traduction des bucoliques de Virgile en vers italiens.

PULPÉRIAS. s. f. (Hist. mod.) C'est ainsi que l'on nomme sous la domination espagnole des hôtelleries où l'on donne à manger. Le nombre en est fixé dans toutes les villes & les bourgs de la nouvelle Espagne. Celles qui excèdent le nombre marqué, payent au roi un droit annuel de 40 piastres. (A. R.)

P U M

PUMPER-NICKEL. s. m. (Hist. mod.) C'est ainsi que l'on nomme en Westphalie un pain de seigle très-noir, très-compact, & dont la croûte est si épaisse & si dure, qu'il faut une hache pour le couper. On fait du pain de la même espèce dans un grand nombre de provinces des pays-bas; il ne laisse pas d'avoir du goût, mais il est lourd & difficile à digérer. (A. R.)

P U N

PUNIQUE. (GUERRE) Les *guerres puniques* font la partie la plus intéressante de l'histoire des Romains. Ils n'eurent pas plutôt soumis les Latins, les Toscans, les Samnites & leurs alliés, qu'ils songèrent à passer la mer. Le secours donné par les Carthaginois aux Tarentins en fut le prétexte, & la conquête de la Sicile le véritable sujet. Rome & Carthage s'acharnèrent l'une contre l'autre; le voisinage & la jalousie de ces deux grandes républiques, firent naître ces guerres sanglantes que tout le monde sait par cœur. La seconde fut la plus célèbre.

Quand on examine bien cette foule d'obstacles qui se présentèrent devant Annibal, & que cet homme extraordinaire les surmonta tous, on a le plus beau spectacle que nous ait fourni l'antiquité. Ce fut dans cette guerre que ce grand capitaine fit éclater ces talens supérieurs qui lui donnèrent tant d'avantage sur les généraux romains: toujours juste dans ses projets, des vues immenses, le génie admirable pour distribuer dans le tems l'exécution de ses desseins, toute l'adresse pour agir

fans fe laiffer appercevoir ; infini dans les expé-
diens , auffi habile à fe tirer du péril qu'à y jetter les autres ; du refte fans foi , fans religion ,
fans humanité , & cependant ayant fu fe donner
tous les dehors de ces vertus autant qu'il convenoit à fes intérêts.

Tel étoit le fameux Annibal, lorfqu'il forma le plus
hardi projet que jamais aucun capitaine eût ofé concevoir , & que l'événement juftifia. Du fond de
l'Efpagne il réfolut de porter la guerre en Italie
& d'attaquer les Romains jufques dans le centre
de leur domination, fans y avoir ni places, ni
magafins, ni fecours affurés , ni efpérance de retraite ; il traverfe l'Efpagne & les Gaules, paffe
les Alpes, & vient camper fièrement jufques fur
les bords du Téfin , où fe donna la première
bataille l'an de Rome 535, & où les Romains
furent défaits. On fait qu'ils le furent une feconde
fois près de la rivière de Trébie. La perte qu'effuya
Flaminius près du lac de Trafymène fut encore
plus grande , & la déroute de Cannes, l'an 537,
mit Rome à deux doigts de fa ruine. Elle fut un
prodige de conftance dans cette occafion ; car
abandonnée de prefque tous les peuples d'Italie,
elle ne d manda point la paix. Il ne fut pas même
permis aux femmes de verfer des larmes après
cette funefte journée ; enfin , le fénat refufa de
racheter les prifonniers, & envoya les miférables
reftes de l'armée faire la guerre en Sicile, fans
récompenfe ni aucun honneur militaire, jufqu'à
ce qu'Annibal fût chaffé d'Italie.

Les conquêtes mêmes d'Annibal commencèrent
à changer la fortune de cette guerre. Il n'avoit
pas été envoyé en Italie par les magiftrats de
Carthage ; il recevoit très-peu de fecours , foit par
la jaloufie d'un parti , foit par la trop grande confiance de l'autre. Pendant qu'il refta avec fon armée
réunie, il battit les Romains; mais lorfqu'il fallut qu'il
mît des garnifons dans les villes, qu'il défendît fes
alliés, qu'il affiégeât les places, ou qu'il les empêchât
d'être affiégées, fes forces fe trouvèrent trop petites ; & il perdit en détail une grande partie de
fon armée. Les conquêtes font aifées à faire, parce
qu'on les fait avec toutes fes forces; elles font
difficiles à conferver, parce qu'on ne les défend
qu'avec une partie de fes forces.

Comme les Carthaginois en Efpagne, en Sicile
& en Sardaigne, n'oppofoient aucune armée qui
ne fût malheureufe ; Annibal, dont les ennemis
fe fortifioient fans ceffe, fe vit réduit à une guerre
défenfive. Cela donna aux Romains la penfée de
porter la guerre en Afrique; Scipion y defcendit.
Les fuccès qu'il y eut obligèrent les Carthaginois
à rappeler d'Italie Annibal, qui pleura de douleur
en cédant aux Romains cette terre où il les avoit
tant de fois vaincus. Tout ce que peut faire un
grand homme d'état & un grand capitaine, Annibal le fit pour fauver fa patrie ; n'ayant pu
porter Scipion à la paix, il donna une bataille où

la fortune fembla prendre plaifir à confondre fon
habileté, fon expérience & fon bon fens.

Carthage reçut la paix, non pas d'un ennemi,
mais d'un maître; elle s'obligea de payer dix mille
talens en cinquante années, à donner des ôtages,
à livrer fes vaiffeaux & fes éléphans; & pour la
tenir toujours humiliée , on augmenta la puiffance
de Mafiniffa, fon éternel ennemi.

Enfin les Romains fe rappelant encore le fouvenir des batailles de Trafymène & de Cannes,
réfolurent de détruire Carthage , ce fut le fujet
de la troifième guerre punique. Le jeune Scipion,
fils de Paul-Emile , & qui avoit été adopté par
Scipion, fils de l'Africain, démolit cette ville
fuperbe, qui avoit ofé difputer avec Rome de
l'empire du monde. On en difperfa les habitans,
& Carthage ne fut plus qu'un vain nom.

Cette ville ruinée éleva le cœur des Romains,
qui n'eurent plus que de petites guerres & de
grandes victoires, au lieu qu'auparavant ils avoient
eu de petites victoires & de grandes guerres.
Bientôt ils foumirent l'orient & l'occident, portant
jufques chez les peuples les plus barbares la crainte
de leurs armes & le refpect de leur puiffance.
Leurs mœurs changèrent avec la fortune ; le luxe
de l'orient paffa à Rome avec les dépouilles des
provinces. La douceur de vaincre & de dominer
corrompit cette exacte probité ; auparavant eftimée par leurs ennemis mêmes. L'ambition prit
la place de la juftice dans leurs entreprifes ; une
fordide avarice & la rapine fuccédèrent à l'intérêt du bien public ; les guerres civiles s'allumèrent,
& l'état devint la proie du citoyen le plus ambitieux & le plus hardi. (D. J.)

PUP

PUPIEN (MARCUS CLAUDIUS MAXIMUS
PUPIENUS) Hift. rom.) créé empereur avec
Balbin, après la mort des Gordiens en 237 , pour
délivrer Rome de la tyrannie des Maximins, &
maffacré avec le même Balbin, le 15 juillet 238,
par les foldats du prétoire.

PUR

PURAN, POURAN, ou POURANUM, fubft.
m. (Hift. mod. fuperftit.) Ce mot dans la langue
des idolâtres de l'Indoftan, fignifie les poëmes ; ce
font des livres qui contiennent l'explication du
livre appelé fhafter, qui n'eft lui-même qu'un
commentaire du vedam, c'eft-à-dire du livre facré qui contient les dogmes de la religion des
Bramines. Le puran comprend dix-huit livres qui
renferment l'hiftoire facrée & profane des anciens
Indiens ou habitans de l'Indoftan & du Malabar.
C'eft dans cet ouvrage que l'on trouve les légendes des rois, des héros, des prophetes & des
pénitens ; ainfi que celles des divinités inférieures.
Il renferme le fyftème de religion que les Bra-

mines ont bien voulu communiquer au vulgaire, & eſt rempli de fictions abſurdes & d'une mythologie romaneſque ; cependant les prêtres prétendent avoir reçu le puran, ainſi que le ſhaſter & le vedam, de la divinité même. Il n'eſt permis au peuple de lire que le puran, que l'on nomme par excellence Harma-pouranum. Les Indiens & les Malabares donnent encore le nom de puran ou de poéſie, à un grand nombre de poéſies qui célèbrent les exploits des dieux Viſtnou, & Iſſuren ou Ruddiren ; on y donne l'hiſtoire de la guerre des géans avec les dieux, les miracles opérés par ces derniers, la manière de leur rendre un culte qui leur ſoit agréable. Il y a de ces poëmes qui ne parlent que des dieux particuliers à certains cantons des Indes & de la côte de Malabar.

PURBACH, (GEORGES) Hiſt. litt. mod.) PURBACHIUS) habile aſtronome, ainſi nommé du village de Purbach, entre la Bavière & l'Autriche, où il étoit né en 1423. Aidé par les bienfaits de Frédéric III, il rectifia les anciens inſtrumens d'aſtronomie ; il en imagina de nouveaux ; il dreſſa des tables aſtronomiques, perfectionna la trigonométrie & la gnomonique. On a de lui : Theoriæ novæ planetarum. Obſervationes haſſiacæ tabula eclipſium. Mort le 8 avril 1462, à 39 ans.

PURE. (MICHEL, abbé de) Hiſt. litt. mod.)

On rampe dans la fange avec l'abbé de Pure.....
Plus importuns pour moi durant la nuit obſcure
Que jamais en plein jour ne fut l'abbé de Pure.

On a de lui des pièces de théâtre, des traductions, &c. Tout cela eſt inconnu ; quelques perſonnes ſavent, & c'eſt être ſavant, qu'il eſt l'auteur d'une vie du maréchal de Gaſſion, publiée en 1673.

O Catinat ! quelle voix enrhumée, &c.

PURGATION CANONIQUE, (Hiſt. mod.) cérémonie très-uſitée depuis le huitième juſqu'au douzième ſiècle, pour ſe juſtifier par ſerment de quelque action en préſence d'un nombre de perſonnes dignes de foi, qui affirmoient de leur côté qu'ils croyoient le ſerment véritable.

On l'appelloit purgation canonique, parce qu'elle ſe faiſoit ſuivant le droit canonique, & pour la diſtinguer de la purgation qui ſe faiſoit par le combat ou par les épreuves de l'eau & du feu. « Le ſerment, dit M. Duclos, dans une diſſertation ſur ce ſujet, ſe faiſoit de pluſieurs » manières. L'accuſé, qu'on appelloit jurator ou » ſacramentalis, prenant une poignée d'épis, les » jettoit en l'air, en atteſtant le ciel de ſon inno- » cence. Quelquefois, une lance à la main, il » déclaroit qu'il étoit prêt à ſoutenir par le fer,

» ce qu'il affirmoit par ſerment ; mais l'uſage le » plus ordinaire, & celui qui ſeul ſubſiſta dans la » ſuite, étoit celui de jurer ſur un tombeau, » ſur des reliques, ſur l'autel ou ſur les évangiles. » Quand il s'agiſſoit d'une accuſation grave, » formée par pluſieurs témoins, mais dont le » nombre étoit moindre que celui que la loi exi- » geoit, ils ne pouvoient former qu'une préſomp- » tion plus ou moins grande, ſuivant le nombre » des accuſateurs. Ce cas étoit d'autant plus fré- » quent, que la loi, pour convaincre un accuſé, » exigeoit beaucoup de témoins. Il en falloit 72 » contre un évêque, 40 contre un prêtre, plus » ou moins contre un laïque, ſuivant la qualité » de l'accuſé, ou la gravité de l'accuſation. Lorſ- » que ce nombre n'étoit pas complet, l'accuſé ne » pouvoit être condamné, mais il étoit obligé de » préſenter pluſieurs perſonnes, où le juge en » nommoit d'office, & en fixoit le nombre ſui- » vant celui des accuſateurs, mais ordinairement » à douze. Cum duodecim juret, dit une loi des » anciens Bourguignons, cap. VIII ; ces témoins » atteſtoient l'innocence de l'accuſé, ou, ce qu'il » eſt plus raiſonnable de penſer, certifioient qu'ils » le croyoient incapable du crime dont on l'ac- » cuſoit, & par-là formoient en ſa faveur une » préſomption d'innocence, capable de détruire » ou de balancer l'accuſation intentée contre lui. » On trouve dans l'hiſtoire un exemple bien ſin- » gulier d'un pareil ſerment.

» Gontran, roi de Bourgogne, faiſant difficulé » de reconnoître Clotaire II pour fils de Chilpéric » ſon frère, Frédégonde, mère de Clotaire, non » ſeulement jura que ſon fils étoit légitime, mais » fit jurer la même choſe par trois évêques & » trois cents autres témoins ; Gontran n'héſita » plus à reconnoître Clotaire pour ſon neveu.

» Quelques loix exigeoient que dans une accu- » ſation d'adultère, l'accuſée fît jurer avec elle des » témoins de ſon ſexe. On trouve auſſi pluſieurs oc- » caſions où l'accuſateur pouvoit préſenter une par- » tie des témoins qui devoient jurer avec l'accuſé, de » façon cependant que celui-ci pût en récuſer deux » de trois. Il paroît d'abord contradictoire qu'un » accuſé puiſſe fournir à ſon accuſateur les témoins » de ſon innocence. Pour réſoudre cette difficulté, » il ſuffit d'obſerver que les témoins qui s'uniſ- » ſoient au ſerment de l'accuſé, juroient ſimple- » ment qu'ils le croyoient innocent, & fortifioient » leur affirmation de motifs plus ou moins forts, » ſuivant la confiance qu'ils avoient en ſa pro- » bité. Ainſi l'accuſateur exigeoit que tels & tels » qui étoient à portée de connoître les mœurs & » le caractère de l'accuſé, fuſſent interrogés ; ou » bien l'accuſé étant ſûr de ſon innocence & de » ſa réputation, & dans des cas où ſon accuſa- » teur n'avoit point de témoins, il le défioit d'en » trouver, en ſe réſervant toujours le droit de » récuſation.

» Il eſt certain que la religion du ſerment étoit

» alors en grande vénération ; on avoit peine à
» supposer qu'on osât être parjure ; mais en louant
» ce sentiment, on ne sauroit assez admirer par
» quelles ridicules & basses pratiques on croyoit
» pouvoir en éluder l'effet.

» Le roi Robert voulant exiger un serment de
» ses sujets, & craignant aussi de les exposer au
» châtiment du parjure, les fit jurer sur une châsse
» sans reliques, comme si le témoignage de la
» conscience n'étoit pas le véritable serment dont
» le reste n'est que l'appareil.

» Quelquefois, malgré le serment, l'accusateur
» persistoit dans son accusation ; alors l'accusateur,
» pour preuve de la vérité, & l'accusé, pour
» preuve de son innocence, ou tous deux en-
» semble, demandoient le combat.

» Lorsque dans les affaires douteuses, ajoute le
» même auteur, on déféroit le serment à l'ac-
» cusé, il n'y avoit rien que de raisonnable &
» d'humain. Dans le risque de condamner un
» innocent, il étoit juste d'avoir recours à son
» affirmation, & de laisser à Dieu la vengeance
» du parjure. Cet usage subsiste encore parmi
» nous. Il est vrai que nous l'avons borné à des
» cas de peu d'importance, parce que nôtre pro-
» pre dépravation nous ayant éclairé sur celle des
» autres, nous a fait connoître que la probité des
» hommes tient rarement contre de grands inté-
» rêts ». Mém. de l'Acad. tom. XV.

On n'appelle plus cette sorte de preuve en
justice *purgation canonique*, mais simplement *preuve
par le serment* ou *affirmation*, & toute personne
en est crûe sur son affirmation, s'il n'y a point
de titres ou de preuve testimoniale au contraire.
(*A. R.*)

PUS

PUSSA, s. f. (*Idolât. chinoise.*) déesse des Chinois, que les chrétiens nomment la *Cybèle chi-
noise.* On la représente assise sur une fleur d'alisier, au haut de la tige de l'arbre. Elle est couverte d'ornemens fort riches, & toute brillante de
pierreries. Elle a seize bras qu'elle étend, huit à
droite & huit à gauche ; chaque main est armée
de quelque chose, comme d'une épée, d'un couteau, d'un livre, d'un vase, d'une roue & d'autres
figures symboliques. *Hist. de la Chine.* (*A. R.*)

PUSTER, s. m. (*idolât. des Germains.*) nom
propre d'une idole des anciens Germains. Plusieurs
auteurs ont fait mention de cette idole, entre
autres Fabricius, dans son traité *de rebus metal-
licis* ; Théodore Zwinger, dans son *theatrum vitæ
humanæ* ; Merian, dans sa *description du cercle de
la haute-Saxe* ; André Toppius, dans celle de
sonders-hausen ; Henri Ernest, dans ses *observations
diverses* ; Sagitarius, dans ses *antiquités payennes* ;
Tollius, dans ses *epistolæ itinerariæ* ; Prætorius,
dans sa *magia divinatrix*, &c. mais tout ce qu'ils nous

en apprennent est plein de fables & de contradictions ; enfin Jean-Philippe-Christian Staube a
mieux débrouillé que personne ce qui regarde cet
ancien monument des Germains idolâtres, dans
une dissertation intitulée : *Pusterus vetus Germanorum idolum*, imprimée à Giessen en 1726, in-4°.
Le lecteur peut la consulter. (*D. J.*)

PUT

PUTRIZ, (*Hist. mod.*) nom que l'on donne
à la première femme du roi des Moluques ; ses
enfans sont estimés plus nobles que ceux de ses
autres femmes, qui ne leur contestent jamais le
droit de succéder à la couronne. (*A. R.*)

PUY

PUY, (DU) nom que divers personnages ont
illustré.

1°. Raymond *du Puy* (*de Podio*) fut le second
grand-maître de l'ordre de Saint-Jean de Jérusalem,
& le premier qui ait pris ce titre de grand-maître ;
car Gérard, son prédécesseur, instituteur de cet
ordre, ne prenoit que le titre de recteur de l'hôpital de Saint-Jean de Jérusalem. *Du Puy* succéda
en 1120 à Gérard ; il établit une milice pour la
défense de la religion ; il assembla le premier chapitre général, & y fit de nouvelles constitutions
qui furent confirmées en 1123 par le pape Calixte II ; en 1130, par Innocent II ; il aida Baudouin, roi de Jérusalem, à faire la conquête d'Ascalon ; il mourut en 1160. Le brave *du Puy* Montbrun étoit de la même famille. (Voir son article
à *Montbrun.*)

2°. Henri *du Puy*, nommé par les savans *Ericius
Puteanus*, disciple de Juste-Lipse, & son successeur
dans une chaire de professeur ; il eut, comme Puffendorff, (voyez son article), à choisir entre les faveurs
de différens souverains. Né à Venloo, dans la
Gueldre, en 1574, il eut une chaire d'éloquence
à Milan ; le roi d'Espagne le choisit pour son
historiographe ; l'archiduc Albert le fixa dans les
Pays-bas par la chaire de Juste-Lipse, par le gouvernement de la citadelle de Louvain, par une
place de conseiller d'état. Il mourut à Louvain
en 1646. Ses principaux ouvrages sont : *statera
belli & pacis*, où il faisoit pancher la balance du
côté de la paix, ce qui déplut aux Espagnols, qui
croyoient alors avoir intérêt à faire la guerre,
& qui ne furent désabusés que quand la guerre
les eut ruinés. *Historia Insubrica. Theatrum histo-
ricum Imperatorum ; Comus seu de luxu*, dont il
y a une traduction françoise sous le titre de *Comus,
ou le banquet dissolu des Cimmériens*, &c. Toutes
ses œuvres ont été recueillies à Louvain, en cinq
volumes in-8°.

3°. Les *du Puy*, famille de savans, comme les Pithou,
les Sainte-Marthe, les Godefroy, est plus féconde
encore en savans.

Leur

Leur père étoit Claude *du Puy*, élève de Tur-nèbe pour les belles-lettres, & de Cujas pour le droit, parent & ami du célèbre président de Thou. Il étoit fils d'un avocat, & fut conseiller au parlement; il y acquit beaucoup de réputa-tion; il fut l'ami de tous les gens de lettres, mais nous ne pouvons le compter parmi les savans que pour un amateur, père de beaucoup de sa-vans illustres. Mort en 1594.

Son fils aîné fut Christophe *du Puy*; il suivit à Rome le cardinal de Joyeuse en qualité de son protonotaire. Pendant qu'il étoit à Rome, on vou-lut y mettre à l'*index* l'histoire du président de Thou; il empêcha cette sottise, qui, après tout, n'en eût été qu'une de plus; étant aumônier du roi, & voyant de près le cardinal du Perron, grand aumônier, il fit le *Perroniana*; il a donc de plus que son père un titre littéraire, quelle qu'en soit la valeur. Il finit par être chartreux, d'abord en France; puis il mourut à Rome en 1654, prieur de la chartreuse de cette ville.

Pierre *du Puy* son frère, troisième fils de Claude, est celui de toute cette famille qui a le plus de titres littéraires; & c'est le savant entre les mains duquel a passé le plus grand nombre de titres rela-tifs à notre histoire; il a travaillé avec une ardeur infatigable à l'inventaire du trésor des chartres. On connoit son *traité des droits du roi sur plusieurs états & seigneuries*. Theodore Godefroy y travailla de concert avec lui. Si Pierre Pithou est l'auteur du *traité des libertés de l'église gallicane*, Pierre *du Puy* l'est des *preuves de ces mêmes libertés*. On a de lui *l'histoire véritable de la condamnation de l'ordre des Templiers*; *l'histoire générale du schisme qui a été dans l'église, depuis 1378 jusqu'en 1428*, c'est-à-dire, du grand schisme d'Occident, *l'histoire du différend entre le pape Boniface VIII & le roi Philippe-le-Bel*; *l'histoire des favoris*; *l'histoire du concordat de Bologne entre le pape Léon X & le roi François I*; *un traité de la loi salique*; *un traité des régences & majorités des rois de France*; *un traité des contributions que les ecclésiastiques doivent au roi en cas de nécessité*; *un mémoire du droit d'aubaine*; *un mémoire & instruction pour servir à justifier l'innocence de Messire François-Auguste de Thou*; *une apologie de l'histoire du président de Thou*. Du *Puy* est un de ces auteurs sur lesquels on s'appuye avec confiance, parce qu'on peut compter sur leur exactitude. Citer *du Puy*, c'est presque citer les sources. Pierre *du Puy* étoit conseiller au parlement & garde de la bibliothèque du roi; il étoit né en 1582, il mourut en 1651; Nicolas Rigault, son ami, a écrit sa vie.

Jacques *du Puy* son frère, cinquième fils de Claude *du Puy*, fut aussi garde de la bibliothèque du roi; Pierre *du Puy* avoit tenu à la bibliothèque du roi de savantes conférences, qui lui avoient fait une réputation personnelle & indépendante de ses ouvrages; Jacques les continua, & ce fut avec un succès qui lui acquit aussi une grande réputation

de savoir. S'il n'a rien produit de lui-même, le public lui est redevable de la plus grande partie des ouvrages de son frère, dont il a été l'éditeur, & c'est avoir rendu un grand service aux lettres. Mort en 1656.

4°. Claude-Thomas *du Puy*, fils d'un négociant de Paris, intendant de la nouvelle-France en Canada, avocat général au grand conseil, &c. avoit beaucoup de talent pour la mécanique. Il est le premier qui ait fait des sphères mobiles suivant le système de Copernic; il a inventé des machines hydrauliques. Mort en 1738.

PUY-LAURENT. (ANTOINE DE L'AGE de) (*Hist. de France*) Il fut sous-gouverneur de Gas-ton, duc d'Orléans, & il le gouverna toute sa vie; il fut accusé d'avoir vendu tour-à-tour son maître à la cour & la cour à son maître; c'est ainsi qu'en usoit à l'égard de Marie de Médicis le cardinal de Richelieu, n'étant encore qu'évêque de Luçon & ayant toute sa fortune à faire; mais devenu tout-puissant, il punissoit dans les autres ce qu'il s'étoit tant de fois permis. *Puy-Laurent* entraînoit toujours Monsieur dans quelques nouvelles révol-tes, pour avoir aux yeux de la cour le mérite de le ramener, & auprès de lui-même celui de faire sa paix avec la cour. Après avoir été tour-à-tour & plusieurs fois récompensé d'avoir suspen-du ces querelles, & puni de les avoir entretenues, il mourut à la Bastille, lieu si suspect alors, & qui voyoit trop souvent & trop brusquement mou-rir les ennemis de Richelieu.

Puy-Laurent est au nombre de ses victimes, quoique dans un de ses raccommodemens passa-gers, il eût épousé mademoiselle de Pont-château, cousine germaine du cardinal. Le rapprochement de trois époques très-voisines, suffit pour donner une idée des vicissitudes de sa fortune: en 1633, il fut condamné à avoir la tête tranchée, comme complice de l'évasion du duc d'Orléans qui s'é-toit retiré en Lorraine.

En 1634, il fut fait duc & pair.

En 1635, il fut arrêté le 14 février, & mourut à la Bastille, le premier juillet suivant.

PUYSÉGUR, (*Hist. de France*) noble & an-cienne famille, dont le vrai nom est de Chastenet; elle est originaire du comté d'Armagnac.

Bernard de Chastenet étoit, en 1365, chambel-lan du roi de Navarre, Charles le mauvais; Jean de Chastenet, seigneur de *Puységur*, marié en 1590, laissa quatorze enfans, dont plusieurs ont bien servi l'état.

Un de ses fils, nommé le seigneur de Camp-Seguet, commandoit dans Lectoure, lorsque le duc de Montmorenci y fut conduit en 1632, après le combat de Castelnaudari, & sa fidélité causa la mort de ce généreux & intéressant prisonnier; mais Chastenet fit son devoir, il refusa une somme considérable qu'on lui offrit pour laisser seulement échapper ce duc.

Un frère de Chastenet, seigneur de la Grange, fut blessé au siége de Spire en 1635 ; il fut blessé encore en Picardie en 1639, & peu après il y fut tué.

Jacques de Chastenet, leur frère, est le fameux *Puységur*, lieutenant-général sous Louis XIII & Louis XIV, & dont nous avons des mémoires publiés en 1690. Il porta les armes pendant quarante & un ans, depuis 1617 jusqu'en 1658 ; se trouva & se distingua dans plus de cent vingt siéges, de trente combats, batailles ou rencontres, sans avoir jamais été blessé & sans avoir jamais manqué une seule fois à son devoir pour cause de maladie ; il fut fait deux fois prisonnier, l'une au combat de Honnecourt, en Picardie, où le maréchal de Grammont fut battu par les Espagnols, le 26 mai 1642 ; l'autre, au combat de Valenciennes en 1656 ; son fils aîné y fut pris avec lui. *Puységur* ne parvint pas à la dignité de maréchal de France, parce que, comme il le dit dans ses mémoires, il fut toujours plus attaché au roi qu'aux ministres. Il mourut dans ses terres en 1682, à quatre-vingt-deux ans.

Un autre *Puységur*, plus heureux ou plus justement traité, fut fait maréchal de France, le 14 juin 1734, avec le maréchal de Biron, père du dernier mort, & le prince de Tingry ; la promotion ne fut publique que le 17 janvier 1735, mais ils eurent rang du jour de leur nomination. Le maréchal de *Puységur* mourut en 1745.

PYLADE, (*Hist. rom.*) pantomime célèbre, né en Cilicie, vint exercer ses talens à Rome du temps d'Auguste. Il exprimoit par la danse, les gestes, les mouvemens du corps, tout ce qui semble ne pouvoir être exprimé que par la parole. Les sujets les plus comiques, les catastrophes les plus tragiques, les sentimens les plus variés ; il exprimoit jusqu'au caractère moral des divers personnages. Il y eut entre lui & Hyllus son disciple, une espèce de défi à qui exprimeroit le mieux la grandeur d'Agamemnon ; Hyllus, par des mouvemens & des attitudes qui tendoient à l'élever, parut trop confondre l'élévation de l'ame, avec la hauteur de la taille. *Tu le fais long & non pas grand*, lui cria *Pylade* ; comme on avoit dit à un peintre qui ornoit trop le portrait d'une belle femme : *tu la fais riche & non pas belle* :

Tu me peins la richesse & non pas la beauté.

Pylade parut à son tour, & par des manières simples, nobles, fières avec grace & décence, il rendit sensible à tous les yeux, la grandeur du roi des rois & la fierté du chef des Atrides.

PYRÉNÉES, *traité des*. (*Hist. moderne de France*) fameux traité de paix conclu le 7 novembre 1659, entre le roi de France & le roi

d'Espagne, par le cardinal Mazarin & par dom Louis de Haro, plénipotentiaires de ces deux puissances, dans l'île des Faisans, sur la rivière de Bidassoa.

Ce *traité* contenoit cent vingt-quatre articles. Les principaux étoient le mariage du roi avec l'infante Marie-Thérèse, qui devoit avoir une dot de cinq cents mille écus, sous la condition de la renonciation à la succession d'Espagne. Le cardinal Mazarin promettoit de ne point donner de secours au roi de Portugal. On convint aussi du rétablissement de M le prince, & du duc de Lorraine. Il y eut plusieurs places rendues de part & d'autre. Le roi d'Espagne renonça à ses prétentions sur l'Alsace, & céda une partie de l'Artois ; mais le principal avantage que Mazarin retira de ce *traité*, étoit le mariage du roi avec l'infante, pour procurer à son maître par ce moyen des droits à la succession de la couronne d'Espagne.

M. de Voltaire a fait sur le *traité des Pyrénées* des réflexions trop judicieuses pour les passer sous silence ; les voici :

Quoique le mariage d'un roi de France & la paix générale, fussent l'objet des conférences des deux plénipotentiaires, cependant dans les quatre mois qu'elles durèrent, ils en employèrent une partie à arranger les difficultés sur la préséance ; & dom Louis de Haro trouva le moyen de mettre une égalité parfaite à cet égard entre l'Espagne & la France.

Telle est la vicissitude des choses humaines, que de ce fameux *traité des Pyrénées* il n'y a pas deux articles qui subsistent aujourd'hui. Le roi de France garda le Roussillon, qu'il eût toujours conservé sans cette paix ; mais à l'égard de la Flandre, la monarchie espagnole n'y a plus rien. Nous étions alors les amis nécessaires du Portugal. Nous ne le sommes plus ; nous lui faisons la guerre, tout est changé. Mais si dom Louis de Haro avoit dit que le cardinal Mazarin savoit tromper, on a dit depuis qu'il savoit prévoir. Il méditoit dès long-temps l'alliance de la France & de l'Espagne.

On cite cette fameuse lettre de lui, écrite pendant les négociations de Munster : « Si le roi très-» chrétien pouvoit avoir les Pays-Bas & la Fran-» che-Comté en dot, en épousant l'infante, alors » nous pourrions aspirer à la succession d'Espa-» gne, quelque renonciation qu'on fit faire à l'in-» fante ; & ce ne seroit pas une attente fort éloi-» gnée, puisqu'il n'y a que la vie du prince son » frère, qui l'en peut exclure. » Ce prince étoit alors Balthasar, qui mourut en 1649.

Le cardinal se trompoit évidemment en pensant qu'on pourroit donner les Pays-Bas & la Franche-Comté en mariage à l'infante. On ne stipula pas une seule ville pour sa dot ; au contraire on rendit à la monarchie espagnole des villes considérables qu'on avoit conquises, comme Saint

Omer, Ypres, Menin, Oudenarde, & d'autres places : on en garda quelques unes.

Le cardinal ne se trompa pas en croyant que la rénonciation seroit un jour inutile ; mais ceux qui lui font honneur de cette prediction, lui font, donc prévoir que le prince dom Balthazar mourroit en 1649, qu'ensuite les trois enfans du second mariage seroient enlevés au berceau ; que Charles, le cinquième de tous ces enfans mâles, mourroit sans postérité, & que ce roi autrichien feroit un jour un testament en faveur d'un petit-fils de Louis XIV. Mais enfin le cardinal Mazarin prévit ce que vaudroient des rénonciations en cas que la postérité mâle de Philippe IV s'éteignît, & des évènemens étrangers l'ont justifié après plus de cinquante années.

Marie-Thérèse pouvant avoir pour dot les villes que la France rendoit, n'apporta par son contrat de mariage, que cinq cent mille écus d'or au soleil ; il en coûta davantage au roi pour l'aller recevoir sur la frontière. Ces cinq cents mille écus valant alors deux millions cinq cents mille livres, furent pourtant le sujet de beaucoup de contestations entre les deux ministres. Enfin la France n'en reçut jamais que cent mille francs.

Loin que ce mariage apportât aucun autre avantage présent & réel que celui de l'infante, elle renonça à tous les droits qu'elle pourroit jamais avoir sur aucune des terres de son père, & Louis XIV ratifia cette rénonciation de la manière la plus solemnelle, & la fit ensuite enregistrer au parlement.

Le duc de Lorraine, Charles IV, de qui la France & l'Espagne avoient beaucoup à se plaindre, ou plutôt qui avoit beaucoup à se plaindre d'elles ; fut, comme on l'a dit, compris dans ce traité, mais en prince malheureux, qu'on punissoit parce qu'il ne pouvoit pas se faire craindre. La France lui rendit ses états, en démolissant Nancy, & en lui défendant d'avoir des troupes. Dom Louis de Haro obligea le cardinal Mazarin à faire recevoir en grace le prince de Condé, en menaçant de lui laisser en souveraineté Rocroi, le Catelet & d'autres places dont il étoit en possession. Ainsi la France gagna à la fois ces villes & le grand Condé. Il perdit sa charge de grand-maitre de la maison du roi, & ne revint presque qu'avec sa gloire.

Charles II, roi titulaire d'Angleterre, plus malheureux alors que le duc de Lorraine, vint près des Pyrénées où l'on traitoit cette paix. Il implora le secours de dom Louis & de Mazarin. Il se flattoit que leurs rois, ses cousins germains réunis, oseroient venger une cause commune à tous les souverains, puisqu'enfin Cromwel n'étoit plus ; il ne put seulement obtenir une entrevue, ni avec Mazarin, ni avec dom Louis. Lockhart, ambassadeur de Cromwel, étoit à S. Jean-de-Luz ; il se faisoit respecter encore même après la mort du protecteur ; & les deux ministres, dans la crainte de choquer cet anglois, refusèrent de voir Charles II. Ils pensoient que son rétablissement étoit impossible, & que toutes les factions angloises, quoique divisées entr'elles, conspiroient également à ne jamais reconnoitre de rois. Ils se trompèrent : la fortune fit peu de mois après ce que ces deux ministres auroient pû avoir la gloire d'entreprendre. *Essai sur l'hist. univ.* (*D. J.*)

PYRGOTELES, (*Hist. anc.*) graveur célèbre chez les Grecs du temps d'Alexandre le Grand ; il avoit seul le privilége de graver ce conquérant, comme Apelle de le peindre, & Lysippe de le sculpter.

PYRRHON, (*Hist. anc.*) natif d'Elide, disciple d'Anaxarque, qu'il accompagna jusqu'aux Indes à la suite d'Alexandre, n'est pas l'inventeur de la philosophie qui enseigne à douter ; mais l'ayant poussée plus loin que ses prédécesseurs, c'est lui qui a donné son nom à la secte qui fait profession de chercher & de pas trouver la vérité, & dont le dogme principal s'appelle *Pyrrhonisme* ou *Scepticisme.*

Il étoit, dit-on, aussi sceptique dans la pratique, que dans la théorie, quoique la scène de Marphurius, dans *le mariage forcé*, prouve qu'un Pyrrhonien est obligé de se démentir à tout moment. Diogène Laerce dit que *Pyrrhon* ne préféroit rien à rien, qu'il ne se dérangeoit pas pour un chariot ou pour un précipice ; & que ses amis, qui prenoient soin de le suivre, lui sauvèrent plusieurs fois la vie. Tout cela est, sans doute, bien exagéré ; on ajoute cependant qu'un jour il se démentit, comme Marphurius, & s'enfuit pour éviter un chien qui le poursuivoit ; & comme on le railloit sur cette fuite contraire à ses principes, il passa condamnation, en disant : *il est difficile de dépouiller entièrement l'homme.* Anaxarque son maître étant tombé dans un fossé, il passa outre sans lui offrir aucun secours, & Anaxarque le loua fort de ce trait de scepticisme.

Ce fut *Pyrrhon* qui, dans une tempête, montra aux passagers qu'il voyoit fort troublés, un cochon qui mangeoit tranquillement au fond du vaisseau. M. Racine, dans le poëme de la religion, lui dit sur cela des injures & le compare au cochon dont il citoit l'exemple :

> Et de son indolence au milieu d'un orage
> Un stupide animal est en effet l'image.

La vie & la mort lui paroissoient, disoit-il, indifférentes. Pourquoi donc ne mourez-vous pas, lui dit quelqu'un ? parce que ce seroit faire un choix, répondit-il.

Il avoit, dit-on, la même indifférence sur l'honneur & sur l'infamie, sur la justice & l'injustice, sur le vice & la vertu ; ce n'est peut-être qu'une conséquence qu'on tiroit de ses dogmes, mais

Iiia

cette conséquence est fort naturelle. Cependant il fut honoré dans sa patrie, on lui conféra la dignité de pontife ; on accorda en sa faveur aux philosophes, une exemption de tout impôt.

La doctrine de Stertinius qui ne voit que des fous, & dans ceux qui craignent tout, & dans ceux qui, comme *Pyrrhon*, ne craignent rien, parce qu'ils ne croient rien, nous paroît bien plus raisonnable.

> Est genus unum
> Stultitiæ, nihilum metuenda timentis, ut ignes,
> Ut rupes fluviosque in campo obstare queratur.
> Alterum & huic varium & nihilo sapientius, ignes
> Per medios fluviosque ruentis. Clamet amica
> Mater, honesta soror, cum cognatis pater, uxor :
> Hic fossa est ingens, hic rupes maxima, serva ;
> Non magis audierit quàm Fusius ebrius olim
> Cùm Ilionam edormit, Catienis mille ducentis,
> Mater, te appello, clamantibus.

PYRRHUS, (*Hist. anc. Hist. d'Epire.*) fils d'Achille & de Déidamie, eut cette valeur féroce & brutale qu'on reproche à son père ; étant allé fort jeune au siège de Troye, il fit l'essai de son courage contre Eurypile, qu'il tua ; ce fut en mémoire de cette victoire qu'il institua la danse pyrrique, où les danseurs étoient armés de toutes pièces. Il entra le premier dans le cheval de bois ; & quand la ville fut au pouvoir des Grecs, il donna le signal du carnage ; & dominé par le desir d'une vengeance brutale, il massacra Priam au pied des autels : il immola Polixène sur le tombeau d'Achille, & précipita du haut d'une tour le jeune Astianax, fils d'Hector. Tandis que ce vainqueur sanguinaire se livroit à la férocité de ses penchans, des ambitieux lui enlevèrent l'héritage de ses aïeux ; alors roi sans état, il se mit à la tête d'une troupe d'aventuriers, avec lesquels il fonda un nouvel empire dans le pays des Molosses, qu'il chassa de leurs possessions.

Ces nouveaux conquérans furent d'abord appellés *Pyrrhides*, du nom de leur chef, & ensuite *Epirotes*. *Pyrrhus* étant allé à Dodone pour y consulter le dieu sur les destinées de son nouvel empire, enleva Lanasse, petite-fille d'Hercule, dont il eut un grand nombre de filles, qu'il donna en mariage aux rois ses voisins ; ces alliances affermirent les fondemens de sa domination naissante. Après avoir été le meurtrier de Priam & de sa famille, il fut sensible au mérite d'Hélénus, fils de ce roi infortuné, à qui il fit présent du royaume de Chaonie ; & d'Andromaque, femme d'Hector, qu'il avoit lui-même épousée, lorsqu'elle lui échut en partage. *Pyrrhus* jouissoit de la plus haute considération chez les rois ses voisins, lorsqu'il fut assassiné dans le temple de Delphes, par Oreste, fils d'Agamemnon : la couronne d'Epire passa successivement à ses descendans. (*T. N.*)

PYRRHUS II, descendant d'Achille & du premier *Pyrrhus*, fondateur du royaume d'Epire, étoit fils d'Eacide & de Troade ; les Epirotes fatigués de la domination d'Eacide, qui les sacrifioit dans une guerre stérile contre les Macédoniens, secouèrent le joug de l'obéissance, & le forcèrent d'aller chercher un asyle chez les rois ses alliés. Son fils, encore au berceau, fut confié à des serviteurs fidèles qui veillèrent sur sa vie ; le peuple indigné de ne pouvoir assouvir sa vengeance sur le père, demandoit le sang de son fils innocent ; il fallut le dérober à sa fureur, & le conduire en Illyrie à la cour du roi Glaucus, dont la femme étoit, comme lui, de la race des Eacides ; Glaucus attendri par les caresses enfantines, & sur-tout par le malheur de ce prince innocent, brava les menaces de Cassandre qui, à la tête d'une armée, demandoit qu'on lui livrât cette tendre victime pour l'immoler ; & pour avoir un titre plus sacré de le protéger, il crut devoir l'adopter. Les Epirotes, admirateurs des sentimens affectueux d'un étranger envers un prince né du sang de leurs rois, éprouvèrent les remords d'en être les persécuteurs ; ils passèrent de la fureur à la compassion. Quoiqu'il n'eût encore que douze ans, ils sollicitèrent & obtinrent son retour pour le placer sur le trône de ses ancêtres ; on lui donna des tuteurs pour gouverner sous son nom, jusqu'à ce qu'il eût atteint l'âge de diriger lui-même les rênes de l'empire. Dès qu'il put soutenir les fatigues de la guerre, il manifesta son génie véritablement né pour la gloire des armes ; quoiqu'il fixât sur lui l'admiration, quoique ses traits fussent imposans, il ne put réussir à se faire aimer : il avoit dans la physionomie quelque chose de fier & d'insultant, qui inspiroit plutôt la crainte que l'amour ; ses sujets indociles se révoltèrent, & il fut obligé de mendier un asyle chez Démétrius, fils d'Antigone, qui avoit épousé sa sœur ; il se signala dans les guerres que le prince son protecteur eut à soutenir contre la roi d'Egypte. Lorsque le retour de la paix eut rendu son courage inutile, il fut donné en ôtage à Ptolémée, dont il devint bientôt le favori ; il réussit à plaire à la reine Bérénice, qui lui donna en mariage sa fille Antigone, qu'elle avoit eue de Philippe avant d'être unie à Ptolémée.

Cette alliance lui fournit les moyens de rentrer dans l'Epire, à la tête d'une armée ; il fut obligé de partager le trône avec l'usurpateur Néoptoleme, dont il se défit quelque tems après. Dès qu'il fut possesseur sans partage de ses états, il devint le protecteur des rois qui l'avoient protégé ; il porta le feu de la guerre dans l'Italie, où une victoire qu'il remporta, lui promettoit de grandes conquêtes. La nouvelle que Démétrius étoit mourant, lui fit tourner ses armes contre la Macédoine ; mais le rétablissement de la santé de Démétrius le força de s'en éloigner. Quelque tems après il fut plus heureux, il se rendit maître de ce royaume , qu'il partagea avec Lyſimachus ; mais les Macédoniens préférant la domination de ſon collègue , l'obligèrent de renoncer aux droits de ſes victoires.

Une guerre plus mémorable ouvrit un vaſte champ à ſes inclinations belliqueuſes ; les Tarentins & les Lucaniens opprimés par les Romains, l'appellèrent à leur ſecours ; l'amour de la gloire, ou peut-être l'eſpoir d'envahir l'Italie , le fit céder à leurs ſollicitations : l'exemple d'Aléxandre, qui avoit porté ſes armes triomphantes aux extrémités de l'Orient , celui de ſon oncle qui avoit protégé ces mêmes Tarentins contre les Brutiens, allumoit dans ſon cœur l'ambition des conquêtes ; il laiſſa le gouvernement de ſes états à ſon fils aîné, & ſe fit ſuivre des deux autres pour adoucir l'ennui d'une ſi longue expédition. Il débarqua à Tarente , où le conſul Lévinus , informé de ſon arrivée, s'avança vers Héraclée, où les deux armées rivales diſputèrent long-tems la victoire, dont Pyrrhus fut redevable à ſes éléphans, qui jettèrent la terreur parmi les Romains qui n'avoient aucune idée de ces animaux. Cette victoire fut plus glorieuſe qu'utile à Pyrrhus qui l'acheta par le ſacrifice de l'élite de ſes troupes, c'eſt ce qui lui fit dire : ſi je gagne encore une pareille victoire, je m'en retournerai ſans ſuite en Epire : il eſt vrai que les Locriens ſe déclarèrent pour lui , & le mirent en état de ſoutenir la guerre. L'eſtime que les Romains lui inſpirèrent, fit ſouhaiter de les avoir pour amis ; il fit demander la paix par Cinéas , à qui le ſénat répondit que le peuple Romain n'écouteroit ſes propoſitions que lorſqu'il ſeroit ſorti de l'Italie. Cinéas de retour auprès de ſon maître, lui dit : Rome m'a paru un temple , & le ſénat une aſſemblée de rois.

Fabricius fut envoyé auprès de Pyrrhus pour traiter de la rançon des priſonniers , qui furent renvoyés gratuitement , afin que les Romains, après avoir éprouvé ſa valeur , euſſent des témoignages de ſa magnificence. Le monarque enchanté de la ſimplicité héroïque de Fabricius , lui promit les premières dignités , s'il vouloit s'attacher à lui ; mais ce Romain déſintéreſſé ne ſuccomba point à l'éclat de ſes promeſſes , aimant mieux commander à ceux qui diſpoſoient de la fortune, que d'être grand lui-même.

Les témoignages réciproques d'eſtime que ſe donnoient ces généreux ennemis , ne purent les déterminer à la paix : on en vint à une ſeconde bataille, dont l'événement fut le même que le premier. Pyrrhus affoibli par ſes propres victoires, eût été obligé de quitter avec honte l'Italie , ſi les Siciliens ne lui euſſent fourni un prétexte honnête de s'en éloigner. Ces inſulaires opprimés par les Carthaginois , l'appellèrent pour briſer leur joug ; il paſſa en Sicile, après avoir mis de fortes garniſons dans les villes de l'Italie dont il s'étoit emparé, il gagna ſur les Carthaginois deux batailles qui le mirent en poſſeſſion d'Eryx & de

pluſieurs places importantes. Ce prince qui ſavoit vaincre , n'avoit pas le don de ſe faire aimer : devenu odieux à ſes nouveaux ſujets , il fut obligé d'abandonner ſes conquêtes & de retourner en Italie. Sa flotte fut battue dans ſon paſſage par les Carthaginois ; il trouva le moyen d'en équiper une nouvelle avec l'or qu'il enleva du temple de Proſerpine ; & ce fut à ce larcin ſacrilège que les ſuperſtitieux attribuèrent tous ſes déſaſtres. Une victoire complette que remporta ſur lui Curius Dentatus , l'obligea de ſe retirer en Epire, où il demanda du ſecours à Antigone , roi de Macédoine , dont il eſſuya un refus. Pyrrhus pour s'en venger , fait une invaſion dans la Macédoine , uniquement pour y faire un riche butin ; ſes ſuccès ſurpaſſèrent ſon eſpérance, il ſe rendit maître d'un royaume qu'il ne vouloit que piller.

Une ſi riche conquête lui fait naître l'ambition d'aſſujettir la Grèce & l'Aſie ; par-tout vainqueur, il ne lui manquoit que le talent de conſerver ſes conquêtes. Un prince qui avoit humilié Rome & Carthage, parut redoutable à la liberté de la Grèce ; la conſternation fut générale lorſqu'on vit ſon armée devant Sparte ; les femmes ſe chargèrent de défendre la patrie , & donnèrent l'exemple de l'intrépidité la plus héroïque. Ptolémée , fils de Pyrrhus , brave juſqu'à la témérité , pouſſe ſon cheval juſqu'au milieu de la ville, où il ſuccomba ſous le nombre : ſon père voyant ſon corps , s'écria : il eſt mort plus tard que je n'avois prévu ; les téméraires ne doivent pas vivre ſi long-tems. La réſiſtance des Spartiates l'obligea de lever le ſiège pour marcher contre Argos , où Antigone s'étoit enfermé. Cette ville fut le terme de ſa vie. Tandis qu'avec une valeur impétueuſe il perce les plus épais bataillons , il eſt tué d'un coup de pierre lancée par une femme du haut des murs. Sa tête fut apportée à Antigone qui , modéré dans la victoire , rendit ſon corps à ſes enfans pour le dépoſer dans le tombeau de ſes ancêtres. Ce vainqueur généreux renvoya en Epire Hélénus qui , priſonnier dans le combat , s'étoit rendu à ſa diſcrétion. (T. N.)

PYTHAGORE, (Hiſt. anc.) ancien & illuſtre philoſophe, chef & fondateur de la ſecte Italique, laquelle fut ainſi appellée, parce que c'eſt dans cette partie de l'Italie, connue ſous le nom de Grande-Grèce, qu'elle a été fondée par Pythagore.

Ce philoſophe étoit de Samos, fils d'un ſculpteur, ainſi que Socrate. Son père ſe nommoit Mnéſarque. Pythagore fut diſciple de Phéréade qu'on met au nombre des ſept ſages. Après la mort de ce maître, ce fut par lui-même qu'il voulut s'inſtruire ; il voyagea : ce fut vers l'an 564 avant J. C. Les prêtres d'Egypte l'initièrent à leurs myſtères ; les mages de Chaldée lui communiquèrent leurs ſciences, les ſages de Crète leurs lumières ; il reporta dans Samos, tout ce que les peuples les plus inſtruits poſſédoient de ſageſſe & de connoiſſances utiles. Mais en rentrant dans ſa patrie, il la trouva ſous le joug du tyran Polycrate; il s'éxila volontairement & paſſa dans la Grande-Grèce. Il s'établit à Crotone, dans la maiſon du fameux a hl te Milon, dont il fit une école de philoſophie. Avant lui, ceux qui la profeſſoient, prenoient ou ſe laiſſoient donner le titre un peu faſtueux de ſages; il fut le premier qui prit le titre plus modeſte de philoſophe, c'eſt-à-dire amant de la ſageſſe. Ovide a fait l'anachroniſme de mettre Numa Pompilius, ſecond roi de Rome, au nombre des diſciples de Pythagore. Celui-ci étoit poſtérieur à Numa, il vivoit ſous Servius-Tullius & Tarquin le ſuperbe, vers l'an de Rome 220; mais il eut pour diſciples, Zaleucus & Charondas, ces fameux légiſlateurs de la Grande-Grèce. Il fut auſſi le maître d'Empédocle. Ses leçons & ſes exemples opérèrent un tel changement dans l'Italie & ſur-tout à Crotone, lieu de ſa réſidence, qu'on n'en re-connoiſſoit plus les habitans; au lieu du luxe & de la débauche où il avoit trouvé les habitans livrés, il fit régner par-tout la modeſtie & la frugalité; ce ſont ſes dogmes qu'Horace étale dans la ſeconde ſatire du livre ſecond:

Quæ virtus & quanta boni ſit vivere parvo.....
Accipe nunc victus tenuis quæ quantaque ſecum
Afferat; imprimis valeas benè, nam variæ res
Ut noceant ſtomacho credas, memor illius eſcæ
Quæ ſimplex olim tibi federit, at ſimul aſſis
Miſcueris elixa, ſimul conchylia turdis,
Dulcia ſe in bilem vertent ſtomachoque tumultum
Lenta feret pituita. Vides ut pallidus omnis
Cœnâ deſurgat dubiâ; quin corpus onuſtum
Heſternis vitiis animum quoque prægravat unâ
Atque affigit humo divinæ particulam auræ.

Il avoit engagé les femmes & les jeunes gens à renoncer à la parure; » la véritable parure des » femmes, diſoit-il, c'eſt la pudeur, c'eſt le ſens, » non la magnificence des habits; » vera ornamenta matronarum pudicitiam, non veſtes eſſe. C'étoit par le ſilence qu'il exerçoit d'abord ſes diſciples, ſûr que, quand ils ſauroient réſiſter à la tentation de parler, il n'y avoit point de victoire qu'ils ne fuſſent en état de remporter ſur eux-mêmes; il leur faiſoit faire à cet égard un long noviciat; ce noviciat duroit au moins deux ans, & il le pro-longeoit quelquefois juſqu'à cinq pour ceux qui par leur goût ou leur talent pour la parole, lui paroiſſoient avoir beſoin d'un plus long apprentiſ-ſage du ſilence. Caton l'ancien fait auſſi de l'art de ſe taire, la première des vertus:

Virtutem primam eſſe puta compeſcere linguam;
Proximus ille Deo eſt, qui ſcit ratione tacere.

Un ancien, en parlant de ce noviciat de ſilence

chez les diſciples de Pythagore, dit que les babil-lards étoient punis par l'éxil de la parole, pen-dant cinq ans; loquaciores enimverò fermè in quin-quennium, velut in exilium vocis mittebantur. L'a-rithmétique, la géométrie, la muſique, étoient les ſciences que Pythagore recommandoit & enſei-gnoit avec le plus de zèle à ſes diſciples.

Ceux-ci étoient de deux ordres différens; les uns, c'étoient ſans doute des novices, ne faiſoient qu'écouter & recevoir paſſivement les leçons qu'on leur donnoit; il ne leur étoit permis de faire ni une queſtion ni une objection; les autres, plus formés & plus intelligens, étoient admis à propoſer leurs difficultés. Pythagore avoit acquis ſur les uns & ſur les autres une autorité telle, qu'il ne reſtoit jamais le moindre doute, dès qu'il avoit parlé; c'eſt de lui qu'on diſoit pour toute preuve: le maître l'a dit; on le reſpectoit à l'égal de la divinité: un de ſes diſciples auquel il fit un jour une réprimande en préſence des autres, y fut ſi ſenſible, qu'il ne put y ſurvivre, & ſe donna la mort; ce fut pour Pytha-gore, une grande leçon, de ne jamais cenſurer per-ſonne qu'en particulier.

On connoît le commentaire d'Hiéroclès, ſur les vers d'or ou dorés de Pythagore, qui contien-nent les dogmes de ce philoſophe. Il regardoit Dieu comme une ame univerſelle répandue dans toute la nature, & dont les ames humaines étoient tirées. Pythagoras cenſuit Deum animum eſſe per natuam rerum omnem intentum & commeantem, ex quo animi noſtri caperentur. Virgile adopte cette idée d'une ame univerſelle répandue par-tout, & il en donne même une partie à ſes abeilles, & aux autres animaux.

His quidam ſignis atque hæc exempla ſecuti,
Eſſe apibus partem divinæ mentis & hauſtus
Æthereos dixère; Deum namque ire per omnes
Terrasque, tractusque maris, cœlumque profundum.
Hinc pecudes, armenta, viros, genus omne ferarum
Quemque ſibi tenues naſcentem arceſſere vitas......
                              Georg. lib. IV.

Principio cœlum ac terras camposque liquentes,
Lucentemque globum lunæ tiraniaque aſtra
Spiritus intùs alit totamque infuſa per artus
Mens agitat molem & magno ſe corpore miſcet,
Indè hominum pecudumque genus vitæque volantum,
Et quæ marmoreo fert monſtra ſub æquore pontus.
                              Æneid. lib. VI.

Il paroît que Pythagore, pour étendre & affer-mir l'empire qu'il exerçoit ſur les eſprits, ne s'en rapporta pas uniquement aux avantages que lui donnoient ſes connoiſſances & ſes lumières; il ne dédaigna pas d'y ajouter le ſecours des preſtiges; Porphyre & Jamblique lui attribuent des miracles; il ſe faiſoit entendre & obéir des bêtes mêmes. Une ourſe faiſant de grands ravages dans le pays des Dauniens, il lui ordonna de ſe retirer;

elle disparut ; il défendit à un bœuf de toucher à des fèves, le bœuf obéit. Il fut vû & entendu à la fois en public & dans le même temps, en deux différentes villes situées, l'une dans le continent de l'Italie, l'autre dans l'isle de Sicile. Il prédisoit les tremblemens de terre, appaisoit les tempêtes, dissipoit la peste, guérissoit les maladies d'un seul mot ou par l'attouchement. Il étoit Apollon, il avoit une cuisse d'or, il la fit voir & toucher à son disciple Abaris, qui lui-même, au moyen d'une flèche miraculeuse sur laquelle il étoit porté au milieu des airs, se transportoit à volonté, en un instant, d'une extrémité de l'univers à l'autre. *Pythagore* avoit fait un voyage aux enfers, où il avoit vu l'ame d'Hésiode attachée avec des chaînes à une colonne d'airain.

Porta adversa, ingens, solidóque adamante columnæ,
   Vis ut nulla virum, non ipsi exscindere ferro
   Cælicolæ valeant, stat ferrea turris ad auras.

L'ame d'Homère étoit pendue à un arbre & environnée de serpens, pour toutes les fictions injurieuses à la divinité dont ses poëmes sont remplis. *Pythagore* intéressa les femmes au succés de ses visions, en assurant qu'il avoit vu dans les enfers beaucoup de maris rigoureusement punis, pour avoir maltraité leurs femmes ; & que c'étoit le genre de coupables le moins ménagé dans l'autre vie. Les femmes furent contentes ; les maris eurent peur, & tout fut cru. Il y eut encore une circonstance qui réussit merveilleusement ; c'est que *Pythagore*, au moment de son retour des enfers & portant encore sur le visage la pâleur & l'effroi qu'avoit dû lui causer la vue de tant de supplices, savoit parfaitement tout ce qui étoit arrivé sur la terre pendant son absence, & en rendit un très-bon compte à la multitude étonnée.

Pythagore attribuoit aux nombres une vertu mystérieuse qui rentre dans les qualités occultes & à laquelle on ne comprend rien. On lui fait honneur de l'invention de la métempsycose. Il se souvenoit d'avoir été Æthalide, fils de Mercure ; puis Euphorbe tué au siége de Troye par Ménélas ; & il avoit reconnu le bouclier, qu'il avoit eu alors, en le voyant appendu dans un temple d'Apollon ou de Junon ; il avoit depuis été un pêcheur de Délos ; & enfin *Pythagore*.

Habentique
Tartara Panthoiden, iterum Orco
Demissum, quamvis clypeo Trojana refixo
   Tempora testatus, nihil ultra
Nervos atque cutem morti concesserat atræ,
   Judice te, non sordidus auctor
Naturæ verique, &c.

                  Hor. Od. lib. I, ode 28.

Ovide lui fait dire à lui-même :

Morte carent animæ, semperque, priore relictâ
Sede, novis habitant domibus, vivuntque receptæ.
Ipse ego, nam memini, Trojani tempore belli,
Panthoides Euphorbus eram ; cui pectore quondam
Sedit in adverso gravis hasta minoris Atridæ.
Cognovi clypeum, lævæ gestamina nostræ,
Nuper Abanteis templo Junonis in argis.
Omnia mutantur, nihil interit ; errat & illinc,
Huc venit, hinc illuc, & quoslibet occupat artus
Spiritus ; èque feris humana in corpora transit,
Inque feras noster, nec tempore deperit ullo.

Par une conséquence de ce sistême de la métempsicose, *Pythagore* défendoit de se nourrir de la chair des animaux. Ovide est éloquent sur cet article :

Parcite, mortales, dapibus temerare nefandis
Corpora. Sunt fruges, sunt deducentia ramos
Pondere poma suo ; tumidæque in vitibus uvæ ;
Sunt herbæ dulces ; sunt, quæ mitescere flammâ,
Molliríque queant. Nec vobis lac etus humor
Eripitur, nec mella thymi redolentia florem ;
Prodiga divitias alimentaque mitia tellus
Suggerit, atque epulas sine cæde & sanguine præbet.
Carne feræ sedant jejunia, nec tamen omnes.....
Heu ! Quantum scelus est, in viscera viscera condi,
Congestóque avidum pinguescere corpore corpus,
Alteriusque animantem animantis vivere letho !
Scilicet in tantis opibus, quas optima matrum
Terra parit, nil te nisi tristia mandere sævo
Vulnera dente juvat, ritusque referre Cyclopum ?......
Quid meruistis oves, placidum pecus, inque tuendos
Natum homines, pleno quæ fertis in ubere nectar ?
Mollia quæ nobis vestras velamina lanas
Præbetis, vitáque magis quàm morte juvatis ?
Quid meruere boves, animal sine fraude dolisque,
Innocuum, simplex, natum tolerare labores ?
Immemor est demùm, nec frugum munere dignus,
Qui potuit, curvi dempto modò pondere aratri,
Ruricolam mactare suum, qui trita labore
Illa, quibus toties durum renovaverat arvum,
Tot dederat messes, percussit colla securi.

Plutarque dans *Emile*, est encore plus éloquent sur le même sujet.

» Tu me demandes pourquoi *Pythagore*
» s'abstenoit de manger de la chair des bêtes ; mais
» moi, je te demande au contraire, quel courage
» d'homme eut le premier, qui approcha de sa
» bouche une chair meurtrie, qui brisa de sa dent
» les os d'une bête expirante, qui fit servir devant
» lui des cadavres & engloutit dans son estomach
» des membres, qui le moment d'auparavant bê-
» loient, mugissoient, marchoient & voyoient ?
» comment sa main put-elle enfoncer un fer dans

» le cœur d'un être senfible ? comment fes yeux
» purent-ils fupporter un meurtre ? comment put-
» il voir faigner, écorcher, démembrer un pau-
» vre animal fans défenfe ?..... cuire la brebis
» qui lui lèchoit les mains ?..... Les panthères
& les lions, que vous appellez bêtes féroces,
» fuivent leur inftinct par force, & tuent les
» autres animaux pour vivre...... vous ne les
» mangez pas ces animaux carnaffiers, vous les
» imitez ; vous n'avez faim que des bêtes innocen-
» tes & douces, qui ne font de mal à perfonne,
» qui s'attachent à vous, qui vous fervent, &
» que vous dévorez pour prix de leurs fervices. »
» O meurtrier contre nature, fi tu t'obftines
» à foutenir qu'elle t'a fait pour dévorer tes fem-
» blables, des êtres de chair & d'os, fenfibles &
» vivans comme toi, étouffe donc l'horreur qu'elle
» t'infpire pour ces affreux repas ; tue les animaux
» toi-même, je dis de tes propres mains, fans fer-
» remens, fans coutelas ; déchire-les avec tes
» ongles, comme font les lions & les ours ; mords
» ce bœuf & le mets en pièces, enfonce tes
» griffes dans fa peau ; mange cet agneau tout
» vif, dévore fes chairs toutes chaudes, bois
» fon ame avec fon fang. Tu frémis, tu n'ofes
» fentir palpiter fous ta dent une chair vivante !
» homme pitoyable ! tu commences par tuer l'a-
» nimal, & puis tu le manges, comme pour le
» faire mourir deux fois.

C'eft à *Pythagore* qu'on attribue la découverte de
ce théorême fondamental & d'un fi grand ufage
dans la géométrie, que, dans un triangle rectan-
gle, le quarré de l'hypotenufe eft égal aux quarrés
des deux autres côtés. On dit qu'il offrit une
hécatombe aux dieux, pour les remercier de lui
avoir fait découvrir une vérité fi importante.

Pythagore défendoit de manger des fèves, parce qu'il leur trouvoit je ne fais quelle affinité avec
la chair & le fang humain ; c'eft pourquoi Horace
appelle la fève, *faba Pythagoræ cognata.*

Diogène Laërce, Athénée & d'autres auteurs,
parlent de plufieurs autres *Pythagores,* qui pourroient bien, pour la plûpart, n'être que le philofophe de Samos, qu'on aura multiplié à raifon
de fes diverfes connoiffances.

PYTHÉAS, (*Hift. anc. de Marfeille*) voyageur
célèbre dans l'antiquité. On ne fait pas bien
précifément dans quel temps il vivoit ; les uns
l'ont fait contemporain de Ptolémée-Philadelphe,
vers l'an 284 avant J. C. ; les autres, du conful
Publius Scipion, père du premier Scipion l'Africain, l'an 218 avant l'ère chrétienne. Bayle qui
les a réfutés le place en général dans le fiècle
d'Alexandre ; il croit qu'il faut s'en tenir là, par
l'impoffibilité d'arriver fur ce point à une plus
grande précifion, M. de Bougainville, dans fes
*éclairciffemens fur la vie & fur les voyages de Pythéas
de Marfeille,* inférés dans le recueil de l'académie
des infcriptions & belles-lettres, tome 19, page

146 & fuivantes ; M. de Bougainville rétrécit cet
efpace que Bayle abandonne aux conjectures, &
tâche de prouver que la date du voyage de *Pythéas* remonte avant l'année 327 avant J. C.,
époque de la conquête des Indes faite par Aléxandre. Polybe & Strabon, qui renchérit fur lui,
ont fort maltraité *Pythéas,* en qualité de voyageur
& d'obfervateur ; & Bayle, quoiqu'il modifie
leurs reproches, en adopte la plus grande partie ;
il croit fur leur parole que *Pythéas* a beaucoup
ufé du privilège qu'un proverbe connu attribue
aux voyageurs ; d'un autre côté, *Pythéas* a trouvé
dans tous les temps des partifans illuftres & de
zélés défenfeurs. Le favant Eratofthène l'avoit pris
pour guide dans tout ce qui regarde le Nord &
l'Occident de l'Europe. Hipparque adopta la plûpart des déterminations de latitude données par
Pythéas. Gaffendi prit hautement fa défenfe, à la
follicitation de Péirefc ; Olaüs Rudbecks, dans
fon atlantique, l'a auffi défendu avec chaleur.
M. de Bougainville ajoute beaucoup à leur apologie de *Pythéas,* qu'il trouve infuffifante. Outre
l'avantage qu'a *Pythéas* d'être un des plus anciens
écrivains que nous connoiffions dans nos contrées,
il voit en lui un habile aftronome, un ingénieux
phyficien, un géographe exact, un hardi navi-
gateur, l'auteur de plufieurs découvertes utiles
& importantes, dont les voyages ont ouvert de
nouvelles routes au commerce, ont enrichi
l'hiftoire naturelle, ont contribué à perfectionner
la connoiffance du globe terreftre. C'eft *Pythéas,*
qui, le premier, a connu cette *ultima thule* des
anciens ; il eft le premier qui ait pénétré jufqu'au
foixante-feptième dégré de latitude feptentrionale ;
le premier qui ait feulement ofé croire ces pays
habités. Polybe & Strabon ont été jufqu'à vouloir répandre des doutes fur la réalité des voyages
mêmes de *Pythéas* ; M. de Bougainville les réfute pleinement fur ce point, & réduit en poudre
leurs foibles raifons. Il montre par les erreurs
mêmes de Strabon, que quelques erreurs relevées
par lui dans les obfervations de *Pythéas,* ne doivent point nuire à la réputation de ce voyageur,
ni détruire l'eftime qu'il a fi bien méritée. La
plus célèbre des obfervations de *Pythéas* eft celle
qu'il fit à Marfeille, pour déterminer la latitude
de cette ville, en comparant l'ombre d'un gnomon
à fa hauteur, au temps du folftice : comparaifon
de laquelle Eratofthène & Hipparque conclurent
que la diftance de Marfeille à l'équateur étoit de
43 dégrés, 17 minutes. Cette obfervation a été
vérifiée par Gaffendi, par le P. Feuillée, par M,
Caffini, & ce dernier remarque, que fi l'on en
favoit exactement les circonftances, elle ferviroit
à décider la fameufe queftion du changement de
l'obliquité de l'écliptique ; malheureufement nous
n'avons plus fes ouvrages ; il ne nous en refte
que quelques fragmens, encore nous font-ils fournis par fes détracteurs.

L'auteur de la nouvelle & favante hiftoire de
Provence,

Provence, M. l'abbé Papon, en s'appuyant fur M de Bougainville, va encore plus loin que lui Un des événemens les plus confidérables qui s'offrent dans les commencemens de fon hiftoire, eft le double voyage de *Pythéas* vers le nord, & d'Euthymène vers le midi, qui, felon le calcul de l'auteur, fe fit environ 320 ans avant J. C. Le but & le réfultat de ce voyage, ainfi que fon époque, font un objet de difcuffion. Nous n'avons la relation ni de *Pythéas*, ni d'Euthymène, & l'auteur ne s'en rapporte point à ce que Strabon a écrit fur *Pythéas*. Il ne peut croire qu'un aftronome auffi habile, un géographe auffi favant que lui paroit être *Pythéas*, ainfi qu'à M. de Bougainville, qu'un homme auquel l'aftronomie & la géographie doivent des obfervations fi exactes & fi utiles, ait raconté les chofes merveilleufes & inintelligibles que Strabon lui fait dire. Il fe forme la plus grande idée de ce voyage; il fuit avec M. de Bougainville, la route de *Pythéas* fur la méditerranée & fur l'océan, depuis Marfeille jufqu'en Iflande; il le voit enfuite, à fon retour, paffer le détroit du Sond & entrer dans la mer Baltique. Il foupçonne que *Pythéas* ne fe bornoit point à chercher une communication avec les peuples du Nord, & il élève fes idées jufqu'à penfer qu'il s'agiffoit dès-lors de trouver un paffage par le nord, pour pénétrer dans les mers d'Afie. Il ne penfe pas moins avantageufement du voyage d'Euthymène, qui répondoit à celui de *Pythéas*. On fait qu'Euthymène reconnoit l'embouchure du Sénégal; mais M. l'abbé Papon ne croit point que le Sénégal ait été le terme de cette navigation; il eft perfuadé qu'il s'agiffoit auffi de trouver la pointe la plus méridionale de l'Afrique, pour pénétrer dans la mer des Indes. Ce qu'il dit fur ce fujet, mérite au moins d'être examiné; & tout concourt à nous faire déplorer la perte des écrits de *Pythéas*.

C'eft auffi le nom d'un rhéteur Athénien, ennemi de Démofthènes, & d'un magiftrat des Béotiens, qui, dans la guerre des Achéens contre les Romains, l'an 147 & l'an 146 avant J. C., engagea fes compatriotes à fe déclarer pour les Achéens. Il tomba entre les mains de Métellus qui le fit mourir, les Romains qui portoient le trouble par-tout, accufant *Pythéas* d'être l'auteur des troubles.

PYTHIAS, (vóyez DAMON.)

PYTHIE, f. f. (*Hift. des Oracl.*) prêtreffe du temple d'Apollon à Delphes: elle fut ainfi nommée à caufe du ferpent Python que ce dieu avoit tué, ou plutôt du verbe grec πυνθάνομαι *demander*, à caufe du dieu qu'on confultoit, & dont elle déclaroit la volonté : *Pythia quæ tripode ex Phœbi lauroque profatur*, dit Lucrèce, *lib. I.*

Dans les commencemens de la découverte de l'oracle de Delphes, plufieurs phrénétiques s'étant précipités dans l'abîme, on chercha les moyens

de remédier à un pareil accident. On dreffa fur le trou une machine qui fut appellée *trépié*, parce qu'elle avoit trois barres fur lefquelles elle étoit pofée; & l'on commit une femme pour monter fur ce trépié, d'où elle pouvoit fans aucun rifque recevoir l'exhalaifon prophétique.

On éleva d'abord à ce miniftère des jeunes filles encore vierges, à caufe de leur pureté, dit Diodore de Sicile; à caufe de leur conformité avec Diane, & enfin parce qu'on les jugeoit plus propres dans un âge tendre à garder les fecrets des oracles.

On prenoit beaucoup de précautions dans le choix de la *Pythie*. Il falloit, comme on vient de le dire, qu'elle fût jeune & vierge; mais il falloit encore qu'elle eût l'ame auffi pure que le corps. On vouloit qu'elle fût née légitimement, qu'elle eût été élevée fimplement, & que cette fimplicité parût jufques dans fes habits. Elle ne connoiffoit, dit Plutarque, ni parfums, ni effences, ni tout ce qu'un luxe rafiné a fait imaginer aux femmes. Elle n'ufoit ni du cinnamome, ni du laudanum. Le laurier & les libations de farine d'orge étoient tout fon fard; elle n'employoit point d'autre artifice. On la cherchoit ordinairement dans une maifon pauvre, où elle eût vécu dans l'obfcurité, & dans une ignorance entière de toutes chofes. On la vouloit telle que Xénophon fouhaitoit que fût une jeune époufe lorfqu'elle entroit dans la maifon de fon mari; c'eft-à-dire qu'elle n'eût jamais rien vû, ni entendu. Pourvu qu'elle fût parler & répéter ce que le Dieu lui dictoit, elle en favoit affez.

La coutume de choifir les *Pythies* jeunes dura très-long-tems; mais une *Pythie* extrêmement belle ayant été enlevée par un Theffalien, on fit une loi qu'à l'avenir on n'éliroit, pour monter fur le trépié, que des femmes qui euffent paffé cinquante ans; & ce qui eft fingulier, c'eft qu'afin de conferver au moins la mémoire de l'ancienne pratique, on les habilloit comme des jeunes filles, quel que fût leur âge.

On fe contentoit dans les commencemens d'une feule *Pythie*; dans la fuite, lorfque l'oracle fut tout-à-fait accrédité, on en élut une feconde pour monter fur le trépié alternativement avec la première, & une troifième pour lui fubvenir, en cas de mort, ou de maladie. Enfin dans la décadence de l'oracle, il n'y en eut plus qu'une, encore n'étoit-elle pas fort occupée.

La *Pythie* ne rendoit fes oracles qu'une fois l'année, c'étoit vers le commencement du printems. Elle fe préparoit à fes fonctions par plufieurs cérémonies : elle jeûnoit trois jours, & avant de monter fur le trépié, elle fe baignoit dans la fontaine de Caftalie. Elle avaloit auffi une certaine quantité d'eau de cette fontaine, parce qu'on croyoit qu'Apollon lui avoit communiqué une partie de fa vertu. Après cela on lui faifoit mâcher des feuilles de laurier cueillies encore près de cette fontaine. Ces préambules achevés, Apollon avertissoit lui-même de son arrivée dans le temple qui trembloit jusques dans ses fondemens. Alors les prêtres conduisoient la *Pythie* dans le sanctuaire, & la plaçoient sur le trépié. Dès que la vapeur divine commençoit à l'agiter, on voyoit ses cheveux se dresser sur sa tête, son regard devenir farouche, sa bouche écumer, & un tremblement subit & violent s'emparer de tout son corps. Dans cet état elle faisoit des cris & des hurlemens qui remplissoient les assistans d'une sainte frayeur. Enfin ne pouvant plus résister au dieu qui l'agitoit, elle s'abandonnoit à lui, & proféroit par intervalles quelques paroles mal articulées que les prêtres recueilloient avec soin ; ils les arrangeoient ensuite, & leur donnoient avec la forme du vers, une liaison qu'elles n'avoient pas en sortant de la bouche de la *Pythie*. L'oracle prononcé, on la retiroit du trépié pour la conduire dans sa cellule, où elle étoit plusieurs jours à se remettre de ses fatigues. Souvent, dit Lucain, une mort prompte étoit le prix ou la peine de son enthousiasme.

Cette vapeur divine qui agitoit la *Pythie* sur le trépié, n'avoit pas toujours la même vertu. Elle se perdit insensiblement. Sur quoi Cicéron dit : « Cette vapeur qui étoit dans l'exhalaison de la » terre, & qui inspiroit la *Pythie*, s'est donc éva- » porée avec le tems : vous diriez qu'ils parlent » de quelque vin qui a perdu sa force. Quel tems » peut consumer ou épuiser une vertu toute di- » vine ? Or qu'y a-t-il de plus divin qu'une ex- » halaison de la terre qui fait un tel effet sur l'a- » me, qu'elle lui donne & la connoissance de » l'avenir, & le moyen de s'en expliquer en » vers ? »

Un jour cette prêtresse d'Apollon donna deux oracles opposés, l'un aux Ioniens, & l'autre aux Achéens, au sujet des statues qu'ils regar-

doient comme leurs dieux tutélaires ; ce qui jetta entre ces peuples de même origine une semence de discorde affreuse. Dans un tems éclairé & bien policé, on auroit puni très-sévèrement la prêtresse d'Apollon pour se jouer ainsi des oracles.

Il ne faut pas confondre la *Pythie* avec la Sybille de Delphes, vraie vagabonde, qui alloit de contrée en contrée débiter ses prédictions, qui ne montoit jamais sur le sacré trépié, & qui prophétisoit sans le secours des exhalaisons qui sortoient du sanctuaire de Delphes. Que Virgile peint bien la fureur de la *Pythie* !

> *Subitò non vultus, non color unus,*
> *Non comptæ mansere comæ ; sed pectus anhelum*
> *Et rabie fera corda tument.....*
> *At Phœbi nondum patiens, &c.*

C'est là que Rousseau a puisé ces vives idées :

> Ou tel que d'Apollon le ministre terrible
> Impatient du dieu dont le souffle invincible
> Agite tous ses sens,
> Le regard furieux, la tête échevelée,
> Du temple fait mugir la demeure ébranlée
> Par ses cris impuissans,
> Tel aux premiers accès d'une sainte manie,
> Mon esprit allarmé redoute du génie
> L'assaut victorieux ;
> Il s'étonne, il combat l'ardeur qui le possède,
> Et voudroit secouer du démon qui l'obsède
> Le joug impérieux ;
> Mais si-tôt que cédant à la fureur divine,
> Il reconnoît enfin du dieu qui le domine
> Les souveraines loix ;
> Alors tout pénétré de sa vertu suprême,
> Ce n'est plus un mortel, c'est Apollon lui-même
> Qui parle par ma voix.

(*Le chevalier* DE JAUCOURT.)

QUA

QUADRIGATI. (*Monnoie de Rome*) C'est ainsi qu'on nomma les premiers deniers d'argent qui furent faits à Rome, l'an-485 de sa fondation, qu'on commença d'y fabriquer de la monnoie d'argent. Ces premiers deniers d'argent valoient dix as de cuivre, & furent d'abord du poids d'une once; leur empreinte étoit une tête de femme coëffée d'un casque, auquel étoit attachée une aile de chaque côté; cette tête représentoit la ville de Rome, ou une victoire menant un char attelé de deux ou quatre chevaux de front; ce qui fit appeller ces pièces lorsqu'il y avoit deux chevaux de front, *bigati*, & lorsqu'il y en avoit quatre, *quadrigati*. Sur le revers de ces pièces étoit la figure de Castor & de Pollux. (*A. R.*)

QUADRILLE, s. f. (*Fête galante*) petite troupe de gens à cheval, superbement montés & habillés, pour exécuter des fêtes galantes, accompagnées de joutes & de prix. Quand il n'y a qu'un *quadrille*, c'est proprement un tournois ou course. Les joutes demandent deux partis opposés. Le carrousel en doit avoir au moins quatre, & le *quadrille* doit être composé au moins de huit ou douze personnes. Les *quadrilles* se distinguent par la forme des habits, ou par la diversité des couleurs. Le dernier divertissement de ce genre qu'on ait vu dans ce royaume, est celui que donna Louis XIV, en 1662, vis-à-vis les Tuileries, dans l'enceinte qui en a retenu le nom de la *place du carrousel*. Il y eut cinq *quadrilles*. Le roi étoit à la tête des Romains; son frère des Persans; le prince de Condé des Turcs; le duc d'Enguien son fils des Indiens; le duc de Guise si singulier en tout, des Américains. La reine-mère, la reine regnante, la reine d'Angleterre, mère de Charles II, étoient sous un dais à ce spectacle. Le comte de Sault, fils du duc de Lesdiguières, remporta le prix, & le reçut des mains de la reine-mère. (*D. J.*)

QUADRUPLATOR, s. f. (*Hist. rom.*) Ce mot qu'on trouve dans Cicéron, signifie un *délateur*, pour des crimes qui concernoient la république; on le nommoit *quadruplator*, parce qu'on lui donnoit la quatrième partie du bien qui, sur sa délation, avoit été confisqué; Plaute a forgé le verbe *quadruplari*, pour signifier, faire la profession de délateur. (*D. J.*)

QUALIFICATEURS DU SAINT OFFICE; (*Hist. mod.*) nom qu'on donne dans les pays où l'inquisition est établie, à quelques membres ecclésiastiques de ce tribunal.

Les *qualificateurs* sont des théologiens, qui prononcent sur les discours ou les écrits de ceux qui ont été déférés à l'inquisition, & décident si ces discours ou ces écrits sont hérétiques, ou approchent de l'héréfie; si les propositions qu'ils contiennent sont fausses, erronées, schismatiques, blasphématoires, impies, séditieuses, offensives des oreilles pieuses, &c. Les *qualificateurs* jugent aussi si la défense de l'accusé est valable & solide, ou si elle n'a pas ces qualités. Lorsque les inquisiteurs hésitent s'ils doivent faire emprisonner une personne; ils consultent les *qualificateurs* qui donnent leurs réponses par écrit, afin qu'elles puissent être jointes aux autres pièces de la procédure & leur servir de base. Au reste, ces avis des *qualificateurs* ne sont que de simples consultations, que les inquisiteurs ne sont point obligés de suivre. Limborck, *histor. inquisit.*.

QUARANTAINE, (*Hist. mod.*) nom en usage sur les ports de mer pour signifier le temps que les vaisseaux venans du levant & les passagers qui sont dessus ou leurs équipages doivent rester à la vue des ports avant que d'avoir communication libre avec les habitans du pays.

On prend cette précaution pour éviter que ces équipages ou passagers ne rapportent d'Orient l'air des maladies contagieuses & pestilentielles qui y sont fort fréquentes; & l'on a donné à cette épreuve le nom de *quarantaine*, parce qu'elle doit durer quarante jours. Cependant lorsqu'on est sûr que ni les marchandises, ni les passagers ne sont partis de lieux ou suspects, ou infectés de contagion, on abrège ce terme, & l'on permet le débarquement tant des personnes que des marchandises; mais on dépose au moins les uns & les autres dans un lazaret où on les parfume. Le temps qu'elles y demeurent se nomme toujours *quarantaine*, quoiqu'il ne soit souvent que de huit ou quinze jours, & quelquefois de moins. Ce langage n'est pas exact, mais l'usage l'a confirmé.

QUARANTAINE, est aussi en Angleterre une mesure ou étendue de terre de quarante perches.

QUARANTIE, s. f. (*Hist. de Venise*) Ce mot se dit en parlant de la république de Venise, & signifie *cour composée de quatre juges*. On distingue
Kkk 2

de trois fortes de *quarantie*; favoir la vieille *quarantie* civile, la nouvelle *quarantie* civile, & la *quarantie criminelle*. Cette dernière juge tous les crimes, excepté les crimes d'état, qui font de la compétence du conseil des dix. La nouvelle *quarantie* civile connoît des appels des fentences rendues par les juges de dehors. La vieille *quarantie* civile connoît des appellations des fentences rendues par les fubalternes de la ville. *Amelot.* (*D. J.*)

QUARRÉ (JACQUES-HUGUES) *Hiſt. litt. mod.*) Supérieur de la maiſon de l'Oratoire à Bruxelles, & prédicateur du roi d'Eſpagne au dix-feptième fiécle, a eu dans fon temps quelque réputation & quelque fuccès comme écrivain afcétique. On a de lui un *tréſor ſpirituel, contenant les obligations que nous avons d'être à Dieu, & les vertus néceſſaires pour vivre en chrétiens parfaits*, qui eut autrefois juſqu'à ſix éditions. Il a écrit auſſi la vie de la bienheureuſe mère Angèle, première fondatrice des mères de ſainte Urſule, & quelques autres ouvrages de piété. Mort en 1656.

QUARTARIUS. ſ. m. (*Meſure romaine.*) Le *quartarius* étoit une des petites meſures de liquides chez les Romains, laquelle contenoit deux cyathes & demi. Il faut ici ſe rappeller que la plus grande des meſures de liquides s'appelloit *culeus*, qui contenoit vingt amphores, ou cinq cents vingt pintes. L'amphore contenoit deux urnes, ou quatre-vingt livres peſant. L'urne contenoit quatre conges, le conge ſix ſeptiers, le ſeptier deux hémines ou demi-ſeptiers, le demi-ſeptier contenoit deux meſures nommées *quartarii*; chaque *quartarius* contenoit, comme je l'ai dit, deux cyathes & demi; enfin le cyathe contenoit la quatrième partie d'un demi-ſeptier, qui s'appelloit *acetabulum*. (*D. J.*)

QUARTIENS. ſ. m. (*Hiſt. mod.*) nom d'une milice de Pologne & de Lithuanie, deſtinée à la garde des frontières, & à empêcher les incurſions des Tartares. (*A. R.*)

QUARTIER, (*Hiſt. mod.*) ſe prend pour un canton ou diviſion d'une ville, qui conſiſte en différentes rangées de bâtimens, féparées les unes des autres par une rivière, ou par une grande rue, ou autre féparation arbitraire.

La ville de Paris, par exemple, étoit partagée en ſeize *quartiers* ſous Henri III. Elle l'eſt maintenant en vingt. Celle de Rome a été pluſieurs fois diviſée différemment en *quartiers* appellés *régions*, ſuivant ſes divers accroiſſemens, comme on l'apprend par les différens Antiquaires qui ont écrit tant ſur l'état ancien, que ſur l'état moderne de cette ville.

Il y a dans pluſieurs villes des commiſſaires

de *quartier*, qui ont ſoin de faire obſerver la police chacun dans le leur.

A Rome, le prieur des caporions ſe prétend chef & colonel des quatorze régions ou *quartiers*, Muſcarat, *pag.* 134. (*A. R.*)

QUARTIER-MAITRE. (*Hiſt. mod.*) C'eſt le nom qu'on donne parmi les troupes allemandes, angloiſes & hollandoiſes, à un bas-officier dont la fonction eſt de marquer les quartiers ou les logemens des troupes; ce qui répond à ce qu'on appelle en France *maréchal des logis*. Le *quartier-maître* général, eſt le maréchal des logis de l'armée. (*A. R.*)

QUARTUMVIR, ſ. m. (*Hiſt. rom.*) quatrième officier de la monnoie, que Céſar ajouta aux triumvirs monétaires. On trouve des médailles qui juſtifient le temps de l'inſtitution du *quartumvir*. Il y en a une qui nous apprend que Cicéron l'avoit été. Il y en a une autre frappée du temps du triumvirat d'Auguſte, d'Antoine & de Lépide. On voit au revers de cette médaille, un Mars, avec cette inſcription, *L. Maſſidius F. E. Longus, IIII vir, A. P. F.* ce qui ſignifie que L. Maſſidius Longus, qui avoit fait battre cette pièce d'or, étoit *quartumvir*. Les lettres *A. P. F.* veulent dire, *auro publicè feriundo*. (*D. J.*)

QUATRE-MAIRE (dom JEAN-ROBERT) (*Hiſt. litt. mod.*) bénédictin très-ſavant, écrivit aſſez vivement contre Naudé pour prouver que Gerſen eſt l'auteur du livre de *l'imitation*; contre Launoy, pour établir le privilège qu'a l'abbaye de ſaint-Germain-des-prés d'être ſoumiſe immédiatement au ſaint-ſiège; il a auſſi réclamé des droits pareils pour l'abbaye de ſaint-Médard de Soiſſons. Etant dans l'abbaye de Ferrières en Gâtinois, pour prendre les bains, il ſe noya dans la rivière, le 7 juillet 1671.

QUATUORVIR, ſ. m. (*Gouvern. romain*) magiſtrat romain qui avoit trois collègues deſtinés avec lui aux mêmes fonctions, ou à la même adminiſtration. *IIII vir* ou *quatuorvir*, c'étoit quelquefois à des *quatuorvirs* qu'on donnoit la charge de conduire & d'aller établir les colonies que l'on envoyoit dans les provinces, & quelquefois on en chargeoit cinq perſonnes, qu'on nommoit par cette raiſon *quinquevirs*. Il y avoit auſſi des *quatuorvirs* dans l'empire pour veiller à l'entretien & réparation des chemins; c'étoient les voyers de l'empire. Ils furent établis par un ſénatus-conſulte, parce que les cenſeurs, qui auparavant étoient chargés de ce ſoin, n'y pouvoient vaquer à cauſe de la multitude des affaires dont ils étoient accablés.

QUATUORVIRS *noĉurnes.* (*Police de Rome.*) C'étoient de petits officiers du collège de vigintivirs, dont l'emploi confiftoit à faire la ronde pendant la nuit dans les rues de Rome, avec pouvoir d'arrêter les vagabonds, les gens fans aveu, ou les efclaves ; on les appelloit auffi *viales,* c'est-à-dire *ambulans,* parce qu'ils alloient dans tous les quartiers fans qu'on pût prévoir le lieu. (*D. J.*)

QUATZALCOATL. f. m. (*Hift. mod. Super.*) C'est le nom que les Mexicains donnoient à la divinité des marchands. Elle est repréfentée fous la figure d'un homme, mais avec la tête d'un oifeau à bec rouge, avec des dents & couvert d'une efpece de mitre pointue. Sa main étoit armée d'une faux ; fes jambes étoient ornées de bijoux d'or & d'argent. Ce dieu avoit un temple magnifique chez les Cholulans, peuples voifins du Mexique, & l'on s'y rendoit en pélérinage de toutes les provinces de l'empire. Sa ftatue étoit entourée d'un tas d'or, d'argent, de plumes rares, & d'autres chofes précieufes. On célébroit une fête annuelle en fon honneur, & on lui facrifioit un captif, que l'on avoit foin de bien engraiffer ; les prêtres lui annonçoient fon fort neuf jours avant la cérémonie ; & s'il s'en affligeoit, fon chagrin paffoit pour un figne de mauvais augure ; mais les prêtres remédioient à cet inconvénient par des cérémonies qui, felon eux, changeoient les difpofitions de la victime ; le facrifice fe faifoit au milieu de la nuit ; on offroit fon cœur palpitant à la lune, & le corps étoit porté chez le principal des marchands où il étoit rôti pour le feftin qui devoit fe faire : la fête fe terminoit par des danfes & des mafcarades. (*A. R.*)

Q U E

QUÉLUS, voyez CAYLUS.

On connoît ces vers de la Henriade fur les mignons de Henri III.

Quélus & Saint-Maigrin, Joyeufe & d'Epernon,
Jeunes voluptueux, qui régnoient fous fon nom,
D'un maître efféminé corrupteurs politiques,
Plongeoient dans les plaifirs fes langueurs léthargiques.

Ces mignons vouloient auffi être braves. *Quélus* appelle en duel le feigneur de Dunes, de la maifon de Balzac d'Entragues, nommé *le beau d'Entragues* à caufe de fa bonne mine, & *dEntraguet,* parce qu'apparemment il étoit petit. *Quélus* prit pour feconds, Maugiron & Livarot, deux autres favoris ; d'Entragues choifit Ribeyrac & Schomberg. Depuis la ceffation des combats judiciaires, les duels étoient devenus plus fréquens, parce qu'au moins les tribunaux déterminoient les cas où le duel devoit avoir lieu, & ne l'ordonnoient que dans des cas fort rares, au lieu que les parties, devenant feuls juges de l'offenfe, appliquoient le duel à tous les cas indiftinctement. Il réfulta encore un autre inconvénient

de l'abolition du duel judiciaire ; aux anciens juges du camp dans le combat judiciaire, fuccédèrent les feconds dans le duel volontaire. Ces feconds ne furent d'abord que témoins & arbitres, comme l'avoient été les juges du camp ; dans ce combat de Caylus & de d'Entragues, ils voulurent être acteurs ; Maugiron & Schomberg furent tués fur la place, Ribeyrac mourut le lendemain, Livarot fut retenu fix femaines au lit par fes bleffures ; d'Entragues ne fut que légèrement bleffé ; *Quélus,* le plus cher de tous à Henri III, mourut de dix-neuf bleffures reçues dans ce combat, & n'en mourut qu'après plus d'un mois de langueur. Henri III réunit fes trois amis, Maugiron, *Quélus* & faint-Maigrin, affaffiné quelque temps auparavant par le duc de Mayenne pour s'être vanté de plaire à la duchesse de Guife ; il leur érigea un fuperbe maufolée, après qu'il eût donné à une jufte douleur tous les caractères d'une indécence fcandaleufe. Il voulut baifer fes amis morts ; il coupa leurs cheveux, & les ferra précieufement. Il ôta, de fa main, à *Quélus* des boucles d'oreilles qu'il lui avoit attachées lui-même. *Quélus* mourut en s'écriant à ces momens : Ah ! *mon roi, mon roi :* marque d'attachement qui n'ajoutoit pas peu aux regrets du monarque. On lifoit ces mots fur le tombeau de *Quélus* :

Non injuriam, fed mortem patienter tulit.
Il ne put fouffrir un outrage,
Et fouffrit conftamment la mort.

Le tombeau de ces trois mignons étoit élevé dans l'églife de Saint Paul ; il fut renverfé dix ans après par les Parifiens en haine de Henri III, lorfqu'il eut fait affaffiner les Guifes.

QUENSTEDT, (JEAN-ANDRÉ) *Hift. litt. mod.* favant théologien luthérien, mort en 1688, auteur d'un traité, en forme de dialogue, fur la naiffance & la patrie des gens de lettres, depuis Adam jufqu'en 1600, & d'un favant traité *de fepulturâ veterum, five de ritibus fepulchralibus, &c.*

QUENTAL, (BARTHELEMI DU) *Hift. litt. mod.*) prédicateur ordinaire du roi de Portugal au dix-feptième fiècle, fondateur de la congrégation de l'Oratoire en Portugal, en 1668. Né dans une des îles Açores en 1626, mort en 1698. On a de lui des fermons, des méditations fur les myftères. Clément XI lui donna le titre de *Vénérable.*

QUENTIN, (SAINT) *Hift. eccléfiaft.*) apôtre du Vermandois & de la ville qui porte fon nom. On croit qu'il y fouffrit le martyre, le 31 octobre 287, fous la perfécution de Dioclétien.

QUESNAY, (FRANÇOIS) *Hift. litt. mod.*) célèbre en qualité de médecin, plus célèbre encore fur-tout après fa mort, en qualité d'économifte, fut premier médecin ordinaire du roi ; il fut auſſi de l'académie des ſciences de Paris & de la ſociété royale de Londres. Il étoit né en 1694 à Ecquevilly ; ſon père étoit un laboureur, ſous lequel il ne s'occupa juſqu'à ſeize ans que des travaux de la campagne ; à cet âge, il apprit à lire & à écrire ; *la maiſon ruſtique* alors fut preſque ſon unique lecture, & cette lecture faiſoit ſes délices ; mais il étoit né pour apprendre & pour étendre le cercle de ſes connoiſſances ; dans ſon village même il apprit du latin & même un peu de grec. Le chirurgien de ſon pays lui apprit le peu qu'il ſavoit de chirurgie, & bientôt il ſe mit en état d'aller exercer la chirurgie à Mantes. M. de la Peyronie l'appella quelque temps après à Paris, pour être ſecrétaire de l'académie de chirurgie qu'il alloit établir. M. *Queſnay* répondit parfaitement à ſes vues par l'excellente préface dont il orna le premier recueil des mémoires de cette compagnie ; il ſe livra plus particulièrement enſuite à la médecine. Son ancien goût pour l'économie rurale ſe réveillant vers ſes dernières années, le jetta dans l'économie politique conſidérée dans ſes rapports avec l'économie rurale ; il écrivit beaucoup ſur ces matières, mais ſes écrits ne le placèrent pas d'abord au premier rang, même parmi les économiſtes. Son dernier goût (nous parlons toujours de goût pour les ſciences) fut un amour même exceſſif pour les mathématiques.

Age jam meorum
Finis amorum.

Il s'y livroit tout entier à quatre-vingts ans ; il crut avoir trouvé la triſection de l'angle & la quadrature du cercle, erreur pardonnable à ſon âge, que dis-je ? erreur déſirable, car elle le rendoit heureux. Le roi Louis XV faiſoit grand cas de *Queſnay*, il l'appelloit ſon *penſeur*, & il lui donna pour armes trois de ces fleurs qu'on nomme *penſées*. *Queſnay* mourut ſix ou ſept mois après Louis XV, au mois de décembre 1774. Ici commence pour lui en quelque ſorte une nouvelle hiſtoire, mais dont il ne fut pas témoin ; les économiſtes, dans la foule deſquels il avoit à peine été remarqué, le prirent pour leur patriarche, ſe déclarèrent ſes diſciples, lui firent, par des éloges dont quelques-uns parurent exagérés juſqu'à l'extravagance, une ſorte d'apothéoſe. Nous n'examinerons pas s'il a réellement mérité tout cet enthouſiaſme, s'il eſt au nombre de ces génies créateurs qui ont changé la face du monde ; s'il a enſeigné des vérités nouvelles, ou s'il n'a fait que revêtir d'expreſſions ſavantes des vérités vulgaires ; ſi parmi ces vérités, il ne s'eſt pas gliſſé d'importantes & funeſtes erreurs. Voici le portrait fidèle ou flatté que fait de M. *Queſnay* celui de ſes ſectateurs, de ſes admirateurs, de ſes panégyriſtes, qui a ſu mettre le plus de mo-

dération dans ſes éloges, encore très-vraiſemblablement outrés :

« La méthode fut le caractère propre de ſon » eſprit ; l'amour de l'ordre fut la paſſion domi-» nante de ſon cœur. Voilà l'origine de ſes dé-» couvertes ; voilà la ſource de ſes vertus. Dur » à lui-même, mais ſenſible à l'excès pour l'hu-» manité ſouffrante, une action généreuſe lui » arrachoit des larmes ; jamais homme ne fut » plus contredit ; ſes nombreuſes découvertes lui » ſuſcitèrent une foule d'adverſaires, & jamais » homme ne porta moins d'aigreur dans la con-» troverſe. Il diſcutoit toujours pour l'intérêt de » la vérité, mais jamais il ne diſputoit pour l'in-» térêt de ſon amour-propre ; le calme de ſon » ame s'annonçoit par la ſérénité de ſon viſage… » Il ſouffroit tranquillement les infirmités de ſa » vieilleſſe, & n'y voyoit, diſoit-il, *que l'opération* » *lente de la nature qui démoliſſoit des ruines.* L'ob-» ſervation de la nature lui étoit devenue une » habitude ; ne ſe preſſant jamais de parler, » écoutant tranquillement, il rapprochoit, par » une opération intérieure très-vive, tout ce » qu'il venoit d'entendre…… Il ſuppléoit les lacunes » avec une ſagacité merveilleuſe, & connoiſſoit » à fond l'homme qui croyoit l'avoir entretenu » légèrement d'un ſujet indifférent…… L'ordre » qu'il mettoit dans vos idées vous les éclairciſſoit » à vous même…… Il n'y avoit perſonne qui ne » crût, en le quittant, avoir été enrichi par lui » de connoiſſances, que ſouvent lui-même n'avoit » pas, effet précieux & ſingulier de l'eſprit de » méthode ! Il pouſſoit, juſques dans la logique, » ce principe de laiſſer opérer la nature, & ne » ſe hâtant pas d'établir dogmatiquement ſon » opinion, il vous amenoit, par une ſuite » de queſtions bien ménagées, à poſer vous-» même, comme conſéquence, ce qu'il vous auroit » donné pour principe… Comme Socrate, il » avoit ſon ironie, & ſembloit, comme le fils » de Sophroniſque, avoir fait ſon étude parti-» culière de l'art d'accoucher les eſprits…… On » trouvoit à Monteſquieu la figure de Cicéron, » tel que les marbres nous le repréſentent ; *Queſnay* » avoit exactement la figure de Socrate, tel que » nous l'ont conſervé les pierres antiques, comme » ſi la nature, fidèle à un plan d'analogie, atta-» choit conſtamment certaines qualités de l'ame » à certains traits de la phyſionomie ; la candeur » de ſon ame lui donnoit une ſorte de ſimpli-» cité qui n'étoit pas, comme dans la Fontaine, » *la bêtiſe du génie* ; ſes naïvetés étoient des vé-» rités profondes, cachées ſous l'apparence d'un » tour ordinaire & commun ».

Voilà qui eſt bien contraire au reproche qu'on lui a fait de donner à des idées communes un air de nouveauté & de ſingularité par un ſtyle obſcur & emphatique.

On a recueilli de M. *Queſnay* divers mots, dont voici peut-être le plus remarquable :

M. le dauphin, père du roi, difoit un jour devant M. Quefnay, que les devoirs d'un roi étoient bien difficiles à remplir : *Monfieur, je ne trouve pas cela*, dit M. Quefnay. — Eh ! que feriez-vous donc, fi vous étiez roi ? — *Monfieur, je ne ferois rien*. — Eh ! qui gouverneroit ? — *Les loix.*

Tout cela eft fort beau à dire, mais avec les loix, il faut encore que les rois gouvernent.

Les ouvrages de médecine du docteur Quefnay font des *obfervations fur les effets de la faignée, & l'art de guérir par la faignée*; un *effai phyfique fur l'économie animale*, ouvrage qui rend fenfible l'influence réciproque du phyfique fur le moral & du moral fur le phyfique ; un *traité des fièvres continues*, un *traité de la cangrène*, un *traité de la fuppuration.*

Ses ouvrages économiques font : *la phyfiocratie ou du gouvernement le plus avantageux au genre humain*, que plufieurs regardent comme l'alcoran des économiftes; divers écrits fur la fcience économique, quelques articles dans l'encyclopédie, relatifs au même fujet.

QUESNE, (ABRAHAM, marquis DU) *Hift. de Fr.*) le plus grand & le plus heureux capitaine de mer qu'ait eu la France, & pour tout dire en un mot, le vainqueur de Ruyter ; il fut formé par fon père, capitaine de vaiffeau diftingué. La vie militaire d'Abraham *du Quefne* eft une fuite de fuccès. En 1637, il étoit à l'attaque des îles Sainte-Marguerite ; en 1638, il eut l'honneur de contribuer à la défaite de l'armée navale d'Efpagne devant Cattari ; en 1641, il fe fignala devant Taragone, en 1642 devant Barcelone ; en 1643 dans la bataille qui fe donna au cap de Gates, toujours contre les Efpagnols; en 1644, il alla fervir en Suède, où il fut fait major de l'armée navale, puis vice-amiral. Sous ce titre, il battit les Danois, il prit le vaiffeau que devoit monter le roi de Danemarck en perfonne, & dont une bleffure dangereufe l'avoit obligé de fortir, la veille de la bataille. En 1647, rappellé au fervice direct de la France, il commanda l'efcadre envoyée à l'expédition de Naples ; en 1650, il foumit Bordeaux alors révolté. Ayant trouvé la marine françoife dans le plus grand délabrement, il avoit armé à fes dépens plufieurs navires ; ce fut avec cette petite flotte qu'il arriva dans la Gironde en même temps que les Efpagnols, qu'il y enira fous leurs yeux & malgré eux ; mais c'eft furtout dans le cours de la guerre de 1672 & dans les mers de Sicile que *du Quefne* mit le comble à fa gloire ; ce fut là qu'il combattit & vainquit Ruyter ; il défit dans trois batailles des 8 janvier, 22 avril & 2 juin 1676, les flottes réunies de Hollande & d'Efpagne ; ce fut dans celle du 22 avril, dans celle d'Agoufta, que les Hollandois perdirent leur célèbre Ruyter, qui ne craignoit, difoit-il, que *du Quefne*, & qui périt en effet d'un coup de canon parti du vaiffeau de *du Quefne*.

Ce furent ces victoires de *du Quefne* qui donnèrent à la France l'empire de la mer, empire qu'elle conferva quelque temps encore après fa mort dans la guerre de 1688, & qu'elle ne perdit qu'au fatal combat de la Hougue en 1692. Ce fut *du Quefne* qui força Tripoli à demander la paix, Alger & Gênes à implorer la clémence de Louis XIV.

Sous le règne de ce prince, plufieurs marins célèbres furent élevés à la dignité de maréchal de France; ce ne fera rien diminuer de leur gloire que de dire qu'aucun d'eux n'avoit plus mérité cet honneur que *du Quefne*; mais il étoit proteftant, & il n'entroit point dans les principes de Louis XIV de récompenfer par des honneurs & des dignités les fervices des proteftans, qu'il n'accroit même qu'à regret ; cependant la foi & les talens n'ont évidemment rien de commun, & puifque tout fujet doit à la patrie l'emploi de fes talens & les fervices qu'il eft en état de lui rendre, l'adminiftrateur d'un royaume doit auffi à la patrie ; 1°. d'employer tous fes fujets aux chofes auxquelles ils font propres, & de tirer d'eux pour la patrie tous les fervices poffibles ; 2°. de donner à ceux-ci toutes les récompenfes qu'ils ont méritées felon la nature, le nombre & l'importance de leurs fervices, foit parce que cela eft jufte, & que ce que j'ai mérité m'appartient auffi bien que ce que j'ai acheté, foit parce que l'intérêt public l'exige ; c'eft une erreur funefte que celle de croire qu'un difpenfateur ne foit pas affujetti auffi bien qu'un juge à la loi rigoureufe de donner à chacun ce qui lui appartient & de ne donner à chacun que ce qui lui appartient. Dans tout état bien ordonné, toute grace eft une juftice & ne doit pas être autre chofe; fans quoi elle eft un tort contre la fociété, & puifqu'elle eft une juftice, elle ne doit jamais être refufée à celui qui l'a méritée ; que celui qui ne croit pas à la préfence réelle, n'ait aucune part aux faveurs de l'églife, quelque mérite qu'il ait d'ailleurs, cela eft jufte ; il manque d'une des conditions néceffaires pour les obtenir ; mais celui qui avoit fait refpecter le pavillon françois fur toutes les mers, celui qui avoit fait triompher la France de toutes les puiffances maritimes, dont elle n'étoit avant lui que l'élève, méritoit d'être fait maréchal de France pour la marine, & des fervices tels que les fiens ne pouvoient être récompenfés q...e par des honneurs. Le roi qui vouloit être jufte envers *du Quefne*, autant que fes principes de religion le lui permettoient, lui donna la terre du Bouchet près d'Etampes, & ce qui tenoit plus de la nature des honneurs qu'un don, il voulut que cette terre portât le grand nom de *du Quefne*.

Du Quefne mourut à Paris en 1688, dans un temps où la guerre qui fe renouvelloit entre la France & toutes les puiffances maritimes, eût rendu les fervices d'un tel homme plus néceffaires que jamais ; mais il avoit alors 78 ans, & il pouvoit dire comme le maréchal Dupleſſis-Praſlin : *Je ſouhaite la mort, puiſque je ne peux plus ſervir votre majeſté*, c'eſt-à-dire, l'état. Il laiſſa quatre fils, héritiers de ſa valeur, qui, formés par un pareil père, rendirent de grands ſervices, & en euſſent rendu encore davantage, ſi la révocation de l'édit de Nantes & les violences qui précédèrent & qui ſuivirent cette révocation, n'avoient mis en oppoſition leur zèle pour leur religion & leur zèle pour l'état. Henri, marquis *du Queſne*, l'aîné de ces fils, diſtingué par ſes talens pour la guerre & pour la marine, le fut encore par une érudition peu commune ; il a écrit en faveur de ſa ſecte ; les proteſtans font grand cas de ſes réflexions anciennes & nouvelles ſur l'euchariſtie ; il mourut à Genève en 1722. Il avoit érigé en terre étrangère un monument à la mémoire de ſon illuſtre père ; dans l'inſcription gravée ſur ce monument, on prévoit que les étrangers demanderont pourquoi, tandis que Ruyter a, ſelon la décence & la juſtice, un tombeau chez ſes concitoyens, le vainqueur de Ruyter n'en a pas chez les ſiens ; la réponſe eſt : *reſpondere vetat latè regnantis reverentia,*

Le reſpect du grand roi me condamne au ſilence ;

QUESNEL, (PASQUIER) *Hiſt. eccléſ.*) Tout ce qu'on peut dire pour & contre le livre des réflexions morales du P. *Queſnel* & la conſtitution *unigenitus* qui l'a condamné, ſe trouve dans tant d'écrits polémiques dont on s'eſt occupé ſi long-temps, qu'il eſt inutile de répéter ici ce que tout le monde a lu par-tout. D'ailleurs ces queſtions rentrent dans la théologie, objet dont nous devons nous abſtenir. Quant aux faits, l'idée qui paroît établie, eſt que les jéſuites, dont le cardinal de Noailles, ſelon ſon expreſſion, ne vouloit pas être le valet & n'étoit certainement pas l'ami, fabriquèrent contre le livre du P. *Queſnel* la bulle *Unigenitus* pour nuire au cardinal de Noailles, qui, dans le temps qu'il étoit évêque de Châlons, avoit donné, à l'exemple de M. de Vialart, ſon prédéceſſeur, l'approbation la plus ſolemnelle au livre du P. *Queſnel*. Des écrivains qui traitent en général ces matières avec beaucoup d'impartialité, & qui ne refuſent point au P. *Queſnel* les éloges qu'ils peuvent lui donner, diſent qu'au moins il auroit pû ſe montrer meilleur citoyen ; ils obſervent que quelques pages ou ſeulement quelques lignes de ſon livre, ſupprimées ou changées, auroient rendu la paix à ſa patrie & à l'égliſe. Nous ne ſaurions être de cet avis, tout raiſonnable qu'il paroît d'abord. Des querelles théologiques ne s'appaiſent pas ſi facilement ; on vouloit nuire, il ne falloit qu'un prétexte, on avoit pris celui-là, on en auroit pris un autre. D'ailleurs la doctrine condamnée dans le P. *Queſnel*, n'étoit point une doctrine nouvelle ; c'étoit celle de Baïus, de Janſénius,

meſſieurs Arnauld, de tout Port-Royal ; elle eût toujours trouvé une foule de défenſeurs qui auroient perpétué la querelle, les jéſuites l'auroient toujours envenimée ; il leur falloit des ennemis & des hérétiques à combattre ; le P. *Queſnel* plus ſoumis & ſon livre corrigé, n'auroient été qu'un homme & un livre de moins dans le parti janſéniſte. S'il eût abandonné cette cauſe, on l'eût abandonné lui-même ; le janſéniſme auroit eu d'autres chefs, & le P. *Queſnel* eût perdu de ſa conſidération, ſans aucun profit pour la paix. Il eſt difficile de dire ſi ces motifs influèrent ſur ſa conduite, ou s'il fut uniquement guidé par ſon attachement à ce qui lui paroiſſoit la vérité. Il étoit entré en 1657 dans la congrégation de l'Oratoire ; il en ſortit en 1684, à propos d'un formulaire ridicule qu'on voulut faire ſigner aux membres de cette congrégation ; car on étoit alors bien dans le goût des formulaires & des ſignatures. L'aſſemblée générale de l'Oratoire, tenue à Paris en 1678, avoit rédigé ce formulaire qui défendoit à tous les membres de cette congrégation d'enſeigner ni le janſéniſme ni le cartéſianiſme. Les janſéniſtes qui étoient aſſez favorables au cartéſianiſme, jugèrent que c'étoit trahir deux fois la vérité, & en théologie & en philoſophie. Les gens du monde trouvoient ridicule cette aſſociation du cartéſianiſme avec le janſéniſme. Les gens du monde avoient raiſon : car ſi les janſéniſtes étoient des novateurs, leur doctrine devoit être abandonnée, puiſque la théologie n'admet point d'innovations ; mais ce n'eſt qu'à force d'innovations que la philoſophie peut faire des progrès. Cependant cette première ſottiſe de l'aſſemblée de 1678, ne fit point encore ſortir de la congrégation le P. *Queſnel*, ni ſes adhérens ; mais lorſque dans l'aſſemblée de 1684, on pouſſa la tyrannie juſqu'à vouloir forcer tous les membres de la congrégation à ſigner ce formulaire, ce fut alors que le P. *Queſnel* quitta l'Oratoire, & pluſieurs de ſes confrères le ſuivirent. La perſécution avoit déjà commencé à ſe déclarer contre lui ; l'archevêque de Paris Harlay l'avoit obligé pour cauſe de janſéniſme à quitter Paris, en 1681 ; il s'étoit retiré à Orléans, où apparemment un janſéniſte nuiſoit moins qu'à Paris. En 1684, libre des chaînes de l'Oratoire, il quitta entièrement la France & ſe retira dans les Pays-Bas, auprès de ſon ami le docteur Arnauld, dont il recueillit les derniers ſoupirs, & après la mort duquel il ſembla tenir le ſceptre du janſéniſme. Le voilà donc à Bruxelles ; hérétique & janſéniſte tant qu'on voudra, on en étoit délivré en France, on n'avoit qu'à le laiſſer tranquille ; mais les jéſuites étoient par-tout, & perſécutoient par-tout ; au commencement de ce ſiècle, ils ſurprirent un ordre du roi d'Eſpagne, Philippe V, pour l'arrêter à Bruxelles ; l'archevêque de Malines le fit mettre dans les priſons de ſon archevêché ; & remarquons qu'alors le
livre

livre du P. Quesnel n'étoit pas encore condamné. Quel étoit donc son crime, même dans l'opinion de ceux qui veulent absolument regarder une opinion comme un crime ? son crime étoit d'avoir déplu aux jésuites, & d'avoir eu le suffrage du cardinal de Noailles, qui leur déplaisoit. Ainsi tout ennemi des jésuites, devoit être emprisonné & persécuté oui sans-doute, & c'étoit-là la grande vérité théologique qu'ils brûloient d'établir dans toute la chrétienté. Toutes les autres opinions leur étoient indifférentes & se concilioient par le probabilisme. Qu'arriva-t-il enfin ?

L'injustice à la fin produit l'indépendance.

Cette rage de persécution & de despotisme révolta ; elle inspira un de ces coups hardis auxquels le désespoir ou un grand intérêt peuvent seuls faire recourir : un gentilhomme espagnol, employé par le marquis d'Aremberg, perça le mur de sa prison, & le P. Quesnel fut libre. Il se retira en Hollande, pays libre où l'on n'emprisonnoit personne pour des questions métaphysiques ; il y forma quelques églises jansénistes, & y écrivit tant qu'il voulut contre ses persécuteurs & contre la bulle *unigenitus* lorsqu'elle eut paru. Lorsqu'on l'avoit arrêté à Bruxelles, on avoit saisi ses papiers & ceux de M. Arnauld dont il étoit dépositaire ; on les avoit remis au P. le Tellier qui en avoit fait des extraits, dont madame de Maintenon lisoit tous les soirs quelques morceaux à Louis XIV pendant les dernières années de sa vie, de peur qu'il ne vînt à se relâcher sur sa haine contre le jansénisme ; on conçoit que des écrits de M. Arnauld & du P. Quesnel, en passant par les mains du P. le Tellier, pouvoient avoir changé de forme & être devenus bien plus propres à divertir Louis XIV & madame de Maintenon.

Il y a du P. Quesnel une multitude d'ouvrages, les uns purement de piété, dont quelques-uns sont relatifs à la direction des ames & à la morale ; les autres sont des écrits polémiques, des libelles, si l'on veut, contre la constitution & pour la cause janséniste ; mais ce qu'on ne fait pas aussi bien, c'est la meilleure édition que nous ayons des œuvres du pape S. Léon est du P. Quesnel, qui la donna en 1675. Le P. Quesnel, né à Paris en 1634, mourut à Amsterdam en 1719, à près de quatre-vingt-six ans ; d'après un témoignage qu'il se rendit en mourant à l'occasion de quelques calomnies qui avoient été répandues sur son compte par les jésuites, jamais homme régulièrement constitué n'a pu se vanter d'avoir poussé plus loin la vertu de la continence.

QUESSONO, s. m. (*Hist. mod. Culte*) idole adorée par les peuples du royaume de Benguela en Afrique, qui lui offrent des libations d'un mélange de vin de palmier & de sang de chèvres. (*A. R.*)

QUESTEUR. (*Hist. rom.*) Les *questeurs* chez les romains, étoient des receveurs généraux des finances ; leur ministère étoit de veiller sur le recouvrement des deniers publics, & sur les malversations que les triumvirs, appellés *capitales*, furent obligés d'examiner dans la suite. Le nom de *questeur* étoit tiré de la fonction attachée à cette charge.

Il y avoit trois sortes de *questeurs* : les premiers s'appelloient *questeurs* de la ville, *urbani*, ou intendans des deniers publics, *questores ærarii* : les seconds étoient les *questeurs* des provinces, ou *questeurs* militaires ; les troisièmes enfin étoient les *questeurs* des parricides, & des autres crimes capitaux. Il ne s'agit point ici de ces derniers, qui n'avoient rien de commun avec les autres.

L'origine des *questeurs* paroit fort ancienne ; ils furent peut-être établis dès le temps de Romulus, ou de Numa, ou au-moins sous Tullus Hostilius. C'étoient les rois mêmes qui les choisissoient. Tacite, *ann. 11. c. xxij*, dit que les consuls se réservèrent le droit de créer des *questeurs*, jusqu'à l'an 307. D'autres prétendent, qu'aussitôt après l'expulsion des rois, le peuple élut deux *questeurs* ou trésoriers, pour avoir l'intendance du trésor public. L'an de Rome 333, il fut permis de les tirer de l'ordre plébéien, & on en ajouta deux autres, pour suivre les consuls à la guerre, c'étoient des intendans d'armées. L'an 488, toute l'Italie étant soumise, on créa quatre *questeurs* pour recevoir les revenus de la république, dans les quatre régions d'Italie ; savoir, celles d'Ostie, de Calene, d'Umbrie & de Calabre.

Sylla en augmenta le nombre jusqu'à vingt, & Jules-César, jusqu'à quarante, afin de récompenser ses amis, c'est-à-dire, de les enrichir en appauvrissant les peuples. Une partie de ces *questeurs* étoit nommée par l'empereur, & l'autre partie par le peuple. Sous les autres empereurs leur nombre ne fut point fixé. De tous ces *questeurs*, il n'y en avoit que deux pour la ville, & pour la garde du trésor public, les autres étoient pour les provinces & les armées.

Le principal devoir des *questeurs* de la ville étoit de veiller sur le trésor public, qui étoit dans le temple de Saturne, parce que sous le regne de Saturne, dans l'âge d'or, on ne connoissoit ni l'avarice, ni la mauvaise foi, & de faire le compte de la recette & de la dépense des deniers publics. Ils avoient aussi sous leur garde les loix & les sénatusconsultes. Jules César, à qui les sacrilèges ne coûtoient rien, rompit les portes du temple de Saturne ; & malgré les efforts de Métellus, il prit dans le trésor public, tout l'argent qui y étoit déposé. Cet événement de la guerre civile des Romains est peint par Lucain avec les couleurs dignes du poëte, & qui n'ont pas été flétries par le traducteur.

Lorfque es confuls partoient pour quelque expédition militaire , les *queſteurs* leur envoyoient les enſeignes qu'ils tiroient du tréſor public. Le butin pris ſur les ennemis , & les biens des citoyens condamnés pour quelque crime leur étoient remis, pour les faire vendre à l'encan. C'étoient eux qui recevoient d'abord les ambaſſadeurs des nations étrangères , qui les conduiſoient à l'audience, & leur aſſignoient un logement.

Outre cela , les généraux en revenant de l'armée, juroient devant eux , qu'ils avoient mandé au ſénat , le nombre véritable des ennemis & des citoyens tués , afin qu'on pût juger s'ils méritoient les honneurs du triomphe ; ils avoient auſſi ſous eux des greffiers ſur leſquels ils avoient juriſdiction.

Les *queſteurs* des provinces étoient obligés d'accompagner les confuls & les préteurs dans les provinces , afin de fournir des vivres & de l'argent aux troupes ; ils devoient auſſi faire payer la capitation & les impôts ; les impôts étoient invariables , mais la capitation n'étoit pas fixe. Ils avoient ſoin du recouvrement des blés dûs à la république , & de faire vendre les dépouilles des ennemis ; ils ne manquoient pas d'envoyer un compte exact de tout cela au tréſor public. Ils examinoient auſſi, s'il n'étoit rien dû à l'état. Enfin , ils gardoient en dépôt auprès des enſeignes , l'argent des ſoldats , & ils exerçoient la juriſdiction que les généraux d'armées & les gouverneurs des provinces vouloient bien leur donner. S'il arrivoit que les gouverneurs partiſſent avant d'être remplacés, les *queſteurs* faiſoient leurs fonctions juſqu'à l'arrivée du ſucceſſeur. Il y avoit ordinairement une ſi étroite liaiſon entre le *queſteur* & le gouverneur, que celui-ci ſervoit en quelque façon de père à l'autre : ſi le *queſteur* venoit à mourir, le gouverneur, en attendant la nomination de Rome , faiſoit exercer l'emploi par quelqu'un : celui-ci s'appelloit *proqueſteur.*

Le *queſteur* de la ville n'avoit ni licteur, ni meſſager, *viatorem* , parce qu'il n'avoit pas droit de citer en jugement, ni de faire arrêter qui que ce fût , quoiqu'il eût celui d'aſſembler le peuple pour le haranguer. Les *queſteurs* des provinces, au contraire , paroiſſent avoir eu leurs licteurs, au moins dans l'abſence du préteur. Là *queſture* étoit le premier degré pour parvenir aux honneurs ; la fidelité de la queſture , la magnificence de l'édilité , l'exactitude & l'intégrité de la préture, frayoient un chemin ſûr au conſulat.

On ne pouvoit être *queſteur* qu'à l'âge de vingt-cinq ans, & lorſqu'on avoit exercé cette charge, on pouvoit venir dans le ſénat, quoique l'on ne fût pas encore ſénateur. Elle fut abolie & rétablie pluſieurs fois ſous les empereurs. Auguſte créa deux préteurs pour avoir ſoin du tréſor public, mais l'empereur Claude rendit cette fonc-

tion aux *queſteurs* , qui l'étoient pendant trois ans. Dans la ſuite , on établit une autre eſpèce de *queſteurs* , qu'on appella *candidats du prince*. Leur fonction étoit de lire les ordres de l'empereur dans le ſénat. Après eux vinrent les *queſteurs du palais* , charge qui ſe rapporte à celle de chancelier parmi nous , & à celle de grand logothete ſous les empereurs de Conſtantinople. (*D. J.*).

QUESTEUR DU PARRICIDE , (*Hiſt. rom.*) magiſtrat particulier que le peuple nommoit, & auquel il donnoit la puiſſance de connoître du parricide & autres crimes qui ſeroient commis dans Rome , parce qu'auparavant il étoit défendu aux confuls de juger de leur chef aucun citoyen romain ; cependant , comme les mœurs multiplioient journellement les crimes, le peuple vit de lui-même la néceſſité d'y remédier, en revêtant un magiſtrat de cette autorité ; la même choſe s'exécuta pour les provinces, & l'on appella *quæſtores* , inquiſiteurs, les préteurs qui furent chargés de cette commiſſion. La loi première , §. 23. *de origine juris* , nous apprend l'ogine de ce commiſſaire, qu'on appella *queſteur du parricide*. Mais il faut ſavoir que ce *queſteur* nommoit un juge de la queſtion, c'eſt-à-dire du crime, lequel tiroit au ſort d'autres juges, formoit le tribunal , & préſidoit ſous lui au jugement.

Il eſt encore bon de faire remarquer ici la part que prenoit le ſénat dans la nomination de ce *queſteur du parricide,* afin que l'on voie comment les puiſſances étoient à cet égard balancées. Quelquefois le ſénat faiſoit élire un dictateur, pour faire la fonction de *queſteur* ; quelquefois il ordonnoit que le peuple ſeroit convoqué par un tribun, pour qu'il nommât le *queſteur* ; enfin, le peuple nommoit quelquefois un magiſtrat, pour faire ſon rapport au ſénateur ſur certain crime, & lui demander qu'il donnât le *queſteur* , comme on voit dans le jugement de Lucius Scipion, dans Tite-Live , *liv. VIII.* (*D. J.*).

QUESTEUR NOCTURNE , (*Hiſt. nat.*) les *queſteurs nocturnes* étoient à Rome de petits magiſtrats inférieurs ordinaires, chargés de prendre garde aux incendies, & qui, durant la nuit, faiſoient la ronde dans tous les quartiers. (*A. R.*)

QUESTIONS *perpetuelles* , (*Hiſt. romaine*) c'eſt ainſi qu'on appelloit chez les Romains , les matières criminelles, dont le jugement étoit commis à des magiſtrats particuliers, que le peuple créoit à cet effet, & qui furent nommés *quæſitores parricidii* , queſteurs du parricide.

Ce fut ſeulement l'an de Rome 604 , que quelques-unes de ces commiſſions furent rendues permanentes. On diviſa peu-à-peu toutes les matières criminelles en diverſes parties , qu'on appella des *queſtions* perpetuelles, *quæſtiones perpétuæ*, c'eſt-à-dire des recherches perpétuelles. On créa divers préteurs pour faire ces recherches, & on en attribua un certain nombre à chacun d'eux, ſuivant les conjonctures. On leur donna pour un an la puiſſance de juger les crimes qui en dépendoient, & enſuite ils alloient gouverner leurs provinces, (*A. R.*)

QUESTURE. ſ. ſ. (*Hiſt. rom.*) La *queſture* ainſi que l'édilité, étoit une magiſtrature qui ſervoit à parvenir à de plus élevées ; elle étoit annuelle comme celle de conſul, & elle ne s'obtenoit, à ce qu'il paroît, qu'à 25 ans au plus tôt. De-là il eſt facile de conclure qu'on ne pouvoit avoir entrée au ſénat avant cet âge, puiſque pour y entrer, il falloit avoir obtenu la *queſture*, ou exercer quelqu'autre charge. *Voyez* Sigonius, *de antiq. juris rom.* Celui qui étoit honoré de la *queſture* s'appelloit *queſteur. Voyez* QUESTEUR. (*A. R.*)

QUEVEDO DE VILLEGAS (FRANÇOIS) *Hiſt. litt. mod.*) eſpagnol, chevalier de Saint-Jacques, eſt mis au rang des meilleurs poëtes & des meilleurs écrivains de ſa nation ; le comte duc d'Olivarès dont il avoit décrié le gouvernement, uſa de ſa puiſſance pour l'accabler, ce qu'aucun miniſtre n'aura jamais le pouvoir de faire ſous un véritable roi, à moins que la calomnie ne ſoit prouvée : mais il importe aux rois que la voix des citoyens ne ſoit jamais étouffée par leurs miniſtres. *Quevedo* fut donc mis en priſon, & n'obtint ſa liberté qu'à la diſgrace de ce miniſtre, qui n'en fut une ni pour l'état ni pour beaucoup de particuliers. *Quevedo*, né en 1570, à Villeneuve de l'Infantado, mourut dans le même lieu en 1645. Ses œuvres ont été recueillies à Bruxelles, en trois volumes & traduites en françois. Elles contiennent des poëſies, des traductions, &c. L'avanturier Buſcon, aſſez mauvais roman, qui a cependant été traduit en différentes langues, & récemment en françois, en 1775, eſt de *Quevedo.*

QUEUE DE CHEVAL, (*Hiſt. mod.*) enſeigne ou drapeau ſous lequel les Tartares & les Chinois vont à la guerre.

Chez les Turcs, c'eſt l'étendart que l'on porte devant le grand-viſir, devant les bachas, & devant les ſangiacs. On l'appelle *toug*, & on l'attache avec un bouton d'or au bout d'une demipique.

Il y a des bachas à une, à deux & à trois *queues.*

La *queue* de cheval arborée ſur la tente du général eſt le ſignal de la bataille. A l'égard de l'origine de cette coutume, on raconte que dans une certaine bataille, l'étendart ayant été enlevé par l'ennemi, le général de l'armée turque, ou, ſelon d'autres, un ſimple cavalier coupa la *queue* à ſon cheval, & l'ayant miſe au bout d'une demipique, il encouragea les troupes & remporta la victoire. En mémoire de cette belle action, le grand-Seigneur ordonna de porter à l'avenir cet étendart comme un ſymbole d'honneur. *Ricaut.* (*A. R.*)

QUEUE, *terme de Chancellerie* : ce mot ſe dit de la manière de ſceller les lettres. Une lettre eſt ſcellée à ſimple *queue*, quand le ſceau eſt attaché à un coin du parchemin de la lettre qu'on a fendu exprès ; & elle eſt ſcellée à double *queue*, quand le ſceau eſt pendant à une bande en couble de parchemin paſſée au travers de la lettre, comme on fait dans les expéditions importantes. (*A. R.*)

QUEUX DE FRANCE, GRAND, (*Hiſt. de France.*) nom d'un ancien officier de la maiſon des rois de France, qui commandoit tous les officiers de la cuiſine & de la bouche ; c'étoient des gens de qualité qui étoient pourvûs de l'office de *grand-queux*, comme on le peut voir dans l'hiſtoire des grands officiers de la couronne, par le P. Anſelme. (*A. R.*)

QUIAY, ſ. m. (*Hiſt. mod. ſuperſtit.*) nom générique que l'on donne aux idoles ou pagodes dans la péninſule ultérieure de l'Inde, c'eſt-à-dire au Pégu, dans les royaumes d'Arrakan, de Siam, &c. *Quiay-Poragray* eſt la grande divinité d'Arrakan ; ſes prêtres s'appellent *raulins*. Dans certaines ſolemnités, ce dieu eſt porté en proceſſion ſur un char très-peſant, dont les roues ſont fort épaiſſes & garnies de crochets de fer. Les dévots d'Arrakan ſe font écraſer ſous le poids de ces roues, où s'accrochent aux crampons de fer qui s'y trouvent, ou bien ils ſe font des inciſions & arroſent le dieu de leur ſang ; ces martyrs de la ſuperſtition ſont des objets de vénération pour le peuple, & les prêtres conſervent dans leurs temples les inſtrumens de leur ſupplice. (*A. R.*)

QUICHOA, ſ. m. (*Langues*) c'eſt le nom que l'on donne à la langue que parlent les Indiens du Pérou ; elle fut répandue autrefois par les Incas dans toute l'étendue de leur empire pour faciliter le commerce, en donnant à leurs ſujets une langue uniforme. Les Indiens de la campagne ne veulent point parler d'autre langue, mais ceux qui habitent les villes affectent de ne ſavoir que l'eſpagnol, & d'ignorer la langue *quichoa*. (*A. R.*)

QUIEN (MICHEL le) *Hiſt. litt. mod.*) Le père le *Quien*, dominicain, ſavant dans les langues, & dans l'antiquité eccléſiaſtique. Ses principaux ouvrages font : *la défense du texte hébreu, contre le père Pezron ; la nullité des ordinations anglicanes, contre le père le Courayer ; un traité contre le schisme des Grecs*, qu'il a intitulé : *Panoplia contrà schisma Græcorum*, & qu'il a fait paroître sous le nom d'*Etienne de Altimura*. Il a donné aussi une édition des œuvres de Saint-Jean Damascéne, en grec & en latin, en trois volumes *in-fol.* mais son ouvrage le plus considérable est son *Oriens christianus, in quatuor patriarchatus digestus ; in quo exhibentur ecclesiæ patriarchæ, cœterique præsules Orientis* ; 3 vol. *in-fol.* de l'imprimerie royale. C'est le plus grand ouvrage que nous ayons sur l'état ancien & présent des églises d'Orient. Le père de *Quien*, né à Boulogne, en 1661, mourut à Paris, en 1733.

QUIEN DE LA NEUVILLE (JACQUES le) *Hist. litt. mod.*) de l'académie des inscriptions & belles-lettres, étoit d'une ancienne famille du Boulonois ou Boulenois, laquelle dans les titres, est quelquefois appellée *le Chien*, & plus souvent *le Quien*, suivant la prononciation populaire du pays. Il naquit à Paris, le premier mai 1647. Pierre le *Quien* de la Neuville, son père, capitaine de cavalerie, que ses blessures avoient de bonne heure obligé de quitter le service, y destina son fils, & le fit entrer à l'âge de quinze ans, cadet dans le régiment des gardes-françoises. La foiblesse, ou de son tempérament, ou seulement de son âge, rendant trop pénibles à cet enfant les fatigues de la guerre, il se destina lui-même à la robe, & alloit prendre une charge de judicature, lorsque le renversement de la fortune de son père, causé par une banqueroute qu'il essuya, ne laissa plus au fils que la ressource & la consolation des lettres, qu'heureusement il avoit toujours aimées.

Scarron dont il étoit parent, vouloit l'attirer à la poésie, mais il suivit par préférence les conseils de Pélisson, qui l'invitoit à écrire l'histoire. Il entreprit celle du Portugal qui manquoit, au moins dans notre langue, & qu'aucun auteur étranger n'avoit encore séparée de celle d'Espagne. Elle parut en 1700, en deux volumes in-4°. L'auteur pût se dispenser peut-être de remonter, à l'exemple des historiens espagnols & portugais, jusqu'à Tubal, cinquième fils de Japhet ; & il auroit pu descendre plus bas, & ne pas s'arrêter à la mort d'Emmanuel le Grand, en 1521. Il est vrai qu'il s'étoit toujours proposé de compléter cette histoire, & qu'il en avoit pris l'engagement dans sa préface, mais il ne l'a point rempli. Cette *histoire de Portugal* le fit recevoir, en 1706, à l'académie des inscriptions & belles-lettres. Il prit pour objet de ses recherches dans cette académie, l'établissement des postes, chez les anciens & chez les modernes ; il forma de ce travail, dans la suite, un traité complet

de l'origine des postes, avec une espèce de code sur la matière, composé de tous les réglemens intervenus en France sur le fait des postes, depuis Louis XI, & il dédia le tout à M. le marquis de Torcy, qui, pour le récompenser, & en même-tems pour l'attacher à une administration dont il avoit approfondi les détails, lui donna la direction d'une partie des postes de la Flandre-françoise ; alors il demanda des lettres d'académicien-vétéran, & alla s'établir au Quesnoi, pour être à portée des fonctions de son nouvel état. Il y resta jusqu'à la paix d'Utrecht conclue en 1713. M. l'abbé de Mornay, nommé alors à l'ambassade de Portugal, se fit un plaisir d'y mener avec lui M. *le Quien*, de lui faire connoître la nation à laquelle il avoit écrit l'histoire, & de présenter à cette nation son historien. Le roi de Portugal accueillit M. *le Quien* avec la plus grande distinction, le nomma chevalier de l'ordre de Christ, lui donna 1500 liv. de pension, payables en tout pays. Ce prince, d'après les instructions que lui fournit M. *le Quien* & d'après les statuts & réglemens de l'académie des inscriptions & belles-lettres, établit en Portugal une pareille compagnie, consacrée de même à l'étude de l'histoire, sous le titre d'*Académie royale d'histoire de Portugal*.

M. de la Neuville mourut à Lisbonne le 20 mai 1728, dans sa quatre-vingt-deuxième année. Veuf à trente-quatre ans, il étoit resté chargé de neuf enfans ; il eut la douleur d'en perdre sept ; heureusement les deux fils qui lui restèrent, l'un chevalier de Saint-Louis & major du régiment Dauphin-étranger cavalerie, l'autre directeur-général des postes à Bordeaux, étoient propres à le consoler de tant de pertes.

QUIETUS (FULVIUS) *Hist. rom.*) second fils de Macrien, fut fait Auguste avec son frère, quand *Macrien* fut fait empereur par l'armée d'Orient en 261. Il resta en Orient pour contenir les Perses, pendant que son frère & son frère allèrent combattre Gallien en occident ; mais l'un & l'autre ayant été tués, Odenat se souleva contre lui & l'assiéga dans Emèse ; les habitans le sacrifièrent & jettèrent son corps dans les fossés de la ville en 262.

QUIGNONES (FRANÇOIS DE) cordelier espagnol, élevé au cardinalat, pour avoir négocié en 1527, la liberté du pape Clément VII, retenu prisonnier par l'armée de Charles-Quint. On a de lui un breviaire qui a servi depuis de modèle à tous les bons livres de ce genre, mais qui scandalisa dans le tems par le retranchement de plusieurs légendes apocryphes & que le pape Pie V crut obligé de supprimer, parce qu'il étoit trop conforme au titre que voici : *breviarium romanum è sacrâ potissimùm scripturâ & probatis sanc torum hiftoriis confectum.* L'univerfité de Paris fe fouleva auffi contre ce nouveau breviaire ; elle voulut en faire arrêter la vente par le parlement, qui eut la fageffe de ne rien prononcer fur cela. Mort en 1540.

Jean de *Quignones*, médecin efpagnol au dix-feptième fiècle, auteur d'un traité intitulé : *el monte Vefuvio*, & de deux traités, l'un fur quelques monnoies des romains, l'autre fur les langoufles ou fauterelles, le tout en efpagnol, étoit de la même famille que le cardinal.

QUILLET (CLAUDE) *Hift. litt. mod.*) auteur du poëme de la Callipédie qu'il publia en 1655, fous ce titre: *Calvidii læti Callipædia, five de pulcræ prolis alendæ ratione.* Ce poëte fit deux grandes étourderies dont il fe tira plus heureufement qu'il ne devoit l'efpérer. L'une fut que, fe trouvant à Loudun dans le temps qu'on y repréfentoit cette ridicule comé die s religieufes poffédées, que le cardinal de Richelieu & fon fidèle Laubardemont changèrent en une fi exécrable tragédie, il entendit le diable menacer les incrédules de les enlever le lendemain jufqu'à la voûte de l'églife ; il le pria de vouloir bien l'y enlever dès ce jour même, l'affurant de fa parfaite incrédulité ; le diable qui ne s'attendoit pas à ce défi, ne fut que répondre. Lorfque *Quillet* eut eu le temps de faire fes réflexions, il fentit que ce fuccès pourroit lui couter cher, & qu'il n'y alloit peut-être pas de moins que d'être brûlé, comme le fut peu de temps après Urbain Grandier; il s'enfuit en Italie, & dans la fuite le maréchal d'Eftrées, ambaffadeur de France à Rome (vers 1636 ou 1637) le prit pour fon fecrétaire. L'autre étourderie dont on put dire :

Evafti ; credo, metues doductfque cavebis ;

Quæres, quandò iterùm paveas iterùmque perire

Poffis. Heu! toties fervus, quæ bellua ruptis,

Cum femel effugit, reddit fe prava catenis?

fut qu'après avoir échappé à la vengeance de Richelieu, il alla s'expofer à celle de Mazarin ; il avoit mis dans fon poëme de la Callipédie des vers fatyriques contre ce miniftre. Mazarin qui favoit quelquefois donner à fa politique l'air & le mérite de la grandeur, le fit venir, lui déclara qu'il le nommoit à une abbaye, & ne lui fit d'autre reproche que de lui dire : *Déformais fachez connoître & ménager vos amis.* On peut croire que dans une feconde édition la fatyre fut changée en éloge, mais il ne falloit pas d'autre éloge que le fimple récit de ce fait, où l'auteur, par l'aveu qu'il auroit fait de fa faute, l'auroit auffi noblement expiée que fon bienfaiteur l'avoit noblement pardonné. La Callipédie fut traduite en profe françoife par M. d'Egly (voyez *Egly d'*) de l'académie des belles-lettres, & elle l'a été

en vers françois en 1774. *Quillet* mourut à Paris en 1661, la même année que le cardinal. Il étoit de Chinon en Touraine.

QUINAUT ou QUINAULT, (PHILIPPE) de l'académie françoife, (*Hift. litt. mod.*) eft pour le genre lyrique ce que Boileau fon ennemi eft pour la fatire, ce que la Fontaine eft pour la fable & le conte, c'eft-à-dire, le grand modèle de fon genre. Il s'étoit deftiné ou on l'avoit deftiné à la profeffion d'avocat ; il avoit étudié en droit & il fut en effet homme de robe ; il acheta une charge d'auditeur des comptes, en faifant un mariage riche, mais dont la fécondité gêna beaucoup fa fortune ; il s'en plaint affez plaifamment dans des vers connus. Il travailloit à un opéra dont le roi lui avoit donné le fujet ; ce n'étoit pas, difoit-il, cet opéra qu'il trouvoit difficile, c'étoit le devoir de marier cinq filles :

C'eft avec peu de bien un terrible devoir

De fe fentir preffé d'être cinq fois beau-père,

Quoi! cinq actes devant notaire,

Pour cinq filles qu'il faut pourvoir !

O ciel! peut-on jamais avoir

Opéra plus fâcheux à faire ?

Quinault fut reçu à l'académie françoife en 1670, & mourut le 26 novembre 1688 ; il a fait des tragédies qui ne font pas bonnes, entre autres *Aftrate* :

Avez-vous lu l'Aftrate ?

C'eft là ce qu'on appelle un ouvrage achevé ;

Sur-tout l'anneau royal me femble bien trouvé.

Ici le fatyrique triomphe, & les comédies de *Quinault* lui donnent encore beau jeu, fi l'on veut ; il en faut cependant excepter *la mère coquette*, pièce pleine d'intérêt & où l'on trouve fouvent la délicateffe, la grace & le ftyle enchanteur qui diftinguent les drames lyriques du même *Quinault.* Rien de plus naïf ni de plus finement tendre que ce billet qu'Ifabelle écrit à fon amant, qu'elle croit & qu'elle ne peut croire infidèle :

Je voudrois vous parler, & nous voir feuls tous deux ;

Je ne conçois pas bien pourquoi je le défire ;

Je ne fais ce que je vous veux,

Mais n'auriez-vous rien à me dire ?

La fcène où les amans fe reconcilient n'a pas le caractère comique que Molière a donné à plufieurs de fes fcènes d'explication & de reconciliation entre les amans ; mais ce caractère comique eft remplacé par la douceur la plus aimable & la fimplicité la plus touchante,

ISABELLE.

Il ne falloit avoir pour moi qu'un peu d'estime :
Suivez, Monsieur, suivez l'ardeur qui vous anime ;
Rompez l'attachement dont nous fûmes charmés ;
Brisez les plus beaux nœuds que l'amour ait formés,
Puisqu'il vous plaît enfin, trahissez sans scrupule
Ces sermens si trompeurs, où je fus si crédule ;
Portez ailleurs des vœux qui m'ont été si doux,
Mais épargnez au moins un cœur qui fut à vous ;
Un cœur qui, trop content de sa première chaîne,
La voit rompre à regret, & n'en sort qu'avec peine ;
Un cœur trop foible encor pour qui l'ose trahir,
Et qui n'étoit pas fait enfin pour vous haïr.

ACANTE.

Vous voulez m'abuser en parlant de la sorte ?
Hé bien, ingrate, hé bien ! abusez-moi, n'importe ;
Trompez-moi, s'il se peut, l'abus m'en sera doux ;
Mon cœur même est tout prêt à s'entendre avec vous ;
Mais faites que ce cœur, dont je ne suis plus maître,
Soit si bien abusé, qu'il ne pense pas l'être.

Quant au genre lyrique, quand on parle de l'association de *Quinault* avec Lully, on se rappelle toujours d'abord le mot si connu de Boileau ;

Et tous ces lieux communs de morale lubrique
Que Lully réchauffa des sons de sa musique.

Messieurs de Voltaire, Marmontel, de la Harpe & l'opinion publique ont bien vengé *Quinault* de cette injustice. M. de la Harpe opposant des vers à des vers, a dit avec autant de raison que d'esprit :

Boileau, je l'avouerai, se trompa quelquefois ;
Mais aucun intérêt ne corrompit sa voix ;
Et s'il a dans Atis méconnu l'art de plaire,
Du moins en se trompant, son erreur fut sincère,
Boileau crut que Lully qu'on a tant surpassé,
Faisoit valoir *Quinault* qu'on n'a point effacé ;
Il falloit que le temps vengeât l'auteur d'Armide.
Ce juge des talens en sa faveur décide ;
Chaque jour à sa gloire il paroît ajouter ;
Aux dépens du poëte on n'entend plus vanter
Ces accords languissans, cette foible harmonie,
Que réchauffa *Quinault* du feu de son génie.

Ces deux derniers vers retournent bien heureusement les deux vers de Boileau. Racine le fils raconte que des gens qui apparemment ne pensoient pas comme Boileau, disoient à Lully qu'il devoit le succès de ses opéras à la douceur de la poésie de *Quinault*, si propre à exprimer la

tendresse, mais uniquement propre à ce genre, & manquant, selon eux, absolument d'énergie ; ils défioient Lully de faire de bonne musique sur des paroles énergiques. Lully, piqué de ce reproche, court à son clavecin, & chante impromptu en s'accompagnant, ces vers que dit Clytemnestre dans l'Iphigénie de Racine :

Un prêtre environné d'une foule cruelle,
Portera sur ma fille une main criminelle,
Déchirera son sein, & d'un œil curieux
Dans son cœur palpitant consultera les Dieux !

Racine le fils dit que les auditeurs se crurent tous présens à cet affreux spectacle, & que les tons que Lully joignoit aux paroles leur faisoient dresser les cheveux à la tête.

Mais les gens qui faisoient ce défi à Lully, n'étoient justes ni envers lui ni envers *Quinault*. Lully avoit fait de la musique, bonne ou mauvaise, mais enfin réputée très-bonne alors, & sur des vers très-énergiques, & ces vers étoient du doux & tendre *Quinault*. Ce sont assurément des vers très-énergiques, que ceux que dit Cérès dans l'opéra de *Proserpine*.

Les superbes géans armés contre les Dieux,
Ne nous donnent plus d'épouvante ;
Ils sont ensevelis sous la masse pesante
Des monts qu'ils entassoient pour attaquer les cieux ;
Nous avons vu tomber leur chef audacieux,
Sous une montagne brûlante :
Jupiter l'a contraint de vomir à nos yeux
Les restes enflamés de sa rage mourante ;
Jupiter est victorieux,
Et tout cède à l'effort de sa main foudroyante.

Et ceux que dit Pluton, dans le même opéra & sur le même sujet :

Les efforts d'un géant, qu'on croyoit accablé,
Ont fait encor gémir le ciel, la terre & l'onde.
Mon empire s'en est troublé :
Jusqu'au centre du monde
Mon trône en a tremblé.
L'affreux Typhon, avec sa vaine rage,
Trébuche enfin dans des gouffres sans fonds.
L'éclat du jour ne s'ouvre aucun passage,
Pour pénétrer les royaumes profonds
Qui me sont échus en partage.
Le ciel ne craindra plus que ses fiers ennemis
Se relèvent jamais de leur chûte mortelle ;
Et du monde ébranlé par leur fureur rebelle
Les fondemens sont rafermis.

Rien n'est plus énergique que ces vers de Méduse dans *Persée*

Pallas, la barbare Pallas
Fut jalouse de mes appas;
Et me rendit affreuse autant que j'étois belle:
Mais l'excès étonnant de la difformité,
Dont me punit sa cruauté,
Fera connoître, en dépit d'elle,
Quel fut l'excès de ma beauté!
Je ne puis trop montrer sa vengeance cruelle;
Ma tête est fière encor d'avoir pour ornement
Des serpens dont le sifflement
Excite une frayeur mortelle.
Je porte l'épouvante & la mort en tous lieux,
Tout se change en rocher, à mon aspect horrible;
Les traits que Jupiter lance du haut des cieux,
N'ont rien de si terrible
Qu'un regard de mes yeux.
Les plus grands dieux du ciel, de la terre & de l'onde,
Du soin de se venger se reposent sur moi;
Si je perds la douceur d'être l'amour du monde,
J'ai le plaisir nouveau d'en devenir l'effroi.

Il y a beaucoup d'énergie dans le désespoir d'Armide; on y retrouve même des traits de Didon dans Virgile. La scène de la haine & de sa suite dans Armide, la menace de l'ombre d'Ardan-Canile à Arcabonne dans *Amadis* sont énergiques & terribles; la fureur de Roland a une expression vigoureuse & violente; enfin *Quinaut* est ou tendre ou énergique, suivant le besoin de la scène & suivant les loix du goût; il n'est rien exclusivement, il est tout ce que le goût & le génie exigent.

Un autre mérite très-sensible dans *Quinaut*, c'est l'à-propos des refrains qui, comme on sait, doit être tel, que les vers répétés soient non seulement bien placés, mais nécessaires à l'endroit où on les répète. Qu'on ne regarde point ce mérite du refrain comme frivole; il fait le plus grand charme de la poésie lyrique & chantante dans tous les genres; c'est celui qui donne le plus sensiblement & le plus délicieusement au cœur & à l'oreille l'idée de la perfection; qu'on en juge par les exemples suivans:
Dans le genre doux & tendre:

Atys est trop heureux;
Souverain de son cœur, maître de tous ses vœux,
Sans crainte, sans mélancolie,
Il jouit en repos des beaux jours de sa vie;
Atys ne connoît point les tourmens amoureux;
Atys est trop heureux.

Dans le genre vif & passionné:

MEROPE.

Ah! vous aimez Persée, il cause vos allarmes,
N'en désavouez point vos larmes;

Vos tendres sentimens se sont trop exprimés;
Vous l'aimez.

ANDROMEDE.

Vous l'aimez;
L'espoir de son himen avoit charmé votre ame;
Et je sais les projets que vous aviez formés;
Je vois que le dépit n'éteint pas votre flamme;
Persée est en péril, & vous vous allarmez.
Vous l'aimez.

MEROPE.

Vous l'aimez.

Qu'on ne dise pas que ce n'est-là qu'arranger des mots; c'est, par la force des mots mis en leur place; noter tous les accens de l'ame, & donner aux idées & aux sentimens l'expression la plus vraie, la plus agréable & la plus heureuse.

QUINAULT. (Voyez FRESNE DU)

QUINCY, (CHARLES SEVIN marquis de) *Hist. de Fr.*) lieutenant-général d'artillerie, distingué dans ce siècle par sa valeur, est de plus connu par un ouvrage très-utile dans son genre: *l'histoire militaire de Louis XIV.*

QUINQUAGENAIRE, s. m. (*Hist. rom.*) c'étoit chez les anciens romains, un officier de guerre qui commandoit une compagnie de cinquante hommes. C'étoit encore dans la police, un commissaire qui avoit inspection sur cinquante familles ou maisons; enfin on a nommé du même nom dans les monastères, un supérieur qui avoit une cinquantaine de moines sous sa conduite. (*D. J.*).

QUINQUARBRES (voyez CINQARBRES.)

QUINQUENNAL, s. m. (*Histoire rom.*) en latin *quinquennalis*, magistrat des colonies & des villes municipales, dans le temps de la république romaine. Ils étoient ainsi nommés parce qu'on les élisoit à chaque cinquième année, pour présider au cens des villes municipales, & pour recevoir la déclaration que chaque citoyen étoit obligé de faire de ses biens.

QUINQUEVIR. s. m. (*Gouvernement romain*) Il y avoit à Rome des magistrats subalternes, ainsi nommés parce qu'ils étoient au nombre de cinq, employés aux mêmes fonctions; mais ces fonctions étoient fort différentes, comme nous allons le prouver.
1°. Il y avoit des *quinquevirs* établis dans Rome deçà & delà le Tibre, pour veiller pendant la nuit à la police de la ville, en la place des ma-

giftrats d'un certain ordre , qu'il ne convenoit pas de faire courir pendant les ténébres.

2°. Il y avoit des *quinquevirs* établis exprès pour conduire les colonies , & diftribuer aux familles les terres des campagnes qu'on leur accordoit.

3°. Les épulons étoient auffi nommés *quinquevirs quinque viri epulones* , quand ils étoient au nombre de cinq.

4°. Il y avoit des *quinquevirs* du change ou des rentes , nommés *quinque viri menfarii* ; ceux-ci furent créés l'an de Rome 301 , fous le confulat de Valerius Poplicola , & de C. Martius Rufilius. Tite-Live , *liv. VII*, nous apprend qu'on les choifit d'entre les plébéiens. Ils furent chargés de modérer l'excès de l'ufure que les créanciers ou les banquiers tiroient, & dont le peuple étoit accablé.

5°. Enfin on appelloit encore *quinquevirs*, des efpèces d'huiffiers , chargés d'exercer ce petit emploi de la juftice dans les colonies , ou dans les villes municipales , pour y apprendre le train des affaires. On nommoit ces fortes d'huiffiers *quinquevirs* , parce qu'ils étoient au nombre de cinq pour chaque jurifdiction ; ils changeoient toutes les années. Un homme qui avoit paffé par cette charge devoit avoir acquis l'ufage de ce que nous appellons *la pratique* , & l'on tiroit ordinairement de ce corps les greffiers & les notaires. Il eft fait mention de ces derniers *quinquevirs* dans les *lettres* de Cicéron. (D. J.).

QUINTE CURCE , (*Quintus Curtius Rufus*) *Hift. litt. anc.*) hiftorien latin, fi connu par fon hiftoire d'Aléxandre-le-Grand. Des dix livres dont elle étoit compofée, il nous manque les deux premiers, la fin du cinquième & le commencement du fixième. Les fupplémens de Freinshemius rempliffent ce vuide. On a foupçonné *Quinte-Curce* d'être un peu romanefque, mais c'eft un reproche qu'on fait trop fouvent & trop légèrement aux hiftoriens qui écrivent bien & qui penfent, & c'eft par eux feuls qu'on fait l'hiftoire. On l'accufe d'avoir négligé la chronologie & d'avoir péché contre la géographie ; le reproche eft plus grave & n'eft pas infignifiant comme l'autre. On ne connoît que le nom & l'ouvrage de *Quinte-Curce*, on ne fait pas même en quel temps il vivoit. La traduction que Vaugelas a faite de *Quinte-Curce* a été long-temps auffi célèbre en France que l'original ; elle perd tous les jours de fon mérite originaire par les viciffitudes de la langue.

QUINTERONE , adj. (*Hift. moderne.*) nom qu'on donne aux enfans des *quarteronés*. *Voyez* QUARTERONÉE. (*A. R.*)

QUINTILIEN , (*Marcus Fabius Quintilianus* (*Hift. litt. anc.*) le meilleur rhéteur de l'antiquité, fi connu fur-tout par fes inftitutions oratoires. Il paroît qu'il naquit la feconde année du règne de l'empereur Claude, qui eft la quarante-deuxième de l'ère chrétienne. On ne fait pas certainement quelle étoit fa patrie ; les uns croient qu'il naquit à Rome, les autres en Efpagne à Calahorra fur l'Èbre ; il eut pour maitre & pour modèle dans l'éloquence Domitius Afer, qui tenoit alors le premier rang parmi les orateurs, mais qui n'ayant pas fu fe retirer à propos, & ayant mérité, en furvivant à fa gloire, qu'on dit de lui : *malle eum deficere quàm definere*, fut caufe que *Quintilien* frappé de cet exemple, quitta le barreau à quarante-fix ou quarante-fept ans, & fit même un précepte formel de fonger de bonne heure à la retraite : *antequàm in has ætatis veniat infidias, receptui canet & in portum integrâ nave perveniet.* Il employa dignement fon loifir ; ce fut alors qu'il fit ce traité fur les caufes de la corruption de l'éloquence, ouvrage qu'ine nous eft point parvenu & que les favans regrettent ; car on tient pour certain que ce n'eft pas le même ouvrage que *le dialogue fur les orateurs ou fur les caufes de la corruption de l'éloquence*, dont l'auteur eft inconnu, que les uns attribuent à Tacite, les autres à *Quintilien*, & qui ne nous eft pas non plus parvenu tout entier ; ce fut alors auffi qu'il donna fes inftitutions oratoires vers l'an de J. C. 91. Domitien le chargea de l'éducation de fes deux petits-neveux qu'il deftinoit à être fes fucceffeurs ; c'étoient les fils de Flavius Clemens, coufin germain de l'empereur, & de Domitille, nièce du même empereur. A cette occafion, *Quintilien* parle de Domitien d'un ton que toute fa reconnoiffance ne fauroit excufer, & dont il n'eût pas été excufable de parler même de Titus fon frère ; mais qu'il eft touchant, lorfqu'ayant perdu fa femme, à peine âgée de dix-neuf ans, le plus jeune de fes deux fils, âgé de cinq ans, il vient encore à perdre fon fils aîné, fon fils unique, fa feule confolation, fa feule efpérance, & qu'il regrette & célèbre dans ce jeune homme avec toute l'éloquence du cœur d'un père, les graces naturelles, les talens extérieurs, un fon de voix charmant, une phyfionomie aimable, la plus furprenante facilité, les plus heureufes difpofitions pour les fciences, le goût le plus vif pour l'étude, lorfqu'il attefte avec ferment que parmi tant de jeunes gens qu'il a été à portée de connoître & dans le cas d'inftruire, il n'en a jamais vu un feul qui annonçât autant de probité, de naturel, de bonté, de douceur, d'honnêteté que ce cher fils !

Juvenemve raptum
Plôrat , & vires , animumque , moresque
Aureos deducit in aftra , nigroque
Invidet orco.

Ces regrets fur la mort de fon fils ont fervi de modèle

modèle à madame Dacier dans l'endroit où elle déplore la mort d'une fille qui étoit de même le charme de sa vie, la compagne & l'objet principal de ses études.

Il paroît que *Quintilien* chercha sa consolation dans un nouveau mariage, & qu'il en eut une fille. On a même une lettre de Pline le jeune à *Quintilien* son maître, lettre qui honore à la fois le maître & le disciple, par laquelle il demande la permission d'offrir un présent de nôce à cette fille qui se marioit alors. On voit dans cette lettre qu'après tant d'années consacrées à l'enseignement de la jeunesse & aux exercices du barreau, après un long séjour à la cour où il avoit élevé des enfans regardés comme les fils de l'empereur & comme les héritiers de l'empire, la fortune de *Quintilien* étoit restée très-médiocre. *Te porrò animo beatissimum, modicum facultatibus scio*; assertion contraire à celle-ci de Juvénal :

> *Undè igitur tot*
> *Quintilianus habet saltus ?*

mot qui suppose de grandes & belles possessions. On explique cette contradiction apparente, en disant que *Quintilien* n'étoit pas riche dans le temps de la lettre de Pline, & qu'il le devint dans la suite, & vraisemblablement par les libéralités de l'empereur Adrien, protecteur magnifique des gens de lettres, à la tête desquels étoit alors *Quintilien*. On ne sait en quel temps *Quintilien* mourut, mais il avoit vu jusqu'à onze empereurs, Claude, Néron, Galba, Othon, Vitellius, Vespasien, Titus, Domitien, Nerva, Trajan, Adrien.

Quintilien, quoiqu'il ne fût pas ennemi des ornemens & qu'il en ait beaucoup répandu, mais avec choix & avec goût, dans ses institutions oratoires, y fait la guerre au mauvais goût d'éloquence qui prévaloit de son temps, & ce mauvais goût étoit celui de Sénèque. M. Rollin fait tacitement l'application de cette doctrine à M. de Fontenelle, dont on voit que les succès lui déplaisoient, peut-être parce qu'ils étoient dans un genre où il ne se flattoit pas d'atteindre; il n'en avoit pas besoin, il avoit dans un genre utile des succès mérités, & Fontenelle qu'il persécutoit sourdement, autant qu'un si bon homme pouvoit persécuter, Fontenelle n'étoit pas Sénèque, il étoit Fontenelle.

Quintilien voulut aussi réformer les déclamations qui avoient dégénéré en abus. C'étoient originairement des études utiles pour le barreau; c'étoient des harangues composées sur des sujets imaginés, mais les plus semblables à ceux qu'on traitoit réellement au barreau ou dans les délibérations publiques. C'étoit un moyen simple & raisonnable d'exercer & de former de bonne heure les jeunes gens à l'éloquence, & c'est ainsi qu'on tâche encore de les former dans les colléges par ce genre de composition qu'on appelle

Histoire. Tome IV.

des amplifications, & qui a ses avantages & ses inconvéniens; mais on avoit raffiné sur les déclamations, & on en avoit fait un très-mauvais genre; on imaginoit des cas métaphysiques pleins de subtilités, & le même mauvais goût qui les avoit fait inventer, présidoit à l'exécution. *Quintilien* voulut ramener les déclamations à toute la pureté de leur origine & leur rendre toute leur ressemblance avec les actions véritables du barreau. L'abbé Gédoyn a traduit en françois les institutions oratoires; M. Rollin en a donné une bonne édition.

Nous avons d'un autre *Quintilien*, père ou aïeul de celui-ci, cent quarante-cinq déclamations, publiées en différens temps par divers savans.

QUINTILIUS, (VARUS) *Hist. rom.*) gouverneur de Syrie & par conséquent de la Palestine, du temps d'Hérode-le-Grand, présida en cette qualité au conseil où l'on jugeoit Antipater, fils d'Hérode, accusé d'avoir voulu faire périr son père; il fut d'avis de renvoyer le jugement de cette affaire à Auguste en retenant l'accusé en prison, ce qui eût bien mieux valu que de le laisser condamner par un père dénaturé; il gouverna la Syrie avec beaucoup de sagesse & de douceur, mais avec trop de profit pour lui, car il y étoit entré pauvre, & il en sortit riche. C'est lui que M. de Voltaire, dans sa tragédie de *Mariamne*, fait amoureux de cette princesse, car il n'y avoit point alors d'autre gouverneur de Syrie du nom de *Quintilius Varus* que celui-ci, mais il le fait mourir à Jérusalem par la jalousie & sous les coups d'Hérode :

> *Varus percé de coups vous cède la victoire.*

C'est une fiction poétique, car tout le monde sait qu'il mourut en Germanie, & qu'ayant été surpris & vaincu par Arminius, chef des Chérusques, (voyez son article) il se tua de honte & de désespoir. Cette défaite de *Varus* fait époque dans l'histoire romaine, & rien de si connu que ce cri de la douleur d'Auguste : Varus, *rends-moi mes légions. Quintilius Varus* mourut l'an 9 de J. C.

QUINTILLUS, (MARCUS-AURELIUS-CLAUDIUS) *Hist. rom.*) frère de l'empereur Claude II, voulut lui succéder, & prit la pourpre en 270. Mais se sentant hors d'état de résister à Aurélien, il se fit ouvrir les veines à Aquilée au bout d'environ dix-sept jours de *regne*, si l'on veut l'apeller ainsi.

QUINTIN (*Hist. ecclés.*) Tailleur d'habits, chef de cette secte d'hérétiques du seizième siècle qu'on nommoit *libertins*, confondoit Jesus-Christ & Satan & disoit des choses sans doute fort étranges. Mais il ne falloit pas le brûler comme on fit à Tournay en 1530, d'autant plus que, comme

M m m

on l'obferve, fa mort ne diminua pas le nombre de fes fectateurs; mais obfervons, nous, qu'en pareil cas, quand on parle de la mort cruelle d'un homme qui étoit dans l'erreur, il ne faut pas dire qu'elle ne diminua pas le nombre de fes partifans, mais qu'elle les multiplia, parce que tel eft l'effet naturel & néceffaire de ces violences & de cette horrible proftitution de fupplices non mérités.

QUINTINIE (JEAN DE LA) *Hiſt. litt. mod.*) la *Quintinie* a été du temps de Louis XIV, pour les jardins fruitiers & potagers, pour les jardins utiles, ce qu'étoit dans le même temps le Nôtre pour les jardins d'agrément, & il a fait plus que le Nôtre, en ce qu'il a expofé favamment la théorie de fon art dans fon excellent livre qui a pour titre : *inftructions pour les jardins fruitiers & potagers.* Il avoit beaucoup lû les anciens auteurs agricoles, Columelle, Varron, Virgile ; il avoit voyagé en Italie pour y prendre des connoiffances fur le jardinage, il fit des expériences & des découvertes; c'eft lui qui nous a enfeigné l'art de tailler les arbres de manière à leur faire produire du fruit plus également dans toutes leurs branches; c'eft par lui qu'on fait, que quand on tranfplante un arbre, il faut en couper *le chevelu*, c'eft-à-dire les petites racines, avec autant de foin qu'on les conservoit autrefois, parce qu'en fe féchant & en fe moififant, elles nuifent à l'arbre au lieu de lui fervir, & que l'arbre tranfplanté ne prend de nourriture que par les racines qu'il a pouffées depuis qu'il eft replanté, & qui font comme autant de bouches par lefquelles il reçoit de l'humeur nourricière au contraire : enfin beaucoup de notions devenues aujourd'hui vulgaires, nous viennent de la *Quintinie*. Louis XIV le fit directeur-général des jardins fruitiers & potagers de toutes fes maifons ; le grand Condé qui aimoit le jardinage, qui aimoit tous les arts, prenoit plaifir à s'entretenir & à s'inftruire avec lui ; Jacques II, roi d'Angleterre, voulut l'attacher à la culture de fes jardins. La *Quintinie*, indépendamment de fon art, étoit un homme d'efprit, naturellement éloquent, & qui avoit exercé même avec fuccès la profeffion d'avocat. Il étoit né en 1626 près de Poitiers, il mourut à Paris vers l'an 1700. On lit au bas de fon portrait placé à la tête de fon ouvrage, ces vers de Santeuil :

Hanc decorate, deæ, quotquot regnatis in hortis,
Floribus.è veſtris ſupràque infràque tabellam :
Hic dedit arboribus florere & edulibus herbis,
Et ſe mirata eſt tanto Pomona colono.

QUIOCO, f. m. (*Hiſt. mod. Culte*) c'eft le nom que les fauvages de la Virginie donnent à leur principale idole ; cependant quelques-uns la défignent fous le nom d'*Okos* ou de *Kiouſa.* Cette

idole n'eft qu'un affemblage de pièces de bois, que l'on pare les jours de fête, & que les prêtres ont foin de placer dans un lieu obfcur au fond du *quiocofan* ou temple, où il n'eft point permis au peuple de pénétrer ; là, par le moyen de cordes, ils impriment différens mouvemens à cette ftatue informe, dont ils fe fervent pour tromper la crédulité des fauvages. Ils admettent un Dieu infiniment bon, & à qui par conféquent ils jugent qu'il eft inutile de rendre de culte ; leurs hommages font uniquement réfervés à un efprit malfaifant qui réfide dans l'air, dans le tonnerre & dans les tempêtes ; il s'occupe fans ceffe à défaire le bien que le Dieu de la bonté leur a fait ; c'eft cet efprit malin que les Virginiens adorent fous le nom de *Quioco*; ils lui offrent les prémices de toutes les plantes, animaux & poiffons; on les accufe même de lui facrifier de jeunes garçons de douze ou quinze ans, que l'on a eu foin de peindre de blanc, & que l'on affomme de coups de bâtons pour plaire à l'idole, au milieu des pleurs & des gémiffemens de leurs mères, qui font préfentes à ces barbares cérémonies. Les Virginiens élèvent encore des pyramides de pierres qu'ils peignent de différentes couleurs, & auxquelles ils rendent une efpèce de culte, comme à des emblêmes de la durée & de l'immutabilité de la divinité. (*A. R.*)

QUIPOS, f. m. (*terme de relation*) nœuds de laine qui fervoient, & fervent encore, felon le rapport de M. Frezier, aux Indiens de l'Amérique pour tenir un compte de leurs affaires & de leurs denrées.

Pour comprendre cet ufage, il faut favoir que tous les Indiens, lors de la découverte de l'Amérique par les Efpagnols, avoient des cordes de coton d'une certaine groffeur, auxquelles cordes ils attachoient dans l'occafion d'autres petits cordons, pour fe rappeller par le nombre, par la variété des couleurs de ces cordons, & par des nœuds placés de diftance en diftance, les différentes chofes dont ils vouloient fe reffouvenir. Voilà ce qu'ils nommoient des *quipos*; ils leur fervoient d'écritures & d'annales mémoratives.

L'ingénieufe Zilia a bien fçu tirer parti de cette idée ; voici comme elle s'exprime dans fes lettres à fon cher Aza : « Au milieu de mon bouleverfement, lui dit-elle, je ne fais par quel hafard j'ai confervé mes *quipos.* Je les poffède, mon cher Aza, c'eft aujourd'hui le feul tréfor de mon cœur, puifqu'il fervira d'interprète à ton amour comme au mien. Les mêmes nœuds qui t'apprendront mon exiftence, en changeant de forme entre tes mains, m'inftruiront de ton fort. Hélas ! par quelle voie pourrai-je les faire paffer jufqu'à toi ? par quelle adreffe pourront-ils m'être rendus ? je l'ignore encore. Mais le même fentiment qui nous fit inventer

» leur ufage , nous fuggérera les moyens de
» tromper nos tyrans. J'emploie toujours dans
» cette efpérance à nouer mes *quipos*, autant
» de temps que ma foibleffe me le permet Ces
» nœuds qui frappent mes fens, femblent donner
» plus d'exiftence à mes difcours. La forte de
» reffemblance que j'imagine qu'ils ont avec les
» paroles, me fait une illufion qui trompe ma
» douleur.

» Mon cher Aza , lui dit-elle dans une autre
» lettre , je me fuis hâtée de remplir mes *quipos*,
» & de les bien nouer , pour rendre mes fenti-
» mens éternels. Que l'arbre de la vertu répande
» à jamais fon ombre fur la famille du pieux ci-
» toyen qui a reçu fous ma fenêtre le myftérieux
» tiffu de mes penfées , & qui l'a remis dans
» tes mains ! Que Pachamac , plus puiffant que
» le foleil , prolonge fes années , en récompenfe
» de fon adreffe à faire paffer jufqu'à moi les
» plaifirs divins avec ta réponfe !

» Les tréfors de l'amour me font ouverts ; j'y
» puife une joie délicieufe dont mon ame s'eni-
» vre. En dénouant les fecrets de ton cœur, le
» mien fe baigne dans une mer parfumée. Tu
» vis, & les chaînes qui devoient nous unir ne
» font pas rompues ! Tant de bonheur étoit l'ob-
» jet de mes defirs , & non celui de mes efpé-
» rances ! (*D. J.*)

QUIQUERAN DE BEAUJEU (*Hift. de Fr.*)
c'eft le nom d'une illuftre & ancienne famille de
Provence, que les hiftoires de cette province
nous montrent par-tout revêtue des premières charges à la cour des rois de Naples , comtes de Provence , des deux maifons d'Anjou. Depuis la
réunion de cette province , & des droits fur
Naples à la couronne , on trouve dans cette même
famille des chambellans & des maîtres d'hôtel
de nos rois, des chevaliers de l'ordre, des officiers-généraux , plufieurs évêques , & dans tous
les tems, des grands-prieurs, des grands-croix, plufieurs commandeurs & une foule de chevaliers
de Malte.

Nous diftinguerons parmi tous ces perfonnages
déjà diftingués : 1°. Jean de *Quiqueran*, baron de
Beaujeu , mort en 1466 , connu par les fervices fignalés qu'il rendit à Louis III d'Anjou , roi
de Naples , de la feconde maifon d'Anjou , &
par les grandes & nobles récompenfes qu'il en
reçut.

2°. Robert de *Quiqueran* de Beaujeu , nommé
chevalier de faint-Michel en 1518 ; gouverneur
des villes d'Apt & & de Manofque, en 1583 ;
maréchal des camps & armées du roi en 1586 ,
& conful d'Arles en 1593.

3°. Pierre de *Quiqueran* de Beaujeu , évêque
de Senez, élevé à l'épifcopat à dix-huit ans , en
confidération de fon grand favoir qui faifoit l'é-
tonnement des favans. M. de Boze, dans l'éloge
qu'il a fait de l'évêque de Chartres , Honoré de

Quiqueran de Beaujeu, affocié vétéran de l'académie des infcriptions & belles-lettres , dont nous
parlerons tout-à-l'heure, dit que Pierre fut le premier
évêque nommé après le concordat de Léon X & de
François I. Ce fait eft bien difficile à concilier avec
des époques connues. L'épitaphe de ce prélat ,
qui fe voit aux grands Auguftins de Paris , porte
qu'il mourut à vingt-quatre ans ; fa famille prétendoit qu'il en avoit vingt-fix , & que le graveur marquant cette date en chiffres romains,
avoit mis par erreur le I avant le V , au lieu de
le mettre après , mais foit vingt-quatre , foit vingt-
fix , c'étoit en 1550, le 18 août. S'il n'avoit que
dix-huit ans quand il avoit été fait évêque, ou
plutôt s'il les avoit , il devoit avoir été nommé
en 1542 ou 1544. Comment de 1515 à 1542 ou
1544, n'y auroit-il pas eu un feul évêque nommé ? on fait comme un fait pofitif qu'il y en
a eu un très-grand nombre. M. de Boze veut-il
dire feulement que Pierre fut le premier évêque
de Senez, nommé depuis le concordat ? Ce n'eft
plus alors une fingularité qui méritât d'être remarquée. On a de cet évêque de Senez , deux
ouvrages eftimés : l'un eft un éloge de la Provence , fous ce titre : *Petri Quiquerani Bellojocani,
epifcopi Senecenfis, de laudibus provinciæ libri tres ;*
l'autre eft un poëme fur le paffage d'Annibal dans
les Gaules , & fon arrivée aux bords du Rhône
près de la ville d'Arles : *De adventu Annibalis
in adverfam ripam Arelatenfis agri, hexametri cen-
tum*. Ces deux poëmes ont été plufieurs fois imprimés, & le premier a été traduit en françois.

On a vû long-temps à Paris , aux grands Auguftins dans la chapelle d'Alluye , la ftatue en
marbre blanc de ce prélat à genoux fur fon
tombeau, & fur ce tombeau, outre une épitaphe
en profe , on lifoit les vers fuivans :

Dùm juvenilis honos primâ lanugine malas
 Veftit, & in calido pectore fervet amor :
Me rapuit, quæ cuncta rapit , mors invida doctis,
 Hei miki ! cur vitæ tam brevis hora fuit ?
Cur brevis hora fuit ? rerum fic volvitur ordo ?
 Alternatque fuas tempus & hora vices.
Si fera longæva tribuiffent fata fenectæ
 Tempora , venturis poma dediffet ager.
Flos periit, periére fimul cum cortice fructus,
 Aridaque antè fuos poma fuê e dies.
Nemo tamen lacrymis, nec triftia funera fletu
 Fædet : cur ? volito docta per ora virûm.

Ce maufolée fut détruit dans la fuite ; alors le
cardinal de Joyeufe demanda le bufte de ce prélat, qui étoit de la main du fameux Pierre Gou-
geon, de qui font les bas-reliefs de la fontaine
des Innocens.

4°. Paul-Antoine de *Quiqueran* de Beaujeu ,
chevalier de Malthe , oncle de l'évêque de Caftres
dont nous allons parler, a eu des avantures

vraiment dignes de mémoire. Une multitude de combats heureux contre les Turcs, lui avoit acquis la réputation d'un des plus grands hommes de mer de son temps, lorsqu'au mois de janvier 1660, investi dans un mauvais port de l'Archipel, où une tempête l'avoit obligé de relâcher, & pressé par trente galères Turques, que le Capitan Pacha Mazamamet commandoit en personne, il en soutint le feu pendant un jour entier, & n'y succomba qu'après avoir épuisé toutes ses munitions, & avoir perdu les trois quarts de son équipage. On l'avoit mis aux fers, & on le menoit comme en triomphe, lorsqu'il s'éleva une nouvelle tempête si violente, qu'elle mit la flotte victorieuse dans le plus grand danger. Le chevalier de Beaujeu n'entendoit pas moins bien la manœuvre que la guerre navale; Mazamamet se vit réduit à implorer le secours de son prisonnier, & il faut convenir qu'un même intérêt réunissoit alors les vaincus & les vainqueurs. Le chevalier se sauva en les sauvant; Mazamamet par reconnoissance, voulant lui épargner une captivité que sa qualité de chevalier de Malte pouvoit rendre éternelle, prit la précaution de le déguiser, & de le confondre parmi les plus vils esclaves; mais le grand-Visir, vraisemblablement averti, voulut voir les captifs, & reconnut le chevalier ou à son air guerrier, ou au portrait qu'on lui en avoit sans doute fait; il fut mis au château des sept-tours, sans espoir de rançon ni d'échange. La Porte rejeta toutes les propositions qui lui en furent faites au nom même de Louis XIV. Les Vénitiens tentèrent inutilement de le faire comprendre dans le traité par lequel ils rendirent Candie en 1669. Un de ses neveux entreprit de le délivrer & de le rendre à sa patrie. Il partit pour Constantinople avec M. de Noîntel, notre ambassadeur, il eut la liberté de voir le prisonnier. Il y avoit onze ans que le chevalier étoit détenu dans cette prison; il sentit tous les dangers de cette évasion, mais il s'y exposa. Son neveu, à chacune de ses visites, lui apportoit une certaine quantité de cordes qu'il se passoit autour du corps, afin qu'on ne les vît pas en le fouillant, ce qu'on ne manquoit jamais de faire toutes les fois qu'il se présentoit. Quand ils jugèrent qu'il y en avoit assez, ils convinrent du jour, de l'heure & du signal. Au signal donné, le chevalier descendit, & la corde se trouva trop courte de quatre à cinq toises, le chevalier prit le parti de se jeter dans la mer; quelques Turcs qui passoient dans un brigantin, ayant entendu le bruit qu'il fit en tombant dans les flots, allèrent droit à lui; le neveu arrivant à force de rames dans un esquif bien armé, les écarta, reçut le chevalier & le conduisit à bord d'un vaisseau qui le ramena en France, où il vécut encore long-temps dans le sein de sa famille. Le grand-maître de Malte ayant appris sa délivrance, lui avoit conféré, im-

médiatement après son retour, la commanderie de Bordeaux. Il en coûta la vie au caïmacan ou gouverneur; car en pays despotique, on ne se donne pas la peine d'examiner si vous êtes coupable ou innocent.

5°. Le neveu, son libérateur, étoit le frère aîné de l'évêque de Castres, dont il nous reste à parler.

Honoré de *Quiqueran* de Beaujeu, évêque de Castres, associé vétéran de l'académie royale des inscriptions & belles-lettres, étoit né à Arles le 29 juin 1655; dans ses études il cultiva l'éloquence avec tant d'ardeur, & se la rendit si familière, qu'elle parut toujours en lui, plutôt un don de la nature que le fruit du travail; il entra dans la congrégation de l'oratoire à dix-sept ans, il enseigna la théologie, il prêcha; l'évêque de Nîmes, Fléchier, lui donna un canonicat de sa cathédrale, & le fit son grand-vicaire.

Il l'étoit, lorsque le maréchal de Montrevel, commandant en Languedoc, & chargé, suivant l'esprit qui régnoit alors, d'y persécuter les protestans, fut informé que le dimanche des rameaux, ces sectaires dévoient tenir leur assemblée dans un moulin des fauxbourgs de Nîmes; il envoya aussi-tôt cinq cents dragons brûler le moulin; la ville s'alarme, le bruit court qu'on doit aussi la brûler toute entière & y passer tout au fil de l'épée; ces bruits sont toujours faux, mais il faudroit n'y pas donner lieu par des apparences trop menaçantes; il ne suffit pas à la liberté de n'être point attaquée, il faut encore qu'elle ne soit point menacée. Les habitans prirent les armes & se retranchèrent dans l'église; l'évêque, quoique ce fût M. Fléchier, n'osa pas compromettre son ministère contre une populace furieuse; l'abbé de Beaujeu s'en chargea, il monta en chaire, il persuada, le calme revint, le service divin se fit comme à l'ordinaire.

L'abbé de Beaujeu s'étoit exercé de bonne heure à parler sur le champ, il n'écrivoit presque aucun de ses sermons, non qu'il s'en rapportât à sa mémoire; au contraire, il trouvoit imprudent de faire dépendre le sort d'un discours de la fidélité de la mémoire. On parle de la chaleur de la composition, il l'accusoit au contraire de froideur. Il jugeoit qu'elle faisoit toujours perdre quelque chose à la sublimité des pensées, à la naïveté des expressions; c'est un travail, une préparation, & tout est inspiration dans l'orateur qui parle sur le champ.

Ce talent fit remarquer avantageusement l'abbé de Beaujeu dans les assemblées du clergé de 1693 & de 1700. Bossuet voulut qu'il s'établît à Paris; l'abbé Bignon lui proposa d'entrer dans l'académie des belles-lettres; le roi le nomma en 1705 à l'évêché d'Oléron, & avant que la feuille des bénéfices, qui contenoit sa nomination, fût signée, il étoit déjà transféré à Castres : il fixa son départ pour son diocèse au lendemain du jour qu'il prêtoit serment de fidélité entre les mains du roi ; le roi dont il prit congé alors, lui dit : *c'est bientôt, mais c'est bien fait* ; & depuis ce moment jusqu'à sa mort, dans un espace de trente années, l'évêque de Castres ne sortit guères de son diocèse que pour aller aux assemblées des états du Languedoc, & que pour les députations, soit de la province, soit du clergé.

Il se distingua toujours & par sa charité envers les pauvres, & par sa ferveur à remplir toutes les fonctions du sacerdoce. Le prédicateur du carême dans sa cathédrale, ayant annoncé qu'il ne pouvoit prêcher que trois fois la semaine, l'évêque promit de le remplacer les autres jours, il tint parole, & ce fut toujours sans préparation, du moins sans composition formelle & par écrit.

Pendant une tenue des états du Languedoc, l'évêque de Lavaur, Mailly, étant mort, l'évêque de Castres fit son oraison funèbre le jour même des obsèques, toujours sans préparation, & ce fut avec un succès signalé. En 1715, Louis XIV étant mort dans le temps de l'assemblée du clergé, l'évêque de Castres fut chargé de prononcer son oraison funèbre à saint-Denis, & c'est le seul de ses ouvrages qu'il n'ait pû dérober à l'impression.

En 1736, âgé d'environ quatre-vingt-un ans, il lui prit un désir bien naturel de revoir encore une fois sa patrie & sa famille ; il partit, la fièvre le prit en chemin, il arriva cependant jusqu'à Arles qui étoit le terme de son voyage ; il y trouva celui de sa vie, le 26 juin, dans le lieu même de sa naissance, dans le même mois & presque le même jour.

Sa maxime favorite, qu'il plaçoit presque toujours à la tête de ses écrits, étoit : *aimez la paix & la vérité.*

QUIRINI ou QUERINI (ANGE-MARIE) ce nom est son nom de profession, son nom de baptême étoit Jérôme (*Hist. litt. mod.*) Quirini, noble vénitien, né en 1680, se fit bénédictin à Florence le premier janvier 1698. Jamais homme n'a plus parfaitement mérité d'être nommé l'ami de tous les gens de lettres ; il n'a pas existé de son temps un homme distingué dans la littérature qu'il n'ait connu, qu'il n'ait recherché, avec lequel il n'ait été en relation ; il voyagea en 1710 & 1711, dans toute l'Europe savante, pour les voir & s'entretenir avec eux, ayant fait d'avance toutes les provisions d'études nécessaires pour profiter de leur conversation & leur rendre instruction pour instruction. A Florence, Magliabecchi ; en Hollande, Basnage, le Clerc, Kuster, Gronovius, Perizonius ; en Angleterre, Newton, Bentlei, les Burnet, Cave, Hudson, Potter ; à Bruxelles, le père Papebroch ; à Cambray, Fénelon ;

à Paris, tous les savans de l'abbaye de saint-Germain où il demeuroit, des Blancs-manteaux, de l'Oratoire, des Dominicains, des Jésuites, de l'université, des académies, tous les beaux esprits de la capitale, tous les lettrés enfin, dans quelque genre que ce pût être, reçurent ses hommages & lui payèrent un tribut sincère d'estime & d'admiration. Nul homme n'étoit plus propre à converser avec tous & à les concilier tous : leurs opinions, leurs passions n'étoient absolument rien pour lui, leurs connoissances étoient tout, ils étoient instruits, ils étoient éclairés, dès-lors ils lui étoient chers & nécessaires ; les catholiques ont estimé son zèle, les protestans l'ont comblé d'éloges. Il fut fait cardinal par le pape Benoît XIII, qui prévenant son remerciment, lui dit : *nous vous remercions de nous avoir mis par votre mérite dans l'heureuse nécessité de vous faire cardinal.* Sa magnifique & pieuse bienfaisance a égalé son amour pour les lettres ; l'église de saint-Marc à Rome étoit son titre de cardinal, il la fit réparer avec magnificence. Il étoit évêque de Bresse, il a fait de son église cathédrale l'une des plus superbes églises de l'Italie ; Bresse n'avoit point de bibliothèque publique, il lui en donna une, & assigna des fonds pour l'entretenir. On sait combien il a contribué à la construction de l'église catholique de Berlin ; on connoît l'épître que M. de Voltaire lui adresse à ce sujet ; elle ne pouvoit-être adressée qu'à un homme d'esprit & de goût & qui sût entendre raillerie ; c'est là qu'il lui dit :

Et la grâce de Jésus-Christ
Chez vous brille en plus d'un écrit
Avec les trois graces d'Homère.

Le cardinal *Quirini* trop véritablement savant pour dédaigner le bel esprit, & pour ne pas respecter le génie, avoit traduit en vers latins une partie de *la Henriade.* Un autre M. *Quirini*, noble vénitien, en a traduit une autre partie en vers Italiens. Quand le cardinal *Quirini* fut fait bibliothécaire du Vatican, il commença par faire à cette bibliothèque une donation de la sienne, qui formée par lui-même, étoit aussi choisie que peut l'être une grande bibliothèque, & qui étoit d'ailleurs si nombreuse, qu'il fallut, pour la placer au Vatican une nouvelle salle.

Le cardinal *Quirini* étoit des académies de Pétersbourg, de Berlin, de Greifvald en Poméranie, de Vienne en Autriche & de l'institut de Bologne. Il donna une relation curieuse & intéressante de ses voyages littéraires, un recueil de lettres en dix livres, une édition de celles du cardinal *Polus* ; une édition des ouvrages de quelques saints évêques de Bresse, sous ce titre : *Veterum Briciæ episcoporum, S. Philastrii & S. Gaudentii opera : nec non beati Ramperti & venerabilis Aldemani opuscula.* Il a donné de plus : *Specimen variæ litteraturæ, qua in urbe Brixiâ ejufque ditione paulò poft typographiæ incunabula florebat.* Si chacun nous donnoit ainfi fur fa patrie, ou fur la ville qu'il habite, les inftructions qu'elle pourroit fournir, le répertoire de nos connoiffances feroit à la fois plus vafte & plus fûr. On a auffi du cardinal *Quirini*, le favant ouvrage qui a pour titre : *Primordia Corcyræ, ex antiquiffimis monumentis illuftrata.* C'eft lui qui a procuré la nouvelle édition des œuvres de S. Ephrem, en grec, en fyriaque & en latin ; nous avons dit, article *Platine*, qu'il avoit oppofé une vie du pape Paul II, à celle que Platine avoit donnée. Il y a encore de lui d'autres ouvrages & d'autres éditions. Ce cardinal *Quirini* eft mort en 1755 ; il avoit été nommé en 1743, académicien honoraire étranger de l'académie des infcriptions & belles-lettres, à la place de dom Anfelme Banduri.

QUIRINUS (*Hift. rom.*) nom fous lequel Romulus fut adoré après fa mort. La montagne fur laquelle étoit fon temple, fut auffi appellée *Quirinale*, & les Romains *Quirites*, & ces noms viennent de celui de *Cures*, que les Sabins quittèrent pour Rome, lorfqu'ils furent incorporés aux Romains.

QUIRINUS ou **QUIRINIUS**, (*Publius Sulpicius*) conful fous Augufte. Ce *Quirinius*, felon faint Luc, étoit gouverneur de Syrie, dans le tems du dénombrement ordonné par Augufte, & qui fit arriver Jofeph & Marie à Bethléem où naquit Jéfus-Chrift ; voici les termes de faint-Luc, *Evang. c. 2. v. 2.* « Ce fut le premier dénombrement, » lequel fe fit par *Quirinius*, gouverneur de Syrie.

Ceci forme une affez grande difficulté ; car les favans conviennent d'ailleurs, que *Quirinius* ne fut nommé au gouvernement de Syrie que dix ans après la naiffance de Jéfus-Chrift : on lève cette difficulté de deux manières. 1°. Quelques interprètes traduifent ainfi le paffage de faint Luc : ce fut le premier dénombrement avant celui qui fut fait fous le gouvernement de *Quirinius* ; 2°. d'autres fuppofent que ce dénombrement dura long-tems, & que commencé dans le tems de la naiffance de Jéfus-Chrift, il fut continué & achevé par *Quirinius.* Ce *Quirinius* fut enfuite gouverneur du jeune Caïus, petit-fils d'Augufte, frère de Lucius.

Q U O

QUO - WARRANTO. (*Hift. d'Angleterre*) Pendant les troubles des règnes de Jean - fans - Terre & d'Henri III, plufieurs perfonnes s'étoient approprié des terres qui ne leur appartenoient pas ; la couronne même avoit fouffert de ce défordre. Pour remédier à ce mal, & rendre à chacun ce qui lui étoit dû, le parlement fit en 1279, fous Edouard, un acte qui étoit très-jufte en lui-même. Il portoit que ceux qui poffédoient des terres conteftées, feroient obligés de faire voir comment ils en avoient acquis la poffeffion, & de produire leur titre devant les juges pour y être examiné. Ce ftatut reçut le nom de *quo warranto*, du mot anglois, *warrant*, qui fignifie *garantie*, c'eft-à-dire un acte qui fert de fondement ou de garantie à la poffeffion : ainfi le *quo warranto* fignifia depuis lors un ordre de produire le titre en vertu duquel on jouit de tel ou tel privilège. (*D. J.*)

RAB.

RABAN MAUR, RABANUS MAURUS (MAGNENCE) *Hift. litt. mod.*) né à Fulde en 788, fut difciple d'Alcuin & devint archevêque de Mayênce en 847. Il paroît qu'il fut toujours très-fidélement attaché à Louis le Débonnaire ; il lui rendit d'abord le fervice de le réconcilier avec fes fils, & lorfqu'enfuite la rupture fut fans remède, il condamna hautement la dépofition injufte de ce prince, lui écrivit à ce fujet une lettre de confolation, & publia un traité fur le refpect que les enfans doivent à leur père, & les fujets à leur fouverain. Il écrivit contre le moine Gotteftcalc, fit condamner fa doctrine dans un concile, & le renvoya enfuite à Hincmar, archevêque de Rheims, dans le diocèfe duquel il avoit été ordonné & qui le maltraita trop. *Raban Maur* mourut en 856. On lui attribue le *Veni creator*, qu'on regardoit alors comme un titre *littéraire*. On a d'ailleurs fes œuvres recueillies en 1727, à Cologne, en 6 tomes *in-fol.* qui fe relient en trois volumes. On y trouve un traité *du calendrier eccléfiaftique*, où il enfeigne la manière de difcerner les années biffextiles & de marquer les indictions ; un traité *de l'inftitution des Clercs* ; un traité *de univerfo, fivè etymologiarum opus*, le refte eft ouvrages de dévotion ou commentaires fur l'écriture. On trouve dans le *Thefaurus anecdotorum* de dom Martenne, dans les *Mifcellanea* de Baluze, & dans les œuvres du Père Sirmond, des traités de *Raban Maur*, qui ne font point dans le recueil de fes œuvres.

RABARDEAU, (**MICHEL**) *Hift. litt. mod.*) Jéfuite connu par fon livre intitulé : *Optatus Gallus benignâ manu fectus.* Mort en 1649.

RABBANI, (*Hift. des Arabes*) le mot de *rabbani* ou de *rabbana* fignifie en arabe, auffi bien qu'en hébreu, *notre maître, notre docteur.* Les Mahométans appellent auffi *rabbanian* ou *rabbaniou*, au pluriel, ceux de leurs docteurs qu'ils eftiment les plus favans & les plus dévots. (*A. R.*)

RABBANITE. f. m. (*Hift. des Juifs*) On appelle *rabbanites* les Juifs qui fuivent la doctrine de leurs ancêtres, appellés *rabbanim* ; & ce font proprement ceux qui ont adopté les traditions des pharifiens qui font ainfi nommés. On les diftingue par-là de la fecte des Caraïtes qui s'attachent principalement à l'Ecriture. (*D. J.*)

RABBI ou **RABBIN**, f. m. (*Hift. des Juifs*) nom des docteurs juifs que les Hébreux appellent *rab*, *rabbi* & *rabboni*, qui dans leur langue fignifie *maître* ou *docteur.* Quoique tous ces mots aient la même fignification, on s'en fert néanmoins différemment. Quand on parle en général & fans appliquer ce terme à aucun nom propre, on dit un *rabbin*, les *rabbins* : par exemple, *les rabbins ont débité beaucoup de rêveries.* Mais quand on dénote particulièrement un docteur juif, on dit *rabbi*, comme *rabbi Salomon Jarchi, rabbi Manaffès ont penfé telle & telle chofe ;* mais en les nommant plufieurs enfemble, on dit, *les rabbins Juda Ching & Juda Ben Chabin font les auteurs de deux anciennes grammaires hébraïques.*

Quelques-uns ont remarqué que *rab* étoit un titre d'honneur pour ceux qui avoient été reçus docteurs dans la Chaldée ; que *rabbi* étoit propre aux Ifraélites de la Terre-fainte, & que *rabboni* ne s'attribuoit qu'aux fages qui étoient de la maifon de David. Selden dit que *rabbi* étoit le titre de celui qu'on avoit ordonné juge ou fénateur de Sanhedrin, dans la Terre-fainte, & qu'on dondoit celui de *rhab* à tout docteur ordonné dans un pays de captivité. Quoi qu'il en foit, il y avoit plufieurs degrés pour parvenir à cette qualité de *rabbi* ; le premier étoit de ceux que les Juifs appelloient *bachur*, c'eft-à-dire *élu au nombre des difciples* ; le fecond étoit de ceux qu'on nommoit *chaber* ou *collègue* de rabbins, qu'on élevoit à ce grade par l'impofition des mains, dans une cérémonie qu'on appelloit *femichahe.* Enfin lorfqu'on jugeoit ces poftulans capables d'élever les autres, on les qualifioit de *rabbi.* Dans les affemblées publiques, les *rabbins* étoient affis fur des chaifes élevées, les collègues fur des bancs, & les difciples aux pieds de leurs maîtres.

Les *rabbins* modernes font fort refpectés parmi les Juifs ; ils occupent les premières places dans les fynagogues, prononcent fur les matières de religion, & décident même des affaires civiles ; ils célèbrent auffi les mariages, jugent les caufes de divorce, prêchent s'ils en ont le talent, reprennent & excommunient les défobéiffans. Les écrits de leurs prédéceffeurs, & leurs propres commentaires, contiennent un nombre infini de traditions fingulières, & prefque toutes extravagantes, qu'ils obfervent néanmoins auffi fcrupuleufement que le fond de la loi. Ils font divifés en plufieurs fectes, dont les principales font les Cabaliftes, les Caraïtes, les Talmudiftes, & les Maiforethes.

Les anciens *rabbins* donnoient fort dans les allégories, dont leurs commentaires fur l'Ecriture ne font qu'un tiſſu ; & les modernes n'ont fait qu'enchérir ſur eux. On leur attribue auſſi un grand nombre de règles & de manières d'interpréter & de citer les écritures, qu'on prétend que les apôtres ont ſuivies dans leurs citations & interprétations des prophéties de l'ancien teſtament. Stanhope & Jenkins ſe plaignent beaucoup de la perte de ces règles, par leſquelles, diſoient-ils, on rétabliroit les diſcordances qui ſe trouvent entre l'ancien & le nouveau teſtament.

Surrenhuſius, profeſſeur en hébreu à Amſterdam, a cru les avoir trouvées dans les anciens écrits des Juifs ; & il obſerve que les *rabbins* interprétoient l'écriture en changeant le ſens littéral en un ſens plus noble & plus ſpirituel. Et pour cela, ſelon lui, tantôt ils changeoient les points & les lettres ; ou ils tranſpoſoient les mots, ou ils les diviſoient ou en ajoutoient : ce qu'il prétend confirmer par la manière dont les apôtres ont expliqué & cité les prophéties.

Mais qui ne voit que tout ceci n'eſt qu'un artifice pour rendre moins odieuſe la pratique des Sociniens, qui au moyen de quelques points ou virgules ajoutés ou tranſpoſés dans les livres ſaints, y forment des textes favorables à leurs erreurs ? Mais, après tout, l'exemple des *rabbins* ne les autoriſeroit jamais dans cette innovation, ni eux ni leurs ſemblables, puiſque Jeſus-Chriſt a formellement reproché à ces faux docteurs qu'ils corrompoient le texte & pervertiſſoient le ſens des écritures. Les apôtres n'ont point eu d'autre maître que l'eſprit ſaint ; & ſi l'application qu'ils ont quelquefois faite des anciennes écritures au Meſſie, a quelque trait de conformité avec celles qu'on attribue aux *rabbins*, c'eſt qu'il arrive ſouvent à l'erreur de copier la vérité, & que les *rabbins* ont imité les apôtres, mais avec cette différence qu'ils n'étoient pas inſpirés comme eux, & que ſuivant uniquement les lumières de la raiſon, ils ont donné dans des égaremens qui ne peuvent jamais devenir des règles en matière de religion révélée, où tout doit ſe décider par autorité.

Mais ce qu'on doit principalement aux *rabbins*, c'eſt l'aſtrologie judiciaire ; car malgré les défenſes ſi ſouvent réitérées dans leur loi de ſe ſervir d'augures & de divinations, ou d'ajouter foi aux prédictions tirées de l'obſervation des aſtres, leurs plus fameux docteurs ont approuvé cette ſuperſtition, & en ont compoſé des livres qui l'ont répandue dans tout l'univers, & ſur-tout en Europe durant les ſiècles d'ignorance, au ſentiment de M. l'abbé Renaudot, qui connoiſſoit à fond toute la ſcience rabbinique. (*A. R.*)

RABBOTH, ſ. m. (*Hiſtoire des Juifs.*) Les juifs donnent ce nom à certains commentaires allégoriques ſur les cinq livres de Moïſe. Ces commentaires ſont d'une grande autorité chez eux, & ſont conſidérés comme très-anciens. Les juifs prétendent qu'ils ont été compoſés vers l'an 30 de Jéſus-Chriſt. Ils contiennent un recueil d'explications allégoriques des docteurs hébreux, où il y a quantité de fables & de contes faits à plaiſir. On peut prouver aiſément que ces livres n'ont pas l'antiquité que les rabbins leur attribuent : c'eſt ce que le P. Morin a montré évidemment dans la ſeconde partie de ſes exercitations ſur la Bible. Quand ils veulent citer ces livres, ils les marquent par le premier mot de chaque livre de Moïſe : par exemple ils nomment la Genèſe *Bereſchit rabba* ; l'Exode, *Scemot rabba* ; les Nombres, *Rammidbar rabba*, & ainſi des autres ; & ils ſe nomment au pluriel *rabboth*, comme qui diroit *grandes gloſes*. Il y a eu diverſes éditions, tant en Italie que dans le Levant. M. Simon témoigne s'être ſervi d'une édition de Salonique. (*A. R.*)

RABELAIS (FRANÇOIS) *Hiſt. lit. mod.*) On a fait de la vie de *Rabelais*, à peu près comme depuis, de la vie de Santeuil, une eſpèce de recueil de bons mots & de bons contes, dont aucun n'eſt bon & qui n'amuſent que le peuple. La plûpart même de ces hiſtoires qu'on croit ſi agréables, ſont démontrées impoſſibles. Que *Rabelais* étant à Lyon & voulant venir à Paris, mais n'ayant ni de quoi faire ſon voyage, ni de quoi payer dans ſon auberge, ait imaginé de faire écrire par le fils de ſon hôteſſe ſur de petits ſachets : *poiſon pour faire mourir le roi*, *poiſon pour faire mourir la reine*, le tout pour être conduit & nourri juſqu'à Paris, ſans qu'il lui en coûtât rien, tout le monde conçoit que, dans tous les temps, on auroit ſévèrement puni une plaiſanterie ſi indécente & ſi alarmante pour la nation.

Que *Rabelais* faiſant après coup la relation du voyage qu'il avoit fait à Rome à la ſuite du cardinal du Bellay, ait dit par plaiſanterie qu'en voyant un homme auſſi élevé en dignité & auſſi conſidérable que le cardinal du Bellay, baiſer le pied du pape, avant de le baiſer à la bouche, il avoit craint qu'on ne lui fît baiſer quelque choſe de pis, on en a fait l'hiſtoire poſitive qu'il avoit propoſé au pape de lui baiſer le derrière, mais qu'il l'avoit prié de vouloir bien ſe laver auparavant, ce qui fit beaucoup rire le pape & tout le ſacré collége.

Quant à la prétendue *requête au pape* par laquelle il le ſupplioit de l'excommunier afin qu'il ne fût pas brûlé, parce que ſon hôteſſe voulant allumer un fagot de bois apparemment trop verd, & qui avoit peine à prendre, avoit dit que ce *fagot étoit excommunié de la gueule du pape*, toutes ces petites plaiſanteries niaiſes ſuppoſent d'ailleurs un dégré de familiarité qu'on a rarement avec ces ſortes de perſonnes ; ou, ſi c'étoit à titre de ce qu'on appelloit alors des *foux* que *Rabelais* prenoit ces libertés, Anaxarque lui eût dit avec raiſon

raison : *vous devriez gagner un peu mieux votre argent, & nous donner de meilleures plaisanteries.*

Nous ne savons non plus ce qu'il faut penser de sa manière de s'introduire chez le chancelier Duprat, en parlant latin à son suisse, grec à celui que le suisse fit venir comme entendant le latin, hébreu au grec & ainsi de suite, jusqu'à sept ou huit langues, & le tout pour parvenir à obtenir audience du chancelier, qui vraisemblablement donnoit audience à tout le monde. Cette manière de s'annoncer avoit en effet quelque chose de piquant & de remarquable ; mais si c'étoit un si grand mérite auprès du chancelier Duprat de savoir tant de langues, n'y avoit-il pas de moyen plus simple de faire connoître au chancelier Duprat, qu'il avoit ce mérite, que d'aller faire ainsi le bâteleur à sa porte & dans sa cour ? D'ailleurs la maison du chancelier Duprat, étoit-elle donc si remplie de savans, ayant chacun le département d'une langue ? Quoi qu'il en soit, il s'agissoit, dit-on, de faire rétablir les priviléges de l'université de Montpellier, que le chancelier avoit supprimés, & ils furent rétablis à la sollicitation de *Rabelais* qui occupoit une chaire de médecine dans cette université. Sa robe y est encore restée, & tous ceux qui prennent le bonnet de docteur en médecine, sont revêtus de la robe de *Rabelais*.

Rabelais avoit été cordelier, puis bénédictin, puis médecin ; il fut dans la suite chanoine & curé de Meudon ; tous ces états étoient bien férieux pour un homme si gai & si libre, toujours livré au plaisir & toujours porté à bouffonner. C'est précisément ce contraste de son état ou de ses états & de son humeur, qui a fait sa célébrité. Il étoit d'ailleurs remarquable par la figure la plus noble, la plus belle, la plus spirituelle, par une taille majestueuse, par beaucoup d'esprit, de feu, de gaîté, par beaucoup de connoissances, par un caractère original. Il plaisanta, dit-on, même en mourant, mais il eut encore le malheur de plaisanter mal dans ce dernier moment, s'il est vrai qu'il se soit fait mettre un vêtement nommé domino, pour avoir le plaisir de dire : *beati qui in domino moriuntur ; heureux ceux qui meurent dans le seigneur,* ou *qui meurent en domino.*

Quant à son livre si vanté & si long-temps admiré, on sait le jugement que M. de Voltaire en a porté & le parallèle qu'il en a fait avec le docteur Swift qu'on appelloit en France le *Rabelais* de l'Angleterre. Cette grande réputation de *Rabelais* est une de celles que M. de Voltaire a détruites ou fort ébranlées. « Le docteur Swift, » dit-il, a l'honneur d'être prêtre comme *Rabelais*, & se moquer de tout comme lui ; mais » on lui fait grand tort.... de l'appeller de ce nom. » *Rabelais* dans son extravagant & inintelligible » livre a répandu une extrême gaîté & une plus » grande impertinence. Il a prodigué l'érudition, » les ordures & l'ennui ; un bon conte de deux pa-

ges est acheté par des volumes de sottises ; il n'y » a que quelques personnes d'un goût bisarre qui » se piquent d'entendre & d'estimer tout cet ou- » vrage ; le reste de la nation rit des plaisanteries » de *Rabelais*, & méprise le livre ; on le regarde » comme le premier des bouffons ; on est fâché » qu'un homme qui avoit tant d'esprit en ait fait » un si misérable usage ; c'est un philosophe ivre, » qui n'a écrit que dans le temps de son ivresse. » M. Swift est *Rabelais* dans son bon sens, & » vivant en bonne compagnie. Il n'a pas à la » vérité la gaîté du premier, mais il a toute la » finesse, la raison, le choix, le bon goût qui » manque à notre curé de Meudon. Ses vers sont » d'un goût singulier & presque inimitable ; la » bonne plaisanterie est son partage en vers & » en prose ».

On a dit du livre de *Rabelais* ce qu'il disoit lui-même des loix commentées & embrouillées par les jurisconsultes, que *c'étoit une belle robe bordée d'ordure* ; le temps ne peut que rendre plus difficile de jour en jour l'intelligence d'un livre où l'allégorie domine. Dans ce qu'on entend encore de *Rabelais*, on trouve assez d'esprit & de savoir pour justifier une partie de la réputation dont il a joui, & assez de mauvais goût pour justifier les dédains des critiques & le refroidissement des lecteurs ; mais la Fontaine en faisoit grand cas & grand usage, & il faut reconnoître qu'il a encore des partisans pleins d'esprit & de goût.

Rabelais étoit fils d'un aubergiste ou d'un apothicaire de Chinon en Touraine. Il eut sa chaire de Montpellier en 1531, sa cure de Meudon en 1545. Il mourut en 1553. —

RABIRIUS, (CAIUS) *Hist. rom.*) chevalier romain. Nous avons un plaidoyer que Cicéron fit pour lui dans l'année même de son consulat. Voici quel en étoit le sujet : dans le temps des cruautés & des fourberies de Marius, Saturnin, le plus séditieux des tribuns, s'étoit vendu à toutes ses fureurs & en avoit été le plus coupable ministre. Ses crimes ayant révolté, il périt par l'effet d'un soulèvement général, à la tête duquel étoient le sénat, les deux consuls, presque tous les magistrats & tous les gens de bien & les meilleurs citoyens. Au bout de trente-sept ans, un tribun nommé T. Labiénus, neveu d'un autre Labiénus, sectateur de Saturnin & tué avec lui, entreprit de venger son oncle & de faire condamner à mort *Rabirius* qu'il accusoit d'avoir tué Saturnin ; il ne l'avoit pas tué, mais suivant un usage toujours barbare, lors même qu'on ne fait que justice, il avoit porté sa tête comme en triomphe de maison en maison. Sur les accusations & les instances de T. Labiénus, on tira au sort deux commissaires pour juger *Rabirius*, & l'un de ces commissaires fut César, qui lui-même avoit fait agir Labiénus ; l'autre fut un parent de César, ce qui fit penser que pour cette fois le sort n'avoit pas été affez aveugle ; *Rabirius* fut condamné, mais sur l'appel devant le peuple, il fut défendu par Cicéron. Cet orateur étoit exercé aux événemens du barreau, & le bruit ne l'épouvantoit pas; il nia que *Rabirius* eût tué Saturnin, mais ce fut en regrettant qu'il n'eût pu le faire. *Plût aux Dieux*, dit-il ; *que la vérité me permît de publier hautement que Rabirius a tué de fa main un ennemi de la patrie tel que Saturnin !* Sur ce mot, il s'éleva un grand cri : le peuple romain, reprit Cicéron, ne m'auroit jamais fait conful, (il l'étoit alors) s'il m'eût cru capable d'être troublé par des cris ; les vôtres m'apprennent deux chofes, l'une qu'il y a ici des citoyens abufés, l'autre qu'heureufement ils font en petit nombre: un nouveau cri s'étant élevé, mais plus foible que le premier, Cicéron le fit remarquer. Retenez, leur dit-il, vos cris imprudens que le peuple n'appuye pas & qui ne font qu'attester votre petit nombre; vous vous mettez à découvert, & vous vous faites remarquer; il répéta qu'il regrettoit que fon client n'eût pas eu l'honneur de délivrer la république d'un fujet féditieux tel que Saturnin; il ajouta que ce qui le confoloit, c'eft que du moins *Rabirius* avoit pris les armes pour le tuer. Ici les cris qui auroient pu devenir plus forts, ceffèrent de fe faire entendre; cependant on ne favoit encore ce qui alloit être prononcé, & *Rabirius* paroiffoit toujours en danger, lorfque Metellus Celer, alors préteur, imagina de diffoudre l'affemblée en faifant enlever le drapeau qu'on devoit toujours voir flotter fur le Janicule pendant toute la durée des affemblées par centuries. Dès qu'on ne vit plus le drapeau, l'affemblée fe rompit d'elle-même, & ne fut plus convoquée; Labiénus ne jugea pas à propos de pourfuivre l'affaire, & par ce moyen *Rabirius* fut fauvé.

Cicéron plaida auffi pour un autre Caius *Rabirius*, diftingué par le furnom de Pofthumus. (Voyez, fur ce qui concerne celui-ci, l'article *Ptolémée*-Aulète, roi d'Egypte.)

Un autre Caius *Rabirius*, poëte du temps d'Augufte, avoit fait fur la guerre civile entre Augufte & Antoine, un poëme dont on trouve quelques fragmens dans le *corpus poetarum* de Maittaire.

Rabirius eft encore le nom d'un fameux architecte du temps de Domitien, & qui avoit conftruit le palais de cet empereur, monument eftimé.

RABUSSON, (Dom PAUL) *Hift. litt. mod.*) Clunifte, auteur du bréviaire de Cluni, qui a fervi de modèle à beaucoup d'autres; ce fut lui qui engagea Santeuil à faire fes hymnes pour ce bréviaire. On dit que comme Santeuil avoit plus de connoiffance de la mythologie que de la religion, c'étoient dom *Rabuffon* & M. le Tourneux qui lui fourniffoient les idées chrétiennes qu'il animoit du feu de fa belle poéfie. Né en 1634 à Gannat fur les confins du Bourbonnois & de l'Auvergne, mort en 1717.

RABUTIN (*Hift. de Fr.*) La maifon de Buffi, *Rabutin*, l'une des plus nobles & des plus anciennes de Bourgogne, tire fon nom du château de *Rabutin* dans le Charolois. Les Rabutins paroiffent avec éclat dès le commencement du douzième fiécle.

1°. Guillaume de *Rabutin* jouoit un rôle confidérable fous le règne de Charles-le-Bel en 1326.

2°. Hugues, oncle de Guillaume, eft nommé entre les chevaliers qui accompagnèrent, en 1340, Eudes IV, duc de Bourgogne.

3°. Amé de *Rabutin*, chevalier feigneur d'Epiri, bailli de Charolois dont Olivier de la Marche & Philippe de Comines parlent fi avantageufement, fe diftingua parmi tous les chevaliers de fon temps & à la guerre, & dans les tournois; il rendit de grands fervices aux ducs de Bourgogne fes fouverains, & fut tué à l'affaut de Beauvais en 1472. Là, dit Philippe de Comines, *fut étouffé monfeigneur d'Epiri, un vieil chevalier de Bourgogne qui fut le plus homme de bien qui y mourut.*

4°. Hugues de *Rabutin*, feigneur d'Epiri, confeiller & chambellan du roi Charles VIII, fils d'Amé, foutint dignement la gloire de fon père, & fut auffi un brave & illuftre chevalier.

5°. Claude de *Rabutin*, fils de Hugues, fut tué à la bataille de Marignan en 1515.

6°. Chriftophe de *Rabutin*, fecond du nom, baron de Chantal, rendit au roi Henri IV des fervices fignalés. Il fut tué à la chaffe par un de fes meilleurs amis. Sa femme étoit Jeanne-Françoife Frémiot, baronne de Chantal, fondatrice de l'ordre de la Vifitation. (Voyez l'article *Chantal.*)

7°. Leur fils Celfé-Bénigne de *Rabutin*, baron de Chantal, tué à l'âge de trente ans, le 22 juillet 1627, à la defcente des anglois dans l'ifle de Rhé, où il commandoit l'efcadron des gentilshommes volontaires, fut le père de madame de Sévigné. Il avoit époufé en 1624, Marie de Coulanges; de-là la parenté de madame de Sévigné & des Coulanges.

8°. Dans la branche de Buffi *Rabutin*, François de *Rabutin*, tige de cette branche, qualifié gentilhomme de la compagnie de François de Cléves, duc de Nevers, a laiffé des mémoires hiftoriques fous ce titre : *Commentaires des dernières guerres du roi Henri II, & de l'empereur Charles-Quint en l'an de falut 1552; & fous celui-ci : continuation des commentaires des dernières guerres en la gaule Belgique entre le roi Henri II, & l'empereur Charles-Quint & Philippe fon fils, jufqu'en 1558.* Ces mémoires ont été retouchés par différentes mains. Le même François de *Rabutin* avoit traduit l'éloge de la folie par Erafme; ouvrage refté en manufcrit dans les papiers du traducteur, ainfi qu'un autre ouvrage de fa compofition, intitulé : *defcription du voyage dernier que fit M. le duc de Guife en Italie.*

9°. François-Claude-Aimé de *Rabutin*, petit-fils de François, étant capitaine d'infanterie, mourut à feize ans, de la pefte, en Italie.

10°. Il avoit pour frère le fameux comte de Buffi, Roger de *Rabutin*, fi connu par fes fervices, & plus encore par fes écrits qui ne font pas des fervices & dont quelques-uns font fort répréhenfibles. Cet homme qui n'étoit pas fans talens & fans mérite, avoit beaucoup de défauts dont plufieurs mêmes font des vices. Voici un extrait de l'abrégé de fa vie fait par lui-même. Il étê né à Epiri en Nivernois, le 3 avril 1618; il fervit dès l'an 1634, au fiège de la Mothe en Lorraine, en qualité de premier capitaine dans le régiment d'infanterie de Léonor de *Rabutin* fon père. En 1636, il étoit dans l'armée du marquis de la Force qui battit & fit prifonnier, le 17 mars, Colloredo, général des troupes de l'empereur. Il fut chargé de conduire un convoi dans Moyenvic, ce qu'il exécuta. La même année, il fervit dans l'armée du prince de Condé au fiège de Dole, puis il paffa en Picardie, où il fe trouva aux fiéges de Roye & de Corbie, & où, à l'âge de dix-huit ans, il commanda le régiment de fon père; il le commanda encore l'année fuivante 1637, aux fiéges de Landrécy & de la Capelle fous le cardinal de la Valette, qui crut qu'il n'avoit point de mère, parce qu'une mère n'auroit pas laiffé aller fon fils fi jeune à l'armée. Il nous femble pourtant qu'il eft très-ordinaire de voir un homme de 19 ans, dans le fervice; le comte de Buffi étonna beaucoup le cardinal en lui difant qu'il avoit déjà fait trois autres campagnes; mais pour entendre cet étonnement, il faut fuppofer que le comte de Buffi avoit l'air plus enfant qu'il ne l'étoit véritablement; on pouvoit feulement être étonné qu'il commandât un régiment. L'année fuivante 1638, fon père s'en démit en fa faveur.

En 1639, il fervit au fiège de Thionville où fon régiment fouffrit beaucoup. En 1640, il étoit du corps de troupes qui, fous les ordres de Dinhallier, lequel fut depuis le maréchal de l'Hôpital, fut chargé de mener un convoi à l'armée du roi devant Arras; l'année fuivante, fon régiment ayant fait le faux-faunage & ayant donné des marques d'indifcipline, on s'en prit au comte de Buffi, & il fut retenu cinq mois prifonnier à la baftille, traitement que le comte attribuoit à la haine du miniftre Defnoyers pour fon père. Pendant la prifon du comte, fon régiment fervit à la bataille de la Marfée dans l'armée du maréchal de Chatillon, & fut entièrement défait; ainfi la rigueur de Defnoyers lui fauva peut-être la vie; cependant mécontent de fa prifon, il quitta le fervice en 1642. Mais après la difgrace de Defnoyers, il y rentra en 1644, & acheta la charge de capitaine lieutenant des chevaux-legers de Condé.

En 1645, il eut la charge de lieutenant-général du Nivernois, vacante par la mort de fon

père. Il fervit cette année-là en Allemagne, où une maladie l'empêcha de fe trouver à la bataille de Nortlingue.

En 1646, il fut fait confeiller d'état; la même année, il fe trouva fous monfieur le duc d'Orléans Gafton, à la prife de Courtrai, de Bergues-Saint-Vinox, de Mardik; puis aux fiéges de Furnes & de Dunkerque, fous le duc d'Enghien qui fut bientôt après le grand Condé, & qui l'étoit déjà. Il eur dans cette campagne deux chevaux tués fous lui dans une action vigoureufe.

En 1647, il fervit en Catalogne.

En 1648, on l'envoya porter à la cour la capitulation d'Ypres, & pendant fon abfence fe livra la bataille de Lens. Il enleva, cette année, madame de Miramion qu'il aimoit & qu'il vouloit époufer, & cette affaire auroit pû avoir des fuites fâcheufes, fi le grand Condé, vainqueur depuis peu à Lens, n'eût écrit en prince & en vainqueur aux parens de la dame pour arrêter leurs pourfuites. En 1649, le comte de Buffi fervit en Flandre fous le comte d'Harcourt; en 1650, le grand Condé fon bienfaiteur ayant été arrêté, Buffi fe jetta dans Monrond pour lui conferver cette place; mais ce prince l'ayant obligé de vendre fa compagnie de chevaux-légers au comte de Guitaut, Buffi de dépit abandonna fon parti & prit celui de la cour. Il en eut, en 1651, le brevet de maréchal de camp. Il fervit très-utilement la cour & le cardinal Mazarin, dans la province de Nivernois; il alla trouver Mazarin à Bouillon, puis à Rhétel pour le ramener à Paris, & il l'y ramena en effet en 1653, après avoir fervi fous lui aux fiéges de Château-Porcien & de Vervins; car Mazarin vouloit être général: en 1654, il exerça en Catalogne les fonctions de meftre-de-camp de la cavalerie légère, charge qu'il venoit d'acheter, & il eut, cette même année, le brevet de lieutenant-général. Il exerça, depuis 1654 jufqu'à la paix des Pyrénées, la charge de colonel-général de la cavalerie légère avec celle de meftre-de-camp, la première ayant été donnée à monfieur de Turenne à condition de ne point l'exercer parce qu'il étoit proteftant, motif qui avec raifon nous toucheroit peu aujourd'hui.

En 1655, le comte de Buffi fe trouva aux fiéges de Landrecy, de Condé & de faint-Guillain fous monfieur de Turenne.

En 1656, il étoit au fiège de Valenciennes; il feconda monfieur de Turenne dans fa belle retraite & fit avec lui le fiège de la Capelle.

En 1657, il fervit encore fous monfieur de Turenne; ainfi qu'en 1658. Il étoit au fiège de Dunkerque & à la bataille des Dunes; puis à la prife de Bergues-faint-Vinox & de Dixmude.

En 1663, il fervit fous le maréchal de la Ferté au fiège de Marfal.

En 1665, il fut reçu à l'académie françaife. Il fe perdit cette même année, ou on le perdit par la publication de fon hiftoire amoureufe des Gaules;

cette publication se fit , à ce qu'il prétend , par l'infidélité & la malignité d'une femme de ses amies à laquelle il avoit confié son manuscrit , & qui , non contente de le faire imprimer , eut le procédé coupable de l'altérer en plusieurs endroits , non pour l'affoiblir , mais au contraire pour le rendre plus satyrique & attirer plus d'ennemis à l'auteur ; c'est de quoi il assure avoir convaincu Louis XIV , en lui montrant l'écrit tout entier de sa main ; mais cet original prétendu ne fut-il pas fait après coup ? Quoi qu'il en soit , le roi sur les plaintes des personnes offensées , qui n'étoient ni peu considérables ni en petit nombre, fit mettre le comte de Bussi à la bastille le 17 avril 1665 , & dit au duc de saint-Aignan , ami de Bussi , que c'étoit pour la sûreté même du comte qu'il le faisoit enfermer & pour le mettre à l'abri des entreprises de tant d'ennemis implacables qu'il s'étoit faits. Le comte de Bussi écrivit de la bastille au duc de saint-Aignan le 12 novembre 1665 , une prétendue lettre justificative, d'où il résulte contre lui d'assez fortes charges ; il convient que comme les événemens renfermés dans les bornes strictes de la vérité , sont rarement assez plaisans pour divertir beaucoup , il a recours à l'invention ; mais l'invention dans la médisance est ce qu'on appelle calomnie ; il avoit , disoit-il , fait des gens heureux , qui n'étoient pas seulement écoutés & d'autres même qui n'avoient jamais songé à l'être , & parce qu'il auroit été ridicule de choisir deux femmes sans puissance & sans mérite , pour les principales héroïnes de son roman , il en prit deux, auxquelles nulles bonnes qualités ne manquoient , & qui même en avoient tant, que l'envie pouvoit aider à rendre croyable tout le mal qu'il en pouvoit inventer.

Il faut convenir qu'ici les principes du goût sont un peu en opposition avec ceux de la morale. Il répète l'histoire de l'infidélité atroce de la dame à laquelle il avoit confié son manuscrit. Il conclut que le public en le condamnant doit le plaindre , & que les offensés peuvent le haïr avec raison.

— Il protestoit de n'avoir jamais rien écrit contre le roi ; on ne peut cependant ne pas le taxer au moins d'irrévérence quelques couplets de lui , où il est question des amours de Louis XIV.

M. de Louvois alla demander à M. de Bussi à la Bastille , lieu favorable à de semblables demandes , la démission de sa charge de mestre-de-camp de la cavalerie légère , en faveur du duc de Coislin pour 84000 écus , quoiqu'elle lui en eût coûté 90000. On ne voit pas trop pourquoi il falloit que le duc de Coislin gagnât deux mille écus sur lui ; Bussi fut ensuite exilé dix-sept ans dans ses terres ; il y fit ce que fait dans l'exil un homme d'esprit , il travailla , il écrivit ; ce fut là qu'il composa ses mémoires & une instruc-

tion pour se conduire dans le monde , à l'usage de ses fils , qu'il ne pouvoit y conduire lui-même :

Hei mihi ! quòd domino non licet ire tuo.

Il leur adressa un autre discours sur le bon usage des adversités.

— Il fit aussi ce que faisoit Ovide dans son exil ; il écrivit beaucoup de lettres plaintives , où il se vantoit toujours d'un grand amour pour Louis XIV , & à chaque campagne , il demandoit la permission d'aller le servir , depuis la qualité de lieutenant-général jusqu'à celle de volontaire. De tendre & de plaintif , son style devint insensiblement dévot ; il prétendit avoir été converti par la mort de madame Henriette d'Angleterre , conversion de courtisans auxquels il faut des morts illustres pour les toucher ; il remercia Louis XIV de l'avoir mis , par la disgrace dans le chemin de la vertu.

En 1673 & en 1676 , le roi lui permit d'aller à Paris , mais pour quelque temps seulement ; en 1681 , il lui permit d'y revenir pour toujours ; en 1682 , il le rappella même à la cour sur les pressantes sollicitations du duc de Saint-Aignan , ami qui ne l'abandonna jamais. Il parut tout-à-coup & très-inopinément au lever de Louis XIV , qui avoit fait mystère à tout le monde de son retour. Il se jetta aux pieds du roi , qui le reçut avec tant de bonté qu'il ne put exprimer sa joie & sa reconnaissance que par ses larmes ; mais ce mystère répandu sur son retour , cet air de faveur , ranimèrent la haine de ceux qu'il avoit offensés ; il s'éleva contre lui un nouvel orage , le ressentiment des courtisans réveilla le ressentiment de Louis XIV ; Bussi fut obligé de s'éloigner de nouveau de la cour , & pendant cinq ans , de la cour , ne pouvant , dit-il , supporter les froideurs d'un maître , dont le bon accueil avoit encore augmenté sa tendresse.

On fit en 1683 , au comte de Bussi l'opération de la fistule.

En 1687 , il revint à la cour , où le rappelloit l'intérêt de ses enfans ; il obtint pour eux , cette année & les années suivantes , diverses graces , une compagnie & une pension pour l'aîné de ses fils , des bénéfices pour le cadet ; il demandoit pour lui-même le cordon bleu , & il avoit déjà autrefois témoigné du mécontentement de n'avoir pas été compris dans la promotion de 1661. Il fit de nouvelles tentatives en 1690 , mais sans succès ; cependant il continuoit toujours ses offres de service qui n'étoient toujours point acceptées ; il les renouvella en 1680 , & resta deux mois à la cour. Il mourut à Autun , le 9 avril 1693 , sans avoir pû parvenir ni au cordon bleu ni au bâton de maréchal de France. Il étoit plein d'orgueil , mais d'un orgueil de courtisan , souple & flexible , sachant s'abaisser dans l'occasion ; il avoit encore au dessous de cet orgueil , tous les ridicules de la vanité. Il étoit caustique & satyrique , ce qui fit le malheur de sa vie : il fut accusé d'avoir aimé sa fille d'un amour qui n'avoit rien de paternel, & ce fut, dit on, le principe de son animosité contre M. de la Rivière, devenu son gendre malgré lui. (voyez l'article *Rivière* (de la). Cette fille étoit aussi distinguée par l'esprit. C'est elle qui est auteur de la vie de madame de Chantal (Jeanne-Françoise Fremiot) fondatrice de la Visitation, imprimée à Paris en 1697, & de celle de S. François-de-Sales, qui étoit beau-frère d'une fille de madame de Chantal. Cette dernière vie a été imprimée en 1699 : toutes les deux ont paru sous le nom du comte de Bussi; mais elles sont de sa fille, qui par une modestie du temps ne voulut point passer pour auteur; c'est ce que M. de la Rivière écrivit, le 27 juin 1735, à M. l'abbé Papillon, auteur d'une bibliothèque des écrivains de Bourgogne, & il ajoutoit que Louis XIV ayant vû plusieurs lettres de madame de la Rivière entre les mains de madame de Montespan, avoit dit qu'elle avoit plus d'esprit que son père.

L'épitaphe du comte de Bussi, qu'on lit dans l'église de Notre-Dame d'Autun, est une espèce d'abrégé de sa vie; c'est son éloge historique.

« Ici repose haut & puissant seigneur messire » Roger de *Rabutin*, chevalier comte de Bussi, » plus-considérable par ses rares qualités que par » sa grande naissance; plus illustre par ses belles » actions qui lui attirèrent de grands emplois, que » par ces emplois mêmes.

« Il entra aussi tôt dans le chemin de la gloire, » que dans le commerce du monde, & dès sa » quinzième année, il préféra l'honneur de servir » son prince, aux plaisirs d'une jeunesse molle » & oisive.

« Capitaine en même-temps que soldat, il fut d'a- » bord à la tête de la première compagnie du régi- » ment de Léonor de Rabutin, comte de Bussi son » père, & bien-tôt après, colonel du régiment » qu'il n'acheta que par des périls & par d'heureux » succès. Il ne dut aussi qu'à sa conduite & à son » courage, la lieutenance de roi de Nivernois, & » la charge de conseiller-d'état.

« La fortune d'intelligence cette fois avec le » mérite, lui fit avoir la charge de mestre-de- » camp de la cavalerie légère. Le roi le fit en- » suite lieutenant-général de ses armées à l'âge » de 25 ans; une si prompte élévation fut l'ou- » vrage de la justice du souverain, & non de la » faveur d'aucun patron.

« Il joignit toutes les graces du discours à tou- » tes celles de sa personne, & fut l'auteur d'un » genre d'écrire inconnu jusqu'à lui. L'académie » françoise crut s'honorer en lui offrant une place » d'académicien.

» Enfin, presque au comble de la gloire, Dieu » arrêta ses prospérités; & par des disgraces écla- » tantes, il le détrompa du monde, dont il avoit » été jusque-là trop occupé.

» Son courage fut toujours au dessus de ses » malheurs. Il les soutint en sujet soumis & en » chrétien résigné. Il employa le temps de son » exil à se bien instruire de sa religion, à for- » mer sa famille & à louer son prince.

« Après avoir été long-temps éloigné de la » cour, il y fut rappellé avec agrément, & ho- » noré des bienfaits de son maître.

» La mort le trouva dans de saintes dispositions. » On le perdit le neuvième d'avril 1693, en » la soixante & quinzième année de son âge. Qui » que vous soyez, priez pour lui.

« Louise de *Rabutin*, comtesse de Dalet, sa » chère fille, & sa fille désolée, a voulu par » cette épitaphe, instruire la postérité, de son » respect, de sa tendresse & de sa douleur ».

On croiroit cette épitaphe composée par le comte de Bussi lui-même; ce genre d'écrire inconnu jusqu'à lui & dont il est l'auteur; cette académie qui lui offre une place; & cela pour s'honorer, le comte de Bussi lui-même n'auroit pas mieux dit.

M. de Voltaire ne le traite pas si bien; on ne sait trop s'il l'admet dans le temple du goût, ou s'il l'en exclud. « Je cherchois, dit-il, le fa- » meux comte de Bussi : madame de Sévigné, » qui est aimée de tous ceux qui habitent le » temple, me dit que son cher cousin, homme » de beaucoup d'esprit, un peu trop vain, n'avoit » jamais pû réussir à donner au dieu du goût cet » excès de bonne opinion que le comte de Bussi » avoit de messire Roger de *Rabutin* ».

Bussi, qui s'estime & qui s'aime,
Jusqu'au point d'en être ennuyeux,
Est censuré, dans ces beaux lieux,
Pour avoir, d'un ton glorieux,
Parlé trop souvent de lui-même.
Mais son fils, son aimable fils,
Dans le temple est toujours admis;
Lui, qui sans flatter, sans médire,
Toujours d'un aimable entretien,
Sans le croire, parle aussi bien
Que son père croyoit écrire.

11°. Ce fils, qui eut en effet la plus grande réputation d'amabilité, & qu'on appelloit *le dieu de la bonne compagnie*, est le fameux évêque de Luçon, Michel-Celse-Roger de *Rabutin*, nommé à cet évêché le 17 octobre 1723; reçu à l'académie françoise en 1732, à la place de M. de la Motte, & mort le 3 novembre 1736. C'est à sa mémoire que M. Gresset consacre des regrets si éloquens & si touchans à la fin de son épître au P. Bougeant.

Sur un char funèbre portée,
Des graces en deuil escortée,
La renommée en ce moment
M'apprend que la parque inhumaine,

Sur les triftes bords de la Seine,
Vient de plonger au monument
Des mortels le plus adorable,
L'ami de tout heureux talent
Et de tout ce qui vit d'aimable,
Le dieu même du fentiment,
Et l'oracle de l'agrément.
O toi, mon guide & mon modèle,
Durable objet de ma douleur,
Toi, qui malgré la mort cruelle,
Refpires encore dans mon cœur,
Illuftre Arifte, ombre immortelle,
Ah! fi du féjour de nos Dieux,
Si de ces brillantes retraites,
Où tes manes ingénieux
Charment les ombres fatisfaites
Des Sévignés, des la Fayettes,
Des Vendômes & des Chaulieux,
Tu daignes, fenfible à nos rimes,
Abaiffer tes regards fublimes
Sur le deuil de ces triftes lieux;
Et fi, de l'éternel filence
Traverfant le vafte féjour,
Un dieu te porte dans ce jour,
La voix de ma reconnoiffance;
Pardonne au légitime effroi,
Au fombre ennui qui fond fur moi,
Si dans les faftes de mémoire
Je ne trace point, à ta gloire,
Des vers immortels comme toi:
Moi qui voudrois en traits de flamme,
Graver aux yeux de l'avenir
Ma tendreffe & ton fouvenir,
Comme ils refteront dans mon ame,
Gravés jufqu'au dernier foupir;
J'irois dans le temple des Graces
Laiffer d'ineffaçables traces
De cette fenfible bonté,
L'amour, le charme de notre âge,
Ou, pour en dire davantage,
L'éloge de l'humanité;
Mais à travers ces voiles fombres,
Quand je cherche dans les ombres,
Dans le filence du tombeau,
Puis-je foutenir le pinceau?
Que les beaux-arts, que le Portique,
Que tout l'empire poétique,
Où fouvent tu diftas des loix,
Avec la Seine inconfolable,
Pleurent une feconde fois
La perte trop irréparable
D'Ariftippe, d'Anacréon,
D'Atticus & de Fénélon;
Pour moi de ma douleur profonde
Trop pénétré pour la chanter,
N'admirant plus rien en ce monde

Où je ne puis plus t'écouter,
Sur l'urne qui contient ta cendre,
Et que je viens baigner de pleurs,
Chaque printemps je veux répandre
Le tribut des premières fleurs;
Et puifqu'enfin je perds le maître
Qui du vrai beau m'eût fait connoître
Les myftères les plus fecrets,
Je vais à ces fombres cyprès
Sufpendre ma lyre, & peut-être
Pour ne la reprendre jamais.

De pareils vers immortalifent avec leur auteur celui qui en eft l'objet; c'eft un fentiment bien profond & bien vrai qu'expriment ces vers:

N'admirant plus rien en ce monde
Où je ne puis plus t'écouter.

Il eft des hommes en effet, tels que Turenne, Corneille, Voltaire, à la mort defquels l'univers femble perdre de fa grandeur & de fa majefté; il en eft d'autres qui, comme l'évêque de Luçon, femblent emporter avec eux les charmes & les douceurs de la fociété, qui laiffent dans le commerce de leurs amis un vuide que rien ne peut remplir, & à la mort defquels on perd pour jamais le plaifir d'aimer & d'admirer.

12°. Jean-Louis, comte de *Rabutin*, proche parent du comte de Buffi, né en 1642, s'attacha au fervice de l'empereur, fut felt-maréchal, commandant en Tranfylvanie, & en cette qualité fit la guerre avec des fuccès divers, depuis 1704 jufqu'en 1708, au prince Ragotzi. En 1712 il fut fait membre du confeil privé. Mort le 15 novembre 1717. Quelques-uns de fes fils ont été auffi dans le fervice de l'empereur.

R A C

RACAN, (HONORAT DE BEUIL, marquis de) *Hift. litt. mod.*) célèbre poëte françois, contemporain, rival & ami de Malherbe;

Ces deux rivaux d'Horace, héritiers de fa lyre,
Difciples d'Apollon, nos maîtres pour mieux dire....
.... Se confioient leurs penfers & leurs foins.

dit la Fontaine; & il eft vrai, comme dit le même la Fontaine, que *Racan* confultant Malherbe fur le choix d'un état, & paroiffant partagé entre le defir de fuivre fon goût & celui d'obtenir l'approbation générale, Malherbe lui fit, d'après un conte du Pogge, le récit dont la Fontaine a fait fon excellente fable qui a pour titre: *le Meunier, fon fils & l'âne.*

Racan étoit né en 1589 au château de la Roche-Racan fur les confins de la Touraine, du Maine & de l'Anjou; le marquis de *Racan* fon

père, étoit chevalier des ordres du roi & maréchal de camp ; le fils fut page de la chambre du
roi Henri IV sous le duc de Bellegarde, de la
femme duquel il étoit cousin germain ; ce fut chez
le duc de Bellegarde qu'il vécut avec Malherbe,
auquel il s'attacha pour la vie, & qui ne contribua
pas peu à l'attacher à la poésie que *Racan* aimoit
déjà naturellement. Voici le partage que Boileau
dans le premier chant de l'art poétique fait des
talens entre ces deux poëtes :

Malherbe d'un héros peut vanter les exploits,
Racan chanter Philis, les bergers & les bois.

Ce vers fait allusion aux *bergeries* de *Racan*,
qui sont encore son ouvrage le plus célèbre ; mais
ce n'est pas à l'exclusion de *Racan* que Boileau donne
à Malherbe la gloire du genre héroïque ; car dans
sa satire à son esprit il l'accorde nommément à
Racan.

Tout chantre ne peut pas sur le ton d'un Orphée,
Entonner en grands vers *la discorde étouffée*,
Peindre *Bellone en feu*, tonnant de toutes parts,
Et le Belge effrayé fuyant sur ses remparts.

Neque enim quivis horrentia pilis
Agmina, nec fractâ pereuntes cuspide Gallos ;
Aut labentis equo describat vulnera Parthi.

Boileau ajoute :

Sur un ton si hardi, sans être téméraire,
Racan pourroit chanter au défaut d'un Homère.

« *Racan*, dit le même Boileau dans une lettre à
» Maucroix, avoit plus de génie que Malherbe ;
» mais il est plus négligé & songe trop à le copier.
On peut être étonné d'abord que celui qui a
plus de génie copie celui qui en a moins ; cela
s'explique par la différence d'âge ; Malherbe avoit
trente-trois ans de plus que *Racan*, sa réputation
étoit faite, & *Racan* le regardoit avec raison comme
son maître & comme le meilleur modèle qu'on
pût se proposer alors ; mais l'éloge de ces deux
hommes se trouve joint par-tout dans Boileau,
dans la Fontaine, dans Charles Perrault, dans
Rousseau (Jean-Baptiste.) « *Racan* excelle, dit Boi-
» leau, à dire les petites choses, & c'est en quoi
» il ressemble mieux aux anciens, que j'admire
» sur-tout par cet endroit. Plus les choses sont
» sèches & mal aisées à dire en vers, plus elles
» frappent quand elles sont dites noblement &
» avec cette élégance qui fait proprement la
» poésie. »
On a retenu plusieurs vers de *Racan* dans divers
genres.

Dans le genre pastoral, ceux-ci :

Heureux qui vit en paix du lait de ses brebis,
Et qui de leur toison voit filer ses habits.

Paissez, chères brebis, jouissez de la joie
Que le ciel vous envoie.

A la fin sa clémence a pitié de nos pleurs ;
Allez dans la campagne, allez dans la prairie,
N'épargnez point les fleurs,
Il en revient assez sous les pas de Marie.

Agréables déserts, séjour de l'innocence,
Où, loin du faux éclat de la magnificence,
Commence mon repos, & finit mon tourment ;
Vallons, fleuves, rochers, aimable solitude,
Si vous fûtes témoins de mon inquiétude,
Soyez-le désormais de mon contentement.

Dans le genre lyrique & philosophique :

La gloire qui les suit après tant de travaux
Se passe en moins de temps que la poudre qui vole
Du pied de leurs chevaux.

Plus on est élevé, plus on court de dangers ;
Les grands pins sont en butte aux coups de la tempête,
Et la rage des vents brise plutôt le faîte
Des maisons de nos rois, que des toits des bergers.

Sæpiùs ventis agitatur ingens
Pinus, & celsæ graviore casu
Decidunt turres, feriuntque summos
Fulmina montes.

S'il ne possède point ces maisons magnifiques,
Ces tours, ces chapiteaux, ces superbes portiques,
Où la richesse & l'art étalent leurs attraits,
Il jouit des beautés qu'ont les saisons nouvelles,
Il voit de la verdure & des fleurs naturelles
Qu'en ces riches lambris il ne voit qu'en portraits.

Si non ingentem foribus domus alta superbis
Mane salutantum totis vomit ædibus undam,
Nec varios inhiant pulchrâ testudine postes,
Illusasque auro vestes, ephyreiaque æra....
At secura quies & nescia fallere vita
Dives opum variarum, at latis otia fundis,
Speluncæ vivique lacus, at frigida Tempe,
Mugitusque boum, mollesque sub arbore somni
Non absunt.

Dans le premier de ces deux exemples d'imitation, *Racan* n'est pas resté au-dessous d'Horace
son modèle ; mais dans le second, combien Virgile est plus riche en images & en harmonie,
plus fécond en détails, plus animé, plus poëte
que son imitateur.

Crois-moi, mon cher Tircis, fuyons la multitude,
Et vivons désormais loin de la servitude
De ces palais dorés où tout le monde accourt ;
Sous un chêne élevé les arbrisseaux s'ennuyent,
Et devant le soleil tous les astres s'enfuyent,
De peur d'être obligés de lui faire la cour,

Ce motif que le poëte donne aux astres pour fuir devant le soleil, n'est qu'un trait de bel esprit sans vérité qui auroit eu besoin d'une précaution oratoire, comme : *on diroit qu'ils s'enfuyent de peur de lui faire leur cour*, ou telle autre tournure qui eût montré que l'auteur ne prétendoit pas parler sérieusement.

On a cité encore avec estime les strophes suivantes d'une ode au comte de Bussi :

Que te sert de chercher les tempêtes de Mars,
Pour mourir tout en vie au milieu des hasards
    Où la gloire te mène ?
Cette mort qui promet un si digne loyer,
N'est toujours que la mort qu'avecque moins de peine,
    On trouve en son foyer.

A quoi sert d'élever ces murs audacieux,
Qui de nos vanités font voir jusques aux cieux
    Les folles entreprises?
Maints châteaux accablés dessous leur propre faix,
Enterrent avec eux les noms & les devises
    De ceux qui les ont faits.

Racan fut de l'académie françoise dans le temps de l'institution ; il a écrit des mémoires sur la vie de Malherbe son ami. Il y rapporte le jugement que Malherbe portoit sur lui-même (*Racan*). Il » disoit de *Racan* qu'il avoit de la force, mais » qu'il ne travailloit pas assez ses vers ; que le » plus souvent pour mettre une bonne pensée, » il prenoit de trop grandes licences ; » Malherbe ajoutoit que de Maynard & de *Racan* réunis, on eût fait un grand poëte.

On trouve dans ces mémoires de *Racan* sur Malherbe des particularités concernant l'histoire de la poésie françoise qui se formoit alors. Racan observe que quand Malherbe vint à la cour en 1605, il ne se faisoit pas encore une règle dans les stances de six vers, de mettre un repos après le troisième vers ; il en donne pour preuve que dans *la prière pour le roi Henri-le-Grand allant en Limousin*, cette même année 1605, il y a deux ou trois stances où le sens est emporté au troisième vers, comme dans celle-ci :

La fin de tant d'ennuis dont nous fumes la proie
Nous ravira les sens de merveille & de joie,
Et d'autant que le monde est ainsi composé
Qu'une bonne fortune en craint une mauvaise,
Ton pouvoir absolu pour conserver notre aise,
Conservera celui qui nous l'aura causé.

On trouve la même faute dans une chanson en couplets de six vers, qu'il fit en 1609 sur la fuite de la princesse de Condé. Pendant tout le règne de Henri IV, & même encore en 1612, dans les stances au sujet du double mariage de Louis XIII avec Anne d'Autriche, & de madame Elisabeth avec le prince d'Espagne, Malherbe persévéra dans cette négligence. Ce fut Maynard qui fit une règle de ce repos après le troisième vers dans les stances de six vers, & Malherbe adopta cette règle. « D'abord *Racan* qui jouoit un » peu du luth & aimoit la musique, se rendit » en faveur des musiciens, qui ne pouvoient faire » leur reprise aux stances de six, s'il n'y avoit un » arrêt au troisième vers ; mais quand MM. de » Malherbe & Maynard voulurent qu'aux stances » de dix, outre l'arrêt du quatrième vers, on en » fît encore un au septième, *Racan* s'y opposa, » & ne l'a jamais presque observé ; sa raison étoit » que les stances de dix ne se chantent presque » jamais, & que quand elles se chanteroient, on » ne les chanteroit pas en trois reprises, c'est » pourquoi il suffisoit bien d'en faire une au qua- » trième. Voilà la plus grande contestation qu'il » a eue contre M. de Malherbe & ses écoliers, » & pourquoi on a été prêt de le déclarer héré- » tique en poésie. »

On l'auroit justement condamné comme héré- tique, & ses raisons sont fort mauvaises ; 1°. toute ode est réputée se chanter, toute ode est une chan- son ; 2°. la musique poétique exige ce repos après le septième vers dans les strophes de dix, l'oreille en a besoin, & cela est si vrai que *Racan* lui- même, qui dans la théorie répugnoit à cette règle, y est assez fidèle dans la pratique, & qu'il a des odes entières, telle que celle qui commence par ces vers :

Du puissant dieu des armées
Tout l'univers est rempli, &c.

Où cette règle n'est jamais violée.

Racan mourut au mois de février 1670.

RACAXIPE - VELITZLI, (*Hist. mod.*) c'est le nom que les Mexicains donnoient à des sacri- fices affreux qu'ils faisoient à leurs dieux, dans de certaines fêtes ; ils consistoient à écorcher plu- sieurs captifs. Cette cérémonie étoit faite par des prêtres qui se revêtoient de la peau de la victime, & couroient de cette manière dans les rues de Mexique, pour obtenir des libéralités du peuple. Ils continuoient à courir ainsi jusqu'à ce que la peau commençât à se pourrir. Cette coutume bar- bare leur produisoit un revenu immense, vû que les prêtres frappoient impunément ceux qui refu- soient de les récompenser de leur sacrifice in- fâme. (*A. R.*)

RACHE. s. m. (*Hist. mod.*) C'est ainsi que l'on nomme à la cour du roi d'Ethiopie & d'Abyssi- nie, le principal de ses ministres, qui est en même temps généralissime de ses troupes ; il a sous lui deux inspecteurs, dont l'un s'appelle *bellatinoche- gouta*, c'est-à-dire *seigneur des esclaves*, qui fait les fonctions de grand-maître de la maison du roi,

& qui commande aux vicerois, gouverneurs, & même aux magistrats du royaume. Le second s'appelle *takak*, ou *zekafe bellatinoche-gouta* ou *Seigneur des moindres esclaves*. (*A. R.*)

RACHEL, (*Hist. sacr.*) seconde fille de Laban, seconde femme de Jacob. On trouve son histoire dans la Génèse, chapitres 29, 30, 31, 35.

RACHEL, (JOACHIM) *Hist. litt. mod.*) est aussi le nom d'un poëte satyrique allemand, que ses déclamations énergiques contre les vices & les ridicules ont fait nommer le *Lucile allemand*.

Est Lucilius ausus
Primus in hunc operis componere carmina morem,
Detrahere & pellem nitidus quâ quisque per ora
Cederet, introrsùm turpis. ...
Primores populi arripuit populumque tributim
Scilicet uni æquus virtuti atque ejus amicis.

Voyez l'article LUCILIUS.

RACINE, (JEAN & LOUIS) *Hist. litt. mod.*) Voyez les articles *Champmêlé*, *Boileau*, *Pradon*, *le Tellier-Louvois*, *Harlay de Cely*, & vous aurez à-peu-près l'histoire entière du grand *Racine*. Il ne nous reste plus qu'à en marquer les époques & qu'à parler de l'excellent éloge de *Racine* par M. de la Harpe. Jean *Racine* étoit né à la Ferté-Milon le 21 décembre 1639; il fut trésorier de France en la généralité de Moulins, secrétaire du roi & gentilhomme ordinaire; les bienfaits de Louis XIV l'enrichirent passagèrement; il avoit été élevé à Port-Royal, & il étoit neveu de la mère Agnès de Sainte-Thècle *Racine*, abbesse triennale du monastère de Port-Royal des champs. Il écrivit contre Port-Royal, parce que M. Nicole avoit écrit contre les spectacles, & les lettres de *Racine* à ce sujet prouvent qu'il auroit été pour les jansénistes un ennemi aussi redoutable que Pascal l'avoit été pour les jésuites, si des amis communs ne se fussent empressés de réconcilier *Racine* avec Port-Royal.

Racine fut reçu à l'académie françoise en 1673; le grand Corneille mourut en 1684, & le lendemain *Racine* entroit dans les fonctions de directeur; c'étoit le directeur qui étoit chargé alors de faire un service aux académiciens qui mouroient pendant son directorat. Il y a une sorte d'émulation généreuse entre *Racine* & le précédent directeur pour être chargé du service du grand Corneille. L'académie décida en faveur du directeur qui sortoit de place, & Benserade dit à ce sujet à *Racine*: nul autre que vous ne pouviez prétendre à enterrer *Corneille*, cependant vous n'avez pu y parvenir.

Racine mourut le 21 avril 1699, & fut enterré à Port-Royal, comme il l'avoit ordonné par son testament, ce qui fit dire à M. de Roucy que *Racine* n'auroit pas fait cela de son vivant; car *Racine*, janséniste, mais courtisan, dissimuloit son

jansénisme à la cour. On sait qu'il mourut de douleur pour avoir déplu à Louis XIV par un mémoire sur les malheurs de l'état. Après la destruction de Port-Royal, sa veuve obtint la permission de le faire exhumer le 2 décembre 1711, & le fit apporter à Paris dans l'église de Saint-Etienne-du-Mont où il est enterré auprès de Pascal.

On connoît ces quatre vers de Boileau, faits pour être mis au bas du portrait de son ami:

Du théâtre françois l'honneur & la merveille,
Il sut ressusciter Sophocle en ses écrits,
Et dans l'art d'enchanter les cœurs & les esprits,
Surpasser Euripide & balancer Corneille.

Le plus digne hommage rendu à la mémoire de *Racine*, c'est son éloge fait par M. de la Harpe.

Le plan général de cet éloge de *Racine* est de le montrer par-tout comme créateur, & de combattre l'idée assez générale, qu'il doit presque tout aux anciens & à Corneille.

Quant aux anciens, M. de la Harpe fait voir combien l'art des Corneille & des *Racine* est plus étendu, plus varié, plus difficile que l'art des Euripide & des Sophocle.

Quant à Corneille, « le Cid, dit M. de la » Harpe, avoit été la première époque de la gloire » du théâtre-françois..... Andromaque fut la se- » conde,.... Ce n'étoit pas une espèce de révolution.... » Ce n'étoit pas dans les ouvrages de Corneille que » *Racine* avoit étudié les convenances; un esprit » juste & une imagination souple & flexible, na- » turellement disposée à repousser tout ce qui étoit » faux & affecté, & à se mettre à la place de chaque » personnage, voilà ce qui lui apprit à prêter à » Andromaque, à Hermione, à Pyrrhus, à Oreste, » un langage si vrai, si caractérisé, qui semble » toujours appartenir à leurs passions, & jamais » à l'esprit du poëte; alors, pour la première » fois, on entendit une tragédie où chacun des » acteurs étoit continuellement ce qu'il devoit » être, & disoit toujours ce qu'il devoit dire. Quelle » modestie noble & douce dans le caractère d'An- » dromaque; quelle tendresse de mère! Quelle » douleur à la fois majestueuse & ingénue, & » digne de la veuve d'Hector! Comme ses regrets » sont touchans & ne sont jamais fastueux! Comme » dans ses reproches à Pyrrhus, elle garde cette » modération & cette retenue qui sied si bien à » son sexe & au malheur! Que tout ce rôle est » plein de nuances délicates, que personne n'avoit » connues jusqu'alors, plein d'un pathétique péné- » trant dont il n'y avoit aucun exemple! Qu'est-ce » qui n'est pas délicieusement ému de ces vers si » simples, qui descendent si avant dans le cœur, » & qu'il est impossible de ne pas retenir dès qu'on » les a entendus?

Je ne l'ai point encore embrassé d'aujourd'hui....
Hélas! il mourra donc, &c.

Après avoir parlé de Pyrrhus & d'Oreste, l'orateur s'écrie : « Mais Hermione ! ah ! c'est ici la » plus étonnante création de *Racine*..... Parlez, vous » qui refusez à l'auteur d'Andromaque le titre de » créateur, dites, dites où est le modèle d'Her- » mione ?..... Où avoit-on vu avant *Racine* ce » développement vaste & profond des replis du » cœur humain, ce flux & reflux si continuel & » si orageux de toutes les passions qui peuvent » bouleverser une ame, ces mouvemens rapides » qui se croisent comme des éclairs, ce passage » subit des imprécations de la haine à toutes les » tendresses de l'amour, des effusions de la joie » aux transports de la fureur, de l'indifférence & » du mépris affectés, au désespoir qui se répand » en plaintes & en reproches ; cette rage tantôt » sourde & concentrée, & méditant tout bas toutes » les horreurs des vengeances, tantôt forcenée & » jettant des éclats terribles ? & ce fameux *qui* *te l'a dit ?* quelle création, que ce mot le plus » beau peut-être que la passion ait jamais pro- » noncé ! seroit-il permis de le comparer au *qu'il* *mourût ?* Celui-ci est une saillie impétueuse d'une » ame vivement frappée ; l'autre faisant partie de » la catastrophe, commençant la punition d'Oreste » & achevant le caractère d'Hermione, est néces- » sairement le résultat d'une connoissance appro- » fondie des révolutions du cœur humain.

» C'est la sensibilité qui paroit la qualité domi- » nante dans *Racine*..... C'est lui qui sut marquer » par des nuances sensibles cette différence de » langage qui tient à la différence des sexes ; il » n'ôte jamais aux femmes cette décence, cette » modestie, cette délicatesse, ces formes plus douces » & plus touchantes qui distinguent & embellissent » l'expression de tous leurs sentimens, qui donnent » tant d'intérêt à leurs plaintes, tant de grace à » leurs douleurs, tant de pouvoir à leurs reproches, » & qui ne doivent jamais les abandonner, même » dans les momens où elles semblent le plus s'ou- » blier. Chez lui le courage d'une femme n'est ja- » mais fastueux, sa colère n'est jamais indécem- » ment emportée, sa grandeur n'est jamais trop » mâle. Voyez Monime ; combien elle garde de » mesures avec Mithridate, lors même qu'elle re- » fuse absolument de s'unir à lui & qu'elle s'ex- » pose à la vengeance d'un homme qui n'a jamais » su pardonner ! Voyez Iphigénie éclatant en re- » proches contre une rivale qu'elle croit préférée ; » comme elle est loin de profiter de tous les avan- » tages qu'elle a d'ailleurs sur Eriphile, comme » elle se garde même de l'avilir en l'accusant ; » & combien cette générosité, qui n'échappe pas » au spectateur, la rend plus attendrissante !

Voilà ce qui s'appelle descendre dans le secret de la composition de *Racine*, & développer aux lecteurs & aux spectateurs ce qui étoit dans leur ame, peut-être sans qu'ils le sussent.

En parlant d'*Andromaque*, M. de la Harpe ne pouvoit oublier une autre création de *Racine*, bien importante ; c'est celle du style tragique.

« *Racine* eut le premier la science du mot propre » sans laquelle il n'y a point d'écrivain ; son ex- » pression est toujours si heureuse & si naturelle, » qu'il ne paroît pas qu'on ait pu en trouver une » autre, & chaque mot de sa phrase est placé » de manière qu'il ne paroît pas qu'on ait pu le » placer autrement..... Ses inexactitudes mêmes » sont presque toujours des sacrifices faits par le » bon goût..... Nul n'a enrichi notre langue d'un » plus grand nombre de tournures, nul n'est hardi » avec plus de bonheur & de prudence, ni méta- » phorique avec plus de grace & de justesse ; nul » n'a manié avec plus d'empire un idiome souvent » rebelle, ni avec plus de dextérité un instrument » toujours difficile ; nul n'a mieux connu la mol- » lesse du style, qui dérobe au lecteur la fatigue » du travail & les ressorts de la composition ; » nul n'a mieux entendu la période poétique, la » variété des césures, les ressources du rhithme » & l'enchaînement, la filiation des idées........ »

Dans l'analyse des pièces qui suivent *Andro-* *maque*, M. de la Harpe s'attache sur-tout à mon- trer la distance d'un sujet à un autre ; d'*Andro-* *maque* à *Britannicus*, de *Britannicus* à *Bérénice*, de *Bérénice* à *Bajazet*, & il montre dans tous ces sujets une création continuelle ; il répond au re- proche qu'on faisoit à *Racine* de ne peindre que des François ; il fait voir par-tout l'observation scrupuleuse des usages, la peinture fidèle des différentes mœurs, la science des couleurs locales, l'art de marquer tous les sujets d'une teinte par- ticulière qui avertit toujours le spectateur du lieu où le transporte l'illusion dramatique. Avec quelle force les mœurs de l'Orient sont tracées dans *Ba-* *jazet* par ce même *Racine* qui avoit si supérieu- rement crayonné la cour de Néron ; « qui dans » Monime & dans Iphigénie traça depuis avec tant » de vérité la modestie, la retenue, le respect » filial que l'éducation inspiroit aux filles grecques ; » qui dans Athalie nous montra les effets de la » théocratie sur le peuple juif ! »

Ce sont sur-tout les femmes que M. de la Harpe intéresse à la gloire de *Racine*.

« Beautés à jamais célèbres, dont les noms sont » placés dans notre mémoire à côté des héros de » ce siècle fameux, combien vous deviez aimer » *Racine* ! combien vous deviez chérir l'écrivain qui » paroissoit avoir étudié son art dans votre cœur ; » qui sembloit être dans le secret de vos foiblesses, » qui vous entretenoit de vos penchans, de vos » douleurs, de vos plaisirs, en vers aussi doux » que la voix de la beauté, quand elle prononce » l'aveu de la tendresse ! Ames sensibles & presque » toujours malheureuses, qui avez un besoin » continuel d'émotion & d'attendrissement ; c'est » *Racine* qui est votre poëte & qui le sera tou- » jours ; c'est lui qui reproduit en vous les im- » pressions dont vous aimez à vous nourrir ! C'est

» lui, dont l'imagination répond toujours à la
» vôtre; qui peut en suivre l'activité & les mou-
» vemens, en remplir l'avidité insatiable. C'est
» avec lui que vous aimerez à pleurer; c'est à
» vous qu'il a confié le dépôt de sa gloire ».

Il nous paroît impossible de se placer plus
près de *Racine* en le louant, & cet éloge n'a peut-
être qu'un défaut, celui d'être un peu trop fait
aux dépens de Corneille; l'auteur ne penche pas
assez vers l'indulgence en jugeant Corneille, qui
en a quelquefois besoin, & qui certainement y a
toujours droit. Il est des articles sur lesquels on
pourroit répondre à la critique trop rigoureuse de
M. de la Harpe: il juge, comme M. de Voltaire,
que Sévère n'a pu traverser l'Arménie & venir
jusques dans le palais du gouverneur, sans apprendre
que la fille de ce gouverneur étoit mariée depuis
quinze jours; mais ne voyons pas pourquoi Sévère,
qui arrive avec tout l'empressement d'un amant,
& qui ne s'arrête pas sur sa route à faire des questions, ne pourroit pas en entrant dans le palais de
Félix, ignorer le mariage de Pauline, comme
Tancrède, en arrivant dans le palais d'Argyre,
ignore que la fille d'Argyre est accusée d'un crime
d'état, & qu'elle va être conduite au supplice;
Tancrède apprend cet événement par son écuyer
qu'il a envoyé demander à Aménaïde un entretien
secret, comme Sévère apprend le mariage de
Pauline par Fabian qu'il a envoyé de même demander à Pauline la permission de la voir.

Au sujet de Félix, qui, par des vûes ambitieuses, envoie Polyeucte son gendre à la mort,
M. de la Harpe observe qu'il ne faut pas que
des considérations, petites & mesquines, amènent
un grand sacrifice ou une action atroce.... & que
m'importe, ajoute-t-il, que Félix soit plus ou moins
grand seigneur ?

Mais que m'importe que la fortune appelle une
seconde fois l'affranchi Narcisse, & qu'il ne
croye pas devoir résister à sa voix ? Cependant
il va en coûter la vie à Britannicus, & l'ambition de cet affranchi prépare une catastrophe
terrible.

« Félix craint, dit M. de la Harpe, s'il ne
» fait pas mourir son gendre, de perdre sa place
» de gouverneur, car c'est tout ce qu'il peut
» craindre ».

Cela n'est pas certain; un persécuteur zélé,
tel qu'on nous représente l'empereur Déce, peut
punir de mort un gouverneur, qui a pu épargner
un chrétien, après une scène aussi éclatante que
celle qui s'est passée au temple.

« Certainement, continue M. de la Harpe, ce
» n'est point là un ressort qui ait beaucoup de
» force & de dignité ».

Aussi Corneille n'a-t-il prétendu donner ni force
ni dignité à Félix. Ce gouverneur n'est pas le
personnage intéressant de la pièce.

« Remarquez que le péril de Polyeucte n'a pas

» d'autre fondement, & que toute la pièce est
» appuyée sur la politique de ce Félix ».

Ce fondement suffit. Il n'est pas nécessaire que
Félix ait raison, il suffit qu'il ait des raisons suffisantes pour le déterminer, d'après son caractère
donné. Félix juge de Sévère par lui-même & il
en juge mal; il lui prête la bassesse de ses vûes & il
doit peut-être la lui prêter; c'est un trait de convenance dans un ambitieux & dans un politique. Sévère aime ma fille, il doit me haïr pour l'avoir
donnée à un autre. Le crime de Polyeucte doit
avoir fait renaître les espérances de Sévère; si je
trompe une seconde fois ces espérances, Sévère
ne me le pardonnera jamais, & son crédit va m'accabler, tel est le raisonnement de Félix; ce raisonnement n'est faux que parce que Sévère est généreux;
mais un politique doit-il croire à la générosité ?

Sont-ce là des intérêts bien tragiques, demande
à ce sujet M. de la Harpe ?

L'intérêt ne porte point sur Félix, il porte sur
Polyeucte, & sur-tout sur Sévère & Pauline: le
véritable intérêt, le grand ressort de la pièce, c'est
ce moment sublime où Pauline met Polyeucte sous
la protection de Sévère.

« Quand il est question de faire périr son gen-
» dre, & d'ordonner le malheur de sa fille, il
» faut des raisons assez fortes pour que le spec-
» tateur lui fasse l'excuse ».

1°. Oui, si c'est un personnage intéressant qui fasse
périr son gendre. Par exemple, dans *Inés de Castro*, il faut que le roi ait des raisons suffisantes
pour condamner son fils. Mais Félix est le personnage odieux de la pièce, & il ne l'est point
trop. C'est une ame vulgaire, qui s'égare dans
la politique commune; il devient cruel par ambition & par foiblesse.

2°. Il ne croit point ordonner le malheur de
sa fille, il sait qu'elle aime Sévère, & jugeant
d'elle comme il juge de Sévère, c'est-à-dire par
lui-même, il croit le cœur de Pauline d'accord
avec sa propre politique.

3°. Enfin il faut convenir qu'il allègue des raisons qui ne sont pas à mépriser. Il juge impossible de sauver Polyeucte, si celui-ci persiste dans
le christianisme. La grace de l'empereur, dit-il,
ne suivroit point la mienne; ma bonté ne feroit
que nous perdre tous deux. Il allègue une autre
raison plus noble:

Par quelle autorité peut-on, par quelle loi,
Châtier en autrui ce qu'on souffre chez soi ?

M. de la Harpe dit que Cinna, au second acte,
agit contre ses intérêts & contre ses vûes, en
exhortant Auguste à conserver l'empire; cela seroit
vrai, si Cinna n'étoit qu'un citoyen armé pour l'intérêt de la liberté, mais c'est l'amant d'Emilie,
vendu à sa vengeance; son intérêt est de conserver à Emilie sa victime, & pour cela il faut qu'Auguste conserve l'empire.

Le rôle de Cinna dans cet endroit a d'autres inconvéniens relevés dans le commentaire de M. de Voltaire, mais il n'a pas l'espèce d'inconvénient dont parle M. de la Harpe.

« La délation de Maxime au quatrième acte, » est, dit encore M. de la Harpe, une bas- » sesse mal concertée, puisqu'il ne peut avoir » aucune espérance d'obtenir Emilie, dont il sait » que Cinna est aimé ».

Dira-t'on que la délation d'Eriphile, plus coupable pourtant que celle de Maxime, est une bassesse mal concertée, parce qu'Eriphile ne peut avoir aucune espérance d'être aimée d'Achille, dont elle sait qu'Iphigénie est aimée ? non, elle ne veut que perdre sa rivale, comme Maxime veut perdre son rival. Il est vrai que Maxime veut enlever Emilie, comme Oreste veut enlever Hermione; il est vrai qu'il emploie pour cela un artifice bas & qui le dégrade, ce que ne fait point Oreste; mais Maxime n'est pas le personnage intéressant de la pièce; & peut-être d'ailleurs faut-il passer condamnation sur son avilissement dans cette scène où il veut tromper Emilie.

On pourroit proposer ici une question assez importante. Néron se cache derrière une tapisserie pour entendre Britannicus & Junie. Sa conduite, concertée avec Narcisse, est un artifice perpétuel, Mithridate emploie l'artifice pour surprendre le secret de Monime, & Roxane pour découvrir sa rivale. Aucun de ces personnages ne paroît avili comme Maxime : pourquoi cela ? Nous en voyons plusieurs raisons.

1°. Maxime dans son artifice est timide, embarrassé, mal-adroit : chaque objection le déconcerte. Est-ce un défaut ? Est-ce un mérite ? Nous pencherions vers ce dernier sentiment. Maxime, dont le caractère est plutôt foible que vicieux, devoit peut-être montrer par sa mal-adresse même, que l'artifice lui étoit peu familier; son embarras devoit peut-être le trahir.

2°. Cependant, c'est cet embarras même qui l'avilit, en le réduisant à n'être qu'un fourbe mal-adroit; au lieu que chez les personnages de Racine, l'artifice réussit, & que le succès semble l'ennoblir.

3°. Ce qui achève d'avilir Maxime, c'est la pénétration, la fermeté, la supériorité d'Emilie; c'est le juste & terrible mépris dont elle accable Maxime.

Quant à la délation de Maxime, observons qu'elle paroît, à beaucoup d'égards, avoir servi de modéle à l'accusation dans, Phèdre. Euphorbe entraine Maxime comme Œnone entraine Phèdre; il se charge de tout comme Œnone : l'odieux de la délation tombe sur Euphorbe, comme celui de l'accusation sur Œnone; Maxime se repent comme Phèdre, & désavoue Euphorbe, comme Phèdre désavoue Œnone. Il n'est pas besoin de dire combien l'imitateur a effacé le modèle.

M. de la Harpe s'arrête à relever dans Corneille quelques expressions qui manquent de décence ou de délicatesse. Emilie, dit-il, parle des douceurs de sa possession.... Racine n'auroit pas fait dire à Pauline, en parlant du danger de revoir un homme qu'on a aimé.

Il est toujours aimable, & je suis toujours femme.

« Il auroit certainement trouvé une expression » plus délicate & plus tendre, & auroit écarté » l'idée humiliante d'une femme qui succombe à » sa foiblesse ».

Tout le monde sait combien l'expression est souvent défectueuse chez Corneille; & que cette partie au contraire est le triomphe de Racine. Mais il ne faut pas dire que Pauline présente l'idée humiliante d'une femme qui succombe à sa foiblesse, puisqu'au contraire elle prend soin d'exclure formellement cette idée.

Elle vaincra sans doute :
Ce n'est pas le succès que mon ame redoute;
Je crains ce dur combat & ces troubles puissans, &c.

C'est le même sentiment que Jocaste, dans l'Œdipe de M. de Voltaire, exprime d'une manière sans doute plus noble & plus délicate :

Résiste aux passions, & ne les détruit pas, &c.

L'objection de M. de la Harpe nous donne lieu de considérer ici combien le temps apporte de changement dans le sens des mots, & combien par conséquent il modifie les idées de décence & de délicatesse dans l'expression. Qui croiroit que Racine, pour dire dans le sens le plus pur, qu'Hermione aimoit Pyrrhus, s'exprime ainsi ?

Mais quand je me souviens que parmi tant d'alarmes,
Hermione à Pyrrhus prodiguoit tous ses charmes.

Il nous paroit évident que ces mots, prodiguoit tous ses charmes, ne présentoient alors ni la même idée, ni la même image qu'ils présentent aujourd'hui. On sent combien cette réflexion peut servir à justifier Corneille sur une foule de détails, aujourd'hui très-défectueux, mais qui pouvoient l'être moins ou ne pas l'être du tout de son temps.

Rappellons-nous ces vers de Plautine à Flavie dans Othon, devenus si célèbres par le ridicule :

Dis-moi donc, lorsqu'Othon s'est offert à Camille,
A-t-il paru contraint ? a-t-elle été facile ?
Son hommage auprès d'elle a-t-il eu plein effet ?
Comment l'a-t-elle pris, & comment l'a-t-il fait ?

Quoique ces vers n'aient jamais pu être bons, il nous paroit évident, que du temps de Corneille, l'esprit de parodie, si fatal au genre tragique, & l'usage d'employer des expressions honnêtes à gazer des indécences, n'avoient pas encore imprimé à ces quatre vers ce caractère ineffaçable de comique & de ridicule qui les distingue aujourd'hui. Autrement, le moyen de concevoir qu'ils eussent pu reparoitre d'une représentation à l'autre ? Comment concevoir surtout qu'ils eussent reparu à l'impression ? Pour sentir cette différence, il n'y a qu'à supposer qu'ils paroissent aujourd'hui pour la première fois dans une pièce nouvelle, & juger si l'accueil qu'ils recevroient leur permettroit de reparoitre.

M. de la Harpe demande quel est dans Corneille le personnage qui parle le langage de l'amour ?

» Il y en a, dit-il, quelques traits dans Chimène » :

Sors vainqueur d'un combat dont Chimène est le prix.

« Est un beau mouvement. On en citeroit peu d'autres ».

On en pourroit citer un très-grand nombre, tels que ceux-ci :

Rodrigue dans mon cœur combat encor mon père.....,
Le poursuivre, le perdre & mourir après lui...
Ah ! Rodrigue ! il est vrai, quoique ton ennemie,
Je ne puis te blâmer d'avoir fui l'infamie......
Je ne t'accuse point, je pleure mes malheurs...
Si quelqu'autre malheur m'avoir ravi mon père,
Mon ame auroit trouvé, dans le bien de te voir,
L'unique allégement qu'elle eût pu recevoir ;
Et cette douleur, j'aurois senti des charmes,
Quand une main si chère eût essuyé mes larmes....
Va, je ne te hais point----Tu le dois----Je ne puis....
Si j'en obtiens l'effet, je te donne ma foi
De ne respirer pas un moment après toi.

Tout ce personnage de Chimène est pénétré d'amour & parle le langage du cœur. L'emportement de Chimène contre dom Sanche, quoique fondé sur une erreur qui dure trop long-temps, est un beau mouvement de passion. Seroit-il permis d'y trouver le germe de la belle scène où Hermione désavoue Oreste ?

M. de Voltaire a fait voir que le germe d'Andromaque étoit dans Pertharite ; que la situation d'Atalide dans Bajazet, étoit la même que celle de Plautine dans Othon, &c.

Quant aux détails, Racine a des morceaux visiblement imités de Corneille. Ce que Martian ou l'esclave Icelus dit du pouvoir des affranchis dans Othon, se retrouve sous un autre point de vue, mais presque avec les mêmes termes, dans Bérénice :

OTHON.

Depuis que nos Romains ont accepté des maîtres,
Ces maîtres ont toujours fait choix de mes pareils
Pour les premiers emplois, & les secrets conseils.
Ils ont mis en nos mains la fortune publique ;
Ils ont soumis la terre à notre politique :
Patrobe, Policlète & Narcisse & Pallas,
Ont déposé des rois, & donné des états.
On nous élève au trône, au sortir de nos chaînes ;
Sous Claude on vit Félix le mari de trois reines ;
Et quand l'amour en moi vous présente un époux,
Vous me traitez d'esclave, & d'indigne de vous.

BÉRÉNICE.

De l'affranchi Pallas nous avons vu le frère,
Des fers de Claudius Félix encor flétri,
De deux reines, seigneur, devenir le mari...
Et vous croiriez pouvoir, sans blesser nos regards,
Faire entrer une reine au lit de nos Césars,
Tandis que l'Orient, dans le lit de ses reines,
Voit passer un esclave au sortir de nos chaînes !

Sur les mariages des reines & des princesses :

D. SANCHE D'ARRAGON.

Tu vois tous mes desirs condamnés à se taire,
Mon cœur faire un beau choix sans l'oser accepter ;
Vois par-là ce que c'est, Blanche, que d'être reine.
Comptable de moi-même au nom de souveraine,
Et sujette à jamais du trône où je me vois,
Je puis tout pour tout autre, & ne puis rien pour moi.

ANDROMAQUE.

Mais que puis-je, seigneur ? on a promis ma foi.
Lui ravirai-je un bien qu'il ne tient point de moi ?
L'amour ne règle pas le sort d'une princesse,
La gloire d'obéir est tout ce qu'on nous laisse.

Il y a encore sur le même sujet & sur toutes sortes de sujets, d'autres morceaux de Corneille qui ont mérité d'être adoptés & embellis par Racine.

En général, on ne peut nier que Corneille n'ait été très-utile à Racine, ce qui n'empêche pas que le second n'ait été créateur aussi bien que le premier. On a eu tort de dire que, sans Corneille, Racine n'eût point été ; car qui peut le savoir ? Mais quoique jamais un homme de génie ne se traine sur les traces d'un autre homme de génie ; quoique le propre de tout grand talent soit d'être original, celui qui ouvre la carrière avec éclat applanit toujours la route à ses successeurs ; il les fait partir de plus haut, il leur montre le but, il les éclaire & par ses beautés, & par ses défauts. « Si Racine » parut d'abord fort au-dessous de ce qu'il devint dans » la suite, dit M. de la Harpe, c'est qu'il commença

» par vouloir imiter Corneille. » Non, c'est qu'il commença par l'imiter mal. Dans *Alexandre*, par exemple, il n'en imita guères que les défauts. Quand son goût fut formé & son talent développé, il l'imita en maître, en l'embellissant, en le corrigeant, mais il l'imita encore. Il lui emprunta des situations, des mouvemens, des traits qu'il se rendit propres; il fut créateur dans ses imitations comme dans ses inventions, & M. de la Harpe a su l'être dans son éloge.

On ne parle guères de *Racine* que pour la tragédie, parce que c'est le genre où il s'est le plus exercé; il avoit tous les talens, & la seule pièce des *Plaideurs*, où la peinture des ridicules est si vraie & où il n'y a presque pas un vers qui ne soit plaisant & qui n'ait fait proverbe, prouve qu'il eût égalé Molière dans ce genre; les récits éloquens & animés de ses tragédies annoncent qu'il eût été excellent poëte épique. Les chœurs d'*Esther* & d'*Athalie* & ses cantiques spirituels sont des modèles dans le genre lyrique, & le montrent égal ou peut-être supérieur à Rousseau; il avoit aussi comme lui le talent de l'épigramme & il en usoit. Ses lettres contre Port-Royal prouvent qu'il eût pu se faire un nom redoutable dans la satyre; son histoire de Port-Royal, faite sans doute pour expier ces lettres, est composée avec un art imperceptible qu'on ne reconnoît qu'à ses effets; caché sous une négligence aimable, il attache, il intéresse, il touche, il inspire la confiance, il a l'air de la vérité, il fait aimer & respecter les religieuses de Port-Royal & leurs illustres amis. Le courage de la mère Angélique, mourante au milieu des désastres de sa maison, est un des plus beaux modèles qui puissent être proposés à des chrétiens & à des hommes; il élève & fortifie l'ame; jamais ouvrage, avec tant de simplicité, avec un si grand éloignement de toute prétention, n'a si sûrement atteint le but; Boileau nous paroît avoir peu exagéré, en le regardant *comme le plus parfait morceau d'histoire que nous eussions en notre langue*; & malgré quelques traits d'incorrection qu'on y peut trouver, l'abbé d'Olivet a eu raison de dire que cette histoire doit donner à *Racine* parmi nos prosateurs le même rang qu'il tient parmi nos poëtes.

Ses lettres familières écrites dans le sein de l'amitié, dans l'intérieur de sa famille, le représentent sensible & tendre comme dans ses tragédies, bon ami, bon mari, bon père; une lettre où il rend compte à la mère Sainte-Thecle *Racine* sa tante, de la prise d'habit d'une de ses filles, cette lettre dans sa simplicité négligée, fait fondre en larmes; son fils lui applique le mot de Tacite sur Agricola: *bonum virum facilè crederes, magnum libenter*; grand par ses talens, bon dans le commerce de la vie; cependant Fontenelle qui l'avoit vu sous un autre rapport, ne lui accordoit que le premier de ces éloges. En comparant ses deux grands ennemis, ses deux illustres persécuteurs, Boileau & *Racine*; il disoit que Boileau étoit brusque & bourru, mais

que *Racine* étoit profondément méchant; & comme Fontenelle, avec beaucoup de moyens pour l'être, avoit eu la gloire de ne l'être pas, son témoignage est fâcheux pour la mémoire de *Racine*.

Le grand *Racine* a laissé deux fils & plusieurs filles; l'aîné de ses fils a caché sa vie, *benè qui latuit, benè vixit*, le cadet est Louis *Racine*, auteur des poëmes de la *Grace* & de la *Religion* & des mémoires sur la vie de son père. Il a dit lui-même:

> O pères trop fameux, que vos noms triomphans
> Sont pesans à porter par vos foibles enfans!

Et puisqu'il l'a dit, il seroit mal-honnête d'insister sur ce point; d'ailleurs il falloit que le fils de *Racine* fît des vers, & il en faisoit bien, & *Racine* devenu dévot n'auroit désavoué ni les vers pieux de son fils, ni les sujets de ces vers. La vie de Louis *Racine*, dit le secrétaire de l'académie des belles-lettres, a été toute entière une continuation des dernières années de son père.

Le poëme théologique & janséniste de la *Grace* est bien inférieur au poëme de la *Religion*, dont le sujet, plus vaste & plus noble, n'a plus rien de scholastique, & ouvroit un champ plus fécond au talent poétique; mais dans ce même poëme de la *Grace*, quoique plus défectueux, il y a de fort beaux vers.

Le pseaume *Super flumina Babylonis*, &c. est parmi les pseaumes ce que l'ode d'Horace, *Donec gratus eram tibi*, &c., est parmi les odes profanes; c'est le plus intéressant des poëmes lyriques; c'est celui que les poëtes modernes se sont le plus empressés de traduire. Louis *Racine* en a traduit plusieurs versets dans ce poëme de la *Grace*.

> Près de l'Euphrate assis, nous pleurons sur ses rives;
> Une juste douleur tient nos langues captives;
> Et comment pourrions-nous, au milieu des méchans,
> O céleste Sion, faire entendre tes chants?
> Hélas! nous nous taisons; nos lyres détendues
> Languissent en silence aux saules suspendues.

On reconnoît bien là ces trois versets:

Super flumina Babylonis, illic sedimus & flevimus, cùm recordaremur Sion.

Quomodò cantabimus canticum Domini in terrâ alienâ?

In salicibus, in medio ejus suspendimus organa nostra.

Racine le père a imité aussi quelques versets du même pseaume:

Si oblitus fuero tui, Jerusalem, oblivioni detur dextera mea.

*Adhæreat lingua mea faucibus meis, fi non memi-
nero tui.*

Si non propofuero Jerufalem in principio lætitiæ meæ.

Sion, jufques aux cieux élevée autrefois,
Jufqu'aux enfers maintenant abaiffée,
Puiffé-je demeurer fans voix,
Si dans mes chants ta douleur retracée
Jufqu'au dernier foupir n'occupe ma penfée.

C'eft au fujet de ce poëme de la *Grace* que M. de
Voltaire adreffoit ces vers à Louis *Racine* :

Cher *Racine*, j'ai lu dans tes vers didactiques
De ton Janfénius les dogmes fanatiques.....
Si ton ftyle me plait, ton dieu n'eft pas le mien ;
Tu m'en fais un tyran, je veux qu'il foit mon père,
Ton hommage eft forcé, mon culte eft volontaire, &c.

Le poëme de la *Religion*, indépendamment des
beautés de tout genre qu'il préfente, nous paroit
fur-tout recommandable par le mérite de la difficulté vaincue dans certaines defcriptions d'effets
phyfiques, foit généraux, foit particuliers. Ce
talent juftement admiré dans l'épitre de M. de
Voltaire fur la philofophie newtonienne & dans
quelques autres de fes épitres philofophiques, mérite auffi une grande eftime dans le poëme de la
Religion; on en peut juger par les deux morceaux
qui vont fuivre :

Mais pour toi que jamais ces miracles n'étonnent,
Stupide fpectateur des biens qui t'environnent,
O toi, qui follement fais ton dieu du hazard,
Viens me développer ce nid qu'avec tant d'art,
Au même ordre toujours architecte fidèle,
A l'aide de fon bec maçonne l'hirondelle !
Comment pour élever ce hardi bâtiment
A-t-elle, en le broyant, arrondi fon ciment ?
Et pourquoi ces oifeaux fi remplis de prudence,
Ont-ils de leurs enfans fû prévoir la naiffance ?
Que de berceaux pour eux aux arbres fufpendus !
Sur le plus doux coton que de lits étendus !
Le père vole au loin, cherchant dans la campagne,
Des vivres qu'il rapporte à fa tendre compagne,
Et la tranquille mère attendant fon fecours,
Echauffe dans fon fein le fruit de leurs amours;
Des ennemis fouvent ils repouffent la rage,
Et dans de foibles corps s'allume un grand courage.
(*Ingentes animos angufto in pectore verfant*)
Si chèrement aimés, leurs nourriffons un jour
Aux fils qui naîtront d'eux rendront le même amour.
Quand des nouveaux zéphyrs l'haleine fortunée.
Allumera pour eux le flambeau d'hymenée,
Fidèlement unis par leurs tendres liens,
Ils rempliront les airs de nouveaux citoyens.

La mer dont le foleil attire les vapeurs,
Par ces eaux qu'elle perd voit une mer nouvelle
Se former, s'élever & s'étendre fur elle.
De nuages légers cet amas précieux,
Que difperfent au loin les vents officieux,
Tantôt féconde pluie arrofe nos campagnes,
Tantôt retombe en neige, & blanchit nos montagnes.
Sur ces rocs fourcilleux de frimats couronnés,
Réfervoirs des tréfors qui nous font deftinés,
Les flots de l'Océan, apportés goute à goute,
Réuniffent leur force, & s'ouvrent une route.
Jufqu'au fond de leur fein lentement répandus,
Dans leurs veines errans, à leurs pieds defcendus;
On les en voit enfin fortir à pas timides,
D'abord foibles ruiffeaux, bientôt fleuves rapides;
Des racines des monts qu'Annibal fut franchir,
Indolent Ferrarois, le Pô va t'enrichir !
Impétueux enfant de cette longue chaîne,
Le Rhône fuit vers nous le penchant qui l'entraîne,
Et fon frère (*le Rhin*) emporté par un contraire choix,
Sorti du même fein, va chercher d'autres loix.
Mais enfin terminant leurs courfes vagabondes,
Leur antique féjour redemande leurs ondes;
Ils les rendent aux mers; le foleil les reprend;
Sur les monts dans les champs l'Aquilon nous les rend.
Telle eft de l'univers la conftante harmonie.

Louis *Racine* a donné du *Paradis perdu* de Milton
une traduction nouvelle qui n'a pas fait oublier
celle de M. Dupré de Saint-Maur; elle paffe pour
plus fidelle, mais elle eft moins agréable, & comme
dit M. le Beau, le poëte anglois y conferve toute
la fierté britannique, fans aucune complaifance
pour les oreilles françoifes.

M. *Racine* étoit né le 2 novembre 1692. Il
n'avoit que fix ans à la mort de fon père, & il
ne lui en reftoit que de foibles fouvenirs; c'eft
dans les récits de Boileau qu'il l'a plus particulièrement connu; Boileau plein de la mémoire
de fon ami, aimoit à en entretenir fon fils, quoique
encore enfant. Celui-ci eut le bonheur d'être élevé
par M. Rollin & par M. Méfenguy; à la follicitation de madame *Racine* fa mère, qui craignoit
pour fes enfans la pauvreté, compagne affez ordinaire de la poéfie, & dont les bienfaits de
Louis XIV envers le grand *Racine* n'avoient pu
préferver fa famille. Boileau lui-même voulut
détourner Louis *Racine* de faire des vers, & ce
difciple docile

Ancillorum, nominis & togæ
Oblitus, æternæque Veftæ;

fe mit à étudier en droit, & fe fit recevoir avocat;
mais l'influence paternelle fut la plus forte; il fe
retira chez les pères de l'oratoire à Notre-Dame-
des-Vertus, il y refta trois ans & y compofa fon
poëme de la *Grace*. Cet ouvrage l'ayant fait con-

noître avantageusement, M. le chancelier d'Aguesseau, alors exilé à Fresne, apprit avec plaisir que Racine qu'il avoit beaucoup aimé, avoit un fils digne de lui; il desira de le connoître; Louis Racine alla s'éclairer auprès de lui, & fut le compagnon assidu de sa retraite.

Il fut reçu, le 8 août 1719, à l'académie des belles-lettres, que son père avoit vu naître & dont il avoit été un des premiers membres; M. de Valincour qui avoit été ami du père & qui l'étoit du fils, travailloit à faire recevoir celui-ci à l'académie françoise; l'évêque de Fréjus qui fut depuis le cardinal de Fleury, s'y opposa par la raison, toujours si puissante sur lui, que Louis Racine étoit janséniste, & que son père l'avoit été; il colora ce refus d'un prétexte de zèle & d'intérêt. Affligé, disoit-il, de voir le fils du grand Racine dans une médiocrité trop voisine de la pauvreté, il vouloit l'arracher à des occupations stériles & lui ouvrir la route de la fortune; il l'envoya en 1722 en province, remplir une direction des fermes; ainsi Racine put dire de lui:

> Fleuri, d'un faux respect colorant son injure,
> Se leva par avance, & courant m'embrasser,
> Il m'écarta du trône où je m'allois placer.

On vit donc l'élève de Clio, SEDENTEM IN TELONIO; il passa d'emploi en emploi, de Marseille à Salins, de Salins à Moulins, de Moulins à Lyon, de Lyon à Soissons. Il se maria en 1728 à Lyon; il passa quinze ans entiers à Soissons; il fut reçu à la table de marbre, maître particulier des eaux & forêts du duché de Valois. Dans cette espèce d'exil, à travers des occupations si étrangères aux lettres, & au nom de Racine, il fut fidèle aux lettres & à son nom, il composa son poème de la Religion & ses autres ouvrages, & M. le Beau lui applique avec justesse ces vers d'Horace adressés à Iccius, directeur des fermes d'Agrippa en Sicile:

> Cùm tu inter scabiem tantam & contagia lucri,
> Nil parvum sapias & adhuc sublimia cures.

Il fut des académies de Lyon, de Marseille, d'Angers, de Toulouse. Il revint se fixer à Paris & se livrer aux travaux de l'académie des belles-lettres; mais un accident funeste vint éteindre son ardeur pour l'étude & répandre sur ses jours un poison mortel. Le premier novembre 1755, jour à jamais désastreux, à jamais mémorable par le tremblement de terre de Lisbonne & de tout le continent de l'Espagne, un fils unique, sa plus douce espérance, & qui devenoit déjà l'espérance de la nation, un fils vraiment digne de son père & de son aïeul, & qui promettoit de répandre un nouvel éclat sur le nom de Racine, fut malheureusement entraîné par le gonflement subit de la mer à Cadix où il étoit alors, & où il passoit en poste le long du rivage pour se rendre à une fête où il étoit invité. Avec lui périt le nom de Racine; il ne lui resta que des sœurs, que des pertes & des malheurs de toute espèce, mais jamais mérités, ont encore replongées depuis dans la pauvreté.

Louis Racine mourut le 29 janvier 1763; ses mœurs honorèrent ses talens. De tous les défauts qu'on reproche aux poètes, dit M. le Beau, il n'eut que le plus léger, la distraction. Quant à son extérieur & à ses manières, il n'eut rien de ces graces nobles & tendres qui distinguoient la figure de son père, comme elles formoient le caractère propre de son talent.

RACINE (BONAVENTURE) Hist. litt. mod.) auteur de l'abrégé de l'histoire ecclésiastique, auquel les jansénistes ont donné une si grande vogue, & qui est en effet le meilleur abrégé de la grande histoire ecclésiastique de monsieur Fleury, écrit d'ailleurs avec ce feu & cet intérêt qu'inspire l'esprit de parti. L'abbé Racine fut l'ami de l'archevêque d'Alby la Croix de Castries, de l'évêque de Montpellier Colbert, de l'évêque de Senez Soanen, de l'évêque d'Auxerre Caylus. Les jésuites le persécutèrent, suivant leur coutume qui a fini par tourner contre eux & qu'ils reprendroient, s'ils étoient rétablis; car c'est ainsi que les hommes se corrigent. Le cardinal de Fleury le fit aussi sortir de Paris, en 1634, & l'envoya être janséniste en province au lieu de l'être à Paris. A quoi bon ce déplacement? L'abbé Racine étoit né à Chauny en 1708. Il mourut à Paris en 1755.

RACK, ou ARAK, (Hist. mod.) liqueur spiritueuse, très-forte, que les habitans de l'Indostan tirent par la fermentation & la distillation, du suc des cannes de sucre, mêlé avec l'écorce aromatique d'un arbre appellé jugra. Cette liqueur est très-propre à enivrer; son usage immodéré attaque les nerfs, suivant Bernier, & produit un grand nombre de maladies dangereuses. On ne sait si c'est la même que les Anglois apportent des Indes orientales, & dont ils font le punch le plus estimé par eux, quoiqu'il ait communément une odeur de vernis assez désagréable pour ceux qui n'y sont point accoutumés; cependant on prétend que ce rack ou arach est une eau-de-vie tirée du riz par une distillation qui vraisemblablement a été mal faite, à en juger par le goût d'empyreume ou de brûlé qu'on y trouve. On apporte pourtant quelquefois des Indes orientales une espèce de rack plus pur & plus aromatisé, qui paroît avoir été fait avec plus de soin & qui peut-être a été rectifié ou distillé de nouveau comme l'esprit de vin. Une très-petite quantité de ce rack mêlé avec une grande quantité d'eau, fait un punch beaucoup plus agréable que celui que les Anglois nomment rack-punch ordinaire. Quoi qu'il en soit, les voyageurs semblent s'être beaucoup plus

plus occupés de boire ces liqueurs dans le pyas, que de nous les faire connoître.

RACOCÈS, (*Hist. anc.*) personnage distingué chez les Perses par une vertu rigide, avoit sept fils élevés par lui à la vertu ; le dernier de ses fils, nommé Cartomès, répondoit mal à ses soins & à ses leçons : il pria le roi Artaxercès de faire mourir ce fils indocile. Quoi ! dit Artaxercès, *un père demander la mort de son fils ! Seigneur,* dit Racocès, *quand un arbre de mon jardin a de mauvaises branches, je les coupe & l'arbre en devient plus beau.* Le roi frappé de cette réponse & de l'inflexibilité sévère qu'elle supposoit, mit *Racocès* au nombre de ses juges, menaça Cartomès, & lui pardonna. Ne pourroit-on pas soupçonner, que *Racocès* avoit prévu cet effet de sa demande, & que bien sûr de ne pas l'obtenir, il s'étoit flatté en secret de donner à son maître une haute idée de sa vertu ?

RACONIS (CHARLES-FRANÇOIS D'ABRA de) *Hist. litt. mod.*) :

Qui possède Abely, qui sait tout *Raconis.*

Professeur de philosophie, puis de théologie, devenu en 1637, évêque de Lavaur ; auteur d'une théologie latine, d'un livre intitulé : *la vie & la mort de madame de Luxembourg, duchesse de Mercœur,* & de quelques écrits polémiques & molinistes, qui lui ont valu ce trait de la part de Boileau. Né en 1580, au château de *Raconis,* dans le diocèse de Chartres. Mort en 1646.

RAD

RADARIE, f. f. (*terme de relation.*) On nomme ainsi un droit qu'on paye en Perse au gouverneur de la province, sur toutes les marchandises, pour la sûreté des grands chemins, particulièrement dans les lieux dangereux, & où la rencontre des voleurs est ordinaire. *Voyez* RADARS. (*D. J.*)

RADARS, f. m. pl. (*Hist. mod.*) nom qu'on donne en Perse à des espèces d'archers, ou gardes des grands chemins, postés en certains endroits, & particulièrement aux passages des rivières & des défilés, pour la sûreté publique. Ils demandent aux voyageurs où ils vont, d'où ils viennent, & courent au moindre bruit d'un vol, pour tâcher d'arrêter celui qui l'a commis. On est bientôt informé par leur moyen de ce qu'est devenue une personne qui a commis une mauvaise action. Quelques-uns de ces *radars* rodent dans les montagnes & dans les lieux écartés, & s'ils y trouvent quelqu'un, ils s'en saisissent sur le moindre soupçon, pour savoir pourquoi il fuit des routes détournées. Leurs appointemens fort modiques d'ailleurs, sont composés par les petits présens qu'ils

reçoivent des marchands & autres voyageurs, en leur remontrant la peine qu'ils ont de veiller à la sûreté des chemins. Tavernier, de qui nous tirons ces détails, ajoute que la coutume est en Perse, lorsqu'un marchand a été volé, que le gouverneur de la province lui restitue ce qui lui a été pris, pourvu qu'il fasse serment en représentant son livre, ou faisant entendre quelques témoins ; & qu'ensuite c'est au gouverneur à faire la recherche du voleur. Tavernier, *voyag. de Perse.* (*A. R.*)

RADEGAST, (*Idolât. germaniq.*) idole des anciens Slaves. Quelques auteurs disent que Radagaise, roi des Huns, qui se distingua dans la guerre du tems des empereurs Arcadius & Honorius, fut après sa mort révéré comme un dieu, sous le nom de *Radegast ;* mais la malheureuse issue de ses desseins n'étoit guère propre à persuader à des guerriers de l'adorer comme une divinité. Quoi qu'il en soit, il y avoit une statue de *Radegast* à Rhethra, dans le Mecklenbourg. L'empereur Othon I, en 960, fit briser cette statue, sans qu'aucun historien l'ait décrite ; mais dans les siècles postérieurs, chacun en a forgé des descriptions fabuleuses. Telle est celle de ceux qui nous représentent cette idole d'or massif, ayant sur la tête un casque de même métal, surmonté d'un aigle avec ses aîles déployées ; les Slaves ne savoient pas alors tant de choses. (*D. J.*)

RADEGONDE (SAINTE) *Hist. de Fr.*) Berthier ou Berthaire, roi de Thuringe, tué par Hermenfroy, son frère, laissa un fils nommé Amalafroy, & une fille nommée *Radegonde,* née en 519. Clotaire, roi de Soissons, épousa *Radegonde* & fit assassiner Amalafroy. Il permit dans la suite à *Radegonde,* quand elle eut cessé de lui plaire, de se faire religieuse ; elle prit le voile à Noyon de la main de saint Médard ; elle se fixa ensuite à Poitiers, où elle fit bâtir l'abbaye de sainte-Croix, & où elle mourut le 13 août 587. On a son testament dans le recueil des conciles, & sa vie traduite du latin, par Jean Bouchet, procureur à Poitiers, auteur des annales d'Aquitaine. Le Père de Monteil a donné une vie plus moderne de cette sainte.

RADERUS (MATTHIEU) *Hist. litt. mod.*) savant jésuite du Tirol, à qui on doit la publication de la Chronique d'Aléxandrie, une bonne édition de saint Jean-Climaque, des notes sur plusieurs auteurs classiques ; *Bavaria sancta & Bavaria pia ; Viridarium sanctorum.* Mort en 1634.

RAFAXIS, (*Hist. mod.*) c'est-à-dire, infidèles. Les Turcs donnent ce nom aux Persans qui suivent une interprétation de l'alcoran un peu différente de la leur. On sait à quels excès se porte, dans toutes les religions, ce qu'on appelle *l'esprit de*

Ppp

parti. Les Turcs & les Persans nous en offrent un exemple frappant. Ceux-là, quoiqu'ennemis des chrétiens & des juifs, sont néanmoins persuadés, dans leurs faux principes, que la clémence de Dieu peut s'étendre sur ces nations infidèles; mais, ils soutiennent qu'il n'y a point de miséricorde pour les *Rafaxis*, dont les crimes sont aux yeux de Dieu, soixante & dix fois plus abominables que ceux des autres. (+).

RAG

RAGOTSKI, (François-Léopold) *Hist. mod.*) accusé d'avoir voulu soulever la Hongrie contre l'empereur, fut mis en prison à Neustadt, en 1701; le 7 novembre de la même année, il se sauva déguisé en dragon: sa tête fut mise à prix; on promit dix mille florins à qui le livreroit vivant, six mille à qui apporteroit sa tête: alors il se mit à la tête des mécontens de Hongrie, & par des succès & des actes de rigueur fit repentir les impériaux de leurs violences; il fut proclamé prince de Transilvanie en 1704, & protecteur du royaume de Hongrie, jusqu'à l'élection libre qui devoit être faite d'un roi. En 1713, les affaires ayant changé de face, & la Hongrie ayant fait sa paix avec l'empereur, Ragotski vint en France & passa ensuite chez les Turcs; retiré à Rodosto sur le bord de la mer de Marmara, entre les Dardanelles & Constantinople, il y mourut le 8. avril 1735. On a donné sous son nom en 1751, un testament politique qu'on ne croit pas être de lui.

RAGOUT. (*Hist. rom.*) Quoique le luxe des Romains fût porté fort loin sur la fin de la république, il est à remarquer qu'ils conservoient encore dans leurs tables des restes de leur première frugalité, & leur bonne chère tenoit encore à l'ancienne cuisine. Cicéron se plaint dans la *lettre 26 du liv. VII* à ses amis, d'une dissenterie causée par l'excès des *ragoûts* qu'il avoit mangés. Quels étoient ces *ragoûts*? Des légumes & toutes sortes d'herbes; *herbas omnes ita condiunt, ut nihil possit esse suavius.* Ces herbes si délicatement apprêtées, étoient des cardes de poirée & des mauves; car, ajoute le consul de Rome, moi qui savois bien m'abstenir des murènes & des huitres, je n'ai pas su me défendre des cardes de poirée. ni des mauves: *ita ego qui me facilè ostreis & muræ-nis abstinebam, à betâ & malvâ deceptus sum.* (*D. J.*)

RAGUEAU, (François) *Hist. litt. mod.*) professeur en droit dans l'université de Bourges, mort en 1605, auteur d'un commentaire sur les coutumes de Berry, & d'un livre intitulé: *Indice des droits royaux.*

RAGUEL, (*Hist. sacr.*) parent & ami de Tobie le père, & beau-père de son fils. Son histoire & celle de Sara sa fille sont rapportées au livre de Tobie, chapitres 3, 7, 8, 9, 10.

RAGUENET, (François) *Hist. litt. mod.*) l'abbé *Raguenet* se fit d'abord connoitre dans les lettres par un prix d'éloquence qu'il remporta en 1689 à l'académie françoise. Il paroit par les sujets de ce prix qu'on ne se proposoit alors de former que des prédicateurs, & non, comme aujourd'hui, des orateurs en tout genre. Le sujet traité par l'abbé *Raguenet* étoit le mérite & la dignité du martyre. Son livre des *monumens de Rome*, ou *Description des plus beaux ouvrages de peinture, de sculpture & d'architecture de Rome avec des observations*, valut à l'auteur des lettres de *citoyen romain*, titre qu'il porta toute sa vie, & dont on pouvoit dire depuis long-temps:

Voyons-en du moins la figure,
Comme on aime à voir la peinture
De quelque belle qui n'est plus.

L'abbé *Raguenet* a commencé la grande dispute qui paroit aujourd'hui si décidée, & qui ne sait peut-être que le paroitre, sur la prééminence de la musique italienne & de la musique françoise; il donne hautement la préférence à la première, jugement qui étonna dans le temps autant que le jugement contraire nous étonneroit aujourd'hui, & contre lequel un auteur nommé Frenuse écrivit à plusieurs reprises. On sait que le célèbre Rousseau a défendu de nouveau avec beaucoup d'éclat la cause de l'abbé *Raguenet*; mais, ce que tout le monde peut-être ne sait pas ou ne se rappelle pas, c'est que la manie des lettres de cachet nous dominoit tellement alors, que, sur les plaintes de quelques musiciens qui représentèrent qu'il étoit dangereux de troubler la nation dans l'idée qu'elle se faisoit de ses plaisirs, le gouvernement alloit donner une lettre de cachet à Rousseau, si un homme sensé qui se trouva là par hasard, n'avoit dit le seul mot décisif en France; c'est que cette lettre de cachet seroit la plus *ridicule* qui eût jamais été donnée; c'étoit beaucoup dire, mais c'étoit dire vrai.

On a encore de l'abbé *Raguenet* une *histoire de l'ancien testament*, une *histoire d'Olivier Cromwel*, une *histoire du vicomte de Turenne*. Mort en 1722.

RAGWALD, (*Hist. de Suède.*) roi de Suède, succéda vers l'an 1100 à Ingo, qui fut empoisonné parce qu'il étoit le fléau des méchans; celui-ci fut assassiné parce qu'il étoit méchant lui-même. (*M. DE SACY.*)

RAH

RAHAB, (*Hist. sac.*) femme de la ville de Jéricho, qui reçut chez elle & cacha les espions de Josué, & qui, par cette raison, fut seule épargnée dans le sac de Jéricho. On trouve son histoire dans le livre de Josué, chapitres 2 & 6.

R A I

RAIMOND (Voyez RAYMOND.)

RAINALDI, (ODERIC ou ODORIC) *Hift. litt. mod.*) c'eſt le continuateur des annales de Baronius; il étoit, ainſi que Baronius, de la congrégation de l'oratoire. Mort vers l'an 1670.

R A J

RAJAH-POURSON, ſ. m. (*Hiſt. mod.*) ce mot ſignifie *roi des prêtres* dans la langue des Indiens du royaume de Camboje. C'eſt le chef ſuprème de tous les talapoins ou prêtres du pays; il réſide à Sombrapour; ſon vicaire ou ſubſtitut s'appelle *tivinia*; il a de plus un conſeil ſacerdotal auquel il préſide, & qui décide ſouverainement de toutes les matières de ſa compétence; elles ſont fort étendues, vu que dans ce pays l'autorité des prêtres s'étend même ſur les choſes civiles. (*A. R.*)

RAJAHS, ſ. m. (*Hiſt. mod.*) C'eſt ainſi que l'on nomme dans l'Indoſtan ou dans l'empire du Mogol, des princes deſcendus des Kuttereys ou de la race des anciens ſouverains du pays, avant que les Tartares monjuls ou mongols en euſſent fait la conquête. Le mot *rajahs* ſignifie *rois*; ils avoient autrefois des états plus ou moins étendus, qu'ils gouvernoient avec une autorité abſolue; depuis que les Mahométans ont fait la conquête de l'Indoſtan, la plûpart des princes ou ſouverains de cette contrée furent obligés de ſe ſoumettre à leurs vainqueurs qui les rendirent vaſſaux & tributaires. D'autres *rajahs* ſe retirèrent dans des lieux inacceſſibles où ils vivent dans l'indépendance; ils font des courſes ſur les terres de l'obéiſſance du grand-mogol; lorſqu'ils font ces ſortes d'expéditions, ils ont ſous leurs ordres des ſoldats courageux & déterminés que l'on nomme *rajahpoutes*, c'eſt-à-dire, *fils de rajahs*; ils ſont deſcendus des anciens nobles de l'Inde, parmi eux le métier de la guerre eſt héréditaire. Ces *rajahpoutes* ſont exercés aux fatigues & à la diſcipline militaire; les *rajahs* leur accordent des terres à condition d'être toujours prêts à monter à cheval ſur l'ordre qu'ils leur donnent, d'où l'on voit que ce ſont des eſpèces de feudataires. Le grand-mogol tient pluſieurs de ces *rajahs* à ſon ſervice, tant à cauſe de la bonté de leurs troupes, que pour tenir en bride les gouverneurs des provinces, les omrahs ou ſeigneurs de ſecours & les autres *rajahs* qui ne dépendent point de lui. Le plus conſidérable des *rajahs* qui ſont au ſervice du grand-Mogol eſt celui de Seduſſia, dont la capitale s'appelle *Uſépour*; il prétend deſcendre de Porus qui fut vaincu par Aléxandre

le grand. Tous les princes de ſa famille prennent le titre de *rana*, ce qui ſignifie *homme de bonne mine.* Il peut mettre ſur pied 250000 hommes. Les *rajahs* de Rator & de Chaga ſont auſſi très-puiſſans; tous ces princes ſont idolâtres. (*A. R.*)

R A K

RAKKUM, ſ. m. (*Hiſt. mod.*) eſpèce de dard fait de bois ou de fer, dont les Hottentots ſe ſervent & qu'ils lancent avec une adreſſe admirable, au point qu'ils ne manquent preſque jamais leur but. Ils ſe ſervent de cette arme à la chaſſe & dans leurs guerres.

R A L

RALEIGH ou RAWLEGH (WALTER), (*Hiſt. d'Angleterre*) nom que Thomas Corneille n'auroit pas dû flétrir dans ſa tragédie du *comte d'Eſſex*, eſt celui d'un des plus grands capitaines de mer ſous le regne d'Eliſabeth. Ce fut lui qui en 1584 introduiſit la première colonie angloiſe dans le pays de l'Amérique ſeptentrionale où l'on appelloit alors Mocoſa, & qu'il appella *Virginie* pour faire ſa cour à Eliſabeth, & en l'honneur, dit M. de Fontenelle, de la plus douteuſe de toutes les qualités de cette reine; il fut ſouvent employé contre les Eſpagnols dans cette partie du monde & toujours avec ſuccès; en 1592, avec des forces inférieures, il eut ſur eux beaucoup d'avantages; il fit pluſieurs priſes, il leur enleva ſur-tout une caraque eſtimée deux millions de livres ſterling; en 1595, il attaqua les Eſpagnols dans l'île de la Trinité, brûla la ville de Saint-Joſeph, fit priſonnier le gouverneur, s'avança ſur la rivière d'Orenoque, & brûla encore la ville de Comana; en 1597, il acquit auſſi beaucoup de gloire aux dépens des Eſpagnols. La reine d'Angleterre ne fut point ingrate à ſon égard; il la combla d'honneurs, le fit capitaine de ſa garde, lui fit épouſer une de ſes dames d'honneur. Sous Jacques I, il tomba dans la diſgrace, il paroît qu'il fut la victime de l'envie & de la calomnie; on l'accuſa d'avoir voulu mettre ſur le trône Arabelle Stuart au préjudice de Jacques; on lui fit ſon procès, il fut condamné à perdre la tête. Le roi eut honte d'uſer d'une telle rigueur ou d'une telle injuſtice envers un homme qui avoit ſi bien ſervi l'état, mais il ne lui rendit point la liberté, il le retint treize ans enfermé à la tour de Londres; en 1616, il l'en fit ſortir pour une expédition à la côte d'Or & ſur les côtes de la Guiane. Quoique l'expédition n'eût pas réuſſi, elle avoit inquiété les Eſpagnols, & Jacques I, qui étoit beaucoup moins leur ennemi qu'il ne l'avoit été la reine Eliſabeth, eut la lâche foibleſſe d'accorder à leurs lâches ſollicitations la tête de ce général qu'ils redoutoient & dont ſa patrie avoit beſoin; on exécuta l'ancien arrêt qui n'avoit point été annullé, comme fi un arrêt de mort ne devoit pas être cenfé annuilé par un furfis de quatorze ou quinze ans, car ce ne fut qu'en 1618 qu'il fut exécuté. *Raleigh*, toujours utile, avoit employé le temps de fa prifon à compofer fon *Hiftoire du monde*, ouvrage favant; il n'en publia d'abord qu'une partie, il ne fut pas content du fuccès, il jetta au feu le refte de l'ouvrage; on a de lui encore une relation de la découverte de la Guyane.

RAM

RAM ou BRAMA, f. m. (*Hift. mod. Mythol.*) c'eft le nom que les idolâtres de l'Indoftan donnent au principal des trois dieux du premier ordre, qui font l'objet de leur culte; les deux autres font *Viftnou* & *Ruddiren*. La religion primitive des Indiens n'admettoit qu'un feul dieu. Il paroît par le livre appellé *vedam*, qui contient leur loi & leur théologie, que l'Etre fuprême créa *ram* ou *Brama*; malgré cela leur religion s'étant corrompue, & ayant dégénéré en idolâtrie, les bramines ou prêtres fubfituèrent un grand nombre de divinités ridicules au feul dieu de l'univers, que les Indiens adoroient dans les temps les plus reculés. Telle fut la fource de la fortune de *Brama*, de créature il devint dieu. Les différentes fectes des idolâtres de l'Indoftan attribuent des origines ridicules à ce dieu. Quelques-uns croyent qu'il fut créé le premier & qu'il doit être préféré à Viftnou & à Ruddiren; d'autres au contraire donnent la préférence à l'un de ces derniers; quoi qu'il en foit de ces importantes querelles, on dit que le Tout-puiffant après avoir créé *Brama*, lui donna le pouvoir de créer l'univers & tous les êtres qui s'y trouvent; en conféquence, il créa les différens mondes & les hommes; il fe repofa fur des miniftres ou dieux fubalternes, du foin des créations de détail, telles que les plantes, les herbes, &c. Les Malabares au contraire prétendent que la faculté de créer lui fut donnée par Viftnou, quoique d'autres affurent que ce dernier n'a eu dans fon département que le foin de veiller à la confervation des êtres créés par *ram* ou *Brama*. Quant aux bramines ou prêtres qui prétendent tirer leur origine de *Brama*, ils foutiennent fa primauté, & difent que le Tout-puiffant lui donna le pouvoir de créer & de gouverner l'univers. Ils ajoutent que Dieu, femblable à un grand roi, dédaigne de fe mêler des affaires de ce monde qu'il fait gouverner par des miniftres. La fonction de *Brama* eft, felon eux, de fixer la bonne ou la mauvaife fortune, le temps de la durée de la vie, en un mot, tous les événemens qui arrivent dans les huit mondes; pour le foulager on lui donne un grand nombre de fubdélégués & un premier miniftre qui préfide fur eux. Suivant les fictions des bramines, le dieu *Brama* fut créé avec cinq têtes, mais il ne lui en refte que quatre, parce

que Viftnou, fuivant les uns, & Ruddiren ou Iffuren, fuivant les autres, lui coupa une de ces têtes. Suivant les fectateurs de *Brama*, ce dieu réfide dans *Brama-logum*, qui eft le huitième ciel, c'eft-à-dire, le plus proche de celui où réfide le dieu fuprême. *Brama*, felon eux, eft fujet à la mort, & quelques-uns même prétendent qu'il meurt & revient à la vie tous les ans. On lui donne deux femmes; la première eft *Sarafvati*, qui eft fa propre fille; la feconde s'appelle *Quiatti*. De la première il eut un fils nommé *Dacha*; il en eut un autre qui fut produit par le fang qui découla de fa tête coupée, on l'appelle *Sagatrakavashen*, il a cinq cents têtes & mille bras. *Brama* eut encore un autre fils appelé *Kaffiopa*, qui fut le père des bons & des mauvais efprits. Quoique fuivant le *vedam*, ou livre de la loi, *Brama* ait été créé le premier, il y a une fecte de Banians qui lui refufe les honneurs divins. (*A. R.*)

RAMADANS ou RAMAZAN, f. m. (*Religion des Turcs.*) nom de la lune, pendant laquelle les Turcs font le carême avec un jeûne aufli patient qu'auftère; ni la condition des perfonnes, ni la longueur des jours, ni la chaleur, ni la fatigue du travail ne les difpenfent de cette abftinence. Dans la marche des troupes, où il femble que l'exercice de la guerre bannit celui des inftitutions religieufes, les foldats turcs qui fatiguent beaucoup en paffant les déferts de l'Arabie pétrée, jeûnent avec autant de rigueur que les perfonnes les plus oifives. Voici les détails que Tournefort donne du *ramazan* ou carême des Turcs, car le nom du mois a paffé à celui de leur carême.

Le carême, dit-il, a été établi pendant la lune de *ramazan*, parce que Mahomet publia que l'alcoran lui avoit été envoyé du ciel dans ce temps-là. Le jeûne qu'il ordonna eft différent du nôtre, en ce qu'il eft abfolument défendu, durant tout le cours de cette lune, de manger, de boire, ni de mettre aucune chofe dans la bouche, pas même de fumer, depuis que le foleil fe lève jufqu'à ce qu'il foit couché. En récompenfe, tant que la nuit dure, ils peuvent manger & boire, fans diftinction de viande ni de boiffon, fi l'on en excepte le vin, car ce feroit un grand crime d'en goûter, & ce crime ne s'expioit autrefois qu'en jettant du plomb fondu dans la bouche des coupables; on n'eft pas fi févère aujourd'hui, mais on ne laifferoit pas d'être puni corporellement. L'eau-de-vie n'eft pas épargnée la nuit pendant ce temps de pénitence, encore moins le forbet & le café; il y en a même qui, fous prétexte de pénitence, fe nourriffent alors plus délicieufement que tout le refte de l'année.

L'amour-propre, qui eft ingénieux par-tout, leur infpire de faire meilleure chère dans les temps deftinés à la mortification; les confitures confolent l'eftomac des dévots, quoiqu'elles ne foient ordinairement qu'au miel & au réfiné. Les riches observent le carême auſſi ſévèrement que les pauvres, les ſoldats de même que les religieux, & le ſultan comme un ſimple particulier. Chacun ſe repoſe pendant le jour, & l'on ne penſe qu'à dormir, ou au moins à éviter les exercices qui altèrent, car c'eſt un grand ſupplice que de ne pouvoir pas boire de l'eau pendant les grandes chaleurs. Les gens de travail, les voyageurs, les campagnards ſouffrent beaucoup ; il eſt vrai qu'on leur pardonne de rompre le jeûne, pourvu qu'ils tiennent compte des jours, & à condition d'en jeûner par la ſuite un pareil nombre, quand leurs affaires le leur permettront ; tout bien conſidéré, le carême chez les Muſulmans n'eſt qu'un dérangement de leur vie ordinaire.

Quand la lune de Caban, qui précède immédiatement celle de ramazan, eſt paſſée, on obſerve avec ſoin la nouvelle lune. Une infinité de gens de toutes ſortes d'états ſe tiennent ſur les lieux élevés, & courent avertir qu'ils l'ont apperçue ; les uns agiſſent par dévotion, les autres pour obtenir quelque récompenſe. Dès le moment qu'on eſt aſſuré du fait, on le publie par toute la ville, & on commence à jeûner. Dans les endroits où il y a du canon, on en tire un coup au coucher du ſoleil. On allume une ſi grande quantité de lampes dans les moſquées, qu'elles reſſemblent à des chapelles ardentes, & l'on prend ſoin de faire de grandes illuminations ſur les minarets pendant la nuit.

Les Muezins, au retour de la lune, c'eſt-à-dire, à la fin du jour du premier jeûne, annoncent à haute voix qu'il eſt temps de prier & de manger. Les pauvres Mahométans, qui ont alors le goſier fort ſec, commencent à avaler de grandes potées d'eau, & donnent avidement ſur les jattes de ris. Chacun ſe régale avec ſes meilleures proviſions, & comme s'ils appréhendoient de mourir de faim, ils vont chercher à manger dans les rues, après s'être bien raſſaſiés chez eux ; les uns courent au café, les autres au ſorber. Les plus charitables donnent à manger à tous ceux qui ſe préſentent. On entend les pauvres crier dans les rues : je prie Dieu qu'il rempliſſe la bourſe de ceux qui me donneront pour remplir mon ventre. Ceux qui croyent raffiner ſur les plaiſirs, ſe fatiguent la nuit autant qu'ils peuvent, pour mieux repoſer le jour, & pour laiſſer paſſer le temps du jeûne ſans en être incommodés. On fume donc pendant les ténèbres après avoir bien mangé ; on joue des inſtrumens ; on voit jouer les marionnettes à la faveur des lampes.

Tous ces divertiſſemens durent juſqu'à ce que l'aurore éclaire aſſez pour diſtinguer, comme ils diſent, un fil blanc d'avec un fil noir ; alors on ſe repoſe, & l'on donne le nom de jeûne à un ſommeil tranquille qui dure juſqu'à la nuit. Il n'y a que ceux que la néceſſité oblige de travailler, qui vont à leur ouvrage ordinaire. Où eſt donc

ſelon eux l'eſprit de mortification qui doit purifier l'ame des Muſulmans ? Ceux qui aiment la vie déréglée ſouhaiteroient que ce temps de pénitence durât la moitié de l'année, d'autant mieux qu'il eſt ſuivi du grand bairam, pendant lequel, par une alternative agréable, on dort toute la nuit, & l'on ne fait que ſe réjouir tant que le jour dure. (D. J.)

RAMAZZINI, (BERNARDIN) Hiſt. litt. mod.) médecin italien célèbre du dernier ſiècle, qui exerça ſon art avec ſuccès à Carpi ſa patrie, & à Rome, puis à Modène & à Padoue, où de plus il l'enſeigna. Il ſongeoit à tout le monde ; on a de lui un traité de la conſervation de la ſanté des princes, mais on en a auſſi un ſur les maladies des artiſans : un de ſes principes étoit que, pour conſerver la ſanté, il falloit varier ſes occupations & ſes exercices. Né en 1633, mort en 1714.

RAMBOUILLET, (D'ANGENNES DE) Hiſt. de France) noble & ancienne maiſon françoiſe, qui a tiré ſon nom de la terre d'Angennes dans le Thimerais.

1°. Un d'Angennes fut tué à la bataille d'Azincourt en 1415.

2°. Regnault d'Angennes, ſeigneur de Rambouillet, fut chambellan de Charles VI. En 1392, il fut fait capitaine du château du Louvre ; en 1404, premier chambellan & capitaine des gardes du dauphin, Louis, duc de Guyenne. En 1413, il fut fait priſonnier par les factieux de Paris ; devenu libre & rétabli dans le gouvernement du château du Louvre, il le remit en 1415 au duc de Guyenne, dont il reçut une gratification en conſidération de ſes ſervices, & de ce qu'il l'avoit enſeigné au fait de la joûte, & avoit été le premier contre qui il s'étoit eſſayé & avoit joûté.

3°. Jean d'Angennes, fils de Regnault, défendit en 1417, pendant dix mois contre les Anglois, la ville de Cherbourg. On dit que le roi d'Angleterre, l'ayant pris dans Rouen, lui fit trancher la tête.

4°. Jean d'Angennes II, ſon fils, prit d'aſſaut la ville de Mantes ſur les Anglois en 1442, & en fut fait gouverneur ainſi que d'Angoulême.

5°. Jacques d'Angennes, ſon petit-fils, ſeigneur de Rambouillet comme les précédens, chevalier de l'ordre du roi, capitaine des gardes des rois François I, Henri II, François II & Charles IX ; lieutenant-général des armées & gouverneur de Metz, eut neuf fils dont cinq ont formé autant de branches ; nous ne parlerons, ſuivant notre méthode ordinaire, que de ceux qui ont joué un rôle dans l'hiſtoire ; tels furent :

6°. Le cardinal de Rambouillet, Charles d'Angennes, évêque du Mans, ambaſſadeur à Rome, qui ſe trouva en 1563 à la clôture du concile de Trente, & aſſiſta en 1583 à un concile de la province de Tours, affifta auffi aux conclaves pour l'élection & de Grégoire XIII en 1583, & de Sixte-Quint en 1585. Il mourut le 23 mars 1587, à Corneto, dont Sixte-Quint lui avoit donné le gouvernement; fous fon épifcopat, les proteftans prirent la ville du Mans, & en pillèrent la cathédrale.

7°. Renaud d'Angennes, fon frère, dit *le jeune Rambouillet*, fut tué à une efcarmouche devant Foffan en Piémont; *vaillant jeune homme*, dit Brantôme, *qui entra fi avant dans la porte, qu'il y fut tué.*

8°. Nicolas d'Angennes, feigneur de *Rambouillet*, ambaffadeur extraordinaire en Angleterre en 1566 fous Charles IX; gentilhomme de la chambre, capitaine des gardes, chambellan ordinaire de Henri III, nommé chevalier de l'ordre du Saint-Efprit le 31 décembre 1580, & gouverneur de Metz le 21 février 1582. « M. de *Rambouillet* » étoit un homme droit, qui alloit toujours au » bien de l'état fans aucunes confidérations d'in-» térêt ». Tel eft le témoignage que lui rend un homme qui ne prodigue pas l'éloge en général, ni en particulier l'éloge dont il s'agit : c'eft le fameux duc de Sully; il raconte comment le marquis de *Rambouillet* concourut avec lui en 1589 à la réconciliation & à la réunion des rois Henri III & Henri IV; M. de Thou & Davila parlent auffi très-avantageufement du marquis de *Rambouillet*.

9°. Il eut pour fils Charles d'Angennes, marquis de *Rambouillet* & de Pifani, maitre de la garde-robe du roi, nommé chevalier de fes ordres le 31 décembre 1619, confeiller d'état d'épée, colonel-général de l'infanterie italienne; il fut fait en 1620 maréchal de camp; en 1627, il fut envoyé comme ambaffadeur extraordinaire en Piémont & en Efpagne. Mort à Paris le 26 février 1652.

10°. Ce dernier fut père de Léon-Pompée d'Angennes, marquis de Pifani, tué à la bataille de Nortlingue en 1645.

11°. Et de la fameufe Julie-Lucie d'Angennes, marquife de *Rambouillet* & de Pifani, duchefse de Montaufier, gouvernante du dauphin, fils de Louis XIV, & dame d'honneur de la reine Marie-Thé-refe d'Autriche. (Voyez l'article *Montaufier*) C'étoit du temps de la duchefse de Montaufier & de la marquife de *Rambouillet* fa mère, que l'hôtel de *Rambouillet* étoit dans tout fon éclat, & tenoit le fceptre de l'efprit & du goût.

« La fage Julie d'Angennes, dit Fléchier, avoit » recueilli cette fucceffion fpirituelle..... Elle fut » admirée dans un âge où les autres ne font pas » encore connues; elle eut de la fageffe en un » temps où l'on n'a prefque pas encore de la » raifon; on lui confia les fecrets les plus impor-» tans dès qu'elle fut en âge de les entendre; » fon naturel heureux lui tint lieu d'expérience » dès fes plus tendres années, & elle fut capable » de donner des confeils en un temps où les » autres font à peine capables d'en recevoir......

» Pour être illuftre, il fuffifoit d'avoir été élevé » par madame la marquife de *Rambouillet*. Ce nom » capable d'imprimer du refpect dans tous les » efprits où il refte encore quelque politeffe, ce » nom qui renferme je ne fais quel mélange de » la grandeur romaine & de la civilité françoife, » ce nom, dis-je, n'eft-il pas un éloge abrégé & » de celle qui l'a porté, & de celles qui en font » defcendues? C'étoit d'elle que l'admirable Julie » tenoit cette grandeur d'ame, cette bonté fin-» gulière, cette prudence confommée, cette piété » fincère, cet efprit fublime & cette parfaite con-» noiffance des chofes qui rendirent fa vie fi » éclatante.

» Vous dirai-je qu'elle pénétroit dès fon enfance » les défauts les plus cachés des ouvrages d'ef-» prit, & qu'elle en difcernoit les traits les plus » délicats? Que perfonne ne favoit mieux efti-» mer les chofes louables, ni mieux louer ce qu'elle » eftimoit? Qu'on gardoit fes lettres comme le » vrai modèle des penfées raifonnables & de la » pureté de notre langue? Souvenez-vous de ces » cabinets que l'on regarde encore avec tant de » vénération, où l'efprit fe purifioit, où la vertu » étoit révérée fous le nom de l'incomparable » Arténice, où fe rendoient tant de perfonnes » de qualité & de mérite, qui compofoient une » cour choifie, nombreufe fans confufion, modefte » fans contrainte, favante fans orgueil, polie » fans affectation. Ce fut-là que tout enfant qu'elle » étoit, elle fe fit admirer de ceux qui étoient » eux-mêmes l'ornement & l'admiration de leur » fiècle ».

Madame Deshoulières, dans fon idylle élégiaque fur la mort de M. le duc de Montaufier, s'exprime ainfi :

Sur les fombres bords
Montaufier a rejoint fa divine Julie ;
Tous deux, malgré cette eau qui fait que tout s'oublie,
Sentent encor de doux tranfports,
Et tous deux fo t fuivis de ces illuftres morts,
Qui, dans une faifon aux mufes plus propice,
Firent de leurs charmans accords
Retentir fi long-temps le palais d'Arténice.

D'autres écrivains ont été moins favorables à l'hôtel de *Rambouillet*. (Voyez l'article *Scuderi*.) mademoifelle.) La duchefse de Montaufier mourut à Paris le 15 novembre 1671.

12°. Claude d'Angennes, grand-oncle de la duchefse de Montaufier, frère du cardinal de *Rambouillet* & de Renaud & Nicolas d'Angennes, fut d'abord évêque de Noyon & le fut depuis du Mans après la mort du cardinal de *Rambouillet*; il fut comme fes frères, employé en différentes ambaffades. Fléchier parle de ces cinq frères de cette illuftre maifon de *Rambouillet* d'Angennes, « trois chevaliers des ordres du roi, un cardinal

» & un évêque, tous ambaſſadeurs en même temps, » qui rempliſſoient de l'éclat de leurs vertus diffé-» rentes preſque toutes les cours de l'Europe ». Claude d'Angennes fut envoyé à Florence & à Rome du temps du pape Pie V, ſaint Charles Borromée fait ſon éloge dans une de ſes lettres; il y retourna du temps de Sixte-Quint, chargé de la commiſſion délicate d'annoncer à ce pontife & d'excuſer auprès de lui l'aſſaſſinat du duc & du cardinal de Guiſe; il fut conſeiller d'état. Mort au Mans le 15 mai 1601.

13°. Louis d'Angennes, marquis de Maintenon, encore un de ces cinq frères ambaſſadeurs, fut envoyé en Eſpagne en qualité d'ambaſſadeur extraordinaire, il fut auſſi conſeiller d'état; il fut d'ailleurs grand-maréchal des logis.

14°. Un de ſes fils, évêque de Bayeux, mourut le 14 mai 1647.

15°. Un autre de ſes fils, Louis d'Angennes, fut tué au ſiége de l'Ecluſe en 1604.

16°. Charles-François d'Angennes, marquis de Maintenon, gouverneur de l'île de Marie-Galande en Amérique, depuis 1679 juſqu'au premier janvier 1686, eſt celui qui a vendu le marquiſat de Maintenon à la femme célèbre qui en a porté le nom, & que les plaiſans de cour appelloient madame de Maintenant.

17°. Encore un autre des cinq frères ambaſſadeurs, François d'Angennes, ſeigneur de Montlouet, maréchal de camp, fut ambaſſadeur en Suiſſe.

18°. Enfin le cinquième, Jean d'Angennes, ſeigneur de Poigny, fait chevalier des ordres du roi le 31 décembre 1585, fut envoyé en ambaſſade auprès du roi de Navarre, qui fut depuis Henri IV, auprès du duc de Savoye & en Allemagne.

19°. Son fils, Jacques d'Angennes, fut auſſi ambaſſadeur, fut envoyé en cette qualité en Angleterre en 1634, & mourut près de Londres le 7 janvier 1637.

20°. Charles d'Angennes, marquis de Poigny, connu ſous le nom de comte d'Angennes, brigadier des armées du roi, fut bleſſé au combat d'Oudenarde le 11 juillet 1708, & tué à la bataille de Malplaquet le 11 ſeptembre 1709.

21°. Philippe d'Angennes, ſeigneur du Fargis, fut tué au ſiége de Laval en 1590. C'étoit auſſi un des neuf fils de Jacques. (Voyez l'article 5.)

22°. Charles d'Angennes, ſon fils, ſeigneur du Fargis, fut maréchal de camp, conſeiller d'état, ambaſſadeur en Eſpagne; c'eſt le mari de la célèbre madame du Fargis, Madeleine de Silly, dame d'atours de la reine Anne d'Autriche, laquelle fut diſgraciée & obligée de quitter la France pour ſon attachement à cette princeſſe; elle mourut dans ſon exil pendant la tyrannie du cardinal de Richelieu, à Louvain en 1639.

23°. Leur fils, Charles d'Angennes, comte de la Rochepot, fut tué à vingt-ſix ans, le 2 août 1640, à l'attaque des lignes d'Arras.

RAMBURES, (*Hiſt. de Fr.*) nom d'une illuſtre & ancienne maiſon de Picardie.

1°. Jean, ſire de *Rambures*, étoit gouverneur de Guiſe, dès le commencement du quatorzième ſiécle.

2°. André, ſire de *Rambures*, ſon arrière petit-fils, chambellan du roi Charles VI, mourut à l'expédition du château de Merch près Calais en 1405.

3°. David, ſire de *Rambures*, fils du précédent, chambellan de Charles VI comme ſon père, & grand-maître des arbalètriers de France, après avoir rendu les ſervices les plus ſignalés aux rois Jean, Charles V & Charles VI, fut tué en 1415 à la funeſte bataille d'Azincourt, avec ſes trois fils, Jean, Hugues & Philippe de *Rambures*.

4°. Il ne lui reſta qu'André II, ſire de *Rambures*, maître des eaux & forêts de Picardie, qui ſervit pendant près de trente ans Charles VI & Charles VII dans une multitude de ſiéges & de combats; il ne paroît pas qu'il ait pouſſé ſa carrière au-delà du ſiége de Pont-Audemer en 1449.

5°. Jacques, ſon fils, fait chevalier à ce même ſiége, & ſervit le roi Louis XI dans la guerre du bien public en 1465.

6°. André, fils de Jean III, ſire de *Rambures*, mourut à la priſe de Gravelines en 1558.

7°. Oudart, un de ſes frères d'un ſecond lit, fut tué à l'aſſaut de Rouen, en 1562.

8°. Geoffroi de *Rambures*, ſeigneur de Ligni ſur Canche, neveu des deux précédens, fut tué en 1608 par le ſeigneur de Mareuil ſon beau-frère.

9°. Un de ſes fils, chevalier de Malte (Guillaume de *Rambures*) fut fait priſonnier par les Turcs en 1665; racheté en 1607, & tué en 1608.

10°. Charles de *Rambures*, frère aîné de Geoffroi, chevalier des ordres du roi, gouverneur de Dourlens & du Crotoy, fut diſtingué parmi tant de braves de la maiſon de *Rambures*, par l'épithète du brave *Rambures*; il mourut le 13 janvier 1633, après avoir été obligé de ſe faire couper le bras droit pour deux anciennes bleſſures reçues, l'une quarante-trois ans auparavant, à la bataille d'Ivry, l'autre trente-ſix, au ſiége d'Amiens en 1597.

11°. Jean V, un des fils de Charles, maréchal de camp & gouverneur de Dourlens, meſtre de camp du régiment des Gardes, mourut quatre ans après ſon père, des bleſſures qu'il avoit reçues dans une ſortie au ſiége de la Capelle en 1637.

12°. Louis-Alexandre, marquis de *Rambures*, neveu du précédent, colonel d'un régiment d'infanterie, fut tué en Alſace en 1679, à l'âge de dix-huit ans, d'un coup de mouſquet qu'il reçut à la tête dans une décharge que quelques ſoldats faiſoient de leurs armes.

Par fa mort fut éteinte cette maison de *Ram-bures*, qui, plus qu'aucune autre, avoit fourni à l'état de nobles & généreufes victimes.

RAMEAU. (JEAN-PHILIPPE) *Hift. mod.*) Ce muficien, homme de génie, naquit à Dijon le 25 feptembre 1683 ; il fut cinquante ans obfcur, & toute cette partie de fa vie eft ignorée même de fes parens & de fes amis. On fait feulement que dans fa jeuneffe il avoit été à Milan où il étoit refté peu de temps, & qu'avant de fe fixer à Paris, il y avoit fait un premier voyage ; « C'étoit, dit un de fes hiftoriens panégyriftes, (M. Chabanon) c'étoit, pour ainfi dire, le » premier coup d'œil d'un grand capitaine qui » venoit reconnoître le champ de bataille où bien-» tôt il devoit combattre & triompher ». L'orgue de la cathédrale de Clermont en Auvergne exerçoit obfcurément fes talens ; fon père étoit un organifte d'un talent ordinaire ; Catherine *Rameau* fa fœur enfeignoit la mufique & avoit quelque talent pour le clavecin ; Claude *Rameau* leur frère fe diftingua parmi les organiftes de fon temps. Ce fut lui qui céda l'orgue de la ca-thédrale de Clermont à Jean-Philippe ; celui-ci avoit fait un bail avec le chapitre de cette cathé-drale, mais le defir de la perfection, & ce befoin que les grands talens ont de Paris, le rappellant dans cette capitale où il avoit déjà paru, il fe repentit de s'être lié par un bail, & il en de-manda la réfiliation au chapitre, mais la fupé-riorité même de fes talens s'oppofoit à fes defirs, & rendoit le chapitre inflexible,

Te decor ifte quod optas
Effe vetat, votoque tuo tua forma repugnat.

Rameau eut recours à un moyen fingulier, ce fut d'ôter à fes talens l'attrait qui lui ôtoit fa liberté ; tantôt il ne faifoit que mettre la main fur le clavier, & il difparoiffoit, tantôt il prolongeoit le jeu de l'orgue bien au-delà du terme prefcrit, & affectoit de ne fe rendre à aucun des fignaux qui devoient le faire ceffer ; il tiroit de l'inftru-ment les fons les plus défagréables, les diffonances les plus aigres, & il mettoit dans ce charivari déchirant une recherche, un art qui atteftoient également & fa capacité, & fa mauvaife volonté ; à tous les reproches du chapitre il répondoit qu'il ne joueroit jamais autrement, s'il n'obtenoit fa liberté. Il l'obtint enfin par fa perfévérance dans cet étrange artifice ; alors jouant pour la dernière fois, il mit dans fon jeu tant d'agrément & de perfection, que cet acte de fa reconnoiffance envers le chapitre ne fervit qu'à infpirer des regrets.
Dans le premier voyage qu'il avoit fait à Paris, il avoit entendu aux Cordeliers l'organifte Mar-chand ; il fut frappé des beautés de fon exécu-tion, mais il reconnut que cet excellent artifte

étoit un muficien médiocre ; il alla cependant lui rendre vifite, & mettre fes propres talens fous la protection d'un maître fi célèbre ; Marchand lui fit des offres de fervice, mais quand il eut vu fes pièces d'orgue, il devint jaloux, & ne vou-lut plus s'employer pour lui.

On a vu dans le mercure du mois de mars 1367, une lettre que *Rameau* écrivit à M. de la Motte pour lui demander des paroles d'opéra ; cette lettre, datée du 25 octobre 1727, & que M. Maret, autre panégyrifte de *Rameau*, a infé-rée dans fes notes, ne put rien obtenir, quoique M. *Rameau* n'eût rien oublié de ce que la mo-deftie pouvoit permettre pour donner une idée avantageufe de fes talens ; mais il n'avoit que des cantates à citer pour tous titres ; *Hippolyte & Aricie* n'avoit point encore paru.

Ce fut l'abbé Pellegrin qui dédommagea *Rameau* des refus de M. de la Motte ; mais fans l'indigence de cet abbé, dit M. Maret, « ce favant compo-» fiteur n'eût peut-être jamais trouvé l'occafion » de déployer tous fes talens ; ce qui rend cette » conjecture très-probable, c'eft que le poëte » exigea du muficien un billet de cinq cents » livres, & qu'il ne livra l'opéra d'*Hippolyte & » Aricie* qu'après avoir reçu ce billet ; mais s'il » eut à fe reprocher d'avoir montré tant de dé-» fiance au grand *Rameau*, qu'il répara bien fon » injuftice, & que cette efpèce de faire fit d'hon-» neur à fon goût ! le premier acte de cet opéra » fut répété chez M. de la Pouplinière, l'abbé » Pellegrin étoit préfent à cette répétition ; frappé » de la beauté de la mufique, il courut embraffer » l'auteur & déchira le billet, en s'écriant qu'un » pareil muficien n'avoit pas befoin de caution. »

M. le prince de Conti ayant demandé à Campra ce qu'il penfoit de cet opéra, ce muficien lui répondit : *Monfeigneur, il y a dans cet opéra affez de mufique pour en faire dix.* On affure que le fuc-cès de l'opéra de *Caftor & Pollux* infpira tant de jaloufie à Monret, qu'il en perdit la tête, & qu'on fut obligé de l'enfermer à Charenton, où dans fes accès de folie, il chantoit continuellement le beau chœur des démons du quatrième acte :

Qu'au feu du tonnerre
Le feu des enfers
Déclare la guerre, &c.

M. Maret rapporte d'autres traits de la jaloufie des muficiens, traits qui les aviliffent moins qu'ils n'honorent fon héros ; il expofe le fameux fyf-tème de la bafe fondamentale de *Rameau* ; il rend compte des contradictions qu'éprouva ce fyf-tème, & des divers écrits auxquels il donna lieu.
Parmi les ouvrages compofés pour ou contre *Rameau*, M. Maret n'a point oublié l'excellent extrait qu'une femme, également diftinguée par fes talens & par fon caractère, a donné du fyftème mufical

musical de ce grand maître qui fut le sien. On peut voir cet extrait dans le n°. 179 du *pour & contre* de l'abbé Prévôt, année 1737.

M. Maret ne diffimule pas que *Rameau* fut accusé d'être peu sociable. « Les gens médiocres, » dit-il, font forcés de polir exactement leur sur- » face, mais les hommes de génie dédaignent » cette attention qu'ils croyent, peut-être mal-à- » propos, au-deffous d'eux; auffi la plupart des » grands hommes partagent-ils ce reproche avec » M. *Rameau*; Malherbe étoit brufque dans fa » converfation & dans fes manières.
» Milton avoit une humeur bifarre & impé- » rieufe.
» Michel-Ange étoit fi fombre & fi peu fociable, » qu'il fe promenoit toujours feul, & cherchoit » les promenades les plus folitaires.
» Lulli étoit brufque & peu-poli.
» Le grand Corneille étoit naturellement mé- » lancolique, il avoit l'humeur brufque & quel- » quefois rude en apparence; il avoit l'ame fière » & indépendante, nulle foupleffe, nul manège.
» En fubftituant au nom de Corneille celui de » *Rameau*, on aura le véritable portrait de ce » célèbre muficien; l'un & l'autre auroient cru » s'avilir en follicitant des graces; & quoiqu'on » accufât *Rameau* d'aimer l'argent (on en a auffi accufé Corneille), cette paffion ne pût jamais » l'engager à plier, pour quelque motif que ce » fût ».

Rameau avoit époufé Marie-Louife-Mangot, dont le goût & les talens pour la mufique for- moient un trait important de conformité entre eux. La fœur de madame *Rameau*, religieufe do- minicaine à Poiffy, étoit, dit-on, une des plus belles voix qu'il y eût en France. M. *Rameau*, mort le 23 août 1764, a laiffé trois fils, M. Claude- François *Rameau*, écuyer (M. *Rameau* avoit eu des lettres de nobleffe) & valet de chambre du roi; dame Marie-Louife *Rameau*, religieufe au couvent de la vifitation de Sainte-Marie à Mon- targis, & dame Marie-Alexandrine *Rameau*, ma- riée depuis la mort de fon père à M. François- Marie de Gauthier, moufquetaire du roi de la première compagnie.

M. *Rameau* étoit de l'académie de Dijon, dont M. Maret étoit fecrétaire perpétuel; c'est à ce titre que M. Maret a prononcé l'éloge de cette aca- démie dans une féance publique de cette académie. C'est à titre d'amateur & d'admirateur que M. de Chabanon l'a célébré; il regarde la repréfentation d'*Hippolyte & Aricie*, donnée en 1733, comme l'époque de la réforme du théâtre lyrique. M. *Rameau* n'avoit fait jufques-là qu'un livre de pièces de clavecin, & il avoit cinquante ans accomplis; ce n'est pas une des moindres fingularités du génie de M. *Rameau* que cette lenteur à éclorre & que cette chaleur de génie & d'enthoufiafme renvoyée à une faifon qui ne femble plus faire pour elle.

M. de Chabanon peint le déchaînement momen-

tané du public contre les innovations hardies & heureufes de M. *Rameau*; on l'accabloit de cri- tiques; on accufoit fa mufique de n'être que diffi- cile & baroque. On fit contre lui cette épigramme:

Oui, fi le difficile eft beau,
C'eft un grand homme que *Rameau*;
Mais fi le beau, par avanture,
N'étoit que la fimple nature,
Dont l'art doit être le tableau,
Le petit homme que *Rameau*!

M. de Voltaire a dit au contraire:

Où, malgré foi, court admirer *Rameau*.

Le réfultat général du jugement de M. de Cha- banon fur ce grand muficien, eft que *Rameau*, comme fymphonifte d'opéra, n'eut jamais de mo- dèle ni de rival, & qu'il eft parvenu à un degré de perfection au-delà duquel on ne conçoit rien.

Que, quant à la mufique vocale, il a porté le genre établi de fon temps auffi loin que le génie pouvoit l'étendre: voilà ce que nous lui devons. Il n'a fait que perfectionner ce genre au lieu de l'anéantir, pour y en fubftituer un meil- leur; voilà ce qu'il nous laiffe à regretter.

Que n'a-t-il changé notre récitatif! que n'a-t-il rendu ce fervice éternel à notre opéra! il en étoit fi capable! M. de Chabanon prouve par quelques exemples tirés des ouvrages de M. *Rameau*, qu'il avoit entrevu ce récitatif véritable que nous de- firons.

Le théoricien dans M. *Rameau* n'eft point infé- rieur à l'artifte. Exemple rare! on l'a vu réunir l'aveugle & fougueux inftinct du génie qui en- fante, & la fagacité tranquille du génie qui difcute & approfondit.

On lui propofa dans les derniers temps de fa vie de faire quelques changemens à fon opéra de *Caftor. J'ai plus de goût qu'autrefois*, dit-il, *mais je n'ai plus de génie*.

On peut croire qu'un tel théoricien & un tel artifte avoit l'oreille extrêmement fenfible & à la mélodie, & à l'harmonie, & que tout ce qui les bleffoit, lui étoit infupportable. On raconte qu'au Palais-Royal, fa promenade ordinaire, une dame portoit un jour fous fon bras un petit chien qui ne ceffoit d'aboyer; *Rameau* donna d'abord malgré lui beaucoup de fignes d'impatience; enfin ne pouvant plus y tenir, il pria la dame de faire taire fon chien, alléguant une raifon de muficien: *il a*, dit-il, *la voix on ne peut pas plus défagréable*.

RAMELLI, (AUGUSTIN) *Hift. litt. mod.* in- génieur & machinifte italien du feizième fiècle, employé en France & penfionné par Henri III, a laiffé un recueil *in-folio* de fes machines, fous ce titre: *Le diverfe ed artificiofe machine del Au-*

riftino Camelli, ouvrage rare & curieux, enrichi de figures.

RAMESSES. (*Hist. d'Egypte.*) C'eft le nom de plufieurs rois d'Egypte; on croit que c'eft un des princes de ce nom qui fit élever à Thèbes en Egypte, (qui eft la fameufe Thèbes aux cent portes) dans le temple du foleil, un magnifique obélifque de cent trente-deux pieds. L'empereur Conftantin en 334 le fit tranfporter à Alexandrie; dix-huit ans après, l'empereur Conftance, fon fils, le fit tranfporter à Rome. Les conquérans barbares fe plaifent dans la deftruction; quand les Goths prirent & faccagèrent Rome en 409, ils renverférent cet obélifque, il fut rompu en trois morceaux, & refta enfoncé fous terre. Le pape Sixte Quint, cruel, mais ami des arts, déterra ce beau monument, & le fit élever dans la place de Saint-Jean de Latran, où il eft expofé à l'admiration publique.

RAMIRE I, roi d'Aragon, (*Hist. d'Efpagne.*) Il faut fans doute avoir des talens fupérieurs, des grandes qualités pour conferver & illuftrer un trône récemment érigé: car, il eft auffi difficile de régner avec gloire fur une monarchie qui vient d'être fondée, & qui par cela même, a pour ennemis toutes les puiffances voifines, que de tenir avec fuccès les rênes d'un état tombé en décadence, & menacé de toutes parts d'un bouleverfement prochain. *Ramire*, cependant, alla plus loin encore que fa nation ne l'efpéroit fa valeur & de fon habileté: non-feulement il rendit chère à fes peuples l'autorité royale, à laquelle ils n'étoient point accoutumés; mais il eut encore le bonheur d'ajouter plufieurs provinces à fon nouveau gouvernement, & de former de l'Aragon, l'un des plus étendus & des plus beaux royaumes de l'Efpagne entière. Don Sanche le grand, roi de Navarre, dans le partage qu'il fit à fes enfans, des différens états qu'il poffédoit, foit à titre de royaume, foit à titre de fouveraineté, laiffa à *Ramire*, fon fils, que, fuivant plufieurs hiftoriens, il avoit eu d'une maîtreffe, l'Aragon qui n'étoit alors qu'une principauté affez peu étendue, qui ne confiftoit que dans cette petite contrée qui porte encore, de nos jours, le titre de comté d'Aragon, & qui ne formoit tout au plus, que la huitième partie de ce pays, que l'on appelle aujourd'hui l'*Aragon*. Don Sanche donna en même tems, à don Gonçale, l'un de fes autres fils, les comtés de Sobrarve & de Rebagorce, avec le titre de roi, dont il venoit également de décorer *Ramire*, qui prit poffeffion de fon petit état & de fon trône en 1035. Environ une année après, le nouveau fouverain époufa la jeune Ermifinde, fille de Bernard, comte de Bigorre, qui paffoit pour la plus belle perfonne de fon fiècle. La puiffance de *Ramire* s'accrut par ce mariage; elle s'accrut bien plus encore par un événement imprévu, qui

recula de beaucoup les frontières de fa fouveraineté. Don Gonçale, fon frère, fut tué d'un coup d'épée à la chaffe, par l'un de fes domeftiques; on ignore à quel fujet. Gonçale ne laiffoit point d'enfans, & les peuples de Sobrarve & de Ribagorce, reconnurent pour leur prince, *Ramire* qui, au moyen de cette proclamation, ajouta aux poffeffions qu'il tenoit de fon père, toute cette partie du royaume d'Aragon qui eft au nord de l'Ebre. La fucceffion de Gonçale le rendit fi puiffant, & d'ailleurs fa valeur l'avoit rendu fi redoutable, que les rois Maures de Sarragoffe, d'Huefca & de Tudele, craignant de l'avoir pour ennemi, fe hâtèrent de lui demander fon amitié, & s'engagèrent à lui payer un tribut annuel. La foumiffion de ces princes & l'aggrandiffement de fon royaume enflammèrent l'ambition de *Ramire*; il s'oublia, & le defir de conquérir l'emportant fur le refpect qu'il devoit à la mémoire de fon père, & fur les fentimens qu'il eut dû conferver pour fon frère don Garcie, roi de Navarre, il fe ligua avec les trois rois mahométans, & fuivi d'une armée nombreufe, il alla faire une irruption fur les terres de Navarre, & mit le fiège devant Tafalla. Les habitans de cette place fe défendirent avec tant de valeur, que leur réfiftance donna le tems à don Garcie de raffembler fes troupes, à la tête defquelles il vint inopinément fondre, pendant la nuit, fur l'armée de fon frère, qui fut mife en déroute, & en partie maffacrée. Don Garcie, juftement irrité, ne fut point fatisfait de cette éclatante victoire, & profitant de la terreur qu'il avoit infpirée à fes ennemis, il fit lui-même une irruption dans les états de fon frère, qu'il contraignit d'aller chercher un afyle dans les montagnes de Sobrarve, & s'empara d'une partie de l'Aragon: ce royaume entier eût vraifemblablement paffé fous la domination du vainqueur, fi *Ramire* ne fe fût hâté de reconnoître fes torts, & d'employer la clémence de fon frère, qui, par la médiation de quelques évèques, voulut bien pardonner au roi d'Aragon, & lui reftituer même toutes les places dont il s'étoit rendu maître, & le pays qu'il avoit conquis. Depuis cette époque, les deux rois vécurent en bonne intelligence, & celui d'Aragon, corrigé de fon ambition, ne parut plus tenté de faire d'injuftes conquêtes. Mais la puiffance & le caractère guerrier de don Ferdinand, roi de Léon, lui infpirant des craintes ainfi qu'à don Sanche, roi de Navarre, fils & fucceffeur de don Garcie, l'oncle & le neveu firent, contre le fouverain dont ils redoutoient les projets, une ligue défenfive. *Ramire* étoit âgé; il fit fon teftament, & croyant que le plus fûr moyen de fe rendre le ciel favorable, étoit de tuer tout autant d'infidèles qu'il le pourroit, il fit par dévotion la guerre aux Maures, & prit fur eux Lohavre, place importante, fituée à trois ou quatre lieues d'Huefca, & l'annexa à fon royaume. Il fufpendit pour quelque tems ſes hoſtilités, & alla tenir un concile à Jacca, dans lequel il tut fait beaucoup de réglemens concernant la diſcipline eccléſiaſtique, & quelques loix utiles ſur l'adminiſtration civile, & le roi veilla avec beaucoup de ſoin pendant trois ans de calme à l'obſervation de ces loix, ainſi qu'à tout ce qu'il penſoit devoir concourir à aſſurer la tranquillité publique. Don Ferdinand, roi de Léon, enflammé auſſi d'un beau zèle, faiſoit une guerre cruelle aux Mahométans; la ſituation gênée de ceux-ci réveillant les anciens ſentimens de dévotion dans l'ame de *Ramire*, il ſe mit, quoiqu'affoibli par l'âge, à la tête de ſes troupes, & alla former le ſiège de Grao qui appartenoit au roi de Sarragoſſe. Ce prince Maure, vaſſal & tributaire du roi de Léon, implora le ſecours de ſon ſuzerain, mais en l'abſence de Ferdinand, qui parcouroit alors les provinces méridionales de ſes états, don Sanche ſon fils, accompagné du célèbre Cid, vola au ſecours du roi de Sarragoſſe, livra bataille aux aſſiégeans de Grao, les mit en déroute, & remporta ſur eux une illuſtre victoire, malgré les efforts héroïques de *Ramire I*, qui, accablé par le nombre, mourut les armes à la main en 1063, après un regne d'environ 28 ans. Ce roi ſe ſignala beaucoup plus par la ſageſſe de ſes loix & par ſon habileté dans l'art de gouverner les peuples, que par l'éclat de ſa valeur qui lui avoit pourtant acquis beaucoup de célébrité. Il ſe diſtingua auſſi par ſa piété, par ſon zèle pour la religion, & ſur-tout par ſa déférence pour S. Siège qui, ſuivant pluſieurs hiſtoriens, lui valut de la part du pape Grégoire VII, le titre de roi très-chrétien. (*L. C.*)

RAMIRE II, roi d'Aragon, (*Hiſtoire d'Eſpagne.*) Une couronne eſt auſſi pour la tête d'un vieux moine un fardeau trop peſant, & ce fut en *Ramire II* une inexcuſable folie d'accepter un ſceptre que ſes débiles mains n'étoient point en état de tenir; troiſième fils de Sanche, roi d'Aragon & de Félicie, il avoit été dans ſon enfance offert par le roi ſon père, qui peut-être avoit démêlé l'incapacité de ſon fils, à l'abbaye de Saint-Pons de Tomières pour y être moine, & il étoit bien fait pour ce genre de vie qu'il n'eût pas dû quitter. Il fut élevé ſous les yeux & par les ſoins de l'abbé Frottard; on le crut aſſez pieux pour être promu au ſacerdoce, & après avoir reçu l'ordre de prêtriſe, & avoir fait ſa profeſſion de moine dans l'abbaye de Tomières, il fut, diſent quelques hiſtoriens, nommé ſucceſſivement abbé de Sahagun, évêque de Burgos, puis évêque de Pampelune, & enſuite de Balbaſtro. Ces faits ne ſont rien moins que prouvés; mais il eſt aſſuré qu'il végétoit pieuſement en qualité de ſimple moine, dans le monaſtère de Saint-Pons de Tomières, quand don Alphonſe le Batailleur, ſon frère, roi d'Aragon & de Navarre, venant à mourir ſans enfans, & ayant fort ſtupidement laiſſé pour héritiers de tous ſes états les Templiers, les chevaliers de Saint-Jean de Jéruſalem & les gardiens du ſaint ſépulcre, les Navarrois & les Aragonois, ſans égard pour ces diſpoſitions, s'aſſemblèrent à Borja, ſur les frontières des deux royaumes, pour procéder à l'élection d'un roi. Il y eur tant de cabale, de diviſion & de méſintelligence dans cette aſſemblée, que les Aragonois s'étant ſéparés des Navarrois, allèrent à Jacca & y élurent dom *Ramire*, moine depuis environ 41 ans, tandis que les Navarrois éliſoient de leur côté à Pampelune, dom Garcie Ramirez, qu'ils proclamoient roi de Navarre. Ce n'étoit pourtant point aſſez d'avoir fait paſſer *Ramire* du fond du cloître ſur le trône, les Aragonois le preſſèrent encore de ſe donner, le plutôt qu'il pourroit, un héritier. *Ramire* étoit prêtre depuis beaucoup d'années; mais il obtint une diſpenſe d'Anaclet, qui ſe donnoit à Avignon le titre de pape, & il épouſa Agnès, ſœur de Guillaume, duc d'Aquitaine. A peine il commençoit à régner, qu'Alphonſe entra dans ſes états ſuivi d'une nombreuſe armée; *Ramire*, qui n'étoit point du tout fait au tumulte des armes, courut ſe cacher derrière les forêts & les montagnes de la Sobrarve. Sa terreur étoit néanmoins fort mal fondée, & le généreux Alphonſe, qui n'étoit point venu en uſurpateur, mais en ami, lui fit dire qu'il n'étoit paſſé ſur les terres d'Aragon que pour défendre ce royaume contre les infidèles qui, enhardis par la victoire qu'ils venoient de remporter à Fraga, avoient formé vraiſemblablement le projet d'envahir l'Aragon. Raſſuré par la généroſité de ce procédé, *Ramire* ſortit de ſon aſyle, remercia ſon défenſeur qui, après avoir laiſſé une forte garniſon à Sarragoſſe pour défendre ſon voiſin, ſe retira dans ſes états. Ce n'étoit cependant pas les Maures que le roi d'Aragon avoit le plus à craindre, mais la haine des Navarrois, dont le mécontentement alloit dégénérer en guerre déclarée, lorſque, par la médiation de quelques prélats, les deux nations en vinrent à un traité d'alliance, par lequel il fut convenu que les deux rois demeureroient paiſibles poſſeſſeurs, chacun de ſon royaume, condition qui plut beaucoup à *Ramire*, fort ennemi de la guerre, & qui ne déplut point à dom Garcie, qui eſpéroit lui ſuccéder, ne ſuppoſant point que vieux comme il étoit, il eut jamais des enfans; Garcie ſe trompa, & malgré la vieilleſſe du roi d'Aragon, la reine Agnès ſa femme accoucha de l'infante dona Pétronille. Ce n'ayit été que par un effet de leur attachement & de leur reſpect pour Alphonſe le Batailleur que les Aragonois avoient élu ſon frère, dont ils ne connoiſſoient d'ailleurs les talens, ni les qualités; ils ne tardèrent point à les connoître, & furent très-mécontens du choix qu'ils avoient fait. Les grands, qui ne voyoient qu'un moine dans leur ſouverain, furent très-honteux de l'avoir placé ſur le trône; ils ne cachèrent point leur manière de penſer, & *Ramire*, fort irrité de la licence de ces grands, imagina un moyen infaillible de les punir & de venger son amour-propre humilié. Ce moyen fut de convoquer les états à Huesca, & là, de s'assurer de tous ces seigneurs mécontens. Ce projet fut exécuté; ces seigneurs furent tous arrêtés, & afin de leur apprendre à respecter leur souverain, celui-ci les fit tous massacrer. Cette vengeance, indigne même d'un usurpateur, étoit déshonorante pour un roi; aussi ne réussit-elle point à *Ramire*; il n'avoit jusqu'alors été que méprisé, il devint odieux, & comme il étoit fort timide, il craignit les effets de la haine publique, d'ailleurs il s'étoit dégoûté du trône, il s'étoit aussi dégoûté de sa femme. Il fit des réfléxions sérieuses sur les douceurs de la vie monacale, sur les dangers de la royauté, & après avoir fiancé sa fille dona Pétronille, âgée d'environ deux ans, avec dom Raymond, comte de Barcelone, il convoqua les états, leur fit reconnoître Pétronille pour son héritière, obtint d'eux le consentement qu'elle lui succéderoit aussi-tôt qu'elle seroit en âge d'être mariée, & que si elle mouroit avant ce temps, le comte Raymond hériteroit du royaume; dès-lors le comte Raymond gouverna l'Aragon sous le titre de prince. Quant à *Ramire*, il se retira à Huesca, alla s'ensevelir dans le monastère de Saint-Pierre, où il vécut encore pendant dix ans, sans qu'il parût se souvenir qu'il avoit été roi pendant trois ans, qu'il avoit eu une femme & une fille, qu'il avoit fait égorger les grands, les plus illustres du royaume, qu'on l'avoit méprisé, & qu'il avoit fini par être détesté. Ce n'étoit point la peine de sortir du cloitre pour aller se déshonorer par un regne foible & court de trois années. (*L. C.*)

RAMIRE I, roi d'Oviédo & de Léon, (*Hist. d'Espagne.*) C'est une dure extrémité pour un roi doux & bienfaisant d'avoir sans cesse des arrêts de rigueur à prononcer, des citoyens, illustres par leur rang & par leur naissance, à punir, des supplices à ordonner, des rebelles à effrayer par la terreur de l'exemple. Ce fut pourtant à ces extrémités que le sage *Ramire* fut contraint d'en venir, & ce ne fut que par cette rigueur nécessaire qu'il parvint à régner aussi glorieusement pour lui-même qu'avantageusement pour les peuples. *Ramire*, fils de Vermond I, & cousin du roi Alphonse II, surnommé *le chaste*, s'étoit distingué par des services éclatans, & s'étoit rendu cher au souverain par la sagesse de ses conseils, par la justesse de ses vues & la pureté de ses mœurs, lorsque le bon Alphonse, couvert de gloire, accablé d'ans, & n'aspirant qu'au bonheur de jouir de quelques jours paisibles, convoqua les états, & les pria de lui donner son cousin pour successeur. La nation avoit les obligations les plus essentielles à la valeur, ainsi qu'aux grandes qualités de *Ramire*. Le choix d'Alphonse fut unanimement approuvé, & *Ramire I* fut placé sur le trône, du consentement des grands & aux acclamations du peuple. Alphonse II mourut, & son digne successeur régna seul sur Léon & Oviédo, en 842. Il étoit dans la province d'Alava, lors de la mort du roi, & son absence inspirant au comte Népotien, seigneur aussi puissant qu'audacieux, de hautes idées d'ambition, il se proposa de s'asseoir sur le trône, à l'exclusion du prince qui en étoit reconnu pour légitime possesseur. Il se donna tant de soins & fit de si brillantes promesses, qu'il engagea plusieurs seigneurs dans son projet d'usurpation. Les conjurés se croyant en assez grand nombre pour tout oser, prirent les armes, & proclamèrent tumultueusement Népotien, qui, fier de cette ombre d'élection, rassembla à force d'argent quelques troupes, à la tête desquelles il marcha du côté d'Oviédo. Informé de cette révolte, *Ramire* se mit à la tête de son armée, & marcha vers les Asturies. Il rencontra bientôt l'orgueilleux Népotien qui, s'avançant fièrement, présenta la bataille. Cette action décisive fut terminée en un instant, & à peine le signal du combat fut donné, que presque tous les soldats de Népotien l'abandonnèrent & passèrent dans l'armée royale. Effrayé de cette défection, il prit la fuite; mais il fut arrêté & conduit aux pieds du roi, qui lui fit à l'instant même crever les yeux, & l'envoya dans un monastère où il passa le reste de ses jours. A la faveur de ces troubles, une foule de voleurs de grand chemin se mirent à dévaster les provinces; ils n'échappèrent point à la vigilante justice de *Ramire*, qui fit crever les yeux à tous ceux dont on put se saisir; les autres se dispersèrent & ne parurent plus. Une prodigieuse quantité de paysans, égarés par la superstition, s'étoient persuadés qu'ils étoient sorciers, & s'effrayoient les uns les autres par leurs sortiléges; il eût fallu les guérir & les éclairer. Des ecclésiastiques crurent qu'il importoit à la religion de les exterminer, & remplissant *Ramire* de leurs opinions fanatiques, ces prétendus sorciers furent pris & brûlés. Pendant qu'il s'occupoit du malheureux soin d'envoyer aux bûchers des citoyens qui n'étoient que stupides, & qu'il eût pu & dû rendre à l'agriculture, les Normands qui alors infestoient la plupart des côtes de l'Europe, firent une descente à la Corogne, & dévastèrent le pays. *Ramire* assembla son armée, marcha contre eux, mit les Normands en déroute, en massacra beaucoup, & fit une très-grande quantité de prisonniers qui remplirent en partie le vuide que venoit de laisser le supplice des sorciers. Au milieu de son triomphe, le roi pensa perdre la vie par le complot de deux seigneurs qui avoient conspiré, l'un de lui ôter la vie, l'autre d'usurper la couronne. Ils furent découverts & pris; l'un ne perdit que la vue, l'autre fut mis à mort avec sept de ses fils. Le roi eût voulu les sauver, il n'en fut pas le maître; c'étoient les états du royaume qui avoient prononcé la sentence de mort, & qui la firent exécuter. Abderame, roi de Cordoue, jaloux de la gloire du souverain d'Oviédo & de Léon, lui déclara la guerre, fous prétexte que c'étoit lui qui avoit favorifé les defcentes des Normands fur les côtes efpagnoles. Ce prétexte étoit abfurde, auffi la fortune ne féconda-t-elle point Abderame; Ramire le battit, & dom Ordogno, fon fils, fe fignala par une fi rare valeur dans cette action, qu'à la demande de Ramire, les grands proclamèrent le jeune prince collègue & fucceffeur de fon père. Moins honteux de fa défaite, qu'irrité de la célébrité de fon vainqueur, Abderame raffembla toutes fes forces, & fuivi d'une armée nombreufe, il vint faire une irruption fur les terres du roi de Léon & d'Oviédo. Il fut encore plus malheureux qu'il ne l'avoit été la première fois; Ramire remporta fur lui une victoire fignalée; l'armée prefque entière d'Abderame périt dans cette action, & le fuccès de cette journée fut fi complet, que les hiftoriens contemporains n'ont pas manqué, fuivant l'ufage du neuvième fiècle, d'attribuer l'honneur de la victoire à un miracle, & qu'ils ont affuré que l'apôtre faint Jacques, monté fur un cheval blanc, ne ceffa de combattre à la tête de l'armée chrétienne. Cette fable n'a pas laiffé d'être adoptée en Efpagne, où bien des gens la regardent encore comme une vérité fort refpectable. Ce qu'il y a de plus vrai, c'eft que Ramire I, n'ayant plus ni conjurés à punir, ni Normands à éloigner, ni Maures à combattre, continua de vivre & de régner paifiblement jufqu'au premier février 850, qu'il mourût au grand regret de fes fujets, après fept ans d'un règne glorieux, & non, comme le difent les compilateurs du *Dictionnaire* de Moreri, après un règne de vingt-quatre années. Il eft vrai que dans cette longue compilation il y a bien des erreurs, mais celle-ci eft un peu forte; car enfin quand même ces favans éditeurs feroient commencer le règne de Ramire au temps où dom Alphonfe II le fit reconnoître pour fon fucceffeur, encore n'auroit-il régné que quinze années, attendu que cet événement eut lieu en 835; or, de 835 à 850, il n'y a que quinze ans, & non pas vingt-quatre. Mais c'eft de la mort d'Alphonfe qu'il faut dater le commencement du règne de Ramire, auquel fon prédéceffeur à la vérité remit une partie du gouvernement, & même, fi l'on veut, le foin entier de l'adminiftration, mais non le titre de roi, qu'il garda jufqu'à fa mort, ainfi que la couronne & tous les attributs de la royauté, & Alphonfe II ne mourut que vers la fin de l'année 842. Comment s'eft-il pu faire que ces compilateurs aient étendu le court règne de Ramire à vingt-quatre années? Mais auffi comment s'eft-il pu faire qu'il fe foit gliffé tant d'erreurs, tant de fautes dans ce *Dictionnaire*? (*L. C.* (

RAMIRE II, roi d'Oviédo & de Léon. (*Hift. d'Efpagne.*) Depuis la mort d'Alphonfe III, furnommé *le Grand*, la guerre, les défordres, les troubles, les factions avoient habituellement déchiré le royaume de Léon & d'Oviédo, & le trône fouvent ébranlé par les plus violentes fecouffes, avoit été tour-à-tour occupé par l'inquiet & malheureux Garcie qui, avec beaucoup de valeur, avoit beaucoup de vices; fils peu reconnoiffant, mauvais frère & foible fouverain; par Ordogno II, prince inquiet & malheureux, qui moiffonna quelques lauriers, & éprouva des revers accablans, & qui fut moins heureux encore au milieu de fes fujets, trop fatigués de fa rigueur extrême pour qu'ils puffent l'aimer; par Troila II, le plus cruel des hommes, le plus féroce des tyrans, & qui eût fini par dépeupler fes états, fi la mort n'eût arrêté le cours de fes fureurs & de fes crimes; enfin par l'indolent Alphonfe IV, qui fe rendant juftice & fentant fon incapacité, abdiqua la couronne en faveur de Ramire II, fon frère, comme lui fils d'Ordogno II, & alla porter dans un couvent où il fe retira, les fentimens propres aux monaftères, & les feules qualités qu'il tînt de la nature. Ramire II, élevé fur le trône en 927 par l'abdication de fon frère, fe difpofoit à fignaler le commencement de fon règne par une action d'éclat contre les infidèles, quand il apprit qu'Alphonfe, fatigué de fon état de moine, comme il avoit été fatigué de fon état de roi, fe repentant d'ailleurs d'avoir préféré fon frère au jeune Ordogno, le feul fils que lui avoit laiffé la reine Urraque, fon époufe, étoit forti de fon couvent, & réclamant contre fon abdication, fe difpofoit, fecondé par beaucoup de feigneurs, à ravoir par la force le fceptre que fa ftupidité lui avoit fait céder. Ramire II qui connoiffoit l'incapacité de fon frère, & qui ne jugea pas devoir fe prêter à fes caprices, marcha contre lui à la tête de l'armée deftinée à combattre les Maures, & l'affiégea dans Léon; ne pouvant néanmoins oublier que c'étoit à lui qu'il étoit redevable de la couronne, il lui fit faire quelques propofitions d'accommodement qui furent rejettées; mais quelque fupériorité qu'il eût, il ne vouloit point en venir aux dernières extrémités, lorfqu'une nouvelle révolte, fufcitée par les trois fils du roi Troila, qui vouloient s'emparer du trône, le força de profiter fans ménagement de fes avantages; il preffa vivement le fiège, & Alphonfe qui jufqu'alors avoit parlé avec hauteur, ne pouvant plus tenir, alla fe jetter aux pieds de fon frère qui le fit garder étroitement, entra dans Léon, dont il fe remit en poffeffion, pardonna aux rebelles, & marcha contre les trois fils de Troila qui, lui ayant été livrés par les Afturiens, eurent, ainfi qu'Alphonfe IV, les yeux crevés, & comme lui, furent à perpétuité renfermés dans un monaftère. Ces troubles appaifés, & Ramire cherchant à fe diftraire du chagrin que lui caufoit la perte de la reine Urraque fon époufe, que la mort venoit de lui enlever, il tourna fes armes contre les infidèles, marcha vers les murs de Madrid qu'il emporta d'affaut, ravagea les environs de Tolède, & retourna triomphant dans fes états, chargé de butin & fuivi d'une foule d'efclaves. Abderame, roi de Cordoue, irrité des fuccès & jaloux de la gloire du roi d'Oviédo, mit fur pied une armée nombreufe, & fecondé par les troupes d'Aben-Ahaya, feigneur de Sarragoffe & fon vaffal, il fe flatta de réparer avec éclat les pertes qu'il avoit fouffertes. *Ramire*, à peine remis des fatigues des dernières hoftilités, reprit les armes & marcha avec la plus grande activité à la rencontre des ennemis, qu'il trouva campés aux environs d'Ofma dans une vafte plaine; l'évènement ne juftifia point les efpérances d'Abderame, il comptoit fe venger, & il fut complettement battu, plufieurs milliers de Maures périrent dans l'action, tous les autres prirent la fuite avec leur roi vaincu. *Ramire* rentra dans Léon, d'où quelques jours après il fe rendit à Aftorga pour y préfider aux états, pendant lefquels il fit d'utiles réglemens, & réunit quelques places qu'il avoit conquifes fur les Maures, à l'évêché d'Aftorga, fuivant l'ufage de ce fiècle, où les fouverains, maîtres dans leurs royaumes, étendoient ou refferroient, comme ils le jugeoient à propos, les diocéfes fans le concours de l'évêque de Rome, qui alors n'en difpofoit pas chez les puiffances étrangères. D'Aftorga, *Ramire* alla fe mettre à la tête de fes troupes, & entra dans l'Aragon, réfoln de punir Aben-Ahaya, du fecours qu'il avoit fourni à Abderame; hors d'état de réfifter à un tel ennemi, Aben-Ahaya, feigneur de Sarragoffe, s'empreffa de fe foumettre, fe déclara vaffal de la couronne de Léon, & s'engagea de lui payer le même tribut annuel qu'il donnoit au roi de Cordoue. *Ramire* lui accorda la paix à ces conditions, revint dans fes états, époufa dona Thérefe, fœur de don Garcie, roi de Navarre, & pendant une année, ne s'occupa que des foins du gouvernement; mais tandis qu'il fe flattoit de jouir d'un calme heureux & durable, Aben-Ahaya, infidèle à fes engagemens, s'étoit ligué avec le roi de Cordoue, & leurs troupes firent inopinément une irruption fur les terres de Léon, s'emparèrent de Covarrubias, petite ville bien peuplée, dont ils pafsèrent tous les habitans au fil de l'épée, ravagèrent la campagne, & ne s'en retournèrent qu'après s'être raffafiés de butin & carnage; enorgueilli par le fuccès de cette expédition, & ne doutant point que le temps d'accabler les chrétiens ne fût venu, Abderame fit les derniers efforts pour écrafer *Ramire*; une foule de Maures vinrent d'Afrique fe joindre à fon armée, déjà très-formidable, & la conquête de Léon & d'Oviédo lui paroiffant infaillible, il ne fe propofoit rien moins que d'exterminer les chrétiens, ou tout au moins d'obliger ceux qui échappoient au carnage, d'aller pour la feconde fois fe cacher dans les Afturies. Ses projets étoient vaftes, mais ils ne réuffirent pas; au contraire, *Ramire*, dont les forces paroiffoient très-inférieures

à celles des Mahométans, alla à leur rencontre, leur préfenta la bataille dans la plaine de Simancas, fondit fur eux avec impétuofité, & malgré leur réfiftance, remporta la victoire & inonda la plaine de leur fang. Il s'en retournoit triomphant, lorfqu'il fut averti qu'Abderame raffembloit les débris de l'armée vaincue qui, malgré cette grande défaite, étoit encore très-nombreufe. Le roi d'Oviédo, fans donner aux infidèles le temps d'être tous raffemblés, marcha contr'eux, les joignit auprès de Salamanque, les attaqua & les défit encore. Cette feconde victoire fut plus fatale que la première aux Maures; les vainqueurs en firent un horrible carnage, & fe faifirent d'Aben-Ahaya qui fut enfermé & traité en fujet perfide & rebelle. Dans la vue de prévenir de nouvelles invafions, *Ramire II* donna ordre aux comtes de Caftille de fortifier leurs places qui, par leur fituation, ferviroient de barrière aux Mahométans. Les comtes de Caftille qui fe prétendoient indépendans n'obéirent qu'à regret. Le roi d'Oviédo leur ordonna enfuite d'affembler leurs troupes & de fe tenir prêts à marcher au premier fignal. Offenfés de ce fecond ordre, ils refusèrent de s'y foumettre, & par leur réfiftance irritèrent fi fort *Ramire II*, qu'il marcha contr'eux à la tête de fes troupes, & fit prifonniers les comtes Ferdinand Gonçalez, & Nunno Nunnez. Cependant, comme les prétentions de ces feigneurs étoient en quelque forte fondées fur une longue jouiffance, le roi d'Oviédo n'ufa point de rigueur; il leur fit faire au contraire de fi fages repréfentations, pendant qu'ils étoient en prifon, qu'acquiefçant à fes raifons, ils lui promirent la plus inviolable fidélité. *Ramire II* ne fe contenta point de leur rendre la liberté, il les combla de bienfaits, les honora de fa confiance, & peu de temps après il maria fon fils dom Ordogno avec dona Urraque, fille du comte Ferdinand Gonçalez & de dona Sanche, infante de Navarre. Intimidés par fa valeur & fa puiffance, les Maures lui demandèrent une fufpenfion d'armes, & il leur accorda une trêve de fept années. Il confacra ce temps de paix aux travaux les plus utiles; il fonda plufieurs monaftères, peut-être eût-il pu mieux faire; mais alors la fondation d'un monaftère paffoit pour la plus belle des actions humaines. Il fit fortifier les places les plus importantes, publia des loix fages & extirpa les abus. Conftamment animé néanmoins du defir d'exterminer les Maures autant qu'il le pourroit, la trêve fut expirée à peine, que, fuivi de fon armée, il paffa les montagnes d'Avila, & fondit fur Talavera. Le roi de Cordoue envoya contre lui une nombreufe armée; les Chrétiens & les Maures fe rencontrèrent, le combat s'engagea; l'action fut décifive & glorieufe pour *Ramire* qui remporta encore une victoire fignalée. Les Mahométans perdirent douze mille hommes, & en laiffèrent fept mille entre les mains des Chrétiens qui les amenèrent prifonniers. *Ramire II* alla fe repofer à Oviedo ; son deffein étoit de fe rendre à Léon, mais il tomba malade à Oviédo, & on eut bien de la peine à le tranfporter à Léon ; la maladie empira, *Ramire* vit fans trouble fes derniers momens approcher ; il abdiqua la couronne en faveur d'Ordogno fon fils, & mourut peu de jours après, le 5 janvier 950 ; il avoit régné dix-neuf ans & quelques mois. Les Chrétiens le regrettèrent amérement ; ils perdoient en lui un excellent roi & leur plus ferme appui. Les Maures fe réjouirent de fa mort, tant il leur avoit infpiré de terreur.

RAMIRE III, roi d'Oviédo & de Léon. (*Hift. d'Efpagne.*) Dans les états où la couronne eft élective, il fembleroit que le peuple qui a le droit de placer qui il veut fur le trône, a par cela même auffi le droit de dépofer les fouverains qui ne répondent point à la confiance publique, ou qui abufent en tyrans du fuprême pouvoir. Ce fut ainfi que penfèrent & ce fut ainfi qu'en agirent les fujets de *Ramire III*, fils du roi Sanche-le-Gros, roi jufte & fage, qui mourut pourtant empoifonné par les mains d'un traître qu'il aimoit. *Ramire* n'avoit que cinq ans lors de la mort de Sanche ; mais malgré la foibleffe de fon âge, les grands, affemblés pour procéder à une élection, le proclamèrent en 964, dans l'efpérance que, né d'un père bon & jufte, il en auroit un jour les refpectables qualités. Il fut reconnu pour roi fous la tutelle de la reine fa mère, & de dona Elvire fa tante, & fous un confeil de régence. Ce confeil de régence commença par renouveller avec Alhacan, roi de Cordoue, le traité de paix qui avoit été fait dans les derniers jours du regne précédent entre les deux couronnes. Il ne fe paffa rien de bien important pendant les premières années de ce regne, & le royaume ne fut agité que par la turbulence de l'ancien évêque de Compoftelle qui, dépofé & enfermé, s'évada de fa prifon, & alla, les armes à la main, fe remettre en poffeffion de fon évêché. Sifenand fe fit craindre, & on le laiffa tranquille fur la chaire épifcopale. Les pirates normands qui avoient fait précédemment plufieurs invafions fur les côtes de Galice, en firent une nouvelle & marchèrent vers Compoftelle. L'évêque Sifenand qui favoit mieux combattre que prêcher, raffembla des troupes, marcha contre les Normands, leur livra bataille, fut vaincu & tué. Enhardis par cet avantage, les Normands, peuple inhumain dans la victoire, parcoururent le pays, le fer & la flamme à la main, & portèrent le ravage & la défolation jufqu'aux montagnes de Caftille ; chargés de butin, ils revinrent vers les côtes pour fe remettre en mer ; mais le comte Gonzalez Sanchez fuivi d'une formidable armée, les rencontra, fondit fur eux, les battit, les maffacra prefque tous, fit prifonniers ceux à qui les vainqueurs fatigués de carnage avoient laiffé la vie, & alla mettre le feu à leur flotte. A ces troubles près, le royaume jouit d'un calme

profond, & *Ramire III* parvenu à la dix-feptième année de fon âge, époufa, du confentement du confeil de régence, dona Urraque, jeune demoifelle, de l'une des plus illuftres maifons du royaume. Eperduement amoureux de fa jeune époufe, dont l'ambition étoit outrée & le caractère mauvais, il ne fe conduifit que d'après fes confeils, & les confeils pernicieux d'Urraque l'engagèrent à traiter avec mépris la reine fa mère & Elvire fa tante. *Ramire* toujours dévoué aux fuggeftions de dona Urraque, en agit avec tant de hauteur à l'égard de la nobleffe, qu'il la mécontenta ; il affecta fur-tout d'offenfer les nobles de Galice par les plus révoltans procédés. Ces nobles peu accoutumés à ce ton defpotique, s'affemblèrent, jettèrent les yeux fur le prince dom Bermude, fils d'Ordogno III, qui leur parut plus digne du trône que celui qui l'occupoit ; ils le proclamèrent roi, & cette élection fut fi favorable aux Galiciens, parmi lefquels le jeune Bermude avoit été élevé, qu'ils prirent les armes pour foutenir fon élection. *Ramire III* croyant n'avoir à combattre qu'un petit nombre de rebelles faciles à foumettre ou à difperfer, raffembla fes troupes, & marcha contre les Galiciens ; ceux-ci fe défendirent avec beaucoup de valeur. Les deux partis en vinrent à une action, elle fut vive & fanglante ; le combat dura depuis le lever du foleil jufqu'à fon coucher ; la victoire demeura indécife ; mais l'armée royale avoit été fi maltraitée, que *Ramire* fe rendit à Léon pour lever de nouvelles troupes ; mais à peine il étoit arrivé dans cette capitale, qu'il y tomba malade & mourut, à la fatisfaction publique, vers la fin de l'année 982, dans la quinzième année de fon regne, & âgé de vingt ans. La nation l'avoit élu pour qu'il régnât en fouverain vertueux & modéré ; il voulut gouverner en defpote, & fes prétentions injuftes infpirèrent à fes fujets la réfolution de faire un nouveau choix. Il mourut cependant fur le trône ; mais s'il eût vécu encore quelques jours, il eft vraifemblable qu'il feroit mort ou en prifon ou dans un monaftère, car la nation entière étoit foulevée contre lui, & faifoit des vœux pour Bermude. (*L. C.*)

RAMSAY (CHARLES-LOUIS) *Hift. litt. mod.*) gentilhomme écoffois, eft auteur d'un ouvrage latin, intitulé : *Tacheographia*, ou *l'art d'écrire auffi vîte qu'on parle*, dédié à Louis XIV. Cet art n'étoit pas inconnu aux anciens, à en juger par ce diftique de Martial :

> *Currant verba licet, manus eft velocior illis,*
>   *Nondum lingua, fuum dextra peregit opus.*

Mais un homme qui a rendu beaucoup plus célèbre dans les lettres le nom de *Ramfay*, eft André-Michel de *Ramfay*, chevalier-baronet en Ecoffe, & chevalier de Saint-Lazare en France, docteur de l'univerfité d'Oxford, iffu d'une branche cadette de l'ancienne maison de Ramsay. Il eut le bonheur d'être fixé dans la religion catholique par M. de Fénelon; il eut le bonheur & la gloire d'être son ami, il a écrit la vie de cet illustre prélat; il fut aussi l'ami de Pope, & il le défendit contre Louis Racine. (*Voyez l'article* POPE.) Sa vie de Fénelon, son discours sur le poëme épique, placé à la tête du *Télémaque*, son *Histoire de Turenne* & ses *Voyages de Cyrus*, voilà ses ouvrages les plus connus. On a de lui en anglois un ouvrage posthume, intitulé : *Principes philosophiques de la religion naturelle & révélée, développés & expliqués dans l'ordre géométrique*; un plan d'éducation aussi en anglois; des poésies aussi en anglois; il avoit élevé les princes de la maison de Bouillon, & avoit été appellé à Rome pour travailler à l'éducation des enfans de Jacques III. Il mourut à Saint-Germain en Laye en 1743.

RAMTRUT, s. m. (*Hist. mod. superstit.*) c'est le nom d'une divinité adorée par les Kanarins, peuple de l'Indostan; elle a un temple fameux à Onor. On la représente sous des traits qui approchent plus de ceux d'un singe que d'un homme. Dans certains jours solemnels on la porte en procession dans une espèce de char, qui a la forme d'une tour pyramidale d'environ quinze pieds de haut; une douzaine de prêtres montent sur cette voiture pour accompagner l'idole; ils sont traînés par des hommes, qui tiennent à très-grand honneur de servir de bêtes de charge à ce dieu & à ses ministres.

RAMUS ou LA RAMÉE (PIERRE) *Hist. litt. mod.*) savant professeur au collège royal, principal du collège de Presle, homme singulier, célèbre & malheureux. Ses malheurs commençoient avant sa naissance; sa famille, établie à Liège, y perdit tout son bien, lorsqu'en 1468 le duc de Bourgogne, Charles le téméraire, réduisit presque entièrement cette ville en cendres. L'ayeul de *Ramus* alla se faire charbonnier dans un village du Vermandois; on dit qu'il étoit né gentilhomme. Son fils fut charbonnier aussi ou laboureur, & *Ramus* naquit dans la pauvreté vers 1502 selon les uns, en 1515 selon les autres. A peine sorti du berceau, il fut deux fois attaqué de la peste; arrivé à Paris, la misère l'en chassa deux fois, il y retourna une troisième fois, & fit ce que faisoit en même temps Guillaume Postel, dont les premières avantures ont beaucoup de rapport avec les premières de *Ramus* (*voyez* POSTEL); il entra en qualité de domestique au collège de Navarre, il servoit le jour, il étudioit la nuit, ses progrès furent rapides comme ceux de Postel; mais *Ramus*, supérieur à Postel & né avec un esprit réformateur, s'éleva d'abord au-dessus de son siécle; la scolastique le révolta, il lut Xénophon & Platon, il en fut transporté: *voilà*, s'écria-t-il, *la seule*

philosophie digne de l'homme. Bientôt il ne garda plus de mesures avec la scolastique ni avec Aristote; il voulut détrôner ce prince des philosophes dans lequel il ne pouvoit plus rien reconnoître de bon, il soutint des thèses publiques, & fit des écrits contre lui; tout le péripatétisme se souleva. Un péripatéticien portugais, nommé Antoine de Govea, établi dans l'université de Paris, poursuivit *Ramus*, comme ennemi d'Aristote, au châtelet, puis au parlement; on plaida solemnellement pour & contre Aristote; le roi François I évoqua cette grande affaire & la mit en arbitrage; les arbitres furent pour Aristote & pour Govea; on déclara que *témérairement & insolemment Ramus* s'étoit élevé contre le prince des philosophes, on condamna les livres de *Ramus*, & on lui défendit d'enseigner la philosophie. Pierre Galland, (voyez son article) qui en cette occasion combattit pour Aristote contre *Ramus*; prétend même que François I vouloit envoyer *Ramus* aux galères, le prenant pour un barbare qui s'opposoit aux progrès naissans des lettres, & qui vouloit renverser l'ouvrage de son maître; c'étoit le connoître bien mal, mais c'est ainsi qu'on dit la vérité aux rois, & c'est pour cela qu'ils ne doivent jamais se permettre de rien prononcer d'eux-mêmes sur le fort de leurs sujets; les ennemis de *Ramus* avoient bien dit au roi qu'il haïssoit Aristote, mais ils s'étoient bien gardés de dire qu'il aimoit Platon & Xénophon. *Ramus* dévora les triomphes & les injures de ses ennemis, qui publièrent sa condamnation dans toute l'europe, qui le jouèrent sur leurs théatres collégiaux; & le confondirent tant qu'ils voulurent dans leurs thèses sans contradicteurs. *Ramus* ne s'attacha qu'à pratiquer cette philosophie socratique qu'il admiroit, elle lui apprit à souffrir sans se plaindre; quand ses amis le plaignoient, il leur répondoit avec le sourire de la paix :

Grata superveniet, quæ non sperabitur hora.

Elle arriva cette heure favorable; *Ramus* eut la liberté d'enseigner la philosophie qu'il jugeroit la plus convenable. Ce fut le cardinal de Lorraine, Charles, qui lui *obtint*, dit Bayle, *la main-levée de sa plume & de sa langue*.

La scolastique se vengea de ces nouveaux succès de *Ramus*, en troublant ses leçons par des huées & des sifflemens; il fatigua par sa constante tranquillité l'indécente cabale qui osoit l'insulter dans ses fonctions; il pouvoit la faire punir, il la dédaigna, & ses leçons cessèrent d'être troublées; mais il ne put réussir dans le grand projet qu'il avoit conçu de bannir entièrement de l'école l'argumentation & la scolastique.

Henri II ayant jugé que l'université avoit besoin de réforme, nomma, par ses lettres du 7 janvier 1556, *Ramus*, Danès & Galland pour y travailler. *Ramus* appartenoit & au collège royal & à l'université

verſité, étant d'un côté profeſſeur royal, de l'autre principal du collège de Preſle.

Devenu le doyen des profeſſeurs royaux, il jugea que l'honneur du collège royal lui étoit plus particuliérement confié ; il veilla ſur le choix des profeſſeurs. L'ignorant Dampeſtre avoit envahi par intrigue une chaire de mathématiques. *Ramus* averti de ſon incapacité, voulut l'empêcher d'exercer. Dampeſtre répondit : *qu'il lui feroit leçon à lui-même & à tous les lecteurs de l'univerſité.* Commencez donc, dit Ramus, par m'expliquer *la première propoſition d'Euclide. Me prenez-vous pour un enfant,* repartit Dampeſtre ? & malgré l'oppoſition de Ramus, il voulut commencer ſes leçons publiques. On ne l'interrompit point comme on avoit interrompu *Ramus,* mais ſon école fut déſertée ; *Ramus* fit rendre, le 24 juin 1566, une ordonnance qui décida que Dampeſtre & les profeſſeurs qu'on nommeroit à l'avenir ſeroient examinés publiquement par tous les lecteurs royaux. Dampeſtre n'oſa ou ne daigna point ſubir cet examen ; il vendit ſa chaire à un autre ignorant nommé Charpentier, docteur en médecine, & qui crut pouvoir couvrir ſon ignorance en mathématiques, par le peu de médecine qu'il ſavoit & qu'il enſeigneroit à ſes écoliers. *Ramus* fit ſignifier à Charpentier l'ordonnance du 24 juin 1566. Charpentier, après quelques bravades qu'il ne put ſoutenir, pleura, ſe plaignit qu'on le déſhonoreroit gratuitement, enfin il demanda trois mois pour ſe mettre en état d'expliquer Euclide ; on les lui accorda, & cependant de nouvelles lettres, du 8 mars 1567, confirmèrent celles du 24 juin précédent, & mirent même pour l'avenir les chaires au concours ; mais malgré la vigilance & les efforts de *Ramus,* elles reſtèrent ſans exécution. Charpentier ſe maintint dans ſa place & dans ſon ignorance.

Pendant que *Ramus* exerçant ainſi une diſcipline ſévère ſur le collège royal, vouloit en chaſſer les ignorans, l'univerſité l'avoit chaſſé lui-même du collège de Preſle, comme calviniſte. Le goût général qu'il avoit pour la réforme & les perſécutions qu'il avoit éprouvées de la part des catholiques au ſujet d'Ariſtote, l'avoient en effet jetté dans la réforme calviniſte, qu'il voulut encore réformer, tant il aimoit la réforme. Mais il eut à combattre Théodore de Bèze, qui l'empêcha même d'obtenir une chaire de théologie à Genève.

Ses ennemis qui depuis long-temps épioient ſon calviniſme naiſſant, s'étoient apperçu qu'il ôtoit les images de la chapelle de ſon collège de Preſle, diſant qu'*il n'avoit pas beſoin d'auditeurs ſourds & muets ;* l'univerſité s'étoit hâtée de l'en chaſſer dès 1562. Il fut même alors obligé de quitter Paris pour échapper à la perſécution ; mais Charles IX, qui l'aimoit, lui donna un aſyle à Fontainebleau, où placé au milieu de la bibliothèque royale, il ſe conſola par l'étude & par le

Hiſtoire Tome IV.

travail ; il ſe perfectionna dans la géométrie & l'aſtronomie, mais bientôt on le chaſſa de cet aſyle même, il erra de retraite en retraite, inconnu & déguiſé. N'ayant pu le prendre, on pilla ſon collège de Preſle, une riche bibliothèque qu'il avoit pris plaiſir à y former, lui fut enlevée ; un des grands motifs de la fureur de ſes ennemis étoit la manière dont il prononçoit la lettre Q, il n'en falloit pas davantage alors, & il n'en faut pas beaucoup davantage aujourd'hui pour haïr. *Ramus* & les profeſſeurs royaux avoient corrigé, autant qu'il étoit poſſible, quelques abus qui s'étoient gliſſés dans la prononciation du latin. L'école, par négligence, avoit pris l'habitude de prononcer *quiſquis, quanquam,* comme *kiskis, kankam,* delà le proverbe *faire un grand* KANKAN *ou* CANCAN, qui ſignifioit originairement faire un grand diſcours bien ſolemnel, bien polémique, commençant par *quanquam,* comme pluſieurs des oraiſons & des traités de Cicéron, & qui ſignifie plus généralement aujourd'hui : faire un grand bruit, une grande affaire d'une bagatelle. C'eſt contre cette prononciation vicieuſe qui faiſoit diſparoître l'U que *Ramus* s'élevoit. On prétend que la Sorbonne avoit fait dépouiller de ſes bénéfices un eccléſiaſtique qui avoit adopté la prononciation de *Ramus,* & que cet eccléſiaſtique s'étant pourvu au parlement, étoit en danger d'y perdre ſon procès, ſi les profeſſeurs royaux n'avoient été repréſenter en pleine audience le ridicule de cette cauſe & l'indignité de ce procédé.

La paix de 1563 avoit ramené *Ramus* à Paris ; les guerres civiles ayant recommencé en 1567, il ſe réfugia auprès du prince de Condé ; il étoit avec lui & avec l'amiral de Coligny à la bataille de S. Denis. A la paix il revint en France, & y retrouva la perſécution ; pour l'éviter, il alla viſiter les univerſités d'Allemagne. Il fut comblé d'honneurs à Bâle, à Heidelberg ; on l'invita de la part du roi de Pologne Sigiſmond II à venir à Cracovie. Jean Sigiſmond Zapol, vayvode de Tranſylvanie, lui offrit le rectorat de l'univerſité de Weiſſembourg, avec des appointemens conſidérables ; il refuſa tout pour revenir dans ſa patrie qu'il aimoit toujours. Il revint à Paris vers la fin de l'année 1571, & y fut aſſaſſiné l'année ſuivante à la S. Barthélemi ; ce ne fut point le crime de la ſuperſtition, mais de la haine ; il fut avéré que les aſſaſſins avoient été apoſtés par Charpentier ; *Ramus* s'étoit caché dans une cave ; on l'avoit épié, on l'en tira, il offrit de l'argent, l'argent déſarme des voleurs, non des ennemis ; Charpentier, dit-on, ſe montra l'un & l'autre, il prit l'argent de *Ramus* & le livra aux aſſaſſins ; *Ramus* ſe voyant ainſi trahi, ſe défendit en déſeſpéré ; percé de coups, ſuccombant ſous le nombre, on le jetta dans la rue. Ses entrailles ſortoient de ſon corps ; les écoliers que Charpentier animoit les arrachèrent & les ſemèrent de rue en rue, ils y traînèrent le cadavre de *Ramus* en le battant de verges.

Ramus étoit d'une figure noble, d'une taille avantageuse, d'un tempérament robuste : élevé durement, il vécut toujours durement, ne coucha jamais que sur la paille, ne but que de l'eau, parce qu'un excès de vin qu'il avoit fait dans sa jeunesse l'avoit incommodé, & ne cessa de travailler ; sa sobriété, ses mœurs, d'utiles exercices le sauvèrent des dangers du travail & conservèrent sa santé. Il aida ses écoliers de son argent comme de ses lumières, il fit du bien & pendant sa vie & après sa mort ; mais il disputa trop, & par-là il alluma des haines qui troublèrent ses jours & causèrent sa perte.

Il avoit une éloquence qu'on jugea propre aux grands effets & qui en produisit quelquefois ; les Reîtres de l'armée du prince de Condé refusant de marcher, parce qu'ils n'étoient point payés, on les fit haranguer par *Ramus*, & ils marchèrent.

Il a écrit sur presque tous les arts & toutes les sciences. On peut voir dans le P. Niceron la liste de ses ouvrages. *Ramus* occupa trois chaires au collège royal, celle de philosophie, celle d'éloquence latine, celle de mathématiques, & il en fonda une qu'il mit au concours & qui s'appelle encore la chaire de *Ramus*. Il exécuta ainsi en petit ce qu'il eût voulu que le gouvernement exécutât en grand. Au moment même où la persécution le chassoit de sa patrie, son amour pour sa patrie & pour les sciences l'engageoit à laisser par son testament cinq cents livres de rente qu'il avoit sur la ville, somme alors considérable pour fonder une chaire, où pendant trois ans un même professeur devoit enseigner l'arithmétique, la musique, la géométrie, l'optique la méchanique, l'*astrologie* & la géographie. Au bout des trois ans, la chaire devoit être remise au concours ; le professeur reçu ne pouvoit conserver sa chaire que par de nouveaux triomphes ; s'il étoit vaincu, la chaire passoit au vainqueur. Tous les professeurs royaux & tous les mathématiciens reconnus pour habiles, devoient être les arbitres du combat. Le premier président, le premier avocat-général, le prévôt des marchands & les échevins devoient être priés d'y assister. Les ennemis de *Ramus*, pour le contrarier même après sa mort, & pour écarter du collège royal cet esprit d'examen & d'épreuve qui ne leur étoit pas favorable, parvinrent dès l'année 1573 à faire changer la destination des fonds légués par *Ramus* : mais comme la haine & l'ignorance ne présidèrent point à cet arrangement, il eut un objet utile ; on donna les cinq cents livres à Gohorry pour continuer l'histoire de France de Paul Emile. Ce Gohorry écrivit en effet les règnes de Charles VIII & de Louis XII, qui sont en manuscrit à la bibliothèque du roi ; il savoit d'ailleurs des mathématiques, & s'il les enseignoit, la prédilection de *Ramus* pour les sciences exactes n'étoit

point trompée. En 1611, Louis XIII ordonna que le testament de *Ramus* seroit plus exactement exécuté. Sa chaire a été remplie jusqu'en 1732, & après quelques années d'interruption, elle l'a été encore. Ainsi le nom de *Ramus* se mêlera toujours à celui des rois bienfaiteurs des lettres ; il a fait plus que d'ajouter à leurs libéralités, il leur a indiqué le moyen de s'assurer du mérite, & de ne jamais prostituer leurs bienfaits. (*Voyez l'art.* GOHORRY.)

RAMUSIO ou RANNUSIO (JEAN-BAPTISTE) *Hist. litt. mod.*) vénitien, secrétaire du conseil des dix, mort à Padoue en 1557, auteur d'un traité *de Nili incremento*, & d'un recueil de voyages maritimes.

R A N

RANA, ou RANNA, s. m. (*Hist. mod.*) titre que l'on donne dans l'Indostan aux princes ou souverains du pays, qui descendent des anciens possesseurs de ces contrées avant que les Tartares en eussent fait la conquête ; cependant le mot sous lequel on désigne ces princes le plus ordinairement, est celui de *Rajah*. (*A. R.*)

RANC, (JEAN) *Hist. mod.*) peintre né à Montpellier en 1674, mort à Madrid en 1735, premier peintre du roi d'Espagne, élève de Rigaud & mari de la nièce de ce grand peintre. Les arts & les artistes ne sont pas de notre département, & nous ne parlons de celui-ci que relativement à un fait historique & littéraire ; c'est que la fable de la Motte, qui a pour titre : *Le Portrait*, n'est point une fable, mais une avanture arrivée réellement au peintre dont il s'agit ici, & dont la morale est la même que celle de la fable du Bouffon & du Paysan dans Phèdre :

En hic declarat, quales sitis judices.

Voilà de vos arrêts, messieurs les gens de goût !

RANCÉ, (*Voyez* BOUTHILLIER (LE).

RANCHIN. (*Hist. litt. mod.*) Un jurisconsulte de ce nom, Etienne, mort à Montpellier en 1583, est auteur du livre intitulé : *Miscellanea decisionum juris.* Un de ses parens (Guillaume) avocat du roi à la cour des aides de Toulouse, a fait une *revison du Concile de Trente.*

Mais le plus connu de tous les écrivains de ce nom, est l'auteur de ce fameux triolet :

Le premier jour du mois de mai
Fut le plus beau jour de ma vie ;
Le beau dessein que je formai,
Le premier jour du mois de mai !
Je vous vis & je vous aimai,

Et ce deſſein vous plut, Silvie.
Le premier jour du mois de mai
Fut le plus beau jour de ma vie.

Il étoit conſeiller à la chambre de l'Edit, & originaire de Montpellier. Son triolet & des ſtances
d'un père à ſon fils, qui commencent ainſi:

Philis, mes beaux jours ſont paſſés,
Et mon fils n'eſt qu'à ſon aurore, &c.

ont fait toute ſa réputation. Son triolet, ſur-tout,
étoit cité en toute occaſion; on l'appelloit *le roi
des triolets*. Cet opuſcule, fort joli ſans doute,
n'eſt cependant pas ſans tache. Qu'eſt-ce que ce
deſſein formé d'aimer? Aime-t'on ainſi par deſſein
formé? D'ailleurs le vers:

Je vous vis, & je vous aimai.

qui rappelle le *ut vidi, ut perii* de Virgile, exclut
cette idée de deſſein & d'arrangement.

L'à-propos des refreins, qui fait le principal
mérite des triolets, & qui doit être tel, que les
vers répétés ſoient non ſeulement bien placés,
mais néceſſaires à l'endroit où on les répète, cet
à-propos nous paroît plus fin, plus parfait, plus
abondant en idées acceſſoires dans un triolet moderne dont l'auteur eſt feu M. l'abbé Blanchet,
que dans celui même de *Ranchin*. Le triolet de
l'abbé Blanchet eſt adreſſé à trois ſœurs:

Aimables ſœurs, entre vous trois
A qui mon cœur doit-il ſe rendre?
Il n'a point fait encor de choix,
Aimables ſœurs, entre vous trois;
Mais il ſe donneroit, je crois,
A la moins fière, à la plus tendre;
Aimables ſœurs, entre vous trois
A qui mon cœur doit-il ſe rendre?

M. de Fontenelle, juge ſuprême dans le genre
galant, ingénieux & aimable, diſoit qu'on ne
pouvoit pas mieux faire dans ce genre, & on ne
peut qu'être de ſon avis.

RANCONET, (AIMAR DE) *Hiſt. de Fr.*) conſeiller au parlement de Bordeaux, puis préſident
au parlement de Paris, homme juſte & malheureux par conſéquent très-intéreſſant. La miſère
l'avoit réduit à être ſimple correcteur d'imprimerie chez les Etienne, & ſi l'on en croit Pithou,
ce fut *Ranconet* qui compoſa le *Dictionnaire hiſtorique, géographique & poétique*, imprimé ſous le
nom de Charles-Etienne, frère de Robert. *Ranconet*
vit mourir ſa fille ſur un fumier, exécuter ſon
fils pour les affaires du calviniſme; ſa femme fut
tuée d'un coup de tonnerre. Le même Pithou

nous apprend que le cardinal de Lorraine, ſous
le règne de François II, ayant fait aſſembler le
parlement de Paris pour avoir ſon avis ſur la
punition des hérétiques, c'eſt-à-dire pour l'engager
à prononcer la peine de mort contre eux, *Ranconet* fit ce que tout magiſtrat chrétien & humain
auroit dû faire; il porta à l'aſſemblée les œuvres
de Sulpice Sevère, & y lut l'endroit où cet écrivain rapporte que S. Martin de Tours, le modèle
de la charité évangélique, voulut ſéparer de ſa
communion les évêques espagnols Idace & Ithace,
qui avoient déféré à l'empereur ou au tyran
Maxime, Priſcillien & ſes diſciples, & les avoient
fait condamner à mort, & qu'il fit éclater tout
ſon zèle contre les perſécuteurs qui faiſoient couler
le ſang hérétique. Le cardinal, qui ne conſultoit
le parlement que pour qu'il lui conſeillât des
cruautés, fut indigné du courage & de la vertu
de *Ranconet*; il le fit mettre à la Baſtille, où cet
infortuné mourut en peu de temps, (en 1559)
ſuccombant ſous le poids de ſes malheurs. On a
de lui le *Tréſor de la langue françoiſe*, tant ancienne que moderne, qui a beaucoup ſervi à Nicot
& à Monet pour la compoſition de leurs dictionnaires. *Ranconet* étoit ſavant & paſſoit pour écrire
fort bien en grec & en latin.

RANNEQUIN. (*Hiſt. litt. mod.*) C'eſt le nom d'un
machiniſte liégeois à qui on doit la machine de
Marly, laquelle paſſa dans ſon temps pour un
chef-d'œuvre de mécanique, & qu'on cherche
aujourd'hui à ſimplifier. Cette machine, au moyen
de ſes énormes rouages, donne 5258 tonneaux
d'eau en vingt-quatre heures; elle a commencé
d'agir en 1682.

RANS. (BERTRAND DE) *Hiſt. de Flandre*) C'eſt,
dit-on, le vrai nom de l'impoſteur qui, vingt ans
après la mort de Baudouin I, comte de Flandre
& empereur de Conſtantinople, voulut ſe faire
paſſer pour ce prince. *Voyez l'article* BAUDOUIN.)
Bertrand de *Rans* étoit de Rheims, & avoit vécu
long-temps dans les forêts comme hermite. Il fut
pendu à Lille, après avoir avoué ſon impoſture
à la queſtion, & avoir été promené par dériſion
& par politique dans toutes les villes de la Flandre
& du Hainaut, où il s'étoit fait un aſſez grand
nombre de partiſans.

RANTZAU, (JOSIAS, comte de) *Hiſt. de Fr.*)
maréchal de France, étoit de la maiſon de *Rantzau*,
illuſtre dans le duché de Holſtein; il ſervit d'abord
avec ſuccès & avec éclat dans les armées ſuédoiſes.
Ce ne fut qu'en 1635, qu'étant venu en France
avec le chancelier Oxenſtiern, il s'attacha au ſervice de Louis XIII, qui le fit maréchal de camp.
En 1636, il perdit un œil d'un coup de mouſquet
au ſiège de Dole; ce fut lui auſſi qui défendit Saint-
Jean de Loſne contre le général Galas, & qui lui

en fit lever le fiège. En 1640, il perdit une jambe & fut eftropié d'une main au fiège d'Arras. En 1641, il fe trouva & fe fignala au fiège d'Aire. En 1642, il fut fait prifonnier au combat d'Honnecourt. En 1644, il fe diftingua au fiège de Gravelines; il fut fait maréchal de France le 16 juillet 1645, & la même année il abjura le luthéranifme, car les intérêts de religion ne tiennent guères à la longue contre les intérêts de l'ambition. Il fervit en Flandre les années fuivantes. Sa fidélité ayant été injuftement foupçonnée, malheur auquel on eft toujours expofé dans un fervice étranger, & qui devroit déterminer à ne fervir jamais que fa patrie, *Rantzau* fut arrêté le 27 février 1649. Il fit connoître fon innocence, & fut mis en liberté le 22 janvier 1650. Il mourut le 4 feptembre fuivant, fans laiffer d'enfans, non plus que le maréchal de Gaffion fon contemporain, qui difoit qu'il n'avoit jamais vu de femme dont il voulût être le mari, ni d'enfans dont il voulût être le pere. On vantoit fa figure, fa taille, fon efprit, fon éloquence, fa valeur; on lui reprochoit de l'ivrognerie, défaut alors commun, fur-tout dans un allemand, une humeur un peu chagrine, une ambition difficile à fatisfaire; mais auffi à quelles récompenfes n'avoit-il pas droit, & s'il demandoit à la France, que n'avoit-il pas facrifié pour elle? Jamais militaire n'avoit été fi honorablement mutilé; jamais la guerre n'avoit coûté fi cher à perfonne dont elle eût épargné la vie. On difoit qu'elle ne lui avoit laiffé qu'un œil, qu'une oreille, qu'un bras, qu'une jambe, qu'il n'avoit qu'un enfin de tout ce que les hommes ont deux; c'est le fens de fon épitaphe, qui fut célèbre dans le temps, & qui conferve encore quelque chofe d'impofant.

Du corps du grand *Rantzau* tu n'a qu'une des parts,
L'autre moitié refta dans les plaines de Mars;
Il difperfa par-tout fes membres & fa gloire.
Tout abattu qu'il fût, il demeura vainqueur,
Son fang fut en cent lieux le prix de fa victoire,
Et Mars ne lui laiffa rien d'entier que le cœur.

R A O

RAOUL XXXIe roi de France, (*Hift. de France.*) fils & fucceffeur de Richard, duc de Bourgogne, n'eut d'autres droits à la couronne de France que ceux de la victoire: Charles le fimple, prifonnier de fes fujets rebelles, rendit Hugues le Grand arbitre du royaume: ce guerrier politique, qui pouvoit mettre la couronne fur fa tête, la déféra à *Raoul*, qui fut facré à Soiffons (an 921). Le nouveau monarque, pour affurer fon autorité ufurpée, marcha contre le duc de Normandie, fon ennemi le plus redoutable; la ville d'Eu fut emportée d'affaut, & tous les habitans furent maffacrés. Les Normands étoient ré-

pandus dans les différentes provinces du royaume: le monarque eût bien voulu les en chaffer; mais, comme il faifoit les préparatifs qui pouvoient affurer fes fuccès, de nouveaux ennemis vinrent l'attaquer. Le roi de Germanie lui enleva la Lorraine, & l'Aquitaine fecoua le joug de fon obéiffance; il eût bien voulu ranger à fon devoir cette dernière province, mais il fut obligé de fe rendre auparavant en Champagne, que menaçoient les Hongrois, peuple féroce alors, & qui ne fembloit vouloir tout conquérir que pour avoir droit de tout détruire.

La monarchie n'étoit plus qu'un corps mutilé & languiffant; *Raoul* avoit affez de talens pour lui rendre quelques rayons de fa première fplendeur; mais Charles le Simple vivoit encore, & fon titre de roi ufurpé fur ce prince le rendoit odieux, même à ceux qui avoient favorifé fon élévation: la reconnoiffance qu'ils exigeoient, étoit un hydre qui dévoroit les richeffes du trône. L'impuiffance d'affouvir leur cupidité fit beaucoup de mécontens, qui fous le fpécieux prétexte de tirer Charles le Simple de fa captivité, entretenoient les difcordes de l'état. Ce prince infortuné mourut à Péronne. *Raoul*, devenu poffeffeur plus tranquille du royaume, ne s'occupa que du foin d'en faire renaître les profpérités; les Normands fiers & indociles furent réduits à l'impuiffance de nuire. Charles Conftantin fit hommage du Viennois. Le duc de Gafcogne, qui ne vouloit point reconnoître de fupérieur, fut obligé de plier fa fierté & de donner des témoignages d'une entière foumiffion: ces fuperbes vaffaux étoient les tyrans des fujets, ils employoient à leurs propres querelles les forces de l'état. La fubordination eût été parfaitement rétablie fans une maladie, dont mourut *Raoul* l'an 936; il laiffa la réputation d'un prince bienfaifant & courageux: fa gloire eût été fans tache, fi fa puiffance dont il n'ufa que pour le bonheur public, eût été fondée fur un titre légitime. (M—Y.)

R A P

RAPIN. (*Hift. litt. mod.*) Ce nom a été illuftré dans les lettres par trois différens perfonnages: 1°. Nicolas *Rapin*, poëte latin & françois, bon citoyen, chaffé de Paris par les Ligueurs, pour fon attachement à Henri III, fon bienfaiteur, qui l'avoit fait grand-prévôt de la connétablie, fut très-utile à Henri IV, qui le rétablit dans fa charge. On ne doit pas regarder comme un des moindres fervices rendus à ce prince, la part qu'il eut à la fatyre Ménippée. Ses épigrammes latines ont encore quelque réputation. Il avoit été vice-fénéchal de Fontenai-le-Comte en Poitou, fa patrie. Né en 1540, mort à Poitiers en 1608.

2°. Réné *Rapin*, c'eft-à-dire le P. *Rapin*, jéfuite, né à Tours en 1621, mort à Paris en 1687, eft un poëte latin, beaucoup plus célèbre encore. Son poëme des Jardins est un des meilleurs poëmes latins modernes. Il est vrai que les vers en sont souvent aussi beaux que ceux de Virgile, par la même raison que certains vers grecs de M. de Fontenelle étoient aussi bons que ceux d'Homère, c'est qu'ils en étoient. Le P. Rapin avoit d'ailleurs beaucoup de littérature, & une littérature choisie, comme le prouvent ses réflexions sur l'éloquence, sur la poësie, sur l'histoire, sur la philosophie, ses parallèles d'Homère & de Virgile, de Démosthène & de Cicéron, de Platon & d'Aristote, de Thucydide & de Tite-Live; il publioit alternativement des ouvrages de littérature & des ouvrages de piété; l'abbé de la Chambre disoit à ce sujet: *Ce jésuite sert Dieu & le monde par semestre.* S'il n'avoit servi que Dieu, il seroit peu connu. Ses ouvrages dévots sont ignorés.

3°. Paul *Rapin* de Thoiras. En 1568, le parlement de Toulouse, dans son zèle contre les protestans, avoit refusé de vérifier l'édit de paix qui venoit de leur être accordé; il ne s'étoit enfin rendu qu'après quatre jussions, & pour se venger de la nécessité d'obéir, il avoit fait pendre, ou, selon quelques-uns, décapiter sur quelque prétexte forcé, un gentilhomme nommé *Rapin*, que le roi & le prince de Condé avoient envoyé à Toulouse pour presser la vérification de l'édit. En 1569, les soldats protestans de Montgommeri, étant logés aux environs de Toulouse, mirent le feu aux fermes & aux maisons de campagne des conseillers, puis écrivirent sur les masures avec des charbons, ces deux mots: *vengeance de Rapin.* Ce malheureux gentilhomme étoit le bisayeul de Paul *Rapin* de Thoyras, auteur de la seule histoire d'Angleterre que les Anglois, si riches aujourd'hui dans ce genre, ayent eue pendant long-temps. *Rapin* de Thoyras, né à Castres en 1661, étoit protestant & d'une famille protestante, en qui le souvenir du supplice de *Rapin* & de sa vengeance devoit redoubler le zèle qui l'attachoit à sa secte. La révocation de l'édit de Nantes lui fit quitter la France; il se partagea entre la Hollande & l'Angleterre, s'attacha au prince d'Orange Guillaume III, le suivit dans son expédition d'Angleterre, l'alla servir en Irlande & ailleurs; il fut ensuite gouverneur de Milord Portland en 1707; il s'établit avec sa famille à Wesel, il y mourut en 1725; il étoit devenu entièrement Anglois & son histoire s'en ressent, elle est d'une partialité dont les Anglois conviennent eux-mêmes, & que leurs sages historiens se sont bien gardés d'imiter; il se venge de sa patrie, & la combat par la plume après l'avoir combattue par les armes. Dans la fameuse querelle d'Edouard III & de Philippe de Valois pour la succession à la couronne de France, il prend hautement parti pour Edouard que tous les Anglois condamnoient même alors; il suppose que les états-généraux auroient été favorables à Edouard, & les états-généraux

jugèrent formellement contre Edouard en faveur de Philippe de Valois; il suppose que la question ne fut point entendue, & c'est lui qui ne l'entend point & qui renverse les faits & les principes.

On a aussi de *Rapin* Thoyras une dissertation sur les Wighs & les Torris.

RAPPORT. (*Hist. rom.*) On nommoit ainsi toute proposition qu'on faisoit au sénat, pour qu'il en délibérât; mais on observoit beaucoup d'ordre & de règle au sujet des *rapports* qu'on avoit à faire dans cette auguste assemblée.

Le magistrat devoit faire son *rapport* au sénat; premièrement, sur les choses qui concernoient la religion, ensuite sur les autres affaires. Ce n'étoit pas seulement le magistrat qui avoit assemblé le sénat qui pouvoit y faire son *rapport*, tous ceux qui avoient droit de le convoquer, jouissoient du même privilège; aussi lisons-nous que divers magistrats ont, dans le même temps, proposé au sénat des choses différentes, mais le consul pouvoit défendre de rien proposer au sénat sans son agrément, ce qui ne doit pas néanmoins s'entendre des tribuns du peuple, car non seulement ils pouvoient proposer malgré lui, mais encore changer & ajouter ce qu'ils vouloient aux propositions du consul; ils pouvoient même faire leur *rapport*, si le consul ne vouloit pas s'en charger, ou prétendoit s'y opposer. Ce droit étoit commun à tous ceux qui avoient une charge égale ou supérieure à celle du magistrat proposant; cependant, lorsque le consul voyoit que les esprits penchoient d'un côté, il pouvoit, avant que chacun eût dit son sentiment, faire un discours à l'assemblée. Nous en avons un exemple dans la quatrième Catilinaire, que Cicéron prononça avant que Caton eût dit son avis.

Après que la république eut perdu sa liberté, l'empereur, sans être consul, pouvoit proposer une, deux & trois choses au sénat, & c'est ce qu'on appelloit *le premier, le second & le troisième rapport.* Si quelqu'un en opinant, embrassoit plusieurs objets, tout sénateur pouvoit lui dire de partager les matières, afin de les discuter séparément dans des *rapports* différens. L'art de celui qui proposoit, étoit de lier tellement deux affaires, qu'elles ne pussent se diviser.

Chacun des sénateurs avoit aussi le droit, lorsque les consuls avoient proposé quelque chose, & que leur rang étoit venu pour opiner, de proposer tout ce qui leur paroissoit avantageux à la république, & de demander que les consuls en fissent leur *rapport* à la compagnie, & ils le faisoient souvent, afin d'être assemblés tout le jour; car après la dixième heure, on ne pouvoit faire aucun nouveau *rapport* dans le sénat, ni aucun sénatus-consulte après le coucher du soleil. On disoit son avis debout; si quelqu'un s'opposoit, le décret n'étoit point appellé sénatus-consulte, mais délibération du fénat, *fenatûs 'auctoritas*; on en ufoit de même, lorfque le fénat n'étoit pas affemblé dans le lieu & dans le temps convenables, ou lorfque, ni la convocation n'étoit légitime, ni le nombre compétent; en ce cas, on faifoit le *rapport* au peuple; au refte le conful pouvoit propofer ce qu'il jugeoit à propos, afin de le mettre en délibération dans l'affemblée; c'étoit en quoi confiftoit fa principale autorité dans le fénat, & il fe fervoit de cette formule : que ceux qui font de cet avis paffent de ce côté-là, & ceux qui font d'un avis différent, de ce côté-ci. Celui qui avoit fait le *rapport* paffoit le premier.

Lorfque le fénatus-confulte étoit formé, ceux qui avoient propofé ce qui en étoit l'objet, & qui en étoient en quelque forte les auteurs, mettoient leur nom au bas, & l'acte étoit dépofé dans les archives, où l'on confervoit le regiftre des lois & tous les actes concernant les affaires de la république; anciennement le dépôt public étoit dans le temple de Cérès, & les édiles en avoient la garde. C'étoit celui qui avoit convoqué le fénat qui faifoit finir la féance, & il ufoit de cette formule : *pères confcrits, nous ne vous retenons pas davantage.*

Les affaires dont on faifoit le *rapport* au fénat étoient toutes celles qui concernoient l'adminiftration de la république. Il n'y avoit que la création des magiftrats, la publication des lois & la délibération fur la guerre ou la paix, qui devoient abfolument être portées devant le peuple. *Voyez* Denis d'Halicarnaffe, *liv. IV, chap. XX, & liv. VI, chap. LXVI.* (*D. J.*)

RAQ

RAQUETTE, (*Hift. mod.*) inftrument propre à jouer à la courte paume ou au volant. C'eft une palette faite ordinairement d'un treillis de cordes de boyaux de chat, fort tendue & montée fur un tour de bois qui a un manche de médiocre longueur.

Ce mot eft dérivé, fi l'on en croit Ménage, du bas latin *retiquetta*, diminutif de *rete*, *reticulum*, rézeau.

Pafquier obferve que de fon temps les *raquettes* étoient une invention toute récente, qu'auparavant on ne jouoit à la paume qu'avec la main, & que le nom de ce jeu venoit de ce qu'on y pouffoit la bale avec la paume de la main, comme le pratiquoient ceux anciens; cependant ceux-ci donnoient à ce jeu le nom de *pila*, & à la paume de la main celui de *vola*, qui ne font pas tout-à-fait femblables. Quant à la manière de jouer, elle étoit effectivement telle que Pafquier l'affure.

RAQUETTE, forte de chauffure dont on fe fert en Canada pour marcher fur la neige.

Ces *raquettes*, dit le P. de Charlevoix (*journal*

d'un voyage d'Amérique, lettre 14.), ont environ trois piés de long & quinze ou feize pouces dans leur plus grande largeur. Leur figure eft ovale, à cela près, que l'extrémité de derrière fe termine en pointe. De petits bâtons de traverfe paffés à cinq ou fix pouces des deux bouts, fervent à les rendre plus fermes, & celui qui eft fur le devant eft comme la corde d'une ouverture en arc, où l'on met le pié qu'on y affujettit avec des courroies. Le tiffu de la *raquette* eft de lanières de cuir de la largeur de deux lignes, & le contour eft d'un bois léger durci au feu. Pour bien marcher avec ces *raquettes*, il faut tourner un peu les genoux en dedans & tenir les jambes écartées, de peur de fe les bleffer en les heurtant l'une contre l'autre. Il en coute d'abord pour s'y accoutumer; mais quand on y eft fait, on marche avec facilité, & fans fe fatiguer davantage que fi on n'avoit rien aux piés. Il n'eft pas poffible d'ufer de ces *raquettes* avec nos fouliers ordinaires; il faut prendre de ceux des fauvages, qui font des efpèces de chauffons de peaux boucannés, pliffes en-deffus à l'extrémité du pied, & liés avec des cordons. (*A. R.*)

RAS

RASDI, f. f. (*Idol. des Germains.*) nom d'une déeffe des anciens Hongrois idolâtres; on peut lire ce qu'en dit Antoine Bonfinius dans fon hiftoire de Hongrie, *liv. XII*; & Voffius, *de idolatriâ, liv. III, chap. XVII.* (*D. J.*)

RASER LA MAISON, (*Hift. anc. & mod.*) c'étoit chez les Romains une des peines de celui qui afpiroit à la tyrannie. Valère Maxime, *liv. VI, chap. III*, rapporte que Sp. Caffius convaincu d'avoir tenté de fe rendre maitre de la république, fut condamné par le fénat & par le peuple à la mort, dont trois confulats & un magnifique triomphe ne purent le garantir. Le peuple n'étant point encore fatisfait, on abattit fa maifon pour augmenter fon fupplice, par la deftruction de fes dieux domeftiques : *Ut penatium quoque ftrage puniretur.*

On févit aujourd'hui de la même manière contre les coupables de lèfe-majefté, & l'affaffinat du roi de Portugal vient d'être fuivi du banniffement de l'ordre entier des jéfuites hors de ce royaume, & de la démolition de toutes leurs maifons. (*A. R.*)

RASIS, RASÈS ou RHASÈS, (*Hift. litt. mod.*) médecin Arabe du dizième fiècle; c'eft l'Hippocrate & le Galien des Arabes. Ses traités fur les maladies des enfans font eftimés; il eft le premier qui ait écrit fur la petite vérole, c'eft Robert-Étienne qui publia ce dernier traité en grec, l'an 1548; on l'a depuis publié en arabe & en latin. *Rafès* mourut vers l'an 935.

RASP-HUIS. (*Hift. mod. Economie politique.*) C'eft ainfi que l'on nomme à Amfterdam & dans d'autres villes de la province de Hollande, des maifons de correction, dans lefquelles on enferme les mauvais fujets, les vagabonds & gens fans aveu, qui ont commis des crimes pour lefquels les lois n'ont point décerné la peine de mort. On occupe les prifonniers à des travaux pénibles, au profit du gouvernement. A Amfterdam, le principal de ces travaux confifte à râper des bois des Indes fort durs, pour fervir dans les teintures; c'eft là ce qui a fait appeller ces fortes de maifons de force *rafp-huis*, ce qui fignifie *maifon où l'on râpe*. (*A. R.*)

RASPOUTES ou RASBOUTES, f. m. (*Hift. mod.*) forte de Banians dans les Indes, qui fuivent à-peu-près les mêmes fentimens que ceux de la fecte de Samarath. Ils admettent la métempfycofe, mais en ce fens que les ames des hommes paffent dans des corps d'oifeaux, qui avertiffent les amis des défunts du bien ou du mal qui doit leur arriver; auffi font-ils grands obfervateurs du chant & du vol des oifeaux. Parmi eux à la mort du mari, les veuves fe jettent dans le bucher où l'on brûle le corps de leurs époux, à moins qu'en contractant le mariage, il n'ait été ftipulé qu'elles ne pourroient être forcées à cette cérémonie. Le nom de *rafpoutes* fignifie *homme courageux*, parce qu'en général ceux de cette fecte font intrépides. Le grand-mogol s'en fert dans fes armées, & ce font fans doute les mêmes que M. de la Martinière nomme *rageputes*, & qui compofent les troupes des rajas ou petits rois indiens, vaffaux & tributaires du grand-mogol. Les *rafpoutes* marient leurs enfans fort jeunes, comme tous les autres Banians, & paffent pour n'être pas fort compatiffans, excepté à l'égard des oifeaux qu'ils prennent foin de nourrir, & qu'ils craignent de tuer, parce qu'ils fe flattent qu'on aura pour eux les mêmes égards lorfqu'après leur mort leurs ames feront logées dans le corps de ces animaux. Olearius ; *tome II.* (*A. R*)

RASQUAN, f. m. (*Hift. mod.*) c'eft le titre que l'on donne au roi des îles Maldives. Ce prince eft très-defpotique; cela n'eft point furprenant, ce font les prêtres qui font les dépofitaires de fon autorité, & qui exercent l'autorité temporelle, ainfi que la fpirituelle. (*A. R.*)

RASTIGNAC. (*Hift. de Fr.*) La maifon de Chapt ou de Chat, qui a pris le nom de *Raftignac* d'un marquifat fitué en Périgord dans la fénéchauffée de Sarlat & qu'elle poffède depuis le quatorzième fiècle, eft la même que celle des anciens fires de Chabannois.

1°. Son premier auteur connu eft Abon-chat ou cat-Armat, qu'on place vers la fin du neuvième fiècle ou le commencement du dixième,

& dont le fils Jourdain premier eft qualifié *fire de Chabannois*.

2°. Jourdain II, fils de Jourdain I, fut tué dans une guerre particulière contre Gui, vicomte de Limoges, & Alduin évêque de Limoges.

3°. Jourdain VI n'eut qu'une fille qui porta la terre de Chabannois hors de la maifon de Chapt.

4°. Dans la branche de *Raftignac*, nous diftinguerons Louis de Chat de *Raftignac*, tué en 1569, au fiége de Mucidan.

5°. C'eft pour Jean, fon neveu, que *Raftignac* fut érigé en marquifat par Louis XIII en 1617. On conferve dans la famille plufieurs lettres de ce monarque adreffées à ce marquis de *Raftignac*, & qui font de glorieux témoignages de fa fidélité, de fon zèle pour le roi & l'état, & de la confiance particulière dont Louis l'honoroit.

6°. Il eut un frère nommé Jean comme lui, tué au fiége de Paris.

7°. Jean-François Chapt, fils du premier marquis de *Raftignac*, contribua beaucoup fous la minorité de Louis XIV à maintenir le Périgord dans l'obéiffance.

8°. Dans la branche de Firbeix ou Firbeys, Peyrot Chapt de *Raftignac* rendit de grands & généreux fervices aux rois Henri IV & Louis XIII, nommément aux fiéges de la Fère en 1596, & d'Amiens en 1597; il fe ruina entièrement au fervice.

9°. Dans la branche des marquis de Laxion, François Chapt de *Raftignac* préferva du pillage le château de Laxion dans les guerres civiles de 1651 & 1652, & ce fut pour lui que cette terre de Laxion fut érigée en marquifat en 1653; les guerres civiles ayant empêché l'enregiftrement des lettres, il y eut d'autres lettres en 1724 qui confirmèrent & renouvellèrent les premières en faveur de Charles Chapt de *Raftignac*, fon petit-fils.

10°. Dans une autre branche des anciens feigneurs de Laxion, Antoine Chapt de *Raftignac* fut tué en 1579, en commandant la nobleffe du Périgord contre les proteftans.

11°. Raimond fon fils fut tué en duel.

12°. Dans la branche des feigneurs de Meffilhac, un autre Raimond Chapt de *Raftignac* acquit beaucoup de gloire & rendit d'importans fervices dans les guerres civiles fous Henri III & Henri IV; gouverneur de la haute-Auvergne, il la maintint & la fit rentrer dans l'obéiffance. Il gagna la bataille d'Iffoire contre le comte de Randan, lequel y fut tué. En 1592, il marcha au fecours de Villemur, affiégé par le duc de Joyeufe Antoine-Scipion, il attaqua & força fes retranchemens, & le duc de Joyeufe fe noya dans le Tarn avec une grande partie de son armée; Raimond foumir Saint-Flour & battit les rebelles du Limousin. Il fut assassiné à la Fère, le 26 janvier 1596, en revenant de rendre compte au roi Henri IV de quelques commissions. Il étoit gentilhomme de la chambre & chevalier des ordres.

13°. Nous distinguerons dans l'état ecclésiastique Louis-Jacques de Chapt de Rastignac, évêque de Tulle en 1721, archevêque de Tours en 1723, commandeur de l'ordre du Saint-Esprit. Il s'éleva contre le père Pichon, ce qui l'ayant rendu désagréable aux jésuites & à leurs partisans, lui valut toute la faveur du parti janséniste & populaire, dans lequel & par lequel il joua un grand rôle. Il fut d'ailleurs aimé, respecté & regretté dans son diocèse.

RAT

RATÉE CANNE. (*terme de relation*) On nomme *cannes ratées* aux îles françoises de l'Amérique, les cannes à sucre qui ont été entamées par les rats; ces *cannes* s'aigrissent presque aussi-tôt, le dedans noircit, & elles deviennent absolument inutiles à faire du sucre, ne servant tout au plus qu'à faire de l'eau-de-vie.

Les rats des îles se prennent avec des chiens élevés à cette chasse; les chats qu'on y porte ou qui y sont nés, n'étant point propres à détruire un animal si nuisible, outre que les Nègres, pour qui les chats sont un grand ragoût, songent à les prendre, bien loin de les élever à faire la guerre aux rats.

Ces derniers animaux font un si grand dégât dans les terres plantées de cannes, qu'il y a des chasseurs établis & payés exprès pour les prendre; ce qu'ils font avec une espèce de traquenar d'osier en forme de panier, dans lequel est placé un nœud coulant. Labat, *voyages*. (D. J.)

RATBERT. (Voyez PASCHASE.)

RATRAMNE. (*Hist. ecclés.*) On avoit beaucoup disputé au neuvième siècle sur la présence réelle de Jésus-Christ dans l'eucharistie. Les écrits polémiques de Paschase-Ratbert & de *Ratramne* sur ce sujet avoient été fameux, & le sont devenus encore plus par les disputes du seizième & du dix-septième siècles. Ces deux moines de Corbie avoient le mérite que le temps comportoit; ils sont auteurs de divers autres ouvrages théologiques. Paschase-Ratbert mourut le 26 avril 865; *Ratramne* étoit son contemporain & son adversaire, & celui d'Hincmar.

RAV

RAVAILLAC, (FRANÇOIS) Hist. de France.) assassin d'Henri IV; ce mot seul le fait connoître, ou plutôt ce mot seul fait connoître le fanatisme.

Personne n'a écrit avec plus de justice & de raison que M. de Voltaire sur ce qui concerne ce régicide; sa dissertation sur la mort d'Henri IV est le résultat le mieux digéré, le mieux discuté de cette multitude de jugemens, d'opinions, de soupçons, de cette foule d'écrits politiques & polémiques que cet événement a fait naître. Ce résultat est que *Ravaillac* n'avoit point de complices, que c'étoit un fanatique enflammé par des fanatiques, comme il le reconnut trop tard. L'esprit de parti ne voit jamais qu'une face des objets & n'entend que la moitié des choses; Ravaillac n'ayant de liaisons qu'avec les ligueurs, se trompoit non seulement sur les sentimens qu'il imputoit au roi, & sur la conséquence qu'il en tiroit, qu'il falloit tuer un prince fauteur d'hérésie, mais encore sur les sentimens qu'il supposoit au peuple pour le roi; il étoit aveugle au point de croire que ce prince étoit très-haï, & il fut dans le plus grand étonnement en voyant des preuves de la consternation, de la profonde douleur où il avoit jetté la nation, & de l'horreur que son crime inspiroit aux François; remarquons cependant que, malgré toutes ses erreurs religieuses & politiques, malgré cette petite formule stupidement dévote & déplacée, dont il accompagne la signature d'un de ses interrogatoires:

> Que toujours dans mon cœur
> Jésus soit le vainqueur.

malgré la fureur catholique qui le transportoit au seul nom de huguenot, il n'étoit pas aussi purement, aussi uniquement fanatique que divers autres assassins de rois & de capitaines célèbres; qu'il ressembloit plus à Damien qu'à Jacques Clément, c'est-à-dire, qu'il n'étoit pas, comme ce dernier, irréprochable, au fanatisme près. Il avoit été accusé d'un meurtre, & il n'avoit échappé à la peine que par le défaut de preuves; il avoit aussi été chassé des Feuillans pour des raisons qui à la vérité rentrent davantage dans le caractère fanatique, pour des visions & des révélations que ses confrères eurent la sagesse de regarder comme des extravagances dangereuses, sur-tout dans des temps de trouble.

Ravaillac étoit fils d'un praticien de la ville d'Angoulême, & avoit suivi quelque temps la même profession. Il exécuta son crime le 14 mai 1610, & fut écartelé dans la place de Grève le 27 du même mois de mai, avec toutes les horreurs dont on accompagne le supplice des régicides, & qui ont fait dire à Louis XV, à l'occasion du supplice de Damien, *que les hommes étoient bien cruels*, & à Damien lui-même, lorsqu'on lui lut son arrêt, *que la journée seroit forte*.

Ravaillac étoit dans l'âge fait pour les crimes fanatiques, il n'avoit que trente-deux ans.

RAVANEL. (Voyez CATINAT.)

RAVISIUS

RAVISIUS. (*Voyez* TIXIER.)

RAVIUS ou RAVE, (CHRÉTIEN) *Hist. litt. mod.*) un des savans de la cour de la reine Christine, en Suède, avoit beaucoup. voyagé dans l'Orient, étoit savant dans les langues orientales qu'il professa en différens temps à Utrecht, à Kiell, à Francfort sur le Mein. On a de lui un *plan d'ortographe & d'étymologies hébraïques,* une grammaire hébraïque, chaldaïque, syriaque, arabe, samaritaine & angloise. On a de son fils, Jean *Ravius*, des commentaires sur Cornelius-Nepos, des aphorismes militaires, &c. Celui-ci étoit bibliothécaire de l'électeur de Brandebourg. *Chrétien,* né à Berlin en 1613, mourut à Francfort sur le Mein en 1677.

RAU

RAUDUSCULUM, (Monn. rom.) c'étoit la plus vile espèce de toutes les monnoies romaines, ainsi appellée, parce qu'elle n'étoit que de cuivre. Cicéron employe ce *mot* dans plusieurs endroits de ses lettres, pour désigner des petites dettes. (*D. J.*)

RAUGRAVE, s. m. (*Hist. mod.*) nom de dignité qui a été en usage en Allemagne, comme ceux de *landgrave, margrave, burgrave,* &c. On croit que comme ceux-ci sont tirés de l'autorité qu'un prince avoit sur un pays, une marche ou frontière, une ville ou bourg, de même le titre de *raugrave* étoit dérivé de la nature du pays où commandoit celui qui le portoit. Ce mot en allemand *raugraffen* a été rendu par Reinesius en latin par *comites asperi,* à cause des pays rudes & sauvages que les *raugraves* habitoient entre la Meuse & la Moselle, leur principale résidence étant à Creutznach. On les trouve aussi nommés *hirsuti comites,* & dans des lettres, écrites l'an 1308, au magistrat de Spire par Georges; seigneur de Gemersheim, il se nomme *Georgius comes hirsutus;* dans la bulle d'or, sont nommés *raugraves* parmi ceux qui accompagnoient l'électeur de Trèves. La réalité de ce titre est donc bien constatée; mais on ignore quand il a commencé, quelle autorité y étoit attachée, & dans la personne de qui il a fini. Il y a apparence que les biens de la famille qui le portoit sont passés dans la maison palatine, parce que dans le dix-septième siècle, Charles-Louis, électeur palatin, le fit revivre en faveur d'un de ses fils naturels, mais cette qualité ne subsiste plus aujourd'hui. Imhof, *notitia.* (*A. R.*)

RAULIN, (JEAN) *Hist. litt. mod.*) un de ces ridicules prédicateurs des quinzième & seizième siècles, dont les sermons sont devenus des objets de curiosité par l'excès du ridicule & du mauvais goût. Il étoit de l'ordre de Cluny où il étoit entré en 1497. Il mourut en 1514.

Un seul trait fera connoître ces prédicateurs

burlesques; dans un sermon sur la conversion, *Raulin* raconte l'histoire suivante :

« Un hermite suppliant Dieu de lui faire con» noître la voie du salut, vit apparoître tout-à» coup le diable, transformé en ange de lumière, » qui lui dit : Dieu a exaucé votre prière, il » m'envoye vous dire que, si vous voulez vous » sauver, il lui faut offrir trois choses; une lune » nouvelle, un disque de soleil & la quatrième » partie d'une rose. Si vous unissez ces trois choses, » & les offrez à Dieu, vous serez sauvé. L'her» mite étoit très-affligé, ne sachant ce que cela » vouloit dire; mais un véritable ange de lumière » lui apparut & lui dit le mot du logographe : » la nouvelle lune, dit-il, est un croissant, c'est» à-dire, un C, dont il a la forme; le disque » de soleil, c'est un O; la quatrième partie d'une » rose, c'est un R; joignez ces trois choses, vous » ferez le mot cor, cœur, & c'est ce que Dieu » vous demande ».

On a d'un autre *Raulin* (Jean-Facond) Espagnol du dix-huitième siècle, une *histoire ecclésiastique du Malabar.*

RAULIN. s. m. (*Hist. mod.*) C'est le nom qu'on donne aux pontifes ou prêtres idolâtres dans le royaume d'Arrakan, aux Indes orientales. Il y a une espèce d'hiérarchie parmi ces prêtres, qui sont de trois ordres différens; savoir les *pungrini,* les *panjani,* & les *schoshom;* ce qui répond à nos évêques, aux prêtres & aux diacres. Tous ces *raulins* sont soumis à un souverain pontife, qui est l'arbitre suprême de toutes les matières relatives à la religion. La vénération que l'on a pour lui, est si grande, que le roi du pays lui cède la place d'honneur, & ne lui parle qu'avec le plus profond respect. Les *pungrini* portent sur leur tête une mitre ou un bonnet jaune; les autres se rasent la tête & sont vêtus de jaune; ils sont obligés de garder le célibat, & en cas de désobéissance à leurs supérieurs, on les chasse du clergé, & ils deviennent sujets aux mêmes taxes que les laïcs. Lorsqu'un Indien tombe malade, on envoie chercher un *raulin* ou prêtre, à qui l'on a plus de foi qu'au médecin; ce prêtre dit des prières, & souffle sur le malade, & lorsque cela ne réussit point, il lui conseille d'offrir un sacrifice à *Chaorbaos,* c'est-à-dire, au dieu des quatre vents. Il consiste à immoler des cochons, de la volaille & d'autres animaux, que le prêtre est chargé de manger. Ce sacrifice se réitère quatre fois en l'honneur des quatre vents, à moins que le malade ne meure avant que d'en avoir fait la dépense. Si ces quatre sacrifices ne produisent aucun effet, l'on a recours à une nouvelle cérémonie appellée *talagno.* On commence par tendre la chambre du malade avec des tapis; on y dresse un autel sur lequel on place une idole; on fait danser le malade au son des instrumens, jusqu'à ce qu'il tombe en défaillance; alors on croit qu'il est en conférence avec le dieu. Cet exercice dure pendant huit jours; si le malade ne peut y suffire, on fait danser un de ses parens en sa place; durant ce temps, on ne doit pas manquer de faire grande chère aux prêtres, sans quoi le ciel ne seroit point favorable au malade. (*A. R.*)

RAY

RAY, (JEAN) *Hist. litt. mod.*) fameux naturaliste anglois, né en 1628 dans le comté d'Essex, reçu en 1667 à la société royale de Londres, mort en 1706, a donné une histoire des plantes, une histoire des insectes, & a beaucoup écrit sur toutes sortes de matières, même sur la théologie.

RAYMI, f. m. (*Hist. mod. culte*) C'est le nom que les anciens Péruviens donnoient à la grande fête du soleil; elle se célébroit immédiatement après le solstice d'été. Tous les grands du royaume & les officiers se rassembloient dans la capitale; on se préparoit à la fête par un jeûne de trois jours, pendant lesquels on se privoit du commerce des femmes, & il n'étoit point permis d'allumer du feu dans la ville. Les prêtres purifioient les brebis & les agneaux qui devoient être immolés en sacrifice, & les vierges consacrées au soleil préparoient les pains & les liqueurs qui devoient servir d'offrandes & de libations. Le jour de la solemnité, dès le grand matin, le monarque, à la tête des princes de sa maison, se rendoit à la place publique, les pieds nuds & la face tournée vers l'orient pour attendre le lever du soleil, & par différens gestes ils marquoient le respect & la joie que leur causoient les premiers rayons. On célébroit les louanges du soleil par des hymnes, & le roi lui-même lui offroit des libations. Les grands du royaume faisoient les mêmes cérémonies dans d'autres places publiques de la ville de Cusco, après quoi les différentes troupes se rendoient au grand temple, où il n'étoit pourtant permis qu'au roi & aux incas d'entrer. La cérémonie se terminoit par le sacrifice d'un grand nombre de brebis; on choisissoit entr'autres un agneau noir pour consulter l'avenir; on l'étendoit à terre, la tête tournée vers l'orient, & le sacrificateur lui ouvroit le côté gauche pour en retirer le cœur & les poumons; lorsque l'on ôtoit ces parties vives & palpitantes, on se promettoit un succès très-favorable. Enfin ceux qui assistoient à la fête faisoient rôtir la chair des victimes qu'ils mangeoient avec dévotion & avec joie. (*A. R.*)

RAYMOND, prince-régent d'Aragon, (*Hist. d'Espagne*) ambitieux, adroit, redoutable par sa valeur, célèbre par son éloquence, heureux dans ses projets & plus heureux encore dans ses ressources, *Raymond*, à qui son siècle rendit justice, fut regardé comme le plus habile & le plus éclairé des souverains qui régnoient de son temps en Espagne. Ce fut lui qui, par ses négociations, ses succès & ses rares talens, jetta les fondemens de la grandeur du royaume d'Aragon; son règne fut illustre, mémorable, éclatant, & cependant il ne fut jamais décoré du titre de roi, sans doute parce que son ambition satisfaite de l'exercice de la royauté, s'embarrassa peu d'un vain titre qui ne pouvoit rien ajouter à la réalité de sa puissance. Ramire, surnommé *le moine*, parce qu'il l'avoit été pendant quarante-une années, lorsque les grands, assemblés pour donner un successeur au roi Alphonse *le batailleur*, le placèrent sur le trône, Ramire, moine, prêtre, souverain & marié, plein de remords, après trois ans d'un règne ridicule, d'avoir quitté le cloître pour le sceptre, & renoncé au sacerdoce pour une femme dont il avoit eu l'infante Pétronille, accablé des devoirs de la royauté & de ceux de son état d'époux, impatient de se délivrer de ces deux fardeaux, assembla les états d'Aragon, & comme son incapacité l'avoit rendu fort méprisable, il obtint facilement que *Raymond*, comte de Barcelone, épouseroit l'infante Pétronille qui n'avoit que deux ans alors; que jusqu'à la majorité de cet enfant, le comte de Barcelone gouverneroit l'état, & que dans le cas où Pétronille viendroit à mourir sans enfans, son époux hériteroit du royaume. L'imbécille Ramire eut à peine obtenu le consentement des états, que, se dépouillant des vêtemens royaux, il prit l'habit de moine, alla s'ensevelir dans un cloître, & employer les dernières années de sa vie inutile à desservir une église. Les commencemens de la régence du comte de Barcelone furent inquiétés par le roi de Navarre, dom Garcie Ramirez qui, s'étant flatté de succéder à Ramire *le moine*, se déclara l'ennemi irréconciliable du régent, & fit la guerre à l'Aragon. Alphonse VIII qui, n'étant que roi de Castille, avoit pris par orgueil le titre d'empereur de l'Espagne, dont il ne possédoit qu'une foible partie, avoit épousé la sœur de *Raymond*; il conclut une ligue avec son beau-frère, & le roi de Navarre se ligua à son tour contre les deux souverains avec le roi de Portugal. Alphonse VIII commença les hostilités, & se jetta sur la Navarre où il eut de grands succès, & où vraisemblablement il en eût eu de plus éclatans encore, si, dans le temps qu'il portoit la terreur dans ce royaume, la victoire remportée par dom Garcie sur les Aragonois, ne l'eût obligé de ramener au plus vîte ses troupes au secours de son beau-frère, vaincu & vivement pressé par le roi de Navarre. La guerre continua encore pendant environ une année; mais Alphonse fatigué de soutenir une querelle qui lui étoit étrangère, fit la paix avec dom Garcie, sans comprendre dans le traité le prince *Raymond* son beau-frère, qui demeura seul exposé aux armes des Navarrois. Ce n'étoit pas seulement contre cette puissance que le régent d'Aragon avoit à lutter; il avoit encore à soutenir une guerre contre les Mahométans, & pour comble d'embarras, il avoit en même temps à repousser les prétentions des chevaliers du Temple, les demandes des chevaliers de l'ordre de S. Jean de Jérusalem & de l'ordre du saint Sépulcre, auxquels Alphonse *le bathilleut* avoit, par le plus insensé des testamens, légué tous ses états. *Raymond*, au nom de Pétronille, & comme régent du royaume, soutenoit avec raison qu'Alphonse n'avoit pû disposer de ses états sans le consentement du peuple & sans le concours des loix. Ces raisons étoient très-valables; mais le pape favorisoit les prétentions des légataires, & dans ce siécle d'ignorance, les loix ni la raison n'étoient point une égide contre les foudres du saint siège; *Raymond* se conduisit en cette occasion avec la plus rare prudence, & parvint à dédommager, du consentement des états, les légataires, avec de l'argent, quelques riches établissemens & plusieurs châteaux qu'il leur céda, à condition qu'ils défendroient les frontières du royaume contre les infidèles; mais tandis que *Raymond* écartoit ainsi les légataires d'Alphonse *le batailleur*, le roi de Navarre faisoit une cruelle irruption dans les provinces aragonoises, & maître de Tarragone qu'il avoit prise d'assaut, il s'étoit successivement emparé de beaucoup d'autres places. Cette guerre eût fini par être funeste à l'une des deux nations, & peut-être à l'une & à l'autre qui, occupées à s'entre-détruire, donnoient aux Mahométans la liberté de profiter de leurs divisions, & le moyen le plus infaillible de les accabler, lorsqu'elles se seroient mutuellement affoiblies, si l'empereur Alphonse qui venoit de donner en mariage une de ses filles naturelles au roi de Navarre, n'eût ménagé une trève entre les deux puissances. Cet événement fut d'autant plus heureux pour le prince d'Aragon, que dom Raymond-Berenger, comte de Provence, son frère, ayant été assassiné, & sa succession étant disputée à son neveu, il lui importoit d'assurer la souveraineté de la Provence au légitime héritier de Berenger. Cette expédition fut heureuse, & il n'eut pas plutôt assuré le comté de Provence à son neveu, que retournant en Aragon, il renouvella la trève avec le roi de Navarre, & secondant l'empereur Alphonse contre les infidèles, il contribua beaucoup au succès du siège d'Almérie. Il se signaloit contre les Maures, lorsque Ramire II étant mort dans le couvent qu'il avoit choisi pour retraite, l'infante Pétronille fut proclamée reine d'Aragon. Satisfait du titre de régent, *Raymond* laissa paisiblement la qualité de reine à Pétronille sa fiancée, & poursuivant ses succès contre les Mahométans, il leur enleva Tortose, remporta sur eux les avantages les plus considérables, employa le peu de jours tranquilles, que la guerre lui laissoit, à assurer, par les plus sages réglemens, la tranquillité, le bon ordre & l'autorité des loix dans le royaume, & eut l'art de se concilier la confiance du clergé, au moyen d'une pragmatique qu'il publia, & par

laquelle il déclaroit que désormais les rois d'Aragon ne s'empareroient plus des biens des évêques qui viendroient à mourir, comme ils avoient été jusqu'alors dans l'usage de s'en emparer. La reine Pétronille étant parvenue à l'âge de quinze ans, *Raymond* l'épousa solemnellement, & ne voulant garder que la régence, refusa de prendre, comme il l'eût pû, le titre de roi, bien assuré que ce refus modeste ne nuiroit en aucune manière à son autorité; quelque temps après ce mariage, la trève fut renouvellée entre la Navarre & l'Aragon. *Raymond* continua de combattre avec avantage contre les Mahométans, sur lesquels il faisoit d'importantes conquêtes; il les eût poussées plus loin, si la dernière trève étant expirée, il n'eût cru devoir prévenir les Navarrois; mais avant que de commencer les hostilités, il se ligua étroitement avec Alphonse son beau-frère, & par le nouveau traité d'alliance qu'il conclut avec lui, il fut convenu que l'infant Alphonse, encore au berceau & fils de *Raymond*, épouseroit dona Sanche, fille de l'empereur. Assuré par ce traité, du secours du roi de Castille, le régent fondit sur la Navarre, & s'empara de quelques places; mais l'empereur Alphonse étant venu à mourir & cet événement ayant privé *Raymond* du puissant secours auquel il s'étoit attendu, cette guerre lui devint plus onéreuse qu'utile, & le roi de Navarre eut à son tour des succès importans : ces vicissitudes fatiguèrent également les deux souverains, qui terminèrent leur querelle par un traité de paix. Dom Sanche, roi de Castille & fils d'Alphonse VIII, pénétré d'estime & d'admiration pour le régent d'Aragon son oncle, fit avec lui une étroite alliance, mais sans que le roi Sanche voulût se départir de l'hommage qui étoit dû à sa couronne, pour la ville de Sarragosse & le pays situé sur la droite de l'Ebre, que l'empereur Alphonse avoit pris sous sa protection, & qu'il avoit rendu au roi Ramire II à foi & hommage. *Raymond* possédoit en France des domaines fort étendus, & il étoit intéressé à vivre en bonne intelligence avec Henri II, roi d'Angleterre & duc d'Aquitaine. Henri II étoit passé à Blaye; *Raymond* fut lui rendre visite, & dans l'entrevue des deux princes, il fut convenu que Richard, second fils de Henri, épouseroit Berengere, fille du comte *Raymond*, mariage en faveur duquel Richard seroit déclaré duc d'Aquitaine. Quelque temps après, Henri II déclara la guerre au comte de Toulouse, & *Raymond* passant en France à la tête de ses troupes, servit puissamment Henri en qualité d'allié. Cette guerre venoit d'être terminée, lorsque l'empereur Frédéric, fatigué de la mauvaise foi, des menaces & des foudres du pape Alexandre III, & résolu de déposer ce pontife inquiet, convoqua, pour prendre des mesures à cet effet, plusieurs princes à Turin. *Raymond* qui, dans son dernier voyage de Provence, avoit vu l'empereur Frédéric avec lequel il s'étoit lié; & qui d'ailleurs n'étoit rien moins que l'ami du turbulent Aléxandre, partit aussi pour se rendre à Turin, dans la vue de concourir, autant qu'il seroit en lui, à la déposition du pontife; mais quelques jours avant que d'arriver au terme de son voyage, il tomba malade en route, & fut obligé de s'arrêter à Dalmace près de Turin; sa maladie fut aussi courte que cruelle, & après quelques jours de souffrance, il mourut à Dalmace le 15 août 1162, après une régence aussi sage que glorieuse de vingt-cinq années. Il n'eut pas le titre de roi, parce qu'il dédaigna de le prendre; mais il remplit avec autant de dignité que de succès toutes les fonctions de la royauté, & c'est pour cela que j'ai cru devoir le placer parmi les rois les plus illustres, dans le petit nombre de ceux qui ont honoré le trône d'Aragon. (*L. C.*)

RAYNAUD, (THÉOPHILE) *Hist. litt. mod.*) Jésuite, savant, très-satyrique & sur-tout-très-bizarre; il traite de la bonté du Christ dans un chapitre d'un de ses ouvrages, & il intitule ce chapitre : *Christus bonus, bona, bonum,* parce que le Christ est bon *dans tous les genres* & sous tous les rapports. Dans un traité intitulé : *Laus brevitatis,* il fait passer en revue des nez de différente taille; le titre de son ouvrage annonce qu'il doit donner la préférence aux nez courts sur les nez longs; il croit cependant convenable de donner à la sainte Vierge un nez long & aquilin, marque de bonté & de dignité, & comme le Christ ressembloit à sa mère, il a aussi le nez un peu long. Dans une satyre contre les jacobins, où il prend le nom de *Petrus à valle clausâ,* il s'emporte fort contre les horribles blasphémateurs qui, selon lui, ont été remettre la Vierge parmi les signes du zodiaque; les parlemens d'Aix & de Toulouse trouvèrent au contraire que c'étoit sa satyre qui étoit remplie de blasphèmes, & ils la condamnèrent au feu. Plusieurs de ses livres furent mis à l'index à Rome. Les jésuites mêmes ne goûtoient pas plus que les autres les bizarreries de leur confrère; il éprouva de leur part beaucoup de traverses, & leur fut fidèle malgré ces mêmes traverses, & quoique fort sollicité par les étrangers de sortir de cet ordre. Les chartreux auxquels, dans son livre intitulé : *Trinitas patriarcharum,* il défend formellement & très-férieusement d'user, même dans leurs maladies, de lavemens composés de jus de viande, ou de topiques où il entre de la chair, ne pouvoient pas non plus lui savoir gré de s'être mêlé de leurs affaires pour rendre une semblable décision; mais il eut les carmes pour amis, il avoit fait un traité en faveur du scapulaire. Ces moines reconnoissans lui rendirent des honneurs funèbres dans toutes les maisons de leur ordre. Il mourut à Lyon en 1663; il étoit né dans le comté de Nice en 1583. Ses œuvres furent recueillies à Lyon en vingt volumes *in-folio.* Quelle collection !

Un autre *Raynaud* ou *Raynold* (Jean) controversiste anglois, sur la fin du seizième siècle, obtint quelque crédit dans sa secte, par son traité *de Romanæ ecclesiæ idololatriâ.*

RAZ

RAZILLI, (MARIE DE) *Hist. litt. mod.*) d'une famille noble de Touraine, fut connue sous le regne de Louis XIV par des poésies fort peu connues aujourd'hui. Son goût pour les vers aléxandrins & pour les sujets héroïques, la fit nommer *Calliope*; elle fut comprise dans la distribution des graces répandues sur les gens de lettres; Louis XIV lui donna une pension de 2000 liv. Elle mourut à Paris en 1707, âgée de quatre-vingt-trois ans.

RÉA

RÉAL, (CESAR-RICHARD DE SAINT-) *Hist. litt. mod.*) c'est l'abbé de *Saint-Réal,* auteur & même historien distingué, quoiqu'on l'accuse d'être romancier en histoire comme Varillas son maître, auquel il est bien supérieur. Son *dom Carlos* passe pour un roman écrit avec intérêt, & M. Grosley a prétendu que la conjuration de Venise, dont la forme a aussi quelque chose de romanesque, n'étoit qu'un roman, même quant au fond. La conjuration de Venise n'a, selon lui, rien de réel. Ce sont-là les ouvrages de l'abbé de *Saint-Réal,* les plus célèbres, mais il en a composé plusieurs autres & dans le genre historique, & dans d'autres genres, nommément une vie de Jésus-Christ.

L'abbé de *Saint-Réal* étoit de Chambéri; son père étoit conseiller au sénat de cette ville. La duchesse de Mazarin s'étant d'abord réfugiée en Savoie, y vit l'abbé de *Saint-Réal,* elle le goûta, il s'attacha de son côté à la duchesse, qui le mena en Angleterre avec elle. Il mourut à Chambéri vers la fin de l'année 1692.

RÉAL, (GASPARD DE) *Hist. litt. mod.*) seigneur de Curban, grand-sénéchal de Forcalquier. On a de lui un grand ouvrage en huit volumes *in-4°.* intitulé : *la Science du gouvernement,* science qu'il est plus aisé d'enseigner que d'exercer. Né à Sisteron en 1682; mort à Paris en 1752.

RÉAUMUR, (RENÉ-ANTOINE FERCHAULT de) *Hist. litt. mod.*) de l'académie des sciences, auteur de plusieurs découvertes, les unes très-utiles, les autres au moins très-curieuses, sur la formation des coquilles, sur les araignées, les moules, les puces marines, &c. sur l'histoire naturelle des insectes, sur la digestion des oiseaux, sur la manière dont ils construisent leurs nids, sur les rivières aurifères de France, sur l'art de retirer les paillettes d'or que les eaux roulent avec le sable; il découvrit en Languedoc des mines de turquoises; il découvrit la matière dont on se sert pour donner la couleur aux pierres fausses ; il trouva & il exposa l'art de convertir le fer-forgé en acier, l'art d'adoucir le fer-fondu & de faire des ouvrages de fer-fondu aussi finis que de fer-forgé. On lui doit les manufactures de fer-blanc établies en France ; avant lui on ne tiroit le fer-blanc que de l'étranger ; on lui doit l'art de la porcelaine, il contrefit même celle de Saxe ; on lui doit le nouveau thermomètre qui porte son nom. Sa découverte de l'art de faire éclore & d'élever les poulets & les oiseaux comme en Egypte, sans faire couver des œufs, parut brillante ; on s'en occupa long-temps, mais elle est restée jusqu'à présent infructueuse, c'est-à-dire que le succès qu'on en obtient ne dédommage pas des peines & des dépenses.

M. de *Réaumur* étoit né à la Rochelle en 1683 ; il mourut à sa terre de la Bermondière, dans le Maine, le 17 octobre 1757.

R E B

REBI. s. m. (*Hist. mod. Religion.*) C'est ainsi que l'on nomme au Japon les fêtes solemnelles que célèbrent ceux qui suivent la religion du Sintôs ; elles se passent à visiter ses amis. Après avoir été au temple, on employe le reste du jour en festins & en réjouissances. Les Japonois sont persuadés que les plaisirs innocens dont jouissent les hommes, sont très-agréables à la divinité, & que la meilleure manière d'honorer les camis, c'est-à-dire, les saints, est de se procurer dans ce monde une partie de la félicité que les êtres heureux goûtent dans le ciel. Les Sintoïstes ont chaque mois trois fêtes ; la première se célèbre à la nouvelle lune, la seconde à la pleine lune, & la troisième, le dernier jour de la lune. Ils ont outre cela plusieurs fêtes solemnelles : la principale s'appelle *songuatz* ; elle arrive le premier jour de l'année ; elle se passe à se faire des présens. La seconde fête se nomme *songuatz-somnitz*, & se célèbre le troisième jour du troisième mois ; elle est destinée à la récréation des jeunes filles, à qui leurs parens donnent un grand festin. La troisième fête s'appelle *goguatz-gonitz*, & tombe sur le cinquième jour du cinquième mois ; elle est destinée pour les jeunes garçons. La quatrième nommée *sissiguatz-nanuka*, se célèbre le septième jour du septième mois ; c'est un jour de réjouissance pour les enfans. Enfin la fête appelée *kunitz* se célèbre le neuvième jour du neuvième mois ; elle est consacrée au plaisir de la table, au jeu, à la danse, & même à la débauche & à la dissolution. (*A. R.*)

REBOULET, (SIMON) *Hist. litt. mod.*) avocat ex-jésuite, auteur d'une *Histoire des filles de l'enfance*, condamnée au feu par le parlement de Toulouse ; d'une histoire de Louis XIV, estimée pour l'exactitude ; c'est lui qui a rédigé les mémoires du

chevalier de Forbin ; (voyez l'article FORBIN) il est enfin l'auteur d'une histoire du pape Clément XI, qui fut supprimée à la prière du roi de Sardaigne, dont le père y étoit maltraité, parce qu'il avoit persécuté les jésuites, anciens confrères de *Reboulet*, qui conservoit pour eux de l'attachement. Qu'il nous soit permis de faire quelques réflexions sur la condescendance qu'on eut en cette occasion pour le roi de Sardaigne. Un particulier dont on diffame les parens morts, les justifie comme il peut ; & si l'insulte est gratuite & produite par un esprit de satire criminel, il obtient justice & réparation. L'honneur de ses parens est son bien propre, & fait partie de son patrimoine ; il n'en est pas de même des rois ; ce ne sont pas des hommes ordinaires ; du moment de leur mort ils appartiennent à l'histoire, qui a droit de les juger. Il est vrai qu'une satire n'est pas un jugement, & qu'elle pourroit avoir des caractères de fausseté & de malignité, de calomnie, qui rendroient l'auteur très-répréhensible, & que pour l'intérêt même de l'histoire on ne pourroit pas laisser subsister ; mais hors ces cas extraordinaires où l'autorité auroit évidemment raison, les rois ne sauroient user trop sobrement de leur puissance pour gêner les jugemens de l'histoire. On ne doit plus aux rois morts que la vérité ; il seroit injuste d'exiger qu'on eût pour eux les mêmes égards, les mêmes respects qu'on avoit de leur vivant aux dépens même de la sincérité ; le prétexte de la piété filiale doit céder ici à l'intérêt du genre humain, pour qui les actions des rois & les évenemens publics sont une source de leçons nécessaires ; car, qu'on ne s'y méprenne point, chaque fait a sa moralité & peut servir de leçon ; ce prétexte de venger la mémoire de ses parens, qui ne seroit souvent que la crainte & la prévoyance des jugemens qu'on se prépare à soi-même dans la postérité, tendroit à priver le genre humain des leçons de l'histoire ; d'ailleurs, où s'arrêteroit cette prétendue piété filiale ? se borneroit-elle au père ? remonteroit-elle à l'ayeul, au bisayeul, &c ? corromproit-elle toute l'histoire & la réduiroit-elle à n'être qu'un éternel panégyrique ? La règle que nous proposons est beaucoup plus juste ; respecter les rois pendant leur vie, se respecter assez soi-même pour leur rendre, à charge & à décharge, pleine & entière justice après leur mort ; c'est l'intérêt de l'humanité, il doit toujours prévaloir.

M. *Reboulet* étoit né à Avignon, le 9 juin 1687 ; il mourut dans la même ville en 1752.

REBUFFE, (PIERRE) *Hist. litt. mod.*) fameux jurisconsulte françois, né près de Montpellier en 1487, mort à Paris en 1557, qui enseigna le droit à Montpellier, à Toulouse, à Cahors, à Bourges, à Paris, & dont les ouvrages ont été recueillis en six volumes *in-folio*, & sont cités au barreau comme une grande autorité.

RECAREDE I, roi des Visigoths. (*Hist. d'Espagne.*) Un roi sage, vertueux, modéré, juste, bienfaisant a régné dans un siècle d'ignorance & de barbarie, sur une nation à peine à demi policée, injuste, violente, cruelle, vicieuse, corrompue à l'excès; ce souverain, toujours environné de scélérats ambitieux, s'est soutenu sur son trône, pendant près de quarante années, malgré le fanatisme d'une multitude égarée & les complots d'une foule de conjurés, qui ont tenté, pour l'en faire descendre, les attentats les plus audacieux & les plus criminels. Ce bon roi a fait plus, il ne s'est occupé, au milieu de l'orage, que du bonheur de ses sujets ingrats, qu'il a forcés enfin de rendre justice à ses vertus, à ses talens, & qui, après l'avoir forcément admiré, ont fini par l'aimer & respecter ses loix. Tel a été jadis, dans le septième siècle, *Recarede I,* illustre par ses victoires, sa valeur, sa grandeur d'ame, & beaucoup plus encore par son zèle pour la justice & par son amour éclairé pour le bien. A peine l'inflexible & farouche Léovigilde, son père, fut parvenu au trône, que, contre la constitution du gouvernement des Visigoths, chez lesquels la couronne étoit élective, il fit reconnoître pour princes & pour les successeurs, du consentement volontaire ou forcé des grands, Herménigilde & *Recarede* ses deux fils. J'ai dit ailleurs avec quelle injuste rigueur Léovigilde persécuta Herménigilde, & avec quelle atroce barbarie il le fit mourir. Peu de temps après, les François, sous prétexte de venger la mort de ce prince, qui avoit épousé Ingonde, fille de Brunehaut, firent une violente irruption dans les Gaules, trop âgé pour se mettre à la tête de son armée, & d'ailleurs sa présence étant trop nécessaire en Espagne pour qu'il crût devoir s'en éloigner, Léovigilde, ancien fanatique, occupé alors à persécuter les catholiques, donna ordre à son fils *Recarede* d'aller dans les Gaules combattre & repousser les François; cette commission fut remplie dans toute son étendue, & les François battus furent contraints, après avoir perdu la plus grande partie de leur armée, de s'éloigner des Gaules. Bientôt ils y revinrent, & furent encore vaincus par *Recarede* qui les défit entièrement; enchanté de la gloire dont son fils venoit de se couvrir, Léovigilde lui fit épouser Bada, fille d'un Goth, illustre par sa naissance & ses richesses; courbé sous le poids des années, Léovigilde mourut peu de temps après avoir réuni le royaume des Suèves à celui des Visigoths. *Recarede* qui, depuis bien des années, avoit été désigné successeur de son père, monta paisiblement sur le trône en 585, & comme il n'avoit desiré de parvenir au rang suprême que pour policer ses sujets & faire leur bonheur, son premier soin fut d'entrer en négociation avec les anciens ennemis des Visigoths, mais il ne réussit qu'en partie dans le projet qu'il avoit formé d'établir avec eux une paix solide. Les propositions avantageuses qu'il fit faire par son ambassadeur à Gontran, roi d'Orléans & de Bourgogne, furent dédaigneusement rejettées. Childebert, roi d'Austrasie, fut plus traitable, & la paix fut conclue entre lui & les Visigoths. Sisbert, sujet ambitieux & scélérat déterminé qui, capitaine des gardes de Léovigilde, avoit impitoyablement mis à mort Herménigilde dans sa prison, trama une conjuration contre les jours du nouveau souverain, & le complot alloit être exécuté, lorsqu'il fut découvert & puni par le supplice du coupable. Pendant que *Recarede* dissipoit cette conjuration, Gontran, suivi d'une nombreuse armée, se jetta sur les provinces que les Goths possédoient dans les Gaules. Didier & Austrovalde, généraux de Gontran, eurent d'abord de grands succès, mais Didier fut battu près de Carcassonne, & les Goths ayant livré bataille au reste de l'armée françoise commandée par Austrovalde, ils remportèrent sur elle une victoire complette. L'impression heureuse que ce grand avantage fit sur les Visigoths, détermina *Recarede* à faire part à la nation de l'entreprise épineuse qu'il avoit méditée. Il y avoit long-temps que, secrétement catholique, il desiroit de publier sa conversion, & de faire adopter sa religion à ses sujets. La circonstance lui parut favorable; il se déclara hautement catholique, assembla les grands & les évêques ariens, & leur proposa d'accepter & de laisser introduire le catholicisme. Les évêques & les grands frémirent; mais, intimidés par la puissance du souverain, ils se continrent, applaudirent à ses vues, & parurent contens. L'un des plus fanatiques de ces évêques se ligua avec deux comtes, ariens comme lui, Granitse & Vildigerne; ceux-ci soulevèrent la secte presqu'entière; les ariens prirent les armes, fondirent sur les catholiques, en massacrèrent un grand nombre, & mirent à mort tous les ecclésiastiques qui eurent le malheur de tomber en leur pouvoir. Les troupes du roi accoururent, firent cesser le désordre, & mirent les rebelles en fuite; l'évêque Antalacus mourut de chagrin de n'avoir pu exterminer tous les catholiques. Un autre prélat arien, plus dévotement féroce, Sunna, c'étoit son nom, jadis métropolitain de Mérida, engagea dans son complot les comtes Seggon & Witeric, qui, de concert avec ce prélat, devoient s'emparer de Mérida, après avoir tué le métropolitain Mausona, & Claude, gouverneur de la province. Afin de commettre plus facilement ce meurtre, il fut convenu que Sunna demanderoit une conférence à Mausona, & que pendant qu'ils parleroient ensemble en présence de Claude, Witeric se placeroit entre le métropolitain & le gouverneur, & les poignarderoit l'un & l'autre, tandis que Seggon, à la tête d'une multitude d'ariens, écraseroit les catholiques & s'assureroit de la ville. La conférence fut accordée par Mausona; Witeric prit son poste, ainsi qu'il l'avoit promis; mais les historiens contemporains assurent qu'il ne put jamais arracher son poignard du fourreau, lorsqu'il voulut égorger le métropolitain & Claude : au reste , on est le maître d'attribuer cet événement singulier à la frayeur qui vraisemblablement saisit Witeric au moment de commettre le crime, ou à l'épaisseur de la rouille qui retenoit le poignard dans le fourreau. Quoi qu'il en soit, on ne tarda point à former une conjuration nouvelle, & celle-ci avoit pour chefs la reine Gosuinde, veuve de Léovigilde, & Ubila, évêque arien. Persuadés que tant que *Recarede* vivroit, l'arianisme ne triompheroit pas, ils résolurent de tuer ce prince. Leur secret transpira ; ils furent pris, & en considération du caractère sacré dont étoit revêtu Ubila, on se contenta de le bannir du royaume. Quant à Gosuinde, pendant qu'on délibéroit sur le genre de punition qu'on lui feroit subir, elle prévint l'arrêt de ses juges ; & mourut ou de honte ou de désespoir. Fatigué de tant de conjurations formées par la même cause, *Recarede* fit ramasser tous les livres de la secte arienne & les fit brûler, croyant par ce moyen pouvoir déraciner l'hérésie & étouffer le fanatisme. Il ne fut pas heureux dans ses conjectures ; il ne le fut pas non plus dans les tentatives qu'il fit pour amener Gontran à des vues de pacification. Gontran, persuadé que les propositions du roi des Visigoths décéloient sa foiblesse, envoya une armée de soixante mille hommes, sous les ordres de Bozon, dans les provinces des Gaules qui appartenoient aux Visigoths. *Recarede* envoya de son côté Claude, gouverneur de Lusitanie, s'opposer aux François, sur lesquels Claude remporta la plus éclatante victoire. Heureux, aimé, victorieux, le roi des Visigoths qui ne songeoit qu'à établir d'une manière inébranlable le catholicisme dans ses états, convoqua dans Tolède un concile, où se trouvèrent cinq métropolitains & soixante-deux évêques. Dans cette assemblée, la conversion des Visigoths à la foi catholique fut confirmée & attestée par un acte national. Il s'en falloit cependant beaucoup que tous les sujets de *Recarede* fussent convertis ; au contraire, les réglemens qui furent statués dans ce concile, soulevèrent une foule d'ariens ; Argimond, l'un des premiers officiers de la maison du roi, se mit à leur tête, & trama une horrible conspiration contre le prince & sa famille ; mais ce fanatique arien fit entrer tant de conjurés dans son complot, que son dessein fut connu ; on se saisit du coupable & de ses principaux complices, & on les fit tous expirer dans les supplices. Depuis quelques années, les juifs, riches & méprisés, offroient à *Recarede* une somme très-considérable, s'il vouloit les déclarer capables d'occuper les charges publiques, leur permettre d'avoir des esclaves chrétiens & des chrétiennes pour concubines. Leurs demandes furent accueillies comme elles méritoient de l'être ; le roi rejetta leurs offres avec mépris, & leur refusa avec indignation des esclaves chrétiens & des concubines chrétiennes. La reine Bada étoit morte, & quoique fort âgé, *Recarede*, moins pour lui-même que pour

le bien de ses états, épousa une sœur d'Ingonde, fille de Brunehaut, Clodosinde, qui avoit été promise au roi des Lombards, arien, & sur lequel il eut la préférence, par le moyen de deux places de la Gaule Narbonnoise qu'il céda à Brunehaut. Il étoit depuis long-temps fatigué des demandes & tracassé par les incursions des impériaux qui prétendoient avoir des droits sur plusieurs contrées espagnoles. Le roi des Visigoths envoya de riches présens au pape Grégoire le-Grand, & le pria de lui faire remettre un extrait des traités faits entre le roi Athanagilde & l'empereur Justinien, afin de savoir quelles étoient les terres sur lesquelles ces voisins pouvoient avoir des prétentions fondées. Grégoire le-Grand satisfit le roi des Visigoths ; mais il ne contenta point le patrice qui, gouvernant au nom de l'empereur grec, fit faire une invasion dans les états de *Recarede* ; les impériaux furent battus, repoussés dans leurs limites, toutes les fois qu'ils tentèrent d'en sortir. *Recarede* plus fort qu'eux, eût pu les accabler ; mais, par une équité bien rare dans un vainqueur, il se contenta de les empêcher d'usurper, & ne voulut point les dépouiller de ce qu'il crut leur appartenir légitimement ; quoique la conquête de leurs possessions eût passé pour une juste représaille contre de tels agresseurs. Quelques efforts que *Recarede* fît, quelques moyens qu'il employât pour assurer la paix, son règne fut encore agité par une irruption soudaine des Gascons qui tentèrent de s'emparer des contrées qu'ils avoient autrefois occupées en Espagne ; ils furent repoussés avec beaucoup de perte, & contraints de repasser les Pyrénées. Cette guerre terminée, le roi des Visigoths s'occupa tout entier des affaires civiles & ecclésiastiques de son royaume, travailla fort utilement pour ses successeurs & pour le bien de la nation, abrogea les anciennes loix qui lui parurent ou insuffisantes ou superflues, en fit de nouvelles très-sages, & il mettoit en usage les moyens les plus propres à épurer les mœurs, lorsqu'il fut attaqué d'une maladie qui en très-peu de jours le conduisit au tombeau. Il mourut dans le mois de février 601, après un règne d'environ seize années. Il n'acquit point la célébrité de son père, & il n'en voulut pas ; il eût pu, comme Léovigilde, faire de vastes conquêtes, dévaster des provinces, ruiner des nations ; il aima mieux être doux & équitable. Léovigilde se rendit formidable ; *Recarede* se fit aimer, ne fut craint que des ennemis de l'état, & respecté de tous. (*L. C.*)

RECAREDE II, roi des Visigoths, (*Hist. d'Espag.*) Pénétrés d'admiration pour les vertus & les talens de Sisbut leur roi, qu'une mort inattendue venoit de leur enlever, les Visigoths, dont la couronne étoit élective, crurent devoir la placer, par reconnoissance, sur la tête du jeune *Recarede*, fils de ce bon souverain. Peut-être *Recarede II* eût-il, comme son père, mérité la confiance, l'estime & le respect de ses sujets; peut-être aussi n'eût-il été qu'un méchant prince, & c'est ce qu'on ne sauroit décider, car il étoit fort jeune & presque dans l'enfance encore, lorsqu'il fut élevé sur le trône; à peine il s'y étoit assis, que la mort vint changer en deuil les fêtes & les réjouissances de son avénement. Ses sujets l'avoient élu dans le mois de mai 621, & il fut inhumé dans les premiers jours du mois d'août suivant. On ignore jusqu'au genre de maladie qui conduisit ce roi enfant dans le tombeau. (*L. C.*)

RECÈS DE L'EMPIRE, *recessus imperii*. (*Hist. mod. Droit public.*) C'est ainsi qu'on nomme en général toutes les constitutions, les réglemens & les loix fondamentales de l'empire; mais dans un sens moins étendu, ce sont les loix universelles portées par l'empereur & par les états de l'empire dans la diète; on croit que l'origine du mot *recessus* vient de ce que ces loix se faisoient autrefois au moment où l'assemblée des états ou la diète alloit se séparer ou se retirer.

Les jurisconsultes allemands distinguent les *recès de l'empire* en généraux & en particuliers. Les premiers sont les loix faites par tous les états assemblés en corps; les derniers sont les résolutions prises par les députations particulières. On les distingue encore en *recessus primarios* & *recessus secundarios*. Les premiers sont ceux que l'on fait imprimer & que l'on publie; les autres sont des résolutions que l'on tient secretes, & qui se déposent dans les archives de l'empire, dont l'électeur de Mayence a la garde. Voyez *Vuriarii institutiones juris publici Romano-germanici*. (*A. R.*)

RECESUINTHE, roi des Visigoths. (*Histoire d'Espagne.*) Le vertueux Chindasuinthe, prince éclairé dans un siecle fort ignorant, & chez les Visigoths qui, de toutes les connoissances humaines, n'estimoient & ne cultivoient que la science militaire, Chindasuinthe, accablé sous le poids des années & presque nonagénaire, obtint de la nation que son fils *Recesuinthe* partageroit son trône & lui seroit associé. Il y avoit eu jusqu'alors quelques exemples de semblables associations, & elles avoient toutes été funestes aux souverains qui les avoient demandées; mais Chindasuinthe connoissoit les vertus, les talens & la modération de son fils; il ne fut point trompé dans son attente, & le sage *Recesuinthe* ne s'assit sur le trône, en janvier 649, que pour soulager son père de ce qu'avoit de plus pénible le fardeau du gouvernement. Quelque temps avant cette association, le jeune prince avoit épousé Riciberge, dont on ignore l'origine. Libre des soins qui jusqu'alors avoient rempli tous ses momens, Chindasuinthe ne s'occupa plus que des belles-lettres, des sciences, qui avoient fait jadis

les plaisirs de sa jeunesse, & qui furent le charme de sa caducité. Il fit construire aussi le magnifique monastère de Saint-Romain d'Ornisga, & mourut amérement regretté de ses peuples. La nation avoit applaudi à l'association de *Recesuinthe*, mais elle avoit mécontenté beaucoup de grands qui, comptant sur la mort prochaine du vieux roi, avoient pris des mesures pour que l'élection leur devînt favorable. Le plus ambitieux & le plus ulcéré d'entre ces aspirans à la royauté étoit Froïa, qui, par son illustre naissance, ses richesses, son crédit & la puissance de ses parens, s'étoit flatté que nul autre que lui ne pourroit lui disputer, après la mort de Chindasuinthe, la couronne des Visigoths. Irrité de la préférence que le fils du dernier souverain avoit obtenue, du vivant même de son père, il ne renonça point à ses vues d'élévation; au contraire, résolu de périr ou de régner, au défaut d'élection, il se détermina à employer la force, & il alla lever une armée chez les Gascons qui, n'attendant qu'une occasion d'entrer en Espagne, passèrent en foule les Pyrénées, fondirent sur les terres des Visigoths, & conduits par Froïa, mirent à feu & à sang tous les lieux par où ils passèrent. *Recesuinthe*, à la tête d'une armée peu nombreuse, mais aguerrie, vint arrêter ce torrent destructeur; il attaqua impétueusement les Gascons, il les vainquit, en massacra la plus grande partie, & contraignit le reste à prendre la fuite. Le petit nombre de Gascons qui échappèrent à la poursuite du vainqueur, se hâtèrent de gagner leur pays. Froïa disparut aussi avec quelques-uns des siens, & l'on ignore entièrement dans quelle contrée il alla cacher sa honte & sa vie. Quelqu'éclatante néanmoins que fût cette victoire, elle ne concilia point encore à *Recesuinthe* l'affection & l'obéissance de toutes les provinces; il y en eut quelques-unes qui persistèrent dans leur mécontentement, & qui se préparèrent à se défendre, au cas où l'on voudroit les soumettre par la force des armes; mais il n'employa point cette voie, & peu-à-peu sa douceur & sa clémence lui ramenèrent tous les Visigoths. Lorsqu'à force de soins & de vertus, ce bon roi eut rétabli le calme, il convoqua un concile à Tolède, & dans cette assemblée, composée des évêques, des prélats & des seigneurs les plus distingués du royaume, *Recesuinthe*, après avoir exposé l'état actuel des affaires, demanda que le concile fixât une confession de foi catholique qui fût invariable; qu'on statuât sur la manière dont il falloit en user envers les rebelles, auxquels il désiroit qu'on pardonnât; qu'il fût délibéré que, dans toutes les plaintes que l'on pourroit porter contre lui, il seroit nommé des arbitres pour juger impartialement & avec équité; que les grands fussent invités à observer ce qui seroit statué par les évêques assemblés; enfin que l'on délibérât sur la manière dont il falloit traiter les Juifs qui, après avoir été baptisés, auroient apostasié. Le concile fit sur ces divers objets plusieurs canons & plusieurs réglemens

réglemens qui furent jugés très-utiles, que le roi fit exactement obferver, & auxquels il fe foumit lui-même. L'attention de *Recefuinthe* à concourir, autant qu'il dépendoit de lui, au bonheur de fes fujets & à la gloire de la nation, le fit chérir & refpecter même de ceux qui s'étoient le plus hautement déclarés contre lui, lors de la rébellion de Froïa. Il ne lui reftoit plus d'ennemis dans l'état, & les eccléfiaftiques, fi faciles dans ce temps à s'agiter & à fe foulever, donnoient l'exemple du zèle & de la foumiffion: leur confiance étoit fi entière, que c'étoit lui qu'ils confultoient fur les points les plus importans, & que c'étoit à fon autorité, & non à celle de l'évêque de Rome, qu'ils avoient recours. En effet, ce fut *Recefuinthe*, & non le pape, auquel même on ne fongea point à s'adreffer, qui rendit à la métropole de Mérida tous les évêchés qui en relevoient anciennement, & qui avoient été fucceffivement annexés à la métropole de Brague. Les affaires eccléfiaftiques n'occupoient cependant point affez le roi des Vifigoths, pour qu'il ne donnât pas également & avec le plus grand fuccès, fes foins aux diverfes parties de l'adminiftration publique. Il veilla fur les juges & les tribunaux, réprima tous les abus qui s'étoient introduits & multipliés dans la manière d'inftruire les procès & de rendre la juftice, fit refpecter l'autorité des loix, & ce qui produifit un bien plus grand effet, donna à la nation, qui n'avoit que des mœurs corrompues, des mœurs douces & honnêtes. Après bien des années d'un regne paifible & heureux, il perdit Riciberge, fon époufe, & il fut obfédé par fes parens & par fes frères, qui le voyant veuf, fans enfans & vieux, le preffèrent de partager fon trône avec quelqu'un d'entr'eux. Il connoiffoit l'attachement des Vifigoths au droit qu'ils avoient de s'élire un roi, & comme d'ailleurs peut-être il ne voyoit pas, dans le nombre de ces afpirans à la royauté, perfonne qui fût capable d'en remplir les fonctions, il déclara qu'il vouloit régner feul, & laiffa à la nation l'avantage & la liberté de lui choifir un fucceffeur. Quelque tranquillité qui régnat néanmoins dans l'état, *Recefuinthe* n'étoit point fans inquiétude; les progrès des Sarrafins & leurs conquêtes en Afrique l'alarmèrent. Le comte Grégoire, gouverneur de la province de Carthage, du domaine des Vifigoths, avoit tenté de s'oppofer aux fuccès des armes de ces conquérans, & il avoit été cruellement battu; fes troupes avoient été maffacrées, & il étoit refté lui-même au nombre des morts. Cette défaite & la crainte d'avoir fur fes vieux jours une guerre à foutenir contre ce peuple dévaftateur, cauférent un tel chagrin à *Recefuinthe*, que fa fanté en fut affoiblie. Il crut que l'exercice lui rendroit fes forces, & dans cette efpérance, il fe fit tranfporter à Gerticos, lieu de fa naiffance, fuivant quelques hiftoriens, & à environ quarante lieues de Tolède. Mais le changement d'air n'opéra point l'effet qu'il en attendoit, au contraire fa

maladie augmenta, & après quelques jours de fouffrance, il mourut le premier feptembre 672, dans la vingt-quatrième année de fon regne. Il mérita pendant fa vie les regrets que les *Vifigoths* lui donnèrent à fa mort. (*C.*)

RÉCHENBERG, (ADAM ET CHARLES-OTHON) *Hift. litt. mod.*) père & fils, favans allemands du pays de Saxe; le premier, auteur de quelques ouvrages de controverfe, éditeur de divers ouvrages tant anciens que modernes, entr'autres de l'ouvrage du docteur Richer, intitulé: *Obftetrix animorum*, & du recueil: *Rei numerariæ fcriptores*. L'autre auteur de plufieurs ouvrages de jurifprudence & l'un des auteurs du journal de Leipfick. Adam, né en 1642, mort en 1721. Charles-Othon, né en 1689, mort en 1751.

RECORDER, (*Hift. munic. d'Angleterre.*) nom d'un magiftrat qui fert de confeiller au lord-maire, pour l'informer en toutes occafions des loix & coutumes de la ville de Londres; c'eft lui qui prononce les fentences; il prend place dans le confeil du maire avant tous les échevins qui n'ont pas encore été maires. (*D. J.*)

RECTEUR, (*Hiftoire de Venife.*) titre qui eft commun au podeftat, au capitaine des armées des Vénitiens; il fignifie celui qui gouverne les villes de l'état. (*A. R.*)

RED

REDEMPTORES. f. m. (*Hift. rom.*) On nommoit ainfi chez les Romains les entrepreneurs pour la conftruction ou la réparation des ouvrages publics; c'étoit avec eux que les cenfeurs concluoient tous les traités qui concernoient cette partie de la police générale.

Je ne faurois mieux expliquer le mot *redemptor*, que par les paroles de Feftus, qui a écrit: *redemptores proprie atque antiqua confuetudine dicebantur qui, cùm quid publicè faciendum aut præbendum conduxerant, effecerantque, tùm demùm pecunias accipiebant; nam antiquitùs emere pro accipere ponebatur: at ii nunc dicuntur redemptores, qui quid conduxerunt præbendum utendumque*. On appelloit proprement, & par une ancienne coutume, *redemptores*, ceux qui avoient fait marché de faire ou de fournir quelque chofe à la république, & qui après l'avoir fait, recevoient l'argent qui leur avoit été promis; car anciennement, *emere* qui fignifie *acheter*, fignifioit *prendre*; mais aujourd'hui l'on appelle *redemptores*, ceux qui ont loué quelque chofe pour la relouer & pour s'en fervir. Horace emploie toujours ce mot dans le premier fens. *Ode I, liv. III. Ode II, liv. II, &c. (D. J.*)

REDI, (FRANÇOIS) *Hift. litt. mod.*) de l'académie de la *Crufca*, au dictionnaire de laquelle il

T t t

a beaucoup travaillé, de l'académie des *Arcades* de Rome, de celles des *Gelati* de Bologne, premier médecin des grands-ducs de Toscane, Ferdinand II & Cosme III. On a de lui des poésies italiennes estimées; mais c'est sur-tout par ses excellens ouvrages de philosophie & d'histoire naturelle qu'il est célèbre. Il étoit né en 1626 à Arezzo, il fut trouvé mort dans son lit le 1er. mars 1697. Il étoit sujet à l'épilepsie. Ses œuvres ont été recueillies à Venise, en 1712, en six volumes in-8°; à Naples, en 1741, en six volumes in-4°.

RÉDOUTE, s. f. (*Hist. mod.*) en italien *ridotto*. C'est un lieu public établi à Venise, où l'on s'assemble pour jouer à des jeux de hasard & surtout au pharaon. C'est toujours un noble Vénitien qui tient la banque, & il a à ses côtés deux dames masquées pour l'avertir des fautes d'inadvertence qu'il pourroit commettre à son préjudice. On n'y entre que masqué, & c'est pendant le carnaval que se tient la *redoute*. Les étrangers se plaignent de ne gagner presque jamais au jeu qui s'y tient. (*A. R.*)

RÉDOUTÉ TRÈS-, (*Hist. de France.*) titre que l'on a donné à quelques-uns des rois de France. Dans l'ouvrage qui a pour titre: le *Songe du vieil Pélerin*, la reine *Vérité* conseille au jeune roi, Charles VI, de ne pas souffrir que, dans les lettres qu'on lui adresse, ou dans les requêtes qu'on lui présente, on employe le mot *metuendissimo*, très-redouté seigneur; *cette offrande*, dit-elle, *flatteuse & bouffouflée de vent*, fut premièrement offerte à son grand-père *Philippe-le-bel*. Sans ce passage, nous ne saurions peut-être pas en quel temps le titre de *très-redouté* est devenu une expression de formule qui n'est pas faite pour les bons princes. (*D. J.*)

RÉDUCTIONS. s. f. (*terme de relation.*) On appelle dans les Indes occidentales *réductions*, les peuplades indiennes gouvernées par les jésuites. Ces *réductions* sont en grand nombre dans le Paraguay. (*D. J.*)

R E F

RÉFUGIÉS, (*Hist. mod. politiq.*) C'est ainsi que l'on nomme les protestans françois que la révocation de l'édit de Nantes a forcés de sortir de France & de chercher un asyle dans les pays étrangers, afin de se soustraire aux persécutions qu'un zèle aveugle & inconsidéré leur faisoit éprouver dans leur patrie. Depuis ce temps, la France s'est vue privée d'un grand nombre de citoyens qui ont porté à ses ennemis des arts, des talens & des ressources dont ils ont souvent usé contre elle. Il n'est point de bon François qui ne gémisse depuis long-temps de la plaie profonde causée au royaume par la perte de tant de sujets utiles.

Cependant, à la honte de notre siècle, il s'est trouvé de nos jours des hommes assez aveugles ou assez impudens pour justifier aux yeux de la politique & de la raison, la plus funeste démarche qu'ait jamais pu entreprendre le conseil d'un souverain. Louis XIV, en persécutant les protestans, a privé son royaume de près d'un million d'hommes industrieux qu'il a sacrifiés aux vues intéressées & ambitieuses de quelques mauvais citoyens, qui sont les ennemis de toute liberté de penser, parce qu'ils ne peuvent régner qu'à l'ombre de l'ignorance. L'esprit persécuteur devroit être réprimé par tout gouvernement éclairé: si l'on punissoit les perturbateurs qui veulent sans cesse troubler les consciences de leurs concitoyens lorsqu'ils diffèrent dans leurs opinions, on verroit toutes les sectes vivre dans une parfaite harmonie, & fournir à l'envi des citoyens utiles à la patrie & fidèles à leur prince.

Quelle idée prendre de l'humanité & de la religion des partisans de l'intolérance? Ceux qui croyent que la violence peut ébranler la foi des autres, donnent une opinion bien méprisable de leurs sentimens & de leur propre constance. (*A. R.*)

R E G

REGATTA. (*Hist. mod.*) C'est ainsi qu'on nomme à Venise des courses que font les gondoliers avec leurs barques ou gondoles sur le grand canal; ils disputent les uns contre les autres à qui aura plus tôt parcouru un certain espace. (*A. R.*)

RÉGENT, (*terme de chancellerie romaine.*) est le second officier de cette chancellerie, entre les mains duquel se remettent toutes les expéditions de la daterie, & qui distribue les suppliques à des abbréviateurs pour dresser les minutes des bulles.

RÉGENT se dit aussi d'un *professeur* public des arts ou sciences, qui tient une classe dans un collège. L'université est composée des docteurs, professeurs & *régens*: *régent* & écolier sont des termes relatifs.

Régent ne se dit guère que des basses classes, comme *régent* de rhétorique, *régent* de seconde, &c. ceux de philosophie s'appellent plutôt *professeurs*. (*A. R.*)

RÉGENT DU ROYAUME, (*Hist. de France.*) c'est celui qui gouverne l'état pendant la minorité des rois, ou dans quelques autres circonstances particulières, comme absence, maladie, &c. Il scelloit autrefois les actes de son propre sceau, & non de celui du roi mineur; mais cet usage fut abrogé sous le regne de Charles VI en 1407. Charles V avoit déja fait, en octobre 1374, une plus importante ordonnance, par laquelle il déclare que s'il meurt avant que son fils soit entré dans l'âge de quatorze ans, le duc d'Anjou, son frère, sera *régent du royaume*, jusqu'à ce que le jeune roi soit entré dans sa quatorzième année. Dans le même mois, il fit une autre ordonnance qui porte que, s'il meurt avant que son fils aîné soit entré dans sa quatorzième année, la reine aura la tutelle de ses enfans, fils & filles, jusqu'à ce que le roi soit parvenu à l'âge de quatorze ans, & qu'avec elle les ducs de Bourgogne & de Bourbon seront tuteurs, & que si la reine, par mort, mariage ou autrement, ne peut être tutrice, le duc de Bourgogne sera tuteur, & à son défaut le duc de Bourbon.

Il étoit temps, dit M. Henault, de mettre ordre à l'abus des régences qui absorboit l'autorité royale. Dans la première & la seconde race, le roi n'étoit majeur qu'à vingt-deux ans, & pendant sa minorité, les actes étoient scellés du sceau du *régent*. Cet usage étoit fondé sur l'opinion que le roi n'étoit point roi qu'il n'eût été sacré, & ce sacre étoit différé par le *régent* le plus long-temps qu'il pouvoit; aussi voyons-nous que même encore sous la troisième race, où la puissance des *régens* étoit fort diminuée, les rois faisoient sacrer leurs fils de leur vivant, pour assurer leur état, que l'àutorité du régent pouvoit rendre incertain.

Cette matière est trop vaste pour la traiter dans toute son étendue; il suffira de quelques remarques.

1°. La régence étoit distinguée de la tutelle, & ne se confondoit pas dans la même personne, en sorte que, par exemple, Charles V avoit donné la tutelle de son fils à la reine son épouse, & la régence au duc d'Anjou, ce qui n'eut pas lieu, parce que la reine mourut avant Charles V. La reine Blanche, mère de Saint-Louis, fut la première qui réunit ces deux titres, que l'on distingua toujours, mais que l'on ne sépara jamais depuis Charles V; 2°. les rois ont disposé de la régence par leurs testamens, & leurs dispositions ont été suivies; 3°. Charles IX est le premier qui ait déclaré solemnellement sa majorité; 4°. le premier de nos rois qui ait voulu apporter quelque réglement sur les régences, est Philippe-le-Hardi; il rendit deux ordonnances, l'une en étant encore en Afrique, & l'autre à son retour, par lesquelles il vouloit que son fils fût déclaré majeur à quatorze ans, mais ces ordonnances n'eurent pas d'exécution. Après lui, celles même de Charles V furent contredites pendant la minorité de Charles VI, lequel rendit à son tour deux déclarations conformes à celles du roi son père. *Abrégé chron. de l'histoire de France*, pag. 321.

C'est une maxime sage dans tout royaume héréditaire, que celle qui veut que le plus proche parent soit *régent* du royaume, avec l'autorité du roi, en attendant la majorité du roi mineur. Cette coutume étant bien connue de tout le monde dans un gouvernement, il arrive que chaque officier de l'état prend ses mesures de loin pour obéir au *régent* futur durant sa régence, comme il obéira au roi même après sa minorité. C'est pourquoi la mère de Louis XIV fut déclarée *régente* en 1643, avec toutes les prérogatives de régente, malgré le testament du roi son mari, qui lui ôtoit sa principale prérogative, qui consiste à pouvoir soi-même se choisir un conseil; mais ce ne sont-là que des exemples. Il faudroit peut-être une loi qui assurât cette régence à la mère seule du roi ou au plus proche héritier de la couronne, nonobstant les testamens & autres actes du roi dernier mort, contraires à la loi. Nous avons la coutume, mais une loi écrite a une toute autre force, parce que ce sont des articles fondamentaux de grande importance dans un état. (*D. J.*)

RÉGÉTAIRE, s. f. (*terme de relation.*) nom que nos voyageurs donnent aux courtisanes dont le roi de Benin, pays des noirs, tire une sorte de tribut; mais quand l'une d'elles devient grosse, & qu'elle accouche d'un fils, elle est affranchie de ce tribut; si c'est d'une fille, le roi la prend sous sa protection. Quand un homme est mort dans ce royaume, toutes les femmes qui lui appartenoient & qu'il a connues sont à la disposition du roi, qui en fait souvent ses plus chères *régétaires*. Ces courtisanes forment une espèce de république à part, & ont leurs officières collectrices, qui ressortissent immédiatement aux grands fiadors ou conseillers d'état. *Descr. du royaume de Benin.* (*D. J.*)

RÉGICIDE. s. m. (*Hist. & politique.*) C'est ainsi qu'on nomme l'attentat qui prive un roi de la vie. L'histoire ancienne & moderne ne nous fournit que trop d'exemples de souverains tués par des sujets furieux. La France trémira toujours du crime qui la priva d'Henri IV, l'un des plus grands & des meilleurs de ses rois. Les larmes que les François ont versées sur un attentat plus récent, seront encore long-temps à se sécher; ils trembleront toujours au souvenir de leurs alarmes, pour les jours précieux d'un monarque, que la bonté de son cœur & l'amour de ses sujets sembloient assurer contre toute entreprise funeste.

La religion chrétienne, cet appui inébranlable du trône, défend aux sujets d'attenter à la vie de leurs maîtres. La raison & l'expérience font voir, que les désordres qui accompagnent & suivent la mort violente d'un roi, sont souvent plus terribles, que les effets de ses déréglemens & de ses crimes. Les révolutions fréquentes & cruelles auxquelles les despotes de l'Asie sont exposés, prouvent que la mort violente des tyrans ébranle toujours l'état, & n'éteint presque jamais la tyrannie. Comment se trouve-t-il donc des hommes audacieux & pervers, qui enseignent que l'on peut ôter la vie à des monarques, lorsqu'un faux zèle ou l'intérêt les fait traiter de tyrans? Ces maximes odieuses, cent fois proscrites par les tribunaux du royaume & détestées par les bons citoyens, n'ont été adoptées que par des fanatiques ambitieux, qui s'efforcent de saper les fondemens du trône, lorsqu'il ne leur est point permis de s'y asseoir à côté du souverain.

L'Angleterre donna dans le siècle passé à l'univers étonné, le spectacle affreux d'un roi jugé & mis à mort par des sujets rebelles. N'imputons point à une nation généreuse un crime odieux qu'elle désavoue, & qu'elle expie encore par ses larmes. Tremblons à la vue des excès auxquels se porte l'ambition, lorsqu'elle est secondée par le fanatisme. & la superstition. (*A. R.*)

RÉGILIEN, (QUINTUS-NONIUS REGILLIANUS) *Hist. rom.*) grand capitaine qui se distingua sous les empereurs Valérien & Gallien. Les peuples l'élurent empereur, & l'opposèrent à Gallien. On prétend que son nom *Regillianus*, dans lequel se trouve celui de *Regius*, parut d'un bon augure & contribua beaucoup à son élection, & il est toujours à propos de remarquer ces effets de la superstition; l'augure fut faux, ses soldats le tuèrent pour appaiser la colère de Gallien. Cet événement arriva en 263.

REGINALD, (ANTOINE) *Hist. du Jansénisme.*) dominicain, connu par des ouvrages de controverse sur la grace, où il se déclare un des plus ardens défenseurs de la doctrine de S. Augustin & de S. Thomas. Mort à Toulouse en 1676.

REGINON, (*Hist. litt. mod.*) abbé de Prum, chroniqueur des neuvième & dixième siècles. Indépendamment de sa chronique, on a de lui un recueil de canons & de réglemens ecclésiastiques, dont Baluze a donné, selon son usage, une savante édition. Ce recueil a pour titre : *De disciplinis ecclesiasticis, & de religione christiana.* Mort en 915.

REGIOMONTAN. (*Voyez* MULLER.)

REGIS, (PIERRE-SILVAIN) *Hist. litt. mod.*) de l'académie des sciences, disciple de Rohault, & comme lui, un des premiers zélateurs de Descartes, étoit né, en 1632, à la Salvetat ou Sauvetat de Blanquefort, dans le comté d'Agénois; frappé de la philosophie cartésienne, qu'il commença de connoître par les conférences de Rohault, il s'y attacha entièrement, & on peut dire que toute sa vie & tous ses travaux furent consacrés au développement & à la défense de cette philosophie.

C'étoit à Paris, dans le cours de ses études, que *Regis* avoit reçu les leçons de Rohault. Parti de Paris avec une espèce de mission de son maître, dit M. de Fontenelle, il alla établir la nouvelle philosophie à Toulouse, où il ouvrit, en 1665, des conférences qui furent très-suivies. Bientôt toute la ville fut remuée par le nouveau philoso-

phe & par la nouvelle philosophie ; les dames mêmes faisoient partie de la foule, ce qui étonnoit alors & qu'on ne remarque plus aujourd'hui ; on soutint une thèse de pur cartésianisme, dédiée à une des premières dames de Toulouse ; on n'y disputa qu'en françois, & cette dame, que *Regis* avoit rendue habile cartésienne, résolut elle-même plusieurs difficultés considérables. Les Toulousains firent à *Regis* une pension sur l'hôtel-de-ville, événement, dit M. de Fontenelle, qui semble appartenir à l'ancienne Grèce.

Le célèbre marquis de Vardes, exilé alors en Languedoc, connut à Toulouse le philosophe *Regis*, & au grand regret de cette ville, l'emmena dans son gouvernement d'Aigues-Mortes. Ils s'attachèrent l'un à l'autre, & peut-être « le philosophe » ne profita-t-il pas moins du commerce du courtisan, que le courtisan de celui du philosophe. » L'un de ces deux différens caractères est ordi» nairement composé de tout ce qui manque à » l'autre ».

Regis suivit M. de Vardes à Montpellier en 1671, & y fit des conférences cartésiennes avec le même succès qu'à Toulouse. Il vint à Paris en 1680, & tint aussi de semblables conférences chez M. Lémery : peut-être, dit l'illustre secrétaire de l'académie des sciences, peut-être la vérité « de cette » histoire ne me défend-t-elle pas de remarquer » qu'on y voyoit tous les jours le plus agréable » acteur du théâtre *italien*, qui hors de là cachoit » sous un masque & sous un badinage inimitable, » l'esprit sérieux d'un philosophe ».

« Il ne faut pas réussir trop ; ces conférences » eurent un éclat qui leur devint funeste. » On avoit alors deux manies dominantes, l'une de croire la religion intéressée aux systèmes de philosophie ; l'autre qui étoit une suite de la première, de ne pas plus souffrir d'innovations dans la philosophie que dans la théologie ; en conséquence de ces deux erreurs, l'archevêque de Paris, de Harlay de Chanvallon, venant au secours de l'ancienne philosophie, c'est-à-dire du péripatétisme, dont le sort devoit si peu le toucher, puisqu'il n'avoit fait que gâter la théologie scolastique, en lui communiquant ses formes, M. de Harlay envoya discrètement à *Regis* un ordre de suspendre ses conférences, ordre déguisé sous la forme de conseil ou de prière, & enveloppé de beaucoup de louanges. Les cartésiens, *Regis* lui-même, auroient pu solliciter cet ordre, qui prévenant peut-être l'inconstance naturelle du public, ne faisoit qu'augmenter son estime pour ce dont on le privoit. L'archevêque de Paris, en empêchant *Regis* de prendre le public pour disciple, voulut être son disciple particulier, & prendre de lui des leçons de cartésianisme.

M. *Regis* voulut du moins faire imprimer son système général de philosophie ; par une suite des mêmes erreurs dont nous avons parlé, il fut encore traversé pendant dix ans dans ce dessein, se ne fût enfin qu'en 1690 que l'ouvrage parut sous ce titre : *Syftême de philofophie, contenant la logique, la métaphyfique, la phyfique & la morale,* 3 vol. in-4°.

Regis répondit, en 1691, à un livre intitulé : *Cenfura philofophiæ cartefianæ*; Bayle jugea que cette réponfe ferviroit de modéle à tout ce qu'on écriroit dans la fuite pour la défenfe de la même caufe.

En 1692, *Regis*, en défendant toujours fon maître, fe défendit auffi lui-même contre un profeffeur de philofophie, qui avoit attaqué fon fyftême général. *Regis* eut auffi des difputes philofophiques contre les cartéfiens mêmes, qui ne tiroient pas fur certains objets les mêmes réfultats que lui de la doctrine du maître commun; il en eut quelques-unes de cette nature avec le fameux père Malebranche; ils difputèrent fur la nature des idées & fur leur caufe ou efficiente ou exemplaire, fur la queftion : *fi le plaifir nous rend actuellement heureux*; fur l'explication du phénomène qui fait paroître la lune plus grande à l'horifon qu'au méridien. La queftion principale fur ce dernier objet fe réduifit entre eux à favoir fi la grandeur apparente d'un objet dépendoit uniquement de la grandeur de fon image tracée fur la rétine, comme le prétendoit *Regis*, ou de la grandeur de cette image combinée avec le jugement naturel que l'ame porte de l'éloignement de l'objet, de forte que, tout égal d'ailleurs, elle dût le voir d'autant plus grand qu'elle le jugeroit plus éloigné; c'étoit le fentiment du P. Malebranche; il foutenoit qu'un géant fix fois plus haut qu'un nain, & placé à douze pieds de diftance, ne laiffoit pas de paroître plus haut que le nain placé à deux pieds, malgré l'égalité des images qu'ils formoient dans l'œil, & par la feule raifon qu'on voyoit le géant comme plus éloigné, à caufe de l'interpofition de différens objets. Quatre géomètres des plus célèbres, le marquis de l'Hôpital, l'abbé Catelan, M. Sauveur & M. de Varignon, décidèrent la queftion en faveur du P. Malebranche; mais *Regis*, ne les ayant pas pris pour arbitres, ne crut pas devoir fe foumettre à leur décifion. Le journal des favans de l'année 1694 fut le théâtre de cette guerre, & le fut en partie auffi de celle qui concerne les idées.

En 1704, parut un autre livre de *Regis*, qui a pour titre : *l'Ufage de la raifon & de la foi, ou l'accord de la foi & de la raifon.* Ce livre fut dédié à M. l'abbé Bignon. « L'auteur ne veut point que » ni Platon, ni Ariftote, ni Defcartes même appuyent l'évangile. Il paroît croire que tous les » fyftêmes philofophiques ne font que des modes, » & il ne faut point que des vérités éternelles » s'allient avec des opinions paffagères » leur doit être indifférente... » Tel eft l'efprit général de l'ouvrage. Il fut le dernier de fon auteur. Il mourut, le 11 janvier 1707, chez M. le duc de Rohan, qui lui avoit donné un appartement dans fon hôtel, outre la penfion qu'il avoit été chargé de lui faire par le teftament de M. le marquis de Vardés, fon beau-père.

M. *Regis* étoit entré dans l'académie des fciences en 1699. Il paroît qu'il avoit un grand talent pour enfeigner. Le P. Ferrier, confeffeur du roi, qui avoit affifté à fes conférences de Touloufe, avoit conçu pour lui une eftime, & même une amitié à laquelle on ne reproche que d'avoir été un peu ftérile pour *Regis*, à qui elle auroit pu être plus utile. *Regis* avoit fait du grand Condé un difciple de Defcartes; ce grand prince difoit qu'il ne pouvoit s'empêcher de prendre pour vrai ce qui lui étoit expliqué fi nettement, mot qui nous paroît plutôt louer la manière d'enfeigner de *Regis*, qu'avouer l'évidence des principes de Defcartes. Parmi les étrangers, le duc d'Efcalone, grand d'Efpagne, vice-roi de Naples, fans connoître la perfonne de *Regis*, avoit pris pour lui la plus forte eftime d'après la lecture de fon fyftême général, & lorfqu'à la journée du Ter en Catalogne, où il commandoit l'armée efpagnole en 1694, fes équipages eurent été pris par l'armée du maréchal de Noailles (ayeul de celui d'aujourd'hui) le duc d'Efcalone n'envoya redemander au vainqueur que les commentaires de Céfar & le livre de *Regis*, qui étoient dans fa caffette. Lorfque le comte de Saint-Eftevan de Gormas, fon fils, vint en France en 1706, il vint voir *Regis* par l'ordre de fon père, & il y revint fans obéir à aucun ordre. Le duc d'Albe, ambaffadeur d'Efpagne, vint auffi voir *Regis*, à la prière du duc d'Efcalone.

Un autre *Regis* (Pierre) célèbre médecin de Montpellier, réfugié en Hollande après la révocation de l'édit de Nantes, y mourut en 1726; il étoit né à Montpellier en 1656. Il a retouché les articles de médecine & de botanique du dictionnaire de Furetière, de l'édition donnée par Bafnage de Beauval; on lui doit de plus l'édition des œuvres pofthumes du favant Malpighi, & des obfervations fur la pefte de Marfeille.

REGIUS, ou LE ROI (URBAIN) *Hift. de la réf.* difciple du fameux docteur catholique Eckius, auquel il eut même des obligations particulières; il fe fit zuinglien, puis luthérien, & fut fur-intendant des églifes luthériennes de Lunébourg. Avant d'être théologien, il avoit été homme de lettres, & avoit reçu la couronne d'orateur & de poëte de la main de l'empereur Maximilien; il avoit enfuite enfeigné la rhétorique & la poéfie à Ingolftat. Il mourut à Zell, en 1541. Ses œuvres ont été recueillies en trois volumes *in-folio*.

Un autre *Regius*, ou *le Roi*, ou *du Roi*, profeffeur en médecine à Utrecht, fut tour-à-tour le martyr & le déferteur du cartéfianifme; Voëtius voulut lui faire perdre fa chaire, parce qu'il étoit difciple de Defcartes; & Defcartes ayant refufé fon approbation à quelques idées particulières de *Regius*, ce difciple renia fon maître. On l'accufa de plus d'avoir dérobé à Defcartes une copie de fon traité des animaux, & de l'avoir inféré presque tout entier dans un ouvrage qu'il publia en 1661, sous le titre de *Fundamenta physices*, joignant ainsi au plagiat ordinaire un abus de confiance plus condamnable encore. On a de *Regius* quelques autres ouvrages : *Physiologiæ philosophia naturalis; Praxis medica*. Il mourut en 1679.

REGNARD. (Jean-François) *Hist. litt. mod.*) C'est notre fameux auteur comique, le premier après Molière. « Qui ne se plaît point aux comé- » dies de *Regnard*, dit M. de Voltaire, n'est point » digne d'admirer Molière. » *Regnard* avoit peut-être la gaîté, le *vis comica*, dans un degré très-peu inférieur à Molière : mais il y a entre ces deux excellens comiques deux différences essentielles, dont l'une regarde l'utilité générale de la comédie, l'autre concerne la pureté du goût. La morale, quelquefois trop négligée dans certaines pièces de Molière, est bravée & insultée dans la plupart des pièces de *Regnard* ; il pousse le mépris de la morale jusqu'à l'immoralité la plus positive. Ceci demande quelque développement. La comédie admet des personnages immoraux, mais il faut qu'ils soient ou punis, ou odieux, ou pour le moins ridicules; l'immoralité ne doit jamais se trouver dans les personnages sur lesquels l'auteur veut faire porter l'intérêt; *Regnard* viole presque par-tout cette règle ; ses personnages intéressans, c'est-à-dire, ceux qu'il veut rendre tels, sont très-souvent des fripons; dans *la Sérénade*, les personnages qui ont pour eux les rieurs, font sur la scène un vol le pistolet à la main; dans *le Légataire*, Erafte, qui est le personnage intéressant, & qu'on desire de voir nommer légataire, non content de souffrir qu'on écarte ses concurrens par des fourberies, vole la porte-feuille de son oncle, & à pour receleuses sa maîtresse & la mère de sa maîtresse ; il est vrai que dans *l'Avare* de Molière, Cléante, fils de l'avare, qui est un des personnages intéressans, est complice du vol que La Flèche, son valet, fait à son père ; il est vrai que quand il vient annoncer à Harpagon que sa cassette lui sera rendue, pourvû qu'il lui cède Marianne, dont ils sont tous deux amoureux, Harpagon pourroit lui répondre : puisque vous connoissez si bien mon vol & mon voleur, & que vous disposez à volonté de l'un & de l'autre, commencez par me rendre ma cassette sans conditions, & nous traiterons après de nos autres affaires, sur lesquelles ce vol ne doit avoir d'autre influence que de vous obliger ce renoncer à la main de Marianne, dont vous vous êtes rendu indigne par l'approbation même que vous avez donnée à ce vol, & par le parti que vous en avez voulu tirer. Il est vrai qu'on pourroit faire encore à Molière quelques reproches semblables sur l'immoralité de quelques-unes de ses pièces; par exemple, Erafte, pour qui on doit s'intéresser dans *M. de Pourceaugnac*, est un menteur & un fourbe, & Julie est sa complice; Le stratagème de Cléonte

dans le *Bourgeois gentilhomme* n'est peut-être pas digne d'un homme qui vient d'avouer avec une si noble franchise qu'il n'est pas gentilhomme. Mais enfin ce que Molière s'est seulement permis quelquefois contre la morale, *Regnard* l'a outré & prodigué dans toutes ses pièces, il les a presque toutes souillées par les mauvaises mœurs, il met toujours le spectateur en mauvaise compagnie.

Quant à la pureté du goût, la gaîté de Molière est intarissable, mais elle est toujours soumise aux règles du goût; il veille sur les détails comme sur l'ensemble ; il ne plaisante point au hasard ; il ne se permet rien d'étranger, rien de vague ; toutes ses plaisanteries ou développent le caractère principal de la pièce, ou conviennent si parfaitement à la situation ou au caractère du personnage qui parle, qu'il doit nécessairement parler ainsi, & qu'aucun autre que lui ne doit ni ne peut parler ainsi. *Regnard* ne soumet point à ces règles sa gaîté capricieuse & vagabonde, il la laisse errer à son gré; pourvu qu'elle lui fournisse des plaisanteries, il est content ; il veut faire rire, & il ne se rend pas difficile sur les moyens. Laissez-le aller, dit Valentin à Menechme, en parlant de Coquelet :

> Que feriez-vous, Monsieur, du nez d'un marguillier ?

Le trait est plaisant, mais il ne peint rien, il ne convient à rien, tout le monde pouvoit faire également cette plaisanterie, c'est une pure débauche d'esprit, c'est une bêtise spirituelle & inattendue, avec laquelle on est sûr de faire rire, mais qui ne naît d'aucune situation & qui n'appartient à aucun caractère.

Lorsque dans *le Légataire*, Crispin profitant de l'occasion, se lègue quinze cents francs de rente viagère, & qu'Erafte lui dit :

> Vous ne connoissez pas, mon oncle, ce Crispin.

C'est un ivrogne, c'est un malhonnête homme : ce propos tenu à Crispin même, est sans doute fort plaisant, & la réponse de Crispin : *Je le connois mieux que vous, & si vous n'êtes pas content, il n'y a rien de fait*, est plus plaisante encore ; mais, de bonne foi, Erafte pouvoit-il tenir ce propos à Crispin, & n'est-ce pas évidemment l'auteur qui plaisante sous le nom du personnage ? Quel succès Erafte pouvoit-il se promettre de ses représentations à Crispin ? Il devoit seulement mettre à part : *Le coquin ne s'oublie pas, mais j'ai dû m'y attendre, & la succession de mon oncle est à ce prix.*

De même, lorsque dans les *Ménechmes*, Araminte troublée des discours du Ménechme qu'elle prend pour son amant, & dont elle ne reconnoît plus l'esprit ni le ton, lui demande d'où il vient & qu'il lui répond :

> Vous feignez l'ignorer, mais vous le savez bien ;
> N'avez-vous pas tantôt envoyé voir au coche,
> Qui je suis, où je vais, d'où je viens ?

Cette réponse est très-plaisante de tout point, parce que Ménechme suit son caractère, en adoptant ainsi une idée que Valentin lui a suggérée, & partant de là comme d'un fait constant, dont il ne doute pas. Mais lorsqu'Araminthe s'écrie :

> Quel reproche !
> Et de quel coche ici me voulez-vous parler ?

Et que Ménechme réplique :

> Du coche le plus rude où mortel puisse aller,
> Et je ne pense pas que de Paris à Rome,
> Un coche, quel qu'il soit, cahotte mieux son homme.

Cette plaisanterie est de l'auteur & non pas du personnage. Ménechme, dans son impatience & dans sa défiance, ne doit point s'amuser à faire cette description grotesque du coche ; il doit se contenter de dire avec humeur qu'il est las de toutes ces questions, & qu'elles lui sont fort suspectes.

Or ces débauches d'esprit, ces gaîtés déplacées, si fréquentes dans *Regnard*, jamais Molière ne se les permet, il n'est jamais lui-même, il est toujours le personnage qu'il fait parler, il est toujours en scène. C'est ainsi que nous avons vu pendant plus de trente ans, M. Préville dans tous ses divers rôles, ne pas savoir s'il y avoit là un parterre & des loges, ou s'il étoit sur un théâtre, mais songer seulement à être tel ou tel personnage, & le montrer continuellement aux spectateurs sans paroître s'embarrasser d'eux. C'est ainsi qu'on fait illusion.

Regnard ne fait pas toujours illusion ; mais il fait toujours plaisir, parce qu'il est gai & spirituel. Rien de plus plaisant que *les Ménechmes*, *le Légataire*, *le Retour imprévu*, &c. mais vous n'y trouverez pas un honnête homme. *Démocrite* est d'un comique plus noble & plus philosophique ; la reconnoissance de Strabon & de Cléanthis est une des scènes les plus comiques & les mieux faites qui soient au théâtre ; mais le chef-d'œuvre de *Regnard* est le *Joueur*. (Nous avons parlé à l'article *Dufresny* de la réclamation de celui-ci au sujet de cette pièce.) On a dit à cette occasion que *Regnard* & *Dufresny* pouvoient avoir été tous deux un peu voleurs, mais que *Regnard* étoit *le bon larron* ; en effet, son *Joueur* est bien supérieur au *Chevalier joueur* de *Dufresny*. *Regnard* est célèbre aussi comme voyageur, nous avons la relation de ses voyages faite par lui-même. Il parcourut la Flandre, la Hollande, la Suède, le Dannemarck, la Pologne, l'Allemagne, l'Italie ; il passa même dans les autres parties du monde, excepté en Amérique. A son retour d'Italie, en allant de Gènes à Marseille par mer, il fut pris par des corsaires Algériens, & conduit esclave à Alger, selon l'usage ; puisqu'enfin les Européens, toujours si acharnés à se faire entre eux des guerres inutiles autant qu'injustes, n'ont

d'aversion que pour la seule guerre, qui pourroit assurer la navigation de la Méditerranée, & corriger à jamais les barbaresques de la piraterie dont ils se sont fait un droit à force de l'avoir exercée impunément. *Regnard* étoit voluptueux ; le goût de la bonne chère lui avoit fait apprendre l'art de la cuisine. Il servit son maître en qualité de cuisinier, & fit goûter la cuisine françoise aux Africains ; mais il ne put leur faire goûter la méthode françoise d'user des femmes d'autrui ; il étoit voluptueux dans plus d'un genre ; il étoit aimable & bien fait ; il plut aux femmes de son maître, & fut surpris avec elles ; il alloit subir la rigueur de la loi, qui ne donne à un chrétien, surpris avec une mahométane, que le choix d'être brûlé ou de se faire mahométan. Dans ce moment même il eut le bonheur d'être délivré par le consul de France, il revint dans son pays, emportant avec lui la chaîne dont il avoit été attaché ; peut-être son avanture contribua-t-elle avec tant d'autres à faire entreprendre, en 1682, cette expédition d'Alger, où l'on fit du moins une partie de ce qu'on auroit dû faire. *Regnard* ne fut point guéri de sa passion pour les voyages par les dangers qu'il avoit éprouvés en Afrique ; il s'engagea dans les états du Nord ; le roi de Suède lui ayant conseillé, lorsqu'il étoit à Stockholm, d'aller voir la Laponie, comme un objet digne de sa curiosité, il partit de Stockholm avec d'autres François, passa jusqu'à Torno ou Torneo, la dernière ville du côté du nord, située à l'extrémité du golphe de Bothnie. Il remonta le fleuve Torno ; arrivé à la mer glaciale, il s'y arrêta, comme aux bornes du monde, & grava sur une pierre ces quatre vers :

> *Gallia nos genuit, vidit nos Africa, Gangem*
> *Hausimus, Europamque oculis lustravimus omnem.*
> *Casibus & variis acti terrâque marique,*
> *Sistimus hic tandem nobis ubi desuit orbis.*

On les a traduits ainsi :

> Nés François, éprouvés par cent périls divers,
> Du Gange & du Zaïr nous avons vu les sources,
> Parcouru l'Europe & les mers ;
> Voici le terme de nos courses,
> Et nous nous arrêtons où finit l'univers.

Après toutes ses courses, il se retira dans une petite terre près de Dourdan, où il partageoit sa vie entre les plaisirs des sens & ceux de l'esprit. On a remarqué que cet homme si gai mourut de chagrin, ce fut en 1709 ; il étoit né en 1647. Il avoit été tour-à-tour ami & ennemi de Boileau ; il lui avoit fait une satyre contre lui, il lui dédia les *Ménechmes*. Dans le temps de leur brouillerie, quelqu'un ayant dit à Boileau, peut-être pour lui faire sa cour, que *Regnard* étoit un écrivain médiocre, Boileau, plus juste, répondit qu'il n'étoit pas médiocrement plaisant.

REGNAULT, (Noel) *Hist. litt. mod.*) jésuite, auteur d'*Entretiens physiques*, qui contiennent toutes les notions physiques répandues de son temps dans les collèges ; d'*Entretiens mathématiques* & d'une logique aussi en forme d'*Entretiens* ; il n'y a de connu que ses *entretiens physiques*. Dans un autre ouvrage, intitulé : *Origine ancienne de la physique nouvelle*, il tâche d'enlever à beaucoup de physiciens illustres la gloire de leurs découvertes pour la donner à des anciens. Peine inutile ! Les vrais inventeurs sont ceux qui fixent l'attention du public sur leurs découvertes. Vous n'avez rien trouvé si on ne jouit de rien ; vous n'avez rien dit si on ne vous a pas écouté. Né à Arras en 1683, mort à Paris en 1762.

REGNER, (*Hist. de Danemarck.*) roi de Danemarck, surnommé *Lodbrogh*, disputa la couronne au roi Harald V, vers l'an 814. La fortune des armes se déclara d'abord contre lui ; il fut vaincu, & alla écumer les mers & ravager des côtes plus avancées vers le midi. Il revint avec de nouvelles forces, & détrôna Harald, malgré le secours que l'empereur Louis le Débonnaire lui avoit accordés. Il ne fut pas moins heureux contre le roi de Suède qui avoit égorgé Sivard ; il le fit prisonnier dans une bataille, & l'immola de sa propre main aux mânes de son aïeul. Il passa ensuite en Angleterre, tua le roi de cette contrée, pénétra en Ecosse, revint conquérir la Saxe, ravagea la Livonie, réprima la révolte des Norwégiens, triompha du roi de Suède, le fit périr, & plaça son fils sur ce trône. Ce jeune prince leva bientôt l'étendard de la révolte ; son père le vainquit & lui pardonna. Il porta ensuite ses armes victorieuses en Angleterre, en Irlande, en Ecosse, ravagea les côtes d'Espagne, passa le détroit de Gibraltar, traversa la Méditerranée & entra dans l'Archipel. Pendant ces entreprises aussi injustes qu'extravagantes, Tulla, roi d'Irlande, que *Regner* avoit détrôné, rentra dans ses états. Il y fut bientôt attaqué par l'usurpateur ; mais il tailla son armée en pièces, & le fit prisonnier. On rapporte qu'il le fit dévorer par des serpens, l'an 845. (*M. DE SACY.*)

REGNER, (*Hist. de Suède.*) roi de Suède, vivoit dans le deuxième siècle. L'histoire de ce prince est trop intéressante pour n'être pas un peu fabuleuse : voici ce que les anciens historiens nous en ont transmis. Il étoit fils d'Uffon. Après la mort de ce méchant prince assassiné par un méchant comme lui, sa veuve s'empara du trône, & fit conduire le jeune *Regner* dans un désert, où, confondu parmi les pâtres, il gardoit les troupeaux de la couronne. Suanvita, princesse Danoise, avoit l'ame sensible : elle avoit entendu parler des charmes & des vertus naissantes du jeune prince ; son malheur la toucha encore davantage. Résolue de découvrir le lieu de sa retraite, elle part, s'égare dans les déserts, rencontre enfin *Regner*, le reconnoît à la noblesse de ses traits, à celle de ses discours, l'excite à remonter sur le trône, lui promet des secours & lui inspire toute la passion dont elle étoit dévorée. *Regner* jette sa houlette, prend une épée, rassemble quelques amis, fait périr sa belle-mère, & partage son trône avec Suanvita. Les soins du gouvernement l'appellèrent à l'extrémité de ses états. Frothon, frère de la reine & roi de Danemarck, saisit cet instant pour tenter la conquête de la Suède. Il arme une flotte, Suanvita monte sur la sienne ; la bataille se donne ; les Danois sont vaincus, & la généreuse princesse rend la liberté aux prisonniers. Dans un second combat Frothon périt, & son armée fut taillée en pièces. Sa mort rendit le calme à la Suède & aux deux époux, qui ne s'occupèrent plus que du bonheur de leurs sujets. *Regner* mourut le premier : Suanvita se donna la mort pour ne pas lui survivre ; & cette catastrophe donne encore à cette histoire une teinte plus romanesque. (*M. DE SACY.*)

REGNIER. (MATHURIN) *Hist. litt. mod.*) C'est le fameux satyrique *Regnier* dont Boileau a dit :

De ces maîtres savans disciple ingénieux,
Regnier seul parmi nous, formé sur leurs modèles,
Dans son vieux style encor a des graces nouvelles ;
Heureux si ses discours, craints du chaste lecteur,
Ne se sentoient des lieux où fréquentoit l'auteur.

Il les fréquentoit tant qu'il étoit vieux à trente ans, & qu'il mourut décrépit à quarante, s'étant fait cette épitaphe :

J'ai vécu sans nul pensement,
Me laissant aller doucement
A la bonne loi naturelle,
Et je m'étonne fort pourquoi
La mort daigna songer à moi,
Qui ne songeai jamais à elle.

Ou comme on disoit alors :

Qui ne songeai jamais en elle.

Son père avoit fait ce qu'il avoit pu pour le dégoûter des vers & le corriger de la satyre ; l'ascendant qui l'y portoit fut le plus fort. Ses talens lui procurèrent des amis puissans & des protecteurs utiles ; il alla deux fois à Rome à la suite de nos ambassadeurs, d'abord avec le cardinal de Joyeuse, puis avec M. de Béthune. Il eût été riche s'il l'avoit voulu ; il vécut de bénéfices & vécut dans la débauche. Né à Chartres, le 21 décembre 1573, mort à Rouen, le 22 octobre 1613. Le recueil de ses œuvres contient des épitres, des élégies, des odes, des stances, mais on ne se souvient que de ses satyres ; il fut à Boileau ce que Lucilius avoit été à Horace. Boileau l'appelle *notre célèbre devancier.*

REGNIER, DESMARAIS ou DESMARÊTS (FRANÇOIS-SERAPHIN) *Hist. litt. mod.*) né à Paris en 1632 ; mort en 1713. La France & l'Italie comptent également l'abbé *Regnier* Desmarais pour un de leurs bons écrivains. À l'âge de 15 ans, il avoit traduit en vers burlesques la *Batracomyomachie* ; on juge bien que ce n'est plus là un titre pour lui, c'en étoit un alors à cause de son âge, il fut connu par-là, il fut goûté ; le duc de Créqui le mena, en 1662, avec lui à Rome ; il apprit l'italien, & s'y rendit si habile, qu'une ode italienne qu'il avoit composée parut si digne de Pétrarque, qu'elle lui fut attribuée par les connoisseurs. Quand l'auteur se fut découvert, elle lui valut une place dans l'académie de *la Crusca* ; il y fut reçu en 1667. Il fut reçu en 1670 à l'académie françoise ; en 1684, il y succéda dans la place de secrétaire perpétuel au célèbre Mézeray. Ce fut lui qui, dans l'affaire de Furétière, composa tous les mémoires qui parurent au nom de l'académie. On a de lui de fort bons ouvrages françois & italiens, entre autres, une grammaire françoise fort estimée, une traduction des odes d'Anacréon en vers italiens, qui ne l'est pas moins ; un recueil de poésies françoises, latines, italiennes, espagnoles ; plusieurs de ses poésies sont restées dans la mémoire ; on a beaucoup & souvent cité ces vers sur le cours du Danube :

> Déjà nous avons vu le Danube inconstant,
> Qui tantôt catholique & tantôt protestant,
>   Sert Rome & Luther de son onde,
>   Et qui comptant bientôt pour rien
>   Le Romain, le Luthérien,
>   Finit sa course vagabonde
>   Rarement à courir le monde
>   On devient plus homme de bien.

Les *j'ai vu* de l'abbé *Regnier* sont très-célèbres ; on y trouve encore beaucoup de vers bien faits & d'un grand sens, tels que ceux-ci :

> J'ai vu des millions de millions d'instans
> Aussi-tôt dévorés qu'engendrés par le temps.....
>   J'ai vu des têtes couronnées
> Par leurs propres sujets à la mort condamnées ;
>   Tomber sous l'acier d'un bourreau....
> J'ai vu la vanité s'élever jusqu'aux nues,
> Sur des ailes de cire en un moment fondues..
>   J'ai vu quel trésor ont les rois
>   Dans le cœur d'un peuple fidèle,
> Et de quelle ressource au trône qui chancèle

Histoire. Tome IV.

> Est un seul homme quelquefois...
> J'ai vu les nations avides de carnage,
>   En faire un métier glorieux,
>   Et des tristes effets de leur funeste rage
> Aller pompeusement rendre graces aux cieux...?
> O paix, fille du ciel, viens te montrer aux hommes,
>   Viens calmer leurs noires fureurs :
> En toi sont tous les biens, & la terre où nous sommes
> N'est sans toi qu'un séjour, un spectacle d'horreurs.

Le voyage fait à Rome par l'abbé *Regnier* avec notre ambassadeur le duc de Créqui, nous a valu l'*Histoire des démêlés de la France avec la cour de Rome, au sujet de l'affaire des Corses.* L'abbé *Regnier* a de plus traduit quelques ouvrages de Cicéron, & le *Traité de la perfection chrétienne* de Rodrigues.

REGULUS, (MARCUS ATTILIUS & CAÏUS ATTILIUS REGULUS SERRANUS) *Hist. rom.*) deux consuls romains célèbres, dont le plus célèbre est Marcus. Nous trouvons dans les fastes consulaires un Marcus Attilius *Regulus*, consul avec L. Posthumius Megellus, l'an de Rome 458 ou 460, suivant les divers calculs. Il fit la guerre aux Samnites avec des succès un peu acherés ; c'est lui qui, dans un combat où les Romains fuyoient, voua un temple à Jupiter Stator, si ce dieu arrêtoit leur fuite ; c'est lui qui plaça une garde à la tête du camp, avec ordre de tuer tous les Romains qui voudroient y entrer, ainsi que tous les Samnites qui tenteroient d'en approcher. Par ces divers moyens il parvint à ramener les Romains à la charge & à la victoire, & on eut tort de lui refuser le triomphe, parce que la victoire avoit coûté du sang ; c'étoit faire dépendre la gloire du général de la valeur ou de la lâcheté des ennemis ; c'étoit sa conduite qu'il falloit juger, & non le prix qu'avoit coûté une victoire qu'on ne devoit qu'à lui seul.

Ce Marcus Attilius *Regulus* ne paroit pas être le même que celui qui acquit tant de gloire dans la première guerre punique, & qui eut une destinée si malheureuse. Celui-ci fut d'abord consul, l'an de Rome 485 ou 487, avec L. Julius Libo. L'an 496 ou 498, le consul Q. Cædicus étant mort en charge, *Regulus* lui fut subrogé. On étoit alors en guerre avec les Carthaginois. Les deux consuls L. Manlius Vulso & *Regulus* ayant réuni leurs forces, gagnèrent d'abord la bataille navale d'Ecnome, près de l'embouchure d'Himéra, sur la côte méridionale de Sicile, contre Amilcar & Hannon, noms célèbres parmi les généraux carthaginois. Vingt-quatre vaisseaux romains & trente vaisseaux carthaginois périrent dans le combat, mais aucun vaisseau romain ne tomba en la puissance des ennemis, & un grand nombre de vaisseaux carthaginois fut pris par les Romains.

Ceux-ci projettoient depuis long-temps de porter la guerre en Afrique ; cette victoire leur en ouvroit les chemins, les Carthaginois étoient fort allarmés de ce projet ; leurs généraux, pour en retarder au moins l'exécution & donner à Carthage le temps de se mettre en défense, imaginèrent d'amuser les Romains par des propositions de paix ; mais on vit ici combien la politique malfaisante & artificieuse devient aisément la dupe de ses fourberies. Quatre ans auparavant, le consul Cn. Cornelius Scipion Asina ayant été attiré par de fausses propositions d'accommodement dans la galère du général carthaginois, avoit été indignement chargé de fers & emmené à Carthage ; c'étoit un trait de ce que les Romains appellèrent la foi punique, *fides punica*. Les généraux carthaginois craignirent d'éprouver un sort semblable s'ils alloient traiter avec les consuls ; Amilcar n'osa point y aller, Hannon plus hardi s'y exposa. Pendant qu'il faisoit ses propositions, il entendit les murmures de quelques Romains qui rappelloient l'exemple du consul Cornelius, & qui proposoient de le suivre ; il crut ne pouvoir parer le coup que par un désaveu honteux pour Carthage. Si vous » suivez cet exemple, dit-il, vous nous donnerez » la consolation de pouvoir dire que les Romains » ne valent pas mieux que des Africains ». Rassurez-vous, Hannon, dirent les consuls, en imposant silence à ceux qui parloient de trahir des traitres, la foi romaine vous garantit ici de tout danger. *Isto te metu, Hanno, fides civitatis nostræ liberat.*

Les Romains n'avoient pas encore une longue habitude de la mer, ils n'avoient encore fait la guerre qu'autour d'eux & dans l'Italie ; c'étoit cette première guerre punique qui les avoit forcés d'avoir une marine ; l'idée du trajet en Amérique les effrayoit, & excita quelques soulèvemens dans l'armée ; un tribun légionaire, nommé Mannius, refusa hautement de s'embarquer. Ici *Regulus* commença de faire connoître le caractère ferme & inflexible & l'amour de la discipline, qu'il signala d'une manière si éclatante dans la suite ; je sais, dit-il tranquillement à Mannius, en lui montrant les faisceaux & les haches de ses licteurs, les moyens de me faire obéir ; aussi-tôt la crainte de la mort, dit Florus, fit de Mannius & des compagnons de sa révolte, des navigateurs très-résolus : *securi districtâ, imperator metu mortis navigandi fecit audaciam.* Les deux consuls passèrent donc en Afrique, s'y rendirent maîtres de Clypea, aujourd'hui Quipio, au dessous du promontoire de Mercure ou Hermée, aujourd'hui Cap-Bon, qui s'avance du golphe de Carthage dans la mer, du côté de la Sicile ; ils firent de Clypéa une place d'armes, d'où ils ravageoient tout le pays. *Régulus* resta en Afrique avec le titre de proconsul & le commandement des armées ; il y resta malgré lui, & il fut le seul à s'opposer à un décret qui lui ouvroit de gloire ; il insista pour qu'on lui nommât un successeur ; il étoit arrivé du désordre dans son petit ménage rustique, on lui avoit enlevé ses

instrumens aratoires, & il craignoit que si son champ, qui étoit en tout de sept arpens, restoit sans culture par son absence, il n'eût pas de quoi nourrir sa femme & ses enfans ; le sénat y pourvut, il se chargea de les nourrir, de faire cultiver son champ, & de lui procurer les instrumens du labour. *Regulus* eut donc pour fermier le peuple romain, & la culture d'un champ de sept arpens fut tout ce que couta un héros qui faisoit triompher les armes romaines en Afrique. *Fuit ne tanti servum non habere, ut colonus ejus populus romanus esset*, dit Sénèque ; *tanti ærario nostro virtutis Attilianæ exemplum, quo omnis ætas romana gloriabitur, stetit*, dit Valère-Maxime.

Le premier ennemi redoutable qu'il eut à combattre en Afrique, fut un serpent énorme qu'il trouva sur les bords du fleuve Bagrada entre Utique & Carthage ; il paroît que la peur & la nouveauté de l'objet en exagérèrent un peu aux Romains l'énormité ainsi que les ravages. Si l'on en croit les historiens, cet animal se rendit formidable à toute l'armée ; il écrasoit les Romains du poids de son corps, ou les étouffoit en les serrant dans les replis de sa queue, ou les empoisonnoit par le souffle empesté de sa gueule. Tous les traits & toutes les armes s'émoussoient contre les dures écailles de sa peau, il fallut dresser contre lui, comme contre une citadelle, l'artillerie du temps ; les balistes & les catapultes ; enfin une énorme pierre lancée avec roideur, lui brisa l'épine en dos, & le renversa par terre ; en cet état même, on eut peine à l'achever, tant les soldats craignoient encore d'en approcher. On croit lire le récit du combat de Cadmus contre le serpent de Mars dans le troisième livre des métamorphoses :

Dextrâque molarem
Sustulit, & magnum magno conamine misit.

Regulus envoya la peau de son serpent à Rome, où elle fut suspendue dans un temple ; Pline dit qu'on la voyoit encore de son temps, & qu'elle avoit cent-vingt pieds de long.

Regulus remporta ensuite sur les Carthaginois une grande victoire, dont le fruit fut la conquête de près de deux cents places, du nombre desquelles étoit Tunis, poste dès-lors important. Carthage commençoit à craindre d'être assiégée, ce qui eut pu terminer tout d'un coup la guerre. L'affluence des gens de la campagne qui venoient de tous côtés se réfugier dans cette capitale, y faisoit craindre la famine en cas de siège. Les Carthaginois demandèrent la paix, & par la promptitude avec laquelle ils furent réduits à la demander, ils apprirent aux Romains que c'étoit en Afrique qu'il falloit faire la guerre aux Carthaginois. Si Annibal a dit que jamais on ne vaincroit les Romains que dans Rome, il paroît que Scipion pensa aussi que les Carthaginois seroient plus aisés à vaincre en Afrique qu'en Italie ou en Espagne,

& peut-être le pensa-t-il d'après ces premiers succès de *Regulus*. Mais ces succès lui enflèrent tellement le cœur, & l'orgueil de la victoire, jointe à l'inflexibilité naturelle de son caractère, le rendit si intraitable, qu'il imposa aux vaincus les conditions les plus dures. Il vouloit qu'ils cédassent aux Romains la Sicile & la Sardaigne, qu'ils rendissent gratuitement les prisonniers qu'ils avoient faits, qu'ils rachetassent les leurs au prix qui seroit convenu, qu'ils payassent les frais de la guerre, & qu'ils devinssent tributaires; qu'ils eussent pour amis & pour ennemis tous ceux des Romains; qu'ils fournissent aux Romains, toutes les fois qu'ils en seroient requis, cinquante galères à trois rangs de rames, toutes équipées; que d'ailleurs leur marine fût réduite à un seul vaisseau de guerre, & qu'ils ne fissent point usage de vaisseaux longs. Toutes les représentations & toutes les instances des députés Carthaginois ne purent jamais obtenir le moindre adoucissement à ces conditions, & *Regulus* leur répondoit toujours en substance:

Si vous n'avez su vaincre, apprenez à servir.

Et les Carthaginois répliquèrent aussi comme Brutus à César:

César, aucun de nous n'apprendra qu'à mourir.

Dans cette extrémité, il leur arriva de la Grèce des troupes auxiliaires, à la tête desquelles étoit le Lacédémonien Xantippe, homme de guerre & homme d'état, qui ayant pris connoissance & de la situation actuelle de leurs affaires & des circonstances de la bataille qu'ils avoient perdue, vit & leur fit voir clairement que tout le mal venoit de l'incapacité de leurs généraux, qui n'avoient pas su tirer parti des forces & des avantages qu'ils avoient entre les mains. Il ajouta que rien n'étoit désespéré, qu'il falloit tenter de nouveau la fortune, & qu'il restoit encore des moyens de chasser de l'Afrique l'ennemi qui s'étoit trop pressé de s'en croire le maître. Ces discours raniminèrent le courage abattu des Carthaginois. Quand on vit ensuite dans les différens exercices auxquels il forma les troupes aux environs de la ville, la manière dont il s'y prenoit pour les ranger en bataille, pour les faire défiler, avancer ou reculer au premier signal, le motif, l'ordre & la promptitude de chaque évolution, on convint à Carthage qu'il étoit venu enseigner un art tout nouveau. Officiers & soldats, tous pleins d'admiration & de confiance, s'empressèrent de marcher sous un général si habile, il remplit, il surpassa même leur attente, il battit & fit prisonnier *Regulus*, & le mena en triomphe dans Carthage, où au découragement & à l'humiliation succédèrent promptement la joie, l'orgueil & la férocité:

Nescia mens hominum fati sortisque futuræ,
Et servare modum rebus sublata secundis!

Ils enfermèrent *Regulus* dans un cachot, où il resta cinq ou six ans; mais nous le verrons bientôt tirer de sa défaite & de sa captivité plus de gloire qu'il n'en avoit tiré de ses victoires & de ses conquêtes passées. Quant à sa chûte, elle fut citée dans la suite pour exemple à Scipion par Annibal, réduit alors à lui rappeler les vicissitudes de la fortune & la nécessité de prévenir ses retours & ses caprices par la modération & la retenue dans la prospérité. « *Regulus*, dit Annibal dans Tite-Live, auroit été un des plus rares modèles de » courage & de bonheur, si, après la victoire qu'il » remporta dans le même pays où nous sommes, » il avoit voulu accorder à nos pères la paix qu'ils » lui demandoient. Mais pour n'avoir pas su mettre » un frein à son ambition & se contenir dans de » justes bornes, plus son élévation étoit grande, » plus sa chûte fut honteuse ». *Inter pauca felicitatis virtutisque exempla, M. Attilius quondam in hác eádem terrá fuisset, si victor pacem petentibus dedisset patribus nostris. Sed non statuendo tandem felicitati modum, nec cohibendo efferentem se fortunam, quantò altiús evectus erat, eò fœdiús corruit.*

La guerre continua entre les Romains & les Carthaginois pendant la prison de *Regulus*; de nouveaux consuls passèrent en Afrique & eurent de nouveaux succès, ils gagnèrent des batailles, firent des prisonniers, & gardèrent avec soin les principaux d'entre eux pour servir à l'échange de *Regulus* & des autres Romains les plus distingués.

Les pertes que les Carthaginois ne cessoient de faire, les déterminèrent enfin à envoyer une ambassade à Rome, l'an 502, pour proposer ou la paix, ou du moins l'échange des prisonniers; on fit sortir *Regulus* de son cachot, & on le chargea d'accompagner les ambassadeurs; on ne doutoit pas que le desir d'être rendu à sa femme, à ses enfans, à sa patrie, après une si longue & si dure captivité, ne l'engageât à faire agréer la proposition qui concernoit l'échange; on comptoit aussi pour le succès de cette proposition sur la grande considération dont il jouissoit dans Rome, sur les parens & les amis qu'il avoit dans le sénat, sur le crédit de son cousin germain, Caius Attilius *Regulus Serranus*, alors consul pour la seconde fois. Ces Carthaginois, qui violoient tous les sermens, lui firent prêter serment de revenir, & ils l'estimèrent assez pour ne lui pas dissimuler qu'il y alloit de sa vie de n'y pas réussir dans cette négociation. *Regulus* promit de revenir, & ne promit rien davantage. Sectateur des mœurs antiques, quand il arriva auprès de Rome, il refusa d'y entrer; la coutume de nos ancêtres, dit-il, étoit de donner audience, hors de la ville seulement, aux ambassadeurs des ennemis. Le sénat eut égard à sa remontrance, & reçut l'ambassade carthaginoise hors des murs; après avoir exposé l'objet de leur voyage, les ambassadeurs se retirèrent pour laisser délibérer le sénat; les sénateurs prièrent *Regulus* de rester. « Je suis leur esclave, dit-il, en montrant les Carthaginois, je dois les suivre ». Les ambassadeurs lui permirent de rester, il resta. *Regulus* fut invité par le sénat à dire son avis. « Je ne puis » parler, dit-il, ni comme sénateur, j'ai perdu » cette dignité, ni comme citoyen romain, je ne » le suis plus, je ne suis plus rien, je suis esclave; » mais la voix d'un homme peut toujours se faire » entendre, & la mienne peut encore être utile à » Rome, je vais parler. Alors il se déclara contre » l'échange des prisonniers; l'accepter, dit-il, ce » seroit altérer la discipline, énerver la valeur, » fournir aux poltrons la ressource de rendre les » armes à l'ennemi, dans l'espérance d'un échange » qui leur rendroit bientôt avec la liberté tous les » droits de citoyens; non, non, des citoyens qui » ont pu rendre volontairement les armes, ne » sont plus des guerriers à qui la patrie puisse con- » fier sa défense. Quant à moi, dont l'intérêt » semble encore vous toucher, pouvez-vous donc » mettre cet intérêt en parallèle avec celui de la » patrie? Affoibli par les maux & par les ans, je » ne suis plus rien, je ne puis plus servir Rome, » & la vie d'un Romain doit finir avec ses servi- » ces. Vous ne sacrifiez donc rien, ni moi non » plus; mais vous avez entre les mains plusieurs » généraux carthaginois dans la vigueur de l'âge, » & qui pourroient servir utilement leur patrie, » gardez-vous bien de les relâcher ».

Ce ne fut pas sans beaucoup de peine que le sénat se rendit à cet avis, & peut-être n'auroit-il pas dû s'y rendre. Le vœu magnanime d'un tel citoyen méritoit de n'être pas exaucé; il triompha d'avoir persuadé. Malgré les larmes de sa femme, de ses enfans, de ses amis, malgré leurs efforts pour le retenir, il partit pour aller braver les supplices à Carthage; il partit avec la tranquillité d'un magistrat, qui libre enfin de toute affaire, va goûter quelques jours de repos à la campagne. C'est Horace qui a le mieux exprimé ce grand caractère de *Regulus*, qui a le mieux raconté son histoire, qui a mis le plus d'éloquence dans sa harangue au sénat.

Hoc caverat mens provida Reguli
Dissentientis conditionibus
 Fœdis, & exemplo trahenti
  Perniciem veniens in ævum,
Si non periret immiserabilis
Captiva pubes. Signa ego Punicis
 Affixa delubris, & arma
  Militibus sine cæde, dixit;
Derepta vidi, vidi ego civium
Retorta tergo brachia libero,
 Portasque non clausas, & arva
  Marte coli populata nostro.
Auro repensus scilicet acrior

Miles redibit? Flagitio additis
 Damnum, neque amissos colores
  Lana refert medicata fuco;
Nec vera virtus, cùm semel excidit,
Curat reponi deterioribus;
 Si pugnat extricata densis
  Cerva plagis, erit ille fortis.
Qui perfidis se credidit hostibus,
Et marte Pœnos proteret altero,
 Qui lora restrictis lacertis
  Sensit iners, timuitque mortem.
Hic undè vitam sumeret inscius,
Pacem duello miscuit. O pudor!
 O magna Carthago, probrosis
  Altior Italiæ ruinis!
Fertur pudicæ conjugis osculum
Parvosque natos, ut capitis minor
 A se removisse, & virilem
  Torvus humi posuisse vultum;
Donec labantes consilio patres
Firmaret auctor nunquam aliàs dato,
 Interque mœrentes amicos
  Egregius properaret exul.
Atqui sciebat quæ sibi barbarus
Tortor pararet; non aliter tamen
 Dimovit obstantes propinquos
  Et populum reditus morantem;
Quàm si clientùm longa negotia
Dijudicatâ lite relinqueret,
 Tendens Venafranos in agros,
  Aut Lacedemonium Tarentum.

Quand les Carthaginois apprirent que l'échange étoit refusé, & que c'étoit par le conseil même de *Régulus*, au lieu d'admirer une telle vertu, ils ne respirèrent que fureur & vengeance. Une nation qui a perdu jusqu'au sentiment de la vertu, est capable de toutes les horreurs, ils furent ingénieux dans la recherche des cruautés. On dit (car malgré tant & de si grands témoignages, il doit être permis de chercher encore à douter de ces abominations). on dit qu'après lui avoir coupé les paupières, ils le faisoient passer tout-à-coup du cachot le plus noir où ils l'avoient tenu long-temps resserré, à la clarté éblouissante du soleil le plus vif & le plus ardent. On dit qu'ils l'enfermèrent ensuite dans un coffre, hérissé de pointes, qui ne lui laissoient de repos ni jour ni nuit, & qui, aussi-tôt qu'il succomboit au sommeil, le réveilloient par les douleurs qu'il ressentoit: enfin ils l'attachèrent en croix. Les Romains indignés livrèrent à Marcia sa femme & à ses enfans, les plus distingués des prisonniers Carthaginois; la douleur & la vengeance égarèrent la famille de *Régulus*, qui sans doute n'avoit pas ses vertus. Injuste & barbare envers ces prisonniers absolument innocens de la mort de son mari, Marcia les fit à son tour enfermer dans une armoire garnie de pointes de fer. On les y laiſſa ſans nourriture, cinq jours entiers, au bout deſquels Boſtar mourut ; alors par un raffinement de barbarie contraire, on nourrit Amilcar pour prolonger ſes tourmens ; on le tenoit enfermé à côté du cadavre de Boſtar, & il y vécut encore cinq jours. A la fin les magiſtrats informés de ce qui ſe paſſoit dans la maiſon de Marcia, firent ceſſer ces horreurs ; ils renvoyèrent à Carthage les cendres de Boſtar & ordonnèrent que les autres priſonniers fuſſent traités avec humanité. « Il me ſemble, dit M. Rollin qui a toujours l'inſtinct de la bonté, il » me ſemble que quelque dignes que paruſſent les » Carthaginois d'une telle barbarie, le ſénat n'au-» roit pas dû les livrer au reſſentiment d'une femme, » & qu'un contraſte d'humanité auroit été une » plus noble vengeance & plus digne du nom » Romain. »

Il n'y a pas là d'il me ſemble, il falloit prononcer, & ſe déclarer hautement contre l'uſage auſſi barbare qu'impolitique des répréſailles ; il faut toujours faire craindre les répréſailles & ne les exercer jamais ; car en les exerçant, on devient à ſon tour l'objet de nouvelles répréſailles, ce qui éterniſe les haines & les vengeances & bannit de la terre toute paix & toute humanité. De plus, il eſt évident, (& M. Rollin devoit en faire la remarque) que les Carthaginois, priſonniers à Rome, n'étoient pas coupables des cruautés qu'on exerçoit à Carthage ſur Régulus, & que pour leur intérêt ils ne les auroient pas conſeillées.

L'héroïſme de Régulus & ſon malheur ont été le ſujet de pluſieurs tragédies ; il y en a une fort belle de M. Métaſtaſe ; en France Pradon & M. Dorat ont traité le même ſujet.

20. C. Attilius Régulus Serranus, deux fois conſul, couſin germain de Marcus, eut ce ſurnom de Serranus, parce que, comme Cincinnatus, on le trouva occupé à enſemencer ſon champ, lorſqu'on vint de la part du ſénat lui apprendre qu'il avoit été nommé conſul :

Et te ſulco, Serrane, ſerentem.

dit Virgile. *Attilium ſuâ manu ſpargentem ſemen, qui miſſi erant, convenerunt,* dit Cicéron. *Sed illæ ruſtico opere attritæ manus ſalutem publicam ſtabilierunt, ingentes hoſtium copias peſſumdederunt,* dit Valère Maxime. En effet ce Régulus, l'année de ſon premier conſulat, s'étant expoſé un peu témérairement avec dix vaiſſeaux au milieu de la flotte Carthaginoiſe à laquelle ſon vaiſſeau ſeul échappa, finit par raſſembler toute ſa flotte & par remporter une victoire complette ſur les Carthaginois, près des iſles de Lipari.

Dans le cours de ſon ſecond conſulat, il entreprit avec ſon collègue L. Manlius Vulſo, le ſiége de Lilybée ; grande & importante expédition, qui occupa pendant long-temps pluſieurs armées

romaines, pluſieurs conſuls, un dictateur même, & dont le ſuccès eſt reſté un problème que la paix empêcha de réſoudre.

Nous trouvons dans les faſtes conſulaires un autre Marcus Attilius Régulus & un autre Caïus Attilius Régulus, poſtérieurs à ceux dont on vient de voir les articles, & tous deux auſſi deux fois conſuls, & pluſieurs Attilius auſſi conſuls une ou pluſieurs fois, mais qui n'ont pas ce ſurnom de Régulus.

REGULO, ſ. m. (*Hiſt. mod.*) titre qu'on donne aux fils des empereurs de la Chine.

Le fils de l'empereur qui avoit alors la qualité de premier *régulo*, étoit ſeulement celui de ſes enfans qui étoit le plus en faveur ; mais tout-à-coup les choſes changèrent de face : l'empereur fut inſtruit par quelques intelligences ſecrètes qu'il s'étoit ménagées, de l'innocence du prince héréditaire, qu'il avoit dépoſé ; & des artifices qu'on avoit employés pour le perdre auprès de lui ; & ſingulièrement que le *régulo*, pour lui ſuccéder avoit eu recours à la magie, & à l'inſtigation de certains lama, ou prêtres tartares, avoit fait enterrer une ſtatue dans la Tartarie, cérémonie qui avoit été accompagnée de pluſieurs opérations magiques. L'empereur donna promptement des ordres pour ſe ſaiſir du lama & déterrer la ſtatue ; & le *régulo* eut ſon palais pour priſon. *Lettres édif. & cur.* (*A. R.*)

REIDANUS (EVERHARD) *Hiſt. litt. mod.*) de Déventer, bourguemeſtre d'Arnheim, mort en 1702, eſt auteur d'une hiſtoire de Flandre depuis 1566, juſqu'en 1601. Elle a été traduite en latin par Denys Voſſius.

REINE, ſ. f. (*Hiſt. mod.*) femme ſouveraine qui poſſède une couronne de ſon chef, & par droit de ſucceſſion. En ce ſens nous n'avons point de *reine* en France, où la couronne ne tombe point en quenouille, c'eſt-à-dire où les filles & les parentes de rois ne ſont point admiſes à leur ſuccéder.

Reine ſignifie auſſi la *femme* d'un roi, & c'eſt dans ce ſens qu'on dit une *reine* de France. Dans les autres royaumes, comme en Angleterre, en Hongrie, &c., pour diſtinguer une princeſſe qui eſt *reine* de ſon chef d'avec celle qui n'eſt que l'épouſe d'un roi, on l'appelle *reine régnante*. Celle-ci eſt ſouveraine même du roi ſon époux dans ſes états, au lieu que la *reine* dans le ſecond ſens, c'eſt-à-dire, l'épouſe du roi, eſt ſeulement ſa première ſujette.

On appelle la veuve du roi *reine douairière,* & *reine-mère,* ſi ſon fils eſt ſur le trône.

Il ſe lève en France un impôt affecté à l'entretien de la maiſon de la *reine.* (*A. R.*)

REINECCIUS (REINIER) *Hist. litt. mod.*). favant Allemand, profeffeur de belles-lettres à Francfort & à Helmftad, mort en 1595. On a de lui : *Methodus legendi hiftoriam. Hifloria Julia. Chronicon Hierofolimitanum. Hifloria Orientalis*, tous ouvrages favans.

REINESIUS, (THOMAS) *Hift. litt. mod.*) autre favant Allemand, médecin, à Leipfick. Ce fut un des favans étrangers que les libéralités de Louis XIV allèrent chercher. On a de lui : *Syntagma infcriptionum antiquarum*, fix livres de leçons diverfes, & des lettres. Né à Gotha en 1587. Mort à Leipfick en 1667.

REINIE. (GABRIEL-NICOLAS, feigneur de la) *Hift. de Fr.*) Ce fut le premier lieutenant de police de Paris; jufques-là les fonctions de la police avoient été attachées à la charge de lieutenant-civil ; ce fut en 1667, que fe fit la diftraction de ces deux places, diftraction, que l'étendue de Paris, fa population & la multitude des affaires dans tous les genres rendoient abfolument néceffaire. Aujourd'hui même il eft étonnant qu'un feul homme puiffe fuffire aux fonctions de chacune de ces deux places. M. de la *Reinie* né à Limoges, avoit été préfident au préfidial de Bordeaux. Le duc d'Epernon, gouverneur de Guyenne pendant les troubles de 1750, le connut, lui trouva un mérite fupérieur à fa place, le préfenta au roi qui le fit maître des requêtes en 1661. Devenu lieutenant de police, il juftifia le choix du roi par des réglemens & des réformes utiles ; on lui doit l'établiffement du Guet, les lanternes, la défenfe faite aux gens de livrée de porter des cannes & des épées. On conçoit aifément, & nous voyons & dans l'hiftoire & dans les anciennes comédies & même encore dans quelques endroits de celles de Molière, quel ufage ils faifoient des leurs armes, & quel ufage leurs maîtres mêmes leur en faifoient faire fouvent, & combien ce réglement étoit néceffaire. Louis XIV fit M. de la *Reinie* confeiller d'état en 1680. Il mourut en 1709, à quatre-vingt cinq ans, ayant donné à la nouvelle place de lieutenant de police, une importance que fon fucceffeur M. d'Argenfon augmenta encore, & qui a infpiré à M. de Fontenelle ce beau tableau des fonctions d'un lieutenant de police. La mémoire de M. de la *Reinie* eft reftée chargée de quelques complaifances pour la cour dont il eft bien difficile à un homme même honnête de fe garantir entièrement dans de certaines places. Il fut mis à la tête de la chambre ardente qui fut établie à l'occafion des empoifonnemens de la Brinvilliers & de la Voifin. On impliqua très-injuftement dans cette affaire des perfonnes fort confidérables, mais qui étoient alors dans la difgrace ; on mêla je ne fais quelles accufations de magie aux accufations de poifon, & M. de la *Reinie* parut accueillir également les

unes & les autres ; ce fut lui qui interrogeant la ducheffe de Bouillon qu'on avoit très-mal-à-propos inquiétée fur ces affaires de maléfices & de magie, & qui n'étoit coupable que de quelques indifcrétions de tête légère, de quelques vaines curiofités de femme oifive, lui demanda férieufement fi dans fes entretiens avec des forcières, elle avoit vu le diable. La ducheffe de Bouillon lui répondit : *je le vois dans ce moment, la vifion en eft fort laide, il eft deguifé en confeiller d'état.* On mêla auffi par un artifice indigne, dans cette accufation, le héros de la France, le maréchal de Luxembourg, & M. de la *Reinie* parut trop difpofé à fervir la haîne de M. de Louvois contre ce grand général,

> Malheureux à la cour, invincible à la guerre.

Le maréchal de Luxembourg triompha de la calomnie, mais il crut avoir triomphé de Louvois & de la *Reinie*.

REINOLD ou REINHOLD ; (ERASME) *Hift. litt. mod.*) aftronome Thuringien, auteur de quelques ouvrages de mathématiques. Il mourut en 1553, en difant :

> *Vixi, & quem dederas curfum mihi, Chrifte, peregi.*

Comme Didon dans l'Eneïde, dit :

> *Vixi, & quem dederat curfum fortuna, peregi.*

REIS ou RAIS, (*terme de relation*) nom que les Turcs donnent aux capitaines des galères. C'eft un mot arabe qui fignifie, *chef, commandant.* La plupart de ces commandans font des renégats ou des enfans de renégats. Ils fe fervent d'un italien corrompu, ou de la langue franque, pour fe faire entendre des forçats, qui du refte font mieux traités que ceux des galères de Venife. Ricault. (*D. J.*)

REIS EFFENDI, f. m. (*Hift. mod.*) officier de juftice de la cour du grand-feigneur ; c'eft le chancelier de l'empire ottoman, il a féance au divan, & eft pour l'ordinaire fecrétaire d'état. (*A. R.*)

REIS KITAB, f. m. (*Hift. mod.*) officier du grand-feigneur, dont il eft premier fecrétaire, & quelquefois fecrétaire d'état. (*A. R.*)

REISK. (JEAN & JEAN-JACQUES) *Hift. litt. mod.*) C'eft le nom de deux favans Allemands. On a du premier, mort en 1701, recteur du collège de Wolfembutel, des traités fur la corne d'Ammon, fur les oracles des Sibylles & autres, fur les Gloffopètres, fur divers points de l'écriture fainte, &c. Le fecond, profeffeur d'arabe à Leipfick, mort en 1774, a traduit en latin l'hiftoire des Arabes d'Abulféda , & a donné de bonnes éditions de Plutarque, de Denys d'Halicarnaffe ; des orateurs grecs.

R E K

REKIET , f. m. *terme de relation ;* ce mot fignifie l'*inclination* ou *baiffement* du corps que font les Turcs dans leurs oraifons publiques, en fe tournant du côté de l'orient. (*D. J.*)

R E L

RELAND, (ADRIEN) *Hift. litt. mod.*) favant Hollandois, très-recommandable & par la fûreté de fon érudition & par la douceur aimable de fon caractère , eft auteur de plufieurs excellens ouvrages, tels que la defcription de la Paleftine ; des differtations fur les médailles des anciens hébreux ; une introduction à la grammaire hébraïque ; un traité *de religione Mahumetanâ* , traduit en françois par Durand ; *Antiquitates facræ veterum Hebræorum.*

L'ouvrage intitulé : *Petri Relandi fafti confulares* , eft d'un frère d'Adrien *Réland* , & Adrien en fut l'éditeur. Adrien mourut en 1719, de la petite vérole, il n'avoit que quarante-trois ans. Ses ouvrages atteftent le bon emploi d'une fi courte vie.

RELATION HISTORIQUE. (*Hiftoire*) Les *relations hiftoriques* inftruifent des événemens remarquables , tels que les conjurations, les traités de paix, les révolutions, & femblables intérêts particuliers à tout un peuple. C'eft-là fur-tout qu'un hiftorien ne peut, fans fe manquer à lui-même, trahir la vérité, parce que le fujet eft de fon choix ; au lieu que dans une hiftoire générale, où il faut que les faits fuivent l'ordre & le fort des temps, où la chaîne fe trouve fouvent interrompue par de vaftes lacunes (car il y a des vuides dans l'hiftoire, comme des déferts fur la mappe-monde) on ne peut fouvent préfenter que des conjectures à la place des certitudes ; mais comme la plupart des révolutions ont conftamment été traitées par des contemporains, que l'efprit de parti met toujours en contradiction, après que la chaleur des factions eft tombée, il eft poffible de rencontrer la vérité au milieu des menfonges oppofés qui l'enveloppent , & de faire des *relations* exactes avec des mémoires infidèles. C'eft une obfervation du chancelier Bacon ; on ne fauroit trop orner cet ouvrage des penfées de ce beau génie. (*D. J.*)

R E M

REMI (SAINT) (*Hift. de Fr.*) évêque ou archevêque de Rheims. Il fit Clovis chrétien, mais il ne put le rendre affez humain, ni affez

jufte. On ignore l'époque précife de fa mort ; on fait feulement qu'il ne vivoit plus en 535.

Un autre *Saint-Remi* , aumônier de l'empereur Lothaire, fils de Louis le Débonnaire, fut le fucceffeur d'Amolon, dans l'archevêché de Lyon en 854 ; il mourut en 875. Il s'étoit diftingué dans plufieurs conciles ; il y a de lui quelques ouvrages fur la prédeftination & la grace, dans la bibliothèque des pères.

Remi d'Auxerre ainfi appellé , parce qu'il étoit moine de Saint-Germain d'Auxerre , eft auteur d'un traité des offices divins & de quelques autres ouvrages du même genre. Mort vers l'an 908.

Abraham *Remi* , *Remmius* , profeffeur d'éloquence au collége royal, né en 1600, mort en 1646, fe nommoit Ravaud ; & prit ce furnom de *Remmius* , du nom de *Remi* , fa patrie, petit village du Béauvoifis. Il y a de lui des poéfies latines, parmi lefquelles on diftingue un recueil de vers à la louange de Maifons-fur-Seine, près Saint-Germain-en-Laye ; ce recueil eft intitulé : *Mæfonium.* C'eft de lui qu'eft un vers contre les Scolaftiques & les Hibernois, vers que tout le monde fait, que tout le monde cite, fans favoir de qui il eft, & en le croyant d'un ancien qui avoit à peindre des gens d'un même caractère :

Gens ratione furens , & mentem pafta chimeris.

REMOND DE SAINTE-ALBINE, (PIERRE) *Hift. litt. mod.*) cenfeur royal, étoit de l'académie des fciences & belles-lettres de Berlin. On a de lui un ouvrage eftimé , qui a pour titre : *le Comédien ;* mais il avoit fait de mauvaifes comédies, comme l'abbé d'Aubignac avoit fait fa *Pratique du théâtre* & de mauvaifes tragédies ; & même fa *Pratique du théâtre* , autrefois eftimée , n'eft plus guères lue ; on eftime encore le *Comédien* de M. *Remond* de Sainte-Albine ; il a paru en 1749. Le même auteur a donné , en 1759 , un abrégé de la traduction françoife de l'hiftoire de M. de Thou. Il avoit travaillé à la Gazette de France & au Mercure. Il mourut à Paris, fa patrie, le 9 octobre 1778, à 84 ans.

REMOND DE SAINT-MARD , (TOUSSAINT) *Hift. litt. mod.*) auteur amufant, fpirituel, & fur-tout très-fingulier, qui ne ceffa d'écrire d'un ftyle précieux & recherché contre M. de Fontenelle, qu'il accufoit d'être précieux & recherché. M. de Fontenelle difoit de lui : « Cet homme eft convaincu que je fuis arrivé en trois bateaux de » Rouen à Paris, tout exprès pour corrompre le » goût ». A l'égard de cette corruption de goût tant alléguée, on pourroit dire de *Remond* de Saint-Mard :

Et le prouvant très-bien , du moins par fes écrits,

Car ils étoient d'un goût très-corrompu , quoi

qu'il ne parlât que de pureté & de sévérité de goût. La pierre philosophale en matière d'esprit seroit d'être infiniment spirituel & infiniment naturel. M. de Voltaire l'avoit trouvée. Au reste, il y a beaucoup d'agrément dans les écrits de M. *Remond de Saint-Mard*, sur-tout dans ses dialogues des dieux, & dans son petit poëme, qui a pour titre : *la Sagesse*, & qui fut attribué au marquis de la Fare & imprimé parmi ses œuvres. On a recueilli celles de M. *Remond* de Saint-Mard en cinq volumes *in-*12. Mort à Paris en 1757, à 75 ans. Il étoit parent de M. Remond de Montmort, de l'académie des sciences, qui a écrit sur les jeux de hasard. (*Voyez* l'article MONTMORT.)

REMOND. (FLORIMOND DE) *Voyez* FLORIMOND.)

REMUS. (*Hist. rom.*) L'histoire de Romulus & de *Remus*, & en général des premiers temps de Rome, est difficile à distinguer de la fable. Procas, roi d'Albe, de la race d'Enée, dont parle Virgile au 6ᵉ. livre de l'Eneïde :

Proximus ille Procas, Trojanæ gloria gentis.

eut deux fils, Numitor & Amulius ; il laissa son royaume à Numitor, qui étoit l'aîné ; celui-ci fut détrôné par Amulius, qui fit périr Egestus, fils de Numitor, & mit au nombre des vestales Rhéa Sylvia, sœur d'Egestus. Les privations qu'imposoit à cette princesse son nouvel état, ne l'empêchèrent pas de mettre au monde à la fois deux fils, *Remus* & Romulus ; qu'elle dit être fils du dieu Mars. Amulius, qui apparemment n'en croyoit rien, & qui, même selon quelques auteurs, étoit le vrai père des deux enfans, fit enfermer la mère & ordonna de jetter les enfans dans le Tibre. On exécuta mal ses ordres, on ne fit que les exposer sur le bord de ce fleuve ; on vit quelque temps après avec admiration une louve les lécher & les allaiter, & les enfans se pendre à ses mamelles, comme si elle eût été leur mère. Tous ces contes sont plus du ressort de la poésie que de l'histoire ; aussi c'est dans Virgile qu'il faut voir ces descriptions ;

Donec regina sacerdos
Marte gravis geminam partu dabit Ilia prolem,
Inde lupæ fulvo nutricis tegmine lætus
Romulus excipiet gentem & mavortia condet
Mænia Romanosque suo de nomine dicet......
ÆNEID. L. I.

Fecerat & viridi fœtam mavortis in antro
Procubuisse lupam, geminos huic ubera circùm
Ludere pendentes pueros, & lambere matrem
Impavidos ; illam tereti cervice reflexâ
Mulcere alternos & corpora fingere linguâ.
LIB. VIII.

Ceux qui ont cherché à concilier ces fables avec l'histoire, ont dit que leur nourrice étoit une femme à qui ses débauches avoient fait donner le surnom de *lupa*, louve.

Ces enfans se formèrent par la chasse, ils devinrent forts & courageux, ils combattoient les bêtes féroces & les voleurs, ils se firent connoître par leur vaillance ; le bruit en vint jusqu'à leur ayeul Numitor ; en rapprochant toutes les circonstances de leur histoire, il les reconnut pour ses petits-fils : avec leur secours, il surprend Amulius, & cet usurpateur est massacré ; Numitor est proclamé, il fait reconnoître ses petits-fils par tout le peuple. Ceux-ci abandonnant à leur ayeul le royaume d'Albe, allèrent bâtir Rome & fondèrent cet empire, dont Eutrope a dit : *Romanum imperium, quò neque ab exordio ullum serè minus neque incrementis toto orbe terrarum amplius humana potest memoria recordari.*

Et Virgile :

Tantæ molis erat romanam condere gentem.......;

His ego nec metas rerum, nec tempora pono ;
Imperium sine fine dedi.

Dès qu'il fut question d'empire, il paroît que la discorde se mit entre les deux frères. On raconte que Romulus ayant fait creuser le fossé qui devoit environner les murailles de la nouvelle ville, *Remus* trouvant ce fossé trop étroit, santa pardessus avec dérision, & que Romulus, outré de cette insulte qui n'étoit cependant qu'une gaîté fort innocente, tua son frère en disant : ainsi périsse quiconque osera insulter aux murs naissans de Rome ! Scaron, digne d'être l'historien de ces belles avantures, dit dans le *Virgile travesti* :

Reme
Fut tué par son frère même,
Pour avoir, en sautant, passé
De l'autre côté d'un fossé.

D'autres auteurs rapportent autrement la mort de *Remus*. On étoit convenu, disent-ils, de consulter le vol des oiseaux pour savoir à qui les dieux réserveroient l'honneur de donner son nom à la nouvelle ville & d'y régner. Romulus observa du Mont-Palatin ; *Remus* du Mont-Aventin ; *Remus* vit le premier six vautours, à l'instant même Romulus en vit douze ; le peuple se partage entre eux ; les uns sont pour celui qui a vu le premier, les autres pour celui qui a vu le plus. On dispute, on s'emporte, on en vient aux mains, *Remus* est tué dans la mêlée. Machiavel approuve le fratricide de Romulus ; Cicéron, écrivain plus moral & par-là même plus véritablement politique, le condamne hautement : *peccavit igitur, pace vel Quirini vel Romuli dixerim.* Horace attribue à ce premier crime cet esprit de discorde & de fureur

qui

qui pouſſoit de ſon temps les Romains à la guerre civile :

Acerba fata Romanos agunt
Scelusque fraternæ necis,
Ut immerentis fluxit in terram Remi
Sacer nepotibus cruor.

R E N

RENAU D'ELISAGARAY (BERNARD)

(Hiſt. de Fr.) Son éloge dans M. de Fontenelle eſt un des plus intéreſſans, des plus ingénieux, & des plus philoſophiques qu'ait fait ce panégyriſte philoſophe.

Bernard Renau naquit dans le Béarn en 1652. Son père avoit peu de bien, & beaucoup d'enfans. Bernard fut élevé chez M. Colbert du Terron, intendant de Rochefort, comme l'enfant de la maiſon ; les deux filles cadettes de M. du Terron, madame la princeſſe de Carpegne, & madame de Barbaçon, l'appelloient leur frère ; leur ſœur aînée, madame de Gaſſion, femme d'un préſident à mortier au parlement de Pau, qui vraiſemblablement l'avoit connu la première, & l'avoit fait connoître à ſon père, l'appelloit ſon fils ; on l'appelloit dans le monde le petit Renau, à cauſe de la petiteſſe de ſa taille, d'ailleurs bien proportionnée, & qui tiroit de l'agrément de ſa petiteſſe même. Il avoit l'air adroit, vif, ſpirituel, courageux, & il l'étoit. Il s'inſtruiſoit, non par une grande lecture, mais par une profonde méditation, & cette méditation ne le retenoit point dans ſon cabinet, ni dans la retraite ; il la portoit dans le monde, on y rioit de ſa revêrie & de ſes diſtractions, & on ne laiſſoit pas en même-tems de les reſpecter. Il cherchoit les livres dans ſa tête, & les y trouvoit. Il apprit ainſi les mathématiques, & en fit l'application à la marine.

M. du Terron le fit connoître de M. de Seignelay, qui lui procura en 1679, avec une penſion de mille écus, une place auprès de M. le comte de Vermandois, amiral de France, dont il fut proprement l'inſtituteur pour la marine.

Il ſe tint des conférences pour chercher les moyens de perfectionner la conſtruction des vaiſſeaux, & pour convenir à cet égard d'une méthode générale ; Renau y fut admis, M. de Seignelay y aſſiſtoit toujours ; M. Colbert, & quelquefois le roi lui-même y venoit enſuite pour la déciſion. » Tout ſe réduiſit à deux méthodes, » l'une de M. Duqueſne, ſi fameux & ſi expérimenté dans la marine ; l'autre de M. Renau, jeune encore & ſans nom. La concurrence ſeule étoit une aſſez grande gloire pour lui ; » mais M. Duqueſne, en préſence du roi, lui » donna la préférence, & tira plus d'honneur » d'être vaincu par ſon propre jugement, que » s'il eût été vainqueur par celui des autres ».

Hiſtoire. Tome IV.

M. Renau alla par ordre du roi avec M. de Seignelay, M. de Tourville, & M. Duqueſne le fils, à Breſt, & dans les autres ports, faire obſerver ſa méthode ; il mit les ouvriers en état de conſtruire, à l'âge de quinze ou vingt ans, les plus gros vaiſſeaux qui demandoient auparavant une expérience de vingt ou trente années.

En 1680, il inventa les galiotes à bombes pour le bombardement d'Alger ; juſques-là il n'étoit tombé dans l'eſprit de perſonne que des mortiers puſſent n'être pas placés ſur la terre, puſſent ſe paſſer d'une aſſiette ſolide. Auſſi-tôt éclata le ſoulèvement général dû à toutes les nouveautés ; on doutoit encore que les nouveaux bâtimens puſſent naviguer avec ſûreté ; celui que montoit Renau fut battu preſqu'à l'entrée de la rade du Havre de Grace, d'un coup de vent des plus furieux, & le plus propre que l'on pût ſouhaiter pour une épreuve inconteſtable. L'ouragan renverſa un baſtion de Dunkerque, rompit les digues de Hollande, ſubmergea quatre-vingt-dix vaiſſeaux ſur toute la côte, & la galiote de M. Renau cent fois abymée, échappa contre toute apparence ſur les bancs de Fleſſingue, d'où elle alla à Dunkerque.

Arrivés devant Alger, nouvelles épreuves. Les incrédules, c'eſt-à-dire, les jaloux eurent d'abord ſujet d'être bien contens, dit M. de Fontenelle. Un accident fut cauſe qu'une carcaſſe que M. Renau » vouloit tirer, mit le feu à la galiote » toute chargée de bombes, & l'équipage qui » voyoit déjà brûler les cordages & les v iles, » ſe jetta à la mer. Les autres galiotes & les » chaloupes armées voyant ce bâtiment aban- » donné crurent qu'il alloit ſauter dans le mo- » ment, & ne perdirent point de tems pour s'en » éloigner. Cependant M. de Remondis major, » voulut voir s'il n'y avoit plus perſonne, & ſi » tout étoit abſolument hors d'eſpérance. Il força » l'épée à la main, l'équipage de ſa chaloupe à » nager ; il vint à la galiote, ſauta dedans, & » vit ſur le pont M. Renau travaillant, lui troi- » ſième, à couvrir de cuir verd plus de quatre- » vingt bombes chargées ; rencontre ſingulière de » deux hommes d'une rare valeur, également » étonnés, l'un qu'on lui porte du ſecours, l'autre » qu'on le ſoit tenu en état de le recevoir, & » peut-être même de s'en paſſer ».

M. de Remondis fit revenir les chaloupes, & on parvint à ſauver la galiote, quoique ſous le feu de trois cents pièces d'artillerie qui de la ville tiroient ſur elle, & fort juſte, dit M. de Fontenelle.

Le lendemain, M. Renau plus animé par le mauvais ſuccès, obtint qu'on fît une ſeconde épreuve, elle réuſſit, & les Algériens demandèrent la paix ; une nouvelle expédition termina cette guerre, & les galiotes à bombes en eurent le principal honneur. Renau avoit encore inventé

X x x

de nouveaux mortiers qui chaſſoient les bombes juſqu'à dix-ſept cents toiſes.

Après la mort de l'amiral (de Vermandois) il alla joindre en Flandre M. de Vauban, auquel il fut toujours très-attaché par la conformité de leurs talens & de leurs vertus. En 1664, il alla bombarder Gènes ſous le commandement de M. de Seignelay; enſuite il ſervit ſous le maréchal de Belleſonds dans la Catalogne, où il réduiſit en quatre jours une place imp rtante. Il alla retrouver M. de Vauban, qui fortifioit les frontières de Flandre & d'Allemagne.

En 1688, il fit, toujours avec M. de Vauban, le ſiége de Philisbourg ſous les ordres du dauphin, & le roi ayant écrit à M. le dauphin d'empêcher M. de Vauban de s'expoſer à ſon ordinaire, & de lui interdire abſolument l'entrée de la tranchée, les ſoins de l'exécution & tous les dangers retombèrent ſur M. Renau.

Il conduiſit enſuite les ſieges de Manheim & de Frankendal.

Au milieu de cette vie agitée & guerrière, il publia en 1689, de l'exprès commandement du roi, ſa théorie de la manœuvre des vaiſſeaux. Ce livre partagea les plus grands mathématiciens de l'Europe : M. Hugues ſe déclara contre certaines propoſitions fondamentales de l'ouvrage; le P. Malebranche, objet de l'admiration de M. Renau, lui fut favorable; M. de Bernoulli, ſur un expoſé avantageux du marquis de l'Hôpital, fortifia d'abord M. Renau de ſon ſuffrage : mais mieux inſtruit dans la ſuite par la lecture même du livre, il changea de ſentiment, & s'engagea en 1713 avec M. Renau dans une differtation par lettres, où la force des raiſons employées de part & d'autre, ne nuiſit jamais à la politeſſe. Le fruit de cette diſpute fut le traité de la manœuvre des vaiſſeaux que M. Bernoulli publia en 1714.

Dans la guerre de 1688, M. Renau entreprit de faire voir au roi, contre l'opinion générale, & ſur tout contre l'opinion de M. de Louvois, que la France étoit en état de tenir tête ſur mer à l'Angleterre & à la Hollande réunies; le roi trouva ſes preuves convaincantes & fit faire les vaiſſeaux tels que Renau les demandoit dans ſon plan; celui-ci inventa de plus des évolutions navales, des ſignaux, des ordres de bataille inconnus juſqu'à lui; toujours créateur, toujours original, il y a, dit M. de Fontenelle, du ſuperflu dans ſa gloire.

Le roi lui donna une commiſſion de capitaine de vaiſſeaux, entrée & voix délibérative dans les conſeils des généraux, une inſpection générale ſur la marine, avec autorité d'enſeigner aux officiers toutes les nouvelles pratiques de ſon invention, & une penſion de douze mille livres. La maladie & la mort de M. de Seignelay retardèrent l'expédition des brevets néceſſaires; M. de Pontchartrain, alors contrôleur général, eut la marine; il ne connoiſſoit pas M. Renau, &

M. Renau ne ſe fit point connoître à lui; abandonnant ainſi ſans regret ce qu il tenoit déja preſque dans ſa main, il retourna ſervir avec M. de Vauban, vers qui un charme particulier le rappelloit.

Le roi en voyant les projets de la marine pour la campagne de 1691, demanda où étoit celui de Renau; M. de Pontchartrain n'en avoit pas entendu parler: Louis XIV lui ordonna de faire chercher Renau, & M. de Pontchartrain tint tout ce que M. de Seignelay avoit promis; Louis XIV reprocha obligeamment à Renau d'avoir voulu s'échapper de la marine; mais, ajoute-t-il, votre peine ſera d'être employé à la fois, & ſur terre & ſur mer; il lui confia le ſecret du ſiège de Mons qu'il alloit faire en perſonne, & l'y employa, encore avec M. de Vauban, il l'envoya enſuite achever la campagne ſur mer; eſpèce d'amphibie guerrier, dit M. de Fontenelle, il partageoit ſa vie entre l'un & l'autre élément.

Ayant voulu enſeigner à Breſt ſes nouvelles pratiques aux officiers, ceux-ci ſe crurent déſhonorés d'être renvoyés à l'école, ils firent des remontrances qui ne furent point écoutées; ceux qui pouſſèrent le plus loin la réſiſtance furent empriſonnés & caſſés. Parmi les réfractaires ſe trouvoient des amis particuliers de M. Renau; il leur rendit dans la ſuite tous les ſervices dont il put trouver l'occaſion, & eux de leur côté ils eurent la généroſité de les recevoir. L'ancienne amitié ne fut point altérée. Il eſt vrai qu'il ne falloit que de l'équité de part & d'autre; mais, ajoute M. de Fontenelle, la pratique de l'équité eſt ſi oppoſée à la nature humaine, qu'elle fait les plus grands héros en morale.

Au ſiége de Namur, Renau ſervit encore ſous M. de Vauban; delà il courut ſauver Saint-Malo & trente vaiſſeaux qui s'y étoient retirés après le déſaſtreux combat de la Hogue.

Le projet de la campagne navale de 1693, lui fut communiqué par l'ordre du roi qui l'avoit approuvé; Renau eut le courage de ne l'approuver point & d'en préſenter un autre, qui fut appuyé par M. de Vauban & enfin adopté par le roi après le plus mûr examen." Ce changement valut à M. de Tourville la défaite du » convoi de Smirne & la priſe d'une partie des » vaiſſeaux. Le roi fut payé du courage qu'il » avoit eu de ſe rétracter ».

M. Renau avoit fait conſtruire à Breſt un vaiſſeau de cinquante-quatre canons, qu'il vouloit éprouver contre les meilleurs voiliers Anglois. Deux vaiſſeaux Anglois revenant des Indes Orientales, richement chargés, lui fournirent l'occaſion qu'il deſiroit. Il donna la chaſſe à l'un des deux & le joignit en trois heures; le vaiſſeau anglois étoit de ſoixante-ſeize pièces de canons, & toute ſa batterie baſſe étoit de vingt-quatre livres de balle, & M. Renau n'avoit que quelques canons de dix-huit; cependant au bout de trois heures de combat, il prit le vaisseau anglois à la vue de trois gardes-côtes qui n'étoient qu'à trois lieues sous le vent. Il eut plus de cent hommes tués sur le pont, entr'autres un frère de M. Caffini, & cent cinquante hommes mis hors de combat. « Le vaisseau ennemi » coula bas le lendemain. Le capitaine mit neuf » paquets de diamans cachetés entre les mains » de M. Renau, qui lui dit qu'il ne les prenoit » que pour les lui garder ; mais le capitaine » ayant ajouté qu'un bombardier, qu'il défigna » par un coup de fabre reçu au vifage dans le » combat, lui avoit arraché un autre paquet qui » valoit plus de quarante mille piftoles », M. Renau effrayé de cette valeur, lui demanda fi ceux qu'il lui avoit remis valoient autant, & quand il fut qu'il n'y en avoit pas un qui ne valût davantage, il retira fa parole de les lui rendre, non qu'il voulût fe les approprier, quoiqu'il en eût le droit ; la grandeur de la fomme, qui auroit été pour d'autres un motif d'infifter fur ce droit, fut ce qui le lui fit abandonner. Il jugea qu'une prife de plus de quatre millions ne pouvoit appartenir qu'à l'état, & il la remit au roi : le roi au contraire jugea que, felon l'ufage établi alors, la prife appartenoit légitimement au vainqueur ; mais il voulut bien recevoir de lui ce préfent vraiment royal, & pour lui témoigner fa fatisfaction, il lui donna neuf mille livres de rente fur la ville, non comme un équivalent ou un remplacement, mais comme une légère gratification, mefurée fur la difficulté des temps plus que fur l'importance du fervice.

« Il s'étoit trouvé fur le vaiffeau anglais une » dame nièce de l'archevêque de Cantorbéry, avec » une femme de chambre & une petite Indienne. » Comme elle avoit tout perdu par le pillage du » vaiffeau, M. Renau fe crut obligé de pourvoir » à tous fes befoins & même à ceux de fa condi- » tion, tant qu'elle fut prifonnière en France. » Il en ufa de même à l'égard du capitaine, & » il lui en coûta plus de vingt mille livres pour » les avoir pris ».

Charles II, roi d'Efpagne, mourut : Philippe V à peine arrivé à Madrid, demanda au roi, fon grand-père, M. Renau, comme il lui demanda depuis M. de Vendôme ; il s'agiffoit de réparer les fortifications du royaume depuis long-temps négligées ; on avoit fur cela les projets les plus fages & les plus utiles, mais ils reftoient tous fur le papier : au moment de l'exécution, les fonds & les magafins promis manquoient abfolument. M. Renau, après y avoir été trompé une fois ou deux, « apprit nettement au roi, » mais inutilement, felon la coutume, d'où ve- » noit un fi prodigieux mécompte. Sa fincérité » n'épargna rien, quoique fon filence feul eût » pu lui faire une fortune ».

En 1702, il fauva feul trente millions d'écus

qu'avoient rapportés de l'Amérique les galions d'Efpagne ; ces galions étoient dans le port de Vigo en Galice, efcortés par une flotte françoife. Renau avertiffoit les deux flottes qu'elles étoient perdues, fi elles ne fortoient inceffamment de ce port ; on ne l'écouta point. M. Renau obtint du moins, mais avec des peines qu'on ne fe donne guères pour les affaires publiques dont on n'eft pas chargé, il obtint qu'on tranfporteroit à terre l'argent des galions. Il fit connoître alors une vivacité d'exécution dont on n'avoit point vu d'exemple en Efpagne de temps immémorial. Il fit marcher trois ou quatre cents chariots de toute la Galice ; on vit bientôt fi cette diligence étoit inutile ; il n'y avoit encore que dix-huit millions de déchargés quand les ennemis parurent devant Vigo ; les douze millions reftans furent enlevés en une demie journée, pendant laquelle les ennemis ne purent encore agir. Maîtres de Vigo, & débarqués, ils coururent après l'argent qui fuyoit dans les terres & dans les défilés des montagnes ; M. Renau les contint avec trois cents chevaux feulement, & couvrit les chariots, dont le dernier n'étoit pas à deux lieues.

Au fiége de Gibraltar en 1704, il promit « qu'une tranchée pafferoit en fûreté au pied » d'une montagne, d'où l'on étoit vu de la tête » jufqu'aux pieds, & d'où huit pièces de ca- » non & une groffe moufqueterie plongeoient de » tous côtés ; il promit que fept canons en fe- » roient taire quarante ; il le promit & il tint » parole. La ville alloit fe rendre, l'arrivée d'une » puiffante flotte angloife fit lever le fiége. Quant » à ce qui regardoit M. Renau, dit M. de Fon- » tenelle, Gibraltar qu'on avoit cru imprena- » ble, étoit pris.

Illâ nocte mihi Trojæ victoria parta eft,
Pergama tùm vici, cùm vinci poffe coegi.

Les cabales toujours fi fréquentes & fi funeftes dans cette cour d'enfans qui croyoient régner alors en Efpagne, arrachèrent Renau du fiége de Barcelone, fous prétexte qu'il étoit néceffaire pour fortifier Cadix ; car, dit M. de Fontenelle, on ne lui pouvoit nuire que fous des prétextes honorables ; il fut préfent devant Barcelone par fes confeils ; il laiffa au roi en préfence des principaux miniftres, fes vues particulières pour la conduite du fiége ; c'étoit fe venger de fes ennemis que d'affurer le bien des affaires qu'ils traverfoient ; mais tout le monde ne fait pas fe venger ainfi.

Il devoit trouver à Cadix un fond de cent mille écus pour les fortifications, il n'y trouva pas un fol ; il fe vengea encore en fe ruinant ; pour un état qui vouloit abfolument fe ruiner ; il s'obligea en fon nom à des négocians pour les affaires publiques. Quand il eut achevé de s'épuifer, il fut réduit, après cinq ans de féjour & de travaux continuels en Efpagne, à demander fon congé, ne pouvant y fubfifter plus long-temps; il vendit pour faire fon voyage tout ce qui lui reftoit, & quand il arriva en France à Saint-Jean-Pied-de-Port, il ne lui reftoit plus qu'une feule piftole. « Retour, dit M. de Fontenelle, dont » la mifère doit donner de la jaloufie à toutes » les ames bien faites ».

Il fe trouva en France accablé de dettes, dans un temps qui ne permettoit de rien demander ; il n'avoit plus pour tout bien qu'une belle & utile réputation.

La paix acheva de le rendre inutile, mais à la moindre apparence de guerre, tout le monde fongeoit d'abord à lui. Malthe fe crut menacée par les Turcs; auffi-tôt le grand-maître fit demander au roi, par fon ambaffadeur, M. Renau, pour être le défenfeur de fon île. M. Renau en prenant congé du roi, dit M. de Fontenelle, eut le plaifir de ne lui point parler de fes affaires; il s'affura feulement d'une audience à fon retour; à fon retour, le roi étoit mort.

Mais la régence ne lui fut pas moins favorable que Louis XIV auroit pû l'être; il avoit fervi en Efpagne fous le régent; il fut fait confeiller au confeil de marine, & grand-croix de l'ordre de Saint-Louis. Il n'eut pas long-temps à jouir de fa faveur nouvelle.

Pendant le loifir de la paix, toujours difciple & difciple fupérieur de M. de Vauban, il alla travailler avec M. le comte de Château-Tiers dans l'élection de Niort, à un des effais qu'on faifoit alors de la taille proportionnelle ou dixme royale de M. de Vauban.

Il alla au mois de feptembre 1719, aux eaux de Pougues pour une rétention d'urine, à laquelle il étoit fujet depuis un temps; il y mourut le 30 de ce même mois de feptembre.

M. Renau né de parens peu riches au fond du Béarn, ignoroit d'ailleurs tout ce qui concernoit l'origine de fa famille. Il trouva en Efpagne un gentilhomme qui fe nommoit comme lui Renau d'Elifagaray, qui lui apprit qu'il étoit fon parent, & qui lui communiqua des titres de famille dont M. Renau n'avoit aucune connoiffance; il fut que la maifon des Renau d'Elifagaray étoit très-ancienne dans la Navarre. Il paroit que lorfque Jean d'Albret, roi de Navarre, s'étoit retiré en Béarn, après la perte de fon royaume, ufurpé par Ferdinand le catholique, il y avoit été fuivi par quelqu'un de cette maifon, qui avoit formé la branche d'Elifagaray de Béarn, dont M. Renau étoit defcendu; mais, dit M. de Fontenelle, fes actions lui avoient rendu cette généalogie affez inutile; en effet, malgré fa naiffance, il étoit fils de fes œuvres.

M. de Fontenelle obferve que la mort de cet homme qui avoit paffé fa vie à la guerre, dans les cours, dans le tumulte du monde, fut celle d'un religieux de la Trappe : fes derniers vœux, fes derniers fentimens furent ceux qu'expriment ces ftrophes d'une hymne connue :

Moraris, heu ! nimis diù,
Moraris, optatus dies,
Ut te fruamur, noxii
Linquenda moles corporis.

His cùm foluta vinculis
Mens evolârit, ò Deus,
Videre te, laudare te,
Amare te non definet.

M. Renau étoit entré en 1699 dans l'académie des fciences en qualité d'honoraire.

RENAUDIE (JEAN DE BARRI, fieur de la) (Hift. de Fr.) Voyez l'article POYET.

Il paroit que le chef de la conjuration d'Amboife étoit de la même famille. Il fe nommoit Georges Barri de la Renaudie; c'étoit un gentilhomme de l'Angoumois; Jean de Barri étoit un gentilhomme Périgordin, & l'Angoumois confine au Périgord. Georges avoit été condamné pour un crime de faux; il avoit dû la vie en cette occafion, au duc de Guife, qui l'avoit fait fauver de fa prifon, & c'étoit contre les Guifes qu'il confpiroit. Criminel & ingrat, il femble que les proteftans étoient dès-lors en état de mieux choifir; mais dans les tems de faction & de trouble, on ne connoit de probité, de vertu même, que le zèle pour les intérêts du parti que l'on a embraffé.

Cet avanturier, d'ailleurs, avoit du courage. Il eut auffi de l'indifcrétion; il confia fon fecret à un avocat proteftant, nommé des Avenelles (voyez fon article), chez qui l'intérêt de l'état prévalut fur un intérêt de fecte, & qui révéla tout. On attendit les conjurés fur leur route, & comme on avoit de bonnes inftructions, on les diffipa aifément, en les attaquant avec avantage dans des défilés & des forêts. Ceux qui voulurent réfifter, furent tués; la Renaudie fut du nombre. Attaqué dans la forêt de Château-Renaud, par Pardaillan, fon coufin, qui auroit peut-être dû laiffer cette commiffion à un autre, il tua Pardaillan, & fut tué par un domeftique de ce même Pardaillan. Le plus grand nombre fut celui des prifonniers, c'eft-à-dire des victimes dévouées au fupplice. La Renaudie fut tué le 16 mars 1560, & fon corps pendu à un gibet fur le pont d'Amboife, ayant fur le front un écriteau, avec ces mots : chef des rebelles. Un de fes domeftiques, nommé la Bigne, pris dans cette occafion, acheva de révéler tout le fecret de la confpiration, en expliquant tous les papiers, & donnant la clef de tous les chiffres.

RENAUDOT. (THÉOPHRASTE, & EUSÈBE son petit-fils.) *Hist. litt. mod.*)

1°. Théophraste, médecin de Loudun, établi à Paris, est parmi nous l'inventeur de la gazette; nous disons *parmi nous*, car ce genre d'ouvrage étoit déjà depuis long-temps en usage à Venise, & le nom de gazette vient de ce qu'à Venise on payoit pour lire ces feuilles de nouvelles *una gazetta*, petite pièce de monnoie. Ce fut en 1631 que Théophraste *Renaudot* établit la gazette en France; Louis XIII lui donna un privilège qui fut confirmé par Louis XIV, & qui fut étendu à la famille de *Renaudot*. Outre ses gazettes, Théophraste a donné la suite du *Mercure françois*, depuis 1635 jusqu'en 1643; *un abrégé de la vie & de la mort de Henri de Bourbon, prince de Condé*, c'est le père du grand Condé; *la vie & la mort du maréchal de Gassion*; la vie du cardinal Michel Mazarin, archevêque de Lyon, frère du premier ministre de ce nom, & le plus obscur des cardinaux de son temps, précisément parce que son frère étoit le plus célèbre. Théophraste *Renaudot* mourut à Paris en 1653.

2°. Eusèbe beaucoup plus célèbre que son grand-père, naquit à Paris le 20 de juillet 1646. Il étoit l'aîné de quatorze, tant frères que sœurs. Leur père étoit mort en 1679, premier médecin du dauphin, fils de Louis XIV.

Eusèbe s'attacha particulièrement à l'étude de la théologie, & pour la prendre dans sa source, il se rendit de bonne heure très-savant dans les langues orientales.

Il avoit fait ses humanités aux Jésuites, sous un père Darot avec lequel il eut toujours des liaisons d'estime & d'amitié. C'étoit le seul jésuite qu'il vit.

Mais ce fut avec MM. de Port-Royal qu'il eut les liaisons les plus intimes; elles naquirent de cette connoissance qu'il avoit des langues orientales.

M. Arnauld travailloit alors au traité de la perpétuité de la foi sur l'eucharistie, contre les protestans; les catholiques & les calvinistes soutenoient également que toutes les églises de l'Orient pensoient comme eux sur l'article de l'eucharistie, il fallut en venir à la preuve. M. de Pompone, neveu de M. Arnauld & ministre des affaires étrangères, écrivit à M. de Nointel, ambassadeur de France à Constantinople, de rassembler sur ce point le plus d'attestations qu'il pourroit des églises d'Orient, dont la croyance seroit conforme à celle de l'église romaine. L'ambassadeur en envoya un grand nombre, presque toutes en différentes langues; il s'agissoit de les traduire; l'abbé *Renaudot*, âgé alors de vingt-cinq ans, s'en chargea, & il confirma encore ces attestations par l'autorité de divers manuscrits orientaux; le tout fut imprimé dans le troisième volume de la perpétuité de la foi, & M. Arnauld y rendit un témoignage flatteur au

travail de M. l'abbé *Renaudot*, qui s'attacha dès-lors à MM. Arnauld & Nicole, & s'associa tout jeune encore à leur gloire. Ce fut lui qui, pendant les disgraces & après la mort de M. Arnauld, défendit constamment contre les calvinistes cette cause de la perpétuité de la foi; il la soutint en théologien, & en homme également profond & dans l'histoire de l'église & dans toutes les diverses langues de l'Orient; il continua de produire & de traduire des pièces originales qui établissoient toujours de plus en plus de siècle en siècle la conformité de doctrine sur l'eucharistie, entre les diverses églises d'Orient & l'église latine. De ce grand travail sortirent d'autres grands travaux; une histoire latine des patriarches d'Alexandrie, depuis Saint-Marc jusqu'à la fin du treizième siècle, avec un catalogue de leurs successeurs; des collections historiques sur les affaires ecclésiastiques des Jacobites, du patriarchat d'Antioche, de l'Ethiopie, de la Nubie & de l'Arménie; un abrégé de l'histoire Mahométane, pour servir d'éclaircissement aux affaires d'Egypte; le plus ample recueil qui ait jamais été des liturgies orientales à l'usage des Cophtes, des Jacobites, des Melchites de Syrie & des Nestoriens, avec des dissertations sur l'origine & l'autorité de ces liturgies.

Tant de travaux ecclésiastiques firent regarder l'abbé *Renaudot* comme une espèce de père de l'église, & Louis Racine l'avoit appelé ainsi dans son épitre à Jean-Baptiste Rousseau, placée à la suite de son poëme sur la religion :

> Mabillon, *Renaudot*, Bossuet, Bourdaloue,
> Pour ses pères encor l'église vous avoue.

Dans la suite, il a substitué aux noms de Mabillon & de *Renaudot*, ceux de Sacy, Nicole, Arnauld, comme marquant davantage dans le jansénisme; mais son premier mouvement avoit été en faveur de Mabillon & de *Renaudot*.

Les amis de l'abbé *Renaudot* furent les hommes les plus célèbres de son temps. M. de Montausier, M. Bossuet, M. Colbert, M. de Seignelay, M. de Croissy, le grand Condé, les deux princes de Conti ses neveux; le roi trouva bon que ses ministres lui communiquassent certaines affaires & lussent ses mémoires au conseil.

Il fut reçu en 1689 à l'académie françoise à la place de M. Doujat, & en 1691, à l'académie des inscriptions à la place de M. Quinault. En 1700, il accompagna M. le cardinal de Noailles à Rome; ils entrèrent ensemble au conclave où Clément XI fut élu. Ce pape ordonna que l'abbé *Renaudot* fût admis auprès de lui toutes les fois qu'il se présenteroit, grace qui n'avoit encore été accordée à aucun François.

« Le pape, dit le secrétaire de l'académie des inscriptions & belles-lettres, lui en demanda une » à son tour, & l'obtint avec peine; ce fut d'ac-

» cepter de fa main un prieuré vacant à fa no-
» mination en Bretagne, pays d'obédience ».

A fon paffage à Florence, le grand duc de Tofcane lui fit auffi beaucoup d'accueil, & l'académie de la Crufca s'empreffa de l'adopter. Il s'acquitta envers le pape & le grand duc par des
dédicaces de fes ouvrages.

A fon arrivée en France, il trouva de grands
changemens dans l'académie des infcriptions &
belles-lettres; il l'avoit laiffée compofée de huit
académiciens feulement, il trouva ce nombre
porté jufqu'à quarante, & les travaux de cette académie devenus continuels & plus confidérables.
« Il fut, dit encore le fecrétaire, un des anciens
» qui accepta le plus volontiers la réforme, &
» un des plus exacts à remplir dans la fuite fes
» devoirs imprévus ».

Ses mémoires fur l'origine de la fphère & de
l'aftronomie, fur l'origine des lettres grecques &
les divers changemens arrivés dans leur confor-
mation, leur ufage & leur valeur; fon explication d'infcriptions trouvées à Palmyre & à Hé-
liopolis, font des ornemens des premiers volumes
de cette favante académie, & prouvent qu'il n'étoit
pas moins verfé dans l'érudition profane que dans
l'érudition eccléfiaftique. En 1718, parut fon dernier ouvrage fous le titre d'*anciennes relations des
Indes & de la Chine, de deux voyageurs Mahométans qui y allèrent dans le neuvième fiècle*. Après
les avoir traduites de l'arabe, il y ajouta une
préface hiftorique, des notes & des differtations
fur les mœurs, la police, la philofophie, les
antiquités & la religion des Chinois. En général,
il n'eft point favorable à cette nation; il ne reconnoit en elle aucune fupériorité dans les fciences
humaines, & felon lui, elle n'a guères d'efprit
qu'au bout des doigts.

Il mourut le premier feptembre 1720.

RENÉ D'ANJOU, (*Hift. de France.*) roi de
Sicile & comte de Provence, roi titulaire de
Jérufalem, roi titulaire d'Arragon, ayant des droits
à tout, portant les titres de tout & ne poffédant
rien, eût ce roi *René*, fameux par fa bonté,
par fes malheurs, par fa foibleffe, par fon
goût pour les arts & par l'honneur qu'il eut d'être
le père de cette courageufe Marguerite d'Anjou,
laquelle avoit dans l'ame & dans l'efprit toutes
les reffources qui manquoient à *René*. Il étoit
fils de Louis II, duc d'Anjou & roi de Naples,
de la feconde maifon d'Anjou & frère puîné de
Louis III; fur les événemens politiques & militaires qui le concernent, fur fes tentatives malheureufes à l'égard & de la Sicile & de la Lorraine, voyez les articles *Anjou & Lorraine*. On
connoit les poëfies paftorales que le goût de la
bergerie infpiroit à ce bon roi *René*, lorfque,
défabufé des conquêtes qu'il n'avoit pu faire &
las des grandeurs dont il ne lui reftoit que les
titres, il gardoit les troupeaux dans les champs

de Provence avec la reine Jeanne de Laval, fa
feconde femme. Le roi *René* étoit peintre auffi
bien que poete & berger; Aix, Avignon, Marfeille, Lyon confervent quelques-uns de fes
tableaux. Il mettoit quelquefois dans le choix de
fes fujets un mélange bizarre de dévotion &
d'amour, de tendreffe & d'horreur; témoin fon
tableau des Céleftins d'Avignon, qui repréfente
le fquelette de fa maîtreffe, fortant du tombeau,
tout rongé de vers. Il aimoit les cérémonies extraordinaires, & le mélange de la fuperftition &
la religion lui étoit fur-tout familier. Il eft l'inventeur de cette fameufe proceffion d'*Aix*, chef-
d'œuvre de ridicule en ce genre. Il inftitua en
1438 à Angers l'ordre du *Croiffant*. Il rétablit en
Provence la *cour d'amour*, tombée depuis un
fiècle, & il refte encore à Aix des veftiges de
cette finguliere inftitution.

Le roi *René* étoit né à Angers en 1408; il
avoit époufé en 1420 Ifabelle de Lorraine, par
laquelle lui venoient les droits qu'il réclamoit au
duché de Lorraine, & qui pafferent à *René II*,
fon petit fils, par Ifabelle fa fille, qui confon[?]
par fon mariage fes droits à la Lorraine avec ceux
de la branche de Vaudemont, rivale du roi *René*.
Ce *René II* réunit tous les droits, comme en
Angleterre Henri VIII, Lancaftre par fon père,
Yorck par fa mère, a réuni les deux Rofes. Le
roi *René* avoit eu un fils, duc de Calabre, qui
fit la derniere tentative de la feconde maifon
d'Anjou fur le royaume de Naples. Il mourut,
ainfi que Nicolas d'Anjou fon fils, avant le roi
René, qui fe voyant fans enfans mâles, tranfmit
fes droits fur le royaume de Naples a Charles
d'Anjou, comte du Maine, fon neveu, au préjudice de *René II* de Lorraine, fon petit-fils,
& le comte du Maine tranfmit ces mêmes droits
à la France. Le roi *René* mourut à Aix en 1480.

RENEAULME, (PAUL-ALEXANDRE DE) *Hift.
litt. mod.*) chanoine régulier de Sainte-Geneviève,
étoit poffeffeur d'une des plus belles bibliothèques
qu'un particulier ait poffédées. il vouloit en faire
un digne ufage. Il avoit publié en 1740 un *projet
de bibliothèque univerfelle* pour raffembler dans un
*même corps d'ouvrage, par ordre alphabétique & chro-
nologique, le nom de tous les auteurs qui ont écrit
en quelque langue que ce foit, le titre de leurs ouvrages, tant manufcrits qu'imprimés, fuffifamment
étendu pour en donner une idée en forme d'analyfe,
le nombre des éditions, des traductions, &c. un précis
des faits effentiels de la vie des auteurs, &c.* en un
mot, c'étoit une bibliographie univerfelle; un
pareil ouvrage eût fans doute été toujours incom-
plet; mais malgré cet inconvénient, de quelle
utilité n'auroit-il pas été pour indiquer au moins
les principales fources à confulter fur chaque
matiere? Le père *Reneaulme* ne put exécuter fon
projet; il mourut en 1749; fa bibliothèque &

fes manuscrits ont passé à la maison des chanoines réguliers de Saint-Jean à Chartres.

RENÉE DE FRANCE, duchesse de Ferrare, (*Hist. mod.*) femme d'Hercule d'Est, duc de Ferrare, étoit fille du roi Louis XII, & sœur puînée de la princesse Claude, première femme de François premier. *Renée* haïssoit la mémoire du pape Jules II qui avoit persécuté Louis XII, & elle n'aimoit guères les successeurs de Jules; ce fut auprès d'elle que Calvin alla chercher un asyle contre la persécution qu'il commençoit à éprouver en France. La duchesse de Ferrare avoit puisé à la cour de François premier, son beau-frère, le goût des lettres qui entraînoit, au moins l'indulgence pour les opinions nouvelles; elle avoit écouté les luthériens, elle écouta Calvin, elle s'attacha Marot, elle attira les savans, elle recueillit les hérétiques exilés; elle avoit la philosophie & la bienfaisance de la reine de Navarre, sœur de François-premier, avec laquelle elle étoit encore plus unie par l'amitié que par le sang. Instruite comme elle, elle savoit des mathématiques, de l'astronomie, elle avoit des notions de la philosophie de son temps & vouloit en avoir de la théologie; elle se déclara plus hautement encore que la reine de Navarre, pour les nouvelles opinions, & Calvin la fixa dans sa secte. Le roi Henri II son neveu, qui surpassoit François premier en zèle outré contre l'hérésie, invita le duc de Ferrare à persécuter *Renée*; il vouloit qu'on l'enfermât dans son appartement, sans lui permettre de voir personne; je m'étonne qu'il ne proposât point de brûler sa tante. Après la mort de Henri II & du duc de Ferrare, elle revint en France & tint sa cour à Montargis, où le souvenir de ses bienfaits vit encore; il est vrai qu'elle les répandoit sur les sectaires par préférence, mais sans exclusion.

Anne d'Est, sa fille, épousa le grand duc de Lorraine François; elle étoit à Amboise avec toute la cour dans le temps de la fatale conspiration de 1560. Toutes les femmes de cette cour barbare de Médicis virent d'un œil sec les supplices qu'entraîna cette conspiration, la duchesse de Guise, catholique zélée, mais femme d'une vertu douce & d'une piété tendre, fut la seule qui ne put retenir ses larmes à cet affreux spectacle.

Le duc de Guise indigné de voir sa belle-mère lui dérober quelques victimes en les recueillant dans son château de Montargis, la fit sommer de les livrer. « Je ne les livrerai point, dit-elle, » & si vous m'assiégez dans mon château, vous » me trouverez la première sur la brèche; je » verrai si vous aurez la hardiesse de tuer la fille » d'un de vos rois & l'indignité de tuer la mère » de votre femme ». Elle parla aussi très-fortement en faveur du prince de Condé, lorsqu'on le mit en prison & qu'on lui fit son procès. Elle mourut en 1575 dans son château de Montargis;

elle étoit née dans celui de Blois en 1510. Elle avoit été promise à Charles d'Autriche (depuis l'empereur Charles-Quint) & au roi d'Angleterre Henri VIII; mais des raisons d'état, relatives à ses prétentions & aux vues qu'Anne de Bretagne sa mère avoit eues pour elle au sujet de son duché, firent préférer à ces grands potentats un petit prince d'Italie sans puissance & sans autre appui que celui de la France même.

RÉPUBLIQUE D'ATHÈNES. (*Gouvern. Athénien*) Le lecteur doit permettre qu'on s'étende dans cet ouvrage sur les *républiques d'Athènes*, de Rome & de Lacédémone, parce que par leur constitution elles se sont élevées au-dessus de tous les empires du monde.

Il n'est pas surprenant que les Athéniens, ainsi que beaucoup d'autres peuples, ayent porté la gloire de leur origine jusqu'à la chimère, & qu'ils se soient dits enfans de la terre; cependant il est assez vraisemblable, au jugement de quelques historiens, qu'ils descendoient d'une colonie de Saïtes, peuples d'Egypte. Ils furent d'abord sous la puissance des rois, & ensuite ils élurent pour les gouverner, des magistrats perpétuels qu'ils nommèrent *archontes*. La magistrature perpétuelle ayant encore paru à ce peuple amoureux de l'indépendance, une image trop vive de la royauté, il rendit les archontes décennaux, & finalement annuels. Ensuite, comme on ne s'accordoit point, ni sur la religion, ni sur le gouvernement, & que les factions renaissoient sans cesse, ils reçurent de Dracon ces lois célèbres qu'on disoit avoir été écrites avec du sang, à cause de leur excessive rigueur. Aussi furent-elles supprimées vingt-quatre ans après par Solon, qui en donna de plus douces & de plus convenables aux mœurs athéniennes.

Les sages lois de ce grand législateur établirent une pure démocratie, que Pisistrate rompit en usurpant la souveraineté d'Athènes, qu'il laissa à ses fils Hipparque & Hippias. Le premier fut tué; & le second ayant pris la fuite, se joignit aux Perses, que les Athéniens commandés par Miltiade défirent à Marathon.

On sait combien ils contribuèrent aux victoires de Mycalé, de Platée & de Salamine. Ces victoires élevèrent Athènes au plus haut point de splendeur où elle ait jamais été sous un corps de *république*. Elle tint aussi dans la Grèce le premier rang pendant l'espace de 70 ans. Ce fut dans cet intervalle que parurent ses plus grands capitaines, ses plus célèbres philosophes, ses premiers orateurs, & ses plus habiles artistes.

Elle étoit en possession de combattre pour la prééminence & pour sa gloire. Elle seule sacrifia plus d'hommes & plus d'argent à l'avantage commun des Grecs, que nul autre peuple de la terre n'en sacrifia jamais à ses avantages particuliers. Tant qu'elle fut florissante, elle aima mieux affronter de glorieux hasards que de jouir d'une honteufe fûreté. On la vit peuplée d'ambaſſadeurs qui venoient de toutes parts réclamer ſa protection, & qui la nommoient *le commun aſyle des nations*. L'art de bien dire devint ſon partage, & elle n'eut point de maître pour la fineſſe & la délicateſſe du goût.

Mais comme les richeſſes & les beaux arts mènent à la corruption, Athènes ſe corrompit fort promptement, & marcha à grands pas à ſa ruine. On ne ſauroit croire combien elle étoit déchue de ſes anciennes mœurs du temps d'Eſchine & de Démoſthène. Il n'y avoit déjà plus chez les Athéniens d'amour pour la patrie, & l'on ne voyoit que déſordres dans leurs aſſemblées & dans les actions juridiques. Ayant perdu contre Philippe la bataille de Chéronée, elle fut obligée de plier ſous la puiſſance de ce roi de Macédoine, & ſous celle de ſon fils Alexandre.

Elle ſe releva néanmoins de la tyrannie de Démétrius par la valeur d'Olympiodore. La vaillance de ſes habitans reprit alors les premières forces, & fit ſentir aux Gaulois la puiſſance de leurs armes. L'athénien Callippes empêcha le paſſage des Thermopyles à la nombreuſe armée de Brennus, & le contraignit d'aller ſe répandre ailleurs. Il eſt vrai que ce fut le dernier triomphe d'Athènes. Ariſtion, l'un de ſes capitaines, qui s'en étoit fait le tyran, ne put défendre cette ville contre les Romains. Sylla prit Athènes, & l'abandonna au pillage. Le pirée fut détruit, & n'a point été rétabli depuis.

Après le ſac de Sylla, Athènes eût été pour toujours un affreux déſert, ſi le ſavoir de ſes philoſophes n'y eût encore attiré une multitude de gens avides de profiter de leurs lumières. Pompée lui-même diſcontinua la pourſuite des pirates pour s'y rendre, & le peuple, par reconnoiſſance, combattit en ſa faveur à la bataille de Pharſale. Cependant Céſar fit gloire de lui pardonner après ſa victoire, & dit ce beau mot : » Je devrois punir les Athéniens d'aujourd'hui, » mais c'eſt au mérite des morts que j'accorde la » grace aux vivans ».

Auguſte laiſſa aux Athéniens leurs anciennes lois, & ne leur ôta que quelques îles qui leur avoient été données par Antoine. L'empereur Adrien ſe fit gloire d'être le reſtaurateur de ſes plus beaux édifices, & d'y remettre en uſage les lois de Solon. Son inclination pour Athènes paſſa à Antonius Pius ſon ſucceſſeur, qui la tranſmit à Verus. L'empereur Valérien en fit auſſi rétablir les murailles ; mais cet avantage ne put empêcher que ſous l'empire de Claude, ſucceſſeur de Gallien, elle ne fût ravagée par les Scythes. Enfin, 140 ans après, ſous l'empire d'Honorius, elle fut priſe par Alaric, à la ſollicitation de Stilicon.

Tout le monde ſait les nouvelles viciſſitudes qu'elle éprouva depuis. Du temps de la fureur des croiſades, elle devint la proie du premier occupant, François, Aragonois, Florentins, &c.

mais les Francs ſe virent forcés de l'abandonner, en 1455, aux armes victorieuſes de Mahomet II, le plus redoutable des empereurs ottomans.

Depuis cette fatale époque, les Turcs en ſont reſtés les maîtres, & ont bâti des moſquées ſur les ruines des temples des dieux. Les Janiſſaires foulent aux pieds les cendres des orateurs Ephialtès, Iſocrate & Lycurgue, les tombeaux d'Hippolyte, fils de Théſée, de Miltiade, de Thémiſtocle, de Cimon, de Thucydide, &c. Le palais d'Adrien leur ſert de cimetière ; la place céramique, où étoit un autel dédié à la Miſéricorde, eſt leur bazar. Le quartier du cady étoit celui d'Eſchine, rival de Démoſthène : les enfans de ce quartier y commençoient à parler plus tôt qu'ailleurs. Le palais de Thémiſtocle étoit dans ce quartier. Epicure & Phocion y demeuroient. Il y avoit auſſi trois ſuperbes temples élevés en l'honneur des grands hommes. L'égliſe archiépiſcopale des Grecs étoit le temple de Vulcain, décrit par Pauſanias. Je renvoie le lecteur au même hiſtorien pour la deſcription de toutes les autres merveilles de cette ville célèbre ; mais je dois dire quelque choſe de ſon gouvernement.

Athènes ayant été compoſée par Solon, de dix tribus, on nomma par chaque tribu ſix vingt citoyens des plus riches pour fournir à la dépenſe des armemens : ce qui formoit le nombre de douze cents hommes diviſés en vingt claſſes. Chacune de ces vingt claſſes étoit compoſée de ſoixante hommes, & ſubdiviſée en cinq parties, dont chacune étoit de douze hommes.

Solon établit que l'on nommeroit par choix à tous les emplois militaires, & que les ſénateurs & les juges ſeroient élus par le ſort. Il voulut auſſi que l'on donnât par choix les magiſtratures civiles, qui exigeoient une grande dépenſe, & que les autres fuſſent données par le ſort. Mais pour corriger le ſort, il régla qu'on ne pourroit élire que dans le nombre de ceux qui ſe préſenteroient ; que celui qui auroit été élu, ſeroit examiné par des juges ; & que chacun pourroit l'accuſer d'en être indigne ; cela tenoit en même temps du ſort & du choix.

Cependant ſi l'on pouvoit douter de la capacité naturelle qu'a le peuple pour diſcerner le mérite, il n'y auroit qu'à jetter les yeux ſur cette ſuite continuelle de choix étonnans que firent les Athéniens & les Romains, ce qu'on n'attribuera pas ſans doute au haſard. On ſait qu'à Rome, quoique le peuple ſe fût donné le droit d'élever aux charges les plébéiens, il ne pouvoit ſe réſoudre à les élire ; & quoiqu'à Athènes on pût par la loi d'Ariſtide tirer les magiſtrats de toutes les claſſes, il n'arriva jamais, dit Xénophon, que le bas-peuple demandât celles qui pouvoient intéreſſer ſon ſalut ou ſa gloire.

Les divers genres de magiſtrats de la *république* d'Athènes ſe peuvent réduire à trois claſſes ; 1°. de ceux qui choiſis dans certaines occaſions

par

par une tribu d'Athènes, ou par une bourgade de l'Attique, étoient chargés de quelque emploi particulier, sans droit de jurisdiction; 2°. de ceux qui étoient tirés au fort par les Thesmotètes, dans le temple de Thésée, tels étoient les Archontes; le peuple désignoit les candidats entre lesquels le fort devoit décider; 3°. de ceux que sur la proposition des Thesmotètes, le peuple assemblé élisoit à la pluralité des voix dans le bnyce; ces deux dernières espèces de magistrats étoient obligés à rendre des comptes; mais ceux qui étoient choisis par une tribu ou par une bourgade, & qui composoient le bas étage de la magistrature, n'étoient pas comptables. (*A. R.*)

RÉPUBLIQUE ROMAINE. (*Gouvern. de Rome*) Tout le monde sait par cœur l'histoire de cette *république*. Portons nos regards avec M. de Montesquieu sur les causes de sa grandeur & de sa décadence, & traçons ici le précis de ses admirables réflexions sur un si beau sujet.

A peine Rome commençoit à exister, qu'on commençoit déjà à bâtir sa ville éternelle; sa grandeur parut bientôt dans ses édifices publics; les ouvrages qui ont donné & qui donnent encore aujourd'hui la plus haute idée de sa puissance, ont été faits sous ses rois. Denis d'Halicarnasse n'a pu s'empêcher de marquer son étonnement sur les égoûts faits par Tarquin, & ces égoûts subsistent encore.

Romulus & ses successeurs furent presque toujours en guerre avec leurs voisins, pour avoir des citoyens, des femmes ou des terres : ils revenoient dans la ville avec les dépouilles des peuples vaincus; c'étoient des gerbes de bled & des troupeaux; ce pillage y causoit une grande joie. Voilà l'origine des triomphes, qui furent dans la suite la principale cause de la grandeur où cette ville parvint.

Rome accrut beaucoup ses forces par son union avec les Sabins, peuples durs & belliqueux; comme les Lacédémoniens dont ils étoient descendus. Romulus prit leur bouclier qui étoit large, au lieu du petit bouclier argien dont il s'étoit servi jusqu'alors : & on doit remarquer que ce qui a le plus contribué à rendre les Romains les maîtres du monde, c'est qu'ayant combattu successivement contre tous les peuples, ils ont toujours renoncé à leurs usages, sitôt qu'ils en ont trouvé de meilleurs.

Une troisième cause de l'élévation de Rome, c'est que ses rois furent tous de grands personnages. On ne trouve point ailleurs dans les histoires une suite non-interrompue de tels hommes d'état, & de tels capitaines.

Tarquin s'avisa de prendre la couronne sans être élu par le sénat ni par le peuple. Le pouvoir devenoit héréditaire; il le rendit absolu. Ces deux révolutions furent suivies d'une troisième. Son fils Sextus, en violant Lucrèce, fit

une chose qui a presque toujours fait chasser les tyrans d'une ville où ils ont commandé; car le peuple, à qui une action pareille fait si bien sentir sa servitude, prend volontiers une résolution extrême.

Il est pourtant vrai que la mort de Lucrèce ne fut que l'occasion de la révolution; car un peuple fier, entreprenant, hardi, & renfermé dans ses murailles, doit nécessairement secouer le joug, ou adoucir ses mœurs. Il devoit donc arriver de deux choses l'une; ou que Rome changeroit son gouvernement, ou qu'elle resteroit une petite & pauvre monarchie; elle changea son gouvernement. Servius Tullius avoit étendu les priviléges du peuple, pour abaisser le sénat, mais le peuple enhardi par son courage, renversa l'autorité du sénat, & ne voulut plus de monarchie.

Rome ayant chassé ses rois, établit des consuls annuels, & ce fut une nouvelle source de la grandeur à laquelle elle s'éleva. Les princes ont dans leur vie des périodes d'ambition; après quoi, d'autres passions & l'oisiveté même succèdent; mais la *république* ayant des chefs qui changeoient tous les ans, & qui cherchoient à signaler leur magistrature pour en obtenir de nouvelles, n'y avoit pas un moment de perdu pour l'ambition : ils engageoient le sénat à proposer au peuple la guerre, & lui montroient tous les jours de nouveaux ennemis.

Ce corps y étoit déjà assez porté de lui-même. Fatigué sans cesse par les plaintes & les demandes du peuple, il cherchoit à le distraire de ses inquiétudes, & à l'occuper au-dehors. Or la guerre étoit presque toujours agréable au peuple, parce que, par la sage distribution du butin, on avoit trouvé le moyen de la lui rendre utile. Rome étant une ville sans commerce, & presque sans arts, le pillage étoit le seul moyen que les particuliers eussent pour s'enrichir.

On avoit donc établi de la discipline dans la manière de piller, & on y observoit, à-peu-près, le même ordre qui se pratique aujourd'hui chez les petits Tartares. Le butin étoit mis en commun, & on le distribuoit aux soldats : rien n'étoit perdu, parce qu'avant que de partir, chacun avoit juré qu'il ne détourneroit rien à son profit. Or les Romains étoient le peuple du monde le plus religieux sur le serment, qui fut toujours le nerf de leur discipline militaire. Enfin, les citoyens qui restoient dans la ville, jouissoient aussi des fruits de la victoire. On confisquoit une partie des terres du peuple vaincu, dont on faisoit deux parts : l'une se vendoit au profit du public; l'autre étoit distribuée aux pauvres citoyens, sous la charge d'une rente en faveur de l'état.

Les consuls ne pouvant obtenir l'honneur du triomphe que par une conquête ou une victoire, faisoient la guerre avec un courage & une impétuofité extrême; ainfi la *république* étoit dans une guerre continuelle, & toujours violente. Or, une nation toujours en guerre, & par principe de gouvernement, devoit néceffairement périr, ou venir à bout de toutes les autres, qui, tantôt en guerre, tantôt en paix, n'étoient jamais fi propres à attaquer, ni fi préparées à fe défendre.

Par-là, les Romains acquirent une profonde connoiffance de l'art militaire. Dans les guerres paffagères, la plupart des exemples font perdus; la paix donne d'autres idées, & on oublie fes fautes, & fes vertus mêmes. Une autre fuite du principe de la guerre continuelle, fut, que les Romains ne firent jamais la paix que vainqueurs: en effet, à quoi bon faire une paix honteufe avec un peuple, pour en aller attaquer un autre? Dans cette idée, ils augmentoient toujours leurs prétentions à mefure de leurs défaites: par-là, ils confternoient les vainqueurs, & s'impofoient à eux-mêmes une plus grande néceffité de vaincre. Toujours expofés aux plus affreufes vengeances, la conftance & la valeur leur devinrent néceffaires; & ces vertus ne purent être diftinguées chez eux de l'amour de foi-même, de fa famille, de fa patrie, & de tout ce qu'il y a de plus cher parmi les hommes.

La réfiftance des peuples d'Italie, & en même-tems l'opiniâtreté des Romains à les fubjuguer, leur donna des victoires qui ne les corrompirent point, & qui leur laiffèrent toute leur pauvreté. S'ils avoient rapidement conquis toutes les villes voifines, ils fe feroient trouvés dans la décadence à l'arrivée de Pyrrhus, des Gaulois & d'Annibal; & par la deftinée de prefque tous les états du monde, ils auroient paffé trop vîte de la pauvreté aux richeffes, & des richeffes à la corruption. Mais Rome faifant toujours des efforts, & trouvant toujours des obftacles, faifoit fentir fa puiffance, fans pouvoir l'étendre; & dans une circonférence très-petite, elle s'exerçoit à des vertus qui devoient être fi fatales à l'univers.

On fait à quel point les Romains perfectionnèrent l'art de la guerre, qu'ils regardoient comme le feul art qu'ils euffent à cultiver. C'eft fans doute un dieu, dit Végèce, qui leur infpira la légion. Leurs troupes étant toujours les mieux difciplinées, il étoit difficile que dans le combat le plus malheureux, ils ne fe ralliaffent quelque part, ou que le défordre ne fe mît quelque part chez les ennemis. Auffi les voit-on continuellement dans les hiftoires, quoique furmontés dans le commencement par le nombre ou par l'ardeur des ennemis, arracher enfin la victoire de leurs mains. Leur principale attention étoit d'examiner en quoi leur ennemi pouvoit avoir de la fupériorité fur eux; & d'abord ils y mettoient ordre. Ils s'accoutumèrent à voir le fang & les bleffures dans les fpectacles des gladiateurs, qu'ils prirent des Etrufques.

Les épées tranchantes des Gaulois, les éléphans de Pyrrhus ne les furprirent qu'une fois. Ils fuppléerent à la foibleffe de leur cavalerie, d'abord en ôtant les brides des chevaux, pour que l'impétuofité n'en pût être arrêtée; enfuite, en y mêlant des vélites. Quand ils eurent connu l'épée efpagnole, ils quittèrent la leur. Ils éludèrent la fcience des pilotes, par l'invention d'une machine que Polybe nous a décrite. Enfin, comme dit Jofeph, la guerre étoit pour eux une méditation, la paix un exercice. Si quelque nation tint de la nature ou de fon inftitution quelqu'avantage particulier, ils en firent d'abord ufage: ils n'oublièrent rien pour avoir des chevaux numides, des archers crétois, des frondeurs baléares, des vaiffeaux rhodiens. En un mot, jamais nation ne prépara la guerre avec tant de prudence, & ne la fit avec tant d'audace.

Rome fut un prodige de conftance, & cette conftance fut une nouvelle fource de fon élévation. Après les journées du Téfin, de Trébies & de Thrafimene; après celle de Cannes, plus funefte encore, abandonnée de prefque tous les peuples de l'Italie, elle ne demanda point la paix. C'eft que le fénat ne fe départoit jamais des maximes anciennes: il agiffoit avec Annibal, comme il avoit agi autrefois avec Pyrrhus, à qui il avoit refufé de faire aucun accommodement, tandis qu'il feroit en Italie: on trouve, dit Denys d'Halicarnaffe, que lors de la négociation de Coriolan, le fénat déclara qu'il ne violeroit point fes coutumes anciennes, que le peuple romain ne pouvoit faire de paix, tandis que les ennemis étoient fur fes terres, mais que fi les Volfques fe retiroient, on accorderoit tout ce qui feroit jufte.

Rome fut fauvée par la force de fon inftitution. Après la bataille de Cannes, il ne fut pas permis aux femmes même de verfer des larmes; le fénat refufa de racheter les prifonniers, & envoya les miférables reftes de l'armée faire la guerre en Sicile, fans récompenfe ni aucun honneur militaire, jufqu'à ce qu'Annibal fût chaffé d'Italie. D'un autre côté, le conful Terentius Varron avoit fui honteufement jufqu'à Venoufe: cet homme, de la plus petite naiffance, n'avoit été élevé au confulat que pour mortifier la nobleffe. Mais le fénat ne voulut pas jouir de ce malheureux triomphe: il vit combien il étoit néceffaire qu'il s'attirât, dans cette occafion, la confiance du peuple; il alla au devant de Varron, & le remercia de ce qu'il n'avoit pas défefpéré de la *république*.

A peine les Carthaginois eurent été domptés, que les Romains attaquèrent de nouveaux peuples, & parurent dans toute la terre pour tout envahir; ils fubjuguèrent la Grèce, les royaumes de Macédoine, de Syrie & d'Egypte. Dans le cours de tant de profpérités, où l'on fe néglige pour l'ordinaire, le fénat agiffoit toujours avec la même profondeur; &, pendant que les armées conſternoient tout, il tenoit à terre ceux qu'il trouvoit abattus. Il s'érigea en tribunal qui jugea tous les peuples. A la fin de chaque guerre, il décidoit des peines & des récompenſes que chacun avoit méritées. Il ôtoit une partie du domaine du peuple vaincu, pour la donner aux alliés : en quoi il faiſoit deux choſes : il attachoit à Rome des rois dont elle avoit peu à craindre, & beaucoup à eſpérer ; & il en affoibliſſoit d'autres, dont elle n'avoit rien à eſpérer, & tout à craindre. On ſe ſervoit des alliés pour faire la guerre à un ennemi ; mais d'abord on détruiſoit les deſtructeurs. Philippe fut vaincu par le moyen des Etoliens, qui furent anéantis d'abord après, pour s'être joints à Antiochus. Antiochus fut vaincu par le ſecours des Rhodiens ; mais après qu'on leur eut donné des récompenſes éclatantes, on les humilia pour jamais, ſous prétexte qu'ils avoient demandé qu'on fît la paix avec Perſée.

Les Romains ſachant combien les peuples d'Europe étoient propres à la guerre, ils établirent comme une loi, qu'il ne ſeroit permis à aucun roi d'Aſie d'entrer en Europe, & d'y aſſiſter quelque peuple que ce fût. Le principal motif de la guerre qu'ils firent à Mithridate, fut que, contre cette défenſe, il avoit ſoumis quelques barbares.

Quand quelque prince avoit fait une conquête, qui ſouvent l'avoit épuiſé, un ambaſſadeur romain ſurvenoit d'abord, qui la lui arrachoit des mains. Entre mille exemples, on peut ſe rappeller comment, avec une ſeule parole, ils chaſſèrent d'Egypte Antiochus.

Lorſqu'ils voyoient que deux peuples étoient en guerre, quoiqu'ils n'euſſent aucune alliance, ni rien à démêler avec l'un, ni avec l'autre, ils ne laiſſoient pas de paroître ſur la ſcène ; &, comme nos chevaliers errans, ils prenoient le parti du plus foible. C'étoit, dit Denys d'Halicarnaſſe, une ancienne coutume des Romains d'accorder toujours leur ſecours à quiconque venoit l'implorer.

Ils ne faiſoient jamais de guerres éloignées ſans s'être procuré quelques alliés auprès de l'ennemi qu'ils attaquoient, qui pût joindre ſes troupes à l'armée qu'ils envoyoient : & comme elle n'étoit jamais conſidérable par le nombre, ils obſervoient toujours d'en tenir une autre dans la province la plus voiſine de l'ennemi, & une troiſième dans Rome, toujours prête à marcher. Ainſi, ils n'expoſoient qu'une très-petite partie de leurs forces, pendant que leur ennemi mettoit toutes les ſiennes aux haſards de la guerre.

Ces coutumes des Romains, qui contribuoient tant à leur grandeur, n'étoient point quelques faits particuliers arrivés par haſard ; c'étoient des principes toujours conſtans ; & cela ſe peut voir aiſément ; car les maximes dont ils firent uſage contre les plus grandes puiſſances, furent préciſément celles qu'ils avoient employées dans le commencement contre les petites villes qui étoient autour d'eux.

Maîtres de l'univers, ils s'en attribuèrent tous les tréſors ; raviſſeurs moins injuſtes en qualité de conquérans, qu'en qualité de légiſlateurs. Ayant ſu que Prolomée, roi de Chypre, avoit des richeſſes immenſes, ils firent une loi, ſur la propoſition d'un tribun, par laquelle ils ſe donnèrent l'hérédité d'un homme vivant, & la confiſcation d'un prince allié. Bientôt la cupidité des particuliers acheva ce qui avoit échappé à l'avarice publique. Les magiſtrats & les gouverneurs vendoient aux rois leurs injuſtices. Deux compétiteurs ſe rûinoient à l'envi, pour acheter une protection toujours douteuſe contre un rival qui n'étoit pas entièrement épuiſé : car on n'avoit pas même cette juſtice des brigands, qui portent une certaine probité dans l'exercice du crime. Enfin, les droits légitimes ou uſurpés ne ſe ſoutenant que par de l'argent, les princes, pour en avoir, dépouilloient les temples, & confiſquoient les biens des plus riches citoyens : on faiſoit mille crimes, pour donner aux Romains tout l'argent du monde. C'eſt ainſi que la *république romaine* imprima du reſpect à la terre. Elle mit les rois dans le ſilence, & les rendit comme ſtupides.

Mithridate ſeul ſe défendit avec courage ; mais enfin il fut accablé par Sylla, Lucullus & Pompée ; ce fut alors que ce dernier, dans la rapidité des ſes victoires, acheva le pompeux ouvrage de la grandeur de Rome. Il unit au corps de ſon empire des pays infinis ; & cependant cet accroiſſement d'états, ſervit plus au ſpectacle de la ſplendeur romaine, qu'à ſa véritable puiſſance, & au ſoutien de la liberté publique. Dévoilons les cauſes qui concoururent à ſa décadence, à ſa chûte, à ſa ruine, & reprenons-les dès leur origine.

Pendant que Rome conquéroit l'univers, il y avoit dans ſes murailles une guerre cachée ; c'étoient des feux comme ceux de ces volcans qui ſortent, ſitôt que quelque matière vient à en augmenter la fermentation.

Après l'expulſion des rois, le gouvernement étoit devenu ariſtocratique ; les familles patriciennes obtenoient ſeules toutes les dignités, & par conſéquent tous les honneurs militaires & civils. Les patriciens voulant empêcher le retour des rois, cherchèrent à augmenter le mouvement qui étoit dans l'eſprit du peuple ; mais ils firent plus qu'ils ne voulurent : à force de lui donner de la haine pour les rois, ils lui donnèrent un deſir immodéré de la liberté. Comme l'autorité royale avoit paſſé toute entière entre les mains des conſuls, le peuple ſentit que cette liberté dont on vouloit lui donner tant d'amour, il ne l'avoit pas : il chercha donc à abaiſſer le conſulat, à avoir des magiſtrats plébéiens, & à partager avec les nobles les magiſtratures curules. Les patriciens furent forcés de lui accorder tout ce qu'il demanda : car dans une ville, où la pauvreté étoit la vertu publique; où les richeffes, cette voie fourde pour acquérir la puiffance, étoient méprifées, la naiffance & les dignités ne pouvoient pas donner de grands avantages. La puiffance devoit donc revenir au plus grand nombre, & l'ariftocratie fe changer peu-à-peu en un état populaire.

Lorfque le peuple de Rome eut obtenu qu'il auroit part aux magiftratures patriciennes, on penfera peut-être que fes flatteurs alloient être les arbitres du gouvernement. Non : l'on vit ce peuple qui rendoit les magiftratures communes aux plébéiens, élire prefque toujours des patriciens ; parce qu'il étoit vertueux, il étoit magnanime, & parce qu'il étoit libre, il dédaignoit le pouvoir. Mais lorfqu'il eut perdu fes principes, plus il eut de pouvoir, moins il eut de ménagement, jufqu'à ce qu'enfin devenu fon propre tyran & fon propre efclave, il perdit la force de la liberté pour tomber dans la foibleffe & la licence.

Un état peut changer de deux manières, ou parce que la conftitution fe corrige, ou parce qu'elle fe corrompt. S'il a confervé fes principes, & que fa conftitution change, c'eft qu'elle fe corrige. S'il a perdu fes principes, quand la conftitution vient à changer, c'eft qu'elle fe corrompt. Quand une république eft corrompue, on ne peut remédier à aucun des maux qui naiffent, qu'en ôtant la corruption & en rappellant les principes: toute autre correction eft, ou inutile, ou un nouveau mal. Pendant que Rome conferva fes principes, les jugemens purent être fans abus entre les mains des fénateurs; mais quand elle fut corrompue, à quelque corps que ce fût qu'on tranfportât les jugemens, aux fénateurs, aux chevaliers, aux tréforiers de l'épargne; à deux de ces corps, à tous les trois enfemble, à quelqu'autre corps que ce fût, on étoit toujours mal. Les chevaliers n'avoient pas plus de vertu que les fénateurs, les tréforiers de l'épargne pas plus que les chevaliers, & ceux ci auffi peu que les centurions.

Tant que la domination de Rome fut bornée dans l'Italie, la *république* pouvoit facilement fubfifter, tout foldat étoit également citoyen: chaque conful levoit une armée, & d'autres citoyens alloient à la guerre fous celui qui fuccédoit. Le nombre de troupes n'étoit pas exceffif; on avoit attention de ne recevoir dans la milice, que des gens qui euffent affez de bien, pour avoir intérêt à la confervation de la ville. Enfin, le fénat voyoit de près la conduite des généraux, & leur ôtoit la penfée de rien faire contre leur devoir.

Mais lorfque les légions pafferent les Alpes & la mer, les gens de guerre, qu'on étoit obligé de laiffer pendant plufieurs campagnes dans les pays que l'on foumettoit, perdirent peu à peu l'efprit de citoyens, & les généraux qui difpo-

ferent des armées & des royaumes, fentirent leur force & ne purent plus obéir. Les foldats commencèrent donc à ne reconnoître que leur général, à fonder fur lui toutes leurs efpérances, & à voir de plus loin la ville. Ce ne furent plus les foldats de la république, mais de Sylla, de Marius, de Pompée, de Céfar. Rome ne put plus favoir fi celui qui étoit à la tête d'une armée dans une province, étoit fon général ou fon ennemi.

Si la grandeur de l'empire perdit la *république*, la grandeur de la ville ne la perdit pas moins. Rome avoit foumis tout l'univers avec le fecours des peuples d'Italie, auxquels elle avoit donné en différens temps divers privilèges, *jus latii*, *jus italicum*. La plupart de ces peuples ne s'étoient pas d'abord fort fouciés du droit de bourgeoifie chez les Romains, & quelques-uns aimèrent mieux garder leurs ufages. Mais lorfque ce droit fut celui de la fouveraineté univerfelle, qu'on ne fut rien dans le monde fi l'on n'étoit citoyen romain, & qu'avec ce titre on étoit tout, les peuples d'Italie réfolurent de périr ou d'être Romains. Ne pouvant en venir à bout par leurs brigues & par leurs prières, ils prirent la voie des armes; ils fe révoltèrent dans tout ce côté qui regarde la mer Ionienne; les autres alliés alloient les fuivre. Rome obligée de combattre contre ceux qui étoient, pour ainfi dire, les mains avec lefquelles elle enchaînoit l'univers, étoit perdue; elle alloit être réduite à fes murailles, elle accorda ce droit tant défiré aux alliés, qui n'avoient pas encore ceffé d'être fidèles, & peu à peu elle l'accorda à tous.

Pour lors, Rome ne fut plus cette ville dont le peuple n'avoit eu qu'un même efprit, un même amour pour la liberté, une même haine pour la tyrannie; où cette jaloufie du pouvoir du fénat, & des prérogatives des grands, toujours mêlée de refpect, n'étoit qu'un amour de l'égalité. Les peuples d'Italie étant devenus fes citoyens, chaque ville y apporta fon génie, fes intérêts particuliers, & fa dépendance de quelque grand protecteur. Qu'on s'imagine cette tête monftrueufe des peuples d'Italie, qui, par le fuffrage de chaque homme, conduifoit le refte du monde! La ville déchirée ne forma plus un tout enfemble: & comme on n'en étoit citoyen que par une efpèce de fiction, qu'on n'avoit plus les mêmes magiftrats, les mêmes murailles, les mêmes dieux, les mêmes temples, les mêmes fépultures, on ne vit plus Rome des mêmes yeux; on n'eut plus le même amour pour la patrie, & les fentimens romains ne furent plus.

Les ambitieux firent venir à Rome des villes & des nations entières, pour troubler les fuffrages ou fe les faire donner; les affemblées furent de véritables conjurations; on appella *comices* une troupe de quelques féditieux: l'autorité du peuple, fes lois, lui-même, devinrent des chofes chimériques; & l'anarchie fut telle, qu'on ne put plus favoir, si le peuple avoit fait une ordonnance, ou s'il ne l'avoit point faite.

Cicéron dit, que c'est une loi fondamentale de la démocratie, d'y fixer la quantité des citoyens qui doivent se trouver aux assemblées, & d'établir que leurs suffrages soient publics; ces deux lois ne sont violées que dans une république corrompue. A Rome, née dans la petitesse pour aller à la grandeur; à Rome, faite pour éprouver toutes les vicissitudes de la fortune; à Rome qui avoit tantôt presque tous ses citoyens hors de ses murailles, tantôt toute l'Italie & une partie de la terre dans ses murailles, on n'avoit point fixé le nombre des citoyens qui devoient former les assemblées. On ignoroit si le peuple avoit parlé, ou seulement une partie du peuple, & ce fut-là une des premières causes de sa ruine.

Les lois de Rome devinrent impuissantes pour gouverner la *république*, parvenue au comble de sa grandeur; mais c'est une chose qu'on a toujours vue, que de bonnes lois qui ont fait qu'une petite *république* devienne grande, lui deviennent à charge lorsqu'elle s'est aggrandie; parce qu'elles étoient telles, que leur effet naturel étoit de faire un grand peuple, & non pas de le gouverner. Il y a bien de la différence entre les lois bonnes, & les lois convenables; celles qui font qu'un peuple se rend maître des autres, & celles qui maintiennent sa puissance, lorsqu'il l'a acquise.

La grandeur de l'état fit la grandeur des fortunes particulières; mais comme l'opulence est dans les mœurs, & non pas dans les richesses, celles des romains qui ne laissoient pas d'avoir des bornes, produisirent un luxe & des profusions qui n'en avoient point; on en peut juger par le prix qu'ils mirent aux choses. Une cruche de vin de Falerne se vendoit cent deniers romains, un baril de chair salée du Pont en coûtoit quatre cent. Un bon cuisinier valoit quatre talens, c'est-à-dire, plus de quatorze mille livres de notre monnoie. Avec des biens au-dessus d'une condition privée, il fut difficile d'être un bon citoyen; avec les desirs & les regrets d'une grande fortune ruinée, on fut prêt à tous les attentats; & comme dit Salluste, on vit une génération de gens qui ne pouvoient avoir de patrimoine, ni souffrir que d'autres en eussent.

Il est vraisemblable que la secte d'Epicure qui s'introduisit à Rome sur la fin de la *république*, contribua beaucoup à gâter le cœur des Romains. Les Grecs en avoient été infatués avant eux; aussi avoient-ils été plus-tôt corrompus. Polybe nous dit que de son temps, les sermens ne pouvoient donner de la confiance pour un grec, au lieu qu'un Romain en étoit pour ainsi dire enchaîné.

Cependant la force de l'institution de Rome étoit encore telle dans le temps dont nous parlons, qu'elle conservoit une valeur héroïque & toute son application à la guerre au milieu des richesses, de la mollesse, & de la volupté; ce qui n'est, je crois, arrivé à aucune nation du monde.

Sylla lui-même fit des réglemens qui, tyranniquement exécutés, tendoient toujours à une certaine forme de *république*. Ses lois augmentoient l'autorité du sénat, tempéroient le pouvoir du peuple, régloient celui des tribuns; mais dans la fureur de ses succès & dans l'atrocité de sa conduite, il fit des choses qui mirent Rome dans l'impossibilité de conserver sa liberté. Il ruina dans son expédition d'Asie toute la discipline militaire; il accoutuma son armée aux rapines, & lui donna des besoins qu'elle n'avoit jamais eus: il corrompit des soldats, qui devoient dans la suite corrompre les capitaines.

Il entra dans Rome à main armée, & enseigna aux généraux romains à violer l'asyle de la liberté; il donna les terres des citoyens aux soldats, & il les rendit avides pour jamais; car dès ce moment, il n'y eut plus un homme de guerre qui n'attendit une occasion qui pût mettre les biens de ses concitoyens entre ses mains. Il inventa les proscriptions, & mit à prix la tête de ceux qui n'étoient pas de son parti. Dès-lors, il fut impossible de s'attacher davantage à la *république*; car parmi deux hommes ambitieux, & qui se disputoient la victoire, ceux qui étoient neutres & pour le parti de la liberté, étoient sûrs d'être proscrits par celui des deux qui seroit le vainqueur. Il étoit donc de la prudence de s'attacher à l'un des deux.

La *république* devant nécessairement périr, il n'étoit plus question que de savoir, comment & par qui elle devoit être abattue. Deux hommes également ambitieux, excepté que l'un ne savoit pas aller à son but si directement que l'autre, s'élevèrent par leur crédit, par leurs richesses & par leurs exploits, tous les autres citoyens; Pompée parut le premier, César le suivit de près. Il employa contre son rival les forces qu'il lui avoit données, & ses artifices mêmes. Il troubla la ville par ses émissaires, & se rendit maître des élections; consuls, préteurs, tribuns, furent achetés aux prix qu'il voulut.

Une autre chose avoit mis César en état de tout entreprendre, c'est que par une malheureuse conformité de conduite, on avoit joint à son gouvernement de la Gaule cisalpine, celui de la Gaule d'au-delà des Alpes. Si César n'avoit point eu le gouvernement de la Gaule transalpine, il n'auroit point corrompu ses soldats, ni fait respecter son nom par tant de victoires; s'il n'avoit pas eu celui de la Gaule cisalpine, Pompée auroit pû l'arrêter au passage des Alpes, au lieu que dès le commencement de la guerre, il fut obligé d'abandonner l'Italie; ce qui fit perdre à son parti la réputation, qui dans les guerres civiles est la puissance même.

On parle beaucoup de la fortune de César : mais cet homme extraordinaire avoit tant de grandes qualités sans pas un défaut, quoiqu'il eût bien des vices, qu'il eût été bien difficile que, quelque armée qu'il eût commandé, il n'eut été vainqueur, & qu'en quelque *république* qu'il fût né, il ne l'eût gouvernée. César après avoir défait les lieutenans de Pompée en Espagne, alla en Grèce le chercher lui-même, le combattit, le vainquit, & ensevelit la *république* dans les plaines de Pharsale. Scipion qui commandoit en Afrique, eût encore rétabli l'état, s'il avoit voulu traîner la guerre en longueur, suivant l'avis de Caton ; de Caton, dis-je, qui partageoit avec les dieux les respects de la terre étonnée ; de Caton enfin, dont l'image auguste animoit encore les Romains d'un saint zèle, & faisoit frémir les tyrans.

Enfin la *république* fut opprimée ; & il n'en faut pas accuser l'ambition de quelques particuliers, il en faut accuser l'homme, toujours plus avide du pouvoir à mesure qu'il en a davantage, & qui désire tout, que parce qu'il possède beaucoup. Si César & Pompée avoient pensé comme Caton, d'autres auroient pensé comme firent César & Pompée ; & la *république* destinée à périr auroit été entraînée au précipice par une autre main.

César, après ses victoires, pardonna à tout le monde, mais la modération que l'on montre après qu'on a tout usurpé, ne mérite pas de grandes louanges. Il gouverna d'abord sous des titres de magistrature ; car les hommes ne sont guère touchés que des noms, & comme les peuples d'Asie abhorroient ceux de *consul* & de *proconsul*, les peuples d'Europe détestoient celui de roi ; de sorte que dans ces temps-là, ces noms faisoient le bonheur ou le désespoir de toute la terre. César ne laissa pas que de tenter de se faire mettre le diadème sur la tête ; mais voyant que le peuple cessoit ses acclamations, il le rejetta. Il fit encore d'autres tentatives ; & l'on ne peut comprendre qu'il pût croire que les Romains, pour le souffrir tyran, aimassent pour cela la tyrannie, ou crussent avoir fait ce qu'ils avoient fait. Mais ce que César fit de plus mal, c'est de montrer du mépris pour le sénat depuis qu'il n'avoit plus de puissance ; il porta ce mépris jusqu'à faire lui-même les sénatus-consultes, & les souscrire du nom des premiers sénateurs qui lui venoient dans l'esprit.

On peut voir dans les lettres de quelques grands hommes de ce temps-là, qu'on a mises sous le nom de Cicéron, parce que la plupart sont de lui, l'abattement & le désespoir des premiers hommes de la *république* à cette révolution étrange qui les priva de leurs honneurs & de leurs occupations même, lorsque le sénat étant sans fonctions, ce crédit qu'ils avoient eu par toute la terre, ils ne purent plus l'espérer que dans le cabinet d'un seul, & cela se voit bien mieux dans ces lettres que dans les discours des historiens.

Elles sont le chef-d'œuvre de la naïveté de gens unis par une douleur commune, & d'un siècle où la fausse politesse n'avoit pas mis le mensonge par-tout : enfin, on n'y voit point comme dans la plupart de nos lettres modernes, des gens qui veulent se tromper ; mais on y voit des amis malheureux qui cherchent à se tout dire.

Cependant il étoit bien difficile qu'après tant d'attentats, César pût défendre sa vie contre des conjurés. Son crime, dans un gouvernement libre, ne pouvoit être puni autrement que par un assassinat ; & demander pourquoi on ne l'avoit pas poursuivi par la force ou par les lois, n'est-ce pas demander raison de ses crimes ?

De plus, il y avoit un certain droit des gens, une opinion établie dans toutes les *républiques* de Grèce & d'Italie, qui faisoit regarder comme un homme vertueux, l'assassin de celui qui avoit usurpé la souveraine puissance. A Rome, sur-tout depuis l'expulsion des rois, la loi étoit précise, les exemples reçus ; la *république* armoit le bras de chaque citoyen, le faisoit magistrat pour le moment, & l'avouoit pour sa défense. Brutus ose bien dire à ses amis que quand son père reviendroit sur la terre, il le tueroit tout de même ; quoique par la continuation de la tyrannie, cet esprit de liberté se perdît peu-à-peu, toutefois les conjurations au commencement du règne d'Auguste renaissoient toujours.

C'étoit un amour dominant pour la patrie, qui, sortant des règles ordinaires des crimes & des vertus, n'écoutoit que lui seul, & ne voyoit ni citoyen, ni ami, ni bienfaiteur, ni père ; la vertu sembloit s'oublier pour se surpasser elle-même ; & l'action qu'on ne pouvoit d'abord approuver, parce qu'elle étoit atroce, elle la faisoit admirer comme divine.

Voilà l'histoire de la *république romaine*. Nous verrons les changemens de sa constitution sous *l'article* ROMAIN, empire ; car on ne peut quitter Rome, ni les Romains : c'est ainsi qu'encore aujourd'hui dans leur capitale, on laisse les nouveaux palais pour aller chercher des ruines. C'est ainsi que l'œil qui s'est reposé sur l'émail des prairies, aime à voir les rochers & les montagnes. (*Le chevalier DE JAUCOURT.*)

RÉPUDIATION. (*Hist. rom.*) Les fiançailles chez les Romains pouvoient être rompues par la *répudiation*. Le billet qu'envoyoit celui qui répudioit, étoit conçu en ces termes : *Je rejette la promesse que vous m'aviez faite* ; ou, *je renonce à la promesse que je vous avois faite* : & alors l'homme étoit condamné à payer le gage qu'il avoit reçu de la femme, & celle-ci étoit condamnée au double ; mais lorsque ni l'un ni l'autre n'avoient donné sujet à la *répudiation*, il n'y avoit point d'amende. Le divorce étoit différent de la *répudiation* ; il pouvoit se faire au cas que la femme eût empoisonné ses enfans, qu'elle en eût supposé à la place des fiens, qu'elle eût commis un adultère, ou même qu'elle eût bu du vin à l'infçu de fon mari : c'est du moins ce que rapporte Aulu-Gèlle, *liv. X. c. xxiij* ; Pline, *hist. nat. l. XIV. c. xiij*. Enfin le fujet du divorce étoit examiné dans une affemblée des amis du mari ; quoiqu'il fût autorifé par les lois, cependant le premier exemple n'arriva que vers l'an 520, par S. P. Carvilius Ruga, à caufe de la ftérilité de fa femme ; mais dans la fuite il devint fort fréquent par la corruption des mœurs.

Je n'ajoute qu'un mot d'après Plutarque. Il me femble, dit-il dans fa vie de Paul Emile, qu'il n'y a rien de plus vrai que ce qu'un Romain qui venoit de *répudier* fa femme dit à fes amis, qui lui en faifoient des reproches, & qui lui demandoient : votre femme n'eft-elle pas fage ? n'eft-elle pas belle ? ne vous a-t-elle pas donné de beaux enfans ? Pour toute réponfe, il leur montra fon foulier, les queftionnant à fon tour ; ce foulier, leur répartit-il, n'eft-il pas beau ? n'eft-il pas tout neuf ? n'eft-il pas bien fait ? cependant aucun de vous ne fait où il me bleffe. Effectivement, s'il y a des femmes qui fe font répudier pour des fautes qui éclatent dans le public, il y en a d'autres qui, par l'incompatibilité de leur humeur, par de fecrets dégoûts qu'elles caufent, & par plufieurs fautes légères, mais qui reviennent tous les jours, & qui ne font connues que du mari, produifent à la longue un fi grand éloignement, & une averfion tellement infupportable, qu'il ne peut plus vivre avec elles, & qu'il cherche enfin à s'en féparer.

J'ai indiqué la formule du libelle de *répudiation* anciennement en ufage chez les Romains ; celle du libelle de divorce portoit ces mots : *Res tuas tibi habeto.*

Nous ne fommes pas faits, je le vois, l'un pour l'autre, Mon bien fe monte à tant, tenez, voilà le vôtre.

(*D. J.*)

REQ

REQUETE. (*Hist. rom.*) Les *requêtes* préfentées aux empereurs par des particuliers, fe nommoient communément, *libelles, libelli,* & la réponfe de l'empereur étoit appellée *refcriptum.* M. Briffon, *de formulis, lib. III.* nous a confervé une ancienne *requête* préfentée à un empereur romain, dont voici les termes :

Quum antè hos dies conjugem & filium amiferim, oppreffus neceffitate, corpora eorum facili farcophago commendaverim, donec iis locus quem emeram ædificaretur ; viâ Flaminiâ inter mil. II. & III. euntibus ab urbe, parte lævâ ; rogo, domine imperator, permittas mihi in eodem loco in marmoreo farcophago, quem mihi modò comparavi, ea corpora colligere, ne

quandò ego me effe defiero, pariter cum iis ponar.

Le *refcrit*, mis au bas de cette *requête*, étoit conçu en ces termes :

Secretum fieri placet ; jubentina Celius promagifter fufcripfi III. non. Novembris., Antio Pollione, & optimo conf.

La fameufe loi άξιώσις, *ff. de lege rhod.* eft une *requête* préfentée par Eudémon, marchand à Nicomédie, à l'empereur Antonin, au-bas de laquelle eft le *refcrit* qui a donné lieu à deux jurifconfultes de faire chacun un commentaire peu néceffaire pour l'intelligence de cette loi, dont voici les termes : « Plainte d'Eudémon de Nicomédie à l'empereur Antonin. Seigneur, en » voyageant dans l'Italie, nous avons fait nau- » frage, & nos effets ont été pillés & enlevés par » les fermiers des îles Cyclades ».

L'empereur répondit : « Je fuis, à la vérité, » maître du monde ; mais la loi des Rhodiens » règne fur la mer, & fert de règle pour décider » les difficultés qui concernent la navigation » maritime, pourvû qu'elle s'accorde avec nos » lois ». Voilà une jufte idée des *requêtes* que l'on préfentoit aux empereurs, & de la réponfe ou *refcrit* qu'ils y faifoient. Au refte, ces *requêtes* avoient différens noms, & la formule n'étoit point fixe ni déterminée. Quant à la réponfe de l'empereur, elle commençoit prefque toujours par ces mots, *cum proponas,* ou *fi tu proponis,* &c. & elle finiffoit par cette condition que l'empereur Zénon inventa, *fi preces veritate nituntur,* ce qui eft encore en ufage parmi nous. (*D. J.*)

REQUIABTAR, *terme de relation,* nom du quatrième page de la cinquième chambre de ceux du grand-feigneur : c'eft lui qui tient l'étrier à fa hauteffe quand elle monte à cheval. *Du Loir.* (*D. J.*)

REQUINTERONE, ONA, f. m. & fém. *terme de relation,* nom que l'on donne au Pérou aux enfans nés d'un Efpagnol, & d'une *quinterona,* de façon néanmoins que ce nom ne s'applique qu'au dernier degré de génération, qui conferve encore quelques marques du mélange du fang efpagnol avec le fang indien ou africain. (*D. J.*)

RES

RÉSERVES, (*Hist. mod. Droit public*) *refervata cæfarea.* C'eft ainfi qu'on nomme dans le droit public germanique les prérogatives réfervées à l'empereur feul, & qu'il ne partage point avec les états de l'empire. Ces *réferves* font prefque toujours difputées, & ne valent qu'autant que celui qui prétend, a le pouvoir de les faire valoir. On diftingue ces *réferves* en eccléfiaftiques & en politiques. Parmi les premières, on compte le droit de préfenter aux premiers bénéfices vacans après l'avènement au trône ; ce droit s'appelle *jus primarium precum*, le droit de protéger l'église romaine, le droit de convoquer le concile. Parmi les *réserves* politiques on compte le droit de légitimer les bâtards ; le droit de réhabiliter, *famæ restitutio* ; le droit d'accorder des dispenses d'âge & des priviléges ; le droit de relever du serment ; le pouvoir d'accorder le droit de citoyen, *jus civitatis* ; d'accorder des foires, *jus nundinarum* ; l'inspection générale sur les postes & sur les grands chemins ; le droit d'établir des académies ; le droit de conférer des titres & des dignités, & même de faire des rois ; cependant l'empereur ne peut élever personne au rang des états de l'empire, sans le consentement des autres états ; le droit d'établir des tribunaux dans l'empire ; le droit de faire la guerre dans une nécessité pressante ; enfin le droit d'envoyer & de recevoir des ambassadeurs au nom de l'empire. *Voyez Vitiarii jus publicum.* (*A. R.*)

RÉSIDENT, s. m. (*Hist. mod.*) est un ministre public qui traite des intérêts d'un roi avec une république & un petit souverain ; ou d'une république & d'un petit souverain avec un roi. Ainsi le roi de France n'a que des *résidens* en Allemagne dans les cours des électeurs, & autres souverains qui ne sont pas têtes couronnées ; & en Italie, dans les républiques de Gènes & de Lucques, lesquels princes & républiques ont aussi des *résidens* en France.

Les *résidens* sont une sorte de ministres différens des ambassadeurs & des envoyés, en ce qu'ils sont d'une dignité & d'un caractère inférieur ; mais ils ont de commun avec eux qu'ils sont aussi sous la protection du droit des gens. (*A. R.*)

RESNEL DU BELLAY) **JEAN-FRANÇOIS DU**) *Hist. litt. mod.*) étoit d'une famille noble & ancienne ; François *du Resnel*, seigneur du Bellay, son père, étoit capitaine dans le régiment du Roi infanterie. L'abbé *du Resnel* naquit à Rouen le 29 juin 1692, fit ses études chez les jésuites de Rouen, & entra dans la congrégation de l'Oratoire, ce qui rappelle le *sic vos non vobis* de Virgile. Ses anciens maîtres firent de grands & inutiles efforts pour le ramener à eux. M. de Langle, évêque de Boulogne, son oncle, voulut l'avoir auprès de lui, & lui donna un canonicat de sa cathédrale ; il apprit beaucoup de langues, tant anciennes que modernes. Les Anglois qu'il avoit souvent occasion de voir pendant son séjour à Boulogne, le familiarisèrent aisément avec leur langue ; en général, on lui imputoit un peu de prédilection pour les étrangers, & un de ses amis François lui disoit : *Je voudrois être Huron, vous m'aimeriez à la folie.*

M. de Langle étant mort en 1724, l'abbé *du Resnel* que rien n'attachoit plus à Boulogne, permuta son canonicat de cette église contre un

autre de Saint-Jacques-de-l'Hôpital, & vint s'établir à Paris ; M. le duc d'Orléans, auquel il fut présenté, lui procura l'abbaye de Sept-Fontaines.

L'abbé *du Resnel* voulut s'exercer dans la chaire, mais il n'avoit ni débit, ni poitrine, & un crachement de sang l'avertit d'abandonner cette carrière. Son panégyrique de Saint-Louis, prêché devant l'académie françoise, avoit eu du succès, il avoit plu du moins à la lecture ; l'auteur avoit été choisi pour prononcer l'oraison funèbre du maréchal de Bervick, mais il n'y eut point d'oraison funèbre.

C'est par des vers que M. l'abbé *du Resnel* est le plus connu ; son air doux, sage & réservé n'annonçoit pas un poëte, il faut en convenir. « ce talent caché sous les voiles de la modestie, dit M. le Beau, n'étoit pas aisé à découvrir ». Il parut avec avantage dans la traduction de l'*essai sur la critique* de Pope. On en sait plusieurs vers, & il y en a même quelques-uns d'une harmonie imitative. La traduction de l'*Essai sur l'homme* eut moins de succès selon le même M. le Beau ; elle est pleine cependant de vers faciles & bien tournés, tels que ceux-ci que le début présente d'abord :

Sors de l'enchantement, Mylord, laisse au vulgaire
Le séduisant espoir d'un bien imaginaire ;
Fuis le faste des cours, les honneurs, les plaisirs,
Ils ne méritent point de fixer tes desirs.
Est-ce à toi de grossir cette foule importune
Qui court auprès des rois encenser la fortune?
Viens ; un plus grand objet, des soins plus importans
Doivent de notre vie occuper les instans.
Ce grand objet, c'est l'homme, étonnant labyrinthe,
Où d'un plan régulier l'œil reconnoît l'empreinte ;
Champ fécond, mais sauvage, où par de sages loix
La rose & le chardon fleurissent à la fois, &c.

Voici encore des vers philosophiques bien faits :

Chacun cherche son bien, mais tous d'un pas égal
Marchent, sans y penser, vers le bien général :
C'est à ce grand dessein que le maître suprême
Fait servir les efforts de la malice même,
Les complots les plus noirs, le caprice, l'erreur,
Les défauts de l'esprit, les foiblesses du cœur ;
C'est pour ce grand dessein que Dieu dans sa sagesse
En chaque homme a placé quelque heureuse foiblesse :
La honte de céder aux traits du suborneur
Dans le cœur d'une fille est l'appui de l'honneur ;
Dans l'esprit de la femme une fierté sévère
L'empêche de brûler d'une flamme adultère.
Qui conduit les guerriers? c'est la témérité.
Qui fait fleurir les arts ? souvent la vanité.
Ainsi du créateur la sagesse profonde
Se sert de nos défauts pour le bonheur du monde.

Voici d'autres vers qui ont plus de couleur :

Tant que nous respirons, l'opinion flatteuse,

A *charlet*

À charmer nos ennuis toujours ingénieuse ;
Dore par ses rayons les nuages charmans
Qui versent sur nos jours de trompeurs agrémens.

Nous avons vu cette traduction de l'*Essai sur l'homme* assez estimée pour qu'on soupçonnât M. de Voltaire d'y avoir mis la main en plusieurs endroits ; elle est aujourd'hui oubliée ou dédaignée :

Habent sua fata libelli.

On en a eu de meilleures depuis. Celle de M. de Fontanes a certainement plus de vigueur & de poésie. Il en existe encore une autre qui a beaucoup de mérite ; mais ceux mêmes qui l'ont entendue n'ont pas encore le droit d'en parler.

Les théologiens voulurent élever une persécution contre l'abbé du *Resnel*, au sujet de cette traduction ; il s'enveloppa dans son innocence & ne se défendit que par son silence ; il n'irritoit pas l'envie, la persécution tomba d'elle-même, ainsi qu'une autre qu'on voulut lui susciter à propos de quelque négligence ou de quelque indulgence dans les fonctions de censeur, autrefois si redoutables pour ceux qui les exerçoient ; il travailla long-temps & à plusieurs reprises au journal des savans ; il fut reçu à l'académie des inscriptions & belles-lettres le 5 mai 1733, & à l'académie française, à la place de l'abbé du Bos, le 30 juin 1742.

Sa conduite dans tout le cours de sa vie fut mesurée & systématique ; » il tenoit pour prin-» cipe qu'afin d'avancer malgré les obstacles, il » ne faut que vouloir fortement, envisager fixement » son but, & le suivre avec prudence & per-» sévérance...... Il se donnoit à lui-même des » instructions par écrit comme on en donne aux » ambassadeurs, & il y étoit fidèle. » Il mourut le 25 février 1761.

RESSONS (JEAN-BAPTISTE DES CHIENS DE (*Hist. litt. mod.*) de l'académie des sciences, naquit à Châlons en Champagne le 24 juin 1660 ; son père secrétaire du roi, eut sur lui des vûes que l'inclination du fils ne seconda point ; c'étoit vers la guerre que cette inclination l'entraînoit. A dix-sept ans il se déroba de la maison paternelle pour entrer dans les mousquetaires noirs, il en fut tiré par force. A une seconde évasion, il se jetta dans le régiment de Champagne, où il eut bientôt une lieutenance, & d'où il fut encore arraché. Enfin, pour terminer ce combat, en mettant sa famille hors d'état de le poursuivre, il alla en 1683 à Toulon & y fut reçu dans la marine, volontaire à brevet. Il servit avec éclat dans les bombardemens de Nice, Alger, Gênes, Tripoli, Roses, Palamos, Barcelone, Alicante ; en 1693, il fut fait capitaine de vaisseau ; il s'attacha particulièrement à l'artillerie, il en approfondit les principes, il en examina de plus près tous les

Histoire Tome IV.

détails. Dans l'art seul de tirer les bombes, il compta jusqu'à vingt-cinq défauts de pratique, qu'il fut corriger avec succès en différentes rencontres. M. le duc du Maine, grand-maître de l'artillerie, voulut l'avoir dans son corps, il lui fit quitter le service de mer pour celui de terre vers la fin de l'année 1704 ; & fit créer en sa faveur une dixième charge de lieutenant-général d'artillerie sur terre.

« Dans les temps de paix, dit M. de Fonte-» nelle, cet homme qui n'avoit respiré que bom-» bardemens, qui ne s'étoit occupé qu'à faire » forger ou à lancer des foudres, faisoit ses dé-» lices de la culture d'un assez beau jardin. »

On avoit admiré déjà, trente ou quarante ans auparavant, ce noble contraste, ce goût pur des plaisirs simples, succédant à l'éclat de la gloire & au fracas des armes, dans un héros, dans un prince fait pour servir de modèle à tous les guerriers & à tous les grands princes, & c'est ce contraste que Santeuil avoit célébré dans ces trois beaux vers :

*Quem modò pallebant fugitivis fluctibus amnes
Terribilem bello, nunc doctâ per otia princeps
Pacis amans, lætos dat in hortis ludere fontes.*

M. de *Ressons* porta dans son jardin le même esprit d'observation & de recherche dont il avoit fait tant d'usage dans l'artillerie. Entré en 1716, dans l'académie des sciences en qualité d'associé libre, il y donna tantôt des observations sur l'art de tirer les bombes ou de nouvelles manières d'éprouver la poudre, tantôt de nouvelles pratiques d'agriculture, comme celle de garantir les arbres de leur lèpre ou de la mousse ; « alterna-» tivement guerrier & laboureur ou jardinier, tou-» jours citoyen. »

Il tiroit du salpêtre de certaines plantes, & prétendoit faire une composition meilleure que la composition commune & à meilleur marché. Il laissa un ouvrage manuscrit considérable sur le salpêtre & la poudre.

Il mourut le 31 janvier 1735, ayant fait ce qu'on appelle son chemin comme un bon officier ; peut-être, ajoute M. de Fontenelle, un meilleur courtisan auroit-il été plus loin.

Il étoit pieux, & M. de Fontenelle tenoit de lui qu'il avoit écrit sur la religion & en sa faveur, & le même M. de Fontenelle nous fait entendre finement que sous l'habit d'un guerrier il avoit le ton & le maintien d'un ecclésiastique.

» Cet air de guerre hautain & hardi qui se » prend si aisément & qu'on trouve qui sied si » bien, étoit surmonté ou même effacé par la » douceur naturelle de son ame ; elle se marquoit » dans ses manières, dans ses discours, & jus-» ques dans son ton. A peine toute la bienséance » d'un état absolument différent du sien auroit-» elle demandé rien de plus.

Il avoit épousé Anne-Catherine Berrier, fille

Zzz

de Jean-Baptiste Berrier de la Ferrière, doyen des doyens des maîtres des requêtes, & de Marie Potier de Novion. Il en a eu des enfans.

RESTAUT (PIERRE) *Hist. litt. mod.*) Avocat au conseil, auteur d'un livre à qui son utilité a procuré un grand nombre d'éditions; ce livre connu de tout le monde a pour titre: *principes généraux & raisonnés de la grammaire Française.* Restaut a revu aussi un traité de l'ortographe imprimé à Poitiers en 1775. Il est encore auteur de quelques autres ouvrages moins connus. Né à Beauvais en 1694; mort à Paris en 1764.

RESTAURATION, f. f. (*Hist. mod. d'Angl.*) On appelle en Angleterre la *restauration* ou le *rétablissement*, le changement de 1660, par lequel le roi Charles II fut rappellé au trône de ses pères. Je n'examine point si l'on pouvoit s'en dispenser ou non; mais on a remarqué qu'après cette *restauration* des Stwards, le caractère de la nation souffrit une altération considérable. S'il est permis de dire la vérité, elle changea l'hospitalité en luxe, le plaisir en débauche, les seigneurs des provinces & les gentilshommes de la chambre des communes en courtisans & en petits-maîtres. L'esprit anima la licence du siècle, & la galanterie y répandit le vernis qui fait son apanage. On vit succéder à l'austérité du gouvernement du protecteur, les goûts de la cour de Louis XIV. On n'aima plus que les poésies efféminées, la mollesse de Waller, les satyres du comte de Rochester, & l'esprit de Cowley. Enfin Charles II ruina son crédit & ses affaires, en voulant porter dans son gouvernement le génie & les maximes de celui de France. Voilà le germe qui produisit l'événement de 1688, consacré sous le nom de *révolution.* (D. J.)

RESTITUTION. (*Hist. mod.*) C'est ainsi qu'on nomme à Rome l'usage où est le pape, de donner le chapeau de cardinal à un des plus proches parens du pape qui lui avoit conféré à lui-même le cardinalat. (A. R.)

RETZ. (GONDY ou GONDI) *Hist. mod.*) La maison de Gondi, originaire de Florence, y brilloit dès les premiers temps de la république. On la croit descendue de la maison de Philippi, une des plus anciennes de la Toscane; un Braccius Philippi fut fait chevalier par Charlemagne, en 805.

Cette maison porte le nom de Gondi depuis le treizième siècle; elle a joué un grand rôle dans la fameuse querelle des Guelphes & des Gibelins; elle eut beaucoup d'alliances avec les maisons Salviati & Médicis. En conséquence de ces alliances, un cadet de la maison de Gondi, Antoine II, vint s'établir en France, où il acquit des terres du temps de Catherine de Médicis. Il fut maître-

d'hôtel du roi Henri II, & sa femme fut gouvernante des enfans de France.

1°. Cet Antoine de Gondi forma en France la branche des ducs de Retz-Gondi. Il eut un grand nombre d'enfans, dont deux principalement élevèrent assez haut en France la grandeur de leur maison.

2°. Le premier fut Albert de Gondi, duc de Retz, marquis de Belle-Isle, maréchal de France; il est décrié comme instigateur de la Saint-Barthélemi.

Nevers, Gondi, Tavanne, un poignard à la main,
Echauffoient les transports de leur zèle inhumain;
Et portant devant eux la liste de leurs crimes,
Les conduisoient au meurtre & marquoient les victimes.

Ce fut lui qui apprit à Charles IX à dissimuler, ce fut lui aussi qui lui apprit à jurer. On a cru que le projet de Catherine de Médicis, en consentant au massacre de la Saint-Barthélemi, avoit été différent de celui des Guises, & bien plus atroce; elle se proposoit moins, dit-on, de sacrifier un des partis à l'autre, que de les exterminer tous les deux, & même tous les trois: car les Montmorencis, catholiques, mais ennemis des Guises & amis de Coligny, leur cousin, formoient comme un troisième parti, qu'on appella depuis le parti des *Politiques.* Le plan de Catherine étoit que quand les Guises attaqueroient Coligny, les Montmorencis se joindroient à lui & se jetteroient sur les Guises; qu'alors lui sortant du Louvre avec ses gardes & les troupes rassemblées dans Paris, fondroit à la fois sur les Guises, sur Coligny, sur les Montmorencis, les extermineroit tous, & qu'alors la puissance royale n'ayant plus de contrepoids, Catherine, sous le nom d'un fils, régneroit despotiquement avec le maréchal de Retz-Gondi, seul confident de ce projet & plus capable de l'avoir conçu que de l'exécuter. L'entreprise manqua par deux causes: l'une, que les huguenots surpris se laissèrent égorger sans résistance comme des troupeaux; l'autre, que les Montmorencis restèrent tranquilles, & qu'on n'osa les attaquer, parce que le maréchal, leur frère aîné, eut la prudence de rester à Chantilly, & ne put jamais être déterminé à venir à la cour.

Voyez à l'article *Coligny* quelques particularités sur le maréchal de *Retz.* Brantôme est très-peu favorable à cet Italien. Il dit que le maréchal étoit petit-fils d'un meûnier des environs de Florence, & fils d'un homme qui avoit fait banqueroute à Lyon, & d'une mère encore plus coupable, *grande revenderesse de.....* dit Brantôme. La vérité est que, comme nous l'avons dit, son père avoit été maître-d'hôtel de Henri II; sa mère, gouvernante des enfans de France; son ayeul, un des premiers magistrats de Florence. Charles IX le fit seul premier gentilhomme de sa chambre & grand chambellan. Il repréperça la personne du connétable au sacre de Henri III qui le fit général des galères, chevalier de ses ordres, duc & pair, gouverneur de Provence, généralissime des armées. Tant de faveur n'étant pas soutenu d'un assez grand mérite, ne fit qu'exciter l'envie sans inspirer le respect. Le maréchal de *Retz* mourut le 22 avril 1602.

3°. Le frère du maréchal de *Retz* que nous avons annoncé, fut le cardinal de Gondi (Pierre) évêque de Paris, commandeur de l'ordre du saint Esprit à la première création, chancelier & premier aumônier de la reine Elizabeth d'Autriche, femme de Charles IX. Mort le 17 février 1616.

4°. L'évêché de Paris fut quelque temps comme héréditaire dans cette maison de Gondi. Le cardinal (. Pierre) dont nous venons de parler, s'en démit en faveur du cardinal de *Retz*, son neveu, (Henri) fils du maréchal de *Retz*. Ce cardinal fut mis en 1621 à la tête des affaires avec le comte de Schomberg. Il eut à se reprocher d'avoir conseillé à Louis XIII la guerre civile contre les huguenots; il l'y suivit, & mourut à sa suite à Beziers, le 3 août 1622.

5°. Il eut pour successeur dans le siège de Paris, Jean-François, son frère puîné, qui en fut le premier archevêque, Paris n'ayant été érigé en archevêché que le 20 octobre 1622.

6°. C'est celui-ci qui eut pour coadjuteur le célèbre cardinal de *Retz*, son neveu, (Jean-François-Paul de Gondi,) le grand rival du cardinal Mazarin, si connu par ses intrigues & par ses mémoires (voyez l'article JOLY). Cet homme singulier, dit M. de Voltaire, est le premier évêque en France qui ait fait une guerre civile sans avoir la religion pour prétexte. Il s'est peint lui-même dans ses mémoires, « écrits avec un air de grandeur, une impétuosité de génie, & une inégalité, qui font l'image de sa conduite. C'était » un homme qui, du sein de la débauche, & » languissant encore des suites qu'elle entraîne, » prêchoit le peuple & s'en faisoit idolâtrer. Il » respiroit la faction & les complots; il avoit été, » à l'âge de vingt-trois ans, l'ame d'une conspiration, contre l'avis de Richelieu : il fut l'auteur » des barricades : il précipita le parlement dans » les cabales, & le peuple dans les séditions. Ce » qui paroit surprenant, c'est que le parlement » entraîné par lui leva l'étendart contre la cour, » avant même d'être appuyé par aucun prince... » En lisant les lettres du cardinal Mazarin & les » mémoires du cardinal de *Retz*, on voit aisément » que *Retz* étoit le génie supérieur. Cependant » Mazarin fut tout-puissant, & *Retz* fut accablé. »

Le portrait de ce factieux cardinal, dans le président Hénault, est un de ceux qui ornent le plus son abrégé chronologique. « On a de la » peine, dit-il, à comprendre comment un homme » qui passa sa vie à cabaler, n'eut jamais de véritable » objet. Il aimoit l'intrigue pour intriguer; esprit

» hardi, délié, vaste, & un peu romanesque, » sachant tirer parti de l'autorité que son état lui » donnoit sur le peuple, & faisant servir la religion à sa politique, cherchant quelquefois à se » faire un mérite de ce qu'il ne devoit qu'au » hasard, & ajustant souvent après coup les moyens » aux événemens. Il fit la guerre au roi, mais » le personnage de rebelle étoit ce qui le flattoit » le plus dans sa rébellion; magnifique, bel esprit, » turbulent, ayant plus de saillies que de suite, » plus de chimères que de vûes; déplacé dans » une monarchie, & n'ayant pas ce qu'il falloit » pour être républicain, parce qu'il n'étoit ni » sujet fidèle ni bon citoyen; aussi vain, plus » hardi & moins honnête homme que Cicéron, » enfin plus d'esprit, moins grand & moins méchant que Catilina. Ses mémoires sont très-agréables à lire; mais conçoit-on qu'un homme ait » le courage, ou plutôt la folie de dire de lui-» même plus de mal que n'en eût pu dire son » plus grand ennemi ? »

(Oh oui, on le conçoit très-bien, & cette remarque du président Hénault m'a toujours paru assez frivole; il ne considère pas que l'impression qui résulte du mal que le cardinal dit de lui-même, lui est très-avantageuse; qu'il est peint comme un homme brillant & supérieur, & que beaucoup de gens aiment mieux l'admiration que l'estime.

Mais c'est la conduite que tint le cardinal après la mort de Mazarin, qui doit le faire à la fois aimer, estimer & admirer; il n'y a qu'un grand & noble caractère qui puisse se relever si noblement après tant & de telles erreurs; il a montré comment un grand homme sait réparer les plus grandes fautes.

» Ce qui est étonnant, dit à ce sujet le président Hénault, c'est que ce même homme, sur » la fin de sa vie, n'étoit plus rien de tout cela, » & qu'il devint doux, paisible, sans intrigue, » & l'amour de tous les honnêtes gens de son » temps; comme si toute son ambition d'autre-» fois n'avoit été qu'une débauche d'esprit, & » des tours de jeunesse dont on se corrige avec » l'âge; ce qui prouve bien qu'en effet il n'y » avoit en lui aucune passion réelle. Après avoir » vécu avec une magnificence extrême, & avoir » fait pour plus de quatre millions de dettes, » tout fut payé, soit de son vivant, soit après » sa mort. »

Il mourut à Paris dans l'hôtel de Lesdiguières, le 24 août 1679. Son corps fut porté à Saint-Denis, dont il a été le premier abbé. Il avoit écrit à dix-sept ans l'histoire de la conjuration du comte de Fiesque. Il fut auteur d'une multitude de brochures politiques ou séditieuses, pendant les troubles de la Fronde.

Les autres personnages dignes de remarque dans la maison de Gondi-*Retz*, sont :

7°. Charles de Gondi, marquis de Belle-Isle, fils du maréchal de *Retz*, né en 1569, nommé, en

Zzzz

1579, général des galères; il signala sa valeur dans les guerres civiles, où il embrassa tour-à-tour divers partis, au gré de ses intérêts; il fut tué en 1596, en voulant surprendre le Mont-Saint-Michel.

8°. Philippe-Emmanuel de Gondi, autre fils du maréchal de *Retz*, fut lieutenant-général des mers du Levant, & général des galères; il eut le cordon-bleu en 1619. En 1622 il seconda vaillamment le duc de Guise, dans la bataille navale, gagnée sur les Rochelois. Il finit par se retirer à l'Oratoire, il y prit les ordres; il mourut en 1662, le 29 juin, à 81 ans; il s'étoit marié, & avoit eu pour fils

9°. Pierre de Gondi, duc de *Retz*, pair de France, qui se trouva aussi à la bataille contre les Rochelois; dans l'expédition de l'île de Rhé il eut l'épaule cassée d'un coup de mousquet, & un cheval tué sous lui; il fut fait général des galères sur la démission de son père, & il se démit lui-même de cet emploi en faveur du marquis de Pontcourlai; il fut fait chevalier des ordres en 1661, & mourut le 29 avril 1676.

R E V

RÉVOLUTION. (*Hist. mod. d'Angl.*) Quoique la Grande-Bretagne ait éprouvé de tout temps beaucoup de *révolutions*, les Anglois ont particulièrement consacré ce nom à celle de 1688, où le prince d'Orange, Guillaume de Nassau, monta sur le trône à la place de son beau-père Jacques Stuard. La mauvaise administration du roi Jacques, dit milord Bolinbroke, fit paroître la *révolution* nécessaire, & la rendit praticable; mais cette mauvaise administration, aussi-bien que toute sa conduite précédente, provenoit de son attachement aveugle au pape & aux principes du despotisme, dont aucun avertissement n'avoit pu le ramener. Cet attachement tiroit son origine de l'exil de la famille royale; cet exil avoit son principe dans l'usurpation de Cromwel, & l'usurpation de Cromwel avoit été occasionnée par une rébellion précédente, commencée non sans fondement par rapport à la liberté, mais sans aucun prétexte valable par rapport à la religion. (*D. J.*)

R E U

REUCHLIN, (JEAN) *Hist. litt. mod.*) dit *Capnion*, nom qui en grec signifie *fumée*, comme *Reuch* le signifie en allemand, eut une grande contestation avec le juif renégat, Pfeffercorn, sur la question de savoir s'il falloit ou non brûler les livres des rabbins. *Reuchlin* étoit pour qu'on les épargnât, prétendant qu'à travers toutes les folies qu'ils contenoient, il y avoit par-ci par-là des choses utiles qu'on ne pouvoit trouver que là. Mais comme on aimoit à brûler alors, & qu'on croyoit s'en trouver bien, les théologiens de Co-

logne, qui venoient d'obtenir de l'empereur Maximilien un édit pour faire brûler tous les livres des juifs, proposèrent de brûler *Reuchlin* lui-même, quoique bon catholique; l'empereur ne crut pas cependant devoir aller jusques-là, & *Reuchlin* resta tranquillement, enseignant le grec & l'hébreu à Ingolstad, & soutenant la gloire de l'érudition en Allemagne; il avoit autrefois enseigné le grec à Orléans & à Poitiers. Il étoit né en 1455, au village de Pforzheim en Allemagne près de Spire; il mourut en 1522. On a de lui un grand nombre d'ouvrages, dont le plus célèbre est le traité *de arte cabalistica*, publié en 1517. On l'a cru l'auteur du recueil intitulé: *Litteræ obscurorum virorum*; mais il est attribué plus généralement à Ulric de Hutten. Mainas a écrit la vie de *Reuchlin*.

R E Y

REYNCE ou REINCE, (*Hist. mod.*) secrétaire d'ambassade du cardinal du Bellay à Rome. Il refusa cinq mille ducats que Charles-Quint lui fit offrir pour avoir connoissance de quelques articles secrets de l'instruction du cardinal; il ne fit que son devoir sans doute, mais il y a long-temps qu'il faut louer ceux qui le font, & qu'on ne dit plus:

> *Vitavi denique culpam,*
> *Non laudem merui.*

Charles-Quint faisoit bien l'éloge de cet homme, en se plaignant du tort qu'il lui avoit fait dans cette conjoncture. On a de Nicolas *Reince* une traduction italienne des mémoires de Philippe de Comines.

REYNEAU, (CHARLES) *Hist. litt. mod.*) de l'Oratoire & de l'académie des sciences. Sa vie, dit M. de Fontenelle, a « été la plus simple & la » plus uniforme qu'il soit possible; l'étude, la » prière, deux ouvrages de mathématiques en sont » tous les événemens ». Ces deux ouvrages de mathématiques, qu'on peut compter en effet pour deux événemens, sont 1°. *l'analyse démontrée*, qu'il publia en 1708, & qui eut dès-lors & qui continue d'avoir beaucoup de succès; 2°. *la science du calcul*, dont le premier volume in-4°. parut en 1714.

Le père *Reyneau* étoit né à Brissac, diocèse d'Angers, en 1656; son père, nommé comme lui Charles *Reyneau*, étoit chirurgien; le fils entra dans l'Oratoire à Paris, à l'âge de vingt ans; il professa la philosophie à Toulon, puis à Pézenas, en 1683, il fut envoyé professer les mathématiques à Angers, presque dans son pays; il entra en 1716 dans l'académie des sciences, en qualité d'associé libre. Il mourut le 24 février 1728. M. de Fontenelle l'accufe ou le loue d'avoir été beaucoup plus que modefte; il croyoit qu'on ne le fouffroit à l'Oratoire qu'en faveur d'un frère qu'il avoit dans la même congrégation, & qui s'y étoit acquitté avec fuccès de différens emplois. Il avoit peu de liaifons, il vivoit prefque feul ; mais il avoit deux amis, qui en valoient bien deux autres, c'étoient le père Malebranche, dont il adoptoit tous les principes, & le chancelier d'Agueffeau.

REYS, (ANTOINE DOS) *Hift. litt. mod.*) littérateur portugais, de la congrégation de l'Oratoire, comblé de titres & d'honneurs dans fa compagnie & dans fon pays, auteur de poéfies latines eftimées, & d'un recueil intitulé : *Corpus illuftrium poëtarum Lufitanorum qui latinè fcripferunt.* On a auffi de lui une vie de Ferdinand de Ménezes. *Reys*, né près de Santarén en 1690, mourut à Lisbonne en 1738.

R H A

RHADAMISTE, (*Hift. anc.*) fils de Pharafmane, roi d'Ibérie, fut comblé par la nature de tous les dons extérieurs & féduifans qui ont plus de force fur les efprits que les qualités du cœur. L'éducation ni l'âge ne purent jamais adoucir la férocité de fon caractère. Son ambition criminelle murmuroit de la trop longue vieilleffe de fon père qui le retenoit au pied d'un trône où il étoit impatient de monter, & où même il étoit appellé par les vœux fecrets de la nation. Pharafmane, qui n'ignoroit ni fes intrigues, ni les difpofitions du peuple, lui confeilla de s'emparer de l'Arménie dont il avoit chaffé les Parthes, pour placer fur le trône fon frère Mitridate. *Rhadamifte* fe retira en fugitif à la cour de fon oncle, fous prétexte d'être tombé dans la difgrace de fon père. Il en fut reçu avec autant d'affection que s'il eût été fon fils; il lui donna même fa fille en mariage. Ces témoignages de bonté donnèrent à *Rhadamifte* une confidération dont il fe fervit contre fon bienfaiteur. Les grands furent corrompus par fes largeffes; le peuple, féduit par fes graces extérieures, fouhaita de l'avoir pour maître. Dès qu'il eut préparé les moyens d'une révolution, fon père lui fournit une armée qui entra dans l'Arménie où elle ne trouva que des traîtres préparés à vendre leur roi, Mitridate, abandonné de fes fujets & foutenu de quelques Romains, fe retira dans une citadelle où il fut bientôt affiégé & contraint de fe rendre à la difcrétion du vainqueur qui le reçut avec les témoignages les plus affectueux, l'appellant fon père, & l'affurant qu'il n'avoit à craindre ni le fer, ni le poifon. Il le mena dans un bocage facré pour offrir un facrifice, & pour rendre les dieux garans de leurs premeffes réciproques. Ils fe touchèrent dans la main, felon l'ufage des barbares; ils lièrent leurs pouces enfemble & en tirèrent du fang qu'ils

fucèrent. Ces cérémonies furent à peine achevées, que celui qui préfidoit à cette folemnité renverfa par terre Mithridate. On le chargea de fers à la vue de fa femme qu'on traînoit fur un char après lui. *Rhadamifte*, parjure & dénaturé, ordonna de les étouffer dans des couvertures. Il choifit ce genre de fupplice, pour ne pas violer la foi du ferment qu'il avoit fait de ne jamais employer le fer & le poifon : leurs enfans furent égorgés, quelques jours après, pour les punir d'avoir pleuré leur mort. Il ne refta pas long-temps poffeffeur d'un empire ufurpé. Vologefes, roi des Parthes, profitant des troubles de l'Arménie, mit fon frère Tiridate fur un trône autrefois occupé par fes ancêtres. *Rhadamifte*, trop foible pour leur réfifter, fe réfugia dans l'Ibérie. La contagion le fervit mieux que fes armes. La pefte détruifit plus de la moitié de l'armée des Parthes, & ceux qui furvécurent à ce fléau, abandonnèrent l'Arménie où *Rhadamifte* ne rentra que pour exercer de nouvelles cruautés. Ces peuples, quoique familiarifés avec l'efclavage, fecouèrent le joug dont ils étoient accablés. Ils l'affiégèrent dans fon palais d'où il fe fauva avec fa femme Zénobie. Cette princeffe étant enceinte, ne put fupporter les fatigues de la route : alors, prévoyant qu'elle alloit fe voir abandonnée aux vengeances des barbares, elle pria fon mari de lui donner la mort. *Rhadamifte*, dont l'amour étoit une fureur, refufa, pendant quelque temps, de lui rendre ce fervice inhumain. Mais enfin, tranfporté de jaloufie, il craignit qu'un autre ne devînt poffeffeur de tant d'appas. Ce fut pour prévenir cet outrage qu'il la frappa de fon épée & la croyant morte, il traîna fon corps dans l'Araxe, d'où elle fut retirée par des bergers qui la rappellèrent à la vie. *Rhadamifte*, couvert d'un fang fi précieux, s'enfuit dans l'Ibérie où il paffa le refte d'une vie troublée par fes remords. Il vivoit fous les regnes de Claudius & de Néron. (*T. N.*)

RHASES (Voyez RASÈS.)

R H E

RHEMIENS, (*Hift. ancienne.*) *Rhemi*, peuples de la Gaule qui, du temps de Céfar, habitoient la partie de la Champagne où eft la ville de Rheims. (*A. R.*)

RHENANUS, (BEATUS) *Hift. litt. mod.*) favant allemand, ami d'Erafme, & correcteur de l'imprimerie de Froben à Basle, emploi qui annonçoit alors moins un ouvrier qu'un favant. Ses ouvrages les plus célèbres font fon hiftoire d'Allemagne, fous le titre de *Res germanicæ*, & fa defcription de l'Illyrie : *Illyrici provinciarum, utrique imperio cùm Romano, tùm Conftantinopolitano, fervientis defcriptio.* Ce fut Beatus *Rhenanus* qui publia le premier les deux livres de l'hiftoire de Velleius Paterculus.

On a de lui des notes favantes fur Pline le naturalifte, fur Tite-Live, fur Tacite, fur Tertullien; la préface qu'on lit à la tête des œuvres d'Erafme, eft encore de *Beatus Rhenanus*. Il étoit né à Schéleftat en 1485; il mourut à Strasbourg en 1547.

RHÉTIENS ou **RHŒTIENS**, f. m. pl. (*Hift. anc.*) ancien peuple de Germanie qui habitoit le pays qu'occupent aujourd'hui les Grifons. Il s'étendoit du temps des Romains, jufqu'à la Sonabe, la Bavière & l'Autriche, c'eft-à-dire, jufqu'au pays des Noriciens. (*A. R.*)

RHODIGINUS. (Ludovicus Cœlius) *Hift. litt. mod.*) Son nom de famille étoit Ricchieri; fon furnom de *Rhodiginus* lui venoit de ce qu'il étoit né à Rovigo dans l'état de Venife. C'étoit un favant littérateur, il eft principalement connu par fes *antiquæ Lectiones*. Né en 1450, mort à Padoue en 1525. Jules-Céfar Scaliger, fon difciple, l'a fort exalté.

R I A

RIADHIAT. f. m. (*Hift. mod. fuperftition.*) C'eft une pratique fuperftitieufe en ufage chez les Mahométans, & fur-tout chez ceux de l'Indoftan. Elle confifte à s'enfermer pendant quinze jours dans un lieu où il n'entre aucune lumière; durant ce temps, le dévot mufulman qui s'eft reclus, répète fans ceffe le mot *hou*, qui eft un des attributs de dieu; il ne prend d'autre nourriture que du pain & de l'eau après le coucher du foleil. Les cris redoublés de *hou*, les contorfions dont le pénitent les accompagne, le jeûne rigoureux qu'il obferve, ne tardent pas à le mettre dans un état violent; alors les Mahométans croyent que la force de leurs prières oblige le diable à leur révéler l'avenir, & ils s'imaginent avoir des vifions. (*A. R.*)

R I B

RIBADENEIRA, (Pierre) *Hift. mod.*) jéfuite de Tolède en Efpagne, un des premiers difciples de Saint-Ignace, admis dans la fociété en 1540, & qui a écrit la vie de ce faint & celles de plufieurs de fes premiers difciples, tels que Laïnès, Salmeron & faint François de Borgia. Ses *Fleurs des vies des faints* font fon ouvrage le plus célèbre & le plus ridicule. On a de lui encore un *traité du fchifme d'Angleterre*; un ouvrage intitulé : *le Prince*; un traité de la tribulation; une *bibliothèque des écrivains jéfuites*, où on trouve auffi une lifte des martyrs de la fociété, car elle en a beaucoup eu & beaucoup fait. *Ribadeneira* étoit d'une crédulité égale au moins à fa piété; M. Servien l'appelloit *Petrus de Badineria*; il avoit étudié à Paris, & enfeigné la réthorique à Palerme. Il mourut à Madrid en 1611, âgé de quatre-vingtquatre ans.

RIBAUDS, (roi des) *Hift. de France.*) emploi que nos auteurs Dutillet, Fauchet, Carondas, Pafquier & autres, ont expliqué fort diverfement; car les uns eftiment que c'étoit une charge honorable, & les autres, au contraire, une charge baffe & ignoble. Tout cela a pu être fuivant les temps; du moins le mot *ribaud* a été pris fucceffivement en bonne & en mauvaife part. Il a fignifié d'abord un brave, un homme fort & robufte; enfuite *ribauds* dans les auteurs de la baffe latinité, *ribaldi*, font des valets d'armée, *fervientes exercitûs qui publicâ linguâ dicuntur ribaldi*. Enfin, ce mot a fini par fignifier des *filoux*, des *coquins*, & fur-tout des *débauchés*. C'eft dans ce fens qu'il fe prend en anglois & en italien. Matthieu Paris appliquoit ce nom dès l'année 1251, à des hommes perdus & excommuniés. Mehun dans fon *Roman de la rofe*, dit que de fon temps on appelloit *ribauds* les crocheteurs; *ribaudies* eft pris dans le même ouvrage pour les chofes obfcènes :

> Après garde que tu ne dies
> Aucuns mots laids & ribaudies.

Pour ce qui regarde le *roi des ribauds*, Fauchet dit que c'étoit un officier qui avoit charge de mettre hors de la maifon du roi ceux qui n'y devoient ni manger ni coucher, & que, par cette raifon, il devoit faire fa vifite tous les foirs dans tous les recoins de l'hôtel. Carondas penfe auffi que c'étoit un fergent commis par le prévôt de l'hôtel pour les vifites des chofes qui regardoient fa jurifdiction, & lui en faire fon rapport.

Dutillet élève bien davantage le *roi des ribauds*; il prétend que c'étoit le grand-prévôt de l'hôtel du roi, qui jugeoit des crimes fe commettoient à la fuite de la cour, & particulièrement par les *ribauds* & *ribaudes*, c'eft-à-dire, les garçons débauchés & les filles abandonnées. L'épithète de *roi* lui étoit appliquée, comme fupérieur ou juge. Tout ainfi que le grand chambellan étoit nommé le *roi des merciers*; que la bazoche & les arbalétriers avoient leur roi; ledit *roi des ribauds*, continue Dutillet, avoit pour la force & exécution de fon office, varlets ou archers qui portoient verges, & étoient de la jurifdiction des maîtres des requêtes de l'hôtel; lefquels anciennement avoient leur fiège à la porte dudit hôtel pour ouïr les requêtes & plaintes de ceux de dehors. Enfin, il affiftoit à l'exécution des criminels, condamnés par le prévôt des maréchaux de France, fuivant le même Dutillet.

Le *roi des ribauds* eft nommé dans plufieurs arrêts *prévôt des ribauds*. Il eft dit dans de vieux titres qu'il avoit jurifdiction fur les jeux de dés, de brelands, & les bordeaux qui étoient en l'oft & chevauchée du roi, & il prétendoit qu'il lui étoit dû cinq fols de chaque femme débauchée.

Mais perfonne n'eft entré dans de plus grands détails que Pafquier fur le *roi des ribauds*. On

peut lire ce qu'il en dit dans ses *recherches*, *liv.*
VIII, chap. XLIV. Je n'en donnerai que le précis.
Selon lui, *ribaud* est un nom qui n'étoit point
odieux sous le regne de Philippe-Auguste, & ce
nom étoit baillé à des soldats d'élite auxquels ce
prince avoit grande créance en ses exploits militaires. Ces soldats avoient un chef ou capitaine
qu'on appelloit *roi des ribauds.* Guillaume le Breton, dans sa *Philippide*, dit que ce roi étant venu
pour donner confort & aide à la ville de Mantes,
que le roi Henri d'Angleterre tenoit assiégée,
soudain après son arrivée, le seigneur de Ber,
brave cavalier, avec ceux de sa banniere & les
ribauds, attaqua chaudement l'escarmouche, &
logea l'épouvante au camp des Anglois. Philippe-
Auguste, après avoir subjugué le Poitou, voulant
assiéger la ville de Tours, & trouvant la riviere
de Loire lui faire obstacle, il choisit le capitaine
ribaud pour le gayer. Or, tout ainsi que le hérault
qui étoit près du roi, fut appellé *roi d'armes*,
aussi fut le capitaine appellé *roi des ribauds.* Ainsi,
continue Pasquier, le recueillai du *roman de Rose*,
quand le dieu d'amour assemblant son ost pour
délivrer Belacceuil de la prison où il étoit détenu,
le dessus du chapitre porte :

Comment ! le dieu d'amour retient
Faus-semblant qui des siens devient,
Dont les gens sont joyeux & beaux,
Car il le fait *roi des ribauds.*

Et d'autant que cette compagnie étoit vouée à la
garde du corps du roi, il falloit que son capitaine
tînt pié-à-boule à la porte du château.
L'auteur des *Recherches* rapporte ensuite un extrait de la chambre des comptes, où l'on voit les
fonctions du *roi des ribauds*, & ses gages qui consistoient en six deniers, une provende, un valet
à gages, & soixante sols pour robe par an ; &
dans un autre endroit, Jean-Crasse Ire. *roi des ri-*
bauds, (qui tenoit ledit office en 1317) ne mangera point à cour ; mais il aura six deniers de
pain & deux quarts de vin, une piece de chair
& une poule, & une provende d'avoine, & treize
deniers de gages, & sera monté par l'écuyer.
Peu-à-peu, continue Pasquier, cette compagnie
de *ribauds* qui avoit tenu dedans la France lieu
de primauté entre les guerriers, s'abâtardit, tomba
en l'opprobre de tout le monde, & en je ne sais
quelle engeance de putassiers ; & c'est une chose
émerveillable, qu'avec le temps, l'état de ce *roi*
des ribauds alla tellement en ravai, que je le vois
avoir été pris pour exécuteur de la haute-justice.
On peut lire encore sur le *roi des ribauds* les
éclaircissemens donnés par M. Gouye de Longue-
mure à la suite de sa *dissertation* sur la chronologie
des rois Mérovingiens, imprimée en 1748.
(Voici ces éclaircissemens : ils ajoutent beaucoup aux notions données par M. le chevalier de
Jaucourt.)

IL est des points d'histoire & de critique,
dont l'objet est si peu intéressant, qu'il seroit
avantageux, autant pour le public que pour
les auteurs, de les laisser dans l'oubli auquel leur
néant semble les avoir condamnés. Telle seroit,
je l'avoue, la charge dont j'entreprends de renouveller la connoissance, si elle n'avoit pas un rapport essentiel avec une des plus grandes charges
de la maison de nos rois, à laquelle elle étoit
subordonnée, & avec laquelle l'opinion populaire,
adoptée par un auteur très-versé dans nos antiquités, a donné lieu de la confondre. Je ne crains
donc pas, en traitant de la charge d'un officier
aussi peu relevé que l'étoit le *roi des ribauds*,
qu'on me taxe de m'amuser à des recherches
inutiles, lorsqu'on appercevra que la lumiere que
je vais répandre sur cette matiere, jette un reflet
sur l'origine de la charge de prévôt de l'hôtel,
sur laquelle les savans ont été partagés jusqu'à
présent.
Du Tillet rapporte que le *roi des ribauds* exerçoit
autrefois la charge de grand-prévôt, & qu'il fut
intitulé prévôt de l'hôtel, sous le regne de
Charles VI ; plusieurs ont adopté son sentiment
sans en faire d'examen, ignorant apparemment
qu'il étoit contrebalancé par celui du président
Fauchet. Deux auteurs aussi respectables que ceux-
ci, se trouvant d'avis contradictoirement opposés, mériteroient qu'on fît usage de la critique la plus
exacte pour discerner lequel a rencontré juste. Cependant des écrivains postérieurs ne voulant pas
prendre la peine d'entrer dans une telle discussion,
ont adopté le sentiment du premier, sans donner
aucune raison qui les y ait pu déterminer.
L'opinion de du Tillet seroit bien recevable,
si elle étoit appuyée de quelqu'autorité ; mais cet
auteur, dont les recherches sont très-utiles aux
personnes curieuses de nos antiquités, a quelquefois erré comme plusieurs autres ; quoiqu'on fasse
beaucoup de cas de tous ses ouvrages en général, les savans distinguent cependant l'authenticité
des registres du parlement, qu'il cite de temps
en temps, d'avec l'opinion particuliere de l'auteur.
Le flambeau de la critique est toujours nécessaire,
lorsqu'on veut faire usage d'un passage d'auteur,
quelque distingué qu'il soit ; c'est sur ce fondement
que Miraumont a rejetté le sentiment du Tillet,
voyant d'ailleurs qu'il se trouvoit contredit par
celui de Fauchet, qui n'étoit pas moins versé
dans la connoissance de nos antiquités que le
greffier du parlement.
En effet, il est probable qu'un auteur aussi grave
que le président Fauchet, ne se seroit pas avisé
de contredire un écrivain aussi exact & aussi instruit que du Tillet, s'il n'avoit eu de bonnes
preuves de son côté. Il s'explique en termes trop
formels pour que je puisse me dispenser de rapporter ses paroles : « Celui, dit-il, qui s'appelloit
» *roi des ribauds*, ne faisoit pas l'état de prévôt
» de l'hôtel, comme aucuns ont cuidé : ains étoit

» celui qui avoit la charge de bouter hors de la
» maison du roi, ceux qui n'y doivent manger
» ou coucher. Il ajoute que c'est trop s'assurer
» de l'antiquité, que de dire que le *roi des ribauds*
» faisoit l'état de prévôt de l'hôtel ; car, poursuit-il,
» dès le temps même de Charlemagne, il y avoit
» un *comes palatii* qui jugeoit des différens des
» gens de la suite de la cour ».

Je ne pense pas qu'on doive s'imaginer que
Fauchet ait prétendu inférer de-là que le prévôt
de l'hôtel ait succédé aux comtes du palais dans
l'administration de la justice, ainsi que Miraumont
s'est efforcé de le prouver ; il se seroit à son tour
trop assuré de l'antiquité ; ce qu'on peut dire à
ce sujet de plus certain, c'est que l'autorité du
prévôt de l'hôtel dérive de celle du sénéchal qui
existoit en même temps que le comte du palais ;
que du sénéchal, elle a passé au bailli du palais,
de celui-ci au grand-maître, du grand-maître aux
maîtres d'hôtel, & de ceux-ci au prévôt de l'hôtel.
Du Tillet est encore relevé, quoiqu'indirectement,
par Fauchet & par le savant Jérôme Bignon, sur
ce qu'il avance que le grand-maître fut nommé
comte du palais, sous les deux premières races
de nos rois, & sénéchal au commencement de
la troisième ; je renvoie à leurs ouvrages ceux
qui sont curieux d'en voir le détail ; je me contenterai de remarquer la différence de la jurisdiction des comtes du palais d'avec celle des sénéchaux & du grand-maître ; celle-ci n'étoit qu'une
jurisdiction de discipline & de police sur les officiers
du roi, & sur les gens de la suite de la cour,
au lieu que celle des comtes du palais embrassoit
tous les sujets & le royaume entier. Les sénéchaux
& grands-maîtres ne jugeoient qu'en première
instance ; les comtes du palais au contraire ne
connoissoient, pour ainsi dire, que des causes d'appel ; les seules bornes que nous sachions avoir été
données à l'autorité de ces derniers, c'est qu'ils
ne pouvoient vaquer au jugement des causes concernant les grands du royaume, sans en avoir pris
auparavant l'ordre du prince ; à l'égard des autres
causes, ils les expédioient & les jugeoient quand
ils le trouvoient à propos. Tous les jugemens qu'ils
rendoient, soit à l'égard des uns, soit à l'égard
des autres, étoient souverains & sans appel. Enfin
les sénéchaux étoient astreints à suivre étroitement
les loix & capitulaires ; les comtes du palais au
contraire faisoient leur capital de la réformation
des loix lorsqu'ils y remarquoient quelques abus ;
ils en faisoient leur rapport aux rois, afin de les
leur faire interpréter, ou de leur en faire rendre
de nouvelles, plus conformes à la religion, aux
bonnes mœurs ou à la sûreté de l'état. Enfin, si
j'avois une comparaison à faire de la charge du
comte du palais avec quelques-unes de celles que
nous voyons à présent, je suivrois l'avis du docte
Spelmann, qui prétend que son pouvoir a passé
au chancelier ; on voit par-là que Miraumont voulant faire descendre le prévôt de l'hôtel des comtes

du palais, pêche par un principe tout opposé à
celui des auteurs qui le font succéder au *roi des
ribauds* ; ainsi l'attachement que les hommes ont
pour les corps & pour les sociétés dans lesquels
ils se trouvent engagés, ne fait pas moins commettre de bévues aux auteurs, que l'amour de
la patrie n'a fait faire de fautes aux plus grands
hommes.

Cet écrivain a fait des recherches assez abon-
dantes sur le *roi des ribauds*, dans son livre intitulé : *le prévôt de l'hôtel* ; son état l'engageoit plus
que tout autre à faire tous ses efforts pour effacer
la tache que du Tillet avoit imprimée sur l'o-
rigine de l'officier supérieur auquel il étoit subor-
donné ; son livre, quoique mal digéré & peu
exact en plusieurs endroits, renferme cependant
des extraits curieux qu'il a tirés de la chambre
des comptes & de la chambre aux deniers, mais
sans beaucoup de choix ; il remarque entr'autres
choses qu'on a vu successivement douze *rois des
ribauds* à la cour de nos rois, depuis 1271 jusqu'en 1422 ; peut-être que s'il eût poussé un peu
plus loin ses recherches, il en auroit trouvé quelques-uns de plus : il ne faut cependant pas s'en
rapporter tellement à lui que l'on croie qu'il n'y
ait pas eu de *roi de ribauds* avant l'an 1271, ni
depuis 1422. Duchesne nous a conservé un monument historique qui nous indique qu'il y en
avoit dès l'an 1214 ; c'est la liste des prisonniers
qui furent faits à la bataille de Bovines, dans
laquelle il est fait mention d'un *roi des ribauds*,
auquel on remit un de ces prisonniers ; d'ailleurs
Bouteillier qui florissoit en 1459, parle de cet
officier au temps présent, & comme si sa charge
existoit encore lorsqu'il écrivoit. J'aurai occasion
de rapporter ses paroles dans la suite.

Les personnes tant soit peu versées dans la
connoissance de nos antiquités, n'ont pas besoin
qu'on leur rappelle l'étymologie du mot *ribaud*.
Elles n'ignorent pas qu'il dérive de celui *baud*,
dont on se servoit pour dire un homme fort, &
qu'il s'est pris dans la suite en mauvaise part, à
cause des débauches auxquelles s'adonnoient ceux
qui le portoient. Les étymologistes, & même
Fauchet & Miraumont, en fournissent plus d'une
preuve. Ces *bauds* ou *ribauds*, car ces deux mots
ont été synonymes pendant fort long-temps,
étoient employés dans les ministères de force. On
leur a vu faire des actions de valeur ; & le passage de Rigord, cité par Miraumont, fait voir
que du temps de Philippe Auguste, ils servoient
à la guerre dans les actions les plus périlleuses,
de même que font à présent les dragons & les
grenadiers.

Nos rois & les princes souverains, tels que les
ducs de Bourgogne & de Normandie, & peut-
être d'autres, avoient de ces sortes de gens attachés à leur suite, qui sembloient avoir été tirés
de ces compagnies de *ribauds*. Ils étoient employés
à veiller à ce que personne n'entrât dans le logis
da

du roi, & faifoient en dehors les mêmes fonctions que pourroient faire à proprement parler, des huifliers. Roder autour du logis du roi, pour en écarter les fainéans, vagabonds, & tous ceux qui n'avoient aucun droit d'y entrer, garder l'extérieur des portes, mettre hors de la maifon du roi, ainfi que Fauchet le rapporte, ceux qui ne devoient pas manger ou coucher, & regarder fi quelques étrangers ne s'y étoient point cachés, ou n'y auroient point emmené de filles de mauvaife vie; aller, pour cet effet, une torche en main, par tous les coins & lieux fecrets de l'hôtel chercher ces étrangers, larrons, & autres gens de la qualité fufdite; c'étoit à quoi fe réduifoient les fonctions de ces *ribauds* ou *bauds* & de leur roi ou chef.

Dans l'origine, ce chef n'avoit à fa fuite qu'un valet pour l'aider, cela fe prouve par une ordonnance du roi & de la reine, de janvier 1285. On y voit ces mots. *Item*. Le *roi des ribauds* a fix deniers de gaiges & une provende & un varlet à gaiges, & foixante fols pour robbe par an. Mais dans la fuite, la maifon de nos rois s'étant confidérablement accrue, on lui affocia plufieurs autres *bauds* ou *ribauds*, dont il fut le chef, & qui portoient le nom de *fergens* ou *varlets* du roi des ribauds, & non celui d'*archers*, comme le rapporte du Tillet. La preuve en réfulte d'un compte de l'hôtel du roi de l'an 1380, où l'on met en dépenfe quatre livres de cire pour l'obfèque de Coquelet, feigneur du *roi des ribauds*, qui étoit mort au voyage du facre du roi Charles V, & d'un autre compte d'Hemon Raguier des années 1410 & 1411, où l'on trouve ces mots : Jean Yvernage, *roi des ribauds* de l'hôtel du roi, notre fire, pour lui & fes compagnons, fergens de l'hôtel dudit feigneur, foixante fols tournois, à lui quatre fols par jour de gaiges. Les fergens de l'hôtel du roi étoient, fuivant ce compte, compagnons du *roi des ribauds*, c'eft-à-dire, d'autres *bauds* ou *ribauds* comme lui, de forte qu'il étoit, à proprement parler, le premier entre fes égaux, comme l'on pourroit dire le premier huiffier dans une jurifdiction. Car ces fergens exploitèrent dans la fuite pour la jurifdiction des maîtres d'hôtel du roi, qui dans fon origine étoit la jurifdiction du bailli du palais, & qui après avoir paffé du grand maître aux maîtres d'hôtel, fut transmife au prévôt de l'hôtel; c'eft ce qui a induit en erreur le docte Guillaume Marcel, fi verfé dans nos antiquités. Il a prétendu que la jurifdiction du fénéchal, dont la charge répondoit à celle du grand-maître de France, fut fupprimée fous la troifième race, & changée premièrement en celle de bailli du palais, en quoi il a rencontré fort jufte; mais il s'eft trompé, en difant que depuis, l'office de bailli du palais fut changé en celui de grand prévôt de l'hôtel ou grand prévôt de France, premier juge de ceux qui font fuivant la cour; car depuis l'an 1302, auquel Philippe-le-Bel rendit le par-

Hiftoire, Tome IV.

lement de Paris fédentaire, & lui donna fon palais pour y rendre la juftice; le bailli du palais y refta fixe, ainfi que le parlement, & les maîtres d'hôtel exercèrent à la fuite du roi la même jurifdiction qu'avoit eue le bailli du palais, jufqu'à ce que les rois euffent transmis le droit de rendre la juftice aux prévôts de leur hôtel, ce qui n'arriva pas plutôt que fous le regne de Charles VII.

On voit, en effet, la jurifdiction des maîtres-d'hôtel fleurir dès l'an 1317. L'ordonnance de Philippe-le-Long, du 17 novembre de la même année, leur attribue le droit de punir & défigne les fonctions que le *roi des ribauds* faifoit fous leurs ordres. En voici le texte. *Item*, à favoir eft « que » les huifliers de falle, auffi-tôt qu'on aura crié » au queux, feront vuider la falle de toutes gens, » fors ceux qui doivent manger, & les doivent » livrer à l'huis de la falle, aux varlets de porte » & les varlets de porte aux portiers, & les por- » tiers doivent tenir la cour nette, c'eft-à-dire, » que les portiers ne doivent permettre qu'aucun » foit & demeure en la cour de l'hôtel du roi » pendant le dîner & fouper & que l'on eft à » table, & les livrer au *roi des ribauds*, & fi le » *roi des ribauds* doit garder qu'il n'entre plus » à la porte ».

La jurifdiction des maîtres-d'hôtel & les fonctions qu'y faifoient le *roi des ribauds* & fes fergens, font encore mieux expofées dans un compte de l'hôtel du roi de 1396, au chapitre des exploits & amendes de cette jurifdiction. « Pour faire exé- » cuter Jean Boulart (eft-il dit dans ce compte) » qui pourfuivoit la cour à Compiegne, & avoit » emblé plufieurs plats & vaiffelle d'argent de » l'hôtel du roi, & baillé par le commandement » de mefdits les maîtres-d'hôtel, à maître Jean » Yvernage, *roi des ribauds*, pour payer le bour- » reau & les aller querir de Compiegne à Noyon » par deux fois & faire venir à deux intervalles, » ce qu'il eft convenu faire pour un appel que » ledit Boulart interjetta, dont il fut deftitué, » 66 fols parifis.

» *Item*, pour fouir toute vive, (Quelle horreur!) » Pernelle-la-Bomette, pourfuivante la cour, qui fut » prinfe à Compiegne, le roi étant illec, pour vaiffelle » de cour emblée par elle, payé au bourreau par » la main du *roi des ribauds*, 68 fols parifis ».

Ceci n'étant rapporté que pour faire voir quelles étoient les fonctions du *roi des ribauds* dans la jurifdiction des maîtres-d'hôtel, on en peut inférer avec beaucoup de vraifemblance, que cette charge de cour fut inftituée dans la maifon de nos rois long-temps avant cette jurifdiction, c'eft-à-dire, dès le temps du bailli du palais. En effet, cet officier étoit auffi néceffaire pour lors que les huiffiers le font à préfent dans tous les fieges, & cette dernière efpèce d'officiers portoit alors, dans une grande partie des tribunaux, cette dénomination. Enfin, l'on peut dire que le *roi des ribauds* de l'hôtel du roi, celui de l'hôtel du duc de Bourgogne, & celui de l'hôtel du duc de Normandie, n'étoient autre chose que le premier des huissiers de la jurisdiction de l'hôtel de ces princes, de même que le *roi des ribauds* de la ville de Bordeaux étoit le premier des huissiers de la jurisdiction de cette ville; car on voit dans un ancien livre de la maison-de-ville de Bordeaux, qu'il y avoit autrefois un *roi des ribauds*, dont les fonctions paroissoient avoir été les mêmes que celles que faisoit cet officier dans la jurisdiction des maîtres-d'hôtel du roi. Il est dit dans ce livre : « Que le moindre ne doit être condamné à mort, » mais livré au *roi des ribauds*, pour le faire courir » par la ville avec bonnes verges & bonnes glebes, » depuis la porte Médoque jusqu'à la porte Saint-» Julien, sinon que ledit coupable se trouvast » été mis auparavant en prison ou avoir eu l'o-» reille coupée ».

Pour les dépens de lui & des trois autres, en allant de Corbeil à Sédane, mener Guillet, na-guères *roi des ribauds*, & le Picardian, son pré-vôt, pour faire mettre iceux au pilori.

On trouve aussi que le duc de Bourgogne donna au *roi des ribauds* de son hôtel, deux cents francs, le premier décembre 1393. Enfin, dans le compte de Jean Traignot, receveur-général des finances de Bourgogne en 1423, on remarque un Colin Bonle, *roi des ribauds* de l'hôtel de ce duc.

Miraumont rapporte de plus un article de compte de Raguier de l'an 1409, dans lequel « il fait » recette de 60 sols parisis, qu'il avoit reçus de » Loyz Oger, sergent du *roi des ribauds*, qui les » avoit reçus de Laurent Jonen, pour un défaut » en quoi il avoit été condamné en la jurisdic-» tion des maîtres-d'hôtel ».

Cet auteur & Ducange après lui, font aussi mention d'un jugement des maîtres des requêtes de l'hôtel du 2 juillet 1336, confirmatif de l'arrêt de la chambre des comptes, rendu au mois de décembre de 1335, par lequel il avoit été dit que Jean Convers, Béatrix sa femme & leurs enfans, n'avoient aucun droit sur douze deniers parisis qu'ils prétendoient sur la recette de Poissi; ce jugement impose silence perpétuel à Jean, Béatrix & leurs enfans, aux peines de l'arrêt, & à peine d'être livrés au *roi des ribauds*, pour les punir comme infames. Cela prouve que la jurisdiction de l'hôtel-de-ville de Bordeaux, ne fut pas la seule dans laquelle il y eut un *roi des ribauds*, & qu'il y en eut non seu-lement dans les parlemens, mais encore, selon toute apparence, dans chaque jurisdiction de ce royaume.

Après tant d'autorité, doit-on s'en rapporter au témoignage de quelques auteurs qui se sont copiés les uns les autres, & qui ont prétendu que le *roi des ribauds* avoit une jurisdiction; il est vrai qu'il étoit chef & le premier de ses camarades, que dans la suite même on lui donna un lieutenant, qui porta le nom de prévôt, ainsi qu'on le voit dans l'arrêt du parlement de l'an 1270, rapporté par Miraumont d'après du Tillet, & dans le testament de Charles-le-Bel, de l'an 1324, qui con-

tient un legs de vingt sols en faveur du *roi des ribauds*, & un de dix sols en faveur de son prévôt; mais ses fonctions se bornoient à présider à l'exé-cution des jugemens, à y donner main-forte, & à payer l'exécuteur; il a pu arriver qu'il ait quel-quefois passé les bornes de son pouvoir, ainsi que cela n'arrive que trop souvent à toutes sortes d'offi-ciers, soit par la négligence de ses supérieurs, les maîtres-d'hôtel, soit qu'ils s'en soient rapportés à lui sur la punition de certaines fautes légères, commises par des gens sans aveu, ce qui aura pu faire croire dès ces temps-là qu'il avoit quel-qu'autorité par lui-même.

Miraumont n'a pas bien pris non plus le sens des paroles de Bouteiller, dont il a fait usage; il est vrai que cet auteur dit que les hardes du malfaiteur, mis à exécution criminelle, par juge-ment du prévôt des maréchaux, sont au *roi des ribauds* qui en fait l'exécution : il ajoute de plus, « que le *roi des ribauds*, si se faict, toutefois si » le roi va en ost, appeller l'exécuteur des sen-» tences & commandemens des maréchaux & de » leur prévôt, a de son droit à cause de son office » connoissance sur tous jeux de dés, de ber ans » & d'autres qui se font en l'ost & chevauchée du » roi; item, sur tous les logis de bordeaux & de » femmes bordelières, doit avoir deux sols la » sepmaine; item, à l'exécution des crimes de » son droit les vestemens des exécutez par justice » criminellement ».

Si Miraumont avoit vu les deux articles du compte de 1396, qui ont été déjà cités, il auroit remarqué que Jean Yvernage avoit payé le bour-reau de ses deniers; & parconséquent, il n'auroit pas pris à la lettre les paroles de Bouteiller, qui conférées avec les termes de ces deux articles de compte, nous font voir seulement que le *roi des ribauds* présidoit à l'exécution des jugemens cri-minels, & qu'il y prêtoit main-forte avec ses sergens.

A l'égard de ce que Bouteiller dit de la jurisdiction qu'il avoit sur les bordeaux & femmes bor-delières, on doit aussi entendre que sa fonction se réduisoit à des visites dans ces endroits-là, pour y faire observer une certaine police; que lorsqu'il remarquoit des contraventions, il étoit obligé d'en rendre compte aux maréchaux ou à leur prévôt qui lui donnoient les ordres convenables pour punir les coupables; que ces maisons de débauche & les personnes qui les habitoient, lui devoient payer une rétribution de deux sols par semaine; enfin que les filles de joie étoient même obligées de faire sa chambre pendant tout le mois de mai, ce qui, je pense, n'a été dit du prévôt de l'hôtel que par une suite de l'erreur où l'on est tombé en le faisant descendre du *roi des ribauds*.

S'il en faut croire le docte Ducange, ce *roi des ribauds* avoit un droit beaucoup plus étendu que ceux-là, mais qui devoit occasionner bien souvent du scandale, s'il le percevoit à la rigueur, quel-quefois même des calomnies & des vexations, il consistoit en cinq sols exigibles de chaque femme adultère; cependant je ne puis me persuader que les lettres de rémission, dont ce savant antiquaire nous a laissé un extrait, parlent d'un droit réel plutôt que de ces droits imaginaires, tels que ceux que quelques soldats ou d'autres gens de cette espèce semblent s'arroger dans les lieux de débauche qui sont à la suite des armées ou dans leurs quartiers; en effet, celui qui avoit exigé ce droit, le prétendoit autant en qualité de *ribaud*, que comme baladin & bouffon.

Ces dernières réflexions semblent annoncer que la débauche étoit alors permise à la suite de nos rois; il est cependant à remarquer qu'elle n'étoit que tolérée, de même que l'étoient à Paris les mauvais lieux & les berlans du Heuleu, du champ d'Albia & du champ Gaillard; il paroit même que cette tolérance n'avoit pour but que d'éviter de plus grands désordres, mais elle ne garantissoit pas du scandale. Miraumont rapporte à ce sujet les termes d'une ordonnance du 13 juillet 1558, qui font voir combien ce dérèglement étoit policé: il y est « très-expressément enjoint & commandé » à toutes filles de joie & autres, non estans sur » le roolle de la dame desdites filles, vuider la » cour incontinent après la publication de cette » ordonnance, avec défenses à celles estans sur » le roolle de ladite dame d'aller par les villages, », & aux chartiers, mulriers & autres, les mener, » retirer, ni loger; jurer & blasphêmer le nom » de dieu, sur peine du fouet & de la marque, » & injonction par même moyen auxdites de joye » d'obéir & suivre ladite dame, ainsi qu'il est » accoustumé, avec défenses de ne l'injurier, sur » peine du fouet ».

Il faut, ainsi que je l'ai déjà remarqué, néces-sairement conclure des paroles de Bouteiller que j'ai citées, qu'il y avoit encore un *roi des ribauds* en 1459, & que par conséquent, le prévôt de l'hôtel ne lui a point succédé en 1422; d'ailleurs les historiens nous apprennent que le prévôt de l'hôtel assista en 1458 au jugement du procès du duc d'Alençon; ainsi cet officier & le *roi des ribauds*, existant en même temps en 1459, l'un ne peut avoir succédé à l'autre; par conséquent tout le système injurieux de du Tillet & des auteurs qui l'ont copié, sur l'origine de la charge de prévôt de l'hôtel, tombe de lui-même.

Le *roi des ribauds* n'étoit donc autre chose dans son origine, que le premier des sergens de la jurisdiction des maîtres-d'hôtel du roi, qui fut établi après que le parlement & le bailli du palais eurent été fixés à Paris; & ce nom de *roi* se donnoit indis-tinctement à ceux qui étoient les plus versés dans leur art, ou qui avoient le plus d'autorité parmi ceux de leur profession; ainsi l'on voit dans un compte des obsèques du roi Charles VI, qui mourut en 1422, rendu par Regnault Doriac, un Facien l'aîné, nommé *roi des menestrels*; ainsi l'on a vu dans le palais un roi de la bazoche, aujourd'hui nommé *chancelier de la bazoche*, qui étoit le plus habile parmi les clercs du palais, & qui tenoit le siége de leur jurisdiction; ainsi, disoit-on, le roi d'armes, le roi des arquebusiers, le roi des mer-ciers, &c. Ce *roi des ribauds* fit les mêmes fonc-tions sous les maréchaux & sous leur prévôt à la suite du roi, jusqu'au temps auquel il se trouva un prévôt de l'hôtel en titre; alors cet officier & ses valets ou sergens restèrent encore quelque temps sous sa charge, c'est-à-dire, jusqu'à ce que le roi Louis XI créa des gardes sous la charge de prévôt de son hôtel; il me semble plus facile de le prouver en peu de mots. Ce que je vais dire à ce sujet éclaircira de plus en plus l'origine de la charge de prévôt de l'hôtel, & démontrera qu'elle ne dérive point de la charge de prévôt des maréchaux, ainsi que l'a voulu ridiculement démontrer certain envieux, dont l'argument est si peu suivi & si futile, qu'il suffit pour le renverser d'en faire appercevoir le but, sans entrer dans le détail ennuyeux qu'il renferme.

Il est certain qu'il n'y avoit autrefois que deux maréchaux de France, suivant ordinairement la cour, & toujours assistés de leur prévôt, qui faisoit toutes exécutions à la cour & suite, & le plus souvent par ordonnance & commandement du roi. Il est aussi vrai que Tristan l'hermite, auteur de Mathieu, auteur d'une *Histoire de Louis XI*, cité par Miraumont, nommé grand prévôt du roi Louis, a exercé sous ce prince l'office de prévôt des ma-réchaux; mais aussi l'on ne pourra disconvenir que ce Tristan l'hermite n'ait été le dernier qui l'ait exercé à la cour de nos rois; on ne peut pas dire non plus que le prévôt de l'hôtel ait succédé, puisque dans le temps même que Tristan exerçoit son office, il y avoit un prévôt de l'hôtel. Que sait-on même s'il n'y en avoit pas eu avant que Tristan fût pourvu de la charge de prévôt des maréchaux? Au reste, pour prouver que le prévôt de l'hôtel n'a point tiré son origine de celui des maréchaux, mais qu'il a tout au plus été créé à son instar, il suffit de remarquer que Tristan l'her-mite vivoit encore en 1472, qu'alors il fit fonc-tion de prévôt des maréchaux, en arrêtant le duc d'Alençon & le conduisant prisonnier vers le roi, & que Jean de la Gardette, chevalier, sieur de Fontenelle, exerçoit la charge de prévôt de l'hôtel dès l'an 1455, & peut-être bien auparavant. Les grandes chroniques de l'abbaye de S. Denis rapportent qu'en cette même année, ce Jean de la Gardette, auquel elles donnent le titre de pré-vôt de l'hôtel, arrêta sur le pont de Lyon, le roi y étant, Otho Castellan Florentin, argentier de sa majesté.

Voici donc le prévôt de l'hôtel établi dans le temps qu'il y avoit encore un prévôt des maré-chaux. Ces deux charges étoient donc distinctes l'une de l'autre dans ce temps-là, & puisque l'his-toire ne fait dans la suite aucune mention nom-mément d'autre prévôt des maréchaux qui ait fait des exécutions à la suite du roi, il est plus que vraisemblable que Tristan l'hermite étant mort, le *roi des ribauds* qui jusqu'alors avoit, selon Bouteiller, exercé son office sous celui de prévôt des maréchaux, passa sous le prévôt de l'hôtel avec ses sergens. C'est de-là que Carondas rapporte avoir vu parmi les livres & papiers de son père, qui avoit été pendant plus de quarante ans hérault d'armes au titre de Champagne, un petit manuscrit qui traitoit des officiers de la maison du roi, dans lequel il avoit lu que le *roi des ribauds* « étoit » sous la charge du prévôt de l'hôtel & ordinai- » rement l'un de ses archers ; qu'il avoit charge » de chasser les mauvais garçons de la cour ; d'em- » pêcher les noises & querelles pour les filles de » joie, & d'en faire un registre pour en rendre » compte à son prévôt ». Le *roi des ribauds*, sui- » vant ce manuscrit, « se trouva par la suite con- » fondu parmi les archers du prévôt de l'hôtel ». De-là vint l'extinction de son nom, & en même temps de sa charge.

Il n'en fut pas de même de ses sergens, ils subsistoient encore sous la charge de prévôt de l'hôtel en 1494 ; car il est parlé d'eux dans les provisions que Charles VIII accorda, le 14 décembre de la même année, à Antoine de la Tour, dit Turquet, chevalier, sieur de Clervaux. On y voit trente livres assignées par mois au prévôt de l'hôtel pour ses lieutenans, sergens & frais de justice. Il est aussi parlé d'eux dans les lettres-patentes du 25 avril 1497, portant suppression de douze hommes d'armes qui avoient été créés, avec vingt-quatre archers au prévôt de l'hôtel Turquet, trois ans auparavant, par ses provisions pour l'accompagner dans les monts. Ces lettres-patentes réduisent à trente archers les douze hommes d'armes & les trente archers, & pour indemniser le prévôt de l'hôtel de la suppression des hommes d'armes, parmi lesquels il prenoit une partie pour suppléer à une partie des dépenses qu'il lui convenoit de faire, le roi lui assigna 700 livres tournois par an pour les frais de justice, c'est-à-dire, aux termes de ces lettres dont Miraumont n'a donné qu'un extrait, & qui sont copiées dans un vieux registre manuscrit, mais informe, qui fait partie des titres de la charge de prévôt de l'hôtel, pour l'entretenement des douze sergens, de l'exécuteur de justice & autres frais qu'il lui convenoit faire à cause de sa charge. Quoi qu'il en soit de ceux-ci, l'on voit par la commission donnée par le roi le 5 février 1475, à Pierre Symart, pour faire le paiement des trente archers que sa majesté venoit de retenir & de mettre sous la charge du prévôt de l'hôtel, on voit, dis-je, que ces archers ne leur ont pas succédé, puisqu'ils furent créés dès le temps de Guyot de Louzières, qui est le second prévôt de l'hôtel que nous connoissons ; que lors de cette création, le *roi des ribauds*, & par conséquent ses sergens, avoient été jusqu'alors sous la charge du prévôt de l'hôtel depuis la mort de Tristan l'hermite ;

enfin qu'il y resta encore quelque temps jusqu'à ce que le commandement de ces sergens ayant été donné à l'un des archers, le nom de *roi des ribauds* se trouva éteint & oublié. D'ailleurs la différence considérable qu'il y avoit des gaiges d'un archer à ceux du *roi des ribauds*, fait voir que ceux-ci étoient regardés bien au-dessus de ces sergens & de leur chef.

S'il étoit convenable de faire une comparaison d'un officier aussi vil que l'étoit ce *roi des ribauds*, avec un officier aussi distingué que le prévôt de l'hôtel, on reconnoîtroit encore plus facilement l'illusion de ceux qui font succéder ces charges l'une à l'autre ; en effet, outre la disproportion des gages dans le temps que la jurisdiction des maîtres d'hôtel (1) étoit en vogue, le *roi des ribauds* faisoit presque toutes ses fonctions au dehors de la maison du roi, & ses plus grandes prérogatives ne s'étendoient qu'au dehors, au lieu que les maîtres d'hôtel auxquels le prévôt de l'hôtel a succédé, avoient toute jurisdiction dans l'intérieur. Le *roi des ribauds* ne pouvoit porter verges, ni faire aucun acte de justice dans le logis du roi, sans permission du grand-maître ou des maîtres d'hôtel, au lieu que le prévôt de l'hôtel a de tout temps eu le droit de porter le bâton de commandement jusque dans la chambre du roi. Enfin le *roi des ribauds*, ainsi que Miraumont l'a remarqué, est dénommé le dernier dans les comptes de la dépense de la maison du roi, & s'y trouve employé dans le chapitre des gens du commun (2), au lieu que le prévôt de l'hôtel a toujours eu son rang parmi les premiers & les grands officiers de la maison de nos rois.

Il est facile de conclure de tout ce qui vient d'être rapporté, que le roi Louis XI, après la mort de Tristan l'hermite, qui arriva vraisemblablement vers l'an 1475, puisque depuis ce temps-là il n'est plus fait mention de lui dans l'histoire, voyant de quelle utilité il étoit pour son service, que le prévôt de l'hôtel eût une force convenable en main, se détermina à faire la création de trente archers, dont je viens de parler. Long-temps auparavant, le prévôt de l'hôtel avoit réuni en sa personne un pouvoir égal à celui du prévôt des

---

(1) Par les provisions de Guillaume Gua, que Miraumont a insérées dans son *Traité du prévôt de l'hôtel*, pag. 118 & seq. on voit que les prévôts de l'hôtel avoient 1200 livres de gages. La date de ces provisions est du 11 novembre 1481.

(2) Le procureur de l'hôtel, foing & avene pour un cheval, & pour toutes choses 3 sols par jour ; le *roi des ribauds* 4 sols parisis par jour, quand il sera à la cour, pour toutes choses.

Item, il plaît au roi que sa dépense soit payée premièrement & avant les gaiges des maîtres des requêtes, que l'aumône, les dixmes & les gaiges & hostellages des physicien, chirurgien, du tailleur, de merlin le barbier, du tapissier, du maréchal, du cordonnier, du *roi des ribauds* & des autres. (Denis Godefroy, *loc. citat. pag.* 715.)

maréchaux; fa majefté lui avoit donné dès fon origine la jurifdiction qui avoit été jufqu'alors exercée par les maîtres d'hôtel. On ne peut donc le regarder comme prévôt fubfidiaire, puifque, dès fon origine, fon office exiftoit indépendamment de celui du prévôt des maréchaux, & que d'ailleurs, au lieu de prêter le ferment devant les maréchaux, comme cela auroit dû fe pratiquer, s'il leur eût été fubordonné, il le prêtoit au contraire ès mains du chancelier de France, ainfi que le fit, fous Louis XI, Guillaume Gua, cinquième prévôt de l'hôtel, en celles de Pierre Doriolle, chancelier de ce roi. Miraumont en rapporte l'acte tout au long, daté de Chimay, du 25 novembre 1481. Guillaume de Bullion & fes autres fuccefleurs, jufqu'au fieur de Richelieu, en uferent de même. Celui-ci fut le premier qui prêta ferment entre les mains du roi, prérogative qui a jufqu'à préfent été confervée à tous fes fuccefleurs.

Ce feroit ici le lieu de fatisfaire à la curiofité de ceux qui defireroient de connoître la charge de grand-prévôt de France, qui eft jointe depuis fi long-temps à celle de prévôt de l'hôtel, qu'elle en eft devenue, pour ainfi dire, inféparable. Mais l'origine de l'une n'eft pas moins incertaine que celle de l'autre; les provifions de meffire François Dupleffis, feigneur de Richelieu, vingt-unième prévôt de l'hôtel, nous apprennent que la charge de grand-prévôt fut poffédée avant lui par le fieur de Chandiou, qui peut-être fut le premier des grands-prévôts, à moins que Louis XI n'eût créé cette charge pour Triftan & pour Monterud.

Ce qui prouve que cette charge n'eft pas un vain titre d'honneur, mais que les droits en font auffi réels que ceux de la charge de prévôt de l'hôtel, c'eft que ce Chandiou, premier titulaire que nous connoiffions, n'étoit plus prévôt de l'hôtel. Il eft même à croire que Monterud pofféda la charge de grand-prévôt, depuis qu'il fe fut démis de celle de prévôt de l'hôtel, jufqu'à fa mort, puifque le baron de Beaufremont qui lui fuccéda dans celle-ci, ne fut jamais pourvu de la première, ainfi que l'atteftent les provifions du fieur de Richelieu. Chandiou exerçoit la charge de grand-prévôt dès 1524; il y a même apparence qu'il la pofféda pendant que Guido de Gueffrey, Marc le Groing, Etienne des Ruaulx, Claude Genton des Broffes, François Patault de la Voulte, & Nicolas Hardi, fieur de la Trouffe, furent pourvus de celle de prévôt de l'hôtel. Il eft même vraifemblable qu'il en étoit revêtu dans les premières années du fieur de Monterud; car Miraumont nous apprend que le fieur de la Trouffe fe démit en fa faveur de celle de prévôt de l'hôtel, ne pouvant plus l'exercer à caufe de fon âge. Cet auteur qui avoit fans doute vu les provifions de ce prévôt de l'hôtel, n'auroit pas manqué de nous marquer qu'il étoit grand-prévôt de France en décembre 1570, date de ces provifions, fi cette qualité y avoit été énoncée, de même que celles

de chevalier de l'ordre, & de confeiller au confeil privé, qu'il poffédoit auparavant. Si l'office de grand-prévôt lui avoit été donné avec celui de prévôt de l'hôtel, comme il le fut depuis au fieur de Richelieu, il en auroit auffi fait mention.

Comme la charge de grand-prévôt paroiffoit éteinte à caufe qu'il n'y avoit pas été pourvu depuis la mort de Monterud, & qu'aux termes des provifions du fieur de Richelieu, elle auroit pu être cenfée fupprimée en vertu de quelques édits, ordonnances, ou déclarations dont il ne nous eft refté aucune notice, le roi, par ces mêmes lettres de provifion, la rétablit en faveur du fieur de Richelieu, pour la tenir conjointement avec celle de prévôt de l'hôtel. Ce fut en fa confidération qu'elle fut attribuée fpécialement au prévôt de l'hôtel, de manière que par la fuite les deux charges ont paru n'en faire qu'une feule. Une entreprife que Rapin, prévôt de la connétablie, fit fur les prérogatives & l'autorité de cette charge, donna lieu à l'arrêt du confeil d'état du 3 juin 1589, par lequel, entr'autres chofes, fa majefté déclara n'avoir jamais entendu, & qu'elle n'entendoit pas qu'à l'avenir la qualité de grand-prévôt fût attribuée à d'autre qu'au prévôt de fon hôtel & grand-prévôt de France. Il fut auffi rendu un pareil arrêt le 7 mars 1609, contre Morel, fuccefleur de Rapin, & dans la fuite un troifième contre le prévôt de la maréchauffée de Bretagne. Ces deux premiers arrêts joints aux provifions du fieur de Richelieu, fuffifent pour donner une jufte idée des droits attachés à cette charge, dont depuis long-temps les prévôts de l'hôtel femblent négliger de faire ufage. (A. R.)

RIBEIRO, (JEAN-PINTO) (Hift. litt. mod.) Jurifconfulte Portugais, mort en 1694; grand défenfeur de la fameufe révolution de 1640, en faveur de la maifon de Bragance. Ses œuvres ont été recueillies, in-folio, à Lisbonne en 1729.

RIBERA, (ANASTASE-PANTALEON DE) (Hift. litt. mod.) poëte Efpagnol du dix-feptième fiècle. On l'a comparé à notre Scarron; il travailloit comme lui dans le genre burlefque, genre qui doit peu réuffir en Efpagne. Ribera étoit cependant goûté à la cour de Philippe IV.

RIC

RICARD, (JEAN-MARIE) (Hift. litt. mod.) jurifconfulte François, connu & cité. On a de lui un traité des donations fort eftimé, un traité des fubftitutions, un commentaire fur la coutume de Senlis. Il étoit né à Beauvais en 1622; mort en 1678.

RICAUT (PAUL) (Hift. litt. mod.) Le chevalier Ricaut, Anglois, employé long-temps fous les rois Charles II, Jacques II, & Guillaume III, comme secrétaire, comme conful, comme réfident, foit dans le Levant, foit en Allemagne, s'eft beaucoup inftruit pendant fon féjour dans le Levant, de ce qui concerne l'empire Turc & la Grèce; il a très-bien écrit fur ce fujet. On a de lui une *hiftoire de l'état préfent de l'empire Ottoman*, traduite en françois par Briot, puis par Befpier; une *hiftoire des Turcs, dans le dix-feptième fiècle*, traduite auffi par Briot; *l'état préfent des églifes de la Grèce & de l'Arménie*, traduit par Rozamond.

RICCATI, (VINCENT) (*Hift. litt. mod.*) Jéfuite, profeffeur de mathématiques à Bologne, travailla long-temps fur le cours des fleuves; il eft auteur d'un *traité du calcul intégral*, fort eftimé. La république de Venife fit frapper en fon honneur une médaille d'or, en 1774. Son ordre avoit été fupprimé en 1773. Il mourut en 1775.

RICCI. C'eft le nom de divers perfonnages, dont il faut dire ici quelque chofe.

1°. Matthieu *Ricci*, jéfuite Italien, miffionnaire à la Chine, mathématicien habile, théologien plein de dextérité, obtint de l'empereur de la Chine la permiffion de faire bâtir à Pékin une églife chrétienne; fes ennemis difent qu'il employa pour établir le chriftianifme à la Chine, une indulgence & des complaifances que le chriftianifme ne peut permettre. Il fit pour les Chinois un petit catéchifme, où felon le père d'Orléans, qui a écrit la vie du père *Ricci*, il ne mit prefque que les points de la morale & de la religion les plus conformes à la religion chrétienne; c'eft-à-dire, en bon français, qu'il n'y mit de religion chrétienne que ce qu'il ne put pas honnêtement fe difpenfer d'y en mettre. Il porta cet excès de complaifance jufques dans les fciences exactes; l'empereur de la Chine lui ayant demandé une carte géographique, le père *Ricci* difpofa les chofes de manière que la Chine fe trouvoit placée au centre du monde. Car comment la Chine n'auroit-elle pas été le premier empire du monde, & comment la géographie auroit-elle pu s'égarer au point de ne pas placer le premier empire du monde au milieu du monde? Le père *Ricci*, né en 1552 à Macerata, ville d'Italie, dans la marche d'Ancone, mourut à Pékin en 1610; laiffant des mémoires fur la Chine, dont le père Trigault s'eft fervi pour écrire l'hiftoire de cet empire.

2°. Laurent-Marie *Ricci*, jéfuite italien, général des jéfuites. Ce fut fous fon généralat qu'arriva le plus grand évènement concernant les jéfuites, je veux dire la diffolution de cette fociété qui, par la foibleffe de tant de princes, avoit ufurpé tant de puiffance. Ces mêmes princes étoient les premiers enfuite à regarder & à re-

préfenter cette fociété comme dangereufe, fans confidérer qu'elle ne pouvoit l'être que par leur foibleffe, & que c'étoit à eux à l'empêcher de l'être. Pour rendre les jéfuites utiles, difoit le cardinal de Fleury, il faut les empêcher de fe rendre néceffaires. Mais l'heure de ces malheureux étoit venue; ils avoient fait trop de mal, quand ils avoient pû en faire, ils avoient trop montré en détruifant Port-Royal, combien il eft aifé de détruire; les pierres de Port-Royal retombèrent fur eux & les écrasèrent. Leur fuppreffion fut un évènement confidérable dans les quatre parties du monde. Leur inftitution avoit à peine été une nouvelle pour Montmartre, dans l'églife duquel elle s'étoit formée. Cette fociété eut les commencemens & les accroiffemens que Rome avoit eus autrefois : *quo neque ab exordio ullum feré minus, neque incrementis totu orbe terrarum amplius humana poteft memoria recordari*. On dit que la mal-adreffe & l'inflexibilité de Laurent-Marie *Ricci*, contribuèrent à la deftruction de cet ordre, ou du moins l'accélérèrent. Louis XV voyant le foulèvement des tribunaux de fon royaume contre les jéfuites qu'il aimoit & qu'il eftimoit par une fuite de fon éducation, voulut, en les confervant, corriger ce que leur inftitut pouvoit avoir de contraire aux maximes de fon royaume. Il en fit écrire à *Ricci*. Celui-ci qui avoit déjà eu l'imprudence d'indifpofer contre lui & contre fon ordre, un ambaffadeur françois devenu dans la fuite un puiffant miniftre, eut, dit-on, l'imprudence beaucoup plus forte de faire cette sèche & monofyllabique réponfe : *fint ut funt, aut non fint; qu'ils foient tels qu'ils font; ou qu'ils ne foient point*. Ils ne furent plus. On auroit pû fans-doute leur épargner des traitemens cruels & injuftes, tant en France que dans d'autres pays; on enferma *Ricci* & fes affiftans, & les principaux de l'ordre, au château faint-Ange; pourquoi les enfermer? Ils avoient fait enfermer autrefois leurs ennemis, ils avoient eu grand tort; pourquoi les imiter? Laurent-Marie *Ricci* mourut dans fa prifon en 1775, laiffant une proteftation ou efpèce de teftament qui fut rendu public, où prenant Dieu à témoin de fon innocence & de celle de fa fociété, il pardonnoit à fes perfécuteurs & à fes calomniateurs; ces proteftations de pardonner font la meilleure preuve qu'on ne pardonne point, & qu'on fe vengeroit fi l'occafion pouvoit en revenir. Mais remarquons que tout le monde fe plaint de la perfécution jufqu'aux perfécuteurs, quand ils en font devenus l'objet.

3°. Jofeph, *Ricci* Breffan, clerc régulier de Somafque, eft auteur d'une hiftoire de la guerre d'Allemagne, dite la guerre de trente ans, & d'une hiftoire des guerres d'Italie, depuis 1613, jufqu'en 1653.

4°. Michel-Ange *Ricci*, cardinal, né à Rome

en 1619, mathématicien habile, auteur d'un traité *de maximis & minimis*. Innocent XI lui donna le chapeau en 1681. Il mourut le 21 mai 1682.

RICCIO (DAVID) *Hiſt. d'Ecoſſe*) L'aimable & infortunée Marie Stuart avoit de la foibleſſe dans le caractère, elle ne choiſiſſoit pas toujours avec aſſez de diſcernement ceux qu'elle honoroit de ſa confiance ; un avanturier Piémontois s'en empara, c'étoit David *Riccio* ou *Rizzio*, fils d'un muſicien, muſicien lui-même, venu en Ecoſſe à la ſuite du comte de Moretie, ambaſſadeur du duc de Savoye. *Riccio* amuſa d'abord Marie par ſon talent qu'elle aimoit, mais plus peut-être encore par ſon accent étranger, par ſa prononciation vicieuſe, par la ſingularité de ſes manières, par ſa difformité même qui avoit quelque choſe de piquant. D'ailleurs, les circonſtances expliquent & juſtifient cette confiance que Marie Stuart avoit en *Riccio* ; il étoit le confident de l'inclination que Marie avoit conçue pour Stuart Darnley ſon couſin, & depuis ſon époux, inclination qui dura long-temps après le mariage, & qui ne fut détruite que par les mauvais procédés de Darnley ; de-là, ces aſſiduités qui, chez ce peuple ſauvage, paſſèrent aiſément pour des familiarités indiſcrettes ; ces aſſiduités s'expliquent encore par deux autres circonſtances : l'une, qu'un Italien, un catholique qui avoit, dit-on, des relations particulières avec le pape, devoit être néceſſaire à une reine catholique, qui ſe trouvoit preſque ſeule de ſa religion au milieu d'un peuple proteſtant, & qui conſervoit dans ſon cœur le deſir de rétablir en Ecoſſe la foi de ſes pères ; l'autre, que *Riccio* étoit le ſecrétaire de Marie pour les affaires de France, circonſtance qui tient à la précédente & qui la fortifie. On ſent d'ailleurs combien ces deux mêmes circonſtances qui juſtifient Marie, la rendoient coupable au contraire aux yeux des Ecoſſois proteſtans, & diſpoſoient ceux-ci à la calomnier ; mais les auteurs les plus ſenſés, parmi ceux mêmes qui ſont les plus prévenus contre Marie Stuart, ne croient point que la confiance qu'elle avoit en *Riccio* cachât rien de criminel ou de ſuſpect ; mais il paroît que cet homme avoit dans l'eſprit l'inſinuation qui ſéduit, & le deſpotiſme qui ſubjugue ; il étoit avec adreſſe bas & inſolent ; tour-à-tour il ſe rendit néceſſaire à Marie, qui le conſultoit ſur toutes choſes, & ne pouvoit plus ſe paſſer de lui. Le lord Darnley lui-même, pour obtenir la main de Marie, avoit eu beſoin de ſe rendre *Riccio* favorable. Il s'en ſouvenoit, & ce n'étoit pas avec reconnoiſſance : *Riccio* n'avoit pour lui que la reine ; les proteſtans le haïſſoient comme un eſpion du pape ; les catholiques le mépriſoient comme un homme qui aviliſſoit leur parti ; les courtiſans étoient jaloux de ſa faveur ; les grands déteſtoient ſon inſolence, & le peuple ſon avidité.

Le roi Henri Darnley, (car la reine lui avoit donné ce titre de roi), vouloit envahir l'autorité, la reine vouloit la conſerver & réduire Darnley au rang de ſon premier ſujet. Darnley attribuoit avec raiſon cette diſpoſition de la reine aux conſeils de *Riccio*, qui avoit intérêt qu'elle gardât l'adminiſtration, puiſqu'elle la lui confioit.

Quand les ſeigneurs proteſtans, dont *Riccio* avoit principalement abbatu le crédit, virent le roi mécontent, ils ne ceſſèrent de l'irriter contre *Riccio*, & parvinrent à le rendre jaloux en mari, auſſi bien qu'en roi ; ils promirent à Darnley de lui aſſurer l'autorité, de lui faire même déférer la couronne par le parlement, ſi Marie venoit à mourir ſans enfans ; ils lui demandèrent ſeulement d'avouer le meurtre de *Riccio* quand il ſeroit commis ; il promit tout, & la mort de *Riccio* fut réſolue.

La manière dont ce complot s'exécuta, marquoit un deſſein formel de braver & d'outrager Marie. Elle étoit groſſe, & dans ſon ſeptième mois ; cette circonſtance qui demandoit tant de ménagement, ne détermina pas même à lui épargner ce ſpectacle d'horreur & d'effroi. La reine étant à ſouper avec quatre ou cinq perſonnes, du nombre deſquelles étoit David *Riccio*, le roi entre dans la ſalle par une porte de derrière, accompagné du lord Ruthven & de quelques autres conjurés. Ruthven, homme naturellement difforme, à qui la pâleur de la colère & de la maladie donnoit un air encore plus affreux, & qui, ſe traînant à peine ſoutenu par deux hommes, avoit voulu commettre cet aſſaſſinat aux yeux de ſa ſouveraine, Ruthven lance un regard foudroyant ſur *Riccio*, & lui ordonne au nom du roi de le ſuivre ; la reine demande ſi le roi a donné cet ordre ; le roi, déjà déconcerté par cette queſtion, répond : *vous voyez que je ne dis rien*. La reine ordonne à Ruthven de ſortir ; Ruthven, au lieu d'obéir, s'avance pour ſaiſir *Riccio* ; celui-ci court tout effrayé ſe cacher derrière la reine, qu'il tient étroitement embraſſée. George Douglas, oncle du roi, entre dans le même temps avec la foule des conjurés, & ſaiſiſſant l'épée du roi, en perce la victime au haſard de tuer la reine elle-même. Le malheureux *Riccio* luttant contre la mort & pouſſant des cris lamentables, s'attachoit toujours au fauteuil de la reine comme à ſon ſeul aſyle ; on l'en arrache, Marie veut ſe lever pour le défendre, le roi la retient, & la reine n'a plus de reſſource que ſes larmes ; mille cris confus de rage & de terreur rempliſſent la ſalle & redoublent l'horreur de cette ſcène ; *Riccio* entraîné dans une chambre voiſine, eſt percé de cinquante-ſix coups. On vient annoncer ſa mort à la reine ; alors elle eſſuie ſes larmes ; *je ne pleurerai plus*, dit-elle, *je ne ſongerai qu'à la vengeance* ; c'étoit la première fois que ce mot étoit dans ſa bouche, & ce ſentiment dans ſon cœur. L'inſolent Ruthven rentre dans la ſalle, il reproche à la reine toute ſa conduite, ſa foibleſſe pour *Riccio*, ſon zèle pour la religion catholique, ſes liaiſons avec les partiſans déclarés du catholiciſme, ſes rigueurs envers les proteſtans rebelles qu'elle avoit chaſſés du royaume, & qui revinrent tous ce jour-même pour la braver ouvertement; il joignit, dit on, à tant d'outrages la menace de la tuer elle-même; Marie reſta priſonnière.

Elle recouvra promptement ſa liberté, elle regagna aiſément ſon mari, qui déſavoua tout avec ſa foibleſſe ordinaire, & qui n'ayant ſu s'attacher ni à ſa femme ni à la nation, fut accablé du mépris de l'une & de l'autre.

Marie fit punir quelques-uns des aſſaſſins de *Riccio*, qui tombèrent entre ſes mains, fit grace à un bien plus grand nombre encore, car elle ne ſavoit ni haïr ni ſe venger. Pluſieurs des plus coupables ſe ſauvèrent en Angleterre ſous la protection d'Eliſabeth. L'aſſaſſinat de *Riccio* eſt du 9 mars 1566.

Le 19 juin ſuivant, Marie accoucha d'un fils; ce fils fut Jacques VI, en Ecoſſe, & Jacques I en Angleterre. On dit qu'il frémiſſoit à la vue d'une épée nue, & que c'étoit l'effet de l'impreſſion terrible que ſa mère étant groſſe de lui, avoit éprouvée à l'arrivée imprévue des aſſaſſins de *Riccio*.

RICCIOLI, (JEAN-BAPTISTE) *Hiſt. litt. mod.*) Jéſuite, né à Ferrare, en 1598, a beaucoup écrit ſur la géographie, l'hydrographie, l'aſtronomie, la chronologie, & a réformé beaucoup d'erreurs ſur toutes ces ſciences; il a fait auſſi avec le père Grimaldi, ſon confrère, des expériences curieuſes ſur la chûte des corps. Mort en 1671.

RICCOBONI, (ou RICOBONI) c'eſt le nom 1°. d'un ſavant du ſeizième ſiècle, (*Antonius Ricobonus*) né à Rovigo en 1541, diſciple de Paul Manuce, de Sigonius & de Muret, mort en 1599. Il a beaucoup écrit ſur la rhétorique & ſur la poëtique; il a commenté pluſieurs ouvrages d'Ariſtote & de Cicéron; il a écrit l'hiſtoire de l'univerſité de Padoue.

2°. D'un acteur célèbre, & en Italie & en France, & qui a beaucoup écrit ſur ſon art. On a de lui des comédies compoſées pour le théâtre Italien, mais il eſt plus connu par ſes penſées ſur la déclamation, par ſon diſcours ſur la réformation du théâtre, ſes obſervations ſur la comédie & ſur le génie de Molière, ſes réflexions hiſtoriques & critiques ſur les théâtres de l'Europe, ſon hiſtoire du théâtre Italien. Il étoit de ſon temps le meilleur acteur de la comédie Italienne, il y étoit connu ſous le nom de *Lélio*.

Le nom de *Riccoboni* eſt devenu encore plus célèbre depuis par les ouvrages d'une femme, que l'hiſtoire littéraire diſtinguera parmi les auteurs de ſon ſexe, mais qui (en 1787) n'appartient point encore à l'hiſtoire.

RICHARD, (DE CORNOUAILLES) *Hiſt. d'Allemagne*) fils du roi d'Angleterre (Jean ſans Terre) & d'Iſabelle d'Angoulême, fut appellé au trône d'Allemagne pendant les troubles qui ſuivirent la mort de Frédéric II, & fut couronné en 1257, dans un fauxbourg de Francfort, par les archevêques de Mayence & de Cologne, & par le comte Palatin du Rhin & le duc de Bavière. Les hiſtoriens d'Allemagne prétendent qu'il ne parut point dans l'empire après ſon ſacre, dont les cérémonies furent répétées à Aix-la-Chapelle. Mais ils ſont réfutés par la chronique d'Angleterre de Thomas Wik. Suivant cette chronique, *Richard* fit trois voyages en Allemagne, pendant leſquels il y exerça tous les droits de ſouveraineté: il donna à Oton, roi de Bohême, l'inveſtiture de l'Autriche & de la Stirie, & ſe maria, en 1269, à la fille d'un baron, nommée *Falkemorit*, qu'il amena à Londres. Les années de ſon regne qui n'étoit, à proprement parler, qu'une anarchie, ſont compriſes dans l'interregne qui ſuivit la mort de Frédéric II. *Richard* mourut en 1271, dans ſon château de Merkſtat, oublié des Allemands qui ne l'avoient appellé que pour le dépouiller. Il étoit dans la ſoixante-deuxième année de ſon âge & la quatorzième de ſon règne, ſi cependant on peut appeller règne l'anarchie la plus tumultueuſe. (M—Y.)

RICHARD eſt auſſi le nom de trois ducs de Normandie, & de trois rois d'Angleterre, dont le premier fut auſſi duc de Normandie.

DUCS DE NORMANDIE.

1°. *Richard-ſans-peur*, fils de Guillaume *la longue épée*, & petit fils de Rollon. Il n'avoit que dix ans, lorſque Louis d'Outremer, roi de France, fomenta contre lui la révolte des Normands idolâtres, qui vouloient contraindre leur jeune duc de renoncer au chriſtianiſme. Hugues le grand ſecourut *Richard*, & calma ces troubles. Louis, moitié ſéduction, moitié violence, s'empare de la perſonne de *Richard* pour s'emparer de ſes états; les Normands, après quelque réſiſtance, laiſſent enlever leur duc; Louis parvient à leur perſuader que cet enfant ſera mieux élevé dans une cour ennemie qu'au milieu de ſes ſujets, & il le mene à Laon. Bientôt le deſſein eſt pris de ſe défaire du jeune prince & de ſe reſſaiſir de la Normandie. Au moment de l'exécution, Aſmond, gouverneur de *Richard*, l'arrache à cette cour meurtrière, en l'enveloppant dans un paquet d'herbes & le faiſant porter ainſi juſqu'à Senlis, où il le met ſous la garde du comte Bernard, oncle maternel de l'enfant. Cependant Louis d'Outremer offre à Hugues le grand de partager la Normandie, & Hugues abandonne *Richard*. Louis fond ſans obſtacle ſur cette province ſans chef; le comte Bernard la délivra par une conduite également habile

habile & hardie ; il ofa tromper le trompeur, en l'engageant à tromper encore ; il confeilla aux Normands de fe rendre au roi pour éviter la guerre ; il confeilla au roi de garder la Normandie entière, puifqu'elle s'étoit rendue à lui feul, & de fruftrer Hugues de la part qui lui avoit été promife. Hugues fut mécontent : Bernard alors confeille à Hugues de fe venger en prenant la protection de *Richard*. Bernard fe fervit de plus pour fon deffein, d'un chef de nouvelles bandes Normandes, nommé Aigrold, qui fe déclara hautement le défenfeur de *Richard* & fomma Louis d'Outremer de mettre ce prince en liberté ; Bernard s'emporte contre cette infolence, affure le roi que toute la Normandie lui eft dévouée, & que s'il paroît en perfonne dans cette province, Aigrold lui fera livré pour recevoir le châtiment de fa folie ; Louis, auffi crédule que fourbe, s'engage parmi fes ennemis ; Aigrold feint d'avoir peur & demande une conférence ; elle fe tient au village de Crefcenville fur le chemin de Lizieux à Caen ; Aigrold s'y trouve le plus fort, taille en pièces l'efcorte du roi, & l'envoie lui-même prifonnier à Rouen ; il n'en fortit qu'à la faveur d'un traité par lequel il céda, comme Charles le fimple, fon père, toute la Normandie, à la charge de l'hommage ; & ce nouveau traité fut encore conclu à Saint-Clair fur Epte (en 945.) *Richard* s'affermit fur fon trône, & fut plus puiffant que fon père & que fon aïeul. Hugues le grand, qui, fans fceptre, avoit régné plus de trente ans, fils, neveu, gendre, père, oncle de rois, beau-frère de trois rois, lui recommanda en mourant fes enfans & fes vaffaux. Hugues le grand avoit été le protecteur de *Richard* ; *Richard* le fut de Hugues Capet & de fes frères.

La conduite du roi Lothaire à l'égard de *Richard* fut la même que celle de Louis d'Outremer fon père. Il s'unit, pour le perdre, avec tous les feigneurs que le voifinage rendoit ennemis de *Richard*. Pour le furprendre, il feint de le confulter ; il vouloit, difoit il, fe gouverner par les avis de celui à qui Hugues le grand avoit confié fes plus chers intérêts, il le prie de fe trouver à un parlement qui devoit fe tenir à Amiens. *Richard* fe met en marche. Dans le chemin, deux inconnus viennent à fa rencontre, & l'avertiffent qu'il eft perdu, s'il entre fur les terres de France. *Richard* s'arrête & retourne fur fes pas. Lothaire voyant ce piège manqué, fe hâte d'en tendre un autre : il perfuade à *Richard* qu'il veut partir. Thibaud, comte de Chartres, voifin & ennemi de *Richard*. « J'ai befoin pour cela de votre fecours, dit-il à *Richard* ; mais il nous faut un prétexte pour » nous voir & pour traiter enfemble. Publiez que » j'exige l'hommage pour la Normandie, & que » vous venez me le rendre. » Il lui indique un jour & un lieu pour l'entrevue fur les bords de la rivière d'Epte, limite des deux états ; *Richard* inftruit par le paffé, prend les précautions qu'exige

la prudence ; ayant déjà traverfé l'Epte, il envoie des efpions examiner ce qui fe paffe, il apprend que le comte Thibaud & tous fes autres ennemis font auprès du roi qui fe difpofe à l'attaquer dès qu'il paroîtra ; en conféquence, *Richard* repaffe l'Epte & fe retranche fur l'autre bord : il eft attaqué en effet, & fe défend avec tant de vigueur, qu'il force le roi & le comte de Chartres à la retraite. La guerre fe prolonge d'un côté, Thibaud brûle tout jufqu'à Rouen ; de l'autre, des Danois envoyés au fecours de *Richard* par le roi de Danemarck fon parent, fe répandent jufqu'aux portes de Paris.

Hugues Capet monte fur le trône, les François & les Normands font amis, *Richard* fe rend médiateur entre Hugues Capet & fes vaffaux. Le petit-fils de l'affaffin de Guillaume, duc de Normandie, père de *Richard*, le comte de Flandre chaffé de fes états par Hugues Capet, cherche un afyle, où ? en Normandie. Ce duc *Richard* jugeant qu'il feroit dangereux d'accoutumer le nouveau roi, fon pupille, à dépouiller ainfi les grands vaffaux, oblige Hugues Capet de faire grace au comte de Flandre, & de lui rendre ces places. *Richard* fans-peur mourut à Fécamp, en 996. Il régnoit depuis l'an 942.

2°. *Richard le bon*, fon fils, commença pourtant par opprimer fes peuples ; les ducs de Normandie, grands princes d'ailleurs, avoient pouffé jufqu'à un excès infupportable la tyrannie de la chaffe & de la pêche ; ils s'étoient emparés de tous les bois, de toutes les eaux, de tous les pâturages ; les payfans dépouillés de leurs ufages, privés de toute reffource, foit pour leur chauffage, foit pour la nourriture de leurs beftiaux, voyant d'ailleurs leurs campagnes prefqu'autant dévaftées par les bêtes fauves que par les comtes de Chartres & de Flandre, s'étoient attroupés & révoltés. *Richard* courut à ces malheureux, prit quelques-uns de leurs chefs, & leur fit couper les pieds & les mains ; il eût mieux fait de détruire le gibier & de procurer à fes fujets la facilité de cultiver & de fubfifter. Guillaume, comte de Gifors, fon frère bâtard, fe révolta contre lui : il fut pris & enfermé cinq ans au château de Rouen ; il fe fauva de fa prifon, & fe cacha dans les bois ; il apparut un jour mourant de faim & de douleur, à fon frère qui chaffoit dans ces mêmes bois, & qui touché d'un tel fpectacle, lui pardonna. Depuis ce moment il n'y eut plus de révolte.

Richard II, & le roi de France Robert, après quelques démêlés, vécurent dans une intimité, rare entre les princes. Robert appelloit *Richard* fon cher coufin & fon bien bon ami, titres qui n'étoient pas encore devenus d'étiquette ; on les voit fe fournir l'un à l'autre des fecours contre tous leurs ennemis ; ce fut principalement par les armes de *Richard* que Robert foumit le duché de Bourgogne, à la mort de Henri fon oncle.

Le duc de Normandie étoit fans cesse harcelé par tous ses voisins, fur-tout par les comtes de Chartres; ceux-ci lui suscitérent tant d'ennemis, que *Richard* II crut devoir appeller à son secours les rois de Suède & de Norvège. La France en frémit, elle craignit de voir renaître les incendies & les ravages dont les pirates Normands l'avoient affligée pendant tout le neuvième siécle. Le roi Robert employa sa médiation auprès du duc de Normandie; on désarma ces ennemis, & il renvoya ces étrangers, qui cependant laissèrent de funestes traces de leur passage; mais Olaüs, roi de Norvège, reçut le baptême à Rouen. *Richard le Bon* mourut en 1027.

3°. A *Richard le Bon*, succéda *Richard* III, son fils aîné, qui fut, dit-on, empoisonné l'année suivante par Robert, son frère, surnommé *le Diable*, père de Guillaume *le Bâtard* ou *le conquérant*.

ROIS D'ANGLETERRE.

Nos fables populaires sur *Richard sans-peur* & sur Robert *le Diable*, sont des monumens encore existans de la terreur que ces braves ducs de Normandie inspiroient à leurs voisins.

Les rois d'Angleterre du nom de *Richard*, & dont nous allons parler, descendoient des *Richard*, ducs de Normandie, par Guillaume le conquérant, trisaïeul de *Richard*, dit *cœur de Lion*, roi d'Angleterre.

1°. Henri II, ce grand roi, avoit beaucoup aimé Eléonore d'Aquitaine, sa femme, & tous les fils qu'il avoit eus d'elle, il les eut tous pour ennemis, ils lui firent la guerre, & il mourut en les maudissant. Son corps fut exposé à découvert dans l'église de Fontevrault. *Richard*, l'aîné des fils qui lui restoient & son plus cruel ennemi, se rendit à cette abbaye, soit pour braver son père mort, soit pour lui rendre les apparences d'un dernier hommage. Il fut saisi d'effroi, & tous les assistans furent frappés d'horreur, en voyant le sang, suite de l'apopléxie qui avoit terminé les jours du roi, sortir de la bouche & du nez du cadavre, comme s'il fût élancé d'indignation à l'aspect du parricide. *Richard* ne put retenir ce cri du remords: ah! c'est moi qui ai tué mon père. Il embrassa ce cadavre, il fondit en larmes pendant toute la cérémonie de l'enterrement, & ces larmes lui concilièrent les esprits de la multitude.

Il donna une grande leçon aux traîtres, en chassant avec mépris tous ceux qui l'avoient servi contre son père, & en s'attachant tous ceux qui étoient restés fidèles au roi; il reçut publiquement l'absolution des archevêques de Cantorbéri & de Rouen, non pas précisément pour avoir porté les armes contre son père; ce crime cédoit, dans l'esprit du temps, au crime d'avoir combattu contre un croisé; & Henri II avoit pris la croix.

Il n'eut rien de plus pressé que de la prendre lui-même. Il partit dès le commencement de son règne, pour la terre sainte avec Philippe Auguste, son rival d'intérêt, d'ambition & de gloire, dont la valeur très-brillante étoit encore effacée par la valeur impétueuse de *Richard*. Leurs caractères ne purent s'accorder; en se voyant de plus près ils se haïrent davantage; une violente maladie qu'eut Philippe Auguste, peut-être un secret dépit de se voir un peu éclipsé par *Richard*, peut-être aussi le desir de s'inquiéter sur ses possessions françoises, hâtèrent le retour de Philippe en France. *Richard* resta dans la terre sainte où il se couvrit de gloire par ses exploits, & s'attira une foule d'ennemis par des actes de hauteur & de violence. Lorsque la ville d'Acre ou Ptolémaïs se fut rendue à discrétion, les croisés exigèrent que Saladin rendît les prisonniers qu'il avoit faits sur eux, & sur-tout la vraie croix qu'il avoit prise dans un combat. Les assiégés restèrent entre les mains des vainqueurs comme ôtages de cette convention. La vraie croix ne se retrouvoit point; Saladin qui n'y attachoit pas le même prix que les chrétiens, ne savoit ce qu'elle étoit devenue. Sur cette réponse, *Richard* fit égorger plus de cinq mille de ces assiégés qui s'étoient rendus à lui; il eût été plus chrétien de consentir à se passer de la vraie croix. *Richard* battit deux fois Saladin; l'une auprès de Césarée, l'autre dans les plaines de Rama. Il prit Césarée, Joppé, Ascalon, il surprit Emaüs, il vouloit courir à Jérusalem; mais soit jalousie, soit corruption, les principaux croisés refusèrent de le suivre. On dit qu'il pleura de dépit de ce qu'on laissoit Jérusalem au pouvoir des infidèles, & que quelqu'un ayant voulu lui montrer cette ville du haut d'une montagne, il se couvrit le visage d'un pan de sa cotte d'armes, en s'écriant: on est indigne de voir la cité sainte, quand on est hors d'état de la délivrer.

Ce prince qui, par son impétuosité, se faisoit par-tout des ennemis, s'en étoit fait deux irréconciliables, l'un pendant le séjour qu'il avoit fait à Messine en partant pour la terre sainte; l'autre pendant son expédition dans la Palestine. Le premier étoit l'empereur Henri VI, au préjudice duquel il avoit affermi Tancrède sur le trône de Sicile; le second étoit Léopold, duc d'Autriche, auquel il avoit fait un affront sanglant, en renversant son étendart du haut d'un ouvrage que Léopold avoit emporté. *Richard*, en revenant de la terre sainte, prit sa route par l'Allemagne pour éviter la France. Il voyageoit inconnu, de nuit seulement, & par des chemins détournés, de peur de quelque rencontre funeste: il fut, dit-on, reconnu en tournant la broche de la cuisine d'une auberge; on le conduisit au duc d'Autriche qui le faisoit épier, qui le fit charger de fers & garder à vue: à chaque mouvement suspect, ses gardes lui portoient sur le cœur la pointe de leurs épées. Quand Léopold eut assouvi sa lâche vengeance sur son prisonnier, il le vendit, llé & garotté, à la vengeance de l'empereur : il en reçut soixante mille marcs d'argent ; & l'empereur, après avoir retenu *Richard* quatorze mois en prison, lui vendit sa liberté cent cinquante mille marcs d'argent, regagnant ainsi près du double sur l'infâme marché de Léopold. Henri VI annonça la détention du roi d'Angleterre à Philippe-Auguste, qui ne manqua pas d'en profiter de concert avec le prince Jean, (depuis le roi Jean sans Terre) ennemi de *Richard* son frère. Cependant Éléonore d'Aquitaine, leur mère, faisoit entendre ses justes plaintes dans toute l'europe & demandoit justice à Dieu & aux hommes de la captivité de son fils. On trouve dans un livre nouveau une anecdote intéressante, mais de l'autenticité de laquelle l'histoire ne répond pas. L'empereur, suivant cette anecdote, tenoit *Richard* enfermé dans une prison *inconnue à tout l'univers. Richard* étoit poëte & musicien, avoit la voix très-belle, & chantoit souvent des chansons dont il avoit fait les paroles & les airs. Blondel, maître de sa chapelle, étoit allé le chercher dans la terre sainte, déguisé en pèlerin. Ne l'y ayant pas trouvé, il traversoit l'Allemagne en le cherchant. Il arrive au village de Lotemstein où l'empereur avoit un château, il apprend qu'on y gardoit un prisonnier. Diverses circonstances firent juger à Blondel que ce pouvoit être *Richard.* Pour s'en éclaircir sans donner aucun soupçon, il se mit à chanter au pied d'une tour grillée de la prison ; les premiers couplets d'une chanson de *Richard.* Du fond de la tour, une voix que Blondel reconnut aisément pour être celle de *Richard,* chanta les couplets suivans. Blondel assuré par-là de sa découverte, passe en Angleterre, où, sur son rapport, on entama bientôt avec l'empereur les négociations qui rendirent *Richard* à son royaume. C'est de cette anecdote que M. Sedaine a fait le sujet d'une pièce dramatique & lyrique, dont le succès ne se dément point.

Quand le roi de France sut que *Richard* étoit en liberté, il écrivit à son allié Jean-sans-Terre : *prenez-garde à vous, le diable a brisé sa chaîne.* Jean-sans-Terre trahit Philippe pour faire sa paix avec son frère. *Richard* reçut son frère comme un lâche qui avoit expié la révolte par l'infamie, & comme un méchant dont il falloit se défier, mais qu'il ne falloit pas pousser à bout. *Je lui pardonne* dit-il à Éléonore sa mère, qui le lui présentoit, *& j'espère oublier aussi aisément ses torts qu'il oubliera ses devoirs & ma clémence.*

La guerre ne cessa plus entre Philippe Auguste & *Richard* ; ce dernier fut vainqueur à Fretteval, où les titres de la couronne de France tombèrent entre ses mains : il le fut encore dans un combat très-vif près de Courcelles & de Gisors, où Philippe dans sa retraite, tomba tout armé dans l'Epte, le pont de Gisors ayant fondu sous lui ; on eut peine à le sauver. *Il a bu dans la rivière,*

écrivoit *Richard* à un évêque d'Angleterre, en lui marquant les particularités de ce combat.

Peu de temps auparavant, Philippe avoit encore été battu par le même *Richard,* entre Gamaches & Vernon ; ces échecs de la plupart desquels il prit sa revanche en différentes occasions, étoient bien moins flétrissans que la cruauté avec laquelle, à l'expiration d'une trève, il fit crever les yeux à tous les prisonniers qui se trouvoient entre ses mains, exemple qu'il prit de *Richard* ou qu'il lui donna.

Ce fut dans le cours de ces guerres que Philippe de Dreux, évêque de Beauvais, cousingermain de Philippe-Auguste, pris les armes à la main par les troupes de *Richard,* fut enfermé à Rouen. Il s'adressa au pape Célestin III, & le pria d'intercéder pour lui auprès du roi d'Angleterre, du ton dont les papes étoient depuis long-temps accoutumés à intercéder. « J'écris pour » vous au roi d'Angleterre, répondit Célestin, & » j'intercède en effet de tout mon pouvoir.... Je » supplie, c'est tout ce que je puis & tout ce » que je dois faire ». *In tali casu non possumus nec debemus imperare, sed tantùm supplicare.*

Ce pape, dans sa lettre à *Richard,* appelloit l'évêque de Beauvais *son très-cher fils.* Le roi d'Angleterre pour toute réponse lui envoya la cuirasse de l'évêque, avec ces mots des enfans de Jacob : *reconnoissez-vous la robe de votre fils?* Le pape n'insista point, il condamna l'évêque. « Ainsi, dit-il, doit être traité tout prélat qui » abandonne la milice de Jésus-Christ, pour celle » du siécle ».

Richard mourut d'une mort violente & conforme à son caractère. Un paysan limousin, en creusant la terre, avoit trouvé un trésor ; le vicomte de Limoges, sur les terres duquel étoit ce trésor, s'en empara, & le fit garder dans le château de Chalus. *Richard* réclamant ce trésor en qualité de seigneur suzérain, courut assiéger Chalus ; la garnison voulut se rendre ; *Richard* que puisqu'il avoit pris la peine de venir jusques là, il vouloit avoir le plaisir de prendre la place d'assaut, & de faire pendre toute la garnison sur la brèche. Le quatrième jour du siége, une flèche tirée des murs du château, par un arbalêtrier, nommé Bertrand de Gourdon, l'atteignit à l'épaule ; un chirurgien mal-adroit rendit mortelle cette blessure d'abord légère. Le sang naturellement enflammé de ce monarque furieux, s'aigrit, se corrompit, la gangrène s'y mit. Cependant Marquadé, chef des troupes mercenaires à la solde de *Richard,* & ministre de ses vengeances, avoit pris le château & le trésor, & avoit fait pendre la garnison selon les menaces du roi d'Angleterre ; il ne restoit que Gourdon, réservé à un cruel supplice. Le roi voulut le voir. « Malheureux, lui dit-il, que t'avois je fait pour » attenter à ma vie ? — Les rois, répondit froi- » dement Gourdon, comptent pour rien le sang

» verſé, les fortunes détruites, le genre humain
» foulé aux pieds ; ils ravagent la terre, & ils
» demandent ce qu'ils ont fait. Tyran ! mon père,
» mon frère, mes compagnons ont péri par tes
» coups ; tu me menaçois moi-même d'un ſup-
» plice honteux, & tu demandes ce que tu m'as
» fait ».

Richard avoit de la grandeur, il fut frappé
du diſcours de Gourdon, lui pardonna & lui fit
donner cent ſchellings ; mais Richard mourut, &
le barbare Marquadé, dit un hiſtorien moderne,
fit écorcher vif Gourdon pour avoir fait ſon devoir. On ne manqua pas de remarquer que Richard
avoit péri par une arme qu'il avoit lui-même
introduite à la guerre, l'arbalêtre ; juſques-là on
ne s'étoit ſervi que de la lance & de l'épée.
« Nos aïeux, dit Mézeray, abhorroient ces armes traîtreſſes, avec quoi un coquin, ſe tenant
» à couvert, peut tuer un vaillant homme de
» loin, & par un trou ».

Cependant ces armes traîtreſſes furent inventées
par un homme qu'une valeur preſqu'incroyable fit
ſurnommer cœur de lion. Saladin, bon juge du courage & des talens militaires, avouoit la ſupériorité de Richard. Richard étoit la terreur des Sarraſins, & dans la Paleſtine, les mères effrayoient
leurs enfans en prononçant ſeulement ſon nom.
Il eut du lion, dont le nom lui fut donné, le
courage, la fierté, la colère, la cruauté, la fièvre ardente, la ſoif du ſang, & cette eſpèce de
magnanimité capricieuſe & farouche qu'on attribue au lion. Tout ce qui étoit grand, ſublime,
un peu gigantesque, plaiſoit à ſon ame altière.
Gourdon n'obtint de lui ſa grace qu'en l'étonnant. On vantoit la pénétration de ſon eſprit, la
vigueur de ſon éloquence, l'agrément de ſa con-
verſation, la vivacité de ſes reparties, petits avantages en comparaiſon de la ſageſſe & de l'humanité
qui lui manquèrent. Il avoit cependant des traits
de ſenſibilité : il eut pour ſa mère une tendreſſe
qui mérita d'être remarquée ; mais comment oublier que la violence de Richard concourut avec
la perfidie de Jean à faire mourir de douleur un
père tendre qui les avoit tous comblés de biens ?
comment oublier ces cinq mille priſonniers égorgés
de ſang-froid devant la ville d'Acre, & ces autres priſonniers privés de la vue en France ? Comment oublier qu'il dût la mort à la fureur qu'il avoit
eue de forcer une place qui ouvroit ſes portes, &
d'exterminer des malheureux qui ſe rendoient ; barbarie atroce qui tourna contre lui tous les droits
de l'humanité, comme toutes les loix de la guerre.

On remarqua que dans un règne de dix ans,
depuis 1189 juſqu'à 1199, à peine paſſa-t-il quatre mois en Angleterre ; ce ſeul mot le raye de
la liſte des rois, & le relègue dans la claſſe des
guerriers & des avanturiers illuſtres. C'eſt-là que
ſes talens, ſes exploits, ſes deſſeins le font briller de toute ſa gloire.

Illâ ſe jactat in aulâ.

2°. *Richard* II, roi d'Angleterre, fils du prince
noir & petit-fils d'Edouard III, étoit contemporain
de notre roi Charles VI, & auſſi ami de ce prince
que ſon père & ſon aïeul avoient été ennemis des
prédéceſſeurs du même Charles VI. Ces deux rois
étoient du même âge, Richard avoit deux ans
de plus que Charles VI) tous deux étoient encore
dans l'enfance, lorſqu'ils avoient commencé à
régner, tous deux furent gouvernés par trois oncles paternels, ambitieux & mal intentionnés.
Le ſort ſembloit même s'être étudié à mettre entre les trois oncles du roi d'Angleterre, la même
différence de caractère qu'entre les trois oncles
du roi de France, & cette différence de caractère
ſuivoit le même ordre chez les princes des deux nations. Le duc de Lancaſtre, régent en Angleterre,
avoit la hauteur, l'ambition, l'avidité du duc
d'Anjou, régent de France ; le duc d'Yorck reſſembloit au duc de Berry, par la molleſſe & l'indolence ;
& le duc de Gloceſtre au duc de Bourgogne, par
l'audace & la turbulence.

chard fut gendre de Charles VI, il épouſa
Iſabelle de France, ſa fille, le mariage ne put
être conſommé, à cauſe du bas âge de la princeſſe ; mais elle fut élevée en Angleterre, où une
princeſſe françoiſe bleſſoit les yeux de la nation.

Le règne de *Richard* II ayant toujours été
agité par des factions, il eſt peut-être difficile de
porter ſur ce prince un jugement bien exact. Il
eut des favoris qu'il combla de biens ; il donna
l'Irlande en ſouveraineté à un d'entr'eux, comme
il auroit donné un champ ou une maiſon ; & ce
favori étant mort en pays étranger, il fit apporter ſon corps en Angleterre, & fit ouvrir ſa bière
pour le conſidérer à loiſir, avant qu'on le dépoſât
dans le tombeau qu'il lui avoit fait élever. Sur ces
témoignages d'une ſi vive affection, le P. d'Orléans le loue comme un roi capable d'amitié ; les
Anglois plus ſévères, ne virent dans ces amis
que des mignons.

La facilité avec laquelle il ſacrifia ces favoris à
la haîne du parlement, prouve, dans tous les
cas, beaucoup de foibleſſe & de légéreté. Froiſ-
ſard penſoit comme les Anglois ſur ces favoris,
qu'il appelle toujours les *marmouzets* & les *poupées* du roi.

Richard eut deux beaux momens dans ſa vie.
Il y eut à Londres un ſoulèvement violent, où
un forgeron nommé *Wat-tyler*, étoit à la tête
des rebelles : il traita d'égal à égal avec le roi,
ou plutôt il traita en maître étant ſupérieur en
forces ; & les propoſitions que faiſoit le roi ne lui
étant pas agréables, il tira deux ou trois fois ſon
poignard pour l'en frapper. Témoin de cette inſolence Walworth, maire de Londres ; ſe jette au
devant du roi, renverſe Wat-tyler d'un coup
de maſſue ; les autres perſonnes de la ſuite du
roi achèvent d'aſſommer Wat-tyler : auſſi-tôt les
rebelles criant *Wat-tyler & vengeance*, bendent

leurs arcs & faisisent leurs flèches ; la troupe du roi, toute foible qu'elle est, se prépare au combat : le roi la retient, il s'avance seul vers les rebelles : *mes amis*, leur dit-il, *Wat-tyler est mort ; vous n'aurez plus désormais d'autre chef que votre roi.* Les paysans le suivent, changés par ce seul mot. Knolles, un de ses généraux, arrive à son secours avec ce qu'il avoit pu rassembler de troupes, il demande la permission de charger les rebelles. *Des rebelles !* dit le roi, *il n'y en a plus ; vous ne voyez ici que mes sujets & mes enfans.* Richard avoit alors seize ans : on ne pouvoit annoncer d'une manière plus éclatante le fils & le successeur du prince noir & d'Edouard III.

L'autre beau moment de Richard fut celui où il déclara sa majorité. Ses profusions envers ses favoris avoient fait chercher les moyens de borner son autorité ; on lui avoit donné un conseil sans l'avis duquel il ne pouvoit rien entreprendre, on l'avoit même fait jurer d'être soumis en tout aux décisions de ce conseil. Le roi entre un jour au parlement, & de ce même air dont il avoit désarmé les paysans révoltés ; *quel âge me croyez-vous ?* dit-il à l'assemblée : vingt & un ans, lui répondit-on — Je dois donc commencer enfin à « gouverner par moi-même, & je ne me sens pas » de moindre condition que mes prédécesseurs». Ce ton de fermeté imposa ; on applaudit, & on obéit. Le roi faisant usage à l'instant de l'autorité qu'il réclamoit, ôta la chancellerie à l'archevêque de Cantorbéry, qui s'étoit montré l'ennemi des favoris, & interdit l'entrée du conseil au duc de Glocestre, celui de ses oncles qui lui étoit le plus suspect : il ne rencontra aucune opposition.

Mais le reste de sa vie parut trop démentir ces deux beaux momens : il se livra de jour en jour à la mollesse & à la dissipation ; impétueux & foible, il ne savoit ni se refuser aux préventions ni les dissimuler, il mettoit l'humeur à la place de l'autorité. Quand le parlement lui proposoit de renvoyer les ministres ou les favoris qui abusoient de leur crédit, il répondoit avec colère qu'il ne renverroit pas pour l'amour du parlement le moindre marmiton de sa cuisine, & menaçoit de se liguer avec le roi de France, son beau-père, pour apprendre de lui à réduire ses sujets rebelles ; puis il trembloit & il cédoit : il éclatoit imprudemment en toute rencontre contre ses oncles, qu'il avertissoit par-là de se réunir contre lui. On distinguoit le parti du roi & le parti des princes, & celui-ci parut celui de la nation. Le duc de Glocestre étoit à la tête.

Le plus grand grief de la nation Angloise contre Richard, fut la restitution qu'il fit à la France, de quelques places importantes ; & la trève de vingt-huit ans qu'il conclut avec elle, & qu'il cimenta par son mariage avec Isabelle, alors âgée de six ans. Le duc de Glocestre eut à ce sujet avec lui une explication, où il lui fit, au nom de la nation, des reproches pleins de hauteur & d'a-

mertume, que Richard repoussa vigoureusement & ne lui pardonna jamais. Si l'on en croit Froissard, le duc de Glocestre poussa jusqu'à l'infidélité la plus coupable ses intrigues contre Richard. Celui-ci, après avoir dissimulé quelque temps, va de grand matin faire une visite au duc à la campagne, pour s'assurer de le trouver au lit ; il l'invite à le suivre à Londres ; dans la route le duc est arrêté, un vaisseau l'attendoit sur la Tamise, on le transporte à Calais ; quelque temps après, le parlement voulant juger le duc de Glocestre, donne ordre au gouverneur de Calais d'amener son prisonnier à Londres ; le gouverneur répond que Glocestre venoit de mourir d'une attaque d'apopléxie ; on sut depuis qu'il avoit été étouffé entre des matelats ; il eut pour vengeur, son neveu le comte de d'Erbi-Lancastre, fils du duc de Lancastre, & devenu duc de Lancastre lui-même par la mort de son père.

Un jugement capricieux & bizarre, rendu par le roi, avoit exilé le comte de d'Erby pour dix ans ; mais le roi lui avoit promis de borner à quatre ans le temps de cet exil, & avoit donné des lettres-patentes pour lui conserver ses droits héréditaires ; il avoit depuis révoqué ces lettres & retenu les biens de la maison de Lancastre.

Le nouveau duc de Lancastre-d'Erby revint de son exil pour réclamer ces biens : les conjonctures étoient favorables, & Lancastre vit bientôt qu'il pouvoit enlever la couronne au prince qui avoit voulu lui enlever son patrimoine. Le roi étoit allé faire la guerre en Irlande, il se hâta de repasser en Angleterre à la nouvelle du retour & de la révolte du duc de Lancastre ; mais les esprits étoient mal disposés. Le roi, quelques jours après son arrivée sur les terres d'Angleterre, regardant le matin par sa fenêtre qui donnoit sur la campagne, comptoit voir toute son armée rassemblée autour de lui ; cette armée, de trente-deux mille hommes, étoit réduite à six mille tout le reste avoir déserté pendant la nuit & étoit allé se joindre au duc de Lancastre. Tout abandonna le malheureux Richard, il s'abandonna lui-même & quitta le peu de troupes qui lui restoient, de peur qu'elles ne le livrassent au duc de Lancastre ; il alla s'enfermer dans le fort château de Conwai sur la mer, où il étoit en sûreté ; delà il envoya le comte d'Huntingdon, son frère naturel, négocier avec Lancastre. Celui-ci retint Huntingdon jusqu'au retour, disoit-il, du comte de Northumberland, qu'il avoit de son côté envoyé au roi, & il força Huntingdon de mander au roi qu'il pouvoit avoir une confiance entière dans le comte de Northumberland. Cette lettre fut envoyée à Northumberland lui-même. Lorsqu'il parut devant le roi, celui-ci lui demanda s'il n'avoit pas rencontré son frère en chemin, oui, sire, répondit-il, & voici une lettre dont il m'a chargé pour vous. Northumberland, au nom du duc de Lancastre, ne demanda point d'autres conditions de paix, sinon que les biens de la maison de Lancastre lui fussent rendus, & qu'il fût fait grand juge d'Angleterre. Ces conditions furent acceptées. L'évêque de Carlisle conseilla seulement de faire jurer Northumberland sur l'évangile & l'eucharistie; Northumberland jura.

Le roi indiqua pour le lieu de son entrevue avec le duc de Lancastre, le château de Flint, & prêt à partir pour s'y rendre, il dit au comte de Northumberland : c'est sur votre foi que je m'y engage, « songez à vos sermens & au Dieu » qui les a reçus. Si je les oublie, dit Northum- » berland, traitez-moi comme un traître. Il demanda la permission de prendre les devans pour faire apprêter à souper au roi & au duc dans le château de Flint, & il ajouta : « Sire, suivez-moi » de près, car il est bientôt deux heures.

Richard monte à cheval, lui vingt-deuxième, & en descendant une montagne, & jettant ses regards sur la vallée; n'appercevez - vous pas là bas, dit-il au comte de Salisburi, des bannières & des pennons ? Oui, répondit le comte; ah ! s'écria l'évêque de Carlisle, je crains que cet homme ne vous ait trahi. En même-tems, ils voient venir à eux le comte de Northumberland, lui douzième. Sire, dit-il, je viens au devant de vous. Le roi lui demande qui sont ces gens qu'il voit là bas dans la vallée ? Je n'ai rien vu, dit Northumberland. Regardez donc, dit le comte de Salisburi, les voici devant vous; ce sont vos gens, dit l'évêque, je reconnois votre bannière. « Northumberland ! dit le roi, si je croyois que » vous voulussiez me trahir, & il est peut-être en- » core temps, je retournerois à Conway. Vous » n'y retournerez point, répondit le traître en » se démasquant, & en saisissant la bride du che- » val du roi; je vais vous mener au duc de Lan- » castre, comme je le lui ai promis, car je ne » viole pas toutes mes promesses ».

Il avoit en effet mis en embuscade au bas de la montagne cent lances & deux cents archers, qui furent à lui dans le moment, en sonnant de la trompette. Le roi dit au comte : Le Dieu sur qui tu as mis la main, te le veuille rendre au jour du jugement & à tous tes complices; & se tournant vers les gens de sa suite qui pleuroient, mes amis, leur dit il, nous sommes trahis, c'est le sort de la bonne foi.

On le mit au château de Flint avec ses compagnons, dont on eut bientôt la cruauté de les séparer; ce fut le 21 août 1399, qu'il fut ainsi trahi & emprisonné.

Le duc de Lancastre averti par le comte de Northumberland, s'approcha du château de Flint avec toute son armée. Richard le voyoit du haut de la terrasse du château; à ce spectacle il se troubla & frémit, des larmes coulèrent de ses yeux; il dit à ses compagnons : mes amis, l'heure approche, où nous allons être livrés à notre ennemi mortel. Lancastre rangea son armée autour du château.

Dans l'entrevue, le roi faisant un effort pour bien traiter le duc, le salua & lui dit : » soyez » le bien revenu. ——Je suis revenu plus tôt que » vous ne m'attendiez, dit le duc; je viens vous « aider à gouverner ce royaume que, depuis » vingt-deux ans qu'il est sous vos loix, vous ne » gouvernez pas au gré de la nation ». Il le traîna comme en triomphe à sa suite, & l'enferma dans la tour de Londres. Suis-je votre roi ou votre prisonnier, & pourquoi suis-je gardé ainsi, demanda Richard au duc de Lancastre ? — Sire, vous êtes mon roi, mais le conseil du royaume ordonne que vous soyez ainsi gardé. Richard demanda la reine sa femme : vous ne pouvez la voir, dit Lancastre, le conseil l'a défendu. Richard alors réclama les loix de la chevalerie, & offrit de se battre seul contre quatre de ses accusateurs ou de ses oppresseurs; Lancastre ne répondit rien à cette proposition, & pria seulement le roi d'attendre la décision du parlement.——Eh bien ! que j'y comparoisse du moins, dans ce parlement, & qu'on y entende mes raisons. — Lancastre, sans s'expliquer sur ce point, se contenta de répondre : Sire, il vous rendra justice.

Le parlement s'assembla le 30 septembre 1399; Lancastre accuse Richard, & tout le monde le condamne sans l'avoir entendu. L'évêque de Carlisle fut le seul qui osa élever la voix en sa faveur. Eh ! messieurs, leur dit-il, vous entendriez dans ses défenses un malfaiteur, un assassin, & vous refusez d'entendre votre roi, & vous osez le condamner ! Lancastre, pour toute réponse, fit mettre l'évêque en prison. On déposa Richard, on proclama Henri de Lancastre; l'arrêt de Richard portoit qu'au premier mouvement qui se feroit pour le secourir, il mourroit; on juge bien qu'il se fit des mouvemens pour le secourir.

Le malheureux Richard ignoroit tout dans le château de Ponfret ou Pontpfract (pontis fracti), où il avoit été transféré. Un chevalier, nommé Pierre d'Exton, ou Exton, envoyé par le roi Henri, arrive au château de Pontfret avec sept autres assassins; Richard étoit à table, Exton appelle l'écuyer tranchant, & l'avertit de la part de Henri, de ne plus faire, selon la coutume, l'essai des mets servis sur la table de Richard; car, dit-il, il ne mangera plus guères. Richard s'apperçoit que l'écuyer manque à ce cérémonial, & lui ordonne de le remplir; l'écuyer se jette à genoux, & lui allègue la défense qu'Exton vient de lui en faire de la part de Henri. Richard perdit patience, il frappa l'écuyer d'un couteau de table qu'il avoit sous la main, en lui disant avec fureur : va-t-en au diable, toi & ton Lancastre. Exton arrive au bruit avec ses sept hommes armés aussi bien que lui; à cette vue, Richard repousse la table, s'élance au milieu des huit assassins, arrache à l'un d'eux sa hache d'armes, s'en sert avec succès contre eux, renverse quatre de ses assassins à ses pieds, & commençoit à intimider beaucoup les autres, lorsqu'Exton l'attaquant par derrière, lui porta sur la tête un coup qui le fit tomber en criant ; Exton redoubla & l'acheva. Ce fut le jour des Rois 1400 que *Richard* fut assassiné.

3°. *Richard* III, monstre souillé des plus grands crimes & le vrai Néron de l'Angleterre, étoit frère puîné du roi Edouard IV, de la maison d'Yorck, qui disputoit encore la couronne à la maison de Lancastre. Henri VI vivoit & avoit le titre de roi ; Marguerite d'Anjou combattoit pour lui & pour le jeune prince de Galles son fils. Après la bataille de Tevkesbury en 1471, on amena devant Edouard vainqueur le prince de Galles prisonnier. « Jeune téméraire, lui dit arrogamment Edouard, qui t'a inspiré l'audace d'entrer les armes à la main dans mon royaume ? J'ai cru, répondit le prince de Galles avec une fermeté modeste, pouvoir prendre les armes pour faire rendre à mon père, un trône qui n'appartient qu'à lui ». *Il manque de respect*, s'écrie alors *Richard*, duc de Glocestre, qui paroît avoir dès-lors fondé sur le crime les plus affreuses espérances ; il s'élance en même temps avec d'autres assassins sur le prince de Galles, qui tombe percé de coups. Glocestre court ensuite plonger dans le sein de Henri VI le poignard encore fumant du sang du prince de Galles ; alors voyant la branche de Lancastre presqu'entièrement éteinte, & hors d'état pour le moment de lui rien disputer, il crut qu'il étoit temps de porter ses coups sur les princes de la maison d'Yorck, sur ses propres frères, & de renverser toutes les barrières qui lui fermoient le trône. Entre Edouard IV & lui étoit le duc de Clarence ; il s'attacha d'abord à aigrir Edouard contre ce prince, & il y réussit tellement, qu'Edouard fit noyer Clarence dans un tonneau de malvoisie.

Edouard mourut quelques années après ; on ne crut point le duc de Glocestre innocent de sa mort ; mais Edouard laissoit deux fils & plusieurs filles, dont il confia même en mourant la tutelle au duc de Glocestre ; il restoit aussi des enfans du duc de Clarence. Tant d'obstacles n'arrêtèrent point un tyran aussi téméraire que dénaturé ; Glocestre fit périr les deux princes, & enferma leurs sœurs, après les avoir fait déclarer bâtardes, sur un de ces faux prétextes qui ne manquent jamais aux grands scélérats ; il écarta plus facilement encore les enfans du duc de Clarence, & se mit la couronne sur la tête & prit le nom de *Richard* III ; Edouard V, fils aîné d'Edouard IV, eut d'abord le titre de roi. *Richard* n'eut que celui de protecteur, & il affectoit de prodiguer à Edouard V, qu'il tenoit en sa puissance, tous les respects dûs à la majesté royale ; mais il ne put faire illusion à la reine douairière qui, effrayée du danger qui la menaçoit, s'étoit retirée dans l'asyle de Westminster avec le duc d'Yorck, son second fils ; ni les protestations du protecteur, ni la garantie des sermens des plus grands seigneurs, ni les prélats trompés, qui assuroient que cette défiance étoit aussi injuste qu'injurieuse à *Richard*, rien ne put la persuader, elle ne se rendit enfin qu'à la menace qu'on lui fit de la tirer par force de son asyle avec son fils ; elle le confia au seul primat : « je le mets, dit-elle, sous votre garde, sous la garde de la religion ; vous en répondrez à sa mère devant Dieu & devant les hommes ». Les deux princes étant ainsi remis au duc de Glocestre, des discours injurieux & qui attaquoient leur état, se répandent dans le public ; ce n'étoit d'abord qu'un bruit sourd, ce furent bientôt des déclamations publiques, répétées dans des sermons & des harangues ; on n'appelloit plus les princes que les petits bâtards ; *Richard* seul étoit légitime. (Sur les divers stratagèmes qu'il employa pour détruire les partisans des princes, voyez l'article *Hastings*.) Un docteur, Ralph Saw, prit pour texte d'un sermon qu'il prêcha publiquement dans l'église de Saint-Paul, *les rejettons bâtards ne profiteront point* ; il dit que le sceptre ne pouvant être porté par un enfant d'une naissance plus qu'équivoque, n'appartenoit qu'au grand prince qui savoit en soutenir l'éclat. Ce prince devoit arriver au milieu du sermon, pour recueillir les fruits de l'enthousiasme que l'orateur auroit fait naître, ce qui donna lieu à un incident ridicule. *Richard* voulant qu'à son arrivée le peuple le proclamât roi, crut devoir laisser au docteur le temps de disposer les esprits, mais il lui en laissa trop : Ralph avoit compté sur la présence de *Richard* pour achever l'effet de son sermon, comme *Richard* avoit compté sur le sermon pour préparer l'effet de sa présence ; *Richard* n'arrivoit point. Ralph ayant épuisé la matière, & sentant qu'au lieu d'enthousiasme, il n'inspiroit que le mépris & le dégoût, craignit que l'auditoire ne se dissipât, & crut nécessaire de changer de sujet. Quand il entendit arriver *Richard*, il reprit son éloge avec une chaleur mal-adroite qui glaça de nouveau l'auditoire ; il répéta même une apostrophe qu'il avoit adressée au prince pendant son absence, n'ayant pas voulu la perdre, & ayant fondé sur cette figure oratoire l'espérance du succès. *Richard*, au lieu des acclamations qu'il attendoit, vit sur tous les visages une indignation mêlée d'effroi, & fut obligé pour ce jour-là de renoncer à son projet. On essaya aussi sans succès de l'éloquence des orateurs profanes ; enfin on prit le parti de gagner quelques bourgeois, & de mêler dans la foule quelques domestiques de *Richard*, déguisés, qui crièrent : *vive le roi Richard !* ce fut-là sa proclamation & son seul titre. Les amis de *Richard*, c'est-à-dire ses complices, coururent lui porter ce qu'ils appelloient le vœu public. *Richard* parut étonné, remercia, refusa, protesta de sa fidélité inviolable envers le roi son neveu ; il fallut en venir à lui dire avec une brutalité qu'il trouva très-obligeante, qu'il pouvoit refuser tant qu'il voudroit, mais que son refus ne profiteroit pas à ses neveux, qui étoient rejettés par la nation comme bâtards ; il voulut bien se rendre alors

& confentit de régner ; bientôt après, les princes difparurent. Lorfque fous Charles II. on fit des réparations à la partie de la tour de Londres où les jeunes princes avoient été enfermés, on y trouva des os d'un ou de plufieurs petits fquelettes humains ; on jugea que c'étoient ceux d'Edouard V & du duc d'Yorck fon frère, ou de l'un d'eux.

De crime en crime, voilà *Richard* roi, & le plus malheureux des rois ; tout le monde le craint, il craint tout le monde ; il verfe des flots de fang, il abbat les têtes qui lui font ombrage, il révolte les cœurs. On murmure, on cabale, on fe foulève, on tourne les yeux vers le comte de Richemont, alors réfugié en Bretagne, feul Anglois qui reftât, même par femmes, de la race de Lancaftre. Ce fut le roi Henri VII.

La guerre décida entre ces deux rivaux. Les armées ennemies furent en préfence à Bofworth, lieu devenu célèbre par cette journée du 22 août 1485, qui termina la querelle des deux Rofes. *Richard*, à qui la fureur rendoit toute l'intrépidité que fes remords lui ôtoient fouvent, voulut combattre, la couronne fur la tête, foit pour braver fon ennemi, foit pour mourir, s'il le falloit, avec les marques de la royauté. Les deux compétiteurs fe rencontrèrent dans la mêlée ; *Richard* s'élança fur Henri avec tant de violence, que, d'un feul coup, il tua le porte-étendart de Henri, & renverfa un autre de fes officiers. Henri ne put fe défendre de quelque trouble à l'approche de ce formidable ennemi ; mais, confidérant qu'il étoit devenu néceffaire de vaincre ou de mourir, il s'avança l'épée à la main avec une ardeur égale à l'impétuofité de *Richard* ; on fe jetta en foule entre eux deux, & ils furent féparés. *Richard* fuccomba fous la haine générale ; on fervoit *Richard* à regret, on combattoit avec joie pour Henri. La victoire ne fut pas incertaine ; mais *Richard* ne pouvoit être vaincu impunément : il fit de fa main un carnage horrible de fes ennemis, c'eft-à-dire, de fes fujets ; enfin, quand il vit tout défefpéré, il fe jetta dans le bataillon le plus épais de l'armée de Richemont, tendant la gorge aux épées & aux lances ; on le vit tomber percé de coups, ce fut le fignal de la paix.

Richard III, fcélérat intrépide & altier, eut une énergie effrayante, une forte d'élévation & de grandeur, fi ce n'étoit pas proftituer ces mots que de les appliquer au crime ; une valeur prefque furnaturelle, toutes les fortes de courage, & de l'efprit & du cœur, des talens diftingués, à quelques égards, même pour le gouvernement ; tout en lui, jufqu'à fes vices, avoit de l'éclat ; il étoit également impoffible & de ne pas le haïr, & de le méprifer.

Son extérieur fombre, farouche & menaçant, qui l'avoit fait nommer *le fanglier*, annonçoit la férocité de fon ame ; il avoit des chofes monftrueufes dans la conftitution phyfique comme dans

le caractère, une taille contrefaite, un bras deffeché, un regard affreux, une phifionomie bifarre.

Le peu de confiance qu'il fut capable d'accorder, il le plaça mal. Catesby, Ratcliffe & Lovel, fes favoris, partageoient avec lui la haine publique. Les chanfons fatyriques du temps difoient que *le chat, le rat & le loup défoloient l'Angleterre fous le règne du fanglier*. Ces favoris de *Richard* furent entraînés dans fa chûte ; Catesby, le principal miniftre de fes violences, ayant été pris à Bofworth, fut exécuté à Leicefter ; Ratcliffe fut profcrit, Lovel vécut quelque temps fugitif ; étant revenu enfuite dans le royaume pour y exciter des tr.ubles, il fut défait par Henri VII à la bataille de Stoke près de Newark fur la Trent en 1487, & il difparut. Les uns difent qu'il fut tué dans la bataille, d'autres qu'il fe noya dans la Trent en voulant fe fauver ; mais, fuivant une tradition affez générale, il traîna une longue vie, caché, comme on le raconte de Sabinus, au fond d'un fouterrain. Cette tradition paroît confirmée par une découverte dont parle le célèbre M. Carte. Vers le commencement du fiècle actuel, des ouvriers travaillant à des réparations dans une maifon qui avoit appartenu à ce feigneur, trouvèrent dans une chambre fouterraine un vieillard immobile, affis dans une grande chaife où il fembloit dormir ; auffi-tôt qu'ils y touchèrent, le corps tomba en pouffière.

Richard III avoit époufé Anne, l'une des filles de ce fameux comte de Warwick, tué à la bataille de Barnet en 1471 ; elle étoit veuve de ce jeune prince de Galles, (fils de Henri VI) fi indignement maffacré par *Richard* après la bataille de Tewkefbury. Elle fut malheureufe, & le méritoit bien ; on ne daigna pas même la plaindre ; on ne lui pardonna jamais de s'être jettée d'elle-même dans les bras du meurtrier de fon premier mari ; l'ambition feule avoit pu lui faire rechercher une pareille alliance : quelle femme auroit pu aimer *Richard III* ?

Elle en eut un fils qui eut le titre de prince de Galles, & qui mourut dans l'enfance.

Pendant la durée de ce mariage, *Richard* avoit offert fa main à la princeffe Elifabeth, l'aînée des filles d'Edouard IV, & fœur de cet Edouard V & de ce duc d'Yorck que *Richard* avoit détrônés & affaffinés ; Elifabeth rejettoit avec horreur l'offre du meurtrier de fa famille ; elle fe réfervoit, difoit-elle, au vainqueur de ce monftre. En effet elle époufa le roi Henri VII ; c'étoit pour empêcher ce mariage, qui réuniffoit dans la perfonne du comte de Richemont les droits d'Yorck à ceux de Lancaftre, que *Richard* fe propofoit d'Elifabeth.

La vie de la reine Anne, fa femme, étoit pour lui un foible obftacle ; c'étoit l'affaire d'un crime de plus. En effet, cette princeffe mourut quelque temps après ; fa mort fut attribuée au poifon ou aux mauvais traitemens qu'elle éprouvoit, & tel eft l'avis de tous les hiftoriens, à la réferve d'un

feul

feul qui attribue fa mort à la douleur qu'elle eut de la perte de fon fils.

Richard III fut le dernier roi d'Angleterre de la maifon d'Anjou, dite de Plantagenet, maifon françoife qui avoit occupé le trône d'Angleterre pendant 331 ans, à compter de l'avénement de Henri II en 1154; c'étoit la maifon Tudor qui montoit fur le trône dans la perfonne de Henri VII.

RICHARDSON; (*Hift. litt. mod.*) c'eft l'auteur de *Pamela*, de *Grandiffon*, de *Clariffe*. Cette fimple annonce fuffit à fon éloge & donne l'idée des plus belles productions peut-être de l'efprit humain. On connoît l'éloge de *Richardfon* par Diderot; c'eft inconteftablement le meilleur ouvrage de Diderot; il eft fur-tout très-piquant de voir avec quel zèle & quelle bonne foi Diderot adopte & partage la fainte colère d'une zèlatrice de *Richardfon* contre ceux qui trouvent Clariffe trop dévote. M. *Richardfon* a illuftré le fiècle où nous vivons; on ne conçoit pas comment l'abbé Prévoft qui nous a le premier fait connoître Clariffe, a pu manquer de goût au point de comprendre dans les retranchemens qu'il a cru devoir faire, & dont il n'auroit dû faire aucun, un morceau auffi touchant que l'enterrement de Clariffe, & le plus touchant peut-être qui foit dans aucun des ouvrages dont on peut dire:

Sunt lacrymæ rerum, & mentem mortalia tangunt.

M. Diderot a tonné contre lui fur cette omiffion avec une jufte éloquence. M. Le Tourneur a rendu aux lettres françoifes un véritable fervice, en nous donnant de Clariffe une traduction complette & fans aucun de ces retranchemens qui font une véritable profanation.

RICHELET, (CÉSAR-PIERRE. *Hift. litt. mod.*) auteur connu par fon dictionnaire françois & par fon dictionnaire des rimes, par une traduction françoife de l'hiftoire de la Floride, de Garcilaffo de la Véga; on a auffi de lui un recueil des *plus belles lettres des meilleurs auteurs françois*, avec des notes. La première édition du dictionnaire françois de *Richelet* (Genève, 1680, *in-4°*) eft recherchée de quelques perfonnes à caufe des fatyres groffières dont elle fourmille & qui ont été fupprimées en partie dans des éditions fubféquentes. Si on veut voir de quelle nature & de quel ton font ces méchancetés, en voici un exemple. Il dit dans une des éditions qu'il a données lui-même de fon dictionnaire, que » les Normands feroient les plus » méchantes gens du monde, s'il n'y avoit pas de » Dauphinois. On voit que la délicateffe d'une pareille remarque eft égale à la juftice d'un pareil jugement. Ce trait ne fe trouvoit pas dans la première édition, & il acquiert un nouveau degré de ridicule, quand on fait ce qui a procuré de fa part cette faveur aux Dauphinois; c'eft que des habitans de Grenoble, irrités & laffés de fes fatyres perpétuelles, l'avoient chaffé de leur ville à grands

Hiftoire. Tome IV.

coups de canne. Comme ce n'étoit point en vertu d'un jugement, cette exécution militaire ne peut être ni approuvée ni même excufée; mais la vengeance de *Richelet* n'en eft pas moins ridicule, & fur-tout pas moins mal-adroite, elle confacre le fait. La dernière édition de ce dictionnaire a été donnée par M. l'abbé Goujet en 1759 à Lyon, en trois volumes *in-folio* : elle eft purgée d'une grande partie de ces gâtés de mauvais goût. *Richelet*, né en 1631 dans le diocèfe de Châlons en Champagne, mourut à Paris en 1698.

RICHELIEU, (PLESSIS) *Hift. de Fr.*) Maifon qui, felon André du Chefne, tire fon nom de la terre du Pleffis en Poitou; elle étoit déjà connue du temps de Philippe Augufte, au douzième & au treizième fiècles. » La maifon du Pleffis-*Richelieu*, dit M. Fléchier dans l'oraifon funèbre de madame la ducheffe d'Aiguillon, » après s'être foutenue durant » plufieurs fiècles par elle-même & par fes glorieu» fes alliances avec des princes, des rois & des » empereurs, s'eft enfin trouvée au plus haut point » de grandeur où des perfonnes d'illuftre naif- » fance puiffent atteindre. »

Nous diftinguerons dans cette famille : 1°. Louis du Pleffis, feigneur de *Richelieu*, qui fervit utilement dans les armées les rois François I & Henri II, & mourut à la fleur de fon âge en 1551.

2°. François, dit Pillon, feigneur de la Jabinière, frère puîné de Louis, meftre-de-camp de l'un des deux feuls régimens qu'il y eût de fon temps en France, mourut d'un coup d'arquebufe qu'il reçut à l'épaule au fiège du Hâvre de Grace en 1563. Le gouvernement de cette place lui avoit été deftiné.

3°. Antoine, dit *le moine*, parce qu'il l'avoit été, eft celui dont M. de Thou l'hiftorien a dit un mal qu'on prétend avoir influé dans la fuite fur le fort du malheureux de Thou fon fils, décapité en 1642 (Voyez l'article (de) THOU); il étoit frère puîné des deux précédens.

4°. Louis, II° du nom, fils aîné de Louis I, & neveu de François & d'Antoine, lieutenant de la compagnie d'ordonnance du duc de Montpenfier, fut tué par un fieur de Brichedières.

5°. François, troifième du nom, fon frère, vengea fa mort; il fe fignala depuis à la journée de Montcontour, fuivit en Pologne le duc d'Anjou, Henri III, lui fut fidèle dans l'une & l'autre fortune, fut fait grand prévôt de France en 1578; chevalier des ordres en 1586. Henri IV le fit capitaine de fes gardes. Il mourut à Gonêffe, le 10 juillet 1590, à quarante-deux ans. C'eft le père des deux cardinaux de *Richelieu*; car, malgré une ordonnance de Sixte-Quint, qui ne permet pas que deux frères foient cardinaux en même-temps, il y

C c c c

eut deux frères *Richelieu* cardinaux en même-temps ; on vit la même chofe fous le miniftère de Mazarin, & c'eft un trait de conformité affez fingulier entre ces deux miniftres, fi femblables & fi différens & fi fouvent comparés, qu'ils aient eu l'un & l'autre un frère d'abord moine, enfuite cardinal, qui, frère d'un premier miniftre, n'a joué aucun rôle & a été prefqu'entièrement ignoré.

6°. Alphonfe-Louis du Pleffis-*Richelieu*, frère aîné du cardinal miniftre, s'étoit fait chartreux & paroiffoit d'autant moins pouvoir être rappellé dans le fiècle, que c'étoit après l'avoir connu qu'il l'avoit quitté. Il y avoit vingt ans qu'il paroiffoit fatisfait de fon état de chartreux plus qu'il n'avoit paru l'être de celui d'évêque, car il avoit été nommé évêque de Luçon, & cet évêché de Luçon étoit devenu héréditaire dans cette famille. Jacques du Pleffis-*Richelieu*, fon oncle, l'avoit poffedé ; à fa mort, le neveu n'avoit été nommé, mais avant même d'être facré, il s'en étoit démis en faveur de fon frère, le célèbre Armand-Jean du Pleffis-*Richelieu*, qui n'ayant alors que 22 ans, eut befoin d'une difpenfe qu'il obtint du fcrupuleux pape Paul V ; il fut facré à Rome même, le 17 avril 1607, par le cardinal de Givry. Devenu tout-puiffant en France, il obligea fon frère Alphonfe-Louis de quitter fon cloître, il lui donna l'archevêché d'Aix que le cardinal de Mazarin donna auffi dans la fuite à fon frère, puis l'archevêché de Lyon ; il lui procura en 1629 le chapeau de cardinal, & en 1632 la grande aumônerie de France. Il mourut le 23 mars 1653, en difant qu'il auroit mieux aimé mourir Dom-Alphonfe chartreux que cardinal de Lyon. Son exiftence auroit été prefque entièrement ignorée fans le trait fuivant qui l'a fait connoître. Le grand Condé alors duc d'Enghien, revenant en 1642 de la campagne de Rouffillon où il avoit acquis de la gloire, avoit pris la route de Lyon pour revenir à Paris. Le cardinal miniftre, quand le prince parut devant lui, lui demanda des nouvelles de fon frère. Le duc d'Enghien avoua que preffé d'arriver à la cour, il ne s'étoit pas arrêté à Lyon pour lui rendre vifite ; le miniftre ne dit rien pour lors, mais il témoigna au prince de Condé, autrefois fujet fi factieux, alors le plus timide des courtifans, tout fon reffentiment du peu d'égard que le duc d'Enghien avoit pour le frère du premier miniftre. Le prince de Condé obligea fon fils de prendre la pofte & de faire deux cents lieues dans la plus mauvaife faifon pour aller rendre vifite au cardinal Alphonfe. Jufques-là il n'y avoit point de la faute de celui-ci ; mais on ajoute dans les mémoires de Monglat, que le cardinal Alphonfe prévenu du voyage du duc d'Enghien, alla exprès à fon abbaye de faint Victor de Marfeille, pour donner au prince la peine de l'aller chercher plus loin. C'étoit trop fe rendre complice de l'infolent orgueil de fon frère, & il valoit mieux être chartreux.

7°. Armand-Jean du-Pleffis. C'eft le fameux cardinal de *Richelieu.*

(Voyez l'article MAZARIN) Tous les parallèles qu'on a faits de ces deux diverfement grands miniftres, fe réduifent à ces beaux vers de la Henriade :

Richelieu, Mazarin, miniftres immortels,
Jufqu'au trône élevés de l'ombre des autels,
Enfans de la fortune & de la politique,
Marcheront à grands pas au pouvoir defpotique.
Richelieu, grand, fublime, implacable ennemi ;
Mazarin, fouple, adroit, & dangereux ami ;
L'un fuyant avec art & cédant à l'orage,
L'autre aux flots irrités oppofant fon courage ;
Des Princes de mon fang ennemis déclarés ;
Tous deux haïs du peuple, & tous deux admirés ;
Enfin, par leurs efforts ou par leur induftrie,
Utiles à leurs rois, cruels à la patrie.

Peut-on dire que ce qui eft cruel à la patrie, foit véritablement utile au roi, dans quelque monarchie que ce foit ? Mais l'auteur fuit ici les idées communes, & on entend bien ce qu'il veut dire. *Richelieu* eut fans doute beaucoup de force dans le caractère, beaucoup d'étendue dans l'efprit, beaucoup d'élévation dans l'ame, mais il répandit trop la terreur autour du trône ; il fépara trop le roi & de fes fujets & de fes parens ; il fut trop ingrat envers Marie de Médicis, premier auteur de fa fortune ; & nous ne voyons pas que fes violences ayent produit d'autre effet que celui que les violences ont coutume de produire, c'eft-à-dire la haine, la révolte, les conjurations ; s'il fit couler le fang de la nobleffe fur les échaffauts, pour qu'il ceffât de couler dans les guerres civiles, l'intention fut bonne, mais le moyen mal choifi. Qu'ont produit tant de fupplices éclatans, parmi lefquels il y en eut de notoirement injuftes, tels que celui du maréchal de Marillac, & celui de Saint-Preuil ? (Voyez leurs articles.) Les conjurations ont-elles ceffé pendant la vie de *Richelieu*? Le fupplice du comte de Chalais, la mort trop prompte du maréchal d'Ornano dans la prifon, n'empêchèrent point les grands d'entrer dans toutes les cabales qui fe formoient à la cour contre le cardinal de *Richelieu*, & de fervir en toute occafion la haine que la reine mère & Monfieur avoient conçue contre ce miniftre. La journée des dupes, la deftitution du garde-des-fceaux de Marillac, la détention du maréchal & fon procès fuivi de fon fupplice, la fuite de la reine mère à Bruxelles, la retraite de Monfieur en Lorraine, tous ces violens effets de la vengeance de *Richelieu* ne firent que préparer la défection du maréchal de Montmorenci.

Le fupplice de ce feigneur, coupable à la vérité, mais fi vaillant, fi intéreffant, fi généreux, fi digne de grace par les fervices de fes pères, par les ſiens, par ſes talens, par ſes vertus, ſuſcita de nouveaux vengeurs; Puylaurens entraîna Monſieur dans de nouvelles révoltes, & après avoir été tour-à-tour récompenſé de les avoir ſuſpendues, & puni de les avoir entretenues, il mourut à la Baſtille, lieu ſi ſuſpect alors, & qui voyoit trop ſouvent & trop bruſquement mourir les ennemis de *Richelieu.*

Puylaurens eſt au nombre de ſes victimes; Puylaurens eut auſſi des vengeurs. Les complots contre le cardinal croiſſoient avec ſes violences; on ne s'en tint plus à de ſimples cabales, on attenta directement à ſa vie. Le comte de Soiſſons, Montreſor, Saint-Ibal, alloient délivrer Monſieur de cet implacable ennemi, ſi Monſieur lui-même n'eût retenu leurs bras par l'horreur que lui inſpira, au moment de l'exécution, le crime de verſer le ſang d'un prêtre.

Urbain Grandier, brûlé vif pour magie; Grancey & Praſlin, mis à la Baſtille pour de mauvais ſuccès à la guerre; le duc de la Valette, décapité en effigie pour le même ſujet, tandis que le cardinal de la Valette, ſon frère, nommé par le duc d'Epernon, leur père, *le cardinal Valet*, ſervoit *Richelieu* & à la cour & à l'armée; toutes ces violences juridiques, toujours exercées par des commiſſions, aigriſſoient encore les eſprits; la cour des aides de Paris & le parlement de Rouen interdits, le parlement de Paris menacé, l'intrépide & vertueux Molé, procureur-général, décrété, tous ces coups d'autorité révoltoient plus encore qu'ils n'effrayoient, & tous les ennemis de *Richelieu* avoient pour eux la faveur publique.

Le comte de Soiſſons, joint aux ducs de Guiſe & de Bouillon, lui fit ouvertement la guerre. Vainqueur à la Marfée, il fut aſſaſſiné après la bataille par un émiſſaire du cardinal, au moment où ſa victoire alloit peut-être opérer une grande révolution.

Ces événemens arrivoient l'année d'avant la mort du cardinal, (le 6 juillet 1641) & l'eſprit de faction, loin d'être étouffé par tant de ſupplices & de violences, étoit plus animé que jamais, il pourſuivit le cardinal juſqu'au tombeau; la conjuration de Cinq Mars fut la dernière qu'il eut à punir, trois mois avant ſa mort; & ſi dans ce dernier intervalle on ne vit point éclater de conjuration nouvelle, c'eſt que dans l'état de dépériſſement où on le voyoit, la haine même ſe repoſoit ſur la nature, du ſoin de le détruire.

On a donc eu tort de dire qu'il avoit ſoumis les grands, il n'avoit fait que les irriter & les rendre plus mutins, c'eſt l'effet de la violence. Si le doux & timide Mazarin, qui eut le malheur de ſe trouver dans cette diſpoſition, contribua en quelque choſe aux ſoulevemens arrivés ſous ſon miniſtère, ce fut par quelques coups d'autorité qu'il voulut faire à l'imitation de *Richelieu;* ce fut auſſi par ſon inclination à tromper; car, après la violence, c'eſt la fourberie qui déplaît le plus aux hommes.

La nobleſſe avoit été indocile & remuante ſous Philippe de Valois & ſous le roi Jean, qui avoient les premiers donné l'exemple de faire couler le ſang des nobles ſur les échafauts, même ſans obſerver les formalités de la juſtice; Charles V, par ſa ſageſſe & ſa douceur, la fit rentrer dans le devoir. Livrée aux furies ſous l'anarchie du règne de Charles VI, elle redevient paiſible, lorſque, ſous le règne de Charles VII, le gouvernement ſe rétablit & ſe perfectionne; on la revoit indocile & remuante ſous Louis XI, qui joignoit la violence à la fourberie; mais dans quel temps la vit-on jamais plus ſoumiſe & plus fidèle que ſous Louis XII & François I ? C'eſt que ces princes aimoient leur nobleſſe & la traitoient avec les diſtinctions qui lui ſont dûes; c'eſt qu'ils agiſſoient avec franchiſe & gouvernoient avec douceur. Sous les derniers Valois, le fanatiſme, la perſécution, l'eſprit de la ligue replongèrent la nobleſſe, ou plutôt la nation entière dans la révolte; la clémence & les vertus de Henri IV avoient calmé ces tempêtes; *Richelieu*, par une erreur qui étoit plus de ſon caractère que de ſon eſprit, ramena les voies violentes, & voulut régner par la crainte; des troubles toujours croiſſans furent les fruits de cette politique; ceux qui ont prétendu la juſtifier, ſont partis d'une ſuppoſition abſolument fauſſe; ils ont jugé que la rigueur étoit néceſſaire, parce qu'ils ont ſuppoſé qu'elle avoit été efficace, idée démentie par l'hiſtoire entière du miniſtère de *Richelieu*, depuis la conjuration de Chalais juſqu'à la conjuration de Cinq-Mars. Cependant on répète tous les jours que *Richelieu* a ſoumis les grands, parce qu'il a fait tomber des têtes illuſtres, ce qui n'eſt point du tout la même choſe.

Richelieu, après avoir été ſucceſſivement créature du maréchal d'Ancre & du connétable de Luynes, mais ſur-tout de la reine mère, Marie de Médicis; après avoir vu paſſer comme une ombre le crédit précaire & borné des Silleri, des Mangot, des du Vair, des de Vic, du cardinal de Gondy, du comte de Schomberg, du cardinal de la Rochefoucauld, du duc de la Vieuville, &c. avoit ſu enfin fixer la faveur & donner du poids à l'autorité royale qu'il concentroit toute entière dans ſon miniſtère. Il avoit repris l'ancien ſyſtème politique, ſuivi autrefois par François I. & Henri II, celui d'abaiſſer la maiſon d'Autriche & d'exterminer en France le parti proteſtant, ſyſtème qui paroît d'abord contradictoire dans ſes deux branches; *accordez-moi ces feux avec cette protection,* diſoit Brantôme, en parlant des feux qu'on allumoit en France contre les proteſtans, & de la protection que François I accordoit aux proteſtans d'Allemagne. Le ſyſtème de la ligue, qui, en réduiſant toute la politique à la religion, raſſembloit ſous les mêmes drapeaux les catholiques de tout pays, & forçoit par la même raiſon les proteſtans de tout pays à s'unir pour faire contrepoids, étoit plus conſéquent, mais il avoit bien d'autres in-

Cccc 2

convéniens. L'ancien fyftême que reprenoit *Richelieu*, malgré fes inconféquences apparentes, tenoit à deux principes raifonnables, équilibre au dehors, unité de puiffance au dedans. Les proteftans formoient une puiffance dans l'état où il ne doit point y avoir d'autre puiffance que celle de l'état, & la maifon d'Autriche paroiffoit tendre à devenir au dehors la feule puiffance, ce qui menaçoit la liberté de toutes les autres.

Obfervons que le projet d'abattre les proteftans en France étoit plus raifonnable du temps de Louis XIII, qu'il ne l'avoit été du temps de François I & de Henri II, parce que fous Louis XIII ils formoient réellement une puiffance, au lieu que fous François I & fous Henri II, ce n'étoit qu'une fecte qu'on pouvoit diffiper par un mélange adroit de mépris & de douceur, & dont on forma une puiffance par les moyens mêmes qu'on prit pour la détruire, c'eft-à-dire par la perfécution.

Mais du temps même de Louis XIII, n'auroit-il pas mieux valu s'en tenir à ces tempéramens doux, à ces voies de modération qui avoient fi bien réuffi à Henri IV? Sans doute. Mais *Richelieu* employoit les moyens affortis à fon caractère; d'ailleurs la foibleffe & les inconféquences du gouvernement de Marie de Médicis, & des gouvernemens fuivans, avoient rendu les huguenots plus entreprenans, plus mutins; la force étoit devenue plus néceffaire à leur égard; le projet de les réduire rentroit dans la politique qui avoit autrefois armé Louis le Gros & St. Louis contre une nobleffe indépendante & indocile; auffi le projet d'abattre la nobleffe faifoit-il partie du fyftême de *Richelieu*; mais fes moyens trop odieux & trop mal adaptés aux conjonctures ne produifirent point, comme nous l'avons vu, l'effet qu'il en attendoit.

Quant à la politique extérieure d'abaiffer la maifon d'Autriche, c'étoit le renouvellement de la rivalité de l'Autriche & de la France. *Richelieu* faifoit par fyftême ce que Louis XI & François I avoient fait par paffion, c'eft-à-dire, Louis XI par fa haine pour Charles le Téméraire & pour Maximilien, gendre de Charles; & François I, par fa haine non moins violente pour Charles-Quint. L'idée même d'armer les puiffances du nord contre la maifon d'Autriche n'avoit rien de nouveau, cette politique avoit été mife en œuvre par François I; il s'étoit allié avec le Danemarck & avec la Suède; mais Guftave Vafa n'avoit pas fait contre la maifon d'Autriche, du temps de François I, tout ce que fit Guftave Adolphe, appellé par *Richelieu*. François I & Henri II avoient fuppléé aux foibles efforts de la Suède, par leur alliance avec les Turcs, moyen qui paroît avoir été négligé par *Richelieu*, fans qu'on puiffe dire que ce foit la religion qui le lui fit négliger, puifqu'il s'allioit avec les proteftans.

Ce moyen n'avoit pas été négligé fous Henri IV; témoin le traité conclu en 1604 entre ce prince & le fultan Achmet, par l'ambaffadeur de Bré-ves. (Voyez l'article SAVARY-BRÈVES.) Il paroît même que la confidération dont les Anglois jouiffoient à la Porte du temps de la reine Elifabeth, avoit paffé toute entière aux François. On peut en juger par l'article 4 de ce traité, qui porte que tous les peuples commerçans de l'europe, y compris les Anglois, pourront commercer librement avec la Porte, fous la bannière & protection de la France, & fous l'obéiffance des confuls françois. Ainfi, relativement aux affaires de la Turquie, la France étoit alors la protectrice de la chrétienté entière; cet avantage s'affoiblit fous *Richelieu*.

Le fyftême introduit par la ligue & par les guerres de religion, confondoit les intérêts politiques avec les intérêts religieux; ce fyftême avoit été repris & fuivi fous Marie de Médicis: par le renouvellement de l'ancien fyftême fous le cardinal de *Richelieu*, on diftinguoit ces intérêts, & on redonnoit aux intérêts politiques leur ancienne influence.

Richelieu cultiva les lettres en pédant, & les protégea en homme d'état. Quand on compteroit pour rien les ouvrages qu'il a compofés ou qu'on lui attribue, il lui refteroit l'établiffement de l'académie françoife, fource d'émulation, récompenfe & encouragement à la fois pour les travaux littéraires. L'homme de lettres, dès les premiers pas qu'il fait dans la carrière, fixe fes regards fur le but & s'anime à cette vue; il fait des efforts dont il eût été incapable fans cet objet d'ambition. Parvenu à ce terme, il a encore à juftifier le jugement de fes pairs, à leur prouver fa reconnoiffance, à étendre la gloire de fon corps par de nouvelles productions. Il n'y avoit qu'un miniftre plein de lumières qui pût faifir tous les avantages réfultans de ce mélange de gens de lettres & de gens de la cour également choifis, mélange qui flatte & honore les uns & les autres, qui entretient à la cour le goût du favoir, qui donne aux gens de lettres plus de politeffe, plus d'aménité, un tact plus fin, un goût plus fûr; c'étoit fur-tout bien connoître l'efprit des lettres & l'efpèce de liberté dont elles ont befoin, que d'établir une égalité parfaite entre tous les membres de cette fociété littéraire. Charlemagne, St Louis, François I, Charles IX, avoient eu l'idée d'une pareille inftitution; mais l'honneur de l'avoir remplie appartient à *Richelieu*, & ce fut lui qui fit naître à Charles II, roi d'Angleterre, l'idée de fonder, l'année même de fon rétabliffement, la fociété royale de Londres.

Le cardinal de *Richelieu* a établi l'imprimerie royale; il avoit formé le projet, exécuté depuis fous la régence de M. le duc d'Orléans, de rendre l'inftruction gratuite dans l'univerfité; mais cette inftruction gratuite eft-elle un bien? eft-elle un mal? C'eft depuis long-temps un problème, & bien des gens regrettent ce puiffant aiguillon d'émulation que l'intérêt & la gloire mettoient autrefois entre les différens professeurs, dont le fort est égal aujourd'hui, quelle que soit d'ailleurs leur inégalité de mérite.

On a écrit que le cardinal de *Richelieu* avoit les organes de l'entendement doubles ; c'est aux anatomistes à décider si ce fait est bien d'accord avec les loix de la physique, & si l'effet de cette espéce de monstruosité seroit de procurer cette étendue & cette force de génie que les ennemis même du cardinal de *Richelieu* n'ont pu lui refuser.

8°. Les deux cardinaux de *Richelieu* avoient eu un frère aîné, Henri du Plessis, seigneur de *Richelieu*, maréchal de camp, qui servoit en cette qualité dans l'armée du duc de Nevers, lorsqu'il fut tué en duel par le marquis de Thémines en 1619. Il mourut sans enfans ; & la maison du Plessis-*Richelieu* périt avec les deux cardinaux.

Mais ils avoient deux sœurs, dont l'aînée, Françoise, eut de son mariage avec Réné de Vignerot ou Wignerod, seigneur de Pont-Courlay, François de *Wignerod*, dont il sera parlé sous ce nom, & la fameuse duchesse d'Aiguillon. Delà par des adoptions & des substitutions de nom & d'armes, les ducs de *Richelieu* & d'Aiguillon d'aujourd'hui (voyez l'article WIGNEROD) La cadette des sœurs des cardinaux de *Richelieu* épousa le maréchal de Maillé-Brezé, & fut mère de la princesse de Condé, femme du grand Condé. (Voyez l'article MAILLÉ à la fin.)

RICHEMONT (voyez ARTUS, n°. 3.)

RICHER (*Hist. mod.*) Ce nom a été celui de plusieurs personnages connus. Le plus célèbre est le docteur *Richer*, Edmond, syndic de Sorbonne, éprouvé par tant de contradictions, & dont le caractère étoit propre sans doute à les faire naître. Il avoit d'abord entraîné dans le parti de la ligue & avoit poussé le zèle ligueur jusqu'à justifier dans une de ses thèses l'attentat de Jacques Clément ; honteux dans la suite d'avoir donné dans de pareilles erreurs, il se distingua par son ardeur à les combattre. Devenu syndic de la faculté de théologie, le 2 janvier 1608, il s'éleva en 1611 contre la thèse d'un dominicain qui soutenoit l'infaillibilité du pape & sa supériorité sur le concile. Il publia, la même année, son *traité de la puissance ecclésiastique & politique*, ouvrage qui, à d'autres époques & dans d'autres conjonctures, n'eût paru que l'expression la plus pure de nos maximes ; mais qui alors excita les plus grands orages ; le nonce se plaignit, les docteurs ultramontains s'ameutèrent, on voulut soulever la faculté de théologie contre l'ouvrage & l'auteur, faire censurer l'un & déposer l'autre ; mais le Parlement les prit sous sa protection, & empêcha cette injustice. Le cardinal du Perron qui, à l'assemblée des états de 1614, ne voulut pas même souffrir qu'on refusât au pape le droit de déposer les

rois & de disposer des couronnes, rassembla en 1612 quelques évêques à Paris qui condamnèrent le livre de *Richer*; alors il y eut un déluge d'écrits contre ce livre, & il fut défendu à *Richer* d'écrire une seule ligne pour sa défense. Ce ne fut pas tout ; le syndic de la faculté de théologie étoit alors à vie : le roi adressa des lettres de jussion à la faculté pour lui enjoindre d'élire un autre syndic. *Richer* fit ses protestations, & céda en homme sage à l'injustice & à la force. On élut un autre syndic, & c'est depuis ce temps que les syndics de la faculté sont élus de deux ans en deux ans. Ce ne fut pas tout encore ; *Richer* fut arrêté & mis dans les prisons de Saint-Victor. Il donna différentes déclarations & explications de son livre pour tâcher d'appaiser la cour de Rome, rien ne put la satisfaire, & la cour de France épousa sa querelle ; enfin, si l'on en croit l'abbé Racine dans son histoire ecclésiastique, le cardinal de Richelieu & le père Joseph trouvèrent un moyen bien étrange de terminer cette affaire. Le père Joseph invita *Richer* à dîner ; après le dîner il le fit passer dans une chambre où il lui présenta une rétractation formelle de son livre à signer ; en lui disant : *c'est aujourd'hui qu'il faut mourir ou rétracter votre livre*. *Richer* résistoit ; deux assassins entrent dans la chambre un poignard à la main, prennent *Richer* chacun par un bras, lui appuyant la pointe du poignard l'un par devant, l'autre par derrière, tandis que le P. Joseph lui conduisant la main, le forçoit de signer. On ajoute que cette violence qui s'exerçoit sur *Richer* en 1629, avança sa mort qui arriva en 1630. Si ce fait est vrai, si on croyoit devoir employer le crédit, les intrigues & les violences du cardinal du Perron, du cardinal de Richelieu, du P. Joseph, pour arracher à un malheureux vieillard le désaveu d'un livre, qui, sans toutes ces fureurs, n'auroit même jamais été célèbre, on ne sait si le gouvernement de ce temps-là étoit plus ridiculement insensé ou plus insolemment méchant. Au traité de la puissance ecclésiastique de *Richer*, est jointe une défense de sa conduite & de sa doctrine, & une apologie de Gerson, qui, dans son temps, avoit combattu pour la même cause. *Richer* engagé dans cette cause, composa beaucoup d'autres ouvrages qui s'y rapportent, & qui sont comme autant de corollaires de son livre, tels que *Vindiciæ doctrinæ-majorum de auctoritate ecclesiæ in rebus fidei & morum; de potestate ecclesiæ in rebus temporalibus*; Plusieurs mémoires manuscrits sur l'histoire de la faculté de théologie de Paris ; un traité imprimé *de optimo academiæ statu*; une histoire des conciles généraux; on a encore de lui un ouvrage intitulé: *obstetrix animorum*, & quelques autres d'un autre genre, tous en latin, parce que c'est la langue de l'université. On a publié en 1753 une histoire du syndicat d'Edmond *Richer*. Ce docteur étoit né en 1560 dans le diocèse de Langres.

2°. Jean *Richer*, libraire de Paris, mort en 1655, fut le premier rédacteur du *mercure françois*; il ne rédigea que le premier volume; un autre *Richer* (Étienne) en donna la suite jusqu'en 1635, & Théophraste Renaudot (voyez son article) la poussa jusqu'en 1643.

3°. Henri *Richer* est l'auteur de fables, dont on se souvient encore que l'abbé Desfontaines remplissoit presque toutes ses feuilles; il y a de lui d'autres ouvrages beaucoup moins connus, une traduction en vers des églogues de Virgile & des huit premières héroïdes d'Ovide, une vie de Mécène, deux tragédies *Sabinus*, *Coriolan*. Né en 1685 à Longueil dans le pays de Caux; mort en 1748.

4°. François *Richer* d'Aube, intendant de Caën & de Soissons, neveu, à la mode de Bretagne, de M. de Fontenelle. On a de lui un ouvrage intitulé : *Essai sur les principes du droit & de la morale*. Il n'est plus connu aujourd'hui que par quelques plaisanteries, par lesquelles M. de Fontenelle repoussoit ses brusqueries & ses gronderies continuelles, & par ces jolis vers du poëme sur les disputes :

Auriez-vous par hasard connu feu monsieur d'Aube,
Qu'une ardeur de dispute éveilloit avant l'aube, &c.

Mort à Paris en 1752.

RID

RIDLEY, (NICOLAS) *Hist. de la réforme.*) évêque de Rochester, une des victimes du zèle persécuteur de la reine Marie & de ses bourreaux, Bonner & Gardiner, (voir ces deux articles) fut brûlé à Oxford le 16 octobre 1555. On a de lui quelques écrits polémiques contre la religion romaine.

RIDOLFI, (CHARLES) *Hist. litt. mod.*) Vénitien, du seizième siècle, auteur d'une vie italienne du Tintoret (Jacques Robusti) & d'une *histoire des peintres Vénitiens.*

RIE

RIENZI. (GABRINO ou GABRINI) NICOLAS dit) On connoît son histoire, écrite par le P. du Cerceau, sous ce titre: *Conjuration de Nicolas Gabrini, dit de Rienzi, tyran de Rome, en 1347*, avec des additions & des notes du P. Brunoi. Les anciennes idées républicaines de Rome se renouvelloient quelquefois dans des têtes ardentes, même sous le gouvernement papal; *Rienzi* fut une de ces têtes ardentes. Né à Rome dans l'obscurité, il ne pouvoit rien attendre que du gouvernement populaire; il avoit reçu de la nature, avec une figure

noble & imposante, des avantages assez souvent suspects dans les gouvernemens monarchique & aristocratique, de l'esprit, de l'éloquence, de l'audace, des vues. Les talens qu'il annonçoit, mais dont on étoit bien éloigné encore de prévoir l'emploi dangereux, le firent choisir pour une députation importante. Le pape Clément VI avoit transféré le saint siége de Rome à Avignon; son absence appauvrissoit Rome, il fut chargé de porter au pape des vœux & les instances des Romains pour son retour. Pétrarque l'accompagna, & exprima en vers les mêmes vœux; tous deux furent très-agréables au pape, mais ils ne le persuadèrent pas; Pétrarque revint de ce voyage tel qu'il étoit parti, grand poëte & homme aimable; *Rienzi* devint homme d'état, ses idées s'étendirent; il fonda sur le refus du pape les plus hautes espérances; il se tourna du côté du peuple, gagna sa confiance, se fit donner le gouvernement de Rome, avec le titre de tribun qu'il prétendoit rétablir dans toute sa puissance & toute sa splendeur; il prit les Gracques pour modèle, & voulut comme eux être l'auteur d'une grande révolution, dût-il périr comme eux. Il ne paroissoit que de liberté, de justice & de paix; le but où il paroissoit tendre, & qui fournissoit le mot de ralliement, s'appelloit le *bon état* Quand il crut qu'il étoit temps d'agir, il fit publier à son de trompe dans toutes les rues de Rome un ordre ou une invitation de se trouver sans armes, la nuit du 19 mai 1347, dans l'église du château Saint-Ange; là, il fit célébrer presqu'en même temps jusqu'à trente messes du Saint-Esprit, auxquel il assista, & pour en recueillir le fruit, il mena vers les neuf heures du matin le peuple au Capitole. Il y déploya solemnellement trois étendarts, sur l'un desquels étoient représentés les symboles de la liberté, sur un autre ceux de la justice, sur le troisième ceux de la paix. Il dicta ensuite ses loix sous la forme de quinze réglemens pour parvenir au *bon état*. Il créa un nouveau conseil qu'il nomma *la chambre de justice & de paix*, & joignant utilement pour Rome les fonctions de censeur à celles de tribun, il purgea cette ville de tous les malfaiteurs & de tous les gens vicieux; on crut un moment voir renaître les beaux jours de la république. Le respect & la terreur de son nom se répandirent dans toute l'Italie; on le vit à la tête d'une armée formidable commander la liberté, la justice & la paix, & forcer tous les princes & toutes les républiques d'Italie d'entrer dans la ligue du *bon état*. Ce *bon état* fut une tyrannie assez complette que *Rienzi* exerça non seulement dans Rome, mais sur les petites puissances d'Italie, & qu'il voulut même étendre jusques sur les plus grandes puissances & les plus indépendantes. Il osa citer à son tribunal l'empereur Louis de Bavière, Charles de Luxembourg (depuis l'empereur Charles IV), & les électeurs de l'empire. Il reçut des ambassadeurs de diverses têtes couronnées ; mais quelques coups d'autorité, quelques violences ayant averti le peuple qu'au lieu d'être protégé par un tribun, il étoit opprimé par un tyran, *Rienzi* eut du moins le mérite de s'appercevoir qu'il perdoit la faveur populaire & de prévenir sa ruine par une abdication qui parut volontaire. Il se retira au commencement de l'an 1348 à Naples, prit un habit de pénitent, ne vécut pendant deux ans qu'avec des hermites, & seroit peut-être aujourd'hui regardé comme un grand homme à tous égards, s'il avoit su mourir ainsi dans la retraite, après avoir vécu dans les grandeurs. Mais il ne savoit pas se cacher, il falloit qu'il fît du bruit ; il rentra secrétement dans Rome, y excita une sédition, fut obligé de se sauver de pays en pays ; il alla jusqu'à Prague, il y trouva le roi des Romains, roi de Bohême, Charles de Luxembourg, qu'il avoit désobligé dans le temps de sa puissance. Charles le fit arrêter, & l'envoya au pape Clément VI, à Avignon. Celui-ci avoit oublié la harangue par laquelle *Rienzi* avoit voulu le rappeler à Rome, & se souvenoit seulement que cet homme y avoit élevé son autorité personnelle sur les ruines de l'autorité papale. Il nomma trois cardinaux pour lui faire son procès, mais Clément mourut, & le procès s'arrêta ; *Rienzi* trouva grace devant Innocent VI, successeur de Clément. Innocent crut même que *Rienzi* ne lui seroit pas inutile à Rome, & il l'y renvoya en lui donnant le titre de sénateur. Un avanturier heureux en voit bientôt paroître plusieurs autres empressés de courir sur son marché : *Rienzi* en arrivant à Rome, trouva en effet qu'un autre avanturier, nommé François Baroncelli, s'étoit fait tribun, pour devenir, s'il pouvoit, un autre *Rienzi* ; il réclama ses anciens droits & son nouveau titre, & renversa aisément son rival ; mais les nobles craignant qu'il ne reprît son ancienne autorité, excitèrent des troubles, dans le cours desquels *Rienzi* mourut percé de coups, le 8 octobre 1354.

RIEUX, (*Hist. de France.*) noble & ancienne maison de Bretagne, qui tire son nom de la terre de *Rieux* dans cette province. On distingue dans cette maison :

1°. Roland, sire de *Rieux*, l'un des seigneurs Bretons qui s'assemblèrent à Vannes en 1203, pour venger la mort du jeune prince Artus, assassiné par son oncle Jean-sans-Terre. Il mourut en 1205.

2°. Alain, sire de *Rieux*, son fils, se souleva contre Pierre de Dreux, dit *Mauclerc*, duc de Bretagne, prince très-propre à exciter de tels soulèvemens. Mort en 1225 le 27 mars.

3°. Gilles, sire de *Rieux*, fils d'Alain, fit en 1239 le voyage de la Terre-Sainte ; & mourut en 1255.

4°. Guillaume, arrière-petit-fils de Gilles, fut tué le 20 juillet 1347, au siége de la Roche-de-Rien, dans la grande querelle des maisons de Montfort & de Penthièvre, relativement à la Bretagne.

5°. Jean I du nom, sire de *Rieux*, frère aîné de Guillaume, rendit de grands services aux rois Philippe de Valois & Jean, dans les guerres de Gascogne & de Bretagne.

6°. Guillaume, deuxième du nom, sire de *Rieux*, son fils aîné, qui suivoit le parti de Charles de Blois dans ces guerres de Bretagne, commanda l'arrière-garde de son armée à la bataille d'Aurai en 1364, & fut trouvé mort auprès de lui.

7°. Il eut pour frère Jean de *Rieux*, deuxième du nom, maréchal de France. Celui-ci, en récompense des services qu'il avoit rendus à Charles VI, fut fait maréchal de France, le 29 décembre 1397 à la place de Louis de Sancerre, qui fut alors connétable. Le maréchal de *Rieux* battit en 1404 les Anglois qui ravageoient la Bretagne ; il fut destitué en 1411, & rétabli le 24 octobre 1413 ; enfin se voyant accablé d'années & d'infirmités, il donna sa démission le 10 août 1417.

8°. Mais ce fut en faveur de Pierre de *Rieux* son fils. Comme on vivoit alors dans un temps de faction, où tous les partis étoient tour-à-tour oppresseurs & opprimés, Pierre de *Rieux* fut destitué par la faction de Bourgogne, le 2 juin 1418. Il n'en fut que plus attaché au dauphin, qui fut depuis le roi Charles VII, qu'il servit toujours avec beaucoup de zèle & de fidélité, & souvent avec beaucoup de succès. Il défendit vaillamment contre les Anglois la ville de Saint-Denis en 1435, reprit sur eux la ville de Dieppe, leur fit lever le siége de Harfleur en 1438. En passant devant le château de Compiegne pour retourner à la cour, il fut arrêté pour quelque querelle particulière par Flavi, gouverneur de Compiegne, qui le retint dans une prison où il mourut l'année suivante 1439, à Nesle en Tardenois ; c'est ce même Flavi qui fut soupçonné d'avoir fait fermer la barrière à la pucelle d'Orléans, lorsqu'elle vouloit rentrer dans Compiegne après une sortie, & d'avoir été cause de sa captivité & de sa mort cruelle. Les parens du maréchal de *Rieux* firent long-temps condamner les héritiers de Flavi, par arrêt du parlement du 7 septembre 1509, à fournir une somme de dix mille livres pour faire prier Dieu pour l'ame de messire Pierre de *Rieux*, injustement pris & détenu par Flavi leur auteur ; ce Flavi avoit porté la peine de ses crimes, ayant été misérablement égorgé en 1448 dans son château de Nesle, par un de ses ennemis.

9°. Jean IV, sire de *Rieux* & de Rochefort, maréchal de Bretagne, né le 27 juin 1447, suivit le duc de Bretagne, François, à la guerre du bien public contre Louis XI en 1464. Il se ligua contre ce même duc en 1484, mais rentra bientôt dans le devoir, & sous le regne de Charles VIII, il commanda l'avant-garde de l'armée bretonne à la bataille de Saint-Aubin du Cormier, du 28 juillet 1488, où fut pris le duc d'Orléans, (depuis le roi Louis XII.) Il fut tuteur d'Anne de Bretagne, fille du duc François, & c'est en grande partie par son entremise que fut conclu le mariage de cette princesse avec Charles VIII; il s'attacha de ce moment à ce prince, il le suivit à la conquête du royaume de Naples, & y servit utilement; il servit de même Louis XII, devenu son maître par son mariage avec la même Anne de Bretagne; il commanda sous ce regne une armée en Roussillon, & mit le siége devant Salces, où la malignité de l'air lui causa une longue maladie dont il ne put jamais guérir, & à laquelle il succomba le 9 février 1518.

10°. Claude I, sire de Rieux & de Rochefort, fils du précédent, suivit François aux guerres du Milanès, se distingua aux batailles de Marignan & de Pavie, fut fait prisonnier dans cette dernière affaire; & ayant payé sa rançon, fut un des ôtages demandés par Charles-Quint pour la délivrance de François Iᵉʳ, après le traité de Madrid du 5 février 1526; mais François Iᵉʳ préféra de donner ses fils. Claude mourut le 19 mai 1532.

11°. Dans la branche des marquis d'Afferac, Jean de Rieux fut tué à Paris en 1595.

12°. René de Rieux, son fils unique, se noya dans le Tibre à Rome, le 13 août 1609, en voulant sauver un de ses pages qui se noyoit.

13°. Dans la branche des comtes de Châteauneuf, Gui de Rieux, lieutenant-général en Bretagne, chevalier de l'ordre du roi, capitaine de cinquante hommes d'armes, se trouva aux batailles de Dreux, de Saint-Denis, de Jarnac, de Montcontour; aux siéges de la Rochelle, de Saint-Jean d'Angely, de Lézignem; il fut blessé à ce dernier siége. Il se trouva aussi à la défaite des Reîtres à Auneau en 1587.

14°. Dans la branche des marquis de Sourdeac, René de Rieux, tige de cette branche, fut comme le précédent, lieutenant-général en Bretagne, chevalier de l'ordre du roi, capitaine de cinquante hommes d'armes; il fut élevé enfant d'honneur du roi Charles IX, se trouva au siége de la Rochelle en 1573, à ceux de Saint-Lo & de Carentan en 1574, à la bataille de Coutras en 1587. Il défit en plusieurs rencontres les troupes des ligueurs en Bretagne, & seconda puissamment le maréchal d'Aumont, qui commandoit dans cette province où il fut tué, René suivit Henri IV à l'expédition

de Savoye en 1600. Il mourut le 4 décembre 1628, à 80 ans.

15°. Gui de Rieux, son fils aîné, premier écuyer de la reine Marie de Médicis, suivit la fortune de cette princesse, & détestant l'ingratitude du cardinal envers Marie, sortit avec elle du royaume; il fut déclaré criminel de lèze-majesté, parce qu'il étoit vertueux, & que le pouvoir étoit entre les mains d'un coupable; ses biens furent confisqués par arrêts des 17 & 20 novembre 1631. Il mourut dans sa terre de Neubourg, le 14 novembre 1640.

16°. René de Rieux, évêque de Léon, frère du précédent, eut à-peu-près la même destinée; son attachement au duc d'Orléans l'ayant rendu suspect au cardinal de Richelieu, ce violent ministre le fit déposer par quatre évêques françois, nommés commissaires par le pape Urbain VIII. Son évêché déclaré vacant fut donné en 1635 à M. Talon, curé de Saint-Gervais à Paris, qui crut devoir y renoncer (en 1637), & qui eut pour successeur M. Cupif, archidiacre de Quimpercorentin. René de Rieux garda le silence pendant la vie du cardinal; après sa mort, il porta son appel au pape Innocent X, & fut secondé par l'assemblée du clergé de 1645. Innocent X nomma sept commissaires par lesquels René fut absous & rétabli dans son évêché, par un jugement du 6 septembre 1646. M. Cupif y forma opposition, & par un arrêt du conseil, il fut maintenu dans son évêché jusqu'en 1648, que le roi, pour accommoder cette affaire, transféra M. Cupif à l'évêché de Dol. M. de Rieux fut alors pleinement rétabli dans celui de Léon, il y rentra le 24 décembre 1648. Mort le 8 mars 1651, à 63 ans.

RIG

RIGAULT, (Nicolas) Hist. litt. mod.) attaché au président de Thou; instituteur de ses fils, il fut le continuateur de son histoire, & il n'a pas rétabli la réputation des continuateurs. Il étoit d'ailleurs savant dans le droit & dans la littérature, tant ecclésiastique que profane. Il a beaucoup écrit sur le droit romain; il a donné des éditions de Saint-Cyprien & de Tertullien, des traductions d'Onosandre & d'Artémidore, auteurs grecs, des notes & des corrections sur Phèdre, sur les écrivains de re agrariâ, &c. Né à Paris en 1577, mort à Toul en 1654.

RIGORD. (Hist. litt. mod.) Le moine Rigord, chapelain & médecin de Philippe Auguste, a écrit l'histoire de ce prince; Gesta Philippi Augusti Francorum regis. Il avoit vu distinctement, ainsi que tous les moines d'Argenteuil, la lune descendre à terre & remonter au ciel, le tout parce qu'elle est la figure de l'église, qui a ses phases aussi bien qu'elle. Il avoit observé aussi comme physicien

& comme hiftorien, que depuis que la vraie croix avoit été prife par les Turcs, les enfans n'avoient plus que vingt ou vingt-trois dents, au lieu de trente ou trente-deux qu'ils avoient auparavant. Son hiftoire comprend tout l'intervalle de 1169 à 1209.

R I N

RINUCCINI, (OCTAVIO) *Hiſt. litt. mod.*) poëte italien de Florence, qui vint en France à la fuite de la reine Marie de Médicis. On lui attribue l'invention de l'opéra en Italie; quelques-uns cependant l'attribuent à un gentilhomme romain, nommé Emilio del Cavalero, qui avoit donné un opéra dès l'an 1590. *Rinuccinni* perfectionna du moins ce genre; trois de fes opéras, *Daphné*, *Eurydice & Ariadne* eurent beaucoup de fuccès en Italie. Il mourut en 1621 à Florence. Ses œuvres, furent publiées l'année fuivante par fon fils Pierre-François *Rinuccini*.

R I O

RIO-BUS. (*Hiſt. mod. ſuperſtit.*) C'eſt chez les Japonois le nom d'une fecte de la religion du Sintos, qui a adopté les pratiques fuperſtitieufes des religions étrangères, & fur-tout celles du Budſdoïſme ou de la religion de Siaka. (*A. R.*)

RIOLAN. (JEAN) *Hiſt. litt. mod.*) Deux *Riolan*, père & fils, tous deux nommés Jean, tous deux médecins célèbres. On a du père, natif d'Amiens, mort en 1605, divers ouvrages de médecine & d'anatomie, entr'autres une *Gigantologie* ou difcours fur les géans, auquel Nicolas Habicot oppofa une *anti-Gigantologie*.
Riolan le fils, mort en 1657, avoit été profeffeur royal en anatomie & en botanique, & médecin de Marie de Médicis. Il a beaucoup écrit fur l'anatomie, & a fait des découvertes dans cette fcience.

R I P

RIPPERDA, (JEAN-GUILLAUME, baron de) (*Hiſt. mod.*) aventurier très-extraordinaire, auquel il fut donné de féduire, mais non pas de fixer; fa faveur fut par-tout éclatante, mais paffagère; Hollandois, d'une famille noble de la province de Groningue, il fervit quelque temps les Etats-généraux en qualité de colonel d'infanterie. Nommé en 1715 ambaffadeur de Hollande à la cour d'Efpagne, il plut à Philippe V ou à la reine fa femme, & pour profiter de fa faveur dans cette cour, il fe fixa en Efpagne. Les traités d'Utrecht & de Raſtad avoient terminé la guerre de la fucceffion, l'Efpagne étoit reſtée à Philippe V; mais les cours de Vienne & de Madrid étoient

Hiſtoire. Tome IV.

toujours jaloufes & ennemies; la maifon d'Autriche voyoit toujours d'un œil d'envie dans les mains de la maifon de France cette Efpagne qu'elle avoit long-temps difputée comme fon patrimoine. *Ripperda* parvint à éteindre entièrement ces vieilles haines; il parvint à conclure en 1525 un traité de paix & de commerce entre l'empereur & le roi d'Efpagne; alors fa faveur fut au comble; on le regarda comme un homme à qui rien n'étoit impoffible, & qui favoit triompher de tous les obftacles; on le fit duc, grand d'Efpagne, miniftre de la guerre, de la marine, des finances, premier miniftre enfin, au titre près. Cet engagement n'eut qu'un temps, même fort court : dès 1726, on fut obligé d'éloigner *Ripperda* des affaires & de la cour. Il alla chercher un afyle dans la maifon de Stanhope, ambaffadeur d'Angleterre à Madrid; cet afyle n'en fut pas un pour lui, il y fut enlevé & enfermé dans le château de Ségovie; il y reſta jufqu'au 2 feptembre 1728, qu'il trouva le moyen de fe fauver de fa prifon; il paffa d'abord en Portugal, de là en Angleterre, & revint dans la Hollande fon pays. Il ne s'y borna pas, le repos n'étoit pas fait pour lui; il connut en Hollande un envoyé de Maroc, qui jugea qu'un tel homme plairoit à Mulley Abdalla fon fouverain, il ne fe trompa point; *Ripperda* eut bientôt à Maroc le crédit & le pouvoir qu'il avoit eus en Efpagne; pour s'affermir dans ce pays, il fe fit mahométan, ce qui contribua peut-être, contre fon attente, à l'y faire méprifer; il prit le nom d'Ofman. Il étoit dans fa deſtinée de vivre dans une alternative perpétuelle de faveur & de difgrace; il fut difgracié & mis en prifon; au bout de deux mois, on lui rendit la liberté, mais on lui défendit de paroître à la cour. Comme il falloit toujours qu'il parût au premier rang par-tout où il étoit, il fe fit apôtre & chef de fecte; il fit un mélange des trois religions, juive, chrétienne & mahométane, & il eut un parti parmi les amateurs de nouveautés; enfin il fut chaffé de Maroc en 1734, & toute cette gloire & toute cette puiffance vinrent aboutir au mépris général. Il mourut à Tetuan en 1737.

R I Q

RIQUET ou RIQUETY, (*Hiſt. mod.*) famille originaire de Florence, & depuis long-temps établie en Provence. Le premier de cette famille qui s'y établit, fut Pierre de *Riquety*. Robert d'Anjou, roi de Naples, ayeul de la reine Jeanne Ire, emmena Pierre en Provence, le fit capitaine & châtelain du château de la ville de Seine, où Pierre fonda un hôpital. Il mourut en 1350, & fut enterré dans cet hôpital. On y voyoit encore au fiècle dernier fon maufolée & fa repréfentation; il étoit, l'épée à la main, revêtu d'une cotte d'armes à l'antique; de lui defcendent d'un côté les marquis & comtes de Mirabeau, de l'autre les comtes de Caraman.

I°. *Branche de Mirabeau.*

Pierre fut le trifayeul de Jean, feigneur de Mirabeau, qui époufa en 1564 Marguerite de Glandevez, fille d'une Doria de Gênes. Il fe jetta dans Marfeille, quand le fameux Mouvens, (Voyez fon article) un des chefs protestans, voulut furprendre cette place; Mirabeau le battit & le repouffa. Mouvens alla s'en venger à Seine fur le mausolée de Pierre *Riquety*, & fur l'hôpital, qu'il détruifit en partie.

Thomas, petit-fils de Jean, marquis de Mirabeau, fervit au fiége de la Rochelle & à la reprife des îles de Sainte-Marguerite. Bruno, fon petit-fils, comte de Mirabeau, officier aux Gardes, fe fignala dans dix-fept fiéges de tranchée ouverte.

Jean-Antoine, coufin-germain de Bruno, & marquis de Mirabeau, fut bleffé à la bataille de Caffano, & refta eftropié des deux bras. Il époufa en 1708 Françoife de Caftelane, & fut père de Victor, marquis de Mirabeau, premier baron du Limoufin.

Celui-ci eft l'auteur de *l'Ami des hommes.*

II°. *Branche de Caraman.*

Pierre-Paul de *Riquet*, feigneur de Bonrepos, ne le . . . . . fut un de ces génies rares, dont les fpéculations ne fe bornent pas au bonheur de leur famille, mais au feul à la paffion d'être utiles à leur patrie; ainfi la communication de la mer méditerannée avec l'océan, qu'il conçut avant l'année 1660 & qu'il commença en 1667, fut achevée en 1681 par fes foins, & par le courage infatigable qui lui fit furmonter des obftacles invincibles en apparence.

Il mourut le premier octobre 1680, un an avant que le canal fût navigable dans toute fon étendue.

Cet homme extraordinaire, & qui réuniffoit les plus grandes vertus aux talens naturels qui l'avoient fait naître géomètre, a eu le bonheur de quadrupler les avantages de l'agriculture & les richeffes de la partie méridionale du royaume. En effet le furplus des denrées de première néceffité, dont la Guyenne, le Languedoc & la Provence abondoient, n'avoit de débouchés que par les ports qui fe trouvoient fur les côtes; mais il n'exiftoit aucune communication intérieure qui ne coutât de grands frais; l'agriculture languiffoit conféquemment faute de débit, & le propriétaire pauvre ne pouvoit faire les avances néceffaires au défrichement des terres incultes, de forte que le terrein le plus fertile ne produifoit pas le quart des richeffes dont il étoit fufceptible.

Dès que *Riquet* eut ouvert la communication des mers, une activité, qui a toujours augmenté

progreffivement, a rendu la culture de ces provinces la plus parfaite de l'Europe. Les pays de fables & de rochers ont été améliorés; des travaux difpendieux & des engrais abondans ont vivifié les terreins les plus arides; les hameaux font devenus des villes, & les bourgs ont été changés en villes commerçantes; Marfeille, Ceite & Bordeaux fe font communiqués intérieurement, & la circulation de leur commerce, à l'abri des orages & des guerres de mer, a été auffi continue qu'économique.

On peut juger de l'avantage de cette communication par les calculs fuivans:

Les barques du canal de communication des mers en Languedoc portent actuellement jufqu'à 2000 quintaux fur 61 lieues de pofte.

De Touloufe à l'étang de Thau, on compte 122,446 toifes, qui font environ 61 lieues de pofte; l'économie du tranfport de 2000 quintaux de Touloufe à Agde, par le canal fur la route de terre, eft de 6400 liv. environ; on fait tirer une barque de ce poids par deux ou trois chevaux, tandis que par terre il faudroit cinquante charrettes, attelées chacune de quatre chevaux pour le même objet.

Ce calcul donne une idée des avantages dus au génie de M. de *Riquet*; auffi M. le maréchal de Vauban ayant été chargé d'examiner cet ouvrage, M. de *Riquet* l'accompagna dans fa vifite; mais étant arrivé au réfervoir de Saint-Ferriol, il s'apperçut que M. de Vauban redoubloit d'attention, ce qui l'inquiéta beaucoup; il lui demanda le fujet de fes réflexions. M. de Vauban répondit qu'il manquoit à ce grand ouvrage une chofe effentielle qui avoit été oubliée; & après avoir joui un peu de l'embarras de M. de *Riquet*, M. de Vauban finit par lui dire avec grace que l'on auroit dû placer à cet endroit la ftatue de l'homme illuftre qui avoit conçu & exécuté un projet auffi grand que celui du canal de Languedoc. Cette réponfe tranquillifa beaucoup M. de *Riquet*, qui craignoit que fes ennemis n'euffent prévenu M. de Vauban contre lui.

Depuis la mort de l'auteur du canal, fes fucceffeurs qui ont toujours fervi le roi avec zèle dans les premiers grades militaires & dans les premières charges de la magiftrature, ont porté le canal à fa perfection par plus de deux millions d'améliorations, & par une recherche fuivie dans fon entretien, qui rend cet ouvrage un des plus beaux comme un des plus utiles à la France en particulier, & au commerce en général. (*A. F.*)

(On fait que MM. de Caraman defcendent de M. de *Riquet*, entrepreneur & exécuteur de cet important & utile canal, qui lui-même defcendoit de Reynier, arrière-petit-fils de Pierre de *Riquety*, établi en Provence fous le roi de Naples, Robert.

M. le comte de Caraman, grand-oncle de M. le

comte de Caraman d'aujourd'hui, a obtenu de Louis XIV la diſtinction la plus honorable pour une action qui ſeroit, d'elle-même & indépendamment de la récompenſe, la diſtinction la plus honorable. Nous ne pouvons mieux la faire connoître qu'en rapportant en entier les proviſions ſuivantes, où le fait eſt parfaitement expoſé dans tous ſes détails.

Proviſions de Grand'Croix de l'ordre de S. Louis, accordées par S. M. le roi Louis-XIV à M. le comte de Caraman, *Lieutenant-Général de ſes armées, pour une action diſtinguée.*

» LOUIS, par la grace de Dieu, roi de France
» & de Navarre, chef ſouverain, grand-maître
» & fondateur de l'ordre militaire de S. Louis :
» à tous ceux qui ces préſentes lettres verront ;
» Salut : bien que par l'édit de création de nôtre
» ordre militaire de S. Louis, il y ait été ſtatué
» que les grand'croix ne pourront être tirés que
» d'entre les commandeurs, nous avons eſtimé
» devoir paſſer par-deſſus cette règle en faveur de
» notre très-cher & bien-amé le ſieur de *Caraman*,
» chevalier dudit ordre, l'un de nos lieutenans-
» généraux en nos armées, & ſans attendre même
» qu'il y eut de grand'croix vacante, l'élever à
» cette dignité, afin de le récompenſer, par cette
» marque de diſtinction, du ſervice important &
» recommandable qu'il vient récemment de nous
» rendre au combat de Wange, où, avec onze
» bataillons, il a ſoutenu tout l'effort d'une nom-
» breuſe armée, & aſſuré, par ce moyen, la
» retraite de trente-cinq de nos eſcadrons : il
» avoit d'abord rangé ſes onze bataillons ſur deux
» lignes ; ſa droite appuyée aux haies voiſines
» du village de Wange, que les ennemis occu-
» poient, & par le feu de cette infanterie & de
» ces onze compagnies de grenadiers poſtés à la
» tête des haies, a réſiſté pendant un temps con-
» ſidérable, & même pouſſé vigoureuſement celle
» des ennemis. Il fut obligé enſuite de ſe dépoſter
» & de s'avancer dans la plaine pour couvrir
» notre cavalerie, & lui donner le temps de ſe
» rallier, comme elle le fit ; mais enfin, voyant
» qu'elle étoit obligée de céder à l'exceſſive ſupério-
» rité du nombre de celle des ennemis, ce fut dans
» cette occaſion qu'il ſut glorieuſement prendre ſon
» parti, puiſqu'au lieu de ſe tourner vers la droite
» où les haies rendoient la retraite de ſon infanterie
» auſſi aſſurée que facile, il ne crut pas devoir
» abandonner notre cavalerie, de ſorte qu'il n'hé-
» ſita pas à marcher au milieu d'une plaine dé-
» couverte où il n'y a ni ravin ni buiſſon, &
» ayant fait mettre tous ces bataillons enſemble,
» les drapeaux dans le centre, il ſe fit jour, par
» le feu de la mouſqueterie & les baïonnettes au
» bout du fuſil, au travers de plus de quatre-
» vingts eſcadrons ennemis, ſuivis & ſoutenus de

» toute l'infanterie de leur armée ; & malgré même
» pluſieurs décharges de canon qu'il eut à eſſuyer,
» il traverſa la plaine ſans que les ennemis aient
» pu l'entamer. Cette retraite, l'une des plus glo-
» rieuſes qui ſe ſoit jamais vue, ne marque pas
» moins la capacité du premier ordre dans le chef
» qui l'a conduite, qu'une fermeté intrépide &
» un véritable zèle pour le bien général de l'état ; &
» comme un ſervice ſi ſignalé nous rappelle encore
» tous ceux qu'il nous a rendus depuis plus de
» quarante ans qu'il entra en qualité d'enſeigne
» dans le régiment de nos Gardes-Françoiſes, &
» nous fait agréablement ſouvenir qu'il s'eſt acquitté
» de tous les commandemens divers qui lui ont
» été confiés d'une manière qui nous le fait con-
» ſidérer depuis long-temps comme un des meilleurs
» officiers généraux que nous puiſſions avoir dans
» nos armées de terre, nous avons été bien aiſe,
» à l'occaſion de ſa dernière action, de lui donner
» un témoignage éclatant de la ſatisfaction que
» nous avons des ſervices & de l'eſtime particu-
» lière que nous faiſons de ſa perſonne. A ces
» cauſes, & autres à ce nous mouvant, Nous
» avons, à notredit très-cher & bien amé le ſieur
» de *Caraman*, accordé & accordons, par ces pré-
» ſentes ſignées de notre main, la première place
» vacante de grand'croix dans l'ordre militaire de
» S. Louis, du nombre des ſept, deſtinées pour
» les officiers de nos armées de terre ; voulons
» qu'en attendant ladite vacance, & dès à préſent,
» il prenne le titre & qualité de grand'croix ; que
» comme tel, il porte la croix avec le cordon large
» en écharpe, comme auſſi une croix en broderie
» d'or, tant ſur le juſte-au-corps, que ſur le manteau ;
» qu'il jouiſſe de tous les autres honneurs attri-
» bués à ladite dignité, & ſuccède à la penſion
» de ſix mille livres, attachée à la place de
» grand'croix qui viendra à vaquer, ſans qu'il y
» ait beſoin d'autre permiſſion que des préſentes,
» par leſquelles nous l'avons fait, conſtitué, or-
» donné & établi, faiſons, conſtituons, ordonnons
» & établiſſons grand'croix dudit ordre militaire
» de S. Louis, ayant, pour cet effet, dérogé à
» l'édit de création dudit ordre, pour ce regard
» ſeulement. Fait à Verſailles le dix-huitième jour
» de juillet mil ſept cent cinq, & de notre regne
» le ſoixante-troiſième. *Signé* LOUIS. *Et plus bas*,
» par le Roi, CHAMILLARD. »

R I T

RITES. (TRIBUNAL DES) *Hiſt. mod.*) C'eſt un tribunal compoſé de mandarins & de lettrés Chinois, dont la deſtination eſt de veiller ſur les affaires qui regardent la religion, & d'empêcher qu'il ne s'introduiſe dans le royaume de la Chine, les ſuperſtitions & innovations que l'on voudroit y prêcher. Ce tribunal eſt, dit-on, preſque auſſi ancien que la monarchie ; les mandarins qui le composent sont de la secte des lettrés, c'est-à-dire, ne suivent aucune des superstitions adoptées par des bonzes & par le vulgaire. Cependant on accuse quelques-uns de ces lettrés de se livrer en particulier à des pratiques superstitieuses, qu'ils désavouent & condamnent en public. On croit que c'est à ce tribunal que la Chine est redevable de la durée des principes de la religion des lettrés Chinois, qui est exempte d'idolatrie, vû qu'elle n'admet qu'un seul dieu, créateur & conservateur de l'univers.

Le tribunal des rites a donc le département des affaires religieuses; il est chargé de faire observer les anciennes cérémonies; les arts & les sciences sont sous sa direction, & c'est lui qui examine les candidats qui veulent prendre des degrés parmi les lettrés. Il fait les dépenses nécessaires pour les sacrifices & pour l'entretien des temples; enfin c'est lui qui reçoit les ambassadeurs étrangers, & qui règle le cérémonial que l'on doit observer. Ce tribunal s'appelle li-pu ou li-pou parmi les Chinois. (A. R.)

RITES (CONGRÉGATION DES) Hist. mod.) est celle qui fixe les cérémonies ecclésiastiques dans toute l'étendue de la catholicité, qui forme les rituels, missels, bréviaires, offices particuliers, & autres livres employés dans l'église; qui règle les canonisations, les fêtes, les processions, les bénédictions, les enterremens, les prédications, les rubriques; qui maintient l'observation des cérémonies, des usages & de la tradition de l'ancienne église; qui décide des préséances & des prétentions du clergé séculier ou régulier, du culte des images; qui donne certaines dispenses ou permissions, par exemple, aux prêtres, celle de garder leur calotte en disant la messe, quand il y a lieu de le permettre, & autres choses semblables.

Lorsqu'il s'agit dans cette congrégation de traiter de la canonisation de quelques saints, on tient des assemblées extraordinaires où assistent plusieurs cardinaux, prélats & théologiens, trois auditeurs de rote, & le promoteur de la foi, qui est un avocat consistorial; chargé de proposer des objections, & de contester les preuves de sainteté que l'on produit, pour donner occasion de mettre la chose dans un plus grand jour (c'est ce qu'on appelle vulgairement l'avocat du diable), plusieurs médecins & chirurgiens, chargés de vérifier ce qu'il peut y avoir de naturel & de physique dans les faits que l'on produit comme miracles, pour établir la sainteté du bienheureux, plusieurs théologiens appellés consulteurs. Il se tient diverses congrégations préparatoires avant celle où préside le pape, pour ordonner la cérémonie de la béatification ou de la canonisation. Voyez le traité du pape Benoît XIV, de servorum beatificatione. (†)

RIVAULT, (DAVID) Hist. litt. mod.) sieur de Flurance, sous-précepteur, puis précepteur de Louis XIII, célébré par Malherbe. On a de lui des élémens d'artillerie; une édition d'Archimède; un ouvrage intitulé : les Etats, esquels il est discouru du prince, du noble & du tiers-état, conformément à notre temps ; un autre qui a pour titre : l'Art d'embellir, tiré du sens de ce sacré paradoxe : LA SAGESSE DE LA PERSONNE EMBELLIT SA FACE, étendu à toutes sortes de beautés, & ès moyens de faire que le corps retire en effet son embellissement des belles qualités de l'ame. Né à Laval vers l'an 1571; mort à Tours en 1616. (Voyez le sonnet de Malherbe à M. de Flurance sur son livre de l'Art d'embellir, 1608 :

Voyant ma Caliste si belle, &c.

RIVERI, (CLAUDE-FRANÇOIS-FÉLIX BOULANGER DE) Hist. litt. mod.) de l'académie d'Amiens, & lieutenant-civil au bailliage de cette ville, y naquit en 1724, & mourut à trente-quatre ans en 1758. Nous l'avons connu ; il avoit des talens & des qualités aimables; un écrivain qui peut l'avoir connu plus que nous encore, assure qu'il avoit « une ambition ardente d'acquérir toutes les con- » noissances humaines comme d'occuper les » premières places »; quant au premier point, on en pourroit presque juger par le peu d'ouvrages qui restent de lui, & qui roulent en effet sur des objets assez éloignés les uns des autres : l'un est un traité de la cause & des phénomènes de l'électricité; un autre a pour titre : Recherches historiques & critiques sur quelques anciens spectacles, & particulièrement sur les mimes & les pantomimes. Un troisième est un recueil en vers françois de fables & de contes, dont quelques-uns sont de son invention; les autres sont empruntés pour la plupart de poëtes allemands. A cette occasion, l'auteur, dans un discours instructif, nous fait connoître la littérature allemande, & il est un des premiers qui en ayent donné en France une idée exacte, & le premier qui ait traduit en vers des morceaux choisis des meilleurs poëtes de cette nation. Il partage les beaux jours des lettres allemandes en trois âges, dont le dernier, qui n'est encore qu'au milieu de son cours, doit servir à jamais d'époque à la grandeur de cette nation. Le premier de ces âges est celui des empereurs de la maison de Suabe; il s'étend depuis le commencement de Frédéric Ier. jusqu'à la mort de Frédéric II; cette première aurore fut assez foible. Un anonyme mit en vers allemands les fables d'Esope environ quatre cents ans avant notre la Fontaine, tandis que Guillaume de Lorris donnoit en France le roman de la Rose, le plus ancien monument de notre littérature. Dès-lors la poésie, en développant quelques richesses de la langue allemande, fit abandonner la coutume bisarre d'écrire en latin gothique les conventions civiles, & de difcuter au barreau les affaires du peuple dans une langue qu'il n'entendoit point; c'étoit déjà un pas vers la politeffe, c'étoit du moins du terrain perdu pour la barbarie.

Le fecond âge eft celui d'Opitz, contemporain de Malherbe & créateur comme lui de la poéfie de fa nation. On eftime fur-tout fa defcription du Véfuve. Il traduifit l'Antigone de Sophocle, les Troyennes de Sénèque, un livre françois peu connu, deux ouvrages de Héinfius & l'Argénis de Barclai. La connoiffance de tant de langues lui fervit beaucoup à former la fienne, à la polir fans l'énerver, à l'épurer fans la deffécher. Il confacra toute fa vie aux lettres. Les hommes célèbres de fon temps avoient chacun leur devife; il prit pour la fienne : *Qu'il y a encore de chofes à apprendre & à faire!* preuve évidente, dit M. de *Riveri*, que fon génie étoit fupérieur à fon fiècle, puifqu'il fentoit combien on étoit loin encore de la perfection.

Enfin le troifième âge eft celui des Gunther, des Hagedorn, des Haller, des Gottfched, des Rabener & des Gellert, poëtes excellens, tous très-modernes.

Gunther & Jean-Baptifte Rouffeau étoient contemporains; l'un & l'autre adreffa une ode au prince Eugène; l'un & l'autre fut malheureux. Gunther vécut méprifé de fa nation qu'il illuftroit, perfécuté de fa famille qui révère aujourd'hui fa mémoire, abandonné de fon père qui n'apprit à le connoître qu'après fa mort. Il fut conferver de la grandeur d'ame dans l'opprobre & dans la mifère. M. de *Riveri* donne pour preuve & du courage & des talens de Gunther, ce morceau traduit d'un de fes ouvrages, adreffé à Auguste II, roi de Pologne :

Les mufes que je fers ont borné mes defirs,
Je ne recherche point l'importune richeffe;
Mon art eft mon tréfor, ma gloire & mes plaifirs.
Que d'autres de leur fang cimentent leur nobleffe;
O mon roi, dans le fein d'un loifir ftudieux,
Tes vertus, tes bienfaits vont être tous mes dieux.
Que ma voix aux neuf fœurs mérite ton fuffrage,
Tes lauriers dans ta cour leur ferviront d'ombrage,
Que ta main leur préfente un appui glorieux,
Anime les talens, ils feront ton ouvrage;
Qu'un jour je puiffe dire au déclin de mon âge :
« Mufes, je fuis content, & vous m'avez dicté
» Des vers dignes d'Augufte & de l'éternité;
» Je brave également & la mort, & l'envie,
» Je quitte fans regret le Parnaffe & la vie ».

Gunther mourut à vingt-huit ans; peut-être ne put-il foutenir la confufion que lui caufa une avanture affez bifarre. Il devoit être préfenté au roi; un poëte de la cour, jaloux de fa réputation naiffante, mêla ce jour-là même dans fa boiffon quelques drogues qui l'enivrèrent; il parut devant Augufte dans cet état ridicule & indécent; il

tomba en fa préfence, & fut couvert de honte aux yeux de toute la cour.

Les ouvrages de M. Haller font défigurés en quelques endroits par l'idiôme fuiffe, qui n'eft pas, à beaucoup près, auffi pur que celui de Saxe; mais des beautés fupérieures font oublier ces fautes légères, qu'il corrigeoit d'ailleurs à chaque édition. Il a donné en vers des effais philofophiques; on admire fur-tout fa defcription des Alpes.

M. Hagedorn, plus correct dans fon ftyle, auffi délicat dans fes fentimens, auffi brillant dans fes images, mais bien moins énergique, eft l'Anacréon germanique; c'eft le peintre de la volupté, le chantre des plaifirs; nos Chapelle, nos Chaulieu, nos la Fare l'ont à peine furpaffé. M. de *Riveri* donna une traduction libre de fa *Phriné* : nous n'en citerons que ce joli couplet :

Elle attend encor la raifon,
Et connoît déjà la parure,
Une poupée eft fa leçon,
L'art commence avec la nature.

M. Rabener eft auteur de plufieurs fatyres en profe, ingénieufement enveloppées dans quelques allégories. On connoît de lui en France le teftament de M. Swift, & un fonge qui renferme des portraits dont on trouve les originaux dans toutes les nations. Ses fatyres ont été traduites en françois; on le place entre Swift & Rabelais; on lui reproche d'avoir fouvent noyé fes traits les plus ingénieux dans un torrent de fottifes & de bouffonneries.

M. Gellert eft celui qui a porté le plus loin la gloire des lettres en Allemagne. Il a fait des fables, des contes, des poëmes fur l'honneur, fur la richeffe, fur l'orgueil, fur l'humanité, &c. un roman, une paftorale, des comédies. La *Silvie*, c'eft fa paftorale, eft écrite dans un goût fimple & vrai, qui paroît préférable à tout l'efprit du *Paftor fido*.

Une force élégante & une harmonie touchante caractérifent en général la poéfie de M. Gellert. Voici un morceau de fon poëme fur la richeffe & fur la gloire :

Mortels infortunés qu'enivre l'opulence,
Vous que le bonheur fuit au fein de l'abondance,
Idoles du vulgaire, efclaves de Plutus !
Que l'éclat des tréfors, des titres fuperflus
Eblouiffe les yeux de la folle ignorance;
Mais de vos cœurs flétris je vois trop l'indigence;
Le mien n'a pas befoin de ces biens faftueux,
La pompe fait les grands & non pas les heureux.
Qui moi! qu'époux avare, imbécille & parjure,
J'aille, fans confulter l'amour ni la nature,
D'un hymen odieux reconnoître la loi,
Et vendre au poids de l'or ma tendreffe & ma foi!
Moi! j'irois d'un mourant captiver la foibleffe,

Ménager avec art la crédule vieilleſſe,
Couvrant mes attentats d'un voile d'équité,
Voler un héritage avec impunité !
J'irois auprès des grands, adulateur ſervile,
Lâchement ſur leurs pas m'élever en reptile !.....

Voici encore un morceau qui ne doit pas être omis, c'eſt un tableau intéreſſant des douceurs de la vie privée.

Que t'importe en effet que la gloire frivole
Aille porter ton nom de l'un à l'autre pole
Ta maiſon eſt un monde aſſez grand pour ton cœur ;
Qu'une épouſe, un ami te doivent leur bonheur !
Heureux celui qui ſait obliger ce qu'il aime !
Mets dans leur amitié ta gloire & ton repos.
La vertu brille encor dans l'obſcurité même,
Et qui la ſuit ſans faſte eſt plus grand qu'un héros.

La conduite de M. Gellert a, dit-on, toujours répondu à ſes ouvrages.

M. Gottſched a donné deux excellens traités ſur l'éloquence & ſur la poéſie allemande.

L'Allemagne a auſſi une Dacier dans madame Gottſched, & une Deshoulières dans mademoiſelle Zigler.

La proſodie allemande eſt beaucoup plus compliquée que celle de toutes les autres langues. La plupart des grands vers ſont des ïambes réguliers, qui réuniſſent la double contrainte & de la quantité des anciens, & de la rime des modernes ; il y a une ſingularité remarquable dans la verſification des Allemands, c'eſt qu'en même temps qu'ils font uſage des rimes, dont ils ne paroiſſent pas avoir plus beſoin que les Latins & les Grecs, ils évitent celles d'une ſyllabe entière, avec autant de ſoin, que nous les recherchons ; ce qui eſt richeſſe chez nous, eſt ſtérilité chez eux.

C'eſt dans la littérature allemande, principalement dans les ouvrages de M. Gellert, que M. de Riveri, comme nous l'avons annoncé, a puiſé preſque tous les ſujets de ſes fables. Il en a cependant emprunté quelques-uns de M. Gay, le meilleur fabuliſte de l'Angleterre. Le Conſeil des chevaux, fable dont M. Gay lui a fourni le ſujet, nous offre deux modèles, l'une d'une éloquence impétueuſe, propre à entraîner des eſprits échauffés ; l'autre d'une éloquence plus douce & plus inſinuante, propre à perſuader des eſprits ſages. Voici le diſcours du cheval fougueux ; il reſſemble à celui du payſan du Danube dans la Fontaine, ou à celui d'Ajax, diſputant contre Uliſſe les armes d'Achille, dans les Métamorphoſes :

Que je regrette, amis, la demeure ſauvage,
Où jadis nos premiers ayeux,
Nés dans l'indépendance & nourris dans la guerre,
D'un pied libre frappant la terre,
Aux plus fiers animaux diſputoient les forêts !
Aujourd'hui nous rampons, & du rebut des hommes

Nous vivons languiſſans au fond de ces marais,
Attelés à leur char, embarraſſés de traits,
Nous menons en triomphe, inſenſés que nous ſommes,
Ceux dont le lâche orgueil ternit notre vertu.
De ces grands changemens je ne fais point l'hiſtoire ;
Mais ils nous ont trahi, puiſqu'ils nous ont vaincu..
Un jour, il m'en ſouvient, mon inſtinct belliqueux,
Pour la première fois, m'emporta dans la plaine ;
J'ai vu par-tout la gent humaine
Se diſperſer au loin, & fuir devant mes pas.....
Ils tremblent les cruels, qui régnent par la crainte !
Eh bien ! régnons comme eux. Je vois avec horreur
La honte de vos fers ſur vos bouches empreinte ;
Qui moi ! que l'éperon enſanglante mes flancs !
Non, de par les lions, ces héros indomptables,
Qui dans leurs antres reſpectables
Endormis, ſont encor l'effroi de nos tyrans,
Tandis que l'on nous voit ſans ceſſe dans les champs ;
De la terre pour eux déchirer les entrailles,
Etouffer l'herbe écloſe avec un ſoc jaloux,
Et forcer la nature à ſervir comme nous.
Nous les portons dans les batailles,
Et d'un conquérant inhumain
Nous ſecondons l'affreuſe rage ;
Ah ! s'il faut affronter cent tonnerres d'airain,
Que ce ſoit pour ſortir d'un indigne eſclavage.

Un Uliſſe, un Neſtor, vieilli ſous le harnois, parle à ſon tour, & rappelle doucement aux chevaux déjà effarouchés les avantages qu'ils retirent de leur heureuſe obéiſſance.. Si l'homme les aſſocioit à ſes travaux, n'en partageoit-il pas les fruits avec eux ? ſa main ne prenoit-elle pas ſoin de les nourrir ? Sa prévoyance ne leur fourniſſoit-elle pas un aſyle contre les injures de l'air & la fureur des animaux carnaciers ? Valoit-il mieux périr ſous la dent des lions ? Pouvoient-ils regretter le ſéjour des bois où la faim les tourmentoit, où mille périls les aſſiégeoient ?

Notre maître du moins eſt ſenſible à nos maux,
Il partage avec nous la peine & la conquête,
Et les rois des forêts égorgent leurs vaſſaux.

Ce diſcours ſolide & ſenſé ayant calmé leurs tranſports, ils vont tous retrouver leur litière :

Et le courſier fougueux courbant ſa tête altière,
Bientôt avec plaiſir écuma ſous le mords.

RIVET, (Hiſt. litt. mod.) Trois hommes de ce nom, & de la même famille, ſont connus dans les lettres ; André & Guillaume frères, furent ſurtout le premier, des miniſtres proteſtans célèbres, employés dans les affaires les plus importantes de leur parti. André, né à Saint-Maixent en Poitou, en 1572, mort à Breda en 1651, eſt auteur du criticus ſacer, & de quelques ouvrages de controverſe ; Guillaume, d'un traité de la juſtification, &

d'un *traité de la liberté eccléfiaftique contre l'autorité du pape.*

Le troifième, Dom Antoine *Rivet* de la Grange, bénédictin, eft le premier auteur de l'*hiftoire littéraire de la France*; il eft auffi l'auteur du *nécrologe de Port-Royal des-Champs.* Cet ouvrage le fit reléguer par fes fupérieurs à l'abbaye de Saint-Vincent du Mans; il n'en travailla que mieux à l'hiftoire littéraire de la France. Né en 1683, mort en 1749. Dom Taillandier a fait l'éloge de Dom *Rivet* à la tête du neuvième volume de l'hiftoire littéraire.

RIVIÈRE, (BUREAU DE LA) *Hift. de Fr.*) miniftre fous Charles V, & fous Charles VI. Il paroît avoir été ennemi du connétable du Guefclin, & avoir contribué à la difgrace paffagère qu'éprouva ce général; mais il paroît auffi avoir eu grande part à la confiance de ce fage roi, qui fe connoiffoit fi bien en hommes; il fut difgracié au commencement du règne de Charles VI; mais lorfqu'en 1388, ce même roi, par le confeil du duc de Touraine, fon frère, qui fut depuis le duc d'Orléans, déclara qu'il vouloit régner par lui-même, le connétable de Cliffon fut mis à la tête des affaires, & *la Rivière* fut un des quatre miniftres, chargés fous lui du foin des détails. En 1392, la difgrace du connétable entraîna celle de ces quatre miniftres, nommément de *la Rivière.* On fit le procès aux quatre miniftres; leurs biens furent confifqués, le roi les leur rendit dans la fuite, mais fans les rétablir dans le miniftère. *La Rivière*, par refpect pour la mémoire de Charles V qui l'avoit ainfi ordonné, fut enterré à Saint-Denis, comme l'avoit été le connétable du Guefclin, qu'on dit avoir été fon ennemi. Un pareil honneur accordé à la mémoire de *la Rivière*, fuppofe dans Charles V une haute idée des fervices rendus par ce miniftre, mort en 1400. Il étoit de la maifon des barons de *la Rivière*, l'une des plus illuftres du Nivernois.

RIVIÈRE, (PONCET de la (MICHEL) *Hift. mod.*) évêque d'Angers, reçu à l'académie françoife, le 10 janvier 1729, à la place de M. de la Monnoye, & mort le 2 août 1730, eut de la réputation dans la chaire. Son oraifon funèbre du régent fut célèbre; on fait combien la mort de ce prince avoit été prompte & imprévue. *Je crains mais j'efpère*, dit l'orateur. Cette fincérité chrétienne déplut, car alors il falloit être bien fûr du falut d'un prince. Il y a de grandes beautés dans cette oraifon funèbre. *Du pied du plus beau trône du monde, il tombe. . . . dans l'éternité. Mais pourquoi, mon Dieu, après en avoir fait un prodige de talens, n'en feriez-vous pas un prodige de miféricorde?* « Quand M. l'évêque d'Angers, dit M. d'Alembert, n'eût écrit que ce peu de mots en toute fa vie, il ne devroit pas être placé dans la claffe des orateurs ordinaires ».

L'évêque d'Angers, dans fa jeuneffe, avoit fait de jolis vers, & on en a retenu quelques-uns. Une de fes parentes étant à l'églife, entendit l'aveugle qui demandoit l'aumône, annoncer que ce jour étoit celui de la fête de faint Michel; elle fe rappella que c'étoit le patron du jeune abbé de la *Rivière*, elle fe hâta de lui envoyer un bouquet, dont il la remercia par ces vers :

Un aveugle, en paffant, vous remet en mémoire
Qu'aujourd'hui de mon faint on célèbre la gloire,
Et me fait recevoir les préfens les plus doux.
    Que mon bonheur feroit extrême,
    Si cet aveugle étoit le même
    Qui me fait tant penfer à vous!

Matthias Poncet de la *Rivière*, né à Paris en 1707, fut nommé à l'évêché de Troyes en 1742. Pour un homme de beaucoup d'efprit & d'un talent affez diftingué, il perfécuta trop les janféniftes dans le temps de la querelle des billets de confeffion, ce qui lui réuffit d'abord à la cour, mais ce qui le fit enfuite exiler dans une abbaye d'Alface, & l'obligea enfin de fe démettre de fon évêché en 1758. Les janféniftes, pour fe venger de lui, l'accufoient d'irrégularité dans fes mœurs. Il étoit doyen de faint Marcel, & mourut dans fon doyenné le 5 août 1783. On avoit imprimé en 1760 fes oraifons funèbres; elles avoient eu du fuccès, & c'étoit prefque toujours à lui que l'on fongeoit quand il y en avoit quelqu'une à faire. On lui reproche la recherche des antithèfes, des figures brillantes & des expreffions pompeufes.

RIVIERE, (HENRI-FRANÇOIS de la) *Hift. mod.*) fils d'un gentilhomme ordinaire du roi, fut aide-de-camp du duc de Beaufort, au fiége de Gigeri en 1664. Mais il eft fur-tout connu par fes démêlés avec le fameux comte de Buffi - Rabutin, fon beau-père. Françoife-Louife de Rabutin, fa fille, veuve du marquis de Coligny-Langeac, comte de Dalet, étant dans une terre de fon père, y vit M. de la *Rivière* qui y habitoit une terre voifine, il lui plut, & elle l'époufa en 1681; à l'infçu de fon père. Quand celui-ci en fut inftruit, il voulut faire caffer le mariage, & il parvint à engager fa fille, qui peut-être n'aimoit plus fon mari, à fe joindre avec lui contre ce mari. Ce procès donna lieu à la publication de divers factums qui révélèrent d'étranges fecrets domeftiques. M. de Buffi ne parloit qu'avec le plus grand mépris de la naiffance & de la perfonne de M. de la *Rivière*, & la difproportion de cette alliance étoit le motif qui paroiffoit l'animer; mais ce zèle pour l'honneur de fa fille & de fa maifon, cachoit, dit-on, des intérêts & des myftères d'un autre genre; quoi qu'il en foit, l'animofité étoit fi grande entre le beau-père & le gendre, qu'on craignit qu'ils n'en vinssent aux mains ; le lieutenant des maréchaux de France crut qu'il étoit du devoir. de sa charge de leur en écrire, & de leur interdire, au nom du roi, toute voie de fait. M. de Buffi lui répondit : « Je n'ai aucune affaire d'honneur avec aucun gentilhomme. » Quand un paysan me manque de respect, je » lui donne des coups de bâton, & cela ne regarde » point le tribunal des maréchaux de France. Vous » me défendez, dites-vous, ce que vous appellez » les voies de fait, & moi je vous défends de vous » servir de ces termes, en parlant à un homme » de mon nom & de mon rang. »

M. de la *Rivière* gagna son procès, mais sa femme ne voulut jamais revenir avec lui ; la *Rivière* prit le parti de se retirer à l'Institution de l'Oratoire, où il ne mourut qu'en 1734, âgé de 94 ans. On a de lui des lettres qui ont été imprimées en 1752, & où il répète trop souvent qu'il ne regrette point le monde qu'il a quitté, pour qu'on puisse croire cette indifférence bien sincère :

En songeant qu'il faut qu'on l'oublie ,
On s'en souvient.

On a de lui encore une vie du chevalier de Reynel ; une vie de M. de Courville; une version d'une épitre d'Héloïse à Abailard.

RIVIERE, (Louis-Barbier abbé de la) *Hist. mod.*) d'abord professeur au collège du Plessis, ensuite aumônier de Gaston, duc d'Orléans; dans cette dernière place, il parvint à une assez grande faveur par ses bassesses, son bouffonnerie & son goût pour Rabelais qu'il savoit par cœur, & dont il faisoit un grand usage dans la conversation; il trafiquoit des secrets de son maître avec le cardinal Mazarin, qui, pour prix de cette infidélité, lui donna l'évêché de Langres. C'est de lui que Boileau a dit :

Que le sort burlesque en ce siècle de fer ,
D'un pédant, quand il veut , fait faire un duc & pair.

L'abbé de la *Rivière* avoit été nommé au cardinalat, mais la nomination fut révoquée, car la bassesse même ne réussit pas toujours. On croiroit que cet homme s'étoit détaché de la cour, & avoit repris le goût de la modération & de la simplicité, car il mourut (en 1670) à Montfort-l'Amaury, où il étoit né ; cependant il laissa par son testament cent écus à celui qui feroit son épitaphe. Cet homme vouloit une épitaphe, & sentoit qu'elle ne seroit pas aisée à faire. La Monnoye lui fit celle-ci :

Ci gît un très-grand personnage,
Qui fut d'un illustre lignage,
Qui posséda mille vertus,
Qui ne trompa jamais, qui fut toujours fort sage.....
Je n'en dirai pas davantage,
C'est trop mentir pour cent écus.

L'abbé de la *Rivière* est, dit-on, le premier ecclésiastique qui ait porté perruque.

R I U

RIUPEROUX, (Théodore de) *Hist. litt. mod.*) fils d'un avocat du roi, de Montauban, fut d'abord chanoine à Forcalquier, ensuite commissaire des guerres. Son nom est encore connu par une tragédie d'*Hypermnestre*, que celle de M. le Mierre a fait oublier, ou plutôt dont elle a fait ressouvenir, car elle étoit oubliée depuis long-temps. On en avoit retenu seulement par tradition, une belle situation & un beau mot :

Non , Seigneur, vous n'êtes point Lyncée !

Ses tragédies d'*Annibal*, de *Valérien*, d'*Agrippa*, sont absolument inconnues. Il s'étoit attaché au marquis de Créquy, en qualité de secrétaire; on raconte que le marquis de Créquy devant jouer avec le roi, avoit mis à part pour cette occasion une somme de mille louis. Pourquoi faut-il que les rois permettent à leurs sujets, quels qu'ils soient, de gagner en un moment mille louis contre eux, c'est-à-dire contre le peuple, ou de les perdre ? La seule considération que mille louis soulageroient mille malheureux pendant quelques jours , rend cet amusement coupable. Le marquis de Créquy ne comptant pas assez sur lui-même pour se confier cette somme jusqu'au jour du jeu, la mit en dépôt entre les mains de son secrétaire, qui la joua & la perdit. On ne dit pas ce que devint *Riuperoux* après cette avanture, qui le ruinoit dans sa fortune & dans son honneur; le marquis de Créquy en fut quitte pour être privé de l'honneur de perdre cette somme avec le roi. Mais qu'on juge d'après cet excès & tant d'autres où la fureur du jeu a précipité, s'il n'est pas de l'intérêt de tous les états d'anéantir chez eux une passion, dont la violence peut transformer les honnêtes gens même en fripons & en dépositaires infidèles ?

Riuperoux naquit à Montauban en 1664, & mourut à Paris en 1706.

R I Z

RIZZO. (Voyez RICCIO.)

R O B

ROBBE, (Jacques) *Hist. litt. mod.*) ingénieur & géographe du roi, maire de Saint-Denis, né à Soissons en 1643, mort à Soissons en 1721, est principalement connu par sa *Méthode pour apprendre facilement la géographie*. Il a donné sous le nom de Barquebois une comédie de la *Rapinière*.

ROBE, s. f. (*Hist. mod.*) vêtement long & fort ample, que portent par-dessus tous les autres habits les gens de loi ou jurisconsultes, les théologiens &

& les gradués d'Angleterre. La forme de ces robes n'est pas la même pour les ecclésiastiques & pour les laïques, cependant les uns & les autres s'appellent en général gens de robe.

Dans quelques universités, les médecins portent la robe d'écarlate; dans celle de Paris, le recteur à une robe violette avec le chaperon d'hermine; les doyens des facultés, procureurs, questeurs des nations portent la robe rouge fourrée de vert. Les docteurs de la maison de Sorbonne portent toujours la robe d'étamine ou de voile noir par-dessus la soutane dans leur maison, & les docteurs en théologie la portent également aux assemblées, examens, thèses & autres actes de faculté, de même que les professeurs & autres suppôts de la faculté des arts, dans leurs classes & assemblées, soit de leur nation, soit de l'université. Ces robes sont faites comme celles des avocats, à l'exception des manches qui sont plus courtes; quelques-unes sont garnies de petits boutons, & d'autres simplement ouvertes par-devant avec un ruban noir sur les bords. Les robes des appariteurs ou bedeaux sont de la même forme & de la même couleur, & quelquefois toutes semblables à celles des avocats. Ceux des paroisses en portent ordinairement de mi-parties ou de deux couleurs.

En France, on distingue les officiers de robe longue de ceux de robe courte; ces derniers sont ceux qui, pour être reçus dans leurs charges, n'ont point été examinés sur la loi; autrefois il y avoit des barbiers de robe courte, c'est-à-dire, ceux qui n'avoient point été sur les bancs & qui avoient été reçus sans examen.

La robe se prend pour la magistrature & pour la profession opposée à celle des armes; c'est dans ce sens que Cicéron a dit : cedant arma togæ; on dit d'un homme qu'il est d'une famille de robe, quand ses ancêtres ont possédé des charges distinguées dans la magistrature. La noblesse de robe est moins considérée dans certains pays que celle d'épée.

La robe est en général le vêtement de dessus de toutes nos femmes, quand elles sont habillées. (A. R.)

ROBE CONSULAIRE. (Hist. rom.) C'étoit une robe prétexte, bordée en bas d'une large bande de pourpre. D'abord les consuls la prirent le premier jour de leur magistrature devant leurs dieux pénates; dans la suite, ils la prirent dans le temple de Jupiter Capitolin, comme le rapporte Denys d'Halicarnasse, liv. V, c. XIX, & Tite-Live, liv. VI, c. XIX. Enfin, sous les empereurs, la puissance des consuls ayant été réduite à rien, leur extérieur en devint plus fastueux; ils portèrent alors une robe richement peinte, le laurier dans leurs faisceaux, & même on y joignit les haches. Ce n'est pas tout; dès qu'il plaisoit à l'empereur d'illustrer quelqu'un, il lui accordoit le droit de porter la robe consulaire, quoiqu'il n'eût point été consul.

Histoire. Tome IV.

Il accordoit aussi la robe triomphale, les honneurs du triomphe & les priviléges attachés au triomphe, à ceux qu'il vouloit favoriser de sa bienveillance, quoiqu'ils n'eussent ni triomphé, ni fait aucun exploit remarquable. En un mot, c'étoient des honneurs de cour d'autant plus méprisables, que les gens de mérite n'en étoient pas gratifiés. (D. J.)

ROBES-NEUVES. (Hist. de France.) On nommoit ainsi dans le douzième & treizième siècle, les habits que nos rois donnoient suivant l'usage à leurs officiers, au temps des grandes fêtes, comme à la fête de Noël. (D. J.)

ROBERT, (Hist. de France.) fils de Hugues Capet, couronné roi de France du vivant de son père, ne fut qu'un fantôme de roi tant que Hugues vécut; mais après la mort de ce prince, en 996, il prit les rênes du gouvernement; il avoit épousé Berthe, sa parente, le pape l'excommunia; les foudres du Vatican étoient alors l'effroi de l'univers, l'amour même n'osoit les braver; le prince rompit avec son épouse, pour se réconcilier avec le pape; Berthe fut répudiée, & Constance, fille de Guillaume, comte de Provence, partagea le trône & la couche de Robert. Ce prince, après la mort de Henri, son oncle, réunit le duché de Bourgogne à la couronne de France, malgré les efforts de Landri, comte de Nevers. Pour complaire à la cour de Rome, il fit brûler quelques Manichéens, en 1022, oubliant que sa cruauté sembloit donner quelque vraisemblance à l'erreur de ces malheureux qui croyoient à l'existence d'un mauvais principe. Il fit des pélerinages; c'étoit la manie de ce temps, où l'on sembloit ignorer que Dieu remplissant le monde de sa substance, est le même à Paris & à Rome; Robert eut les préjugés de son temps, mais il n'en eut pas les vices. Douze scélérats ayant conspiré contre ses jours, il leur pardonna & les admit à sa table; il poussoit la clémence jusqu'à souffrir que les pauvres vinssent le dépouiller de ses plus riches ornemens; il avoit le cœur droit, l'âme élevée, l'accueil prévenant; cependant lorsqu'il fut excommunié, amis, courtisans, officiers, tout s'enfuit loin de lui; il ne lui resta que quelques domestiques, dont le courage étonna leur siècle; mais ils faisoient passer par le feu tout ce qu'il avoit touché, afin que leurs mains n'en fussent pas souillées. Satisfait de porter la couronne de France, il refusa, & celle de l'Empire, & celle de l'Italie. Ce prince, digne de naître dans un siècle moins barbare, mourut à Melun le 20 juillet 1031, dans la soixantième année de son âge. (M. DE SACY.)

ROBERT, dit le bref, (Histoire d'Allemagne.) électeur Palatin, XXV° empereur depuis Conrad I, né en 1352 de Robert Tenace & de Béatrice de Sicile, élu empereur en 1401. On peut voir à l'article VENCESLAS, par quelles vicissitudes, par quels motifs les papes parvinrent à faire dépofer ce prince. *Robert* eut beaucoup de part à cette révolution. On prétend même qu'il n'avoit donné fa voix pour la dégradation du monarque, que parce qu'il s'étoit flatté qu'on l'éliroit à fa place. Les électeurs de fa faction lui préférèrent cependant Frédéric de Brunfwick; mais celui-ci ayant été affaffiné, *Robert* n'eut plus de concurrent. Il fit, lors de fon facre, les plus hautes promeffes, & n'en put tenir aucune. Son règne qui devoit rendre à la couronne impériale fon premier luftre, acheva de la ternir. Ses prédéceffeurs avoient confervé le droit de haute juftice dans les terres de plufieurs feigneurs: *Robert* le leur céda par des privilèges particuliers. On compte au nombre des événemens mémorables de fon fiécle, une bataille qu'il perdit près du lac de Garde, dans une expédition qu'il avoit entreprife en Italie, fur la prière du pape Boniface IX. *Robert* avoit les talens d'un grand général; mais, outre qu'il fut trahi par les Florentins, fes alliés, il fut très-mal fecondé par les princes d'Allemagne qui défapprouvoient cette expédition. Le pape, les rois d'Aragon, de Sicile & d'Angleterre qui lui avoient fourni des fecours, reçurent avec peine la nouvelle de ce revers. Ils avoient eu pour objet l'affoibliffement de la maifon d'Orléans & de celle des ducs de Milan. *Robert* mourut en 1410, après un règne de vingt-fept ans. Il en avoit foixante-dix. Ses états héréditaires furent partagés entre Mathieu, Jean, Nicolas & Robert, fes fils, qui font les tiges des différentes branches de la maifon Palatine. Il prenoit dans fes titres celui *d'avoué de la cour de Rome*. Les empereurs, autrefois rois d'Italie & juges fouverains des papes, étoient obligés pour lors de fe contenter de ce titre modefte. (*M——Y.*)

ROBERVAL (GILLES PERSONNE fieur de) *Hift. litt. mod.*) naquit en 1602 à Roberval dans le diocèfe de Beauvais; il difputa & emporta la chaire de Ramus, (Voyez RAMUS) & il y joignit une chaire de mathématiques auffi au collège royal. Il eft connu par des expériences fur le vuide & par l'invention de deux nouvelles fortes de balances, dont l'une, propre à pefer l'air, fut fon principal titre pour être admis à l'académie des fciences; il en fut un des plus illuftres membres. Il voulut être rival de Defcartes, mais Defcartes alors n'avoit point de rivaux, & quoique vaincu par lui, la place de *Roberval* parmi les mathématiciens de fon fiécle refta encore très-honorable. Il a écrit fur la méchanique; on lui doit une édition d'Ariftarque le Samien. Boileau, pour tâcher de donner du ridicule à une femme célèbre, dit:

> Cette favante
> Qu'eftime *Roberval*, & que Sauveur fréquente.

Il ne peut réfulter de là aucun ridicule. Beau-

coup de femmes, même fans aucune prétention aux fciences, voient avec fruit & avec plaifir les *Roberval* & les Sauveur de nos jours, & celle que *Roberval* eftimoit, pouvoit en effet être digne d'eftime.

Roberval mourut en 1675.

ROBORTELLO, (FRANÇOIS) *Hift. litt. mod.*) profeffeur en diverfes univerfités d'Italie, mort à Padoue en 1567, auteur d'un traité *de vitâ & victu populi romani fub imperatoribus*; enfin de divers écrits polémiques, pleins de toute l'aigreur des favans du feizième fiécle, & qui lui attirèrent le coup de poignard, par lequel le violent Baptifte Egnace, EGNATIUS, (voyez fon article) imagina de fe venger de quelques coups de plume.

ROCABERTI, (JEAN-THOMAS DE) *Hift. litt. mod.*) dominicain, archevêque & viceroi de Valence, grand inquifiteur, &c. eft auteur d'un traité *de romani pontificis auctoritate*, & du livre intitulé : *Bibliotheca Pontificia*, recueil de toute la doctrine ultramontaine, & dont par cette raifon, les parlemens ont défendu le débit dans le royaume. Né vers 1624, mort vers 1699.

ROCCA (ANGE) *Hift. litt. mod.*) fut chargé par Sixte-Quint de veiller à l'édition de la bible, des conciles & des pères, que ce pape faifoit faire à l'imprimerie apoftolique. Ses œuvres ont été recueillies à Rome en 1719, en deux volumes in-fol. On y diftingue fur-tout le *Bibliotheca Vaticana illuftrata* & le *Thefaurus pontificiarum antiquitatum, nec non rituum ac ceremoniarum*. Né en 1545 à Rocca-Contreta dans la Marche d'Ancone; mort à Rome en 1620.

ROCHE, (JEAN DE LA) *Hift. litt. mod.*) oratorien, mort en 1711, dont on a des fermons & des panégyriques.

Jacques Fontaine de la *Roche*, mort en 1761, travailloit depuis 1731 aux *nouvelles eccléfiaftiques*; bel emploi de trente années.

On a d'Antoine-Martin *Roche*, mort en 1755, & qui avoit été oratorien, un *traité de la nature de l'ame & de l'origine de fes connoiffances*, qu'il avoit deffein d'oppofer au fyftème de Locke & de fes partifans.

ROCHEBLOND, (CHARLES HOTMAN dit LA) (*Hift. de France.*) violent ligueur, qui eut beaucoup de part à la formation des feize, mais qui ne fut pourtant pas de ceux que le duc de Mayenne fit pendre.

ROCHECHOUART (*Hift. de France.*) nom d'une maifon illuftre, fortie de celle des vicomtes de Limoges, a pris son nom de la terre de Rochechouart dans le Poitou.

1°. Le premier vicomte de *Rochechouart* fut Aimeri de Limoges, cinquième fils de Giraud, comte de Limoges. Il vivoit en l'an 1018.

2°. Aimeri II, son fils, fut assassiné par un de ses ennemis; il vivoit encore en 1047.

3°. Aimeri IV, son petit-fils, fit le voyage de la Terre-Sainte en 1096.

4°. Jean I, vicomte de *Rochechouart*, fut tué à la bataille de Poitiers, le 10 septembre 1356.

5°. Louis, son fils, chambellan du roi Charles V, fut fait prisonnier par le prince Noir en 1368.

6°. Dans la branche des marquis de Chandenier, Jean de *Rochechouart*, connu sous le nom de seigneur d'Ivoi, fit la guerre aux Anglois avec succès; il fut fait chevalier l'an 1451, par le roi Charles VII, à la prise de Fronsac. Mort en 1484.

7°. François de *Rochechouart*, son fils, chambellan de Louis XII, fut ambassadeur auprès de Maximilien, roi des Romains, puis à Venise & ailleurs; il contribua beaucoup à la réduction de Gênes; il eut le gouvernement de cette place depuis le mois d'octobre 1508 jusqu'au 20 juillet 1512. Mort le 4 décembre 1530.

8°. Christophe de *Rochechouart*, son fils, fut fait prisonnier à la bataille de Pavie.

9°. René, connu sous le nom de baron de Couches, fils de Christophe, fut tué en 1552, au siége de Metz.

10°. Claude, son frère, fut tué à la bataille de Saint-Quentin en 1557.

11°. Christophe II, fils de Claude, tué au combat de Jarnac, avec le prince de Condé, dont il avoit embrassé le parti.

12°. Louis, frère de Christophe II, étoit dans le parti catholique; il fut blessé dans un combat contre les protestans, & mourut le 17 mars 1590.

13°. Jean-Louis, fils du précédent, se signala au siége de la Rochelle, & mourut le 11 décembre 1635.

14°. François de *Rochechouart*, marquis de Chandenier, fils de Jean-Louis, servit avec distinction dans les guerres de Lorraine, en Flandre, en Roussillon, aux siéges de Collioure & de Perpignan; il fut fait en 1642 premier capitaine des gardes-du-corps; il tomba depuis dans la disgrace, & le 19 janvier 1651, on lui demanda sa démission; il la refusa, & se retira dans ses terres en Auvergne. Ce ne fut que plus de vingt ans après qu'il consentit à donner sa démission, pour obtenir la permission de revenir à Paris, où il mourut le 14 août 1696, à 85 ans.

15°. Charles-François de *Rochechouart*, son fils unique, nommé le *comte de Limoges*, mourut en 1678, des blessures qu'il avoit reçues au siége d'Ypres.

16°. Dans la branche de Saint-Amand & de Faudoas, Antoine de *Rochechouart*, après avoir défendu Marseille contre Charles-Quint, mourut en 1544 des blessures qu'il avoit reçues à la bataille de Cérisoles.

17°. Henri de *Rochechouart*, petit-fils du précédent, fut tué en 1588 dans les guerres de religion.

18°. Dans la branche de Jars, Charles, seigneur de Nancrai, tué à vingt ans à la bataille de Coutras.

19°. Dans la branche de Châtillon-le-Roi, Gui de *Rochechouart*, mort le 16 décembre 1591 à Compiegne, des blessures qu'il avoit reçues pour le service de Henri IV au siége de Noyon.

20°. Gui de *Rochechouart*, deuxième du nom, son fils, mort au siége de Saint-Jean d'Angely, le 23 juin 1621.

21°. Dans la branche des ducs de Mortemart, Aimeri de *Rochechouart*, seigneur de Mortemart, fut fait prisonnier par les Anglois en 1346.

22°. Aimeri, deuxième du nom, son fils, fait chevalier par le prince Noir dans l'expédition d'Espagne, étant dans la suite entré au service du roi de France, contribua beaucoup à chasser les Anglois de la Guyenne & du Poitou.

23°. Louis, seigneur de Montpipau, fils du précédent, fut tué au combat de Patay, le 12 février 1428.

24°. Jean de *Rochechouart*, frère ainé de Louis, fut fait prisonnier à la bataille d'Azincourt en 1415. Il étoit aussi à la journée de Beaugé en 1438.

25°. Aimeri, troisième du nom, petit-fils de Jean, rendit de grands services dans la guerre contre les Vénitiens en 1509.

26°. François, fils d'Aimeri III, baron de Mortémart, conduisit l'arrière-ban de Poitou au siége de Perpignan, & servit avec distinction sous François I & Henri II. C'est de lui qu'on a dit, & la fable en court encore dans le Poitou, qu'il avoit eu des enfans d'un démon succube qui avoit pris la forme d'une femme. Voici sur quoi cette fable est fondée: Renée Taveau, sa femme, dans un long évanouissement, fut regardée comme morte, & fut ensevelie avec un diamant à doigt. Un domestique voulant dérober ce diamant, ouvrit son cercueil la nuit, & la trouva vivante; elle vécut encore long-temps, & eut des enfans; grande leçon contre les ensevelissemens & enterremens précipités.

27°. René, fils de François, avoit suivi son père au siége de Perpignan, à l'âge de quinze ans, & depuis il ne cessa de porter les armes avec gloire au siége d'Epernay, à la défense de Metz en 1552, à Hesdin où il fut fait prisonnier, à l'attaque de Vulpian où il emporta d'assaut la basse-ville, à la prise de Calais, de Bourges, de Poitiers, de Blois, de Rouen, de Saint-Jean d'Angeli, de Lusignan, &c. aux batailles de Saint-Denis, de Jarnac, de Montcontour, &c. aux sièges de la Rochelle, de Brouage, &c.

28°. C'est pour Gabriel de *Rochechouart*, petit-fils du précédent, que Mortemart fut érigé en duché-pairie par des lettres du mois de décembre 1650, qui furent enregistrées le 15 décembre 1663. Il fut chevalier des ordres, premier gentilhomme de la chambre, gouverneur de Paris. Il fut le père

29°. Du maréchal duc de Vivonne, si célèbre par son esprit, par ses services & sur terre & sur mer, dont il est tant parlé dans les lettres de madame de Sévigné, dans les vers de madame Deshoulières, ainsi que dans tous les mémoires du temps, à qui Boileau adresse ses deux lettres, imitées l'une de Balzac, l'autre de Voiture, sur son entrée dans le Phare de Messine. Quoique ses expéditions maritimes soient celles qui l'ont le plus illustré, & qu'il ait été fait maréchal de France en 1675 dans le temps de ses victoires navales de Messine & d'Agousta, on ne le compte point comme le premier maréchal de la marine, parce qu'il avoit long-temps & bien servi sur terre. C'est Jean d'Etrées, quoiqu'il n'ait été fait maréchal de France qu'en 1681, six ans après M. de Vivonne, qui est censé avoir introduit la dignité de maréchal de France dans la marine. M. de Vivonne étoit, dit l'auteur du siècle de Louis XIV, un des hommes de la cour qui avoit le plus de goût & de lecture. C'étoit lui à qui le roi disoit un jour : « *Mais à quoi sert » de lire ?* » Le duc de Vivonne, qui avoit de l'embonpoint & de belles couleurs, répondit : « *La lecture fait à l'esprit ce que vos perdrix font » à mes joues* ».

Ses trois sœurs, madame de Thiange, madame de Montespan & l'abbesse de Fontevrault, outre qu'elles étoient les plus belles femmes de la cour, plaisoient universellement par un tour singulier de conversation, mêlé de plaisanterie, de naïveté & de finesse, qu'on appelloit *l'esprit des Mortemart*. Elles écrivoient toutes avec une légèreté & une grace particulières; à tant d'agrémens se mêloient quelques bizarreries, quelques manies que les *souvenirs* de madame de Caylus nous ont retracées. Celle de madame de Thiange étoit un respect pour son nom, porté au-delà de toutes les bornes; elle ne connoissoit point de maison qui pût entrer en parallèle avec la maison de *Rochechouart*; elle ne faisoit cas que de la maison de la Rochefoucauld & d'un petit nombre d'autres, & uniquement à cause de l'honneur qu'elles avoient d'être alliées de la sienne; elle n'accordoit à la maison même de France que la supériorité d'illustration attachée au trône; elle lui disputoit la supériorité d'origine & d'antiquité, & c'étoit à Louis XIV qu'elle aimoit à la disputer.

On sait quel fut sous, le regne de Louis XIV, l'empire de madame de Montespan; on connoît

aussi sa fameuse disgrace; on sait qu'elle est la Vasthy d'Esther. (*Voyez* l'article MAINTENON.)

L'abbesse de Fontevrault étoit celle qui avoit le plus d'esprit & sur-tout le plus de connoissances. Les langues grecque, latine, italienne, espagnole, lui étoient familières; tous les pères de l'église lui étoient connus; Homère & Platon faisoient ses délices; elle avoit traduit une partie de l'Iliade; elle a laissé divers ouvrages manuscrits. L'abbé Anselme a fait son oraison funèbre.

30°. Le duc de Mortemart, Charles-Auguste de *Rochechouart*, arrière-petit-fils de M. de Vivonne, fut tué au combat d'Ettingen, le 27 juin 1743, dans sa vingt-neuvième année.

31°. Jean-Baptiste de *Rochechouart*, duc de Mortemart, oncle du précédent, fut fait prisonnier de guerre au siège de Nice en 1706.

32°. Dans la branche des marquis de Montpipeau, François de *Rochechouart*, tué à la bataille de Senef.

33°. Charles ou Léonor, frère du précédent, tué au combat de Leuze, le 19 septembre 1691.

En comptant toutes ces victimes de la patrie, madame de Thiange avoit droit d'estimer sa maison.

Cette maison a aussi produit quelques prélats distingués.

Simon, archevêque de Bordeaux en 1275, mort le 29 octobre 1279.

Jean, évêque de Saint-Pons, archevêque de Bourges, puis d'Arles, au quatorzième siècle.

Foucaud, évêque de Noyon, puis archevêque de Bourges, au commencement du même siècle.

Jean-François-Joseph; celui-ci est le cardinal de *Rochechouart*, évêque de Laon, ambassadeur à Rome, mort depuis quelques années.

ROCHEFLAVIN, (BERNARD DE LA) *Hist. litt. mod.*) conseiller au parlement de Toulouse, puis de Paris, puis premier président des requêtes de Toulouse, & conseiller d'état, connu par son *recueil des arrêts notables* du parlement de Toulouse; par son *traité des droits seigneuriaux*; par son *traité des Parlemens*. Né en 1552 à Saint-Sernin en Rouergue, mort en 1627.

ROCHEFORT, (FRANÇOIS) *Hist. litt. mod.*) François I, roi de France, avoit eu pour précepteur ce François de *Rochefort*, dont on sait peu de chose; mais l'élève atteste le mérite du maître, & l'on sait du moins qu'il eut celui de recommander toujours à François I les intérêts des lettres.

ROCHEFORT. (*Hist. de Fr.*) C'est le nom de plusieurs familles françoises qui ont produit des hommes distingués, dans divers genres. C'est la famille des *Rochefort* de Bourgogne qui a produit les deux chanceliers de *Rochefort*. Ces deux magistrats étoient frères.

Le premier, nommé Guillaume, avoit servi le duc de Bourgogne, Charles le téméraire, dans ses conseils & dans ses armées ; il avoit combattu pour lui & avec lui à la journée de Montlehéri ; il fut employé par lui en diverses ambassades ; étant depuis tombé dans la disgrace de ce prince souvent violent & injuste, sa ressource fut de se donner à Louis XI, qui prit soin de lui faire les offres les plus avantageuses, qui le créa chancelier de France le 12 septembre 1483, & recommanda au roi Charles VIII, son successeur, de le continuer dans son office. Il y mourut en effet le 12 août 1492.

Le second, nommé Gui, suivit en tout la fortune de son frère ; il commença comme lui par servir Charles le téméraire au conseil & à l'armée ; il fut attiré ensuite avec son frère au service de Louis XI, qui en 1479 le fit conseiller, & en 1482 premier président du parlement de Dijon. Ayant été surpris le 24 octobre 1495 dans son château de Pleuvant par Henri bâtard de Vaudrey, il fut mené à Morigny, puis à Salins, où il fut sept mois prisonnier. S'étant heureusement sauvé de sa prison, le roi Charles VIII l'appella auprès de sa personne, & le dédommagea magnifiquement de ses peines passées, en lui conférant le 9 juillet 1497, la dignité de chancelier : ce fut lui qui, cette même année 1497 & le mois suivant, fit créer le grand conseil. Le roi ayant bien voulu dispenser l'archiduc Philippe le beau, fils de l'empereur Maximilien & père de l'empereur Charles-Quint, de venir en France rendre l'hommage qu'il devoit pour les comtés de Flandres & d'Artois, le chancelier de Rochefort alla recevoir cet hommage, à Arras dans la maison de l'évêque, le 5 juillet 1499. Louis XII le continua dans son office. Il mourut le 15 janvier 1507, laissant une mémoire respectée.

Leurs ancêtres avoient très-bien servi les ducs de Bourgogne, & avoient rempli des emplois honorables dans la cour & dans les armées de ces princes. Leurs descendans ne servirent pas moins bien les rois de France.

Jean de Rochefort, fils du chancelier Guy de Rochefort, portoit la cornette blanche à la bataille de Pavie, & y fut fait prisonnier avec François I. Il fut depuis employé en diverses ambassades, nommément à Rome & à Venise.

Claude de Rochefort, fils de Jean & petit-fils du second chancelier, fut tué en 1557 à la bataille de saint-Quentin, où il portoit le guidon du seigneur de Bourdillon.

Joachim, fils de Claude, servit avec zèle & avec distinction dans les guerres contre les Huguenots.

Jean, seigneur de Sigi, fils de Joachim, fut tué en duel à dix-huit ans.

Roger, marquis de la Boulaye, petit-fils de Joachim, fut tué au siège de Philisbourg, le 2 septembre 1644.

2°. La maison de Rochefort d'Ally, est connue en Auvergne, dès le commencement du onzième siècle, par des fondations & des dotations considérables.

Guillaume de Rochefort, mort au siège de Naples, le 31 août 1528 ;

Et Bernard de Rochefort, tué au pillage de Carthagène, prise par M. de Pointis en 1697, étoient de cette maison de Rochefort d'Ally.

Le maréchal de Rochefort étoit de la maison d'Aloigni, réputée l'une des plus anciennes du Poitou ; il se nommoit Henri-Louis d'Aloigny marquis de Rochefort. Il avoit servi dès sa plus tendre jeunesse sous le grand Condé. Après la paix des Pyrénées, il alla servir en Allemagne & en Hongrie sous messieurs de Coligny & de la Feuillade. Il reçut dans ces guerres une blessure au visage, dont il porta la marque toute sa vie. Revenu en France, il fut fait brigadier en 1667, maréchal de camp en 1668, capitaine des gardes en 1669. Dans la guerre contre les Hollandois, ce fut lui qui prit en 1672 cette ville de Naërden que Dupas fut accusé d'avoir mal défendu l'année suivante : le marquis de Rochefort fut lui-même accusé d'une faute ; on prétendit que, en prenant Naërden, il n'eût pas négligé de s'emparer de Muyden, c'étoit fait d'Amsterdam & de toute la Hollande. Mais étoit-il bon, même pour la France, qu'Amsterdam & toute la Hollande périssent ? Le ressentiment de toute l'Europe en eût éclaté plutôt. En 1673, le marquis de Rochefort prit Trèves. Il se trouva en 1674 à la bataille de Senef. En 1675, il reprit la ville d'Hui que les Espagnols & les Hollandois avoient prise l'année précédente. Cette même année 1675, il fut compris dans la promotion des huit maréchaux de France nommés après la mort de M. de Turenne. En 1676, Philisbourg fut pris par les ennemis de la France. Ce fut, dit-on, la faute du maréchal de Rochefort, qui, commandant pendant l'hiver dans la Lorraine & les Trois-évêchés, laissa les ennemis fortifier le poste de Lauterbourg, ce qui rendit le secours de Philisbourg impossible. Il mourut le 23 mai 1676.

Madame la maréchale de Rochefort, sa femme, Madeleine de Laval, fut dame d'atours de la dauphine Marie-Anne-Christine-Victoire de Baviere, & devint dans la suite dame d'honneur de madame la duchesse de Chartres, fille de Louis XIV.

ROCHEFOUCAULD (DE LA) Hist. de Fr.) Nom d'une maison de l'Angoumois, laquelle est réputée avec raison l'une des plus anciennes & des plus illustres du royaume.

1°. Foucauld I, seigneur de la Roche en Angoumois, du nom duquel, réuni avec celui de la terre, s'est formé celui de la Rochefoucauld, vivoit sous le règne du roi Robert, vers l'an 1026, & étoit dès-lors qualifié dans divers titres de seigneur très-noble.

2°. Foucauld II, seigneur de la Rochefoucauld, servit le roi Philippe Auguste contre les Anglois, &

fut fait prisonnier en 1198 au combat entre Cour-celles & Gisors, où Philippe fut battu par Richard cœur-de-lion, & tomba dans la rivière d'Epte tout armé, le pont de Gisors ayant fondu sous lui.

3°. Gui VII servit en 1317 & 1318 le roi Phi-lippe le long contre les Flamands.

4°. Aimeri III, son fils, rendit aussi, en 1338, au commencement des guerres entre Edouard III & Philippe de Valois, les services les plus con-sidérables à Philippe.

5°. Gui VIII est compté entre les premiers sei-gneurs de Guyenne, qui, après le traité de Bré-tigni en 1360 rendirent obéissance au roi Jean. Froissard parle de Gui, seigneur de la Rochefoucauld, qui combattit en 1380, en champ clos, Guillaume, sire de Montferrand; il paroît que c'est ce Gui VIII.

6°. Foucauld III, fils de Gui VIII, fut fait chevalier en 1451 au siège de Fronsac.

7°. Jean, fils de Foucauld III, fut *choisi comme le plus puissant de tous les vassaux du comte d'Angou-lême, pour être gouverneur de la personne & tuteur des biens de Charles d'Orléans, comte d'Angoulême.*

8°. François premier du nom, fils de Jean, & depuis lequel tous les aînés de la maison de la Roche-foucauld ont pris le nom de François, tint en 1494 sur les fonts baptismaux notre roi François I, qui fut le premier du nom parmi les rois, comme l'étoit parmi les la Rochefoucauld ce François I qui eut l'honneur de lui donner son nom. Ce fut pour ce François que le roi, son filleul, érigea, en 1515, la baronnie de la Rochefoucauld en comté. Les lettres d'érection portent que ce fut *en mémoire des grands, vertueux, très-bons & très-recommanda-bles services, qu'icelui François, son très-cher aimé cousin & parrain, avoit faits à ses prédécesseurs, à la couronne de France & à lui.*

9°. François II, fils de François I, épousa en 1518 Anne de Polignac, dame de Randan, femme célèbre par ses grandes qualités. Ce fut elle qui reçut en 1539, dans son château de Vertueil, l'empe-reur Charles-Quint & les enfans de France. L'empereur déclara hautement *n'avoir jamais entré en maison qui mieux sentît sa grande vertu, honnê-teté & seigneurie, que celle-là.*

10°. François III, après s'être signalé au siège de Metz en 1552, à celui de Poitiers en 1559, aux batailles de S. Quentin en 1557, de Dreux en 1562, de Jarnac & de Montcontour en 1569, fut tué à la saint-Barthélemi en 1572. Il étoit beau-frère du prince de Condé, Louis I, tué à Jarnac. C'est lui qui est désigné dans ces vers de la Hen-riade :

> Marsillac & Soubise, au trépas condamnés,
> Défendent quelque temps leurs jours infortunés.

C'est lui que Charles IX qui l'aimoit & avec lequel il avoit passé une partie de la nuit, eut quelque envie de sauver; il lui dit de coucher dans le

Louvre; enfin il le laissa sortir en disant : *je vois bien que Dieu veut qu'il périsse.*

11°. François IV, servit fidèlement le roi Henri IV, & fut tué par les Ligueurs à saint-Yrier-la-Perche, le 15 mars 1591.

12°. Un de ses frères, Josué de la Rochefoucauld, comte de Roucy, fut tué à la journée d'Arques, le 21 septembre 1589.

13°. Ce fut pour François V, fils de François IV, que Louis XIII érigea ce comté de la Rochefoucauld en duché-pairie par des lettres données à Niort au mois d'avril 1622. Il fut reçu au parlement le 24 juillet 1637.

14°. François VI, son fils, est celui

Que chacun sait, l'auteur du livre des maximes;

l'amant de la duchesse de Longueville, si célè-bre dans les troubles & dans les guerres civiles de la Fronde; celui dont il est tant parlé dans les mémoires du cardinal de Retz, avec lequel il eut tant & de si terribles débats.

15°. François VII, fils de François VI, est celui qu'on appelloit *l'ami du roi,* & à qui Louis XIV dit : *que ne parlez-vous à vos amis!*

16°. François VIII, son fils, épousa la fille de M. de Louvois, & ce fut pour lui que Louis XIV érigea en duché la terre de la Roche-Guyon en 1679.

17°. Dans la branche de Randan, Charles de la Rochefoucauld, comte de Randan, se distingua au siège de Metz en 1552; fut fait colonel-général de l'infanterie, envoyé en ambassade en Angle-terre, reçut une blessure à la tête au siège de Bourges en 1562, & mourut, le 4 novembre de la même année, d'une autre blessure reçue au siège de Rouen.

18°. Jean Louis, son fils, suivit le parti de la ligue, & fut tué à l'assaut d'Issoire, le 14 mars 1590.

Marie-Catherine de la Rochefoucauld de Randan, sa fille, est cette madame la marquise de Senecei, dame d'honneur de la reine Anne d'Autriche, & gouvernante de Louis XIV.

19°. Dans la branche de Barbezieux, Antoine de la Rochefoucauld, seigneur de Barbezieux, géné-ral des galères en 1528, après André Doria. (Voyez l'article DORIA.) Il avoit été fait prison-nier à la bataille de Pavie. Il commandoit dans Mar-seille, lorsque Charles-Quint, en 1536, fit sur cette place une tentative qui ne lui réussit pas.

20°. Gilbert, un de ses fils, mourut à Noyon, en 1544, au retour de la victoire de Cérisoles.

21°. Dans la branche des marquis de Montendre, Henri de la Rochefoucauld, seigneur de Marsay, tué au siège d'Amiens en 1597.

22°. Un autre Henri, son frère, seigneur de la Boulinière, tué au même siège.

23°. Isaac Charles, comte de Montendre, tué à la bataille de Luzara, le 15 août 1702, à la tête du régiment des Vaisseaux, dont il étoit co-lonel.

24°. Dans la branche des seigneurs de Vertueil, Jean de la *Rochefoucauld* rendit de grands services au roi Charles VII dans ses guerres contre les Anglois.

24°. Dans la branche des seigneurs de Neuillile-Noble, Jean de la *Rochefoucauld*, seigneur de Ruau-Persil, tué au siège de Maillezais.

26°. Jacques son neveu, tué en duel à Malthe.

27°. Hector, neveu de Jacques, & chevalier de Malthe aussi, tué aussi en duel.

28°. Antoine, blessé & fait prisonnier au siège de Valenciennes, le 17 août 1656.

29°. Paul-Louis l'Hermite, son fils, estropié à la bataille de Fleurus, en 1690, d'un coup de mousquet à la cuisse, qui l'obligea de quitter le service.

Parmi tant de guerriers, dans une si longue suite de siècles & dans une si grande maison, divisée en tant de branches, on est étonné de ne pas trouver un seul maréchal de France.

Cette maison a eu des prélats d'un mérite distingué. Le plus célèbre est le cardinal de la *Rochefoucauld* (François) évêque de Senlis, abbé & réformateur de sainte Génevieve. Il se défit de l'évêché de Senlis en 1622; il étoit à la tête du conseil en 1624. Son crédit fut bientôt éclipsé par le crédit naissant du cardinal de Richelieu. Il mourut le 14 février 1645, à 87 ans, retiré de tout depuis long-temps.

Nous avons vu un autre cardinal de la *Rochefoucauld*, du caractère le plus aimable, présider plusieurs fois l'assemblée du clergé, & avoir la feuille des bénéfices.

Voyez à l'article BROSSIER (Marthe) les égaremens dans lesquels donna un abbé de la *Rochefoucauld*, frère du premier de ces cardinaux, au sujet de cette Marthe *Brossier*.

Il y avoit une ancienne maison de la Rocheguyon, fondue successivement dans celles de Silly, de Plessis-Liancourt, & enfin dans celle de la *Rochefoucauld*. De cette maison étoient:

Jean, seigneur de la Roche-Guyon, qui épousa en 1242, Marguerite Clément, fille de Jean Clément, l'un des quatre premiers maréchaux de France.

Gui IV, qui épousa en 1353 la fille du maréchal de Briquebec.

Gui VI, tué à la bataille d'Azincourt, en 1415, &c.

ROCHES (madame & mademoiselle des) (*Hist. litt. mod.*) de la ville de Poitiers, mère & fille qu'il ne faut point séparer, puisqu'elles n'avoient qu'une même ame, & qu'elles n'ont jamais été séparées ni dans la vie, ni à la mort; elles sont l'une & l'autre au nombre des poëtes françois; leurs ouvrages ont été imprimés ensemble, comme ceux de madame & de mademoi-selle Deshoulières; mais c'étoient des poésies du seizième siècle, temps où la poésie & même la langue françoise n'étoient pas encore formées. On ne lit plus ces poésies, mais il faut conserver à jamais la mémoire de ces deux femmes qui ont donné au monde un grand exemple. La mère étant restée veuve, ne vécut plus que pour s'occuper de l'éducation de sa fille, & elle trouva la récompense de ses soins dans cette éducation même; sa fille eut tous ses gouts, & partagea sa gloire, nous disons sa gloire, car elles eurent dans leur temps beaucoup de réputation; elles s'attachèrent tellement l'une à l'autre, que chacune d'elles pouvoit seule remplir le cœur de l'autre. La fille ne voulut jamais se marier, pour ne point quitter sa mère; elles ne formoient qu'un vœu, c'étoit de ne se point survivre l'une à l'autre, il fut exaucé; toutes deux moururent le même jour, de la peste qui désoloit la ville de Poitiers en 1587.

ROCHESTER, (*Hist. litt. mod.*) JEAN WILMOT comte de) poëte Anglois, célèbre sous le règne de Charles II. Il a fait des satyres comme Despréaux, à peu près sur les mêmes sujets que Despréaux a choisis. M. de Voltaire compare ensemble ces deux poëtes dans des morceaux correspondans, & ce parallèle, pour la poésie & pour le mouvement, est entièrement à l'avantage du comte de *Rochester*. Cette seule exclamation:

Non, tu ne penses point, misérable, tu dors!
Inutile à la terre, & mis au rang des morts;
Ton esprit énervé croupit dans la mollesse;
Réveille-toi, sois homme & sors de ton ivresse,
L'homme est né pour agir, & tu prétends penser!

a plus de verve & de chaleur qu'on n'en trouve dans toutes les satyres de Boileau. On voit ici l'homme passionné, le poëte; on ne voit souvent dans Boileau, que le froid raisonneur, & tout au plus le médisant agréable. Saint Evremont a beaucoup parlé du comte de *Rochester* qu'il avoit connu à Londres, mais il ne nous a fait connoître de *Rochester* que l'homme de plaisir, l'homme à bonnes fortunes. M. de Voltaire nous montre l'homme de génie, & le grand poëte.

ROCKET. s. m. (*Hist. d'Angleterre*) On appelle *rocket* en anglois les mantelets que portent aux jours de cérémonie les pairs séans au parlement. Ceux des vicomtes ont deux bordures & demi, ceux des comtes trois, ceux des marquis trois & demi, ceux des ducs quatre. Ce mot vient peut-être de *rochus*, qui est employé pour *tunica* chez les écrivains latins du moyen âge; ou, si l'on veut, de *rock*, mot teutonique qui signifioit une robe, une tunique. (*D. J.*)

ROCOUB ALCACOUSAG. (*Fête orientale*) Ces deux mots *rocoub alcacousag*, signifient la cavalcade du vieillard : c'est le nom d'une fête que les anciens Persans célébroient à la fin de l'hiver. Dans cette fête, un vieillard chauve, monté sur un âne, & tenant un corbeau d'une main, couroit par la ville & par les places en frappant d'une baguette ceux qu'il rencontroit dans sa route. *D'Herbelot.* (*D. J.*)

R O D

RODERIC ou RORIC, (*Hist. de Suède.*) roi de Suède, qui fit la guerre aux Vendes, aux Finlandois, aux Russiens, aux Esthoniens, répandit leur sang pour le seul plaisir de le répandre, & abandonna ses conquêtes, dont il fut rassasié, dès qu'il en fut maître. Il soumit aussi le Danemarck, & c'est probablement pour cette raison que les historiens Danois disputent ce prince aux Suédois, comme si un homme qui fut le fléau de ses semblables, méritoit qu'on recherchât avec tant de chaleur quelle fut sa patrie. Celui-ci régnoit vers le commencement du troisième siècle. (*M. DE SACY.*)

RODOGUNE, (*Hist. anc.*) fille de Phraates, roi des Parthes, mariée à Démétrius Nicanor, roi de Syrie, qui avoit déjà pour femme Cléopatre, dont la vengeance éclata par les plus terribles coups. Cette histoire est sur-tout célèbre pour avoir fourni à Corneille le sujet de sa tragédie de *Rodogune*. Corneille, dans sa préface, rapporte le passage d'Appien Alexandrin, qui sert de fondement à sa pièce. Cléopatre pour se venger d'avoir été quittée pour *Rodogune*, commença par épouser Antiochus, frère de son mari. Antiochus ayant été vaincu dans une bataille contre Phraates, se tua lui-même. Démétrius voulant rentrer dans ses états, Cléopatre sa femme lui dressa des embûches & le fit périr. Elle avoit deux fils de lui, Seleucus & Antiochus; Seleucus ayant le diadème après la mort de son père, elle le tua d'un coup de flèche, soit qu'elle craignit qu'il ne voulût venger la mort de son père, soit que, comme Corneille l'a conçu, elle voulût conserver la couronne par elle-même :

Trône, à t'abandonner je ne puis consentir !

Elle alloit perdre aussi Antiochus; mais il contraignit lui-même cette coupable mère d'avaler le poison qu'elle lui avoit préparé. Ces événemens se passoient environ cent trente ans avant l'ère chrétienne.

RODOLPHE de *Habsbourg*, premier du nom, dit le *Clément*, (*Histoire d'Allemagne.*) dix-neuvième roi ou empereur d'Allemagne, naît en 1212 d'Albert le sage, comte de Habsbourg, &

d'Hedwige de Kibourg, est élu en 1118, meurt en 1291.

L'Allemagne fatiguée de l'anarchie dans laquelle elle languissoit depuis la mort de Frédéric II, consentit enfin à se donner un véritable empereur; elle avoit couronné plusieurs fantômes qui étoient disparu sans avoir pu rien faire pour son bonheur. Les électeurs, forcés par le souverain pontife (Grégoire X) qui les menaçoit de nommer de son chef à l'empire, s'assemblèrent à Francfort. Il semble que ces électeurs se croyoient au-dessus d'un empereur; en effet, aucun ne concourut pour l'être. Les suffrages furent partagés entre trois sujets, qui ne sembloient pas faits pour les mériter; c'étoit un comte de Goritz, seigneur d'un canton du Frioul, & qui étoit peu connu; un Bernard, plus obscur encore, & qui n'étoit considéré que par quelques prétentions sur le duché de Carinthie. *Rodolphe* le troisième, n'avoit aucuns fiefs considérables, c'étoit à la vérité un grand capitaine; sa valeur & sa capacité avoient été utiles à Ottocare, roi de Bohême, dont il étoit le grand-maître d'hôtel & le grand maréchal. Comme il y eut partage dans les voix, on choisit pour arbitre Louis-le-Sévère, duc de Bavière & comte Palatin. *Rodolphe* étoit occupé à de petites guerres que se faisoient continuellement les seigneurs de fiefs, lorsqu'on lui apporta la nouvelle de son élection. Il se rendit aussi-tôt à Aix-la-Chapelle, où se faisoient les cérémonies du couronnement des empereurs. Le sceptre de Charlemagne, sur lequel on avoit coutume de prêter serment, s'étoit perdu pendant les guerres civiles. Plusieurs seigneurs commençoient à se prévaloir de cet accident pour ne point le reconnoître; *Rodolphe* porte aussi-tôt la main sur un crucifix, & se tournant vers les séditieux : voilà, dit-il aussi-tôt, quel sera désormais mon sceptre. Ce trait de fermeté écarta tous les obstacles, & fut regardé comme un présage infaillible d'un regne glorieux. *Rodolphe* ne se hâta pas d'aller en Italie. Il comparoit Rome à *l'antre du lion : j'ai bien vu des empereurs aller au-delà des Alpes ; mais j'apperçois à peine les traces de leur retour.* Il se contenta d'envoyer son chancelier recevoir le serment de fidélité des villes sujettes; mais considérant que la domination des empereurs dans cette contrée n'avoit servi qu'à faire le malheur de l'Allemagne, & qu'il faudroit verser beaucoup de sang pour l'y maintenir, il consentit à vendre ses droits. Florence fut déclarée ville libre, moyennant quarante mille ducats d'or ; Luques en donna douze mille, Gènes & Boulogne six mille. Il céda à Nicolas III les terres que la comtesse Matilde avoit cédées au saint siège, & renonça à exercer aucun droit de suzeraineté sur la ville de Rome. Mais il ne faisoit ces concessions que pour affermir son autorité en Allemagne, & pour y faire succéder l'ordre à la confusion. Il avoit un grand empire à réformer, & il sentoit

combien

combien cet ouvrage étoit difficile. L'Alsace étoit partagée entre plusieurs seigneurs qui s'obstinoient à ne point reconnoître de maître. On ne pouvoit se dispenser de faire la guerre, *Rodolphe* obtint des troupes par sa prudence, & soumit tout par sa valeur. Ceux qui possédoient des terres dans la Suabe relevoient de la maison impériale de Suabe; après l'extinction de cette illustre famille, par le supplice de l'infortuné Conradin, ils prétendirent ne relever que de l'Empire. *Rodolphe* les força de reconnoître l'autorité d'un gouverneur, il en mit un également en Alsace. Cependant Ottocare III, roi de Bohême, différoit à rendre hommage ou plutôt le refusoit avec arrogance; ses ambassadeurs protestèrent même en pleine assemblée contre l'élection de l'empereur. « Le roi Ottocare, disoit-il insolemment, ne doit rien à *Rodolphe*, autrefois son » domestique; il ne lui a rien retenu de ses gages ». *Rodolphe*, pour réponse, le fait déclarer ennemi de l'empire ainsi que le duc de Bavière, qu'il avoit attiré dans son parti. Le roi de Bohême voulut envain soutenir sa révolte; attaqué dans le centre de ses états, il est forcé de tomber à genoux devant celui qu'il a dédaigné comme son domestique. Le fier Ottocare consentit donc à faire hommage pour son royaume de Bohême & pour le duché de Moravie; il demanda pour grace de rendre cet hommage sous des tentes pour s'épargner une mortification publique. L'empereur passa dans l'île de Camberg, au milieu du Danube; Ottocare vint l'y trouver, couvert d'or & de pierres précieuses. *Rodolphe*, qui n'estime que les qualités de l'ame, le reçoit avec un habit gris, qu'il porte ordinairement; mais, au milieu de la cérémonie, la tente se lève, & laisse voir aux deux armées qui bordent le fleuve, le superbe Ottocare à genoux, les mains dans celles de son vainqueur. Le roi de Bohême cédoit par le traité tous ses droits sur l'Autriche, la Stirie & la Carniole. Cette paix fut aussi-tôt rompue que signée. La reine de Bohême, princesse ambitieuse, fit rougir son mari de vivre sujet de l'empereur, qu'elle appelloit toujours son maître-d'hôtel. Elle avoit cependant éprouvé plusieurs fois que ce maître d'hôtel étoit un grand général; Ottocare paya de sa tête la vanité de son épouse; il fut vaincu & tué dans une bataille. *Rodolphe*, modéré dans la victoire, plaignit les vaincus, & donna la couronne de Bohême à Wenceslas, fils du feu roi, auquel il fit épouser quelque temps après une de ses filles. L'empereur fit aussi-tôt son entrée dans Vienne, & y fixa sa cour. Louis de Bavière, qui avoit des droits sur l'Autriche, fit plusieurs tentatives pour l'en éloigner. *Rodolphe* fond sur lui avec ses troupes victorieuses, & le met en fuite; alors, dit un moderne, on vit ce prince que les électeurs avoient appellé à l'empire, pour y régner sans pouvoir, devenir en effet le conquérant de l'Allemagne,

& leur imposer la loi; mais tandis qu'il affermissoit le trône, & lui rendoit quelques rayons de son ancien éclat, il ne négligeoit rien pour tirer sa famille de l'obscurité; il donna l'investiture de l'Autriche, de la Stirie & de la Carniole à ses fils, Albert & *Rodolphe*. Une vieille chronique que des auteurs accusent d'infidélité, dit que le jeune *Rodolphe* eut le duché de Suabe; mais de ce que ses descendans ne le possèdent plus, ce n'est pas une raison de rejetter ce fait; il est probable que l'empereur n'aura rien négligé pour faire passer dans sa famille un fief de cette importance. Il eût bien voulu placer son fils Albert sur le trône d'Hongrie, vacant par la mort de Ladislas III, tué par les Tartares Cumins. Mais Nicolas, qui, conformément aux prétentions de son siège, soutenoit que tous les royaumes étoient fiefs de Rome, lui opposa plusieurs obstacles, & nomma Charles-Martel arrière-fils de Charles d'Anjou. Les Hongrois ne vouloient pas d'un fils d'empereur pour roi. *Rodolphe* ne crut pas devoir entreprendre une guerre; d'ailleurs Charles-Martel étoit son gendre. Il ne paroît cependant pas qu'il eût été si facile s'il n'avoit pas eu l'espoir d'engager les états à nommer son fils Albert pour lui succéder; il les convoqua même à ce dessein. Il fut refusé, sous prétexte que l'empire ne pouvoit entretenir deux chefs; mais en effet, parce qu'on craignoit toujours de le rendre héréditaire. Cet Albert régna après Adolphe de Nassau. *Rodolphe* mourut peu de tems après qu'il eut reçu ce refus déguisé, laissant l'empire aussi paisible qu'il étoit agité lorsqu'il en prit les rênes. Sa famille obscure auparavant figura depuis avec les plus puissantes de l'Europe. Ses funérailles furent célébrées à Spire. Il eut de l'impératrice Anne, sa première femme, outre Albert & *Rodolphe*, dont nous avons parlé, Hartman qui devoit épouser une princesse d'Angleterre, & se noya dans le Rhin en 1282, & Charles qui mourut enfant. Il en eut encore quatre filles. La première épousa Louis le Sévère, duc de Bavière & comte Palatin; la seconde, Oton, duc de la basse Bavière; la troisième, Albert II, d'Anhalt, duc de Saxe; la quatrième, Oton, margrave de Brandebourg. Elisabeth, sa seconde femme, donna le jour à Judith, qu'il maria à Wenceslas, roi de Bohême, & à Clémence, femme de Charles-Martel, roi de Hongrie. On lui attribue la loi qui ordonne l'usage de la langue allemande dans les actes publics, dans les jugemens & dans les diètes. Quelques écrivains la lui contestent; mais on convient généralement qu'il ne se servit jamais d'aucune langue étrangère. (*M—y.*)

RODOLPHE D'AUTRICHE, IIe empereur du nom, successeur de Maximilien II, (*Hist. d'Allemagne.*) XXXIIe empereur d'Allemagne depuis Conrad I, XXVIe roi d'Hongrie, XXXIIe roi de Bohême, naquit l'an 1552 de l'empereur Maximilien II & de Marie d'Espagne. Il monta sur le trône à l'âge de vingt-quatre ans. Son père, pour lui assurer la couronne impériale, l'avoit fait élire roi dés Romains dans une diète à Ratisbonne (1575), & cette élection étoit son meilleur titre. Six empereurs en ligne directe, savoir: Albert II, Frédéric III, Maximilien I, Charles V, Ferdinand I & Maximilien II, pris dans la maison d'Autriche, & tous, de père en fils, n'avoient pu rendre le trône héréditaire. Les électeurs ne prenoient des chefs dans cette maison, que parce qu'elle étoit la plus intéressée à s'opposer aux invasions des Turcs, auxquels elle confinoit par ses états de Hongrie. Lorsque, faisant allusion au couronnement de l'arrière-fils d'Albert II, M. de Voltaire a dit qu'une couronne élective devient aisément héréditaire, quand le père & l'aïeul l'ont possédée, il est clair qu'il a fait une mauvaise application d'une pensée d'ailleurs assez vraie. *Rodolphe* prit pour maxime celle des empereurs de sa maison : il imita leur modération & leur amour pour la paix. Il ne se laissa point éblouir par les noms pompeux de *grand* & d'*invincible*. La lenteur politique qu'il mit dans la plûpart des affaires, donne lieu de dire qu'il tint d'une main foible les rênes de l'état. C'est encore un mot de M. de Voltaire, que d'autres écrivains ont reçu sans examen, Tel est l'ascendant d'un grand nom ; il fait passer les pensées les plus fausses pour des vérités : mais si, au lieu de cette modération qui convient au chef d'une nation indépendante, *Rodolphe* eût usé de cette fermeté qui sied à un monarque absolu, tout l'empire eût été bouleversé, dans un tems où la vertige du fanatisme & de l'intolérance inondoit de sang tous les états voisins. Pour apprécier le mérite de ce prince, il faut porter les yeux sur les incendies qui embrasèrent la chrétienté après sa mort : d'ailleurs, les exemples des princes qui avoient voulu gouverner l'Allemagne avec autorité, même dans des tems plus favorables, n'étoient pas séduisans. Avec les mêmes talens des Charlemagne & des Oton I, il n'eût pas été sûr de suivre leurs traces. Ce qui prouve que la modération de *Rodolphe* étoit autant dans sa politique que dans son caractère, c'est que dans le tems qu'il ménageoit les Allemands, il augmentoit la sévérité des ordonnances dans ses états héréditaires. Il restreignit les priviléges des Autrichiens, & éloigna des charges les Protestans : il défendit même de professer la nouvelle religion dans les villes, & n'en permit l'exercice qu'aux seigneurs, & seulement dans leurs châteaux. Les Allemands ne jouïrent cependant point d'une entière indépendance : *Rodolphe* fit scrupuleusement observer le traité de pacification de Passau, qui défendoit à tout ecclésiastique d'embrasser la nouvelle religion, sous peine de la privation de son bénéfice. Cette loi fut rigoureusement observée. Gebhart de Truchser, archevêque & électeur de Cologne, fut dépouillé de son électorat pour avoir osé l'enfreindre. Un semblable trait ne pouvoit partir d'une main foible, ou il falloit qu'elle sût se plier à propos. Le premier événement militaire

de son règne fut une guerre contre Amurat III, empereur des Turcs, & qui se continua sous Mahomet III. Amurat, au préjudice d'une trève, avoit fait une irruption dans la Hongrie & dans la Croatie, d'où il avoit emmené une infinité de captifs. Les Turcs, descendus des Scythes, n'avoient point entièrement dépouillé les mœurs de leurs farouches ancêtres. Ils sembloient moins faire la guerre qu'aller à la chasse des hommes. Cette guerre fut meurtrière, & dura environ d'neuf ans, pendant lesquels la fortune passa plus d'une fois de l'un à l'autre parti. Les armées turques se signalèrent par la prise de Repitsch, de Wihilsk, de Wesprin, de Fillek, de Thata, de Saint-Martin, de Javarin, & de plusieurs autres places considérables, sous le règne d'Amurat III. Les lieutenans de ... heureux sultan avoient encore forcé les Autrichiens de lever le siege qu'ils avoient mis devant Belgrade : sous Mahomet III, elles forcèrent Agria, & remportèrent une grande victoire près de Kereste ; mais les succès des Turcs furent balancés par la perte de plusieurs batailles, dont celles de Sisseq, de Belgrade & d'Hatuan, sont les plus fameuses. Les impériaux reprirent plusieurs places, & en enlevèrent d'autres dans la Turquie ottomane. Ces deux puissances, fatiguées de verser du sang sans pouvoir gagner la supériorité l'une sur l'autre, consentirent à un traité (1605), qui faisoit une loi à l'empereur de donner le titre de *fils* au sultan, qui devoit l'appeller son *père* dans toutes les occasions où ils s'écriroient & se parleroient par ambassadeurs. Les deux monarques s'obligèrent encore de s'envoyer réciproquement des présens qui devoient être renouvellés tous les trois ans. *Rodolphe* commença, & envoya deux cents mille florins. Une autre condition qui ne leur fait pas moins d'honneur, fut de n'établir aucun impôt ni aucune charge nouvelle dans les villes & les villages qu'ils avoient pris l'un sur l'autre pendant la dernière guerre, dont chacun d'eux devoit rester en possession. On voit quel pouvoit être leur amour pour leurs sujets, puisqu'ils s'intéressoient à ceux qui avoient cessé de l'être. Ce fut le sultan Achmet, successeur de Mahomet III, qui signa ce traité, qui sembla plutôt un accord entre deux frères, pour prévenir les troubles domestiques. Les guerres de religion qui déchiroient l'Espagne, la France, & menaçoient l'Allemagne, s'étoient fait sentir en Hongrie. Les nouveaux sectaires étoient très-puissans ; ils avoient même facilité les progrès des Ottomans. *Rodolphe* fit avec eux un traité particulier (1604), & s'engagea à laisser aux Calvinistes & aux Luthériens le libre exercice de leur religion. Il avoit refusé cette faveur aux Autrichiens sur lesquels son empi e étoit plus affermi. Les états de Hongrie profitèrent de ce moment pour faire confirmer leur liberté. Ils avoient perdu une grande prérogative depuis que les princes d'Autriche avoient déclaré la couronne héréditaire dans leur maison. Ils obtinrent le pouvoir d'élire un gouverneur, pendant l'abfence du roi, pour rendre la juftice dans le royaume, fans qu'il fût néceffaire de recourir au confeil aulique pour terminer les procès en dernier reffort. Le gouverneur nommé par fa majefté impériale, devoit continuer l'entier exercice de fa charge; mais pour la fuite il étoit dit que le gouverneur feroit choifi dans une affemblée libre. On devoit dreffer des articles pour limiter le pouvoir de l'intendant-général des finances commis par l'empereur. La nomination aux grandes prélatures devoit appartenir aux états & au fouverain; mais à cette condition que ceux qui feroient nommés par ce dernier, ne pourroient entrer dans le confeil de la nation. Cette capitulation fait connoître l'état de la Hongrie par rapport à fes rois. Cependant l'archiduc Matthias méditoit une révolution. L'empereur fon frere l'avoit fouvent employé foit en Flandre, où il falloit retenir les états qui, en fecouant le joug de l'Efpagne, auroient pu fe détacher de l'Empire, foit en Hongrie dans les guerres contre les Turcs. Matthias, peu fatisfait d'être le fecond dans l'Empire, afpiroit à fupplanter fon frere: comme lieutenant-général, il lui avoit été facile de gagner les gens de guerre; il les avoit flattés par tout ce qui pouvoit les féduire. Battori, vaivode de Tranfilvanie, qui tantôt prenoit le parti des Turcs, tantôt celui des Allemands, mais dont l'inconftance étoit compenfée par des talens fupérieurs, embraffa fon parti. Fier de ce nouvel allié, & affuré de l'inclination des proteftans d'Autriche, qu'il flattoit d'une entiere liberté de confcience, il fit foulever la Hongrie, mécontente de ce que l'empereur élevoit des Allemands aux principales charges, & s'approcha de la Bohême qu'il prétendoit engager dans fa révolte. Les états de Bohême ne manquerent pas de choifir cet inftant de crife pour arracher de nouveaux priviléges. Ils parvinrent à exclure le clergé catholique des affaires civiles, & à déclarer nulles toutes les acquifitions que les prêtres de la communion romaine pourroient faire. Les proteftans devoient être admis dans toutes les charges. Ces conceffions étoient confidérables, mais l'empereur ne pouvoit s'y refufer, fans s'expofer à perdre toute fon autorité dans ce royaume, qui fe reffouvenoit encore qu'il avoit été libre fur le choix de fes maîtres. Cependant fon frere Matthias s'apprêtoit à foutenir fa révolte. L'empereur, qui craignoit les fuites d'une guerre civile, & dont Matthias étoit le plus proche héritier, confentit à partager avec lui un trône fur lequel la nature l'appelleroit bientôt. Rodolphe étoit d'une fanté délicate, & il approchoit de fa fin. Il céda à Matthias la couronne de Hongrie, l'archiduché d'Autriche & le marquifat de Moravie, & ne fe réferva de fes états héréditaires que la Bohême & la Siléfie. C'étoit moins fe dépouiller d'un bien, que fe débarraffer d'un fardeau. L'Autriche étoit en armes, & demandoit une liberté de confcience qu'il ne pouvoit permettre fans s'expofer à l'indignation de la

cour de Rome, & il falloit confentir à rappeller les Allemands qui occupoient en Hongrie des places importantes. Il ne lui reftoit donc que l'alternative ou de mécontenter les impériaux & le pape, ou de révolter les Hongrois: d'ailleurs les embarras fe multiplioient en Allemagne. La fucceffion de Cleves, de Berg & de Juliers, ouverte par la mort de Jean-Guillaume, comte de la Marck & de Ravenfbourg, mettoit aux prifes deux puiffans partis qu'il avoit long-tems pacifiés, &, qui, ayant repris les armes, paroiffoient prêts à ruiner l'Empire. Rodolphe fit un acte d'autorité qu'il crut propre à rétablir le calme, en féqueftrant les états qui formoient l'objet de la conteftation. Il en faifit Léopold fon coufin, auquel il donna le titre de commiffaire impérial dans ces provinces: mais cette fermeté attira fur lui tout le péril. Les prétendans, dont les principaux étoient les princes de Neubourg & de Brandebourg, foutenus par l'électeur Palatin Frédéric IV, fe réunirent; & oubliant, pour l'inftant, leurs droits à l'égard les uns des autres, ils implorerent le fecours d'Henri IV, roi de France, & le héros de fon fiecle, pour chaffer Léopold qui avoit fixé dans Juliers le fiege de fon gouvernement. Alors l'Allemagne fut partagée en deux grandes factions; l'une, compofée des princes catholiques, fuivoit le parti de l'empereur. Les chefs de cette ligue étoient Maximilien, duc de Baviere, les électeurs eccléfiaftiques & tous les princes de la communion romaine. Cette faction prit le nom de *ligue catholique*: elle fut fortifiée par deux princes proteftans, qui étoient l'électeur de Saxe, un des prétendans; & le landgrave de Heffe-Darmftad. L'autre faction, compofée des calviniftes & des luthériens, foutenoit les maifons de Brandebourg & de Neubourg, & avoit à fa tête Frédéric IV, qui avoit pour adjoints le duc de Wirtemberg, le landgrave de Heffe-Caffel, le margrave d'Anfpach, celui de Dourlach, le prince d'Anhalt. Plufieurs villes impériales entrerent dans cette ligue, qui, pour mot de ralliement, prit le nom d'*union évangélique*. Cette guerre purement profane, s'annonçoit comme une guerre facrée. Les catholiques mirent dans leur parti le pape Paul V & Philippe III, roi d'Efpagne. L'union évangélique mit dans le fien Henri IV, qui, probablement, l'eût rendu victorieux, s'il n'eût été prévenu par un affaffinat. Le pape & le roi d'Efpagne, dit un moderne, ne donnoient que leur nom, & Henri IV alloit entrer en Allemagne avec une armée difciplinée & victorieufe, avec laquelle il avoit déja détruit une ligue catholique. L'empereur, qui voyoit que les efprits s'aigriffoient contre lui, de ce qu'il s'efforçoit de faire paffer dans fa maifon des biens fur lefquels elle n'avoit aucun droit, crut pouvoir les ramener en adjugeant Cleves & Juliers à l'électeur de Saxe, à cette condition raifonnable, qu'il juftifieroit de fes droits. Les efprits étoient trop aigris, il y avoit trop d'intérêts à concilier, pour que cet acte d'équité pût rétablir la paix. La ligue catholique, qui redoutoit les armes françoises, fit des démarches infructueuses pour priver l'union évangélique d'un aussi puissant secours. La Châtre partit avec une armée, & força le duc Léopold de sortir de Juliers. Ce duc, se retira en Bohême, où ses troupes mal disciplinées & plus mal payées, commirent de très-grands désordres. L'empereur ayant témoigné beaucoup d'amitié pour Léopold, Matthias en conçut de vives inquiétudes, & sa jalousie fut un surcroît de chagrin pour Rodolphe, dont les états étoient en proie aux feux des guerres civiles. Matthias éclata d'abord, en murmures. Ayant mis ensuite dans son parti les états de Bohême, il força l'empereur de lui en assurer la couronne; il n'en eut cependant que des droits honorifiques. Les revenus du domaine restèrent à Rodolphe, qui se consola, dans le sein de la philosophie, des peines inséparables du trône, & des procédés vicieux d'un frère ambitieux. Il mourut l'an 1612, dans la soixantième année de son âge, la trente-sixième de son règne comme empereur, la trente-huitième depuis son couronnement en Hongrie, & la trente-septième depuis qu'il étoit sur le trône de Bohême. Rodolphe eut pour le mariage une espèce d'aversion que rien ne sut vaincre. Ses courtisans lui proposèrent plusieurs partis considérables, entr'autres, Isabelle, infante d'Espagne, & Marie de Médicis, fille de l'archiduc Charles. Le nom de ce prince ne peut figurer avec celui des héros; mais il sera toujours compté au nombre des bienfaiteurs de l'humanité. Heureux le siècle où ceux-ci obtiendront la préférence, & recevront, sans contradiction, le juste tribut d'éloges que trop souvent on leur refuse! Né avec des passions calmes, Rodolphe, il étoit généreux & affable; qualités qui se trouvent rarement séparées, parce que l'une est presque toujours le résultat de l'autre. Ami zélé de toutes les vertus, il les accueillit dans tous les rangs. Rémunérateur éclairé des talens & des productions du génie, il veilla sans cesse pour étendre la sphère de nos connoissances, & perfectionner les arts, sur-tout les arts utiles. Il descendoit souvent de son trône pour entrer dans le cabinet des savans, & s'entretenir familièrement avec eux. On ne peut lire sans plaisir sa réponse à son frère Matthias, qui lui reprochoit cette grande liberté qu'il accordoit aux savans. « Notre naissance » & notre rang, lui dit-il, nous élèvent au-dessus » d'eux; mais souvent ils nous prouvent qu'ils » valent mieux que nous: c'est un bonheur que » nos foiblesses nous en rapprochent, & nous fai- » sent sentir que nous sommes hommes comme » eux. » (M—Y.)

RODRIGUE, Roi des Visigoths. (Hist. d'Espagne.) Le même crime qui jadis anéantit la royauté chez les Romains, fit tomber Rodrigue du trône, où sa valeur & les suffrages de la nation l'avoient placé. Ce crime causa même en Espagne des malheurs plus irréparables que n'en avoient

causé à Rome l'incontinence de Tarquin; car la chûte de Rodrigue fut suivie de la ruine entière & de la destruction de la monarchie des Visigoths, du massacre ou de la servitude de tous les habitans des contrées espagnoles, conquises, ravagées & soumises aux Maures. Il regne bien de l'incertitude dans les récits que les historiens contemporains & postérieurs ont faits de cette mémorable révolution. Voici, en peu de mots, ce qu'à travers l'obscurité, les fables & la confusion de leurs diverses narrations, j'ai cru appercevoir de moins invraisemblable. Witiza, détesté par ses crimes, abhorré par ses cruautés, avoit soulevé contre lui la nation presqu'entière. Rodrigue, fils de Théodefrede, jugeant cette disposition générale des Visigots favorable à ses désirs ambitieux, aigrit, autant qu'il fut en lui, le mécontentement de ses concitoyens contre leur oppresseur, mit dans ses intérêts la plupart des grands du royaume, se fit un parti redoutable, arma ses adhérans, alluma les feux de la guerre civile, & combattit avec succès contre la faction de Witiza. Trop acharnés l'un contre l'autre, pour songer au danger qui menaçoit la patrie & l'Espagne entière, les deux partis ne s'appperçurent même pas des tentatives heureuses des Maures d'Afrique, qui profitant de ces divisions, avoient passé en foule sur les côtes d'Espagne, & s'étoient emparés déjà de quelques cantons de ce pays riche & fertile, où depuis fort long-tems ils désiroient de s'établir. Vraisemblablement la conquête qu'ils firent lors de cette première descente, ne parut pas assez importante aux Visigoths, pour réunir contr'eux toutes leurs forces, & ils continuèrent à s'entre-détruire. Après bien des combats qui affoiblirent considérablement la nation, Rodrigue, complettement vainqueur de son rival, resta maître du trône, & Witiza fut tué, selon quelques-uns, ou alla, suivant quelques autres, achever de vivre à Tolède. Le nouveau souverain profita fort mal de l'exemple que lui donnoit la chûte de son prédécesseur, chassé de ses états pour avoir mécontenté le peuple par ses vexations & irrité les grands par l'excès outrageant de son incontinence. Le comte Julien, l'un des plus habiles généraux de Rodrigue, étoit en Afrique, & avoit laissé en Espagne, Cava, sa fille, jeune personne d'une rare beauté, & attachée à la reine Egilone. Les graces de Cava firent la plus vive impression sur le cœur du monarque; il tenta de la séduire, & ne put réussir. Entraîné par la violence de sa passion, il arracha par la force & le viol, des faveurs que ses offres n'avoient pu lui procurer. Cava, au désespoir, fit avertir son père de l'outrage qu'elle avoit reçu. Le comte Julien, tout entier à la vengeance, passa en Espagne, & dissimulant son indignation, engagea Rodrigue à l'envoyer, en qualité d'ambassadeur, auprès de Muza, gouverneur de la Mauritanie pour le calife, & de permettre à sa fille de l'accompagner. Le roi qui ne se doutoit point des projets de ce seigneur, confentit à tout, & le comte Julien ne fut pas plutôt arrivé en Mauritanie, qu'il engagea Muza à entreprendre la conquête de l'Efpagne, qu'il promit de lui faciliter. Dans le même tems Evan & Sisebut, fils de Witiza, ne pouvant fupporter de fe voir dégradés de la qualité de princes, & privés, par la ruine de leur père, de l'efpoir de régner, confultèrent leur oncle Oppaz, métropolitain de Séville, le plus fourbe des hommes, le plus corrompu des prêtres de fon tems, & le plus mauvais des citoyens; par fes avis, ces jeunes princes lièrent des intelligences avec les Sarrazins, & leur propofèrent de faire paffer une armée en Efpagne. Les Maures déja difpofés à cette expédition par le comte Julien, fe déterminèrent à l'exécution de cette entreprife, & Muza fit embarquer douze mille hommes, fous les ordres de Tarick Abincier, qu'il nomma général en chef de cette petite armée, avec ordre de pouffer fes conquêtes en Efpagne auffi loin qu'il lui feroit poffible. Rodrigue raffembla toutes fes forces, & ne put fe procurer qu'une petite armée, à la tête de laquelle il couvrit autant qu'il put fon pays contre les courfes des Sarazins, qui, malgré la réfiftance du roi des Vifigoths, firent d'horribles ravages, & exercèrent, guidés par le comte Julien, les plus grandes cruautés fur les habitans, qui la plupart défarmés & fans défenfe. Cependant les hoftilités de ces étrangers n'aboutiffant encore à rien de décifif, Muza envoya de nouveaux fecours à Tarick qui, comptant fur la fupériorité de fes forces, marcha contre les Vifigoths, raffemblés fous les drapeaux de leur fouverain, leur livra bataille, & remporta fur eux une victoire fi complette, qu'ils furent entièrement défaits. Animé par ce grand fuccès, Muza, fuivi d'une armée nombreufe & formidable, vint achever ce que fon général avoit fi heureufement commencé; la fortune le féconda d'une manière encore plus marquée, en forte qu'en très-peu de tems, le renverfement de la monarchie des Vifigoths & la conquête de l'Efpagne, furent le prix de fa valeur. A l'égard de Rodrigue, quelques hiftoriens affurent que, trahi dès le commencement de la bataille que Tarick lui avoit livrée, par Oppaz & les fils de Witiza, qui paffèrent, fuivis d'une foule de Vifigoths, du côté des Maures; battu & hors d'état de rappeler la fortune qui l'avoit abandonné, il alla fe cacher dans un monaftère près de Mérida, d'où il fe fauva en Portugal, & alla finir fes jours dans un hermitage près de Vifcé. Quelques autres écrivains, & Ferreras fur-tout, affurent, avec plus de vraifemblance, que, couvert des bleffures, il fe retira du côté de Vifcé, où peu de tems après il mourut, foit des bleffures qu'il avoit reçues, foit du chagrin que lui caufa la funefte révolution qui mit fin à fon règne & à la monarchie des Vifigoths. On penfe qu'il mourut vers la fin de l'année 710: c'eft à-peu-près tout ce qu'il y a de moins invrai-

femblable dans les relations, la plupart fabuleufes, & toutes très-défectueufes, qui nous ont été tranfmifes, au fujet du règne de ce fouverain. (*L. C.*)

RODRIGUEZ,) ALPHONSE) *Hift. litt. mod.*) jéfuite de Valladolid, mort à Séville le 21. février 1616, à 90 ans, eft l'auteur du *traité de la perfection chrétienne*, traduit par meffieurs de Port-royal & par l'abbé Regnier Démarais (voyez ce dernier article).

On a d'un autre *Rodriguez* (Emmanuel) portugais, religieux francifcain, une fomme des cas de confcience; des queftions régulières & canoniques, &c. Mort à Salamanque en 1619.

R Œ M

RŒMER, (*Hift. mod.*) c'eft ainfi que l'on nomme à Francfort fur le Mein, l'hôtel-de-ville; il eft fameux dans toute l'Allemagne, parce qu'on y conferve la bulle d'or de l'empereur Charles IV, qui eft la loi fondamentale de l'empire germanique. (*A. R.*)

RŒMER, (OLAUS) *Hift. litt. mod.*) de l'académie des fciences, mathématicien & aftronome célèbre, étoit un Danois, que le célèbre M. Picard de l'académie des fciences de Paris, envoyé par Louis XIV dans le Nord pour faire des obfervations, avoit conquis à la France. *Rœmer* travailla aux obfervations aftronomiques avec MM. Picard & Caffini, & fit des découvertes dans ce genre. Il étoit né à Arhus dans le Jutland en 1644. Il fut reçu à l'académie des fciences de Paris en 1672. Il enfeigna les mathématiques en France à un grand prince qui fit peu d'honneur à tous fes maîtres, au Dauphin, fils de Louis XIV. Il retourna en Danemarck, où il fut mathématicien du roi Chriftiern V, & profeffeur d'aftronomie; il fut confeiller d'état fous Frédéric IV. Il mourut en 1710. Pierre Horrebow, fon difciple, profeffeur d'aftronomie à Copenhague, y fit imprimer en 1735 diverfes obfervations de *Rœmer* & un autre ouvrage du même auteur fous le titre de *bafis aftronomiæ*; c'eft proprement une *méthode d'obferver*.

R O G

ROGATIO *legis*, (*Hift. Rom.*) terme qui fignifioit dans la jurifprudence romaine, la demande que faifoient les confuls ou les tribuns au peuple romain, lorfqu'ils vouloient faire paffer une loi.

Voici les termes dans lefquels on faifoit cette demande; par exemple : *voulez-vous ordonner qu'on faffe la guerre à Philippe?* Le peuple répondoit: *le peuple romain ordonne qu'on faffe la guerre à Philippe*, & cette réponfe s'appelloit *decretum*; décret ou réfolution.

Le mot *rogatio* est souvent en usage pour exprimer le décret même, & pour le distinguer du *senatus-consulte*, ou décret du sénat.

Souvent aussi *rogatio* est pris dans le même sens que *loi*, parce qu'il n'y avoit point de loix établies chez les Romains, qui n'eussent été précédées de ces sortes de demandes, autrement elles étoient nulles.

ROGER, (*Hist. d'Italie.*) premier roi de Sicile, de la race des Normands, étoit petit-fils de Tancrède de Hauteville. Il étendit beaucoup les domaines qu'il avoit reçus de ses pères en Italie; il fut un conquérant & un conquérant heureux. Il eut à combattre, & il combattit presque toujours avec avantage les papes & les empereurs d'Allemagne & de Constantinople. Il força les papes & les anti-papes de contribuer presque également à sa grandeur; Honorius II, après l'avoir combattu par les armes & par des excommunications, fut forcé de lui donner l'investiture de la Pouille, de la Calabre & de Naples. L'anti-pape Anaclet dont il prit la défense, lui donna en reconnoissance le titre de roi de Sicile. Le pape Innocent II, qu'il fit prisonnier, ne put recouvrer sa liberté qu'en lui confirmant, & après lui à ses descendans, ce titre de roi de Sicile, & y ajoutant quelques dépendances. *Roger* dans ses guerres contre l'empereur Grec, ravagea presque toute la Grèce, & porta le fer & le feu dans les fauxbourgs de Constantinople; il poussa ses conquêtes jusques dans l'Afrique, il prit Tripoly & d'autres places maritimes, il battit la flotte de l'empereur Manuel; l'empereur d'Allemagne, Lothaire, eut sur lui des avantages rapides, mais passagers; à peine étoit-il rentré dans l'Allemagne, que *Roger* avoit tout repris & tout réparé; enfin ce fondateur d'une illustre monarchie put avec vérité faire graver sur son épée ce vers latin:

Appulus & Calaber, Siculus mihi servit & Afer.

Il étoit né en 1097. Il mourut en 1154; son père se nommoit *Roger* comme lui & possédoit déjà une partie de la Sicile sous le titre de comte, mais la monarchie de Sicile commence au fils.

ROGUE, s. f. (*Hist. du bas-empire.*) *donationum manus*; ce mot s'est dit autrefois des donatifs, présens ou distributions que les empereurs faisoient quelquefois le premier jour de l'année, ou le jour de leur naissance, à des favoris, à des magistrats, à des officiers, & quelquefois au peuple. Quelques auteurs dérivent le mot *rogue* de *poyoc*, qui signifie du *blé*, parce que les donatifs aux soldats se faisoient anciennement de bled.

R O H

ROHAN, (*Hist. de France.*) La maison de

Rohan est une de celles qu'on appelle en France *maisons princesses*, qui prétendent, & auxquelles on conteste de certaines distinctions; ces distinctions dépendent entièrement de la volonté du roi, elles ne sont soumises à aucune règle certaine, on n'y a point proprement de droit. On pourroit dire cependant que le rang de ceux qu'on appelle en France princes souverains, princes étrangers, est en quelque sorte fixé par l'ordonnance de 1667, qui les place entre les princes du sang & les ducs & pairs, & c'est aussi le rang qu'ils réclament, mais les ducs & pairs ne reconnoissent point cette hiérarchie & ne veulent point d'intermédiaire entre le roi, les princes de son sang, pairs nés, & eux. Tel est l'état de la question entre les maisons princesses & les maisons ducales, question dans laquelle nous n'entrerons pas: nous exposerons les prétentions, parce que l'existence de ces prétentions est un fait qui appartient à l'histoire, nous n'en appuyerons ni n'en combattrons aucune.

Celle des seigneurs de la maison de *Rohan* est (ou étoit) d'avoir rang de princes en France, parce qu'elle tire son origine des premiers souverains de Bretagne. Ces souverains portoient le titre de rois; en conséquence plusieurs anciennes terres de cette maison, telles que le Porhoet, le Rohan & d'autres pays contigus, portent le titre de royaumes dans des titres anciens de fondations. Les ducs de Bretagne, dans une assemblée des états-généraux de leur duché, tenue à Nantes en 1088, ont solemnellement reconnu que la maison de *Rohan* descendoit des anciens souverains de Bretagne; l'acte de cette reconnoissance est à la chambre des comtes de Bretagne, a été reconnu pour authentique par le roi Louis XIV dans son conseil le premier avril 1692. La plupart des grandes maisons se sont aggrandies & enrichies successivement par les biens que leur ont procurés leurs diverses alliances; il y a au moins sept ou huit siécles que la maison de *Rohan* est en possession des grandes terres dont elle porte ou a porté les noms. Un acte de l'an 1092 prouve que les terres de Porhoet & de Rohan avoient leurs barons, ainsi que les comtes de Flandre, de Champagne & les autres souverains de leur temps.

La filiation des princes de *Rohan* est prouvée sans interruption depuis:

1°. Guethenoc, vicomte de Porhoet, qualifié vicomte de Rennes dans des actes de 1008 & 1021. Il fit bâtir le château de Josselin sur les bords de la rivière d'Oulx. Mort en 1046.

2°. Josselin I, son fils, est qualifié de *vicomte de Bretagne* dans un acte de 1057.

3°. Eudon I, fils de Josselin, suivit en 1066 Guillaume, duc de Normandie, à la conquête de l'Angleterre,

4°. Eudon II, petit-fils d'Eudon I, fut quelque temps duc de Bretagne par Berthe sa femme, fille & héritière de Conan III, duc de Bretagne, mort en 1148. Après bien des vicissitudes, Eudon fut entièrement dépouillé du duché de Bretagne & réduit à son premier patrimoine.

5°. Eudon III, son fils, servit Philippe Auguste contre Jean-sans-terre.

6°. Un frère d'Eudon II, nommé Alain, s'établit en Angleterre, où il eut pour son partage divers fiefs donnés à ses ancêtres par Guillaume le conquérant dans le temps de la conquête; il fut l'auteur de la branche de la Zouche & de divers autres rameaux issus de cette branche. Les seigneurs issus de ces divers branches & rameaux, servirent avec distinction les rois auxquels ils étoient attachés, & soutinrent avec éclat en Angleterre le nom de Rohan.

7°. En France, nous remarquerons dans la branche des vicomtes de Rohan, Alain 7e, du nom, vicomte de Rohan, tué au combat de Moron, le 14 août 1352.

8°. Jean I, son fils, fut beau-frère de Charles le Mauvais, roi de Navarre.

9°. Alain VIII, fils de Jean I, fut gendre du connétable de Clisson.

10°. Alain IX, fils d'Alain VIII, fut déclaré lieutenant-général de Bretagne, pendant la prison de Jean, duc de Bretagne, & d'Artus & Richard de Bretagne, ses frères, en 1419, lorsqu'ils avoient été surpris & arrêtés par les Penthièvre leurs rivaux.

Une des filles d'Alain, Marguerite de Rohan fut l'aïeule de notre roi François I.

Une autre de ses filles, Catherine, fut la trisayeule de Henri IV.

11°. Jean II, fils d'Alain IX, fut gendre de François I, duc de Bretagne; il fut beau-frère de François II, aussi duc de Bretagne; & oncle de la duchesse Anne, femme de Charles VIII, & de Louis XII.

12°. Dans la branche de Rohan-Guemené, Louis de Rohan, qui se distingua dans les guerres de son temps, & qui fut fait duc & pair sous le nom de Montbazon, en 1588, par le roi Henri III, en considération de ses services. Lorsqu'à la mort de ce monarque en 1589, Henri IV fut reconnu roi de France par les princes & seigneurs de son armée, ceux qui signèrent les premiers après les princes du sang, l'acte par lequel il fut reconnu; furent les ducs de Longueville, de Montbazon & de Pinei-Luxembourg; ce fut en qualité de parens qu'ils prirent ce rang dans la signature; aussi les pairs, même plus anciens & qui refusoient de signer après les pairs maréchaux de France, ne contestèrent-ils rien aux trois pairs dont nous parlons.

13°. Hercule de Rohan, duc de Montbazon, fils du précédent, grand-veneur de France, gouverneur de Paris & de l'île de France, chevalier des ordres du roi, fut constamment attaché au parti des rois contre la ligue. Il étoit en 1589 à l'attaque du fauxbourg de Tours. Il fut blessé au combat d'Arques; il se signala au siége d'Amiens. Il étoit un des sept seigneurs qui accompagnoient Henri IV, & qui étoient dans son carrosse, lorsque ce bon prince fut assassiné. Il mourut le 16 octobre 1654 à 86 ans. La fameuse duchesse de Chevreuse étoit sa fille.

14°. Le chevalier de Rohan, décapité le 27 novembre 1674, pour avoir voulu livrer Quillebœuf aux Hollandois & faire révolter la Normandie, étoit petit-fils d'Hercule. Ce chevalier de Rohan avoit bien servi jusques-là. Il s'étoit distingué à l'attaque des lignes d'Arras en 1654, au siége de Landrecy en 1655. Il avoit suivi Louis XIV à la campagne de Flandre en 1667; à la guerre de Hollande en 1672, son entreprise n'étoit qu'une folie dans un temps où tout étoit soumis & fidèle. On tenta de le sauver; on espéra qu'une représentation de Cinna donnée devant le roi pourroit porter ce prince à la clémence, mais un exemple fut jugé nécessaire & ne l'étoit peut-être pas.

15°. Dans la branche de Rohan-Soubise, François de Rohan, prince de Soubise, fit sa première campagne en Hongrie sous le comte de Coligny en 1663. Au passage du Rhin, en 1672, il traversa ce fleuve à la nage à la tête des gendarmes de la garde. Il se distingua de même dans toutes les occasions en Allemagne, en Flandre, en Franche-Comté, suivit le roi dans ses diverses campagnes & l'eut pour témoin de ses exploits; il reçut plusieurs blessures & mourut le 24 août 1712, à près de quatre-vingt-deux ans.

16°. Louis de Rohan, son fils, dit le prince de Rohan, mourut à vingt-trois ans, le 5 novembre 1689, d'une blessure reçue dans une rencontre près du camp de Lessine en Flandre.

17°. Un autre fils de François, Maximilien-Gaston-Gui-Benjamin de Rohan, tué à la bataille de Ramillies le 23 mai 1706.

18°. Un autre encore, Hercule-Mériadec de Rohan, se distingua aux batailles de Leuze, de Steinkerque, de Tongres, de Nerwinde, aux siéges de Mons, de Namur, d'Huy, de Charleroi, d'Ath; il fut blessé à la bataille de Ramillies, il se trouva aussi à celles d'Oudenarde & de Malplaquet, au siége de Douay, & reçut au siége du Quesnoy une forte contusion d'un éclat de bombe; il fut encore employé aux siéges de Landau & de Fribourg. La terre de Fontenay, première baronnie du pays de Saintonge, fut érigée pour lui en duché-pairie sous la dénomination de Rohan-Rohan, par des lettres du mois d'octobre 1714, enregistrées le 18 décembre suivant.

19°. Le maréchal de Soubise, mort depuis quelques années, étoit son petit-fils.

20°. Dans la branche de Rohan-Gié, Pierre

de *Rohan*; c'est le fameux maréchal de Gié, gouverneur du jeune comte d'Angoulême, qui fut par la suite le roi François I, vers l'an 1504. Le roi Louis XII eut une maladie dans laquelle les médecins parurent désespérer de sa vie; la douleur de la reine Anne de Bretagne, ne l'empêcha pas de prendre des mesures pour se retirer en Bretagne avec ses filles. Quelques bateaux chargés de ses meubles les plus précieux descendoient déjà vers Nantes par la Loire. Le maréchal de Gié, gouverneur de l'Anjou, osa penser qu'il étoit de son devoir de faire arrêter ces bateaux. La reine, dont il étoit né sujet, sentit cette injure jusqu'au fond du cœur; ses grandes vertus lui avoient laissé le grand défaut d'être implacable. En vain le roi parut applaudir à la fidélité du maréchal de Gié, il ne put résister éternellement aux plaintes d'une femme adorée, il fallut livrer le maréchal à son ressentiment, elle fit rechercher avec rigueur toute sa vie; on vouloit des crimes, on ne manqua pas d'en trouver. Le conseil du roi nomma pour faire le procès du maréchal, le parlement de Toulouse, parce qu'il avoit la réputation d'être le plus sévère du royaume; mais ce parlement si sévère ne fit que manifester l'innocence du maréchal de Gié, par la douceur des peines qu'il lui infligea: il se contenta de le suspendre pendant cinq ans des fonctions de maréchal de France, & de le bannir à dix lieues de la cour. Le maréchal de Gié se retira dans son château du Verger en Anjou. Nous apprenons par un arrêt, qui est du 9 février 1506 & par l'extrait de son procès, que, dans l'exercice de ses fonctions de gouverneur du comte d'Angoulême, il avoit déplu à la comtesse, mère du prince, auprès de laquelle il avoit long-temps affecté tous les soins d'un amant, & presque les droits d'un mari. La comtesse, toujours ennemie d'Anne de Bretagne, s'unit avec elle pour le perdre. Il récusa même expressément la comtesse, lorsqu'elle voulut déposer, dans son procès, tant il la jugeoit mal disposée à son égard. Comment eût-il pu résister au crédit de ces deux femmes, redoutables même l'une pour l'autre, & qui ne s'étoient jamais réunies que contre lui? L'arrêt du maréchal de Gié, le dépouille nommément de la place de gouverneur du comte d'Angoulême.

21°. Pierre de *Rohan*, fils du maréchal de Gié, tué à la bataille de Pavie.

22°. Réné son fils, tué le 28 octobre 1552 dans un combat près de Metz.

23°. Le duc de *Rohan* Henri II, petit-fils de René, & Soubise son frère, furent les chefs des protestans, dans la guerre qui éclata en 1621. Ils formèrent des projets vastes; ils voulurent changer entièrement la constitution, faire de la France une république, la diviser en cercles sur le modèle de l'Allemagne; ils en firent en effet

une division chimérique en huit cercles, dont le gouvernement devoit être donné aux principaux chefs du parti. Louis XIII leur fit la guerre en personne. Le duc de *Rohan* étoit gendre du fameux duc de Sully. Voyez à l'article CHABOT comment le duché de *Rohan* passa dans cette maison par une fille de ce duc de *Rohan*.

La maison de *Rohan* a produit plusieurs prélats célèbres, entr'autres François de *Rohan*, archevêque de Lyon, mort en 1536; les quatre cardinaux, évêques de Strasbourg, dont le dernier vit encore aujourd'hui, & dont trois, y compris ce dernier, ont été de l'académie françoise.

Deux femmes célèbres de la maison de *Rohan*, eurent une conduite & une destinée bien différentes. L'une, Françoise de *Rohan*, dame de la Garnache en Poitou, aima le duc de Némours, & sur la foi d'une promesse de mariage, dont elle n'attendit pas l'accomplissement pour devenir mère, elle en eut un fils sans état, qu'elle qualifia prince de Génevois, en prenant pour elle-même le titre de madame de la Garnache ou de duchesse de Loudunois.

L'autre, Catherine de *Rohan*, nièce de la précédente, fut aimée de Henri IV, & rejetta son hommage, en lui disant *qu'elle étoit trop pauvre pour être sa femme, & de trop bonne maison pour être sa maîtresse*. C'étoit la sœur du duc de *Rohan* & de Benjamin de *Rohan*, seigneur de Soubise, chefs des protestans.

ROHANDRIANS. (*terme de relation.*) Flacourt dit qu'on appelle *rohandrians* à Madagascar ceux d'entre les blancs qui dans la province d'Anossi sont élevés en dignité. Ils ont la peau rousse & les cheveux peu frisés. On choisit les chefs du pays dans cette race d'hommes, & ils jouissent seuls du privilège de pouvoir égorger les bêtes. On ne manque pas en Europe de bouchers dignes d'être *rohandrians*. (*D. J.*)

ROHAULT, (*Hist. litt. mod.*) fils d'un marchand de la ville d'Amiens, physicien connu par son zèle pour la philosophie de Descartes, qui n'inspire plus de zèle à personne, quoique le nom de Descartes soit toujours révéré comme celui d'un grand homme dont les principes généraux sont le fondement de la bonne philosophie & la condamnation de ses erreurs particulières. *Rohault* a écrit sur la physique; il a donné des élémens de mathématiques, un traité de méchanique, &c. Il étoit utile dans son temps. Né en 1620, mort en 1675.

R O I

ROI, nom que les anciens donnèrent ou à Jupiter ou au principal ministre de la religion dans les républiques.

Après que les Athéniens eurent secoué le joug

de leurs *rois*, ils élevèrent une ſtatue à Jupiter ſous le nom de *Jupiter roi*, pour faire connoître qu'à l'avenir ils ne vouloient point d'autre maître. — A Lébadie on offroit de même des ſacrifices à Jupiter *roi*, & on trouve que ce titre lui eſt ſouvent donné chez les anciens.

Mais ils ne le croyoient pas tellement attaché à la ſuprême puiſſance de ce dieu, qu'ils ne l'attribuaſſent quelquefois à certains hommes diſtingués par leur dignité. Ainſi le ſecond magiſtrat d'Athènes ou le ſecond archonte s'appelloit *roi*, βασιλευς ; mais il n'avoit d'autres fonctions que celles de préſider aux myſtères & aux ſacrifices : hors de là nulle ſupériorité. Dans le gouvernement politique, ſa femme avec le titre de reine partageoit auſſi ſes fonctions ſacrées. L'origine de ce ſacerdoce, dit Démoſthènes dans l'oraiſon contre Néera, venoit de ce qu'anciennement dans Athènes le *roi* exerçoit les fonctions de grand-prêtre ; & la reine, à cauſe de ſa dignité, entroit dans le plus ſecret des myſtères. Lorſque Théſée eut rendu la liberté à Athènes en ſubſtituant la démocratie à l'état monarchique, le peuple continua d'élire entre les principaux & les meilleurs citoyens un *roi* pour les choſes ſacrées, & ordonna par une loi, que ſa femme ſeroit toûjours athénienne de naiſſance, & vierge quand il l'épouſeroit, afin que les choſes ſacrées fuſſent adminiſtrées avec la pureté convenable ; & de peur qu'on n'abolît cette loi, elle fut gravée ſur une colonne de pierre. Ce *roi* préſidoit donc aux myſtères ; il jugeoit les affaires qui regardoient le violement des choſes ſacrées. En cas de meurtre, il rapportoit l'affaire au ſénat de l'aréopage ; & dépoſant ſa couronne, il s'aſſeyoit parmi les autres magiſtrats pour juger avec eux. Le *roi* & la reine avoient ſous eux pluſieurs miniſtres qui ſervoient aux cérémonies de la religion : tels que les épimeletes, les hiérophantes, les gerères, les ceryces, &c.

La même choſe ſe pratiqua chez les Romains. Quelque mécontens qu'ils fuſſent de leur dernier *roi*, ils avoient cependant reçu tant de bienfaits des ſix premiers, qu'ils ne purent abſolument en abolir le nom : mais auſſi ne lui attribuèrent-ils que des fonctions qui ne pouvoient jamais menacer la liberté, je veux dire le ſoin des cérémonies religieuſes. Il lui étoit d'ailleurs défendu de remplir aucune magiſtrature & de haranguer le peuple. On le choiſiſſoit parmi les plus anciens pontifes & augures, mais il étoit ſubordonné au ſouverain pontife : cette dignité ſubſiſta juſqu'au règne du grand Théodoſe. (*A. R.*)

ROI-D'ARMES, (*Hiſt. de France.*) C'étoit un officier de France qui annonçoit la guerre, les trèves, les traités de paix & les tournois. C'eſt le premier & le chef des hérauts-d'armes : nos ancêtres lui ont donné le titre de *roi*, qui ſignifie ſeulement *premier chef*. La plûpart des ſavans aſſurent que ce fut Louis-le-Gros qui donna à Louis

de Rouſſy le titre de *roi-d'armes*, inconnu juſques-là. Cet établiſſement fut imité par-tout, honoré de pluſieurs privilèges, de penſions conſidérables ; & les ſouverains à qui les *rois-d'armes* étoient envoyés, affectoient pour faire éclater leur grandeur dans les autres pays, de leur faire de beaux préſens.

Philippe de Comines a remarqué que Louis XI, quoique fort avare, donna à un *roi-d'armes* que le roi d'Angleterre lui avoit envoyé, trois cents écus d'or de ſa propre main, & trente aunes de velours cramoiſi, & lui promit encore mille écus. Le rang de leur maître les rendoit reſpectables, & ils jouiſſoient des mêmes privilèges que le droit des gens accordé aux ambaſſadeurs, pourvu qu'ils ſe renfermaſſent dans les bornes de leur commiſſion ; mais s'ils violoient les loix de ce droit, ils perdoient leurs privilèges. Froiſſart obſerve, que le *roi-d'armes* du duc de Gueldres ayant défié le roi Charles VI clandeſtinement dans la ville de Tournai, & ſans lui en donner connoiſſance, » il » fut arrêté, mis en priſon, & cuida être mort, dit cet hiſtorien, pour ce que tel défi étoit » contre les formes & contre l'uſage accoutumé, » & de plus dans un lieu mal convenable, Tournai » n'étant qu'une petite ville de Flandres. »

Le reſpect qu'on avoit pour les *rois-d'armes* ſuivis de leurs hérauts, étoit ſi grand, qu'ils ont quelquefois, étant revêtus de leur cotte-d'armes, arrêté par leur préſence, en criant *hola*, la fureur de deux armées dans le fort du combat. Froiſſart a obſervé, que dans un furieux aſſaut donné à la ville de Villepode en Gallice, à la parole des hérauts, ceſſèrent les aſſaillans & ſe repoſèrent.

Le *roi d'armes* avoit un titre particulier, qui étoit *mont-joye S. Denis* ; & les autres hérauts portoient le titre des ſeize principales provinces du royaume, comme *Bourgogne, Normandie, Guienne, Champagne.*

Il y a en Angleterre trois *rois-d'armes*, ſous le titre de la *jarretière*, de *Clarence* & de *Norroy.* En Ecoſſe, les *rois-d'armes* & les hérauts ont été employés dans les tournois, dans les combats à plaiſance ou à outrance, à fer émoulu ou à lance mornée, que les ſeigneurs particuliers faiſoient avec la permiſſion du roi. Mais ils ſont à-préſent ſans emploi par tout pays ; & on ne les voit plus parcourir les provinces, pour reconnoître les vraies nobleſſes, les armoiries des familles & leurs blaſons, en un mot, pour découvrir les abus que l'on commettoit concernant la nobleſſe & les généalogies. *Voyez* roi-d'armes, *hiſt. d'Angleterre.*

Quant aux cottes qui ſont l'habit qu'marquoit leur titre & leur pouvoir, celle du *roi-d'armes* eſt différente de celle des hérauts, 1°. en ce que les trois grandes fleurs-de-lis qui ſont au-devant & au-derrière de la cotte, ſont ſurmontées d'une couronne royale de fleurs-de-lis fermée ; 2°. en ce qu'elle eſt bordée tout-autour d'une broderie d'or, entre les galons & la frange ; & 3°. parce que sur les manches, les mots *mont-joye S. Denis* font en broderie avec ces mots, *roi-d'armes de France* fur la manche gauche.

Roi-d'armes, dit Favin, portoit la cotte de velours violet, avec l'écu de France couronné & entouré de deux ordres de France fur les quatre endroits de fa cotte-d'armes. Il ajoute qu'il falloit autrefois être noble de trois races, tant de l'eftoc paternel que du côté maternel, pour être reçu mont-joye. Le même Favin a décrit particulièrement le baptême du *Roi-d'armes* ; c'étoit ainfi qu'on appelloit l'impofition du nom qu'on lui donnoit à fa réception : cette cérémonie fe faifoit par le renverfement d'une coupe de vin fur fa tête.

M. Ducange a inféré dans fon gloffaire, fous le mot *Heraldus*, la réception du *roi-d'armes* du titre de *mont-joye*. Les valets-de-chambre du roi devoient le revêtir d'habits royaux, comme le roi même. Le connétable & les maréchaux de France devoient l'aller prendre pour le mener à la meffe du roi, accompagné de plufieurs chevaliers & écuyers ; les hérauts ordinaires & les pourfuivans marchoient devant lui deux à deux ; un chevalier devoit porter l'épée avec laquelle on le faifoit alors chevalier, tandis qu'un autre portoit fur une lance fa cotte-d'armes. (*D. J.*)

Roi d'armes d'Angleterre. Le *roi d'armes* étoit autrefois un officier fort confidérable dans les armées & dans les grandes cérémonies ; il commandoit aux hérauts & aux pourfuivans d'armes, préfidoit à leur chapitre, & avoit jurifdiction fur les armoiries.

Nous avons en Angleterre trois *rois-d'armes*, favoir, Garter, Clarence & Norroy.

Garter, premier *roi d'armes*.

Cet officier fut établi par Henri V. Il accompagne les chevaliers de la jarretière aux affemblées, le maréchal aux folemnités & aux funérailles des perfonnes de la première nobleffe ; il porte l'ordre de la jarretière aux princes & aux rois étrangers ; mais dans ces fortes d'occafions, il eft toujours accompagné de quelqu'un des premiers pairs du royaume.

Clarence, *roi-d'armes* ; il eft ainfi appellé du duc de Clarence, qui poffeda le premier cette dignité. Sa fonction eft d'ordonner des obfèques de la nobleffe inférieure, des baronets, des chevaliers, des écuyers & des gentilshommes, au fud de la rivière du Trent.

Norroy, *roi-d'armes*, exerce les mêmes fonctions au nord du Trent. On appelle ces deux derniers *hérauts provinciaux*, parce qu'ils partagent pour leurs fonctions le royaume en deux provinces.

Ils ont pouvoir par une charte de vifiter les familles nobles, de rechercher leur généalogie, de diftinguer leurs armoiries, de fixer à chacun les armes qui lui conviennent, & régler avec le Garter la conduite des autres hérauts.

Autrefois les *rois-d'armes* étoient créés & couronnés folemnellement par les rois mêmes ; mais aujourd'hui c'eft le grand maréchal qui eft chargé de les inftaller, & qui, dans cette fonction, repréfente la perfonne du roi.

On peut ajouter aux deux *rois-d'armes* précédens le Lyon, *roi-d'armes* pour l'Ecoffe, qui eft le fecond en Angleterre, & dont le couronnement fe fait avec beaucoup de folemnité. Il eft chargé de publier les édits du roi, de régler les funérailles, & de caffer les armoiries.

Roi du Nord, eft le titre du troifième des hérauts d'armes provinciaux d'Angleterre.

Sa jurifdiction s'étend du côté feptentrional de la rivière du Trent, comme celle du fecond héraut d'armes, nommé *Clarencieux*, s'étend du côté méridional.

Rois de Rome, (*Hift. Rom.*) Rome commença d'abord à être gouvernée par des *rois* ; elle préféra, felon l'ufage de ce tems-là, dit *Juftin, l. I, c. 3.* le gouvernement monarchique aux autres fortes de gouvernemens ; cependant ce n'étoit point une monarchie abfolue, mais mitigée & bornée, dans fa puiffance. L'élection des *rois de Rome* fe faifoit par le peuple, après avoir pris les augures ; & le fénat fervoit en quelque forte de barrière à l'autorité monarchique, qui ne pouvoit rien faire de confidérable fans prendre fon avis. Denys d'Halicarnaffe, *l. II, c. xiv,* & *l. VII, c. xxxviij,* vous détaillera les privilèges des *rois de Rome* ; je ne ferai que les indiquer.

Ils avoient droit, 1°. de préfider à tout ce qui concernoit la religion, & d'en être l'arbitre fouverain ; 2°. d'être le confervateur des lois, des ufages & du droit de la patrie ; 3°. de juger toutes les affaires où il s'agiffoit d'injures atroces faites à un citoyen ; 4°. d'affembler le fénat & d'y préfider ; de faire au peuple le rapport de fes décrets, &, par-là, de les rendre authentiques ; 5°. d'affembler le peuple pour le haranguer ; 6°. de faire exécuter les décrets du fénat. Voilà tout ce qui regardoit les affaires civiles, & les tems de paix.

A l'égard de la guerre, le *roi* avoit un très-grand pouvoir, parce que tout ce qui la concerne demande une prompte exécution, & un grand fecret, étant fort dangereux de mettre en délibération dans un confeil public, les projets d'un général d'armée. Malgré cela, le peuple romain étoit le fouverain arbitre de la guerre & de la paix.

Les marques de la royauté étoient la couronne d'or, la robe de pourpre mêlée de blanc, la chaire-curule d'ivoire, & le fceptre au haut duquel étoit la repréfentation d'un aigle. Il étoit accompagné de douze licteurs, portant fur leurs épaules un faifceau de baguettes, liées avec des courroies de cuir, & du milieu de chaque faifceau fortoit une hache.

Ces licteurs lui servoient en même tems de gardes, & d'exécuteurs de ses commandemens, & de la justice; soit qu'il fallût trancher la tête, ou fouetter quelque coupable; car c'étoit les deux genres de supplices ordinaires chez les Romains; alors ils délioient leurs faisceaux, & se servoient des courroies pour lier les criminels, des baguettes pour les fouetter, & de la hache pour trancher la tête. Quelques-uns prétendent que ces licteurs étoient de l'institution de Romulus; d'autres, de Tullus Hostilius; & d'autres, en plus grand nombre, à la tête desquels il faut mettre Florus, *l. I, c. v,* l'attribuent à Tarquin l'ancien.

Quoi qu'il en soit, les gardes que prit Romulus, & si l'on veut les licteurs armés d'une hache d'armes, couronnée de faisceaux de verges, désignoient le droit de glaive, symbole de la souveraineté; mais, sous cet appareil de la royauté, le pouvoir royal ne laissoit pas, en ce genre, d'être resserré dans des bornes assez étroites, & il n'avoit guère d'autre autorité que celle de convoquer le sénat & les assemblées du peuple, d'y proposer les affaires, de marcher à la tête de l'armée quand la guerre avoit été résolue par un décret public, & d'ordonner de l'emploi des finances qui étoient sous la garde de deux trésoriers, qu'on appella depuis *questeurs.*

Les premiers soins de Romulus furent d'établir différentes lois, par rapport à la religion & au gouvernement civil, mais qui ne furent publiées qu'avec le consentement de tout le peuple romain, qui, de tous les peuples du monde, se montra le plus fier dès son origine, & le plus jaloux de sa liberté. C'étoit lui qui, dans ses assemblées, autorisoit les lois qui avoient été dirigées par le *roi* & le sénat. Tout ce qui concernoit la guerre & la paix, la création des magistrats, l'élection même du souverain, dépendoit de ses suffrages. Le sénat s'étoit seulement réservé le pouvoir d'approuver ou de rejetter ses projets, qui, sans ce tempérament & le concours de ses lumières, eussent été souvent trop précipités & trop tumultueux.

Telle étoit la constitution fondamentale de cet état, qui n'étoit ni purement monarchique, ni aussi entièrement républicain. Le *roi,* le sénat & le peuple, étoient, pour ainsi dire, dans une dépendance réciproque; & il résultoit de cette mutuelle dépendance un équilibre d'autorité qui modéroit celle du prince, & qui assuroit en même tems le pouvoir du sénat, & la liberté du peuple.

Déjà Rome commençoit à se rendre redoutable à ses voisins; il ne lui manquoit que des femmes pour en assurer la durée. Romulus envoya des députés pour en demander aux Sabins, qui refusèrent sa proposition: il résolut de s'en venger, &, pour y réussir, il ne trouva point de meilleur expédient que de célébrer à Rome des jeux solemnels en l'honneur de Neptune. Les Sabins ne manquèrent pas d'accourir à cette solemnité; mais pendant qu'ils étoient attachés à voir le spectacle, les

Romains, par ordre de Romulus, enlevèrent toutes les filles, & mirent hors de Rome, les pères & les mères qui réclamoient en vain l'hospitalité violée. Leurs filles répandirent d'abord beaucoup de larmes, elles souffrirent ensuite qu'on les consolât; le tems à la fin adoucit l'aversion qu'elles avoient pour leurs ravisseurs, dont elles firent depuis leurs époux légitimes. Il est vrai que l'enlèvement des Sabines causa une guerre qui dura quelques années; mais les deux peuples firent la paix, & n'en firent qu'un seul pour s'unir encore plus étroitement. Rome commença dès-lors à être regardée comme la plus puissante ville de l'Italie; on y comptoit déjà jusqu'à quarante-sept mille habitans, tous soldats, tous animés du même esprit, & qui n'avoient pour objet que de conserver leur liberté, & de se rendre maîtres de celle de leurs voisins.

Cependant Romulus osa régner trop impérieusement sur ses sujets, & sur un peuple nouveau, qui vouloit bien lui obéir, mais qui prétendoit qu'il dépendît lui-même des lois dont il étoit convenu dans l'établissement de l'état. Ce prince au contraire rappelloit à lui seul toute l'autorité qu'il eût dû partager avec le sénat & l'assemblée du peuple. Il fit la guerre à ceux de Comerin, de Fidène, & à ceux de Veïe, petite ville comprise entre les cinquante-trois peuples que Pline dit qui habitoient l'ancien *Latium,* mais qui étoient si peu considérables, qu'à peine avoient-ils un nom dans le tems même qu'ils subsistoient, si on en excepte Veïe, ville célèbre de la Toscane. Romulus vainquit ces peuples les uns après les autres, prit leurs villes, en ruina quelques-unes, s'empara d'une partie du territoire des autres, dont il disposa depuis de sa seule autorité. Le sénat en fut offensé, & il souffroit impatiemment que le gouvernement se tournât en pure monarchie. Il se défit d'un prince qui devenoit trop absolu. Romulus, âgé de cinquante-cinq ans, & après trente-sept années de règne, disparut, sans qu'on ait pu découvrir de quelle manière on l'avoit fait périr. Le sénat, qui ne vouloit pas qu'on crût qu'il y eût contribué, lui dressa des autels après sa mort, & il fit un dieu de celui qu'il n'avoit pu souffrir pour souverain.

Après la mort de Romulus, il s'éleva deux partis dans Rome. Les anciens sénateurs demandoient pour monarque un romain d'origine; les Sabins qui n'avoient point eu de *rois* depuis Tatius, en vouloient un de leur nation. Enfin, après beaucoup de contestations, ils demeurèrent d'accord que les anciens sénateurs nommeroient le *roi* de Rome, mais qu'ils seroient obligés de le choisir parmi les Sabins. Leur choix tomba sur un Sabin de la ville de Cures, mais qui demeuroit à la campagne. Il s'appelloit Numa Pompilius, homme de bien, sage, modéré, équitable, & qui ne cherchant point à se donner de la considération par des conquêtes, se distingua par des vertus pacifiques. Il travailla pendant tout son règne, à la faveur d'une longue paix, à tourner les esprits du côté de la religion, & à inspirer aux Romains une grande crainte des dieux. Il bâtit de nouveaux temples; il institua des fêtes; & comme les réponses des oracles & les prédictions des augures & des aruspices faisoient toute la religion de ce peuple grossier, il n'eut pas de peine à lui persuader que des divinités qui présidoient à ce qui devoit arriver d'heureux & de malheureux, pouvoient bien être la cause du bonheur & du malheur qu'elles annonçoient; la vénération pour ces êtres supérieurs, d'autant plus redoutables qu'ils étoient plus inconnus, fut une suite de ces préjugés.

Rome se remplit insensiblement de superstition; la politique les adopta, & s'en servit utilement pour tenir dans la soumission un peuple encore féroce. Il ne fut même plus permis de rien entreprendre qui concernât les affaires d'état, sans consulter ces fausses divinités; & Numa, pour autoriser ses pieuses institutions, & s'attirer le respect du peuple, feignit de les avoir reçues d'une nymphe appellée *Egérie*, qui avoit révélé, disoit-il, la maniere dont les dieux vouloient être servis.

Sa mort, après un règne de quarante-trois ans, laissa la couronne à Tullus Hostilius, que les Romains élurent pour troisième roi de Rome; c'étoit un prince ambitieux, hardi, entreprenant, plus amateur de la guerre que de la paix, & qui, sur le plan de Romulus, ne songea à aggrandir son état que par de nouvelles conquêtes. Tout le monde sait que le courage & l'adresse victorieuse du dernier des Horaces, fit reconnoître l'autorité de Rome dans la capitale des Albains, suivant les conditions du combat, qui avoient adjugé l'empire & la domination au victorieux.

Tullus Hostilius ruina cette ville, dont il transféra les habitans à Rome; ils y reçurent le droit de citoyens, & même les principaux furent admis dans le sénat; tels furent les Juliens, les Serviliens, les Quintiens, les Curiaces, & les Cléliens, dont les descendans remplirent depuis les principales dignités de l'état, & rendirent de très-grands services à la république. Tullus Hostilius ayant fortifié Rome par cette augmentation d'habitans, tourna ses armes contre les Sabins, l'an de Rome 213.

Le détail de cette guerre n'est point de mon sujet, je me contenterai de dire que ce prince, après avoir remporté différens avantages sur les ennemis de Rome, mourut dans la trente-deuxième année de son règne; qu'Ancus Martius, petit-fils de Numa, fut élu en la place d'Hostilius, par l'assemblée du peuple, & que le sénat confirma ensuite cette nouvelle élection, l'an de Rome 114.

Comme ce prince tiroit toute sa gloire de son ayeul, il s'appliqua à imiter ses vertus paisibles & son attachement à la religion. Il institua des cérémonies sacrées qui devoient précéder les déclarations de guerre; mais ses pieuses institutions, plus propres à faire connoître sa justice que son

courage, le rendirent méprisable aux peuples voisins. Rome vit bientôt ses frontières ravagées par les incursions des Latins, & Ancus reconnut par sa propre expérience, que le trône exige encore d'autres vertus que la piété. Il se détermina donc à prendre les armes, & cette guerre fut aussi heureuse qu'elle étoit juste. Il battit les ennemis, ruina leurs villes, en transporta les habitans à Rome, & réunit leur territoire à celui de cette capitale.

Tarquin I, ou l'ancien, quoiqu'étranger, parvint, l'an de Rome 138, à la couronne, après la mort d'Ancus, & il l'acheta par des secours gratuits qu'il avoit donnés auparavant aux principaux du peuple. Ce fut pour conserver leur affection, & récompenser ses créatures, qu'il en fit entrer cent dans le sénat; mais pour ne pas confondre les différens ordres de l'état, il les fit patriciens, au rapport de Denys d'Halicarnasse, avant que de les élever à la dignité de sénateurs, qui se trouvèrent jusqu'au nombre de trois cents, où il demeura fixé pendant plusieurs siècles. On sera peut-être étonné que dans un état gouverné par un roi, & assisté du sénat, les lois, les ordonnances, & le résultat de toutes les délibérations, se fissent toujours au nom du peuple, sans faire mention du prince qui régnoit; mais on doit se souvenir que ce peuple généreux s'étoit réservé la meilleure part dans le gouvernement. Il ne se prenoit aucune résolution, pour la guerre ou pour la paix, que dans ses assemblées; on les appelloit dans ce tems-là *assemblées par curies*, parce qu'elles ne devoient être composées que des seuls habitans de Rome divisés en trente curies; c'est-là qu'on créoit les *rois*, qu'on élisoit les magistrats & les prêtres, qu'on faisoit des lois, & qu'on administroit la justice.

Servius Tullius fut nommé le sixième roi de Rome l'an 175 de la fondation de cette ville. Ce prince, tout républicain, malgré sa dignité, mais qui ne pouvoit pourtant souffrir que le gouvernement dépendît souvent de la vile populace, résolut de faire passer toute l'autorité dans le corps de la noblesse & des patriciens, où il espéroit trouver des vues plus justes & moins d'entêtement.

Ce prince, pour parvenir à ses fins, divisa d'abord tous les habitans de la ville, sans distinction de naissance ou de rang, en quatre tribus, appellées les *tribus de la ville*. Il rangea sous vingt-six autres tribus les citoyens qui demeuroient à la campagne, & dans le territoire de Rome. Il institua ensuite le cens, qui n'étoit autre chose qu'un rôle & un dénombrement de tous les citoyens romains, dans lequel on comprit leur âge, leurs facultés, leur profession, le nom de leur tribu & de leur curie; & le nombre de leurs enfans & de leurs esclaves. Il se trouva alors dans Rome & aux environs, plus de quatre-vingt mille citoyens capables de porter les armes.

Servius partagea ce grand nombre d'hommes en six classes, & composa chaque classe de différentes centuries de gens de pied. Toutes les centuries montoient au nombre de cent quatre-vingt-treize, commandées chacune par un centurion de mérite reconnu. Le prince ayant établi cette distinction entre les citoyens d'une même république, ordonna qu'on assembleroit le peuple par centuries, lorsqu'il seroit question d'élire des magistrats, de faire des lois, de déclarer la guerre, ou d'examiner les crimes commis contre la république, ou contre les priviléges de chaque ordre. L'assemblée se devoit tenir hors de la ville, & dans le champ de Mars. C'étoit au souverain, ou au premier magistrat à convoquer ces assemblées, comme celle des curies; & toutes les délibérations y étoient pareillement précédées par les auspices, ce qui donnoit beaucoup d'autorité au prince & aux patriciens, qui étoient revêtus des principales charges du sacerdoce.

On convint, outre cela, qu'on recueilleroit les suffrages par centuries, au-lieu qu'ils se comptoient auparavant, par tête, & que les quatre-vingt-dix-huit centuries de la première classe donneroient leurs voix les premiers. Servius, par ce réglement, transporta adroitement dans ce corps composé des grands de Rome, toute l'autorité du gouvernement; & sans priver ouvertement les plébéiens du droit de suffrage, il sut, par cette disposition, le rendre inutile. Car toute la nation n'étant composée que de cent quatre-vingt-treize centuries, & s'en trouvant quatre-vingt-dix-huit dans la première classe, s'il y en avoit seulement quatre-vingt-dix-sept du même avis, c'est-à-dire, une de plus que la moitié des cent quatre-vingt treize, l'affaire étoit conclue, & alors la première classe, composée des grands de Rome, formoit seule les décrets publics. S'il manquoit quelque voix, & que quelques centuries de la première classe ne fussent pas du même sentiment que les autres, on appelloit la seconde classe. Mais quand ces deux classes se trouvoient d'avis conforme, il étoit inutile de passer à la troisième. Ainsi le petit peuple se trouvoit sans pouvoir, quand on recueilloit les voix par centuries, au-lieu que quand on les prenoit par curies, comme les riches étoient confondus avec les pauvres, le moindre plébéien avoit autant de crédit que le plus considérable des sénateurs. Depuis ce tems-là les assemblées par curies ne se firent plus que pour élire les flamines, c'est-à-dire, les prêtres de Jupiter, de Mars, de Romulus, & pour l'élection du grand curion, & de quelques magistrats subalternes.

La royauté, après cet établissement, parut à Servius comme une pièce hors d'œuvre & inutile, dans un état presque républicain. On prétend que pour achever son ouvrage, & pour rendre la liberté entière aux Romains, il avoit résolu d'abdiquer généreusement la couronne, & de réduire le gouvernement en pure république, sous la régence de deux magistrats annuels qui seroient élus dans une assemblée générale du peuple romain. Mais un dessein si héroïque n'eut point d'effet, par l'ambition de Tarquin le superbe, gendre de Servius, qui dans l'impatience de régner, fit assassiner son roi & son beau-père. Il prit en même tems possession du trône, l'an de Rome 218, sans nulle forme d'élection, & sans consulter ni le sénat ni le peuple, comme si cette suprême dignité eût été un bien héréditaire, ou une conquête qu'il n'eût due qu'à son courage.

Une action si atroce, que l'assassinat de son roi, le fit regarder avec horreur par tous les gens de bien. Tout le monde détestoit également son ambition & sa cruauté. Patricide & tyran en même tems, il venoit d'ôter la vie à son beau-père, & la liberté à sa patrie; comme il n'étoit monté sur le trône que par ce double crime, il ne s'y maintint que par de nouvelles violences. Plusieurs sénateurs, des premiers de Rome, périrent par des ordres secrets, sans autre faute que celle d'avoir osé déplorer le malheur de leur patrie. Il n'épargna pas même Marcus Junius, qui avoit épousé une Tarquinie, fille de Tarquin l'ancien, mais qui lui étoit suspect à cause de ses richesses. Il se défit en même tems du fils aîné de cet illustre romain, dont il redoutoit le courage & le ressentiment.

Les autres sénateurs, incertains de leur destinée, se tenoient cachés dans leurs maisons. Le tyran n'en consultoit aucun; le sénat n'étoit plus convoqué; il ne se tenoit plus aucune assemblée du peuple. Un pouvoir despotique & cruel s'étoit élevé sur la ruine des lois & de la liberté. Les différens ordres de l'état également opprimés, attendoient tous avec impatience quelque changement sans l'oser espérer, lorsque l'impudicité de Sextus, fils de Tarquin, & la mort violente de la chaste Lucrèce, firent éclater cette haine générale que tous les Romains avoient contre le roi. La pitié pour cette infortunée romaine, & la haine des tyrans, firent prendre les armes au peuple. L'armée touchée des mêmes sentimens se révolta; &, par un décret public, les Tarquins furent bannis de Rome. Le sénat, pour engager le peuple plus étroitement dans la révolte, & pour le rendre plus irréconciliable avec les Tarquins, souffrit qu'il pillât les meubles du palais. L'abus que ce prince avoit fait de la puissance souveraine, fit proscrire la royauté même; on dévoua aux dieux des enfers, & on condamna aux plus grands supplices, ceux qui entreprendroient de rétablir la monarchie.

L'état républicain succéda au monarchique; voyez RÉPUBLIQUE ROMAINE, Gouv. de Rome.

Le sénat & la noblesse profitèrent des débris de la royauté; ils s'en approprièrent tous les droits; Rome devint en partie un état aristocratique; c'est-à-dire, que la noblesse s'empara de la plus grande partie de l'autorité souveraine. Au-lieu d'un prince perpétuel, on élut pour gouverner l'état deux magistrats annuels tirés du corps du sénat, auxquels on donna le titre modeste de consuls, pour leur faire connoître qu'ils étoient moins les souverains de la république, que ses conseillers, & qu'ils ne devoient avoir pour objet que sa conservation & sa gloire. (*D. J.*)

ROI DES ROMAINS. (*Hist. mod.*) Dans l'empire d'Allemagne, c'est le prince élu par les électeurs pendant la vie de l'empereur, pour avoir la conduite & le maniement des affaires en son absence, comme vicaire général de l'empire, & pour succéder après sa mort au nom & à la dignité d'*empereur*, sans qu'il soit besoin d'autre élection où confirmation.

Cette qualité, dans le sens où on la prend aujourd'hui, étoit tout-à-fait inconnue du temps des premiers empereurs de la maison de Charlemagne, qui étoient empereurs & *rois des Romains*; c'est-à-dire, souverains de la ville de Rome tout ensemble. Ils donnoient à leurs héritiers présomptifs la qualité de *roi d'Italie*, comme les anciens empereurs romains faisoient prendre celle de *César* à leurs successeurs désignés à l'empire.

Le nom de *roi des Romains* ne commença à être en usage que sous le règne d'Othon I, & les empereurs le prenoient, quoiqu'en pleine possession de l'empire, & de la dignité impériale, jusqu'à ce qu'ils eussent été couronnés par les papes. C'est en ce dernier sens qu'il faut entendre le texte de la bulle d'or, quand elle fait mention du *roi des Romains*, dont elle n'a jamais parlé dans le sens où l'on emploie aujourd'hui ce terme, que nous avons d'abord défini suivant l'usage présent : car le dessein de Charles IV, en faisant la bulle d'or, étoit de rendre l'empire purement électif, de fonder & d'affermir les prérogatives des électeurs. Or, ce qui s'est passé dans la maison d'Autriche depuis 200 ans, montre assez clairement que rien n'est plus contraire à cette liberté que l'élection d'un *roi des Romains*, du vivant même de l'empereur. Les électeurs prévirent bien ces inconvéniens, lorsque Charles V voulut faire élire Ferdinand son frère *roi des Romains*, & prétendirent les prévenir par un réglement conclu entr'eux & cet empereur, à Schweinfurt, en 1532, mais que la maison d'Autriche a bien su rendre inutile.

Le *roi des Romains* est choisi par les électeurs, & confirmé par l'empereur; il est couronné d'une couronne ouverte, qu'on appelle *close*, mais on ne lui prête aucun serment de fidélité qu'après la mort de l'empereur; on lui donne le titre d'*auguste*, & non celui de *toujours auguste*, qui est réservé à l'empereur. L'aigle éployée qu'il porte dans ses armes, n'est qu'à une tête. En vertu de son titre, il est sans contestation successeur de l'empereur, après sa mort : &, pendant la vie de l'empereur, vicaire unique & universel, second chef & régent de l'empire. Il est vrai que tant que l'empereur réside dans l'empire, tous ces titres magnifiques font pour le *roi des Romains* des honneurs sans pouvoir.

Le *roi des Romains* a d'ailleurs des avantages qui lui sont communs avec l'empereur, comme de présider aux diètes, de les convoquer de l'aveu des électeurs, & de les congédier; de faire des comtes & des barons, de donner des lettres de noblesse, d'accorder des privilèges aux universités; de mettre les rebelles au ban de l'empire, en observant toutefois les formalités ordinaires; de rappeller les proscrits, de commuer les peines, &c. mais il reconnoît l'empereur pour son supérieur. Il doit n'agir qu'au nom & par ordre de l'empereur; c'est au moins ce qu'il doit promettre, par la capitulation qu'on lui fait signer après son élection. Supposé qu'il n'ait pas l'âge de dix-huit ans, & qu'avant que de l'avoir atteint, il parvienne à l'empire, on lui impose la condition de n'agir en qualité d'empereur, que sous l'autorité des vicaires de l'empire, comme ses tuteurs, jusqu'à ce qu'il ait les années de majorité fixées par la bulle d'or; les actes néanmoins & les ordonnances doivent être rendus en son nom.

Le *roi des Romains* est traité de *majesté royale* par tous les princes, & dans les cérémonies, il marche au côté gauche de l'empereur, un pas ou deux derrière. Quand il s'y trouve seul, le maréchal de la cour lui porte l'épée devant lui que dans le fourreau, au lieu qu'on la porte nue devant l'empereur. Le même *roi* traite l'empereur de *majesté*, & l'appelle son *seigneur*; mais l'empereur ne le traite que de *dilection*.

Comme la bulle d'or, quand il s'agit d'élire un empereur, parle seulement d'élire un *roi des Romains futur empereur*; c'est toujours une condition préliminaire, que le sujet à qui on destine l'empire, soit choisi & déclaré *roi des Romains* par les électeurs, ainsi que nous l'avons vu pratiquer dans les deux dernières élections. Heiss, *hist. de l'empire, t. III.*

L'usage d'élire un *roi des Romains* a été établi en Allemagne, pour éviter les inconvéniens des interrègnes, & pour assurer le bien-être & la tranquillité de l'empire, que la concurrence des contendans pouvoit altérer. Pour élire un *roi des Romains*, il faut que tous les électeurs s'assemblent, & délibèrent si la chose est avantageuse au bien de l'empire. En vertu de la capitulation impériale, le *roi des Romains* peut être choisi par les électeurs, indépendamment du consentement de l'empereur, lorsqu'il n'a point de bonnes raisons pour s'y opposer. Les jurisconsultes ne sont point d'accord pour savoir si un *roi des Romains* a, en cette qualité, une autorité qui lui est propre, ou si son autorité n'est qu'empruntée, (*delegata*). Il paroît constant que le *roi des Romains* n'est que le successeur désigné de l'empereur, & qu'il ne doit être regardé que comme le premier des sujets de l'empire.

Les empereurs qui en ont eu le crédit, ont eu soin de faire élire leur fils ou leur frère *roi les Romains*, pour affurer dans leur famille la dignité impériale qui n'eft point héréditaire, mais élective. (*A. R.*)

ROINE-BLANCHE. (*Hift. de France*) On appelloit autrefois *roines-blanches* les reines veuves, ou à caufe de leur coëffure blanche, ou en mémoire de Blanche de Caftille, veuve de Louis VIII, & de Blanche d'Evreux, veuve de Philippe de Valois. (*D. J.*)

ROITELET, *ou* **PETIT ROI,** *regulus,* (*Hift. mod.*) titre qu'on voit fouvent employé dans les conciles des Saxons d'Angleterre, pour fynonyme à *comte*.

Dé-là *fub-regulus,* qu'on employoit pareillement pour fignifier *vicomte,* quoique ces deux mots femblent en bien des endroit être pris indifféremment l'un pour l'autre. Ainfi voit-on dans les archives de la cathédrale de Worcefter, qu'Uthredus y prend quelquefois la qualité de *regulus,* & d'autres fois celle de *fub-regulus* de la cité de Worcefter. Mais dans d'autres endroits, nous trouvons ces deux qualités diftinguées l'une de l'autre. Offa, roi de Mercie; Uthredus *regulus;* Alredus, *fub-regulus, &c.* (*A. R.*)

R O K

ROKOSZ. f. m. (*Hift. mod. politiq.*) C'eft ainfi que l'on nomme en Pologne une efpèce de confédération, qui a lieu quelquefois dans les diètes ou affemblées de cette nation tumultueufe. Lorfque les nobles craignent quelque chofe de la part du roi ou du fénat, ils fe lient par ferment *in caput & animam,* de foutenir les intérêts de la patrie, & ils font obligés, en vertu de *rokofz,* de s'armer pour venir à fon fecours, ou plutôt pour la déchirer. (*A. R.*)

R O L

ROLAND, STATUES DE (*Hift. moderne*) Dans plufieurs villes de Saxe & d'autres parties d'Allemagne, en voit dans les marchés publics, ces colonnes fur lefquelles on a fculpté une épée; ou bien ces colonnes font furmontées de la ftatue d'un homme armé d'une épée, ce qui eft un fymbole de la haute juftice. On a cru que ces monumens repréfentoient *Roland,* neveu de Charlemagne, fi vanté, fur-tout dans les romans; mais c'eft une erreur, & l'on penfe que le nom qu'on leur donne, vient de l'ancien mot faxon *rugen,* dénoncer en juftice, ou bien du mot *ruhe,* tranquillité, & *land* pays, comme fi ces monumens étoient des fymboles de la tranquillité que procure la juftice. (*A. R.*)

ROLIN, f. m. (*terme de relation*) nom que les habitans du Pégu donnent au chef de leur religion, à leur fouverain pontife. (*D. J.*)

ROLLE, (MICHEL) *Hift. litt. mod.*) de l'académie des fciences, grand algébrifte. « Un » homme capable comme lui de fe facrifier en- » tièrement à l'algèbre, n'eft pas un préfent que » la nature faffe tous les jours aux fciences, dit M. de Fontenelle. Il n'y a point d'habiles ma- » thématiciens qui ne fachent beaucoup d'algè- » bre, ou du moins affez pour l'ufage indifpen- » fable. Mais cette fcience pouffée au delà de » cet ufage ordinaire, eft fi épineufe, fi com- » pliquée de difficultés, fi embarraffée de calculs » immenfes, & pour tout dire fi affreufe, que » très-peu de gens ont un courage affez héroï- » que pour s'aller jetter dans fes abimes pro- » fonds & ténébreux, M. Rolle eut tout ce cou- » rage, ou plutôt il n'en eut pas befoin. Une » paffion décidée pour cette fcience l'en difpen- » fa; il n'y a point de mérite, il n'y a pas de » facrifice du moins à fe dévouer à ce qu'on » aime. Simple maître à écrire & ne tirant que de » cette profeffion fa fubfiftance, & celle d'une » famille nombreufe, tout ce qu'elle pouvoit » lui laiffer de loifir, tout ce qu'il pouvoit dé- » rober à fon fommeil, la paffion dominante le » prenoit, & l'on fait, dit M. de Fontenelle, » que les paffions font toujours leur part affez » bonne ».

M. Ozanam dont le nom eft illuftre dans les mathématiques, ayant propofé en 1682 un problème qu'apparemment il croyoit difficile, M. *Rolle,* toujours fimple maître à écrire, & inconnu non-feulement au public, mais même aux mathématiciens, le réfolut en fe jouant, ce ne fut pour lui qu'une *récréation mathématique,* & il prit plaifir à aller beaucoup au-delà du problème, comme pour infulter à la facilité qu'il y avoit trouvée, il déploya la plus grande connoiffance des nombres. M. Colbert, qui, felon M. de Fontenelle, avoit des efpions pour découvrir le mérite caché ou naiffant, déterra M. *Rolle* dans fon obfcurité, & lui donna une gratification, puis une penfion.

En 1685, il fut reçu à l'académie des fciences. Il avoit enfeigné les mathématiques à un des fils de M. de Louvois, & M. de Louvois, pour le récompenfer, lui avoit donné une place lucrative au bureau de l'extraordinaire des guerres; mais cette place l'éloignoit de l'algèbre & de l'académie, il leur en fit le facrifice, & c'en étoit un dans l'état de fa fortune.

En 1690, il publia un traité d'algèbre, où on remarqua fur-tout fa méhode dite des *cafcades,* qui refout les équations déterminées de tous les dégrés.

En 1699, il donna une *méthode pour réfoudre les queftions indéterminées de l'algèbre.* Il y a encore de lui quelques autres ouvrages, toujours fur l'algèbre. Il la croyoit encore imparfaite & fufceptible d'une étendue, que l'on ne penfe pas même, dit M. de Fontenelle, à y défirer. Il en méditoit des élémens tout nouveaux. Il se signala, ainsi que M. l'abbé Gallois, par son opposition à la géométrie de l'infini, qui n'en a pas moins triomphé.

Il avoit eu en 1708, une attaque d'apoplexie. Dix ans après une seconde attaque entraîna une paralysie dont il mourut le 8 novembre 1719. Il étoit né le 21 avril 1652 à Ambert, petite ville de la basse Auvergne.

M. *Rolle* avoit le caractère & le ton de ceux qui ne sont jamais sortis de leur cabinet. Quand il ouvroit une matière dans l'académie, dit M. de Fontenelle; il sembloit qu'on dût se préparer à combattre. « Une légère différence de » forme eût prévenu cet inconvénient. La géo-» métrie n'a qu'un ton; mais peut-être seroit-» elle bien elle-même d'en changer quelquefois » un peu, puisqu'elle parle à des hommes. »

ROLLI, (PAUL) *Hist. litt. mod.*) né à Rome en 1687, poëte Italien célèbre, fut disciple de Gravina: le lord Sambuck, seigneur anglois, savant & ami des lettres, l'emmena en Angleterre, où il fut attaché à la famille royale en qualité de maître de langue Toscane. Pendant son séjour à Londres, il y donna des éditions de divers auteurs de son pays, des satires de l'Arioste, des œuvres du Berni, du Varchi, &c. du Décaméron de Bocace, du Lucrèce de Marchetti, &c. Il traduisit en vers italiens le paradis perdu de Milton, & les odes d'Anacréon. Il publia aussi à Londres la plupart de ses œuvres fugitives, odes, élégies, chansons, épigrammes, &c. Il revint en Italie en 1747, & mourut en 1767. Il est au rang des bons poëtes italiens de ce siècle.

ROLLIN, (CHARLES) *Hist. litt. mod.*) deux fois recteur de l'université, reçu en 1701 à l'académie des belles-lettres, professeur d'éloquence au collège-royal, homme distingué parmi tous les autres par le génie de l'éducation, s'il est permis de s'exprimer ainsi, est un des plus grands hommes, & c'est le plus utile peut-être que l'université ait produit. Il n'est point assez loué par ces vers plus gais que sérieux du temple du goût:

> Non loin de lui *Rollin* dictoit
> Quelques leçons à la jeunesse,
> Et quoiqu'en robe on l'écoutoit,
> Chose assez rare à son espèce.

& dans d'autres écrits de M. de Voltaire, il est peut-être trop vivement critiqué, pour avoir rapporté, d'après des autorités graves, des faits que la différence des temps, des pays & des mœurs, prive aujourd'hui de vraisemblance. Il est relevé avec plus de justice sur certaines expressions & certaines tournures enfantines, rares d'ailleurs dans ses écrits, & pardonnables à un homme occupé, toute sa vie, du soin d'élever des enfans. C'est lui qui, en ne voulant, & ne croyant qu'instruire l'enfance, a instruit les gens

du monde, & a rendu sensibles & familiers les principes du vrai goût & de la saine littérature; c'est lui qui leur a fait connoître à tous le mérite des anciens, & la pureté du goût antique. Il a été le précepteur du genre humain, & ne s'en est pas vanté. Car un autre éloge qui lui est dû encore, est celui d'avoir été l'homme le plus modeste & le plus vertueux de son siècle. Sa vertu étoit aimable, douce, respirant & inspirant toujours la modération & la paix, pleine d'affabilité & d'aménité. (V. les articles COFFIN, & sur-tout CRÉVIER.) Cet excellent homme a été persécuté, & ne s'en est pas non plus vanté, car il ne se vantoit de rien; & sur-tout il évitoit de donner de l'éclat à ce qui étoit mal & à ce qui n'étoit fait que contre lui. Croiroit-on que son éloge à prononcer dans l'académie des inscriptions & belles-lettres, fut une affaire d'état, & qu'il fut à peine permis de dire que M. *Rollin* étoit vertueux, parce qu'il étoit janséniste? En général, M. de Boze eut bien de la peine à obtenir la permission de remplir, à l'égard de M. *Rollin*, les obligations que lui imposoit sa place de secrétaire de l'académie; & il n'obtint enfin cette permission long-tems sollicitée, que sous la condition expresse de ne louer en lui que l'homme de lettres. Il suffiroit de ce trait seul pour décrier à jamais le fanatisme persécuteur; & il faut toujours en revenir à rire ou à pleurer de pitié sur l'aveuglement de ceux qui espèrent pouvoir par ces actes de despotisme en imposer même à la postérité. *Quò magis focordiam eorum invidere libet, qui præfenti potentiâ credunt extingui posse etiam sequentis ævi memoriam.* Tacite, annal. lib. 4, cap. 36.

C'est à cette nécessité de borner l'éloge d'un homme tel que M. *Rollin*, qu'il faut attribuer en partie, dans M. de Boze, la mesquinerie de cet éloge, où M. *Rollin* ne paroît qu'un héros de collége, & où il n'est presque question que de particularités collégiales. On a imprimé, en 1771, en 2 vol. *in-12*, les opuscules de M. *Rollin*; on a mis à la tête de ce recueil son éloge historique par M. de Boze, & on y a joint des notes beaucoup plus étendues & beaucoup plus instructives, où M. *Rollin* est rendu à toute sa gloire.

Charles *Rollin*, second fils de Pierre *Rollin*, maître coutelier à Paris, naquit dans cette ville le 30 janvier 1661, & fut destiné, comme son frère aîné, à suivre la profession du père, qui leur fit avoir à tous deux des lettres de maîtrise presque dès l'enfance.

Un bénédictin des Blancs-Manteaux démêla le premier, dans Charles *Rollin*, d'heureuses dispositions pour les lettres, il en avertit sa mère; on lui procura une bourse dans un collége, & bientôt ses progrès rapides justifièrent la sagacité du bénédictin. M. Hersan, maître de M. *Rollin*, & auquel ce vertueux disciple a si tendrement & si noblement témoigné sa reconnoissance, dans sa préface sur Quintilien, & dans son traité des études, M. Hersan trouvoit dans cet enfant quelque chose chofe de *divin* ; c'étoit fon expreffion , & il lui renvoyoit tous ceux qui lui demandoient ou des pièces de vers , ou des difcours oratoires : *Adreffez-vous à lui* , difoit - il , *il fera beaucoup mieux que moi.*

Ses fuccès & l'eftime de fes maîtres lui firent des amis illuftres. Le miniftre Claude le Peletier , contrôleur-général , l'adopta en quelque forte pour un de fes fils , & en fit pour ceux-ci un objet continuel d'émulation. Les rangs étoient réglés entr'eux par celui de la claffe ; le vainqueur, quel qu'il fût , recevoit de M. le Peletier la gratification propofée pour prix de la victoire , & ce vainqueur étoit le plus fouvent Charles *Rollin*, fans qu'il en fût moins cher à fes rivaux vaincus. Il fut toute fa vie l'ami reconnoiffant & fidèle de toute cette illuftre famille. M. le Peletier le miniftre entretint toute fa vie avec lui un commerce littéraire ; on trouve dans le recueil des opufcules de M. *Rollin*, deux lettres latines adreffées par ce miniftre à M. *Rollin*, alors recteur de l'univerfité : elles contiennent ; l'une , la defcription de fes jardins de Ville-Neuve-le-Roi , près de Choify ; l'autre , celle des jardins de Fleury , près de Fontainebleau , appartenans à M. d'Argouges, fon gendre , père de ce fameux lieutenant-civil , qui l'a été pendant plus de cinquante ans avec tant de gloire. Les meilleurs maîtres de l'univerfité n'écrivent pas mieux en latin que M. le Peletier dans ces deux defcriptions ; & c'eft fans aucune flatterie que M. *Rollin* en loue la politeffe , l'élégance & les graces , & qu'il lui demande la permiffion de les communiquer à ceux qui étoient capables d'en juger , & dignes d'en jouir. *Ità eft polita & elegans ; ità omnibus latinæ linguæ veneribus & gratiis affluens .... vix aufus fum epiftolam tuam oftendere Herfanio noftro, quem illa incredibili volúptate & admiratione perfudit.* Dans la defcription de Fleury, M. le Peletier peint avec vérité le fol agrefte & dur dont ce lieu eft entouré ; ce mélange de bois, de rochers, de fable & de bruyère, qui diftingue les environs de Fontainebleau.

Tu ipfe nofti fitum regionis, temperiem aëris & gratiam villæ , quæ rure vero barbaroque lætatur. Pofita quippe in latâ planitie, montibus undique , fed remotis , cingitur, qui fummâ fui parte pluribus faxis, proceris nemoribus , ficcis arenis , & trifti myricâ non injucundè horrefcunt.

M. *Rollin* vécut dans une liaifon intime & familière avec M. le premier préfident le Peletier , fils du miniftre , & dont il avoit été le compagnon d'études. En 1695, dans la première année de fon rectorat, il envoya au petit-fils du miniftre, enfant de cinq à fix ans , fils du premier préfident qui ne l'étoit pas encore , un cierge femblable à celui que l'univerfité eft dans l'ufage de préfenter tous les ans au premier préfident , & il l'accompagna de cette épigramme prophétique : (nous prenons ici le mot d'épigramme dans le fens des anciens , pour une infcription , pour des vers faits

fur un fujet quelconque ; le fage *Rollin* ne s'en permettoit point dans le fens qu'on attache aujourd'hui à ce mot :)

Te manet hæc fedes : fummum Themis ipfa tribunal ,
Vera cano , patri deftinat , indè tibi.

Ce fut une véritable prophétie d'homme infpiré, de poëte, *vates*. Le père même étoit encore éloigné de la dignité qu'on lui annonçoit. Cependant il fut premier préfident douze ans après ; & M. *Rollin* a vu le fils, aïeul de M. le préfident de Rofambo d'aujourd'hui , parvenu auffi à la première préfidence.

M. le Peletier des Forts fut difciple de M. *Rollin* ; lorfqu'il fut devenu contrôleur-général, M. *Rollin* toujours nourri des anciens, lui envoya pour tout compliment ce paffage de Sénèque , qui remplit en effet l'idée d'un excellent adminiftrateur des finances :

Tu quidem orbis terrarum rationes adminiftras ,
tàm abftinenter quàm alienas , tàm diligenter quàm tuas , tàm religiosè quàm publicas.

Il ne fut pas moins attaché à MM. d'Argouges qu'à M. le Peletier ; il vivoit beaucoup à Fleury, & on y lit cette infcription qu'il y avoit faite pour une très-belle fontaine qui avoit été quelquefois intermittente.

Dives aquæ , mox pauper , aquæ nunc rursùs abundans ;
Sperare adverfis dicici , metuiffe fecundis ,
Atque alium , cuncta undè fluunt , agnofcere fontem.

Ses autres amis , tous vertueux , furent M. Petit-pied , M. l'abbé Duguet & fur-tout M. l'abbé d'Asfeld. Celui-ci a plufieurs fois raconté une gaîté affez plaifante de fon ami dans fa jeuneffe. Ils paffoient enfemble dans une place publique, où un charlatan monté fur des treteaux, montroit au peuple une petite flamme qui voltigeoit au-deffus d'une liqueur contenue dans un verre , & s'échauffant fur ce miracle, en étaloit avec emphafe toute la fingularité : le peuple ouvroit de grands yeux & admiroit. M. *Rollin*, jeune & adroit, lance une petite pierre qui coupe le verre par la patte : la flamme, la liqueur, le verre, tout difparoît , le peuple murmure, le charlatan eft confterné, les deux amis fe confondent dans la foule & ne font pas des derniers à demander quel eft le coupable ; celui-ci avoit fait le coup avec tant de dextérité que perfonne ne l'avoit remarqué.

Lorfque M. Herfan quitta fa chaire du collége du Pleffis pour s'attacher à M. l'abbé de Louvois, fils du miniftre, M. *Rollin*, qui n'avoit que vingt-deux à vingt-trois ans, fut nommé fon fucceffeur ; & quelques années après, en 1688, le même M. Herfan qui avoit la furvivance d'une chaire d'éloquence au collége-royal, s'en démit encore en faveur de M. *Rollin* ; celui-ci quitta fa chaire du collége du Pleffis au bout de huit ou dix ans

Hhhh

pour se livrer entièrement à l'étude de l'histoire ancienne; il avoit 6 à 700 liv. de rente, & se croyoit riche.

L'univerfité le nomma recteur à la fin de 1694, & le continua deux ans; ce qui étoit alors une grande diftinction.

Lorsque M. Vittement fut appellé à l'éducation des enfans de France, il remit à M. Rollin fa coadjutorerie de la principalité du collège de Beauvais. Il n'y avoit alors, dans ce collège que très-peu d'écoliers & nulle difcipline; M. Rollin parvint en peu de temps à le peupler, dit M. de Boze, prefque au delà de ce qu'il pouvoit contenir. Rien n'égaloit la confiance qu'on avoit en lui; on en peut juger par ce trait que rapporte le même M. de Boze. Un homme de province, riche, qui ne le connoiffoit que de réputation, lui amena fon fils pour qu'il le prît dans fa penfion. M. Rollin fe défendit de le recevoir, alléguant qu'il ne lui reftoit pas un pouce de terrain qui ne fût occupé. Le père ne fe rendit pas à cette raifon. *Je fuis venu*, lui dit-il, *exprès à Paris, pour vous confier mon fils, je partirai demain; je vous enverrai mon lit, je n'ai que lui, je veux qu'il foit élevé par vous: vous le mettrez dans la cour, à la cave, où vous voudrez, mais il fera chez vous, il fera fous vos yeux, & je n'en aurai aucune inquiétude.* Il y avoit dans ce difcours & dans ce procédé une franchife, une foi paternelle qui méritoit qu'on lui dît: *votre foi vous a fauvé.* Il fit en effet ce qu'il avoit promis, & M. Rollin fut obligé d'établir l'enfant dans fon cabinet, jufqu'à ce qu'il lui eût trouvé une chambre.

Si l'on veut favoir par quels moyens M. Rollin étoit parvenu à revivifier ainfi cette maifon qu'il avoit prife dans un fi grand état de dépériffement, M. Crevier va nous l'apprendre, & d'une manière qui fait autant d'honneur qu'à M. Rollin.

« M. Rollin, dit-il, a recommandé aux prin-
» cipaux, dans fon traité des études, livre 8, d'é-
» lever à leurs frais de pauvres écoliers, dont
» ils puffent enfuite faire des maîtres & des
» régens.... Ce qu'il recommande aux autres,
» il l'avoit pratiqué lui-même, & je me fais
» gloire d'avoir été du nombre de ces enfans
» pauvres qui ont éprouvé fa libéralité. Je crois
» devoir ajouter qu'il avoit fur nos études &
» fur notre conduite les mêmes attentions &
» la même vigilance que fur celles de fes pen-
» fionnaires. Il me fit foutenir un exercice public fur
» l'Iliade. On conçoit bien que c'eft lui qui en
» fit les frais. Il m'a procuré des fecours pareils
» dans la rhétorique & durant le cours de phi-
» lofophie; il voulut de même qu'à la fin de mon
» cours je répondiffe fur toute la philofophie dans
» un acte public, où, fuivant l'ufage de prati-
» quoit alors, je fus reçu maître-ès-arts. Il n'eft
» pas befoin que j'ajoute que ce fut lui encore qui

» fournit à la dépenfe & de l'acte & de la maîtrife.
» Il me continua les mêmes fecours pendant près
» de deux années; & ce n'eft que depuis fa for-
» tie du collège de Beauvais, que je me fuis vu
» obligé de pourvoir par moi-même à ma fubfif-
» tance. »

Voilà qui eft franc; il n'y a là ni reftriction, ni modification. M. de Méfengui, connu & eftimé par des ouvrages de piété, attefte la même chofe par rapport à lui-même: nobles aveux, nobles bienfaits!

> Doux monumens d'eftime & de tendreffe,
> Donnés fans fafte, acceptés fans baffeffe,
> Du bienfaiteur noblement oubliés,
> Par fon ami fans regret publiés:
> C'eft des vertus l'hiftoire la plus pure.
> L'hiftoire eft courte, & le livre eft réduit
> A deux feuillets de gothique écriture,
> Qu'on n'entend plus, & que le tems détruit.

Ainfi la politique de M. Rollin étoit la bienfaifance, & il appliquoit à tout cette politique-là.

Pendant la difette de 1740, & aux premiers avis qu'il en reçut au château d'Asfeld où il étoit alors, il fe hâta d'écrire à un domeftique, qu'il avoit établi fon économe: *Mon cher ami, doublez & triplez, s'il le faut, ce que j'ai coutume de donner. Ne craignez point de m'appauvrir en donnant trop: c'eft placer mon argent à gros intérêt.* C'eft ainfi que dans la nouvelle Héloïfe, Milord Edouard dit à Saint-Preux: *Prends, épuife mes biens, fais-moi riche.*

On rapporte dans les notes dont nous avons parlé, une foule de traits femblables, qui prouvent que jamais, avec une auffi petite fortune, on ne fit autant de bien que M. Rollin, & que jamais il n'y eut de bienfaiteur fi modefte.

Nous avons dit comment il fut fait principal du collège de Beauvais; il faut dire maintenant comment il ceffa de l'être. Il n'a pas tenu à cet homme fans fiel & fans reffentiment, que l'on n'ait cru fa démiffion volontaire, & que fes envieux n'aient été abfous dans le public du crime d'avoir perfécuté un tel homme. On peut même dire que cette hiftoire eft encore affez générale-ment inconnue.

La réputation du collège de Beauvais, & de fon principal, & des habiles maîtres & des excellens difciples dont il rempliffoit cette maifon, donnoit à l'univerfité un nouvel éclat dont les jéfuites étoient bleffés & alarmés: leur école rivale craignit une diminution de faveur dans le public; d'ailleurs M. Rollin, qui ne favoit rien diffimuler, ne diffimuloit pas fon penchant au janfénifme, & fa tendre vénération pour les janféniftes célèbres. Il avoit à peine connu M. Arnauld, n'ayant que dix-huit ans, lorfque ce docteur avoit quitté la France; mais il étoit plein de refpect & d'admiration pour lui, & il en a donné un témoignage éclatant dans fon petit poëme intitulé: *Santolius pænitens.* Il avoit même eu l'intention de travailler à une vie de M. Arnauld, sur les mémoires du P. Quesnel. Il eut de grandes liaisons avec ce dernier, dont le crime étoit d'avoir été l'ami le plus fidèle de M. Arnauld, & le dépositaire de ses plus intimes secrets. Le P. Quesnel étant venu à Paris en 1702, sans se faire connoître qu'à un petit nombre d'amis éprouvés, vit M. *Rollin*, & dit la messe dans la chapelle du collége de Beauvais. Le P. Quesnel ayant été arrêté à Bruxelles, le 30 mai 1703, ce fut un crime d'avoir eu des liaisons avec lui. En visitant ses papiers, on reconnut qu'il entretenoit un commerce réglé avec M. *Rollin* & avec un M. Willard, son voisin & son ami; celui-ci fut mis à la Bastille, pour avoir été l'ami d'un homme qui avoit été ami de M. Arnauld; il fut trouvé saisi d'une cassette appartenante au P. Quesnel, & remplie de papiers qui le concernoient: autre grand crime que d'avoir les papiers d'un homme qui croyoit à la grace efficace !

C'est un dépôt qu'Argas, cet ami que je plains,
Lui-même, en grand secret, m'a mis entre les mains.
Pour cela, dans sa fuite, il me voulut élire ;
Et ce sont des papiers, à ce qu'il m'a pû dire,
Où sa vie & ses biens se trouvent attachés.

On vouloit arrêter aussi M. *Rollin*, & ce trait manquoit à l'histoire de la persécution religieuse; il faut ici rendre justice ou au bon esprit, ou au caractère modéré du P. de la Chaise; il sentit que les contestations & la rivalité connues de l'université & des jésuites, feroient interpréter d'une manière sinistre contre ceux-ci l'emprisonnement d'un membre illustre de l'université; qu'un tel coup seroit attribué à la vengeance de la société; il en parla sur ce ton à Louis XIV, & M. *Rollin* resta libre, mais suspect, ou plutôt noté à la cour. Sa liberté se borna même à n'être point arrêté; car d'ailleurs il fut interrogé par M. d'Argenson, & un exempt de police vint visiter ses papiers; mais M. d'Argenson qui aimoit le mérite, parce qu'il en avoit, prit le choisir & d'instruire l'exempt. M. *Rollin* eut recours à un léger stratagème: ce n'est pas un des moindres inconvéniens de l'injustice & de la violence, de forcer des hommes simples & droits à user d'artifice, & de dénaturer ainsi les caractères. M. *Rollin* arrivant avec l'exempt, pria celui-ci de vouloir bien lui laisser prendre les devants de quelques pas, alléguant que c'étoit l'heure de la récréation, que tous les écoliers seroient dans la cour, & que s'ils le voyoient entrer avec un officier de police, il en résulteroit dans sa maison & dans Paris un éclat qui pourroit lui nuire: l'exempt, qui avoit ordre d'être complaisant, consentit à tout; M. *Rollin* eut le temps de faire disparoître ce qu'il pouvoit avoir de papiers suspects; l'exempt, dans sa visite, ne trouva rien; M. d'Argenson fit à Louis XIV un rapport favorable, & tout fut calmé; mais,

comme s'il eût été impossible à M. *Rollin* de s'écarter de la vérité, le discours qu'il avoit tenu à l'exempt, fut vérifié par l'événement. On sut qu'il y avoit eu chez lui une visite de police, on prit l'alarme; &, dans le cours de l'année suivante, le nombre de ses pensionnaires diminua de moitié: ainsi le coup étoit porté; les jésuites furent satisfaits, ils avoient nui.

Mais la réputation de M. *Rollin* rétablit bientôt les choses: sa maison se remplissoit de nouveau, lorsqu'en 1707 il s'éleva aussi un nouvel orage. Deux ecclésiastiques, dont l'un étoit M. de Méseguy, persécutés pour jansénisme, avoient été obligés de quitter le collége de la ville de Beauvais; ils se réfugièrent au collége de Beauvais à Paris, où ils furent recueillis & accueillis par M. *Rollin*. On ne manqua pas de lui en faire un crime; ses amis même, M. le Peletier le ministre, & M. le premier président son fils, conseillèrent à M. *Rollin* de céder à l'orage, & d'abandonner les deux ecclésiastiques: M. *Rollin* tint ferme, & ne céda pas même à ses amis; ceux-ci, qui étoient d'honnêtes gens & des ames élevées, n'eurent point la petite vanité d'être piqués du refus que faisoit M. *Rollin* de déférer à leur avis; au contraire, ils l'en estimèrent davantage, & prirent sur eux de répondre hautement au roi de sa vertu, &, ce qui paroissoit bien plus important alors, de sa doctrine.

En 1712, c'étoit le P. le Tellier qui régnoit sur la conscience de Louis XIV, & sur l'empire théologique; il savoit bien mauvais gré à son prédécesseur d'avoir émoussé les armes des Jésuites par le discours qu'il avoit tenu au roi, & dont l'effet avoit été de faire ménager M. *Rollin*; il savoit que Louis XIV avoit des principes, & que quand il soupçonnoit de la haine & de la vengeance, soit personnelle, soit de corps, dans les conseils qu'on lui donnoit, il s'y refusoit. Si le père le Tellier étoit violent, il étoit fourbe aussi; avec la cruauté du tigre il en avoit la souplesse. Résolu de perdre M. *Rollin*, de détruire le collége de Beauvais, d'abaisser l'université, ce ne fut point à Louis XIV qu'il s'adressa: il prit une autre voie, ce fut de semer la division dans ce même collége de Beauvais où M. *Rollin* avoit toujours entretenu la paix. Voici de quelle manière on fait concevoir ce complot, dans les notes dont nous avons parlé.

« La plupart des colléges sont des machines
» composées de deux pièces assez souvent discor-
» dantes; l'une plus ancienne, l'autre introduite
» après coup: l'une renfermée dans l'intérieur
» de la maison, l'autre étendant son activité au
» dehors; l'une jouissant de tous les droits uti-
» les & honorifiques de la fondation, l'autre
» n'ayant de droits à exercer que dans l'univer-
» sité, & ne tirant de revenu que de son tra-
» vail. On appelle l'une la *communauté*, qui con-
» siste dans les boursiers & les officiers du col-
» lége; l'autre *l'exercice*, qui est composé des

» régens de toutes les classes. Le principal est
» le chef de ces deux parties réunies dans l'en-
» ceinte d'une même habitation, quoique très-
» disparates.... S'il doit ses premiers soins aux
» boursiers;.. d'un autre côté c'est par le succès
» des études publiques & des leçons de ses ré-
» gens, qu'il fait le bien le plus étendu... Les
» officiers du collège partagent avec le principal
» l'autorité du gouvernement dans l'administra-
» tion des revenus & de toutes les affaires tem-
» porelles de la maison; il tient chapitre avec
» eux, ils sont ses conseillers & non ses subal-
» ternes; ce n'est pas lui qui les met en place,
» ils croyent ne lui rien devoir, de là une sorte d'an-
» tipathie entre *la communauté* & le *principal* ».

Ce fut donc *la communauté* qu'on souleva contre *l'exercice*, qui faisoit la gloire de la maison
& celle de M. *Rollin* ; ce fut cet *exercice* public
qu'on proposa de détruire, sous prétexte d'un
avantage pour la communauté, parce que les
appartemens des régens qui n'existeroient plus,
produiroient des loyers, & que les classes trans-
formées en boutiques, en produiroient aussi, &
les officiers du collège prétendoient bien s'approprier & partager entr'eux ce profit.

Quant à celui du père le Tellier & des Jésuites, il consistoit dans l'extinction d'une école
rivale de leur collège de Clermont & qui en ef-
façoit l'éclat. Mais *l'exercice* des collèges de l'université en général, & plus particulièrement &
plus immédiatement encore celui du collège de
Beauvais, étoit sous la protection du parlement.
Le premier président de Mesmes fit avorter le projet
des officiers du collège & les en punit même, en
leur retranchant quelques profits qu'ils s'étoient in-
duement attribués. Alors il fallut bien en venir
au grand moyen, général de perdre ses ennemis,
à l'accusation de jansénisme; on en forma contre M. *Rollin* un cri général partant du collège
même, & auquel les Jésuites parurent n'avoir
aucune part. M. *Rollin* en conséquence reçut ordre, dans les premiers jours du mois de juin, de
quitter le collège; seulement par une sorte d'é-
gard & de ménagement, on lui permettoit d'y
rester jusqu'aux vacances prochaines. Quoique M.
Rollin se connût mal en perfidie & en méchanceté

Ignarus scelerum tantorum artisque Pelasga ;

il sentit cependant le piège caché sous ce ménagement insidieux; c'étoit le collège qu'on vouloit détruire. Or M. *Rollin* ne quittant qu'aux
vacances, les écoliers se seroient dispersés alors,
ne se seroient point rassemblés au mois d'octobre; leurs parens auroient cherché d'autres ressources. M. *Rollin*, à qui la gloire de ce collège
étoit chère, voulut l'assurer pour le temps même où il n'en auroit plus la direction, il se hâta
de se donner pour successeur un autre lui-même,
M. Coffin, l'un des régens de son collège; il le

fit agréer au premier président; il prit aussi l'a-
grément d'un vieux principal, M. Boutillier, qui
vivoit encore & dont il n'étoit que le coadjuteur; il fit passer cette coadjutorerie à M. Coffin, à qui le premier président procura l'agrément même du père le Tellier qui, ne le connoissant point, n'avoit pas d'objection à proposer contre lui; car la réputation de M. Coffin,
plus janséniste encore que M. *Rollin*, n'avoit
point passé l'enceinte du collège de Beauvais.

Le dimanche 5 juin après vêpres, M. *Rollin*
fit à ses élèves une courte instruction dans laquelle il parla de sa situation en termes couverts,
qui ne furent entendus qu'après l'événement. Cette
instruction rouloit sur le pseaume 22; *Dominus
regit me, & nihil mihi deerit : in loco pascuæ ibi
me collocavit.* Il parla d'un chétien soumis à la
conduite de la providence, & qui chargé par elle
d'une œuvre utile, s'attache à cette œuvre avec
une affection où il entre peut-être quelque chose
de trop humain. Un coup de houlette du souverain pasteur l'avertit de quitter son poste, il
se soumet avec résignation, consolé même par
sa confiance dans la bonté paternelle de celui
qui l'afflige. M. Coffin & très-peu de confidens
avoient seuls l'intelligence de cette intéressante
parabole. Le lendemain lundi 6, M. *Rollin* sortit sur les cinq heures du soir, sans que personne, excepté M. Coffin, sût ce qui se passoit. Après
le souper, M. Coffin annonça cette nouvelle; elle
fut reçue de tous les pensionnaires avec des
pleurs & des sanglots; on vit alors combien
l'homme juste, l'homme de paix est aimé; on vit
sur-tout combien il est cher à ces ames franches &
neuves, qui ont toute la fleur de la sensibilité & de
la reconnoissance Tous ces enfans avoient perdu
leur père. M. Crevier & M. de Mesengui, tous
deux témoins de cette scène touchante, l'ont
retracée tous les deux, & disent qu'ils n'ont jamais vu de spectacle plus triste ni plus attendrissant.

Les boursiers témoignèrent, s'il est possible, encore plus de douleur, ils en avoient un motif
de plus que les autres; on s'étoit servi de leur
nom & de leurs intérêts pour calomnier M. *Rollin* qu'on accusoit de les négliger; ils démentirent hautement par deux actes exprès & solemnels une accusation si fausse. L'un est un
témoignage qu'ils rendent dans l'effusion de leur
tendresse & de leur douleur, aux bontés, aux
soins paternels de M. *Rollin* à leur égard; on
y sent par-tout le langage d'une reconnoissance
qui avoit besoin d'éclater, ils rappellent ses fréquentes & touchantes instructions, la discipline
exacte qu'il avoit établie, la parfaite intelligence
qu'il entretenoit entre les pensionnaires & les boursiers, les égards qu'il prescrivoit & qu'il inspiroit aux
premiers pour les derniers. Dans toutes les actions
d'éclat c'étoient les boursiers qu'il mettoit en avant
& toujours au premier rang; ce sont, disoit-il,
les enfans de la maison; s'ils remportoient des

prix, il faifoit redoubler les fanfares, toujours pour célébrer le triomphe des enfans de la maifon; il leur procuroit des répétitions, il leur faifoit foutenir des thèfes toujours à fes dépens; il fournifoit à tous leurs befoins & les prévenoit: nous ne pouvons oublier, difent-ils, que dans la chère année (en 1709) la plupart d'entre nous n'auroient pu fubfifter fans les fecours de fa charité; nous le regarderons toujours comme notre père, & le malheur qui nous l'enlève eft à nos yeux la plus grande marque de la colère de Dieu fur nous.

Le fecond acte eft une lettre écrite à M. Rollin par ces mêmes bourfiers, & où ils lui dévoilent les manœuvres par lefquelles on avoit voulu & on vouloit encore les rendre complices de l'oppreffion de leur maître & de leur père. « Quand » on accumuloit contre vous des accufations fi in- » juftes, lui difent-ils en fubftance, c'étoit nous » que l'orage menaçoit, c'étoit nous qui allions » faire la plus grande perte; cependant nous étions » muets & comme infenfibles, ne nous défendant » que par notre filence & ne nous confolant » que par nos pleurs. Nous avions appris de » vous monfieur, que l'obéiffance & la foumif- » fion étoient le partage des chrétiens...... Mais » maintenant il ne nous eft plus permis de nous » taire; ce n'eft point affez pour certaines perfonnes » que nous gardions le filence, elles veulent en- » core nous faire parler, elles veulent que nous » nous réjouiffions de ce qui fait notre dou- » leur. On nous prête des paroles que nous dé- » mentons, & que nous déteftons de tout » notre cœur; & comme fi une feconde injuf- » tice pouvoit effacer la première, on nous » invite, on nous exhorte à nous plaindre de » vous, pendant que nous ne ceffons de vous » pleurer & de vous regretter. Nous ne pouvons » tenir contre de telles calomnies; & quand » notre tendreffe (pardonnez ce terme à notre » reconnoiffance) ne nous engageroit pas à rom- » pre le filence, notre confcience & la vérité » nous y obligent. Nous déclarons donc publique- » ment, &c. » Ils répètent ici, & en termes plus énergiques encore, que dans le premier acte, l'énumération des bienfaits de toute efpèce dont M. Rollin les a comblés; « nous ne pouvons, ajoutent-ils, que pleurer notre malheur. « Il » eft bien trifte que, dans la douleur où nous » fommes de vous avoir perdu, nous ayons » encore celle de nous juftifier fur des articles qui ne » nous font pas moins fenfibles que votre perte » même... Nous n'oublierons jamais quel père » nous avions, & quelle perte nous avons » faite. » Cette lettre eft datée du 15 juin 1712. Un autre que M. Rollin auroit pu mandier de tels témoignages, mais on n'y trouveroit pas cet épanchement de tendreffe & de douleur qui ne peut partir que du cœur; un autre que M. Rollin eût publié du moins de tels

témoignages; il fe contenta de jouir en filence, & avec une volupté fecrète, de cette récompenfe de fes vertus; & on n'a connu ces deux actes qu'en les trouvant après fa mort dans fes papiers. Cette conduite n'eft affurément pas d'un homme ordinaire.

M. le premier préfident de Mefmes, n'ayant pu parer le coup porté à M. Rollin, voulut du moins lui en procurer le dédommagement; il engagea l'évêque de Meaux, qui fut depuis le cardinal de Biffy, & qui avoit alors un grand crédit à la cour, à lui faire donner une penfion fur un bénéfice; il n'avoit pas communiqué fon projet à M. Rollin; mais M. de Biffy lui ayant donné des efpérances, il fe fit un plaifir d'en donner auffi à M. Rollin, en lui apprenant ce qu'il avoit fait. A moi, monfieur, une penfion! s'écria M. Rollin; eh! quel fervice ai-je rendu à l'églife pour pofféder des revenus eccléfiaftiques?—Vous avez fervi l'églife en élevant chrétiennement la jeuneffe, & d'ailleurs vous n'êtes pas riche.—Je fuis plus riche que le roi, car je ne défire rien.

Cet homme fi doux, fi modefte, dont le défintéreffement s'étendoit à tout, aux honneurs comme aux richeffes, qui ne prétendoit à rien, qui ne favoit rien contefter, étoit d'une fermeté inflexible, lorfqu'il s'agiffoit des droits de l'univerfité dont il étoit membre, dont il fut deux fois chef, ou toutes les fois que le devoir ou l'honneur lui paroiffoient intéreffés dans la conduite qu'il avoit à tenir. Nous avons vu comment il fut réfifter, & aux ennemis qui vouloient opprimer M. de Mefengui, & aux amis qui vouloient l'abandonner. Pendant fon premier rectorat en 1694 & 1695, Amelot de la Houffaye remarque qu'à une thèfe de droit où il affiftoit, il ne fouffrit jamais que l'archevêque de Sens, Fortin de la Hoguette, prît le pas fur lui. On raconte qu'un recteur de l'univerfité affiftant à une thèfe, où on ne lui rendoit pas les honneurs qu'il croyoit dus à fa dignité, frappa du pied la terre, en s'écriant: conculco hanc terram; mea eft hæc terra, ceffet thefis, & que la thèfe ceffa auffi-tôt. Nous ignorons fi ce fait, qui ne nous eft connu que par tradition, eft celui de M. Rollin.

Il eut une conteftation à-peu-près femblable avec M. de Harlay de Chanvalon, archevêque de Paris, prélat tout fait par fes mœurs & par fon caractère pour fe trouver en oppofition avec M. Rollin. On fait qu'à la fête de la Chandeleur, le recteur va en cérémonie préfenter des cierges au roi, à la reine, aux princes de la famille royale, au premier prince du fang, aux chefs de la magiftrature; cet hommage fe rend auffi à l'archevêque de Paris qui doit le recevoir en perfonne avec les égards convenables. M. de Harlay, que ce cérémonial gênoit, s'en étoit affranchi. Lorfque le recteur arrivoit dans fa cour avec les députés de l'univerſité, un gentilhomme paroiſſoit, faiſoit les excuſes de l'archevêque, & recevoit le cierge. M. Rollin ne jugea pas que cette conduite fût décente à l'égard de l'univerſité; étant recteur, il réſolut de ſoutenir la dignité de ce corps, & s'étant aſſuré que M. de Harlay ſuivroit ſon uſage ordinaire, arrivé au parvis de Notre-Dame avec ſon cortège, il ne voulut pas aller plus avant & ſe contenta d'envoyer le ſyndic de l'univerſité porter le cierge au gentilhomme de l'archevêque. Il n'eſt pas juſte que ceux qui ſe diſpenſent du cérémonial, exigent que le cérémonial ſoit rigoureuſement rempli à leur égard, mais M. de Harlay ſe diſpenſoit auſſi quelquefois d'être juſte; il envoya faire des reproches altiers à M. Rollin & des menaces de l'empêcher d'être continué dans le rectorat; M. Rollin répondit modeſtement que M. l'archevêque l'honoroit là d'une menace peu effrayante en elle-même, mais qu'il n'étoit peut-être pas même en ſon pouvoir d'effectuer. M. Rollin fut continué.

En 1717, M. Rollin étant procureur, c'eſt-à-dire chef de la nation de France dans l'univerſité, la cure de Saint-Côme, l'une de celles qui ſont à la nomination de ce corps, vint à vaquer. M. le premier préſident de Meſmes à qui M. Rollin avoit des obligations, lui recommanda un ſujet auquel M. Rollin ne trouva pas toutes les qualités qu'il jugeoit néceſſaires pour cette place. M. Rollin avoit un autre ſujet en vue, il ne le cacha point à M. de Meſmes; il lui en parla ſi éloquemment, il lui fit ſi bien ſentir les avantages d'un tel choix, que M. de Meſmes vaincu, finit par lui dire : eh bien ! c'eſt celui-là que je vous recommande.

Lorſque M. de Méſenguy voulut publier ſon abrégé de l'hiſtoire de l'ancien teſtament, il déſira, & M. Rollin pria M. le duc d'Orléans, retiré à Sainte-Geneviève, de lui obtenir un cenſeur particulier, plus favorable que les autres au janſéniſme. M. le duc d'Orléans, qui peut-être mit peu de zèle dans cette ſollicitation, fut refuſé; il annonça qu'il avoit eu pour réponſe que la choſe étoit impoſſible; cette réponſe déplut à M. Rollin qui dit à M. le duc d'Orléans : Monſeigneur, « je demanderai toujours à Dieu toute l'humilité » qui convient à mon état, mais je lui demanderai pour vous un peu de l'orgueil qui convient au vôtre ».

Ici M. Rollin pourroit bien avoir eu tort; peut-être ne falloit-il ni cenſeurs ni cenſure : mais quand il y en avoit, un cenſeur étoit un juge; or, ſi l'on ne doit pas me donner pour juge mon ennemi, l'on ne doit pas non plus me donner pour juge mon ami, ou un homme diſpoſé par des raiſons de ſecte ou de parti à m'être favorable; cette demande qu'on ſe permettoit toujours de faire étoit au moins indiſcrète, & le refus du magiſtrat étoit conforme aux principes.

M. Rollin répondit, à ce qu'il nous ſemble, avec plus d'avantage à un propos de M. Hérault, lieutenant de police, qui étoit en grande faveur auprès du cardinal de Fleuri. On ſavoit l'intérêt que prenoit M. Rollin au collège de Beauvais, quoique depuis long-temps il n'en fût plus principal, mais M. Coffin l'étoit, & c'étoit lui qui l'avoit choiſi. Un jour qu'il ſe trouvoit avec M. Hérault chez M. de Séchelles, on parla d'un médecin célèbre qui faiſoit élever ſon fils au collège de Beauvais. « Il renonce donc, dit M. Hérault, » à la place de premier médecin ! Oui, mon-» ſieur, repliqua M. Rollin, il aime mieux être bon » père que premier médecin ».

La bulle Unigenitus vint encore lui ſuſciter de nouvelles perſécutions; M. Rollin appella au futur concile avec l'univerſité en 1718; il renouvella ſon appel en 1720. Il avoit traduit en latin une proteſtation & une plainte du père Queſnel, datée du premier janvier 1715. Ce fut lui qui, en 1719, compoſa ſur les mémoires qu'on lui fournit, la déclaration de l'univerſité touchant les motifs de ſon appel.

Il fut nommé recteur pour la ſeconde fois au mois d'octobre 1720; il prononça, le 11 décembre, aux Mathurins, un diſcours en faveur de l'appel, il lui en coûta encore ſa place. Des ordres ſupérieurs défendirent de ſe continuer dans le rectorat; & la place d'inſpecteur du collège Royal, dont M. Rollin étoit déjà le doyen, étant venue à vaquer, le cardinal de Fleury empêcha le miniſtre de Paris d'y nommer M. Rollin, comme c'étoit ſon intention.

Par l'ordre du même cardinal de Fleury, M. Hérault fit faire, le 25 janvier 1732, une viſite dans la maiſon de M. Rollin, ſur de faux avis qu'il y avoit chez lui une imprimerie cachée dans quelque ſouterrein. Quand la lettre de M. Hérault arriva, M. Rollin étoit allé dîner en ville aſſez près de chez lui; on lui porta la lettre; ſans rien dire de ce qu'elle contenoit, il demanda la permiſſion de s'abſenter un moment, vint chez lui, fit remettre toutes les clefs à l'exempt de police, & revint tranquillement ſe remettre à table chez ſes amis; la perquiſition fut des plus rigoureuſes & des plus inutiles.

Nous le répétons, perſonne ne ſavoit qu'un homme tel que M. Rollin eût éprouvé tant de tracaſſeries, c'eſt qu'il eut la vertu de ne jamais ſe plaindre de rien & de ne donner au mal aucun éclat.

Sa fermeté le mit encore en péril dans ſa vieilleſſe; en 1739, il s'oppoſa de tout ſon pouvoir à la révocation de l'appel dans la faculté des arts. Toujours prudent & pacifique, il n'avoit point cherché ce nouveau danger, le danger étoit venu le chercher; il étoit doyen de la tribu de Paris, dans la nation de France; il étoit un des principaux membres de la faculté des arts ; on lui demandoit la révocation d'un appel qu'il avoit cru de son devoir de faire; peu d'hommes font assez foibles pour consentir à de pareilles rétractations , & on n'obtint la pluralité qu'à force de jeunes gens qui n'étoient point encore en place du temps de l'appel, à commencer par le recteur, l'abbé de Ventadour , depuis cardinal de Soubise.

Les amis de M. *Rollin* craignoient pour lui l'exil ou quelque autre acte de rigueur. Le seul syndic (M. Gibert) fut exilé & destitué ; M. *Rollin* & les autres opposans furent seulement exclus des assemblées de l'université, tant générales que particulières , & privés de voix tant actives que passives. M. *Rollin* chassé à 78 ans des assemblées de son corps pour n'avoir pas voulu se contredire & se déshonorer ! Allons, renonçons enfin à la persécution, mais sachons que ce n'est pas y renoncer que de la faire passer dans d'autres mains.

M. *Rollin* a consigné dans son testament ses sentimens religieux & sa constante adhésion à son appel; en recevant les derniers sacremens , il en renouvella hautement l'aveu en présence de son curé qui n'en fut pas médiocrement embarassé. Il mourut le 14 septembre 1741.

Ses ennemis, mot bien étrange pour M. *Rollin*, qui ne s'en attira jamais un seul, disons donc ses envieux, en lui ôtant l'éducation de la jeunesse, ne purent lui enlever le plaisir d'être utile; ce fut dans le loisir de sa retraite qu'il composa ces excellens ouvrages qui ont formé tant d'écoliers & sur-tout tant de maîtres, ces ouvrages qu'on aimera tant qu'il restera du goût & de la raison. Il avoit soixante ans quand il commença d'écrire en françois; jusques-là il n'avoit écrit que dans la langue de l'université.

Nous avons dit la peine qu'avoit eue M. de Boze à obtenir la permission de louer M. *Rollin* dans l'académie. Le recteur ne put obtenir celle de le louer dans l'université.

Et même par sa mort leur fureur mal éteinte,
N'auroit jamais laissé ses cendres en repos, &c.

M. *Rollin* paroit avoir été le françois , dont le feu roi de Prusse a le mieux senti le mérite, après celui de M. de Voltaire. On a parmi les opuscules de M. *Rollin* sa correspondance avec ce prince.

ROLLON, ou RAOUL, ou RO, ou ROU, ou ROLL, (car c'est le même nom, (*Hist. de Fr.*) chef de ces Normands qui avoient tant de fois ravagé la France sous ce nom de Normands , & l'Angleterre sous celui de Danois, étoit né pour être un grand prince, plutôt qu'un capitaine de voleurs. Il faut le distinguer des Hastings, des Gerlon, des Héric, des

Harec , des Godefroy, des Sigéfroy , de tous ces *ravageurs* qui ne furent que *ravageurs*. Ceux-ci n'avoient songé qu'à piller ; *Rollon* travailloit à fonder un empire qu'il étoit digne de gouverner. D'un autre côté, les cris des peuples opprimés montoient de toutes parts au trône de Charles le simple; on regardoit les Normands comme une nation indomptable; on crut qu'il falloit s'en faire un appui contre elle-même, & que pour arracher la France aux fureurs des Normands , il falloit leur en abandonner une partie, dont aussi bien ils étoient déjà presque entièrement en possession. De là ce fameux traité de saint-Clair sur Epte (en 912) par lequel Charles-le-Simple abandonne à *Rollon*, à titre de duché, la partie de la Neustrie, comprise entre la mer, la Picardie & la Bretagne, jusqu'aux rivières d'Epte & d'Eure, & lui donne en mariage Gisèle sa fille, à condition qu'il se fera chrétien, & qu'il rendra hommage de son duché au roi. *Rollon* se fit donc instruire; il se fit du moins baptiser. Cette condition ne l'arrêta point; celle de l'hommage le révolta, il en trouva le cérémonial trop humiliant; il consentit enfin avec peine à rendre cet hommage par procureur. Un des guerriers de sa suite fut chargé de la commission, & la trouvant aussi trop humiliante pour lui-même, il se vengea, par un outrage, du respect qu'on exigeoit de lui. Incliné devant le roi, & lui prenant le pied comme pour le porter à sa bouche, il le leva si brutalement qu'il fit tomber le roi à la renverse ; on feignit de ne le croire que maladroit. *Rollon* ne négligea aucuns des droits que lui donnoit le traité de saint Clair ; il exigea des Bretons, l'épée à la main, l'hommage qu'on lui avoit cédé par ce traité, & que les rois de France n'avoient pas su toujours se faire rendre ; mais il ne donna point à ces droits une injuste extension, il renonça aux conquêtes ; honteux d'avoir été un brigand, il voulut être un roi; il fit fleurir dans ses états les lois & la police, il fut *justicier*. Tandis qu'à la faveur des troubles, les voleurs infestoient la France, en Normandie, une femme, un enfant pouvoient porter, à toute heure & par-tout, une bourse d'or dans la main , sans avoir rien à craindre de la ruse ou de la violence. On raconte la même chose de l'administration d'un roi de Northumberland, nommé Edwin, un des plus grands princes de l'Heptarchie, & Alfred suspendit à un arbre , près du grand chemin, des bracelets d'or que tout le monde vit, & auxquels personne ne toucha. L'histoire des Ostiaques & d'autres sauvages de la Sibérie est pleine de pareils traits, mais *Rollon* en donnoit l'exemple en France. La *clameur de Haro* si connue n'étoit, dit-on, que le recours au prince, dont l'oreille étoit ouverte à toutes les plaintes de ses sujets. *Rollon* mourut en 917.

mais ſes lois lui ont ſurvécu ; & ſes peuples heureux par lui , même après ſa mort , béniſſoient ſa mémoire , & obéiſſoient à ſa poſtérité.

S'il eſt vrai pourtant , qu'à ſa mort , tandis que d'un côté il léguoit cent livres d'or aux égliſes de Normandie , de l'autre il faiſoit couper la tête à cent priſonniers en l'honneur des dieux de ſon pays , il faut avouer que ce grand prince n'étoit encore ni chrétien ni humain , & qu'en général c'étoient d'étranges chrétiens , que ces Normands convertis.

ROM

ROMAGNESI , (*Hiſt. litt. mod.*) acteur célèbre de la comédie italienne , & même auteur connu. Ses meilleures pièces ont été recueillies en deux volumes *in 8°* ; les autres ſe trouvent dans le nouveau théâtre italien. Mort en 1742.

ROMAIN ARGYRE , (*Hiſt. du bas Empire.*) que Conſtantin VIII avoit créé céſar en lui faiſant épouſer ſa fille , monta ſur le trône de Conſtantinople après la mort de ſon beau-père , en 1028 , quoiqu'il eût des talens & des vertus , ſon règne fut agité de tempêtes domeſtiques qui lui firent regretter la vie privée. Théodora , ſœur de Zoé , conſpira avec le fils du roi des Bulgares pour lui ôter l'empire & la vie ; leur complot fut découvert , & Théodora fut condamnée à prendre l'habit monaſtique : cette conſpiration éteinte fut ſuivie d'une autre plus dangereuſe. Conſtantin Diogène , neveu de *Romain* , ſe fit proclamer empereur , mais il fut trahi & livré par ceux mêmes qui l'avoient voulu élever à l'empire : il fut enfermé dans une priſon où il continua d'entretenir des intelligences criminelles avec tous les mécontens , & ſur-tout avec Théodora qui lui promit & ſa main & l'empire. Un évêque qui étoit leur complice , en eut des remords , & il fut leur dénonciateur. Diogène ſe ſentant indigne de la clémence de ſon oncle , ſe précipita du haut d'une tour , pour prévenir la honte de trahir ſes complices dont on exigeoit qu'il déclarât les noms pour obtenir ſa grâce. Les troubles intérieurs étant appaiſés , *Romain* eut des ennemis étrangers à combattre ; les Sarrazins exercèrent de nouvelles hoſtilités ſur les terres de l'empire , ils égorgèrent les garniſons de toutes les villes dont ils ſe rendirent les maîtres. *Romain* ſe mit à la tête d'une armée puiſſante pour réprimer leurs brigandages : il les joignit près d'Antioche. Mais à peine eut-il donné le ſignal du combat , que ſes ſoldats , ſaiſis d'une terreur panique , ſe précipitèrent dans leur ſuite. Il ne fut redevable de ſa vie & de ſa liberté qu'à la valeur de ſes gardes qui , ſoutenant avec intrépidité les ef-

forts des barbares , le conduiſirent à Antioche. *Romain* ſe dégoûta de Zoé. Cette princeſſe qui fut la plus laſcive de ſon ſiècle , ſe conſola des dédains de ſon mari avec un banquier nommé *Michel* , dont le frère étoit le premier eunuque du palais , où il avoit une grande autorité. Zoé ſatisfaite de ſon amant , le jugea digne du trône comme il l'étoit de ſon cœur. L'eunuque ſe chargea de la débarraſſer de ſon mari par un breuvage empoiſonné , dont le vomiſſement prévint les ravages. *Romain* tomba dans la langueur & le dépériſſement. Zoé impatiente de régner avec ſon amant , le fit étouffer dans le bain , & Michel fut auſſi-tôt proclamé empereur , pour régner conjointement avec elle. *Romain* fut un prince éclairé & bienfaiſant ; il réforma pluſieurs abus , mais il ne put réformer ſa femme qui fut impudique juſqu'à 70 ans. Il mourut en 1034. (*T.—N.*)

ROMAIN DIOGÈNE , d'une famille patricienne , dut ſon élévation à l'empire , à l'amour qu'il inſpira à l'impératrice Eudocie. Cette princeſſe nommée par le teſtament de ſon mari Conſtantin Ducas , pour régner conjointement avec ſes fils , s'étoit engagée par ſerment & par écrit de renoncer au gouvernement ſi elle contractoit un nouveau mariage. *Romain Diogène* , qui étoit le plus grand capitaine de ſon ſiècle , fut humilié d'obéir à une femme & à des enfans ; il forma le projet de les faire deſcendre du trône pour s'y placer ; ſon complot fut découvert , & on le condamna à la mort. Eudocie eut la curioſité de le voir avant qu'il ſubît ſon arrêt ; il étoit le plus bel homme de l'empire : l'impératrice frappée de ſa beauté , commua ſa peine en un exil dont il fut bientôt rappellé , ſous prétexte de le mettre à la tête de l'armée qui devoit s'oppoſer aux progrès des Muſulmans. Eudocie , pour mieux s'aſſurer de la fidélité d'un général à qui elle confioit toutes les forces de l'état , lui donna ſon cœur & ſa main. Ce mariage ſouleva tous les eſprits ; le peuple & les grands refuſèrent de le reconnoître pour empereur ; la ſédition ne fut appaiſée que par les fils d'Eudocie , qui proteſtèrent que leur mère ne s'étoit remariée que par condeſcendance pour eux. *Romain* ſignala les premiers jours de ſon règne par des victoires ſur les Turcs ; il fut heureuſement ſecondé dans toutes ſes entrepriſes par un gentilhomme Normand , nommé *Crépin* , qui , comme tous ceux de ſa nation , alloit chercher la gloire & la fortune chez l'étranger. Cet avanturier qui avoit toutes les qualités qui font les conquérans , fut par-tout triomphant : après avoir été comblé d'honneurs par *Romain* , il en eſſuya quelque mépris : ſa fierté humiliée en fit un rebelle. Crépin trop foible , reconnut bientôt l'imprudence de ſon entrepriſe ; il eut tant de confiance dans la généroſité de

ſon

son maître, qu'il se présenta devant lui désarmé; sa faute fut oubliée, & Romain ne se souvint que de sa valeur & de ses services; mais son esprit inquiet & toujours mécontent le rendirent bientôt coupable ou du moins suspect. Il fut dépouillé de tous ses emplois: sa dégradation excita de nouveaux troubles. Les François & les Normands, accoutumés à vaincre sous ses ordres, vengèrent ses outrages en pillant la Mésopotamie. C'est de ce héros avanturier que descendent les barons du Bec-Crépin & les marquis de Vardes, dont les noms sont inscrits dans les plus anciens fastes de la Normandie. Romain, après avoir pacifié l'intérieur de l'empire, marcha contre les Turcs qu'il obligea de se retirer dans leur pays, il les poursuivit jusques dans la Perse, où ils lui demandèrent la paix, qui leur fut refusée avec une hauteur insultante. Romain, enivré d'une suite de succès sans mélange de disgraces, crut que pour vaincre il lui suffisoit de combattre. Cette confiance présomptueuse ne lui permit pas d'attendre un corps de troupes qui s'avançoit pour le joindre; il livra une bataille où il fut vaincu & fait prisonnier. Le sultan modéré dans sa victoire, le traita avec humanité. Sa détention finit par un traité de paix; il se soumit à payer un subside annuel aux Turcs, & de rendre tous les musulmans qu'il retenoit captifs dans ses états. Le sultan, de son côté, s'obligea de rendre tous les prisonniers chrétiens, & de ne plus faire de courses sur les terres de l'empire. La détention de Romain donna naissance aux factions qui agitèrent Constantinople. Les uns vouloient que Zoé, consommée dans les affaires, régnât sans collègue; d'autres étoient d'avis de lui associer ses fils. La faction la plus nombreuse se déclara pour Michel; elle prévalut; les frères & la mère furent exclus du gouvernement. Romain dégradé revendiqua ses droits les armes à la main, mais il fut vaincu par Andronic Ducas, qui l'obligea de chercher une retraite dans la Cilicie. Le timide Michel craignant qu'il ne se relevât de sa chûte, lui offrit de partager l'empire. Romain rejetta cette offre avec autant de mépris que s'il eût été vainqueur; il leva une nouvelle armée, mais il fut trahi par ses soldats, qui le forcèrent d'abdiquer & de s'ensevelir dans l'obscurité d'un cloître. Michel le fit assurer qu'il ne lui feroit aucun mal, & il étoit bien résolu de tenir sa promesse; mais son oncle Jean Ducas qui voyoit dans Romain désarmé un ennemi toujours redoutable, lui fit crever les yeux; il ne survécut pas long-temps à son malheur: l'impératrice Eudocie, qui l'avoit accompagné dans son exil, lui rendit les honneurs de la sépulture; il avoit régné environ quatre ans. Les Turcs, sous prétexte de venger sa mort, ravagèrent toute l'Asie. (T- N.)

ROMAIN EMPIRE. Gouvernement des Romains.

Histoire. Tome VI.

mains) La république romaine, avoit englouti toutes les autres républiques, & avoit anéanti tous les rois qui restoient encore, quand elle s'affaissa sous le poids de sa grandeur & de sa puissance. Les Romains en détruisant tous les peuples, se détruisoient eux-mêmes; sans cesse dans l'action, l'effort, & la violence, ils s'usèrent comme s'use une arme dont on se sert toujours. Enfin, les discordes civiles, les triumvirats, les proscriptions, contribuèrent à affoiblir Rome, plus encore que toutes ses guerres précédentes.

Les réglemens qu'ils firent pour remédier à de tels maux, eurent leur effet pendant que la république, dans la force de son institution, n'eut à réparer que les pertes qu'elle faisoit par son courage, par son audace, par sa fermeté, & par son amour pour la gloire. Mais dans la suite, toutes les lois ne purent rétablir ce qu'une république mourante, ce qu'une anarchie générale, ce qu'un gouvernement militaire, ce qu'un empire dur, ce qu'un despotisme superbe, ce qu'une monarchie foible, ce qu'une cour stupide, idiote & superstitieuse, abattirent successivement. On eût dit qu'ils n'avoient conquis le monde que pour l'affoiblir, & le livrer sans défense aux Barbares: les nations Gothes, Gothiques, Sarrazines, & Tartares, les accablèrent tour-à-tour. Bientôt les peuples barbares n'eurent à détruire que des peuples barbares; ainsi dans le temps des fables, après les inondations & les déluges, il sortit de la terre des hommes armés qui s'exterminèrent les uns les autres. Parcourons, d'après M. de Montesquieu, tous ces événemens d'un œil rapide; l'ame s'élève, l'esprit s'étend, en s'accoutumant à considérer les grands objets.

Il étoit tellement impossible que la république pût se relever après la tyrannie de César, qu'il arriva à sa mort ce qu'on n'avoit point encore vu, qu'il n'y eut plus de tyrans, & qu'il n'y eut pas de liberté; car les causes qui l'avoient détruite, subsistoient toujours.

Sextus Pompée tenoit la Sicile & la Sardaigne; il étoit maître de la mer, & il avoit avec lui une infinité de fugitifs & de proscrits, qui combattoient pour leurs dernières espérances. Octave lui fit deux guerres très-laborieuses; & après bien des mauvais succès, il le vainquit par l'habileté d'Agrippa. Il gagna les soldats de Lépidus, & le dépouillant de la puissance du triumvirat, il lui envia même la consolation de mener une vie obscure, & le força de se trouver comme homme privé dans les assemblées du peuple. Ensuite la bataille d'Actium se donna, & Cleopatre en fuyant, entraîna Antoine à sa suite. Tant de capitaines & tant de rois, qu'Antoine avoit faits ou aggrandis, lui manquèrent; & comme si la générosité avoit été liée à l'esclavage, une simple troupe de gladiateurs lui conserva une fidélité héroïque.

Auguste, c'est le nom que la flatterie donna à

Octave, établit l'ordre, c'est-à-dire une servitude durable: car dans un état libre où l'on vient d'usurper la souveraineté, on appelle *regle*, tout ce qui peut fonder l'autorité sans bornes d'un seul; & on nomme *trouble*, *dissension*, *mauvais gouvernement*, tout ce qui peut maintenir l'honnête liberté des sujets.

Tous les gens qui avoient eu des projets ambitieux, avoient travaillé à mettre une espèce d'anarchie dans la république. Pompée, Crassus, & César y réussirent à merveille; ils établirent une impunité de tous les crimes publics; tout ce qui pouvoit arrêter la corruption des mœurs, tout ce qui pouvoit faire une bonne police, ils l'abolirent; & comme les bons légisslateurs cherchent à rendre leurs concitoyens meilleurs, ceux-ci travailloient à les rendre pires: ils introduisirent la coutume de corrompre le peuple à prix d'argent; & quand on étoit accusé de brigues, on corrompoit aussi les juges: ils firent troubler les élections par toutes sortes de violences, & quand on étoit mis en justice, on intimidoit encore les juges: l'autorité même du peuple étoit anéantie; témoin Gabinius, qui après avoir établi, malgré le peuple, Ptolomée à main armée, vint froidement demander le triomphe.

Ces derniers hommes de la république cherchoient à dégoûter le peuple de son devoir, & à devenir nécessaires, en rendant extrêmes les inconvéniens du gouvernement républicain; mais lorsqu'Auguste fut une fois le maître, la politique le fit travailler à rétablir l'ordre, pour faire sentir le bonheur du gouvernement d'un seul.

Au lieu que César disoit insolemment que la république n'étoit rien, & que les paroles de lui César, étoient des loix; Auguste ne parla que de la dignité du sénat, & de son respect pour la république. Il songea donc à établir le gouvernement le plus capable de plaire qui fût possible, sans choquer ses intérêts, & il en fit un, aristocratique par rapport au civil, & monarchique par rapport au militaire: gouvernement ambigu, qui n'étant pas soutenu par ses propres forces, ne pouvoit subsister que tandis qu'il plairoit au monarque, & étoit entièrement monarchique par conséquent. En un mot, toutes les actions d'Auguste, tous ses règlemens tendoient à l'établissement de la monarchie. Sylla se défit de la dictature: mais dans toute la vie de Sylla, au milieu de ses violences, on vit un esprit républicain; tous ses règlemens, quoique tyranniquement exécutés, tendoient toujours à une certaine forme de république. Sylla, homme emporté, menoit violemment les Romains à la liberté: Auguste, rusé tyran, les conduisit doucement à la servitude. Pendant que sous Sylla, la république reprenoit des forces, tout le monde crioit à la tyrannie, & pendant que sous Auguste la tyrannie se fortifioit, on ne parloit que de liberté.

La coutume des triomphes qui avoit tant contribué à la grandeur de Rome, se perdit sous ce prince; ou plutôt cet honneur devint un privilège de la souveraineté. Dans le tems de la république, celui-là seul avoit droit de demander le triomphe, sous les auspices duquel la guerre s'étoit faite; or elle se faisoit toujours sous les auspices du chef, & par conséquent de l'empereur, qui étoit le chef de toutes les armées.

Sous prétexte de quelques tumultes arrivés dans les élections, Auguste mit dans la ville un gouverneur & une garnison; il rendit les corps des légions éternels, les plaça sur les frontières, & établit des fonds particuliers pour les payer. Enfin, il ordonna que les vétérans recevroient leur récompense en argent, & non pas en terres.

Dion remarque très-bien, que depuis lors, il fut plus difficile d'écrire l'histoire: tout devint secret: toutes les dépêches des provinces furent portées dans le cabinet des empereurs; on ne sut plus que ce que la folie & la hardiesse des tyrans ne voulut point cacher, ou ce que les historiens conjecturèrent.

Comme on voit un fleuve miner lentement & sans bruit les digues qu'on lui oppose, & enfin les renverser dans un moment, & couvrir les campagnes qu'elles conservoient; ainsi la puissance souveraine, sous Auguste, agit insensiblement, & renversa sous Tibère avec violence.

A peine ce prince fut monté sur le trône, qu'il appliqua la loi de majesté, non pas aux cas pour lesquels elle avoit été faite, mais à tout ce qui put servir sa haine, ou ses défiances. Ce n'étoient pas seulement les actions qui tomboient dans le cas de cette loi; mais des paroles, des signes, & des pensées mêmes: car ce qui se dit dans ces épanchemens de cœur que la conversation produit entre deux amis, ne peut être regardé que comme des pensées. Il n'y eut donc plus de liberté dans les festins, de confiance dans les parentés, de fidélité dans les esclaves; la dissimulation & la tristesse du prince se communiquant par-tout, l'amitié fut regardée comme un écueil, l'ingénuité comme une imprudence, & la vertu comme une affectation qui pouvoit rappeller dans l'esprit des peuples le bonheur des tems précédens.

Il n'y a point de plus cruelle tyrannie que celle qu'on exerce à l'ombre des loix, & avec les couleurs de la justice; lorsqu'on va, pour ainsi dire, noyer des malheureux sur la planche même sur laquelle ils s'étoient sauvés. Et comme il n'est jamais arrivé qu'un tyran ait manqué d'instrumens de sa tyrannie, Tibère trouva toujours des juges prêts à condamner autant de gens qu'il en put soupçonner.

Du tems de la république, le sénat qui ne jugeoit point en corps les affaires des particuliers, connoissoit par une délégation du peuple, des crimes qu'on imputoit aux alliés. Tibère lui renvoya de même le jugement de tout ce qui s'appelloit *crime de lése-majesté* contre lui. Ce corps tomba dans un état de bassesse qui ne peut s'exprimer ; les sénateurs alloient au-devant de la servitude, sous la faveur de Séjan ; les plus illustres d'entr'eux faisoient le métier de délateurs.

Avant que Rome fût gouvernée par un seul, les richesses des principaux Romains étoient immenses, quelles que fussent les voies qu'ils employoient pour les acquérir : elles furent presque toutes ôtées sous les empereurs ; les sénateurs n'avoient plus ces grands cliens qui les combloient de biens ; on ne pouvoit guère rien prendre dans les provinces que pour César, sur-tout lorsque ses procurateurs, qui étoient à-peu-près comme sont aujourd'hui nos intendans, y furent établis. Cependant, quoique la source des richesses fût coupée, les dépenses subsistoient toujours ; le train de vie étoit pris, & on ne pouvoit plus se soutenir que par la faveur de l'empereur.

Auguste avoit ôté au peuple la puissance de faire des lois, & celle de juger des crimes publics ; mais il lui avoit laissé, ou du-moins avoit paru lui laisser, celle d'élire les magistrats. Tibère, qui craignoit les assemblées d'un peuple si nombreux, lui ôta encore ce privilège, & le donna au sénat, c'est-à-dire à lui-même : or on ne sauroit croire combien cette décadence du pouvoir du peuple avilit l'ame des grands. Lorsque le peuple disposoit des dignités, les magistrats qui les briguoient, faisoient bien des bassesses ; mais elles étoient jointes à une certaine magnificence qui les cachoit, soit qu'ils donnassent des jeux, ou de certains repas au peuple, soit qu'ils lui distribuassent de l'argent ou des grains. Quoique le motif fût bas, le moyen avoit quelque chose de noble, parce qu'il convient toujours à un grand homme d'obtenir par des libéralités, la faveur du peuple. Mais, lorsque le peuple n'eut plus rien à donner, & que le prince, au nom du sénat, disposa de tous les emplois, on les demanda, & on les obtint par des voies indignes ; la flatterie, l'infamie, les crimes, furent des arts nécessaires pour y parvenir.

Caligula succéda à Tibère. On disoit de lui qu'il n'y avoit jamais eu un meilleur esclave, ni un plus méchant maître ; ces deux choses sont assez liées, car la même disposition d'esprit, qui fait qu'on a été vivement frappé de la puissance illimitée de celui qui commande, fait qu'on ne l'est pas moins lorsqu'on vient à commander soi-même.

Ce monstre faisoit mourir militairement tous ceux qui lui déplaisoient, ou dont les biens rentoient son avarice ; plusieurs de ses successeurs l'imitèrent : nous ne trouvons rien de semblable dans nos histoires modernes. Attribuons-en la cause à des mœurs plus douces, & à une religion plus réprimante ; depuis on n'a point à dépouiller les familles de ces sénateurs qui avoient ravagé le monde. Nous tirons cet avantage de la médiocrité de nos fortunes, qu'elles sont plus sûres ; nous ne valons pas la peine qu'on nous ravisse nos biens.

Le petit peuple de Rome, ce qu'on appelloit *plebs*, ne haïssoit pas cependant les plus mauvais empereurs. Depuis qu'il avoit perdu l'empire & qu'il n'étoit plus occupé à la guerre, il étoit devenu le plus vil de tous les peuples ; il regardoit le commerce & les arts comme des choses propres aux seuls esclaves, & les distributions de blé qu'il recevoit lui faisoient négliger les terres ; on l'avoit accoutumé aux jeux & aux spectacles. Quand il n'eut plus de tribuns à écouter, ni de magistrats à élire, ces choses vaines lui devinrent nécessaires, & son oisiveté lui en augmenta le goût. Or, Caligula, Néron, Commode, Caracalla étoient regrettés du peuple, à cause de leur folie même ; car ils aimoient avec fureur ce que le peuple aimoit, & contribuoient de tout leur pouvoir & même de leur personne, à ses plaisirs ; ils prodiguoient pour lui toutes les richesses de l'empire ; & quand elles étoient épuisées, le peuple voyant sans peine dépouiller toutes les grandes familles, il jouissoit des fruits de la tyrannie, & il en jouissoit purement ; car il trouvoit sa sûreté dans sa bassesse. De telles gens haïssoient naturellement les gens de bien ; ils savoient qu'ils n'en étoient pas approuvés : indignés de la contradiction ou du silence d'un citoyen austère, enivrés des applaudissemens de la populace, ils parvenoient à s'imaginer que leur gouvernement faisoit la félicité publique, & qu'il n'y avoit que des gens mal intentionnés qui pussent le censurer.

Caligula étoit un vrai sophiste dans sa cruauté : comme il descendoit également d'Antoine & d'Auguste, il disoit qu'il puniroit les consuls s'ils célébroient le jour de réjouissance établi en mémoire de la victoire d'Actium, & qu'il les puniroit s'ils ne le célébroient pas ; & Drusille, à qui il accorda les honneurs divins, étant morte, c'étoit un crime de la pleurer parce qu'elle étoit déesse, & de ne la pas pleurer parce qu'elle étoit sa sœur.

C'est ici qu'il faut se donner le spectacle des choses humaines. Qu'on voie dans l'histoire de Rome tant de guerres entreprises, tant de sang répandu, tant de peuples détruits, tant de grandes actions, tant de triomphes, tant de politique, de sagesse, de prudence, de constance, de courage ; ce projet d'envahir tout, si bien formé, si bien soutenu, si bien fini, à quoi aboutit-il, qu'à assouvir le bonheur de cinq ou six monstres ? Quoi ! ce sénat n'avoit fait évanouir tant de rois que pour tomber lui-même le plus bas esclavage de quelques-uns de ses plus indignes citoyens, & s'exterminer par ses propres arrêts ? On n'élève donc sa puissance que pour la voir mieux renversée ? Les hommes ne travaillent à augmenter leur pouvoir que pour le voir tomber contre eux-mêmes dans de plus heureuses mains.

Caligula ayant été tué, le sénat s'assembla pour établir une forme de gouvernement. Dans le temps qu'il délibéroit, quelques soldats entrèrent dans le palais pour piller, ils trouvèrent dans un lieu obscur un homme tremblant de peur; c'étoit Claude : ils le saluèrent empereur. Cet empereur acheva de perdre les anciens ordres, en donnant à ses officiers le droit de rendre la justice. Les guerres de Marius & de Sylla ne se faisoient que pour savoir qui auroit ce droit, des sénateurs ou des chevaliers. Une fantaisie d'un imbécille l'ôta aux uns & aux autres; étrange succès d'une dispute qui avoit mis en combustion tout l'univers !

Les soldats avoient été attachés à la famille de César, qui étoit garante de tous les avantages que leur avoit procuré la révolution. Le temps vint que les grandes familles de Rome furent toutes exterminées par celle de César, & que celle de César, dans la personne de Néron, périt elle-même. La puissance civile qu'on avoit sans cesse abatue, se trouva hors d'état de contre-balancer la militaire ; chaque armée voulut nommer un empereur.

Galba, Othon, Vitellius ne firent que passer ; Vespasien fut élu, comme eux, par les soldats : il ne songea, dans tout le cours de son règne, qu'à rétablir l'empire, qui avoit été successivement occupé par six tyrans également cruels, presque tous furieux, souvent imbécilles, & pour comble de malheur, prodigues jusqu'à la folie.

Tite, qui vint à succéder à Vespasien, fut les délices du peuple. Domitien fit voir un nouveau monstre, plus cruel, ou du moins plus implacable que ceux qui l'avoient précédé, parce qu'il étoit plus timide. Ses affranchis les plus chers, &, à ce que quelques-uns dit, sa femme même voyant qu'il étoit aussi dangereux dans ses amitiés que dans ses haines, & qu'il ne mettoit aucunes bornes à ses méfiances, ni à ses accusations, s'en défirent. Avant de faire le coup, ils jettèrent les yeux sur un successeur, & choisirent Nerva, vénérable vieillard.

Nerva adopta Trajan, prince le plus accompli dont l'histoire ait jamais parlé. Adrien, son successeur, abandonna ses conquêtes & borna l'empire à l'Euphrate.

Dans ces tems-là, la secte des stoïciens s'étendoit & s'accréditoit de plus en plus. Il sembloit que la nature humaine eût fait un effort pour produire d'elle-même cette secte admirable, qui étoit comme ces plantes que la terre fait naître dans des lieux que le ciel n'a jamais vus.

Les Romains lui durent leurs meilleurs empereurs. Rien n'est capable de faire oublier le premier Antonin que Marc-Aurele qu'il adopta. On sent en soi-même un plaisir secret, lorsqu'on parle de cet empereur; on ne peut lire sa vie sans une espèce d'attendrissement : tel est l'effet qu'elle produit, qu'on a meilleure opinion de soi-même, parce qu'on a meilleure opinion des hommes. La sagesse de Nerva, la gloire de Trajan, la valeur d'Adrien, la vertu des deux Antonins se firent respecter des soldats. Mais lorsque de nouveaux monstres prirent leur place, l'abus du gouvernement militaire parut, dans tout son excès; & les soldats qui avoient vendu l'empire, assassinèrent les empereurs pour en avoir un nouveau prix.

Commode succéda à Marc-Aurele son père. C'étoit un monstre qui suivoit toutes ses passions, & toutes celles de ses ministres & de ses courtisans. Ceux qui en délivrèrent le monde, nommèrent en sa place Pertinax, vénérable vieillard, que les soldats prétoriens massacrèrent d'abord.

Ils mirent l'empire à l'enchère, & Didius Julien l'emportant par ses promesses, souleva tous les Romains; car quoique l'empire eût été souvent acheté, il n'avoit pas encore été marchandé. Pescennius Niger, Sévère & Albin furent salués empereurs, & Julien n'ayant pu payer les sommes immenses qu'il avoit promises, fut abandonné par ses troupes.

Sévère avoit de grandes qualités; mais il avoit encore de plus grands défauts; quoique jaloux de son autorité autant que l'avoit été Tibère, il se laissa gouverner par Plautien d'une manière misérable. Enfin il étoit cruel & barbare ; il employa les exactions d'un long règne, & les proscriptions de ceux qui avoient suivi le parti de ses concurrens, à amasser des trésors immenses. Mais les trésors amassés par des princes n'ont presque jamais que des effets funestes : ils corrompent le successeur qui en est ébloui; & s'ils ne gâtent son cœur, ils gâtent son esprit. Ils forment d'abord de grandes entreprises avec une puissance qui est d'accident, qui ne peut pas durer, qui n'est pas naturelle, & qui est plutôt enflée qu'aggrandie. Les proscriptions de cet empereur furent cause que plusieurs soldats de Niger se retirèrent chez les Parthes. Ils leur apprirent ce qui manquoit à leur art militaire, à se servir des armes romaines, & même à en fabriquer, ce qui fit que ces peuples qui s'étoient ordinairement contentés de se défendre, furent dans la suite presque toujours aggresseurs.

Il est remarquable que dans cette suite de guerres civiles qui s'élevèrent continuellement, ceux qui avoient les légions d'Europe vainquirent presque toujours ceux qui avoient les légions d'Asie, & l'on trouve dans l'histoire de Sévère qu'il ne put prendre la ville d'Atra en Arabie, parce que les légions d'Europe s'étant mutinées, il fut obligé d'employer celles de Syrie. On sentit cette différence depuis qu'on commença à faire des levées dans les provinces; & elle fut telle entre les légions qu'elles étoient entre les peuples mêmes qui, par la nature & par l'éducation, sont plus ou moins propres pour la guerre.

Ces levées faites dans les provinces produisirent un autre effet : les empereurs pris ordinairement dans la milice, furent presque tous étrangers & quelquefois barbares. Rome ne fut plus la maîtresse du monde, & reçut des loix de tout l'univers. Chaque empereur y porta quelque chose de son pays ou pour les manières ou pour les mœurs, ou pour la police, ou pour le culte ; Héliogabale alla jusqu'à vouloir détruire tous les objets de la vénération de Rome, & ôter tous les dieux de leurs temples pour y placer le sien.

On pourroit appeller Caracalla qui vint à succéder à Sévère, non pas un *tyran*, mais le *destructeur* des hommes. Caligula, Néron & Domitien bornoient leurs cruautés dans la capitale ; celui-ci alloit promener sa fureur dans tout l'univers. Ayant commencé son regne par tuer de sa propre main Géta son frère, il employa ses richesses à augmenter la paye des soldats, pour leur faire souffrir son crime ; & pour en diminuer encore l'horreur, il mit son frère au rang des dieux. Ce qu'il y a de singulier, c'est que le même honneur lui fut exactement rendu par Macrin, qui, après l'avoir fait poignarder, voulant appaiser les soldats prétoriens affligés de la mort de ce prince qui les avoit comblés de largesses, lui fit bâtir un temple, & y établit des prêtres flamines pour le desservir.

Les profusions de Caracalla envers ses troupes avoient été immenses, & il avoit très-bien suivi le conseil que son père lui avoit donné en mourant, d'enrichir les gens de guerre, & de ne s'embarrasser pas des autres. Mais cette politique n'étoit guère bonne que pour un règne ; car le successeur ne pouvant plus faire les mêmes dépenses, étoit d'abord massacré par l'armée ; de façon qu'on voyoit toujours les empereurs sages mis à mort par les soldats, & les méchans par des conspirations ou des arrêts du sénat.

Quand un tyran qui se livroit aux gens de guerre, avoit laissé les citoyens exposés à leurs violences & à leurs rapines, cela ne pouvoit durer qu'un règne ; car les soldats, à force de détruire, alloient jusqu'à s'ôter à eux-mêmes leur solde. Il falloit donc songer à rétablir la discipline militaire ; entreprise qui coutoit toujours la vie à celui qui osoit la tenter.

Quand Caracalla eut été tué par les embuches de Macrin, les soldats élurent Héliogabale, & quand ce dernier qui n'étant occupé que de ses sales voluptés, les laissoit vivre à leur fantaisie, ne put plus être souffert, ils le massacrèrent. Ils tuèrent de même Alexandre qui vouloit rétablir la discipline, & parloit de les punir. Ainsi un tyran qui ne s'assuroit point la vie, mais le pouvoir de faire des crimes, périssoit avec ce

funeste avantage, que celui qui voudroit faire mieux périroit après lui.

Après Alexandre, on élut Maximin qui fut le premier empereur d'une origine barbare. Sa taille gigantesque & la force de son corps l'avoient fait connoître : il fut tué avec son fils par ses soldats. Les deux premiers Gordiens périrent en Afrique ; Maxime, Balbin & le troisième Gordien furent massacrés. Philippe qui avoit fait tuer le jeune Gordien, fut tué lui-même avec son fils ; & Dèce qui fut élu en sa place, périt à son tour par la trahison de Gallus.

Ce qu'on appelloit *l'empire romain* dans ce siècle-là, étoit une espèce de république irrégulière, telle à-peu-près que l'aristocratie d'Alger, où la milice qui a la puissance souveraine fait & défait un magistrat, qu'on appelle le *dey*.

Dans ces mêmes tems, les Barbares au commencement inconnus aux *Romains*, ensuite seulement incommodes, leur étoient devenus redoutables. Par l'évènement du monde le plus extraordinaire, Rome avoit si bien anéanti tous les peuples, que lorsqu'elle fut vaincue elle-même, il sembla que la terre en eût enfanté de nouveaux pour la détruire.

Sous le règne de Gallus, un grand nombre de nations qui se rendirent ensuite plus célèbres, ravagèrent l'Europe ; & les Perses ayant envahi la Syrie, ne quittèrent leurs conquêtes que pour conserver leur butin. Les violences des *romains* avoient fait retirer les peuples du midi au nord ; tandis que la force qui les contenoit subsista, ils y restèrent ; quand elle fut affoiblie, ils se répandirent de toutes parts. La même chose arriva quelques siècles après. Les conquêtes de Charlemagne & ses tyrannies avoient une seconde fois fait reculer les peuples du midi au nord : si-tôt que cet empire fut affoibli, ils se portèrent une seconde fois du nord au midi. Et si aujourd'hui un prince faisoit en Europe les mêmes ravages, les nations repoussées dans le nord, adossées aux limites de l'univers, y tiendroient ferme jusqu'au moment qu'elles inonderoient & conquerroient l'Europe une troisième fois.

L'affreux désordre qui étoit dans la succession à l'empire étant venu à son comble, en vit paroître, sur la fin du règne de Valérien & pendant celui de Gallien, trente prétendans divers qui s'étant la plupart entre-détruits, ayant eu un règne très-court, furent nommés *tyrans*. Valérien ayant été pris par les Perses, & Gallien son fils négligeant les affaires, les barbares pénétrèrent par-tout, l'empire se trouvant dans cet état où il fut environ un siècle après en occident. & il auroit été dès-lors détruit sans un concours heureux de circonstances ; quatre grands hommes, Claude, Aurélien, Tacite & Probus qui, par un grand bonheur, se succédèrent, rétablirent l'empire prêt à périr.

Cependant pour prévenir les trahisons continuelles des soldats, les empereurs s'associèrent des personnes en qui ils avoient confiance ; & Dioclétien, sous la grandeur des affaires, régla qu'il y auroit toujours deux empereurs & deux césars ; mais ce qui contint encore plus les gens de guerre, c'est que les richesses des particuliers & la fortune publique ayant diminué, les empereurs ne purent plus leur faire des dons si considérables, de manière que la récompense fut plus proportionnée au danger de faire une nouvelle élection. D'ailleurs les préfets du prétoire qui faisoient à leur gré massacrer les empereurs pour se mettre à leur place, furent entièrement abaissés par Constantin, qui ne leur laissa que les fonctions civiles, & en fit quatre au lieu de deux.

La vie des empereurs commença donc à être plus assurée ; ils purent mourir dans leur lit, & cela sembla avoir un peu adouci leurs mœurs ; ils ne versèrent plus le sang avec tant de férocité. Mais comme il falloit que ce pouvoir immense débordât quelque part, on vit un autre genre de tyrannie plus sourde. Ce ne furent plus des massacres, mais des jugemens iniques, des formes de justice qui sembloient n'éloigner la mort que pour flétrir la vie : la cour fut gouvernée, & gouverna par plus d'artifices, par des arts plus exquis, avec un plus grand silence : enfin au lieu de cette hardiesse à concevoir une mauvaise action, & de cette impétuosité à la commettre, on ne vit plus régner que les vices des ames foibles & des crimes réfléchis.

Il s'établit encore un nouveau genre de corruption, les premiers empereurs aimoient les plaisirs, ceux-ci la molesse : ils se montrèrent moins aux gens de guerre, ils furent plus oisifs, plus livrés à leurs domestiques, plus attachés à leurs palais, & plus séparés de l'empire. Le poison de la cour augmenta sa force, à mesure qu'il fut plus séparé ; on ne dit rien, on insinua tout ; les grandes réputations furent toutes attaquées, & les ministres & les officiers de guerre furent mis sans cesse à la discrétion de cette sorte de gens qui ne peuvent servir l'état, ni souffrir qu'on le serve avec gloire. Le prince ne fut plus rien que sur le rapport de quelques confidens, qui toujours de concert, souvent même lorsqu'ils sembloient être d'opinion contraire, ne faisoient auprès de lui que l'office d'un seul.

Le séjour de plusieurs empereurs en Asie & leur perpétuelle rivalité avec les rois de Perse, firent qu'ils voulurent être adorés comme eux ; & Dioclétien, d'autres disent Galère, l'ordonna par un édit. Ce faste & cette pompe asiatique s'établissant, les yeux s'y accoutumèrent d'abord : & lorsque Julien voulut mettre de la simplicité & de la modestie dans ses manières, on appella *oubli de la dignité* ce qui n'étoit que la mémoire des anciennes mœurs.

Quoique depuis Marc-Auréle il y eût eu plusieurs empereurs ; il n'y avoit eu qu'un empire ;

& l'autorité de tous étant reconnue dans la province, c'étoit une puissance unique exercée par plusieurs. Mais Galère & Constance Chlore n'ayant pu s'accorder, ils partagèrent réellement l'empire, & cet exemple que Constantin suivit sur le plan de Galère produisit une étrange révolution. Ce prince qui n'a fait que des fautes en matière de politique, porta le siége de l'empire en Orient ; cette division qu'on en fit le ruina, parce que toutes les parties de ce grand corps liées depuis long-tems ensemble, s'étoient, pour ainsi dire, ajustées pour y rester & dépendre les unes des autres.

Dès que Constantin eut établi son siége à Constantinople, Rome presque entière y passa, & l'Italie fut privée de ses habitans & de ses richesses. L'or & l'argent devinrent extrêmement rares en Europe ; & comme les empereurs en vouluient toujours tirer les mêmes tributs, ils soulevèrent tout le monde.

Constantin, après avoir affoibli la capitale, frappa un autre coup sur les frontières ; il ôta les légions qui étoient sur le bord des grands fleuves, & les dispersa dans les provinces : ce qui produisit deux maux, l'un, que la barrière qui contenoit tant de nations fut ôtée ; & l'autre, que les soldats vécurent & s'amollirent dans le cirque & dans les théâtres.

Plusieurs autres causes concoururent à la ruine de l'empire. On prenoit un corps de barbares pour s'opposer aux inondations d'autres barbares, & ces nouveaux corps de milice étoient toujours prêts à recevoir de l'argent, à piller & à se battre ; on étoit servi pour le moment ; mais dans la suite, on avoit autant de peine à réduire les auxiliaires que les ennemis.

Les nations qui entouroient l'empire en Europe & en Asie, absorbèrent peu-à-peu les richesses des Romains ; & comme ils s'étoient aggrandis, parce que l'or & l'argent de tous les rois étoient portés chez eux, ils s'affoiblirent, parce que leur or & leur argent fut porté chez les autres. « Vous voulez des richesses ? disoit Julien à son armée qui murmuroit ; « voilà le » pays des Perses, allons-en chercher. Croyez- » moi, de tant de trésors que possédoit la répu- » blique romaine, il ne reste plus rien, & le » mal vient de ceux qui ont appris aux princes » à acheter la paix des barbares. Nos finances » sont épuisées, nos villes sont détruites, nos » provinces ruinées. Un empereur qui ne conçoit » d'autres biens que ceux de l'ame, n'a pas honte » d'avouer une pauvreté honnête ».

De plus les *Romains* perdirent toute leur discipline militaire, ils abandonnèrent jusqu'à leurs propres armes. Végèce dit que les soldats les trouvant trop pesantes, ils obtinrent de l'empereur Gratien de quitter leur cuirasse, & ensuite leur casque ; de façon qu'exposés aux coups sans défense, ils ne songèrent plus qu'à fuir. Il ajoute qu'ils avoient perdu la coutume de fortifier leur camp ; & que, par cette négligence, leurs armées furent enlevées par la cavalerie des Barbares.

C'étoit une règle inviolable des premiers *Romains*, que quiconque avoit abandonné son poste ou laissé ses armes dans le combat, étoit puni de mort ; Julien & Valentinien avoient à cet égard rétabli les anciennes peines, mais les barbares pris à la solde des *Romains*, accoutumés à faire la guerre, comme la font aujourd'hui les Tartares, à fuir pour combattre encore, à chercher le pillage plus que l'honneur, étoient incapables d'une pareille discipline.

Telle étoit celle des premiers *Romains*, qu'on y avoit vu des généraux condamner leurs enfans à mourir pour avoir, sans leur ordre, gagné la victoire : mais quand ils furent mêlés parmi les Barbares, ils y contractèrent un esprit d'indépendance qui faisoit le caractère de ces nations ; & si l'on lit les guerres de Bélisaire contre les Goths, on verra un général presque toujours désobéi par ses officiers.

Dans cette position, Attila parut dans le monde pour se soumettre tous les peuples du nord. Ce prince dans sa maison de bois, où nous le représente Priscus, se fit connoître pour un des grands monarques dont l'histoire ait jamais parlé. Il étoit maître de toutes les nations barbares, & en quelque façon de presque toutes celles qui étoient policées. Il s'étendit depuis le Danube jusqu'au Rhin, détruisit tous les forts & tous les ouvrages qu'on avoit faits sur ces fleuves, & rendit les deux empires tributaires. On voyoit à sa cour les ambassadeurs des empereurs qui venoient recevoir ses loix, ou implorer sa clémence. Il avoit mis sur l'empire d'orient un tribut de deux mille cent livres d'or. Il envoyoit à Constantinople ceux qu'il vouloit récompenser, afin qu'on les comblât de biens, faisant un trafic continuel de la frayeur des Romains. Il étoit craint de ses sujets, & il ne paroît pas qu'il en fût haï. Fidélement servi des *rois* mêmes qui étoient sous sa dépendance, il garda pour lui seul l'ancienne simplicité des mœurs des Huns.

Après sa mort, toutes les nations barbares se redivisèrent ; mais les Romains étoient si foibles, qu'il n'y avoit pas de si petit peuple qui ne pût leur nuire. Ce ne fut pas une certaine invasion qui perdit l'empire, ce furent toutes les invasions. Depuis celle qui fut si générale sous Gallus, il sembla rétabli, parce qu'il n'avoit point perdu de terrain ; mais il alla de degrés en degrés, de la décadence à sa chûte, jusqu'à ce qu'il s'affaissa tout-à-coup sous Arcadius & Honorius.

En vain on auroit rechassé les Barbares dans leur pays, ils y seroient tout de même rentrés, pour mettre en sûreté leur butin. En vain on les extermina, les villes n'étoient pas moins saccagées, les villages brûlés, les familles tuées ou dispersées. Lorsqu'une province avoit été ravagée, les barbares qui succédoient, n'y trouvant plus rien, devoient passer à une autre. On ne ravagea au commencement que la Thrace, la Mysie, la Pannonie. Quand ces pays furent dévastés, on ruina la Macédoine, la Thessalie, la Grèce ; de-là il fallut aller aux Noriques. L'empire, c'est-à-dire le pays habité, se rétrécissoit toujours, & l'Italie devenoit frontière.

L'empire d'occident fut le premier abattu, & Honorius fut obligé de s'enfuir à Ravenne. Théodoric s'empara de l'Italie, qu'Alaric avoit déja ravagée. Rome s'étoit aggrandie, parce qu'elle n'avoit eu que des guerres successives ; chaque nation par un bonheur inconcevable, ne l'attaquant que quand l'autre avoit été ruinée. Rome fut détruite, parce que toutes les nations l'attaquèrent à la fois, & pénétrèrent par-tout.

L'empire d'orient, après avoir essuyé toutes sortes de tempêtes, fut réduit sous ces derniers empereurs, aux fauxbourgs de Constantinople, & finit comme le Rhin, qui n'est plus qu'un ruisseau lorsqu'il se perd dans l'Océan.

Je n'ajoute qu'une seule, mais admirable réflexion, qu'on doit encore à M. de Montesquieu. Ce n'est pas, dit-il, la fortune qui domine le monde ; on peut le demander aux Romains qui eurent une suite continuelle de prospérités, quand ils se gouvernèrent sur un certain plan, & une suite non interrompue de revers, lorsqu'ils se conduisirent sur un autre. Il y a des causes générales, soit morales, soit physiques, qui agissent dans chaque monarchie, l'élèvent, la maintiennent ou la précipitent : tous les accidens sont soumis à ces causes ; & si le hasard d'une bataille, c'est-à-dire une cause particulière, a ruiné un état, il y avoit une cause générale qui faisoit que cet état devoit périr par une seule bataille. En un mot, l'allure principale entraîne avec elle tous les accidens particuliers.

(*Le Chevalier* DE JAUCOURT.)

ROMÉ, (ESPRIT-JEAN de (*Hist litt. mod.*) sieur d'Ardene, de l'académie de Marseille ; né à Marseille en 1687. Mort aussi à Marseille en 1748. On a de lui des œuvres posthumes, en quatre volumes in 12 ; ce sont des fables, des odes, &c. des ouvrages couronnés par diverses académies.

ROMULUS, (*Hist. rom.*) dont l'origine est fort incertaine, passa pour être le fils de Rhéa Silvia ou Ilia, fille de Numitor. Amulius, roi d'Albe & oncle de cette princesse, l'avoit forcée de se consacrer au culte de Vesta, afin qu'elle n'eût point d'enfans qui pussent lui disputer un sceptre enlevé à son frère Numitor. La prêtresse, infidelle à ses vœux & à la sainteté de son état,

mit au monde deux gémeaux qui par l'ordre d'A-
mulius, furent jettés dans le Tibre, où après avoir
long-temps flotté, ils furent retirés par des bergers. Le nom de *Lupa*, qui eſt celui de la femme
qui prit ſoin de les élever, donna naiſſance à la
fable, qu'ils avoient été allaités par une louve.
La belle éducation qu'ils reçurent à Gabie, où
l'on élevoit la jeune nobleſſe, fait ſoupçonner que
leur origine étoit connue de leur grand-père
qui fournit à cette dépenſe. Dès que le ſecret de
leur naiſſance leur eut été révélé ils en juſtifièrent
la nobleſſe par la fierté de leurs ſentimens. Leurs
inclinations belliqueuſes éclatèrent contre Amulius qu'ils firent deſcendre du trône pour y placer
Numitor. Ils auroient pu y monter eux-mêmes;
mais, pleins de reſpect pour leur aïeul, ils aimèrent mieux être les fondateurs d'un nouvel
empire. Ils bâtirent, ſur les bords du Tibre,
une ville qui fut appellée *Rome*, du nom de
Romulus. On n'eſt pas d'accord s'ils furent les
fondateurs ou les conquérans de cette ville,
dont les uns attribuent l'origine à des Troyens
fugitifs que la tempête jetta ſur les côtes d'Etrurie; d'autres en font honneur à Romanus, fils
d'Uliſſe & de Circé. Cette ville fut peuplée
d'avanturiers & de bannis qui la rendirent bientôt redoutable à ſes voiſins. Ce qu'il y a de certain, c'eſt que le mot *Roma* en langue toſcane
ſignifie *force* ou *puiſſance*. Les deux frères, revêtus
d'un pouvoir égal, ne furent pas long-temps amis;
Leur haine ne fut éteinte que dans le ſang de
Rémus qui expira par un fratricide. Une multitude de Toſcans, attirés par l'eſpoir du brigandage, s'établirent dans la ville nouvelle où ils
introduiſirent leurs ſuperſtitions & les cérémonies
religieuſes dont ils étoient les inventeurs. Ces
nouveaux habitans furent partagés en différentes
claſſes, & la ſupériorité fut aſſignée aux richeſſes
& aux talens militaires. *Romulus*, pour affermir
ſon établiſſement, choiſit les jeunes gens les plus
vigoureux & les mieux faits dont il forma des
régimens de trois mille hommes de pied & de
trois cents chevaliers. Il les appella *légions*, parce
qu'ils étoient compoſés d'hommes d'élite dont
le courage n'étoit pas équivoque. Il forma enſuite
un ſénat de cent des plus vertueux citoyens, à
qui il donna le nom de *patriciens*, pour marquer
que leurs enfans étoient légitimes; ce qui étoit
fort rare dans ce ſiécle barbare & licencieux.
D'autres prétendent, avec plus de vraiſemblance,
que ce nom marquoit le reſpect dont on devoit
être pénétré pour eux. Cette ville, devenue la
retraite de tous les hommes ſans patrie, manquoit de femmes pour en perpétuer les habitans.
Il enleva ſix cents quatre-vingt-trois filles Sabines
qu'ils avoient attirées à Rome, ſous prétexte d'y
aſſiſter à des jeux & des ſpectacles. Il ne réſerva
pour lui que Hercilie; & il en eut deux enfans.
Les Sabins, ſenſibles à cet affront, envoyèrent
des ambaſſadeurs pour le ſommer de rendre les

filles enlevées, promettant qu'on les renverroit s'ils les demandoit en mariage, comme les
régles de la pudeur l'exigeoient. *Romulus* répondit qu'il ne pouvoit conſentir à cette reſtitution;
leur proteſtant que bien loin d'avoir eu l'intention
de leur faire un outrage, il ne s'étoit propoſé
que de mériter leur amitié, en formant une alliance avec eux. Le pays des Sabins étoit alors
diviſé en pluſieurs petits états qui avoient chacun
leur chef ou leur roi, & qui tous étoient indépendans les uns des autres. Acron, un de ces
petits rois, fut le premier à déclarer la guerre
aux Romains. *Romulus*, qu'il défia à un combat particulier, le coucha ſur la pouſſière. Les
Fidenates, les Cruſtuméviens & les Aniemnates,
armèrent pour venger ſa mort, & furent entièrement défaits. Les autres Sabins ſous la conduite
de Tatius, ſe préſentèrent devant Rome, & ſe
rendirent maîtres du capitole, par la trahiſon
de Tarpéïa, fille du gouverneur de cette fortereſſe.
Les deux armées étoient en préſence, lorſque
les Sabines enlevées ſe jettèrent au milieu des
rangs, & conjurèrent d'un côté leurs parens &
de l'autre leurs époux, de ne point verſer un
ſang qui leur étoit également précieux. Elles
ménagèrent un accommodement qui ne fit plus
qu'un ſeul corps des deux nations. Il y eut alors
deux chefs de l'état, ſans que la jalouſie du
commandement en troublât la tranquillité. Quoiqu'ils euſſent chacun leur palais, ils n'avoient
qu'une ame & les mêmes affections. *Romulus*
conquérant eut l'ambition d'être légiſlateur, &
fit pluſieurs réglemens utiles: il décerna des peines
contre les homicides qu'il nomma *parricides*. Il
n'en établit aucunes contre ceux qui tuoient leur
père ou leur mère; & lorſqu'on lui demanda
le motif de cette omiſſion, il répondit qu'il n'avoit
pas préſumé que le cœur humain fût capable
d'une pareille atrocité. Rome, affligée de la peſte,
fut menacée d'être le tombeau de ſes habitans.
Les campagnes & les animaux furent frappés de
ſtérilité. *Romulus*, pour raſſurer les eſprits effrayés, employa le ſecours de la religion. Toutes
les villes furent purifiées, & l'on fit par-tout des
ſacrifices. Les Camerens, enhardis par ſes calamités, portèrent la déſolation dans le territoire
des Romains. Leur confiance préſomptueuſe fut
punie par une ſanglante défaite. Ceux qui ſur-
vécurent à ce déſaſtre furent tranſplantés à Rome.
Cette continuité de ſuccès allarma les peuples
de l'Italie qui tous étoient embrâſés du fanatiſme
républicain. Les Véiens lui redemandèrent Fidène
qu'il avoit uſurpé ſur eux; mais il leur répondit qu'il étoit injuſte & honteux de revendiquer
l'héritage de ceux qu'on n'avoit point aſſiſtés dans
l'infortune. Cette querelle fut décidée par les armes,
dont les ſuites devinrent funeſtes aux Véiens qui,
après pluſieurs défaites, furent contraints de ſe
ranger ſous l'obéiſſance des Romains. Ce fut la
dernière guerre que *Romulus* eut à ſoutenir. Ses
proſpérités

profpérités avoient corrompu fon cœur. Il s'é-
toit concilié l'amour public au commencement de
fon regne par fon affabilité ; mais il devint altier & fuperbe : le fénat fut fans autorité & les
Romains eurent un tyran. Il renvoya, de fon
propre mouvement, les otages des Véiens, &
il ne confulta que fa volonté dans la diftribution
qu'il fit aux foldats des terres conquifes fur les
ennemis. Les fénateurs, offenfés de fes mépris,
s'affranchirent de fa tyrannie. Ils s'élancèrent fur
lui dans le temple de Vulcain, & mirent fon
corps en pièces. Chacun en emporta un morceau
dans le pli de fa robe, afin qu'étant tous également coupables, ils fiffent caufe commune contre
ceux qui voudroient venger fa mort. Le peuple
inquiet fit d'exactes recherches, fans pouvoir découvrir la moindre partie de fon corps. Julius
Proculus, qui tenoit un rang diftingué parmi les
patriciens, jura que *Romulus* lui étoit apparu fur
la route d'Albe, vêtu de blanc, & avec des armes
éblouiffantes, pour lui annoncer que les dieux
l'avoient appellé dans le féjour de l'immortalité.
» Dites aux Romains que je vais être leur protec-
» teur dans le ciel, & qu'ils doivent m'invoquer
» fous le nom de *Quirinus* ». Ce fut fous ce nom
que les Romains lui rendirent les honneurs divins. T--N.)

R O N

RONDEL, (JACQUES DE) *Hift. litt. mod.*) écrivain proteftant, ami de Bayle, auteur d'une vie
d'Epicure, & d'un difcours fur le chapitre de Théo-
phrafte, qui traite de la fuperftition.

RONDELET, (GUILLAUME) *Hift. litt. mod.*)
médecin de Montpellier, au feizieme fiecle. Ce
fut à fa follicitation que le roi fit conftruire le théâtre anatomique de cette ville; il fit lui-même la
diffection du corps d'un de fes enfans, preuve
d'une grande indifférence pour cet enfant, ou d'un
grand amour pour fon art. Un anatomifte commençoit ainfi un mémoire fur fon art : « Monfieur...
» étoit mon ami; il tomba malade, je lui donnai
» mes foins : il mourut, je le difféquai ».
On a de Guillaume *Rondelet* un traité des poiffons & d'autres ouvrages de médecine : c'eft lui
que Rabelais a joué fous le nom de *Rondibilis*. Né à
Montpellier en 1507; mort à Réalmont, dans
l'Albigeois, en 1566. Laurent Joubert, fon élève,
a écrit fa vie.

RONSARD, (PIERRE de) *Hift. litt. mod.*)

Ronfard.... par une autre méthode,
Réglant tout, brouilla tout, fit un art à fa mode,
Et toutefois long-temps eut un heureux deftin,
Mais fa mufe en françois parlant grec & latin,
Vit dans l'âge fuivant, par un retour grotefque,
Tomber de fes grands mots le fafte pédantefque.

Voilà l'hiftoire entiere de *Ronfard* & de fes fuc-

cès, démentis par la poftérité, mais qui furent bien
éclatans & bien univerfels dans fon fiecle ; il ne lui
refte de fa gloire paffée que le proverbe : *donner
un foufflet à Ronfard*, pour dire : *faire une faute
de françois*. Ce proverbe même peut étonner d'a-
près la vérité exprimée dans ce vers de Boileau :

Mais fa mufe en françois parlant grec & latin.

Ce n'étoit pas rendre un bon fervice à la langue ni s'en montrer un amateur bien zélé, ou
du moins bien éclairé, que de la défigurer ainfi par
un jargon favant & pédantefque ; mais on trouvoit alors que cet homme introduifoit dans la langue, les richeffes de la Grèce & la majefté de
Rome. On l'appelloit le *prince des poëtes* de fon
temps. Il remporta le premier prix des jeux floraux,
mais le prix ordinaire parut trop au deffous du
mérite de l'ouvrage & de la réputation de l'auteur. La ville de Touloufe fit faire une Minerve
d'argent maffif, & la lui envoya ; elle accompagna même ce préfent d'un décret qui déclaroit
Ronfard le *poëte françois* par excellence ; décret
qu'il faut laiffer rendre à la poftérité. La reine
d'Ecoffe, Marie Stuart, au père de laquelle *Ronfard* avoit été attaché, lui donna auffi un buffet
fort riche avec une repréfentation du Parnaffe &
une infcription qui difoit que *Ronfard* en étoit
l'Apollon. On peut croire que *Ronfard* prenoit
toutes ces exagérations à la lettre. Il étoit né en
1525, l'année de la bataille de Pavie, & il difoit lui-même naïvement qu'il fembloit que le ciel
eût voulu par-là dédommager la France de fes
pertes; il avoit d'ailleurs toutes les vanités, celle de la naiffance, celle des bonnes fortunes, parmi lefquelles il en eut, dit-on, de fort mauvaifes.
Il mourut à Saint-Cofme-lez-Tours, un de fes
bénéfices, en 1585.

R O Q

ROQUE, (de la) *Hift. litt. mod.*) On connoit plufieurs hommes de lettres de ce nom.

1°. Gilles-André de la *Roque*, fieur de la Lon-
tiere, gentilhomme normand des environs de Caen,
eft connu par fon traité de la nobleffe, par fa généalogie de la maifon d'Harcourt, & fes autres
ouvrages fur les généalogies & le blafon. Né en
1597, mort en 1687.

2°. Antoine de la *Roque* eft connu fur-tout,
pour avoir été chargé pendant vingt-trois ans de
la rédaction du Mercure : ce fut lui que Desforges Maillard trompa fous le nom de mademoifelle Malcrais de la Vigne, & qui n'aimant pas
Desforges Maillard, fit une déclaration d'amour en
forme fuivant l'ufage antique, à mademoifelle Malcrais de la Vigne. « Je vous aime, ma charmante Bri-
» tonne, je mot eft lâché, &c. Il eft auteur de deux
opéras, *Médée* & *Jafon*, *Théonoé*. Né à Marfeille
en 1672; mort à Paris en 1744.

K k k k

3°. Jean de la *Roque*, frère d'Antoine, travailloit avec lui au Mercure ; il étoit de l'académie de Marseille, il avoit beaucoup voyagé dans le Levant ; nous avons ses voyages de l'Arabie heureuse, de la Palestine, de Syrie & du Mont-Liban. Mort en 1745 à quatre-vingt-quatre ans.

4°. LA ROQUE ou LARROQUE, (Matthieu de) (*Hist. du Calvinisme*) calviniste, fils de calviniste, ministre à Vitré en Bretagne, puis à Rouen, né à Leirac près d'Agen, en 1619, mort en 1684 ; est auteur de plusieurs ouvrages de controverse, de deux savantes dissertations latines sur Photin & Libère, & d'un traité sur la Régale.

5°. Daniel, son fils, né à Vitré, quitta la France après la révocation de l'édit de Nantes, passa successivement à Londres, à Copenhague, à Amsterdam, & revint à Paris où il embrassa la religion catholique. Malgré la faveur attachée alors aux nouveaux convertis, il fut enfermé au châtelet, puis transféré au château de Saumur, pour avoir eu part à un écrit satyrique composé contre Louis XIV, à l'occasion d'une famine qu'on éprouva en 1693, au milieu de la guerre ; car Louis XIV ajoutoit toujours ce fléau à tous les autres fléaux. Larroque ayant été maltraité par ce prince, fut dédommagé sous la régence, il eut une pension de 4000 liv. Il mourut en 1731 ; il avoit travaillé *aux nouvelles de la république des lettres* pendant une maladie de Bayle ; il étoit l'auteur de *l'avis aux réfugiés*, qui fut attribué à Bayle dans toute la Hollande. On a de lui encore *les véritables motifs de la conversion de l'abbé de Rancé*, & *la vie de Mézéray*, ouvrages peu estimés. Il a traduit de l'anglois de Prideaux *la vie de Mahomet*, & de l'anglois de Laurent Echard, *l'histoire romaine* ; cette dernière traduction a été retouchée & publiée par l'abbé Desfontaines.

ROQUELAURE, (*Hist. de France.*) grande & ancienne maison qui tire son nom de *Roquelaure* dans l'Armagnac, a produit deux maréchaux de France. L'un (Antoine) fut comblé de biens & d'honneurs par Henri IV, qu'il avoit toujours fidélement servi, & dans le carrosse duquel il se trouvoit au moment de l'assassinat de ce prince. Il fut fait maréchal de France par Louis XIII en 1615, & mourut à 82 ans, le 9 juin 1625.

L'autre (Gaston Jean-Baptiste-Antoine) fut fait maréchal de France, le 2 février 1724. Il mourut aussi à 82 ans, le 6 mai 1738 ; & en lui s'éteignit la maison de *Roquelaure*.

Gaston, son père, avoit été fait duc & pair en 1652, & avoit mérité cet honneur par ses services ; il avoit été blessé à la tête, & fait prisonnier à la bataille de Sedan en 1641 ; il avoit servi en qualité de maréchal de camp aux sièges de Gravelines en 1644, de Bourbourg en 1645, de Courtrai en 1646. Devenu lieutenant-général, il fut de nou-

veau blessé au siège de Bordeaux, se trouva en 1668, à la conquête de la Franche-Comté ; en 1672, à celle de la Hollande ; en 1673, au siège de Maëstricht. Mort la nuit du 10 au 11 mars 1683.

Au quinzième siècle, Jean-Baptiste de *Roquelaure*, attaché au parti de Réné d'Anjou, duc de Lorraine, se rendit fameux par son combat contre Janot de Budos ; combat décrit par Hardouin de la Jaille, maréchal de ce même combat.

Au seizième siècle, deux frères, Jean Bernard & Bernard, seigneurs de *Roquelaure*, furent tués, l'un au combat de la Roche-Abeille, l'autre au combat d'Orthez.

ROQUES, (PIERRE) *Hist. litt. mod.*) ministre de l'église françoise à Basle, né en Languedoc en 1685, l'année même de la révocation de l'édit de Nantes, est auteur de plusieurs livres de dévotion ; il l'est aussi de quelques ouvrages littéraires ; il a donné en 1731, une nouvelle édition très-augmentée de Moréry. On a de lui un traité des tribunaux de judicature ; diverses pièces dans le *Journal helvétique* & dans la *Bibliothèque germanique* ; la première continuation des discours de Saurin sur la bible, est encore de lui. Mort à Basle en 1748.

ROQUETTE, (l'abbé de) *Hist. mod.*) évêque d'Autun, prélat fourré & vil, avoit, dit l'abbé de Choisy, « tous les caractères que l'auteur du » Tartuffe a si parfaitement représentés sur le mo- » dèle d'un homme faux. Avant d'être évêque, il avoit prêché, mais de faux sermons, c'est-à-dire des sermons dont il n'étoit pas l'auteur, & l'on fit sur lui cette épigramme :

On dit que l'abbé *Roquette*,
Prêche les sermons d'autrui ;
Moi qui sais qu'il les achete,
Je soutiens qu'ils sont à lui.

Il prêchoit un jour aux Jésuites le panégyrique de Saint Ignace. Toute la musique de l'opéra y chantoit l'office ; les Jésuites, dit en sortant un des auditeurs, *viennent de nous donner deux spectacles en un même jour, l'opéra & le Tartuffe*.

L'abbé de *Roquette* continua de prêcher étant évêque. Il se plaignoit un jour à M. de Harlay de ce que les officiers municipaux de la ville d'Autun avoient quitté son sermon pour aller à la comédie : *Voilà en effet*, dit M. de Harlay, *des gens de bien mauvais goût, de vous quitter ainsi pour des comédiens de campagne.*

Ce fut lui (*Mémoires de Choisy*, hist. de l'abbé de *Cosnac*) qui voyant M. le prince de Conti, prince d'une taille fort irrégulière, avoit la fantaisie de se déguiser pour un duel, prit le conseil de l'abbé de Cosnac, qui voulant lui épargner le désagrément d'être reconnu par tout le monde, fit semblant de le prendre pour le marquis de Vardes, l'homme de la cour le mieux fait, & ne manqua pas de s'adreſſer à lui-même pour le prier de lui faire connoître le prince parmi les différens maſques ; ce fut à lui que M. l'abbé de Coſnac indigné d'une baſſeſſe ſi groſſière, dit : *allez, Monſieur, vous devriez mourir de honte : quand ſon alteſſe pour s'amuſer imagine de ſe déguiſer, elle fait bien que ſa taille & celle de M. de Vardes ſont bien différentes.*

» Ce fut, dit l'abbé de Choiſy, la ſource de la » haine que M. d'Autun & lui ont depuis conſer- » vée l'un pour l'autre, & qui fit faire à Guilera- » gues, ami de l'abbé de Coſnac, les mémoires » ſur leſquels Molière a fait depuis la comédie du » faux dévot ». L'abbé de *Roquette*, abbé de Saint-Gildas de Ruis, & qui fut de l'académie françaiſe, étoit ſon neveu, mais ne lui reſſembloit pas : il avoit de la vertu & de l'éloquence. Son oraiſon funèbre de Jacques II, fut eſtimée.

R O S

ROSCIUS, (QUINTUS) *Hiſt. rom.*) eſt avec Eſopus la gloire du théâtre de Rome ; ce ſont les deux plus grands acteurs qui aient paru ſur ce théâtre. Ils étoient contemporains, *Roſcius* étoit Gaulois de nation : Démoſthène avoit été formé à la déclamation & à l'action oratoire par le célèbre acteur Satyrus. Cicéron voulut l'être par *Roſcius* dont il étoit l'ami & l'admirateur. Macrobe raconte que Cicéron & *Roſcius* s'exerçoient à l'envi à qui rendroit une même penſée ou un même ſentiment, l'un en plus de tours de phraſe différens & tous heureux, l'autre par une plus grande variété de geſtes & de mouvemens. On a une harangue de Cicéron *pro Roſcio comædo* où il comble d'éloges cet acteur. *Roſcius*, dit il, avoit tant de vertu qu'il n'auroit jamais dû monter ſur le théâtre, & il y plaiſoit tant qu'il n'auroit jamais dû en deſcendre.

La république qui ſentoit le prix d'un comédien, même dans l'ordre politique, lui faiſoit une penſion de vingt mille écus pour qu'il jouât le plus ſouvent qu'il pourroit ; forcée à des dépenſes réputées plus utiles, elle fut dix ans ſans payer cette penſion, & ſans que *Roſcius* plein de déſintéreſſement & de délicateſſe, manquât une ſeule fois de jouer. Au reſte, la fortune que faiſoient les grands acteurs à Rome étoit immenſe. Eſopus, au rapport de Pline, avoit à peu près cinquante mille écus de rente. *Roſcius* qui étoit pour la comédie ce que *Roſcius* étoit pour la tragédie, auroit pu faire encore une bien plus grande fortune, ſelon Cicéron. Il auroit pu gagner tous les ans environ un million ſix cents cinquante mille liv. Ses mœurs honnêtes & décentes, ſon caractère obligeant & libéral lui méritèrent l'eſtime publique & toute la conſidération qu'on refuſoit à Rome à ſon état. Il avoit, dit-on, un défaut qu'il avoit l'art de faire diſparoître dans ſon jeu ; il

avoit les yeux un peu de travers. Il n'en étoit pas moins plein de grace dans tous les mouvemens de ſon viſage. Il avoit fait un parallèle de l'action théâtrale & de l'action oratoire ; & comme il avoit fait une étude profonde de ces deux arts, qui n'en font qu'un peut-être, nous devons regretter que cet ouvrage ne ſoit point parvenu juſqu'à nous. Il mourut vers l'an 61 avant Jéſus-Chriſt.

2°. Cicéron qui plaida pour le comédien *Roſcius*, avoit auſſi plaidé dans ſa jeuneſſe pour un autre *Roſcius*, connu ſous le nom de *Roſcius* d'Amérie, ou d'Amélie, dans le duché de Spolète, & cette cauſe avoit honoré la jeuneſſe de Cicéron. Les proſcriptions de Sylla étoient finies, mais ce dictateur avoit pour favori un affranchi, nommé Chryſogonus, plus vicieux encore que lui, qui faiſoit mettre ſur la liſte des proſcrits ceux qu'il vouloit perdre ou voler. Sextus *Roſcius*, un des premiers citoyens d'Amérie, fut aſſaſſiné dans Rome par ſes ennemis, qui ayant ſu mettre Chryſogonus dans leurs intérêts, obtinrent que le nom de *Roſcius* ſeroit ajouté à la liſte des proſcrits ; ce qui d'un côté mettoit les aſſaſſins à l'abri de toute pourſuite, de l'autre emportoit la confiſcation des biens de la victime. Cette confiſcation fut l'appât dont on ſe ſervit pour gagner Chryſogonus ; il ſe rendit l'adjudicataire des biens de *Roſcius*, en pouſſant à l'excès les abus qui ſe commettoient dans ces ſortes d'adjudications ; il acquit pour environ 250 liv. des biens de la valeur de ſept à huit cent mille liv. Mais *Roſcius* laiſſoit un fils, qui pouvoit réclamer un jour contre une ſi horrible injuſtice & rentrer dans ſes biens paternels. On prit le parti d'accuſer le fils de parricide, c'étoit lui qui avoit tué ſon père, & le crédit de Chryſogonus effrayant les premiers orateurs de Rome, perſonne n'oſoit ſe charger de la cauſe de l'orphelin opprimé. Cicéron ſeul, âgé alors d'environ vingt-ſix à vingt-ſept ans, eut le courage d'embraſſer ſa défenſe ; il réuſſit même à le faire abſoudre, & cette grande victoire rendit ſon nom illuſtre au barreau. Nous avons ſon diſcours ; il y ménage Sylla, mais il s'élève contre les proſcriptions ; il attaque de front Chryſogonus, ſur ſon opulence, fruit du crime, ſur ſon faſte, ſur ſa moleſſe, ſur ſon inſolence. On ne pouvoit s'annoncer avec plus de courage & plus d'éclat.

3°. Cicéron plaida encore avec ſuccès pour un autre *Roſcius* (Lucius *Roſcius* Othon,) qui étant tribun du peuple l'an 685 de Rome, fit paſſer une loi ſouvent citée dans les auteurs ; c'eſt celle qui concerne les chevaliers Romains ; cette loi exigeoit qu'on eût cinquante mille livres de bien pour être admis dans l'ordre des chevaliers. Ceux-ci n'avoient point eu juſqu'alors de places marquées au théâtre ; cette même loi leur aſſigna les quatorze rangs de ſièges les plus voiſins de ceux des ſénateurs. Cette même diſtinction accordée aux ſénateurs plus de cent ans auparavant, avoit fait murmurer le peuple ; il murmura bien davantage, lorſqu'il vit cette nouvelle diſtinction s'établir en faveur des chevaliers. Ce même *Roscius* Othon, préteur en 689, entrant au théâtre, fut reçu du peuple avec des huées que les chevaliers s'efforcèrent d'étouffer par des applaudissemens & des battemens de mains. Il s'éleva une véritable querelle, on en vint aux injures, & il étoit à craindre qu'on n'allât plus loin. Cicéron alors consul, averti de ce tumulte, convoque aussi-tôt le peuple dans le temple de Bellone, & par son éloquence change tellement la disposition des esprits, que le peuple en rentrant au théâtre, s'empresse de faire à *Roscius*, par les applaudissemens les plus marqués, toutes les réparations convenables & de lui prodiguer les témoignages de l'estime & du respect. C'est à cette loi de *Roscius* Othon qu'Horace fait illusion dans son ode contre Vulteius Ménas, affranchi du grand Pompée, & parvenu au rang de chevalier contre les intentions de ce tribun :

> *Sedilibusque magnus in primis eques*
> *Othone contempto sedet.*

ROSCOMMON, (WENTWORTH DILLON, comte de) *Hist. litt. mod.*) de l'illustre maison de Dillon en Irlande, est aussi au nombre des plus illustres poëtes anglois. Pope en fait l'éloge dans son essai sur la critique; sa traduction de l'art poëtique d'Horace en vers anglais, & son poëme sur la manière de traduire en vers, sont imprimés avec les poësies du comte de Rochester. Il étoit ami de Dryden & des autres beaux génies de l'Angleterre. Le duc d'Ormond, viceroi d'Irlande, l'avoit fait capitaine de ses gardes. Il lui arriva en Irlande une aventure dont il semble que M. de Marivaux ait voulu faire usage dans son roman du *paysan parvenu*. La passion pour le jeu, dont *Roscommon* n'étoit pas exempt, l'ayant retenu fort tard dans un quartier écarté & dangereux, il fut attaqué par trois voleurs; il se défendit vaillamment & fut secouru par un pauvre officier réformé, qui dans cette occasion fut son libérateur. *Roscommon* ne crut pouvoir lui témoigner dignement sa reconnoissance qu'en se défaisant en sa faveur de la charge de capitaine des gardes. Cet officier étant mort trois ans après, le vice-roi rétablit *Roscommon* dans l'emploi dont sa généreuse reconnoissance l'avoit dépouillé. *Roscommon* fut dans la suite écuyer de la duchesse d'Yorck; il joignoit à ses talens, une grande connoissance de l'antiquité; il avoit étudié à Caen sous le savant Bochart, & il avoit observé les monumens en Italie. On disoit du comte de *Roscommon* & du duc de Buckingham, comme l'un des plus beaux esprits de la cour de Charles II, que le duc tiroit vanité de n'être pas savant, & que le comte étoit savant sans en tirer vanité. *Roscommon* mourut en 1684.

ROSE, (GUILLLAUME) *Hist. de France*) évêque de Senlis & grand-maître de Navarre, fameux ligueur dont il est tant parlé dans la sa-

tyre Ménippée, à l'occasion de la procession de la Ligue, ne cessa de déclamer en chaire contre Henri III & contre Henri IV. Le premier signala singuliérement sa clémence envers ce prédicateur factieux. *Rose* ayant prêché contre lui avec beaucoup de violence, Henri lui fit un présent de cinq cents écus, en l'exhortant à employer cette somme en remèdes & en potions qui corrigeassent l'âcreté de ses humeurs. C'étoit bien là la clémence d'un dissipateur tel que Henri III. *Rose* ayant prêché de nouveau contre lui, parce que Henri avoit été au bal en masque une nuit de carnaval, Henri le fit venir, & lui dit : « Je vous » laisse courir les rues jour & nuit, tant qu'il vous » plaît, sans m'informer de ce que vous faites; » laissez-moi au moins la liberté de m'amuser » une seule fois, & encore au carnaval. Puis, à cause de la récidive, il ajouta : *allons, il est temps que vous deveniez sage*. Il ne devint point sage, & le parlement fut moins indulgent envers lui que ne l'avoit été Henri III. Il condamna *Rose* à faire amende honorable. Il la fit le 25 septembre 1598, à la grand'chambre, avec ses habits pontificaux qu'il ne voulut pas quitter. On lui attribue un livre séditieux, intitulé : *De justâ reipublicæ christianâ in reges impios auctoritate*.. Il mourut en 1602.

ROSE BLANCHE, **ROSE ROUGE**. (*Hist. d'Anglet.*) On a donné le nom de *rose blanche* & de *rose rouge*, aux deux maisons d'Yorck & de Lancastre. Ces noms sont fameux par les guerres entre ces deux maisons, par la quantité de sang anglois qu'elles ont fait répandre, & qui aboutit à la ruine entière de la maison de Lancastre.

Il faut donc se rappeller que sous le règne d'Henri VI, en 1453, il y avoit en Angleterre un descendant d'Edouard III, de qui même la branche étoit plus près d'un degré de la souche commune que la branche régnante. Ce prince étoit le duc d'Yorck. Il portoit sur son écu une *rose blanche*, & le roi Henri VI, de la maison de Lancastre, portoit une *rose rouge*. C'est de-là que vinrent ces noms célèbres consacrés à la guerre civile. La bataille de Bosworth donnée en 1485, & dans laquelle périt Richard III, mit fin aux désolations dont la *rose rouge* & la *rose blanche* avoient rempli l'Angleterre. Le trône toujours ensanglanté & renversé, fut enfin ferme & tranquille; les malheurs qui avoient persécuté la famille d'Edouard III, cessèrent; Henri VII, en épousant une fille d'Edouard V, réunit les droits des Lancastres & des Yorcks en sa personne. Ayant su vaincre, il sut gouverner. Son règne, qui fut de 24 ans, & presque toujours paisible, humanisa un peu les mœurs de la nation. Les parlemens qu'il assembla & qu'il ménagea, firent de sages loix. La justice distributive rentra dans tous ses droits; le commerce qui avoit commencé à fleurir sous le grand Edouard, & qui avoit été ruiné pendant les guerres civiles, se rétablit, & se ranima pour prospérer en core davantage fous Henri VIII, & fous la reine Elifabeth. (*D J.*)

ROSE-CROIX , *fociété des frères de la* (*Hiftoire des impoftures humaines*) fociété imaginaire, & néanmoins célèbre par les fauffes conjectures qu'elle a fait naître.

Ce fut en 1610 qu'on commença à entendre parler de cette fociété chimérique, dont on n'a découvert ni trace ni veftige. Ce qu'il y a de plaifant, c'eft que dès-lors les Paracelfiftes, les Alchymiftes, & autres gens de cet ordre, prétendirent en être, parce qu'il s'agiffoit des fciences occultes & cabaliftiques : & chacun d'eux attribuoit aux frères de la *rofe-croix* fes opinions particulières. Les éloges qu'ils firent des frères de la *rofe-croix* aigrirent quelques hommes pieux, & les portèrent à intenter toutes fortes d'accufations contre cette fociété, de l'exiftence de laquelle ils auroient dû préalablement s'affurer.

Cependant on débitoit hautement qu'il paroiffoit une illuftre fociété, jufques-là cachée, & qui devoit fon origine à Chriftian Rofencreuz. On ajoutoit que cet homme né en 1387, ayant fait le voyage de la Terre-Sainte, pour vifiter le tombeau de J. C., avoit eu à Damas des conférences avec les fages Chaldéens, defquels il avoit appris les fciences occultes, entr'autres la magie & la cabale ; qu'il avoit perfectionné fes connoiffances en continuant fes voyages en Egypte & en Lybie ; que de retour dans fa patrie, il avoit conçu le généreux deffein de réformer les fciences ; que pour réuffir dans ce projet, il avoit inftitué une fociété fecrette, compofée d'un petit nombre de membres, auxquels il s'étoit ouvert fur les profonds myftères qui lui étoient connus, après les avoir engagés fous ferment à lui garder le fecret, & leur avoir enjoint de tranfmettre fes myftères de la même manière à la poftérité.

Pour donner plus de poids à cette fable, on mit au jour deux petits ouvrages, contenant les myftères de la fociété. L'un a pour titre : *fama fraternitatis*, id eft, *detectio fraternitatis laudabilis ordinis rofeæ-crucis* ; l'autre intitulé : *confeffio fraternitatis*, parut en allemand & en latin.

Dans ces deux ouvrages, on attribuoit à cette fociété : 1°. Une révélation particulière que Dieu avoit accordée à chacun des frères, par le moyen de laquelle ils avoient acquis la connoiffance d'un grand nombre de fciences, & qu'en qualité de vrais théofophes, ils étoient en état d'éclairer la raifon humaine par le fecours de la grace. 2°. On recommandoit, outre la lecture de l'écriture fainte, celle des écrits de Taulerus, & de la théologie germanique. 3°. On affuroit que les illuftres frères fe propofoient de faire une réforme générale des fciences, & en particulier de la médecine & de la philofophie. 4°. On apprenoit au public que lefdits frères poffédoient la pierre philofophale, & que par ce moyen ils avoient acquis la médecine univerfelle, l'art de tranfmuer les métaux, & de

prolonger la vie ; enfin, on annonçoit qu'il alloit venir un fiecle d'or, qui procureroit toute forte de bonheur fur la terre.

Sur le bruit que firent ces deux ouvrages, chacun jugea de la fociété de la *rofe-croix*, felon fes préjugés, & chacun crut avoir trouvé la clef de l'énigme. Plufieurs théologiens, prévenus déjà contre l'école de Paracelfe, penfèrent qu'on en vouloit à la foi, & qu'une fecte fanatique fe cachoit fous ce mafque. Chriftophorus Nigrinus prétendit démontrer que les frères étoient des difciples de Calvin. Mais ce qui détruifit l'une & l'autre de ces conjectures, c'étoient quelques endroits des deux livres dont nous avons parlé, qui prouvoient que les frères étoient fortement attachés au luthéranifme. En conféquence, quelques luthériens défendirent avec zèle l'orthodoxie de la fociété.

Les plus éclairés conjecturoient que tout cela n'étoit qu'une fable forgée par des chymiftes, comme l'indiquoient affez les connoiffances chymiques dont cette fociété fe vantoit. Ils ajoutoient pour nouvelle preuve, que le nom même de *rofe-cruz* étoit chymique, & qu'il fignifioit un *philofophe* qui fait de l'or. Telle a été l'opinion de Mosheim.

Il y eut auffi des gens qui crurent bonnement que Dieu, par une grace fpéciale, s'étoit révélé à quelques hommes pieux, pour réformer les fciences, & découvrir au genre-humain des myftères inconnus.

Mais comme on ne découvroit en aucun endroit ni cette fociété, ni perfonne qui en fût membre, les gens d'efprit fe convainquirent de plus en plus, qu'elle n'exiftoit point en réalité, qu'elle n'avoit jamais exifté, & que tout ce qu'on débitoit de fon auteur, étoit un conte fait à plaifir, inventé pour divertir des gens crédules, ou pour mieux connoître ce que le public penfoit de la doctrine de Paracelfe & des chymiftes.

Le dénouement de la pièce fut, qu'on n'entendit plus parler de la fociété, depuis que ceux qui l'avoient mife fur le tapis gardèrent le filence, & n'écrivirent plus. On a foupçonné fortement Jean-Valentin Andréa, théologien de Wirtemberg, homme favant & de génie, d'avoir été, finon le premier auteur, du moins un des acteurs de cette comédie.

Quoi qu'il en foit, le nom de frères de la *rofe-croix* eft refté aux difciples de Paracelfe, aux alchymiftes, & gens de cet ordre, qui ont formé un corps affez nombreux, & dont on appelle le fyftème *Théofophie.* (*D. J.*)

ROSE D'OR. (*Hift. de la cour de Rome*) C'eft ainfi qu'on nomme par excellence, une *rofe* de ce métal faire par un orfèvre italien, enrichie de carats, & bénie par le pape le quatrième dimanche du carême, pour en faire préfent en certaines conjonctures à quelque églife, prince ou princeffe.

La coutume qu'a le pape de confacrer une *rofe* d'or le dimanche *lætare Jerufalem*, n'a pris fon origine que dans le onzième ou douzième siècle ; du moins n'en est-il pas parlé plutôt dans l'histoire.

Jacques Piquart, chanoine de saint Victor de Paris, dans ses notes sur l'histoire d'Angleterre, écrite par Guillaume de Neubourg, sur la fin du douzième siècle, nous donne l'extrait d'une lettre d'Alexandre III à Louis le jeune, roi de France, en lui envoyant la *rose d'or*, « Imitant (dit ce pape » au monarque) la coutume de nos ancêtres, de » porter dans leurs mains une *rose d'or* le diman- » che *lætare*, nous avons cru ne pouvoir la pré- » senter à personne qui la méritât mieux que votre » excellence, à cause de sa dévotion extraordi- » naire pour l'église, & pour nous-mêmes ».

C'est ainsi qu'Alexandre III paya les grands honneurs que Louis le jeune lui avoit rendus dans son voyage en France. Bientôt après les papes changèrent cette galanterie en acte d'autorité, par lequel en donnant la *rose d'or* aux souverains, ils témoignoient les reconnoître pour tels ; & d'un autre côté, les souverains acceptèrent avec plaisir de la part du saint siège, cette espèce d'hommage. Urbain V donna en 1368 la *rose d'or* à Jeanne, reine de Sicile, préférablement au roi de Chypre.

En 1418, Martin V consacra solemnellement la *rose d'or*, & la fit porter sous un dais superbe à l'empereur qui étoit alors au lit. Les cardinaux, les archevêques & les évêques, accompagnés d'une foule de peuple, la lui présentèrent en pompe ; & l'empereur s'étant fait mettre sur un trône, la reçut avec beaucoup de dévotion aux yeux de tout le public.

Henri VIII reçut aussi la *rose d'or* de Jules II & de Léon X. Ce dernier pape ne prévoyoit pas qu'un de ses parens & successeurs (Jules de Mé- dicis) qui prit le nom de Clément VII, s'avise- roit bientôt après d'excommunier ce même mo- narque, & qu'il arriveroit de-là, que toutes les *roses* de la tiare pontificale seroient flétries en An- gleterre. (*D. J.*)

ROSEMONDE ou ROSAMONDE (*voyez* AL- BOIN, roi des Lombards, dont elle étoit la femme; & sur ROSEMONDE DE CLIFFORT, maîtresse de Henri II, roi d'Angleterre, *voyez* à l'article AQUI- TAINE, celui d'Eléonore d'Aquitaine.

ROSEN (CONRAD DE) *Hist. de Fr.*) c'est notre maréchal de *Rose* ou *Rosen*, fait maréchal de France à la promotion de 1703. Il étoit alsacien, mais sa maison étoit originaire de Livonie; il fut trois ans cadet dans les gardes de la reine Christine, & il servit en France d'abord comme simple cavalier.

Par ce métier l'honneur n'est point blessé,
Rose & Fabert ont ainsi commencé.

Il est beau de franchir tout cet intervalle & d'arriver du dernier rang aux honneurs suprêmes. *Rosen* étoit un homme de tête & de cœur. Etant à Metz, il reçut ordre de faire changer de garnison au régiment étranger de son nom. Il donne l'ordre à

son lieutenant-colonel, qui vient quelque temps après lui annoncer que le régiment refuse de partir, par- ce qu'il lui est dû quelque contribution. Il y va lui- même, trouve le régiment en bataille, ordonne au premier capitaine de partir ; le capitaine ré- siste, le comte de *Rosen* lui casse la tête d'un coup de pistolet, en prend un autre & ordonne au se- cond capitaine de marcher : celui-ci obéit, les autres en font autant, & les soldats suivent. Ces traits d'audace & de fermeté sont toujours bril- lans quand ils réussissent ; *Rosen* pouvoit en être la victime, mais le devoir & l'intérêt de la discipline justifioient sa conduite. Il mourut en 1715, à quatre- vingt-sept ans, ayant rempli, à tous égards, une belle carrière.

ROSHASÇANA, s. m. (*Hist. des Juifs*) mot qui se trouve souvent dans les livres des Juifs, & qui signifie le *commencement de l'année.* C'est pour eux un jour de fête. Leurs docteurs disputent dans le talmud sur le temps auquel le monde a commencé. Selon les uns, ç'a été au printems dans le mois de *Mian*, qui répond à notre mois de Mars ; d'autres veulent que ce soit en automne dans le mois de *Tisri*, qui est notre mois de Septembre ; & c'est maintenant parmi eux l'opinion la plus reçue. Quoi- que l'année ecclésiastique commence chez eux au mois de *Mian*, conformément à ce qui est dit dans la loi, que ce mois sera pour eux le premier des mois, cependant l'année ordinaire ou civile com- mence par le mois *Tisri* ou Septembre ; & c'est pendant les deux premiers jours de ce mois qu'on célèbre le *roshasçana*, d'abord par une cessation géné- rale de tout travail, ensuite par des prières, des aumô- nes, des confessions, & d'autres œuvres de pénitence.

Selon Léon de Modène, les Juifs tiennent par tradition, que pendant ces deux jours, Dieu juge de tout ce qui s'est passé l'année précédente, & règle les événemens de celle où l'on va entrer. C'est pourquoi ils employent le premier de ces deux jours à expier le passé par des jeûnes, des aus- térités, des disciplines & d'autres mortifications; quelques-uns, sur-tout en Allemagne, portent l'habit avec lequel ils veulent être enterrés. On s'as- semble à la synagogue, où l'on fait de longues prières, & sur-tout on lit à cinq personnes dans le Pentateuque, ce qui y est dit du sacrifice qu'on faisoit ce jour-là dans le temple ; enfin on fait la bé- nédiction pour le prince, & on sonne trente fois du cor, selon qu'il est marqué dans les Nombres & dans le Lévitique, pour intimider, dit-on, les pécheurs, & les porter au repentir en leur rap- pellant la mémoire du jugement de Dieu. Le reste du jour & le suivant se passent à entendre des ser- mons & à d'autres exercices de dévotion. Léon de Modène, *part. III.* (*A. R.*)

ROSIER, (HUGUES SUREAU DU ROSIER) *Hugo Suræus Rosarius*) Hist. de la réforme) se nommoit *Rosier, Rosarius,* parce qu'il étoit né dans un lieu nommé Rosoi en Picardie. Ce fut un ministre protestant, très-fameux par l'usage que la cour de Charles IX en fit dans le temps de la saint-Barthelemi à l'égard du roi de Navarre & du prince de Condé. Elle paya ce Sureau, le plus accrédité des ministres, pour qu'il abjurât & qu'il séduisît les princes par son exemple & ses exhortations ; il réussit, mais devenu libre dans la suite, il désavoua son abjuration, demanda pardon aux princes de les avoir trompés, & dévoila tous les ressorts de cette intrigue. On a de lui quelques ouvrages de controverse.

ROSIERES (FRANÇOIS de) *Hist. de Fr.*) archidiacre de Toul, auteur vendu à la maison de Lorraine, & qui composa son livre intitulé : *Stemmata Lotharingiæ ac Barri Ducum* , & publié en 1580, pour prouver que la couronne de France appartenoit à la maison de Lorraine. *Rosières* produisoit une fausse charte, qui faisoit descendre les princes Lorrains de Pharamond & de Clodion, par un Albéric & un Vaubert, prétendu père d'Ansbert, & ayeul de saint Arnoul. *Rosières* fut obligé de faire amende honorable en présence de Henri III, & fut mis à la Bastille. Les Guises le désavouèrent. Il mourut en 1607.

ROSIN (JEAN) *Hist. litt. mod.*) savant Allemand, savant antiquaire, si connu par ses *antiquités romaines*. Né à Lisenach en Thuringe en 1551 ; mort en 1626.

ROSNY (voyez BÉTHUNE.)

ROSSI (JEAN-VICTOR) *Janus Nitius Erithræus*) ces deux derniers noms signifient en grec la même chose que Victor ou Vittorio *Rossi* , *Victor le rouge*) *Hist. litt. mod.*) noble Romain, auteur du livre intitulé : *Pinacotheca imaginum illustrium virorum* , & d'un recueil intitulé : *exempla virtutum & vitiorum*. On a de lui aussi des épîtres, des dialogues. Mort en 1647.

ROSSIGNOL (ANTONE) *Hist. de Fr.*) maître des comptes, eut un talent singulier pour déchiffrer. Nul chiffre, quelque combiné, quelque difficile qu'il pût être, n'échappoit à sa pénétration. En 1626, pendant nos guerres de religion, le catholique assiégeant Réalmont, occupé par les Protestans, on intercepta une lettre que ceux-ci écrivoient à leurs frères de Montauban ; elle étoit en chiffres : *Rossignol* y lut aisément que les assiégés manquoient de poudre & en demandoient aux protestans de Montauban. On communiqua la lettre toute déchiffrée aux assiégés qui convinrent de tout & se rendirent. Le cardinal de Richelieu employa ce talent d'Antoine *Rossignol* au siège de la Rochelle avec beaucoup de succès. *Rossignol* fut magnifiquement

récompensé & regardé comme un sujet utile. Il possédoit Juvify près Paris. Louis XIV lui ayant fait l'honneur d'aller l'y voir, ce vieillard (il avoit alors quatre-vingt-trois ans) fut tellement transporté de joie, que Louis XIV parût craindre pour lui une émotion si vive, & avertit son fils de veiller sur sa santé : en effet il survécut peu à ce jour si beau pour lui.

ROT

ROTE, s. f. (*Hist. mod.*) est le nom d'une cour ou jurisdiction particulière établie à Rome pour connoître des matières bénéficiales de toutes les provinces qui n'ont point d'indult pour les agiter devant leurs propres juges.

Cette cour est composée de 12 conseillers qu'on nomme *auditeurs de rote*. Ils sont tirés des 4 nations : d'Italie, France, Espagne & Allemagne : il y en a 3 Romains, un Florentin, un Milanois, un de Bologne, un de Ferrare, un Vénitien, un François, deux Espagnols & un Allemand. Chacun d'eux a sous lui 4 clercs ou notaires ; & le plus ancien des auditeurs fait l'office de président. On porte à leur tribunal toutes les causes bénéficiales, tant de l'intérieur de Rome que de l'état ecclésiastique lorsqu'il y a appel ; ils jugent de toutes les causes civiles au-dessus de 500 écus.

On les appelle aussi *chapelains du pape*, parce qu'ils ont succédé aux anciens juges du sacré palais, qui donnoient leurs audiences dans la chapelle du pape.

A l'égard de la dénomination de *rote*, qui vient de *rota*, roue, quelques auteurs la font venir de ce que les plus importantes affaires de la chrétienté roulent, & pour ainsi dire, tournent sur eux. Ducange fait venir ce mot de *rota porphyretica* , parce que le carreau de la salle où ils s'assembloient d'abord, étoit de porphyre, & fait en forme de *roue* ; & d'autres enfin de ce que les auditeurs de *rote*, quand ils jugent, sont rangés en cercle.

Le revenu de ces places peut monter à environ mille écus par an, & c'est le pape qui les paye. Il leur est défendu sous peine de censure, de recevoir aucune autre rétribution pour leurs sentences, même par forme de présent. Pour qu'une affaire soit décidée à la *rote*, il faut trois sentences consécutives, dont la dernière contient les raisons, autorités ou motifs sur lesquels est fondé le jugement ; & lorsqu'il est rendu, les parties ont encore la ressource de la requête civile, au moyen de laquelle la cause peut être portée & revue devant le pape à la signature de grace.

Les audiences de la *rote* se tiennent tous les lundis, hors le tems des vacances qui commencent la première semaine de juillet, & durent jusqu'au premier d'octobre. La rentrée est annoncée par une nombreuse cavalcade, où les deux derniers auditeurs de *rote* se rendent au palais, suivis de tous les officiers inférieurs de leur tribunal &

de plusieurs gentilshommes que les cardinaux, ambassadeurs, princes & seigneurs romains envoyent pour leur faire cortège ; & l'un des deux prononce une harangue latine sur quelque matière relative aux fonctions du tribunal de la *rote*, & en présence des autres auditeurs qui se sont aussi rendus au palais apostolique. C'est encore un des privilèges des auditeurs de *rote*, que de donner le bonnet de docteur en l'un & l'autre droit aux sujets qu'ils en jugent capables. (*A. R.*)

ROTGANS (Luc) *Hist. litt. mod.*) poëte hollandois célèbre & l'un des premiers poëtes de sa nation, est auteur d'un poëme épique en huit livres, dont le sujet est l'histoire de Guillaume III, roi d'Angleterre, le héros de son siècle pour les Anglois, & sur-tout pour les Hollandois. Né à Amsterdam en 1645 ; mort en 1710.

ROTHARIS ou ROTHARIC, roi des Lombards, *Hist. d'Italie*) fut leur 7e. roi, depuis leur établissement en Italie. Il fut un grand roi, un vaillant capitaine, un sage législateur. Frédégaire dit qu'il étoit duc de Bresse, & qu'il dut la couronne au choix de Gundeberge, sœur d'Alaoald, cinquième roi, & fille d'Agilulphe quatrième roi, comme Agilulphe lui-même l'avoit due au choix de Theudelinde : en ce cas, Theudelinde & Gundeberge avoient su également bien choisir, & la nation Lombarde leur a dû deux de ses meilleurs rois. Aussi belliqueux qu'ami de la justice, *Rotharis* recula les bornes de la Lombardie & humilia l'Empire ; il s'empara de toutes les places maritimes de la Ligurie depuis Luna en Toscane jusqu'aux confins de la France ; il prit aussi Opiterge, aujourd'hui Oderzo, qui gênoit la communication de Trévise avec le Frioul ; il défit les Romains & les Ravennates en bataille rangée dans les environs de Modène, il leur tua huit mille hommes & mit le reste en déroute. Tels sont les monumens de sa valeur ; ceux de sa sagesse subsistent encore dans les loix qu'il a portées. Selon le calcul de Paul Diacre qui n'est pas sans difficultés, *Rotharis* parvenu au trône vers l'an 636 ou 637, mourut vers l'an 652 ou 653, au bout de seize ans & quatre mois de regne.

ROTHELIN (CHARLES D'ORLÉANS de) *Hist. litt. mod.*) de l'académie françoise, honoraire de l'académie des inscriptions & belles-lettres. Le nom de *Rothelin* est celui d'une branche de la maison d'Orléans-Longueville, issue, par le fameux comte de Dunois, du duc d'Orléans, fils de Charles V & frère de Charles VI. La branche de *Rothelin* a pour tige François d'Orléans, fils d'un autre François d'Orléans & de N. de Blosset. Il fut chevalier de l'ordre du roi & gentilhomme de la chambre. Henri III, dans une lettre du mois de décembre 1587, traite le marquis de *Rothelin* de son très-cher cousin.

Henri d'Orléans, marquis de *Rothelin*, son arrière-petit-fils, mourut le 19 septembre 1691, des blessures qu'il avoit reçues au combat de Leuze. Il fut père

1°. D'Alexandre d'Orléans, marquis de *Rothelin*, qui, au siége d'Aire, le 23 septembre 1710, eut la cuisse fracassée d'un coup-de-feu dans une sortie.

2°. De l'abbé de *Rothelin*, dont on a vu les noms au commencement de cet article. Il avoit à peine deux mois à la mort de son père qui, dans ce combat de Leuze, avoit reçu jusqu'à trente-deux blessures dont quatre étoient mortelles. Il fut le plus intime ami du cardinal de Polignac ; il l'accompagna dans son voyage de Rome en 1723, & il le suivit dans le conclave tenu pour l'élection du Pape Benoît XIII. Ce fut à lui qu'en mourant le cardinal de Polignac remit son poëme de l'*Anti-Lucrèce*, que l'abbé de *Rothelin* en mourant remit à son tour à M. le Beau. En 1728, il fut reçu à l'académie françoise ; en 1732, il entra en qualité d'honoraire dans l'académie des inscriptions & belles-lettres. M. de Voltaire ne le sépare point du cardinal de Polignac, son ami, dans le voyage du *Temple du goût.*

> Cher *Rothelin*, vous fûtes du voyage,
> Vous que le goût ne cesse d'inspirer ;
> Vous, dont l'esprit si délicat, si sage,
> Vous, dont l'exemple a daigné me montrer,
> Par quels chemins on peut, sans s'égarer,
> Chercher ce goût, ce Dieu que dans cet âge
> Maints beaux esprits font gloire d'ignorer.

Presque tous les bienfaiteurs se plaignent de ne trouver que des ingrats ; & les obligés se plaignent de n'avoir trouvé que des protecteurs exigeans. L'abbé de *Rothelin* disoit au contraire : *je n'ai jamais pu obliger que trois hommes dans ma vie, & ils m'en témoignent tant de reconnoissance que je suis maintenant leur redevable.*

Il mourut d'une maladie de poitrine, le 17 juillet 1744. Entouré d'amis pendant cette maladie, il leur déroba, sous un air serein & riant, la violence de ses maux & le danger de sa situation ; il crut voir dans les yeux de ces amis qu'il n'étoit pas la dupe de cet effort ; il le fit approcher & lui dit d'une voix presque éteinte : *ne désabusez personne ; je mets sur mon visage de la tranquillité & de la gaîté, ne pouvant faire plus pour mes amis.*

Spem vultu simulat, premit altum corde dolorem.

Il sembloit, dit son panégyriste, que l'expression de posséder son ame en paix eût été faite pour lui.

ROTIN, s. m. (*terme de relation*) on appelle *rotin* aux îles Antilles, ceux des roseaux ou cannes à sucre qui ne s'élèvent pas bien haut, soit à cause de la mauvaise terre où ils sont plantés, soit par trop de sécheresse, soit pour avoir été mal cultivés, ou enfin pour être trop vieux. *Labat.* (*D. J.*)

ROTROU, (JEAN de) *Hist. litt. mod.*) voyez l'article CORNEILLE. Ce *Rotrou* étoit un homme de bien, comme l'attestent sa vie & sa mort. On sait avec quelle généreuse franchise il admira toujours Corneille; quoique pensionnaire du cardinal, il refusa de se prêter au déchaînement de ce ministre contre le Cid. Il étoit lieutenant-particulier au bailliage de la ville de Dreux sa patrie: une maladie épidémique ravageoit cette ville; tous ses amis de Paris l'invitoient à se soustraire au danger & à venir chercher un asyle parmi eux; il répondit que ce seroit être un mauvais citoyen, & qu'il n'abandonneroit jamais ses compatriotes auxquels sa place pouvoit le rendre utile & peut-être nécessaire dans ces conjonctures malheureuses; il fut la victime de ses nobles sentimens, il gagna la maladie & en mourut en 1650. Il étoit né en 1609; il avoit composé trente-sept pièces de théâtre, tant tragédies que comédies. On ne se souvient plus guère que de son *Antigone*, & sur-tout de son *Venceslas*. Cette dernière pièce suffiroit pour le mettre au rang des plus grands maîtres du théâtre. Il est à remarquer que ces deux pères de la scène française, *Rotrou* & Corneille demeuroient en province & ne venoient à Paris que pour faire jouer leurs pièces. Ce séjour continuel dans la province, a pu nuire un peu à leur style, & a dû servir utilement leur génie.

R O U

ROUAULT, (GAMACHES) *Hist. de France.*) noble & ancienne famille, dont étoient

1o. André *Rouault*, qui servit aux guerres de Guyenne & du Poitou, en 1351 & 1352.

2o. Louis, qui servit au siége de Bourbourg en 1381.

3o. Miles, qui servit au siége de Martignac en 1398.

4o. Gilles, qui servit en 1387 & 1392.

5o. Jean, qui se distingua au siége de Parthenay en 1419, & fut tué à la bataille de Verneuil en 1424.

6o. Joachim de *Rouault*-Gamaches, son fils, maréchal de France, le vainqueur de Talbot & des Anglais, sous le règne de Charles VII, & delibérateur de Beauvais sous Louis XI, en 1472,

Histoire. Tome IV.]

Ce prince ingrat le fit arrêter en 1476, & le fit condamner par des commissaires à être banni du royaume & à perdre tous ses biens. Le jugement, comme trop inique, ne put avoir d'exécution, & le maréchal de *Rouault*-Gamaches mourut en possession de ses biens le 7 août 1478.

7o. Deux Aloph *Rouault*, son fils & son petit-fils, se distinguèrent dans le service.

8o. Et Nicolas, son arrière-petit-fils, fut un des quatre seigneurs huguenots à qui Charles IX sauva la vie à la Saint-Barthélemi.

9o. Ce fut pour Nicolas II, fils de Nicolas I, que la terre de Gamaches fut érigée en marquisat en 1620.

10o. François son fils, fut tué en Lorraine le 26 août 1636, à vingt & un ans.

11o. Jean-Joseph, petit-neveu du précédent, fut tué à la bataille d'Hochstet le 13 août 1704.

ROUDRA, (*Idolât. des Indiens*) nom que les Indiens donnent à un des génies qu'ils croient chargés de régir le monde: il préside sur la région du feu, cet élément lui est soumis. Sa femme est appellée *Parvadi* ou *Paratchatti*, nom qui signifie *toute-puissance*, & qui semble indiquer que ce n'est qu'un attribut personnifié & attaché à *Roudra*. (*D. J.*)

ROUELLE, (GUILLAUME-FRANÇOIS) *Hist. litt. mod.*) de l'académie des sciences & de plusieurs académies étrangères, démonstrateur en chimie au jardin royal des plantes. D'autres feront connoître en lui le plus grand & le plus zélé chymiste de son siècle. Nous ne le considérons ici que comme auteur de divers mémoires insérés dans le recueil de l'académie, & de *leçons de chymie* qu'il a laissées en manuscrit.

R O V

ROVÈRE (DE LA) (*Hist. d'Italie*) Il y avoit en Italie deux différentes familles de ce nom, qui toutes deux ont produit des cardinaux. L'une de ces familles, la *Rovère* ou du *Rouvre*, en latin *Ruvereus* ou *Roboreus*, est l'illustre maison de la *Rovère* de Turin: de cette maison étoit Jérôme de la *Rovère*, né à Turin en 1530, fait évêque de Toulon en 1559, ensuite archevêque de Turin, puis cardinal en 1564: il est au nombre des enfans distingués par leurs talens & par une célébrité précoce; car on imprima en 1540, à Pavie, un recueil de ses poésies latines, & il n'avoit alors que dix ans, & ces poésies jouissent de quelque estime; elles étoient devenues fort rares, on les a réimprimées à Ratisbonne en 1683. Le cardinal de la *Rovère* mourut le 26 février 1592, au conclave où Clément VIII (Aldobrandin) fut élu pape.

L'autre famille de la *Rovère* est celle dont étoient les papes Sixte IV & Jules II (voyez leurs articles). Les hiftoriens varient fur ce qui concerne l'origine de cette famille ; quelques-uns la font remonter jufqu'à l'an 700 ; mais l'opinion la plus généralement établie eft que Sixte IV, premier pape de cette famille, étoit fils d'un pêcheur. Jules II, dernier pape de cette même famille, fut, comme on le peut voir dans fon article, unpontife politique & belliqueux ; il avoit fort à cœur l'élévation & l'agrandiffement de fa famille. Il fit époufer à fon frère la fille du duc d'Urbin, de la maifon de Montefeltro. De ce mariage naquit François-Marie de la *Rovère*, qui joue un grand rôle dans les guerres d'Italie, du temps de François I. Le pape Jules II, fon oncle, l'avoit fait adopter par le dernier duc d'Urbin, de la maifon de Montefeltro, & la *Rovère* lui fuccéda dans le duché d'Urbin.

Lorfque François I parut en Italie en 1515, tous ces petits fouverains feudataires du S. Siége, & pour la plupart opprimés par le pape Léon X, de la maifon de Médicis, fe mirent fous la protectionde la France. Le duc d'Urbin la *Rovère*, qui fe fit alors protéger par elle, ne méritoit pas de fa part aucun ménagement que quelques-uns de ces petits fouverains : neveu du pape Jules II, il avoit commandé fous fon oncle les armées de l'églife ; il avoit fervi d'inftrument aux violences de ce pontife contre Louis XII. Léon X lui ayant ôté le commandement des armées pour le donner aux Médicis, le mécontentement l'avoit jetté dans le parti des François ; il faifoit beaucoup valoir à ceux-ci fon refus de fervir contre eux dans l'armée de l'églife, refus qui l'expofoit, difoit-il, à tout le reffentiment du pape ; ce refus étoit l'effet de fa vanité, non de fon attachement pour les François. Le commandement des troupes de l'églife ayant été donné d'abord à Julien de Médicis, frère de Léon X, le duc d'Urbin avoit promis de fervir fous lui, parce qu'étant ami de Julien, il efpéroit partager avec lui le commandement ; mais après la mort de Julien, Laurent fon neveu lui ayant fuccédé, le duc d'Urbin, qui n'avoit pas avec Laurent les mêmes liaifons d'amitié, crut qu'il lui feroit honteux de fervir fous un jeune homme, & de fervir comme fimple capitaine de gendarmerie dans une armée qu'il avoit commandée. Sur ce refus, le pape affecta de le regarder comme un vaffal coupable de félonie, & infidèle aux obligations de fon inveftiture ; on l'accufoit d'ailleurs d'avoir voulu, après la bataille de Marignan, exciter les François à faire une irruption dans la Tofcane ; mais fon véritable crime étoit de pofféder un état trop à la bienféance des Médicis, &, qui, ajouté à l'état de Florence, l'eût étendu de la mer de Tofcane à la mer Adriatique. Le pape

faififfant avec ardeur ce prétexte de félonie, avoit commencé contre le duc, des procédures juridiques, qui devoient amener des démarches plus violentes ; il affectoit un courroux févère & implacable ; quand le roi voulut intercéder pour le duc d'Urbin, à l'entrevue de Bologne en 1515, il le pria de ne point parler en faveur d'un rebelle, dont il falloit abfolument faire un exemple. Le roi n'infifta qu'autant qu'il étoit néceffaire pour faire acheter le facrifice du duc d'Urbin par des conceffions que le pape lui accorda fans peine, pourvu que le roi retirât fa protection au duc. Le roi ne vou'ut ni l'abandonner ni le défendre, il fe contenta d'une parole vague que le pape donna de s'appaifer auffi-tôt que le duc d'Urbin lui auroit fait une fatisfaction convenable.

En 1516, le pape fe jetta fur le duché d'Urbin, & en vingt-deux jours en ayant entièrement dépouillé la *Rovère*, il donna cet état à Laurent de Médicis fon neveu ; celui-ci époufa Magdeleine de Boulogne, une des parentes du roi (voyez l'article MÉDICIS). De ce mariage naquit la trop fameufe Catherine de Médicis. Laurent en faveur de cette alliance, jura pour la maifon de Médicis un attachement inviolable aux intérêts de la France, & le roi abandonna le duc d'Urbin (la *Rovère*).

Mais le duc d'Urbin ne s'abandonna pas luimême ; il profita de la pacification de l'Europe, pour prendre à fa folde les troupes qui avoient été licenciées de part & d'autre ; les Vénitiens lui fournirent de l'artillerie. Avec ces fecours, non feulement il recouvra en peu de jours le duché d'Urbin, mais encore il alla jufqu'à ravager les terres de l'églife & de la Tofcane. Le pape en jetta des cris lamentables dans toute la chrétienté ; il ne tint pas à lui qu'on ne regardât cette querelle particulière comme une guerre facrée, dans laquelle toutes les puiffances chrétiennes dévoient fe réunir contre l'oppreffeur de l'églife.

Le pape qui n'avoit pas été fidèle à fes alliances avec François I, jugeant de la politique des autres par la fienne, foupçonnoit François I d'avoir favorifé en fecret l'expédition du duc d'Urbin ; il confidéroit que le duc avoit été l'allié de la France, qu'il avoit paru en coûter au roi pour le facrifier ; que la ducheffe d'Angoulême, mère de François I, lui avoit écrit elle-même en faveur de la ducheffe d'Urbin, Eléonore-Hippolyte de Gonzague, fa parente, pour le prier de foulager la mifère où il l'avoit réduite en dépouillant fon mari de fes états ; en conféquence, il fe défia toujours des fecours que le maréchal de Lautrec, gouverneur du Milanès pour le roi, lui envoyoit par l'ordre de ce prince. Laurent de Médicis, qui commandoit l'armée eccléfiaftique, en éloigna les François fous différens prétextes, dans la crainte qu'au lieu d'agir contre le duc d'Urbin, ils n'attiraffent les Italiens au parti de ce duc. Par cette défiance, il prolongea la guerre ; elle dura 8 mois (1517), fans procurer de gloire à aucun parti.

Les plus grands événemens qu'elle produifit furent des confpirations refpectives contre la vie ou la liberté du pape & du duc d'Urbin. Celui-ci fit tuer à coups de pique, au milieu de fon camp, quatre officiers accufés d'avoir voulu le livrer aux Médicis. Léon fe crut obligé d'effrayer le facré collège par des emprifonnemens & des fupplices pour rompre une trame formée contre fa vie.

Cependant le duc d'Urbin ennuyé d'une guerre où il avoit autant à craindre fes propres troupes que fes ennemis, avoit envoyé propofer un combat fingulier à Laurent de Médicis, qui pour toute réponfe fit mettre dans les fers & appliquer à la torture fon émiffaire. Les Médicis gagnèrent peu à peu à prix d'argent la plupart des troupes du duc d'Urbin. Celui-ci voyant les défections & les confpirations augmenter de jour en jour dans fon armée, craignit enfin d'être livré à fes ennemis; il quitta fon armée qui le quittoit, & alla chercher un afyle à Mantoue. Le duché d'Urbin fut la proie de Laurent de Médicis. Le marquis de Mantoue, Frédéric de Gonzague, auprès de qui s'étoit retiré ce malheureux François-Marie de la *Rovère* après la perte de fon duché, nourriffoit du moins fon hôte, ne pouvant le fecourir contre le pape; il lui donnoit une penfion de mille écus. En 1521, la guerre s'étant allumée entre Charles-Quint & François I, le pape fe déclara pour l'empereur & entra dans une ligue contre la France. Un mécontentement y fit entrer auffi le marquis de Mantoue jufqu'alors attaché à la France; la penfion de la *Rovère* fut fupprimée, la *Rovère*, chaffé de fon afyle, vint s'offrir aux François avec toute fa mifère, & leur demander de l'argent & de l'emploi; il s'adreffa au maréchal de Foix, frère du maréchal de Lautrec; il le pria de lui faire donner quinze cents écus pour pouvoir retirer de Mantoue fa femme & fon fils, qu'il craignoit que le marquis ne livrât au pape, s'il lui laiffoit le temps de prendre des engagemens plus étroits avec la Ligue. Le maréchal écrivit au roi en fa faveur. *Je vous advife*, dit-il, *qu'il a fi très grant envye de vous faire fervice que impoffible feroit de plus; mais il eft pauvre comme Job, & m'a affermé qu'il n'avoit quant il eft arrivé que quinze écus.* Le maréchal touché de compaffion, lui avança quinze cents écus, duffent-ils être à fa charge, fi le roi en défapprouvoit l'emploi. Les fervices de la *Rovère* furent agréés.

Léon X étant mort le 2 décembre 1521, & Laurent de Médicis, fon neveu, en 1519, la *Rovère*, en 1522, profita du moment où il étoit fans ennemi pour rentrer dans fon duché d'Urbin; fa valeur, fa pauvreté, fes infortunes le rendoient intéreffant; cinq ou fix cents hommes de bonne volonté s'attachèrent à lui fans intérêt, fans folde; il reconquit avec eux en peu de jours prefque tout fon duché. Le pape Adrien VI fit fa paix avec lui en lui laiffant fes états. Sa défection & celle du duc de Ferrare & des autres feudataires du faint-fiège, qui tous firent leur paix avec Adrien, ne laiffoient plus à la France d'autres alliés en Italie que les Vénitiens; les Vénitiens même l'abandonnèrent, & fe liguèrent avec l'empereur; le duc d'Urbin prit le commandement des troupes Vénitiennes & fervit contre les François pendant la campagne de 1523 dans le Milanez. En 1524, il y fit le fiège de Garlafco, place qui, par fa fituation entre Gambalo & Pavie, coupoit les vivres à l'armée des confédérés; les Vénitiens s'en emparèrent après deux affauts où ils perdirent beaucoup de monde. Leurs foldats s'y diftinguèrent par leur conftance; on les vit traverfer entre deux retranchemens un foffé où ils avoient de l'eau jufqu'au cou.

Après la bataille de Pavie & la prife de François I, l'énorme puiffance de Charles-Quint paroiffant menacer la liberté non feulement de l'Italie, mais de l'Europe, il fe fit contre lui une forte ligue, qu'on appella dans la fuite la *ligue fainte*, lorfque le pape Clément VII (Médicis) en fut devenu le chef: les Vénitiens y étoient entrés des premiers, ils avoient toujours pour capitaine général le duc d'Urbin. On n'avoit point nommé de généraliffime parmi une multitude de généraux indépendans; mais ce tort fembloit en quelque forte réparé par la déférence de tous ces chefs pour le duc d'Urbin à qui fes guerres contre le faint fiège avoient acquis de la confidération. Les talens de ce général, fans être à méprifer, n'avoient pourtant rien d'éminent, & il n'eft pas fûr que fes intentions fuffent droites; il fut accufé d'avoir cherché à prolonger la guerre, & d'avoir craint de rendre trop puiffante une ligue dont un pape du nom de Médicis étoit le chef; il n'avoit pas oublié les injures qu'il avoit reçues de Léon X & de Clément VII lui-même, alors cardinal; il voyoit avec indignation les Florentins garder toujours le fort de S. Léo & tout le Montefeltro ufurpés fur lui, & la fille unique de Laurent de Médicis, Catherine, prendre le titre de ducheffe d'Urbin.

Le duc d'Urbin, dans le cours de cette guerre, parut s'attacher davantage à effayer fon autorité fur les chefs & fur l'armée, qu'à procurer des fuccès à la ligue. Dans les confeils il prévenoit toujours l'avis des chefs, & annonçoit d'abord le fien avec tant de hauteur, qu'on ofoit à peine le combattre. Guichardin prit quelquefois cette liberté, mais toujours en vain, quoique fouvent il eût raifon. Dans les opérations militaires, le duc d'Urbin fatiguoit quelquefois l'armée par des mouvemens fans objet, dont il ne rendoit point raifon, & qui fembloient n'avoir pour but que d'accoutumer les foldats à l'obéiffance & les chefs à la foumiffion ; il fe rendit maître à la vérité de Lodi, place importante ; mais s'étant enfuite avancé pour dégager le château de Milan, premier & principal objet de cette guerre, une terreur panique ou quelque motif fecret (car il paroiffoit peu fufceptible de terreur) lui fit faire tout-à-coup une retraite honteufe, dont les autres chefs furent indignés. Il prit Cremone, mais il fit perdre l'occafion de furprendre Gênes, par le refus qu'il fit d'envoyer quatre mille hommes la refferer du côté de la terre, tandis que deux flottes des confédérés la tenoient bloquée du côté de la mer. Il prit trop tard enfuite le parti d'affiéger Gênes ; il fut obligé de lever le fiège pour aller empêcher une armée de Lanfqueners qui arrivoient en Italie, de faire leur jonction avec l'armée du connétable de Bourbon, qui fe difpofoit à marcher vers Rome. Il voulut attendre les Lanfquenets au paffage de quelques rivières ou à la fortie de quelques défilés, mais il fe trompa d'abord fur leur route ; il croyoit qu'ils pafferoient par le Breffan ou le Bergamafque, & il s'avançoit contre eux vers l'Adda, tandis qu'ils traverfoient le Trentin, le Véronèze & le Mantouan. Alors rectifiant fa marche fur celle des ennemis, il les alla chercher dans le Mantouan, & par malheur il les rencontra près de Borgo-Forte vers le confluent de l'Oglio & du Pô. On eût dû fans doute attendre pour les attaquer qu'ils tentâffent le paffage du Pô ; on crut devoir prévenir ce moment. Les confédérés reçurent un échec qui les rendit moins ardens à pourfuivre les ennemis ; mais donnant dans un autre excès, ils les devinrent trop peu ; ils laifsèrent les allemands côtoyer fans obftacle le Pô, choifir l'endroit où ils le pafferoient, le paffer à Oftiglia, paffer enfuite la Secchia, la Lenza, la Parma, le Taro, la Nura, & fe joindre à un détachement des Impériaux vers Plaifance.

Le pape fut faifi de terreur en recevant la nouvelle de la marche rapide & effrayante du duc de Bourbon vers les états de Tofcane & de l'églife ; & en apprenant que le duc d'Urbin n'avoit pas pû ou n'avoit pas voulu l'arrêter : en effet, ce duc cachant fon reffentiment contre les Médicis, pour le leur faire mieux fentir, avoit toujours un prétexte tout prêt pour laiffer échapper Bourbon ; tantôt il feignoit de craindre pour les états des Vénitiens, & comme c'étoit à eux qu'il étoit principalement attaché, c'étoit à leur fûreté, difoit-il, qu'il étoit le plus obligé de veiller ; tantôt il alléguoit une maladie pour fe difpenfer d'agir, & mandoit la ducheffe d'Urbin, fa femme, comme s'il eût été en danger. Guichardin démêla le vrai motif de toutes ces rufes ; il comprit que le duc d'Urbin vouloit qu'on lui reftituât le Montefeltro & S. Leo, & que ce n'étoit qu'à ce prix qu'il étoit difpofé à défendre Rome & Florence ; Guichardin prit fur lui de promettre cette reftitution au nom du pape ; mais le pape qui haïffoit la *Rovère*, défavoua Guichardin, & courut à

fa perte comme tous ceux qui écoutent trop la haine.

Le duc d'Urbin fe détermina enfin à venir couvrir Florence, et les armées ennemies fembloient ne pas pouvoir échapper l'une à l'autre ; mais Bourbon par une marche forcée, s'avança rapidement vers Rome, laiffant bien loin derrière lui l'armée des confédérés.

L'implacable duc d'Urbin, chargé de défendre & de fauver le pape qui n'efpéroit plus qu'en lui, faifit cette occafion de s'en venger. Au lieu de courir à Rome, fa haine induftrieufe fecondant les vœux des Impériaux, fait naître mille occafions de lenteur ; il s'arrête d'abord à Péroufe, il s'approche enfuite de Rome, & s'en éloigne, il fe fait voir du château Saint-Ange fur des montagnes, il difparoît, il revient encore, il reconnoît des poftes, il va les attaquer, il change de projets, toujours conftant dans fes perfides irréfolutions. Il fembloit qu'il prît plaifir à faire périr Clément VII d'une mort lente et recherchée, en le faifant paffer mille fois de l'efpérance au défefpoir.

Le pape comprit enfin qu'il n'avoit de falut à attendre que de lui-même, & qu'il falloit fe réfoudre à traiter avec des ennemis moins à craindre encore pour lui que les faux amis qui prétendoient le fecourir ; il capitula, & refta prifonnier dans le château Saint-Ange.

Pendant ce tems, le duc d'Urbin s'arrêtoit à faire des courfes & des fautes dans l'Ombrie ; cependant on parla fortement de courir à Rome pour délivrer Clément VII ; le duc d'Urbin même fut de cet avis, foit que fa fureur contre le pape fût enfin affouvie, foit que, par hypocrifie, il ne confeillât cette démarche que parce qu'il voyoit qu'on ne la feroit pas.

En 1528, pendant que le maréchal de Lautrec mouroit devant Naples, que la pefte ravageoit l'armée françoife, & qu'André Doria mécontent abandonnoit le fervice de la France, les Vénitiens, toujours alliés des François, tout au-plus ne trahiffoient pas la caufe commune, mais ils la fervoient bien mal. Uniquement occupés du foin de garder leurs frontières, feignant toujours de craindre pour eux-mêmes, & ne craignant réellement que la trop grande puiffance des François en Italie, fecrétement flattés de voir l'état de Gênes échapper à François I, par la défection de Doria, leur conduite équivoque fe reffentoit de ces principes qu'ils cachoient cependant avec foin ; ils ne faifoient qu'embarraffer les opérations, & le duc d'Urbin, leur général, ne fecondoit que trop bien leurs vûes. Par l'effet de fes lenteurs, la révolution de Gênes fut confommée en 1529. Savone & la citadelle de Gênes furent prifes.

Après bien des entrevues du comte de S. Pol, prince du fang de France, qui commandoit les François, & du duc d'Urbin, général des Véni-

tiens, après bien des plaintes réciproques, bien
de froides excuses & de profondes diffimulations,
on fit femblant d'agir de concert & avec ardeur;
on envoya des troupes & de l'argent de France
& de Venife, mais toujours moins qu'on n'en
avoit promis, & bien moins qu'il n'en falloit.
On avoit à combattre Antoine de Leve, capitaine
expérimenté; on vouloit le forcer dans Milan.
On balançoit entre un fiège régulier & un blocus.
Le comte de S. Pol propofoit le premier de ces
deux partis, le duc d'Urbin le fecond, & comme
on ne pouvoit rien entreprendre contre Milan fans
les Vénitiens, ce furent eux qui l'emportèrent,
il fut décidé qu'on fe borneroit au blocus; mais
le comte de S. Pol peu fait pour l'inaction, indigné
des fubterfuges perpétuels du duc d'Urbin, & jaloux de fon afcendant, déclara qu'on n'obtiendroit
jamais de lui qu'il reftât les bras croifés, & que
puifqu'on renonçoit à faire le fiège de Milan,
il iroit ailleurs chercher la gloire & fervir fon
roi; il alla fe faire battre à Landriano où il fut
pris.

Enfin la paix de Cambray vint au fecours de
tout le monde & concilia tous les intérêts. Le
duc d'Urbin fut compris dans le traité comme
allié & protégé des Vénitiens; ainfi fon duché
d'Urbin lui fut affûré. Il mourut en 1538 à quarante-huit ans. On a dit de lui, comme de tant
d'autres princes, qu'il avoit été empoifonné.

Guidobaldo de la *Rovère*, fon fils, époufa une
héritière de la maifon Cibo; il en eut l'état de
Camerino dont il fut dépouillé par le pape Paul
III qui en enrichit fes neveux. Il fuccéda au courage & aux talens de fon père comme à fes biens,
& eut le commandement des armées de Philippe
II, en Italie. Il mourut en 1574.

Fréderic-Ubaldo, fon petit-fils, mort en 1623,
ne laiffa qu'une fille, nommée Victoire, qui
époufa Ferdinand de Médicis, grand duc de Tofcane; ainfi fe terminèrent les haines des maifons
de Médicis & de la *Rovère*, mais le duché d'Urbin ne paffa point à la maifon de Médicis; il
rétourna au faint fiége.

ROU

ROUILLÉ, (GUILLAUME LE) *Hift. lit. mod.*)
jurifconfulte d'Alençon, peu connu aujourd'hui,
mais dont le *commentaire fur la coutume de Normandie*, imprimé en 1524 & réimprimé en 1539,
fut fi bien accueilli que le parlement de Rouen
voulut connoître l'auteur & le fit prier de venir
à Rouen, invitation à laquelle il fe rendit. Bafnage & d'autres commentateurs l'ont fait oublier,
& fes autres ouvrages font encore moins connus
que fon commentaire.

ROUILLÉ (PIERRE-JULIEN) *Hift. lit. mod.*) jéfuite affocié du P. Catrou dans la compofition de
l'hiftoire romaine. Il eut auffi quelque part à la révifion & à l'édition des révolutions d'Efpagne du
P. d'Orléans; il avoit travaillé pendant quelques
années au journal de Trévoux. Né à Tours en
1680. Mort à Paris en 1740.

ROUSSEAU, (*Hift. lit. mod.*) Ce nom a été
porté par deux hommes dont la gloire vivra éternellement dans les lettres. Le premier, Jean-Baptifte *Rouffeau*, plein d'enthoufiafme, de verve,
de force, fenfible fur-tout à l'harmonie & y rendant le lecteur fenfible par la fatisfaction continuelle que donnent à l'oreille un choix d'expreffions toujours fonores & la richeffe conftante de
la rime, eft le premier des poëtes lyriques
françois. Ce mérite de verfification & de mécanifme, pouffé au degré de perfection où il eft
dans *Rouffeau*, fe fait fentir à l'ame, indépendamment même des idées & des images. Dans
ces vers de *Rouffeau* :

> Qui pourra, grand Dieu ! pénétrer
>   Ce fanctuaire impénétrable;
> Où tes faints inclinés, d'un œil refpectueux;
> Contemplent de ton front l'éclat majeftueux ?

Dans ces deux beaux vers de la Henriade :

> Et des fleuves françois les eaux enfanglantées
> Ne portoient que des morts aux mers épouvantées.

Mettons à part ce qu'expriment & que peignent
ces vers, n'en confidérons que le mécanifme.
Dans l'un & dans l'autre exemple, ces deux magnifiques mots de quatre fyllabes, qui terminent fi
pompeufement le vers & qui riment enfemble fi
richement, ont par eux-mêmes quelque chofe d'impofant & de refpectable; & dans le premier exemple, ces deux grands vers tombant par diftique &
fuccédant à deux petits vers croifés, ont de plus
un mérite de contrafte & de variété qui plaît à
l'oreille & à l'imagination, & qui termine la ftrophe
avec la plus impofante dignité.

Citons une ftrophe entière pour montrer à la
fois tous ces avantages.

> Celui devant qui le fuperbe
>   Enflé d'une vaine fplendeur,
> Paroît plus bas dans fa grandeur
> Que l'infecte caché fous l'herbe;
> Qui bravant du méchant le fafte couronné;
> Honore la vertu du jufte infortuné.

Un des mérites de cette ftrophe confifte dans
la différence des vers, grands & petits, croifés
ou tombans par diftique. Voici une autre ftrophe
de vers tous de même mefure, & dont la beauté
parfaite tient uniquement au choix heureux de l'expreffion, à la richeffe des rimes, à la convenance
des images.

Tel souvent un nuage sombre,
Du sein de la terre exhalé,
Tient sous l'épaisseur de son ombre
Le céleste flambeau voilé :
La nature en est consternée
Flore languit abandonnée,
Philomèle n'a plus de sons,
Et tremblante à ce noir présage,
Cérès pleure l'affreux ravage
Qui vient menacer ses moissons.

Quel agrément auroit la strophe suivante, sans la propriété de l'expression & la richesse de la rime ?

Telle est l'allégresse rustique
De ces vendangeurs altérés,
Qu'on voit, à leurs yeux égarés,
Saisis d'une ivresse mystique,
Et qui saintement furieux,
Retracent de l'orgie antique
L'emportement mystérieux.

Nous insistons sur cette perfection du mécanisme de la versification, parce que c'est le mérite caractéristique de *Rousseau*; il dit très-bien, mais on l'accuse de penser peu, & cette stérilité de pensées devient en effet sensible par la comparaison avec des poëtes plus penseurs, plus philosophes, sur-tout avec M. de Voltaire le plus philosophe de tous.

Rousseau ne fait quelquefois que revêtir d'expressions magnifiques des idées communes & usées.

Vous avez vu tomber les plus illustres têtes,
Et vous pourriez encore, insensés que vous êtes,
Ignorer le tribut que l'on doit à la mort!
Non, non, tout doit franchir ce terrible passage;
Le riche & l'indigent, l'imprudent & le sage,
Sujets à mêmes loix, subissent même sort.

Tout cela est trop vrai pour mériter d'être dit & si bien dit; tout cela est si vrai, qu'il n'est pas même vrai qu'il y ait quelqu'un d'assez insensé pour en douter, comme le poëte le suppose.

Cette vérité si commune est souvent & diversement exprimée dans Horace; mais il en tire une conséquence, c'est qu'il faut jouir.

C'est assez, jouissons.
Hâte-toi, mon ami, tu n'as pas tant à vivre.
Je te rebats ce mot, car il vaut tout un livre.
Jouis. Je le ferai ! Mais quand donc ? Dès demain.
Eh ! mon ami, la mort te peut prendre en chemin.

Quand M. de Voltaire employe une idée dont le fond peut être commun, comme il la rajeunit & la rend nouvelle, non-seulement par l'expression, mais par la foule des idées accessoires & des traits philosophiques !

Hélas ! grands & petits, & sujets & monarques,
Distingués un moment par de frivoles marques,
Egaux par la nature, égaux par le malheur,
Tout mortel est chargé de sa propre douleur.

Cette réflexion philosophique sur la frivolité, sur le peu de durée des distinctions parmi les hommes, distinctions cependant nécessaires, ces grands traits d'égalité entre eux si philosophiquement saisis, ôtent à l'idée que tout homme a ses malheurs, *quisque suos patimur manes*, tout ce qu'elle peut avoir de commun.

M. de la Harpe a peut-être trop rabaissé l'ode à la fortune, si admirée autrefois ; mais il a fait voir que si cette ode a de grandes beautés, elle a aussi bien des défauts & des négligences. *Rousseau* sera cependant toujours notre modèle pour l'ode pindarique, pour le dithyrambe, pour ce genre qui exige des transports, & qui permet des écarts au moins apparens. Dans ses strophes même les plus insignifiantes, il se relève quelquefois par des mouvemens heureux, par des expressions de génie, comme dans ces vers :

Mais la déesse de mémoire,
Favorable aux noms éclatans,
Soulève l'équitable histoire
Contre l'iniquité des temps.

Il a quelquefois des strophes, où la poésie la plus brillante se marie & se fond, pour ainsi dire, avec la philosophie la plus profonde ;

Ce vieillard, qui d'un vol agile
Fuit, sans jamais être arrêté,
Le Temps, cette image mobile
De l'immobile éternité ;
A peine du sein des ténèbres
Fait éclore les faits célèbres,
Qu'il les replonge dans la nuit:
Auteur de tout ce qui doit être,
Il détruit tout ce qu'il fait naître
A mesure qu'il le produit.

Rousseau a aussi des morceaux agréables dans le genre anacréontique; telle est l'ode à une veuve ; tel est ce madrigal.

Par un baiser ravi sur les lèvres d'Iris,
De ma fidèle ardeur j'ai dérobé le prix ;
Mais ce plaisir charmant a passé comme un songe ;
Ainsi je doute encore de ma félicité,
Mon bonheur fut trop grand pour n'être qu'un mensonge,
Mais il dura trop peu pour une vérité.

Telle est cette chanson sur ce que l'empereur de Maroc avoit fait demander en mariage la princesse de Conty, fille de Louis XIV, sur un portrait qu'il avoit vu d'elle :

Votre beauté, grande princesse,
Porte les traits dont elle blesse
Jusques aux plus sauvages lieux ;
L'Afrique avec vous capitule,
Et les conquêtes de vos yeux
Vont plus loin que celles d'Hercule.

Telle est la chanson pastorale si connue :

Sortez de vos retraites.,
Accourez, dieux des bois, &c.

Voyez à l'article *Théocrite*, un jugement favorable sur une églogue de *Rousseau* dans le genre de Théocrite & de Virgile.

Mais le genre dans lequel *Rousseau* est véritablement supérieur, & dans lequel son éloge ne reçoit aucune restriction, c'est la cantate, c'est-a-dire le genre lyrique. Celle de *Circé* réunit dans le degré de la perfection tous les grands caractères de la poésie ; & quel charme dans celle d'*Amymone*, d'*Adonis*, de *Diane*, de *Thétis*, de l'*Hymen*, de *Céphale*, &c.

Rousseau qui se piquoit d'être disciple de Boileau, avoit adopté ses opinions, & suivant les apparences, il jugeoit peu par lui-même ; il loue Voiture & dénigre Quinault ; il veut donner du ridicule dans un endroit à ce qu'il appelle :

Du doux Quinault les pandectes galantes.

Et l'un de ses mérites dans ses cantates est de ressembler beaucoup à Quinault.

Tous les amans savent feindre ;
Nymphes, craignez leurs appas ;
Le péril le plus à craindre
Est celui qu'on ne craint pas.

L'audace d'un téméraire
Est aisée à surmonter :
C'est l'amant qui sait nous plaire,
Que nous devons redouter.

Un cœur jaloux ne fait paroître
Que des feux qui le font haïr ;
Et pour être toujours le maître,
L'amant doit toujours obéir.

L'amour ne va point sans les graces ;
On n'arrache point ses faveurs ;
L'emportement ni les menaces
Ne font point le lien des cœurs.

Tous ces couplets ne pouvoient être que de *Rousseau* ou de Quinault. Mais la poésie de Quinault a plus de mollesse ; celle de *Rousseau* a quelque chose de plus ferme, de plus parfait, de plus fini. Quoique Quinault ait des morceaux énergi-

ques, il cède dans ce genre à *Rousseau* ; il eût pu faire ces vers charmans :

La froide Nayade
Sort pour l'admirer ;
La jeune Dryade
Cherche à l'attirer ;
Faune d'un sourire
Approuve leur choix ;
Le jaloux Satyre
Fuit au fond des bois ;
Et Pan qui soupire
Brise son hautbois.

Mais il n'eût pas fait ces vers terribles :

Sa voix redoutable
Trouble les enfers.
Un bruit formidable
Gronde dans les airs.
Un voile effroyable
Couvre l'univers.
La terre tremblante
Frémit de terreur.
L'onde turbulente
Mugit de fureur.
La lune sanglante
Recule d'horreur.

Rousseau n'a réussi, ni lorsque par jalousie à l'égard de M. de Voltaire, il a voulu s'essayer dans le genre tragique en rajeunissant la *Mariamne* de Tristan, ni lorsqu'il a persisté davantage à s'exercer dans la comédie. On dit que dans le *Flatteur* il s'est peint lui-même à bon escient. C'est une pièce de caractère qui n'est pas sans mérite ; elle a d'abord celui d'être bien écrite ; elle a une scène, entre autres, que les plus grands maîtres ne désavoueroient pas, c'est la scène du dédit. Le flatteur veut engager par un dédit un homme qui est pour lui ce qu'Orgon est pour Tartuffe ; il l'y amène par une suite de détours si ingénieux & en apparence si simples ; sous un faux-semblant d'ignorance & de mal-adresse en affaires, il emploie un art si fin, il marche si sûrement vers son but, & sur sa route il sème si naturellement & si à propos la flatterie, qu'il pourroit tromper un homme beaucoup plus éclairé que celui dont il s'agit. Cette scène est filée avec un art vraiment savant ; toutes les gradations, toutes les nuances progressives y sont délicatement observées. Mais la pièce en général, & plus en général encore toutes les pièces de *Rousseau* manquent de comique.

Mais garde-toi sur-tout si tu crains les critiques,
D'envoyer à Paris tes aïeux chimériques ;

a dit M. de Voltaire ; c'est encore une pièce bien froide qui n'a d'autre mérite que d'être communément assez bien versifiée.

Le *Capricieux*, autre pièce de caractère, n'amuse pas même par ses caprices.

Les petites pièces seroient des farces, si elles étoient plus gaies.

Mais si *Rousseau* manquoit de talent pour la comédie, il en avoit un bien décidé pour l'épigramme. Dans les petits poëmes, chez la plupart des autres auteurs, tout est sacrifié au trait qui fait la pointe de l'épigramme; dans les épigrammes de *Rousseau*, rien n'est jamais négligé; ce qui les distingue, c'est le fini des détails & toujours la richesse de la rime. Ce qui en distingue le recueil, c'est la variété; sans parler de celles qu'on ne peut pas citer, & en se bornant aux épigrammes honnêtes, il y en a de galantes & d'anacréontiques, comme celle-ci :

Non, ce n'est point la robe de Nessus
Qui consuma l'amoureux fils d'Alcmène ;
Ce fut le feu de cent baisers reçus
Qui dans son sang couloit de veine en veine.
Il en mourut, & la nature humaine
En fait un dieu qu'on adore aujourd'hui !
Que de mortels, si vous voulez, Climène,
Mériteroient d'être dieux comme lui !

Il y en a de littéraires, comme celle-ci, contre les journalistes de Trévoux :

Petits auteurs d'un fort mauvais journal,
Qui d'Apollon vous croyez les apôtres,
Pour dieu tâchez d'écrire un peu moins mal ;
Ou taisez-vous sur les écrits des autres.
Vous vous tuez à chercher dans les nôtres
De quoi blâmer, & l'y trouvez très-bien :
Nous, au rebours, nous cherchons dans les vôtres
De quoi louer, & nous n'y trouvons rien.

Il y en a de philosophiques, comme la suivante :

Ce monde-ci n'est qu'une œuvre comique,
Où chacun fait des rôles différens :
Là sur la scène, en habit dramatique,
Brillent prélats, ministres, conquérans.
Pour nous, vil peuple, assis aux derniers rangs,
Par nous d'en bas la pièce est écoutée ;
Mais nous payons, utiles spectateurs,
Et quand la pièce est mal représentée
Pour notre argent nous sifflons les acteurs.

C'est dans ses épigrammes seulement que *Rousseau* a fait un usage heureux du style marotique, si déplacé, si insignifiant dans ses épitres & dans ses allégories. Le style marotique est la langue propre de la plaisanterie & de la naïveté; ce n'est qu'un jargon dans les choses raisonnables & sérieuses, & l'on ne conçoit point alors la raison d'un

tel déguisement. M. de Voltaire a raison; il n'y a ni mérite ni agrément à venir nous dire :

Donc si Phœbus ses échecs vous ajuge,
Pour bien jouer consultez tout bon juge;
Pour bien jouer, hantez les bons joueurs ;
Sur-tout craignez le poison des loueurs,
Accostez-vous de fidèles critiques.

Après que Boileau a dit si sensément & si élégamment :

Faites choix d'un censeur solide & salutaire,
Que la raison conduise, & le savoir éclaire,
Et dont le crayon sûr d'abord aille chercher
L'endroit que l'on sent foible, & qu'on veut se cacher.

Que veut dire *Rousseau*, lorsqu'après des raisonnemens travestis en jargon marotique, il conclut que chez tous les hommes,

Sottise est seulement
Vice d'esprit & non de jugement ?

Sa définition de l'esprit paroît d'abord plus raisonnable, mais le jargon marotique jette l'auteur dans des exagérations & dans des impropriétés d'expression qui gâtent cette définition.

Qu'est-ce qu'esprit ? raison assaisonnée.
Par ce mot seul la dispute est bornée ;
Qui dit esprit, dit sel de la raison;
Donc sur deux points roule mon oraison:
Raison sans sel est fade nourriture,
Sel sans raison n'est solide pâture ;
De tous les deux se forme esprit parfait;
De l'un sans l'autre un monstre contrefait.

C'est le jargon marotique qui sert de passeport & d'excuse à ces vers oiseux :

Donc sur deux points roule mon oraison.

Il est bien question là d'*oraison* & d'oraison à deux points !

De l'un sans l'autre un monstre contrefait

est une exagération ridicule : la raison même sans sel ne peut être un monstre. Combien Horace parle avec plus de mesure & de précision de la nécessité de réunir l'étude & le talent !

Ego nec studium sine divite venâ,
Nec rude quid possit video ingenium; alterius sic
Altera poscit opem res & conjurat amicè.

M. de Voltaire a bien fait sentir l'abus que *Rousseau* a fait du style marotique, en le montrant dans le temple du goût, couvert de lauriers
&

& de chardons, & prononçant ces vers qui font en effet de lui :

> Je viens, dit-il, pour rire & pour m'ébattre,
> Me rigôlant, menant joyeux déduit,
> Et jufqu'au jour, faifant le diable à quatre.

Me prend-on ? ajoute-t-il,

> Pour une grenouille aquatique,
> Qui du fond d'un petit thorax,
> Va chantant pour toute mufique
> Brekeke, kake, koax, koax, koax.

Ces deux grands hommes ont rempli leurs ouvrages de traits durs & amers l'un contre l'autre; ils fe font montrés tous deux injuftes. Ces querelles des gens-de-lettres font l'opprobre de notre littérature, & on a ingénieufement appliqué aux hommes illuftres qui fe déchirent ainfi, ces vers de Zaïre :

> Eux qui feroient encor, ainfi que leurs aïeux,
> Maîtres du monde entier, s'ils l'avoient été d'eux.

Mais leurs aïeux, c'eft-à-dire leurs prédéceffeurs, ont-ils été moins injuftes ? Boileau & Racine étoient amis, mais ils décrioient Fontenelle, qui l'a rendu à Boileau dans fon épigramme fur la fatyre contre les femmes. Remontons jufqu'à l'antiquité. Virgile, Horace & Varius étoient amis; mais fommes-nous fûrs que les deux premiers aient été auffi juftes que févères envers Mœvius ? Nous fommes fûrs au moins que la manière dont Horace le traite eft inhumaine & indécente. (Voyez l'article *Mévius* ou *Mœvius*.) Sommes-nous fûrs que Démétrius, que Fannius, que Tigellius aient mérité tout le mépris qu'Horace leur prodigue ?

La renommée de *Rouffeau* eft mêlée de gloire & d'infamie; le refpect qu'infpire fon talent ne s'étend pas jufqu'à fon caractère; quelquefois fon caractère dégrade fon talent même, & la fureur ne lui laiffe ni goût ni mefure. Quel ton, par exemple, que celui de ces vers !

> Comment nommer cet écumeur infigne,
> Qui des prifons forti moins blanc qu'un cigne,
> Vient des neuf fœurs la fontaine infecter,
> Et de fa griffe Apollon molefter ?
> Et ce trio de louves furannées
> Qui tour-à-tour à me mordre acharnées,
> Dans leur fureur femblent s'entre-prêter
> L'unique dent qui leur a pû refter !

Quelle injuftice dans ceux-ci contre le paifible Crébillon, qui n'écrivoit contre perfonne !

> Comment nommer ce froid énergumène,
> Qui d'Hélicon chaffé par Melpomène,
> Me défigure en fes vers Oftrogoths,
> Comme les rois & princes d'Argos ?

Crébillon n'étoit rien moins que froid, il avoit un génie profondément tragique, & s'il a fait de mauvais vers, il en a fait auffi qu'on citera toujours.

On fait que *Rouffeau* étoit fils d'un cordonnier : on connoît cette chanfon qui, dit-on, le défoloit :

> Sa naiffance eft affez publique,
> Car il naquit dans la boutique.

Ce père devoit lui être très-précieux, car il avoit pris ou fait prendre un grand foin de fon éducation. On reprochoit à *Rouffeau* de l'avoir renié dans une occafion éclatante. Ses talens lui avoient donné entrée dans la maifon d'un grand, dont fon père étoit le cordonnier fans qu'il le fût. Le père y étant appelé pour les fonctions de fon état, ne put réfifter à la tentation affez naturelle de fe glorifier d'un tel fils & de s'applaudir des égards qu'il voyoit qu'on avoit pour lui. *Rouffeau* déclara que cet homme fe trompoit & qu'il ne le connoiffoit pas. Le père fortit, dit-on, confus & défolé de cette lâche & impudente ingratitude. C'eft fur ce fait très-notoire que la Motte compofa l'ode, où il dit à *Rouffeau* :

> On ne fe choifit point fon père;
> Par un reproche populaire
> Le fage n'eft point abbattu.
> Oui, quoique le vulgaire en penfe,
> *Rouffeau*, la plus vile naiffance
> Donne du luftre à la vertu.

Il eft affreux fans doute d'affliger à la fois & l'amour propre & la tendreffe d'un père, & un tel tort ne reçoit point d'excufe. Qu'on nous permette feulement quelques réflexions à ce fujet. Horace étoit à-peu-près dans le même cas que *Rouffeau* ; il étoit fils d'un homme du peuple, & s'étoit élevé par fes talens.

> Me libertino natum patre & in tenui re
> Majores pennas nido extendiffe loqueris,
> Ut quantum generi demas virtutibus addas.
> Me primis urbis belli placuiffe domique.

Son père lui avoit auffi donné une excellente éducation & par lui-même & par toutes les reffources que fa médiocre fortune pouvoit lui fournir. Horace ne perd pas une occafion de lui en témoigner fa reconnoiffance.

> Caufa fuit pater his, qui macro pauper agello,
> Noluit in Flavi ludum me mittere, magni
> Quò pueri magnis è centurionibus orti, ...
> Ibant......
>
> Sed puerum eft aufus Romam portare docendum,
> Artes, quas doceat quivis eques atque fenator
> Semet prognatos. Veftum ferefque fequentes
> In magno ut populo fi quis vidiffet, avitâ
> Ex re præberi fumptus mihi crederet illos.
> Ipfe mihi cuftos incorruptiffimus omnes
> Circum doctores aderat. Quid multa ? pudicum,
> Qui primus virtutis honos, fervavit ab omni
> Non folùm facto, verùm opprobrio quoque turpi;
> Nec timuit, fibi ne vitio quis verteret, ollim
> Si præco parvas, aut, ut fuit ipfe, coactor;
> Mercedes fequerer, neque ego effem quæftus. Ob hoc nunc
> Laus illi debetur & à me gratia major.
> Nil ne pænitens fanum patris hujus; eàque
> Non ut magna dolo factum negat effe fuo pars,
> Quòd non ingenuas habeat, clarofque parentes,
> Sic me defendam. Longè mea difcrepat iftis
> Et vox & ratio; nam fi natura juberet
> A certis annis ævum remeare peractum
> Atque alios legere ad faftum quæfcumque parentes,

Optaret fibi quifque, meis contentus honeftos
Fafcibus et fellis nolim mihi fumere, demens
Judicio vulgi, fanus fortaffè tuo.

Je refpectai, j'aimai jufqu'à votre mifère,
Je n'aurois point aux dieux demandé d'autre père.

Horace nous montre encore comment fon père
le détournoit de tous les vices, en lui en faifant fentir par des exemples les dangers & les
effets funeftes.

      Infuevit pater optimus hoc me
Ut fugerem, exemplis vitiorum quæque notando ;
Cùm me hortaretur parcè, frugaliter atque
Viverem uti contentus eo quod mi ipfe paraffet .
Nonne vides Albi ut malè vivat filius, utqui
Farris inops ? magnum documentum, ne patriam rem
Perdere quis velit. A turpi meretricis amore
Cùm deterreret, Sectani diffimilis fis ;
Ne fequerer mœchas, conceffâ cùm venere uti
Poffem, deprenfi non bella eft fama Treboni,
Aiebat ; fapiens vitatu quidque petitu
Sit melius, caufas reddet tibi. Mi fatis eft fi
Traditum ab antiquis morem fervare, tuamque ;
Dum cuftodis eges, vitam famamque tueri
Incolumem poffum, Simul ac duraverit ætas
Membra animumque tuum, nabis fine cortice, fic me
Formabat puerum dictis, & five jubebat,
Ut facerem quid ; habes auctorem quo facias hoc,
Unum ex judicibus felectis objiciebat ;
Sive vetabat, an hoc inhoneftum & inutile factu,
Necne fit, addubites, flagret rumore malo cùm
Hic atque ille ?

Cette méthode d'inftruction étoit en effet la
plus propre à produire du fruit. C'eft ainfi qu'Horace fe montre par-tout fils bien né, fils reconnoiffant ; il s'honoroit en honorant fon père, mais
il avoit eu le temps de s'arranger pour parler
ainfi, il avoit fait fon calcul à loifir, & il l'avoit
fait bon, au-lieu que la vanité furprife fe fait
prefque toujours mauvais ; il auroit fallu voir ce
qu'auroit fait Horace, fi chez Mécène, ou chez
quelque autre de ces grands qui l'admettoient à
leur familiarité honorable & dangereufe,

   . . . . *Me*
Cum magnis vixiffe invita fatebitur ufque
   Invidia.

le hazard lui eût préfenté inopinément fon
père exerçant des fonctions réputées viles & paroiffant dans un état abject. Il eft vrai qu'Horace
nous apprend qu'il s'étoit mis à l'abri de tout danger à
cet égard, en difant naturellement ce qu'il étoit, &
en ne fe vantant ni de naiffance, ni de richeffe,
la première fois qu'il avoit paru devant Mécène.

Ut veni coram, fingultim pauca locutus,
(Infans namque pudor prohibebat plura profari)
Non ego me claro natum patre, non ego circùm
Me faturejano vectari rura caballo,
Sed quod eram narro . . . . . magnum hoc ego duco
Quòd placui tibi, qui turpi fecernis honeftum,
Non patre præclaro, fed vitâ et pectore puro.

Mais enfin Horace s'étoit encore préparé pour
tenir à Mécène ce langage noble & modefte, &
il n'y avoit point là de furprife.

Les mœurs & l'opinion pouvoient encore mettre
une différence entre la fituation d'Horace & celle
de *Rouffeau* relativement à l'objet dont il s'agit :
chez les Romains le peuple avoit toujours eu part
au gouvernement ; on avoit eu toujours intérêt
de le ménager. On refpectoit donc les races patriciennes fans jamais aller jufqu'au mépris pour
les familles plébéiennes. Or, il n'y a d'injufte que
ce mépris introduit dans quelques monarchies par
l'ignorance & dans des tems de barbarie. Qu'on
faffe cas de la naiffance, qu'on fe fente porté au
refpect à la vue des defcendans de ces grands
hommes, qui, ayant bien fervi l'état, ont impofé
à leurs fils une obligation de plus de le bien
fervir ; qu'on félicite les riches d'avoir de
plus que les autres un puiffent moyen de faire
du bien ; il n'y a rien dans tout cela que de
très-raifonnable ; mais pourquoi méprifer ceux
qui dépourvus de ces avantages, cherchent à fe
rendre utiles à eux-mêmes & aux autres dans un
état inférieur ? pourquoi déclarer viles des occupations dont la fociété a befoin & dont elle
profite ? Mais enfin c'étoit un préjugé dominant,
& nul homme n'eft affez fort contre un préjugé
dominant ; on peut n'en être pas complice, mais
on en eft néceffairement victime. *Rouffeau* fit
l'affront au grand chez lequel il étoit, de croire
qu'il alloit perdre de fon eftime, fi fa naiffance
étoit connue ; il efpéra que le refpect contien-
droit fon père & l'empêcheroit de fe livrer aux
mouvemens de la nature ; il fe tut & le père
parla ; dès-lors le fils fentit que fon filence feul
l'avoit déja rendu coupable, qu'il n'étoit déja
plus temps de réparer fa faute, qu'il auroit la
double confufion & de voir révéler fa naiffance,
& d'avoir effayé de la cacher ; il fe troubla, il
fit un faux calcul comme tous ceux dont un événement imprévu déconcerte les mefures, il chercha fon falut dans l'impudence, & renia fon père.

Le tort eft inexcufable, & nous ne cherchons
point à l'affoiblir ; nous difons feulement que la
plus grande partie de ce tort appartient aux mœurs
du temps & aux opinions établies, & qu'il feroit
peut-être trop rigoureux d'en conclure que *Rouf-*
feau fût un fils dénaturé. Les foibles doivent être
jugés moins féverement que les méchans, quoique
les effets de la foibleffe & de la méchanceté foient
quelquefois les mêmes. Saurin dans fon mémoire,
dit que la rencontre de *Rouffeau* avec fon père,
fe fit à la comédie le jour de la première repréfentation du *Flatteur,* & que ce fut à la face
du public qu'il défavoua fon père. La publicité
paroit rendre le fait plus affreux : mais c'étoit
toujours une furprife. On dit dans le même mémoire, que *Rouffeau* s'étoit quelque tems appellé *Verniettes,* nom dont l'anagramme eft : *Tu*
te renies.

Dom Sanche d'Arragon eft un héros, parce
qu'il reconnoit & qu'il avoue fon père dans des
conjonctures où tous les intérêts de la vanité ;

de l'amour, de la grandeur se réuniſſoient pour l'engager à le déſavouer. Dom Sanche eſt un ſoldat de fortune, dont la gloire eſt montée à un ſi haut point qu'il eſt aimé de deux reines. Il a pour rivaux des grands du royaume ; une des deux reines n'oſant l'épouſer, le conſtitue juge de ſes rivaux & le rend dépoſitaire de ſon anneau pour le remettre à celui qu'il voudra choiſir, il leur propoſe le duel & déclare qu'il ne remettra l'anneau qu'à ſon vainqueur. Sur ces entrefaites, un pauvre pêcheur paroît, c'eſt le père de Dom Sanche. Ses rivaux mêmes par généroſité font arrêter ce pêcheur, perſuadés que c'eſt un impoſteur que l'envie & la malignité ont ſuſcité pour nuire à Dom Sanche. Celui-ci va trouver la reine & lui demande la liberté de ſon père.

La baſſeſſe du ſang ne va pas juſqu'à l'ame.
Sanche, fils d'un pêcheur, & non pas d'un infâme, &c.
Madame, commandez qu'on me rende mon père.

La reine ſent tous les ſacrifices que Sanche fait en ce moment à la nature, elle l'en eſtime & l'en aime davantage & lui dit :

Je vous tiens malheureux d'être né d'un tel père,
Mais je vous tiens enſemble heureux au dernier point,
D'être né d'un tel père, & de n'en rougir point.

Il eſt donc des circonſtances où, reconnoître un père dans l'abjection eſt un héroïſme dont on ſent que tout le monde n'eſt pas capable.
Le comte de Tufière renie ſon père, non dans l'abjection, mais dans la pauvreté ; il le fait paſſer pour ſon intendant, cependant il ne révolte pas ; il eſt vrai qu'il lui demande pardon de ſa foibleſſe, qu'il appelle une noble fierté & à laquelle il le conjure de compâtir : on ſait la réponſe du père :

J'entends, la vanité me déclare à genoux
Qu'un père infortuné n'eſt pas digne de vous.

Le glorieux finit par réparer ſa faute, & peut-être Rouſſeau, hors du moment critique, réparâ-t-il la ſienne.
Rouſſeau étoit né vers 1669 ou 1671. Il s'attacha en 1688 à M. de Bonrepeaux, alors ambaſſadeur de France en Danemarck. Il fut depuis ſecrétaire du maréchal de Tallard, & paſſa en Angleterre à ſa ſuite. Il s'y lia d'une étroite amitié avec le célèbre Saint-Evremond. Il fut enſuite attaché à M. Rouillé, directeur des finances, auquel il adreſſa cette belle ode :

Digne & noble héritier des premières vertus, &c.

(Voyez l'article BOUVARD DE FOURQUEUX.)
M. de Chamillart lui offrit une direction des fermes générales en province ; Rouſſeau ne voulut jamais l'accepter ; c'eſt à cette occaſion qu'il dit :

Je ſais quel eſt le prix d'une honnête abondance,
Que ſuit la joie & l'innocence,
Et qu'un philoſophe étayé
D'un peu de richeſſe & d'aiſance,
Dans le chemin de ſapience,

Marché plus ferme de moitié ;
Mais j'aime mieux un ſage à pié
Content de ſon indépendance,
Qu'un riche indignement noyé
Dans une ſervile opulence,
Qui ſacrifiant tout, honneur, joie, amitié,
Au ſoin d'augmenter ſa finance,
Eſt lui-même ſacrifié
A des biens dont jamais il n'a la jouiſſance.

Entre 1708 & 1712 éclata la malheureuſe affaire des couplets. Rouſſeau fut condamné par arrêt du 7 avril 1712 au banniſſement perpétuel, non pas comme auteur des couplets, mais comme calomniateur & ſuborneur de témoins. Il paroît en effet qu'il avoit ſuborné le nommé Guillaume Arnould pour dépoſer contre Saurin qu'il vouloit faire regarder comme l'auteur des couplets. (Voy. les articles BOINDIN & SAURIN.)
Rouſſeau livré par ce malheur à la merci des bienfaiteurs, en eut & en perdit pluſieurs, ſoit par leur faute, ſoit par la ſienne. Il ſe retira d'abord en Suiſſe, où le comte du Luc qui pour lors y étoit ambaſſadeur, lui rendit la vie douce & agréable. C'eſt à lui que Rouſſeau adreſſe cette belle ode ſi pindarique :

Tel que le vieux paſteur des troupeaux de Neptune, &c.

Après la paix de Bade, conclue en 1714, ce fut au prince Eugène que Rouſſeau s'attacha, & ce prince eſt auſſi très-célèbre dans les œuvres de Rouſſeau. (Voyez l'ode 2me. du livre 3e. qui lui eſt adreſſée, & l'ode ſur la bataille de Pétèrwaradin.) Rouſſeau fut mêlé dans l'affaire du comte de Bonneval, ce qui lui attira une diſgrace, méritée ou non. En général, un grand malheur & une grande ſource de diſgraces pour ce poëte fut la facilité qu'il avoit de ſe paſſionner pour ou contre les perſonnes ou les choſes, & de ſe laiſſer emporter par ſes paſſions. Il alla vivre à Bruxelles, il y vit M. de Voltaire, qu'il n'avoit vu que preſque enfant à Paris, & ils ſe brouillèrent. Pendant la régence, M. le duc d'Orléans accorda aux ſollicitations du grand-prieur de Vendôme & du baron de Breteuil, des lettres de rappel pour Rouſſeau ; mais celui-ci, ſoit qu'il ſe ſentit innocent, ſoit qu'il préſumât trop de ce moment de faveur, eut la fierté de ne vouloir pas être rappellé à titre de grace ; il demanda la réviſion de ſon procès, & ne put l'obtenir. En 1721, il retourna en Angleterre, où il fit faire une édition de ſes œuvres qui lui valut près de dix mille écus ; mais toujours perſécuté par la fortune, il plaça cette ſomme dans la compagnie d'Oſtende, qui manqua, & entraîna la ruine des actionnaires. On loue beaucoup la généreuſe amitié d'un notaire de Paris, nommé Boutet, qui ne l'abandonna jamais dans ſes beſoins ; le duc d'Aremberg lui donna ſa table à Bruxelles, & en partant en 1733 pour aller faire la guerre en Allemagne, il lui fit une penſion de 1500 liv., bienfait que M. de Voltaire eſt accuſé de lui avoir fait perdre par les plaintes juftes ou injuftes qu'il porta contre lui au duc d'Aremberg. Il eft fâcheux même d'avoir raifon d'une manière qui enlève à un homme, & à un homme tel que *Rouffeau*, fa fubfiftance. Le féjour de Bruxelles étant alors devenu odieux à cet illuftre infortuné, le comte du Luc & M. Olivier de Senozan, receveur-général du clergé, prirent fur eux de le faire venir fecrètement à Paris, & on négocia, mais fans fuccès, pour obtenir qu'il pût y refter; il fut obligé de retourner à Bruxelles le 3 février 1740; il y mourut le 17 mars 1741; avant de recevoir le viatique, il protefta hautement qu'il n'étoit pas l'auteur des fameux couplets; ceux qu'il en accufoit ont de leur côté fait conftamment la même proteftation; & ils ont été crûs. L'épitaphe que Piron a faite à *Rouffeau* eft jufte & précife :

Ci gît l'illuftre & malheureux *Rouffeau*;
Le Brabant fut fa tombe, & Paris fon berceau.
Voici l'abrégé de fa vie
Qui fut trop longue de moitié :
Il fut trente ans digne d'envie,
Et trente ans digne de pitié.

Rouffeau étoit de l'académie des infcriptions & belles-lettres, il y avoit été reçu élève en 1701. Il y fut déclaré vétéran en 1705.

Le fecond ROUSSEAU (Jean-Jacques) né à Genève en 1712, non moins illuftre que le premier, & guéres moins malheureux, eft le plus éloquent des profateurs françois. Il a lui-même écrit fa vie dans fes mémoires; c'eft une fuite de fenfations plus que d'évènemens, & cette manière d'écrire l'hiftoire n'eft pas la moins intéreffante. Il dit moins ce qui lui eft arrivé que ce qu'il a fenti, que ce qu'il a vu ou cru voir à travers le prifme de cette imagination brillante & vigoureufe, qui a quelquefois embelli & fi fouvent empoifonné fa vie. Il dit tout, il fe montre tout entier, quelquefois aux dépens de ce qu'on appelle décence & dignité dans l'hiftoire. Auffi écoutons-le tonner contre la décence & la dignité qui rejetteroient comme frivoles les anecdotes pittorefques, les petits traits caractériftiques. Il cite d'abord l'exemple de Plutarque : « Le bon Plutarque excelle comme hif- » torien par des détails dans lefquels nous n'o- » fons plus entrer. Il a une grace inimitable à » peindre les grands hommes dans les petites cho- » fes, & il eft fi heureux dans le choix de fes » traits, que fouvent un mot, un fourire, un » gefte lui fuffit pour caractérifer fon héros. Avec » un mot plaifant, Annibal raffure fon armée ef- » frayée & la fait marcher en riant à la bataille » qui lui livra l'Italie. Agéfilas, à cheval fur un » bâton, me fait aimer le vainqueur du grand » roi. Céfar, traverfant un pauvre village, & » caufant avec fes amis, décèle, fans y penfer, » le fourbe qui difoit ne vouloir qu'être l'égal » de Pompée. Alexandre avale une médecine,

» & ne dit pas un feul mot ; c'eft le plus beau » moment de fa vie. Ariftide écrit fon propre » nom fur une coquille, & juftifie ainfi fon fur- » nom. Philopémen, le manteau bas, coupe du » bois dans la cuifine de fon hôte : voilà le vé- » ritable art de peindre. La phyfionomie ne fe » montre pas dans les grands traits, ni le carac- » tère dans les grandes actions; c'eft dans les ba- » gatelles que le naturel fe découvre. Les chofes » publiques font ou trop communes, ou trop ap- » prêtées; & c'eft prefque uniquement à celles-ci » que la dignité moderne permet à nos auteurs de » s'arrêter. »

Il cite enfuite le trait aujourd'hui fort connu du coup donné par derrière à M. de Turenne, par un domeftique qui le prenoit pour un de fes camarades, & le mot de M. de Turenne : & *quand ce feroit George, falloit-il frapper fi fort?* Trait que Plutarque, dit-il, n'eût eu garde d'omettre; mais que Ramfay n'eût eu garde d'écrire, quand il l'auroit fu. Puis il s'écrie : « Voilà donc ce que vous n'ofez dire ? mi- » férables !...... Trempez, durciffez vos cœurs » de fer dans votre vile décence; rendez-vous mé- » prifables à force de dignité.

Cette théorie eft fidélement réduite en pratique dans fes mémoires, & nulle décence de convention n'arrête ni ne vient glacer fa plume. Le trait dominant de fon caractère, comme il l'avoue lui-même, *eft une orgueilleufe mifanthropie & une certaine aigreur contre les riches & les heureux du monde*. Auffi trouvons-nous dans fon fameux traité de l'origine de l'inégalité parmi les hommes, le germe de tous fes autres ouvrages & l'efprit qu'on y voit régner; c'eft pourquoi nous allons nous arrêter principalement fur cet ouvrage dont les fuivans n'ont été pour ainfi dire que des modifications & des dévelopemens. Expofons d'abord fon fyftéme.

PREMIÈRE PARTIE.

En confidérant l'homme tel qu'il a dû fortir des mains de la nature, on voit un animal moins fort que les uns, moins agile que les autres, mais organifé le plus avantageufement de tous ; il fe raffafie fous un chêne des fruits que cet arbre produit, fe défaltère au premier ruiffeau, trouve fon lit au pied du même arbre qui lui a fourni fon repas, & voilà fes befoins fatisfaits. Il n'eft afferví à aucun inftinct particulier, mais il a la faculté de fe les approprier tous; il fe nourrit indiftinctement des alimens divers que tous les autres animaux fe partagent, & trouve par conféquent plus aifément que eux fa fubfiftance. Accoutumé dès l'enfance aux intempéries de l'air & à la rigueur des faifons, exercé à la fatigue, forcé de défendre nud & fans armes fa vie & fa proie contre les bêtes féroces, ou de leur échapper à la courfe, l'homme fauvage acquiert une force & une agilité, dont la molleffe de l'éducation, l'induſtrie & les ſecours artificiels de toute eſpéce, privent abſolument l'homme civiliſé. Les périls où il eſt expoſé de la part des bêtes féroces, ne ſont point inévitables, il a toujours le choix du combat ou de la fuite, il trouve ſous les arbres un refuge preſque aſſuré. D'ailleurs aucun animal ne fait naturellement la guerre à l'homme, s'il n'y eſt forcé pas la faim ou par la néceſſité de ſe défendre. L'enfance, la vieilleſſe & les maladies ſont des ennemis plus redoutables, mais les deux premiers ſont communs à tous les animaux & à tous les hommes, ſoit ſauvages, ſoit civiliſés, & les maladies ſont nées de la ſociété; on les connoît à peine chez les ſauvages. La nature traite tous les animaux abandonnés à ſes ſoins avec une prédilection qui ſemble montrer combien elle eſt jalouſe de ce droit. L'éducation domeſtique affoiblit le tempérament, énerve le corps & flétrit le courage. La nudité, le défaut d'habitation & la privation de toutes ces commodités que nous croyons ſi néceſſaires, ne ſont pas de ſi grands malheurs ni de ſi grands obſtacles à la conſervation. Si les hommes n'ont pas la peau velue, ils n'en ont aucun beſoin dans les pays chauds, & ils ſavent bientôt dans les pays froids, s'approprier celles des bêtes qu'ils ont vaincues. Seul, oiſif, & toujours voiſin du danger, l'homme ſauvage doit aimer à dormir, & avoir le ſommeil léger. Sa propre conſervation faiſant ſeule ſon unique ſoin, ſes facultés les plus exercées doivent être celles qui ont pour objet principal l'attaque & la défenſe; au contraire les organes qui ne ſe perfectionnent que par la molleſſe & la ſenſualité, doivent reſter dans un état de groſſiéreté qui exclut en lui toute eſpéce de délicateſſe; il doit avoir le toucher & le goût d'une rudeſſe extrême, la vûe, l'ouïe & l'odorat de la plus grande ſubtilité. Tel eſt ou doit être l'homme ſauvage conſidéré du côté phyſique; conſidérons le maintenant par le côté moral.

L'homme eſt d'abord diſtingué des autres animaux par ſa qualité d'agent libre; la nature ſeule fait tout dans les opérations de la bête; l'homme concourt aux ſiennes par l'exercice de ſa liberté, & c'eſt ſur-tout dans la conſcience de cette liberté que ſe montre la ſpiritualité de ſon ame.

Mais il y a une qualité très-ſpécifique qui diſtingue l'homme des animaux, c'eſt la faculté de ſe perfectionner, faculté qui, à l'aide des circonſtances, développe ſucceſſivement toutes les autres, & réſide parmi nous tant dans l'eſpéce que dans l'individu, au lieu qu'un animal eſt au bout de quelques mois, ce qu'il ſera toute ſa vie, & ſon eſpéce, au bout de mille ans, ce qu'elle étoit la première année. Cette perfectibilité, cette faculté diſtinctive & preſque illimitée eſt la ſource de tous les malheurs de l'homme. L'entendement humain doit beaucoup aux paſſions, qui réciproquement lui doivent beaucoup auſſi. C'eſt par leur activité que notre raiſon ſe perfectionne;

nous ne cherchons à connoître que parce que nous deſirons de jouir. Les paſſions à leur tour tirent leur origine de nos beſoins & leurs progrès de nos connoiſſances, car on ne peut deſirer ou craindre les choſes que ſur les idées qu'on en peut avoir, ou par la ſimple impulſion de la nature. L'homme ſauvage privé de toute ſorte de lumière, n'éprouve que les paſſions de cette dernière eſpéce; ſes deſirs ne paſſent pas ſes beſoins phyſiques; ſon imagination ne lui peint rien, ſon cœur ne lui demande rien, ſon ame que rien n'agite, ſe livre au ſeul ſentiment de ſon exiſtence actuelle, ſans aucune idée de l'avenir, quelque prochain qu'il puiſſe être; la diſtance des pures ſenſations aux plus ſimples connoiſſances, eſt immenſe. D'ailleurs ſuppoſons des connoiſſances & des lumières à un ſauvage, ne périront-elles pas faute de communication? Point de langues, point de ſignes inſtitués pour exprimer ſes idées; ici l'auteur expoſe avec beaucoup d'eſprit & de profondeur les obſtacles ſans nombre qui ſembloient devoir empêcher éternellement l'invention des langues; il développe les gradations laborieuſes par où cet art a dû paſſer, avant d'établir un rapport certain entre les objets & les mots, & ſucceſſivement entre les diverſes parties d'oraiſon; il en tire la concluſion qu'on voit par le peu de ſoin qu'a pris la nature de faciliter aux hommes l'uſage de la parole, combien elle a peu préparé leur ſociabilité, & combien elle a peu mis du ſien dans tout ce qu'ils ont fait pour en établir les liens. Au reſte, dit-il, l'homme ſans ſociété n'eſt point miſérable; car quelle peut être la miſère d'un être libre dont le cœur eſt en paix & le corps en ſanté?

L'homme tient de ſa nature une troiſième qualité qui lui eſt commune en partie avec les bêtes; c'eſt une forte répugnance à voir ſouffrir ſon ſemblable. C'eſt la pitié, c'eſt ce mouvement aimable, trop étouffé dans la ſociété par l'intérêt plus puiſſant, qui tempère en lui l'ardeur qu'il a pour ſon bien-être, & qui l'empêchera toujours d'enlever à un foible enfant ou à un vieillard infirme, ſa ſubſiſtance acquiſe avec peine, ſi lui-même il eſpère trouver la ſienne ailleurs. Avec des paſſions ſi peu actives & un frein ſi ſalutaire, les hommes plutôt farouches que méchans, & plus attentifs à ſe garantir du mal qu'ils pourroient recevoir que tentés d'en faire à autrui, n'étoient pas ſujets à des démêlés fort dangereux; n'ayant ni commerce ni propriété, ils ne connoiſſoient ni l'orgueil ni l'intérêt, ſources de tant de crimes. L'amour même ne troubloit point leur repos; car ils n'en connoiſſoient que le phyſique & point le moral, ils ignoroient ces préférences qui en irritent le ſentiment & en augmentent les difficultés; le beſoin ſatisfait, tout deſir étoit éteint. C'eſt dans la ſociété ſeule que l'amour a pû acquérir cette ardeur impétueuſe qui le rend ſi funeſte.

» Concluons donc, dit M. Rouſſeau, qu'errant » dans les forêts ſans induſtrie, ſans parole, ſans

» domicile, fans guerre & fans liaifons, fans
» nul befoin de fes femblables comme fans nul
» defir de leur nuire, peut-être fans jamais en
» reconnoître aucun individuellement, l'homme
» fauvage, fujet à peu de paffions, & fe fuffi-
» fant à lui-même, n'avoit que les fentimens
» & les lumieres propres à cet état, qu'il ne
» fentoit que fes vrais befoins, ne regardoit que
» ce qu'il croyoit avoir intérêt de voir, & que
» fon intelligence ne faifoit pas plus de progrès
» que fa vanité. Les générations fe multiplioient
» inutilement, & chacune partant toujours du
» même point, les fiecles s'écouloient dans toute
» la groffiereté des premiers âges, l'efpece étoit
» déjà vieille, & l'homme reftoit toujours enfant.

Seconde Partie.

Il s'agit, dans cette feconde partie, de parcourir
cette lente fucceffion d'événemens & de connoiffances, qui, de l'état tranquille & borné qu'on
vient de décrire, a pu amener les hommes jufqu'au degré d'inégalité où ils font parvenus.

Le premier fentiment de l'homme fut celui de
fon exiftence; fon premier foin, celui de fa confervation; la faim, d'autres appétits lui firent
éprouver tour-à-tour diverfes manieres d'exifter:
les productions de la terre lui fourniffoient des
fecours néceffaires, il fe porta par un mouvement naturel à en faire ufage; mais bientôt il fe
préfenta des difficultés, il fallut apprendre à les
vaincre. La hauteur des arbres, la concurrence
& la férocité des animaux l'obligerent de s'appliquer aux exercices du corps. A mefure que le
genre humain s'étendit, les peines fe multiplie-
rent avec les hommes. La différence des terrains,
des climats, des faifons, en mit auffi dans la
maniere de vivre. Le long de la mer & des ri-
vieres, on devint pêcheur; dans les forêts, chaffeur;
dans les pays froids, on fe couvrit des peaux des
bêtes qu'on avoit tuées. Le tonnerre, un volcan
ou quelque autre hazard fit connoître le feu; on
apprit à le conferver, à le reproduire, on en fit
cuire les viandes qu'auparavant on mangeoit
crues. Cette application réitérée des êtres divers
à foi-même & les uns aux autres, fit naître des
perceptions de certains rapports, qui produifirent
enfin quelque forte de réflexion, d'où nâquirent
encore de nouvelles lumieres qui augmenterent
la fupériorité de l'homme fur les animaux en la
lui faifant connoître. Ses femblables eurent part
auffi à fes obfervations; les conformités que le
temps lui fit appercevoir entre eux & lui, le
firent juger de celles qu'il n'appercevoit pas; il
vit qu'ils fe conduifoient tous comme il auroit
fait dans de pareilles circonftances; il conclut
que leur maniere de penfer & de fentir étoit
conforme à la fienne; l'expérience lui apprit encore que l'amour du bien-être étoit le mobile
des actions humaines: en conféquence il diftingua
les occafions où il pouvoit compter fur le fecours

de fes femblables, & celles où il devoit fe défier
d'eux. Dans le cas où l'intérêt commun formoit
quelque efpece d'affociation, des cris inarticulés,
beaucoup de geftes, quelques bruits imitatifs compofoient la langue univerfelle, qui fe perfectionna
enfuite par l'ufage des fons conventionnels dont
M. Rouffeau, dans la premiere partie, défefpéroit
d'expliquer l'inftitution.

Ces premiers progrès mirent l'homme à portée
d'en faire de plus rapides; l'efprit s'éclairoit, l'induftrie fe perfectionnoit; bientôt des pierres tranchantes fervirent à couper du bois, à creufer la
terre, on fit des huttes de branchages; on les en-
duifit d'argile & de boue; delà l'établiffement
& la diftinction des familles, delà un commencement de propriété, delà les plus doux fentimens,
l'amour conjugal, l'amour paternel, fruits heureux de l'habitude de vivre enfemble; alors s'établit la premiere différence dans la maniere de
vivre des deux fexes; les femmes garderent la cabane & les enfans, l'homme alla chercher la
fubfiftance commune; la férocité s'amollit, la vigueur s'abâtardit, on fe procura des commodités,
l'ufage de la parole fe perfectionna, des révolutions du globe détacherent & couperent en isles
des portions du continent; les hommes ainfi rap-
prochés, s'accoutumerent à un idiome commun
qu'ils porterent dans le continent lorfqu'ils firent
leurs premiers effais de navigation.

Tout commence à changer de face: les hommes
fe raprochent lentement, fe réuniffent en diverfes
troupes, forment enfin dans chaque contrée une
nation particuliere, unie, non par les loix (il n'y
en avoit point encore) mais par les mœurs, par
le même genre de vie & d'alimens & par l'influence commune du climat. On s'accoutume à
confidérer & à comparer les objets; on acquiert
des idées de mérite & de beauté qui produifent
des fentimens de préférence; le moral amour dans
l'amour, la jaloufie fe fait connoître, l'efprit & le
cœur s'exercent, les liaifons s'étendent, les liens
fe refferrent, l'eftime publique commence à avoir
un prix, l'amour propre inconnu jufqu'alors prend
naiffance, chacun prétendit alors à la confidération & il ne fut plus permis de paroître en manquer pour perfonne; delà les premiers devoirs
de la civilité, delà les injures & les vengeances
d'autant plus cruelles & d'autant plus néceffaires
alors pour punir les injures que les loix n'étoient
point encore établies. Ce période du développement des facultés humaines tenant un jufte milieu
entre l'indolence de l'état primitif & la pétulante
activité de notre amour propre, dut, felon M. Rouffeau, être l'époque la plus heureufe & la plus
durable.

Tant que les hommes ne s'appliquerent qu'à des
ouvrages qu'un feul pouvoit faire, ils vécurent
libres, fains, bons & heureux; mais dès l'inftant
qu'un homme eut befoin du fecours d'un autre,
dès qu'on s'apperçut qu'il étoit utile à un feul

d'avoir des provisions pour deux, l'égalité difparut, la propriété s'introduisit, le travail devint
nécessaire. La métallurgie & l'agriculture produisirent cette grande révolution; dès qu'il fallut des
hommes pour fondre & forger le fer, il fallut
d'autres hommes pour nourrir ceux-là; il fallut
aux uns des denrées en échange de leur fer,
& les autres employèrent le fer à la multiplica-
tion des denrées; delà naquirent d'un côté le
labourage & l'agriculture, dont les hommes avoient
dû avoir assez promptement l'idée, en suivant
les voies que la nature emploie pour la génération
des végétaux, & de l'autre côté l'art de travailler
les métaux & d'en multiplier les usages.

De la culture des terres s'ensuivit leur partage,
& de la propriété bien reconnue, les premières
règles de justice.

Les choses en cet état eussent pu demeurer
égales, si les talens eussent été égaux, & si l'emploi du fer & la consommation des denrées eussent
toujours fait une balance; mais la proportion que
rien ne maintenoit, fut bien-tôt rompue, le plus
fort faisoit plus d'ouvrage, le plus adroit tiroit
meilleur parti du sien, le plus ingénieux trouvoit
des moyens d'abréger le travail. Le laboureur avoit
plus besoin de fer ou le forgeron de bled, & en
travaillant également, l'un gagnoit beaucoup,
tandis que l'autre avoit à peine à vivre. C'est ainsi
que l'inégalité naturelle se déploye insensiblement
avec celle de combinaison, & que les différences
des hommes, développées par les circonstances,
deviennent plus sensibles, plus permanentes, &
commencent à influer sur le sort des particuliers.

Voilà donc toutes nos facultés développées:
l'amour propre intéressé, la raison rendue active,
l'esprit approchant de sa perfection, le rang &
le sort de chaque homme établi sur les biens,
sur le pouvoir de servir ou de nuire, sur l'esprit,
la beauté, la force, l'adresse, le mérite, les talens;
voilà les hommes obligés d'avoir ces qualités ou
de les affecter; delà le faste, la ruse & l'esclavage
varié en cent façons différentes; delà l'ambition,
l'ardeur d'élever sa fortune, la jalousie contre
ceux qui prospèrent; delà une rivalité universelle,
& la haine & la discorde gouvernent le monde
sous le masque que l'intérêt les oblige de prendre.

Il n'y avoit toujours point de loi, & l'on ne
connoissoit alors que deux droits, celui du plus
fort & celui du premier occupant; la concurrence
perpétuelle de ces deux droits produisit le plus
horrible état de guerre, état principalement onéreux au riche, & qui lui fit concevoir le projet
d'établir des loix qui assurassent ses possessions &
sa supériorité sur les pauvres; il étoit question
de les faire agréer aux pauvres mêmes; il y réussit
en leur peignant avec force l'horreur d'une situation
qui armoit le genre humain contre lui-même,
& les avantages d'un état où chacun jouiroit en
paix, ou de ses possessions ou du fruit de ses
travaux; les loix furent donc reçues & le droit

civil devint la règle commune des citoyens;
nouvelle source d'oppression & d'esclavage, époque
malheureuse de l'établissement des corps politiques.
Mais ces différens corps n'étoient unis que par
des conventions générales, dont la communauté
se rendoit le garant envers chacun des membres;
il fallut une multitude d'abus & d'infractions impu-
nies pour faire sentir la foiblesse d'une pareille
constitution, & pour déterminer les peuples à
confier enfin à des magistrats le dangereux dépôt
de l'autorité publique; on joignit à ce pouvoir
tous les honneurs capables de faire respecter les
loix & leurs ministres; les magistrats de leur
côté s'obligèrent à n'user de leur pouvoir que
selon l'intention des commettans, à maintenir chacun dans la paisible jouissance de ce qui lui appartenoit, & à préférer en toute occasion l'utilité
publique à leur propre intérêt, contrat synallag-
matique, mais toujours révocable, parce que les
parties restoient seules juges dans leur propre cause,
si la volonté divine n'eût donné à l'autorité souveraine un caractère sacré & inviolable, qui ôte
aux sujets le funeste droit de l'attaquer.

Les diverses formes des gouvernemens tirent
leur origine des différences plus ou moins grandes
qui se trouvèrent entre les particuliers au moment de l'institution.

Un homme étoit-il éminent en pouvoir, en
vertu, en richesses, en crédit, il fut élu magistrat, l'état fut monarchique; si plusieurs hommes
à peu près égaux entre eux l'emportoient sur tous
les autres, ils furent élus conjointement & l'on
eut une aristocratie; ceux dont la fortune ou les
talens étoient moins disproportionnés & qui s'étoient
le moins éloignés de l'état de nature, gardèrent
en commun l'administration, & formèrent une
démocratie.

Dans ces divers gouvernemens, toutes les
magistratures furent d'abord électives; quand la
richesse ne l'emportoit pas, la préférence étoit
accordée au mérite qui donne un ascendant naturel, & à l'âge qui donne l'expérience dans les
affaires & le sang froid dans les délibérations;
mais plus les élections tomboient sur des hommes
avancés en âge, plus elles devenoient fréquentes
& plus leurs embarras se faisoient sentir; les brigues,
les factions, les guerres civiles alloient ramener
l'anarchie des temps antérieurs; l'ambition des
principaux profita de ces circonstances pour perpétuer leurs charges dans leurs familles, & les
magistratures devinrent héréditaires.

En suivant le progrès de l'inégalité dans ces
différentes révolutions, nous trouverons que l'établissement de la loi & du droit de propriété fut
son premier terme, l'institution de la magistrature
le second, que le troisième & dernier fut le
changement du pouvoir légitime en pouvoir arbitraire; en sorte que l'état de riche & de pauvre
fut autorisé par la première époque, celui de puissant & de foible par la seconde, & par la troi-

sième, celui de maître & d'esclave, qui est le dernier dégré de l'inégalité, & le terme auquel aboutissent enfin tous les autres, jusqu'à ce que de nouvelles révolutions dissolvent tout-à-fait le gouvernement, ou le raprochent de l'institution légitime.

Les distinctions politiques amènent nécessairement les distinctions civiles; l'inégalité croissant entre le peuple & ses chefs; se fait bientôt sentir parmi les particuliers, & s'y modifie en mille manières selon les passions, les talens & les occurrences. Le magistrat ne sauroit usurper un pouvoir illégitime sans se faire des créatures auxquelles il soit forcé d'en céder quelque partie; l'inégalité s'étend sans peine parmi des ames toujours prêtes à courir les risques de la fortune, & à dominer ou servir presque indifféremment, selon qu'elle leur devient favorable ou contraire.

Il suit de cet exposé que l'inégalité étant presque nulle dans l'état de nature, tire sa force & son accroissement du développement de nos facultés & des progrès de l'esprit humain, & devient enfin stable & légitime par l'établissement de la propriété & des loix. Il suit encore que l'inégalité morale, autorisée par le seul droit positif, est contraire au droit naturel, toutes les fois qu'elle ne concourt pas en même proportion avec l'inégalité physique.

Telle est la substance du système de M. Rousseau; ce système n'est qu'une hypothése, & en nous plaçant dans cette hypothèse même, nous croyons pouvoir tirer de ce qu'il dit & de ce qu'il ne dit pas, d'autres résultats que les siens.

Nous ne nous arrêterons point à examiner si le premier état de nature, tel qu'il le peint dans la première partie, est possible. M. Rousseau pardonne à la perfectibilité d'en avoir tiré les hommes & de les avoir amenés à la seconde époque qui lui paroit la plus heureuse, c'est celle de la société commencée, des cabanes construites, des familles rassemblées, de l'amour moral, de la jalousie & de l'orgueil naissans, & des injures réprimées seulement par la crainte des vengeances; mais cette perfectibilité qui avoit pû arracher les hommes à la stupide indolence de leur premier état, qui leur avoit déjà inspiré tant d'idées, tant de connoissances, tant de sentimens, qui avoit rompu les barrières qui s'opposoient à la sociabilité, pouvoit-elle s'arrêter au milieu de sa course? Toutes les idées acquises n'étoient-elles pas autant de dégrés qui élevoient nécessairement à d'autres idées, à d'autres sentimens? Ce commerce de société en rassemblant les objets, en multipliant les relations, ne multiplioit-il pas les passions qui donnent tant de ressort à l'ame, n'enflammoit-il pas la curiosité, n'irritoit-il pas le desir de connoître & de jouir? Il nous semble qu'il y avoit bien plus loin de l'état de non-société à la société commencée, que de ce second état à la perfection de la société, & qu'enfin la perfectibilité que M. Rousseau est

obligé d'accorder aux hommes eût été une faculté inutile & illusoire, si elle les eût laissés dans le premier état, & qu'elle eût cessé d'être un principe actif & constant, si elles les eût laissés dans le second; que par conséquent l'état que M. Rousseau regrette, étoit absolument impossible, c'est-à-dire, qu'il étoit impossible qu'il fût permanent; M. Rousseau nous allègue en vain l'exemple des sauvages de différentes contrées, qui étoient tous, dit-il, à ce même point. Nous lui répondons: 1°. que ces sauvages sont trop peu connus pour qu'on puisse déterminer le dégré précis de leur intelligence & de leurs passions; 2°. que tout ce que leur exemple prouve, c'est qu'ils sont moins avancés que nous dans le chemin de la perfection, mais qu'infailliblement la perfectibilité les amenera par la succession des temps & des circonstances, à peu près au même point que nous.

Il reste à examiner si cet état impossible que M. Rousseau regrette, est plus heureux que celui dont il se plaint. La société, dit-il, en multipliant nos besoins, a multiplié nos chaines, nos passions & nos malheurs. Distinguons d'abord les besoins naturels des besoins factices; l'homme n'est véritablement malheureux que par l'impuissance de satisfaire les besoins naturels: à l'égard des simples commodités, si leur privation cause quelque douleur, c'est une douleur de caprice qui passe aisément; nous ne voyons pas que les pauvres soient désespérés d'être privés de toutes les superfluités qu'ils voient abonder chez les riches; une erreur ridicule leur persuade que le bonheur accompagne les richesses, mais cette erreur n'est que pure leur esprit, elle ne tourmente point leur cœur, & n'en altère point la paix; il faut donc voir si les vrais besoins, les besoins essentiels attachés à la nature humaine, tels que la faim, la soif, le repos, &c. sont plus aisés à satisfaire dans l'état sauvage que dans l'état civil, & il nous semble que la comparaison sur cet article est entièrement favorable à la société; il nous semble que le plus malheureux est presque sûr d'y trouver sa subsistance, sans péril, sans combat, par conséquent sans de grandes inquiétudes; & à jouir aussi d'un repos imperturbable, au-lieu que le sauvage passe sa vie dans les dangers & dans les allarmes, privé de sa subsistance dans les saisons rigoureuses, privé de repos en tout temps. L'exemple des animaux sauvages suffit pour nous en convaincre; nous voyons les uns presque toujours affamés, les autres toujours troublés & effrayés. Il est vrai que M. Rousseau plaçant les hommes dans une société commencée, rassemble leurs forces & réunit leur industrie; mais ces forces si impuissantes encore, & cette industrie si stérile leur procureront-elles les alimens que la rigueur de l'air leur refuse? Tout leur manque, ils n'ont ni arts par lesquels ils puissent corriger & remplacer la nature, ni armes dont ils puissent se défendre contre les bêtes féroces, supérieures en force & en agilité; & tout

ce que produit ce commencement de société, c'est
d'aggraver leurs maux en les leur faisant partager
avec des objets qui leur sont chers, & de les
rendre malheureux dans la personne de leurs femmes & de leurs enfans, lors même qu'ils é hap-
pent personnellement aux périls dont ils sont environnés. On sent assez quel'e force & quelle
étendue on pourroit donner dans les détails à cet
avantage qu'a incontestablement la société de satisfaire à tous les besoins naturels, & combien une
imagination aussi féconde, aussi brillante que celle
de *Rousseau* auroit pu charger le tableau des malheurs de la vie sauvage, & embellir celui des
douceurs de la vie civile. Mais, disoit M. *Rousseau*,
le sauvage est libre dans ses forêts, & vous, au
milieu de vos cités, vous gémissez dans une servitude douloureuse. Cette idée de notre servitude
n'est-elle pas un peu exagérée? Considérons le peuple : si sa liberté est bornée à quelques égards,
en est-elle moins réelle? il travaille parce qu'il
veut travailler, & qu'en comparant les avantages
qu'il y trouve avec les inconvéniens de l'inaction,
il se détermine pour le travail. Si quelqu'un est
esclave dans nos corps politiques, ce sont les grands;
mais ils le sont parce qu'ils veulent l'être, & qu'ils
trouvent dans l'appanage de la grandeur un dédommagement dont ils sont contens ; nous avons
à la vérité plus de passions que les sauvages, mais
nous avons des loix pour les réprimer. Ces loix,
dit M. *Rousseau*, sont moins fortes que nos penchans ; quand cela seroit, cela prouveroit seulement que plusieurs de nos corps politiques ne sont
pas assez bien constitués ; mais il échappe à M. *Rousseau* un aveu bien important sur cet article. Lycurgue, dit-il, avoit établi un gouvernement où
des mœurs rendoient presque les loix inutiles : on
pourroit donc en substituant les mœurs à cette
multitude de loix souvent mal observées, ôter aux
passions les alimens qui les rendent dangereuses,
& ne leur laisser que cette activité utile qui produit la vertu. On peut donc, de l'aveu même de M.
Rousseau, établir au milieu de la société des mœurs
qui rendent les loix surabondantes, & qui dé-
sarmant les passions, affermissent les fondemens
de la félicité ; c'est à quoi les instituteurs les plus
éclairés se sont attachés avec des succès plus ou
moins grands.

M. *Rousseau* allègue l'exemple de quelques sauvages transplantés parmi nous, qui n'ont pu s'accoutumer à notre vie molle & douce, & qui l'ont
quittée avec joie pour leurs bois & leur liberté.

Que prouve un pareil exemple? que ces sauvages étoient entraînés par l'habitude, qu'ils n'avoient
vu dans nos usages qu'un chaos qui les étourdissoit
& auquel ils se comprenoient point. Qu'on transporte un homme civilisé parmi des sauvages, s'ac-
coutumera-t-il plus aisément à cette vie dure &
périlleuse?

Nous croyons donc, 1°. que la perfectibilité
accordée à l'homme par M. *Rousseau* rendoit la

permanence de l'état de nature absolument impossible, à quelque époque qu'on veuille le fixer ;
2°. Que les besoins naturels étant les seuls que
l'homme soit véritablement malheureux de ne pouvoir satisfaire, l'état de société où ces besoins sont
pleinement, sûrement & facilement satisfaits, est
nécessairement beaucoup plus heureux que l'état
de sauvage, où quelquefois ils ne le sont pas du
tout, où ils le sont souvent avec peine & avec
péril, & où ils ne le sont jamais qu'imparfaitement.

Cet ouvrage de Jean-Jacques *Rousseau* avoit été
précédé d'un autre du même auteur qui tenoit déjà
du même esprit ; c'est le discours fameux couronné
à l'académie de Dijon, & où l'auteur décide contre
les lettres & les sciences la question proposée par
cette académie, si les sciences & les lettres ont
été utiles ou funestes aux mœurs. *Rousseau*, n'ayant
point encore formé de système, quand il entreprit
de s'exercer sur ce sujet, se proposoit de prendre
la défense des sciences & des lettres. *Qu'allez-
vous faire?* lui dit Diderot ; *répéter ce que tout le
monde a dit : c'est bien la peine d'écrire pour ne
rien dire de nouveau & copier tout le monde.* Cette
semence de paradoxe ne pouvoit tomber dans une
terre mieux disposée pour la recevoir : *Rousseau*
sentit d'abord combien il seroit piquant d'employer l'éloquence à décrier l'éloquence, & les ressources de la littérature à flétrir la littérature ; il
risqua de manquer le prix, & il l'obtint quoiqu'on jugeât qu'il avoit dénaturé & en quelque
sorte démenti le sujet ; on écrivit contre lui, il
répliqua & s'attacha de plus en plus par la contradiction à un système qui n'étoit pas d'abord le
sien. Il ne seroit pas le premier hérétique qui à force
de dispute, seroit parvenu à se persuader une erreur
qu'il n'avoit d'abord avancée que par des vues
particulières. La lettre de M. d'Alembert sur les
spectacles tient encore de ce même esprit contraire
aux lettres & aux arts ; mais lorsque M. *Rousseau*
donna une mauvaise comédie qui tomba, & crut
se relever par une préface aigre & bizarre, où il
dit qu'il savoit bien que cette pièce étoit mauvaise
& qu'il ne l'avoit donnée que par mépris pour
le théatre & pour la littérature, on put lui répondre :

Seigneur, ils ne vous croiront pas ;
Ils sauront récuser l'injuste stratagème
D'un témoin irrité qui s'accuse lui-même.

D'autres ouvrages de *Rousseau* furent bien plus
dignes de lui & sont devenus ses principaux titres
de gloire.

La nouvelle Héloïse, *ce torrent mêlé de fumée &
de flamme*, est un monument bizarre, mais mémorable de l'éloquence des passions, des charmes
de la vertu & de la force de l'imagination. Les
esprits froids peuvent, tant qu'ils voudront, observer & exagérer les défauts dont l'auteur s'accuse lui-même dans ses deux singulières préfaces ;
ils peuvent trouver quelquefois son goût défectueux, son style incorrect & inégal, ses sentimens
outrés, ses paradoxes insoutenables ; ils peuvent

N n n n

se plaindre de ces notes bouffonnes & déplacées, qui viennent de temps-en-temps troubler un sentiment tendre, une situation, & qui ne sont pour la plupart qu'une parodie anticipée des objections bonnes ou mauvaises que l'auteur attendoit de quelques censeurs; ils peuvent, attaquant le fonds même de l'ouvrage, trouver le tableau de la paix & du bonheur de Clarens d'une longueur un peu froide, après tous les grands mouvemens & toute l'agitation qui l'ont précédé; ils peuvent être choqués de l'amour inutile & avorté de Claire pour S. Preu, des négociations entamées pour leur mariage par Julie elle-même, démarche outrée de sa part & qui n'a d'autre mérite que d'amener ce beau mot de S. Preu : *le sanctuaire est fermé*; de l'obscurité impénétrable & par conséquent du peu d'intérêt des aventures amoureuses de Milord Edouard en Italie; ils peuvent taxer de bizarrerie le choix général des événemens; mais quel que soit sur tous ces objets le jugement du public,

Utcumque ferent ea facta minores,
Vincet amor.

quel cœur pourroit ne pas s'attendrir sur Julie, sur ses périls, sur ses malheurs, sur ses foiblesses, sur ses vertus? Qui pourroit ne pas aimer l'ame de son amant; l'amitié vigilante, active, impatiente de Claire; l'amitié fortifiante & courageuse de Milord Edouard; la sagesse inaltérable de Wolmar, & le jeu de tous ces caractères remués par les plus puissans ressorts? Qui pourroit résister tantôt à ces torrens de pathétique qui portent le ravage dans l'ame, qui arrachent si impérieusement, si tyranniquement des larmes si amères; tantôt à ces traits si naïfs, si pénétrans, si perçans, qui s'ouvrent sans effort les replis les plus secrets du cœur, y versent toutes les douceurs de l'attendrissement, & font goûter le plaisir de pleurer? Comment n'admirer pas ce talent de tout vivifier, de tout animer, de placer le lecteur au milieu de la scène, de l'entourer de tous les objets qu'on y peint & de les lui rendre propres? De quel lecteur l'ame de Julie ne devient-elle pas le trésor? quel lecteur ne la perd pas comme son propre bien, & ne partage pas avec le deuil de tout Clarens le désespoir de Claire sur la mort de son amie?

L'art inestimable de *Rousseau* est de nous montrer dans une action constante & continue, toujours placée sous nos yeux, sa Julie remplissant à la fois sans aucune étude & sans aucune confusion, tous les devoirs de son cœur envers son mari, son ami, son amie, ses enfans, ses domestiques; en sorte qu'on la voit sans cesse occupée de tous, sans confondre aucuns droits, sans rien ôter à l'un pour le donner à l'autre. Il ne nous dit point ce que fait sa Julie, il le lui fait faire devant nous, & par-là il rend sensible & réel ce qui, n'étant mis qu'en récit, pourroit être

regardé comme une hyperbole romanesque & incroyable. Dans la multitude des tableaux de différente espèce qu'il se plait à rassembler, soit qu'il peigne la simplicité respectable des mœurs Valaisanes, ou la corruption brillante des mœurs des grandes villes, ou l'impatience effrénée de l'amour qui attend le bonheur, ou les fureurs de l'amour désespéré qui se sacrifie, ou les regrets touchans de l'amour généreux qui s'est sacrifié; soit que dans la scène attachante de Meillerie, il déploie tout ce que le génie a de mouvemens éloquens & le cœur de mouvemens tendres; soit qu'une logique pressante, qu'un grand intérêt anime, réunisse ses forces à celles du sentiment pour détruire la chimère du faux point d'honneur; soit que la vertu même tonne d'une voix imposante & sublime contre le suicide, justifié par l'éloquence du sophisme; presque par-tout on trouve le ton propre de chaque chose, combiné avec le ton propre du personnage, & tous les deux avec le ton propre de l'auteur.

Presque toutes les épreuves que l'ame peut subir sont présentées ou dans les situations principales, ou dans les situations accessoires, ou dans les réflexions; on peut dire que l'ame humaine y est vûe dans tous ses sens & pénétrée dans toute sa profondeur, & que tout cœur sensible est sûr d'y trouver son histoire.

L'auteur, en terminant cet ouvrage, a imité l'heureux artifice du peintre Thimante dans le sacrifice d'Iphigénie. Julie est morte, tout pleure autour de sa cendre. L'auteur peint cette désolation universelle; il peint la douleur tranquille, mais profonde du mari, la douleur stupide du père, la douleur forcenée de l'amie; il restoit à peindre le désespoir de l'amant, il étoit inexprimable; l'auteur étend le voile & laisse deviner.

Le tableau de Julie mourante ne peut être comparé qu'à la scène d'Alceste mourante dans Euripide. On ne peut louer dignement cet ouvrage, où tout, jusqu'au vice même, respire la vertu, qu'en y appliquant ce que Julie dit au sujet de Milord Edouard : « Jamais homme sans défauts eut-il de grandes vertus? Jamais, peut-on dire, ouvrage sans défauts eut-il ces beautés ou pénétrantes ou sublimes? »

On a dit avec raison que *Clarisse* avoit fait faire *Julie*. En effet l'imitation de ce grand modèle paroît sensible dans les endroits mêmes où l'auteur s'en écarte à dessein. On voit que *Clarisse* étoit sous ses yeux & qu'il a voulu faire autrement que Richardson. L'ouvrage de *Rousseau* n'est point au-dessus de *Clarisse*, il n'est point au-dessous, il est à côté. L'ouvrage de Richardson est mieux fait, il a plus d'unité, plus d'ensemble, & dans les détails plus de vérité; *Rousseau* plus d'éloquence.

Emile beaucoup moins intéressant que *la nouvelle Héloïse*, mais plein de plus grandes & de plus utiles leçons, eut encore plus de succès. Tout n'y est pas neuf, mais tout y est dit d'une manière forte & nouvelle, & l'auteur a su faire pratiquer ses leçons. On rapporte dans le *nouveau dictionnaire historique*, qu'on disoit un jour à M. de Buffon : *vous avez dit & prouvé avant J. J. Rousseau, que les mères doivent nourrir leurs enfans.* = *Oui*, répondit cet illustre naturaliste, *nous l'avions tous dit ; mais M. Rousseau seul le commande & se fait obéir.* Nous ignorons si M. de Buffon a dit cela, mais madame de Sillery l'a écrit comme d'elle-même & sans citer personne ; & ce mot en effet marque très-bien la différence du ton de *Rousseau* à celui de tous les autres qui ne sont qu'exposer & que prouver. Rien de plus ingénieux que l'avis que donne l'auteur de ne point instruire pour instruire, mais de faire desirer aux enfans l'instruction & de leur en rendre l'utilité sensible. L'histoire de l'enfant égaré à midi dans la forêt d'Enghien, histoire qui vient à l'appui de ce précepte, en est l'application la plus heureuse. L'histoire du vicaire Savoyard est le morceau qui a le plus réussi ; on a su gré à l'auteur & de ce qu'il y dit de favorable à la religion, & de ce qu'il y dit de contraire, & de la modération qu'il y montre, & de la hardiesse qu'il y signale, & de la persécution qui en fut le fruit.

Le *contrat social* de *Rousseau* que M. de Voltaire appelloit le *contrat insocial*, a répandu beaucoup d'idées républicaines dont on a fait un grand usage, & vraisemblablement quelque abus.

Rousseau, quelquefois grand poëte dans sa prose, sur-tout dans la scène attendrissante de Meillerie & dans quelques autres morceaux de la *nouvelle Héloïse*, ne l'est guères en vers ; c'est un foible versificateur. Il y a de la douceur & de l'agrément dans quelques traits du *devin de village* ; mais c'est sur-tout comme musicien que cet ouvrage lui fait honneur, par le caractère de tendresse & de simplicité pastorale qui règne dans toute la pièce, & par l'accord parfait des sons & des paroles. Son dictionnaire de musique est fort estimé des gens de l'art.

Le portrait de *Rousseau* dans madame de Sillery est remarquable ; en voici quelques traits :

« Les vérités éternelles de la religion étoient dans son cœur, on le sent à la manière forte & touchante dont il les exprime. »

Mais il a dit, le *pour* & le *contre* !

« Il fut égaré par un orgueil excessif ; il méconnut aussi la véritable gloire, il voulut ne ressembler à personne... Trop fier & trop grand pour se plier aux souplesses & au manège de l'intrigue ; trop avide de succès pour se livrer franchement à la bonne cause & pour rejetter tous les artifices qui peuvent acquérir des partisans ; trop sensible enfin pour adopter entièrement tout le système philosophique, il prit des partis mitoyens, il parut flotter entre l'erreur & la vérité, disposition qui naturellement plaît

à notre foiblesse. Des traits d'une morale admirable lui gagnèrent tous les gens de bien. Quels que soient ses égaremens, qui pourroit mépriser ou haïr celui qui a parlé tant de fois de la vertu d'une manière si persuasive, si attrayante & si sublime ! des peintures licencieuses, des principes dangereux, mais cependant voilés avec art, montrés avec une adresse séduisante, devoient plaire généralement..... Les ecclésiastiques & les dévots lui ont tous pardonné au fond de l'ame ce qu'il a écrit contre la religion, en faveur des hommages si répétés qu'il a rendus à l'évangile. Les femmes..... lui ont aussi pardonné d'avoir parlé d'elles avec mépris, parce qu'il en parle toujours avec le ton de la passion. »

Madame de Sillery a, sur les contradictions si fréquentes dans *Rousseau*, une idée particulière & qui paroit neuve ; on les avoit attribuées à la mobilité extrême de son imagination qui lui présentoit tour-à-tour avec la même force les objets contradictoires & les côtés opposés du même objet ; madame de Sillery croit ces contradictions volontaires & systématiques, & il faut avouer qu'elle appuye cette opinion de raisonnemens plausibles.

« Il avoit profondément calculé, dit-elle, les moyens d'obtenir des applaudissemens universels & une réputation brillante...... Peut-on penser qu'un homme né avec tant de raison, d'esprit, de lumières & de génie, ait continuellement soutenu le pour & le contre sans s'en appercevoir ? Dans son système de ménagemens adroits, avec cette fureur de se distinguer, de briller, de plaire à tout le monde, *Rousseau* pouvoit-il être conséquent ? il sentit bien qu'en voulant exercer son éloquence sur toute sorte de sujets, il seroit nécessairement le plus inconséquent de tous les hommes ; il s'y décida, certain de paroître du moins le plus brillant, & le plus original .... Lorsque *Rousseau* se permet des contradictions si frappantes, si grossières.... peut-on croire qu'il n'ait pas remarqué lui-même ces étranges inconséquences ?........ Cet excès d'inconséquence dans un homme qui avoit autant d'art, autant de pénétration & de lumières, ne pouvoit être qu'un défaut réfléchi, qu'un abandon volontaire de la raison ; il ne cherche jamais à pallier son inconséquence ; on voit clairement qu'il a pris son parti à cet égard : il a répondu à plusieurs critiques de ses ouvrages, en passant toujours sous silence les reproches de contradictions, & ne les corrigeant ou ne les déguisant dans aucune des éditions qu'il a faites depuis ces critiques. »

Tout cela est observé certainement avec finesse & vraisemblablement avec justesse. Nous avons encore d'une autre femme, sur la personne & les ouvrages de Jean-Jacques *Rousseau*, des observations aſſez connues, quoiqu'elles n'aient pas été véritablement publiques; elles méritoient fort de l'être; elles font aimer *Rouſſeau*, & ſon admiratrice, qui devient-elle-même un objet d'admiration; ſon livre fait voir combien l'eſprit peut tenir lieu d'expérience, & que c'eſt avoir beaucoup vécu que d'avoir beaucoup penſé. Il confirme auſſi la maxime d'Horace :

> *Fortes creantur fortibus & bon's ;*
> *. . . nec imbellem feroce*
> *Progenerant aquilæ columbam.*

Jean-Jacques *Rouſſeau*, né à Genève en 1712, mourut d'apoplexie, dit-on, à Ermenonville, le 2 Juillet 1778. (Voyez l'article *VIC* (de) Ne parlons point de ſa rupture avec M. Hume, qui ne vouloit que lui faire du bien; ni de ſes amours ſouvent bas & vils, ni de ſes enfans mis aux enfans trouvés, ni de ſes fréquens changemens de religion, ni de quelques autres turpitudes d'un homme qui a tant fait aimer la vertu, qui a montré & inſpiré tant de ſenſibilité.

ROUSSEL, (MICHEL) *Hiſt. litt. mod.*) canoniſte du dix-ſeptième ſiècle, auteur d'une *hiſtoire de la Juriſdiction du Pape*, où il prend la défenſe des libertés de l'égliſe Gallicane, a plaidé auſſi la cauſe des ſouverains dans l'*Anti-Mariana*.

Un autre *Rouſſel* (Guillaume) bénédictin de la congrégation de ſaint Maur, a eu la première idée de l'*hiſtoire littéraire de la France*, exécutée depuis par dom Rivet. On a de dom *Rouſſel* une traduction françoiſe des lettres de S. Jerôme, & un éloge de dom Mabillon. Mort à Argenteuil en 1717.

Il y avoit eu avant eux un Gerard *Rouſſel*, aſſez célèbre dans l'hiſtoire du lutheraniſme. Ce ſavant, d'abord demi-catholique, demi-luthérien, fut depuis décidé au lutheraniſme par la perſécution. Il s'étoit retiré à Meaux, dont l'évêque, Guillaume *Briconnet* (Voyez ſon article à BRICONNET, n°. 3.) paſſoit pour favorable aux luthériens, parce qu'il étoit ami des gens de lettres; la perſécution l'obligea d'en ſortir & de ſortir même du royaume. La reine de Navarre, Marguerite de Valois, ſœur de François I, l'accueillit ainſi que les autres ſavans ſoupçonnés de lutheraniſme; elle le fit abbé de Clérac, puis évêque d'Oléron (Voyez ſa mort à l'article *SPONDE*.)

ROUTE, *via* (*Hiſtoire.*) eſt un paſſage ouvert, & formé pour la commodité de la communication d'un lieu à un autre.

Les Romains ſont de tous les peuples celui qui s'eſt donné le plus de ſoins pour faire de belles *routes*. C'eſt une choſe preſque incroyable que les peines qu'ils ont priſes & les dépenſes qu'ils ont faites pour avoir de ces chemins vaſtes, droits, & commodes, depuis une extrémité de l'empire juſqu'à l'autre. *Voyez l'hiſtoire des grands chemins de l'empire par Bergier.*

Pour y parvenir, ils commençoient par durcir le ſol en l'enfonçant, ils y mettoient enſuite une couche de cailloux & de ſables; quelquefois ils le garniſſoient d'une couche de maçonnerie compoſée de blocailles, de briques, de moilons pilés & unis enſemble avec du mortier.

Le père Meneſtrier remarque, que dans quelques endroits du Lyonnois, il a trouvé de grands amas de cailloux cimentés & unis avec de la chaux, juſqu'à la profondeur de dix ou douze pieds, & formant une maſſe auſſi dure & auſſi compacte que le marbre même; que cette maſſe, après avoir réſiſté 1600 ans aux injures du tems, cède à peine encore aujourd'hui aux plus grands efforts du marteau ou du hoyau; & que cependant les cailloux dont elle eſt compoſée ne ſont pas plus gros que des œufs.

Quelquefois les chemins étoient pavés régulièrement avec de grandes pierres de taille quarrées; telles étoient les voies appienne & flaminienne.

Les chemins pavés de pierres très-dures étoient appellés ordinairement *via ferreâ*, ſoit parce que les pierres reſſembloient au fer, ſoit parce qu'elles réſiſtoient aux fers des chevaux, aux fers des roues & des chariots, &c.

Les *routes* ſont naturelles ou artificielles, par terre ou par eau, publiques ou particulières.

Route naturelle, eſt celle qui a été fréquentée durant un long eſpace de tems, & que ſa ſeule diſpoſition donne moyen de conſerver avec peu de dépenſe.

Route artificielle, eſt celle qui eſt faite par le travail des hommes, & compoſée ſoit de terre, ſoit de maçonnerie, & pour laquelle il a fallu ſurmonter des difficultés; telles ſont la plupart des *routes* qui ſont ſur le bord des fleuves, ou qui paſſent à travers des lacs, des marais, &c.

Routes par terre ou *routes terreſtres*, ſont celles qui non-ſeulement ſont faites ſur la terre, mais qui ſont formées de terre amaſſée ou hauſſée en forme de levée, ſoutenue par des éperons, des arcs-boutans & des contre-forts.

Les *routes par eau* ſont auſſi ou naturelles ou artificielles. Les naturelles ſont les rivières, les lacs, la mer, qu'on cotoye, qu'on parcourt ou qu'on traverſe pour aller d'un lieu ou d'un pays dans un autre; les artificielles ſont les canaux creuſés de main d'homme, comme ceux de Hollande, & les navilles en Italie; en France ce x du Languedoc, de Briare, de Montargis ou de Loire.

Les *routes publiques* ſont les grands chemins; & l'on entend par *routes particulières*, ou celles qui ſont de traverſe, ou celles qui aboutiſſent aux grands chemins, & s'étendent à droite & à gauche dans les campagnes.

Sanſon & Ogilby ont fait des cartes des *routes* de France & d'Angleterre.

Quelques perſonnes ſe ſervent du mot de *route*;

pour signifier un *sentier* percé à travers un bois, & réservent le mot de *chemin* pour les grandes *routes*.

ROUTE PUBLIQUE ou GRANDE ROUTE, est une *route* commune à tout le monde, soit droite ou courbée, soit militaire ou royale : *route* particulière est celle qui est destinée pour la commodité de quelque maison particulière.

Les *routes militaires*, ainsi appellées parmi les Romains, étoient de grandes *routes* destinées aux marches des armées qu'on envoyoit dans les provinces de l'Empire pour secourir les alliés.

Doubles routes, étoient chez les Romains des *routes* destinées au transport des différentes matières : elles avoient deux parties ou chemins différens ; l'une pour ceux qui alloient par un chemin, l'autre pour ceux qui revenoient par un autre : les doubles *routes* étoient destinées à empêcher l'embarras, le choc des voitures & la confusion. Les deux parties de ces *routes* étoient séparées l'une de l'autre par une espèce de parapet élevé entre deux ; ce parapet étoit pavé de briques, & servoit aux gens de pied : il avoit des espèces de bords, & il étoit garni de degrés d'espace en espace, & de colonnes pour marquer les distances. Telle étoit la *route* de Rome à Ostie, appellée *via porticensis*.

Route souterraine, est une *route* creusée dans le roc, à coup de ciseau, & voûtée. Telle est la *route* de Pouzzoles près de Naples, qui a près d'une demi-lieue de long, environ 15 pieds de large & autant de haut.

Strabon dit que cette *route* fut faite par un certain Cocceius, sous le regne de l'empereur Nerva ; mais elle a depuis été élargie par Alphonse, roi d'Arragon & de Naples, & les vicerois l'ont rendue droite. Il y a une autre *route* semblable dans le même royaume entre Baies & Cumes ; on l'appelle la *grotte de Virgile*, parce que ce poëte en parle dans le sixième livre de l'Eneïde. (*G.*)

R O W

ROWE (NICOLAS, THOMAS & ELISABETH) *Hist. litt. mod.*) trois poëtes anglois célèbres.

On a du premier des tragédies, des comédies & une traduction de Lucain. Né en 1673 ; mort en 1718.

On a du second des poésies angloises ; entre autres, des imitations d'Horace & de Tibulle. Il avoit entrepris une espèce de supplément aux vies des hommes illustres de Plutarque ; c'est-à-dire qu'il donnoit les vies des grands hommes de l'antiquité omis par Plutarque ; elles ont été traduites par l'abbé Bellenger, & imprimées à la suite de la traduction de Plutarque par M. Dacier. Né en 1687 ; mort en 1715.

On a enfin de la troisime, l'histoire de Joseph en vers anglois, & des œuvres fugitives mêlées de prose & de vers. Née en 1674 ; morte en 1737.

C'est le premier qui est l'auteur de *la belle Pénitente*, original des deux *Calistes* françoises, l'une de M. l'abbé de la Tour, jouée en 1750, & dont le sort est rempli depuis long-temps ; l'autre, de M. Colardeau, jouée en 1760.

Dans la *Belle Pénitente* de *Rowe*, Caliste, fille de Sciolto, noble Génois, & destinée par lui à Altmont, aime Lothario, devient coupable, est négligée par son amant après sa foiblesse ; le désespoir la détermine à épouser Altamont ; elle le mande à Lothario en qui cet avis semble faire renaître l'amour avec la jalousie ; cependant il perd le billet de Caliste ; ce billet tombe entre les mains d'Horatio, ami d'Altamont, & qui devoit épouser Lavinie sa sœur. Horatio instruit par-là des foiblesses de Caliste pour Lothario, accable Caliste de reproches & veut détacher d'elle Altamont. Celui-ci ne peut souffrir que son ami outrage sa maîtresse ; il s'emporte au lieu de l'entendre, & cette querelle entraine un combat entr'eux. Lavinie arrive, elle se jette entre Altamont & son frère, & les sépare. Altamont enfin n'est désabusé qu'en surprenant Caliste avec Lothario, & qu'en entendant Caliste elle-même reprocher à Lothario son ingratitude & son infidélité ; il fond l'épée à la main sur Lothario, en l'avertissant de se défendre. Lothario est tué sous les yeux de Caliste, qui veut se percer avec l'épée de Lothario ; Altamont la lui arrache. Sciolto instruit de la honte de sa maison, veut poignarder Caliste ; Altamont le retient & demande grace pour elle ; la mort de Caliste n'est que retardée ; Sciolto en fait les apprêts, & le cinquième acte étale, comme dans les deux pièces modernes, ce lugubre & tragique appareil, où tout annonce & peint la mort.

Il y a seulement quelques différences qui naissent de la diversité du goût des deux nations. Par exemple, dans la pièce angloise, au lieu d'une coupe, on voit une tête & des ossemens de morts, & un livre. On entend une musique lugubre & effrayante, le tableau en général a plus d'horreur. Tout ce cinquième acte est d'un intérêt foiblement retracé dans les deux pièces françoises, quoiqu'on s'y soit attaché à suivre pas à pas l'original. Le repentir de Caliste, les combats de Sciolto, le désespoir d'Altamont sont très-touchans. La mort de Sciolto est amenée d'une manière naturelle par la vengeance de la mort de Lothario ; Caliste meurt de douleur en voyant son père expirant ; on emporte Altamont prêt à mourir après eux. Quoique les règles que nous avons jugées inviolables, soient peu respectées dans la *belle pénitente* ; quoique le ton de Lothario avec la confidente de Caliste soit d'une indécence comique ; quoique l'épisode d'Horatio & de Lavinie double & surcharge l'action ; quoiqu'enfin il y ait quelques détails qui se sentent de la licence & de l'irrégularité angloise, la pièce est pleine de ces beautés pénétrantes, sublimes & singulières, propres au théâtre anglois, de ces traits vigoureux qui expriment toute l'énergie de la nature, mais que nos bienféances adoucirbient. Le caractère de Lothario est vrai, mais ne nous paroîtroit point assez noble pour la tragédie : c'est un libertin séducteur, plein de passions & de caprices, fougueux dans ses desirs, insolent dans ses mépris, perfide dans ses retours. Caliste vertueuse par tempérament, coupable par foiblesse, est aimable & intéressante. Sciolto, vieillard plein d'honneur, père tendre & juge sévère, remplit par des combats vraiment tragiques, toutes les parties de ce caractère. Altamont n'a point le désagrement attaché au rôle d'un amant maltraité. Il est aimable & respectable ; en général, les caractères sont la partie qui domine dans les productions angloises ; on en trouve la raison dans leur constitution politique, qui permettant plus de saillie au caractère & le rendant par conséquent plus original, plus marqué, plus aisé à saisir, accoutume les poëtes de la nation à voir & à peindre des caractères.

La Caliste de M. Colardeau n'est dans ses beautés qu'une traduction de la *belle pénitente* de *Rowe* ; mais toutes les beautés de la pièce de *Rowe* ne sont ni transportées ni remplacées dans celle de M. Colardeau. Il a été facile au nouvel auteur d'éviter les irrégularités manifestes, les hardiesses licencieuses du poëte anglois. Mais il n'a pas été heureux dans d'autres changemens. Par exemple, il a cru élever son sujet en le mêlant avec les intérêts politiques, mais cette partie est d'une obscurité impénétrable & l'imagination ne la saisit point. Caliste, chez M. Colardeau, n'est point coupable, elle n'a point consenti à l'outrage que lui a fait son amant. Peut-être, dans nos mœurs dramatiques, devoit-elle refuser sa main à un amant assez peu délicat pour l'avoir outragée, & nous ne blâmons point ce sentiment que M. Colardeau donne à son héroïne, mais nous voudrions qu'il eût mieux développé l'état de son ame ; en effet, sans la mort de Lothario, on ne sauroit point si Caliste l'aimoit, & l'auteur en voulant lui donner des combats, ne lui a donné que de la bizarrerie. Il a encore traité très-obscurément l'article du crime de Caliste. 1°. Puisqu'il vouloit la rendre criminelle, il semble qu'il auroit pû lui laisser le crime que lui donne *Rowe*, crime, qui suivi du repentir & du malheur, eût rendu sa situation très-dramatique. 2°. On ne s'apperçoit pas chez M. Colardeau du moment où Caliste devient coupable ; l'auteur fait consister son crime dans une prétendue révélation du secret politique de son père, mais comme on n'a rien entendu à ce secret politique, on n'entend rien non plus à l'indiscrétion de Caliste ; d'ailleurs ce n'est pas pour cette indiscrétion que Caliste est condamnée à périr ; l'auteur, en traduisant la scène de Caliste & de Sciolto au cinquième acte, fait seulement condamner Caliste comme une victime malheureuse du déshonneur.

Lothario aime Caliste, il est forcené d'amour,

de haine & de jalousie ; la fureur que l'auteur lui donne contre Sciolto, n'est point naturelle ; cette haine dont on ne voit pas le principe, produit des effets qui n'ont point non plus de liaison sensible avec leur cause ; c'est pour punir Lothario de cette haine, que Caliste consent à épouser Altamont & qu'elle se détermine à révéler sa honte à son père en présence de Lothario & d'Altamont ; étourderie qui met & qui devoit mettre aux mains Lothario & Altamont, & qui est la seule cause de la mort de Caliste.

La pièce de *Rowe* est peut-être plus irrégulière, mais elle est plus nette & plus dans la nature.

ROUX, (Augustin (*Hist. litt. mod.*) médecin de la faculté de Paris, a continué le Journal de médecine commencé par M. Vandermonde, & composé les *Annales typographiques* depuis 1757 jusqu'en 1762 ; il a traduit *l'essai sur l'eau de chaux* de *With* & fait des *recherches sur les moyens de refroidir les liqueurs*. Il étoit de Bordeaux & de l'académie de cette ville. Né en 1726 ; mort en 1776.

ROUXEL (Voyez GRANCEY.)

R O X

ROXANE, (*Hist. ancienne.*) eut la gloire de subjuguer le cœur du conquérant de sa nation. Alexandre parcourant la Perse dont il venoit de faire la conquête, fut magnifiquement reçu par Oxarte qui lui donna un festin où l'on vit briller tout le luxe asiatique. Trente mille filles, distinguées par leur rare beauté & l'élégance de leur parure, furent destinées à servir le héros & les convives. La fille d'Oxarte, nommée *Roxane*, surpassoit ses compagnes en graces & en beauté. Alexandre ébloui de tant de charmes, se détermina à la faire passer dans son lit. Son union avec la fille d'un barbare pouvoit scandaliser les Macédoniens. Il fit cesser les murmures, en disant que le mariage des Grecs avec les Persans étoit le seul moyen d'affermir leur empire naissant, & de dissiper les antipathies qui, jusqu'alors, avoient séparé les deux nations. Au reste, ajouta-t-il, Achille dont je descends épousa une captive. Je ne crois point déroger à la noblesse de ma naissance, ni violer les loix de mon pays, en suivant l'exemple de ce demi-dieu. Aussi-tôt il ordonna d'apporter du pain ; &, après l'avoir coupé en deux, il en donna la moitié à sa nouvelle épouse. Cette cérémonie étoit, chez les Macédoniens, le signe de l'union conjugale. Ce fut parmi la licence du festin que le conquérant de l'Asie épousa une captive dont le fils, par un caprice du destin, devint le maître des conquérans de sa patrie. A la mort du héros, *Roxane* étoit enceinte, & quelque tems après, elle mit au monde un prince qui fut nommé *Alexandre*. Le barbare Cassandre le fit massacrer dans la suite avec sa mère pour régner dans la Macédoine. (*A. R.*)

ROXELANE, (*Hift. des Turcs*) fultane favorite, puis femme légitime de Soliman II, empereur des Turcs.

Ce Soliman jetta les yeux fur *Roxelane*.
Malgré tout fon orgueil, ce monarque fi fier
A fon trône, à fon lit daigna l'affocier,
Sans qu'elle eût d'autres droits au rang d'impératrice,
Qu'un peu d'attraits peut-être, & be aucoup d'artifice.

Pour de l'artifice fans doute, le Muphti entra dans cette intrigue & la fit réuffir ; *Roxelane* ambitionna la gloire pieufe de bâtir une mofquée, le Muphti déclara qu'elle ne pouvoit exécuter ce deffein tant qu'elle feroit efclave. Alors elle parut tomber dans une mélancolie fi profonde que Soliman craignant de la perdre, l'affranchit & l'époufa. Son empire fur Soliman augmenta tous les jours ; elle avoit contribué, en 1546, à la mort du grand-vifir Ibrahim. En 1553, elle fit perir Muftapha, fils aîné de Soliman, mais d'une autre mère, & ouvrit par ce crime le chemin du trône à Selim fon fils aîné ; c'eft le fujet traité trois fois avec fuccès fur notre théâtre, fous le tire de Muftapha & Zéangir, par Mrs. Belin, Chamfort & de Maifon-neuve, en 1705, en 1777, & en 1785.

ROY

ROY (LE) Hift. litt. mod.) Il y a plufieurs favans & gens de lettres connus, de ce nom.

1°. Louis le *Roy* (*Regius*) profeffeur en grec au collége royal, fucceffeur de Lambin ; on a de lui une vie de Budée en latin, une traduction françoife du Timée de Platon & de quelques autres ouvrages grecs. Mort en 1577.

2°. Pierre le *Roy*, aumônier du jeune cardinal de Bourbon, frère du prince de Condé, Henri I, publia, en 1593, l'écrit intitulé : *la vertu du Catholicon d'Efpagne*, qui fit naître l'idée des autres écrits dont la *fatire Ménippée* eft compofée.

3°. Marin le *Roy* (Voyez *Gomberville.*)

4°. Guillaume le *Roy*, abbé de Haute-Fontaine, ami des folitaires de Port-Royal, né à Caën en 1610, mort dans fon abbaye en 1684 ; auteur de quelques livres de dévotion & de quelques traductions.

5°. Jacques le *Roy*, baron du faint empire, né à Bruxelles, mort à Lyon en 1719 à 86 ans, s'eft beaucoup occupé de l'hiftoire de fon pays. On a de lui le théâtre profane du Brabant & d'autres ouvrages fur le même fujet.

6°. Julien le *Roy*, dont l'article appartient au dictionnaire des arts : nous lui devons la gloire d'avoir égalé ou furpaffé dans l'horlogerie les anglois autrefois nos maîtres dans cet art. Il eut le bonheur de laiffer quatre fils dignes de lui, & tous célèbres en divers genres : c'eft à l'un d'eux que M. de Voltaire difoit : *le maréchal de Saxe & votre père ont battu les Anglois.*

ROY (PIERRE-CHARLES) Hift. litt. mod.) poëte lyrique, encore célèbre après Quinault. On ne trouve nulle part de plus beaux vers lyriques que dans le prologue des Elémens & dans la fcène de Vertumne & Pomone. On fe fouviendra encore à jamais de quelques vers d'un poëme lyrique fur la convalefcence de Louis XV, en 1744, poëme qui a dû être chanté à faint Cyr ;

Grand roi, tu n'étois plus, & jamais pour ta gloire
La vérité n'éleva tant de voix !
Sors du tombeau ; tu fais ce qu'auroit dit l'hiftoire ;
Sors du tombeau ; viens jouir à la fois
De ta vie & de ta mémoire !

De pareils traits ne font pas communs dans les meilleurs ouvrages, & ne le font pas fur-tout dans les ouvrages de M. *Roy*. C'eft cependant fur ce poëme qu'on fit l'épigramme fuivante, tant l'épigramme, en général, eft difpenfée d'être jufte, pourvu qu'elle foit gaie & piquante !

Notre monarque après fa maladie
Etoit à Metz attaqué d'infomnie :
Ah ! que de gens l'auroient guéri d'abord !
Roy le poëte à Paris verfifie.
La pièce arrive, on la lit ; le roi dort.
De Saint-Michel la Mufe foit bénie !

On fait que *Roy* avoit le cordon de faint-Michel, décoration qu'il ne paroît pas que nos grands poëtes aient ambitionnée.

Ce poëte eut la réputation d'un méchant & d'un écrivain fatyrique ; il s'étoit affocié avec l'abbé Desfontaines pour flétrir, s'ils le pouvoient, la gloire des grands écrivains dont il étoit jaloux ; on prétend que fa fatire intitulée : *le Coche*, où il infultoit l'académie françoife, fut ce qui l'empêcha d'être de ce corps. Il eft vraifemblable que les mêmes caufes qui le firent chaffer du Châtelet, où il avoit exercé une charge de confeiller, & de l'académie des infcriptions & belles-lettres où il avoit une place d'élève, l'empêchèrent d'être admis à l'académie françoife ; il eft rare que l'académie honore de quelque reffentiment les petites fatires que le dépit d'y avoir manqué une place ou un prix, ou la confcience de l'impoffibilité d'y parvenir, arrachent tous les jours contre elle à la médiocrité irritée & jaloufe, & qui font à l'égard de l'académie ce que les nouvelles eccléfiaftiques étoient à l'égard du clergé, c'eft-à-dire un avertiffement de ne laiffer à la méchanceté que la reffource de la calomnie. L'académie a fouvent admis dans fon fein des auteurs qui l'avoient mal-traitée, quand leurs écrits promettoient du talent, & quand leurs mœurs & leur caractère ne mettoient point obftacle à leur admiffion. *Roy* paroît avoir eu principalement contre lui fes mœurs & fon caractère. L'épigramme plus fanglante que piquante de M. de Voltaire contre lui,

Connoiffez-vous certain rimeur obfcur, &c.

& qui après un portrait affreux, finit par ce vers ;

Chacun s'écrie : eh ! c'eft le poëte *Roy*.

malgré les exagérations dont on fent qu'elle eft

pleine, n'a pas laissé que de porter atteinte à la réputation de *Roy*, parce qu'on sent aussi que de certains écrivains ne se permettent de certaines exagérations que quand le sujet y prête.

Roy avoit composé un très grand nombre d'opéras ; Rameau lui préféroit Cahuzac, jugement que le public n'a pas confirmé & qui pouvoit être relatif à l'accord si difficile & si désirable du poëte & du musicien. *Roy*, de dépit, fit une satire contre Rameau ; c'est lui qui a fait la plupart de ces satires assez insipides, connues sous le nom de *brevets du régiment de la calotte*. *Roy* mourut en 1763. Il est du petit nombre de ceux dont on a retenu quelques vers.

ROYAL COLLEGE *des médecins de Londres.* (*Hist. d'Angl.*) Le collège royal des médecins de Londres, a des règles & des statuts peu connus des étrangers. Tout médecin qui s'est fait recevoir dans une des universités, a le droit de pratiquer par toute l'Angleterre, excepté dans l'étendue de sept milles autour de Londres. Le collège royal a seul le droit de conférer ce dernier privilège ; ceux qui après avoir subi l'examen, y sont admis, & qui ont été reçus dans les pays étrangers, sont appelés seulement *licenciés* ; mais ceux qui ont pris leurs degrés à Cambridge ou à Oxford, sont reçus membres du collège, qui exige cependant encore un examen préalable, en présence du président & des censeurs ; un membre honoraire est admis sans examen, & c'est un titre qu'on n'accorde qu'à des personnes d'un mérite peu commun. (*D. J.*)

ROYAUMES DU MONDE, (*Hist. anc.*) on compte ordinairement vingt-quatre *royaumes* célèbres jusqu'à la naissance de Jesus-Christ. Les voici :

Le premier *royaume* est celui de Babylone, que Nemrod fonda 146 ans après le déluge, l'an 1801 du monde, & 2233 avant Jesus-Christ. Nemrod y joignit l'Assyrie ; mais on ne connoît pas ses successeurs, & l'écriture laisse assez voir que tous ces vastes pays, qui ont formé l'empire d'Assyrie, appartenoient à différens maîtres au temps d'Abraham.

Le second *royaume* est celui d'Egypte, que Mesraïm fonda l'an 1847 du monde, 2188 ans avant l'ère chrétienne. On apprend de Constantin Manassé que ce *royaume* a été de 1633 ans ; intervalle qu'on trouve depuis Mesraïm jusqu'à la conquête d'Egypte par Cambyses, roi des Perses, l'an du monde 3510, 525 ans avant Jesus-Christ.

Le troisième *royaume* est celui de Sicyone, ville du Péloponnèse. C'est le premier *royaume* de l'Europe dont on connoisse un peu les rois. Jusqu'en Grèce même, tout ce qui étoit plus ancien qu'Inachus, premier roi d'Argos, passoit communément pour inconnu. On fixe le commencement de ce *royaume* à l'an 1871 du monde, 2164 ans avant J. C. On dit qu'Egialée en fut le premier roi, & Zeuxippe le dernier ; que ce *royaume* dura 959

ans ; qu'ensuite les prêtres de Jupiter Carnien, gouvernèrent successivement pendant 33 ans ; & que Charidème ayant pris la fuite l'an 2863 du monde, Sicyone resta sous la dépendance des rois de Mycènes. Suivant ce système de Castor, le *royaume* de Sicyone finit l'an 2830 du monde, 1205 ans avant Jesus-Christ.

Le quatrième *royaume* est celui d'Argos, ville du Péloponnèse, qui fut fondée par Inachus, l'an 2177 du monde, 1858 avant Jesus-Christ. Il dura 382 ans sous neuf rois, dont le dernier fut Sthélénus. L'an du monde 2559, & avant Jesus-Christ 1476, Danaüs venu d'Egypte, commença une nouvelle dynastie, qui ne subsista que sous cinq rois pendant 163 ans. Acrisius, le dernier de ces rois, fut tué l'an 2690 du monde, 1345 ans avant Jesus-Christ. Il y eut ensuite divers petits rois à Argos, & dans les villes des environs qui avoient composé le *royaume* d'Argos ; mais ce fut le roi de Mycènes qui eut la principale autorité.

Le cinquième *royaume* est celui d'Athènes qui fut fondé, l'an 2477 du monde, 1558 ans avant Jesus-Christ par Cécrops, qui ne laissa point d'héritier. Les seize rois qui lui succédèrent furent presque tous de différentes familles. Codrus, le dernier de tous, fut tué l'an 2943 du monde, 1092 ans avant Jesus-Christ. Quoiqu'il laissât des enfans, on abolit la monarchie qui avoit subsisté pendant 487 ans, & l'état fut gouverné par des archontes perpétuels ; ce qui eut lieu pendant 316 ans, c'est-à-dire, jusqu'à l'an 3283 du monde, 752 ans avant Jesus-Christ. Cette année on régla que les archontes seroient renouvellés tous les dix ans. Il y en eut sept qui gouvernèrent pendant 68 ans. Enfin l'an 3351 du monde, 684 ans avant J. C. 874 depuis la fondation du *royaume*, on commença à ne faire que des archontes annuels ; ce qui a subsisté jusqu'à ce que la ville d'Athènes perdit sa liberté.

Le sixième *royaume* est celui de Troye, ville de Phrygie en Asie. Il fut fondé l'an 2555 du monde, 1480 avant Jesus-Christ, par Dardanus, venu de l'île de Crète, & dura 296 ans sous six rois, dont le dernier fut Priam, si célèbre par le nombre de ses enfans, & par le chagrin qu'il eut de les voir tous périr. Le *royaume* de Troye fut détruit par les Grecs, l'an 2851 du monde, 1184 avant Jesus-Christ. Astyanax, fils d'Hector, & petit-fils de Priam, y régna depuis, mais non avec la gloire & la puissance de ses ancêtres ; & on ne sait rien de ses successeurs.

Le septième *royaume* est celui de Mycènes, ville du Péloponnèse, qui fut fondé par Persée, l'an 2722 du monde, 1313 avant Jesus-Christ, & qui fut détruit par les descendans d'Hercule, l'an 2906 du monde, 1129 avant Jesus-Christ, après avoir subsisté 186 ans. Atrée & Agamemnon, rois de Mycènes, sont très-célèbres ; le dernier commandoit avec une autorité absolue l'armée des Grecs qui fit le siège de Troye, parce qu'il étoit le plus puissant de tous les rois grecs, & presque tout le Péloponnèse, & une partie de la Grèce propre lui étoient soumis.

Le huitième *royaume* est celui des Latins en Italie, fondé l'an 2705 du monde, 1330 avant Jesus-Christ, par Picus, fils de Saturne, auquel succéda son fils Faunus, puis Latinus, vaincu par Enée, dont le seizième successeur fut Numitor, que Romulus mit sur le trône peu avant que de bâtir Rome.

Le neuvième *royaume* est celui de Tyr, qui, à le faire commencer au temps où Joseph prétend que la ville de Tyr fut bâtie, fut fondé l'an 2785 du monde, 1252 avant Jesus-Christ. Il est certain que cet historien se trompe pour le temps de la fondation de cette ville célèbre, puisqu'Io, qui fut enlevée par des Tyriens, est bien plus ancienne, & que de son temps, Tyr faisoit déja un grand commerce. Il fait venir le *royaume* de Tyr, l'an 3187 du monde, 848 avant Jesus-Christ.

Le dixième *royaume* fut celui d'Assyrie, fondé l'an 2806 du monde, 1229 avant Jesus-Christ, par Sémiramis. On ne connoît aucun de ses successeurs jusqu'à Phul, après la mort de qui Babylone fut détachée de cet état, l'an 3288 du monde, 347 avant Jesus-Christ, pour former un nouveau *royaume*. Celui d'Assyrie subsista avec beaucoup d'éclat jusqu'à l'an 3409 du monde, 616 ans avant Jesus-Christ.

L'onzième *royaume* est celui de Lydie, au moins à prendre son commencement au temps où il est connu. Il y eut des rois de Lydie, comme le dit Hérodote, avant Argon; mais celui-ci est le premier de la famille d'Hercule. Il commença à régner l'an 2817 du monde, 1218 avant Jesus-Christ. Après sa famille, qui régna 505 ans, Gygès commença une nouvelle dynastie l'an 3322 du monde, 713 avant Jesus-Christ; & Crésus, le dernier de ses descendans, fut défait & pris par Cyrus, roi des Perses, l'an 3241 du monde, 544 ans avant Jesus-Christ.

Le douzième *royaume* est celui des descendans d'Hercule à Corinthe, lorsqu'Alètès se rendit maître de cette ville, l'an 2905 du monde, & 1150 avant Jesus-Christ. Ce *royaume* subsista 323 ans, & fut ensuite gouverné par des magistrats appellés *Prytanés*; mais l'an 3377 du monde, 658 avant Jesus-Christ, Cypsèle s'empara de l'autorité souveraine, & après lui son fils Périander, qui ne mourut que l'an 3451 du monde, 584 avant Jesus-Christ.

Le treizième *royaume* est celui des descendans d'Hercule à Lacédémone ou Sparte. Il fut fondé la même année que celui de Corinthe par Aristomède, qui laissa deux enfans, nommés *Eurysthène* & *Proclès*, entre qui l'autorité royale fut partagée, ce qui eut lieu aussi pour leurs descendans.

Le *royaume* des Hébreux commença l'an du monde 2940, 1095 avant Jesus-Christ, par Saül, qui eut pour successeur David, puis Salomon; après lequel ce *royaume* fut partagé en deux souverainetés; l'une appellée le *royaume* de Juda, qui eut

Histoire. Tome IV.

pour premier roi Roboam, & pour dernier roi Sédécias, vaincu par Nabuchodonozor, roi de Babylone, l'an 3447 du monde, & 588 avant Jesus-Christ; & l'autre le *royaume* d'Israël, dont Jéroboam fut le premier roi, & Osée le dernier, qui fut détrôné par Salmanazar, roi d'Assyrie, l'an 3314 du monde, & 721 avant Jesus-Christ.

Le quatorzième *royaume* a été celui de Damas, qui fut fondé l'an 2991 du monde, 1044 avant Jesus-Christ, par Rasin, Restin, ou Réson, général des troupes d'Adar-Eser, ou Hadadézer, ou Hadarhézer, lorsqu'il vit son maître défait par David. Ses successeurs furent presque toujours en guerre avec les rois d'Israël, il n'y eut que le dernier, nommé aussi *Rasin* ou *Retsin*, qui s'allia avec Phacée, pour faire le siége de Jérusalem, qu'il fut contraint de lever. Il fut défait & tué, & son *royaume* détruit par Téglatphalasar, Tiglath-Pilnéser, Tiglath-Piléser ou Tiglath-Péléser, roi d'Assyrie, l'an 3295 du monde, 740 avant Jesus-Christ.

Le quinzième *royaume* a été celui de Macédoine, commencé par Caranus, l'un des descendans d'Hercule, l'an du monde 3221, & 814 avant Jesus-Christ. Il a duré 490 ans jusqu'à la mort d'Alexandre le grand, qui établit la monarchie des Grecs & qui mourut l'an 3710 du monde, & 325 avant Jesus-Christ.

Le seizième *royaume* a été celui des Romains, qui commença l'année de la fondation de Rome, l'an 3282 du monde, & 753 avant la naissance de Jesus-Christ. Romulus en fut le premier roi, & Tarquin le superbe, le septième & le dernier, qui fut chassé, l'an du monde 3526, de la fondation de Rome le 245, & 509 avant Jesus-Christ.

Le dix-septième *royaume* est celui de Babylone, qui fut fondé l'an 3288 du monde, 747 avant Jesus-Christ, par Nabonassar. Il ne dura que 67 ans sous dix rois, & il fut réuni au *royaume* d'Assyrie, dont il avoit été détaché l'an 3355 du monde, 680 avant Jesus-Christ.

Le dix-huitième *royaume* est celui des Mèdes, qui fut fondé l'an 3326 du monde, 729 avant Jesus-Christ, par Déjocès, & que Cyrus détruisit l'an 3476 du monde, 559 avant Jesus-Christ. Ce *royaume* est célèbre dans l'histoire; il y en a qui, se conformant à Ctésias, le font commencer bien plutôt.

Le dix-neuvième *royaume* est celui des Chaldéens, qui fut fondé par Nabopolassar ou Nabuchodonosor I, l'an 3410 du monde, 625 avant Jesus-Christ. On y compte cinq rois, qui régnèrent 87 ans. Le dernier est Nabonnade ou Darius le Mède, qui fut défait par Cyrus l'an 3497 du monde, 538 avant Jesus-Christ.

Le vingtième *royaume* est celui des Perses, qui passa d'Archaménidès & de Cambyses à Cyrus, l'an du monde 3476, & 559 avant Jesus Christ, & dura jusqu'à Darius, qui fut tué l'an du monde 3705, & 317 avant Jesus-Christ.

Le vingt-unième *royaume*, est le second de Macédoine, fondé par Antipater, qui ufurpa la couronne, après la mort d'Alexandre le grand, & qui la laiffa à fon fils Caffander l'an du monde 3718, & 317 avant Jefus-Chrift. Ce *royaume* fut éteint dans Perfée, qui fut vaincu par les Romains l'an du monde 3867, & le 168 avant Jefus-Chrift.

Le vingt-deuxième *royaume* eft celui d'Egypte, commencé par Ptolomée, fils de Lagus, l'un des fucceffeurs d'Alexandre-le-Grand, l'an du monde 3712, & 323 avant Jefus-Chrift. Il dura jufqu'à la reine Cléopatre II, maîtreffe de Marc-Antoine, qui fe donna la mort après la bataille d'Actium, l'an du monde 4005, & le 30 avant J. C.

Le vingt-troifième *royaume* a été celui de Syrie, dont le premier roi fut Séleucus Nicator, l'un des chefs fucceffeurs d'Alexandre, l'an du monde 3723, & 312 avant Jefus-Chrift. Il dura jufqu'à Antiochus l'afiatique, fils d'Antiochus le pieux & de Sélène. Ce prince en fut privé par Pompée l'an du monde 3970, & 65 avant J. C.

Le vingt-quatrième *royaume* a été celui de Pergame dans la grande Phrygie, qui commença l'an du monde 3752, & 283 avant Jefus-Chrift, par l'Eunuque Philétère, & dura jufqu'à Attale III, furnommé *Philométor*. Celui-ci mourut fans enfans l'an du monde 3902, & 133 avant Jefus-Chrift, inftitua le peuple romain pour héritier & fucceffeur de fa couronne.

Nous ne parlerons point ici des royaumes du Bofphore, du Pont en Afie, de Cappadoce, de Bithynie, d'Arménie, des Bactriens, des Indiens, des Schytes ou Maffagetes, & autres femblables, parce qu'on ne connoît point l'établiffement de ces monarchies, ni la fucceffion de leurs rois. (*D. J.*)

ROYAUMES DU MONDE (*Hift. mod.*) les royaumes célèbres qui fe font établis dans le monde depuis la naiffance de Jefus-Chrift, font un point d'hiftoire trop étendu pour entrer dans ce détail; c'eft affez de dire, que tous les états nommés *royaumes* en Afie, en Europe, en Afrique & en Amérique, ont éprouvé différentes révolutions dans ce long intervalle de temps.

Ainfi dans l'ancien *royaume* de la Chine, les Tartares fe rendirent maîtres de ce vafte empire, l'an 1279; les Chinois les en chafferent l'an 1369; mais en 1644, les Tartares foumirent de nouveau l'empire de la Chine. Alors Xunchi en fut déclaré roi, & c'eft un de fes defcendans qui le gouverne aujourd'hui.

Le Japon n'obéit qu'à un feul fouverain, depuis l'an 1550, & le daïro ou chef de la religion n'a plus en partage que de vaines marques de fon ancienne autorité.

L'Inde contient plufieurs *royaumes*, dont l'hiftoire n'eft point connue. On dit que les mogols fortis de la Tartarie, établirent l'empire de ce nom vers l'an 1401, & que ce fut un fils de Tamerlan qui en fut le premier empereur. Le plus

puiffant des *royaumes* de l'Inde au-delà du golphe, eft celui de Siam, de qui la plupart des autres font tributaires. Dans la prefqu'île de l'Inde au-deçà du golphe, font les *royaumes* d'Orixa, de Golconde, de Narfingue, de Decan, de Balaguate, de Bifnagar, &c. qui obéiffent à divers fouverains, & qui changent fouvent de maître. L'hiftoire de tous ces divers états eft enfevelie dans l'oubli jufqu'au temps que les Portugais, fuccédés par les Hollandois, fe font établis dans l'Inde.

La Perfe obéit aux fophis, depuis l'an 1500 de Jefus-Chrift; mais ces fophis ont été différens conquérans, qui tour-à-tour ont ufurpé & ravagé ce vafte pays.

L'Arabie reçut la loi de Mahomet vers l'an 625; depuis ce temps-là, les Arabes mahométans fe nommèrent *Sarafins*, & eurent des rois puiffans, qui néanmoins furent foumis par les Turcs, & par les fophis dans le douzième fiècle.

La Turquie en Afie comprend le Curdiftan, l'Yerac, le Diarbeck, la Sourie, l'Anatolie, l'Arménie & la Georgie, qui répondent à-peu-près à ce que les anciens appelloient la *Babylonie*, *Méfopotamie*, la *Syrie*, l'*Afie mineure*, la *Colchide*, &c. Othoman vers l'an 1300, commença cet empire, & l'augmenta par fes conquêtes. L'empire de Trébifonde, établi par Alexis Comnène en 1204, paffa dans les mains de Mahomet II, l'an 1461.

La Turquie en Europe, eft divifée par le Danube en méridionale & feptentrionale. Le grand-feigneur eft le maître de la méridionale, & les trois principautés de la feptentrionale font fes tributaires.

Je ne parcourrai point les *royaumes* de l'Europe, parce que chacun d'eux a fon article féparé dans ce Dictionnaire.

Les principales parties de l'Afrique font l'Egypte, l'Abyffinie, le Monomotapa, le Congo, la Guinée, la Nigritie, le Bilédulgérid & la Barbarie. L'hiftoire de tous ces pays & de leurs états nous eft inconnue.

Nous ne fommes pas mieux inftruits des anciens *royaumes* qui ont fubfifté en Amérique jufqu'à la découverte de cette partie du monde, où les puiffances maritimes ont aujourd'hui établi leur domination. (*D. J.*)

ROYAUTÉS, (*Hift. mod.*) fignifie en Angleterre les *droits du roi*; on les appelle autrement les *prérogatives du roi*, ou *regalia*.

Il y a quelques-uns de ces droits que le roi peut accorder à des particuliers; d'autres qui font inféparables de la couronne.

ROYAUX, DROITS, *regalia*, (*Hift. mod.*), *Droits royaux* d'une églife, fe dit des droits & privilèges dont jouiffent les églifes cathédrales, ou autres par conceffion des rois.

Regalia fe prend auffi quelquefois pour le patrimoine de l'églife, comme *regalia fancti Petri*, & fingulièrement pour les terres ou hériteges qui lui ont été donnés par des rois. Quelques-uns veulent même que ce foit de-là qu'eft venu l'ufage de la régale ; car , dit Ducange , on appelloit des *héritages en régale* , les biens qui étoient venus aux églifes par la conceffion & libéralité des rois. D'où vient qu'à la mort des évêques, les rois s'en remettoient en poffeffion jufqu'à ce que le nouveau titulaire eût reçu l'inveftiture. C'eft auffi ce qui fe pratiquoit en Angleterre, où Guillaume le conquérant , & plufieurs de fes fucceffeurs ne fe hâtèrent pas de donner l'inveftiture aux nouveaux évêques, comme il paroît par les plaintes de plufieurs prélats de leur temps.

Regalia dans quelques auteurs , fe prend auffi pour l'hommage & le ferment de fidélité , que l'évêque fait au roi lors de fon inveftiture. (*A. R.*)

ROYE (Guy de) (*Hift. de Fr.*) fils de Matthieu , feigneur de *Roye* , grand - maître des arbalêtriers de France , d'une illuftre maifon originaire de Picardie , fut fucceffivement chanoine de Noyon, doyen de S. Quentin , évêque de Verdun , de Caftres , de Dol, archevêque de Tours , de Sens & enfin de Rheims en 1391 , par la faveur des papes d'Avignon , Clément VII & Benoît XIII, dont il défendit la caufe contre la fucceffion de Rome. Ce fut lui qui, en 1399, fonda le collège de Rheims à Paris; il fut tué à Voltri , bourg à cinq lieues de Gênes, dans une émeute caufée par l'imprudence de quelques gens de fa fuite & qu'il vouloit appaifer (en 1409.) Il a laiffé un livre intitulé : *doctrinale fapientiæ*, qui fut traduit en françois par un religieux de Cluni fous le titre de *doctrinal de la fapience*.

ROYE (François de) *Hift. litt. mod.*) jurifconfulte d'Angers, mort en 1786. Auteur d'un traité *de jure patronatûs* , & d'un autre *de miffis dominicis eorumque officio & poteftate* ; ouvrages favans.

RUBRUQUIS (Guillaume) *Hift. de Fr.*) cordelier fameux , envoyé en 1252 par S. Louis à un prince Tartare , nommé Sartack, pour lui annoncer l'évangile ; Sartach envoya au roi deux veftes de peaux , unique fruit de cette miffion.

RUCCELLAÏ, (*Hift. d'Ital.*) nom d'une des premières familles de Florence , alliée des Médicis. On diftingue parmi les *Ruccellaï* :

1°. Jean *Ruccellaï* , né en 1475, qui fut nonce en France & qui ne fut point cardinal , parce que le pape Léon X prit parti contre François I, & qu'il mourut d'ailleurs dans la même année 1521, où il auroit pu donner le chapeau à *Ruccellaï*. Clément VII nomma *Ruccellaï* gouverneur du château Saint-Ange, pofte de confiance ; mais il eft plus connu par fes talens poëtiques que par les emplois qu'il a exercés. Il eft un des créateurs de la tragédie en Italie. Sa tragédie de *Rofemonde* reprefentée devant le pape Léon X , en 1512, eft célèbre ; fa tragédie *d'Orefte* , long-temps manufcrite , a été publiée par le marquis Scipion Maffei, dans

le premier volume du théâtre italien. On a encore de Jean *Ruccellaï* un poëme en vers non rimés , intitulé : *les Abeilles.*

2°. Bernard *Ruccellaï* , en latin *Oricellarius* , auteur du *bellum Italicum* ; c'eft l'hiftoire de l'expédition du roi Charles VIII , en Italie. L'auteur vivoit fur la fin du quinzième fiècle.

3°. L'abbé *Ruccellaï* , célèbre en France du temps de Louis XIII. Son père , riche partifan , avoit toujours entretenu correfpondance avec Zamet & les autres gens d'affaires de fa nation établis en France. Il y avoit un affez grand crédit , fur-tout depuis le mariage de Marie de Médicis avec Henri IV. L'abbé *Ruccellaï*, fon fils, avoit beaucoup de bénéfices & beaucoup d'argent. Il avoit eu la confiance du pape Paul V. Ses ennemis l'obligèrent de quitter Rome , il vint en France ; le maréchal d'Ancre l'introduifit à la cour ; il y réuffit par fon fafte , fon luxe , fa moleffe , fa recherche en tout. Il ne buvoit que de l'eau, mais il falloit la choifir & l'aller chercher bien loin.

Quidquid quæritur optimum videtur.

Tout l'incommodoit, tout altéroit fa frêle conftitution ; il avoit toutes les manières & fe piquoit d'avoir l'agrément , & fur-tout la foibleffe & la délicateffe des femmes. Ce fut lui , dit-on , qui fit connoître en France *les vapeurs* , même aux femmes , invention qui a profpéré dans ce pays. On regarde auffi l'abbé *Ruccellaï* comme le premier petit-maître qu'on ait vû en France ; les hommes qui fe piquent d'être femmes , ne peuvent être que les petits-maîtres d'un fiècle dégénéré. Ceux qui trouvent le nom & la chofe au temps des troubles de la Fronde dans les partifans du grand Condé, qui vouloient en effet être les maîtres & qui affectoient leurs manières la hauteur que leur chef avoit véritablement dans l'ame , nous paroiffent avoir mieux rencontré. L'abbé *Ruccellaï* à travers fes foibleffes , avoit quelquefois de la grandeur ; ce fut lui qui, indigné de l'abandon où on laiffoit le corps du connétable de Luynes , & du pillage de fa maifon où l'on n'avoit pas même laiffé un drap pour l'enfevelir , le fit embaumer à fes frais & tranfporter honorablement dans fa terre de Maillé ou de Luynes en Touraine. L'abbé *Ruccellaï* mourut du pourpre à Montpellier, le 22 octobre 1628.

R U D

RUDBECK, (*Hift. litt. mod.*) père & fils , tous deux nommés Olaüs. C'eft le père qui, dans fon *exercitatio anatomica* , revendique la découverte des vaiffeaux lymphatiques, qu'il accufe Thomas Bartholin de lui avoir dérobée. Peut-être l'ont-ils faite tous deux , & le docteur Jolife la faifoit en Angleterre dans le même temps ; c'eft auffi *Rudbeck* le père qui dans fon *Atlantique*, prétend que la Suède fa patrie eft la véritable

Atlantide de Platon ; qu'elle a été la demeure des anciennes divinités du paganisme, & même. de nos premiers pères, & que c'est de la Suède que tous les peuples sont sortis. Il est aussi l'auteur du recueil intitulé : *Leges wast Gothicæ* ; d'un traité sur la comète de 1667; d'une descript'ons des plantes. Il professoit la médecine à Upsal. Né en 1630. Mort en 1702.

Le fils est auteur du *Laponia illustrata* & du *specimen linguæ gothiæ.*

RUDDIREN, (RUTREN *ou* ISSUREN) *Hist. mod. & mythologiq.*) c'est un des trois dieux du premier ordre qui font l'objet du culte des Banians ou idolâtres de l'Indostan ; ses deux associés sont Ram ou Brama & Vistnou. Ce Dieu a 1008 noms différens ; mais *Ruddiren* est celui que lui donnent le *Vedam* & le *Shaster*, qui sont les deux livres fondamentaux de la religion des Indes. Les Malabares l'appellent *Ichuren*, *Issuren*, *Irsuren*, *Ipsára* ; sur la côte de Coromandel & à Carnate, on le nomme *Esvara*. Ceux des Banians & des Malabares qui le préfèrent aux deux autres dieux ses confrères, l'appellent *Mahaden*, ou le grand dieu. D'autres lui donnent le nom de *Chiven*, le vrai dieu, l'être suprême, quoique le *Vedam* dise formellement qu'il n'est que le dernier dans l'ordre de la création, & que la fonction qui lui a été assignée par l'être suprême, est de détruire, tandis que celle de Ram ou Brama est de créer, & celle de Vistnou de conserver les êtres. Suivant les fictions des Indiens, *Ruddiren* est d'une taille si prodigieuse, qu'il remplit les 7 mondes d'en-bas, & les 7 cieux ; on le représente avec trois yeux, dont un est au milieu du front ; ce dernier est si étincelant, qu'il consume, dit-on, tous les objets sur lesquels il se porte. Ce Dieu a 16 bras. Il est couvert de la peau d'un tigre, & son manteau est la peau d'un éléphant entourée de serpens. Il porte trois chaînes autour du col, à l'une desquelles est suspendue une cloche. Dans cet équipage on le transporte monté sur un bœuf appelé *Irishipatam*, qui est lui-même un objet de vénération pour les Indiens. Ce dieu est regardé comme le Priape de l'Indostan ; c'est pour cela que dans quelques pagodes ou temples, il est représenté sous la figure d'un membre viril, ou comme les parties de la génération des deux sexes en conjonction : c'est ce que les Indiens appellent *linga* ou *lingam*, pour lequel ils ont la plus haute vénération, au point que plusieurs femmes portent cette figure obscène pendue à leur col. On assure même qu'aux environs de Goa & de Cananor, les nouvelles mariées se font déflorer par ce Priape, avant que de passer dans les bras de leurs époux. On croit que cet emblème, les bramines ont voulu représenter la génération de toutes choses, à laquelle, suivant quelques-uns, le dieu *Ichuretta* qui est le même que *Ruddiren*,

est censé présider. Ce dieu impudique a des religieux qui se consacrent à son service, & qui demeurent constamment dans ses temples : ils vont quelquefois tout nuds, dans les rues de Cananor & de Mangalor, en sonnant une clochette ; alors toutes les femmes, de quelque rang qu'elles soient, sortent de leurs maisons pour venir toucher & baiser avec respect les parties de la génération de ces serviteurs du dieu. *Voyez l'histoire universelle* d'une société de savans anglois. *hist. mod.* tome VI. in-8o.

Il y a dans l'Indostan trois sectes consacrées au culte de *Ruddiren* ou *Ischuren* ; elles se distinguent par le *lingam* que portent les sectaires : il est fait de crystal. On les enterre assis, & on ne brûle point leurs corps, comme ceux des autres bramines. Ces trois sectes sont comprises sous le nom de *Chiwakalan* ou *Chivamadam*. (*A. R.*)

RUE

RUE, (CHARLES de la) *Hist. litt. mod.*) C'est le père *de la Rue*, jésuite. Il fut prédicateur célèbre & excellent littérateur. Prédicateur dans sa jeunesse, il vouloit briller & donnoit un peu dans ce qu'on appelle *l'esprit* ; un homme de la cour l'en corrigea : » Prêchez-nous, lui dit-il, comme » vous savez si bien faire, la raison & l'évan- » gile : mais sur-tout craignez l'esprit. Oh ! vrai- » ment, s'il s'agissoit d'esprit, il y a tel d'entre » nous, qui en mettroit plus dans un couplet de » chanson que la plûpart des prédicateurs n'en » peuvent mettre dans tout un carême. » Propos très-sensé qui motivoit avec esprit les déclamations vagues de tant de rhéteurs contre l'esprit.

Le chef-d'œuvre du P. *de la Rue*, dans ses sermons, est le sermon sur les calamités publiques ; parmi ses oraisons funèbres, c'est celle du maréchal de Luxembourg. C'est là qu'à l'occasion des quatre grandes victoires de ce général, il fait cette application heureuse d'un passage du 4e. livre des rois, chapitre 13, verf. 19 : *Si percussisses quinquies*... *percussisses Syriam usque ad consumptionem* » Si vous eussiez frappé cinq fois, » vous eussiez battu la Syrie jusqu'à l'exterminer » entièrement. »

Comme littérateur, le P. *de la Rue* a fait des tragédies & des comédies ; d'abord *Lysimachus* & *Cyrus*, tragédies latines qu'on ne pouvoit guères jouer que dans des collèges ; puis un autre *Lysimachus* & un *Sylla*, tragédies françoises & en vers, honorées, dit-on, de l'approbation du grand Corneille. La pièce de *Sylla* est imprimée dans la Grammaire françoise du P. Buffier. Les comédiens de l'hôtel de Bourgogne se disposoient secretement à la jouer ; les gens du monde eussent trouvé plaisant de voir représenter par des comédiens sur un théâtre public, une pièce d'un jésuite vivant. Mais le P. *de la Rue* trouva que cela seroit en effet trop plaisant, & employa tout son crédit pour l'empêcher ; il n'eut pas de peine à réuffir ; mais il ne put & ne voulut pas empêcher que deux comédies dont on le croit l'auteur, l'Andrienne & *l'homme à bonnes fortunes*, ne fuffent jouées fous le nom de fon ami Baron ; ami peut-être un peu fingulièrement choifi pour un Jéfuite. Quant à *l'Andrienne*, on conçoit qu'un Jéfuite, homme d'efprit, aidé de Térence, puiffe en être l'auteur ; mais pour *l'homme à bonnes fortunes*, comment concevoir qu'un Jéfuite qui l'a été dès fa jeuneffe, puiffe avoir affez d'ufage du monde, connoître affez les ridicules de la fociété, fur-tout cette efpèce de ridicule, pour le jouer avec tant de vérité ? On connoît le Virgile du P. *de la Rue* à l'ufage du Dauphin, c'eft l'ouvrage d'un homme de lettres à tous égards ; les notes font favantes, claires & précifes, voilà comme on inftruit. Formé par Virgile, l'auteur a donné des poéfies latines fort eftimées ; on y trouve au lieu de centons de Virgile la manière vraiment Virgilienne :

Arma tib', Lodoice, finit jam firmior ætas,
Arma ferunt Mufæ ; bland s illæ artibus olim
Te puerum folitæ molles formare fub annos.

Ces vers de l'épitre dédicatoire de Virgile au Dauphin, fils de Louis XIV, reffemblent à Virgile, & ne font pas de Virgile. Corneille a rendu au P. *de la Rue* un honneur diftingué, celui de traduire dans fa vieilleffe un ouvrage de la jeuneffe de ce Jéfuite ; c'eft un poëme latin du P. *de la Rue* fur les conquêtes de Louis XIV, en 1667. Peut-être n'eût-il pas fallu tant célébrer ces conquêtes devenues dans la fuite fi funeftes ; mais les poëtes n'ont jamais fu être hommes fur cet article. La traduction de Corneille eft fameufe ; elle commence ainfi :

Manes des grands Bourbons, brillans foudres de guerre,
Qui fûtes & l'exemple & l'effroi de la terre.

Le nom d'un tel traducteur a donné fans doute de la célébrité à l'original, mais il en méritoit déjà par lui-même. Corneille le loua beaucoup, en préfentant au roi fa traduction, & fes éloges infpirèrent à Louis XIV une eftime pour le P. *de la Rue*, dont celui-ci reffentit dans la fuite les effets. Le P. *de la Rue*, né à Paris en 1643, mourut auffi à Paris en 1725.

Un autre P. *de la Rue*, (Dom Charles) Bénédictin de la congrégation de faint Maur, élève de Dom Montfaucon, a donné une édition d'Origène, qui a été achevée par Dom Vincent *de la Rue*, fon neveu & fon élève. L'oncle, né à Corbie en Picardie l'an 1684, mourut à Paris en 1739. Le neveu mourut en 1762.

RUF

RUFFI, (ANTOINE de) *Hift. litt. mod.*) Corfeiller à la fénéchauffée de Marseille, puis confeiller fecrétaire en 1654 ; mort en 1689, à quatre-vingt-deux ans. On raconte de lui la même chofe que de Chamillard & de Desbarreaux, favoir qu'il dédommagea pleinement un plaideur auquel il avoit fait perdre injuftement fon procès par un petit défaut d'examen. C'eft le trait fameux dont la Chauffée a fait le fujet de fa *Gouvernante*. On a de *Ruffi* plufieurs bons & favans ouvrages, une *hiftoire des généraux des galères* dans le P. Anfelme ; une *hiftoire des comtes de Provence* ; une *vie de Gafpard de Simiane*, connu fous le nom du chevalier de la Cofte : mais l'ouvrage le plus célèbre de *Ruffi* eft fon *hiftoire de Marfeille*, à laquelle Louis-Antoine de *Ruffi*, fon fils, a ajouté un fecond volume. Ce dernier, né à Marfeille en 1657, eft mort en 1724.

RUFIN. Nom que divers perfonnages célèbres ont porté :

1°. Titus Vinius *Rufinus*, un de ces trois favoris de Galba, dont Corneille dit dans *Othon* :

Je les voyois tous trois fe hâter fous un maître
Qui, chargé d'un long âge, a peu de temps à l'être ;
Et tous trois à l'envi, s'empreffer ardemment
A qui dévoreroit ce règne d'un moment.

Cet homme étoit plein de vices & de vices honteux. Etant à la table de l'empereur Claude, il avoit volé une coupe d'or. L'empereur qui en fut informé, l'invita encore pour le lendemain, & le fit fervir feul en vaiffelle de terre. Cette publication & cette jufte punition de fa baffeffe ne l'empêcha pas de devenir miniftre & favori du rigide Galba ; cet homme devoit avoir d'étranges reffources dans l'efprit.

2°. Un autre homme qui devoit auffi en avoir de bien grandes, eft le *Rufin* que Claudien nous a fait connoître par une violente diatribe. Né de parens obfcurs dans l'Armagnac, il vint à la cour de Théodofe & plut à ce prince, qui le fit grand-maître de fon palais, l'admit dans fes confeils, le combla d'honneurs & de faveurs, & le donna pour collègue dans le confulat au prince Arcadius fon fils. Il abufa de fa puiffance, opprima les gens de mérite, & s'enrichit de la dépouille de fes ennemis. Après la mort de Théodofe, jaloux du crédit & des talens de Stilicon, il voulut s'élever au trône en portant le trouble dans l'empire ; il y introduifit les Goths & d'autres Barbares, mais Stilicon eut l'adreffe de faire de ces Goths mêmes l'inftrument de la perte de *Rufin*. Un capitaine Goth, nommé Gaynas, les fouleva contre *Rufin*, qui fut tué en 397.

Abftulit hunc tandem Rufini pæna tumultum,
Abfolvitque deos.

dit Claudien.

3°. RUFIN, prêtre de Palestine, qui vint à Rome en 399, & qui eut pour difciple le fameux Pélage.

4°. RUFIN, ami, puis ennemi de faint Jérôme.

comblé d'éloges & enfuite accablé d'injures par ce père un peu véhément, étoit né à Concordia en Italie, vers le milieu du quatrième fiécle. On a de lui des traductions de l'hiftorien Jofephe, de plufieurs écrits d'Origène, de S. Grégoire de Nazianze, de S. Bafile, de l'hiftoire eccléfiaftique d'Eufèbe, où il fit beaucoup d'additions dans le corps de l'ouvrage, & qu'il continua depuis la vingtième année de Conftantin jufqu'à la mort de Théodofe. On a de lui encore plufieurs autres ouvrages, entre autres, des écrits apologétiques en faveur d'Origène & contre faint Jérôme. Il mourut en Sicile vers l'an 410. Il avoit vécu quelque tems dans l'Egypte & dans la Paleftine. Il avoit été perfécuté par les Ariens, & il doit être au nombre des confeffeurs, s'il n'eft pas au nombre des hérétiques, comme le prétendoit faint Jérôme.

R U G

RUGGERI ou RUGIÉRI (Côme) *Hift. mod.*) aftrologue Florentin, un de ces charlatans que Catherine de Médicis traînoit à fa fuite, fut impliqué dans l'affaire de la Mole & Coconas vers la fin du regne de Charles IX. La Mole étoit fuperftitieux comme on l'étoit alors ; on lui trouva une image de cire, avec laquelle il prétendoit faire un enchantement pour être aimé d'une femme dont il étoit amoureux ; on aima mieux croire qu'il avoit voulu *envoûter* le roi, & l'état de dépériffement où étoit le roi, parut dépofer contre la Mole. *Rugiéri* fut envoyé aux galères pour avoir donné à la Mole cette image de cire ; mais un homme qui favoit faire des enchantemens & des envoûtemens, étoit trop précieux à Catherine de Médicis pour qu'elle s'en privât ; elle le rappella & continua de s'en fervir. Ce fut lui qui commença en 1604 à publier des almanachs. Il mourut en 1615, en déclarant qu'il mouroit aîhée ; en conféquence il fut jetté à la voirie.

R U I

RUINART (Dom Thierry) *Hift. litt. mod.*) né à Rheims le 10 juin 1657, entra dans la congrégation de faint Maur en 1675 ; il fut élève & compagnon des travaux de dom Mabillon, il a écrit fa vie ; il a écrit auffi celle du pape Urbain II, que dom Vincent Thuillier a fait imprimer dans les œuvres diverfes de dom Mabillon ; mais c'eft fur-tout par fes éditions qu'il eft célèbre ; ce font de fa part de très-favans ouvrages & qui l'ont mis au premier rang parmi les Bénédictins comme les Bénédictins y font parmi les favans ; telle eft l'édition de *Grégoire de Tours*, où tout ce qui concerne les premiers temps de notre hiftoire eft favamment expofé ; celle de *l'hiftoire de la perfécution des Vandales par Victor*, évêque en Afrique, & *les actes fincères des martyrs*, où il s'attache à réfuter l'opinion de Dod-

wel fur le petit nombre des martyrs. (Voyez Dodwel.) Dom *Ruinart* a, dit-on, été aidé par dom Placide Porcheron, dans les additions qu'il a faites aux dernières éditions de cet ouvrage, qui a été traduit en françois par l'abbé Drouet de Maupertuy. Dom *Ruinart* mourut en 1709, dans l'abbaye de Hautevilliers en Champagne.

R U M

RUMPHIUS, (George-Evrard) *Hift. litt. mod.*) docteur en médecine dans l'univerfité d'Hanau, étoit de l'académie des curieux de la nature ; & nul ne mérita mieux d'en être ; il avoit appris la botanique fans maître & fans livres. On remarque de lui qu'étant devenu aveugle à quarante-trois ans, il n'en cultiva pas moins la botanique, & qu'il diftinguoit parfaitement au goût & au toucher la nature & la forme de chaque plante. Il fut conful à Amboine, une des ifles Moluques. On a de lui *Herbarium Amboïnenfe*, avec un fupplément imprimé en 1755 par les foins de Jean Burman, en 6 vol. in-fol., & *imagines pifcium teftaceorum*. Il avoit compofé une *hiftoire politique d'Amboine*, qui eft reftée manufcrite, & dont on conferve deux exemplaires, l'un à Amboine, l'autre à Amfterdam au dépôt de la compagnie des Indes.

RUSNAMEDGI EFFENDI, f. m. (*Hift. ottom.*) c'eft en Turquie le titre d'un officier des finances ; il eft le receveur général du tréfor, & préfide à la recette générale des finances, qui fe fait les dimanches, lundis, mardis, famedis, jours du grand divan ; depuis la fin de l'audience à neuf heures, jufqu'à trois heures après midi. Cet officier a fous lui plufieurs commis qui reçoivent, examinent, péfent les monnoies, féparent les efpèces, & compofent les bourfes fur lefquelles le *rufnamedgi effendi* appofe un cachet ; d'autres commis, fous fon infpection, font chargés de payer les ordonnances de fa hauteffe, du vizir azem, & du defterdar ; fa charge paroit être la même que celle de garde du tréfor royal en France, Guer, *mœurs des Turcs.* tom. II. (A. R.)

R U T

RUTGERS, (Janus) *Hift. litt. mod.*) littérateur hollandois, confeiller de Guftaphe-Adolphe, roi de Suède. On a de lui *variæ lectiones*, des poéfies latines, imprimées chez Elzevir, avec celles d'Heinfius, des notes fur Virgile, Horace, &c. Né à Dordrecht, mort à la Haye en 1625 à trente-fix ans.

RUTH D'ANSI. (Paul-Ernest) *Hift. litt. mod.*) Cet homme peu connu, étoit ami du célèbre docteur Arnauld ; il fut témoin de fes derniers mômens, & rapporta fon cœur à Port-Royal ; en conféquence il fut perfécuté pour janfénifme, mais le pape Innocent XII & divers princes le prirent fous leur protection ; il eft l'auteur du dixième & du onzième volumes de l'année chrétienne de M. le Tourneux. Il mourut à Bruxelles en 1728.

RUTILIUS-RUFUS, (Publius) *Hift. rom.*) conful l'an de Rome 647, fut un des plus vertueux citoyens de Rome corrompue. Sa vertu déplacée alors dans fa patrie comme celle des Catons, fervit à fa gloire & à fa perte. Il excella dans l'art d'exercer les foldats, & il voulut que fon fils fût fimple foldat légionaire, pour fe former au commandement par l'obéiffance. Il introduifit l'ufage de donner aux foldats des maîtres d'efcrime pour les mettre en état de joindre l'adreffe à la valeur. Ces maîtres furent ceux qui dreffoient & exerçoient les gladiateurs ; il tourna ainfi au profit de la république un art qui n'avoit fervi jufqu'alors qu'au plaifir barbare de la multitude. L'art de l'efcrime, devenu inutile aujourd'hui aux guerriers par la nature des armes & la manière différente de faire la guerre, étoit de la plus grande utilité dans un temps où la valeur étoit principalement la confiance qu'un guerrier avoit dans fa force & dans fon adreffe, qualités alors très-exercées. Si *Rutilius* n'eut point à combattre les Cimbres, parce qu'il avoit un autre département, il envoya du moins à Marius des foldats propres à les battre, & ces foldats il les avoit formés.

Les chevaliers Romains étoient chargés de la recette des revenus publics, & en même-temps ils avoient enlevé au fénat les jugemens, de forte qu'il leur arrivoit fouvent de confacrer comme juges les vexations qu'ils exerçoient comme publicains. Le vertueux Quintus Mutius Scévola, proconful en Afie vers l'an 654, prit pour lieutenant le vertueux *Rutilius*. Ces deux hommes, qui ne redoutoient rien lorfqu'il s'agiffoit de faire leur devoir, attaquèrent généreufement les publicains qui avoient vexé cette province, & en firent une févère juftice ; ce-fut fous la vengeance de ces ennemis publics que *Rutilius* fuccomba dans la fuite. Les chevaliers Romains n'eurent pas honte de condamner cet homme, que des calomniateurs n'eurent pas honte d'accufer de concuffion, parce qu'il avoit fait punir des concuffionnaires. Ses plus ardens ennemis étoient Apicius, ce gourmand célèbre, cet homme voluptueux à qui l'antique févérité que *Rutilius* faifoit revivre, étoit odieufe ; c'étoit ce Marius, l'ennemi & le perfécuteur de toute vertu, toujours prêt à employer pour la perdre tout ce que la fourberie a de vil & la violence de terrible. *Rutilius*, peu fait au perfonnage d'accufé, ne voulut ni prendre des habits de deuil felon l'ufage, ni s'humilier devant les juges, ni employer le fecours de l'éloquence ; il plaida lui-même fa caufe féchement, fans agrément, fans intérêt, mais toujours preuve en main, & il la perdit. Oh! dit Antoine à

Craffus dans Cicéron, *de oratore*, l. 1. n. 230. oh! fi vous aviez plaidé cette caufe & qu'il vous eût été permis de la plaider avec toute votre éloquence, quelque corrompus que fuffent les juges, vous auriez triomphé de toute leur perverfité : *quamvis fcelerati illi fuiffent, ficut fuerunt, peftiferi cives fuppliciifque digni, tamen omnem eorum importunitatem ex intimis mentibus evelliffet vis orationis tuæ ; nunc talis vir amiffus eft dùm caufa ita dicitur, ut fi in illâ commentitiâ Platonis civitate res ageretur.*

Rutilius, quoiqu'il ne fût condamné qu'à des reftitutions & des réparations de dommages, s'exila volontairement de Rome, comme on fuit une caverne de voleurs. Ses biens furent vendus ; on trouva dans leur infuffifance la preuve de fon innocence ; on trouva de plus dans fes papiers les titres parfaitement légitimes du peu qu'il poffédoit. Il fut plus riche exilé en Afie que confulaire à Rome. Scévola qu'il n'avoit fait que feconder dans la guerre qu'ils avoient déclarée enfemble aux publicains, Scévola le força d'accepter en faveur de la caufe commune, des préfens confidérables, & les villes d'Afie qu'il avoit contribué à délivrer de l'oppreffion, s'empreffèrent de témoigner leur reconnoiffance à leur libérateur. Il étoit à Smyrne, dans le temps où Mithridate fit égorger tous les Romains qui fe trouvoient dans l'Afie, & il n'échappa au carnage qu'en quittant la toge romaine & en prenant l'habit grec. Sylla, vainqueur de fes ennemis, fe fit l'honneur de le rappeller à Rome ; mais on pouvoit dire de lui comme on a dit de Jehu : Sylla rappellant *Rutilius*,

N'a pour fervir fa caufe & venger fes injures,
Ni le cœur affez droit, ni les mains affez pures.

Rutilius n'accepta point un pareil bienfaiteur.

Ce même *Rutilius* avoit un ami qui fe montra indigne de lui, en lui demandant une injuftice, & qui bleffé de fon refus, lui dit avec colère : *qu'ai-je à faire d'un ami qui me manque au befoin ? & moi,* dit *Rutilius*, *d'un ami qui veut me rendre injufte ?* La condamnation de *Rutilius*, eft de l'an de Rome 660.

Un autre Publius-*Rutilius*, furnommé *Lupus*, conful l'an de Rome 662, fe conduifit mal dans la guerre fociale, & négligea par orgueil ou par défiance les confeils de Marius fon parent, qui par des raifons dignes d'un grand général, lui propofoit de traîner cette guerre en longueur. *Rutilius* s'empreffa de livrer la bataille & la perdit avec la vie.

RUV

RUVIGNY (Henri, marquis de) *Hift. de Fr.*) Le marquis de *Ruvigny*, étoit agent-général de la nobleffe proteftante en France. A la révocation de l'édit de Nantes, il paffa en Angleterre, s'y fit naturalifer & porta toujours depuis le nom de milord Gallowai. Après la mort du maréchal de Schomberg, il eut son régiment tout composé de religionnaires François réfugiés, triste effet de la révocation ; qui non-seulement privoit la nation de tant de citoyens & de défenseurs, mais qui en accroissoit les forces des ennemis ; il alla commander les troupes angloises en Piémont dans la guerre de 1688. Dans la guerre de la succession, il les commanda en Espagne, & on a remarqué qu'à la bataille d'Almanza en 1707, les Anglois & les Autrichiens étoient commandés par un François (Milord Gallowai) & les François par un Anglois (le maréchal duc de Berwick.) Les généraux rebelles à leur patrie font toujours bien accueillis par les ennemis ; c'est une acquisition pour ceux-ci & une perte pour les autres, mais on exige de ces transfuges qu'ils soient heureux, & il est rare qu'ils le soient à cause des traverses qu'ils éprouvent de la part de ceux même qu'ils servent. Milord Gallowai perdit la bataille d'Almanza, en Espagne; il perdit en Portugal, deux ans après, celle de Gudina; il fut rappellé sans cependant perdre entièrement une faveur qu'il devoit à sa haine pour la France. Il mourut en 1720.

RUYSCH (Fréderic & Henri son fils.) *Hist. lit. mod.*) Fréderic étoit de l'académie des sciences, de la société royale de Londres, de l'académie des curieux de la nature. C'étoit le plus habile anatomiste de son temps, & personne avant lui n'avoit poussé aussi loin l'art des dissections & celui des injections. Il étoit né à la Haye le 23 mars 1638, d'une famille qui depuis l'an 1365 avoit toujours occupé les premières magistratures d'Amsterdam, mais dont la fortune avoit changé avec celle de l'Espagne dans les Pays-Bas. Son père étoit secrétaire des états-généraux.

Se destinant à la médecine, *Ruysch* commença par s'appliquer à la matière médicinale, à l'étude des plantes, des animaux, des minéraux, aux opérations chymiques, aux dissections anatomiques ; il se fit de bonne heure de ces divers genres réunis un cabinet très-célèbre, & qui fut de son temps un grand objet de curiosité. Il se maria en 1661, principalement pour être délivré des soins domestiques.

Vers ce temps vint à Leyde un anatomiste, nommé Bilsius, que le roi d'Espagne avoit envoyé professer l'anatomie à Louvain, homme avantageux qui vouloit être le seul anatomiste, & qui portoit dans les Pays-Bas un grand mépris pour les découvertes d'autrui & une grande jactance sur les siennes. Des professeurs de Leyde, choqués de son orgueil, lui opposèrent un jeune homme, dont les dissections fines & délicates, objet continuel de leur admiration, étonnèrent aussi malgré lui Bilsius, qui tâcha de cacher son étonnement, c'étoit *Ruysch*. Ils eurent bientôt ensemble une contestation dans laquelle

les rieurs ne furent pas pour Bilsius. *Ruysch* avoit dit que la résistance qu'il sentoit en soufflant les vaisseaux lymphatiques d'un certain sens, lui faisoit croire qu'il s'y trouvoit des valvules, Bilsius aussi-tôt nie l'existence de ces valvules, avec la dernière assurance & le dernier mépris. Cette décision tranchante & superbe ne refroidit pas sans doute le jeune anatomiste sur la découverte qu'il n'avoit encore annoncée que comme possible, & dont on lui avoit contesté jusqu'à la possibilité ; il parvint à la faire très-réellement, il découvrit ces valvules au nombre de plus de deux mille, & les montra. Bilsius, bien sûr qu'il ne verroit rien, demanda comme les autres à voir, & fit, dit M. de Fontenelle, tout son possible pour ne pas voir; & lorsqu'il eut vû malgré lui, il se sauva « par un endroit qu'on » n'avoit pas prévu : il dit qu'il connoissoit bien » ces valvules, mais qu'il n'avoit pas jugé à » propos de le déclarer. Il falloit donc au » moins ne les pas nier. » M. *Ruysch* donna en 1665 l'histoire de cette contestation, où, dit M. de Fontenelle, le vaincu qui pouvoit l'être sans honte & même avec honneur, trouva moyen de l'être honteusement.

Mais c'est sur-tout par l'art des injections, que *Ruysch* s'est immortalisé : « Les parties étoient » injectées de façon que les dernières ramifica- » tions des vaisseaux, plus fines que des fils d'a- » raignées, devenoient visibles, & ce qui est » encore plus étonnant, ne l'étoient pas quel- » quefois sans microscope.... on voyoit de pe- » tites parties qui ne s'apperçoivent ni dans le » vivant, ni dans le mort non frais. Des ca- » davres d'enfans étoient injectés tout entiers... » il entreprit même en 1666, par ordre des » états-généraux, le cadavre déjà fort gâté de » Guillaume Bercley, vice-amiral anglois, tué » à la bataille donnée le 11 juin entre les flottes » d'Angleterre & de Hollande, & on le ren- » voya en Angleterre, traité comme auroit pu » l'être le plus petit cadavre..... Les cadavres » quoiqu'avec tous leurs viscères, n'avoient point » de mauvaise odeur ; au contraire ils se pre- » noient une agréable, quand même ils eussent » senti fort mauvais avant l'opération. Tout se » garantissoit de la corruption par le secret de » M. *Ruysch*. Une fort longue vie lui a procu- » ré le plaisir de ne voir aucune de ses pièces » se gâter par les ans, & de ne pouvoir fixer » de terme à leur durée. Tous ces morts sans » dessèchement apparent, sans rides, avec un » teint fleuri & des membres souples, étoient pres- » que des ressuscités ; ils ne paroissoient qu'en- » dormis, tout prêts à parler quand ils se ré- » veilleroient. Les momies de M. *Ruysch* pro- » longeoient en quelque sorte la vie, au-lieu » que celles de l'ancienne Egypte ne prolon- » geoient que la mort. »

Ces prodiges trouvèrent beaucoup d'incrédules &

& encore plus de jaloux. *Ruysch* leur disoit, à tous : *venez & voyez*. Combien dans d'autres institutions que les nôtres, cet art des injections pourroit être précieux à l'amour & à l'amitié !

Un grand professeur en médecine lui écrivit qu'il feroit mieux de renoncer à toutes ces nouveautés & de s'attacher à l'ancienne doctrine ; que tout ce qu'il faisoit dérogeoit à la dignité de professeur (car il l'étoit depuis 1664.) La réponse fut la même : *venez & voyez*.

Bidloo, anatomiste célèbre, fut du nombre de ces envieux. Il prétendit avoir eu avant lui le secret de conserver les cadavres ; il ne l'appelloit que le boucher subtil, *lanio subtilis*, à cause de la finesse de ses dissections ; *Ruysch* se fâcha & répondit en vrai boucher qu'il aimoit mieux être *lanio subtilis* que *leno famosus* ; il s'agissoit bien là des mœurs !

« L'anatomie ne portoit plus avec elle ce dé-
» goût & cette horreur, qui ne pouvoient être
» surmontés que par une extrême passion. On
» ne pouvoit auparavant faire les démonstrations
» qu'en hiver ; les étés les plus chauds y étoient
» devenus également propres. »

Le plus digne admirateur des enchantemens de *Ruysch*, fut le Czar Pierre I, qui n'avoit pas été conduit par degrés à un pareil spectacle ; il en fut transporté ; on le vit embrasser avec tendresse le corps d'un petit enfant encore aimable, & qui sembloit lui sourire. Nous avons dit à son article qu'il acheta le cabinet de *Ruysch*, & le fit transporter à Pétersbourg. Pendant ses deux séjours en Hollande, il ne pouvoit ni s'arracher de ce cabinet ni se séparer de *Ruysch* ; il dînoit à sa table très-frugale pour passer avec lui les journées entières.

M. *Ruysch* avoit 79 ans, quand il vendit au Czar son cabinet en 1717 ; il eut le courage d'en recommencer un nouveau, & le bonheur d'en jouir encore assez long-temps.

M. de Fontenelle donne l'énumération des principales découvertes de *Ruysch* en anatomie ; une artère bronchiale inconnue aux plus grands scrutateurs du poumon ; le périoste des osselets de l'organe de l'ouïe qui paroissent nuds ; les ligamens des articulations de ces osselets ; la substance corticale du cerveau uniquement composée de vaisseaux infiniment ramifiés, & non pas glanduleuse, comme on le croyoit ; plusieurs autres parties qui passoient pareillement pour glanduleuses, réduites à n'être que des tissus de vaisseaux ; les courbes décrites dans leur cours ; la distance de l'extrémité de ce cours à l'origine du mouvement de la liqueur, différences d'où devoient naître les différentes secrétions ou filtrations, &c.

On avoit créé pour M. *Ruysch* une place de professeur ou maître des sages-femmes ; elles en avoient besoin. Elles se hâtoient de tirer avec violence le placenta, lorsqu'il tardoit à venir, & elles aimoient mieux le mettre en pièces ;

ce qui causoit souvent la mort. *Ruysch* leur apprit à l'attendre sans impatience, ou à n'aider que doucement à sa sortie, parce qu'un muscle orbiculaire qu'il avoit découvert au fond de la matrice, le poussoit naturellement en dehors, & pouvoit même suffire pour le chasser entièrement. Il disséquoit les plantes avec la même adresse que les animaux, & montroit à découvert tout ce qui faisoit leur vie.

En 1727, à quatre-vingt-neuf ans, il fut élu associé étranger de l'académie des sciences.

En 1728, à quatre-vingt-dix ans, il fit une chûte & se cassa l'os de la cuisse, sans en rester moins sain & de corps & d'esprit jusqu'en 1731 qu'il mourut le 22 février, âgé de près de quatre-vingt-treize ans.

Il a fait beaucoup d'ouvrages sur la médecine, la chirurgie, l'anatomie, &c.

On a de Henri *Ruysch* son fils, digne de lui par ses connoissances dans l'histoire naturelle, dans l'anatomie & dans la botanique, le *theatrum animalium* de Johnston, augmenté. Il exerça comme son père, la médecine avec beaucoup de succès.

RUYTER, (MICHEL-ADRIEN) *Hist. de Hollande*) le plus grand homme de mer qu'ait eu la Hollande & qui la rendit la plus formidable des puissances maritimes, né en 1607 à Flessingue en Zélande. Il n'avoit qu'onze ans, lorsqu'il commença d'aller sur mer. Il étoit d'une naissance obscure, & ne s'éleva que par son mérite ; il débuta par être mousse, & devint lieutenant-amiral-général ; ayant passé par tous les degrés. Dans la révolution du Portugal, sa nation l'envoya servir en 1641 les Portugais contre les Espagnols. Le roi de Portugal le vit s'avancer au milieu des ennemis avec une intrépidité qui excita son admiration & attira ses éloges. Il fit la guerre sur les côtes de Barbarie, & entra seul dans la rade de Salé, malgré cinq vaisseaux corsaires d'Alger. Les Maures de Salé, témoins de cette action, voulurent qu'il entrât en triomphe dans leur ville, monté sur un cheval superbe & suivi des capitaines corsaires, marchant à pied. En 1653, il servit contre les Anglois avec l'amiral Tromp, & se signala dans trois fameux combats. En 1655, il retourna purger la méditerranée ; en 1659, il secourut contre les Suédois le roi de Danemarck qui l'annoblit & lui donna une pension. En 1661, il battit les Tunisiens & les Algériens, guerre vraiment utile, leur imposa des loix, leur arracha leurs esclaves chrétiens, & donna l'exemple que Louis XIV suivit plus de vingt ans après. En 1672, lorsque ce même Louis XIV subjuguoit la Hollande sur terre, *Ruyter* rendoit victorieuse sur mer sa nation vaincue ; il triomphoit à la fois des flottes françoises & angloises, il ranimoit l'espérance des Hollandois, il facilitoit à la politique du prince d'Orange les révolutions qu'elle préparoit, il mettoit fur-tout le comble à fa propre gloire ; le fruit folide de cette brillante journée fur d'introduire dans le Texel la flotte marchande des Indes & de fournir à fon pays opprimé des reffources néceffaires. En 1673, il livre encore aux flottes combinées de France & d'Angleterre trois batailles terribles, après lefquelles d'Etrées, fon digne ennemi, vice-amiral françois, écrivoit à Colbert : « *Je voudrois avoir* » *payé de ma vie la gloire que* Ruyter *vient d'ac-* » *quérir.* »

C'eft ainfi qu'un grand cœur fait penfer d'un grand homme.

Ruyter périt en 1676 au combat devant Agoufta en Sicile, d'un coup de canon parti du vaiffeau du célèbre du Quefne (*voyez* l'article QUÊNE (du) Le confeil d'Efpagne envoyoit à *Ruyter* fes patentes de duc, elles n'arrivèrent qu'après fa mort, & fes enfans refufèrent de fe parer de ce titre. Le nom de *Ruyter* leur parut fupérieur à tous les titres. Sa république reconnoiffante lui érigea un monument ; la France n'en ufa pas ainfi à l'égard du vainqueur de *Ruyter*. (*voyez* l'article QUESNE (du).

Après la mort de Turenne, il y eut une promotion de huit maréchaux de France, que madame Cornuel appelloit *la monnoie de M. de Turenne*. Les Hollandois difoient que *Ruyter* étoit leur Turenne : « je fuis affurée, dit à ce fujet » madame de Sévigné, qu'ils n'auront jamais » l'efprit de faire huit amiraux pour conferver » Meffine (qui étoit l'objet de ces combats de » mer entre du Quefne & *Ruyter*.)

Louis XIV fe fit l'honneur de regretter *Ruyter* ; on lui dit que c'étoit un grand ennemi de moins : *nul intérêt*, répliqua le nóble monarque, *ne peut m'empêcher d'être fenfible à la perte d'un grand homme.*

R U Z

RUZÉ. (*Voyez* EFFIAT.)

R Y C

RYCKIUS, (THÉODORE) *Hift. lit. mod.*) favant Hollandois, profeffeur d'Hiftoire à Leyde, a donné de bonnes éditions de Tacite & d'Etienne de Byzance : on trouve dans celle-ci une favante differtation de lui, *de primis Italiæ colonis*. Mort en 1690.

R Y E

RYER, (du) ANDRÉ & PIERRE) *Hift. lit. mod.*)

ANDRÉ DU RYER, fieur de Malezais, gentilhomme ordinaire du roi, envoyé à Conftantinople, puis conful en Egypte, mort vers le milieu du dernier fiécle, a laiffé une grammaire turque ; une traduction françoife de l'Alcoran, édition d'Elfevir ; une traduction auffi françoife du *Guliftan*, *ou empire des rofes*, compofé par Sadi, prince des poëtes Turcs & Perfans ; c'est le même ouvrage qui a été traduit en latin, fous le titre de *Rofarium politicum*.

PIERRE DU RYER, hiftoriographe de France, de l'académie françoife, fecrétaire de Céfar, duc de Vendôme, eft encore célèbre aujourd'hui, non pas par fes ouvrages dont aucun n'eft plus connu, mais par le nombre de ces ouvrages, par la négligence, par la facilité malheureufe avec laquelle il les compofoit, par le prix que lui en donnoit le libraire Sommanville, & qui en effet obligeoit de les multiplier ; c'étoit un écu par feuille des traductions, (en profe) ; quatre francs du cent des grands vers, quarante fols du cent des petits ; c'eft de lui qu'on a tant dit : *magis fami quàm famæ inferviebat*. Sans compter fes traductions des métamorphofes d'Ovide, de l'hiftoire de M. de Thou, &c. il avoit fait 19 pièces de théatre. Sa tragédie d'*Alcyonée* transportoit d'admiration & de plaifir la fameufe Chriftine de Suède, qui la fit relire jufqu'à trois fois en un jour ; fon *Scévole* a été joué prefque jufqu'à nos jours. Il y a quelques vers affez bien tournés dans *Saül*, & même de certaines fcènes, comme celle de la Pythoniffe d'Endor, font de l'effet. *du Ryer* étoit né en 1605, à Paris, avoit été reçu à l'académie françoife en 1646, mourut en 1658. Ifaac *du Ryer*, fon père, mort vers 1631, avoit fait quelques poéfies paftorales, moins connues encore que les ouvrages du fils.

RYMER, (THOMAS) *Hift. lit. mod.*) favant Anglois du dernier fiècle, auteur de ce recueil d'actes, fi connu & fi utile pour l'hiftoire d'Angleterre ; il en donna dix-fept volumes *in-fol.* & fon continuateur Robert Sanderfon en a ajouté trois.

S

SAB

SA, ou **SAA** (EMMANUEL) *Hiſt. lit. mod.*) Jéſuite Portugais , fut employé par le pape Pie V, à une nouvelle édition de la bible ; il a compoſé divers écrits relatifs à ce travail. Son livre des *Aphoriſmes des confeſſeurs*, fit du bruit & parut exiger des corrections. Mort en 1596, à Arona dans le Milanès.

SA DE MIRANDA, (FRANÇOIS) *Hiſt. lit. mod.*) eſt le premier poëte Portugais qui ait eu un nom. Ses ouvrages ſont des ſatyres, des comédies, des paſtorales. Il étoit chevalier de l'ordre de Chriſt. Né à Conimbre en 1495, mort en 1758.

S A A

SAAS, (JEAN) *Hiſt. lit. mod.*) Chanoine de Rouen , ſavant bibliographe, avoit été garde de la bibliothèque du chapitre de Rouen ; il étoit de l'académie de cette ville , & en étoit très-digne par ſon ſavoir. Il fut utile à beaucoup d'écrivains par ſa critique & ſes obſervations. Il eſt auteur d'un catéchiſme de Rouen, d'un nouveau pouillé de ce dioceſe ; d'une notice des manuſcrits de l'égliſe de Rouen ; d'une lettre ſur le catalogue de la bibliothèque du roi; de pluſieurs lettres critiques ſur le ſupplément de Moréri , ſur l'encyclopédie, ſur le dictionnaire de l'abbé Ladvocat. Mort en 1774.

SAAVEDRA, (*Hiſt. lit. mod.*) C'eſt un des noms du fameux Miguel (Michel) Cervantes (voyez CERVANTES). C'eſt auſſi le nom de Diego Saavedra Fajardo , Eſpagnol, réſident d'Eſpagne en Suiſſe , & conſeiller du conſeil ſuprême des Indes , mort en 1648, dont nous avons les ouvrages ſuivans : *L'idée d'un prince politique. La couronne gothique. La république littéraire.* L'auteur étoit d'une famille noble du royaume de Murcie. Il fut chevalier de l'ordre de Santiago.

S A B

SABATEI SÉVI, ou **ZABATHAI-SCÉVI**, né à Smyrne en 1626, d'un courtier de la Factorerie angloiſe , fut un aventurier , moitié fou, moitié intriguant, qui avoit vu diſtinctement dans l'écriture-ſainte, que c'étoit lui qui étoit le meſſie & le ſauveur, promis aux nations; & comme il parvint à le perſuader à ces ſortes de gens tou-jours diſpoſés à croire tout ce qui eſt abſurde, on n'a pas manqué de dire qu'il étoit éloquent & ſavant. Peut-être l'étoit-il, mais cet avantage n'étoit pas néceſſaire à ſes ſuccès. Il avoit d'abord eſſayé ſes preſtiges ſur les Juifs de Conſtantinople, les Rabbins l'avoient chaſſé; plus heureux à Jéruſalem & à Gaza, il y fut reconnu pour le vrai meſſie, pour le vrai roi des Hébreux; en conſéquence il prit le titre de roi des rois, & donna aux Juifs l'empire ottoman, dont il leur promit la conquête. Le grand-viſir Achmet-Coprogli le fit enfermer en 1666 au château des Dardanelles. Le grand-ſeigneur voulut le voir, & lui tint un propos fort raiſonnable qui l'embarraſſa beaucoup. Me voilà prêt, lui dit-il, à embraſſer le judaïſme & à devenir un de vos diſciples, mais il me faut des preuves de votre divinité, ou plutôt il ne m'en faut qu'une, & voici celle que je choiſis. J'ai ici quelques archers fort adroits, on va vous attacher nud à un poteau pour ſervir de but à leurs flèches; ſi votre corps, comme je n'en doute pas, reſte impénétrable à leurs coups, vous pouvez me compter au nombre de vos proſélytes. A cette propoſition le prophète n'eut pas d'autre réponſe que l'aveu formel de ſa fourberie; il fit même plus qu'on ne lui demandoit, il quitta le judaïſme , & ſe fit mahométan; alors on lui rendit des honneurs, on lui accorda des graces qui ne devroient jamais être le prix d'un changement de religion; mais un apoſtat n'inſpire guères une véritable confiance; ſur quelque ſoupçon de retour au judaïſme, Sabatei-Sévi, arrêté de nouveau, fut conduit au château de Dulcigno, ſur les côtes d'Albanie, où il mourut en 1676. Il ne falloit ni le récompenſer de s'être fait mahométan, ni le punir d'être retourné au judaïſme; on ne lui devoit que du mépris ou de la pitié.

SABBATAIRES, ſ. m. (*Hiſt. mod.*) c'eſt ainſi que quelques anciens ont nommé les Juifs, de leur ſcrupuleuſe obſervance du ſabbat. (*A. R.*)

SABELLICUS, (MARCUS ANTONIUS COCCEIUS) *Hiſt. lit. mod.*) profeſſeur de belles-lettres à Udine , puis bibliothécaire de ſaint Marc à Veniſe, mort en 1506, eſt auteur d'une hiſtoire univerſelle depuis Adam juſqu'en 1503, & d'une hiſtoire de la république de Veniſe, qui en eſt un panégyrique perpétuel. Si l'on en croit Scaliger, Sabellicus diſoit lui-même que l'argent des Vénitiens étoit la ſource où il puiſoit ſes connoiſſances hiſtoriques.

SABEO, (FAUSTE.) *Hift. litt. mod.*) Breffan, auteur d'épigrammes latines , dédiées à notre roi Henri II , & d'une édition d'Arnobe eſtimée. Mort vers 1538.

SABIN., (GEORGE) *Hift. litt. mod.*) élève & gendre de Melanchton , annobli par Charles-Quint à la diète de Ratisbonne en 1540. Mort à Francfort ſur l'Oder en 1560. Il étoit né dans la Marche de Brandebourg en 1508. On a de lui des poéſies latines , entre autres un poëme intitulé : *res geſtæ Cæſarum germanicorum* , qui avoit pu lui procurer la faveur de Charles-Quint.

SABINE. (JULIA SABINA) *Hift. rom.*) Adrien fut un bon empereur , mais un mauvais mari ; cette Julia Sabina , petite nièce de Trajan , étoit femme d'Adrien , & lui avoit en quelque ſorte porté en dot l'empire ; du moins Plotine , qui étoit dans les intérêts d'Adrien , lui avoit fait épouſer cette princeſſe dans la vue de la faire ſuccéder à Trajan , auquel il ſuccéda en effet. Sabine étoit belle , ſage , ſpirituelle , aimable , pleine de gravité dans ſes mœurs & de dignité dans ſon caractère ; mais il paroît qu'elle eut à l'égard d'Adrien cette même hauteur que Marianne avoit eue à l'égard d'Hérode & qui l'avoit conduite à ſa perte. *Sabine* accabloit ſans ceſſe ſon mari de reproches , elle en avoit moins de droit que Marianne , dont Hérode avoit immolé la famille ; mais on dit qu'Adrien ne fut pas exempt d'injuſtice & d'ingratitude à l'égard de *Sabine* ; on dit qu'il la traitoit comme une eſclave. L'antipathie fut portée au comble entre ces deux époux. *Sabine* ſe vantoit de n'avoir pas voulu donner des enfans à ſon mari , dans la crainte de mettre au monde des monſtres tels que lui , ce qui eſt au moins une bien grande exagération à l'égard d'Adrien. Mais il mérita tous ces reproches , s'il eſt vrai , comme le diſent les hiſtoriens , que ſe ſentant frappé de la maladie dont il mourut , & ne voulant pas qu'elle eût le plaiſir de lui ſurvivre , il l'empoiſonna ou la contraignit de s'ôter la vie ; elle mourut l'an 138 de J. C. , ayant ſupporté pendant trente-huit ans , l'ennui & les chagrins de ce triſte mariage qui avoit été contre ſon goût.

SABINUS , (*Hift. Rom.*) JULIUS) étoit un ſeigneur Gaulois du pays de Langres , qui diſputa l'empire à Veſpaſien ; vaincu & mis en déroute , & voulant échapper également à la rigueur & à la clémence du vainqueur , il imagina un moyen ſingulier de ſauver ſa vie. Il ſe retira dans une de ſes maiſons de campagne , renvoya tous ſes domeſtiques , ne garda que deux affranchis dans leſquels il avoit une confiance particulière & qui ne la trahirent point. Il mit le feu à ſa maiſon , & tout le monde le crut brûlé. La douleur ſincère d'Eponine ſa femme qui le crut auſſi , acheva

d'en convaincre le public. *Sabinus* s'étoit retiré dans un ſouterrain qui n'étoit connu que de lui & de ſes deux affranchis. Ceux-ci ſe montroient par-tout & publioient la mort déſaſtreuſe de leur maître. *Sabinus* apprit par eux qu'Eponine avoit réſolu de ſe laiſſer mourir de faim & qu'elle avoit déjà paſſé trois jours & trois nuits ſans prendre aucune nourriture. Sûr de ſon cœur , il ſe hâta pour-lors de lui faire connoître le lieu de ſa retraite , elle s'y rendit auſſitôt , & s'enferma courageuſement avec lui dans ce tombeau ; elle y mit au monde deux fils jumeaux. Elle ſortoit voyoit ſes amis , préparoit de loin à ſon mari des protecteurs & des appuis auprès de Veſpaſien , pour le cas où *Sabinus* viendroit à être découvert ; elle fut obligée d'employer toute ſorte de précautions & d'artifices pour dérober ſa groſſeſſe à tous les yeux , elle y réuſſit , mais enfin comme elle paroiſſoit & diſparoiſſoit ſouvent , on ſoupçonna quelque choſe de myſtérieux dans ſa conduite , on l'épia , on la vit entrer dans le ſouterrain , & au bout de neuf ans , *Sabinus* fut tiré avec elle de ce triſte aſyle , où les conſolations de la tendreſſe l'avoient rendu plus heureux qu'il ne l'auroit été ſur le trône. Il falloit que ce *Sabinus* fût un perſonnage intéreſſant pour inſpirer tant d'amour à ſa femme & de fidelité à ſes domeſtiques. Eponine parut devant Veſpaſien avec la ſécurité qu'inſpire la vertu ; elle lui préſenta ſes deux enfans. » Prends pitié , » Céſar , lui dit-elle , de ces deux innocentes créa» tures qui ne t'ont jamais offenſé ; elles ont » reçu la vie au fond des antres ſombres comme » les bêtes ſauvages ; nous les élevions au ſein » des ténèbres dans la douce eſpérance que leur » ſort toucheroit ton cœur , qu'ils ſeroient pour» toi des objets de clémence & qu'ils ſe récon» cilieroient un jour ou avec leur père ou avec » ſa mémoire. Craindrois-tu quelques reſtes d'am» bition dans le cœur d'un homme qui avoit » réſolu de cacher ſa vie & ſon exiſtence à tous » les yeux ? ou après tant d'années , te ſouvien» drois-tu encore d'une faute expiée par de ſi » longs malheurs ? » On a peine à concevoir que Néron lui-même n'eût point pardonné à *Sabinus* & n'eût pas comblé d'honneurs Eponine. Veſpaſien , ce Veſpaſien , qui a conſervé quelque réputation de clémence & de douceur , les envoya l'un & l'autre au ſupplice. Ce fut l'opprobre de ſon règne.

Ce noble & intéreſſant ſujet qui inſpire tant d'amour & de reſpect pour Eponine , a été pluſieurs fois traité au théâtre.

Vers le même temps , un autre *Sabinus* acquéroit une grande réputation de valeur ſous Titus au ſiège de Jéruſalem ; c'étoit un ſoldat Syrien de mauvaiſe mine , noir , petit , & d'une complexion foible. Titus faiſoit en vain les plus ſéduiſantes promeſſes à quiconque oſeroit ſe préſenter pour monter à l'aſſaut d'une tour de Jéruſalem , nommée la tour Antonine ; *Sabinus* ſe préſente avec onze de ses compagnons seulement ; ces douze-héros l'épée à la main , la tête couverte de leurs boucliers ,

Clypeos ad tela sinistris
Protecti objiciunt.

montent à l'assaut , arrivent au haut de la brèche , mettent en suite les ennemis ; *Sabinus* rencontre malheureusement une pierre qui le fait tomber ; les Juifs se jettent sur lui sans lui donner le temps de se relever & l'accablent de traits. Il trouva ainsi la mort au milieu de son triomphe.

SABLIERE , (ANTOINE DE RAMBOUILLET de la) (*Hist. litt. mod.*) Ses *madrigaux ne sont point fades,* comme le dit sans exception de tous les madrigaux une chanson connue , & quand nous n'aurions rien de plus à en dire , ce seroit déja un grand mérite d'avoir su éviter l'écueil le plus ordinaire du genre ; mais nous devons ajouter qu'ils sont pleins d'esprit & de délicatesse , du style le plus naturel & le plus facile , & qu'ils sont un modèle à proposer dans ce genre. Madame de la *Sablière* est encore beaucoup plus célèbre que son mari, quoique nous n'ayons point d'ouvrages d'elle, mais la Fontaine a fait des vers pour elle. Voyez le prologue de la fable intitulée : *les deux rats le renard & l'œuf ;* & celui de la fable qui a pour titre : *le corbeau , la gazelle , la tortue & le rat :* M. de la *Sablière* est mort en 1680.

S A C

SACHETTI, (FRANÇOIS DE BENCI) *Hist. litt. mod.*) né à Florence en 1335, mort en 1408. Ses *nouvelles* dans le goût de Bocace , publiées à Florence en 1724, jouissent de quelque estime.

SACCHINI , (FRANÇOIS) *Hist. litt. mod.*) Jésuite italien , mort à Rome en 1625 ; a travaillé à l'histoire de la société des Jésuites , continuée depuis par le père Jouvency ; on a encore du P. Sacchini un traité : *de ratione libros cum profectu legendi ,* & *de vitandâ librorum moribus noxiorum lectione ,* discours prononcés dans sa classe de rhétorique.

SACRA GENTILITIA. (*Hist. rom.*) On nommoit ainsi chez les Romains les fêtes de famille , qu'ils célébroient régulièrement dans chaque maison , dans la crainte de s'attirer la colère des dieux , s'ils y manquoient.

Il n'y avoit point de famille un peu considérable qui n'eût de ces sortes de fêtes annuelles & domestiques , indépendamment de celles de la naissance , qu'ils appelloient *natalitia ;* & des jours de la prise de la toge qu'ils nommoient *liberalia ,* & auxquels les amis étoient invités comme à une noce.

Tous les anciens écrivains font mention des *sacra gentilitia ;* mais nous avons là-dessus deux exemples éclatans de l'observation & de l'inobservation de ces fêtes de famille : le pre-

mier est tiré du *livre sept de la première décade* de Tite-Live. Le jeune Fabius , dit cet historien , étant dans le capitole , pendant qu'il étoit assiégé par les Gaulois , en descendit chargé de vases & des ornemens sacrés , traversa l'armée ennemie ; & au grand étonnement des assiégeans & des assiégés , alla sur le mont Quirinal faire le sacrifice annuel , auquel sa famille étoit obligée. Le second est du même auteur , *livre IX de la même décade.* La famille Potitia étoit tres-nombreuse , elle étoit divisée en douze branches , & comptoit plus de trente personnes en âge de puberté , sans les enfans : tout cela périt dans la même année , pour avoir fait faire par des esclaves, les sacrifices qu'ils devoient faire eux-mêmes à Hercule. Ce n'est pas tout , il en coûta la vue au censeur Appius , par les conseils duquel ils avoient cru pouvoir s'affranchir de cette sujétion. C'est Tite-Live qui parle ainsi. « De » tout tems les hommes ont attribué aux dieux » les évènemens qui dépendent des causes naturelles. (*D. J.*)

SACRE, s. m. (*Hist. mod.*) cérémonie religieuse qui se pratique à l'égard de quelques souverains , sur-tout des catholiques , & qui répond à celle que dans d'autres pays on appelle *couronnement* ou *inauguration.*

Cette cérémonie en elle-même est très-ancienne. On voit dans les livres saints , dès l'établissement de la monarchie des Hébreux , que les rois étoient sacrés. Saül & David le furent par Samuël , & les rois de Juda conservèrent cette pratique d'être consacrés ou par des prophètes ou par le grand-prêtre. Il paroît aussi par l'Ecriture , que la cérémonie de cette consécration s'étoit conservée dans le royaume d'Israël malgré le schisme , puisque Jéhu fut sacré par un des enfans , c'est-à-dire des disciples des prophètes.

Sous la loi nouvelle , les princes chrétiens ont imité cet exemple , pour marquer sans doute par cette cérémonie que leur puissance vient de Dieu même. Nous ne parlerons ici que du *sacre* du roi de France & de celui de l'empereur.

Le lieu destiné pour le *sacre* des rois de France est l'église cathédrale de Rheims. On remarque néanmoins que les rois de la seconde race n'y ont point été sacrés , si ce n'est Louis le Begue , roi & empereur ; mais ceux de la troisième race ont préféré ce lieu à tout autre , & Louis VII. dit le Jeune , qui y fut sacré par le pape Innocent II , fit une loi pour cette cérémonie lors du couronnement de Philippe-Auguste son fils en 1179. Henri IV , fut sacré à Chartres , parce qu'il n'étoit pas maître de Rheims qui tenoit pour la ligue. La sainte-ampoule dont l'huile sert au *sacre* des rois, est gardée dans l'église de l'abbaye de S. Remi, & les ornemens dans le trésor de S. Denis. Le jour de cette cérémonie , le roi entre dans l'église de Rheims, revêtu d'une camisole de satin rouge, garnie d'or, ouverte au dos & sur les manches, avec une robe de toile d'argent & un chapeau de velours noir, garni d'un cordon de diamans, d'une plume blanche & d'une aigrette noire. Il est précédé du connétable, tenant l'épée nue à la main, accompagné des princes du sang, des pairs de France, du chancelier, du grand-maître, du grand-chambellan, des chevaliers de l'ordre, & de plusieurs princes & seigneurs. Le roi s'étant mis devant l'autel dans sa chaire, le prieur de S. Remi monté sur un cheval blanc, sous un dais de toile d'argent porté par les chevaliers de la sainte-ampoule, apporte cette sainte-ampoule au bruit des tambours & des trompettes; & l'archevêque ayant été la recevoir à la porte de l'église, la pose sur le grand autel, où l'on met aussi les ornemens préparés pour le *sacre*, qui sont la grande couronne de Charlemagne, l'épée, le sceptre & la main de justice, les éperons & le livre de la cérémonie. Les habits du roi pour le *sacre* sont une camisole de satin rouge garnie d'or, une tunique & une dalmatique qui représentent les ordres de soudiacre & de diacre, des bottines & un grand manteau royal, doublé d'hermine & semé de fleurs de lys d'or. Pendant cette auguste cérémonie, les douze pairs de France ont chacun leur fonction. L'archevêque de Rheims sacre le roi en lui faisant des onctions en forme de croix sur les épaules & aux deux bras par les ouvertures pratiquées pour cet effet à la camisole dont nous avons parlé. L'évêque de Laon tient la sainte-ampoule; l'évêque de Langres, le sceptre; l'évêque de Beauvais, le manteau royal; l'évêque de Châlons, l'anneau; l'évêque de Noyon, le ceinturon ou baudrier. Entre les pairs laïcs, le duc de Bourgogne porte la couronne royale, & ceint l'épée au roi; le duc de Guienne porte la première bannière quarrée; le duc de Normandie, la seconde; le comte de Toulouse, les éperons; le comte de Champagne, la bannière royale ou l'étendart de guerre; & le comte de Flandre, l'épée royale. Ces pairs ont alors sur la tête un cercle d'or en forme de couronne. Lorsque ces dernières pairies étoient occupées par les grands vassaux de la couronne, ils assistoient en personne au *sacre* & y faisoient leurs fonctions, mais depuis que de ces six pairies, cinq ont été réunies à la couronne, & que celle de Flandre est en partie en main étrangère, le roi choisit six princes ou seigneurs pour représenter ces pairs, & un autre pour tenir la place de connétable depuis que cette charge a été supprimée. C'est ainsi qu'on l'a pratiqué au *sacre* de Louis XIV, & de Louis XV. Au reste le *sacre* du roi ne lui confère aucun nouveau droit, il est monarque par sa naissance & par droit de succession; & le but de cette pieuse cérémonie n'est sans-doute que d'apprendre aux peuples par un spectacle frappant, que la personne du roi est sacrée, & qu'il n'est pas permis d'attenter à sa vie, parce que, comme l'écriture dit de Saül, il est *l'oint du seigneur*.

Au *sacre* de l'empereur, lorsque ce prince marche en ordre avec les électeurs laïcs & ses officiers à l'église où se doit faire la cérémonie, l'archevêque officiant, qui est toujours un électeur ecclésiastique, & les deux autres électeurs de son ordre vont le recevoir; ensuite on célèbre la messe jusqu'à l'évangile; alors on ôte à l'empereur le manteau royal, & deux des électeurs ecclésiastiques le conduisent à l'autel où, après quelques prières, l'électeur officiant lui demande s'il veut professer la foi catholique, défendre l'église, gouverner l'empire avec justice & le défendre avec valeur, en conserver les droits, protéger les foibles & les pauvres, & être soumis au saint siège. Lorsqu'il en a reçu des réponses convenables, confirmées par un serment sur les évangiles, & fait quelques autres oraisons, les suffragans de l'archevêque officiant découvrent l'empereur pour le sacrer, & l'archevêque prend l'huile bénite dont il l'oint en forme de croix au sommet de la tête, entre les épaules, au col, à la poitrine, au poignet du bras droit, & en dernier lieu dans la main droite, disant à chaque onction la prière que porte le rituel de cette cérémonie. Les deux autres archevêques électeurs essuyent l'huile avec du côton; ensuite on revêt l'empereur de ses habits impériaux & des autres marques de sa dignité, comme le sceptre, le globe, &c. Quoique la bulle d'or prescrive de faire le couronnement de l'empereur à Aix-la-Chapelle, il se fait cependant ailleurs, comme à Francfort, Augsbourg, Nuremberg.

SACRÉE (GUERRE.) (*Hist. grecq.*) Il y a eu trois *guerres sacrées*. La première éclata contre les Cirrhéens, qui exigerent de gros droits des pélerins de Delphes, & pillèrent le temple d'Apollon; la guerre leur fut déclarée par l'ordre de l'oracle & des amphictions; ils soutinrent un siège de dix ans dans leur ville, qui fut enfin emportée d'assaut. La seconde *guerre sacrée* s'éleva contre les Phocéens & les Lacédémoniens; elle dura neuf ans, & finit par la mort de Philomélus, chef des Phocéens, qui voyant son armée défaite, se précipita du haut d'un rocher. La troisième *guerre sacrée*, autrement nommée la *guerre des confédérés*, se renouvella entre les mêmes peuples; les Phocéens soutenus d'Athènes & de Lacédémone, s'unirent contre les Thébains & les Thessaliens; & ces derniers appellèrent à leurs secours Philippe de Macédoine, qui, par son génie & son habileté, devint maître de toute la Grèce. Diodore de Sicile & Pausanias ont eu l'art de nous intéresser à leurs descriptions de toutes ces guerres, comme si elles se faisoient de nos jours.

SACROBOSCO, (JEAN de) *Hist. litt. mod.*) auteur d'un traité de la sphère & d'un traité du comput ecclésiastique; on peut lire dans le cloître des Mathurins de Paris une très mauvaise épitaphe de ce mathématicien anglois du treizième siècle, en vers pires que Léonins. Sa sphère est le premier livre où il soit fait usage du chiffre arabe, que Gerbert avoit fait connoître dès le dixième siècle, mais qui n'avoit pas encore été adopté. *Sacrobosco* mourut en 1256; on le trouve quelquefois nommé *Holiwood*, d'un bourg d'Angleterre dans le diocèse d'Yorck, lieu de sa naissance.

SACY, (LOUIS de) *Hist. litt. mod.*) avocat au parlement, de l'académie françoise, ami de madame la marquise de Lambert, traducteur des lettres de Pline le jeune & de son panégyrique de Trajan, auteur d'un fort bon traité de l'amitié, d'un traité de la gloire & de quelques *factums*, est par le moins au rang des écrivains élégans. On dit que la nature lui avoit donné les plus grands avantages pour la profession qu'il avoit embrassée & qu'il exerça toujours avec autant de désintéressement que d'honneur; physionomie heureuse, voix touchante, mémoire prompte & fidèle. Il avoit aussi tous les talens de la société; & il étoit digne de celle de madame de Lambert, de M. de Fontenelle, de M. de la Motte. Il mourut en 1727.

Quant au *Sacy* de Port-Royal, voyez MAITRE (le)

S A D

SADDER, (*Hist. anc.*) un des livres qui contiennent la religion des Parsis ou Guebres. Il est nommé *Sadder* ou les *cent-portes*, parce qu'il est divisé en cent chapitres ou articles. Cet ouvrage est d'un prêtre Guèbre, & écrit en Persan moderne. Il ne fait point partie du *Zend-avesta*, dont il est un mauvais abrégé. L'abbé Renaudot en désignoit l'auteur par ces mots; *putidissimus author libri qui vocatur* Sadder. Il est en effet rempli de superstitions dégoûtantes: au reste, on y trouve d'assez bonnes maximes de morale. La charité, la piété filiale, la fidélité aux sermens, sont les principales vertus que ce livre recommande. Il déclame contre les principaux vices auxquels les hommes sont sujets, tels que le mensonge, la calomnie, l'adultère, la fornication, le larcin, & recommande de se purifier fréquemment des souillures qu'on est sujet à contracter presqu'à chaque instant. (†)

SADEUR, (voyez FOIGNI).

SADOLET, (JACQUES) *Hist. litt. mod.*) né à Modène en 1478, s'instruisit dans les lettres grecques & latines sous Jacques *Sadolet* son père, professeur en droit à Ferrare. Le fils, contemporain & ami de Bembe, fut comme lui secrétaire de Léon X, & comme lui Cicéronien, sans les recherches & les scrupules savans qui ont rendu Bembe ridicule (voyez son article.) *Sadolet* n'employa son crédit qu'à obliger; il refusa plusieurs bénéfices que Léon X lui offrit; il fallut que ce pape le forçât à recevoir l'évêché de Carpentras; il est vrai qu'en même temps Léon le retenoit à Rome, & le dispensoit de la résidence, ce que *Sadolet* ne jugeoit pas légitime. Après la mort de Léon X, il alla se fixer à Carpentras, & pendant vingt-trois ans il n'en sortit jamais volontairement. François I voulut l'attirer à sa cour, il s'excusa sur la nécessité de la résidence. Il ne voulut jamais avoir d'autre bénéfice, même lorsque Paul III l'eut créé cardinal; il jugeoit que la discipline de l'église avoit besoin de réforme, mais il ne vouloit pas troubler la paix. Il n'approuva point la rigueur dont Léon X usa envers Luther. Tout ce qui étoit violent affligeoit son ame tendre & compatissante; il ne concevoit pas qu'on pût vouloir employer la force en faveur de la vérité, il jugeoit que c'étoit lui faire outrage. Le pape lui avoit adressé les pouvoirs les plus amples pour faire punir les hérétiques du Comtat. » J'instrui- » rai, dit-il, je prierai, dieu m'aidera; mais dût » mon peuple s'égarer sans retour, son évêque » ne l'égorgera point. »

Le cardinal de Clermont-Lodève, légat d'Avignon, gouvernoit le Comtat en tyran. *Sadolet* lui fit des représentations, elles n'eurent aucun effet; il porta des plaintes au pape, mais il y mit tant de douceur, on vit si sensiblement qu'elles étoient dictées par le pur amour de l'humanité, que le légat lui-même fut touché, changea de principes & donna sa confiance & son amitié à *Sadolet*.

François I étant en guerre avec le duc de Savoye, le comte de Furstemberg, sous les ordres de l'amiral de Brion, conduisit un corps de Lansquenets à travers le Comtat; ils firent du désordre dans Carpentras, des bourgeois les chassèrent, Furstemberg jura de venger cette injure. *Sadolet* intercéda pour son peuple, Furstemberg fut inflexible; *Sadolet* eut recours au général même; Brion touché de sa vertu, employa toute son autorité pour contenir Furstemberg, & l'évêque eut en cette occasion la gloire de sauver un peuple avec lequel il se disposoit à mourir.

Une magnifique bibliothèque qu'il avoit formée à Rome, & qu'il se proposoit toujours de transporter à Carpentras, fut pillée & brûlée dans le sac de Rome. Quelle perte pour un homme de lettres! *Sadolet* s'en plaint avec une douleur touchante. Il ne dit pas comme ce philosophe qui vouloit sans doute être remarqué, & que son mot fût cité: » j'aurois bien peu profité de » mes livres, si je n'avois pas appris à en sup- » porter la perte. » Il se contente de dire modestement. « Je mets ma confiance en dieu, » & je tâche de conserver l'égalité d'ame.

La guerre s'alluma dans le Comtat contre les

malheureux Vaudois, François I., envoya ses troupes contre ses sujets, le vice-légat d'Avignon y joignait les siennes, Sadolet les arreta quelque temps; ne pouvant détourner ce coup, il le suspendit; il courut à Rome comme à la source du mal, mais tandis qu'il y plaidoit la cause de l'infortune & de l'humanité, le crime se consommoit à Cabrières & à Mérindol.

Sadolet ne revit plus son troupeau, il mourut à Rome en 1545; son indulgence mérita d'autant plus d'éloges que jamais prélat n'eut plus de zèle pour l'extinction de l'hérésie; & il avoit osé entreprendre la conversion de Genève, & peut-être y auroit-il réussi sans l'ardente activité de Calvin qui mit trop d'obstacles à ce dessein.

Les titres seuls des principaux ouvrages de Sadolet annoncent son caractère. De bono pacis; de philosophicâ consolatione & meditatione in adversis; de liberis rectè instituendis; de philosophiæ laudibus. Avantages de la paix. Consolation de la philosophie dans l'adversité. Education des enfans. Eloge de la philosophie.

Son Curtius & son Laocoon tiennent le premier rang parmi ses poésies.

Pour connoître & pour aimer Sadolet, il suffiroit de lire sa lettre à Mélanchton, du 17 Juin 1537, écrite dans le tems où Rome éclatoit avec le plus de force contre les protestans, qui de leur côté ne s'avoient jamais si hautement ni si pleinement bravée. Sadolet voit que Mélanchton est un honnête homme, un paisible littérateur, un protestant modéré; il lui demande son amitié: » nous » n'avons pas les mêmes opinions, lui dit-il, » mais les mêmes sentimens nous animent. Les » lettres, les vertus, l'humanité nous sont également chères, vos ouvrages ont pénétré mon » ame de tendresse: aimons-nous, mon frère, » aimons-nous. D'honnêtes gens qui cultivent les » lettres sont essentiellement amis. Je ne sais » point haïr pour des opinions; c'est l'orgueil » qui hait & qui persécute; la religion aime & » console, elle est tendre, elle est juste.

S A F

SAFAR, SAFER ou SAPHAR, s. m. (Hist. mod.) second mois des Arabes & des Turcs; il répond à notre mois d'octobre.

S A G

SAGAIE, s. f. terme de relation, espèce de dard ou de javelot des insulaires de Madagascar. Le bois en est long d'environ quatre piés; il est fort souple, & va toujours en diminuant vers le bout par où on le tient pour le lancer. Le fer de ces sagaies est ordinairement empoisonné, ce qui fait que les blessures en sont presque toujours mortelles.

SAGAMITÉ, s. f. terme de relation, espèce de mets dont se nourrissent les peuples du Canada. La sagamité se fait avec du blé d'Inde que les femmes cultivent, & qu'elles broyent avec des pierres. Elles le cuisent dans l'eau, & y mêlent quelquefois de la chair & du poisson. (D. J.)

SAGATIO, s. f. (Hist. rom.) c'est ce que nous appellons berner, faire danser sur la couverture: l'empereur Othon s'amusoit dans sa jeunesse à berner les ivrognes qu'il trouvoit la nuit dans les rues; ce fut aussi l'amusement de Néron.

SAGE. (Alain René le) Hist. litt. mod.) Son roman de Gilblas le met au nombre de nos meilleurs romanciers; Turcaret & Crispin rival de son maître, au rang de nos meilleurs auteurs comiques, ou plutôt c'est grand peintre comme qu'il est par-tout & dans ses romans & dans ses comédies; au dessous de Gilblas il lui reste plusieurs romans qui auroient suffi pour faire la réputation d'un autre. A la tête de ces autres romans qui ne sont qu'au second rang dans la réputation de le Sage est le Diable boiteux, dont le succès fut si grand qu'on raconte que deux hommes de la cour se battirent en duel, parce qu'ils se disputoient le dernier exemplaire de la seconde édition de cet ouvrage. L'aîné de ses fils, aussi célèbre comme acteur que son père l'étoit comme auteur, est ce Monmenil que nous entendons tous les jours regretter; le Sage avoit un autre fils, chanoine à Boulogne-sur-mer chez lequel il s'étoit retiré & chez lequel il mourut 1747. Il étoit né à Ruys en Bretagne vers en l'an 1677.

SAGES-GRANDS. (Gouv. de Venise.) Il y a six sages-grands ainsi nommés à Venise, parce qu'ils manient les grandes affaires de la république, & que pour cela, on suppose qu'ils ont plus de sagesse & d'expérience que le commun des nobles. Ils examinent entr'eux les affaires qui doivent être portées au sénat, & les lui proposent préparées & digérées; leur pouvoir ne dure que six mois. On appelle sage de la semaine, celui qui à chaque semaine reçoit les mémoires & les requêtes qu'on présente au collège des sages-grands, pour les proposer au sénat. Il y a encore cinq sages de terre ferme; leur fonction est d'assister aux recrues des gens de guerre, & de les payer. On les traite d'excellence comme les autres; il y a de plus le conseil des dix sages. C'est un tribunal où l'on estime; & où l'on taxe le bien des particuliers, lorsqu'il se fait des levées extraordinaires. Enfin il y a les sages des ordres, qui sont cinq jeunes hommes de la première qualité, à qui on donne entrée au collège où se traitent les affaires de la république, pour écouter & pour se conformer au gouvernement sur l'exemple l'exemple des autres *fages*. *Amelot de la Houffaye*. (*D. J.*)

SAGGONAS, f. f. (*Hift. mod.*) ce font les prêtres ou chefs d'une fecte établie parmi les nègres des parties intérieures de l'Afrique, & que l'on nomme *Belli*. Cette fecte fe confacre à l'éducation de la jeuneffe; il faut que les jeunes gens aient paffé par cette école pour pouvoir être admis aux emplois civils & aux dignités eccléfiaftiques. Ce font les rois qui font les fupérieurs de ces fortes de féminaires; tout ce qu'on y apprend fe borne à la danfe, à la lutte, la pêche, la chaffe, & fur-tout on y montre la manière de chanter une hymne en l'honneur du dieu *Belli*; elle eft remplie d'expreffions obfcènes, accompagnées de poftures indécentes; quand un jeune nègre a acquis ces connoiffances importantes, il a des privilèges confidérables, & il peut afpirer à toutes les dignités de l'état. Les lieux où fe tiennent ces écoles, font dans le fond des bois; il n'eft pas permis aux femmes d'en approcher, & les étudians ne peuvent communiquer avec perfonne, fi ce n'eft avec leurs camarades, & les maîtres qui les enfeignent; pour les diftinguer, on leur fait avec un fer chaud des cicatrices depuis l'oreille jufqu'à l'épaule. Lorfque le tems de cette fingulière éducation eft fini, chaque *faggona* remet fon élève à fes parens; on célèbre des fêtes pendant lefquelles on forme des danfes qui ont été apprifes dans l'école : ceux qui s'en acquittent bien, reçoivent les applaudiffemens du public; ceux au contraire qui danfent mal, font hués fur-tout par les femmes.

Le dieu *Belli*, fi refpecté par ces nègres, eft une idole faite par le grand prêtre, qui lui donne telle forme qu'il juge convenable; c'eft, fuivant eux, un miftère impénétrable que cette idole, auffi n'en parle-t-on qu'avec le plus profond refpect : cependant ce dieu ne dérive fon pouvoir que du roi; d'où l'on voit que le fouverain eft parvenu dans ce pays à foumettre la fuperftition à la politique. (*A. R.*)

SAGHED, adj. (*terme de relation*) titre que les rois d'Ethiopie ont pris dans le feizième fiècle, & qui dans la langue du pays veut dire *grand*, *augufte*, *vénérable*; & cependant ils n'ont aucune de ces qualités; car ils font petits, vilains, & méprifables. *D. J.*

SAGITTARIUS, (GASPAR) *Hift. litt. mod.*) favant Luthérien allemand, profeffeur d'hiftoire à Hall. On a de lui *la fucceffion des princes d'Orange jufqu'à Guillaume III. Les origines des ducs de Brunfwick; l'hiftoire des Marquis & des Electeurs de Brandebourg; les antiquités du royaume de Thuringe. L'hiftoire de Lubeck*, &c. Né en 1643; mort en 1694.

SAGREDO, (JEAN) *Hift. litt. mod.*) noble

Vénitien, procurateur de Saint-Marc, élu doyen en 1675; & s'étant démis volontairement, provéditeur général dans les mers du levant en 1691; ambaffadeur dans les plus grandes cours de l'europe, eft auteur d'une hiftoire de l'empire Ottoman fous ce titre : *Mémorie hiftoriche de monarchi Ottomani*. Cette hiftoire a été traduite en françois, publiée en 1724, fous ce titre : *Hiftoire de l'empire Ottoman, traduite de l'Italien de Sagredo*.

S A H

SAHABI. (*Hift. du mahométifme*) Les *fahabi* ou *fahaba*, font les compagnons de Mahomet, mais il eft impoffible d'en déterminer le nombre, à caufe que les fentimens des écrivains arabes font fort partagés fur ce fujet.

Said, fils d'Al-Mafib, un des fept grands docteurs & jurifconfultes qui vécurent dans les premiers tems après Mahomet, foutient que perfonne ne devoit être mis au rang des compagnons du prophète, à moins que d'avoir converfé du moins un an ou plus avec lui, & de s'être trouvé fous fes drapeaux à quelque guerre fainte contre les infidèles. Quelques-uns accordent ce titre à tous ceux qui ont eu occafion de parler au prophète, qui ont embraffé l'Iflamifme pendant fa vie, ou qui l'ont feulement vu & accompagné, ne fût-ce que pendant une heure. D'autres enfin prétendent que cet honneur n'appartient qu'à ceux que Mahomet avoit reçus lui-même au nombre de fes compagnons, en les enrôlant dans fes troupes; qui l'avoient conftamment fuivi, s'étoient inviolablement attachés à fes intérêts, & l'avoient accompagné dans fes expéditions. Il avoit avec lui dix mille compagnons de cet ordre, quand il fe rendit maître de la Mecque; douze mille combattirent avec lui à la bataille de Honein; & plus de quarante mille l'accompagnèrent au pélerinage d'Adieu; enfin, au tems de fa mort, felon le dénombrement qui en fut fait, il fe trouva cent vingt-quatre mille mufulmans effectifs.

Les Mohagériens, c'eft-à-dire ceux qui l'accompagnèrent dans fa fuite à Médine, tiennent fans contredit le premier rang entre ces compagnons. Les Anfariens ou auxiliaires qui fe déclarèrent pour lui, quand il fut chaffé de la Mecque, les fuivent en dignité, & ont le rang avant les autres Mohagériens, ou réfugiés qui vinrent après que Mahomet fut établi à Médine. Les meilleurs hiftoriens orientaux diftribuent tous ces compagnons en treize claffes.

Quelques-uns mettent encore au rang des *fahabi*, de pauvres étrangers, qui n'ayant ni parens ni amis & fe trouvant deftitués de tout, imploroient la protection de Mahomet; mais on les a appellés plus communément *affeffeurs* que *compagnons de Mahomet*, parce qu'ils étoient ordinairement affis fur un banc autour de la mofquée. Le prophète en admettoit plufieurs fouvent à *sa* propre table ; & Abulféda nomme les principaux auxquels il donna affectueusement sa bénédiction. (*D. J.*)

S A I

SAINCTES, (CLAUDE de) *Sanctesius* (*Hist. litt. mod.*) évêque d'Evreux en 1575, fameux ligueur, créature du cardinal de Lorraine qui s'en servit avec succès au colloque de Poissy & dans d'autres disputes contre les protestans. Ayant été pris dans la ville de Louviers par les troupes de Henri IV, on trouva parmi ses papiers un écrit où il justifioit l'assassinat de Henri III, & exhortoit à l'assassinat de Henri IV. Il fut enfermé dans le château de Crevecœur au diocèse de Lizieux, où il mourut en 1591. On a de lui beaucoup d'écrits polémiques oubliés ; les savans recherchent encore son ouvrage sur la messe, intitulé : *liturgiæ Jacobi apostoli*, *Basilii-magni*, *Joannis Chrisostomi*, &c.

SAINT-AMAND, (MARC-ANTOINE GERARD de) étoit fils d'un chef d'escadre ; Rouen étoit sa patrie, il voyagea beaucoup, l'abbé de Marolles voulut le fixer, en lui procurant une charge de gentilhomme ordinaire de la reine de Pologne ; son inconstance naturelle déconcerta les projets de son ami. Il vécut dans la pauvreté ; Boileau fait son histoire dans ces vers :

Saint-Amand n'eut du Ciel que sa veine en partage,
L'habit qu'il eut sur lui fut son seul héritage,
Un lit & deux placets composoient tout son bien,
Où, pour en mieux parler, *Saint-Amand* n'avoit rien.
Mais quoi ! las de traîner une vie importune,
Il engagea ce rien pour chercher la fortune :
Et tout chargé de vers qu'il devoit mettre au jour,
Conduit d'un vain espoir, il parut à la Cour.
Qu'arriva-t-il enfin de sa Muse abusée ?
Il en revint couvert de honte & de risée :
Et la fièvre au retour terminant son destin,
Fit par avance en lui ce qu'auroit fait la fin.

Observons que *Saint-Amand* mourut en 1660 de chagrin de ce que Louis XIV n'avoit pu supporter la lecture de son poëme de *la lune*, où il louoit ce prince de savoir bien nager ; ainsi *Saint-Amand* mourut de ce que Louis XIV avoit dédaigné sa poésie ; Racine, le grand Racine, de ce qu'il avoit dédaigné sa politique. Pourquoi mettre le suffrage des rois à si haut prix qu'on ne puisse s'en passer sans mourir ? Leurs dédains privent-ils de la gloire, quand on l'a méritée ?

Saint-Amand s'en tint & en mérita peu. On se souvient des justes reproches que Boileau fait à l'auteur du *Moyse sauvé* : on connoît la plaisanterie bonne ou mauvaise des poissons mis aux fenêtres, à propos du passage de la mer rouge & de ce vers assez puéril :

Les poissons ébahis le regardent passer.

Mais ce qu'on ne sait pas, c'est que *Saint-Amand*, dont le style est insupportable aujourd'hui par le mauvais choix & le mauvais assortiment des expressions, par la construction vicieuse des phrases, par les inversions forcées, enfin par tous les défauts du vieux langage, dont même il n'avoit pas l'énergie naïve, ce *Saint-Amand* avoit des talens réels ou plutôt des portions de talens ; c'est de tous nos vieux poëtes, celui qui par les idées & par les sentimens, a le plus approché du terme où Racine est arrivé depuis ; il avoit le pinceau intéressant, il connoissoit la nature & les routes du cœur, il développoit assez bien les mouvemens & les foiblesses de l'humanité. Jocabel, mère de Moyse, est agitée d'une tendre inquiétude sur le sort de son fils, comme Josabeth sur celui de Joas : Amram son mari, a cette fermeté, cette espérance courageuse dans les promesses de Dieu, qui distingue l'héroïsme de Joad. Amram & Joad tiennent exactement le même langage à leurs femmes, lorsqu'ils les voient trop effrayées du péril où l'objet de leur tendresse est exposé. Toute la différence n'est que dans le style. Amram dit à Jocabel :

Qu'est-ce là, Joeabel ? Quelle crainte frivole
Se glisse en ton esprit d'où la raison s'envole ?
Qu'as-tu fait de ton cœur ? Qu'as-tu fait de ta foi ?
Sont-ce là les trésors, les fruits de la sagesse
Dont le ciel t'a douée avec tant de largesse ?
Faut-il que ton ennui trahisse ta vertu ? . . . . .
Eh ! qu'eusses-tu donc fait, si sa majesté sainte
Désirant te sonder, par une dure feinte,
Comme avecque rigueur jadis elle éprouva
Notre aïeul, qui si souple à sa voix se trouva,
Eût exigé de toi le déplorable office
D'aller sur quelque mont offrir en sacrifice
Un cher enfant unique. ? . . . .
Son exemple admirable à toute ame infidèle,
Devroit bien aujourd'hui te servir de modèle. . . . .
Il ne répliqua rien à cet ordre sévère,
Il ne dit point à Dieu qui l'avoit rendu père,
Que son bras, de l'horreur se trouvoit retenu . . . . .
Que l'autel frémissoit de voir cette victime,
Que ce commandement étoit illégitime,
Puisqu'il mettoit à bas l'entière autorité,
Du grand pacte établi pour sa postérité.

Joad emploie le même exemple dans son éloquente remontrance à Josabeth sur ses terreurs pour Joas :

Quoi ! vous ne craignez point d'attirer sa colère
Sur vous, sur cet enfant si cher à votre amour !
Eh ! quand Dieu de vos bras l'arrachant sans retour,
Voudroit que de David la maison fût éteinte,
N'êtes-vous pas ici sur la montagne sainte,
Où le père des Juifs sur son fils innocent
Leva sans murmurer un bras obéissant ;

Et mit sur un bûcher ce fruit de sa vieilleſſe,
Laiſſant à Dieu le ſoin d'accomplir sa promeſſe,
Et lui ſacrifiant avec ce fils aimé
Tout l'eſpoir de sa race en lui ſeul renfermé ?

Dans ce même endroit où *Saint-Amand* eſt
tout à la fois ſi ſemblable à Racine & ſi différent
de lui, on trouve un vers que Racine n'auroit
certainement pas rejetté, s'il ſe fût offert à sa
plume.

Faiſons notre devoir, le Ciel fera le reſte.

On ſent bien qu'il étoit impoſſible que *Saint-*
Amand s'abſtînt de mettre de *l'eſprit* dans ſon
poëme.
Tantôt il repréſente mille roſſignols perchés
ſur les buiſſons,

Où faiſant retentir leur douce violence,
Ils rendent le bruit même agréable au ſilence.

Tantôt il enchâſſe heureuſement *l'ignoſcenda*
quidem de Virgile dans un tableau galant :

Eliſaph, ſur un tronc à l'écorce polie,
Traçoit de ſon couteau (pardonnable folie !)
L'image de la belle, & devant ce portrait
Alloit graver encore un cœur percé d'un trait.

Mais voici de la *morale* qui vaut bien de l'eſprit.
Jacob mécontent d'avoir été trompé en recevant
Lia pour Rachel, entend une voix qui lui
ordonne de bien vivre avec Lia.

Elle eſt chaſte, elle eſt douce, elle eſt humble, elle eſt ſage,
Elle a fait des vertus le bel apprentiſſage ;
Et ſi quelques attraits lui manquent dans les yeux,
Elle en a dans l'eſprit qui valent beaucoup mieux.
On priſe la beauté, mais elle eſt paſſagère,
Elle s'enfuit ſoudain comme une ombre légère ;
La vieilleſſe en triomphe, & d'un front accompli
Fait un front où l'horreur s'étale pli ſur pli ;
Et laiſſant là les ans qui changent tant de choſes,
Elle eſt encore ſujette à cent métamorphoſes ;
Il ne faut qu'un accès du moindre mal ardent,
Il ne faut que l'effroi d'un petit accident,
Pour la rendre auſſi-tôt plus ſéche & plus flétrie
Qu'une fleur d'églantier que la grêle a meurtrie :
Mais une ame bien faite a d'illuſtres appas,
Que le temps embellit, ou qu'il ne change pas.

Boileau diſoit que *Saint-Amand* s'étoit formé
du mauvais de Regnier. On regarde comme sa meilleure pièce, ſon ode qui a pour titre : la *ſolitude.*

SAINT-AMOUR, (GUILLAUME de) *Hiſt.*
lit. mod.) recteur de l'univerſité au treizième ſiècle, accuſa les Cordeliers & les Jacobins qui s'in-
troduiſoient alors dans ce corps, d'en renverſer
toute la diſcipline ; il fit contre eux un livre intitulé : *de periculis noviſſimorum temporum* ; des périls

des *derniers temps*, auquel Saint-Thomas pour les
Jacobins répondit par le traité : *adverſus impu-*
gnantes religionem ; contre ceux qui attaquent la
religion ; & Saint-Bonaventure pour les Cordeliers,
par un traité : *de paupertate Chriſti & apologia pau-*
perum ; de la pauvreté du Chriſt & apologie des pau-
vres. Le livre de Guillaume de *Saint-Amour,*
fort bien reçu en France, fut condamné à Rome
où *Saint-Amour* étoit allé pour ſe défendre, &
où le pape Alexandre IV le retint, ſans vouloir
lui permettre de revenir dans sa patrie. Il ne tint
pas aux moines que *Saint-Amour* ne fût regardé
comme hérétique pour les avoir attaqués. Jean de
Meun, dit Clopinel, continuateur du roman de
la roſe, a dit de lui :

Etre banni de ce royaume
A tort, com fut maître Guillaume
De *Saint-Amour*, qu'hypocriſie
Fit exiler par grande envie.

Guillaume de *Saint-Amour* revint en France ſous
le pontificat de Clément IV.

SAINT-ANGEL, (voyez BALOUFEAU.)

SAINT-AUBIN, (voyez GENDRE (le.)

SAINT-AULAIRE (voyez BEAUPOIL) & ajou-
tez que les jolies petites poëſies du marquis de *Saint-*
Aulaire, qui faiſoient tant de plaiſir aux gens du
monde, & qui donnoient tant d'humeur à Boileau, ne valent pas ce madrigal de M. de Voltaire ſur ce qu'il occupoit à Sceaux la chambre
du marquis de *Saint-Aulaire*, que madame la
ducheſſe du Maine appelloit *ſon Berger*, qui l'appelloit *sa Bergère*, qui avoit quatre-vingt-dix ans
& qui mourut à quatre-vingt-dix-huit le 17
décembre 1742.

J'ai la chambre de *Saint-Aulaire*,
Sans en avoir les agrémens ;
Peut-être, à quatre-vingt-dix ans,
Je pourrai charmer sa bergère ;
On doit tout eſpérer du tems,
Et ſur-tout du deſir de plaire.

Mais on pouvoit dire à M. de *Saint-Aulaire :*

Le poſte qui te reſte eſt encore aſſez beau
Pour fléchir noblement ſous ce maître nouveau.

Et au deſſous de M. de Voltaire, le marquis
de *Saint-Aulaire* a véritablement acquis de la gloire
dans ce genre fin & léger conſacré aux graces.

In tenui labor, *at tenuis non gloria.*

Il étoit véritablement du nombre de ceux,

quos
Numina læva ſinunt, auditque vocatus Apollo

On connoît son madrigal à madame la duchesse
du Maine :

> La divinité qui s'amuse
> A'me demander mon secret,
> Si j'étois Apollon, ne seroit point ma Muse ;
> Elle seroit Thétis, & le jour finiroit.

Cette manière de préparer une galanterie inattendue & peut-être un peu forte, par les apparences d'un propos désobligeant, n'a jamais
été employée avec plus de goût & n'a jamais
formé un contraste plus piquant.

Que de goût encore dans l'épigramme suivante !
pour la bien entendre, il faut savoir ou se rappeller que quoiqu'on eût infiniment d'esprit à la
cour de Sceaux, on avoit le petit tort de vouloir
toujours de l'esprit, de ne permettre jamais ni
relâchement ni négligence sur ce point : aussi ap-
pelloit-on cette cour *les galères de l'esprit* ; & M.
de *Saint-Aulaire* se plaignoit de ne pouvoir pas,
disoit-il, être bête, quand il auroit trouvé cela
plus commode. Il s'adresse dans son épigramme
à madame de Lambert, qui étoit aussi de cette
cour, mais qui chez elle, pour qu'on eût toujours
de l'esprit, permettoit quelquefois de s'en passer.

> Je suis las de l'esprit, il me met en courroux,
> Il me renverse la cervelle ;
> Lambert, je vais chercher un asile chez vous
> Entre la Motte & Fontenelle.

Le choix de ceux auprès desquels il se sauve
de l'esprit, seroit propre à faire la critique de l'esprit de Sceaux, si la Motte & Fontenelle n'eussent
pas été eux-mêmes de cette cour, & si l'on ne
savoit pas d'ailleurs qu'elle étoit l'asile de l'esprit
& des talens ; mais dans cette cour même, tout
n'étoit pas Voltaire, Fontenelle, Saint-
Aulaire, Polignac, Ma'ézieu, Lambert & Lau-
nai ; il s'y glissoit de vils & sots adulateurs, & des
gens qui n'avoient que la vanité de l'esprit. Madame
la duchesse du Maine, quoiqu'elle aimât l'esprit
plus que personne, quoiqu'elle en eût plus que
personne, se croyoit dans la solitude & en étoit
épouvantée, quand elle ne voyoit point la foule
autour d'elle ; elle avoit besoin d'une cour choisie
& elle la vouloit nombreuse ; M. de *Saint-Aulaire*,
par son droit de vieux berger, faisoit quelquefois
des remontrances à sa bergère sur cette foiblesse
& sur cette contradiction : *Berger*, lui répondit-
elle un jour, *j'ai le malheur de ne me pouvoir passer
des choses dont je n'ai que faire.*

M. le marquis de *Saint-Aulaire* étoit dans sa
90 année, lorsque le cardinal de Fleury lui envoyant l'ordonnance de ses pensions, lui manda
que le roi ne prétendoit pas les lui payer au
delà de six vingts ans. A cette plaisanterie d'un
vieillard à un vieillard, M. de *Saint-Aulaire* répondit par ce rondeau, où il parvient à faire entrer naturellement l'éloge & de la cour de Sceaux

à laquelle il étoit attaché, & du cardinal-ministre
qui soutenoit alors la guerre contre l'Empire &
contre la Russie.

> A six vingt ans vouloir que je limite
> De mon hiver la course décrépite,
> C'est ignorer que par enchantemens
> A notre Cour les jours passent si vite,
> Que les plus longs ne sont que des momens.
>
> Quand vous aurez chassé le Moscovite,
> Et rabaissé l'orgueil des Allemands,
> On voudra voir quelle en sera la suite
> A six vingt ans.
>
> Nos pastoureaux enchantés & dormans
> Sous les berceaux que notre Fée habite,
> Attendront là ces grands événemens,
> Et le comptant de leurs appointemens ;
> Car, Monseigneur, vous n'en serez pas quitte
> A six vingt ans.

Madame la duchesse du Maine se piquoit d'être
Cartésienne ; on dissertoit un jour chez elle sur
Newton & Descartes. M. de *Saint-Aulaire* laissoit
parler les gens réputés plus instruits que lui :
madame la duchesse du Maine voulut savoir son
avis ; il lui chanta sur le champ ce couplet :

> Bergère, détachons-nous
> De Newton, de Descartes,
> Ces deux espèces de foux
> N'ont jamais vu le dessous
> Des cartes, des cartes, des cartes.

M. de *Saint-Aulaire* a quelquefois appliqué cet
esprit & ces graces à des sujets d'un genre plus
élevé, & avec le même succès. Il crut devoir
réfuter l'ode où M. de la Motte prétend, comme
le duc de la Rochefoucauld, que *l'amour propre est
le mobile de toutes nos actions* : M. le marquis de
Saint-Aulaire crut trouver au fond de son cœur,
dit M. d'Alembert, un principe plus noble des
vertus humaines ; il peint tous les héros des champs
Elisées, allarmés & indignés de ce qu'on prête à
leur grande ame un motif si peu digne d'elle :

> Pline de son héros, de ce Trajan modeste
> Ne peut voir avilir les sincères vertus ;
> J'entends gronder Caton, je vois frémir Brutus,
> Et Pilade embrasser Oreste.

Ce dernier trait sur-tout est à la fois plein de
sentiment & de goût. Le poëte (car c'en est un
malgré Boileau) poursuit ainsi :

> Rassurez-vous, manes illustres ;
> En vain on vous dispute un rang
> Acquis par vos travaux, payé par votre sang,
> Révéré depuis tant de lustres.
> Quand les foibles mortels entendent raconter

De vos faits l'étonnante histoire ,
La peine qu'ils ont à la croire
Vient de leur peine à l'imiter ;
Et le comble de votre gloire
Est qu'ils paroissent en douter.

Concluons que Boileau fut injuste envers M.
le marquis de *Saint-Aulaire* comme envers plusieurs autres, & , qui pis est, on sait quel étoit le
principe de cette injustice ; il se croyoit désigné,
(& en cela il n'étoit peut-être pas injuste) dans
ces vers d'une épitre à la louange du roi par M.
de *Saint-Aulaire* :

J'aime à le voir bannir la piquante satyre ,
Qui briguoit près de lui la liberté de rire.

Et plus bas :

La satyre dès-lors honteuse & consternée,
De ses riants attraits parut abandonnée.

M. de Voltaire racontoit que l'abbé de Lavau ,
prenant dans l'académie le parti du marquis de
Saint-Aulaire contre Boileau , promit d'apporter à
la séance suivante des vers de M. de *Saint-Aulaire*, qui prouveroient combien Boileau étoit injuste à son égard ; Boileau promit d'en apporter
qui prouveroient combien M. de *Saint-Aulaire*
étoit indigne d'entrer à l'académie. Il se trouva
que leur pièce de conviction étoit la même.

M. d'Alembert raconte que quand M. de *Saint-
Aulaire* , à ses derniers momens, fit venir , par
religion ou par bienséance , un prêtre pour l'exhorter à la mort à laquelle il étoit préparé depuis si long-temps & par son âge & par sa raison, il laissa parler ce prêtre, autant que celui-ci
le voulut, & qu'enfin il le congédia en le remer-
ciant , & lui disant avec douceur : *Monsieur,
ne vous suis-je plus bon à rien ?*

SAINT-CYR (TANNEGUY DU BOUCHET , dit)
Hist. de Fr.) gentilhomme Poitevin , brave capitaine calviniste, tué à la bataille de Montcontour en
1569. D'Aubigné rapporte sa mort d'une manière
vive & pittoresque. » Lorsque la bataille fut per-
» due, ce vieillard ayant rallié trois cornettes
» au bois du Mairé, a reconnu que par une charge
» il pouvoit sauver la vie à mille hommes ; son
» Ministre qui lui avoit aidé à prendre sa réso-
» lution, l'avertit de faire un mot de harangue.
» *A gens de bien courte harangue*, dit le bon-hom-
» me ; *frères & compagnons , voici comme il faut*
» *faire*. Là-dessus couvert à la vieille Françoise
» d'armes argentées jusqu'aux grèves & solerets ,
» le visage découvert & la barbe blanche comme
» neige, âgé de quatre-vingt-cinq ans, il donne
» vingt pas devant sa troupe, mena battant tous
» les maréchaux de camp & sauva plusieurs vies
par sa mort. Ce n'est pas là raconter, c'est peindre.

Un autre *Saint-Cyr* (Odet-Giry, Joseph de

Vaux) sous-précepteur de feu M. le dauphin,
père du roi , fut à ce titre, de l'académie françoise ; mais ce titre seul ne suffisoit pas. Mort
le 13 janvier 1761.

SAINT-CYRAN (voyez VERGER (du) de Haurane, abbé de)

SAINT-EVREMONT (CHARLES de S. DENIS, seigneur de) *Hist. litt. mod.*) né en 1613 à Saint-Denis-
le-Guast, à quelques lieues de Coutances, d'une
noble & ancienne famille de basse-Normandie, dont
le nom étoit Marquetel , ou Marquatel , ou Mar-
guastel, fut *un philosophe* épicurien, si l'on veut, mais
qui sut vivre heureux jusqu'à quatre-vingt-dix ans,
hors de sa patrie. Il avoit servi au siège d'Arras
en 1640. en qualité de capitaine d'infanterie. Il
plut au grand Condé qui, pour se l'attacher, lui
donna la lieutenance de ses gardes ; il tomba depuis dans sa disgrace , & ce fut une tache à la gloire
de ce grand prince (voyez à l'article *Condé*,
l'article particulier du grand Condé) ; il tomba
aussi dans celle du cardinal Mazarin ; quelques
plaisanteries hazardées à table contre ce ministre,
& que ce ministre , trop favorable à l'espionnage,
auroit dû ignorer , ou dédaigner , ou pardonner,
firent mettre *Saint-Evremont* à la Bastille ; il en
sortit au bout de trois mois, parut réconcilié avec
le cardinal. Pendant la guerre de la Fronde, *Saint-
Evremont* suivit constamment le parti du roi ;
il fut fait maréchal de camp & obtint une pension de trois mille livres. La paix des Pyrénées
dont la France avoit le plus grand besoin, & qui
ne devoit attirer que des louanges au cardinal
Mazarin, lui attira quelques critiques de la part
de ses ennemis & de ses envieux. *Saint-Evremont* parut être du nombre. On parla beaucoup
dans le temps d'une lettre qu'il écrivit à ce sujet
au maréchal de Créquy, & qu'on regarda comme
la satire de ce fameux traité. On cherche aujour-
d'hui, en lisant cette lettre, ce qu'elle avoit de
si satirique. En passant dans la forêt d'Orléans,
Saint-Evremont reçut l'avis vrai ou faux que cette
lettre avoit fait prendre la résolution de le faire
remettre à la Bastille ; il prit la sienne de se retirer en Angleterre, où il fut fort bien accueilli par
Charles II. On négocia vainement pour son rappel en France, on ne put l'obtenir ; la philosophie
& l'amitié le consolèrent ; la société de la duchesse
de Mazarin, réfugiée comme lui en Angleterre ,
répandit sur sa vie un charme qui se fait sentir
dans ses ouvrages ; il a beaucoup célébré cette
femme brillante ; c'est à elle qu'il adresse la plupart de ses productions, & si elle a contribué à
son bonheur, il n'a pas peu contribué à sa gloire.
Il mourut en 1703 , & fut enterré à Westminster

Parmi les beaux esprits, les rois & les héros.

Les vers de *Saint-Evremont* sont presque passés
en proverbe pour signifier des vers plats & pro-

faïques. Les seuls vers qu'on ait retenus de lui, font les quatre qu'il fit pour Ninon, (voyez l'article *Lenclos* (Ninon de). La profe de *S.-Evremont* paroiffoit excellente avant celle des la Motte, des Fontenelle, des Voltaire ; c'eft un écrivain très-penfeur ; il y a plufieurs bonnes idées à prendre dans ce qu'il a écrit fur les Grecs & fur les Romains, & M. de Montefquieu n'a pas dédaigné de lui en emprunter plufieurs dans fon ouvrage célèbre des caufes de la grandeur & de la décadence des Romains. M. Greffet, dans fa *Chartreufe*, met *Saint-Evremont* au nombre des philofophes inftructifs & des écrivains agréables dont il compofe fa bibliothèque choifie.

SAINTE-FOIX (GERMAIN-FRANÇOIS POULAIN de) *Hift. litt. mod.*) gentilhomme Breton, né à Rennes en 1703, mort à Paris en 1776 ; auteur de *l'Oracle*, des *Graces*, du *Silphe*, des *Hommes*, pièces qu'on voit & qu'on lit toujours avec plaifir. Ses *effais hiftoriques fur Paris*, qui ont été très-accueillis, prouvent qu'un des grands fervices à rendre au commun des lecteurs, feroit de choifir avec goût dans nos gros livres favans qu'on eftime, dit-on, beaucoup, mais qu'on ne lit point, tout ce qui eft vraiment digne d'attention & qui peut être retenu, & de l'écrire de manière à être lu. M. de *Sainte-Foix* étoit hiftoriographe de l'ordre du faint-efprit & en a écrit l'hiftoire. On a de lui auffi des lettres turques ; il avoit fervi & s'étoit fait un nom par fa bravoure. On lui reprochoit de porter dans le commerce du monde une fufceptibilité, une intolérance qui l'ont peut-être privé des honneurs littéraires auxquels fes talens lui donnoient droit de prétendre.

SAINT-GELAIS (*Hift. litt. mod.*) OCTAVIEN & MELLIN.

Octavien de *Saint-Gelais*, de la maifon de Lufignan, évêque d'Angoulême, commença, dit Mézeray, *de décraffer un peu la poéfie françaife* ; il traduifit l'Odyffée, l'Enéide & les épitres d'Ovide. Né à Cognac vers 1466 ; mort en 1502. Ce fut principalement à la cour de Charles VIII que fes talens brillèrent.

Mellin de *Saint-Gelais*, qu'on croit avoir été fils naturel d'Octavien, & qui fut aumônier & bibliothécaire de Henri II, eft célébré par Marot & par tous les poëtes du tems ; on le nomme l'Ovide français : titre qu'il ne paroît point avoir mérité. Le plus grand honneur qu'on ait pu lui faire, a été d'attribuer à Marot quelques-uns de fes ouvrages. On a au contraire attribué à *Saint-Gelais* une pièce qui fe trouve dans le manufcrit de François I, un des meilleurs poëtes de fon temps, & que *Saint-Gelais* appelloit *le prince des poëtes & des rois*. Cette pièce eft celle qui commence par ce vers :

Eft-il point vrai, ou fi je l'ai fongé ?

Elle eft imprimée dans les œuvres de *Saint-Gelais*, édition de 1719, page 247.

On pourroit regarder *Saint-Gelais* comme le modèle de Rouffeau pour l'épigramme, au même dégré où la Fontaine reconnoiffoit Marot pour le fien ; c'étoit *Saint-Gelais*, & non Marot que Rouffeau devoit nommer fon maître. Rouffeau n'eût peut-être pas défavoué l'épigramme de *Saint-Gelais*, qui commence par ce vers :

Un jeune amant près fa dame foupoit ;

Ni celle qui finit par ce vers :

Car tout le monde me le dit.

Mais en général fes vers galans ou badins font groffiers, & fes vers férieux font froids & forcés. On connoît de lui cette épitaphe de Budé.

Qui eft ce corps que fi grand peuple fuit ?
Las ! c'eft Budée au cercueil étendu.
Que ne font donc les cloches plus grand bruit ?
Son nom fans cloche eft affez efpandu.
Que n'a-t-on plus en torches defpendu,
Suivant la mode accouftumée & fainte,
Afin qu'il foit par l'obfcur entendu
Que des François la lumière eft efteinte.

On n'a pas befoin de dire combien il y a là de recherche & de mauvais goût. Cet art de trouver de fauffes raifons à ce qui n'en a point, eft ce qu'on appelloit de l'efprit, avant qu'on fût qu'il n'y a point d'efprit fans naturel, & que rien n'eft beau que le vrai.

Saint-Gelais avoit, dit-on, le talent des *impromptus*, & François I s'amufoit à en faire avec lui. Le roi ouvroit le difcours en vers ; *Saint-Gelais* achevoit la phrafe fur les mêmes rimes. Un jour le roi apoftrophant ainfi fon cheval :

Joli, gentil, petit cheval,
Bon à monter, bon à defcendre !

On dit que *Saint-Gelais* ajouta fur le champ :

Sans que tu fois un Bucéphal,
Tu portes plus grand qu'Aléxandre.

Si le fait eft vrai, *Saint-Gelais* étoit plus heureux en impromptus qu'en ouvrages médités. Il étoit né en 1491, & mourut en 1558. Il y a de lui une tragédie de *Sophonifte* en profe.

SAINT-GENIEZ (JEAN DE) *Hift. lit. mod.*) né à Avignon en 1607 ; mort à Orange en 1663. Il étoit chanoine dans cette dernière ville. On a de lui des poéfies latines eftimées, *Joannis Sancti Genefii poëmata*.

SAINT-GERMAIN (LOUIS, comte de) *Hift. de Fr.*) d'une famille noble d'Alface, fut d'abord jéfuite, puis militaire & lieutenant-général très-diftingué ; il acquit beaucoup de gloire dans les guerres de 1741 & de 1756. Des mécontens en privèrent la France pendant quelque tems ; il se mit au service du roi de Danemarck , devint généralissime de ses armées & chevalier de l'ordre de l'Eléphant. Il étoit revenu en France, n'ayant pu se faire aux frimats du nord ; il vivoit obscur & ignoré dans une petite terre, lorsque des ministres qui vouloient le bien, & qui espéroient le faire sous Louis XVI, allèrent le chercher pour lui faire donner le département de la guerre ; ce choix fut applaudi ; il fit quelques réformes dont on pensa diversement, mais c'étoit beaucoup d'en faire & de persuader au roi qu'il en falloit faire. On a cru que , si ministre avoit été le maitre , elles auroient été poussées plus loin & auroient produit plus d'effet. Son âge & sa santé l'obligèrent de quitter le ministère, & il mourut peu de tems après, le 15 janvier 1778.

SAINT-HYACINTE (THEMISEUIL DE) ou SAINT-HYACINTE DE THEMISEUIL) Hist. lit. mod.) son vrai nom étoit , dit-on , Hyacinte cordonnier ; & ces changemens de nom joints à une vie très-errante , lui ont donné l'air & la réputation d'un aventurier. On le disoit fils du grand Bossuet ; il avoit des liaisons avec M. Bossuet, évêque de Troyes, neveu de ce grand homme, & qui ne faisoit que rire d'un bruit qu'il regardoit comme dénué de tout fondement. Selon M. de Voltaire, Saint-Hyacinte, car c'est le nom qui lui est resté, avoit été moine, soldat , libraire ; marchand de caffé, vivant du profit du biribi. Ce même M. de Voltaire dit ailleurs : il n'a guères vécu à Londres que de mes aumônes & de ses libelles ; il ne faut peut-être jamais dire de personne, il n'a vécu que de mes aumônes. Au contraire, M. de Burigny, un des plus honnêtes hommes qui aient jamais cultivé les lettres, avoit toujours fait profession d'être l'ami de M. de Saint-Hyacinte ; & il chérissoit la mémoire de ses amis morts, autant qu'il les avoit chéris vivans. Une personne d'un rang élevé parloit un jour très-mal de M. de Saint-Hyacinte dans un cercle nombreux ; M. de Burigny qui étoit présent, fit tous ses efforts pour défendre son ami ; mais pressé de plus en plus & pénétré de douleur de ne pouvoir détruire les imputations dont on le chargeoit : « monsieur, s'écria-t-il en fondant en larmes, je vous demande grace, « vous me déchirez l'ame ; M. de Saint-Hyacinte « est un des hommes que j'ai le plus aimés : vous « le peignez d'après la calomnie, & je proteste « sur mon honneur, qu'il n'a jamais ressemblé au « portrait que vous en faites. »
M. de Burigny avoit alors quatre-vingt-trois ans, & il y en avoit au moins trente que Saint-Hyacinte ne vivoit plus.
M. de Saint-Hyacinte est l'auteur de la plus jolie, de la plus innocente & de la plus juste plaisanterie contre le pédantisme & l'étalage de l'érudition : le chef-d'œuvre d'un inconnu, ou le commentaire de Mathanasius, & de quelques au-

tres ouvrages du même genre ; il est aussi l'auteur du roman du prince Titi & de quelques autres. Né à Orléans le 27 septembre 1684. Mort à Bréda en 1746.

SAINT-LUC (voyez ESPINAY.)

SAINT-MARC (CHARLES-HUGUES LE FEBVRE DE) Hist. lit. mod) de l'académie de la Rochelle, neveu de l'abbé Capperonnier, cousin de M. Capperonnier de l'académie des belles-lettres, garde des livres de la bibliothèque du roi, & professeur en grec au collége royal, comme l'abbé Capperonnier. M. de Saint-Marc porta d'abord les armes, porta ensuite l'habit ecclésiastique, puis redevint laïc ; à travers ces changemens d'état, il fut fidèle aux lettres : il donna un suplément au nécrologe de Port-Royal ; il travailla aussi à une histoire de M. Pavillon, évêque d'Alet ; il fit la vie du fameux médecin Hecquet ; donna une foule d'éditions des mémoires de Feuquières, de l'histoire d'Angleterre de Rapin Thoiras, d'Etienne Pavillon, de Chaulieu, de Chapelle & Bachaumont, de Malherbe, de Saint-Pavin, de Charleval, &c. Les dix-septième & dix-huitième tomes du pour & contre de M. l'abbé Prévôt, sont encore de M. de Saint-Marc, ainsi qu'une partie du dix-neuvième. Mais c'est par son abrégé chronologique de l'histoire d'Italie, qu'il est le plus connu ; c'est un des bons ouvrages que le président Hénaut a fait faire ; on peut cependant le trouver trop savant & trop peu substantiel pour un abrégé qu'on demande plutôt des extraits bien faits, des résultats précis que des traités, & où trop d'étendue est de la diffusion. M. de Saint-Marc qui avoit donné des éditions de tant de poëtes, devoit aimer la poésie ; il avoit fait jouer, en 1735, un ballet en trois actes, intitulé : le pouvoir de l'amour. Né à Paris en 1698 ; mort aussi à Paris le 20 novembre 1769.

SAINT-MAR (voyez REMOND de.)

SAINT-PAVIN (DENIS SANGUIN DE) Hist. lit. mod.) On ne le connoît plus guères que par ce vers de Boileau :

Saint Sorlin janséniste & Saint-Pavin bigot :

Comme ce vers est une contre-vérité, l'impiété de Saint-Pavin est comme passée en proverbe, & on croit que c'est encore contre lui que Boileau a fait cette épigramme :

Alidor assis dans sa chaise,
Médisant du ciel à son aise,
Peut bien médire aussi de moi ;
Je ris de ses discours frivoles :
On sait fort bien que ses paroles
Ne sont pas articles de foi.

Saint-Pavin avoit dit de Boileau :

S'il n'eût mal parlé de personne ,
On n'eût jamais parlé de lui.

Ce n'étoit affûrément pas là un article de foi; puifqu'au .contraire les fatires de Boileau font fes moindres ouvrages; il eft vrai que le talent de médire n'eft pas le moindre de fes talens, & qu'il en fait preuve dans tous les ouvrages mêmes qui ne font pas intitulés *Satires*. Mais fi l'idée que *Saint-Pavin* donne de Boileau n'eft pas exacte, on feroit tenté de croire que celle que Boileau donne de *Saint-Pavin* ne l'eft pas davantage, quand on voit fon épitaphe, faite par un homme de bien, par un faint tel que M. de Fieubet, maître des requêtes, puis confeiller d'état, mort aux Camaldules de la forêt de Sénar, & dont l'abbé de Villiers a célébré la piété dans fon ode fur la folitude. (*Voyez l'article* FIEUBET.)

Un dévot n'eût pas fait fans néceffité l'épitaphe d'un indévot; & encore quelle épitaphe! elle ne peut avoir été faite, même en exagérant, que pour un homme très-aimable & très-vertueux:

Sous ce tombeau gît *Saint-Pavin* ;
Donne des larmes à fa fin.
Tu fus de fes amis peut-être ;
Pleure ton fort , pleure le fien ,
Tu n'en fus pas; pleure le tien ;
Paffant , d'avoir manqué d'en être.

On a prétendu que *Saint-Pavin* s'étoit converti, parce qu'il avoit cru entendre une voix effrayante l'appeller à la mort de Théophile, fon maître en poéfie & en impiété; mais c'étoit une fable piéufe. Il mourut en 1670.

Les poéfies de *Saint-Pavin* ont été recueillies avec celles de Charleval; on y diftingue cette épigramme:

Thirfis fait cent vers en une heure ;
Je vais moins vite , & n'ai pas tort:
Les fiens mourront avant qu'il meure;
Les miens vivront après ma mort.

Saint-Pavin étoit de la famille des Sanguin, dont deux furent fucceffivement évêques de Senlis fous le règne de Louis XIV, & dont étoit le cardinal de Meudon, Antoine de Sanguin, le premier qui eut le titre de *grand aumônier de France*; fes prédéceffeurs prenoient celui de *grand aumônier du roi*. Le cardinal de Meudon vivoit fous le règne de François I; il étoit oncle maternel de la ducheffe d'Eftampes & il lui devoit fa fortune; elle l'avoit fait abbé de Fleuri-fur-Loire, & archevêque de Touloufe, puis cardinal & grand-aumônier. Il étoit auffi gouverneur de Paris.

Les marquis de Livri, premiers maîtres-d'hôtel du roi, étoient de cette même famille. *Saint-Pavin* poffédoit l'abbaye de Livri. Il étoit fils d'un préfident aux enquêtes, qui fut prévôt des marchands.

SAINT-PHILIPPE (LE MARQUIS DE) *voyez* PHILIPPE (SAINT.)

SAINT PIERRE (EUSTACHE DE) *Hift. de France.*) Lorfqu'en 1347 la ville de Calais, preffée par les armes d'Édouard III, fut réduite à capituler, après une longue & opiniâtre défenfe qui avoit irrité ce prince injufte, Édouard fe crut modéré en bornant fa vengeance à exiger qu'on lui livrât fix des principaux bourgeois, tête nue & la corde au cou, pour être envoyés au fupplice. Cette clémence parut bien cruelle. L'affemblée des habitans de Calais offroit un fpectacle de défolation ; les femmes, les enfans fondoient en larmes ; les hommes gardoient un filence affreux; enfin du fein de l'abattement & du défefpoir fortit la plus belle action qui ait illuftré le nom françois. » *Je ne laifferai point périr un tel peuple,* » *quand je puis le fauver aux dépens de mes jours,* » s'écria Euftache de *Saint-Pierre*, l'un des prin- » *cipaux bourgeois de Calais; je m'offre pour victime* » *aux fureurs d'Édouard.*» Jean d'Aire en dit autant. *Je ne me féparerai pas de mes deux coufins*, ajouta Jacques de Wuiffant, qui fut à l'inftant fuivi par Pierre de Wuiffant, fon frère. On ignore le nom des deux autres bourgeois qui fe dévouèrent. Selon les annales de Calais, ils furent tirés au fort parmi plus de cent qui s'offrirent tous à la fois. M. de Belloi conjecture que ce grand nombre de concurrens eft peut-être ce qui a empêché que les noms des deux derniers bourgeois ne fe foient confervés. Il n'étoit guères poffible d'admirer un pareil héroïfme fans vouloir l'imiter. A peine Euftache de *Saint-Pierre* eut-il parlé, dit Froiffard, *que chacun s'alla adorer de pitié.* Expreffion énergique & naïve, qui peint l'attendriffement fublime dont l'hiftorien étoit pénétré en racontant un pareil fait; mais Froiffard n'eft guères lu que des favans; & ce trait, comparable à tout ce que l'antiquité a célébré de grand & de généreux, reftoit pour ainfi dire caché dans un coin de notre hiftoire. Pafquier l'a rapporté avec une froideur qui n'étoit pas propre à tirer ce fait de l'obfcurité. M. de Sacy, de l'académie françoife, eft le premier qui (dans fon traité de l'amitié, livre 2) ait paru fentir tout le prix de cette action, & qui fe foit livré au plaifir de la retracer avec enthoufiafme. Un auteur citoyen, M. de Belloi, averti par M. le maréchal de Duras de choifir ce fujet, lui a donné encore plus d'éclat en le produifant fur la fcène; il a de plus éclairci toutes les circonftances de ce fait dans des differtations où une critique judicieufe accrédite une narration intéreffante. Édouard fe déshonora par fon obftination barbare à vouloir immoler les fix bourgeois qui s'étoient dévoués; il réfifta aux follicitations de toute fon armée, qui rougiffoit pour lui d'un reffentiment fi aveugle; le célèbre Walter de Mauny ou Gautier de Mauny, chevalier du Hainault, qui s'étoit attaché au parti d'Édouard, défendit les fix bourgeois avec courage; Édouard, que la raifon fatiguoit en ce moment, parce qu'il avoit réfolu de ne pas la fuivre, lui répondit avec

féchereffe;

sécheresse: *Monsieur Gautier*, *il n'en sera pas autrement*, & il manda le bourreau; le prince de Galles, le prince noir, ne fut pas plus écouté; enfin Philippine de Hainault, femme d'Edouard, non moins habile que son mari & que son fils, & qui venoit de remporter sur les écossois une victoire signalée où elle avoit fait prisonnier David de Brus, leur roi, & abattu presque entièrement le parti Bruffien, Philippine, pour prix de ses exploits, demanda moins la grace de ces six bourgeois, de ces six héros dont elle admiroit & envioit la gloire, qu'elle ne pria son mari de se souvenir de la sienne, & de ne la pas flétrir en se rendant leur bourreau. « Madame, lui répondit Edouard avec colère, « je n'ai rien à vous refuser, mais vous me gênez fort en ce moment, » & je voudrois vous favoir loin d'ici». Ce fut ainsi qu'elle arracha plutôt qu'elle n'obtint la grace des six bourgeois de Calais; elle se plut à les combler d'égards pour réparer l'injustice de son mari; elle tâcha d'adoucir leur misère par des présens, pendant que l'implacable Edouard confisquoit leurs biens.

Ce prince entra dans les murs solitaires de Calais, qu'il peupla d'anglois, tandis que les anciens habitans, demi-morts de faim & de misère, se traînoient languissamment vers le maître auquel ils s'étoient montrés si fidèles. Tous leurs biens furent distribués aux anglois. La reine d'Angleterre eut pour sa part les biens de Jean d'Aire, qu'elle n'auroit dû accepter que pour les lui rendre.

Les malheurs de la France & les désordres des finances enlevèrent à Philippe de Valois la satisfaction de dédommager les habitans de Calais, il ne put même leur fournir les premières nécessités de la vie; ceux qui étoient en état de porter les armes, furent reçus dans son camp, près d'Amiens; mais les vieillards, les femmes, les enfans, les malades, dépourvus de tout, nourris d'abord par les habitans des villes voisines, errèrent ensuite dans le reste de la France, abandonnés à la pitié publique. Enfin, par une ordonnance du 8 septembre 1347, Philippe accorda pour dédommagement aux bourgeois de Calais, *les biens, meubles & héritages qui pourroient échoir par la suite au domaine de la couronne;* remède éloigné dans des maux pressans.

Cependant Edouard permettoit le retour dans Calais aux anciens habitans, que l'amour du lieu de leur naissance, ou le défaut de ressources y rappeloient; il avoit fait à plusieurs d'entre eux de nouvelles concessions de leurs propres héritages. *Eustache de Saint-Pierre*, négligé par son roi, fut attiré par Edouard, à qui la réflexion avoit fait sentir le prix d'un pareil sujet. Une trève conclue entre les deux rois, laissoit Calais en la possession d'Edouard, du consentement de Philippe. *Saint Pierre* crut pouvoir y revenir, recevoir même d'Edouard, une pension alimentaire, jusqu'à ce

que ses biens lui eussent été rendus, & prêter serment de fidélité à ce même Edouard, non comme au roi de France (titre qu'il ne reconnut jamais en lui) mais comme au possesseur & au maître de Calais. M. de Belloi avoue ces faits en gémissant, en excusant son héros par la fatalité des conjonctures, en convenant que *Saint-Pierre* s'est dégradé par cette conduite. « S'étant élevé, dit-il, » au-dessus de l'humanité par son sublime dévoue-» ment, son cœur avoit contracté l'obligation de » se maintenir dans le degré de vertu où il étoit » monté, toute sa vie devoit être digne de ce » beau moment: un grand homme est inexcusable » de devenir un homme ordinaire.»

Les cinq autres héros de Calais condamnèrent la foiblesse d'*Eustache de Saint-Pierre*, en ne l'imitant point; ses enfans mêmes renoncèrent à sa fortune, dit M. de Belloi, pour conserver sa première vertu; le refus de prêter serment à Edouard leur coûta la succession paternelle.

SAINT-PIERRE (CHARLES-IRÉNÉE-CASTEL de) (*Hist. litt. mod.*) homme vertueux & opprimé, dont la mémoire doit être chère à tous les gens de bien. (*Voyez* à l'article VARIGNON) la générosité pleine de délicatesse dont usa l'abbé de *Saint-Pierre* envers ce savant, son ami. Voué tout entier au service de l'humanité, à la plus grande utilité du genre humain, il ne faisoit cas ni de l'éloquence, ni de la poésie, ni en général des talens purement agréables, & qui n'avoient pas une utilité immédiate & directe; il étoit persuadé qu'un jour on penseroit ainsi; ce qui, pour le dire en passant, seroit ne pas connoître tous les besoins des hommes, & les ramener à la barbarie par l'envie de les servir. Souvenons-nous de cette phrase si philosophique de Madame de Grafigny: *quel plus grand bien peut-on faire aux hommes, que de leur procurer du plaisir?* L'abbé de *Saint-Pierre* vouloit leur procurer le bonheur, & il pensoit qu'il n'y avoit que l'utilité directe & immédiate qui pût y contribuer; il partoit d'un bon principe, & il l'outroit; il prévoyoit & prédisoit la fin du succès de tout ce qui n'étoit qu'agréable: on lisoit un jour devant lui un ouvrage d'agrément qui étoit fort goûté de tout l'auditoire; on s'aperçut que lui seul restoit froid, & souriot seulement de temps en temps, bien moins aux traits ingénieux de l'ouvrage, qu'à l'idée qu'on voyoit qu'il avoit dans la tête; on lui demanda enfin nettement ce qu'il pensoit de l'ouvrage; *Eh mais*, répondit-il froidement, *cela est encore fort beau.*

Il prévoyoit & calculoit de même à sa manière l'époque où chaque préjugé, chaque erreur, chaque sottise des hommes devoit finir, le temps où tout le monde seroit éclairé, où, selon ses propres termes, *le capucin le plus simple en sauroit autant que le plus habile jésuite.* Cette universalité de lumières n'est encore qu'une bizarre & dangereuse chimère;

Rrr

les fiècles ne font que changer d'erreurs en applau-
diffant toujours à leurs lumières ; quant au vulgaire,
il ne parvient jamais qu'à favoir mal, ce qui eft
pis que d'ignorer ; celui qui fait mal ne fait pas
même qu'il ne fait pas ; il eft incapable de fe
rendre témoignage de fon ignorance, il agit d'après
fes erreurs, & convertit en poifon ce qui de fa
nature feroit falutaire.

Malgré fon mépris pour l'éloquence & la poéfie,
l'abbé de Saint-Pierre fut reçu à l'Académie Françoife le 3 mars 1695, pour la connoiffance qu'il avoit
de la langue & pour celle qu'il avoit de l'hiftoire,
fur-tout pour l'ufage philofophique & utile qu'il
faifoit de l'une & de l'autre. Il fit lui même fon
difcours de réception, & il le fit comme une chofe
qu'il jugeoit inutile, c'eft-à-dire, avec négligence
& dégoût. Il le communiqua cependant à M. de
Fontenelle, fon ami, qui lui propofa de retrancher
quelques phrafes trop négligées & d'y mettre plus
de ftyle & d'intérêt. *Je vois*, lui dit l'abbé de Saint-
Pierre, *que mon difcours vous paroît bien médiocre ;
tant mieux, il m'en reffemblera davantage*, & il n'y
changea rien ; il n'avoit confacré à cet ouvrage que
quatre heures de travail. *Ces fortes de difcours*, dit-il,
*ne méritent pas, pour l'utilité dont ils font à l'état,
qu'on y mette plus de deux heures de temps ; j'y en
ai mis quatre, & cela eft fort honnête.*

Dans fes vues d'amélioration en tout genre, il en
eut auffi pour l'Académie ; il vouloit que les harangues des récipiendaires, qui, de fon temps, n'é-
toient que des recueils d'éloges, devinffent des difcours folides & utiles, pleins de grandes & de fortes
vérités ; il vouloit que les fujets des prix d'éloquence
fuffent confacrés à l'éloge des hommes célèbres qui
ont fervi & honoré la nation. « Ce projet de l'abbé
» de Saint-Pierre, dit M. d'Alembert, n'a pas été
» un *rêve* comme les autres ; il pourroit dire à fes con-
» frères, s'il revenoit parmi eux : *de tous mes con-
» citoyens, vous feuls avez daigné m'entendre* ».

M. de Voltaire & M. d'Alembert difent qu'il fut
l'inventeur du mot *bienfaifance*. On prétend que
ce mot fe trouve dans des auteurs plus anciens ;
mais c'eft lui qui, par le grand ufage qu'il en
a fait, a rendu ce mot commun, c'eft lui qui l'a
mis dans la langue ; il a créé auffi le mot *gloriole*,
mot d'un grand ufage, ainfi que la chofe.

Il fe déclare dans tous fes écrits l'ennemi de la
guerre, des impôts exceffifs, des vexations de tout
genre exercées par la force contre la foibleffe ; il
a cherché tous les moyens d'étendre & d'éternifer la
paix ; il a été traité *de rêveur*. On a cru rendre à fes
idées tout l'hommage qu'elles méritoient, en les
appelant *des rêves d'un bon citoyen* ; & l'on n'a
pas fenti que les rêves d'un bon citoyen méritent
qu'on cherche tous les moyens de les réalifer.

Lorfque l'abbé de Saint-Pierre envoya au cardinal
de Fleury fon projet de paix perpétuelle & de diète
européenne, avec cinq articles préliminaires, le

cardinal lui répondit : *vous avez oublié un article
effentiel, c'eft d'envoyer une troupe de miffionnaires
pour difpofer à cette paix & à cette diète le cœur des
princes contractans.*

« Rien n'eft beau que le vrai, ajoute un phi-
» lofophe très-éclairé, le malheur de ces projets
» métaphyfiques, pour le bien des peuples, c'eft
» de fuppofer tous les princes équitables & mo-
» dérés, c'eft-à-dire, de fuppofer à des hommes
» tout-puiffans, pleins du fentiment de leurs forces,
» fouvent peu éclairés, & toujours affiégés par
» l'adulation & par le menfonge, des difpofitions
» que la contrainte des lois & la crainte de la
» cenfure infpirent même fi rarement à de fimples
» particuliers. Quiconque, en formant des entre-
» prifes pour le bonheur de l'humanité, ne fait
» pas entrer dans fes calculs les paffions & les vices
» des hommes, n'aura imaginé qu'une très-louable
» chimère ».

Voilà certainement ce qu'on a pu dire de plus
raifonnable contre le fyftême de l'abbé de Saint-
Pierre. Sans doute tout légiflateur qui, dans le
grand problême de la meilleure manière poffible de
gouverner les hommes, ne fera point entrer le
jeu des paffions, eût-il calculé tout le refte avec
une précifion mathématique, n'aura fait que de
faux calculs ; mais en vérité, c'eft faire trop d'honneur à ceux que nous voyons tous les jours entreprendre la guerre, que de leur fuppofer les motifs
injuftes, mais toujours preffans que fourniffent les
paffions ; ils font la guerre par routine, par préjugé, parce qu'on la faifoit autrefois dans tel ou
tel cas, parce qu'il eft d'ufage, après quelques
années de paix, de rentrer en guerre, même fans
objet, parce qu'on n'ofe ni fe croire, ni fe montrer plus raifonnable que fes prédéceffeurs, parce
que la guerre a fait long-temps l'admiration des
peuples barbares ; on la fait comme Catilina &
fes complices commettoient des meurtres & des
affaffinats pour s'y exercer, pour n'en pas perdre
l'habitude, *ne per otium torpefcerent manus.* On la
fait en cédant aux importunités, aux magnifiques promeffes des donneurs de projets, de quelques généraux qui veulent s'illuftrer ou s'enrichir, de quelques
fubalternes qui veulent s'avancer, c'eft-à-dire, qui
efpèrent de voir périr leurs concitoyens & leurs
amis, & de refter feuls pour en hériter. C'eft à
ce vœu fecret & coupable qu'on facrifie le bonheur public & la paix des nations.

Les rois & les miniftres, dans les états monar-
chiques, ne fe foucient le plus fouvent ni de la
guerre, ni de ce qui en eft l'objet ; ils n'ont pas
la moindre colère, pas même la moindre humeur contre les rois & les peuples qu'ils vont
tâcher d'exterminer. Nos guerres font des combinaifons froides & toujours fauffes, des calculs, des
fpéculations tranquillement atroces, des fyftêmes,
des rêves, & ce ne font pas les rêves de gens
de bien. Quant au peuple, comme fouvent il ne

fait ni le vrai motif ni l'objet de la guerre, il eſt abſolument ſans paſſion ; il eſt vrai qu'on cherche à lui en inſpirer ; on l'échauffe par des manifeſtes ; on réveille en lui la vanité nationale ; on lui exagère & les torts & la foibleſſe de l'ennemi, les forces & les reſſources de la nation ; on lui montre la poſſibilité, l'utilité des conquêtes, l'infaillibilité des ſuccès ; on l'étourdit, on l'enivre, pour qu'il ſente moins, le poids des impôts dont on va l'accabler, l'amertume des pertes & des ſacrifices de toute eſpèce que la guerre entraîne, on tâche de le rendre complice des fureurs dont il va être la victime, on y réuſſit. Toute nation qui entre en guerre, ſemble ſaiſie d'un eſprit de vertige ; la folie dure autant que la guerre, & s'augmente par les événemens mêmes de la guerre. L'alternative perpétuelle & néceſſaire de revers & de ſuccès, la réciprocité de ravages & de ruines, l'accumulation d'impôts & de charges de toute eſpèce, fruit ordinaire de la guerre, elle oublie tout, elle ne voit plus qu'une ſuite infaillible de triomphes, comment pourroit-elle ne pas toujours vaincre ? comment l'ennemi pourroit-il réſiſter ?

Si par ces paſſions qui doivent, dit-on, perpétuer la guerre, on entend l'erreur de quelques miniſtres qui croient avoir intérêt de la faire ; je répondrai, en rappelant ſans ceſſe à ces miniſtres, que Richelieu entraînoit Louis XIII à la guerre pour l'enlever aux cabales de la cour, & que du camp même de Louis XIII partoient des intrigues continuelles pour perdre Richelieu ; que les mécontens qui, ſans la guerre, n'auroient point trouvé d'appui hors du royaume, ſignoient des traités avec l'Eſpagne ; que les troubles de la Fronde qui chaſſèrent deux fois de la France le cardinal Mazarin, eurent pour origine & pour cauſe quelques impôts qu'une longue guerre avoit rendus néceſſaires ; que les viciſſitudes de la guerre, la perte de la Catalogne & du Portugal, firent chaſſer ce fameux comte-duc d'Olivarès, le Richelieu de Madrid ; qu'au contraire Dom-Louis de Haro rendit ſon crédit inébranlable en le fondant ſur la paix ; que l'Europe s'unit pour demander le renvoi du cardinal Albéroni, dont les intrigues troubloient l'Europe, & alloient ramener la guerre ; enfin que la guerre creuſe un abîme de plus ſous les pas des miniſtres, parce que ſi, en temps de paix, ils ont contre eux leurs propres fautes & les intrigues de leurs ennemis, en temps de guerre, ils ont de plus contre eux les événemens.

Les miniſtres, pour ſe faire plus de créatures, veulent multiplier les promotions, & tous les militaires veulent y être compris, voilà les motifs de la plûpart de nos guerres ; voilà les paſſions qui les font naître. C'eſt du duel & des querelles particulières, que tout ce qu'on dit de la guerre eſt malheureuſement vrai. Ce ſont réellement des paſſions preſque invincibles qui les entretiennent ; d'un côté le préjugé du point d'honneur, foibleſſe éter-

nelle des hommes braves ; de l'autre, l'impatience & la colère qu'excitent la violence d'un brutal & la perverſité d'un ennemi, peuvent toujours emporter au-delà des bornes ; l'idée ſeule de l'inſulte eſt inſupportable & fait tout oublier ; mais la guerre des peuples policés n'eſt preſque jamais, encore un coup, qu'un froid & faux calcul, qu'une vieille duperie, qu'une routine barbare.

Deux cauſes contribuent principalement à entretenir l'erreur, *que la guerre eſt le produit des paſſions* : l'une eſt l'abſurdité même de la guerre & l'évidence des raiſons qui la combattent : on eſt perſuadé qu'un uſage ſi horrible & ſi abſurde n'exiſteroit plus depuis long-temps, s'il ne tenoit eſſentiellement aux foibleſſes de l'humanité, & dans cette ſuppoſition, on le laiſſe ſubſiſter ; mais qu'on s'examine bien lorſqu'on entre en guerre, qu'on ſe demande ſi on ſent un beſoin ou même un deſir bien preſſant de la faire, on verra qu'on ne fait que ſuivre la routine. L'autre cauſe eſt qu'en effet les guerres des peuples barbares, & parmi nous les guerres civiles & les guerres de religion, ont réellement des paſſions pour principe. On part de là, & ſans examen, on étend ce principe aux guerres ordinaires.

Ne cherchons donc point à diminuer notre reconnoiſſance envers l'abbé de Saint-Pierre pour l'excellent ouvrage où il a mis dans un ſi grand jour toute l'abſurdité de la guerre, & où il a indiqué les moyens de la prévenir & de l'éviter pour toujours ; ne rejetons pas ſi légèrement le projet du conſeil amphictionique ſans l'avoir tenté, appliquons-nous à en faire diſparoître les imperfections qui en ont empêché le plein ſuccès chez les Grecs ; ne prenons pas toujours une plaiſanterie pour une raiſon. M. de Voltaire a dit en plaiſantant :

Que ne vous en rapportez-vous

A ce bon abbé de Saint-Pierre ?

On pourroit dire très-férieuſement que les rois & les peuples en ſeroient plus ſages & plus heureux, & qu'il ne tient qu'à eux que cet ouvrage de l'abbé de Saint-Pierre, profondément raiſonné, & appuyé de grands exemples, ne devienne le plus ſignalé de tous les bienfaits envers l'humanité.

Il étoit perſuadé qu'on ne peut aſſez redire les choſes importantes, & il s'eſt conformé conſtamment à ce principe. Quelqu'un lui diſant qu'il y avoit d'excellentes choſes dans ſes écrits, mais qu'elles y étoient trop répétées, il demanda qu'on lui en indiquât quelques-unes ; rien n'étoit plus facile. *Eh bien*, dit-il, *vous les avez donc retenues, voilà pourquoi je les ai répétées ; & j'ai bien fait, ſans cela vous ne vous en ſouviendriez plus.* Il ſe conſoloit & des critiques & des plaiſanteries, par la ſatisfaction d'avoir forcé ſes lecteurs à retenir une vérité utile. Jamais perſonne ne fut moins occupé de sa propre gloire & moins susceptible des illusions les plus secrètes de l'amour-propre. Sa parfaite simplicité à cet égard n'étoit ni humilité, ni même ce qu'on appelle chez d'autres hommes modestie, elle avoit un caractère qui lui étoit plus particulier ; c'étoit un pur abandon de ses intérêts, sans qu'il prétendît même à l'honneur du sacrifice; il chérissoit tous les hommes sans distinction ; il n'exceptoit ou plûtôt il n'oublioit que lui. Il portoit dans la société peu d'agrémens & de ressources ; on l'y souffroit plûtôt qu'on ne l'y recherchoit. S'apercevant un jour qu'il étoit de trop dans un cercle brillant où il ne se déplaisoit pas : *je sens*, dit-il, *que je vous ennuie ; mais moi, je m'amuse fort à vous entendre ; je reviendrai vous voir.*

S'il parloit peu dans le monde, c'étoit par un principe de bonté qui lui étoit propre, la crainte d'ennuyer & de fatiguer ses auditeurs. *Quand j'écris,* dit-il, *personne n'est forcé de me lire ; mais ceux que je voudrois forcer à m'écouter, se contraindroient pour en faire au moins semblant, & c'est une gêne qu'il est bon de leur épargner.* Il évitoit au moins de déplaire, ne se flattant pas d'être plus heureux ; il attendoit pour parler qu'on l'y invitât ; & ne parloit que de ce qu'il savoit, mais il savoit beaucoup. Outre des connoissances politiques fort étendues, il avoit la tête remplie de faits & d'anecdotes, qu'il contoit bien, quoiqu'avec la plus parfaite simplicité & la plus scrupuleuse vérité ; car, disoit-il, on n'est pas obligé d'amuser, mais on n'est de ne tromper personne. Ceux qui prenoient la peine de l'écouter, chose très-rare actuellement en France, même à l'égard de ceux qui parlent le mieux, ne s'en repentoient pas, & se trouvoient payés de leur complaisance. Une femme de beaucoup d'esprit ayant eu avec lui un long entretien sur des matières importantes, fut si charmée de sa conversation, qu'elle ne put s'en taire, & l'abbé démêla dans son compliment qu'elle étoit aussi étonnée que charmée. *Je suis*, répondit modestement le philosophe, *un mauvais instrument dont vous avez bien joué.*

Il paroit qu'en général l'abbé de Saint-Pierre passoit pour ennuyeux, qu'il en convenoit presque, & qu'on le prenoit presque trop aisément au mot sur cet aveu. On le voit toujours faire les honneurs de son esprit, & en montrer beaucoup ; il a une multitude de mots, tous pleins de sens & la plûpart de finesse. Il n'ornoit rien, & parce que se défiant toujours de lui-même, il ne s'en croyoit pas le talent ; & sur-tout parce qu'il trouvoit qu'orner c'étoit déroger à la vérité ; mais toujours occupé de l'utilité publique, il ne pouvoit pas méconnoître l'importance de ses idées, & entendant un jour une femme aimable parler avec beaucoup de graces sur un sujet frivole, *quel dommage*, dit-il, *qu'elle n'écrive pas ce que je pense !*

Libéral & indulgent, il disoit que la morale de l'homme vertueux étoit renfermée dans ces deux mots : *donner* & *pardonner*. A-t-on dit beaucoup de mots plus pleins de sens & de sentiment, plus propres à faire aimer & respecter un caractère ?

L'éloge des princes, disoit-il, dans un temps où on les louoit trop, *m'est toujours un peu suspect dans les livres, & plus encore dans leur cour, je ne suis content qu'après les avoir entendu louer dans les villages.*

Il a mis à la fin de la plûpart de ses ouvrages cette espèce de devise : *paradis aux bienfaisans.*

Il mettoit la douleur physique au premier rang parmi nos maux ; c'étoit, disoit-il, *le seul que la raison ne pût ni détourner, ni affoiblir,* & comme il réduisoit tout au calcul, ce mal seul avoit pour lui, disoit-il, une valeur *intrinsèque*, les autres maux n'ont qu'une valeur purement *numéraire.*

On lui demandoit ce qu'il pensoit d'une femme d'esprit, qui parloit avec beaucoup de feu & de grace, pourvu qu'elle parlât seule & long-temps, mais qui perdoit tout cet éclat, quand il s'agissoit de mêler & d'assortir ses discours à ceux des autres, ce qui s'appelle *converser : je trouve*, répondit l'abbé de Saint-Pierre, *qu'elle danse bien, mais qu'elle ne sait pas marcher.* Il dit à un philosophe qui revenoit d'Angleterre & s'en alloit en Prusse : *vous venez de voir une nation bien au-dessus de son roi, vous allez voir un roi bien au-dessus de sa nation.*

On lui a fait l'honneur de gâter plusieurs de ses mots, qui même, à ce qu'on prétend, n'étoient point des mots dans l'intention de cet homme sans malice. Un de ses projets est intitulé : *Moyen de rendre les Sermons utiles.* On en a fait cette charge ridicule & sans goût : *Projet pour rendre utiles les Prédicateurs & les Médecins, les Traitans & les Moines, les Journaux & les Marrons d'Inde.*

Un autre avoit pour titre : *Projet pour rendre les Ducs & Pairs utiles.* On l'a défiguré ainsi : *Projet pour rendre utiles les Ducs & Pairs & les Toiles d'Araignées.*

L'abbé de Saint-Pierre pensoit comme M. de Fénélon sur les principes du gouvernement mis en pratique par Louis XIV ; mais il ne présentoit pas ses idées comme M. de Fénélon, sous le voile des fables antiques, il laissoit là toute allégorie & marchoit droit à la vérité & à l'utilité. Dans un mémoire sur l'établissement de la taille proportionnelle, il s'étoit déja expliqué sur Louis XIV avec une franchise qui ne sembloit pas permise alors, & qui, sur-tout, démentoit trop hautement les éloges que l'Académie Françoise n'avoit cessé de lui prodiguer ; le cardinal de Polignac qui avoit été exilé sous Louis XIV, pour n'avoir pas réussi dans sa négociation en Pologne, en faveur du prince de Conti, mais qui, depuis, s'étoit attaché au parti du duc du Maine, qui étoit celui de Louis XIV mort, voulut ou paroître généreux envers la mémoire de ce monarque, ou feulement fe montrer jufte; il fe plaignit à l'Académie du jugement de l'abbé Saint-Pierre, comme d'un manque de refpect pour un roi bienfaiteur de ce corps; l'abbé de Saint-Pierre en fut quitte alors pour quelques explications & quelques excufes. Il faut refpecter les rois vivans, le bon ordre y eft intéreffé; mais dès le moment de leur mort, ils appartiennent à l'hiftoire, dont les jugemens doivent être libres; ceux qui s'intéreffent à leur mémoire, peuvent réfuter les jugemens qui leur paroiffent injuftes, la lice eft ouverte, & la vérité a befoin de ces combats; mais c'eft mal raifonner que de dire : « tout » particulier demanderoit & obtiendroit juftice des » atteintes portées à la réputation de fon père » mort; donc un prince doit venger fon père » qu'on attaque après fa mort ».

Il n'y a point de parité, la différence des perfonnes change tout ici, il faut, pour l'inftruction du roi fucceffeur, que le prédéceffeur foit jugé avec une liberté que le refpect interdifoit pendant fa vie. L'abbé de Saint-Pierre ufoit donc du droit que lui donnoient fon amour du genre humain & fon defir d'être utile, fon jugement étoit raifonné, motivé, ce n'étoit point une déclamation ni une fatyre, on pouvoit le combattre, on ne pouvoit pas le condamner.

Toute la famille de l'abbé de Saint-Pierre étoit attachée à la perfonne du régent, & l'abbé de Saint-Pierre approuvoit la pluralité de confeils, bonne ou non, établie au commencement de la régence, mais dont on fe dégoûta bientôt. Ce régime étoit contraire à celui de Louis XIV, qui faifoit tout par la voie miniftérielle. L'abbé de Saint-Pierre, dans fon difcours fur la *Polyfynodie* (pluralité de confeils) attaqua de nouveau le gouvernement de Louis XIV. Le cardinal de Polignac, que fes liaifons avec l'hôtel du Maine rendoient ennemi du régent, & qui fut exilé de nouveau peu de temps après, par une fuite de ces liaifons, déféra le nouvel ouvrage de l'abbé de Saint-Pierre à l'Académie Françoife dans l'affemblée du jeudi 28 avril 1718, & demanda qu'on fît ce qu'il appeloit juftice de l'auteur. L'évêque de Fréjus, depuis cardinal de Fleury, fe joignit à lui dans l'affemblée du 5 mai fuivant. Il infiftèrent beaucoup fur ce que c'étoit une récidive, & telle eft la différence des idées & des principes dans les différens temps, que fon crime parut inexcufable à toute l'Académie. Cependant M. de Sacy, ami de l'abbé de Saint-Pierre, lut une lettre, par laquelle l'abbé demandoit d'être entendu; c'eft qui ne peut fe refufer à aucun coupable, & ce qui fut refufé au plus vertueux des hommes. Il eft vrai que fa juftification confiftoit à dire que penfant ainfi néceffairement de Louis XIV, il n'avoit pas pu en confcience en parler autrement; fur quoi le cardinal de Polignac obferva que fi c'étoit une première faute, on pourroit écouter

de fa part, non des juftifications, (car un tel crime n'en paroiffoit pas fufceptible) mais des témoignages fincères de repentir. Il ajouta qu'admettre le coupable à s'expliquer, ce feroit lui fournir l'occafion de proférer en pleine affemblée de nouveaux blafphêmes contre la majefté facrée & inviolable de Louis XIV. Il n'y eut que quatre académiciens qui opinèrent pour l'entendre : c'étoient MM. de Sacy, la Motte, Fontenelle & l'abbé Fleury.

On procéda enfuite au jugement : on opina, & de vive voix fur la punition du criminel, puifque c'en étoit un; toutes les voix, fans en excepter une feule, furent pour le priver de fa place. On penfa enfuite un peu tard, qu'il feroit bien d'employer pour l'exclufion d'un académicien, quelquesunes des formules qu'on employe pour l'élection, & on procéda au fcrutin des boules, toutes les boules furent noires, à l'exception d'une feule qui fut celle de M. de Fontenelle, comme on le fut dans la fuite. Il s'étonna d'avoir été le feul; l'abbé de Saint-Pierre avoit beaucoup d'amis dans l'Académie, mais l'amitié même n'ofoit pas plus le défendre fur un tel crime, qu'un juge n'oferoit abfoudre fon ami, convaincu d'un affaffinat ou d'un crime d'état; & l'on voit que le courage même de M. de Fontenelle eut befoin du fecret du fcrutin, puifqu'en opinant de vive voix, il avoit condamné, comme les autres, l'accufé.

Tout eft injuftice & irrégularité dans ce jugement. 1° Quand l'avis de l'abbé de Saint-Pierre, fur Louis XIV, auroit été erroné, une erreur n'eft ni un crime, ni une faute.

2°. Il n'y avoit pas même d'erreur, tout le monde penfe aujourd'hui comme M. de Fénélon & l'abbé de Saint-Pierre, fur le gouvernement de Louis XIV; ils n'attaquoient que fon fafte, fon ambition, fon defpotifme.

3°. Quand l'écrit de l'abbé de Saint-Pierre auroit été un délit, l'état d'académicien eft un état libre; aucun académicien n'eft jufticiable de l'académie, & l'académie n'a aucune juridiction ni police à exercer fur lui, que pour les délits commis dans le fecret des affemblées & dans le fein de la compagnie.

4°. Quand l'abbé de Saint-Pierre auroit été coupable, il falloit l'entendre. C'eft la loi naturelle.

5°. Il falloit procéder au jugement, par la voie du fcrutin, comme dans une élection, & cette forme étoit d'autant plus néceffaire, que le zèle des accufateurs érigeoit en crime d'état l'action de l'abbé de Saint-Pierre.

Nous ne difons rien là que ne penfent aujourd'hui & tous les académiciens & tous les gens de lettres & tous les gens de bon fens.

Le régent étoit le protecteur naturel de l'abbé de Saint-Pierre dans cette affaire; mais comme l'ouvrage de l'abbé de Saint-Pierre étoit l'éloge de fon gouvernement, contraire fur les points principaux à celui de Louis XIV, une fauffe pudeur, une fauffe générofité, qui trompe auffi fouvent que l'intérêt & les paffions, l'empêcha de prendre la défenfe d'un opprimé qu'il eftimoit. Il laiffa fubfifter le jugement de l'académie avec toutes fes irrégularités.

Dix-huit mois après, & lorfque la chaleur des efprits parut refroidie, l'Académie ayant pour officiers M. de Boze & M. de la Motte, tous deux purement gens-de-lettres & moins fufceptibles des impreffions de la cour, l'abbé de Saint-Pierre demanda la révifion de fon affaire; la réponfe de l'Académie fut qu'on ne pouvoit lui accorder cette révifion, fans avoir pris les ordres du régent; on les demanda en effet; le régent répondit féchement qu'il ne vouloit plus entendre parler de cette affaire, bien loin de vouloir s'en mêler. L'Académie, par une nouvelle erreur, crut avoir par-là les mains liées. Il ne tenoit qu'à elle cependant d'ôter de fes regiftres une décifion qui n'étoit pas digne d'elle, & de rappeler dans fes affemblées l'homme eftimable qu'elle en avoit fi injuftement exclu.

L'abbé de Saint-Pierre ne fut pas du moins remplacé de fon vivant. Son fauteuil refta vacant, & le fut long-temps. L'abbé de Saint-Pierre mourut âgé de 85 ans, le 29 avril 1743. Par une nouvelle injuftice, il fut défendu à M. de Maupertuis, fon fucceffeur, de parler de lui dans fon difcours de réception.

Il fut premier aumônier de Madame, ducheffe d'Orléans & mère du régent. C'étoit, difoit-il, *un bénéfice fimple.* Un évêque le rencontrant un jour à Verfailles dans la galerie, lui dit: *Quel féjour pour un philofophe! vous paroit-il plus fait pour un évêque?* répliqua l'abbé de Saint-Pierre.

Il condamnoit le célibat des prêtres; chaque citoyen lui paroiffoit obligé de fournir des fujets à la patrie; il rempliffoit, dit-on, ce devoir; & on affure, dit M. d'Alembert, que ce n'étoit nullement pour fatisfaire à des befoins qui n'étoient pas chez lui fort impérieux, mais par une efpèce de principe de confcience. Ne pouvant fe lier par le nœud conjugal, il le refpecta du moins toujours. *J'ai obfervé très-exactement,* difoit-il lui-même, *tous les préceptes du Décalogue, fur-tout le dernier, je n'ai jamais pris ni le bœuf, ni l'âne, ni la femme, ni la fervante même de mon prochain.*

Il vouloit du moins que ceux à qui l'engagement du mariage étoit interdit, dédommageaffent l'état des fujets qu'ils ne lui donnoient pas, en fe chargeant de l'éducation & de la fubfiftance de quelques enfans pauvres ou abandonnés; & c'étoit un devoir de bienfaifance qu'il rempliffoit avec beaucoup de zèle.

SAINT-POL, (*Voyez* LUXEMBOURG.)

SAINT-PREUIL. (FRANÇOIS DE JUSSAC D'EM-BLEVILLE, feigneur de) (*Hift. de Fr.*) gouverneur d'Arras & maréchal de camp, homme plein d'honneur & de bravoure, l'une des plus nobles victimes de la cruauté du cardinal de Richelieu. Ce fut lui qui eut le malheur (il en jugeoit ainfi) de faire le maréchal de Montmorenci prifonnier, au combat de Caftelnaudari, ce fut lui qui, obligé de dépofer dans l'affaire de ce feigneur, lui rendit un témoignage fi honorable. *Le feu & la fumée dont il étoit couvert m'ont empêché de le diftinguer. Mais voyant un homme qui, après avoir rompu fix de nos rangs, travailloit à enfoncer le feptième, j'ai jugé que ce ne pouvoit être que M. de Montmorenci.*

Quelques auteurs attribuent cette dépofition à Guitaut, Saint-Preuil fit plus: pouffé par un mouvement vertueux de tendreffe & d'admiration pour ce jeune & malheureux héros, il alla fe jeter aux pieds du roi pour demander fa grace. Richelieu ne lui pardonna jamais cette démarche & ne prit pas même la peine de cacher fon reffentiment: *Saint-Preuil,* lui dit-il, *fi le roi faifoit bien, il vous mettroit la tête où vous avez les pieds.* Pour toute réponfe, Saint-Preuil continua de fervir avec éclat, il défendit Corbie contre les Efpagnols en 1636. Il contribua en 1640 à la prife d'Arras, dont il fut fait gouverneur. Ses prétendus torts paroiffoient effacés par fes fervices; mais il avoit un ennemi dangereux dans le maréchal de la Meilleraye, qui avoit été autrefois fon rival en amour, & qui avoit confervé pour lui toute la haine que la jaloufie infpire. La Meilleraye étoit d'ailleurs vendu à toutes les violences, à toutes les vengeances de l'implacable Richelieu. Il arriva en 1641, que le maréchal de la Meilleraye ayant pris Bapaume, la garnifon de cette ville fe retirant à Douay, en vertu de la capitulation, fut rencontrée par Saint-Preuil qui étoit alors en courfe, & qui n'ayant pas vu le trompette du roi donné fauve-gârde à la garnifon, attaqua cette garnifon, la défit & la pilla: auffitôt qu'il eût reconnu l'erreur, il s'empreffa de la réparer, il ceffa de combattre, il fit rendre tout le butin qu'il avoit enlevé. N'importe; cette infraction involontaire de la capitulation de Bapaume, fervit de prétexte pour le faire arrêter & conduire à la citadelle d'Amiens; quand il fut entre les mains de fes ennemis, les prétextes pour le perdre ne manquèrent pas; on l'accufa de concuffion, ce prétexte étoit alors d'un ufage d'autant plus facile, que le gouvernement livroit lui-même les peuples à la rapacité des gens de guerre. Saint-Preuil produifit pour fa défenfe la lettre fuivante, qu'il avoit reçue de la cour: *Brave & généreux Saint-Preuil, vivez d'induftrie, plumez la poule fans la faire crier, faites ce que font beaucoup d'autres dans leurs gouvernemens. Tranchez, coupez, tout vous eft permis.* Il avoit beaucoup d'autres lettres femblables du roi Louis XIII & du fecrétaire d'état, Defnoyers, mais on avoit juré fa perte, il fut décapité à Amiens le 9 novembre 1641, à trente-neuf ans.

SAINT-RÉAL. (*Voyez* RÉAL.)

SAINT-SORLIN. (*Voyez* DESMARÊTS.)

SAINTE-BEUVE, (JACQUES de) (*Hift. litt. mod.*) favant cafuifte un peu janféniste. On a fes décifions en 3 vol. in-4°. ou in-8°. & quelques autres ouvrages de lui fur la confirmation & l'extrême-onction. Né en 1613, mort en 1677.

SAINTE-MARTHE, (*Hift. litt. mod.*) famille de favans utiles & célèbres.

1°. Gaucher de *Sainte-Marthe*, tréforier de France de la généralité de Poitiers, connu fous le nom de Scévole de *Sainte-Marthe*, parce qu'il fe nommoit *Gaucher*, comme Quintus-Mutius fut nommé *Scévola*, c'eft-à-dire *Gaucher*, lorfqu'il fe fut brûlé la main droite, étoit né en 1536. Il fut fidèle à Henri III & enfuite à Henri IV, & fi utile à fes concitoyens qu'on lui donna le titre de *père de la patrie*. Il mourut en 1623 à Loudun, ayant vécu fous fept Rois depuis François I jufqu'à Louis XIII. Ses ouvrages font des poéfies latines admirées autrefois, aujourd'hui estimées tout au plus, parmi lefquelles on diftingue fon poëme de la *pædotrophie*, ou de la manière de nourrir & d'élever les enfans à la mamelle, & un recueil d'éloges intitulé : *Gallorum doctrinâ illuftrium, qui fuâ patrumque memoriâ floruere.*

2°. Abel de *Sainte-Marthe*, fils aîné du précédent, confeiller d'état & garde de la bibliothèque de Fontainebleau, mort en 1652, eft auteur de poéfies imprimées parmi celles de fon père.

3°. Abel, fils de celui-ci, a traduit en françois la *pædotrophie* de Scévole fon grand-père, il fut auffi garde de la bibliothèque du roi, & mourut en 1706.

4°. Gaucher (Scévole) & Louis, frères puînés du premier Abel & fils du premier Scévole, étoient jumeaux & ne fe féparèrent jamais ; ils firent leurs ouvrages en commun. Les principaux font le *Gallia chriftiana*, qui ne fut publié qu'en 1666, après la mort de Scévole & d'Abel, par les fils de Scévole ; l'histoire généalogique de la maison de France ; l'histoire généalogique de la maison de Beauvau. Scévole mort en 1650, Louis en 1656.

5°. *Claude*, petit-fils du fecond Scévole, jumeau de Louis & fils de François de *Sainte-Marthe*, avocat au parlement, lequel étoit fils de ce fecond Scévole, fut eccléfiastique & directeur des religieufes de Port-Royal-des-Champs, qu'il défendit auprès de l'archevêque de Paris, Peréfixe. On a de lui, d'ailleurs, quelques ouvrages de piété & un mémoire pour l'utilité des petites écoles. Né en 1620. Mort en 1690.

6°. Denys de *Sainte-Marthe*, frère du précédent, général de la congrégation de Saint-Maur, né en 1650, entré dans la congrégation en 1667, mort en 1725. Auteur des ouvrages fuivans : la vie de Cassiodore. L'histoire de Saint Grégoire-le-grand. Edition des œuvres de ce pape. Il avoit entrepris une nouvelle

édition du *Gallia chriftiana*, il en publia les trois prmieers volumes. Il y a encore de lui un traité de la confession auriculaire, & quelques écrits polémiques.

7°. Abel-Louis, général de l'Oratoire, fils du fecond-Scévole & frère de François, mourut en 1697, laissant quelques ouvrages manuscrits de théologie & de littérature.

8°. Pierre Scévole, frère aîné du précédent, historiographe de France, maître d'hôtel du roi, a laissé les ouvrages fuivans : *l'état de l'Europe. Traité historique des armes de France. Histoire de la maison de la Trémoille.* Mort en 1690.

SAINTE-MAURE. (*Voyez* MONTAUSIER).

SAINTRAILLES, (JEAN-POTON de) (*Hift. de Fr.*) grand fénéchal du Limofin, l'un des plus fidèles amis de Charles VII. Il fit prisonnier le fameux Talbot, au combat de Patay, en 1429. Il le préfenta au roi, mais en même-temps il lui demanda la permission de le renvoyer libre à l'inftant fans rançon. Talbot eut le bonheur de prendre fa revanche dans la fuite à l'égard de Saintrailles, & celui-ci, en 1435, fit auffi le comte d'Arondel prifonnier au combat de Gerberoy ; il contribua beaucoup à chaffer les Anglois de la Normandie & de la Guyenne. Il fut fait maréchal de France en 1454. Il fut deftitué par Louis XI, en 1461, ce qui eft encore une preuve de mérite. Il mourut deux mois après dans fon gouvernement du Château-Trompette.

SAIPUBISTUH, f. m. (*Hift. mod.*) dixieme mois des Georgiens ; il répond à notre mois d'octobre. (*A. R.*)

SAITES. (*Hift. des Egyptiens.*) On appelle *faites* les rois d'Egypte qui ont régné à Saïs, ville du Delta dans la baffe Egypte ; on en compte trois dynafties. La première fut établie par Bochoris, l'an du monde 3265, & le 771 avant Jéfus-Christ, & ne dura que 44 ans. La feconde eut pour chef Psammiticus, & commença l'an du monde 3308, & le 727 avant Jéfus-Christ ; elle continua fous cinq de fes fuccesseurs, & finit fous Psamménitus, qui fut vaincu par les Perfes 525 ans avant J. C. La troifieme fut renouvelée par Amyrtheus, l'an du monde 3623, & le 412 avant Jéfus-Christ, & ne dura que fix ans, fous ce prince feul. (*D. J.*)

SAL

SALA, f. f. *terme de relation*, nom d'une oraifon des Mufulmans. Le vendredi, qui eft le jour de repos des Turcs, ils font, fur les neuf heures du matin, une oraifon de plus que les autres jours, & cette oraifon s'appelle *fala*. Après cette oraifon, les gens de condition s'amufent aux exercices des chevaux, & les artifans peuvent ouvrir les boutiques, & travailler pour gagner leur vie. *Dulotr*. (*D. J.*)

SALADIN. (*Hist. des Croisades.*) Ce nom est célèbre dans l'histoire des croisades.

1°. Dans l'expédition de Louis le jeune, roi des françois, dans la Syrie, où il mena la reine Eléonore d'Aquitaine, sa femme, un jeune Turc, nommé *Saladin*, lui inspira une jalousie que Louis n'eut pas même la prudence de dissimuler. Ce *Saladin* n'est connu que par-là dans l'histoire.

2°. Mais celui qui a véritablement illustré ce nom, c'est le fameux *Saladin*, le héros de l'Asie, le digne rival de Philippe-Auguste, & de Richard cœur-de-lion. Ses rapides conquêtes dans la Palestine mirent de nouveau toute la chrétienté en mouvement, & firent établir en France, en Angleterre, &c. l'impôt connu sous le nom de *dixme saladine*, impôt dont le clergé ne fut pas exempt, parce qu'il s'agissoit, pour ainsi dire, de sa cause. Les légats ne cessoient de représenter la nécessité de secourir les chrétiens d'Asie & de s'opposer aux progrès du redoutable *Saladin*. L'expédition de la Terre-Sainte étoit devenue pour la chevalerie un objet plus auguste & plus sacré depuis les malheurs des chrétiens. Jérusalem étoit prise, Guy de Lusignan, qui avoit rassemblé les débris de cette royauté détruite, étoit dans les fers depuis la bataille de Tibériade, gagnée en 1187 par *Saladin*. Ces revers avoient fait mourir de douleur le pape Clément III. Philippe-Auguste & Richard cœur-de-lion, s'armèrent pour rétablir sur le trône Guy de Lusignan :

Mais bientôt pour punir une secte ennemie,
Dieu suscita le bras du puissant SALADIN.

Sa fortune céda cependant à la valeur presque surnaturelle de Richard, qui le battit deux fois, l'une auprès de Césarée, l'autre dans les plaines de Rama, & qui fut pour lui un objet d'amiration, mais tous ces prodiges de valeur ne purent remettre les chrétiens en possession de Jérusalem, & Richard, par sa témérité, donnoit souvent prise sur lui ; il aimoit à s'exposer. Il pensa être enlevé à la chasse par un parti de sarrasins. Il fut sauvé par la présence d'esprit & la générosité d'un gentilhomme provençal de la maison des Pourcelets, ou, selon quelques-uns, d'un gentilhomme normand, nommé Guillaume de Préau, qui cria : *je suis le roi*, comme s'il eût voulu s'attirer un traitement plus favorable. A ce mot, on l'entoure, il est pris, le roi échappe. Les sarrasins conduisent leur prisonnier vers *Saladin*, qui, déja prévenu de la prise que ses soldats avoient faite, attendoit Richard, & fut fort surpris de ne le pas reconnoître dans le prisonnier qui s'offrit à sa vue. Ce prisonnier se vanta de son stratagème, & *Saladin*, qui n'avoit rien de barbare, lui accorda son estime. Non-seulement il n'étoit point barbare, mais il poussoit la générosité plus loin qu'aucun prince chrétien. A son entrée dans Jérusalem, des épouses, des mères, des filles, se jetèrent à ses pieds pour lui redemander leurs maris, leurs enfans, leurs pères, qu'il avoit

pris à ce siège. Son noble cœur ne put soutenir ce spectacle, il rendit tous les prisonniers & paya leur rançon à ses soldats. Il étoit grand justicier, il donna de sages lois à ses états, & il sut les faire exécuter. Son neveu ayant été cité en jugement, il le força de comparcître. Un marchand présenta requête contre lui-même au cadi de Jérusalem, se prétendant lésé dans quelqu'un de ses droits ; le jugé étonné de l'audace de cet homme, demanda au sultan ce qu'il avoit à faire ? *Ce qui est juste*, répond *Saladin* : en effet, il comparoît, plaide lui-même sa cause, & bien loin de punir la témérité du marchand, il le récompense & le remercie de la confiance qu'il avoit eue en son intégrité. Vous me rendiez justice, lui dit-il, & on peut réclamer la mienne contre moi-même dans mes propres tribunaux. Toujours accessible, ses sujets pouvoient à toute heure lui adresser leurs plaintes & lui présenter leurs requêtes. Un jour ayant travaillé toute la matinée avec ses émirs & ses ministres, se sentant fatigué, il vouloit prendre du repos, un esclave vient lui demander audience ; *Saladin* le renvoie au lendemain matin : *mon affaire*, répond l'esclave, *ne souffre aucun délai*, en même-temps il lui jette son mémoire avec un air de mécontentement & d'humeur, que tout autre prince eût regardé comme un manque de respect : *Saladin* ne vit que le besoin que cet homme avoit de sa justice, il ramassa le mémoire, le lut, trouva la demande juste & l'accorda.

Il rendit aux chrétiens orientaux l'église du Saint-Sépulchre, mais il voulut que les pélerins y vinssent sans armes & il les assujettit à payer de certains droits.

Saladin étoit Curde d'origine. Il s'étoit mis avec son frère au service de Noradin, souverain de la Syrie & de la Mésopotamie, il conquit l'Egypte, la Syrie, l'Arabie, la Mésopotamie & fut souverain d'un vaste empire. Supérieur aux illusions de la grandeur & de la mort, il voulut, dans sa dernière maladie, qu'au lieu du drapeau qu'on élevoit devant sa porte, on déployât le drap qui devoit l'ensevelir, & qu'on dit, à haute voix : *Voilà tout ce que Saladin, vainqueur de l'Orient, emporte de ses conquêtes*. Dans les aumônes ordonnées par son testament, il rendit tout égal entre les pauvres, soit mahométans, soit juifs, soit chrétiens, persuadé que pour secourir utilement les hommes, il faut s'informer non de ce qu'ils croient, mais de ce qu'ils souffrent. Il mourut en 1192, à cinquante-sept ans, après en avoir régné vingt-quatre en Egypte, & environ dix-neuf en Syrie. Il laissa dix-sept fils, qui partagèrent entre eux ses états. M. Marin a écrit la vie de *Saladin*.

SALAVAT, (*Hist. mod.*) Ce mot s'entend de la confession de foi prescrite par l'Alcoran, & qu'aucun des mahométans ne doit omettre ou négliger. C'est un des préceptes d'une nécessité absolue.

abfolue. Auffi toutes les fois que les Muéfims ont convoqué le peuple à la prière, chaque Mufulman fe rend à la mofquée, & commence fes actes d'adoration par le *falavat*. Celui, difent les docteurs, qui manqueroit à un devoir auffi faint, fouffriroit dans l'*aral* ou purgatoire les peines dues à cette tranfgreffion. (†)

SALE, (GEORGES) (*Hift. litt. mod.*) membre de la fociété de ces favans anglois, auteurs de l'*hiftoire univerfelle*. On a de lui une traduction angloife de l'Alcoran, fort eftimée.

SALEL, (HUGUES) (*Hift. litt. mod.*) valet-de-chambre de François I, abbé de Saint-Chéron, près de Chartres, traduifit, par ordre de ce prince, les douze premiers livres de l'Iliade, & fit d'autres poéfies, vantées dans le temps. Mort en 1553.

SALIÆ, f. f. pl. on fous entend *virgines*, (*Hift. Rom.*) filles qu'on prenoit à gage ; elles fervoient le pontife à l'autel ; elles portoient l'*apex* & les *paludamenta*, & marchoient en danfant.

SALIAN *ou* SALLIAN, (JACQUES) (*Hift. litt. mod.*) jéfuite, mort en 1640, auteur d'*Annales de l'ancien Teftament*, en fix volumes *in-folio*, & en latin : cela doit être peu lu.

SALIGNAC, (*Voyez* FÉNELON.)

SALINAS *ou* SALINES, (FRANÇOIS de) (*Hift. litt. mod.*) efpagnol, qui, ayant perdu la vue à dix ans, n'en devint pas moins habile dans les langues grecque & latine, dans les mathématiques, dans la mufique. Nous voudrions pouvoir raffembler un grand nombre d'exemples femblables pour confoler les aveugles, les plus malheureux des hommes. Leur plus fûre reffource eft certainement de remplir leur ame de lumières & de connoiffances. On a de *Salinas* un traité de mufique eftimé, une traduction en vers efpagnols, de quelques épigrammes de Martial.

SALINGUERRA, (*Hift. d'Italie*) chef de la faction des Gibelins, s'empara de la principauté de Ferrare en 1195, & s'y maintint quelque temps malgré le pape & d'autres puiffances d'Italie, & finit par en être chaffé. Il mourut prifonnier à Venife en 1240.

SALINS, (cour des) (*Hift. de la Rochelle*) on nommoit autrefois à la Rochelle la *cour des falins*, une jurifdiction qui y fut établie vers l'année 1635, avec un impôt très-fort fur les fels de Brouage & de l'île de Rhé. La cour des falins fut fupprimée quelque temps après, mais le droit fubfifte encore prefqu'en entier.

SALIQUE, *terre*, (*Hift. de France.*) on nommoit ainfi chez les francs des terres diftinguées d'autres terres, en ce qu'elles étoient deftinées aux militaires de la nation, & qu'elles paffoient à leurs

Hiftoire. Tome IV.

héritiers. On peut, dit M. le préfident Hainault, diftinguer les terres poffédées par les francs depuis leur entrée dans les Gaules, en *terres faliques*, & en bénéfices militaires. Les *terres faliques*, continue-t-il, étoient celles qui leur échurent par la conquête, & elles étoient héréditaires : les bénéfices militaires, inftitués par les romains avant la conquête des francs, étoit fon nom aux bénéfices poffédés par les eccléfiaftiques; les gaulois de leur côté, réunis fous la même domination, continuèrent à jouir, comme du temps des romains, de leurs poffeffions en toute liberté, à l'exception des *terres faliques*, dont les Francs s'étoient emparés, qui ne devoient pas être confidérables, vû le petit nombre des François & l'étendue de la monarchie. Les uns & les autres, quelle que fût leur naiffance, avoient droit aux charges & au gouvernement, & étoient employés à la guerre fous l'autorité du prince qui les gouvernoit. (*D. J.*)

SALIQUES, ad. pl. (*Hift. mod.*) nom qu'on donne communément à un recueil de lois des anciens françois, par une defquelles on prétend que les filles des rois de France font exclues de la couronne.

Plufieurs auteurs ont écrit fur les lois *faliques*; mais comme MM. de Vertot & de Foncemagne, de l'académie des Infcriptions, en ont traité d'une manière plus intéreffante, nous tirerons de leurs mémoires fur ce fujet ce que nous en allons dire, d'autant plus qu'ils fe réuniffent à penfer que ce n'eft pas précifément en vertu de la loi *falique* que les filles de France font exclues de la couronne.

Selon M. l'abbé de Vertot, il n'eft pas aifé de décider quel eft l'auteur des lois *faliques*, & bien moins de fixer l'époque & l'endroit de leur établiffement. Quelques hiftoriens prétendent que la loi *falique* tire cette dénomination *falique* d'un certain feigneur appelé *Salegaft*, qui fut, dit-on, un de ceux qui travaillèrent à la compilation de cette loi. C'eft le fentiment d'Othon de Frifingue, *liv. IV.* Aventin dans le *IV liv.* de fon hiftoire de Bavière, rapporte l'étymologie de ce mot *falique* au mot latin *fala*, comme fi les premières lois des Francs avoient été dreffées dans les falles de quelques palais. D'autres auteurs le font venir d'une bourgade appelée *Salectinie*, qu'ils placent comme il leur plaît, fur les rives de l'Yffel ou du Sal. Enfin on a eu recours jufqu'à des fontaines & des puits de fel, & de-là on n'a pas épargné les allégories fur la prudence des premiers François.

Mais il eft plus naturel de rapporter l'épithète de *falique* à cette partie des Francs qu'on appelloit *faliens* : *hâc nobiliffimi Francorum, qui falici dicuntur, adhuc utuntur lege*, dit l'évêque de Frifingue.

Sss

Nous avons deux exemplaires de ces lois. Le plus ancien est tiré d'un manuscrit de l'abbaye de Fulde, imprimé en 1557 par les soins de Jean Basile Herold. L'autre édition est faite sur la réformation de Charlemagne ; & il y a à la fin de cet exemplaire quelques additions qu'on attribue aux rois Childebert & Clotaire. Mais l'un & l'autre exemplaire paroissent n'être qu'un abrégé d'un recueil plus ancien. Quelques-uns attribuent ces lois à Pharamond & d'autres à Clovis.

Quoi qu'il en soit, on lit à l'article 62 de ces lois un paragraphe conçu en ces termes : *de terrâ vero salicâ nulla portio hereditatis mulieri veniat, sed ad sexum virilem tota terræ hereditas perveniat* ; c'est-à-dire pour ce qui est de la terre *salique*, que la femme n'ait aucune part dans l'héritage, mais que tout aille au mâle. C'est de ce fameux article dont on fait l'application au sujet de la succession à la couronne, & l'on prétend qu'elle renferme une exclusion entière pour les filles de nos rois.

Pour éclaircir cette question, il est bon de remarquer que dans ce *chapitre lxij.* il s'agit de l'aleu, *de alode*, & qu'il y avoit dans la Gaule françoise & dans les commencemens de notre monarchie, des terres allodiales auxquelles les femmes succédoient comme les mâles ; & des terres *saliques*, c'est-à-dire conquises par les saliens, qui étoient comme des espèces de bénéfices & de commanderies affectées aux seuls mâles, & dont les filles étoient exclues comme incapables de porter les armes. Tel est le motif & l'esprit de cet endroit de la loi *salique*, qui semble ne regarder que la succession & le partage de ces terres *saliques* entre les enfans des particuliers.

Le vulgaire peu éclairé, dit M. de Foncemagne, entend par le mot de *salique*, une loi écrite qui exclut formellement les filles du trône. Ce préjugé qui n'a commencé à s'accréditer que sur la fin du xv. siècle, sur la parole de Robert Guaguin & de Claude de Seyssel, les premiers écrivains françois qui aient cité la loi *salique* comme le fondement de la masculinité de la succession au royaume de France, ce préjugé est aussi mal appuyé qu'il est universel ; car 1°. le paragraphe 6 de l'article 62. est le dernier d'un titre qui ne traite que des successions entre les particuliers, & même des successions en ligne collatérale. Rien ne nous autorise à le séparer des autres paragraphes qui le précèdent, pour lui attribuer un objet différent, rien ne fonde par conséquent l'application que l'on en fait à la couronne. Peut-on croire, en effet, que les auteurs de la loi aient confondu dans un même chapitre deux espèces de biens si réellement distingués l'un de l'autre, soit par leur nature, soit par leurs prérogatives ; le royaume & le patrimoine des personnes privées ? peut-on supposer qu'ils aient réglé par un même décret l'état des rois & l'état des

sujets ? Il y a plus, qu'ils aient renvoyé à la fin du décret l'article qui concerne les rois, comme un supplément ou comme un accessoire, & qu'ils se soient expliqués en deux lignes sur une matière de cette importance, tandis qu'ils s'étendoient assez au long sur ce qui regarde les sujets ? 2°. Le texte du code *salique* doit s'entendre, privativement à toute autre chose, des terres de conquête qui furent distribuées aux François à mesure qu'ils s'établissoient dans les Gaules, en récompense du service militaire, & sous la condition qu'ils continueroient de porter les armes, & la loi déclare que les femmes ne doivent avoir aucune part à cette espèce de bien, parce qu'elles ne pouvoient acquitter la condition sous laquelle leurs pères l'avoit reçu. Or il est certain par les formules de Marculfe, que quoique les femmes n'eussent aucun droit à la succession des terres *saliques*, elles y pouvoient cependant être rappelées par un acte particulier de leur père. Si le royaume avoit été compris sous le nom de terre *salique*, pourquoi au défaut des mâles les princesses n'auroient-elles pas été également rappelées à la succession à la couronne ? Mais le contraire est démontré par un usage constant depuis l'établissement de la monarchie, & dont l'origine se perd dans les ténèbres de l'antiquité. Car pour ne nous en tenir qu'à la première race de nos rois, Clotilde, fille de Clovis, ne fut point admise à partager avec ses frères, & le roi des Wisigoths qu'il avoit épousé, ne réclama point la part de sa femme. Théodechilde, fille du même Clovis, fut traitée comme sa sœur. Une autre Théodechilde, fille de Thierri I, selon Flodoard, & mariée au roi des Varnes, selon Procope, subit le même sort. Théodebalde succéda seul à son père Théodebert au préjudice de ses deux sœurs, Ragintrude & Bertoare. Chrodsinde & Chrotberge survécurent à Childebert leur père ; cependant Clotaire leur oncle hérita du royaume de Paris. Alboin, roi des Lombards, avoit épousé Closinde, fille de Clotaire I. Mais après la mort de son beau-père, Alboin ne prit aucunes mesures pour faire valoir les droits de sa femme. Ethelbert, roi de Kent, avoit épousé la fille aînée de Charibert, qui ne laissa point de fils ; cependant le royaume de Paris échut aux collatéraux, sans opposition de la part d'Ethelbert. Gontran avoit deux filles, lorsque se plaignant d'être sans enfans, il désigna son neveu Childebert pour son successeur. Chilperic avoit perdu tous ses fils, Basine & Rigunthe lui restoient encore, lorsqu'il répondit aux ambassadeurs du même Childebert : « Puisque je n'ai point de postérité masculine, le » roi votre maître, fils de mon frère, doit être » mon seul héritier ». Tous ces divers exemples démontrent que les filles des rois étoient exclues de la couronne ; mais l'étoient-elles premièrement par la disposition de la loi *salique* ?

M. de Foncemagne répond que le chapitre lxij du code *salique* peut avoir une application indirecte à la succession au royaume. De ce que le droit commun des biens nobles, dit-il, étoit de ne pouvoir *tomber*, pour me servir d'une expression consacrée par son ancienneté, *de lance en quenouille*, il faut nécessairement conclure que telle devoit être à plus forte raison la prérogative de la royauté, qui est le plus noble des biens, & la source d'où découle la noblesse de tous les autres. Mais la loi en question renferme seulement cette conséquence, elle ne la développe pas, & c'en est assez pour que nous puissions soutenir que les femmes ont toujours été exclues de la succession au royaume de France par la seule coutume, mais coutume immémoriale, qui, sans être fondée sur aucune loi, a pu cependant être nommée *loi salique*, parce qu'elle tenoit lieu de loi, & qu'elle en avoit la force chez les françois. Agathias, qui écrivoit au sixieme siecle, appeloit déja cette coutume la *loi du pays*, πατριος νομος & dès-lors elle étoit ancienne, puisque Clovis I, au préjudice de ses sœurs Alboflede & Lantilde, avoit succédé seul à son pere Chilpéric. Les françois l'avoient empruntée des germains chez qui on la trouve établie dès le temps de Tacite, qui remarque comme une exception aux coutumes universellement établies parmi les germains, que les sitons qui faisoient partie des sueves, étoient gouvernés par une femme : *cætera similes*, dit cet historien, *uno differunt, quod fœmina dominatur ; de morib. Germanor: in fine*, ou, pour parler plus exactement, dès le temps de Tacite elle étoit observée par les françois, que l'on comprenoit alors sous le nom de *Germains*, commun à toutes les nations germaniques. Ils l'apporterent au-delà du Rhin comme une maxime fondamentale de leur gouvernement, laquelle avoit peut-être commencé d'être usitée parmi eux, avant même qu'ils eussent connu l'usage des lettres. C'est ce qui faisoit dire au fameux Jérôme Bignon, *qu'il faut bien que ce soit un droit de grande autorité, quand on l'a observé si étroitement, qu'il n'a point été nécessaire d'en rédiger une loi par écrit. De l'excellence des rois & du royaume de France*, pag. 286.

Les recherches également curieuses & solides de ces deux académiciens confondent pleinement l'opinion téméraire de l'historien Duhaillan, qui avance que le paragraphe 6 de l'article 62, concernant la terre *salique*, avoit été interpolé dans le chapitre des aleuds par Philippe-le-Long, comte de Poitou, ou du moins qu'il fut le premier qui se servit de ce texte pour exclure sa niece, fille de Louis-le-Hutin, de la succession à la couronne, & qui fit, dit cet écrivain, croire au peuple françois, ignorant des lettres & des titres de l'antiquité des francs, que la loi qui privoit les filles de la couronne de ce royaume, avoit été faite par Pharamond.

Que cette loi, dit M. l'abbé de Vertot, ait été établie par Pharamond ou par Clovis, princes qui vivoient l'un & l'autre dans le cinquieme siecle, cela est assez indifférent. Mais l'existence des lois *saliques*, & plus encore leur pratique sous nos rois de la premiere & de la seconde race est incontestable. Il ne se trouve aucun manuscrit ni aucun exemplaire sans l'article 62 qui exclut de toute succession à la terre *salique*, preuve que ce n'est pas une interprétation. Le moine Marculphe, qui vivoit l'an 660, cite expressément cette loi dans ses formules, & enfin on étoit si persuadé, même dans le cas dont parle Duhaillan, que tel avoit toujours été l'usage du royaume que, selon Papire Masson, les pairs & les barons, & selon Mézerai, les états assemblés à Paris déciderent que la loi *salique* & la coutume inviolable gardée parmi les françois, excluoient les filles de la couronne ; & de même quand, après la mort de Philippe-le-Long, Edouard III, roi d'Angleterre, descendu par sa mere Isabelle de Philippe-le-Bel, se porta pour prétendant au royaume de France. « Les » douze pairs de France & les barons s'assemblè- » rent à Paris, dit Froissart, *liv. I, chap. xxij*, » au plus tôt qu'ils purent, & donnerent le royaume » d'un commun accord à Messire Philippe de Va- » lois, & en ôterent la reine d'Angleterre & le » roi son fils, par la raison de ce qu'ils dient que » le royaume de France est de si grande noblesse » qu'il ne doit mie par succession aller à femelle ». *Mém. de l'acad. des Inscrip. tom. II, Dissert. de* M. l'abbé de Vertot, *sur l'origine des lois saliques, pag. 603 & suiv. pag. 610, 611, 615, & 617. tom. VIII. Mém. hist. de M. de Foncemagne, pag. 400, 493, 495, & 496. (A. R.)*

SALIS, (ULYSSE de) (*Hist. litt. mod.*) capitaine illustre du dix-septieme siecle, de la maison des barons de *Salis*, né en 1594, servit d'abord les vénitiens, puis sa patrie dans la guerre de la Valteline. Il amena une compagnie de suisses à Louis XIII au siège de la Rochelle, signala sa valeur dans cette expédition, & à l'attaque du Pas-de-Suze en 1629. Il servit encore sa patrie contre les autrichiens, sous le duc de Rohan, en 1635 ; il battit, le 4 avril de cette même année, les espagnols au mont Francesca ; il fut le seul des grisons qui ne voulut point entrer dans le traité de paix fait avec la maison d'Autriche. Il continua de s'attacher à la France, fut fait, en 1641, maréchal de camp, se distingua, cette même année, au siège de Coni, en fut fait gouverneur, prit, le 19 octobre, le château de Démont. Il mourut dans son pays en 1674.

SALISBÉRI, ou SALISBURI ou SARISBÉRI, SARISBERIENSIS, (JEAN de) (*Hist. litt. mod.*) savant anglois du douzieme siecle, ami de saint Thomas de Cantorbéry, avoit été blessé en le défendant contre ses assassins : il fut, dans la suite, évêque de Chartres. On a de lui différens ouvrages : le principal est celui qui a pour titre : *Polycraticus, sive de nugis Curialium & vestigiis Philosophorum*, & qui a été traduit en françois, fous le titre de *Vanités de la Cour*. *Salisberi* étoit né vers l'an 1110, & mourut en 1182.

SALLE, (ANTOINE de la) (*Hift. litt. mod.*) écrivain françois du quinzième fiècle, fecrétaire du roi de Sicile, Réné d'Anjou, eft auteur de l'*Hiftoire de Petit-Jean de Saintré & de la Dame des belles Coufines*, hiftoire fi agréablement rajeunie par M. le comte de Treffan.

SALLE, (SIMON-PHILIBERT DE L'ETANG de la) (*Hift. litt. mod.*) confeiller au préfidial de Reims, mort à Paris le 20 mars 1765, eft auteur de deux ouvrages utiles, le *Traité des Prairies artificielles*, & le *Manuel d'Agriculture, pour le laboureur, le propriétaire & le gouvernement*.

SALLE, *terme de relation*, c'eft le nom que nos voyageurs donnent aux poches qu'ont les finges aux deux côtés de la mâchoire, où ils ferrent ce qu'ils veulent garder. (*D. J.*)

SALLENGRE, (ALBERT-HENRI de) (*Hift. litt. mod.*) connu principalement par fes mémoires de littérature, continués par le P. Defmolets, mériteroit de l'être davantage par fon début dans les lettres. Il s'annonça par des thèfes *contre la coutume de donner la queftion*; on a de plus, de lui, l'hiftoire du fameux parafite Montmaur; *novus thefaurus antiquitatum Romanarum*; une édition des poéfies de la Monnoye. Mort à vingt-neuf ans, le 27 juillet 1723.

SALLIER, (CLAUDE) (*Hift. litt. mod.*) garde de la bibliothèque du roi, fils d'un autre Claude *Sallier*, naquit le 4 avril 1685, à Saulieu en Bourgogne; il fit fa réthorique, fa philofophie & fa théologie à Dijon. Arrivé à Paris, il y fut chargé de l'éducation du jeune marquis de Rupelmonde, qui fut tué au mois d'avril 1745, au combat de Pfaffenhoven, entre Munich & Donavert, & dont la jeune veuve tournant toute fa douleur du côté de la pénitence, & ne cherchant toute de confolation que dans les auftérités, fe fit Carmélite. La comteffe de Rupelmonde, mère du marquis, & qui s'étoit toujours applaudie du choix qu'elle avoit fait de l'abbé *Sallier* pour lui confier l'éducation de fon fils, fut toujours l'amie & la protectrice de cet habile inftituteur; elle contribua beaucoup à le faire connoître & à lui procurer les places où fon mérite le mettoit en droit de prétendre. Il fut reçu en 1715 à l'académie des infcriptions & belles-lettres; il y portoit la connoiffance des langues hébraïque, fyriaque, grecque, latine, italienne, efpagnole & angloife. Il apprit l'hébreu & le fyriaque à M. le duc d'Orléans, aïeul de M. le duc d'Orléans actuel. En 1729, M. l'abbé *Sallier* fut reçu à l'académie françoife, quoiqu'on n'ait de lui d'autres ouvrages que des mémoires inférés dans le recueil de l'académie des belles - lettres; mais c'étoit un favant qui favoit écrire; & la réunion

de ces deux avantages eft affez rare pour être réputée un grand mérite.

En 1719 il avoit été nommé profeffeur en langue hébraïque, au collége Royal.

A la mort de M. Boivin, le cadet, arrivée en 1726, il fut fait garde des livres de la bibliothèque du roi. Il fe diftingua dans cet emploi, par une affiduité qu'il pouffa jufqu'à ne pas fe permettre d'être un feul jour fans paffer la matinée entière dans la bibliothèque, à répondre à ceux qui la confultoient, à leur indiquer les matériaux qu'ils devoient mettre en œuvre, fuivant les différens objets de leurs travaux; à mettre lui-même, dans les livres qui compofent cette immenfe bibliothèque, l'ordre le plus favorable, le plus propre à en faciliter l'ufage. L'abbé *Sallier* fut, fur-tout, utile aux gens de lettres, par la variété de fes connoiffances; il les a répandues dans le catalogue de cette bibliothèque, catalogue dont il a publié dix volumes, & qui, lorfqu'il fera complet, fera un précieux répertoire des notions & des erreurs humaines, & un grand tableau des travaux des gens de lettres.

Ses foins s'étendoient auffi fur les manufcrits; ce fut de fon temps que la bibliothèque fit l'acquifition des manufcrits de Colbert. Ce fut lui, qui avec l'abbé Targny & l'abbé Sévin, fut chargé de les examiner & de les apprécier.

Il a laiffé en mourant le nombre des imprimés augmenté d'un cinquième, & celui des manufcrits, d'un tiers.

L'abbé Sévin fon ami, & lui, s'étoient inftitués réciproquement légataires univerfels; l'abbé Sévin mourut le premier, l'abbé *Sallier* adopta fes héritiers naturels, & « la générofité du légataire univer» fel, dit M. le Beau, les dédommagea avec avan» tage de ce que le teftament fembloit leur ôter, » & ils eurent à fe féliciter de cette efpèce d'exhé» dération.

On n'a fu qu'à la mort de l'abbé *Sallier* combien il étoit charitable & combien de malheureux fubfiftoient par fes bienfaits. Il mourut le 9 janvier 1761. Il avoit une phyfionomie noble & impofante.

On lui reproche, dit M. le Beau, une fermeté un peu auftère, parce qu'il ne fouffriroit pas que les livres fuffent long-temps abfens de la bibliothèque, & qu'il ne les prêtoit guères qu'à des gens connus, avoit-il tort? Celui qui écrit ceci, & à qui on avoit fait peur de fa févérité, l'a éprouvé très-indulgent & très-communicatif, non-feulement pour les imprimés, mais même pour les manufcrits, dans un temps où il n'étoit encore connu, ni de l'abbé *Sallier*, ni des gens de lettres. Les gens de lettres reconnoiffans, ont rendu à *Sallier* divers hommages, parmi lefquels on ne doit pas ommettre celui du P. Desbillons, qui lui a dédié fes fables, & qui lui dit, dans l'épitre dédicatoire :

Etenim sincerâ, candidâque præditum
Te mentis indole esse nôrunt plurimi,
Tibi quos adjunxit nexibus læta aureis .
Necessitudo ; deinde liberalium
Præstare te magnâ artium peritiâ,
Neque te latinis esse quàm græcis libris,
Minùs assuetum quos prisca polivit manus,
Latere opinor litterato nemini.

M. Melor, son collègue, (*voyez son article.*) étoit utile à ses travaux , & M. l'abbé Sallier avoit voulu être utile à sa fortune ; ils ont donné ensemble la meilleure édition de Joinville sur un manuscrit plus complet que tous ceux dont on avoit eu connoissance jusqu'alors.

SALLO, (DENYS de) (*Hist. litt. mod.*) Conseiller au parlement, inventeur du journal des savans, le premier & le père de tous les journaux littéraires ; il le composa sous le nom du sieur de Hédouville, un de ses domestiques, *Pseudonymie* d'assez mauvais goût & tenant trop de l'ancien préjugé, qui abandonnoit au peuple la science & le talent. Vigneul-Marville, c'est-à-dire, l'écrivain qui a pris ce nom, dit que M. de *Sallo* mourut de douleur d'avoir perdu au jeu cent mille écus, l'abbé Gallois, successeur de M. de *Sallo*, dans la composition du journal des savans, traite ce fait de calomnie. Sallo mourut en 1669.

SALLUSTE, (CRISPUS-SALLUSTIUS) (*Hist. rom.*) célèbre historien romain. Quelques savans, entr'autres le P. Dotteville, l'un de ses traducteurs, regardent comme faux ou suspects presque tous les monumens d'après lesquels on a écrit jusqu'à présent la vie de cét historien ; ils jugent qu'on a mal-à-propos mis sur son compte tout ce qu'on lit dans les auteurs sur les différentes personnes qui ont porté à Rome le nom de *Salluste*.

L'historien naquit à Amiterne, l'an de Rome 669, sous le consulat de Cinna & de Carbon. Il fut fait tribun du peuple à l'âge de trente-deux ans. On dit que Milon le surprit avec sa femme Fausta, fille de Sylla, & se vengea de cét outrage par un autre, *à Milone loris benè cæsum fuisse*, ce qui engagea *Salluste* à saisir l'occasion du meurtre de Claudius, pour s'élever avec la plus grande véhémence contre Milon & contre Cicéron, son défenseur. Il se réconcilia pourtant dans la suite avec l'un & l'autre. Il fut chassé du sénat par le censeur Claudius Pulcher, à cause de ses déréglemens, si on en croit la déclamation contre *Salluste*, faussement attribuée à Cicéron ; *Salluste* se retira dans les Gaules auprès de César, qui le ramena dans Rome, & lui fit obtenir la Questure ; il lui donna ensuite le gouvernement de Numidie, où l'on prétend qu'il s'enrichit trop & trop promptement : on présume que ce fut à son retour de la Numidie,

qu'au sein du loisir & de la fortune, il composa ses ouvrages, où il ne perd pas une occasion de vanter la douceur de l'un & d'inspirer le mépris de l'autre ; il ne jouit de tous deux, qu'environ deux ans, & mourut âgé de quarante-quatre ans, avant la bataille d'Actium.

Il tient dans ses écrits, dit le P. Dotteville, le langage d'un honnête homme, il n'est pas absolument démontré qu'il ne l'ait pas été.

Quoiqu'il ait plu à Scaliger d'appeler *Salluste omnium scriptorum numerosissimum*, il est certain qu'il n'est en général rien moins que nombreux, & que c'est, au contraire, après Tacite, le plus concis de tous les historiens Romains. Nous voyons dans Suétone, dans Aulugelle, dans Sénèque, dans Quintilien, &c., qu'on a reproché à *Salluste* & de la vieillesse dans le langage, & du néologisme, défauts dont il n'est plus guères possible de juger aujourdhui ; on lui a reproché aussi une précision affectée & une briéveté obscure. Nous convenons de la précision & de la briéveté ; mais si nos suffrages modernes pouvoient balancer ces jugemens antiques, & les noms respectables de ceux qui les ont prononcés, nous demanderions grace pour cette prétendue obscurité que nous n'apercevons point du tout dans *Salluste*, & qui seroit pourtant encore plus sensible pour les modernes que pour les anciens ; il nous semble que, malgré la briéveté, *Salluste* est un des auteurs latins les plus clairs, les plus aisés à lire ; & qui arrêtent le moins ceux qui n'ont pas un grand usage de la langue latine ; cette concision sans obscurité, est même un avantage caractéristique que *Salluste* nous paroît avoir sur Tacite, auquel le reproche d'obscurité convient quelquefois, mais qui, de son côté, a sur *Salluste* d'autres avantages, par exemple, celui d'une énergie encore plus marquée, d'une hardiesse de pinceau plus tranchante, & d'une politique plus fine & plus profonde. La briéveté de *Salluste* consiste principalement, en ce que, comme Tacite, il n'exprime rien de ce qui peut aisément se sous-entendre, en ce qu'il ne pèse point sur une idée, qu'il ne la développe guères par des idées accessoires du même genre, qu'il se contente de la montrer & de passer rapidement ; mais il la montre, & il la montre comme un trait de lumière dont l'esprit est frappé, & qui ne lui laisse plus rien à désirer, quoique l'oreille puisse encore désirer quelque chose ; car elle a ses droits sur les mots, comme l'esprit sur les idées.

Il y a un autre Salluste, *Crispus Sallustius*, dont parlent Horace & Tacite, & auquel ils reprochent du luxe & de la prodigalité ; *diversus à veterum instituto per cultum & munditias copiâque & affluentiâ luxui propior*, dit Tacite ; on croit que c'est un petit-fils d'une sœur de l'historien, & qu'ayant été adopté par celui-ci, il prit son nom ; c'est ce même *Salluste*, qui fut chargé par Tibère de la commission délicate de le défaire d'Agrippa-Posthume, & que Tibère vouloit désavouer. (*Voyez l'article* TIBÈRE.) Horace lui reproche ses folles dépenses pour des affranchies.

Tutior at quantò merx est in classe secundâ!
Libertinarum dico, Sallustius in quas
Non minùs insanit, quàm qui mœchatur, at hic si
Quà res, quà ratio suaderet, quàque modestè
Munificum esse licet, vellet bonus atque benignus
Esse, daret quantùm satis esset, nec sibi damno
Dedecorique foret.

C'est au même *Salluste* qu'Horace adresse l'ode du livre 2, & cette ode est plutôt une leçon qu'un éloge ; quand il l'appelle :

avaris
Abditæ terris inimice lamnæ.

Il ne le loue pas d'un généreux mépris pour les richesses, il lui reproche d'être ce qu'on appelle proverbialement parmi nous, un *bourreau d'argent.*

SALMANASAR, (*Hist. des Assyriens.*) Ceroi des Assyriens n'est connu que par nos annales sacrées; à son avénement à l'empire il tourna ses armes contre Osée, roi de Samarie, pour le forcer de lui payer le tribut auquel tous les rois Israélites étoient assujettis. Osée, fortifié de l'alliance des Egyptiens, se crut assez puissant pour se tirer d'une indépendance humiliante. *Salmanasar* le fit bientôt repentir de sa présomption, il marcha contre lui à la tête d'une nombreuse armée, & se rendit maître de Samarie après trois mois de siége. Osée, chargé de chaînes, fut transplanté avec tous ses sujets dans la Médie. Le monarque vainqueur, pour les remplacer, peupla le pays de Samarie de Babyloniens & de plusieurs autres peuples, dont il avoit éprouvé la fidélité. Les Samaritains ne revirent plus leur ancienne patrie. On n'y renvoya qu'un prêtre pour y rétablir le culte primitif, dont l'abolition avoit attiré les vengeances célestes sur les nouveaux habitans, des troupeaux de lions affamés portoient la désolation dans la campagne & les bourgs. Tobie, qui avoit été mené en captivité avec sa femme & son fils, s'insinua dans la faveur du prince Assyrien qui lui confia les plus importans emplois de l'état. *Salmanasar*, enflé de ses premiers succès, poussa plus loin ses conquêtes. Ses armes triomphantes détruisirent le royaume d'Israël, qui avoit subsisté deux cent cinquante années depuis sa séparation de celui de Juda ; il enleva le veau d'or que Jéroboam avoit fait ériger à Bethel. Quoique la conquête des dix tribus eût rendu son nom redoutable, Ezéchias, roi de Jérusalem, plein d'une confiance peut-être présomptueuse ; refusa de lui payer le tribut auquel il étoit soumis. Les Tyriens, puissans par leurs richesses & leurs forces maritimes, embrassèrent sa querelle. Leurs intérêts étoient communs. Ils étoient comme

lui tributaires des Assyriens, qui leur disputoient l'empire de la mer, & mettoient des entraves à leur commerce par terre. L'avantage de la situation de leur ville en assuroit l'indépendance ; mais avec leurs monceaux d'or qu'ils étaloient comme signes de leur puissance, ils ne pouvoient protéger leurs possessions éloignées ni leurs alliés. *Salmanasar* leur fit bientôt éprouver sa vengeance : le territoire de Samarie fut ravagé, la Phénicie, & la Syrie eurent la même destinée. Sidon & plusieurs autres villes, épouvantées d'un torrent prêt à se déborder sur eux, s'en garantirent par une prompte soumission, & en reconnoissant *Salmanasar* pour souverain. Ce prince voulant ne laisser aucuns vestiges de la puissance des Tyriens, équipa une flotte de soixante vaisseaux dans l'espoir de ravir à ses ennemis la souveraineté des mers ; mais tous ses vaisseaux furent coulés à fond. Il se flatta d'être plus heureux sur terre : Tyr fut assiégée. Il crut s'en assurer la conquête, en détournant les eaux. L'industrie des assiégés leur fournit la ressource des puits. Les Assyriens, après un siége de cinq ans, furent obligés de renoncer à leur entreprise. *Salmanasar* mourut avant d'avoir terminé cette guerre. (*T—N.*)

SALOMÉ, *pacifique*, (*Hist. sacrée.*) C'est le nom que l'on donne à la danseuse, fille d'Hérodias, qui dansa un jour avec tant de grâce devant Antipas, que ce prince, dans l'ivresse de sa joie, lui promit de lui donner tout ce qu'elle lui demanderoit, fût-ce la moitié de son royaume, *Marc, vj. 23.* *Salomé*, conseillée par sa mère, demanda la tête de Jean-Baptiste, qui ne cessoit de crier avec raison, contre le mariage incestueux d'Hérodiade & d'Antipas ; & le roi qui avoit dû respect pour le saint qui le censuroit, fut fâché de cette demande ; mais comme il avoit donné sa parole, il se crut obligé de tenir un serment injuste, & il envoya couper la tête de Jean, *ibid. 26.* (†)

SALOMÉ, (*Hist. sacrée.*) femme de Zébédée, & mère de S. Jacques le majeur, & de S. Jean l'évangéliste, une des saintes femmes qui avoit coutume de suivre le Sauveur dans ses voyages, & de le servir. Ce fut elle qui demanda à J. C. que ses deux fils, Jacques & Jean fussent assis, l'un à sa droite, l'autre à sa gauche, lorsqu'il seroit arrivé à son royaume, *Matt. xx. 21.* *Salomé* accompagna Jésus au Calvaire, & ne l'abandonna pas même à la croix, *Marc, xv. 40.* Elle fut aussi du nombre de celles qui achetèrent des parfums pour l'embaumer, & qui vinrent pour cet effet le dimanche, dès le matin, au sépulcre, *Marc. xvj. 1.* Quand elles furent arrivées, elles virent la pierre du tombeau qui étoit ôtée, & étant entrées dans l'intérieur du tombeau, elles y virent un ange qui leur apprit que Jésus - Christ étoit ressuscité ; & comme elles revenoient à Jérusalem, Jésus - Christ se fit voir à elles dans le chemin, & leur dit d'annoncer à ses frères de Galilée qu'ils le verroient, *Matt. xxvij. 10.* C'est tout ce que l'Evangile nous apprend de *Salomé*, & tout ce que l'on ajoute de plus est apocryphe. (†)

SALOMÉ, (*Histoire des juifs.*) sœur d'Hérode, dit le grand, femme artificieuse, intrigante & cruelle, auteur de la mort de Mariamne, sa belle-sœur, & qui paroît avoir été peinte avec beaucoup de vérité dans la tragédie de *Mariamne* de M. de Voltaire.

SALONIN, (*Publius-Licinius-Cornelius Saloninus*) (Hist. rom.) prince mort à l'âge d'environ dix ans, & dont par conséquent l'histoire n'est pas longue. Il étoit fils de l'empereur Gallien & de Salonine, c'est-à-dire d'un empereur foible & d'une femme forte. L'empereur Valérien, son aïeul, l'avoit nommé César l'an 255. On l'envoya l'année suivante avec Albinus, son gouverneur, dans les Gaules, contrée qu'on croyoit plus propre à l'élever à-la-fois & pour les lettres & pour les armes. Son seul séjour dans ces provinces le maintint dans l'obéissance jusqu'en 261, que Posthume, un de ces nombreux tyrans qui, sous le règne de Gallien, s'élevoient dans toutes les parties de l'empire, se fit proclamer empereur, &, à la tête d'une armée victorieuse, força les habitans de Cologne de lui livrer *Salonin* qu'il fit mourir.

SALONINE, (*Julia-Cornelia Salonina*) Hist. rom.) mère du précédent, étoit, comme nous l'avons dit, une femme d'un grand courage; elle inspiroit seule à Gallien, son mari, celui de résister quelquefois à cette foule de tyrans que sa mollesse faisoit naître de toutes parts; elle l'accompagnoit dans les expéditions militaires qu'elle l'encourageoit à entreprendre; elle l'aidoit de ses conseils & des ressources de son génie; elle pensa être prise par les Goths, lorsque Gallien les chassa de l'Illyrie. A ses grandes qualités elle joignoit les charmes de la figure, l'ascendant des vertus, le mérite de la bienfaisance, la culture de l'esprit. Protectrice & amie des savans, elle fut savante elle-même; elle avoit obtenu pour le philosophe platonicien Plotin la permission de bâtir une ville, & de la gouverner selon les lois de la république de Platon; elle devoit se nommer *Platonopolis*. La chose en resta au simple projet. On dit qu'un projet semblable, mais sur un plan différent, & conçu dans d'autres vues, a été renouvelé dans ces derniers temps. Il n'a pas eu non plus d'exécution. Dans une conjuration formée contre Gallien, *Salonine* périt avec lui & avec les princes de sa famille, le 20 mars 268.

SALTATESQUIS, s. m. (*Hist. mod.*) c'est le nom qu'on donne à des juges ou aux membres d'un tribunal supérieur, qui décide de toutes les affaires parmi les nègres qui habitent le pays appelé *Sierra Leona*, en Afrique. Leur réception est des plus singulières. Le candidat est assis sur une sellette de bois, là le président lui frappe à plusieurs reprises le visage avec les intestins sanglans d'un bouc qui a été tué pour la cérémonie; & lui en frotte ensuite tout le corps, après quoi il lui met un bonnet rouge sur la tête, en prononçant le mot *saltatesqui*; il le revet d'une longue robe garnie de plumes, & la fête finit par immoler un bœuf & par des réjouissances. Les avocats qui plaident devant la cour des *saltatesquis* ont des cliquets dans leurs mains, & des clochettes aux jambes, qu'ils font sonner afin de réveiller l'attention des juges aux endroits de leurs plaidoyers qui demandent le plus d'attention. (*A. R.*)

SALVADOR, (ANDRÉ) (*Hist. litt. mod.*) poète dramatique italien du dix-septième siècle : ses pièces de *Medore*, de *Flore*, & sur-tout de *Sainte-Ursule*, jouissent de quelqu'estime.

SALVAN DE SALIEZ, (ANTOINETTE de) (*Hist. litt. mod.*) est au nombre des femmes qui se sont fait un nom par les talens littéraires sous le règne de Louis XIV; elle a laissé des lettres & des poésies, mais elle est plus connue par son *histoire de la comtesse d'Isembourg*, qui a été traduite en différentes langues. Elle étoit d'Alby, elle y est née, & elle y est morte après avoir rempli une carrière de quatre-vingt-douze ans. Née en 1638, la même année que Louis XIV, elle n'est morte qu'en 1730. Elle étoit de l'académie des *Ricovrati* de Padoue. Elle avoit formé, en 1704, une *société des chevaliers & chevalières de la Bonne-Foi.* Son mari, Antoine de Fontvielle, seigneur de Saliez, étoit Viguier d'Alby.

SALVIATI, (*Hist. d'Ital.*) noble & ancienne famille de Florence, alliée à la maison de Médicis, & par elle à plusieurs maisons royales de l'Europe, étoit, dès l'an 1260, au nombre des premières familles de l'état de Toscane. Jacques Salviati, qui, en 1400, acquit le comté de Bagni à sa république, fut surnommé le Grand. (Voyez à l'article *Pazzi*, l'histoire de François Salviati, archevêque de Pise, pendu dans ses habits épiscopaux aux fenêtres du palais des Médicis ou de l'hôtel-de-ville de Florence, pour la part qu'il avoit eue à la conjuration des Pazzi contre les Médicis.) La famille Salviati a produit plusieurs cardinaux célèbres, entre autres Jean & Bernard, frères, & Antoine-Marie leur neveu, tous trois successivement évêques de Saint Papoul. Bernard, avant d'embrasser l'état ecclésiastique, s'étoit fait, dans l'ordre de Malthe, un nom redoutable à tout l'empire Ottoman; il avoit ruiné le port de Tripoly, mis en poudre tous les forts qui avoient osé résister à ses armes, pris la ville de Coron dans la Morée, couru tout l'Archipel jusqu'au détroit des Dardanelles, brûlé l'île de Scio, il avoit emmené un grand nombre d'esclaves, Paul Jove loue son courage & sa bonne conduite, & l'expérience qu'il avoit acquise dans les guerres maritimes : *constanti compositoque ingenio vir militiæ maritimæ assuetus.* Catherine de Médicis, sa parente, lui procura le chapeau & le fit son grand aumônier.

SALVIATI est aussi le nom d'un fameux peintre italien, ainsi nommé, parce que le cardinal Salviati, (Jean) frère aîné de Bernard, étoit son protecteur, & le logeoit dans son palais à Rome. En 1554 il vint en France pour travailler à Fontainebleau. De retour en Italie, il mourut en 1563. Il étoit né en 1510. Il se nommoit François.

SALVIEN, (SALVIANUS) (*Hist. Ecclés.*) Prêtre de Marseille au cinquième siècle, déplora & plaignit avec une douleur si éloquente les déréglemens de son temps, qu'il fut nommé *le Jérémie du quinzième siècle.* On ne croit pas qu'il ait été évêque comme quelques-uns l'ont prétendu ; on l'appelle le prêtre de Marseille, mais on l'appeloit en même temps le maître des évêques. Il reste de lui un traité de la Providence de Dieu, un autre contre l'avarice, quelques épîtres ; le tout a été traduit en françois par le père Bonnet de l'Oratoire. Bossuet, dans l'oraison funèbre de la reine d'Angleterre, cite Salvien avec honneur & avec éloge ; il tire de son livre de la Providence de Dieu un passage qui est une peinture vive & vraie de la situation du malheureux roi Charles I. « Le » voyez-vous ce grand roi, dit le saint & éloquent » prêtre de Marseille, le voyez-vous seul abandonné, » tellement déchu dans l'esprit des siens qu'il devient » un objet de mépris aux uns, &, ce qui est plus in-» supportable à un grand courage, un objet de pitié » aux autres ? Ne sachant, poursuit Salvien, de la-» quelle de ces deux choses il avoit le plus à se plain-» dre, ou de ce que Siba le nourrissoit, ou de ce » que Séméi avoit l'insolence de le maudire. *Dejectus usque in suorum, quod grave est, contumeliam, vel quod gravius, misericordiam ; ut vel Siba eum pasceret, vel ei maledicere Semei publicè non timeret.* Il fut tolérant, & loin de vouloir qu'on punît dans ce monde les hérétiques, il soutient même que nous ne savons pas comment Dieu les traitera dans l'autre. *Hæretici sunt sed non scientes.... apud nos sunt hære-tici, apud se non sunt.... veritas apud nos est sed illi apud se esse præsumunt.... errant sed bono animo errant.... qualiter pro hoc ipso falsæ opinionis errore in die judicii puniendi sunt, nullus potest scire nisi judex. De gubernatione Dei, lib.* 5, pag. 150, 151.

SALVINI, (ANTOINE-MARIE) *Hist. litt. mod.*) florentin célèbre, est un des écrivains italiens qui ont le plus contribué au rétablissement du bon goût en Italie, & un des académiciens de la Crusca qui ont le plus contribué à la perfection du dictionnaire. Il a traduit en vers italiens les plus beaux monumens de la littérature grecque, latine, françoise, angloise,

l'Iliade & l'Odyssée, Hésiode, Théocrite, Anacréon, Aratus, Musée, les hymnes d'Orphée & de Callimaque, diverses épigrammes grecques, quélques comédies d'Aristophane, les vers dorés de Pythagore, l'art poétique & quelques satyres d'Horace ; l'art poétique de Boileau ; la tragédie de Caton d'Addisson. C'étoit, sans doute, travailler utilement pour les progrès du goût que de rendre propres à sa nation ces excellens modèles. Il a traduit jusqu'à la vie de Saint François de Sales de Marsolier. Il y a de plus beaucoup d'ouvrages originaux de lui en vers & en prose, entre autres l'oraison funèbre du célèbre Antoine Magliabecchi. *Salvini* mourut à Florence en 1729.

SAM

SAMANÉEN, s. m. (*Hist. des relig. oriental.*) les *Samanéens* étoient des philosophes indiens, qui formoient une classe différente de celle des brachmanes, autre secte principale de la religion indienne. Ils n'ont point été inconnus des européens. Strabon & S. Clément d'Alexandrie en ont fait quelque mention. Mégasthene, qui avoit composé des mémoires sur les indiens, appelle les philosophes dont il s'agit, *Germanes* ; S. Clément d'Alexandrie *Sarmanes* ou *Semni*, & rapporte l'origine de ce dernier nom au mot grec σεμνος, *vénérable.* Porphyre les nomme *Samanéens*, nom qui approche davantage de celui de *Schamman*, encore usité dans les Indes pour désigner ces philosophes.

Les *Samanéens*, au rapport de S. Clément d'Alexandrie & de S. Jérôme, embrassèrent la doctrine d'un certain Butta, que les indiens ont placé au rang des dieux, & qu'ils croient être né d'une vierge.

Les brachmanes n'étoient originairement qu'une même tribu ; tout indien au contraire pouvoit être *Samanéen.* Mais quiconque désiroit entrer dans cette classe de philosophes, étoit obligé de le déclarer au chef de la ville en présence duquel il faisoit l'abandon de tout son bien, même de sa femme & de ses enfans. Ces philosophes faisoient vœu de chasteté, comme les brachmanes ou gymnosophistes. Ils habitoient hors des villes, & logeoient dans des maisons que le roi du pays avoit pris soin de faire construire. Là, uniquement occupés des choses célestes, ils n'avoient pour toute nourriture que des fruits & des légumes, & mangeoient séparément sur un plat qui leur étoit présenté par des personnes établies pour les servir.

Ces *Samanéens* & les brachmanes étoient en si grande vénération chez les indiens, que les rois venoient souvent pour les consulter sur les affaires d'état, & pour les engager à implorer la divinité en leur faveur.

Ils ne craignoient point la destruction du corps ;
&

& quelques-uns d'entre eux avoient le courage de se donner la mort en se précipitant dans les flammes, afin de purifier leur ame de toutes les impuretés dont elle avoit été souillée, pour aller jouir plus promptement d'une vie immortelle. On leur attribuoit le don de prédire l'avenir, & S. Clément d'Alexandrie dit qu'ils avoient beaucoup de respect pour une pyramide où l'on conservoit les os d'un dieu.

Il y avoit plusieurs branches de ces philosophes, entr'autres celle des *hylobii*, ainsi nommés parce qu'ils étoient retirés dans les forêts & dans les lieux déserts, où ils ne vivoient que de feuilles & de fruits sauvages, n'étoient couverts que de quelques écorces d'arbres, ne faisoient jamais usage du vin, & n'avoient aucun commerce avec les femmes. Celles-ci cependant avoient droit d'aspirer au même degré de perfection, & pouvoient aussi embrasser un genre de vie austère.

Ce qui vient d'être rapporté, d'après les écrivains grecs & latins, est ce qui a déterminé à croire qu'il y a peu de différence entre les *Samanéens* & les brachmanes, ou plutôt qu'ils sont deux sectes de la même religion. En effet, on trouve encore dans les Indes une foule de brachmanes qui paroissent avoir même doctrine, & qui vivent de la même façon; mais ceux qui ont une parfaite ressemblance avec ces anciens *Samanéens*, sont les talapoins de Siam : comme eux retirés dans de riches cloîtres, ils ne possèdent rien en propre & jouissent d'un grand crédit à la cour; mais quelques-uns plus austères ne vivent que dans les bois & dans les forêts : il y a aussi des femmes qui les imitent.

La doctrine des *Samanéens* se trouve répandue dans les royaumes de Siam, de Pegu, & dans les autres lieux voisins, où les prêtres portent le nom de *talapoins*. Mais le plus commun, & celui sous lequel ils sont connus à la Chine & au Japon, est celui de *bonzes*; dans le Tibet ils sont appelés *lamas*.

L'Inde est le berceau de cette religion, de l'aveu des habitans de tous les pays où elle s'est établie : il y a apparence qu'elle a même pénétré jusques chez les barbares de la Sibérie, où nous trouvons encore des *schammans*, qui sont les prêtres des tungouses; mais elle n'a pas été uniforme dans tous ces différens pays. Plus les *Samanéens* se sont éloignés du lieu de leur origine, plus ils semblent s'être écartés de la véritable doctrine de leur fondateur. Les mœurs des peuples auxquels ils ont enseigné leur religion, y ont apporté quelques changemens, parce que les *Samanéens* se sont attachés plus particulièrement à certains dogmes & à certaines pratiques religieuses qu'ils ont jugé convenir davantage avec le caractère de ceux chez lesquels ils vivoient; mais par-tout on reconnoît la religion indienne.

Histoire. Tome IV.

M. de la Croze, qui a beaucoup parlé des *Samanéens*, dit qu'il n'en reste plus de traces sur les côtes de Malabar & de Coromandel; que le culte des brachmes a succédé à celui des *Samanéens*; que ceux-ci, selon le témoignage des brachmes, ont été détruits par le dieu *Vischnou*, qui dans sa sixième manifestation prit le nom de *Vegouddova avatarum*; qui les traita ainsi, parce qu'ils blasphémoient ouvertement contre sa religion, regardoient tous les hommes comme égaux, n'admettoient aucune différence entre les diverses tribus ou castes, détestoient les livres théologiques des brachmes, & vouloient que tout le monde fût soumis à leur loi. M. de la Croze croit que cet événement est arrivé il y a plus de six cents ans. Mais toutes ces traditions des malabares sont détruites par le témoignage des écrivains grecs qui font mention des brachmes établis de tout temps dans les Indes, & qui leur donnent une doctrine à-peu-près semblable à celle des *Samanéens* : c'est une remarque que M. de la Croze n'a pu s'empêcher de faire.

Si le nom de *Samanéen* ne paroît plus subsister dans cette partie de l'Inde, nous y retrouvons encore les joghis, les vanaprastas, les sanjassis & les avadoutas, connus sous le nom général de *brachmes*, & qui, comme les *Samanéens*, n'admettent aucune différence entre les castes ou tribus, & suivent encore les préceptes de Budda, le fondateur des *Samanéens*. Plusieurs historiens arabes qui ont eu connoissance de ce personnage, le nomment *Boudasp* ou *Boudasf*. Beidawi, célèbre historien persan, l'appelle *Schekmouniberkan*, ou simplement *Schekmouni*; les chinois, *Tche-kia* ou *Chekia-meouni*, qui est le même nom que Schekemouni de Beidawi; ils lui donnent encore le nom de *Foteou* ou *Foto*, qui est une altération de *Phutta* ou *Butta*. Mais le nom sous lequel il est le plus connu dans tous les ouvrages des chinois, est celui de *Fo*, diminutif de *Foto*. Les siamois le nomment *Prahpoudi-tchaou*, c'est-à-dire, le saint d'une haute origine, *Sammana-khutama*, l'homme sans passion, & *Phutta*. M. Hyde dérive ce nom du mot Persan *butt*, idole, & M. Leibnitz a cru que ce législateur étoit le même que le *Wodin* des peuples du nord. Dans la langue des Indiens, *Butta* ou *Budda* signifie *Mercure*.

Il n'est pas aisé de dissiper les ténèbres qui obscurcissent l'histoire de ce fondateur de la religion indienne. Les peuples de l'Inde, toujours portés au merveilleux, ne débitent que des fables qui nous obligent d'avoir recours à des historiens étrangers; & ceux-ci ne nous fournissent point assez de détails pour que nous puissions parvenir à une exacte connoissance du temps & du lieu de la naissance de ce philosophe.

Quoi qu'il en soit, *Fo* ou *Bodha*, après s'être marié à l'âge de 17 ans, & avoir eu de ce mariage un fils, se retira dans les déserts, sous la conduite de cinq philosophes. Il y resta jusqu'à l'âge de 30 ans, qu'il commença à publier sa doctrine, prêchant le culte des idoles & la transmigration des ames. Il mourut âgé de 79 ans. Pour exprimer sa mort, on rapporte qu'il est passé dans le *nipon* ou *nircupan*, c'est-à-dire, *qu'il est anéanti, & devenu comme un Dieu*. En mourant il dit à ceux de ses disciples qui lui étoient le plus attachés, que jusque-là il ne s'étoit servi que de paraboles, qu'il leur avoit caché la vérité sous des expressions figurées & métaphoriques ; mais que son sentiment véritable étoit qu'il n'y avoit point d'autre principe que le vide & le néant, que tout étoit sorti du néant, & que tout y retournoit.

Les dernieres paroles de *Fo* produisirent deux sectes différentes. Le plus grand nombre embrassa ce que l'on appelle la *doctrine extérieure* qui consiste dans le culte des idoles ; les autres choisirent la *doctrine intérieure*, c'est-à-dire, qu'ils s'attacherent à ce vide & à ce néant, dont *Fo* les avoit entretenus en mourant.

Les sectateurs de la doctrine extérieure sont ceux que nous connoissons plus communément sous le nom de *brachmes*, de *bonzes*, de *lamas* & de *talapoins*, qui, toujours prosternés aux pieds de leurs Dieux, font consister leur bonheur à tenir la queue d'une vache, adorent Brahma, Vischnou, Eswara & trois cent trente millions de divinités inférieures, font construire des temples en leur honneur, ont une singuliere vénération pour l'eau du Gange, & croient qu'après la mort leur ame va recevoir en enfer la punition de ses crimes, ou dans le paradis la récompense de ses vertus, d'où elle sort ensuite pour animer des corps d'hommes, d'animaux, des plantes mêmes ; ce qui devient encore une punition ou une récompense jusqu'à ce qu'elle soit parvenue au plus haut degré de pureté & de perfection, auquel ces différentes transmigrations la conduisent insensiblement ; ce n'est qu'après avoir parcouru ainsi les corps de plusieurs êtres, qu'elle reparoît enfin dans celui d'un *Samanéen*. Ceux-ci regardent le reste des hommes comme autant de malheureux qui ne peuvent parvenir à l'état de *Samanéen*, qu'après avoir passé par tous les degrés de la métempsycose.

Ainsi le vrai *Samanéen*, ou le sectateur de la doctrine intérieure, étant censé naître dans l'état le plus parfait, n'a plus besoin d'expier des fautes qui ont été lavées par les transmigrations antérieures ; il n'est plus obligé d'aller se prosterner dans un temple, ni d'adresser ses prieres aux dieux que le peuple adore, dieux qui ne sont que les ministres du grand Dieu de l'univers. Dégagé de toutes ses passions, exempt de tout crime, le *Samanéen* ne meurt que pour aller rejoindre cette unique divinité dont son ame étoit une partie détachée ; car ils pensent que toutes les ames forment ensemble l'être suprême, qu'elles existent en lui de toute éternité, qu'elles émanent de lui ; mais qu'elles ne peuvent lui être réunies qu'après s'être rendues aussi pures qu'elles l'étoient lorsqu'elles en ont été séparées.

Suivant leurs principes, cet être suprême est de toute éternité ; il n'a aucune forme, il est invisible, incompréhensible ; tout tire son origine de lui ; il est la puissance, la sagesse, la science, la sainteté, la vérité même ; il est infiniment bon, juste & miséricordieux ; il a créé tous les êtres, & il les conserve tous : il ne peut être représenté par des idoles ; mais on peut dépeindre ses attributs, auxquels il ne désapprouve point que l'on rende un culte ; car pour lui il est au-dessus de toute adoration : c'est pour cela que le *Samanéen* toujours occupé à le contempler dans ses méditations, ne donne aucunes marques extérieures de culte ; mais il n'est pas en même temps athée, comme le prétendent les missionnaires, puisqu'il ne cherche qu'à étouffer en lui toutes les passions pour être en état d'aller rejoindre son Dieu. Ainsi le vide & le néant, principe des *Samanéens*, ne signifient point la destruction de l'ame, mais ils désignent que nous devons anéantir tous nos sens, nous anéantir nous-mêmes pour aller nous perdre en quelque façon dans le sein de la divinité, qui a tiré toutes choses du néant, & qui elle-même n'est point matiere.

Cet être suprême des philosophes de l'Inde est l'origine de tous les êtres, & il renferme en lui les principes de toutes choses : ainsi lorsqu'il a voulu créer la matiere, comme il est un pur esprit qui n'a aucun rapport avec un être corporel, par l'effet de sa toute-puissance, il s'est donné à lui-même une forme matérielle, & a fait une séparation des vertus masculine & féminine, qui jusqu'alors avoient été concentrées en lui ; par la réunion de ces deux principes, la création de l'univers devient possible. Le *lingam* si respecté dans l'Inde, est le symbole de ce premier acte de la divinité ; & tous ensemble, c'est-à-dire ces cinq principes, composent l'être suprême, qui se sert de leur ministere pour gouverner le monde ; mais il viendra un temps qu'il les fera rentrer dans son sein.

Tels sont les principes des *Samanéens* sur la Divinité. On passera sous silence tout ce qui regarde le culte que l'on rend à ces premieres émanations de l'être suprême, & le reste de la religion indienne, qui n'est plus celle des *Samanéens*, mais celle du peuple, moins susceptible de ces grandes idées, & de méditations profondes qui font tout le culte des disciples de Budda. On n'entrera pas non plus dans le détail des différentes sectes qui ont pu s'élever parmi eux. On fera seulement remarquer qu'il se trouve une grande conformité entre la doctrine des *Samanéens* & celle des manichéens. (*D. J.*)

SAMANIDES, (*Hist. orientale.*) on appelle *Samanides*, la dynastie des califes fondée par Saman, qui de conducteur de chameaux devint chef d'Arabes ; son fils rendit ses enfans dignes des premiers emplois militaires de l'état des califes. Al-Mamon les avança, & Motamed donna à Nasser, petit-fils d'Assad-Ben-Saman, l'an 261 de l'hégire, le gouvernement de la province de Mawaralnahar, ou Transoxane. Enfin, l'an 279, Ismaël, frère de Nasser, se rendit le maître absolu de cette province, en conquit d'autres, & fonda un puissant empire, qui a porté le nom de *Samanides*. (*D. J.*)

SAMARA, s. m. (*Hist. de l'inquisit.*) autrement dit *sambenito*, & *samiretta*, noms dignes de leur origine. Espèce de scapulaire ou dalmatique que les inquisiteurs font porter à ceux qu'ils condamnent à être brûlés. Le fond du *samara* est gris, avec la représentation d'une figure d'homme, posé sur des tisons allumés avec des flammes qui s'élèvent, & des démons qui l'environnent pleins de joie. Ce raffinement de barbarie, imaginé pour accoutumer le peuple à voir sans peine brûler des malheureux, est peut-être encore plus exécrable que le tribunal même de l'inquisition, tout odieux, tout horrible qu'il est dans son principe. (*D. J.*)

SAMARATH, s. m. (*Hist. mod.*) nom d'une secte de benjans dans les Indes, qui croient que leur dieu qu'ils nomment *Permiser*, gouverne le monde par trois lieutenans. *Brama*, c'est le premier, a le soin d'envoyer les ames dans les corps que *Permiser* lui désigne. Le second, nommé *Bufsina*, enseigne aux hommes à vivre selon les commandemens de Dieu, que ces benjans conservent écrits en quatre livres. Il a aussi le soin des vivres & de faire croître le blé, les arbres, les plantes, mais après que *Brama* les a animés. Le troisième s'apelle *Maïs*; son pouvoir s'étend sur les morts, dont il examine les actions passées, pour envoyer leurs ames dans d'autres corps, faire une pénitence plus ou moins rigoureuse, suivant les vertus qu'elles ont pratiquées, ou les crimes qu'elles ont commis dans leur première vie. Lorsque leur expiation est achevée, *Maïs* renvoie ces ames ainsi purifiées à *Permiser* qui les reçoit au nombre de ses serviteurs. Les femmes de cette secte, persuadées que dans l'autre monde elles vivent sept fois autant, & ont sept fois plus de plaisir qu'elles n'en ont goûté ici-bas, pourvu qu'elles meurent avec leurs maris, ne manquent pas à leurs funérailles de se jeter gaiment dans le bûcher. Dès que les femmes sont accouchées, on met devant leur enfant une écritoire, du papier & des plumes, pour marquer que *Bufsina* veut écrire dans l'entendement du nouveau-né la loi de *Permiser*. Si c'est un garçon, on y ajoute un arc & des flèches, comme un présage de sa valeur future, & de son bonheur à la guerre. Olearius, *tom. II*. (*A. R.*)

SAMBA-PONGO, (*Hist. mod.*) c'est le titre que les habitans du royaume de Loango en Afrique donnent à leurs rois, qu'ils regardent non-seulement comme l'image de la divinité, mais encore comme un dieu véritable; dans cette idée ridicule, ils lui attribuent la toute-puissance; ils croient que les pluies, les vents & les orages sont à ses or-

dres; c'est pourquoi ils ont recours à lui dans les temps de sécheresse & de stérilité, & à force de présens & de prières, le déterminent à leur rendre le ciel favorable. Lorsque le roi consent aux vœux de ses sujets, il ne fait que tirer une flèche contre le ciel, mais il y a lieu de croire qu'il ne s'y détermine que lorsqu'il voit le temps chargé, surtout quand c'est de la pluie qu'on lui demande. En un mot, ces peuples croient qu'il n'y a rien d'impossible pour leur monarque, & lui rendent en conséquence les honneurs divins. Malgré cette haute opinion, ils ne laissent pas de croire que sa vie ne puisse être mise en danger par les sortilèges & les maléfices; c'est sur ce préjugé qu'est fondée une loi irrévocable, qui décerne la peine de mort contre quiconque a vu le roi de Loango boire ou manger; cet ordre s'étend même sur les animaux. Des voyageurs rapportent qu'un fils du roi, encore enfant, étant entré par hasard dans l'appartement de son père, au moment où il buvoit, fut massacré sur-le-champ par ordre du grand prêtre, qui prit aussitôt de son sang, & en frotta le bras de sa majesté, pour détourner les maux dont elle étoit menacée; ainsi la superstition vient par-tout à l'appui des despotes & des tyrans, qui sont quelquefois eux-mêmes les victimes du pouvoir qu'ils lui ont accordé. (*A. R.*)

SAMBLANÇAY ou **SEMBLANÇAY**, (*voyez* BEAUNE.)

SAMBLICUS. (SAMBLIQUE,) *Hist. anc.*) *Samblique*, voleur insigne dans l'antiquité, arrêté pour avoir pillé le temple de Diane dans l'Elide, & refusant d'avouer ce crime, fut, dit-on, appliqué à la torture pendant un an entier, d'où étoit venu le proverbe: *endurer plus de mal que Samblique*.

SAMBOULA, s. m. sorte de panier des sauvages caraïbes, fait en forme de sac ouvert, travaillé fort proprement à jour avec des brins de latanier très-minces, & tissus à-peu-près comme nos chaises de canne, ces paniers ont une anse pour les passer au bras & pour les suspendre dans la maison, où ils servent aux sauvages à mettre des fruits, des racines, de la cassave, ou ce qu'ils veulent exposer à l'air libre.

SAMBUC, (JEAN) (*Hist. litt. mod.*) hongrois, médecin & homme de lettres, conseiller & historiographe des empereurs Maximilien II & Rodolphe II, né en 1531, mort à Vienne en 1584. On a de lui des *vies des empereurs romains*, *une histoire de Hongrie depuis Matthias jusqu'à Maximilien II*; des traductions latines d'Hésiode, de Théophylacte, de Platon, de Xénophon, de Thucydide; des commentaires, des notes sur l'art poétique d'Horace & sur divers auteurs grecs & latins, &c.

SAMORIN, ou ZAMORIN, ſ. m. (*Hiſt. mod.*) c'eſt le nom que l'on donne à un ſouverain de l'Indoſtan, dont les états ſont placés ſur la côte de Malabar, & qui étoit autrefois le prince le plus puiſſant de cette côte. Sa réſidence ordinaire eſt à Calecut ou Kalicut. Autrefois le *ſamorin* ne pouvoit occuper le trône au-delà de douze ans; s'il mouroit avant que ce temps fût accompli, il étoit diſpenſé d'une cérémonie auſſi ſingulière que cruelle; elle conſiſtoit à ſe couper la gorge en public; on dreſſoit un échafaud pour cet effet, le *ſamorin* y montoit, après avoir donné un grand feſtin à ſa nobleſſe & à ſes courtiſans : immédiatement après ſa mort ces derniers éliſoient un nouveau *ſamorin*. Les ſouverains ſe ſont actuellement délivrés en grande partie d'une coutume ſi incommode : lorſque les douze années ſont révolues, les *ſamorins* ſe contentent de donner, ſous une tente dreſſée dans une plaine, un repas ſomptueux pendant douze jours de ſuite, aux grands du royaume; au bout de ce temps de réjouiſſances, ſi quelqu'un des convives a aſſez de courage pour aller tuer le *ſamorin* dans ſa tente, où il eſt entouré de pluſieurs milliers de gardes, la couronne eſt à lui, & il eſt reconnu *ſamorin* en la place de celui à qui il a ôté la vie.

Lorſque le *ſamorin* ſe marie, il ne lui eſt point permis d'habiter avec ſa femme juſqu'à ce que le nambouri ou le grand-prêtre en ait eu les prémices; ce dernier peut même, s'il veut, la garder trois jours. Les principaux de la nobleſſe ont la complaiſance d'accorder au même clergé le même droit ſur leurs épouſes : quant au peuple, il eſt obligé de ſe paſſer des ſervices des prêtres, & de remplir lui-même ſes devoirs. (*A. R.*)

SAMOUR, ſ. m. (*terme de relation.*) On nomme ainſi à Conſtantinople, & dans les autres échelles du Levant, l'animal dont la fourrure s'appelle en France *martre-zibeline*. (*D. J.*)

SAMPIETRO ou SAN-PIETRO (*Hiſt. de Corſe*). Voyez ORNANO.

SAMPIT, ſ. m. (*Hiſt. mod.*) arme dont ſe ſervent les habitans de l'île de Borneo; il leur ſert tantôt comme d'un arc pour tirer des flèches empoiſonnées, tantôt comme d'un javelot, & quelquefois comme d'une baïonnette qu'ils mettent au bout de leurs fuſils. (*A. R.*)

SAMSON, *petit ſoleil*, (*Hiſt Sacrée.*) étoit fils de Manué, de la tribu de Dan, & naquit d'une manière miraculeuſe, d'une mère qui d'abord étoit ſtérile. L'Ange du Seigneur apparut à cette femme, lui promit qu'elle deviendroit enceinte, & qu'elle auroit un fils. Il lui défendit de rien boire de ce qui pourroit enivrer, parce que l'enfant dont elle ſeroit mère ſeroit nazaréen, c'eſt-à-dire conſacré à Dieu, & obligé à la vie des nazaréens. C'eſt lui,

ajouta l'Ange, qui commencera à délivrer Iſraël de l'oppreſſion des philiſtins. *Jug. xiij.* 5. Un an après cette apparition, la femme de Manué mit au monde un fils qu'elle nomma *Samſon*, & l'eſprit de Dieu parut bientôt en lui par la force extraordinaire dont il fut doué. Il n'avoit que dix-huit ans, lorſqu'étant allé à Thamnata, il vit une fille qui lui plut, & il pria ſon père de lui permettre de l'épouſer. Manué & ſa femme s'y oppoſèrent d'abord, & lui demandèrent s'il n'y avoit point de femmes parmi ſes frères les iſraélites, pour prendre une femme étrangère d'entre les philiſtins, qui étoient incirconcis. Mais *Samſon*, qui agiſſoit par le mouvement de l'eſprit de Dieu, en demandant une femme infidelle contre la défenſe de la loi, perſiſta à la vouloir ſans s'expliquer davantage, & ſes parens allèrent avec lui en faire la demande. Dans la route *Samſon* qui étoit un peu éloigné d'eux, vit venir un lion furieux qu'il ſaiſit, quoiqu'il fût ſans armes, & le mit en pièces. Il obtint la fille qu'il ſouhaitoit; &, quelque temps après, retournant à Thamnata pour célébrer ſon mariage, il voulut voir le corps du lion qu'il avoit tué, & il y trouva un eſſaim d'abeilles & un rayon de miel. Il tira de cette découverte une énigme qu'il propoſa aux trente jeunes hommes que les habitans de Thamnata donnèrent au nouvel époux pour lui faire honneur, à condition que s'ils pouvoient venir à bout de l'expliquer, pendant les ſept jours du feſtin, il leur donneroit trente robes & trente tuniques; mais que s'ils ne pouvoient l'expliquer, ils ſeroient tenus de lui en donner autant. Or, voici quelle étoit l'énigme : *La nourriture eſt ſortie de celui qui mangeoit, & la douceur eſt ſortie du fort.* Ils ſe tourmentèrent en vain juſqu'au ſeptième jour, à chercher le ſens de ce problème; & déſeſpérant d'y parvenir, ils s'adreſſèrent à la femme de *Samſon*, qu'ils preſſèrent par prières & par menaces de tirer de lui le mot de l'énigme. *Samſon* ſe défendit d'abord des importunités de ſa femme; mais enfin, vaincu par ſes larmes, il lui apprit le ſens de l'énigme, que cette femme infidelle alla ſur-le-champ découvrir aux jeunes gens. Alors ceux-ci, vers la fin du ſeptième jour, vinrent lui dire qu'il n'y avoit rien de plus doux que le miel & de plus fort que le lion. *Samſon* leur répondit que s'ils n'euſſent pas labouré avec ſa géniſſe, ils n'auroient jamais trouvé le ſens de cette énigme; leur faiſant entendre, par cette façon de parler figurée, qu'ils avoient agi de mauvaiſe foi avec lui, en engageant ſa femme à le trahir & à leur révéler ſon ſecret; & il vint à Aſcalon, ville des philiſtins, où il tua trente hommes, dont il donna les habits à ceux qui avoient expliqué l'énigme. Enſuite il ſe retira chez ſon père, laiſſant ſon fils qui étoit mécontent, & qui fut donnée à l'un des jeunes gens qui l'avoient accompagné dans la cérémonie de ſes noces. Quand il eut appris ce nouvel outrage de la part des philiſtins, il réſolut de les punir. Il trouva trois cents renards, il les lia par la queue, deux à deux, y attacha des flambeaux, & les lâcha aux milieu des terres des philiſtins, dont les blés, les oliviers & les vignes furent réduits en cendres. Ceux-ci, déſeſpérés de ce dégât, & en ayant appris la cauſe, prirent la femme de Samſon & ſon beau-père, & les brûlèrent tous-deux; ils aſſemblèrent enſuite une armée, fondirent ſur la tribu de Judas, & demandèrent qu'on leur livrât Samſon. Trois mille hommes de cette tribu furent envoyés dans la caverne d'Etham, où Samſon s'étoit retiré, & lui dirent l'ordre qu'ils avoient de l'arrêter. Samſon, après leur avoir fait promettre qu'ils ne le tueroient point, ſe laiſſa prendre. Ils le lièrent avec deux groſſes cordes & l'emmenèrent hors de la caverne. Les philiſtins l'appercevant, pouſſèrent des cris de joie; mais Samſon rompant ſes liens, tomba ſur ſes ennemis avec la mâchoire d'un âne qu'il trouva par terre, il tua mille philiſtins & mit les autres en fuite. Après cette victoire il jeta la mâchoire, & donna à ce lieu le nom de Ramat-Lechi ou l'élévation de la mâchoire; enſuite preſſé de ſoif, il cria vers le Seigneur qui fit ſortir une ſource d'eau d'une des groſſes dents de la mâchoire. Quelques-uns prétendent que le mot hébreu mâchtès, rendu par dentem molarem en latin, eſt le nom d'un rocher qui ſe trouvoit au lieu nommé Lechi. Après cela Samſon cherchant encore quelqu'occaſion de faire du mal aüx philiſtins, alla à Gaza & ſe logea chez une courtiſane; chez laquelle il dormoit tranquillement, lorſqu'il ſut que ſes ennemis avoient fait fermer les portes, & veilloient pour le tuer le lendemain; mais s'étant levé vers le milieu de la nuit, il arracha les portes de la ville avec les ſerrures & les poteaux, les chargea ſur ſes épaules & les porta juſques ſur la montagne voiſine. Les Philiſtins ne ſachant comment ſe délivrer de ce terrible ennemi qui ſeul leur faiſoit plus de maux que tous les iſraélites enſemble, gagnèrent Dalila, que Samſon avoit épouſée, ſelon quelques-uns: ils promirent une grande ſomme d'argent à cette femme avide, ſi elle pouvoit découvrir la cauſe de cette force extraordinaire de Samſon. Dalila mit tout en œuvre pour tirer ce ſecret; elle employa les reproches, les larmes & les careſſes: elle fatigua, elle importuna tant Samſon, que celui-ci, après l'avoir trompée trois fois & avoir ſoutenu trois attaques, ſuccomba enfin à la quatrième. Son ame tomba dans une angoiſſe mortelle, dit l'Ecriture; & il avoua à Dalila que le principe de ſa force conſiſtoit dans ſes cheveux, parce qu'il étoit nazaréen dès le ventre de ſa mère; & que ſi on lui coupoit la chevelure, il deviendroit foible comme un autre homme. Dalila tenant le ſecret de Samſon, l'endormit ſur ſes genoux, & lui avant fait couper les cheveux, fit avertir les philiſtins. Quand ils furent venus, elle éveilla Samſon en criant que les philiſtins alloient tomber ſur lui. Samſon crut d'abord ſe débarraſſer de ſes ennemis comme à l'ordinaire, mais il ne ſavoit pas que le Seigneur s'étoit

retiré de lui. Les philiſtins le prirent donc, & lui ayant arraché les yeux, ils le chargèrent de chaînes & l'enfermèrent dans une priſon où ils lui firent tourner la meule. Quelques temps après, les princes des philiſtins firent une grande fête en l'honneur de leur Dieu Dagon, & il y eut un feſtin de réjouiſſance dans une grande ſalle, où le peuple s'aſſembla juſques au nombre de trois mille. On y fit venir Samſon pour divertir l'aſſemblée. Ses cheveux avoient eu le temps de croître, & ſa force commençoit à revenir. Il ſe fit donc conduire contre les deux colonnes qui ſoutenoient tout l'édifice, ſous prétexte de s'y repoſer, & invoquant le nom du Seigneur, il le pria de ſe ſouvenir de lui, de lui rendre ſa première force, afin qu'il pût ſe venger des philiſtins pour la perte de ſes yeux, alors, ſaiſiſſant les colonnes, il s'écria: que je meure avec les philiſtins, & les ſecouant de toutes ſes forces, il fit tomber la maiſon & mourut en faiſant périr plus d'ennemis qu'il n'en avoit tué pendant ſa vie. C'eſt ainſi que ce grand-homme, après avoir cherché pendant toute ſa vie les occaſions d'affoiblir les ennemis des juifs, en fit encore le ſacrifice volontaire, non par un déſir aveugle de vengeance, mais pour concourir au deſſein de Dieu ſur ſon peuple & ſur ceux qui l'opprimoient. L'Ecriture nous offre dans l'hiſtoire de cet homme extraordinaire, non-ſeulement des actions d'une force ſurnaturelle & divine, mais encore un mélange apparent de bien & de mal qui pourroit bleſſer, ſi l'on s'arrêtoit à la ſurface. Il y a certains traits dans la vie de Samſon qui paroiſſent ne pouvoir ſe concilier avec la préſence de l'eſprit de Dieu, que l'Ecriture nous dit avoir toujours été en lui. Il faut donc, pour fixer le jugement que l'on doit en porter, ſavoir, 1°. que pluſieurs ſaints de l'ancien teſtament & du nouveau, ont fait, par un mouvement de l'eſprit de Dieu, pluſieurs actions qu'on ne pourroit juſtifier par les règles communes, mais que l'on ne peut blâmer ſans témérité; 2°. que Samſon a été un des ſaints de l'ancien teſtament, puiſque Dieu le prévint de ſes bénédictions dès ſa plus tendre jeuneſſe, & que S. Paul le met au nombre de ces grands ſaints qui doivent recevoir la récompenſe dans l'éternité; que tout ce que nous voyons d'extraordinaire dans la vie de Samſon eſt un ſecret & un myſtère, ſuivant les paroles même de l'Ecriture, & qu'il n'a marché dans une route nouvelle & ſingulière, que par les ordres de Dieu qui eſt ſouverainement libre dans ſes voies. C'eſt ainſi qu'en ſuivant le ſens hiſtorique & immédiat, on peut juſtifier tout ce qui paroît d'irrégulier dans la vie de ce ſaint homme.

Cependant les incrédules ſont fort révoltés de ce que Samſon tua trente philiſtins, pour en donner les robes à ceux qui avoient expliqué ſes énigmes. Mais il ne font pas attention qu'il eſt dit dans l'Ecriture, qu'il fut ſaiſi d'une impulſion ſurnaturelle qui le pouſſoit à faire des choſes extraordinaires. Samſon, conſidéré comme un particulier, n'auroit pas eu droit de le faire ; mais l'esprit de Dieu l'ayant saisi, il en eut le droit & le pouvoir. D'ailleurs, 1°. les philistins étoient censés dans un état de guerre avec ses israélites ; ils étoient leurs oppresseurs, leurs tyrans. 2°. *Samson* étoit actuellement le général d'Israël, choisi du ciel pour punir les Philistins. 3°. Il ne fut dans cette rencontre, que l'instrument dont Dieu se servit pour châtier les coupables.

L'aventure des trois cents renards, rassemblés par *Samson*, pour brûler les blés des philistins, choque encore plus nos petits raisonneurs. Mais il faut être bien incrédule pour douter d'un fait qui n'est pas aussi dénué de vraisemblance qu'on pourroit le croire.

1°. Il est certain que les renards étoient, & sont encore très-communs dans la Palestine, où l'on en trouve en très-grand nombre, jusques dans les haies & dans les ruines des bâtimens.

2°. L'Ecriture en parle sur ce pied-là. On y trouve que divers lieux, dans le pays de Chanaan, y prenoient leur nom des renards qui y abondoient.

3°. Ajoutez que sous le nom de *renard*, on comprenoit encore les *thous*, animal qui tient du renard & du loup, & qui est si commun dans la Palestine, sur-tout vers Cézarée, qu'on y en voit quelquefois des troupes de deux cents.

4°. Qu'y a-t-il de si incroyable à voir trois cents renards rassemblés par *Samson*, quand on a lu dans l'histoire romaine que Sylla produisit, dans les spectacles qu'il donna au peuple romain, cent lions ; César quatre cents avec trois cent-quinze avec leurs crinières ; Probus, mille autruches, & une infinité d'autres animaux ? Qu'on lise sur tout cela les vastes *Recueils* de Bochart.

Si l'historien sacré disoit que *Samson* rassembla ces trois cents renards dans un jour, ou une nuit, on pourroit se récrier. Mais qui l'empêcha d'y mettre quelques semaines, d'y employer plusieurs mains, des piéges, des filets & toutes les ruses de la chasse ? Enfin, si l'on demande pourquoi il employa des renards plutôt que des chiens ou des chats au dessein qu'il se proposoit, il est bien aisé de satisfaire ceux qui proposent cette question. Car, outre que la longue queue des renards favorisoit ses desseins, que cet animal est fort vif, qu'il craint extrêmement le feu, & que son instinct le porte à gagner la campagne & à se jeter dans les blés, plutôt que les animaux domestiques, outre cela, dis-je, *Samson* opéroit deux biens à la fois. Il délivroit son pays de trois cents animaux incommodes & nuisibles, & il les jetoit dans le pays ennemi.

La mâchoire d'âne dont le héros s'arma pour défaire les philistins, a été une source de plaisanteries pour les mêmes incrédules ; mais leurs railleries sont bien déplacées. Il est aisé de concevoir comment *Samson*, animé de l'esprit de Dieu, rendit cette arme fatale à la vie de ses ennemis. Les philistins, étonnés à l'aspect du héros qui brisoit ses chaînes, étoient encore dans toute l'émotion de la surprise, lorsque fondant sur eux, comme un lion, il profita de leur trouble pour leur porter des coups assurés. Une terreur panique s'empara d'eux. Ils crurent voir apparemment ceux de Juda seconder leur redoutable ennemi ; & aucun n'osant résister, il ne porta sur eux que des coups mortels. Ainsi, pour n'alléguer qu'un seul exemple d'une valeur extraordinaire, l'empereur Aurélien, dans la guerre qu'il fit aux sarmates, leur tua dans un jour, de sa propre main, quarante-huit hommes, & en divers autres jours, jusqu'à neuf cent cinquante.

Nous le dirons néanmoins : il y a ici plus que d'une valeur humaine. C'étoit celui qui ôte le courage aux forts, & qui fortifie les mains des foibles, qui assistoit *Samson* dans cette rencontre. C'étoit l'esprit de Dieu qui accomplissoit en lui la promesse que Dieu avoit faite autrefois aux israélites : *Personne ne pourra subsister devant vous, & un seul de vous en poursuivra mille.* Lévit. xxvj. 8. L'incrédule qui doute que le Tout-Puissant commande à la nature jusque-là, n'est digne que de mépris.

Comment, disent nos nouveaux philosophes, *Samson* a-t-il pu, en secouant deux colonnes, faire tomber un temple, & écraser tous ceux qu'il renfermoit ? Pour répondre à cette difficulté, il faut être instruit des usages antiques, & nos raisonneurs superficiels les ignorent. La maison dont il s'agit étoit, suivant l'opinion la plus probable, construite de bois, à la manière des égyptiens. C'étoit proprement une rotonde, une vaste salle bâtie en rond, & de manière qu'elle reposoit sur deux colonnes. De grands portiques lui servoient d'entrées ; son toit étoit en plate-forme, avec une large ouverture au milieu, par où l'on voyoit dans le temple. *Samson*, après avoir servi de spectacle au peuple, qui étoit dessus & dessous les galeries dans les portiques, fut apparemment mené dans le temple, où les principaux philistins avoient, selon la coutume, mangé en présence de Dagon, leur Dieu.

Le toit étoit chargé de spectateurs. Et comme sans doute l'édifice étoit bien connu de *Samson*, il n'eut pas besoin de deviner pour être conduit vers les deux colonnes qui le soutenoient. On remarque, au reste, que le fameux temple d'Hercule, à Tyr, & un autre aussi d'Hercule, en Afrique, avoient deux colonnes comme celui de Dagon. Mais quand il ne seroit certain que les temples fussent construits en Egypte comme on le suppose ici, & que le temple du fameux Dagon fût sur ce modèle, on peut supposer, avec la foule des interprètes, que la maison en question étoit une sorte de théâtre de bois, appuyé sur des piliers de matière, fait à la hâte, mais apparemment conftruit à-peu-près comme ceux que les romains bâtirent dans la fuite. Au milieu de l'édifice devoient régner deux larges poutres fur lefquelles prefque tout le refte portoit, & qui repofoient elles-mêmes par une de leurs extrémités, fur deux colonnes prefque contiguës, en forte que ces colonnes ne pouvoient pas être ébranlées fans que l'édifice croulât. On dira peut-être qu'il eft inconcevable qu'un pareil édifice eût été affez folide pour foutenir plus de trois mille ames. Mais qu'on life ce qu'attefte Pline, des deux théâtres que C. Curion avoit fait conftruire à Rome, & qui, affez vaftes, comme parle cet auteur, pour contenir tout le peuple Romain, étoient d'une ftructure fi finguliere, qu'ils portoient chacun fur un feul pivot. Il y a pourtant une grande difficulté dans ce fentiment; c'eft que l'édifice de Gaza avoit un toit capable de porter jufqu'à trois mille perfonnes. Il faut donc que ce fût un édifice d'une ftructure finguliere, comme la falle égyptienne de Vitruve, & nullement femblable aux théâtres des anciens grecs & romains.

M. Shaw, ce voyageur fi éclairé & fi digne de créance, croit avoir pris en Afrique une jufte idée de la ftructure du temple de Dagon.

« Il y a, dit-il, dans ce pays-ci, plufieurs palais » & dou-wanas (comme ils appellent les cours de » juftice) qui font bâtis, comme les anciens enclos » qui étoient entourés les uns en partie feulement, » les autres tout-à-fait, de bâtimens avec des » cloîtres par-deffous. Les jours de fêtes, on couvre » la place de fable, afin que les pello-wan, ou » lutteurs ne fe faffent pas de mal en tombant; » pendant que les toits des cloîtres d'alentour four-» millent de fpectateurs. J'ai fouvent vu à Alger, » plufieurs centaines de perfonnes dans ces fortes » d'occafions, fur le toit du palais du dey, qui » de même que plufieurs autres grands édifices, a » un grand appentis, n'étant foutenu dans le milieu » ou fur le devant, que par un ou deux piliers. » C'eft dans de femblables bâtimens ouverts, que » les bachas, les cadis & autres grands officiers » s'affemblent & s'affeyent au milieu de leurs gardes » & de leurs confeillers, pour adminiftrer la juftice » & pour régler les affaires publiques de leur pro-» vince. Ils y font auffi des feftins, comme les » principaux d'entre les philiftins en faifoient dans » le temple de Dagon. De forte qu'en fuppofant » que ce temple étoit conftruit comme les bâtimens » dont je viens de parler, il eft aifé de concevoir » comment Samfon, en faifant tomber les piliers » qui foutenoient ce cloître, le renverfa, & tua plus » de Philiftins par fa mort, qu'il n'en avoit fait » mourir pendant fa vie ».

Samfon dit, en invoquant le Seigneur pour l'écroulement du temple de Dagon: que je meure avec les philiftins. On demande fi ce fouhait étoit innocent? fa conduite ne favoriferoit-elle pas le

fuicide? Nous ne croyons point que ces queftions puiffent embarraffer les perfonnes pieufes & éclairées. 1°. la priere que Samfon venoit d'adreffer à Dieu, prife dans fon vrai fens, ne laiffe aucun doute fur la droiture de fes intentions. Ce n'eft ni le dégoût de la vie, ni l'impatience, ni le défefpoir, ni rien de femblable qui le pouffe à demander à Dieu qu'il lui permette de s'immoler. 2°. Nous répétons de nouveau, que Samfon étoit animé d'une façon finguliere de l'efprit du Seigneur, qui l'avoit fait naître pour des actions héroïques & extraordinaires. 3°. Dès qu'on le confidere comme le chef & le libérateur d'Ifraël, on ne doit plus voir dans le vœu qu'il forme, & dans l'action qu'il commet, qu'un effort d'héroïfme & de vertu.

Ce qui nous interdit d'attenter fur nos jours, favoir le bon ufage que nous pouvons toujours en faire pour notre propre falut, & l'obligation où nous fommes de les conferver, tant qu'ils peuvent être de quelque utilité pour notre patrie, à l'état, à l'églife & à nos familles; ces raifons-là même, doivent difpofer un général vaillant & fidele à fe dévouer à la mort, dès qu'il peut, par ce moyen, rendre un fervice effentiel au public, & contribuer à la gloire de Dieu. La première intention de notre héros fut de venger la gloire du Seigneur; & la feconde, de donner fa vie pour cela, s'il ne pouvoit remplir autrement fa vocation. C'eft un guerrier intrépide qui préfere de s'immoler plutôt que de manquer l'occafion de porter un funefte coup à l'ennemi. (†)

SAMUEL, (Hift. facr.) prêtre & prophète fameux chez les juifs. Son hiftoire mêlée avec celle de Saül & de David fe trouve dans le premier livre des Rois, aux chapitres 1, 2, 3, 7, 8, 9, 10, 11, 12, 13, 15, 16, 19. Sa mort eft rapportée au chapitre 25 & au chapitre 28, & dans ce dernier chapitre eft l'hiftoire de fon évocation par la pytho-niffe d'Endor.

Tel fut dans Gelboa le fecret facrifice
Qu'à fes dieux infernaux offrit la Pythoniffe,
Alors qu'elle évoqua devant un roi cruel
Le fimulacre affeux du prêtre Samuel.

S A N

SANADON, (Noël Étienne) Hift. litt. mod.) jéfuite, homme de lettres, médiocre traducteur d'Horace, auteur de poéfies latines eftimées. En 1728 il fut fait bibliothécaire du collège de Louis-le-Grand, & l'a été jufqu'à fa mort. Il étoit né à Rouen en 1676, & avoit été ami particulier de M. Huet, évêque d'Avranches, qu'il avoit connu à Caën. Il mourut en 1733.

SANATES, f. m. (Hift. rom.) noms que les romains donnoient à leurs voifins, qui après une révolte fe foumettoient auffitôt; cette prompte soumission leur procuroit les mêmes priviléges qu'à tous les autres citoyens, en vertu d'une loi des douze tables, qui portoit, *ut idem juris* sanatibus quod foretibus sit. (*D. J.*)

SAN BENITO ou *SAC BENITO*, (*Hist. mod.*) sorte d'habillement de toile jaune, que l'on fait porter à ceux que l'inquisition a condamnés, comme une marque de leur condamnation.

Le *san benito* est fait en forme de scapulaire ; il est composé d'une large pièce qui pend par-devant, & d'une autre qui pend par-derrière ; il y a sur chacune de ces pièces une croix de Saint-André ; cet habit est de couleur jaune, & tout rempli de diables & de flammes qui y sont peintes.

Il est regardé comme une imitation de l'ancien habit en forme de sac que portoient les pénitens dans la primitive Eglise. (*A. R.*)

SANCERRE. (*Hist. de Fr.*) Noble & ancienne maison françoise, issue de celle des comtes de Champagne par Thibaud IV, surnommé *le Grand*, comte de Champagne, de qui descendoient aussi les comtes de Blois. Thibaud I, tige de la branche de Blois, & Etienne, tige de la branche de Sancerre, avoient pour frère Guillaume, cardinal & archevêque de Reims.

1°. Etienne de Champagne, comte de Sancerre, en Berry, mourut en 1191, au siége d'Acre avec Thibaud son frère.

2°. Guillaume I, fils d'Etienne, ayant accompagné dans le Levant Pierre de Courtenai, son beau-frère, élu empereur de Constantinople, mourut prisonnier de Théodore Comnène, empereur de Thessalonique.

3°. Louis de Sancerre fut fait maréchal de France en 1369 pour les services qu'il avoit rendus à Charles V. Il étoit frère d'armes du connétable du Guesclin & du connétable de Clisson, & fut fait connétable lui-même en 1397, à la mort du comte d'Eu, Philippe d'Artois. Il s'étoit distingué à la bataille de Rosebèque, contre les flamands, & avoit remporté plusieurs avantages sur les anglois & sur le captal de Buch, en différentes occasions. Mort en février 1402. Il est enterré à Saint-Denis.

4°. Etienne, un des frères du connétable de Sancerre, fut tué au siége de Tunis en 1390.

5°. Dans la branche des seigneurs de S. Brisson ou Briçon, Jean & Thibaud de Sancerre se noyèrent dans la rivière de Seine, près de l'abbaye de Barbeaux & furent enterrés dans cette abbaye.

Il y eut un comte de Sancerre tué à la bataille de Marignan.

SANCHEZ. (THOMAS) (*Hist. litt. mod.*) fameux jésuite espagnol, né à Cordoue en 1551, mort à Grenade en 1610. On a oublié les in-folio qu'il a écrits sur le décalogue, sur les vœux monastiques, &c. mais son traité de *Matrimonio* ne mourra jamais. Les obscénités, les questions indécentes, les décisions pieusement blasphématoires, qu'il y a entassées avec la science d'un anatomiste, la simplicité d'un enfant, & si l'on veut, la capacité d'un théologien, feront toujours consulter ce livre par différens motifs. On a fait une observation plaisante sur l'approbation donnée à ce même livre par les censeurs ; on a dit que si tous les objets dévoilés par l'auteur, n'avoient fait sur lui aucune impression, ils paroissoient en avoir fait une fort agréable sur les censeurs, puisque les termes de leur approbation sont : *legi, perlegi maximâ cum voluptate*. Cette plaisanterie innocente est cependant un avis aux censeurs de ne point surcharger leurs approbations d'éloges que le lecteur ne leur demande pas, & qui ne peuvent que les compromettre. Pascal a parlé de *Sanchez* dans les provinciales, mais par respect même pour les mœurs, il n'a osé le livrer à tout le ridicule dont ce jésuite étoit susceptible.

Un autre SANCHEZ (*François*), Médecin Portugais, établi à Toulouse, chrétien, mais né de parens juifs, & qui est vanté par Guy Patin, est auteur d'un livre singulier & rare, intitulé : *quòd nihil scitur* ; mort en 1632. Il se glorifie d'avoir introduit le premier dans la Guienne & le Languedoc l'usage des saignées faites à la dose de huit onces de sang ; avant lui elles n'étoient que de six onces au plus.

Un autre encore (ANTOINE-NUNÈS-RIBEIRO SANCHEZ), docteur en médecine, de l'université de Salamanque, conseiller d'état de la cour, & ancien premier médecin de l'impératrice de toutes les Russies, ancien premier médecin de ses armées, & du corps des cadets, ancien correspondant de l'académie royale des sciences de Paris, associé honoraire de l'académie de Pétersbourg, membre de celle de Lisbonne, associé étranger de la société royale de médecine, naquit à Pegna-Macor, en Portugal, le 7 mars 1699, d'une famille noble, dont on dit que *François-Sanchez* étoit aussi.

Boerhave dans sa jeunesse fut déterminé à l'étude de la médecine, par un ulcère dont il parvint à se guérir en employant des remèdes fort simples. Antoine *Sanchez* eut à-peu-près la même vocation ; une fièvre quarte dont il n'étoit pas traité à son gré par les Médecins, tourna ses études du côté de la médecine. Les aphorismes d'Hippocrate lui étant tombés sous la main, le confirmèrent dans sa résolution ; après avoir appris tout ce que les universités de Conimbre & de Salamanque pouvoient lui enseigner, il s'aperçut qu'il ne savoit rien, & voyagea pour s'instruire, à Gênes, à Londres, à Paris, à Montpellier. Il étudia dans Marseille

jusqu'aux

jufqu'aux moindres traces, & recueillit jufqu'aux moindres fouvenirs des ravages que la pefte y avoit faits en 1720; c'étoit en 1728 qu'il voyageoit. Le docteur Bertrand qu'il connut à Marfeille, lui fit connoître les aphorifmes de Boerhave, il crut lire un ancien & le plus grand homme de toute l'antiquité. Ce grand-homme eft vivant, lui dit M. Bertrand; quoi! s'écria Sanchez, Boerhave eft vivant, & je ne fuis pas fon difciple! Il vole à Leyde, paffe trois années auprès de M. Boerhave à prendre fes leçons; Boerhave le trouvant fort inftruit, le preffa de fe faire recevoir docteur; je le fuis, dit-il, j'ai été reçu à Salamanque. Et vous venez ici vous confondre parmi mes difciples! s'écria Boerhave, charmé de fa modeftie, & flatté de fon hommage; il le força de reprendre les honoraires que Sanchez lui avoit payés comme étudiant. Sanchez avoit une mémoire prodigieufe. Seul des difciples de Boerhave, il n'écrivit jamais fes leçons, & n'en oublia jamais rien.

La Czarine Anne Iwanowna ayant demandé à Boerhave trois habiles médecins de fon choix, M. Sanchez fut nommé le premier; il pratiqua la médecine à Mofcou & à Péterfbourg. Médecin des armées impériales, il fit en 1735, 1736, 1737, fous les ordres du maréchal de Munick, toutes les campagnes contre les turcs; il parcourut l'Ukraine, fuivit les bords du Don jufqu'à la mer de Zabache; les obfervations qu'il fit fur les diverfes peuplades de tartares, fur les différentes races d'hommes qui habitent les vaftes contrées de la Crimée & de la Tartarie, n'ont pas été inutiles à M. de Buffon, qui les a employées avec éloge dans le troifième volume de l'hiftoire naturelle.

Au fiége d'Afoph, qui fut remarquable par le grand nombre de maladies dont les affiégeans & les affiégés furent également affligés, il obferva la fièvre de prifon & d'hôpital, long-temps avant que fes illuftres condifciples, Huxham & Pringle en euffent parlé, il prouva combien il étoit utile de multiplier les hôpitaux, & d'y entretenir une libre circulation d'air. Au fiége d'Afoph on fut obligé d'envoyer quatre-vingts bleffés à deux lieues du quartier général, dans un endroit très-aéré, ils guérirent tous. Cette expérience lui ouvrit les yeux fur le danger de l'infection répandue dans les hôpitaux, & fur la nature de la fièvre de prifon.

Il obferva encore que les troupes ruffes, pendant les automnes de 1735 & 1736, furent attaquées d'une dyffenterie très-meurtrière, lorfqu'elles marchoient fur les bords du Borifthène & du Niefter jufqu'à la mer noire; cependant elles n'avoient pas mangé de fruits. M. Sanchez en a conclu que les fruits ne font point la caufe de la dyffenterie des armées.

La czarine étoit attaquée depuis huit ans d'une maladie dont la caufe étoit inconnue. M. Sanchez annonça l'exiftence d'une pierre dans le rein. La

czarine mourut; fon corps fut ouvert, & le pronoftic juftifié.

Les révolutions de Ruffie furent fatales à M. Sanchez; on punit en lui l'ami du maréchal de Munich; il remit toutes fes places à Leftock, chirurgien, & bientôt premier médecin d'Elifabeth, & il regarda, comme un bonheur fignalé, la permiffion qu'il obtint dans la fuite de paffer en France, où il vouloit fixer fon féjour. Il arriva en 1747 à Paris; il y a vécu jufqu'en 1783 dans une forte de retraite & d'obfcurité. « Le recueil, réfultat de » fes méditations, dit M. Vicq d'Azyr, forme 27 » volumes, rédigés avec cet abandon & cette vé- » rité qu'on fe permet lorfqu'on eft fûr de n'écrire, » comme on ne penfe, que pour foi feul. Religion, » morale, politique, hiftoire, phyfique, médecine, » rien ne lui étoit étranger : il n'y a aucun de » ces fujets fur lequel il n'ait profondément ré- » fléchi, & qui ne foit traité dans fes manuf- » crits ».

Il gardoit un jufte & profond reffentiment contre l'inquifition, qui avoit pris pour victimes quelques-uns de fes parens & de fes amis. Un de fes manufcrits eft intitulé : Penfées fur l'inquifition, pour mon ufage. Sans ce motif, à fon retour de Ruffie, c'auroit été dans le Portugal, fa patrie, qu'il auroit été fe répofer de toutes fes agitations.

En tête de fes Réflexions fur la révolution de 1741, qui a mis l'impératrice Elifabeth Petrowna fur le trône, on lit cette devife qui étoit, dit-on, celle de Walfingham, fecrétaire de la reine Elifabeth d'Angleterre : Video & taceo, je vois & je garde le filence.

Lorfque le grand-duc de Ruffie vint à Paris, en 1783, fous le nom de comte du Nord, M. Sanchez, dont l'âge & les travaux avoient épuifé les forces, apprit que ce prince devoit l'honorer d'une vifite, & s'empreffa de le prévenir. Le grand-duc étoit à table lorfque M. Sanchez lui fut annoncé. Il l'accueillit avec diftinction, & le fit affeoir à côté de lui. Le vieillard, que la Ruffie avoit traité fi bien & fi mal, fe rappela dans un moment tout le paffé. Il regarda avec attendriffement l'héritier d'un trône autour duquel il avoit vu tant d'orages, & il répandit avec profufion des larmes qui dirent au prince tout ce que fa bouche ne pouvoit exprimer. Rentré chez lui, M. Sanchez n'en fortit plus; ce fut la Ruffie, difent MM. Vicq d'Azyr & Andry, fes panégyriftes, ce fut la Ruffie qui, dans la perfonne du comte du Nord, reçut fes derniers adieux. Il mourut le 14 octobre 1783.

Le trait fuivant peint dans M. Sanchez un caractère bon & eftimable. Une femme très-pauvre, qui venoit le confulter, amena fon enfant avec elle. M. Sanchez, qui aimoit les enfans, careffa beaucoup celui-ci, & malgré l'appareil de la vieilleffe & des infirmités qui effraye & rebute le jeune âge, l'enfant parut s'attacher à lui, fe jeta dans fes bras, & pouſſa de grands cris lorſqu'il fallut s'en ſéparer. M. Sanchez, touché de ſa douleur, & flatté de ſon attachement, demanda & obtint la permiſſion de le garder auprès de lui; il le rendit heureux & fut heureux de ſon bonheur. Il lui a légué par ſon teſtament une ſomme conſidérable.

M. Andry, dépoſitaire des manuſcrits de M. Sanchez, a écrit un précis hiſtorique de ſa vie; M. Vicq d'Azyr en a fait l'éloge avec ſon éloquence ordinaire; mais voici la plus belle oraiſon funèbre de M. Sanchez: il avoit un frère médecin, attaché aux troupes du roi de Naples, & dont la fortune a été long-temps très-bornée; MM. Andry & Vicq d'Azyr s'adreſsèrent à lui pour avoir des détails ſur la vie de M. Sanchez; voici quelle fut ſa réponſe:

« Il y a très-long-temps que j'ai le malheur » d'être ſéparé de mon frère. Il ne m'a jamais » parlé dans ſes lettres que de ſon inquiétude ſur » mon ſort, & il m'a toujours fourni les ſecours » les plus abondans. Sa généroſité m'a pourſuivi » juſqu'au fond de la Sicile, & il a pluſieurs fois » trouvé le moyen de me faire parvenir ſes bien- » faits dans des lieux d'où je ne ſavois moi-même » par quelle voie je pouvois lui offrir les témoi- » gnages de ma reconnoiſſance ».

SANCHONIATHON. (Hiſt. litt. anc.) C'eſt le plus ancien, à ce qu'on croit, de tous les écrivains non inſpirés: il étoit de Béryte en Phénicie; il avoit écrit en phénicien une hiſtoire diviſée en neuf livres, dans laquelle il expoſoit la théologie & les antiquités de ſon pays. Philon de Biblos, contemporain de l'empereur Adrien, en avoit fait une verſion grecque dont il nous reſte des fragmens dans Porphyre & dans Euſèbe; encore des ſavans, tels que Dupin en France & Dodwel en Angleterre, rejettent-ils ces fragmens comme ſuppoſés, mais on peut dire qu'en général ils ſont adoptés. Quant à Sanchoniathon, on le croit très-ancien, mais on ne ſait pas certainement en quel temps il vivoit. Tous les ſavans orthodoxes reconnoiſſent qu'il étoit poſtérieur à Moyſe, & ceux qui lui donnent le plus d'antiquité, le font remonter juſqu'au temps de Gédéon.

SANCRAT, ſ. m. (Hiſt. mod.) C'eſt ainſi que l'on nomme dans le royaume de Siam les chefs ou ſupérieurs-généraux des talapoins ou prêtres du pays. Celui qui préſide au couvent du palais-royal eſt le plus conſidéré; cependant les ſancrats, dont la dignité reſſemble à celle de nos évêques, n'ont aucune juridiction les uns ſur les autres; mais chacun d'eux a au-deſſous de lui un ſupérieur de couvent. Il n'y a que les ſancrats qui aient droit de conſacrer les talapoins; ces derniers ont pour eux le plus grand reſpect après qu'ils les ont élus pour remplir cette place. Leur choix tombe communément ſur le plus vieux talapoin du couvent. (A. R.)

SANCTIUS, (FRANÇOIS) (Hiſt. litt. mod.)

Ce nom en eſpagnol eſt auſſi Sanchez; mais le ſavant dont nous parlons eſt plus connu ſous cette terminaiſon latine: il l'eſt beaucoup, rien de plus célèbre parmi les grammairiens que l'ouvrage intitulé: Sanctii Minerva. MM. de Port-Royal en ont profité dans leur Méthode de la langue latine. Sanctius a encore fait d'autres ouvrages ſur la grammaire. On lui prodiguoit de ſon temps les titres exagérés de père de la langue latine, & de docteur de tous les gens de lettres. Il a conſervé celui de ſavant Grammairien. Mort en 1600.

SANCY, (Voyez HARLAY.)

SANDALE, ſ. f. (Hiſt. anc. & mod.) ſorte de chauſſure ou pantoufle fort riche, qui étoit faite d'or, de ſoie, ou d'autres étoffes précieuſes, & que portoient autrefois les dames Grecques & Romaines; elle conſiſtoit en une ſemelle, dont l'extrémité poſtérieure étoit creuſée pour recevoir la cheville du pied, la partie ſupérieure du pied reſtant découverte.

Térence dit, en parlant de cette ſorte de chauſſure;

Utinam tibi commitigarit ſandalis caput.

plût à Dieu qu'elle vous caſſât la tête avec ſa ſandale.

Apollon étoit quelquefois nommé Sandaliarius, faiſeur de ſandales. Les critiques ont été fort embarraſſés ſur la raiſon pour laquelle on lui donnoit ce nom; quelques auteurs le font venir d'une rue appelée vicus ſandalarius, qui étoit habitée principalement par des faiſeurs de ſandales, & où ce Dieu avoit un temple; mais d'autres font venir avec plus de vraiſemblance le nom de la rue, de celui du Dieu, & croient qu'Apollon avoit été appelé ainſi, à cauſe de ſa parure efféminée, comme s'il portoit des ſandales de femme.

M. Burette, dans ſes diſſertations ſur la muſique des anciens, dit qu'ils ſe ſervoient de ſandales de bois ou de fer, pour battre la meſure, afin de rendre la percuſſion rythmique plus éclatante.

Sandale ſignifie auſſi une eſpèce de ſoulier ou de pantoufle que portent le pape & les autres prélats quand ils officient, & qui, à ce qu'on croit, eſt ſemblable à la chauſſure que portoit Saint Barthélemi.

Alcuin dit qu'il y avoit quelque différence entre les ſandales des évêques & celles des prêtres & des diacres.

Il n'étoit permis aux moines de porter des ſandales que quand ils voyageoient, ſelon la remarque de Ducange, de Saumaiſe, &c.

Sandale eſt encore le nom d'une eſpèce de pantoufle ou ſoulier découpé par-deſſus, que portent aujourd'hui les religieux réformés de différentes congrégations; elle conſiſte en une ſimple ſemelle de cuir, liée avec des courroies ou des boucles, par-deſſus le haut du pied, qui eſt preſque entièrement à nu., à-peu-près comme les peintres peignent le bas du brodequin des anciens. Les capucins portent des *fandales*, & les récollets des focles ; les *fandales* font toutes de cuir, au lieu que la femelle des focles n'eft que de bois. (*A. R.*)

SANDERSON, (ROBERT) (*Hift. litt. mod.*) chapelain & hiftorien de Charles I, roi d'Angle-terre, fouffrit pour fa caufe, & fut fait évêque de Lincoln par Charles II, après la reftauration. On a de lui, indépendamment de l'Hiftoire de Charles I, *logicæ artis compendium ; phyficæ fcientiæ compen-dium. De juramenti obligatione,* &c. Né en 1587. Mort en 1662.

SANDERUS. (*Hift. litt. mod.*) Antoine & Nicolas, l'un flamand, l'autre anglois. Le premier, mort en 1664, a écrit favamment l'hiftoire de fon pays ; le fecond a écrit avec paffion l'hiftoire du fchifme d'Angleterre ; il eft fufpect même aux ca-tholiques. Maucroix a traduit fon ouvrage en fran-çois. Les autres écrits de *Sanderus* font purement polémiques, & fon hiftoire ne l'eft déja que trop. Il y a cependant un autre ouvrage de lui qui tient encore à l'hiftoire ; c'eft celui qui a pour titre : *de martyrio quorumdam fub Elizabethâ reginâ,* & par malheur ce titre eft jufte ; cette grande reine ne fut pas affez éclairée pour être véritablement tolérante, & en détruifant l'ouvrage de fa fœur, elle emprunta quelque chofe de fa violence. *Sanderus* avoit été envoyé par le pape Grégoire XIII en Ir-lande ; fa miffion étoit de foulever les catholiques de ce pays contre Elifabeth, pour éviter de tomber entre les mains des anglois, il s'engagea dans des forêts qu'il ne connoiffoit pas, s'y égara & y périt de faim & de mifère en 1583.

SANDI-SIMODISINO, (*Hift. mod. fuperft.*) c'eft le nom que les nègres du royaume de Quojia, dans les parties intérieures de l'Afrique donnent à des jeunes filles, qui font pendant quatre mois féparées du refte des humains, & qui vivent en communauté fous des cabanes bâties dans les bois, pour recevoir de l'éducation ; la fupérieure de cette efpèce de com-munauté, s'appelle *foguilli* ; c'eft une matrone ref-pectable par fon âge ; les jeunes filles qui doivent être élevées dans cette retraite, font toutes nues pen-dant le temps de leur féjour dans cette écôle ; on les conduit à un ruiffeau où on les baigne, on les frotte avec de l'huile, & on leur fait la cérémonie de la circoncifion, qui confifte à leur couper le clitoris, opération très-douloureufe, mais qui eft bientôt gué-rie ; l'éducation confifte à leur apprendre des danfes fort lafcives, & à chanter des hymnes très-indécens en l'honneur de l'idole *fandi* ; quand le temps du no-viciat eft expiré, la dame fupérieure conduit fes élè-ves au palais du roi, au milieu des acclamations du peuple, elles font devant fa majefté les exercices qu'elles ont appris, après quoi on les remet à leurs parens qui font charmés des talens que leurs filles ont acquis. (*A. R.*)

SANDRAS. (*Voyez* COURTILZ.)

SANG (pureté de), (*Hift. d'Efpag.*) en Efpagne on fait preuve de *pureté de fang*, comme on fait preuve en France de nobleffe pour être chevalier de Malthe, ou du Saint-Efprit, &c. Tous les officiers de l'inqui-fition, ceux du confeil fuprême & des autres tribu-naux doivent prouver leur *pureté de fang*, c'eft-à-dire qu'il n'y a jamais eu dans leur famille ni juifs, ni maures, ni hérétiques. Les chevaliers des ordres mi-litaires, & quelques chanoines font pareillement obligés de joindre cette preuve aux autres qu'on exige d'eux. On les difpenfe de la *pureté de fang* au propre, la figurative en tient lieu. (*D. J.*)

SANG, (confeil de), (*Hift. mod.*) eft un tribunal qui fut établi en 1567, dans les Pays-Bas, par le duc d'Albe, pour la condamnation ou juftification de ceux qui étoient foupçonnés de s'oppofer aux vo-lontés du roi d'Efpagne Philippe II. Ce confeil étoit compofé de douze perfonnes. (*A. R.*)

SANG-GRIS, f. m. *terme de relation ;* c'eft ainfi que les françois nomment en Amérique, une boiffon que les anglois ont inventée, & qui eft fort à la mode aux îles Antilles françoifes. Cette boiffon fe fait avec du vin de Madere, du fucre, du jus de citron, un peu de canelle, de mufcade, & une croûte de pain rôtie ; on paffe cette liqueur par un linge fin, & elle eft une des plus agréables à boire. (*D. J.*)

SANGUIN. (*Voyez l'art.* SAINT-PAVIN.)

SANJAK *ou* SANGIAK, f. m. (*Hift. mod.*) c'étoit anciennement chez les Turs le titre qu'ils donnoient à tous les gouverneurs ; aujourd'hui ils font infé-rieurs aux bachas & beglerbegs, & ne font que des intendans ou directeurs des provinces, qui ont droit de faire porter devant eux un étendard appelé *fan-jak*, fans queue de cheval. (*A. R.*)

SANLECQUE, (LOUIS de) (*Hift. litt. mod.*) génovefain connu par des poéfies extrêmement né-gligées, mais où il y a du naturel & de l'efprit. Sa *Satyre contre les directeurs* l'empêcha d'être évêque de Béthléem ; le duc de Nevers l'avoit nommé, le roi ne voulut pas que la nomination eût lieu. fon poème fur les mauvais geftes des prédicateurs eft fenfé quant aux idées, mais l'expreffion eft fouvet d'une familiarité baffe & burlefque : c'étoit un homme d'efprit, mais il n'étoit pas poète. Né en 1650, mort en 1714.

SANNAZAR, (JACQUES) *Actius Sincerus San-nazarus* (*Hift. litt. mod.*) célèbre poète latin & italien, naquit à Naples en 1458. Le Duchat dit cependant qu'il étoit éthiopien de naiffance, qu'ayant été fait efclave dans fa jeuneffe, il avoit été vendu à un favant napolitain, nommé *Sannazar*, qui l'avoit affranchi & lui avoit donné fon nom. Ou le poète *Sannazar*, ou fon patron tiroit fon origine d'un lieu nommé *Saint-Nazaire*, fitué entre le Pô & le Tefin, & de là le nom de *Sannazar*. La

poëte, (ear nous laiſſons là ſon patron réel ou chimérique) plut, par ſon eſprit & ſes talens, au roi de
Naples, Fréderic, dernier roi de la branche bâtarde
d'Arragon, il le ſuivit en France après ſon détrônement, & ne le quitta point juſqu'à la mort de ce
prince. Il retourna enſuite en Italie. Le fameux prince
d'Orange, Philibert de Naſſau, ſucceſſeur du connétable de Bourbon, dans le commandement de
l'armée impériale, ruina la maiſon de campagne
de Sannazar, qui en conçut tant de chagrin qu'il
en mourut. Ce fut en 1530, peu de jours avant ſa
mort, il apprit que le prince d'Orange venoit d'être
tué dans un combat contre les Florentins; toujours plein de ſon reſſentiment; il s'écria : je mourrai
content, puiſque Mars a puni ce barbare ennemi des
Muſes. La poéſie l'avoit tellement familiariſé avec
les divinités payennes, qu'il les employoit par-
tout, & ſembloit être devenu payen. Il avoit fait
conſtruire ſon tombeau dans la chapelle d'une
de ſes maiſons; & il l'avoit orné de ſtatues d'Apollon
& de Minerve; ce tombeau étoit placé derrière
l'autel. On changea les noms, Apollon fut David,
ſa lyre fut une harpe; la guerrière Pallas devint
Judith. Dans ſon fameux poëme de partu Virginis,
traduit par Colletet, ſous le titre de couches ſacrées
de la Sainte-Vierge, le nom de J. C. ne ſe trouve
pas une fois; la Vierge Marie, qu'on ne pouvoit
pas ne pas nommer, eſt l'eſpoir des dieux. Par-tout des
Dryades, des Néréides, les Sibylles, Protée, &c.
ce qui n'empêcha pas que ce poëme ne lui attirât
des brefs honorables de la part des papes Léon X
& Clément VII, plus ſenſibles à la belle poéſie
que choqués de cette profanation d'un ſujet ſacré.
On regardoit alors cet emploi des divinités payennes,
comme le langage eſſentiel de la poéſie. La plus
célèbre des pièces italiennes de Sannazar eſt
ſon Arcadie, elle a été traduite en françois par
M. Pecquet, grand-maître des eaux & forêts de
Rouen. Tout le monde connoît ſes ſix vers ſur
Veniſe.

Viderat Adriatis Venetam Neptunus in undis, &c.

SANSAC, (LOUIS PREVOT, baron de) (*Hiſt.
de Fr.*) un des braves capitaines du ſeizième ſiècle,
s'étoit trouvé à onze batailles rangées, il avoit été
fait priſonnier à la bataille de l'avie, avoit été
bleſſé à la bataille de Dreux, & ne l'avoit été
que dans cette occaſion, quoiqu'il eût paſſé ſa
vie au milieu des haſards de la guerre; c'étoit
le plus habile homme de cheval de ſon temps,
& c'étoit lui qui avoit appris à cheval aux
fils de François I. Henri II, le ſeul qui reſtât de
ſes trois élèves, le fit gouverneur des princes ſes
fils. Sur la fin de ſa vie il quitta la cour, & ſe
retira dans ſa maiſon, où il mourut âgé de quatre-
vingts ans. Il avoit, dit Brantôme, l'état, les gages
& la penſion de Maréchal de France ſans l'être.

SANSCRIT ou SAMSKRET, ſ. m. (*Hiſt. mod.*)
C'eſt le nom qu'on donne parmi les idolâtres de l'In-

doſtan à une langue fort ancienne, qui n'eſt connue
que des bramines ou prêtres, & dans laquelle eſt
écrit le *vedam*, qui contient les dogmes de la religion des Indiens. *Voyez* VEDAM. Cette langue
ſe trouve ainſi nommée *Sanſcrit* & *Samskrotam*;
il n'y a que la tribu des prêtres & celle des
kutteris ou nobles, à qui il ſoit permis de l'apprendre. (*A. R.*)

SANSON, (JACQUES ET NICOLAS) (*Hiſt.
litt. mod.*) tous deux d'Abbeville & de la même
famille; le premier, carme déchauſſé, auteur d'une
hiſtoire eccléſiaſtique d'Abbeville & d'une *hiſtoire des
comtes de Ponthieu*, mort le 19 août 1664.

Le ſecond, beaucoup plus connu, eſt le fameux
géographe, il enſeigna la géographie à Louis XIV
& le grand Condé, qui aimoit toutes les ſciences,
venoit ſouvent s'entretenir avec lui ſur la géographie
& ſur les autres ſciences qu'elle ſuppoſe. Le roi lui
donna un brevet de conſeiller d'état, mais *Sanſon*
ne voulut jamais prendre ce titre, de peur, diſoit-il,
d'affoiblir dans ſes enfans l'amour de l'étude. Il
eut trois fils: l'aîné, nommé, comme lui, Nicolas,
fut tué à la journée des barricades de 1648, en
défendant le chancelier Séguier, qui, lui-même,
y courut riſque de la vie. Les deux autres, Guillaume & Adrien, publièrent, ainſi que leur père,
un grand nombre de cartes. Le père, mort à Paris
en 1667, né à Abbeville en 1600, a de plus beaucoup écrit ſur la géographie.

SANTAREL ou SANCTAREL, (SANCTAREL-
LUS) (ANTOINE) (*Hiſt. litt. mod.*) jéſuite italien,
auteur du traité *de Hæreſi, ſchiſmate, apoſtaſiâ, ſolli-
citatione in ſacramento pœnitentiæ, & de poteſtate
ſummi pontificis in his.*

SANTE. (GILLES-ANNE-XAVIER de la) (*Hiſt.
litt. mod.*) Le P. de la Sante, jéſuite, célèbre profeſſeur de rhétorique, au collège de Louis-le-Grand,
même après le P. Porée. On a de lui des harangues
latines, où il y a de l'eſprit, & un recueil de vers
intitulé : *muſæ rhetorices.* Il cherchoit l'épigramme
& l'antithèſe; né en Bretagne le 22 décembre 1684,
mort vers l'an 1763.

SANTEUL ou SANTEUIL. (JEAN-BAPTISTE)
(*Hiſt. litt. mod.*) C'eſt de tous les poëtes latins modernes celui dont la verve ſe fait le mieux ſentir, il
émeut, il tranſporte; il a vraiment cet *os magna
ſonaturum* qui, ſelon Horace, caractériſe le vrai
poëte; il eſt plein d'harmonie, de chaleur & d'é-
nergie. Les jéſuites eurent quelques rivaux à lui
oppoſer, tels que le P. Larue, le P. Rapin, le
P. Commire, le P. Vanière, le P. Sanadon, mais il
eſt plus original qu'eux tous, il a plus de mouvement, il parle plus d'après lui-même & moins
d'après les anciens. Le P. Coſſart, ſon régent de
rhétorique, l'annonça, d'après les diſpoſitions qu'il
reconnut en lui, comme un des plus grands poëtes

qui duffent illuftrer fon fiècle. On ignore à quel point la rivalité ou le dépit d'avoir vu *Santeuil* préférer la communauté de S. Victor à la fociété des jéfuites, put influer fur les querelles que *Santeuil* eut dans la fuite avec ces mêmes jéfuites; nous avons rapporté ailleurs ce qui concerne la principale de ces querelles, née de cette belle & tendre épitaphe que *Santeuil* avoit faite au docteur Arnauld. (*Voyez à* ARNAULD l'article de ce docteur) *Santeuil* eut avec M. Boffuet une efpèce de difpute littéraire fur l'emploi des divinités du paganifme & des ornemens de la mythologie, non-feulement dans les fujets chrétiens, mais même dans les fujets profanes traités par des chrétiens; Boffuet pouffoit la févérité jufqu'à interdire à ceux-ci tout ufage de la Fable, & il paroît que c'eft à cette difpute que Boileau fait allufion, & que c'eft Boffuet qu'il condamne, lorfqu'il dit:

> C'eft d'un fcrupule vain s'alarmer fottement.
> Bientôt ils défendront de peindre la prudence,
> De donner à Thémis ni bandeau ni balance,
> De figurer aux yeux la guerre au front d'airain,
> Et le temps qui s'enfuit une horloge à la main,
> Et par-tout des difcours comme une idolatrie
> Dans leur faux zèle iront chaffer l'allégorie.

Cette difpute produifit de beaux vers de la part de *Santeuil.* On connoît ces magnifiques infcriptions dont il a enrichi la ville de Paris, fur-tout celle de la pompe du pont Notre-Dame; il a célébré auffi en détail la plûpart des principales beautés de Chantilly, il a chanté cette fontaine folitaire de *Sylvie*, aujourd'hui trop négligée, & que le fouvenir de Théophile, & fur-tout de *Santeuil* auroit dû engager à entretenir dans fa fimplicité ruftique.

> *Hoc fub inornato tu, Sylvia marmore flebas,*
> *Fonfque tuus querulis auctior ibat aquis.*
> *Define flere, tibi dignos reparamus honores, &c.*

Il a peint la chûte d'eau de la tête du canal, les détours du labyrinthe, &c. Il a fait cette belle infcription qu'on lit au pied de la ftatue du grand Condé fur le grand efcalier de Chantilly, en trois vers latins, dont le premier & la moitié du fecond peignent ce héros terrible dans les combats, & les autres, par le contrafte le mieux ménagé, le repréfentent dans fon heureux & favant loifir, entouré des arts, embelliffant fes jardins, & comme dit Boffuet, « conduifant fes amis dans ces fuperbes allées au » bruit de tant de jets d'eau, qui ne fe taifoient ni » jour ni nuit ». (*Voyez l'art.* CONDÉ.) Il étoit jufte que *Santeuil* chantât les beautés de ce lieu charmant où il étoit accueilli avec tant de bonté par de fi grands princes, qui pouvoient s'amufer de fes bizarreries, mais qui rendoient hommage à fon génie. On eft étonné de le voir chanter ces princes & ces princeffes, retracer les amufemens & les plaifanteries

de leur fociété, dans une langue qui ne devoit pas leur être familière. Le latin n'étoit pas étranger fans doute au grand Condé, encore moins peut-être au prince Henri Jules, pas même peut-être à la ducheffe du Maine, qui eft nommée par-tout dans les poéfies de *Santeuil,* la Nymphe de Chantilly, *Nympha Cantilliaca,* & qui fut depuis la déeffe de Sceaux; mais croira-t-on que toutes les dames de cette cour fuffent en état de lire les vers de *Santeuil* dans l'original? car, s'il falloit les leur traduire, tout le mérite de ces vers étoit perdu. Le malheureux *Santeuil* trouva fa mort dans les amufemens de cette cour. Le Duc de Bourbon, gouverneur de Bourgogne, le menoit toujours aux états de cette province, ne pouvant pas s'en féparer. *Santeuil* fut emporté à Dijon, en 1697, par une colique violente, dit un hiftorien; mais il n'ajoute pas ce qui eft pourtant écrit par-tout, que cette colique fut provoquée par un badinage imprudent que fe permit une grande princeffe, parce qu'elle le croyoit abfolument innocent & fans conféquence, elle mêla du tabac dans un verre de vin qu'il alloit boire & qu'il but en effet; il mourut la nuit fuivante; ce ne fut pas fans avoir dit un bien meilleur mot que ceux qu'on lui fait dire dans le *Santoliana.* Un page étant venu à fes derniers momens s'informer de fon état, *de la part de fon alteffe féréniffime monfeigneur le duc de Bourbon,* le mourant lève les yeux au ciel & s'écrie: *tu folus altiffimus:* mot de fituation & du moment.

La même chaleur, la même fureur poétique que *Santeuil* mettoit dans la compofition de fes vers, il la mettoit dans leur déclamation, c'eft ce qui a donné lieu à cette épigramme de Boileau:

> A voir de quel air effroyable
> Roulant les yeux, tordant les mains,
> Santeuil nous lit fes hymnes vains,
> Diroit-on pas que c'eft le diable
> Que Dieu force à louer les faints.

Ses hymnes (vains ou non) lui procurèrent une grande réputation, indépendamment de fes vers profanes. L'ordre de Cluni lui fit une penfion pour les belles hymnes dont il orna le bréviaire de Cluni, ainfi que celui de Paris. M. Rollin lui fit une épitaphe très-chrétienne, & prefque auffi bonne que celle qu'il avoit faite lui-même à M. Arnauld. Il y diftingue fes deux genres de travaux, & leur affigne à chacun fon jufte prix.

> *Quem fuperi præconem, habuit quem fancta poëtam*
> *Rellig.o, latet hoc marmore Santolius:*
> *Ille etiam Heroas, fontefque & flumina & hortos*
> *Dixerat, at cineres quid labor ifte juvat?*
> *Fama hominu mmercesfit verfibus æqua profanis,*
> *Mercedem pofcunt carmina facra Deum.*

Santeuil avoit dans toute fon étendue le double caractère de poëte & de poëte latin ; il fe piquoit de cet orgueil & de cette forfanterie que fembloient affecter les poëtes de l'antiquité, & il en allioit mal-adroitement avec l'humilité monaftique : *je ne fuis qu'un atome*, difoit-il, *je ne fuis rien ; mais fi je favois avoir fait un mauvais vers, j'irois tout-à-l'heure me pendre à la Grève.*

Ceux qui vouloient décrier Boffuet, l'accufoient d'obfcurité, à caufe de fon ton de prophète, quoiqu'ils ne l'entendiffent que trop bien ; *Santeuil*, malgré fon refpect pour ce prélat, s'irrita un jour d'une remontrance un peu févère que lui fit Boffuet : *votre vie*, lui difoit-il, *eft peu édifiante, & fi j'étois votre fupérieur, je vous enverrois dans une petite cure dire votre bréviaire ; & moi*, répliqua Santeuil, *fi j'étois roi de France, je vous ferois fortir de votre Germigny*, (maifon de campagne des évêques de Meaux) *& je vous enverrois dans l'ifle de Pathmos faire une nouvelle apocalypfe.*

Perfonne n'a mieux fu peindre, en général, & n'a mieux peint *Santeuil* en particulier, que la Bruyère.

« Concevez un homme facile, doux, complaifant,
» traitable, & tout d'un coup violent, colère, fou-
» gueux, capricieux. Imaginez-vous un homme
» fimple, ingénu, crédule, badin, volage, un enfant
» en cheveux gris ; mais permettez-lui de fe recueil-
» lir, ou plûtot de fe livrer à un génie qui agit en lui,
» j'ofe dire, fans qu'il y prenne part, & comme à
» fon infçu ; quelle verve ! quelle élévation ! quelles
» images ! quelle latinité ! Parlez-vous d'une même
» perfonne, me direz-vous ? oui, du même, de Theo-
» das, & de lui feul. Il crie, il s'agite, il fe roule à
» terre, il fe relève, il tonne, il éclate ; & du milieu de
» cette tempête, il fort une lumière qui brille & qui
» réjouit. Difons-le fans figure, il parle comme un fou,
» & penfe comme un homme fage. Il dit ridiculement
» des chofes vraies, & follement des chofes-fenfées
» & raifonnables. On eft furpris de voir naître &
» éclore le bon fens du fein de la bouffonnerie, parmi
» les grimaces & les contorfions. Qu'ajouterai-je
» davantage ? Il dit & il fait mieux qu'il ne fait. Ce
» font en lui comme deux ames qui ne fe con-
» noiffent point, qui ne dépendent point l'une de
» l'autre, qui ont chacune leur tour ou leurs fonctions
» toutes féparées. Il manqueroit un trait à cette pein-
» ture furprenante, fi j'oubliois de dire qu'il eft
» tout-à-la-fois avide & infatiable de louanges, prêt
» de fe jeter aux yeux de fes critiques, & dans le
» fond affez docile pour profiter de leurs cenfures.
» Je commence à me perfuader moi-même que j'ai
» fait le portrait de deux perfonnages tout différens ;
» il ne feroit pas même impoffible d'en trouver un
» troifième dans Theodas, car il eft bon-homme.

Un autre SANTEUL, (*Claude*) frère de *Jean-Baptifte*, & qu'on appelloit *Santolius Maglorianus*, parce qu'il demeuroit au féminaire de Saint-Ma-

gloire, & pour le diftinguer de *Santolius Victo-rinus*, a fait auffi, dit-on, de belles hymnes ; mais on les conferve en manufcrit dans fa famille. Né en 1628, mort en 1684.

Un autre *Claude Santeul*, de la même famille, échevin de Paris, mort vers 1729, a fait auffi des hymnes, imprimés en 1723.

SANTONS, f. m. (*Hift. mod.*) efpèce de reli-gieux mahométans, vagabonds & libertins. On re-garde les *fantons* comme une fecte d'épicuriens qui adoptent entre eux cette maxime, *aujourd'hui eft à nous, demain eft à celui qui en jouira ?* Auffi prennent-ils pour fe fauver une voie toute oppofée à celle des autres religieux turcs, & ne fe réfufent aucun des plaifirs dont ils peuvent jouir. Ils paffent leur vie dans les pélerinages de Jerufalem, de Bagdad, de Damas, du mont Carmel & autres lieux qu'ils ont en vénération, parce que leurs prétendus faints y font enterrés. Mais dans ces courfes ils ne manquent jamais de détrouffer les voyageurs lorfqu'ils en trou-vent l'occafion ; auffi craint-on leur rencontre, & ne leur permet-on pas d'approcher des caravanes, fi ce n'eft pour recevoir l'aumône.

La fainteté de quelques-uns d'entre eux confifte à faire les imbéciles & les extravagans, afin d'attirer fur eux les yeux du peuple ; à regarder le monde fixement, à parler avec orgueil, & à quereller ceux qu'ils rencontrent. Prefque tous marchent la tête & les jambes nues, le corps à moitié couvert d'une mé-chante peau de quelque bête fauvage, avec une cein-ture de peau autour des reins, d'où pend une efpèce de gibecière ; quelquefois, au lieu de ceinture, ils portent un ferpent de cuivre que leurs docteurs leur donnent comme une marque de leur favoir ; ils por-tent à la main une efpèce de maffue.

Les *fantons* des Indes, qui paffent en Turquie pour le pélérinage de la Mecque & de Jérufalem, deman-dent l'aumône avec un certain ris méprifant. Ils mar-chent à pas lents : le peu d'habillement qui les cou-vre eft un tiffu de pièces de toutes couleurs mal af-forties & mal coufues.

Dandini, dans fon voyage du Mont-Liban, pré-tend que le titre de *fanton* eft un nom générique & commun à plufieurs efpèces de religieux turcs, dont les uns s'aftreignent par vœu à garder la continence, la pauvreté, &c. & d'autres mènent une vie ordi-naire. Il diftingue encore les méditatifs, qu'on recon-noît aux plumes qu'ils portent fur la tête ; & les ex-tatiques, qui portent des chaînes au cou & aux bras pour marquer la véhémence de l'efprit qui les anime ; quelques-uns qui font mendians ; d'autres fe confa-crent au fervice des hôpitaux : mais en général les *fantons* font charlatans, & fe mêlent de vendre au peuple des fecrets & des reliques telles que des che-veux de Mahomet, &c. Prefque tous font mendians, & font leurs prières dans les rues, y prennent leurs repas, & n'ont fouvent point d'autre afyle. Lorfqu'ils n'ont point fait de vœux, si ce genre de vie leur déplaît, il leur suffit, pour y renoncer, de s'habiller comme le peuple; mais la fainéantise & l'oisiveté à laquelle ils sont accoutumés, sont de puissans attraits pour les retenir dans leur ancien état: d'autant plus que l'imbécillité des peuples est un fond assuré pour leur subsistance. Guer. *mœurs des Turcs, tome I*, Dandini, *voyage du Liban*.

SANTORIUS ou SANCTORIUS, (*Hist. litt. mod.*) médecin vénitien, célèbre par ses expériences sur la transpiration insensible, dont on trouve le résultat dans son livre intitulé : *de medicinâ staticâ aphorismi.* M. Lorry en a donné en 1790 une bonne édition; le Breton l'a traduite sous ce titre : *La médecine-statique de Santorius*, ou l'art de *conserver la santé par la transpiration.* On a encore de *Santorius* l'ouvrage intitulé : *methodus vitandorum errorum qui in arte medicâ contingunt.* Il écrivoit depuis 1600 jusqu'en 1634.

SANUTI, (MARIN) (*Hist. litt. mod.*) fils d'un sénateur de Venise, auteur d'une histoire des magistrats vénitiens, & des vies des doges de Venise, depuis l'an 421, époque de sa fondation, jusqu'en 1493. Ce dernier ouvrage se trouve dans le vingt-deuxième tome de la collection de Muratori. *Sanuti* mourut vers le commencement du seizième siècle.

S A P

SAPAN, s. m. (*Hist. mod.*) C'est le nom que les habitans du Pégu donnent à leurs principales fêtes ou solennités, qui se célèbrent avec beaucoup de pompe. La première est la fête des *fusées*; les gens riches lancent des fusées en l'air, & ils jugent du degré de faveur qu'ils obtiennent auprès de la divinité, par la hauteur à laquelle leur fusée s'élève : ceux dont la fusée ne s'élève point, s'ils en ont les moyens, font bâtir un temple à leurs dépens, pour expier les fautes qui leur ont attiré le déplaisir du ciel. La seconde fête s'appelle *kollok* : on choisit des femmes du peuple, & sur-tout des hermaphrodites qui sont communs au Pégu; qui forment une danse en l'honneur des dieux de la terre. Lorsque la danse est finie, les acteurs ou actrices entrent en convulsion, & prétendent ensuite avoir conversé avec les dieux, & se mêlent de prédire si l'année sera bonne ou mauvaise, s'il y aura des épidémies, &c. La fête, appelée *sapankatena*, consiste à faire de grandes illuminations, & à promener dans les rues de grandes pyramides ou colonnes. Celle que l'on nomme *sapan-dayka*, ou *la fête des eaux*, se célèbre en se baignant & en se jetant les uns aux autres une grande quantité d'eau. La fête appelée *sapan-donon*, se célèbre par des joutes ou courses sur l'eau. Le maître ou conducteur de la barque qui arrive la première au palais du roi, obtient un prix; celui qui arrive le dernier reçoit par dérision un habit de veuve; cette fête dure pendant un mois entier. (*A. R.*)

SAPOR, (*Hist. de Perse*) nom de trois rois de Perse.

Sapor I monta sur le trône l'an 238 de Jésus-Christ, ravagea plusieurs provinces de l'empire romain, menaça d'envahir tout l'Orient, vainquit & fit prisonnier, l'an 260, l'empereur Valérien. (Sur la manière dont il le traita, *voyez l'article* BAJAZET.). Le célèbre Odenat, mari de Zénobie, vengea Valérien, ravit à *Sapor* ses conquêtes, le battit & le poursuivit jusques sous les murs de Ctésiphon. *Sapor* mourut en 269, assassiné par des Satrapes.

Sapor II, fils posthume d'Hormisdas II, fut déclaré son successeur en 310, avant que de naître. Il fit aussi la guerre aux romains, il la fit sur-tout aux chrétiens, auxquels il suscita une cruelle persécution. L'empereur Constance arrêta ses progrès; Julien le poursuivit jusqu'au centre de ses états; Jovien fit la paix avec lui en lui laissant une partie de ses conquêtes; la guerre s'étant rallumée en 370, *Sapor* battit l'empereur Valens; il mourut en 380, sous l'empire de Gratien.

Sapor III, commença de régner en 384; il continua sans succès cette guerre, & fut obligé de demander la paix à Théodose-le-Grand. Il mourut en 389.

SAPPHO ou SAPHO, (*Hist. litt. anc.*) femme distinguée dans l'antiquité par son talent pour la poésie, & décriée pour ses mœurs, étoit de Mitylène, dans l'isle de Lesbos; elle vivoit environ six siècles avant Jésus-Christ, dans le même temps qu'Alcée son contemporain, illustre comme elle par la poésie lyrique. Sapho a inventé, comme Alcée, une mesure particulière de vers, appelé de son nom *saphique*, de même que le vers alcaïque porte le nom d'*Alcée.* Cette mesure est très-lyrique, c'est-à-dire, qu'elle est chantante & dansante. Horace s'applaudit d'avoir réuni tous les genres, & employé toutes les mesures d'Archiloque, d'Alcée & de Sapho.

Temperat Archilochi Musam pede mascula Sappho, Temperat Alcæus,

Cette épithète de *mascula* fait moins l'éloge des vers de *Sapho* que la critique de ses mœurs; mais madame Dacier prétendoit que *Sapho* avoit été calomniée; elle ne pouvoit se résoudre à prendre mauvaise opinion d'une personne qui avoit fait de si beaux vers grecs.

Sapho avoit trois frères, Larychus, Eurygius & Charaxus; ce dernier aima éperdument la fameuse courtisane Rhodope, qui fit bâtir une des pyramides d'Egypte; *Sapho* déchira Charaxus & célébra Larychus dans ses vers.

Il ne reste d'elle que deux pièces; elles justifient les éloges que lui a prodigués toute l'antiquité; &

le nom de *dixième Muse* qui lui a été donné, &
l'honneur que les habitans de Mitylène lui firent de
graver son image sur leur monnoie. Horace paroît
s'être proposé d'imiter *Sapho* dans l'ode treizième du
premier livre :

> *Cum tu, Lydia, Telephi*
> *Cervicem roseam, cerea Telephi*
> *Laudas brachia, væ meum*
> *Fervens difficili bile tumet jecur.*
>
> *Tunc nec mens mihi nec color*
> *Certâ sede manent, humor & in genas*
> *Furtim labitur, arguens*
> *Quàm lentis penitùs macerer ignibus.*

C'est ce que Boileau a rendu par ces vers :

> Je sens de veine en veine une subtile flamme
> Courir dans tout mon corps sitôt que je te vois ;
> Et dans les doux transports où s'égare mon ame,
> Je ne saurois trouver de langue ni de voix.
>
> Un nuage confus se répand sur ma vue,
> Je n'entends plus : je tombe en de douces langueurs,
> Et pâle, sans haleine, interdite, éperdue,
> Un frisson me saisit, je tremble, je me meurs.

Lucrèce paroît aussi avoir voulu imiter cette ode de
Sapho, dans l'endroit où il attribue à la crainte, les
mêmes effets que *Sapho* attribue à l'amour.

> *Verùm ubi vehementi magis est commota metu mens,*
> *Consentire animam totam per membra videmus.*
> *Sudores itaque & pallorem existere toto*
> *Corpore, & infringi linguam vocemque aboriri ;*
> *Caligare oculos, sonere aures, succidere artus :*
> *Denique concidere exanimi terrore videmus*
> *Sæpè homines.*

On croit que *Sapho* mourut victime d'une passion malheureuse qu'elle conçut pour le beau Phaon,
jeune homme de Lesbos ; on suppose que n'ayant
point plu, elle n'avoit pas de quoi plaire, & qu'elle
étoit aussi laide qu'elle étoit spirituelle ; qu'elle se
jeta de désespoir dans la mer, du haut de promontoire de Leucade dans l'Acarnanie, & ce promontoire de Leucade eut la réputation d'être
pour les amans malheureux & désespérés, ce que
la Roche Tarpeïenne étoit à Rome pour les coupables.
Faire le saut de Leucade passa en proverbe pour
signifier se jetter dans la mer par l'effet d'un désespoir amoureux.

S A R

SARA, *princesse*, ou **SARAI**, *ma princesse*, (*Hist.
Sacrée.*) femme d'Abraham, naquit l'an du monde
2018, d'Aram, frère d'Abraham, & étoit par conséquent petite-fille de Tharé, mais elle n'étoit pas
petite-fille de la mère d'Abraham, parce qu'Aram
son père étoit d'une autre mère ; elle étoit la même
que Jescha. *Gen. xx. 10.* Sara suivit Abraham quand
il quitta son pays pour venir dans la terre de Chan-
nan ; & la famine les ayant obligés de se retirer en
Egypte, ils convinrent que *Sara*, qui étoit extrêmement belle, passeroit pour la sœur de son mari, afin
que les égyptiens ne fussent pas tentés de le tuer, s'ils
savoient qu'elle fût sa femme, pour pouvoir en
jouir plus librement. Abraham ne fit point de mensonge, en disant qu'elle étoit sa sœur, puisqu'elle
étoit sa nièce, & que les hébreux appeloient *frères*
& *sœurs* les proches parens. Il ne fit donc que supprimer une vérité dans une occasion où il lui
étoit dangereux de la dire. Il avoit deux choses
à conserver, sa vie & l'honneur de sa femme : en
avouant qu'il étoit son mari, il ne pouvoit éviter
de perdre l'une & l'autre, & pouvoit, au moins,
conserver sa vie, en se contentant de lui donner
le nom de sœur. Il prit donc ce dernier parti,
&, abandonnant l'honneur de son épouse au soin
de la providence, il se sert d'un moyen qu'elle
lui présentoit, pour mettre sa vie en sûreté, sans
attendre un miracle. Lorsqu'ils furent entrés en
Egypte, Pharaon, roi du pays, que l'on instruisit
de la beauté de *Sara*, la fit enlever, & conduire
dans son palais : mais Dieu appesantit sa main sur
ce prince criminel, & lui fit entendre qu'il le punissoit, pour avoir enlevé la femme d'Abraham.
Pharaon, se sentant frappé de Dieu, & craignant
encore de plus rudes châtimens, sembla condamner
l'injustice de sa conduite, & renvoyant *Sara* à son
mari, il fit quelques reproches à celui-ci, de ce
qu'il lui avoit dit qu'elle étoit sa sœur, & l'avoit
exposé, par là, à commettre le crime de la prendre pour sa femme. *Gen. xij. 19.* Il les renvoya
l'un & l'autre, & les fit accompagner jusque sur
la frontière, de crainte qu'on ne leur fît quelqu'insulte. Cependant *Sara*, informée de la promesse
que Dieu avoit faite à Abraham, de multiplier sa
postérité comme les étoiles, & persuadée qu'à
cause de son âge avancé & de sa stérilité, ce n'étoit
point par elle que cette promesse devoit être
accomplie, proposa à son mari d'épouser Agar ; &
Abraham, qui ne douta pas que cette pensée n'eût
été inspirée d'en-haut, à *Sara*, se rendit à son désir,
& épousa Agar, afin d'avoir, de cette seconde
femme, des enfans, en qui les promesses s'accom-
plissent. Mais Agar, étant devenue enceinte, commença à mépriser sa maîtresse, qui se vit forcée
d'humilier son esclave, & de rabattre son orgueil.
Quelque temps après, Dieu ayant envoyé trois
anges, sous la forme d'hommes, à Abraham, pour
lui renouveller ses promesses ; ce saint homme qui
les aperçut venir, courut au-devant d'eux, & les
força d'entrer dans sa tente, où *Sara* & lui leur
préparèrent à manger. Après le repas, ils lui dirent
que *Sara* auroit un fils ; & *Sara* qui l'entendit,
considérant son âge avancé, ne put s'empêcher de
rire, d'une manière à marquer son doute & sa
défiance ;

défiance; alors le Seigneur dit à Abraham: *Pourquoi Sara a-t-elle ri ? Y a-t-il rien d'impossible à Dieu ?* Et il lui répéta une seconde fois, que dans un an *Sara* auroit un fils. *Sara*, comprenant alors que sa faute étoit grande d'avoir douté de la parole de Dieu, fut saisie de trouble, & en commit une seconde, en employant le mensonge pour le désavouer. Le Seigneur la lui fit connoître sur-le-champ, en lui répétant qu'elle avoit ri : *Gen. xviij.* 15. Au reste, comme le doute de *Sara* venoit plutôt d'un défaut de réflexion que d'un fond d'incrédulité, il fut bientôt après dissipé par la foi, qui prit le dessus; selon le témoignage que lui rend Saint-Paul; *Heb. xj.* 11. Peu de tems après, Abraham, quittant la vallée de Mambré, alla demeurer à Gérare, ville des philistins, & prit, par rapport à *Sara*, les mêmes précautions qu'il avoit prises en Egypte. Abimelech, roi du pays, qui ne les croyoit pas mariés, fit enlever *Sara* qu'il vouloit prendre pour sa femme légitime. Mais Dieu, lui apparoissant pendant la nuit, le menaça de le punir de mort, & de faire tomber sa colère sur tout son royaume, s'il ne la rendoit à son mari. *Gen. xx.* 7. Et Abimelech, la rendant à son mari, lui reprocha d'avoir fait tomber sur lui & sur son royaume un si grand péché, en l'exposant au danger de le commettre. *Gen. xx.* 9. Il donna ensuite de grands présens à Abraham, & offrit mille pièces d'argent à *Sara*, pour acheter un voile, afin qu'une autre fois elle ne s'exposât plus à un semblable danger. Le Seigneur visita enfin *Sara*, selon sa promesse; quoique stérile & hors d'âge d'avoir des enfans, elle conçut & mit au monde un fils au temps que Dieu lui avoit marqué. *Sara* le nourrit elle-même, & confondra, par son exemple, au jugement de Dieu, toutes les mères, qui, pour se délivrer d'une assiduité qui les gêne, pervertissent l'ordre du créateur, en refusant à leurs enfans un lait dont il ne remplit leurs mamelles; qu'afin qu'elles les en nourrissent. Lorsque l'enfant fut un peu grand, *Sara* ayant vu le fils d'Agar qui le maltraitoit en jouant avec lui, obtint d'Abraham qu'Agar & son fils sortiroient de la maison, parce qu'Ismaël ne devoit point être héritier avec Isaac. *Gen. xxj.* 10. Abraham eut quelque peine à s'y résoudre; mais Dieu lui ayant fait connoître que c'étoit sa volonté, il fit ce que *Sara* demandoit. Cette rigueur que *Sara* exerça envers Agar & son fils, l'ordre que Dieu donne à Abraham de s'y conformer, la manière dont il l'exécute, l'abandon où il laisse une mère & son fils, tous ces dehors si choquans couvrent un mystère que Saint-Paul nous a développé dans son *épître aux galates*. L'apôtre nous fait voir dans *Sara* & Agar les deux alliances, dont la première établie sur le mont de Sina, & qui n'enfante que des esclaves, est figurée par Agar; & la nouvelle, représentée par *Sara*, ne fait que des enfans libres. *Gal. iv.* 24. L'écriture ne nous apprend plus rien de *Sara*, jusqu'à sa mort, arrivée quelques années après la fameuse épreuve que Dieu fit de la foi d'Abraham, en lui commandant de lui immoler

Isaac. Elle étoit âgée de 127 ans, & mourut à Arbé depuis appellé *Hébron*. Abraham, qui étoit à Bersabée, vint à Hébron pour pleurer sa femme, & il l'enterra dans un champ qu'il avoit acheté d'Ephron l'amorrhéen. Il y avoit dans ce champ une caverne dont il fit un sépulcre pour lui & sa famille. (*A. R.*)

SARASIN *ou* SARRASIN. (JEAN-FRANÇOIS) (*Hist. litt. mod.*) né en 1604, dans un lieu nommé Hermanville, sur le bord de la mer, dans le voisinage de Caen, étoit secrétaire & favori du prince de Conty, frère du grand Condé, il mourut en 1654, de chagrin d'être tombé dans sa disgrace, danger qu'ont à craindre de plus que les autres hommes, ceux qui s'attachent aux princes. Sarasin eut de son temps beaucoup de réputation & en a conservé une partie. Il a des vers ingénieux & d'un grand sens; c'en est un, par exemple, de cette nature que celui-ci :

Les fous sont aux échecs les plus voisins des Rois.

Son histoire de la conspiration de Valstein, annonçoit un morceau intéressant, c'est dommage qu'il soit resté imparfait; on estime aussi son histoire du siège de Dunkerque par le grand Condé, en 1646. Boileau disoit qu'il y avoit dans Sarasin la matière d'un excellent esprit, mais que la forme n'y étoit pas. Ménage a recueilli ses œuvres; Pelisson en a fait la préface. Rousseau paroit mettre *Sarasin* au premier rang parmi les poëtes François.

Et si ce rang à ton chagrin jaloux
Paroit trop bas près des places superbes,
Des Sarrasins, des Racans, des Malherbes.

On connoit la Pièce de Scarron en vers de trois syllabes :

Sarrazin,
Mon voisin, &c.

SARASIN *ou* SARRASIN, (PIERRE) est aussi le nom d'un acteur célèbre dans ce qu'on appelle l'emploi des rois. Il étoit de Dijon; il débuta en 1729, quitta le théâtre en 1759, mourut en 1763.

C'est aussi le nom d'un fameux sculpteur, dont il sera parlé sans doute dans le Dictionnaire des Arts.

SARASINS *ou* SARRASINS, (*Hist. mod.*) peuples de l'Arabie, qui descendoient des *Saraceni*. Ils faisoient la principale force de l'armée de Mahomet, & ses successeurs achevèrent par leur bravoure, les conquêtes que ce fondateur de la religion musulmane avoit commencées, & qu'il se proposoit de poursuivre quand il mourut en 633.

Les califes unissant comme lui l'autorité souveraine à la puissance pontificale, joignirent à l'Arabie, déja conquiie, le reste de la Palestine, la Syrie, l'Egypte, & la Perse.

Cet empire se démembra, & s'étendit dans la suite sous la puissance de divers conquérans. Les Turcs, peuple venu du Turkestan en Asie, après avoir embrassé la religion musulmane des *Sarrasins*, leur enlevèrent, avec le temps, de vastes pays qui, joints aux débris de Trébisonde & de Constantinople, ont formé l'empire Ottoman : l'Egypte eut pour gouverneurs ses soudans particuliers.

Les *Sarrasins* qui avoient soumis les côtes de l'Afrique le long de la Méditerranée, furent appelés en Espagne par le comte Julien. On les nomme également *Sarrasins* à cause de leurorigine, & *Maures*, parce qu'ils étoient établis dans les trois Mauritanies.

Le comte Julien étoit chez eux en ambassade, lorsque sa fille fut déshonorée par Rodrigue roi d'Espagne. Le comte outragé s'adressa à eux pour le venger; & commandés par un émir, ils conquièrent toute l'Espagne, après avoir gagné en 714 la célèbre bataille où Rodrigue perdit la vie. L'archevêque Opas prêta serment de fidélité aux *Sarrasins*, & conserva sous eux beaucoup d'autorité sur les Eglises chrétiennes que les vainqueurs tolérèrent.

L'Espagne, à la réserve des cavernes & des roches de l'Asturie, fut soumise en 14 mois à l'empire des califes. Ensuite, sous Abdérame, vers l'an 734, d'autres *Sarrasins* subjuguèrent la moitié de la France; & quoique dans la suite ils aient été affoiblis par les victoires de Charles Martel, & par leurs divisions, ils ne laissèrent pas de conserver des places dans la Provence.

« En 828, les mêmes *Sarrasins* qui avoient subjugué l'Espagne, firent des incursions en Sicile, & désolèrent cette île, sans que les empereurs grecs, ni ceux d'occident, pussent alors les en chasser. Ces conquérans alloient se rendre maîtres de l'Italie, s'ils avoient été unis; mais leurs fautes sauvèrent Rome, comme celles des Carthaginois la sauvèrent autrefois.

» Ils partent de Sicile en 846 avec une flotte nombreuse : ils entrent par l'embouchure du Tibre; & ne trouvant qu'un pays presque désert, ils vont assiéger Rome, ils prirent les dehors, & ayant pillé la riche église de saint-Pierre hors des murs, ils levèrent le siège pour aller combatre une armée de François qui venoit secourir Rome, sous un général de l'empeur Lothaire. L'armée françoise fut battue; mais la ville rafraîchie fut manquée; & cette expédition qui devoit être une conquête, ne devint, par leur mesintelligence, qu'une simple incursion ».

Cependant ils étoient alors redoutables à-la-fois à Rome & à Constantinople; maîtres de la Perse, de la Syrie, de l'Arabie, de toutes les côtes d'Afrique jusqu'au mont Atlas, & des trois quarts de l'Espagne. Il faut lire l'histoire de ces peuples & de leurs conquêtes par M. Ockley; elle a été imprimée à Paris, en 1748, 2 vol. in-4°.

Ce que je ne puis m'empêcher de remarquer, c'est que cette nation ne songea pas plutôt à devenir la maîtresse du monde, qu'à l'exemple des autres qui avant elle en avoient fait la conquête, elle se déclara d'une manière particulière en faveur des Sciences; elle donna retraite aux Lettres chassées de Rome & d'Athènes. On cultiva la philosophie dans les académies du Caire, de Constantine, de Sigilmèse, de Bassora, d'Hubbede, de Fez, de Maroc, de Tunis, de Tripoli, d'Alexandrie, & de Coufah.

Malheureusement les *Sarrasins* l'avoient reçue fort altérée des mains des derniers interprètes, & ils n'étoient point en état de la rétablir dans son véritable sens. Ils y trouvoient trop d'obstacles, & dans leur langue, qui leur rendoit le tour des langues étrangères difficiles à entendre, & dans le caractère de leur génie, plus propre à courir après le merveilleux, ou à approfondir des subtilités, qu'à s'arrêter à des vérités solides.

Leur théologie rouloit sur des idées abstraites; ils se perdoient dans leurs recherches profondes sur les noms de Dieu & des anges : ils tournoient en astrologie judiciaire, la connoissance qu'ils avoient du ciel : enfin, attachant des mystères & des secrets à de simples symboles; ils croyoient posséder l'art de venir à bout de leurs desseins, par un usage arbitraire de lettres ou de nombres.

Les juifs jouirent en orient de la plus grande tolérance sous la domination des *Sarrasins*. Persécutés par-tout ailleurs, ils avoient une ressource dans la bonté des califes, soit que les mahométans usassent de cette indulgence, en considération de ce que leur prophète s'étoit servi d'un juif pour rédiger l'Alcoran; soit que ce fût un effet de la douceur qu'inspire naturellement l'amour des Lettres. Les Juifs eurent la permission d'établir leurs académies de Frora & de Piendebita, au voisinage de Coufah & de Bagdat, où les princes *Sarrasins* tenoient successivement le siège de leur empire.

Ils empruntèrent de leurs nouveaux maîtres l'usage de la Grammaire, & employèrent alors la Massore à l'exemple des *Sarrasins*, qui avoient ajouté des points à l'Alcoran du temps d'Omar : ils firent aussi des traductions de livres arabes.

Enfin, comme les *Sarrasins* aimoient sur-tout l'Astronomie & la Médecine, les Juifs s'appliquèrent avec succès à ces deux sciences, qui ont été souvent depuis une source de gloire & de richesse pour plusieurs particuliers de cette nation. (*Le chevalier* DE JAUCOURT.)

SARBACANE *des Indiens*, (*Hist. d'Amériq.*) c'est l'arme de chasse la plus ordinaire des Indiens ; ils y ajustent de petites flèches de bois de palmier, qu'ils garnissent au lieu de plumes, d'un petit bourlet de coton plat & mince, qu'ils font fort promptement & fort adroitement, ce qui remplit le vide du tuyau. Ils lancent la flèche avec le souffle à 30 & 40 pas, & ne manquent presque jamais leur coup. M. de la Condamine a vu souvent arrêter le canot, un indien descendre à terre, entrer dans le bois, tirer un singe ou un oiseau perché au haut d'un arbre, le rapporter, & reprendre sa rame, le tout en moins de deux minutes. Un instrument aussi simple que ces *sarbacanes*, suplée avantageusement chez les nations indiennes, au défaut des armes à feu. Ils trempent la pointe de leurs petites flèches, ainsi que celles de leurs arcs, dans un poison si actif, que quand il est récent, il tue en moins d'une minute l'animal, pour peu qu'il soit atteint jusqu'au sang. Il n'y a rien à craindre à manger des animaux tués avec ce poison, car il n'agit que quand il est mêlé avec le sang, alors il n'est pas moins mortel à l'homme qu'aux autres animaux. M. de la Condamine a eu occasion de connoître au Para plusieurs portugais témoins de cette funeste épreuve, & qui ont vu périr leurs camarades en un instant, d'une blessure semblable à une piqûre d'épingle. Le contre-poison est, à ce que l'on dit, le sel, & plus surement le sucre. (*D. J.*)

SARBIEWSKI, (*Mathias Casimir*) (*Sarbievius*) jésuite polonois, dont on a des poésies latines assez estimées. Il étoit prédicateur & presque favori du roi de Pologne Ladislas V ; né dans le duché de Mazovie en 1595, entré chez les jésuites en 1612, mort en 1640.

SARDANAPALE, (*Voyez* ARBACE.)

SARMANES ou SHAMMANES, s. m. pl. (*Hist. anc. & mod.*) c'est ainsi que l'on nommoit des prêtres ou philosophes indiens, qui vivoient dans les déserts & les forêts. Suivant S. Clément d'Alexandrie, les *sarmanes* n'habitoient jamais dans les villes, ni dans des maisons ; ils ne se nourrissoient que de fruits, ne buvoient que de l'eau, ne se vétissoient que d'écorces d'arbres, & gardoient le célibat.

Les *sarmanes* sont les mêmes hommes que Strabon a désignés sous le nom de *germanes*, qui étoient une espece de gymnosophistes différens des brachmanes. Les *sarmanes* étoient, suivant les Indiens du Malabar, les prêtres de l'Inde, avant les bramines, qui les chassèrent du pays, les détruisirent & s'emparèrent de leurs fonctions, parce qu'ils ne vouloient point admettre la divinité des dieux Vistnou & Issuren, non plus que les livres de la théologie des Bramines qui sont parvenus à faire oublier entièrement les *sarmanes* ou *shammanes*. Ces derniers regardoient comme leur législateur & leur dieu Butta, Budda ou Potta, que l'on croit être le même que le *Sommona-kodom* des Siamois, qui est appelé *Pontifat* ou le seigneur Ponti, dans quelques endroits de l'Indostan. C'e ce dieu qui est aujourd'hui révéré dans le royaume de Laos. (*A. R.*)

SARMATES ou SAUROMATES, s. f. plur. (*Hist. anc.*) nation nombreuse & belliqueuse, qui étoit divisée en plusieurs tribus. Leur pays appelé *Sarmatie*, se divisoit en Européenne & en Asiatique ; la première s'étendoit depuis la Vistule, jusqu'au Pont-Euxin, au Bosphore cimmérien, ou Palus Méotide, & étoit séparée par le Tanaïs de la Sarmatie Asiatique ou Scythie. Ce vaste pays renfermoit ceux qui sont connus aujourd'hui sous le nom de *Pologne*, de *Russie*, & une partie de la Tartarie.

Les *Sarmates* commencèrent à menacer l'empire romain en 63 sous l'empire de Néron ; ils furent défaits en plusieurs occasions par Marc-Aurele, par Carus, par Constantin, sous l'empire duquel ils furent chassés par leurs esclaves nommés *Limigantes* ; mais ils furent remis en possession par l'empereur Constance. En 368, en 407, ils firent des irruptions dans les Gaules avec plusieurs autres nations barbares. Leur pays fut ensuite subjugué par les Huns sous Attila. (*A. R.*)

SARONIDES, s. m. plur. (*Hist. des Gaulois*) druides du second ordre, autrement nommés *Bardes* ; ils jouoient des instrumens & chantoient à la tête des armées avant & après les combats, pour exciter & louer la valeur des soldats, ou blâmer ceux qui avoient trahi leur devoir. Le premier, & originairement l'unique collège des *Saronides* étoit entre Chartres & Dreux ; c'étoit aussi le chef-lieu des druides, & l'on en voit encore des vestiges. (*D. J.*)

SARPI, (PIERRE-PAUL) connu sous le nom de *Fra-Paolo*. (*Voyez* ce nom.

S A T

SATELLITE, (*satelles* ou *garde*) (*Hist. mod.*) se dit d'une personne qui en accompagne un autre, soit pour veiller à sa conservation, soit pour exécuter sa volonté.

Chez les empereurs d'Orient, ce mot *satellite* signifioit la dignité ou l'office de capitaine des gardes-du-corps.

Ce terme fut ensuite appliqué aux vassaux des seigneurs, & enfin à tous ceux qui tenoient les fiefs, appelés *sergenterie*.

Ce terme ne se prend plus aujourd'hui qu'en mauvaise part. On dit les *gardes* d'un roi, & les *satellites* d'un tyran. (*A. R.*)

SATNIQUE, s. m. (*Hist. d'Hongrie*) nom d'office & de dignité, autrefois d'usage en Croatie & en Hongrie. Un *satnique* étoit un gouverneur d'une petite contrée, qui pouvoit fournir cent hommes d'armes. Les knès ont succédé aux *Satniques* (*D. J.*)

SATRAPE, f. m. (*Hift. anc.*) terme qui fignifioit autrefois chez les Perfes, le *gouverneur* d'une province.

Le royaume de Perfe étoit divifé en fatrapies ou jurifdictions de *fatrapes*.

Ce mot eft originairement perfan; il fignifie à la lettre, *amiral* ou *chef* d'une armée navale : mais on l'a appliqué par la fuite à tous les gouverneurs des provinces indifféremment. Ces *fatrapes* avoient chacun dans leur département une autorité prefque fouveraine, & étoient, à proprement parler, des vice-rois. On leur fournifloit un nombre de troupes fuffifant pour la défenfe du pays. Ils en nommoient tous les officiers, donnoient le gouvernement des places, recevoient les tributs & les envoyoient au roi. Ils avoient pouvoir de faire de nouvelles levées; de traiter avec les états voifins, & même avec les généraux ennemis; & quoiqu'ils fervifent un même maître, ils étoient indépendans les uns des autres. Une autorité fi peu limitée les portoit quelquefois à la révolte. Au refte, quand le roi les appeloit pour fervir fous lui, ils commandoient les troupes qu'ils avoient amenées de leur gouvernement. Quelques auteurs comptent jufqu'à cent vingt-fept *fatrapes* dans les provinces des anciens Perfes. Cyrus les avoit obligés de rendre compte à trois grands *fatrapes* qui étoient comme des fecrétaires d'état. Si les Grecs emprunterent ce nom des Perfes pour s'en fervir dans le même fens, ce ne fut que depuis les conquêtes d'Alexandre.

On trouve aufli ce mot dans quelques anciennes chartres angloifes du roi Ethelred, dans lefquelles les feigneurs ou lords, qui ont figné immédiatement après les ducs, prennent le titre de *fatrapes du roi*. Ducange prétend que ce mot fignifie en cet endroit, *miniftre du roi*. (*A. R.*)

SATTEAU, f. m. (*terme de relation*) efpèce de barque ou groffe chaloupe, dont on fe fert au baftion de France, fur la côte de Barbarie, pour la pêche du corail. (*D. J.*)

SATURNIN. (*Hift. Rom.*) Il y a eu deux empereurs romains de ce nom; mais ils ne font pas au nombre des empereurs, parce qu'ils ne réuffirent pas. Le premier (*Publius Sempronius Saturninus*) dont l'empereur Valérien avoit fait fon général, fut proclamé empereur lui même par fes foldats l'an 263. *Compagnons*, leur dit-il, *d'un général peut-être affez bon, vous allez faire un prince affez médiocre*; quatre ans après ils le tuèrent, parce qu'ils le trouvoient trop févère.

Le fecond (*Sextus Julius Saturninus*) gaulois de naiffance, qu'Aurélien regardoit comme le plus habile de fes généraux, fut falué empereur par le peuple d'Alexandrie l'an 280, la quatrième année de l'empire de Probus: il refufa la pourpre, & en fut revêtu malgré lui; ce qu'il avoit prévu & qui

rendoit fon refus très-fincère, arriva. Probus marche en forces contre lui, & le fchifme de l'empire finit par la mort de *Saturnin*, qui fut tué peu de temps après fon élection.

Il y a un faint du nom de *Saturnin*, dont on a fait par corruption & par contradiction faint Sernin, c'eft l'apôtre de Touloufe; il en fut fait évêque l'an 250; il étoit venu avec Saint Denis prêcher l'évangile dans les Gaules, vers l'an 245. Il fouffrit le martyre l'an 257.

SAVARON, (JEAN) (*Hift. Litt. Mod.*) lieutenant-général de Clermont en Auvergne fa patrie, habile & favant homme, fe diftingua aux États-Généraux de 1614. *Sa chronologie des états-généraux eft célèbre*: c'eft l'auteur qui a le mieux écrit fur cet objet important de notre droit public. Le tiers-état lui paroît aufli ancien que la Monarchie, & il le voit admis dans les affemblées nationales dès les premiers temps de notre hiftoire, idée contraire à l'opinion reçue qui fixe à l'an 1302, fous Philippe-le-Bel, l'admiffion du tiers-état à l'affemblée, & qui ne fait remonter l'exiftence même du tiers-état qu'à l'affranchiffement des ferfs & à l'établiffement des communes, dont Louis le gros eft le premier auteur. Cependant cette idée, quoique contraire aux idées communes, n'eft pas de celles qu'on peut rejetter fans difcuffion, l'auteur a de quoi faire valoir fes opinions, & en général il fait autorité fur ce qui concerne les états-généraux en France.

On lui doit encore l'édition des œuvres de Sidoine Apollinaire, les *origines de Clermont*, un *traité de la fouveraineté du Roi & de fon Royaume*. Il a écrit aufli contre les duels. Il eft mort en 1622.

SAVARY. (*Hift. de Fr.*) (SAVARY-LANCOSME, ET SAVARY DE BRÈVES) eft le nom d'une très-ancienne & très-illuftre famille, originaire de Touraine. Les *Savary* étoient feigneurs de l'ifle *Savary* fur l'Indre, près Paluau. L'abbé de Marolles, dans fes mémoires, cite des titres de cette maifon qui remontent à l'an 1200, & qu'il avoit trouvés dans une abbaye qu'il poffédoit depuis 47 ans. On voit vers le même temps divers chevaliers de cette même famille, employés par Philippe Augufte dans des affaires importantes. La plupart des feigneurs françois fe partageoient alors felon leurs intérêts ou leurs inclinations, ou felon les loix de la féodalité entre le roi de France & le roi d'Angleterre, qui poffédoit alors en France de grandes & nombreufes provinces. Nous voyons vers le même temps un fage confeiller, un grand capitaine de la famille des *Savary*, Guillaume *Savary* de Mauléon, fervir avec beaucoup de zèle & de fidélité le roi d'Angleterre Jean fans terre, défendre auprès de lui les droits de l'humanité, le défendre lui même de fes propres fureurs. Jean-fans-Terre, contre lequel les barons Anglois étoient alors foulevés, ayant pris Rocheſter en 1215, vouloit paſſer toute la garniſon au fil de l'épée, quoique le gouverneur Guillaume d'Albinet eût empêché un de ſes arbalêtriers de le tuer. *Savary* de Mauléon n'eut pas peu de peine à faire ſentir à ce Roi inſenſé, que cette cruauté inutile en feroit commettre d'autres à ſes ennemis alors plus puiſſans que lui. En 1224, ſous le règne d'Henri III, fils de Jean-ſans-Terre, & pendant ſa minorité, le même *Savary* de Mauléon défendit vaillamment contre Louis VIII. la ville de la Rochelle, qui étoit reſtée aux Anglois en France; il y ſoutint un long ſiége, demandant toujours du ſecours & n'en obtenant point; il demanda au moins de l'argent pour payer ſa garniſon mercenaire qui refuſoit de ſervir. Les miniſtres de Henri par une dériſion abſurde, lui envoyèrent un coffre plein de ferraille. *Savary* rendit la Rochelle.

Barthelemi Savary, ſire de Montbazon, eut l'honneur de s'allier à la maiſon royale, il épouſa Marie ou Marguerite de Dreux, de la branche des ſeigneurs de Beu.

Barthelemi Savary, ſecond du nom, ſon fils, fut une des cautions de notre Roi Jean, pour la reſtitution ou la ceſſion qui fut faite le 24 octobre 1360, à Edouard III, Roi d'Angleterre, de la ville d'Angoulême & de la province d'Angoumois, en vertu du traité de Brétigny.

Jean Savary, un des arrière-petits-neveux des deux précedens, fut conſeiller & chambellan des rois Charles VII, Louis XI, & Charles VIII.

Pluſieurs autres *Savary* ont eu des emplois d'échanſon, de panetier, d'écuyer, &c. dans la maiſon ou des rois ou des reines.

D'Honoré Savary, ſeigneur de Lancoſme, qui vivoit ſous le regne de Louis XII, & dont le contrat de mariage avec une *Savary*, eſt du 20 février 1507, ſont nés les chefs des deux branches de cette famille actuellement exiſtantes: ſavoir, *Claude-Savary*, tige des *Savary-Lancoſme*, branche aînée, qui a produit quantité de braves militaires, entr'autres, deux frères, dont l'un capitaine de grenadiers au régiment de Richelieu, a été tué au ſiége de Philisbourg en 1734; l'autre, ſous-lieutenant de grenadiers au régiment des gardes, a eu le bras droit emporté au même ſiege.

Denis Savary, ſecond fils *d'Honoré*, épouſa le 19 décembre 1544, Françoiſe de Damas, dame de Brèves, par laquelle cette terre de Brèves a paſſé dans la maiſon de *Savary*. *Denis* a été la tige de la branche de *Savary-Brèves*, & le père de François *Savary*, ſeigneur de Brèves, ambaſſadeur à Conſtantinople & à Rome, le perſonnage le plus célèbre de ſon nom, & diſtingué parmi les plus habiles négociateurs qu'ait eus notre nation.

Il n'avoit que vingt-deux ans, lorſque Jacques de *Savary-Lancoſme*, ſon oncle à la mode de Bretagne, nommé en 1582, par le Roi Henri III, ambaſſadeur à la Porte, l'emmena avec lui, d'abord pour le former; bientôt il le jugea digne d'être initié à tous les ſecrets de ſes négociations, & il le garda comme un adjoint néceſſaire, ſans les conſeils & l'entremiſe duquel il ne faiſoit rien, & dans les talens duquel il trouvoit des reſſources toujours ſûres & toujours prêtes.

Cet ambaſſadeur étant mort à Conſtantinople, en 1591, de Brèves en donna auſſi-tôt avis à la cour, & demanda des lettres de créance pour lui ſuccéder. On lui manda de travailler en qualité de réſident juſqu'à l'arrivée d'un nouvel ambaſſadeur. Un mémoire hiſtorique ſur M. de Brèves, inſéré dans le quatrième tome des nouveaux mémoires d'hiſtoire, de critique & de littérature, de l'abbé d'Artigny, nous apprend qu'il répondit fièrement » qu'aucun homme de ſa maiſon n'avoit jamais » pris de qualification pareille; qu'il alloit revenir » en France avec les traités ſecrets conclus à la » Porte, & qu'ainſi l'on perdroit un travail de » pluſieurs années ». On ne voulut pas le mécontenter; il eut le titre d'ambaſſadeur. Cette ambaſſade eſt marquée par pluſieurs ſervices qui font époque dans l'hiſtoire des négociations de la France avec la Porte.

Malgré les victoires remportées par Henri IV aux batailles d'Arques & d'Yvry, la ligue étoit encore très-puiſſante, & Philippe II, roi d'Eſpagne, l'appuyoit fortement. Le grand-ſeigneur, à la ſollicitation de de Brèves, commença par faire une diverſion utile à Henri IV, en tenant l'Eſpagne en échec, en menaçant d'envahir la Sicile, ou d'attaquer la branche allemande d'Autriche du côté de la Hongrie, ce qui tendoit toujours à affoiblir les efforts de la maiſon d'Autriche contre la France.

De Brèves fit plus; il engagea encore Amurat III à étendre ſon influence juſque ſur l'intérieur de la France. Amurat écrivit, en 1593, aux Marſeillois une lettre fort curieuſe, pour les engager à ſe ſoumettre à Henri IV, ne leur promettant qu'à ce prix la protection de la Porte contre les pirateries des barbareſques. « Non-ſeulement, dit-il, » vous avez refuſé de lui obéir, mais encore vous » vous êtes unis avec ſes ennemis & les nôtres. » Voilà pourquoi les Levantins & d'autres corſaires » ont pris vos vaiſſeaux par-tout où ils les trouvoient, & fait eſclaves ceux qui les montoient. » Nous vous invitons, ou plutôt nous vous enjoignons.... d'incliner vos chefs, & de rendre obéiſſance au magnanime entre les grands, & très-puiſſant ſeigneur Henri, roi de Navarre, à préſent empereur de France, comme vous avez fait » aux autres empereurs, ſes prédéceſſeurs; & ſi » vous perſiſtez dans votre ſiniſtre obſtination, » nous vous déclarons que vos vaiſſeaux & leurs » cargaiſons ſeront confiſqués, & les hommes faits,

» esclaves dans tous nos états & sur mer. Cepen-
» dant votre très-heureux empereur, cherchant à
» vous attirer notre bienveillance, nous a souvent
» écrit en votre faveur, nous demandant qu'il ne
» fût apporté aucun empêchement ni aucun trouble
» à votre commerce, & que nous vous fissions
» jouir paisiblement de notre protection ».

Quand on ne reconnoîtroit pas l'influence favorable de de Brèves, à cette attention délicate de
faire valoir aux Marseillois ces généreuses sollicitations d'un roi méconnu par eux, on ne pourroit
toujours pas en douter, puisqu'Amurat ajoute ensuite
formellement :

« C'est à la prière de l'ambassadeur de France...
» que nous avons donné à nos Capigis nos très-
» hauts & très-sublimes commandemens; en vertu
» desquels, si vous vous soumettez à votre très-
» heureux empereur, ils feront mettre en liberté
» les esclaves de votre nation, & vous feront rendre
» vos biens sur toute la côte de barbarie, & dans
» les autres lieux de notre empire ».

Un autre fruit beaucoup plus important encore,
de l'ambassade de Brèves à Constantinople, est
le fameux traité de 1604, entre Henri-le-Grand
& le sultan Achmet ou Amat. De Brèves y fit
ou confirmer ou rétablir tous les avantages que les
traités précédens assuroient à la France, à l'exclusion de toute autre nation, & y fit ajouter une
multitude d'avantages nouveaux.

L'article 27 de ce traité assure au roi de France
la préséance sur l'Espagne & sur toute autre puissance. Voici comment il est conçu :

« Et pour autant qu'icelui empereur de France
» est entre tous les rois & princes chrétiens le
» plus noble & de la plus haute famille, & le
» plus parfait ami que nos ayeux aient acquis entre
» les rois & princes de la croyance de Jésus.......
» Nous voulons & commandons que son ambassa-
» deur, qui réside à notre heureuse Porte, ait la
» préséance sur l'ambassadeur d'Espagne & sur
» ceux des autres rois & princes, soit en notre
» divan public, ou autres lieux où ils se pour-
» ront rencontrer ».

De Brèves avoit eu le courage de prendre la
préséance, même sur l'ambassadeur de l'empereur
(Rodolphe); il rapporte les raisons de cette conduite, dont on peut d'abord être étonné. Ces
raisons sont :

1°. Que tous les princes autrichiens, l'empereur
Rodolphe, & Philippe II à leur tête, ne reconnoissant point Henri IV pour roi de France, &
fomentant en France la ligue dont l'objet étoit d'empêcher qu'il ne fût reconnu, de Brèves ne croyoit
pas non plus devoir le reconnoître.

2°. Que l'empereur n'a d'ambassadeur à la Porte
qu'à titre de roi de Hongrie, de sorte que céder
la préséance à cet ambassadeur, c'auroit été mettre
la couronne de France au-dessous de celle de
Hongrie.

De Brèves procura la liberté à une foule d'esclaves chrétiens de toute nation, dont quelques-
uns même étoient dans des circonstances où un
juste ressentiment de la part des Turcs sembloit
les menacer d'une captivité éternelle.

De Brèves devoit cet ascendant sur les sultans
& leurs ministres à son goût pour les langues orientales, sur-tout à la connoissance & à l'usage de la
langue turque, qui lui étoit très-familière. De là
mille facilités pour les affaires, mille voies de communication, mille moyens de persuasion qu'on ne
peut avoir quand on ne traite qu'avec le secours
d'un interprète.

L'ambassade finie, de Brèves partit de Constantinople, au mois de mai 1605. Il lui restoit deux
commissions délicates à remplir, c'étoit de faire
exécuter à Tunis & à Alger les ordres qu'il avoit
obtenus du grand-seigneur pour la délivrance des
Chrétiens, sur-tout des Français, & pour la restitution des vaisseaux & des effets pris par les
corsaires de Barbarie. Le grand-seigneur fit accompagner de Brèves, dans ce voyage, par un aga
chargé de l'exécution de ses ordres; mais les Barbaresques sont des sujets de la Porte très-indociles
& très-peu soumis. Il n'arriva que le 17 mai 1606
devant Tunis, parce que, toujours avide de connoissances utiles pour le roi, pour l'état, ou pour
lui-même, il visita & observa la Terre-Sainte,
l'Egypte, les isles de l'Archipel, les côtes maritimes de l'Asie & de l'Afrique.

Lorsqu'on fit, dans le divan de Tunis, la lecture des ordres du grand-seigneur, la milice, ac-
coûtumée à vivre de courses & de brigandages,
déclara qu'elle ne consentiroit jamais à la restitution des marchandises & de l'argent. Il y eut plusieurs conférences tumultueuses, où de Brèves courut risque de la vie; il fallut enfin se relâcher sur
la restitution de l'argent & des effets, & se contenter de la délivrance des esclaves, ce que les
mœurs détestables de ces corsaires rendoient encore
très-difficile à obtenir.

Ce qu'il y avoit de plus important étoit de faire
un traité avec le dey & la milice de Tunis, sans
quoi toutes les défenses de la Porte ne les auroient
pas empêché d'exercer leurs brigandages ordinaires
contre les vaisseaux français comme contre tous les
autres. Ce traité fut conclu, & la France délivrée
pour l'avenir de leurs pirateries.

La négociation avec Alger, où de Brèves arriva
le 26 septembre, fut encore plus orageuse; outre
les deux mêmes demandes, délivrance des esclaves,

reſtitution des effets, il en avoit une troiſième à faire pour la réconſtruction de ce qu'on appelloit *le baſtion de France*; c'étoit une ſimple maiſon, bâtie, avec la permiſſion du grand-ſeigneur, pour ſervir de retraite aux Français qui faiſoient la pêche du corail ſur les côtes de Barbarie; elle avoit été détruite par les Algériens, qui avoient même prononcé des peines contre ceux qui propoſeroient de la rebâtir.

A Tunis, de Brèves avoit trouvé un bacha qu'il avoit fait nommer, & qui s'en ſouvenoit : à Alger au contraire, il trouva un chérif, ou grand-prêtre des janiſſaires, qu'il avoit fait condamner autrefois aux galères, pour avoir donné un ſoufflet à un conſul français, & qui s'en ſouvenoit auſſi; il ſouleva contre les demandes de l'ambaſſadeur, & contre les ordres du grand-ſeigneur, les janiſſaires dont il diſpoſoit : ceux-ci caſſèrent ſucceſſivement quatre de leurs agas qui vouloient obéir, vomirent des imprécations contre le grand-ſeigneur, des injures mêlées de menaces contre ſon envoyé, firent pointer l'artillerie du port contre le galion de l'ambaſſadeur; on voulut le faire aſſaſſiner. Il brava tous ces dangers, pourſuivit ſon entrepriſe; &, après avoir épuiſé en vain toutes les voies de conciliation, il ſe remit en mer & revint en France, où il arriva le 19 novembre 1606.

Outre la relation imprimée de ſes voyages, qui paroit faite ſur ſes mémoires par quelqu'un de ſa ſuite, il y a de lui deux petits ouvrages, fruit de ſes obſervations pendant ſon long ſéjour à la Porte & dans les divers états ſoumis à l'empire ottoman. Ces deux traités ont un objet entièrement oppoſé. Veut-on détruire l'empire turc? Le premier de ces ouvrages eſt un *diſcours abrégé des aſſurés moyens d'anéantir & ruiner la monarchie des princes ottomans*, & cela dès la première campagne.

Veut-on au contraire laiſſer ſubſiſter cet empire? De brèves, dans un *diſcours ſur l'alliance qu'a le roi avec le grand-ſeigneur*, fait voir de quelle utilité eſt cette alliance pour toute la chrétienté; & le bien qu'il a fait pendant ſa longue ambaſſade, eſt la preuve de ce qu'il avance à cet égard.

De Brèves fut reçu conſeiller d'état le 6 janvier 1607, gentilhomme de la chambre le 12 ſeptembre ſuivant. Pendant ſon ambaſſade à Rome, pour laquelle il partit vers le milieu de l'année 1608, il fut nommé gouverneur de Jean-Baptiſte Gaſton, frère unique de Louis XIII. On croit que le maréchal & la maréchale d'Ancre, auxquels il rendit des ſervices en Italie, eurent part à cette nomination. « S'ils remplirent auſſi bien toutes les places dont ils diſposèrent, dit le Vaſſor, on eut grand tort de leur faire un procès ſur la manière dont ils diſtribuoient les premières charges de l'état.

Par la raiſon même que de Brèves avoit été placé par le maréchal d'Ancre & ſa femme, &

qu'il étoit attaché à la reine, il fit ombrage à de Luynes, qui voulut mettre dans cette place un homme ſur le dévouement duquel il crut pouvoir compter. M. Anquetil, dans l'*Intrigue du Cabinet*, donne, d'après les mémoires ſecrets de Vittorio Siri, un motif plus pervers à ce changement. « Le ſieur de Brèves, dit-il, joignoit, à la connoiſſance des hommes, beaucoup de lumières » politiques puiſées dans ſes ambaſſades, & une » probité rare..... Il s'appliqua à faire germer » dans le cœur de ſon élève, les vertus qu'il pratiquoit, & à lui inſpirer le goût des arts & des » ſciences qu'il cultivoit. Il réuſſit au point que » ſes ſuccès cauſèrent de l'ombrage au roi. Au » lieu de lui faire honte d'une pareille foibleſſe, » il ſe trouva des gens qui y applaudirent & conſeillèrent à Louis de congédier de Brèves, & » de donner à ſon frère un gouverneur dont les » leçons fuſſent moins propres à lui attirer l'eſtime » & la tendreſſe de la nation ».

De Brèves ſemble dire quelque choſe de contraire dans la relation qu'il a donnée lui-même de cette intrigue de cour. « Monſieur, dit-il à ſon « élève, me voici à la veille de recevoir le plus » ſanglant déplaiſir que jamais gentilhomme de ma » naiſſance ait éprouvé..... Vous en êtes la cauſe.... » Le peu de progrès que l'on voit dans vos études, » & votre inclination contraire aux exercices vertueux, en ſont le ſujet. Le roi qui vous aime » chèrement, déſireux de l'avantage de votre éducation, a crû que je la néglige; c'eſt ce qui a » fait réſoudre ſa majeſté de vous donner un autre » gouverneur.

Mais ce n'eſt là qu'une remontrance de gouverneur, qu'un propos de devoir & de décence; dont on ne peut rien conclure; il n'eſt pas même impoſſible que de Brèves, inſtruit des honteux motifs de la cour, ait mis dans ce diſcours de l'ironie & de la contre-vérité. Monſieur pleura beaucoup, les ſanglots l'étouffoient; il parla d'aller ſe jetter aux pieds du roi : de Brèves, qui ſentit qu'on lui imputeroit cette démarche, le retint & lui recommanda le ſilence & la ſoumiſſion : il ſe rendit enſuite chez le chancelier de Sillery, où il étoit mandé de la part du roi, & où il trouva le garde-deſſceaux du Vair & le préſident Jeannin; il y fit un diſcours noble & fier, où il expoſa dans un grand détail tous ſes ſervices, ſoit dans les ambaſſades, ſoit dans l'éducation du prince. « Ce que » j'ai fait, leur dit-il, mérite récompenſe & non » oppreſſion..... Meſſieurs, ſi l'uſage de maltraiter » ceux qui ont toujours fidèlement ſervi nos rois » & leur état, ſe pratique en ce royaume, jugez » quelle en peut être la conſéquence! Si vous ne » me voulez aider pour l'amour de moi, faites-le » pour l'amour de vous-mêmes, étant à craindre » que vous ne receviez en vos perſonnes, ce qui » ſe veut pratiquer à la mienne.... Si c'eſt péché » mortel d'honorer & révérer la reine, mère du

» roi...., j'avoue ma faute. Je la dois néanmoins » révérer comme mère de mon roi, & y fuis » tant plus obligé qu'elle m'a été bonne maîtreffe. » Il finit par dire qu'il va de ce pas fe rendre prifonnier à la conciergerie pour juftifier fa vie. Gardez-vous-en bien, lui dit le chancelier, vous offenferiez le roi. Il fe rendit à fes remontrances, & parut devant le roi, auquel il remit la perfonne de Monfieur. Le roi lui dit : « Je ferai bien aife que » vous demeuriez auprès de moi, j'aurai foin de » vous, & je ferai du bien à vos enfans. » Le garde-des-fceaux ajouta que ce qui arrivoit dans ce moment n'étoit l'effet d'aucun mécontentement de la part du roi; & pour preuve, il fpécifia les graces & les récompenfes que le roi accordoit dans ce moment même à M. de Brèves; le roi lui laiffa de plus fes entrées, lui donna fa main à baifer en figne de fatisfaction, & le lendemain à fon lever, il voulut que ce fût M. de Brèves qui lui donnât fa chemife.

Mais quelle raifon allégua-t-on de fon renvoi? Aucune, car on ne pouvoit pas dire la véritable. Tout ce récit eft tiré d'une relation intitulée : *Difcours véritable*, fait par M. de Brèves, du procédé tenu lorfqu'il remit entre les mains du roi la perfonne de monfeigneur le duc d'Anjou, frère unique de fa majefté.

L'époque précife de cet événement, que M. le préfident Hénault rapporte à l'année 1617, eft le 23 avril 1618. Le comte de Lude fut fubftitué à M. de Brèves, & l'éducation de Monfieur fut auffi négligée que la cour pouvoit le défirer, & que la nation pouvoit le craindre.

Le règne du connétable de Luynes fut court; la reine-mère reprit, pour quelque temps, une partie de fon afcendant fur l'efprit du roi; de Brèves ne fut point remis auprès de Monfieur, car le mal fe répare rarement, mais il fut dédommagé; il fut fait premier écuyer de la reine par le brevet du 21 octobre 1624. Sa terre de Brèves fut érigée en comté par des lettres-patentes du mois de mai 1625; il fut fait chevalier de l'ordre du Saint-Efprit le 13 novembre de la même année. Il fut de l'affemblée des notables en 1626. Il eut l'entrée au confeil des dépêches par brevet du 28 août 1627.

Il mourut à Paris en 1628. Son corps fut tranfporté au couvent des Annonciades de faint Eutropelez-Chanteloup, près d'Arpajon, dont il avoit été le fondateur. Anne de Thou, fa veuve, lui fit ériger dans ce couvent un maufolée fur lequel on lit deux épitaphes, l'une en profe latine, l'autre en vieux vers françois.

C'eft à *Camille*, comte de Brèves, fils aîné de François, que la relation des voyages de François & fes difcours, font dédiés par un fieur du Caftel; qui les fit imprimer en 1628, l'année même de la mort de François.

Ce fils aîné de François, comte de Brèves, eft le feul qui fe foit marié. Son fils & fon petit-fils ont porté, comme lui, le nom de *Camille*. Le petit-fils fut bleffé dangereufement au combat de Leuze en 1691.

Paul-Louis-Jean-Baptifte Camille de Savary-Brèves, marquis de Jarzé, fils de ce dernier, a laiffé plufieurs enfans.

Marie-Renée-Bonne-Félicité de Savary-Brèves, femme de M. le comte de Maillé, étoit fa fille, il lui refte *Marie-François Camille de Savary*, comte de Brèves, dernier de cette branche, meftre-decamp d'infanterie, en qui l'illuftre François de Savary, premier comte de Brèves, verroit avec complaifance un digne héritier de fon goût pour les connoiffances, de fes vertus, de fon zèle pour le fervice du roi, & en qui défireroit feulement une fortune plus digne de lui & de fes ancêtres.

Et *dame Marie-Louife de Savary-Brèves*, chanoineffe d'honneur au chapitre noble de Poulangy en Champagne.

SAVARY. (*Hift. Litt. Mod.*) Jacques & Philemon-Louis, fon frère; le premier infpecteurgénéral de la douane de Paris; le fecond, chanoine de faint-Maur-des-Foffés, chapitre fupprimé depuis, font auteurs *d'un dictionnaire univerfel du commerce*, très-connu, qui en fait attendre un meilleur, plus étendu & plus détaillé.

Jacques eft mort en 1716, fon frère en 1727; Jacques leur père avoit eu beaucoup de part au *Code marchand* qui parut en 1773. On a de lui le livre intitulé : *le parfait négocians*. Il mourut en 1692.

On a d'un autre *Jacques Savary*, poète latin, mort en 1670, des poèmes fur la chaffe du lièvre, du renard & de la fouine, du cerf; fur le manège; une traduction de l'Odyffée en vers latins, des vers à la louange de Louis XIV, &c.

SAVILL. (HENRY) (*Hift. Litt. Mod.*) Théologien Anglois. On lui doit une édition grecque de Saint Jean-Chryfoftôme, le recueil intitulé : *Rerum anglicarum fcriptores poft Bedam*, &c. né en 1549, mort à Oxford en 1621.

SAVOL, (LOUIS) *Hift. lift. mod.*) médecin de Louis XIV, enfant. On a de lui un *difcours fur les médailles antiques*; *l'architecture françoife des bâtimens particuliers*, avec des notes de François Blondel, une traduction du livre de Galien, de *l'art de guérir par la faignée*, un *Traité ! de caufis colorum*. Né à Saulieu en Bourgogne vers l'an 1579; mort vers l'an 1610.

SAVONAROLE, (JÉROME) (*Hift. mod.*)

Et fuffiez-vous un Saint plus angélique,
Plus éminent & plus apoftolique

Que

Que faint Thomas , s'ils en trouvent moyen ,
Ils vous feront, le tout pour votre bien ,
Comme autrefois au bon Savonarole
Que pour le Ciel la séraphique école
Fit griller vif en feu clair & vermeil,
Dont il mourut par faute d'appareil.

ROUSSEAU.

Quelle triste plaisanterie, & combien elle est dé-placée dans un pareil sujet ! Voici l'histoire de cet infortuné.

Jérôme Savonarole, naquit à Ferrare le 21 Sep-tembre 1452. Il étoit petit-fils de *Michel* ou *Jean-Michel Savonarola* ou *Savonarole*, natif de Padoue, médecin de quelque réputation, attaché aux ducs de Ferrare de la maison d'Est, & auteur de plusieurs ouvrages de médecine estimés dans le temps. Il eut deux fils, dont le puîné fut père de Jérôme. Celui-ci se fit dominicain à Bologne en 1474. Il fut un Pré-dicateur célèbre, & on exalte sur-tout la ferveur éloquente avec laquelle il tonnoit contre les mau-vaises mœurs, contre les désordres du clergé, sur-tout contre ceux de la cour de Rome, ce qui lui a valu, après sa mort, la faveur des protestans. Beze, Cappel, du Plessis-Mornay & tous les luthériens d'Allemagne le nomment, dans leurs livres, *le témoin fidèle de la vérité*, *le précurseur de la réformation évangélique*, *le fléau de la grande Babylone, l'ennemi juré de l'antechrist romain*, en un mot, *le Luther d'Italie*: & Naudé, dans son apologie des grands hommes accusés de magie, observe qu'on auroit dû l'en appeler, sur-tout, *le Jean Hus*, puisqu'il eut le sort de celui-ci. Ses déclamations contre la cour de Rome n'étoient que trop légitimes, puisqu'il vivoit & qu'il mourut sous le pontificat d'Alexandre VI. Les opinions ont beaucoup varié sur *Savonarole*, d'après les factions du temps : on l'a vanté comme un prophète, on l'a décrié comme un fourbe ; Bayle observe à son sujet, que si, d'un côté, les tartuffes, les plus scélérats trouvent des apologistes, de l'autre, les zélateurs les plus sincères trouvent des accusateurs. C'étoit à Florence que prêchoit *Savonarole* ; cette république étoit alors plus que jamais en proie aux factions ; les uns vouloient maintenir la maison de Médicis, ou dumoins le gouvernement aristocra-tique ; les autres étoient pour la démocratie, & *Savo-narole* étoit à la tête de ce parti. « Jamais prêcheur dit Philippe de Comines, qui le loue & l'admire beaucoup, « n'eut tant de crédit en cité ». Il paroît, par le témoignage même de cet écrivain, que *Savo-narole* mêloit à ses déclamations des prophéties, & qu'il s'en piquoit ; il avoit prédit, longtemps d'a-vance, l'expédition de Charles VIII en Italie ; il l'avoit annoncé comme un prince envoyé de Dieu pour châtier les tyrans & pour venger les peuples ; cette première prophétie ayant eu son exécution, il prophétisa le retour de Charles VIII dans cette contrée, & Charles VIII n'y retourna point. En même temps il écrivoit à Charles VIII pour l'en-

gager à y revenir, & il le menaçoit des vengeances divines s'il négligeoit ses avertissemens. On trouva que pour un italien, il étoit trop zélé partisan de la France, que pour un moine, il étoit trop occupé des affaires du siècle, que pour un saint homme, il aimoit trop la gloire & la domination. Ses prophéties même lui nuisirent ; celles qui s'accomplissoient, le rendoient suspect d'en avoir préparé l'accomplissement par des intelligences secretes ; celles qui restoient sans accom-plissement le décréditoient. De grandes haines s'al-lumoient contre lui dans Florence & dans toute l'Italie ; il avoit fait livrer au supplice sept ou huit des plus considérables & des plus nobles citoyens de Florence ; les grands, qu'il décrioit par ses sermons, y trouvèrent de grandes erreurs : les accusations d'héré-sie, alors les plus redoutables de toutes, lui furent intentées ; il fut cité à Rome & refusa, sous différens prétextes, d'y comparoître, il fut condamné par dé-faut & s'abstint de prêcher, mais pendant quelques mois seulement, au bout desquels croyant s'apperce-voir que sa réputation & sa considération souffroient de son silence, il reprit ses fonctions avec plus d'audace & de force qu'auparavant, en prenant la précaution nécessaire alors de se faire accompagner à l'église & en chaire par des gens armés. Il fallut, pour dé-truire ce moine, une cabale de moines. L'éternelle rivalité des franciscains & des dominicains fut ce qui le perdit. *Savonarole* étoit le héros de son ordre ; les plus savans dominicains tenoient à honneur d'être ses disciples. Il avoit avancé sept thèses ou propo-sitions ou prédictions :

1°. L'église de Dieu a besoin de réformation.

2°. Elle sera fouettée.

3°. Elle sera renouvellée.

4°. Florence aussi sera fouettée & renouvellée.

5°. On espérera ensuite ; & les infideles se conver-tiront à Jésus-Christ.

6°. Toutes ces choses arriveront de nos jours.

7°. L'excommunication de frere Jérôme (*Savona-role*) est nulle ; ceux qui n'y déferent pas, ne pêchent point.

La premiere & la derniere de ces propositions étoient seules des thèses, les autres étoient des prédictions. Il falloit en attendre l'accomplissement ; mais la que-relle s'échauffa tellement entre les cordeliers qui atta-quoient ces propositions, & les dominicains qui les défendoient, qu'on se fit, de part & d'autre, sur ces belles questions des défis solemnels dans lesquels il ne s'agissoit pas moins que de subir en personne l'épreuve du feu. Les dominicains & *Savonarole* ha-zardèrent les premiers ce défi, qui fut accepté par les franciscains. Dominique de Pescia, jacobin, signa un écrit par lequel il s'engageoit d'entrer dans le feu avec le cordelier qui avoit osé prêcher contre les thèses de frere *Savonarole*. Il déclara qu'il es-

péroit fortir fain & fauf du milieu des flammes.
Le cordelier déclara qu'il fe réfervoit pour difputer
contre *Savonarole*, mais il fournit un autre cordelier pour entrer dans le feu avec Dominique de
Pefcia, car c'étoit à qui s'offriroit pour ces épreuves.
La plûpart de ceux qui s'offroient de part & d'autre,
d'après la bonté indubitable de leur caufe, étoient
bien fûrs de fortir du feu comme les trois enfans
de la fournaife; un feul cordelier plus fou qu'eux tous,
parce qu'il étoit plus éclairé, follicitoit l'honneur
d'entrer dans le feu corps à corps avec *Savonarole*;
il avonoit qu'il feroit brûlé, mais il affuroit que
Savonarole le feroit auffi, & cela lui fuffifoit. Cet
homme affûrément avoit tout l'héroïfme de la haine;
Savonarole n'eut point celui de l'orgueil, quoiqu'il en
montrât beaucoup. Il trouva qu'un feul cordelier
étoit trop peu pour lui être oppofé; il demanda que
tous fes ennemis, fur-tout ceux qu'il avoit à Rome,
entraffent avec lui dans le feu, qu'il y entreroit alors,
& feul impuniément; en un mot, il refufa le défi.

Le premier avril 1498, tous les dominicains fes
difciples, entourant ce maître révéré, s'écrièrent à
l'envi: « me voici, feigneur, me voici, j'entrerai
» dans le feu pour votre gloire. »

Les magiftrats de Florence ayant examiné tous
les cartels, & voyant le mouvement & l'agitation
que cette aventure caufoit dans la ville, ajournèrent
les champions à paroître & à faire l'épreuve le
famedi fuivant, 7 avril. Le cordelier, fourni
par l'antagonifte de *Savonarole*, fe rendit au lieu
marqué, même avant l'heure prefcrite, Dominique de
Pefcia laiffa paffer l'heure; mais bientôt on le vit
arriver proceffionnellement avec la croix & l'hoftie,
protégé par *Savonarole*, fuivi de tous les dominicains & d'une foule de peuple. Le cordelier, qui
étoit vraifemblablement celui qui avoit voulu entrer
en lice avec *Savonarole* en perfonne, déclara de
nouveau qu'il favoit bien qu'il feroit brûlé, mais
que Pefcia le feroit auffi; celui-ci, pour détourner
le préfage, employa beaucoup de fubterfuges. Comme
le temps des épreuves judiciaires eft auffi celui de
la magie, on propofa de faire quitter aux deux
moines leur robe, de peur qu'elle n'eût quelque
vertu fecrète qui empêchât l'action du feu; le
cordelier y confentit, le jacobin le refufa; eh bien,
dit le francifcain, faifant toujours beau jeu à fon
adverfaire, qu'il la garde, cette robe eft de laine,
elle brûlera encore mieux que lui. Le dominicain
cherchant d'autres incidens, déclara qu'il n'entreroit point dans le feu fans fon crucifix; crucifix
foit, dit le cordelier, ce crucifix eft de bois, il
brûlera encore. Qu'il me foit donc permis, dit
Pefcia, d'entrer dans le feu avec le Saint-Sacre-
ment; le cordelier eût encore été de bon accord
fur ce point, mais les magiftrats, plus difficiles, re-
jetèrent cette dernière demande; & d'après ce
refus l'affemblée fe fépara; c'étoit évidemment
ce que défiroient Pefcia & *Savonarole*; mais
le peuple, qui étoit venu dans l'efpérance

de voir un miracle, ne goûta point du tout ce
badinage; *Savonarole* perdit tout fon crédit; on
ne vit plus en lui qu'un faux prophète; on s'échauffa
promptement fur cette idée, on courut à main armée vers fon couvent pour l'en tirer & le remettre
entre les mains de la juftice. Ce ne fut pas fans
combat qu'on y parvint; les jacobins firent une
vigoureufe réfiftance; ils s'étoient pourvus d'armes
à feu, ils tuèrent cinq perfonnes, trois d'entr'eux
furent auffi tués, & parmi ceux-ci, un frère de
Savonarole qui étoit auffi jacobin; *Savonarole* fut
mis à la queftion, où il paroît qu'il fit quelques
aveux, d'après lefquels il fut condamné; il convint,
par exemple, que fon efprit de prophétie n'avoit
été que de la prévoyance humaine, qu'il avoit voulu
faire paffer pour de l'infpiration. Il fut pendu &
brûlé le 23 mai 1498 avec deux autres jacobins,
Dominique de Pefcia & Silveftre de Florence. Il
mourut bon catholique. Depuis fon fupplice, on
ne vit plus en lui qu'un martyr; & ceux mêmes
qui avoient plus que des doutes fur fa fainteté, entraînés par la pitié, devinrent fes panégyriftes: le
peuple voulut avoir de fes cendres pour les garder comme une relique, on les jeta dans la rivière, les dévots à ce moine recueillirent cependant un os & une partie de doigt, & leur objet
fut rempli.

Guichardin, dans fon récit, ménage beaucoup
Savonarole. Jean-François Pic de la Mirande a
écrit fa vie, qui eft un panégyrique continuel; elle
a été publiée avec des notes par le P. Quétif, jacobin, en 1676. Théodore de Bèze dit de l'avoir
été perfécuté par un fcélérat tel qu'Alexandre VI,
n'eft pas une foible preuve de la piété de *Savonarole*.
*Homini tàm perditè fcelerato quàm fuit Alexander
ille Borgia pontifex hujus nominis fextus ufque adè
difplicuiffe, ut non nifi te indignimè damnato &
cremato quiefcere potuerit, maximum effe videtur
fingularis tuæ pietatis argumentum.*

Flaminius fit fur fa mort ces quatre vers, où
la religion eft repréfentée pleurant fur les cendres
de ce faint religieux.

Dum fera flamma tuos, Hieronime, pafcitur artus;
  Relligio flevit dilaniata comas.
Flevit, et ô, dixit crudeles parcite flammæ;
  Parcite; funt ifto vifcera noftra rogo.

On mit au bas de fon portrait ces deux autres
vers, où on lui défère expreffément la palme du
martyre.

En monachus folers, rerum fcrutator acutus,
  Martyrio ornatus, Savonarola pius.

SAVONNERIE, (LA) (*Hift. des manuf.*) de France,
c'eft ainfi qu'on appelle la manufacture royale d'ouvrages à la Turque & façon de Perfe, qui eft, je crois,
la feule qu'il y ait en Europe pour ces fortes d'ou-

vrages. Elle fut établie en 1604, en faveur de Pierre du Pont, tapissier ordinaire de Louis XII, & de Simon Lourdet, son élève. Henri IV les avoit logés au Louvre; mais Louis XIII leur donna la maison de la *savonnerie*. Le tapis de pié qui devoit couvrir tout le parquet de la grande galerie du Louvre, & qui consiste en quatre vingt-douze pièces, est un des plus grands & un des premiers ouvrages de la *savonnerie*.

La chaîne du canevas des ouvrages de cette fabrique, est posée perpendiculairement comme aux ouvrages de haute-lisse; mais au lieu qu'à ces derniers l'ouvrier travaille derrière le beau côté, à la *savonnerie* au contraire, le beau côté est en face de l'ouvrier, comme dans les ouvrages de basse-lisse. (D. J.)

SAULX. (voyez *Tavannes*.)

SAUMAISE, (CLAUDE DE) (*Hist. litt. mod.*)

Là j'apperçus les Daciers, les Saumaises,
Gens hérissés de savantes fadaises.

C'est assez là, en effet, l'idée que réveille le nom de Saumaise. De plus, ce *Claude Saumaise* étoit un aigre & dur pédant : nous voyons dans les mélanges historiques & philologiques de M. Michault, que *le bon-homme Sarrau* ayant dit, en publiant les lettres de Grotius, *ad Gallos*, que ce grand homme excelloit dans le genre polémique & dans la critique, & qu'aucun auteur vivant « n'avoit encore répandu » dans ces sortes d'ouvrages plus de force, plus de » justesse & plus d'esprit; *Saumaise*, indigné de cet » éloge, rompit avec Sarrau. Il poussa le ressentiment » encore plus loin; car après la mort de Grotius, il » saisit une occasion d'écrire avec aigreur & de se » déchaîner contre ce rival illustre qu'il n'avoit osé » attaquer ouvertement pendant sa vie. La veuve » de Grotius s'en plaignit amèrement & cria ven- » geance contre un ingrat. En effet, on voit par » les lettres de ce savant hollandois, que Saumaise » l'avoit souvent consulté sur les citations arabes » dont il chargeoit ses livres par ostentation, quoi- » que l'arabe lui fût peu familier. »

Saumaise a passé la meilleure partie de sa vie à verser des flots de bile sur les meilleurs ouvrages; le P. Pétau avoit trop de réputation pour être à l'abri de ses traits, & trop peu de modération pour ne pas les repousser avec vivacité. « On ne lit plus, dit » M. Michault, & je ne sais comment on n'a jamais » pu s'amuser à lire les satyres violentes qui ont fait » perdre tant de temps à ces deux terribles adver- » saires : ce sont des monumens publics de la peti- » tesse des grands hommes. »

Cet emportement de *Saumaise* passoit quelquefois de ses écrits dans sa conversation, & pouvoit aller très-loin quand la contradiction l'irritoit; M. Spanheim & lui, ayant pris querelle au sujet de M. Moras, ami de l'un, ennemi de l'autre, les injures, les démentis, les reproches de calomnies

alloient être suivis de coups, si Madame de Saumaise, le P. Jarrige & Sorbière ne s'étoient trouvés là pour les séparer.

Des innombrables écrits de Saumaise, les seuls dont le P. Oudin, savant jésuite, (*voyez son article*) parût faire cas, étoient l'histoire Auguste & le *Funus hellenisticum*. « On ne peut mieux comparer, dit-il, » la plupart de ses productions, qu'à de grands réper- » toires où tout est assez confusément ramassé, » presque toujours sans principes, sans ordre, &c. »

Après ce jugement, on est assez surpris de voir le P. Oudin se fâcher contre l'auteur du *Temple du Goût*, pour en avoir fermé l'entrée à *Saumaise*. M. Michault entend mieux raillerie sur l'article; il se contente de dire que c'est une singularité qui n'a point déplu. le P. Pétau ne voyoit dans Saumaise qu'un excellent grammairien; Heinsius ne le jugeoit supérieur que dans l'art étymologique; Milton lui reprocha si fortement les barbarismes dont ses ouvrages étoient infectés, & *Saumaise* fut si sensible à cette critique, qu'on prétend qu'il en mourut de dépit & de douleur.

En général tous ces héros du siècle de l'érudition, le siècle du bel esprit les a trop négligés peut-être, comme s'il eût voulu les punir par un mépris injuste, de la gloire, peut-être excessive, dont ils ont joui autrefois.

Claude de Saumaise mourut le 3 Septembre 1653. Il étoit né à Semur en Auxois le 15 Avril 1588. *Saumaise*, né de parens catholiques, s'étoit fait protestant. *Saumaise* reçut toutes sortes d'honneurs dans les pays étrangers; en France même on lui fit plusieurs fois des avances, & le Cardinal de Richelieu lui auroit procuré un sort très-avantageux, si *Saumaise* avoit voulu s'engager à écrire l'histoire de ce terrible ministre.

Claude de Saumaise est le plus célèbre des savans de ce nom, mais il n'est pas le seul, *Bénigne de Saumaise* son père, étoit aussi un homme de lettres; on a de lui des vers latins assez estimés, entre autres, une pièce intitulée : *de fulmine ad latus Ludovici XIII cadente*. Le plus considérable de ses ouvrages est une traduction en vers françois de la géographie de Denis d'Alexandrie. *Bénigne* fut d'ailleurs un homme de mérite & un vrai citoyen, constamment attaché à ses Rois. Dans le temps de la ligue, il contribua beaucoup à maintenir dans l'obéissance la ville de Semur. Henri IV, pour l'en récompenser, lui donna une charge de Conseiller au Parlement de Dijon, & il mourut doyen de ce parlement le 15 Janvier 1640, âgé d'environ quatre-vingt-quatre ans.

PIERRE DE SAUMAISE, fils de *Bénigne* & frère de *Claude*, est auteur de divers ouvrages, d'un éloge du président Jeannin, qu'il avoit accompagné en Hollande depuis 1607 jusqu'en 1610, d'un éloge du prince de Condé, père du grand Condé; d'un panégyrique de Louis-le-Juste, &c. *Pierre de Saumaise* mourut à Paris en 1658.

Marc-Antoine de Saumaise, son fils, mort quelques mois après lui, lui avoit fait une épitaphe, où il joue bien bisarrement sur le sens de chacune des syllabes du nom *Salmasius*.

Hic cinis, pulvis, nihil, & tamen SAL-MAS-IUS, breve sapientiæ, fortitudinis, justitiæ monumentum, quod in patris nomine invenit & posuit M. A. filius non degener.

Pierre de Saumaise étoit Conseiller au Parlement de Dijon.

Un autre *Claude de Saumaise*, mais de la même famille, oratorien & assistant du général de cette congrégation, né à Dijon en 1603, mort à Paris dans la maison de la rue Saint-Honoré, le 25 Mars 1680, a traduit les *directions pastorales pour les évêques*, de Don Juan de Palafox, évêque d'Angelopolis.

SAUNDERSON, (NICOLAS) (*Hist. litt. mod.*) anglois, un des plus étonnans mathématiciens qu'il y ait eus dans le monde. A un an il avoit perdu, par la petite vérole, non-seulement la vue, mais les yeux, ce malheur ne l'empêcha pas d'être inventeur en mathématiques, d'occuper une chaire de mathématiques dans l'université de Cambridge, & d'y expliquer, parmi les autres ouvrages de Newton, son traité sur la lumière & les couleurs. Il étoit de la société royale de Londres. On a de lui, en anglois, des élémens d'algèbre, qui ont été traduits en françois par M. de Jaucourt. A la tête du premier volume, il donna la description d'une *arithmétique palpable* qu'il avoit inventée pour son usage. Autant qu'on peut être dédommagé de la perte de la vue, Saunderson l'étoit par la finesse extrême du tact & de l'ouïe; la plus légère, la plus imperceptible rudesse dans les surfaces, le moindre défaut de poli dans les ouvrages les plus travaillés, rien ne lui échappoit. Il distingua dans le médaillier de Cambridge les médailles romaines véritablement anciennes. Il avoit de plus un sentiment sûr qui lui annonçoit la plus légère variation dans l'atmosphère. Un jour qu'il assistoit à des observations que des savans faisoient sur le soleil dans les jardins de l'université, il indiqua jusqu'aux plus petits nuages qui se plaçoient ou qui alloient se placer entre le soleil & les observateurs. Toutes les fois qu'il passoit un corps devant un visage, même à une distance bien éloignée, il le disoit, & assignoit le volume de ce corps; à la promenade, il connoissoit, quand il passoit auprès d'un arbre, d'un mur, d'une maison. En entrant dans une chambre, il jugeoit, sans erreur, de son étendue à une ligne près; jamais il ne se méprenoit à la distance qui le séparoit du mur; enfin c'est l'aveugle le plus singulier qu'on ait jamais vu, & l'on peut dire que la vue auroit été, en quelque

sorte, de surérogation pour lui. Né en 1682. Mort en 1739.

S. C. A. (*Hist. rom.*) ces trois lettres signifioient *senatus-consulti autoritate*, titre ordinaire de tous les arrêts du sénat.

A la suite de ces trois lettres suivoit l'arrêt du sénat, qui étoit conçu en ces termes, que le consul prononçoit à haute voix.

Pridie kalend. Octobris, in æde Apollinis, scribendo adfuerunt L. Domitius, Cn. Filius, Ænobarbus, Q. Cæcilius, Q. F. Metellus, Pius Scipio, &c. Quod Marcellus consul V. F. (id est verba fecit) de provinciis consularibus, D. E. R. I. C. (c'est-à-dire, de eâ re ita censuerunt), uti L. Paulus, C. Marcellus coss. cum magistratum inissent, &c. de consularibus provinciis ad senatum referrent, &c.

Après avoir exposé l'affaire dont il étoit question, & la résolution du sénat, il ajoutoit: *Si quis huic senatus-consulto intercesserit, senatui placere autoritatem perscribi, & de eâ re ad senatum populumque referri.* Après cela si quelqu'un s'opposoit, on écrivoit son nom au bas: *Huic senatus-consulto intercessit talis.*

Autoritatem ou *autoritates perscribere*, c'étoit mettre au greffe le nom de ceux qui ont conclu à l'arrêt, & qui l'ont fait enregistrer.

Les consuls emportoient chez eux au commencement les minutes des arrêts; mais à cause des changemens qu'on y faisoit quelquefois, il fut ordonné, sous le consulat de L. Valerius & de M. Horatius, que les arrêts du sénat seroient mis dans le temple de Cérès, à la garde des édiles; & enfin les censeurs les portoient dans le temple de la Liberté, dans des armoires appelées *tabularia*. Mais César dérangea tout après avoir opprimé sa patrie; il poussa l'insolence jusqu'à faire lui-même les arrêts, & les souscrire du nom des premiers sénateurs qui lui venoient dans l'esprit. « J'apprends quelquefois, dit Cicéron, *Lettres » familières, liv. IX.* qu'un sénatus-consulte, passé à » mon avis, a été porté en Syrie & en Arménie, » avant que j'aye su qu'il ait été fait; & plusieurs » princes m'ont écrit des lettres de remercîment » sur ce que j'avois été d'avis qu'on leur donnât le » titre de rois; que non-seulement je ne savois pas » être rois, mais même qu'ils fussent au monde ». (D. J.)

SCANDALE (pierre de), en latin *lapis scandeli* ou *vituperii*, étoit une pierre élevée dans le grand portail du capitole de l'ancienne Rome, sur laquelle étoit gravée la figure d'un lion, & où alloient s'asseoir à nu ceux qui faisoient banqueroute, & qui abandonnoient leurs biens à leurs créanciers. Ils étoient obligés de crier à haute voix, *cedo bona*, j'abandonne mes biens, & de frapper ensuite avec leur derrière trois fois sur la pierre. Alors il n'étoit plus

permis de les inquiéter pour leurs dettes. Cette cérémonie ressembloit assez à celle du bonnet verd,
qu'on pratiquoit autrefois en France dans le même
cas. On appeloit cette pierre, *pierre de scandale*,
parce que ceux qui s'y asseyoient pour cause de
banqueroute, étoient diffamés, déclarés intestables,
& incapables de témoigner en justice.

On raconte que Jules César imagina cette forme
de cession après avoir aboli l'article de la loi des
douze tables qui autorisoit les créanciers à tuer ou
à faire esclaves leurs débiteurs, ou du moins à les
punir corporelle   mais cette opinion n'est appuyée d'aucune p.   solide. (*A. R.*)

SCELERATA PORTA, (*Topogr. de Rome*)
c'est-à-dire la porte *scélérate*, ou exécrable; c'étoit
une des portes de l'ancienne Rome, ainsi nommée
de la mort des trois cent six Fabiens, qui sortirent par
cette porte pour aller attaquer les Véiens, & qui
périrent tous, à ce que prétendoit la tradition fabuleuse, dans le même jour au combat de Crémere,
l'an 277 de la fondation de Rome. Ovide a adopté
le conte de la perte des Fabiens, dans ses fastes, pour
le narrer en deux vers simples & naïfs.

Una dies Fabios ad bellum miserat omnes;
Ad bellum missos perdidit una dies.

(*D. I.*)

Fin du Tome IV de l'Histoire.